二〇一七年國家社會科學基金一般項目（批准號17BZW131）
二〇一九年國家古籍整理出版專項經費資助項目

〔唐〕杜　甫　著
〔宋〕魯　訔　編次
〔宋〕蔡夢弼　會箋
曾祥波　新定斠證

新定杜工部草堂詩箋斠証

一

上海古籍出版社

圖書在版編目(CIP)數據

新定杜工部草堂詩箋斠證 /（唐）杜甫著;（宋）魯訔編次;（宋）蔡夢弼會箋;曾祥波新定斠證. —上海:上海古籍出版社, 2021.12（2023.4重印）
（中國古典文學叢書）
ISBN 978-7-5732-0168-3

Ⅰ.①新… Ⅱ.①杜… ②魯… ③蔡… ④曾… Ⅲ.①杜詩—選集 Ⅳ.①I222.742

中國版本圖書館CIP數據核字(2021)第247171號

中國古典文學叢書
新定杜工部草堂詩箋斠證
（全五册）
〔唐〕杜　甫　撰
〔宋〕魯　訔　編次
〔宋〕蔡夢弼　會箋
曾祥波　新定斠證
上海古籍出版社出版發行
（上海市閔行區號景路159弄1-5號A座5F　郵政編碼201101）
（1）網址：www.guji.com.cn
（2）E-mail：guji1@guji.com.cn
（3）易文網網址：www.ewen.co
上海展强印刷有限公司印刷
開本850×1168　1/32　印張69.75　插頁27　字數1,420,000
2021年12月第1版　2023年4月第2次印刷
印數：1,101—2,200
ISBN 978-7-5732-0168-3
I·3600　定價：280.00元
如有質量問題,請與承印公司聯繫
電話：021-66366565

杜甫像（南薰殿舊藏《唐名臣像》）

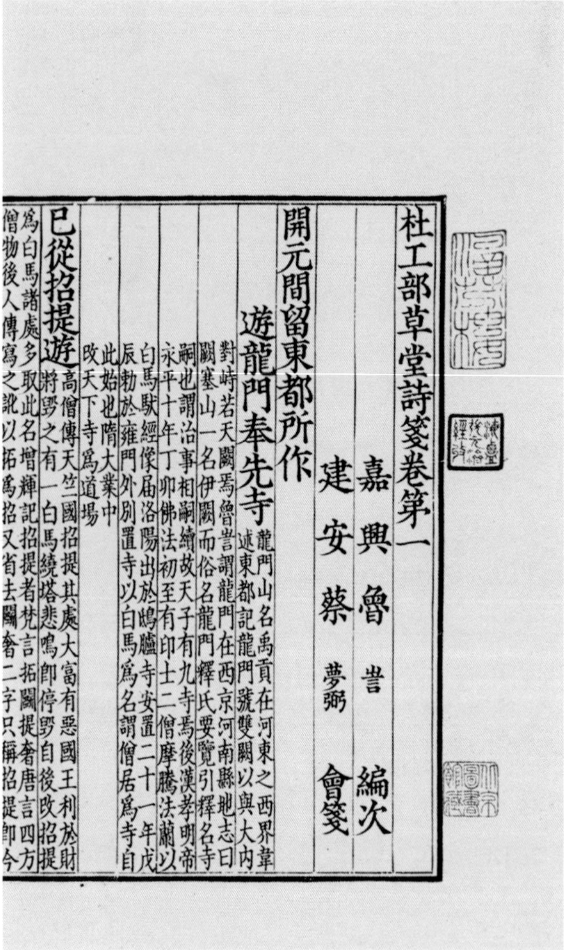

杜工部草堂詩箋卷第一

嘉興魯　訔　編次

建安蔡　夢弼　會箋

開元間留東都所作

遊龍門奉先寺　龍門山名禹貢在河東之西界韋述東都記龍門號雙闕以與大內對峙若天闕焉魯訔謂龍門在西京河南縣地志曰闕塞山一名伊闕而俗名龍門釋氏要覽引釋名寺嗣也謂治事相嗣續故天子有九寺焉後漢孝明帝永平十年丁卯佛法初至有印士二僧摩騰法蘭以白馬馱經像届洛陽出於鴻臚寺安置二十一年戊辰勑於雍門外別置寺以白馬爲名謂僧居爲寺自此始也隋大業中改天下寺爲道場

已從招提遊　高僧傳天竺國招提其處大富有惡國王利於財將毀之有一白馬繞塔悲鳴即停毀自後改招提爲白馬諸處多取此名增輝記招提者梵言拓鬬提奢唐言四方僧物後人傳寫之訛以拓爲招又省去鬬奢二字只稱招提即今

《杜工部草堂詩箋》宋刻本

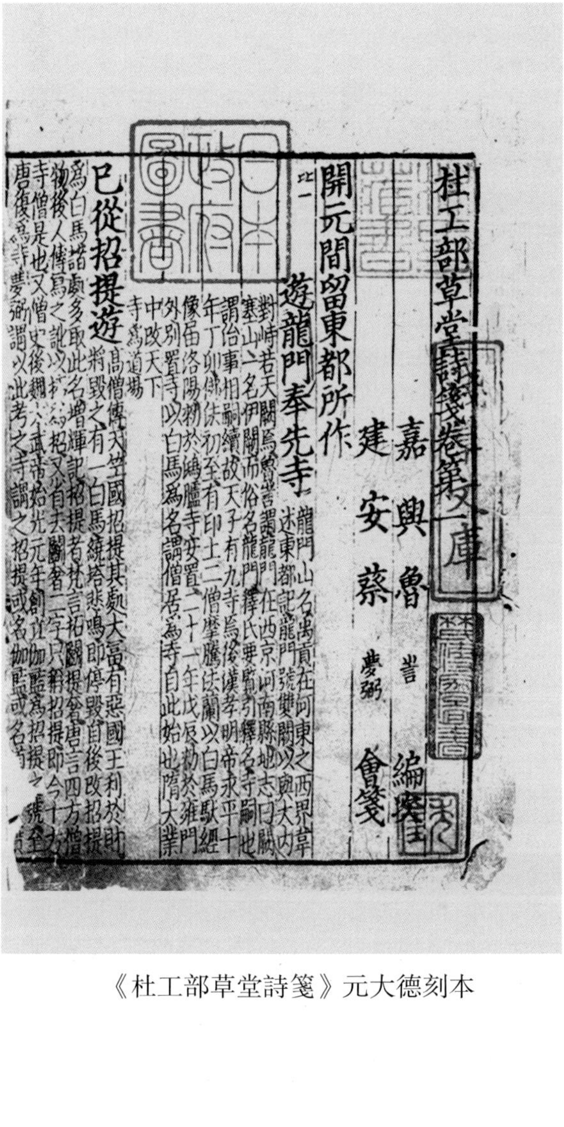
杜工部草堂詩箋卷第一

嘉興魯訔編次

建安蔡夢弼會箋

開元間留東都所作

遊龍門奉先寺 龍門山名禹貢在河東之西界韋述東都記龍門號闕以與大內對峙若天闕焉魯訔謂龍門在西京河南縣地志曰闕塞山一名伊闕而俗名龍門釋氏要覽引釋名寺嗣也謂治事相嗣續故天子有九寺焉後漢孝明帝永平十年丁卯佛法初至有印土二僧摩騰法蘭以白馬馱經像留洛陽勅於鴻臚寺安置一十一年戊辰勅於雍門外別置寺以白馬爲名謂僧居爲寺自此始也隋大業中改天下寺爲道場

巳從招提遊 高僧傳天竺國招提其處大富有惡國王利於財將毀之有一白馬繞塔悲鳴即停毀自後改招提爲白馬諸處多取此名增輝記招提者梵言拓鬭提奢唐言四方僧物後人傳寫之訛以拓爲招又省去鬭奢二字只稱招提即今十方寺僧是也又僧史後魏太武帝始光元年創立伽藍爲招提之號至唐復爲寺夢弼謂以此考之寺謂之招提或名伽藍或名

《杜工部草堂詩箋》元大德刻本

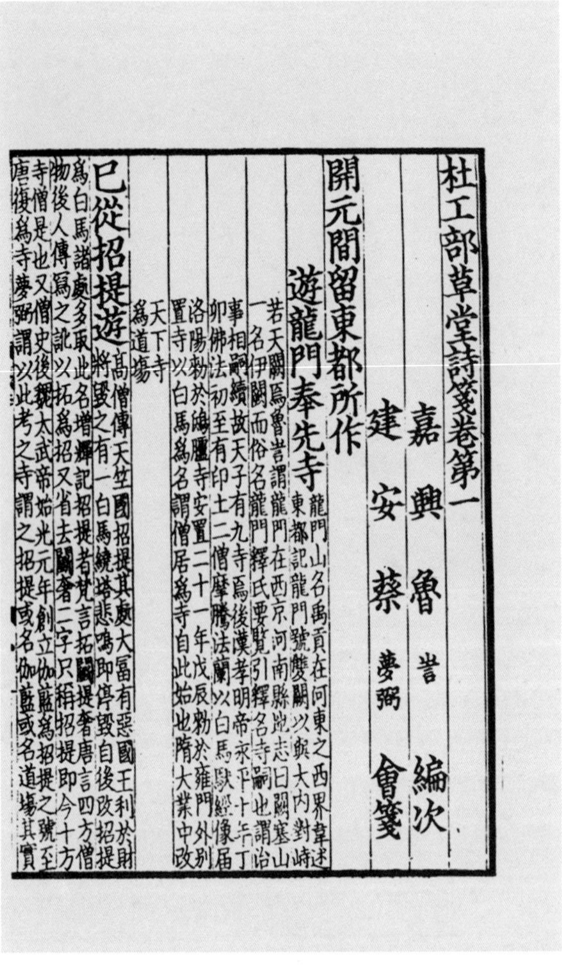
杜工部草堂詩箋卷第一
嘉興魯訔編次
建安蔡夢弼會箋
開元間留東都所作
遊龍門奉先寺 龍門山名禹貢在河東之西界韋述東都記龍門號雙闕以與大内對峙若天闕焉魯訔謂龍門在西京河南縣瀍志曰闕塞山一名伊闕而俗名龍門釋氏要覽引釋名寺嗣也謂事相嗣續故天子有九寺焉後漢孝明帝永平十年丁卯佛法初至有印土二僧摩騰法蘭以白馬䭾經像屆洛陽勅於鴻臚寺安置二十一年戊辰勅於雍門外別置寺以白馬爲名謂僧居爲寺自此始也隋大業中改天下寺爲道場
已從招提遊 高僧傳天竺國招提其處大富有惡國王利於財將毁之有一白馬繞塔悲鳴即停毁自後改招提爲白馬諸處多取此名增輝記招提者梵言拓鬬提奢唐言四方僧物後人傳寫之訛以拓爲招又省去鬬奢二字只稱招提即今十方寺僧是也又僧史後魏太武帝始光元年創立伽藍爲招提之號至唐復爲寺夢弼謂以此考之寺謂之招提或名伽藍或名道場其實

《古逸叢書》本《杜工部草堂詩箋》

序言

一、杜集宋注本的價值與研究現狀

中國文學以詩歌爲主流，中國詩歌以杜甫爲詩聖。杜詩淵深廣大，注者向夥，各取一瓢，滋味萬端。杜集注釋有兩次高潮，第一次是宋人「千家注杜」，第二次是清代「集大成」杜集注本(如錢、朱、仇、楊)出現。目前學界對杜注的文本整理與研究，以杜甫全集校注(蕭滌非主編、張忠綱統審，人民文學出版社二〇一四年)、杜甫集校注(謝思煒校注，上海古籍出版社二〇一六年)爲代表，是在清代「集大成」基礎上的進一步推進。雖也注意對宋注的利用，但直接針對杜集宋注本的整理研究仍嫌不足。杜集宋注本之存世者，有趙次公杜詩趙次公先後解(編年單注本)，門類增廣十注杜詩殘卷(分類集注本)，門類增廣集注杜詩殘卷(分類集注本)，王狀元集百家注編年杜陵詩史(編年集注本)，分門集注杜工部詩(分類集注本)，郭知達新刊校定集注杜詩（分體集注本），蔡夢弼杜工部草堂詩箋，黄希、黄鶴補千家集注紀年杜工部詩史（分體集注本），草堂先生杜工部詩集（分體之下再分體本），宋、元之際署名劉辰翁評點、高崇蘭編次集千家注批點杜工部詩集（編年集注本）。目前，杜集宋注整理本僅有林繼中杜詩趙次公先後解輯校（上海古籍出版社一九九四年版，二〇一二年新一版）一種，研究空間還很大。

杜集宋注本的整理宜以何種爲入手之先？此有待説明者。一方面，杜詩向號「詩史」，其中之義既指杜詩真實反映了安史之亂前後唐王朝由盛及衰的歷史進程，也指杜詩完整、細緻地表現了杜甫一生出處行實。故前人有讀杜詩「編年本第一，分體本次之，分類本最下」之説，如浦起龍讀杜心解發凡稱：「編杜者，編年爲上，古近分體次之，分門爲類者乃最劣。蓋杜詩非循年貫串，以地繫年，以事繫地，其解不的也。」〔一〕王國維宋刊分類集注杜工部詩跋亦言：「杜詩須讀編年本，分類本最可恨。」〔二〕洪業杜甫：中國最偉大的詩人也有類似説法：「杜詩應該儘可能以正確的編年順序閱讀，這一點極其重要。」〔三〕另一方面，杜詩自宋以降，研習者夥矣，注杜號稱千家，而見解各有優劣。讀杜應以薈萃衆説、便於參互之集注本爲優。因是之故，整理杜詩應首先注意「編年集注」本。

杜集宋人編年集注本，今存者惟兩種，曰：舊題王十朋撰王狀元集百家注編年杜陵詩史、蔡夢弼杜工部草堂詩箋。然則董理二書，應以何者爲先？此又有待説明者。

二、杜工部草堂詩箋與杜陵詩史之比較

舊題王十朋撰王狀元集百家注編年杜陵詩史與蔡夢弼杜工部草堂詩箋，是現存最早的兩種杜集編年集注本。郭知達九家集注杜詩雖爲品質頗佳的現存最早集注本，然屬分體而非編年；杜詩趙次公先後解雖爲現存最早編年本，然爲宋人趙彦材一家之注，並非集注；元、明兩代流傳最廣、影響最大的署名劉辰翁評點、高崇蘭編次編年集注本集千家注批點杜工部詩集，出現于宋、元之際，時間上遠遠落後於二書。故杜陵詩史與草堂詩箋二書在宋代杜詩學中佔據了極爲重要的位置。

（一）成書時間

學界一般視杜陵詩史的撰述時間在草堂詩箋之前，代表性的説法有兩家。第一，洪業杜詩引得序稱：「疑其（草堂詩箋）多所取于僞王集注以成書者也。」〔四〕第二，周采泉杜集書録卷二「（郭知達）新刊校正集注杜詩三十六卷」條通過推斷郭知達九家集注杜詩成書情況間接暗示説：「郭知達雖無籍籍名，但決非一般書賈，其輯此書全爲針對東坡老杜事實以及王狀元集百家注等僞書而作。」〔五〕按，郭知達此書的撰述時間，其序明言爲淳熙八年（一一八一）。四庫全書總目論黄希、黄鶴父子補注杜詩，對杜集各注本成書時間加以比較：「至嘉定丙子，

(補注杜詩)始克成編……郭知達九家注、蔡夢弼草堂詩箋視鶴本成書稍前(案,知達本成於淳熙辛丑,在鶴本前三十餘年;夢弼成於嘉泰甲子,在鶴本前十有二年)。」〔六〕按四庫館臣的意見,三書的成書次序爲:郭知達九家集注杜詩(淳熙八年,一一八一)—蔡夢弼草堂詩箋(嘉泰四年,一二〇四)—黄氏補注杜詩(嘉定九年,一二一六)。余嘉錫四庫提要辨證、李裕民四庫提要訂誤、楊武泉四庫全書總目辯誤以及洪業杜詩引得序、萬曼唐集叙録「杜工部集」條對此説皆無異議。胡玉縉四庫全書總目提要補正引陸氏儀顧堂續跋元槧二十五卷本黄鶴注杜詩跋云:「建安蔡氏夢弼亦在姓氏中,集注曾采及,惟郭知達注不及一字耳。」胡玉縉作案語云:「二十五卷,爲徐居仁就黄本爲之分門編類,乃别一本。」〔七〕指出陸心源所説采及蔡夢弼草堂詩箋之黄氏補注杜詩本實爲署名徐居仁據黄氏補注杜詩所編之分類本,而非黄氏原本,進一步加强了四庫全書總目的説法。回過頭來看,周采泉既然認爲郭知達九家集注杜詩帶有糾正杜陵詩史僞託撰人之訛謬的意圖,而草堂詩箋成書又在九家集注杜詩之後,那麽杜陵詩史自然成書於草堂詩箋之前了,即:杜陵詩史—郭知達九家集注杜詩(淳熙八年,一一八一)—蔡夢弼草堂詩箋(嘉泰四年,一二〇四)。杜陵詩史不但被學界普遍認爲纂述年代早於草堂詩箋,而且在篇目編次上與草堂詩箋基本一致,又有標明注家主名、可供覆核來源的文獻綫索,所以儘管「王狀元(十朋)」之名顯係僞託,此書仍獲得了現代杜詩研究者的格外重視。如洪業稽考杜集各本,所撰之杜詩引得序是杜集版本流傳之第一篇全面專史,對杜集版本極爲熟悉，他撰寫杜甫：中國最偉大的詩人一書，臚列所用版本，即將杜陵詩史置於草堂詩箋之上。〔八〕又如，林繼中整理恢復杜詩趙次公先後解輯校，前三卷因無鈔本傳世，故考證趙彦材所用蔡興宗年譜實則爲魯訔年譜之源頭，遂用魯訔年譜系統的杜陵詩史之編次爲前三卷篇目次序，而未取同屬魯訔年譜系統的草堂詩箋，可見對杜陵詩史的重視超過草堂詩箋。

不過，論者雖普遍認爲杜陵詩史成書於草堂詩箋之前，但皆未舉出確鑿直接證據。欲坐實二書撰述次序之先後，核其引用之跡爲最佳方法。換言之，如果不同意傳統説法，則須找出杜陵詩史引用草堂詩箋的證據。然蔡書引注，一般掩去注家主名，草堂詩箋所謂「夢弼謂」、「夢弼案」、「夢弼考」之類，亦往往爲蔡氏攫取他人注釋爲之。〔九〕即使杜陵詩史引之，亦難以判明杜陵詩史是從草堂詩箋所引，或是引自原注者之書。故退而求其次，當尋繹二書引用他書之跡，以他書爲座標，衡量二書撰述先後。按，黄氏補注杜詩「集注杜詩姓氏」載有「永嘉王氏，名十朋，字龜齡，集注編年詩史三十二卷」一種，從其書名卷數來看，即杜陵詩史，則杜陵詩史成書早於補注杜詩。然而尋繹今本杜陵詩史，卷五哀王孫「夜飛延秋門上呼」注引黄氏補注杜詩黄希注（題作「希曰」）云：「通鑑云：上御勤政樓，下制，云欲親征，皆莫之信。移仗北内，命陳玄禮整比六軍，上獨與貴妃姊妹、皇子、妃、王、皇孫及親近宦官宫人出延秋門。妃、王、皇孫之在外者皆委之而去。是日百官猶有入朝者，至宫門猶聞漏聲，三衛立仗儼然，門既啓，則宫人亂出，中外擾攘，王公士民四出逃竄。」又，同詩「朔方健兒好身手」注引黄希注

（題作「希曰」）云：「詩云：好人服之。注云：好人，好女手之人。」以上兩例爲洪業杜詩引得所揭櫫。洪業所未及者，尚有如杜陵詩史卷五沙苑行「王有虎臣司苑門，入門天厩皆雲屯」注，曰：「希曰：列子言北人之居，望之若雲屯然。」此句是補注杜詩黄希注文。再如卷五三川觀水漲二十韻題下注作「王洙曰」的大段文字，實際上都是補注杜詩的「黄鶴補注」。再如卷八九日藍田崔氏莊「笑倩傍人爲正冠」注引「希曰」：「正其衣冠，語自有之，何必借此。魏陳思王植十歲善屬文，太祖嘗視其文，曰：『汝倩人耶？』跪進曰：『云云奈何倩人。』」同詩「玉山高並兩峰寒」注引「希曰」：「藍水指南山水，而云武德三年嘗（祈）［析］藍田置玉山縣，貞觀三年省。則自有玉山也。以後詩論之，則自有東山。」再如卷五喜晴「漢陰有鹿門」注引「希曰」：「漢陰郡爲金州，而鹿門在襄陽。今云『漢陰有鹿門』何也？公第以鹿門在漢水之陰，非指漢陰郡而言也。」再如卷八陳陶斜「血作陳陶澤中水」注引「希曰」：「陳陶斜在咸陽縣，而公詩只云陳陶，蓋斜者山澤之名，故又曰陳陶澤。」據以上例證，則補注杜詩成書又應在杜陵詩史之前。對這一矛盾，洪業杜詩引得序推測説：「唯詩注中或冠『希曰』二字，皆是黄希之言；希書成於嘉定（一二〇八—一二二四），其子鶴補注成書，序於寶慶二年（一二二六）；故疑劉氏舊藏之本乃寶慶後僞王之本又經翻刻，偶有闕葉，遂盜取黄鶴補注本，删減其注，以爲補足者也。」〔一〇〕洪業之説有理。然而這樣一來，我們至少要説，今存杜陵詩史唯一刊本（貴池劉世珩玉海堂藏宋刻本〔一一〕）刊刻時間應在黄氏補注杜詩成書之後。按，黄氏補注杜詩之成書時間，黄鶴補注杜詩工部年譜辨疑後序有「嘉定丙子（一二一六）三月望日」識語。草堂詩箋之成書於嘉泰四年（甲子，一二〇四），因其書有「大宋嘉泰天開甲子正月穀旦建安三峰東塾蔡夢弼傅卿謹識」識語，皆無可疑。既然今存杜陵詩史引用了黄氏補注杜詩，那麼三者順序應該是：蔡夢弼草堂詩箋（一二〇四）—黄氏補注杜詩（一二一六）—今存杜陵詩史劉世珩玉海堂藏宋刻本。〔二〕另外，我們還可以從今存杜陵詩史與草堂詩箋二書的進一步比對中找到若干旁證。如收京三首「仙杖離丹極」，草堂詩箋繫於「八月還鄜州及扈從還京所作」，置於喜聞官軍已臨賊境與洗兵馬之間。今存杜陵詩史所載爲收京四首（編次基本一致，在喜聞官軍已臨賊境、九日楊奉先會白水崔明府與洗兵馬之間），前三首與草堂詩箋同，增加的第四首爲「復道收京邑」，題下注「新添」二字，此點正可視爲今存杜陵詩史唯一刊本（貴池劉世珩玉海堂藏宋刻本）刊刻時間晚於草堂詩箋的旁證。試想，只有今本杜陵詩史成書晚於草堂詩箋，才可能有「新添」之語。

（二）詩篇編次

既然有確鑿證據表明草堂詩箋成書早於今本杜陵詩史，那麼有没有必要將草堂詩箋的重要性置於今存杜陵詩史之上呢？就流行於世的黎庶昌刻古逸叢書本草堂詩箋看來，答案是否定的。原因在於古逸叢書本草堂詩箋詩篇編次極爲混亂，幾不可爲用，而編次是詩篇繫年的最直接體現。這點前人多有指出。如繆荃孫藝風堂文續集草堂詩箋跋曰：「草堂詩箋以編年得名……黎本卷二〇爲廣德元年（七六三），卷二一爲廣德二年（七六四），卷二二、二三不紀年，卷二四爲永泰元年（七六五），已到雲安，不應卷二五又載上元元年（七六〇）在成都所作，後半卷又載雲安所作，未免雜糅。」〔一三〕又如傅增湘亦稱：「（黎氏翻本）……卷第淩亂，注文脱失，不可勝記。……宋刻與黎刻自卷一至十九，次第相符，下此則顛倒混淆。……憶昔年遇楊惺吾（守敬）於海上，語及古逸叢書，謂其中惟草堂詩箋原本最劣，當時力阻星使，竟不見納，異日必爲通人之詬。余叩其故，笑而不言。由今觀之，乃知其謬至於此極也。」〔一四〕洪業杜詩引得序推考草堂詩箋刊刻源流，曾做推測如下：「推求其故，殆由刻丁本（黎氏舊藏十二行本姑稱丁本）者所用之乙本（光緒中巴陵方功惠舊藏之本姑稱乙本）已非完帙，遂坦然偷工減料，縮五十卷本爲四十卷，以欺讀者。後又恐其計不售，遂更尋全本，補刻十卷，然已次序顛倒，且又有闕略矣。……蔡氏之書一翻於乙，而注文有偷換頂替者矣；再翻于丁，而卷第錯亂，詩篇以闕矣。」〔一五〕通行於世的古逸叢書本詩篇編次淆亂，是近代以來學者輕視杜工部草堂詩箋的主要原因。

（三）集注性質

杜陵詩史、草堂詩箋兩書皆係採集諸家之集注性質，然蔡夢弼將注家主名統統刪去，雖爲集注，却不明注文出自孰家，難以瞭解諸家注釋之承襲演變及優長。杜陵詩史則將諸注家主名一一標明，雖或有虚造之妄，然剔除僞注後，猶可見諸家注釋之承襲演變及各自優長也。故就集注性質而言，杜陵詩史優於草堂詩箋。

（四）對後世杜集注本的影響

從文獻傳承看，草堂詩箋是杜集宋注影響最大的總結性注本。杜陵詩史作爲僞托坊本，對宋代之後杜集注本的影響遠遜於草堂詩箋。從署名劉辰翁評點、高崇蘭編次集千家注批點杜工部詩集到朱鶴齡杜工部集輯注等一系列元、明、清重要注本，直接或間接承襲利用的都是草堂詩箋，〔一六〕如較之草堂詩箋晚出的劉辰翁評點、高崇蘭編次集千家注批點杜工部詩集已入宋、元之際，並且其注文除去引用黄氏補注杜詩的條目之外，基本出自草堂詩箋範圍，而且集千家注批點杜工部詩集大量删除注文，注文的豐富性、完整性遠遠不如草堂詩箋。但由於蔡夢弼删去注家主名，加上通行的古逸叢書本編次淆亂，使得通行本草堂詩箋完全無法體現「編年」、「集注」兩大價值。近代以來，學界一度認爲其重要性甚至不如作者顯係僞託的杜陵詩史，不得不説是一個遺憾。〔一七〕要扭轉這一局面，必須對杜工部草堂詩箋進行修復，以重現此書的「編年」、「集注」價值。

三、恢復杜工部草堂詩箋宋本五十卷「編次」

幸運的是，杜工部草堂詩箋在流行的黎庶昌古逸叢書本之外，猶有目次無牉合羼亂的佳本存世，可資整理利用。經筆者考證，草堂詩箋可分爲宋本五十卷與元本四十卷加補遺十卷兩大系統（黎庶昌翻刻之古逸叢書本即屬元本系統）。〔一八〕中華再造善本據國家圖書館、北京大學圖書館藏宋刻本影印之杜工部草堂詩箋（十七册二函）正屬五十卷宋本系統。〔一九〕而此本最大之遺憾，在闕卷二〇、卷二一（其中卷二〇按照中國古籍善本書目的記載應不闕）。卷二〇、卷二一可用上海圖書館未編古籍書庫中發現的季振宜藏本所存卷二〇、卷二一補齊。又，成都杜甫草堂博物館亦藏宋本草堂詩箋殘卷（存卷一至卷二二）〔二〇〕，筆者於二〇一七年暑期曾赴成都，承杜甫草堂博物館協助，得以目驗該館所藏的宋本草堂詩箋卷二〇、卷二一兩殘卷。〔二一〕另外還可指出，筆者發現美國哈佛大學哈佛燕京圖書館藏明正德八年（一五一三）古歙鮑松李杜合集中的杜工部集五十卷、文集二卷、外集一卷，在編次上價值極高。〔二二〕此本將杜集與李白集合刻，是明代刻書習氣，兼之杜集白文無注，故向不爲讀杜者重視。然而筆者覆核此書，其底本正採用了未經竄亂的蔡夢弼草堂詩箋宋本五十卷原編次，只是删去了全部注文，成爲一種白文本，〔二三〕故讀者往往忽略它將宋本草堂詩箋五十卷做爲底本這一十分重要的事實。該書完備無缺，恰可以作爲補充宋本闕卷編次的重要依據。筆者據以訂補之後，新增編次與宋本原編次吻合無間，渾然一體！

爲方便讀者了解宋本五十卷與元本（以及完全承襲元本的古逸叢書本）四十卷「正編」加十卷「補遺」的編次差異，將各卷具體對應情況列表如下〔二四〕：

宋本（五十卷）	元本、古逸叢書本（四十卷加補遺十卷）
卷一——卷一九	卷一——卷一九
卷二〇第一—九首、第十一首—卷末	卷二五第一—九首、補遺卷一
卷二一	補遺卷二
卷二二	補遺卷三
卷二三	補遺卷四
卷二四	補遺卷五
卷二五	卷二〇
卷二六	卷二一
卷二七	卷二二
卷二八	卷二三
卷二九	卷二四
卷三〇第一—十首、十二首—二十四首、二十五首—二十八首、至卷末	補遺卷六第一—十首、卷二五第十—二十三首、補遺卷六第十一—十四首
卷三一	卷二六

（續表）

宋本（五十卷）	元本、古逸叢書本（四十卷加補遺十卷）
卷三二第一—十五首、第十六首—卷末	卷二七第一—十五首、補遺卷六第十六首—卷末
卷三三	補遺卷七
卷三四第一—十一首、第十二—卷末	補遺卷八第一—十一首、卷二五末尾七首
卷三五	卷二八
卷三六	卷二九
卷三七	卷三〇
卷三八	卷三一
卷三九	卷三二
卷四〇	卷三三
卷四一	卷三四
卷四二	卷三五
卷四三	補遺卷八第十二首—卷末
卷四四	補遺卷九

（續表）

宋本（五十卷）	元本、古逸叢書本（四十卷加補遺十卷）
卷四五	卷三六
卷四六	卷三七
卷四七	卷三八（除去末尾六首）、補遺卷一〇末尾四首
卷四八	補遺卷一〇第一——一一首、卷三八末尾六首
卷四九	卷三九
卷五〇（逸詩補遺）	卷四〇（逸詩補遺）

四、重現杜工部草堂詩箋「集注會箋」面貌

（一）杜工部草堂詩箋在杜集宋注譜系中的位置

對草堂詩箋注文還原工作有一個邏輯前提，如果判定草堂詩箋採用其他注家注文而刪去注家名，那就意味着諸家注本注文產生於草堂詩箋成書之前，否則將意味着是其他注家採納了蔡夢弼注。爲了明確這一前提，在具有明確成書刊刻年代的杜集宋注本基礎上，參考前人論述，證以筆者全面比對全部杜集宋注本注文的結果，略述現存全部杜集宋注本成書時序

如下：

一、紹興四年（一一三四）至十七年（一一四七），趙彦材杜詩趙次公先後解。〔二五〕

二、門類增廣十注杜工部詩（存卷一至六），門類增廣集注杜工部詩（存卷八）。兩書爲孤本，僅藏於國家圖書館善本部。據筆者比對，門類增廣集注杜工部詩卷八與門類增廣十注杜工部詩卷四内容完全相同，可知兩書屬於全書内容相同而卷帙劃分有别的不同坊本。兩書最顯著特點爲皆包含大量僞蘇注。按，郭知達九家集注杜詩主要優點之一爲删去僞蘇注，則此兩種當早於九家集注杜詩。〔二六〕

三、托名王十朋王狀元集百家注編年杜陵詩史。周采泉杜集書録判斷此書早於郭知達九家集注杜詩：「郭知達雖無籍籍名，但決非一般書賈，其輯此書全爲針對東坡老杜事實以及王狀元集百家注等僞書而作。」〔二七〕又按，杜陵詩史既包含僞蘇注，其僞蘇注的數量比例又明顯低於門類增廣十注杜工部詩、門類增廣集注杜工部詩，故置於兩書之後、郭知達九家集注杜詩之前。

四、分門集注杜工部詩。按，洪業杜詩引得序指出分門集注與補注杜詩爲杜陵詩史發展出來的兩條支流。〔二八〕筆者比對杜陵詩史與分門集注兩書全部注文，分門集注注文一方面全不出杜陵詩史範圍，另一方面又有删削減省，可證洪業之説確鑿。

五、淳熙八年（一一八一），郭知達九家集注杜詩。

六、嘉泰四年（一二〇四），蔡夢弼杜工部草堂詩箋。

七、嘉定九年（一二一六），黄希、黄鶴補千家集注杜工部詩史。補注杜詩刊刻時間有明確記載，然需補充説明兩點：第一，洪業認爲補注杜詩與分門集注是杜陵詩史發展出來的兩條支流。筆者比對補注杜詩與分門集注兩書注文，幾乎完全一致，這説明補注杜詩直接參考的是分門集注而非杜陵詩史。故應在洪業説上再進一步，「兩條支流」説應修訂爲「一條支流、上游下游」説。第二，補注杜詩成書時間與草堂詩箋頗爲接近，但從兩書「原創性」注文内容（就草堂詩箋而言指所謂「（蔡）夢弼曰」，就黄氏補注杜詩而言指「（黄）希曰」、「（黄）鶴曰」）不相交涉來看，屬於互不知情，未相引用。

八、草堂先生杜工部詩集（存卷二四—三〇）。按，據筆者考證此書實際上是以黄氏補注杜詩爲底本，既保留每詩「題下繫年」，又進一步以「體下再分體」方式編纂而成。〔二九〕

九、宋末元初，署名劉辰翁評點、高崇蘭編次集千家注批點杜工部詩集。按，此書注文主要採納了蔡夢弼草堂詩箋、黄氏補注杜詩，編次以蔡夢弼本爲主幹，同時又遵從黄鶴繫年辨證作了較大規模調整。〔三〇〕

綜上所述，排在草堂詩箋之前的五種杜集宋注本中注文，皆爲蔡夢弼注之來源。在草堂詩箋之後的黄氏補注杜詩、署名劉辰翁評點、高崇蘭編次集千家注批點杜工部詩集的注文，前者大量承襲草堂詩箋之前的注本（主要是分門集注），後者大量承襲草堂詩箋之前的注本與草堂詩箋注文，兩書的「原創性」注文只有黄希、黄鶴補注與署名劉辰翁評點。因此，考慮草堂詩箋注文淵源可以現存全部杜集宋注本爲基礎，只要排除黄希、黄鶴補注與署名劉辰翁評點即可。

還可以從另一角度看待注家時間先後問題。通讀全部杜集宋注，可以發現從「十家注」、「九家注」到「百家注」、「千家注」，注家及注文數量尚有增加，但「百家注」與「千家注」之間的注家及注文數量基本没有變化（第一個稱「千家注」的是黄希、黄鶴黄氏補千家集注紀年杜工部詩史，此書較之王狀元集百家注編年杜陵詩史，注文僅多出黄希、黄鶴補注内容）。换言之，「百家注」之後的各種杜集宋注本多爲因襲傳承，注本成書時間的先後實際上不影響注文内容的增加與否，而「百家注」成書公認在草堂詩箋之前。從這個角度審視杜集宋注本，「百家注」之後真正增加的原創性内容，也就只有蔡夢弼注（包括蔡氏自注與蔡氏對其他注家注文的改寫兩種情況）、黄希黄鶴補注與署名劉辰翁批點三種而已，〔三〕後兩種成書時間確鑿無疑在草堂詩箋之後。也就是説，考察草堂詩箋注文來源只需排除黄希、黄鶴補注與署名劉辰翁批點，即可以現存全部杜集宋注本爲參照系，這與通過各本成書時間推測得到的結論一致。

（二）杜工部草堂詩箋對其他注家注文的改寫

以杜工部草堂詩箋宋刻五十卷爲底本，按照上述原則將其書全部注文與現存全部杜集宋注進行比對，可以復原草堂詩箋超過百分之九十五以上注文的相應歸屬，並據此注明注文來源與改動情况。現在可以判定，草堂詩箋全部注文的來源與改動有三種基本規律：

第一，蔡夢弼完全照搬其他注家注文，僅將注家主名删去。草堂詩箋有一半的注文屬於此類，只需補出被蔡夢弼删去的注家名即可。此種情况簡單明確，不必贅言。

第二，蔡夢弼以其他注家注文爲材料，按照不同體例進行剪裁拼合，形成内容上與原注基本一致、外部形態不同的新注文。

第三，專門標明爲「夢弼曰」(或「夢弼謂」、「夢弼按」、「夢弼詳考」、「余謂」、「余按」、「余詳味」)的注文。這類注文經過核驗之後呈現兩種結果，或爲其他注家注文而爲蔡夢弼攘爲己有，或確爲蔡夢弼原創。

下面先闡述第二種情况。具體而言，蔡夢弼草堂詩箋以其他注家注文爲材料，按照不同體例進行剪裁拼合，形成内容上與原注相近、外部形態不同的新注文，有六種類型：

(甲) 統一體例。

杜集宋注各家注本往往自有注釋體例，草堂詩箋爲了自成一家之言，當然要對所引用的各家注文按照本書體例加以統一。

如僞王洙注、趙次公注往往在一聯兩句之後出注文，而草堂詩箋則每句之下出注文，若要使用僞王洙注、趙次公注，則不得不將原注割裂，分屬兩句之下。如送韋十六評事充同谷郡防禦判官「鑾輿駐鳳翔，同谷爲咽喉」一聯，僞王洙注：「地理志：鳳翔府扶風郡，隋置鳳棲，尋改爲麟遊郡。同谷郡，今成州。晉仇池郡，漢下辨縣，舊名武街城。」草堂詩箋將原注分爲兩截，關於「鳳翔府」的第一句注文列在「鑾輿駐鳳翔」下，關於「同谷郡」的第二句注文列在「同谷爲咽喉」下。又如暮春題瀼西新賃草堂五首其二「畏人江北草，旅食瀼西雲」一聯，趙次公注：「畏人在於江北之草間，旅食在於瀼西之雲裏，此公之自歎也。」草堂詩箋分別繫於兩句之下，一作：「自歎其畏人，居於江北之草間也。」一作：「自愧其旅食，寓於瀼西之雲裏也。」分割改寫妥帖。最爲典型的是「師古注」，往往在篇末統説詩意，草堂詩箋不得不將其割裂分屬每句之下，其例甚夥。〔三〕如題省中院壁，師古曰：「甫自賦歸謁肅宗，肅宗授左拾遺，得通籍禁省。『退食遲回違寸心』，言老年仕宦，非其本心。况無忠言以補天子，無以報君恩之重，故云『許身愧比雙南金』。」草堂詩箋以其中第一句注「腐儒衰晚謬通籍」，第二句注「退食遲回違寸心」，第三句前半句注「衮職曾無一字補」，後半句注「許身愧比雙南金」。偶爾也有反其道而用之的情況，如無家別一首，杜陵詩史、分門集注、補注杜詩等在題下引師古注：「甫言無家者，蓋言離別不成家計爾。」又在詩末引師古注：「昔宣王中興，勞來還定安集之，而鴻雁之民獲安其居。今肅宗中興，使民無家，而至於生無以養，死無以葬，其視宣王之安民，不亦厚顔乎！觀甫詩，時政之美惡，皆可得而知也。」草堂詩箋將兩條合爲一條，置於題下注。再如八哀詩，僞王洙注叙述每一篇傳主生平經歷，散見於該篇各句之下，草堂詩箋將其匯總連貫成文，統一置於篇題之下，有提綱挈領之功，甚便讀者。

（乙）調整次序。

有些次序調整出於統一注釋體例的考慮。其他注本往往以注家年代先後、注本成書時間早晚等標準排列注文，如課伐木序「我有藩籬，是缺是補，載截篠簜」句，杜陵詩史、分門集注、補注杜詩注文皆作：「王洙曰：禹貢揚州篠簜。鄭卬曰：篠，先了切，小竹也。簜，徒黨切，大竹也。」僞王洙注在前，鄭卬注在後。草堂詩箋一般先注難字讀音及意義，再注引文出處，即如俞成校正草堂詩箋跋所説「其始考異，其次音辨，又其次講明作詩之義，又其次引援用事之所從出」，故將注文調整爲鄭卬注在前，僞王洙注在後，以統一體例。其例甚夥。

當然，草堂詩箋對原注次序的調整也有不恰當的時候。如奉送郭中丞兼太僕卿充隴右節度使三十韻「周行獨坐榮」句，僞王洙注：「詩：寘彼周行。箋云：周之列位也。後漢宣秉拜御史中丞，光武特詔御史中丞與司隸校尉、尚書令會同，並專席而坐，故京師號曰『三獨坐』。時英乂爲中丞。」可以看出，僞王洙注是嚴格按照詩句語詞的出現順序進行注釋，即詩對應「周行」，後漢書對應「獨坐」，介紹郭英乂任職中丞對應「榮」。草堂詩箋調整爲：「詩卷耳：寘彼周行。獨坐，美英乂爲御史中丞也。後漢宣秉傳：秉字巨公，拜御史中丞。光武特詔御史中丞與司隸校尉、尚書令會同，並專席而坐，故京師號曰『三獨坐』。」草堂詩箋將僞王洙注原來的三個意義段落，「一（詩）—二（後漢書）—三（介紹郭英乂史實）」，調整爲「一—三—二」。這一調整打破了僞王洙注合理對應詩句語序的意義解釋鏈條，毫無必要。

（丙）刪削内容。

對繁蕪文字的刪除，如果無損讀者對詩歌文本的理解，是可取的。如收京三首其二「妖星帶玉除」句，僞王洙注：「晉天文志：妖星，一曰彗星，二曰孛星，三曰天棓，四曰地槍，五曰天欃，六曰蚩旗，七曰天衝，八曰國皇，九曰昭明，十曰司危，十一曰天（纔）〔讒〕彗，十二曰五殘，十三曰六賊，十四曰獄漢，十五曰旬始，十六曰天鋒，十七曰燭星，十八曰蓬星，十九曰長庚，二十曰四填，二十一曰地維。曹子建曰：凝霜依玉除。除，階也。説文曰：除，殿階也。西都賦曰：玉除彤庭。」草堂詩箋一言以蔽之：「晉天文志：妖星二十有一。説文：除，殿階也。」但是某些時候對注文刪削幅度過大，會喪失可與詩歌文本進一步互動的歷史細節，未必適當。如同谷七歌「扁舟欲往箭滿眼」句，趙次公注：「資治通鑑載：乾元二年八月乙巳，襄州將康楚元、張嘉延據州作亂。刺史王政奔荆楚。九月，稱南楚霸王。九月甲午，張嘉延襲破荆州，荆南節度使杜鴻漸棄城走。澧、朗、郢、峽、歸等州官吏聞之，争潛竄山谷。按通鑑目録，是年八月甲午朔，則此九月當是甲子朔。其下又載戊辰事，則甲子乃初一日，而戊辰乃初五日，又豈誤甲子爲甲午邪？今七歌有曰枯樹，有曰木葉黄落，則秋時之作，乃聞此荆南之亂矣。」時間考辨精確，有心的讀者如果能與杜甫稍後經秦嶺赴蜀的行程時間相聯繫，還可以發現兩者吻合。而草堂詩箋僅保留：「按資治通鑑：乾元二年八月乙巳，襄州將康楚元、張嘉延據州作亂。」刪削分寸頗可斟酌。

某些時候情况相反，草堂詩箋所引注文較之其他注本更齊備。如佳人，草堂詩箋注：「詩簡兮：刺不用賢也。云『彼美人兮，西方之人』，蓋言賢者有佳美之德。甫之此詩亦以佳人喻賢者，君之於臣，亦猶夫之於婦也。君用新進少年，必至於疏棄舊臣；夫淫於新婚，必至於離絶舊室，此必然之理也。甫寓意於君臣而有此作，非獨爲佳人之什，讀者可以意會也。」師古注文，杜陵詩史、黄氏補注杜詩所引皆節略，不如草堂詩箋所引語義完整。

（丁）串講發揮。

草堂詩箋常在原注基礎上做進一步串講發揮。如遣遇「漁奪成逋逃」句，僞王洙注：「姦黠吏也。漁，如漁獵然，不以法也。逋逃，走竄也。」草堂詩箋將其串講爲：「漁奪，謂侵奪如漁獵然，不以法也。所以下户皆走竄也。」又如鹿頭山「俯見千里豁」句，僞王洙注：「自秦入蜀，山嶺重複，極爲險阻。及下鹿頭關，東望成都，沃野千里，葱鬱之氣乃若煙霞靄然。」草堂詩箋改寫爲：「甫望成都，如飢渴之欲飲食。及至鹿頭山已斷絶，下視成都，沃野千里，豁然舒懷，甚慰其飢渴之望也。」對杜甫寫作時心態作了設身處地的發揮。

（戊）拆散拼接，裁以己意。

第一種方式，是對多家注文簡單拼合，略作裁剪。如泛江「方舟不用楫」句，趙次公曰：「方舟，並船也。字出爾雅。」大臨曰：「隨流也。」草堂詩箋合二注爲一句：「謂並船而隨流也。」

第二種方式，是在異文校勘或意義訓釋上擇善而從。如懷錦水居止二首其二「萬里橋西宅」句，僞王洙注：「甫之草堂在浣花萬里橋之南，地有百花潭。」趙次公注：「舊本作橋南，非是。公詩『萬里橋西一草堂，百花潭北即滄浪』。」而草堂詩箋徵引僞王洙注的同時，也採納了趙次公的校勘意見，將僞王洙注的「南」改爲「西」，最後呈現爲：「西，一作南，誤也。甫之草堂在浣花萬里橋之西，地有百花潭。」

第三種方式，是以一家注文對另一家注文加以更深入的説明，類似爲注作箋。如喜達行在所三首其二「間道暫時人」，草堂詩箋注：「言伺間隙之道而行，不敢保其性命也。班超傳：從間道到疏勒。」第一句、第三句爲僞王洙注，第二句爲師古注。草堂詩箋將師古注「不敢保其性命也」置於僞王洙注「言伺間隙之道而行」之後，是爲了説明何以「從間道歸」即爲「暫時人」，作爲補充。又如承聞河北諸道節度入朝歡喜口號絶句十二首其六「宮闈不擬選才人」句，僞王洙注：「唐制：才人正二千石。」趙次公注：「此篇喜諸節度入朝。所謂節度者，河北之地也。既喜其入朝，却防其媚悦而獻佳麗，故預以爲戒。古詩云：燕趙多佳人，美者顔如玉。才人，宮中之爵號。」按照時序，僞王洙注在趙次公注之前，杜陵詩史、分門集注、補注杜詩皆遵循這一順序。但草堂詩箋將趙次公注挪到僞王洙注之前，變爲：「此篇喜諸節度入朝。所謂節度者，皆河北之地，既喜其入朝，却防其媚説而獻佳麗，故預以爲戒也。才人者，宮中之爵號也。唐制：才人正二千石。」這一調整使得僞王洙注在意緒上承接趙次公注，爲趙次公注作了進一步的制度性補充説明，可謂順承得法，便於讀者更好理解注文意義層次。比較複雜的情況，如送樊二十三侍御漢中判官「君行立談際」句，草堂詩箋注：「漢中係荆湖南路伯長也。南伯，乃南方諸侯之長，即漢中主將是也。從事，乃幕府内之屬官，指樊判官也。今主將、判官相投俱賢，此行謀事有成功，只在立談之間，可收其效也。或曰，南伯與從事俱賢相投，只在立談之間耳。」第一、第三句是師古注，第二句、第四句是趙次公注。蔡夢弼拆散二注加以交叉穿插，意圖是以第二句趙次公注解釋第一句師古注的「南路伯長」，再以第四句趙次公注説明第三句師古注意見之外還有另一種理解。二家注文經過蔡夢弼剪裁，内容上相互補充，契合無間。

第四種方式，是對注文全部採納，但其間插入蔡夢弼自己對注文的進一步解釋，或對疏漏之處所作的辨正。前者如北征「宣光果明哲」句，魯曰：「周宣王、漢光武也。」草堂詩箋增補説明爲：「謂周宣王、漢光武皆中興之主，以喻肅宗明斷，再造唐室也。」語義更清楚。後者如哀江頭「昭陽殿裏第一人」句，草堂詩箋注：「李白詩有曰：漢宫誰第一，飛燕在昭陽。喻楊貴妃也。夢弼謂：昭陽本趙飛燕女弟，得幸爲昭儀，居昭陽。今李太白以爲飛燕居昭陽，誤矣。後漢孝成趙皇后傳：飛燕召入宫，大幸，有女弟復召入，俱爲倢伃，貴傾後宫。乃立倢伃爲皇后。皇后既立後，寵少衰，而弟絶幸，爲昭儀，居昭陽舍，其中庭彤朱而殿上髹漆，自後宫未嘗有焉。」按，李白詩句與後漢書趙皇后傳皆爲僞王洙注，草堂詩箋在李白詩與後漢書趙皇后傳之間插入「夢弼謂：昭陽本趙飛燕女弟，得幸爲昭儀，居昭陽。今李太白以爲飛燕居昭陽，誤矣」一句，以辨證李白詩對趙飛燕故事的誤讀。

（己）覆核出處，補充原文。

現存杜集宋注本多爲坊本，基本以前人注本注文爲唯一材料，極少有覆核原文出處的情況，這其實也是古代集注的一般性通例。但筆者發現草堂詩箋的集注會箋往往會覆核原文出處，較之他本更覺嚴謹。如北征「靡靡踰阡陌」句，僞王洙注：「靡靡，猶遲遲也。詩：行邁靡靡。」此條注文各本如杜陵詩史、分門集注、補注杜詩等皆同。草堂詩箋注：「詩黍離：行邁靡靡。毛萇傳：靡靡，猶遲遲也。」點明詩篇名與毛傳出處。又如蘇端薛復筵簡薛華醉歌「如澠之酒常快意」句，僞王洙注：「左傳：有酒如澠。」草堂詩箋注更全面清楚：「左氏傳昭公十一年：晉侯以齊侯宴投壺，（濟）〔齊〕侯舉矢曰：『有酒如澠，有肉如陵。寡人中此，與君代興。』杜預注：澠水出齊國。」

草堂詩箋在覆核原文出處的基礎上，還能修訂其他注家注文不確之處。秋興八首其三「日日江樓坐翠微」句，趙次公注：「山欲上曰翠微。」草堂詩箋注：「山未及上曰翠微。」按，爾雅原文正作：「山未及上，翠微。」蔡夢弼注較趙次公注更準確。

比較有趣的是，考辨注文出處還時能窺見蔡夢弼做注時覆核群書、左右逢源的情境。如諸將五首其四「越裳翡翠無消息」句，草堂詩箋注引異物志曰：「翠鳥形似燕，翡赤而翠青，其羽可以爲飾。」覆核全部杜集宋注本，此句未見任何注家徵引，當爲蔡夢弼自注。那麼蔡夢弼如何獲得此條自注的異物志文獻來源呢？再看下句「南海明珠久寂寥」，草堂詩箋用僞王洙注：「交趾多珍産，明璣、翠羽、犀象、玳瑁、異香、美木之屬，莫不自出。」按，此句注文源出後漢書賈琮傳。覆核後漢書，賈琮傳此句後恰引異物志「翠鳥形似燕，翡赤而翠青，其羽可以爲飾」爲注。可以推想，蔡夢弼是在覆核「南海明珠久寂寥」句僞王洙注所出之後漢書時，注意到異物志文句，遂將該文句用於注釋「越裳翡翠無消息」句。也就是説，蔡夢弼之所以能引及異物志作爲自注，乃因覆核僞王洙注文出處使然。

五、所謂「夢弼曰」注文的真相

草堂詩箋的單注本外貌形態極易誤導讀者。第一個被誤導的是宋、元之際署名劉辰翁批點、高崇蘭編次的集千家注批點杜工部詩集，此書作爲誤讀「蔡夢弼注」的源頭（誤讀的禍首當然應該歸咎於草堂詩箋自身），又不幸在元、明兩代成爲最爲流行的杜集注本，謬種流傳，往下影響到朱鶴齡杜工部集輯注、仇兆鼇杜詩詳注等清人「集大成」注本，有必要予以澄清。

（一）集千家注批點杜工部詩集所引「夢弼曰」真相

集千家注批點杜工部詩集中的「夢弼曰」近八百條。筆者將它們進行比對辨證，標識爲四種情況：一，凡屬蔡夢弼注，曰「是」。〔三三〕二，非蔡夢弼注，曰「非」，並注明原注家主名。三，集千家注批點杜工部詩集所引「夢弼曰」注文，常將「夢弼曰」與其他注家注文不加判別、交錯爲文，凡遇此類情況，則一一辨證，逐句標明是非。四，集千家注批點杜工部詩集引作「夢弼曰」，而不見於草堂詩箋，曰「草堂詩箋無此注文」。限於篇幅，各舉一例如下：

第一種情況，如登兖州城樓。夢弼曰：公父閑嘗爲兖州司馬，公時省侍之，故云「趨庭」。是時張玠亦客兖州，有分好。玠子乃建封也。（是。）

第二種情況，如兵車行。夢弼曰：隋西域傳：吐谷渾城在青海西四十里。（非。【王彦輔注】。）唐哥舒翰傳：築神威軍於青海上，吐蕃攻破之，又築城於青海中。（非。【僞王洙注】。）

第三種情況，如投哥舒開府翰（三）〔二〕十韻。夢弼曰：廉頗，趙之良將，伐齊攻魏，皆破之。（是。）襄四年傳：魏絳勸晉侯和戎有五利。（非。【僞王洙注】。）吐蕃本西羌屬，散處河湟、江岷間。（非。【師古注】。）以翰兼河西節度使，欲其收復之。（非。【趙次公注】。）

第四種情況，如白水明府舅宅喜雨得過字。夢弼曰：白水縣屬左馮翊，同州舅氏崔十九翁時爲白水縣尉。（按，草堂詩箋未見此條注文。）

最終結果：完全屬於蔡夢弼自注者，計三百四十三條。完全不屬於蔡夢弼自注者，計一百九十七條。由蔡夢弼自注與其他注家注文參合而成者，計一百七十七條。標明爲蔡夢弼注却未見於宋本草堂詩箋者，〔三四〕計六十四條。〔三五〕可以說，清人杜集注本對所謂蔡夢弼注的引用，往往受到集千家注批點杜工部詩集的誤導，凡其所引「夢弼曰」在三百四十三條之外者，皆屬誤用，可以根據本書附録一一還原其本來注家歸屬，這裏就不再舉例説明了。

另外附帶説明一個問題，集千家注批點杜工部詩集成書於宋、元之際，從時間上推斷，使用宋本五十卷系統草堂詩箋而非後來流行的正集四十卷加補遺十卷元本系統的可能性高。現在我們還可以通過本書附録對集千家注批點杜工部詩集注文的辨識，用證據坐實這一判斷。如元本、古逸叢書本草堂詩箋有題作送許八拾遺歸江寧一詩，全詩無注文，而宋本題目作送許八拾遺歸江寧覲省甫昔時嘗客遊此縣於許生處乞瓦棺寺維摩圖樣志諸篇末，自題目到詩句皆有注文。集千家注批點杜工部詩集詩題、注文全同宋本。其他如鄭駙馬池臺喜遇鄭廣文同飲、留花門、因許八奉寄江寧旻上人、偪仄行、題鄭十八著作丈、端午日賜衣、夏日歎、秋日荆南送石首薛明府辭滿告别奉薛尚書頌德叙懷斐然之作三十韻等篇注文，皆同此例。這些詩例有力地證明了集千家注批點杜工部詩集所用草堂詩箋底本爲宋本五十卷系統。

（二）杜工部草堂詩箋所謂「夢弼曰」真相

如果説，草堂詩箋貌似單注本的形態是導致集千家注批點杜工部詩集無意「誤認」的原因，草堂詩箋、集千家注批點杜工部詩集雙方都還有各自無辜地表明「没想到會這樣」、「没想到是這樣」的餘地；那麽，還有一批草堂詩箋自我標明「夢弼曰（夢弼謂、夢弼按、夢弼詳考、余謂、余按、余詳味）」的注文，經過比對考辨，可以確定它們屬於確鑿無疑的蔡夢弼故意「冒認」之注。換言之，草堂詩箋雖有超過一半以上的注文完全承襲前人注文而刪去注家主名；但同時畢竟尚有接近一半的注文，蔡夢弼基於「集注會箋」體例作出了改寫，這部分注文刪去注家主名也有一定合理性；這兩部分注文合爲一書，爲統一體例計，故皆不録注家主名，似乎尚可自圓其說。那麼對於新發現的直接承襲前人注文、並未作出改寫者，草堂詩箋却專門拈出特别冠以「夢弼曰」，以强調其原創性，恐怕不甚合適。這批注文被後世注家引用時，從未引起懷疑，將它們拈出並判定歸屬，有利於對草堂詩箋的合理利用。「冒認」主要集中針對趙次公、師古兩家注文，可能因爲這兩家注文較多發揮個人讀解心得，而這些心得頗爲蔡夢弼認同欣賞之故。

對趙次公注的冒認。如奉贈韋左丞丈二十二韻「行歌非隱淪」句，草堂詩箋注：「夢弼按：列子天瑞篇：林類年且百歲，行歌拾穗。張湛注：古之隱者也。」又如曲江對雨「何時詔此金錢會」，草堂詩箋注：「余按唐劇談録：開元中，都人遊賞曲江，盛于中和、上巳節。即錫宴臣僚會于山亭，賜太常教坊樂。推此則「金錢會」者，賜金錢爲宴也。」其實這兩條都是趙次公注，蔡夢弼加上「夢弼按」、「余按」，攫爲己有。再如收京三首其一「聊飛燕將書」，趙次公注：「言京師不勞兵戰而車駕可復止，若魯仲連飛書而聊城自下耳，所以見收復之易也。」蔡夢弼改爲：「余謂此以言京師不勞兵戰而車駕可復有，若魯仲連之飛書於燕將而聊城自下也。」又如陳拾遺故宅「彦昭超玉價」，趙次公注：「趙彦昭以權幸進，然必有才智者，故以『超玉價』言之。」蔡夢弼改爲：「余謂彦昭既以權幸進，然必有才智者，故詩以『超玉價』言之也。」兩條皆略作改動，未變原義，却用「余謂」二字化爲己出。又如奉和賈至舍人早朝大明宮舍人先世掌絲綸，題下趙次公注：「賈至，曾之子。曾於睿宗末年及開元初再爲中書舍人，後與蘇晉同掌制誥，皆以文辭稱，時號蘇、賈焉。玄宗幸蜀，時至拜起居舍人。帝曰：『昔先帝誥命，乃父爲之辭，今兹命册，又爾爲之。兩朝盛典出卿家父子，可謂繼美矣。』故云。」蔡夢弼抹去趙次公之名，寫作「考諸史氏」，似乎自己有勾稽考證兩唐書或其他唐代史籍之功，其實並無。又如觀薛稷少保書畫壁「鬱鬱三大字，蛟龍岌相纏」句，趙次公注：「稷所書慧普寺碑上三字，字方徑三尺許，筆畫雄勁。然公於李潮八分小篆歌云『八分一字直千金，蛟龍盤拏肉倔强』，是言八分及草書之纏糾，然後可言有蛟龍之勢也。然稷三大字乃真書，其勢豈若蛟龍耶？余嘗到慶壽寺觀之，三字之傍有贔屭纏捧，乃龍蛇岌相纏也。詩人道實事，爲壯觀之句耳。」草堂詩箋作：「稷所書惠普寺碑三字，字方徑三尺許，筆畫雄勁，今在通泉縣慶壽寺聚古堂，觀其所書三字之傍，有贔屭纏捧，乃龍蛇岌相纏也。」趙次公是蜀人，方便到通泉縣（今四川遂寧）慶壽寺遊歷，蔡夢弼身處福建，在南宋時期欲前往蜀中，就没那麼容易了。蔡夢弼很細心地將「余嘗到慶壽寺觀之」一句删去，以滅趙次公注之痕跡。他如遺懷「雷霆可震威」注、杜鵑詩「重是古帝魂」注、寄董卿嘉榮十韻「自是一嫖姚」注、大曆三年春白帝城放船出瞿塘峽久居夔府將適江陵漂泊有詩凡四十韻「歷塊匪轅駒」注、水宿遣興奉呈羣公「登橋柱必題」注、秋日荆南送石首薛明府辭滿告別奉薛尚書頌德叙懷斐然之作三十韻「槍纍失儲胥」注、哭李常侍嶧二首其二「寒山落桂林」注、憶昔行「辛苦不見華蓋君」注、暮秋枉裴道州手札率爾遣興寄遞呈蘇渙侍御「入懷本倚崑山玉」注、別董頲「南適小長安」注，所謂「夢弼謂」、「夢弼詳考」、「夢弼按」、「余按」、「余謂」、「余詳味此詩」云云，實際皆爲趙次公注。

對師古注的冒認。如奉贈韋左丞丈二十二韻「王翰願卜隣」句，草堂詩箋注：「夢弼謂：唐李邕有才名，後進想慕，求識其面，以至道塗聚觀，傳其眉目有異。唐王翰，文士也，杜華嘗與遊從。華母崔氏云：『吾聞孟母三徙，吾今欲卜居，使汝與王翰爲隣。』蓋愛其才故也。甫以文章知名當世，士大夫皆想慕之，故以李邕、王翰自比也。」〔三〇〕又如入奏行贈西山檢察使竇侍御，草堂詩箋題下注：「夢弼謂：時吐蕃分三道入寇，欲取成都爲東府。竇公以御史出檢校諸州軍儲器械，得以便宜入奏，甫作此以贈之。」再如陪王侍御同登東山最高頂宴姚通泉晚攜酒泛江「聽曲低昂如有求」，草堂詩箋注：「夢弼謂：自此以上既陳宴樂之興，故下章遂有警戒之辭。蓋樂極則繼之以悲也。樂不可過，詩人戒之。」考杜陵詩史、分門集注、補注杜詩等所引，以上三例皆爲師古注。又如早發射洪縣南途中作「更灑楊朱泣」，師古注：「甫遭窮途，至於東西南北，了無定居，安能免其揮淚乎！」蔡夢弼於句首加「余謂」二字，化爲己出。再如奉贈王中允維「一病緣明主」，師古曰：「甫自言得肺疾只緣思君也。」草堂詩箋注：「魯訔云：維在賊時，以藥下痢，陽瘖。予謂非也，蓋甫自言其因思君之故而得肺渴之疾也。」蔡夢弼加上

「予謂非也」，似乎接下來的反駁意見出於自己原創，其實是來自師古注。他如述古三首其二「市人日中集」篇末注、傷春五首其三「星辰屢合圍」句注、登樓「玉壘浮雲變古今」句注、春日江村五首其五「登樓初有作，前席竟爲榮」兩句注、宴忠州張使君姪宅「自須遊阮舍」句注、秋日寄題鄭監湖上亭三首其三「揮金應物理」句注、奉酬薛十二丈判官見贈「無心雲母屏」句注、追酬故高蜀州人日見寄「服食劉安德業尊」句注，所謂「夢弼曰」、「夢弼謂」、「余按」云云，其實皆爲師古注。

對其他注家注文的冒認情況較少。如奉待高常侍「汶上相逢年頗多」句注，所謂「予按」者，以及將赴成都草堂途中有作先寄嚴鄭公五首其一「酒憶郫筒不用沽」句注，所謂「夢弼謂」者，據杜陵詩史、分門集注、補注杜詩引作「修可曰」，而所謂杜修可注（又或稱杜時可注），研究者公認即杜田補遺注的別稱。

現在可以對草堂詩箋注文的基本情況作出結論：第一，至少有一半的注文完全承襲前人注。第二，接近一半的注文是以前人注文爲材料，基於某些體例進行改寫，大部分改寫沒有增加新的實質內容，但也有相當部分改寫有覆核原文出處、刪汰繁蕪、裁斷發揮之功。第三，少數標明「夢弼曰」的注文屬於冒認前人注文，這部分「冒認」已盡載於此。第四，上述三種情況之外的其他注文（也就是沒有注明注家主名的注文）基本上都可以歸屬蔡夢弼自注，〔三七〕這部分注文約占全部注文的百分之十以內。

斠證工作使得其他注家注文歸屬既明，蔡夢弼自注的真實面目也就顯露。以下試舉數例，以説明其價值。

（三）蔡夢弼自注的價值

蔡夢弼自注或能取證廣博，考論細密，便於理解。如悲陳陶「孟冬十郡良家子」，蔡夢弼注：「良家子，謂陝西民户團結精於馳射者，非召募之兵也。」此以宋代情況揆之唐時而論，甚便當時讀者。又如送裴二虬作尉永嘉，題下注：「此篇當次於天寶之初。考之裴虬以天寶干戈前尉永嘉，蔣之奇武昌怡亭序云：怡亭銘，乃永泰元年李陽冰篆，李莒八分書，而裴虬作銘。銘曰：峥嶸怡亭，盤薄江汀。勢壓西塞，氣涵東溟。風雲自生，日月所經。衆木成幄，群山作屏。故予逃世，於此忘形。詩人劉長卿過虬郊園詩曰：郊原春欲暮，桃李落繽紛。何處尋芳草，留家寄白雲。又浯溪觀唐賢題名有：河東裴虬，字深原。大曆四年，爲著作郎兼侍御史、道州刺史。甫流落楚蜀時，虬爲道州刺史。按集，其在長沙有得裴道州手札詩，又有二端公虬旋凱道州詩是也。」考證細緻，並引及本朝人論點，超出了一般性注本僅就前人注文輾轉傳鈔的水準。再如萬丈潭「削然根虛無」注云：「却立，謂退則阻石，而兩山壁立相對如削成然，而攢乎清虛也。時甫寓同谷不盈月。按鄭鴻嘗有詠公同谷茅茨曰：工部棲遲後，鄰家大半無。青羌迷道路，白社寄杯盂。大雅何人繼，全生此地孤。孤雲飛鳥付，空勤舊山隅。鴻曰：萬丈潭在公宅西，洪濤蒼石，山徑岸壁如目見之。」提供實地考察的文獻，引證親切，如在目前。

又或能糾正他家注本之誤。如寄岳州賈司馬六丈巴嚴八使君兩閣閣老五十韻「蒼茫城七十，流落劍三千」一句，草堂詩箋注：「（蒼茫城七十，）謂禄山反，河北十餘郡皆棄城而走也。……（流落劍三千，）劍，指蜀之劍閣。言玄宗幸蜀流落，有三千里之遠也。或引莊子趙孝文王有劍客三千餘人，誤矣。」按，諸家皆引莊子「劍客三千」，蔡夢弼注獨異衆說，並指出諸家注皆誤，最爲有見。又如萬丈潭「清溪含冥漠」注云：「按，唐咸通十四載，西康州刺史趙鴻刻公萬丈潭詩曰：『清溪含冥漠，倒影垂澹瀠。出入巨爪礙，何當暑天過。』今本寫訛，當以趙本爲證。」用石刻資料，尤爲難得。

又或獨得妙解，啓發後來注家。如示從孫濟「萱草秋已死，竹枝霜不蕃」，草堂詩箋蔡夢弼注：「竹以喻父，萱以喻母。男正位乎外，故堂前父之所居。女正位乎内，故堂後母之所居。萱草已死，言杜濟之母已喪矣。竹枝不蕃，兄弟譬則連枝，言杜濟之父所存者獨甫，兄弟無人，此序濟已喪父母，惟叔父甫在，爲至親也，無以數來爲嫌。蓋譏同姓之恩刻薄，於至親者尚然，况疏者乎？」按，浦起龍讀杜心解稱：「濟或年少孤孑。」或受蔡夢弼此注啓發。如徒步歸行「白頭拾遺徒步歸」，蔡夢弼注：「甫貧甚，官卑，只衣緑袍。是時馬貴不能辦，是以徒步歸家也。」朱鶴齡杜工部詩集輯注引錢謙益箋曰：「舊書：至德二載二月，上幸鳳翔，議大舉收復兩京，盡括公私馬以助軍。時當括馬之後，故云『不復能輕肥』也。」此後研究者對杜甫還家羌村之際徒步、借馬事亦多有討論，蔡夢弼注已導夫先路。

六、斠證注文所見杜集宋注各本特點及其規律

斠證工作必須覆核全部杜集宋注本，由此得以了解各種宋注本的不同特點及其規律，具體而言有如下數端：

第一，其他宋注本能糾正草堂詩箋的訛誤，或者能相互補充以勘誤。如憶弟二首時歸在陸渾莊「喪亂聞吾弟，飢寒傍濟州」，宋本、元本、古逸叢書本草堂詩箋皆注：「濟，子禮切，水名。禹貢有濟河，此同州水名。」末句費解。而杜陵詩史、分門集注、補注杜詩、集千家注批點杜工部詩集引「鄭卬曰」末句作「此因水名州」，意義明晰。又如贈衛八處士，宋本、元本、古逸叢書本草堂詩箋題下皆注：「按唐史拾遺：甫與李白、高適、衛賓相友善。賓年最少，號小友。今據甫此贈衛八云：『昔别君未婚。』則知此詩乃非贈衛賓乎？」末句語義扞格，而杜陵詩史、分門集注、補注杜詩引「師古曰」末句無「非」字，作「則知此詩乃贈衛賓乎」，涣然可通。

第二，分門集注、補注杜詩往往能補充杜陵詩史對「鄭卬注」只出注文、不標注家主名的缺陷。如去矣行：「一飽則飛掣。」草堂詩箋注：「掣，昌列切，挽也。」杜陵詩史注：「尺列切。」未出注家名。分門集注、補注杜詩則注明：「鄭曰：『尺列切。』」同詩「野人曠蕩無靦顔」一句

鄭印注：「靦，他典切，面慙。」也是同樣情況。分門集注、補注杜詩中標明「鄭（印）曰」注釋單字音義的内容，覆核杜陵詩史的相應部分，往往如此，其例甚夥。

第三，詩句異文，即「某一作某」的情況，杜陵詩史基本不出注家名，分門集注、補注杜詩則往往給出注家名，使得我們知道「某一作某」大多出自僞王洙注。其例甚夥，聊舉一例，如大雲寺贊公房四首其二「明霞爛複閣」，草堂詩箋注：「明，一作晨。」按，杜陵詩史僅在「明」字下出「一作晨」三字，未標注家。分門集注曰：「洙曰：一作晨。」補注杜詩曰：「洙曰：明，一作晨。」

第四，以草堂詩箋注文比對諸宋注本，存在一種情況：其他宋注本各自截取原來某一注家的完整注文，經比對草堂詩箋後從而了解原文樣貌，得以恢復。如蘇端薛復筵簡薛華醉歌「何劉沈謝力未工」，草堂詩箋注：「謂何遜、劉孝標。（按，當作「劉孝綽」。）沈約、謝朓也。梁書：何遜五歲能賦詩，一文一詠，范雲期輒嗟賞，沈約亦愛其文。遜文章與劉孝標並見重於世，世謂之何、劉。世祖著編論之云：詩多而能者沈約，少而能者謝朓、何遜。又，劉孝標七歲能屬文，每作一篇，朝成暮編，好事咸誦諷，流聞絶域。又，沈傳：謝玄暉善爲詩，任彦昇工於文章，約兼而有之，然不過也。」考分門集注引：「洙曰：何遜、劉孝綽、沈約、謝朓。」爲草堂詩箋注文第一句。注文第一句之外的餘下部分，杜陵詩史全引，作「洙曰」。經兩種宋注本比對拼合之後得知此注全爲僞王洙注。

第五，宋注各本對注文擇取各不相同，某些注文僅見於某一種注本。如憶幼子「炙背俯晴軒」一句，草堂詩箋注：「炙背，乃負暄也。」各注本皆未見此條，僅九家集注杜詩引僞王洙注：「炙背，負暄之義也。」成爲唯一綫索。又如師古注，詩末大段「師（古）曰」注文往往只見於杜陵詩史，而源出於杜陵詩史的分門集注、補注杜詩或不存「師（古）曰」注文，或僅存該注文的片段。

七、校勘所見杜工部草堂詩箋各本異文規律與相互關係

杜工部草堂詩箋宋本與元本（以及承襲元本的古逸叢書本）注文在某些詩篇中有較大差異，主要有兩種情況：

一種是注文完全不同，如卷八白水縣崔少府十九翁高齋三十韻「魍魎森慘戚」句，注曰：「馬融廣成頌」云云。按，「馬融廣成頌」五字，元本作「比月縣員威頌」，古逸叢書本作「寄劉峽州翠虛」。又，同詩「帶甲且未釋」句，注曰：「未，王介甫作『來』。」按，「未王介甫作來」六字，元本、古逸叢書本作「未得解甲也」。

一種是元本（以及古逸叢書本）對宋本注文有大量删削。如卷七高都護驄馬行後半部分、卷七天育驃騎歌前半部分，卷十奉送郭中丞兼太僕卿充隴右節度使三十韻後半部分，卷十二

鄭駙馬池臺喜遇鄭廣文同飲、送賈閣老出汝州、送鄭十八虔貶台州司户傷其臨老陷賊之故闊爲面别情見於詩、題鄭十八著作主人、逼側行贈畢曜、留花門、端午日賜衣、送許八拾遺歸江寧覲省甫昔時嘗客遊此縣於許生處乞瓦官寺維摩圖樣志諸篇末等篇。尋繹其緣由，某些宋本注文可以在南宋時類書錦繡萬花谷中找到，如「驄尾蕭梢朔風起」一句，宋本注文作：「驄，一作駿，趙作騣，今從之。騣尾之長，蕭梢動摇，則朔風凛列而生也。神異經：西南大宛丘有良馬，鬣至膝，尾委於地，則騣尾之長者，蕭梢然矣。」錦繡萬花谷前集卷三十七「馬」條：「騣尾蕭梢。漢天馬歌曰：『尾蕭梢兮朔風起。』神異經：大宛有良馬，鬣至膝，尾委於地，則尾之長者，蕭梢然摇動，可起朔風。」注明「杜詩注」。正與宋本基本相符，可見所謂「杜詩注」即指草堂詩箋。而元本、古逸叢書本此句注文作：「選：朔風動秋草，邊馬有歸心。坡云：漢天馬曲曰：尾蕭梢，朔風起。足銀砧兮破層冰。」筆者並未找到相對應的宋代文本。爲何會出現這樣較大規模的異文，竊以爲元本所用此二首注文，或爲初稿，或爲後來配補，原因在於此二首注文皆帶有注家名，並用黑底白文方式標明，是全書其他部分所没有的。這樣的處理，或出於蔡夢弼初稿本的樣貌（定稿時統一删去注家名），或出於元刻時此數頁散佚（前詩後半與後詩前半相接，正好兩頁，如非散佚，即爲字跡湮没），從其他杜集宋注本援引，因此注文内容既不同於蔡夢弼本，體例上又帶有蔡夢弼定本已經删去的注家名。關於補配的情况，如卷十送楊六判官使西蕃一詩，元本、古逸叢書本注文與宋本不同，而與杜陵詩史、分門集注、補注杜詩系統注文相同。例如「人世別離難」一句，宋本注：「屈原九歌：悲莫悲兮生別離。」元本、古逸叢書本注引「蘇曰」作：「季珪：人世萬事，惟別離最難。」按，元本、古逸叢書本的注與杜陵詩史、補注杜詩相同。同詩「儒衣山鳥怪」句，宋本注：「屈原九歌：悲莫悲兮生別離。」元本、古逸叢書本注引「蘇曰」作：「桑聞再歸中條時，春鳥嘐戛，聞嘆曰：『山鳥亦怪我儒衣冠。』」這似乎表明宋本草堂詩箋删去了不可靠的僞蘇注，另作注文（或引他注，或自撰注文）。而元本所依照的宋本此詩注文有可能闕頁，故元本只能照録杜陵詩史、分門集注、補注杜詩這一版本系統的注文，古逸叢書本依照元本翻刻，從而形成目前所見到的宋本與元本、古逸叢書本文本歧異情況。

上述兩種情況之外，還有一種特殊情況，即注文僅見於宋本，或僅見於元本（以及承襲元本的古逸叢書本）。前者如留花門題下注：「趙傁云：花門，回紇種落。昨秋閏八月丁卯，廣平王元帥，朔方節度郭子儀副元帥，朔方等兵以回紇助伐。兩京平，賊卷橐北渡河，回紇大掠洛陽，府庫空。三川耆老以萬繒錦賂之，乃止。公意汾陽得朔騎足平中原，奚使花門恃功，千騎（撇）〔撤〕烈，病中夏哉！」這段注文僅見於宋本，不但元本、古逸叢書本未收，亦不見於九家集注杜詩、杜陵詩史、分門集注、補注杜詩、集千家注批點杜工部詩集，故林繼中輯校杜詩趙次公先後解亦未得見，可據補入。後者如贈翰林張四學士垍「恩與荔支青」，宋本注：「未詳。」元本注：「翰林拜命日賜荔支、金腰帶。」古逸叢書本從元本。這似乎説明元本偶爾還在宋本基礎上作了些許增補。

另外，關於文字校勘的異文問題，古逸叢書本以元本爲底本。大凡元本與宋本同，而古逸叢書本改字者，往往出於元本字跡漫漶之故。古逸叢書本無法用宋本來比對，故只好勉强辨認，因而出錯。我們今天手持宋本比對，元本漫漶之字一望而明其本字，參之古逸叢書本之妄度，如老吏斷獄，兩照皆明。據筆者校勘，宋本與古逸叢書本相同，而元本獨異者，全書僅有數處，即大雲寺贊公房四首其三「心在水精域」，草堂詩箋注：「述異記：吴王闔閭造水晶宮，尤極珎（珍之異體字）怪，皆出自水府。」按，「珎」字宋本、古逸叢書本皆同，唯元本誤作「弥」。推測緣由，當是古逸叢書本據語義從元本徑改，並非據宋本而得，因爲從上下文語境來看，較容易判斷「弥」是「珎」的字形訛誤。又如彭衙行，草堂詩箋題下注：「左氏文公二年傳：晉侯及秦師戰於彭衙。」按，「晉」宋本、古逸叢書本皆同，唯元本作「皆」。古逸叢書本應當是從語義上判斷，徑由元本改之。最後還可以舉一個有趣的例子，説明古逸叢書本在元本訛誤的基礎上往往會妄加修補，錯上加錯，如光禄坂行「安得更似開元中」句，宋本注文爲「鄭棨傳信記云云」，元本誤作「鄭棨傳信言云云」，古逸叢書本在元本訛誤基礎上，再妄改爲「鄭棨傳：棨言云云」，使得引文出處由鄭棨（當作「鄭綮」）開天傳信録一變爲「鄭棨傳」。

八、存疑待考之處

某些注文，儘管我們從注文風格以及其他間接的綫索，大致可以判斷其注家歸屬，但由於現存宋注本没有明確標出其注家主名，筆者也只能付之闕如，作存疑處理。如去矣行「豈可久在王侯間」一句，草堂詩箋注：「甫素與武相善，武鎮成都，甫往依焉。武辟甫爲參謀檢校工部尚書員外郎，是飢鷹飽肉之譬也。甫嘗醉登武床，瞋視曰：『嚴挺之乃有是兒。』武杖劍欲殺之，賴武母救免。甫是以有去志，故作是詩。然甫嗜酒，既不爲飽鷹，亦不爲堂上之燕依傍主人，但側媚以趨炎附勢。况甫之爲人，其性曠蕩，不能厚顔久依王侯，集嘗有詩曰：『本欲依劉表，還疑厭禰衡。』蓋因武激而爲是言也。」竊以爲這段文字應該是師古注。理由有二：第一，師古注的鮮明特點是好將杜詩與時事聯繫，而每多穿鑿，符合這段注文的特點。第二，去矣行題下有蔡夢弼注曰：「夢弼謂，此篇亦爲嚴武而作也。」其實這是師古注，見於杜陵詩史引「師古曰」：「此詩爲嚴武而作。見前貧交行注。」根據這一綫索，在貧交行「紛紛輕薄何須數」一句下，我們找到這樣一段注文：「甫之此詩，爲嚴武有激而作也。甫與武素相厚善，及武鎮西川，甫往依之，常醉登其床，曰：『嚴挺之乃有是兒？』武杖劍欲殺之，武母救止之。武始待甫甚厚，今以小嫌而欲殺之，豈非翻手作雲覆手作雨，其輕薄如此，又何足慕數乎！」根據杜陵詩史、分門集注與補注杜詩標注，這正是「師古曰」注文。它與去矣行「豈可久在王侯間」一句草堂詩箋注文基本一致，正説明去矣行注文應該出自師古之手。儘管通過輾轉考證，大致可以確定去矣行「豈可久在王侯間」一句的注文乃是蔡夢弼引用師古注，但由於現存宋注本無一標注「師（古）曰」之名，我們慎重起見，仍標注爲【師古曰】。又如新婚别題下草堂詩箋注：

「采綠，刺怨曠。幽王之時，兵革不息，故男女怨曠。今肅宗遣九節度圍相州，敗而還，以至捉老嫗以供軍之役，是窮民無告者不得其所。豈知文王發政施仁，必先於斯乎！又，新婚者不得安其匹偶，豈非幽王之時男女多怨曠，采綠之詩所由作也。」今存宋注中找不到此條注文來源，但此詩「與君永相望」句有「師古曰」：「詩采綠刺怨曠也。觀甫此詩，怨别又勝於采綠者也。」可知師古曾以采綠比擬新婚别之作，那麼題下注也很可能出自師古。由於没有更明確的文獻證據，只能付之闕如，以俟他日新證據之發現。

九、餘論

總之，杜詩研究應該回到杜集宋注源頭，才能以學術史眼光將杜詩諸問題從萌生到推進、訛變加以正本清源的梳理清查。只有在釐清現存全部杜集宋注的基礎上，才能對杜注的基本格局及對杜甫、杜詩大量問題的研究史、接受史有新認識，才能洗滌乾净杜詩這一中國文學的經典箭垛上「層累造成」的定見，恢復對杜詩文本闡釋的敏感性。

通覽現存全部杜集宋注本，除杜詩趙次公先後解與杜工部草堂詩箋之外，其他各本目前可知的存世版本的傳承綫索清楚，整理所用底本、對校本都很明確，整理的難度與工作量都不大，這部分杜集宋注本用影印或普通校點的方式出版，就可以滿足閱讀、研究的需求。杜詩趙次公先後解的整理難點是卷帙散佚過半，林繼中輯校本的整理工作以輯佚爲主，嘉惠學林。杜工部草堂詩箋的整理難點是，一方面在流傳過程中出現闕卷拼接、編次淆亂，形成了兩種不同系統的版本，而且劣本通行，善本沉寂，善本全帙亦待訪求補全；另一方面，蔡夢弼撰述時盡數删去注文來源綫索，有集注之實而無注家之名。因此，「新定杜工部草堂詩箋斠證」整理工作析而言之：「新定」意味回歸宋刻五十卷系統原貌，恢復「編年」優點，同時增入草堂詩箋原書所無的集注杜工部詩姓氏，草堂詩箋今存宋本所無而元本所有的杜工部草堂詩話、草堂詩箋傳序碑銘、杜工部草堂詩年譜，更便利用。「斠證」則將注文還原爲「集注」形態，達到蔡夢弼原書未曾達到過的程度，成爲一種「全新」的杜詩編年集注本；而且因爲杜工部草堂詩箋是宋代晚出帶有總結性的杜集注本，「斠證」工作必須參照現存全部杜集宋注本進行比對考辨，凡有疑處皆作考證，凡有闕處皆録原文，再加上筆者所撰「附録」兩種，還可視爲一部「杜集宋注考辨彙編」。「新定斠證」工作，旨在爲讀杜者提供一部更加可靠的杜工部草堂詩箋，推進學界對杜集宋注的清理利用。本書獲得二〇一七年度國家社科基金項目支持，結項過程中評審專家提出了中肯的修改意見，筆者據他們的意見對書稿作了進一步完善。出版過程中，上海古籍出版社劉賽編審統籌措置貫穿終始，責任編輯戎默博士不但建議調整若干體例，更是力助完成核校書稿内容。在此謹致謝忱！

猶憶昔年譯介洪煨蓮 *TU FU: China's Greatest Poet*（Harvard University Press，1952）；中

譯本杜甫：中國最偉大的詩人，上海古籍出版社二〇一一年），甚訝其創獲之豐、見解之新，置諸今日亦不遑多讓。譯事既畢，若有所得，故敢踵武前賢，撰爲杜詩考釋（上海古籍出版社二〇一六年）。其時爬梳杜集宋注，作爲文章之餘，間或有暇，已頗屬意於蔡夢弼杜工部草堂詩箋之董理。始也排比稽考，錙銖必校，終待寒盡春生，成編在手，計其終始，已逾九載，夙願縈繫，差可告慰。世恒以宏文立説是務，校讎小道，弄潮者不與焉。雖然，竊惟人文之學終以承傳爲犖犖大端，先代舊籍既藉以立説，而又能弆而繕之，不亦善哉。業師袁春澍先生有云，學者於自著書外，亦當董理古人書，斯爲雙美。今又賜題書名，以申舊訓。斯事斯理，力行之漸，聞音跫然，亦或有應之者歟？若更能匡我不逮，則吾道不孤，幸何如之。

曾祥波

二〇二〇年識於京西青龍湖

【注釋】

〔一〕浦起龍讀杜心解，中華書局，一九六一年，第八頁。

〔二〕王國維觀堂集林觀堂别集卷三，河北教育出版社，二〇〇三年，第六七九頁。

〔三〕洪業撰，曾祥波譯杜甫：中國最偉大的詩人，上海古籍出版社，二〇一一年，第八頁。

〔四〕洪業杜詩引得序，杜甫：中國最偉大的詩人附録二，第二七八頁。

〔五〕周采泉杜集書録，上海古籍出版社，一九八六年，第五五頁。

〔六〕四庫全書總目卷一四九，中華書局，一九六五年，第一二八一頁。

〔七〕胡玉縉撰、王欣夫輯四庫全書總目提要補正卷四三，上海書店出版社，一九九八年，第一一八七頁。

〔八〕杜甫：中國最偉大的詩人「引論」，第一至二頁，注五。

〔九〕洪業杜詩引得序（杜甫：中國最偉大的詩人附録二，第二八八頁）即指出：「蔡氏著書，實亦以剽竊爲法者也。觀其書中曰『案』、曰『考』、曰『夢弼謂』者甚多，似是考證之新得，實皆盜自他人。」

〔一〇〕洪業杜詩引得序，杜甫：中國最偉大的詩人附録二，第二七〇頁。按，上舉哀王孫二句「黄希注」，或即洪業此處推斷之證據。此説有理，可從。

〔一一〕按，王狀元集百家注編年杜陵詩史流傳至今的唯一宋刻本爲貴池劉世珩玉海堂藏本。此本後來歸程毅中祖上所藏，又輾轉流入蘇州圖書館（參見蘇州市新發現的宋刻杜陵詩史，文物一九七五年八期；張國瀛杜陵詩史傳奇，杜甫研究學刊二〇〇四年二期；程毅中杜陵詩史百年傳奇的最後一頁，世紀二〇〇七年五期等文）。不過，一九一三年劉世珩曾將此書影刻流布，此後江蘇廣陵古籍刻印社又於一九八一年影印劉氏影刻本一千五百部，綫裝書局於二〇〇一年又再次影印。近來中華再造善本亦影印此書。

〔二〕草堂詩箋中有數條注文與補注杜詩黄希、黄鶴注同，而又不見於他書。如橋陵三十韻題下注：「橋陵在奉先西北三十里。」又如渼陂行「宛在中流渤澥清」句下注曰：「司馬相如子虚賦：浮渤澥。顔師古曰：海别支也。」二條今僅見於補注杜詩黄希注、黄鶴補注。又有近似注文，如渼陂行「馮夷擊鼓群龍」句下注：「山海經：中極之淵，深三百仞，唯冰夷都焉。冰夷，人面而乘龍。」遍考宋人注本，僅有補注杜詩黄鶴曰「郭璞云：冰夷，馮夷也。人面而承龍。（齊地記）」這幾處注文草堂詩箋與補注杜詩所本很可能來自同一史源。

〔三〕繆荃蓀藝風堂文續集卷七，續修四庫全書影清刻本，一五七四册，第二五六頁。

〔四〕傅增湘藏園群書題記，上海古籍出版社，一九八九年，第五八八頁。

〔五〕洪業杜詩引得序，杜甫：中國最偉大的詩人附録二，第二八八頁。

〔六〕按，洪業杜詩引得序指出，朱鶴齡杜工部詩集輯注雖號稱以草堂詩箋爲底本，參詳者實爲高崇蘭編次之集千家注批點杜工部詩集。儘管如此，因高崇蘭本直接承襲草堂詩箋，故朱鶴齡本亦可視爲間接出於草堂詩箋。

〔七〕其實，杜陵詩史自身亦有刊刻之訛誤，如老杜初至成都詩繫年「上元元年庚子在成都所作」，杜陵詩史將「元年」皆誤作「二年」。另外，在注文的選擇上，草堂詩箋删去百家注中的僞蘇注，見識優於杜陵詩史。

〔一八〕參見曾祥波蔡夢弼草堂詩箋整理芻議——兼議最早兩種宋人杜詩編年集注本之優劣，中國典籍與文化二〇一四年四期，總第九十一期。

〔一九〕北京圖書館出版社，二〇〇六年十月。

〔二〇〕中國古籍善本書目集部，編號第八三一種，第六七頁。

〔二一〕二〇一八年五月末，上海圖書館本部未編古籍書庫的清點中發現了宋刻本杜工部草堂詩箋一册，爲卷二〇、卷二一，從鈐印「季振宜字詵兮號滄葦」看爲清初藏書家季振宜所藏，與中華再造善本所據之國家圖書館藏本正是同一部。上海圖書館藏二卷與草堂博物館所藏宋本亦屬同一版本系統，兩本皆爲半頁十一行，行十九字，小字雙行，行二十五字，四周雙邊，間有左右雙邊，行款格式及内容一致。

〔二二〕此書除哈佛燕京圖書館收藏之外，據杜集叙録明代編（齊魯書社，二〇〇八年，第一五八頁）著録其藏地尚有華東師範大學圖書館、上海圖書館及山東省圖書館。另據筆者調查，亦見藏於山東省即墨市圖書館，且以數字化方式公諸於世。

〔二三〕鮑松刻李杜全集後稱：「鐫如其舊，而杜集則伐去其箋解。」又，除了卷首「傳譜」部分題爲「建安蔡夢弼集録」之外，如卷十五秦州雜詩注：「夢弼謂今止十九首。」這些都可以表明其出自草堂詩箋。

〔二四〕按，上下兩欄詩篇一一對應，上欄爲宋本五十卷系統，下欄爲元本四十卷加十卷補遺。如

第二行上欄「卷二〇第一—九首、第十一首—卷末」，下欄「卷二五第一—九首、補遺卷一」，意味着宋本的「卷二〇第一—九首」被元本調整爲「卷二五第一—九首」，宋本的「卷二〇第十一首—卷末」被元本調整爲「補遺卷一」。列表力求簡明，組詩皆算作一首。又，間有相鄰詩篇互乙，以及個别詩篇闕漏，無關宏旨，不在表中體現。

〔二五〕成書年代判斷見林繼中杜詩趙次公先後解輯校（修訂本）前言，上海古籍出版社，二〇一二年，第一至三頁。

〔二六〕按，九家集注杜詩零星遺存的「僞蘇注」屬於郭知達删除之後的遺漏，與門類增廣十注杜工部詩、門類增廣集注杜工部詩及杜陵詩史中「僞蘇注」大量存在、相當顯著的情况不同，故洪業杜詩引得序以此爲判斷諸書先後形成年代的證據，最爲合理。

〔二七〕周采泉杜集書録卷二「（郭知達）新刊校正集注杜詩三十六卷」條，上海古籍出版社，一九八六年，第五五頁。

〔二八〕洪業撰，曾祥波譯杜甫：中國最偉大的詩人附録二杜詩引得序，上海古籍出版社，二〇一一年，第二七〇頁。

〔二九〕草堂先生杜工部詩集僅有題下繫年小字注文，注文簡單，格式統一，如「暮秋將歸秦留别湖南幕府親友（大曆五年）」，此皆爲承襲補注杜詩黄鶴繫年注。詳見曾祥波杜集宋本編次源流考論——兼論草堂先生杜工部詩集成書淵源及意義，中華文史論叢二〇一九年第四期。

〔三〇〕曾祥波論宋代以降杜集編次譜系——以高崇蘭編、劉辰翁評點集千家注杜工部詩集編次的承啓爲轉折，國學學刊二〇一六年一期。

〔三一〕九家集注杜詩中有一部分「新添」注文，過去認爲可能出自郭知達，屬於「百家注」之外新增加的原創性内容。筆者將這部分注文與杜工部草堂詩箋以及其他現存宋注本注文進行比對，發現它們往往是有明確注家歸屬的注文，並非郭知達原創。試舉一例，如絶句「高樓鼓角悲」注：「唐李綽歲時記：三月上巳，始有錫宴群臣於曲江。傾都人物於江頭禊飲踏青。」這條注文，九家集注杜詩標作「新添」，門類增廣十注杜詩引作「杜云」，杜陵詩史、分門集注、補注杜詩引作「修可曰」。換言之，此注屬於杜田補遺（杜修可、杜時可是杜田的訛稱），而杜田注是九家集注杜詩據爲來源的「九家」之一。這條注文顯然不屬於郭知達原創。另外，標明「新添」字樣的注文，最早已經見於門類增廣十注杜工部詩、門類增廣集注杜工部詩，爲數不少。而郭知達九家集注杜詩出自增廣十注（即門類增廣十注的前身），這一點自洪業提出後基本爲學界公認。所以，九家集注杜詩中的「新添」注文出於郭知達原創，這一説法應被謹慎對待。

〔三二〕因有助於師古注輯佚，列於此以便讀者：入奏行贈西山檢察使竇侍御、陪章留後惠義寺餞嘉州崔都督赴州、椶拂子、閬州東樓筵奉送十一舅往青城縣、述古三首其二「市人日中集」、登樓、喜雨「春旱天地昏」、破船、贈別賀蘭銛、自平、西閣曝日、憶昔二首其二、晚登瀼上堂、李潮八分小篆歌、寫懷二首、可歎、送高司直尋封閬州、錦樹行、赤霄行、寄裴施州、大曆三年春白帝城放船出瞿塘峽久居夔府將適江陵漂泊有詩凡四十韻、短歌行贈王郎司直、王兵馬使二角鷹、秋日荆南述懷三十韻、秋日荆南送石首薛明府辭滿告别奉薛尚書頌德叙懷斐然之作三十韻、哭韋大夫之晉、醉歌行贈公安顔少府請顧八題壁、憶昔行、覽柏中允兼子姪數人除官制詞因述父子兄弟四美載歌絲綸、解憂、宿鑿石浦、早行、次空靈岸、宿花石戍、早發、岳麓山道林二寺行、奉酬寇十侍御錫見寄四韻復寄寇、湘江宴餞裴二端公赴道州、寄李十四員外布十二韻新除司議郎萬州别駕雖尚伏枕已聞理裝、長沙送李十一銜、奉贈盧五丈參謀琚、暮秋枉裴道州手札率爾遣興寄遞呈蘇涣侍御、奉贈李八丈判官曛、奉寄河南韋尹丈人甫弊廬在偃師承韋公頻有訪問故有下句、别董頲、奉送魏六丈佑少府之交廣、别張十三建封湖南觀察使韋之進辟參謀、風疾舟中伏枕書懷三十六韻奉呈湘南親友、幽人、追酬故高蜀州人日見寄、蘇大侍御涣静者也旅于江側凡是不交州府之客人事都絶久矣肩輿江浦忽訪老夫舟楫而已茶酒内余請誦近詩肯吟數首才力素壯詞句動人接對明日憶其湧思雷出書篋几杖之外殷殷留金石聲賦八韻記異亦記老夫傾倒於蘇至矣、送重表姪王砅評事使南海、詠懷二首、酬郭十五判官、白鳧行、朱鳳行、衡州送李大夫赴廣州、清明、題衡山縣文宣王廟新學堂呈陸宰、白馬、舟中苦熱遣懷奉呈陽中丞通簡臺省諸公、送顧八分文學適洪吉州、聶耒陽以僕阻水書致酒肉療飢荒江詩得代懷興盡本韻至縣呈聶令陸路去方田驛四十里舟行一日時屬江漲泊于方田等。

〔三三〕按，本書判斷注文所屬注家歸屬，重在出處源頭對蔡注之啓發，而對集千家注批點杜工部詩集所引「夢弼曰」是否屬於蔡夢弼注，重在其是否爲杜工部草堂詩箋刪去注家主名所誤導。因是之故，凡其他注家隻言片語之注，雖出處早於蔡夢弼杜工部草堂詩箋，然蔡氏進而有考核原書、張大其文、加以闡説之功，皆認定爲「夢弼曰」。如王洙注僅曰「事見禹貢」，而杜工部草堂詩箋注文作「尚書禹貢曰云云。孔穎達正義曰云云」，集千家注批點杜工部詩集引作「夢弼曰：尚書禹貢曰云云。孔穎達正義曰云云」，則判定爲「是」。又，集千家注批點杜工部詩集所引「夢弼曰」注文與草堂詩箋所引「夢弼曰」及其他注家注文稍有出入者，並將草堂詩箋原注列於其後，以明其判斷依據。

〔三四〕不見於宋本杜工部草堂詩箋之注文，有個别見於元本及古逸叢書本，因後者存在改動羼入情況，故不計入。

〔三五〕集千家注批點杜工部詩集中「夢弼曰」近八百條的全部比對考辨結果，見本書附録一。

〔三六〕署名徐居仁編次、黄鶴補注集千家注分類杜工部詩此條引作「彦輔曰」。按，成書於政和三年（一一一三）的王得臣彦輔杜工部詩增注是最早的宋人杜注之一，而師古注常有源於更早注家注文的情況，此條當初出於王彦輔注，後爲師古注吸收。

〔三七〕有少部分從體例、辭氣、上下文連屬關係等角度看，明顯屬於其他注家注文，但由於這些注文未見於其他杜集宋注本的明確標識，故暫闕注家名，如草堂詩箋全書第一首遊龍門奉先寺「欲覺聞晨鍾」句，草堂詩箋注：「覺，居效切，寤也。」據杜陵詩史、分門集注、補注杜詩皆可知此條爲「鄭卬曰」。下句「令人發深省」，草堂詩箋注：「省，悉井切，悟也。」此條同爲「鄭卬曰」的可能性極大，但現存全部杜集宋注本中没有此條注文及其注家歸屬，故只能存疑不加標識。

凡例

一、底本用國家圖書館藏宋本杜工部草堂詩箋（兩函十七册，中華再造善本影印，北京圖書館出版社二〇〇六年十月）、二〇一八年五月上海圖書館本部未編古籍書庫新發現季振宜藏宋刻杜工部草堂詩箋卷二〇至二一。又有宋刻殘本，今藏成都杜甫草堂博物館（存卷一至二二，中國古籍善本書目集部編號第八三一種），與上海圖書館發現的宋本亦屬同一版本系統。（參見序言）。

二、校本爲元刊四十卷加補遺十卷本（中華再造善本影印，全三十二册，北京圖書館出版社，二〇〇五年四月，簡稱「元本」），以及由元本輾轉翻刻之黎庶昌古逸叢書本。如元本、古逸叢書本皆與宋本不同者，出校曰「元本、古逸叢書本作『某』」。如宋本、元本同，僅古逸叢書本有改動者，輒出校曰「古逸叢書本作『某』」，而不再贅言「元本亦同宋本」。

三、卷一至卷五十用宋本爲底本，以元本、古逸叢書本爲校本。附録集注草堂杜工部詩外集一卷、杜工部草堂詩話二卷、草堂詩箋傳序碑銘一卷、杜工部草堂詩年譜上下二卷，宋本無，即以元本爲底本録之，以古逸叢書本校。

四、參考諸宋注本，考明注文出處，於注文前用【】標明該注文所屬注家主名，以明「千家注杜」者所注條目之權屬，以見杜詩文本闡釋由椎魯而至於精密、其間先後流變之大略也。至於主名歸屬所據之書，不出「徵引書目」所列十種，讀者自可覆案。又注文所出，往往一條而見於多書，如並列各書書名，頗覺繁瑣。故除却注文別生枝節，需臚列諸書以備梳理考辨者（如贈李白「苦乏大藥資」句注文、望嶽「盪胸生層雲」句辨「鄭曰」爲鄭卬注、辨杜田補遺與師古注等），不再一一注明所出書名。

五、所標注家名超過一種者，情況有二：其一，排列順序以筆者認定之可靠性爲先後，如先標明「某某曰」，後又標明「又，某某（書）引作『某某曰』」者，前所徑直標明者往往爲可靠性較高之九家集注杜詩，後則據具體引證而定。其二，排列在前者僅列注家名，排列在後者除注明注家名之外，又列出該注家注文。如別張十三建封湖南觀察使韋之進辟參謀「汾晉爲豐沛」句，草堂詩箋注文曰：「昔漢高起於豐沛，今高祖興于汾晉，是以汾晉爲豐沛也。」斠證標注作：「師古曰。又，王洙曰：『汾晉，唐公故鄉，喻若漢祖之豐沛也。』」斠證標注之意謂：「師古注」與草堂詩箋注文全同，草堂詩箋此條注文當來自「師古注」；同時列出「（僞）王洙注」之意，意在表明成書在「師古注」之前的「（僞）王洙注」所言「汾晉，唐公故鄉，喻若漢祖之豐沛也」注文與草堂詩箋注文極爲接近，「師古注」很可能受「（僞）王洙注」影響啓發。凡此種排列方式，讀者以此義例類推可矣。

六、凡注家名確知全稱者，注明全稱，如「洙曰」徑作「王洙曰」，「彦輔曰」徑作「王彦輔曰」，「夢符曰」徑作「薛夢符曰」，「蒼舒曰」徑作「薛蒼舒曰」，「定功曰」徑作「杜定功曰」，「杜補遺」徑作「杜田補遺」，「天覺曰」徑作「張天覺曰」，「蒭曰」徑作「洪蒭曰」等。又，關於「鮑曰」，宋注杜詩雖有鮑彪（字文虎）與鮑慎由（字欽止）二家，然九家集注杜詩九家之一爲鮑彪，承襲杜陵詩史之分門集注所附集注杜工部詩集姓氏僅載「縉雲鮑氏文虎，著譜論」，且分門集注載「鮑文虎曰」全名凡三處（見梅雨「南京犀浦道」注、絶句漫興九首其七「雉子無人見」注、春日江村五首其四「扶病垂朱紱」注），杜陵詩史載「鮑文虎曰」全名凡一處（見贈李白「李侯金閨彦」句注），未見「鮑欽止曰」。惟以吴若本爲底本的錢注杜詩引吴若杜工部集後記云：「得撫屬姚寬令威所傳故吏部鮑欽止本校足之。」言之鑿鑿。見於錢注杜詩明確稱「鮑欽止曰」者凡四處（見去矣行、遣興三首其二「南望馬邑州」、去秋行、三絶句「前年渝州殺刺史」）。按，去矣行、三絶句「前年渝州殺刺史」註文蔡夢弼直引作「鮑彪曰」，本書一仍其舊。遣興三首其二「南望馬邑州」蔡夢弼未引鮑注；去秋行註文九家集注杜詩引作「鮑曰」，當指「鮑彪」，然蔡夢弼直引作「鮑氏又謂」，本書不做改動。除此之外，書中其他「鮑曰」皆視爲「鮑彪（文虎）曰」。清人仇兆鰲杜詩詳註引「鮑欽止曰」出於錢注杜詩四首之外者（如送高三十五書記十五韻、後出塞五首、黄河二首等），恐皆未當。

七、注文或有考證之處，前加「按」字。

八、蔡夢弼時或割裂他注，散見各句之下（如遊龍門奉先寺中師古注原屬長篇大論，可參見杜陵詩史同篇詩末注文，爲蔡氏割裂後分列於相關詩句下），是爲草堂詩箋注文之體例。爲存草堂詩箋原書舊貌，各條不統一復爲原注，一仍其例，僅將散見之注一一標明注家主名。

九、所謂「王洙曰」，實爲僞注，學界考之爲鄧忠臣注。限於體例，爲存舊貌，本書一仍其舊，沿用「王洙曰」舊稱。又，如王洙注、趙次公注注文相同者，皆僅作「王洙曰」，因趙次公注自言多有參用、辨析「王洙曰」者。

十、所謂「魯曰」、「黄曰」，往往指「黄庭堅（魯直、山谷）曰」。如戲作花卿二歌題下注：「楊明叔曰：花卿家在丹棱之東館鎮，至今血食其鄉。國朝封爲忠應公。」按，九家集注杜詩引作「魯直曰」。又，杜陵詩史、分門集注、補注杜詩引作「魯曰」，又引「黄曰」，集千家注批點杜工部詩集引作「山谷曰：楊明叔爲余言云云。」則所謂「魯曰」、「黄曰」皆爲「黄庭堅（魯直、山谷）曰」之省稱。今仍依原本注爲「魯曰」、「黄曰」，讀者知其實可矣。

十一、所謂「師曰」，情況較爲複雜，根據學界研究及筆者對比後認定：九家集注杜詩中「僞王洙注」所引「師古曰」乃唐人顏師古注漢書之文（參見彭燕郭知達九家集注杜詩「師古注」考，杜甫研究學刊二〇一二年一期）；又按，僞王洙注（鄧忠臣注）出現於北宋，其時南宋師古注尚未出現，鄧忠臣注並無以唐人顔師古注冒充南宋師古注之意，此係後人誤認，並非鄧忠臣有意作僞。九家集注杜詩中除僞王洙注引用之外的其他「師曰」爲「師尹（民瞻）注」。杜陵詩史及其支流分門集注杜工部詩、黄氏補注杜詩之「師曰」爲南宋蜀人「師古注」。此一義例，可參見曲江對酒「龍武新軍深駐輦」句斠證。又，所謂「尹曰」，據分門集注知爲「尹洙曰」，與「師尹注」無涉。

十二、所謂「修可」、「時可」、「杜田補遺」，據學界考證實爲一種，今仍列各本所引舊稱，以存原貌，讀者知其實可矣。又，門類增廣十注杜詩所引「杜云」，杜陵詩史、分門集注、補注杜詩所引「田曰」，皆爲「杜田補遺」之省稱，如漫成二首「眼邊無俗物」注：「世説：嵇、阮、山、劉在竹林酣飲，王戎後往。阮步兵曰：『俗物已復來敗人意。』」杜陵詩史引作「田曰」，分門集注引作「杜田曰」，九家集注杜詩正引作「杜田補遺」。又如贈蜀僧閭丘師兄「大師銅梁秀」，九家集注杜詩引杜田補遺：「太平御覽載張孟蜀都賦注云：銅梁，山名也。按，其山有桃枝竹，東西連亘二十餘里，山嶺之上平整，遠望諸山，此獨秀也。山在合州界銅梁縣。」杜陵詩史、分門集注、補注杜詩引作「田曰」。同詩「碑碣舊制存」、「兄居祇樹園」、「可照濁水源」諸句注，九家集注杜詩作「杜田補遺」，杜陵詩史、分門集注、補注杜詩、集千家注批點杜工部詩集作「田曰」。又如題玄武禪師屋壁「錫飛常近鶴」句注亦然。諸種情形，皆仍「杜云」、「田曰」之舊，不强作統一，讀者知其實可矣。又，杜田注往往爲趙次公注直接徵引或間接利用，而以「修可曰」、「時可曰」面貌出現於杜陵詩史、分門集注、補注杜詩等注本，故某一注文或歸屬於「趙次公曰」，或歸屬於「修可曰」、「時可曰」，雖「趙次公曰」出自杜詩趙次公先後解，較之杜陵詩史、分門集註、補注杜詩坊本一系似更爲可靠，然「修可曰」、「時可曰」指向「杜田補遺」，杜田補遺爲趙次公注的更早出處，故將「趙次公曰」、「杜田補遺」、「修可曰」、「時可曰」并存之，以保留注文歸屬原始面貌，見出杜注由十家、二十家、六十家至百家、千家之變遷痕跡。

十三、所謂「薛夢符」、「薛蒼舒」（按，九家集注杜詩所引皆爲「薛夢符曰」，杜陵詩史、分門集註、補注杜詩、集千家注杜工部詩集等往往引作「薛蒼舒曰」），據學界考證實爲一人，今仍列各本所引舊稱，以存原貌，讀者知其實可矣。

十四、所謂「蘇曰」，乃僞托蘇軾注。草堂詩箋將僞蘇注删夷殆盡，間有遺落未浄者，今仍其舊稱，讀者知其實可矣。

十五、草堂詩箋引「趙子櫟注」若干條，蔡錦芳趙子櫟未嘗注杜考（四川師範大學學報二〇〇二年一期）指出此「趙注」實爲趙次公注，林繼中杜詩趙次公先後解輯校亦認定爲「趙次公注」。今皆一併注明。

十六、關於黄鶴注，黄氏補注杜詩成書本後於蔡夢弼草堂詩箋，然刊書往復，先出者再行刊定，或有參考後出者之例，故並舉黄鶴注與草堂詩箋注文相類似者若干（僅限於其他宋注所無者），以供參考。

十七、關於蔡夢弼攫取他人注爲己有者，如卷一贈李白「豈無青精飯」句注「夢弼謂」云云，實爲「師古注」，然注文中「夢弼謂」三字或單列、或置於「師古注」之前皆無義，故處理如下：「【師古曰】夢弼謂，青精乃神仙之所服食，有黄精，有青精。色黄者爲黄精，色青者爲青精，亦若天黄、地黄、人黄也。本是一種，根浮于上者爲天黄，沉于地者爲地黄，生于中者爲人黄。青精食之既久，能益人顔色，長年却老也。」【師古注】之下統攝注文除「夢弼謂」三字之外，皆爲師古注文。他處情況，皆同此例，讀者知其實可矣。

十八、參校本郭知達新刊校定集注杜詩（九家集注杜詩），用臺北「故宮博物院」編輯委員會編「善本叢書」「一九八五年十月初版」景印瞿氏鐵琴銅劍樓藏南宋寶慶乙酉廣南東路漕司本新刊校定集注杜詩。然此本卷二五、卷二六仍羼入他本文字，其羼入蔡夢弼草堂詩箋「夢弼曰」、黄氏補注杜詩「黄希曰」、「黄鶴曰」的内容，除直接來自二書之外，還有部分可能出於劉辰翁批點、高崇蘭編次集千家注批點杜工部詩集之轉引，情況複雜（按，卷二五注文尚有若干篇與草堂詩箋全同，卷二六則往往與集千家注批點杜工部詩集相同）。總之，洪業杜詩引得序篇末所言卷二五、卷二六未能得郭知達原本原貌之遺憾，至今猶存。

十九、爲便讀者辨識集注諸家，兹將分門集注杜工部詩集所載集注杜工部詩姓氏録於杜工部草堂詩箋全書正文之前，以備參考。又將宋本所無、元本所有之杜工部草堂詩話兩卷、草堂詩箋傳序碑銘、杜工部草堂詩年譜兩卷收入，以成雙美。

二十、杜工部草堂詩箋爲杜集宋注殿軍，其後於宋、元之際成書之劉辰翁批點、高崇蘭編次集千家注批點杜工部詩集所引「夢弼曰」出自杜工部草堂詩箋，故每將蔡夢弼削去主名之注文誤認爲蔡注。集千家注批點杜工部詩集於元、明兩代大行於世，影響甚廣。今以本書之條辨考證爲據，可將集千家註批點杜工部詩集引「夢弼曰」近八百條一一辨明是非來源。集千家注批點杜工部詩集誤引「夢弼曰」之謬種流傳，影響及於杜集元本之編纂成書，故亦予以剖析分疏，俾使諸本脈絡顯明，各復其位。溯源正本，或有一得，因贅書末爲「附録」兩種，以爲讀杜之助云。

主要徵引杜集書目

一、趙彦材撰，林繼中輯校杜詩趙次公先後解輯校，上海古籍出版社二〇一二年新一版。

二、郭知達新刊校定集注杜詩（九家集注杜詩），臺北故宫博物院編輯委員會編「善本叢書」（一九八五年十月初版）景印瞿氏鐵琴銅劍樓藏南宋寶慶乙酉廣南東路漕司本新刊校定集注杜詩。

三、門類增廣十注杜詩，國家圖書館藏殘本六卷。

四、門類增廣集注杜詩，國家圖書館藏殘本一卷。

五、分門集注杜工部詩（簡稱分門集注），四部叢刊影宋刻本。

六、黄希、黄鶴補千家集注杜工部詩史（簡稱補注杜詩），中華再造善本影元至元二十四年詹光祖月崖書堂刻本。

七、舊題王十朋王狀元集百家注編年杜陵詩史（簡稱杜陵詩史），廣陵書社一九八一年影印貴池劉世珩玉海堂藏宋刻本。

八、劉辰翁評點、高崇蘭編次集千家注批點杜工部詩集，杜詩叢刊影印明嘉靖八年靖江王府刊本。

九、羅履泰序、署名彭鏡溪集注須溪批點杜工部詩注，日本國立國會圖書館藏元刻本。

十、署名徐居仁編次、黄鶴補注集千家注分類杜工部詩，日本内閣文庫藏元刻本。

目録

新定杜工部草堂詩箋斠證卷第二

天寶以來在東都及長安所作

新定杜工部草堂詩箋斠證卷第三

天寶以來在東都及長安所作

新定杜工部草堂詩箋斠證卷第四

天寶以來在東都及長安所作

新定杜工部草堂詩箋斠證卷第五

天寶以來在東都及長安所作

新定杜工部草堂詩箋斠證卷第六

天寶以來在東都及長安所作

新定杜工部草堂詩箋斠證卷第七

天寶以來在東都及長安所作

新定杜工部草堂詩箋斠證卷第八

天寶以來在東都及長安所作

新定杜工部草堂詩箋斠證卷第九

至德元載公自鄜州赴朝廷遂陷賊中在藍田縣所作

新定杜工部草堂詩箋斠證卷第十

至德二載夏自賊中達行在所授拾遺後所作

新定杜工部草堂詩箋斠證卷第十一

八月還鄜州及扈從還京所作

新定杜工部草堂詩箋斠證卷第十二

乾元元年春至夏五月在諫省作

新定杜工部草堂詩箋斠證卷第十三

新定杜工部草堂詩箋斠證卷第十四

乾元元年夏六月出爲華州司功冬末以事之東都至乾元二年七月立秋後欲棄官以來所作

新定杜工部草堂詩箋斠證卷第十五

乾元二年秋七月棄官居秦州以後所作

新定杜工部草堂詩箋斠證卷第十六

乾元二年秋七月棄官居秦州以後所作

新定杜工部草堂詩箋斠證卷第十七

新定杜工部草堂詩箋斠證卷第十八

乾元二年十二月一日自隴右赴劍南紀行所作

上元元年庚子在成都所作

新定杜工部草堂詩箋斠證卷第十九

上元元年庚子在成都所作

暫如蜀川之新津縣所作四首

新定杜工部草堂詩箋斠證卷第二十

新定杜工部草堂詩箋斠證卷第二十一

上元二年辛丑在成都所作

暫如蜀州青城縣五首

暫如蜀州新津縣三首

新定杜工部草堂詩箋斠證卷第二十一

寶應元年壬寅在成都所作

暫之漢州作三首

新定杜工部草堂詩箋斠證卷第二十三

自綿州往梓歸成都迎家再往梓所作

歸成都迎家遂徑往梓

十一月往射洪縣通泉縣

廣德元年癸卯春在梓州之綿之閬復歸梓州所作是歲召補京兆功曹不赴

新定杜工部草堂詩箋斠證卷第二十四

廣德元年癸卯春在梓之綿之閬復歸梓所作

新定杜工部草堂詩箋斠證卷第二十五

廣德元年自梓暫往閬

廣德二年甲辰自梓州挈家再往閬中作

新定杜工部草堂詩箋斠證卷第二十六

廣德二年自梓再往閬中

新定杜工部草堂詩箋斠證卷第二十七

春末再至成都所作

新定杜工部草堂詩箋斠證卷第二十八

新定杜工部草堂詩箋斠證卷第二十九

新定杜工部草堂詩箋斠證卷第三十

大曆元年春復還夔州所作

新定杜工部草堂詩箋斠證卷第三十一

大曆元年在夔州所作

新定杜工部草堂詩箋斠證卷第三十一

大曆元年在夔州所作

新定杜工部草堂詩箋斠證卷第三十三

大曆元年在夔州所作

大曆二年丁未春在夔州西閣所作

新定杜工部草堂詩箋斠證卷第三十四

大曆元年三月自赤甲遷瀼西所作

新定杜工部草堂詩箋斠證卷第三十五

大曆元年自赤甲遷瀼西所作

新定杜工部草堂詩箋斠證卷第三十六

大曆二年秋在瀼西

新定杜工部草堂詩箋斠證卷第三十七

大曆二年秋在瀼西所作

新定杜工部草堂詩箋斠證卷第三十八

大曆二年秋在夔州所在

新定杜工部草堂詩箋斠證卷第三十九

大曆二年秋在夔所作

新定杜工部草堂詩箋斠證卷第四十

大曆二年秋在夔州所作

新定杜工部草堂詩箋斠證卷第四十一

大曆二年秋在夔州所作

新定杜工部草堂詩箋𣏌證卷第四十二

大曆二年在夔州所作

大曆三年戊申在夔州所作

新定杜工部草堂詩箋斠證卷第四十四

大曆三年下荊州所作

新定杜工部草堂詩箋斠證卷第四十五

大曆三年移居公安下岳陽所作

大曆四年己酉在岳陽至潭遂如衡及回潭所作

新定杜工部草堂詩箋斠證卷第四十六

大曆四年在潭州所作

二月至潭州所作

新定杜工部草堂詩箋斠證卷第四十七

大曆四年秋至潭州所作

新定杜工部草堂詩箋斠證卷第四十八

大曆四年冬至潭州所作

大曆五年庚戌在潭州所作

新定杜工部草堂詩箋𣂏證卷第四十九

新定杜工部草堂詩箋斠證卷第五十

逸詩拾遺

集注草堂杜工部詩外集

酬唱附録

集注杜工部詩姓氏

唐昌黎先生韓氏名愈，字退之，有詩題子美墳。

唐元氏名稹。

太原王氏名洙，字原叔，翰林學士、兵部郎中、知制誥、史館修撰。注子美集，先古詩，後近體，計三十六卷。

建安王氏名昱，字公旦，建陽人。度支員外郎，秘閣校理。

臨川王氏名安石，字介甫，撫州臨川人。拜左僕射，謚文公。

鳳臺王氏彦輔，和注子美詩四十九卷，自號鳳臺子。

王氏名徵，鳳臺子之子。

王氏名端仁，鳳臺子之孫。

鉅野王氏名禹偁，字元之，濟州鉅野人。翰林學士，知審官院，兼通進銀臺封駁司。

建安王氏名楷。

王氏名杞。

王氏名琪，字君玉。

王氏逢原。

王氏深父。

王氏立之，直方。

王氏性之。

永嘉王氏名十朋，字龜齡，集注編年詩史三十二卷。

建安王氏名紓。

眉山蘇氏名軾，字子瞻，眉州眉山人。謚太師、文忠公，著釋事。

蘇氏養直。

西蜀趙氏次公，字彦材，著正誤。

趙氏夔，字堯卿。

趙氏彦材。

趙氏元序。

西蜀師氏名古，著詳説二十八卷。

師氏尹，民瞻。

嘉興魯氏訔，編注子美詩一十八卷。
廬陵歐陽氏名脩，字永叔，吉州永豐人，謚文忠公。
豫章黄氏庭堅，魯直。
黄氏少度。
謝氏薖，幼槃。
淮海秦氏觀，少游。
宛丘張氏耒，文潛。
永嘉張氏器先。
鄄城張氏名詠，字復之，濮州鄄城人。謚忠定公。
張氏天覺。
張氏名逸，序蜀本子美詩一十卷。
歷陽張氏孝祥，安國。
張氏伯玉，續子美集，有詩。
河東薛氏蒼舒，續注子美詩。
薛氏夢符，廣注子美詩。
薛氏綜。

薛氏士昭。

薛氏元肅。

城南杜氏修可，續注子美詩。

杜氏名田，字時可，著補遺。

杜氏定功。

河南尹氏名洙，字師魯，起居舍人，直龍圖閣。

臨川晏氏名殊，字同叔，謚元獻公。

臨江劉氏名敞。

東萊徐氏字居仁，編次門類詩。

徐氏俯，師川。

徐氏君平。

徐氏持晦。

吕氏大防，撰年譜。

東萊蔡氏伯世，撰年譜。

蔡氏天啓。

蔡氏絛。

西蜀孫氏倬，瞻民。
孫氏彦忠。
西蜀程氏演，季良。
程氏天祐。
宋氏名祁，撰唐書子美傳。
西蜀宋氏援，正輔。
宋氏彦材。
遯齋陳氏正敏。
后山陳氏名師道，字无己，一字履常，號彭城居士。
陳氏希仲。
陳氏元龍。
陳氏體仁。
陳氏德溥。
南豐曾氏名鞏，字子固，建昌南豐人。擢試中書舍人。
盱江李氏覯，泰伯。
李氏彭，商老。

陳氏希聲。
陳氏名觀，補遺子美傳。
臨安李氏堯祖，唐卿。
李氏厚，德載。
沈氏括，存中。
胡氏撰子美草堂序。
苕溪胡氏仔。
胡氏銓，邦衡。
唐氏庚，子西。
梅氏聖俞。
韓氏駒，子蒼。
馬氏存，子才。
潘氏大臨，邠老。
潘氏大觀，仲達。
孫氏名僅，撰子美詩序。
孫氏子尚。

孫氏何。
洪氏蒭，駒父。
洪氏琰，玉父。
洪氏朋，龜父。
洪氏僧覺範。
河南邵氏博，伯溫。
橘林石氏敏若。
九江夏氏名竦，字子喬，江州人，樞密使，封英國公。
夏氏倪，均父。
何氏覬，人表。
蘇州何氏泓。
高氏荷，子勉。
饒氏節，德操。
晁氏沖之，叔用。
晁氏補之。
姑蘇丁氏脩。

永嘉丁氏鎮叔。
　丁氏惠安。
縉雲鮑氏文虎，著譜論。
蘄陽林氏敏功，字子仁，蘄州人。贈高隱處士。
　林氏敏修，子敬。
　林氏子來。
　林氏明仲。
　林氏致明。
長樂鄭氏卬，著釋文。
　楊氏符，信祖。
　汪氏革，信民。
　汪氏藻，彥章。
　汪氏端本之子。
　汪氏洋，養源。
建安余氏葵。
東漢（疑當作「溪」）詩僧祖可，正平。

季氏錞，希聲。

真隱詩僧善權，巽中。

元氏不伐。

曹氏夢良。

傅氏藻，薦可。

鹿氏伯可。

任氏居實，文孺。

吴氏憲。

吴氏季南。

吴氏明可。

吴氏少雲。

賈氏巖老。

崔氏肅之。

萬氏先之。

萬氏申之。

萬氏大年。

永嘉甄氏雲卿。
龔氏實之。
芮氏國器。
馮氏方，圓仲。
喻氏叔奇。
毛氏叔度。
朱氏邦翰。
永嘉項氏用中。
周氏成祖。
鄧氏忠臣，字慎思。

新定杜工部草堂詩箋斠證卷第一

開元間留東都所作

遊龍門奉先寺

○龍門，山名。禹貢：在河東之西界。韋述東都記：龍門號雙闕，以與大内對峙，若天闕焉。魯訔譜：龍門在西京河南縣。地志曰：闕塞山，一名伊闕，而俗名龍門。○【杜田補遺】釋氏要覽引釋名：寺，嗣也，謂治事相嗣續。故天子有九寺焉。後漢孝明帝永平十年丁卯，佛法初至，有印土二僧摩騰、法蘭以白馬馱經像屆洛陽，出〔一〕於鴻〔二〕臚寺安置。二十一年戊辰，勑於雍門外别置寺，以「白馬」爲名，謂僧居爲寺，自此始也。○隋大業中改天下寺爲道場。

已從招提遊，○高僧傳：天竺國招提，其處大富，有惡國王，利於財，將毀之。有一白馬繞塔悲鳴，即停毁。自後改招提爲白馬，諸處多取此名。○【杜田補遺】增輝記：招提者，梵言拓鬭提奢，唐言四方僧物。後人傳寫之訛，以拓爲招，又省去鬭奢二字，只稱招提，即今十方寺僧是也。○【王洙曰】又僧史：後魏太武帝始光元年，創立伽藍，爲招提之號，至唐復爲寺。○【師古曰】夢弼謂，以此考之，師先生曰寺謂之招提，或名伽藍，或名道場，其實一也。更宿招提境。陰壑生虚籟，○虚，一作靈。籟，音賴，簫也。○【師古曰】山南曰陽，山北曰陰，以其背陽，故爲重陰沍寒之地。風聲爲天籟，水聲爲地籟，笙竽爲人籟。靈籟，即風也。靈者，善也，如雨曰靈雨也。○【王昱曰】莊子齊物篇：汝聞人籟，而未聞地籟。汝聞地籟，而未聞天籟。○【王洙曰】謝莊月賦〔三〕：聲林虚籟，淪池滅波。月林散清影。○【師古曰】萬物之影，無如月影最清，謂之金波，取其清也。古人云：人間何處無風月，纔到僧房分外清。此言奉先寺之風聲月影，皆佳致也。天闕象緯逼，○天闕，指龍門也。王荆公改天闕作天閲。蔡興宗考異作天闕。以余觀之，皆非是，乃臆説也。○【杜田正謬】按洛陽記，闕塞山在河南縣。左傳昭公二十六年：晉趙鞅納王，使汝寬守闕塞。杜預注：洛西南闕口也，俗名龍門。○【師古曰】今河南府東一百八十里有龍山，即禹所鑿。三秦記：魚鼈上之即爲龍，否則點額而還。兩山對峙，如門然，故名龍門。龍門者，乃天闕門也。天有九闕，二十八宿爲經，五星爲緯。甫宿於招提最高之處，則身近天闕，勢逼於象緯矣。○【王彦輔曰】庾肩吾禹廟詩：侵雲似天闕。雲卧衣裳冷。○【師古曰】山高則多雲霧，夜宿此寺，如卧於雲霧之中，而衣裳皆冷潤也。○【趙次公曰】鮑照〔四〕升天行詩：風餐香松柏，雲卧恣天行。欲覺聞晨鍾，○【鄭曰】覺，居效切，寤也。令人發深省。○省，悉井切，悟也。

○【師古曰】釋氏有聲聞、緣覺，耳有所聞而悟，未若心解之爲上也，其悟道則一。如香巖和尚一日掃庵，瓦礫擊竹作聲，忽然大悟。又如道吾聞巫吹角，瞥地大省，此得乎聲聞，而有所覺者也。甫言睡覺忽聞晨鍾，令人深有省悟，其亦香巖、道悟〔五〕之儔得於聲聞緣覺者邪？

【校記】

〔一〕出，古逸叢書本作「㔫」。

〔二〕鴻，原作「鳿」，據元本、古逸叢書本改。

〔三〕賦，原作「賤」，據元本、古逸叢書本改。

〔四〕鮑照，宋本原作「鮑昭」，乃因襲唐人避武則天之諱。此書宋本「鮑昭」、「鮑照」雜出，蓋爲抄撮諸書而成，各書避諱與否不一也。本次整理則統改爲「鮑照」，下不出校。

〔五〕悟，元本、古逸叢書本作「吾」。

贈李白

○李白將爲梁、宋之遊，故甫作此篇贈之。

二年客東都，○【王彦輔曰】東都，洛陽也。所歷厭機巧。○【師古曰】東都自經安禄山、史思明再陷之後，民物貧窘，故機巧趨利，風俗薄惡。甫二年客居于此，覩兹機巧之俗，甚厭惡之，傷昔日之不然也。○【余曰】詩魏葛屨，其民機巧趍利。野人對羶腥，○【師古曰】野人，甫自稱也。謂兵戈之後，東都居民肝腦塗地，風揚羶腥之氣也。蔬食常不飽。○謂物之踊貴也。趙子櫟曰（按，蔡夢弼草堂詩箋引趙子櫟注杜詩若干條，蔡錦芳趙子櫟未嘗注杜考〔四川師範大學學報二○○二年一期〕指出所謂「趙子櫟注」皆爲趙次公注）：此意似雖日見羶腥之物，而其食猶未厭乎藜藿，所以對之而增愧，則甫之貧困可見矣。豈無青精飯，○卞圜曰：青或作菁，一作籸，一作𩚵，一作粹。○【杜田正謬】按陶隱居登真隱訣：青𩚵飯，東海小童方也。又云：太極真人青精乾石𩚵飯法方，授王褒。訊音迅，注云𩚵之言餐也，謂以酒蜜藥草葷餐浸而暴之，内外諸書並無此字，惟施於今飯之名耳。又云：以南竹〔一〕草木煮汁漬米爲之。彭祖云，大宛有青精先生、清靈真人。注云：南燭冬不凋，春色味珍好，亦爲青精也。又登真隱訣圓散十法中「二〔二〕月十一日精石飯」注云：上仙靈方，服之令人童顔。又登真隱訣「神仙王君青𩚵飯方」云：此飯用白米一斛五斗，得稻有青衣者佳，如豫章西山青米、吴越青龍稻米是也。青米理虚而受氣，故當用之。取南燭草木葉五斤煮汁漬米，炊即灑之，令飯作紺青色，服二合，填胃補髓，殺三蟲。神仙食之。南燭草木，樹木而葉似草，一名侯葉，一名草木之王。神仙傳：李抱祖，有岷山山人授青精𩚵飯方。又伯高常服青𩚵飯，隱處方臺。真誥：霍山有道士鄧伯元，授青精飯法，能冥中夜書。又云：故服𩚵否？春草生，此物易尋。○謝任伯云：世俗無𩚵字。郭忠恕佩觿云：澌，中州水名。𩚵爲飯名。陸龜蒙用「青精飯」對「白袷裘」。皮日休詩亦有「半月始齋青𩚵飯，移時空映白檀香」之句。内、外諸書並無此字，今讀作迅。學林新編云：注此詩者曰：梁安成康王秀傳：兩韓之孝友純深，庾、郭之形骸枯槁，或橡飯青羹，惟日不足，或葭墻艾席，樂在其中。按，青菜爲羹，謂之菁羹。字書：菁，蔓青〔三〕也。書所謂菁茅，禮所謂菁葅，即此物也。甫詩〔四〕蓋用道書中陶隱居登真訣有乾石菁精飢飯。飢音迅，謂餐也。其法即南燭草木浸米蒸飯，暴乾，其色青如蠶珠，〔五〕食之可以延年却老。此甫所謂青精飯也。神農本草木部有南燭枝葉，久服輕身長年，令人不飢，益顏色。取汁炊飯，名爲烏飯，又名黑飯。草在道書謂之南燭草木，在本草謂之南燭枝葉，蓋一物也。以菁蘘爲青精則誤甚矣。〇【師古曰】夢弼謂，青精乃神仙之所服食，有黄精，有青精。色黄者爲黄精，色青者爲青精，亦若天黄、地黄、人黄也。本是一種，根浮于上者爲天黄，沉於地者爲地黄，生於中者爲人黄。青精食之既久，能益人顏色，長年却老也。使我顏色好。〇莊子大宗師篇：許由曰：盲者無以與乎顏色之好。苦乏大藥資，〇卞圜曰：大，一作買。葛仙翁語弟子張恭云：吾不得治作大藥，今當尸解去。〇【杜田正謬】杜陵詩史、分門集注、補注杜詩又作「修可曰」。按，蔡錦芳杜修可考（杜甫研究學刊一九九七年四期）認爲，所謂修可並無其人，標明修可的注文實爲杜田注、趙次公注及他注牉合而成，可備一説。】又，丹書抱陽山人大〔六〕藥證〔七〕曰：夫大藥者，須煉沙中汞，能取鉛裏金黄。金爲根，帶水火，煉功深。又云：鉛爲還丹之祖，作大藥之基。〇張道陵得黄帝九鼎法，用藥皆靡費錢〔八〕帛，家素貧，乃不就。陶隱居以神丹可成，常〔九〕若無藥。白樂天詩：恨無大藥駐朱顏。山林迹如掃。〇【師古曰】藥有大有小，仙亦〔一〇〕有小大也。有天仙，有地仙。藥有丹砂黄金，爲藥之上者，故云大藥。甫〔一一〕既客居東都，無大藥之資，將隱于山林，求青精食之，亦可以駐顏色〔一二〕。奈何山林之迹如掃，謂兵火之後，絶〔一三〕無人煙，蓋嘆東都之不可居也。李侯金閨彦，〇李侯，指白也。金閨，金馬門也。〔一四〕〇【師古曰】彦，美士也。

漢時凡待詔必於金馬門。○【鮑彪云】白嘗供奉翰〔一五〕林，故云金閨彦也。○【王洙曰】江文通別賦：金閨之諸彦。脱身事幽討。○【師古曰】幽討，謂窮討幽趣也。○【鮑彪云】唐書白傳：自知不爲親近所容，求還山。帝賜金帶放還。○【王彦輔曰】或謂白就從祖陳留採訪使彦允請北海高天師授道籙是也。亦有梁宋遊，○有，一作在。○【鄭卬云】梁，古大梁，今東京汴州也。宋，古杞國，今南京應天府也。○【鮑彪云】白時得還，與甫同在洛，將適梁、宋也。後在梁，亦與甫同遊。按集有遺懷詩曰：昔我遊宋中，惟梁孝王都。憶與高李輩，論交入酒壚。氣酣登吹臺，懷古〔一六〕視平蕪。○又昔遊詩曰：昔者與高李，晚登單父臺。李白集有梁園醉歌曰：我浮黄河去京闕，掛席欲進波連山。天長水闊厭遠涉，訪古欲及大梁平臺間〔一七〕。唐書白〔一八〕傳「白與高適同過汴州，酒酣，登吹臺，慷慨懷古」是也。方期拾瑶草。○【師古曰】梁地有香爐峰，仙人〔一九〕所居之迹。瑶草乃珊瑚樹之類，仙家用以合丹藥服餌。時白擺脱翰林之職，將以窮討幽趣，故爲梁、宋之遊，拾瑶草以服食。蓋白之爲人放蕩，不樂仕宦，有意於神仙。後以入水捉月，或者以爲尸解也。○【趙次公云】山海經：姑瑶之山，帝女死焉。名曰女尸，化爲瑶草。其葉胥成，其花黄，其實如兔絲。服者媚於人。○【王洙曰】江淹登香爐峰詩：瑶草正翕赩。注：瑶草，玉芝也。

【校記】

〔一〕竹，元本、古逸叢書本作「燭」。

〔二〕二，元本、古逸叢書本作「五」。

〔三〕青，元本、古逸叢書本作「菁」。

〔四〕詩，元本、古逸叢書本作「書」。

〔五〕珠，原作「殊」。據元本、古逸叢書本改。

〔六〕大，據九家集注杜詩補。

〔七〕證，據元本、古逸叢書本補。

〔八〕錢，據元本、古逸叢書本補。

〔九〕常，據元本、古逸叢書本補。

〔一〇〕亦，據元本、古逸叢書本補。

〔一一〕藥甫，據元本、古逸叢書本補。

〔一二〕色，據古逸叢書本補。

〔一三〕絶，據元本、古逸叢書本補。

〔一四〕也，據元本、古逸叢書本補。

〔一五〕翰，據元本、古逸叢書本補。

〔一六〕古，原作「奉」，據古逸叢書本改。

〔一七〕此句古逸叢書本作「訪古始及平臺間」。

〔一八〕古逸叢書本「白」上有「李」字。

〔一九〕仙人，元本、古逸叢書本作「神仙」。

齊趙梁宋之間所作

望　嶽

岱宗夫如何，○夫，如字，語辭也。按諸本皆作夫，獨師古本作天，謂岱宗天，猶云楚天之類也。○【鄭昂曰。分門集注作「鄭曰」，集千家注批點杜工部詩集作「鄭昂曰」。按，所謂鄭昂者，或即僞撰東坡杜詩事實之鄭昂，與「盪胸生層雲」句注之鄭卬非一人。】岱宗，岱山也，今屬兗州，升中告岱于此，是山爲五嶽之長也。齊魯青未了。○【師古曰】泰山，東跨齊、魯二國之境，眺望其山之青，已窮齊、魯，而其山猶未窮，故云青未了也。造化鍾神秀，○造化，謂天地也。○【師古曰】鍾，聚也。言天地鍾聚神秀之氣于此山也。○【王洙曰】晉孫綽天台賦序：天台者，山嶽之神秀也。陰陽割昏曉。○【師古曰】陰陽，謂日月也。割者，分也。言泰山之高大，日月出没相隱避，迭爲昏曉也。盪胸生曾雲，○【鄭卬曰。按，鄭卬有杜少陵詩音義，此條釋反切、意義，正合「音義」之名】盪，他浪切，滌也。○【師古曰】曾，通作層，積也。言山之高，雲勢積疊而起，須臾遍太虛而爲雨。以其有功于民，故祀之。雲生于山，人登山，故雲氣盪其胸。〇【王洙曰】公羊傳：觸石而出，膚寸而合，不崇朝而徧天下者，泰山之雲也。張衡南都賦：湑〔一〕水蕩其胸。公亦借用之。決眥入歸鳥。〇【鄭卬曰】眥，前智切，目睫也。〇【王逢曰】言山之高。〇【薛夢符曰】觀望之遠。〇【趙次公曰】目眥決裂，入于飛鳥之歸處。司馬相如子虛賦：弓不虛發，中必決裂〔二〕。公亦借用之也。會當臨絕頂，一覽衆山小。〇【師古曰】登臨山之絕頂，俯視衆山，其培塿歟？衆山知尊乎泰嶽，衆流知宗乎滄海。當安史之亂，僭稱尊號，天子蒙塵，其朝宗之義爲如何？甫望嶽之作，末章之意，固知安史之徒乃培塿之細者，又何足以上抗巖巖之大者哉！〇【王洙曰】孟子盡心上篇：孔子登泰山而小天下。揚子學行篇：升東嶽而知衆山之峛邐。

【校記】

〔一〕湑，原作「涓」，各本同，據文選卷四南都賦改。

〔二〕裂，古逸叢書本作「眥」。

登兗州城樓

東郡趨庭日，〇【王洙曰】兗州，漢之東郡也。〇公父閑嘗爲兗州司馬，公時省侍之，故云「趨庭」。是時張玠客居兗州，有分好。玠子乃建封也。〇【王洙曰】論語：鯉趨而過庭。南樓縱目初。

浮雲連海岱，平野入青徐。○【王禹偁曰】海岱、青徐與兖相接。○【王洙曰】書禹貢：海岱維青州。又：海岱及淮維徐州。孤嶂秦碑在，○【王洙曰】史記秦本紀：始皇東行郡縣，上鄒嶧山，與諸生刻石頌德，李斯作文。荒城魯殿餘。○【王洙曰】王〔一〕文考靈光殿賦序：恭王餘之所立，遭漢中微，未央及建章之殿皆見隳壞〔二〕，而靈光殿巋然獨存。從來多古意，臨眺獨躊躇。○【諸書未録此條。依文例疑出鄭卬杜少陵詩音義，以下各詩凡注反切者皆有此可能，不一一注明。】躊，直由切。躇，直魚切。躊躇，猶豫也。○【師古曰】甫感時亂，文風不振，是以懷古臨眺之際，躊躇而不能去矣。

【校記】

〔一〕王，原作「上」，據元本、古逸叢書本改。

〔二〕壞，原作「懷」，據分門集注杜工部詩改。

對雨書懷走邀許十一簿公

東嶽雲峰起，溶溶滿太虛。○【師古曰】東嶽，泰山也。公羊傳：不崇朝而偏天下者，泰山之雲也。震雷翻幕燕，○【王洙曰】左傳襄公二十九年：季札曰：夫子之在此也，猶燕之巢于幕上。驟雨落河魚。○【王洙曰】河，一作溪。座對賢人酒，○【王洙曰】魏志：徐邈字景山，爲尚書郎。

時禁酒，而邈私飲至於沉醉，從事趙達問以曹事，邈曰：「中聖人。」達白之太祖，太祖怒甚。將軍鮮于輔進曰：「醉客謂酒清者爲聖人，濁者爲賢人。邈性修謹，偶醉言耳。」門聽長者車。○聽，他經切，聆也。○【師古曰】長者車，指許主簿也。○【王洙曰】前漢陳平傳：家乃負郭窮巷，以席爲門，門外多長者車轍。相邀愧泥濘，○濘，乃定切，淖也。騎馬到堦除。

臨邑舍弟書至苦雨黃河泛溢隄防之患簿領所憂因寄此詩用寬其意

二儀積風雨，○纂要：天地曰二儀。百谷漏波濤。聞道洪河坼，遥連滄海高。職司憂悄悄，郡國訴嗷嗷。舍弟卑棲邑，防川領簿曹。尺書前日至，版築不時操。難把〔一〕黿鼉力，○謂無是物以爲橋梁也。○【趙次公曰】汲冢紀年：周穆王三十七年，東至于九江，黿鼉以爲橋梁。○又，王子年拾遺記：舜命禹疏川奠岳，濟巨川〔二〕，則黿鼉以爲橋梁。空瞻烏鵲毛，○【王洙曰】淮南鴻烈傳：烏鵲填河。燕南吹畎畝，濟上没蓬蒿。螺蚌滿近郭，蛟螭乘九臯。徐關深水府，○徐關，今齊州。爲水所浸，盡成水府也。碣石小秋毫。○【張天覺曰。按，此條注文，惟分門集注、補注杜詩及杜陵詩史有之，洪業杜詩引得序論分門集注與補注杜詩爲杜陵詩史集注本分出之二脈。觀此條之存現狀況，信然。】碣石，乃冀州海畔之山，爲水所没，其細如秋毫也。白屋留孤樹，○白屋已漂矣，惟孤樹存焉。青天矢萬艘。○【王洙曰】天，或作雲。○艘，蘇曹切，艘船之總名。言江天泛漲，船行之速也。吾衰同泛梗，○梗，古杏切，木名。利涉想蟠桃。○【趙次公曰】蟠桃正在齊地東海度索山，故因水漲可以利涉望之也。賴倚天涯釣，○【王洙曰】賴倚，一作倚却。猶能掣巨鼇。○掣，尺列切，挽也。○【師古曰】甫以掣鼇比職司之大手必能治水，河邑之所恃賴也。○列子湯問篇：渤海之中有大壑，其中有五山，名〔三〕曰岱輿，二曰員嶠，三曰方壺，四曰瀛洲，五曰蓬萊。隨波上下往還，不得暫峙。仙聖毒之，訴之於帝，帝命禺彊使巨鼇舉首而戴之，迭爲六〔四〕番六萬歲，五山始峙〔五〕而不動。○【王洙曰】而龍伯之國有大人，舉足不盈數步，而暨五山之所，一釣而連六鼇。

【校記】

〔一〕把，古逸叢書本作「假」。

〔二〕川，元本、古逸叢書本作「海」。

〔三〕名，古逸叢書本作「一」。

〔四〕六，古逸叢書本作「三」。

〔五〕峙，原作「詩」，據古逸叢書本改。

劉九法曹鄭瑕丘石門宴集

秋水清無底，○【師尹曰】謝宣城詩：江月清無底。蕭然浄客心。掾曹乘逸興，鞍馬去相尋。○【王洙曰】一作「鞍馬到荒林」。能吏逢聯璧，○【王洙曰：「潘岳、夏侯湛每同行，人以爲連璧。」】晉潘岳字安仁，少號奇童，夏侯湛字孝若，幼美容觀，每行止，同輿接茵，京師謂之連璧。華筵直一金。晚來横吹好，○吹，尺僞切，嘘也。○【沈括曰。按，分門集注僅録「古今樂録：横吹，胡樂也」一句，杜陵詩史則全録之，補注杜詩引之闕最末一句，九家集注杜詩引出自杜田補遺。然杜田補遺亦可能轉引自沈括説，今從杜陵詩史及分門集注、補注杜詩。】古今樂録：横吹，胡〔一〕樂也。張騫自西域傳其法於長安，唯得摩訶兜勒一曲。李延年因之，更造新聲三〔二〕十八解，乘輿以爲武樂。後漢以給邊將。俗用者黄鵠、隴頭、出關、入關、出塞、入塞、折楊柳、黄簟子、赤芸楊、望行人十曲也。泓下亦龍吟。○一作「樽酒宜如此，人生復至今。白頭逢晚歲，相顧一悲吟」。泓，烏宏切，下深貌。○【王洙曰】馬融長笛賦〔三〕：近世雙笛從氐起，氐人伐竹未及已，龍吟水中不見已，截竹吹之聲相似。

【校記】

〔一〕胡，原作「故」，據元本、古逸叢書本改。

〔二〕三，元本、古逸叢書本作「二」。

〔三〕笛賦，原作「留哉」，據古逸叢書本改。

巳上人茅齋

○【歐陽修曰】或曰僧齊己也，善吟詩，知名於唐。

巳公茅屋下，○【杜定功曰。按，門類增廣十注杜詩引作「杜云」，杜陵詩史、分門集注、補注杜詩作「定功曰」，據聶巧平杜田考論（杜甫研究學刊一九九八年四期）考所謂「杜定功曰」者實爲杜田注。又，九家集注杜詩作「趙次公曰」，當爲趙次公引杜田補遺。】秋興賦序：偃息不過茅屋茂松〔一〕之下。可以賦新詩。枕簟入林僻，茶瓜留客遲。江蓮搖白羽，○江，或作紅。○【王洙曰】白羽爲〔二〕扇也。○南史：張融弱冠知名，道士陸〔三〕脩靜以白鷺羽麈尾扇遺之。王彦輔云：釋書楞伽經贊曰：善禪師折蓮爲羽，名曰羽蓮。天棘蔓青絲。○【鮑彪曰】天，一作夭。○【王洙曰】蔓，一作夢。○或作弄，皆非也。○【杜田正謬】天棘即天門冬也。博物志、抱朴子皆言天門冬一名顛棘。○蓋顛、天聲相近也。葉又酷似青絲，而僧居多種之。○【趙次公曰】本草圖經：天門冬，春生，藤蔓大如釵股，高丈餘，葉如回〔四〕香，極尖〔五〕細而疏，骨有逆刺，亦有滑而無刺者。其葉如絲形而細散，皆爲天門冬。以此考之，則天棘誠天門冬也明矣。○【按，分門集注引鮑彪曰「近有謂之柳者而不著所出」，九家集注杜詩引蔡伯世云「學者或曰梵語名柳爲天棘」。】或謂梵語以柳爲天棘，僞言耳，蓋欲人無所稽考也。【按，分門集注引鮑彪曰「近有謂之柳者而不著所出」，又九家集注杜詩引蔡伯世云「學者或曰梵語名柳爲天棘」，皆未明所出，存疑俟考。】空忝許詢輩，難酬支遁詞。○【趙次公曰】支遁講維摩經，許詢常設〔六〕問難。甫蓋言我空忝爲許詢之流，而難酬對支遁，所以美巳上人也。○世説：支遁、許詢諸人共在會稽王齋頭，支爲法師，許爲都講，講維摩詰經。支通一藝，四座莫不厭心。許送一難，衆人莫不抃舞。

【校記】

〔一〕松，古逸叢書本作「林」。

〔二〕爲，元本、古逸叢書本作「謂」。

〔三〕陸，原作「六」，據古逸叢書本改。

〔四〕回，古逸叢書本作「面」。

〔五〕失，古逸叢書本作「枝」。

〔六〕設，原作「説」，據元本、古逸叢書本改。

與李十二白同尋范十隱居

李侯有佳句，往往似陰鏗。○【王洙曰】甫美白善五言詩，有如陰鏗也。陳書〔一〕阮卓傳：武威陰鏗，字子堅。五歲能誦千〔二〕言。及長，博涉史傳，尤善五言詩，爲當時所重。余亦東蒙客，

○【趙次公曰】東蒙，山名。甫時寓〔三〕兗時也。憐君如弟兄。醉眠秋共被，○【趙次公曰】此暗用事也。○【王洙曰】後漢〔四〕姜肱與弟仲海、季江同被而寢，不入房室。○【趙次公曰】晉祖逖、劉琨情好綢繆，共被而寢。攜手月同行。○月，或作日。○【師尹曰】詩衛國風：攜手同行。更想幽奇處，還尋北郭生。○【趙次公曰】北郭生，指范十隱居也。入門高興發，侍立小童清。○【師古曰】言無塵〔五〕氣也。落景聞寒杵，○落景，謂斜陽也。江淹雜體詩：徘徊踐落景。屯雲對古城。○廣雅：屯，聚也。向來吟橘頌，○【門類增廣十注杜詩引「杜云」。又，杜陵詩史、補注杜詩引作「修可曰」。】楚詞屈原九章橘頌：皇甫植〔六〕橘徠服兮。受命不遷，生南國兮。深固難徙，固〔七〕壹志兮。緑葉素榮，紛可喜兮。曾枝剡棘，圓果博〔八〕兮。青黄雜揉〔九〕，文章爛兮。精色内〔一〇〕白，類可任兮。紛緼宜修，姱而不媿兮。差〔一一〕爾匆〔一二〕志，有以異兮。獨立不遷，豈不可喜兮。深固難徙，廓其無求兮。蘇世獨立，横而不流兮。閉心自謹，終不失過兮。秉德無私，參天地兮。願歲井〔一三〕謝，與長友兮。淑離不淫，梗其有理兮。年歲雖少，可師長兮。行比伯夷，置以爲像兮。誰〔一四〕欲討蓴羹。○蓴音純，水菜也。○【師古曰】甫咀味橘頌之作，雖張翰蓴羹之美不足思也。〔一五〕○【趙次公曰】張翰傳〔一六〕：翰在齊王冏府，冏時執權，翰畏禍及，因見秋風起，乃思吴中菰菜蓴羹、鱸魚膾，曰：「人生貴適意，何能羈宦數千里，以要名爵乎？」遂命駕而歸。○神農本草草部：蓴生水中，葉似鳧，春夏細長肥滑。三月至八月爲絲蓴，九月至十一月爲猪蓴。不願論簪笏，悠悠滄海情。○【趙次公曰】甫無簪笏之願，而欲寄情江海。

【校記】

〔一〕書，原作「善」，據古逸叢書本改。

〔二〕千，原作「于」，據古逸叢書本及陳書陰鏗傳改。

〔三〕寓，原作「萬」，據古逸叢書本改。

〔四〕漢，原作「海」，據古逸叢書本改。

〔五〕塵，元本、古逸叢書本作「塵俗」。

〔六〕皇甫植，古逸叢書本作「后皇佳植」。

〔七〕固，古逸叢書本作「更」。

〔八〕博，古逸叢書本作「搏」。

〔九〕揉，古逸叢書本作「操」。

〔一〇〕肉，古逸叢書本作「内」。

〔一一〕差，古逸叢書本作「嗟」。

〔一二〕匆，古逸叢書本作「幼」。

〔一三〕井，古逸叢書本作「并」。

〔一四〕誰，古逸叢書本作「惟」。

〔一五〕「張翰」至「思也」十字原闕，據古逸叢書本補。此條見于分門集注引師尹注，而今本失之，古逸叢書本能存舊貌，亦有其可觀之處也。

〔一六〕元本、古逸叢書本「張翰傳」前有「晉」字。

房兵曹胡馬

胡馬大宛名，○【鄭卬曰】宛，於爰切。○漢武紀：太初四年，斬大宛王首，獲汗血馬來。鋒稜瘦骨成。○瘦，魯作秀。○【張耒曰】謂馬以神氣清勁，不在多肉也。竹批雙耳峻，○【鄭卬曰】批，匹迷切，擊也。○【趙次公曰】後魏賈思勰相馬經：耳欲鋭而小，如削筩。魯國黄伯仁龍馬頌：雙耳如焫筩。風入四蹄輕。所向無空闊，○【秦觀曰】空闊，謂遠也。真堪託死生。○【趙次公曰】魏〔一〕劉備騎的盧，走墮襄陽城西檀溪水中，溺不得出。備急曰：「的盧，今日死矣，可努力。」的盧乃一踊〔二〕三丈，遂得過。又晉劉牢之爲慕容垂所逼，策馬跳五丈澗而脱。此皆所謂堪託死生也。驍騰有如此，○【王洙曰】顔延年赭白馬賦：品藝驍騰。萬里可横行。

【校記】

〔一〕魏，古逸叢書本作「漢」。

〔二〕踊，古逸叢書本作「躍」。

畫鷹

素練風霜起，○【王洙曰】風，一作如。蒼鷹畫作殊。○作，臧各切，又側過〔一〕切，造也。㩳身思狡兔，○㩳與捒〔二〕同，攫也。○【王洙曰】晉孫楚鷹賦：擒狡兔於平原。側目〔三〕似愁胡。○【王琪曰】鷹産於岱北，出於胡地。愁胡，謂思胡地也。○【趙次公曰】孫楚鷹賦：深目蛾眉，壯似愁胡。○【王洙曰】隋魏彦深賦：立如植木，望似愁胡。絛鏇光堪摘，○【鄭卬曰】絛，他刀切，編絲繩也。鏇，徐釓〔四〕切，圓轉軸也。（按，分門集注、補注杜詩、杜陵詩史、集千家注批點杜工部詩集皆作「徐釧切，圓轆轤也」。）○【趙次公曰】言畫之絛鏇光悅而可摘取也。軒楹勢可呼。○【黄庭堅曰】言畫之勢可呼以獵。何當擊凡鳥，毛血灑平蕪。

【校記】

〔一〕過，元本、古逸叢書本作「箇」。

〔二〕捒，古逸叢書本作「悚」。

〔三〕目，原作「耳」，據古逸叢書本改。

〔四〕徐釓，古逸叢書本作「辭戀」。

暫如臨邑至𡸣山湖亭奉懷李員外率爾成興

○魯訔曰：𡸣，玉篇：助麥切。鄭卬謂：𡸣當作厝，資昔切。

野亭逼湖水，歇馬高林間。鼉吼風奔浪，魚跳日映山。○【鄭卬曰】跳，徒聊切，躍也。暫遊阻詞伯，○【師古曰】詞伯，謂詞人之長，指李員外也。却望懷青關。○【師古曰】青關，地名，李員外之所居也。靄靄生雲霧，唯應促駕還。○【師古曰】謂天將雨，故督車馬速歸也。

陪李北海宴歷下亭時邑人蹇處士等在坐

○北海郡，唐之青州也。歷下亭在齊州，唐之濟南郡也。唐書李邕傳：開元二十三年，邕起爲括州刺史。而後云上計京師，以讒媢〔一〕不得留，出爲汲郡、北海太守。杜田云：齊州使園今猶有亭子。時邕爲青州刺史。甫陪宴于歷下，故作是詩也。

東藩駐皂蓋，○青、齊，皆山東之國，故稱東藩。今之太守，即古之諸侯，爲王藩屏者也。駐皂蓋，謂留治于此郡也。○【王洙曰】後漢輿服志：中二千石皆皂蓋，朱兩轓。北渚淩清河。○北渚，即北海郡。清河，乃濟河郡。北渚與清河蓋相近也。海右此亭古，○【王洙曰】右，一作内。○【趙次公曰】海在東而州在西，故謂之海右。○【謝逸曰】亭古，言作之之久也。濟南名士多。○齊州，唐爲濟南郡。○【趙次公曰】名士，即詩題所謂邑人蹇處士等是也。雲山已發興，玉佩仍當歌。修竹不受暑，交流空湧波。○曹大家東征賦：望河濟之交流。蘊真愜所遇，落日將如何。○【師古曰】謂此亭韜藏真趣，俗士莫知，惟賢者遇此非常欣愜，奈何興未闌而賓筵將散，日已西頹，故嘆也。貴賤俱物役，從公難重過。○【鄭卬曰】重，儲用切，再也。○【師古曰】貴，指言李邕。賤，甫自謂也。貴賤雖殊，其爲事物所役則一。人生天地間，勞形體，疲精神，歡會時少，怨别時多，恐此一會罷，難與公再獲過，此甫所悵惜也。

【校記】

〔一〕媚，古逸叢書本作「嫉」。

登歷下古城員外孫新亭亭對鵲湖時李之芳自尚書郎出齊州製此亭北海太守李邕序

○【王彦輔曰】。又，趙次公曰：「題下公自注云：李之芳出齊州司馬，製此亭。」補注杜詩引作「王洙曰」。○【唐李邕傳：邕天寶初爲汲郡太守，時李之芳自尚書員外郎出爲齊州司馬，作此亭歷下。○【薛夢符曰】按，此亭乃之芳所創，是詩乃邕爲之芳而作也。

吾宗固神秀，○【趙次公曰】吾宗，指員外之芳也。體物寫謀良（按，九家集注杜詩、補注杜詩作「長」，適與師古注「長過人之智」合，録以備考。）○【師古曰】美吾宗人稟神秀之氣，能體物景，寫其謀謨，創建此亭，頗有長過人之智也。○【王洙曰】陸機文賦：體物而劉〔一〕亮。形制開古跡，○【趙次公曰】舊有此亭，而之芳因敞而新之。甫有詩云「海右此亭古」是〔二〕也。曾冰延樂方。○曾與層同，積也，重也。延，一作在。○【師古曰】謂重陰沍寒之氣排煩暑，爽情〔三〕思，可以歡〔四〕引歡笑，此其術也。方，乃術也。○神異經：北方有曾冰萬里，厚百丈。○【趙次公曰】謝靈運詩：峩峩曾冰食。○曹植鬬雞詩：主人寂無爲，衆賓進樂方。太山雄地理，巨壑眇雲莊。○【師古曰】按地理志：此古城枕太山之麓，極爲雄壯。又襟帶濟〔五〕巨壑，即溪壑之接濟水者是也。水氣在天爲雲，雲莊即雲氣屯聚如莊然。莊者，屯聚之義，眇言襟帶之遠也。高興泊煩促，○謂陰涼之氣爽人也。○【王洙曰】張茂先答何邵詩：煩促海有餘。永懷清典常。○【師古曰】言之芳以常道化民，風俗肅清，人懷其惠，永永不忘也。○【王洙曰】詩：維以不永懷。易：既有典常。含弘知四大，○【師古曰】含弘者，謂古城廣遠，無所不包，足見其有四大之制。○【王洙曰】易坤卦：含弘廣〔六〕大。老子二十五章：域中有四大。出入見三光。○【師古曰】太山高大，日月星辰迭爲隱見，一出一入，皆憑高可以望而見之。○漢班孟堅典引：經緯乾坤，出入三光。負郭喜粳稻，○粳，柯彭切。粳，稻屬，稻稔也。安時歌吉祥。○【師古曰】穀者，民之司命。太守，民之師師〔七〕。太守登臨，所以觀民風，豈徒從事於遊覽而已哉？今覩負郭粳稻之稔，是知爲康樂之時，吉祥兆于此，故從而歌之也。○【趙次公曰】莊子大宗師篇：得者時也，失者順也，安時而處順，哀樂不能入也。○【王洙曰】又人間世篇：吉祥止止。

【校記】

〔一〕劉，古逸叢書本作「瀏」。

〔二〕是，原作「月」，據古逸叢書本改。

〔三〕情，原作「倩」，據古逸叢書本改。

〔四〕歡，杜陵詩史引師尹注作「延」。

〔五〕古逸叢書本「濟」下有「水」字，杜陵詩史引師尹注同。

〔六〕廣，古逸叢書本作「光」。

〔七〕師，古逸叢書本作「帥」，杜陵詩史、補注杜詩引師尹注同。

同李太守登歷下古城員外新亭

○太守，李邕也。員外，李之芳也。○【趙次公曰】是時乃邕唱之於前，而甫和之於後也。

新亭結構罷，隱見清湖陰。○【師古曰】清湖，指鵲湖也。今齊州廨舍中大池是也。水北曰陰。按地理志「亭居鵲湖之北」，故云。○【趙次公曰】或隱或見於清湖之陰者，言昏明異候也。句如謝惠連詩「行雲星隱見」是也。跡籍臺觀舊，○【鄭卬曰】觀，古玩切，諦視也。○【趙次公曰】此亭乃圖籍所載，後齊築作臺觀，遺跡猶存。○【師古曰】今之芳因其舊跡，敞以新亭也。**氣溟海嶽深。**○【師古曰】謂此城憑太嶽，襟帶滄海，海〔二〕嶽之氣溟濛然而深邃矣。**圓荷想自昔，遺堞感至今。**○【鄭卬曰】堞，徒協切，城上垣也。○【師古曰】之芳疏鵲湖，種圓荷，修飾堆堞，至今人感思之，如召公聽訟甘棠之下，後世思之而不忘，以爲勿翦勿伐也。**芳宴此時具，**○【師古曰】具，今作俱，謂賓客畢集于此也。○【王彥輔曰】謝朓曲水宴詩：嘉樂具矣，芳宴在斯。**哀絲千古心。**○【王洙曰】絲，一作絃。○【趙次公曰：「言後之視今，亦猶今之視昔矣。記云：絲聲哀。故云哀絲。」】哀絲，謂琴瑟之音哀怨也。歷下之城廢興非一代，覩今感昔，哀樂之情一寫之琴瑟而已。禮記：絲聲哀。**主稱壽尊客，**○【師古曰】稱，舉也，言主人重客，故舉觴爲壽。○【王洙曰】曹植詩：主稱千金壽，賓奉萬年酬。**筵秩宴北林。**○【師古曰】謂此亭居鵲湖之北，林木森爽，筵設於此，尊卑之位，秩秩然有次序也。○【王洙曰】詩小雅：賓之初筵，左右秩秩。**不阻蓬蓽興，得兼梁甫吟。**○【師古曰】蓬窗蓽户，甫自言貧賤之居。昔諸葛亮常作梁甫吟。梁甫吟者，山東之音也。凡人思鄉，各爲本土之音。杜甫西人也，今客山東，寧無思鄉之情然？然對食當歌，必有所感傷，意謂家不阻限東西，其興爲如之何，猶得兼爲梁甫之吟，不亦善乎！○【趙次公曰】三齊略記載諸葛亮梁甫吟曰：步出齊東門，遥望蕩陰里。里中有三墳，纍纍正相似。借問誰家冢，田疆古冶氏。力能排南山，文能絶地紀。一朝被讒言，二桃殺三士。誰能爲此謀，國相齊晏子。○【杜田補遺。按，九家集注杜詩引此出杜田補遺，可知蔡夢弼所謂「余按」之妄。】余按晏子春秋曰：景公畜士公孫接、田開疆、古冶子，三人見晏子不起。晏子見景公請去之，乃使人餽之二桃，令三子計功而食。公孫接曰：「一搏特猏，再搏乳虎，若接之功，可以食桃而毋與人同矣。」援桃而起。田開疆曰：「吾杖兵却三軍者再。若開疆之功，可以食桃而毋與人同矣。」援桃而起。古冶子曰：「吾嘗從君濟河，黿啣左驂以入底柱之流。冶少不能遊，潛行逆流百步，順行九里，得黿而殺之。左操馬尾，右挈黿頭，鶴躍而出津。若冶之功，可以食桃而毋與人同矣。」二子耻功不及而自殺，古冶子亦自殺。

【校記】

〔一〕海，據古逸叢書本補。

與任城許主簿遊南池

〇【鮑彪曰】任城，屬兗州。

秋水通溝洫，城隅集小船。晚來〔二〕看洗馬，森木亂鳴蟬。菱〔二〕熟經時雨，蒲荒〔三〕八月天。晨朝看白露，〇月令：仲秋之月，白露降。遥想舊青氊。〇想，一作憶。豳詩：九月授衣。〇【按，杜陵詩史、分門集注引趙次公曰：「當白露降，故憶青氊。」又引師古曰：「甫悲秋而思故鄉，故有是句。」】故公因白露降，想青氊而思故鄉也。〇【王洙曰】晉王獻之夜卧齋中，有偷入室盗物都盡，獻之徐曰：「青氊我家舊物，可盡置之。」群盗驚走。

【校記】

〔一〕來，古逸叢書本作「涼」，杜陵詩史同。

〔二〕麥，杜陵詩史作「菱」。

〔三〕荒，古逸叢書本作「黄」。

贈比部蕭郎中十兄

有美生人傑，由來積德門。漢朝丞相系，○【王洙曰】謂蕭何也。梁日帝王孫。○【王洙曰】謂蕭衍也。蘊藉爲郎久，○【王洙曰】東觀漢記：桓榮温恭〔一〕有蘊藉。魁梧秉哲尊。○【王洙曰】周勃傳：魁梧奇偉。○【趙次公曰】書酒誥：經德秉哲。詞華傾後輩，○傾，倒也。使後輩見之皆傾倒也。風雅藹孤騫。○【趙次公曰。按，分門集注、補注杜詩引師古曰：「騫騰也。言飛騰無與之偶，故曰孤騫。」】騫，虛言切。飛〔二〕舉貌。言飛舉無與之比也。宅相榮姻戚，○【師古曰】蕭兄乃甫家從姑之子，故有「宅相」之語。○【王洙曰】晉魏舒字元陽，少孤，爲外家戚氏所養。戚氏起宅，相者云：「當出貴甥。」舒曰：「當爲外氏成此宅相。」後爲尚書郎。○【按，九家集注杜詩作「杜田補遺」，杜陵詩史、分門集注作「師（古）曰」，當以杜田爲是。】北史李靈傳：邢晏稱其甥李繪曰：「如對珠玉，宅相之奇，良在此甥。」又文苑傳：王褒字子深，七歲能屬文。外祖梁〔三〕司空愛之，謂賓客曰：

「此兒當成吾宅相也。」兒童惠討論。○【趙次公曰】方兒童時，得蕭兒惠以討論之益也。見知真自幼，謀拙媿諸昆。○【趙次公曰】言見知於蕭兒已自幼時，厥後謀拙，每媿諸昆。○【王洙曰】甫與蕭乃姑舅之昆仲也。漂蕩雲天闊，○【王洙曰】言相去遼遠也。沈埋日月奔。○【王洙曰】謂光陰易失也。致君時已晚，懷古意空存。○甫恨衰老，空想古人，無由如伊尹之致君爲堯、舜也。中散山陽鍛，○鍛，都玩切，小冶也。○【趙次公曰。又，杜陵詩史、分門集注、補注杜詩引作「王洙曰」】：「嵇康爲中散大夫，尚性絶巧而好鍛。王戎自言與康居山陽二十年，未嘗見喜愠之色。向秀傳：嵇康善鍛，秀爲之佐，相對欣然，旁若無人。」山陽，漢屬兗州。晉嵇康爲中散大夫，居山陽。康性絶巧而好鍛，向秀爲之佐，相對欣然，旁若無人。鍾會造康，康鍛不輟。各見本傳。愚公野谷村。○愚公谷在青州臨淄縣。○【按，九家集注杜詩引作「趙次公云」。又，門類增廣十注杜詩、門類增廣集注杜詩引作「杜云」，杜陵詩史、分門集注、集千家注批點杜工部詩集引作「修可曰」。】韓非子：昔齊威公逐鹿入谷，問父老：「此爲何谷？」答曰：「臣舊畜牛生犢，以子買駒。少年謂牛不生駒，遂持而去。傍隣以臣爲愚，遂名爲愚公谷。」寧紆長者轍，○【趙次公曰】當時子美在兗、青之間，自以爲其居僻矣，而蕭兄來顧之也。○或又謂譏蕭兄之不來訪我也。○【王洙曰】陳平傳：家乃負郭窮巷，以席爲門，門外多長者車轍。歸老任乾坤。○言無求於人也。

【校記】

〔一〕温恭，原作「桓公」，古逸叢書本作「桓恭」，皆誤，據東觀漢記卷一五桓榮傳改。

〔二〕飛，原作「非」，據元本、古逸叢書本改。

〔三〕梁，原作「良」，據元本、古逸叢書本改。

過宋員外之問舊莊員外季弟執金吾見知於代故有下句

○按，唐書：之問弟之悌、之遜爲連州參軍，不言爲執金吾。宋之問集有温泉莊卧病詩：「多病卧兹嶺，寥寥倦幽獨。賴有嵩丘仙，高枕長在目。」

宋公舊池館，零落首陽阿。○【王洙曰】阿，山阿也。○【師古曰】陽阿，乃山之南。○河南郡境界簿城東北十里首陽山，上有首陽祠。陸機洛陽記：首陽山，東北去二十里。阮公詠懷詩云：步出上東門，北望首陽岑。枉道祇從入，吟詩許更過。淹留問耆老，寂寞向山河。○向，一作看〔一〕。○【趙次公曰】淹留，駐迹之義。甫枉道來過，爲之淹留，欲問耆老員外平日之事，而員外亡矣，其莊空存，對此山河，徒寂寞耳。更識將軍樹，○【師古曰】將軍樹，美金吾也。○【王洙曰】後漢馮異傳：異爲人謹退不伐，每所止舍，諸將並坐論功，異常屏樹下，軍中號爲「大樹將軍」。悲風日暮多。○復悼金吾之已死矣。周庾信麟趾殿校書和劉儀同詩：月落將軍樹，風驚御史烏。

【校記】

〔一〕看，據元本、古逸叢書本補。

夜宴左氏莊

風林纖月落，○【趙次公曰。又，杜陵詩史、分門集注引「定功曰」（即杜田補遺）：「古詩：兩頭纖纖月初生。」】纖月，新月也。古樂府：兩頭纖纖月初生。○鮑照翫月詩：始見西南樓，纖纖如玉〔一〕鈎。衣露浄琴張。暗水流花逕，春星帶草堂。檢書燒燭短，○古樂府：看書怯〔二〕燭滅。看劍引杯長。○【王洙曰】看劍，一作説劍，一作煎茗。○【師尹曰】因話録：徐〔三〕世長看劍飲酒，酒酣舞劍，在〔四〕不知止〔五〕。詩罷聞吴詠，扁舟意不忘。○【趙次公曰：「惟其聞吴詠，故有扁舟之興。」】言其聞吴人之詠，故有扁舟五湖之趍。

【校記】

〔一〕玉，原作「月」，據元本、古逸叢書本改。

〔二〕看書怯，據元本、古逸叢書本補。
〔三〕「徐」，原闕，據元本、古逸叢書本補。
〔四〕在，古逸叢書本作「醉」。
〔五〕止，據元本、古逸叢書本補。

右此二篇莫可考，姑因次之。

新定杜工部草堂詩箋斠證卷第二

天寶以來在東都及長安所作

冬日洛城北謁玄元皇帝廟廟有吴道子畫五聖圖

〇【趙次公曰】玄元皇帝，李老君也。〇【九家集注杜詩、分門集注、補注杜詩引作「王洙曰」，杜陵詩史引作「魯曰」。】按，唐書：天寶元年，陳王府參軍田周秀上言：「玄元皇帝降于丹鳳門之通衢，告錫靈符，在尹喜之故宅。」上遣使就函谷關尹喜宅，遂發得之，乃致玄元廟於天寧坊，親享于新廟。是歲又改爲太上玄元皇帝宫。二年，追尊老子大聖祖玄元皇帝，仍於天下諸郡建紫極宫。秋，改譙郡紫微宫爲太清宫。〇【王洙曰】天寶八年，上親謁太清宫，册聖祖玄元皇帝尊號爲聖祖大道玄元皇帝。高祖、太宗、高宗、中宗、睿宗皆加「大聖皇帝」字。〇海〔一〕南志：上清宫，唐都老子廟也。乾封中號玄元皇帝廟。開元末，廟北别建玄元觀，後改曰上清宫。宫内有吴道子畫神堯、太宗、高宗、中宗、睿宗五帝真容。長安志引禮閣新儀曰：開元二十九年，始詔兩京及諸州各致玄元皇帝廟一所。天寶元年九月，改廟爲宫。二年，西京改爲太清宫，東都爲太微宫。此詩當在天寶以前作也。

配極玄都閟，○配，匹〔二〕也。○【田曰。按，杜陵詩史、分門集注引作「田曰」，即杜田。】極，謂北極也。○【王洙曰】閟，閉也。○【趙次公曰】以廟在洛城之北，故曰配極。玄都丹靈〔三〕，乃仙真之所也，故用玄都以名廟焉。憑高禁籞長。○高，一作虚，一作空。○【王洙曰】漢書音義：禁苑之籞，折竹以懸繩連之，使人不得往來也。守祧嚴具禮，○【王洙曰】周禮：分官守祧。注：遠廟曰祧，遷主之所藏也。○【趙次公曰】守祧，掌守先王之廟祧，故監廟謂之守祧。掌節鎮非常。○節，符節也。○【晁沖之曰】掌所賜之符節，以鎮重其廟也。○【王洙曰】地官掌節注：節猶信也。碧瓦初寒外，○【杜陵詩史、補注杜詩引作「（王）琪曰」，分門集注引作「（王）洙曰」。】碧瓦，以琉璃爲瓦也。初寒，指冬日也。金莖一氣旁。○金莖，謂仙掌承露也。一氣，謂元氣也。○【王洙曰】郊祀志：漢武作柏梁臺，銅柱承露，仙人掌之屬也。山河扶繡户，○言繪畫之麗也。鮑照行路難：文牕繡户垂羅幕。日月近雕梁。○言棟宇之高也。仙李盤根大，○李指李氏也。元妙内篇經曰：老君託從李母生，李母無姓，老君指李木曰：「此爲我姓。」本行經曰：太上道君既託洪氏之胎，周時復託神李母，剖左腋〔四〕而生，生即皓然，號曰老子。太極左仙公葛玄曰：託神李母，生即皓然，以上皇元年正月十二日丙午太歲丁卯下爲周師，至無極元年太歲癸丑五月壬午去周，西度關。○【王洙曰】神仙傳曰：老子姓李，名耳，字伯陽。楚國苦縣人也。○【杜田補遺】又任昉述異記：中山有緑李大如拳，呼仙李。○唐太宗探得李詩曰：盤根植瀛海，交幹横倚天。舒華光四海，卷葉映三川。猗蘭奕葉光。○【按，當作「趙次公曰」。參贈李白「蔬食常不飽」注辨析。】趙子櫟曰：此以紀玄元之盛，美老子之生。指李木爲姓，唐室以老子爲聖祖，則自老子盤根而來，至唐又如猗蘭之猗猗，是爲累世有光也。○【沈（括）曰】或曰郭子横洞冥記：漢武未生，景帝夢一赤彘從雲中直下崇芳之閣，帝覺而至於閣上，見赤氣如雲霞來蔽户牖，乃改崇芳閣爲猗蘭殿。後王夫人生武帝於此殿。世家遺舊史，○遺，一作隨。○【王洙曰】司馬遷作史記，有老子傳。道德付今王。○封氏〔五〕聞見記：開元二十一年，明皇親注老子道德經，令學者習之。畫手看前輩，吴生遠擅場。○名畫記：吴道子，陽翟人，好酒使氣，每欲揮毫，必須酣飲。學書于長史賀知監。學書不成，因攻畫。曾事逍遥公韋嗣立爲小吏，因寫蜀道山水之體，自爲一家。書迹似薛少保，亦甚便利。初，任兖州瑕丘縣，明皇召入禁中，改名道元，因授内教博士，非有詔不得畫。張懷瓘每云：「吴生之畫，下筆有神。張僧繇後身也。」○【王洙曰】張衡東京賦：秦政利觜，終得擅場。森羅移地軸，○博物志：崑崙東北地轉，下有八元幽都二十餘萬里。地下有四柱，廣十萬里。地有三千六百軸，互相牽也。妙絶動宫牆。五聖聯龍衮，○聯，晉作連。劇談録：東都北邙山有玄元觀，南有老君臺殿，高敞，下瞰伊、洛。仙泥塑之像，皆開元楊惠之所製，奇巧精嚴。壁有五聖真容及老子化胡經事，丹青絶妙，古今無比也。千官列雁行。○列，一作引。朱景元畫斷：吴生畫東都玄元廟，五聖千官，宮殿冠冕，勢傾雲雷，心奪造化。居神品之上也。冕旒俱秀發，旌旆盡飛揚。翠柏深留景，○言柏葉歲寒不雕也。紅梨迥得霜。○【趙次公曰】言梨葉得霜而紅也。風筝吹玉柱，○言風揚奏樂之韻也。柳渾七夕詩：清露下羅衣，秋風吹玉柱。露井凍銀床。○【馬存曰】銀床，井欄也。○【王洙曰】晉樂志淮南王篇：後園鑿井銀作床，金瓶素綆汲寒漿。身退卑周室，○【王洙曰】史記本傳：老子，周守藏史，見周之衰，遂去。○劉向列仙傳：李耳生於殷時，爲周柱下史，轉爲守藏史。周德衰，乃乘青牛車去，入大秦，過西關。關令尹喜迎之，乃使著道德經。經傳拱漢皇。○河上公注老子後序：漢文時，河上公結草庵于河濱，常讀老子文。帝駕往詣之，問老子，責以不屈。公即躍在虚空中，帝即稽首禮謝，公即授老子道德經章句二卷，曰：「余注是經千七百年，凡傳三人，連子四矣。」谷神如不死，○【師古曰】谷所以藏物，谷神猶云藏神也。○【王洙曰】老子六章：谷神不死，是謂玄牝。養拙更何鄉。○【趙次公曰】鄉，一作方。○【師古曰】何鄉，謂無所止，猶云無何有之鄉。

【校記】

〔一〕海，疑當作「河」。

〔二〕匹，原作「四」，據古逸叢書本改。

〔三〕靈，杜陵詩史、九家集注杜詩、杜詩趙次公先後解輯校皆作「臺」。

〔四〕腋，原作「掖」，據元本、古逸叢書本改。

〔五〕氏，原作「民」，據古逸叢書本改。

龍門

○【趙次公曰】韋述東都記：龍門號雙闕，與大内對峙，若天闕然。

龍門横野斷，驛樹出城來。○【曾鞏曰】謂驛道兩傍之木也。○【杜陵詩史引作「鄭（印）曰」，分門集注引作「（王）洙曰」。】河南志：龍門驛在河南縣南一十八里。氣色皇居近，○【分門集注引王洙曰：「東都也。」】皇居，謂洛京也。金銀佛寺開。○【洪覺範曰】龍門山上有奉先寺，佛地有金色世界、銀色世界也。往還時屢改，川水日悠哉。○水，陳作陸。相閱征塗上，○閱，視也。生涯盡幾迴。○【趙次公曰：「生涯，見莊子。」】莊子養生篇：吾生也有涯。

兵車行

○【王洙曰】王深父曰：雄武之君，喜馳中國之衆，以開邊服遠爲烈。而不痞其事乃先王之罪人耳。此詩蓋託於漢，以刺玄宗也。論語：不以兵車，管仲之力也。○師古曰：律詩拘於聲律，古詩拘於句語，以是辭不能達。夫謂之行者，達其辭而已，如古文而有韻爾。自陳子昂一變江左之體，而歌行暴于世。行者，辭之遺無所留滯，如雲行水行，曲折溶洩，不爲聲律語句之所拘，但於古詩句語中得增辭語耳。此行爲唐玄宗〔一〕作，玄宗承太宗米斗三錢之後，國家豐富，侈心一動，遂貪邊功。初用張九齡爲相，開元中號爲賢君。其後罷九齡，用李林甫、楊國忠之徒，從事吐蕃。訖唐之世，吐蕃爲患者，玄宗實開其釁而已。

車轔轔，○【鄭卬曰】轔，離珍切。○【王洙曰】轔轔，衆車聲也。詩秦國風：有車轔轔。馬蕭蕭，○【王洙曰】詩車攻篇：蕭蕭馬鳴。行人弓箭各在腰。○【蔡伯世曰】行人，謂行役之人也。耶娘妻子走相送，○【杜陵詩史、分門集注、補注杜詩引「王彦輔曰」作「杜元注」，集千家注杜工部詩引作「公自注」。】古樂府云：不聞耶娘唤女聲，但聞黄河流水鳴濺濺。○又木蘭辭云：旦辭耶娘去，暮宿黄河邊。塵埃不見咸陽橋。○【何覬曰】咸陽橋，即長安城外橋。兵行塵埃坌起，故橋爲之不見也。○卞圜曰：秦獻公元年，城櫟陽，徙都之。注：今萬年是也。又，孝公十二年作爲咸陽，築冀闕，徙都之。韋昭云：秦所都，武帝更名渭城。應劭云：今長安也。按關中記：孝公都咸陽，今渭城是也，在渭北。始皇都咸陽，今城南大城是也。名咸陽者，山南曰陽，水北亦曰陽。其地在渭水之北，又在九嵕諸山之南，故曰咸陽。牽衣頓足欄道哭，○古東門行：拔劍出門去，兒女牽衣啼。○【趙次公曰，又，杜陵詩史作「修可曰」。】前漢楊惲報孫會宗書：頓足起舞。哭聲直上干雲霄。○【王洙曰】北山移文：干青霄而直上。道旁過者問行人，行人但云點行頻。○【師古曰】點行者，漢書謂之「更行」，以丁籍點照上下，更喚〔二〕差役。玄宗數出兵，故點行之法頻也。○豈知成周之制「用民不過三日」者乎？或從十五北防河，○【師古曰】防河，謂築堤備河水泛決也。便至四十西營田。○【顏師古曰】營田，謂如漢趙充國獻營田之策，無事則耕，有事則戰，寓兵於農之意也。去時里正與裹頭，○【高荷曰】里正，即今保正。○【鮑彪曰】蜀亂，兵戈不止，東川咸用老弱，俱戰亡，又括鄉里少小爲之，里正〔三〕與裹頭擐甲。歸來頭白還戍邊。○【王洙曰】還，一作猶。○【韓駒曰】古者及丁方裹頭，少年裹頭行役，及歸來，頭已白。還，又戍邊疆，蓋言役使無已也。○【王洙曰】鮑照東武吟：少壯辭家去，窮老還入門。邊庭流血成海水，○書武成篇：血流標杵。○【王洙曰】賈誼過秦論：伏尸百萬，流血漂鹵。武皇開邊意未已。○【王洙曰】嚴助傳：武帝好征伐四夷，開置邊郡〔四〕。君不聞漢家山東二百州，○杜田云：唐十道志有河北無山東，今京東諸郡唐皆屬河南。甫詩所謂山東者，太行山之東，謂河北也。○【趙次公曰】唐始都長安，故以河北爲山東。○【師古曰】甫意託武皇以刺玄宗也。是時楊國忠專權，引安禄山爲將領，漢陽突騎生事邊功于四夷，其後反叛，山東二百州皆陷于賊，無復唐有，玄宗殊不悔悮〔五〕，豈不若武帝開邊不知止乎？千村萬落生荆杞。○廣雅：落，居也。○【王洙曰】阮嗣宗詩：堂上生荆杞。縱有健婦把鋤犁，禾生隴畝無東西。○丈夫出征，雖婦人代把犁鋤。○【師古曰】奈疆場不修，禾生隴畝，不成倫理，故曰無東西也。詩云：衡從其畝。謂一從一衡，各有東西之辨，傷今不然也。況復秦兵耐苦戰，○【鄭卬曰】耐，奴登切，又奴代切。○【王洙注引顏師古曰】字通作「能」，善也。○【王洙曰】謂秦人勇於攻戰也。被驅不異犬與雞。長者雖有問，役夫敢伸恨。○【王洙曰】一作「役夫心益憤」。且如今年冬，未休關西卒。○【王洙曰】關，一作隴。一作「如今縱得休，還爲隴西卒」。○關西，指函谷關以西。祿山連結吐蕃入寇，屯戍不得休息也。縣官云急索，○一作「縣官急索租」者，非也。（按，分門集注引「彦輔曰」：「舊本云縣官云急索。」）○【鄭卬曰】索，色〔六〕責切，取也。○【王洙曰】霍光傳：縣官，天子也。宣元六王傳：不敢指斥天子，故謂之縣官。租稅從何出。○【師古曰】唐置租庸調法，租出穀，庸出絹，調出兵。縣官索租甚急，欲給關西之師，民户消耗無所從出，況耕夫出征，田萊多荒，將何以供其來〔七〕乎？信知生男惡，○惡，一作兒。楊泉物理論：秦始皇起驪山之冢，又使蒙恬築長城，死者相屬。民歌曰：生男謹勿舉，生女哺用脯。不見長城下，骸骨相支柱〔八〕。反是生女好。生女猶得嫁比隣，○得，一作是。○【分門集注引「鄭（卬）曰」：「比音毗。」】比，音鼻，近也。○詩小雅：洽比其隣，婚姻孔云。生男埋没隨百草。○【師古曰】生男，人之所喜；生女，人之所賤，此常理也。今以生男爲惡，生女爲好，蓋男兒充丁驅之戰，埋没草野，曾不如生女尚得嫁比隣，或時相見，此皆有所感激而爲是言也。君不見青海頭，○【趙次公曰】按，時有事於吐蕃，乃青海之地，哥舒翰立功處也。○【王彦輔曰】隋西域傳：吐谷渾城在青海西四十里〔九〕。○【王洙曰】唐歌舒翰傳：築神威軍於青海上，吐蕃攻破之，又築城於青海中。郭元振傳：青海、吐渾，密邇蘭鄯。古來白骨無人收。○【趙次公曰】公言古者，蓋託之以興也。左氏傳：吾收爾骨焉。○【王洙曰】蔡文姬詩：白骨不知誰，縱横莫覆蓋。潘岳關中詩：肝腦塗地，白骨交衢。王粲〔一〇〕七哀詩：出門無所見，白骨蔽平原。新鬼煩冤舊鬼哭，○【王洙曰】左文公二年傳：新鬼大，故鬼小。○【修可曰】後漢陳寵爲廣漢太守。先是，洛陽城南每陰雨，常有哭聲，寵聞而疑其故，使吏按行問，還言世亂時此地多死亡者，而骸骨不得葬，寵盡收葬之。○風賦：悖鬱煩冤。琴賦：拂帽煩冤。天陰雨濕聲啾啾。○【王洙曰】聲，一作悲。○【師古曰】青海軍迫近吐蕃，此邊地郡也。昔文王殯枯骨，當世歸其仁。今玄宗屢與吐蕃戰于青海，兵敗者不復收葬，使新舊之鬼或冤或哭，無所依歸，文王之仁，爲如何哉？鬼神依人而行，有所主則有所歸，故不爲病。葬者，藏也，謂鬼神依藏于此。鬼以新舊言之，則知戰鬬相仍，死者相繼踵也。○【王洙曰】楚詞山鬼篇：猿啾啾兮又夜鳴，雷填填兮雨冥冥。

【校記】

〔一〕玄宗，宋本原作「元宗」，蓋避宋趙玄朗之諱。宋本「玄宗」二字避諱與否不一，有避有不避者，統一改爲「玄宗」，下不出校。

〔二〕喚，元本、古逸叢書本作「换」。

〔三〕正，原闕，據元本、古逸叢書本補。

〔四〕郡，原作「邵」，據古逸叢書本改。

〔五〕悞，古逸叢書本作「悟」。

〔六〕色，杜陵詩史、分門集注作「急」。

〔七〕來，分門集注作「求」。

〔八〕杜，原作杜，據古逸叢書本改。

〔九〕四十，分門集注作「十五」。

〔一〇〕粲，原作「餐」，據古逸叢書本改。

今夕行

今夕何夕歲云徂，○【鮑彪曰】謂歲除夜也。○【王洙曰】詩唐國風：今夕何夕。更長燭明不可孤。○言夜永人多，守歲不寐，當有以自遣也。咸陽客舍一事無，○言長安旅中少兒且無一事幹也。相與博塞爲歡娛。○【王洙曰】博塞，一作賭博〔一〕。○塞，先代切，字正作簺〔二〕。行棊也，謂爲行棊猶賢乎己也。○【王洙曰】說文：博局戲，六箸十二棊。古者烏曹作博。說苑：塞，行棊相賽謂之塞也。○前漢吾丘壽王以善格五待詔，調博士。後漢梁冀能六博。注楚辭曰：琨蔽象棊，有六博。王逸注：投六箸，行六棊，故云六博。鮑宏博經曰：用十二棊，六棊白，六棊黑。所擲頭謂之瓊，有五采。刻爲一畫者謂之白，刻爲三畫者謂之黑。一邊不畫者五塞之間，謂之五塞。格五者，鮑玄塞經曰：塞有四采，塞白乘五是也。至五即格不得行，故謂之格五。憑陵大叫呼五白，○【師古曰】五白，即今之骰子也。○左傳：憑陵敝邑。石苞與孫皓書：憑陵險遠。○【王洙曰】屈原招魂曰：崑〔三〕蔽象棊，有六博些。分遭〔四〕並進，猶〔五〕相迫些。成梟而牟，呼五白些。晉制犀比，費白日些。○李良注：琨蔽，玉箸也。○【王洙曰】五百，博齒也。梟，勝也。牟，倍勝也。○謂倍勝而呼股子數也。袒跣不肯成梟盧。○【王洙曰】盧，一作牟。○【師古曰】梟盧，即今之博采也，如今之博采有猪、有豹是也。○蘇代謂魏王曰：「夫博之所以貴梟者，便則食，不便則止。今何王之用智不如用梟也？」石季龍伐涼，涼威公重華用謝艾爲將軍，夜二梟鳴於牙中。艾曰：「六博得梟者勝，克敵之兆。」○【師古曰】宋劉毅字希樂，於東府聚樗蒲，大擲一判，應至數百萬，餘人並黑犢以還。唯劉裕及毅在，毅〔六〕次擲得雉，大喜，褰衣繞床叫，謂同坐曰：「非不能盧，不事此耳。」裕惡之，因授五木，久之，曰：「老兄試爲卿答。」既而四子俱黑，一子轉躍未定，裕厲聲喝之，即成盧。毅意殊不快也。○【趙次公曰】又，分門集注杜工部詩引作「師古曰」。】又，慕容寶與韓黃、李根等樗蒲，誓之曰：「世云樗蒲有神，若富貴可期，願得三盧。」於是三擲，盡盧，袒跣大叫。英雄有時亦如此，邂逅豈即非良圖。○【趙次公曰】如劉毅、慕容等，皆一時英雄，猶如此蒲博，則今夕邂逅相遇，未必非良圖。所謂良圖，則毅、裕以卜〔七〕成事，寶〔八〕以卜富貴也。君莫笑劉毅從來布衣願，家無儋石輸百萬。○【鄭卬曰】儋與擔同。○【師古曰】儋石，言一儋一石也。儲無擔〔九〕石，家至貧也。劉毅家無儋石，一擲百萬，其志已見於布衣窮時。後舉大事，無不如志。由此推之，人之志量其可已邪！甫貧賤中雖有大志，觀自言「致君堯舜上」，其志可見。又云「此意竟蕭條」，奈何時命不利，此所以有喻乎「袒跣不肯成梟盧」也。○【王洙曰】南史：桓玄聞劉毅起兵，曰：「毅家無儋石之儲，摴蒲一擲百萬，共舉大事，何謂無成！」前漢蒯通傳：守儋石之儲者，闕卿相之位。○【顔師古曰。按，補注杜詩：「師古曰：儋者，一人之所負儋也。」揚雄傳：家無儋石之儲。」又，九家集注杜詩引僞王洙注曰：「師古曰：或曰：儋者，一人之所負儋也。」按體例，九家集注杜詩王洙注中所引「師古」爲唐人顔師古，故兩相比對，補注杜詩引揚雄傳文亦是顔師古注。】揚雄〔一〇〕家無儋石之儲。○【王洙曰】應劭曰：齊人名甖爲儋石，受二斛。○【王洙曰】晉均〔一一〕曰：石，斗石也。○【杜田補遺】明帝紀「家靡儋石之儲」注：前漢書音義曰：儋，丁濫切，言一斗之儲。方言作儋，云罃也。齊東北海岱之間謂之儋。郭景純注曰：所謂家無儋石之儲者也。埤雅曰：大罌也。字或作甔，音丁甘切。○【鄭卬曰】説文：負荷也。○後漢「宣秉無儋石之儲」注：今江、淮人謂一石爲一儋。儋音丁濫切。

【校記】

〔一〕博，原作「賻」，據元本、古逸叢書本改。

〔二〕塞，元本、古逸叢書本作「簺」。

〔三〕崑，元本、古逸叢書本作「琨」。

〔四〕遭，古逸叢書本作「曹」。

〔五〕猶，古逸叢書本作「遒」。

〔六〕毅，原作「殺」，據古逸叢書本改。

〔七〕卜，原作「下」，古逸叢書本改。

〔八〕寶，原作「實」，據杜陵詩史、杜詩趙次公先後解輯校、九家集注杜詩、補注杜詩改。

〔九〕擔，古逸叢書本作「儋」。

〔一〇〕宋本「揚雄」或作「楊雄」，元本、古逸叢書本通作「揚雄」，今據二本統一作「揚雄」，下不出校。

〔一一〕均，杜陵詩史、分門集注作「灼」。

春日憶李白

○下圜曰：李太白才逸氣豪，與陳拾遺齊名。其論詩云：「梁、陳已來，艷薄殊極，沈休文又尚聲律。將復古道，非我而誰？」故陳、李二集，律詩全少。又嘗言：「興寄深微，五言不如四言，七言又其靡也，况束於聲律俳優？」故戲公曰：「飯顆山頭逢杜甫，頭戴笠子日卓午。借問别來太瘦生，只爲從來作詩苦。」

白也詩無敵，○【王洙曰】敵，一作數。飄然思不群。清新庾開府，○庾信本集序：開府詩〔一〕宗。庾信，字子山，幼而清敏，至春秋六十七。齒雖耆宿，文更新奇。○【鄭卬曰】又云：庾信爲車騎將軍開府。俊逸鮑參軍。○沈約宋書：鮑照，字明遠，文辭贍逸，世祖時爲中書舍人。上好文章，自謂物莫能及。照悟其旨，爲文章多鄙言累句，當時咸謂照才盡，不然也。○【王洙曰】又云：照爲臨海王參軍。○雪浪齋記云：白詩其源流出於鮑明遠，如樂府多用白紵，故公詩有是句，蓋有譏也。渭北春天樹，○【李泰伯曰】渭北，甫所居也。江東日暮雲。○【李泰伯曰】江東，白之所居也。何時一罇酒，○【王洙曰】沈約詩：勿言一樽酒，明日難同〔二〕傾。○【趙次公曰】孟浩然亦云：何時一盃酒，重與李膺傾。重與細論文。

【校記】

〔一〕詩，元本、古逸叢書本作「司」。

〔二〕同，元本、古逸叢書本作「重」。

天寶初南曹小司寇舅於我太夫人堂下累土爲山一匱盈尺以代彼朽木承諸焚香瓷甌〔一〕甚安矣旁植慈竹蓋茲數峰嶔岑嬋娟宛有塵外數致乃不知興之所至而作是詩○一無數字。

一簣功盈尺，○【王洙曰】簣，土籠也。○書旅獒：功虧一簣。三峰意出群。望中疑在野，幽處欲生雲。慈竹春陰覆，○【杜田補遺】按，九家集注杜詩引作「杜田補遺」，杜陵詩史、分門集注補注杜詩引作「師古曰」，當從九家集注杜詩。】陸機草木疏：南方生子母竹，今慈竹是也，又謂之孝竹。述異記：漢章帝二年，子母竹笋生白虎殿前，時謂之孝竹。羣臣作孝竹頌，即南中子母竹也。香爐曉勢分。○【杜田補遺】即詩序云「承諸焚香瓷甌」是也。維南將獻壽，○【王洙曰】詩天保〔二〕：如南山之壽。佳氣日氤氳。○易繫辭曰：天地氤氳〔三〕。

【校記】

〔一〕元本、古逸叢書本「甌」下尚有一「甌」字。

〔二〕保，原作「寶」，據古逸叢書本改。

〔三〕氳，原奪，據古逸叢書本補。

題張氏隱居二首

春山〔一〕無伴獨相求，伐木丁丁山更幽。○【鄭卬曰】丁，宁耕切，伐木聲也。○【趙次公曰】詩小雅：伐木丁丁。○【師尹曰】梁王籍入若耶溪詩：鳥鳴山更幽。澗道餘寒歷冰雪，○【師古曰】甫言冒雪以訪張氏也。石門斜日到林丘。○【師古曰】言張氏所居幽遠也。○【王洙曰】謝惠連詩：落雪灑林丘。不貪夜識金銀氣，○【王洙曰】公言以不貪，故夜識其氣象也。史記天官書：大水處，敗軍場，破國之虛，下有積錢，金寶之上，皆有氣，不可不察。○【趙次公曰】：「古人有地鏡圖之書，以觀地下之物，曰：黄金之氣赤黄，銀之氣夜正白，流散在地。」地鏡圖：黄金之氣，千萬斤以上，光大如鏡盤也。遠害朝看麋鹿遊。○遠，于願切，離也。○【師古曰】公言張氏全身遠害於此，與麋鹿同遊也。乘興杳然迷出處，○【王洙曰】甫言不以出處介意也。對君疑是泛虛舟。○【師古曰】虛舟以喻虛己以遊世也。○【王洙曰】莊子山木篇：方舟而濟於河，有虛船來觸舟，雖有褊心之人不怒。人能虛己以遊世，孰能害之？

【校記】

〔一〕山，原作「日」，據古逸叢書本改。

之子時相見，○【師古曰】之子，指張氏也。○詩王風：彼其之子。箋：之，是也。邀人晚興留。霽潭鱣發發，○【王洙曰】霽，一作濟。○【鄭卬曰】鱣，諸延切，魚名。發，比末切，○【王洙曰】發發，魚掉尾盛貌。詩衛風：鱣〔一〕鮪發發。春草鹿呦呦。○【王洙曰】鹿食草則呦呦而永嘆。○【師古曰】喻張氏之相招也。○【王洙曰】詩小雅：呦呦鹿鳴，食野之苹。杜酒偏勞勸，○【王洙曰】魏武樂府：可以解憂，唯有杜康。張梨不外求。○【師古曰】言宴飲唯園果而已，意勤不必豐美其物也。○廣志：洛陽北芒山有張公夏梨，海内唯一樹。○【王洙曰】潘安仁閒居賦：張公大谷之梨。前村山路險，○古詩：山路亦何險。歸醉每無愁。○【師古曰】謂盜賊之險可慮，路險宜無愁也。

【校記】

〔一〕鱣，原作「鱣」，據古逸叢書本改。

鄭駙馬宴洞中

○唐書：睿〔二〕宗代國公主名華，字華婉，下嫁鄭萬鈞〔三〕。明皇臨晉公主，皇甫淑妃生，下嫁鄭潛曜。潛曜有孝行，廣文博士鄭虔之姪。公集有鄭駙馬池臺、喜過鄭廣文同飲詩，繫曰：「駙馬潛曜。」公又有皇甫淑妃神道碑。公時白衣，天寶十載始上三大禮賦，起家率府。

主家陰洞細煙霧，○【王洙曰】主家，謂公主之家也。留客夏簟青琅玕。○琅玕，石之似玉者。此謂簟之色有如琅玕之青也。○【杜田補遺】按，九家集注杜詩作「杜田補遺」，補注杜詩作「師古曰」，當從九家集注杜詩。【山海經：崑崙山有琅玕樹，其子似珠。○【杜田補遺】本草：琅玕有數種，是琉璃之類。大齊寶也。琅玕五色，青者爲勝。出雋州以西，爲白蠻國〔三〕中及于闐國。爾雅：西化〔四〕之美者，有崑崙虛之璆琳、琅玕焉。春酒杯濃琥珀薄，○琥珀，玉屬。此言以琥珀爲杯也。前漢：罽賓國出珊瑚、虎魄、琉璃、琅玕。冰漿椀碧瑪瑙寒。○【鄭卬曰】瑪音馬。瑙，乃老切，玉屬。○此言以馬〔五〕瑙爲椀也。○【師古曰】甫有渴病，故喜有冰漿也。○【杜田補遺。又，杜陵詩史作「（薛）夢符曰」。】魏文帝碼瑙〔六〕勒賦序：碼瑙出日西，或文理交錯，有似馬腦〔七〕，故因以名。○【王洙曰】陸機苦寒行：渴飲堅冰漿。悞疑茅屋過江麓，○【王洙曰】茅堂，一作茅屋。〔八〕已入風磴霾雲端。○【鄭卬曰】磴，丁鄧切。○【師古曰】磴，道也。言其石磴之高也。○梁冀大起第舍，飛梁石陵，跨水道。○【師尹曰】選〔九〕鮑明遠詩：既類風磴，復象天井。自是秦樓壓鄭谷，○王彦輔曰：谷口斥駙馬第也。○【杜陵詩史、分門集注引「王洙曰」：「秦樓，秦女弄玉吹簫於樓上。鄭谷，以鄭子真耕於谷口，故曰鄭谷。」】劉向列仙傳：蕭史者，秦穆公時人，善吹簫，能致孔雀白鶴。繆公有女字弄玉，好之，公遂以妻焉。日教弄玉吹簫，作鳳鳴。居數年，吹似鳳皇聲，鳳皇止其屋。公爲作鳳臺，夫婦止其上，不下數年。一旦，隨鳳皇飛去，故秦人作鳳女祠。雍宫中時有簫聲。漢書：漢有谷口鄭子真，修身自保。王鳳以禮聘子真，子真不詘而終。三輔決録云：子真名樸，子真其字也。時聞雜佩聲珊珊。○【師古曰】指公主之環佩也。

【校記】

〔一〕眘，原作「眷」，據元本、古逸叢書本改。

〔二〕鈞，原作「鈞」，據元本、古逸叢書本改。

〔三〕九家集注杜詩無「白」、「國」二字。

〔四〕化，古逸叢書本作「方」，九家集注杜詩作「北」。
〔五〕馬，元本、古逸叢書本作「碼」。
〔六〕瑙，元本、古逸叢書本作「磠」。
〔七〕腦，原作「磠」，據元本、古逸叢書本改。
〔八〕此句古逸叢書本作「茅屋一作茅堂」。
〔九〕古逸叢書本「選」前有「文」字。

李監宅

○洪本作「李監鐵」。趙傁曰：按靈怪録：李令問，開元中爲秘書監，好服飲玩饌，以奢聞於天下。其炙驢罯鵝之屬，慘毒取味。今詩有「異味重」之句，乃令問乎？

尚覺王孫貴，○【王洙曰】王孫，謂王者之孫，亦相尊敬之稱。韓信傳：吾哀王孫。豪家意頗濃。屏開金孔雀，○前漢：罽賓國出孔爵。鄴中記：石季倫作金銀鈿，屈膝屏風。○【王洙曰】隋長孫晟貴盛，嘗畫一孔雀於屏間以擇婿，令射中目者爲婿。褥隱繡芙蓉。○褥，而蜀切，氈褥也。○【王洙曰】謂褥刺繡文爲荷花也。○【趙次公曰】崔顥盧姬篇：魏王倚樓十二重，水精簾傳繡芙蓉。且食雙魚美，誰看異味重。○搜神記：謝糺甕盛水，朱符投之，有一〔一〕雙鯉魚躍出，即命作鱠，一座皆遍異味。門闌多喜色，女婿近乘龍。○魏志：黄尚爲司徒，與司徒李元禮俱娶太尉亘叔元女，時人謂亘〔二〕叔元兩女俱乘龍。言得婿如龍也。○【薛夢符曰】楚國先賢傳：孫季字文英，與李元禮俱娶太尉亘烏〔三〕女，時人謂亘〔四〕叔元兩女俱乘龍。言得婿如龍也。○或以董逵子儁，字文英。三説不同，今並載之。

【校記】

〔一〕一，古逸叢書本作「二」。

〔二〕兩「亘」字，古逸叢書本皆作「桓」。按，「亘」爲「桓」之避諱字，蓋避宋帝趙桓諱。

〔三〕亘烏，古逸叢書本作「桓焉」。

〔四〕亘，古逸叢書本作「桓」。

又 新添

華館春風起，高城煙霧開。雜花分力〔一〕映，嬌燕入簷迴〔二〕。一見能傾座，虛懷只愛才。鹽官雖絆驥，名是漢庭來。

【校記】

〔一〕按，古逸叢書本、杜陵詩史皆作「户」。

〔二〕迴，原闕，據元本、古逸叢書本補。

送孔巢父謝病歸游江東兼呈李白

○【王洙曰】孔巢父，字弱翁，冀州人。少力學，隱徂徠山。永王璘稱兵江、淮，以從事辟之，巢父側身潛迹〔一〕。璘敗，知名。後爲潭州刺史、湖南觀察使，未行，會德宗幸奉天，遷給事中、御史大夫。使李懷光於河中，遇害。○李白客任城，與孔巢父輩同居徂徠山，號「竹林六逸」。天寶初，南入會稽，與吳筠善。筠被召，故白亦至長安。

巢父掉頭不肯住，○【王洙曰】莊子在宥篇：鴻〔二〕蒙拊髀爵躍，掉頭曰：「吾弗知也。」東將入海隨煙霧。○【師古曰】巢父與李白友善。李白時在江東，巢父欲尋之，問學神仙之術，遂以病辭朝廷而遊江東故也。詩卷長留天地間，○詩，一作書。留，一作攜。釣竿欲拂珊瑚樹。○【師古曰】珊瑚，似琉璃，有五色，青者可入藥，爲上。生海底，漁人常以網掛得之。巢父亦善屬文賦詩，有文集行于世，號徂徠集。今遊江東，以漁釣爲樂，故「釣竿欲拂珊瑚樹」、「惟餘詩集留人間」，與天地相爲長久而已。西域傳：罽賓國出珊瑚。○【王洙曰】南州志：珊瑚出大秦國海中，生海底石上。○本草：珊瑚生海底，柯枝明閏〔三〕如紅玉。深山大澤龍蛇遠，○【師古曰】昔叔向之母曰：深山大澤，實生龍蛇。彼叔虎之母美，恐生龍蛇以禍其族。巢父棄絶房色，頤養精氣，故云「龍蛇遠」也。○【王洙曰】左氏襄公二十一年傳：叔向之母惡叔虎之母美而不使，其子諫其母，其母曰：「深山大澤，實生龍蛇。彼美，余懼其生龍蛇以禍女，女敝族矣。」杜預注：龍蛇，喻奇怪，言非常之地多生非常之物也。春寒野陰風景暮。○【王洙曰】一作「草青春日暮」〔四〕。○【師古曰】此序執别之時，春已暮矣。○【趙次公曰】顔延年贈王太常詩：庭昏見野陰。蓬萊織女迴雲車，○迴，一作乘。指點虚無是征路。○【按，分門集注作「虚無引歸路」，注曰：「余曰：按原叔、彦輔、師等本並云『虚無是征路』。」】一作「虚無引歸路」。自是君身有仙骨，○【師古曰】虚無，謂神仙之境，樓臺殿閣皆變化而成。巢父此行蓬萊，仙人與織女各迴轉雲車以邀之，必將指點於神仙之境，蓋以素有仙骨，何患功不成乎？征路，即所往之路也。○神仙傳：王方平過蔡經家。經者，小民爾，而骨當仙。方平知之，故往其家告以要言。○【王彦輔曰】又，嚴青，會稽人，居貧，常於山作炭。忽有一人與青語，以一卷素書與青，曰：「汝有仙骨，應得長生，故以此書授汝。」○盛弘之荆州記：鵝羊山石皆成鵝羊形，云昔有威少卿者，年十四五，兄令牧羊，見一老人，謂曰：「汝有仙骨，可相隨去。」市人報其兄，兄至山見少卿，送兄出，問羊在否？指謂石使令隨兄去。世人那得知其故。惜君只欲苦死留，○一作「我欲把袂苦留君」。富貴何如草頭露。○【王洙曰】一作「我欲苦留君富貴，何如草頭易〔五〕晞露」。○【師古曰】草頭露，言不久日出即乾。人生富貴不能長享，譬如草頭之露。朝廷重惜巢父名節，諸公欲久留之，奈巢父輕視富貴如草頭露，是以謝病告歸也。○按，丁〔六〕寶搜神記：挽歌辭有薤露、蒿里二章，言人命如薤上之露易晞。其一章曰：薤上朝露何易晞。蔡侯静者意有餘，○【師古曰：「静乃蔡侯名。意有餘，謂懃意有餘也。」】静，謂蔡侯之爲人恬静而懃意有餘也。清夜置酒臨前除。○【師古曰】除，庭除也。罷琴惆悵月照席，○【師古曰】按，琴曲有別鶴操，蔡侯罷琴惆悵，蓋惜別也。幾歲寄我空中書。○【師古曰。又，杜陵詩史引「王彥輔曰」：「空中書，未詳。或曰，蓋雁書耳。」】空中書，謂雁傳書耳。○【師古曰】因謂巢父，此一別去，幾年得有書以相達也？南尋禹穴見李白，○【趙次公曰】禹穴，在今越州會稽山上。李白時在會稽矣，乃巢父欲入海之路也。○【王洙曰】司馬遷年二十，南遊江、淮，上會稽，探禹穴是也。○【杜田補遺。又，杜陵詩史、分門集注、補注杜詩引作「修可曰」。】括略曰：會稽山有石穴委曲，皇〔七〕帝藏書於此。禹得之。又吳越春秋曰：禹藏書之所，故謂之禹穴也。道甫問信今何如？○【師古曰】今巢父遊江東，尋見李白，煩道甫問其安否，托致意之辭也。○【王洙曰】按，別本云：「巢父掉頭不肯住，東將入海隨煙霧。書卷長携天地間，釣竿欲拂珊瑚樹。我欲把袂苦留君，富貴何如草頭露。深山大澤多龍蛇，花繁草青春景暮。仙人玉女迴龍〔八〕車，指點靈無引歸路。若逢李白騎鯨魚，道甫問信今何如？」

【校記】

〔一〕迹，元本、古逸叢書本作「遁」。

〔二〕鴻，原作「漁」，古逸叢書本改。

〔三〕閏，古逸叢書本作「潤」。

〔四〕元本、古逸叢書本「草」上尚有「花繁」二字。

〔五〕易，原作「露」，據元本、古逸叢書本改。

〔六〕丁，當作「干」，元本、古逸叢書本作「于」。

〔七〕皇，元本、古逸叢書本作「黄」。

〔八〕龍，元本、古逸叢書本作「雲」。

冬日有懷李白

寂寞書齋裏，終朝獨爾思。更尋嘉樹傳，不忘角弓詩。○忘，無放切，遺也。○【師古曰】嘉樹傳、角弓詩，皆指李白之不可忘也。○【王洙曰】左氏昭公二年傳：晉侯使韓宣子來聘，公享之，韓子賦角弓。既享宴於季氏，有嘉樹，韓子譽之，武子曰：「宿敢不封殖此樹，以無忘角弓。」遂賦甘棠，宣子曰：「起不堪也，無以及召公。」短褐風霜入，○短，一作裋，音豎，布衣也。○【王洙曰】前漢貢禹短〔一〕褐不完。顔師古曰：裋〔二〕者，謂僮豎所著布長襦也。褐，毛布也。○揚雄方言：自關而西，謂襜褕短者謂之裋也。還丹日月遲。○【師古曰】還丹，謂九轉靈丹也。九徧循環，然後成就，服之可使延年。○【趙次公曰】此言白有仙風道骨，所燒還丹亦可以遲延日月，然後成也。○神仙傳：劉根曰：「藥之上者，有九轉還丹也。」未應〔三〕乘興去，○【按，王洙曰：「王子猷乘興訪戴安道。」】晉書：王徽之嘗居山陰，雪夜忽憶戴逵，逵時在剡，便乘小舟詣之，造門不前而反。人問其故，徽之曰：「本乘興而行〔四〕，興盡而反，何必見安道邪？」空有鹿門期。○【趙次公曰】公自言無因乘興如王子猷訪戴而去，徒與李白有效龐德公隱鹿門山之期約也。○後漢逸民傳：龐公，襄陽人也。居峴山之南，後攜妻子登鹿門山，採藥不返。

【校記】

〔一〕短，古逸叢書本作「裋」。

〔二〕裋，原作「祖」，據元本、古逸叢書本改。

〔三〕應，古逸叢書本作「因」。

〔四〕行，古逸叢書本作「來」。

飲中八僊歌

○夢弼謂：此歌當分四章，一章五句，二章六句，三章六句，四章五句，如此讀之，則用韻不相重疊也。○【九家集注杜詩作「蔡元度云」，杜陵詩史作「修可曰」。按，據補注杜詩、集千家注批點杜工部詩集，乃修可引蔡絛言其叔父蔡元度所言，兩可。】或謂當分八篇，人人各異，雖重押韻無害，亦周詩分章之意。○余恐不然也。○【王彦輔曰】按范傳正李白墓碑：公及賀監、汝陽王、崔宗之、裴周南等八人爲「酒中八仙」。公此篇無裴，豈范別有所稽邪？

知章騎馬似乘船，○【師古曰】賀知章，吴人，少爲秘書監，善乘船。荆、楚、吴、越之人習玩於水，皆能精於操舟，亦若西北之人迫近羌、胡，皆善騎射，勢使然也。知章乘船，安若騎馬，故曰騎馬似乘船，此倒用文，乃所以戲之也。公詩若此類者頗多，如「黃鵠高於五尺童，化爲白凫似老翁」，亦謂五尺之童高於黃鵠，而老翁則似白凫也。○吴越春秋：越人水行山處，以船爲車，以楫爲馬。眼花落井水底眠。○【師古曰】井者，目井也。醉人目井皆生花，故曰「眼花落井水底眠」，謂醉卧舟中，任其泛泛所之，豈非水底眠乎？説詩者不以文害辭，不以辭害志，蓋謂是也。○【趙次公曰】吴筠詩：夢中難言見，終成辭〔一〕眼花。汝陽三斗始朝天，○遜皇帝憲，本名成器，睿宗長子，立爲皇太子。以玄宗有討平韋氏之功，成器懇遜儲位，封爲寧王。薨，謚曰遜皇帝。長子汝陽郡王璡，璡歷太僕卿，天〔二〕寶初，加特進。○【師古曰】朝天，言朝天子也。按唐史拾遺：汝陽王璡嘗於上前醉，不能下殿，上遣人掖出之，璡謝罪曰：「臣以三斗壯膽，不覺至此。」○【王洙曰】公集八哀詩有贈太子太師汝陽郡王璡詩，又有贈特進〔三〕汝陽郡王詩。道逢麴車口流涎，○【師古曰】麴車，載麴車也。王晤〔四〕嗜酒〔五〕，故逢麴車則口流涎。麴車與下句「移封酒泉」皆非實事，特託言之耳。○【九家集注杜詩作「師尹曰」，杜陵詩史作「王彦輔曰」。】按，魏文帝曰：「蒲桃釀酒，甘於麴米。逢之，固足以流涎咽唾。」○【王洙曰】晉陸機：百年歌自苦，獨鏡口流涎。○白樂天詩：哺啜眠糟甕，流涎見麴車。蓋用公語也。恨不移封向酒泉。○【趙次公曰】汝陽王李璡也，言恨不移封酒泉，亦以戲之也。以其宗室雖受封汝陽矣，猶以酒泉郡城下泉味如酒，欲移封也。麴車〔六〕而便流涎，戲其好飲之急也。○【師古曰】按，地理志：酒泉，今肅州。漢福禄縣地，武帝開之，置酒泉郡，城下有泉，其味如酒。○【趙次公曰】王子年拾遺記：晉武時有一〔七〕巨羌〔八〕姚馥嗜酒，人呼爲渴羌。擢爲朝歌宰，帝曰：「地有酒泉，故使老氏不復呼渴。」覆辭封地，即遷酒泉太守。左相日興費萬錢，○【王洙曰】左相，李適之也。適之，常山王承乾之後。適之雅好賓客，飲酒一斗不亂，夜則宴賞，晝決公務，庭無留事。天寶元年，代牛仙客爲左丞相。五載四月罷，自賦詩曰：「避閑〔九〕初罷相，樂聖且銜杯。爲問門前客，今朝幾箇來？」○言「日興費萬錢」者，如何曾日食萬錢，謂每日之興便如此也。石林葉夢得云：適之以天寶五載罷相，即貶死袁州。而公天寶十載方以獻賦得官，疑非相與周旋者，但能飲耳。○【王洙曰】晉何曾爲司徒，性奢豪，日食萬錢，猶云無下〔一〇〕筯處。飲如長鯨吸百川，○飲如長鯨，言其飲之之多，乃所以戲之也。崔豹古今注：鯨，大魚也。大者長千里，小者數丈，鼓浪成雷，噴沫成雨。銜杯樂聖稱世賢。○【余葵曰：「邵氏聞見録云：子美此句，世賢二字殆不可曉。或云世當作避字，寫本誤也。蓋左相李適之有直聲，右相李林甫姦邪，適之論數不同，自免去。詩云『避賢初罷相，樂聖且銜盃』，子美正用適之語也。」】世，當作避，傳寫誤也。適之詩云：「避賢初罷相，樂聖且銜盃。」此子美正用適之之詩話〔一一〕也。○【師古曰】夫酒有清有濁，清者爲聖人，濁者爲賢人。樂聖，言樂聖人也。時牛仙客爲尚書，李林甫爲丞相，遂罷適之政事，故適之以退避賢路爲辭，所以諷牛、李也。適之雖退避，以酒自娛，謂當世稱其賢，不以酒荒而掩其大德也。○【王洙曰】酒德頌：先生於是捧罌承糟，銜盃漱醪。宗之瀟洒美少年，○【王洙曰】李白傳：侍御史崔宗之謫官金陵，與白詩酒唱和，嘗月夜乘舟，自採石達金陵，白衣宮錦袍於舟中，顧瞻笑傲，旁若無人。阮籍詩：朝爲美少年。何遜詩：長安美少年。舉觴白眼望青天，○【師古曰】言宗之以酒笑傲青天，視造化如小兒耳。

○晉阮籍字嗣宗，性至孝。母終，能爲青白眼，見禮俗之士，以白眼對之。及嵇喜來弔，籍作白眼，由是禮法之士疾之。皎如玉樹臨風前。○【師古曰】皎如玉樹，言姿質潔白美丈夫也。○【王洙曰】晉謝玄答叔父安曰：「譬如芝蘭玉樹，欲使其生於庭階耳。」毛魯〔三〕與夏侯玄共坐，時人謂之「蒹葭倚玉樹」。蘇晉長齋繡佛前，○【王洙曰】晉，蘇頲之子。玄宗監國，所下制命，多晉藁定。○景龍文館記：譯大寶積經，時修文館盧藏用、蘇晉，皆精通奥義。○【師古曰】或曰蘇晉學浮屠術，嘗得胡僧慧澄繡彌勒佛一本，晉寶之，嘗曰：「是佛好飲米汁，正與吾性合。吾願事之，他佛不愛也。」蓋彌勒佛即今世「布袋和尚」是也，常於市中飲酒食猪首，時人無識之者，故甫有是句。醉中往往愛逃禪。○【趙次公曰。又，杜陵詩史、分門集注作「修可曰」。】逃禪，謂逃去而禪坐耳。李白一斗詩百篇，長安市上酒家眠，○【王洙曰】李白傳：字太白，山東人。天寶初，客會稽，與道士吴筠隱於剡中。既而玄宗詔筠赴京師，筠薦之于朝，遣使召之，與筠俱待詔翰林。白既嗜酒，日與人飲，醉於酒肆。玄宗度曲，欲造樂府新詞，亟召白，已於酒肆醉矣。召入，宫人以水灑面，即令秉筆，頃之成十餘章。嘗沉醉殿上，引足令高力士脱靴，由是斥去。浪遊江湖，後醉死宣城。天子呼來不上船，○船，或作舡，非是。自稱臣是酒中仙。○【師古曰】不上船者，不即時上船，以其醉也。○【九家集注杜詩作「杜田補遺」，杜陵詩史作「定功曰」。】按范傳正李翰林新墓碑：玄宗泛白蓮池，白不在舟，帝歡既洽，召白作序，白已被酒於翰苑，命高力士扶以登舟。○【師古曰。按，杜陵詩史引「鮑曰」：「劉偉明云：蜀人呼衣襟爲船。」】集有詩贈白曰：龍舟移棹晚。蓋謂此耳。或以蜀人呼衫衿爲船。蜀方言無此説，當以公贈白詩爲證。張旭三盃草聖傳，○此以張芝比張旭也。吴都張旭，官至東率府長史，善草書，每飲醉輒草書，呼叫狂走，揮筆大叫，以頭濡墨水中乃下手〔一三〕。醒後自以爲神。自言始見公主擔夫争道，而得其意，觀公孫大娘舞劍，而得其神俊。○【王洙曰】後漢張芝字伯英，善草書，王愔文志曰：芝少時高操，以名臣子勤學，尤好草書，學崔、杜之法。家之布帛，必先書而後練，臨池學書，水盡黑。爲世所寶，寸紙不遺。韋仲將謂之「草聖」。脱帽露頂王公前，○【趙次公曰】張旭，時人號爲「張顛」，爲人酒禿，脱帽則露其頂，此所以戲之也。○【王洙曰】胡毋輔之與謝鯤、阮放、畢卓、羊曼、桓彝、阮孚散髮裸袒，閉室酣飲已累月。阮逸排户入，守者不聽，逸便於户外脱衣露頭，於狗竇中窺之，大叫。輔之驚曰：「他人决不敢耳，必我孟祖也。」遽呼入與飲。時人謂之「八達」。揮毫落紙如雲煙。○【趙次公曰】潘岳揚州誄〔一四〕：動翰如飛，落紙如雲。焦遂五斗方卓然，高談雄辯驚四筵。○【師古曰】唐史拾遺：焦遂與白號爲酒八〔一五〕仙，口吃，對客不能出言。醉後，酬詰如注射，時目爲「酒吃」。

【校記】

〔一〕辭，元本、古逸叢書本作「亂」。

〔二〕天，原作「太」，據元本、古逸叢書本改。

〔三〕進，原作「惟」，據元本、古逸叢書本改。

〔四〕暗，古逸叢書本作「璀」。
〔五〕「酒」字原闕，據古逸叢書本補。
〔六〕元本、古逸叢書本「麴」上有「見」字。
〔七〕二，古逸叢書本作「一」。
〔八〕羌，原作「羊」，據古逸叢書本改。
〔九〕閑，元本、古逸叢書本作「賢」。
〔一〇〕下，原作「不」，據古逸叢書本改。
〔一一〕話，古逸叢書本作「語」。
〔一二〕魯，九家集注杜詩、杜陵詩史作「曾」。
〔一三〕手，古逸叢書本作「筆」。
〔一四〕誄，原作「來」，古逸叢書本作「耒」，據古逸叢書本、九家集注杜詩改。
〔一五〕八，古逸叢書本作「中」。

贈韋左丞丈濟

〇天寶九年〔一〕作。范元實曰：左丞，或以爲見素，或以爲濟。按濟傳：思謙之孫，子嗣立之子。天寶中，濟受尚書左丞。見素乃湊之子。天寶十三載，代陳希烈爲相。明年，安禄山反。又明年，上幸蜀，次巴西，詔兼左相。今有上韋左相詩，自注云：「見素。」此詩贈韋左丞，是爲濟也。杜田云：左丞，韋濟也。唐書：韋思謙，高宗時爲尚書左丞。武后時同鳳閣鸞臺三品。子承慶、嗣立。武后時，嗣立代承慶爲鳳閣舍人、黄門侍郎。承慶亦代爲天官侍郎。及知政事，父子並爲宰相。嗣立二子，曰常，曰濟。常，終陳留太守，濟，天寶中授尚書左丞，凡三世居之。

左轄頻虚位，〇【杜田正謬。又杜陵詩史、分門集注、補注杜詩引作「修可曰」。】按唐六典：左、右丞掌管轄省事，糾察憲章。舊唐書：劉洎疏曰：尚書萬機，實爲政本。是以二丞方於管轄，八座比於文昌。故左丞謂之左轄。**今年得舊儒。**〇皆以紀韋丈也。**相門韋氏在，經術漢臣須。**〇臣，一作官。〇【王洙曰】漢韋賢及子玄成皆以經術爲相。**時議歸前烈，**〇前烈，前輩也。指韋濟兄弟是前輩，爲時議所歸也。**天倫恨莫俱。**〇【王洙曰】天倫，兄弟也。〇此悼韋常之卒也。**鴒原荒宿草，**〇韋嗣立傳：二子常、濟知名。文融薦常有經濟才，擢侍御史，出爲陳留太守。故有是句。〇【王洙曰】詩常棣：脊令在原，兄弟急難。檀弓篇：曾子曰：朋友之墓，有宿草而不哭。注：宿草，陳根也。**鳳沼接亨衢。**〇【師古曰】言累世爲尚書也。〇初，嗣立代承慶爲鳳閣舍人，承慶亦代爲天官侍郎，父子並爲宰相，故有是句。○【王洙曰】晉荀勗自中書監遷尚書令，有賀之者，曰：「奪我鳳皇池，諸君賀我耶？」○中書凝特〔二〕，晉人比天上鳳皇池。魏徙中臺郎視草，職于秘書，晉乃曰中書政事機密，如漢尚書郎執筆禁中書〔三〕，人以璇霄浴〔四〕鳳丹池比之。池以比省，鳳以居中英豪自比。中書四户起於晉。西王母大有妙經曰：泊海豢龍，丹池浴鳳。晉謝玄暉直中省詩：兹言翔鳳池，鳴佩多清響。卞伯玉〔五〕賦〔六〕中書省詩：躍麟鳳池中，揮翰紫宸裏。范雲贈王中書融詩：拜官青瑣闥，還望鳳皇池。有客雖安命，○【趙次公曰。又，杜陵詩史作「師古曰」。】甫自謂也。○【王洙曰】莊子德充符篇：知無可奈何而安之若命。衰容豈壯夫。○【趙次公曰：「壯夫字出揚子。」】揚子吾子篇：雕蟲篆刻，壯夫不爲也。家人憂几杖，○【王洙曰】几，老者之所憑。杖，老者之所倚。以其老也，故爲家人之所憂。○月令：仲秋之月，養衰老，授几杖。甲子混泥塗。○【王洙曰】左氏襄公三十年傳：晉悼夫人食輿人之城杞者，絳縣老人或年長矣，無子而往，與於食。有與疑年，使之年，曰：「臣小人也，不知紀年。臣生之歲，正月甲子朔，四百有四十五甲子矣。其季於今三之一也。」吏走問諸朝，趙孟召而謝過焉，曰：「武不才，任君之大事，以晉國之多虞，不能由吾子，使吾子辱在泥塗久矣。乃武之罪也，敢謝不才。」遂仕之。不謂矜餘力，○論語：行有餘力。還來謁大巫。○【師古曰】大巫，比濟也。○【王洙曰。又，杜陵詩史引作「師古曰」。】吴志：張紘見陳琳作武庫賦，嘆美之。琳答曰：「僕在河北，此少於文章，而易爲雄伯。

故使僕受此過談。今足下在彼，所謂小巫見大巫，神氣盡矣。」歲寒仍顧遇，日暮且踟躕。〇【師古曰】謂眷〔七〕慕於韋，不忍去也。老驥思千里，〇【王洙曰】魏武樂府：老驥伏櫪，志在千里。饑鷹待一呼。〇【師古曰】老驥、饑鷹，皆甫自喻也。〇【王洙曰】吴志：陳登謂吕布曰：「曹公言待將軍，譬如養鷹，饑則爲用，飽則揚去。」〇孫楚鷹賦：饑則易呼。君能微感激，亦足慰榛蕪。〇【王洙曰】一作「折骨效區區」。〇【師古曰】此甫之意有求於韋之薦拔也。

【校記】

〔一〕年，元本、古逸叢書作「載」。

〔二〕特，元本、古逸叢書本作「邃」。

〔三〕書，元本、古逸叢書本作「晉」，則當斷于下句。

〔四〕浴原作「裕」，據元本、古逸叢書本改。

〔五〕卞伯玉，原作「下伯王」，據元本、古逸叢書本改。

〔六〕賦，元本、古逸叢書本作「赴」。

〔七〕眷，原作「春」，據元本、古逸叢書本改。

杜位宅歲〔一〕

○【鮑彪曰】時天寶十年，歲次辛卯。公在京師族弟杜位宅守歲。○位乃李林父之婿也。或謂當是九年庚寅。

守歲阿戎家，○戎，王叔原作戎，蘇子瞻作咸，謂阮咸也。叔原引王戎字濬沖，少阮籍二十歲，而籍與之交。籍與戎父渾爲友，戎年十五，隨父渾在郎舍。籍每適渾，俄頃輒去，過視戎良久，然後出，爲〔二〕渾曰：「共卿語，不如與阿戎談。」○【趙次公曰】按，蘇子瞻與弟子由詩有云：頭上春幡笑阿咸。又云：欲喚阿咸來守歲。蓋以戎爲咸也。○余考之甫集，又有送桓二別駕因示從弟位詩：與報惠連詩不惜，知吾老〔三〕斑鬢已如銀。則位者，子美之弟也。恐所謂阿咸者，亦未是。○【趙次公曰】疑是杜位小字阿戎也。椒盤已頌花。○【趙次公曰：「晉劉臻妻元日獻椒花頌。」舊注非事祖矣。】晉劉蓁妻元日獻椒花頌曰：昊穹周迴，三朔肇建。青陽散暉，澄景載煥。美此靈葩，爰采爰獻。聖容映之，永壽於萬。○崔寔四民月令：正月率妻孥上祭祀祖禰，子婦曾孫各上椒酒於家長，指觴舉壽，欣欣如也。○【杜陵詩史、補注杜詩引作「蘇曰」。】周處風土記：正旦俗，人拜壽，上五辛盤、松柏頌、椒花酒。○【王洙曰】庾信正旦詩：椒花逐頌來。盍簪喧櫪馬，○言朋友會宴也。○【王洙曰】易豫卦：勿疑，朋盍簪。列炬散林鴉。○言炬明而鴉鵲驚飛。四十明朝過，飛騰暮景斜。○【趙次公曰】公於天寶九年冬預朝獻，明年，奏三大禮賦。表云：甫行年四十載矣。當强仕之年，官猶未定，宜其感歎之切，故有是句。誰能更拘束，爛醉是生涯。○莊子養生篇：吾生也有涯，而知也無涯。

【校記】

〔一〕歲，元本、古逸叢書本、杜陵詩史作「守歲」。

〔二〕爲，古逸叢書本作「謂」。

〔三〕「老」似爲衍文。

新定杜工部草堂詩箋斠證卷第三

天寶以來在東都及長安所作

奉贈韋左丞丈二十二韻

〇見素。〇范温以此詩爲韋見素，趙傁以此詩爲韋濟，魯訔又謂集又有上韋左相二十韻，自繫曰「見素」。未知孰是？若從范氏、趙氏説，則此詩當題曰「左相」。若從魯氏説，則此詩當題曰「左丞」。按唐書濟本傳稱：天寶中授尚書左丞。見素乃湊之子，襲父爵彭城郡公。天寶十三載，拜武部尚書，代陳希烈爲相。明年，安禄山反。又明年，從幸蜀，次巴西。詔兼左相。子倜鄂，位至給事中。孫覬，爲尚書左丞。〇【師古曰】考之杜甫生於睿宗先天元年，死於代宗大曆五年，年五十有九，歷睿宗、玄宗、肅宗、代宗凡四朝也。天寶十年，獻三賦，玄宗命宰相試以文章，授河西尉，不行。天寶十四年，安禄山亂，甫挈家避亂鄜州，陷〔一〕。肅宗至德二載，脱身歸鳳翔府，上謁肅宗，肅宗授以左拾遺。當是時，房琯以宰相總兵與賊戰，儒者用春秋車戰之法，爲賊所敗，由是得罪。甫上疏論琯不宜廢〔一〕，肅宗怒，貶甫爲華州司功。甫不得志，聞李白在山東，將爲山東之遊，遂作此詩辭韋左丞，明己無罪而去。觀甫嘗有憶李白詩之句「何時一樽酒，重與細論文」，蓋謂此行爲尋李白故也。

紈袴不餓死，〇【鄭卬曰】紈，胡官切，素絲也。袴，苦故切，脛衣也。〇【王洙曰】班固傳序〔二〕：班伯與王、許子弟爲群，在於綺繻紈袴之間，非其所好也。〇【趙次公曰】東晳玄居釋擬客難：丹墀步紈袴之童，東野垂白顛之叟。〇【師古曰】紈袴謂貴遊子弟之服，不餓死謂濫啗爵賞也。然餓之義有二，絶粒曰餓，不食禄亦曰餓。若伯夷、叔齊餓于首陽，采薇而食，不食周禄，正此餓也。且儒冠豈能誤身？甫蓋有激而言也。當禄山之亂，武夫悍卒皆軍功取封侯，其子弟自襁褓至于老死，誰有不食禄者？獨文儒之士不能擐甲出戰，皆寂寥不用，以此誤身者多矣。〇按集甫有贈鮮于京兆詩曰「有儒愁餓死」，又贈鮮于詩有曰「儒術誠難起」，有草堂詩曰「武夫勝腐儒」。〇【師古曰】又送楊判官曰「儒衣山鳥怪」者，皆歎武夫得志，傷儒道之不振也。蓋軍興之際，山鳥見儒衣，猶且怪駭，甫以此時唯以文儒爲務，得不誤身乎？〇【王洙曰】記儒行篇：冠章甫之冠。

儒冠多誤身。

丈人試靜聽，賤子請具陳。〇【師古曰】丈人，尊長之稱，指韋丈也。賤子，謙辭，甫自稱也。甫欲韋丈靜聽，故具陳其所以不遇之意也。〇【王洙曰】易：師，貞，丈人吉。〇前漢：單于曰：「漢天子，我丈人行。」又，王邑請召賓客，稱賤子。後漢樓護傳：王邑居尊下，稱賤子，上壽。蕭太后〔四〕奪禮表：具陳兹啓。甫昔少年日，○少，一作妙。早充觀國賓。○充，一作就。甫於開元二十五年嘗預京兆薦貢。○【王洙曰】易觀卦：觀國之光，利用賓于王。讀書破萬卷，下筆如有神。○【師古曰】破萬卷，謂識破其理。如中庸曰：君子有〔五〕之道，語大，天下莫能載；語小，天下莫能破。大抵人誰不讀書，識破其理者，寡矣。故孔子曰：默而識之。甫既識破萬卷之理，縱横妙用，無施不可，故下筆之際，如有神異也。○賈捐之傳：君房下筆，語言妙天下。○【王洙曰】魏文帝典論：傅武仲下筆不能自休。曹植：下筆成章。孔文舉表：性與道合，思若有神。賦料揚雄敵，○前漢揚雄傳：先是，司馬相如作賦甚麗，雄心壯之，每作賦，常擬之以爲式。乃作甘泉、校獵、河東、長楊四賦。詩看子建親。○【師古曰】世説：魏文帝嘗令弟東阿王曹植七步成詩。植字子建。余謂甫以揚雄之賦與己相敵，以子建之詩但親近於己，是甫以詩才自負，謂子建所不若也。李邕求識面，○【王洙曰】李邕，江都人。○【師尹曰】唐新書：甫少貧不自振，客齊、趙、吴、越間。李邕奇其才，先往見之。○初，邕冠詣李嶠求見秘書，嶠曰：「秘閣萬卷，豈直假可窺。」未幾，嶠驚問奥篇，了卞〔六〕如響。嶠嘆曰：「子且名家。」拜左拾遺。宋璟〔七〕劾張昌宗，邕立陛下，大言曰：「璟諫社稷大計，當聽。」后色解，可璟奏。邕久外，入朝，人傳其眉目瓌異，至阡陌聚觀。中人臨問索文，出守北海，時稱「李北海」。王翰願卜隣。○【王洙曰：「一作爲。」】卜，陳〔八〕作爲。○閣作同。○【王洙曰】王翰，并州晉陽人。少豪蕩不羈，櫪多名馬，家有妓樂。喜詩酒，文士祖詠、杜華嘗在座。○節度張加正偉其人，厚遇之，入登臺閣，一時傑人。○【師古曰】夢弼謂：唐李邕有才名，後進想慕，求識其面，以至道塗聚觀，傳其眉目有異。唐王翰，文士也，杜華嘗與遊從。華母崔氏云：「吾聞孟母三徙，吾今欲卜居，使汝與王翰爲隣。」蓋愛其才故也。甫以文章知名當世，士大夫皆想慕之，故以李邕、王翰自比也。○左氏昭公三年：子先卜隣矣。自謂頗挺出，○【王彦輔曰】出，一作特。○【王洙曰】一作生。立登要路津。○【王洙曰】古詩云：何不策高足，先登要路津。致君堯舜上，再使風俗淳。此意竟蕭條，行歌非隱淪。○【師古曰】挺，特也。路與津者，衝要之所，乃人物輻湊之地，以譬則達官也。官有清有要，清而不要則無權，要而不清則拘於俗。既清耳〔九〕要，乃爲美官。甫方召試文章，以清要自期，必謂特出登于要路津，豈期授以河西尉，故此意寥寂，不獲致君與澤民也。隱淪者，隱逸之士也。甫既不見於用，辭〔一〇〕西河〔一一〕尉，又不能隱居林下，如林類之行歌拾穗〔一二〕，必爲隱淪之徒非議矣。昔孔子不遇，見非於長沮、桀溺，晨門荷蓧之徒，亦若此爾。○【趙次公曰】夢弼按：列子天瑞篇：林類年且百歲，行歌拾穗。張湛注：古之隱者也。○後漢方術傳：解奴辜、張貂，皆能隱淪。○【趙次公曰】桓譚新論：天下神人五，一曰神仙，二曰隱淪。○【王洙曰】顔延年詩：立俗迕流議，神仙恰隱淪。鮑照詩：孤賤長隱淪。騎驢三十載，○公有詩云：「迎旦東風騎蹇驢，旋呵煖手凍粘鬚。洛陽無限丹青手，還有工夫畫得無。」王維遂作子美騎驢醉圖詩，舊集不載。後漢尚翊騎驢入市。晉阮籍騎驢到郡。○【王洙曰】任彦昇詩：結歡三十載。陶淵明詩：閑居三十載。旅客京華春。朝扣富兒門，○【鄭卬曰】朝，陟遥切，早也。扣，去苟、苦候二切，擊也。○【趙次公曰】鮑照詩：結交多貴門，出入富兒鄰。暮隨肥馬塵。殘盃與冷炙，○炙，之夜切，肉也。○【王洙曰】顔氏家訓：君子無故不徹琴瑟，惟不可令有稱譽，見役勳貴，處之下座，以取殘盃冷炙之辱。戴安道猶遭之，况爾曹乎！到處潛悲辛。○【師古曰】驢，賤者所乘也。得志則乘高車大馬，貧賤則跨驢而已。昔李白以文章待詔翰林，後放逸不檢，遂流落不用。嘗爲華陰令所辱，令致對，云：「曾遇龍巾拭吐，御手調羹。天子殿前，尚與吾走馬；華陰縣裏，不許我騎驢。」初貴，故走馬。後貧賤，故出騎驢。甫既辭河西尉，貧在京師，自未獻賦之前，迨今凡三十六年矣。獻賦時年四十。京華者，言京師乃繁華之地，當春月相追逐，繁絃脆管，無處不有。甫獨旅棲于此，其寂寞可知，故朝扣富兒之門，整刺〔一三〕求見，暮則隨其後塵，爲當朝士夫所薄如此。殘盃，謂甕之餘者，香已埋歇。柔肉曰炙，冷炙謂宿炙也。甫既貧賤，糊口京師，貴游薄之，待我以殘盃與冷炙，深使人暗地抱悲酸也。主上頃見徵，欻然欲求伸。○欻，許勿切，疾貌。○【王洙曰】易繫辭：尺蠖之屈，以求伸也。青冥却垂翅，蹭蹬無縱鱗。○蹭，十鄧切。蹬，徒孟切，失勢貌。○【師古曰】主上，肅宗也。徵，召也。召授左拾遺，欻然如屈蠖久蟄〔一四〕，志欲求伸。當此之時，謂得所施爲，遂上疏論房琯不宜罷，不期貶華州司功。謂如青天可以飛騰，今反垂翅；巨魚可以縱壑，今反蹭蹬。蓋傷其得罪也矣。○【王洙曰】海賦：蹭蹬窮波。王褒聖主得賢臣頌：沛乎若巨魚縱大壑。甚媿丈人厚，甚知丈人真。每於百寮上，猥誦佳句新。竊效貢公喜，○【王洙曰】前漢王吉字子陽，與貢禹爲友，世稱「王陽在位，貢禹彈冠」。○【趙次公曰】劉孝標絕交論：王陽登則貢公喜，漢〔一五〕生逝而國子悲。○【杜田補遺】按，集有曰「徒懷貢公喜」，又曰「貢喜音容間」。難甘原憲貧。○【王洙曰】莊子讓王篇：原憲居魯，環堵之室，次〔一六〕以生草，蓬户甕牖，桑以爲樞，上漏下濕，匡坐而言〔一七〕。子貢乘大馬，中紺而表素，軒車不容巷，往見原憲。原憲華冠縰履，杖藜而應門。子貢曰：「嘻！先生何病？」原憲應之曰：「憲聞無財謂之貧，學道而不能行爲〔一八〕之病。今憲貧也，非病也。」子貢逡巡而有愧色。焉能心怏怏，○能，一作知。○【鄭卬曰】怏，於亮切，不足也。○【趙次公曰】吴越春秋：吴王僚之王〔一九〕謂王曰：「公子光心氣怏怏，常有愧恨之色。」○高帝紀：心常怏怏。○【王洙曰】韓信傳：居常鞅鞅。顔師古曰：志不滿也。祇是走踆踆。○【鄭卬曰】踆，七倫切。○【王洙曰】踆踆，行走貌。今欲東入海，即將西去秦。尚憐終南山，○【鄭卬曰】福地記：終南山東接驛〔二〇〕山、太華，西連太白、隴山，北去長安八十里，南入楚塞，連蜀，東西數百里，亦曰終南。迴首清渭濱。常擬一飯報，○【王洙曰】范雎傳：一飯之德必償。孔融傳：一飯之養必報。○【趙次公曰】李固傳：竊感古人一飯之報。况懷辭大臣。○丈人、大臣，皆指韋丈也。○【師古曰】韋丈與甫相厚善，而知甫爲真率。韋丈愛甫，蓋重其詩才，每於百寮之上謂於宰相前，常稱誦其佳句，故有拾遺之擢。當此時，喜得韋推引，故效貢公之喜，得王陽在位也。今乃復見貶黜，貧賤又如原憲，誠使臣所難甘矣。雖然，如是亦安能怏怏於朝廷，祇是不免奔走託食於他鄉也。韓信既謫爲淮陰侯，常怏怏不樂，意在怨君，甫則不然。踆踆，奔走之狀。山東，瀕海之郡。唐都長安，長安即秦地，甫欲適山東，故云東入海。秦地在西，甫既適東，必離去于西秦，故云西去秦。終南與渭水皆秦地山水，甫將東入海，尚眷眷於終南、清渭者，不忍棄君而去也。自古忠臣身在畎畝，心不忘君，一飯之恩，嘗欲如靈輒之報宣子，况韋丈之知甫，豈止一飯乎？其去之之義爲如何耶！白鷗波浩蕩，○【王洙曰】波，或作没。○非是。蕩，徒浪切。○【師古曰】浩蕩，廣大貌。○南越志：鷗，水鴞也。在漲海中，隨潮上下三日，風至乃去。萬里誰能馴。○馴，松倫切，從也。○【師古曰】韋丈與甫厚善，其判別之情，得無懷思乎？雖然如是，甫之無官守，言其進退綽綽然有餘裕，真若鷗在浩蕩之波，去來自得，誰能馴狎哉？

【校記】

〔一〕元本、古逸叢書本「陷」下尚有「賊中」二字。

〔二〕廢，原作「發」，據元本、古逸叢書本改。

〔三〕傳序，當作「序傳」，九家集注杜詩、杜陵詩史即作「序傳」。

〔四〕后，當作「傅」，指任彦昇啓蕭太傅固辭奪禮。

〔五〕古逸叢書本無「有」字。

〔六〕卞，古逸叢書本作「辨」。

〔七〕璟，原作「景」，據古逸叢書本改。

〔八〕陳，古逸叢書本無。

〔九〕當作「而」。

〔一〇〕辭，原作「舜」，據古逸叢書本改。

〔一一〕西河，元本、古逸叢書本、杜陵詩史作「河西」。

〔二〕杜陵詩史引「師曰」此句作「其貧賤如朱買臣負薪行歌于路」。
〔三〕整刺，諸本皆同，補注杜詩作「投刺」。
〔四〕蟄，原作「勢」，據元本、古逸叢書本改。
〔五〕漢，元本、古逸叢書本作「罕」。
〔六〕次，元本、古逸叢書本作「茨」。
〔七〕言，元本、古逸叢書本作「絃」。
〔八〕爲，元本、古逸叢書本作「謂」。
〔九〕王，元本、古逸叢書本作「毋」。
〔一〇〕驛，古逸叢書本作「驪」，是。

奉留贈集賢院崔于二學士〔一〕

昭代將垂老，○【王洙曰】昭，明也。○【趙次公曰】代，乃世字，避太宗諱。○【按，趙次公曰：「當天寶九載，公年三十九歲。」杜陵詩史、分門集注引作「修可曰」。】時天寶十載，公年四十歲。途窮乃叫閽。○【師古曰】叫閽，言叫天子之閽而愬之也。○公時奏三大禮賦，投延恩匭。按，唐百官志：朝堂四匭。青匭曰延恩，丹匭曰招諫，白匭曰申冤，黑匭曰通元。六省門下四匭，東曰延恩。懷材抱器、希於聞達者投之。公後進賦西嶽，獻進雕賦，亦投延恩匭。〇【趙次公曰】楊雄甘泉賦：選巫咸兮叫帝閽。〇【王洙曰】張衡思玄賦：叫帝閽使闢扉兮，覿天皇于瓊宮。氣衝星象表，詞感帝王尊。〇【師古曰】公獻三賦而帝奇之。〇【王洙曰】公集有云「往年文彩動人主」是也。天老書題目，〇按，公獻賦之後，帝命宰相召試文章。〇【師古曰】天老，指宰相也。〇論語摘輔象曰：黄帝七輔，其一曰天老。天老授天籙。宋筠注：天教也。黄帝天老授圖。張衡應間曰：師天老而友地典。注引帝王世紀曰：帝以風后配上台，天老配中台，五聖配下台。天老，黄帝相也。李白鳳皇臺置酒曰：明主曰〔二〕羲軒，天老坐三台。公試文，初尉西河，再命率府。上西嶽賦曰：臣杜陵諸生，國家有事於郊廟，幸得奏賦，待制於集賢試文章，再降恩澤。春官驗討論。〇【師古曰】春官，指禮部也。公獻賦後，召試文章于集賢院，而春官考之也。〇【趙次公曰】按，集有云「集賢學士如堵牆，觀我落筆中書堂」是也。倚風遺鶂路，〇【鄭卬曰】鶂，與鷁同，倪歷切，水鳥也。〇【趙次公曰】公言倚賴〔三〕風而往矣，反遭回風而遺失其所往之程路。〇【師古曰】此甫以喻不由於科第以進身也。〇【趙次公曰】左氏僖公十六年傳：六鷁退飛過宋都，風。隨水到龍門。〇【趙次公曰】謂龍門但隨水到之，而已不能過也。〇此甫以喻因奏賦待詔集賢院而試文章也。〇【趙次公曰】龍門在河中府。〇【九家集注杜詩作「王洙曰」，分門集注、補注杜詩作「劉敞曰」。】三秦記：龍門，魚上則爲龍，不上則點額曝腮也。竟與蛟螭雜，寧無鸛雀喧。〇寧，一作堂。無，一作聞。〇【趙次公曰】謂到龍門而不過，則猶蛟螭也。遺鶂路而不進，則不免爲燕雀之所喧笑也。青冥猶契闊，○一作「青冥連澒洞」。陵厲不能翻。○【趙次公曰】公以文采動人主矣，意其遂騰踏進用，止授西河尉，不行，改右衛率府兵曹而已。此公所以嘆也。儒術誠難起，○公嘆是時武吏見遇，而傷儒冠之誤身也。家聲庶已存。○杜陵有南、北杜，皆名家，故公有詩云「名家異出杜陵人」是也。故山多藥物，○【趙次公曰】故山指襄陽之峴山也。公先本襄陽人，徙河南鞏縣，其在長安則居于杜陵。襄陽至鼎州無三百里。勝概憶桃源。○【趙次公曰】桃源在鼎州。○陶淵明桃花源記：晉武陵人捕魚，緣溪行，忽逢桃花林，芳草鮮美，落英繽紛。漁者異之，捨船復行，豁然開明，土地平曠，屋舍儼然，有良田美池桑竹之屬，阡陌交通，雞犬相聞。其中往來種作，男女衣著，悉如外人，黄髮垂髫，怡然自樂。見漁人，大驚，問所從來，具答之，便邀還家，爲設酒食。停數日，辭去。既出，遂不復得路。欲整還鄉旆，○【師古曰】甫既不見用，遂有歸故山採藥之興也。長懷禁掖垣。○【趙次公曰】懷謂思念集賢院崔、于二學士也。學士院在禁中。○【師古曰】禁中有東、西兩掖，掖垣乃禁墻也。謬稱三賦在，難述二公恩。○【王洙曰】甫獻三大禮賦出身，二公常謬稱述，故有是句。

【校記】

〔一〕元本、古逸叢書本下有小字「國輔、休烈」，杜陵詩史亦然。

〔二〕曰，元本、古逸叢書本作「越」。

〔三〕賴，古逸叢書本作「順」。

醉時歌贈廣文館學士鄭虔〔一〕

○【師古曰】酒，古人所禁，唯天子燕諸侯，則曰「不醉無歸」。竹林七賢或爲困飲，或爲家飲，大抵賢人不遇，則寓意于酒，以自遣適而已。故曰醉時歌。○【王洙曰】唐書：明皇天寶九年，國子監置廣文館博士一人、助教一人，並以文士爲之，領生徒爲進士者。鄭虔本傳：玄宗愛其才，欲置左右，以不事事，更爲置廣文館，以虔爲博士。虔聞命，不知廣文曹司何在，訴宰相，宰相曰：「上增國學，置廣文館，以居賢者。令後世言廣文博士自君始，不亦美乎？」虔乃就職。久之，雨壞廡舍，有司不復修完，寓治國子館。自是遂廢。在官貧約，甚澹如也。

諸公袞袞登臺省，廣文先生官獨冷。○【王洙曰】臺，一作華。○【師古曰】袞者，袞同也，言袞同無別之甚也。唐制：御史臺其屬有三院，一曰臺院，二曰殿院，三曰察院。掌糾正百官之罪惡。省有三：一曰中書省，二曰尚書省，三曰門下省。臺省，清要之職。今也言〔二〕不肖無所甄別，使小人得以袞同而登之。是以鄭虔耻與之並進，寧甘心居乎冷官。按唐書：〔三〕玄宗窮兵于邊，不留心于經術，其後官廨頹塌，寓次國子監，由是遂廢，故曰「官獨冷」也。甲第紛紛厭粱肉，○前漢朱邑傳：飽者甘糟糠，穰歲餘粱肉。○【王洙曰】晉傳咸曰：今之賈販皆厭粱肉。廣文先生飯不足。○飯，甫遠反，餐也。○【師古曰】甲第，謂楊貴妃兄國忠賜宅京師，以甲乙丙丁次第也。國忠之進，特以妃寵而爵高禄厚，虔反乃貧約不足於飯，詩刺素食，蓋謂此也。○按，徐堅曰：宅，一曰第。漢高詔：列侯食邑者皆賜大第室，吏二千石受小第室。注云：有甲乙次第，故曰第。武帝爲霍去病治第。○【王洙曰】田蚡治宅甲諸第。夏侯嬰賜北第第一。○張放以公主子取皇后弟平恩侯嘉女，成帝賜甲乙第。梁冀於洛陽城内起甲第。先生有道出羲皇，○羲皇謂伏羲氏也。○【趙次公曰】晉陶潛傳言：清風颯至，自謂羲皇上人。先生有才過屈宋。○才，一作文。○【王洙曰】一作所談。○【晏殊曰】屈宋，謂屈原、宋玉也。德尊一代常轗軻，○轗音坎，説文：車不平也。軻音可，又苦賀反，接軸車也。一曰轗軻，失志也。楚辭七諫篇：然轗軻而留滯。轗或作坎，坷〔四〕或從土，義同。○【王洙曰】古詩：坎坷多辛苦。○【晏殊曰】注：不遇也。名垂萬古知何用。○【師古曰】自古有才之士，得道者寡矣，由之勇、賜之辯，非無才也，語其得道，則未也。今虔才過屈、宋，而又道全德備，惜夫坎坷不得志而去。○果何益哉！杜陵野客人見嗤，○【鄭卬曰】前漢地理志：杜陵屬長安京兆尹治。故杜伯國，漢宣葬，因曰杜陵。○元帝紀：在長安南五十里。○【王洙曰】後漢志：京兆杜陵。杜預曰：故唐杜氏也。○光武紀：延岑破赤眉於杜陵。注：縣名，屬京兆，周之杜伯國在今萬年縣東南。公詩有云「杜陵有田」，有云「少陵」，有云「下杜」，其實皆杜陵也。俗云：「城南韋、杜〔五〕，去天尺五。」言近京也。杜陵有南、北杜，皆名家，故公詩云「名家莫出杜陵人」是也。被褐短窄鬢如絲。○窄，一作空〔六〕，一作「被褐身窄」。○【師古曰】褐，毛褐之衣，賤者所服。被褐、短褐，言貧約衣不掩脛也。○【王洙曰】老子七十章：聖人被褐懷玉。日糴太倉五升米，○【王洙曰】太，一作泰。○【師古曰】日糴，言無宿儲也。太倉陳腐之米，其價廉賤者，日食五升，言食指寡足，知其貧不能贍養僕夫故也。甫有二子，一曰宗文，二曰宗武，并妻共四口。借曰人食一升，只是一妻一妾而已，何以異於齊人之貧哉？○【薛夢符曰】前漢食貨志：太倉之粟，腐敗不可食。時赴鄭老同襟期。○【師古曰】鄭老，指虔也。同襟期，謂如范、張雞豚之會也。○江淹傷友賦：固齊術而共徑，豈異神而同襟？世說：顧顯嘗以酒勸周顗，顗不受，因移勸柱曰：「詎可棟梁自遇？」周得之，欣然自爲襟期也。得錢即相覓，沽酒不復疑。忘形到爾汝，○【王洙曰】文士傳：禰〔七〕衡有逸才，與孔融作爾汝交。時衡年二十餘，融年五十。痛飲真吾師。○【王洙曰】真，一作直。○【師古曰】朋友有通財之义，故得錢即相覓。甫有詩云「賴有蘇司業，時時與酒錢」是也。不復疑者，不以妻子掣肘有嫌疑也。甫與虔相善，稱汝稱我，索於形骸之外，其相忘如此。相忘雖無少長，至若虔之痛飲，真令甫北面，不可不屈服也，故曰「真吾師」也。○【王彥輔曰】世說：王孝伯云：但得嘗無事，痛飲讀離騷，可稱名士。清夜沉沉動春酌，燈前細雨簷花落。○【王洙曰】一作「簷前細雨燈花落」。○【師古曰】沉沉，言人寂也。人寂雨細，寧不發動酒興耶？○【趙次公曰】：「學者多以簷雨之細如花。」簷花，乃簷前夜雨細如花也。○或以簷花爲簷前之花，因夜雨而落也。但覺高歌有鬼神，○【師古曰】言歌聲之幽怨也。焉知餓死填溝壑。○【王洙曰】左氏昭公十二年傳：擠于溝壑。前漢朱買臣妻曰：「如公等，終餓死溝中耳。」汲黯傳：臣自以爲填溝壑。相如逸才親滌器，○【王洙曰】前漢司馬相如鼓琴，卓文君好之，夜奔相如，與〔八〕之臨邛〔九〕。盡賣車騎，致酒舍，乃令文君當壚，相如身着犢鼻褌〔一〇〕，與庸保雜作，親滌器於市中。子雲識字終投閣。○【王洙曰】揚雄傳：王莽時，劉歆、甄豐皆爲上公，莽以符命自立，即位之後，欲絶其原以神前事，而豐子尋、甄〔一一〕子棻復獻之，莽誅豐父子，投棻四裔，辭所連及，便收不請。時雄校書天禄閣上，治獄使者來欲收雄，雄恐不能自免，乃從閣上自投下，幾死。莽聞之，曰：「雄素不與事，何故在此間？請問其故。」乃劉棻嘗從雄學作奇字，雄不知情，有詔勿問。然京師爲之語曰：「唯寂寞，自投閣。」先生早賦歸去來，○【王洙曰】晉陶淵明字元亮，或云名潛，字淵明。爲彭澤令，郡遣督郵至縣，吏白應束帶見之，潛嘆曰：「吾不能爲五斗米，折腰事鄉里小兒邪。」解印去縣，乃賦歸去來兮辭。○【師古曰】予謂先生指虔也，以相如之逸才，尚且滌器賣漿，以揚雄之善奇字，不免投閣自殺，古人不遇如是，何獨我輩哉！是以甫勉虔賦歸去來，欲其棄官而去也。石田茅屋荒蒼苔。儒術於我何有哉！孔丘盜跖俱塵埃。不須聞此意慘愴，○慘，七感切，戚也。愴，楚亮切，傷也。生前相遇且銜桮。○【師古曰】石田，乃沙石之田，其田最瘦。陶淵明歸去來辭云：田園將蕪胡不歸。虔雖貧，尚有磽田可耕，有茅屋可居，何必效子雲仕於亂世，以速投閣之禍？況儒術遇用武之際，不足負恃，如孔子號爲真儒，終以不遇老死于行。盜跖横行天下，膾食人肝，其善惡雖不同，而死朽化爲塵埃則一。人生天地間，浮名浮利皆不足慕，要之歸終一死。生前相遇，日以酒同遣適，其他不足慘愴區區然以爲憂也。

【校記】

〔一〕按，贈廣文館學士鄭虔，杜陵詩史、分門集注引出自「彥輔曰」。學士，作「博士」。

〔二〕言，元本、古逸叢書本作「賢」。

〔三〕元本、古逸叢書本多「玄宗致廣文館以虔爲博士而以官冷言者蓋」十八字。

〔四〕坷，元本、古逸叢書本作「軻」。

〔五〕杜，原作「土」。據古逸叢書本改。

〔六〕元本、古逸叢書本「空」下多「一作被褐奈短」六字。

〔七〕禰，原作稱，據元本、古逸叢書本改。

〔八〕元本、古逸叢書本「與」下尚有「俱」字。

〔九〕卬，原作「叩」，據元本、古逸叢書本改。

〔一〇〕褌，古逸叢書本作「禈」。

〔一一〕甄，當作「歆」，九家集注杜詩即如此。

陪鄭廣文遊何將軍山林十首

不識南塘路，今知第五橋。○【趙次公曰】橋在萬年縣郭外之西南。名園依緑水，野竹上青霄。○【王洙曰】北山移文：干青霄而直上。谷口舊相得，○【王洙曰】谷口鄭子真與王鳳有舊，以子真比廣文也。王貢傳序：谷口有鄭子真，修身自保。王鳳以禮聘子真，不屈。揚子法言問神篇：谷口鄭子真，不屈其志，耕乎巖石之下，名震于京，豈其卿。濠梁同見招。○【師古曰】濠梁，〔一〕以莊、惠而喻甫之陪廣文也。○【王洙曰】莊子至樂篇：莊子與惠子遊濠梁之上。○莊子曰：「鯈魚出遊從容，是魚藻〔二〕也。」平生爲幽興，○爲，于僞切。未惜馬蹄遥。○薛道衡〔三〕效今體詩：一去無消息，何能惜馬蹄。

【校記】

〔一〕宋本有「濠梁」，其一衍，據元本、古逸叢書本删。

〔二〕藻，古逸叢書本作「樂」。

〔三〕衡，原作「行」，據古逸叢書本改。

百頃風潭上，千章夏木清。○章，一作重，非。○【趙次公曰】食貨志：木千章。顔師古曰：大材曰章。卑枝低結子，接葉暗巢鶯。鮮鯽銀絲鱠，香芹碧澗羹。翻疑柂樓底，○【鄭卬曰】柂，徒可切，正船木也。晚飯越中行。○【師古曰】越地盛有芹、魚，行船中多煮芹鱠魚，故甫有是句。

萬里戎王子，○【趙次公曰】趙子櫟曰：戎王子，説者以爲月支花名。○或曰：本草：日華子云，獨活一名胡王使者。當是此類，未詳。何年別月支。〇【鄭卬曰】支，章移切，國名。〇【王洙曰】張騫傳：匈奴破月氏王。注：月氏，西域胡國也。氏音支。〇匈奴傳：西胡强而月氏盛。後漢西域傳：大月支國，居藍氏城，去洛陽萬六千三百七十里。初，月支爲匈奴所滅，遂遷於大夏，最爲富盛，諸國稱之，皆曰貴霜王，其故號大月支。又旁南山北陂〔一〕河，行至莎車爲南道。南道西踰葱嶺，則出大月支。異花開絶域，滋蔓接清池。漢使徒空到，〇【趙次公曰】趙子櫟曰：張騫使西域，止移胡桃、石榴、苜〔二〕蓿，而不移此所謂戎王子，是爲空到矣。神農竟不知。〇【趙次公曰】趙子櫟曰：言此絶域異花，不載於神農本草也。〇【師古曰】或曰：月支，西域國名。何將軍嘗征西域，禽其王子歸朝，傳其地花草數種，故池館皆異花。雖張騫之至博望，神農之辨草木，猶爲未徧也。露翻兼雨打，〇打，徒挺切，擊也。開折漸離披。〇漸，舊作日。〇【趙次公曰】宋玉九辯：白露下百草兮，掩梧楸以離披。

【校記】

〔一〕陂，古逸叢書本作「波」。

〔二〕苜，原作「茵」，據古逸叢書本改。

旁舍連高竹，疎籬帶晚花。碾渦深没馬，〇【鄭卬曰】渦，烏禾切，水回也。藤蔓曲垂蛇。○【王洙曰：「藏，一作垂。」】垂，一作藏。詞賦工無益，○【王洙曰】無，一作何。山林跡未賒。盡拈書籍賣，○【鄭卬曰】捻，正作拈，如兼切。廣〔一〕韻：指取物也。來問爾東家。○【師古曰】何將軍雖武人，家藏書籍多，故甫欲依乞以就其書也。○家語：孔子，東家丘也。○【薛夢符曰】邴原傳曰：原遊學，詣孫崧。崧曰：「君鄉里鄭君，學者之模範也。君乃舍之，所謂以鄭君爲東家丘也。」原曰：「君以鄭君爲東家丘，以僕爲西家愚夫耶？」

【校記】

〔一〕廣，杜陵詩史作「唐」。

剩水滄江破，○【趙次公曰：「賸，俗作剩字。」】剩，通作賸〔一〕。殘山碣石開。○殘山，謂假山也。○【師古曰】滄江、碣石，山水之雄者也。言何將軍山林之樂，分得滄江、碣石之真趣也。緑垂風折笋，紅綻雨肥梅。銀甲彈箏用，○【王洙曰】李義山詩：十二學彈箏，銀甲不曾卸。金魚換酒來。○【王洙曰】魚，一作盤。阮孚爲常侍，以金貂換酒，帝宥之。○庾信賦：金魚換酒。興移無灑掃，○灑，色賣切。掃，素報切。又皆如字讀。隨意坐蒼苔。

【校記】

〔一〕賽，元本、古逸叢書本作「賸」。

風磴吹陰雪，〇磴，丁鄧切。〇【趙次公曰】石梯之道也。雲門吼瀑泉。〇【鄭卬曰】瀑，薄報切。〇又，滿木切，瀑布水流也。酒醒思卧簟，衣冷得裝綿。〇【王洙曰：「欲，一作得。」】得，舊作欲。野老來看客，〇【師古曰】言少有人到也。河魚不取錢。〇【師古曰】言魚之賤也。只疑淳樸處，自有一山川。

棘樹寒雲色，〇棘，一作棟，霜狄切，木名。茵陳〔一〕春藕香。〇【師尹曰】本草草部：茵陳，經久〔二〕不死，因舊而生，故名。脆添生菜美，〇【趙次公曰】言生菜而得茵陳、春藕，愈添其美也。陰益食單凉。〇【趙次公曰】言鋪食單於棘樹之下，陰益其凉也。謂之益，則山中已凉矣。野鶴清晨出，〇【王洙曰】出，一作至。山精白日藏。〇言地僻也。元中記：山精如人，一足，長三四尺，食山蟹。夜出晝藏。人晝日不見，聞其聲，則〔三〕千歲蟾蜍食之。石林盤水府，百里獨蒼蒼。

【校記】

〔一〕陳，元本、古逸叢書本作「蔯」。

〔二〕久，元本、古逸叢書本作「冬」。

〔三〕則，元本、古逸叢書本無。

隨〔一〕過楊柳渚，○【鄭卬曰】過，古禾切，經也。走馬定昆池。○【師古曰】明皇雜録：中宗幼女安樂公主與長寧公主競起第舍，以侈麗相高，擬於宮掖，而精巧過之。安樂公主請昆明池，以百姓蒲〔二〕魚所資，不許。公主不悦，乃更奪民田，自鑿定昆池，廣袤數里，累石象華山，引水象天津，欲以勝昆明池，故名定昆。定，言可抗抵之也。○朝野僉載：池方四十九里，直抵南山。醉把青荷葉，○【師古曰】青荷葉，盃也。狂遺白接䍦。○【師古曰】白接䍦，巾也。○【王洙曰】晉書：山簡鎮襄陽，每出游，多之豪族習氏園池，置酒輒醉，名之曰高陽池。時有兒童歌曰：「山公出何許，往至高陽池。日夕倒載歸，酩酊無所知。時時能騎馬，倒著〔三〕白接䍦。舉鞭問葛强，何如并州兒。」刺船思郢客，○【鄭卬曰】刺，七亦切，穿也。○【師古曰】郢，楚都也。楚人善操舟。○晉山濤詩：刺船蓮花浦，郢客思遨遊。解水乞吴兒。○乞，丘既切，與也。○【師古曰】吴人善泳水。○【趙次公曰】南人謂北人爲傖父，北人謂南人爲吴兒，此常語也。坐對秦山晚，江湖興頗隨。○秦山即秦嶺，在虢州閿鄉縣南，周回三百里。

【校記】

〔一〕隨，元本、古逸叢書本作「憶」。

〔二〕蒲，古逸叢書本作「捕」。

〔三〕著，原作「著」，據元本、古逸叢書本改。

床上書連屋，階前樹拂雲。將軍不好武，稚子總論〔一〕文。醒酒微風入，聽詩静夜分。絺衣挂蘿薜，涼月白紛紛。

【校記】

〔一〕論，元本、古逸叢書本作「能」。

幽意忽不愜，○【師古曰】謂欲歸也。歸期無奈何〔一〕。出門流水住，○住，一作注。○【師古曰】水住，言水欲駐也。回首白雲多。○【王洙曰】一作「雜花多」。自笑燈前舞，誰憐醉後歌。祇應與朋好，風雨亦來過。○顔延年和謝監詩：朋好雲雨乖〔二〕。

【校記】

〔一〕何，原闕，據元本、古逸叢書本補。

〔二〕乖，元本、古逸叢書本作「垂」。

重過何氏五首

問訊東橋竹，將軍有報書。○【師古曰】東橋，第五橋也。訊者，問以言也。○【趙次公曰】

言欲重過主人，所以託爲問訊其竹，而報許之也。○【師尹曰】褚炫詩：問訊南巷士。倒衣還命駕，○【王洙曰】倒衣爲聞報而欲往，急命駕也。詩齊風：顛倒衣裳。○晉呂安服嵇康高致，每一相思，輒千里命駕。高枕乃吾廬。○【王洙曰】主人無間，故客至則安之，若吾廬也。陶潛詩：吾亦愛吾廬。花妥鶯捎蝶，○【鄭卬曰】妥，吐火切，安也。○【趙次公曰】謂花枝帖妥之際，而有鶯捎掠於蝶也。溪喧獺趁魚。○【趙次公曰】謂溪聲喧沸之中，而有獺趁逐於魚也。重來休沐地，○【師尹曰】休沐，言休息以洗沐也。真作野人居。

山雨樽仍在，○王彦輔曰：詩人張詠與人遊山飲宴，值雨，酒〔一〕肴散失，惟存樽瓶。沙沉榻未移。○【趙次公曰】樽與榻皆前日所設，樽在而榻未移，又見將軍之好客也。犬迎曾宿客，鴉護落巢兒。○師古曰：犬迎客，鴉恐犬害其子，故護之，此十字句法也。雲薄翠微寺，○【鄭卬曰】翠微寺，貞觀十二年置，在終南山之上，本太和宫也。天清皇子陂。○【趙次公曰】十道志：皇子陂在萬年縣西南二十五里，陂北原上有秦葬皇子塚，故因以名之。○按，集有贈鄭虔詩「皇陂岸北結愁亭」是也。向來幽興極，步屧過東籬。

【校記】

〔一〕酒，原作「猶」，據元本、古逸叢書本改。

落日平臺上，○【王洙曰】梁孝王傳：孝王築東苑，廣睢陽城，大治宮室，爲複道，自宮連屬於平臺三十餘里。如淳曰：平臺在大梁東北，離宮所在也。顔師古曰：今其城東二十里所有故臺基，其處寬博，世俗云平臺也。春風啜茗時。石欄斜點筆，○【趙次公曰】置硯於石欄之上也。桐葉坐題詩。○【趙次公曰】題詩於桐葉之上也。翡翠鳴衣桁，○【師古曰】桁，協，下浪切。○居〔一〕横木也。沈約詩：日色下衣桁。蜻蜓立釣絲。自今幽興熟，○【王洙曰】一作「自逢今日興」。來往亦無期。○【師古曰】言平臺上地辟静，翡翠蜻蜓皆馴，自今幽興已熟，是以往來無期刻也。

【校記】

〔一〕居，古逸叢書本作「屋」。

頗怪朝參懶，應耽野趣長。雨抛金鏁甲，苔卧緑沉槍。○甲言金鏁，謂以金線連鎖之也。○【趙次公曰】槍言緑沈，謂以緑色之物，沉沫其柄也。○甲抛於雨，槍卧於苔，有以見將軍偃而不用，倦於朝參也可知矣。○【薛夢符曰】北史：隋文帝賜張奫緑沉槍甲、獸文具裝。○蔡琰〔二〕詩：金甲耀日光。手自移蒲柳，○【趙次公曰】蒲柳，楊也。爾雅：楊，蒲柳是也。○馬融蒐狩頌：植以蒲柳，披以緑茭。家纔足稻粱。看君用幽意，白日到羲皇。○【九家集注杜詩、杜陵詩史引「王洙曰」：「陶潛（云）：羲皇上人。」又，補注杜詩引「王洙曰」：「陶潛高卧北窗，自以爲羲皇上人。」又，集千家注批點杜工部詩集引「王洙曰」：「陶潛夏日虛閒，高卧北窗之下，清風颯至，自謂羲皇上人。」】晉陶潛傳：夏日虛閑，高卧北窗之下，清風颯至，自謂羲皇上人。

【校記】

〔一〕琰，原作「詩」，據古逸叢書本改。

到此應嘗宿，相留可判年。○【師古曰】判年，謂半年也。蹉跎暮容色，○楚辭：驥垂兩耳甲故蹉跎〔一〕。廣雅：蹉跎，失足也。悵望好林泉。何日霑微禄〔二〕，○日，一作路。歸山買薄田。斯遊恐不遂，把酒意茫然。○【趙次公曰】言未霑微禄，此爲布衣時也。今年四十歲，方奏三賦，召試文章，故此言沾禄買田，恐不遂意。○【師古曰】亦欲歸老山林也。

【校記】

〔一〕甲，古逸叢書本作「兮」。此句楚辭原文作：「驥垂兩耳兮，中坂蹉跎。」

〔二〕禄，原作「緑」，據元本、古逸叢書本改。

戲贈鄭廣文虔兼呈蘇司業源明

廣文到官舍，繫馬堂階下。○【王洙曰：「繫，一作置。」】繫，一作置。非。○【趙次公曰】劉越石扶風歌：繫馬長松下，歇鞍高丘巔。醉則騎馬歸，○則，樊作即。○【趙次公曰】晉山簡鎮襄陽，每出遊，輒醉，時有兒童歌曰：「日夕倒載歸，酩酊無所知。時時能騎馬，倒著白接䍦。」頗遭官長駡。才名四十年，○四，一作三。坐客寒無氊。○氊，請延切，席也。○【趙次公曰】按唐書鄭虔傳：虔在官貧約，澹如也。乃引杜甫嘗贈以詩曰：「才名三十載，坐客寒無氊。」則知公之作真詩史矣。○後漢冉駹夷能作旄氊。○【王洙曰】晉吳隱之有清操，爲太常，以竹蓬爲屏風，坐無氊席。賴有蘇司業，○賴，一作近。時時與酒錢。○【王洙曰】與，一作乞。○【鄭印曰】乞，丘既切，與也。○【師古曰】按虔始爲廣文館學士，生嗜酒不治事，數爲官長所訶，怡然不以爲意。禄山反，陷于賊，受禄山僞署，後竄歸，坐免官，故至貧窶，惟蘇源明重其才，時時給與之。甫集有醉時歌云：「得錢即相覓，沽酒不復疑。」謂此也。

投哥舒開府翰三十韻〔一〕

○【鄭印曰】哥舒翰，其先蓋突厥施莫長哥舒部之裔也。

今代麒麟閣，○【王洙曰】漢武帝獲白麟，遂作麒麟閣，以畫功臣像。宣帝甘露二年，上思股肱之美，乃圖畫大將軍霍光等十一〔二〕人於麒麟閣。何人第一功。○【王洙曰】高祖論功行封，以蕭何爲第一。君王自神武，○君王，謂玄宗也。○【王洙曰】漢刑法志：高祖躬神武之材，總覽英雄。駕馭必英雄。○【王洙曰】吳志：張昭曰：「吾君能駕馭英雄。」開府當朝傑，○【師古曰】玄宗即位，自負神武，好開邊境，駕馭英雄之士，以爲將帥。哥舒翰於天寶十一載加開府儀同三司，得自選將校〔三〕參謀，甫意哥舒特膺帝眷，必立大功，爲當代麒麟閣第一人，有如漢之蕭何也。○【王洙曰。又，杜陵詩史引作「師古曰」。】唐制：開府儀同三司。三司者，三者〔四〕三公也，從一品官也。論兵邁古風。先鋒百戰在，○【王洙曰：「勝，一作戰。」】戰，一作勝。略地兩隅空。○略地，一作妙略。略，取也。○【師古曰】兩隅空，謂北征突厥，西伐吐蕃也。○【趙次公曰】翰嘗攻吐蕃石堡城，遂以赤嶺爲西塞。青海無傳箭，○【趙次公曰】胡人每〔五〕起兵，以傳箭爲號。或曰：守城之法，更夜傳箭，以警其睡也。○【師古曰】青海軍中夜傳箭以守。無傳箭，言無警也。○【王洙曰】翰嘗築城青海上，吐蕃攻破之。移築於龍駒島，而吐蕃不敢近。○青州，十三州志：臨羌縣西有卑禾海，謂之青海。天山早挂弓。○【王洙曰】天山即祁連山。匈奴謂天爲「祁連」。今鮮卑語然。○祁連山在伊州，一名雪山。○【師古曰】挂弓，言休兵也。○【王洙曰】薛仁貴傳：將軍三箭定天山，壯士長歌入漢關。廉頗仍走敵，○謂敵既竄走，畏翰之威如良廉頗也。史記本傳：廉頗，趙之良將。伐齊攻魏，皆破之。擊燕，封信平君。魏絳已和戎。○謂戎來求和，感翰之德如感魏絳也。○【王洙曰】左氏襄公四年傳：魏絳勸晉侯和戎有五利，公說，使魏絳盟諸戎，修民事田以時。既而鄭人賂晉侯以樂，晉侯以樂之半賜魏絳，曰：「子教寡人和戎，八年之內，九合諸侯，如樂之諧，請與子樂之。」於是魏絳始有金石之樂也。每惜河隍棄，○【師古曰】河隍，乃河曲築隍以備寇也。吐蕃傳：吐蕃本西羌屬，散處河隍、江岷間。王忠嗣守河隍，爲寇所敗。○惜其棄之已久，未收復也。新兼節制通。○【趙次公曰】翰天寶十一載冬入朝，呈攻守計，十二載春進封凉國公兼河西節度使。蓋以河隍之久棄，欲得翰收復之，故使之節度河西也。智謀垂睿想，○【趙次公曰】方謀復河隍，而爲帝所繫想也。出入冠諸公。○【趙次公曰】翰既建節而出，明年遂復河源。日月低秦樹，乾坤繞漢宮。○【趙次公曰】此言收復開拓之功也。按，翰傳云：攻破吐蕃共濟，收黄河九曲，以其地置洮陽郡。此所謂日月所臨，特低秦樹，乾坤所包，特繞〔六〕漢宮也〔七〕。吴〔八〕人愁逐北，○【趙次公曰】謂翰之威武，胡人愁其攻逐而敗北矣。漢書音義：師收〔九〕曰北。○【王洙曰】按，翰本傳：吐蕃候積石軍麥熟歲來取，翰〔一〇〕乃使王難得、楊景暉設伏東南谷，吐〔一一〕蕃以五千騎入塞，放馬褫甲，將就田。翰自城中馳至，鏖鬬，虜駭走，追此〔一二〕伏起，悉殺之，隻馬無還者。宛馬又從東。○【鄭卬曰】宛，於爰切，國名。○【師古曰】謂胡人既以敗北畏翰之威，復以宛馬來歸獻也。此皆援以爲喻，以美翰爲言，非所謂真獻馬也。○【王洙曰】按，漢武伐大宛得天馬，乃作歌曰：「天馬來，歷無草，徑千里，循東道。」○【王洙曰。又，杜陵詩史引作「薛夢符曰」。】阮籍詩：天馬出西北，由來從東道。受命邊沙遠，○【王洙曰】邊沙，一作軍麾。○【趙次公曰】邊沙指河西，以翰嘗爲河西節度也。歸來御席同。○【趙次公曰】言翰復河隍，功成而歸，寵宴之盛也。軒墀曾寵鶴，○【師古曰】言翰之膺寵，非如衛公有東〔一三〕軒之鶴也。○【王洙曰】左氏閔公二年傳：狄人伐衛，懿公好鶴，鶴有乘軒者，將戰，國人受甲者皆曰：「使鶴。鶴實有禄位，余焉能戰？」○【趙次公曰。又，杜陵詩史、補注杜詩、分門集注引作「余曰」。】或者曰：按杜預注：軒，大夫車也，非軒墀之軒。○夢弼謂公借用之，非爲病也。○【趙次公曰】○言帝得翰，有如文王卜田而得吕望也。　畋獵舊非熊。○【王洙曰】太公六韜：文王將田，卜曰：「將大得焉，非龍非彲，非虎非羆，兆得公侯，天遺汝師。」乃田於渭陽，卒見太公，載與俱歸。　茅土加名數，○【趙次公曰】言翰進封西平郡王也。○【王洙曰】天子大社，封五色土爲壇。凡建諸侯受天子大社之土，各割其所封之方色土與之。東方受青土，他如其方色，加以白茅授之，歸國以亢〔一四〕，視燾以黄土，苴以白茅，茅取其絜，黄取王者覆燾四方，等其爵位輕重而爲之名數也。　左氏傳：名位不同，禮以異數。　山河誓始終。○【王洙曰】漢高帝即位，封功臣，爲之誓曰：「使黄河如帶，太山若礪，國以永存，爰及苗裔。」於是申以丹書之信，重以白馬之盟。○又作十八侯位次，杜業納説曰：「迹漢功臣，亦皆剖〔一五〕符世爵，受山河之誓，存以著其號，亡以顯其魂，賞亦不細矣。」策行遺戰伐，○【師古曰】遺，棄也。言翰以計謀用兵，不假戰伐，故云遺也。　契合動昭融。○【師古曰】昭融，言帝之哲鑒也。　翰之用謀與帝意合，故能聳動於帝也。　勳業青冥上，○青冥，天也。○【師古曰：「上言立功之高也。」】言翰立功之高出乎天也。　交親氣概中。○【師古曰：「言氣概之感人也。」】言翰以烝義感乎人也。　未爲朱履客，○【王洙曰：「春申君客三千餘人，上客皆躡珠履。」】史記春申君傳：趙使欲夸楚，爲玳瑁簪、刀劍室以珠玉飾之，請命春申君客。春申君客三千餘人，其上客皆躡珠履以見趙使，趙使大慙。已是〔一六〕白頭翁。○【王洙曰：「見，一作是。」】是，一作見。甫自言未爲翰之上客，而頭已白矣。○【師古曰】惜乎不爲翰之春〔一七〕遇也。壯節初題柱，○【王洙曰】甫自謂壯節有題柱之志。成都記：城北七里有昇仙橋。司馬相如初西去，題其柱曰：「不乘高車駟馬，不過此橋。」後果以傳車至其處。生涯獨轉蓬。○【趙次公曰】莊子養生篇：吾生也有涯。○古樂府詩：爲客若轉蓬。幾年春草歇，○【師古曰】甫謂未能歸故鄉也。古詩：王孫不歸來，緑盡池邊草。○【趙次公曰。又，杜陵詩史、補注杜詩、分門集注引「修可曰」：「梁元帝云：既看春草歇。」】梁元帝詩：既看春草歇。謝靈運詩：春草亦未歇。今日暮途窮。○甫自嘆其衰老也。魏氏春秋：阮籍時率意獨駕，不由徑路，車迹所窮，輒慟哭而反。顔延年詠阮步兵詩：物故不可論，途窮能無慟。軍事留孫楚，○【師古曰】此言甫參翰之幕府，有如孫楚也。○【王洙曰】晉孫楚字子荆，才藻卓絶，爽邁不群，多所陵傲。年四十餘，始參鎮東軍事，後遷著作郎、都督揚州。復參石苞驃騎將軍事。楚既負其才氣，頗侮易於苞。初至，長揖曰：「天子命我參卿軍事。」因此嫌隙遂搆，劾參軍不敬府主。○楚既輕苞，遂制弛敬，自楚始也。予按，别本一作「鄉里輕周處」。晉書：周處字子隱，膂力過人，好馳騁田獵，不修細行，縱情肆慾，州曲患之。慨然改勵，投水搏蛟而反，鄉里相慶。行間識吕蒙。○一作「將軍拔吕蒙」。行，户郎切，行伍也。○【師古曰】此言翰識甫於微賤，有如吕蒙也。○【王洙曰】吴志吕蒙傳：蒙，吴人，字子明，少隨鄭〔一八〕當掌〔一九〕擊賊，職吏輕之，蒙殺吏，因校尉袁雄自首。承間言於孫策，策奇之，引置左右。又孫權傳：權字仲謀，權遣趙咨往使魏，魏主問曰：「吴何等〔二〇〕主？」咨曰：「聰明仁知，雄略之主。」問其狀，咨曰：「納魯肅於凡品，是其聰也。拔吕蒙於行陳，是其明也。」防身一長劍，○【王洙曰】一作「防身有長劍」。○一作「腰間有長劍」。揚子吾子篇：劍可以愛身。將欲倚崆峒。○【王洙曰】一作「聊亦倚崆峒」。○【師古曰】崆峒山在岷州之西，正當吐蕃所入之道。甫將欲以見〔二〕崆峒，從翰守節鎮也。○【王洙曰：「宋玉賦：長劍耿介倚天外。」】荆楚故事：宋玉大言曰：「彎弓挂扶桑，長劍倚天外。」

【校記】

〔一〕三十韻，當作「二十韻」。

〔二〕二，元本、古逸叢書本作「一」，是。

〔三〕校，原作「挍」，據古逸叢書本改。

〔四〕「三者」二字，元本、古逸叢書本無，當爲衍文。

〔五〕每，原作「海」，據元本、古逸叢書本改。

〔六〕繞，原作「堯」，據古逸叢書本改。

〔七〕也，元本、古逸叢書本無。

〔八〕吴，元本、古逸叢書本作「胡」。

〔九〕收，九家集注杜詩、杜陵詩史、補注杜詩、分門集注皆作「敗」。

〔一〇〕 榦，古逸叢書本作「翰」，是。
〔一一〕 吐，原作「取」，據元本、古逸叢書本改。
〔一二〕 此，古逸叢書本作「北」，是。
〔一三〕 東，古逸叢書本作「乘」。
〔一四〕 亢，古逸叢書本作「方」。
〔一五〕 剖，原作「創」，據古逸叢書本改。
〔一六〕 是，原作「自」，據元本、古逸叢書本改。
〔一七〕 春，古逸叢書本作「眷」。
〔一八〕 鄭，古逸叢書本作「鄧」。
〔一九〕 掌，元本、古逸叢書本作「嘗」。
〔二〇〕 等，原作「菁」，據古逸叢書本改。
〔二一〕 以見，元本、古逸叢書本作「倚劍」。

新定杜工部草堂詩箋斠證卷第四

天寶以來在東都及長安所作

麗人行

○【王洙曰】劉向别録有麗人歌賦。○故甫因之作麗人行。○【師古曰】觀衛詩以碩人美莊公與申后，蓋取其碩美之德。今公此詩以麗人名篇，豈非刺貴妃姊妹之徒以豔麗之色而膺寵貴乎？○按明皇雜録：上將幸華清宫，貴妃姊妹競飾車服，各爲一犢車，飾以金銀，間以珠翠，一車之費不啻數十萬。既成，甚重，而牛不能引，因復上閣請乘馬。於是競須名馬，以黄金爲銜橛，組繡爲障泥，共會於國忠宅，將同入禁中，炳焕照燭，觀者如堵。

三月三日天氣新，○韓詩章句：鄭俗，三月上巳，於溱、洧兩水之上秉蘭祓除。沈約宋書：魏以後但用三日，不用上巳。晉束皙曰：周公成洛邑，因流水以泛觴。後人相緣，因爲盛集。長安水邊多麗人。○【鄭卬曰】長安，古雍州地。○【趙次公曰】唐開元中，都人遊賞於曲江，莫盛於中和、上巳節，此三月三日所以水邊多麗人也。態濃意遠淑且真，肌理細膩骨肉勻。繡羅衣裳照暮春，○【王洙曰】繡，一作畫。○【王洙曰】古樂府詩〔一〕：被服羅衣裳。南都賦：暮春之禊，元巳之辰，男女姣服，駱驛繽紛。蹙金孔雀銀麒麟。頭上何所有，○古樂府羅敷行：頭上倭墮髻，耳邊明月珠。翠微匎葉垂鬢脣。○【王洙曰】微，一作爲。匎，一作匌。○【趙次公曰】匎葉，一作匌匎。○【鄭卬曰】匎，烏合切。○【九家集注杜詩、補注杜詩引作「杜田補遺」，杜陵詩史、分門集注引作「師古曰」。】匎綵，婦人鬢邊花。○【師古曰】以翠羽鋪飾，其狀輕微也。○范靖婦緣步摇詩：珠花縈翡翠，寶葉間金瓊。背後何所見，珠壓腰衱穩稱身。○【九家集注杜詩引作「杜田補遺」，杜陵詩史引作「修可曰」。】衱，一作被，一作襟，皆非也。○【鄭卬曰】衱，居業切，又其輒切。鄭玄注禮記云：交領也。○謝任伯謂衱當作袷，其間切。○【趙次公曰。又，杜陵詩史、分門集注引作「修可曰」。】爾雅又曰：衱謂之裾。郭璞云：衣後裾也。○【鄭卬曰】稱，昌孕切，宜也。○【師古曰】予謂腰衱即今之裙帶，綴珠其上，壓而不垂也。此皆形容麗人顔貌衣裳服飾之盛，曲盡其妙矣。就中雲幕椒房親，○【師古曰】雲幕，謂鋪設幕次如雲霧之垂也。○右指貴妃姊妹兄弟之嬌盛也。○【王洙曰】西都賦：後宫則掖庭椒房后妃之室。漢官儀曰：皇后稱椒房，取蕃實之義。詩云：椒聊之實，蕃衍盈升。以椒塗宫室，亦取其温暖，辟除惡氣，猶天子朱泥殿上曰丹墀也。賜名大國虢與秦。○【趙次公曰】虢、秦指貴妃之姊妹，以長安志攷之，虢國乃八姨，秦國乃大姨，並承恩出入宮掖。紫駝之峰出翠釜，○【王洙曰】峰，一作珍。○此言飲食之美至珍矣。○【王洙曰】駝謂橐駝，其脊上有一肉，高如峰然。○其味最美也。○【九家集注杜詩引作「杜田補遺」，杜陵詩史、分門集注引作「薛蒼舒曰」，又作「趙次公曰」。】酉陽雜俎：今〔二〕衣冠家名食有將軍曲良翰能爲駝峰炙。○王績遊北山賦：翠釜而出金精。水精之盤行素鱗。○後漢西域傳：大秦國宮室皆以水精爲柱，食器亦然。○【王彦輔曰】傳奇集：貞觀中，許栖巖遊洞口詩：不假丹梯躡雲漢，水精盤冷桂花秋。犀筯厭飫久未下，○【趙次公曰。又，杜陵詩史、分門集注引作「徐君平曰」】酉陽雜俎：安禄山恩寵莫比，其所賜有金平脱犀頭匙筯。○韋琳䱇表：遊〔三〕厠玳筵，猥領犀筯。○【王洙曰】晉何曾日食萬錢，猶云無下筯處。鸞〔四〕刀縷切空紛綸。○【王洙曰】空，一作坐。○【師古曰】縷切，言切膾如絲縷之細也。○【王洙曰】詩信南山篇：執其鸞刀，以啓其毛。注：鸞刀，刀有鸞者，言割中節也。○【杜田補遺】正義曰：鸞即鈴也。公羊傳：鄭伯右執鸞刀。注：鸞刀，宗廟割肉之刀，鐶有和，鋒有鸞。其制：二鸞在鋒，聲中宫商，三和在鐶，聲中角祉羽。故先儒釋禮器，謂宗廟必有鸞刀〔五〕者，取其鸞鈴之聲宫商調，而後斷割也。○【王洙曰】西征賦：饔人縷切，鸞刀若飛。應刃落俎，靃靃霏霏。黄門飛鞚不動塵，○【鄭卬曰】鞚，口送切，馬勒也。○【師古曰】謂鞚勒其馬疾如飛也。○黄門，謂中人之使者也。董巴輿服志：禁門曰黄闥，中人主之，故曰黄門。後漢百官志：小黄門關通中外及中官以下衆事，又有黄門長，中黄門也。○【王洙曰】明皇雜録：虢國夫人出入禁中，常乘紫驄，使小黄門爲御。○紫驄之駿健、黄門之端秀，皆冠絶一時。○【薛夢符曰】鮑照擬古詩：飛鞚越平陸。御厨絲絡送八珍。○【王洙曰】絲絡，一作駱驛。○【師古曰】甫言天子寵予之隆也，絲絡謂天子遣使送御厨食相繼如繹絲不絶。上句言不動塵，下句言送八珍，乃知慎護天子所賜，不敢有動摇也。○【薛夢符曰】或謂尚膳貴嚴潔，故以羅綺絡繹護衛之也。按集有往在詩「赤墀櫻桃枝，隱映金絲籠」是也。○【王洙曰】周禮：膳夫珍用八物。注：珍謂淳熬、淳母、炮豚、炮牂、擣珍、漬、熬、肝膋也。簫鼓哀吟感鬼神，○【王洙曰】鼓，一作管。○潘岳金谷園詩：簫管清且怨，日宴罷朝歸。○【王洙曰】詩大序：動天地，感鬼神。賓從雜遝實要津。○【鄭卬曰】從，才用切，隨行也。○【王洙曰】遝，火〔六〕合切，迨也。○【趙次公曰】此譏其男女糅雜也。○要津，謂顯要當權之臣也。○【王洙曰】魏文帝與吴質書：輿輪徐動，賓從無聲。劉向傳：雜遝〔七〕衆賢。古詩：先掠〔八〕要路津。後來鞍馬何逡巡，○逡，七倫切，退也。鮑照詠史詩：賓御紛颯沓，鞍馬光照地。○【王洙曰】賈誼過秦論：九國之師，遁巡而不敢進。顔師古曰：遁巡，謂疑出而却退也。當軒下馬入錦茵。○【王洙曰】軒，一作道。○【師古曰】茵，褥也。○言觀宴者逡巡退却，當墀下馬而履乎鋪地之錦褥。○【趙次公曰】其氣勢洋洋然，旁若無人也。楊花雪落覆白蘋，○覆，敷救切，蓋也。此言觀宴者挨摎頭上花落狼藉覆地也。或曰：後漢孝文帝尊宣武靈皇后胡光〔九〕華爲皇太后，後臨朝攝政，淫亂，幸楊白花。以意言之，則蘋爲正，而楊花爲邪，言覆白蘋者，欲掩其惡也。此詩托意爲刺楊氏作。柳子厚有楊白花詞云：楊白花，風吹度江水。坐令宫樹無顔色，摇蕩春江千萬里。茫茫曉日下長秋，哀歌未斷城鴉起。蓋廣子美之詩意也。青鳥飛去銜紅巾。○青鳥，爲西王母取食者也。○【趙次公曰】紅巾，婦人之飾。○所以覆食者也。青鳥銜取之，以賜觀宴者。○【王洙曰】山海經：三危之山，有青鳥居之。注：青鳥，主爲西王母取食者，引首棲息於此〔一〕山也。○相如大人賦：吾乃今日視西王母，暠然白首戴勝而穴處兮，亦幸有三足烏爲之使。張揖曰：西王母，其狀如人，豹尾虎首，蓬頭暠然白首。烏三足，青鳥也，主爲西王母取食，在崑崙山北。○【王洙曰】漢武故事：七月七日，上於承華殿忽見一青鳥從西方來集殿前，上問東方朔：「何鳥也？」朔曰：「西王母降。」是夕王母至。炙手可熱勢絶倫，○【王洙曰】勢，一作世。愼莫近前丞相嗔。○【王洙曰】近，一作向。○【趙次公曰】炙手可熱，言勢焰之熏灼也。○丞相指楊國忠也。貴妃用事，其兄國忠爲丞相，勢焰薰炙中内〔二〕，觸之者即爲虀粉。○【師古曰】故甫所以戒當時士大夫無爲譏切其黨以取禍害也。○【趙次公曰】按，唐書國忠本傳：時國忠代李林甫爲相，盛氣驕愎，百僚莫敢相可否。○又，天寶故事：國忠與虢國夫人晝會夜集，無復禮度。時與虢國並轡入朝，揮鞭走馬，以爲戲謔。衢路觀者，無不駭歎。○【趙次公曰】後漢桓帝時，童謡曰：春粱之下有懸鼓，我欲擊之丞相怒。

【校記】

〔一〕詩，元本、古逸叢書本作「云」。

〔二〕今，元本、古逸叢書本無。

〔三〕遊，宋本作「遠」，元本、古逸叢書本作「遊」。

〔四〕鸞，原作「鑾」，據古逸叢書本改。

〔五〕刀，元本、古逸叢書本作「肉」。
〔六〕火，杜陵詩史作「夫」。
〔七〕遝，原作「逮」，據元本、古逸叢書本改。
〔八〕掠，元本、古逸叢書本作「據」。
〔九〕光，古逸叢書本作「先」。
〔一〇〕此，元本、古逸叢書本作「北」。
〔一一〕內，元本、古逸叢書本作「外」，是。

送高三十五書記十五韻

○【鮑彪曰】高適字達夫，渤海人。少落魄，客梁、宋間，宋州刺史張九臯奇之，舉有道，調封丘尉。不得志，去客河西。武威郡節度使哥舒翰表爲左驍衛兵曹參軍、掌書記。○【師古曰】是時甫送以此詩。○【王洙曰】從翰入朝，翰盛稱之於上前，拜適左拾遺。禄山亂，適佐翰守潼關。翰敗，適走行在。適年五十始留意爲詩，每一篇出，好事者輒傳之。

崆峒小麥熟，○【鄭卬曰】崆，苦紅切。峒，徒紅切。○【九家集注杜詩引作「杜田正謬」】。杜陵詩史、分門集注、補注杜詩引作「修可曰」。】西方山也。○唐志：安定郡保定縣有崆峒山。○【補注杜詩引作「黃希曰」。】樂史寰宇記：禹迹之内山名崆峒者有三：其一在臨洮，秦築長城之所起也；其一在安定；其一黃帝問道之所。則專主汝州梁縣。○翰先爲隴西節度副大使，天寶十一載，兼河西節度使，破吐蕃等城，收黃河九曲，以其地置臨洮郡，則此詩所謂崆峒，指翰所在也。又，寄適詩云：「主將收才子，崆峒足凱歌。」其意蓋同也。又，贈田判官詩云：「崆峒使節上青霄。」時蓋謂翰入奏也。壯遊詩云：「崆峒殺氣黑。」則指明皇用兵汧、隴，比黃帝也。○【九家集注杜詩引作「杜田正謬」。杜陵詩史、分門集注、補注杜詩引作「修可曰」。】史記：黃帝代神農氏，諸侯有不從者，從而伐之，未嘗寧居，東至海，西至崆峒。韋昭注：在隴右。九域圖志：岷州和政縣有崆峒山。按爾雅：崆峒，字又作空同。○【王洙曰】漢桓帝時童謡歌曰：小麥青青大麥枯，誰當穫者婦與姑，丈夫何在西擊胡。且願休王師。○【王洙曰】且，一作吾。請公問主將，焉用窮荒爲。○公指高適也。○【趙次公曰】主將指哥舒翰也。○是時吐蕃入寇，玄宗遣哥舒翰鎮武威。○【師古曰】西北地寒時晚，小麥熟是五月之時。玄宗開元初用張九齡爲相，天下安平，遂貪邊功，開拓土地，致有吐蕃之憂。穀麥者，民之司命，今麥正熟，願休兵使邊民得收穫小麥，是爲生民之本。請高適問主將哥舒翰，何用窮荒之地，興師勞民，俾民不得穫麥乎？且夷狄之地乃窮荒所在，譬如石田不可以耕，雖得其地，果何益哉？此甫以忠言諷之也。飢鷹未飽肉，側翅隨人飛。○【李希聲曰】此公以鷹喻高適也。○【王洙曰】魏國志：呂布因陳登求徐州牧，不得，怒。登喻之曰：「登見曹公言：待將軍譬如養虎，當飽其肉，不則噬人。公曰：不如卿言。譬如養鷹，飢則爲用，飽則揚去。」布意乃解。晉載記：慕容垂猶鷹也，飢則附人，飽則高飛。高生跨鞍馬，有似并州兒。○【師古曰】鷹之爲用，可飢不可飽，飽則飛去。得一兔，飼一鼠，得一禽，飼一雛，飢而後可用也。譬如高適豪傑之士，其肯爲哥舒翰用乎？是故卑微其官，使之發激立功，而後加以高爵重禄。鷹不飢不肯側翅以隨人，高適官不薄亦不肯隨哥舒翰往武威，此必然之理也。幽、并二州，逼近羌戎，其俗多游俠之士，皆習鞍馬馳射。高適本儒生，今能跨馬，有似幽、并之兒，以其文武兼資故也。○【王洙曰】按，曹子建白馬篇：白馬飾金羈，連翩西北馳。借問誰家子，幽并游俠兒。山簡傳：舉鞭問葛强，何如并州兒？脱身簿尉中，始與捶楚辭。○【王洙曰】捶，主蘂切。擊也。○【鮑彪曰】謂適以封丘尉不得志云，是以辭捶楚之憂〔一〕矣。此謂唐時參軍、簿、尉受杖責也。○【王洙曰】予按，韓愈寄三學士詩云：判司卑官不堪説，未免捶楚塵埃間。○【余曰】杜牧寄姪阿宜詩云：一語不中治，鞭笞身滿瘡。乃知唐之參軍、簿、尉有罪即加撻罰，如今之胥吏也明矣。及觀唐代宗命劉晏考所部官善惡，刺史有罪者，五品以上劾治，六品以上杖訖奏，況參軍、簿、尉乎？借問今何官，○【鄭卬曰】借，咨昔切，又如字。觸熱向武威。○【李泰伯曰】程曉三伏詩：今世褦襶子，觸熱向人家。○集韻：音戴耐，不曉事也。○【王洙曰】武威郡在漢故匈奴休屠王地，武帝太初四年開。○前凉張軌、後凉吕光、北凉沮渠蒙〔二〕並都之。○【王洙曰】隋志：舊置凉州，後周置總管府，大業初府廢，在唐曰凉州。答云一書記，○【王洙曰】云，一作言。○【師古曰】甫問適今已辭捶楚而爲何官？蓋適之行期正當五月小麥熟時，觸冒暑熱而向武威，爲翰掌書記也。書記謂掌護兵符、軍檄〔三〕露布之任也。所媿國士知。

〇【王洙曰】賈誼傳：豫子曰：智伯以國士遇我，我故國士報之。人實不易知，〇易，以豉反，輕也。〇【王洙曰】范雎傳：侯嬴謂信陵君曰：「人固未易知，知人亦未易。」更須慎其儀。〇【王洙曰】儀，一作宜。〇【師古曰】適既媿荷翰以國士禮與之結知，甫因戒之曰：人相結知，不爲易得，當小心謹慎，無恃材高，驕傲於主將，則爲失人也。諺云：「相識徧天下，知心能幾人。」故曰「人不易知」。古人於別離，有財則贈之以財，無則贈之以言，今甫戒以慎其儀，乃古人贈言之意也。適嘗與李白酒酣登吹臺，爲人豪放不檢，甫恐彼疎脱於翰，故戒以慎其儀也。〇【昱曰】詩抑篇：敬慎威儀，維民之則。十年出幕府，〇【王洙曰】李廣傳：幕府省文書。顔師古音義曰：莫府者，以軍幕爲義。古字通用。軍旅無常居止，故以帳幕言之也。自可持旌麾。〇【王洙曰】麾，一作旗。此行既特達，足以尉所思。〇【王洙曰】一作「亦足尉遠思」。〇【師古曰】大將行兵，無宫室可居，惟以青油幕爲府，以避風雨。唐制：從軍歲久者，始得大都。高適今在翰幕府爲書記，十年間出，須得大郡。故云「自可持旌麾」，豈非特達乎？足以慰甫懷思之情而無所恨也。男兒功名遂，亦在老大時。〇【鄭卬曰】大，唐佐切，又徒太切，巨也。〇【師古曰】自古大丈夫功成名遂，亦多在晚年，不必皆少達也。傳云：嘉穀不早熟，大器當晚成。甫既勉適以十年出幕府，恐嫌於遲暮，故復以老大言而尉之也。〇【王洙曰】古樂府詩：少壯不努力，老大徒悲傷。常恨結驩淺，〇【趙次公曰。又，杜陵詩史引作「李希聲曰」。】左氏傳：楚子使椒舉如晉，曰：「寡君願結驩於二三君。」〇任彦昇詩：結驩三十載，生死一交情。各在天一涯。

◎謂彼此平日多間闊而少相驩會也。◎【王洙曰】古詩：相去萬餘里，各在天一涯。又如參與商，◎【師古曰】辰、參二星不相得，各居一方。人之離別不獲聚會者似之。甫生平既與適少相驩會，今又執別如參與商，中腸安得不悲慘也。◎【王洙曰】按左氏昭公元年傳：子産曰：「昔高辛氏有二子，伯曰閼伯，季曰實沈，居于曠林，不相能也。日尋干戈，以相征討。后帝不臧，遷閼伯于商丘，主辰，商人是因，故辰爲商星。遷實沈于大夏，主參，唐人是因，以服事夏、商，故參爲晉星。」蘇子卿詩：昔爲鴛與鴦，今爲參與辰。陸士衡詩：形聲參商乖，音息曠不達。慘慘中腸悲。◎樂府歌：心思不能言，腸中車輪轉。驚風吹鴻鵠，◎【王洙曰】吹，一作飄。不得相追隨。◎【師古曰】驚風者，回飆也。鴻鵠一舉千里。陳勝云：「燕雀安知鴻鵠之志？」然鴻鵠得疾風吹嘘，其勢高舉遠引，彼燕雀之徒，豈得相追隨也？以鴻鵠喻適，甫以燕雀自譬，恨不得追隨於適而去也。◎阮嗣宗詠懷詩：寧與燕雀翔，不隨黄鵠飛。黄鵠遊四海，中路將安歸？黄塵翳沙漠，念子何時歸。◎【師古曰】沙磧曰漠。武威乃邊郡，與沙漠相連，風揚黄塵，障翳人目，豈宜久居？不知歸期當在何日也。◎【王洙曰】漢匈奴傳：隔以山川，壅以沙漠。蘇子卿詩：欲展清商曲，念子不能歸。邊城有餘力，早寄從軍詩。◎【師古曰】謂邊城無寇，綽有餘暇，早寄我詩什〔四〕，庶知適之安否也。古樂府有從軍詩。適本文墨之士，不以軍事廢篇章，甫之所矚者以此也。◎【王洙曰】王仲宣從軍詩：從軍征遐路，討役東南夷。陸士衡從軍行詩：苦哉遠征人，北戍長城阿。

【校記】

〔一〕憂，古逸叢書本作「刑」。

〔二〕沮渠蒙，當作「沮渠蒙遜」。

〔三〕檄，原作「激」，據元本、古逸叢書本改。

〔四〕什，元本作「付」，古逸叢書本作「篇」。

送蔡希魯都尉還隴右魯舊作曾因寄高三十五書記

○【王洙曰】時哥舒翰入奏，勒蔡子先歸。○【師古曰】按，舒翰開府儀同三司，得自選幕府士，希魯爲都尉，隸其麾下。○天寶十一〔一〕載冬，隨翰來朝。明年春，赴上都。甫時作此詩以送其歸幕府也。

蔡子勇成癖，○【王洙曰】癖，謂好著也。如王濟有馬癖，和嶠有錢癖，杜預有左傳癖之義也。彎弓西射胡。○【鄭卬曰】射，食亦切。○弩矢發也。健兒寧鬭死，○【杜陵詩史、分門集注引「王洙曰」：「（健）一作男。」】兒，一作男。○英雄記：吕布謂曹姓曰：「卿健兒也。」魏略：賈逵曰：「此間無健兒耶！」陳琳詩：男兒寧當格鬭死，何能鬱鬱築長城。壯士耻爲儒。○【趙次公曰】如言「治天下當用長槍大劍，何用毛錐子」是也。官是先鋒得，材緣挑戰須。○【王洙曰】漢高紀：謹守成臯，漢王欲挑戰。身輕一鳥過，槍急萬人呼。雲幕隨開府，○雲幕，謂大將鋪設幕次如雲之垂也。開府，指哥舒翰也。春城赴上都。○【王洙曰】赴，一作入。○【趙次公曰：「此言哥舒之入奏也。天寶十一載冬入朝，今言『春城赴上都』，豈由冬末而涉春乎？」】此言希魯隨翰以天寶十一載冬末來朝，至次年春初方至京城，而翰入奏也。馬頭金匼匝，○【鄭卬曰】匼，口答切。匝，作答切。○【趙次公曰】匼匝，謂金絡頭也。○【王洙曰】古樂府羅敷行：青絲繫馬尾，黃金絡馬頭。○鮑照白苧歌：雕屏匼匝組帳舒。駞背錦模糊。○【趙次公曰】駞之背負物矣，而以錦帕蒙之，此之謂模糊。○【師古曰。又，王洙曰：「以駞負錦。」】或謂以駞載錦而入貢也。咫尺雪山路，○雪，一作雲。○【王洙曰】郭義恭廣志〔二〕曰：西域有白山，通歲有雪，亦名雪山。班超贊曰：定遠慷慨，專功西域。坦步葱雪，咫尺龍沙。注：八寸曰尺〔三〕。咫尺者，言不以爲遠也。歸飛西海隅。○【王洙曰】西，一作青。○【趙次公曰】謂希魯先勒還隴右也。上公猶寵錫，○猶，王作獨。○【趙次公曰】上公指翰。猶有錫命未已，固當少留于京也。突將且前驅。○【趙次公曰】突將，謂希魯當往爲前驅以先歸也。○昔公孫述使延岑拒臧宫，六合三勝，因令壯士突之。○【趙次公曰】詩衛風：伯也執殳，爲王前驅。漢使黃河遠，○【趙次公曰】此以翰喻張騫也。翰時爲河西節度使，故云「黃河遠」也。○前漢張騫傳：自騫使大夏之後，窮河源，惡睹所謂昆侖者乎。涼州白麥多〔四〕。○【趙次公曰：「言其地、其時也。」】此公記其地，又紀其時，真所謂「詩史」也。○隴西記：諸州深秋採白麥釀酒。○【師古曰】陳藏器本草云：小麥秋種夏熟，受四時氣足，兼有寒温。麪熱麩冷，宜其然也。河、渭以西，白麥麪凉，以其春種，闕二時之氣故也。以地理志考之，凉州正在河、渭之西，其出白麥蓋土地所宜者也。因君問消息，好在阮元瑜。○【師古曰】時哥舒翰節鎮凉州，遣〔五〕幕士蔡子先歸，歸期正值白麥方熟，甫因問高適消息。適時隨翰爲掌書記，故比之阮元瑜。在，乃存問之辭也。○按，王粲傳：始文帝爲五官將，及平原侯植，皆好文學，粲與北海徐幹字偉長、廣陵陳琳字孔璋、陳留阮瑀字元瑜、汝南應瑒字休璉、東平劉楨字公幹並相友善。○【王洙曰】瑀本受業於蔡邕，建安中都護〔六〕曹洪欲使瑀掌記，瑀終不屈。○太祖辟爲軍謀祭酒。典論論文曰：今之文人，魯國孔文舉、山陽王仲宣、陳留阮元瑜也。

【校記】

〔一〕一，元本、古逸叢書本作「二」。

〔二〕廣志，九家集注杜詩、杜陵詩史、分門集注皆作「志廣」。

〔三〕元本、古逸叢書本作「八寸曰咫，十寸曰尺」。又，杜陵詩史、分門集注、補注杜詩作「八寸曰咫」。

〔四〕多，九家集注杜詩、杜陵詩史、分門集注皆作「枯」。

〔五〕遣，元本、古逸叢書本作「追」。

〔六〕護，元本、古逸叢書本作「功」。

贈田九判官梁丘

〇【趙次公曰：「此詩乃哥舒翰獻捷之事。」】此篇美哥舒翰來獻捷也。

崆峒使節上青霄，〇【趙次公曰】趙子櫟曰：崆峒乃隴右之山名〔一〕。哥舒翰於天寶八載爲隴右節度使，與吐蕃戰于石堡城，敗之，拔其城，更號神武軍。上青霄，言入朝見天子也。〇【師古曰】或曰：哥舒爲安西都護，辟梁田丘爲判官，上青霄言爵秩之高也。〇予按北山移文：干青霄而直上。雜字解詁曰：霄〔二〕，摩天赤氣也。**河隴降王款聖朝。**〇【鄭卬曰】降，胡江切，服也。〇【王洙曰】款，納款〔三〕也。〇【師古曰】言翰總領吐蕃部曲來降，舉地納款也。**宛馬總肥春苜蓿，**〇宛，於爰切，國名。〇【王洙曰】苜，莫六切，蓿，息六切。〇苜蓿，草名。〇【趙次公曰】此言得吐蕃之馬矣。大宛最出良馬，而吐蕃一帶馬無不善者。苜蓿所以飼馬耳。**將軍只數漢嫖姚。**〇數，所矩〔四〕切，計也。〇【王洙曰】漢，一作霍。〇【趙次公曰】此以霍將軍喻翰也。〇【鄭卬曰】霍去病再從大將軍受詔爲票姚校尉。服虔曰：音飄搖。顏師古曰：嫖，頻妙切。姚，羊召切。嫖姚，勁疾之貌也。〇荀悦漢紀字作「票鷂」。去病後爲票騎將軍，尚取票姚之字耳。〇【趙次公曰】甫詩今作平聲用。〇蓋〔五〕從服音也。**陳留阮瑀誰爭長，**〇【趙次公曰】以阮瑀比田九也。瑀爲曹洪掌書記，故以比田之爲判官也。餘見前篇「好在阮元瑜」注。**京兆田郎早見招。**〇【趙次公曰】又以田鳳比田九也。〇【王洙曰】三輔決録：田鳳，字秀宗，爲郎，容儀端正，入奏事，靈帝目送之，曰：「堂堂乎！京兆田郎也。」麾下賴君才並美〔六〕，獨能無意向漁樵。○麾，大將之所建。○【王洙曰：「麾下，謂軍中旌麾之下。」】麾下，謂哥舒旌麾之下也。○【王洙曰】漁樵，甫自謂也。○【趙次公曰：「此言主將麾下賴田君之才，與諸俊並入，可獨能無意而甘心於漁樵乎？」按，蔡夢弼用其語而增一「甫」字，適反其義。】此言哥舒麾下賴田君之才，與諸俊並入，甫可無意而甘心於漁樵乎！○【師古曰】甫冀田判官有以薦之也。

【校記】

〔一〕山名，杜詩趙次公先後解輯校作「名山」，分門集注作「山名」。

〔二〕霄，元本、古逸叢書本作「雲」。

〔三〕款，元本、古逸叢書本作「次」。

〔四〕矩，原作「短」，據元本、古逸叢書本改。

〔五〕用蓋，元本、古逸叢書本作「蓋用」。

〔六〕美，元本、古逸叢書本作「入」。

奉贈鮮于京兆二十韻

○【鄭卬曰】鮮，相然切。鮮于，複姓也。○鮑文虎曰：鮮于仲通也。唐書紀十年書「劍南節度使鮮于仲通及雲蠻戰于西埤河，敗績」，不見其爲京兆。豈先爲京兆耶？豈以節度爲京兆耶？唐開元以來，在位無鮮于姓者，詩有鮮于萬州，乃其子也。

王國稱多士，○【王洙曰】詩文王篇：思皇多士，生此王國。賢良復幾人。○【趙次公曰】王者之國，號多士矣，而賢良無幾也。異才應間出，○出，一作世。爽氣必殊倫。○【王洙曰】謂茂異之才，間世而生，英爽之氣，邁乎衆人。○【趙次公曰】皆所以美乎鮮于京兆者也。始見張京兆，○【王洙曰】前漢張敞傳：潁川太守黃霸始以治行第一入爲京兆尹，不稱，罷。於是膠東相敞守京兆尹。宜居漢近臣。○【師古曰】謂鮮于以賢良而居張敞之任也。驊騮開道路，○喻其會遇之榮也。穆天子傳：驊騮騄耳，日馳三萬〔一〕里。鵰鶚離風塵。○【鄭卬曰】離，力智切，去也。○喻其飛騰之快也。侯伯知何算，文章實致身。○【師古曰】京兆尹，古之侯伯也。今鮮于胸中藴畜不可窮測。○【趙次公曰】而其致身之由則實以其文章也。奮飛超等級，容易失沉淪。○【趙次公曰】趙子櫟曰：惟其奮飛而晉擢，徑超邁於官之等級，故其離去沉淪也易而不難如此。○【師古曰】或曰：言京兆乃輦轂之下，不可驕易而失身。此戒之之辭也。脫略磻溪釣，○【王洙曰：「吕望釣於磻溪。」】尚書中候：呂望即磻溪之水釣其泥，得玉璜。操持郢匠斤。〇【師古曰】此言鮮于之有斷也。〇【王洙曰】莊子徐無鬼篇：郢人堊漫其鼻端若蠅翼，使匠石斲之。匠石運斤成風，聽而斲之，盡堊而鼻不傷。郢人立不失容。雲霄今已逼，〇【師古曰】謂已迫天子也。台衮更誰親。〇【師古曰】言必見擢用爲公相也。〇【趙次公曰】上公應天上三台。衮則衮服。三公一命衮，故得稱衮也。鳳穴雛皆好，〇【王洙曰】此美鮮于之諸子也。〇山海經：丹穴之山有鳥，名曰鳳皇，自歌自舞，見則天下安寧。東京賦：舞丹穴之鳳皇〔二〕。說文：鳳皇出東方君子之國，過崑崙，飲砥柱，濯羽弱水，暮宿丹穴。蜀龐統號鳳雛。〇【王洙曰】晉陸雲幼時，關鴻〔三〕見而奇之，曰：「此兒若非龍駒，當是鳳雛。」〇古樂府隴西行：鳳皇鳴啾啾，一母將九雛。吳競樂府解題云：鳳將雛，漢世曲名也。龍門客又新。〇【師古曰】言鮮于門下皆賢士也。〇【王洙曰】後漢李膺字元禮，拜司隸校尉。膺性簡亢，無所交接，以聲名自高，唯以同郡荀淑、陳實爲師友。士有被其容接者，名爲「登龍門」。義聲紛感激，〇【趙次公曰】言鮮于之義聲有似感激於人多矣。〇【王洙曰】劉越石詩：鄧生何感激。敗績自逡巡。〇皆甫自謂也。〇【師古曰】言我得罪退去，而不獲進依托於鮮于也。〇【王洙曰】左氏〔四〕莊公十一年傳：凡敵大崩曰敗績。〇賈誼過秦論：九國之師逡巡而不敢進。途遠欲何向，〇【王洙曰】遠，一作永。主父偃謂曰暮途遠。〇【師古曰】喻人之衰老也。甫以年老，更欲何祈向乎？天高難重陳。〇【鄭卬曰】重，儲用切，再也。〇【師古曰】以其君門九重之遠，固難於伸愬也。〇【王洙曰】劉越石詩：棄置勿重陳。學詩猶孺子，○【王洙曰】孺子，一作子夏。○【師古曰】孺子，謂小子也。甫謙言能詩不過小子之學耳。○【王洙曰】論語陽貨篇：子曰：小子何莫學〔五〕詩。八佾篇：子曰：起予者商也，始可與言詩已矣。鄉賦念嘉賓。○念，一作忝。○【王洙曰】鄉賦，猶言鄉舉也。詩鹿鳴：燕群臣，嘉賓也。不得同晁錯，○晁，正作鼂，馳遥切。錯，倉故切。姓名也。漢書本傳：孝文帝二年，詔舉賢良文學之士，錯在選中，對策高第。吁嗟後郄詵。○郄，乞逆切。詵，時臻切。姓名也。○【王洙曰：「郄詵傳：泰始中，詔天下舉賢良直言之士，太守文立舉詵應選，對策上第。詵曰：『臣舉賢良對策，爲天下第一，猶桂林一枝也。』」】晉書本傳：泰始中，舉賢良，對策上第，武帝於東堂會選，問詵曰：「卿自以爲如何？」詵對曰：「臣舉賢良對策，爲天下第一，猶桂林一枝，崑山片玉。」帝笑。○【師古曰】予謂此甫言雖忝與鄉薦，奈何不中第。○故嘆其不及乎晁錯、郄詵也。○【趙次公曰】按，明皇天寶六載，詔天下有一藝者得詣闕就選，李林甫恐士對詔斥己，建言士皆草茅，徒以狂言亂聖聽，請委尚書省試問，而無一中程者。林甫因賀上野無遺賢。○公此時〔六〕對詔罷歸。公自京兆薦貢而考功下之，故有曰「忤下考功第」，又見元結喻友文。其年公與元結皆應詔而退。計疎疑翰墨，時過憶松筠。○【趙次公曰】言時已過矣，則思隱於山林也。獻納紆皇眷，中間謁紫宸。○長安志：唐西内大明宫正殿曰含元。天子元日、冬至受華夷萬國大朝會。宣政朔望紫宸日御，蓬萊殿横紫宸殿北。韋述常侍兩京記曰：蓬萊殿，紫宸北。且隨諸彦集，方覬薄才伸。○【鄭卬曰】覬，几利切，幸也。○【師古曰】獻納，謂獻三大禮賦，帝詔待詔於集賢殿，命宰相試文章。且隨諸彦集，謂「落筆中書堂」也。○時李林甫爲相國，命尚書省皆下之。破膽遭前政，〇卞圜曰：前政，謂蕭也。陰謀獨秉鈞。〇秉鈞，謂李林甫、楊國忠也。〇【師古曰】甫以上疏雪房琯，爲當權所疾，遂見斥逐，故有「破膽」、「陰謀」之語。〇【王洙曰】詩節南山：秉國之均。〇均，與「鈞」同。微生霑忌刻，〇【師古曰】微生，甫自謂也。萬事益酸辛。交合丹青地，〇【趙次公曰】鹽鐵論：公卿者，神仙之丹青也。恩傾雨露辰。有儒愁餓死，〇【王洙曰：「交契在華顯之地，又當沛澤下流之辰，而愁餓死者，以時所不容也。」】言契合在公卿之所，又當恩澤下流之時，而反愁飢死者，以見其不得立於朝也。早晚報平津。〇公以平津侯喻鮮于京兆尹也。〇【趙次公曰】甫以獨飢死爲愁，所賴者在鮮于京兆也。〇【王洙曰：「平津侯公孫弘開閤延賢人，與參謀議，弘身食一肉脱粟飯，故人賓客仰衣食，奉禄皆以給之，家無所餘。」】按，前漢公孫洪傳：上舉賢良，洪〔七〕爲舉首。起徒步，數年至宰相，封平津侯。於是起客館，開東閤，以延賢人，與參謀議。身食一肉脱粟飯，故人賓客仰衣食，奉禄皆以給之，家無所餘。

【校記】

〔一〕萬，元本、古逸叢書本作「千」。

〔二〕東京賦舞丹穴之鳳皇，元本、古逸叢書本作「東京有崑丘山，産鳳皇」。

〔三〕鴻，元本、古逸叢書本作「抱」，杜陵詩史、分門集注亦作「鴻」。

〔四〕氏，元本、古逸叢書本無。

〔五〕元本、古逸叢書本「學」下有「夫」字。

〔六〕時，元本、古逸叢書本作「詩」。

〔七〕公孫洪皆當作公孫弘。

寄高三十五書記○適

歎息高生老，新詩日又多。美名人不及，佳句法如何。○【王洙曰】按新唐書：適年五十始爲詩，即工，以氣質自高。每有一篇出，則好事者輒傳。主將收才子，○【趙次公曰：「主將，哥舒翰也。翰爲河西節度使，以適爲掌書記。」又，分門集注引作「師古曰」。按，杜陵詩史作「鄭曰」，當是刊刻之誤。】主將，謂哥舒翰。才子，適也。翰爲河西節度使，收選高適文才之士，於幕府爲掌書記也。崆峒足凱〔二〕歌。○【趙次公曰】崆峒，隴右山名。○【分門集注引作「師古曰」。按，杜陵詩史作「鄭曰」，當是刊刻之誤。】凱歌皆適爲之辭。○【趙次公曰：「足凱歌，以言必勝也。」】足者，以言其勝之之必也。○韓詩章句：振旅而歌曰凱。聞君已朱紱，○【分門集注、補注杜詩引作「師古曰」。按，杜陵詩史作「鄭曰」，當是刊刻之誤。】謂適已增爵秩也。○唐志：緋爲四品服，淺緋爲五品服。詩采芑篇：服其命服，朱芾斯皇。且得慰蹉跎。○【分門集注引作「師古曰」。按，杜陵詩史作「鄭曰」，當是刊刻之誤。】足以慰甫渴別之情矣。

【校記】

〔一〕凱，古逸叢書本作「覬」。

寄高適〇新添

楚隔乾坤遠，難招病客魂。〇楚辭屈原有招魂篇。詩名唯我共，世事與誰論。北闕更新主，〇謂肅宗即位也。南星落故園。〇謂南極老人星，以美適之壽也。定知相見日，爛熳倒芳樽。

秋雨歎三首〇並平、仄〔一〕二韻換。

雨中百草秋爛死，堦下決明顏色鮮。〇【師古曰】時苦雨傷物，蓋政淫泆之所致也。詩有「北風其凉」、「正月繁霜」、「雨無正」、「風雨所飄摇」之作，皆刺時政不善也。玄宗初，用張九齡，開元之間治平，後用李林甫、楊國忠，天下亂，軍旅數起。故陰陽不和，恒雨若之〔二〕。百草爛死，言虐政傷物也。決明，佳蔬也，食之能決去眼昏，以益其明，喻九齡引忠諫諍，開其聰明，去其昏蔽。時林甫進用在上，九齡罷黜在下，不以不用而憔悴其色，故云「堦下決明顏色鮮」也。著葉滿枝翠羽蓋，開花無數黃金錢。○【師古曰】葉滿枝，花無數，不以風雨而搖落，喻君子遭患難而節操愈固，不凋喪也。○【杜田補遺。又，杜陵詩史、分門集注、補注杜詩作「定功曰」。】按神農本草草部：決明子生龍門川澤間，與石決明同功，故有決明之號。圖經云：夏初生苗，根蒂紫色，葉似苜蓿而大，七月有花黃白，其子作穗，似青菉豆而鋭也。涼風蕭蕭吹汝急，恐汝後時難獨立。○【師古曰】涼風，以譬刻薄之小人。時林甫、國忠之徒擠陷九齡，雖九齡獨立自守，恐亦不免禍也，故有「吹汝急」、「難獨立」之語。堂上書生空白頭，臨風三嗅馨香泣。○【師古曰】書生，甫自謂也。空白頭，言爲國家憂而頭白也。昔王羲之當晉亂，終日撚鬚嗅香，顰蹙無言，時人不會其意，蓋憂晉國之亂故也。今甫臨風三嗅，傷九齡有馨香之德而爲姦人所逐，寧不憂思而泣乎？○【王洙曰】論語鄉黨篇：子路共之，三嗅而作。

【校記】

〔一〕仄，原作「厠」，據古逸叢書本改。元本作「則」。

〔二〕之，古逸叢書本作「也」。

蘭風伏雨秋紛紛，○【王洙曰：「一作長。」】舊作「闌風長雨」。○長讀去聲。王荆公改作仗〔一〕，黃魯直云當作長。○【王洙曰】一作「東風細雨」。○今作「蘭〔二〕風伏雨」。○【趙次公曰】趙子櫟曰：闌珊之風，沈伏之雨，言其風雨之不已也。闌，如謝靈運所謂〔三〕闌暑之闌。伏，如左氏傳所謂夏無伏陰之伏也。○師古曰：蘭風，謂剪蘭之風。伏雨，謂三伏暑毒之雨。皆非能生物者也，以喻毒虐之政。余謂當以師古説爲是。四海八荒同一雲。○【王洙曰】四海，一作萬里。○【師古曰】此言普天皆罹其害也。去馬來牛不復辨，○【王洙曰】莊子秋水篇：秋水時至，百川灌河。涇流之大，兩涘渚涯之間，不辨牛馬。濁涇清渭何當分。○【師古曰】馬童而牛角，涇濁而渭清，此易辨也。陰雨冥晦〔四〕，河水泛溢，牛馬以岸之遠而不能辨，涇、渭以流之混而不能分，以譬昏亂之世，忠邪賢否混淆而無別也。按水經注：渭水〔五〕出隴西首陽縣鳥鼠同穴山東北，過狄道縣南，上邽縣北，陳倉縣南〔六〕，武功縣北，槐里縣南，與澇、灃二水合，東至高陵，與涇水合，涇水出安定朝那縣西幵山頭，東南經新南、扶風至京兆高陵，與渭水合，又東與漆沮水合，經秦、漢之都，至潼津而入河。○【洪芻曰】西征賦：北有清渭、濁涇。木頭生耳黍穗黑，○【趙次公曰】木，一作禾，非。○【師古曰】詩華黍，時和歲豐，宜黍稷也。黍宜於高燥，稷宜於下濕，雨暘得中，故黍稷咸宜。黄帝之世，五日一風，十日一雨。今苦雨，木頭盡生耳，黍稷盡黑，故農夫無所望也。時林甫爲宰相，不能燮調，可知矣。○【趙次公曰】按朝野僉載：春雨甲子，赤地千里。夏雨甲子，乘船入市。秋雨甲子，木頭生耳。鵲巢近地，其年大水。○齊民要術作「禾頭生耳」，誤也。農夫田父無消息。○【師古曰】古者役民，歲不過三日，恐妨農時也。今農夫田父皆負戈行役，過期不反，是以田萊多荒也。城中斗米換衾裯，○王莽末，天下旱蝗，黄金一斤易粟一斛。詩小星：抱衾與裯。毛萇傳：衾，被也。鄭玄箋：裯，床帳也。相許寧論兩相直。○【師古曰】年凶穀踊，京城之内，一衾一裯纔換斗米，但得相許，何暇論貴賤之價相當與不相當乎！玄宗窮兵四夷，民貧物貴如此，其視太宗貞觀中米斗三錢，得無媿耶？！

【校記】

〔一〕仗，元本、古逸叢書本作「俠」。

〔二〕蘭，元本、古逸叢書本作「闌」。

〔三〕謂，元本、古逸叢書本作「罵」。

〔四〕冥晦，元本、古逸叢書本作「晦冥」。

〔五〕水，元本、古逸叢書本作「首」。

〔六〕南，古逸叢書本作「西」。

長安布衣誰比數，○【鄭卬曰】數，所矩切。說文：計也。○【師古曰】長安，京城也。唐始都長安。布衣，深衣也，以練布爲之。長安乃繁華之地，貴游乘高車，駕駟馬，甫困於布衣，誰復有比數者，言不得備數而已。反鎖衡門守環堵。○【師古曰】衡門，謂一木以爲楣，堵墻也。孟子：五畝之宅，樹墻下以桑，環繞其室，以爲守禦。衡門環堵，貧者之居也。既不得比數於長安之貴游，是以杜門却掃，安於貧賤也。○【王洙曰】按，詩陳國風：衡門之下，可以棲遲。毛萇傳：衡門，橫木爲門，言淺漏〔一〕也。儒行篇：儒有環堵之室。注：環堵，面一堵也。五版爲堵。莊子讓王篇：原憲居魯，環堵之室，匡坐而歌。老夫不出長蓬蒿，○長，展兩切。○【師古曰】言耆舊之臣，隱遁不出，而賢者之路生荆棘也。○【王洙曰】按，莊子庚桑楚篇：庚桑子曰：吾聞至人尸居環堵之室，將鑿垣墻而殖〔二〕蓬蒿也。左氏昭公十六年傳：斬芟蓬蒿而共處之。趙歧三輔決録注：張仲蔚隱身不仕，所居蓬蒿没人。稚子無憂走風雨。○【王洙曰】：「一作奏。」】走，讀曰奏。○【師古曰】謂賢路荆棘，惟臭乳小子當權見用，無能爲國家憂慮，但樂禍幸災而已。稚子指安禄山，楊貴妃養爲義子。甫詩有曰「稚子敲針作釣鈎」是也。詩人多以風雨譬患難，如「風雨所飄摇」之類。禄山爲將，生事邊疆，非樂禍幸災而何？故云「走風雨」也。雨聲颼颼催早寒，○【鄭卬曰】颼，踈鳩切，風貌。字正〔三〕作颼〔四〕。○【師古曰】雨聲催寒，言寒之來有漸，譬禄山之叛謀漸著也。○顔延年秋胡詩：秋至常早寒。胡雁翅濕高飛難。○【趙次公曰】此興物以〔五〕取況也。○【師古曰】丈夫以道去就者，鴈之比也。禄山叛，衣冠陷於胡者不可勝數，雖欲脱身南來，勢有不可。○【趙次公曰】譬如雁以雨多翅濕而難於高飛也。○【王洙曰】古樂府詩：願爲雙鴻鵠，奮翅起高飛。秋來未曾見白日，○【師古曰】當是時，玄宗幸蜀，車駕已出，而京城無知者，軍民官吏瞻望天子，杳無消息，故云未見白日也。泥污后土何時乾。○【王洙曰】后，一作厚。○污，汪〔六〕胡切，濁水不流也。○【師古曰】言禄山從范陽長驅而來，普天之民咸墜塗炭，故云泥污后土也。○【王洙曰】宋玉九辯：皇天淫溢而秋雨〔七〕兮，后土何時而得乾。

【校記】

〔一〕漏，古逸叢書本作「陋」。

〔二〕殖，元本、古逸叢書本作「植」。
〔三〕正，古逸叢書本作「或」。
〔四〕颷，元本、古逸叢書本作「飈」。
〔五〕此興物以，元本作「比興以物」，古逸叢書本作「興比以物」。
〔六〕注，原作「注」，據古逸叢書本改。
〔七〕雨，古逸叢書本作「霖」。

苦雨奉寄隴西公兼呈王徵士

○【九家集注杜詩按體例爲「王洙曰」。杜陵詩史、分門集注、補注杜詩引作「王彦輔曰」：「杜元注云：隴西公即漢中王瑀。徵士，琅邪王徹。」】隴西公即漢中王瑀。徵士，琅邪王徹。

今秋乃淫雨，○【師古曰】春夏多雨水，夏秋多旱乾，此常理也。當旱乾，反爲苦雨，乃陰氣淫泆，臣侵君之象也。○【洪朋曰】爾雅：久雨爲淫。○【王洙曰】月令：季春行秋令，則天多沈陰，淫雨蚤降。仲月來寒風。○【師古曰】立秋之候，凉風始至。今於仲月寒風早來，陰陽不調，寒暑舛逆若此故也。羣木水光下，萬家雲氣中。○【師古曰】水氣在天爲雲，雲行則雨施，公詩云「安得誅雲師」。今羣木皆居水光下，萬家皆在雲氣中，言水潦漲溢，雲氣凝結，以喻天下之民咸墜於塗炭也。

〇【趙次公曰】趙子櫟曰：此盛言苦雨之狀也。萬家，一作萬象，非是。且既言萬象，則上不應言群木也。〇莊子：雲氣不待族而雨。春秋元命苞：陰陽之氣聚爲雲氣，立爲虹蜺。所思礙行潦，〇【王洙曰】行潦，流潦也。行者，道也。潦者，雨水也。行道上，雨水流聚，故曰流潦也。九里信不通。〇師古曰：九者，陽數之極。九里至近，奈何爲行潦所礙，雖有所思，欲通音問，而不能達。況漢東之遠乎！〇【趙次公曰】趙子櫟曰：指隴西公、王〔一〕徵士之所居，爲苦雨所隔，斯乃九里不通之謂也。悄悄素滻路，〇【鄭卬曰】滻，素簡切，水名。〇【王洙曰。又，杜陵詩史引作「鄭卬曰」，或連上而誤？】唐天寶元年，命陝郡太守韋堅引滻水，開廣運漕。〇【王洙曰】西江賦：西有玄灞素滻，湯井温谷。迢迢天漢東。〇【師古曰】水潦既礙，是以素滻之路、天漢之東，悄悄無行人，迢迢相間隔。音問阻絶不獲相通。陝西有滻水，漢中郡、琅邪郡皆在天漢之東，甫居西，瑀與徵〔二〕居東，時阻於禄山之亂，人皆墊溺，是以托意於雨潦而思漢中王瑀及琅琊王徵也。〇【杜田補遺】河圖括地象曰：河精上爲天漢。隋天文志：天津九星，一星不備，關梁道不通。晉志曰：天津横天河中，一曰天漢。〇【趙次公曰】天漢則中渭橋之所。長安志於中渭橋引三輔黄圖曰：渭水貫都，以象天漢。横橋南渡，以法牽牛。願騰六尺馬，〇【王洙曰：「駒，一作馬。」】馬，一作駒。周禮：凡馬八尺以上爲龍，七尺以上爲騋，六尺爲馬。背若孤征鴻。劃見公子面，〇【鄭卬曰】劃，忽麥切，割也。〇【王洙曰】公，一作君。超然懽笑同。〇【師古曰】公子，指瑀與徹〔三〕也，劃，猶言以刀劃開，如「披雲霧、覩青天」是也。甫欲騰跨馬，皆疾若飛鴻，劃見二公子面，與之同懽笑也。○【趙次公曰】然鴻乃高飛遠舉之物，謂之孤征，蓋以其群飛則意猶詳〔四〕緩，孤飛則欲逐伴而急。○【師古曰】此乃述其懷思之情至切也。**奮飛既胡越，局促傷樊籠。**○【師古曰】胡在北，越在南，雖然如鳥之奮飛，奈胡越相去之遠，何不免局促於樊籠而不得騁也。詩云：折柳樊圃。樊，藩籬也。時兵革遍天下，動則拘礙無所適從，真若局促樊籠之中者也。○【趙次公曰】前漢景帝曰：局促如轅下駒。○仲長統曰：人事可遣，何爲局促？○【杜田補遺。又，杜陵詩史、分門集注、補注杜詩引作「修可曰」。】南史：陽休之不樂典選久，曰：「此官實是清華，但妨〔五〕吾真賞，是樊籠矣。」**一飯四五起，**○飯，甫遠切，餐也。**憑軒心力窮。**○【師古曰】身既局促，是以寢食不遑安處，雖一飯之間，四五起問消息，以至憑軒檻、心力窮盡，蓋傷罹亂之世，人無所安居有如此也。是詩之寄，豈直爲苦雨作乎！**嘉蔬没溷濁，**○【鄭卬曰】溷，胡困切，亂也。**時菊碎榛叢。**○【師古曰】嘉蔬，所以養人。菊，當秋宜得其時，今因淫雨之久，蔬溷於泥塗，菊碎于榛叢，以興賢人君子。當禄山之亂，小人得時，君子賢人困於時政之苛而失所也。○【王洙曰】宋玉風賦：駭溷濁，揚腐餘。**鷹隼亦屈猛，**○隼，聳尹〔六〕切，急疾之鳥也。○【師古曰】鷹隼當秋時，宜於擊搏，將帥於斯時出力平賊之秋也。今乃屈猛，蓋言諸將敗衄，是以禄山得以長驅而來也。○【王洙曰】按張華鷦鷯賦：屈猛志以服養。**烏鳶何所蒙。**○【師古曰】烏鳶，小民之比也。官兵既敗，小民爲賊焚虜，何所蒙其福耶？蓋言民無所恃〔七〕也。**式瞻北鄰居，取適南巷翁。**○【師古曰】雨潦阻礙，所向不通。隴西公、王徵士不可見，所式瞻者止於北鄰，所取適者止於南巷，其局促如此，以喻諸郡陷于賊，土地迫蹙，動無所往，是以甫嘗有偪側行，蓋亦如此意也。掛席釣川漲，焉知清興窮。○【師古曰】掛席，即掛帆也。當是時，賢人雖隱於漁釣，可以保身，煙波之樂，烏有終窮，仕於亂世，誠所憂耳。○【王洙曰】謝靈運詩：揚帆采石花，掛席拾海月。

【校記】

〔一〕王，古逸叢書本作「主」。
〔二〕徹，元本、古逸叢書本作「徹」，杜陵詩史作「徹」。
〔三〕徹，杜陵詩史作「徹」。
〔四〕詳，古逸叢書本作「遲」。
〔五〕妨，元本、古逸叢書本作「如」。
〔六〕尹，元本、古逸叢書本作「户」。
〔七〕恃，元本、古逸叢書本作「特」。

新定杜工部草堂詩箋斠證卷第五

天寶以來在東都及長安所作

上韋左相二十韻

〇【鮑彪曰】見素襲父爵彭城郡公。天寶十三載，拜武部尚書，從帝入蜀。次〔一〕巴西，詔兼左相，封豳國公。〇【王彦輔曰】子倜鄂，位至給事中。孫顗，爲尚書左丞。

鳳曆軒轅紀，〇【師古曰】曆，所以推日月星辰之數。鳳知天時，故軒轅以名曆官，所謂鳥官者是也。〇【王洙曰】按，左氏昭公十七年傳：郯子來朝，公與之宴。昭公問曰：「少皞氏鳥名官，何也？」郯子曰：「我高祖少皞摯之立也，鳳鳥適至，故紀於鳥，爲鳥師而鳥名。鳳鳥氏，曆正也。」史記：黄帝名軒轅。**龍飛四十春。**〇【王洙曰】龍以喻君。考之鳳曆，玄宗即位，至天寶十一載見素以吏部侍郎除同中書門下平章事時，玄宗即位已四十二〔二〕年矣。○【師古曰】易乾卦：飛龍在天，大人造也。八荒開壽域，一氣轉洪鈞。○【師古曰】謂見素爲相，調和一元之氣運，轉洪鈞以陶成萬物，遂使八方荒遠之民咸躋于仁壽之域也。○【昱曰】列子仲尼篇：遠在八荒之外。前漢王吉疏：「願陛下與大臣述舊禮，明王制，敺一世之民，躋之仁壽之域。」○賈誼鵩鳥賦：大鈞播物。○【王洙曰】張茂先答何邵詩：洪鈞陶萬類。霖雨思賢佐，○【王洙曰】書：高宗夢得說，曰：「若歲大旱，用汝作霖雨。」○孔氏傳：霖，三日雨也。丹青憶老臣。○【孝祥曰。又作「師古曰」。】賢佐、老臣，指見素之父湊。謂其遺風餘烈至今人思憶之，故以傅說、漢臣爲喻也。○【王洙曰】按前漢趙充國傳：充國以功德與霍光等列畫未央宮。成帝時，西羌嘗有警，上思將帥之臣，追美充國。廼召揚雄即充國圖像而贊之矣。後漢胡廣傳：靈帝思感舊德，乃圖畫廣及太尉黄瓊於省内，詔議郎蔡邕爲其頌，張綱集圖形丹青。應圖求駿馬，○【師古曰】此謂像父而求其子，果得見素之賢，用以爲相也。○【趙次公曰】魏曹植獻文帝馬表曰：臣於先帝世得大宛紫騂馬一疋，形法應圖。驚代得騏驎。○代，舊作世。騏驎，喻見素也。○【王洙曰】張揖漢書音義曰：雄曰騏，雌曰驎。其狀麇身、牛尾、狼蹄、一角。○何法盛證祥記：騏驎者，毛之長，仁獸也。牝曰騏，牡曰驎。牝鳴曰遊聖，牡鳴曰歸和。沙汰江河濁，○【鄭卬曰】汰，他蓋切〔三〕。○【師古曰】言見素爲相，得以進退百官，奬清廉而去貪濁也。○【王洙曰】北史：辛〔四〕雄爲尚書郎，會沙汰郎官，雄與羊琛等八人俱見留。調和鼎鼐新。○復喻爲相也。○【王洙曰】書：高宗夢得說，曰：「若作和羹，爾惟鹽梅。」爾雅釋器：鼎絶大謂之鼐。圜弇上謂之鼒。韋賢初相漢，○【王洙曰】前漢韋賢，字長孺，召爲博士。進授昭帝詩。宣帝即位，尊爲丞相。范叔已歸秦。○【王洙曰】史記：范睢，字叔魏，人更名姓曰張禄。入秦，秦昭王説之，拜爲客卿，遂爲相，封應侯。盛業今如此，○【師古曰】言見素之父湊先仕隋，後歸唐，故以范叔歸秦喻之也。傳經固絶倫。○【師古曰】傳經者，言昔韋賢父子皆以經術相繼爲漢相，今見素父子亦然也。○【王洙曰】按賢本傳：賢兼通禮、尚書，少子玄成復以明經位至丞相。故鄒魯諺曰：「遺子黄金滿籯，不如一經。」豫樟深出地，滄海闊無津。○【王洙曰：「豫樟木，良材也。滄海，百谷之所歸，其淵不可津涯。」】豫樟，大木也。滄海，百谷之所會也。○【師古曰：「言見素本盛族，根本淵源之高大也。」】喻見素宗枝之茂，慶源之長，有如此也。北斗司喉舌，○【師古曰】見素從玄宗入蜀，詔兼左相，天寶中爲兵部尚書故也。○【王洙曰】按，李固傳：陛下之有尚書，猶天之有北斗也。北斗爲天之喉舌，尚書亦爲陛下喉舌。斗斟酌元氣〔五〕，運于四時。尚書：出納王命。東方領搢紳。○【杜田補遺：「康王之誥曰：太保率西方諸侯入應門左，畢公率東方諸侯入應門右。時見素爲相，率百官，故云『東方領搢紳』。」又，杜陵詩史引作「師古曰」。】謂見素爲相，率百官以來朝也。按，書康王之誥：畢公率東方諸侯，入應門右。○【王洙曰】漢郊祀志：搢紳弗道。相如曰：搢紳先生之徒。注：搢，插。紳，大帶也。插笏於大帶與革帶之間耳。持衡留藻鑑，○【趙次公曰】見素天寶五載爲吏部侍郎，平判皆誦於口，銓選平允，人多德之也。聽履上星辰。

○聽，他經反，聆也。○【王洙曰】見素時兼兵部尚書，故云上星辰。○【趙次公曰】言其親帝之旁，猶言上雲霄矣。○【王洙曰】按，鄭崇，漢哀帝時爲尚書僕射，數求見諫諍，上納用之。每見，曳革履，上笑曰：「我識鄭尚書履聲。」**獨步才超古，**○【昱曰】魏國志：王粲，字仲宣。曹植與楊脩書曰：「今世作者可略而言，若仲宣獨步於漢南。」○【王彥輔曰】任昉曰：勳遂超古。**餘波德照鄰。**○【王洙曰】一作「餘陰照比鄰」。○【趙次公曰】。又，杜陵詩史作「余曰」。】左氏僖公三十三年傳：波及晉國，君之餘也。○【昱曰】論語里仁篇：德不孤，必有鄰。**聰明過管輅，**○【師古曰】。又，九家集注杜詩依例引作「王洙曰」。】唐書：天寶十五載，是年八月，肅宗立，改元至德。十月丙申，有星犯昴。見素言於肅宗曰：「昴者，胡也。祿山將死。」帝曰：「日月可知乎？」見素曰：「福應在德，禍應在刑。昴金，忌火行。當火位，昴之昏，乃其時也。」及祿山死，日月皆不差。管輅善天文地理，今見素所言如此，故其聰明越於管輅遠矣。○【王洙曰：「魏志：管輅，字公明，喜仰視星辰。常云：『家雞野鵠，猶尚知時，況於人乎？』琅琊太守單子春語衆人曰：『此年少盛有才器，聽其言論，近似司馬天子游獵之賦，何其磊落雄壯，英神已茂，必能明天文地理變化之數，不徒有其言也。』於是發聲，徐州號之神童。」】按魏志：管輅，字公明。輅別傳：明周易，仰觀、風角、占、相之道，無不精微。太守鍾毓難輅易二十餘事，輅尋聲投響，言無留滯。毓愕然曰：「聖人運神通化，連屬事物，何聰明爾！」**尺牘倒陳遵。**○【趙次公曰】公以陳遵爲言，則知見素必善書札，惜乎史氏不書於傳，因公詩見之。○【王洙曰】倒，猶傾服也。按前漢游俠傳：陳遵，字孟公，略涉傳記，贍於文辭，惟〔六〕善書，與人尺牘，主皆藏去以爲榮。○説文：牘，書版也。長一尺，因以名之。豈是池中物，○【王洙曰】吴志周瑜傳、晉書劉元海傳並云：「蛟龍得雲雨，終非池中物。」由來席上珍。○【無已曰】禮儒行篇：儒有席上之珍以待聘。廟堂知至理，風俗盡還淳。才傑俱登用，○書堯典篇：若時登庸。注：庸，用也。愚蒙但隱淪。○【師古曰】公自謂病肺不堪求仕，但隱淪山谷，非若韋公之才傑登用于廟堂，能使風俗追還復古之治也。○鮑照詩：孤賤長隱淪。長卿多病久，○【鄭卬曰】長，展兩切〔七〕，孟也。○【趙次公曰】公自比也。○【王洙曰：「司馬相如，字長卿，嘗有消渴病。與卓氏婚，饒於財，故其事宦未嘗肯與公卿國家之事，常稱疾閒居，不慕官爵。」】前漢司馬相如，字長卿，疾免，家居茂陵。子夏索居頻。○【鄭卬曰】索，昔各切，蕭索也。○【趙次公曰】公又以自比也。○【王洙曰：「子夏離群索居，出禮記。」】禮檀弓篇：子夏曰：「吾離群索居久矣。」迴首驅流俗，○【師古曰】言與流俗驅馳，不能脱去其累也。○【余曰】孟離婁下：同乎流俗。生涯似衆人。○【師古曰】言貧賤與編民等也。○【王洙曰】莊子養生主篇：其生也有涯。○揚子學行篇：賢人則異衆人矣。巫咸不可問，○【師古曰】巫咸善知人貴賤壽夭。甫雖貧賤多病，猶能安於分命，莫肯扣問斯人而有覬覦之心也。○按書序：伊陟贊于巫咸。説文：巫，祝也。古者巫咸初作筮。山海經：巫咸國在女丑北。又曰：大荒之内有靈山、巫咸。〔八〕即巫肦、巫彭、巫姑、巫真、巫孔〔九〕、巫抵、巫謝、巫羅，十巫從此升降。淮南子：軒轅在西方，巫咸在其北。注：巫咸知天道，明吉凶。○【王洙曰：「列子：有神巫自齊來，命曰季咸，知人生死存亡禍福壽夭，期以歲月。卒爲壺丘子所困。」】莊〔一〇〕子應帝王篇：鄭有神巫曰季咸，知人之死生存亡禍福壽夭，期以歲月旬日若神。列子見之而心醉。鄒魯莫容身。○【師古曰】甫自言東西南北之人，故有比於夫子之不容於世也。○【王洙曰】按莊子盜跖篇：孔子再逐於魯，削迹於衛，窮於齊，厄於陳、蔡，不容身於天下，又豈足貴耶！感激時將晚，○【師古曰】傷衰老也。蒼茫興有神。○【師古曰】蒼茫，曠遠貌，言清興之超〔一一〕遠。○【趙次公曰】如有神，皆感激之所致也。爲公歌此曲，涕淚在衣巾。

【校記】

〔一〕次，元本作故，古逸叢書本作「至」。

〔二〕二，古逸叢書本作「三」。

〔三〕切，元本、古逸叢書本作「反」。

〔四〕辛，原作「新」，據古逸叢書本改。

〔五〕元氣，元本、古逸叢書本無，杜陵詩史有。

〔六〕惟，古逸叢書本作「雅」。

〔七〕切，元本、古逸叢書本作「反」。

〔八〕古逸叢書本「咸」下增一「巫」字。

〔九〕孔，古逸叢書本作「禮」。

〔一〇〕莊，元本、古逸叢書本作「列」。

〔一一〕超，元本、古逸叢書本作「迢」。杜陵詩史、分門集注、補注杜詩作「超」。

承沈八丈東美除膳部員外阻雨未遂馳賀奉寄此詩

今日西京掾，○【師古曰】西京，謂漢也。○假漢以美唐。○【師古曰】漢制以曹官爲掾，如屋之椽，言有所負荷也。多除南省郎。○【九家集注杜詩按體例作「王洙曰」，杜陵詩史一作「王洙曰」，又見於「師古曰」。分門集注、補注杜詩作「王洙曰」，集千家注批點杜工部詩集作「公自注」。】甫自注：府掾四人，同日拜郎。○【師古曰】除，擢也，言除舊而擢新也。通家惟沈氏，○【師古曰】甫與沈家相通往來也。○後漢孔融字文舉，年〔一〕十歲，隨父詣京師。時河南尹李膺以簡重自居，不妄接士賓，勑外：自非當世名人及通家皆不得白。融欲觀其人，故造膺門，語門者曰：「我是李君通家子弟。」門者言之，膺謂融問曰：「高明祖父嘗與僕有恩舊乎？」融曰：「先君孔子，與君先人老君同德比義而相師友，則融與君累世通家。」衆莫不歎息。謁帝似馮唐。○【師古曰：「馮唐老年爲郎，今東美亦然，故以比之也。」】東美以晚年除郎，故以比之馮唐也。○按漢馮唐傳：唐以孝爲郎中署長，事文帝。帝輦過，問唐曰：「父老何自爲郎，家安在？」具以實言之。詩律羣公問，○【師古曰】言東美長於詩，羣公皆就質疑也。儒門舊史長。○此美東美也。○【趙次公曰】謂之舊史，則東美乃史官沈既濟之胄也。清秋便寓直，〇【趙次公曰。又，杜陵詩史引「師古曰」：「便音駢，謂安閒也。」】便，音平聲，閒也。〇【王洙曰】寓，寄也。〇【師古曰】直，謂直舍也。〇【趙次公曰】言東美受命之時也。〇【王洙曰】晉潘岳秋興賦序：以太尉掾兼虎賁中郎將，寓直乎散騎省。列宿頓輝光。〇【鄭卬曰】宿，息救切，星也。〇後漢揚秉疏：太微，積星名，爲郎位，入奉宿衛，出牧百姓。注引天官書：太微宮五帝座後，聚二十五星，蔚然，曰郎位。明帝館陶公主爲子求郎，帝不許，曰：「郎官上應列宿，出宰百里。」未暇中宴慰，〇即序云「未遂馳賀」也。鮑照翫月詩：休澣自公日，宴慰及私辰〔二〕。含情空抑〔三〕揚。〇谷永傳：贊命之臣，靡不激揚。恨賦：神氣激揚。司存何所比，〇【趙次公曰。杜陵詩史、分門集注引作「逢原曰」】。論語子罕篇：則有司存。膳部默悽傷。〇【趙次公曰】言沈丈所存之司，何所比擬乎？公直以比其太公〔四〕也。蓋公之大父審言昔嘗爲此官，故因沈丈而追感也。貧賤人事略，經過霖潦妨。〇【師古曰】貧賤無車馬，阻於霖潦，故人事簡略也。〇顏延年詩：桑野多經過。禮同諸父長，〇此尊之之辭。〇【趙次公曰：「以見尊沈丈之年。」】以見沈丈之有年也。〇詩伐木篇：以速諸父。〇【王洙曰】毛氏傳：天子謂同姓諸侯，諸侯謂同姓大夫，皆曰父。恩豈布衣忘。〇【師古曰】布衣，甫自謂也。〇【趙次公曰：「公新召試入官，前此蓋布衣耳。」】言方以召試入官，是豈忘於布衣之舊乎？天路牽騏驥，雲臺引棟梁。〇【師古曰】此甫有意於沈丈薦拔也，故以牽引爲喻。徒懷貢公喜，〇【杜田補遺。集千家注批點杜工部詩集作「修可曰」。】劉孝標絶交論：王陽登則禹公〔五〕喜。〇餘見前。颯颯鬢毛蒼。○自傷其衰老也。

【校記】

〔一〕元本、古逸叢書本「年」下有「方」字。

〔二〕辰，元本、古逸叢書本作「長」。

〔三〕抑，原作「柳」，據元本、古逸叢書本改。

〔四〕太公，杜陵詩史、分門集注作「大父」。

〔五〕禹公，元本、古逸叢書本作「貢禹」。

九日寄岑參詩

○【師古曰】詩人主文而譎諫。觀甫此篇，多託意於苦雨，不直斥當時事，以意逆志，斯得之矣。

出門復入門，雨脚但如舊。○【王洙曰】雨，一作兩。○【趙次公曰】：「若人兩脚則無義。」【】非也。○【王洙曰】但，一作仍。所向泥活活，○【王洙曰】一作浩浩。○【鄭卬曰】活，户括切〔一〕，流貌。○【王洙曰】詩衛風：北流活活。思君令人瘦。○【王洙曰】古詩：思君令人老。沉吟坐西軒，○【王洙曰】：「（秋）一作西。」】西，一作松。○一作「吟卧軒窗下」，一作「吟卧西軒下」。曹褒傳：沉吟專思。飲食錯昏晝。○【王洙曰：「（飯）一作飲。」】飲，一作飯。寸步曲江頭，難爲一相就。○【趙次公曰】此所以懷岑生〔二〕也。岑應在曲江頭，猶寸步耳，而以雨泥，故難於相就也。吁嗟乎蒼生，○【趙次公曰】乎，一作呼，非也。詩騶虞篇：于嗟乎騶虞。稼穡不可救。○【趙次公曰】書益稷篇：帝光天之下，至于海隅蒼生。孔氏傳：蒼蒼然生草木也。閔草木而嘆之，以爲苦雨，稼穡已損，爲不可救也。安能誅雲師，○【王洙曰】呂氏春秋：雲師曰屏翳。○王逸注楚辭：屈原九歌雲中君亦曰：雲神，屏翳也。疇能補天漏。○【王洙曰】列子湯問篇：女媧氏練五色以補天闕。○【趙次公曰】趙子櫟謂：蜀有地名漏天。古詩：地近漏天終歲雨。大明韜日月，○【趙次公曰】晝夜皆雨，而日不見乎晝，月不見乎夜，皆韜晦其明矣。曠野號禽獸。○【趙次公曰】惟淫雨淋注，則禽獸無所安其飛走，故哀號於曠野。君子强逶迤，小人困馳驟。○【鄭卬曰】逶，於危切。迤，余支切。○【趙次公曰】字正作委蛇，自得貌。○【趙次公曰】以雨淫於上，泥汨於下，君子雖有車馬，亦强逶迤而已，況小人艱於行李之往來，故困於馳驟也。維南有崇山，恐與川浸溜。○【王洙曰】恐，一作漭。是節東籬菊，○節，一作時。紛披爲誰秀。○【趙次公曰】此又言不見岑生也。○【王洙曰】陶淵明雜詩：採菊東籬下，悠然見〔三〕南山。岑參多新詩，○詩，一作語〔四〕。性亦嗜醇酎。○【鄭卬曰】酎，直救切，醇酒也。○【王洙曰】西京雜記：以正月旦作酒，八月成名，曰酎。采采黃金花，何由滿衣袖。○滿，一作灑。○【趙次公曰】以不見岑生，意緒無聊，采之不能多也。○南史陶潛傳：潛嘗九月九日無酒，出宅邊菊叢中〔五〕坐久之。王弘送酒至，便就酌，醉而後歸。

【校記】

〔一〕切，元本、古逸叢書本作「反」。

〔二〕生，元本、古逸叢書本作「參」。

〔三〕見，杜陵詩史、分門集注作「望」。

〔四〕語，杜陵詩史、分門集注、補注杜詩同，元本、古逸叢書本作「話」。又，此注文元本、古逸叢書本置於「性亦嗜醇酎」句下。

〔五〕中，元本、古逸叢書本作「邊」。

奉贈太常張卿均○均一作垍。二十韻○【王彦輔曰】按唐書：均，張說之長子。天寶九載爲大理卿，出爲建安太守。歲中召還，再遷太常卿。○【王洙曰】均弟垍，尚明皇寧親公主，陟翰林學士，即禁中置内宅，侍爲文章，珍賜不可勝數。時說在中書，均亦供奉翰林，均、垍俱能文，兄弟並掌綸翰之任。○此篇兼美其父子兄弟也。

方丈三韓外，○【王洙曰】前漢郊祀志：自齊威、宣、燕昭使人入海求蓬萊、方丈、瀛洲。此三神者，其傳在渤海中。○後漢東夷傳：韓有三種，一曰馬韓，二曰辰朝〔一〕，三曰弁辰，皆古之辰國。馬韓最大，爲辰王都月〔二〕氏國，盡王三韓之地。○【王洙曰】魏志：三韓：馬韓、辰韓、弁韓也。晉東夷傳：在帶方之南，東西以海爲限。崑崙萬國西。○【鄭卬曰】崑，公渾切。崙，盧昆切。○山名。○【王洙曰】尚書孔氏傳：崑崙在荒服之外，流沙之内。○兩都賦「踰崑崙，越巨海」注引前書音義：崑崙山高二千五百里。酈元曰：外國圖云：從大晉國正七萬里，得崑崙之墟。建標天地闊，○【王洙曰】天台賦：赤城霞起以建標。詣絶古今迷。氣得神仙迥，恩承雨露低。○【趙次公曰】上四句以譬禁掖之清切，乃神仙之地，唯有仙風道骨者始能遊，且承恩寵也。○此指言張均父子稟是山英靈之氣以生，而供奉翰林，去天子爲近也。相門清議衆，儒術大名齊。○弟垍尚寧親公主，時説居中秉政，均爲舍人，諸父兄爲銀青光禄，榮盛當時也。軒冕羅天闕，○天，一作高。天闕斥朝廷，言其一門衣冠之盛也。琳琅識介珪。○【趙次公曰】以琳琅則識張卿爲介珪矣。説文：介圭，大圭也。○【王洙曰】禹貢：厥貢球琳、琅玕。注：球琳，玉名。琅玕，石而似珠。爾雅釋地：西北之美者，有崑崙墟之璆琳、琅玕焉。詩崧高篇：錫爾介圭，以作爾寶。伶官詩必誦，○此美張卿之爲太常也。○【王洙曰】伶官，樂官也。○【趙次公曰】古者採詩而伶官誦之，以諫王也。○【王洙曰】詩邶風：衛之賢者仕於伶官，皆可以承事王者也。夔樂典猶稽。○又美其爲太常也。○【趙次公曰】太常，掌樂者也。○【王洙曰：「書：后夔典樂。」】舜典：帝命夔典樂，教胄子。健筆凌鸚鵡，○【王洙曰】後漢禰衡傳：江夏太守黄祖長子射大會賓客，人有獻鸚鵡者，射舉卮於衡，曰：「願先生爲之賦，以娱嘉賓。」衡覽筆而作，文無加點，辭采甚麗。銛鋒瑩鸊鵜。○銛，惠廉切。鵜，杜奚切。○【王洙曰】鸊鵜，水鳥也。膏可瑩刀劍。○【趙次公曰：「揚雄方言云野鳧也。」】方言曰：野鳧，甚小，好没水中。南楚之人謂之鸊鵜，大者謂之鶻鵜。○【趙次公曰。又，杜陵詩史、分門集注、補注杜詩作「修可曰」。】戴暠度關山詩：劍瑩鸊鵜膏。○此言美其大手筆也。友于皆挺拔，○【趙次公曰】言均、垍兄弟之貴，且有勳業也。○【馬曰】書君陳篇：惟孝友于兄弟。○【集千家注批點杜工部詩集引藝苑雌黃。】予謂昔人多以兄弟爲友于，以日月爲居諸，以子姓爲詒厥，皆不成文理。雖子美亦有此病，豈非徇流俗之過耶！子美亦云「仙鳥仙花多友于」，退之云「豈謂詒厥無基址」，又云「爲爾惜居諸」。洪駒父云：「此歇後語也。」公望各端倪。○【趙次公曰】言均、垍兄弟負公輔之望，各有端倪也。晉虞騤傳：騤乃虞潭之兄子，王導謂騤曰：「孔愉有公才而無公望，丁潭有公望而無公才。兼之者，其在卿乎？」○【余曰】莊子大宗師篇：反覆終始，不知端倪。注：端，緒。倪，畔也。〔三〕通籍踰青瑣，○【趙次公曰】通籍，謂通朝見之籍也。○【王洙曰】漢元帝紀：令從官給事宮司馬中者，得爲〔四〕大父母〔五〕兄弟通籍。應劭注：籍者爲二尺竹牒，記其年紀名字物色，懸之宮門，案省相應，乃得入也。漢舊儀曰：黄門郎，屬黄門令。日暮入對青瑣拜，名曰夕郎。○宮闕簿：青瑣門在南宮。衛瓘注：吴都賦曰：青瑣，户邊青鏤也。一曰天子門内有眉格，再重裹青曰瑣。後漢志：黄門侍郎，掌侍從左右。給事中，關通中外。梁冀傳：窗牖皆有綺疎青瑣，謂刻爲瑣文，以青飾之也。○【王洙曰】晉謝玄暉詩：既通金閨籍。亨衢照紫泥。○【趙次公曰。又，杜陵詩史作「余曰」。】易大畜卦：何天之衢，亨。○【王洙曰】後漢志：皇帝六璽，皆以武都紫泥封，青囊，白素裹，兩端無縫，尺一板中約署皇帝。○王子年拾遺傳〔六〕：浮沂國歲貢蘭金之泥，如紫磨之色。百鑄，其〔七〕色白，有光如銀，名曰銀燭。嘗以紫泥封諸函及諸宮門，鬼魅不能干。靈虬傳夕箭，○【鄭卬曰】虬，居幽切，無角龍也。○以承浮漏水之箭。傳夕箭，謂張卿入直而歸晚也。○【王洙曰：「梁陸倕字佐公，新漏刻銘曰：靈虬承龍。言漏刻之體，以龍承之也。」】南齊陸倕新漏刻銘云：靈虬承注，陰蟲吹噏。銅史司刻，金徒抱箭。歸馬散霜蹄。○【趙次公曰。又，杜陵詩史作「昱曰」。】莊子馬蹄篇：馬蹄可以踐霜雲〔八〕。能事聞重譯，○【鄭卬曰】譯，夷益切。○【王洙曰】謂傳言也。○【趙次公曰】言所能之事傳播於重譯之蠻夷矣。○【王洙曰】前漢平帝紀：越裳重譯獻雉。○後漢南蠻傳：周公居攝六年，越裳以三象重譯而獻白雉。嘉謨及遠黎。○【趙次公曰。又，杜陵詩史作「余曰」。】揚子孝至篇：或問忠言嘉謨？曰：謨合皋陶之謂嘉。弼諧方一展，○【王洙曰】皋陶謨曰：謨明弼諧。班序更何躋。○【王洙曰】左氏莊公二十年傳：朝以正班爵之義，師長幼之序。適越空顛躓，○【鄭卬曰】躓，陟利切，路也。○字與疐通。馬融蒐狩頌：顛狽頓躓。游梁竟慘悽。○【趙次公曰】甫初落魄，嘗適越矣。本傳所謂「少不自振，客吴越」是也。甫又嘗遊梁矣，贈李白篇所謂「亦有梁宋遊」是也。今甫雖爲右率府胄曹，然欲展弼諧於張卿，而班列次序之不可攀，則復有去而之它之意。將適越乎？空如前日之顛躓。將遊梁乎？竟如前日之慘悽。此詩人之思也。謬知終畫虎，○【趙次公曰】甫自言謬誤所知，而事之不成如畫虎也。○【王洙曰】按馬援傳：初兄子嚴、敦並喜譏議。援在交阯，還書戒之曰：「龍伯高口無擇言，謙約節儉，廉公有威。吾愛之重之，欲願汝曹效之。杜季良豪俠，好憂人之憂，樂人之樂，清濁無所失。父喪，致客，數郡畢至。吾愛之，重之，不願汝曹效也。效伯高不得，猶爲謹勑之士，所謂『刻鵠不成，尚類鶩也』。效季良不得，陷爲天下輕薄子，所謂『畫虎不成，終類狗也』。」微分是醯雞。○【王洙曰：「許西反。」】醯，許西切。○酢，味也。○【趙次公曰】甫自言其受分微細，而局促如醯雞也。○【王洙曰】按，莊子田子方篇：孔子見老聃，孔子出，以見顔回，曰：「丘之於道也，其猶醯雞歟？微夫子之發吾覆也，吾〔九〕不知天地之大全。」注：醯雞，甕中之蠛蠓也。司馬云：酒上蠛蠓。萍泛無休日，○泛，或作跡。○【趙次公曰】甫自譬其無定也。桃陰想舊蹊。○【杜陵詩史引作「師古曰」。按，當是漢書顔師古注。】蹊，音奚，徑道也。○【趙次公曰】甫自言其想舊蹊之桃陰，乃懷念舊日見知之人也。○【王洙曰】按李廣贊：桃李不言，下自成蹊。吹噓人所羨，騰躍事仍睽。碧海真難涉，青雲不可梯。○【趙次公曰】至於騰躍之便，則仍乖睽如此，是猶涉碧海、梯青雲之難也。○【王洙曰】按，十洲記：扶桑在碧海之中也，一面萬里。○碧海浩汗與東海等，水不鹹苦，正作碧色。○【曾曰】謝靈運登石門詩：惜無同懷客，共登青雲梯。○【安石曰】郭景純遊仙詩：靈溪可潛盤，安事登雲梯。顧深慙鍛鍊，○【鄭卬曰】鍛，都玩切，冶金也。○【趙次公曰】甫言張卿顧我之深，而自慙其鍛鍊之未成器耳。才小辱提携。○【趙次公曰】甫自言才能之小，辱張卿之推挽也。檻束哀猿巧，○【王洙曰：「叫，一作巧。」】巧，一作叫。○猿束於檻，而不能施其巧，猶甫見制於小人而不能騁其才也。○【王洙曰】淮南子：置猿檻中，則與豘同，非不巧捷也，無所肆其能。鮑照詩：今作檻中猿。枝驚夜鵲棲。○言不安其居也。○【王洙曰】魏武帝短歌行：月明星稀，烏鵲南飛。遶樹三匝，何枝可棲。幾時陪羽獵，○【趙次公曰：「孝成帝時羽獵，而揚雄從焉。幾時陪羽獵，有羡慕其得近清光之意。」】孝成帝時羽獵而揚雄從之，因作校獵賦以風。應指釣璜溪。○【鄭卬曰】璜，胡光切。○説文：半璧也。○【師古曰：「太公年老見用，今甫亦有意於暮年，故云云。」】予謂太公望以垂老見用於文王，今子美亦有意於暮年而望收録也。○卞圜又謂甫意以己之陪羽獵對彼之釣璜溪，美説爲帝師，以吕尚比之也。按尚書大傳曰：周文王至磻溪，見吕望釣，拜之。尚曰：「望釣得玉璜，刻曰：『周受命，吕佐〔一〇〕之。檢德合于今昌來提〔一一〕。』」尚書中候曰：望即磻溪之水釣其泥，得玉璜。○【鄭卬曰】十道志：櫟陽有釣璜浦，乃吕望所釣璜溪也。

【校記】

〔一〕朝，古逸叢書本作「韓」。

〔二〕月，古逸叢書本作「目」。

〔三〕端緒倪畔也，元本、古逸叢書本作「端倪端畔也」。

〔四〕得爲，元本、古逸叢書本無，九家集注杜詩、杜陵詩史、分門集注、補注杜詩亦有此二字。

〔五〕九家集注杜詩、杜陵詩史、分門集注、補注杜詩「大父母」後猶有「父母」二字。

〔六〕傳，古逸叢書本作「記」。

〔七〕其，元本、古逸叢書本作「兵」。

〔八〕雲，古逸叢書本作「雪」。

〔九〕吾，元本、古逸叢書本作「言」。

〔一〇〕佐，元本、古逸叢書本作「佑」。

〔一一〕提，元本、古逸叢書本作「捷」。

贈特進汝陽王二十韻

○【鮑彪曰】按唐舊書：讓皇帝長子璡，封汝陽郡王，位特進，贈太子太師。而新書書〔一〕：贈太子太師，而不書特進，失之。○【趙次公曰】蓋特進正二品，而太子太師從一品也。公集八哀詩又有贈太子太師汝陽郡王璡。則知此詩之作，乃在八哀詩未贈之先，其爲特進時也。

特進群公表，○前漢張禹以列侯，朝朔望，位特進，見禮如丞相。後漢楊賜追位特進。○【王洙曰】注引漢雜事曰：諸侯功德優盛，朝廷所敬異者，位特進，在三公下。特進，漢官也。二漢及晉、魏以加官。表，謂儀表也。○謝承後漢書：黃香對策，爲群英之表。天人夙德升。○【王洙曰】魏志：邯鄲淳見曹植才辯，歸，對其所知歎植之才，謂之天人。○陳矯見曹仁，歎曰：「將軍真天人也。」鄧禹注〔二〕：上過禹營，衆竊言：「劉公真天人也。」○【王洙曰】夙，早也。霜蹄千里駿，○【趙次公曰】莊子馬蹄篇：馬蹄可以踐霜雪。○【王洙曰】漢武帝謂劉德爲千里駒。○魏太祖謂曹休曰：「吾家千里駒。」風翮九霄鵬。○【王洙曰】莊子逍遥遊篇：鵬怒而飛，其翼若垂天之雲，摶扶摇而上者九萬里。服禮求毫髮，○【趙次公曰】言於禮無纖毫違背也。○【王洙曰】左氏僖公二十三年傳：服於有禮，社稷之衛也。推忠忘寢興。○推，一作惟。聖情常有眷，○顔延年拜陵廟詩：昭讌流聖情。朝退若無憑。○【王洙曰】不挾貴也。仙醴來浮蟻，○【王洙曰】醴，一作醞。○來，或作求。○【王洙曰】醴，甘酒也。前漢楚元王敬禮申公，穆生不嗜酒，每置酒，嘗爲穆生設醴。曹植七啓：浮蟻鼎沸，酷烈馨香。○公八哀詩有贈汝陽王璡云：「晚年務置醴，門引申白賓。」即此意也。奇毛或賜鷹。○謂玄宗賜王名鷹，以旌其特立不群也。清關塵不染，○謂門下無雜賓也。○【王洙曰】會稽典録：丁寬門無雜賓。劉孝標論：不雜風塵。中使日相乘。○謂天子遣使寵問也。後漢張讓傳：凡詔所徵求，皆令西園騶約勑，號曰中使。○【王洙曰】吴志朱然傳：中使口〔三〕食之物，相望於道。晚節嬉遊簡，○【王洙曰】謂不以嬉遊爲務也。平居孝義稱。自多親棣萼，○【王洙曰】謂友兄弟也。○詩小雅：常棣，燕兄弟也。常棣之華，鄂不韡韡〔四〕。誰敢問山陵。○【王洙曰】後漢東平王蒼：帝欲爲原陵、顯節陵起縣邑。蒼聞之，上疏諫，帝從而止。學業醇儒富，辭華哲匠能。○辭，一作才。○【王洙曰】殷仲文詩：哲工感蕭辰。筆飛鸞聳立，章罷鳳騫騰。○【王洙曰：「羨其書翰也。」】

言其辭翰俱美也。○吳質答魏太子牋：摛藻下筆，鸞鳳之文奮矣。精理通談笑，○【王洙曰：「雖談笑皆精於理道。」】謂其談笑精通於妙理矣。忘形向友朋。○【王洙曰：「不驕也。」】謂其待朋友無爾汝也。寸長堪繾綣，○【王洙曰：「一作寸腸。」】長，或作腸，非也。○【鄭卬曰】繾，去演切。綣，古轉切。繾綣，謹慎貌。○【王洙曰】謂寸長必取也。○【昱曰】詩大雅：以謹繾綣。一諾豈驕矜。○謂其不自大也。○【王洙曰。按，此條出敬贈鄭諫議十韻注。】前漢季布傳：布爲任俠有名。辯士曹丘生與竇長君善，布諫長君勿與通。及曹丘生欲請布，長君曰：「季將軍不説，足下無往。」遂行，布果怒。曹丘揖布曰：「楚諺曰：『得黄金百斤，不如得季布一諾。』足下何以得此聲梁、楚之間哉！」布乃大説。已忝歸曹植，○甫與王心腹相知，如邯鄲淳之歸依于曹植也。前注。何知對李膺。○【王洙曰】甫自謂對汝陽爲李、杜，謙之之辭也。按，後漢杜密傳：黨錮事起，密與李膺俱坐，而名行相次，故時人亦稱「李、杜」。前有李固、杜喬，故言亦也。范滂母曰：「汝得與李、杜齊名，死亦何恨。」謂膺、密也。招要恩屢至，○【鄭卬曰】要，伊消切，約也。○謝惠連翫月詩：並坐相招要。崇重力難勝。○【王洙曰】甫自言雖蒙招要之恩，而禮意崇重，非人力所能勝也。披霧初歡夕，○甫序初見璡時也。○【王洙曰】晉樂廣，字彦輔，善談論，約言析理。衛瓘見而奇之，曰：「此人之水鏡，見之瑩若披雲霧而覩青天也。」高秋爽氣澄。樽罍臨極浦，○謝宣城詩：孤舟泊極浦。鳧雁宿張燈。○鳧雁，喻嘉賓。此言燕集之時也。庾信賦：張燈華閣。花月窮遊宴，炎天避鬱蒸。硯寒金井水，

○【王洙曰】後漢志：長沙郡益陽。注：荆州縣南十里有平岡，岡有金井數百，古傳金人以杖撞地，輒便成井。簷動玉壺冰。○此序汝陽招要崇重之恩，歷夏秋冬三時之久也。○【王洙曰】鮑照詩〔五〕：清如玉壺冰。瓢飲惟三徑，○此下甫自言居貧，辱宴遇也。○【王洙曰】：「顏回一瓢。蔣翊三徑。」】論語雍也篇：子曰：「賢哉回也！一簞食，一瓢飲，人不堪其憂，回也不改其樂。」三輔決録：蔣詡〔六〕字元卿，舍中〔七〕竹下開三徑，唯故人求仲、羊使〔八〕從之遊。巖棲在百層。○陳無己作「巖棲異一塍」。神凌切，稻畦也。崔駰達旨辭〔九〕：或盥耳而山栖。○【杜田補遺】嵇叔夜絶交書：堯、舜之君世，許由之巖栖。張升支〔一〇〕論：黄綺引身巖栖。○【王洙曰】謝靈運詩：栖巖挹飛泉。且持蠡測海，○且，魯作謬。蠡，來戈切，蚌屬。○【王洙曰】東方朔論：以管窺天，以蠡測海。况把酒如澠。○此謂錫宴行觴也。○【鄭卬曰】澠，食陵切。○【昰曰】水名，出齊國。○【王洙曰】左氏昭公十二年傳：晉侯以齊侯宴，中行穆子相投壺。晉侯先穆子，曰：「有酒如澠〔一一〕，有肉如坻。寡君中此，爲諸侯師。」中之。齊侯舉矢曰：「有酒如澠，有肉如陵。寡君中此，與君代興。」亦中之。鴻寶寧全秘，○【王洙曰】前漢劉向傳：上復興神仙方術〔一二〕之事，而淮南有枕中鴻寶苑秘書。顏師古曰：鴻寶苑秘書，並道術篇名，藏在枕中，常存録之，不漏泄也。○神仙傳：淮南王作内書二十篇，中篇八卷，言神仙黄白之事，名鴻寶。丹梯庶可陵。○謂淮南王有鴻寶秘書，而不以示人。今璡無隱於甫，使甫得以親近故也。謝靈運詩：躡步隱丹梯。○【王洙曰】謝玄暉詩：要欲追奇趣，即此陵丹梯。淮王門有客，○【王洙曰】有，一作下。○前漢淮南王安好書，鼓琴〔一三〕，招致賓客方術之士數千人，作爲內書、外書數萬言。終不媿孫登。○甫以淮南比汝陽，而不自媿於孫登也。○【王洙曰】晉書隱逸傳：孫登好讀易，撫一絃琴。見者皆親樂之。嵇康從之遊，將別，謂曰：「先生竟無言乎？」登曰：「子才多識寡，難乎免於今之世矣。子無求〔一四〕乎？」果遭非命。乃作幽憤詩曰：「昔慙柳下，今媿孫登。」

【校記】

〔一〕書，古逸叢書本作「云」。

〔二〕注，古逸叢書本作「傳」。

〔三〕口，九家集注杜詩、杜陵詩史、分門集注、補注杜詩皆作「曰」。

〔四〕韡韡，當作「韡韡」。

〔五〕元本「詩」下有「云云」二字，古逸叢書本「云云」作「有云」。

〔六〕詡，元本、古逸叢書本作「翊」，是。

〔七〕中，古逸叢書本作「于」。

〔八〕羊使，元本作「全使」，古逸叢書本作「全便」。三本皆誤，應作「羊仲」。

〔九〕辭，古逸叢書本作「云」。

〔一〇〕支，元本、古逸叢書本作「與」，皆誤。應作「反」。

〔一〕澠，元本、古逸叢書本作「淮」。

〔二〕術，元本作「得」，古逸叢書本作「士」。

〔三〕琴，元本、古逸叢書本作「瑟」。

〔四〕求，古逸叢書本作「永」。

敬贈鄭諫議十韻

○【王洙曰】鄭諫議雖不得名，必善於詩者，皆用詩事美之。

諫官非不達，詩義早知名。○【趙次公曰】爲天子諫官，非不謂之顯達，而於作詩之義，又早歲已有名，此專美之也。破的由來事，先鋒孰敢争。○【趙次公曰】：「破的如射之中，先鋒如战之勇。」】皆言諫議詩筆之健，如射之中、戰之勇也。思飄雲外物，○【鄭卬曰】思，相吏切，情思也。○【王洙曰】外，一作動。○謂其詩思俊逸，超出乎雲物也。律中鬼神驚。○【修可曰】：「詩律既中，可驚鬼神。」】謂其詩律合乎法度，可以泣鬼神也。毫髮無遺恨，○【趙次公曰】公言作詩，中有一字一句不佳，雖如毫髮之小，則心自慊慊有遺恨矣。波瀾獨老成。○【王洙曰】：「才思浩瀚，故如波瀾。兼詞意壯健，故有言老成也。」】謂其詩才浩瀚，而句法尤壯健也。野人寧得所，○【趙次公曰】自此而下，皆公自序。○【趙次公曰】：「野人，公自稱耳。」】野人，謙辭也。天意薄浮生。多病休儒服，冥搜信客旌。○【趙次公曰：「欲冥搜幽冥之地，信客旌所指耳。」】甫之客遊，冥搜遠覽，蹤跡無定，信客旌所指耳。○【王洙曰】天台賦：遠寄冥搜。築居仙縹緲，○【鄭卬曰】縹，普沼切。緲，彌沼切。幽邃貌。○【趙次公曰】言卜築欲住幽邃之處，如仙之縹緲難尋也。○【王洙曰】海賦：神仙縹緲，食玉清涯。旅食歲峥嶸。○言歲之云暮也。○【鄭卬曰】峥，仕〔一〕耕切。嶸，胡萌〔二〕切。高峻貌。鮑明遠舞鶴賦：歲峥嶸而催暮。使者求顏闔，○【十朋曰：「謂鄭時遣人招之。」】喻諫議遣使見招也。○【王洙曰】莊子讓王篇：魯君聞顏闔得道之人也，使人以幣先焉。顏闔守陋巷，苴布之衣而自飯牛。使者致幣，顏闔曰：「恐聽者謬而遺者罪，不若〔三〕審之。」使者還，反審之，復來。來之則不得也。諸公厭禰衡。○【趙次公曰】以旅食之久〔四〕，諸公厭之如禰衡焉。衡初托曹公，又托劉表，又托黄祖，此謂諸公之所厭也。○【王洙曰】按後漢文苑傳：禰衡，字正平，有方辯，氣剛傲，矯時慢物。曹操怒之，送與劉表。後侮慢表，耻不能容，以江夏太守黄祖性急，故送衡與之。後竟爲祖所殺。將期一諾重，○【王洙曰】季布傳：辯士曹丘生謂布曰：「楚人諺曰：『得黄金百斤，不如得季布一諾。』足下何以得此聲於梁、楚之間哉！」江淹詩：季布重然諾。欻使寸心傾。○【王洙曰】謂傾向於諫議也。○【鄭卬曰】欻，許勿切，暴起也。○謝玄暉詩：孰爲勞寸心。君見窮途哭，宜憂阮步兵。○【王洙曰】晉阮籍，字嗣宗，爲步兵校尉。率意命駕，不由徑路，車迹所窮，輒慟哭而反。顏延年詠阮步兵詩：物故不可論，途窮能無慟。

【校記】

〔一〕仕，元本、古逸叢書本作「任」。

〔二〕萌，元本、古逸叢書本作「耕」。

〔三〕不若，元本、古逸叢書本作「使者」。

〔四〕久，元本、古逸叢書本作「人」。九家集注杜詩作「久」。

前出塞九首

戚戚去故里，○【王洙曰】古詩：戚戚何所迫。悠悠赴交河。○【王洙曰】古詩：悠悠涉長道。○【九家集注杜詩引作「杜田補遺」。杜陵詩史、分門集注、補注杜詩、集千家注批點杜工部詩集引作「修可曰」，當以「杜田曰」爲是。】杜田曰：按，唐西州交河在伊州西七百里。河水分流繞城下，因以名之。○魯訔謂：貞觀十四年平高昌，以其地置交河。公家有程期，○【王洙曰】程，限也。期，會也。亡命嬰禍羅。○【趙次公曰】謂赴交河之役有程期而逃，亡其命，則必有收捕，禍所及矣。○【劉曰】按，漢〔一〕竇榮亡命三林。○顔師古注：命，名也。謂脱其名籍而逃亡也。君已富土境，○謂玄宗中國之地已闢矣。開邊一何多。○【師古曰】譏禄山、國忠之徒爲國生事於夷狄也。棄絶父母恩，吞聲行負戈。○戈，戟也。李陵答蘇武書：負戟而長嘆。○【王洙曰】陸士衡從軍詩：朝餐不免冑，夕息常負戈。

【校記】

〔一〕漢，元本、古逸叢書本作「唐」。九家集注杜詩、杜陵詩史、分門集注、補注杜詩、集千家注批點杜工部詩集皆作「漢」。

出門日已遠，不受徒旅欺。○【師古曰】此言離家日久，已習戰鬬之事，故徒旅不能欺也。骨肉恩豈斷，○吕氏春秋：父母之於子，此之謂骨肉之親也。男兒死無時。走馬脱轡頭，○【梅曰】木蘭曲：南市脱〔一〕轡頭。手中挑青絲。○挑，吐雕切，摇也。○【趙次公曰】青絲，馬鞚也。○【王洙曰】梁簡文帝紫騮馬詩：青絲懸玉登〔二〕。又，宛轉青絲鞚。捷下萬仞岡，○仞，一作丈。○【王洙曰】左思賦：振衣千仞岡。俯身試搴旗。○【鄭卬曰】搴，起虔切，取也。○【王洙曰】曹子建詩：仰手接飛猱，俯身散馬蹄。

【校記】

〔一〕脱，九家集注杜詩、杜陵詩史、分門集注、補注杜詩作「買」。

〔二〕登，古逸叢書本作「鐙」。又，杜陵詩史、分門集注、補注杜詩亦作「鐙」。

磨刀嗚咽水，○【九家集注杜詩引作「杜田補遺」，杜陵詩史、分門集注、補注杜詩引作「修可曰」。】辛氏三秦記：隴山，天水大坂也。俗歌云：隴頭流水，鳴聲幽咽。遥望秦川，肝腸斷絶。故名嗚咽水。水赤刃傷手。欲輕腸斷聲，心緒亂已久。○【王洙曰】鮑照東門行：離聲斷客情。又，行子心腸斷。丈夫誓許國，憤惋復何有。○【鄭卬曰】惋，烏慣切，驚嘆也。功名圖麒麟，○漢武帝獲白麟，作麒麟閣，畫〔一〕功臣像。宣帝甘露三年，上思股肱之美，乃圖畫大將軍霍光等十二〔二〕人於麒麟閣。虞義〔三〕詩：當今麟閣上，千載有雄名。戰骨當速朽。○【師古曰】丈夫以身許國，死何足恤，況傷於離别乎？此勸以義之意也。○【王洙曰】宋司馬造石槨，孔子曰：「死不如速朽。」

【校記】

〔一〕畫，元本、古逸叢書本作「繪」。

〔二〕二，古逸叢書本作「一」。

〔三〕義，古逸叢書本作「羲」。

送徒既有長，○長，丁〔一〕丈切，孟也。○【王洙曰】高祖以亭長爲縣送徒驪山。遠戍亦有身。○【鄭卬曰】戍，束遇切，守邊也。生死向前去，不勞吏怒嗔。○【師古曰】足見其强驅人於戰，豈所謂悦以犯難、民忘其死者乎？路逢相識人，附書與六親。哀哉兩決絶，不復問〔二〕

苦辛。○【王洙曰】國忠領劍南，募〔三〕使遣戍瀘南，餉路險乏，舉無還者，人人思亂，此詩所以作也。

【校記】

〔一〕丁，古逸叢書本作「下」，杜陵詩史、補注杜詩作「丁」。

〔二〕問，古逸叢書本作「同」。

〔三〕募，元本、古逸叢書本作「幕」。九家集注杜詩、杜陵詩史、補注杜詩作「募」。

迢迢萬餘里，領我赴三軍。軍中異苦樂，主將寧盡聞。○【師古曰】爲將之道，甘苦與衆共之。今將樂而士苦，苦樂之異如此，豈善撫循士卒者乎？○【王洙曰】王仲宣從軍詩：軍中有苦樂，但問所從誰。隔河見胡騎，倏忽數百群。○倏忽，犬疾走也。我始爲奴僕，幾時樹功勳。○禄山、國忠爲將暴虐尤甚。然國忠起於貴妃之寵，以宰相領劍南節度，未嘗爲國立勳，此甫所以譏其素賤也。○【九家集注杜詩、分門集注引「王洙曰」】：「漢衛青奮於奴僕。」杜陵詩史、補注杜詩作「（王）禹偁曰」。】若衛青少爲奴僕，後以子夫之故得爲漢將，故甫以比之也。衛青傳：青少時父使牧羊，皆奴畜之。有相青曰：「貴人也，官至封侯。」後拜爲車騎將軍。

挽弓當挽彊，○【補注杜詩引「黄希曰」】：「周勃傳注：服虔曰：引强，弓弩官也。孟康曰：如此挽强司馬也。」】周勃傳：材官引彊。孟康曰：如今挽彊司馬也。○梁冀傳：冀能挽滿。注：挽滿，猶引彊。用箭當用長。○【趙次公曰】以言士卒各矜其能也。射人先射馬，擒賊先擒王。○賊，一作寇。○【趙次公曰】以言士卒各致其功也。殺人亦有限，立國自有疆。苟能制侵陵，豈在多殺傷。○【趙次公曰】孟子曰：定于一，孰能一之？不嗜殺人者能一之。而喜開邊者，乃好大喜功之主。則公之詩豈不益於教化乎？

驅馬天雨雪，軍行入高山。逕危抱寒石，指落曾冰間。○【鄭卬曰】曾，才登切，積也。○【九家集注杜詩引作「杜田補遺」，杜陵詩史、分門集注、補注杜詩、集千家注批點杜工部詩集引作「修可曰」。】前漢匈奴傳：匈奴攻太原，高祖自將兵擊之。會冬雨雪，卒之墮指者十二三。○【王洙曰】陸士衡詩：驅馬涉陰山，山陰〔一〕馬不前。仰憑積雪岩，俯涉堅冰淵。已去漢月遠，何時築城還。浮雲暮南征，可望不可攀。○【師古曰：「暮望歸雲南征，不得與之還，是故嘆云云。」】謂士卒北征，築城堡於范陽，暮望歸雲，而不得與之南還，是以嘆也。○【趙次公曰】周王褒短歌行：無復漢地關山月，唯有漢北薊城雲。

【校記】

〔一〕山陰，元本、古逸叢書本作「陰山」，杜陵詩史、分門集注作「山陰」。

單于寇我壘，○【鄭卬曰】單，時連切。百里風塵昏。雄劍四五動，○【夢符曰】吴越春秋：吴王闔閭使干將造劍二枚，一曰干將，二曰鏌鋣。鏌鋣者，干將之妻。干將作劍，金鐵之精未肯流，干將夫婦乃斷髮剪爪，投之爐中，金鐵乃濡，遂以成劍。陽曰干將，而作龜文。陰曰鏌鋣，而作漫理。○【九家集注杜詩引作「杜田正謬」，杜陵詩史、分門集注、補注杜詩、集千家注批點杜工部詩集引作「修可曰」。】烈〔一〕士傳：眉間尺者，謂眉間廣一尺也。楚人干將、鏌鋣之子。楚王夫人常於夏納凉而抱鐵柱，心有所感，遂懷孕，後産一鐵。楚王命鏌鋣鑄此精爲雙劍，三年乃成，劍一雌一雄，鏌鋣乃留雌而以雄進楚王。劍在匣中，常有悲鳴，王問群臣，群臣對曰：「劍有雌雄，鳴者，雌懷其雄也。」王大怒，收鏌鋣殺之。眉間尺乃爲父殺楚王。○公集有曰「匣裏雌雄劍」，又曰「雄劍鳴開匣」是也。彼軍爲我奔。○【九家集注杜詩引作「杜田正謬」之「新添」。杜陵詩史、分門集注、補注杜詩、集千家注批點杜工部詩集引作「黄曰」。】越絶書曰：楚王作鐵劍二枚，晉、鄭聞而求之，不得，興師圍楚之城，三年不解。楚引太阿之劍，登城而麾之，三軍破敗，士卒迷惑，流血千里。虜其名王歸，○【九家集注杜詩引作「杜田補遺」。杜陵詩史、分門集注、補注杜詩、集千家注批點杜工部詩集引作「修可曰」。】前漢匈奴傳：霍去病、衛青操兵臨瀚海，虜名王、貴人以百數。○【九家集注杜詩引作「杜田補遺」。杜陵詩史、分門集注、補注杜詩引作「唐曰」。】宣帝紀：單于遣名王奉獻。繫頸授轅門。○【鄭卬曰】繫，胡計切。○【王洙曰】轅門，以車轅爲門也。賈誼傳：陛下何不試以臣爲屬國之官，以主匈奴。行臣之計，請必繫單于之頸而制其命。終軍傳：軍往説南越，自請願受長纓，必羈南越王而致之闕下。○司馬穰苴傳：立表轅門。

潛身備行列，一勝何足論。

【校記】

〔一〕烈，古逸叢書本、杜陵詩史作「列」。

從軍十年餘，○一作十餘年。○【師古曰】言用兵久也。能無分寸功。○玄宗窮兵，適所以自焚，故禄山乘隙一叛，天下爲之亂，可不戒哉！衆人貴苟得，○譏國忠之徒爲國生事，苟得爵〔一〕位而已，安問其國家安危存亡之所繫乎？欲語羞雷同。○羞，一作差。謂賢人君子不肯貪叨大功也。○【師古曰】曲禮：毋雷同。○朱暉傳：雷同順同〔二〕。中原有鬬爭，况在狄與戎。○狄謂單于，戎謂吐蕃也。王制：西方曰戎，北方曰狄。西七戎，北六狄。丈夫四方志，○【王洙曰】射義：桑弧蓬矢六，以射天地四方者，男子之所有事也，故必先有志於其所有事。安可辭固窮。○丈夫有四方之志，宜奮志立功于四夷，安可以固窮爲辭而無志於功名也哉！此特勇士之志，而非經世遠謀之士。○【梅曰】甫〔三〕於斯時，寧可固窮，不敢爲國生事，雖無分寸之功，其忠於君可見矣。○【琪曰】論語：君子固窮。

【校記】

〔一〕爵，元本、古逸叢書本作「辭」。

〔二〕同，古逸叢書本作「旨」。

〔三〕甫，元本、古逸叢書本作「用」。杜陵詩史、分門集注作「甫」。

官定後戲贈時免河西尉爲左衛率府兵曹

○【鮑彪曰】按，明皇紀〔一〕：天寶十載辛卯春正月乙酉朔，八日壬辰，朝獻太清宮。九日癸巳，朝享太廟。十日甲午，有事于南郊。公上三大禮賦，帝奇之，使待制集賢院，令宰相陳希烈〔二〕試文章，爲希烈刻〔三〕忌，擢河西尉，不拜，改右衛率府參軍。公率府胄曹，蓋未嘗視印也。

不作河西尉，凄涼爲折腰。○【王洙曰】晉陶潛，字元亮，爲彭澤令。素簡貴〔四〕，不私事上官。郡遣督郵至縣，吏白〔五〕：「應束帶見之。」潛歎曰：「吾不能爲五斗米折腰，拳拳〔六〕以事鄉曲小人〔七〕。」解印去。賦歸去來。**老夫怕趨走，率府且逍遥。耽酒須微禄，狂歌託聖朝。故山歸興盡，迴首向風飆。**○飆，必遥切，回風也。○【趙次公曰】謂須微禄，故無復有歸山之興，但臨風迴首而已。

【校記】

〔一〕紀，元本、古逸叢書本無。

落無所容。陸德明音義：瓠，户郭切。司馬：音護。簡文云：瓠落，猶郭落也。司馬云：瓠，布護也。落，零落也。**白首甘契闊。**○甘，一作苦。此謂授西河尉，辭不行也。○【王洙曰】詩〔二〕擊鼓篇：死生契闊。**蓋棺事則已，**○古詩：蓋棺事乃已。**此志常覬豁。**○【鄭卬曰】覬，几利切，幸也。**窮年憂黎元，**○莊子齊物篇：因以曼衍，所以窮年。**嘆息腸内熱。**○腸，一作腹。甫雖不遇，其志猶在君民，大丈夫負經綸志，常覬望豁達，死而掩棺，此志方已。是以窮年憂黎元，嘆息至於中熱。○【王洙曰】此孟子所謂「不得於君則熱中」是也。○【趙次公曰：「莊子：我其内熱矣。」】莊子人間世篇：葉公子高曰：「今吾朝受命而夕飲冰，我其内熱歟？」**取笑同學翁，浩歌彌激烈。**○甫志在君民，而同學之人反輕笑之，甫此懷無所寫，形於浩歌，愈自激昂其義烈而已。○【王洙曰】蘇武詩：浩歌正激烈。**非無江海志，**○【王洙曰】莊子讓王篇：身居江海之上，心遊魏闕之下。**瀟灑送日月。**○【王洙曰】送，一作迭。**生逢堯舜君，**○【王洙曰】舜，一作爲。**不忍便永訣。當今廊廟具，**○【王洙曰】叔孫通傳贊：廊廟之材，非一木之枝。帝王之切〔三〕，非一士之略。**構厦豈云缺。**○【王洙曰】潘尼詩：大厦須異材，廊廟非庸器。**葵藿傾太陽，**○淮南子：葵藿傾心向日。○【王洙曰】曹植求通親親〔四〕表：若葵藿之傾太陽，雖不爲回光，然向之者誠也。**物性固莫奪。**○【王洙曰】莫，一作維。〔五〕○甫謂若使高卧江海上，送此餘年，吾不忍爲也。况生逢堯、舜之君，何忍一不見用，便决别而去。况當廊廟之才亦不乏人，可以助〔六〕天子理天下。只是甫抱葵藿之誠，向慕於君，其性自然不可得而移奪也。顧惟螻蟻輩，但自求其穴。胡爲慕大鯨，輒擬偃溟渤。○螻蟻，物之微者，甫自喻鯨鯢。大魚偃蹇滄海，理之常也。○【趙次公曰：「韓非子：千丈之堤，以螻蟻之穴潰。求其穴，言當自安分，求穴以安耳，何爲必欲慕學大鯨之處大海乎？」】甫志在於致君澤民，其志甚大，復自責曰：「我誠螻蟻小輩，但可自求其穴，何敢過擬大鯨而偃蹇於滄溟哉！」○古今注：鯨，大魚也。雄曰鯨，雌〔七〕曰鯢。常以五月生子於岸，八月導而還海。鼓浪成雷，噴沫成雨，水族畏之。以茲悟生理，獨恥事干謁。兀兀遂至今，忍爲塵埃没。終愧巢與由，○【趙次公曰：「巢，巢父。由，許由也。嵇康作高士傳曰：巢父，堯時隱人。年老以樹爲巢，而寢其上，故人號爲巢父。堯之讓許由也，由以告巢父。父曰：『汝何不隱汝形？非吾友也。』許由悵然不自得，乃遇清冷之水洗其耳，拭其目，曰：『向者聞言，負吾友。』遂去，終身不相見。」】高士傳：許由隱於沛澤之中，堯致天下而逐焉。由乃臨流洗耳，其友巢父飲犢，曰：「何以污吾犢口！」牽牛於上流而飲之。皇甫謐逸士傳：巢父者，堯時隱人也。及堯讓位許由也，由以告巢父。巢父曰：「汝非友也。」乃過清冷之水洗其耳。未能易其節。○易，夷益切，改也。沉飲聊自遣，○遣，一作適，非也。○【王洙曰】顏延年詠劉參軍詩：韜精日沉飲。放歌頗愁絶。○【趙次公曰：「干謁貴人，不過有所利爾。既惡如螻蟻輩之止求穴以安，而敢欲慕學大鯨之處大海？則恥事干謁矣。既不干謁以自顯，則甘心於塵土之汩没矣云云。公之意，以爲在塵土之間，空自汩没，既愧巢與由矣。然未能變易其節，脱然引去，於是沈飲放歌而已。」】以此自悟生理有小有大，宜自安分，不敢干謁勢要，以取富貴。惟兀兀窮居，甘爲塵埃汩没，自愧不能效巢父、許由，高尚其節，是以適意於酒，放懷歌詠，以遺愁絶故也。歲暮百草零，○謂十一月赴奉先縣時也。疾風高岡裂。天衢陰峥嶸，○謂欲雪之天也。客子中夜發。○客子，甫自謂。自京發程也。○【王洙曰】王粲詩：客子多悲辛。霜嚴衣帶斷，指直不得結。○得，一作能。凌晨過驪山，○三秦記：驪山西北有温泉之水，入浴可以愈疾。正觀十八年，營建御湯，名湯泉宫。咸亨二年，名温泉宫。天寶六載，改華清宫。御榻在嵽嵲。○嵽，徒結切。嵲，倪結切。嵽嵲，山貌。言見明皇御幸温泉宫之榻，其高若山也。按，唐史拾遺：帝每年以十月遊幸驪山，勞民動衆，天下苦之。是以禄山乘隙而反，遂陷兩京，如入無人之境。可不哀哉！是時天變見于上，帝莫省悟，故甫於詩中極言之，後世號爲「詩史」，皆紀其實事也。蚩尤塞寒空，○【趙次公曰】言乘輿前導蚩尤之旗，蔽塞乎寒空也。蹴踏崖谷滑。○【鄭卬曰】蹴，七六切，蹋也。瑶池氣鬱律，○謂玄宗與貴妃會于温泉也。○【王洙曰】張衡西京賦：氣滃渤以霧杳，時鬱律其如煙。羽林相摩戛。○【趙次公曰】羽林扈駕之車〔八〕，其多至如林木，故言相摩戛也。○【王洙曰】漢宣帝紀：羽林孤兒。應劭注：林諭〔九〕林木，羽若羽翼。君臣留懽娱，○【王洙曰】君臣，一作聖君。張景陽詩：朝野多懽娱。樂動殷嵑嶱。○殷讀曰隱，震也。謂時明皇奏樂驪山温泉也。相如上林賦：車騎靁起，殷天動地。嵑嶱，一作嶱嵑，一作樛嶱，一作湯嶱。王琪、吴若本皆作嵑嶱。嵑音渴，嶱，立〔一〇〕割切。張衡南都賦：其山則崆岏〔一一〕嶱嵑。注：山石高險貌。歐陽公、王荊公改「樛嶱」作「膠葛」。○【九家集注杜詩作「杜田補遺」，門類增廣十注杜詩引作「杜云」，杜陵詩史、分門集注、補注杜詩作「修可曰」。】相如子虛賦：張樂乎膠葛之寓。注：曠遠深貌。○【門類增廣十注杜詩引作「杜云」。】揚雄甘泉賦：其相膠葛。○注：膠猶言膠加也。魯靈光殿賦：洞洞轇轕。其字又不同。正異又作「嶱嵑」，今從王、吳本爲正。賜浴皆長纓，○按唐書：天子十月幸華清宮，賜從臣浴。景龍，游幸冬驪山温湯，賜浴。故云。韓子：鄒君好長纓，左右皆服長纓。○【王洙曰】江文通〔一二〕詩：長纓皆俊人。與宴非短褐。○【王洙曰】宴，一作謀〔一三〕。○謂玄宗賜浴群臣，皆長纓之士，短褐賤者不獲與宴也。彤庭所分帛，○【趙次公曰】彤庭，天子之庭，以丹飾之也。○【王洙曰】趙皇后傳：中庭彤朱，而殿上髹漆。本自寒女出。○【王洙曰】郭泰機詩：皎皎白素絲，織爲寒女衣。寒衣雖巧妙，不得秉杼機。鞭撻其夫家，○【王洙曰】撻，一作箠。聚斂貢城闕。聖人筐篚恩，實欲邦國活。臣如忽至理，君豈棄此物。多士盈朝廷，仁者宜戰慄。○【王洙曰：「鹿鳴：又實幣帛筐篚，以將其厚意。」】鹿鳴之詩，文武所以宴群臣，嘉賓實幣帛于筐篚，以將其厚意。○蓋聖人筐篚之恩，非苟務爲濫賞，實欲忠臣得盡其心，存活邦國之民而已。今玄宗使聚斂之臣鞭撻誅求，分賜無功，而受此物是忽其活邦國之理也。君所賜僭〔一四〕濫，是棄此筐篚之恩也。多士盈庭，無敢以此諫君，惟仁者測其有變，所以爲國家戰慄也。況聞内金盤，盡在衛霍室。○【王洙曰】内金盤，上方器用也。○【趙次公曰】衛、霍皆以后戚而貴，蓋以比楊國忠輩。中堂舞神仙，○舞，一作有。煙霧蒙玉質。○【王洙曰】江淹雜體詩：願作秦王女，乘鸞向煙霧。煖客貂鼠裘，○【王洙曰：「(煖客)一云煖蒙。」】一作客煖蒙貂裘。○貂，丁聊切。○【王洙曰：「魏書曰：鮮卑有貂，鼠子。皮毛柔軟，故天下爲裘。」】鼠屬，毛皮柔軟，可爲裘。○【王洙曰】説文：大而黄黑，出先〔一五〕零國。悲管逐清瑟。勸客駞蹄羹，霜橙壓香橘。○【王洙曰：「橙出穰縣者勝蜀中。有給客橙，似橘而非，若柚而香。」又，九家集注杜詩引作「杜田補遺曰」：「魏王花木志曰：蜀土有給客橙，似橘而非，若柚而香，冬夏華實相繼，通歲食之，亦名蘆橘。舊説小者爲橘，大者爲柚。又云柚似橙而實酸，大於橘。孔安國注尚書、郭景純注爾雅，皆如此。」】魏王花木志：蜀有給客橙，似橘而非，若柚而香。冬夏華實相繼，亦名蘆橘。朱門酒肉臭，○肉，一作肏。路有凍死骨。○【王洙曰】孟梁惠王篇：庖有肥肉，厩有肥馬。野有餓殍〔一六〕。榮枯咫尺異，惆悵難再述。○當是時，楊國忠舉族與宴，賞賚不貲，仁人君子爲之寒心。況又内出金盤御食以賜之，歌姬舞妓皆抱玉質侑酒中堂，或煖客以貂裘，或勸客以駞羹，豈知貧民下户有凍死者耶！○【趙次公曰】甫從驪山過，身披短褐，不得與宴。國忠之徒，謾〔一七〕以妃寵榮貴，雖相去咫尺，而或榮或枯，不啻天淵之遠也。是以惆悵難再具述其事也！北轅就涇渭，官渡又改轍。○後漢袁紹度河，壁延津南。曹操還屯官渡。注：官渡在今鄭州中牟縣北。酈元水經注：莨蕩渠經曹公壘，北有高臺，謂之官渡。魏志：公還軍官渡，袁紹衆大潰。漢書音義：文穎曰：於滎陽下引河東爲鴻溝，即今官渡水也。羣水從西下，極目高崒兀。○崒，藏没切。崒兀，高峻貌。疑是崆峒來，○【趙次公曰】唐志：安定郡保定縣有崆峒山。恐觸天柱折。○甫過驪山，迤邐北轅，趍就涇、渭，循涇、渭抵官渡，又改轍西南嚮，始達奉先縣。忽見羣兵西下，初疑是吐蕃從崆峒來，殆〔一八〕恐天柱爲之折傾。是月，禄山果叛，守官之民爲之敗走也。吐蕃入寇，常從崆峒山下來，故集有詩曰「崆峒小麥熟，且願休王師」是也。○【王洙曰】列子湯問篇：共工氏與顓頊争爲帝，怒而觸不周之山，折天柱，絶地維。故天傾西北，日月星辰就焉。地不滿東南，故百川水潦歸焉。河梁幸未拆，○【趙次公曰】古詩：携手上河梁。枝撑聲窸窣。○【鄭卬曰】窸，自七〔一九〕切。窣，蘇骨切。○窸窣，聲不安也。行旅相攀援，○【鄭卬曰】援，于元切，引也。川廣不可越。○【王洙曰】不，一作且。老妻既異縣，○既，王作託。○【王洙曰】古樂府詩〔二〇〕：他鄉各異縣，展轉不相見。十口隔風雪。○江文通雜體詩：弭楫值風雪。誰能久不顧，庶往共飢渴。入門聞號咷，○【鄭卬曰】號，胡刀切。咷，徒刀切。○【王洙曰】易同人卦：先號咷而後笑。幼子飢已卒。○【王洙曰】飢，一作餓。吾寧捨一哀，里巷亦嗚咽。○蔡琰詩：行路亦嗚咽。所媿爲人父，無食致夭折。豈知秋未登，○【王洙曰】未，一作禾。貧窶有倉卒。○甫乃於河梁未裂之時，幸得以渡。道路傳言禄山叛，陷京城，行旅皆攀援竄走。甫宗獲濟，既到奉先，妻兒餒餓，略無生理，不幸幼子又死，雖甫割愛捨哀，而里巷亦爲之慟。傷爲父之道不能贍給諸子，以致夭折，尚且有媿，况爲天下父母者乎？甫又寓意玄宗不能爲民父母。秋成既不登，加以禄山之禍，是使吾民貧窶，衣食不足，而又倉卒遭變，其苦爲如之何！○【王洙曰】有詩：終窶且貧。○卒，一作猝〔二一〕。曹植贈白馬王彪詩：倉卒骨肉親，能不懷苦辛。生常免租税，○常，陳作當。名不隸征伐。撫迹猶酸辛，○【王洙曰】猶，一作獨。阮籍詩：感慨懷辛酸。平人固騷屑。○劉公幹詩：平人易感動。何遜月夕望江詩：仲秋黄葉下，長風正騷屑。默思失業途，○【王洙曰】途，一作徒。因念遠戍卒。憂端齊終南，○【王洙曰】端，一作際。澒洞不可掇。○【趙次公曰】澒，胡孔切。洞，徒總切。○【師古曰】澒洞，亂〔三〕貌。○【鄭卬曰】掇，都活切。拾也。○甫言雖不見用，亦爲幸矣。身叨命官，既免租税，又免征伐。撫循事迹，尚且酸辛，况百姓苦於租税，名隸戰伐，其騷動屑屑尤可憫也。○【師古曰】甫默思吾之失業，念彼遠戍之兵，其積〔三〕憂悶與山齊高，奈天下澒洞未可遽掇而絶之也。○嗚呼！甫一布衣，而吟咏之間，未嘗不憂及君民，其忠矣乎！○【趙次公曰】淮南子天文訓：鴻濛澒洞，莫知其門。魏武帝詩：明明如月，何時可掇。

【校記】

〔一〕悲傷，古逸叢書本作「傷悲」。

〔二〕詩，元本、古逸叢書本作「毛詩」。

〔三〕切，元本、古逸叢書本作「功」。

〔四〕親，元本、古逸叢書本無。

〔五〕維，古逸叢書本作「難」。九家集注杜詩、杜陵詩史、分門集注、補注杜詩亦作「難」。

〔六〕助，元本、古逸叢書本作「佐」。
〔七〕雌，原作「雄」。據元本、古逸叢書本改。
〔八〕車，古逸叢書本作「軍」。
〔九〕諭，古逸叢書本作「謂」。
〔一〇〕立，元本、古逸叢書本作「丘」。
〔一一〕屼，古逸叢書本作「峴」。
〔一二〕通，原作「適」，據元本、古逸叢書本改。
〔一三〕謀，杜陵詩史、分門集注作「謙」。
〔一四〕僭，元本、古逸叢書本作「潛」。
〔一五〕先，古逸叢書本作「丁」。九家集注杜詩、杜陵詩史、分門集注、補注杜詩作「丁」。
〔一六〕饑殍，元本、古逸叢書本作「餓莩」。
〔一七〕謾，元本作「慢」，古逸叢書本作「漫」。
〔一八〕殆，元本、古逸叢書本作「始」。
〔一九〕七，古逸叢書本作「上」。
〔二〇〕詩，元本、古逸叢書本作「記」。
〔二一〕猝，元本、古逸叢書本作「倅」。

〔二〕亂，元本、古逸叢書本作「絶」。

〔三〕積，元本、古逸叢書本作「迹」。

奉先劉少府新畫山川障歌

堂上不合生楓樹，怪底江山〔一〕起煙霧。聞君掃却赤縣圖，○河圖括地象：赤縣之州，是爲中州。東南曰神州。鄒子曰：中國於天下八十一分，居其一分耳。其國名赤縣，赤縣内自有九州。禹之别九州是也。○【趙次公曰：「奉先乃今之蒲城縣也。」又曰：「公橋陵詩云『居然赤縣立』。」】夢弼按地理志：奉先縣屬京兆郡。甫集有橋陵詩「居然赤縣立」是也。○赤縣圖乃畫華山也。乘興遣畫滄洲趣。○地理志：滄洲乃景城郡。春秋、戰國時，爲齊、趙二國之境，秦鉅鹿、上谷二郡地。漢高祖置渤海郡，唐爲滄洲。滄洲圖乃畫滄海也。畫師亦無數，好手不可遇。對此融心神，知君重毫素。○【趙次公曰】毫，筆也。素，縑也。豈但祁岳與鄭虔，○【王洙曰】祁、鄭，唐之善畫者也。○古今名畫記：鄭虔，高士也。蘇許公爲相，申以忘年之契，薦爲著作郎。開元二十五年，爲文館學士，饑窮轗軻，好琴酒篇詠，工山水，進獻詩篇及書畫。元宗御筆題云「鄭虔三絶」。筆迹遠過楊契丹。○言劉之筆迹過於楊，則祁、鄭不足道也。楊素在隋稱善畫，其畫傳於契丹，故以爲號。名畫記：楊契丹官至儀同。僧琮云：六法備該，甚有骨氣，山東體製，元屬伊人，不在閻立本下。鄭法士嘗求楊畫本，楊引鄭至朝堂，指以宫闕衣冠人物車馬，曰：「此是古之畫本也。」由是鄭深嘆服。得非玄圃製〔二〕。○穆天子傳：春山之澤，清水出泉，温和無風，飛鳥百獸之所飲食，先王之所謂縣圃。淮南子：崑崙縣圃，維絶通天。東方朔十洲記：崑崙山有三角，其一正西曰玄圃之臺。無乃瀟湘飜。○曾子開曰：瀟水出道，湘水出全，二水至永合而爲一，以入洞庭。黄陵廟在瀟湘之尾，洞庭之口。悄然坐我天姥下，○姥，莫補切，○【王洙曰】天姥，山名。○吴録：地理志：剡縣有天姥岑。○【王洙曰】謝靈運臨海嶠詩曰：暮投剡中宿，明登天姥岑。耳邊已似聞清猿。○【九家集注杜詩引作「杜田補遺」。分門集注、補注杜詩引作「黄曰」。】吴越郡國志：天姥山與括蒼山相連，上有字，高不可識。春月則聞簫鼓笳吹之聲。反思前夜風雨急，乃是蒲城鬼神入。○乃，一作恐。漢長安三輔，左扶風，右馮翊。蒲城，右馮翊屬縣也。唐開元四年，改爲奉先縣，以奉睿宗橋陵矣〔三〕。元氣淋漓障猶濕，真宰上訴天應泣。○【趙次公曰】本朝錢希白洞微志：無雲而雨，謂之天泣。野亭春還雜花遠，○遠謂久也。漁翁暝踏孤舟立。○暝，日入也。滄浪水深青溟闊，○浪，魯當切。滄浪，水名。欹岸側島秋毫末。○毫末，謂筆端也。不見湘妃鼓瑟時，至今斑竹臨江活。○【薛夢符曰】張華博物志：舜死，二妃淚下，染竹即斑。妃死爲湘水神，故曰湘妃。離騷遠遊章句：使湘靈鼓瑟兮，令海若舞馮夷。劉侯天機精，○【王洙曰】莊子大宗師篇：嗜欲深者天機淺。愛畫入骨髓。自有兩兒郎，○徐陵烏栖曲：風流荀令好兒郎，偏得傳粉復馨香。揮灑亦莫比。大兒聰明到，能添老樹巔崖裏。小兒心孔開，貌得山僧及童子。○貌，莫角切，貌人類狀也。○【趙次公曰：「禰衡曰：『大兒孔文舉，小兒楊德祖。』」】後漢：禰衡唯善孔融及楊脩。常稱曰：「大兒孔文舉，小兒楊德祖。餘子碌碌莫足數也。」若耶溪，○若耶溪，在今越州會稽之南。雲門寺，○【九家集注杜詩引作「杜田補遺」：「南史：何胤字子季，隱居不仕。會稽山多靈異，往遊焉。居若耶山雲門寺。初，胤二兄求、點並棲遁，逮胤又隱焉。世號點爲小山，胤爲大山。亦曰東山兄弟，又云大隱小隱。」又，杜陵詩史、分門集注、補注杜詩引作「王十朋曰」：「南史：何胤字子季，隱居不仕。會稽山多靈異，往游焉。居若耶山雲門寺。」】南史：何胤字子季，以會稽山多靈異，往遊焉。居若耶山雲門寺。初，胤二兄求、點並棲遁，至胤又隱世，號點爲太〔四〕山，胤爲小山，亦曰東山兄弟。世謂「何氏三高」。梁武帝敕給白衣尚書禄，辭不受。吾獨胡爲在泥滓，○西征賦：或被左衽，奮迅泥滓。青鞋布襪從此始。○若耶溪、雲門寺，二者皆勝境。甫自傷汨没塵泥，未能脱迹以遊覽也。

【校記】

〔一〕江山，元本、古逸叢書本作「山川」。

〔二〕製，古逸叢書本作「裂」。

〔三〕矣，古逸叢書本無。

〔四〕太，古逸叢書本作「大」。

橋陵三十韻呈縣內諸官

○【鮑彪曰】開元三年六月，睿宗崩。十月，葬橋陵。○【黃鶴曰】橋陵在奉先西北三十里。

先帝昔晏駕，○【趙次公曰】先帝，指睿宗也。○【王洙曰】前漢天文志：宮車晏駕。注：天子初崩爲晏駕者，臣子之心猶謂宮車宴〔一〕駕而出耳。 茲山朝百靈。○【趙次公曰：「茲山，指橋陵也。」】茲山，指豐山也。○長安志：開元四年，以蒲城縣之豐山建睿宗橋陵。 崇岡擁象設，○象設，謂左右之山象青龍、白虎之類也。○【九家集注杜詩作「杜田補遺」，杜陵詩史、分門集注、補注杜詩作「（薛）夢符曰」。】楚辭招魂章句：像設君室，靜閒安些。 沃野開天庭。○【王洙曰】張衡賦：廣衍沃野。 即事壯重險，○【王洙曰】易：習坎，重險。 論功超六〔二〕丁。○昔蜀王欲鑿山開道以取秦，天爲王生五丁力士，能徙〔三〕山。今論其築陵之功超過六丁也。○【王洙曰】按蜀王本紀：天爲蜀王生五丁力士，能徙〔四〕山。秦王獻美女於蜀王，蜀王遣五丁迎女，見一大蛇入山穴中，五丁共引蛇，山頹，秦五女皆上山化爲石。 坡陁因厚地，○一作「坡陁用厚力」。坡陁，高大貌。○【王洙曰】相如二世賦：登坡陁之長坂。 却略羅峻屏。○却略，森列貌。○【修可曰】孫綽詩：遠山却略羅峻屏。 雲闕虛冉冉，風松肅泠泠。 石門霜露白，○露，一作霧。謂秋祭時也。 玉殿莓苔青。○謂春祭時也。 宮女晚知曙，○晚，一作曉。 祠〔五〕官朝見星。○官，一作臣。○【趙次公曰：「以其勤恪而虔於從事也。」】謂宮女、祠官各勤其職而虔於從事，以象生時也。空梁簇畫戟，○謂列戟以森衛也。陰井敲銅瓶。○謂汲井以供祭也。中使日夜繼，○一作日繼夜。正異作日相繼。吴志朱然傳：中使口食之物相望於道。惟王心不寧。○王謂肅宗也。○【趙次公曰】詩江漢篇：王心載寧。豈徒郵備享，尚謂求無形。孝理敦國政，神凝推道經。○【王洙曰】莊子：用志不分，乃凝於神。瑞芝産廟柱，好鳥鳴巖扃。○【王洙曰：「一作巢。」】鳴，一作宿，一作巢。○【趙次公曰。杜陵詩史、分門集注、補注杜詩作「修可曰」。】曹子建詩：好鳥鳴高枝。高嶽前嵂崒，○嵂，吕卹切。崒，昨没切。山高貌，謂華山也。洪河左瀅濴。○【鄭卬曰】瀅，烏定切。濴，于扃切。小水貌，謂黄河也。金城蓄峻趾，○【九家集注杜詩引作「杜田正謬」。杜陵詩史、分門集注、補注杜詩、集千家注批點杜工部詩集引作「修可曰」。】金城，蘭州也。沙苑交迴汀。○【杜田正謬曰】沙苑，隸左馮翊。永與奥區固，○【王洙曰】西都賦：防禦之阻，則天地之奥區。川原紛眇冥。居然赤縣立，○【趙次公曰】蒲城縣本屬同州。開元四年，以縣之豐山建橋陵，改爲奉先縣，仍隸京兆府。十七年，昇爲赤。故公詩言「赤縣」也。臺榭争岧嶤。○岧嶤，高也。○【王洙曰】江淹詩：岧嶤南樓期。官屬果稱是，聲華真可聽。○真，一作寘。○【王洙曰：「謂縣内諸官也。」】官屬，指赤縣内諸官，其才德名聲皆稱其職也。王劉美竹潤，○喻其有節操也。裴李春蘭馨。○喻其有聲譽也。鄭氏才振古，○謂其才之多也。啖侯筆不停。○【鄭卬曰】啖，杜覽切，姓也。○謂其筆之捷也。遺辭必中律，○【鄭卬曰】中，丁仲切，當也。○謂其發言合法度也。利物常發硎。○【鄭卬曰】硎，奚經切，砥石也。○謂其制物有剸裁也。○【王洙曰】莊子養生主篇：庖丁爲惠文君解牛，曰：「今臣之刀十九年矣，所解數千牛，而刀刃若新發於硎。」綺繡相展轉，○綺繡，喻其文華也。琳琅愈青熒。○【王洙曰】愈，一作逾。○琳琅，喻其温粹也。○【王洙曰】校獵賦：眩耀青熒。側聞魯恭化，○以魯恭美赤縣令善政也。○【王洙曰】後漢魯恭字仲康，拜中牟令，專以德化爲理，不任刑罰。螟傷稼，不入中牟。河南尹袁安聞之，疑其不實，使仁恕掾肥親往廉之。肥還，以三異白安。安上書言狀，帝異之。秉德崔瑗銘。○以崔瑗美赤縣官之處己也。○【王洙曰】後漢崔瑗字子玉，有座右銘傳于世。太史候鳧影，○【趙次公曰】後漢王喬，顯宗世爲葉令。喬有神術，每月朔望常自縣詣臺朝。帝怪其來數而不見車騎，密令太史伺望之。言其臨至，輒〔六〕有雙鳧自東南飛來。於是候鳧至，舉羅張之，但得一雙舃焉。王喬隨鶴翎。○【趙次公曰】劉向列仙傳：王子喬，子晉也，好吹笙，作鳳鳴，遊伊、雒之間。道人浮丘公接以上嵩高山三十餘年。後求之於山上，見桓良曰：「告我家，七月七日待我於緱氏山頭。」至時，果乘白鶴駐山頂，望之不得到，舉手謝時人而去。○【王洙曰：「王、劉、裴、李、鄭、啖皆當時赤縣官也。」】余謂王、劉、裴、李、鄭氏、啖侯皆縣內官。○有仙骨，殆非凡俗之流，皆美之之辭也。朝儀限霄漢，○【趙次公曰：「自此至篇終，公自述也。知縣入朝而公不得預，此所以自嘆也。」】此下甫自述也。赤縣令入朝，而公自拾遺貶爲華州司功，故不得與朝會之儀，如限隔霄漢也。客思迴林坰。○【趙次公曰：「爾雅：林外謂之坰。」】坰，音扃，林外也。轗軻辭下杜，○轗，音坎。軻，音可，又苦賀切。轗軻，車行不平也。一曰不得志。轗或作埳，軻或從土，義同楚辭七諫篇「然埳軻而留滯」。○【王洙曰】漢書音義：下杜在長安，今之杜城也。飄飄陵濁涇。○陵，陳作凌。陵，乘也。○【呂曰】詩：涇以渭濁。○水經注：涇水出安定，入朝那縣西幵山頭，東南經新南、扶風，至京兆高陵，入渭水合。又東與漆沮水合，經秦、漢之都，至潼津而入河。諸生舊短褐，○短，一作裋。旅泛一浮萍。荒歲兒女瘦，暮途涕泗零。○【呂曰】詩：涕泗滂沲。主人念老馬，○主人指縣内官，欲求諸見念也。○【王洙曰】韓詩外傳：昔者田子方出見老馬於道，問御曰：「此何馬也？」曰：「故公家畜也。罷而不爲用，故出放也。」田子方曰：「少盡其力，而老去其身，仁者不爲也。」束帛而贖之。窮士聞之，知所歸心矣。廨宇容秋螢。○宇，一作署。容，一作客〔七〕。廨舍〔八〕，官舍也。以官舍館甫。○【歐陽曰】腐草化爲螢，其質不美，甫自喻諸官不以其質不美而賤之，而見容也。流寓理豈愜，窮愁醉未醒。何當擺俗累，浩蕩乘滄溟。○【歐陽曰】流寓者，出於事勢不得已，甫豈樂爲之？苟能擺脱俗累，優游於江湖之上，乃甫性之所樂，尚以俗累所拘爲恨矣。

【校記】

〔一〕宴，古逸叢書本作「當」。

〔二〕六，古逸叢書本作「五」。

〔三〕徒，元本、古逸叢書本作「徒」。
〔四〕徙，元本、古逸叢書本作「徒」。
〔五〕詞，古逸叢書本、杜陵詩史、分門集注、補注杜詩皆作「祠」。
〔六〕輒，原作「輙」，據元本、古逸叢書本改。
〔七〕客，元本、古逸叢書本作「岩」。
〔八〕舍，元本、古逸叢書本作「宇」。

後出塞五首

〇【鮑彪曰】天寶十四年乙未，三月壬午，安禄山及契丹戰於漢〔一〕水，敗之，故有是詩。爲出兵赴漁陽也。

男兒生世間，及壯當封侯。〇【王洙曰】後漢班超字仲升，有大志，常爲官傭書，投筆歎曰：「大丈夫當效傅介子、張騫，立功異域，以取封侯，安能久事筆硯間乎？」梁竦字安定，自負其才，嘗登高遠望，歎息言曰：「大丈夫居世，生當封侯，死當廟食。州縣之職，徒勞人耳！」戰伐有功業，焉能守舊丘。召募赴薊門，〇【鄭卬曰】薊，古詣切，燕地。〇【王洙曰】鮑照東武吟：始隨張校尉，召募到河源。軍動不可留。千金買馬鞭，〇鞭，一作鞍。百金裝刀頭。閭里送我行，親戚擁道周。〇道周，道邊也。王仲宣詩：親戚對我悲。斑白居上列，酒酣進庶羞。少年別有贈，含笑看吴鈎。○【九家集注杜詩作「杜田正謬」。杜陵詩史、分門集注、補注杜詩、集千家注批點杜工部詩集作「修可曰」。】吴鈎，刀名也。吴越春秋闔閭内傳曰：闔閭既寶莫耶之劍，復命於國中作金鈎，令曰：「能爲善鈎者，賞之百金。」有人殺二子，以血釁金，遂成二鈎，獻於闔閭而求賞。王曰：「何以異於衆鈎乎？」鈎師向鈎呼二子之名：「吴鴻、扈稽，我在於此。王不知汝之神也。」聲絶於口，兩鈎俱飛，著父之胸。王乃賞百金，遂服之不離其身。○【王洙曰】鮑照結客少年行：錦帶佩吴鈎。○余謂老者以酒食爲餽，少者以吴鈎爲贈，其勇怯可知。○【孝祥曰】此詩有封侯功業之言，則知爵不可濫受，而國忠徒以貴妃之寵居極位，豈非無功而受禄歟！

【校記】

〔一〕漢，古逸叢書本作「渼」。

朝進東門營，○東門，洛都之門也。暮上河陽橋。○【鄭曰：「河陽，洛邑也。」】河陽，洛水之陽也。○【王洙曰】李少卿詩：携手上河梁，游子暮何之。王仲宣從軍詩：朝發鄴都橋，暮濟白馬津。落日照大旗，馬鳴風蕭蕭。○【王洙曰】詩車攻篇：蕭蕭馬鳴，悠悠旆旌。平沙列萬幕，部伍各見招。○【趙次公曰】士卒之多，則諸將各有一青油幕，故一部伍之人至日暮歸屯，各相招認，以居其幕也。中天懸明月，令嚴夜寂寥。悲笳數聲動，○【沈曰】笳，居牙切，捲蘆葉以吹之也。

壯士慘不驕。○謂壯士聞角聲之動，慘然無顏色，各起故鄉之思也。借問大將誰，○【趙次公曰：「句法使曹植七哀詩：借問歎者誰，言是客子妻。」】曹植七哀詩：借問歎者誰，言是客子妻。恐是霍嫖姚。○嫖姚，協音飄遥。○【十朋曰】前漢嫖姚校尉霍去病以椒房之親而致顯位。故比之楊國忠，然國忠以寵幸進，驕暴不恤士卒，士卒皆疾之，故有是句。

古人重守邊，今人重高勳。豈知英雄主，出師亘長雲。○【鄭卬曰】亘，居鄧切，極也。六合已一家，四夷且孤軍。○良將惟務守邊疆，不貪戰功。英雄之主，如漢武帝、唐太宗皆好窮兵於遠，加以一時喜功之臣佐成其謀，徒以出師如雲之盛，殊不念六合已一家，何必提孤軍深入四夷，而勞民動衆哉！此託意以諷玄宗開邊於西北，終致禄山之竊發也。遂令貔虎士，○貔，樊作螭。○【王洙曰】書牧誓篇：如虎如貔。奮身勇所聞。拔劍擊大荒，日收胡馬群。誓開玄冥北，持以奉吾君。○【杜陵詩史、分門集注、補注杜詩引作「末曰」。】此諷楊國忠之徒西擊大荒之野，北開玄冥之地，爲國生事，持此功以獻捷於玄宗，雖受高爵重禄，不亦厚顏乎！

獻凱日繼踵，兩蕃静無虞。○【趙次公曰】謂西北蕃〔一〕已寧矣。漁陽豪俠地，○漁陽乃北郡，豪俠謂能以力俠助人急難也。擊鼓吹笙竽。○言凱旋奏樂也。雲帆轉遼海，粳稻來東吴。○遼海乃遼東郡，東吴出粳米，水道通海，泛舟轉輸以給禄山之兵也。越羅與楚練，照耀輿臺軀。○耀，一作輝。越羅、楚練賞賜戰士，雖輿臺僕隸之賤身，衣美麗殊，不知此物出於百姓之膏血也。○【王洙曰】左氏昭公七年：皁臣輿，僕臣臺。主將位益崇，氣驕凌上都。邊臣不敢議，議者死路衢。○【師古曰】主將，謂禄山也。時禄山爲漁陽節度，所領皆突騎。兵還，賞賚無貲。玄宗御承天門率百官迎迓，禄山恃功高，氣凌公卿，誰復敢議其事者哉！

【校記】

〔一〕蕃，杜陵詩史、分門集注、補注杜詩作「兩蕃」。

我本良家子，○【王洙曰：「趙充國，六郡良家子。」】漢趙充國以六郡良家子伐先零，而玄宗開邊，抽丁以行，故云良家子也。出師亦多門。○多門，謂用兵非一方也。○【九家集注杜詩引作「趙次公曰」。杜陵詩史、分門集注、補注杜詩、集千家注批點杜工部詩集引作「余曰」。】左氏成公十六年傳：晉政多門。將驕益愁思，身貴不足論。躍馬二十年，恐辜明主恩。○躍馬食肉，言其貴也。國忠驅民開邊，苟取富貴，寔辜明主之恩也。坐見幽州騎，長驅河洛昏。○【王洙曰：「時禄山自幽州陷河、洛。」】禄山反，以討國忠爲名。幽州騎，即禄山之兵長驅而來，東都、西京皆爲之陷没，皆國忠有以致之故也。中夜間道歸，○間，讀爲去聲。○【九家集注杜詩引作「杜田補遺」。杜陵詩史、分門集注引作「歐陽曰」。補注杜詩、集千家注批點杜工部詩集引作「黄希曰」。】漢高紀：從間道走軍。顔師古曰：間，空也。投空隙而行，不公顯也。○【師古曰】國忠聞禄山有變，已陷兩都，遂脱身自微路歸，恐爲奸邪所獲也。故里但空村。○【師古曰】謂居民盡避胡也。惡名幸脱免，窮老無兒孫。○言國忠雖異於禄山不負叛逆之名，奈何子孫亦爲賊所屠滅。天人報應之理，可不戒哉！○【九家集注杜詩依例作「王洙曰」。杜陵詩史、分門集注引作「趙次公曰」。補注杜詩引作「蘇曰」。集千家注批點杜工部詩集引作「東坡志林」。】東坡蘇軾又曰：詳味此詩，蓋禄山反時其將校有脱身歸國，而禄山盡殺其妻子者，不出其姓，可恨也！

玄都壇歌七言六韻寄元逸人

○玄都壇乃漢武帝之所築。帝好神仙，故築之也。東方朔十洲記：洲在北海，上有太〔一〕玄都仙伯真公所治也。○【師古曰】元逸人，隱道士也，有神仙之術也。甫作是詩以贈之。

故人昔隱東蒙峰，○故人者，謂元逸人也。○【王洙曰】地理志：泰山蒙陰縣有蒙山。禹貢：屬徐州。已佩含景蒼精龍。○【趙次公曰。又，杜陵詩史、分門集注、補注杜詩作「蔡曰」、「張詠曰」。】蒼精龍，謂劍也。後漢公〔二〕孫瑞劍銘：含景吐商。春秋繁露：劍之在左，青龍也。刀之在右，白虎也。○或曰：按神仙訣録：蒼精龍，驅鬼神之符也。東方青帝，蒼龍之精。景者，日月之影也。道家呼吸日月之光景，以取其精氣，故受籙佩符，能驅攝鬼神也。故人今居子午谷，○【王洙曰】王莽傳：莽以皇后有子孫瑞，通子午道，從杜陵直絶南山，徑漢中。顔師古曰：今京城南山有谷通梁、漢者，名子午谷。○【杜田補遺】三秦記曰：子午，長安正南也。山名秦嶺，谷名褒斜。○長安志：城直〔三〕南山有谷，號子午。谷南屬午，北屬子，社稷在北，谷在南。陰陽家子午係衝破之方，王莽有意篡漢，欲絶其子孫，從社稷前鑿通子午道，時名爲子午谷。獨在陰崖結茅屋。○【王洙曰】在，一作並。結，一作白。屋前太古玄都壇，○題注。青石漠漠常風寒。○【王洙曰】神異經：東方有宮，青石爲壇。左右闕高百丈，畫以五色。子規夜啼山竹裂，○【趙次公曰】啼而竹裂，言聲之苦也。○華陽風俗録曰：鳥有杜鵑者，其大如鵲而羽烏，其聲哀而吻有血。土人云：春至則鳴，聞其初聲者則有別離之苦，人皆惡聞之。惟田家候其鳴，則興農事。東都記曰：杜宇亦曰杜主，自天而降，稱爲望帝。好稼穡，教人農務，治邦域。至今蜀人將農者必先祠杜主。時荊州人鱉令死，其尸泝流而上，至文〔四〕山下復生，見望帝。望帝因以爲相，號開明。會巫山壅江，人遭洪水，開明爲鑿通流，有大功，望帝因以其位禪之，號開明帝。望帝死，其魂化爲鳥，名曰杜鵑，亦曰子規。又云：杜宇禪位于開明，升西山隱焉。時適三月，子規鳥鳴，故蜀人悲子規鳥也。異物志：杜鵑至三月鳴，晝夜不止。余謂誕實未詳。王母晝下雲旗翻。○【王洙曰】翻，一作幡。○劉向列仙傳：王母，神人。人面蓬頭，髮戴勝，虎爪豹尾，善笑，穴居崑崙山。或曰：此王母之使也。漢武故事：七月七日，上於承華殿。忽有一青鳥從四方集殿前，上問東方朔：「何鳥也？」朔曰：「西王母必降。」是夕漏七刻，西方隱隱若雷聲。有頃，王母乘紫雲車而至。此假子規以對王母，蓋子規乃蜀帝故也。知君此計誠長往，芝草琅玕日應長。○【趙次公曰】芝草，仙藥也。琅玕，寶叢也。○言逸人所居靈異之地，往往生長是物，足供服餌，一隱而不復出也。漢武内傳：王母曰：「太上之藥，有廣庭芝草、碧海琅玕。」鐵鎖高垂不可攀，○按道藏經綺字函：晉時有戍卒屯於子午谷，聞谷之西去三百里有大澗，澗傍有竹，其圍三尺。戍卒往取之，以爲塞栅。及至窮澗，忽見鐵鎖下垂約百有餘丈。戍卒欲挽引而上，有虎蹲踞其傍，咷哮大吼。戍卒驚走，歸告戍長。戍長率其隊共往視之，迷而不知其所。又藏經感通〔五〕録：唐正觀初，採蜜人入子午谷關南大秦嶺，聞鍾聲，尋而至焉。寺舍二門傍有大竹林，其人斷二節以盛蜜，可得五斗。下至大秦戍，則告防人。戍主遣人往覓，過小竹谷，達于崖下。有鐵鎖長三丈許，防人曳鎖掣之，大牢有二虎據人大呼，防人怖走。致身福地何蕭爽。○【師古曰】按神仙決録：有天仙、地仙三十六洞天、八十一福地。由地仙積累功行，遂超昇天仙。今逸人致身福地，已爲地仙之流，何其瀟〔六〕灑清爽，神氣不凡故也。○福地記：終南山東接驪山、泰、華，西連太白，隴山，北去長安八十里，南入楚塞，連屬東西諸山，周迴數百里，名曰福地。

【校記】

〔一〕太，古逸叢書本作「云」。

〔二〕公，古逸叢書本、杜陵詩史、杜詩趙次公先後解輯校、分門集注作「士」。

〔三〕直，元本、古逸叢書本作「有」。

〔四〕文，古逸叢書本作「汶」。
〔五〕通，元本、古逸叢書本作「應」。
〔六〕瀟，原作「漏」，據元本、古逸叢書本、杜陵詩史、分門集注、補注杜詩改。

歎庭前甘菊花

庭前甘菊移時晚，○【王洙曰：「簷，一作堦。」】庭，一作簷，一作階。青蘂重陽不堪摘。○【趙次公曰。又，杜陵詩史引「師古曰」：「移晚，謂失其時也。」】甘菊以移晚而花遲，謂失其時〔一〕也。明日蕭條盡醉醒，○一作醉盡醒。殘花爛熳開何益。○【師古曰】盡醉醒者，人盡泛菊而醉，唯我無菊可泛，但〔二〕醒而已。殘花雖開，已無況味，夫復何益！此與屈原不遇其時而云「舉世皆醉，唯我獨醒」之意同也。籬邊野外多衆芳，采擷細瑣升中堂。○【鄭卬曰】擷，突結切，將取也。○【王洙曰】詩芣苢篇：采之擷之。○【師古曰。又，趙次公曰：「此詩蓋刺餘子碌碌，皆得貴近，言芳則非，不謂之才也，特細瑣而已。言升中堂，則貴近之意。公之言傷時細碎微瑣者用，而出類者廢也。」又，杜陵詩史引「彥輔曰」：「此詩譏小人在位，賢人失所也。」九家集注杜詩、分門集注、補注杜詩作「王洙曰」。】甘菊以喻君子，衆芳細瑣，以喻小人。君子不遇時，不見采擢。小人反獲起升登于廟堂之上，此與詩隰桑篇「小人在位，君子在野」無異也。念茲空長大枝葉，結根失所纏風霜。○纏，一作埋。

○【師古曰】喻君子涵養雖大，奈何結託不得其人，故至於失所而埋没乎風霜，有如此甘菊矣。觀甫此詩辭意含蓄，其情可知矣。

【校記】

〔一〕時，杜陵詩史、分門集注、補注杜詩作「所」。

〔二〕但，古逸叢書本作「獨」。

醉歌行

○【俯曰：「甫從姪杜勤落第歸，甫作此詩別之。」又，集千家注批點杜工部詩集曰：「公自注：從姪勤落第歸，作此以別之。」】別從姪勤〔一〕落第歸。

陸機二十作文賦，○【王洙曰】晉陸機字士衡，作文賦，序云：以述先世之盛麗，作文之利害。汝更小年能綴文。總角草書又神速，○【王洙曰】詩齊風：總角丱兮。○毛萇傳：總角，聚兩髦也。世上兒子徒紛紛。驊騮作駒已汗血，○喻勤少俊也，餘見前注。鷙鳥舉翮連青雲。○鷙，脂利切，擊鳥也，喻勤預薦書也。詞源倒流三峽水，○【王洙曰】源，一作賦。○【趙次公曰】此夸大從姪詞源之壯健〔二〕，雖三峽之水可衝激而倒流矣。○【趙次公曰。又，門類增廣十注杜詩引作「杜云」。】隋藝文傳：筆有餘力，詞無竭源。○【王洙曰】海賦：吹噓則百川倒流。○【九家集注杜詩作

「杜田補遺」。門類增廣十注杜詩引作「杜云」。又，杜陵詩史、分門集注、補注杜詩、集千家注批點杜工部詩集引作「修可曰」。】峽程記：三峽者，明月峽、巫山峽、廣澤峽也。筆陣獨掃千人軍。〇【九家集注杜詩作「杜田補遺」。門類增廣十注杜詩、門類增廣集注杜詩引作「杜云」。又，杜陵詩史、分門集注、補注杜詩引作「修可曰」。趙次公曰：「筆言陣，則如王羲之論字爲筆陣圖也。」】復美其筆力之快利，雖千人之軍可指揮而獨掃矣。王羲之筆陣圖：紙者，陣也。筆者，刀矟也。墨者，鍪甲也。硯者，城池也。本領者，將軍也。心意者，副將也。只今年纔十六七，射策君門期第一。〇射策甲科，謂策問疑難從而射之。對有中否，取譬於射也。〇【王洙曰】前漢蕭望之以射策甲科爲郎。顔師古曰：射策者，謂爲問難疑義，書之於策，量其大小，署爲甲乙之科，列而置之，不使彰顯，有欲射者，隨其所取得而釋之，以知優劣。射之言投射也。舊穿楊葉真自知，〇學貴乎自信，勤之才藝有必取之理，如養由基射楊葉，有必中之妙，其來舊矣。〇【王洙曰】史記周本紀：蘇厲説白起曰：「楚〔三〕有養由基者，善射者也。去柳葉百步而射之，百發百中。」前漢枚乘諫吴王書：養由基，楚之善射者也。去楊葉百步，百發百中。楊葉之大，如百中焉，可謂善射矣。暫蹶霜蹄未爲失。〇良馬有千里之才，雖暫顛蹶，亦未爲失，喻勤雖暫淹留，何足爲辱乎？〇【王洙曰】王褒頌：過都越國，蹶若麗塊。莊子馬蹄篇：馬蹄可以踐霜雪。偶然擢秀非難取，會是排風有毛質。〇【趙次公曰】言科〔四〕舉一日之長，搴擢英秀，亦偶然爾，非難取也。而從姪之不中第何哉？然會當是時排擊風路〔五〕。蓋以其終有連雲之毛質焉。此慰唁之，且復有譏諷也。鮑照登大雷岸與妹書：浴雨排風，吹澇弄翮。汝身已見唾成珠，〇【趙次公曰】美從姪開口成文如珠〔六〕，它日必貴也。○【薛夢符曰：「右按後漢趙壹傳：『咳唾成珠玉。』」按，集千家注批點杜工部詩集作「夢弼曰」，誤。】晉夏侯湛曰：咳唾成珠玉。汝伯何由髮如漆。○【俯曰】甫恨年老頭白無由歸里，傷不及見勤之富貴也。春光淡沲秦東亭，○淡沲，一作潭沲。○【鄭卬曰】沲，徒我切，水貌。○【何曰：「秦東亭即京城門外東亭，送別多於此處。」】東亭，迺京城門外會別之亭。○梁簡文詩：潭沲青帷閉。富嘉謨明水篇：陽春二月朝始暾，春光潭沲度千門。渚蒲芽白水荇青。○【鄭卬曰】荇，何梗切，接余也。○【趙次公曰】蒲纔有芽而白，荇在水而青，指東亭之景物得其性也。○離別之苦，曾物之不如也。風吹客衣日杲杲，○言甚寒也。○【王洙曰】詩衛風：杲杲出日。樹攪離思花冥冥。酒盡沙頭雙玉瓶，衆賓皆醉我獨醒。○皆，一作已。○【王洙曰】屈原傳曰：衆人皆醉，而我獨醒，所以見放。乃知貧賤別更苦，吞聲躑躅涕淚零。○淚，一作泣。○【王洙曰】鮑照行路難：吞聲躑躅不敢言。詩：涕零如雨。

【校記】

〔一〕勤，原作「勒」，據古逸叢書本改。

〔二〕健，古逸叢書本作「嚴」。

〔三〕楚，元本、古逸叢書本作「其」。

〔四〕科，古逸叢書本作「頁」。

〔五〕路，元本、杜陵詩史、分門集注作露，古逸叢書本作「霜」。

〔六〕珠，古逸叢書本作「咮」。

同諸公登慈恩寺塔時高適薛據先有此作

○【九家集注杜詩、門類增廣十注杜詩依例爲「王洙曰」，分門集注、補注杜詩、集千家注批點杜工部詩集引作「王洙曰」，杜陵詩史引作「彦輔曰」。】西京雜記〔一〕：西京外郭城朱雀街東第三橋、皇城之東第一街進業坊，隋無漏寺之故地。武德初廢，正觀二十年，高宗在春宮時，報其母文德皇后，爲之祈福，即其地建寺，故名慈恩。南院臨黄蕖〔二〕，竹木森邃，爲京城之最西院。浮圖六級，高三百尺。永徽三年，沙門玄奘所立。浮圖内有梵本諸經數十匣。浮圖前東堦立太宗皇帝撰三藏聖教叙及高宗皇帝述聖記二碑，並褚遂良書。中和中，中書舍人李肇國史補〔三〕：進士既捷，列名於慈恩寺塔，謂之題名。

高標跨蒼天，○天，一作穹。塔六級，高三百尺。○【九家集注杜詩引作「師尹曰」。又，補注杜詩引作「黄希曰」。】蜀都賦：陽烏回翼乎高標。烈風無時休。自非曠士懷，○曠，一作壯。○【趙次公曰】鮑照放歌行：小人自齷齪，安得〔四〕曠士懷。登兹翻百憂。○夫人登高臨遠，自有所見，則心有所感。○【師古曰】甫登此塔，俯視兵火之後，景物蕭條，寧無憂傷乎？惟曠達之士對此能遣適耳。

○【王洙曰】詩兔爰篇：我生之後，逢此百憂。王仲宣登樓賦：登茲樓以四望兮，聊暇〔五〕日以銷憂。方知象教力，○象教者，謂如來既化，諸大弟子想慕不已，遂刻木爲佛象以瞻敬之也。曇無羅讖：釋迦佛住世〔六〕，正法五百年，象法一千年，末法〔七〕亦一萬年。○【王洙曰】突厥寺碑〔八〕：四天之下，聞諸象教。頭陀寺碑：正法既没，象教陵夷。注：謂爲形象以教人也。足可追冥搜。○【王洙曰】足，一作立。○言登是塔，乃知象教之力，功德無量，可以搜求乎幽冥也。○【王洙曰】孫興公遊天台賦序：非夫遠寄冥搜，篤信通神者，何肯遐想而存之？仰穿龍虵窟，○謂塔磴道屈曲而升，有如穿龍蛇之窟矣。始出枝撑幽。○【杜陵詩史、分門集注、補注杜詩、集千家注批點杜工部詩集引「鄭卬曰」：「撑，抽庚切，邪柱也。此塔磴道屈曲，則公有『龍蛇窟』之句，宜矣。塔每級之下蓋多枝撑，至其盡級高處，則爲『出枝撑幽』矣。」又，九家集注杜詩引「趙次公云」：「言愈仰而上，穿過龍蛇窟，然後出離枝撑之幽陰也。」】撑，抽庚切，邪柱也。塔級之下，皆枝撑洞黑，至其上級高處乃明，故云「出枝撑幽」矣。○【王洙曰】靈光殿賦：枝撑杈枒而斜據。注：枝撑，交木也。七星在北户，○【王洙曰】一作户北。河漢聲西流。○【趙次公曰】皆言塔之高與天相近。河漢，天河也。羲和鞭白日，○山海經：東南海之外，甘水之間，有羲和國。有女子曰羲和，爲帝俊之妻。是生〔九〕十日，常日浴於甘泉〔一〇〕。○【王洙曰】張揖廣雅：日御曰羲和，月御曰望舒。晉傅玄日昇歌：羲和初攬轡，六龍並騰驤。少昊行清秋。○【王洙曰】月令：孟秋之月，其帝少昊。秦山忽破碎，○秦，或作泰。言草木零落也。涇渭不可求。○言塔高，視之不可見也。俯視但一氣，焉能辨皇州。○天子之都曰皇州，此託〔一一〕意兵火之後，逆氣熏蒸，土地分裂，清濁無別〔一二〕，滔滔皆是，安能獨辨帝都耶！祿山自山東長驅而來，遂陷京城，九廟淪墮，豈復有尊卑之辨哉！回首叫虞舜，蒼梧雲正愁。○檀弓篇：舜葬於蒼梧之野。史記本紀：舜南巡守，崩於蒼梧之野，葬於江南九疑，是爲零陵。後漢志：零陵郡營道南有九疑山。按，九疑山圖記：道州東七十五里有寧遠縣，縣南六十里有九疑山。山有九峰，一曰蕭韶〔一三〕，二曰女英，三曰石城，四曰娥皇，五曰朱明，六曰桂林，七曰華蓋，八曰巴林〔一四〕，九曰石樓，周四百餘里，其形相似，見者疑之，故曰九疑。惜哉瑤池飲，○飲，一作燕。○【王洙曰】穆天子傳：天子遊崑崙，觴西王母于瑤池之上。西王母爲天子謠曰：「白雲在天，山陵自出。道里悠遠，山川間之。將子無死，尚能復見〔一五〕？」天子答曰：「予歸東土，和洽諸夏。萬民平均，吾顧見汝。比及三年，將復而野。」日晏崑崙丘。○【趙次公曰】趙子櫟曰：此暗紀慈恩寺之事也。南望而遠想蒼梧，則託虞舜而思高宗之晏駕。西望而遠想瑤池，則又託西王母而思文德皇后之不留也。○夢弼謂，昔虞舜南巡死于蒼梧之野，周穆王與西王母會于崑崙之瑤池。是時玄宗避賊幸蜀，故甫比之虞舜南巡。楊貴妃見寵於玄宗，爲霓裳羽衣，效西王母之所爲，嘗與玄宗會溫泉宮，故甫比之穆王會王母于崑崙。今玄宗晏駕，甫託意感傷之，故有「叫虞舜」、「惜瑤池」之句也。○顏師古前漢書音義：天子崩，群臣不忍言，但言車駕晏起。黃鵠去不息，哀鳴何所投。○阮嗣宗詩：黃鵠遊四海，中路將安歸。君看隨陽雁，○【王洙曰】禹貢：

何以報君恩。注：隨陽之鳥，鴻雁之屬。各有稻粱謀。〇【王洙曰】梁庾信報趙王賜詩：未知稻粱雁，陽鳥攸居。〇【趙次公曰】趙子櫟曰：因黄鵠之遠去，雖若高舉遠引之士，然無所投止，而我之俯世徇身，則未免若雁之謀稻粱也。〇【杜陵詩史作「高曰」。又，九家集注杜詩引「師民瞻云」：「此以譏明皇荒樂，不若虞舜。瑶池言王母，以比楊妃，崑崙以比驪山，黄鵠以比張九齡之徒，雁以比楊國忠之徒。杜公因登塔觀覽而念及此。」】師古曰：黄鶴一舉千里，志在飛騰。鴻雁隨陽，志在稻粱。當禄山之亂，賢人高舉遠引，投竄林野，有似黄鵠。奈何詭隨之志，受賊〔一六〕僞署，各得爵禄而已，豈不若隨陽之雁，去無遠圖，唯在於稻粱自肥者耶！

【校記】

〔一〕西京雜記應爲韋述兩京新記。杜陵詩史正作兩京新記。

〔二〕蕖，元本、古逸叢書本作「渠」。

〔三〕補，原作「譜」，據古逸叢書本、杜陵詩史、分門集注改。

〔四〕得，古逸叢書本作「知」。

〔五〕暇，原作「假」，據元本、古逸叢書本改。

〔六〕世，古逸叢書本作「出」。

〔七〕法，元本、古逸叢書本作「去」。

〔八〕碑，元本、古逸叢書本作「叫」。

〔九〕生，元本、古逸叢書本作「注」。
〔一〇〕泉，古逸叢書本作「淵」。
〔一一〕託，元本、古逸叢書本作「記」。
〔一二〕别，古逸叢書本作「分」。
〔一三〕韶，元本、古逸叢書本作「十」。
〔一四〕林，元本、古逸叢書本作「陵」。
〔一五〕見，古逸叢書本作「來」。
〔一六〕賊，元本、古逸叢書本作「人」。

示從孫濟

○濟字應物，給事中、京兆尹。

平明跨驢出，○【師古曰】驢，賤者所乘也。未知適誰門。權門多蹲沓，○【鄭卬曰】蹲，祖本切。沓，達合切。○【趙次公曰】前漢息夫躬傳：交遊貴戚，趨走權門。○【王洙曰】詩小雅：蹲沓背憎。箋：蹲沓，相對談語。背則相憎也。且復尋諸孫。○【師古曰】權門者，權貴之門，惟其多蹲沓，是以來尋同姓也。諸孫貧無事，宅舍如荒村。堂前自生竹，堂後自生萱。○【王洙曰】詩衛風：焉得藼草，言植〔一〕之背。注：藼草令人忘憂，背北堂也。○説文：萱，忘憂草也。萱草秋已死，竹枝霜不翻。○【王洙曰】翻，今作蕃。○堂前者，堂之南也。堂後者，堂之北也。竹以喻父，萱以喻母。男正位乎〔二〕外，故堂前父之所居。女正位乎内，故堂後母之所居。萱草已死，言杜濟之母已喪矣。竹枝不蕃，兄弟譬則連枝，言杜濟之父所存者獨甫，兄弟無人。此序濟已喪父母，惟叔父甫在，爲至親也，無以數來爲嫌。蓋譏同姓之恩刻薄，於至親者尚然，况疏者乎！淘米少汲水，汲多井水渾。刈葵莫放手，放手傷葵根。○米與葵，人所食也。汲多則井渾，放手則傷根，嫌其數也。○【王洙曰】古詩：采葵莫傷根，傷根葵不生。結交莫羞貧，羞貧交不成。阿翁懶墮久，○【敏修曰】甫自謂也。覺兒行步奔。○【敏修曰】兒謂濟也。所來爲宗族，○【王洙曰】來，一作求。亦不爲盤飧。○飧音孫，熟食也。甫之來尋諸孫，蓋爲宗族而來，不爲盤飧故也，濟無以數來而生嫌隙。故取喻者汲多放手，而有井渾傷葵之句也。○【王洙曰】左氏僖公二十二年傳：晉公子及曹，僖負羈之妻乃饋盤飧，寘璧焉。小人利口實，○按，俗本或作實利口。○【王洙曰】易頤卦：自求口實。薄俗難具論。○具，一作可，非是。勿受外嫌猜，○【王洙曰】鮑照詩：明慮自天斷，贈〔三〕受外嫌猜。同姓古所敦。○【敏修曰】此責濟後生不來相顧。○小人以口實爲利，吝於刀錐，不能敦厚親親之恩，徒受外言以生嫌猜，此舊俗所爲，豈足道哉！

【校記】

〔一〕植，古逸叢書本作「樹」。

〔二〕乎，元本、古逸叢書本作「于」。

〔三〕贈，九家集注杜詩、杜陵詩史、分門集注、補注杜詩作「不」。

曲江三章章五句

○【趙次公曰】康駢劇談録：曲江池本秦隑州。隑即碕字，巨依切。開元中，疏鑿遂爲勝境。其南有紫雲樓、芙蓉苑，其西有杏園、慈恩寺，花卉環列，煙水〔一〕四際，都人遊玩，盛於中和節。中和、上巳錫讌江側，菰蒲葱翠，柳陰四合，碧波紅蕖，湛然可愛。○西京雜記〔二〕：朱雀街東第五街，皇城之東第三街，昇道坊龍華尼寺南，有流水屈曲，謂之曲江。此地在秦爲宜春苑，在漢爲樂遊園。寰宇記：曲江，漢武帝所造，其水屈曲，有似廣陵之曲江，故以名之。

曲江蕭條秋氣高，○【趙次公曰。又，杜陵詩史、分門集注、補注杜詩作「修可曰」。】西都賦：原野蕭條。菱荷枯折隨風濤。○菱，一作芰。芰即菱也。爾雅：蔆蕨攈。注：菱，今水中芰。説文：菱，芰也。楚謂之芰。蜀本圖經：生水中，葉浮水上，其花黄白色，實有二種，一四角，一三角。武陵記：兩角曰菱，三角、四角曰芰。通謂之水栗。爾雅：荷，芙蕖。注：别名芙蕖。江東呼爲荷。游子空嗟垂二毛。○游子，公自謂也。○【王洙曰】左氏僖公二十二年傳：宋公曰：君子不禽二毛。杜預注：二毛，頭白有異色。白石素沙亦相蕩，哀鴻獨叫求其曹。○【彦輔曰】按，元和中，中書舍人李肇國史補：進士既捷，大讌於曲江亭，謂之曲江會。○【師古曰】當時曲江風物盛傳天下。經禄山之亂，焚爇殆盡。況秋氣蕭條，菱荷枯折，水既瘦涸，沙石浮露而相蕩，孤鳴而求旅〔三〕，皆可感之事也。子美覽此風物已非昔日之盛，復自傷年老兄弟間隔，豈非黍離閔宗周之比乎？○甫集有詩云：「弟妹今何在。」蓋亂離之日，親戚不相保持，石與沙本無情之物，尚且相盪，隨流水轉移，可以人不如沙石乎？鴻雁有先後之序，以譬兄弟也。今哀哀獨叫而求其類，喻甫之懷弟妹，是以有取於孤雁焉。

【校記】

〔一〕水，元本、古逸叢書本作「火」。

〔二〕西京雜記當作兩京新記。

〔三〕旅，古逸叢書本作「侶」。

即事非今亦非古，長歌〔一〕激越梢林莽。○【王洙曰】莽，莫補切，宿草。○【杜田補遺】列子湯問篇：薛譚學謳於秦青，辭歸，青餞於郊衢，撫節悲歌，聲振林木。比屋豪華固難數。○數，邑主切，計也。○【定功曰】即事者，即目前所以見曲江之事。○漢武帝大興土木之功於曲江，徙京城豪富之族以實曲江，將以壯觀其地。迨唐玄宗時，比屋豪華，尤爲富盛。士大夫宴集于此，清歌妙舞，無日無之。激越者，謂歌聲發越，梢動林莽，如所謂「動梁塵、遏行雲」是也。自兵火之後，甫遊此地，風物蕭條，已非古昔，故曰「即事非今亦非古」也。吾人甘作心死灰，○【王洙曰】莊子齊物篇：南郭子綦，形固可使如槁木，而心固可使如死灰乎？弟姪何傷淚如雨。○心灰，謂無生意也。○【定功曰】甫自謂年老已灰少遊之心，雖屏〔二〕迹寂寞，無所感恨，但傷弟妹隔别，是以涕淚如雨也。○【趙次公曰】詩小雅：涕零如雨。

【校記】

〔一〕歌，元本、古逸叢書本作「沙」。

〔二〕屏，古逸叢書本作「踪」。

自斷此生休問天，○【敏功曰】語曰〔一〕：死生有命，富貴在天。遇不遇，無非天命。○孔子常以廢興爲有命，孟子亦以行止出乎天。○【敏功曰】今曰「休問天」者，蓋君子窮物之理，盡己之性，以至達天知命，故能自斷而不以問天者也。杜曲幸有桑麻田，故將移住南山邊。○【王洙曰】杜曲在長安之南。○甫之所居山阿曰曲，若今地名曰灣〔二〕是也。桑麻可爲衣食之資，甫既不遇，遂自斷欲依先人薄業，移住于此，得以耕獵終其天年，豈能强逆天命而苟富貴也哉！短衣匹馬隨李廣，看射猛虎終殘年。○短褐宜於上馬，故楚人短製，欲便於馳獵也。昔李廣有武才，生於昭帝之世，故不用。使其遇武帝好兵，其見擢任必矣。甫文士，以筆墨爲業，惜乎當用武之秋，是以不用。甫自知才與世違，故斷然釋儒服〔三〕，著短衣，習馳射鞍馬，隨李廣之徒射虎爲樂，而文墨何足貴耶！○【王洙曰】前漢李廣擊匈奴，爲虜所生得，當斬，贖爲庶人，屏居藍田南山中射獵。嘗出獵，見草中石，以爲虎而射之，中石没羽，視之，石也。廣所居郡聞有虎，常自射之。

【校記】

〔一〕語曰，元本、古逸叢書本作「論語」。

〔二〕彎，古逸叢書本作「齊」。

〔三〕釋儒服，元本、古逸叢書本作「儒術服」。

新定杜工部草堂詩箋斠證卷第七

天寶以來在東都及長安所作

樂遊園歌晦日賀蘭揚長史筵醉中作

〇【按，「晦日賀蘭揚長史筵醉中作」一句，杜陵詩史、分門集注、補注杜詩引作「彥輔曰」，集千家注批點杜工部詩集作「公自注」。】〇【王洙曰】按西京雜記：宣帝神爵二年，起樂遊苑。〇關中記：宣帝立廟曲江之北，因苑爲名，名曰樂遊廟，即今昇道坊内餘地是也。〇【趙次公曰】此地在秦爲宜春苑，在漢爲樂遊苑。〇苑〔一〕在京兆萬年縣南八里。〇三輔黄圖：在杜陵西北。寰宇記：曲池之北，在昇平里。〇【王洙曰】唐太平公主於原上置亭遊賞，其地四望寬敞，每於上巳、重陽，士女咸就此祓禊登高，幄幕雲布，車馬填塞，虹彩映日，馨香滿路。朝人詞士賦詩，翌日傳於朝市〔二〕。〇荆楚歲時記：元日至于月晦，並爲酺聚飲食。士女泛舟，或臨水宴樂。玉燭寶典：元日于〔三〕月晦，人並爲酺食，度水。士女悉湔裳酹酒於水湄，以爲度厄。

樂遊古園崒森爽，○【趙次公曰：「崒音才律切。字書注云：『峰頭巉嵒也。』」】崒，昨没切，山貌。煙綿碧草萋萋長。○【王洙曰】劉安招隱士詩：春草生兮萋萋。公子華筵勢最高，秦川對酒平如掌。○秦川，即興平縣，地去長安城西八十五里。秦地皆高，唯此寬平，好眺望。漢昭帝置平陵縣，魏爲始平，唐至德初，改爲興平。公子，指賀蘭楊長史。華筵勢最高，謂置酒於原上，遠眺秦川如掌然也。三秦記：長安正南，秦嶺嶺根，水流爲秦川，一名樊川。○【王洙曰】沈佺期長安路詩：秦地平如掌，層城出雲漢。長生木瓢示真率，○率，一作宰，非。○【趙次公曰】長生木瓢，脩長而生者，蓋用之以酌，則始爲真率也。○昔盧茂欽遇仙女霞玉，欲諧匹偶，奈因緣未就，霞玉恐茂欽降人間，不能逃生死，遂以長生木瓢與之，曰：「飲此可以延年也。」鄴中記：長生木，八九月生，花色白，子赤，大如橡子。更調鞍馬狂歡賞。青春波浪芙蓉園，白日雷霆夾城仗。○【王洙曰：「夾，當作甲。」】夾，今作甲，非也。○芙蓉園，魏文帝所開。園有池，一名波，一名浪，種蓮其中。芙蓉即蓮花，産於陸者曰木芙蓉，産於水者曰草芙蓉，亦猶芍藥有草有木是也。唐玄宗開元時築夾城至芙蓉園。夾城仗，即天子來幸之儀。雷霆，謂奏樂之聲。時甫與楊長史更調鞍馬，挈榼持壺，迤邐醉遊芙蓉夾城，歷觀古迹，故言及此也。韋述西京雜記〔四〕：開元二十年，築夾城入芙蓉園。自大明宮夾亘羅城，複道經通化門觀以達興慶宮，次經春明、延喜門至曲江芙蓉園，而外人不知也。芙蓉園在萬年縣東南十五里，本隋之離宮。景龍文館記：芙蓉園在京羅城東南隅，有青林重複，緑水瀰漫，蓋帝城勝景，駕時幸之。津陽門詩：其年十月移禁仗，五王扈駕夾城路。閶闔晴開映〔五〕蕩蕩，○映，趙僇作詄。閶闔，喻君門也。

玄宗每遊幸，從閶闔門列鼓吹，車從直至樂遊園。貴妃帶諸嬪御，珠翠狼籍于道故，宮門開敞，與樂遊相映帶也。○【王洙曰】葉致遠引漢郊祀歌天馬章：遊閶闔，觀玉臺。應劭曰：閶闔，天門。又天門章：天門開，詄蕩蕩。如淳曰：詄，讀如迭。詄蕩蕩，天體堅青之狀。顏師古曰：詄，大結切。曲江翠幕排銀牓。○【王洙曰：「神異經曰：東方青宮，門有銀牓。」】神異經：東方有青明山，有宮焉。青石爲壇，高三仞，方四里，面一門，上三層皆爲左右闕，高百尺，畫以五色，門有銀牓，爲左男之宮。○【王洙曰】陳沈炯林屋館記：崑崙平圃，銀牓相輝。蓬閬仙宮，金臺崛起。拂水低回舞袖翻，○回，一作佪。楊脩許昌宮賦：晻曖低回，天行地上。緣雲清切歌聲上。○秦、虢二夫人皆設翠幕，排銀牓，待天子宴賞，以至歌聲清切，舞袖低回，一時之樂，傳爲盛事也。○【薛夢符曰】列子湯問篇：秦青撫節悲歌，響遏行雲。○【趙次公曰】靈光殿賦：飛陛揭孽，緣雲直上。却憶年年人醉時，只今未醉已先悲。○只，魯作即。○【彭曰】今甫遊此，悲感當年之樂，翻爲此日之憂，風物已非，舊時華麗，但睹碧草萋萋，黍離之作與同意故也。數莖白髮那拋得，百罰深盃亦不辭。○【王洙曰】罰，一作刻。刻者，漏中之刻盡也。説文：漏以銅盛水，刻節，晝夜百刻。聖朝已知賤士醜，○醜，謂過惡也。一物自荷皇天慈。此身飲罷無歸處，獨立蒼茫自詠詩。○【彭曰】蒼茫，謂波、浪池上也。○一物生育，皆天之賜。甫論房琯不宜罷，見黜，得不誅殛，以遂餘生，皆天子寬慈之賜。○【彭曰】甫以過惡歸己，不怨朝廷貶黜之非，自傷年老，無所依歸，至於獨立池上，詠詩遺懷，其情爲可憫也。

【校記】

〔一〕苑，古逸叢書本作「又」。

〔二〕朝市，九家集注杜詩、杜陵詩史、分門集注作「京師」。

〔三〕于，元本、古逸叢書本作「至」。

〔四〕西京雜記當作兩京新記。

〔五〕映，古逸叢書本作「昳」。

渼陂行

○【趙次公曰：「渼陂行，其字從水從美，士大夫非西人者多讀爲于亮切，乃蕩漾，其字自是從水從羕，遂使鬻書者有一本直雕作漾陂行，豈不誤學者乎！按長安志：渼陂在鄠縣西五里，出終南山諸谷，朝公泉爲陂。朝公水，一作胡公水。説文曰：渼陂周一十四里，北流入澇水。十道志云：陂魚甚美，因名之曰陂。」】渼，莫彼切，或作美，水名。長安志：渼陂，在鄠縣西五里，分終南山諸谷，合朝公泉爲陂。本屬奉天，今在鄠。説文：渼陂周十四里，北流入澇水。十道志：有五味陂，魚甚美，因以名之。○唐大曆二年，敕渼陂令尚食使收管，不得雜人採捕其水，任百姓灌溉。文宗詔還府縣。

岑參兄弟皆好奇，攜我遠來遊渼陂。○【師古曰】揚雄嘗言司馬遷好奇，蓋遷之性好周遊天下。今岑參兄弟攜我來遊渼陂，豈非若馬遷之好奇乎？○按集，甫〔一〕嘗有寄岑參詩：寸步曲江頭，難爲一相就。是以岑參約甫爲此遊也。天地黤慘忽異色，○【王洙曰】王粲登樓賦：天慘慘而無色。○通俗文：暗色曰黤黲，與慘古字通。波濤萬頃堆瑠璃。○【趙次公曰】言其水色之青瑩如瑠璃也。○【王洙曰】西域傳：罽賓國出瑠璃。梁簡文詩：池水淨瑠璃。瑠璃漫汗泛舟入，事殊興極憂思集。鼉作鯨吞不復知，○【鄭卬曰】鼉，徒何切，水蟲也，似蜥蜴而長大。○鯨，渠京切，大魚也。惡風白浪何嗟及。○【王洙曰】詩王風：何嗟及矣。主人錦帆相爲開，○【趙次公曰】主人，指岑參也。○【王洙曰】隋煬帝以錦爲帆。○【趙次公曰。杜陵詩史、分門集注引作「修可曰」。】陳陰鏗渡青草湖詩：洞庭春滔滔，平湖錦帆張。舟子喜甚無氛埃。○【王洙曰】詩：招招舟子。鳧鷖散亂棹謳發，○鳧鷖，水鳥也。○【趙次公曰】棹歌發，則喧矣，故鳧鷖驚而散亂。○【趙次公曰】漢武秋風詞：簫鼓鳴兮發棹歌。絲管啁啾空翠來。○【趙次公曰】啁，竹包切。○啾，即由切。聲也。○【趙次公曰】空翠來，則舟進而晴空前來，則晴矣，故絲管乾而啁啾。沈竿續蔓深莫測，○沈竿續蔓，言戲測其深也。菱葉荷花静如拭。○【杜田補遺】説文：菱，芰也，楚謂之芰。武陵記：兩角曰菱，三角、四角曰芰。爾雅：荷，芙蕖。注：别名芙蕖，江東呼爲荷。言其潔清無一點塵也。○静一作淨，拭音式。雜記：雍人拭羊。注：拭，静也。宛在中流渤澥清，○澥〔二〕，胡買切。渤澥，海水也。○【王洙曰】詩秦風：宛在水中央。○【黄希曰】司馬相如子虚賦：浮渤澥。顔師古曰：海别支也。下歸無極終南黑。○或作「一臨無地」。頭陁寺碑語：終南，長安之南山也。半陂已南純浸山，動影裊窕冲融間。○【王洙曰】木玄虛海賦：冲融晃瀁。船舷暝戛雲際寺，○舷，胡田切，船唇也。暝，莫庚切，又莫定切。夕也。謂舟行經雲際寺而日暝也。郭璞江賦：詠採蓮以叩舷。長安志：雲際山大定寺，在鄠縣東南六十里。隋仁壽年置爲居賢捧日寺，唐改爲大定寺。水面月出藍田關。○謂舟行次藍田關而月出也。藍田關在藍田縣東南。土地記曰：藍田縣城本嶢都城，魏置青泥軍於其城外，而俗謂之青泥城。藍田關即秦嶢關也。後周明帝徙青泥故城側，改曰青泥關。武帝改曰藍田關。○【趙次公曰】趙子櫟曰：船舷之戛可聞於雲際，月出之所，可想其當於藍田關，皆以其陂之廣大然也。此時驪龍亦吐珠，○【王洙曰】莊子列禦寇篇：莊子曰：河上有家貧、恃緯蕭而食者，其子没於淵，得千金之珠。其父謂曰：「夫千金之珠，必在九重之淵，而驪龍頷下。子能得珠者，必遭其睡也。」馮夷擊鼓群龍趨。○【黄鶴曰：「郭璞云：冰夷，馮夷也。人面而承龍。」（齊地記）】山海經：中極之淵，深三百仞，唯冰夷都焉。冰夷，人面而乘龍。○穆天子傳：天子西征，至于陽紆之山，河伯凡〔三〕夷之所都居。冰夷、無夷，即馮夷也。抱朴子釋鬼篇〔四〕：馮夷以八月上庚日渡河溺死，天帝署爲河伯。○【王洙曰】清冷傳：馮夷，華陰潼鄉隄首人也。服八石，得水仙，是爲河伯。曹子建洛神賦：馮夷鳴鼓，女媧清歌。湘妃漢女出歌舞，○【鄭卬曰：「舜二妃，堯女娥皇、女英，以舜南巡不反，自沉湘而死，故曰湘妃。」】劉向列女傳：有虞氏二妃者，帝堯之二女。長曰娥皇，次曰女英。舜陟方死於蒼梧，二妃死於江、湘之間，俗謂之湘君。○【鄭卬曰：「列仙傳：鄭交甫游漢江，見二女，解佩與之。」】列仙傳：鄭交甫將適南楚，遵彼漢江，遇二女，佩兩珠，大如雞卵。交甫與僕言曰：「我欲〔五〕下請其佩。」僕曰：「此邦之人皆習於辭，往則懼見辱焉。」交甫果請其佩，二女解佩與交甫。既行，不見二女。佩亦於懷中失之。故曰「漢有游女，不可求思」者也。○又韓詩外傳：孔子南遊適楚，至於阿谷之隧，有處子佩瑱而浣者。孔子抽觴以授子貢曰：「善爲之辭，以觀其語。」子貢曰：「吾比鄰之人也。將南之楚，逢天之暑。思心潭潭，願乞一飲，以表我心。」婦人對曰：「阿谷之隧，隱曲之汜。其水載清載濁，流而趍海。欲飲則飲，何問婦人乎？吾年甚少，子不早行。竊有狂夫守之者矣。」詩曰「漢有游女，不可求思」，此之謂也。○【王洙曰】曹植洛神賦：從南湘之二妃，携漢濱之遊女。**金支翠旗光有無。**○右兩聯乃假辭以叙渼陂之景物也。○【王洙曰】前漢禮樂志安世房中歌：金支〔六〕秀華，庶旄翠旌。臣瓚曰：樂上衆飾，有流遡羽葆，以黄金爲支。其首敷散，若草木之秀葉也。相如賦：建翠華之旗。**咫尺但愁雷雨至，蒼茫不曉神靈意。**○窮其水府，與龍宫相去咫尺，但恐龍王之怒，激而爲雷雨。神靈之意或喜或怒，非人所能曉也。○【王洙曰】屈原九歌河伯篇〔七〕：東風飄兮神靈雨。**少壯幾時奈老何，向來哀樂何其多。**○嘗謂壯極則老續之，樂極則哀繼之，此理之常也。○【趙次公曰】：「廣大氣象雄深，故公詩於初至之際，以天地變色，則有鼉鯨風浪之憂。既而開霽可遊，則如與龍鬼仙靈相接。既而又憂雷雨，此蓋陂之廣大雄深，詩人因事起意以爲詩。謂其有可異則不得不憂，有可喜則不能不樂，有可防則不得不戒，而詩篇之終有安不忘危、樂不忘哀之意。」此一日之間，初至以天地黤慘而憂，既而晴無氛埃，則縱游而樂。以至雷雨忽至則又爲之而愁。人之涉世，哀樂相半，豈特渼陂之遊乎！○【王十朋曰】是以君子遇憂則憂，遇樂則樂，俯仰屈伸，任運而已也。○【王洙曰】漢武秋風辭：歡樂極兮哀情多，少壯幾時奈老何。

【校記】

〔一〕甫，古逸叢書本作「公」。

〔二〕澥，古逸叢書本作「解」。

〔三〕凡，古逸叢書本作「無」。

〔四〕篇，元本、古逸叢書本作「扁」。

〔五〕欲，元本、古逸叢書本作「將」。

〔六〕支，元本、古逸叢書本作「芝」。

〔七〕河伯篇當爲山鬼篇。

渼陂西南臺

高臺面蒼陂，六月風日冷。○【朋曰】謂水氣逼人也。蒹葭離披去，○【趙次公曰】謂陂岸多蒹葭也。○爾雅釋草：蒹，薕也。葭，蘆也。天水相與永。○謂陂水連天也。懷新目似擊，○【王洙曰】謝靈運詩：懷新道轉迥，尋異景不延。莊子田子方篇：仲尼見温伯雪子，目擊而道存。接要心已領。○【鄭卬曰】要，於消切，約也。○要，一作惡，非。懷新，謂目所未見，故思欲一覽。昔仲尼見温伯雪，目擊而道存，荀子謂水似道，故甫目此水而道存焉。遊觀之術，無爲泛觀，須是接其要術之境，如登此臺所對者渼陂，人皆知水之爲可愛，而不知水之似道，甫獨得之於心，而捐其粗迹故也。〇【王洙曰】陶淵明詩：醒醉還相笑，發言各不領。仿像識鮫人，〇謂鮫人以臺高水遠而仿像難識也。〇【王洙曰】搜神記：南海之外有鮫人，水居如魚，不廢緝績。時從水中出，向人家寄住，積日賣綃。鮫人臨去，從主人索器，泣而出珠滿盤，以與主人。〇又任昉述異記：鮫人即泉客，能織鮫綃紗，一名龍紗，其直百金，爲服入水不濡。空蒙辨魚艇。〇謂漁艇以臺高水遠而空蒙難辨也。〇【趙次公曰】蒙與濛同。〇【王洙曰】廣雅：船二百斛以下曰艇。錯磨終南翠，〇【王洙曰】終南，長安之南山也。〇謂終南蘸水而蒼翠如錯磨然。顛倒白閣影。〇白閣，亦山名也。謂白閣浸水而影形蕩漾顛倒也。崷崒增光輝，〇崷，慈由切。崒，子恤切。〇【鄭卬曰】崷崒，山峻貌。〇謂眺望愈增景光舒豁也。〇【王洙曰】西都賦：巖峻崷崒。乘陵惜俄頃。〇【趙次公曰】：「其山之崷崒能增湖之光，然惜其時光只有俄頃，不能久也。」〕謂登臨歎惜日晷短〔一〕促也。勞生愧嚴鄭，〇【杜田補遺】嚴謂君平，鄭謂子真也。君平隱於成都，子真耕於谷口，皆修身自保。〇【趙次公曰】：「於此嘆勞生之可媿，思物表之可慕。公所媿者，嚴君平、鄭子真也。」〕甫恨〔二〕自勞生，奔走風塵，不能效其所爲，故於心有愧也。〇【杜田補遺】前漢王貢兩龔傳序：谷口有鄭子真，蜀有嚴君平，皆修身自保。〇【杜田補遺。杜陵詩史、補注杜詩引作「修可曰」。】揚雄稱谷口鄭子真不詘其志，耕於巖石之下；蜀嚴湛冥，久幽而不改其操，皆近古之逸民也。○【王洙曰】嵇康幽憤詩：仰慕嚴、鄭，樂道閑居。外物慕張邴。○【趙次公曰：「所慕者張良、邴曼容也。」】張謂子房，邴謂曼容也。子房、曼容皆好神仙，乃風塵之外物，非人世所能拘繫，故甫心慕之也。○【杜田補遺】前漢張子房貴極，願棄人間事。邴曼容免官，養志自修。○【王洙曰】謝靈運還舊園詩：辭滿空多秩，謝疾不待年。偶與張、邴同，久欲還東山。世復輕驊騮，○觀甫論房琯才不宜廢，琯出邠州，甫亦見逐，豈非輕驊騮乎！吾甘雜鼃黽。○【鄭卬曰】鼃，烏蝸〔三〕切。黽，音泯。鼃黽，蝦蟆也。○【趙次公曰：「重嘆世不我知，而輕驊騮之駿，則欲隱居于陂上。」】甫重歎當時斥棄賢能，信任小人，甫是以甘心雜於鼃黽，而欲隱居於陂上焉。○【趙次公曰。杜陵詩史、補注杜詩引作「倪曰」。】按越語：范蠡曰：吾先君濱〔四〕於東海之陂，黿鼉魚鱉之與處，而鼃黽之同渚也。知歸俗可忽，取適事莫並。○【王洙曰】適，一作足。○【趙次公曰】謂知天命而歸去來也，則世俗可忽，取適於性，則凡事無可得而並。身退豈待官，○謂身欲求退，不必待於官高而後退也。○【趙次公曰】老子第九章：功成名遂，身退，天之道也。老來苦便靜。○便，毗連切，安也。○【趙次公曰】謝靈運詩：還得靜者便。況資菱芡足，○菱，芰也。○【鄭卬曰】芡，巨險切，雞頭也。○【趙次公曰】皆陂中可食之物。○【鄭卬曰】按揚雄方言：南楚謂之雞頭，北燕謂之葰，淮、泗之間謂之芡。葰，營隻切。○崔豹古今注：芡，一名雁頭，葉似荷而大，葉上蹙縐如沸，實有芒刺，其間如米，可以度饑。庶結茅茨迴。從此具扁舟，彌年逐清景。○甫謂官爲拾遺，亦已足矣，況老來苦愛便靜，有菱芡可以自養，有茅茨可以燕居，願效范蠡扁舟泛湖之興，追逐清景，不亦快哉！

【校記】

〔一〕短，元本作「知」，古逸叢書本作「加」。

〔二〕恨，古逸叢書本作「獨」。

〔三〕蝸，元本、古逸叢書本作「媧」。

〔四〕濱，元本、古逸叢書本作「賓」。

夏日李公見訪李時爲太子家令

○【集千家注批點杜工部詩集題後有小注云：「公自注：李時爲太子家令。」】

遠林暑氣薄，公子過我遊。○【師古曰：「公子，指李白也。」】公子，指李白〔一〕也。貧居類村塢，僻近城南樓。○長安城南也。○【趙次公曰】俗云「城南韋、杜，去天尺五」是也。傍舍頗淳朴，所願亦易求。○願，樊、陳並作須。隔屋喚西家，借問有酒不。○【鄭卬曰】不，方鳩切，弗也。牆頭過濁醪，○言其朴真也。展席俯長流。○言展席俯瞰流水也。清風左右至，客意已驚秋。巢多衆鳥喧，葉密鳴蟬稠。○稠，直由切。説文：多也。苦遭此物聒，

○遭，一作道。孰謂吾廬幽。○謂，陳作語。○【王洙曰】陶潛詩：吾亦愛吾廬。水花晚色靜，○靜，樊作淨。○【王洙曰】崔豹古今注：芙蓉，一名荷花，一名水芝，一名水華。色有紅白紫青黃，紅白二色差多。花大者至百葉。庶足充淹留。○騷經：時繽紛其變易兮，又何以淹留。預恐樽中盡，更起爲君謀。○【王洙曰】後漢孔融性寬容，喜誘後進。及退閑居，賓客日盈其門。常〔二〕歎曰：「座上客常滿，樽中酒不空。吾無憂矣。」

【校記】

〔一〕白，古逸叢書本作「公」。

〔二〕常，元本、古逸叢書本作「嘗」。

遣興五首

朔風飄胡雁，○胡雁，喻禄山也。○【師古曰】禄山本胡人，故以比之。慘澹帶砂礫。○【鄭印曰】礫，狼狄切。砂礫，小石也。○言禄山起兵叛而揚沙塵也。○【王洙曰】鮑照詩：疾風充塞起，砂礫自飛揚。劉公幹詩：涼風吹砂礫。長林何蕭蕭，○【立之曰】喻大材當亂世蕭條，不獲用也。秋草萋更碧。○【立之曰】草喻小人，草逢秋宜凋瘁，今乃萋萋而更碧，喻小人之得其時也。北里富熏天，○【王洙曰】左思詩：南隣擊鍾磬，北里吹笙竽。高樓夜吹笛。○【王洙曰：「精曰絺，粗曰綌。」】絺，抽遲切，細葛也。綌，迄逆切，粗葛也。○南隣客，甫自言也。○【趙次公曰：「夫以九月授衣，而猶絺綌。花時已暖，當有春服，而甘緼袍。則公之貧如此！」】甫於斯時不得志，以九月授衣而猶絺綌，蓋公貧而無禦寒之服故也。○【杜田補遺。又，門類增廣十注杜詩引作「集注」，杜陵詩史、補注杜詩引作「君平曰」。】隋袁充少時，父黨過門，方冬，充尚衣葛，客戲充曰：「絺兮綌兮，凄其以風。」充曰：「惟絺惟綌，服之無斁。」

長陵鋭頭兒，○【王洙曰：「秦武安君，頭小而鋭。」】秦將白起，長陵人也。○甫託白起以刺楊國忠也。世説：嵇中散語趙景真曰：「卿瞳子白黑分明，有白起之風。」注引嚴尤三將序曰：武安君小頭而面鋭，瞳子白黑分明，瞻視不轉。小頭而面鋭者，敢決〔一〕斷也。瞳子白黑分明者〔二〕，見事明也。瞻視不轉者，執志强也。可與持久，難與争鋒。出獵待明發。○明發，天曉也。○【趙次公曰】詩小雅：明發不寐。騂弓金爪鏑，○騂，一作觲，角貌。鏑，丁歷切，矢鋒也。騂弓，朱弓也。金爪鏑，言箭鏃之利如金爪然也。詩小雅：騂騂角弓〔三〕。白馬蹴微雪。○【鄭卬曰】蹴，子六切，蹋也。○言馬驕蹋雪不怕寒也。未知所馳逐，但見暮光滅。歸來懸兩狼，○【師古曰】此譏國忠本以貴妃之兄位宰相，帶劍南節度，馳逐未厭，至於日入，正詩所謂「並驅從兩狼兮」、「不狩不獵」之意。懸狼而歸，正詩「有懸貆兮」之意。所以譏素飧也。門户有旌節。○【趙次公曰】旌節，貴人所建，羅列於門也。○【王洙曰】國忠常以劍南節度導駕。○乃以無功而受朝廷禄爵，故甫疾之，託意比白起也。

【校記】

〔一〕決，元本、古逸叢書本作「法」。

〔二〕者，元本、古逸叢書本作「若」。

〔三〕弓，原作「兮」，據元本、古逸叢書本改。

漆有用而割，膏以明自煎。蘭摧白露下，桂折秋風前。○【大臨曰】膏、漆、蘭、桂皆有用之物。以喻賢人君子。所以煎割摧折者，乃爲小人所中傷也。○【王洙曰】按莊子人間世篇：山木自寇也，膏火自煎也。桂可食，故伐之。漆可用，故割之。人皆知有用之用，而莫知無用之用也。前漢兩龔傳：勝不受王莽召，不飲食而死。有老父來弔，哭甚哀，既而曰：「嗟虖！薰以香自燒，膏以明自銷。龔生竟夭天年，非吾徒也。」府中羅舊尹，沙道尚依然。○【王洙曰】凡拜相，府尹爲之築沙堤，所以絶班行也。○卞圜曰：于兢大唐傳：天寶三年，因蕭京兆炅奏，於要路築甬道，載沙實之，屬于朝堂。赫赫蕭京兆，今爲時所憐。○【趙次公曰】趙子櫟曰：蕭至忠參太平公主逆謀被誅。雖已誅矣，然明皇賢其爲人，心愛之不忘，後得源乾曜，亟用之，謂高力士曰：「知吾用乾曜乎？吾以貌言似至忠。」力士曰：「彼未〔一〕嘗負陛下乎？」帝曰：「至忠誠國器，但晚謬爾。其始豈不賢哉！」○【王洙曰】按，後漢五行志：成帝時童謡曰：邪徑敗良田，讒口亂善人。桂林華不實，黄雀巢其顛。故爲人所羡，亦爲人所憐。

【校記】

〔一〕未，古逸叢書本作「不」。

猛虎馮其威，往往遭急縛。○【王洙曰】魏國志：太祖生縛吕布，布曰：「縛太急。」太祖曰：「縛虎不得不急也。」雷吼徒咆哮，枝撑已在脚。忽看皮寢處，○【立之曰】左氏襄公二十八年傳：譬之如禽獸，吾寢處之矣。無復晴閃爍。人有甚於斯，足以勸元惡。○勸，一作戒。猛虎喻禄山也。虎雖咆哮，而枝撑已張其脚，剥其皮，以爲寢處之具矣。○【師古曰】禄山之猛可畏，不啻於虎，而終蒙葅醢，亦足以爲元惡之戒矣。

朝逢富家葬，○逢，一作逆。前後皆輝光。共指親戚大，緦麻百夫行。○緦，一作絲。

送者各有死，不須羨其强。君看束縛去，亦得歸山岡。〇爾雅釋山：岡，山脊也。〇【十朋曰：「詩譏貴妃於夙昔之日，勢焰熏炙當世，及禄山亂，死于馬嵬山，瘞于道傍，豈非束縛之比邪？」】此議楊貴妃死于馬嵬山，瘞于道傍，故以諸葛恪比之也。〇當此之時，求其如富家之前後輝光，不可得矣。

〇【王洙曰】吴志諸葛恪傳：吴孫峻殺恪，以葦席裹其身，而篾束其腰，投之於長陵石子岡。

夜聽許十一誦詩愛而有作

許生五臺賓，〇五臺，山名，按地理志：代州雁門郡有五臺縣，州東南一百一十里。漢盧夷縣，隋改盧夷爲五臺。〇【鄭曰】有五臺山，其山五巒環秀，俗謂之五臺山。仙人之所都也。〇山經云：冬夏常雪。文殊師利鎮毒龍之所。業白出石壁。〇【趙次公曰】此謂許生客居五臺，行業精白而出也。〇壁者，石巖峭拔如壁也。〇【趙次公曰】佛經以善業爲白，惡業爲黑。達磨師嘗曰：當勤修白業。〇金光明經：遠離一切諸惡，善修一切白淨之業。高僧傳：曇鸞住汾州石壁玄中寺，家迫五臺山。余亦師粲可，〇余，一作餘。〇【趙次公曰】粲謂三祖僧粲，可謂二祖彗可。〇【杜田正謬。杜陵詩史、分門集注、補注杜詩引作「修可曰」。】粲、可乃禪中之祖師，故子美師之。按傳燈録：僧粲傳法於彗可。粲偈云：「華種雖因地，從地種花生。若無人下種，華地盡無生。」彗偈云：「本來緣有地，因地種華生。本來無有種，華亦不能生。」身猶縛禪寂。〇【趙次公曰】子美方與許生共學性空事，故云許生已業白而出，吾猶縛禪空而未脱也。縛，如言貪著〔一〕禪味是菩薩縛，縛則不能解也。○按傳燈録：三祖僧粲傳法於二祖慧可。或問粲求解脱法，粲曰：「誰縛汝？」維磨經曰：所生無縛，能爲衆生解縛。又曰：以大精進攝諸解慢，一心禪寂攝諸亂惡。**何階子方便，謬引爲匹敵。**○子，指許生也。○【趙次公曰】此言有何因階得許子垂慈悲方便法門，以爲之匹敵也。○【洪駒父曰】佛經：善巧方便。○前漢晁錯傳：人情非有匹敵。**離索晚相逢，**○離，讀去聲，去也。索，悉各反，散也。○【昱曰】禮記檀弓篇：子夏曰：吾離群索居，亦已久矣。**包蒙欣有擊。**○【王洙曰】易蒙卦：九二包蒙，上九擊蒙。**誦詩渾游衍，**○【王洙曰】渾，一作混。○甫自言我離群索居久矣，無師友相漸摩，今日相逢，恨得之晚，賴許生包函蒙昧，有所叩擊，是故甫欣然聽其誦詩，深有開發。游衍者，博贍之義也。**四座皆辟易。**○皆，一作俱。辟，與避同，違也。易，夷益切，改也。辟易者，驚懼退却之義也。○【王洙曰】前漢項籍傳：人馬俱辟易。**應手看捶鉤，**○【鄭卬曰】捶，丁〔二〕果、之累、之睡三切。○【王洙曰】捶，打鍛也。捶鉤，即秤〔三〕捶與鉤。莊子：二十而好捶鉤。謂拈鉤物輕重，得之於心，應之於手，無毫厘之差。譬若許生能詩，得於心而應於口，了無差失也。○【趙次公曰】莊子天道篇：輪扁斲輪，不徐不疾，得之於手，應之於心，口不能言，有數存焉。○【王洙曰】又知北遊篇：大司馬之捶鉤者，年八十矣，而不失毫芒。是用之者假不用者也。**清心聽鳴鏑。**○【鄭卬曰】鏑，丁歷切，矢鋒也。○箭有鈴響也。○甫謂許生誦詩，已專心致意聽之，如三軍聽鳴鏑然也。○【王洙曰】前漢匈奴傳：冒頓欲簒頭曼，每出獵，用鳴鏑射，令三軍曰：「聽鳴鏑，皆射之。」一日，射所乘馬，三軍不敢射，斬數人。一日，又射寵夫人，軍士又不敢射，復斬之。後與父出獵，用鳴鏑射父，軍士齊射，遂篡其位也。精微穿溟涬，○【鄭卬曰】溟，亡頂切。涬，户頂切。○溟涬，謂鴻濛也。○【師古曰】謂詩思之巧妙，可與鴻濛之氣相爲之貫穿也。○【趙次公曰】中庸篇：致廣大而盡精微。○【王洙曰】莊子在宥篇：大同乎溟涬。飛動摧霹靂。○霹靂，謂雷霆也。○【師古曰】謂詩思之飄逸，雖若雷霆之威，亦爲之摧挫也。陶謝不枝梧，○【王洙曰】陶謂陶淵明，謝謂三謝，乃靈運、惠連、玄暉也，皆以詩鳴，亦莫能敵也。項籍傳：諸將讋服，莫敢枝梧。注：小柱爲枝，斜柱爲梧也。風騷共推激。○推激，言歎賞之也。紫⿱䜌馬自超詣，○⿱䜌馬，舊作鸞，非。歐作⿱䜌馬，今從之。○【杜田補遺。杜陵詩史、分門集注、補注杜詩作「王洙曰」。】西京雜記：漢文帝自代還，有良馬九，一浮雲，二赤電，三絶群，四逸驃，五紫⿱䜌馬，六緑離，七龍子，八驎駒，九絶塵，號爲九絶。○世説賞譽篇：晉簡文云：殷深源語不超詣簡至，然經綸思尋處，故有局陳。翠駮誰剪剔。○剔，敕歷切，剃也。○【王洙曰】爾雅釋畜：駮〔四〕，如馬，倨牙，食虎豹。莊子馬蹄篇：我善治馬，燒之剔之。君意人莫知，人間夜寥闃。○闃，苦〔五〕鶪切，静也。紫⿱䜌馬，古之良馬。翠駮乃馬之似駮者。駮，獸名，食虎豹。言許生如紫⿱䜌馬，超然遠到，甫如翠駮，仗誰剪其鬣，剔其蹄，乃有望於許生之拂拭也。然許生詩有深意，惜乎當世莫能知之。蓋世人蒙昧，如夜之寥闃，誰辨黑白？楚辭云〔六〕：日莫碧雲合。傷世之昏昧不明也。○【芻曰：「末句豈非傷無知己者乎！」】古人生於暗世，不敢指斥，託以微意諷之，又豈非傷無知己者乎！○【趙次公曰】梁蕭子範直坊賦：何坊禁之寥闃，對芳夜之無永。

【校記】

〔一〕著，元本、古逸叢書本作「者」。

〔二〕丁，杜陵詩史、分門集注、補注杜詩作「子」。

〔三〕秤，古逸叢書本作「將」。

〔四〕駮，原作「駁」，據古逸叢書本改。

〔五〕苦，古逸叢書本作「若」。

〔六〕楚辭云，古逸叢書本作「江淹詩」。

貧交行

翻手作雲覆手雨，紛紛輕薄何須數。○【鄭卬曰】數，所矩切，計也。○【王洙曰】：「谷風誚輕薄。」【詩谷風：刺朋友道絶，以天下俗薄故也。○劉孝標作絶交論，深斥勢利〔一〕之交。人之相交，貴相知心，不以喜怒貧富貴賤移所守，尚何至於翻覆無常，有始而無終耶？○【師古曰】甫之此詩，爲嚴武有激而作也。甫與武素相厚善，及武鎮西川，甫往依之，常醉登其床，曰：「嚴挺之乃有是兒？」武仗劍欲殺之。武母救止之。武始待甫甚厚，今以小嫌而欲殺之，豈非翻手作雲覆手作雨，其輕薄如此，又何足筭〔二〕數乎！○【趙次公曰】前漢嚴助傳：越人愚贑輕薄。○【王洙曰】沈休文詩：長安輕薄兒。

君不見管鮑貧時交，此道今人棄如土。○【趙次公曰】公言緩急人所有，而以有濟無，交友之道也。雲固爲雨矣，雲有渰以淒淒而後興雨，初〔三〕祁則雨所濟者久，雲氣不待族而雨，則雨所濟者微。今以翻覆手而雲遂爲雨，其俄傾〔四〕可知矣。管仲與鮑叔賈，而獨分財利，鮑叔弗與爭，其悠久如是。蓋管、鮑之交真相知心，不以貧賤富貴易其節，豈翻覆手之間，爲片雲過雨之霑乎？○是道也，今人棄其信義如土芥然。今人者，指嚴武，不敢直斥之也。○【王洙曰】按列子力命篇：管夷吾與鮑叔牙二人相友甚戚。同處於齊。管仲嘗歎曰：「吾少窮困，嘗與鮑叔賈，分財多自與，鮑叔不以我爲貪，知我貧也。吾嘗與鮑叔謀事，而大窮困，鮑叔不以我爲愚，知時有利不利也。吾嘗三仕，三見逐於君，鮑叔不以我爲不肖，知我不遭時也。吾嘗三戰三走，鮑叔不以我爲怯，知我有老母也。公子敗，召忽死之，吾幽囚受辱，鮑叔不以我爲無耻，知我不羞小節，而耻功名不顯於天下也。生我者父母，知我者鮑叔也。」此世稱管、鮑善交者也。

【校記】

〔一〕勢利，元本、古逸叢書本作「利勢」。

〔二〕篡，古逸叢書本作「慕」。

〔三〕初，古逸叢書本作「祁」。

〔四〕傾，元本、古逸叢書本作「須」。

白絲行

○師古曰：按唐書，竇懷貞，右相德立〔一〕之子，少敦儉不爲豪侈事。後娶韋后乳媼王，所謂莒夫人者，故蠻婢也，世謂媼婿爲阿父者〔二〕，軒然不慙。以自媚〔三〕於后，又附宗楚客、安樂公主，以取貴仕，爲素義所斥。韋氏敗，太平公主干政，又傾己附離，素節盡矣。故甫作此詩以譏之。然有取於白絲者，絲之爲物，柔直而潔白，一爲所染，喪其素質。君子之行，一爲匪人所污，求其向之所謂潔白者，不可得矣。墨子所以悲絲，而曰「可以黄，可以黑」，亦是詩諷喻之意也。

繅絲須長不須白，○【鄭卬曰】繅，蘇曹切，繹繭爲絲也。○夫繅絲欲長，謂貪多也。不須白，言懷忠〔四〕不以潔白者爲可貴，徒附姦邪以貪爵禄之多也。越羅蜀錦金粟尺。○金粟尺，一作矜煇赫〔五〕。○【趙次公曰】越羅蜀錦，天下之奇紋也。金粟尺，邊幅尺度之尺也。尺以金粟飾之，貴家之物也。象牀玉手亂殷紅，○象，一作牙。○【鄭卬曰。又，趙次公注亦有此語，當是引鄭卬音義。】殷，烏閑切，赤黑色。萬草千花動凝碧。○【趙次公曰】言越羅蜀錦積在象牀之多，玉手擇取之，則赤黑之段相亂矣。萬草千花，言錦上羅上之繁文也。已悲素質隨時染，○染，一作改。絲本質素，既成羅錦，殷紅凝碧，侈靡如是，向之本質潔素，已爲采色所變矣。譬懷貞少年質儉，不爲豪侈，既附姦邪，爲彼所變，素節掃地，可不悲乎？淮南子：墨子見絲而泣之，爲其可以黄、可以黑也。裂下鳴機

色相射。○【鄭卬曰】射，食亦切，弓弩發也。○【趙次公曰】謂素絲染織爲羅錦，而顔色相射也。**美人細意熨貼平，**○【鄭卬曰】熨，紆物切，火展帛也。○美人，謂莒國夫人也。**裁縫滅盡針線迹。**○喻與夫人其情糾密無間也。**春天衣著爲君舞，**○【趙次公曰】鮑照白紵歌：催絃急管爲君舞。**蛺蝶飛來黄鸝語。**○【趙次公曰】此因舞而言蛺蝶飛者，以况舞之輕。而黄鸝語者，以况歌之巧也。○懷貞既娶莒國夫人，交結宫人，阿附内宦，由是黨與日盛，如蛺蝶、黄鸝遊絲落絮之相凴〔六〕附，此必然之理也。**落絮遊絲亦有情，隨風照日宜輕舉。**○宜，一作疑，或作同。○【趙次公曰】此言舞之態，其身輕可舉而仙去也。**香汗清塵污顔色，**○一作「香汗清塵似微污」，一作「香汗清塵污不著」。奈何韋氏之敗，懷貞爲此所污，有似乎香汗清塵污漫其色也。**開新合故置何許。**○【趙次公曰】謂舞衣稍故以合之，以言人情之喜新，故言開新者矣，而合故不著，將於甚處置之，歎其必委棄也。○蓋開新以譬太平公主初得志也，合故以譬韋氏之敗也。殊不知士君子守其志行，皆終始如一，詎可以新故而變其所守哉！○【王洙曰】古詩：新人工織縑，故人工織素。將縑持比素，新人不如故。**君不見才士汲引難，恐懼棄捐忍羈旅。**○羈，當作羇。汲引者，汲水引綆。士遭汲引，須求其類，擇賢而附之。孔子不主癰疽與侍人瘠環，蓋以汲引爲難，不宜輕易故也。終孔子之世，忍爲一棲棲旅人耳，其可苟以趍媚匪人而爲素議所棄捐耶？○【師古曰】今懷貞爲韋氏、楚客之所汲引，雖得爵禄，奈公論之所棄忍〔七〕何？故甫託意於懷貞以戒後來也。

【校記】

〔一〕立，杜陵詩史、分門集注作「玄」。

〔二〕父者，新唐書作「奢」。

〔三〕媢，原作「媢」，據元本、古逸叢書本改。

〔四〕忠，元本、古逸叢書本作「貞」。

〔五〕煇赫，原作「赫煇」，據古逸叢書本改。

〔六〕滉，古逸叢書本作「依」。

〔七〕忍，元本、古逸叢書本作「捐」。

去矣行

○鮑欽止曰：天寶十四載，歲次乙未，公年四十四，在率府。數上賦頌，不蒙采録，故辭職，遂作去矣行。○【師古曰：「此詩爲嚴武而作。見前貧交行注。」】夢弼謂，此篇亦爲嚴武而作也。

君不見韝上鷹，○【鄭卬曰：「韝，古侯切，射臂決也。」】韝，古侯切，臂衣也。一飽則飛掣。○【鄭卬曰：「尺列切。」】掣，昌列切，挽也。○【王洙曰】魏志：呂布因陳登求徐州牧，不得，怒，登喻之曰：「登見曹公，言待將軍譬如養鷹，飢則爲用〔一〕，飽則揚去。」焉能作堂上燕，銜泥附炎熱。野人曠蕩無靦顏，○【鄭卬曰】靦，他典切，面慙。○【趙次公曰】野人，甫自謂也。豈可久在王侯間。○甫素與武相善，武鎮成都，甫往依焉。武辟甫爲參謀檢校工部尚書員外郎，是飢鷹飽肉之譬也。甫嘗醉登武床，瞋視曰：「嚴挺之乃有是兒。」武杖劍欲殺之。賴武母救免。甫是以有去志，故作是詩。然甫嗜酒，既不爲飽鷹，亦不爲堂上之燕，依傍主人，但側媚以趨炎附勢。況甫之爲人，其性曠蕩，不能厚顏久依王侯，集嘗有詩曰：「本欲依劉表，還疑厭禰衡。」蓋因武激而爲是言也。未試囊中飡玉法，明朝且入藍田山。○玉者，陽精之純，屑而食之，令人色潤却老。仙家有飡玉法。藍田山出美玉。甫既不能媚附於嚴武，遂欲隱居藍田，試飡玉之法以經老焉，豈能靦其顏面而久任〔一〕王侯間哉。○【王洙曰】：「魏書李預傳：預居長安，每羡古人餐玉之法，乃採訪藍田，躬往攻掘，得若環璧雜器形者大小百餘，稍得麤黑者亦篋盛以還。而至家觀之，皆光潤可玩。預乃推七十枚爲屑，日服食之，餘多惠人。後預及聞者更求於故處，皆無所見。馮翊公源懷等得其琢爲器佩，皆鮮明可寶。預服玉經年，云有效驗。而世事寢食不禁節之，又加之好酒損志，及疾篤，謂妻子曰：『服玉屏居山林，排棄嗜慾，或當有大神力。而吾猶色不絕，自致於死，非藥過也。然吾屍體必當有異，勿使速殯，令後人知餐服之妙。』時七月中旬，長安毒熱，預得停屍四宿，而體色不變。其妻常氏以珠玉二枚唅之，口閉，常謂之曰：『君自言食玉有神驗，何故不受含也？』言訖，齒啓納珠，因嘘囑其口，都無穢氣。舉斂於棺，堅直不傾委。死時猶有遺玉屑數斗，橐盛納諸棺中。」】地理志：藍田出美玉，在長安。魏書李預傳：預居長安，每羡古人餐玉之法，乃採訪藍田，躬往攻掘，得若環璧者百餘以還，光潤可玩。預乃爲屑，日服食之。及死，遂不變，而無穢氣。

【校記】

〔一〕爲用，元本、古逸叢書本作「附人」。

〔二〕任，元本、古逸叢書本作「在」。

遣興五首

天用莫如龍，○易乾卦：時乘六龍以御天也。○【王洙曰】漢志：天用莫如龍，地用莫如馬。有時繫扶桑。○山海經：黑齒之北，曰湯〔一〕谷，有扶木，九日居下枝，一日居上枝，皆戴烏。郭璞云：扶桑也。十洲記：扶桑在碧海中，樹長數十丈，三千餘圍，兩樹同根，更相依倚，故曰扶桑。春秋命曆序：皇伯登扶桑日之陽，駕六龍以上下。○【趙次公曰】楚辭劉向九歎：維六龍於扶桑。頓轡海徒涌，○離騷：揔余轡乎扶桑。○【王洙曰】郭璞詩：六龍安可頓。○【杜田補遺】曹植與吳季重曰：日不我與，思抑六龍之首，頓羲和之轡。神人身更長。性命苟不存，英雄徒自强。吞聲勿復道，○【趙次公曰】鮑照詩：吞聲躑躅不能言。真宰意茫茫。○臣之事君，如龍之駕日。扶桑與海皆在東，喻安禄山之居范陽也。六龍擊觸扶桑之枝，遂使日車頓仆，而海水爲之涌溢，喻禄山叛，亦有激而言也。遂俾玄宗奔竄，頓轡于西蜀，而四海不獲安矣。海上有三神山，神人棲焉。海雖涌，不能淪溺神人，譬天子不爲禄山所陷也。性命苟不存，言禄山〔二〕之叛也。禄山之叛，亦天意有以使之，故曰「真宰意茫茫」。

【校記】

〔一〕湯，元本、古逸叢書本作「暘」。

〔二〕言禄山，元本、古逸叢書本作「害性命」。

地用莫如馬，○【趙次公曰】易坤卦：牝馬地類，行地無疆。無良復誰記。○良，謂良馬也。苟無良馬，何以記取之乎？此日千里鳴，追風可君意。○【趙次公曰】崔豹古今注：秦始皇有七名馬，一曰追風。君看渥洼種，○【王洙曰】漢武帝元鼎四年秋，馬生渥洼水中。態與駑駘異。不雜蹄齧間，○雜，一作在。逍遥有能事。○良馬以比君子，禄山既平，諸將争功，如駑駘之蹄齧也，唯郭子儀晏然謙退，故有是句。

陶潛避俗翁，未必能達道。觀其著詩集，頗亦恨枯槁。○【趙次公曰】因陶潛而有所悟，故於此詩，非直詆陶潛也。陶集中固有「恨枯槁」之語矣，如楚調〔一〕詩：夏日長抱飢，寒夜無被眠。飲酒詩：顔淵稱爲仁，長飢至于老。雖留身後名，一生亦枯槁。其他皆類是，豈不謂之「恨枯槁」乎！

達生豈是足，○達生者，謂陶潛不爲五斗米折腰，解印，賦歸去來也。按莊子有達生篇。默識蓋不早。○語述而篇：默而識之。有子賢與愚，何其掛懷抱。○【杜田補遺。又，分門集注、補注杜詩引「立之曰」：「山谷書：淵明文有與五子疏。又命子詩曰：夙興夜寐，願爾斯才。才之不才，亦已焉哉。」此即杜田補遺所引王立之詩話。】按陶集有責子詩：雖有五男兒，總不好紙筆。天運苟如此，且進盃中物。又有命子詩：夙興夜寐，賴爾斯才。爾之不才，亦已焉哉。此子美謂掛懷抱者，此也。黄庭堅曰：公嘗困於三蜀，蓋不知者詬病，以爲拙於生事，又往往譏議宗文、宗武失學，公故寄之淵明以解嘲耳。其詩名遣興，可解也。俗人不領，便以爲譏病淵明，所謂癡兒前説夢也。○或曰：甫謂陶潛非達道之士，以其詩恨朝廷不用，至於形爲枯槁之辭，蓋達士不求足，昔人有云，若以爲足，今不啻足矣，以爲不足，萬一寧有足耶？甫自傷默識此理不早，故有今日飄蕩之意，然亦有子以主後事，何足掛懷抱乎！

【校記】

〔一〕調，元本、古逸叢書本作「詞」。

賀公雅吴語，○【王洙曰：「賀知章。」】賀公謂知章，吴人也。○【杜田補遺。又，分門集注引作「大臨曰」。】世説排調篇：劉真長始見王丞相，既出，人問：「見王公云何？」劉曰：「未見他異，唯聞作吴語耳。」在位常清狂。○【王洙曰】知章性放曠，善談笑，爲秘書監，自號四明狂客。上疏乞骸骨，黄冠歸故鄉。○【王洙曰】天寶六年，知章因病請爲道士，求還鄉，詔賜鑑湖一曲。爽氣不可致，○【王洙曰】晉王徽之字子猷，爲桓冲參軍，嘗從冲行，冲曰：「卿在府日久，此當料理。」徽之不答，直高視，以手板柱頰曰：「西山朝來，致有爽氣。」斯人今則亡。○斯人謂知章也。○【王洙曰。又，分門集注、補注杜詩引作「魯曰」。】語雍也篇：今也則亡。山陰一茅宇，○山陰在會稽之東南。江海日淒涼。

吾憐孟浩然，短褐即長夜。○【修可曰：「短一作裋，見北征詩。」】褐，一作裋，音竪。○孟浩然嘗有詩曰：不才明主棄。玄宗怒曰：「子不求仕，朕何嘗棄子？」斥還家。不樂而終。短褐，言其賤也。長夜，謂死也。三齊略記：甯戚擊牛角，歌曰：「生不遭堯與舜祥〔一〕，短布單衣適至骭。從昏飯牛薄夜半，長夜曼曼〔二〕何時旦。」賦詩何必多，往往凌鮑謝。○【王洙曰。又，分門集注、補注杜詩引作「魯曰」。】鮑謂明遠，謝謂三謝，乃玄暉、靈運、惠連也。清江空舊魚，○一作「舊魚美」〔三〕。春雨餘甘蔗。○【趙次公曰：「浩然嘗有詩曰：『試垂竹竿釣，果見查頭鯿。』今言清江之内空有舊魚，而人不見。王士源爲浩然詩集序云：『灌園藝圃以全高。』然則春雨餘甘蔗，豈浩然嘗自營蔗區乎？惜無所明見。」】魯訔曰：浩然嘗有詩曰「試垂竹竿釣，果得查頭鯿」，王士源爲浩然詩集序，曰：「灌園藝圃以全高。」此二句想其漁鈎〔四〕、灌藝之舊餘跡也。每望東南雲，令人幾悲吒。○【鄭卬曰】吒，陟駕切，嘆也。○【趙次公曰】浩然襄陽人也，襄陽在秦州之東南，公思之而不見，故望雲而空悲吒耳。○【杜田補遺，又，分門集注、補注杜詩作「修可曰」。】郭璞遊仙詩：撫心獨悲吒。

【校記】

〔一〕祥，元本、古逸叢書本作「禪」。

〔二〕曼曼，古逸叢書本作「漫漫」。

〔三〕美，元本、古逸叢書本作「羮」。

〔四〕漁鈎，元本、古逸叢書本作「魚鈎」。

高都護驄馬行

○高，謂適也。都護，官名也。○【師古曰】適初爲哥舒翰掌書記，甫嘗送以詩，有曰：「十年出幕府，自可持旌麾。」至是爲安西府都護，其言豈不有徵哉！

安西都護胡青驄，○【王洙曰】唐安西郡東至焉耆鎮，去交河郡七百里，南隣吐蕃，西連疏勒，去葱嶺七百里，北拒突厥，正觀中，初置安西都護府於西州，顯慶中，移於龜茲城。○胡青驄，言良馬出于胡地，有青白之色也。聲價欻然來向東。○【趙次公曰：「欻音許勿反，有所吹起貌。」】欻，許勿切，忽也。○漢武帝元鼎中，南陽新野人景利長遭刑，屯田於渥洼，見群馬來飲水邊，中有奇者。先作土人特勒絆立，後馬慣習之，久之，利長因依土人收得馬以獻帝，欲神異之，云從水中出，於是作天馬之歌。渥洼在三危山下，謂此良馬從西而至，聲價欻然高大，非它馬之比也。○【王洙曰】顏延年赭白馬賦：聲價隆振。此馬臨陣久無敵，與人一心成大功。○馬與人一心，言其回旋曲折，馬順人情，人習馬意，故能臨陣無敵而成大功也。功成惠養隨所致，○惠養，謂護惜之。致，至也。都護有所至之處，常與馬相隨也。○【王洙曰】赭白馬賦：願終惠養，蔭本枝兮。飄飄遠自流沙至。○【王洙曰】飄，一作飖。○流沙，西域之地，其風惡，揚沙如流水然。都護乘此馬往安西府，今自流沙來至，飄飄然氣力不衰也。○【王洙曰】。又，杜陵詩史、分門集注、補注杜詩引作「劉曰」。】天馬歌：天馬徠，從西極，涉流沙，九夷服。雄姿未受伏櫪恩，○伏櫪，言老馬無用，但伏食於槽櫪，酬其平日服乘之恩。○【趙次公曰：「言雖之皂棧，而非馬之本心，故思奮於戰場以爲利目。」】此馬雖老，其姿質雄健，未肯甘受伏櫪之恩，猶思戰場馳遂以收功利。○古人多以馬喻君子，取其有致遠之才。○【師古曰】按，高適年五十爲哥舒翰掌書記，加以十年，出幕府爲安西都護。集有甫送以詩云：「男兒功名遂，亦在老大時。」則知適之罷都護，年已老矣，猶欲爲國家立功，故甫有是句也。○【王洙曰】赭白馬賦：弭雄姿以奉引。魏武樂府：老驥伏櫪，志在千里。梁元帝謝馬啓：引伊伏櫪，彌結懷恩。猛氣猶思戰場利。腕促蹄高如踣鐵，○踣，匹候切，又匍覆切，踏也。○【趙次公曰：「腕欲促，蹄欲高，又穩如踣鐵，皆馬之奇也。」】言馬腕之促、蹄之高，踏地之聲鏗然如擲金也。按相馬經：馬腕欲促，促則健。蹄欲高，高則耐險峻。交河幾蹴曾冰裂。○曾與層同，積也。○【趙次公曰：

「今公言交河西邊之地有曾積之冰，馬幾度蹴踏之而破裂。」】適騎此馬，幾度與吐蕃戰于交河之地，而層積之冰爲之破裂也。○【王洙曰】按地理志：安西東至焉耆鎮，出交河郡七百里。五花散作雲滿身，○畫斷：玄宗時有浮雲、五花之乘。唐人亦尚翦騣馬，三騣者謂之三花，五騣者謂之五花。李白將進酒云：五花馬，千金裘。萬里方看汗流血。○【王洙曰】天馬歌〔一〕：霑赤汗，沫流赭。〔二〕長安壯兒不敢騎，○【趙次公曰】美都護之能騎也。〔三〕走過掣電傾城知。○【趙次公曰】言馬之疾如電，舉國皆知也。〔四〕○【王洙曰】李延年歌：一顧傾人城。青絲絡頭爲君老，○古樂府詩：青絲纏馬尾，黃金絡馬頭。〔五〕何由却出横門道。○【趙次公曰。又，鄭卬曰：「横音光。」】横音光，門名。○【馬曰】方肅宗中興，安史之亂已平，吐蕃不敢入寇，故此馬老於絡頭，不敢再出横門。甫願治之心，於茲可見也。○【趙次公曰】三輔黃圖：長安城北出西頭第一門曰横門。〔六〕

【校記】

〔一〕元本、古逸叢書本「歌」下尚有「體容與泄萬里又曰」八字。

〔二〕元本、古逸叢書本「赭」下尚有：「顏延年賦曰：膺門沫赭，汗溝走血。應劭曰：大宛馬汗血霑濡也。杜云：周穆王傳：驊騮騄耳，馳三萬里。趙云：汗血之姿，非萬里無以見。」

〔三〕「美都」句，元本、古逸叢書本作「趙云以善高都之獨能」。

〔四〕「走過」句下注，元本、古逸叢書本作：「晉傅玄詩：童女掣電策，童兒挽雷車。」

〔五〕「青絲」句下注，元本、古逸叢書本無此條注文。

〔六〕「何由」句下注，元本、古逸叢書本作：「梁簡文帝紫騮馬詩：青絲縣玉蹬。又云：宛轉青絲鞚。」

天育驃騎歌

○【王洙曰：「天育，馬厩名。驃，匹妙切。」】驃，數妙切。天育，天子厩名。○甫見張景順之畫馬，歌而詠之，因以自喻也。〔一〕

吾聞天子之馬走千里，○天子馬，謂周穆王之八駿也。○【趙次公曰】按，穆天子傳：天子之馬走千里，勝猛獸。天子之駒走百里，執虎豹。〔二〕今之畫圖無乃是。○【趙次公曰】今張景順畫驃騎圖，無乃是穆天子之馬乎？〔三〕是何意態雄且傑，騣尾蕭梢朔風起。○騣，一作駿，趙作騣，今從之。騣尾之長，蕭梢動摇，則朔風凜列而生也。○【王洙曰】神異經：西南大宛丘有良馬，鬣至膝，尾委於地，則騣尾之長者，蕭梢然矣。〔四〕毛爲緑縹兩耳黄，○【鄭卬曰】縹，普沼切，青黄色也。○【王洙曰】穆天子傳：八駿曰赤驥、滶騩、白義、渠黄、騂騮、騟輪、緑耳、山子。○紀年謂八駿皆因毛色以爲名號。魏時鮮于卑獻千里馬，色白而兩耳黄。〔五〕眼有紫焰雙瞳方。○方，一作光。○【王洙曰】伯樂相馬經：眼欲紫豔，瞳欲其方也。顔延年赭白馬賦：雙瞳夾鏡。〔六〕矯矯龍性合變化，○矯矯，一作矯然。一作「矯龍性逸合變化」，蘇子瞻寫作「含」。○【王洙曰】詩崧高篇：四牡矯矯。周禮：馬八尺以上爲龍。赭白馬賦：龍性誰能馴。○天馬歌：化若鬼。顔師古注：變化若鬼神。〔七〕卓立天骨森開張。○【師古曰】馬有龍性，負天然壯大之骨，殆非常馬之比，甫自喻於良馬，謂己之才非凡俗輩可擬也。○伯樂相馬經：膝骨欲圓而張。馬援銅馬相法：肘腋欲開張。〔八〕伊昔太僕張景順，監牧攻駒閲清峻。○一作「監牧牧駒」，一作「考牧神駒」，一作「考牧攻駒」。○【王洙曰】唐兵志：監牧，所以蕃馬也。其官領以太僕。按，唐之初，得突厥馬二千匹，又得隋馬三千，命太僕少卿張萬歲之子景順領厩牧，置八坊，馬七十萬六千匹。收駒者，馬四歲遊牝，五歲責課，遂生駒。每年一百匹馬，課駒六十。〔九〕遂令大奴守天育，○守，一作字，非是。○【趙次公曰】趙子櫟曰：大奴王毛仲也。毛仲，父高麗人，坐事没爲官奴，守天育。則天育厩名也。〔一〇〕别養驥子憐神俊。○【王洙曰】世説：支道林常養數匹馬，或言道人畜馬不韻，支曰：「貧道重其神俊。」○景順之爲太僕監，諸牧坊收課馬子，閲視其神清骨峻者充天育厩，其他凡材，只備甲兵之用耳。○【趙次公曰】張燕公作開元十三年隴右監牧頌德碑序曰：上顧謂太僕少卿張景順曰：『吾馬幾何？其蕃卿之力也。』時景順爲太僕少卿，兼秦州都督、監牧都副使。時王毛仲領内外厩使，馬蕃息。〔一一〕當時四十萬匹馬，○【王洙曰】通典：麟德間，致八使，領九監，跨隴、渭、秦、源四州之地，更析八監布於河西。其時天下以一縑易一馬。開元初，牧馬二十四萬匹。十三年，加至四十五萬匹。〔一二〕張公歎其材盡下。○【王洙曰】自正觀以來，馬七十萬六千匹。迨玄宗時數數出師，馬遂耗折，僅存四十萬而已。張公嘆其所存者率皆凡馬，獨天育驃騎乃神駿耳。張公即景順也。莊子：臣之子皆下才也。〔一三〕故獨寫真傳世人，見之座右久更新。年多物化空形影，嗚呼健步無由騁。○故景順寫〔一四〕其形狀，以傳于世。然此馬已化，空留形影，雖披圖有健陟〔一五〕，何由騁其才爲世所用哉！今子美之詩言〔一六〕及此，蓋傷當世之乏才也。如今豈無騕褭與驊騮，○騕，於皎切。褭，奴了切。馬名。呂氏春秋：飛兔、騕褭，古之駿馬。穆天子傳：驊騮、騄耳，日馳三萬里。時無王良伯樂死即休。○【歐陽曰】孟子曰：齊景公使嬖奚與王良乘，返，命曰：「天下之良工也。」○莊子馬蹄篇：伯樂曰：「我善治馬。」陸德明音義：伯樂姓孫名陽，善馭馬。石氏星經：伯樂，天星名，主典天馬。孫陽善馭，故以爲名。○【王洙曰】。又，杜陵詩史、分門集注、補注杜詩作「歐陽曰」。】戰國策：汗明見春申君，曰：「夫驥之齒至長，服鹽車而上〔一七〕太行，漉汁灑地，白汗交流，中坂遷延，負轅不能上。伯樂遭之，下車攀而哭之，解綾衣以幕之。於是俛而噴，仰而鳴，見伯樂之知己也。」○【歐陽曰】又，蘇代爲燕説齊，未見齊王，先説淳于髡曰：「人有賣駿馬，比三旦立市，人莫之知。往見伯樂，曰：『願子還而視之，去而顧之，臣請償一朝之賞。』」伯樂乃還而顧之，去而視之。一旦市價十倍也。○【師古曰】余謂玄宗以楊國忠爲相，牛仙客爲尚書，皆庸人，不識字。賢人君子退黜不用，遂致禄山之亂。肅宗中興，正宜任賢〔一八〕使能，房琯以宰相器出爲邠州刺史，甫亦貶爲華州司功，何世無才，何才不可用，但恨無賢君耳。騕褭、驊騮，古之良馬，儻不遇王良、伯樂，終〔一九〕於老死而不得騁其長才，琯之與甫何以異是，故有是句。

【校記】

〔一〕題下注，元本、古逸叢書本作：「天育馬厩名。趙云：名驃，則所畫馬名。」

〔二〕「吾聞」句下注，元本、古逸叢書本作：「荀子曰：騏驥一日千里。穆天子傳曰：天子之八駿。漢文帝却千里馬。」

〔三〕「今之」句下注，元本、古逸叢書本作：「莊子曰：齊景公好馬，命使善畫者圖之，訪似者，朞年不得。」

〔四〕「駿尾」句下注，元本、古逸叢書本作：「選：朔風動秋草，邊馬有歸心。坡云：漢天馬曲曰：尾蕭梢，朔風起，足銀砧兮破層冰。」

〔五〕「毛爲」句下注，元本、古逸叢書本作：「普沼反，青黄色也。史：驥垂兩耳。」

〔六〕「眼有」句下注，元本、古逸叢書本作：「秦本紀：周穆王得騄耳之駟。相馬經曰：馬眼欲紫艷光，口中欲赤色。顔延年賦：雙瞳夾鏡，兩輢協月。」

〔七〕「矯矯」句下注，元本、古逸叢書本作：「一云『矯龍性逸』。崧高詩：四牡矯矯。顔延年詩：龍性誰能馴。」

〔八〕「卓立」句下注，元本、古逸叢書本作：「周官曰：凡馬八尺以上爲龍。魯國黄伯仁龍馬頌曰：稟神祇之純化，乃大宛而載育。杜云：蔡邕作庾侯碑曰：英風發於天骨。」

〔九〕「監牧」句下注，元本、古逸叢書本作：「一云『考牧神駒』，一作『老牧神駒閲清峻』。周穆王置太僕正，以伯冏爲之，掌侍御。唐龍朔二年，改太僕爲司馭，咸亨初復舊。光宅年，改爲司僕，神龍初復舊。天下監牧置八使五十六監。唐兵志：監牧所以蕃馬也，其制起於近世。唐之初起，得突厥馬二千疋，又得隋馬三千於赤岸澤，徙之隴西，監牧之制，始於此。其官領以太僕，初用太僕少卿。張萬歲，字景順，領群牧。趙云：唐兵志：監牧之制，其官領以太僕。」

〔一〇〕「遂令」句下注，元本、古逸叢書本作：「坡云：舊本作『太奴守天育』。子瞻題子美天育驃驥圖後作大奴。字天育，蓋天育爲大奴字也。今定猶有石本題云：大奴，王毛仲也。守天育，則唐兵志云：天育，厩名也。」

〔一一〕「別養」句下注，元本、古逸叢書本作：「宋顔延年天馬狀曰：降靈驥子，九方是選。梁元帝答齊國驥馬書曰：價匹龍媒，聲齊驥子。周王褒謝賚馬啓曰：漢時伯樂，偏愛權奇；晉世桑門，時求神俊。」

〔一二〕「當時」句下注，元本、古逸叢書本無。

〔一三〕「張公」句下注，元本、古逸叢書本作：「通典：貞觀初，僅有牡牝三千匹，從赤岸澤徙之隴右。十五年，始令太僕卿勾當群牧。至麟德四十年間，馬至七十萬六千匹，置八使，領九監，跨蘭渭秦原四州之地，猶爲隘狹。更拆八監，布於河西，其時天下以一縑易一馬。張公即景順也。儀鳳後，牧圉乖散。（自）〔洎〕乎垂拱，潛耗太半。開元，皃妝馬二十四萬匹，十三年，加至四十五萬匹。莊子：五臣之子，皆下材也。」

〔一四〕寫，元本、古逸叢書本作「畫」。

〔一五〕陟，元本、古逸叢書本作「步」。

〔一六〕詩言，元本、古逸叢書作「言詩」。

〔一七〕上，元本、古逸叢書本作「小」。

〔一八〕元本、古逸叢書本「賢」下多一「能」字。

〔一九〕儻不遇王良伯樂終，元本、古逸叢書本無。

驄馬行

○【九家集注杜詩依例爲「王洙曰」。杜陵詩史、分門集注、補注杜詩作「王彦輔曰」。集千家注批點杜工部詩集作「公自注」。按，宋本杜工部集卷一驄馬行題下有此注文，當是杜甫自注無疑。】太常梁卿〔一〕敕賜馬也，李鄧公愛而有之，命甫製詩。

鄧公馬癖人共知，○【趙次公曰】馬乃梁卿受賜於君，不可以予人，鄧公愛而取之，非是，故公詩以「鄧公馬癖」譏之也。○【王洙曰】晉王濟解相馬，又甚愛之，故杜預嘗稱濟有馬癖。初得花〔二〕驄大宛種。○【鄭卬曰】宛，於爰切，國名。○【王洙曰】西域傳：宛〔三〕別邑餘城多善馬。注：大宛國有高山，有馬不可得，因取五色母馬置其下，與集生駒，號天馬子。夙昔傳聞思一見，○【希聲曰】南史蕭摩訶傳：侯安都〔四〕謂摩訶曰：「卿驍勇有名，千〔五〕聞不如一見。」牽來左右神皆竦。雄姿逸態何崷崪，○【鄭卬曰】崷，自秋切。崪，昨没切。山峻貌。○【王洙曰】赭白馬賦：弭雄姿以奉引〔六〕。顧影驕嘶自矜寵。○顧影，謂無儔匹也。相馬經：馬有眄影而視者。張華馬賦：顧影自媚。隅目青熒夾鏡懸，○言瞳晶光也。○【杜田補遺。又，杜陵詩史、分門集注、補注杜詩引作「趙次公曰」。】西京賦：青騣〔七〕摯於韝下，韓盧噬於緤末。猛毅髬髵，隅目高稜〔八〕。注：隅目，謂目有角也。○【王洙曰】赭白馬賦：雙瞳夾鏡。肉騣碨礧連錢動。○【鄭卬曰】碨，烏罪切。礧，力罪切。石貌。○【杜田補遺】肉騣者，肉突起碨礧然也。連錢，謂馬文點綴如連錢也。唐開元滑州刺史李邕獻馬，肉騣麟臆。○【杜田補遺。又，杜陵詩史、分門集注、補注杜詩引作「王洙曰」。】爾雅釋畜：青驪驎驒。郭璞注：色有深淺斑駁，今連錢驄也。朝來少試華軒下，○少，一作久。未覺千金滿高價。○西域傳：武帝遣使者持千金以請宛善馬。赤汗微生白雪毛，○【王洙曰】天馬歌：霑赤汗，沫流赭。銀鞍却覆香羅帕。○【王洙曰】徐敬業詩：汗馬羅銀鞍。卿家舊賜公能取，○一作取之。○【王洙曰】一作有之。天厩真龍此其亞。○【趙次公曰：「天厩真龍，則天子所御之馬也。」】天厩，即天育之厩，乃天子之厩也。晝洗須騰涇渭深，朝趨可刷幽并夜。○涇、渭二水在西，幽、并二州在北，相去幾千里，晝洗涇、渭，夜刷幽、并，言其疾也。朝，一作夕。吾聞良驥老始成，○老，一作差，非。此馬數年人更驚。豈有四蹄疾於鳥，不與八駿俱先鳴。○【王洙曰】穆天子傳：赤驥、温驪、白義、渠黄、驊騮、騟駼〔九〕、騄〔一〇〕耳、山子。○王子年拾遺記：周穆王巡行天下，馭八龍之駿，名曰司地、翻羽、奔雷、越影、踰輝、超光、勝霧、挾翼，轍〔一一〕迹周於四海也。

時俗造次那得致，雲霧晦冥方降精。○【王洙曰】馬者，目〔一二〕魄之精，故十二月始生。○造次即草次也〔一三〕。世俗淺近，安有此馬？雲霧冥晦，月精始降而生是馬〔一四〕。故武帝作天馬歌者，蓋言從天而降生也。近聞下詔喧都邑，知有驊騮地上行。○【王彦輔曰】：「肯使，一作知有。」】知有，一作肯使。○【趙次公曰】謂時下詔取之，以爲天子之馬矣。○【希聲曰】甫托馬以喻鄧公非塵世所能容，將膺天子之詔而騰踏帝庭矣。

【校記】

〔一〕梁卿，元本、古逸叢書本作「楊梁」。宋本杜工部集作「梁卿」。

〔二〕花，元本、古逸叢書本作「駒」。

〔三〕宛，古逸叢書本作「大宛」。又，杜陵詩史亦作「大宛」。

〔四〕侯安都，元本、古逸叢書本作「安都侯」。

〔五〕千，元本、古逸叢書本作「十」。

〔六〕引，元本、古逸叢書本作「弓」。

〔七〕駿，元本作「驄」，古逸叢書本作「駮」。
〔八〕稜，古逸叢書本作「眶」。
〔九〕騟騟，古逸叢書本作「蹁輪」。
〔一〇〕騄，元本、古逸叢書本作「緑」。
〔一一〕轍，元本、古逸叢書本作「振」。
〔一二〕目，據九家集注杜詩、杜陵詩史、分門集注、補注杜詩當作「月」。
〔一三〕「馬者」至「次也」，元本、古逸叢書本作：「月爲兔魄之精，故十二月始生。造次，謂淺近也。」
〔一四〕馬，元本、古逸叢書本作「焉」。

新定杜工部草堂詩箋斠證卷第八

天寶以來在東都及長安所作

題壁上韋偃畫馬歌

〇朱景玄畫斷：韋偃，京兆人，寓居于蜀。偃畫馬、山川、竹樹、人物等，思〔一〕高格逸。居閑常以越筆點簇鞍馬，或齕或飲，或驚或止，或走或起，曲盡其妙，宛全其〔二〕真實，韓幹之亞也。名畫記、閣中集偃作鶠。按，此歌舊在成都詩中。

韋侯別我有所適，〇【鄭卬曰】韋侯，謂偃也。知我憐君畫無敵。〇【王洙曰】君，一作渠。戲拈禿筆掃驊騮，〇【王彥輔曰】戲，一作試。欻見騏驎出東壁。〇欻，許忽切，忽也。一匹齕草一匹嘶，〇【鄭卬曰】齕，下没切，齧也。坐看千里當霜蹄。〇【王洙曰】莊子馬蹄篇：蹄可以踐霜雪，毛可以禦風寒。齕草飲水，翹足而陸，馬之真性也。時危安得真致此，與人同生亦同死。○【師古曰】韋偃，唐之善畫者也。取別於甫，甫試令於壁上作馬。末章寓意遭時艱危，安得此真馬以濟患難，免使甫困躓道路，故云「與人同生死」也。○按，公集有房兵曹胡馬詩曰「所向無空闊，真堪託死生」，與此同意。

【校記】

〔一〕思，元本、古逸叢書作「筆」。

〔二〕全其，古逸叢書本作「然如」。

戲題王宰畫山水圖歌

○【九家集注杜詩依例爲「王洙曰」。杜陵詩史、分門集注、補注杜詩引作「王彥輔曰」。】宰丹青絶倫。○朱景玄畫斷：王宰家于西蜀，貞元中，韋令公以客禮待之，山水於〔一〕石出於象外。名畫記：王宰多畫蜀山，玲瓏嵌空，巉嵯巧峭。胡仔謂：按益州畫記，王宰大曆中家于蜀川。公與宰同時，此歌又居成都時作，其許與蓋不妄發矣。

十日畫一水，五日畫一石，能事不受相促迫，王宰始肯留真跡。壯哉崑崙方壺圖，○壺，一作丈。史記禹本紀言崑崙山高三千五百餘里，日月所相避，隱爲光明也。○【王洙曰】

莊〔二〕子湯問篇：渤海之東有大壑焉，名曰歸墟，中有五山，一曰岱輿，二曰員嶠，三曰方壺，四曰瀛洲，五曰蓬萊。前漢郊祀志：蓬萊、方丈、瀛洲，此三神山傳在渤海中。掛君高堂之素壁。巴陵洞庭日本來〔三〕，○【王洙曰】巴陵郡，岳州也。洞庭湖在焉，海中〔四〕有日本國。赤岸水與銀河通，○赤，一作南。赤岸在廣陵南。○【杜田補遺。又，杜陵詩史、分門集注、補注杜詩引作「本中曰」。○】兖州記：瓜步山東五里，江有赤岸山，南臨江中，濤水自海入江，衝激六七百里，至此岸側，其勢始衰。○山謙之南徐州記：京口，禹貢「北江」也。春秋分朔，輒有大濤至，激赤岸，尤更迅猛。中有雲氣隨飛龍。○【王洙曰】莊子逍遥遊篇：藐姑射之山，有神人。乘雲氣，御飛龍，而遊乎四海之外。舟人漁子入浦漵，○【鄭卬曰】漵，象吕切。○【趙次公曰】何遜詩：孤飛出浦漵，獨宿下滄洲。○【王洙曰】海賦：漁人舟子，徂南極東。山木盡亞洪濤風。○【王洙曰】亞，一作帶。○言浪高於山，風勢盛怒，是以漁人舟子盡入浦漵也。尤工遠勢古莫比，咫尺應須論萬里。○【王洙曰】論，一作千。○【薛夢符曰】南史：齊武帝孫賁，字文奂，扇上圖山水，咫尺之内，便覺萬里爲遥。焉得并州快剪刀，翦取吴松半江水。○【泰伯曰】甫託言永王璘反，漢中、吴松江爲之阻絶不通。時李光弼守并州，光弼，唐之良將，所攻必下，所戰必克，喻以快剪刀，言其斷也。甫意欲得光弼之將平漢中，以通吴松故也。

【校記】

〔一〕於，古逸叢書本作「樹」。

〔二〕莊，九家集注杜詩、杜陵詩史、分門集注、補注杜詩作「列」。

〔三〕來，元本、古逸叢書本作「東」。

〔四〕中，九家集注杜詩、杜陵詩史、分門集注、補注杜詩、集千家注批點杜工部詩集作「東」。

題李尊師松樹障子歌

老夫清晨梳白頭，○老夫，公自謂也。玄都道士來相訪。○道士，謂李尊。玄都，壇名，乃尊師之所也。東方朔十洲記：洲在北海上，有太〔一〕玄都，仙伯真公所治也。握髮呼兒延入户，○【九家集注杜詩依例作「王洙曰」。杜陵詩史、分門集注、補注杜詩引作「王彥輔曰」。】史記魯世家：周公戒伯禽曰：「我一沐三握髮，一飯三吐哺，起以待士，子謹無以國驕人。」手持新畫青松障。障子松林静杳冥，○【師古曰】言畫松無聲也。憑軒忽若無丹青。陰崖却承霜雪幹，○雪，一作霧。○【王洙曰】一作露。偃蓋反走虬龍形。○虬，渠幽切，無角龍也。老夫平生好奇古，對此興與精靈聚。已知仙客意相親，更覺良工心獨苦。松下丈人巾履同，○履，一作屨。東觀漢記：江革養母，幅巾屐履。偶坐似是商山翁。○【王洙曰】似，一作自。○【王洙曰：「南山四皓，隱於商山，避秦室之亂。」】商山翁，謂四皓也。前漢王貢傳序：漢興，有園公綺、里季、夏黃公、角里先生。此四人者，當秦之世，避而入商雒深山，以待天下之定也。高祖召而不至。悵望聊歌紫芝曲，○【王洙曰】悵望，一作惆悵。○公集有曰：「隱士休歌紫芝曲。」又曰：「局促商山芝。」曰：「志士採紫芝。」曰：「五載商山芝。」○【王洙曰：「四皓歌曰：燁燁紫芝，可以療飢。」】按，皇甫謐高士傳：四皓見秦亂，作歌曰：「漠漠高山，深谷逶邐。暉暉〔二〕紫芝，可以療飢。唐虞世遠，吾將何歸？駟馬高車，其憂甚大。富貴之留〔三〕人，不如貧賤之肆志。」乃共入商山，隱地肺。時危慘淡來悲風。○【師古曰】甫傷時盜賊擾攘，悵望四皓，而想其高蹈，故有是言也。

【校記】

〔一〕太，古逸叢書本作「大」。

〔二〕暉暉，古逸叢書本作「曄曄」。

〔三〕留，古逸叢書本作「畏」。

戲韋偃爲雙松圖歌

天下幾人畫古松，○【王洙曰】松，一作樹。畢宏已老韋偃少。○【鄭卬曰：「宏，大曆二年爲給事中。」】張彥遠名畫記：畢宏，大曆二年爲給事中。畫松石於左省廳壁，好事者皆詩詠之。改京少尹，爲右庶子。擅名於代。林木改步變古，自宏始也。○又云，韋鶠，宗〔一〕韋鑾之子。工山僧奇士，老松異石，筆力勁健，風格〔二〕高舉，人皆知鶠善畫馬，不知松石更工。咫尺千尋，駢幹攢影，煙霧翳薄，風雨颼颼，盡偃蓋之形狀也。**絶筆長風起纖末，**○【王洙曰】馬融長笛賦：其應清風也，纖末奮梢〔三〕。**滿堂動色嗟神妙。兩株慘裂苔蘚皮，屈鐵交錯迴高枝。白摧朽骨龍虎死，**○【師古曰】謂松枝也。**黑入太陰雷雨垂。**○【師古曰】謂松色暗碧也。○後漢張奐云：太陰之地，冰〔四〕厚三尺，木皮三寸。**松根胡僧憩寂寞，**○憩，起例切，息也。**厖眉皓首無住著。**○著，直略切，附也。○【趙次公曰。又，杜陵詩史、分門集注引作「修可曰」。】楞嚴經：名無住行，名無着行。**偏袒右肩露雙脚，**○【鄭卬曰】袒，徒旱切，肉袒也。○【師古曰】皆謂胡僧之狀也。○【王洙曰】金剛經：偏袒右肩，右膝著地。**葉裏松子僧前落。韋侯韋侯數相見，我有一匹好東絹。**○【王洙曰】東，一作素。○【師古曰：「東絹，謂山東大練也。」】東絹，謂關東之大練也。○梁庾肩吾答武陵王賚啓：關東之妙，纖纖陋其卷綃〔五〕。**重之不減錦繡段，**○【王洙曰】四愁詩：美人贈我錦繡段。**已令拂拭光凌亂，**○【趙次公曰】謝朓和劉繪詩：赫紫共彬駁，雲錦相凌亂。**請公放筆爲直幹。**○直，一作真。

【校記】

〔一〕宗，古逸叢書本作「者」。

〔二〕格，元本、古逸叢書本作「力」。
〔三〕舊梢，杜陵詩史、分門集注作「奮籍」。
〔四〕冰，古逸叢書本作「水」。
〔五〕卷綃，古逸叢書本作「蒼絹」。

魏將軍歌

將軍昔著從事衫，○【鄭卬曰】著，陟略切。○服衣於身也。○【趙次公曰】謂魏初爲幕官於元帥府耳。鐵馬馳突重兩銜。○陸佐公石闕銘：鐵馬千群。李善注：鐵甲之馬也。○【王洙曰】銜謂銜勒也。○【趙次公曰】馬勒重銜，則戰馬之謹〔一〕也。被堅執鋭略西極，○漢陳勝傳：將軍被堅執鋭，伐無道，誅暴秦。○【王洙曰】顔師古曰：堅，堅甲也。鋭，利兵也。爾雅釋地：西至於邠國，謂之西極。崑崙月窟東嶄巖。○【鄭卬曰】嶄，士咸切。○嶄巖，尖鋭貌。○【趙次公曰】郭璞崑崙丘贊：崑崙水精，月之靈府，惟帝下都，西羌之宇。○【王洙曰】揚雄長楊賦：西厭月窟，東征日域。司馬相如上林賦：嶄巖參差。君門羽林萬猛士，○謂禁苑之羽衛如林也。惡若哮虎子所監。○【趙次公曰】子，指魏也，謂魏將軍監殿前羽衛之軍也。○詩小雅〔二〕：闞如虓虎。五年起家列霜戟，○戟，棨戟也，言其刃之白如霜也。○【趙次公曰】門列棨戟，言魏將軍貴之驟也。○崔豹古今注：

棨戟，前驅之器也，以木爲之，王公以下通用之，以爲前驅也。詩衛風：伯也執殳，爲王前驅。殳戟之遺象也。隋書志：三品已〔三〕上，門皆列戟。唐制：勳至上柱國，門立戟。又，立戟率〔四〕有銀青階。一日過海收風帆。○【趙次公曰】言將軍東伐高麗而利於速戰也。平生流輩徒蠢蠢，長安少年氣欲盡。○長安少年一見將軍，而猛氣爲之盡喪矣。魏侯骨聳精爽緊，○言精神峭嶮也。○【趙次公曰。杜陵詩史、分門集注、補注杜詩引作「俯曰」。】謝承後漢：竇武上疏曰：奉承詔命。精爽隕越。華嶽峰尖見秋隼。○隼，聳尹〔五〕切，鷙鳥也。○【趙次公曰】此鷙鳥以清秋而健擊，故用以比魏將軍。○將軍爲群士之望也。星纏寶校金盤陀，○【時可曰】此言馬之裝飾也。○【趙次公曰。又，杜陵詩史、分門集注、補注杜詩、集千家注批點杜工部詩集引作「時可曰」。】顔延年赭白馬賦：具服金組，兼飾丹臒。寶校星纏，縷章霞布。注以金組〔六〕青飾其裝具，如星霞之布也。○鮑照詩：金鋼節盤陀，日照光蹀躞。夜騎天駟超天河。○此言魏將軍躍御賜之馬以討賊也。○【王洙曰】史記天官書：漢中四星曰天駟，旁〔七〕星曰王良，旁有八〔八〕星絶漢，曰天漢。欃槍熒惑不敢動，○【鄭卬曰】欃，初銜切，彗星也。槍，楚耕切，災星也。○【王洙曰】熒惑，南方火星也。○【趙次公曰】公以欃槍比寇亂，以熒惑比强暴。○言寇亂强暴皆畏將軍之威而不動也。按前漢天文志：石氏：見欃雲如牛。甘氏：不出，三月乃生天槍。石氏：見槍雲如馬，甘氏：不出，三月乃生天欃。翠蕤雲旓相蕩摩。○蕤，儒佳切。○【鄭卬曰】旓，所交切。○【趙次公曰】翠蕤雲旓，謂天兵儀衛旌旗之旒也。○【王洙曰】蕩摩，舒閑貌。○【薛夢符曰】司馬相如子虛賦：錯翡翠之葳蕤。張衡西京賦：捷〔九〕鳴鳶，曳雲旓。**吾爲子起歌都護，**○【王洙曰】漢遣王吉護匈奴南北兩道，故曰都護。○【趙次公曰】按古樂府有丁都護歌。○古今樂録云：丁都護歌者，彭城内史徐逵爲魯軌所殺，宋高祖乃使督護丁旿收殯之。逵妻，高祖長女也，呼旿至閤下，自問斂送之事，每問，輒嘆息曰：「丁都護！」其聲哀切，後人因其聲廣其曲焉。**酒闌插劍肝膽露。勾陳蒼蒼玄武暮，**○此比將軍之衛帝座也。○【趙次公曰】勾陳，星名。玄武，闕名。三輔舊事：未央宫北有玄武闕，以鈎陳則蒼蒼，以玄武則暮，言當酒闌插劍之時也。○【王洙曰】或謂隋天文志：鈎陳之星，在紫宫中。○【趙次公曰】漢揚雄甘泉賦：仗鈎陳使當兵。○張衡兩都賦「周以鈎陳之位」注引前漢書服虔音義：鈎陳，紫宫外營星也，宫衛之位亦象之。玄武亦星名。張衡思玄賦：玄武縮〔一〇〕於轂中兮，騰蛇蜿而自糾。**千秋萬歲奉明主，**○【趙次公曰】申言魏將軍監軍於殿前矣。**臨江節士安足數。**○【趙次公曰】趙子櫟曰：言魏將軍乃天子之節士，非特臨江氏〔一一〕節士而已。○【符曰】或曰：夔州號臨江軍。甫欲將軍效漢王吉都護蕃漢，而臨江節士又安足數也！甫自稱臨江節士。○【杜陵詩史、分門集注、補注杜詩、集千家注批點杜工部詩集引作「修可曰」。】杜田謂：臨江節士，史失其名，唯古樂府載宋陸厥臨江王節士歌曰「節士慷慨，髮上衝冠。彎弓挂弱水，長劍竦雲端」是也。

【校記】

〔一〕謹，古逸叢書本作「勒」。

〔二〕小雅，元本、古逸叢書本作「常武」。
〔三〕已，元本、古逸叢書本作「以」。
〔四〕率，元本、古逸叢書本作「圖」。
〔五〕尹，元本、古逸叢書本作「刃」。
〔六〕組，元本、古逸叢書本作「鉬」。
〔七〕元本、古逸叢書本「旁」下有「有」字。
〔八〕八，元本、古逸叢書本作「六」。
〔九〕捷，古逸叢書本作「棲」。
〔一〇〕縮，元本、古逸叢書本作「束」。
〔一一〕氏，元本、古逸叢書本作「稱」。

贈陳二補闕

世儒多汩没，夫子獨聲名。○【趙次公曰】夫子，謂補闕也。獻納開東觀，○【王洙曰】謝脁詩：獻納雲臺表。後漢和帝幸東觀，覽書林，閱篇籍，博選術藝之士以充其選。君王問長卿。○【王洙曰】司馬相如字長卿，少好辭賦，客遊梁，乃著子虛賦。後歸成都。蜀人楊得意侍武帝，帝讀子虛賦而善〔一〕之，曰：「朕獨不得與此人同時。」得意曰：「臣邑人司馬相如自言爲此賦。」帝驚，乃召相如。**皂鵰寒始急，**〇【師古曰：「皂鵰，御史，以比補闕。補闕，諫官也。」】鵰〔二〕之擊搏，寒乃愈迅，喻補闕之極諫。**天馬老能行。**〇【趙次公曰。又，杜陵詩史、分門集注、補注杜詩、集千家注批點杜工部詩集引作「修可曰」。】天馬乃大宛汗血之馬。〇【王洙曰：「所謂窮而益堅，老而益壯。」】日行千里，老而益壯，喻補闕之高年也。**自到青冥裏，休看白髮生。**

【校記】

〔一〕善，元本、古逸叢書本作「言」。

〔二〕元本、古逸叢書本「雕」上有「始或音試」四字。

贈獻納使起居田舍人澄

〇【王洙曰】唐武后初置匭，以受四方之書，謂之知匭使。明皇改爲獻納使。

獻納司存雨露邊，〇【趙次公曰：「雨露邊，則言天子施恩澤之地。」】謂其職近天子之雨露也。〇【趙次公曰】唐制：獻納使掌封事以獻天子。蓋〔一〕取兩都賦「日月獻納」也。**地分清切任才賢。**〇【趙次公曰】以田君爲起居舍人，從六品上，隸〔二〕中書省，斯爲近清禁矣。〇【王洙曰】劉公幹詩：拘限清切禁。舍人退食收封事，○【趙次公曰】此言田君之職也。○詩：退食自公。漢儀〔三〕：密奏皂袠封版，故曰封事。魏相傳：故事，上書者皆有二封，署其一曰副，領尚書者先發副封。宫女開函近御筵。○【王洙曰】近，一作俸〔四〕。函，謂匭函也。宫女開函，以所投封事以奏天子也。曉漏追趨青瑣闥，○趨，卞刊〔五〕作飛。○【王洙曰：「青瑣，門也。」】青瑣，謂中書省門也。○【王洙曰】范彦龍詩：攝官青瑣闥。晴窗點檢白雲篇。○【趙次公曰：「點檢白雲篇，蓋言天子親昵田君如此。」】此言天子親昵田舍人，而用爲點檢帝翰也。○【薛夢符曰】漢武帝秋風詞曰：秋風起兮白雲飛。又淮南王安傳：武帝每報書及賜安，常召司馬相如等視草，乃遣。○或引穆天子傳「西王母燕穆天子于瑶池之上，賦白雲謡」，故曰「白雲篇」。揚雄更有河東賦，○【趙次公曰】公托揚雄以自謂也。揚雄字子雲，孝成帝時，客有薦雄文似相如，上召雄待詔承明之庭，從上甘泉，成帝追觀先代遺迹，思欲齊其德號，雄以爲臨川羨君〔六〕，不如退而結綱。上自西嶽還，雄上河東賦以勸。唯待吹嘘送上天。○【趙次公曰】今甫自比於揚雄，欲有諷諫，正賴田君爲獻納使，有以吹嘘〔七〕薦拔之也。

【校記】

〔一〕蓋，古逸叢書本作「盡」。

〔二〕隸，元本、古逸叢書本作「肆」。

〔三〕儀，元本、古逸叢書本作「議」。

〔四〕俸，古逸叢書本作「捧」。
〔五〕刊，元本、古逸叢書本作「圜」。
〔六〕君，元本、古逸叢書本作「魚」。
〔七〕吹嘘，古逸叢書本作「次第」。

贈翰林張四學士

○垍。○【黄鶴補注：「會要云：開元二十六年置學士院，在翰林院之南，别户東向。是年始改翰林供奉稱學士，俾專内命。於是太常少卿張垍與起居舍人劉光謙等首居之。」】按，大明宫翰林門内有學士院，開元二十年置，在翰林院。始以翰林供奉改稱學士，由是别建院，俾專内命，太常卿張垍、起居舍人劉光謙首居之。○貞元中，陸贄上疏：明皇之末，方置翰林，張垍因緣承寵遇，當時之議以謂非宜，然止於倡和文章，批答表疏，其間機密輒不得〔一〕預。○【九家集注杜詩引作「杜田補遺」。又，杜陵詩史、分門集注、補注杜詩引作「薛蒼舒曰」。】唐百官志：元宗初，置翰林待制，以張説、張九齡等爲之，掌四方表疏批答，應和文章。又選文學之士，號翰林供奉，分掌制誥書敕。又改供奉爲學士，專掌内命，其後號内相。内宴則居宰相之下，一品之上。○李肇翰林志：翰林院在銀臺門中，麟德殿西廂院南，别户東向，引鈴門外，雖宣事不敢入。始以翰林供奉改稱學士。○【杜田補遺】韋執誼翰林舊事曰：翰林院，右〔二〕銀臺門内，麟德殿西，學士院在翰林院南，後又置東院於金鑾殿西，隨上所在而還，取其近便。○翰林故事曰：翰林，樞機宥〔三〕密地。漢尚書郎主作文書起草，更直於建禮門。青綾被或錦畫通中枕〔四〕，五日一奠食，下天子〔五〕等，與今翰林略同。併夜而宿，或内務不至，外宣已寂，可以深窮性理，養浩然之氣。故前輩傳楞嚴經一本〔六〕，每下直出門，相謔謂云「小三昧」，出銀〔七〕臺門乘馬，謂之「大三昧」。言如佛之繩縛，而自在翰林。白居易送獨孤郁起居遷擢丞相罷職臣院曰：碧落留雲住，清冥放鶴還。銀臺向南路，誰到此人間。翰林志：院在銀臺門中，麟德殿西廂。銀臺禁掖外，鷺塵南步人間。

翰林逼華蓋，○【九家集注杜詩引作「杜田補遺」。又，杜陵詩史、分門集注、補注杜詩引作「趙次公曰」。】晉天文志：大帝上九星曰華蓋，所以蔽覆大帝之座。天子之華蓋象之。○【杜田補遺】崔豹古今注：黄帝與蚩尤戰於涿鹿，常有五色雲氣、金枝玉葉止於帝。上因作華蓋。○劉歆遂初賦：奉華蓋於帝側。李善注：華蓋星覆北斗，王者法而作之。○【鮑曰】張燕公説長子均，均弟垍，尚元宗寧親公主，陟〔八〕翰林學士，即禁中置内宅。○故曰逼華蓋，逼近也。鯨力破滄溟。○此喻張翰林才力之健也。古今注：鯨，海大魚也。鼓浪成雷，噴沫成雨。天上張公子，○暗以張放比張垍也。子者，男子之通稱。○【王洙曰】謂之公子，則公侯之子，所以美張翰林也。○【趙次公曰：「凡詩人於姓張者，得曰張公子。蓋以前漢趙皇后傳有『張公子，時相見』。」】以其置宅禁中，故曰天上。前漢趙皇后傳：成帝時有童謠，歌曰：「燕燕尾涎涎，張公子，時相見。」謂富平侯張放也。**宮中漢客星。**○又以張騫比張垍也。○【趙次公曰】前漢張騫傳言騫奉使之遠，即無乘槎之説。惟〔九〕張華博物志説近世有人居海上，每年八月見浮槎來，不失期，賫糧乘之，忽至天河，見婦人織，丈夫牽牛飲。問之，答曰：「君至蜀問嚴君平。」因還，問君平。君平曰：「某年月日，客星犯牛斗。」未嘗指言張騫。宗懍作荆楚歲時記，乃引博物志，謂漢武令張騫窮河源乘查而去。予按宗懍所言既引博物志，而博物志不言張騫，則知宗懍之謬也。如庾肩吾奉使江州七夕詩：漢使俱爲客，星槎共逐流。乃相承訛謬矣。今公詩每作張騫爲使乘槎事，蓋亦承用然也。**賦詩拾翠殿，**○此美其應和文章也。劉公幹贈五官郎詩〔一〇〕：賦詩連篇章，極夜不知疲。○【趙次公曰：「拾翠在東内大福殿東南，望雲在西内景福臺西，以其應和文章，且禮遇内宴。」】長安志：拾翠殿在大明宫景福殿之東南，翰林門外，乃東内翰林院門比〔一一〕。**佐酒望雲亭。**○此美其禮遇内宴也。漢高祖還過沛，置酒沛宫，悉召故人父老子弟佐酒。○【趙次公曰】長安志：望雲亭在西内太極宫景福殿，殿之西也。**紫誥仍兼綰，**○【王洙曰】謂翰林學士掌制詔，用紫泥以封印誥詞也。○【九家集注杜詩引作「杜田補遺」。又，杜陵詩史、分門集注、補注杜詩引作「昱曰」。】隴右記曰：武都紫水有泥，其色紫而粘，貢之，用封璽書。○【杜田補遺】漢唐〔一二〕舊儀曰：天子信璽六，皆以武都紫泥封。錦囊白素〔一三〕裹，兩頭端無縫。王子年拾遺記：元封元年，浮圻〔一四〕國貢蘭金之泥。此金出陽淵，金狀混混若泥，如紫磨之色，變白，有光如銀，名曰銀燭，常以此封函。漢世上將出征及諸使絶國，多以此泥爲印封。衛青、張騫傳〔一五〕，傅介子、蘇武之使，皆受金泥之璽以封也。○集有贈太常張卿云：亨衢昭紫泥。賀陽城王太夫人加恩命詩云：紫詔鸞回紙。黄麻似六經。○【王洙曰】謂寫誥詞於黄麻紙上，有似六經之書，言辭深厚也。○唐開元六典：中書省册書用簡，制書、慰勞制書、發日〔一六〕敕用黄麻紙，敕旨、論事敕、牒用黄藤紙。○【九家集注杜詩引作「杜田補遺引馮鑑續事始」。又，杜陵詩史、分門集注、補注杜詩引作「趙（次公）曰引馮鑑續事始」。】江左談賓録曰：正觀十年十月，始用黄麻紙寫詔敕。○唐名臣録曰：白麻一〔一七〕行三字，黄紙始高宗，中書出敕使之，内庭唯用麻紙。○【杜田補遺】又，高宗上元三〔一八〕年詔曰：敕制用白紙，多爲蟲蠹，自後並用黄紙。○【趙次公曰】李肇翰林志：故事：中書舍人專掌詔誥，開元始置學士。大事直出中禁，不由兩省。凡制用白麻紙，詔用白藤紙，書用黄麻紙。○【杜田補遺：「故事：中書黄麻爲綸命重輕之辨。近者所出，獨得用黄麻。有用白麻者，皆在此院。矧此院之置尤爲切近。」】韋執誼翰林舊事：唐故事：中書以黄、白二麻爲綸命重輕之辨。近者所出，獨得用黄麻。其白麻紙在北院，自非國重事，拜相、德音、赦宥，則不得用也。內分金帶赤，○分，魯作頒。唐志：緋爲四品服，淺緋爲五品，並金帶，但銙數別耳。○【趙次公曰】楊文公談苑：自樞宰、節度使賜金帶二十五兩。恩與荔支青。○未詳。〔一九〕無復隨高鳳，○美張垍之入爲翰林，有如鳳之飛鳴，必在於高岡，而遂得追隨之也。○【趙次公曰：「此公自謂也。」】此已下皆公自序。○【杜田正謬】詩卷阿：鳳凰鳴矣，于彼高岡。空餘泣聚螢。○【王洙曰】晉車胤字武子，家貧，囊盛螢火以照書，以夜繼日焉。此生任春草，○【趙次公曰】意言任春時之草生幾度，更不管年華之去矣。皆感激〔二〇〕之言。○淮南招隱篇：春草萋萋，望王孫兮不歸。垂老獨漂萍。○鄭玄：萍浮南北。儻憶山陽會，悲歌在一聽。〇此公以張珀比嵇康也。〇【趙次公曰】蓋預指他日隔闊之事，意謂山陽之會爲可憶，則今日悲歌宜在一聽也。〇魏〔三〕氏春秋：嵇康寓居河内之山陽，王戎自言與康居山陽二十年，未嘗見喜怒之色。康好鍛，向秀爲之佐，皆一時之會也。

【校記】

〔一〕得，元本、古逸叢書本作「可」。

〔二〕右，古逸叢書本作「在」。

〔三〕宥，元本、古逸叢書本作「寗」。

〔四〕枕，元本、古逸叢書本作「梚」。

〔五〕宋本此處空闕，疑爲「一」。

〔六〕本，元本、古逸叢書本作「奉」。

〔七〕銀，元本、古逸叢書本作「雲」。

〔八〕陟，元本、古逸叢書本作「涉」。

〔九〕惟，古逸叢書本作「推」。

〔一〇〕詩，古逸叢書本作「將」。

〔一一〕比，元本、古逸叢書本作「北」。

〔一二〕唐，疑當作「官」。

〔一三〕素，元本、古逸叢書本作「索」。
〔一四〕垿，元本、古逸叢書本作「折」。
〔一五〕「傳」字疑因下「傳」字而衍。
〔一六〕發日，原作「敕目」，據古逸叢書本改。
〔一七〕一，元本、古逸叢書本作「三」。
〔一八〕三，元本、古逸叢書本作「二」。
〔一九〕「恩與」句下注，元本、古逸叢書本作：「翰林拜命日，賜荔支、金腰帶。」爲「王洙曰」。
〔二〇〕激，元本作「默」，古逸叢書本作「歎」。
〔二一〕魏，元本、古逸叢書本作「吕」。

贈高式顔

○【趙次公曰】按高適集，式顔乃適之族姪也。

昔别是何處，○【王洙曰】是，一作人。相逢皆老夫。故人還寂寞，削迹共艱虞。○【王洙曰】莊子漁父篇：孔子削迹於衛〔一〕。自失論文友，空知賣酒壚。○【師古曰】故人論文友，指李白、高適也。昔嘗同入酒壚，論文酣詠，自亂離相失。○【趙次公曰】空知酒壚所在，不復别有人可與共飲，則亦沉滯塊處而已。○昔司馬相如與卓文君俱之臨邛，置酒舍，令文君當壚。平生飛動意，見爾不能無。○【趙次公曰】今見式顔，因思李白、高適之舊遊，則平生飛揚轉動之意不能自已，義〔二〕當如鳥之飛，如物之動。沈佺期李侍郎祭文：思含飛動，才冠卿雲。

【校記】

〔一〕衛，原作「街」，據元本、古逸叢書本改。

〔二〕義，古逸叢書本作「言」。

故武衛將軍挽詞三首

○挽詞者，因田横死，門人傷之悲歌，言人如薤露易晞，亦言人死歸於蒿里，故有二章。李延年分爲二曲，薤露送王公貴人，蒿里送士大夫庶人，使挽之者歌之。

嚴警當寒夜，○謂軍中警備之嚴也。前軍落大星。○言將軍之没〔一〕也。○【王洙曰】晉陽春〔二〕秋〔三〕：有星赤而芒角，自東北西南流，投于諸葛亮營。三投再還，往大〔四〕還少〔五〕，而亮薨。壯夫思感决，○【趙次公曰】：「感決，疑是敢決。」感，陳作敢。哀詔惜精靈。王者今無戰，○【趙次公曰】：「無戰、勒銘，言已收將軍之功而享此矣。」言將軍爲國致太平也。○【王洙曰】鍾士季檄蜀文：王者之師，有征無戰。書生已勒銘。○【秦曰】書生，甫自謂也。○【王洙曰】班固爲竇憲德〔六〕勒燕山銘。封侯意疏闊，編簡爲誰青。

【校記】

〔一〕没，古逸叢書本作「薨」。

〔二〕春，古逸叢書本無。

〔三〕古逸叢書本「秋」下有「曰」字。

〔四〕大，元本作「内」。

〔五〕少，古逸叢書本作「小」。

〔六〕德，疑衍。

舞劍過人絶，○子路拔劍而舞。○【王洙曰】項莊請以劍舞。鳴弓射獸能。銛鋒行愜順，○銛，思廉切，利也。言兵威之行，寇無不欣然效順者。猛噬失蹻騰。○【鄭卬曰】蹻音喬。○【趙次公曰：「本音巨虐切。」】又巨虐切，壯貌。○言如猛虎之鬶噬而蹻騰者，爲之失喪其性命也。赤羽千夫膳，○羽，一作雨。言餽兵將以食也。○【趙次公曰】。又，杜陵詩史、分門集注、補注杜詩作「修可曰」。【家語致思篇：子貢曰：「赤羽若日。」○【師古曰】或曰：赤羽謂葉落也。黄河十月冰。○前漢永平六年冬十月，河冰合，叛虜乘冰渡。後漢王霸傳：光武到滹沱河，候吏還白：「河水流澌，無船不可濟。」令霸往視之，詭曰：「冰堅可渡。」比至河，河冰亦合。橫行沙漠外，○漢書音義：沙土曰漢，即今磧也。神速至今稱。○【趙次公曰：「兵機以速爲神。」】言兵之神速也。

哀挽青門去，○【王洙曰】漢書：霸城門，民間所謂青門。新阡絳水遥。路人紛雨泣〔一〕，○【王洙曰】諸葛亮亡，人皆野哭。○【趙次公曰】詩：泣涕如雨。○【杜田補遺。又，杜陵詩史、分門集注、補注杜詩引作「時可曰」。】曹子建作王仲宣誄〔二〕曰：延首歎〔三〕息，雨泣交頸〔四〕。天意颯風飆。部曲精仍鋭，匈奴氣不驕。○言匈奴畏其威也。無由覩雄略，大樹日蕭蕭。○日，或作月。○【王洙曰】後漢馮異傳：異謙退不伐，每所止舍，諸將並坐論功，異嘗〔五〕獨屏〔六〕樹下，軍中號曰「大樹將軍」。

【校記】

〔一〕泣，古逸叢書本作「位」，誤。

〔二〕誄，原作「耒」，據元本、古逸叢書本改。杜陵詩史、分門集注、補注杜詩亦作「誄」。

〔三〕歎，元本、古逸叢書本作「飲」。

〔四〕頸，古逸叢書本作「頭」。

〔五〕嘗，元本、古逸叢書本作「意」。

〔六〕屏，元本、古逸叢書本作「息」。

城西陂泛舟

○西陂，即渼陂也。

青蛾皓齒在樓船，○青蛾，謂眉也。宋玉笛賦：摛朱脣，耀皓齒。傅毅舞賦：騰清眸，發皓齒。西京雜記：漢武鑿昆明池，以習水戰。有戈船、樓船各數百艘，樓船上建樓櫓，戈船上建戈矛，四角悉〔一〕垂絲幡，旄葆麾蓋，照耀涯涘〔二〕。漢武秋風詞：携〔三〕佳人兮不能忘，泛樓船兮濟汾河。橫笛短簫悲遠天。○【趙次公曰】江總梅花落詩：橫笛短簫淒復切，誰知柏梁聲不絶。春風自信牙檣動，○【鄭卬曰】檣，帆柱也。○【趙次公曰】古詩歌辭：象牙作帆檣，緑絲何萎蕤〔四〕。遲日徐看錦纜牽。○【王洙曰】吴書：甘寧住止，嘗以繒錦纜舟，去輒割棄，以示奢侈。○隋煬帝錦纜龍舟。陳正見賦得雪映夜舟詩〔五〕：檣風吹影落，錦纜〔六〕雜花浮。魚吹細浪摇歌扇，○【程曰】歌扇所以掩口遮〔七〕羞也。燕蹴飛花落舞筵。○【鄭卬曰】蹴，子六切，蹋〔八〕也。不有小船能盪槳，百壺那送酒如泉。○詩：清酒百壺。○【師古曰】安西〔九〕有酒泉郡，其泉湧，甘香〔一〇〕如酒。

【校記】

〔一〕悉，古逸叢書本無。

〔二〕涘，元本、古逸叢書本作「俟」。
〔三〕携，古逸叢書本作「懷」。
〔四〕蕤，古逸叢書本作「毅」。
〔五〕賦得雪映夜舟詩，古逸叢書本作「賦夜舟得雪歌詩」。
〔六〕纜，元本、古逸叢書本作「浪」。
〔七〕遮，元本、古逸叢書本作「如」。
〔八〕蹋，元本、古逸叢書本作「開」。
〔九〕西，元本、古逸叢書本作「云」。
〔一〇〕甘香，古逸叢書本作「出味」。

與鄠縣源大少府宴渼陂得寒字

應爲西陂好，〇長安志：渼陂在鄠縣西五里。金錢罄一餐。〇金錢，一作千金。飯抄雲子白，〇【趙次公曰】雲子指言菰米飯也。西陂中則有菰矣。公集有詩云「秋菰爲黑稻，精鑿成白粲」是也。〇【九家集注杜詩引作「薛（夢符）曰」】。又，杜陵詩史、集千家注批點杜工部詩集引作「師古曰」】。

又，分門集注、補注杜詩引作「時可曰」：「漢武帝内傳：王母謂帝曰：『太上之藥，乃有玄光、梨角、風實、雲子。』〔一〕】按漢武帝内傳：西王母謂武帝曰：「太上之藥，乃〔一〕有風實、雲子、玉津、金漿，有得服之，後天而老。」○本〔二〕朝洪駒父詩：溪毛入饌光浮夾，雲子新炊滑溜匙。汪彦章詩：霜後木奴香噀手，秋來雲子滑流匙。或曰廬山記：康王〔三〕谷中有白石，號雲子。大者如棊子，小者如稻米。此乃鑿説也。瓜嚼水精寒。無計迴船下，空愁避酒難。○【趙次公曰。按，此條杜詩趙次公先後解輯校失引。】言主人苦相勸酒，無計避之耳。主人情爛熳，○相如上林賦：所以娱耳目、樂心意者，麗靡爛熳於前。持答翠琅玕。○【師古曰】琅玕，喻主人投我爛熳之情意厚而且重，故我作此篇什以報之也。○【趙次公曰：「意以篇什當之也。」】或謂主人待我情意爛熳，我持此詩當翠琅玕以答之矣。○【王洙曰】四愁詩：美人贈我青琅玕，何以報之雙玉盤。

【校記】

〔一〕乃，古逸叢書本作「刀」。

〔二〕本，元本、古逸叢書本作「宋」。

〔三〕康王，元本、古逸叢書本作「度主」。

崔駙馬○崔或作蕭。山亭宴集

蕭史幽棲地，○【趙次公曰】蕭史，秦女弄玉之婿，故得以比駙馬也。○【王洙曰：「蕭史，弄玉夫也。好吹簫，教弄玉作鳳鳴，而作鳳臺。一旦夫妻皆隨鳳去。」】劉向列仙傳：蕭史者，秦繆公時人，善吹簫，能致孔雀白鶴〔一〕。繆公有女名弄玉，遂以妻焉。日教弄玉作鳳鳴，居數年，吹似鳳皇聲，鳳皇止其屋。公爲作鳳臺，夫妻止其上，不下數年。一日，皆隨鳳皇飛去。○謝靈運詩：恣此〔二〕永幽棲，豈伊年歲別。林間踏鳥毛。○即隨鳳飛去之謂也。洑流何處入，○【鄭卬曰】洑，房六切，洄流也。○海賦：潮〔三〕波汩起，洄洑萬里。〔四〕亂石閉門高，客醉揮金椀。○【趙次公曰】揮者，棄也。客既醉，遂以金椀與之。戴嵩詩：揮金留客坐。詩成得繡袍，○【趙次公曰】唐武后使東方虬、宋之問賦詩，詩先成者得錦袍。清秋多宴會，○【杜陵詩史、補注杜詩引作「王彥輔曰」。又，分門集注引作「王洙曰」。】一作賞樂。終日困香醪。○【王洙曰】香醪，酒也。

【校記】

〔一〕鶴，古逸叢書本作「鸖」。

〔二〕此，古逸叢書本作「志」。

〔三〕潮，元本作「朝」。

〔四〕海賦潮波汩起洄洑萬里，古逸叢書本作：「郭景純江賦：迅洑增澆。」

陪諸貴公子丈八溝携妓納涼晚際遇雨二首

落日放船好，輕風生浪遲。竹深留客處，荷浄納涼時。○【趙次公曰】簡文帝晚景納涼詩：珠簾影空捲，桂〔一〕户向池開。鳥棲星欲見，荷浄月應來。公子調冰水，佳人雪藕絲。○【九家集注杜詩引「薛夢符、杜田補遺皆曰」：「雪，拭也。」杜陵詩史、分門集注、補注杜詩引作「薛蒼舒曰」。】雪謂洗也。○朱超采蓮詩：摘除蓮上葉，拖出藕中絲。徐彦詩：折藕絲能脆，抽荷葉正圓。片雲頭上黑，應是雨催詩。○【趙次公曰】蓋戲言也。雲欲雨，當速歸，而詩未成，則將欲爲雨以催之矣。東坡蘇子瞻嘗用之曰：颯颯催詩白雨〔二〕來。

雨來霑席上，風急打船頭。○【王洙曰】急，一作惡。越女紅裙濕，燕姬翠黛愁。纜侵堤柳繫，○【趙次公曰】蓋雨急當避，進舟於岸旁，故侵堤柳而繫纜也。幔卷浪花浮。歸路翻蕭颯，陂塘五月秋。

【校記】

〔一〕桂，元本、古逸叢書本作「柱」。

〔二〕雨，元本、古逸叢書本作「雪」。

陪李金吾花下飲

勝地初相引，◯世說任誕篇：王衛軍云：酒正自引人著勝地。余行得自娛。◯【王洙曰：「徐，一作余。」趙次公曰：「徐行，所以對勝地，其作『余行』，非。」】余，一作徐。見輕吹鳥毳，◯【鄭卬曰】毳，尺芮切，細毛也。◯言走見金吾，骨輕似吹鳥毛之輕疾也。或謂此甫謙辭也。按劉向說苑：趙簡子遊於西河而樂之，歎曰：「安得賢士而與處焉。」舟人古桑曰：「此是吾君不好之也。」簡子曰：「吾左右客千人，朝食不足，暮收市征；暮食不足，朝收市征。吾可謂不好士乎？」古桑曰：「鴻鵠高飛遠翔，其所恃者六翮也。背上之毛，腹下之毳，無尺寸之數，加之滿把，飛不能爲之益高。不知門下客千人者，六翮之用乎，將盡毛毳也。」隨意數花鬚。◯【鄭卬曰】數，所矩切，計也。◯言遲留飲於花下而數其鬚蘂也。細草偏稱坐，◯【趙次公曰】亦飲酒闌珊，而偏坐於細草之上而不思起也。香醪懶再沽。醉歸應犯夜，可怕李金吾。◯酒懶再沽，恐飲而醉歸，晚而犯金吾夜禁之令。◯【趙次公曰】此所以戲金吾也。◯按後漢志：執金吾掌宮外，戒非常水火之事。吾猶禦也。注：胡廣曰：衛尉處〔一〕行宮中，則金吾徼於外，相爲表裏，以擒奸討猾。◯【杜田補遺。杜陵詩史、分門集注、補注杜詩引作「時可曰」。】韋述西都新記曰：京城街衢有金吾，曉冥傳呼，以禁夜行。唯正月十五日夜敕許金吾弛禁，前後各一日。故中書侍郎蘇味道上元詩有曰：金吾不禁夜，玉漏莫相催。

【校記】

〔一〕處，古逸叢書本作「巡」。

九日曲江

○【趙次公曰】康駢劇談：曲江，秦隑州。開元中疏鑿，遂爲妙境。南紫雲樓、芙〔二〕蓉苑、西杏園、慈恩寺，花卉環列，煙水四際。○韋述常侍兩京記：曲江，昇道坊龍華寺南，流水屈曲，曰曲江。

綴席茱萸好，○【趙次公曰】西京雜記：漢武宮人賈〔二〕佩蘭，九月九日佩茱萸，食蓬餌，飲菊花酒，令人長壽焉。○【王洙曰】又風土記：俗於九月九日折茱萸房以插頭，言辟邪惡。浮舟菡萏衰。○【王洙曰】爾雅釋草：荷，芙蕖，其莖茄，其葉蕸，其本蔤，其華菡萏，其實蓮，其根藕，其中的，的中薏。季秋時欲半，○【王洙曰】一作「百年秋已半」。九日意兼悲。江水清源曲，○【王洙曰】。杜陵詩史、分門集注、補注杜詩引作「瑱曰」。】西京雜記：以水源屈曲，故謂之曲江。荆門此路疑。○【師古曰】此公疑荆門龍山之景物與曲江相若也。○【王洙曰】桓温以九日宴從事於龍山，孟嘉落帽。龍山在荆州門外，今有落帽臺存焉。晚來高興盡，摇蕩菊花期。○【趙次公曰】此言是日之晚，在曲江賞翫之興已盡，則菊花期約又在明年矣。高興盡，乃子猷興盡而返之義也。○莊子天地篇：季徹曰：摇蕩人心。

【校記】

〔一〕芙，元本、古逸叢書本作「美」。

〔二〕價，古逸叢書本作「賈」。

九日楊奉先會白水崔明府

○長安志：唐開元之四〔一〕年縣豐山建睿宗橋陵，改奉先縣，屬京兆府。奉先，長安艮地。公起長安，東征驪山下，東北趨奉先。呂汲公攷曰：公天寶十四載十一月初，自京赴奉先。是月有祿山之亂。至次年改至德元載。五月，公避亂左馮翊，作白水縣崔少府高齋詩。七月，公命駕逆旅鄜畤。其月肅宗踐祚靈武。公西走靈武，陷賊，羈身輞川藍田，有九日藍田崔氏莊詩。觀此詩九月楊奉先、崔白水同會，則是詩作當在天寶十四載九日矣。

今日潘懷縣，○此指楊奉先，比潘岳也。○【王洙曰：「潘岳自河陽轉懷令。」】晉潘岳傳：岳字安仁，才名冠世。武帝時爲河陽懷縣令。同時陸浚儀。○此指崔白水，比陸雲也。○【王洙曰：「陸雲出補浚儀令，縣居都會之要，爲難理。雲到官肅然。」】晉陸雲傳：雲字士龍，少與兄機齊名，出補浚〔二〕儀令。坐開桑落酒，○【趙次公曰：「有劉墮者善造酒，熟於桑落之辰，故酒得名焉。」水經載之詳矣。菊花枝出庾信從蒲州使君乞酒詩，曰：『蒲城桑落熟，灞岸菊花秋。』】水經蒲坂注：後魏置河東郡，郡有民劉墮〔三〕，工釀。採挹河流，醞成芳酎。縣食同栝〔四〕枝之年，排〔五〕於桑落之辰，故酒得名焉。王公庶支〔六〕牽拂相招者，每云索郎有顧思同侶之語。索郎，返語桑落也。○蓋桑落酒出蒲中。○【蘇曰】故庾信就蒲州刺史乞酒詩曰：蒲城桑落酒，灞岸菊花秋。願持河朔飲，分勸東陵侯。○又信詩曰：忽逢桑葉落，正值菊花開。齊民要術：桑落酒法，用九月九日作水麴，米皆以九斗爲準。續古今注云：索郎酒者，桑落時美，故以爲言。按此即是反語爾。○【杜陵詩史引作「蘇曰」。】鄭卬又曰：桑落河出馬乳酒，羌〔七〕人兼葡萄壓之。晉宣帝〔八〕來獻，九日賜百寮飲焉。來把菊花枝。○西京雜記：九月九日佩茱萸，飲菊花酒，令人長壽。天宇清霜淨，○詩豳風：九月肅霜。公堂宿霧披。○【趙次公曰】公堂，乃楊奉先之公堂也。○宿霧披，言晴也。○【王洙曰】晉衛瓘見樂廣，曰：「若披雲霧而覩青天。」晚酣留客舞，鳧舄共差池。○差，初加切。○【王洙曰】差池，言舞之貌也。○今以王喬比楊，崔也。○【王洙曰】後漢王喬爲葉〔九〕令，朔望常詣臺〔一〇〕。朝臨，至輒有雙鳧自東南飛來，於是舉羅張之，但得一雙舄焉。

【校記】

〔一〕四，古逸叢書本作「萬」。
〔二〕浚，元本、古逸叢書本作「俊」。
〔三〕墮，原作「隨」，據古逸叢書本改。
〔四〕栝，古逸叢書本作「枯」。

〔五〕排，古逸叢書本作「耕」。
〔六〕支，古逸叢書本作「士」。
〔七〕酒羌，元本、古逸叢書本作「故土」。
〔八〕杜陵詩史、分門集注、補注杜詩「帝」下有「時」字。
〔九〕葉，元本、古逸叢書本無。
〔一〇〕元本、古逸叢書本「臺」下多一「臺」字。

天寶十五載丙申夏五月挈家避地鄜州作

白水縣崔少府十九翁高齋三十韻

〇【王洙曰】天寶十五載五月作〔一〕。按地理志：白水縣屬左馮翊，同州屬縣。秦文公分清水爲白水，至漢爲彭衙縣。又名栗邑。〇【鄭曰】十道志：同州白水縣，漢栗邑，南界臨白水，魏文帝改爲白水縣，昔漢彭衙縣也。〇水經注：白水源出分水嶺西。〇【鮑彪曰】明皇紀：天寶十五載夏六月辛未，賊禄山入潼關，法駕狩劍外。秋七月甲子，肅宗即位于靈武，建元至德。是年公在奉先，以舅崔公爲白水縣尉，故夏適通泉避亂，時有是詩。

客從南縣來，○【黃希曰：「白水在同州西北一百二十里，而同州又在京北東北二百五十里，公自奉先來，故以奉先爲南縣。」】南縣，謂奉先縣也。奉先在白水之南。○【王洙曰】古詩：客從南方來。浩蕩無與適。○【趙次公曰】浩蕩，悠遠不定之貌。○屈原九歌河伯篇：心飛揚兮浩蕩。旅食白日長，况當朱炎赫。高齋坐林杪，○【鄭卬曰】杪，亡招〔二〕切，木末〔三〕也。信宿遊衍闃。○【鄭卬曰】衍，于線切。闃，苦激切，寂静也。○【王洙曰】左氏傳：再宿曰信。清晨陪躋攀，傲睨俯峭壁。○【鄭卬曰】睨，五計切，視也。○【王洙曰】海賦：馮夷倚浪以傲睨。崇岡相枕帶，曠野懷咫尺。○【王洙曰】懷，一作回。○一作迴。○【趙次公曰】言野雖曠遠，而懷之若咫尺也。始知主人賢，贈此遺愁寂。○主人指崔少府，以此景贈甫，登眺可以消遣愁寂也。危堦根青〔四〕冥，○【趙次公曰：「青冥者，青雲杳冥之際。」】此言齋館之高，據于青雲杳冥之際也。曾冰生淅瀝。○言高而冷潤之氣襲人如冰也。○【王洙曰】宋玉招魂篇：曾冰峩峩，飛雪千里。補注：神異經：北方有曾冰萬里，厚百丈。謝惠連〔五〕雪賦：霰淅瀝而生〔六〕集，雪紛揉而遂多。上有無心雲，○陶潛歸去來辭：雲無心以出岫。下有欲落石。○古詩：欲落未落江邊石。泉聲聞復急，○急，或作息。動静隨所激。○激，一作擊，非是。陳〔七〕作激，正異同。鳥呼藏其身，有似懼彈射。○【鄭卬曰】射，食亦切，弓弩發也。○動静，言景物或動或静者，隨所目擊而生，如泉聲或聞或不聞，心静則有聞，心動則無聲，泉聲之有無不在於泉，蓋因人之動静如何耳。泉無情之物尚然，况鳥有知，一隱一見，豈不隨人。今聞其聲，不見其身，由懼彈射故也。鳥尚愁，況人之靈於物者，其可不避讒搆而隱爲吏乎！吏隱適情性，○適，一作道。○【王洙曰】一作通。茲焉其窟宅。○自古有市隱，有吏隱，費長房、葛仙翁賣藥於市，此隱於市廛者。老聃爲周柱下史，莊周爲漆園吏，此隱於吏者。崔少府避讒搆而隱於吏，不以簿書獄訟之煩，常欲樂適於性情，故卜窟宅于此，以爲宴遊之地。右皆序高齋〔八〕之趣也。○【王洙曰】海賦：靈仙之所窟宅。白水見舅氏，○白水，縣名。舅氏，指崔少府也。餘見題注。諸翁乃僊伯。○伯，長也，言崔氏爲神仙之伯焉。神仙傳：安少習尊貴，於是仙伯奏安不敬。杖藜長松陰，○【門類增廣十注杜詩引作「杜云」。又，杜陵詩史、分門集注、補注杜詩引作「修可曰」。】莊子讓王篇：原憲杖藜應門。作尉窮谷僻。○【王洙曰】昔漢梅福作尉，有神仙之術，故今人謂之仙尉。爲我炊雕胡，○【趙次公曰】雕胡，菰米也。○【王洙曰】長安人謂之雕胡。○【趙次公曰】宋玉風賦：主人之女爲臣炊雕胡之飯、露葵之羹，來勸臣食。逍遥展良覿。○良覿，良會也。崔少府講〔九〕主客相敬之禮，設雕胡飯以待之。○【王洙曰】謝靈運詩：搔首訪行人，引領冀良覿〔一○〕。坐久風頗愁，○愁，一作怒。晚來山更碧。相對十丈蛟，○龍無角曰蛟。○【師古曰】十丈蛟，喻禄山也。此已下寓意禄山之叛。欻翻盤渦拆。○【鄭卬曰】渦，烏禾切，水坳也。○【王洙曰】海〔一一〕賦：盤渦谷轉。何得空裏雷，殷殷尋地脉。○【分門集注引作「鄭卬曰」。杜陵詩史引作「王洙曰」。】殷，於謹切，雷聲。○空裏雷，以喻禄山兵威之震。時京師陷於禄山，如盤渦爲蛟所翻，況兵威振赫，所向皆摧如雷聲，尋地脉而來也。煙氛藹峭崒，○峭，自秋切。崒，敢律切。高峻貌。兩都賦：巖峻峭崒。魍魎森慘戚。○言妖氣紛起而魍魎邪物皆附之而爲亂也。馬融廣成頌〔一二〕：捎罔兩。注引國語曰：木石之怪夔、罔兩。遊光，神也，兄弟八人。崑崙崆峒顛，○前注。回首如不隔。○如，一作知。言崑崙、崆峒之下，復恐吐蕃入寇，與之相連結故也。前軒頹反照，○【王洙曰】頹，一作摧。巉絶華嶽赤。○言晚日映旌旗之色，皆赤也。兵氣漲林巒，川光雜鋒鏑。知是相公軍，○【趙次公曰】相公，指哥舒翰也。天寶十四載，禄山反，帝召哥舒翰守潼關。明年，拜尚書左僕射、同中書門下平章事。鐵馬雲霧積。○【王洙曰】霧，一作煙。玉觴淡無味，胡羯豈强敵。○【趙次公曰。杜陵詩史、補注杜詩引作「本中曰」。分門集注引作「徐曰」。】黄庭内景經：淡然無味。長歌激屋梁，○【王洙曰】蘇武詩：長歌正激烈。○【趙次公曰。杜陵詩史、補注杜詩引作「晏曰」。分門集注引作「徐曰」。】宋玉神女賦：日朝出，照屋梁。淚下流衽席。○禄山本胡人，故云胡羯。甫宴于高齋，舉目與京城相對，遥思禄山僭逆，飲酒爲之無味，復思胡羯，終必敗亡，豈爲强敵，是以感慨，爲之長歌，激動梁塵，又爲之下淚，痛傷天子播越，生民不安其居也。人生半哀樂，天地有順逆。○人生哀樂相半，天地之氣亦逆順相混〔一三〕。臣之事君，其理爲順。今禄山以臣叛君，逆莫大焉。玄宗開元以前，民物阜康，可謂享其逸樂矣。天寶以後，天下大亂，其哀樂爲如何哉〔一四〕。哀樂所在，逆順隨之，天人之理豈不若影響然！慨彼萬國夫，休明備征狄。猛將紛填委，○【王洙曰】李陵書：猛將如雲。劉公幹詩：鄙事相填委。廟謀畜長策。○【王洙曰】光武贊：明明廟謨。東郊何時開，○【王洙曰】書費誓：徐夷並興，東郊不開。帶甲且未釋。○未，王介甫作來。〔一五〕欲告清宴罷，○罷，一作疲。難拒幽明迫。三嘆酒食傍，○【九家集注杜詩、門類增廣十注杜詩引作「新添」。杜陵詩史引作「張孝祥曰」。杜陵詩史、分門集注、補注杜詩、集千家注杜工部詩集又引作「程曰」。】左氏傳：魏子曰：唯食忘憂，吾子置食間三嘆，何也？何由似平昔。○甫慨〔一六〕歎萬國之夫當國家休明之時不能推恩撫恤，反驅之征伐四夷，徒恃猛將如雲，廣謀長策，可以控御四方，一旦禄山乘隙反叛，東郊爲之不開，帶甲之夫何時得解甲而爲太平之民乎？當兵革之際，日夜憂迫於人，何暇晏然爲此宴會。甫欲告罷清宴，再三發歎，何得似開元之間邪！爲人君者居安慮危，在念治亂，其可忽諸？

【校記】

〔一〕「天寶」至「月作」，元本、古逸叢書本無。

〔二〕招，元本、古逸叢書本作「沼」。

〔三〕按，元本、古逸叢書本作「林」。

〔四〕青，元本、古逸叢書本作「清」。

〔五〕惠連，元本、古逸叢書本作「靈運」。

〔六〕生，元本、古逸叢書本作「先」。

〔七〕陳，元本、古逸叢書本作「東」。

〔八〕齋，古逸叢書本作「尚」。

〔九〕講，古逸叢書本作「謂」。

〔一〇〕覯，元本作「勤」，古逸叢書本作「覼」。

〔一一〕海，古逸叢書本作「江」。

〔一二〕馬融廣成頌，元本作「比月縣員威頌」，古逸叢書本作「寄劉峽州翠虛」。

〔一三〕混，元本、古逸叢書本作「半」。

〔一四〕哉，元本、古逸叢書本作「設」。

〔一五〕未王介甫作來，元本、古逸叢書本作「未得解甲也」。

〔一六〕慨，元本、古逸叢書本作「自」。

白水明府舅宅喜雨得過字

吾舅政如此，古人誰復過。○【王洙曰：「喜雨之應禱，故美其政。」】美崔少府之善政，禱雨應期，古人所不能及也。碧山晴又濕，白水雨偏多。精禱既不昧，歡娛將謂何。湯年旱頗甚，○【王洙曰：「湯有七年之旱。」】莊子秋水篇：湯之時八年七旱，而崖不爲加〔一〕損。帝王世紀：成湯大旱七年，齋戒，剪髮斷爪，以己爲犧，禱於桑林之社，以六事自責。劉向説苑：湯之時大旱七年，雒拆〔二〕川竭，煎沙爛石。於是使人持六足鼎，祝之山川，曰：「政不節耶，使人疾耶，〔三〕苞苴行耶，讒夫昌耶，宫室營〔四〕耶，女謁盛耶，何不雨之極也！」言未已而天大雨。今日醉弦歌。

【校記】

〔一〕加，元本、古逸叢書本作「枯」。

〔二〕拆，古逸叢書本作「折」。

〔三〕使人疾耶，元本、古逸叢書本作「民失職耶」。

〔四〕營，元本、古逸叢書本作「崇」。

沙苑行

○李吉甫郡國圖：沙苑，一名沙阜，在同州馮翊縣南十二里，東西八十里，南北三十里。

君不見左輔白沙如白水，○一作白如水，一作遠如水。○【王洙曰】前漢京兆尹、左馮翊、右扶風，謂之三輔。○【趙次公曰】同州於昔爲馮翊郡，故謂之左輔，在州西北一百二十里有白水縣，以其水白因以名之。○白沙即沙苑也，如至也。自沙苑至白水百有餘里。繚以周牆百餘里。○繚，盧絞切，繞也。以牆圍繞牧馬監于此，以養群馬也。○【王洙曰】班固西都賦：西郊則有上囿、禁苑，繚以周牆四百餘里，其中乃有大宛之馬。三輔故事：上林連綿四百餘里。張衡西京賦：繚垣綿延四百餘里。龍媒昔是渥洼生，○渥音握。洼，於佳切，水名。○【王洙曰】前漢禮樂志：元狩三年，馬生渥洼水中，作天馬歌曰：「天馬徠龍之媒。」汗血今稱獻於此。○【王洙曰】西域傳：宛别邑七十餘城，多善馬，汗血，其先，天馬子也。苑中騋牝三千匹，○【王洙曰】唐貞觀初，僅有牧牝三千匹，從赤岸澤徙〔一〕之隴右，命張萬歲爲監牧。詩：定之方中，騋牝三千。毛萇傳：馬七尺曰騋。騋馬與牝馬也。豐草青青寒不死。○【王洙曰】詩湛露：在彼豐草。漢童謡曰：千里草，何青青。古詩：青青河畔草。食之豪健西域無，○【王洙曰】食，音嗣，飼也。○【趙次公曰】寒時草當死，而沙苑之地宜草，雖寒而不死，以之食馬則豪健，雖西域食苜蓿之馬亦無此豪健也。每歲攻駒冠邊鄙。○【王洙曰：「攻，一作牧。」】攻，一作收。○謂每年課駒數爲最盛也。王有虎臣司苑門，○【王洙曰】周禮夏官：司馬，虎賁氏，掌守王閑〔二〕宫門。詩魯頌：矯矯虎臣。入門天厩皆雲屯。○言馬之多也。陸士衡詩：胡馬如雲屯。驌驦一骨獨當御，○【鄭卬曰】驌，息逐切。驦，色莊切。○又所兩切。良馬也。驌驦，本鳥名，馬似之也。○【王洙曰】左氏定公三年傳：唐成公有兩肅爽〔三〕馬，子常欲之，弗與。唐人竊馬而獻〔四〕子常。春秋二時歸至尊。○歸，一作朝。○【趙次公曰】虎臣所掌之馬雖多，而其中惟有驌驦一種之骨充御，故一年之中春秋兩次進之也。○至尊，乃天子也。至尊内外馬盈億，○鮑作「内外馬數將盈億」。○【王洙曰】開元初，牧馬二十四萬匹。十三年，加至四十五萬匹。伏櫪在坰空大存。○【趙次公曰】言櫪中坰外皆是凡材，空大存之，而不如驌驦之駿異也。○【王洙曰】魏武樂府：老驥伏櫪，志在千里。詩魯頌：駉駉牡馬，在坰之野。逸群絶足信殊傑，○【王洙曰】蜀志關羽傳：諸葛亮謂羽曰：「馬超未及髯之絶倫逸群也。」魏文帝與孫權書曰：此馬善〔五〕中國，雖饒馬其如此絶足亦〔六〕少。倜儻權奇難具論。○【鄭卬曰】倜，他歷切。儻，他朗切。不羈也。○權，高也。○【王洙曰】前漢禮樂志：天馬歌：志俶儻〔七〕，精權奇。顔延年賦：雄志倜儻〔八〕精權奇。纍纍塠阜藏奔突，○【鄭卬曰】塠，都迴切。○【趙次公曰】塠阜，言苑中之山塢可以藏馬之奔突也。往往坡陁縱超越。○【趙次公曰】坡陁，言苑中之沙汀可以縱馬之超越也。角壯翻同麋鹿遊，○【趙次公曰】言馬之角鬬，其壯可與麋鹿並其能，以麋鹿善走險也。○【王洙曰】顔延年赭白馬賦：分馳迴場，角壯永埒。浮深簸蕩黿鼉窟。○浮深，謂浴於水也。○【師古曰】此篇甫寓意於禄山而爲之，若曰：唐家諸將爲不少，玄宗皆以凡才視之，獨以兵權委之禄山，甚見寵貴，故云「驌驦一骨獨當御」。終使禄山難制，奔突超越，一旦反於范陽，河〔九〕北爲之震蕩，豈非簸蕩黿鼉窟之謂乎？○木玄虚海賦：戲廣浮深。泉出巨魚長比人，○馬之絶群者能化龍，魚之絶群者亦然。魚長比人，此魚之絶群者也。○【師古曰】甫既以馬比禄山，又以魚比史思明。蓋思明乃禄山之將，相繼而叛，故甫託意焉。○按，泉或作海。京房易傳：海出巨魚，邪人進，賢人疏。丹砂作尾黄金鱗。豈知異物同精氣，雖未成龍亦有神。○【趙次公曰】：「龍或魚所化，或馬所爲，故異物同精氣也。出易：『精氣爲物。』〔一〕馬與魚龍異物而同精氣，縱未能成龍，亦有神靈所凴故也。○禄山雖非真龍，亦已有猪龍之質，故集有靈湫詩「復歸虚無底，化作長黄虬」，蓋謂是也。

【校記】

〔一〕徙，古逸叢書本作「從」。

〔二〕閑，元本、古逸叢書本作「閉」。

〔三〕肅爽，元本、古逸叢書本作「驌驦」。

〔四〕獻，元本作「斬」。

〔五〕善，古逸叢書本作「書」。

〔六〕亦，元本、古逸叢書本作「中」。

〔七〕儻，元本、古逸叢書本作「倘」。

〔八〕儻，元本、古逸叢書本作「倘」。

〔九〕河，古逸叢書本作「何」。

三川觀水漲二十韻

〇【趙次公曰：「公自注。」按，見於大雲寺贊公房四首其四趙次公注。】天寶十五載七月中避寇時〔一〕作。〇【王洙曰】〔二〕唐鄜州三川縣有華池水、黑源水、洛水同會，謂之三川。〇非西周之三川也。按，華陰屬華州，華源屬耀州，平陸屬陝州。在州北五里有傅巖穴，即虞芮之人讓畔處。甫天寶十五載五月在白水縣崔少府高齋，是年七月，覩賊勢猖獗，復自白水將適邠州，偶值水漲，故作是詩。寓意於賊勢衝突，所嚮莫禦，觀之者可以意會。甫之意不在於水，可知也。

我經華源來，〇柳宗元曰：自渭而北，至于華源，其驛凡九。不復見平陸。〇謂平陸縣已陷于賊也。北上唯土山，連天走窮谷。〇窮，或作穹，言逃竄窮僻之地也。火雲無時出，〇【王洙曰：「一作出無時。」】一作無出時。飛電常在目。自多窮岫雨，行潦相豗蹷。〇【鄭印曰】豗，呼回切。相豗，相擊也。〇【王洙曰】海賦：磊匒匌而相豗。〇匒匌，重疊也。蓊匌川氣黃，〇【鄭印曰】蓊，烏孔切。匌，苦〔三〕答切，又音溘切〔四〕，匝也。〇川氣黃，謂水混濁泥滓也。群流會空曲。〇言四方不遑之徒皆附賊爲亂而聚于西都也。〇【趙次公曰】鮑照芙蓉賦：繞金渠之空曲。清晨望高浪，〇【趙次公曰】郭璞詩：高浪駕蓬萊。忽謂陰崖踣。〇【鄭印曰】踣，蒲北切。〇言浪高，陰崖爲之沉蹶也。恐泥竄蛟龍，〇【鄭印曰】泥，乃計切，滯也，陷也。〇龍無角曰蛟，喻君子奔竄避賊也。登危聚麇鹿。○喻小民携抱〔五〕老幼，聚于原野也。枯查卷拔樹，○查，與槎同。磪魄共充塞。○【鄭卬曰】磪，洛罪切。魄，口罪切。○【趙次公曰：「字書：磪魄，石也。」】磪〔六〕魄，沙石也。○水勢飄蕩，枯查與沙石同其隘塞也。聲吹鬼神下，○祿山之兵長驅而來，逾年而陷二京，其疾速如鬼神之下也。勢閲人代速。○唐諱「世」，改作「人」。京城民物焚劫殆盡，已非昔日繁庶，觀其勢，豈非人代變更若是之速耶！陸機歎逝賦：人何世而弗新，世何人之能改。不有萬穴歸，何以尊四瀆。○四瀆爲衆流之尊，故萬穴皆歸之，喻玄宗無容民蓄衆之德，宜萬方之民所不歸心，是使祿山得以長驅而來也。○【薛夢符曰】爾雅釋水：江、河、淮、濟，是爲四瀆。發源注海者也。及觀泉源漲，反懼江海覆。漂沙拆岸去，○【鄭卬曰】漂，匹妙切，浮也。○【王洙曰】海賦：漂沙礐石。○【趙次公曰】謝靈運詩：拆岸累崩奔。漱壑松柏禿。○【王洙曰】江賦：漱壑生浦。乘陵破山門，○廣雅：陵，乘也。宋玉風賦：乘陵高城。華原縣有三門山。迴斡裂地軸。○裂，一作倒。地有三千六百軸，是以能載。昔共工氏與顓頊戰，觸折天柱，踏翻地軸，天傾西北，地不滿東南。祿山之鋭〔七〕亦如之。○【杜田補遺】張華博物志：地示之位，起形於崑崙，高萬一千里。崑崙之東北，地轉下三千六百里，有八元幽都，方二千〔八〕餘萬里，下有四柱，廣十萬里，地有三千六百軸，互相牽制。抱朴子：地有三千六百軸，名山大川孔穴相通。○【王洙曰】海賦：狀如天輪，膠戾而激轉。又似地軸，挺拔而爭迴。交洛赴洪河，○寰宇記：鄜州洛交水在縣南一里，洛水交會之所。及關豈信宿。○關，謂潼關也。再宿曰信。唐地理志：潼關在華州之華陰縣，即右桃林塞也。應沉數州没，如聽萬室哭。○聽，他經切，聆也。自及觀泉源漲已下，皆喻禄山之攻略，北趨洛，西入〔九〕關，只在信宿之間，遂使數州沉沉，萬室號哭，不亦悲乎！穢濁殊未清，○言賊未平也。風濤怒猶蓄。○喻吐蕃復佐其威也。何時通舟車，陰氣不黲黷。○【鄭卬曰】黲，千敢切。黷，徒卜切。黲黷，泥黑也。○【趙次公曰：「何時得水落而舟車可通，且陰氣開朗而不黲黷。」】何時得盜賊寧息以通舟車，而殺氣清朗也。

○【師古曰】此甫發歎厭亂願治之辭。浮生有蕩汩，吾道正羈束。人寰難容身，石壁滑側足。○【師古曰】謂當兵革擾攘，吾道拘而不得騁，武夫悍卒正得志之秋，天地雖大，若無所容。○寇盜乘時並起，雖山林之間側足而行，若恐摽掠聞知也。雲雷屯不已，○屯，一作此。艱險路更跼。

○【鄭卬曰】跼，渠玉切，促也。普天無川梁，欲濟願水縮。○【王洙曰】魏文帝雜詩：欲濟河無梁。○謝玄暉詩：江漢恨〔一〇〕無梁。因悲中林士，未脱葬魚腹。〔一一〕○【王洙曰】詩兔罝：肅肅兔罝，施于中林。赳赳武夫，公侯腹心。王康琚〔一二〕反招隱：今雖盛明世，能無中林士。○易曰：雲雷屯，君子以經綸。當是時，得賢人君子爲之梁棟舟楫之用，庶幾濟難涉險，安慮其爲魚者，故方雲雷之屯不已，世路艱險，轉見跼蹐難行，普天之民墊溺，當棟梁舟楫之任者其誰乎？是以中林之士未免爲魚之患也。○【王洙曰】屈原答漁父曰：寧赴湘流，葬于江魚之腹中。舉頭向蒼天，安得騎鴻鵠。

○鴻鵠一舉千里，何由騎跨鴻鵠，高飛遠舉，然後可以脱禍。但舉頭向彼蒼，無可奈何，而訴于天也。

【校記】

〔一〕時，元本、古逸叢書本作「所」。
〔二〕元本、古逸叢書本「唐」前多「按」字。
〔三〕苦，古逸叢書本作「若」。
〔四〕切，古逸叢書本無，杜陵詩史、分門集注、補注杜詩亦然。
〔五〕抱，元本、古逸叢書本作「持」。
〔六〕礧，元本、古逸叢書本作「磈」。
〔七〕鋭，元本、古逸叢書本作「亂」。
〔八〕千，古逸叢書本作「十」。
〔九〕入，元本、古逸叢書本作「潼」。
〔一〇〕恨，元本、古逸叢書本作「限」。
〔一一〕此句原脱，據古逸叢書本補。
〔一二〕康琚，元本、古逸叢書本作「子居」。

新定杜工部草堂詩箋斠證卷第九

至德元載公自鄜州赴朝廷遂陷賊中在藍田縣所作

哀王孫

〇【王深父曰】時安禄山破潼關，告急京師，玄宗驚駭，不與宰相謀，惟楊國忠勸帝幸蜀，夜半出延秋門。翌日，宰相大臣全無知者，時諸王公主皆不及知，不隨駕西幸。諸王流離乞丐，多爲賊所翦滅，故甫有哀王孫之什焉。〇詩國風：齊侯之子，平王之孫。蓋公侯之子，謂之公子。王者之孫，謂之王孫。〇【王洙曰】韓信傳：吾哀王孫而進食。

長安城頭頭白烏，〇頭白烏，卞圜作「多白烏」。〇【王洙曰】或作頸白烏。〇按，後漢威帝初，京師童謡曰：城上烏，尾畢逋。三國典略：侯景令飾朱雀門，其日白頭烏萬計集門樓上。通俗文曰：白頭烏謂之鶡鷱。鶡，古八切。或曰：昔燕太子丹爲質於秦，秦曰：「烏頭白，放爾歸。」太子誠之所感，一時烏頭盡白，故有頭白烏也。夜飛延秋門上呼。○延秋門，京城之西門也。又向人家啄大屋，○【王洙曰】向，一作來。屋底達官走避胡。○烏棲於長安城頭，夜飛呼於延秋門上。時玄宗出奔，驚動棲烏，故烏爲之夜飛。詩云：瞻烏爰止，于誰之屋。烏之所止必於富家大屋，蓋富家大屋粱肉餘棄，烏賴以啄食焉。時達官避祿山之難，屋底無人，烏〔一〕盡下啄食。凡烏之啄食皆於無人之處，甫言及此，足見京城空虛，皆走避胡故也。祿山本胡人，故云避胡。然烏之類多矣，必取於烏者，蓋能反哺，謂之慈烏。玄宗西幸，不告使諸王公主，皆爲賊所戕〔二〕殺殆盡，豈非其不慈而有愧於烏乎？夫烏之飛鳴，蓋求其類故也。金鞭斷折九馬死，○方玄宗之出奔，急欲遠遁，鞭馬疾驅，不得停歇，故金鞭爲之斷折，十馬而死其九也。西京雜記：文帝自代來，有良馬九疋。骨肉不待同馳驅。○待，一作得。題注。腰下寶玦青珊瑚，○【趙次公曰】玦，古穴切。○佩如環而有缺，義取與訣別也。諸王流離于道，腰下寶玦其色如珊瑚之青也。魏文與鍾大理書：鄴騎既到，寶玦隨至。可憐王孫泣路隅。○謂失所也。問之不肯道姓名，但道困苦乞爲奴。○【趙次公曰】干寶晉紀總論：劉淵、王彌之亂，將相侯王交頸受戮，乞爲奴僕，而猶不獲。齊建王子真被誅，走入牀下，叩頭乞爲奴贖死，不從。河東王鉉聞，收至，欣然曰：「死生，命也。終不效乞爲奴而不得。」仰藥而死。已經百日竄荊棘，身上無有完肌膚。高帝子孫盡隆準，○隆，一作高。○【王洙曰】漢高祖爲人隆準而龍顏。注：準，鼻也。龍種自與常人殊。○【趙次公曰】隋文帝子勇，勇子儼，雲昭訓所生，乃雲定興女。

文帝喜曰：「皇太孫何謂生不得其地。」定興奏曰：「天生龍種，所以因雲而出。」豺狼在邑龍在野，○豺狼喻盜賊，龍喻天子。豺狼在邑，言盜賊得勢；龍在野，言天子失所也。○【王洙曰：「光武紀：讖曰：四夷雲集龍鬬野。」】光武紀：四七之際，龍鬬〔三〕野。 王孫善保千金軀。○鮑照行路難：非我昔時千金軀。○【趙次公曰】沈約雜詩：坐喪千金軀。 不敢長語臨交衢，且爲王孫立斯須。○立，一作泣。○【趙次公曰】長語，乃剩言也。交衢，謂路相交錯，要衝之所，甫與之問答，不敢私言，但共立少須，恐爲奸人窺伺故也。○李陵詩：長當從此別，且復立斯須。 昨夜東風吹血腥，○【王洙曰】東，一作春。○謂殺戮多也。 東來橐駞滿舊都。○橐，一作駱。○【鮑彪曰】舊都，乃長安也。○【王洙曰】按史思明傳：祿山陷兩京，以駞運御寶於范陽，不知紀極。 朔方健兒好身手，○健兒，軍之總稱也。邠志：邠軍始鎮靈州，謂之朔方軍。有命則征伐，無命則入守。天寶以前，衆號十萬，實六萬。明皇晚年置長征健兒。天寶故事：祿山反，榮王琬統軍東征。内出錢〔四〕帛於京師，召募十萬衆，號曰「天武健兒」。旬日而集。○【趙次公曰】曹元首六代論：身手不能相使。 昔何勇鋭今何愚。○【師古曰】哥舒翰領朔方兵守潼關，一日爲賊所敗，如入無人之境。昔禦吐蕃，稱爲天下精兵，今何敗北，皆歸於賊，故云愚也。 竊聞太子已傳位，○太，一作天。○【王洙曰】謂明皇傳位于肅宗也。 聖德北服南單于。○【鄭卬曰】單，時連切。 花門剺面請雪恥，○【薛夢符曰】剺，陵之切，剥也。○【師古曰】南單于即回紇也。 花門乃回紇地名，回紇以花門自號。○【趙次公曰：「是時回紇有助順之心，故戒王孫勿出口於他人而狙往也。按，廣平王俶爲天下兵馬元帥，郭子儀副之，以朔方、安西、回紇、大食兵討安慶緒，在至德二載之閏八月。則公作此詩時，回紇初有助順之請，而剺面者，力剺割其面皮。蠻夷感恩而或喜或悲者，多然。」】嫠面，謂剺其面皮示誠悃而來助順也。時回紇舉兵助肅宗收復兩京，以雪其耻，非聖德有以感之，何以至此。○【王洙曰。又杜陵詩史、補注杜詩、集千家注杜工部詩集引作「薛夢符曰」。】後漢耿秉卒，匈奴聞之，舉國號哭，或至梨面流血。梨，與嫠通。**慎勿出口他人狙。**○狙，一作徂。師古曰：狙，竊聽也。甫欲王孫慎密其事，恐爲諜者所得。

哀哉王孫慎勿疏，五陵佳氣無時無。○明皇幸蜀，諸王流離，不見收録，安知五陵佳氣中無天子復興乎！故以勿疏爲戒也。○【王洙曰】凡天子所葬，謂之山陵。漢高帝葬長陵，惠帝葬安陵，景帝葬陽陵，武帝葬茂陵，昭帝葬平陵，謂之五陵。○【趙次公曰】後漢王伯阿望舂陵城曰：「氣佳哉！鬱鬱葱葱。」

【校記】

〔一〕烏，古逸叢書本作「足」。

〔二〕戕，古逸叢書本作「殲」。

〔三〕闕，元本、古逸叢書本作「在」。

〔四〕錢，古逸叢書本作「財」。

九日藍田崔氏莊

老去悲秋强自寬，○强，居亮切。○【王洙曰】宋玉九辯：悲哉！秋之爲氣也蕭瑟兮。○【趙次公曰】列子天瑞篇：孔子見榮啓期鼓琴而歌，子曰：「善哉！能自寬也。」興來今日盡君歡。羞將短髮還吹帽，○【王洙曰：「孟嘉九日爲風吹帽。」】晉陶潛孟府君傳：嘉爲征西大將軍譙國桓温參軍。君色和而正，温甚重之。九月九日，温遊龍山，時佐吏畢集，並着戎服，有風吹君帽墮落，温目左右及賓客勿言，以觀其舉止。君初不自覺，良久如厠，温命取還之。温命孫盛紙筆令嘲之，文成，以着君坐。君歸見嘲，笑而請筆作答，了不容思。笑倩傍人爲正冠。藍水遠從千澗落，○【趙次公曰】水經：灞水，古滋水也，亦名藍谷水。有白馬谷水、勾牛谷水、圍谷水、輞谷水、傾谷水、蓼水〔一〕、澗水等合入之。○【王洙曰】三秦記：藍田有洲，方三十里，其水北流，合溪谷之水爲藍水。玉山高並兩峰寒。○【晏曰：「玉山與秦山、華山峙立，故云『高並兩峰寒』。」】兩峰，謂秦山、華山也。○【趙次公曰】郭延生述征記：藍田山爲覆車之象，出玉，亦名玉山。明年此會知誰健，○【王洙曰】健，一作在。○公遭胡羯之亂，後會不可必，故有是句。醉把茱萸子細看。○【王洙曰：「醉，一作再。」】醉，一作更。○餘見前〔二〕注。

【校記】

〔一〕水，杜詩趙次公先後解輯校作「子」。

〔二〕前，元本、古逸叢書本作「題」。

崔氏東山草堂

愛汝玉山草堂靜，高秋爽氣多鮮新。有時自發鍾磬響，○【師古曰】言無隣築也。落日更見漁樵人。盤剥白鴉谷口栗，○栗，一作粟。長安志：藍田縣東有白鴉谷。翠微栗出白鴉谷翠微寺山口。飯煮青泥坊底芹。○【石曰】坊，或作防，堤邊也。○【趙次公曰】長安志：藍田縣南有青泥水，魏置青泥軍。○水經注：青泥驛在縣郭下。何爲西莊王給事，柴門空閉鎖松筠。○王給事，謂王維也。天寶時爲給事中。○【趙次公曰：「唐史鄭虔傳：安禄山反，遣張通儒却置百官於東都。」】禄山反，遣張通儒却置百官於東都。○【王洙曰：「王維時被張通儒禁在東山北寺，有所歎息，故云。」又，杜陵詩史、分門集注、補注杜詩引作「鮑彪曰」。】王維時被通儒禁在東山北寺。公以長安賊屯，羈身藍田輞川，蓋王維有別墅在輞川，故公感之而歎息也。

悲陳陶

〇【趙次公曰。又，杜陵詩史引作「蘇曰」。】陳陶，唐書作陳濤斜。

〇【鮑彪曰】是歲天寶十五載，改元至德。十月辛卯，宰相房琯以車師戰禄山之黨於陳陶斜，敗績。癸卯，琯又以南軍戰，敗績。是時議者皆咎琯謀之不良也，故甫爲之悲嘆。〇惜〔一〕夫，民爲本，况忠義所激，自爲團社，願隨官軍討賊，宜得良將統臨，料敵制變，無不成功。琯以宰相器而爲爪牙之用，用非所長，以至於敗，琯亦何罪。因作是詩以悲之。〇【王洙曰：「唐書房琯傳：琯奉使靈武，立肅宗，因請將兵誅寇孽，收復京都。琯分爲三軍，遣楊希文將南軍自宜壽入，劉悊將中軍自武功入，李光進將北軍自奉天入，琯自將中軍爲前鋒。」又，分門集注引作「王彦輔曰」。】按，新書房琯傳：琯奉使靈武，玄、肅宗因請將兵誅寇孽，收復京師。琯起軍太白，分爲三軍，遣楊希文將南軍自宜壽入，劉悊將中軍自武功入，李〔二〕光進將北軍自奉天入，琯自將中軍爲前鋒。十月庚子，師次便橋。辛丑，二軍先逆〔三〕賊於咸陽縣之陳濤斜。〇【王洙曰】時琯用春秋車戰之法，以車二千乘馬步夾之，既戰，賊順風揚塵鼓譟，牛皆震駭，因縛〔四〕蒭縱火焚之，人畜撓敗。乃〔五〕中使邢延恩等督戰〔六〕，倉黄失據，遂及於敗。爲賊所傷殺者四萬餘人，存者數千而已。

孟冬十郡良家子，〇孟冬，即十月也。良家子，謂陜西民户團結精於馳射者，非召募之兵也。〇【王洙曰】前漢趙充國傳：始爲騎士，以六郡良家子。血作陳陶澤中水。〇戰敗流血，而澤水皆赤也。野曠天清無戰聲，○【王洙曰】曠，一作廣。清，一作晴。○言不交刃而敗也。四萬義軍同日死。○軍，一作兵，並見題注。群胡歸來血洗箭，○【杜詩趙次公先後解輯校引作「蔡伯世曰」。又，分門集注引作「王洙曰」。】血，一作雪。仍唱胡歌飲東市。○【王洙曰】仍唱，一作撚箭。都人迴面向北啼，○謂肅宗在靈武也。日夜更望官軍至。○【王洙曰】一作「前後官軍苦如此」。○【趙次公曰】趙子櫟曰：此言朔方、安西、回紇、大食兵相助討賊，然夷狄之性不無殘擾，故房琯雖喪兵矣，都人不願胡兵討賊，由望官軍至也。○師古曰：禄山陷京都，焚劫暴虐，靡所不至，都人〔七〕怨之而思唐德，遂有「更望官軍至」之句。肅宗一舉而復兩京，豈非因民謳吟思唐之心乎？

【校記】

〔一〕惜，元本、古逸叢書本作「息」。

〔二〕李，元本、古逸叢書本作「政」。

〔三〕逆，元本、古逸叢書本作「追」。

〔四〕縛，元本、古逸叢書本作「纏」。

〔五〕乃，古逸叢書本作「爲」。

〔六〕督戰，古逸叢書本作「所促」。

〔七〕人，古逸叢書本作「又」。

悲青坂

我軍青坂在東門，天寒飲馬太白窟。○地理志：伊州在燉煌大磧之外，漢明帝始取伊吾盧地，後多爲屯田兵鎮之所，未爲郡縣。唐正觀初内附，乃置〔一〕伊州，或名伊吾郡，領縣三：其一曰伊吾，有天山，匈奴過之，皆下馬拜。一名雪山，一名太白，謂冬夏常有雪。青坂去太白山凡五里也。唐書志：鳳翔郿縣有太白山。○【王洙曰】古樂府詩：飲馬長城窟。黄頭奚兒日向西，○奚兒，胡兒也，以黄蒙其頭，即狐皮，其色黄也。禄山傳：更築壘范陽北，號雄武城，峙兵積穀，養同羅、奚、契丹、曳落河八千人爲假子。數騎彎弓敢馳突。○我軍屯於青坂，吐蕃以數騎來，敢爾馳突，所以誘而挑戰也。○【王洙曰】匈奴傳：力士能彎弓者盡爲甲騎。山雪河冰野蕭颼，○野，一作晚。颼，一作颯。青是人煙白是骨。焉得附書與我軍，○王粲從軍詩：逍遥河堤上，左右望我軍。忍待明年莫倉卒。○【趙次公曰：「房琯戰于陳陶斜，不利，猶欲持重，而牽於邢延恩所促戰，故敗。而公詩有『忍待明年』之戒，所以重傷之也。」】蕃兵耐寒，官軍所不堪。胡人每秋冬入寇，欺中國之兵不能耐寒。時肅宗已復兩京，史思明，禄山故將也，連結吐蕃數入寇，帝命郭子儀、李光弼禦之，屯軍於青坂。二人皆立大功，不相統攝。帝遣中官魚朝恩爲監軍使，中官不知兵，數趣戰。時雪寒甚，官軍皆僵凍，爲朝恩所督，故至於敗。甫意欲待明年冰泮，伺隙而與之戰，未爲晚也，何必倉卒冒寒驅人於萬死之地乎！

【校記】

〔一〕置，元本作「致」，古逸叢書本作「改」。

對雪

戰哭多新鬼，愁吟獨老翁。○老翁，甫自謂也。亂雲低薄暮，急雪舞迴風。○【王洙曰】洛神賦：若流風之舞迴雪。瓢棄樽無緑，○一作苔緣〔一〕緑，言無酒也。崔豹古今注：瓢亦瓠也。○【趙次公曰】分門集注、補注杜詩、集千家注批點杜工部詩集引作「杜修可曰」。【沈休文詩：憂來命緑樽。爐存火似紅。數州消息斷，○【趙次公曰】天寶十四載，安禄山反。今歲又陷東京。○駕幸劍南、靈武，公時妻子留鄜畤，弟姪又異縣，此之謂「消息斷」也。愁坐正書空。○【趙次公曰】世説：殷中軍浩被廢，在信安，終日恒書空作字，揚州吏民尋義逐之，切〔二〕視唯作「咄咄怪事」四字而已。

【校記】

〔一〕緣，古逸叢書本作「緑」。

〔二〕切，古逸叢書本作「竊」。

月夜

今夜鄜州月，○【鄭卬曰：「鄜，芳無切，今陜西路保大軍。」】鄜，芳無切，今陜西保大軍是也，去汴京一千九百里。閨中只獨看。○【趙次公曰】天寶十五載夏五月，公以家避亂鄜州。秋八月，挺身赴朝廷，獨轉陷賊中。閨中，指其家也。公在賊中而懷鄜州也。遥憐小兒女，未解憶長安。香霧雲鬟濕，清輝玉臂寒。何時倚虚幌，○【鄭卬曰】幌，户廣切，帷也。雙照淚痕乾。○【師古曰】賊陷京城，公故里焚劫蕩盡。虚幌，謂無人也。○【趙次公曰：「以言月照其夫婦相會之時也。」】雙照，以言月照其夫妻，相會之期在何時也？

遣興

驥子好男兒，○【王洙曰：「驥子，公子宗武也。見宗武生日詩注。」】按集，公幼子名宗武，字驥子。前年學語時。問知人客姓，誦得老夫詩。○【王洙曰】老夫，公自謂也。世亂憐渠小，家貧仰母慈。○仰，魚向切，恃也。鹿門携不遂，○昔龐公携妻子隱鹿門山，今甫雖欲隱而未遂其志，是以與妻子間隔也。○【王洙曰：「龐德公携妻子入鹿門山隱。公襄陽人，故云。」】後漢逸民傳：龐德公居峴山之南，夫妻相敬如賓。荆州刺史劉表延請，不能屈，後遂携妻子登鹿門山，因采藥而不反。

雁足繫難期。○言不得音書也。○【王洙曰】難，一作無。史記蘇武傳：武在匈奴中，昭帝遣使通和。常惠夜見漢使，教使謂單于曰：「天子射上林中，得雁，足有繫帛書『武等在某澤中』。」或本又作「鹿門携有處，鳥道去無期」。天地軍麾滿，山河戰角悲。儻歸免相失，○儻，一作東。見日敢辭遲。○【王洙曰】日，一作爾。

至德二載丁酉在賊中所作

元日寄韋氏妹〔一〕

○至德二載春，公猶在賊中。

近聞韋氏妹，迎在漢鍾離。○【趙次公曰】春秋鍾離屬楚地，漢乃九江之縣，在唐爲濠州。郎伯殊方鎮，○郎伯，乃妹之郎伯，謂韋氏也。雖作鎮於遠方，不足爲榮也。京城舊國移。○【趙次公曰】謂安禄山之亂長安而帝西幸也。春城回北斗，○謂元日斗柄回指東，而天下皆春也。○【趙次公曰】京城上直北斗，故謂之「北斗城」。郢樹發南枝。○【趙次公曰：「方春回於北斗之城，乃樹木發南枝於郢地之日，以紀元日。」】謂元日南楚之木皆萌芽也。○【鄭卬曰：「王彥輔云：『或云郢字誤。』印以意考之，當作嶺。」】或謂郢當作嶺，恐非是。○【趙次公曰：「公在長安而妹在鍾離也。」】蓋郢地乃紀妹氏之所寓也。不見朝正使，○正，避秦諱，讀爲平聲。啼痕滿面垂。○【趙次公曰：「以重紀亂離，四方之使隔絶。」】朝正之使以亂離阻隔而不來，是以消息斷絶，故甫爲之啼痕滿面也。

【校記】

〔一〕寄韋氏妹，杜陵詩史引作「王洙曰」。

蘇端薛復筵簡薛華醉歌

文章有神交有道，○【王洙曰：「孟子曰：交鄰國有道乎？」】孟萬章篇：其交也以道。端復得之名譽早。愛客滿堂盡豪翰，○翰，一作傑。開筵上日思芳草。○【王洙曰】日，一作月。○非是。○【師古曰】上日，謂日出時也，故下有「日落風來」之句。思芳草，歎無花可賞也，故繼有「遠移梅」之句。安得健步移遠梅，亂插繁花向晴昊。○東南地暖，梅花早開，西北地寒，故開晚，是以端復思醉於梅花也。千里猶殘舊冰雪，百壺且試開懷抱。○甫有詩云：冰雪相看有此君。古者有冰雪之交，言其歲寒不改也。今經兵革，隔闊千里，不獲會面，此日相覿，猶殘舊契，正好開懷飲酒故也。○【趙次公曰】詩：清酒百壺。謝靈運擬鄴中詩：副君命飲讌，歡娛寫懷抱。垂老惡聞戰鼓悲，○惡，烏路切。急觴爲緩憂心擣。○急觴者，謂以烏羽致之酒上，羽沉則罰，以示其急飲。或云羽觴〔一〕。甫以憂心如擣，籍急觴故能寬其憂也。○【趙次公曰】謝靈運擬王粲詩：哀笑動梁塵，急觴盪幽默。○劉琨答盧諶詩：實消我憂，憂急用緩。○【王洙曰】詩小弁：我心憂傷，惄焉如擣。少年努力縱談笑，○【王洙曰】樂府詩：少壯不努力，老大徒傷悲。看我形容已枯槁。○【王洙曰】屈原漁父篇：顔色憔悴，形容枯槁。座中薛華善醉歌，歌辭自作風格老。近來海内爲長句，汝與山東李白好。○南部新書：李白，山東人，父爲任城尉，因家焉。俗謂蜀人，非也。何劉沈謝力未工，○【王洙曰】謂何遜、劉孝標、沈約、謝朓也。梁書：何遜甫〔二〕歲能賦詩，一文一詠。范雲期輒嗟〔三〕賞，沈約亦愛其文。遜文章與劉孝標並見重於世，世謂之何、劉。世祖著編〔四〕論之云：詩多而能者沈約，少而能者謝朓、何遜。又，劉孝標七歲能屬文，每作一篇，朝成暮編，好事咸誦諷，流聞絶域。又，沈傳：謝玄暉善爲詩，任彦昇工於文章，約兼而有之，然不過也。才兼鮑照愁絶倒。○美薛華善歌詩，使五子見之，當愁絶而倒地矣。○【杜田補遺：「宋景公筆録曰：今人多誤鮑照爲鮑昭，李商隱詩有『肥烹鮑照葵』之句。昔金陵人得地中石刻，作鮑照。蓋武后名照，唐人讀照爲昭爾。」又，杜陵詩史、分門集注、補注杜詩引作「修可曰」。】按鮑照祠堂記：鮑照字明遠，善詩，有集行于世。以唐武后諱照〔五〕，故唐人改爲昭〔六〕。○【王洙曰：「晉衛玠談道，平子絶倒。」】晉衛玠好言玄理，王渥字〔七〕平子，每聞玠言，輒嘆息絶倒，時人爲之語曰：衛玠談道，平子絶倒。諸生頗盡新知樂，

○【王洙曰】屈原九歌少司命篇：樂莫樂兮新相知。萬事終傷不自保。氣酣日落西風來，願吹野水添金杯。如澠之酒常快意，○【王洙曰：「左傳：有酒如澠。」】左氏傳昭公十一年：晉侯以齊侯宴投壺，齊〔八〕侯舉矢曰：「有酒如澠，有肉如陵。寡人中此，與君代興。」杜預注：澠水出齊國。亦知窮愁安在哉。○亦，王〔九〕作不。愁，一作達。喜新厭故，人之常情。新相知最樂，甫欲坐間舊友〔一〇〕且盡新知之樂，後會不可自保，是以相與痛飲〔一一〕，願吹野水以添金杯，使酒多如澠，常得快意，庶可以消窮愁也。忽憶雨時秋井塌，○塌，或作竭。古人白骨生青苔，如何不飲令心哀。○人生遇酒則笑樂，不可不飲，而令心哀也。按集有秋雨歎云：吁嗟呼蒼生，稼穡不可救。是時兵革擾攘，愁氣濃積，淫雨久作，餓莩盈野。甫今對酒思憶苦雨之灾，秋井爲之頹塌，如何當此時不飲而尚令心哀者耶！

【校記】

〔一〕觴，元本、古逸叢書本作「子」。

〔二〕甫，元本、古逸叢書本作「五」。

〔三〕輒嗟，元本、古逸叢書本作「之差」。

〔四〕編，元本、古逸叢書本作「論」。

〔五〕照，原作「昭」，據古逸叢書本改。

〔六〕昭，原作「照」，據古逸叢書本改。
〔七〕字，元本、古逸叢書本作「子」。
〔八〕齊，原作「濟」，據元本、古逸叢書本改。
〔九〕王，元本、古逸叢書本作「二」。
〔一〇〕友，元本、古逸叢書本作「交」。
〔一一〕飲，元本、古逸叢書本作「之」。

春望

國破山河在，〇【王洙曰】明無餘物矣〔一〕。城春草木深。〇【王洙曰】春，一作荒。明無人矣。感時花濺淚，恨別鳥驚心。〇【梅聖俞曰】花鳥平時可娱之物，今見之而泣，聞之而悲，則時可知矣。烽火連三月，〇【趙次公曰】考是詩作於天寶十五載正月之末，蓋安禄山反於十四載之十一月，至是則烽火連三月矣。〇按，漢書音義：邊方備胡寇作高土臺，臺上作桔臯〔二〕，桔臯頭〔三〕有兜鈴，以薪草致其〔四〕中，常低之。有寇則火然，舉之以相告，曰烽。又多積薪，寇至則燔之，以望其煙，曰燧。晝則燔烽，夜則舉燧。家書抵萬金。白頭搔更短，渾欲不勝簪。〇【趙次公曰。又，門類增廣十注杜詩引作「杜云」。杜陵詩史、分門集注、補注杜詩引作「杜修可曰」。】鮑照行路難：白髮零落不勝簪。

【校記】

〔一〕矣，元本、古逸叢書本作「也」。

〔二〕桔臯，元本作「於槹桔」，古逸叢書本作「桔槹」。

〔三〕桔臯頭，元本作「臯頭」。

〔四〕其，元本、古逸叢書本作「於」。

送率府程録事還鄉

○【王洙曰】程携酒饌相就取別。

鄙夫行衰謝，○【王洙曰】鄙，賤也。○行，將也。○【王洙曰：「自稱故曰鄙夫。」】甫自謙之辭。抱病昏忘集。○忘，一作妄〔一〕。非。忘，巫放切，遺忘也。常時往還人，記一不識十。程侯晚相遇，與語才傑立。○【王洙曰】後漢陳蕃對帝曰：「徐穉角立傑出。」薰然耳目開，○言以教藥薰炙，吾耳目頓開也。頗覺聰明入。千載得鮑叔，○【王洙曰：「管仲與鮑叔爲友。」】甫得程録事如管仲之得鮑叔也。列子力命篇：管夷吾、鮑叔牙二人相友甚戚，世稱管、鮑善交。末契有所及。意鍾老柏青，○【鄭卬曰】鍾，一作中。○言勤意鍾聚如松柏青青，歲寒不改其色也。義動脩虵蟄。○【師古曰】言程録事辭官還鄉，如龍艷〔二〕之蟄，以藏身也，故其高義可以聳動於吾也。○【王洙曰】易繫辭：龍蛇之蟄，以存身也。若人可數見，○數，音朔，頻數也。○【九家集注杜詩注爲「新添」。又，杜陵詩史、分門集注、補注杜詩引作「饒曰」。】語憲問篇：君子哉若人！尚德哉若人！尉我垂白泣。告别無淹晷，○言無一日之歡也。百憂復相襲。○復有離别之憂也。内愧突不黔，○言程公挈酒食來與甫話别，甫自愧竈突不黑，殊無烹爨以待客也。○【王洙曰】文子曰：墨子無黔突，孔子無煖席。○淮南修務訓：孔子無黔突，墨子無暖席。庶羞以賙給。○【王洙曰】一作「庶明似賙給」。○甫反荷程公以庶羞相賙給也。素絲挈長魚，碧酒隨玉粒。○玉粒，米也。王子年拾遺記：圓嶠之山名環丘，上有方湖千里，粟生穟高五丈，其粒皎然如玉也。途窮見交態，○富貴相追從，人誰不然。貧賤不改前〔三〕，萬無一也。甫當窮困際，朋舊皆見棄，獨感程公乃能以碧酒玉粒與夫長魚而見恤也。○【王洙曰】阮〔四〕嗣宗詩：窮途能無慟。前漢鄭當時傳：翟公爲廷尉，賓客填門。及廢，門外可設爵羅。後復爲廷尉，客欲往，翟公署其門曰：「一貧一富，廼知交態。一貴一賤，交情廼見。」世梗悲路澀。○梗，古杏切，謂禄山之亂梗阻不通，而行路爲難也。古今樂録〔五〕：途澀無行人，冒寒來往覓。若不信儂時，但看雪上跡。○【王洙曰】潘正叔詩：世故尚未夷，崤函方險澀。東風吹春冰，○【師古曰】禄山反於范陽，范陽在東而冰，有兵革之象也。○【王洙曰】月令：孟春之月，東風解凍，魚上冰。泱莽后土濕。○【師古曰】言率土之民皆陷於塗炭也。○按，泱莽當作泱漭，水貌。○【王洙曰】宋玉九辯：皇天淫溢而秋霖兮，后土何時而得乾。念君惜羽翮，既飽〔六〕更思戢。莫作翻雲鶻，聞呼向禽急。○【趙次公曰：「今云惜羽翮則飽而不復飛往也。末句則又戒之以莫聞人之所呼而急於向禽，又以終其惜羽翮之義。〔二〕程公當此時更宜護惜毛羽，戢翼隱居，飽聽高卧，乃明哲保身之術。莫學飢鶻翻飛雲漢，徒馳逐急於得禽，恐不免矯激〔七〕之禍。甫意戒程公亂世艱於行役，勿爲趨利之徒而汲汲於奔走也。

【校記】

〔一〕妾，元本、古逸叢書本作「妄」。
〔二〕艷，元本、古逸叢書本作「體」。
〔三〕前，元本、古逸叢書本作「節」。
〔四〕元本、古逸叢書本「阮」前有「晉」字。
〔五〕録，元本、古逸叢書本作「府」。
〔六〕飽，元本、古逸叢書本作「醉」。
〔七〕矯激，元本、古逸叢書本作「矰繳」。

憶幼子

○【王洙曰】甫之幼子字驥子，名宗武，時隔絶在鄜州。

驥子春猶隔，鶯歌暖正繁。〔一〕別離驚節换，聰慧與誰論。澗水空山道，柴門老樹村。○【趙次公曰】指言鄜州羌村寄家之地。憶渠愁只睡，○只，王作即。○【王洙曰】睡，一作臥。炙背俯晴軒。○【王洙曰】炙背，乃負暄也。

【校記】

〔一〕「鶯歌」句下，元本、古逸叢書本尚有：「師古曰：假鶯歌以對驥子也。」

一百五日夜對月

無家對寒食，○【趙次公曰】時公寄家鄜州而身陷賊中，此所以嘆其無家也。○【王洙曰：「世說：寒食去冬至一百五日。」又，補注杜詩引「黃鶴補注」曰：「荊楚歲時記曰：去冬至一百五日，即有疾風甚雨，謂之寒食。」然蔡夢弼草堂詩箋成書於南宋寧宗嘉泰四年（一二〇四），黃氏補注杜詩成書於寧宗嘉定九年（一二一六），或爲補注杜詩引用草堂詩箋注文。】荊楚歲記：去冬至一百五日，即有疾風甚雨，謂之寒食。有淚如金波。○【王洙曰】前漢郊祀歌：月穆穆以金波。○顔師古曰：言月光穆穆如金之波流也。斫却月中桂，○虞喜安天論：俗傳月中有仙人桂樹，今〔一〕視其初生，見仙人足漸已成形，桂樹後生。舊傳月中有桂，有蟾蜍，有兔擣藥。○【趙次公曰】酉陽雜俎云：月桂高百丈，下有一人，常斫之，樹創隨合。人姓吴名剛，西河人，學仙有過，謫令伐樹。清光應更多。○【杜田補遺】世說：人語徐孺子曰：「若令月中無物，當極明朗。」仳離放紅蘂，○仳，匹婢切，別也。仳離，別離也。紅蘂，桂華也。放，猶言無心於玩弄也。○【趙次公曰】詩王風：有女仳離。想像嚬青蛾。○嚬，音頻，笑也。或謂頻當作矉，扶真切。通俗文：蹙頞〔二〕也。説文：很〔三〕，張目也。○【趙次公曰：「舊作青蛾，當作青娥，翠眉之謂也。」】蛾，或作娥。○【師古曰】甫對月蛾〔四〕而有思於妻子也。○按淮南子覽冥〔五〕訓：后羿請不死之藥於西王母，恒娥竊以奔月。許慎注：恒娥，羿妻。羿請不死之藥於西王母，未及服之，恒娥盗食得仙，奔入月中，爲月精也。牛女謾愁思，秋期應渡河。○【趙次公曰：「因月祈感，故起牽牛、織女之興，言二星離而終聚，其在我未知如何耳。」又，杜陵詩史、分門集注、補注杜詩引「師古曰」：「牛、女猶有會之期，甫久别家，曾牛、女之不若也。」則草堂詩箋拼合二注而成。】公因月所感，故起牽牛、織女之興，言二星離而終猶有聚會之期，我久與家别，曾牛、女之不若也。○按，周處風土記：七月七日河鼓、織女此二星神當會見天漢中，有奕奕正白氣，有光耀五色，以此爲驗。爾雅：河鼓謂之牽牛。○【趙次公曰】又，續齊諧記：桂陽成〔六〕武丁忽謂其弟曰：「七月七日織女渡河，諸仙悉還宫，吾向已被召。」弟問：「織女何事渡河？」答曰：「暫詣牽牛。」○世人至今言織女嫁牛郎也。曹植九詠詩：乘回風兮浮漢渚，目牽牛兮眺織女。交有際兮會有期，嗟痛吾子兮來不時。

【校記】

〔一〕今，元本、古逸叢書本作「令」。

〔二〕頞，古逸叢書本作「頻」。

〔三〕很，元本、古逸叢書本作「頻」。

〔四〕蛾，古逸叢書本作「娥」。

〔五〕覽冥，原作「冥覽」，據元本、古逸叢書本改。

〔六〕成，元本、古逸叢書本作「城」。

雨過蘇端

○【王洙曰】端置酒。○卞圜曰：端時白衣。唐科名記：端明春始及第。公時在左掖，妻孥尚客鄜時，春後始還京。

雞鳴風雨交，○雨，一作雲。○【師古曰】雞鳴，乃思君子之詩，甫寓意憶蘇端，故乘雨而過之也。○【王洙曰】詩鄭國風：思君子也。風雨凄凄，雞鳴喈喈。久旱雨亦好。○雨，一作雲。杖藜入春泥，無食起我早。諸家憶所歷，一飯跡便掃。○【王洙曰】飯，一作飽。○便，一作更。○【王洙曰】謂交態之薄也。蘇侯得數過，○數，音朔，頻數也。過，古和切，經也。懽喜每傾倒。○晉書：王夫人謂其弟曰：「王家見二謝來，傾家倒寫。見汝來，平平爾。」也復可憐人，○一作復也。呼兒具梨棗。濁醪必在眼，盡醉攄懷抱。紅稠屋角花，碧委墻隅草。○委，一作秀。親賓縱談謔，○縱，一作絕。喧鬧慰衰老。○慰，一作畏。杜〔一〕田謂：上句作絶，則下句當作畏。上句作縱，則下句當作慰。况蒙霈澤垂，糧粒或自保。妻孥隔軍壘，○【師古曰：「天寶十五年，甫携家三川。是詩末章云『妻孥隔軍壘』，則知此詩之作在至德二載也。是年八月，始許往三川迎家，有北征詩。〔〕公天寶十五載挈家避亂鄜州之三川，遂有三川觀水漲詩。○【趙次公曰】阮籍詠懷詩：一身不自保，何况戀妻子。撥棄不擬道。○不，一作未。○【趙次公曰】：「『撥棄不擬道』，亦自淵明『撥置且莫念』之變也。魏文帝雜詩云：棄置勿復陳。〔〕魏文帝雜詩：棄置勿復陳。陶潛還隱居詩：撥棄且莫念。

【校記】

〔一〕杜，原作「牡」，據元本、古逸叢書本改。

哀江頭

○蘇轍曰：此詩詞氣如百金戰馬，注城〔一〕驀澗，如履平地也。

少陵野老吞聲哭，○【王洙曰】野老，甫自謂也。○長安志：少陵原在萬年縣南四十五里。鮑照行路難：吞聲躑躅不敢言。春日潛行曲江曲。○【王洙曰】西京雜記：朱雀街東第五街，皇城之東第二街，昇道坊龍華寺南，有流水屈曲，謂之曲江。司馬相如弔秦二世文云：臨曲江之隑州。蓋其所也。江頭宫殿鎖千門，細柳新蒲爲誰緑。○【師古曰】京城曲江在秦時爲宜春苑，在漢時爲樂遊苑，唐玄宗開元中鑿池引水，環植花木，爲京都勝賞之地，敕公卿豪族遷居其左右，欲以壯觀其所，行宫别館，擬漢武千門萬户之遊。遭禄山焚劫之後，荒凉可知。○中興收復以來，史思明未剪滅，復連結吐蕃入寇，肅宗未得高枕而無憂也。以甫憂爲國家傷感之，不敢放聲而哭。自京師收復，士大夫皆稱賀，甫獨以爲未也。潛行曲江頭，見細柳新蒲空自緑而已，因追思開元之治，痛今日之蕭條也，以隱忍而哭焉。○【王洙曰】康駢劇談録：曲江池本秦隑州，開元中疏鑿爲勝境，花卉周環，煙木明媚，都人遊玩盛於中和節。江側菰蒲葱翠，柳陰四合，碧波紅蕖，湛然可愛。憶昔霓旌下南苑，○【趙次公曰】曲江南即芙蓉苑。○黄帝内傳有「飛空霓旌」。西都賦：虹旃霓旌。苑中萬物生顔色。○憶昔玄宗虹霓旌仗，臨曲江之南苑，草木亦爲之生光輝也。古長歌行：陽春布德澤，萬物生光輝。昭陽殿裏第一人，○【鄭卬曰】昭陽，漢殿名。○【王洙曰】李白詩有曰：漢宮誰第一，飛燕在昭陽。喻楊貴妃也。○夢弼謂：昭陽本趙飛燕女弟，得幸爲昭儀，居昭陽。今李太白以爲飛燕居昭陽，誤矣。○【王洙曰】後漢孝成趙皇后傳：飛燕召入宮，大幸，有女弟復召入，俱爲倢伃，貴傾後宮。乃立倢伃爲皇后。皇后既立後，寵少衰，而弟絶幸，爲昭儀，居昭陽舍，其中庭彤朱而殿上髤漆，自後宮未嘗有焉。同輦隨君侍君側。○【趙次公曰】：「漢成帝常欲與班姬同輦載。以託言貴妃也，詩人類皆取古事之似者以爲譬。」】昭陽，喻楊貴妃也。當時貴妃與帝同車，甚見愛寵。【黄希曰】：「漢成帝遊於後庭，嘗與班婕妤同輦載。班辭曰云云，上善其言而止之。」】按孝成班倢伃傳：成帝遊於後宮，嘗與倢伃同輦。倢伃辭，上善其言而止。輦前才人帶弓箭，○【王洙曰】才，一作詞。○帝遣宮人佩帶弓箭以侍行輦。○【王洙曰】唐制：内宮才人七人，正四品。白馬嚼齧黄金勒。○【王洙曰】嚼，一作唯〔一〕。○禄山爲貴妃義子，乘白馬，以黄金爲勒，馬驕故嚼勒也。○【趙次公曰】明皇雜録：上幸華清宮，貴妃姊妹各購名馬，以黃金爲銜勒，組繡爲泥障，同入禁中。**翻身向天仰射雲**，○天，一作空。○【鄭印曰】射，食亦切，弩矢發也。**一箭正墮雙飛翼**。○【王洙曰：「一作笑。」】箭，正異作笑。○蔡君謨作發。祿山本胡人，善騎射。帝命祿山射，一箭墜雙翼，帝與貴妃愈愛幸之。**明眸皓齒今何在**，○【王洙曰】傅武仲舞賦：眄盤旋則騰青眸，吐哇咬則發皓齒。**血污遊魂歸不得**。○【趙次公曰：「公此詩作於至德二載之春。血污遊魂，則天寶十五載六月丁酉，上皇車駕次馬嵬，賜貴妃自盡。」】天寶十四載十一月，祿山反。十五年六月，帝西幸蜀。陳玄禮總兵禦賊，以貴妃爲唐家亂本，不殺貴妃，無以塞責天下。由是貴妃爲亂兵所殺，死於馬嵬山〔三〕。○方貴妃以色見寵，今日明眸皓齒果何在耶！但見血污馬嵬，遊魂無所歸也！**清渭東流劍閣深**，○【王洙曰：「山海經注：渭水出隴西首陽縣鳥鼠同穴山。左思蜀都賦：緣以劍閣。注云：劍閣，谷名。自蜀通漢中道。」】水經注：渭水出隴西首陽縣鳥鼠同穴山，東北過狄道縣，南上邽縣，北陳倉縣，南武功縣，北槐里縣，南與澇、灃二水合，東西〔四〕高陵，與涇水合。華陽國志：諸葛亮相蜀，鑿石架空爲飛梁閣道，即古劍閣道也。**去住彼此無消息**。○【趙次公曰：「此言明皇既幸蜀矣，長安與蜀相望於數千里之間，去蜀與住長安者皆不知消息也。渭北在京城，劍閣在蜀。時明皇西幸，尚留蜀也。」】渭水即京城之水，劍閣在蜀，甫覩渭水東流，翻思玄宗既入劍閣，彼此消息斷絕，深咎肅宗不能迎父歸大內，以盡孝道故也。**人生有情淚沾臆，江水江花豈終極**。○【王洙曰】水，一作草。○孝經：父子之道，天性也。孩提之童幼而知愛其親，莫非自然之性。人生天地間，皆有自然之性。肅宗與父間隔，恬不留意迎還，曾江水江花之不如乎？夫花落於水，尚與水同流，無有終極，況父子而可彼此無消息哉？凡民生有性者，皆爲之沾臆，豈天子所宜滅天性耶？王粲七哀詩：羈旅無終極。黄昏胡騎塵滿城，○淮南天文訓：日至于虞淵，是謂黄昏。至于蒙谷，是謂定昏。欲往城南忘南北。○【王洙曰】一作望城北。○非是。○【黄曰】甫朝哀江頭，暮又聞吐蕃入寇，欲往城南省家，倉皇之際，心曲錯亂，忘南而走北也。甫家居城南。○當時爲之語：「城南諸杜，去天尺五。」宋玉九辯篇：中瞀亂兮迷惑。王逸注：思念煩惑，忘南北也。

【校記】

〔一〕城，古逸叢書本作「坡」。

〔二〕唯，古逸叢書本作「嗺」，九家集注杜詩、杜陵詩史、分門集注、補注杜詩同此。

〔三〕山，古逸叢書本作「坡」。

〔四〕西，古逸叢書本作「過」。

大雲寺贊公房四首

○魯訔曰：長安大雲寺在懷遠坊。按，長安志：大雲寺，帝城朱雀街西。○【趙次公曰】：「後別有宿贊公房詩。」】贊公後謫秦州。按，集有宿贊公房詩。

燈影照無睡，○衆僧坐禪也。心清聞妙香。○衆僧入定也。○【杜田補遺。又，門類增廣十注杜詩引作「杜云」。杜陵詩史、分門集注、補注杜詩、集千家注批點杜工部詩集引作「修可曰」。】維摩經：有國名衆香，佛號香積。其界皆以香作樓閣，香氣比於十方諸佛世界。人天之香最爲第一。其國如來無文字説，但以衆香令諸天人得入律行。菩薩各坐香樹下，聞斯妙香，即獲得藏三昧。○楞嚴經：香嚴童子宴坐清齋，見諸比丘燒沉水香，寂然來入鼻中，塵氣倏滅，妙香密丸，我從香嚴得阿羅漢。夜深殿突兀，○煙雲收斂也。風動金琅璫。○院宇悄寂也。金琅璫，乃殿角懸風〔一〕鈴以驚鳥雀也。天黑閉春院，○人迹罕至也。玉繩回斷絶，○回，一作迴〔二〕。○【王洙曰】玉繩，星名。○【趙次公曰】玉繩斷絶，則夜欲向晨矣。○【王洙曰】按，春秋元命苞：玉衡兩星爲玉繩。謝玄暉詩：玉繩低建章。鐵鳳森翺翔。○【趙次公曰】鐵鳳翺翔，謂於殿脊之上設鐵鳳，令張兩翼，舉頭敷尾也。○【王洙曰】陸倕石闕銘：蒼龍玄武之制，銅爵鐵鳳之工。梵放時出寺，○【趙次公曰】梵放，謂唱和演揚梵音而聲聞于寺外也。○或曰：梵乃梵唄也，梵唄已放，時有出寺而幹事者。鍾殘仍殷床。○殷，於謹切，雷聲也。或曰盛貌。鍾殘，謂齋鍾聲斷，仍各赴堂床，即堂内長連床也。明朝在沃野，○謂辭去也。苦見塵沙黃。○【王洙曰。又，杜陵詩史、分門集注、補注杜詩引「饒曰」：「時西郊逆賊拒官軍未已。」】時西郊逆賊與官軍接戰，飛揚塵土也。

【校記】

〔一〕風，元本、古逸叢書本作「金」。

〔二〕迴，元本、古逸叢書本作「迴」。

兒童汲井華，○【杜田補遺。又，門類增廣十注杜詩引作「杜云」。杜陵詩史、分門集注、補注杜詩、集千家注批點杜工部詩集引作「修可曰」。】本草：井華水令人好顏色，謂平旦第一汲者。慣捷瓶在手。霑灑不濡地，掃除似無箒。○童行早起汲水灑地，款款掃除，似無箒痕，謂其善掃地，故無飛塵。禄山之亂，諸將養寇以自固，曾無毅然掃除之志，何兒童之不若乎！明霞爛複閣，○【王洙曰】明，一作晨。○【薛夢符曰】複，重也。○景福殿賦：復閣重闈。霽霧搴高牖。○搴，拓開也。○【趙次公曰。又，門類增廣十注杜詩引作「杜云」。杜陵詩史、分門集注、補注杜詩引作「修可曰」。】梁元帝詩：能令雲霧搴。側塞被徑花，飄飄委墀柳。○墀，一作堦。艱難世事迫，隱遁佳期後。○夫僧居林下，複道高牖，足以安身，徑花墀柳，足以娱目，而甫遭此難，世事崩迫，雖欲爲隱遁之期，已輸贊公先下〔一〕鞭矣。○【王洙曰】郭璞遊仙詩：山川隱遁棲。晤語契深心，那能總鉗口。○【鄭卬曰】鉗，其廉切〔二〕。○晤語，謂甫與贊公會晤笑語，二人之心深相契合，甫安能鉗口獨無一言以贈之，是以作此詩也。奉辭還杖策，○奉辭，謂相奉而辭别之也。暫别終回首。○【王洙曰】王粲詩：南登灞陵岸，回首望長安。泱泱泥污人，○譬生民塗炭也。一作浹浹，鮑作殃殃。听听國多狗。○【鄭卬曰】听，魚斤切。○按，字當作⿰犭斤⿰犭斤，犬吠聲也。⿰犭斤與狺通。譬盜賊繁興也。○【王洙曰】宋玉九辯：猛犬狺狺而近吠兮，關梁閉而不通。皇天淫溢而秋霖兮，后土何時而得漧。既未免羈絆，〇絆，博渙〔三〕切，摯也。〇【王洙曰】絆，一作寓。時來憩奔走。〇憩，起例切，息也。〇【鮑彪曰】或曰：天寶十五載，賊將張通儒收録衣冠，污以僞命，不從者殺之。公時奔走，來此憩息，故有「泥污人」、「國多狗」之句也。近公如白雪，執熱煩何有。〇【趙次公曰：「於此未免羈絆，則僅能時來憩息耳。」】甫之意厭亂，欲作住山計，尚爲妻子羈絆。自古士大夫多與浮屠氏相游從，亦取其清淡〔四〕脱俗，可以消人名利之憂，況當亂世，生靈塗炭，盜賊繁興，時來憩息于此，豈不如執熱得一濯於白雪乎？〇【趙次公曰】詩小雅：誰能執熱，逝不以濯。

【校記】

〔一〕下，古逸叢書本作「著」。

〔二〕切，元本、古逸叢書本作「反」。

〔三〕渙，元本、古逸叢書本作「換」。

〔四〕淡，元本、古逸叢書本作「談」。

心在水精域，〇【王洙曰：「清浄境土也。」】公自謂心在乎莊嚴清浄之境土也。〇按後漢西域傳：大秦國宮室皆以水精爲柱，食器亦然。其王日遊一宮。述異記：吴王闔閭造水精宮，尤極珍〔一〕

怪，皆出自水府。樓炭經：毗沙門居水府精舍，管欲界六天焰磨羅、二十八藥叉大將。○【趙次公曰】江總大莊嚴寺碑：遥拖宛虹，光遍水精之域。衣霑春雨時。洞門盡徐步，深院果幽期。○【師古曰】甫與贊公有期於洞門，徐步以待，雖春雨沾衣，不爲之避，禮遇之誠可見矣。到扉開復閉，○到扉，或作倒屣。撞鍾齊及兹。○甫來到扉，則撞鍾鳩〔二〕衆以出迓也。醍醐長發性，○【王洙曰】釋經言：聞正法如食醍醐。○【杜田補遺。又，杜陵詩史、分門集注引作「趙次公曰」。】陶隱居云：佛經稱乳成酪，酪成酥，酥成醍醐。醍醐乃酥之精液也。○【杜田補遺。又，杜陵詩史、分門集注、集千家注批點杜工部詩集引作「洪覺範曰」。】世説載張世錫之言曰：桑椹甘香，鴟鴞革響，淳酪發性，人無姤心，則醍醐之能變性，抑可知矣。此釋經所以取喻正法也。飲食過扶衰。○飲，一作飯。過，一作遇。然内有正法以養其性，外有醍醐以養其軀，甫衰病賴此以支持也。把臂有多日，○言交之久也。開懷無愧辭。○【王洙曰：「開懷，言露底裏。」】開懷，謂露盡底藴也。黄鶯度結構，○結構，指贊公房也。鶯有遷喬木之意，喻甫舍卑晦而趍於高明，善擇友也。紫鴿下罘罳。○罘罳，一作芳菲。罘音浮，罳音思。鴿性不棲芳菲，依樓觀而巢，甫自喻去紛華而親贊公也。○【余曰】顔師古漢書音義：罘罳謂連闕曲閣也，以覆重刻垣墉之處，其形罘罳然，一曰屏也。○余按崔豹古今注：罘罳，屏也。罘者，復也。罳者，思也。臣朝君，至屏外復思所奏之事於其下。劉熙釋名：罘罳在門外。罘，復也。臣將入請事，於此復重思也。張揖廣雅曰：復思謂之屏及觀。禮記疏：屏。注云：屏，謂之樹，今浮思也。刻之爲雲氣蟲獸，如今闕上爲之矣。正義曰：屏謂之樹。以此考之，則浮思小樓也，故城隅闕上皆有之。

然則屏上亦爲屋以覆屏牆，故稱屏曰浮思。或稱屏，則闕也。王彦輔曰：善禪師養紫鴿。愚意會所適，○愚，一作芳。言自怡不拘主禮也。花邊行自遲。湯休起我病，○【趙次公曰】沙門惠休姓湯，善詩與文，以比贊公也。○論語：起予者商也。微笑索題詩。

【校記】

〔一〕珎，元本作「弥」。

〔二〕鳩，古逸叢書本作「鳴」。

細軟青絲履，○崔豹古今注：履，屨〔一〕之不帶者。方言：絲作謂之履，麻作謂之不借。顏師古注急就章：單底爲履。或以絲爲之履底而有文者，謂之舄。晉令：士卒百工履色無過緑青白，奴婢衣食客履色無過純青。青絲履於唐制沙門道人無嫌也。光明白氎巾。○【鄭卬曰】氎，達協切，毛布也。○後漢南蠻傳：儋耳出帛疊〔二〕。注：外國傳曰：諸薄國女子織作白疊〔三〕花巾。○【杜田補遺。又，杜陵詩史、分門集注、集千家注批點杜工部詩集引作「時可曰」。】南史：高昌國多草木，有草實如繭，其中絲如細纑，名爲白氎。國人取織以爲布。○唐書環王傳曰：吉具巾也。緝其花爲布，粗曰具，精曰氎。○【杜田補遺】仇池翁贈清京和尚詩有曰：會須一洗黄茆瘴，未用深藏白氎巾。蓋用公詩也。深藏供老宿，取用及吾身。○【王洙曰】履與布本檀施以供贊公年老宿德之用，以植福田，今反蒙贊公用及我之身。○【趙次公曰】所以言贊公待我之厚也。自顧轉無趣，交情何尚新。道林才不世，○【王洙曰】晉沙門支遁，字道林。惠遠德過人。○晉高僧惠遠，與陶潛爲社外交。予謂公以道林、惠遠比贊公也。雨瀉暮簷竹，風吹青井芹。○【王洙曰】青，一作春。○芹即青泥坊芹菜也。按，贈崔氏草堂詩「飯煮青泥坊裏芹」是也。天陰對圖畫，○【師古曰】公二人相對如畫圖中人也。最覺潤龍鱗。○【師古曰】又言時攀輔贊公而有所滋潤也。○揚子淵騫篇：攀龍鱗，附鳳翼。

【校記】

〔一〕履，元本、古逸叢書本作「履」。

〔二〕帛疊，元本、古逸叢書本作「白氎」。

〔三〕疊，元本、古逸叢書本作「氎」。

喜晴

皇天久不雨，既雨晴亦佳。出郭眺西郊，蕭蕭春增華。○蕭蕭，一作肅肅。青熒陵陂麥，○【王洙曰】揚雄校獵賦：眩曜青熒。莊子外物篇：青青之麥，生於陵陂。窈窕桃李花。○【王洙曰】李，一作杏。○窈，烏了切。窕，徒了切。○【王洙曰】毛萇詩傳：幽閑也。詩召南：華如桃李。阮籍詩：夭夭桃李花。春夏各有實，我飢豈無涯。○【趙次公曰：「言飢豈浩蕩無涯際乎？蓋有不飢之時矣。」】言麥與桃李皆結實，亦可以療飢也。我飢腸從此有所賴，豈無涯涘乎？干戈雖橫放，○【鄭卬曰】橫，户孟切。慘澹鬭龍蛇。○龍喻天子，蛇喻禄山。龍蛇相鬭，天下爲之慘澹不樂也。甘澤不猶愈，且耕今未賒。○甘澤僅足愈人之困病，且宜耕稼自給，未可賒遠而行役也。丈夫則帶甲，婦女終在家。力難及黍稷，得種菜與麻。○奈何丈夫出戰，惟婦女在家，力弱助寡〔一〕，雖耕難及黍稷，但種菜麻而已。按，集有詩云：縱有健婦把犁鋤〔二〕，禾生長〔三〕畝無東西。蓋亦歎世亂而廢耕也。千載商山芝，○【杜田補遺】皇甫謐高士傳：四皓並河内軹人，見秦亂，作歌曰：「莫莫高山，深谷逶迤。曄曄紫芝，可以療飢。」乃共入商山隱地肺。往者東門瓜。○【王洙曰】蕭何傳：召平者，故秦東陵侯。秦破，爲布衣，貧，種瓜長安城東。瓜美，故世謂東陵瓜。從召平始。晉阮籍詩：昔聞東陵瓜，近在青門外。其人骨已朽，○【王洙曰】朽，一作滅。史記老子傳：孔子適周，問禮於老子。老子曰：「其人骨已朽矣。」此道誰疵瑕。○【趙次公曰】以四皓採芝於商山，邵〔四〕種瓜於東門，皆避秦之亂。其人已亡，其道爲不可少貶也。英賢遇轗軻，○轗，苦感切。説文：車不平也。軻，苦賀切，或音可，折軸車也。○【王洙曰：「楚詞：轗軻不遇。坎與轗同。」】一曰：轗軻，不遇也。東方朔七諫：然轗軻而留滯。轗或作坎，軻或從土〔五〕，義同。遠引蟠泥沙。○【王洙曰】揚問神篇：龍蟠于泥。顧慙昧所適，迴首白日斜。○【師古曰】甫自愧昧於所適，不能脱身晦迹，回首自愧恨年已老矣。漢陰有鹿門，○【王洙曰】後漢逸民傳：龐德公居峴山之南，未嘗入城市，妻子相敬如賓。荆州刺史劉表延請，不屈，後携妻子登鹿門山，因采藥不返。○襄陽記：鹿門山，舊名蘇嶺山。習郁立神廟於山，刻二石鹿，夾神祠道口，俗因謂之鹿門山。滄海有靈查。○靈，一作雲。○【鄭卬曰：「音槎。」】查，與槎同，浮木也。○【九家集注杜詩引作「王洙曰」。○又，杜陵詩史、分門集注、補注杜詩引作「趙次公曰」。】按，張華博物志載舊説，天河與海通，世有人居海渚者，年年八月見浮槎，去來不失期。人有奇志，立樓閣於查上，多齎糧乘查而去，奄至一處，遥望宫中有織婦，見一丈夫牽牛渚次飲之，牽牛人驚問曰：「何由至此？」人説來意，并問此是何處，答曰：「君還至蜀，訪嚴君平，則知之。」後至蜀，問君平，曰：「某年月日客星犯牛宿。」計年月日，正〔六〕是人到天河時也。○又王子年神仙拾遺記：堯時有巨查浮于四海，查上有光若星月，查浮四海，十二年一周天，名貫月查，又名挂星查。羽仙棲息其上，餘見「查上似張騫」注。焉能學衆口，咄咄空咨嗟。○【王洙曰】空，一作同〔七〕。○當禄山之亂，賢人君子道消，豈不能爲浮海住山之計乎？既不能效龐德公、張騫輩，徒咄咄嗟嘆，書空以傷亂世，果何益哉！甫厭亂之意可知矣。○【王洙曰】世説：殷中軍浩被廢，在信安，終日恒書空作字，揚州吏人尋義逐之切視，唯作「咄咄怪事」四字而已。

【校記】

〔一〕助寡，元本、古逸叢書本作「寡助」。

〔二〕犁鋤，古逸叢書本作「鋤犁」。

〔三〕長，元本，古逸叢書本作「隴」。
〔四〕元本、古逸叢書本「邵」下有「平」字。
〔五〕土，元本作「坷」，古逸叢書本作「珂」。
〔六〕正，元本、古逸叢書本作「至」。
〔七〕同，元本、古逸叢書本作「日」。杜陵詩史、分門集注、補注杜詩皆作「同」。

得舍弟消息

風吹紫荆樹，色與春庭暮。花落辭故枝，風迴返無處。○詩人多以風雨喻患難，如曰「風雨所飄摇」是也。風吹，謂禄山之亂方作。春回，謂禄山之亂已平。紫荆，兄弟之比也。色暮，甫自謂顔色已衰也。花喻弟，枝喻兄，花與枝辭，謂弟與兄〔一〕别。甫既丁暮年，只恐患難平後，弟得還鄉，又遭甫已老死，無處可依歸故也。○【王洙曰：「田真兄弟欲分，其庭前三荆便枯，兄弟嘆之，却合，樹還榮茂。」】吴筠齊諧記：田真兄弟欲分財，唯堂前紫荆花葉美茂，夜議斫〔二〕分取爲三，曉欲伐，即枯死。真嘆曰：「樹本同株，聞得分斫，所以憔悴，人何不如！」兄弟因不復分。陸士衡豫章行：三荆歡同株。劉良注：昔有田廣、田真、田慶兄弟三人，將别，明日欲分。庭有荆樹，經宿萎黄，乃相謂曰：「荆樹尚然，况我兄弟乎！」遂不分。○【王洙曰】周景式孝子傳：古有兄弟，忿欲分異，出門見三荆，因株接葉連陰，歎曰：「木猶欣聚，况我而殊哉！」骨肉恩書重，○淮南子説山訓：親莫親於骨肉，節族之屬連也。漂泊難相遇。猶有淚成河，經天復東注。○河漢之水，經天而西行，又旋而東注。蓋水之性，萬折必歸諸東，不忘本也。人之性亦然。○【王洙曰】世説：人問顧長康哭桓宣之狀如何，曰：「鼻如廣漠風，眼如懸河決。聲如振雷破山，淚如假〔三〕河注海。」

【校記】

〔一〕弟與兄，元本、古逸叢書本作「兄與弟」。

〔二〕斫，元本、古逸叢書本作「所」。

〔三〕假，古逸叢書本作「傾」。

晦日尋崔戢李封

朝光入甕牖，○【趙次公曰】儒行篇：儒有環堵之室，蓬户甕牖。○音義曰：以蓬爲户，以甕爲牖。尸寢驚弊裘。○【王洙曰】尸，一作方。○或作宴。甫正此〔一〕尸寢，忽〔二〕見晨光入牖，驚起而衣弊〔三〕裘也。○【王洙曰】論語：寢不尸。起行視天宇，○【王洙曰。又，杜陵詩史、分門集注、補注杜詩引作「黄曰」。】陶潛夜行途中詩：昭昭天宇闊。春氣漸和柔。興來不暇懶，○【王洙曰：「一云得興。」】興來，一作乘興。今晨梳我頭。○按，集有詩云：「百年渾得〔四〕醉，一月不梳頭。」今興來不懶，是以梳頭而有所尋也。出門無所待，○不待車〔五〕從也。徒步覺自由。○【王洙曰】徒，一作徙。杖藜復恣意，○【趙次公曰。又，杜陵詩史、分門集注引作「修可曰」。】莊子讓王篇：原憲杖藜而應門。免值公與侯。○謂道遇公侯，免相揖也。晚定崔李交，會心真罕儔。○【杜田補遺。又，杜陵詩史、分門集注引作「黄曰」。】古樂府後周徐謙短歌：意氣青雲裏，爽朗煙霧外。不重一囊金，唯重心襟會。每過得酒傾，○【王洙曰】傾，一作㖑。○【鄭卬曰】過，古禾切，經也。二宅可淹留。喜結仁里歡，○【逢原曰】論語：里仁爲美。○【趙次公曰】張衡思玄賦：匪仁里其焉依兮，匪義路其焉追。況因令節求。○謂晦日尋崔、李也。○【黄鶴曰】唐以正月晦日爲令節。李生園欲荒，○謂百物凋零也。舊竹頗脩脩。○【王洙曰】舊，一作有。○喻李生有歲寒之節也。引客看掃除，隨時成獻酬。崔侯初筵色，○【逢原曰】詩：賓之初筵，左右秩秩。已畏空樽愁。○崔於筵初其色惟恐酒盡，不足延客，其相愛如此也。○【王洙曰】孔融傳：坐上客常滿，樽中酒不空。未知天下士，至性有此不。○【王洙曰】至，一作忘〔六〕。不，芳鳩切，弗也。草牙既青出，○牙，一作茅，非也。蜂聲亦暖遊。○謂晦日已有春色，動、植皆得其性也。思見農器陳，何當甲兵休。○謂欲休兵，使民皆樂其業也。家語：鑄劍戟爲農器。上古葛天氏，○【趙次公曰：「葛天氏，氏一作民。」】或謂「氏」當作「民」。○帝王世紀：女媧〔七〕氏没，有大庭氏，至葛天氏、陰康氏、無懷氏，皆襲庖犧氏之號，曰炎帝。相如上林賦：葛天氏之歌。注：葛天氏，其樂二〔八〕人持牛尾而歌。

此非時有葛天氏之民歟。不貽黃屋憂。○傷今俗薄人詐，動輒爲亂，故使天子蒙塵也。○【王洙曰】黃屋，一作綺。○謂園公、綺里季、夏黃公也。○【王洙曰】按，范蔚宗詩：黃屋非堯心。漢書音義：黃屋，車上之蓋，天子之儀，以黃繒爲裹也。至今阮籍等，熟醉爲身謀。○甫自賊竄〔九〕歸謁肅宗，肅宗授以拾遺，甫自負經世意，遂諫不宜廢黜宰相房琯，坐是見斥，是以酣飲自污，爲明哲保身之術，以比阮籍熟醉獲免當世之咎也。○【王洙曰】阮籍傳：籍本有濟世志，屬晉、魏之際，天下多故，名士少有全者，籍由是不與世事，遂酣飲爲常〔一〇〕。文帝求婚於籍，醉六十日，不得言而止。鍾會欲以時事問之，因其可否而致之罪，以酣醉獲免。故顔延年詠阮步兵詩：阮公雖淪迹，識密鑒亦洞。沉醉似醒然〔一一〕，寓辭類託諷。威鳳高其翔，○【王洙曰】一作「威鳳自高翔」。○一作「威鳳高高翔」。○【王洙曰】言崔、李當亂世，隱居如威鳳之遯世也。漢宣帝紀：南郡獲威鳳爲寶。○揚子問明篇：君子在治亂曰若鳳。長鯨吞九州。○【王洙曰】：「謂盗賊縱横，如長鯨之吞併九州也。」喻禄山吞噬天下也。○崔豹古今注：鯨，海魚也。大者長千里，小者數丈，鼓浪成雷，濆沫成雨，水族畏之，一皆逃匿。地軸爲之翻，○言率土不安居也。昔共工與帝頊争，踏翻地軸。張華博物志：崑崙東北地轉下有八元幽都，方二十萬里。地下有四柱，廣十萬里。地有三千六百軸，互相牽也。○【王洙曰】木玄虚海賦：又似地軸，挺而争迴。百川皆亂流。○喻群盗不知朝宗之義也。當歌欲一放，淚下恐莫收。濁醪有妙理，○【師古曰】自古賢人君子不遇，多適意于酒，况濁醪之有妙理乎？庶用慰沉浮。○【王洙曰】浮沉，猶言盛衰也。世説：顧邵謂龐統曰：「聞子知人，吾與足下孰愈？」曰：「陶冶一世，與時沉浮〔一二〕，吾不如子。」

【校記】

〔一〕此，元本、古逸叢書本作「北」。

〔二〕忽，元本、古逸叢書本作「或」。

〔三〕弊，元本、古逸叢書本作「被」。

〔四〕得，元本、古逸叢書本作「是」。

〔五〕車，古逸叢書本作「裏」。

〔六〕忘，古逸叢書本作「志」。

〔七〕媧，原作「嬌」，據元本、古逸叢書本改。

〔八〕二，元本、古逸叢書本作「三」。

〔九〕竄，古逸叢書本作「巢」。

〔一〇〕常，古逸叢書本作「當」。

〔一一〕醒然，古逸叢書本作「埋照」。

〔一二〕沉浮，元本、古逸叢書本作「浮沉」。

新定杜工部草堂詩箋斠證

〔唐〕杜　甫　著
〔宋〕魯　訔　編次
〔宋〕蔡夢弼　會箋
曾祥波　新定斠證

二

上海古籍出版社

新定杜工部草堂詩箋斠證卷第十

至德二載夏自賊中達行在所授拾遺後所作

喜達行在所三首

〇至德二載，禄山死。二月，肅宗赴靈武，旋鳳翔。

闕〔一〕右節度郭英乂戰武功，賊退。公西走鳳翔。元稹誌公墓曰：步謁肅宗行在，拜左拾遺。按，公集有曰「麻鞋見天子」，謂此時也。〇【九家集注杜詩引作「王洙曰」。又，杜陵詩史、分門集注、補注杜詩引作「王彦輔曰」。】行在，乃天子行幸之所在也。

西憶岐陽信，〇【趙次公曰】岐陽，乃鳳翔也。〇【鄭曰：「十道志：岐陽，漢扶風杜陽之地。」】後漢志：右扶風美陽有岐山。無人遂却迴。眼穿當落日，心死著寒灰。〇著，陟略切，置也。肅宗駐蹕鳳翔。〇【趙次公曰】甫陷賊中，憶帝引領西望，無人從帝所來，不得消息，是以眼穿心死也。〇【王洙曰】

莊子齊物篇：心如死灰。霧樹行相引，◯【王洙曰】霧，一作茂。◯或又作幾。◯【師古曰】甫冒霧而奔行在也。蓮峰望忽開。◯蓮，一作連。◯【王洙曰：「或，一作忽。」】忽，一作或。◯疑蓮峰乃華山也。華山記：山頂有池，生千葉蓮花，服之羽化，因曰華山。韓退之有詩云「太華峰頭玉井蓮」是也。◯【趙次公曰】或謂「蓮峰」當作「連山」爲是。公豈有却過長安之東，經同、華州之境而來乎？◯【趙次公曰。又，杜陵詩史、分門集注作「魯曰」。】鮑照詩：連山眇雲霧。所親驚老瘦，辛苦賊中來。◯【王洙曰】以其奔走憔悴，故素所親愛者驚問其老而且瘦也。

【校記】

〔一〕關，元本無，古逸叢書本作「隴」。

愁思胡笳夕，◯笳，君牙反。◯【沈曰】胡人捲蘆葉而吹，曰胡笳。◯【趙次公曰：「胡笳，胡人所吹。則賊兵胡人也。」】謂陷於賊，夜聽其聲而愁也。淒涼漢苑春。◯【九家集注杜詩依例爲「王洙曰」。又，杜陵詩史、分門集注、補注杜詩引作「趙次公曰」。】凡養鳥獸，通名爲苑。◯【趙次公曰：「言漢苑春，則追思其在賊中淒涼之時也。」】追思苑中景物，經兵火而荒涼也。生還今日事，◯【王洙曰】後漢班超妹昭上書請超曰：超餘年一得生還，復見開〔一〕庭。間道暫時人。◯間，讀去聲，隙也。◯【王洙曰】言伺間隙之道而行。◯【師古曰】不敢保其性命也。◯【王洙曰】班超傳：從間道到疏勒。

司隸章初覩，○【黄曰】指肅宗中興也。○【王洙曰】後漢光武紀：更始將北都洛陽，以光武行司隸校尉，使前修整官府，於是置僚屬，作文移，一如舊章。時三輔吏事〔二〕東迎更始，見諸將過，皆冠幘而服婦人衣，諸于繡𧞣，莫不笑之，或有畏而走者。及見司隸僚屬，皆歡喜不自勝，老吏或垂泣曰：「不圖今日復見漢官威儀。」由是識者皆屬心焉，争持牛酒迎勞。○【杜田補遺】謝玄暉詩：還覩司隸章。○【趙次公曰】又，庾信哀江南賦：反舊章於司隸。南陽氣已新。○【王洙曰】光武紀：望氣者蘇伯阿爲王莽使，至南陽，遥望見舂陵郭，唶曰：「氣佳哉！鬱鬱葱葱然。」喜心翻倒極，嗚咽淚沾巾。○【師古曰】樂極則哀繼之，此詩人抑揚之意也。

【校記】

〔一〕開，古逸叢書本作「闕」。九家集注杜詩、杜陵詩史、分門集注、補注杜詩、集千家注批點杜工部詩集皆然。

〔二〕事，古逸叢書本作「士」。

死去憑誰報，歸來始自憐。○【王洙曰】楚辭：私自憐兮何極。猶瞻太白雪，○【趙次公曰】：「于太白言雪，則太白之雪冬夏不消。必曰武功天者，古語有之：『武功、太白，去天三百。』言最高處也，亦以寓親近行在之意乎？」【□】地理志：鳳翔郿縣有太白山，在鳳翔南。水經注：太白山南連武功山，夏宿雪其上，曰太白。三秦記：太白山在武功縣南，去長安三百里，俗云：「武功、太白，去天三百。」○【杜田補遺。又，杜陵詩史、分門集注引作「沈曰」。】録異記：金星之精墜於終南圭峰之西，因號爲太白，其精化爲白石，狀如美玉，常有紫雲覆之。喜遇武功天。○【趙次公曰：「太白山在郿縣，郿則鳳翔之屬縣也。武功在唐不屬鳳翔，但近耳。公詩兩句所以顯行歸行在也。」】武功縣在唐不屬鳳翔，但近鳳翔爾。公詩所以顯言歸行在也。影静千官裏，心蘇七校前。○【王洙曰】公入朝，鮮當途之交，故言影静。心蘇，謂憂釋而心清也。前漢刑法志：京師有南北軍之屯，武帝内增七校。注：中壘、屯騎、步兵、越騎、長水、胡騎、射身、虎賁，凡八校尉。胡騎不常置，故止言七也。今朝漢社稷，新數中興年。○【鄭卬曰】中，竹仲切。○【王洙曰】凡王室中否而再興，謂之中興。

述懷

○【王洙曰：「新玄宗紀：天寶十五年，安禄山僭號於東京，賊將安慶緒犯潼關，哥舒翰軍敗退，翰至潼關，爲其帳下火拔歸仁以左右數十騎執之降賊，關門不守。京師駭，河東、華陰、上洛等皆委城而走，上乃謀幸蜀也。按新唐書：天子幸蜀，甫走避三川。肅宗立，自鄜州羸服奔行在，爲賊所得。至德元年，亡走謁帝鳳翔。按新書言甫至德二年亡走鳳翔，授右拾遺。而舊史以爲甫謁帝彭原郡。至德，肅宗年號也。」】天寶十五載，安禄山僭號於東京，哥舒翰以兵守潼關，爲賊所破，京師震恐，玄宗遂西幸。甫是時挈家居三川，有三川觀水漲詩，三川屬鄜州。自後轉陷賊中。肅宗以天寶十五年七月即位靈武，改元，號爲至德元載。

至德二載〔一〕，甫自賊中竄歸鳳翔，上謁肅宗。肅宗授以左拾遺。○有詔許至三川迎家眷。此詩乃竄歸後序述其由也。

去年潼關破，○【鄭卬曰】潼，徒紅反，水名。○去年，即至德元載〔二〕也。唐地理志：潼關在華州之華陰縣，即古桃林之塞也。本名衝關，河自龍門南流，衝激華山，因以爲名。妻子隔絶久。○時甫妻子久寓三川。今夏草木長，○【王洙曰】陶潛讀山海經詩：孟夏草木長。脱身得西走。○今夏，即至德二載〔三〕。當夏時，草木既長，甫得以竄還草木之中，而西走鳳翔也。麻鞋見天子，○【趙次公曰】炙轂子：夏、商以草爲屩，周以麻爲之，謂之麻鞋，貴賤通著也。衣袖露兩肘。○【王洙曰】公言奔走流離，迫於窘困，至以麻鞋謁見天子，而袖露兩肘，以見其衣籃縷也。莊子：原憲提衿而肘見。朝廷愍生還，親故傷老醜。○阮籍詩：朝爲美少年，夕暮成老醜。涕淚受拾遺，流離主恩厚。○天子憫其生還，授以左拾遺，復詔恤其妻子流離，許至鄜州迎家眷。人主之恩，轉見寬厚也。柴門雖得去，○柴門，指妻子所居三川者是也。未忍即開口。○【趙次公曰：「後有詔許至鄜州迎家，不欲遽違天顔也。」】甫既得去省家，未忍便開口辭天顔，此君臣之義然也。寄書問三川，不知家在否。比聞同罹禍，殺戮到雞狗。○甫且寄書以詢問三川消息，乃知舉家同被殺戮，雖雞犬亦無遺也。山中漏茅屋，○此謂羌村之所居也。誰復依户牖。摧頹蒼松根，地冷骨未朽。

幾人全性命，盡室豈相偶。○【趙次公曰：「他人少有全性命者，而吾之室家豈保其相偶聚乎？」】甫復自料必有得全其性命者，雖盡室獲保全，其生亦無得相偶聚，必至於東西散徙也。嶔岑猛虎場，○【鄭卬曰：「上去今切，下鋤針切。」】嶔，去金切。岑，魚音切。或作岑，鋤簪切。○張衡思玄賦：慕歷陵之嶔岑。注：嶔岑，山貌。○【王洙曰】陸機詩：飢食猛虎窟。鬱結回我首。○猛虎場，指賊徒之所在，謂其搏噬人有如虎也，是以不敢遽進，但自回首而心鬱結也。自寄一封書，今已十月後。○【趙次公曰】趙子櫟曰：十月後，非冬之十月也。何以明之？公往問家屋乃在閏八月初吉耳，此詩在閏八月之前所作也。反畏消息來，寸心亦何有。○蓋未得其消息，存没猶持兩端，恐既得消息，如前所云寸心泯滅，果何有邪！漢運初中興，○【王洙曰】中，竹仲反。○以光武比肅宗也。平生老躭酒。○一作生平。躭與耽同，丁含切。耽，樂也。○【王洙曰】漢霍光傳：昌邑夜飲，湛沔於酒。顏師古曰：湛，讀曰沉，又讀曰躭。沔，荒迷酒也。曹植賦：躭於觴酌，流情縱佚。沈思歡會處，恐作窮獨叟。○獨，一作途。甫平生杯酒間，與妻子歡會，亦可以遣適窮愁。今愁妻子罹禍，老年窮獨，無所依歸，良可歎也！○【師古曰】孟子：老而無子曰獨。

【校記】

〔一〕載，元本、古逸叢書本作「年」。

〔二〕載，元本、古逸叢書本作「年」。

〔三〕載，元本、古逸叢書本作「年」。

彭衙行

○【趙次公曰。又，門類增廣十注杜詩依例爲「王洙曰」，杜陵詩史、分門集注、補注杜詩引作「王彦輔曰」。又，集千家注批點杜工部詩集引作「蔡夢弼曰」，誤。】左氏文公二年傳：晉〔一〕侯及秦師戰于彭衙。杜預注：馮翊郡郃陽縣西北有彭衙城。○按，唐之地理：同州白水縣州西北一百二十里有漢彭衙故城，在東北。

憶昔避賊初，北走經險艱。夜深彭衙道，○道，一作門。月照白水山。○【趙次公曰】郃陽縣與白水縣正相接，皆屬同州。○天寶十五載七月，甫避賊於馮翊，有白水高齋詩是也。盡室久徒步，逢人多厚顔。○言貧困不能自振，思以辱及妻子，故爲之羞也。○【王洙曰】書五子之歌：顔厚有忸怩。參差谷鳥吟，○【王洙曰】吟，一作鳴。不見遊子還。○【師古曰】公以前年秋避賊，次年春谷鶯鳴，尚不得還，故有是句。癡女飢咬我，啼畏虎狼聞。○虎狼，陳作「猛虎」。○【王洙曰。又，杜陵詩史引作「蘇曰」。】虎狼，喻盜賊也。懷中掩其口，反側聲愈嗔。小兒强解事，○【鄭卬曰】强，其兩切。故索苦李餐。○餐，千〔二〕安切。説文：吞也。方避寇之際，匿聲隱迹，惟恐盜賊知之，奈何飢兒啼聲愈厲，故以苦李誘啗之，而小兒亦强會事，是以不爲賊所蹤跡矣。一旬半當〔三〕雨，泥濘相攀牽。〇【鄭印曰】濘，乃定切。既無禦濕備，〇【王洙曰：「禦雨，」一云禦濕。」】濕，一作雨。徑滑衣又寒。有時經契闊，〇【王洙曰】經，一作最。詩擊鼓：死生契闊。毛萇傳：契闊，勤苦也。竟日數里間。野果充餱糧，〇【王洙曰】詩公劉：迺裹餱糧。卑枝成屋椽。〇言宿於樹下也。早行石上水，暮宿天邊煙。少留同家窪，〇【鄭印曰】窪，烏瓜切。〇同，或作周，即同州同谷是也。欲出蘆子關。〇謂將並遊烏延塞上也。唐地理志：蘆子關在延州延昌縣北。故人有孫宰，高義薄曾雲。〇曾與層同。〇【王洙曰】陸士衡詩：高義薄雲天。延客已曛黑，〇【王洙曰】謝靈運詩：夜聽極星闌，朝遊窮曛黑。張燈啓重門。煖湯濯我足，翦紙招我魂。〇【王洙曰：「宋玉爲屈原招魂。」】昔屈原被讒於楚，懷沙自沉，宋玉爲之作招魂。〇甫意若曰：盜賊充斥，身涉艱苦，魂魄爲之沮喪，故孫宰翦紙爲旐，以招其魂也。楚辭有招魂篇。從此出妻孥，相視涕闌干。〇【趙次公曰】闌干，淚不斷貌。衆雛爛熳睡，〇【師古曰：「衆雛，指甫諸子昆兄也。」】衆雛，公指以喻諸子幼小也。〇【趙次公曰】爛熳，謂睡之熟也。〇鸚鵡賦：匪餘年之足惜，憫衆雛之無知。喚起霑盤飧。〇飧，音孫。説文：餔也。〇【王彥輔曰。又，門類增廣十注杜詩引作「新添」。】左氏僖公二十三年傳：重耳過曹，僖負羈饋盤飧，寘璧。誓將與夫子，〇夫子，指孫宰也。永結爲弟昆。遂空所坐堂，安居奉我歡。誰肯艱難際，豁達露心肝。〇當艱難之際，能披心肝，以氣義相待者寔難。○【師古曰】其人惟孫宰尚義，以所坐之堂而館我，況復以盤飧禮之加恤，故甫誓與之爲弟兄，示其親愛之誠不相忘也。別來歲月周，胡羯仍構患。○【鄭卬曰】患，協胡官切，害也。○【趙次公曰】：「胡羯之患，蓋指言安慶緒。蓋安慶緒於正月弑父而襲僞位也。」〔一〕胡羯，指安、史也。何當有翅翎，飛去墮爾前。○【趙次公曰】：「公既陷賊而脱身達行在，故寄此詩感其恩、懷其人矣。」〔二〕自是執别已經期年，盜賊尚未平，恨無羽翼可到同谷，與孫宰款會，此渴仰之辭也。

【校記】

〔一〕晉，元本作「皆」。

〔二〕千，古逸叢書本作「于」。

〔三〕當，元本、古逸叢書本作「雷」。

塞蘆子

○【鮑彪曰】唐地理志：延州延昌縣北有蘆子關。○又地志：蘆子關在烏延南，如此則延昌縣北爲烏延塞上。

五城何迢迢，迢迢隔河水。○陳孔璋飲馬長城窟行：長城何連連，連連三十里。邊兵盡東征，城内空荆杞。○五城，謂鄜、延、環、慶、燿五州。雖有河爲限，然史思明正割河北，高秀巖正西向，宜以五城爲念。○【王洙曰】：「時官兵止知東討收復河洛，而不知蘆子之可塞。公懼有乘隙而起者，故有此作。」】時諸將之兵皆務東討收復河洛〔一〕，而不備其西以塞蘆子，徒恃河水迢迢爲限，而城中空虛，已生荆杞，此非所以固國者也。思明割懷衛，○【王洙曰】史思明，雜種胡人也。天寶十四載，隨安禄山反河陽，懷、衛二州盡陷於賊也。秀巖西未已。○【王洙曰】高秀巖，哥舒翰麾下將也，後爲史思明僞河東節度使。○將兵方西嚮未已，恐乘隙而西略矣。迴略大荒東，○【王洙曰】山海經：大荒之中有山，名曰大荒之山。日月所入，是謂大荒之野。崤函蓋虛爾。○【王洙曰】項羽贊引過秦論：秦孝公據崤、函之固。顏師古曰：殽謂殽山，今陝縣東二殽是也。函謂函谷，今桃林縣〔二〕南洪溜澗是也。延州秦北户，關防猶可倚。焉得一萬人，疾驅塞蘆子。岐有薛大夫，○【王洙曰】岐，一作頃。旁制山賊起。○延州乃秦地之北門，蘆子去州一百八十里，有門山。或云蘆子蓋兩山峙〔三〕立如門，其形若胡蘆也。甫意若曰：延州捍蔽秦之北，得萬人控塞蘆子，則思明、秀巖不能西略。又得薛大夫在岐州，旁制山賊，則吐蕃之兵必引遁而去矣。近聞昆戎徒，○昆戎即吐蕃也，與思明連結入寇，乘中國之亂也。爲退三百里。○扶風太守薛景山敗禄山之遊軍也。蘆關振兩寇，○振，一作扼。兩寇，謂思明、吐蕃也。深意實在此。誰敢叫帝閽，○敢，一作能。閽，陳作門。○【杜田補遺】張衡思玄賦：叫帝閽使闢扉。○【杜田補遺。又，分門集注引作「騰曰」。補注杜詩引作「王洙曰」。】揚雄甘泉賦：選巫咸兮叫帝閽。○閽，主門者也。胡行速如鬼。○帝閽，天子之門。胡兵疾速如鬼之行，不可測知，憑誰叫天子之門告於君上，庶不爲二寇之所乘隙也。

【校記】

〔一〕洛，元本、古逸叢書本作「北」。

〔二〕縣，元本、古逸叢書本作「謂」。

〔三〕峙，元本、古逸叢書本作「特」。

送長孫九侍御赴武威判官

〇涼州，漢武威郡，故匈奴休屠王地。按地理志：漢武太初四年，開匈奴，置河西五郡，張掖、酒泉、燉煌、武威、金城，通西域，斷匈奴右臂。前涼張軌、後涼呂光、北涼沮渠蒙遜並都之。隋志：舊置涼州。後周置總管府。大業初，府廢。在唐曰涼州安西郡。公此詩乃鳳翔所作。唐幕府下臺閣一等，其選甚高。方時中興，推擇皆自朝廷。

驄馬新鑿蹄，〇【趙次公曰。又，杜陵詩史、分門集注、補注杜詩、集千家注批點杜工部詩集引作「師古曰」。】以桓典比孫侍御也。後漢桓典拜侍御史，時宦官秉權，典執政無所迴避，常乘驄馬，京師畏憚，爲之語曰：「行行且止，避驄馬御史。」銀鞍被來好。〇【王洙曰】徐敬業詩：汗馬躍銀鞍。繡衣黃白郎，〇【王洙曰：「漢侍御史有繡衣直指，持斧捕盜。」】前漢御史大夫領繡衣直指，出討姦猾，理大獄。武帝所制，不常置。太初四年，遣直指使者暴勝之衣繡衣，杖斧，分部捕逐群盜。後漢譙玄傳：平帝元始四年，選明達政事、能班化風俗者八人，時並舉立〔一〕爲繡衣使者，持節分行天下，觀覽風俗。

騎向交河道。聞君適萬里，○【王洙曰：「漢侯應上書：車師前國王治交河城，河水分流繞城下，故號交河。唐安西去交河郡七百里。」】唐安西郡東至焉耆，去交河郡七百里，南隣北蕃，北拒突厥，河水分流遶城下，故號交河。○時吐蕃寇涼州，故帝以長孫爲武威判官，招集涼州餘民。故長孫騎向交河而爲萬里之行也。取別何草草。○不及款曲也。天子憂涼州，嚴程到須早。○謂期限促也。去秋群胡反，○【趙次公曰：「群胡反，指吐蕃也。前詩多以胡言安慶緒、史思明，今此接於涼州之下，則非言安、史也。」】指吐蕃部落也。不得無電掃。○謂當以兵威掃蕩之也。此行收遺甿，○收，陳作牧，謂復以柔道招撫之也。風俗還再造。族父領元戎，○【王洙曰：「元戎，元帥也。」】族父謂長孫叔父，爲元帥也。名聲國中老。○謂爲朝廷之耆舊也。奪我同官良，○同官，謂甫〔二〕爲拾遺。長孫爲侍御史，皆爲諫官。而長孫於同官之中其才尤爲良也。長孫既出爲判官，甫不獲與之同僚，豈非爲族父之所奪乎？飄飄按城堡。○城堡，即軍壘也。長孫本耆舊之良臣，今乃按察城堡，非所宜也。使我不能餐，令我惡懷抱。○惡，如字。甫恨其官非所〔三〕宜，故食不下咽，而懷抱爲之不佳也。若人才思闊，○【饒曰】若人，美孫侍御也。○論語：君子哉若人。溟漲漫絶島。○言孫才思闊大，如滄溟之泛漲，雖至高之絶島，亦爲之涵浸也。鐏前失詩流，○言無人唱和也。塞上得國寶。○【王洙曰】得，一作多。○言武威得其人也。李尋傳：士者，國之大寶。皇天悲送遠，雲雨白浩浩。○【趙次公曰：「言上天亦悲人之遠去，所以雲雨愁態，浩浩然白也。」】時送行遇雨，故甫托〔四〕言天意悲其送遠，始爲之下淚也。東郊尚烽火，○【趙次公曰：「東郊指言史思明。蓋東京雖復，而洛陽之東猶用兵也。」】指史思明之亂也。○漢書音義：邊方備胡寇，作高土〔五〕臺。臺上作桔槔，桔槔頭有兜零，以薪草置其中，常低之。有寇即然火舉之以相告，曰烽。又多積薪，寇至則燔之，望其煙，曰燧。晝則燔燧，夜則舉烽。唐六典：鎮戍烽候，所至大率相去三十里，其逼邊者築城以置之，其放煙有一炬、二炬、三炬、四炬，每日初夜舉一炬，謂之平安火。朝野色枯槁。○謂内外皆困悴也。西極柱亦傾，○【趙次公曰：「指言吐蕃侵廊、岷、霸等州，其勢方熾也。」】言吐蕃又寇廓、岷、霸等州，亦若天柱之折也。○集有詩云「群兵從西下，極目高崒兀。疑是崆〔六〕峒來，恐觸天柱折」是也。○【王洙曰：「列子湯問篇：折天柱。又云：常怒流於西極。」】列子湯問篇：昔女媧氏斷鼇足以立四極，其後共工氏與顓頊争爲帝，怒而觸不周之山，折天柱，絶地維，故天傾西北。○爾雅釋地：西至于邠國，謂之西極。如何正穹昊。○故甫問策於長孫，不知如何以整頓天下也。

【校記】

〔一〕立，古逸叢書本作「玄」。

〔二〕甫，元本、古逸叢書本作「用」。

〔三〕所，元本作「辨」，古逸叢書本作「便」。

〔四〕托，元本、古逸叢書本作「此」。

〔五〕土，古逸叢書本作「士」。

〔六〕崆，元本、古逸叢書本作「空」。

送樊二十三侍御漢中判官

○地志：漢中，唐涼州安西都護府，築龜茲城，西臨疏勒，北距突厥。

威弧不能弦，○【王洙曰】易繫辭：弦木爲弧，剡木爲矢，弧矢之利，以威天下。自爾無寧歲。○【師古曰】玄宗開元初，天下富實，自謂四方無虞，偃然荒縱酒色，寵愛貴妃，禄山以胡種居高位，總兵從事夷狄，中國武備皆弛，是不能弦威弧也。禄山一旦乘隙而叛〔一〕，自此紛亂略無寧歲。○【王洙曰】國語：姜氏告於公子曰：「自子之行，晉無寧歲。」川谷血横流，○【王洙曰】揚子淵騫篇：川谷流人之血。豺狼沸相噬。○【黄曰】豺狼，喻盗賊也。天子從北來，長驅振凋弊。頓兵岐梁下，○【黄曰】天子，謂肅宗即位靈武。○【王洙曰：「肅宗理兵鳳翔。」】長驅北來，理兵岐、梁二州。○【唐曰】爲中興收〔二〕復之計。却跨沙漠裔。○【師古曰】指漢中郡，謂跨歷楚、漢諸州，皆整兵從帝東討也。○按唐志：興元府漢中郡，本梁州漢川郡。開元十三年，以涼、梁相近，更名褒州。天寶元年，改郡名。二京陷未收，四極我得制。○【歐陽曰】肅宗以太子稱尊號，雖兩京未復，偏據一方，而四方之極，皆爲總制，何命而不從乎〔三〕。○【杜田補遺】又，杜陵詩史、分門集注、補注杜詩引作「修可曰」。】爾雅釋地：東至於泰遠，西至於邠國，南至於濮鉛，北至于祝栗，謂之四極。蕭索漢水清，○【王洙曰】索，一作瑟。緬通淮湖稅。○【趙次公曰】言漢中有水，可以遠通淮、蔡、荆、湖之賦稅，足以供餽餉也。使者紛星散，○分使諸郡以撫綏安集之也。○【王洙曰】古詩：星使日夜馳。王綱尚旒綴。○【泰伯曰】言國危而欲絶也。○【王洙曰】詩商頌：爲下國綴旒。南伯從事賢，君行立談際。○【師古曰】漢中係荆湖南路伯長也。○【趙次公曰】南伯，乃南方諸侯之長，即漢中主將是也。從事，乃幕府内之屬官，指樊判官也。○【師古曰】今主將、判官相投俱賢，此行謀事有成功，只在立談之間，可收其效也。○【趙次公曰】或曰，南伯與從事俱賢，相投只在立談之間耳。坐知七曜曆，○坐，一作生。此美樊判官明天文也。○【杜田補遺。又，杜陵詩史、補注杜詩引作「修可曰」。】北史劉綽傳：綽字士元，專以著述爲務。九章算術、周髀、七曜曆書十餘部，推步量度，莫不覈其本根，窮其秘奥。手畫三軍勢。○此美樊判官善兵法也。○【杜田補遺。又，杜陵詩史、補注杜詩引作「杜定功曰」。】前漢張湯傳：長子千秋爲中郎將，將兵擊烏桓，還謁。大將軍霍光問千秋戰鬬〔四〕方略、山川形勢，千秋口〔五〕對兵事，畫地成圖，無所忘失。○【王洙曰】後漢馬援傳：援字文淵，光武西征隗囂，援於帝前開示衆軍所從道徑往來，分析曲折，昭然可曉。帝曰：「虜在吾目中矣。」冰雪淨聰明，雷霆走精鋭。幕府輟諫官，朝廷無此例。○此，黄〔六〕作比。至尊方旰食，○旰，古按切，晏也。○【王洙曰】左氏傳：任奢曰：「楚君大夫，其旰食乎？」仗爾布嘉惠。○侍御乃諫官，以諫官爲幕府之屬，本無此例，爲天子晚食，憂及〔七〕盜賊，欲仗樊侍御出使宣布嘉惠，不得不爾。補闕募徵入，柱史晨征憩。○樊、晁皆作「補闕入柱史」。補闕、柱史，皆諫官名。暮〔八〕召樊生入受命，明日侵晨便行，以王事之急故也。征憩，謂已行而少歇，與甫序别也。○【王洙曰：「老聃爲柱下吏。」】按劉向列〔九〕仙傳：李耳，字伯陽，陳人。生於殷時，爲周柱下史，好養精氣，轉爲守藏史，積八十餘年。○漢官儀：侍御史，周官，爲柱下史，冠法冠，一名柱後，以鐵爲柱，言其審固不撓。今子美詩以御史爲柱史。正當艱難時，實藉長久計。○【王洙曰】久，一作大。○前漢陸賈傳：賈説高帝曰：「文武並用，長久之術也。」回風吹獨樹，○言無伴也。白日照執袂。○言執别也。慟哭蒼煙根，山門萬里閉。○里，一作重。○【師古曰】甫既與樊生有萬里之别，從此消息閉絶，妻子間隔，朋友别離，是以慟哭于蒼煙之根也。居人莽牢落，○【師古曰】居人，甫自謂。牢落，辛苦貌。遊子方迢遰。○【鄭卬曰】遰音弟，去也，避也。○【師古曰】遊子，指樊生。迢遰，言遠行也。徘徊悲生離，○【王洙曰】屈原九歌：悲莫悲兮生别離。局促老一世。○【師古曰】甫自痛拘迫當今之世，謂所至亂離，竄匿林谷，而不獲騁也。○【薛夢符曰】前漢灌夫傳：上怒内史曰：「公平生數言武安長短，今日廷論，局促如轅下駒。」陶唐歌遺民，○【師古曰】謂唐繼堯之後，德祚長遠，未能遽絶也。○【王洙曰】左氏襄公二十九年傳：吴公子札來聘，請觀於周樂，爲之歌唐，曰：「思深哉！其有陶唐氏之遺民乎。不然，何憂之遠也？」後漢更列帝。○【王洙曰】列，一作别。○【師古曰】漢承文、武之餘澤，遭王莽篡奪，不失其天下。光武因民謳歌思漢，遂建中興之業。肅宗亦然也。恨無匡復姿，○【王洙曰】姿，一作資。聊欲從此逝。

○【師古曰】甫自恨當艱難，自無匡復之才以佐天子，但從此長往山林，因勉樊生當努力以贊中興也。

○【王洙曰】前漢紀：高帝曰：「吾亦從此逝矣。」

【校記】

〔一〕叛，元本、古逸叢書本作「反」。

〔二〕收，古逸叢書本作「恢」。

〔三〕乎，元本、古逸叢書本作「也」。

〔四〕戰鬭，元本、古逸叢書本作「鬭戰」。

〔五〕口，古逸叢書本作「日」。

〔六〕黄，古逸叢書本作「一」。

〔七〕憂及，元本、古逸叢書本作「及憂」。

〔八〕暮，古逸叢書本作「募」。

〔九〕列，元本、古逸叢書本作「别」。

送從弟亞赴安西判官

○【王洙曰】安西，一作河西。○唐志：安西大都督府。鮑欽止〔一〕詩譜：亞字次公，肅宗在靈武，上書論當世事，擢校書郎。至德二載，杜鴻漸節度河西，奏辟幕府，故詩云「令弟草中來，蒼然請論事，帝曰大布衣，藉卿佐元帥」。

南風作秋聲，○【師古曰】南風，生養萬物之風，今作秋聲，殺氣盛也。時禄山反，河北二十四郡皆陷于賊，安得陰陽調和乎？南風作秋聲，蓋有由也。殺氣薄炎熾。○月令：仲秋之月，殺氣浸盛，陽氣日衰。盛夏鷹隼擊，○【王洙曰：「月令：立秋之日，鷹隼乃擊。」】此皆紀失時也。鷹隼逢秋始擊搏，今盛夏之月而鷹隼擊，是亦宣王六月出師之比也。月令：季夏行冬令，則鷹隼蚤鷙。時危異人至。○漢公孫贊：異人並出。令弟草中來，○【趙次公曰】謝靈運酬從弟惠連詩：末路值令弟，開顔披心胸。蒼然請論事。○蒼，鮑作茫。詔書引上殿，奮舌動天意。○謂杜亞竄匿草中，來〔二〕謁肅宗，恐爲奸盜所獲。時亞蒼皇請論禦戎之事，有詔上殿，所言皆合天子之意也。兵法五十家，○謂杜亞明兵書也。○【王洙曰：「兵法，見前漢藝文志。」】漢藝文志：兵家者，蓋出於古司馬之職，王官之武備也。爾腹爲篋笥。○【王洙曰：「邊韶：『腹便便，五經笥。』」】邊韶字孝先，晝日假寐，弟子嘲曰：「邊孝先，腹便便，懶讀書，晝欲眠。」韶聞之，應曰：「邊爲姓，孝爲字，腹便便，五經笥。」

應對如轉丸，○言其捷也。○【王洙曰】前漢梅福書：昔高祖從諫若轉圜。疎通略文字。○言智謀博達，不泥古兵法也。經綸皆新語，○【王洙曰】易屯卦：君子以經綸。足以正神器。○【王洙曰】老子二十九章：天下神器，不可爲也。宗廟尚爲灰，○【王洙曰】謂九廟爲賊所焚也。君臣俱下淚。○【王洙曰】俱，一作皆。○肅宗君臣皆傷感而泣也。崆峒地無軸，○崆峒山在西，言西地爲之陷，乃吐蕃入寇也。地有三千六百軸。地無軸，如列子湯問篇所謂「地維絶」也。張華博物志：崑崙東北地轉下有八玄幽都，方二十餘萬里，地下有四柱，廣十萬里，地有三千六百軸，互相牽也。青海天軒輊。○青海在東，言山東危而不安，乃哥舒翰戰處也。○【王洙曰：「言天地未安也。」】天軒輊，喻天之低昂不安貌也。○【杜田補遺。杜陵詩史、分門集注引作「薛夢符曰」。】詩小雅：如輊如軒。後漢馬援上疏：夫居前不能令人輊，居後不能令人軒。西極最瘡痍，○言西極重遭吐蕃入寇也。淮南時則訓：西方之極，自崑崙絶流沙沈羽，西至三危之國，餘見前注。○【趙次公曰】前漢季布傳：瘡痍未息。連山暗烽燧。○【俯曰】張揖廣雅：烽燧，兜笭籠也。餘見前注。帝曰大布衣，○【魯曰】左氏傳：衛文公大布衣。○鹽鐵論：古者庶〔三〕人老耋而後絲，其餘則麻枲而已，故命曰大布衣。藉卿佐元帥。○【王洙曰：「謂杜鴻漸。」】鮑欽止云：元帥謂杜鴻漸也。坐看清流沙，所以子奉使。歸當再前席，○言杜亞之使，能平西方之難，可以坐視其有效也。○【王洙曰】漢孝文帝前席賈生。適遠非歷試。○【王洙曰。杜陵詩史、分門集注引作「馬曰」。】舜典：歷試諸艱。須存武威郡，

○武威，即安西都護府也，餘前注。爲晝長久利。○昔文帝前席，聽賈生鬼神之對，舜歷試諸難〔四〕，今亞遠適安西，非是歷試諸難〔五〕，但天子憂及西方，是以遣之。歸來當處左右以膺前席之禮，然此須存武威，爲晝長久之利，無徒偷目前之近效也。孤峰石戴驛，○爾雅釋山：石戴土謂之崔嵬。快〔六〕馬金纏轡。黄羊飫不羶，○羶，式連切，羊臭也。説文：羴〔七〕，黄腹羊也。羴〔八〕，扶員切。蘆酒多還醉。○四句述行役勞苦所經之宿食也。大觀三年，都〔九〕隨使虜，嘗舉此詩以問虜使時立愛，立愛云：「黄羊野物，可以獵取，食之不羶。蘆酒糜穀醖成，可撥醅取不醉也，但力微，飲多即醉。二物皆北方所有。」信子美之言驗矣。蘆，蔡肇又作「虜」，引「虜酒千盃不醉人」爲證。今兩存之。踴躍常人情，慘澹苦士志。安邊敵何有，反正計始遂。○常人之情，當天子分遣之日，必踴躍以爲榮，而士志反刻苦以爲憂，其色慘憺者，何哉？蓋以王事靡盬爲憂故也。公羊傳：撥亂反正，莫近於春秋。吾聞駕鼓車，○【杜田補遺。杜陵詩史、分門集注、補注杜詩引作「修可曰」。】後漢循吏傳：光武建武十三年，異國有獻名馬者，日行千里。又進寶劍，價兼百金。詔以馬駕鼓車，劍賜騎士。不合用騏驥。龍吟迴其頭，夾輔待所致。○【黄曰】謂光武詔以名馬駕鼓車，不宜用騏驥，以喻杜亞懷大才，不宜出爲判官也。冀他日乘龍吟之會，回首出而夾輔唐室，寔有待於杜判官也。○【王洙曰：「左傳：夾輔周室。」】左氏傳僖公二十六年傳：昔周公、太〔一〇〕公肱股周室，夾輔成王。

【校記】

〔一〕止，古逸叢書本作「正」。

〔二〕來，元本、古逸叢書本作「求」。
〔三〕庶，元本、古逸叢書本作「衣」。
〔四〕難，古逸叢書本作「艱」。
〔五〕難，古逸叢書本作「艱」。
〔六〕快，元本、古逸叢書本作「快」。
〔七〕羳，元本、古逸叢書本作「羶」。
〔八〕羳，元本、古逸叢書本作「璠」。
〔九〕都，古逸叢書本作「郭」。
〔一〇〕太，古逸叢書本作「大」。

送韋十六評事充同谷郡防禦判官

昔沒賊中時，潛與子同遊。今歸行在所，王事有去留。◎【九家集注杜詩、分門集注、補注杜詩引作「王洙曰」：「安祿山大亂，甫與韋宙同陷賊，後皆遁歸行在所。」又，杜陵詩史引「王彥輔曰」。】祿山亂，甫與韋同陷賊中，潛相來往。至德二載，竄歸鳳翔，上謁肅宗，授甫拾遺，以韋爲同谷郡判官，甫留而韋去故也。◎【王洙曰】詩北山：王事靡盬。 偪側兵馬閒〔一〕，◎【鄭卬曰：「偪，彼側切，迫也。亦作『逼』。」】偪與逼同，彼側切，迫也。主憂急良籌。○【王洙曰】史記范睢傳：主憂臣辱。子雖軀幹小，○小，一作少，非也。○【趙次公曰】晉載記：劉曜討陳安於隴城，安死。人謡曰：「隴城健兒有陳安，軀幹雖小腹中寬，愛養將士同心肝。」志氣横九州。○【王洙曰：「老，一作志。」】志，一作老。挺身艱難際，張目視寇讎。朝廷壯其節，奉詔令參謀。○參謀，即判官也。鑾輿駐鳳翔，○崔豹古今注：乘輿以黄，五輅衡上金雀者，朱鳥也，口銜鈴。鈴，謂鑾也。按，至德二載二月戊子，肅宗乘輿次於鳳翔。○【王洙曰】地理志：鳳翔府扶風郡，隋置鳳棲，尋改爲麟遊郡。同谷爲咽喉。○【王洙曰】同谷郡，今成州。晉仇池郡，漢下辨縣，舊名武街城。西阨弱水道，○【鄭卬曰】阨，從〔二〕革切，塞也。○山海經：崑崙之丘，其下有弱水環之。玄中記：崑崙弱水，鴻毛不起也。○【九家集注杜詩引作「集注」。又，杜陵詩史、分門集注、補注杜詩引作「孝祥曰」。】十洲記：鳳麟州在西海之中，四面有弱水遶之，鴻毛不浮，不可越也。南鎮枹罕陬。○【王洙曰】枹罕，一作氐羌。枹音孚。○後漢郡國志：隴西郡枹罕，故屬金城。○【王洙曰】按，唐安昌郡河州理枹罕縣。枹罕，故羌侯邑也。此邦承〔三〕平日，剽劫吏所羞。○【王洙引顔師古注：「剽，匹妙切，急也。」】剽，匹妙切，强取也。况乃胡未滅，控帶莽悠悠。○同谷之俗好剽劫〔四〕，吏不能制，况今吐蕃連結禄山，其禍未平，此郡控引羌胡之地，取〔五〕朝廷猶爲遠，是以難治也。府中韋使君，道足示懷柔。令姪才俊茂，二美又何求。○或曰：令姪乃宙也。宙叔父韋充同谷防禦使，表朝廷丐宙爲參謀，叔姪皆有美才，故云「二美」〔六〕也。鮑欽止謂：非指韋宙也。當考之。受詞太白脚，○地理志：鳳翔郿縣有太白山。○【杜田補遺】辛氏三秦記：太白山在武功縣南，去長安三百里，不知高幾許。俗云：武功〔七〕、太白，去天三百〔八〕。○太白脚，乃鳳翔山下。仇池，即同谷。韋姪既受命至鳳翔，遂走馬往同谷也。○【杜田補遺】後漢西南夷傳：白馬氐者，武帝分廣漢西部，合以爲武都，居於河池。一名仇池，方百頃，四面斗絶。注：仇池山在今成州上禄縣南。○【杜田補遺。又，杜陵詩史、分門集注、補注杜詩引作「歐陽曰」。】三秦記：山上有池，故名仇池。地平如砥，其南北有山路，懸絶百仞，一夫守道，萬夫莫向。山勢自然有樓櫓却敵之狀。古色沙土裂，○【王洙曰】色，一作邑。○以下叙彼之風俗也。○【王洙曰】漢書音義：沙土曰漠，即今磧也。積雪陰雲稠。○【王洙曰：「積陰雪霜稠，一作『積雪陰雲稠』。」】一作「積陰雪霜稠」。○一作「積陰雪雲稠」。羌父豪猪靴，○海陵卞圜曰：本草注：㺄，豪猪，亦名蒿猪，毛如蝟簪，摇而射人，猪之類也。山海經：㺄，彘身人面，身〔九〕如嬰兒，食人。山海經又云：猫猪，大者肉至千斤。豪猪，面如豚面，白毛，毛大如笄而黑端，以毛射人。郭景純注：猫猪也，夾〔一〇〕脾有麄毫，長數尺，能以頸上毫射人也。揚雄長楊賦：捕熊羆豪猪。羌兒青兕裘。○晉本作「漢兵黑貂裘」。兕，似姊〔一一〕切。爾雅：兕似牛。郭璞注〔一二〕：一角，青色，重千斤。○【趙次公曰。又，杜陵詩史、分門集注引作「大臨曰」。】説文：兕如野牛，青皮厚可爲鎧。○嶓冢之山，其類多也。吹角向月窟，○【杜田補遺。又，杜陵詩史、分門集注、補注杜詩引作「泰伯曰」。】古今樂録：蚩尤率魑魅罔兩與黄帝戰于涿鹿，帝乃命吹角爲龍吟以禦之。其後魏武北征烏桓，度沙漠，而軍士思歸，於是咸爲鳳鳴，而聲〔三〕更悲。吹角者，本以應胡笳之聲，後漸用焉。○【王洙曰】月窟，西極也。揚雄長楊賦：西壓月窟。蒼山旌旆愁。○蒼山，一作山蒼。鳥驚出死樹，○鳥驚，以喻民之驚竄也。龍怒拔老湫。○湫，此由切，龍潭也。龍怒，以喻諸將欲出與之戰也。拔，挺出之貌。古來無人境，今代横戈矛。傷哉文儒士，○文儒，美韋也。憤激馳林丘。○文儒士，指韋之令姪，憤氣激昂急赴國家之難也。中原正格鬬，○【王洙曰：「相抱而殺之曰格。」】兩相敵曰格。○【趙次公曰】陳琳飲馬長城窟行：男兒正當格鬬死。後會何緣由。百年賦命定，豈料沉與浮。○沉浮，猶言盛衰也。且復戀良友，握手步道周。論兵遠壑淨，亦可縱冥搜。題詩得秀句，札翰時相投。

【校記】

〔一〕聞，元本、古逸叢書本作「間」。

〔二〕從，元本、古逸叢書本作「衣」。

〔三〕承，元本、古逸叢書本作「升」。

〔四〕劫，原作「切」，據古逸叢書本改。

〔五〕取，古逸叢書本作「去」。

〔六〕二美，元本、古逸叢書本作「二美」。
〔七〕武功，元本、古逸叢書本乙作「功武」。
〔八〕三百，元本、古逸叢書本作「三百里」。
〔九〕身，元本、古逸叢書本作「聲」。
〔一〇〕夾，元本、古逸叢書本作「交」。
〔一一〕姊，古逸叢書本作「娣」。
〔一二〕注，元本、古逸叢書本作「云」。
〔一三〕聲，元本、古逸叢書本作「爲」。

奉送郭中丞兼太僕卿充隴右節度使三十韻

○英乂。魯訔曰：唐新書不言英乂爲大僕卿，止云爲御史中丞。又云爲御史大夫，却〔一〕在改節度使之後。今甫詩題如此，以見史筆之失也。○【王洙曰：「按，新史：禄山之亂，英乂授秦州都督、隴右採訪使。賊將高嵩擁兵入汧隴，英乂僞勞之，既而伏兵發，盡虜其衆。」】按，郭英乂傳：英乂，知運之季子，勇名河隴。哥舒翰初曰：「當代吾節制。」至德二載，肅宗興師朔野，英乂遷隴右節度使。賊軍高嵩擁戈汧隴，英乂出奇大破之。

詔發西山將，秋屯隴右兵。○【鄭卬曰】屯，越渾切〔二〕，聚也。○【趙次公曰】西山將，謂英乂先爲秦州都督帥，詔還，加隴右節度也。○按，隴右道者，禹貢雍州之域〔三〕。雍州自岐隴以北爲關内道，自隴西南并〔四〕得禹貢梁州之北垂，爲隴右道。淒涼餘部曲，○後漢百官志：將軍領軍皆有部曲，大將軍營五部，部校尉一人，部下有曲，曲有軍候一人，曲下有屯，屯長一人。郭躬傳「一統於督」者，謂任部曲。燀赫舊家聲。○【王洙曰】燀，齒善切。○英乂父知運，長七尺，猿臂虎口，開元飛將。○【趙次公曰】知運先嘗爲隴右節度，父子先後授纛隴右，故曰「餘部曲」、「舊家聲」也。鵰鶚乘時去，○喻英乂乘秋而赴隴右也。驊騮顧主鳴。○【師古曰：「言戀王室也。忠臣之志，不忘於君。」】喻英乂戀闕，不忍忘君而去也。艱難須上策，○須，魯作思。容易即前程。斜日當軒蓋，高風捲旆旌。○【王洙曰】高，一作歸。○【師古曰：「高風，八月也。」】此紀英乂去之時，適當八月也。松悲天水冷，○【王洙曰】天水郡，漢武元鼎三年置。秦州地記：郡前湖水冬夏無增，因以名焉。沙亂雪山清。○【王洙曰】後漢明帝紀：祁連，山名，即天山也。一名雪山。今名折〔五〕羅雪山，在伊州北。○【沈曰】十道志：伊州天山，一名白山，其山甚高，冬夏有雪，故亦曰雪山。和虜猶懷惠，○【趙次公曰】指言吐蕃也。至德二載，使來，請討賊，且修好，既而侵廓、岷、霸〔六〕等州，又請和。防邊詎敢驚。古來於異域，鎮静示專征。○【趙次公曰】言待之以静，不時撓之，示之以有，必征其侵叛之理也。燕薊奔封豕，周秦觸駭鯨。○【趙次公曰】天寶十四載，禄山反幽州，陷河北。十二月，陷東京。明年，陷京師。此所謂奔突燕薊，觸冒周秦也。○【王洙曰】按，左氏定公四年傳：吴爲封豕長虵，以薦食上國。○崔豹古今注：鯨，大魚也。鼓浪成雷，濆沫成雨，水族驚畏，一皆逃匿。中原何慘黷，餘孽尚縱横。○【趙次公曰】禄山既弑〔七〕，慶緒爲寇，此所謂「尚縱横」也。箭入昭陽殿，笳吟細柳營。○【趙次公曰】細柳乃周亞夫之營，在長安。笳吟細柳，言胡人之笳乃在漢宫也。内人紅袖泣，王子白衣行。○【趙次公曰】言是王子以避亂之故，隱迹爲白衣而行也。宸極妖星動，園陵殺氣平。○【王洙曰】陵，一作林。空餘金椀出，○【王洙曰】椀，一作盌。○言發掘墳墓也。南史沈炯傳：炯字初明，爲魏所虜，嘗獨行，經漢武通天臺，爲〔八〕表奏之，陳己思鄉之意，云：「甲帳朱簾，一朝零落。茂陵玉盌，遂出人間。」或引孔氏志怪：漢盧充冢西有崔少府墓，崔有女與爲婚，與充金椀一枚。非是。無復繐帷輕。○言寢廟以細葛布爲靈帷也。毁廟天飛雨，○言塵埃如雨之飛也。焚宫火徹明。罘罳朝共落，○罘音浮，罳音思。○【趙次公注引青箱雜記】漢書音義：罘罳，連闕曲閣也。崔豹古今注：屏也。○餘見大雲寺贊公房詩注。棆桷夜同傾。○【王洙曰】言宗廟宫室皆爲賊焚毁也。三月師逾整，○至德二載二月戊子，英乂戰于武功。庚子，郭子儀戰于潼關。甲辰，戰于永豐。四月庚寅，戰于運橋。皆捷，賊弛戈遁而北，故有是句。魯訔謂八月初以廣平王爲天下兵馬元帥。群胡勢就烹。瘡痍親接戰，勇決冠垂成。○【趙次公曰】此微言英乂之敗，而激其再立功也。是年二月，李光弼敗安慶緒于太原，而是時英乂戰于武功，敗績，故有瘡痍之譬，且言其功垂成也。妙譽期元宰，○【趙次公曰：「美其可以爲相。」】期英乂他日可爲宰相也〔九〕。殊恩具列卿。○【趙次公曰：「則今兼太僕也。」】美英乂以中丞兼太僕卿而充節度使也〔一〇〕。幾時回節鉞，戮力掃欃搶。○戮，當作勠，力竹切。又音劉，并力也。○【鄭卬曰】欃，初銜切。搶，楚耕切。○【王洙曰】欃搶，妖星，喻盜賊也。前漢天文志：石氏：見欃雲如牛。甘氏：不出三月乃生天搶。石氏：見搶雲如馬，甘氏：不出三月乃生天欃。〔一一〕圭竇三千士，○言英乂之兵皆文士，非召募市人也。○【王洙曰】儒行：儒有篳門圭窬。注：穿牆爲窬，如圭也。○【杜陵詩史、分門集注引作「修可曰」。】左氏襄公十年傳：王叔之宰曰篳門圭竇之人，而皆陵其上，其難爲上矣。杜預注：篳門，柴門。圭竇，小户。穿壁爲户，上鋭下方，狀如圭也。○【王洙曰】又，僖公二十四年傳：秦伯送衛於晉三千人，實綱紀之僕。〔一二〕雲梯七十城。○【王洙曰】雲梯，攻城之具，高長，上與雲齊，可依雲而立，所以攻敵之城中也。墨子曰：楚王令公輸班爲高雲梯以攻宋，墨子守之，輸九攻之，而墨子九却之，不能入。〔一三〕耻非齊説客，○【鄭卬曰】説，輸芮切，談也。○甫自謂也。○【王洙曰】前漢酈食其傳：韓信東擊齊，齊軍歷下以距漢，食其説齊王田廣，迺罷歷下守備，縱酒，韓信聞食其憑軾下齊七十餘城，迺夜渡兵襲齊，廣聞漢兵至，以爲食其賣己，迺烹食其，因敗走。〔一四〕甘似魯諸生。○甘，或作祇。甫意甘守文墨，不敢效英乂立大功也。○【王洙曰】叔孫通傳：臣願徵魯諸生，與其子弟共起朝儀。○【趙次公曰】子謂耻非甘似，皆甫自叙也。蓋言圭竇之貧士尚有三千而下七十城，亦有爲雲梯之具者，如我曾無説客之談，時爲諸生之事而已，蓋自責其無補於戰也。〔一五〕通籍微班忝，○【王洙曰】甫又自謂得通朝籍也。微班，謂其爲拾遺也。前漢元帝紀：令從官、給事宦、司馬中者，得爲大父母、父母、兄弟通籍。應劭曰：籍者，爲二尺竹牒，記其年紀、名字、物色，縣之宮門，案省相應，乃得入也。〔一六〕周行獨坐榮。○【王洙曰】詩卷耳：寘彼周行。獨坐，美英乂爲御史中丞也。後漢宣秉傳：秉字巨公，拜御史中丞。光武特詔御史中丞與司隸校尉、尚書令會同，並專席而坐，故京師號曰「三獨坐」。〔一七〕隨肩趨漏刻，○【趙次公曰】：「言同入朝也。」甫又自叙其相隨入朝也。○梁刻漏經：漏刻之作，肇於黄帝。宣乎夏、商。周禮夏官：挈壺氏掌挈壺以令軍井。凡軍事縣壺以序聚欜，皆以水火守之，分以日夜，及冬則以火爨鼎而沸之，而沃之。〔一八〕短髮寄簪纓。○【王洙曰】寄，一作愧。○言有名無實也。徑欲依劉表，○【王洙曰】魏志王粲傳：粲字仲宣〔一九〕，以西京擾亂，皆不就辟，乃之荆州依劉表。還疑厭禰衡。○【王洙曰】還疑，一作能無。○甫欲依託英乂幕府，復恐英乂之厭己，遂不果也。○【王洙曰】後漢文苑傳：魯國孔融深愛衡才，稱述於曹操，操欲見之，而衡素相輕疾，不肯往，操懷忿，而以其才名，不欲殺之，乃召衡至，送與劉表。劉表先服其才名，甚賓禮之。後復侮慢於表，表耻不能容，以江夏太守黄祖性急，故送衡與之，祖亦善待焉。後衡言不遜順祖，遂殺之。〔二〇〕漸衰那此别，忍淚獨含情。○恐此别不復相見，故泣也。〔二一〕廢邑狐狸語，○【王洙曰】左氏〔二二〕襄十四年傳：南鄙之田，狐狸所居，豺狼所嗥。空村虎豹争。○【王洙曰】空村，言無人也。虎豹争，謂盜賊縱横也。〔二三〕人頻墜塗炭，○【王洙曰】書〔二四〕仲虺之誥：有夏昏德，民墜塗炭。公豈忘精誠。○【鄭卬曰】忘，無放切。〔二五〕元帥調新律，○律，樊作鼎。○【趙次公曰】時代宗以廣平王俶初爲元帥，張子儀〔二六〕副之。新律，謂師律之律也。〔二七〕前軍厭舊京。○【趙次公曰：「前軍，指言李嗣業之軍。」師古曰：「前軍壓舊京，言前軍已收京而鎮壓之，尚賴諸將安邊扈駕，此勉郭公之辭。」】前軍，指李嗣業已平長安而鎮壓之也。〔二八〕安邊仍扈從，○從，才用切。○【趙次公曰】隋行，乃謂長安收復，更賴諸將扈蹕而復還闕也。〔二九〕莫作後功名。○【王洙曰】莫作，一作「無使」。此勉英乂因時而立功，無後衆人也。○是年十月丁卯，車駕還京。〔三〇〕

【校記】

〔一〕却，元本、古逸叢書本作「知」。

〔二〕切，元本、古逸叢書本作「反」。

〔三〕域，原作「或」，據元本、古逸叢書本改。

〔四〕并，元本、古逸叢書本作「兼」。

〔五〕折，元本、古逸叢書本作「新」。

〔六〕霸，古逸叢書本作「疊」。

〔七〕弑，元本、古逸叢書本作「殺」。

〔八〕爲，元本、古逸叢書本作「修」。

〔九〕「期英」至「相也」，古逸叢書本無。

〔一〇〕「殊恩」句下注，元本、古逸叢書本作：「言其兼大僕卿。」

〔一一〕「戮力」句下注，元本、古逸叢書本作：「成十三年傳：戮力同心。釋文云：欃槍，妖星也。」

〔一二〕「圭竇」句下注，元本、古逸叢書本作：「荀子儒行：儒有蓽門圭竇。」

〔一三〕「雲梯」句下注，元本、古逸叢書本作：「雲梯，攻城之具。」

〔一四〕「耻非」句下注，元本、古逸叢書本作：「酈生嘗爲説客，馳使諸侯。」

〔一五〕「甘似」句下注，元本、古逸叢書本作：「漢叔孫通傳：臣願徵魯諸生與臣弟子共起朝儀。」

〔一六〕「通籍」句下注，元本、古逸叢書本作：「此公自言得通朝藉也。」

〔一七〕「周行」句下注，元本、古逸叢書本作：「詩：寘彼周行。」

〔一八〕「甫又」至「沃之」，元本、古逸叢書本作：「漢宣帝置行刻漏，賜十郡列卿。」

〔一九〕字仲宣，元本、古逸叢書本無。

〔二〇〕「還疑」句下注，元本、古逸叢書本作：「還疑，一云能無。後。」

〔二一〕「忍淚」句下注，元本、古逸叢書本作：「劉機：含情忍淚，夜起薊門。」

〔二二〕左氏，元本、古逸叢書本無。

〔二三〕「空村」句下注，元本、古逸叢書本作：「空村言無人。」

〔二四〕書，元本、古逸叢書本無。
〔二五〕「公豈」句下注，元本、古逸叢書本無。
〔二六〕張子儀應是郭子儀之訛。
〔二七〕「元帥」句下注，元本、古逸叢書本無。
〔二八〕「前軍」句下注，元本、古逸叢書本無。
〔二九〕「安邊」句下注，元本、古逸叢書本無。
〔三〇〕「莫作」句下注，元本作：「莫作，一云無使。時代宗爲元帥，期於收復，公勉郭令公立功名，無後衆人也。」古逸叢書本略同元本，「令公」作「英乂」。

送楊六判官使〔一〕西蕃 ○西蕃，乃吐蕃也。

送遠秋風落，○【趙次公曰：「此乃至德二年九月已前詩。」】是時當至德二年九月也。〔二〕西征海氣寒。○【趙次公曰】往吐蕃度青海而去。〔三〕帝京氛祲滿，○【趙次公曰：「祲，子鴆切。精氣感祥。」又，杜陵詩史、分門集注引作「鄭卬曰」。】祲，子鴆切，祅氛也。○【王洙曰：「氛祲，不祥之氣，言胡塵污染帝室。」】謂京師染胡塵而未復也。〔四〕人世別離難。○屈原九歌：悲莫悲兮生別離。〔五〕絶域遥懷怒，和親願結歡。○【趙次公曰】謂中國以吐蕃懷怒欲入寇，故遣使與之和親也。〔六〕敕書憐贊普，○【趙次公曰】唐吐蕃傳：吐蕃本西羌屬，散處河湟、江岷間，其吐蕃俗謂强雄曰贊，丈夫曰普，故號君長曰贊普。○今西域有籛即贊普之聲，訛而爲籛逋也。〔七〕兵甲望長安。○【馬曰】言欲入寇也。○漢舊儀曰：長安城經緯各長十五里，十二城門，九百七十三頃，城中皆屬長安令。〔八〕宣命前程急，惟良待士寬。○【趙次公曰】新唐書吐蕃傳：至德初，取巂州及威武等諸城，入屯石堡。其明年，使使來請討賊，且修好。肅宗遣給事中南巨川報聘。然歲内侵取廓、霸、岷等州，及河源、莫門，軍使數來請和。帝雖審其譎紿，務紓患，乃詔宰相郭子儀、蕭華等與盟。〔九〕子雲清自守，○【王洙曰】以子雲比楊判官也。○予謂雄昔先封於晉之揚而得姓，其地在河東揚縣。字乃從手之揚，甫誤以爲從木之楊矣。○【九家集注杜詩作「新添」。】揚雄傳：雄字子雲，哀帝時丁傅、董賢用事，諸附離之者或起家至二千石，時雄方草太玄，有以自守，泊如也。或嘲以玄尚白，雄解之曰：「爰清爰静，遊神之廷。惟寂惟寞，守德之宅。」〔一〇〕今日起爲官。○起，一作豈。東原録曰：諸本皆誤。予謂今當作金。按，前漢金日磾字翁叔，本匈奴休屠王太子，與母閼氏俱没入官，輸黄門養馬。武帝遊宴，見日磾容貌甚嚴，異而奇焉，即日賜湯沐衣冠，拜爲馬監，遷侍中駙馬都尉。在唐中興時，贊普必有以相類者，故子美用之以爲言也。〔一一〕垂淚方投筆，○【王洙曰：「言以戎事爲憂，故垂淚投筆，如班超投筆而起，志在功名。」】此以班超比楊判官也。後漢班超傳：超字仲升，有大志，家貧，常爲官傭書，久勞苦，投筆嘆曰：「大丈夫無他志略，猶當效傅介子、張騫立功異域，以取封侯，安能久事筆硯間乎！」〔一二〕傷時即據鞍。○此又以馬援比楊判官也。○【王洙曰】後漢馬援傳：援字文淵，武威將軍劉尚擊武陵溪蠻夷，深入軍没。援因復請行，時年六十三。帝愍其老，未許之。援自請曰：「臣尚能被甲上馬。」帝令試之，援據鞍顧眄，以示可用。帝笑曰：「矍鑠哉！是翁也。」〔一三〕**儒衣山鳥怪**，○禄山之亂，兵甲滿天下，今山鳥見儒衣猶且怪駭，蓋傷吾道之不行也。按，集有贈韋左丞云「儒冠多誤身」是也。〔一四〕**漢節野童看**。○【趙次公曰】「蘇武杖節牧羊。」〔一〕此以蘇武美楊判官也。武帝遣蘇武爲中郎將使匈奴，匈奴徙武北海上，使牧羝，羝乳乃得歸。武杖漢節牧羊，留匈奴十九歲始還。〔一五〕**邊酒排金盞**，○【王洙曰】盞，一作盌。**夷歌捧玉盤。草肥蕃馬健**，○【王洙曰】胡人秋高馬肥則入寇。〔一六〕**雪重拂廬乾**。○拂廬，所以御雨雪。○【趙次公曰】唐本傳：吐蕃聯毳帳以居，號大小拂廬也。〔一七〕**慎爾參籌畫，從茲正羽翰**。○【鄭卬曰】翰，何干切，羽也。〔一八〕**歸來權可取，九萬一朝摶**。○【黃曰】言整頓羽儀飛騰之兆，在此時也。○【趙次公曰】莊子逍遥篇：鵬之徙於南溟也，摶扶摇而上者九萬里。〔一九〕

【校記】

〔一〕使，古逸叢書本無。

〔二〕「送遠」句下注，元本、古逸叢書本無。

〔三〕「西征」句下注，元本、古逸叢書本無。

〔四〕「帝京」句下注，元本、古逸叢書本作：「氛祲不祥之氣。」

〔五〕「人世」句下注，元本、古逸叢書本作：「季珪：人世萬事，惟別離最難。」

〔六〕「和親」句下注，元本、古逸叢書本作：「中國以其懷怒侵叛而與之和親。」

〔七〕「敕書」句下注，元本、古逸叢書本作「贊普，吐蕃主名。」

〔八〕「兵甲」句下注，元本、古逸叢書本無。

〔九〕「惟良」句下注，元本、古逸叢書本無。

〔一〇〕「子雲」句下注，元本、古逸叢書本無。

〔一一〕「今日」句下注，元本、古逸叢書本作：「楊子雲仕宦不達，寂寞自守。」

〔一二〕「垂淚」句下注，元本、古逸叢書本作：「班超投筆而起，志在功名。」

〔一三〕「傷時」句下注，元本、古逸叢書本作：「馬援據鞍顧眄：以示可用。」

〔一四〕「儒衣」句下注，元本、古逸叢書本作：「桑聞再歸中條，時春鳥嘐戛，聞嘆曰：山鳥亦怪我儒衣冠。」

〔一五〕「漢節」句下注，元本、古逸叢書本作：「蘇武杖漢節牧羊。」

〔一六〕「草肥」句下注，元本、古逸叢書本作：「胡人至秋則草肥馬健，思入寇。」

〔一七〕「雪重」句下注，元本、古逸叢書本作：「拂廬，蕃帳名。」

〔一八〕「從茲」句下注，元本、古逸叢書本無。

〔一九〕「九萬」句下注，元本、古逸叢書本作：「莊子言，鵬之飛也，摶扶摇而上者九萬里。」

月

天上秋期近，人間月影清。入河蟾不没，擣藥兔長生。○【薛夢符曰】張衡靈憲：月者，陰精之宗，積而成獸象兔陰〔一〕之類，其數偶，其後有憑焉。羿請不死之藥於西王母，姮娥竊之以奔月，是爲蟾蜍。○傅玄歌詞：兔擣藥月間兮安足道，烏戲雲間兮安足道。○【王洙曰】又，玄擬天問曰：月中何有，白兔擣藥。只益丹心苦，能添白髮明。干戈知滿地〔二〕，休照國西營。○【王洙曰】時官軍營於國西。

【校記】

〔一〕獸象兔陰，古逸叢書本作「象兔獸陰」。

〔二〕地，元本、古逸叢書本作「道」。

哭長孫侍御

道爲詩書重，名因賦頌雄。禮闈曾擢桂，○【王洙曰】禮闈，禮部所設，以取士也。晉郄詵舉賢良對策上第，武帝於東堂會送，問詵曰：「卿自以爲如何？」詵對曰：「臣對策爲天下第一，猶桂林一枝。」帝笑。憲府舊乘驄。○舊，一作近。○【王洙曰】漢御史府謂之憲臺。唐龍朔中，爲東宮憲臺。後漢桓典拜侍御史，時宦官秉權，典執政無所回避，常乘驄馬，京師畏憚，爲之語曰：「行行且止，避驄馬御史。」流水生涯盡，○【趙次公曰】論語：子在川上曰：「逝者如斯夫，不捨晝夜。」○莊子養生篇：吾生也有涯。浮雲世事空。○論語：不義而富且貴，於我如浮雲。唯餘舊臺柏，○【趙次公曰】前漢朱博傳：博〔一〕字元吉，爲御史大夫，其府中列柏樹，常有野烏數千棲宿其上，晨去暮來，號朝夕烏。蕭瑟九原中。○九原在京師。○【王洙曰】檀弓篇：晉獻文子〔二〕曰：「武也得從先大夫於九原。」注：晉卿大夫之墓也。

【校記】

〔一〕博，元本、古逸叢書本無。

〔二〕文子，元本、古逸叢書本作「子常」。

得家書

去憑遊客寄，○【趙次公曰：「言出遊彼處客寄之。」】謂寄書於遊彼處客而去也。來爲附家書。今日知消息，他鄉且舊居。○【趙次公曰】指言鄜州，公寄居在鄜，已是他鄉，但恐亂離更有遷徙，故知消息而喜耳。熊兒幸無恙，○【杜陵詩史、分門集注、補注杜詩引「師古曰」：「熊兒，甫小女。」又，集千家注批點杜工部詩集引「師古曰」：「熊兒即宗文，驥子即宗武。」二說不同，此以前說爲主。】熊兒必公之幼女也。○恙，餘亮切。○【王洙曰：「爾雅曰：恙，憂也。」】説文：憂也。○一曰蟲入腹食人心。古者草居多被此毒，故相問：「無恙乎？」又神異經：北方大荒中有獸食人，吩〔一〕人則病，羅人則疾，名曰㺊。㺊者，恙也。黄帝上章奏，天從之，於是北方人得無憂無疾，謂之無恙。驥子最憐渠。○【革曰】驥子，公之子宗武也。臨老羈孤極，傷時會合疎。二毛趨帳殿，○【王洙曰】二毛，謂鬢髮班白也。帳殿，言天子行幸所在，以帳爲殿也。一命侍鸞輿。○【王洙曰】公至行在，肅宗授以左拾遺也。北闕妖氛滿，○【趙次公曰】謂安慶緒時寇帝京也。西郊白露初。○【趙次公曰】指言長安西郊也。以「白露初」言之，則在七月明矣。凉風新過雁，○孟秋之月，凉風至，白露降。秋雨欲生魚。○謂魚、雁皆能傳書故也。農事空山裏，○是月也，農乃登穀。眷言終荷鋤。○【趙次公曰】公遭亂傷時，乃欲歸耕而已。○【王洙曰】陶潛歸田園居詩：種豆南山下，草盛豆苗稀。侵晨理荒穢，帶月荷鋤歸。

【校記】

〔一〕吩，古逸叢書本作「咋」。

奉贈嚴八閣老

〇鮑彪云：嚴武也。至德初，房琯薦武爲給事中，收長安，拜京兆尹。稱閣老，時爲給事中也。予按，李肇國史補：宰相相呼爲元老，兩省相呼爲閣老。公時左省伏蒲，武給事瑣闥，正聯兩省也。

扈聖登黄閣，〇【王洙曰】扈聖，一作今日。〇【趙次公曰】黄閣，三公之閣也。明公獨妙年。蛟龍得雲雨，〇此喻其會遇之榮也。〇【王洙曰】吴志周瑜傳：孫權以劉備領荆州牧，瑜上疏曰：「劉備以梟雄之姿，而有關羽、張飛熊虎之將，猥割土地，以資業之，恐蛟龍得雲雨，終非池中物也。」〇晉載記：孔恂謂劉元海：「蛟龍得雲雨，非復池中物也。」鵰鶚在秋天。〇此喻其飛騰之快也。客禮疎容放，官曹可接聯。〇【王洙曰】可，一作許。〇【趙次公曰】閣老尊矣，惟其以客禮待甫，而容其疎放，故雖爲官曹而卑，可接聯之也。新詩句句好，應任老夫傳。〇【趙次公曰】欲廣傳嚴公之詩句，自非知音，何以至此！

留别賈嚴二閣老兩院補闕

〇【九家集注杜詩、分門集注、補注杜詩作「王洙曰」。又，杜陵詩史作「王彦輔曰」。】得雲〔一〕字。嚴武、賈至，按新唐書：公家寓鄜，彌年艱窶，詔許公自往視，留此詩别。

田園須暫往，〇【師古曰：「甫家在鄜，詔許公視之，故云須暫往。」】謂往省其家也。〇【王洙曰。又，杜陵詩史、分門集注、補注杜詩引作「魯曰」。】陶潛歸去來辭：田園將蕪胡不歸。戎馬惜離群。〇【師古曰】謂惜别也。〇【王洙曰】老子四十六章：戎馬生於郊。檀弓篇：子夏曰：「吾離群而索居久矣。」去遠留詩别，愁多任酒醺。一秋常苦雨，今日始無雲。〇謂雨歇也。山路時吹角，〇晉志：蚩尤帥魑魅與黄帝戰於涿漉，帝乃吹角爲龍吟以禦之。那堪處處聞。

【校記】

〔一〕雲，九家集注杜詩、杜陵詩史、分門集注、補注杜詩、集千家注批點杜工部詩集皆作「聞」。

新定杜工部草堂詩箋斠證卷第十一

八月還鄜州及扈從還京所作

晚行口號

三川不可到，○【趙次公曰】三川，鄜州縣名。地理志注：華水、黑水、洛水所會，故謂之三川，非西周之三川也。○按公集至德二年夏有述懷詩云：「寄書問三川，不知家在否？」公今被墨制放移歸鄜州，而此詩乃云「三川不可到」，蓋言三川遠而難到，然不得不歸也。歸路晚山稠。○【師古曰】稠，謂重疊也。落雁浮寒水，飢烏集戍樓。○【趙次公曰】言地經喪亂，寂乎無人，而烏集乎防戍之樓也。市朝今日異，○【本中曰】言經亂而風物變也。喪亂幾時休。○公傷今思古也。遠愧梁江總，還家尚黑頭。○【王洙曰】江總在陳掌東宮書〔一〕記，與太子爲長夜之飲，後主即位，授尚書令。京城陷，入隋，爲上開府，復歸老江南。○按總有自京南還尋宅詩云：紅顔辭鞏洛，白首入轘轅。乘春行故里，徐步採芳蓀。此詩云「黑頭」，何耶？

【校記】

〔一〕書，原作「晉」，據古逸叢書本改。

獨酌成詩

燈花何太喜，○【王洙曰】西京雜記：樊噲問陸賈曰：「自古人君皆云受命于天有瑞應，豈有是乎？」賈應之曰：「有之。夫目瞤得酒食，燈花得錢財，乾鵲噪而行人至，蜘蛛集而百事喜。小既有徵，大亦宜然。」酒緑正相親。○【王洙曰】緑，一作色。○【趙次公曰】「今公得酒獨酌，而用燈事，大抵取喜事而已。」今將得酒對燈花，喜而獨酌也。醉裏從爲客，○【師古曰】爲客得醉，且以寬釋也。詩成覺有神。○【趙次公曰】孔融薦禰衡於武帝，曰：「衡性與道合，思若有神。」兵戈猶在眼，儒術豈謀身。○【師古曰】軍旅未息，武夫得志，吾儒之道非可以圖富貴也。○按集有上韋左丞詩云「儒冠多誤身」是也。苦被微官縛，○苦，一作共。公時爲左拾遺也。低頭愧野人。○蘇武答李陵詩：低頭還自憐，盛年還〔一〕已衰。

【校記】

〔一〕還，古逸叢書本作「倏」。

九成宮

○唐志：鳳翔府麟遊縣西五里有九成宮，本隋仁壽宮。貞觀五年修之以避暑，因更名焉。宮有醴泉出，命魏證〔一〕作九成宮醴泉銘。序云：九成宮，則隋仁壽宮也，冠山杭殿，絶壑爲池。跨水架楹，分巖竦闕。高閣周建，長廊四起。棟宇膠葛，臺榭參差。仰視則迢遰百尋，下臨則峥嶸千仞。珠璧交映，金翠相輝。照灼雲霞，蔽虧日月。觀其移山迴澗，窮泰極侈，以人從欲，良足深尤。永徽二年曰萬年宮，乾封二年復名。山有九重，故名九成。

蒼山入百里，崖斷如杵臼。曾宫憑風迴，○曾，與層同。○【王洙曰：「迴，一作迴。」】回，一作迴。〔二〕岌嶪土囊口。○【鄭卬曰】岌，逆及切。嶪，逆怯切。○岌嶪，山貌。土囊口，謂谷口也。○【王洙曰】張衡西京賦：狀巍峩〔三〕以岌嶪。宋玉風賦：夫風起於青蘋之末，盛怒於土囊之口。立神扶棟宇，○【九家集注杜詩作「王洙曰」。又，杜陵詩史、分門集注、補注杜詩引作「敏修曰」。】靈光殿賦：神明扶其棟宇。鑿翠開戶牖。○謂鑿牖面林也。其陽産靈芝，○【趙次公曰：「以言其瑞物所生，如漢廟柱生芝。」】以言其薦瑞也。其陰宿北斗。○【趙次公曰：「以言其高。」】以言其至高也。紛披長松側，揭嶭怪石走。○【鄭卬曰】嶭，魚列切。○【趙次公曰】靈光殿賦：飛陛揭嶭。哀猿啼一聲，客淚迸林藪。○【王洙曰】宜都山川記：巴東三峽猿鳴悲，猿鳴三聲淚沾衣。荒哉隋家帝，製此今頽朽。○【王洙曰】隋楊元素爲文帝建仁壽宮，規模鴻侈，帝入新宮，始怒曰：「素爲吾掊怨天下。」素對封倫曰：「毋恐。后至，當自免。」及獨孤后説帝，乃喜，謂素爲忠。向使國不亡，焉爲巨唐有。○隋文帝勞民築仁壽宮，宮成而隋之天下已爲唐高祖所有。唐初興，改爲九成宮。玄宗常與貴妃遊幸焉。玄宗雖樂，一旦禄山變起，逡巡幸蜀之不暇，此亦安足保乎！雖無新增修，尚置官居守。○謂玄宗之時雖不曾修，猶置官守，不無縻費也。巡非瑶水遠，○【王洙曰】列子周穆王篇：穆王升崑崙之丘，觀黄帝之宮，遂賓于西王母，觴于瑶池之上。王元長曲水序：穆滿八駿，如舞瑶水之陰。跡是雕墻後。○【王洙曰】五子之歌：峻宇雕墻。我行屬時危，○行，陳作「來」。仰望嗟嘆久。天王守太白，○守，晉、晁並作狩。天王，乃天子也。太白乃西方之星也。謂肅宗至德二年次于鳳翔時也。時肅宗未能會諸郡兵而討禄山，豈非猶守太白乎？天寶故事：上理兵朔方，賊黨張通儒、安守忠竊據西京，有自安之意。逆鋒雖盛，然南止于武關，北止于雲陽，西不敢出武功山下，幢幢〔四〕得以無虞。地理志：鳳翔郿縣有太白山。辛氏三秦記：太白山在武功縣，南去長安三百里，俗云「武功、太白，去天三百」。按，公集有送韋評事詩云：「受詞太白脚。」達鳳翔云：「猶瞻太白雪。」贈賈嚴云：「晴熏太白巔。」蓋公北征，駐馬望雲乎鳳翔時也。八哀有云：「至尊守梁、益。」贈閬鄉秦少府短歌行云：「去年行宫守太白。」此皆紀前事也。此謂「天王守太白」，與春秋「狩于河陽」之義同也。駐馬更搔首。○甫駐馬搔首，蓋傷兩京之未復，亦黍離詩彷徨不忍去之意也。

【校記】

〔一〕魏證，即「魏徵」，蓋避宋帝趙禎諱。

〔二〕元本、古逸叢書本此句作「迴一作回」。

〔三〕巍，元本、古逸叢書本作「巍」。

〔四〕幢幢，古逸叢書本作「憧憧」。

徒步歸行贈李特進自鳳翔赴鄜州途經邠州作

○【按，「贈李特進自鳳翔赴鄜州途經邠州作」，門類增廣十注杜詩依例爲「王洙曰」，杜陵詩史、分門集注、補注杜詩引作「王彦輔曰」。集千家注批點杜工部詩集引作「公自注」。】○趙傁云：公行邠州，贈節度使李特進。唐史云：特進邠寧節度李光進。魯訔云：特進，李嗣業也。時李特進守邠州，甫既自賊竄歸鳳翔，帝授以拾遺，又有墨制許往鄜迎家。甫遂自鳳翔趍三川，便道經邠州，以徒步困頓，不能前進，遂作此詩贈李特進，就借乘馬代勞往鄜州也。

明公壯年值時危，經濟實藉英雄姿。國之社稷今若是，武定禍亂非公誰。○明公，指李特進。時遭禄山之亂，經綸康濟天下，倘不藉李公英雄之姿，撥定禍亂，誰能膺是任乎？○【趙次公曰】魏賀拔稱宇文泰曰：「公文足經國，武能定亂。」鳳翔千官且飽飯，衣馬不復能輕肥。○【王洙曰：「言公私窘迫，且飽而已，未能輕肥。」】是時公私匱乏，群臣粗得飽飯，出入不能兼乘，其餘可知。○按，集有詩云「自從官馬送還官，行路難行澀如棘」是也。○【魯曰。又，門類增廣十注杜詩引作「新添」。】論語：乘肥馬，衣輕裘，與朋友共，弊之而無憾。青袍朝士最困者，白頭拾遺徒步歸。○甫貧甚，官卑，只衣緑袍。是時馬貴不能辦，是以徒步歸家也。人生交契無老少，論交何必先同調。○【王洙曰】交，一作心。○特進少年特達，甫自言老大，非其輩行。然古人交契有忘年者，不必論其老少也。人之相知，貴相知心，甫雖向日不與李特進相識，今一見傾蓋如舊，亦不必論先同調也。○【王洙曰】謝靈運詩：誰謂古今殊，異代可同調。○孫綽子：或問雅俗，曰：「判風流，正位分，涇渭殊流，雅鄭異調，此之謂雅俗矣。」妻子山中哭向天，須公櫪上追風驃。○【師古曰：「櫪，馬槽也。」】櫪，音歷，馬槽也。○【杜田補遺：「廣韻：馬黄白色曰驃。」又，杜陵詩史、分門集注、補注杜詩、集千家注批點杜工部詩集引作「修可曰」。】驃，毗召切，黄白色也。○【趙次公曰：「此借馬詩。或曰遂欲求之也。言妻子在鄜州之山中哭望公之歸，而今徒步爲遲，故須公櫪上之馬矣。」又，杜陵詩史、補注杜詩引「師古曰」：「言李公有驃騎，疾可追風逐電，甫欲就之一借。」】言李特進櫪上有驃騎，疾若追風，欲就假乘之，而得見妻子也。○【杜田補遺。又，門類增廣十注杜詩引作「杜云」，杜陵詩史、分門集注、補注杜詩、集千家注批點杜工部詩集引作「修可曰」。】崔豹古今注：秦始皇有七馬，一曰追風。

玉華宮

○【趙次公曰：「此宮在防州宜君縣。貞觀二十年，太宗所造也。初，貞觀十三年，州廢，縣亦省，其後以宜君宮復置縣，隸雍州。次年，宮成。又常赦宜君，給復縣人之自玉華宮苑中遷者。後于高宗永徽二年廢之爲寺。」貞觀二十一年，於宜君縣鳳皇谷置玉華宮。永徽二年，縣廢，宮亦廢爲佛寺。龍朔二年，復縣，隸坊州，今因之。○有故址在縣西四十里。寰宇記：正殿覆瓦，餘皆葺茅，當時以爲清涼勝於九成宮也。

溪迴松風長，○迴，晉作迴。○【梅曰】謂溪之迴遠，松風不歇也。晉符堅墓近玉華宮，墓前有溪曰醽醁溪，蓋謂溪色如酒色之碧也。蒼鼠竄古瓦。○郭璞曰：鼠狀如小狐、蝙蝠，肉翅大尾，頭脇毛紫，背上蒼文，腹下黄喙，頷雜白也。不知何王殿，遺構絶壁下。○魯訔曰：此詩人之深意也。陰房鬼火青，○鬼火，燐也。人血污地爲燐也。○【王洙曰】淮南子：人血爲燐。許氏注：兵死之血爲鬼火。燐者，鬼火之名。壞道哀湍瀉。○謂所築棧道爲洪流掃蕩也。萬籟真笙竽，○籟，力帶切，簫也。○【王洙曰】莊子齊物篇：汝聞人籟，而未聞地籟。汝聞地籟，而未聞天籟。子遊曰：「地籟則衆竅是已，人籟則比竹是已。敢問天籟？」子綦曰：「夫吹萬不同，而使其自已也。」秋色正瀟灑。

○【王洙曰】色，一作氣。○一作光。美人爲黄土，○美人，乃徇葬木俑，已朽爲黄土矣。○【梅曰】潘岳詩：美人歸重泉。況乃粉黛假。○【梅曰】列子周穆王篇：粉白黛黑，佩玉環，雜芷若。當時侍金輿，故物獨石馬。憂來藉草坐，○魏武短歌行：百憂從中來。浩歌淚盈把。冉冉征途間，誰是長年者。○冉冉，無氣貌。甫傷苻堅安在，美人化爲黄土，宫亦頽廢若此，復自傷氣已冉冉，猶在征途間，豈能長久者乎？是以憂來，坐草浩歌，而揮淚盈把也。○【王洙曰】天台賦：嗟人生之短期，孰長年之能執？

北征

○歸至鳳翔，墨制放往鄜州作。鮑彪曰：至德二年（一），公自賊中竄歸鳳翔，謁肅宗，授左拾遺。時公家在鄜州，所在寇多，彌年艱窶，孺弱至飢死者。有墨制許自省視。八月之吉，公始北征，徒步至三川迎妻子，故作是詩。蘇軾曰：北征詩識君臣之大體，忠義之氣與秋風争高，可貴也。○【趙次公曰】黄庭堅曰：此書一代之事，與國風、雅、頌相爲表裏也。○【九家集注杜詩依例引「王洙曰」：「後漢班彪更始時避地凉州，發長安，作北征賦。」又引「趙次公曰」：「班彪自長安避地凉州，作北征賦。公亦因所往之方同，故借二字爲題耳。」又，杜陵詩史引作「王彥輔曰」。】夢弼按：後漢班彪更始時避地凉州，發長安，作北征賦。故公因之作北征詩。

皇帝二載秋，閏八月初吉。○題注。杜子將北征，○【王洙曰】今自鳳翔歸鄜州，此之謂北征，征行也。蒼茫問家室。○茫，一作忙〔二〕。○【趙次公曰】蒼茫，荒寂之貌。維是〔三〕遭艱虞，○虞，一作危。朝野少暇日。○謂軍興公私不遑安處也。顧暫〔四〕恩私被，○恩私者，謂天子之恩及於甫之私門也。曹子建聖皇篇：迫有官典憲，不得顧私恩。詔許歸蓬蓽。○蓬門蓽户，甫自言所居三川是也。○【門類增廣十注杜詩引作「杜云」，杜陵詩史、分門集注、補注杜詩引作「修可曰」。】傅長虞贈何劭詩：歸身蓬蓽廬。拜辭詣闕下，○【王洙曰】一作「奉辭詣閤下」。怵惕久未出。雖乏諫諍姿，恐君有遺失。○【趙次公曰】甫不忍輕去其君，恐君又有過失，而欲諫諍之也。君誠中興主，○中，于仲切。經緯固密勿。○密勿，謂黽勉也。東胡反未已，○【趙次公曰】言安慶緒也。至德二載正月乙卯，安慶緒已弑其父禄山而襲僞位矣。臣甫憤所切。○憤疾安、史以臣叛君也。揮涕戀行在，○【炎曰】天子行幸之所曰行在。○時肅宗即位靈武，故以行在言之。道途猶恍惚。○途，一作路。○【九家集注杜詩依例爲「王洙曰」。杜陵詩史、分門集注、補注杜詩引作「魯曰」。】言心憂也。乾坤含瘡痍，○謂戰傷之苦也。憂虞何時畢。靡靡踰阡陌，○阡陌，田間道也。○【王洙曰】詩黍離：行邁靡靡。毛萇傳：靡靡，猶遲遲也。○玉篇：南北曰阡，東西曰陌。人煙眇蕭瑟。○言人皆避亂無留居者。曹植送應氏詩：中野何蕭條，千里無人煙。所遇多被傷，呻吟更流血。回首鳳翔縣，○【王洙曰】時肅宗在鳳翔。旌旗晚明滅。○謂屯兵以扈駕也。周禮：司常析羽爲旌，熊虎爲旗。前登寒山重，○謂重疊非一山也，其跋涉勞苦可知也。屢得飲馬窟。○謂賊兵所經，飲馬于此水也。○【王洙曰】古樂府有飲馬寒山窟行。邠郊入地底，○言陷于賊也。邠與豳同。○【王洙曰】昔公劉自邠出居，其封域在雍州岐山之北、原隰之野，於漢屬右扶風郇邑。唐開元十三年，改豳州爲邠州。涇水中蕩潏。○言兵戈未静也。周禮職方氏：雍州川曰涇汭。猛虎立我前，蒼崖吼時裂。○猛虎，喻盗賊，言邠、涇二州盗賊可畏也。菊垂今秋花，石戴古車轍。○【王洙曰】戴，一作帶。青雲動高興，幽事亦可悦。○事，一作士，非是。甫從行在來，邐迤經上洛，過商山，見菊花秋垂，石戴山巔如車轍然，遂感思四皓逃秦隱居於此，故可悦也。山果多瑣細，羅生雜橡栗。○【鄭卬曰】橡，徐兩切，櫟實也。○西京賦：珍物羅生。高唐賦：芳草羅生。後漢李恂徙居新安，拾橡實以自資。晉虞摯流離鄠、杜間，拾橡栗而食。或紅若丹砂，或黑如點漆。雨露之所濡，甘苦齊結實。○苦，一作酸。山果雜橡栗之類，或紅或黑，皆沾雨露之恩，或甘或苦，同時結實。微物尚得其所若此，可以人而不如之乎？緬思桃源内，○緬，彌兗切，遠也。桃源，昔秦人避亂之所。晉陶潛桃花源記：晉太康中，武陵人捕魚，緣溪行，忽逢桃花林，夾岸數百步，無雜木〔五〕，芳華〔六〕鮮美，落英繽紛。漁人異之，前行窮林，林盡得一山，山有小口，髣髴若有光，便捨船從口入。初極狹，行數十步，豁然開朗〔七〕，屋舍儼然，阡陌交通，雞犬相聞，男女怡然。見漁人，大驚，問所從來。具答之，便要還家，設酒食。自云先世避秦亂，率妻子邑人來此，遂與邑人間隔，不知有漢，無論魏、晉。數日，辭去。既出，詣太守説此。太守遣人隨往尋之，遂迷，不復得路。益歎身世拙。

○甫歎身居亂世，不能爲桃源之隱，足見其謀之拙也。坡陀望鄜畤，○鄜音孚。○【鄭卬曰】畤，諸市切，祭天所也。○【杜田補遺。又，門類增廣十注杜詩引作「杜云」，杜陵詩史、分門集注、補注杜詩引作「修可曰」。】前漢郊祀志：秦文公東獵汧、渭，夢黄蛇自天下屬地，其口止於鄜衍。文公問史敦，敦曰：「此上帝之徵，君其祠之。」於是作鄜畤，用三牲郊祭白帝焉。谷巖互出没。我行已水濱，我僕猶木末。○坡陀，高大貌。時甫家在鄜，故甫喜望鄜畤，而見其巖谷迭相出没，心欲速至，故先行已到水濱，而僕從遲，在木末也。○【王洙曰】鄜畤，乃漢武帝祀之田。○在鄜州，以祀太一。鴟鳥鳴黄桑，○【王洙曰】鴟，一作梟。野鼠拱亂穴。夜深經戰場，○【王洙曰】深，一作中。寒月照白骨。潼關百萬師，往者數〔八〕何卒。遂令半秦民，殘害爲異物。○潼關，哥舒翰所守處，爲賊所破，百萬之師，何其散敗若是倉卒乎！○【趙次公曰：「言民一半爲鬼也。」】異物，鬼也。秦地之民半爲鬼物。○言將非其人，禍延天下，人君選將，可不慎歟！潼關乃京師之喉咽，潼關謹守，雖有百禄山，其能破京城哉！甫深爲舒翰〔九〕嘆惜也。○【杜田補遺。又，門類增廣十注杜詩引作「杜云」，杜陵詩史、分門集注、補注杜詩引作「修可曰」。】魏文帝與吴質書曰：元瑜長逝，化爲異物。况我墮胡塵，及歸盡華髮。經年至茅屋，妻子衣百結。慟哭松聲迴〔一〇〕，○慟，徒送切，哀過也。迴〔一一〕，一作回，非也。悲泉共幽咽。○幽，一作嗚。平生所嬌兒，顏色白勝雪。見爺背面啼，垢膩脚不韈。○韈，與襪同。牀前兩小女，補綻纔過膝。海圖拆波濤，舊繡移曲折。天吳及紫鳳，○【杜田補遺。又，門類增廣十注杜詩引作「杜云」，杜陵詩史、分門集注、補注杜詩引作「修可曰」。】山海經：朝陽之谷有神曰天吳，是爲水伯。虎身人面，八手八足八尾，背青黄色。又云：丹穴山有鸑鷟，鳳之屬也。如鳳，五色而多紫。○三輔決録：凡鳳有五色，赤色者鳳，紫色者鸑鷟也。顛倒在短褐。○【杜田補遺：「當作裋，音豎，蓋傳寫之誤也。」又，門類增廣十注杜詩引作「杜云」，杜陵詩史、分門集注、補注杜詩引作「修可曰」。】短，一作裋，音豎，小襦也。○言妻子寒凍，以圖障舊繡補綻而爲小兒短衣，故波濤爲之拆，繡紋爲之移，天吳及紫鳳之類，或顛或倒，其貧困可知也。老夫情懷惡，○甫言不樂觀此也。嘔泄卧數日。○泄，一作吐。○【王洙曰：「一作『數日卧嘔泄。』」】或作「數日卧嘔泄」。那無囊中帛，○【王洙曰】那，一作能。救汝寒凜慄。粉黛亦解苞，衾裯稍羅列。瘦妻面復光，癡女頭自櫛。學母無不爲，曉粧隨手抹。移時施朱鉛，○鉛，謂粉也。狼藉畫眉闊。生還對童稚，似欲忘飢渴。○甫是以取帛爲衣，解粉黛，羅衾裯，妻面復光，女頭自櫛，以至抹粧畫眉，皆得其所，豈意生還，復見妻子，中心之喜，似忘飢渴然。問事競挽鬚，誰能即嗔喝。飜思在賊愁，甘受雜亂聒。○兒女喜父歸，請問賊中之事，憂苦如何，復覩其鬚髮皆白，競來挽引，甫喜對童稚，雖彼驕騃，亦莫忍生嗔喝之怒，蓋念在賊苦，寧甘受此亂聒，復何嫌耶！新歸且慰意，生理焉得説。○説，魯作脱。至尊尚蒙塵，○至尊，謂肅宗也。蒙塵，謂暴露也。○【王洙曰】左氏僖公二十四年傳：天子蒙塵于外。幾日休練卒。仰看天色改，旁覺祆氣豁。○【王洙曰】氣，一作氛。○言祆氛漸息〔一二〕，天宇澄清也。陰風西北來，慘淡隨回紇。○【王洙曰】一作胡〔一三〕紇。○或作回鶻，非也。後方請易回鶻〔一四〕。其王願助順，其俗喜馳突。送兵五千人，驅馬一萬匹。○【王洙曰】時回紇以兵助順。○兵五千而馬萬匹者，蓋良將之用兵，馬必有副也。唐史不言其數，今見于詩。此輩少爲貴，四方服勇決。所用皆鷹騰，破敵過箭疾。○【王洙曰】過，一作如。聖心頗虛佇，時議氣欲奪。○時回紇以五千兵、萬匹馬來助天子討賊，肅宗虛心以待之，時議者以賊鋭氣由此而奪，蓋氣索必敗也。○【趙次公曰】或者又曰：時議恐畢竟〔一五〕爲害，所以氣欲奪也。伊洛指掌收，○伊、洛二水，指東都也。西京不足拔。官軍請深入，蓄鋭何〔一六〕俱發。○何〔一七〕，一作可。○【趙次公曰】此正時議以爲國家自有恢復中原之理，官軍深入，自足破賊，不必專用回紇兵也。此舉開青徐，旋瞻略恒碣。○青、徐、恒、碣，皆東北之地，自此可以略取矣。昊天積霜露，○元氣廣大，謂之昊天，喻肅宗有威斷也。正氣有肅殺。○肅殺，陰氣之正也。天子自有真，禄山其竊僞者乎？故云。禍轉亡胡歲，勢成擒胡月。○謂肅宗獲回紇之助，蓋天人之理相應，禄山決可滅也。○【王洙曰】隋長孫晟傳：晟表奏：臣夜登城樓，望見磧北有赤氣百餘里如雨足下垂被地，謹驗兵書，此名灑地〔一八〕血，其下之國必且滅亡。欲滅匈奴，其在今日。胡命其能久，○【王洙曰：「史思明傳：優相謂曰：『胡命盡矣。』」】史思明傳：思明夜驚，據胡床叱唾，優問故，答曰：「我夢群鹿度水，鹿死而水乾，云何俄如匽？」優相謂曰：「胡命盡乎。」皇綱未宜絕。憶非〔一九〕狼狽初，〇狼狽，喻國家多難失勢之時也。〇【杜田補遺。又，門類增廣十注杜詩引作「杜云」，杜陵詩史、分門集注、補注杜詩、集千家注批點杜工部詩集引作「杜定功曰」。】酉陽雜俎：狼、狽是兩物，狽前足絕短，每行常駕兩狼，失狼則不能動，故世言事乖者稱狼狽。事與古先別。姦臣竟菹醢，同惡隨蕩析。不聞夏殷衰，中自誅褒妲。〇【鄭卬曰】妲，當葛切。〇【趙次公曰：「蓋謂古先亦有衰亂，而今日與之殊別焉。其殊別者何也？姦臣如楊國忠既誅，其黨又失勢而蕩析矣，此與古先別之一也。夏、殷亦衰矣，而褒妲不誅，上皇乃能割恩舍愛而誅貴妃，此與古先別之二也。惟其如此，故能如周之再興而有宣王，如漢之再興而有光武，以言肅宗之能中興也。」】古初謂紂之寵妲己，幽之寵褒姒，桀之信任姦邪，皆自取滅亡，不能聞悔過而誅奸惡、去淫寵也。惟肅宗知先朝所用多姦佞，如任國忠、寵貴妃，致有禄山之禍。中興之初，首誅國忠之姦惡，戮貴妃之寵淫，與夫夏、商不能自去褒、妲，相去遠矣。周漢獲再興，宣光果明哲。〇【魯曰：「周宣王、漢光武也。」】謂周宣王、漢光武皆中興之主。〇以喻肅宗明斷，再造唐室也。桓桓陳將軍，仗鉞奮忠烈。〇桓桓，威武之顯。〇【王洙曰：「陳將軍玄禮也，首謀誅貴妃、國忠者。」】謂龍武統軍陳元禮，扈從肅宗，首建策，誅楊國忠，殺貴妃也。微爾人盡非，於今國猶活。〇爾，指元禮也。謂無元禮之言，則唐之天下無復爲唐有矣。凄涼大同殿，〇【趙次公曰】興慶宮勤政門之北曰大同門，其内大同殿。寂寞白獸闥。〇【趙次公曰】考之唐志，無「白獸闥」之名，豈假漢白虎門而言之乎？〇意謂胡寇陷京師，故宫失守，皆淒凉寂寞，而可傷之也。都人望翠華，○翠華，謂以翠羽爲葆。都人望乎肅宗之收復京師也。佳氣向金闕。○金闕，謂以金飾闕門，妖氛蕩滌，有欝葱之佳氣也。園陵固有神，掃洒數不缺。○數，色角切，頻也。煌煌太宗業，樹立甚宏達。○謂先帝山陵皆蓄神靈，可以陰騭子孫，而中興之君復盡孝道，掃洒之禮未嘗少缺，自兹已往，必能紹復太宗之業，禄山蕞爾之寇，何足慮乎！

【校記】

〔一〕年，古逸叢書本作「載」。

〔二〕忙，古逸叢書本作「芒」。

〔三〕是，古逸叢書本作「時」。

〔四〕暫，古逸叢書本作「慙」。

〔五〕木，古逸叢書本作「樹」。

〔六〕華，古逸叢書本作「草」。

〔七〕朗，元本、古逸叢書本作「明」。

〔八〕數，古逸叢書本作「散」。

〔九〕舒翰，古逸叢書本作「哥舒」。

〔一〇〕迴，古逸叢書本作「迴」。
〔一一〕迴，古逸叢書本作「迴」。
〔一二〕息，原作「見」，據古逸叢書本改。
〔一三〕胡，元本、古逸叢書本作「相」。
〔一四〕鶻，元本、古逸叢書本作「紇」。
〔一五〕畢竟，元本、古逸叢書本作「竟畢」。
〔一六〕何，古逸叢書本作「伺」。
〔一七〕何，古逸叢書本作「伺」。
〔一八〕地，原作「也」，據元本、古逸叢書本改。
〔一九〕非，古逸叢書本作「昨」。

行次昭陵

○【王彦輔曰：「唐太宗文皇帝之陵也。」】太宗陵。○在醴泉縣西。

舊俗疲庸主，○【王洙曰】庸主，指隋煬帝。○開汴河，龍舟錦帆，勞動生民，是以民俗困疲也。

群雄問獨夫。○【王洙曰：「獨夫以失道而無助也。書：獨夫紂。群雄，如李密之流也。」】群雄乘隙而起，舉問罪之師，如李密之流，驅馳中原，與高祖爭。獨夫，如紂失道而無助也。讖歸龍鳳質，○天下卒歸唐者，以天命所在也。○【王洙曰】太宗方四歲，有書生見之，曰：「龍鳳之姿，天日之表。」威定虎狼都。○虎狼都，關中也。○【王洙曰】謂太宗之取天下，先以神武定關中。蘇秦傳：秦，虎狼之國也。天屬尊堯典，○【王洙曰】父子，天屬也。○【師古曰】謂高祖禪位于太宗，猶堯之授舜也。神功協禹謨。○【趙次公曰】謂禹成厥功，而書有大禹謨。○太宗佐高祖定天下，亦以大功嗣位，故云「協」也。風雲隨絶足，○雲從龍，風從虎。○【師古曰】時李靖之徒皆以風雲並會，隨馬足而奮也。日月繼高衢。○【王洙曰：「日月謂相繼而明也，謂高祖禪位。」】喻太宗繼高祖之明也。文物多師古，朝廷半老儒。○【趙次公曰】老儒，謂房、杜之屬也。直詞寧戮辱，○【王洙曰：「太宗納諫容直言，如魏徵之切直，無所不至，而能容之，孫伏伽諫論元律罪不當賜死，以蘭陵公主園直百萬，其用人如馬周，咸能盡其才。」】直詞，如魏鄭公、孫伏〔一〕、王珪、馬周之徒也。賢路不崎嶇。○言求言之路開廣而無壅也。往者災猶降，蒼生喘未蘇。○謂隋之亂，蒼生僅存殘喘也。指麾安率土，蕩滌撫洪爐。○【歐陽曰：「謂陶成天下如洪爐爾。」】謂太宗陶成率土，和氣薰爲太平也。○【趙次公曰】或曰天變未弭，猶欲勤兵於遠，而遽爾升遐，欲繼以陵邑之悲。壯士悲陵邑，○顔延年拜陵廟詩：衣冠終冥寞，陵邑轉青蕪〔二〕。幽人拜鼎湖。○幽人，甫自謂。得拜昭陵，猶拜鼎湖也。○【王洙曰】史記封禪書：黄帝采首山銅，鑄鼎於荆山下。鼎既成，有龍垂胡髯，下迎黄帝。黄帝上騎而去，百姓仰望而號。後世因名其處曰鼎湖。玉衣晨自舉，○玉衣謂典衣，逐時整頓帝服也。漢武故事：高皇廟中御衣自篋中出舞於殿上。冬衣自下在席上。平帝時，哀帝廟衣自在柙〔三〕外。鐵馬汗常趨。○言神無所不遊也。天寶故事：安禄山反，昭陵奏：石人馬皆有流汗。松柏瞻虚殿，○【王洙曰】虚，一作靈。塵沙立暝途。○暝，樊作暗。寂寥開國日，流恨滿山隅。○鮑照行路難：君不見柏梁臺，今日丘虚生草萊。君不見阿房宫，寒雲澤雉棲其中。歌妓舞女今誰在，高墳纍纍滿山隅。

【校記】

〔一〕元本、古逸叢書本「伏」下有「伽」字。

〔二〕青蕪，古逸叢書本作「葱青」。

〔三〕柙，元本、古逸叢書本作「押」。

重經昭陵

○魯訔曰：不知往來之因，姑從舊次。

草昧英雄起，謳歌曆數歸。○【師古曰】草而不齊，昧而不明，謂隋末之亂。○太宗輔高祖以起，掃隋之暴，故民之謳歌、天之曆數皆歸於太宗也。○【王洙曰】孟子：謳歌歸舜、啓。論語：天之曆數在汝躬。風塵三尺劍，○【王洙曰】漢高帝曰：吾以布衣提三尺取天下。社稷一戎衣。○言太宗以威武定社稷也。○【王洙曰】書武成：一戎衣，天下大定。翼亮貞文德，丕承戢武威。○【趙次公曰：「此言太宗偃武用文也。」】言太宗能以文德繼承高祖，偃武修文也。○【王洙曰】君牙篇：丕顯哉文王謨，丕承哉武王烈。聖圖天廣大，○言規模宏遠也。宗祀日光輝。○【王洙曰：「奕葉隆盛也。」】言枝葉茂盛也。陵寢盤空曲，熊羆守翠微。○翠微，山杪也。○【趙次公曰：「言兵衛之人，如熊如羆，屯守於翠微之際。」】謂以熊羆之士守山杪之陵寢也。再窺松柏路，還有五雲飛。○【趙次公曰】孝經援神契：王者德至，山陵則慶雲出、符瑞圖。○京房易飛候云：太始四年，寧陵言自大明八年至今，宣太后陵前後數有光及五色雲，又有五綵雲在松下，如車蓋焉。

羌村三首

○鄜州圖經：州治洛交縣。羌村，洛交村墟。按，集公有憶驥子詩曰「澗水空山道」，又有竄歸鳳翔詩曰「山中漏茅〔一〕屋」，皆謂羌村寓居也。

峥嶸赤雲西，○【馬曰】謂返照雲漢皆赤也。日脚下平地。柴門鳥雀噪，歸客千里至。○【王洙曰：「歸客，一云客子。」】歸客，一作妻子。○謂日暮時甫歸抵家，鳥雀際晚歸巢，皆相呼求其類，況甫不求其妻子乎？妻孥怪我在，驚走〔二〕還拭淚。世亂遭飄蕩，生還偶然遂。鄰人滿墻頭，感歎亦歔欷。夜闌更秉燭，○更，音平聲，互也。○【趙次公曰】古樂府詩：人生不滿百，常懷千歲憂。晝短苦夜長，何不秉燭遊。相對如夢寐。○【師古曰：「相聚與夢想，不知其所以。此語乃天然混成，了無斧鑿痕耳。」】甫乍歸家，妻子相對喜甚，故雖更闌，猶秉燭未睡，翻思前日彼此各聞死音，今宵相對，恍然如夢寐中，爲真相聚耶，爲只是夢寐如此。或真或否，蓋不知其所以。此語乃天然混成，了無斧鑿痕耳〔三〕。

【校記】

〔一〕茅，元本、古逸叢書本作「村」。

〔二〕走，古逸叢書本作「定」。

〔三〕耳，古逸叢書本無。

晚歲迫偷生，○【晁曰：「晚歲謂暮年也。」】謂暮年自賊中竄歸也。還家少懽趣。○謂今還家，猶爲朝假所拘，須當還朝也。嬌兒不離膝，畏我復却去。○謂以拾遺之職所繫也。憶昔好追涼，故繞池邊樹。蕭蕭北風勁，撫事煎百慮。○昔閑居之時，常遶池邊樹以追涼，今歸來風剪樹葉零落，殆非昔日所覩之姿，是以撫循往事，不若今日百慮憂煎人也。玄宗初年，風物如彼，罹亂以來，世態如此，令人追思，得無傷感乎！賴知黍秫收，○秫，他魯切，稻也。○【王洙曰】黍秫，一作黍秫。○一作禾黍。已覺糟床注。○【魯曰】糟床，即酒醡〔一〕也。如今足斟酌，且用慰遲暮。

【校記】

〔一〕醡，元本、古逸叢書本作「釀」。杜陵詩史、分門集注、補注杜詩、集千家注批點杜工部詩集皆作「醡」。

群雞正亂叫，〇【王洙曰】正，一作忽。客至雞鬭争。驅雞上樹木，始聞扣柴荆。〇古者食冰之家，不利雞豚之息，所以養其廉也。甫雖授拾遺，薄禄不給妻子，況兵革以來，世稍艱難，不免隨農民畜養雞豚以自存，所以救其死也，故有「驅雞」之句也。父老四五人，問我久遠行。手中各有携，傾榼濁復清。〇酒之或清或濁，各隨所携，足見其村民之淳朴也。苦辭酒味薄，黍地無人耕。兵革既未息，兒童盡東征。〇童，一作郎。請爲父老歌，艱難媿深情。〇深，一作餘。歌罷仰天歎，四座淚縱横。〇從「苦辭酒味薄」以下，乃甫寓意以諷徭役之苦民若此。東征，謂東討禄山。當艱難之際，酒味雖薄，荷人情相愛之厚，隣曲之情尚且如此，況父子之恩爲如之何！甫集有詩云「清渭東流劍閣深，去住彼此無消息」。〇【師古曰】時玄宗幸蜀，肅宗撫慰之道有所未盡，是何父子之恩反不若隣里之深情乎？四座淚下而仰〔一〕嘆，深爲朝廷歎息此爾。

【校記】

〔一〕仰，元本、古逸叢書本作「嗟」。

喜聞官軍已臨賊境二十韻

○下圜曰：至德二年，禄山誅，慶緒未殄。秋九月，賊猶屯京邑。癸卯，定京師。公謁〔一〕急鳳翔，北首鄜路，尚在兵戈中也。

胡虜潛京縣，○【王洙曰】虜，一作騎。○【趙次公曰】至德二載，郭子儀以朔方兵敗安慶緒于灃水，復京師。慶緒奔于郟鄏，此之謂「潛京縣」。京縣者，謂京師之縣也。官軍擁賊壕。○【鄭卬曰】壕，胡刀切。○【王洙曰】城壕也。○言王師已臨賊境也。鼎魚猶假息，○喻賊勢之必敗也。○【九家集注杜詩作「杜田補遺」。又，杜陵詩史、分門集注、杜陵詩史、集千家注批點杜工部詩集引作「趙次公曰」。】南史：丘遲與陳伯之書云：首豪猜貳，部落携離。方當繫頸蠻邸，縣首藁街，而將軍魚遊於鼎沸之中，燕巢於飛幕之上，不亦危乎！○後漢來歙傳：公孫述以隴西天水爲藩蔽，故得延命假息。穴蟻欲何逃。○喻賊勢之必敗也。○【趙次公曰】異苑：桓謙，太元中忽有人皆長寸餘，悉被鎧持槊，乘具裝馬，從埳中出，緣機歷竈。蔣山道士令以沸湯澆所入處，寂不復出，因掘之，有斛許大蟻死在穴中。帳殿羅玄冕，○【王洙曰】以帳爲殿，而羅玄冕，言君臣聚謀也。轅門照白袍。○言將士之勇鋭也。凡軍行，以車爲陳，轅相向〔二〕爲門，謂之轅門。周禮：掌舍，王行則設車宮轅門。○【趙次公曰】洛中謡曰：各軍天將莫自牢，千兵萬馬避白袍。○【趙次公曰。又，杜陵詩史、分門集注、補注杜詩、集千家注批點杜工部詩集引作「沈曰」。】梁陳慶之所統之兵悉著白袍，所向披靡。○又，薛仁貴推鋒破敵，著白袍以自表暴。秦山當警蹕，○【趙次公曰】謂肅宗在鳳翔也。○【趙次公曰：「出稱警，入稱蹕，止行人也。」又，杜陵詩史、分門集注、補注杜詩引作「沈曰」。】崔豹古今注：警蹕，所以戒行徒也。秦制：出軍者皆警戒，入國者皆蹕止也。故云出警入蹕。漢苑入旌旄。○【趙次公曰】謂衛兵往長安也。○漢儀注：凡養鳥獸者，通名爲苑。路失羊腸險，○【王洙曰：「路濕，一云路失。」】失，一作濕。○言賊不能守其險阻也。○【趙次公曰】至德二載二月，李光弼敗安慶緒于太原。○【沈曰】皇甫謐地書：太原北九十里有羊腸。雲横雉尾高。○雉尾，扇也。言天子儀仗之盛也。○【王洙曰】崔豹古今注：殷宗有雊雉之祥，服章多用雉羽。○周制以爲王后、夫人之車服輿輦，即緝雉羽爲扇翣以障翳風塵也。五原空壁壘，○【趙次公曰】謂長安賊退壘空也。○後漢志：五原郡，本秦九原郡，武帝更名五原。○【趙次公曰】長安志：長安、萬年二縣之外有畢原、白鹿原、少陵原、高陽原、細柳原，謂之五原。八水散風濤。○【王洙曰】謂關中寇亂漸平也。關中記：涇、渭、滻、灞、澇、滈、澧、潏爲關内八水。○戴延之西征記：關中八水脉絡，秦川襟帶京邑。按，公集有曰「王師下八川」，謂此也。今日看天意，遊魂貸爾曹。○遊魂，言賊雖生而魂已徂矣。知爾輩必滅，姑少寬貸之也。魏明帝善哉行：假氣遊魂，魚鳥爲伍。乞降那更得，尚詐莫徒勞。○【趙次公曰】賊窘則乞降，黠則尚詐，今安賊既爲官軍所臨，欲望如是，不可得也。元帥歸龍種，○【趙次公曰】至德二載閏八月，以廣平王俶爲天下兵馬元帥，往收長安，是爲代宗也，故曰龍種。司空握豹韜。○【趙次公曰】謂郭子儀以司空爲副帥。按，太公六韜書有豹韜篇。○或曰司空，指王司理也。前軍蘇武節，○【王洙曰】軍，一作旌。○前軍指李嗣業，以比蘇武也。按，前漢蘇武爲中郎將，使匈奴。單于欲降之，使牧羝北海上，羝乳乃得歸。武乃仗漢節牧羊，卧起操持，節旄盡落。武留匈奴凡十九歲，始還。左將呂虔刀。○【趙次公曰】或謂李嗣業嘗爲左陌刀將。○【王洙曰】按，晉中興書：魏徐州刺史任城呂虔有佩刀，相者曰：「必三公可服。」虔乃贈别駕王祥，曰：「苟非其人，刀或爲害。卿有公輔之量，故相與也。」兵馬回飛鳥，○【趙次公曰】言兵氣之凌奮，可〔三〕以衝激飛鳥而回也。威聲没巨鼇。○【趙次公曰】巨鼇，屓贔之物。威聲之所加，乃至没之。此言賊攝服之意也。戈鋋開雪色，○【鄭卬曰】鋋，時連切。説文：小矛也。弓矢向秋毫。○向，晉作尚。天步艱方盡，○言艱難之運至此盡矣。○【王洙曰】詩小雅：天步艱難。時和運更遭。○言時和繼之，乃否極即泰也。誰云遺毒螫，○【王洙曰】遺，一作貴。螫，音釋，行〔四〕毒也。○言賊必掃盡無留其餘穉也。已是沃腥臊。睿想丹墀近，○【王洙曰】想，一作思。○【趙次公曰】言車駕有可還京之勢也。神行羽衛牢。○【趙次公曰】神行，謂天子之行，葆羽之衛，安而無警矣。花門騰絶漠，○花門，乃回紇也。按唐地理志：甘州删丹縣北三百里有花門山堡，又東北十〔五〕里至回紇衙帳。拓羯渡臨洮。○拓羯，謂安西也。按，唐西域傳：安西者，即康居小君長罽王故地。募勇健者爲拓羯，猶戰士也。漢志：臨洮縣屬隴西郡。○【鄭卬曰】十道志：臨洮郡，皆〔六〕吐谷渾所處。○唐隴右道洮州也。此輩感恩至，羸俘何足操。○【師古曰】時用朔方等兵，故回紇、安西感唐恩德，騰渡而來助唐討賊，然係羸之俘何足執也。鋒先衣染血，騎突劍吹毛。喜覺都城動，悲連子女號。家家賣釵釧，衹待獻春醪。○此與吕布殺董卓時事略相似也。○【王洙曰】按，後漢董卓傳：魏王允令吕布殺董卓，百姓歌舞於道，長安士女賣其珠玉衣裝、市酒肉相慶者，填滿街肆。

【校記】

〔一〕謁，元本、古逸叢書本作「謂」。

〔二〕向，古逸叢書本作「面」。

〔三〕可，元本、古逸叢書本作「馬」。

〔四〕古逸叢書本「行」上有「蟲」字。

〔五〕十，原作「千」，據古逸叢書本改。

〔六〕皆，古逸叢書本無。

收京三首○九月。

仙仗離丹極，○【王洙曰】謂大駕幸蜀也。妖星帶玉除，○【師古曰】謂禄山陷京闕也。

○【王洙曰】晉天文志：妖星二十有一。説文：除，殿階也。須爲下殿走，○【王洙曰】謂避亂也。世説：營惑入南斗，天子下殿走。不可好樓居。○【鄭卬曰】好，虛到切〔一〕。○一作得。○【王洙曰】非群盜起難〔二〕，作九重居，○【師古曰】譏玄宗好神仙也。○【王洙曰】按封禪書：齊人公孫卿曰：「仙人好樓居。」於是武帝令長安作蜚廉桂觀，甘泉作益延壽觀。暫屈汾陽駕，○言肅宗親征也。○【王洙曰】莊子逍遥遊篇：堯治天下之民，平海内之政，往見四子藐姑射之山、汾水之陽，窅然喪其天下。聊飛燕將書。○言以詔命陳逆順以諭賊將，可使之舉城降也。○【王洙曰】史記魯仲連傳：燕將攻下聊城，聊城人或讒之燕，燕將懼誅，因保守聊城，不敢歸。齊田單攻聊城，歲餘不下，魯仲連乃爲書，約之矢以射城中遺燕將。燕將見書，泣而自殺，聊城亂。田單遂屠聊城。○【趙次公曰】余謂此以言京師不勞兵戰而車駕可復有，若魯仲連之飛書於燕將而聊城自下也。依然七廟略，○【師古曰】謂復謀建宗廟也。○【王洙曰】王制：天子七廟。更與萬方初。○【趙次公曰】更讀平聲，與民更始之義也。

【校記】

〔一〕切，元本、古逸叢書本作「反」。

〔二〕起難，元本、古逸叢書本作「殺之」。

生意甘衰白，天涯正寂寥。忽聞哀痛詔，又下聖明朝。○【王洙曰】西域傳：漢武下哀痛之詔。羽翼懷商老，○【鮑曰】此謂裴冕、杜鴻漸等輔相肅宗，如商山四皓輔漢太子也。○【王洙曰】四皓謂園公、綺里季、夏黄公、角里先生，當秦之末，俱入商洛，隱地肺山。秦滅，漢高帝徵之不至，深入終南山，不能屈也。張良傳：高祖欲廢太子，立戚夫人子。吕后用張良計，使人奉太子書，欲〔一〕迎四皓至，從侍太子入朝。高祖見之，驚曰：「煩公調護太子。」召戚夫人，指視曰：「我欲爲之，彼爲之輔，羽翼已成，難動摇矣。」文思憶帝堯。○【鮑曰】乾元元年正月戊寅，上皇御宣政殿，授皇帝傳國授命寶符，此謂玄宗傳授，猶堯授舜也。○【王洙曰】按，堯典：昔在帝堯，聰明文思，光宅天下，將遜于位。叨逢罪己日，○【王洙曰】左氏莊公十一年傳：臧文仲曰：「禹、湯罪己，其興也勃焉。」霑灑望青霄。○【王洙曰】霑灑，一作灑涕。○【師古曰】甫初甘衰老，今覩肅宗能刻責奮勵，猶有所仰望故也。

【校記】

〔一〕欲，古逸叢書本作「詞」。

汗馬收宫闕，春城鏟賊壕。○【鄭卬曰】：「鏟，楚醆切，平也。」鏟，楚醆切。○【趙次公曰】：「鏟則盡削平其迹之義也。」言削平賊城也。賞應歌杕杜，○【王洙曰】詩杕杜：勞還役也。歸及薦櫻桃。○【王洙曰】歸，一作福。禮月令：仲夏之月，天子乃羞以含桃，先薦寢廟。注：含桃，櫻桃也。○唐李綽歲時記：四月一日，内園進櫻桃，先薦寢廟。雜虜横戈數，○數，魯作槊。雜虜，言結吐蕃也。功臣甲第高。○謂武人立功，取富貴也。○【王洙曰】漢田蚡傳：蚡治宅甲諸第。顔師古曰：言爲諸第之最也以甲乙之次。言甲，則爲上矣。萬方頻送喜，○言獻捷也。○【王洙曰】後漢班超傳：西域平定，陛下舉萬年之觴，薦勳祖廟，布大喜於天下。無乃聖躬勞。○【師古曰】此譏人臣貪大功以爲己有者也。

洗兵馬

○【九家集注杜詩依體例當爲「王洙曰」，分門集注、補注杜詩引作「王洙曰」。又，集千家注批點杜工部詩集引作「公自注」。按，宋本杜工部集題下有此四字，可知四字爲「杜甫自注」或真「王洙注」，皆有可能，絶非九家集注杜詩、分門集注、補注杜詩所謂僞「王洙注」（鄧忠臣注）也。】收京後作。

中興諸將收山東，○禄山爲范陽節度，所總皆漁陽突騎。按，地理志：幽州，秦滅燕，以其地爲漁陽、上谷等郡。後周置燕、范陽二郡。唐爲幽州。天寶元年，更郡名曰范陽。范陽在山東。○【趙次公曰：「山東，河北也。安禄山反，先陷河北諸郡。至二京已復，慶緒奔于河北之後，史思明等降，而諸郡漸復矣。故公今詩云『中興』也。」】山東，今之河北也。禄山反，先陷河北諸郡。至肅宗乾元元年，收復兩京，進收山東，以建中興之業。○卞圜謂：唐都長安，自太行以東皆山東也。捷書夕奏清晝同。○夕奏，王荆公作夜報。河廣傳聞一葦過，○【王洙曰】詩衛風：誰謂河廣，一葦航之。胡危命在破竹中。○【王洙曰】晉杜預傳：兵威已振，譬如破竹，數節之後，迎刃而解。秖殘鄴城不日得，獨任朔方無限功。○陳濤斜敗，帝唯倚朔方軍爲根本。○【趙次公曰：「指言郭子儀也，素爲朔方節度使。時專任子儀，故云。」】時朔方節度使乃郭子儀也。京師皆騎汗血馬，○賊既收穫〔一〕，故諸將皆騎胡馬於京師，以獻其功也。神異經：西域大宛有良馬，日行千里，至〔二〕日中而汗血。回紇餧肉蒲萄宮。○時回紇送兵五千助帝討賊，及師還，帝就蒲萄宮宴勞之。前漢匈奴傳：元帝元壽三年，單于來朝，舍之于上林蒲萄宮。○【趙次公曰】長安志：有東、西蒲萄園。已喜皇威清海岱，○乾元元年二月，安慶緒將以淄青降。○【王洙曰】禹貢：海岱惟青州。常思仙仗過崆峒。○海謂山東，岱謂河北，崆峒山在西。肅宗雖靖平海、岱，已云〔三〕喜矣，然孝思不忘上皇。當時玄〔四〕宗聞亂，西走幸蜀，肅宗眷眷之誠，朝夕當思之也。仙仗，謂玄宗儀仗也。三年笛裏關山月，○周王褒關山月詩：關山夜月明。萬國兵前草木風。○自天寶十四年至收復兩京，凡三年矣。笛，謂胡笳也。萬國諸侯各以兵會討賊，是時城郭宮室爲賊焚蕩，觸目惟草木而已。肅宗三年暴露于外，每听胡笳之音，臨風對月，痛念阻隔關山，寧不思上皇遠竄西蜀，不獲侍甘旨之奉耶？○【趙次公曰。又，杜陵詩史、分門集注、補注杜詩引作「修可曰」。】按，周王褒燕歌行：無使漢地關山月，惟有漠北薊城雪。成王功大心轉小，○是時，九節度兵圍安慶緒于相州，帝命成王爲元帥，總九節度之兵。成王收復之功雖大，愈能小心翼翼，不以功高自矜，爲可美也。○【鮑曰：「乾元元年，徙封俶爲成王。」】按代宗實録：至德二年九月，以廣平王俶爲元帥，東伐。十二月，封楚王。乾元元年十二月，徙封成王。○【王洙曰】詩大明：小心翼翼。郭相謀深古來少。○深，一作猷。郭相，指郭子儀也。子儀以至德元年十一月率回紇敗禄山於河上。唐官儀：侍中、中書令、三省長官，位一品，真宰相。子儀時爲中書令也。司徒清鑒懸明鏡，○【王洙曰】司徒，指李光弼也。尚書氣與秋天杳。○【趙次公曰】尚書，指王思禮也。思禮本傳：長安平，思禮先入清宫。收東京，戰數有功，遷兵部尚書。○按集，公有八哀詩，哀思禮曰：「爽氣春淅瀝。」與此「氣與秋天杳」其意同也。○【王洙曰】或曰：尚書謂僕固懷恩。二三豪俊爲時出，○鶡冠子：德萬人者謂之俊，德千人者謂之豪。整頓乾坤濟時了。○謂天下清平，道路無壅，皆二三子之力也。東走無復憶鱸魚，○謂東通吴越，而民得以足食矣。○【王彦輔曰】晉張翰傳：翰字季鷹〔五〕，吴人，入洛，齊王冏辟爲大司馬東曹掾。翰因見秋風起，乃思吴中菰菜蓴羹鱸魚，曰：「人生貴得適意，何求羈宦數千里以要君爵乎？」遂命駕東歸。時人號爲「江東步兵」矣。○按集公有詩曰「歎憶江東鱠」是也。南飛覺有安巢鳥。○謂南達荆、湖，而民得以安居也。○【王洙曰】古詩：越鳥巢南枝。曹植詩：願隨越鳥，翻飛南翔。○【趙次公曰】曹孟德詩：月明星稀，烏鵲南飛。言不安也。青春復隨冠冕入，○言隨還京師也。○【趙次公曰】乾元元年正月，上皇帝授皇帝以傳國寶璽。此時衣冠併入而定矣。紫禁正耐煙花繞。○耐，與奈同。○【王洙曰】：「謝希逸：收華紫禁。」謝希逸宣貴妃誄：收華紫禁。李善注：王者之宫象紫微，故謂宫中爲紫禁。鶴駕通宵鳳輦備，○備〔六〕，或作過，或作來。言侍天子之宴也。○【九家集注杜詩引作「薛夢符曰」。又，杜陵詩史、分門集注、補注杜詩引作「薛蒼舒曰」。】漢宮闕疏：白鶴宮，太子之所居。○唐垂拱中，改太子左右崇掖衛爲鶴禁衛。○【杜田補遺。又，杜陵詩史、分門集注、補注杜詩、集千家注批點杜工部詩集引作「魯曰」。】按劉向列仙傳：王子喬者，周靈王太子晉也。好吹笙，作鳳鳴，遊伊、洛之間。道士浮丘公接上嵩山三十餘年，後求之於山上，見桓良曰：「告我家，七月七夕待我於緱氏山頭。」果乘白鶴駐山巔，望之不得到，舉手謝時人而去，故後世稱太子之駕曰鶴駕，宮曰鶴宮，禁曰鶴禁。雞鳴問寢龍樓曉。○【王洙曰】龍，或作虬。○又言成王講晨省之禮也。○【九家集注杜詩引作「杜田補遺」。又，杜陵詩史引作「王洙曰」及「趙次公曰」。】禮文王世子篇：文王之爲世子，朝於王季。雞初鳴，至於寢門外，問内豎之御者曰：「今日安否，如何？」○【趙次公曰】前漢成帝紀：帝爲太子，初居桂宮。上嘗急召太子，出龍樓内，不敢絶馳道，西至直城内得絶，乃度。張晏曰：門樓上有銅龍，若白鶴、飛廉之爲名也。○【杜田補遺。又，杜陵詩史、分門集注、補注杜詩引作「無已曰」。又，集千家注批點杜工部詩集引作「陳後山曰」。】文選王元長曲水詩序：儲后睿哲在躬，出龍樓而問豎。注：龍樓，漢太子門名也。攀龍附鳳勢莫當，○一作攀鱗附翼。勢，一作世。喻群臣依附天子也。○【王洙曰】揚子淵騫篇：攀龍鱗、附鳳翼以揚之，勃勃乎其不可及乎。天下盡化爲侯王。○謂賊平還京，論功行賞，盡封爲侯王也。汝等豈知蒙帝力，時來不得誇身强。○當安、史之亂，武夫悍卒以平賊之功取富貴，此特一時之際會也，實出於天子聖明之力，豈可誇其身之强勇，貪天功以爲己力乎！此諷以軍功自負〔七〕者也。關中既留蕭丞相，○賊平，帝以蕭華留守，故比之蕭何也。按，唐書裴冕傳：從太子至靈武，與杜鴻漸、崔漪同辭勸進。太子喜曰：「靈武，我之關中。卿乃吾蕭何也。」前漢高祖紀：上曰：「鎮國家，撫百姓，吾不如蕭何。」幕下復用張子房。○復以張鎬爲幕府參謀，故比之子房也。○【王洙曰】高帝紀：上曰：「運籌帷幄之中，吾不如子房。」張公一生江海客，身長九尺鬚眉蒼。○【杜田補遺：「唐舊史云：蕭昕與鎬友善，表薦之曰：『如鎬者，用之則爲王者師，不用則幽谷之叟爾。』明皇擢鎬爲拾遺。不數年，出入將相。」又，杜陵詩史、分門集注引作「沈曰」。又，杜陵詩史、補注杜詩、集千家注批點杜工部詩集引作「蘇曰」：「謂張鎬也。蕭嵩薦之曰：『用則帝王師，不用則窮谷一叟耳。』」【唐舊書：蕭昕與張鎬友善，嘗表薦之，曰：「如鎬者，用之則爲王者師，不用則幽谷之叟爾。」玄宗擢鎬爲拾遺。至德二年五月丁卯，房琯罷，鎬相。明年五月戊午，罷。張鎬之儀狀瓌偉，好王霸大略，善待士，性簡重，議論有體，天下推服焉。徵起適遇風雲會，○【王洙曰】光武二十八將論：咸能感會風雲。扶顛始知籌策良。○蔡寬夫詩話曰：鎬雖史氏稱〔八〕有王霸大略，然當時爲相，收復京師，不聞別有奇功，但有策史思明欲以范陽歸順爲僞，知許叔冀臨難必變二〔九〕事耳。然當時亦不果用，豈史氏或有遺耶？此公所取，豈謂是耶？青袍白馬更何有，○喻祿山之亂已平矣。南史侯景傳：先是，大同中童謠曰：「青絲白馬壽陽來。」景渦陽之敗，乘白馬，青絲爲轡〔一〇〕，欲以應讖。○【杜定功曰】庾信哀江南賦：青袍如草，白馬如練。後漢今周喜再昌。○謂肅宗如漢光武、周宣王之中興也。寸地赤〔一一〕天皆入貢，○【王洙曰】顏延年歌：亘地稱皇，罄天作主。月毳來賓，日際奉土。奇祥異端争來送。不知何國致白環，○【王洙曰】帝王世紀：西王母慕舜之德，來獻白環。復道諸山得銀甕。○【王洙曰】禮運篇：山出器車。鄭氏注：器謂若銀甕丹甑。○顧野王瑞應圖：王者宴不及醉，刑罰中人不爲非，則銀甕出。隱士休歌紫芝曲，○【九家集注杜詩引作「集注」。又，杜陵詩史、分門集注、補注杜詩引作「安石曰」。】皇甫謐高士傳：秦世道滅德消，坑黜儒術。四皓退而作歌，曰：「莫莫高山，深谷逶迤。曄曄紫芝，可以療飢。唐虞世遠，吾將何歸？駟馬高蓋，其憂甚大。富貴之畏人兮，不如貧賤之肆志。」乃共入商洛，隱地肺山。秦滅，漢高帝徵之不至，深入終南山，不能屈也。詞人解撰清河頌。○【趙次公曰】紀實事也。至德二年既收京，而於七月嵐州合河關〔一二〕黄河三十里，清如井水，四日而變，蓋收京之祥也。○【歐陽曰：「鮑照字明遠。元嘉中，河、濟俱清，當時以爲美瑞。昭爲河清頌。」】宋文帝元嘉中，河、濟俱清，當時以爲瑞。鮑照作清河頌，張暢作河清頌。田家望望惜雨乾，○【鄭卬曰：「居乾切。」】乾，居寒切，燥也。布穀處處催春種。○布穀，乃鳴鳩催耕之鳥也。淇上健兒歸莫懶，○淇上，謂衛州健兒軍之總稱。○【晁曰】時史思明餘黨未殄，故衛、相之兵未歸故也。城南思婦愁多夢。○城南，謂長安之城南。○【王洙曰】詩東山三章：言室家之望女也。○曹植美女篇：借問女定〔一三〕居，乃在城南路〔一四〕。陸士衡爲顧彦先贈婦詩：東南有思婦，長嘆充幽闥。安得壯士挽天河，○【王洙曰】後漢李尤歌：安得壯士翻日車。又，梁沈約詩：安得壯士馳奔浪。净洗甲兵長不用。○昔文帝當平治之日，却千里馬，不寶遠物。賈誼猶陳治安之策，以爲可太息慟哭，誠以安不忘危、治宜念亂。明皇惟恃治，故至於亂。今肅宗即位未久，雖號中興，正宜刻勵，以父爲鑒，而乃以祥瑞自多，貪得遠物，此賢人君子所爲寒心者也。昔四皓逃秦，隱居商〔一五〕山，歌曲曰紫芝。宋鮑照、張暢皆作清河頌。河一千年一度清，當是時，皆指河清爲昇平之運，獻頌以媚〔一六〕肅宗者，比比皆是，復以爲山林無逸士，如四皓之逃秦者盡蒙搜舉，甫獨以爲未也。甫意謂和氣未薰，陰陽尚多錯忤，當春種之月，猶有雨乾之歎，城南猶有愁思之夢，天子未可高枕而無憂，故云安得壯士洗甲兵而長不用矣。○【王洙曰：「武王伐紂，大雨洗兵。」】劉向說苑：武王伐紂，風霽而乘以大雨。散宜生又諫曰：「此非妖歟？」王曰：「非也，天洗兵也。」

【校記】

〔一〕穫，元本、古逸叢書本作「復」。

〔二〕至，元本、古逸叢書本作「者」。

〔三〕云，元本、古逸叢書本作「足」。

〔四〕玄，元本、古逸叢書本作「文」。

〔五〕鷹，原作「英」，據古逸叢書本改。

〔六〕備，元本、古逸叢書本作「駕」。

〔七〕負，古逸叢書本作「有」。

〔八〕稱，元本、古逸叢書本作「黨」。
〔九〕二，元本、古逸叢書本作「一」。
〔一〇〕轡，元本、古逸叢書本作「别」。
〔一一〕赤，元本、古逸叢書本作「尺」。
〔一二〕關，元本、古逸叢書本作「開」。
〔一三〕定，古逸叢書本作「安」。
〔一四〕路，古逸叢書本作「端」。
〔一五〕商，元本、古逸叢書本作「南」。
〔一六〕媚，元本、古逸叢書本作「諛」。

臘日

臘日常年暖尚遥，今年臘日凍全消。○按，譜〔一〕：至德二年之臘日也。侵陵雪色還萱草，○【王洙曰。又，杜陵詩史引作「沈曰」。】毛萇詩傳：萱草令人忘憂。漏洩春光有柳條。○【王洙曰】有，一作是。縱酒欲謀良夜醉，○【王洙曰】良，一作長。還家初散紫宸朝。○【鄭卬曰】長安志：宣政殿北曰紫宸門，其内有紫宸殿，即内衙之正殿。口脂面藥隨恩澤，翠管銀罂下九霄。○【趙次公曰】唐制：臘日賜脂面藥，翠管、銀罌，所以盛之也。○按景龍文館記：三年臘日，帝於苑中召近臣賜臘，晚自北〔二〕門入於内殿，賜食，加口〔三〕脂、紅雪、澡豆等。又曰：賜口脂、臘脂，盛以紅碧綠牙筒。

【校記】

〔一〕譜，元本、古逸叢書本作「謂」。

〔二〕北，元本、古逸叢書本作「此」。

〔三〕口，元本作「曰」，古逸叢書本作「白」。

新定杜工部草堂詩箋斠證卷第十二

乾元元年春至夏五月在諫省作

宣政殿退朝晚出左掖

〇宣政殿在東内大明宫之中，紫宸門之南。長安志：唐東内大明宫，正殿曰含元，元日、冬至受華、夷萬國大朝會。宣政朔、望，紫宸日御。蓬萊，蓬萊横紫微殿北〔一〕。〇【鄭卬曰】又，宣政門内有宣政殿，殿東有東上閤門，西有西上閤門，故以左掖稱也。

天門日射黄金牓，〇【趙次公曰：「神異經云：西方有宫，金牓而銀鏤，題曰『天地少女之宫』。」】神異經：西方有西明山，有宫焉。白石爲墻，五色玄黄，門有金牓。〇【王洙曰】崔融詩：金牓照晨光，銅鈎起夕凉。春殿晴曛赤羽旗。宫草微微承委珮，〇【王洙曰】微微，一作霏霏。曲禮：

主珮垂，則臣〔二〕珮委。爐煙細細駐遊絲。雲近蓬萊常五色，○唐志：大明宮，龍朔二年始大葺，曰蓬萊宮。雪殘鳷鵲亦多時。○【趙次公曰：「鳷鵲，漢觀名，在甘泉宮。謝玄暉詩云：『金波麗鳷鵲，王繩低建章。』則借漢觀名以比當時之禁掖。」】鳷鵲乃漢之觀名，今公借言唐之禁掖。三輔黃圖：鳷鵲觀在甘泉宮。侍臣緩步歸青瑣，○漢舊儀曰：宮閤簿：青瑣門在南宮。西漢故事：黃門郎夕拜青瑣閤。○【王洙曰】青瑣，門也。以青畫户邊，鏤中，天子制也。退食從容出每遲。○時公爲左拾遺故也。

【校記】

〔一〕北，元本、古逸叢書本作「此」。

〔二〕臣，元本、古逸叢書本作「目」。

晚出左掖

晝刻傳呼淺，春旗簇仗齊。退朝花底散，歸院柳邊迷。樓雪融城濕，宮雲去殿低。避人焚諫草，○晉羊祜傳：嘉言讜議，皆焚其草，故世莫聞。騎馬欲雞栖。○【師古曰】騎馬出左掖，雞欲栖于時，謂日之夕矣。

紫宸殿退朝口號〇【鄭卬曰】長安志：宣政殿北曰紫宸門，内有紫宸殿，即内衙之正殿。

户外昭容舞袖垂，雙瞻御座引朝儀。〇【趙次公曰】時用昭容二人以引朝也。〇【王洙曰】唐制：昭容正二品，位九嬪。〇【九家集注杜詩引作「杜田補遺」。又，杜陵詩史、分門集注引作「田曰」，又作「薛蒼舒曰」。補注杜詩引作「薛蒼舒曰」。】天子坐朝，宮人引至殿上。〇【九家集注杜詩引「師尹曰」】酉陽雜俎曰：今閤門有宮人垂帛立殿上，以引百寮。或云自則天，或云因後魏。據開元禮疏：晉康獻褚后臨朝不坐，則宮人傳百寮。周、隋相因，國家承之不改。〇唐六典曰：宮嬪司贊掌朝會贊相之事。凡朝引客立於殿庭。〇【九家集注杜詩引作「杜田補遺」。杜陵詩史、分門集注引作「田曰」，又作「薛蒼舒曰」。補注杜詩引作「薛蒼舒曰」。】天祐二年冬，詔曰：「宮嬪女職，本備内任。今後每遇延英坐日，只令小黄門祗候引從，宮人不得出内。」〇按集，公又有贈獻納使起居田舍人曰「舍人退食收封事，宮女開函近御筵」是也。香飄合殿春風轉，花覆千官淑景移。〇【王洙曰】景，一作日。〇覆，芳遇切。謂唐宮苑庭列芳蕤春色之盛也。按集，公有晚出左掖詩「退朝花底散」是也。晝漏稀聞高閣報，〇【趙次公曰】以閣之高而傳之遠也。天顔有喜近臣知。宮中每出歸東省，〇【趙次公曰】唐制：左拾遺隸門下，而門下省在東，謂之東省。〇公時爲左拾遺故也。〇【九家集注杜詩引「師尹曰」：「按唐六典：左拾遺，門下。右拾遺，中書。此言東省，蓋門下也。傳言子美拜右拾遺，史氏之誤。」】按唐六典：拾遺、補闕八人。

左拾遺，門下。右拾遺，中書。掌供奉諷諫，扈從乘輿。大則廷議，小則上封也。會送夔龍集鳳池。○【王洙曰】集，一作到。夔龍，舜之臣也，今取以爲喻。按晉中興書：荀勗自中監徙尚書令，人賀之，乃恚云：「奪我鳳凰池，卿諸人何賀我耶！」○今謂中書凝邃，基命巖廊，晉人華侈，比之天上鳳凰池。東方朔十洲記：鳳麟洲在西海中，四面皆弱水遶之，鴻毛不可越其上，鳳麟數萬成群。鳳麟蓋非人間物，甫詩言兩省供奉退班紫宸殿，丞相出送，槐鼎論道于中書政事堂也。晉謝玄暉直中書省詩曰：風動萬年枝，日華承露掌。玲瓏結綺錢，深沉映朱網。紅藥當階翻，蒼苔依砌上。茲言翔鳳池，鳴佩多清響。卞伯玉赴中書省詩：躍鱗池中，揮翰紫宸裏。西王母大有妙經：汨海豢龍，丹池浴鳳。

李〔一〕校書二十六韻

○按，唐書：李舟，字公度。舟迎太夫人，時公在右掖。柳宗元先友記：李舟，隴西人，有文學俊辯，高志氣，以尚書郎使危疑反側者再，不辱命，其道大顯。被讒妬，出爲刺史，廢痼，卒。○【鮑欽止曰】李肇國史〔二〕：李舟好事〔三〕，與妹書曰：「釋迦生中國，設教如周、孔。周、孔生西方，設教如釋迦。天堂無則已，有則君子生。地獄無則已，有則小人入。」則其人可知。故甫稱之。

代北有豪鷹，○代，山名。○【師古曰：「大鷹也。」】豪，大也。生子毛盡赤。渥洼騏驥兒，○【鄭卬曰】渥，於角切。洼，烏〔四〕瓜切。水名。○兒，一作種。尤異是龍脊。○【王洙曰】龍，一作虎。○【趙次公曰：「譬李舟也。」】豪鷹、騏驥，皆喻李校書也。李舟名父子，○按唐書：舟父岑爲水部郎官。清峻流輩伯。人間好妙年，○妙，一作少。不必須白皙。十五富文史，十八足賓客。○謂賢士皆與之從遊也。十九授校書，二十聲輝赫。○【王洙曰】輝，一作煇。衆中每一見，使我潛動魄。○謂驚服也。江淹雜體詩序：娥眉詎同貌，而俱動於魄。芳草寧共氣，而俱悦於魂。自恐二男兒，○【秦曰】二兒，謂〔五〕宗文、宗武也。辛勤養無益。○【秦曰】甫自愧二子不若之也。乾元元年春，○【王洙曰】肅宗乾元元年戊戌，始收復京師。萬姓始安宅。舟也衣綵衣，○以李舟比萊子也。○【九家集注杜詩依例爲「王洙曰」。又，杜陵詩史、分門集注、補注杜詩、集千家注批點杜工部詩集引作「趙次公曰」。】高士傳：老萊子，楚人，少以孝行養親，年七十一，父母猶存，萊子服荆蘭之衣，爲嬰兒戲於親前。告我欲遠適。倚門〔六〕固有望，○【趙次公曰】戰國策：齊王孫賈之母謂賈曰：「汝朝出而晚來，則吾倚門而望。汝暮出而不還，則吾倚閭而望。」斂衽就行役。南登吟白華，○舟乃漢中人，南登高山而歸漢中也。白華，喻其行之潔也。○【王洙曰】詩白華，孝子之潔白也。○束皙補曰：白華朱萼，被于幽薄。已見楚山碧。藹藹咸陽都，○咸陽，西京也。冠蓋已如〔七〕積。○舟離京城，冠蓋之士餞〔八〕行，藹然如雲之盛也。○【王洙曰】西都賦：冠蓋如雲。何時太夫人，堂上會親戚。○太夫人乃舟之母，不知何日抵家，燕會諸親，喜其歸也。汝翁早〔九〕明光，○汝翁乃舟之父岑，嘗爲水部郎官。○【趙次公曰】漢官儀：中臺〔一〇〕郎起草奏事明光殿省中。在唐，掌制誥則中書舍人也。天子正前席。○言帝眷之厚也。昔漢文帝前席賈生。歸旗豈爛熳，○言歸旗不侈也。别意終感激。○言以忠孝自激昂也。顧我蓬屋姿，謬通金閨籍。○閨，陳〔一一〕作門。○【師古曰】甫時爲左拾遺，得通籍禁省。○漢書音義：籍者，爲二尺竹牒，記其年紀名字物色，縣之宫門。省禁相〔一二〕應，乃得入也。○【王洙曰】謝玄暉出尚書省詩：既通金閨籍。小來習性懶，晚節慵轉劇。○【王洙曰】節，一作歲。每愁悔吝作，○易繫辭：吉凶悔吝生乎動。如覺天地窄。○甫恐以慵懶見譏於禮法之士而得罪也。羨君齒髮新，行已能夕惕。○【王洙曰】乾卦：夕惕若，厲無咎。臨岐意頗切，對酒不能喫。○【趙次公曰】又，門類增廣十注杜詩、門類增廣集注杜詩引作「杜云」。杜陵詩史、分門集注、補注杜詩引作「修可曰」。○【李陵詩：對酒不能酬。迴身視緑野，慘淡如荒澤。○言臨别之際，顔色慘澹，有如荒澤也。老雁春忍飢，哀號待枯麥。○【王洙曰】飢雁，甫自喻也。○貧且老，有資於薄禄也。然甫與舟别，正當春月，自傷雁，非其時，喻年老日月已邁也。時哉高飛燕，絢練新羽翮。○【王洙曰：「時燕，喻李校書。」】喻李舟妙年得志遇時也。○燕於斯時新來，方得其意，故以況李舟。絢練，文練也〔一三〕。羽翮之新，如剪文練〔一四〕也。長雲濕褒斜，○【九家集注杜詩引作「杜田補遺」。又，門類增廣十注杜詩引作「杜云」。杜陵詩史、補注杜詩、集千家注批點杜工部詩集引作「修可曰」。】斜，徐遮切。○後漢志：右扶風武功有斜谷。○【九家集注杜詩引作「杜田補遺」。門類增廣十注杜詩、門類增廣集注杜詩引作「杜云」。杜陵詩史、分門集注、補注杜詩、集千家注批點杜工部詩集引作「修可曰」。】又，順帝紀：詔罷子午道，通褒斜路。褒斜，漢中谷名。南谷名褒，北谷名斜，首尾七百里。○梁州記：萬石城泝漢上七里有褒谷，其南口曰褒，北口曰斜，長四百七十里，在劍閣之南。○【九家集注杜詩引作「杜田補遺」。杜陵詩史、分門集注、補注杜詩、集千家注批點杜工部詩集引作「修可曰」。】鄭子真所耕在此谷口。漢水饒巨石。○【趙次公曰】江文通詩：海濱饒奇石。無令軒車遲，○【王洙曰】古詩：思君令人老，軒車來何遲。哀疾悲宿昔。○【師古曰】甫與舟有宿昔之懽，況當老而有此別，儻或來遲，無以慰衰疾，寧免悲思之〔一五〕乎？乃戒之之辭也。

【校記】

〔一〕李，古逸叢書本作「送」，宋本杜工部集、九家集注杜詩、杜陵詩史、分門集注、補注杜詩、集千家注批點杜工部詩集皆作「送李」。

〔二〕九家集注杜詩、杜陵詩史、分門集注、補注杜詩「史」下有「補」字。

〔三〕事，疑當作「釋」。

〔四〕烏，元本、古逸叢書本作「於」。

〔五〕謂，原作「詩」，據古逸叢書本改。

〔六〕門，古逸叢書本作「閭」。

〔七〕已如，古逸叢書本作「日雲」。
〔八〕餞，原作「饒」，據元本、古逸叢書本改。
〔九〕早，元本、古逸叢書本作「草」。
〔一〇〕臺，元本作「嘉」，古逸叢書本作「書」。
〔一一〕陳，元本、古逸叢書本作「一」。
〔一二〕相，元本作「宮」，古逸叢書本作「官」。
〔一三〕練也，古逸叢書本作「綵言」。
〔一四〕練，古逸叢書本作「綵」。
〔一五〕悲思之，杜陵詩史、分門集注、補注杜詩同。古逸叢書本作「悲愁之思」。

曲江二首

一片花飛減却春，風飄萬點正愁人。且看欲盡花經眼，莫厭傷多酒入脣。江上小棠〔一〕巢翡翠，○鮑氏曰：棠或作堂。〔二〕翡，赤羽雀。翠，青羽雀。異物志：赤而雄曰翡，青而雌曰翠。顏師古曰：鳥名別異，非雌雄異名也。苑邊高冢卧麒麟。○【王洙曰：「花，一作苑。」】苑，一作花。○【王洙曰】西京雜記：五柞宮西柏樹下有石麒麟二枚，各刊其文，是始皇驪山墓上物也。

細推物理須行樂，何用浮名絆此身。○【王洙曰】浮，一作榮。○【余曰】絆音半，繫也。○【師古曰】曲江舊時風景頗佳，爲都城勝景。自禄山焚蕩之後，無復向時奢華，是以堂巢翡翠、冢卧麒麟，一盛一衰，其理不常。觀此理，則人生不可不行樂也。

【校記】

〔一〕棠，元本、古逸叢書本作「堂」。

〔二〕棠或作堂，元本、古逸叢書本作「堂或作棠」。

朝回日日典春衣，每日江頭盡醉歸。酒債尋常行處有，○【趙次公曰】八尺曰尋，倍尋曰常。人生七十古來稀。○尋對常，七對十，謂之句對也。穿花蛺蝶深深見，○【王洙曰】見，一作舞。點水蜻蜓款款飛。○【王洙曰】款款，一作緩緩。傳語風光共流轉，○隋煬帝詩：傳語風光道，先歸何處邊。暫時相賞莫相違。○【九家集注杜詩、分門集注皆作「趙次公曰」。又，杜陵詩史、補注杜詩作「王洙曰」。】謂相與賞翫，莫相違戾，此豈言同舍郎乎？

曲江值雨

○值，一作對。公時在左掖。

苑外江頭坐不歸，○【趙次公曰】苑外者，芙蓉苑之外也。曲江在苑之北。水精春殿轉霏微。○【王洙曰】春，一作宫。桃花細逐楊花落，○【王洙曰】一作「桃花欲共梨花語」。黄鳥時兼白鳥飛。○【王洙曰】時，一作仍。○此一聯楊自對桃，白自對黄，謂之句對格也。縱飲久判人共棄，○【鄭卬曰】判協普官切，字正作拚，棄也。懶朝真與世相違。吏情更覺滄洲遠，老大徒悲未拂衣。○【王洙曰】吏，一作含。○【師古曰】甫性放誕，與世相忤，爲人所棄，故縱飲懶朝，無復顧惜，蓋任真如此。然爲薄宦所繫，不遂滄洲神仙之期，至於老大悲傷，不能拂衣而去也。○【王洙曰】古樂府詩：老大徒悲傷。○左氏傳：叔向拂衣從之。○世説：王子敬曰：「遠慚荀奉倩，近愧劉真長。」遂拂衣而去。

曲江對酒

○公時在左掖。

城上春雲覆苑墻，○【趙次公曰】謂芙蓉苑之墻也。江亭晚色静年芳。林花著雨燕脂落，○【王洙曰】脂，一作支。○崔豹古今注：燕支，紅藍也。水荇牽風翠帶長。○荇，行猛〔一〕切，接餘也。龍武新軍深駐輦，○【師古曰】時新收京，宫殿爲禄山焚蕩，故肅宗唯深駐輦于曲江也。○【師尹曰】按，唐舊書百官志：左右龍武軍。注：太宗選飛騎之尤驍健者，别署百騎以爲翊衛。武后加置千騎，中宗加置萬騎，分爲左右營。自開元以來，與左、右羽林軍名曰北門四軍。開元二十七年，改爲左、右龍武軍。○【趙次公曰】唐新制〔二〕：初，明皇以萬騎軍從韋氏改爲左、右龍武軍，皆用唐之功臣子弟。制若宿衛兵。○【師尹曰】據，「龍武」本「龍虎」，唐始祖諱虎，故改稱「武」也。芙蓉別殿謾焚香。○【王洙曰：「芙蓉城連曲江。」】芙蓉苑在曲江之南。○【師古曰】肅宗駐輦曲江，回想舊時焚香於芙蓉殿，不可得也，故繼以何時醉會爲言。○【趙次公曰】或曰：輦駐曲江，不復幸芙蓉苑，則別殿焚香爲謾矣。何時詔此金錢會，○金錢會，謂博飲也。○【九家集注杜詩引作「杜田補遺」。又，杜陵詩史、分門集注、補注杜詩引作「師古曰」。】開元天寶遺事：内庭嬪妃，每至春時，各於禁中結伴，擲金錢爲戲。○【蘇曰】開元別記：明皇與妃子在花萼樓下，以金錢遠近爲限賽，其元擲于地者以金觥爲賞。今里巷皆效之。○【趙次公曰】余按唐劇談録：開元中，都人遊賞曲江，盛于中和、上巳節。即錫宴臣僚，會于山亭，賜太常教坊樂。推此則「金錢會」者，賜金錢爲宴也。暫醉佳人錦瑟傍。○【王洙曰】暫，一作爛。○【趙次公曰：「若言教坊樂器，則自有錦瑟矣。」】詔賜太常教坊樂也，樂器自有錦瑟。○【師古曰】謂瑟繪紋如錦也。

【校記】

〔一〕猛，元本、古逸叢書本作「孟」。

〔二〕制，原作「志」，據元本、古逸叢書本改。

早朝大明宮呈兩省寮友 ○【鄭卬曰】長安志：東内大明宮。 賈至

銀燭朝天紫陌長，禁城春色曉蒼蒼。千條弱柳垂青瑣，○宮殿簿：青瑣門

在〔一〕南宫。餘見前。百囀流鶯滿建章。○李吉甫郡縣圖：建章宫在長安縣西二十里。劍佩聲隨玉墀步，衣冠身染御爐香。共沐恩波鳳池裹，○鳳池，前注。朝朝染翰侍君王。

【校記】

〔一〕在，古逸叢書本作「往」。

奉和賈至舍人早朝大明宫舍人先世掌絲綸

○【趙次公曰】考諸史氏，賈至，曾之子。曾，鳳閣舍人，於睿宗末年及開元初再爲中書舍人，後與蘇晉同掌制誥。玄宗傳位，時至中書舍人，撰册進藁，帝曰：「先天誥命，乃父爲之，今兹命册，又爾爲之。兩朝盛典出卿家父子，可謂繼美矣。」至頓首嗚咽流涕。

五夜漏聲催曉箭，○【王洙曰】。杜陵詩史、分門集注又引作「趙次公曰」。】漢、魏以來，名夜有五，起於甲，盡於戊，故曰五夜。○【師古曰】箭乃漏箭也。軍中傳箭以直更，曉箭謂五更初也。九重春色醉仙桃。○【王洙曰】重，一作天。○宋玉九辯：君之門以九重。○【師古曰】春，喻言酒也。謂入朝飲酒，其色如仙桃也。按集，公有八仙歌曰「汝陽三斗始朝天」是也。○【王洙曰】漢武故事：上於承華殿，忽見青鳥集殿前，以問東方朔，朔曰：「西王母必降。」是夕，王母至以桃七枚。母自噉二枚，以五枚與帝。帝食，留核欲種之，母笑曰：「此桃三千年一著子，非下土所種也。」又，東郡獻短人，指東方朔曰：「王母種桃，三千年一子。此子不良，已三偷矣。」旌旗日暖龍蛇動，宮殿風微燕雀高。朝罷香煙携滿袖，詩成珠玉在揮毫。欲知世掌絲綸美，○【九家集注杜詩依例爲「王洙曰」。】「禮記：王言如絲，其出如綸。」又，杜陵詩史、分門集注、補注杜詩、集千家注批點杜工部詩集引作「昱曰」。【禮緇衣篇：王言如絲，其出如綸。王言如綸，其出如綍。注：言言出彌大也。綸，今有秩嗇夫所佩也。餘見題注。池上于今有鳳毛。○【王洙曰】于，一作如。有，一作得。○池謂鳳凰池。此美其父子爲中書也。○【杜田補遺】世説：王敬倫風姿似父，作侍中，加授。桓公令服從大門入，桓公望之，曰：「大奴固自有鳳毛。」注：大奴，王劭也。○【趙次公曰。又，杜陵詩史、分門集注、補注杜詩、集千家注批點杜工部詩集引作「時可曰」。】宋書：謝鳳子超宗有文辭，補新安王常侍。王母殷淑儀卒，超宗作誄奏之，帝大嗟賞〔一〕，謂謝莊曰：「超宗殊有鳳毛。」

【校記】

〔一〕賞，元本、古逸叢書本作「嘗」。

題省中院壁

掖垣竹埤梧十尋，○埤，避移切。○【趙次公曰】又皮靡切。○掖乃省中左右掖也。垣埤皆墻也，高曰垣，低曰埤。垣竹埤梧皆長十尋〔一〕也。洞門對雪常陰陰。○【杜田正謬】又，杜陵詩史、分門集注、補注杜詩引作「杜定功曰」。】雪，當作霤。以洞門對梧竹，故常陰潤也。蓋繼有「落花」、「鳴鳩」之句，乃春深〔二〕時，不應言雪，但傳寫之誤。○【杜田正謬】又，杜陵詩史、分門集注、補注杜詩、集千家注批點杜工部詩集引作「師古曰」。】董賢傳：重殿洞門。○【杜田正謬】又，杜陵詩史、分門集注、補注杜詩引作「杜定功曰」。】左思吳都賦：玉堂對霤。落花遊絲白日靜，○陰鏗百花亭詩：落花輕未下，飛絲斷易飄。○【王洙曰】梁簡文帝春日詩：落花隨燕入，飛絲帶蝶驚。鳴鳩乳燕青春深。

腐儒衰晚謬通籍，○腐儒，甫謙辭。○【師古曰】歎其晚年自賊中歸謁肅宗，通籍禁省。○【王洙曰】漢書音義〔三〕：腐者爛敗，言無所堪任〔四〕也。退食遲回違寸心。○【師古曰】謂仕宦非其本心也。○【趙次公曰】詩羔羊篇：退食自公，自公退食。衮職曾無一字補，○【師古曰】謂愧無忠言以補天子之過也。○【王洙曰】詩烝民篇：衮職有闕，維仲山甫補之。許身愧比雙南金。○【師古曰】謂無以報國恩之重也。○【王洙曰】古詩：美人贈〔五〕我緑綺琴，何以報之雙南金。

【校記】

〔一〕皆長十尋，原作「凡長寸尋」，據元本、古逸叢書本改。

〔二〕春深，元本、古逸叢書本作「深春」。九家集注杜詩作「春深」。

〔三〕漢書音義，原作「漢音言義」，據元本、古逸叢書本改。

〔四〕任，元本、古逸叢書本作「托」。
〔五〕贈，元本、古逸叢書本作「遺」。

春宿左省○門下省也。

花隱掖垣暮，啾啾棲鳥過。星臨萬户動，○【師古曰：「漢武帝爲千門萬户之遊。萬户，指宫中之門也」】漢武帝起建章宫，有千門萬户之遊。萬户，指宫中之門，引列星之光而動摇也。月傍九霄多。○【師古曰：「月傍九霄，言親近天子也。」】謂月色之明，傍於九霄，喻親近天子之清光也。不寢聽金鑰，○聽，音平聲，聆也。因風想玉珂。○【鄭卬曰】珂，丘何切，馬珮飾也。○【薛蒼舒曰：「按通典：老鵰入海爲珬，可截作馬勒，謂之珂。」】司馬光類編曰：雀入大水爲蛤〔一〕，鵰入海爲珂。○顧野王曰：珂，螺屬，出於海，潔白如雪色。本草：珂，貝類，可以爲馬飾。○唐車服志：天寶中，京朝官朝望，朱衣袴褶，五品以上有珂傘。凡車之制，三品以上珂九子，四品七子，五品五子，四品已下去通幰〔二〕及珂。通俗文曰：馬勒飾曰珂。明朝有封事，數問夜如何。○【鄭卬曰】數，色角切，頻也。○四句意貫。○【師古曰：「聽金鑰，恐天子門開，群臣入朝，風傳玉珂之聲，故數問夜如何。」】聽金鑰，謂恐天子門開，群臣謁朝。甫以封事欲來奏，因風傳想朝馬賓佩之鳴，故頻數問夜如何也。○【趙次公曰】詩庭燎：夜如何其。

【校記】

〔一〕蛤，元本、古逸叢書本作「鴿」。

〔二〕幰，元本、古逸叢書本作「袴」。

送翰林張司馬南海勒碑相國製文

冠冕通南極，○【趙次公曰】冠冕，指言張司馬也。南極，指言南海之地。文章落上台。○【王洙曰】謂相國製文也。詔從三殿去，○【趙次公曰】謂詔自翰林院經三殿而去也。南部新書：大明宫中有麟德殿，在仙居殿之西北。此殿三面，亦以三殿爲名。李肇翰林志：翰林院在麟德殿西廂重廊之後，門東向。○白樂天爲翰林學士，有詩云「三殿角頭宵直人」是也。○【師古曰】或曰：三殿謂蓬萊、拾翠、翠微是也。學士直殿，故詔從三殿去也。碑到百蠻開。○百蠻，夷狄之總稱也。野館濃花發，春帆細雨來。○【王洙曰：「三句皆言春時之别。」又，補注杜詩引「師古曰」：「此言春時之别。」】言别之時在春也。不知滄海上，天遣幾時迴。

曲江陪鄭八丈南史飲

雀啄江頭黄柳花，鵁鶄鸂鶒滿晴沙。○鵁，古肴切。鶄，子盈切。鸂，苦奚切。鶒，耻〔一〕

力切，字正作鵡，皆水鳥也。爾雅：鳽，鵁鶄。注：似鳧，脚高，毛冠，江東人家養之以厭火災。本草：鵁鶄，似鴨，緑衣，馴擾不去，出南方池澤。自知白髮非春事，○【趙次公曰】春事，嬉遊賞翫，皆年少之所宜，故白髮則非春事也。且盡芳樽戀物華。近侍即今難浪迹，○【魯曰】近侍，謂爲左拾遺也。○【趙次公曰】公平生放浪，今爲近侍，故難浪迹也。此身那得更無家。○【趙次公曰】謂前此一身轉從賊中歸家鄜州，常有詩云「無家對寒食」，今既還家，故喜而言也。丈人文力猶强健，○丈人，謂鄭八丈也。文，卞圜刊作才。豈傍青門學種瓜。○【師古曰】：「末章勉鄭八出仕，未可遽隱。〔一〕」此勉鄭丈出仕，未可學種瓜而隱也。○水經注：咸陽第三門本灞門，民見其門色青，又名青城門，或曰青綺門，亦曰青門。外〔二〕舊出好瓜。○【王洙曰】昔廣陵人邵平，秦東陵侯。秦破，爲布衣，種瓜於此，故世謂之東陵瓜，又曰青門瓜。○十道志：長安故城東有青綺門，門外即邵平瓜田也。○【趙次公曰】阮籍詩：昔聞東陵瓜，近在青門外。

【校記】

〔一〕耻，元本、古逸叢書本作「心」。

〔二〕外，古逸叢書本作「門外」。

鄭駙馬池臺喜遇鄭廣文同飲

○鄭駙馬潛曜，尚臨晉公主。鄭廣文虔乃叔姪也。至德二載秋，駕還京。除日流汚僞官虔流台州。公此詩作於乾元元年春時，虔已流而未行。按，集又有春晚送虔詩在後。〔一〕

不謂生戎馬，○【王洙曰】老子四十六章：天下無道，戎馬生於郊。〔二〕何知〔三〕共酒盃。○不意兵戈之後，猶得同飲也。〔四〕燃臍郿塢敗，○郿，音眉。岐州，縣名。○【師古曰：「此句言祿山伏誅也。」】此言安祿山、慶緒之誅如董卓也。○按，後漢董卓傳：卓爲太師，築塢於郿，高厚七丈，號萬歲城。嘗至郿行塢，公卿已下祖道於橫門外。○【王洙曰】及王允殺卓，乃尸卓於市。天時始熱，卓素充肥，脂流於地，守尸吏燃火置卓臍中，光明達晝。〔五〕握節漢臣回。○握，宋景文作秃。○【師古曰：「此句言鄭自賊歸也。」】此言鄭廣文自賊中歸，如漢臣也。○按，左氏傳：宋襄公夫人因戴氏之族以殺昭公之黨。司馬握節以死。前漢張騫傳：騫使月氏，匈奴得之，留十餘歲，予妻，有子。然騫持漢節不失，歲餘而歸。○【王洙曰】又，蘇武傳：武爲中郎將，使匈奴，單于使武牧羝北海上。武杖漢節牧羊卧起，操節盡落，留十九歲而還。〔六〕白髮千莖雪，丹心一寸灰。○【王洙曰：「言爲憂患所困，而心已無物矣，故云一寸灰。莊子：心若死灰。」】言爲憂患所困，而心已無物如死灰矣。莊子齊物篇：心固可使爲死灰。〔七〕別離經死地，披寫忽登臺。○【師古曰】似寫言剖懷也。〔八〕重對秦簫發，○秦簫，以美鄭駙馬也。○【王洙曰：「見秦女善吹簫注。」】按，劉向列仙傳：蕭史者，秦繆公時人也，善吹簫。秦繆公以女弄玉妻焉。日教弄玉作鳳鳴。居數年，吹似鳳凰聲，鳳凰止其屋。公爲作鳳臺，夫妻止其上。一旦，隨鳳凰飛去。〔九〕俱過阮宅來。○【師古曰：「以虔之疏放比之阮籍也。」】此以駙馬、廣文叔姪比二阮也，謂虔之疏放如阮也。○【趙次公曰】按，晉阮咸與叔父籍爲竹林之遊，居道之北。〔一〇〕

醉留〔一一〕春夜舞，○【王洙曰：「醉連，一作醉留。」】醉留，一作留連。○晉祖逖中夜聞雞起舞。〔一二〕

淚落强徘徊。○【王洙曰】一作「醉留春苑夜，舞淚落徘徊」。〔一三〕

【校記】

〔一〕「按集」至「在後」，元本、古逸叢書本無。

〔二〕「不謂」句，元本、古逸叢書本作：「老子：戎馬生於郊。」

〔三〕知，元本、古逸叢書本作「如」。

〔四〕「何知」句下注，元本、古逸叢書本無。

〔五〕「燃臍」句下注，元本、古逸叢書本無。

〔六〕「握節」句下注，元本、古逸叢書本作：「蘇武仗漢節牧羊，積十九年方歸。」

〔七〕「丹心」句下注，元本、古逸叢書本無。

〔八〕「披寫」句下注，元本、古逸叢書本無。

〔九〕「重對」句下注，元本、古逸叢書本作：「見『秦女善吹簫』注。」

〔一〇〕「俱過」句下注，元本、古逸叢書本無。

〔一一〕醉留，元本、古逸叢書本作「留連」。

〔一二〕「醉留」句下注，元本、古逸叢書本無。

〔一三〕「淚落」句下注，元本、古逸叢書本無。

送賈閣老出汝州

○【鮑彪曰】按，唐肅宗紀：乾元二年，九節度師潰，汝州刺史賈至奔於襄、鄧，而至傳不書，隱之也。紀與詩合。○李肇國史補：宰相相呼曰堂老，兩省曰閣老，尚書曰院長，惟御史相呼端公。〔一〕

西掖梧桐樹，空留一院陰。○【趙次公曰】賈至先於至德中歷中書舍人，而中書省在日華門西，故曰西掖。〔二〕艱難歸故里，去住損春心。○【師古曰】言奔走之勞而減少年之心也。〔三〕宮殿青門隔，○【王洙曰】青門，長安東城門也。餘見前。〔四〕雲山紫邏深。○【鄭卬曰】邏，郎佐切。○【趙次公曰】九域志：汝州梁縣有紫邏山。〔五〕人生五馬貴，○【趙次公曰】：「五馬太守，事本出漢官儀『太守五馬』，蓋天子六馬，而諸侯則五馬故也。漫叟詩話云：古樂府陌上桑云『五馬立踟躕』，用五馬作太守事，自西漢時始然。古乘駟馬車，至漢時，太守出則增一馬，事見漢官儀。潘子真詩話云：

禮：天子六馬，左右驂，三公九卿駟馬，右騑。漢制：九卿則中二千石亦右驂，太守則駟馬而已。其有功德，加秩中二千石，如王成者，乃有右騑。故以五馬爲太守美稱。〔五〕】五馬，軍禮也。按禮：天子六馬，左右驂，三公九卿駟馬而已，其有功德則加秩中二千石，如王成者乃有右騑，故以五馬爲太守美稱。東方外傳：郡守駟馬駕車，一馬行春。衛宏輿服志：諸侯四馬，附以一馬。漢官儀：太守五馬。蓋天子六馬，而諸侯五馬也。古樂府有羅敷行「使君從南來，五馬立踟躕」是也。〔六〕莫受二毛侵。○【王彥輔曰】二毛謂班白也。○言賈至以暮年而赴汝州，不如少之時也。〔七〕

【校記】

〔一〕元本、古逸叢書本題下注作：「按，紀：二年，九節度師潰，汝州刺史賈至奔于襄鄧。」

〔二〕「空留」句下注，元本、古逸叢書本作：「中書省在月華門西，故曰西掖。」

〔三〕「去住」句下注，元本、古逸叢書本無。

〔四〕「宮殿」句下注，元本、古逸叢書本無。

〔五〕「雲山」句下注，元本、古逸叢書本無。

〔六〕「人生」句下注，元本、古逸叢書本無。

〔七〕「莫受」句下注，元本、古逸叢書本作：「潘岳秋興賦云云。」

送鄭十八虔貶台州司户傷其臨老陷賊之故闕爲面別情見於詩〔一〕

○至德二載秋，駕還京。除日，流污僞官。鄭虔流台州。按集，乾元元年春晚，公又有詩懷鄭。○【趙次公曰】唐新書：虔遷著作郎，禄山反，遣張通儒劫百官，置東都，僞授虔水部郎中，因稱風緩，求攝市令，潛以密章達靈武。賊平，與張通儒、王維並囚宣陽里。然皆善畫，崔圓使繪齋壁。虔既祈解於圓，卒免死，貶台州司户參軍。〔二〕

鄭公樗散鬢〔三〕如絲，○樗，勑魚切，木名。○【王洙曰】莊子逍遥遊篇：惠子曰：「吾有大木，人謂之樗，不中繩墨規矩。」〔四〕酒後常稱老畫師。○【王洙曰】鄭虔傳：虔善圖山水，好書，嘗自寫其詩並畫以獻，元宗書其尾曰：「鄭虔三絶。」〔五〕萬里傷心嚴譴日，百年垂死中興時。○中，竹仲切。○【王洙曰】時肅宗初復兩京。〔六〕蒼惶已就長途往，邂逅無端出餞遲。○餞謂祖席也。顏師古漢書音義：祖者，送行之祭，因饗飲焉。昔黄帝之子纍祖好遠遊，而死於道，故後人以爲行神也。又，風俗通：按，禮傳：共工氏之子曰修，好遠遊，舟車所至，足迹所逮，靡不窮覽，故祀以爲祖神。〔七〕便與先生應永訣，九重泉路盡交期。○後漢范式傳：少與張元伯爲友，而別後元伯寢疾，臨盡歎曰：「恨不見吾死友。」尋而卒。式忽夢見元伯，呼曰：「吾已死，當永歸黄泉。子未我忘，豈能相及？」式覺，往叩喪而哭曰：「死生異路，永從此辭。」〔八〕

【校記】

〔一〕題，元本、古逸叢書本作「送鄭十八虔貶台州司户」。

〔二〕題下元本無注，古逸叢書本作：「按，唐史：虔以禄山反，陷賊，僞授水部郎中云云。卒免死，貶台州。」

〔三〕鬢，元本、古逸叢書本作「髪」。

〔四〕「鄭公」句下注，元本、古逸叢書本作：「莊子：有樗散之材，言不合世用。」

〔五〕「酒後」句下注，元本、古逸叢書本作：「虔善書，常獻詩畫。又書于明皇御批，號爲三絶。」

〔六〕「百年」句下注，元本、古逸叢書本作：「時，初復京師，虔以污賊貶。」

〔七〕「邂逅」句下注，元本、古逸叢書本無。

〔八〕「九重」句下注，元本、古逸叢書本無。

題鄭十八著作主人〔一〕

〇此詩乾元元年春晚作。按集，公又有鄭駙馬池臺遇虔同飲詩，見前。〔二〕

台州地闊海冥冥，〇【王洙曰】闊，一作僻。〇【王洙曰：「台州，鄭貶所。」】台乃瀕海之郡，鄭之貶所，闕言遠朝廷也。〔三〕雲水長和島嶼青。亂後故人雙别淚，春深逐客一浮萍。酒酣懶舞誰相拽，詩罷能吟不復聽。○聽，他經切，傷離別而無緒也。〔四〕第五橋東流恨水，○【趙次公曰】按集，公遊何將軍山林有曰「不識南塘路，今知第五橋」是也。〔五〕皇陂岸北結愁亭。○【趙次公曰】皇子陂在萬年縣西南。按集，公重過何氏有曰「雲薄翠微寺，天清皇子陂」。○翠微寺在長安縣之南。○【王洙曰】橋、陂皆長安城外會別之地也。〔六〕賈生對鵩傷王傅，○【趙次公曰】以賈生比虔遷謫也。○前漢賈誼，文帝召爲博士，絳、灌之屬盡害之。天子以誼爲長沙王太傅，有鵩飛入誼舍，自傷以爲壽不得長，乃爲賦以自廣。〔七〕蘇武看羊陷賊庭。○【趙次公曰】以蘇武比虔爲賊臣所劫而不附賊也。○前漢蘇武傳：武爲中郎將，使匈奴，單于使武牧羝北海上，武仗漢節牧羊，留十九歲而還。〔八〕可念此公懷直道，○【王洙曰】懷，一作常。○陳張正見詩：平生懷直道。〔九〕也霑新國用輕刑。○也，下圜音夜。○【王洙曰】周禮秋官：大司徒之職，一曰刑。新國用輕典。〔一〇〕禰衡實恐遭江夏，○【趙次公曰】言虔之貶以爲憂也。初，有告虔私撰國史，坐謫十年。其於賊平被囚也，幾死而貶，則虔常以死爲憂。○恐如禰衡爲江夏太守黄祖所殺也。〔一一〕方朔虚傳是歲星。○言虔負才不見用也。劉向列仙傳：東方朔，楚人，昭帝時棄郎官，置幘官舍，風飄之去，後見賣藥會稽五湖，知者疑其歲星精也。武帝内傳：西王母使者至，朔死，上問使者，對曰：「朔是木帝精，爲歲星，下遊以觀天下，非陛下臣也。」○【趙次公曰】張華博物志載，神仙傳曰：傳説上據箕尾爲宿，歲星降爲東方朔。傳説死後有此宿，東方生無歲星。〔一二〕窮巷悄然車馬絶，案頭乾死讀書螢。○【王洙曰】晉車胤貧

不得油，夏月則囊螢火以照書。〔一三〕

【校記】

〔一〕題，元本、古逸叢書本作「題鄭十八著作虔」，杜陵詩史亦然。

〔二〕題下注，元本、古逸叢書本無。

〔三〕「台州」句下注，元本、古逸叢書本無。

〔四〕「詩罷」句下注，元本、古逸叢書本無。

〔五〕「第五」句下注，元本、古逸叢書本無。

〔六〕「皇陂」句下注，元本、古逸叢書本無。

〔七〕「賈生」句下注，元本、古逸叢書本無。

〔八〕「蘇武」句下注，元本、古逸叢書本無。

〔九〕「可念」句下注，元本、古逸叢書本無。

〔一〇〕「也霑」句下注，元本、古逸叢書本無。

〔一一〕「禰衡」句下注，元本、古逸叢書本無。

〔一二〕「方朔」句下注，元本、古逸叢書本作：「東方朔畫贊云云，俗謂方朔爲太白星精。」

〔一三〕「案頭」句下注，元本、古逸叢書本作：「坡云：當年讀書螢，想乾死几案間。」

偪側〔一〕行贈畢曜〔二〕○玄宗時牛、李以朋黨亂天下。肅宗即位，欲懲是弊，百官不敢相問遺，金吾刺舉之，由是飛謗囂然，士大夫至有杜門却掃者。甫時爲拾遺，以臺諫自任，尤不獲與親知盃飲聚話，遂有「偪側」之句。古者諸侯尤有講信修睦之禮，況公卿士大夫同朝共事，其不可以恩禮相問勞乎？畢曜與甫相善，有文集行於世，乃詩酒之交也。故甫恨不得與之周旋，而有偪側之歎也。上林賦：偪側泌瀄。注：相迫也。〔三〕

偪側何偪側〔四〕，我居巷南子巷北。○【趙次公曰。又，杜陵詩史、分門集注作「修可曰」。】巷之隘陋也。○庾肩吾謝宅詩：居異道南，才非巷北。〔五〕可恨鄰里間，十日不見一顏色。○【王洙曰】江淹別離詩：願一見顏色，不異瓊樹枝。〔六〕自從官馬送還官，○甫貧無馬，常借官馬乘之。昔張萬歲爲監牧，馬四十萬匹。玄宗窮兵於四夷，末年馬政漸衰。祿山陷二京，諸群牧馬皆爲賊虜劫殆盡，朝臣至有二三人共一匹，乘輿供調不能兼備，無復公馬爲私家之用矣。當時馬貴，一匹直千五百千，故甫有是句。按唐書：兩京平，肅宗始詔收群臣馬助戰。漢中王瑀持不可，出刺蓬州。故馬送還官也。〔七〕行路難行澀如棘。○【王洙曰】古樂府有行路難篇。〔八〕我貧無乘非無足，○乘，石證切，車也。〔九〕昔者相過〔一〇〕今不得。○過，一作遇，非也。指肅宗之時，禁郡相通也。〔一一〕實不敢〔一二〕愛微軀，○【王洙曰】一作「寔不是慵相訪」。〔一三〕又非關足無力。徒步翻愁官長怒，此心炯炯君應識。○【鄭卬曰】炯，户頂切。○甫與畢曜乃鄰里之故，不獲會面，既非謹護出入，亦非衰老無力，設或徒步，必遭官譴怒叱，君之所知也。〔一四〕曉來急雨春風顛，○顛謂狂也。〔一五〕睡美不聞鍾鼓傳。東家蹇驢許借我，泥滑不敢騎朝天。○今日風雨並作，雖就鄰舍借得蹇驢，奈泥濘尚不敢入朝天子，況得與朋友宴集乎？唐官儀：騎驢入朝。〔一六〕已令請急會通籍，○【王洙曰】一作「已令把牒還請假」。○【趙次公曰】請急，謂請假也。○【王洙曰：「元帝紀：通籍，注籍者爲二尺竹牒，記其年紀、名字、物色，縣之宮門省禁，相應乃得入也。武后時太學生請急，后亦省視之。」】朝省官出入禁門，首有姓名載於簿籍。掌門者會驗名籍，得以通出入也。〔一七〕男兒性命絶可憐。焉能終日心拳拳，憶君誦詩神凜然。○當是時，雖問遺有禁，然男兒倜儻，不能動循禮法，舉錯之間，止信運命而已。安能終日拳拳懷思於畢公，而不得誦詩也哉！〔一八〕辛夷始花亦已落，○【王洙曰】亦，一作又。○辛夷，木名。叢生，葉細而澀，花如絲而潔白可愛。〔一九〕況我與子非壯年。街頭酒價常苦貴，○玄宗承太宗米斗三錢之後，開元初，民物豐富，物價必賤。○【師古曰】禄山之亂，京城蕭索，百物踊貴，何獨於酒乎？甫以酒貴爲苦，傷時之意，於此可見也。〔二〇〕方外酒徒稀醉眠。○莊子大宗師篇：孔子曰：彼遊方之外者也，而丘遊方之内者也。〔二一〕速宜相就飲一斗，○速宜，一作徑須。況甫始見辛夷花開，今又花落，青春之往，年不待人。不於此時相就飲酒，亦可惜也。重獲譴於朝廷，亦所甘心。方外，乃遊方之外者，甫不顧法禁，欲與畢公就街共飲，豈非方外之士故歟？○【王洙曰】世説：

阮籍謂王戎曰：偶得一斗美酒，當與君共飲也。〔二二〕恰有三百青銅錢。○一本或作「但願樽中九醖滿，莫惜床頭百箇錢」。此斗酒豈承平時酒價乎？○【王洙曰】宋鮑照行路難：且願得志數相就，牀頭常有沽酒錢。○楊松玠談藪：盧思道常曰：「長安酒賤，斗價三百。能可令鬼峨我，不可令鬼峨爾也。」○【趙次公曰】古今詩話：章聖問侍臣曰：「唐時酒每斗價幾何？」丁晉公奏曰：「唐時酒每斗三百文。」舉公此詩以證。章聖大喜，曰：「杜甫詩自可爲一代之史也。」〔二三〕

【校記】

〔一〕側，元本、古逸叢書本作「仄」。

〔二〕元本、古逸叢書本「贈畢曜」三字爲題下注，杜陵詩史引作「王彦輔曰」，集千家注批點杜工部詩集引作「公自注」。

〔三〕題下注，元本、古逸叢書本作：「一云傯傯行。篇中字亦作傯傯。西征賦：駢闐偪側。」

〔四〕偪側，元本、古逸叢書本皆作「偪仄」。

〔五〕「我居」句下注，元本、古逸叢書本無。

〔六〕「十日」句下注，元本、古逸叢書本無。

〔七〕「自從」句下注，元本、古逸叢書本無。

〔八〕「行路」句下注，元本、古逸叢書本無。

〔九〕「我貧」句下注，元本、古逸叢書本無。

〔一〇〕昔者相過，元本、古逸叢書本作「昔日相遇」。
〔一一〕「昔者」句下注，元本、古逸叢書本無。
〔一二〕敢，元本、古逸叢書本作「是」。
〔一三〕「實不」句下注，元本、古逸叢書本無。
〔一四〕「此心」句下注，元本、古逸叢書本無。
〔一五〕「曉來」句下注，元本、古逸叢書本無。
〔一六〕「泥滑」句下注，元本、古逸叢書本無。
〔一七〕「已令」句下注，元本、古逸叢書本無。
〔一八〕「憶君」句下注，元本、古逸叢書本無。
〔一九〕「辛夷」句下注，元本、古逸叢書本無。
〔二〇〕「街頭」句下注，元本、古逸叢書本無。
〔二一〕「方外」句下注，元本、古逸叢書本無。
〔二二〕「速宜」句下注，元本、古逸叢書本無。
〔二三〕「恰有」句下注，元本、古逸叢書本無。

留花門

○按唐地理志：甘州領縣二，張掖、刪丹。繇刪丹東北行千里，有寧寇軍，故國城守捉也。軍之東北有居延宅，又北三百里有花門山堡，又東北千里至回鶻衙帳。蓋花門在回鶻西南置堡，所以爲控厄也。公詩所指正謂回鶻。鮑欽止云：唐志：甘州有花門山堡，東北千里至回鶻衙帳。是年八月，用廣平王爲元帥，以朔方、吐蕃、回紇諸兵以討賊。公逆知其害，故言「麥倒桑枝折」，卒章曰「花門既須留，原野轉蕭瑟」，言其爲農桑害也。趙傁云：花門，回紇種落。昨秋閏八月丁卯，廣平王元帥，朔方節度郭子儀副元帥，朔方等兵以回紇助伐。兩京平，賊卷橐北渡河，回紇大掠洛陽，府庫空。三川耆老以萬繒錦賂之，迺止。公意汾陽得朔騎足平中原，奚使花門恃功，千騎憿烈，病中夏哉！〔一〕

北門天驕子，○【王洙曰】北門，一作北方。○一作花門。○【王洙曰】前漢匈奴傳：單于遣使遺漢書曰：「南有大漢，北有强胡。胡者，天之驕子也。不爲小禮以自煩。今欲與漢闓大關，取漢女爲妻。」〔二〕飽肉氣勇決。○【王洙曰】匈奴傳：匈奴居北邊，君王以下咸食畜肉，衣其皮革。〔三〕高秋馬肥健，○【王洙曰】匈奴傳：秋馬肥，大會蹛林，課校人畜計。趙充國曰：「秋馬肥，變必起矣。」李廣以臨右北平盛秋。師古曰：盛秋馬肥健，恐虜爲寇也。〔四〕挾矢射漢月。○匈奴舉事，常隨月盛壯以攻戰，月虧則退兵。〔五〕自古以爲患，○【王洙曰】匈奴贊：「書戒『蠻夷猾夏』，夏『戎狄是膺』，春秋『有道守在四夷』。久矣，夷狄之爲患也。」四子講德論：「夫匈奴者，百蠻之最强者也。詩人所歌，自古患之。」〔六〕詩人厭薄伐。○【王洙曰】贊曰：周懿王時，戎狄交侵，暴虐中國。詩人所作疾而歌之。至懿王曾孫宣王興師命將，以征伐之。詩人美大其功，曰：「薄伐獫狁，至於太原。」遂出之也。〔七〕修德使其來，○【王洙曰】論語：遠人不服，修文德以來之。〔八〕羈縻固不絶。○【王洙曰】贊曰：其慕義而貢獻，則接之禮讓，羈縻不絶。○班固議曰：上可繼五鳳、甘露之會，下不失建武、永平羈縻之義。○【王洙曰】應劭漢官儀曰：馬曰羈，牛曰縻，言四夷如牛馬之受羈縻也。〔九〕胡爲傾國至，○言回紇之兵舉國皆來助順也。〔一〇〕出入暗金闕。○言回紇屯兵於京闕至多也。〔一一〕中原有驅除，隱忍用此物。○時肅宗欲驅除禄山之亂，含垢忍耻，借兵於回紇，雖用此物以除害，終亦爲彼所擾。贈以金繒，嫁以公主，豈不爲中國之羞辱乎？〔一二〕公主歌黄鵠，○【趙次公曰】乾元元年，肅宗以幼女寧國公主嫁回紇可汗，故云「歌黄鵠」也。〔一三〕○【王洙曰】按，前漢西域傳：漢元封中〔一四〕，遣江都王建女細君爲公主，以妻烏孫昆莫爲夫人。昆莫年老，公主悲愁，作歌曰：「吾家嫁我兮天一方，遠托異國兮烏孫王。穹廬爲室兮旃爲牆，以肉爲食兮酪不漿。居常土思兮心内傷，願爲黄鵠兮歸故鄉。」天子聞而憐之。君王指白日。○【王洙曰】謂指白日以爲盟誓也。詩王風：謂言不信，有如皦日。連雲屯左輔，○【趙次公曰】指言回紇留左輔之爲害也。○【王洙曰】三輔故事：左輔，左〔一五〕馮翊也。馮，輔也。翊，佐也。百里見積雪。○酈元水經：太白山在武功之南，夏宿雪其上。今花門屯〔一六〕左輔，近于太白山矣。或謂回紇兵被白練，猶積雪然也。長戟鳥休飛，哀笳曉幽咽。田家最恐懼，麥倒桑枝折。○【趙次公曰】時殘害桑與麥，故田夫懼也。沙苑臨清渭，○【王洙曰：「沙苑，馮翊郡界。」】沙苑乃唐馬監也。郡縣圖：沙苑在馮翊縣南，東西八十里，南北三十里。泉香草豐潔。渡河不用船，千騎常撇烈。○【王洙曰】一作滅没。○正異作撇捩。撇，匹蔑切，擊也。捩，練結切，拗也。上林賦：奔騰撇烈。胡塵踰太行，○行，户〔一七〕郎切。○【王洙曰】太行，山名。雜種底〔一八〕京室。花門既須留，原野轉蕭瑟。○自太行山迤邐至京室，胡兵雜居其内，供給浩瀚，賦斂愈急，然天子不即遣之歸國，使之淹留于此，原野轉加蕭索，恐變生非常，此所謂導虎而入其閨室，自貽厥咎者也。西都賦：原野蕭瑟。

【校記】

〔一〕元本、古逸叢書本題下無注。

〔二〕「北門」句下注，元本、古逸叢書本無。

〔三〕「飽肉」句下注，元本、古逸叢書本無。

〔四〕「高秋」句下注，元本、古逸叢書本無。

〔五〕「挾矢」句下注，元本、古逸叢書本無。

〔六〕「自古」句下注，元本、古逸叢書本無。

〔七〕「詩人」句下注，元本、古逸叢書本無。
〔八〕「修德」句下注，元本、古逸叢書本無。
〔九〕「羈縻」句下注，元本、古逸叢書本無。
〔一〇〕「胡爲」句下注，元本、古逸叢書本無。
〔一一〕「出入」句下注，元本、古逸叢書本無。
〔一二〕「隱忍」句下注，元本、古逸叢書本無。
〔一三〕「乾元」至「鵲也」，元本、古逸叢書本無。
〔一四〕「按前」至「封中」，元本、古逸叢書本作：「西域傳：烏孫使使獻馬，愿得漢公主云云。」
〔一五〕左，原作「右」，據元本、古逸叢書本改。
〔一六〕屯，元本、古逸叢書本作「出」。
〔一七〕户，古逸叢書本作「立」。
〔一八〕底，古逸叢書本作「抵」。

贈畢四曜

才大今詩伯，○【九家集注杜詩依例爲「王洙曰」，杜陵詩史、分門集注、補注杜詩皆未注明。】

按，玉臺後集有曜詩二首。家貧苦官卑。飢寒奴僕賤，顔狀老翁爲。同調嗟誰惜，〇調，徒弔切，才調也。〇【王洙曰】謝靈運詩：誰謂古今殊，異世可同調。論文笑自知。流傳江鮑體，〇【王洙曰：「江文通、鮑明遠。」】江淹字文通，鮑照字明遠，皆有詩名。相顧免無兒。〇【趙次公曰：「免無兒，言各有子以傳世業，即非伯道無兒事。」】公謂與曜皆有其子，以傳其家學，非所謂無子也。

酬孟雲卿

〇袁郊甘澤謡：陶峴，彭城子孫也。開元宅崑山，豐田疇，遊江湖，製三舟，一自載，二賓客，三飲饌，與進士孟彦深、樊口進士孟雲卿、布衣焦遂，人置僕妾女樂一部，奏清商曲，江湖中號水仙。按集，公有解悶詩曰：孟子論文更不疑。自注云：校書郎孟雲卿是也。又有湖城遇孟雲卿詩。

樂極傷頭白，更長愛燭紅。相逢雖衮衮，告别莫匆匆。但恐天河落，〇【劉曰】寓意禄山之亂，恐朝廷傾覆也。寧辭酒盞空。明朝牽世務，揮淚各西東。

奉贈王中允維

○【鮑彪曰】王維，字摩詰，累遷給事中。禄山反，陷長安，迎置洛陽，迫爲給事中。禄山大宴凝碧池，悉召黎〔一〕園諸工合樂，工皆泣，維聞甚悲，作詩悼痛。賊平，下獄，以詩聞行在，肅宗憐之，下遷太子中允。○自中允三遷尚書右丞。弟縉佐李光弼秋官侍郎，維爲右丞。縉刺蜀，維有别業輞川，裴迪從之遊。輞川荆棘，迪從縉劍外。按集，公有和裴迪登新津寺寄王侍郎詩曰：登臨懷侍郎。侍郎謂縉也。

中允聲名久，如今契闊深。共傳收庾信，○【趙次公曰】侯景之亂，梁簡文帝使庾信率宫中文武千餘人營於朱雀航。及景至，信以衆奔江陵。梁元帝承制除信御史中丞。以言如王維初以禄山之脅授僞命，肅宗憐維，釋其死，下遷爲中允也。不比得陳琳。○【趙次公曰】陳琳爲袁紹作檄謗罵曹公，及〔二〕曹公得之，愛之而不之咎。王維在賊中，禄山大宴黎〔三〕園，樂工皆泣，維賦詩痛悼，則異乎曹公之得陳琳矣。一病緣明主，○魯訔云：維在賊時，以藥下痢，陽瘖。○【師古曰：「甫自言得肺疾只緣思君也。」】予謂非也，蓋甫自言其因思君之故而得肺渴之疾也。三年獨此心。○【黄鶴補注曰：「豈公自謂自天寶十五載至乾元元年爲三年。」】此詩作於乾元元年也，自元年逆數至天寶十五年，爲三年矣。○【師古曰】甫自言身雖窮困，心未嘗忘君也。窮愁應有作，試誦白頭吟。○【趙次公曰：「白頭吟，文君所賦。」】樂府有古辭白頭吟云：皚如山上雪，皎若雲間月。

【校記】

〔一〕黎，古逸叢書本作「梨」。

〔二〕及，元本、古逸叢書本作「以」。

〔三〕黎，古逸叢書本作「梨」。

奉陪鄭駙馬韋曲二首

○【黄鶴補注曰：「鄭駙馬，即潛曜。」】鄭駙馬，潛曜也。

韋曲花無賴，家家惱殺人。○【趙次公曰】古詩：白楊多悲風，蕭蕭愁殺人。淥樽須盡日，○【鄭卬曰】淥，龍玉切，本作醁，美酒也。○【趙次公曰】沈休文詩：憂來命淥樽。白髮好禁春。○【王洙曰】禁，或作傷。○【鄭卬曰】禁，居吟切，勝也。石角鈎衣破，○【沈曰】石菱角也。藤枝刺眼新。○【鄭卬曰：「刺，七亦切。」】刺，七亦切，穿也。何時占叢竹，頭戴小烏巾。○昔王猷〔一〕好竹，滿宅皆種竹。古詩：寧可食無肉，不可居無竹。○【師古曰】故甫意乃欲卜居植竹以怡情也。

【校記】

〔一〕王猷，古逸叢書本作「王子猷」。

野寺垂楊裏，春畦亂水間。○畦，奚圭切，菜圃。美花多映竹，好鳥不歸山。○【師古曰】託言猶在仕途，未能拂衣林下也。城郭終何事，風塵豈駐顔。○然閑居適性，不必村郭之異。儻奔走風塵，不能自已，豈足以駐衰顔乎？誰能共公子，薄暮欲俱還。○薄暮，言衰老〔一〕之年。○【師古曰】公意欲與駙馬於暮年俱還政以自養也。

【校記】

〔一〕老，古逸叢書本作「者」。

寄左省杜拾遺

岑參

聯步趨丹陛，分曹限紫微。○長安志：紫微殿在蓬萊殿南。曉隨天仗入，○隨，一作過。暮惹御香歸。白髮悲花落，青雲羨鳥飛。聖朝無闕事，自覺諫書稀。

奉答岑參補闕見贈

窈窕清禁闥，罷朝歸不同。○【師古曰】參爲補闕，屬中書，居右署。甫爲拾遺，屬門下，居左署。左爲東，而右爲西，故云歸不同也。君隨丞相後，○趙傁云：唐政事堂初建黄門省，裴炎中書令，徙政事堂中書。參時補闕，在右掖，故云隨丞相後。〔一〕我往〔二〕日華東。○趙傁云：唐宮殿，含元東廊由日華門，其東門下省。甫拾遺在左闥，故曰往日華殿東。長安志：含元殿前有日華門，東有門下省。〔三〕冉冉柳枝碧，娟娟花蘂紅。故人得佳句，獨贈白頭翁。○獨，一作猶，一作留。〔四〕

【校記】

〔一〕故云隨丞相後，元本、古逸叢書本無。

〔二〕往，原作「住」，據元本、古逸叢書本改。

〔三〕「我往」句下注，元本、古逸叢書本作：「郭偲家住日華門東畔。」杜陵詩史等引作「蘇曰」。

〔四〕「獨贈」句下注，元本、古逸叢書本無。

端午日賜衣

○公時在左掖。周處風土記：仲夏端午。注：端，始也。謂五月五日。〔一〕

宮衣亦有名，端午被恩榮。○【師古曰】受之當有名也，則賜之也豈可無名乎？賜之無名，是濫賞也。〔二〕細葛含風軟，○説文：絺，麄葛也。綌，細葛也。〔三〕香羅疊雪輕。○釋名：羅，文羅疏也。〔四〕自天題處濕，○【師古曰】自天，謂賜從天子也。〔五〕當暑著來清。意内稱長短，

○【王洙曰】一作〔六〕「恰稱身長短」。終身荷聖情。○【王洙曰】隨，一作明。○【趙次公曰】：「末句語法稍深，蓋言天子之意内，又稱量群臣身材長短而賜之，使有實用而非止虛賜，此所以終身荷聖情也。」【】蓋言天子之意内，又稱量群臣身材長短而賜之，此所以荷聖情之重也。〔七〕

【校記】

〔一〕元本、古逸叢書本題下無注。

〔二〕「端午」句下注，元本、古逸叢書本無。

〔三〕「細葛」句下注，元本、古逸叢書本無。

〔四〕「香羅」句下注，元本、古逸叢書本無。

〔五〕「自天」句下注，元本、古逸叢書本無。

〔六〕作，元本、古逸叢書本作「云」。

〔七〕「終身荷聖情」句下注，元本、古逸叢書本作「一作明」。

送許八拾遺歸江寧覲省甫昔時嘗客遊此縣於許生處乞瓦棺寺維摩圖樣志諸篇末〔一〕

○瓦棺寺，乃薦福寺也。晉時有僧嗜誦法華經，及終，以瓦棺葬之，後生蓮華二朵於墓，其根自舌頭而出，因號瓦棺寺。〔二〕

詔許辭中禁，○【王洙曰】詔許，一作天語。〔三〕慈顏赴北堂。○【王洙曰】慈顏，一作家榮。○赴，樊作拜。○【王洙曰】北堂，謂母氏也。詩衛風：焉得諼草，言植之背。傳：背，北堂也。○正義曰：背者，向北之義。婦人所常處者，堂也。〔四〕聖朝新孝理，○謂肅宗即位也。〔五〕祖席倍輝光。○【王洙曰】一作「行子倍榮光」。祖席，謂餞行也。○漢書音義：祖者，送行之祭回饗飲焉。昔黄帝之子纍祖好遠遊，而死於道，故後人以爲行神。又風俗通：昔共工氏子曰修，好遠遊，舟車所至，足跡所逮，靡不窮覽，故祀以爲祖神。祖，徂也。〔六〕内帛擎偏重，○【王洙曰】一作贈。宫衣著更香。○皆宣賜之物也。〔七〕淮陰清夜驛，○【趙次公曰】。又，杜陵詩史引作「蘇曰」，分門集注、補注杜詩、集千家注批點杜工部詩集引作「鄭曰」。】淮陰，楚州也。京口渡江航。○【趙次公曰】。又，杜陵詩史引作「蘇曰」，分門集注、補注杜詩、集千家注批點杜工部詩集引作「鄭曰」。】京口，潤州也。〔八〕春隔雞人晝，○【王洙曰】雞人，宫中司曉者。○【王洙曰】言許既歸寧，故隔聞乎雞人爾。〔九〕秋期燕子涼。

〇【趙次公曰】今期許秋涼而還也。〇【王洙曰】一作「竹引趨庭曙，山添扇枕涼」。〇【趙次公曰：「趨庭，則論語：孔子嘗獨立，鯉趨而過庭。扇枕，則黃香事也。」】用伯魚、黃香事也。〔一〇〕賜書誇父老，〇言天子賜詔，足以詫其榮也。〔一一〕壽酒樂城隍。〇謂滿城獻花酒也。〇【王洙曰】一作「十年過父老，幾日賽城隍」。〇謂賽祭於廟也。〔一二〕看畫曾飢渴，〇題注。〔一三〕追蹤恨〔一四〕淼茫。〇【王洙曰：「一作恨。」】恨，一作限。〇【鄭卬曰】淼，弭沼切，大水貌。〔一五〕虎頭金粟影，神妙獨難忘。〇【杜田正謬】金粟影，即維摩圖也。〇【杜田正謬。又，杜陵詩史、分門集注、補注杜詩引作「修可曰」。】張彥遠歷代名畫記：顧愷之，字長康，小字虎頭，晉陵無錫人。多才氣，尤工丹青。傳寫形勢，莫不妙絕。曾於瓦棺寺北殿畫維摩詰，畫訖，光耀月餘。〇京師寺記：興寧中，瓦棺寺初置，僧衆設齋，請朝臣列注，長康注百萬。及請勾疏，長康曰：「宜備一壁。」遂閉户，往來月餘，畫維摩詰一軀。工畢，將欲點眸子，乃謂寺僧曰：「第一日者請施十萬，二日可五萬，三日可任例責施。」及開户，光照一寺。施者填噎，俄得百萬。〇【杜田正謬。又，杜陵詩史、分門集注、補注杜詩引作「薛曰」。】發迹經曰：浄名大士是古金粟如來。〇阿含經曰：金沙地下，便是金粟如來。或曰：顧愷之嘗爲虎頭將軍。余謂虎頭乃愷之癡絕之號也。維摩居士乃是過去金粟如來，蓋虎頭所畫維摩圖即金粟之影也。按，南史夷貊傳：瓦棺寺，先有師子國獻玉像、戴安道手製佛像及顧長康維摩圖，世人號云三絕。〔一六〕

【校記】

〔一〕題，古逸叢書本作「送許八拾遺歸江寧」。

〔二〕題下注，元本、古逸叢書本無。

〔三〕「詔許」句下注，元本、古逸叢書本無。

〔四〕「慈顏」句下注，元本、古逸叢書本作：「詩：焉得萱草，言樹之背。注：背，北堂母氏也。一云『天語辭中禁，家榮赴北堂』。」

〔五〕「聖朝」句下注，元本、古逸叢書本無。

〔六〕「祖席」句下注，元本、古逸叢書本作：「祖席，飲餞也。」

〔七〕「宮衣」句下注，元本、古逸叢書本無。

〔八〕「京口」句下注，元本作：「淮陰、京口，皆江南然面。」古逸叢書本作：「淮陰、京口皆江南地名。」

〔九〕「春隔」句下注，元本、古逸叢書本無。

〔一〇〕「秋期」句下注，元本、古逸叢書本作「秋期還也」。

〔一一〕「賜書」句下注，元本、古逸叢書本無。

〔一二〕「壽酒」句下注，元本、古逸叢書本無。

〔一三〕「題注」二字，元本、古逸叢書本無。

〔一四〕恨，元本、古逸叢書本作「限」。

〔一五〕「追蹤」句下注，元本、古逸叢書本作「限一云恨」。

〔六〕「神妙」句下注，元本、古逸叢書本作：「虎頭，維摩相也。金粟，釋有金粟也。顧愷之字長康，小字虎頭。晉陵無錫人。」

因許八奉寄江寧旻上人

不見旻公三十年，封書寄與淚潺湲。舊來好事今能否，老去新詩誰與傳。○【王洙曰】與，一作爲。棊局動隨幽〔一〕澗竹，○【王洙曰：「尋，一作幽。」】幽，一作尋。○邯鄲淳藝經：棊局縱横，各七十道，合二百八十九道，白黑子百五十枚。彈棋兩人對局，白黑棋各六枚。先列棋相當，更相彈也。〔二〕袈裟憶上泛湖船。○【杜田補遺】釋氏要覽：袈裟者，從色彰施也。梵言迦羅沙曳，華言不正正色。四分律云：一切上色衣不得蓄。當壞作伽沙。葛洪撰字苑，始添「衣」字，言道服也。〔三〕聞君話我爲官在，頭白昏昏只醉眠。

【校記】

〔一〕幽，元本、古逸叢書本作「尋」。

〔二〕「棊局」句下注，元本、古逸叢書本作「一作幽」。

〔三〕「袈裟」句下注，元本、古逸叢書本無。

夏日歎

夏日出東北，○夏日出艮地，正東北也。○【王洙曰】晉天文志：夏至極起，而天運近地，而斗去人遠，日去人近，南天氣至，故炁熱也。〔一〕陵天經中街。○【趙次公曰：「中街，意言亭午也。」】謂日之亭午也。○日月之行，有黄道，有赤道。天之中街者，黄道之所經也。夏至日行北陸中天，上經中街而行，故夏至日爲長也。〔二〕朱光徹厚地，○爾雅釋天：夏爲朱明。注：氣赤而光明也。○【王洙曰】張孟詩：朱光馳北陸。〔三〕鬱蒸何由開。上天久無雷，無乃號令乖。〔四〕雨降不濡物，良田起黄埃。飛鳥苦熱死，池魚涸其涯〔五〕。○涯，宜皆切，水際也。大軍之後，殺氣充塞，天地爲之不和，是以雨暘失節。雷者，天之號令。雨者，天之恩澤。號令乖繆，則恩澤不下，浹而旱乾枯涸，魚鳥猶蒙其禍，况生民乎？○【趙次公曰】或曰：號令之乖，譏君令之不行也。雨不濡物，譏彼相無澤以及民也。○【王洙曰】郎顗傳：雷者號令，其德生養。號令殆廢，當生而殺，則雷反作。〔六〕萬人尚流冗，○冗，人勇切，冗散也。光武建武元年詔曰：流冗道路，朕甚愍之。和帝永平五年遣使分行貧民，舉實流冗。舉目惟蒿萊。〔七〕至今大河北，化〔八〕作虎與豺。○化，一作盡。○【王洙曰】河北之民皆餓飢相吞，如豺虎也。〔九〕浩蕩想幽薊，○【王洙曰】薊，居例切。幽州、薊門，皆禄山所節制之地也。〔一〇〕王師安在哉。○譏諸將養寇要功，不即殄滅也。〔一一〕對食不能餐，○【趙次公曰】蔡琰詩：飢當食兮，不能餐其餘。〔一二〕我心殊未諧。眇然貞〔一三〕觀初，難與數子偕。○【師古曰】太宗貞觀初，米斗三錢，行旅不齎糧。房、杜、王、魏之徒，皆當時名臣。君臣之間，諫行言聽，遂使膏澤下於民，號令一無乖謬，故甫傷今思古，而欲與數子偕，不可得矣。〔一四〕

【校記】

〔一〕「夏日」句下注，元本、古逸叢書本無。

〔二〕「陵天」句下注，元本、古逸叢書本作：「中街，黄道之所經也。」

〔三〕「朱光」句下注，元本、古逸叢書本無。

〔四〕「無乃」句下注，元本、古逸叢書本作：「易傳：當雷不雷，陽德弱也。」

〔五〕涯，元本、古逸叢書本作「泥」。

〔六〕「池魚」句下注，元本、古逸叢書本無。

〔七〕元本無「萬人尚流冗，舉目唯蒿萊」二句，古逸叢書本二句在「良田起黄埃」後。

〔八〕化，元本、古逸叢書本作「盡」。

〔九〕「化作」句下注，元本、古逸叢書本無。

〔一〇〕「浩蕩」句下注，元本、古逸叢書本無。

〔一一〕「王師」句下注，元本、古逸叢書本無。

〔一二〕「對食」句下注，古逸叢書本作：「古詩：飢當食兮不能飡。」元本略同，然無「古」字。

〔一三〕貞，原作「正」，據元本、古逸叢書本改。

〔一四〕「我心」句下注，元本、古逸叢書本無。

夏夜歎

永日不可暮，○堯典：日永星火。炎蒸毒我腸。○【王洙曰】我，一作中。安得萬里風，飄飄吹我裳。昊天出華月，○爾雅：夏爲昊天。○【趙次公曰】江文通雜詩：華月照方池。茂林延疏光。○【趙次公曰】蘭亭記：茂林修竹。仲夏苦夜短，○【王洙曰】謝靈運詩：惟苦夏夜短。開軒納微涼。虛明見纖毫，○【王洙曰】陶潛詩：夜景湛虛明。羽蟲亦飛揚。物情無巨細，自適固其常。念彼荷戈士，○【王洙曰】荷，下可切，揭也。詩曹風：荷戈與祋。窮年守邊疆。何由一洗濯，執熱互相望。○望，協無方切。勞逸之情，人所同好惡也。○【師古曰】兵革以來，雨暘失序，甫苦於旱熱，因覩羽蟲夏夜飛揚而適其性，乃念彼荷戈之士執熱而不得一濯，君天下者不能推好逸惡勞之心，與衆共之，豈所謂爲民父母也哉！○詩小雅：誰能執熱，逝不以濯。竟夕擊刁斗，○【鄭卬曰】刁，音雕。○【王洙曰】李廣傳：程不識正部曲行伍，營陣擊刁斗，至明軍自便〔一〕。孟康曰：刁斗以銅作，燋受一斗，晝炊飯食，夜擊持行，名曰刁斗。西域傳：斥候七百餘人，五分夜〔二〕，擊刁斗自守。喧聲連萬方。青紫雖被體，○甫雖受拾遺，青紫被體，亦云貴矣，然在於亂世，逼側客行雖云樂，不如早旋鄉。○【鄭卬曰】號，胡刀切。○述士卒之勞苦也。煩促，不獲舒其志意，不若還鄉，啜菽飲水而安於無事之爲樂也。不如早還鄉。○古詩：

北城悲笳發，鸛鶴號且翔。○【王洙曰】詩東山：鸛鳴于垤。況復煩促倦，○【王洙曰】復，一作懷。○【魯曰】張茂先詩：煩促每有餘。○陶潛誄：簡棄煩促。激烈思時康。○思願天下平治，征夫安居，無復荷戈鳴笳之困悴也。○【魯曰】蘇武詩：長歌正激烈。

【校記】

〔一〕自便，古逸叢書本作「不息」。

〔二〕分夜，古逸叢書本作「夜分」。

新定杜工部草堂詩箋斠證卷第十三

乾元元年夏六月出爲華州司功冬末以事之東都至乾元二年七月立秋後欲棄官以來所作

至德二載甫自京金光門出問〔一〕道歸鳳翔問一作間**乾元初從左拾遺移華州掾與親故別因出此門有悲往事**○下圜曰：韋述兩京記：長安西城有門三，中曰金光門。公背長安，出金光門，賊中竄歸鳳翔，步謁肅宗行在，拜左拾遺。史氏云：〔二〕房琯布衣交。琯時敗陳濤斜，坐客董庭蘭罷相。公上疏諫，帝怒，詔三司雜問。元稹志公墓曰：左拾遺歲餘，以直言出華州司功。史氏云：琯廢，乾元元年出刺邠州。公坐琯移掾三峰。當乾元元年春，公步出金光門。魯訔云：外郭城西南三門，中曰金光門。西趣昆明池也。

此道昔歸順，西郊胡正煩。○【師古曰。又，趙次公曰：「言其逃賊欲之行在，是爲歸順。」】甫陷禄山軍中，竄歸鳳翔，謁肅宗，是爲歸順。○【趙次公曰：「在金光門道出，故曰『昔歸順』也。言當歸順時，正值胡在西郊爾。」】以其自金光門出，丈〔三〕曰此道，言當歸順時正值胡寇在西郊也。至今殘破膽，○殘，陳作猶。猶有未招魂。○【王洙曰】言履〔四〕艱危，膽破魂飛也。宋玉有招魂篇。近侍歸京邑，○【王洙曰：「得，一作侍。」】侍，一作得。移官豈至尊。○【王洙曰】豈，一作遠。○【師古曰。又，趙次公曰：「言得返長安爲拾遺，而遽移華州，本非至尊之意，特以自貽伊戚耳。蓋公以論房琯有才，不宜廢免，坐此而貶也。」】言歸長安爲拾遺，而遽移華州，非出天子之意，乃讒邪毀傷之也。無才日衰老，駐馬望千門。○【師古曰。又，趙次公曰：「使千門萬户之語也。凝望於宮禁，徬徨不忍去也。」】公駐馬而望千門，蓋戀君彷徨不忍去也。昔漢武宫中爲千門萬户之遊。

【校記】

〔一〕問，古逸叢書本作「開」。

〔二〕古逸叢書本「房琯」前有「公與」二字。

〔三〕丈，元本、古逸叢書本作「故」。

〔四〕履，元本、古逸叢書本作「復」。

奉同郭給事湯東靈湫

○漢武故事：驪山湯，初秦皇砌石起宇。至漢，甚加修飾焉。唐玄宗改爲温泉宫。

東山氣濛鴻〔一〕，○【趙次公曰】東山，驪山也。○在長安之東北。濛鴻〔二〕乃湯泉之氣也。宫殿居上頭。○長安志：驪山上有石甕寺、朝元閣等。君來必十月，○【九家集注杜詩依例爲「王洙曰」。杜陵詩史、分門集注、補注杜詩、集千家注批點杜工部詩集引作「趙次公曰」。】湯泉，温湯泉也。長安志：開元後〔三〕，玄宗嘗以十月幸温泉，歲盡而歸。樹羽臨九州。○【王洙曰：「樹羽，立羽葆蓋也。」】樹羽，植羽葆蓋，以朝諸侯也。○【趙次公曰】詩周頌：崇牙樹羽。陰火煮玉泉，○陰火，即陰陽吹噓之氣。水屬陰，而水有温者，陰中之陽也。王子年拾遺記：西海之西有浮玉山，下有穴，穴中有水，其色若火，波濤灌蕩，其火不滅，名陰火。○【王洙曰】海賦：陽冰不冶〔四〕，陰火潛然。○【杜田補遺】本草：玉泉生藍田。陶隱居注：是玉之精華。又注：玉泉，玉之泉液也。今仙經「三十六水法」中化玉爲玉漿，亦稱爲玉泉。今公詩蓋言湯泉之色爲玉也。噴薄漲巖幽。有時浴赤日，○【王洙曰】山海經：東南海外有羲和之國，有女子名羲和，是生十日。常浴日於甘泉。光抱空中樓。○言泉氣光涵日影，隱映温宫樓臺之高也。閬風入轍跡，廣原延冥搜。○【王洙曰】原，一作野。○【趙次公曰：「其義則周穆王欲車轍馬迹遍天下之意，謂之『欲冥搜』，蓋言乘輿自驪山而出，若將訪崑崙而遊廣原也。」】此言玄宗乘輿幸驪山湯泉而出，若將深入于崑崙之閬風，而遠訪于廣原之野，如昔周穆王駕八駿之乘驅馳而升崑崙之上也。○【杜田補遺：「神異經曰：崑崙三角，其一角正北，干星辰，名曰閬風巔；其一角正西，曰玄圃臺；其一角正東，曰崑崙宮。」又，杜陵詩史、分門集注引作「洪覺範曰」：「神異經：崑崙三角，北曰閬風巔，西曰玄圃臺，北曰崑崙宮。」】或謂：廣原，崑崙東北脚〔五〕名也。按東方朔十洲記：崑崙三角，一角曰閬風巔。神異經：崑崙三角，其一角正北干〔六〕星辰，名曰閬風巔。○【趙次公曰】孫綽天台賦：非夫遠寄冥搜，篤神適性者，何肯遠想而存之。沸天萬乘動，觀水百丈湫。○【王洙曰】沸，一作拂。○言玄宗臨幸，騷動萬民也。○【趙次公曰】鮑照蕪城賦：歌吹沸天。亦曰百丈水。○湫，子由切，龍潭也。○【九家集注杜詩郭知達補注】長安志：泠〔七〕水在臨潼縣三十里，○長安志：開元八年冬，乘輿自南入，行至半城，黑氣自東北角起，倏忽滿城。○【王洙曰】幽靈，一作靈湫。○【王洙曰】漢郊祀志：湫淵，祀朝那。幽靈斯可怪，王命官屬休。○穆天子傳：天子北至犬戎，北風雨雪，天子以寒之故，命王〔八〕屬休。初聞龍用壯，擘石摧林丘。○【王洙曰】郭延生述征記：巨靈擘開華山。中夜窟宅改，移因風雨秋。○謂窟宅因夜雨改而移也。○【趙次公曰】天台賦序：靈山之所窟宅。倒懸瑤池影，○言日照驪山，影蘸靈湫也。列子：穆天子升崑崙之丘，賓于西王母，觴于瑤池之上。屈注蒼江流。○蒼，當作滄。○【趙次公曰】謝朓詩：回〔九〕瞰滄江流。味如甘露漿，○晉謠言：女非皇太子，安得甘露漿。揮弄滑且柔。○此皆述〔一〇〕靈湫之勝概也。翠旗淡偃蹇，○言旗影與水光相奪也。○【王洙曰】枚乘七發：旌旗偃蹇。雲車紛少留。○言天子駐軍以祭龍也。九歌：乘回風兮戴雲旗。簫鼓蕩四溟，○【王洙曰】漢武帝詞：簫鼓鳴兮發棹謳。顔延年詩：笳鼓震溟洲。異香泱莽浮。○【趙次公曰。又，分門集注、補注杜詩引作「鄭卬曰」。】泱，烏朗切。莽，模朗切。○廣大貌。○【王洙曰】海賦：泱漭瀇浮。謝玄暉詩：晨光復泱漭。鮫人獻微綃，○鮫人獻綃以爲幣也。○【趙次公曰：「蛟人水居，南海之外有之，善織綃。見海賦。」】南海外有鮫室，水居如魚，善織綃，見木玄虛海賦。○餘見前注。曾祝沉豪牛。○曾祝沉牛以爲牲也。曾，重也。祝，史也。○【趙次公曰】詩：曾祝致告。○【魯曰：「穆天子傳：賜文山之民豪牛豪馬。」】穆天子傳：天子至河宗，奉璧南面，曾祝佐之。天子授河〔一一〕宗璧，河宗西向，沉璧于河，祝沉牛馬羊豕。又，天子遊于文山，文山之人獻牥〔一二〕牛，天子與之豪馬。豪牛注云：似犛牛也。百祥奔盛明，古先莫能儔。坡陁金蝦蟆，出見蓋有由。至尊顧之笑，王母不遣收。○遣，一作肯。復歸虛無底，化作長黃虬。○一作龍與〔一三〕虬。虬，音求，龍之無角者。○【九家集注杜詩引「王洙曰」：「祿山濁亂宮闈，故有此應。」又引「趙次公曰」：「按，祿山事跡：帝嘗夜宴，祿山醉卧，化爲一猪而龍頭，左右遽言之，帝曰：『渠猪龍耳，無能爲也。』詩蓋暗指此事。」】當盛明之世，天子在上，百妖爲之奔遁，何以蝦蟆得爲之殃也。甫既述温泉之幸，次叙遊潭祭龍，終寓意於祿山之亂。蓋傷楊貴妃養祿山爲義子私通之，每年幸湯泉，爲祿山作生日，以金盆盛湯，祿山裸浴其中，貴妃佯爲慶誕之辰，百端取樂，明皇全不悟。按唐史：祿山爲范陽府節度，與楊國忠爭權，國忠表祿山必亂〔一四〕，玄宗不信，國忠謂帝：幸温泉，遣人召禄山，禄山必不來。以此驗之。帝如其言，使者至范陽，禄山曰：「此必國忠爲帝謀召我，疑我不赴。今奔天子命，則國忠之謀不攻自破。」後禄山至温泉，玄宗視禄山面，大喜。國忠諫帝命壯士縛之，不然必反。帝既不疑禄山，貴妃復寵愛之，豈肯從其言而收縛之。謁帝罷，辭歸范陽。帝贈勞愈厚，遣歸鎮。禄山既脱禍，騎駿馬一日一夜揮鞭疾驅行七百里，至范陽，遂反。坡陁，高大之貌。禄山腹大而漲，每行，使人挽之乃動。及作胡旋舞，其疾如風，故譬之金蝦蟆。金乃西方，禄山胡人，故云金蝦蟆。至尊，指玄宗也。王母，指貴妃也。明皇爲貴妃製羽衣霓裳，以象西王母之會。肅宗爲太子時，嘗諫玄宗云：「禄山有龍相，必反，宜早除之。」玄宗曰：「乃猪龍也。」虚無底，謂范陽也。禄山反，僞即帝位，妄自尊大，故云金蝦蟆。然謁見温泉者，蓋亦有由，謂帝驗國忠之言以卜其來與不來，故曰「出見蓋有由」。及禄山至，玄宗乃歡喜而大笑，雖國忠諫命壯士收縛之，貴妃決不肯也。續遺歸范陽，禄山遂反，豈非「復歸虚無底」而「化作長黄虬」乎？甫恨不從國忠之言，是使禄山得以化龍而符太子之諍也。　飄飄青鎖〔一五〕郎，○飄飄，一作飄飆。青鎖〔一六〕郎，指郭給事也。○【王洙曰】漢制有給事黄門侍郎，掌從左右給事中，使開通中外及諸王朝見，於殿上引王就坐。日暮入對青瑣内，謂之夕郎。○宫闕薄：青瑣門在南宫。　文彩珊瑚鉤。○【師古曰】謂郭給事之能爲文章，如珊瑚鉤之可貴也。○孝經援〔一七〕神契：珊瑚鉤者，要誓則出。士孫〔一八〕瑞應圖：珊瑚鉤者，恭信則見。一日不珍，玩弄則出。○【趙次公曰】纂異記：周穆王把酒請王母歌，以珊瑚鉤擊盆而歌。　浩歌渌水曲，清絶聽者愁。○【師古曰】渌水，即伯牙高山流水之音，後人製爲琴曲，名曰渌水。言給事歌詩清雅絶倫，聽者愁莫能及也。

【校記】

〔一〕濛鴻，元本、古逸叢書本作「鴻濛」。
〔二〕濛鴻，元本、古逸叢書本作「鴻濛」。
〔三〕後，古逸叢書本作「中」。
〔四〕治，原作「治」，據古逸叢書本改。
〔五〕脚，古逸叢書本作「角」。
〔六〕正北干，元本作「上北干」，古逸叢書本作「上比于」。
〔七〕冷，古逸叢書本作「湫」。
〔八〕王，元本、古逸叢書本作「官」。
〔九〕回，元本、古逸叢書本作「日」。
〔一〇〕述，元本、古逸叢書本作「言」。
〔一一〕河，原作「何」，據古逸叢書本改。
〔一二〕牣，古逸叢書本作「豪」。
〔一三〕與，元本、古逸叢書本作「似」。
〔一四〕亂，元本、古逸叢書本作「叛」。

〔一五〕鎖，元本、古逸叢書本作「瑣」。

〔一六〕鎖，元本、古逸叢書本作「瑣」。

〔一七〕援，原作「授」，據古逸叢書本改。

〔一八〕士孫，元本、古逸叢書本作「公孫」。

題鄭縣亭子

○地志：華州治鄭縣。長春宮馮翊亭子，蓋望長春宮[一]舍外。

鄭縣亭子澗之濱，户牖亭[二]高發興新。雲斷嶽蓮臨大路，○【趙次公曰】指言蓮花峰也。○華山記：山頂有池，生千葉蓮花，服之羽化，因曰華山。○【趙次公注引「蔡興宗曰」】大路，陝、華間地名。晉書：「檀道濟從劉裕伐姚泓，至潼關，姚鸞屯大路以絶道濟糧道。」是也。天晴宫柳暗長春。○【王洙曰】晴，一作清。○【趙次公曰】指言長春宫也，在同州朝邑縣，皆華山所臨。○十道志：長春宫，周武帝保定五年，大冢宰晉公宇文護所築。巢邊野雀群欺燕，○雀，一作鵲，或作鶴。喻小人欺君子也。花底山蜂遠趁人。○喻群小趨權勢也。更欲題詩滿青竹，晚來幽獨恐傷神。○【王洙曰：「野雀欺燕，山蜂趁人，皆感時而作，故末有幽獨傷神。」】此感物而傷時也。

【校記】

〔一〕一，古逸叢書本無。

〔二〕亭，古逸叢書本作「馮」。

望嶽

○張説泰華碑：華山，少陰用事，萬物生華，曰華山。前對華陽，後厭華陰，左抱桃林塞，右産藍田玉。少昊下都，蓐收别館。

西嶽崚嶒竦處尊，○崚，力〔一〕膺切。嶒，才登切。山貌。諸峰羅立如兒孫。安得仙人九節杖，○劉根别傳：孝武帝登少室，見一女以九節杖仰指日，閉左目，開右目，氣且絶又蘇息。武帝使問之所行何等？女子不答。東方朔曰：「婦食日精者。」神仙傳：王遥，天大雨，使弟子以九節杖負竹篋長數寸出行，衣皆不濕。列仙傳：王烈，曾授赤城老人九節蒼藤竹杜杖行地，馬不能追。拄到玉女洗頭盆。○拄，冢庾切，撑也。郭璞贊：華嶽靈峻，削成四方。爰有神女，是挹玉漿。○【杜田正謬。又，補注杜詩引作「修可曰」。】詩含神霧篇：明皇玉女者，居華山，服玉漿，白日上昇，中頂石龜，其廣數畝，且高三仞，其側有梯磴達龜背，見〔二〕玉女祠，祠前有五石，曰號〔三〕玉女洗頭盆。其中水色碧緑澄澈，雨不加益，旱不加耗。○【王洙曰】三峰記：華山雲臺上有石盆，可容水數斛，明瑩如玉。山有古篆，人莫識，俗呼爲玉女洗頭盆。車箱入谷無歸路，○【王洙曰】歸，一作回。○【師尹曰】寰宇記：華陰縣車箱谷在縣西南二十五里，深不可測。祈雨者以石投之，中有一鳥飛出，應時獲雨。○華山記：山下有華嶽廟，列宿南行十一里，又東迴南三里，至中祠。又西南出五里，至南祠，南入谷口七里，又至一祠，又南一里，至天井。天井纔容人上，可長六丈餘。出井，如望空視明，如在室窺牖。**箭栝通天有一門。**○栝，古活切。栝，一作闕。趙傁云：華山記：箭筈峰上有穴，纔見天，攀緣自穴中而上，有至絕頂者。或云：韓子曰：秦昭王令工施鉤梯上華山上，以松柏之心爲箭而勒之，曰：「昭王常與天神博於此矣。」**稍待秋風涼冷後，高尋白帝問真源。**○【王洙曰：「白帝，西方之帝。」】五經通義曰：東方青帝，靈威仰。南方赤帝，赤熛怒。西方白帝，白招拒。北方黑帝，叶光〔四〕紀。中央黃帝，含樞〔五〕紐。

【校記】

〔一〕力，古逸叢書本作「萬」。

〔二〕見，元本作「皆」，古逸叢書本作「背有」，九家集注杜詩作「建」。

〔三〕曰號，古逸叢書本作「號曰」。

〔四〕光，元本、古逸叢書本作「走」。

〔五〕樞，元本、古逸叢書本作「驅」。

至日遣興奉寄兩院遺補二首○一作「奉寄北省兩院故人」。

去歲茲辰捧御床，五更三點入鵷行。○【師古曰】鵷行，言縉紳之列也。欲知趨走傷心處，○【王洙曰】言爲華州掾，趨走參謁郡將也。正想氤氳滿眼香。○【王洙曰】懷想御爐之香煙也。無路從容陪笑語，有時顛倒著衣裳。○【師古曰】言行役之遽也。○【趙次公曰】詩：東方未明，顛倒衣裳。何人錯認窮愁日，愁日愁隨一綫長。○【王洙曰：一云「日日愁隨一綫長」。】一作「日月愁隨一綫長」。○【九家集注杜詩依例爲「王洙曰」。又，杜陵詩史、分門集注、補注杜詩引作「蘇曰」。】唐雜録：宮中以女工揆日之長短。冬至後，日晷漸長，比常日增一綫之功。○【師尹曰：「今考輦下歲時記、荆楚歲時記及徐諧歲時廣記並不載此説。子美小至詩『刺繡五文添弱綫』，即非以綫量日影也。蓋以刺繡之工添綫爲日晷之準則耳。」】按集公有小至詩曰「刺繡五紋添一綫」是也。

憶昨逍遥供奉班，○【趙次公曰】唐拾遺掌内供奉諫諍也。去年今日侍龍顏。○【王洙曰】漢高帝隆準而龍顏。麒麟不動爐煙上，○晉禮儀：故事，大朝會即鎮官〔一〕，皆〔二〕以金渡九尺麒麟大壚。孔雀徐開扇影還。○【趙次公曰】孔雀者，扇中之所畫。○以言至日受朝賀之儀也。李尤賦：扇開孔雀尾。玉几由來天極北〔三〕，○言瞻御榻之高也。○【王洙曰】几，一作坐。周禮司

几筵：掌王左右玉几。朱衣只在殿中間。○【趙次公曰】言居螭頭之任也。孤城此日堪腸斷，
○【趙次公曰】公在外，不得預朝賀而懷之耳，故有腸斷之歎。愁對寒雲雪滿山。

【校記】

〔一〕鎮官，元本作「鎖宫」，古逸叢書本作「鎻宫」。

〔二〕皆，元本、古逸叢書本作「階」。

〔三〕極北，元本、古逸叢書本作「北極」。

冬末以事之東都湖城遇孟雲卿復歸劉顥〔一〕宅宿燕飲散因爲醉歌

○按地理志：陝州有湖城縣，去州西南一百一里，本隸虢州。太平興國三年屬陝。漢志有鼎湖，即黄帝鑄鼎于此也。趙傁云：閿鄉，度湖城兩舍。經閿鄉、湖城，公日南邁也。

疾風吹塵暗河縣，行子隔手不相見。○河縣乃河陽也。集有石濠吏詩「急應河陽役，猶得備晨炊」，謂郭子儀、李光弼與賊相抗於河陽。疾風吹塵，言屯兵所在，風揚塵土，河縣爲之暗而不見人也。湖城城北一開顔，駐馬偶識雲卿面。况非劉顥爲地主，○【趙次公曰】左氏傳：地

主致饘。懶迴鞭轡成高宴。○成高，一作城南。劉侯歡我携客來，○歡，舊作歎，非是。置酒張燈促華饌。且將款曲經今冬〔二〕，休語艱難尚酣戰。○是年九月庚寅，九節度兵伐賊安慶緒于鄴，故云。○【趙次公曰】淮南子冥覽訓：魯陽公與韓戰，戰酣日暮，援戈而麾之，日爲之反三舍。照室紅爐促曙光，縈窗素月垂文練。天開地裂長安陌，○長安乃西京，言土地開拓也。江賦：噉〔三〕則地裂，豁若天開。三輔黄圖：長安九衢三陌。寒盡春生洛陽殿。○洛陽乃東都，言殺氣盡而和氣生也。豈知驅車復同軌，○謂收復兩京而車書混同也。○【王洙曰】禮：書同文，車同軌。可惜刻漏隨更箭。○甫喜飲，歎惜夜短，明日分飛也。○【王洙曰】陸佐公新刻漏銘：銅史司〔四〕刻，金徒抱箭。人生會合不可常，庭樹雞鳴淚如綫。○綫，一作霰。○【王洙曰】古别離曲：維鳴庭樹枝，客子振衣起。别淚落如綫，相顧不能止。

【校記】

〔一〕顥，原作「灝」，據元本、古逸叢書本改。

〔二〕冬，古逸叢書本作「夕」。

〔三〕噉，古逸叢書本作「𪎳」。

〔四〕司，古逸叢書本作「同」。

閿鄉姜七少府設鱠戲贈長歌

○【鄭卬曰：「閿，音聞。〔一〕」】閿，音文。○又音民，字正作〔二〕「閺」。後漢建安中，改作閿。後漢志：弘農郡有閿鄉。唐志：閿鄉屬陜郡。地理志：陜州閿鄉縣，去州西一百七十里。趙傁云：公皆冬涉春行，度潼關，東征洛陽道。史筆不書，豈公以公事行邪？閿鄉，初出潼關。姜少府設鱠，乃公〔二〕深冬〔三〕行嵩、華道中所作也。

姜侯設鱠當嚴冬，昨日今日皆天風。河凍未漁不易得，○一作「河冰求〔四〕魚」。鑿冰恐侵河伯宮。○言深入求魚也。博雅：河伯謂之馮夷，華陰潼鄉隄首人也。服八石得水仙，是爲河伯。抱朴子：馮夷，華陰人，以八月上庚日渡河溺死。天帝署爲河伯。○【王洙曰】一作「黃河冰魚」。○一作「黃河味魚」。○【王洙曰】一作「黃河美魚」。饔人受魚鮫人手，○【王洙曰】周禮天官：有內饔、外饔，掌割烹。○【趙次公曰】述異記：南海中有鮫人室，水居如魚，善織綃。洗魚磨刀魚眼紅。無聲細下飛碎雪，○【王洙曰】碎，一作素。有骨已剁觜青〔五〕葱。○剁，都唾切，斫剉〔六〕也。杜田云：觜，平聲。又遵誅切。偏勸腹腴愧年少，○少府重甫，故獨以腹腴爲勸，甫食腹腴，愧不及於年少也。説文：腹腴，中肥者。齊民要術：作鮓法，腹腴居上，肥則不能久，須先食也。軟炊香飯緣老翁。○【王洙曰】飯，一作粳。○【杜田補遺】維摩經：滿鉢香飯。落碪何曾白紙濕，○【鄭卬曰：「碪音砧。」】碪與砧同。○齊民要術：切膾不得洗，洗則膾濕。放筯未覺金盤空。

○言飭纔放，而金盤又簇飣〔七〕已盈矣。新懽便飽姜侯德，○【王洙曰】詩小雅：既飽以德。清觴異味情屢極。東歸貪路自覺難，欲別上馬身無力。○言東〔八〕之三川尋妻子，奔程欲進也。可憐爲人好心事，○【趙次公曰：「好心事，如言好心腸也。」】姜侯之心，處事種種好也。於我見子真顔色。○【師古曰】言姜侯禮貌非僞爲也。不恨我衰子貴時，悵望且爲今相憶。

【校記】

〔一〕作，原作「字」，據古逸叢書本改。

〔二〕公，元本、古逸叢書本作「冬」。

〔三〕冬，古逸叢書本作「經」。

〔四〕求，古逸叢書本作「未」。

〔五〕青，古逸叢書本作「春」。

〔六〕剉，元本、古逸叢書本作「判」。

〔七〕飣，古逸叢書本作「鱠」。

〔八〕東，元本、古逸叢書本作「甫」。

戲贈閿鄉秦少府短歌

○天寶十五載七月，肅宗即位靈武，改元至德。至德二載，甫自賊中竄歸鳳翔，拜左拾遺。是詩之作，乃乾元元年也。

去年行宮當太白，○當，一作守。○【鮑欽止曰】謂至德二載肅宗駐蹕鳳翔也。唐地理志：鳳翔郿縣有太白山。朝迴君是同舍客。同心不減骨肉親，○言朝罷與秦少府同館，如骨肉之親也。呂氏春秋：父母之於子，此謂骨肉之親也。每語見許文章伯。○伯，長也。秦生常以文章推長於甫也。今日時清兩京道，○【杜陵詩史、分門集注引作「耒曰」。又，補注杜詩引作「王洙曰」，集千家注批點杜工部詩集引作「秦曰」。】乾元元年，肅宗收復兩京。相逢苦覺人情好。昨夜邀懽樂更無，多才依舊能潦倒。○多才，美秦生。○【晏曰：「潦倒，衰老之貌。」】潦倒，甫自喻衰老也。○甫意若曰，今日相逢人情好，奈何昨夜殊無懽笑。甫自傷潦倒衰老，不若從前，而秦生多才年少，只依舊也。○【趙次公曰】北史崔贍傳：自天保以後重吏事，謂容止醞藉者爲潦倒。

李鄠縣丈人胡馬行

○【鄭卬曰】鄠，扶古切，古扶風縣名。

丈人駿馬名胡騮，前年避胡過金牛。○金牛，漢中縣。○【余曰】昔秦欲伐蜀，無路通，遣人告蜀王曰：「秦有金牛，其糞成金，使蜀迎，與之。」蜀王命五丁力士開山取金牛，路纔通，秦伐蜀取其國，因號所開之山曰金牛也。迴鞭却走見天子，朝飲漢水暮靈州。○【趙次公曰】時聞肅宗即位靈武，故迴鞭見天子也。○【趙次公曰：「則自漢水而來靈州。」】漢水在西南，靈州在西北，朝飲馬於漢水，暮抵靈州，甚言此馬之疾速也。自矜胡騮奇絕代，○謂世代絕無此馬也。乘出千人萬人愛。一聞説盡急難材，○謂避亂急難之際，賴此馬獲脱於禍也。○【趙次公曰】有如劉備之的盧，一躍三丈過檀溪，以免劉表〔一〕之追。劉牢之馬跳五丈澗，以脱慕容垂之逼也。轉益愁向駑駘輩。○向使駑駘遲鈍，必不免矣。廣雅：駑駘，今謂馬之下者也。伯樂相馬經曰：凡相馬之法，先除三羸五駑。其五駑者：大頭緩耳，一駑也；馬頸不析〔二〕，二駑也；短上長下，三駑也；大骼短脅，四駑也；淺寬薄髀，五駑也。頭上鋭耳批秋竹，○言兩耳竪立也。○【梅曰】黄伯仁龍馬頌：耳如翦筒。脚下高蹄削寒玉。○馬援銅馬相法：膝欲方，蹄欲厚，三寸堅如石。始知神龍別有種，○西京雜記：文帝九駿，其一名龍子。春秋元命苞〔三〕：伊尹曰：青龍之匹，遺風之乘。高誘注：皆馬名。周書異域傳：青海有小山，以良牝馬置此山，所生得駒，號曰龍種。不比俗馬空多肉。○俗，一作凡。良馬貴骨不貴肉，馬欲有骨氣，不在肥大也。洛陽大道時再清，○【趙次公曰】謂已復東京矣。○梁簡文帝洛陽道詩：洛陽佳麗所，大道滿春光。吳越春秋：夫差赦越歸國，至浙江之上，望見吳越，山川重秀，天地再清。累日喜得俱東行。鳳臆龍鬐〔四〕未易識，○【王洙曰】龍，一作麟。○【鄭卬曰】鬐，渠伊切，馬鬣也。○【沈曰】伯樂相馬經：鳳臆龍鬐，言馬胸如鳳，馬鬣如龍。真良馬也。側身注目長風生。○【師尹曰】言有精神也。

【校記】

〔一〕劉表，古逸叢書本作「曹操」。

〔二〕馬頸不析，元本作「馬頸不折」，古逸叢書本作「長頸不折」。

〔三〕春秋元命苞，古逸叢書本作「呂氏春秋」。

〔四〕鳳臆龍鬐，元本、古逸叢書本作「龍臆鳳鬐」。

路逢襄陽楊少府入城戲呈楊四員外綰甫赴華州日許寄員外茯苓

○【按，「甫赴華州日許寄員外茯苓」，九家集注杜詩依例爲「王洙曰」，杜陵詩史、分門集注、補注杜詩作「王彦輔曰」，集千家注批點杜工部詩集作「公自注」。】○綰門籍華山下，震之後裔。肅宗即位靈武，拜綰司勳員外郎、知制誥。

寄語楊員外，山寒少茯苓。○淮南子説山訓云：千年之松，下有茯苓。歸來稍暄暖，

○本草：茯苓，二月採也。當爲斸青冥。○【鄭卬曰：「斸，株玉切，斫也。」】斸，株玉切。○【師古曰】以錐刺地也。○【杜田補遺。又，杜陵詩史、分門集注、補注杜詩作「師古曰」。】史記龜策傳：下有茯苓，上有兔絲。伏苓在兔絲之下，狀如飛鳥之形。新雨已，天清淨無風，以夜悄〔一〕兔絲去之，即篝燭此地，火滅，記其處，明日乃掘之，入四尺至七尺，得矣。翻動神仙窟，○龜策傳：茯苓者，千歲松根也。食之不死。陶隱居本草云：茯苓，仙經：服食通神而至靈。封題鳥獸形。○陶隱居本草云：茯苓形如鳥獸，龜鱉者良。兼將老藤杖，扶汝醉初醒。

【校記】

〔一〕悄，古逸叢書本作「燒」，九家集注杜詩作「捎」，杜陵詩史、補注杜詩作「晴」，集千家注批點杜工部詩集作「悄」。

潼關吏

○潼，徒紅切，水名。史記：魏文侯三十六年，齊侵陰晉。前漢地理志曰：高帝改曰華陰。呂氏春秋：九藪云秦之陽華。高誘曰：或在華陰西。誘又曰：桃林縣西長城是也。後漢志：弘農郡潼關，故屬京兆。晉地迹〔二〕記：潼關是也。柳宗元曰：自萬年至于渭南，其驛六，其蔽曰華川，其關曰潼關。○【王深父曰：「安禄山反，哥舒翰以潼關擊賊。翰敗，禄山遂陷長安。其後收復長安，頗增飾餘險。此詩蓋刺非其人則舉關以棄之，得其人雖舊險亦足以恃，不必衆而持無益也。孟子所謂『地利不如人和』也。」【安禄山反時，哥舒翰守潼關，爲火拔歸仁執以降賊，由是賊陷長安。後肅宗收復京城，又增修阨險處，以爲守禦之備〔二〕。甫意謂天時不如地利，地利不如人和。將得其人，加以士卒將校豫附，雖無形勝之地，守則人自爲營，豈可得而破哉！哥舒不才，舉二十萬之師，不戰而潰。使將帥得人如斯輩，雖增修城壘何益，祇以勞民斂怨耳。

士卒何草草，○草草，勞苦貌。詩：勞人草草。築城潼關道。大城鐵不如，○【薛蒼舒曰】潤州圖經：城號鐵甕，吴孫權所築。杜牧潤州詩：城高鐵甕横强弩。小城萬丈餘。借問潼關吏，修關還備胡。○【王洙曰：「修關，一作築城。」】修關，一作築關。要我下馬行，○【鄭卬曰】要，於宵切，約也。爲我指山隅。連雲列戰格，○戰格，即列栅也。飛鳥不能踰。胡來但自守，豈復憂西都。丈人視要處〔三〕，○丈人，或作大人。後漢蘇章父純，三輔號爲大人。穿狹容單車。○穿，今作窄。永和山川古今記：澠池有三崤，東爲土〔四〕崤，西爲石〔五〕崤，悉長坂〔六〕數十里，路阻深澗，屈曲盤紆，車不得方軌也。艱難奮長戟，千〔七〕古用一夫。○【王洙曰】淮南子：一人守隘，千夫莫向。蜀都賦：一夫守隘，萬夫莫向。劍閣銘：一人荷戟，萬夫趑趄。哀哉桃林戰，○哥舒翰與賊戰於桃林，官軍恃險固，不力戰，因爲賊所乘，自相踐蹂，是以敗績。故甫哀之。

○【王洙曰】書武成注：桃林在華山東。○左氏傳：晉使詹嘉守桃林之塞。注：今潼關是也。○【王洙曰】張衡西都賦：左右崤、函，重險桃林之塞。○李善注：桃林，弘農，在閿鄉南谷中。○【趙次公曰：「蓋潼關於唐在華州之華陰，桃林於唐乃陝州之靈寶。」】唐天寶元年，得元元靈符于桃林函谷，乃改桃林縣爲靈寶縣。○杜田云：桃林，哥舒翰敗處。今洪溜澗是也。百萬化爲魚。○【王洙曰】光武紀：決水灌之，百萬之衆，可使爲魚。○陸機〔八〕詩：眷言懷桑梓，無乃化爲魚。請囑防關〔九〕將，慎勿學哥舒。○【師古曰】今肅宗既收復兩京，儻不更選賢將，事之成敗，未可知也。故甫有「慎勿學」之句。○【王洙曰】按哥舒傳：帝使使督戰，翰窘不知所出。六月，引而東，慟哭出關。次于靈寶縣之西原，與賊將崔乾祐戰。官軍南迫險峭，北臨黄河，因爲凶徒所乘。王師自相擠排，墜于河，翰與數百騎馳而西歸，爲火拔歸仁執降於禄山。後爲禄山所殺。

【校記】

〔一〕迹，元本、古逸叢書本作「道」。

〔二〕備，元本、古逸叢書本作「命」。

〔三〕處，元本、古逸叢書本作「道」。

〔四〕土，元本、古逸叢書本作「左」。

〔五〕石，元本、古逸叢書本作「右」。

〔六〕坂，元本、古逸叢書本作「坡」。
〔七〕千，古逸叢書本作「萬」。
〔八〕陸機，元本作「賤綺」，古逸叢書本作「錢綺」。
〔九〕關，原作「閑」，據元本、古逸叢書本改。

石壕吏

○壕，音毫，城壕也。石壕，屬郃州宜禄縣，即漢鶉觚縣地。北狄嘗侵，太王及此故築城壕以禦之，因名石壕。卞圜云：地志：石壕，陝東戍。其地新安西，石壕即石崤也。王深父云：驅民之丁壯盡置死地，而猶役其老弱，雖秦爲閭左之戍不堪也。嗚呼，其時急矣哉！余按：至德二載秋，甫往鄜迎家，夜投宿于石壕村，因感吏捉人以守河陽，傷之而作是詩也。

暮投石壕村，有吏夜捉人。老翁踰墻走，老婦出門看。○蘇潤公本作「老婦出看門」。言當時丁壯皆出戍，在家惟婦女持門户。吏呼一何怒，婦啼一何苦。聽婦前致詞，三男鄴城戍。○按地理志：相州鄴郡，殷王河亶甲居相。即其地。春秋時屬晉，戰國時屬魏，唐爲相州，或爲鄴郡。時郭子儀九節度圍安慶緒于相州，節制不一，故九節度之兵皆敗，而還鄴城。戍謂抽丁圍安慶緒也。一男附書至，○【王洙曰】至，一作到。二男新戰死。存者是〔一〕偷生，○偷生謂非久亦戰没，姑延殘喘而已。死者長已矣。○謂一往而不反也。室中更無人，惟有乳下孫。○謂尚乳食也。孫有母未去，○言其失戰死無所依也。出入無完裙。○【王洙曰：「一作『孫母未便出，見吏無完裙』。」】一作「其母未便出，見吏無完裙」。老嫗力雖衰，○嫗，威遇切，母也。請從吏夜歸。急應河陽役，猶得被〔二〕晨炊。○河陽即孟三城，孟三城節度，古孟津在其南。○【師古曰】是時三節度屯兵於河陽以禦慶緒，兵敗，無兵〔三〕可抽，故老嫗請赴河陽之役，以供炊爨而已。夜久語聲絶，如聞泣幽咽。天明登前途，獨與老翁别。

【校記】

〔一〕是，古逸叢書本作「且」。

〔二〕被，古逸叢書本作「備」。

〔三〕兵，元本、古逸叢書本作「丁」。

新安吏收京後作雖收兩京賊猶充斥〔一〕

○後漢云〔二〕：志：弘農郡新安。注：博物記曰：西漢水出新安，入雒。地志：新安縣，洛西邑。唐志：新安縣隸河南府。漢高帝紀：急守函谷關。文穎曰：是時，關在弘農縣衡嶺，今移東，在漢南穀城。顔師古曰：穀城即新安。王深父云：乾元元年九月，中書令、朔方、關内、河東副元帥郭子儀等九節度之師圍安慶緒于鄴，時以中官魚朝恩爲觀軍容宣慰使，師遂潰于城下，諸節度各還本鎮。三月壬申，官軍敗滏水，子儀收兵斷盟津，退保河陽。詔留守東都。此詩蓋哀出兵之役夫。古者遣將，有推轂分閫之命，今棄師於敵，至於無告，如詩之所憾〔三〕，豈無刺哉！然子儀猶寬度得衆，故卒章美焉。師古云：乾元元年，時九節度兵圍安慶緒于相州，大敗而還。朝廷調諸郡兵益急，雖次丁盡行。秦之謫戍無以加此。惟郭子儀能撫士卒，有詔留守東都。故甫於首篇諷朝廷重困民力，末章美子儀善養士卒。惜夫！肅宗任之不專，權分于九節度，總統不一，以至於敗也。

客行新安道，○客，甫自謂也。喧呼聞點兵。○【王洙曰】古木蘭詩：昨夜見軍帖，可汗大點兵。借問新安吏，縣小更無丁。府帖昨夜下，○【王洙曰】帖，一作符。夜，一作月。況〔四〕選中男行。中男絶短小，何以守王城。○王城，即東都也。昔周公爲成王營洛邑，號爲王城。是時已收兩京，安慶緒猶猖獗，故帝命子儀守此地。肥男有母送，○肥男，言有母可恃也。瘦男獨伶俜。○伶音零；俜，普丁切〔五〕。伶俜，單獨失勢貌。瘦男言失其怙恃，故至於伶俜。○【趙次公曰】。又，杜陵詩史、分門集注、補注杜詩引作「修可曰」。】古猛虎行：伶俜到〔六〕他鄉。白水暮東流，○言征夫無回期也〔七〕。青山猶哭聲。○【王洙曰】猶，一作聞。○言骨暴於青野也。○【王洙曰】木蘭詩：不聞爺娘喚女聲，但聞黄河流水鳴濺濺。莫自使眼枯，收汝淚縱横。眼枯即見骨，○即，一作却。言毀瘠也。天地終無情。○喻人君不見恤也。我軍取相州，○【王洙曰】取，一作至。日夜望其平。豈意賊難料，歸軍星散營。○【王洙曰：「時九節度圍相州而師潰也。」】時九節度營相州師潰，各散遁而歸營壘也。就糧近故壘，○自此以下皆美子儀善撫士卒也。故壘，即舊禦祿山之壘，但修完之。就糧，言就賊之糧於敵，免餽餉之勞，雖取糧於敵，亦不深入，但近其壘而已。練卒依舊京。○練卒，謂訓練其卒。舊京，即東都。昔宣王中興，復會諸侯於東都，因田獵而選車徒，其詩曰：東有甫草。今子儀選士，亦依宣王之舊地也。掘豪〔八〕不到水，○謂掘豪〔九〕塹不甚勞，民以盡其力也。牧馬役亦輕。○【王洙曰】牧，一作看。○謂牧馬役不甚困民以竭其財也。况乃王師順，撫養甚分明。○謂子儀所掌之兵，皆動循法制，而號令甚分明，非若諸將之兵桀驁難制也。送行勿泣血，○一作垂泣。詩：鼠思泣血。僕射如父兄。○甫告送行者不須泣血，僕射撫循汝如父兄之愛子弟，何慮而泣之乎？趙傁云：至德三載，子儀〔一〇〕左僕射。冬，拜司徒。乾元元年，升〔一一〕中書令。猶曰僕射，蓋功賞著於僕射，時言者不移其初也。

【校記】

〔一〕「收京」以下十二字，當爲小字，三本皆作大字。

〔二〕云，元本、古逸叢書本無。

〔三〕憾，古逸叢書本作「感」。

〔四〕况，古逸叢書本作「次」。

〔五〕普下切，元本作「音下切」，古逸叢書本作「音㴽其」。
〔六〕到，元本、古逸叢書本作「倒」。
〔七〕也，元本、古逸叢書本無。
〔八〕豪，古逸叢書本作「壕」。
〔九〕豪，古逸叢書本作「壕」。
〔一〇〕古逸叢書本「儀」下有「爲」字。
〔一一〕升，元本、古逸叢書本作「拜」。

新婚别

〇采緑，刺怨曠。幽王之時，兵革不息，故男女怨曠。今肅宗遣九節度圍相州，敗而還，以至捉老嫗以供軍之役，是窮民無告者不得其所。豈知文王發政施仁，必先於斯乎！又，新婚者不得安其匹偶，豈非幽王之時男女多怨曠，采緑之詩所由作也。〇【門類增廣十注杜詩、門類增廣集注杜詩、杜陵詩史、分門集注、補注杜詩引「王深父曰」：「先王之政，新有婚者期不使，政出於刑名，則一切便衆而已。此詩所怨，盡其常分，而不能忘禮義，余是以録之。」】男女居室，人之大欲存焉。是時雖有所怨，猶止乎禮義，不以私恩而害公義，其與殷其雷能勸以義，此所以爲仲尼之所取也。〇趙傁云：石壕吏、新婚别有詩采薇之旨。是時控邊盟津。〔一〕

兔絲附蓬麻，引蔓故不長。○【黄希曰：「爾雅：唐、蒙、女蘿、兔絲。釋曰：唐也，蒙也，女蘿也，兔絲也，一物而四名。」】爾雅釋草：唐、蒙，女蘿。女蘿，兔絲。郭璞注：別四名也。○【王洙曰】詩頍弁：蔦與女蘿，施於松柏。蔦，寄生也。女蘿，兔絲，松蘿也。陸機疏：今兔絲蔓延草上，生黄赤，如今合藥兔絲子是也。在草曰兔絲，在木曰松蘿。古詩云：與君爲新婚，兔絲附女蘿。嫁女與征夫，不如棄路傍。○兔絲，謂物弱不能自立，譬則婦人依附於其夫也。○【趙次公曰：「兔絲當附松柏，而乃附蓬麻，爲不得其所矣。」】兔絲附於松柏，乃爲得所，今附蓬麻，是以引蔓不長而失其所託。○喻婦人嫁于征夫，暮婚而晨別，不如棄路傍之爲愈也。結髮爲妻子，○妻子，樊作予妻。○【王洙曰】蘇武詩：結髮爲夫妻，恩愛兩不疑。席不暖君牀。○【王洙曰：「孔席不暇暖。」】文子：墨無黔突，孔無煖席。○淮南修務訓：墨子無煖席。暮婚晨告別，無乃太匆忙。君行雖不遠，○雖，一作既。守邊赴河陽。○【王洙曰】赴，一作戍。妾身未分明，何以拜姑嫜。○時郭子儀奉詔守東都以禦安慶緒，論其戍役，雖非窮遠之邊，所恨者妾身未分明也。婦人嫁三月，已告廟上墳，始謂之成婚。婚禮既明白，然後稱謂、姑嫜之名正也。今未成婚而別，故曰「妾身未分明，何以拜姑嫜」。○【師古曰：「姑之夫曰嫜。」】嫜，姑之夫也。○【趙次公曰：「陳琳飲馬長城窟行：善事新姑嫜，時時念我故夫子。」門類增廣十注杜詩、門類增廣集注杜詩引作「杜云」。又，杜陵詩史、分門集注、補注杜詩引「吕曰」：「按陳琳飲馬長城窟行云：善事新姑嫜。此姑嫜字所出也。」】按，陳琳飲馬長城窟行：善事新姑嫜，時時念我故。義訓曰：秦人謂舅爲嫜。父母養我時，月夜令我藏。○月，一作日。月夜謂卧月也。藏言秘内，勿令人見，蓋護惜之甚也。生女有所歸，○【王洙曰】禮：婦人謂嫁曰歸。○詩：之子于歸。雞狗亦得將。○【王洙曰】狗，一作犬。○得黄作相，女子之嫁，雖雞狗瑣細之物，亦得將行，言無所吝也。君生往死地，○生，一作今。晉作「君今死生地」。孫武書：置之死地而後生。鮑照詩：生軀陷死地。沉痛迫中腸。○【王洙曰】謝靈運詩：沉痛切中腸。誓欲隨君去，○去，一作往。形勢反蒼黄。○謂行役之急也。○【王洙曰】北山移文：蒼黄反覆。勿爲新婚念，○爲，一作以。努力事戎行。○戎行，謂軍中之行伍。婦戒其夫勿以新婚爲念，當努力公家之事，雖文王之於婦人能勉以正、勸以義，無以加此也。○【王洙曰】古詩：努力加餐飯。婦人在軍中，兵氣恐不揚。○軍以勇爲尚，去私欲，不顧妻子，則其氣必張。苟眷眷妻子之累，安能奮萬死一生、爲國立功也哉！吴起必手殺〔二〕妻子，謂是故也。○【九家集注杜詩作「薛夢符曰」。杜陵詩史、分門集注、補注杜詩、集千家注批點杜工部詩集作「薛蒼舒曰」。】李陵與單于戰，陵曰：「吾士氣稍衰，而鼓不起者，何也？軍中豈有女子乎？」陵搜得，皆劍斬之。自嗟貧家女，久致羅襦裳。○【王洙曰】久致，一作致此。○【鄭卬曰】襦，仁朱切，短衣也。羅襦不復施，對君洗紅粧。○今暮婚晨别，是以不施羅襦，不留紅粧，明征夫之去，無心於粧飾也。禮：婦人夫不在則不容飾。詩：豈無膏沐，誰適爲容。古詩：娥娥紅粉粧。仰視百鳥飛，大小必雙翔。○左氏成公十一年傳：施氏婦曰：「鳥獸猶不失儷，子將若何？」人事多錯迕，○【王洙曰】事，一作生。○【鄭卬曰】迕，五故切。○【趙次公曰】宋玉風賦：回冗錯迕。李善注：錯雜交迕也。與君永相望。○望，協武方切。夫鳥無知之物，尚且雙翔而得偶，豈人事反錯迕，不獲如鳥之適性得所乎！故傷其南北徒相望，而不得與之偕也。○【師古曰】：「詩采緑，刺怨曠也。觀甫此詩，怨别又勝於采緑者也。」】觀此詩，怨别又甚於采緑者矣。

【校記】

〔一〕是時控邊盟津，元本、古逸叢書本無。

〔二〕殺，古逸叢書本作「刃」。

垂老别

○按，是詩之作以「垂老」名篇。○【王深父曰：「軍興之甚，至於老者亦介冑，則又甚於閭左之戍矣。」】蓋古者五十不從征役，文王之民五十者可以衣帛，七十者可以食肉。今使老者介冑，不安其居，固異夫文王之仁政也。

四郊未寧静，○【王洙曰】曲禮：四郊多壘。垂老不得安。子孫陣亡盡，焉用身獨完。投杖出門去，同行爲辛酸。○同，一作聞。幸有牙齒好，○好，一作存。所悲骨髓乾。○髓，一作體。男兒既介冑，○禮：介冑之士不拜。長揖別上官。○嵇康絶交書：裹以章服，揖拜上官。老妻臥路啼，歲暮衣裳單。孰知是死別，且復傷其寒。此去必不歸，還聞勸加餐。○加餐，强飯也。老妻傷其衣單而寒，勉其加餐，恐其餒餓。夫豈知此行乃是死別，必不獲歸，尚何更憂其寒且飢耶？○【王洙曰】古詩：努力加餐飯。土門壁甚堅，杏園度亦難。○西京外郭城朱雀街東第三街、皇城東之第一街進業坊有慈恩寺，即隋無漏寺之故地，有杏園、土門，去京城七十里。勢異鄴城下，縱死時猶寬。○猶，晉作獨。○【趙次公曰】：「時土門、杏園設備，以待史思明。時思明已殺安慶緒，自立爲帝矣。與天寶十五載潼關既潰之後，思明爲安禄山攻土門、陷常山時事皆相遠。」】史思明已殺安慶緒，自立爲帝。土門、杏園皆設備以待〔一〕思明，故李光弼、郭子儀皆持兵自土門出，收恒山。李、郭以忠義自奮，善撫士得志，戍守之兵，皆戮力以守，壁壘甚堅，爲難度越，不比相州九節度總統不一，易以敗北，故曰「勢異鄴城」、「縱死猶寬」，所以特美李、郭之功也。人生有離合，豈擇盛衰端。○盛，一作甚。憶昔少壯日，遲迴竟長嘆。○嘆，協平聲，太息也。人生有離合，非於盛衰之年有所擇也。蓋離合之苦，老少則一，但此行是死別，無復相見之期，尤爲苦也。是以臨歧遲回不進而長歎，誠非少時離別之比也。○【王洙曰】鮑照詩：臨路獨遲迴。萬國盡征戍，○【王洙曰】一作東征。烽火被岡巒。○前注。積屍草木腥，流血川原丹。○【王洙曰】揚子：川谷流人之血。何鄉爲樂土，○【王洙曰】詩碩鼠：適彼樂土。安敢尚盤桓。棄絶蓬室居，○【王洙曰】列子力命篇：北宫子居則蓬室。堨然摧肺肝。○【師古曰】痛念國家急難，征戍烽火，何鄉不有，吾豈能獨安不貽〔二〕慮哉！是故不敢盤桓尚不進也。不敢盤桓者，義也。堨然傷别者，仁也。詩之意，不忘仁與義，此甫所以幾乎風雅之作矣！○【王洙曰】曹植詩：哀哉傷肺肝。

【校記】

〔一〕待，元本、古逸叢書本作「徯」。

〔二〕貽，元本、古逸叢書本作「加」。

無家别

○【師古曰】甫言無家者，蓋言離别不成家計爾。昔宣王中興，勞來還定安集之，而鴻雁之民獲安其居。今肅宗中興，使民無家，而至於生無以養、死無以葬，其視宣王之安民，不亦厚顔哉？觀甫詩，時政之美惡，皆可得而知也。

寂寞天寶後，園廬但蒿藜。○天寶十四年，禄山亂。自范陽長驅而來，遂陷兩京。○【王洙曰：「喪亂，園盧殘破也。」】生民園廬，但長蒿萊爾。我里百餘家，○【王洙曰】百，一作萬。世亂各東西。存者無消息，死者爲塵泥。○【王洙曰】爲，一作委。賤子因陣敗，○謂相州九節度之兵敗也。歸來尋舊蹊。○【王洙曰】舊，一作故。久行見空室，○室，魯〔一〕作巷。日瘦氣慘悽。但對狐與狸，竪毛怒我啼。四鄰何所有，一二老寡妻。宿鳥戀本枝，安辭且窮棲。○【王洙曰】安，一作敢。○歸來雖閭巷蕭條，不忍即去。○【王洙曰】人情之戀鄉土，亦猶鳥之戀故枝，不以窮棲而爲辭也。方春獨荷鋤，○【鄭卬曰】荷，下可切，負荷也。日暮還灌畦。縣吏知我至，召令習鼓鞞。○鞞，與鼙同，戰鼓也。雖從本州役，内顧無所携。○謂祇防守本州，不它適也。是以内顧老幼，而其心無所携離也。近行止一身，遠去終轉迷。家鄉既蕩盡，○【鄭卬曰】蕩，徒沆切。遠近理亦齊。○今吾近行，惟止於一身，比之遠去者，長年迷而不反，家鄉各已蕩盡，或遠或去，此其爲無家則一而已。永痛長病母，五年委溝谿。生我不得力，終身兩酸嘶。人生無家别，何以爲蒸藜。○【王洙曰：「傷不得養父母。」】痛念母死，委之溝壑，凡五年不得收葬。○爲民若此，足知時政之虐也。

【校記】

〔一〕魯，元本、古逸叢書本作「一」。

瘦馬行

○【師古曰】按唐書：房琯有宰相器，其才亦長於戰。時帝命琯將兵與賊戰陳濤斜，琯儒者不知兵，用春秋車戰法，爲賊所敗。帝怒，斥爲邠州刺史。夫人之材各有所長，琯長於輔相，今用違所長，是以兵敗，奈何一跌不復收用。故唐史此〔一〕爲之嘆息。甫此詩寓意琯之見棄，而朝廷寡恩，莫之終惠。甫欲再試用之，以盡其所長則可矣。故末章有「誰家且養願終惠，更試明年春草長」之句也。

東郊瘦馬使我傷，○爾雅釋地：邑外謂之郊。骨骼硉兀如堵墻。○【王洙曰】骼，一作骸。○【鄭卬曰】骼，各額反。硉，郎兀切〔二〕。○兀，當作矶。○【沈曰】硉矶，骨高貌。○以言馬之瘦也。絆之欲動轉欹側，○絆，博慢切〔三〕，馬縶。此豈有意仍騰驤。細看六印帶官字，○六，一作火。○【王洙曰】唐令：諸掌牧馬，以小官字印印右髆，以年辰印印左髆，以監名依左右廂印印尾側。至二歲起，春量强弱，漸以飛字印印左廂髀髆。細馬俱以龍形印印項左。官馬賜人者以賜字印，配諸軍及充傳送驛者以出字印，並印右頰。衆道三軍遺路傍。○三，一作官。皮乾剥落盡泥滓，○【鄭卬曰】乾，居寒切。滓，居史切。○剥，北角切。○【王洙曰】雜卦：剥，爛也。毛暗蕭條連雪霜。去歲奔波逐餘寇，驊騮不慣不得將。○驊騮，良馬，不慣於角逐，以喻房琯不習乎戰鬭也。士卒多騎内厩馬，惆悵恐是病乘黄。○【王洙曰】：「一云：神黄，獸名，龍翼馬身，黄帝乘而登仙。」乘黄，謂飛黄也，龍翼馬身，昔黄帝乘之登仙。○乘黄雖病，不害其爲神馬，琯雖戰敗，不害其爲賢相也。○【王洙曰：「乘黄署，後漢太僕有未央廐令，魏改爲乘黄廐。乘黄，古之神馬，因以爲名。乘黄，亦名飛黄，背有角，日行萬里。淮南子云：天下有道，飛黄伏皁。」】符瑞圖：乘黄，亦名飛黄，神馬也。其色黄，其狀如狐，背上有兩角，出白氏之國，乘之壽千歲。後漢太僕有未央廐，今魏改爲乘黄廐。當時歷塊誤一蹶，○喻小過也。○【九家集注杜詩依例爲「王洙曰」。又，杜陵詩史、分門集注、補注杜詩、集千家注批點杜工部詩集引作「洪芻曰」。】王褒頌：過都越國，蹶若歷塊。委棄非汝能周防。○能，一作難。喻琯之見廢，亦出於不意，非故爲而速辜也。見人慘澹若哀訴，失主錯莫無晶光。○喻琯之失君而形容憔悴也。天寒遠放雁爲伴，○【王洙曰】伴，一作侶。○喻琯遠出於邠州，不獲居君之左右也。日暮不收烏啄瘡。○【王洙曰】收，一作衣。○喻朝廷不見收録而讒言中傷之也。誰家且養願終惠，○【王洙曰】顔延年赭白馬賦：欲終惠養，蔭本根兮。更試明年春草長。

【校記】

〔一〕此，元本、古逸叢書本作「亦」。

〔二〕切，元本、古逸叢書本作「反」。

〔三〕切，元本、古逸叢書本作「反」。

義鶻行

○鶻，胡骨切，鳥名。孔子以剛毅近仁，蓋物之剛猛者，必有仁義。乃若城狐社鼠，妖害百態，豈能有仁義哉！夫鶻，猛鷙之鳥也。世疑剛猛者不能爲仁義，豈知斯鶻之義烈，可以人而不如乎！此篇乃甫寓意，以回鶻能助順，終又諷〔一〕其邀功，不若斯鶻之有其成功，而知用捨去就之義。觀者可以意會，而甫之深旨，判然可見矣。唐書回紇傳：回紇，其先匈奴也。元魏時號高車部，或曰敕勒，臣于突厥。至隋叛去，自稱回鶻，言勇鷙猶鶻然。當安禄山之亂，河北二十四郡一時陷賊，無一忠臣義士攘聯袂徇國。及肅宗即位靈武，慨然遣使結好回鶻。回鶻送兵五千、馬一萬匹助帝討賊，由是收復兩京，禄山殄滅。甫集嘗有詩云「隨風西北來，慘淡隨回鶻。其王願助順，四方服勇決。所勇〔二〕皆鷹騰，破敵過箭疾」，詳味此詩，豈非有義鶻助鷹，而雪耻復讎乎？紇，小没切。

陰崖有蒼鷹，養子黑柏顛。白蛇登其巢，吞噬恣朝餐。雄飛遠求食，雌有鳴辛酸。力彊不可制，黄口無半存。○此以上喻賊陷京師，生民皆爲禄山之所吞噬，靡有孑遺者也。○【趙次公曰】家語：孔子見羅者所得皆黄口。其父從西歸，○【王洙曰】歸，一作來。○王者爲民父母，保民若赤子，是以有父子之喻。翻身入長煙。斯須領健鶻，痛憤寄所宣。○痛憤，一作憤怒。斗上捩孤影，○【鄭卬曰】捩，練結切，拗捩也。○斗上，謂北斗之上也。回鶻在北，故言北斗上也。嗷哮來九天。○嗷哮，一作無聲。○【鄭卬曰】嗷，古〔三〕弔切。哮，許交切。○淮南天文訓：中央曰鈞天，東方曰蒼天，東北曰變天，北方曰玄天，西南曰幽〔四〕天，西方曰昊天。西北方曰朱〔五〕天，南方曰炎天，東南方曰陽天。修鱗脱遠枝，巨顙折老拳。○【杜田補遺】又，杜陵詩史、分門集注、補注杜詩、集千家注批點杜工部詩集引作「時可曰」。】晉載記：石勒與李陽隣居，爭漚麻池，日相毆擊。及貴，乃召陽與酣，謔引陽臂笑曰：「孤往日厭卿老拳，卿亦飽孤毒手。」○【杜田補遺】劉禹錫嘗曰：作詩用僻字，須有出處。嘗讀杜員外「巨顙折老拳」，意恐無據。及讀石勒傳，乃知子美豈虚言哉！高空得蹭蹬，短草辭蜿蜒。○短，一作茂。折尾能一掉，○掉〔六〕，一作擺。○【王洙曰】左氏傳：尾大不掉。海賦：揚鬐掉尾。飽腸皆已穿。○皆，一作今。生雖滅衆雛，死亦垂千年。○自其父西歸至此，喻肅宗自靈武來收復兩京，遣使至回鶻結好，遂得回鶻助順，而禄山始敗北失勢，由此而蕩滅矣。物情有報復，快意貴目前。兹實鷙鳥最，○易通卦驗曰：鷹鷙殺之鳥。急難心炯然。○炯，一作惘。炯，户須〔七〕切，明也。○【王洙曰】詩棠棣：兄弟急難。功成失所在，○在，一作往。用捨何其賢。○言鶻既助鷹殪蛇，及功有成，不求報德，忽飛去而不知其所在，用捨之間，抑何賢如此。今回鶻既助順討賊有功，奈何留屯左輔，索金繒，求女子，無所不至，此所以有愧於義鶻之不有成功也。故甫集有詩云「中原有驅除，隱忍用此物」，又云「花門既須留，原野轉蕭瑟」，蓋譏其邀功之故也。近經潏水湄，○潏，以律切。潏水在皇子陂北，今人呼吮〔八〕水。此事樵夫傳。

飄蕭覺素髮，○【王洙曰】潘安仁賦：素髮颯以垂領。凜欲衝〔九〕儒冠。○【王洙曰】欲，一作烈。

○莊子：髮怒衝冠。○【王洙曰】盧子京詩：怒髮上衝冠。人生許與分，○分，扶問切，情分也。只

在顧眄間。○眄，彌殄切，邪視也。聊爲義鶻行，用激壯士肝。○用，一作永。

【校記】

〔一〕颯，元本、古逸叢書本作「謂」。

〔二〕勇，古逸叢書本作「用」。

〔三〕古，古逸叢書本作「吉」。

〔四〕幽，古逸叢書本作「朱」。

〔五〕朱，古逸叢書本作「幽」。

〔六〕掉，元本、古逸叢書本作「棹」。

〔七〕須，元本、古逸叢書本作「頃」。

〔八〕吮，古逸叢書本作「沇」。

〔九〕衝，原作「充」，據古逸叢書本改。

畫鶻行

高堂見生鶻，○【王洙曰】生，一作老。颯爽動秋骨。○秋乃肅殺之氣，鶻能擊搏，逢秋殺物，故曰秋骨。初驚無拘拳〔一〕，○謂以絛拘縶之，恐其飛揚也。何得立突兀。乃知畫師妙，巧刮造化窟。○窟，聚也。造化之妙，咸聚此也。寫作神俊姿，充君眼中物。○物，謂玩物也。烏鵲滿樛枝，○樛，居虯切。○【王洙曰】木下曲也。軒然恐其出。側腦看青霄，寧爲衆禽没。○【趙次公曰】：「言甘青雲而軒舉，寧甘爲衆禽之滅没乎！此與傅玄長歌行曰：蒼鷹厲爪翼，耻與燕雀争。」鶻，鷙鳥，其志在青霄，不與衆禽汩没於草萊爾。長翮如刀劍，人寰可超越。○言有出塵標格也。乾坤空峥嶸，○言天地雖廣大，而此恨不得飛騰也。粉墨且蕭瑟。○粉墨但恐脱落，直至於蕭瑟爾。緬思雲沙際，○【王洙曰】思，一作想。自有煙霧質。吾今意何傷，舉步獨紆鬱。○言有飛揚煙霧之姿，徒立之於雲沙而不得騁，喻壯士雖義烈，而其材獨無所施〔二〕，是以一步一回顧，其情爲之紆鬱而不舒也。

【校記】

〔一〕拳，古逸叢書本作「卷」。

〔二〕施，元本、古逸叢書本作「下」。

新定杜工部草堂詩箋斠證卷第十四

乾元元年夏六月出爲華州司功冬末以事之東都至乾元二年七月立秋後欲棄官以來所作

憶弟二首時歸在陸渾莊

○【時歸在陸渾莊，杜陵詩史引作「王彦輔曰」。門類增廣十注杜詩依例爲「王洙曰」：「時歸在南陸渾莊。」分門集注、補注杜詩引作「王洙曰」。集千家注批點杜工部詩集引作「公自注」。】○陸渾，屬洛陽。

喪亂聞吾弟，飢寒傍濟州。○【鄭卬曰】濟，子禮切，水名。禹貢有濟河，此同州水名〔一〕。○濟州屬山東。人稀書不到，兵在見何由。憶昨狂催走，○【王洙曰：「狂催走，謂避亂出奔如狂。〔一〕【避禄山之亂奔赴行在，如狂人爾。】無時病去憂。○【趙次公曰】公素多病，則又無時而病去，所以憂也。即今千種恨，惟共水東流。○【師古曰：「濟屬山東，弟居東，故恨與水流東故也。」】以弟居東，故恨與水東流也。

【校記】

〔一〕此同州水名，杜陵詩史、分門集注、補注杜詩、集千家注批點杜工部詩集作「此因水名州」。

且喜河南定，○【趙次公曰：「至德二載，復東京，故喜也。」】謂至德二載復東京，故喜也。不問鄴城圍。○【趙次公曰：「至德二載十月，得復東京，所謂河南定也。鄴城，史思明所據，相州是也。東京既復，安慶緒奔于河北。次年四月，賊復振，以相州爲成安府。則公作詩時，官兵當圍相州也，故曰『不問鄴城圍』」。】時史思明據鄴，九節度以兵圍之。百戰今誰在，三年望汝歸。○【趙次公曰。又，門類增廣十注杜詩引作「鮑云」。】公自天寶十四載乙未冬，因亂而相別，至乾元戊戌是爲三春，而望汝歸也。故園花自發，○【師古曰】言無主也。春日鳥還飛。○【黄曰】言禽鳥尚得其所，而人遭亂離，不獲聚會，故可傷也。斷絶人煙久，東西消息稀。

得舍弟消息

亂後誰歸得，他鄉勝故鄉。直爲心厄苦，○【趙次公曰：「直爲，當以『若爲』正。」】直，一作若。久念與存亡。○與，一作汝。汝書猶在壁，汝妾已辭房。○妾，别本作室。舊犬知愁恨，垂頭傍我牀。○【王洙曰：「使陸機黄耳事。」】述異記：陸機有犬名黄耳。機在洛，謂犬曰：「我家絶無書信。」以竹筩繫書犬頸。犬疾走向吴，其家作答，内竹筩中，仍馳還洛。

贈衛八處士

○【師古曰】按唐史拾遺：甫與李白、高適、衛賓相友善。賓年最少，號小友。今據甫此贈衛八云：「昔别君未婚。」則知此詩乃非〔一〕贈衛賓乎〔二〕？

人生不相見，動如參與商。○人生會少離多，動如參、商二星，東西間隔。餘見送高三十五書記詩「又如參與商」。今夕復何夕，○【王洙曰】詩唐風：今夕何夕。共此燈燭光。○【王洙曰】一作「共宿此燈光」。少壯能幾時，○【王洙曰】漢武帝秋風辭：少壯幾時奈老何。鬢髮各已蒼。訪舊半爲鬼，○舊，魯〔三〕作問。驚呼熱中腸。○【九家集注杜詩引作「師尹曰」】。又，杜陵詩史、分門集注、補注杜詩引作「修可曰」。】孟子：不得於君則熱中。焉知二十載，重上君子堂。○甫與賓少時執别，訪問故舊，半死爲鬼，是以驚呼内熱，安知别來凡經二十載，復得再登衛八之堂乎？昔别君未婚，兒男〔四〕忽成行。怡然敬父執，○父執者，父之執友也。○【王直方曰】曲禮：見父之執。問我來何方。問答乃未已，○陳作「未及已」。驅兒羅酒漿。○【王洙曰：「兒女，一作『驅兒』。」】驅兒，一作兒女。夜雨剪春韭，○韭於春時最嫩，乃新物也。豳人鑿冰，納于凌陰，繼之獻羔祭韭，蓋新物時之所貴也。按王隱晉書：温嶠時，童謡云：「剪韭剪韭，斷腸種柳。」○【杜田補遺。又，杜陵詩史、分門集注、補注杜詩引作「薛曰」。】南史：周顒隱鍾山，王儉謂曰：「山中所食，何者最盛？」曰：「春初早韭，秋末晚菘。」新炊間黄粱。○新，一作晨。間，去聲，隔也。黄粱，米之精者，而曰新炊，非陳米也。○【趙次公曰：「見主人意殷勤而真也。」】主人重客，故破夜雨以剪春韭，復加新炊之粱，其勤意之真可知也。○【杜田補遺。又，杜陵詩史、分門集注、補注杜詩引作「王洙曰」。】按，陶隱居本草云：黄粱，本出青、冀，穗大毛長，穀米俱麄於白粱。襄陽竹根粱是也，食之益脾胃。主稱會面難，○【王洙曰】曹植詩：主稱千金壽。○范冉傳：遠適千里，面會無期。○【王洙曰】古詩：會面安可知。一舉蒙十觴。○今作累千〔五〕觴，非是。十觴亦不辭〔六〕，感子故意長。○謂感其故舊之意也。明日隔山嶽，世事兩茫茫。

【校記】

〔一〕非，杜陵詩史、分門集注、補注杜詩無。

〔二〕乎，古逸叢書本作「也」。

〔三〕魯，元本、古逸叢書本作「曾」。

〔四〕男，元本、古逸叢書本作「女」。

〔五〕千，元本、古逸叢書本作「十」。

〔六〕辭，元本、古逸叢書本作「醉」。

重題鄭氏東亭在新安界

○〔「在新安界」，杜陵詩史作小字，九家集注杜詩依例爲「王洙曰」，分門集注、分門集注引作「王洙曰」，集千家注批點杜工部詩集引作「公自注」。〕○【鮑曰】鄭氏，即駙馬潛曜也。

華亭入翠微，○言亭之最高也。○【王洙曰】爾雅釋山：山未及上曰翠微。秋日亂清暉。崩石欹山樹，清漣曳水衣。○【薛曰】詩魏風：河水清且漣漪。毛萇傳：風行水成文曰漣。○【趙次公曰】張景陽霖雨詩：堂上水生衣。説文：苔也。○師古云：水衣，荇也。紫鱗衝岸躍，蒼隼護巢歸。○隼鷙，鳥也。向晚尋征路，殘雲傍馬飛。

早秋苦熱堆案相仍

〇【九家集注杜詩依例爲「王洙曰」】時任華州司功。

七月六日苦炎熱，〇【師古曰】肅宗至德二載，甫自賊竄歸鳳翔謁帝，帝授左拾遺。房琯兵敗陳濤斜，帝怒，甫上疏論其罪。帝貶甫爲華州司功〔一〕，即乾元元年也。是年七月，任華州，北地早寒，於七月六日猶苦熱。故甫託意以譏群臣不明，賀蘭進明譖琯於帝，併及於甫，是故甫被逐也。對食暫飡還不能。〇【趙次公曰】蔡琰詩：飢當食兮不能飡。每愁中夜自足蠍，〇【王洙曰】一作「常愁夜來皆是蠍」。〇【鄭卬曰】蠍，許竭切。〇甫意以蠍喻讒人。蠍，毒蟲也，言螫人夜中可畏，言讒人之爲害，必陰中之，幸人所不知，故云每愁自足。況乃秋後轉多蠅。〇詩小雅青蠅亦是傷讒之作。秋者，義氣也。義能剛斷，宜小人之疏斥。肅宗中興，威明果斷，何爲近讒信佞，故有是言也。束帶發狂〔二〕欲大叫，簿書何急來相仍。〇論語云：束帶立於朝。孟子曰：不得於君則熱中。甫自負謂可束帶立於朝，今乃見逐，使之困於簿書米鹽之賤，寧免不熱中而大叫乎？南望青松架短壑，〇【王洙曰】短，一作絶。安得赤脚踏層冰。〇甫既不得志，遂欲棄官南隱，以青松架乎短壑之上，跣行重陰積聚之地，以濯此煩熱也。東方朔神異經：北方有層冰萬里，冰厚百丈。

【校記】

〔一〕功，原作「户」，據元本、古逸叢書本改。

〔二〕狂，元本、古逸叢書本作「强」。

立秋後題

日月不相饒，節叙昨夜隔。玄蟬無停號，秋燕已如客。平生獨往願，惆悵年半百。罷官亦由人，何事拘形役。○蟬逢秋正得其時，燕於是月已如客言〔一〕將辭秋也。甫自喻如秋後之燕，蓋言日月遄邁，節叙更變，老之將至，而平昔隱居之願未獲酬素志，而年已半百矣，豈不惆悵也哉！雖然，棄官亦由乎人，何必拘於形役而爲形體之慮耶！昔陶潛棄彭澤令，賦歸去來辭云「既自以心爲形役，奚惆悵而獨悲。悟已往之不諫，知來者之可追」，亦是意也。○【師古曰】觀此二篇作於乾元元年，而二年果棄官之秦州矣。

【校記】

〔一〕言，元本、古逸叢書本作「之」。

乾元二年秋七月棄官居秦州以後所作

夢李白

死別已吞聲，○死別不過吞聲飲恨，一時思之〔一〕也。○【王洙曰】鮑照行路難：吞聲躑躅不能言。生別常惻惻。○生別尚有相見之期，無時而不思，故在心常惻怛然。江南瘴癘地，○【趙次公曰】李白爲永王璘府屬官，永王璘叛〔二〕，白坐之〔三〕當誅，郭子儀請解官贖罪，詔長流夜郎，會赦，還潯陽。潯陽屬江南道，今之江州。○南，火方也，故地多瘴癘。逐客無消息。○逐，或作遠。○【魯曰：「李斯爲秦逐客。」】昔秦李斯爲秦逐客，時白見貶，故云逐客。故人入我夢，○韓非子：六國時，張敏與高惠二人爲友，每相思，敏便於夢中往尋，但得至半道，即迷不知路，遂回，如此者三。明我長相憶。○【王洙曰】樂府詩：夢見已在傍，不覺在他鄉。上有加餐食，下有長相憶。恐非平生魂，○疑其已死也。路迷不可測。○迷，一作遠。魂來楓林青，○楚岸多楓，謂白魂自南楚而來也。魂返關塞黑。○魂，一作夢。關塞，指同州。甫時卜居同谷，謂白魂自同谷而返也。君今在羅網，何以有羽翼。○以，或作似。何有羽翼飛騰至此。落月滿屋梁，○【王洙曰】宋玉神女賦：

其始來也，若白日初出照屋梁。猶疑照顔色。○劉原父云：此詩人第一格，學詩者未易到也。○【王彦輔曰】西清詩話云：白歷見司馬子徽、謝自然、賀知章，其風神超邁可知。後世詞人狀者多矣，俱不若少陵是聯。此與太白傳神詩也。水深波浪闊，無使蛟龍得。○有鱗曰蛟龍。○【師古曰】蓋言南海風濤之險，恐白罹淪溺之患也。

【校記】

〔一〕思之，元本、古逸叢書本作「之思」。

〔二〕叛，元本、古逸叢書本作「誅」。

〔三〕之，元本、古逸叢書本作「罪」。

浮雲終日行，遊子久不至。○浮雲，指讒臣也。遊子，指李白也。○【師古曰】：「言君昏暗爲群小爲蔽也。」然白見逐不復召還，良由讒臣蒙蔽於君也。○【王洙曰】古詩：浮雲蔽白日，遊子不顧返。三夜頻夢君，○上篇注。情親見君意。告歸常局促，○局促，言不款曲也。苦道來不易。江湖多風波，○【王洙曰】一作秋多風。舟楫恐失墜。出門搔白首，苦負平生志。冠蓋滿京華，斯人獨顦顇。○顦顇，通作憔悴。言士大夫雖多，徒竊禄位而已，不若李白之才，故歎惜斯人，不宜使之憔悴也。孰云網恢恢，○譏憲網之密，濫及無罪也。○【王洙曰】老子七十三章：

天網恢恢，疏而不漏。將老身反累。○【趙次公曰：「此公憫白之辭也。」】蓋傷白少年見重於玄宗，至使御手調羹、龍巾拭吐，不意今日暮年，反爲才所累也。千秋萬歲名，○桓譚新論：雍門周謂孟嘗君曰：「臣竊愁千秋萬歲後，墳墓生荆棘，行人見之云：『孟嘗君尊貴，乃如此乎？』」○【王洙曰】身，一作才。○【王洙曰】阮籍詩：千秋百〔一〕歲後，榮名安所之。寂寞身後事。○甫歎曰：生不見用，身後有名，不過委之寂寞之鄉，果何益哉？○【王洙曰】晉張翰曰：使我有身後名，不如即時一杯酒。

【校記】

〔一〕百，古逸叢書本作「萬」。

有懷台州鄭十八司户虔

○【九家集注杜詩依例爲「王洙曰」：「虔時坐汙賊，貶台州司户。」杜陵詩史引作「魯曰」，分門集注、補注杜詩引作「王洙曰」。集千家注批點杜工部詩集引作「公自注」。】時虔爲賊所得，僞署以官。賊平，貸死流台州。

天台隔三江，○【師古曰】天台山在台州，浙東路也。○名山略記：天台山是定光寺諸佛所降，葛仙翁山也。○【師古曰】三江，一曰錢塘江，二曰揚子江，三曰吳松江。風浪無晨暮。鄭公縱得歸，老病不識路。○【趙次公曰】韓非子曰：六國時，張敏與高惠爲友。每相思不得見，敏便於夢中往尋，行至半道，即迷不知路。○【王洙曰】沈休文詩：夢中不識路，何以慰相思。昔如水上鷗，○水，一作江。言無拘束也。南越志：鷗，水鴞〔一〕也。○【趙次公曰】何遜詩：可憐雙白鷗，朝夕水上遊。今若罝中兔。○若，樊作爲。罝，子斜切，兔罟也。性命由他人，○言兔陷網，性命由人，不由己也。悲辛但狂顧。○言如狂人顧眄而失據也。山鬼獨一脚，○魯語：木石之怪，夔蝄蜽。韋昭注：木石，謂山也。夔一足，謂之山繅，或云獨足蝄蜽，山精效人聲而迷惑人也。釋名：山精曰夔。博物志：一足曰夔，蝄蜽也。蝮蛇長如樹。○蝮音覆，大虵也。山海經：蝮虵色如綬文，大者百餘斤，一名反鼻虵。呼號傍孤城，歲月誰與度。○山鬼蝮虵，言所貶之地荒僻，難以度歲月也。從來禦魑魅，○【王洙曰】左氏文公十八年傳：舜流四凶族，投諸四裔，以禦魑魅。多爲才名誤。○【趙次公曰：「指言鄭公謫爲台州司户。」】今虔謫爲司户，豈非爲才名所誤乎！○按集甫有贈虔詩云「才名三〔二〕十年」，蓋謂此也。夫子嵇阮流，更被時俗惡。○被，晉作遭。虔爲人曠〔三〕蕩，性頗嗜酒，故甫比之嵇、阮，然爲禮法之士所疾。○【王洙曰：「嵇康、阮籍。嵇康書云：阮嗣宗爲禮法之士所繩，故疾之爲讎。」】按阮籍傳：籍字嗣宗，母終，能爲青白眼，見嵇喜來弔，籍作白眼，喜不懌而退，喜弟康聞之，乃齎酒挾琴造焉，籍大悦，乃見青眼，由是禮法之士疾之。海隅微小吏，○【趙次公曰：

「言鄭公反謫爲小吏也。」】台州在海之隅，司户乃小吏也。眼暗髮垂素。○謂其老也。○【王洙曰】潘安仁秋興賦：素髮颯以垂領。鳩杖近青袍，○【王洙曰：「一云『鳩杖近青袍』。」趙次公曰：「黄帽非是，當作鳩杖。」】一作「黄帽映青袍」。○【師古曰】黄帽，乃竹籜冠也。○【杜田補遺。又，杜陵詩史、分門集注引作「修可曰」。】後漢禮儀志：八十、九十賜玉杖，長九尺，端以鳩鳥爲飾，謂之鳩杖。鳩者，不噎之鳥，欲使老人不噎也。非供折腰具。○司户乃掌輸納禾穀之職，論虔才器之大，非止可以供折腰之具也。○【王洙曰】晉陶潛爲彭澤令，郡遣督郵至縣，吏白應束帶見之，潛歎曰：「吾不能爲五斗米折腰，拳拳事鄉曲小人。」平生一杯酒，○【王洙曰】沈休文詩：平生少年日，分手〔四〕易前期。勿言一杯酒，明日難重持。○【趙次公曰】張翰曰：不如即時一杯酒。見我故人遇。○【王洙曰】古詩：瀟洒逢故人。○按甫集有贈虔詩云「得錢即相覓，沽酒不復疑」，謂此也。相望無所成，○【趙次公曰：「公言徒有平生一杯酒，欲見我故人，與之相遇而同飲，今不可見矣。故有末句『相望無所成』，而天地變移，以言時事之反覆矣。」】甫居西，虔居東，相望垂老，各無所成就也。乾坤莽回互。○【王洙曰】言天地雖大也，胡爲其身若無所容乎？

【校記】

〔一〕鶚，古逸叢書本作「鳥」。

〔二〕三，元本、古逸叢書本作「四」。

〔三〕曠，元本、古逸叢書本作「放」。

〔四〕手，元本、古逸叢書本作「守」。

天河

○廣雅：天河謂之天漢，亦曰雲漢、星漢、河漢、銀漢、天津、漢津、銀河、絳河也。

常時任顯晦，秋至轉分明。○【王洙曰：「一作轉。」趙次公曰：「師民瞻本輒字作轉，極是。」】轉，一作最，一作輒。縱被微雲掩，終能永夜清。○【王洙曰】能，一作當。○【九家集注杜詩依例爲「王洙曰」。杜陵詩史、分門集注、補注杜詩引作「魯曰」。】以喻賢人爲群小所蔽掩，終不能害其明也。含星動雙闕，伴月落邊城。牛女年年渡，何曾風浪生。○【趙次公曰】齊諧記：桂陽成武丁有仙道，常在人間。忽謂其弟曰：「七月七日，織女當渡河，吾已被召，與爾別矣。」弟問曰：「織女何事渡河？」曰：「暫詣牽牛。」明日，失丁所在。

寄嶽州賈司馬六丈巴州嚴八使君兩閣老五十韻

○【按，杜陵詩史「五十韻」作小字雙行注文。】○賈、嚴二公皆貶官也。○【師尹曰：「按，賈至至德中以中書舍人慰安蒲人不法，貶岳州司馬。嚴武至德中以給事中坐房琯事，貶巴州刺史。」】按唐史：賈至慰安蒲人，中書舍人，至德中刺汝州，貶岳州司馬。嚴武，至德二年坐房琯解〔一〕京兆尹，貶〔二〕巴州刺史。

衡嶽啼猿裏，巴州鳥道邊。○言〔三〕州居山嶠之險也。○【趙次公曰】南中八志曰：交趾郡，治龍〔四〕編縣。自古〔五〕興鳥道四百里，以其險絕，獸猶無蹊〔六〕，人所莫由，特上有飛鳥之道爾。故人俱不利，謫官兩悠然。○悠，舊作茫。開闢乾坤正，○【趙次公曰：「言收復二京矣。」】言肅宗收復兩京也。榮枯雨露偏。○【王洙曰】言恩澤不均。○【趙次公曰：「言二子不得受聖恩而謫去也。」】及二公而被謫也。長沙才子遠，○此以賈誼喻司馬之不見用也。○【王洙曰：「漢賈誼，洛陽才子也。黜爲長沙王傅。」】按賈誼傳：誼，洛陽人，年十八，以能誦詩書屬文稱於郡中。文帝召爲博士，遷至太中大夫〔七〕。絳、灌之屬害之，帝以誼爲長沙王傅。釣瀨客星懸。○【王洙曰：「嚴子陵釣瀨，光武徵之，太史奏客星犯于帝座。謂嚴使君也。」】此以嚴光喻嚴使君之不見用也。按嚴光傳：光字子陵，少與光武同遊學。光武即位，遣使聘之，引入論道舊故，因共偃卧，光以膝加帝腹上。明日，太史奏客星犯御座甚急。帝笑曰：「故人嚴子陵共卧爾。」除爲諫議。不屈，乃耕於富春山。後人名其釣處爲嚴陵瀨。○顧野王輿地志：七里瀨，在東陽江下，與嚴陵瀨相接。桐廬縣南有嚴子陵釣魚處，今山邊有石臨水，上可坐十人，名爲嚴子陵釣壇。憶昨趨行殿，殷憂捧御筵。○殷憂，謂憂心殷殷也。○【趙次公曰】自此已下皆甫自喻。昨肅宗即位靈武，甫自賊中竄身歸至鳳翔，謁帝行在。討胡愁李廣，○【趙次公曰】謂討胡之未捷，則愁無李廣之爲將也。奉使待張騫。○【趙次公曰】謂奉使之未還，則恨無張騫之爲使也。餘並見注。無復雲臺仗，○【趙次公曰】言昨玄宗出幸避亂，無復嚴整法仗也。庾信哀江南賦：猶有雲臺之仗。虚修水戰船。○謂玄宗虚修水戰之具而不能用也。蒼茫城七十，○謂禄山反，河北十餘郡皆棄城而走也。○【王洙曰】前漢酈食其馮軾下齊七十餘城。流落劍三千。○劍，指蜀之劍閣。言玄宗幸蜀流落，有三千里之遠也。○【王洙曰：「莊子説劍：昔趙文王喜劍，劍士夾門而客三千餘人，日夜相擊於前。」】或引莊子：趙孝文王有劍客三千餘人。○誤矣。畫角吹秦晉，○【王洙曰】吹，一作歌。○【師尹曰：「時秦、雍、太原皆用兵。」】秦、晉之地，皆吹鼓角，言關中皆用兵也。旄頭俯澗瀍。○澗瀍之水，隱映胡星，言東都爲賊所陷也。○【趙次公曰】前漢志：昴爲旄頭，胡星也。小儒輕董卓，有識笑苻堅。○【趙次公曰】小儒，公自謂也。有識，公託言也。昔董卓、苻堅二人雖崛起，竟無成立，故甫與有識者皆輕笑之，以喻思明、禄山之必亡也。○【王洙曰】按後漢董卓傳：卓凶暴無道，忍性矯情〔八〕。擢用群士，以尚書韓馥爲冀州刺史。馥到官，與袁紹之徒十餘人各興義兵同盟討卓。後王允使呂布刺卓。又十六國春秋：西秦符堅違衆伐晉，遂至破敗。撫蓄鮮卑，符融諫不聽，後爲鮮卑所亡。浪作禽填海，那堪血射天。○【趙次公曰：「言安、史不知量也。」】此皆言安、史之不知量而亂華，何異精衛之填海、帝乙囊血而射天乎？○【王洙曰】山海經：發鳩之山，有鳥名精衛，本赤帝之女。嬉遊於東海，溺而死不返，化爲冤禽，名曰精衛。常取西山木石以填東海。述異記：精衛，一名誓禽，誓不飲東海水故也。一名冤禽。又曰：誌：鳥俗呼女雀。江淹詩：精衛銜木石，誰能測幽微。又史記商本紀：帝武乙無道，爲革囊盛血，仰而射之，曰射天。武乙獵於河、渭之間，暴〔九〕雷震死。萬方思助順，一鼓氣無前。○【晏曰】左氏傳：曹劌曰：「夫戰，氣也。一鼓作氣，再而衰，三而竭。」陰散陳倉北，晴熏太白顛。○時賊屯兵京師，陳倉北近長安，肅宗屯軍太白山下，陽可以勝陰。陰〔一〇〕，臣道也，故知賊之必敗，遂有陰散晴熏之語。按，陳倉，鳳翔之屬邑。太白山，在鳳翔武功縣。前漢志：右扶風陳倉。三秦記：秦武公都雍，陳倉縣是也。又曰：太白山南有陳倉山。亂麻屍積衛，○衛，河北也。賊兵之屯，爲王師所敗，其屍如亂麻之多也。○【王洙曰】前漢武五子贊：始皇即位，內平六國，外攘四夷，死人如亂麻，暴骨長城之下，頭盧相屬於道。破竹勢臨燕。○【王洙曰】燕，范陽也。○祿山之巢爲王師所敗，其勢若破竹之易也。○【王洙曰】晉書杜預傳：今兵威已震，譬如破竹，數節之後，皆迎刃而解，無復著手處也。法駕還雙闕，○【王洙曰：「天子還京也。」】至德二年十月辛卯，帝還京。○雙闕，即魏闕也。王師下八川。○【趙次公曰：「八川，涇、渭、灞、滻、酆、鄗、潦、潏，長安水名。長安既復，而車駕已還，則王師又下八川以守東京也。」】謂王師已平關中矣。關中記：關内八水，一涇、二渭、三滻、四灞、五澇、六滈、七灃、八潏。○按集有喜官軍臨賊境詩「八水散風波」，謂是也。此時霑奉引，○【趙次公曰：「公爲拾遺，掌供奉，故云。」】奉引，謂公爲左拾遺，引道駕前還闕也。佳氣拂周旋。○【王洙曰】光武紀論曰：望氣者蘇伯阿爲王莽使，至南陽，望見春陵郭，唶曰：「氣佳哉！鬱鬱葱葱然。」貔虎閞金甲，○甲，一作匣。言衛兵整肅也。○【王洙曰】書牧誓：如虎如貔。麒麟受玉鞭。○言群才爲帝駕御也。○【趙次公曰】趙子櫟云：麒麟以言御馬。按，蘇鶚杜陽雜編：代宗嘗賜郭子儀九花馬、紫玉鞭。又云：德宗嘗幸興慶宮，於複壁中得寶匣，匣中獲玉鞭，其末有文曰「軟玉鞭」，即天寶中異國所獻，端妍節文，光可鑒物。侍臣諳入仗，○【趙次公曰】言法仗復備，皆近侍所舊諳入者矣。厩馬解登仙。○言諸厩〔一一〕復嚴備也。淮南子：天下有道，飛黄伏皂。○【杜田補遺曰：「唐六典：乘黄厩。注：淮南子云：天下有道，飛黄伏皂。乘黄，獸名，龍翼馬身，黄帝乘之而仙，後因以名厩。」又，杜陵詩史、分門集注、補注杜詩引作「時可曰」：「淮南子：乘黄，獸名，龍翼馬身，黄帝乘之而仙。」】職儀云：黄帝駕乘黄而仙去，後因以名厩。○王隱晉書：宣帝内八厩，馬四千餘匹。一日風静天霽，有羽鶴飛至厩，化爲青衣童子，騎一大馬乘空而去。花動朱樓雪，城凝碧樹煙。衣冠心慘愴，故老淚潺湲。哭廟悲風急，○言天子哭祭九廟，故衣冠之士爲之痛心，故老之臣爲之垂淚，悲感之風凛凛然而生矣。朝正霽景鮮。○【鄭卬曰】朝，直遥反。正，諸成切。○【魯曰：「朝正，元日朝會。」】謂元日朝會而天氣清明也。

月分梁漢米，○【王洙曰：「梁、漢間所出者，米月分廩給也。」】梁、漢間所貢賦之米，帝以月給百官廩俸也。○【師尹曰】謝承後漢書：章帝分梁、漢儲米給民。春得水衡錢。○得，卞〔二〕刊作給。水衡掌川〔三〕澤之賦，春得水衡錢以供國用也。○【王洙曰】漢宣帝本始二年春，以水衡錢爲平陵徙民起第院。應劭曰：水衡與少〔四〕府，皆天子私藏耳。內蘂繁於纈，○【鄭卬曰】纈，奚結切，文繒。○【魯曰】內蘂乃內禁之花。宮莎軟勝綿。○宮莎，乃宮苑之草。恩榮同拜手，出入最隨肩。○【王洙曰】入，一作處。○甫言與賈、嚴於收京之後，同拜恩榮，出入朝省，以肩相隨也。○【王洙曰】書：皋陶拜手稽首，颺言曰：「念哉。」曲禮：五年以長，則肩隨之。晚著華堂醉，○言同堂而飲也。寒重繡被眠。○言共被而寢也。轡齊兼秉燭，○【趙次公曰：「言並轡而行也。」】或並轡而晝行，或同燭而夜話也。書枉滿懷牋。○【趙次公曰：「言在禁掖時往來書尺也。」】言同在禁掖，往還尺牘之多也。每覺昇元輔，深期列大賢。○【趙次公曰】所以極言二公之才器可以爲宰輔也。秉鈞方咫尺，○【王洙曰】詩小雅：秉國之鈞。左氏傳：天威不違顏咫尺。鎩翮再聯翩。○鎩，所介切，翦羽也。○【趙次公曰】言爲宰執不遠，而乃謫去，如鳥之鎩翮，不能高飛也。淮南子：飛鳥鎩羽。禁掖朋從改，○【王洙曰】改，一作換。○言友舊皆改〔五〕節也。微斑性命全。○甫坐論房琯不宜罷相，房〔六〕爲華州司功，猶得保全性命也。青蒲甘受戮，○【王洙曰】受，一作就。○【趙次公曰】時公任拾遺，故以伏蒲爲言。○【王洙曰】前漢史丹傳：元帝寢疾，史以親密得侍視疾，候上獨寢，直入卧內，頓首伏青蒲上以諫。孟康曰：以蒲青爲席，用蔽地也。白髮竟誰憐。○甫自歎其老也。弟子貧原憲，○自〔一七〕言其貧如原憲也。諸生老伏虔。○【趙次公曰】自喻老如伏虔也。○儒林傳：伏生年九十餘，以書教于齊、魯。師資謙未達，鄉黨敬何先。○言賈、嚴既係師資，猶且未達，况甫在鄉黨之序所事於賈、嚴者，又何敢居其先乎？舊好腸堪斷，○【趙次公曰：「公懷二公也。」】公懷二子，有夙契也。新愁眼欲穿。○公歎二子遭新謫也。翠乾危棧竹，○【鄭卬曰】乾，居寒切，枯也。棧，士諫切，棚也。○【趙次公曰：「危棧竹，以指嚴八之巴州，在棧閣之外也。」】指言巴州以竹爲棧道也。紅膩小湖蓮。○【王洙曰】湖，一作池。○【趙次公曰：「小湖蓮，以指賈六之岳州，多陂湖，有蓮也。」】指言岳州有蓮渚也。賈筆論孤憤，○【王洙曰：「韓非作孤憤。屬賈司馬詩。」】指屬賈司馬也。昔韓非子作孤憤之書。嚴詩賦幾篇。○【逸曰】指屬嚴使君也。定知深意苦，莫使衆人傳。貝錦無停織，○【趙次公曰：「貝錦以喻讒也。」】喻讒人巧言之成文也。○【王洙曰】詩巷伯：萋兮菲兮，成是貝錦。朱絲有斷絃。○歎二子無知音而戒之也。吕氏春秋：鍾子期死，伯牙破琴絶絃，終身不復鼓，以爲世無足爲鼓者。或曰：朱絲絃，言其直也。以比正人端士。有斷絃，言正人被中傷也。故下文有「碎首空拳」之句，謂是也。浦鷗防碎首，霜鶻不空拳。○【鄭卬曰】鶻，胡骨切。○鷹屬。○【趙次公曰】兩句通義，謂二子如浦鷗，讒言如霜鶻，既不空拳，期於必中，則鷗當有碎首之防矣。其戒之之至也。地僻昏炎瘴，山稠隘石泉。○言巴山森列石泉之間矣。且將棊度日，應用酒爲年。○謂二子以棊、酒自遣也。典郡終微眇，○【趙次公曰：「二公在禁掖而出，斯爲微眇棄捐矣。」】謂嚴雖典郡，猶爲微眇也。治中實棄捐。○【趙次公曰】治，讀從平聲。○治中，即司馬也。○【趙次公曰：「二公在禁掖而出，斯爲微眇棄捐矣。」】謂賈雖任治中，實爲擯棄也。○【王洙曰】晉職官志：州置別駕治中從事。安排求傲吏，○言身雖爲吏，而其志高傲，未嘗越分，有所求也。○【王洙曰】謝靈運詩：居常以待盡，處順故安排。○【杜定功曰】郭璞遊仙詩：漆園有傲吏。注：莊子嘗爲漆園吏，楚威王聘之，欲以爲相，謂使者曰：「亟去，無污我。」故曰傲吏。比興展歸田。○言乘興將歸田園也。○【王洙曰】陶潛歸去來辭：田園將蕪胡不歸。去去才難得，○公歎懷其才而難見用，是以欲去國也。○【趙次公曰】古樂府：去去復去去。蒼蒼理又玄。○蒼蒼，天也。○【趙次公曰：「謂天理難喻也。」】言天理之玄妙不可知。古人稱逝矣，○言歸去不復仕也。○【趙次公曰】漢高帝曰：吾亦從此逝矣。吾道卜終焉。○【王洙曰】終，窮也。孔叢子曰：麟出而死，吾道窮矣。隴外翻投跡，○【師古曰】言吐蕃復入寇隴外也。漁陽復控弦。○【師古曰】言史思明再亂漁陽也。笑爲妻子累，甘與歲時遷。○【師古曰】甫傷爲妻子所累，是以客居秦州，甘與歲時遷移也。親故行稀少，兵戈動接聯。他鄉饒夢寐，失侶自迍邅。○迍，株倫切。邅，張連切。迍邅，行不進貌。○【師古曰】失侶，言與賈、嚴間隔也。○韓非子：六國時，張敏與高惠爲友。每相思不能得見，便於夢中往尋，行至半道，即迷不知路。多病加淹泊，長吟阻静便。○【宋曰】静便，安貌。如公盡雄俊，志在必騰騫。○【王洙曰：「一云『公如盡憂患，何事有陶甄』。」】一作「如公盡憂患，何處有陶甄」。○樊本作「如公盡雄俊，何事負陶甄」。

【校記】

〔一〕解，元本、古逸叢書本作「罷」。

〔二〕貶，原作「殿」，據元本、古逸叢書本改。

〔三〕言，元本、古逸叢書本作「巴」。

〔四〕龍，元本、古逸叢書本作「龙」。

〔五〕古，元本、古逸叢書本作「右」。

〔六〕蹊，元本、古逸叢書本作「至」。

〔七〕夫，古逸叢書本作「去」。

〔八〕矯情，元本、古逸叢書本作「狂猜」。

〔九〕暴，元本、古逸叢書本無。

〔一〇〕陰，古逸叢書本作「人」。

〔一一〕厩，元本、古逸叢書本作「禁」。

〔一二〕卞，元本、古逸叢書本作「亦」。

〔一三〕川，元本、古逸叢書本作「山」。

〔一四〕少，元本、古逸叢書本無。

〔一五〕元本、古逸叢書本「改」下有「秩」字。

〔一六〕房，疑當作「貶」。

〔一七〕自，元本、古逸叢書本作「甫」。

山寺

○天水圖經：隴城邑南，唐杜工部故居。工部之姪佐，草堂在東柯谷南麥積山瑞應寺上。山形如積麥，佛龕刳石，閣道回旋，上下千餘尺。蓋麥積之野色也。鸚鵡，隴外所産，山下水可涉。

野寺殘僧少，○寺謂瑞應寺也。山園細路高。麝香眠石竹，○【師古曰：「天厨禁臠云：麝香，小鳥也。」】麝香，小鳥。○隴、蜀人謂之麝香鶺。或云鹿也。○【趙次公曰：「石竹，川中繡竹花也。」】石竹，繡竹花也，僧舍多種之也。鸚鵡啄金桃。○郭璞山海經贊：鸚鵡惠鳥，棲林啄蘂。異物志：鸚鵡三種，交州、巴南盡有之。亂水通人過，○水，或作石，非是。爾雅釋水：正〔一〕絶流曰亂。禹貢：亂于河。○【杜定功曰】詩大雅：涉渭爲亂。懸崖置屋牢。上方重閣晚，百里見纖毫。○纖，一作秋。

【校記】

〔一〕正，古逸叢書本作「是」。

示姪佐

○【魯訔曰。又，門類增廣十注杜詩、門類增廣集注杜詩依例爲「王洙曰」。集千家注批點杜工部詩集引作「公自注」。】佐草堂在東柯谷。

多病秋風落，○病遇秋，則叢陰盛而陽衰也〔一〕。○【師古曰】七月秋風起，八月秋風高，至九月則風落也。君來慰眼前。自聞茅屋趣，○佐先卜築東阿〔二〕。只想竹林眠。○【師古曰】甫欲得與佐共住也。滿谷山雲起，侵籬澗水懸。嗣宗諸子姪，○【王洙曰】嗣，一作阮。早覺仲容賢。○【王洙曰】晉阮咸字仲容，籍之姪也。籍字嗣宗，性疏懶，而仲又放蕩不撿，與叔籍爲竹林之遊耳。

【校記】

〔一〕「病遇」至「衰也」，元本、古逸叢書本無。

〔二〕阿，元本、古逸叢書本作「柯」。

佐還山後寄三首

山晚浮雲合，歸時恐路迷。澗寒人欲到，村黑鳥應棲。野客茅茨小，田家樹木低。舊諳疏嬾叔，須汝故相携。○【九家集注杜詩、杜陵詩史、補注杜詩引「趙次公曰」：「以嵇康自處，嵇康性復疏懶也。」又，分門集注引作「王洙曰」。】嵇康絶交書：性復疏嬾，筋駑肉緩。

白露黄粱熟，○禮：孟秋之月，白露降，農乃登穀。餘前注。分張素有期。已應春得細，頗覺寄來遲。味豈同金菊，香宜配紫〔一〕葵。○本草：冬葵子生少室山，蜀葵子小〔二〕。花者名錦葵，一名戎葵。爾雅釋草：菺戎葵。郭璞注：今蜀葵也，似葵，華如木槿也。老人他日愛，正想滑流匙。

【校記】

〔一〕紫，元本、古逸叢書本作「緑」。

〔二〕小，古逸叢書本作「刀」。

幾道泉澆圃，○【鄭卬曰】澆，堅堯切，沃也。交横落幔坡。○【分門集注引作「楷曰」。】集千家注批點杜工部詩集引作「王洙曰」。】分引泉水灌園，故交横而落幔坡，言坡翠如緑幔也。葳蕤秋葉少，隱映野雲多。隔沼連香芰，○香芰即菱也。武陵記：兩角曰菱，三角、四角曰芰，通謂之水〔一〕粟。通林帶女蘿。○女蘿，乃松蘿者也。甚聞霜薤白，○【鄭卬曰】薤，胡介切，葷菜，葉似韭。重惠意如何。

【校記】

〔一〕水，元本、古逸叢書本作「木」。

宿贊公房

○【九家集注杜詩、門類增廣十注杜詩依例爲「王洙曰」。杜陵詩史、分門集注引作「王彦輔曰」。集千家注批點杜工部詩集引作「公自注」。】贊，京師大雲寺主，謫此安置。

錫杖〔一〕何來此，○按頭陁寺碑：宗〔二〕法師擁錫來游。大智度論：菩薩常用錫杖、經傳、佛像。錫杖經云：佛告比丘，汝等應受持錫杖。所以者何？過去未來見在諸佛，皆執錫杖，故又名智杖，又名德杖，彰顯智行功德本故。釋氏要覽：昔高僧隱峰游五臺山，出淮西，擲錫飛空而往西天。比丘持錫，有二十五威儀。凡至室中，不得著地，必挂於壁牙。故釋子稱游行僧爲飛錫，安住僧爲挂錫。秋風已颯然。雨荒深院菊，霜倒半池蓮。○【師古曰】昔慧遠法師與陶淵明結白蓮社，甫平昔與贊公遊從，亦其比也。今云霜倒池蓮，寓言蓮社冷落也。放逐寧違性，○【王洙曰】性安窮達，不以放逐而違〔三〕爾。虛空不離禪。○離，去聲。○【趙次公曰】雖謫在空虛之處，亦禪家固所宜。相逢成夜宿，隴月向人圓。

【校記】

〔一〕錫杖，元本、古逸叢書本作「杖錫」。

〔二〕碑宗，元本、古逸叢書本作「宗碑」。

〔三〕違，元本、古逸叢書本作「遊」。

寄高三十五詹事

○【鮑彪曰】高適，肅宗奇之，除揚州大都督，李輔國〔一〕惡其才，除太子少詹事。

安穩高詹事〔二〕，兵戈久索居。○索，素各切，散也。○【王洙曰】禮檀弓篇：子夏曰：「吾離群而索居，亦已久矣。」時來如宦達，○李令伯陳情表：臣本圖宦達。歲晚莫情疏。○【九家集注杜詩依例作「王洙曰」。又，杜陵詩史、分門集注、補注杜詩引作「魯曰」。】言無隨世態也。天上多鴻雁，○【王洙曰】蘇武傳：天子射上林，得雁足，上有繫書。池中足鯉魚。○【王洙曰】古詩云：呼童烹鯉魚，中有尺素書。相看過半百，○【鄭卬曰】過，古禾切。○呂氏春秋：人之壽不過百。不寄一行書。

【校記】

〔一〕輔國，原作「國輔」，據元本、古逸叢書本改。

〔二〕事，原作「士」，據元本、古逸叢書本改。

月夜憶舍弟

戍鼓斷人行〔一〕，邊秋一雁聲。○【師古曰】一雁，喻言其兄弟隔絶遂孤也。露從今夜白，○風土記：八月白露降。月是故鄉明。有弟皆分散，○【王洙曰】分散，一作羈旅。○【趙次公曰】公有二弟，方賊亂時，一在濟州，一在陽翟。無家問死生。○【師古曰】亂離流落，故無家也。寄書長不達，况乃未休兵。○南部新書：此公流竄秦、隴詩也。

【校記】

〔一〕人行，原作「行人」，元本、古逸叢書本同，據吴若本、分門集注、補注杜詩等改。

雨晴

天外秋雲薄，○【王洙曰：「一作外。」】外，一作際，一作水。○【王洙曰：「秦爲天水郡。」趙次公曰：「指言秦州之天水也。」】秦州曰天水。○州記曰：郡前湖水，夏不溢，秋不滿〔一〕。從西萬里風。今朝好晴景，○庾信詠屏風詩：今朝好風日，園苑足芳菲。久雨不妨農。塞柳行疏翠，○【王洙曰】塞，一作岸。山梨結小紅。胡笳樓上發，一雁入高空。○【趙次公曰。又，杜陵詩史、分門集注、補注杜詩引作「修可曰」。】張祜詩：萬人齊指處，一雁落寒〔二〕空。

【校記】

〔一〕秋不滿，元本、古逸叢書本作「冬不縮」。

〔二〕寒，元本、古逸叢書本作「高」。

即事

聞道花門破，○花門即回紇也。按唐地理志：甘州删丹縣，北渡張掖河西北，行〔一〕出合黎山峽口，傍河東壖屈曲東北行千里，有寧寇軍。軍東北有居延海。又此三百里有花門山堡。又東北千里至回紇銜帳。集有留花門詩。和親事却非。人憐漢公主，生得渡河歸。○【杜田補遺。又，分門集注、補注杜詩、集千家注批點杜工部詩集引作「趙次公曰」。】回紇助順討祿山，收長安，有功。乾元元年，請婚，許之。肅宗以幼女寧國公主下嫁。明年，可汗死，公主以無子得歸。秋〔二〕思拋雲鬢，○【王洙曰：「一作鬢。」】鬢，一作髻。腰支賸寶衣。○【王洙曰】賸，一作勝。○賸，以證切。群凶猶索戰，回首意多違。○【趙次公曰】初爲和親之因，以藉其來助順。和親既非而索戰，則所以藉之之意又違矣。○魯訔又云：考之於史，皆不見破花門、絶和親事。○【趙次公曰】代宗即位，又使劉清潭徵兵以脩舊好，先爲史朝義誘之而爲寇，遂與意違也。

【校記】

〔一〕行，元本、古逸叢書本作「里」。

〔二〕秋，古逸叢書本作「愁」。

歸燕

○【九家集注杜詩依例作「王洙曰」。分門集注引作「王洙曰」。杜陵詩史、補注杜詩引作「王彦輔曰」。】此公感物託意以自喻也。

不獨避霜雪，○【師古曰】喻避亂也。其如儔侶稀。四時無失序，八月自知歸。

○【師古曰】四序迭運，已有炎涼，燕自知之，喻甫之去就，非若俗態之奔競也。春色豈相訪，衆雛還識機。故巢儻未毁，○【師古曰】故巢，喻故鄉也。會傍主人飛。

遣興三首

下馬古戰場，○戰國策：綴甲勵兵，效勝於戰場。四顧但茫然。風悲浮雲去，黄葉墜我前。○墜，一作墮。朽骨穴螻蟻，○【王洙曰】老子傳：其骨已朽。○【趙次公曰】。又，分門集注、補注杜詩、集千家注批點杜工部詩集引作「修可曰」。】莊子禦寇篇：在下爲螻蟻食。又爲蔓草纏。○【王洙曰】江淹恨賦：試望平原，蔓草縈骨。故老行歎息，今人尚開邊。○【王洙曰】前漢嚴助傳：武帝征伐四夷，開置邊郡。漢虜互勝負，○勝負，一作失約。漢言中國也，唐承漢後，唐之天下亦曰漢，猶今承唐後，尚謂之唐朝。○【秦曰】孫子曰：一勝一負，兵家之常。○兵無常勝之道也。封疆不常全。○【王洙曰】前漢匈奴傳贊：孝武時雖征伐克獲，而士馬物故，亦略相當。雖開江南之野，建朔方之郡，亦棄造陽之北九百餘里。安得廉耻將，○【王洙曰】耻，一作頗。三軍同晏眠。○【師古曰】：「肅宗已平禄山，思明猶據鄴。甫意欲專事鄴城，奈何肉食者謀不臧，尚與吐蕃再戰。故甫欲得廉頗不邀功之將，唯務安邊，與三軍晏眠不生事，可矣。」〔一〕肅宗已平禄山，奈何思明猶據鄴，甫意欲專事鄴城，奈何肉食者謀不臧，尚與吐蕃角〔一〕戰，雖云開拓邊疆，以復吾中國故地，獨不念暴骨原野，可爲哀痛也。故甫欲得廉耻不邀功之將，唯務安邊，來則守禦，去則勿追，與三軍晏眠，不至生事，斯可矣。○譏當時將帥無耻養寇，以貽國患，而自肥其己故也。

【校記】

〔一〕角，元本、古逸叢書本作「掎」。

高秋登寒山，○【王洙曰】寒，一作塞。南望馬邑州。○【王洙曰：「晉太康地記云：秦時建此城，輒崩不成。有馬周旋戮走反覆，父老異之，因依以築城，遂名爲馬邑。」】干寶搜神記：秦人築城於代州塞内以備胡，城頹者數矣，有馬馳走一地，周旋反覆，父老異之，因依以築城，遂名爲馬邑。○呂夏卿兵志：唐肅宗寶應元年，隴右節度使高駢言馬邑蕃州，據秦城山谷間相距二〔一〕百里，成州鹽井中道也，請徙就之。遂徙馬邑州於鹽井城，置静戎軍。趙傁云：此非漢雁門之馬邑，乃秦州地分。今於本處有石碑標榜焉。降虜東擊胡，○時回紇助順，收復京師，遂進收東都。按漢匈奴傳：匈奴數使奇〔二〕兵侵犯漢邊，乃拜郭昌爲拔胡將軍，及浞野侯屯朔方，以東備胡。壯健盡不留。○【王洙曰】匈奴傳：漢大發關東輕鋭士卒，選郡國吏三百石，伉倢〔三〕習騎射者皆從事。穹廬莽牢落，○【王洙曰】匈奴傳：父子同穹廬卧。注：穹廬，旃帳也。其形穹隆然，故曰穹廬。上有行雲愁。老弱哭道路，○【王洙曰】賈捐之傳：珠崖反，發兵擊之，捐之以爲不可。議曰：「寇盜並起，軍旅數發。父戰死於前，子鬬傷於後。女子乘亭障，孤兒號道路，老母寡婦飲泣巷哭。」上從之。願聞甲兵休。○匈奴傳：匈奴上書，願寢兵休士，復故約以安邊民。鄴中事反覆，○【王洙曰】一作「鄴中何蕭條」。○【趙次公曰】鄴中，乃相州也。○【王洙曰】按集，公有懷昔詩云「鄴城反覆不足怪」是也。後漢韓遂語馬騰曰：「天下反覆，未可知也。」死人積如丘。諸將已茅土，載驅誰與謀。○甫意謂代州唐家以處降虜在此方，回紇以兵助帝東討禄山，代州壯者盡行，惟老弱守城耳，況回紇餘兵與雜種降胡在是，觀其穹廬莽莽，雲色慘澹，忽若變從中起，豈不危哉！是一禄山死，一禄山復生也。是故老弱哭送役夫，皆願兵甲之沐，欲自守其城也。○【趙次公曰】：「兩京雖復平矣，而賊猶保相州，既圍復解，則士卒傷死可知矣。」又，師古曰：「鄴中叛服不常，人死如丘山。萬一有變，諸將已富貴，各顧私家，誰與國家謀事哉！此甫爲朝廷憂也。」況又鄴中叛服不常，兩京雖已平矣，而賊猶保相州，既圍復解，則士卒傷死者積如丘山，萬一更有變，諸將已富貴，誰與國家謀是事哉！時思明在鄴，勝負未可知，此甫所以爲朝廷憂也。○按禹貢：厥貢惟土五色。注：王者封五色土爲社，建諸侯，則各割其方色與之，使立社。燾以黄土，苴以白茅，茅取其潔，黄土主王者覆四方。詩：載驅載馳。

【校記】

〔一〕二，元本、古逸叢書本作「三」。

〔二〕奇，元本、古逸叢書本作「騎」。

〔三〕使，元本、古逸叢書本作「便」。

豐年孰云遲，○孰，一作既云，一作亦。甘澤不在早。○【王洙曰】曹植詩：膏澤多豐年。耕田秋雨足，禾稼〔一〕已映道。春苗九月交，顏色同日老。勸汝衡門士，○【分門集注、補注杜詩引作「時可曰」。】衡門，貧者之居也。詩陳風：衡門之下，可以棲遲。注：横木爲門，淺漏也。忽悲尚枯槁。○【王洙曰】屈原漁父篇：屈原既放，形容枯槁。時來展才力，先後無醜好。○時春早，至秋方雨，春苗差期已交，九月得雨而成。○【趙次公曰。又，分門集注引作「師古曰」。】喻衡茅之士久困，一旦遇時立功，以取富貴，安問其先後之不同邪！甫意勉久困之士，譏驟進立功者不足爲貴也。○晉阮籍詩：朝爲美少年，夕暮爲醜老。但訝鹿皮翁，○【趙次公曰】鹿皮翁，甫自比也。忘機對芳草。○芳，一作荒。○【王洙曰：「列仙傳：鹿皮翁者，菑川人也。少爲府小吏，機巧，舉手能成器械。岑山上有神泉，人不能至也。小吏白府君請木工斧斤三十人，作轉輪懸閣，意思叢生。數十日，梯道四門成，上其巔，作茅舍，自止其旁。」又，集千家注批點杜工部詩集引「王洙曰」末尾多出「食芝草，飲神水百餘年，下賣藥於市」一句。】劉向列仙傳：鹿皮翁者，菑川人，少爲府小吏，機巧，舉手成器械。岑山上有神泉，人不能至，小吏白府君請木工斤斧三十人，作轉輪懸閣，意思横生。數十日，梯道四門成，升其巔作祠真舍，留止其旁，絶其門以自固。食芝草，飲神水且七十年。菑水未出，來下呼宗族家室，得六十餘人，令上山。半，水盡漂一郡，没者萬計。小吏乃辭，遣宗族令下山，著皮衣遂去，復〔二〕上閣。後百餘年，下賣藥於市。

【校記】

〔一〕稼，古逸叢書本作「黍」。

〔二〕復，元本、古逸叢書本作遂。

赤谷西崦人家

○【鄭卬曰】崦，衣檢〔一〕切。○【師古曰】按地理志：秦州有崦嵫山，在赤谷之西。曹操與劉備戰于此谷，川水爲之丹，因號曰赤谷。甫乾元元年貶華州司功，屬關輔饑亂。乾元三年，遂棄官之秦州，宿于赤谷西崦人家，因有是詩也。

躋險不自安，○躋，一作路。○【王洙曰：「安，一作喧。」】安，王荆公作喧〔二〕。○言其行役之苦也。○【王洙曰】謝靈運詩云：躋險築幽居。出郊已清目。溪迴日氣暖，○謂溪繞山回環，其地噢暖也。遥轉山田熟。○謂四環皆山，田遥隨山轉，故人勤於耕也。鳥雀依茅茨，○【師古曰】言其静也。藩籬帶松菊。○【師古曰】言其幽也。如行武陵暮，欲問桃源宿。○甫愛此處風景，比之桃源。○【王洙曰】晉陶淵明桃花源記：晉太康中，武陵人捕魚，緣〔三〕溪行，忽逢桃花林，夾岸芳菲〔四〕鮮美。漁人異之，復行，窮其林。林盡得一山，山有小口，便從口入。初極狹，復行數步，豁然開朗，土地平廣，屋舍儼然，黄髪垂髫，怡然自樂。見漁人，乃大驚，問，便邀還家，設酒作食。自云先世避秦亂，率妻子邑人來此絶境，不復出焉，遂與外人間隔，不知有漢，無論晉、魏也。數日辭去，既出遂迷，不復得路。

【校記】

〔一〕檢，古逸叢書本作「險」。

〔二〕喧，元本、古逸叢書本作「宣」。

〔三〕緣，元本、古逸叢書本作「沿」。

〔四〕菲，古逸叢書作「草」。

初月

○【山谷别集卷四杜詩箋曰：「王原叔説此詩爲肅宗作。」】是時肅宗乾元初，甫在秦州避亂，作此詩以刺肅宗即位靈武，不能昭明其德，而李輔國居中用事，恩寵太過也。

光細弦欲上，○【王洙曰】光細，一作常時。○豈，陳、卞皆刊作欲。趙傁云：乾鑿度曰：月三日成魄，八日成光，其成光之際，則名曰弦。今曆家於八月標爲上弦，此言初月，乃纔出之月也。影斜輪未安。○【杜陵詩史、補注杜詩引作「魯曰」。又，分門集注引作「王洙曰」。】謂魄未圓滿也。微升古塞外，已隱暮雲端。○【杜田補遺。又，杜陵詩史、分門集注引作「師古曰」。】微升塞外，喻肅宗即位於靈武也。已隱雲端，喻肅宗爲張皇后、李輔國所蔽也。按，唐書：張皇后善牢寵，稍稍預政事，與中人李輔國相助，多以私謁撓權。徙太上皇西内，譖寧王之賜死，皆其謀也。及肅宗大漸，挾越王係謀危太子〔一〕，卒以誅死。詳觀此詩，頗有深意。河漢不改色，○【趙次公曰】言月出便隱，惟河漢不以月之隱而改色也。關山空自寒。庭前有白露，暗滿菊花團。○滿，一作滴。○【趙次公曰】謝靈運詩：團團滿葉露。

【校記】

〔一〕子，元本、古逸叢書本作「上」。

擣衣

亦知戍不返，○【趙次公曰】婦人知其夫戍邊亦不返也。秋至拭清砧。已近苦寒月，○【王洙曰】苦，一作暮。况經長別心。○【王洙曰】經，一作驚。寧辭擣衣倦，一寄塞垣深。

○【王洙曰：「垣，城牆也。塞垣，猶邊城也。」】垣，邊城也。○蔡邕上疏：秦築長城，漢起塞垣，所以別內外、置殊俗。用盡閨中力，君聽空外音。○【王洙曰】音，謂砧聲也。○【師古曰】此篇言征戍之苦。秋至拭砧，擣作寒衣，送至塞垣。用盡閨中之力以擣衣，其砧聲聞於空外，使人不忍聽之也。

促織

○爾雅釋蟲：蟋蟀，蛬。郭璞注：今促織。後漢襄楷傳：楷上疏曰：布穀鳴於孟夏，蟋蟀鳴於始秋。注：布穀，一名戴袵，一名戴勝。蟋蟀，促織也。春秋考異郵曰：孟秋，戴勝降。立秋，促織鳴。詩豳風：十月蟋蟀入我床下。毛萇傳：蟋蟀，蛬也。崔豹古今注：蟋蟀，一名吟蛬，秋初生，得寒乃鳴，濟南謂之嬾婦。又曰促織，一名投機，謂其聲如急織也。又曰莎雞，一名蟋蟀，謂其聲如紡織也。以此考之，實一物而異名焉。

促織甚微物，哀音何動人。草根吟不穩，牀下夜相親。久客得無淚，故妻難及晨。○妻，王彥輔作棲。悲絲與急管，○【王洙曰】絲，一作絃。○鮑照白苧曲：催絲急管爲君舞。古樂府：悲絲激新聲。感激異天真。○【師古曰】促織，秋蟲也。常夜鳴，其聲哀切，故動人。此蟲常鳴於草根，夜入人床下，使久客故妻皆羈苦易傷感者也。雖有悲絲急管，不若此蟲聲自然也。

螢火

○此篇公因物所感而作也。崔豹古今注：螢火，一名燿夜，一名夜光，一名宵燭，一名熠燿，一名燐，腐草化之，食蚊蚋也。

幸因腐草出，○月令：季夏之月，腐草爲螢。敢近太陽飛。○螢火常以夜飛，而腹下有光。○【黄鶴曰：「詩東山云：熠燿宵行。」】詩所謂「熠燿宵行」是也。○即未嘗近太陽，以意測之，蓋甫以太陽喻人君，螢火乃腐草所化，月令所謂「腐草爲螢」是也。古者謂宮刑爲腐，唐之季世，閹官弄權，公之此詩蓋譏之也，故有「敢近太陽」之語。○【王洙曰：「太陽之光，固非螢火之可近，喻小有才而侵侮大德者。」】然太陽之光固非螢火之可近，喻閹侍小人侍君之側，弄權肆讒也。○説文：日，太陽精也。未足臨書卷，○【趙次公曰：「用車胤事，蓋聚螢之多，然後可以照字也。」】晉車胤貧，囊螢火以照觀書。時能點客衣。○喻其能以讒言中傷正人也。隨風隔幔小，帶雨傍林微。十月清霜重，飄零何處飛〔一〕。○【師古曰】螢火出於腐草，喻閹侍起於微賤而弄權肆讒，一旦朝廷清明，必蒙擯斥，故云「飄零何處飛〔二〕」也。○或云此詩指李輔國也。

【校記】

〔一〕飛，元本、古逸叢書本作「歸」。

〔二〕飛，元本、古逸叢書本作「歸」。

苦竹

青冥亦自守，軟弱强扶持。○【王洙曰】强，其兩切。味苦夏蟲避，叢卑春鳥疑。軒墀曾不重，翦伐欲無辭。幸近幽人屋，霜根結在茲。○【師古曰】言此竹雖疲弱，然得其所托，亦足以保其生矣。

新定杜工部草堂詩箋斠證卷第十五

乾元二年秋七月棄官居秦州以後所作

貽阮隱居〇昉。

陳留風俗衰，〇【王洙曰】晉書：阮籍字嗣宗，陳留尉氏人也。父瑀，魏丞相掾。子渾，姪咸。咸子瞻，瞻弟孚，咸從子脩，孚族弟放，放弟裕，皆有名。人物世不數。〇【鄭卬曰】數，所矩切，計也。〇漢禰衡傳：餘子碌碌不足數。塞上得阮生，迥繼先父祖。〇籍族系盛，分爲南北阮，當世推爲人物第一。自陳留風俗既衰，後世子孫其才無足數取者。甫既接阮昉，美其質不墜其父祖之遺風也。趙傁云：按晉春秋：籍出陳留尉氏，人物元古。昉江左人，門第一，蓋昉居于隴外也。貧知靜者性，〇昉性沉靜而安於貧也。〇【門類增廣十注杜詩引作「杜云」。又，杜陵詩史、分門集注、補注杜詩引作

「修可曰」。】謝靈運過始寧墅詩：還得静者便。自益毛髮古。○自，晉作白，蘇本同。自益，言不以色慾敗其真氣，覩其毛髮有古人之氣象也。車馬入鄰家，蓬蒿翳環堵。○環堵，環牆也。昉安於環牆之室，任長蓬蒿，時車蓋來往者，唯入鄰家，而昉之室堵環翳蒿耳。○【王洙曰】禮儒行：儒有環堵之室。高士傳：張仲蔚常居窮素，所處蓬蒿没人，閉門養性，終身不出。清詩近道要，○唐人詩多綺麗，惟昉獨有理趣。識子用心苦。○子，指昉也。○【趙次公曰：「言阮爲詩所以近道要者，以其用心苦也。惟杜公識之。」】美其苦用心於爲詩也。○【趙次公曰：「字，作子。」】子，一作字。○【王洙曰】或引劉棻常從揚雄學作奇字，劉歆見雄太元，謂之曰：「空自苦。」○【宋曰】謂昉善篆隸，故云。尋我草逕微，褰裳踏寒雨。更議居遠林，避喧甘猛虎。○【師古曰】是時昉踏雨尋訪，甫議欲遠引深遁，謝絶當世，不接喧囂，雖餧猛虎，所甘心也。足明箕潁客，榮貴如糞土。○【師古曰】甫美阮昉真有箕山、潁水之節，視榮貴如糞土然。○按呂氏春秋：堯朝許由於沛澤之中，曰：「請屬天下於夫子。」許由遂之箕山之下，潁水之陽。○【王洙曰】左氏僖二十八年傳：榮季曰：「况瓊玉乎，是若糞土也。」

寄張十二山人彪三十韻

獨卧嵩陽客，○【王洙曰】陽，一作雲。三違潁水春。○嵩陽，屬潁川。違，别也。○【師古曰】彪避禄山亂，隱居嵩陽，與甫別已經三春矣。艱難隨老母，慘澹向時人。謝氏尋山屐，○【王洙曰】宋謝靈運好登山陟嶺，嘗著木屐。陶公漉酒巾。○【王洙曰】南史陶潛傳：將候潛逢其酒熟，取頭上葛巾漉酒，畢，還復著之。群凶彌宇宙，○謂盜賊之多也。此物在風塵。○【黄曰：「此物，指彪也。」】此物，指彪，猶言此尤物也。歷下辭姜被，○甫昔在歷下，曾與彪同被而寢也。○【趙次公曰：「後漢姜肱有兄弟四人，居貧，作一布被而共之。」】後漢姜肱與二弟仲海、季江俱以行孝著聞，其友愛天至。○謝承書曰：兄弟同被而寢，不入房室，以慰母心。關西得孟隣。○後在關中，又同隣而居也。○【趙次公曰：「孟子之母爲子擇鄰。」】劉向列女傳：鄒孟子之母號孟母，其舍近墓。孟子之少，嬉遊爲墓間〔一〕之事，孟母乃去，舍市傍，其嬉戲爲賈人衒賣之事，孟母復徙〔二〕舍學宮之旁，其嬉遊乃設俎豆揖讓進退。孟母曰：「真可以居吾子矣。」遂居焉。早通交契密，晚接道流新。静者心多妙，○人性沉静，故心機神妙也。先生藝絶倫。○美彪草書、詩筆之過人也。草書何太古，○【王洙曰】一作「草書應〔三〕甚苦」。詩興不無神。曹植休前輩，○以美彪詩興之神，前更無子建也。世説：曹植字子建，七步成詩。張芝更後身。○以美彪草書之古，後復有伯英也。後漢張芝字伯英，好草書，時人寶之，寸紙不遺。韋仲將謂之草聖。數篇吟可老，○言彪之詩筆雖老，莫能窮其趣也。一字買堪貧。○言彪之草書，雖貧可以致富也。將恐曾防寇，○彪恐懼遇寇而逃避也。詩：將恐將懼。深潛託所親。寧聞倚門夕，○潛，一作情。依托親戚而潛遁也，美彪事母，如期必至，不使倚門至昏暮矣。○【趙次公曰】戰國策：王孫賈事齊閔王，王出走，失王之處。其母曰：「汝朝出而晚來，則吾倚門而望。汝暮出而不還，則吾倚閭而望。今王出走，汝不知其處，汝尚何歸。」○【王洙曰】又，昔薛包事母至孝，凡出入必有時，未嘗違也。至期，母必倚門望之，包〔四〕必至矣。盡力潔餐晨。○言精與〔五〕其膳以奉母也。○【王洙曰】束廣微補亡南陔詩：馨爾夕膳，潔爾晨餐。疏懶爲名誤，○甫性疏懶爲功名所誤，故至貶逐也。○【王彥輔曰】嵇康絶交書：性復疏懶，筋駑肉緩。驅馳喪我真。○奔波風埃而失其真率之性也。索居猶寂寞，○【王洙曰。又，趙次公曰：「師民瞻本取『尤寂寞』。」】猶，一作尤。○索，悉各切，散也。○【王洙曰】禮：離群索居。相遇益愁辛。○【王洙曰】江淹詠嵇中散詩：鍾鼓或愁辛。流轉依邊徼，逢迎念席珍。○席珍，美彪也。○【王洙曰】禮：儒有席上之珍以待聘。時來故舊少，亂後别離頻。世祖修高廟，○喻肅宗重建七廟也。○【王洙曰】後漢志：光武建武二年正月，立高廟于洛陽，四時祫祀。高帝爲太祖，一歲五祀。文翁〔六〕賞從臣。○喻肅宗推恩隨車駕者。○【王洙曰】左氏僖公二十四年：晉侯賞從亡者。商山猶入楚，○甫自比也。十道志：商山，一名楚山。四皓皆河内軹人，秦政虐〔七〕，乃相與隱此山。餘見前注。源水不離秦。○【趙次公曰：「師民瞻本作『渭水不離秦』。」】源，一作渭。○或作湍〔八〕。○【王洙曰】離，一作知。○【趙次公曰】源，指桃花源也。○甫昔謁帝鳳翔，非無從亡之功，今恩例不及於甫，使南困於荆楚，客於秦州，何異桃源之避亂，一往而不反乎！餘見前注。存想青龍秘，○【王洙曰】道家有存想之法。○此下皆美彪也。神仙傳：太陽子謂太陰女曰：「彼行白虎、騰蛇，我行青龍、玄武。」道家四象論曰：「青龍，東方甲乙木，潛藏變化，故言龍。」又歌曰：「子稱虎，卯稱龍，龍虎相全自合同。龍居震位當六八，虎數元生在一宮。」騎行白鹿馴。○崔元山瀨鄉記：李母碑曰：「老子乘白鹿下託於李母也。」孫柔之瑞應圖：黄帝時，西王母使使乘白鹿獻玉琛之休〔九〕符，有金方也。○【王洙曰】又，周真義入龍嶠山，見羡門子乘白鹿而行。耕巖非谷口，○【王洙曰】揚子問神篇：谷口鄭子真不屈其志，而耕于巖石之下。餘見前。結草即河濱。○即，一作欲。○【王洙曰】河上公，漢文帝時結草于河濱，常讀老子，文帝駕往詣之，問老子。○餘見前。肘後符應驗，○【王洙曰】晉葛洪有肘後方。囊中藥未陳。放懷殊不愜，良覿眇無因。○良覿，乃良會也。甫與彪別後，無緣再展良會也。自古皆悲恨，浮生有屈伸。○【程曰】言彪之勢伸，而甫之勢屈也。彪以疏散故伸，甫以貶逐故屈也。此邦今尚武，何處且依仁。○【九家集注杜詩依例爲「王洙曰」。補注杜詩引作「王洙曰」。杜陵詩史、分門集注引作「魯曰」。】論語：依於仁。鼓角凌天籟，○【王洙曰】莊子齊物篇：汝不聞天籟乎？關山倚月輪。○倚，一作信。官場羅鎮磧，○【王洙曰】場，一作壕。○鎮，樊作錦。○【趙次公曰】四鎮之地，皆置官場收賦斂，以供軍須也。○【趙次公曰】或曰：官之戰場也。賊火近洮岷。○【孫曰】謂吐蕃入寇也。○臨洮、岷山。地志：劍南，其山名岷峨，屬導江縣。蕭瑟論兵地，○【王洙曰】兵，一作功。蒼茫鬪將辰。○茫，或作芒。大軍多處所，餘孽尚紛綸。○餘孽，殘寇也。高興知籠鳥，○【王彥輔曰】潘岳秋興賦：猶池魚籠鳥而有江湖山藪之思。斯文起獲麟。○【師古曰】言彪之文不遇，如孔子傷麟出非其時也。○【趙次公曰】或曰：彪之著書，如孔子春秋起於獲麟也。○【王洙曰】左氏哀公二十四年傳：孔子西狩獲麟。窮秋正摇落，回首望松筠。○【趙次公曰】宋玉九辯：悲哉秋之爲氣，蕭瑟兮草木摇落而變衰。

【校記】

〔一〕間，原作「門」，據元本、古逸叢書本改。
〔二〕徙，元本、古逸叢書本作「從」。
〔三〕應，元本、古逸叢書本作「因」。
〔四〕包，元本、古逸叢書本作「所」。
〔五〕與，古逸叢書本作「潔」。
〔六〕翁，元本、古逸叢書本作「公」。
〔七〕虐，古逸叢書本作「暴虐」。
〔八〕湍，元本、古逸叢書本作「端」。
〔九〕休，元本、古逸叢書本作「體」。

得舍弟消息二首

近有平陰信，○【鮑彪曰】平陰屬河南郡。唐初屬濟州。天寶元年，更名濟陽郡。十三載，郡廢，以平陰屬鄆州。遥憐舍弟存。側身千里道，○劉愷傳：側身里巷，處約思純。張衡四愁詩：側身北望涕霑襟。寄食一家村。烽舉新酣戰，○【趙次公曰】淮南子冥覽訓：魯陽公與韓戰，戰酣日暮，援戈而麾之，日〔一〕爲之反三舍。啼垂舊血痕。○詩：鼠思泣血。不知臨老日，招得幾人魂。○宋玉有招魂篇。

【校記】

〔一〕元本、古逸叢書本「日」下有「出」字。

汝懦歸無計，○【鄭卬曰】懦，奴臥切，弱也。吾衰往未期。浪傳烏鵲喜，○【王洙曰】西京雜記：烏鵲噪而行人至。深負鶺鴒詩。○【鄭卬曰】鶺，資昔切。鴒，盧經切。○鶺鴒，水鳥也。首尾動摇相應，故以喻兄弟之相助也。○【趙次公曰】詩棠棣：鶺鴒在原，兄弟急難。生理何顔面，憂端且歲時。兩京三十口，雖在命如絲。○後漢劉茂傳：孫福爲賊所圍，命如絲髮。

秦州二十首

○【鄭卬曰】寰宇記：魏初中分隴右爲秦州。○秦州曰天水郡。州記曰：前湖水夏不溢，冬不縮。○【師古曰】甫乾元坐論房琯事，貶華州司功，屬關輔饑，棄官西去，度隴右，客秦亭。○此詩二十首，今止十九首。

滿目悲生事，因人作遠遊。○【師古曰】因論房琯，有此遊也。遲回度隴怯，○甫時度隴，依於臨洮也。辛氏三秦記：隴西關，其坂九迴，不知高幾百里。望秦川、長安如帶。應劭漢書音義曰：天水有大坂，曰隴坻。浩蕩及關愁。○【王洙曰】及，一作入。水落魚龍夜，○【九家集注杜詩引「杜田補遺」：「太平御覽載關中諸水云：水經注云：有一水出天水縣西山，人謂小隴山。其水出五色魚，俗以爲龍，而莫敢採捕，謂是水爲魚龍水。」九家集注杜詩引「趙次公曰」：「按水經：渭水有汧水入焉，有二源，一水出五色魚，俗不敢捕，因謂是水爲魚龍水，亦名魚龍川。然則魚龍者，魚之龍也。汧水在今隴州。又按，唐地理志：鳥鼠同穴山在州之渭源。今公詩題謂之秦州雜詩，而用魚龍夜、鳥鼠秋，蓋舉秦隴一帶事耳。」又，杜陵詩史、分門集注、補注杜詩引作「沈曰」。】酈道元水經注：汧水有二源，一出天水縣西山，世謂小〔二〕龍山。其水東西流，潭漲不測，出五色魚，俗以爲靈，莫敢採捕，因謂是水爲魚龍水。水會上下亦通，謂之魚龍川。○又曰：魚龍川，岍山水溢石室，比流出汧、渭之間。○【蘇曰】又，倦遊録云：隴州，地名，魚龍出。石魚，掘地破石得之，多鰍鯽之形，鱗鬣皆具狀如描畫。魚龍，古之陂澤也，豈非魚生其中，山頹塞久而土凝爲石，遂留形迹爾。○或曰：按酈道元水經：魚龍以秋日爲夜。按，龍秋分而降，則蟄寢於淵凝。甫或用是也。山空鳥鼠秋。○【杜田補遺】爾雅釋鳥：鳥鼠同穴，其鳥爲鵌，其鼠爲鼵。郭璞注：鼵如人家鼠而短尾，鵌似鵽而小，黃黑色。穴入地三四尺，鼠在內，鳥在外。今在隴西首陽縣。○【鄭卬曰】：「孔安國注：鳥鼠共爲雌雄，同穴而處。」【孔安國尚書傳云：共爲雌雄。○張氏地理記云：互爲牝牡。後漢志：隴西郡首陽縣有鳥鼠同穴山。山海經曰：渭水出鳥鼠同穴山，東注河，入華陰北。○【趙次公曰】唐志：鳥鼠同穴山在渭州之渭源。○一云：鳥鼠山，渭川青雀山，渭水發源也。西征問烽火，○前注。心折此淹留。○【趙次公曰】謂時吐蕃之亂也。○【王洙曰】別賦：心折骨驚。

【校記】

〔一〕小，元本、古逸叢書本作「水」。

秦州山北寺，○【王洙曰】山，一作城。勝跡隗囂宮。○囂，五高切。地志：秦亭，隗囂所都，河山磅礴，雄峙隴外。○【王洙曰：「後漢隗囂據隴西天水郡，寺即囂故居。」】後漢隗囂傳：囂，天水成紀人。注：成紀，縣名。故城在今秦州隴城縣西北。初，囂據故地，鄧禹承制，命爲西州大將軍，公孫述以囂爲朔寧王。寺即囂故居。苔蘚山門古，丹青野殿空。月明垂葉露，雲逐渡溪風。清渭無情極，○後漢志：隴西郡首陽山，渭水所出。愁時獨向東。○趙傁云：寺枕秦山，下接渭水。渭水東流長安，公乃心乎長安可知矣。師古云：甫東望燕薊之亂，故〔一〕愁也。

【校記】

〔一〕故，元本、古逸叢書本作「可」。

州圖領同谷，○甫乾元元年秋，出諫垣，掾〔一〕三峰。今二年秋，挂印客秦，冬游同谷〔二〕。十道志：漢下辯道，正始中立廣業郡，領白石、栗亭，後改曰同谷。○【鄭卬曰】按寰宇記：唐成州。禹貢：梁州之域，古西夷地。天寶元年改爲同谷郡。驛道出流沙。○【鄭卬曰：「流沙，西域地。」】後漢志：居延澤，古流沙。獻帝立爲西海郡。餘見前。降虜兼千帳，○【鄭卬曰】降，户江切，服也。○唐吐蕃貴人處于大氈帳。居人有萬家。馬驕珠汗落，○珠，一作朱。謂馬之汗血也。○【杜田補遺】傅玄乘輿馬賦：流汗如珠。胡舞白題斜。○【王洙曰：「蹄，一作題。」】題，一作蹄〔三〕，非是。○【趙次公曰：「舞則頭偏，頭偏則白題亦斜矣。」】白題，胡名。謂胡人之舞則頭偏而斜矣。○【杜田補遺】南史西域傳：白題國王姓支，名稽毅，其先蓋匈奴之别種也。○【杜田補遺：「裴子野傳：武帝時西北遠邊有白題及滑骨，遣使由岷山道入貢。二國歷代弗賓，莫知所出。子野曰：『漢潁陰侯斬胡白題將一人。服虔注云：白題，胡名也。』」杜陵詩史、分門集注、補注杜詩、集千家注批點杜工部詩集引作「薛夢符曰」。趙次公曰：「服虔注云：謂之白題。題者，額也。其俗以白塗堊其額，故以此得名。」又，杜陵詩史、分門集注、補注杜詩、集千家注批點杜工部詩集引作「薛夢符曰」：「右按南史裴子野傳：時西北遠邊有白題入貢，莫知所出。子野曰：『漢潁陰侯斬白題一人。服虔曰：白題，胡名也。』」裴子野傳：武帝時西北遠邊有白題及滑骨，遣使由岷山道入貢，莫知所出。子野曰：「漢潁陰侯斬胡白題將一人。服虔曰：白題，胡名也。題者，額也。其俗以白塗堊〔四〕其額也。」年少臨洮子，○【王洙曰】子，一作至。○【鄭卬曰】洮，徒刀切。○今之洮州也。餘見前。西來亦自誇。

【校記】

〔一〕掾，元本、古逸叢書本作「緣」。

〔二〕冬游同谷，元本、古逸叢書本作「東游秦谷」。

〔三〕蹄，元本、古逸叢書本作「啼」。

〔四〕「塗堊」二字疑倒。

鼓角緣邊郡，○【趙次公曰】此篇詠鼓角也。川原欲夜時。秋聽殷地發，○聽，讀平聲。○【王彦輔曰】「殷，盛也。」〔二〕殷，讀上聲，盛貌。風散入雲悲。抱葉寒蟬静，歸山獨鳥遲。萬方聲一概，○【趙次公曰】時東有安史之亂，西有吐蕃之擾，故云「一概」也。吾道竟何之。○【趙次公曰】孔子云：吾道非耶？莊子：芒乎何之？

南使〔一〕宜天馬，由來萬匹强。○【杜田補遺。又，杜陵詩史、分門集注、補注杜詩引作「趙次公曰」。】此篇賦天馬也。前漢張騫傳：武帝發書易卜曰：「神馬當從西北來。」得烏孫馬好，名曰天馬。及得大宛汗血馬，更名烏孫馬西極〔二〕，大宛馬曰天馬。○【趙次公曰：「漢郊祀歌：太一況，天馬下。霑赤汗，沫流赭。赤之與赭，非朱而何？」】又禮樂志：武帝歌曰：太一〔三〕況，天馬下。又，天馬來，從西極。浮雲連陣没，○或曰：南使〔四〕乃沙苑别名，唐置牧馬監。是時哥舒翰戰敗於潼關，九節度兵敗於相州，苑馬萬匹皆連陣而掃地盡矣，故甫傷之。西京雜記：文帝自代還，有良馬九匹，一名浮雲。秋草徧山長。○【王洙曰】徧，一作滿。○甫傷草之茂而無馬齕之也。聞説真龍種，○甫自喻也。○【王洙曰】武帝天馬歌：天馬徠，龍之媒。仍殘老驌驦。○【王洙曰】仍殘，亦作空餘。○亦甫自比也。哀鳴思戰鬭，○【趙次公曰】趙子櫟云：唐人以餘爲殘，蓋言所餘馬遺而不用於戰，故哀鳴思戰鬭也。豈非公自況邪！迥立向蒼蒼。

【校記】

〔一〕使，古逸叢書本作「史」。

〔二〕九家集注杜詩「極」下有「馬」字。

〔三〕一，元本、古逸叢書本作「乙」。

〔四〕使，古逸叢書本作「史」。

城上胡笳奏，○【趙次公曰】言用兵以禦吐蕃也。山邊漢節歸。○【趙次公曰：「言用兵以禦吐蕃也。用蘇武持漢節事，言通使於吐蕃爾。」】言通使於吐蕃，即歸如蘇武、張騫之持漢節也。防河赴滄海，奉詔發金微。○金微，州名，言奉詔發兵赴河以防金微也。後漢竇憲傳：憲以北虜微弱，欲滅之，遣校尉耿夔、司馬任尚將兵擊北虜於金微山，大破之，單于逃走，不知所在。○【杜田補遺。又，杜陵詩史、分門集注、補注杜詩、集千家注批點杜工部詩集引作「薛蒼舒曰」。】續唐六典：羈縻州有金微州，隸振武軍也。士苦形骸黑，○【趙次公曰：「言士卒勞苦之故。」】言士卒行役勤勞之故也。旌疏鳥獸稀。○【趙次公曰】旌，師民瞻本作林。○言鳥獸亦竄伏，况於民乎！那堪往來戍，○堪，舊作聞。恨解鄴城圍。○【王洙曰：「鄴城，史思明所據。恨解圍者，言士苦於征戍而恨賊之未平也。」】又，趙次公曰：「西邊既苦吐蕃之戰，而鄴城史賊猶未平，則戍役疲於往，所以恨也。」】鄴城，乃相州也。西邊既苦吐蕃之戰，而鄴城尚爲思明所據，既圍而後解，則戍役之士疲於往來，所以恨其未勦滅也。

莽莽萬重山，孤城山谷間。○山，一作石。無風雲出塞，○古今注：塞者，塞所以擁塞夷狄也。不夜月臨關。○【趙次公曰】趙子櫟云：今秦州有無風塞、不夜關，蓋後人因杜甫詩而爲之名也。○邵博聞見録云：無風谷、不夜城，西夏有其地。王韶經略西邊，親至其處。○【師古曰】或曰：不夜，蓋月如晝也。○【杜田補遺】又，解道康齊地記：齊有不夜城，蓋古有日夜中照於東境，故以爲名。

屬國歸何晚，○言使未還也。○【王洙曰】蘇武歸漢爲典屬國。樓蘭斬未還。○言賊未擒也。○【王洙曰】前漢傳介子傳：先是，龜兹、樓蘭嘗殺漢使者，介子持節使以斬樓蘭王安歸首，垂之北闕，封義陽侯。煙塵獨長望，○【王洙曰：「一，一作獨。」】獨，一作一。衰颯正摧顔。

聞道尋源使，○【趙次公曰】時遣使至吐蕃，因借張騫以爲言。○前漢張騫傳：騫應募使月氏，爲匈奴所留十餘歲。歸，爲〔一〕武帝言其地形所有，大宛以蒲萄爲酒，大宛别邑多善馬，馬汗血，言其先天馬子也。荆楚歲時記：武帝令張騫窮河源，乘槎經月而去，見一女織，丈夫牽〔二〕牛飲河，遂還。山海經：崑崙之東南隅，實〔三〕惟河源。從天此路回。牽牛去幾許，宛馬至今來。○右皆用騫事也。一望幽燕隔，何時郡國開。○【王洙曰】時幽燕在賊境，郡國未寧也。東征健兒盡，羌笛暮吹哀。○【王洙曰】士多死亡，哀憤之聲形于羌笛。

【校記】

〔一〕爲，元本、古逸叢書本作「於」。

〔二〕牽，元本、古逸叢書本作「牽」。

〔三〕實，元本作「矢」，古逸叢書本作「大」。

今日明人眼，臨池好驛亭。叢篁低地碧，高柳半天青。○此狀驛亭景物之盛也。○【師古曰：「竹有節，喻君子。柳質柔脆，望秋先零，喻小人。」】或曰：竹以喻君子，柳以喻小人。稠疊多幽事，○【趙次公曰】謝靈運始寧墅詩：巖嶠嶺稠疊。喧呼閱使星。○【王洙曰：「時亂，民喜見使者，故喧呼。晉志：流星，天使。後漢李郃指使星以視二使。」】時亂多故，竟喜見使吐蕃者之往來也。後漢：李郃指星以視二使。晉天文志：流星，天使也。老夫如有此，不異在郊坰。○【趙次公曰】老夫如有此亭景，則如在郊坰矣。

雲氣接崑崙，涔涔塞雨繁。○【鄭卬曰】涔，鋤簪切。羌童看渭水，○羌童謂降虜久處而蕃息也。後漢志：隴西郡，首陽渭水所出。使客尚河源。○尚，一作向。○【師古曰】或云甫自比也。煙火軍中幕，牛羊嶺上村。所居秋草静，正閉小蓬門。

蕭蕭古塞冷，漠漠秋雲低。○【王洙曰：「（風）一作雲。」】雲，一作風。黄鵠翅垂雨，蒼鷹飢啄泥。○【王洙曰】皆公自傷之辭。薊門誰自北，○【趙次公曰：「薊門，指言安、史也。誰自北，則公問收復燕、薊者誰也。」】薊門指禄山之巢穴，言收復燕、薊者有誰也。○或曰：誰自北，言無人北還也。鮑照出自北門行：募騎屯廣武，分兵救朔方。投軀報明主，身死爲國殤。漢將獨征西。

○征西，指討吐蕃也。○【王洙曰：「後漢皆有征西將軍。」】漢岑彭爲征西將軍。不意書生耳，○【薛曰】南史：沈慶之曰：「耕當問奴，織當問婢。今欲伐國，而欲與白面書生輩謀事，何由濟。」臨衰厭鼓鞞。○【王洙曰】厭，一作見。○【鄭卬曰】鞞，駢迷切，字正作鼙。

山頭南郭寺，○南，一作東。水號北流泉。○【師古曰】水萬折必歸諸東，其勢順也。今而北流，其逆如此，叛臣之謂乎？○【秦曰】詩：彪池北流。蓋亦惡其逆爾。老樹空庭得，清渠一邑傳。○【師尹曰：「寰宇記：秦州天水縣有水一派，北流入長安縣界。」】秦州記：天水縣界無山，有水一派，北流入長道縣界。秋花危石底，○【師古曰】秋花非玩物，況危於石底，公之命意自傷，類多若此。晚景臥鍾邊。○邊，一作前。俛仰悲身世，溪風爲颯然。○颯，一作肅。

傳道東柯谷，深藏數十家。○趙傁云：秦州枕山〔一〕麓地，曰東柯谷，曰西枝村。公姪佐先卜築東柯谷，公集有佐還東柯谷詩，又有西枝村宿贊公土室詩。天水圖經：隴城邑〔二〕南，唐杜工部故居。工部姪佐草堂，東柯谷南麥積山瑞應寺上，山形如積麥，佛龕剞石，閣道縈旋，上下千餘尺。山下水縱横可涉。玉堂閑話：隴城縣有東柯僧院，甚有幽致，高檻可以眺遠，虛窗可以來風，遊人如市也。對門藤蓋瓦，○【趙次公曰。按，此條據杜陵詩史所引，林繼中杜詩趙次公先後解輯校失收。】言藤蔓蔽蓋瓦上也。映竹水穿沙。瘦地翻宜粟，○【趙次公曰】種粟皆在肥地，而地瘠翻宜粟者，則地之美可知也。陽坡可種瓜。○廣志曰：瓜之所出，燉煌之種爲美。○【杜田補遺】毛文錫茶譜云：宣州宣城縣有茶山，其東爲朝日所燭，號曰陽坡。○【杜田補遺。又，杜陵詩史引作「黄曰」。】其茶最勝，形如小方餅，横鋪茗芽其上，太守常薦之於京洛，題曰陽坡横紋茶。○是詩所謂「陽坡」，其亦以日之所燭歟？船人相近報，但恐失桃花。○【趙次公曰】借言桃源也。或引俗以三月水爲桃花水，誤矣。

【校記】

〔一〕山，元本、古逸叢書本作「上」。

〔二〕邑，元本作「色」，古逸叢書本作「縣」。

萬古仇池穴，○仇，渠尤切。後漢西南夷傳：白馬氏者，武帝以爲武都，一名仇池。方百頃，四面斗絶。注：仇池山在今成州上禄縣。○【鮑彪曰】南唐書志：成州同谷縣有仇池，與秦城接壤。○同谷圖經：隋平仇池氏，建西康州于同谷。三秦記：仇池本名仇維州〔一〕，上有池，故名仇池。潛通小有天。○【杜田補遺。又，杜陵詩史、分門集注、補注杜詩引作「修可曰」。】茅君内傳：大天之内有玄中洞三十六所〔二〕。第一王屋之洞，周回萬里，名曰小有清虚之天。第二委羽之洞，周回萬里，名曰大有穴明之天。○按集公憶昔詩云「北尋小有洞」是也。神魚人不見，○【王洙曰】世説：仇池有地穴，通小有洞中，出神魚，食之者仙。○經：十九靈泉也。福地語真傳。○【薛夢符曰】道書有三十六洞天，七十二福地。真誥云：金陵者，洞墟之膏腴，句曲之福地，履之者萬方，知之者無一。内經福地志曰：伏龍之地在柳谷之西，金壇之右，可以高洒金陵之福地。○餘見前。近接西南境，長懷十九泉。○甫謂仇池西南有靈泉十九泓，出神魚，食之者輕舉，故懷之而有卜居之意也。余考之王仁裕入洛記：仇池數千仞，蒼巒四面危絶，天造石城，惟東一門可上，平田百頃，甘泉百孔，一夫持關，萬夫莫窺。而甫詩以十九泉爲言，蓋舉其大者矣。何當一茅屋，送老白雲邊。○梁簡文帝虎窟山寺詩：縱意白雲邊。〔三〕

【校記】

〔一〕州，古逸叢書本作「山」。

〔二〕所，古逸叢書本作「洞」。

〔三〕「何當」二句詩及注，元本、古逸叢書本無。

未暇泛滄海，悠悠兵馬間。塞門風落木，○【王洙曰：「一云『塞風寒落木』。」】一作「塞日〔一〕寒落木」，非。客舍雨連山。阮籍行多興〔二〕，○【趙次公曰】魏氏春秋：阮籍時率意獨駕，不由徑路，車跡所窮，慟哭而反。○顏延年詠阮步兵詩：物故不可論，途窮能無慟。龐公隱不還。

○【趙次公曰：「龐德公携妻子隱于鹿門山，採藥不返。隱不還，正欲慕之也。」】後漢逸民傳：龐公，襄陽人也。居峴山之南，未嘗入城府。夫妻相敬如賓。荆州刺史劉表數延請，不屈，遂登鹿門山，採藥不返。東柯遂疏嬾，休鑷鬢毛斑。○【王洙曰】遂，一作放。○甫愛東柯之景致，遂欲慕阮籍之命駕、龐公之採藥，而居于此谷也。○【杜田補遺】又，杜陵詩史、分門集注、補注杜詩引作「師古曰」。○】南史：鬱林王年五歲，戲高帝傍。帝令左右鑷白，問王：「我誰耶？」答曰：「太翁。」帝笑謂左右曰：「豈有爲人作曾祖而拔白髪乎？」即擲鏡、鑷。

【校記】

〔一〕日，古逸叢書本作「風」。

〔二〕興，古逸叢書本作「哭」。

東柯好崖谷，不與衆峰群。落日邀雙鳥，○【洪覺範曰】落日，喻暮年。邀雙鳥，甫言欲與妻隱居于此。晴天卷片雲。野人矜險絶，水竹會平分。○謂谷中之人以竹筒引水也。採藥吾將老，○後漢龐德公登鹿門山，採藥不返。神仙傳：吕恭將奴婢入太行山採藥，遂不復還。晉嵇康採藥，遊山澤，會其得意，忽焉忘返。兒童未遣聞。

邊秋陰易夕，不復辨晨光。簷雨亂淋幔，山雲低度墻。鸕鷀窺淺井，○【鄭卬曰】鸕，落胡切。鷀，疾之切。水鳥也。○【師古曰】此喻細民之無食也。○楊孚博物志：鸕鷀不生卵，而孕雛於池澤間。既胎生，又吐生，多者生八九，少者生五六，相連而出，若絲緒焉。蚯蚓上深堂。○【王洙曰】深，一作高。○喻小人居高位於廟堂之上，則君子擯逐於崖谷矣。○【趙次公曰】或謂以積雨久陰而然也。○崔豹古今注：蚯蚓，一名蜿蟺，善長吟於地中，江湖謂之歌女。車馬何蕭索，門前百草長。

地僻秋將盡，山高客未歸。○【趙次公曰】公自謂也。塞雲多斷續，○言山障多礙也。邊日少光輝。○言霧靄深也。警急烽常報，○烽謂烽燧也，言邊庭焚積草以升煙求救也。曹子建白馬篇：邊城多警急，胡虜數遷移。傳聲檄屢飛。○聲，一作聞。○【杜田補遺。又，杜陵詩史、分門集注、補注杜詩、集千家注批點杜工部詩集引作「師古曰」。】説文：檄以木簡爲書，長尺二，以徵召也。魏武〔一〕奏事云：若有急，則插以雞羽，謂之羽檄。西戎外甥國，○【薛蒼舒曰】按唐書：正觀時以文成公主，景龍間以金城公主，皆下嫁吐蕃。乾元元年，肅宗以幼女寧國公主下嫁回紇。爾雅釋親：妻之父爲外舅。郭璞注：謂我舅者，吾謂之甥，然則亦宜呼婿爲甥。孟子曰「帝館甥于二室」是也。唐贊普遣名悉蠟奉表言：甥，先帝舅，顯親也。○又，贊普曰：我與唐舅甥國也。何得近天威。

○得，一作德。○【王洙曰】近，一作逆〔二〕。○吐蕃贊普昔尚公主，本外甥之國，今助寇入虜，故云「何得近天威」也。○【王洙曰】左氏僖公九年傳：王賜齊侯胙，公無下拜。齊侯曰：「天威不違顔咫尺。」

【校記】

〔一〕武，原作「戎」，據古逸叢書本改。

〔二〕逆，古逸叢書本、杜陵詩史、分門集注、補注杜詩作「迕」。

鳳林戈未息，○秦州記：抱罕原北、鳳林川山中有黃河水東流。十道志：鳳林關在黃河側，屬河州。抱罕亦河州縣也。魚海路常難。○【趙次公曰】郭子儀取魚海五縣，即此是〔一〕也。候火雲峰峻，懸軍幕井乾。○【杜田補遺】又，杜陵詩史、分門集注、補注杜詩、集千家注批點杜工部詩集引作「薛夢符曰」。○周禮：挈壺氏挈壺以令軍事。凡軍事，懸壺以聚欜。易曰：井收勿幕。注：井汲曰收，勿幕則勿遮幕之。○【趙次公曰】公言軍旅飲井者乾，而所幕之井乾，其懸示軍中之器，以此表此井也。○【王洙曰】幕，一作暮。鄧艾伐蜀，懸軍深入。風連西極動，○爾雅釋地：西至于邠國，謂之西極。淮南地形訓：西極之山，曰閶闔之門。月過北庭寒。故老思飛將，○【九家集注杜詩、分門集注引作「王洙曰」：「李廣，飛將。」又，杜陵詩史、補注杜詩、集千家注批點杜工部詩集引作「王彥輔曰」。】李廣爲右北平太守，匈奴號曰「漢飛將軍」。何時議築壇。○兵戈擾亂，西極、北庭，舉皆震動。○【師古曰】故甫思大將有如李廣、韓信者出焉，揮其亂也。○【九家集注杜詩依例爲「王洙曰」。分門集注引作「王洙曰」。又，杜陵詩史、集千家注批點杜工部詩集引作「魯曰」。】漢高帝齋戒設壇場，拜韓信爲大將軍。

【校記】

〔一〕是，元本作「楚」，古逸叢書本作「處」。

唐堯真自聖，○【趙次公曰：「唐堯，謂肅宗也。」】以肅宗比堯君。○【逸曰】自聖則忠讜之言勿聞，甫微言以託諷也。野老復何知。○【趙次公曰】野老，公自謂也。曬藥能無婦，應門亦有兒。○【師古曰】應，音因，言當門户幸有兒子也。○【王洙曰】世説：荀淑使叔明應門，慈明行酒。李令伯表：内無應門之僮。藏書聞禹穴，○張勃吴録：苗山，一名覆釜，禹會諸侯計功，改曰會稽。括地志：玉笥山，一名宛委山，即會稽山，在會稽縣東南十八里。吴越春秋云：東南天柱，號曰宛委。赤帝左闕之填〔二〕，承以文玉，覆以盤石，其書金簡，青玉爲字，編以白銀，皆篆其文。禹乃東巡，血白馬以祭，忽然而卧，夢見繡衣男子自稱玄夷倉水使者，却倚覆釜之山東顧，謂禹曰：「欲得我山神書者，齋於黄帝之岳巖巖〔三〕之下，三月季庚登山發石。」禹乃登宛委之山，發石，乃得金簡玉〔三〕字。山中又有一穴，深不見底，謂之禹穴。○【王洙曰】司馬遷「上會稽，探禹穴」是也。讀記憶仇池。○【王洙曰】憶，一作悟。○觀此秦州詩兩言仇池，甫意蓋厭秦隴，欲命駕西南游同谷也。是歲乾元二年冬十月，甫發秦州。○【杜田補遺：「後漢西南夷傳：白氏居河池，一名仇池。注云：在今成州上禄縣南。仇池記曰：仇池百頃，壁立千仞，自然樓櫓却敵之狀，分起調均，竦起數丈，有踰人功。」】仇池記曰：仇池百頃，周回九千四十步，天形四方，壁立千仞，自然樓櫓竦起數丈，有踰人功。東西二門，上則岡阜低昂，泉流交灌。

爲報鴛行舊，○【趙次公曰】指言平日同在禁省之故人也。鷦鷯在一枝。○【趙次公曰】莊子逍遥遊篇：鷦鷯巢於深林，不過一枝。

【校記】

〔一〕填，古逸叢書本作「巔」。

〔二〕元本、古逸叢書本少一「巖」字。

〔三〕玉，元本作「山」，古逸叢書本作「之」。

遣興五首

蟄龍三冬卧，○【王洙曰】易繫辭：龍蛇之蟄以存身〔一〕也。老鶴萬里心。昔時賢俊人，未遇猶視今。嵇康不得死，○【趙次公曰：「嵇康與吕安相善，二人素爲鍾會所不喜。安以家事繫獄，辭相證引，遂復收康棄市，所爲不得其死也。」】晉書嵇康傳：康字叔夜，著養生論。鍾會請言於文帝曰：「嵇康，卧龍也。天下以康爲慮耳。」因譖康，帝信之。將刑東市，康索琴彈之，曰：「吾之廣陵散，於今絶矣！」孔明有知音。○【趙次公曰：「徐庶薦孔明於劉先主，先主三顧其草廬，起之爲國相。」又，魯曰：「徐庶薦孔明。」】蜀志諸葛亮傳：亮字孔明，徐庶見蜀先主，先主器之，謂先主曰：「諸葛孔明，卧龍也。將軍宜枉駕顧之。」先主遂詣亮，凡三往乃見。又如隴坻松，用捨在所尋。大哉霜雪幹，歲久爲枯林。○【王洙曰：「傷有材而不見用。」】此傷懷材而不遇也。○【師古曰】夫龍雖蟄於冬，至春則賴以霈〔二〕霖雨，喻孔明得徐庶之薦，終則見用。鶴雖心在萬里，奈已老何，喻嵇康日暮途遠，無一言之援，是以刑于東市矣。且嵇康、孔明皆賢士也，一則得君，一則失勢，豈非幸與不幸耶！○【趙次公曰：「此爲有知音也。公詩謂有才者遇邪？以嵇康之才而不得其死。謂有才者不遇邪？而孔明卒有知音。則在遇不遇而已。」】隴松有雪霜之幹，可以任棟梁，而使之爲枯林，則亦不遇工師而已。此甫所以傷材士不遇有道之君，其與枯木何以異乎？

【校記】

〔一〕身，杜陵詩史、分門集注作「神」。

〔二〕霈，元本、古逸叢書本作「霑」。

昔者龐德公，未曾入州府。襄陽耆舊間，處士節獨苦。○獨，一作猶。豈無濟時策，○【王洙曰】策，一作術。終竟畏羅罟。○【九家集注杜詩依例爲「王洙曰」。杜陵詩史、分門集注、補注杜詩引作「王彦輔曰」。】一作「終歲畏罪罟」。林茂鳥有歸，水深魚知聚。○淮南子：水積而魚聚，林茂而鳥集。公有詩曰「水深魚極樂，林茂鳥知歸」是也。舉家隱鹿門，劉表焉得取。○【王洙曰】後漢逸民傳：龐公，襄陽人也。居峴山之南，未嘗入城府，夫妻相敬如賓。荆州刺史劉表延請，不屈，乃就候之曰：「夫保一身，孰若保全天下乎？」龐公笑曰：「鴻鵠巢於高林，暮而得所棲。黿鼉穴於深淵，夕而得所宿。夫趣舍行止，亦人之巢穴也。且各得棲宿〔一〕而已。」因釋耕於壟上，而妻子耘於前。表指而問曰：「先生苦居田畝之中，而不肯官禄。後世何以遺子孫乎？」龐公曰：「世人皆遺之以危，今獨遺之以安。雖所遺不同，未爲無所遺也。」表歎息而去。後遂携其妻子登鹿門山，因採藥不反。○【杜田補遺。又，杜陵詩史、分門集注、補注杜詩引作「秦曰」。】襄陽記：鹿門山，舊名蘇嶺山。建武中，襄陽侯習郁立神祠於山，刻二石鹿夾神道口，俗因謂之鹿門廟，遂以廟名山焉。○夢弼謂此諷時君之不可棲托也。甫奮身於拾遺以論房琯不宜罷相，其意亦欲濟時，奈何觸怒于帝，貶華州，是宜德公之隱而畏罟羅者此也。

【校記】

〔一〕宿，古逸叢書本作「泊」。

我今日夜憂，諸弟各異方。不知死與生，何况道路長。○【王洙曰】蘇武詩：良友遠別離，各在天一方。山海隔中州，相去悠且長。避寇一分散，飢寒永相望。○望，協武芳切。豈無柴門歸，○歸，晉作掃。欲出畏虎狼。仰看雲中雁，○范雲詩：寄書雲中雁，爲我西北飛。禽鳥亦有行。○行，户郎反〔一〕，列也。禮：兄弟之齒雁行。余謂虎狼喻盜賊，雁以譬〔二〕兄弟，甫思鄉，欲歸杜曲，恐爲盜賊所得，是以飄蕩旅中。然禽尚有行列，甫與諸弟離間，可以人不若禽鳥乎？

【校記】

〔一〕反，元本、古逸叢書本作「切」。

〔二〕譬，元本、古逸叢書本作「喻」。

蓬生非無根，漂蕩隨高風。天寒落萬里，不復歸本叢。○詩人多以風雨喻患難，甫自喻如蓬爲風所飄，不獲歸本宗也。○【王洙曰】曹植詩：轉蓬離本根，飄飄隨長風。客子念故宅，○【王洙曰】魏文帝詩：客子常畏人。三年門巷空。○禄山反於天寶十四年，乾元元年始收復京師，凡三年也。悵望但烽火，戎車滿關東。○【王洙曰】詩：戎車既駕。生涯能幾何，○莊子養生主篇：其生也有涯。常在羈旅中。

昔在洛陽時，○洛陽，東都也。○【王洙曰】張景陽詩：昔在西京時。親友相追攀。○王粲七哀詩：親戚對我悲，朋友相追攀。送客東郊道，遨遊宿南山。○【王洙曰】曹植詩：鬬雞東郊道，驅上彼南山。煙塵阻長河，○謂屯兵於鞏、洛也。樹羽成皐間。○樹羽，謂建旗旄也。漢志：成皐屬洛陽。迴首載酒地，○【王洙曰】揚雄傳：好事者載酒過之。豈無一日還。丈夫貴壯健，慘戚非朱顏。○時安、史再陷洛陽。迴首舊日載酒之地，遨遊之所，豈無還期，但恨已非朱顏，不獲覩收復昇〔一〕平之日也

【校記】

〔一〕昇，元本、古逸叢書本作「世」。

寄贊上人

○【黄鶴補注】摩訶般若經：何名上人。佛言若菩薩一心行阿耨多菩提心不散亂，是名上人。

一昨陪錫杖，○【黄希注：「梵云阿若羅，此云錫杖。經云：又名智杖，又名德杖，顯智信功德本。」】錫杖經：佛告比丘：「汝等應受持錫杖，所以者何？過去未來見在諸佛皆執。一名智杖，一名德杖，彰顯智行功德本故。」餘見前注。卜鄰南山幽。○【杜陵詩史、分門集注引作「趙次公曰」】。補注

杜詩引作「王洙曰」。】左氏昭公三年傳：惟隣是卜。年侵腰脚衰，○陸士衡應詔：恨頹年之分侵。未便陰崖秋。重岡北面起，○爾雅釋山：山脊曰岡。竟日陽光留。○崖陰謂山北風寒，年老衰疾，不便居處，欲下陽岡以圖炙背之快也。茅屋買兼土，斯焉心所求。○欲問舍求田，而隱耕于此也。近聞西枝西，○西枝〔一〕，乃東柯谷西枝村之西也。有谷杉漆稠。○【王洙曰：「（黍）一作漆。」】一作「杉黍稠」。亭午頗和暖，○【杜田補遺。又，門類增廣十注杜詩引作「集注」。杜陵詩史、分門集注、補注杜詩引作「孝祥曰」。】四時纂要：日在午曰亭午。○【王洙曰】天台賦：羲和亭午。沙田又足收。○言其〔二〕瘦也。當期塞雨乾，○乾，苦寒切。宿昔齒疾瘳。徘徊虎穴上，面勢龍泓頭。○謂相度左右龍虎如何耳。柴荆具茶茗，遥路通林丘。○【趙次公曰：「四句則公與贊公既有鄰矣，可茶茗相交，往來通好也。」】言得以茶茗與贊公相通往來也。與子成二老，來往亦風流。○【師古曰】托言太公、伯夷避紂之亂，故隱居東海、北海之濱，今甫亦避唐亂，而卜隱于此，所以示譏也。

【校記】

〔一〕「枝」下疑奪一「西」字。

〔二〕其，元本、古逸叢書本作「且」。

寓目

一縣蒲萄熟，秋山苜蓿多。○【王洙曰：「西域人好飲蒲萄酒，馬食苜蓿。貳師伐宛，將種歸中國。」】前漢西域傳：大宛俗耆蒲萄酒，馬耆苜蓿。後漢使因采蒲萄、苜蓿種，歸種於離宮館旁。注：今皆有之，漢時種也。關雲常帶雨，塞水不成河。羌女輕烽燧，○【王洙曰】輕，一作摇。○【趙次公曰】烽燧，一物二名，燃火曰烽，舉煙曰燧。○餘見前注。胡兒制駱駝。○【王洙曰】制，一作掣。○又，尺列切〔一〕。又，尺例反〔二〕。玉篇：挽也。字書：牽也。今駝立掣而後伏，伏之而後興。自傷遲暮眼，喪亂飽經過。

【校記】

〔一〕切，元本、古逸叢書本作「反」。

〔二〕反，元本、古逸叢書本作「切」。

遣懷

愁眼看霜露，寒城菊自花。天風隨斷柳，客淚墮清笳。○清，一作晴。水净樓陰直，山昏塞日斜。夜來歸鳥盡，啼殺後棲鵶。○【趙次公曰】以其無可棲，故啼之苦爾。

蒹葭

○爾雅釋草：蒹，蒹葭，蘆葦也。

摧折不自守，秋風吹若何。暫時花帶雪，幾處葉沉波。體弱春苗早，○【王洙曰】苗，亦作甲〔一〕。○一作風。叢長夜露多。江湖後摇落，亦恐歲蹉跎。○【王洙曰】亦，一作祇。蒹葭衰脆，不能自守，非歲寒之質也。

【校記】

〔一〕甲，古逸叢書本作「田」。

除架

○【王洙曰。又，集千家注批點杜工部詩集引作「公自注」。】瓠架也。

束薪已零落，○【趙次公曰】瓜架必以薪爲之，今瓜已摘，則架上之薪零落也。瓠葉轉蕭疏。○崔豹古今注：瓠，瓠也。幸結白花了，寧辭青蔓除。○【趙次公曰】瓜實既結，則其蔓可除也。秋蟲聲不去，暮雀意何如。○【王洙曰】架除而鳥失棲托也。寒事今牢落，人生亦有初。○【王洙曰：「言瓜未生之初，則作架以承之。纔結花，則有將實之望，而其意稍怠矣，故架壞則除去而不修也。亦猶人事，鋭始而怠終。」】夫匏之初生，束薪爲架以承之，至花結而成實，則除其蔓而毁其架。〇【趙次公曰】甫因感而傷之，以謂人生未嘗無初，自嘆其年少之時，文采炳耀，聲譽赫烜，今流離垂老而客于秦，其何牢落如是耶！

廢畦〇菜圃也。

秋蔬擁霜露，豈敢惜凋殘。暮景數枝葉，〇數，所主切，計也。〇【趙次公曰】公自憫也，不忍蔬之雕殘，故於暮景之暇，數其枝葉爾。天風吹汝寒。緑霑泥滓盡，香與歲時闌。生意春如昨，〇春，魯訔疑作眷〔一〕。悲君白玉盤。

【校記】

〔一〕眷，元本、古逸叢書本作「春」。

秋笛〇一作吹笛。

清商欲盡奏，奏苦血霑衣。〇三禮圖：琴本五絃，曰宫、商、角、徵、羽。文王增二，曰少宫、少商。〇【趙次公曰：「方笛之吹，商聲所不堪聞，今欲盡奏以全其曲，則聞者必揮涕而繼之以血也。」】

絃最清也，然商聲雖清而獨悲，今欲盡奏以全其曲，則聞者必揮涕而繼之以血也。○蔡琰詩：長笛聲奏苦。他日傷心極，征人白骨歸。〔一〕相逢恐恨過，故作發聲微。○【趙次公曰】恐聞此而恨極，故發聲微細耳。不見秋雲動，悲風稍稍飛。○【趙次公曰】蓋言不獨人聞之愁，雖天亦爲之愁，故云動而風悲也。

【校記】

〔一〕「他日」二句，據元本、古逸叢書本補。

天末懷李白

○【趙次公曰】趙子櫟曰：白於至德二載坐永王璘而謫夜郎，故公在秦州懷之而作。

涼風起天末，○周書時訓：立秋之日，涼風至。陶潛江陵夜行詩：涼風起將夕。君子意如何。鴻雁幾時到，○月令：仲秋之月，鴻雁來。江湖秋水多。文章憎命達，○【師古曰】自古文章之士，命運多蹇滯也。魑魅喜人過。○【鄭卬曰】魑，抽知切。魅，明〔一〕泌切。鬼屬。○【師古曰】言貶所窮僻也。應共冤魂語，投詩贈汨羅。○【鄭卬曰】汨，迷〔二〕筆切，水名。○前漢揚雄傳：雄怪屈原文過相如，至不容，作離騷，自投江而死。廼作書摭離騷文而反之，自岷山投諸江流以弔原。

【校記】

〔一〕明，古逸叢書本作「胡」。

〔二〕迷，古逸叢書本作「述」。

獨立

空外一鷙鳥，河間雙白鷗。飄飖搏擊便，○【鄭卬曰】搏，徒官切。○飛而上也。○謂鷙鳥也。容易往來遊。○謂白鷗也。○【趙次公曰】白鷗往來，不知鷙鳥之將搏擊，此可謂寒心矣。草露亦多濕，蛛絲仍未收。天機近人事，獨立萬端憂。○【趙次公曰】露下衆草，則將殺草。蛛絲未收，則將羅物。皆有殺意，此並是天機如人事之好殺，宜公有萬端之憂也。

野望

清秋望不極，迢遞起曾陰。遠水兼天浄，孤城隱霧深。葉稀風更落，山迴日初沉。獨鶴歸何晚，○喻君子見棄也。昏鴉已滿林。○【王洙曰】：「譏小人衆多也。」】喻小人在位也。

秋日阮隱居致薤三十束

○【鄭卬曰：「薤，胡介切，葷菜，葉似韭。」】薤，胡介切，葷菜也。○隴外有阮昉隱居。晉春秋：阮籍出陳留尉氏，人物元古。昉，江左人門第一。餘見貽阮隱居詩。

隱者柴門内，○【王洙曰】柴，一作荆。畦蔬遶舍秋。盈筐承露薤，不待致書求。束比青芻色，○芻，説文：刈草也。○【魯曰】詩：生芻一束。圓齊玉筯頭。衰年關鬲冷，味暖併無憂。○【王洙曰】併，一作腹。○【趙次公曰：「薤性暖。本草載，能調中補不足。」】陶隱居本草：薤，温補。

送張二十參軍赴蜀川因呈楊五侍御

好去張公子，通家别恨添。兩行秦樹直，萬點蜀山尖。○言自秦而之蜀，驛樹傍列，蜀山森聳，爲難歷也。御史新驄馬，○【王洙曰】爲呈楊侍御也。前漢桓典拜侍御史，常乘驄馬，京師畏憚，爲之語曰：「行行且止，避驄馬御史。」參軍舊紫髯。○【王洙曰】爲張赴參軍之任也。晉書郄超傳：大司馬桓温辟爲參軍，府中爲之語曰「髯參軍」。以超髯故也。皇華吾善處，於汝定無嫌。

○【趙次公曰】此以言楊侍御爲皇華之使，乃吾所厚善之人，則於張二十，亦必無嫌，乃所以薦之也。詩小雅：皇皇者華。君遣使臣也。

新定杜工部草堂詩箋斠證卷第十六

乾元二年秋七月棄官居秦州以後所作

秦州見勑目

〇【勑一作除，九家集注杜詩依例爲「王洙曰」。】勑一作除。

薛三璩授司議郎畢四曜除監察與二子有故遠喜遷官兼述索居凡三十韻

大雅何寥闊，〇寥闊，言阻遠也。斯人尚典刑。〇薛、畢二子皆大雅之君子，可爲國家之典刑矣。〇【九家集注杜詩引作「師尹曰」。又，杜陵詩史、分門集注、補注杜詩引作「王洙曰」。】詩大雅：雖無老成人，尚有典刑。交期余潦倒，材力爾精靈。二子聲同日，〇【趙次公曰：「言二子由諸生而登朝廷也。」】謂同日遷官也。〇魯訔云：聲，恐當作陞。諸生困一經。〇甫自謂也。文章開突奥，○突，烏弔切。○【王洙曰：「突，又作窔。東北隅也。一云：窟也。突奥，深邃貌。荀子：「施突奥之内，枕簟之上。」」】突奥，言二子之文章深邃也。荀子：突奥之内。突字正作窔。○【鄭卬曰：「窔，没切。爾雅：傳謂之突下，方到切。室之西南隅曰奥。」】爾雅釋宫：西南隅謂之奥，東南隅謂之窔。○釋文：音要。遷擢潤朝廷。○今蒙遷擢，故能潤色朝廷也。舊好何由展，新詩更憶聽。○聽，讀平聲，聆也。別來頭併白，相見眼終青。○【王洙曰】晉阮籍母終，能爲青白眼，嵇康來弔，乃見青眼。伊昔貧皆甚，同憂歲不寧。○【王洙曰：「心，一作歲。」】歲，一作心〔一〕。棲遑分半菽，○【趙次公曰】項籍傳：歲饑人貧，卒食半菽。○【王洙曰】劉孝標絶交論：莫肯費其半菽。浩蕩逐流萍。俗態猶猜忌，〔二〕○甫與二子有舊好，雖今貴賤相邈，必能青顧，終〔三〕不相忘，非若俗態之相猜忌〔四〕也。妖氛忽杳冥。○指禄山亂也。獨慚〔五〕投漢閣，○甫得罪自比揚雄也。○【王洙曰】揚雄傳：王莽誅甄豐，連及揚雄。時雄校書天禄閣上，治獄使者來，雄恐不能自免，乃從閣上自投下，幾死。但〔六〕議哭秦庭。○言二子既顯達，當議報〔七〕朝廷之難也。○【王洙曰】左氏定公四年傳：楚昭王在隨，申包胥如秦乞師，立於庭墻而哭，日夜不絶聲，勺飲不入口七日。還蜀秖無補，○【王洙曰：「司馬相如還蜀。」】司馬相如，蜀人也，後富貴還故鄉。○甫以故鄉爲賊焚蕩，雖獲歸還，復何益哉！囚梁亦固扃。○【王洙曰：「梁孝王怒鄒陽，下獄吏，將殺之。陽從獄中上書，王立出之。」】鄒陽從梁孝王游，羊勝、公孫詭疾之，惡之孝王，孝王怒，下陽吏，將殺之。陽從獄中上書，書奏，孝王出之。○甫雖謫華州，亦能固守，蓋君子固窮，非若小人窮斯濫矣。華夷相混合，宇宙一羶腥。○【王洙曰】言胡兵亂華也。帝力收三統，○謂肅宗收復京師也。○【趙次公曰】。又，薛夢符曰：「漢書：三統謂天、地、人，即夏、商、周之三正也。」】周得天統，商得地統，夏得人統，言天、地、人皆歸之也。天威總四溟。○謂總有四海也。舊都俄望幸，○【趙次公曰】長安舊都，望車駕之還也。清廟肅惟馨。○【趙次公曰：「言再見宗廟也。」】再建宗廟，以行禋祀之禮也。○【王洙曰】書：明德惟馨。雜種雖高壘，○【王洙曰】雖，一作難。○言禄山連結吐蕃入寇，高其壘壁以自固也。長驅甚建瓴。○建，居偃切。○【鄭卬曰】瓴，盧經切。○王師長驅而來，其勢甚順，如建瓴水也。○【王洙曰】漢高帝紀：地勢便利，其以下兵於諸侯，譬猶居高屋之上，建瓴水也。焚香淑景殿，○喜其初復也。○【鄭卬曰】長安志：殿在西内綵綵〔八〕院西。漲水望雲亭。○言以水汛掃也。長安志：亭在西内景福臺之西。法駕初還日，群公若會星。宫臣仍點染，○【王洙曰：「宫臣，謂薛受司儀也，屬東宫。」趙次公曰：「司儀郎，東宫之官，以比給事中。點染者，爲文字也。」】宫臣謂薛璩，爲東宫司議郎，以點染爲文字也。柱史正零丁。○【王洙曰：「畢受御史，老聃爲柱下史。點染零丁，言未盡其半也。」又，趙次公曰：「畢除監察，故以柱史言畢。零丁，介獨之貌。」】柱史謂畢曜，爲監察御史，以介獨自立也。○漢官儀：侍御史，周官爲柱下史，冠法冠。官忝趨棲鳳，○【趙次公曰】含元殿西南有棲鳳閣。朝迴歎聚螢。○【王洙曰】歎，一作欲。○甫自以官忝拾遺，居於鳳闕，奈何貧而歎聚螢也。

○【王洙曰：「車胤聚螢。」】晉車胤家貧，夜囊螢火以照書。桓温在荆州，辟爲從事。喚人看騕褭，○騕褭，良馬也。今喚人自售，蓋言不遇也。不嫁惜娉婷。○【鄭卬曰】娉，普丁切。婷，唐丁切。○娉婷，美女〔九〕也。今不能嫁，故嘆惜之。○【師古曰】此皆甫以良馬、美女自喻，不見用於世也。○【王洙曰】張易之出塞行：騕褭青緑騎，娉婷紅粉粧。掘劍知埋獄，○此言薛、畢之除授遷官，乃豐城之劍，初埋於獄基，而爲雷焕發掘也。○【王洙曰】晉張華傳：初，斗牛間嘗有紫氣。雷焕曰：「寶劍之精，上徹於天，在豫章豐城。」張華即以焕爲豐城令，掘獄基，得雙劍，一曰龍泉，二曰太阿。提刀見發硎。○【鄭卬曰】硎，音刑，砥石也。○【梅曰：「薛、畢二子幾年埋没，今始奮發，殆見遇事剸裁也。」】此言薛、畢之遇事斷裁，如庖丁解牛，而刀刃若新發於硎。○【王洙曰】莊子養生主篇：庖丁爲文惠君解牛，十九年而刀刃若新發於硎，恢恢乎其於遊刃必有餘也矣。侏儒應共飽，○【趙次公曰：「以言二公猶未甚顯拔，與侏儒共飽耳。」】言薛、畢禄漸進，與侏儒共飽也。○侏儒，短人也。○【王洙曰】東方朔傳：上令待詔公車，奉〔一〇〕禄薄〔一一〕，未得省見。久之，朔紿侏儒曰：「上以若曹無益於縣官，欲盡殺若曹。」侏儒大恐。朔教曰：「上即過，叩頭請罪。」居有頃，聞上過，侏儒皆號泣頓首。上問何爲，對曰：「朔言上欲盡誅臣等。」上知朔多端，召問朔何恐侏儒，爲對曰：「侏儒長三尺餘，奉一囊粟，錢二百四十。朔長九尺餘，亦奉一囊粟，錢二百四十。侏儒飽欲死，朔飢欲死。」上大笑，因使待詔金馬門，稍〔一二〕得親近。漁父忌偏醒。○【趙次公曰】公自比漁父之放逐，以漁父忌其獨醒也。○【王洙曰】屈原漁父章：屈原曰：「衆人皆醉我獨醒。」漁父曰：「衆人皆醉，何不餔其糟而歠其醨。何令放爲？」旅泊窮清渭，長吟望濁涇。○【趙次公曰】今在秦州而憶長安也。○後漢志：隴西郡，渭水所出，東流長安。羽書還似急，○【王洙曰：「以鳥羽插檄書上，馳告四方，故云羽書。」】羽書，謂羽檄也。以木簡爲之，長尺二寸，用徵召也。其有急事，則加以鳥羽插之，示其速疾也。烽火未全停。○【趙次公曰】舉烽以報警急。○【王洙曰】未全停，尚有餘烽也。師老資殘寇，○師以防邊日久而老也。戎生及近坰。○坰，古螢切，林外也。○【趙次公曰】老子四十六章：天下無道，戎馬生於郊。忠臣辭憤激，烈士涕飄零。上將盈邊鄙，元勳溢鼎銘。仰思調玉燭，○【王洙曰】爾雅釋天：四氣和，謂之玉燭。○余謂玉言温也，燭言明也。誰定握青萍。○【王洙曰】握，一作淬。青萍，劍名。言誰握青萍之劍，以定天下，燮理均調，使四氣和協，薰爲泰平，實有賴於薛、畢二子也。陳孔璋答東阿王牋：君侯秉青萍、干將之器，拂劍無聲，應機立斷。隴俗輕鸚鵡，○【趙次公曰：「隴俗輕鸚鵡，公自況也。」】鸚鵡，能言鳥也，隴右所出。公自況客於關隴，爲時人所賤也。原情類鶺鴒。○【趙次公曰】鶺鴒，水鳥也。首尾動搖相應。今在高原，甫自喻其失所也。尚賴薛、畢二子如兄弟之急難，以相救恤也。○【王洙曰】詩棠棣：脊令在原，兄弟急難。秋風動關塞，高卧想儀形。○言仰取法於二子也。

【校記】

〔一〕心，元本、古逸叢書本作「辛」。

〔二〕忌，古逸叢書本作「忘」。

〔三〕終，元本、古逸叢書本作「贊」。

〔四〕忌，古逸叢書本作「忘」。

〔五〕慙，原作「暫」，據元本、古逸叢書本改。

〔六〕但，古逸叢書本作「俱」。

〔七〕報，古逸叢書本作「捄」。

〔八〕絲綵，古逸叢書本作「綵絲」。

〔九〕女，古逸叢書本作「貌」。

〔一〇〕奉，元本、古逸叢書本作「舉」。

〔一一〕薄，古逸叢書本作「時」。

〔一二〕稍，元本、古逸叢書本作「相」。

寄彭州高三十五使君適虢州岑二十七長史參三十韻

〇【集千家注批點杜工部詩集引作「公自注」。】時患瘧病。〇按唐書：適，太子詹事，出刺彭、蜀二州。參〔一〕，文本曾孫，右補闕，坐左遷。參〔二〕有虢州衙郡還詩曰：「郡中叨佐理，頭白飜折腰。」郡齋詩曰：「幸曾趨丹墀，數載侍黄屋。故人盡榮寵，誰念此幽獨。」甫此詩作於乾元二年，後八年當大曆二年，甫下峽至雲安。參時爲嘉州牧，甫有詩曰：「不見故人十年餘。」又，按地志：乾元二年，嘉州昇都督府。參爲尚書郎、嘉州牧。詩曰：「諸侯非棄擲，半刺已翺翔。」諸侯，指適。半刺，指參。與參詩互見也。

故人何寂寞，〇【王洙曰】故，一作古。今我獨凄凉。老去才雖盡，〇【趙次公曰】晉江淹嘗夢還筆，後爲詩絶無美句，時人謂之才盡。秋來興甚長。物情尤可見，詞客未能忘。〇【師古曰】謂目有所見，則心有所感而不忘也。海内知名士，〇【王洙曰】詞客、名士，皆指高、岑也。雲端各異方。〇【王洙曰】異方，謂彭屬蜀，虢屬山南也。〇【趙次公曰】枚乘樂府詩：美人在雲端，天路隔無期。高岑殊緩步，〇謂遷擢不驟也。沈鮑得同行。〇同，樊作周。〇【王洙曰】謂高、岑可與沈約、鮑照齊驅也。意愜關飛動，〇飛動，謂鳥獸昆蟲也。〇【趙次公曰】沈佺期祭李侍郎文：思含飛動，才冠卿雲。篇終接混茫。○混茫，謂天地也。言高、岑之詞章該貫天地及萬物也。舉天悲富駱，近代惜盧王。似爾官仍貴，前賢事可傷。○【趙次公曰】富謂富嘉謩，駱謂駱賓王，盧謂盧照隣，王謂王勃，蓋皆文章之伯而不容於世，故當時爲之悲惜。以言高、岑二子亦以文士而得官，則比四子爲得志矣。諸侯非棄擲，○【趙次公曰】謂適也。○刺史，古之諸侯也。半刺已翱翔。○【趙次公曰】謂岑也。○【王洙曰】庾亮與郭遊書：別駕與刺史同流，王化於萬里，任居刺史之半，安可非其人也。詩好幾時見，書成無使將。○使，疏吏切。將，命者。○【趙次公曰】言公在秦州欲寄書於二子也。男兒行處是，○言無入而不自得也。客子鬭身强。○鬭，一作問。公自謂也。羈旅推賢聖，○【趙次公曰】公言孔、孟尚羈旅，奚獨我邪！沉綿抵咎殃。三年猶瘧疾，一鬼不銷亡。○漢舊儀曰：昔顓帝有三子，生而亡去爲鬼，一居江水爲瘧鬼，一居若水爲罔兩，一居人宫室區隅，善驚小兒，於是歲終時儺以索室中驅疫鬼也。蔡邕獨斷又云：一居江水爲瘧鬼。○【鮑彪曰】按集，公過王倚詩云：「瘧癘三秋孰可忍，寒熱百日交相戰。」正與此合。三秋，謂一在鄜，一在華，一在秦也。隔日搜脂髓，增寒抱雪霜。○【王洙曰】此皆瘧之狀也。徒然潛隙地，有靦屢鮮粧。○【鄭卬曰】靦，他典切。説文：面見也。○楊氏談苑曰：著婦人衣，以避瘧鬼。何太龍鍾極，○埤蒼：龍鍾，行不進貌。于今出處妨。無錢居帝里，盡室在邊疆。○【王洙曰】公時寓同谷也。劉表雖遺恨，龐公至死藏。○昔王粲依于劉表，甫恨不及依高、岑，乃效龐公隱于鹿門也。按集，遺興詩「舉家隱鹿門，劉表安得取」是也。注見前。心微傍魚鳥，○【魯曰】晉嵇康遊山澤，觀魚鳥，心甚樂之。○書：道心惟微。肉瘦怯豺狼。○豺狼，喻貪暴者，甫之所畏也。隴草蕭蕭白，洮雲片片黃。○隴謂隴右，洮即臨洮。隴草、洮雲，皆甫言其客居之景物也。彭門劍閣外，○【王洙曰】劍閣，乃劍關也，在蜀。○【定功曰】後漢郡國志：蜀郡湔氐道。注：蜀王本紀：縣前有兩石對如闕，號曰劍門。虢略鼎湖傍。○鼎湖，乃鼎城也，屬虢。昔黃帝鑄鼎于此。後漢郡國志：弘農郡陸渾西有虢略地。左氏僖十五年傳：晉侯賂秦，西盡虢略。又云：湖故屬京兆。前志有湖縣。荊玉簪頭冷，○【趙次公曰】荊玉，乃虢州之土，宜爲岑長史而言也。巴牋染翰光。○【趙次公曰】巴牋，乃彭州之土，宜爲高使君而言也。烏麻蒸續曬，○陶隱居云：胡麻當九蒸九曝，熬搗充餌。唐本注〔三〕云：烏者良。丹橘露應嘗。○周李元操詠橘：白花如散雪，朱實似垂金。布影臨丹地，飛香度玉岑。豈異神仙宅，俱兼山水鄉。○烏麻、丹橘，乃神仙之服食，亦彭、虢二州山水之所宜也。竹齋燒藥竈，花嶼讀書床。更得清新否，遥知對屬忙。○【趙次公曰】言高、岑二子詩思清新也。舊官寧改漢，○後漢岑彭傳：彭惡所營地名彭亡，欲徙之，故有是言。淳俗不離唐。○【師古曰】虢本晉地。詩晉風：此晉也，而謂之唐，本其風俗憂深思遠，儉而用禮，乃有堯之遺風焉。濟世宜公等，安貧亦士常。○【趙次公曰】安貧，公自言也。〔四〕蚩尤終戮辱，胡羯漫猖狂。○【王洙曰：「胡羯，安、史也。」】蚩尤、胡羯，指安史之亂也。○山海經：黃帝殺蚩尤于冀州之野。會待祆氛靜，論文暫裹糧。○【師古曰】甫欲待寇平，裹糧往就高、岑二子共論文章也。

【校記】

〔一〕參，元本、古逸叢書本作「岑」。

〔二〕參，元本、古逸叢書本作「岑」。

〔三〕唐本注，疑當作「唐本草注」。

〔四〕元本、古逸叢書本後尚有「家語貧者士之常」七字。

病後過王倚飲贈歌

麟角鳳觜世莫識，○識，一作辨。○【韓曰】麟鳳，治世之祥，亂世誰能識此物。麟角鳳觜，喻王倚生非其時，故世人莫識之也。煎膠續弦奇自見。○弦既絶矣，煎膠能續之，固無此理。王倚懷奇才，能爲人所不能，喻有續弦之巧，其奇自可見矣。○【薛蒼舒曰】按，東方朔十洲記：鳳麟洲在西海之中央，四面有弱水遶之，鴻毛不浮，不可越也。其上多麟鳳數萬，爲群仙家煮鳳喙及麟角，煎合作膠，名爲續弦，一名連金泥。此物能續弓弩絶弦及斷折之金也。○【趙次公曰】杜牧之詩：天上鳳皇誰得髓，世間那有續弦膠。尚看王生抱此懷，在於甫也何由羨。且遇王生慰疇昔，素知賤子甘貧賤。○賤子，甫自稱也。酷見凍餒不足耻，○凍，一作陳，誤也。多病沉年苦無健。〔一〕

王生見我顔色惡，答云伏枕艱難遍。瘧癘三秋孰可忍，○注見前篇。寒熱百日相交戰。頭白眼暗坐有胝，○【鄭卬曰】胝，丁泥切，皮厚也。肉黄皮皺命如綫。惟生哀我未平復，爲我力致美肴膳。遣人向市賒香粳，○粳，古行切。養生要集：粳，稻屬也。唤婦出房親自饌。長安冬葅酸且緑，○葅，側魚切。説文：酢菜也。金城土酥浄如練。○酥音蘇，羊乳所爲也。色白如練。兼求畜豕且割鮮，○【魯曰。又，王洙曰：「富豪，一作畜豕。」】畜豕，一作富〔二〕豪，非是。○割鮮，謂新殺者。○【王洙曰】西都賦：割鮮野食。密沽斗酒諧終宴。○【師古曰】言王生禮意無盡也。○【趙次公曰】金城，秦地也，有酡金城，自能爲酥，其名土酥。子美客居秦亭，而食長安之冬葅、金城之土酥，且求畜豕而割鮮焉，非肴膳之美而何。○古詩：斗酒相娱樂，聊厚不爲薄。曹植公讌詩：終宴不知疲。故人情味晚誰似，○味，一作義。令我手脚輕欲旋。○旋，或作淀，辭戀切。甫當晚年窮困不得志，故人親友皆相疏棄，誰有情味之厚得如王生，是以令甫歡喜而手脚輕欲旋舞也。老馬爲駒信不虚，○【王洙曰：「詩角弓：老馬反爲駒，不顧其後。注：已老矣而孩童慢之。箋云：此喻幽王見人反侮慢之，遇之如幼稚，不自顧念後至年老，人之遇己亦將然也。」】昔幽王侮慢老成人如幼稚然，詩人所以刺之，老馬而反以駒視之。昔聞此言，今則信然，其語總不虚也。詩角弓：老馬反爲駒，不顧其後。當時得意况深眷。但使殘年飽喫飯，○飯，讀去聲，餐也。○【師古曰】甫傷年老爲時輩所忽，故譏時輩雖見遇于君，未必他日不若甫之困躓者也。只願無事長相見。○【師古曰】甫既傷交態刻薄，遂美王生，可與長相見也。

【校記】

〔一〕健，古逸叢書本作「怪」。

〔二〕富，杜陵詩史、分門集注皆作「畜」。

西枝村尋置草堂地夜宿贊公土室二首

○贊公於至德二載，歲在丁酉，時會公于大雲寺，後謫秦州。按集，公有大雲寺贊公房詩，又有宿贊公房詩。

出郭眄細岑，○【劉曰：「眄，斜視也。」】眄，弭殄切，斜視也。披榛得微路。○【王洙曰】趙景真書：涉澤求蹊，披榛覓路。溪行一流水，曲折方屢渡。贊公湯休徒，○【王洙曰：「惠休上人姓湯。」】湯休，乃僧惠休也，姓湯，能詩。○甫以贊公比之。好静心迹素。○素，謂質素也。昨枉霞上作，盛論巖中趣。○贊公嘗以詩招甫爲隣居，盛論巖中之景趣，甫謂其才思挺出煙霞之外，故云「霞上作」也。怡然共携手，○詩邶風：携手同行。恣意同遠步。捫蘿澀先登，○捫蘿，謂其山險澀，攀松蘿以登之也。范雲詩：捫蘿忽遺我，折桂方思君。陟巘眩返顧。○【鄭卬曰】巘，魚蹇切，山脊也。○眩，黄練切，亂也。升山脊而反顧其下，令人目眩亂也。詩大雅：陟則在巘。要求陽岡暖，○【師古曰】山南曰陽，山北曰陰。山南向陽，故暖。山北背陽，故沍寒。○甫以年老有肺疾，欲卜陽岡以居之而負暄也。苦涉陰嶺沍。○涉，晉作步。左氏傳：固陰沍寒。惆悵老大藤，沉吟屈蟠樹。卜居意未展，○言未合意也。杖策迴且暮。層巔餘落日，草蔓已多露。○公杖策歸晚，是以宿贊公土室〔一〕也。

【校記】

〔一〕室，元本、古逸叢書本作「屋」。

天寒鳥已歸，月出山更静。○【王洙曰】山，一作人。土室延白光，松門耿疏影。躋攀倦日短，○言登陟之難覺日短也。語樂寄夜永。○言夜長可以談笑也。明然林中薪，○燃林薪，所以代燭也。暗汲石底井。○汲石泉，所以烹茶也。大師京國舊，○大師，指贊公也。京國舊，謂京師上刹禪宿也。瑜伽論：能化導衆生，令苦寂滅，故號大師。德業天機秉。○謂機智出乎天然也。從來支許遊，○【趙次公曰：「支遁以比贊公，許詢，公以自比。」】昔晉許詢嘗與道人支遁遊，今甫與贊公交契，故以比之。興趣江湖迥。數奇謫關塞，○數，所具切，計也。奇，居宜切，不偶也。關塞，指華州。甫以數奇見逐爲華州司功也。○【王洙曰】前漢李廣數奇，不獲封侯。顔師古曰：言廣命隻不偶也。道廣存箕潁。○言主上〔一〕道德廣大，不以甫棄官爲責，亦若帝堯道廣，能存許由之徒，不强屈以爲臣也。吕氏春秋：堯朝許由於沛澤之中，曰：「請屬天下於夫子。」許由遂之箕山之下、潁水之陽。何知戎馬間，○前注。復接塵事屏。○【鄭卬曰】屏，必郢切，棄也。○甫以兵甲擾攘之際，不意今朝得屏棄塵土，而與贊公樂於山林之遊也。幽尋豈一路，○言多方尋幽陰之地也。遠色有諸嶺。○言遠望諸嶺山色之秀，必有佳處也。晨光稍曚曨，更越西南頂。

【校記】

〔一〕上，元本作「出」，古逸叢書本作「也」。

太平寺泉眼

招提憑高岡，○高岡，山脊也。增輝記：招提者，梵言拓鬬提奢，唐言四方僧，蓋後人傳寫之誤，以拓爲招，又省去鬬奢二字，只稱招提。只今十方寺院是也。餘見遊雲門奉先寺詩注。疏散連草莽。○莽，莫補切。方言：草，南楚之間謂之莽。出泉枯柳根，汲引歲月古。石間見海眼，○間，一作門。○【孫曰】成都府城西門外道傍有石笋，蜀人言天以鎮海眼，謂此泉從石中而出，亦如海眼也。天畔縈水府。○水府，江、河、淮、漢是也，言此泉脉縈帶水府於天邊，不獨溢〔一〕于此寺也。海賦：爾其水府之内〔二〕，極深之庭。廣深丈尺間，宴息敢輕侮。青白二小蛇，幽姿可時覩。如絲氣或上，爛熳爲雲雨。山頭到山下，鑿井不盡土。○鑿之不深，自然有水也。取供十方僧，香美勝牛乳。○【趙次公曰：「鑿井自山頭至山下，皆石而已，不能窮盡至有土處也。鑿井之難如此，而得泉眼爲可美。佛經：每以牛乳供僧。」】維摩經：阿難白佛言：憶念昔時世尊身有少疾，當用牛乳。北風起寒文，弱藻舒翠縷。明涵客衣浄，細蕩林影趣。○趣，協音，去聲。何曾〔三〕宅下流，餘潤通藥圃。三春濕黄精，一食生毛羽。○廣雅：黄精，龍銜草也。○【杜田補遺。又，杜陵詩史、分門集注、補注杜詩引作「黄曰」。】本草：黄精久服輕身延年。

【校記】

〔一〕溢，元本、古逸叢書本作「益」。

〔二〕内，元本、古逸叢書本作「注」。

〔三〕曾，古逸叢書本作「當」。

佳人

〇【師古曰】詩簡兮：刺不用賢也。云「彼美人兮，西方之人」，蓋言賢者有佳美之德。甫之此詩亦以佳人喻賢者。君之於臣，亦猶夫之於婦也。君用新進少年，必至於疏棄舊臣；夫淫於新婚，必至於離絶舊室，此必然之理也。甫寓意於君臣而有此作，非獨爲佳人之什，讀者可以意會也。

絶代有佳人，〇【王洙曰】前漢外戚傳：李延年侍上，歌曰：北方有佳人，絶世而特立。幽居在空谷。〇【王洙曰】空，一作山。詩：皎皎白駒，在彼空谷。〇言賢人隱于空谷，今有一佳人爲夫所棄，幽居于空谷，蓋言失所也。自云良家子，〇石季倫王昭君詞：匈奴盛請婚於漢元帝，以後宮良家子昭君配焉。零落依草木。關中昔喪敗，〇【王洙曰】敗，一作亂。〇謂經禄山之亂也。兄弟遭殺戮。官高何足論，〇謂夫壻官雖高，不足言也。不得收骨肉。〇恨兄弟已死，妾獨一身，不見收於骨肉之親，恨無所依也。淮南説林訓：親莫親於骨肉，節族之屬連也。世情惡衰歇，〇言華落色衰也。萬事隨轉燭。〇言世態不常也。燭影隨風轉而無定。夫壻輕薄兒，〇【王洙曰】沈休文詩：長安輕薄兒。新人已如玉。〇【王洙曰：「一云已如玉。」】已，一作美。〇【王洙曰】古詩：燕趙多佳人，美者顔如玉。合昏尚知〔一〕時，〇【張天覺曰：「周處風土記：合昏，槿也。」】周處風土記：合昏，槿也。葉晨舒而昏卷。〇【杜田補遺。】又，杜陵詩史、分門集注、補注杜詩、集千家注批點杜工部詩集引作「孝祥曰」：「陸佐公石闕銘：合昏暮卷，蓂莢晨生。注：合昏，木名。○【杜田補遺。門類增廣十注杜詩、門類增廣集注杜詩引作「杜云」，杜陵詩史、分門集注、補注杜詩、集千家注批點杜工部詩集引作「定功曰」。】本草云：合歡，即夜合也。人多植庭除間。一名合昏。陳藏器云：其葉至昏即合，故曰合昏。鴛鴦不獨宿。○【杜田補遺。又，杜陵詩史引作「趙次公曰」。】崔豹古今注：鴛鴦，水鳥，鳧類，雌雄未嘗相離。人得其一，一思而死，故謂之匹鳥也。○【趙次公曰：「佳人自怨之辭，言物之有合有偶，而人之不若也。」】余謂此佳人自怨之辭，合昏之木、鴛鴦之鳥尚且知時戀匹，可以人而不如之乎？所以深刺夫婿之輕薄者也。但見新人笑，那聞舊人哭。在山泉水清，○言新人在家也。出山泉水濁。○言舊室已出也。侍婢賣珠回，○侍，一作待。賣珠，所以供朝夕也。牽蘿補茅屋。○牽蘿，所以禦風雨也。摘花不插髮，○【王洙曰。又，杜陵詩史、分門集注、補注杜詩引作「修可曰」。】髮，一作髻。○晉又作鬢。○【門類增廣十注杜詩、門類增廣集注杜詩引作「杜云」。又，杜陵詩史、分門集注、補注杜詩引作「修可曰」。】言無心於爲容飾也。采柏動盈掬。○言秉心專也。○【王洙曰】詩：終朝采綠，不盈一掬。天寒翠袖薄，日暮倚脩竹。○是詩特以采柏倚竹爲言者。○【師古曰：「柏與竹歲寒不改其操，亦猶君子見逐於君，而吾操守終無改易，此所以爲忠臣貞婦也。」】蓋柏與竹歲寒不改其操，雖爲夫所棄，誓以節自守，始終不變，亦猶賢人君子，雖見逐於君，而吾操守終無改易，此其所以爲忠臣貞婦者也。

【校記】

〔一〕尚知，元本、古逸叢書本作「知尚」。

送遠

帶甲滿天地，○【王洙曰：「盜賊充斥，時方用兵。」】言盜賊之多也。胡爲君遠行。○言遠行以戍邊也。親朋盡一哭，鞍馬去孤城。草木歲月晚，關河霜雪清。別離已昨日，因見古人情。

空囊

翠柏苦猶食，○【修可曰】屈原九歌山鬼章：飲石泉兮蔭松柏。○【修可曰：「列仙傳云：仙人偓佺食松柏之食。」】劉向列仙傳：偓佺者，槐山采藥父也。好食松實，形體生毛，長數寸。○博物志：荒亂不得食，細切於柏葉，水送令下，隨人能否，以不饑爲度。此葉苦不可嚼，惟細切水送之耳。古艷歌：行不隨道，經歷止陂。馬啖柏葉，人啗松脂。不可當飽，聊可過饑。晨霞高可餐。○【師尹曰】晨，一作明。○高，一作朝。○【杜田補遺】屈原遠遊章：漱正陽而含朝霞。注：餐，吞日精、食元符也。陵陽子明經：言春食朝霞。朝霞者，日始欲出赤黄氣也。夏食正陽。正陽者，南方日中氣也。○【杜田補遺】又真誥：九華真妃曰：日者，霞之實。霞者，日之精。君惟聞服日實之法，未知餐霞之精也。○【杜田補遺】夫餐霞之經甚秘，致霞之道甚易。○【師古曰】余謂甫欲食柏餐霞，高遁於世也。世人共鹵莽，○鹵音魯。莽，莫古切，又如字，滅裂也。言無知己者也。吾道屬艱難。○言己道之不行也。不爨井晨凍，○【趙次公曰】以不爨故不汲井，而井〔一〕晨凍矣。無衣床夜寒。○【王洙曰】詩：無衣無褐，何以卒歲。囊空恐羞澀，○澀，色入切，不滑也。盧思道後園宴詩：可憐白水神，可念青樓女。便研不羞澀，遥艶工言語。留得一錢看。

【校記】

〔一〕井，元本作「月」，古逸叢書本作「自」。

送人從軍

○時有吐蕃之役也

弱水應無地，○【趙次公曰：「無地，言水多也。」】無地，言弱水之深廣也。○玄中記：崑崙之弱水，鴻毛不能舉。陽關已近天。○【趙次公曰：「近天，言山高也。」】近天，言陽關之高也。○【余曰：「唐王維詩：勸君更盡一杯酒，西出陽關無故人。後人以爲陽關曲唱之。」】唐王維詩：西出陽關無故人。後因以爲詞。今君渡沙磧，○磧，七迹切。前漢音義：沙土曰漠，即今磧也。累月斷人煙。好武寧論命，封侯不計年。馬寒防失道，○【趙次公曰：「又所以戒之自重。」又，師古曰：「李廣征匈奴，失道當斬，贖爲庶人。此戒之之辭也。」】此戒之之辭也。前漢李廣擊匈奴，軍惑失道，遂自刎。百姓爲之垂泣。雪沒錦鞍韉。○則前切。〔一〕

【校記】

〔一〕則前切，元本、古逸叢書本無。

東樓

萬里流沙道，西行過此門。○西行，一作征西，非是。禹貢：西被〔一〕于流沙。但添新戰骨，不返舊征魂。○【王洙曰】一作「但添征戰骨，不返死生魂」。樓角凌風迥，○凌，一本作臨。城陰帶水昏。傳聲看驛使，送節向河源。○【趙次公曰：「又暗用張騫奉使尋河源事，所以比使者如張騫也。」又，杜陵詩史、分門集注、補注杜詩引「趙次公注」作：「時遣使與吐蕃和，借使張騫奉使尋河源事。」】時遣使與吐蕃和好，因借張騫爲漢使窮河源以爲言也。○餘見秦州詩注。

【校記】

〔一〕被，元本、古逸叢書本作「彼」。

夕烽

〇【師古曰】軍制：晝則燔燧，夜則舉烽，故謂之夕烽。餘見前。

夕烽來不近，每日報平安。〇唐六典：唐鎮戍烽候所至，大率相去三十里，每日初夜放煙一炬，謂之平安火。塞上傳光小，雲邊落點殘。照秦通警急，〇匈奴傳：烽火通於甘泉。〇【趙次公曰：「光武紀『修烽燧』注甚悉。」】光武紀：修烽燧。注：遠方備警，舉烽以相告。過隴自艱難。〇【趙次公曰】言安、史之兵猶出没隴上矣。聞道蓬萊殿，〇【師尹曰。】又，杜陵詩史、分門集注、補注杜詩引作「鄭曰」。】長安志：蓬萊殿，在東内紫宸殿之北。千門立馬看。

觀兵

北庭送壯士，〇北庭，謂回紇也。〇【師古曰】時送兵五千助帝討賊。貔虎數尤多。〇【杜田補遺】爾雅釋獸：貔，白狐，其子豰。郭璞注：一名執夷，虎豹之屬。炙轂子載貔銘曰：書稱猛士，如虎如貔。精鋭舊無敵，邊隅今若何。〇【趙次公曰】此望其必勝而憂之之辭。妖氛擁白馬，〇【趙次公曰】妖氛，指言吐蕃之兵也。南史：侯景爲亂，乘白馬，青絲爲轡，以應讖。元帥待雕戈。〇【師古曰】元帥謂代宗，待天子賜以雕戈而征吐蕃也。莫守鄴城下，〇【師古曰】鄴城謂相州也。時九節度以兵圍賊將慶緒於相州。斬鯨遼海波。〇【趙次公曰】思明據鄴城未下，甫謂可以捨鄴緩圖，且於遼海斬鯨，掃其巢穴，則以吐蕃爲急也。〇孫綽賦：斬鯨鯢於蒼波。

不歸

河間尚征伐，〇後漢志：河間國治樂成。汝骨在空城。〇【趙次公曰】：「此言公之從弟有死而寄骨於其處。」】公言其從弟經亂離不歸而死，寄骨於彼之空城也。〇左氏傳：吾收爾骨焉。從弟人皆有，〇爾雅釋親：兄弟之子相謂爲從父晜弟。終身恨不平。數金憐俊邁，〇數，所具切，計也。〇【師古曰】謂幼之時識錢數也。〇張正見詩：數金買聲名。總角愛聰明。〇詩齊風：總角丱兮。注：總角，聚兩髦也。面上三年土，春風草又生。〇【師古曰】公言三年飄蕩風埃之中，今春草又生也。

日暮

日落風亦起，城頭烏尾訛。〇【杜田補遺。又，杜陵詩史、分門集注、補注杜詩引「修可曰」：「烏尾，當作『鳥尾』。殆傳印之誤。」】烏，一作鳥。非是。〇【杜田補遺。又，杜陵詩史、分門集注、補注杜詩引作「修可曰」：「按後漢五行志：桓帝時京師童謡云：『城上烏，尾畢逋。』蓋言處高利獨食，不與下共，謂人主多聚斂也。」】後漢五行志：桓帝時童謡曰：城上烏，尾畢逋。○【杜田補遺：「詘，斜也。」。陳師道曰：「詘，以言驚動也。」】毛萇詩傳：詘，動也。黄雲高未動，○【趙次公曰】淮南墬形訓：黄泉之埃，上爲黄雲。江淹雜體詩：黄雲蔽千里。白水已揚波。○【趙次公曰】屈原九歌：衝風至兮水揚波。趙津女歌：水揚波兮杳冥冥。羌婦語還哭，胡兒行且歌。將軍別換馬，○【趙次公曰】將軍以敵人識之，故换馬也。夜出擁雕戈。

蕃劍

致此自僻遠，又非珠玉裝。○曹子建七啓：步光之劍，華藻繁縟，綴以驪龍之珠，錯以荆山之玉。如何有奇怪，每夜吐光芒。○【趙次公曰】晉張華傳：初，斗牛間常有紫氣。雷煥曰：「寶劍之精，上徹於天。」虎氣必騰上，龍身寧久藏。○王子年神仙拾遺記：顓頊有騰空劍在匣中，常如龍虎吟。○【趙次公曰】世説：王子喬墓有盜發之，有一劍騰在空中，作龍吟虎吼，徑飛上天。風塵苦未息，持汝奉明王。

病馬

乘爾亦已久，天寒關塞深。塵中老力盡，歲晚病傷心。○【趙次公曰】淮南人間訓曰：子方見老馬，以問其御，曰：「此何馬也？」其御對曰：「此故公家畜也，老罷而不爲用，出而鬻之。」子方曰：「少貪其力，而老棄其身，仁者不爲也。」束帛以贖之。罷武聞之，知所歸心矣。毛骨豈殊衆，馴良猶至今。物微意不淺，感動一沉吟。○【師古曰】此詩托意人君，始用其才，終乎棄捐而失之寡恩也。○楚辭王逸九思：意欲兮沉吟。

銅瓶

○【師古曰】銅瓶，所以汲水以濟人者也。喻賢者宣君之恩以及衆，世亂則棄捐於寒甃，時清則收用於瑤殿也。

亂後碧井廢，○祖德林詩：碧井銀床互相應。時清瑤殿深。○崔琦詩：夏愛瑤殿清。銅瓶未失水，百丈有哀音。○【趙次公曰】想平日清平之時，玉殿深邃，宮人以瓶汲水，離水欲上時，有滴水之音也。側想美人意，○古詩：昔日美人臨井意。應非寒甃沈。○非，一作悲。甃，側救切。○風俗通：甃，聚磚修井也。易：井甃無咎。蛟龍半缺落，猶得折黃金。○【趙次公曰】井中或得斷釵遺珥，有黃金蛟龍之狀，則有之矣。

觀安西兵過赴關中待命二首

○春秋元命苞：關中者，秦川。〔一〕西以隴關爲限，東以函谷爲界，故謂之關中。

四鎮富精鋭，○四，一作西。○【杜田正謬】又，杜陵詩史、分門集注、補注杜詩引作「薛夢符曰」。】唐武后時右鷹揚衛將軍王孝傑擊吐蕃，大破其衆，復收四鎮，更置安西都督府於丘茲，以兵鎮守。又，唐志：四鎮都督府，丘茲、于闐、焉耆、疏勒也。摧鋒皆絶倫。還聞見〔二〕士卒，足以静風塵。老馬夜知道，○【師古曰】老馬，喻哥舒翰老將也。○【王洙曰】韓非子：管仲從齊桓公伐孤竹，春往冬返，迷惑失道。管仲曰：「老馬之智可用也。」乃放老馬而隨之，遂得道行。蒼鷹飢著人。○【鄭卬曰】著，直略切。○【師古曰】飢鷹，喻禄位〔三〕未高也。○【王洙曰】晉載記：慕容垂猶鷹也，飢則附人，飽則高飛。臨危經久戰，用意始如神。○【王洙曰：「一作意。」】意，一作急。○【師古曰】言當此之時正好使之立功，以充其志願也。

【校記】

〔一〕川，古逸叢書本作「州」。

〔二〕見，古逸叢書本作「遺」。

〔三〕位，杜陵詩史、分門集注作「山」。

奇兵不在衆，○老子五十七章：以奇用兵。萬馬救中原。談笑無河北，○【趙次公曰】祿山之亂，河北一帶已陷没，今言安西兵之精鋭，主將於談笑之間，可以蔑無河北矣。蘇子瞻有詩云「已覺談笑無西戎」，蓋用此也。心肝奉至尊。○【王洙曰：「言至誠也。」】謂竭忠誠以待命也。孤雲隨殺氣，飛鳥避轅門。○【石曰】軍以車轅爲門，兵屯嚴肅，雖飛鳥不得而過也。竟日留歡樂，○【王洙曰】歡，一作觀。城池未覺喧。○【王洙曰：「言軍令整肅，不囂亂也。」】言留兵犒設，軍令不譁也。

兩當縣

○【俯曰】按，地理志：鳳州兩當縣，州西八十五里，漢故道縣，後魏置兩當，以大散關與嘉陵谷地勢險阻相當，故名兩當。

吴十侍御江上宅

○唐百官志：御史臺大夫一人，中丞二人，屬三院，一臺院侍御史，二殿院殿中侍御史，三察院監察御史。○【趙次公曰】詳觀詩意，吴侍御遷謫之由，因爲辯論良民不是姦細，以此忤權貴而得罪耳。

寒城朝煙淡，山谷葉落赤。陰風千里來，吹汝江上宅。○吴侍御謫居秦川，其宅枕于江上。陰風，喻讒言也。陰惡之風吹汝，言爲讒言中傷也。◎【王洙曰】謝玄暉詩：朔風吹飛陌，蕭蕭江上來。鶤雞號枉渚，◎鶤，或作鵾。鶤〔一〕音昆，三尺雞也。◎【杜田補遺：「相如上林賦云：鶤玄鶴，亂鶤雞。張揖曰：鶤雞，似鶴，黄白色。」又，門類增廣十注杜詩引作「集注」，杜陵詩史、分門集注、補注杜詩、集千家注批點杜工部詩集引作「沈曰」。】上林賦音義：鶤雞，黄白色，似鶴，長頸赤喙。◎【田曰：「鶤鷄，楚地有之。楚辭曰：鶤鷄啁哳。」趙次公曰：「以楚地之時候景物言之，鶤雞正實道其事，楚地有之。楚辭曰『鶤雞啁哳』，乃是事祖。」】宋玉九辯：鶤雞啁哳而悲鳴。號，平聲。渚，小洲也。枉，曲也。言小洲之斜曲而不直者也。◎【趙次公曰：「子美是詩云『鶤雞號枉渚』者，蓋渚之斜曲而不直者，皆謂之枉渚，非武陵及湘潭之枉渚也。故陸雲答張士然詩曰：通波激枉渚，悲風薄丘榛。注：枉，曲也。亦以斜曲爲義。」又，杜陵詩史、分門集註、補註杜詩、集千家註批點杜工部詩集引作「敏功曰」：「陸雲答張士然詩曰：通波激枉渚。注云：枉渚，曲渚也。亦以斜曲爲義。」】晉陸雲答張士然詩：通波激枉渚。注：曲渚也。日色傍阡陌。◎阡陌，田間道也。南北爲阡，東西爲陌。借問持斧翁，◎【趙次公曰】持斧翁，指吴侍御如暴勝之也。◎【王洙曰】前漢暴勝之爲直指使者，衣繡衣，杖斧，逐捕群盜。幾年長沙客。◎長沙郡，即潭州也。時吴侍御寓居于江上，譬若賈誼謫于長沙也。餘見前注。哀哀失木狖，◎狖，余救切，似狸善旋。◎【趙次公曰】言吴侍御失所也。◎【王洙曰】淮南覽冥訓：猨狖顛蹶而失木枝。矯矯避弓翮。◎言吴侍御避讒也。◎【趙次公曰】淮南修務訓：雁銜蘆而翔，以備矰弋。◎崔豹古今注：雁自江南還河北，體肥不能高飛，恐爲虞人所獲，銜長蘆數寸以防繒繳。

亦知故鄉樂，未敢思宿昔。○甫與吴侍御相逢異縣，雖思故鄉之樂，未敢冀其如平昔，僅獲保其性命斯可矣。昔在鳳翔都，○至德二載號西京，上元元年曰西都。共通金閨籍。○【趙次公曰：「金閨，金馬門也。共通者，公爲左拾遺，與吴共通籍也。」】金閨，謂金馬門也。甫與吴侍御共侍帝於鳳翔，甫爲拾遺，各居諫官之職，故云「共通籍」也。天子猶蒙塵，東郊暗長戟。○是時天子暴露風埃之中，兩京未復，山東盜賊正熾故也。○【王洙曰】左氏僖二十四年傳：臧文仲曰：「天子蒙塵于外。」書泰誓：東郊不開。晁錯傳：兩陣相近，平地淺草，可前可後，此長戟之地也。兵家忌間諜，○間，讀去聲。諜，達協切。説文：軍中反間也。此輩常接跡。臺中領舉劾，君必慎〔二〕剖析。不忍殺無辜，○書無逸：殺無辜，怨有同。所以分黑白。○【王洙曰】曹植詩：蒼蠅間黑白，讒諂乏〔三〕親疏。上官權許與，失意見遷斥。○【師古曰】肅宗即位，時禄山未平，賊遣諜者行反間之言，以中傷朝臣。吴侍御作臺官，正領舉劾之職，每得罪者，必爲之分剖曲直是非之理，不忍濫殺無罪，由是失宰相意，遂見斥，逐於兩當。上官，宰相也。吴侍御雖有所辨明，宰相雖權時從之，必竟不悦，以此故黜之也。仲尼甘旅人，○天子此時尚且蒙塵，爲人臣者豈可永〔四〕安乎？然吴公雖斥逐江上，亦所甘心無恨，譬之仲尼甘爲旅人，其意在於濟時故也。○【王洙曰】王弼曰：仲尼，旅人也，則其困可知矣。向子識損益。○以向子比侍御也。○【杜田正謬。又，門類增廣十注杜詩引作「杜云」，杜陵詩史、分門集注、補注杜詩、集千家注批點杜工部詩集引作「修可曰」。】後漢隱逸傳：向長，字子平，潛隱於家，讀易至損、益卦，喟然歎曰：「吾已知富不如貧，貴不如賤。但未知死何如生耳？」朝廷非不知，閉口休歎息。○樊本「仲尼旅人」一聯在此句下。余時忝諍臣，丹陛實咫尺。○【王洙曰】左氏傳：天威不違顔咫尺。相看受狼狽，○文字集略：狼狽，猶狼跋也。段成式酉陽雜俎：狼狽是兩物，狽前足絶短，每行常駕兩狼，失狼則不能行，故世言事乖者稱狼狽。至死難塞責。行邁必多違，○【王洙曰】詩黍離：行邁靡靡，中心如醉。○【趙次公曰】又谷風詩：行道遲遲，中心有違。出門無與適。○王粲七哀詩：出門無所見。於公負明義，惆悵頭更白。○【師古曰】甫時忝爲拾遺，其去天子不遠，可以諫矣。坐看吴侍御之狼狽而不救，至雖死不足塞吴侍御之責。甫因過其宅，自知於侍御有負，是以惆悵自刻責其非義也。

【校記】

〔一〕鶡，元本、古逸叢書本無。

〔二〕愼，原作「填」，據元本、古逸叢書本改。

〔三〕乏，古逸叢書本作「令」。

〔四〕永，元本、古逸叢書本作「求」。

新定杜工部草堂詩箋斠證卷第十七

乾元二年自秦州如同谷十二月一日紀行所作

別贊上人

〇摩訶般若經：何名上人？佛言若菩薩，一心行阿耨菩提，心不散亂，是名上人。十誦律：人有四種，一麁人，二濁人，三中間人，四上人。

百川日東流，〇古詩：百川日東流，何時復西歸。客去亦不息。我生苦漂蕩，〇苦，一作若。何時有終極。〇【趙次公曰。又，門類增廣十注杜詩引作「杜云」。杜陵詩史、分門集注、補注杜詩引作「修可曰」。】曹子建詩：相思無終極。贊公釋門老，放逐來上國。〇【師古曰】贊公與房琯遊從〔一〕，琯既得罪，贊亦被謫。上國，京師也。〇時贊公貶在同谷也。還爲世塵嬰，〇嬰，累也。〇【師古曰】贊公本脱俗人，今反爲世塵所累也。頗帶憔悴色。〇屈原既放，顏色憔悴。楊枝晨在手，○【杜田補遺：「佛經云：手把青楊枝，遍洒甘露水。又僧祇律：楊枝，齒木也。食畢持之，嚼一頭碎，用剔牙齒中滯食。毗柰耶云：嚼楊枝有五利，一除風，二除熱，三令口滋味，四消食，五明目。又灌頂經云：昔維耶黎民遭疫，禪提奉佛教持咒往避之，疫人皆愈。其禪提所嚼嚙木擲地成林，林下有泉。後民復有疾，取泉水折楊柳洒拂，病者無不痊愈。把楊枝、洒甘露事出於此。」又，杜陵詩史、分門集注、補注杜詩、集千家注批點杜工部詩集引作「杜定功曰」：「佛經云：手把青楊枝，遍洒甘露之水。」】言以楊柳枝洗浄梵唄也。涅槃經：各於晨時日初出時，離常住處，方用楊柳。○【趙次公曰：「今取楊柳字，以見贊當春方爲寺主來秦州，而已見豆熟之際矣。公寄贊公房曰：『杖錫何來此，秋風已颯然。』字同一義。舊解惑楊柳字出佛書，更引爲齒木之用云云，徒爲贅矣。」】或以楊柳爲齒木，乃鑿〔二〕說也。豆子雨已熟。○豆子，種之所以供粥。雨，或作兩。兩熟，言來同谷已經兩年矣。是身如浮雲，○【杜田補遺：「維摩經：是身如響，屬諸因緣。是身如浮雲，須臾變滅。是身如電，念念不住。」又，門類增廣十注杜詩引作「新添」。杜陵詩史、分門集注、補注杜詩引作「君平曰」。】維摩經：是身如浮雲，須臾變滅。安可恨〔三〕南北。○贊公自上國來同谷，是自北而南，然其身如浮雲無定著，豈有南北之恨〔四〕耶？異縣逢舊友，○甫時爲華州司功，屬關輔饑，棄官之秦州，自秦入同谷，與贊公相遇也。初欣寫胸臆。天長關塞寒，○關塞，指同谷乃邊郡也。歲暮飢凍逼。○【王洙曰】一作「天長關塞遠，歲暮飢寒逼」。野風吹征衣，○征衣，乃行人之衣。時甫又自同谷而入蜀，因與贊公而執別而爲此詩也。陶淵明詩〔五〕：風飄飄〔六〕而吹衣。欲別向曛黑。○曛，一作昏。○【禹偁曰】曛，日入也。○謝靈運詩：朝遊窮曛黑。馬嘶思故櫪，○【王洙曰】嘶，一作鳴。○馬嘶猶戀故櫪，況甫之別故人乎？歸鳥盡斂翼。○歸鳥猶得斂翼，況遊子不獲休息乎！古來聚散地，宿昔長荆棘。相看俱衰年，出處各努力。○【師古曰】人之聚散無常，地亦興廢不一。古來聚散之地，纔經宿昔，已荒爲荆棘矣。蓋嘆兩京之地，昔與贊公或聚或散於此，今經禄山之亂，蓋生荆棘，況二人俱當衰年，出處之迹，可不勉乎！○【趙次公曰。又，杜陵詩史、分門集注引作「田曰」。】吳越春秋：離別詞曰：行行各努力。

【校記】

〔一〕從，古逸叢書本作「衍」。

〔二〕鑿，元本作「自」，古逸叢書本作「謬」。

〔三〕恨，元本、古逸叢書本作「限」。

〔四〕恨，元本、古逸叢書本作「限」。

〔五〕詩，古逸叢書本作「辭」。

〔六〕淵明詩風飄飄，元本作「言而可以之人」。

發秦州

○【九家集注杜詩、補注杜詩引作「王洙曰」：「乾元二年，自秦州赴同谷縣紀行十二首。」門類增廣十注杜詩依例爲「王洙曰」。又，杜陵詩史引作「王彥輔曰」。】乾元元年，甫貶華州司功，屬關輔饑。乾元二年，棄官之秦州。又自秦州適成州同谷縣，凡紀行詩十二首。○趙傁云：日在房，公起秦亭，十一月至西康，冬春之交，發同谷，登劍門。公在同谷茅茨，蓋不盈月。○【崔德符曰】韓子蒼嘗論此詩，筆力變化，當與太史公諸贊方駕。學者宜常誦之。

我衰更懶拙，生事不自謀。無食問樂土，○【師古曰】同谷在京之南，不殘破，故云樂土。○【王洙曰】詩：適彼樂土。**無衣思南州。**○【王彥輔曰：「楚辭：嘉南州之炎德。南州氣暖，故思南州。」】南，火方也，氣煖，故思之也。○漢書：天水郡，明帝改曰漢陽。趙傁云：天水地寒，田瘠於同谷。而同谷絲麻多於秦塞故也。地志：同谷蜀北秦南，蓋秦〔一〕地視同谷爲西南州而多南也。秦州記曰：度汧、隴，無蠶桑。八月乃麥，五月乃凍。○【王洙曰】謝靈運詩：南州變〔二〕炎德，佳木陵寒山。**漢源十月交，**○後漢志：隴西郡氐道，養水出此。注：巴漢志：漢水二源，東源出漢之養山。寰宇記：秦州清水縣嶓冢〔三〕山，漢水出焉。唐志：成州本漢陽郡，有同谷漢源縣。鮑照登京峴詩：孟冬十月交，殺氣隱欲終。**天氣如涼秋。草木未黃落，**○【王洙曰：「月令文。」】月令：季秋之月，草木黃落。況聞山水幽。○【王洙曰】水，一作東。栗亭名更嘉，○【王洙曰：「今成州栗亭縣。」】栗亭川，在成川同谷縣。魏正始中改爲栗亭縣，今成州栗亭館也。下有良田疇。充腸多薯蕷，○【鄭卬曰】薯，常恕切。蕷，羊茹切。○本草〔四〕：薯蕷充五藏，輕身不飢，一名山芋。○【杜田補遺】山海經：景山北望，少澤多薯藇。音與薯蕷同。郭璞云：根似芋，可食。江南人呼薯爲儲，語有輕重耳，實一種也。崖蜜亦易求。○崖蜜，乃高山巖穴中蜂房之蜜也。○【杜田補遺。又，門類增廣十注杜詩引作「坡云」，杜陵詩史、補注杜詩引作「蘇曰」。】張華博物志：遠方山〔五〕郡幽僻處出蜜，所著巉巖石壁，非攀援所及。本草：石蜜，陶隱居云即崖蜜也。又有木蜜，於〔六〕木枝作之。有土蜜，於土室中作之。出於晉安檀崖者多土蜜，出於東陽者多木蜜，出於潛懷安〔七〕者多崖蜜。陳藏器云：此乃北方地燥，多在土中。南方地濕〔八〕，多在木中。崖蜜別是一蜂。如陶所説出南方崖石間，生崖上，蜂大如虻，房著巖窟，以長竿刺令蜜出，盛取之。○圖經云：宣州有黃連蜜，雍、洛間有梨花蜜，亳州大清宮有檜花蜜，或謂崖蜜乃櫻桃也。余謂此説非是。密竹復冬笋，清池可方舟。○漢志：秦州天水郡。顏師古曰：秦州地記：郡前湖水冬夏無增減，因以名焉。詩：方之舟之。雖傷旅寓遠，○【王洙曰】傷，一作云。庶遂平生遊。○漢源之地，向南不甚寒。十月之交，草木未落，況又山水之幽可以寓居。栗亭縣在郡東五十里，其田肥沃，又可以耕。其薯蕷、崖蜜、冬笋之類又可以充腸，其清池又可泛舟。雖客居遠鄉，亦足以遂其樂也。此邦俯要衝，實恐人事稠。應接非本性，登臨未銷憂。○【王洙曰】王粲登樓賦：聊暇日以銷憂。谿谷無異石，塞田始微收。豈復慰老夫，○夫，一作大。惘然難久留。○【王洙曰】惘，一作烱。○乃秦州衝要之地，人事紛冗，况甫平昔心性懶，不能應接煩劇，而登臨又無奇山佳水可銷憂，兼是砂石之田最爲墝埆，所收微薄，又不可以養生，是以難爲久留，而去之同谷也。日色應〔九〕孤戍，烏啼滿城頭。中宵驅車去，飲馬寒塘流。磊落星月高，○【趙次公曰】古詩：兩頭纖纖新月生，磊磊落落向曙星。蒼茫雲霧浮。○【趙次公曰。又，門類增廣十注杜詩引作「杜云」，杜陵詩史、分門集注、補注杜詩引作「修可曰」。】庾信詩：蒼茫雲霧浮。大哉乾坤内，吾道長悠悠。○【師古曰】言天地雖厚，而吾道凋喪，若無所容，亦終於此而已矣。

【校記】

〔一〕秦，元本、古逸叢書本作「有」。

〔二〕變，九家集注杜詩、杜陵詩史、分門集注作「實」。

〔三〕家，古逸叢書本作「家」。

〔四〕草，元本、古逸叢書本作「章」。

〔五〕山，元本、古逸叢書本作「正」。

〔六〕於，古逸叢書本作「懸」。

〔七〕古逸叢書本「安」下有「陽」字。
〔八〕濕，古逸叢書本作「温」。
〔九〕應，古逸叢書本作「隱」。

赤谷

○十道志：在成州。

天寒霜雪繁，遊子有所之。○【王洙曰】李陵詩：遊子暮何之。豈但歲月暮，重來未有期。○【王洙曰】蘇武詩：相見未有期。晨發赤谷亭，險艱方自兹。○艱，一作難。亂石無改轍，○【趙次公曰】不以亂石之故而改轍也。我車已載脂。○【王洙曰】詩：我車既攻，載脂載舝。山深苦多風，落日童稚飢。悄然村墟迥，煙火何由追。○【師古曰】按地理志：秦州龍城縣有大隴山，亦曰隴首山。三秦記：其坂九回，上者七日乃越。上有清水四注下。俗歌曰：隴頭流水，鳴聲幽咽。遥見秦川，肝腸斷絶。按集，公有赤谷西崦人家詩云「躋險不自安」，此云「險艱方自兹」，蓋上大隴山登九回之坂也。○【趙次公曰】時童稚苦飢，而村墟尚遠，四望煙火，無所追求而造飯也。貧病轉零落，○【王洙曰】一作飄零。故鄉不可思。常恐死道路，永爲高人嗤。○嗤，赤之切，笑也。○【王洙曰】古詩：但爲後世嗤。

鐵堂峽

〇鮑彪云：此篇雙聲疊韻體。

山風吹遊子，縹緲乘險絶。〇【鄭卬曰】縹，普沼切。緲，弭沼切。〇【逢原曰】縹緲，衣裳飛揚貌。硤形藏堂隍，〇【立之曰】謂山臺如堂隍，峽藏于兩山之間也。壁色立積鐵。〇謂山峭如壁立，其色黑若積鐵也。徑摩穹蒼蟠，〇【趙次公曰】徑之曲蟠而摩天，以言其高也。石與厚地裂。脩纖無限竹，〇【王洙曰】限，一作垠。嵌空太始雪。〇嵌，丘銜切。〇【王洙曰】空，或作孔。〇【趙次公曰：「太始雪，言其古也。」】太始雪，謂常有雪，自鑿開混沌以來，其雪未消也。威遲哀壑底，〇威遲，委曲貌，字與「倭遲」同。〇【趙次公曰】韓詩：周道威遲。〇【王洙曰】殷仲文詩：哀壑叩虛牝〔一〕。徒旅慘不悦。〇一作「徒懷松柏悦」。水寒長冰横，〇潘岳賦：長冰積路。我馬骨正折。〇【王洙曰】詩：我馬瘏矣。〇陳琳飲馬長城窟：行水寒，傷馬骨。生涯抵弧矢，盜賊殊未滅。飄蓬踰三年，迴首肝肺熱。〇抵，棄也。〇【師古曰】弧矢，言盜賊興也。自盜賊竊發以來，生涯抵棄，不成家計，故憂而内熱也。

【校記】

〔一〕牝，九家集注杜詩、杜陵詩史、分門集注、補注杜詩作「無」。

鹽井○漢書：蜀多鹽井。羅褒有鹽井賦。公孫述傳：蜀有魚鹽銅銀之利。注：蜀有鹽井。○【九家集注杜詩、門類增廣十注杜詩依例爲「王洙曰」】：「蜀都賦：家有鹽泉之井。」杜陵詩史、分門集注、補注杜詩引作「王彥輔曰」。】蜀都賦：家有鹽泉之井，又濱以鹽池。注：巴東新井縣水出地如湧泉，可煮以爲鹽。○博物志：臨邛有火井，取井火還煮井水，一斛水得四五斗鹽，家煮之不過三二斗。劉淵林注：蜀郡臨邛縣、江陽漢安縣皆有鹽井。巴西充國縣有鹽井數所。唐明皇時，成州長道有鹽井一所，並節級有賞罰。蜀道陵、綿、資、瀘、榮、梓、遂、閬、普、果等十州鹽井總九十所，每年課鹽都當錢八千五十八貫。○【黃鶴補注】又唐志：成州，寶應元年徙馬邑州于鹽井城置。

鹵中草木白，○【杜田補遺。又，門類增廣十注杜詩引作「杜云」，杜陵詩史、分門集注、補注杜詩引作「修可曰」。】鹵，説文：鹹地也。東方謂之斥，西方謂之鹵。○草木白，言生鹽花也。青者官鹽煙。官作既有程，○【王洙曰】程，限也。○【趙次公曰】陳琳飲馬長城窟：官作自有程，舉築諧汝聲。煮鹽煙在川。汲井歲搰搰，○搰，户骨切，用力貌。字或從木，非是。○【王洙曰】莊子天地篇：子貢見漢陰丈人方將爲圃，鑿井墜而入，抱甕而出灌，搰搰然用力甚多而見功寡。出車日連連。

○【天啓曰】言運載不輟也。自公斗三百，轉致斛六千。○【王洙曰】：「轉致，言貿易也。斗三百、斛六千，言其利相倍什。」官賣錢只三百，可致一斗。〔一〕商賣轉販，一石六千，倍收其利。君子慎止足，○君子足則知止也。小人苦喧闐。○小人足則愈貪也。我何良歎嗟，○良，乃良久也。物理固自然。○【王洙曰】固自，一作亦固。○【魯曰】物有利則人爭取之，此理之自然，夫何歎嗟之？

【校記】

〔一〕斗，元本、古逸叢書本作「牛」。

寒硤

○【鄭卬曰】：「侯夾切。」硤，侯夾切。○【門類增廣十注杜詩依例爲「王洙曰」：「寒峽、雲門，皆秦地名。」】地名也。

行邁日悄悄，○【黃曰】邁，遠行也。○悄，憂也。○【王洙曰】詩：行邁靡靡。又：憂心悄悄。山谷勢多端。雲門轉絕岸，○【九家集注杜詩依例爲「王洙曰」：「寒硤、雲門，皆秦地名。」又，杜陵詩史、分門集注、補注杜詩引作「魯曰」。】雲門，亦秦地名。積阻霾天寒。○積阻，言險畢聚于此。○【王洙曰】：「爾雅釋天：風而雨土爲霾。」】爾雅釋天：風行而雨爲霾。寒硤不可度，我實衣裳單。況當仲冬交，○【師古曰】甫發秦州正當十月，故云「漢源十月交」。自秦至此，已十一月，故又云「況當仲冬交」。甫於詩皆以年月紀，欲後世有所考其行止也。不然，何以謂之「詩史」乎？泝沿增波瀾。○泝，逆流而上也。沿，順流而下也。增波瀾，謂仲冬風急也。野人尋煙語，○謂尋火煙乃得野人與之語，則知路少行人也。行子傍水餐。○言人煙疏闊也。此生免荷殳，○【鄭卬曰】荷，胡可切，負也。○殳，庸朱切。古今注：戟之遺象也。謂命官在身，得脱征役之籍也。○【王洙曰】詩候人：荷戈與殳。未敢辭路難。○甫雖行路之難，猶愈於荷殳之夫，所以不敢辭路難也。

法鏡寺

身危適他州，○【黄曰：「身危謂避關輔之饑也。」】謂避關輔之饑而欲適同谷也。○按集發秦州詩云「無食問樂土，無衣思南州」是也。勉强終勞苦。○謂此行本出於不得已也。神傷山行深，○【秦曰】謂經九回坂，頗令人傷神也。愁破崖寺古。○【修可曰】謂望見法鏡寺，可以駐足，忽使人愁悶破除也。嬋娟碧鮮浄，○鮮，一作蘚。○【王洙曰】謂竹也。吴都賦：檀欒嬋娟，玉潤碧鮮。○【趙次公曰】孟郊有三嬋娟詩，謂竹、月、人也。蕭摵寒籜聚。○【鄭卬曰】摵，子六反〔一〕，又所隔切。○蕭摵，即蕭瑟也。○【王洙曰】盧子諒詩：摵摵芳葉零。回回〔二〕山根水，○【王洙曰】山，一作石。冉冉松上雨。洩雲蒙清晨，○【田曰。又，門類增廣十注杜詩引作「杜云」。】洩與泄同。

〇言曉雲溶洩而濛籠也。初日翳復吐。朱甍半光炯，〇【鄭卬曰】炯，古迥切，光也。户牖粲〔三〕可數。〇【鄭卬曰】數，所主切，計也。〇言雲日雖隱映，而此寺粲然鮮明，可以一一計也。杜策忘前期，出蘿已亭午。〇甫拄杖於此，遠眺法鏡，遂忘前進，及出此山，不覺已亭午矣。冥冥子規叫，〇【王洙曰：「子規，一名杜宇。」】子規，即杜宇也。〇前注。微徑不復取。〇【師古曰】甫雖欲少憩此寺，奈聞子規聲起，人思鄉〔四〕，况徑陌微窄，難以取就一遊，於是前邁也。

【校記】

〔一〕反，元本、古逸叢書本作「切」。

〔二〕回回，元本、古逸叢書本作「洄洄」，杜陵詩史作「回回」。

〔三〕粲，原作「餐」，據元本、古逸叢書本改。

〔四〕古逸叢書本「鄉」下有「里」字。

青陽峽

塞外苦厭山，南行道彌惡。〇【師古曰】天下山惟南最多，甫自秦適同谷，是自北而之南也。岡巒相經亘，雲水氣參錯。林迥硤角來，〇言兩山來崎其兩傍，如牛角而來也。天窄壁面削。○【王洙曰】窄，一作穿。○言峽中天地逼狹，面前山峭如削壁然也。磎西五里石，○【鄭印曰：「磎，苦奚反。今作溪。」】磎與溪同。○五里，乃石名也，縱横五里。奮怒向我落。仰看日車側，○日車，即日御也。爲此石所礙，側而過也。莊子徐無鬼篇：若乘日之車而游於襄城之野。○【王洙曰】後漢李尤歌：安得力士翻日車。俯恐坤軸弱。○【趙次公曰：「淮南子注云：日乘車，駕以六龍。坤軸，即地軸也。地下有三千六百軸。兩句言落石之聲勢，以其聲震天，而日車爲之側，其勢可以壓地，而坤軸爲之弱也。」】坤軸，即地軸也。恐弱不能載此〔一〕石，以其石之高大故也。博物志：地下有三千六百軸，互相牽制也。魑魅嘯有風，○【鄭印曰】魑，丑知切。魅，明秘切。鬼屬。○【王洙曰】鮑照蕪城賦：木魅山鬼，野鼠城狐。風嘷雨嘯，昏見晨趨。霜霰浩漠漠。昨憶踰隴坂，○昨憶，一作憶昨。○【趙次公曰。又，杜陵詩史、分門集注、補注杜詩引作「偶曰」。】秦州記：隴坂〔二〕九曲，不知高幾里。高秋視吴嶽。○【杜田補遺。又，門類增廣十注杜詩引作「新添」。杜陵詩史、分門集注、補注杜詩、集千家注批點杜工部詩集引作「泰伯曰」。】周禮：雍州，其鎮曰嶽山。注：吴嶽也。漢地理志：吴嶽在汧縣西。○唐隴州吴山縣西北四十五里。吴山，其頂有五峰。後漢志：右扶風有吴嶽。注：郭璞曰：别名吴山。博物志：吴山爲西嶽山，在右扶風汧縣。指掌〔三〕圖：成皋有關，鄭之武牢也。東笑蓮花卑，○華山有蓮花峰。見「蓮峰望忽開」注。北知崆峒薄。○崆峒，山名。見「聊欲倚崆峒」注。超然侔壯觀，○【鄭印曰】觀，古亂切。○相如封禪書：斯天下之壯觀。已謂隱寥廓。○【鄭卬曰：「殷音隱。」】隱，一作殷。○【王洙曰】曹植詩：太谷何寥廓。突兀猶趁人，及兹歎冥寞。○【王洙曰】歎，一作欲。○按集，公於赤谷詩云：險難方自兹。蓋謂登隴坂之險，遂遠眺吳楚〔四〕之山，其勢皆雄峻，雖蓮花峰、崆峒山比之，尤爲卑小。及此得覽五里石，超然特起，可侔吳嶽，已謂險阻畫〔五〕於是矣。豈意突兀之勢，隨人無盡，使我嗟歎冥寞之中，始知天地寥廓壯觀，非一而已。

【校記】

〔一〕此，元本、古逸叢書本作「若」。
〔二〕坂，元本、古逸叢書本作「反」。
〔三〕掌，元本、古逸叢書本作「堂」。
〔四〕楚，古逸叢書本作「嶽」。
〔五〕畫，古逸叢書本作「盡」。

龍門鎮

○十道志：龍門水，在同谷。

細泉兼輕冰，沮洳棧道濕。○【鄭卬曰】沮，將〔一〕茹切。洳，羊恕切。沮洳，淤濕也。棧，士諫切，又士限切。○【九家集注杜詩依例爲「王洙曰」】：「漢高紀：王燒絶棧道。師古曰：棧即閣也，今謂之閣道。」】棧道編竹爲閣道，謂之閣〔二〕道。不辭辛苦行，迫此短景急。○【歐曰】言日短，急於奔程也。石門雲雪隘，○石門，謂石峙兩傍如門然。蜀都賦：沮以石門。注云：石門在漢中之西，褒中之北，蜀之險隘。古鎮峰巒集。旌竿暮慘澹，○言屯兵於此，旗竿暮豎，其色滲澹也。風水白刃澀。○【鄭卬曰：「色立切，石滑也。」】澀，色立切，不滑也。○謂水爲風漲，舟行險澀，如白刃之澀也。胡馬屯成皋，○【趙次公曰：「成皋、鞏洛之地。意言安史之兵耳。舊以回紇，非也。是時乾元二年之冬，回紇未反，不可妄引也。」】胡馬，指安史之兵屯於成皋、鞏洛之間也。防虞此何及。○賊屯成皋，而官兵防備於此。詩：何嗟及矣。嗟爾遠戍人，山寒夜中泣。

【校記】

〔一〕將，元本、古逸叢書本作「縣」。

〔二〕閣，元本、古逸叢書本作「棧」。

石龕○苦含切。

熊羆咆我東，○【鄭卬曰】咆，蒲交切。○説文：熊獸似豕，山居冬蟄。爾雅釋獸：羆似熊，黃白文。虎豹號我西。○【鄭卬曰】號，胡刀切。○【王洙曰】魏武帝苦寒行：熊羆對我蹲，虎豹夾路啼。我後鬼長嘯，我前狨又啼。○【九家集注杜詩、杜陵詩史、分門集注、補注杜詩引曰：「東坡云：楊大年云：「狨之形，似鼠而大，尾長，作金色，生川峽深山中。人以藥矢射殺之，取其尾爲卧褥鞍被坐氈之用。狨甚愛惜其尾殷，中毒即齧斷其尾以擲之，惡其爲身害也。蓋輕捷善緣木，猨犺之類。」】狨音戎，輕捷善緣木，猿狖之類。或云狨之形似鼠而大，尾長，作金色，生川峽深山中。人以藥箭射之，取其尾爲卧褥鞍坐氊之用。天寒昏無日，山遠道路迷。驅車石龕下，仲冬見虹蜺。○此紀異也。○【師古曰】虹，陰氣也。孟冬之月，虹不見。今見於仲冬，謂陰勝於陽，有臣侵君之象。伐竹者誰子，○【王洙曰】竹，一作木。悲歌上雲梯。○【王洙曰】上，一作抱。爲官采美箭，○爾雅：西南之美，有竹箭焉。五歲供梁齊。苦云直幹盡，無以充提携。○【王洙曰】充，一作應。○伐竹者采竹箭以輸官，供梁、齊弓矢之用。當時禄山爲范陽節度使。齊，山東之郡也，屬於禄山。梁，劍南之州也，屬〔一〕於楊國忠，國忠爲劍南節度使。二子爲國生〔二〕事，窮兵四夷，箭幹爲之采盡，百姓苦之故也。奈何漁陽騎，颯颯驚蒸黎。○或作驚。關西，禄山所領，皆漁陽突騎，叛於天寶十四載，以討國忠爲名。○【師古曰】颯颯如風之疾，長驅來陷兩京，天下驚駭也。

【校記】

〔一〕屬，元本、古逸叢書本作「窮」。

〔二〕生，古逸叢書本作「不」。

積草嶺○【集千家注批點杜工部詩集引作「公自注」。】同谷界。

連峰積長陰，○【張詠曰】謂草木陰翳也。○謝靈運會吟行：連峰競千仞。白日遞隱見。○【張詠曰】言日光映射，一有一無也。颼颼林響交，○【鄭卬曰】遞，待禮切，更也。見，形甸切，視也。慘慘石狀變。○【鄭卬曰】颼，疏鳩切，風貌。山外〔一〕積草嶺，路異明水縣。○謂自此嶺之外，東西别行，東則同谷，西則明水也。○明水縣，屬興州。唐志明作鳴。秦州又有清水縣。旅泊吾道窮，○窮，一作東。前注。衰年歲時倦。○衰老之年，况當歲暮之時，是以倦於行役。卜〔二〕居尚百里，○百里，乃縣城也。休駕投諸彦。○諸彦，指縣官也。邑有佳主人，情如已會面。○言眷愛之情，如素相識矣。來書語絶妙，遠客驚深眷。○遠客，甫自稱荷諸彦眷顧之深，令人揣分知驚也。食蕨不願餘，○【趙次公曰】左思詠史詩：飲河期滿腹，貴足不願餘。茅茨眼中見。○謂兵火之後，觸目皆茅茨草創，民未安居，雖蕨爲微物，不忍棄其餘，蓋艱難之際，飢民不得而食者矣。

【校記】

〔一〕外，古逸叢書本作「分」。

〔二〕卜，古逸叢書本作「小」。

泥功山

○按寰宇記：雷牛、泥功、玉仙三山，皆在栗亭界。

朝行青泥上，暮在青泥中。泥濘非一時，○濘，乃挺切，淖也。○【鄭印曰：「寧，乃定反。」】又乃定切，義同。版築勞人功。○昔傳説版築傳巖，即此地，蓋爲水所蕩汩，四時常泥濘，故以版夾其兩傍而築之也。不畏道途永，○【鄭印曰：「一作途。」】途永，一作哀永，一作路永。反將汩没同。○反，一作乃。○【趙次公曰：「公言反同版築之人，同汩没於泥中也。」】謂不怕道途之遠，只恐反同版筑之人，同汩没於泥淤也。白馬爲鐵驪，○白馬過山，翻爲黑色之驪。玉篇：驪馬，深黑色。小兒成老翁。○小兒經此，輕捷無所施，亦成老翁之拙。哀猿透却墜，○【王洙曰。又，分門集注引作「鄭印曰」。】猿，一作猱。○猿墜於此，以不能攀援而哀。死鹿力所窮。○【趙次公曰：「鹿之所以死，以力窮於泥中，走困也。」】鹿窮於此，以不能超越而死。寄語北來人，後來莫匆匆。○寄語後來者，須是防護，無爲匆遽而汩没於泥淤也。

鳳凰臺

○【王洙曰】山峻不至高頂。○州〔一〕成州東南十二里有鳳凰山。○【師古曰】乃秦弄玉與蕭史吹簫之地，所謂「鳳凰臺上憶吹簫」者是也。

亭亭鳳凰臺，○【端本曰】亭亭，高貌。○【鄭卬曰】酈道元水經注：蜀水南逕盤頭郡東，而南合〔二〕鳳溪水，水上乘蜀水於廣業郡，南逕鳳溪，中有二石雙高，其形若闕。〔三〕漢世有鳳凰止其上，故謂之鳳凰臺。北對西康州。○廣東有康州，而此謂之西康者，所以別異南康也。○【鄭卬曰】隋地理志：河池郡，後魏置南岐州，後周改曰鳳州，領同谷。同谷舊曰白石，置廣業郡，西魏改曰同谷，後周置康州，大業初廢。唐地理志：成州同谷郡，武德元年以同谷置西康州，貞觀元年廢。西伯今寂寞，鳳聲亦悠悠。○【王洙曰：「西伯，文王也。西伯時，鳳鳴於岐陽。」】西伯，指文王，以言岐山也。○蓋公所作，因事感發，託興高遠，意以漢爲不足録耳。○【師古曰】文王七年受天命，鳳鳴于岐嶽而興王道。自文王既没，鳳聲亦息而不聞。是詩寓意傷當世賢者不進，蓋鳳之爲物，有道則見，無道則隱，喻賢者出處之道也。○故詩下文以思鳳有雛在上，恐其飢渴，欲有以飲食之，庶其爲瑞於世也。按周語：周大夫内史過對周惠王曰：「周之興也，鸑鷟鳴于岐山。」注：鸑鷟，鳳之别名也。○【趙次公曰】春秋元命苞曰：鳳凰遊文王之都，故武王受鳳書之紀。○後漢賈逵傳：昔武王終父之業，鸑鷟在岐。瑞應圖：黄帝時鳳巢阿閣，堯時鳳凰來儀，周時鸑鷟鳴岐。山峻路絶蹤，石林氣高浮。安得萬丈梯，爲君上上頭。〇上上，時掌切，登也。下上，音尚。恐有無母雛，飢寒日啾啾。〇古樂府隴西行：鳳凰鳴啾啾，一母將九雛。我能剖心出，飲啄慰孤愁。心以當竹實，炯然忘外求。〇炯，户頂切，光也。血以當醴泉，豈徒比清流。〇【趙次公曰：「莊子曰：鳳非竹實不食，非醴泉不飲。」】莊子秋水篇：南方有鳥，其名鵷雛，非梧桐不止，非練實不食，非醴泉不飲。玄英疏：鸞〔四〕鳳之屬，亦言鳳王也。〇韓詩外傳：黄帝致齋于宫，鳳乃止帝東園〔五〕，集帝梧桐，食帝竹實。所重王者瑞，〇重，直用切。尚書考靈曜曰：明王之治，鳳凰下之。山海經：丹穴〔六〕之山有鳥，名曰鳳凰。是鳥自歌自舞，見則天下大安寧。〇【薛夢符曰】瑞應圖曰：鳳，王者之嘉瑞。蔡邕琴操曰：周成王時，天下大治，鳳凰來舞於庭。成王乃援琴而歌曰：鳳凰翔兮於紫庭，余何德兮以感靈。敢辭微命休。〇高山無母雛，乃鳳子也。寓言王者爲天地萬物父母，賢者賴之以養，時無明王，則賢人飢而不食其禄，是以飢寒日啾啾。〇【趙次公曰：「雛在高山之上，而二物未可得，故公欲以心當竹實，以心中之血比醴泉，炯然忘外求。公自言其剖心之實，止爲鳳乃嘉瑞，憫其雛之飢而飼之，別無所圖也。」】甫欲剖心以當竹實，以心之流血以當醴泉，慰此王者之嘉瑞，憫其雛而飼〔七〕之，雖微軀不足恤也。鳳非竹實不食，非醴泉不飲，如賢者非有道之禄不食也。坐看綵翮長，〇【鄭卬曰】長，如字。舉意八極周。自天銜瑞圖，〇【王洙曰】一作圖讖。〇【杜田補遺。又，杜陵詩史、分門集注、補注杜詩作「修可曰」。】春秋合讖圖曰：黄帝坐元扈洛水之上，與大司馬容光等臨觀，鳳凰銜圖置帝前，黄帝再拜受圖。宋均注：元扈，石室名也。○又曰：堯坐中舟，與太尉舜臨觀，鳳凰負圖以授堯。飛下十二樓。○【杜田補遺】漢郊祀志：黄帝爲五城十二樓〔八〕以候神人。應劭注：崑崙、玄圃五城十二樓，仙人之所常居。河圖：崑崙之城，五城十二樓，河水出焉。集仙録：西王母所居，玉樓十二。○李白詩曰「天上白玉京，五樓十二城」是也。圖以奉至尊，○【王洙曰】奉，一作獻。○至尊，天子也。圖奉至尊，爲治世之具也。鳳以垂鴻猷。○【邁曰】鴻猷，大道也。鳳乘鴻猷，所以表大道也。○【薛蒼舒曰】山海經：鳳首文曰德，翼文曰禮，背文曰義，膺文曰仁，腸文曰信。○帝王世紀：鳳首文曰順德，背文曰信義，膺文曰仁義。再光中興業，一洗蒼生憂。深衷正爲此，○倉頡篇：衷，别外之辭也。此乃孔子歎鳳鳥不至之意也。群盗何淹留。○如是則四海清平，群盗復尚縱横乎？○【師古曰】此甫所以感鳳而思見賢人，以致治平之效也。○爾雅：淹留，久也。

【校記】

〔一〕州，古逸叢書本作「按」。

〔二〕合，元本、古逸叢書本作「今」。

〔三〕闕，元本作「間」，古逸叢書本作「門」。

〔四〕鸞，元本、古逸叢書本作「鸑」。

〔五〕園，元本作「閔」，古逸叢書本作「閣」。

〔六〕穴，元本、古逸叢書本作「定」。
〔七〕飼，元本、古逸叢書本作「問」。
〔八〕五城十二樓，元本、古逸叢書本作「五樓十二城」。

居同谷所作

○【魯曰】同谷，縣名。

乾元中寓居同谷縣作歌七首

○同谷圖經：隋平仇池氏，建康州于同谷。西康，〔一〕別南康。李膺師友論：李太白遠離別、蜀道難，杜少陵寓居同谷七歌，風騷之極致，不在屈原之下也。

有客有客字子美，○【王洙曰】杜甫字子美，以客稱者，謂寓居也。○甫自秦州來同谷寄居，乃乾元之二年，歲在庚子。同谷屬成州。白頭亂髮垂兩耳。○【王洙曰】亂，一作短。○髮過耳，言其短也。歲拾橡栗隨狙公，○橡，似兩切。櫟，實也。狙，千餘切。猿屬，食橡栗也。○【王洙曰：「按新史言：甫居同谷縣，拾橡以自給，兒女有至餓殍者。」】按新唐書：甫居同谷，拾橡栗以自給。豈非狙公之比乎？○【薛夢符曰】後漢李恂拾橡實以自資。○晉虞贊〔二〕流離鄠杜間，轉入南山中，絶糧，拾橡栗而食。○【薛夢符曰】列子黄帝篇：宋有狙公，愛狙而養之。先誑之曰：「與君芧，朝三而暮四，足乎？」衆狙皆起而怒。俄而曰：「朝四而暮三，足乎？」衆狙皆伏而喜。注：芧，栗也。○莊子齊物篇：狙公賦芧曰：「朝三而暮四。」衆狙皆怒。曰：「然則朝四而暮三。」衆狙皆悦。陸德明音義：狙公，老猿也。廣雅云：狙，獼猴也。司馬云：芧，橡子也。**天寒日暮山谷裏。中原無書歸不得，**○書，或作主。中原，即中國也。同谷係塞郡，故指京城爲中原。甫家京兆杜鄠，自賊亂以來，家信不通，故云「無書歸不得」也。**手脚凍皴皮肉死。**○【鄭卬曰：「皴，七倫切，皮細起也。」】皴，七倫切，皮折裂也。**嗚呼一歌兮歌已哀，**○已，一作獨。嗚，如字，荒胡切，歎辭也。夢弼考之字書，於、烏、嗚三字通用。虖、呼、嘑、戲、乎五字通用。詩烈文曰：於乎，前王不忘。而禮記大學引詩則曰：於戲，前王不忘。蕩曰：於乎小子。而史記：齊、燕、廣陵王策，皆曰「於戲小子」。是「於戲」可以爲「於乎」也。前漢載三王策文，則變「於戲」爲「嗚呼」。至於王莽九錫文曰：「於戲，豈不休哉。」又「於戲」字。顔師古注：於戲，讀曰嗚呼。廣韻於字注云：古作於戲，今作嗚呼。是「嗚呼」可以爲「於戲」也。又後漢岑熙傳：美矣岑君，於戲休兹。注：於戲，歎美之辭。見爾雅。於音烏，戲，許宜切。則是音義亦皆可相通也。**悲風爲我從天來。**○【王洙曰】天，一作東。○【師古曰】甫自傷飢寒不得歸鄉，悲風爲生，天爲之感動，况人乎！

【校記】

〔一〕古逸叢書本「康」下有「以」字。

〔二〕虞贊，據晉書摯虞傳當作「摯虞」。

長鑱長鑱白木柄，○【杜田正謬。又，杜陵詩史、分門集注、補注杜詩引作「鄭卬曰」】：「鑱，鋤銜切。吴人云犁鐵。説文：鋭也。」】鑱，鋤銜切，又士緘切。廣韻：吴人云犁鐵，又云土具。○謝任伯云：案顏之推訓俗音字：鑱，仕衫切，即鋭也。俗謂之地鑱，又仕鑒切。我生託子以爲命。○按，鑱以鐵爲斲，以木爲柄，所以掘地種植，乃生死所係，故云「託子以爲命」也。黄精無苗山雪盛，○黄精無苗，言其飢也。廣雅：黄精，龍銜草也。本草：黄精久服，輕身延年。○【王洙曰：「一作黄獨。」】或曰：黄精當作黄獨。○黄獨，俗謂之土芋，根惟一顆而色黄，故謂之黄獨。饑歲，土人掘食以充糧，今〔二〕江西謂之土卵。余謂陶説非是，當以黄精爲正。按集有泉眼詩云「三春濕黄精，一食生毛羽」是也。短衣數挽不掩脛。○衣不挽〔三〕脛，言其寒也。○【王洙曰】甯戚叩牛角歌曰：短布單衣不及骭。此時與子空歸來，○【王洙曰：「一作同。」】空，或作同，非也。○【杜田補遺】是時同谷艱食，甫荷鑱而採黄精，以雪盛無苗可尋，遂爾空歸也。男呻女吟四壁静。○【王洙曰：「相如家居徒四壁立。」】如司馬相如家徒四壁立，中無所有。○男呻女吟，飢寒不可忍也。嗚呼二歌兮歌始放，閭里爲我色惆悵。○【王洙曰】閭，一作鄰。○【師古曰】謂放聲以歌，閭里聞之，爲之惆悵，況親戚故舊乎！

【校記】

〔一〕今，元本作「合」，古逸叢書本作「食」。

〔二〕挽，元本作「王」，古逸叢書本作「至」。

有弟有弟在遠方，○【王洙曰】一作各一方。○趙傁詩史云：公四弟，曰潁〔一〕，曰觀，曰豐，曰占。各在宅郡，惟占從公入蜀。公劍外有占歸草堂曰：「久客應吾道，相隨獨爾來」。而在荆門詩系云：「第三弟豐，飄泊江左。」又有乘雨入行軍六弟宅詩，後不同。三人各瘦何人彊。○謂兵馬之亂，各爲飢寒所困故也。○【王洙曰】後漢趙孝弟禮爲賊所得，將食之。孝自縛詣賊曰：「禮瘦，不如孝肥。」賊感其意，各捨之。生別展轉不相見，○【王洙曰】樂府：它鄉各異縣，展轉不相見。胡塵暗天道路長。○胡塵，謂禄山之亂也。○【王洙曰】詩云：道阻且長。東飛駕鵝後鶖鶬，○【鄭卬曰】駕，古牙切。鶖，七由切。鶬，七剛〔二〕切。○【趙次公曰】廣雅：鳴鵞倉鳴，雁也。方言：自關而東謂之鳴鵞，或謂之鶬鳴。鳴音柯，〔三〕又音加。○【杜田補遺】吳都賦：鵲〔四〕鶴鶩鶬。劉淵林注：鶩如鷺而大，長〔五〕頸赤目，其尾辟水毒，好啗蛇。爾雅：鶬，麋鴰。郭璞注：今呼鶬鴰〔六〕，蓋鴰類也。○陶隱居本草：駕鵝，大於鳴，似人家蒼鵝。○【王洙曰：「揚雄傳：豈駕鵝之能捷。鶖鶬，惡禽也。鶬，九頭。詩：有鶖在梁。」】鶖，秃鶖。鶬，九頭。詩：有鶖在梁。毛萇傳：秃鳥也。安得送我置汝傍。○按集，甫有曲江詩云：「吾人甘作心似灰，弟姪何傷淚如雨。」又得舍弟消息詩云：「骨肉恩書重，漂泊難相逢。」則知禄山之亂，各在遠方，不得相聚，故託言欲跨鴐鵞鶬鶬，乘乎輕捷之便，而置弟之傍以相見也。時甫弟在山東，正禄山所反之地。嗚呼三歌兮歌三發，汝歸何處收兄骨。○【杜陵詩史作「師古曰」。又，分門集注作「梅曰」。】按集，甫有詩云：「風吹紫荊樹，色與春庭暮。花落辭故枝，風回反無處。」蓋傷年老死去，弟無處可以尋也。亦與此句同。○【王洙曰：「僖三十二年：殽有二陵，必死是間，余收爾骨。」】左氏傳僖公三十二年：余收爾骨焉。

【校記】

〔一〕潁，古逸叢書本作「賴」。

〔二〕剛，元本、古逸叢書本作「明」。

〔三〕柯，元本、古逸叢書本作「何」。

〔四〕鶬，古逸叢書本作「鶬」。

〔五〕大長，原作「長大」，據古逸叢書本改。

〔六〕鴟，元本、古逸叢書本作「鴟」。

有妹有妹在鍾離，○【魯曰】地理志：濠州治鍾離縣。○春秋時爲鍾離子國，楚地漢縣也。

○【趙次公曰】按集，甫有詩云「近聞韋氏妹，適在漢鍾離」，蓋其夫已歿，而夫之兄迎在鍾離也。良人早歿諸孤癡。○釋名：婦人稱夫曰良人。癡，謂驕騃也。長淮浪高蛟龍怒，○時甫妹在淮南也。十年不見來何時。○【王洙曰】時，一作遲。○按集，甫有詩云「弟妹今何在」是也。扁舟欲往箭滿眼，○【趙次公曰：「資治通鑑載：乾元二年八月乙巳，襄州將康楚元、張嘉延據州作亂。刺史王政奔荆楚。九月，稱南楚霸王。九月甲午，張嘉延襲破荆州，荆南節度使杜鴻漸棄城走。澧、朗、郢、峽、歸等州官吏聞之，爭潛竄山谷。按，通鑑目録：是年八月甲午朔，則此九月當是甲子朔。其下又載戊辰事，則甲子乃初一日，而戊辰乃初五日，又豈誤甲子爲甲午邪？今七歌有曰枯樹，有曰木葉黄落，則秋時之作，乃聞此荆南之亂矣。」】按，資治通鑑：乾元二年八月乙巳，襄州將康楚元、張嘉延據州作亂。杳杳南國多旌旗。嗚呼四歌兮歌四奏，林猿爲我啼清晝。○【王洙曰：「猿非有情者，而亦爲之啼，則窮可知矣。」師古曰：「猿乃無知之物，今爲我啼，蓋哀傷之至也。」】閭里爲之惆悵，猶可也。猿乃無知之物，今爲我啼，蓋哀傷之至能使無知之物感動，則其窮斯爲極矣。○按李氏宜都山川紀：峽中清〔一〕猿晝鳴甚清，諸山谷傳其響，泠泠不絕，行者悲之。○【杜田補遺。又，杜陵詩史、分門集注引作「蘇曰」。】或引西清詩話：林猿，古本作「竹林」，乃鳥名也。嘗有客自同谷來，籠一禽大如雀，色正青，善鳴。問其名，曰：「此竹林鳥也。」

【校記】

〔一〕清，原作「晴」，據元本、古逸叢書本改。

四山多風溪水急，寒雨颯颯枯樹濕。○【王洙曰】枯樹，一作樹枝。黃蒿古城雲不開，○同谷，乃古白馬之谷。二漢屬武都郡，唐天寶元年更名同谷。其城皆生黃蒿，故云古城。白狐跳梁黃狐立。○【王洙曰】黃，一作玄。○【鄭卬曰】跳，徒聊切，躍也。○莊子逍遥遊篇：狸狌東西跳梁。春秋潛潭巴〔一〕曰：白狐至國，民利。不至，下驕恣。山海經：武都之山，黑水出焉，有玄狐蓬尾。我生胡爲在窮谷，中夜起坐萬感集。○一作百憂集。詩小雅：皎皎白駒，在彼空谷。刺賢人不用。甫負名世之材，見遺中谷，是以感時觸物，中夜起坐，傷歎不寐。古詩云「壯士中夜心」是也。○【王洙曰】謝靈運詩：朝昏千念集，日夜萬感盈。嗚呼五歌兮歌正長，魂招不來歸故鄉。○【王洙曰：「招魂曰：『魂兮歸來。』」】昔屈原不見用於楚，懷沙自沉，宋玉爲之作招魂，辭曰〔二〕：魂兮來歸。○【師古曰】此云「魂招不來歸故鄉」，見知甫身雖寓同谷，而魂夢未嘗忘故鄉也，可謂思鄉之甚也。

【校記】

〔一〕巴，原作「記」，據古逸叢書本改。

〔二〕曰，元本、古逸叢書本無。

南有龍兮在山湫，○【逸曰】湫，音秋，龍潭也。○此篇因感龍湫而託言寓意焉。古木巃嵸枝相樛。○【九家集注杜詩依例爲「王洙曰」。又，分門集注、補注杜詩引作「鄭卬曰」。】巃，盧紅切。

嵸，子紅切。○【集千家注批點杜工部詩集引作「敏功曰」】樛，居虯切，木下曲也。○【王洙曰】劉安招隱士篇：桂樹叢生兮山之幽，偃蹇連蜷兮枝相繚〔一〕，山氣巃嵸兮石嵯峨。○洪慶善補音：巃，力孔反。嵸，音總。**木葉黄落龍正蟄，**○【敏修曰】龍蟄，喻天子失勢也。○月令：季秋之月，草木黄落。蟄蟲皆墐其户。易：龍蛇之蟄，以求伸也。**蝮蛇東來水上遊。**○【鄭卬曰：「蝮，芳福切。」】蝮，芳六切，大蛇也。○【敏修曰：「蝮蛇東來，喻祿山從山東來。」】蝮蛇東來，喻祿山從山東來，僭即尊位於涇渭之上也。○山海經：蝮蛇，色如綬文，大者百餘斤，一名反鼻蛇。爾雅：蝮虺博三寸，首大如擘。本草引張文仲云：蝮蛇，形乃不長，頭扁口尖，人犯之，頭足貼著。**我行怪此安敢出，拔劍欲斬且復休。**○拔劍欲斬，欲〔二〕如高祖斬白蛇，以興赤帝之子故也。**嗚呼六歌兮歌思遲，**○【鄭卬曰】思，相使切。○【王洙曰】一作怨遲遲。**溪壑爲我迴春姿。**○猿尚爲有情之物，乃若溪壑既非有知，又非有情，今爲之迴春姿之妍，變秋色之慘，足見甫之悲傷。龍蟄而蛇遊，時之亂甚矣，歎無力以救之也。

【校記】

〔一〕繚，古逸叢書本作「樛」。

〔二〕欲，元本、古逸叢書本無。

男兒生不成名身已老，○【趙次公曰】李少卿答蘇武書曰：男兒生以不成名，死則葬蠻夷中。

三年飢走荒山道。○【趙次公曰】自丁酉至德二載，至己亥乾元二年，爲一年矣。○餘見前。長安卿相多少年，富貴應須致身早。○【師古曰】肅宗中興，所用皆後生晚進之人，勳舊如郭子儀，尚見齟齬，其它可知也。山中儒生舊相識，但話宿昔傷懷抱。嗚呼七歌兮悄終曲，仰視皇天白日速。○【師古曰】甫傷日月逝矣，歲不我與，所謂「富貴不來年少」是也。○趙傁云：七歌其一惜身窮，其二惜〔一〕家窮，其三四愴其弟妹，其五古城寒雨，四山多風，中夜窮谷，其六蝮遊水上，欲斬復休，溪壑回春，其七長安卿相恨未爲臯卨也。

【校記】

〔一〕惜，古逸叢書本作「相」。

萬丈潭

○【九家集注杜詩依例爲「王洙曰」】同谷縣作。○成州同谷縣鳳凰潭，一名萬丈潭。萬丈弘澄，兩山危立，下湛寒碧。

清溪含冥漠，○含，舊作合。按，唐咸通十四載，西康州刺史趙鴻刻公萬丈潭詩曰：「清溪含冥漠，倒影垂澹瀩。出入巨爪礙，何當暑天過。」今本寫訛，當以趙本爲證。神物有顯晦。龍依積水蟠，○萬丈潭，龍之所蟄。集有同谷歌曰「南有龍兮在山湫」是也。窟壓萬丈內。跼步凌垠堮，

○【王洙曰】踼，渠六切，曲也。堮，逆各切。○垠堮，潭邊也。凌近潭邊，使人不敢放步，故爲之踼躇然。蓋言其險也。○【王洙曰】西京賦：靈囿之中，前後無有。垠堮，淮南子：出於無垠鄂之閒。許慎注：垠鄂，端崖也。○或作鄂，亦作鍔，古字通用。側身下煙靄。前臨洪濤寬，却立蒼石大。山危一徑盡，岸絶兩〔一〕壁對。削然根虛無，○却立，謂退則阻石，而兩山壁立，相對如削成然，而攢乎清虛也。時甫寓同谷不盈月。按鄭鴻嘗有詠公同谷茅茨曰：工部棲遲後，鄰家太半無。青羌迷道路，白社寄杯盂。大雅何人繼，全生此地孤。孤雲飛鳥什〔二〕，空勤舊山隅。鴻曰：萬丈潭在公宅西，洪濤蒼石，山徑岸壁如目見之。○【趙次公曰】山海經：大華之山，削成而四方，高立千仞，其廣千里。倒影垂澹瀩。○【鄭卬曰】瀩，舊作頽，並徒對切。澹瀩，猶淡也。集韻作音隊。水帶沙往來貌，謂山臨水而山巔影在水中也。前漢郊祀志：逢興輕舉，登遐倒景。如淳注：在日月之上，反從下照，故其景倒。○【王洙曰】孫綽天台賦序「或倒景於重溟」是也。○或謂：澹瀩，瑶池也。黑如灣環底，○【王洙曰：「一作又如。澴，音還。」】如，黄作知。陳作爲〔三〕澴，音還。清見光炯碎。○炯，古迥切，光也。孤雲到來深，飛鳥不在外。高蘿成帷幄，○【王洙曰】帷，一作帳。陸士衡詩：密葉成翠幄。寒木壘旌旆。○壘，一作疊。○【修可曰】康協終南行：楓丹杉碧，壘旌立旆。遠川曲通流，○謂仇池川與此相通也。嵌竇潛洩瀨。○【鄭卬曰】嵌，口銜切。○洩，私列切。言源泉由此流洩也。造幽無人境，○【王洙曰】天台賦：卒踐無人之境。發興自我輩。告歸遺恨多，將老遊斯最。閉藏脩鱗蟄，○趙傁云：是時深冬而龍蟄也。出入巨石礙。○石，一作爪。何當暑天過，○一作「何事炎天過」。○【趙次公曰：「廣雅云：南方曰炎天。」】淮南子時則訓：南方曰炎天。快意風雨會。○【王洙曰】一作「決意風雲會」。○萬丈之潭，龍之蟄藏於此，亦以巨石障礙爲恨，譬君子潛藏，動則窒礙於小人，良由不得其時。苟得其時，則風雲會斯，可以快意矣。○【趙次公曰】應德璉詩：欲因風雲會，濯翼凌高梯。

【校記】

〔一〕兩，元本、古逸叢書本作「雨」。

〔二〕什，古逸叢書本作「付」。

〔三〕爲，元本、古逸叢書本無。

新定杜工部草堂詩箋斠證卷第十八

乾元二年十二月一日自隴右赴劍南紀行所作

發同谷縣

○【師古曰】乾元二年，甫寓居同谷，屬饑歉。又自同谷入蜀。此詩以下，皆沿道紀行。○十道志：同谷，漢下辯道。正始中，立廣業郡，領白石、栗亭，後改曰同谷。

賢有不黔突，聖有不暖席。○聖賢，指孔、墨汲汲於歷聘也。突，竈孔〔一〕。不至於黑，言無暇炊爨也。席，卧褥也。卧褥不至於暖，言無寢寐也。○【趙次公曰】淮南子修務訓：孔子無黔突，墨子無暖席。○【王洙曰】文子曰：墨子無黔突，孔子無暖席。

況我飢愚人，○人，一作夫。焉能尚安宅。○【王洙曰：「聖賢尚不免此，吾豈能安宅乎！」】昔聖賢如孔、墨，猶不免栖栖，況我飢愚，豈能安宅。

居而坐受其弊！○按唐書：甫居同谷，兒女至有餓莩，奚爲不糊口於四方乎！○【趙次公曰】詩：其究〔二〕安宅。始來茲山中，休駕喜地僻。○【王洙曰】喜，一作嘉。○甫始至同谷，喜其地僻，蓋以秦州要衝，懶於應接。按集，公嘗有詩云「地僻懶衣裳」，蓋謂此也。奈何迫物累，一歲四行役。○【趙次公曰：「蓋嘗考是年歲在己亥，春三月，公回自東都，有新安吏、潼關吏、新婚別、垂老別、無家別詩。又按唐史，是月八日壬申，九節度之師潰於相州，公夏在華州，有夏日嘆、夏夜嘆。時秋七月，公棄官往居秦州，有寄賈至嚴武詩略曰：『舊好腸堪斷，新愁眼欲穿。』此一秋賦詩至多。冬則以十月赴同谷縣，有紀行十二首、七歌、萬丈潭詩。今十二月一日又自隴右赴劍南。此爲一歲之中自東都西趨華，自華而居秦，而赴同谷，自同谷而赴劍南，爲四度行役也。」又，杜陵詩史、分門集注、補注杜詩、集千家注批點杜工部詩集引「師古曰」：「一歲之中凡四行役。夏發華州，十月離秦州，故詩云『漢源十月交』，十一月至成州，故云『仲冬見虹霓』，十二月發同谷，故云云。」】甫奈何於口體之累，一歲之中凡四行役。予求之詩，以昨秋出諫垣，掾華州，今夏棄官發華州，秋客秦亭，冬離秦州，故集有詩云「漢源十月交」，十一月至成州城，故詩云「仲冬見虹蜺」，十二月發同谷，登劍門，是「一歲四行役」也。忡忡去絕境，○【饒曰】忡，直中切，心變貌。○如爲物所衝也。杳杳更遠適。停驂龍潭雲，○龍潭，即同谷詩云「南有龍兮在山湫」是也。甫時將行，停車於此，有所禱也。迴首虎崖石。○【王洙曰：「白崖，一作虎崖。」】虎崖，一作白崖。○白崖，山名，在同谷。迴首尚有眷眷之意。臨歧別數子，握手淚再滴。○【王洙曰】江文通詩：樽酒送征人，握手淚如霰。交情無舊深，○【王洙曰：「一云『交情無舊深』。」一作「雖無舊深知」，一作「雖舊情深知」。○【趙次公曰：「公於同谷寓居未久，蓋多新交，而惜別之情則如故舊之深遠。」】甫謂與同谷縣官數子雖新相知，傾蓋便如舊契也。窮老多慘慼。平生懶拙意，○拙，一作屈。偶值棲遁迹。○謂遇勝境即棲息，初不問久暫也。○【王洙曰】郭璞詩：山林隱遁棲。去住與願違，仰慙林間翮。○【孝祥曰】林鳥尚得休憩，而甫奔走無定居，反有媿於林間之鳥也。○予觀公惜別之情，必迫於寇攘而遷也。按集，送韋宙從事同谷〔三〕詩曰：「此邦承平日，剽劫吏所羞。」又曰：「古來無人境，今代橫戈矛。」豈當時恐爲羌戎所迫耶？

【校記】

〔一〕元本、古逸叢書本「孔」下有「也竈孔」三字。

〔二〕其究，原作「究其」，據元本、古逸叢書本改。

〔三〕谷，元本、古逸叢書本作「公」。

木皮嶺

○木皮嶺在興州。賈耽皇華四達記：木皮嶺在栗亭東。

首路栗亭西，○【杜陵詩史、補注杜詩、集千家注批點杜工部詩集引作「王洙曰」】：「首音狩，謂命車向西行也。」又，分門集注引作「鄭卬曰」。】首，讀去聲，謂命車向西行也。○顏延年北使詩：首路跼險難。按地志：栗亭在同谷郡東十五里。尚想鳳凰村。○在成州東南。季冬携童稚，○【王洙曰】童，一作幼。辛苦赴蜀門。○【魯曰】蜀門，即劍門也。南登木皮嶺，難險〔一〕不易論。汗流被我體，祁寒爲之暄。遠岫争輔佐，○【師古曰】遠岫尚知輔佐此山之尊，以譏安禄山不知君臣之義而叛也。千巖自崩奔。○【師古曰】喻千官奔走以趨王事者也。○【王洙曰】謝靈運詩：圻岸屢崩奔。始知五嶽外，别有他山尊。○【師古曰】喻禄山僭稱帝號也。○【趙次公曰】後漢〔二〕張昶華山碑：山莫尊於嶽，澤莫盛於瀆。仰干塞大明，○【王洙曰】干，一作看。○【鄭卬曰】塞，悉側切。○【師古曰】大明謂日，以喻君道也。仰塞大明，言禄山自高大，干〔三〕犯國紀，而蒙蔽於君也。俯入裂厚坤。○【師古曰】言郡縣之地爲禄山割據也。再聞虎豹鬬，○謂山之深僻可畏也。○【師古曰】劉安招隱士：虎豹鬬兮熊羆咆。屢跼風水昏。○謂水之險阻難行也。高有廢閣道，○【王洙曰】謂棧道也。摧折如短轅。○【王洙曰】短，一作斷。下有冬青林，○【鮑曰】冬青，木名，經冬不凋，今所在有之。石上走長根。西崖特秀發，焕若靈芝繁。潤聚金碧氣，○【王洙曰】蜀都賦：金馬馳光而絶影，碧雞倏忽而曜儀。清無沙土痕。○此兩聯寓意玄宗在蜀而有靈芝之草、金碧之氣，薦瑞于此也。憶觀崑崙圖，○【王洙曰】圖，一作墟。目擊玄圃存。○崑崙、玄圃，皆神仙所居。成都府因玄宗巡幸之後，改曰西京。故甫盛言其風物而有取於崑崙、玄圃也。按穆天子傳：春山之澤，清水出泉，温和無風，飛鳥百獸之所飲食，先王之所謂懸圃。○【王洙曰】淮南墬形訓：懸圃、涼風，〔四〕在崑崙閶闔之中。對此欲何適，默傷垂老魂。○甫傷年老無所歸往也。

【校記】

〔一〕難險，元本、古逸叢書本作「險難」。

〔二〕漢，元本、古逸叢書本作「洪」。

〔三〕大干，古逸叢書本作「天下」。

〔四〕涼風，元本作「浪風」，古逸叢書本作「閬風」。

白沙渡

畏途隨長江，○言陸路險阻可畏，遂避之而泛江也。○【王洙曰】莊子達生篇：夫畏途者，十殺一人，則父子兄弟相戒也。渡口下絶岸。差池上舟楫，○【鄭卬曰】差，初加切。○【趙次公曰】差池，緩進貌。杳窕入雲漢。○杳，一作窅。言逐流而上，水勢既高，如入雲漢也。天寒荒野外，日暮中流半。○言渡之遠也。我馬向北嘶，○不忘故鄉也。○【王洙曰】古詩云：胡馬嘶北風。山猿飲相喚。○言猿尚求侣，甫與兄弟隔别，反不若之也。元康地記：猿與猴獮不共山宿，臨旦相呼。水清石礧礧，○礧，落猥切。古詩：水清石纍纍，遠行不如歸。沙白灘漫漫。○漫，讀去聲。○【王洙曰】沈休文詩：歸海水漫漫。迥然洗愁辛，○【王洙曰】迥，一作倏。多病一疏散。高壁抵嶔崟，○【集千家注批點杜工部詩集引「鄭卬曰」：「嶔崟，山貌。上音欽，下音吟。」】嶔音欽，崟音吟。張衡思玄賦：慕歷陵之嶔崟。注：山貌。洪濤越凌亂。臨風獨回首，攬轡復三歎。○【師古曰】甫遭亂離，故忘於羈旅奔走，是以有范滂澄清之志，奈何時不見用，亦止於再三咨嗟，傷不得其志也。

水會渡

○【九家集注杜詩、門類增廣十注杜詩依例爲「王洙曰」：「一云『水回渡』。」又，杜陵詩史、分門集注、補注杜詩、集千家注批點杜工部詩集引作「魯曰」。】會，一作回。

山行有常程，中夜尚未安。○水行瞬息千里，不比山行程期有定，是以中夜不得休息而奔程也。微月没已久，崖傾路何難。大江動我前，○動，一作當。洶若溟渤寬。篙師暗理楫，○【鄭卬曰：「篙，始勞切，撑船竹。」】篙，如勞切，刺船竹也。歌笑輕波瀾。霜濃木石滑，風急手足寒。○【王洙曰】急，一作烈。入舟已千憂，陟巘仍萬盤。○既畏舟就陸，復陟萬盤之巘，其勞可知也。回眺積水外，○【王洙曰】回，一作出。外，一作石。始知衆星乾。○乾，音干，燥也。初疑天與水相通，及登巘回視積水之外，乃知星乾不接於水也。遠遊令人瘦，○【王洙曰】古詩：思君令人瘦。衰疾慙加餐。○陸行一上一下，升降困頓，苟不强飯，何以支衰疾乎！古詩：努力加餐飯。

飛仙閣

土門山行窄，○【王洙曰】土，一作出。微徑緣秋毫。○【王洙曰】一作「徑微上秋毫」。○言徑路之細也。棧雲闌干峻，○言棧閣之高，勢凌雲也。闌干多也。梯石結構牢。萬壑欹疏林，○【王洙曰】林，一作竹。積陰帶奔濤。○積陰，謂積水也。寒日外澹泊，長風中怒號。○【王洙曰】莊子齊物篇：大塊噫氣，其名爲風。作則萬竅怒號。歇鞍在地底，○言下閣道而少憩也。始覺所歷高。往來雜坐卧，人馬同疲勞。○【趙次公曰】：「句法使苦寒行『人馬同時飢』。」【魏武帝苦寒行：行行日已遠，人馬同時飢。浮生有定分，飢飽豈可逃。歎息謂妻子，我何隨汝曹。○汝，一作爾。謂爲妻子所累也。

五盤

五盤雖云險，○【魯曰】謂棧道盤曲有五重也。山色佳有餘。仰凌棧道細，○【王洙曰】道，一作閣。俯映江木疏。地僻無網罟，○言可避亂也。水清至多魚。○【趙次公曰】家語入官篇：水至清則無魚。甫因所見而反用之也。好鳥不妄飛，○【師古曰】陶淵明詩：鳥倦飛而知還。甫自傷奔走，曾好鳥之不若也。野人半巢居。喜見淳朴俗，坦然心神舒。東郊尚格鬭，巨猾何時除。○【趙次公曰：「指言東京之東郊，安史之兵所在。公詩屢言之矣。」】謂安慶緒尚熾陝、洛也。故鄉有弟妹，流落隨丘墟。成都萬事好，豈若歸吾廬。○【王洙曰】陶淵明詩：吾亦愛吾廬。

龍門閣

清江下龍門，絶壁無尺土。○【魯曰】按地理志：施州清江郡。○春秋巴國之境。七國時，楚國巫郡之地。隋煬帝置庸州，尋廢，置清江郡。唐爲施州，領清江縣。清江水自龍門鎮而下。兩傍山壁立，無一尺平地。長風駕高浪，○【王洙曰】高，一作白。浩浩自太古。○【趙次公曰】浩浩，皆讀上聲，水貌。危途中縈盤，○【王洙曰】一作「危途縈盤道」。仰望垂綫縷。○喻閣道之細也。滑石欹誰鑿，○諸葛亮相蜀，鑿石架空，爲飛梁閣道。浮梁裊相柱。○柱，誅縷切，謂以木爲橋梁也。方言：造舟謂之橋梁。郭璞曰：即今浮橋也。目眩隕雜花，頭風吹過雨。○【王洙曰】一作「過飛雨」。○【趙次公曰】滑石之欹，浮梁之裊，皆難行之地，故目生眩，頭生風矣。百年不敢料，一墜那得取。○言經此險，惟恐其墜，不敢自保百年之壽也。飽聞經瞿塘，○【趙次公曰：「瞿塘峽在巫山之下。」】瞿塘峽在峽州。足見度大庾。○【趙次公曰：「大庾嶺在虔州之前也。」】大庾嶺在虔州。終身歷艱險，恐懼從此數。○數，其所切，計也。○【師古曰】瞿塘之峽、大庾之嶺，雖爲險，不若此閣道爲險之至，甫至此恐懼。若屈指數險阻之處，當從此始也。

石櫃閣

季冬白日長，○一作「冬季日已長」。山晚半天赤。○謂反照也。蜀道多早花，江間饒奇石。○【王洙曰】江文通詩：崦山多靈草，海濱饒奇石。石櫃曾波上，○曾與層同。謂閣道詩〔一〕于層波之上，傍有石形似櫃也。臨虛蕩高壁。清暉回群鷗，○謝靈運詩：山水含清暉。暝色帶遠客。○謝靈運詩：林靜帶暝色。羈栖負幽意，感歎向絕迹。信甘孱懦嬰，○【鄭卬曰】孱，鉏山切。懦，奴卧切。懦弱也。不獨凍餒迫。○甫感此絕異之迹，傷爲妻子所嬰累，不獲幽隱故也。優游謝康樂，○【杜田正謬。又，杜陵詩史、分門集注、補注杜詩、集千家注批點杜工部詩集引作「修可曰」。】謝靈運襲封康樂公，與何長瑜等以文章賞會，共爲山澤之遊。放浪陶彭澤。○【王洙曰：「陶潛，彭澤令。」】陶潛字元亮，爲彭澤令，乃賦歸去來。吾衰未自由，○由，一作安。

謝爾性有適。○有，一作頗。○【王洙曰】一作所。○【師古曰】謝靈運、陶元亮優遊放浪，無所繫滯，今甫未能自由，比於二子適性之樂，頗有感焉。

【校記】

〔一〕詩，元本、古逸叢書本作「跨」。

桔柏渡

○【鄭卬曰】桔，居屑切。○寰宇記：龍州濟順廟，本張惡子戰死而廟存。唐書云：廣明二年，僖宗幸蜀，神見於利州桔柏津。則知桔柏屬利州也。王洙云：桔柏，乃文州嘉陵二江合流處也。余按地理志：文州，古氐羌之境。漢開西南夷，置陰平道。蜀後主建興七年，諸葛亮定之。鍾會伐蜀，姜維來，請備陰平橋頭，即此渡也。

青冥寒江渡，駕竹爲長橋。○【趙次公曰】青冥，高遠之貌。○言嘉陵二江合流之津，駕竹爲橋以渡之也。竿濕煙漠漠，○【王洙曰】一作「竹竿濕漠漠」。江水〔二〕風蕭蕭。○【王洙曰】戰國策：荆軻歌曰：「風蕭蕭兮易水寒。」連笮〔三〕動嫋娜，○【鄭卬曰】笮，側格切。嫋，乃了切。娜，奴可切。○梁益記：笮橋，蠶叢之世以竹索爲橋，亦名繩橋。征衣颯飄飄。急流鴇鷁散，○【鄭卬曰】鴇，博抱切。鷁，五歷切。○水鳥。或謂鴇鷁喻舟船，因急流而散亂之也。絶岸黿鼉驕。○【魯曰】或謂黿鼉喻橋梁也。横絶於岸而驕壯也。西轅自兹異，○謂整轅西向成都也。東逝不可要。○要與邀同，謂東行可以下渝、合二州也。高通荆門路，○謂荆門軍，東西之路自此而判矣。盛弘之荆州記：郡西泝江六十里，南岸有山名曰荆門，北岸有山名曰虎牙，二山相對，楚之西塞也。闊會滄海潮。孤光隱顧眄，遊子恨寂寥。無以洗心胸，○謂無物可以寫憂也。前登但山椒。○登，一作路。山椒，謂山脊無草木也。釋名：山頂曰冢，亦曰椒。○【杜田補遺。又，門類增廣十注杜詩引作「薛云」，杜陵詩史、分門集注、補注杜詩引作「十朋曰」。】廣雅：土高四墮曰山椒。○【門類增廣十注杜詩引作「薛云」。】謝靈運詩：稅駕登山椒。

【校記】

〔一〕水，古逸叢書本作「永」。

〔二〕笮，原作「窄」，據古逸叢書本改。

劍門

○按地理志：劍州劍門縣，在川東北五十五里。有梁山，亦名大劍山，有姜維拒鍾會故壘，有劍閣，即張載作銘所。蜀都賦：緣以劍閣。劉淵林注：劍閣，谷名。自蜀通漢中道一由此，故以門名。皆有閣道，在梓潼郡東北，蜀之險隘。蜀王之先，從開明上到蠶叢，積三萬四千歲。至秦惠王時，始與中國通。○【王洙曰】李特送流人至劍門，箕踞四顧，太息曰：「劉禪有此形勢，而束手於人乎！」遂潛謀割據。○華陽國志：諸葛亮相蜀，鑿石架空，爲飛梁閣道，即古劍閣道。○【九家集注杜詩引作「薛夢符曰」。杜陵詩史、分門集注、補注杜詩引作「薛蒼舒曰」。】酈元水經注曰：大劍戍至小劍三十里，連山絕險，飛閣相通，謂之閣道。○柳宗元銘：井絡坤垠，時惟外區〔一〕。界山爲門，環于蜀都。

惟天有〔二〕設險，○【趙次公曰。又，門類增廣十注杜詩引作「新添」，杜陵詩史引作「孝祥曰」，分門集注引作「王洙曰」。】易：天險不可升，地險山川丘陵也。王公設險，以守其國。劍門天下壯。○【王洙曰：「閣，一作門。」】門，一作閣。○言山石廉利如劍，乃天設之險，爲天下之壯也。連山抱西南，石角皆〔三〕北向。○【趙次公曰】此言地形雖險，而趨中原，自然之勢。觀劍門雖抱西南，而石角北向，則有面内之義也。兩崖崇墉倚，○言古有二山之高也。詩：其崇如墉。刻畫城郭狀。○謂城郭依山以爲固，如刻畫然。一夫怒臨關，○【王洙曰】關，一作門。百萬未可傍。○【王洙曰】傍，一作仰。○傍，近也。○【王洙曰】蜀都賦：一人守隘，萬夫莫向。張孟陽劍閣銘：一人荷戟，萬夫趑趄。珠玉走中原，○珠玉，陳、鮑皆作玉帛。岷峨氣悽愴。○【趙次公曰。又，王洙曰：「岷，青城山也。峨，峨眉也。」】岷謂青城山，在成都之西。峨謂峨眉山，在成都之西南路。三王五帝前，雞犬各相放。後王尚柔遠〔四〕，○【王洙曰】書：柔遠能邇。職貢道已喪。○【王洙曰：「蜀自秦方與中國通。」】蜀舊爲西蠻之地，自三皇五帝以前，雞犬之聲不聞乎中國，未嘗稟天子正朔，至秦鑿岷、峨以通蜀，務在懷柔遠人，遂修臣職，以貢奉中國。雖然，職貢而太古淳朴之大道已喪矣。方秦之鑿，二山之氣爲之斷絶，可令人悽愴，是以玉帛始走獻于中原矣。至今英雄人，高視見霸王。○王，于況切〔五〕。并合〔六〕與割據，極力不相讓。○謂公孫述、劉備之徒也。吾將罪真宰，○【趙次公曰】莊子齊物篇〔七〕：若有真宰，而特不得其朕。意欲鏟疊障。○【趙次公曰：「韻書云：平鐵也。」】鏟，楚産切，平鐵也。○後世英雄之君，視其險阻，不免并吞割據，竭力戰鬬，誰肯廉讓而不争乎？○【王洙曰】如公孫述、劉備、李雄、孟知祥之徒，皆乘中國有亂，起而據之。○原夫争端，皆由真宰自剖判以來，有此危巒疊障之險，故英雄始割據其地。甫將欲罪彼天工而鏟其險阻也。恐此復偶然，臨風默惆悵。○默，一作黯。○【師古曰】恐當肅宗中原未平之日，偶復有爲割據〔八〕之禍者，是以臨風惆悵，而默爲國家之慮也。

【校記】

〔一〕時惟外區，原作「時惟外匣」，據古逸叢書本改。

〔二〕天有，元本、古逸叢書本作「有天」。

〔三〕皆，元本、古逸叢書本作「在」。

〔四〕邇，古逸叢書本作「遠」。

〔五〕切，元本、古逸叢書本作「反」。
〔六〕合，元本、古逸叢書本作「吞」。
〔七〕篇，古逸叢書本作「論」。
〔八〕據，古逸叢書本作「像」。

鹿頭山

○【王彦輔曰：「按地理志：漢州德陽縣有鹿頭山。」】唐地理志：鹿頭山在漢州德陽縣南，距成都百五十里。唐高崇文擒劉闢于此，亦有關，以鹿頭爲名。

鹿頭何亭亭，○亭亭，高貌。是日慰飢渴。連山西南斷，俯見千里豁。○【王洙曰：「自秦入蜀，山嶺重複，極爲險阻。及下鹿頭關，東望成都，沃野千里，葱鬱之氣乃若煙霞靄然。」】甫望成都，如飢渴之欲飲食。及至鹿頭山已斷絶，下視成都，沃野千里，豁然舒懷，甚慰其飢渴之望也。遊子出京華，○【王洙曰】一作咸京。○遊子，甫自謂也。劍門不可越。○【薛蒼舒曰】張孟陽劍閣銘：惟〔一〕蜀之門，作固作鎮。是曰劍閣，壁立萬仞。及兹險阻盡，始喜原野闊。○甫自京華至秦亭，自秦亭來遊成都，山鎮重複，險阻艱難，若恐中途委棄，不謂能越劍門之險以及于此，得遇平關而喜也。殊方昔三分，霸氣曾間發。○【鄭印曰】間，居莧切。○【師古曰】昔魏〔二〕、吴、蜀三分天下，劉備據此一方，以建霸王之業。天下今一家，○【韓曰】謂肅宗中興，天下已一家矣。○記禮運：聖人能以天下爲一家。雲端失雙闕。○【趙次公曰】雙闕，謂天子之宮也。○以天下既一家，皆爲臣屬，故所僭擬天子之闕不復見矣。或曰：雲端雖有以劍門、鹿關之險，果何用哉！悠然想揚馬，繼起名硉兀。○【鄭卬曰】硉，即兀切。○硉兀，高貌。有文令人傷，○【王洙曰】文，一作才。○【師古曰】揚、馬，謂子雲、相如也。二子皆蜀人，有文章，皆不顯用於漢。甫至此追思二子，亦若已之不遭其時也。何處埋爾骨。○左氏傳：吾收爾骨焉。紆餘脂膏地，○【高曰】紆餘，廣遠貌。言成都之地肥沃也。慘澹豪俠窟。○謂此地出豪俠之士，負持豪氣，俠助人之急難也。○【趙次公曰】郭璞詩：京華遊俠窟。杖鉞非老臣，宣風豈專達。○此州最爲難治，儻非得老臣，宣布天子之風化，得以專達其事，不見掣肘於朝廷，安能鎮此乎？冀公柱石姿，○【王洙曰：「僕射裴冕。」】冀公乃僕射、冀國公裴冕也。吴志陸凱傳：宰相，國之柱石。論道邦家活。○周官：兹維三公，論道經邦。斯人亦何幸，公鎮餘歲月。○是時冀公以三公論道之職，復有柱石之才，尹鎮此邦，已餘歲月矣，乃成都之深幸。甫喜遇之，故有「斯人亦何幸」之句。○【趙次公曰】或謂冀公爲尹，尚有歲月之期，斯人之所以幸也。此句可以見子美初來成都，非爲嚴武而來也。

【校記】

〔一〕惟，古逸叢書本作「推」。

〔二〕魏，元本、古逸叢書本作「媿」。

成都府

○【鄭卬曰】成都府，劍南西路蜀州也。

翳翳桑榆日，○【趙次公曰：「桑榆，晚日也。」】桑榆，謂暮景也。○桑榆乃柔脆〔一〕之木，喻老年將衰朽也。○【王洙曰】陶潛歸去來辭：景翳翳以將入。○顏延年秋胡詩：日暮行來歸，物色桑榆時。照我征衣裳。○【杜田補遺。又，杜陵詩史、分門集注、補注杜詩引作「修可曰」。】日薄桑榆而其光翳翳，止足照我衣裳而不能遠照，以喻明皇以太上皇居西內也。○【趙次公曰】阮嗣宗詠懷詩：灼灼西頽日，餘光照我衣。我行山川異，忽在天一方。○【劉曰】成都偏在西，故云一方。○【趙次公曰】古詩：各在天一方。但逢新人民，○言非故國也。○【王洙曰】曹植詩：不見耆舊老，但睹新少年。未卜見故鄉。○故鄉，謂長安也。大江從東來，遊子去日長。○去日，黃魯直作日月。曾城填華屋，○曾與層同。○【鄭卬曰】填，陟刃切，完〔二〕也。○或曰：填音田，滿也。言豪家多也。○【趙次公曰】淮南墬形訓：崑崙墟中有層城九重。季冬樹木蒼。○言地暖，草木不凋也。○【趙次公曰：「前於發同谷縣題下，公自注云：『乾元二年十二月一日，自隴右赴劍南紀行。』而今詩云『季冬樹木蒼』，則至成都，乃是月也。元祐中，胡資政守蜀，作草堂詩碑引云『先生至成都月日不可考』，蓋不詳此也。」】按，公以乾元二年十二月一日，發同谷，赴劍南，至是月方抵成都也。喧然名都會，○【薛蒼舒曰】史記貨殖傳〔三〕：此一都會也。吹簫間笙篁。○間，居莧切，一作奏。言其俗樂也。信美無與適，○此邦信美矣，但甫自恨無所歸往也。○【王洙曰】王粲登樓賦：雖信美而非吾土兮，曾何足以少留。側身望川梁。○冀知己者有所利濟也。○【王洙曰】張平子〔四〕四愁詩：側身西望涕沾裳。○鮑照登飜車峴詩：四望極川梁。鳥雀夜各歸，中原杳茫茫。○【趙次公曰】：「觀衆鳥識巢而夜歸，乃思其中原故鄉之地而不得返。」】鳥雀雖微物，夜各有歸於巢，而甫杳不得歸中原，傷己鳥雀之不若也。初月出不高，○【師古曰】喻肅宗初即帝位也。衆星尚爭光。○【師古曰】喻史思明之徒尚與天子抗衡也。自古有羈旅，我何苦哀傷。○自古賢聖之不遇，如孔子、孟子之流，託迹侯國，所不能免，況甫乎！○【師古曰】此乃自寬之辭。○時裴冕尹成都，甫是以卜居於浣花里也。

【校記】

〔一〕脆，元本、古逸叢書本作「肥」。

〔二〕完，杜陵詩史、分門集注、補注杜詩作「定」。

〔三〕史記貨殖傳，元本、古逸叢書本作「前漢地理志」。

〔四〕張平子，原作「沈思純」，據古逸叢書本改。

上元元年庚子在成都所作

西郊

時出碧雞坊，○【鄭卬曰】梁益州記：成都之坊百有二十，第四曰碧雞坊。○【王洙曰】按，前漢王襃傳：方士言益州有金馬、碧雞之寶，可祭祀致也。宣帝使王襃往祀焉。○又後漢南蠻傳：越嶲郡青蛉縣有碧雞、金馬，光景時時出見。注引前書音義曰：金形似馬，碧形似雞也。西郊向草堂。○裴冕鎮成都，爲甫卜築草堂於西郭浣花溪上。市橋官柳細，○【王洙曰：「成都記：市橋水中有石犀，蓋吳漢爲賊將延岑所破之處。」】後漢公孫述傳：述募敢死士五千，配延岑於市橋，擊破吳漢。注：市橋，即七星之一橋也。○【黄希曰】李膺益州記曰：冲星橋，舊市橋也，在今成都縣西南四里。○成都記：市橋水中有石犀。華陽國志：石牛門曰市橋，下石犀所潛淵也。○【鄭卬曰】酈元水經注：益州西南石牛門曰市橋。○【趙次公曰】寰宇記：市橋在益州之西。○漢舊州在橋南，因名焉。江路野梅香。○【趙次公曰】市橋、江路，皆草堂所經之地也。傍架齊書帙，看題檢藥囊。○【王洙曰：「一作減。」】檢，或作減，非是。無人覺來往，○【王洙曰：「一云與，一云覺。」】覺，一作競，或又作與。

疏懶意何長。

所思

苦憶荆州醉司馬，○【趙次公曰。又，集千家注批點杜工部詩集：「公自注：崔吏部漪。」】崔公漪自吏部而謫荆州司馬，崔必好飲，故以醉爲戲之。謫官樽俎定常開。○【王洙曰】官，一作居。俎，一作酒。九江日落醒何處，○【王洙曰】九江在潯陽郡。○按荆州記：江出岷山，其源若甕谷，可以濫觴。在益州建寧滿江縣，行地底數里，至楚都遂廣十里，名南江。初在犍爲與青衣水、汶水合，至洛縣與洛水合，東北至巴郡與涪水、漢水、白水合，東至長沙與澧水、沅水、〔一〕湘水合，至江夏與沔水合，至潯陽分爲九道，東會于彭澤，經蕪湖名爲中江，東北至南徐州名爲北江，而入海也。○【王洙曰】潯陽記：九江，一曰烏江，二曰蚌江，三曰烏白江，四曰嘉靡江，五曰畎江，六曰源江，七曰廪江，八曰提江，九曰菌江。漢武帝置〔二〕九江郡。○鄭印云：九江，禹貢：在荆州。一柱觀頭眠幾回。○一柱觀在荆州。○【杜田補遺】按渚宮故事：宋臨川王義慶代江夏王鎮江陵，於羅公洲上立觀，甚大而唯一柱。○十道志：一柱觀，荆州羅公洲。臨川王起衆梁，萃一柱。麟角類事：江陵臺甚大，唯有一柱，衆梁共之。○【王洙曰】梁劉孝綽江津寄劉之遴詩云「經過一柱觀，世入三休臺」是也。可憐懷抱向人盡，○言傾懷以相待也。欲問平安無使來。○使，所吏切，從命者。故憑錦水將雙淚，好向瞿塘灩澦堆。○【趙次公曰】公所居浣花溪，亦曰濯錦江也。○【王洙曰】荆州記：灩澦如馬，瞿塘莫下。灩澦如象，瞿塘莫上。蓋舟人以爲水則。

【校記】

〔一〕沅水，原作「沇水」，據古逸叢書本改。

〔二〕置，元本、古逸叢書本作「至」。

卜居

○乾元二年，歲在己亥，冬暮，甫至成都。○【鮑彪曰】明年，改元上元，歲次庚子，公年四十九。劍南節度使、右揆冀國公裴冕爲卜成都西郭浣花溪作草堂以居焉。詩所謂主人，謂裴冀公。○【趙次公曰。又，杜陵詩史引作「鮑彪曰」】。按，王洙曰：「主人，嚴武也。」】或以主人爲嚴武，非也。○草堂在江上，錦官城西，萬里橋左，浣花溪前。○【黄鶴曰】按集有寄題江外草堂云「經營上元始，斷手寶應年」是也。

浣花流水水西頭，○【王洙曰】流，一作之。主人爲卜林塘幽。○並見題注。已知出郭少塵事，更有澄江銷客愁。無數蜻蜓齊上下，○崔豹古今注：蜻蜓，一名蝴蝶，色青而大者是也。一雙鸂鶒對沉浮。○臨海異物志：鸂鶒，水鳥，毛有五色，食短瓠，常在溪中，無毒氣。東行萬里堪乘興，○【王洙曰】蜀有萬里橋，在浣花溪東。昔諸葛孔明送吴使至此，曰：「萬里之行，從此始矣。」因是得名也。須向山陰上小舟。○山陰，縣名。○【王洙曰：「乘興欲傚王子猷月夜泛舟謁戴安道也，故有下句。山陰，王子猷所居之地。」】語林：王子猷居山陰，雪夜，因詠招隱詩，忽憶戴安道。安道時在剡，乘興撑舟，經宿方至，造門而返。或問之，對曰：「乘興而來，興盡而返，何必見戴也。」

春夜喜雨

好雨知時節，當春乃發生。○【王洙曰】乃，一作及。隨風潛入夜，潤物細無聲。○黄帝之世，五日一風，十日一雨，風不鳴條，雨無破塊。然飄風暴雨有害於物，非所謂好雨也，故子美以「隨風潛入夜，潤物細無聲」爲佳矣。野徑雲俱黑，江船火獨明。曉看紅濕處，花重錦官城。○【趙次公曰。又，杜陵詩史、分門集注、補注杜詩引作「王洙曰」。】蜀城人以江山明媚，錯雜如繡，故呼爲錦官城。○【趙次公曰】梁簡文帝賦得入階雨詩：漬花枝覺重。

春水生二絶

二月六夜春水生，○【王洙曰】孫權傳：春水方生，公宜速去。門前小灘渾欲平。○【王洙曰】灘，一作籬。鸂鶒莫漫喜，吾與汝曹俱眼明。○【趙次公曰】鸂鶒見水多而喜，公語之以「與汝曹俱眼明」，則可謂與物委蛇而同其波矣。古詩云「兩目增雙明」是也。

一夜水高二尺强，數日不可更禁當。○【趙次公曰】禁當，蜀之俗語。南市津頭有船賣，無錢即買繫籬傍。

江畔獨步尋花七絶

江上被花惱不徹，無處告訴只顛狂。走覓南鄰愛酒伴，○【王洙曰】斛斯融，吾酒徒。經旬出飲獨空牀。○【趙次公曰】以出飲之故，其家所獨寢之床遂空也。

稠花亂蘂裹江濱，○【王洙曰：「畏，一作裹。」】裹，一作裏。行步欹危實怕春。○實，一作獨。詩酒尚堪驅使在，未須料理白頭人。○【趙次公曰：「尚可當詩酒之役也。」】言當春色之盛，惟詩與酒尚可以驅役。○未須料理白頭人，甫自謂也。

江深竹静兩三家，多事紅花映白花。報答春光知有處，應須美酒送生涯。○【王洙曰】莊子養生主篇：吾生也有涯。

東望少城花滿煙，○【王洙曰】梁益記：少城，張儀所築。○【薛蒼舒曰】左思蜀都賦：亞以少城，接乎其西，市廛所舍，商賈之淵。列隧百重，羅肆巨千。賄貨山積，綺麗星繁。注：少城，小城也。在城西，市在其中。百花高樓更可憐。誰能載酒開金盞，○【王洙曰】盞，一作鑽。〔一〕揚雄傳贊：雄家貧嗜酒，人希至其門。時有好事者載酒肴從游學焉。喚取佳人舞繡筵。

【校記】

〔一〕鑽，杜陵詩史、分門集注作「鎖」。

黃師塔前江水東，春光懶困倚微風。桃花一簇開無主，可愛深紅映淺紅。○【王洙曰】：「愛，一作映。」〔二〕映，一作愛。

黃四娘家花滿蹊，○蹊，一作溪。非是。千朵萬朵壓枝低。留連戲蝶時時舞，自在嬌鶯恰恰啼。

不是愛花即欲死，○愛，一作有。欲，一作索。只恐花盡老相催。繁枝容易紛紛落，嫩葉商量細細開。○【王洙曰】葉，一作蘂。

江頭五詠

丁香

丁香體柔弱，亂結枝猶墊。○【鄭卬曰】墊，都念切，下也。細葉帶浮毛，疏花披素艷。深栽小齋後，庶近幽人占。晚墮蘭麝中，休懷粉身念。○【王洙曰】言丁香結實則墮於蘭麝間，而有粉身之患也。

麗春〔一〕

百草競春華，麗春應最勝。○【師尹曰】顧凱之詩：麗春絶衆卉。少須顏色好，多漫枝條賸。○賸與剩同。紛紛桃李枝，處處總能移。如何貴此重，○【王洙曰】一作「希如可貴重」。却怕有人知。

【校記】

〔一〕麗春，原無，據元本、古逸叢書本補。

梔子

梔子○【九家集注杜詩依例爲「王洙曰」。又，杜陵詩史、分門集注、補注杜詩引作「魯曰」。】本草云：梔子，一名木丹。陶隱居云：梔子剪花六出，剖房七道。

梔子比衆木，人間誠未多。於身色有用，與道氣相和。紅取風霜實，○【魯曰】名山志：樓石山多梔子。○其色可以染帛，其性極冷，其實經霜則紅，此物最有用也。青看雨露柯。無情移得汝，貴在映江波。○【趙次公曰】謝宣城詩：有美當堦樹，霜露未能移。還思照水緑，君家無曲池。梁簡文帝詩云：素花偏可愛，的的半臨池。

鸂鶒

鸂鶒○前注。

故使籠寬織，須知動損毛。看雲莫悵望，失水任呼號。六翮曾經翦，孤飛卒未高。且無鷹隼慮，留滯莫辭勞。

花鴨

花鴨無泥滓，堦前每緩行。○【王洙曰：「一作中庭。」】堦前，一作庭前。羽毛知獨立，黑白太分明。不覺群心妬，休牽衆眼驚。稻粱霑汝在，作意莫先鳴。

堂成

背郭堂成蔭白茅，○【王洙曰】以白茅覆屋也。緣江路熟俯青郊。榿林礙日吟風葉，○歷考諸韻，皆無榿字，惟蜀中多此木。詢之蜀人，相傳以爲丘宜切。按王荆公絶句所謂「濯錦江邊木有榿」者，與移字同押，則知丘宜切爲是。蜀中記：玉壘以東多榿木，易成而可薪，美蔭而不害。按集，公有憑何少府覓榿木栽詩云「飽聞榿木三年大，與致溪邊十畝陰」是也。籠竹和煙滴露梢。○【鄭卬曰】籠，力鍾切。蜀有竹名籦籠。暫止飛烏將數子，○【王洙曰】止，一作下。○古今注：烏，孝鳥也。古樂府歌曰：烏生八九子，端坐秦氏桂樹間。頻來語燕定新巢。旁人錯比揚雄宅，懶惰無心作解嘲。○【王洙曰】惰，舊作慢。揚雄傳：雄字子雲，蜀郡成都人。有田一壥，有宅一區，世世以農桑爲業。哀帝時，丁傅、董賢用事，雄方草太玄，以自守泊如也。或嘲雄以玄尚白，而雄解之，號曰解嘲。

蜀相

○諸葛武侯廟在錦城西南。漢晉春秋：亮家南陽之鄧縣，在襄陽城西二十里，號曰隆中。○【王洙曰】本傳：亮躬耕隴畝，好爲梁甫吟。先主屯新野，徐庶謂先主曰：「諸葛孔明，卧龍也。將軍宜枉駕顧之。」由是先主遂詣亮，三往乃見。先主建安二十六年即帝位，册亮爲丞相、録尚書事。先主於永安疾篤，召亮屬曰：「君才十倍曹丕，必能安國，立定大事。若嗣子可輔，輔之。如其不才，君可自取。」亮泣曰：「臣敢竭股肱之力，效忠信〔一〕之節，繼之以死。」先主敕後主曰：「汝與丞相從事，事之如父。」建興元年，封亮武鄉侯。五年，率諸軍北駐漢中。臨發，上表曰：「先帝不以臣卑鄙，三顧臣於草廬之中，詔〔二〕臣以天下之計。」十二年春，亮悉大衆由斜谷出，以流馬運，據武功五丈原，與司馬宣王對於渭南，相持百餘日。其年八月，亮疾病，卒于軍。軍退，司馬宣王行其營壘，歎曰：「天下奇才。」魏鎮西將軍鍾會至漢川，祭亮廟，令軍士不得於亮墓所左右芻牧樵採。

丞相祠堂何處尋，錦官城外柏森森。○【王洙曰：「廟有古柏，武侯手植。」】趙清獻公玉壘記曰：武侯祠古柏，孔明手植。○按集，公有詩云「蒼皮溜雨四十圍，黛色參天二千尺」，此正所謂「柏森森」也。○【王洙曰】華陽國志：成都西城，故錦官，錦工織錦，濯江中乃鮮明，他江不如。○蜀之錦江，魚涎能鮮明錦絲，蓋濯錦以魚，浣布以灰，故公詩用錦里、錦江、錦水、錦城、錦官城，錦官，猶地志州縣鹽官、鐵官、橘官。○【王洙曰】一曰：蜀城江山明媚，錯華如錦，曰錦城。○一曰：錦織入貢，曰錦官城。映堦碧草自春色，○【王洙曰】江文通別賦：春草碧色。隔葉黄鸝空好音。○【王洙曰】空，一作多。○此皆傷其人之不見也。詩魯頌：懷我好音。古詩：黄鳥鳴相追，咬咬弄好音。○【王洙曰】王僧達詩：楊園流好音。三顧頻繁天下計，○【趙次公曰】庾亮表：頻繁省闥，出總六軍。餘見題注。兩朝開濟老臣心。○【王洙曰】兩朝，言先主及其子禪曰後主也。○亮表云：興復漢室，還于舊都，此臣所以報先帝而忠陛下之職分也。出師未捷身先死，○【王洙曰】捷，一作戰。○見題注。長使英雄淚滿襟。○【師古曰】諸葛制八陣圖，欲合一天下，未及出師一戰而死，故英雄之士皆傷悼之。向使亮未死，則吴、魏豈能保有其土地者哉！

【校記】

〔一〕信，古逸叢書本作「貞」。

〔二〕詔，古逸叢書本作「諮」。

賓至

幽棲地僻經過少，老病人扶再拜難。○謂有肺疾也。豈有文章驚海内，謾勞車馬駐江干。○【王洙曰】詩：寘之河之干兮。注：干，涯也。竟日淹留佳客坐，百年麤糲腐儒餐。不嫌野外無供給，乘興還來看藥欄。

有客

患氣經時久，○【師古曰】謂有肺疾也。臨江卜宅新。○謂結草堂以枕浣花溪也。喧卑方避俗，○【師尹曰】古詩：喧卑厭俗居。疏快頗宜人。○【師尹曰】江總詩：山豁自疏快。有客過茅宇，呼兒正葛巾。○【王洙曰】諸葛亮葛巾羽扇，指麾三軍。自鋤稀菜甲，小摘爲情親。○【趙次公曰】：「手自鋤治者，稀疏之菜甲。因有客而小摘其嫩者，爲情意親密也。」言蔬不多，爲客小摘，足見其重客也。○【師古曰】物雖微，出於力之所致。○【師尹曰】：「謝靈運永嘉記：百卉正發，時聊以小摘供日。」謝靈運永嘉記：以小摘供日。

爲農

錦里煙塵外，江村八九家。○【王洙曰】：「公居在近郊，無氛埃，故云『煙塵外』。」謂結草堂于浣花溪上，無塵俗之氣也。圓荷浮小葉，細麥落輕花。○【王洙曰】落，一作墜。卜宅從茲老，爲農去國賒。○【晏曰】賒，遠也。遠慚勾漏令，不得問丹砂。○【王洙曰】晉葛洪傳：洪字稚川，從祖玄，吴時學道得仙，號曰葛仙翁。其鍊丹秘術，悉得真法。以年老欲鍊丹砂以期遐壽，聞交趾出丹，求爲勾漏令。帝以洪資高不許之，洪曰：「非欲爲榮，以其有丹耳。」帝遂從之。

梅雨

○【王彦輔曰：「梅熟而雨曰梅雨，江東呼爲『黄梅雨』。」】江南梅熟時，霖雨連旬，謂之「黄梅雨」。

南京犀浦道，○【杜田正謬。又，杜陵詩史、分門集注、補注杜詩引作「鮑彪曰」。】肅宗至德二年十二月，以蜀郡爲南京。○犀浦，乃成都屬邑。成都記：太守李冰作五石犀沉江，以壓水怪，因以名縣。今本犀作西，非是。四月熟黄梅。○【杜田補遺】周處風土記：夏至雨，名黄梅雨，沾衣服，皆敗黦。埤雅：江、湘、二浙，四五月梅欲黄落，則水潤土溽，其霏如霧，名梅雨。自江以南，三月雨謂之迎梅，五月雨謂之送梅。湛湛長江去，○【王洙曰】阮籍詩：湛湛長江水，上有楓樹林。冥冥細雨來。○【趙次公曰】楚辭屈原九章：雷填填兮雨冥冥。○【王洙曰】隋煬帝江都夏詩：梅黄細雨麥秋横，楓葉蕭蕭江水平。茅茨疏易濕，○【王洙曰】謂以茅茨覆屋也。雲霧密難開。竟日蛟龍喜，○【師古曰】蛟龍以水漲故喜也。○廣雅：有鱗曰蛟龍，有翼曰應龍。郭璞云：蛟似蛇，四足小頭，細頸卵生，子如三斛瓮，能吞人，龍屬也。盤渦與岸迴。○【鄭卬曰】渦，烏禾切。○【師古曰】盤渦，乃水之蟠聚而洄洑者，故與岸迴旋也。○【王洙曰】郭璞江賦：盤渦谷轉，凌濤山頹。

田舍

田舍清江曲，柴門古道傍。草深迷市井，○司馬彪曰：九夫爲井。井上有市。風俗通云：市井者，言至市當有所鬻賣，當於井上洗濯，令其物香潔，然後到市也。春秋井田記：人年三十受田百畝，公田十畝，廬舍五畝，成田一頃十五畝，八家而九頃二十畝。共爲一井。廬舍在内，貴人也。公田次之，重公也。私田在外，賤私也。井田之義，因井爲市，交易而退，故稱市井也。地僻嬾衣裳。欅柳枝枝弱，○【鄭卬曰】欅，許居切，字正作柜。○欅柳，唐顧陶作「楊柳」。枇杷樹樹香。○樹樹，唐顧陶作「對對」。鸕鷀西日照，曬翅滿魚梁。○此詩樂田舍在清江之曲，草深地僻，無干戈之亂。又有欅柳之木、枇杷之果，可以棲息鸕鷀水鳥，能捕魚曬翅在於魚梁之間，而無驚擾也。

江漲

江漲柴門外，兒童報急流。下床高數尺，倚杖没中洲。○爾雅釋水：水中可居者曰洲。細動迎風燕，輕摇逐浪鷗。漁人縈小楫，容易拔船頭。○【王洙曰】拔，一作捩。

江村

清江一曲抱村流，○【趙次公曰：「此言浣花溪之澄清也。舊注以爲清曲縣，却是施州矣。」】清江，指浣花溪也。長夏江村事事幽。自去自來堂上燕，○【王洙曰】來，一作歸。相親相近水中鷗。老妻畫紙爲棋局，○【王洙曰】爲，一作成。○東晉李秀四維賦：四維戲者，衛尉摯侯所造也。畫紙爲局，截木爲棊。稚子敲針作釣鉤。○【師古曰】此甫言江村之居，得與老妻稚子適情乎碁釣，以自樂其清幽。形之詩，皆寓意於草木鳥獸之類，不必別爲曲說以肆穿鑿也。按集，公有進艇詩云「晝引老妻乘小艇，晴看稚子浴清江」，此亦詠江鄉之樂也。○東方朔七諫篇：以直針而爲鉤兮，又何魚之能得。多病所須惟藥物，○一作「但有故人供藥物」，一作「但有故人分禄米」。微軀此外更何求。○【王洙曰】何，一作無。

新定杜工部草堂詩箋斠證卷第十九

上元元年庚子在成都所作

石犀行

○【九家集注杜詩依例爲「王洙曰」。又，杜陵詩史、分門集注、補注杜詩引作「魯曰」。】成都記：石犀在李太守廟内。○蜀王本紀：江水爲害，蜀〔一〕守冰作石犀五枚，二枚有〔二〕在府中，一枚在市橋，二枚在淵中，以厭水精，因名曰石犀里。劉欣明交州記：犀，其毛如豕，蹏有三甲，頭〔三〕如馬，有三角，鼻上角短，額上、頭上角長。

君不見秦時蜀太守，刻石立作三犀牛。○【王洙曰：「成都記亦云『石犀五』，今云『三犀牛』，未詳。」】三犀，當作五犀。流傳之誤也。或謂甫止言三犀，豈據所見乎？○【王洙曰】按，華陽國志：秦孝文王以李冰爲蜀守，作石犀五頭，以厭水精。穿石犀溪於江南，命曰犀牛里。酈道元水經所載：後轉犀牛二頭在府中，一頭在市橋，二頭沉之深淵。冰又自前堰上分穿羊摩江，灌口西，於玉女房下自涉〔四〕郵，作三石人立水中，與江神要：「水竭不至足，盛不至肩。」迄今蒙福。自古雖有厭勝法，○厭，壹涉切。○【王洙曰】漢高帝紀注：蕭何初立未央宮，以厭勝之術。天生江水向東流。○【王洙曰】向，一作須。襄陽白銅鞮歌：漢水向東流。蜀人矜誇一千載，泛溢不近張儀樓。○【王洙曰】蜀圖經：張儀築少城，在大城西。成都記：張儀樓在城南，高一百尺。○【趙次公曰】南史：始興王與蔡仲能登張儀樓，商略前言往行。今年灌口損户口，○灌口，一作灌注。寰宇記：彭州有灌口鎮，鎮西有玉女祠，祠西有李冰廟。李膺益州記：清水路西七里灌口，古所謂天彭闕也。此事或恐爲神羞。○李冰刻石犀以厭水精，立石人，與江神約，人蒙其利。以厭勝之術，然此術雖古有之，亦不可謂之正道。水東入海，乃不至泛溢。李尋謂王道正則百川理，豈〔五〕有石犀能使水循理耶！蜀人詩此事傳於千載之下，謂水果不能近張儀之樓，以冰與江神要誓，其言有徵，何爲今年灌口之災復至於户口耗損，以爲神羞，此必不然之謂也！○【王洙曰】書武成：無作神羞。終藉隄防出衆力，○終藉，一作修〔六〕築。高擁木石當清秋。先王作法皆正道，詭怪何得參人謀。嗟爾三犀不經濟，○三犀，當作五犀。缺訛只與長江逝。○【趙次公曰】：「此公之寓意于三犀，指譏廟堂無經濟之人甚明。夫無經濟之用，終亦缺訛隨長川而漂逝矣。乾元二年，乃吕諲、李峴、李揆、第五琦同平章事。五月，李峴言毛若虛希中人旨，用刑亂法。帝怒，李揆不敢争，出峴爲蜀州刺史。七月，吕諲以從中人馬尚書之請爲人求官罷。九月，第五琦鑄重規錢非是，十月貶爲惠州刺史。公詩之作正在次年五月、六月之間。諸公之失，皆已著見，惟李揆未露。至次年，揆懼呂諲復用，乃遣吏搆其過失。諲密訴諸朝，帝怒，貶揆爲袁州長史。然則公豈不明見其非經濟者乎！」】然先王於旱乾之時，必興工作爲隄防，以禦其溢，此正道也。彼石犀之説，詭怪不經，果不足與語人事之修，其渺茫不足信矣。但見元氣常調和，自免洪濤恣凋瘵。○瘵，側界切。○【趙次公曰：「謂元氣之謂，特在乎得人，蓋宰相以燮理陰陽爲事也。洪濤，出晉木華海賦云『帝嬀巨害之世，天綱浡潏，爲凋爲瘵，洪濤瀾汗，萬里無際』，意言汗之潢流，乃爲凋傷，瘵病於民矣。」】謂一元之氣，唯在宰相得其人而調和燮理之，則自無洪濤之災矣。晉木華海賦：昔在帝嬀，巨唐之代。天綱浡潏，爲雕爲瘵。洪濤瀾汗，萬里無際。安得壯士提天綱，○【趙次公曰。又，杜陵詩史引作「杜定功曰」，分門集注引作「杜曰」。】梁沈約詩：安得壯士駐奔羲。再平水土犀奔茫。○甫欲得壯士提振綱紀，自然水土平治，犀之怪誕可俾奔遁，不敢淪亂于有道之世矣。○【師古曰】玄宗時用李林甫、楊〔七〕國忠爲政，致有滔天之禍，其亦石犀之擅虚名者乎？甫託意黜之。

【校記】

〔一〕蜀，元本、古逸叢書本作「屬」。

〔二〕有，古逸叢書本作「置」。

〔三〕頸，古逸叢書本作「頭」。

〔四〕自涉，古逸叢書本作「白沙」。

〔五〕豈，元本、古逸叢書本作「皆」。

〔六〕修，元本、古逸叢書本作「幾」。

〔七〕楊，元本、古逸叢書本作「韓」。

石笋行

○【杜田補遺】蜀圖經：石笋街乃大秦〔一〕寺之遺址，殿宇樓臺咸〔二〕以珠寶飾之，爲一代之勝概。後遭兵火而廢。或遇夏秋霖雨，里人猶拾玉珠異物。前蜀丞相諸葛亮命掘之，俯觀方驗，側隱其旁，有篆字曰「蠶叢氏啓國誓蜀之碑」，以二石柱橫理連接鐵其中，歷代故不可毁，復鐫四字曰「濁歜燭躅」，時人莫能曉。惟孔明默悟斯旨，令左右瘗之。後主李雄召丞相范賢詰其所司再掘而詳之，賢議曰：「然厥字四，其理各有所主。亥子歲，濁字可記，主其水灾。寅卯歲，歜字可記，主其饑饉。己午歲，燭字可記，主其火灾。申酉歲，躅字可記，主稼穡充溢，民物富贍。」悉以年事推之，應驗符響。又云：蜀之城壘方〔三〕隅不正，以景則〔四〕之，石笋於南北爲定，無所偏斜。按，石笋在衞西門外，僅百五十步，二株雙蹲，一南一北，北笋長一丈六尺，圍極於九尺五寸，南笋長一丈三尺，圍極於一丈二尺。南笋蓋公孫述時折，故長不逮北笋。

君不見益州城西門，陌上石笋雙高蹲。○陌，一作街。○【鄭卬曰】蹲，徂尊切，踞也。○【杜田補遺】杜光庭石笋記：成都子城西曰興義門，金容坊有通衢，幾百五十步，有石笋二株，挺然聳峭，高丈餘，圍八九尺。○餘見題注。古老相傳是海眼，○【王洙曰：「來，一作老。」】老，一作來，又作遠。苔蘚蝕盡波濤痕。〇【杜田補遺】成都記：距石笋二三尺，每夏月大雨，往往陷作土穴，泓水湛然，以竹測之，深不可及，以繩繫石而投其下，愈投而愈無窮，凡三五日，忽然不見。嘉祐春，牛車碾地忽陷，亦測而不能達。父老云：「見此屢矣。」此亦甚異者，故〔五〕有海眼之説。〇【王洙曰】華陽風俗記：蜀人曰：我州之西有石笋焉。天耜之植，以鎮海眼，動則洪濤大濫。四方之人有來觀者，則奇而怪之。雨多往往得瑟瑟，〇【九家集注杜詩引作「薛夢符曰」。杜陵詩史、分門集注、補注杜詩、集千家注批點杜工部詩集引作「薛蒼舒曰」。】按，張揖廣雅：瑟瑟，碧珠也。〇蜀都故事：石笋，真珠樓基也。昔有胡人於此立寺，爲大秦寺，其門樓十間皆以真珠翠碧貫之爲簾，後摧毁墮地。今有基脚在，每有大雨，其前後人多得真珠瑟瑟，金翠異物。〇【九家集注杜詩依例爲「王洙曰」。又，杜陵詩史、分門集注引作「王彦輔曰」。】成都記：石笋及林亭沙石之地，雨過必有小珠，或青黄如粟者，或有細孔可以絲貫。

此事恍惚難明論。恐是昔時卿相墓，〇墓，一作冢。立石爲表今仍存。〇【王洙曰】揚雄蜀本紀：蜀王薨，五丁立大石，高丈餘，重千鈞，爲墓志。惜哉俗態好蒙蔽，亦如小臣媚至尊。政化錯迕失大體，坐看傾危受厚恩。嗟爾石笋擅虚名，後來未識猶駿奔。〇【王洙曰】詩：駿奔走在廟。安得壯士擲天外，使人不疑見本根。〇成都父老相傳，天以是石笋鎮海眼，每遇雨過，往往有小珠，或青或黄，人多得之，上有苔紋埋翳，兼爲波濤所溜〔六〕之痕。〇【師古曰：「甫意謂此石必是古者卿相墓前表識，後世妄加緣飾，以爲海眼，以蔽蒙愚俗。蓋譏禄山、國忠以微賤小臣，蒙蔽玄宗，致天寶末年之禍。然誣辭謬語，君子當致察。」】甫意謂此石必是古者卿相墓前表識，後世妄加緣飾，謂爲海眼，以蒙蔽愚俗，譬若小臣，佞媚天子，蔽虧〔七〕聖德，遂使政化錯繆，失國家之大體而已。晏然處高位，受天子厚寵，安顧朝廷之傾危乎！此詩譏禄山、國忠以微賤小臣，蒙蔽玄宗，致有天寶末年之禍，然其誣辭謬語，君子所當致察。○石笋之擅虚名，後世不審其由，駿奔以祭之，謂有神靈以厭水災。儻非杜甫高識，明其不然，欲得壯士擲棄天外，使人見其本根〔八〕，不至疑惑，幾何不淪亂天下，如禄山、國忠之所爲乎！向俾玄宗有杜甫之先見，斥逐二人，投之遠裔，則天寶之禍，庶其息矣。○【趙次公曰】或曰：此詩作於上元元年。是時，李輔國以内小臣而連結張妃〔九〕，肅宗信任之，擅權之迹甚彰，故甫因賦石笋而譏李輔國也。

【校記】

〔一〕秦，元本作「素」。
〔二〕咸，元本、古逸叢書本作「成」。
〔三〕方，古逸叢書本作「主」。
〔四〕則，古逸叢書本作「測」。
〔五〕故，元本、古逸叢書本作「固」。
〔六〕溜，元本、古逸叢書本作「留」。
〔七〕虧，元本、古逸叢書本作「觀」。
〔八〕根，元本、古逸叢書本作「相」。

〔九〕妃，元本作「也」，古逸叢書本作「后」。

杜鵑行

○【王彦輔曰】華陽風俗録：鳥有杜鵑者，其大如鵲而羽烏，聲哀而吻有血。古人云：春至則鳴，聞其初聲者，則有別離之苦，人皆惡聞之。惟田家候其鳴則興農事。○【王洙曰】成都記：杜宇亦曰杜主，自天而降，稱望帝。好稼穡，教人務農，治郫城。至今蜀人將農者，必先祀杜主。時荆人鼈令死，其尸泝江而上，至文山下復生，見望帝。望帝因以爲相，號曰開明。會巫山壅江，人遭洪水，開明爲鑿通流，有大功，望帝因以其位禪之，號開明帝。下至五代，有開明尚，始去帝號，復稱王。又曰：望帝死，其魂化爲鳥，名曰杜鵑，亦曰子規。又云：宇禪位于開明，升西山隱焉。時適三月，子規鳥鳴，故蜀人悲子規鳥。○【趙次公曰】按蜀記：昔有姓杜名宇，號望帝。宇死，俗傳化爲子規鳥，一名鵑。蜀人聞子規鳥，皆曰望帝，遂於鵑字加杜姓，謂之杜鵑，又直謂之杜宇。

君不見昔日蜀天子，化作杜鵑似老烏。○【師古曰】時禄山反，陷兩京，明皇西走幸蜀，既失帝位，奈何又棄骨肉而孤寓他邦。異時諸王公主皆爲賊所翦滅，豈非杜鵑化而似老烏之比乎？○餘見題注。寄巢生子不自啄，群鳥至今與哺雛。○博物志：杜鵑生子，寄之他巢，百鳥爲飼之。

雖同君臣有舊禮，骨肉滿眼身羈孤。業工竄伏深樹裏，四月五月偏號呼。○號，平聲。其聲哀痛口流血，所訴何事常區區。爾豈摧殘始發憤，羞帶羽翮傷形愚。蒼天變化誰料得，萬事反覆何所無。萬事反覆何所無，豈憶當殿群臣趨。○【師古曰】詳觀此詩，蓋爲明皇感歎者也。杜鵑，蜀帝也。國亡身死，怨而化爲杜鵑鳥。每生子，寄居百鳥之巢，百鳥之爲哺飼其子。常以四五月悲鳴流血，染山花，其色殷紅，號爲杜鵑花。然其聲哀怨者，豈非若訴國亡而身摧殘變而爲禽耶！託〔一〕言肅宗即位靈武，不能即遣，迎還明皇，乃用李輔國謀，遷之于西內，由是明皇悒怏，不得意而崩，其亦不免於怨傷乎！甫之言頗有深意，讀者可致思焉。○【趙次公曰】然甫之此篇，蓋亦原於鮑照行路難有曰「愁思鬱〔二〕而至，跨馬出北門。舉頭四顧望，但見松柏荊棘鬱蹲蹲。中有一鳥名杜鵑，言是古時蜀帝魂。聲音哀苦鳴不息，毛羽憔悴似人髡。飛走樹間逐蟲蟻，豈憶往時天子尊。念此死生變化非常理，心中惻愴不能言」是也。

【校記】

〔一〕託，元本、古逸叢書本作「記」。

〔二〕鬱，古逸叢書本作「忽」。

三絶句

前年渝州殺刺史，○前，一作去。今年開州殺刺史。○鮑欽止云：崔寧傳所書山賊也。

前年渝州殺刺史，謂段子璋陷綿、遂。今年開州殺刺史，謂徐知道之反，有乘亂者。開去成都遠，不知其故，史不書，失之。師古云：步將吴璘殺渝州刺史劉卞以反。杜鴻漸討平之。又部卒翟封殺開州刺史蕭崇之以叛，楊子琳討平之。二説不同，並兩存之。群盗相隨劇虎狼，食人更肯留妻子。○【師古曰】兩川盗賊乘隙而起。虎狼，喻盗賊也，劇甚也。甫疾其亡上下之分，以爲甚於豺狼，是以有吴、楚之遊也。

二十一家同入蜀，唯殘一人出駱谷。○【趙次公曰】魏志：姜維出駱谷，圍長安。即此谷道也，屬盩厔。○【杜陵詩史補注杜詩引作「蘇曰」。】十道志：駱谷道山西南界入洋州路。自説一女齧臂時，○【趙次公曰】史記：吴起與母齧臂而別。○【王洙曰】世説：趙飛燕姊弟少貧微。及飛燕見召，與女弟齧臂而別。迴頭却向秦雲哭。○秦雲，一作青雲，一作雲山。師古云：禄山亂，百姓隨玄宗入蜀，凡二十一家。後出駱谷，但存一人飢困。蜀亂勦盡，甫聞其説，自傷妻子皆幸免，是以回頭望蜀而哭，痛斯民之不得其所也。

殿前兵馬雖驍雄，○【趙次公曰】驍，堅堯切。縱暴略與羌渾同。聞道殺人漢水上，婦女多在官軍中。○【師古曰】吐谷渾，西羌之種也。殿前兵馬，乃王者之師，奉辭伐罪，以弔其民，秋毫無擾。時天子命陸璀以三千神策軍彈壓蜀中之亂，奈何神策軍横恣虜掠婦女，其殘暴更甚於羌渾，百姓怨之。甫傷朝廷政治不明，縱使殿前之兵搔動良民若此，豈所謂王師弔民伐罪者乎！

寄李十二白二十韻

○古今詩話：甫贈白二十韻，備叙白事，盡得其故迹矣。

昔年有狂客，○【王洙曰】賀知章，字季真。夷曠誕放，自號四明狂客。號爾謫仙人。○【王洙曰】：「見白文章，乃歎曰：『子謫仙人也！』」○【孟棨本事集曰】：李白自蜀至京師，賀知章聞其名，首詣之，請所爲文，白出蜀道難示之，讀未竟，稱歎極口，號爲「謫仙人」。又曰：「公非人間人，豈非太白星精耶！」於是解金貂换酒，盡醉而歸。筆落驚風雨，○【王洙曰】驚，一作聞。詩成泣鬼神。○【趙次公曰】：「白别傳曰：白初自蜀至京師，賀知章聞其名，首訪之。見其烏棲曲，嘆曰：『此詩可以泣鬼神！』」元和中，范傳正作墓碑，曰：賀知章見其烏棲曲，歎曰：「此詩可以泣鬼神矣。」聲名從此大，汩没一朝伸。○【王洙曰】知章言白於明皇，召見金鑾殿，奏頌一篇，賜食，帝爲調羹，召供奉翰林。文彩承殊渥，流傳必絶倫。○【王洙曰】帝嘗召白爲樂章，白已醉，援筆成文，婉麗精巧無留思。帝愛其才，數宴見。龍舟移棹晚，○【趙次公曰】明皇泛舟于白蓮池，召白作叙。時白被酒，命高力士扶以登舟。○按集，八仙歌云「天子呼來不上船」，正謂此也。獸錦奪袍新。○獸錦，謂錦織成獸文也。○【王洙曰】白外傳：白作樂章，贈以錦袍。○又見宋之問傳。白日來深殿，○李陽冰草堂集序：天寶中，詔徵就金馬，降輦步迎，謂曰：「卿是布衣，名爲朕知。」置于金鑾殿。青雲滿後塵。○言士大夫多居其後，蓋白之驟遷也。乞歸優詔許，○【王洙曰】天寶中，白爲高力士所譖，自知不爲親近所容，懇求還山，帝賜金放還山。遇我宿心親。○甫與白有夙契，故遇之相親厚也。白生於長安元年辛丑，甫生於開元元年癸丑，白長甫十二年。按集，公與白交情夙契可見矣。集有詩云：「憶與高、李輩，論文入酒壚。」又云「昔者與高、李，晚登單父臺」是也。未負幽棲志，○言欲隱也。兼全寵辱身。○言白初蒙寵眷，今被讒辱，是故欲隱以全其身也。劇談憐野逸，嗜酒見天真。醉舞梁園夜，○言白昔與甫同遊梁也。時與適遊汴州，酒酣，登吹臺，慷慨懷古。按白集有梁園醉歌，汴州乃梁園故地。○【王洙曰】謝惠連雪賦「梁王不悦，遊於兔園」是也。行歌泗水濱〔一〕。○言白昔與甫同遊山東也。才高心不展，○言其才大而難用也。道屈善無隣。○言其道否而不遇也。處士禰衡俊，○言白之俊似禰衡也。○【趙次公曰】衡傳：黄祖長子射，時大會賓客，人有獻鸚鵡者，射舉卮於衡曰：「願先生賦之，以娱嘉賓。」衡覽筆而作，文無加點。諸生原憲貧。○言白之貧如原憲也。莊子讓王篇：原憲居魯，環堵之室，上漏下濕，筐坐而弦。子貢往見憲，曰：「嘻！先生何病。」憲應之曰：「憲聞之，無財謂之貧，學而不能行謂之病。憲貧也，非病也。」稻粱求未足，○言禄未充其志，反遇讒謗，故傷之也。薏苡謗何頻。○【鄭卬曰】薏，於記切。苡，養里切。○本草：久服輕身益氣。○【趙次公曰】後漢馬援傳：援征交趾，載薏苡種還，人譖之，以爲明珠文犀。按，此言永王璘反，而譖者以白爲參屬而與謀，故甫取喻白之遇讒也。五嶺炎蒸地，○【趙次公曰：「夜郎與廣南相接，故用『五嶺』字。」】白被譖，流夜郎，地與廣南五嶺相接，故云炎蒸。○南康記：大庾嶺，桂陽騎田嶺，九真都寵嶺，臨賀萌浩嶺，始安越城嶺，是爲五嶺。蘇軾指掌圖曰：五嶺自衡山之南，一山東窮于海，其南漲海之北，古荒服。秦置三郡，漢分九郡，日南、珠崖皆在此地焉。三危放逐臣。○【趙次公曰】三危在西，故以三苗之竄爲比。幾年遭鵩鳥，○【王洙曰：「賈誼作長沙王傅，不得志，有鵩集於舍上，遂作鵩賦。」】白之遭貶，故比之賈誼爲長沙王太傅，有鵩飛入誼舍，乃爲賦以自廣。獨泣向麒麟。○【趙次公曰】白之不遇，故比之，孔子見麟而泣曰：「出非其時，吾道窮矣！」○何法盛證祥記：麒麟者，毛之長，仁獸也。牝曰麒，牡曰麟。牝鳴曰遊聖，牡鳴曰歸和。蘇武先還漢，○【趙次公曰】蘇武留匈奴十九年，握節不屈而還漢。此以武比白，則先還也。黄公豈事秦。○【趙次公曰】黄公，四皓之徒，避秦隱居上洛商山。此以黄公比白之不從永王璘也。楚筵辭醴日，○言白在永王璘時，如申公見楚元王，不設醴而辭行也。梁獄上書辰。○安禄山反，白轉側宿匡廬間，緣永王璘長流夜郎，赦還尋陽，坐事下獄，蓋非其罪。○【王洙曰】鄒陽見怒於梁孝王，下獄，鄒陽遂從獄中上書也。已用當時法，誰將此義陳。○【趙次公曰：「言白之無罪，當時不省察，遂以白爲與謀而施之以法，誰人用『辭醴』與『獄中上書』之義爲之陳説也。白會赦放還，乃普天之恩也，朝廷元未知白之本不汚耳，故以此明之。〔一〕】此言白用蘇武、黄公、穆生、鄒陽取以爲法，必不黨於永王，憑誰將此義爲之陳列于帝前也。老吟秋月下，病起暮江濱。莫怪恩波隔，乘槎與問津。○【趙次公曰】言白之才器，當蒙上知，而恩波頓隔，不與白雪明其罪，故甫欲乘槎爲之問天，何斯人之不遇若是乎！博物志：張騫乘槎到天河。論語：孔子使子路問津。故宋之問明河篇「明河可望不可親，願得乘槎一問津」是也。

【校記】

〔一〕濱，古逸叢書本作「春」。

狂夫

○【王洙曰】唐舊書：公於成都浣花里結廬枕江，與田畯野老相狎蕩。嚴武過之，有時不冠而見。○真所謂狂夫也。

萬里橋西一草堂，○【王洙曰】一，或作新。百花潭水即滄浪。○【王洙曰】成都記：杜員外別業在百花潭外。○其水清，可比之滄浪也。風含翠篠娟娟静，○【趙次公曰】翠篠，謂竹也。雨裛紅蕖冉冉香。○裛，於汲反。○【趙次公曰】紅蕖，謂荷也。厚禄故人書斷絶，○【王洙曰】譏交態薄也。怕飢稚子色凄凉。欲填溝壑唯疏放，○言失其所也。自笑狂夫老更狂。○甫之見棄於朝廷，以疏狂故也。

進艇

南京久客耕南畝，○【王洙曰：「明皇幸蜀，號成都爲南京，置尹，比兩都。」】至德二年，以蜀郡爲南京。北望傷神坐北窗。○坐，或作卧。晝引老妻乘小艇，晴看稚子浴清江。俱飛蛺蝶元相逐，並蔕芙蓉本自雙。○物理好偶，出乎自然，况甫於老妻稚子乎！茗飲蔗漿携所有，瓷甖無謝玉爲缸。○【趙次公曰】羊衒之洛陽伽藍記：彭城王勰戲謂王肅曰：「明日顧我爲君設邾莒之食，亦有酪奴。」因此復號茗飲爲酪奴。○【王洙曰】宋玉招魂：濡鼈炮羊有蔗漿。

野老

野老籬前江岸迴，○前，一作邊。野老，甫自謂也。柴門不正逐江開。漁人網集澄潭下，○【趙次公曰】潭即百花潭也。賈客船隨返照來。○賈，音古。○【趙次公曰：「返照，落日也。」】返照，夕陽也。長路關心悲劍閣，○【趙次公曰】甫思念來去之路。劍閣棧道，險阻之難行也。○【鄭卬曰】梁益州記：劍門山勢連絡，限蜀爲阻。片雲何事傍琴臺。○【王洙曰】事，一作意。一作行雲幾處。○片雲，甫言蹤跡無定，如之何也。○【鄭卬曰】十道志：成都有琴臺，即相如與文君貰酒處，今海安寺是也。○趙清獻公玉壘記：相如琴臺，浣花溪北，因掘動獲大甕二十口，蓋以響琴也。王師未報收東郡，○【馬曰】東郡，今滑州也。○後漢志：東郡，治濮陽。杜預曰：古衛地。城闕秋生畫角哀。○【趙次公曰：「唯國都而後有城闕。詩云：在城闕兮。陸士衡擬古詩云：名都一何綺，城闕鬱盤桓。成都既改爲南京，故公自注以爲『得稱城闕』。」】至德二年，升成都爲南京，故公自注得稱「城闕」。

雲山

京洛雲山外，音書靜不來。神交作賦客，○【趙次公曰】京洛，言長安與洛陽也。賦客，指班、張也。長安，則班固所謂「西都」，張衡所謂「西京」。洛陽，則班固所謂「東都」，張衡所謂「東京」。以望長安、洛陽之音書而不來，故神交於作賦客而已。○【王洙曰】昔山濤與阮籍爲神交，喻不涉形迹，以神交而已。○班固通幽賦：〔一〕魂煢煢與神交兮，精誠發於宵寐。力盡望鄉臺。○言思鄉之甚也。○【王洙曰】成都記：有望鄉臺，隋蜀王秀所築。○【鄭卬曰】益州記：昇仙亭夾路有二臺，一曰望鄉臺。衰疾江邊卧，親朋日暮迴。白鷗元水宿，何事有餘哀。

【校記】

〔一〕通幽賦，古逸叢書本作「幽通賦」。

遣興

干戈猶未定，弟妹各何之。拭淚霑襟血，梳頭滿面絲。地卑荒野大，天遠暮江遲。衰疾那能久，應無見汝期。○【王洙曰】期，一作時。

北鄰

明府豈辭滿，○明府，甫蓋有所指也。○【王洙曰：「後漢張湛傳『明府』注：郡守所居曰府。明府者，尊高之稱。」】郡所居曰府。○明者，嚴明之稱。辭滿，謂任滿辭去也。○【王洙曰】前漢韓延壽爲東郡太守，門卒謂之明府。○【趙次公曰】謝靈運還舊園詩：辭滿豈多秩，謝病不待年。藏身方告勞。○言乞養閑也。○【王洙曰】詩：不敢告勞。青錢買野竹，○趙傻云：青錢，蜀人之語，謂見錢也。白幘岸江皐。○岸幘，謂頹其巾也，以示懶散。○【王洙曰】劉隗岸幘大言，意氣自若。愛酒晉山簡，○此以山簡美明府之嗜酒也。○【九家集注杜詩依例爲「王洙曰」。又，杜陵詩史、分門集注、補注杜詩引作「趙次公曰」。】晉山簡，字季倫，濤之子，鎮襄陽，惟酒是耽。每出遊，多之習氏池上，置酒輒醉，名之曰高陽池。能詩何水曹。○此以何遜美明府之善詩也。○【王洙曰】梁何遜，字仲言，沈約愛其文，謂遜曰：「吾每讀卿詩，一日三復，猶不能已。」仕梁，爲水部員外郎。文章與劉孝標並見重於世，世謂之「何劉」。時來訪老疾，步屧到蓬蒿。○【孫曰】屧，悉協切，屐也。○【王洙曰】高士傳：張仲蔚，平陵人。常居窮素，所處蓬蒿没人，終身不仕，三輔重焉。

南鄰

錦里先生烏角巾，園收芋栗不全貧。○【王洙曰】栗，一作粟。慣看賓客兒童喜，得食階除鳥雀馴。○言忘機也。秋水纔深四五尺，○【王洙曰】纔，一作雖。野艇恰受兩三人。○【王洙曰：「一作艇。」】艇，別本作航，黄庭堅作艇。○音平聲。方言：艇，小舟也。白沙翠竹江山暮，○山，一作村。相送柴門月色新。○【王洙曰】一作「相對籬南」。

過南鄰朱山人水亭

相近竹參差，相過人不知。幽花欹滿樹，小水細通池。歸客村非遠，○【趙次公曰】甫自謂也。殘罇席更移。看君多道氣，從此數追隨。○數，色角切，屢也。○【趙次公曰】此所追隨者，豈非前詩所謂錦里先生者乎？

恨別

洛城一別四千里，○【王洙曰】四，一作三。胡騎長驅五六年。○【王洙曰】一作六七年。公因避亂入蜀也。草木變衰行劍外，○【王洙曰】宋玉九辯：悲哉秋之爲氣也，蕭瑟兮，草木搖落而變衰。兵戈阻絶老江邊。思家步月青宵立，憶弟看雲白日眠。聞道河陽近乘勝，司徒急爲破幽燕。○【王洙曰：「幽燕，安、史巢穴。司徒，李光弼也。新破賊於河南三橋故也。」趙次公曰：「司徒，李光弼也。乾元二年，歲在乙亥，十月，李光弼及史思明戰于洛陽，敗之。若以此所謂『河陽近乘勝』，不應至次年七八月而後言矣。上元元年六月，李光弼及思明戰于懷州，敗之。於七八月爲近，亦恐傳聞之誤，而公言之。與傷春詩注『巴蜀避遠，今已收京，而尚賦傷春耳』。幽燕，史思明窟穴。蓋其於是年四月更國號大燕，改元順天，自稱應天皇帝。」】司徒，乃李光弼。幽燕，安、史巢穴也。乾元二年十月，李光弼及史思明戰于河陽。上元元年六月，李光弼及思明戰于懷州，敗之。乘勝席卷幽燕也。

散愁二首

久客宜旋旆，興王未息戈。蜀星陰見少，江雨夜聞多。百萬傳深入，寰區望匪他。司徒下燕趙，收取舊山河。○【九家集注杜詩依例爲「王洙曰」。又，杜陵詩史、分門集注、補注杜詩引作「趙次公曰」：「望光弼之深也。弼爲檢校司空。」】望李光弼之深也。光弼爲檢校司徒，追收河北。寶應元年，進封臨淮王。

聞道并州鎮，尚書訓士齊。○【王洙曰】并州，太原也。乾元中，李光弼徙河陽，王思禮代爲河東節度使，是時遷兵部尚書，其後加司空，則八哀詩稱之以「司空王公」是也。上元二年，思禮已薨。幾時通薊北，○【王洙曰】謂平安史之亂也。當日報關西。○【王洙曰】謂長安以西也。戀闕丹心破，霑衣皓首啼。老魂招不得，歸路恐長迷。○【王洙曰】屈原有招魂篇。

寄楊五桂州譚因州參軍段子之任

○鮑欽止云：段子即〔一〕廣州段功曹也。楊五長史蓋自桂徙廣，段子從之。

五嶺皆炎熱，○前漢張耳傳：南有五嶺之戍。顏師古曰：西自衡山之南，東窮于海，一山之限耳。而標名則有五〔二〕焉。○【趙次公曰】陸〔三〕德明南康記曰：大庾嶺、桂陽騎田嶺、九真都龐嶺、臨賀萌渚嶺、始安越城嶺，是爲五嶺。宜人獨桂林。○史記秦紀：始皇略地爲桂林郡。韋昭注：今鬱林是也。後漢志：鬱林郡，本秦桂林郡。○【杜田補遺】山海經：桂林八樹在賁禺東。注：八樹成林，言其大也。賁禺，即今之南海番禺。陳藏器云：桂林、桂嶺因桂得名，從嶺以南際海，盡有桂樹。

唯〔四〕郴、象州最多。梅花萬里外，○大庾嶺謂之梅嶺，去長安萬里。昔范蔚宗與陸凱相善，自江南寄梅花一枝詣長安與蔚宗，并詩曰「折花逢驛使，寄與隴頭人。江南無所有，聊贈一枝春」是也。雪片一冬深。聞此寬相憶，爲邦復好音。○言邦人稱美之也。○【趙次公曰】詩魯頌：懷我好音。江邊送孫楚，○【趙次公曰】此指言段子也。晉孫楚嘗爲驃騎將軍石苞參軍，故以比之也。遠附白頭吟。○【趙次公曰：「白頭吟事，祖出西京雜記。雖是司馬相如將聘妾，文君作白頭吟，相如乃止。然其後遂入樂府爲題。如鮑照所作『直如朱絲繩，清如玉壺冰。何慚宿昔意，猜恨坐相仍』，則意在責交好之有始終者也。」】古樂府有白頭吟篇，言人相交不能有終，多喜新而厭故也。西京雜記：司馬相如將聘茂陵女，卓文君作白頭吟以自絕，其後遂入樂府。

【校記】

〔一〕即，元本、古逸叢書本作「郎」。

〔二〕元本、古逸叢書本「五」下有「嶺」字。

〔三〕陸，疑當作「鄧」。

〔四〕唯，元本、古逸叢書本作「推」。

逢唐興劉主簿弟

○唐志：唐興屬遂州。

分手開元末，連年絶尺書。江山且相見，戎馬未安居。○【王洙曰】玄宗開元二十九年，改天寶，至十四載，安禄山反。○【王洙曰：「戎馬之際，方奔走避亂，未安所止。」】甫自開元末與劉分手，别後絶無書札來往，此日雖獲相見，奈兵馬紛擾，未安所止也。○時禄山陷兩京，唯蜀偏遠獨無恙也。劍外官人冷，○言主簿之仕於劍南，爲冷落之官也。唐劍南道者，禹貢梁州之域。梁州自劍閣而南，分益州，是爲劍南道也。關中驛使疏。○言關中驛使往來之罕而無書信也。春秋元命苞曰：關中者，秦川西以關隴爲限，東以函谷爲界，謂之關中。唐關内道，禹貢雍州之域，東自同、華略河而北，西自岐、隴原會極于北，垂盡其地矣。輕舟下吴會，主簿意何如。○今主簿輕舟下吴會以赴任所，故甫有此戒之。吴當南北都會之地故也。

暫如蜀川之新津縣所作四首

和裴迪登新津寺寄王侍郎王時牧蜀

○【按，各家注皆以「王時牧蜀」爲公自注，惟九家集注杜詩依例爲「王洙曰」，又分門集注引作「王洙曰」：「王時爲蜀牧。」】○王侍郎，乃王維之弟縉也。維有別業輞川，裴迪從之遊。輞川荆棘，迪乃從縉劍外。縉節度蜀州，蓋在高適之後。按王維文集中裴十秀才迪是也，能詩，與維最善。餘見前贈王中允詩題注。

何限倚山木，○【王洙曰】限，一作恨。○言秋木枯僵也。吟詩秋葉黄。蟬聲集古寺，鳥影渡寒塘。風物悲遊子，○宋玉九辯：悲哉秋之爲氣也，蕭瑟兮，草木搖落而變衰。登臨憶侍郎。○隋煬帝各於六尚書曹置六侍郎，增品第四，以貳尚書之職。老夫〔一〕貪佛日，○佛，一作費，非是。隨意宿僧房。○【師尹曰】古詩：貪佛不如貪僧。○【杜田補遺。又，門類增廣十注杜詩引作「杜田引」，杜陵詩史、分門集注、補注杜詩引作「田曰」：「金光明經：佛日大悲，滅一切闇。」】金光明經：佛日大悲，滅一切闇。善浄無垢，離諸塵翳。無上佛日，大光明普照。又云：佛日清浄，滿足莊嚴。佛日輝耀，放于光明。

【校記】

〔一〕夫，原作「大」，據元本、古逸叢書本改。

暮登四安寺鍾樓寄裴十迪

暮倚高〔一〕樓對雪峰，僧來不語自鳴鍾。孤城返照紅將斂，○【王洙曰】返照，夕陽也。近市浮煙翠且重。多病獨愁常寂闃，○【王洙曰】闃，古鶪切。寂闃，僻静也。○【趙次公曰】易：闃其户，闃其無人。注：闃，寂也。故人相見未從容。○【王洙曰】從容，款〔二〕曲也。知君苦思緣詩瘦，○【王洙曰】思，去聲。太向交游萬事慵。○【王洙曰】李白有戲贈甫詩：借問年來何瘦生，只爲從前作詩苦。

【校記】

〔一〕高，元本、古逸叢書本作「鍾」。

〔二〕款，元本、古逸叢書本作「疑」。

敬簡王明府

葉縣郎官宰，○【鄭卬曰】葉，失涉切。○【趙次公曰】指王明府也。○【王洙曰】後漢方術傳：王喬，顯宗世爲葉令，有神術，每月朔望，常自縣詣臺朝，臨至，輒有雙鳧從東南飛來，舉羅張之，但得一隻舄焉。或曰：即古仙人王子喬也。顯宗本紀：帝謂群臣曰：「郎官上應列宿，出宰百里。」周南太史公。○【趙次公曰】甫自謂留滯也。○【王洙曰】司馬遷傳：太史公留滯周南。神僊方有數，○以王喬有神仙之方，故用比王明府也。流落意無窮。驥病思偏秣，○【師尹曰】張協賦：老馬偏其芻秣。鷹愁怕苦籠。○王祥詩：鸚鵡怕苦籠。看君用高義，耻與萬人同。○【趙次公曰】：「言王明府之高義，其待公也高出萬人之上矣。」甫自謂飄蕩旅寓如病驥之思秣，〔一〕愁鷹之怕籠，唯明府之高義有以青顧我也，高出乎萬人之上矣。

【校記】

〔一〕秣，元本、古逸叢書本作「旅」。

重簡王明府

甲子西南異，○甲子，記時節也。○【王洙曰】言西南，寒暑不正，有異中土也。冬來只薄寒。江雲何夜静，蜀雨幾時乾。行李須相問，○行李，使者也。李，與理通。按春秋左氏僖三十年傳：若舍鄭以爲東道主，行李之往來，共其困乏。杜預注：行李，使人。○【王洙曰】襄公八年傳：亦不使一介行李，告于寡君。杜預注：一介，獨使也。行李，行人也。○昭十三年傳：行理之命，無月不至。杜預注：行李，使人，通行聘問者。蓋李、理字雖異而義通用。故管子五行篇云：黄帝得后土而辨於北方，故使爲李，又曰冬李也。注：李，獄官也。乃知古昔以李爲理，明矣。窮愁豈自寬。○豈，一作有。○【趙次公曰】：「公望王明府遣人來問。所以須遣人來問，無他，以我之窮愁日甚，無自寬時也。」【甫意望王明府遣使相存問，以寬其愁，故繼有致稻粱之語。君聽鴻雁響，恐致稻粱難。○【趙次公曰】：「以鴻雁自況，正有望于稻粱，所以終其不相問之意。」】蓋時值久雨，以鴻雁自況，艱於致稻粱也。

寄賀蘭銛○【王洙曰】銛，息廉切。

朝野歡娱後，○【王洙曰】張景陽詠史詩：昔在西京時，朝野多歡娱。乾坤震蕩中。○明皇時承平日久，任用蕃將，以邀邊功，遂致禄山震蕩天下也。相隨萬里日，總作白頭翁。○【王洙曰】曹丕書：已成老翁，但未白頭耳。歲晚仍分袂，江邊更轉蓬。勿云俱異域，○異域，他鄉也。○【王洙曰】古詩：與君俱異域。飲啄幾回同。

建都十二韻○【趙次公曰】按唐新書肅宗紀：上元元年九月壬寅，大赦，以京兆府爲上都，河南府爲東都，鳳翔府爲西都，江陵府爲南都，太原府爲北都。又按唐舊書肅宗紀：上元元年九月，以荆州爲南都。州〔一〕曰江陵府，官吏制置同京兆。是時甫在成都，故作是詩也。

蒼生未蘇息，胡馬半乾坤。議在雲臺上，誰扶黄屋尊。○謂雲臺諸公建議設都，不知時措之宜。○【王洙曰：「黄屋，天子車蓋，此指言誰爲安王室者。」】黄屋，乃天子車上蓋，不敢斥天子，故以黄屋言之。○然胡馬紛亂，天下蒼生未蘇，於此時又勞民動衆以建荆州爲南都，非急務也。建都分魏闕，下詔闢荆門。恐失東人望，○東人，言自荆州以東，兵革未息，不務拯其難，是失東人之望也。或謂東人指河南府之東都，非是。其如西極存。○西極，指荆州。雖獨存此果，何濟天下大計乎？或謂西極指鳳翔府之西都，亦非也。○【王洙曰】時明皇在蜀。時危當雪恥，○【趙次公曰】雪，洗雪也。○【王洙曰】恥，國恥也。計大豈輕論。○甫譏建都之議無益而空設耳。按，肅宗以吕諲爲荆州長史，因謂以荆州置南都，帝從之。於是荆州號江陵，以諲爲尹。雖倚三階正，○【趙次公曰】謂肅宗即位，三階不爲不正矣。○【王洙曰】按東方朔傳：欲陳太階六符。應劭曰：太階，天之三階也。上階爲天子，中階爲諸侯公卿大夫，下階爲士庶人。三階平，則是謂太平。終愁萬國翻。○【趙次公曰】時三階雖正，然祿山、思明之黨未滅，是禍根猶存，終必翻覆萬國也。○崔遠詩：萬國尚翻驅。牽裾恨不死，○【趙次公曰】甫恨〔二〕不能效辛毗引裾强諫，死不足惜也。○【王洙曰】按魏志辛毗傳：帝欲徙冀州士家十萬户實河南，時連蝗，民饑不可。毗曰：「陛下安得不與臣議？」帝不答，起入内。毗隨而引其裾。漏網辱殊恩。○【趙次公曰】甫言房琯不宜廢，肅宗怒，欲終罪甫，以張鎬之救而放歸鄜州。○是蒙天子漏網之殊恩也。○【王洙曰】前漢刑法志：網漏吞舟之魚。永負漢庭哭，○言群臣無爲賈誼慟哭以陳其策者，是永負于帝也。○【王洙曰：「賈誼傳：可爲痛哭。」】賈誼傳：誼上疏論政事曰：「竊惟事勢，可爲痛哭者一。」遥惜〔三〕湘水魂。○【王洙曰：「屈原沉湘。」】言屈原見讒於楚，沉湘水而死。甫之貶逐，何異於原，是以無由諫於帝也。按楚辭離騷經序：屈原與楚同姓，仕於懷王，爲三閭大夫。同列上官靳尚妬害其能，共譖毁之。王乃疏原，原乃作離騷以諷諫。其子襄王復用讒言，遷原於江南，遂赴汨淵，自沉而死。汨音覓。窮冬客劍外，隨事有田園。○甫客居蜀，薄有田園，可耕以自給也。風斷青蒲節，○言衰老如蒲之柔脆也。霜埋翠竹根。○言自守，如竹之不變也。衣裳空穰穰，○穰，汝兩切，衆多貌。關輔久昏昏。○【王洙曰】久，一作遠。○關中有三輔，左扶風，右馮翊與京兆。昏昏，言寇賊紛擾。○【王洙曰】衣冠之士雖多，皆不濟其危難〔四〕也。願枉〔五〕長安日，○【王洙曰】願枉，〔六〕一作唯駐。○【趙次公曰：「長安日，正用晉明帝所言『日近長安遠，日遠長安近』，故有此三字也。」】劉昭幼童傳：晉元帝鎮揚州，時中原喪亂，有人從長安來，元帝問洛下消息，因問明帝：「汝意謂長安何如日遠？」時明帝幼而聰哲，答曰：「日遠。不聞人從日邊來，只聞人從長安來。」明日集群臣宴會，再問之，明帝又以爲日近。曰：「舉頭不見長安，只見日。」又載晉書本紀。光暉照北原。○【趙次公曰：「照北原之義，蓋以太原府爲北都，而陷於史思明。帝日之光所宜照之矣。」】北原，言太原、河北之地未定，願天子回光有以察之。○無徒建都，以勞西極之人而爲南遷之計也。

【校記】

〔一〕州，古逸叢書本作「號」。

〔二〕恨，古逸叢書本作「根」。

〔三〕惜，元本、古逸叢書本作「憐」。

〔四〕難，古逸叢書本作「亂」。

〔五〕枉，古逸叢書本作「住」。

〔六〕枉，原誤作「往」，古逸叢書本作「住」。

徐九少尹見過

晚景孤村僻，行軍數騎來。○【趙次公曰。又，杜陵詩史、分門集注、補注杜詩引作「魯曰」。】唐以少尹爲行軍長史，有節度使，謂之行軍司馬也。交新徒有喜，○言交情愈久而愈新也。禮厚媿無才。賞静憐雲竹，忘歸步月臺。何當看花蘂，欲發照江梅。

投簡成華兩縣諸子

赤縣官曹擁材傑，○【趙次公曰：「成都當此時號爲南京，故公詩指兩縣得謂之赤縣。」】公指成都、華陽兩縣，謂之赤縣。○神州赤縣，乃神仙之所居，以美諸子有神仙標格者也。軟求快馬當冰雪。長安苦寒誰獨悲，○安，一作夜。杜陵野老骨欲折。南山豆苗早荒穢，○【王洙曰】楊惲傳：惲既失爵位，家居治産，酒後耳熱，拊缶而呼，其詩曰：「田彼南山，蕪穢不治。種一頃豆，落而爲萁。人生行樂耳，須富貴何時！」○陶潛詩：種豆南山下，草盛豆苗稀。平明理荒徑，帶月荷鋤歸。青門瓜地新凍裂。○【王洙曰：「史記：邵平種瓜于長安城東。漢書：霸城門，所謂青門也，即長安城東門名。」】蕭何傳：召平者，故秦東陵侯。秦破，爲布衣，貧，種瓜長安城東。城東之門，謂之青門。○余謂豆苗荒穢，瓜地凍裂，甫養生之資復何望焉。鄉里兒童項領成，○項領成，言其長成也，以喻强臣悖命也。○【王洙曰】詩小雅：四牡項領。朝廷故舊禮數絶。自然棄擲與時異，况乃疏頑臨事拙。○甫疾後生晚進，强項不遜於甫，蓋視朝廷禮數之疏，遂改節棄擲，不同往時相嚮慕也。此責若輩之辭也。飢卧動即向一旬，弊裘何止連百結。○【趙次公曰：「貧士傳：董先生衣百結。」】昔董京威〔一〕衣百結之衣。君不見空墻日色晚，此老無聲淚垂血。○無聲，吞聲也。詩：鼠思泣血。

【校記】

〔一〕董京威，古逸叢書本作「董威輦」。

新定杜工部草堂詩箋斠證卷第二十

上元元年庚子在成都所作

徐卿二子歌

君不見徐卿二子生絶奇，感應吉夢相追隨。○【王洙曰】詩斯干：吉夢維何，維熊維羆。孔子釋氏親抱送，○蓋當時吉夢之應也。並是天上麒麟兒。○【王洙曰】晉徐陵年數歲，家人携以候寶誌，寶誌以手磨其頂曰：「天上石麒麟也。」大兒九齡色清徹，秋水爲神玉爲骨。○言其清且貴也。小兒五歲氣食牛，○言年雖小而志甚大也。○【王洙曰】尸子：虎豹之駒，雖未成文，已有食牛之氣。滿堂賓客皆迴頭。○言眷注不忘也。後漢李充傳：鄧騭置酒請充，賓客滿堂。吾知徐公百不憂，積善衮衮生公侯。○【王洙曰】易：積善之家，必有餘慶。丈夫生兒有如此二雛者，○以二子比之鳳雛也。名位豈肯卑微休。○【趙次公曰】王充論衡自紀篇：不好苟交，所友位雖卑微，年雖幼稚，行苟離俗，必與之友。

歲暮

○公以上元元年己亥歲十二月二十七日至成都。

歲暮遠爲客，邊隅還用兵。煙塵犯雪嶺，○【趙次公曰】此篇言吐蕃之亂也。西山近接維、松，上有積雪，經夏不消，人謂之「雪山」也。鼓角動江城。○【趙次公曰】江城，謂錦江之城也。上元元年，吐蕃陷廓州。天地日流血，○【王洙曰】：「謂多戰鬬也。」】言殺戮之多也。朝廷誰請纓。○言無人以濟國家之危難也。○【王洙曰】：「終軍願請長纓，以繫狂虜。」】終軍傳：南越與漢和親，迺遣軍使南越，欲令入朝。軍請受長纓，必羈南越王致之闕下。濟時敢愛死，寂寞壯心驚。○【趙次公曰】公自憚〔一〕其有濟時之願，而壯心已消也。

【校記】

〔一〕憚，古逸叢書本作「歎」。

和裴迪登蜀州東亭送客逢早梅相憶見寄

東閣官梅動詩興，還如何遜在揚州。○何遜在揚州爲廣陵記室。三輔決録：何遜在揚州見官梅亂發，賦四言詩，人得傳寫。○【趙次公曰】按何遜集又有揚州早梅詩曰：兔園標物序，驚時最是梅。銜霜當路發，映雪擬寒開。枝横却月觀，花遶陵風臺。知應早飄落，故逐上春來。此時對雪遥相憶，送客逢花可自由。○【王洙曰】花，一作春。幸不折來傷歲暮，若爲看去亂春愁。○【王洙曰】春，一作鄉。○【趙次公曰：「言裴君幸不折梅以相寄，若折來則使我傷歲暮矣。……若何更欲往看乎？苟欲往看之，則起春思撩亂矣。此皆遭時艱難，流離於外，雖見花而感，亦詩人之情也。」】幸不折梅以相寄，若折來則使我傷歲暮矣。苟往看之，則起春思撩亂也。江邊一樹垂垂發，朝夕催人自白頭。○觀甫此和詩有「對雪逢花」之句，與遜詩「映雪逐春」之意頗同，所謂「還如何遜在揚州」者，其以此歟。

寄贈王十將軍承俊

將軍膽氣雄，臂懸兩角弓。纏結青驄馬，出入錦城中。危時未授鉞，○【王洙曰：「未受鉞，言未經專征。」趙次公曰：「賜斧鉞然後征，受鉞則爲大將矣。」】授鉞則爲大將，得專征伐。勢屈難爲功。賓客滿堂上，○後漢李充傳：鄧騭置酒請充，賓客滿堂。何人高義同。

少年行

馬上誰家白面郎，○【王洙曰：「一云騎馬。一云薄媚。」】一作「騎馬誰家薄媚郎」。○宋沈慶之傳：今欲伐國，而與白面書生謀之，事何由濟？臨堦下馬坐人床。不通姓字麤豪甚，○【趙次公曰】吴志：孫權言甘寧曰：「此人雖有不如人意時，然其較略大丈夫也。」指點銀瓶索酒嘗。○貴不期驕而驕自至，富不期侈而侈自生。馬上少年白面之郎，生乎富貴之家，不識禮法，坐人之床不言其姓氏，而妄亂指人而有需，甫是以識其粗豪之甚也。顔延之好騎馬遊里巷，據鞍索酒，亦此類也。

蕭八明府宴處覓桃栽

奉乞桃栽一百根，春前爲送浣花村。○甫所居草堂在浣花村。河陽縣裏雖無數，○【王洙曰】裏，一作底。○【趙次公曰】甫以河陽縣比蕭明府所治之邑也。○【王洙曰】晉潘岳，字安仁，爲河陽令。滿縣種桃李，人號曰「河陽一縣花」。濯錦江邊未滿園。

憑何十一少府邕覓榿木數百栽

〇榿木，蜀中有之，俗傳音丘宜切。杜田云：榿音欹，是也。鄭印〔一〕音五來切，誤矣。

草堂塹西無樹林，非子誰復見幽心。飽聞榿木三年大，與致溪邊十畝陰。〇【王洙曰：「蜀人以榿爲薪，三年可燒。」又，集千家注批點杜工部詩集引作「公自注」。】此木乃蜀地不材之木，三年可爲薪，可燒之也。

【校記】

〔一〕鄭印，古逸叢書本作「郭璞」。

憑韋少府班覓松樹子栽

落落出群非櫸柳，〇櫸，居許切。青青不朽豈楊梅。欲存老盡千年意，〇盡，一作蓋。〇【趙次公曰】抱朴子：有天陵偃蓋之松，與天齊其久，與地等其厚。爲覓霜根數寸栽。〇【王洙曰】栽，一作來。

又於韋處乞大邑甆盌

〇【趙次公曰：「大邑，邛州屬縣。出瓷器，今猶然也。」又，集千家注批點杜工部詩集引作「公自注」。】大邑在臨邛。

大邑燒甆輕且堅，扣如哀玉錦城傳。〇【王洙曰】哀，一作寒。君家白盌勝霜雪，急送茅齋也可憐。〇勝，平聲。

詣徐卿覓果栽

草堂少花今欲栽，不問緑李與黄梅。〇【王洙曰】西京雜記：武帝初，修上林苑，群臣遠方各獻名果。李十五種，内有緑李。石筍街中却歸去，果園坊裏爲求來。

從人覓小胡孫許寄

人説南州路，山猨樹樹懸。舉家聞若駭，〇【王洙曰】一作共愛。爲寄小如拳。〇【師古曰】言胡孫至小者爲奇也。預哂愁胡面，初調見馬鞭。〇【師古曰】言始調狎之，則用笞撻，如馬之見鞭而後行也。許求聰慧者，童稚捧應癲。

上元二年辛丑在成都公年五十五歲〔一〕

【校記】

〔一〕公年五十五歲，古逸叢書本作「所作」。

百憂集行

憶年十五心尚孩，健如黄犢走復來。庭前八月梨棗熟，一日上樹能千迴。即今倏忽已五十，○【蘇曰：「舊本作『即今年才五六十』。魯直云：此語似『方六七十，如五六十。』」】或作「即今年才五六十」。○倏忽，犬走疾也。杜〔二〕田云：開元十四年丙寅，公年十五。上元二年辛丑，公年五十歲。坐卧只多少行立。强將笑語供主人，○【師古曰】主人，指郭英乂。英乂鎮成都，甫客依之，笑語年少事也。甫老而客，雖强笑語以陪主人，奈非其真情也。悲見生涯百憂集。入門依舊四壁空，○【王洙曰】司馬相如歸成都，家徒四壁立。老妻覩我顔色同。○謂妻亦抱憂也。癡兒未知父子禮，叫怒索飯啼門東。

【校記】

〔一〕杜，元本、古逸叢書本作「杜」。

暫如蜀川新津縣四首

題新津北橋樓得郊字

望極春城上，開筵近鳥巢。白花簷外朵，青柳檻前梢。池水觀爲政，○【王洙曰】言其澄清不可撓也。○【趙次公曰】顧子與子華遊東池，子華曰：「水有四德，池爲一焉。沐浴群生，澤流萬世，仁也。揚清激濁，蕩滌塵穢，義也。弱而難勝，勇也。導江疏河，變爲流謙，智也。」顧子曰：「我得汝於池上矣。」厨煙覺遠庖。○遠，去聲。○【師古曰】知其遠庖厨也。西川供客眼，○【王洙曰】客，一作遠。唯有此江郊。○爾雅：邑外謂之郊。

奉酬李都督表文早春作

力疾坐清曉，○【師古曰】力疾，言雖病猶勉力起坐也。來詩悲早春。轉添愁伴客，更覺老隨人。紅入桃花嫩，青歸柳葉新。望鄉應未已，四海尚風塵。

遊修覺寺○前遊

野寺江天豁，山扉花竹幽。詩應有神助，○【杜田補遺。又，門類增廣十注杜詩引作「杜云」。杜陵詩史、分門集注、補注杜詩引作「修可曰」。】南史：謝惠連年十歲能屬文。族兄靈運嘉賞之，每有篇章，對惠連輒得佳語。嘗於永嘉西堂思詩，竟日不就，忽夢見惠連，即得「池塘生春草」，大以爲工。嘗云：「此語有神助，非吾語也。」吾得及春遊。徑石相縈帶，○【王洙曰】相，一作深。川雲自去留。○【王洙曰】自，一作晚。禪枝宿衆鳥，○【趙次公曰】公於佛寺多用佛書，斯爲當體。庾信周新州安昌寺碑：禪枝四静，慧窟三明。孟浩然詩：禪枝稀鵠〔一〕棲。漂轉暮歸愁。○【師古曰】言衆僧得所棲托，傷己漂轉，曾衆僧之不若也。

【校記】

〔一〕鵠，原作「鴿」，據元本、古逸叢書本改。

後遊

寺憶曾遊處，橋憐再渡時。江山如有待，花柳更無私。○【趙次公曰】言遊者皆得見之，無所私也。野潤煙光薄，沙暄日色遲。客愁全爲減，○爲，于僞切。捨此復何之。○禮：吾捨此何適〔一〕。

【校記】

〔一〕適，元本、古逸叢書本作「也」。

遣意二首

囀枝黄鳥近，泛渚白鷗輕。一逕野花落，孤村春水生，○【王洙曰】：「見登白馬潭注。」前注。衰年催釀黍，細雨更移橙。○言移席就橙陰，以雨細故也。本草：橙似橘而葉大，形圓於橘而香，皮厚而皺。八月熟。漸喜交遊絶，幽居不用名。

簷影微微落，津流脉脉斜。野船明細火，○船，一作松。宿雁聚圓沙。○【王洙曰】圓，一作寒。雲掩初弦月，香傳小樹花。鄰人有美酒，稚子夜能賒。○【王洙曰】夜，一作也。○【師道曰】或云：甫之子宗文，字稚子。

漫成二首

野徑荒荒白，○【王洙曰：「日，一作月。荒荒，一云茫茫。」】或作「野月茫茫白」。春流泯泯清。渚蒲隨地有，村逕逐門成。只作披衣慣，○【師古曰】披衣以示疏懶也。常從漉酒生。○漉，黄作受。○【王洙曰】陶潛以葛巾漉酒。眼邊無俗物，○【杜田補遺】世説：嵇、阮、山、劉在竹林酣飲，王戎後往。阮步兵曰：「俗物已復來敗人意。」多病也身輕。

江皐已仲春，花下復清晨。仰面貪看鳥，迴頭錯應人。讀書難字過，○晉張叶讀書，遇難字即過。對酒滿壺頻。近識峨嵋老，○【九家集注杜詩依例爲「王洙曰」，杜陵詩史、分門集注引作「王洙曰」。集千家注批點杜工部詩集引作「公自注」。】甫自注曰：東山隱者。○【杜陵詩史、補注杜詩、集千家注批點杜工部詩集引作「石曰」：「峨嵋山在蜀。」分門集注引作「石敏若曰」。】按，地理志：劍南，其山名峨嵋，屬導江縣。峨嵋接岫千里，神仙福地。知余懶是真。

早起

春來常早起，幽事頗相關。帖石防頹岸，開林出遠山。一丘藏曲折，緩步有蹭攀。童僕來城市，缾中得酒還。

三絶句○【九家集注杜詩依例爲「王洙曰」。杜陵詩史、分門集注、補注杜詩引作「王彦輔曰」。】王彦輔曰：此詩皆憫交道凋弊，風俗衰薄。○趙子櫟以爲不然。

楸樹馨香倚釣磯，○楸，美木也。斬新花蘂未應飛。不如醉裏春風盡，可忍醒時雨打稀。○【王洙曰】可，一作何。○【九家集注杜詩引「趙次公注」爲「洪覺範云」。杜陵詩史、分門集注、補注杜詩引作「師古曰」。】或曰：此詩譏後進暴貴，雖可爲一時榮觀，奈何恩重才薄，眼見其零落，不若未受恩眷之時。雨比天恩，以雨多，故致花易壞也。

門外鸕鷀久不來，沙頭忽見眼相猜。自今已後知人意，一日須來一百迴。○【九家集注杜詩引「趙次公注」爲「洪覺範云」。杜陵詩史、分門集注、補注杜詩引作「師古曰」。】或曰：此詩言貪利小人畏君子之譏其短也。然君子以蒙養正，瑜瑾匿瑕，山藪藏疾，不發其惡，而人來革面諂諛，不能媿耻也。

無數春笋滿林生，柴門密掩斷人行。會須上番看成竹，○番，音去聲。○【趙次公曰：「上番，乃川語。」】上番，蜀人之語也。○吴筠：春怨多看笋成竹。客至從嗔不出迎。○【師古曰】或曰：前篇言花雖斬新，終爲風吹雨打，以至零落。此詩言笋初生，終乎成竹。而有「客至從嗔不出迎」之語，蓋言唯君子守道爲歲寒，異夫小人之暴貴易壞也。

客至○【魯曰。又，集千家注批點杜工部詩集引作「公自注」。】喜崔明府見過。

舍南舍北皆春水，但見群鷗日日來。○【王洙曰】言所居僻寂，唯與沙鷗相狎也。花徑不曾緣客掃，○【王洙曰】未嘗有客至，故不掃花徑也。蓬門今始爲君開。○【王洙曰】今日剪除蒿萊，以待君子重客過也。盤飧市遠無兼味，樽酒家貧只舊醅。肯與鄰翁相對飲，隔籬呼取盡餘盃。

春水○【黄希曰】顔師古漢書音義：月令：仲春之月，始雨水，桃始華。蓋桃方華時，既有雨水，川谷漲泮，衆流盛長，故謂之桃花水。

三月桃花浪，○浪，一作水。○【趙次公曰】韓詩「溱與洧，方涣涣兮」注：謂三月桃花水下時也。江流復舊痕。朝來没沙尾，○曹毗賦：飛鷺下平沙尾。碧色動柴門。○【王洙曰】古詩：春水似挼藍。接縷垂芳餌，連筒灌小園。已添無數鳥，○【趙次公曰】古詩：寄語故林無數鳥，會入群裏比毛衣。争浴故相喧。

江　亭

坦腹江亭暖，○【王洙曰】晉王羲之東床坦腹。長吟野望時。水流心不競，雲在意俱遲。寂寂春將晚，欣欣物自私。故林歸未得，排悶强裁詩。○一作「江東猶苦戰，回首一顰眉」。

村　夜

風色蕭蕭暮，○【趙次公曰】：「一本作『蕭蕭風色暮』，則錯字眼矣。又一本作『肅肅風色暮』，却無義矣。師民瞻本作『風色蕭蕭暮』，是。上官儀初春詩：風色翻露文，雪花上空碧。」】一作「蕭蕭風色暮」，今從樊本。江頭人不行。村舂雨外急，鄰火夜深明。胡羯何多難，樵漁寄此生。中原有兄弟，萬里正含情。

可惜

花飛有底急，○【趙次公曰：「有底，唐人語。有甚底事也。韓退之詩云：有底忙時不肯來？」】謂有甚底事也。老去願春遲。可惜歡娛地，都非少壯時。寬心應是酒，遣興莫過詩。○【鄭卬曰】過，古禾切。此意陶潛解，○【鄭卬曰】解，胡買切，曉也。吾生後汝期。○【師古曰】陶潛以早悟棄官而歸，今甫當衰老而困於羈旅，故云「吾生後汝期」也。

野人送朱櫻

西蜀櫻桃也自紅，○也，音夜。野人相贈滿筠籠。數回細寫愁仍破，萬顆勻圓訝許同。憶昨〔一〕賜霑門下省，○甫乾元元年時在左掖。○【杜田補遺。杜陵詩史、分門集注、補注杜詩、集千家注批點杜工部詩集引作「修可曰」。】按，唐李綽歲時記：四月一日，內園進櫻桃。寢廟薦訖，頒賜各有差。退朝擎出大明宮。○大明宮，唐東內。金盤玉筯無消息，○【王洙曰】唐制：賜近臣櫻桃，有宴。此日嘗新任轉蓬。○【王洙曰】公自言流落如蓬之隨風，任其轉徙也。

【校記】

〔一〕昨，原作「非」，據元本、古逸叢書本改。

落日

落日在簾鈎，溪邊春事幽。芳菲緣岸圃，○【趙次公曰】芳菲之圃，緣岸而爲之者也。樵爨倚灘舟。○【趙次公曰】樵爨之舟，倚岸而泊之者也。啅雀争枝墜，○【王洙曰：「啅，噪也。」】啅，竹角切，噪也。飛蟲滿院遊。濁醪誰造汝，○酒經：醪，汁滓酒也。一酌散千憂。○【王洙曰。杜陵詩史、分門集注、補注杜詩又引「王洙曰」作：「一酌，一作酌酒。」】一酌，一作酌罷。○【杜田補遺。又，杜陵詩史、分門集注引作「沈括曰」。】東方朔别傳：武帝幸甘泉。長平坂道中有蟲，赤如肝，頭目口齒悉具。朔曰：「此謂怪氣，是必秦獄處也。」夫積憂者，得酒而解，乃取蟲致酒中，立消。

獨酌

步屧深林晚，開樽獨酌遲。○【趙次公曰】宋書：袁粲爲丹陽尹，嘗步屧白楊郊野間，道遇一上人，便呼與酣飲。仰蜂粘落絮，○【王洙曰】絮，一作蘂。行蟻上枯梨。○【王洙曰：「音航。

行列之行。」】行，音航，行列也。薄劣慙真隱，○【王洙曰】謝靈運詩：彼美丘園道，喟然傷薄劣。幽偏得自怡。本無軒冕意，不是傲當時。○【師古曰】蜂粘落蘂，蟻上枯梨，言無味也。獨酌最無興味，故以喻之。隱有真有假，如杜淹之隱嵩山，傲求利禄，此所謂仕途之捷徑耳。甫以薄劣而遁世，故云真隱，非有意於軒冕也。○【薛蒼舒曰】莊子：今之所謂志者，軒冕之謂也。物之儻來寄者也。

徐步

整履步青蕪，○【王洙曰】履，一作屐。荒庭日欲晡。○【趙次公曰】淮南天文訓：日至于悲谷，是謂晡時。芹泥隨燕觜，花蘂上蜂鬚。把酒從衣濕，吟詩信杖扶。敢論才見忌，實有醉如愚。

即事

○【趙次公曰】贈舞者也。

百寶裝腰帶，真珠絡臂韝。○【鄭卬曰】韝，古侯切。○臂，捍也。○【王洙曰】馬后傳：蒼頭衣緑韝。注：韝，臂衣也，以縛左右手，於事便也。笑時花近眼，舞罷錦纏頭。○【王洙曰】開元時，王元寶常會賓客。元寶富於財，而無文采〔一〕，親友問曰：「昨日高會，有何佳談？」元寶視屋角良久，曰：「但費錦纏頭耳。」

【校記】

〔一〕而無文采，元本、古逸叢書本作「輕棄繒采」。

贈花卿

○花卿，名驚定。按唐舊書崔光遠傳：光遠爲成都尹。及段子璋反，東川節度李奂敗。及光遠率將花驚定討平之。

錦城絲管日紛紛，半入江風半入雲。此曲祇應天上有，○【薛夢符曰】宣室志：明皇夢仙子十輩御卿雲而下，列於庭，各執樂器而奏之。其度曲清越，殆非人世也。及樂闋，有一仙子前曰：「陛下知此樂乎？此神仙紫雲之曲也。」人間能得幾回聞。○趙傁云：古歌辭所載林鍾宫水調入破第二云：錦庭絲管日紛紛，半入靈山半入雲。此曲多應天上有，人間能得幾回聞。

寒食

寒食江村路，風花高下飛。○王作「寒食江村樹，風花江上飛」。汀煙輕冉冉，竹日淨暉暉。田父要皆去，○【王洙曰】父，一作舍。○要，平聲。鄰家問不違。○【王洙曰：「鬧，一作問。」問，或作閙，非是。○【師古曰】甫既卜居浣花溪上，日與田父老叟相狎蕩，故有「皆去」、「不違」之語。不違者，受之不逆其情也。問，乃問遺也。○詩「雜佩以問之」是也。地偏相識盡，雞犬亦忘歸。○魯作「地偏不相識」。

別唐十五誡因寄禮部賈侍郎○【鮑彪曰】賈至傳：寶應初，轉禮部侍郎。

九載一相逢，百年能幾何。○【王洙曰】古詩：百年能幾何，會少別離多。○顧況詩：一別二十年，人堪幾回別。復爲萬里別，○古詩：行行重行行，與君生別離。相去萬餘里，各在天一涯。送子山之阿。白鶴久同林，潛魚本同河。未知棲集期，○【薛蒼舒曰】徐幹詩〔一〕：末途幸休明，棲集建薄質。衰老强高歌。歌罷兩悽惻，○陸機赴洛詩：感物情悽惻。六龍忽蹉跎。○【杜田補遺】六龍，所以駕日車而行天也。○【師古曰】蹉跎，甫自謂衰老也。○春秋命曆序：皇伯登扶桑日之陽，駕六龍以上下。劉向九歎篇「維六龍於扶桑」〔二〕。相視髮皓白，况難駐羲和。○【師古曰：「謂日月逝矣，歲不我與。」】謂日去之速也。○廣雅：日御謂之羲和，月御謂之望舒。胡星墜燕地，○【師古曰】胡星，謂旄頭星也。○【趙次公曰】謂是歲上元元年，史朝義弒其父思明也。

漢將仍横戈。○【趙次公曰】由今承唐，亦謂之唐朝。○【師古曰】漢將即唐將，唐承漢，因謂之漢。仍横戈，言史朝義襲僞位，復爲亂也。蕭條四海内，○石苞與孫皓書：四海蕭條，非復漢有。人少豺虎多。○喻盜賊也。少人慎莫投，○恐劫掠也。多虎信所過。飢有易子食，○經歷亂離之地，當兵革之際，年歲凶荒，人有易子而食者。○【王洙曰】左氏傳：宋子罕夜登子反床而告曰：「弊邑易子而食，析骨而炊(三)。」獸猶畏虞羅。○【王洙曰】：「虞羅，可避之物，而獸猶畏之。至於父子之親，而不能相保，則時可知矣。」虞羅，乃虞人之羅，所以捕獸。虞羅而獸猶知避之，人返不能遷樂土，至於易子而食，抑何愚乎！○【九家集注杜詩引作「張夢陽云」。又，杜陵詩史、分門集注、補注杜詩引作「余曰」。】劉貢父云：如此等句，含蓄深矣。殆不可模倣。子負經濟才，○子，指唐也。天門鬱嵯峨。○【趙次公曰】泰山記：泰山盤道屈曲而上，凡五十餘盤，經小天門、大天門，仰視天門，如從穴中視天窗矣。飄飄適東周，○【王洙曰】平王東遷于洛，故謂之東周。來往若崩波。○若崩，一作亦奔。唐生負經濟之才，厭蜀之亂，欲往東都扣天子之門以求仕，不憚辛苦往來之遽，若波之崩墜也。南宮吾故人，○南宮，指言賈侍郎。○【杜田補遺。又，杜陵詩史、分門集注、補注杜詩引作「杜定功曰」。】按天官書：南宮朱鳥，權、衡。衡，太微，三光之庭。藩臣將相執法，郎位衆星咸在。漢建尚書百官，府名曰南宮，蓋取象也。○【杜田補遺】猶唐以中書省爲紫微，尚書省爲文昌。故後漢鄭弘爲尚書令，前後所陳有補王政者，皆注之南宮，以爲故事。以此考之，若元稹爲南宮散郎，禮部郎中號南宮舍人。

蓋南宫猶言南省，非止稱禮部而已。今人徑以禮部爲南宫，誤矣。歷考前代禮部之名，方起於江左，而南宫已見於漢時。○按集，甫又有「飛霜任青女，賜被隔南宫」之句，所援乃後漢樂崧之故事，以是知南宫非止稱禮部明矣。白馬金盤陀。○甫因薦唐生於禮部侍郎賈公，庶幾望賈公爲之先容也。南宫，謂禮部也。蓋有於五行爲火，於五常爲禮。昔賈逵爲禮部侍郎，常乘白馬，故於賈至亦云。金盤陀，未詳。或曰山名，屬東都。時肅宗收復洛陽，賈公侍天子在焉。雄筆應千古，○【師古曰】謂賈公大手筆也。見賢心靡佗。○靡，一作匪。○【王洙曰】言其好賢出至誠也。詩：之死矢靡佗。念子善師事，○欲唐生盡心以事賈公也。歲寒守舊柯。○【師古曰】又欲唐生無變節於賈侍郎也。○【王洙曰】論語：歲寒，知松柏之後凋。爲吾謝賈公，病肺卧江沱。○【鄭印曰】沱，徒河切。○江水别流爲沱。○【師古曰】甫有肺疾，不及與賈公會集，託唐生以謝罪也。

【校記】

〔一〕九家集注杜詩、杜陵詩史、分門集注、補注杜詩作「文選謝靈運擬鄴中詩」。

〔二〕元本、古逸叢書本「扶桑」下尚有「云云」二字。

〔三〕炊，原作「吹」，據元本、古逸叢書本改。

高柟

〇【鄭卬曰】柟，那含切，木名。華似桑，子似杏而酸，俗作楠。

柟樹色冥冥，江邊一蓋青。〇【王洙曰】蜀志：劉先主所居，籬角一樹，遠望若車蓋。近根開藥圃，接葉製茅亭。落景陰猶合，微風韻可聽。〇聽，他經切，聆也。尋常絶醉困，卧此片時醒。

惡樹

獨遶虚齋徑，常持小斧柯。〇古詩：願借小斧柯，翦伐東山木。幽陰成頗雜，惡木翦還多。〇【趙次公曰】管子：士懷取介之心，不蔭惡木之枝。惡木尚能耻之，况與惡人同處？枸杞因吾有，〇本草：枸杞春夏採葉，秋採莖實，冬採根。葉可作羹。諺云：去家千里，勿食羅摩枸杞。言其補益强盛也。雞棲奈汝何。方知不材者，生長漫婆娑。〇【趙次公曰】莊子山木篇：此木以不材，得終其天年。

石鏡○揚雄蜀本紀：成都丈夫化爲女子，顏色美好，蓋山之精也。蜀王開明納以爲妻，疾卒於成都郭中。葬之以石，作鏡一枚，以表其墓。述異記言，以石鏡一枚同葬之。○【王洙曰。又，杜陵詩史引作「王彥輔曰」。】成都記：武都山精化爲女子，蜀王納爲妃。未幾物故，王取武都土築爲冢，以此鏡表其門。

蜀王將此鏡，送死置空山。○置，一作至。**冥寂憐香骨，提攜近玉顏。衆妃無復歎，**○【趙次公曰】言昔日專寵，衆妃嗟嘆，今既死矣，無復嘆也。**千騎亦虛還。**○【趙次公曰：「言人已葬矣，送葬之千騎虛還而已。」】言送葬之騎亦空還也。**獨有傷心石，埋輪月宇間。**○按集，甫有詩云「石鏡通幽魄，琴臺隱絳唇」是也。

琴臺○王褒益州記：司馬相如宅，在州西笮橋北百許步〔一〕。李膺云：市橋西南二百步，得相如舊宅。今海晏寺南有琴臺故墟。○【王洙曰】成都古今集記：琴臺院，以司馬相如琴臺得名，而非相如舊臺也。舊臺在浣花溪金花寺北廂，號海安寺。梁蕭藻鎮蜀，增建樓臺，以備遊觀。元魏伐蜀，下營於此，掘爲塹，得大罌二十餘口，蓋所以響琴也。隋蜀王秀更增五臺，并舊爲六。○按十道志：成都有琴臺，即相如與文君貰酒處，今海安寺。趙清憲玉壘記：相如琴臺，在浣花溪北。

茂陵多病後，○【王洙曰】司馬相如常有消渴病，既免，家居茂陵。尚愛卓文君。○尚，一作常。○【王洙曰】相如游臨邛，富人卓王孫有女字文君，少寡，好音，相如以〔二〕琴心挑之，文君夜奔相如，相如與馳〔三〕歸成都。酒肆人間世，○【王洙曰】相如既歸成都，家徒四壁，乃之臨邛，盡賣車騎，買酒舍，令君當壚。琴臺日暮雲。○傷不見其人也。餘見題注。野花留寶靨，○【鄭卬曰】靨，於牒切，頰輔也。○【趙次公曰：「沈佺期梨園亭侍宴詩云：野花飄御座，河柳拂天杯。以花譬寶靨花鈿也。覩野花，如文君所留之鈿。」】言花之容如留其臉也。蔓草見羅裙。○【趙次公曰：「蔓草，則詩云『野有蔓草』。草之色緑，如見其裙。或以白樂天『裙腰細草』言之，其義亦通。」】言草之色，如見其裙也。歸鳳求皇意，○【九家集注杜詩、分門集注引作「杜田補遺」。杜陵詩史、補注杜詩、集千家注批點杜工部詩集引作「修可曰」。】【徐陵玉臺新詠載相如琴歌曰：鳳兮鳳兮歸故鄉，遨遊四海求其皇。時未通遇無所將，何悟今日升斯堂。有艷淑女在此芳，室邇從遐愁我腸。何緣交頸爲鴛鴦。又歌曰：皇兮皇兮從我棲，得托字尾永爲妃。交清通體心相怡，中夜相從知者誰。雙羽俱起翔高飛，無感我心使予悲。寥寥不復聞。

【校記】

〔一〕步，元本、古逸叢書本作「叔」。

〔二〕以，元本、古逸叢書本作「撫」。

〔三〕元本、古逸叢書本「馳」下有「騎」字。

聞斛斯六官未歸

○【趙次公曰】：「此豈前篇所謂斛斯融者乎？絕句云『南隣愛酒伴』，而自注云：『斛斯融，吾酒徒。』又自閬中再歸成都，則有過故斛斯校書莊以弔矣。」】按集，公有詩云「走覓南隣愛酒伴」，注云：「斛斯融，吾酒徒也。」

故人南郡去，去索作碑錢。本賣文爲活，○【趙次公曰】夫爲人作碑而至遠去索錢，爲可傷矣。其求碑之人亦可鄙矣。翻令室倒懸。○【王洙曰】孟子：猶解倒懸也。左氏傳：室如懸磬。荆扉深蔓草，土銼冷疏煙。○【鄭卬曰】銼，粗卧切。○蜀人呼釜爲銼。老罷休無賴，歸來省醉眠。○【師古曰】唐史拾遺：斛斯子明尤工碑銘，四方以金帛求其文者，歲不減十萬，隨得隨費，家人至貧窶不給，子明不以介意。故甫有是句，深以爲戒也。

漫興九絕

眼見客愁愁不醒，○【王洙曰】見，一作前。無賴春色到江亭。即遣花開深造次，便覺鶯語太丁寧。○【王洙曰】覺，一作教。

手種桃李非無主，野老墻低還是家。○【趙次公曰】野老，公自況也。恰似春風相欺得，夜來吹折數枝花。

熟知茅齋絶低小，○【王洙曰】熟，一作耐。江上燕子故來頻。銜泥點污琴書内，更接飛蟲打著人。○打，都挺切，擊也。○【師古曰】已上甫自傷爲客，而爲小人見欺也。

二月已破三月來，漸老逢春能幾迴。莫思身外無窮事，○思，一作辭。且盡生前有限盃。○【王洙曰】晉張翰任心自適，不求當世，曰：「使我有身後名，不如即時一杯酒。」

腸斷春江欲盡頭，杖藜徐步立芳洲。顛狂柳絮隨風去，輕薄桃花逐水流。

懶慢無堪不出村，呼兒日在掩柴門。蒼苔濁酒林中静，碧水春風野外昏。

糝逕楊花鋪白氊，點溪荷葉疊青錢。○錢，一作鈿。筍根稚子無人見，沙上鳧雛傍母眠。○師古曰：稚子，説者不一。或以爲竹留，或以爲雉雛，或以爲筍，皆非也。殊不知子美多借爲對偶，其語句相混，後人多不曉其義。稚子，乃甫之子宗文也。甫有二子，一曰宗文，字稚子，二曰宗武，字驥子。按集，如曰「驥子春猶隔，鶯歌暖正繁」，乃憶幼子之詩也。借驥子以偶鶯歌，正似此以稚子對鳧雛之類是也。如曰「老妻畫紙爲棋局，稚子敲針作釣鈎」，又曰「晝引老妻乘小艇，晴看稚子浴清江」，又曰「鄰人有美酒，稚子夜能賒」，則稚子乃宗文也審矣。「筍根稚子無人見」，此尋兒不見，忽於竹叢邊得之，遂有是句，復何疑乎！殊不看下句「沙上鳧雛傍母眠」，以禽鳥猶知愛其子，可以人而不如之乎？蓋謂小兒戲於竹邊，偶尋不見，遂至感物以興己意，其理灼然。

舍西柔桑葉可拈，江邊細麥復纖纖。人生幾何春已夏，○莊子：人生幾何。○【王洙曰】武帝〔二〕短歌行：對酒當歌，人生幾何。不放酒醪如蜜甜。○梁朱昇田飯引：笑味〔一〕薄於東魯，鄙蜜甜於南湘。

【校記】

〔一〕味，元本、古逸叢書本作「朱」。

〔二〕武帝，元本、古逸叢書本作「魏武帝」。

隔户楊柳弱嫋嫋，○【王洙曰】隔户，一作户外。○嫋，奴鳥切。○【九家集注杜詩引作「趙次公曰」。杜陵詩史、分門集注、補注杜詩引作「修可曰」。】鮑照詩：嫋人柳垂道。恰似十五女兒腰。誰謂朝來不作意，狂風挽斷最長條。

戲爲六絶

庾信文章老更成，凌雲健筆意縱横。○【趙次公曰】周庾信字子山，文章綺麗，爲世所尚。作哀江南賦，尤見稱於世，謂若相如作大人賦，飄然有凌雲之氣。今人嗤點流傳賦，不覺前賢畏後生。○文苑傳序：簡文、湘東听其淫放，徐陵、庾信分路揚鑣，其意淺而繁，其文匿而彩。同尚輕險，情多哀思，格以延陵之聽，蓋亦亡國之音也。

楊王盧駱當時體，輕薄爲文哂未休。爾曹身與名俱滅，不廢江河萬古流。○【杜田補遺。又，杜陵詩史、分門集注、補注杜詩引作「歐曰」。】唐史：李敬玄重楊炯、盧照鄰、駱賓王、王勃，必當顯貴。裴行儉曰：士之致遠，先器識，後文藝。勃等雖有文才，而浮躁淺露，豈享爵禄之器哉？

縱使盧王操翰墨，劣於漢魏近風騷。〇【趙次公曰】言漢、魏之文去古未遠，終有風騷之氣，而盧、王二人文比之爲劣矣。〇宋書曰：自漢至魏，文體三變，莫不同祖風騷。龍文虎脊皆君馭，歷塊過都見爾曹。〇過，古禾切。〇【趙次公曰】謂文章之妙如龍文虎脊之馬，皆可充君之馭。〇【師道曰】其逸足過都，如歷一塊土之易也。〇【杜田補遺】又，杜陵詩史、分門集注、補注杜詩引「修可曰」：「漢天馬歌：騂騮駿驥，龍文虎脊。武帝時，西域大宛馬虎脊魚目，龍文鳳頸，尾如蒲梢也。」西域傳：蒲稍龍文汗血之馬，充於黄門。又郊祀歌：天馬徠，出泉水。虎脊兩，化若神。〇【王洙曰】王褒頌：過都越國，蹶若歷塊。

才力應難跨數公，凡今誰是出群雄。或看翡翠蘭苕上，〇【王洙曰】以翡翠喻言今之爲文者，只得其小巧耳。〇【薛夢符曰。又，趙次公曰。】郭璞遊仙詩：翡翠戲蘭苕，容色更相鮮。〇異物志：赤而雄曰翡，青而雌曰翠。未掣鯨魚碧海中。〇【趙次公曰：「公自負其出群雄者，如掣鯨魚於碧海，非釣手之善氣力之雄，安能然哉！」】言爲文之雄健，未有能如鯨魚之掣浪也。〇曹植賦：掣大鯨而制巨鼇。

不薄今人愛古人，清辭麗句必爲鄰。竊攀屈宋宜方駕，恐與齊梁作後塵。〇【趙次公曰】此公之志也。公必欲追琢屈原、宋玉之文而與之並馳者，惟恐不能超越齊、梁而翻與之作後塵。

蓋齊、梁文體輕薄華麗，公所不取也。

未及前賢更勿疑，遞相祖述復先誰。○【趙次公曰】禮記：仲尼祖述堯、舜。謝靈運傳論：王褒、劉向、揚雄、崔、蔡之徒，遞相師祖。別裁僞體親風雅，轉益多師是汝師。○【師古曰】遞相祖述，言齊、梁相習爲輕薄之文，無有慨然以風雅正體倡先者，多師言意，尚之不一也。

朝雨

涼氣曉蕭蕭，江雲亂眼飄。○【趙次公曰】周庾信詩：鶯花亂眼飄。風鴛藏近渚，雨燕集深條。○【師古曰】鴛藏燕集，謂避雨也。黄綺終辭漢，○【趙次公曰】黄公、綺里，乃秦之四皓也。漢太子卑辭厚禮迎之，既定太子位，遂辭歸商山。餘見前注。巢由不見堯。○【趙次公曰：「巢、由，巢父、許由也，嵇康高士傳曰：巢父，堯時隱人。年老，以樹爲巢，而寢其上，故人號爲巢父。堯之讓許由，由以告巢父，巢父曰：『汝何不隱汝形，藏汝光，非吾友也。』乃擊其膺而下之。許由悵然不自得，乃遇清泠之水，洗其耳，拭其目，曰：『嚮者聞言，負吾友。』遂去，終身不相見。豈非皆不見堯耶？」】皇甫謐逸士傳：巢父者，堯時隱人也。及堯讓位許由也，由以告巢父，巢父曰：「汝非吾友也。」由悵然不自得。乃過清泠之水洗其耳。又高士傳：巢父聞許由之爲堯所讓也，以爲污，乃臨池而洗耳。○夢弼謂：黄、綺、巢、由，乃甫自喻也。草堂樽酒在，幸得過清朝。

晚晴

村晚驚風度，幽亭過雨霑。夕陽薰細草，江色映疏簾。書亂誰能帙，○以風之急，故書亂不能整其卷帙也。杯乾可自添。時聞有餘論，○相如子虛賦：願聞先王之餘論。未怪老夫潛。○【趙次公曰。又，補注杜詩、集千家注批點杜工部詩集引作「薛夢符曰」。】後漢王符著潛夫論，故甫效慕之也。

江上值水如海勢聊短述

爲人性僻耽佳句，語不驚人死不休。老去詩篇渾謾與〔一〕，春來花鳥莫深愁。新添水檻供垂釣，故著浮槎替入舟。焉得思如陶謝手，○【王洙曰】陶淵明、謝靈運。令渠述作與同遊。

【校記】

〔一〕與，古逸叢書本作「興」。

大雨

西蜀冬不雪，春農尚嗷嗷。上天回哀眷，朱夏雲鬱陶。○【王洙曰】朱，一作清。○【魯曰】鬱陶，積不散貌。執熱乃沸鼎，纖絺成縕袍。風雷颯萬里，霈澤施蓬蒿。敢辭茅葦漏，○【王洙曰】：「茅葦，類蓬葦也。」【茅葦，謂草堂也。已喜黍豆高。三日無行人，○以水漲也。二江聲怒號。○【趙次公曰】寰宇記：秦李冰穿二江於成都行舟，今謂內江、外江。左太沖蜀都賦「帶二江之雙流」是也。流惡邑里清，○【趙次公曰】：「左傳有『汾、澮流其惡』。今言大雨所蕩，亦流出穢惡也。」【久旱得雨而水漲，流出穢惡，邑里爲之清爽也。左氏傳：汾、澮流其惡。矧茲遠江皋。荒庭步鸛鶴，○鸛鶴，水鳥也。隱几望波濤。沉痾聚藥餌，頓忘所進勞。○【趙次公曰】甫以肺疾之故，而聚藥餌，今得大雨之凉，而喜於是，頓忘供進藥餌之勞也。則知潤物功，可以貸不毛。○【趙次公曰】因雨之潤，雖不毛之地亦假貸而生。陰色靜隴畝，勸耕自官曹。四鄰耒耜出，○一作「出耒耜」。何必吾家操。

溪漲

當時浣花橋，溪水纔尺餘。白石明可把，○【王洙曰】石，一作月。○把，恐當作掬。○【趙次公曰】言水之清淺，而石可以掬也。水中有行車。○【王洙曰】華陽風俗録：浣花亭在州之西南，江流至清之所也，其淺可涉，故水中有行車。公有宅在焉。秋夏忽泛溢，豈惟入吾廬。蛟龍亦狼狽，○【趙次公曰】酉陽雜俎：狼、狽是兩物。狽前足絶短，每行常駕兩狼，失狼則不能動，故世言事乖者謂之狼狽。況是鼉與魚。○甫築草堂于溪側，水忽漲而入其廬，君子猶失所，況小人乎？○【師古曰】蛟龍喻君子，魚鼉喻小人也。茲晨已半落，歸路跬步疏。○【逢原曰】：「半步曰跬。」跬，亡蘂切，半步也。馬嘶未敢動，○馬嘶欲歸也。前有深填淤。○淤，協音於。○【師古曰】謂君子遇險而止也，此處亂世之道也。○【杜田補遺】溝洫志：桃花水盛，有填淤反壤之害。顔師古曰：填淤，壅泥也。青青屋東麻，散亂床上書。不意遠山雨，○意，一作知。夜來復何如。我遊都市間，○間，或作所。晚憩必村墟。○【趙次公曰】村墟，指草堂也。乃知久行客，終日思其居。○【趙次公曰】甫每於浣花里無事，晝放步成都市間，日暮即歸草堂，蓋戀所居故也。○客居猶有眷眷之心，況萬里羈懷，寧不思故鄉乎？

泛溪

落景下高堂，○落景，晚照也。進舟泛迴溪。誰謂築居小，未盡喬木西。遠郊信荒僻，秋色有餘淒。練練峰上雪，○【趙次公曰】。又，杜陵詩史、分門集注、補注杜詩、集千家注批點杜工部詩集引「馬曰」：「練練，白貌。」】練練，白貌。江淹麗色賦：色練練而欲奪。纖纖雲表霓。童戲左右岸，○【王洙曰】一作「兒童戲左右」。○【師古曰】童戲，指其子宗文、宗武也。罟弋畢提携。翻倒荷芰亂，指揮路徑迷。○【師古曰】恐兒童爲荷芰之亂而迷路，故指揮以示之也。得魚已割鱗，採藕不洗泥。人情逐鮮美，物賤事已睽。○【師古曰】開元中物賤，今經兵火以來，百物踊貴，與向者不同矣。吾村靄暝姿，○【程曰】謂日已黑矣。異舍雞亦棲。蕭條欲何適，出處庶可齊。○庶幾齊出處，無使富貴勝吾貧賤之樂也。衣上見新月，霜中登故畦。濁醪自初熟，○【王洙曰】初，一作新。東城多鼓鼙。○【趙次公曰】：「蓋言濁酒幸自初熟，可以供飲，宜安郊村之興。況東城多鼓鼙乎云云東城，東州之城也。是年四月，東川節度兵馬使段子璋反。五月，西川節度使崔光遠使牙將花驚定擊斬之。驚定乘勝大掠東蜀，至天子聞之而怒。則雖七月兵應未定，故云。」】言濁醪新熟，可以供飲，宜安郊居之樂，況東城多鼓鼙乎！是年東川段子璋反。○古詩：莫出東城望，鼓鼙愁殺人。

新定杜工部草堂詩箋斠證卷第二十一

上元二年辛丑在成都所作

柟樹爲風雨所拔歎

倚江柟樹草堂前，故老相傳二百年。〇【王洙曰】故，一作古。誅茅卜居總爲此，五月髣髴聞寒蟬。東南飄風動地至，〇古詩：回風動地起。江翻石走流雲氣。幹排雷雨猶力争，根斷泉源豈天意。滄波老樹性所愛，〇滄波，一作蒼茫。浦上童童一車蓋。〇【王洙曰】蜀志先主傳：先主舍東南角籬上有桑樹，生高五丈餘，遥望見童童如小車蓋。野客頻留懼雪霜，〇野客，公自言也。行人不過聽竽籟。〇聽，他經切，聆也。〇【趙次公曰】：「聽竽籟，言其聲之鼓動如之，字則宋玉高唐賦『纖條悲鳴，聲似竽籟』。舊注引『地籟』，非。〕言柟樹爲風之鼓動，其聲有如竽籟也。宋玉高唐賦：纖條悲鳴，聲傾竽籟。虎倒龍顛委榛棘，○榛，樊作荆。淚痕點血垂胸臆。我有新詩何處吟，草堂自此無顔色。○師古曰：楩柟杞梓，天下之良材。柟樹爲風雨所拔，喻嚴武死於蜀，甫無所依，故歎息之。上元元年，嚴武鎮成都，甫自閬州挈家往依之。武歸朝廷，甫浮遊在蜀諸郡，往來非一。武再鎮兩川，奏爲節度參謀檢校工部員外郎。永泰元年夏，武卒，郭英乂代之，甫失所依，乃挈家下忠、渝。詳味此詩，與下篇皆爲嚴武而發嘆焉。甫築草堂於成都浣花里，甫爲得此樹以爲遊息。木，仁類，以覆庇其下，喻甫賴武以庇焉。今也如「虎倒龍顛」，是使草堂之人憔悴而無所依託，故末章云「自此無顔色」也。夢弼謂：今按此詩，若從師氏之説，當次于永泰元年之秋也。

茅屋爲秋風所破歌

○蘇軾曰：古之封諸侯，分之以茅土，所謂茅屋者，制節之方州也。風，號令也，所以鼓舞萬民，和四方之義也。天寶十四載，安禄山起漁陽之師，詭言奉詔誅楊國忠，是謂義兵。號令天下，陷河北郡縣，是謂茅屋破也。夢弼謂：按此詩若從師氏之説，亦當次于永泰元年之秋也。

八月秋高風怒號，○〔杜田補遺。又，杜陵詩史、分門集注、補注杜詩引作「修可曰」。〕莊子齊物篇：大塊噫氣，其名爲風。是唯無作，作則萬竅怒號。卷我屋上三重茅。○卷與捲同。蘇軾曰：八月，陰中也。陰以肅殺爲事。秋高風怒號者，秋於五性爲義。天寶十四載十一月九日，范陽節度使安禄山率蕃、漢兵十餘萬，自幽州南向指闕，詭言起義，以誅楊國忠爲名，其怒號之甚也。卷我屋上三重茅者，是時方陷三郡，謂先殺太原尹楊光翽於博陵郡，十二月六日陷陳留郡，殺張介然，九月陷滎陽郡，殺太守崔無詖，故云「三重茅」也。師古曰：秋者，肅殺之氣，兵革之象也。茅屋，所以覆庇人所依託焉。既爲秋風所破，則無以自庇。甫以嚴武鎮成都，遂往依之。不幸武卒，郭英乂代武爲節度，甫由是見知英乂，託以爲庇焉。兼與楊子琳、柏正節〔一〕二刺史相善。崔旰殺英乂，併攻楊子琳、柏正節，是「卷三重茅」之比也。夢弼謂：蘇氏、師氏二説不同，今兩存之。茅飛度江灑江郊，〇【王洙曰】灑，一作滿。〇師古曰：謂楊子琳、柏正節蒼皇竄走也。高者挂罥長林梢，〇【鄭卬曰】罥，古泫切。〇師古曰：謂在位賢者逃于林野也。下者飄轉沉塘坳。〇【鄭卬曰：「坳，於郊切，地窟也。」】坳，於交切，地不平也。〇師古曰：喻下民墜於塗炭之苦也。蘇軾曰：分茅之臣悉皆奔逃，濱於患難之側而不顧者。若范陽副使封常清三與戰，皆不勝，西奔陝。高仙芝鎮陝，棄城西保潼關，故曰「灑江郊」也。高者，以義爲高也。林，君也。肅宗即位靈武，玄宗在蜀，長林也。高義之臣扈從左右，如韋見素、陳玄禮，故曰「挂罥長林梢」也。塘坳，泥塗也。下者卑污喪節，處於泥塗。是時河北二十四郡俱爲所陷，如焦守陽、萬石、令狐潮、楊希文、劉貴哲皆附賊。其後，潮亦説張巡曰：「盍相從以苟富貴。」可謂飄轉而不能自守也。南村群童欺我老無力，忍能對面爲盜賊。公然抱茅入竹去，脣焦口燥呼不得，〇蘇軾曰：南，明也。村，鄙也。童，無知也。明明鄙野無知之輩，以我國家師老而莫能爲之敵，所以盜吾土疆，賊吾善良。故令狐潮説張巡曰：「本朝詭〔二〕蹙，兵不能出關，天下事去矣。」豈非「欺我老無力」也！平原太守顔真卿以食盡援絶，棄郡渡河，於是河北郡縣盡陷賊，豈非「對面爲盜賊」也！竹，制節也。「公然抱茅入竹」者，禄山反，顔杲卿、袁履謙紿袍令與假子守土門，所謂抱茅制節者也。杲卿謂禄山曰：「汝營州牧羊羯奴，叨荷恩寵，天子負汝何事，而乃反乎！」禄山怒，縛之，節解，而罵不絶，賊鉤斷其舌，杲卿含胡而絶。不獨，夫張巡保睢陽，使南霽雲詣賀蘭進明告急，賀蘭無意出援兵，且張樂以大享，霽雲言城中食盡力屈，賀蘭不聽，遂截指示信，竟不食而去，豈非「呼不得」也！師古曰：「南村〔三〕群童」，以譬崔旰之徒。「欺我老無力」，喻代宗師老，崔旰輩無忌憚焉，而恣爲殘暴。左氏傳：師直爲壯，曲爲老。「公然抱茅入竹去」，謂據其茅土也。「脣焦口燥呼不得」，時代宗號令不行，召諸道之兵，無有應者，是以避吐蕃之亂，跳而幸陝。今崔旰叛，雖遣使諄諭，豈能止其侵暴乎？歸來倚杖自歎息。俄頃風定雲黑〔四〕色，○蘇軾曰：甫嘗與韋宙同陷賊，遁歸行在，所此所以欷歔歎息也。方是時，張巡、許遠擣其腹心，而賊勢遂衰，四方掎角，而禄山詭言之號令無所施，猶風之定也。雲黑者，雲喻禮樂法度，黑色，不明也。天子蒙塵而出幸，忠臣繼踵而陷賊，禮樂法度無自而明故也。師古曰：甫依託三子以爲覆并，如茅屋然。今三子爲旰所攻，是失棲託，是以倚杖有所嘆息。時朝廷遣杜鴻漸討平蜀亂，故旰兵稍定，是以有「俄頃風定」之喻也。然旰雖定，蜀中乘隙而叛者不一，如渝州、開州並殺刺史，殺氣猶盛，是以有「雲黑色」之喻也。秋天漠漠向昏黑。布衾多年冷似鐵，○似，一作象。嬌兒惡卧踏裏烈。○惡，烏路切。蘇軾曰：秋，義也。望天子以義理天下。今也宦豎蔽其明，女謁侈其心，漠漠而無所察治其情。向昏者，重老之晚年也。黑，不明也。明皇晚年，高力士導其欲，太真妃迷其情，豈非「向昏而黑」也。布者，女工之本，儉之所尚也。衾者，所以衣被也。以布衣爲衾，蓋以儉而衣被天下，且置之而不用，所以冷而似鐵。鐵，黑金也，而以斬伐爲事。斬殺則少恩，明皇末年非惟不知崇儉，以衣被天下，又且少恩，以徇太真妃之欲也。嬌兒，太真妃也。卧，安寢也。太真妃淫，其安謂常，以禄山爲養子，出入宮掖不禁，穢醜稔聞，而明皇不悟。禄山出范陽，與太真妃爲内外援，且令進奇獸異物以蠱帝心。宰相、太子多言其反，太真妃力保之，故帝不信。及漁陽難作，且約太真妃爲之内應，朝廷機謀，禄山靡所不知，豈非「踏裏烈」也。師古曰：昔楚王投醪於水，以飲士卒，三軍之士皆如挾纊。爲上者不可不恤其下。「布衾多年冷似鐵」，謂寡恩而士不和。英乂爲政刻薄，無温暖之惠，如布衾然。嬌兒，比崔旰。旰乘士卒怨背，舉兵以反，而蜀中大亂，豈非「惡卧踏裏烈」之譬乎？床床屋漏無乾處，○梁簡文帝風詩：客舍床床漏，不復容人宿。雨脚如麻未斷絶。○蘇軾曰：床，人所即以爲安也。床床，四方之所安居者。「屋漏無乾處」者，謂今皆陷於泥塗。是時滄、趙見拔，博、平虜陷，潼關失守，南破宛、洛，張介然、崔無詖死其城郭，李登、盧弈、蔣青死其官。所謂「如麻未斷絶」者，蓋天下浸淫於泥塗，未有已也。揚雄嘗曰：震風凌雨，然後知夏屋之爲帡幪。故甫以「雨脚未斷」言亂之滋也。師古曰：屋漏無乾處，非特甫無所庇，蜀民皆失所依故也。雨脚未斷絶，謂反者繼而起也。按集，甫有詩云「前年渝州殺刺史，今年開州殺刺史」是也。自經喪亂少睡眠，長夜沾濕何由徹。○蘇軾曰：禄山父子僭竊，於三年之間，四方騷然，不遑安枕，豈非「少睡眠」也！蜀道尚艱難，靈武未還内，故謂之「沾濕何由徹」也！安得廣廈千萬間，大庇天下寒士俱歡顔，風雨不動安如山。○蘇軾曰：亂而願治，憂而思樂，忠臣義士之常心。甫於是時官卑位下，身親罹之，力無所施，不免傷今思古，而欲庇覆天下之蒼生，謂其歡然懷歸，尚未忍棄去高祖、太宗之遺烈，故欲覆安之，使無震風凌雨之虞，故曰「不動安如山」也。嗚呼，何時眼前突兀見此屋，吾廬獨壞受凍死亦足！○壞，鮑作破。死，一作意。蘇軾曰：嗟嘆之不足，故永歌之。甫遇亂而願治，其所以嗟嘆永歌者，蓋寫其憂憤之心，冀欲有興衰撥亂之主而康濟王室，以成巍巍突兀之功。謂之「何時」者，所望之誠至也。「吾廬獨壞受凍死亦足」者，禄山之亂，天子入蜀，甫走鳳翔謁肅宗，授拾遺。與房琯少爲布衣交，至德元年七月二十一日琯敗於陳陶斜，罷相，甫上疏言琯罪細，不宜免。肅宗怒詔吏推問，後意解，出爲華州司功曹。然不甚省録。時寇奪，甫家鄜彌年，孺弱至餓死，繼而棄官去客秦州，負薪採橡栗自給，故其斷章所以言「死亦足」也。

【校記】

〔一〕節，原作「義」，據元本、古逸叢書本改。

〔二〕詭，古逸叢書本作「危」。

〔三〕村，元本、古逸叢書本作「林」。

〔四〕黑，杜陵詩史引作「墨」。

暫如蜀州青城縣五首

赴青城縣出成都寄陶二少尹 〇青城，今曰永興軍，倚郭。

老被樊籠役，〇【王洙曰】一作「老耻妻孥笑」。貧嗟出入勞。〇【師古曰】謂無車馬也。客情投異縣，詩態憶吾曹。東郭滄江合，〇【王洙曰】蜀城之東，二水合流而南下，土人謂之合水。西山白雪高。〇西山，青城所接之山。〇【王洙曰】蜀都記：西山近接羅維，上有積雪，經夏不消。文章差底病，〇【趙次公曰】差，病校也。蓋近尚投異縣以干戈，雖有文章，可差得病乎？迴首興滔滔。

因崔五侍御寄高彭州適 〇按，房琯作蜀州先主廟碑，載州將高適修建，其末有云：「公頃自彭遷蜀。」故公有如蜀州與高使君詩。

百年已過半，秋至轉飢寒。爲問彭州牧，何時救急難？〇【趙次公曰】。又，杜陵詩史、分門集注、補注杜詩引作「師古曰」。】詩棠棣：兄弟急難。

野望因過常少仙

野橋齊度馬，秋望轉悠哉。竹覆青城合，○覆，去聲。青城山在益州西永康軍界。江從灌口來。○寰宇記：灌口山，在永康軍導江縣，又云灌口鎮，在彭州。李膺益州記：清水路西七里灌口，古所謂天彭衙。○【王洙曰】秦守李冰守劍棧，鑿離堆以灌蜀土，因而得名。入村樵徑引，嘗果栗園開。○園，一作皺，側救切，讀作平聲。余謂非也，皺疑當作皴，士倫切，皮裂也。落盡高天日，幽人未遣迴。

丈人山○【九家集注杜詩依例、分門集注、補注杜詩引作「王洙曰」。杜陵詩史、集千家注批點杜工部詩集引作「王彦輔曰」。】青城山記：此山爲五嶽之長，故名丈人。有丈人觀。○登真隱訣：青城山在蜀郡界，黄帝奏拜爲五嶽丈人。高三千六百八十丈九尺，左右二山。○【沈曰】玄中記：蜀郡青城山有洞穴，分爲三道。西北道崑崙。茅君傳：青城是十洞天之一也。○三洞珠囊：青城山周回二千里，名曰寶仙九室天。五嶽圖：青城在蜀郡界，周回二千七百里高，五千一百丈。黄帝奏拜爲五嶽丈人。趙傁云：按地志：青城山，導江縣封畛，岷峨接岫千里，青城第一峰。導江圖經：青城丈人，黄帝師，初拜五嶽丈人。川嶽百神，青都受事，西晉祠之。十道志：青城山有黄帝壇。

自爲青城客，不唾青城地。○【趙次公曰】唾地者，有所惡而唾也。不唾其地者，所以敬之也。○古樂府：去婦情〔一〕更重，千里不唾井。○【趙次公曰】陳徐陵玉臺新詠載劉勳妻雜詩云：千里不唾井，況乃昔所奉。爲愛丈人山，丹梯近幽意。○【趙次公曰】謝玄暉敬亭詩：要欲追奇趣，即此凌丹梯。○按地理志：蜀州唐安郡有青城縣，在州北五十里，有丈人山，山有丈人祠。祠之西有鳴鶴山，漢張道古隱處。故甫在蜀不敢唾其地。梯不可以上昇，如張道古之得道昇仙也。丈人祠西佳氣濃，○祠謂丈人觀也。緣雲擬住最高峰。○【王洙曰】靈光殿賦：緣雲上征。掃除白髮黃精在，○神仙傳：王烈字長林，服黃精鉛華，老而更少。君看他時冰雪容。○【王洙曰】莊子逍遥遊篇：藐姑射之山，有神人居焉，肌膚若冰雪。

【校記】

〔一〕情，古逸叢書本作「清」。

寄杜位

○【王洙曰】位京中有宅，近曲江。詩尾有述。

近聞寬法離新州，○離，力智切，去也。新州，新興郡，屬廣南道。杜位貶新州，朝廷寬其罪，移之於近郡也。想見情懷尚有憂。逐客雖皆萬里去，悲君已是十年流。○流，竄也。按集，杜位宅守歲詩：四十明朝過。自後位即被〔一〕謫耳。干戈況復塵隨眼，○【王洙曰】塵，一作行。鬢髮還應雪滿頭。○【王洙曰】雪，一作白。玉壘題書心緒亂，○【趙次公曰】玉壘，山名，在蜀之青城縣也。何時更得曲江遊。○曲江，池名，在長安，於唐爲勝遊之地，乃謂之故鄉也。有宅近焉。

【校記】

〔一〕被，古逸叢書本作「彼」。

出郭

○【趙次公曰】成都諸城門，唯二〔一〕東門，大東郭、小東郭。

霜露晚凄凄，高天逐望低。遠煙鹽井上，○【趙次公曰】成都惟出大東郭，則東望簡州一帶，可以遠見晚鹽井之煙。○【王洙曰】蜀都賦：家有鹽泉之井。斜景雪峰西。○【立之曰】斜景，謂晚照也。○蜀都記：西山上有積雪，經夏不消。故國猶兵馬，○【王洙曰：「公，長安人也。」】故國，謂長安也。他鄉亦鼓鼙。江城今夜客，還與舊烏啼。○【趙次公曰】公感亂而與烏俱啼，其傷至矣。

【校記】

〔一〕二，元本、古逸叢書本作「一」。

戲作花卿二歌

○花卿，名驚定。○【黃希曰】按，唐舊書崔光遠傳：光遠爲成都尹，及梓州副使段子璋反，東川節度使李奐敗走，投光遠。牙將花驚定等討平之。將士剽掠，劫婦女，有金銀臂釧，皆斷腕以取之。光遠不能禁。肅宗按其罪，光遠憂恚成疾，正元二年十月卒。○【九家集注杜詩依例、分門集注引作「王洙曰」。杜陵詩史、補注杜詩引作「王彥輔曰」。】高適傳：花驚定恃勇誅子璋，大掠東蜀。天子怒光遠不能戢軍，乃罷之。以適代光遠爲成都尹。新書肅宗紀：上元元年，段子璋反，陷綿州。○舊書亦云：段子璋於綿州殺之。夢弼謂：花卿誅子璋，恃功大掠。天子聞之，大怒。由是不見擢用。○【師古曰】此甫爲花卿痛惜之。○【九家集注杜詩引作「魯直曰」。又，杜陵詩史、分門集注、補注杜詩引作「魯曰」，又引「黃曰」，集千家注批點杜工部詩集引作「山谷曰」：「楊明叔爲余言云云。」則所謂「魯曰」、「黃曰」皆爲「黃庭堅（魯直、山谷）曰」之省稱。】楊明叔曰：花卿冢在丹稜之東館鎮，至今血食其鄉。國朝封爲忠應公。

成都猛將有花卿，學語小兒知姓名。用如快鶻風火生，○鶻，音骨，鳥名。言如風中之火，其焰愈猛也。○易家人卦：巽上離下，爲風自火出，火熾則風生，風生自火，自内而出也。象曰：風自火出，家人。見賊唯多身始輕。綿州副使着柘黃，○【趙次公曰】綿州，唐書又作梓州，必有誤也。○【王洙曰：「柘黃，僭乘輿服色也。」】柘黃，天子服色。指子璋僭服御衣也。我卿掃除即日平。子璋髑髏血模糊，○璋，一作章。手提擲還崔大夫。○【王洙曰】崔光遠也。李侯重有此節度，○重，平聲。○【王洙曰】李侯，奐也。○【趙次公曰：「段子璋既攻東川，則李奐必失節度矣。以花卿斬之，則李侯復保有節度焉。」】段子璋改東川，李奐走成都，此失節度矣。及光遠討平之，奐復得之鎮，故云「重有此節度」也。人道我卿絶世無。○【王洙曰】世，一作代。既稱絶世無，天子何不喚取守京都！○花卿平子璋，其功非細，天子正當安史之亂，何不召取共守京都，擢爲大將，蓋怒其暴掠百姓，故見廢棄。甫是以譏之。○【黄曰】説者謂子美花卿歌雄壯激昂，讀之者如見其人也。

【校記】

〔一〕「易家」自「家人」，元本、古逸叢書本作：「南史：曹景宗謂所親曰：『昔在鄉里，與少年輩（詩云兹）〔拓弓弦〕作霹靂聲，放箭如餓鴟叫。覺耳後生風，鼻尖如火。』」

少年行二首

莫笑田家老瓦盆，自從盛酒長兒孫。○盛，時征切。長，丁丈切。○【王洙曰】一作養。傾銀注玉驚人眼，共醉終同卧竹根。○【趙次公曰】甫言在田家自瓦盆中喫酒，與傾銀注玉之少年同醉卧竹根之傍耳。○【趙次公曰：「竹根字，古詩云：徘徊孤竹根。杜田之説，以竹根爲飲器。夫竹根固是酒杯矣，酒杯既空，豈可謂之卧乎？又别是一物，與傾銀注玉不相接，雖傾銀注瓦，亦不接矣。」按，杜田補遺：「酒譜云：老杜『共醉終同卧竹根』，蓋以竹根爲飲器。」又，杜陵詩史、分門集注、補注杜詩引作「修可曰」：「子美謂卧竹根者，但謂醉卧竹林中，且理甚易曉。若以竹根爲酒器，失之太鑿。」】或以竹根爲酒樽，失之鑿矣。

巢燕養雛渾去盡，江花結子已無多。○【王洙曰】已，一作也。黄衫年少來宜數，○數，所主切，計也。○【趙次公曰】黄衫，想唐人貴遊之服也。不見堂前東逝波。○【王洙曰：「言行樂當及時也。」】謂日月之速，如東逝之水，言行樂當及時也。

送裴五赴東川

故人亦流落，高義動乾坤。何日通燕塞，相看老蜀門。東行應暫别，北望若銷魂。凛凛悲秋意，非君誰與論。

奉簡高三十五使君

當代論才子，如公復幾人。驊騮開道路，○言會遇之榮也。鷹隼出風塵。○言飛騰之快也。行色秋將晚，交情老更親。天涯喜相見，披豁對吾真。

贈蜀僧閭丘師兄

○【九家集注杜詩依例作「王洙曰」。又，杜陵詩史、分門集注、補注杜詩引作「王彥輔曰」。集千家注批點杜工部詩集引作「公自注」。】太常博士，均之孫。

大師銅梁秀，○【杜田補遺：「太平御覽載張孟蜀都賦注云：銅梁，山名也。按，其山有桃枝竹，東西連亘二十餘里，山嶺之上平整，遠望諸山，此獨秀也。山在合州界銅梁縣。」】銅梁，山名，在合州界銅梁縣。○地靈則人必傑。大師指閭丘，鍾銅梁之秀氣而生也。籍籍名家孫。○【安石曰】籍籍，名聲之盛〔一〕也。○唐〔二〕張均乃閥閱之族，而閭丘乃均之孫也。嗚呼先博士，炳靈精氣奔。○【師古曰：「炳靈，言英靈顯赫也。」】均爲太常博士，英靈顯赫精爽之氣，奔逸絶群也。惟昔武皇后，○惟，一作往。臨軒御乾坤。多士盡儒冠，墨客藹雲屯。○武后擢用儒雅，號爲才能之盛，後世謂武后以寬得人者，蓋謂此之也。當時上紫殿，不獨卿相尊。○均於是時詔上紫殿，武后尊之，不獨卿相之爲貴也。世傳閭丘筆，峻極逾崑崙。○逾，一作倂。鳳藏丹霄暮，○【王洙曰】暮，一作穴。○山海經：丹穴之山，有鳥名鳳皇。龍去白水渾。○【王洙曰】去，一作出。東京賦：龍飛白水。○余謂鳳藏龍去，言均之長往也。青熒雪嶺東，○雪嶺，即西山也。廣志：五月霜雪酷烈。碑碣舊制存。○【鄭卬曰】碣，巨列〔三〕切。○【王洙曰：「均以文名當時，四方碑碣多出其手。」】均善爲文，當世卿大夫碑銘墓碣皆出其手。○自均之往，而雪嶺以東舊製青熒猶在也。○【杜田補遺】山〔四〕東蜀牛〔五〕頭山下有閭丘均撰〔六〕瑞聖寺磨崖碑，嚴政〔七〕書，寺今改爲天寧羅漢禪院。斯文散都邑，高價越璵璠。○均之文章貴重當世，其價超越乎寶玉也。魏文與鍾大理書：魯之璵璠，價越萬金，貴重都城。晚看作者意，妙絶與誰論。○【梅曰】作者，均也。○甫雖晚輩，每看作者爲文之意，神妙精絶，當世無足與語者。○【趙次公曰】郄生見王導詩，歎曰：「晚見作者妙意。」吾祖詩冠古，○吾祖，謂杜審言也。以詩名于唐。同年蒙主恩。○審言〔八〕與均同年第進士也。豫章夾日月，歲久空深根。○審言與均俱抱大材，如豫章之木，高凌日月，深根固蔕也。按，司馬相如子虛賦：楩柟豫章。服虔曰：豫章，大木也。生七年乃可知。述異記：豫章生七年而後與衆木異。小子思疏闊，○小子，甫自謂也。豈能達詞門。窮愁一揮淚，○【王洙曰】愁，一作秋。相遇即諸昆。○甫與閭丘相遇，而閭丘視之，不啻昆弟之相親愛也。我住錦官城，○【王洙曰】成都記：府城亦呼爲錦城，以江山明媚錯雜如錦。○一曰：錦織天貢，曰錦官城。兄居祇樹園。○【鄭卬曰】祇，翹移切。○【杜田補遺】楞嚴經：祇洹精舍。注：祇洹，林樹名〔九〕。唄云祇陁洹，或云逝多，此云戰勝，即太子林主是役，故云勝林精舍。建立有二因緣，須達長者施〔一〇〕園，祇陁太子施〔一一〕

樹。○【王洙曰。又，杜陵詩史引作「田曰」。】金剛經：佛在舍衛國祇樹給孤獨園。○慧能注：舍衛，乃波斯匿王所居園。本屬須達，故又有給孤長者。地近慰旅愁，往來當丘樊。○樊，乃藩籬也。天涯歇滯雨，粳稻臥不翻。○粳，古行切。漂然薄游倦，始與道旅敦。○始，晉作如。○【王洙曰】旅，一作侶。○道經〔二〕閭丘敦厚也。來往道經閭丘所居，遂謁之，其情相親厚也。景晏步脩廊，而無車馬喧。○【王洙曰】陶淵明詩：結廬在人境，而無車馬喧。夜闌接軟語，○一作「夜言詞柔軟」。華嚴經：菩薩摩訶薩有十種語，一者柔軟語，能使一切衆生得安穩。○【杜田補遺：「維摩經云：菩薩成佛時，命不中夭，大富梵行，所言誠諦，常以軟語，眷屬不離，善和諍訟，言必饒益，不疾不恚。」】故維摩經常以軟語眷屬不離。〔三〕落月如金盆。漠漠世界黑，○【王洙曰】黑，一作空。○謂世昏暗也。驅驅爭奪繁。○驅，一作區。謂祿山之亂也。惟有摩尼珠，可照濁水源。○【師古曰】摩尼珠，以喻法性圓明清淨，不染塵垢。甫奔走盜賊間，健羨閭丘不爲污濁所累也。○【杜田補遺】按圓覺經：譬如摩尼清淨珠，映於五色，隨方各見。諸愚癡者見彼摩尼，實有五色，圓覺淨性，現於身心，隨方各應，亦復如是。觀無量壽佛經：諸天童子摩尼以爲纓絡，光照百餘里。抱朴子：識珍者必拾濁水之明珠。宣室志云：馮翊嚴生家漢南峴山，得一珠如彈丸色。胡人曰：「此西國清水源也，若至濁水，泠然洞徹矣。」○成都記：濁水源，在府西南六里。

【校記】

〔二〕盛，杜陵詩史、分門集注作「衆」。

〔二〕唐，元本作「厚」，古逸叢書本作「蓋」。
〔三〕列，古逸叢書本作「刹」。
〔四〕山，九家集注杜詩、杜陵詩史、分門集注無。
〔五〕牛，元本、古逸叢書本作「半」。
〔六〕撰，古逸叢書本作「拱」。
〔七〕政，元本、古逸叢書本作「改」。
〔八〕言，元本、古逸叢書本作「年」。
〔九〕名，古逸叢書本作「各」。
〔一〇〕施，元本、古逸叢書本作「也」。
〔一一〕施，元本、古逸叢書本作「陁」。
〔一二〕經，元本、古逸叢書本作「旅指」。
〔一三〕離，古逸叢書本作「堆」。

送韓十四江東覲省

兵戈不見老萊衣，○干戈阻隔，母子離散，故不相見也。○【王洙曰】高士傳：老萊子少以行孝養親。年七十，猶服荆斕之衣，爲嬰兒戲於親前。歎息人間萬事非。我已無家尋弟妹，君今何處訪庭闈。黄牛峽静灘聲轉，○【趙次公曰】盛弘之荆州記：宜都西陵峽中有黄牛山，南崖有重嶺疊起最大，高崖間有石如人負刀牽牛，人黑牛黄分明，曰黄牛。此崖既高，江湍紆迴，塗經信宿猶望見之。行人歌曰：「朝發黄牛，暮宿黄牛。三日三暮，黄牛如故。」○十道志：在峽州，亦經黄牛山。下有牛灘，南岸高崖有石如人負刀牽牛，人黑牛黄，故得此名。自此東入西陵，三峽之一，地在宜昌縣界。白馬江寒樹影稀。○白馬江，蜀州江名。或謂白馬灘，屬萬州。○【王洙曰】又，江陵縣有白馬州。此别還須各努力，○【師古曰】峽江阻險，甫因戒之，欲其謹重也。故鄉猶恐未同歸。○【趙次公曰】故鄉，指長安也。

贈杜二拾遺○適自淮陽單馬入覲，刺彭、蜀二州。○【師古曰】時作此以贈子美也。

蜀州刺史高適

傳道招提客，○【王洙曰】招提，佛寺也。○客，謂甫也。增輝記：招提者，梵言拓鬬提奢，唐言四方僧物，後人傳寫之訛，以拓爲招，又省去鬬奢二字，只稱招提。餘見前遊奉先詩注。詩書自討論。佛香時入院，○【杜田補遺】又，杜陵詩史引作「師古曰」。】維摩經：如人入薝蔔林，唯齅薝蔔不嗅，餘香若入此室，但聞佛功德之香，不樂聞辟支佛功德香也。僧飯屢過門。○飯，扶晚切。聽法還應難，○聽，他經切。難，乃旦切。○【王洙曰：「支遁與許詢同講維摩詰經，互爲設難。」】世説：支遁、許詢共在會稽。支爲法師，許爲都講。支通一義，四坐莫不厭心。許送一難，衆人莫不抃舞。嗟詠二家之美。高逸沙門傳：支遁時講維摩詰經。尋經剩欲𣬛。○【王洙曰】𣬛，譯也。草玄今已畢，○【王洙曰：「揚子雲作太玄經。解嘲曰：時方草玄。」】揚雄傳：哀帝時丁傅、董賢用事，諸附離之昔，或起家至二千石。時雄方草太玄，泊如也。此後更何言。

酬高使君相贈

古寺僧牢落，空房客寓居。○客，一作得。趙清獻玉壘記：草堂，鹿苑府右七里，浣花三里，物色邃清。沙門履空居之甫草堂，杖屨初齒梵遊。故人供禄米，○【趙次公曰：「故人，豈正是高使君邪？」】故人，謂高使君。○【王洙曰】禄米，廩俸也。鄰舍與園蔬。雙樹容聽法，○隋經籍志：釋迦在世教化四十九年，乃至天龍、人鬼並來聽法，後於拘盡那城娑羅雙樹間，二月十五日入涅槃。涅槃，譯言滅度，亦言常樂我淨。○【王洙曰：「釋書言佛説法於祇園樹下。」】又涅槃經：世尊在雙樹間演説如是大經。又，佛遺教於娑羅雙樹間。三車肯載書。○【王洙曰】妙法蓮華經「火宅喻」。三車，牛車、羊車、鹿車。草玄吾豈敢，賦或似相如。○【趙次公曰】揚雄傳：孝成帝時，有薦雄文似相如者。今公詩意姑以著書則不敢，爲賦則能之耳。○相如有上林賦、子虛賦。

草堂即事

荒村建子月，○【趙次公曰。又，王洙曰：「肅宗上元中，去年號，止稱元年，以十一月爲歲首，以月斗所建辰爲名，故有建子月。」】肅宗上元元年，歲在辛丑，於九月壬寅大赦，去尊號。又去上元年號上稱元年，以十一月爲歲首，以斗所建辰爲名。今公作此詩以紀著事，蓋有意於後世之所考信，亦春秋「變古則書」之義也。獨樹老夫家。○按集，公有詩曰「倚江稱樹草堂前」是也。雪裏江船渡，風前徑竹斜。寒魚依密藻，○藻，水菜也。宿鷺起圓沙。蜀酒禁愁得，○【鄭卬曰：「禁，居吟切。」】禁，讀平聲。無錢何處賒。○後漢琅琊海曲吕母釀酒，少年來沽者皆賒與之。

得廣州張判官叔卿書使還以詩代意

○卞圜云：公雜述曰：魯之張叔卿、孔巢父二才士者，聰明深察，博辯閎大。何面目黧黑，常不得飽飯喫。曾未如富家奴，茲敢望縞衣乘軒乎？叔卿遺辭工於猛健放蕩，似不能安排者，以我爲聞人而已，以我爲益友而已。

鄉關胡騎遠，○【趙次公曰】鄉閭以胡騎之阻，故去之遠也。宇宙蜀城偏。○【趙次公曰：

「言寓居宇宙内，在蜀城之偏僻也。」【王洙曰】宇宙之内，蜀城西居其一偏也。忽得炎州信，○【王洙曰】廣在南，故謂之炎州。遥從月峽傳。○甫言寓居於蜀，得廣州張判官書傳從三峽而來也。○【趙次公曰：「樂史寰宇記於渝州之巴縣云：有明月峽，以山壁有圓穴，如月明之。」】又杜陵詩史引「孫曰」：「十道志：渝州有明月峽。」】荆州記：巴州有明月峽。十道志：渝州有明月峽，石壁高四十丈，有圓孔，形似滿月，因以名之。雲深驃騎幕，○驃，毗遥切。前漢霍去病嘗爲驃騎將軍。○【趙次公曰：「言廣南節度使之幕，而張判官者幕中之人也。」】甫以張叔卿爲廣州幕府屬官，故比霍驃騎也。夜隔孝廉船。○【王洙曰】世説：張憑嘗謁丹陽尹劉惔，惔留宿，明日乃還船，須臾惔出，傳教遣騎求覓張孝廉船，召同載詣撫軍。○【趙次公曰：「言張判官，用張憑比之。」】甫以判官姓張，故比張孝廉也。却寄雙愁眼，相思淚點懸。○吴越春秋：越王夫人歌曰：心惙惙兮若刈，淚泫泫兮雙懸。

魏十四侍御就弊廬相别

有客騎驄馬，○【趙次公曰】桓典爲御史，常乘驄馬，時人爲之語曰：「行行且止，避驄馬御史。」公用以比魏侍御也。江邊問草堂。○【王洙曰：「公所築也。」】公築草堂於浣花溪之濱。遠尋留藥價，○【趙次公曰】言魏遠來見尋，因餽我以買藥之資也。惜别倒文場。○【師古曰】言魏傾寫其詩章也。○倒，一作到。○【趙次公曰】謂公自以其〔一〕居爲文場也。杜預贊：元凱文場，稱爲武庫。

入幕旌旗動，○言魏參乎重幕之職也。歸軒錦繡香。○言魏軒車之還也。時因念衰疾，書迹及滄浪。○【王洙曰】跡，或作疏。○【趙次公曰】公自以所居浣花溪爲漁父之滄浪也。

【校記】

〔一〕其，古逸叢書本無。

范二員外邈吴十侍御郁特枉駕闕展待聊寄此作

暫往比鄰去，○【王洙曰】比音毗，近也。空聞二妙歸。○【王洙曰】晉春秋：衛瓘與尚書郎索靖俱善草書，時人號爲「一臺二妙」。○【趙次公曰】甫用以比范、吴也。幽棲誠簡略，衰白已光輝。○甫時暫往近隣未歸，聞范、吴二公而來，遂喜而歸。甫所居幽僻凡陋簡略，今枉駕，雖衰老頭白，已復生光輝也。野外貧家遠，村中好客稀。論文或不愧，重肯款柴扉。○【王洙曰】范彦龍贈張徐州詩：田家樵採去，薄暮方來歸。還聞稚子説，有客款柴扉。輕蓋照虚落，傳瑞生光輝。○傳，陟戀切。

王十七侍御掄許攜酒至草堂奉寄此詩便請邀高三十五使君同到

〇柳芳曆曰：適乾元初刺彭州。甫以乾元二年客秦，寄適于彭州。時上元元年，適牧蜀。梅春，燕公于浣花溪之草堂。

老夫卧病朝慵起，白屋寒多暖始開。〇謂梅花始開也。江鸛巧當幽徑浴，〇【王洙曰】鸛，一作鶴。鄰雞還過短墻來。〇此聯謂以日晏開户故也。繡衣屢許攜家釀，〇【趙次公曰】指言王侍御也。〇【王洙曰】前漢御史大夫領繡衣直指，使出討姦猾，治大獄。武帝所製，不常置。後漢譙元，平帝元始四年選明達政事能班教化風俗者八人，時並舉元爲繡衣使者。皂蓋能忘折野梅。〇【趙次公曰】指言高使君也。按續漢志：二千石皂蓋，朱兩轓。能忘折梅，此有邀之之意。〇【王洙曰：「陸凱詩：折梅逢驛使，寄與隴頭人。」】范蔚宗與陸凱相善，自江南寄梅花一枝詣長安與蔚宗，并詩曰：「折花逢驛使，寄與隴頭人。江南無所有，聊贈一枝春。」戲假霜威促山簡，〇【王洙曰：「謂侍御邀高使君，故言『假霜威』。」】以山簡比高使君也。甫借王侍御霜臺之威，督高使君以相過也。〇前漢孫寶謂侯文曰：「今鷹隼始擊，以成嚴霜之威。」須成一醉習池迴。〇【趙次公曰】晉荆土峴山南豪族習郁有佳園池，山簡每出遊，多之池上，置酒輒醉而歸，名曰高陽池。

王竟攜酒高亦同過共用寒字

〇用，一作得。

卧疾荒郊遠，通行小徑難。故人能領客，攜酒重相看。自愧無鮭菜，〇【趙次公曰】鮭，户佳切，又居諧切。字或作畦〔一〕，非是。集韻：吴人謂魚菜總稱。至今有此語。南史：庾杲之清貧自業，食唯有韮葅、瀹韮、生韮、雜菜。任昉嘗戲之曰：「誰謂庾郎貧，食鮭常有二十七種。」空煩卸馬鞍。移時勸山簡，〇時，或作樽，或作盃。頭白恐風寒。〇【王洙曰。又，集千家注批點杜工部詩集引作「公自注」。】高每云：「汝年幾小，且不必小於我。」此句戲之也。

【校記】

〔一〕畦，古逸叢書本作「集」。

暫如蜀州新津縣三首

陪李七司馬皂江上觀造竹橋即日成往來之人免冬寒入水聊題短作奉簡李公

伐木〔一〕爲橋結構同，褰裳不涉往來通。〇褰裳，謂揭衣也。〇【王洙曰】詩：褰裳涉溱。

天寒白鶴歸華表，○【趙次公曰】橋前二柱曰華表。昔遼東有白鶴集於柱上，有云：「有鳥有鳥丁令威，三千年，吾其歸。」日落青龍見水中。○朝野僉載：趙州石橋甚工，望之如初月出雲，長虹飲澗。天后大足年，默啜破趙、定州，賊欲南過，至石橋，馬跪地不進，但見一青龍卧橋上，奮迅而怒，賊乃遁去。顧我老非題柱客，○【王洙曰】成都記：昇仙橋，司馬相如初西去，題其柱曰：「不乘高車駟馬，不復過此。」後果以傳車至其處。橋在望鄉臺東南一里。知君才是濟川功。○【王洙曰】書說命：若濟巨川，用汝作舟楫。合歡却笑千年事，驅石何時到海東。○【趙次公曰】甫言與賓客落橋之成而歡飲，因笑往事之勞，徒驅石也。○【王洙曰】按，三齊略記：秦始皇作石塘，欲過海看日出處，有神人能驅石下海，石去不速，鞭之，石皆流血。

【校記】

〔一〕木，元本、古逸叢書本作「竹」。

觀作橋成月夜舟中有述還呈李司馬

把燭橋成夜，迴舟客坐時。天高雲去盡，江迴月來遲。衰謝多扶病，招邀屢有期。○【王洙曰】謝惠連詩：輟策共駢筵，並坐相招邀。異方乘此興，樂罷不無悲。○【趙次公曰】見橋成而翻悲，何也？蓋橋所以通往來，公流落旅寓而不能歸故鄉，此其所以悲也。

李司馬橋了承高使君自成都迴

向來江上手紛紛，三日成功事出群。已傳童子騎青馬，總擬橋東待使君。○此以郭伋比高使君也。○【王洙曰】後漢郭伋爲并州牧，始至行部，到西河美稷，有兒童數百騎竹馬道次迎拜，曰：「聞使君到，喜，故來奉迎。」

入奏行贈西山檢察使竇侍御

○【「贈西山檢察使竇侍御」，九家集注杜詩、門類增廣十注杜詩、門類增廣集注杜詩依例爲「王洙曰」。分門集注引作「王洙曰」，杜陵詩史、補注杜詩引作「王彥輔曰」。】○卞圜云：按，吐蕃陷京師之歲，南入松、維、保等州，及雪山之新籠城。明年嚴武破其南鄙，兵七萬，拔當狗城，遂收鹽川。是歲廣德二年甲辰，公至成都之五六年也。詩當作於此時。公傳稱嚴武再帥劍南，表爲參謀。廣德二年，武再帥之初，公在幕中預謀云。○【師古曰】夢弼謂，時吐蕃分三道入寇，欲取成都爲東府。竇公以御史出檢校諸州軍儲器械，得以便宜入奏，甫作此以贈之。

竇侍御，驥之子，鳳之雛。○【師古曰】驥子、鳳雛，言皆不凡也。年未三十忠義俱，骨鯁絶代無。○【師古曰】逆耳之言，比之骨鯁。炯如一段清冰出萬壑，○【鄭卬曰】炯，户頂〔一〕切，光也。置在迎風寒露之玉壺。○【王洙曰】玉壺貯冰，言其瑩澈也。漢有迎風寒露玉壺。○【杜田補遺】張平子西京賦：既新作於迎風，增寒露與儲胥。注：武帝先作迎風館於甘泉山，後加儲胥、寒露二館。○【趙次公曰】鮑明遠白頭吟詩：清如玉壺冰。按集，公槐葉冷淘詩亦云：「萬里露寒〔二〕殿，開冰清玉壺。蔗漿歸厨金盌凍，○【王洙曰】蔗，與柘同。○【杜田補遺。又，杜陵詩史引作「王洙曰」、「杜定功曰」。分門集注、補注杜詩、集千家注批點杜工部詩集引作「杜定功曰」。】前漢禮樂志：景星歌：秦尊柘漿析朝酲。注：柘漿，取甘蔗汁爲飲，可以解朝酲也。○【趙次公曰】宋玉招魂：濡鼈炮羔有蔗漿。○【王洙曰】張協蔗賦：挫斯蔗以療渴，若漸醪以合蜜。洗滌煩熱足以寧君軀。○【師古曰】蔗漿可以除煩。天子方憂吐蕃，不無内熱，今竇公入奏忠言，上沃帝心，如蔗漿然也。政用疏通合典則，○【王洙曰】政，一作整。○【師古曰】言疏通其施爲，無所蔽也。戚聯豪貴耽文儒。○【師古曰】太宗皇后竇氏，侍御正其族也，故云「戚聯豪貴」。雖云外戚，尤好儒學也。兵革未息人未蘇，天子亦念西南隅。○【師古曰】西南隅，謂蜀也。吐蕃憑陵志頗麤，○【王洙曰】時吐蕃欲取成都爲東府。竇氏檢察〔三〕應時須。○樊作「才能俱須」。○【師古曰】乃軍興所須也。運糧繩橋壯士喜，○【王洙曰。杜陵詩史、補注杜詩又引作「師古曰」。】蜀人以竹繩爲橋，謂之「繩橋」。○【師古曰】蜀地志：繩橋，在天彭。斬木火井窮猿呼。○【師古曰】按地理志：邛州有火井縣，在州西六十二里。斬木將以爲栅，猿依於木，公既盡斬之，則猿窮而失所也，是以號呼也。○【杜田補遺】又，門類增廣十注杜詩引作「杜云」，杜陵詩史、分門集注、補注杜詩引作「修可曰」。】張華博物志：蜀臨邛有火井，縱廣五尺，深十餘丈，以竹木投取火。後人以火燭投井中，火即滅，不復然。諸葛丞相往觀，後火益盛。以盆着水煮鹽得熟，後以家燭投井中，火即滅，不復然。○蜀都賦注：蜀都有火井，在臨邛縣西南。出其火，先以家火投之，須臾隆隆如雷聲，焰出闌然，通天光耀十里，以竹筒盛之，接其光而無炭也。取井火還煮井水，一斛水得四五斗鹽。家火煮之，不過二三斗。家語：窮猿奔林。八州刺史思一戰，○按地志：劍南節度西抗吐蕃，南撫蠻獠，都督松、維、恭、逢、雅、黎、姚、悉八州。○【師古曰】或曰八州謂彭、嘉、黎、簡、嚴、陵、惟、邛也。三城守邊却可圖。○【師古曰】又，趙次公曰：「西山三城也。」】西山三城，謂姚、維、松也，皆當吐蕃之要衝。此行入奏計未小，密奉聖旨恩應殊。○【師古曰】兵有攻有守，八州可攻，三城可守，奏其事於朝廷，以取天子之命。甫謂必蒙殊恩也。○高適傳：上皇東還，分劍南爲兩節度，百姓敝於調度，而西域三山列戍。公東南〔四〕兩川説：頃三城失守，罪在職司，非兵之過也，糧不足故也。今此輩見缺〔五〕兵馬，使八州歸心，許其世襲刺史也。繡衣春當霄漢立，○春當，或作飄飄。繡衣，見前注。○【師古曰】謂賓侍御衣繡衣立對于天階也。綵服日向庭闈趨。○日向，一作粲粲。樊本此下有「開濟人所仰，飛騰時所須」一聯。○【王洙曰】高士傳：老萊子服荆蘭之衣，戲於親前。○【門類增廣十注杜詩引作「杜云」。又，杜陵詩史引作「修可曰」。】東皙補亡詩：眷戀庭闈。○論語：趨而過庭。省郎京尹必俯拾，○【師古曰】甫謂此行入奏，必蒙殊恩，省郎、京尹如拾地芥也。○夏侯勝常曰：「取青紫如拾芥。」江花未落還成都。○一有重句，未落，一作多暇。○【師古曰】謂竇公之行當春秋間，可還成都也。肯訪浣花老翁無，○浣，胡管切。○【王洙曰】一作「公來肯訪浣花老」。○【師古曰】甫築草堂于成都浣花里，自號「浣花翁」。爲君酤酒滿眼酤，○爲，于僞切。○【王洙曰】一作「携酒肯訪浣花老，爲君着衫捋髭鬚」。○説者謂蜀人酤酒，挈以竹筒，筒上有穿繩眼。其酤酒者曰滿眼酤，言其滿迫筒眼也。與奴白飯馬青芻。○【師古曰】或者又曰：滿眼酤〔六〕謂滿前士卒皆有勞也。甫約竇公歸來，不遺寒賤，倘〔七〕賜光訪，當酤酒宴集，下至車從僕隸，皆待以殊禮。蓋所以尊重於竇公故也。○勞，郎到切。

【校記】

〔一〕頂，杜陵詩史作「預」。

〔二〕寒，元本、古逸叢書本作「塞」。

〔三〕察，古逸叢書本作「祭」。

〔四〕南，當作「西」。

〔五〕缺，元本、古逸叢書本作「鈌」。

〔六〕酤，古逸叢書本作「葩」。

〔七〕倘，古逸叢書本作「尚」。

贈別何邕

生死論交地，何由見一人。○言朋友避亂而離散也。○【王洙曰】鄭當時傳：翟公署其門曰：「一死一生，迺知交情。一貴一賤，交情迺見。」悲君隨燕雀，○言禄位卑棲也。○【余曰】：「邵氏聞見録：少陵此二句，本陳勝與人傭耕之語也。或以此論少陵之妙。予謂少陵所以獨立千載之上者，不但有所本也！三百篇之作，果何所本哉？」】陳勝傳：勝與人傭耕，曰：「苟富貴，無相忘。」傭者笑曰：「皆爲傭耕，何富貴也？」勝曰：「嗟乎，燕雀安知鴻鵠之志哉！」○【王洙曰】公孫洪傳：以鴻漸之翼，困於燕雀。薄宦走風塵。○【王洙曰】陸士衡詩：飄飄冒風塵。綿谷元通漢，○【王洙曰】綿谷，縣名，屬利州，通漢水。沱江不向秦。○【趙次公曰】言何公往利州而去，得歸漢上也。○沱江在蜀城北三十里，水不入秦。蜀志：岷山西南道出劍棧，沱江南流華陽縣界。五陵花滿眼，○五陵，前注〔一〕。傳語故鄉春。○【趙次公曰】沱江不向秦，甫自況尚留蜀中，勢不能去，故有懷鄉之念也。

【校記】

〔一〕前注，元本、古逸叢書本作「故土」。

贈別鄭錬赴襄陽

戎馬交馳際，○【趙次公曰】老子四十六章：天下無道，戎馬生于郊。柴門老病身。把君詩過日，念此別驚神。○一作「念別意驚神」。○【趙次公曰】別賦：使人意奪神駭，心折骨驚。地闊峨眉晚，○【王洙曰】晚，一作曉。○【趙次公曰】公自言在蜀也。○地志：劍南其名山峨眉屬導江縣。峨眉接岫千里，神仙福地。天高峴首春。○【趙次公曰】言鄭之赴襄陽也。峴首山在襄陽，杜預墮淚碑所在也。爲於耆舊内，試覓姓龐人。○【王洙曰】後漢龐德公隱於襄陽之鹿門山。○【黄曰】甫意以龐公與鄭錬爲一輩人也，故有是句。

重贈鄭錬絶句

鄭子將行罷使臣，○【師古曰】鄭錬出監蜀，今任滿也。囊無一物獻尊親。江山路遠羈離日，裘馬誰爲感激人。○【趙次公曰：「言乘肥衣輕之人，誰感激而憐鄭之貧也？」師古曰：「然身居皇華之貴，以至囊無一物，雖清潔如此，不能爲人所知，故甫欲朋友輟裘馬以資之。」】言鄭錬身居皇華之貴，以至囊無一物，雖清潔如此，而乘肥衣輕之人有誰感激而憐其清貧也？甫意欲朋友輟裘馬以資之者也。

懷舊

○【王洙曰】蘇前名預，緣與今上同名，後改爲源明。○今上謂代宗。○【趙次公曰】甫平生與蘇源明最相善，今已死而追悼之，故曰「懷舊」。

地下蘇司業，○【趙次公曰】司業即源明也。親情獨有君。那因喪亂後，○【王洙曰】喪，讀平〔一〕聲，一作衰。便有死生分。○【王洙曰】有，一作作。老罷知明鏡，○【師古曰】言覽鏡知其衰老也。悲來望白雲。○【師古曰】古有白雲篇。觀源明之篇詠，則情不勝其悲也。自從失辭伯，不復更論文。○【趙次公曰】：「王充論衡有云：文詞之伯。」】美源明爲文辭之伯也。

【校記】

〔一〕平，元本、古逸叢書本作「去」。

所思

○【集千家注批點杜工部詩集引作「公自注」。】得台州鄭司户消息。

鄭老身仍竄，○【王洙曰】鄭老，虔也。○【趙次公曰】以禄山之污，雖免死，而卒不免於貶也。台州信始傳。○始，荆公作所。虔貶爲台州司户。○【趙次公曰】時始得其消息也。爲農山澗曲，卧病海雲邊。世已疏儒素，○潘安仁夏侯湛誄：恩思儒素。人猶乞酒錢。○乞，音氣。○【趙次公曰】按集，公贈虔詩：「賴得蘇司業，時時與酒錢。」徒勞望牛斗，無計斸龍泉。○【師古曰】台州屬吴，吴應斗牛之域。斸，謂掘取之。○【趙次公曰】龍泉，劍名也。昔雷焕掘劍於豐城之獄，上常有紫氣夜衝斗牛之間。喻鄭虔之在台州，如劍之埋於土，遠望其有衝斗之氣。○【師古曰】而朝廷不能擢用，故曰「無計斸龍泉」也。

不見

不見李生久，佯狂真可哀。○【趙次公曰】昔箕子披髮佯狂。按唐史氏：白以永王璘反之累，謫流夜郎。世人皆欲殺，○殺，或作戮。○【趙次公曰】白會赦，放還潯陽。坐事下獄。此衆人欲殺之證也。吾意獨憐才。敏捷詩千首，○白有集行於世。飄零酒一盃。匡山讀書處，頭白好歸來。○【杜田補遺】：「范傳正李白新墓碑云：白厥先避仇，客居蜀之彰明，太白生焉。彰明有大、小匡山，白讀詩於大匡山，有讀詩臺尚存，其宅在清廉鄉，後廢爲僧坊，號隴西院，蓋以太白得名。院有太白像。唐綿州刺史高忱及崔令欽記：所謂匡山乃彰明之大匡山，非匡廬也。」又，杜陵詩史、分門集注、補注杜詩、集千家注批點杜工部詩集引作「修可曰」。】按范傳正李太白新墓碑：白本宗室子，厥先避仇，客居蜀之彰明太白山焉。彰明，綿州之屬邑，有大、小匡山。白讀書於大匡山，有讀書臺尚存。其宅在清廉鄉，後廢爲僧坊，號隴西院，蓋以太白得名。院有太白像。及唐綿州刺史高忱及崔令欽記：此所謂匡山，乃彰明之大匡山，非潯陽廬江郡之匡廬山也。

新定杜工部草堂詩箋斠証

三

〔唐〕杜　甫　著
〔宋〕魯　訔　編次
〔宋〕蔡夢弼　會箋
曾祥波　新定斠證

上海古籍出版社

新定杜工部草堂詩箋斠證卷第二十二

寶應元年壬寅在成都所作

廣州段功曹到得楊五長史書功曹却歸聊寄此詩〔一〕

衛青開幕府，○【趙次公曰：「指言廣州節度使之幕。」】衛青，以比廣州之府帥也。○【王洙曰】按李廣傳：廣出擊胡，行無部曲，行陣就水草頓舍，幕府省文書。晉灼注引衛青征匈奴克獲，帝就拜大將軍於幕中府，故曰幕府。○衛青傳：青擊匈奴還，至塞〔二〕，天子使使者持印即軍中，拜爲大將軍。楊僕將樓船。○將，讀去聲。○【趙次公曰】楊僕，以比楊長史也。○【王洙曰】漢武征南越，以楊僕爲樓船將軍。漢節梅花外，○【趙次公曰】漢遣使者，必持節。○公假漢以言唐也。○【趙次公曰】廣南大庾嶺多梅，故言「梅花外」也。春城海水邊。○【趙次公曰】廣州近海，故云「海水邊」也。銅梁書及遠，○【趙次公曰】銅梁，蜀之地名。言楊長史自廣州有書來成都也。珠浦使將旋。○使，所吏切。從命者，指段功曹也。○【杜田補遺】合浦，廣州郡名。方輿記：合浦水，去浦八十里有圍州，其地産珠。郡國志：合浦，海曲，出珠，號曰珠池。嶺表録異：廣州有珠池，珠户入池採蚌割珠充貢。貧病他鄉老，煩君萬里傳。

【校記】

〔一〕題，元本、古逸叢書本作「廣州段功曹到得楊五長史書」。

〔二〕還至塞，元本作「未至寨」，古逸叢書本作「未至塞」。

送段功曹歸廣州

南海春天外，○廣州，南海郡。功曹幾月程。峽雲籠樹小，湖日落船明。○【王洙曰】落，一作蕩。交阯丹砂重，○交阯郡屬廣南。後漢南蠻傳：禮記稱南方曰蠻。雕題交趾，其俗男女同川而浴，故曰交阯。○【趙次公曰】勾漏縣出丹砂，晉葛洪嘗求爲其縣令，要就丹砂以鍊藥。韶州白葛輕。○韶州屬廣南道，出白葛布。東觀漢記：黄香爲郎，召詣安福殿，賜白葛各一端。幸君因估客，時寄錦官城。○【王洙曰：（旅）一作「估」。】估，一作旅。○官，或作宫。○公冀段以丹砂、葛巾爲惠也。

畏人

早花隨處發，春鳥異方啼。○【師古曰】花鳥逢春皆爲可娛，但不合客於異鄉，轉使人傷心也。萬里清江上，○【趙次公曰：「公所居在萬里橋西也。」】公所居在萬里橋西，浣花溪上也。三年落日低。○【師古曰】言旅寓已三年，嗟己之衰暮也。○【杜詩詳注引「趙次公曰」：「按公自乾元二年冬來成都，至寶應元年春，是歷三年矣。」】按，公自乾元二年己亥春離同谷而來成都，歷上元元年庚子春結廬浣花溪上，此詩之作在寶應元年壬寅春嚴武開府成都之時也，是秋武赴闕，公拋草堂，駕言郪、梓。畏人成小築，○【師古曰】畏人謂避寇也。○魏文雜詩：棄置勿復陳，客子常畏人。褊性合幽棲。○【師古曰】甫自言性褊，與物相忤，今宜隱居，以畏人而成此室，殆非功成名遂而身退。○【趙次公曰】謝靈運詩：買此永〔一〕幽棲。門逕從榛草，○【王洙曰】門徑，一作徑没。○【師古曰】謂將息交絶遊也。無心待馬蹄。○【王洙曰】待，一作走。

【校記】

〔一〕永，古逸叢書本作「求」。

遭田父泥飲美嚴中丞〇昔陶淵明嗜酒，棄官歸來，每與田夫野老狎飲，了無傲色。甫避亂入蜀，築草堂於浣花溪上，亦慕淵明之所爲，與田父相遊從，痛飲而作是詩也。嚴武字季鷹，按唐新舊書所載嚴武官職不同，當以資治通鑑及公詩爲正。又按唐舊書：公於浣花里結廬枕江，與田畯野老相狎蕩。

步屧隨春風，〇【杜田補遺】集韻：屧音燮，屜也。履中薦也。南史：袁粲爲丹陽尹，步屧白楊郊野間，道遇一士大夫，便呼與酣飲。明日扣門，不見。〇按集有江上草堂詩：「步屧深林晚」、「步屧到蓬蒿」。村村自花柳。田翁逼社日，邀我嘗新酒。酒酣誇新尹，〇新尹，謂嚴武也。武以是年正月方來尹成都。畜眼未見有。迴頭指大男，渠是弓弩手。〇【王洙曰】謂籍民丁爲兵也。名在飛騎籍，〇【王洙曰】飛騎，軍名。〇【趙次公曰】曹植白馬篇：名編壯士籍。長番歲時久。〇【王洙曰：「長番，猶長在直也，言無更代也。」】謂長充軍伍，無輪番更直也。前日放營農，〇【王洙曰：「放營農歸耕也。」】自嚴中丞下車，於軍營之士選其久直者放歸農耕，使之營生，其子得以奉養其衰老也。辛苦救衰朽。差科死則已，〇【鄭卬曰】差，楚皆切，簡也。誓不舉家走。今年大作社，〇【王洙曰】社，春祈秋報之祭也。〇【趙次公曰】左氏傳：鄭子產大爲社也。拾遺能住否。〇甫時授左拾遺。叫婦開大瓶，盆中爲吾取。〇爲，于僞切。感此氣揚揚，〇【趙次公曰】晏子爲齊相，出，其御意氣揚揚，甚自得也。須知風化首。○【王洙曰】郡守縣令，風化之首也。語多雖雜亂，○【趙次公曰】陶淵明詩：父老雜亂言，觴酌行失汝〔一〕。說尹終在口。○田父邀甫與社飲，甫感其氣義激揚，遂從之。然其人說及嚴尹之德，終不輟口。朝來偶然出，自卯將及酉。久客惜人情，如何拒隣叟。高聲索果栗，欲起時被肘。○【趙次公曰】史記：魏威子肘韓康子於車上。指揮過無禮，未覺村野醜。月出遮我留，仍嗔問升斗。○甫醉欲起，累被掣肘，泥飲自卯時出，及月已升〔二〕，猶遮闌留甫。○【師古曰】足知甫久客，與鄰叟無一日不如是也。

【校記】

〔一〕汝，古逸叢書本作「次」。

〔二〕升，元本、古逸叢書本作「出」。

嚴中丞枉駕見過

○【九家集注杜詩、集千家注批點杜工部詩集引作「公自注」。杜陵詩史又引「趙次公曰」作「公自注」。又，杜陵詩史題下引作「王彥輔曰」。分門集注、補注杜詩引作「王洙曰」。】嚴武自東川除西川，敕合兩川都節制。○【王洙曰】一本作「嚴黃門下駕見過」。

元戎小隊出郊坰，○坰，古營切。元戎，美嚴武之車騎也。○【王洙曰】詩小雅：元戎十乘，以先啓行。毛萇傳：元，大也。夏后曰：鉤〔一〕車先正也。商曰寅車先疾也。周曰元戎先良也。爾雅釋地：邑外謂之郊，野外謂之坰。問柳尋花到野亭。川合東西瞻使節，○【王洙曰】玄宗在蜀，合東、西兩川爲一道，以武鎮之。地分南北任流萍。○【王洙曰】流，一作孤。○【趙次公曰】公自言也。自蜀望長安爲北，而蜀爲南也。○【王洙曰：「謂長安有南杜、北杜也。」】或謂長安有南、北杜，非是。扁舟不獨如張翰，○【王洙曰】晉文苑傳：張翰字季鷹，會稽賀循赴命入洛，經吴閶門，於船中遇張翰，初不相識，乃就循言談，便大相欽悦。問循知其入洛，翰曰：「吾亦有〔二〕事北京。」便同載即去，而不告家人。後齊王冏辟爲東曹掾，因見秋風起，思蓴羹鱸鱠，遂命駕而歸。皂帽應兼似管寧。○皂，一作白，流傳之誤也。○【王洙曰】按魏志管寧傳：寧隱不仕魏。青龍中，徵命不就，居海上，常著皂帽布裙，出入庭衢間。○【趙次公曰】按，〔三〕杜佑通典禮類：魏管寧在家常著皂帽。寂寞江天雲霧裏，○【王洙曰】寂寞，一作今日。何人道有少微星。○【趙次公曰】公自謂也。○【王洙曰】隋書天文志：少〔四〕微四星。在太微西。大夫之位也。一名「處士星」。明黄則賢士舉矣〔五〕。

【校記】

〔一〕鉤，元本、古逸叢書本作「駒」。

〔二〕有，古逸叢書本作「在」。

〔三〕按，元本、古逸叢書本作「又」。

〔四〕少，原作「太」，據隋書經籍志改。

〔五〕矣，元本、古逸叢書本作「職」。

野望

西山白雪三奇〔一〕戍，○奇〔二〕，一作城。西山，即雪山也。戍，謂屯兵以備吐蕃也。按，後漢志：永昌郡，明帝分益州置郡，有雲南縣。南中志：縣西北百數十里有山，高峻洞陰恒寒，雖五月盛暑不熱。廣志：五月霜雪皓然。○【王洙曰】新唐書高適傳：明皇還京，復分〔三〕劍南爲兩道節度，民罷于調役，而西三城列防秋三戍，適上疏論之，不納。南浦清江萬里橋。○【鄭卬曰】萬里橋，成都第三橋。○【趙次公曰】甫草堂在橋之西。○謂去長安有萬里之遠也。海内風塵諸弟隔，○【王洙曰：「寇亂，諸弟離散，獨公一人入蜀。」】風塵，喻寇亂也。弟妹各在他鄉，惟公孑然流寓于蜀。天涯涕淚一身遥。唯將遲暮供多病，未有涓埃答聖朝。○管子形勢解：海不辭水，故能成其大。山不辭土，故能成其高。跨馬出郊時極目，不堪人事日蕭條。○日，一作自。

【校記】

〔一〕奇，元本、古逸叢書本作「年」。

〔二〕奇，古逸叢書本作「年」。

〔三〕分，元本、古逸叢書本作「帥」。

暫之漢州作三首

舟前小鵝兒

○【王洙曰。又，集千家注批點杜工部詩集引作「公自注」。】漢州城西北角官池作。○【趙次公曰】官池，即房公湖也。房琯相肅宗，以兵敗陳陶責爲漢州刺史。城西池乃琯所鑿也。房公死後，名之曰房公湖。○按集，公有遊房公湖詩曰「丞相思追後，春池豈不稀」是也。

鵝兒黄似酒，對酒愛新鵝。引頸嗔船逼，○逼，一作過。無行亂眼多。○行，户郎切，列也。翅開遭宿雨，力小困滄波。客散曾城暮，狐狸奈若何。

官池春雁二首

○漢州城西北角官池作。○餘見前篇題注

自古稻粱多不足，○陳周洪正詠雁：南思洞庭水，北想雁門關。稻粱俱可戀〔一〕，飛去復飛還。至今鸂鶒亂爲群。且休悵望看春水，更恐歸飛隔暮雲。○【師古曰】雁且有序〔二〕，喻兄弟寇〔三〕亂，諸弟妹離散阻隔，故有是句。

【校記】

〔一〕戀，古逸叢書本作「迹」。

〔二〕序，古逸叢書本作「亭」。

〔三〕寇，元本、古逸叢書本作「爲」。

青春欲盡急還鄉，紫塞寧論尚有霜。○塞，先代切。荆州記：雁塞，北〔一〕接梁州汶陽郡，其間東〔二〕西岭屬大巖無際。雲飛鳳翥，望崖回翼〔三〕。惟〔四〕一處爲下，翔雁連〔五〕塞，矯翼裁度，故名雁塞。○【趙次公曰】崔豹古今注：秦築長城，土色皆赤，漢塞亦然，故稱「紫塞」。翅在雲天終不遠，力微矰繳絶須防〔六〕。○【王洙曰】矰，音憎〔七〕，短矢也。繳，古了切，又音灼，生絲縷也。○【師古曰】言以絲繩繫矢而射之也。○淮南子：雁銜蘆而翔，以避矰繳。

【校記】

〔一〕雁塞北，元本、古逸叢書本作「州界上」。

〔二〕東，元本、古逸叢書本作「果」。

〔三〕回翼，元本、古逸叢書本作「深絶」。

〔四〕惟，元本、古逸叢書本作「有」。

〔五〕連，元本、古逸叢書本作「傳」。

〔六〕絶須防，元本作「絶低翔」，古逸叢書本作「勸須方」。

〔七〕憎，古逸叢書本作「僧」。

水檻遣心二首

去郭軒楹敞，無材眺望賒。○材，謂林木也。○【趙次公曰：「是已有林木，而後謂之村。惟其無材，所以眺望遠也。」】無林木〔一〕之材，則眺望可以遠及也。賒，謂遠也。澄江平少岸，幽樹晚多花。細雨魚兒出，微風燕子斜。城中十萬户，此地兩三家。

【校記】

〔一〕林木，元本、古逸叢書本作「鄣蔽」。

蜀天常夜雨，○【分門集注、補注杜詩、集千家注批點杜工部詩集引作「(師)尹曰」。又，杜陵詩史引作「師(古)曰」，九家集注杜詩引作「新添」。】蜀之雅州常多夜雨，謂之漏天。江檻已朝晴。葉潤林塘密，衣乾枕席清。不堪祇老病，何得尚浮名。淺把涓涓酒，深憑送此生。

屏跡三首

用拙存吾道，幽居近物情。桑麻深雨露，燕雀半生成。村鼓時時急，漁舟箇箇輕。杖藜從白首，○【趙次公曰】莊子讓王篇：原憲杖藜而應門。心迹喜雙清。○甫以幽居混迹桑麻燕雀之間，故云「心迹雙清」。○【梅曰】無塵俗氣也。○【師尹曰】謝靈運齋中讀書詩：昔余遊京華，未嘗廢丘壑。矧乃歸山川，心迹雙寂寞。

晚起家何事，○【九家集注杜詩引作「新添」。】嵇康絕交書：臥喜晚起。無營地轉幽。竹光團野色，舍影漾江流。○【王洙曰】舍，一作山。失學從兒嬾，長貧任婦愁。百年渾得醉，一月不梳頭。○【趙次公曰】絕交書：頭面常一月十五日不洗，不大悶癢不能沐也。〔一〕

【校記】

〔一〕沐也，元本、古逸叢書本作「梳頭」。

衰顏甘屏迹，幽事供高卧。鳥下竹根行，龜開萍葉過。年荒酒價乏，日併園蔬課。〇【趙次公曰】蓋以乏酒價之故，則併課園蔬以充沽直也。獨酌甘泉歌，〇【王洙曰：一云「獨酌酣且歌」。】一作「獨酌酬甘泉」。歌長擊樽破。〇【杜田補遺。又，門類增廣十注杜詩引作「杜云」，杜陵詩史、分門集注、補注杜詩、集千家注批點杜工部詩集引作「修可曰」。】世説：王大將軍每酒後，輒詠魏武樂府曰：「老驥伏櫪，志在千里。烈士暮年，壯心不已。」以如意打唾壺，唾壺盡缺。公志類是。

遠遊

賤子何人記，〇【師古曰】賤子，甫自稱。何人記，猶言君不録用之也。迷方著處家。〇著，直略切。方，王作芳。〇【趙次公曰】迷方，則漫行而不知所定止也。鮑照擬〔一〕古詩：南國有儒生，迷方独淪誤。竹風連野浪，江沫擁春沙。〇沫，音末。種藥扶衰病，吟詩解嘆嗟。〇【王洙曰】詩大序：言之不足，故嗟嘆之。似聞胡騎走，〇【趙次公曰：「胡騎走，謂史朝義之兵稍衰者也。」】按唐書：上元二年三月戊戌，史思明死〔二〕，朝義南寇，田神功擊破之。失喜問京華。〇【王洙曰】失喜，言失於不自覺也。

【校記】

〔一〕擬，元本、古逸叢書本作「懷」。

〔二〕死，古逸叢書本作「始」。

奉和嚴中丞西城晚眺十韻

○趙清獻公玉壘記：崔光遠，上元二年太子少保、鄴國公、成都尹、劍南節度。會東劍段子璋攻其節度李奐，奐走成都。光遠命花驚定平之，而兵剽掠士女，至斷腕取金，詔監軍按其罪。冬十月，恚死。其月，廷命嚴武。唐史氏謂武威略足以靖邊。按，地志：劍西蓋彭、蜀、漢，其州二十有八。劍東，梓、綿、劍、普十州。綿，劍東節度治府。武以京兆尹出刺左綿，建旆東蜀，拜劍南兩川節度。詔劍南兩川一道。又按唐書：上元二年十二月乙亥二十七日，綿州刺史、劍東節度嚴武劍南兩川節度。甫至蜀，蓋在去冬。武今冬受命來，春始開府。史氏乃謂甫巾車自汧、隴依武，誤矣。

汲黯匡君切，○【王洙曰】前漢汲黯，武帝召爲中大夫，以數切諫不得久留内。廉頗出將頻。○【王洙曰】史記：廉頗爲趙將，伐齊攻魏。直辭才不世，雄略動如神。○【王洙曰：「取汲黯之直言，廉頗之雄略，以美嚴公也。」】美嚴中丞直諫匡君，雄略出將，雖汲黯、廉頗何以加也。政簡移風速，○美中丞之善政也。詩清立意新。○美中丞之能詩也。層城臨媚景，○【王洙曰】媚，一作暇〔一〕。絶域望餘春。旗尾蛟〔二〕龍會，○言其旗繪蛟龍也。樓頭燕雀馴。○【師古曰】言其德及鳥獸也。地平江動蜀，天闊樹浮秦。○【趙次公曰】此聯張大城上所望之遠及也。帝念深分閫，○言天子委以閫外之任也。○【王洙曰】馮唐傳：王者之遣將，跪而推轂曰：「閫以内者，寡人制之。閫以外者，將軍制之。」軍須遠算緡。○【王洙曰】軍須，師旅之費也。○【師古曰】蜀貢花羅瑞錦，以應軍須，與衰世算緡錢者遠矣。○【王洙曰】漢武元狩四年，初算緡錢。李斐曰：緡，絲也，以貫錢也。顏師古曰：謂有儲積錢者，計其緡貫而稅之。花羅封蛺蝶，瑞錦送麒麟。○【王洙曰】蛺蝶、麒麟，言嚴公織貢羅錦上之紋繡也。辭第輸高義，○【王洙曰】霍去病，上爲治第，對曰：「匈奴未滅，無以家爲！」觀圖憶古人。○【趙次公曰】言嚴公可與古人爲比，當圖畫之。○【王洙曰】馬援傳：顯宗圖畫建武中名臣列將於雲臺，以椒房故獨不及馬援。東平王蒼覩圖，言於帝曰：「何故不畫伏波將軍像？」帝笑而不言。征南多興緒，○興，讀去聲。事業闇相親。○【趙次公曰】：「又以杜預比嚴公也。晉杜預作征南將軍，收滅吴之功，平生事業最著。如策隴右之事、議皇太子之服、造新曆、建河橋、造欹器、陳農事，皆其事業也。興緒，興況意緒也。」】晉杜預開府荆州，贈征南將軍，甫爲族譜，以預爲祖，自謂十三葉孫。預滅吴之功，事業彰著，甫與武父有世契，故以祖預事業與武相比也。興緒者，謂興況緒意也。

【校記】

〔一〕暇，元本、古逸叢書本作「服」。

〔二〕蛟，元本、古逸叢書本作「交」。

寄題杜二錦江野亭 ○成都尹嚴武作。野亭，即甫草堂是也。

漫向江頭把釣竿，○按集，甫有答武詩曰：「强擬晴天理釣絲。」又曰：「幽棲真釣錦江魚。」蓋甫自言垂釣，因武詩以發之也。懶眠沙草愛風湍。莫倚善題鸚鵡賦，○【王洙曰】後漢文苑傳：江夏太守黄祖長子射爲章陵太守，善於禰衡。時大會賓客，有獻鸚鵡者，舉卮於禰衡曰：「願賦之，以娱嘉賓。」衡覽筆而作，文無加點，辭采甚麗。何須不著鵕鸃冠。○鵕，音俊。鸃，音宜。○【趙次公曰】蓋嚴武以甫之才如禰衡矣，而剛直隱淪不仕官，决〔一〕不肯爲侍中而冠鵕鸃、厠迹佞臣之列也。○【王洙曰】按，佞幸傳：孝惠時，郎、侍中皆冠鵕鸃冠。顔師古〔二〕曰：鵕鸃，鳥名，以羽毛飾冠。○【杜田補遺】淮南子：鵕鸃，鷩雉也。説文：鷩，赤雞，羽毛美好。上貴人冠如貂蟬。南越志：曾〔三〕城縣多鵕鸃，山雞也，利距善鬭，人以衆雞鬭之，則可擒。光色鮮明。孔毅父續世説：嚴武爲成都尹，甫與武世舊，待遇甚隆，於浣溪里種竹植木結廬枕江，縱酒吟詠，與田畯野老相蕩狎。武過之，有時不冠。○故武此詩譏公自倚能文而不冠，又繼言幽時静處，欲甫謙晦也。故甫詩解其嘲曰「阮籍焉知禮法疏」是也。腹中書籍幽時曬，○以郝隆美公之富學也。○【王洙曰】世説：郝隆七月七日當日中仰卧，問其故，曰：「我曬腹中書也。」肘後醫方静處看。

○以葛洪美公之養性也。○【王洙曰】晉葛洪好神仙導養之法，自號「抱朴子」，著肘後要急方四卷。興發會能馳駿馬，○興，讀去聲。終須重到使君灘。○須，一作當。○【趙次公曰】水經：魚復縣有羊腸、虎臂〔四〕灘。楊亮爲益州，至此而舟覆，至今名爲使君灘也。

【校記】

〔一〕官決，元本作「宧宜」，古逸叢書本作「宧官」。

〔二〕顔師古，元本作「顔黄氏」，古逸叢書本作「冠黄氏」。

〔三〕曾，古逸叢書本作「增」。

〔四〕臂，古逸叢書本作「須」。

奉酬嚴公寄題野亭之作

拾遺曾奏數行書，○【師古曰】甫爲左拾遺，侍肅宗收復京師。懶性從來水竹居。奉引濫騎沙苑馬，○【趙次公曰】奉引，謂導駕也。○漢志：謁者僕射一人，天子出則奉引。○【師古曰】唐於沙苑置坊監以養馬，甫以拾遺騎其馬而奉引也。幽棲真釣錦江魚。○錦江，見上。謝安不倦臨登賞，〔一〕○【王洙曰】以謝安美嚴武也。○【師古曰】武數過甫之草堂，移厨載酒，餽遺之費頗厚。○【王洙曰】按，晉謝安嘗於土山營墅，樓館材竹甚盛，每携中外子姪往來遊集，肴〔二〕膳亦屢費千金。阮籍焉知禮法疏。○【師古曰：「公自釋不著鵕鸃冠之罪也。」】甫以阮籍自比也。此解嚴公「何須不著鵕鸃冠」之嘲也。○【王洙曰】按，晉阮籍不拘禮法，能自爲青白眼，禮法之士疾之如讎。枉沐旌麾出城尉，〔三〕○【王洙曰：「一作今日。」】枉沐，一作何日。草茅無逕欲教鋤。○【王洙曰】無，一作荒。卜居賦：寧誅草茅以力耕乎？

【校記】

〔一〕賞，古逸叢書本作「費」。

〔二〕肴，元本、古逸叢書本作「羞」。

〔三〕尉，古逸叢書本作「府」。

中丞嚴公雨中垂寄見憶一絶奉答二絶

雨映行雲辱贈詩，○【王洙曰】雲，一作宮。○【蔡興宗曰】一作官。○非是。○【趙次公曰】黄庭堅曰：雨映兩字，寫出一時景物。元戎肯赴野人期。○元戎，美嚴公也。野人，甫謙辭也。江邊老病雖無力，强擬晴天理釣絲。

何日雨晴雲出溪，白沙青石洗無泥。○洗，舊作光，非也。只須伐竹開荒徑，拄杖穿花聽馬嘶。○【王洙曰】馬嘶，一作鳥啼。○【趙次公曰】側聽公之馬嘶也。

謝嚴中丞送青城山道士乳酒一瓶

○青城山水記：青城山高三十六丈，頂上有仙人祠。

山瓶乳酒下青雲，氣味濃香幸見分。鳴鞭走送憐漁父，○【趙次公曰】漁父，甫自謂也。○甫前篇有曰「强擬晴天理釣絲」是也。洗盞開嘗對馬軍。○此嚴公憐甫之獨醒。○【師古曰】故遣馬軍送乳酒也。○【九家集注杜詩依例爲「王洙曰」】：「公自注云：軍州，謂驅使騎爲馬軍。」杜陵詩史、分門集注、補注杜詩引作「趙次公曰」。】甫自注：軍州謂馬軍。○言武以麾節騎使騎兵給事也，故曰馬軍。○【趙次公曰】以「漁父」對「馬軍」，字爲工矣。○【師古曰】按屈原漁父篇：屈原既放，游於江潭，行吟澤畔。時漁父見而問之，曰：「子何故至於斯？」原曰：「舉世皆濁我獨清，衆人皆醉我獨醒，是以見放也。」

戲贈友二首

元年建巳月，○【師古曰】肅宗上元三年，詔年號去上元，止稱元年，復以斗建之辰稱月，蓋法上古之制。年號自漢武方有之，甫特於此年以元年建巳月爲稱，記肅宗之法上古制。不然，何以謂之詩史乎？○按集，公草堂即事詩曰「荒村建子月」，亦春秋「變古則書」之義也。郎有焦校書。自誇足膂力，○【師古曰】胸腹之間曰膂。能騎生馬駒。○【師古曰】生馬，謂未調習者也。一朝被馬踏，脣裂板齒無。○【師古曰】板，大齒也。壯心不肯已，○【趙次公曰】魏武樂府：烈士暮年，壯心不已。欲得東擒胡。○【師古曰】觀此詩，乃戲爲好勇者〔一〕之戒也。

【校記】

〔一〕者，元本、古逸叢書本作「鬭」。

元年建巳月，官有王司直。馬驚折左臂，骨折面如墨。駑駘漫深泥，○漫，一作慢。深，或作染。伯樂相馬經：凡相馬之法，先除三羸五駑。其五駑者：大頭緩耳，一也。長頸不折，二也。短上長下，三也。大胳〔二〕短脅，四也。淺髖薄髀，五也。何不避雨色。○【師古曰】詳觀此句，可爲躁進者之戒也。勸君休歎恨，未必不爲福。○【九家集注杜詩引作「杜田補遺」。又，杜陵詩史、分門集注、補注杜詩引作「趙次公曰」。】淮南子人間訓：塞上之人有善術者。馬亡入胡，人皆弔之，居數月，其馬與胡駿馬而歸，人皆賀之。其父曰：「何遽不爲禍乎？」及家富良馬，其子乘之，墮而折髀。人皆弔之，其父曰：「何遽不爲福乎？」居一年，胡人大入，丁壯皆戰，死者十九。此獨以跛之故，父子相保。

【校記】

〔一〕胳，古逸叢書本作「略」。

嚴中丞仲夏枉駕草堂兼攜酒饌得寒字

○【魯曰】一作「鄭公枉駕攜饌訪水亭」。

竹裏行厨洗玉盤，○神仙傳：麻姑至蔡經〔一〕家，入拜王遠，遠爲之起立。坐定，各〔二〕進行厨，皆金盤玉盃〔三〕，無限也。又云：左慈能役使鬼神，坐致行厨。花邊立馬簇金鞍。非關使者徵求急，○徵，召也。言嚴武之來，子美疏散不候，莫知其所往，故使者求索之急也。自識將軍禮數寬。○軍禮，將軍仗鉞閫外。言嚴武之寬大，不以子美懶墮爲尤也。百年地闢〔四〕柴門迥，○子美開闢草堂，以養百年之老也。五月江深草閣寒。看弄漁舟移白日，○【趙次公曰】弄漁舟，以言嚴公也。移白日，言盡日也。老農何有罄交歡。

【校記】

〔一〕經，元本、古逸叢書本作「邕」。

〔二〕各，元本、古逸叢書本作「名」。
〔三〕玉盃，元本、古逸叢書本作「富貴」。
〔四〕闢，古逸叢書本作「僻」。

嚴公廳宴同詠蜀道畫圖得空字

日臨公館静，畫列地圖雄。○列，一作滿。劍閣星橋北，○星橋在成都，劍閣在星橋之北。○【王洙曰】華陽地理志：李冰守蜀，造橋七，上應斗魁七星。○華陽國志：諸葛亮相蜀，鑿石架空爲飛梁閣道，即〔一〕古劍閣道也。松州雪嶺東。○【王洙曰】唐志：松州，交川郡，以地産甘松名。乃吐蕃之要衝。○【趙次公曰】雪嶺，西山也，在松州西南，冬夏積雪。華夷山不斷，吴蜀水相通。○時武鎮蜀，有割據之意，甫在其幕，故以「山不斷」、「水相通」以風之，言其不可割據也。興與煙霞會，清罇幸不空。○【分門集注引作「王洙曰」。】孔融傳：罇中酒不空。

【校記】

〔一〕即，元本、古逸叢書本無。

奉送嚴公入朝十韻

○甫上元元年庚子春結廬浣花。寶應元年壬寅春，武開府成都。是年四月己巳，代宗踐祚，召武以太子賓客。是秋，武東上，甫與武相別于巴西。

鼎湖瞻望遠，○甫客寓蜀，戀闕之遠也。○【趙次公曰】前漢郊祀志：黄帝采首山銅鑄鼎於荆山下，鼎既成，龍垂髯下迎，後因名其處曰鼎湖。象闕憲章新。○謂代宗踐祚，法度日新也。○【杜田補遺】風俗通義：魯昭公設兩觀於門，是謂之闕。爾雅：觀謂之闕。釋名：闕在兩旁，中者闕然，爲道也。宫門雙闕，可於上觀望，故謂之兩觀。廣雅：象魏闕也。周禮：垂治〔一〕象之法于象魏故闕，或謂之象闕，或謂之觀闕。南史：何胤曰：闕者，謂之象魏。象者，法也。魏者，當壘而高大貌也。四海猶多難，中原憶舊臣。與時安反側，○【王洙曰】光武紀：令反側子自安。自昔有經綸。感激張天步，○【王洙曰】詩：天步艱難。從容静塞塵。南圖回羽翮，北極捧星辰。○【趙次公曰：「舊臣，指嚴公。嚴公既自朝廷來蜀，今憶之而歸，斯爲中原舊臣矣。」】舊臣，言武嘗事玄宗，乃先朝之舊臣。○【趙次公曰：「上句言嚴公入朝如鵬之圖南也。下句言嚴公入奉天子，如孔子所謂『北辰居其所而衆星拱之也』。」】今入朝，當如鵬程之圖南〔二〕，以回羽翮，捧戴北極之尊。○北極，謂天子也。漏鼓還思晝〔三〕，○漏鼓，謂宫漏也。宫鶯罷囀春。空留玉帳術，○古詩：將軍空玉帳。

○【九家集注杜詩依例爲「王洙曰」。又，杜陵詩史、分門集注、補注杜詩、集千家注批點杜工部詩集引作「趙次公曰」。】唐藝文志有玉帳經一卷，蓋兵書也。愁殺錦城人。○【趙次公曰：「人思戀之也。」】甫以武有兵略，既入朝，蜀人愁而思之也。閣道通丹地，○閣道，謂劍閣之道。丹地，乃天子之墀。言武自劍閣而來，直入禁中也。漢典〔四〕職儀：以丹漆地，故稱丹墀。○【王洙曰】張正見艷歌：執戟移丹地，豐歌入建章。江潭隱白蘋。此生那老蜀，不死會歸秦。公若登台輔，臨危莫愛身。○【趙次公曰：「公自言其在草堂。蓋堂之前臨浣花江，近百花潭，故謂之江潭。末句之意所謂贈人以言者。」】甫自謂隱于百花潭濱之草堂，恐終老于蜀，不獲歸秦。蓋羡武之趨朝，所謂贈人以言也。

【校記】

〔一〕治，元本、古逸叢書本作「地」。

〔二〕圖南，古逸叢書本作「南圖」。

〔三〕晝，元本、古逸叢書本作「旦」。

〔四〕漢典，元本、古逸叢書本作「宮禁」。

送嚴侍郎到綿州同登杜使君江樓得心字

〇按資治通鑑：六月，以兵部侍郎嚴武爲西川節度，徐〔一〕知道反，不得進。以公詩考之，恐以侍郎召。新唐書於封鄭國公時云「還黄門侍郎」，舊唐書於罷兼御史大夫時云「改兼吏部侍郎，尋還黄門侍郎」。

野興每難盡，江樓延賞心。歸朝送使節，落景惜登臨。稍稍煙集渚，微微風動襟。〇【趙次公曰：「風言動襟，則宋玉風賦曰：披襟而當之也。」】宋玉風賦：楚襄王遊於蘭臺之宫，有風颯然而至，王乃披襟而當之，曰：「快哉，此風！」重船依淺瀨，輕鳥度曾陰。檻峻背幽谷，窗虛交茂林。燈光散遠近，月影静高深。城擁朝來客，〇【師古曰】言滿城擁送侍郎之來也。天横醉後參。〇【師古曰】參，西方之宿〔二〕。蜀在西，以江樓之高逼於參星也。〇古今樂〔三〕録：月没參横，北斗闌干。窮途衰謝意，苦調短長吟。〇古樂府有長歌行、短歌行。此會共能幾，諸孫賢至今。〇【師古曰。又，集千家注批點杜工部詩集引作「公自注」。】杜使君，乃甫宗人也。不勞朱户閉，自待白河沉。〇【趙次公曰】白河，謂銀河也。〇【師古曰】天將曙則銀河不現。不勞閉户，謂坐待銀河之沉没也。

【校記】

〔一〕徐，元本、古逸叢書本作「劉」。

〔二〕宿，元本、古逸叢書本作「星」。

〔三〕樂，元本、古逸叢書本作「集」。

酬别杜二

嚴武作

獨逢堯典日，○【王洙曰：「堯將遜于位，讓于虞舜，作堯典。時代宗初立，蓋取虞舜作堯典之義。」】謂代宗踐祚也。書序：昔在帝堯，將遜〔一〕於位，讓於虞舜，作堯典。再覩漢官儀。○光武紀：三輔吏士曰：「今日復見漢官威儀。」未效風霜勁，空慙雨露私。夜鐘清萬户，曙漏拂千旗。並向殊庭謁，俱承别館移。斗城憐舊路，○【王洙曰】十道志：長安故〔二〕城形，南似南斗，北似北斗。渦水惜歸期。○魏文帝至譙，兄弟渦水駐馬，書〔三〕鞭以賦。峰樹還相伴，○謂昔會秦關行闕也。江雲更對垂。○謂今别巴嶺行李也。試迴滄海棹，莫妬敬亭詩。○宣城圖經：敬亭，宣城北一長亭，岡巒秀屬。謝朓敬亭詩：兹〔四〕山百里，合沓雲齊。獨鶴朝唳，飢鼯夜啼。行雖紆組，得踐幽棲。祇是書應寄，無忘酒共持。但令心事在，未肯鬢毛衰。最悵巴山裏，清猿惱夢思。○武自注曰：昔會秦關，今别巴嶺。

【校記】

〔一〕遜，古逸叢書本作「避」。

〔二〕故，元本、古逸叢書本作「斗」。

〔三〕書，古逸叢書本作「舉」。

〔四〕玆，元本、古逸叢書本作「此」。

奉濟驛重送嚴公四韻

○【九家集注杜詩依例爲「王洙曰」。】驛去綿州三十里〔一〕。

遠送〔二〕從此别，青山空復情。幾時杯重把，○重，儲用切，再也。昨夜月同行。列郡謳歌惜，三朝出入榮。○【王洙曰】謂武事〔三〕明皇、肅宗、代宗也。江村獨歸處，寂寞養殘生。

【校記】

〔一〕驛去綿州三十里，元本、古逸叢書本無。

〔二〕遠送，元本、古逸叢書本作「送遠」。

〔三〕事，古逸叢書本作帝。

巴西驛亭觀江漲呈竇十五使君

○綿州巴西郡。司馬相如諭蜀曰：巴蜀，蓋巴道、蜀道二境，其地犬牙相錯。漢武元封三年，發巴、蜀兵，擊滅西南夷，以其地豐富，爲四郡。徐廣注：四郡，曰漢中、巴郡、廣漢、蜀郡。趙次翁曰：路飛劍棧，二蜀、三巴，西出〔一〕地至蜀道左轉，秦巴道右趨。楚譙周巴記：漢獻帝初平元年，分三巴。杜安簡地志：巴郡：巴、渝、集、壁。巴東：夔、忠。巴西：綿、閬。三巴記曰：閬江水曲折三迴，如巴字。譙周巴記又曰：建安六年，劉璋分巴，以永寧爲巴東，以墊江爲巴西郡。十道志：渝〔二〕州巴縣，并巴東、西，是爲三巴也。

宿雨南江漲，波濤亂遠峰。孤亭凌噴薄，○噴薄，言江水之漲也。萬井逼春容。霄漢愁高鳥，○【黄曰】鳥愁，言不得其食也。泥沙困老龍。天邊同客舍，携我豁心胸。〔三〕

【校記】

〔一〕出，古逸叢書本作「山」。

〔二〕渝，元本、古逸叢書本作「俞」。

〔三〕「携我」句下，元本、古逸叢書本多「揚子龍蟠于泥」六字。

又呈竇使君二首○新添。

轉驚波作惡，○晉謝安與孫綽泛海，風轉急，即迴。即恐岸隨流。賴有杯中物，還同海上鷗。○【黄曰】列子黄帝篇：海上人有好漚鳥者，每旦之海上，從漚鳥遊。其父曰：「汝取來，吾觀之。」明日之海上，漚鳥舞而不下。關心小剡縣，○剡溪在會稽之南。傍眼見揚州。○禹貢：淮海惟揚州。爲接情人飲，朝來減片愁。

向晚波頭緑，連空岸脚青。日兼春有暮，愁與醉無醒。漂泊猶盃酒，踟躕此驛亭。相看萬里别，同是一浮萍。

海椶行○廣雅：椶，杼也。鄭印云：椶字以意逆之，當作子冬切。

左綿公館清江濆，○【師古曰】綿州，涪水所經，涪居其右，綿居其左，故曰左綿。蜀都賦：於東則左綿。○巴中寰宇記：遊蜀志：綿州左〔一〕綿縣。海椶一株高入雲。龍鱗犀甲相錯落，蒼稜白皮十抱文。自是衆木亂紛紛，○自，一作但。○【趙次公曰】王元古意：木葉亂紛紛。海椶焉知身出群。移栽北辰不可得，○【趙次公曰：「本作地。」】北辰，或作北地。時有西域胡僧識。○【師古曰】北辰，喻君也。夫大材生非其地，人無識者，其與衆木紛亂，何以異乎？世有異材，中國無人識而胡僧識之，此仲尼「欲居九夷」之意者也。

【校記】

〔一〕左，元本、古逸叢書本作「去」。

越王樓歌

○【王洙曰】越王，太宗之子貞也。高宗時爲綿州刺史，創此樓於江濱。

綿州州府何磊落，顯慶年中越王作。○【王洙曰】顯慶乃高宗年號。○【趙次公曰】作者，謂作綿州刺史也。孤城西北起高樓，○【王洙曰】古詩：西北有高樓，上與浮雲齊。碧瓦朱甍照城郭。樓下長江百丈清，山頭落日半輪明。○謂憑樓眺望，每至黄昏方罷也。君主舊跡今人賞，轉見千秋萬古情。○夫越王，天子之子，棄於窮方僻郡，寧無怏怏之志乎？築樓登眺，將以寫其憂思故也。後世登賞是樓，則越王當日含情，斯可見矣。

姜楚公畫角鷹歌

○【師尹曰】名畫記：姜皎善畫鷹鳥。元宗在藩邸，皎爲尚衣奉御，有先識之明。元宗即位，累官太常卿，即〔一〕楚國公。

楚公畫鷹鷹戴角，殺氣森森到幽朔。○【師古曰】堯典：宅朔方曰幽都。幽，陰也。朔，北也。幽朔，乃肅殺之方。謂此鷹殺氣窮極幽朔也。○【王洙曰】森森，一作森如。○【趙次公曰】謂如在幽朔見此鷹之殺氣。蓋名鷹出於北地也。○易通卦驗曰：鷹者，鷙殺之鳥也。觀者貪愁掣臂飛，○貪愁，一作徒驚。○【師古曰】謂掣臂鞲而欲飛也。畫師不是無心學。○蓋恐人未之信也〔二〕。此鷹寫真左〔三〕右綿，○前注。却嗟真骨遂虛傳。○【師古曰】物有異質而世所未嘗觀者，人見之必駭而不信。○馬有肉騣，非蘇子瞻誰辯〔四〕之！鷹有角，非子美誰詠〔五〕之！世人寧不謂之虛傳乎？梁間燕雀休驚怕，亦未摶空上九天。○【師古曰】末章譏〔六〕朝廷之士稱才力角出者，率有虛名而無實效也。○按淮南天文訓：天有九野，中央曰鈞天，東方曰蒼天，東北曰變天，北方曰玄天，西北方曰幽天，西方曰昊天，西南方曰朱天，南方曰炎天，東南方曰陽天。

【校記】

〔一〕即，古逸叢書本作「爵」。

〔二〕「蓋恐」至「信也」，元本、古逸叢書本作「善心人不盡信也」。

〔三〕左，古逸叢書本作「在」。
〔四〕辯，元本、古逸叢書本作「下」。
〔五〕詠，古逸叢書本作「信」。
〔六〕識，原作「識」，據元本、古逸叢書本改。

觀打魚歌

綿州江水之東津，○水經注：温水至江陽縣萬山下入江，謂之綿口。魴魚鱍鱍色勝銀。○【鄭卬曰】魴，符方切。鱍，比末切。○【杜田補遺】又，杜陵詩史、分門集注、補注杜詩、集千家注批點杜工部詩集引作「修可曰」。】爾雅釋魚：魴，魾也。今之鯿魚是。陸璣疏：魴魚，廣而薄，肌肥甜而少肉細鱗，魚之美者也。○【杜田補遺】詩韓奕：魴鱮甫甫。甫甫，美之至。又碩人：鱣鮪發發。發，與鱍同，音撥〔一〕。鱍鱍，魚掉尾貌。漁人漾舟沉大網，截江一擁數百鱗。衆魚常才盡却棄，赤鯉騰出如有神。○淮南子：詹公之釣千歲之鯉。劉向列仙傳：子英者，舒鄉人。善入水捕魚，得赤鯉，歸著池〔二〕中，數以米穀食之，一年長丈餘，遂生角有翼。〔三〕列仙傳：〔四〕琴高入碭水中，乘鯉魚來出，洎一月，復入水去。○【王洙曰】陶隱居本草：鯉最爲魚中之王，形既可愛，又能神變，乃至飛越山湖。所以琴高乘之。○稗雅：〔五〕俗説魚躍龍門，惟鯉或然。潛龍無聲老蛟怒，○【師古曰】魚善變化，乃龍之類。老蛟怒，惡傷其類也。迴風颯颯吹沙塵。○迴，晉作西。饔子左右揮霜刀，○饔，於容切。周官有饔人。○【王洙曰】西征賦：饔人縷切，鑾刀若飛。應刀落俎，霍霍霏霏。鱠飛金盤白雪高。徐州禿尾不足憶，○憶，一作惜。王彥輔云：訪諸餘人，禿尾魚類鱒魚〔六〕，青渾，大者尺餘。漢陰槎頭遠遁逃。○槎頭，一說爲襄陽〔七〕郡地名，一說爲釣磯上枯木，皆非也。爾雅：槮謂之涔。槮音滲，涔音岑。孫炎釋云：積柴木水中養魚，曰槮。襄陽俗謂魚槮爲槎頭，言所積柴木槎枒然也。槮，亦謂之罧〔八〕，音滲，字異而義同。郊居賦曰：赤鯉青魴，細鱗縮項寬腹，蓋魚之美者也。郭璞云：江東呼魴魚爲鯿。〔九〕酉陽雜俎：洛鯉鯿魴，貴於牛〔一〇〕羊。襄陽耆舊傳：峴山下漢水中出鯿魚，肥美不減京鯉。〔一一〕襄禁〔一二〕採捕，遂以槎木斷水，因謂「槎頭縮項鯿」。魴魚肥美知第一，○修文御覽引毛詩義疏：遼東梁水魴特肥美〔一三〕。既飽歡娛亦蕭瑟。○【師古曰】謂樂極則哀繼之也。君不見朝來割素鬐，○【鄭卬曰】鬐，渠伊切，魚背上鬣也。○西征賦：素鬣揚鬐。咫尺波濤永相失。○【師古曰】春秋隱公五年：公矢魚於棠。聖筆書之以爲譏。甫此詩初叙得魚之樂，而末則有「咫尺波濤永相失」之句，豈非聖人危亡之戒耶？

【校記】

〔一〕撥，古逸叢書本作「發」。

〔二〕池，元本、古逸叢書本作「地」。

〔三〕元本、古逸叢書本多「子英上其背升天而去即大雨」一句。
〔四〕列仙傳，元本、古逸叢書本作「又傳」。
〔五〕稗雅，元本作「稗作」，古逸叢書本作「偶作」。
〔六〕鱒魚，古逸叢書本作「鰜乾」。
〔七〕襄陽，元本、古逸叢書本作「綿州」。
〔八〕罧，元本、古逸叢書本作「涔」。
〔九〕鯿，古逸叢書本作「鯯」。
〔一〇〕於牛，古逸叢書本作「放生」。
〔一一〕鯉，古逸叢書本作「洛」。
〔一二〕禁，古逸叢書本作「陽」。
〔一三〕特肥美，古逸叢書本作「魚尤美」。

又觀打魚

蒼江魚子清晨集，設網提綱萬魚急。○【王洙曰】萬，一作取。○【師古曰】綱，大繩也，持以舉網。能者操舟疾若風，○【鄭卬曰】操，七〔一〕刀切，持也。○【王洙曰】莊子：顔回濟于觴深之泉，見操舟者若神。撐突波濤挺叉入。○【師古曰】叉，魚叉也，持以入水。○【九家集注杜詩引作「杜田補遺」。又，杜陵詩史、分門集注、補注杜詩引作「王洙曰」。又，杜陵詩史、分門集注、補注杜詩、集千家注批點杜工部詩集引作「杜定功曰」。】西征賦：徒觀其鼓枻回輪，洒鈎投網，垂餌出入，挺叉來往。小魚脱漏不可記，○漏，或作網。○【王洙曰】廣志：武陽小魚大如針，〔二〕一斤十頭，蜀人以爲醬。半死半生猶戢戢。○【王洙曰】枚乘七發：其根半死半生。〔三〕大魚傷損皆垂頭，屈狂〔四〕泥沙有時立。○泥沙，一作沙頭。○【鄭卬曰】屈，字正作倔，渠〔五〕勿切。倔狂〔六〕，梗戾〔七〕也。東津觀魚已再來，主人罷鱠還傾杯。日暮蛟龍改窟穴，○【趙次公曰】以言打魚之故，而驚動神物也。山根鱣鮪隨風雷。○崔豹古今注：鯉之大者曰鱣，鱣之大者曰鮪。魏武四時食制：鱣魚，大如五斗奩，長丈，口在頷下。常三月中從河上來，於孟津捕之，黄肥，惟〔八〕以作鮓。毛詩義疏：鮪魚出海，三月從河上來。今鞏縣東洛度北崖上山腹穴。○【杜田補遺。又，杜陵詩史、分門集注、補注杜詩引作「修可曰」。】郭璞注：爾雅：鱣，大魚，似鱏而鼻短，口在頷下，體有斜行甲，無鱗肉。黄大者長二三丈，江東人呼爲黄魚。○鮪，鱣屬，大者名王鮪，小者名魴鮪。今宜都郡自京門〔九〕以上江中通出。鱏鱘之魚有一魚狀似鱏而小，建平人呼鮥子，即此魚也。○【杜田補遺】埤雅曰：俗謂之玉板。陸士衡云：鮪似鱣，益州人謂之鮪鱣〔一〇〕，大者爲王鮪，小者爲叔鮪〔一一〕，一名鮥。遼東人呼尉魚，或呼「仲明」。仲明者，樂浪尉，溺死海中，化爲此魚。張平子賦：王鮪岫居。廣雅曰：鮪，仲春從河西上，得過龍門化爲龍，否則點額而還。鮪岫而居，能變化，山有穴曰岫，故有「山根風雷」之句。○【師古曰：「『蛟龍改窟穴』、『鱣鮪隨風雷』，喻賢人君子遇亂而遁迹也。」【夢弼詳味詩意，甫以「蛟龍改窟穴」、「鱣鮪隨風雷」喻賢人君子遇安史之亂而遁迹也。干戈兵革鬭未已，○【王洙曰】一作「干戈格鬭尚未已」。鳳皇麒麟安在哉！○【師古曰】言自安禄山之亂，干戈日尋，伐害生民之命，亦已甚矣！家語困誓篇：覆巢毁卵，則鳳皇不翔其邑。刳胎殺夭，則麒麟不至其郊。○【王洙曰】孝經援神契：德至鳥獸，則鳳皇翔。春秋繁露：恩及蟲魚，〔三〕則麒麟至。吾徒胡爲縱此樂，暴殄天物聖所哀！○【師古曰】古人仁及草木昆蟲，今於戰鬭之際，復暴殄天物若此，仁人君子忍爲之乎？使甫得時遇主，其仁政自可見矣。

【校記】

〔一〕七，古逸叢書本作「匕」。

〔二〕針，古逸叢書本作「訇」。

〔三〕「枚乘」至「半生」，元本作：「枚乘：戢戢其相，半死半生。」古逸叢書本作：「枝葉戢戢，其相半死半生。」

〔四〕狂，古逸叢書本作「强」。

〔五〕渠，古逸叢書本作「征」。

〔六〕狂，古逸叢書本作「强」。

〔七〕梗戾，古逸叢書本作「捚捩」。
〔八〕惟，古逸叢書本作「脽」。
〔九〕京門，古逸叢書本作「荆門」。
〔一〇〕鱨，古逸叢書本作「魴」。
〔一一〕鮪，元本、古逸叢書本作「魚」。
〔一二〕蟲魚，元本、古逸叢書本作「昆蟲」。

新定杜工部草堂詩箋斠證卷第二十三

自綿州往梓歸成都迎家再往梓所作〔一〕

【校記】

〔一〕此句元本、古逸叢書本無。

相從行贈嚴二别駕時方經崔旰之亂

○【「贈嚴二别駕時方經崔旰之亂」，九家集注杜詩依例爲「王洙曰」。又，杜陵詩史、分門集注、補注杜詩引作「魯曰」。】○【師古曰】崔旰殺郭英乂，成都亂。甫避亂適東川，與嚴别駕相遊從，一見如舊，故作是詩也。

我行入東川，○【師古曰：「梓州，屬東川。」】東川，梓州路也。十步一迴首。○【梅曰】憶舊隱也。成都亂罷氣蕭瑟，○【趙次公曰】或謂指言徐知道反，八月伏誅，而劍南大亂。浣花草堂亦何有。○【師古曰】謂草堂爲賊所焚也。梓州豪俊大者誰，本州從事知名久。○【趙次公曰】豪俊，指嚴二也。○【師古曰】嚴二爲梓州别駕，如今之通判，乃本州人爲本州從事也。把臂開樽飲我酒，酒酣擊劍蛟龍吼。烏帽拂塵青螺粟，○螺，一作纖，一作騾。○【趙次公曰】螺粟，謂帽上紋。○舞劍袖拂帽紋之塵也。紫衣將炙緋衣走。○炙，之夜切〔一〕。紫衣、緋衣，指言當時執事者也。晉陸機：百年歌清酒，將炙奈樂何。銅盤燒蠟光吐日，○【王洙曰】光，一作炎。○【安石曰】銅盤，燭臺盤承淚者。夜如何其初促膝。○詩庭燎：夜如何其？夜未央。○【師古曰】後漢：入則促膝密語。黄昏始扣主人門，○【師古曰】言新相知也。○淮南子天文訓：日薄于虞淵，是謂黄昏。誰謂俄頃膠在漆。○俄頃，晉作我傾。○【師古曰】甫一見嚴二，便如膠漆之固。後漢雷義與陳重爲友，時人語曰：膠漆自謂堅，不如雷與陳。○【王洙曰】古詩：以膠投漆中，誰能别離此。萬事盡付形骸外，○【趙次公曰：「莊子曰：索我於形骸之外。」】莊子德充符篇：申徒，兀〔二〕者，謂子産曰：「今子與我游於形骸之内，而子索我於形骸之外，不亦過乎？」百年未見歡娱畢。神傾意豁真佳士，久客多憂今愈疾。高視乾坤又可愁，○可，一作何。一軀交態真悠悠。○【逢原曰】公視乾坤之内雖大，一生相知者皆悠悠然泛交也。餘見前注。垂老遇君未恨晚，○後漢：恨相得晚。似君須向古人求。○言未有如嚴二交契豁達，不問新舊，雖晚相遇，交歡之情未艾。如嚴二，今世無有，當於古人中求之。○【王洙曰】魏志張邈傳：陳登字元龍，劉備曰：「若元龍文武膽志，當求於古人耳。」晉王戎從弟衍字夷甫，帝聞其名，問戎曰：「夷甫當時誰比？」戎對曰：「未見其比，當從古人中求之耳。」

【校記】

〔一〕切，元本、古逸叢書本作「反」。

〔二〕兀，元本、古逸叢書本作「亢」。

九日登梓州城

○公九日登臨，嚴武尚在蜀棧道中也。

伊昔黄花酒，○晉陽秋：陶淵明嘗九月九日無酒，宅邊採菊盈把，坐其側久，望見白衣人至，乃王弘送酒也。飲醉而歸。南人今謂菊酒爲吹花酒。如今白髮翁。追歡筋力異，望遠歲時同。弟妹悲歌裏，乾坤醉眼中。兵戈與關塞，○【趙次公曰】兵戈以言戰鬭，關塞以言戍屯。時吐蕃之亂，既與之戰，且有防守也。此日意無窮。

九日奉寄嚴大夫

○【趙次公曰】時嚴武歸朝，以御史中丞進爲大夫也。

九日應愁思，經時冒險艱。不眠持漢節，○【趙次公曰】謂嚴武充明皇、肅宗山陵橋道使也。何路出巴山。○【趙次公曰】公自言也。蓋公時方在梓，久客厭倦，而欲出耳。小驛香醪嫩，重巖細菊斑。遥知簇鞍馬，回首白雲間。○【趙次公曰】公遥想其簇鞍馬而回首白雲以望之。此嚴武所謂「杜二見憶」者，謂此也。

巴嶺答杜二見憶

御史大夫嚴武作

卧向巴山落月時，○【趙次公曰】指言杜公也。兩鄉千里夢相思。○【趙次公曰】嚴與杜各在一鄉，相去千里，而夢相思也。○謝朓夜發新林寄兩府詩：馳輝不可接，何況隔兩鄉。可但步兵偏愛酒，○以甫之嗜酒比阮籍也。○【王洙曰】籍字嗣宗，聞步兵厨多美酒，營人善釀，求爲校尉。也知光禄最能詩。○也，音夜。以甫之善詩比謝莊也。○【王洙曰】莊字希逸，善爲文章，仕至光禄大夫。江頭赤葉楓愁客，籬外黄花菊對誰。跋馬望君非一度，○【趙次公曰】答杜前篇「簇馬」之句。冷猿秋雁不勝悲。○勝，讀平聲。

宗武生日

○【杜陵詩史、補注杜詩引作「王彦輔曰」。又，門類增廣十注杜詩、門類增廣集注杜詩依例爲「王洙曰」，分門集注引作「王洙曰」。】宗武小字驥子，公之子也。按集，公詩有曰「驥子好男兒」，又曰「驥子最憐渠」是也。○王立之以爲此詩當是家在鄜州。趙傁以爲恐是送嚴公至綿，遂有徐知道之叛，隔絶時也。

小〔一〕子何時見，高秋此日生。自從都邑語，已伴老夫名。○伴，一作律。○【王洙曰】曲禮：自稱曰老夫。詩是吾家事，○公自言吾祖詩冠，吾父閑又能詩。黄庭堅嘗謂公之詩法出審言，句法出庾信，但過之耳。人傳世上情。○【趙次公曰】謂既以詩擅名，而世間愛之者多也。熟精文選理，○【王洙曰：「唐儒學傳：李善，揚州江都人。嘗注解文選，分爲十六卷，表上之。賜絹一百二十匹，詔藏下秘閣。善嘗受文選於同郡人曹憲，寓居汴、鄭之間，以講文選爲業。」尹曰：「梁昭明太子覽集古人文詞詩賦爲文選。李善嘗受文選於曹憲，後遂解注文選十六卷。」門類增廣十注杜詩、門類增廣集注杜詩引作「新添」。】梁昭明太子賢〔二〕集古人文辭制作之妙，名爲文選。唐李善因注解，分爲十六〔三〕卷，表上之。詔藏于秘閣。善嘗受文選於同郡曹憲，居汴、〔四〕鄭之間，以注文選爲業。○按集公嘗有詩曰「續兒誦文選」。○【集千家注批點杜工部詩集引「瑞溪集云」。】蓋文選者，文章之祖也，自兩漢而下至魏、晉、宋、齊，文之精粹者萃而成編，公詩大率宗法文選，摭其英華，旁羅曲探〔五〕，咀嚼爲我語，所以用之訓子如此。及唐文弊，尚文選太過。李衛公德裕云：「吾家不蓄文選。」此蓋有激而説也。**休覔綵衣輕。**○【趙次公曰】昔老萊子行年七十，著五色綵衣戲於親側。此言「熟精文選」者，所以責望其子而已。雖綵衣之輕，猶使之休覔也。**凋瘵筵初秩，**○【王洙曰】海賦：爲凋爲瘵。詩：賓之初筵，左右秩秩。**欹斜坐不成。流霞飛片片，**○飛，一作分，一作幾片。**涓滴就徐傾。**○【王洙曰。又，杜陵詩史、分門集注、補注杜詩引作「薛夢符曰」。】抱朴子：項〔六〕曼自言至天上，過紫府，金床〔七〕玉几，晃晃昱昱。仙人以流霞一杯飲之，輒不飢渴。○【王洙曰】江總爲瑪瑙杯賦：翠羽流霞之杯。庾信示内人詩：定取流霞氣，將添承露杯。

【校記】

〔一〕小，古逸叢書本作「羽」。

〔二〕賢，元本、古逸叢書本作「覽」。

〔三〕十六，古逸叢書本作「六十」。

〔四〕汴，古逸叢書本作「休」。

〔五〕探，古逸叢書本作「綜」。

〔六〕項，元本、古逸叢書本作「傾」。

〔七〕床，古逸叢書本作「朱」。

嚴氏溪放歌〇一有行字。

天下甲馬未盡銷，〇馬，晉作兵。豈免溝壑常漂漂。〇孟子：老弱轉乎溝壑。劍南歲月不可度，〇唐劍南道者，禹貢「梁州之域」。梁州自劍閣而南分爲益州，是爲劍南道。梁州，劍閣東北方，屬山南、隴右二道。漢書天文志：觜觿、參爲益州分。邊頭公卿仍獨驕。〇仍獨，樊作何其。〇【趙次公曰】此謂居邊之守臣也，謂之獨驕，蓋有跋扈不遵王命之意矣。〇【九家集注杜詩依例爲「王洙曰」：「時郭英乂代嚴武鎮蜀，麄暴不能容甫，故有『公卿獨驕』之作。」杜陵詩史、分門集注、補注杜詩引作「王彦輔曰」。】按，甫當兵馬之際，漂蕩失所，流寓乎蜀。蜀守裴冕爲卜草堂於浣花以居，及嚴武來鎮，甫再依武。武卒，郭英乂代之，英乂麄暴不能容公，故譏其驕傲，以爲歲月難度也。費心姑息是一役，〇【趙次公曰】禮記：小人之愛人也以姑息。肥肉大酒徒相要。〇【趙次公曰：「費心姑息，特一役耳，何補於事哉云云。呂氏春秋曰：肥肉厚酒，務以自強。」】持軍賞罰貴嚴明，英乂不能整齊其綱紀，徒以肥酒大肉姑息偏裨，以此相要，雖費心耗神，特一役耳，豈能使三軍誠勸哉！宜乎崔旰一怒而士卒莫之救也。呂氏春秋：肥肉厚酒，務以自强，命曰爛腸之食。嗚呼古人已糞土，獨覺志士甘漁樵。〇【師古曰】昔周公吐握待士，士爭歸〔一〕之。今公已糞土，此〔二〕有志之士甘心混於漁樵而莫之出，蓋譏郭英乂之驕，不能禮賢下士，是以寡援而爲崔旰之所勦也。況我飄蓬無定所，〇蓬，鮑〔三〕作轉。終日慽慽忍羈旅。○【鄭卬曰】慽，且的切，痛也。○字舊作戚。鮑明遠櫂歌行：漂泊無定所，戚戚忍羈旅。秋宿霜溪素月高，○溪，一作天。喜得與子長夜語。東遊西還力實倦，○鮑欽止云：永泰元年，公在成都。夏，嚴武卒，郭英乂代爲節度，苛暴不能容，故公往來東川，所以有「東遊西還」之句。從此將身更何許。知子松根長茯苓，○長，丁丈切。遲暮有意來同煮。○【師古曰】甫意欲暮年與嚴氏同隱溪上，服餌乎長生之藥也。○【杜田補遺】：「淮南子云：下有茯苓，上有菟絲。茯苓，千歲松脂也。菟絲生其上而無根，一名女蘿。圖經：茯苓生枯松下，形塊無定，似鳥獸人龜形者佳。今所在大松處皆有之。陶隱居：茯苓作丸散者，皆先煮之。仙經：服食爲至要，通神而致靈，和魂而錬魄，明竅而益肌，厚腸而開心，調榮而理衛，能斷穀而不飢，上品仙藥也。」淮南子：下有茯苓，上有菟絲。茯苓，千歲松根也。典術：茯苓者，松脂入地，千歲爲茯苓。望松木赤者，下有之。神仙傳：秀眉公餌茯苓，得水仙。本草圖經：茯苓生枯松，似鳥獸龜形者佳〔四〕，入藥先煮之。

【校記】

〔一〕歸，古逸叢書本作「屬」。

〔二〕此，元本、古逸叢書本作「非」。

〔三〕鮑，古逸叢書本作「一」。

〔四〕佳，元本、古逸叢書本作「往」。

歸成都迎家遂徑往梓

秋盡

秋盡東行且未迴，茅齋寄在少城隈。○【趙次公曰：「公將往於東蜀矣，姑寄草堂於成都也。少城，城内小城也。」】時成都遭崔旰之亂，公避地適東川，姑〔一〕寄草堂於成都，因憶之。少城，蜀城内小城。○【王洙曰：「蜀之張儀城也。」】張儀所築也。籬邊老却陶潛菊，○【王洙曰】陶潛飲酒詩：采菊東籬下，悠然見南山。江上徒逢袁紹杯。○【王洙曰】典略：劉松、袁紹於河朔三伏之際，晝夜飲酒，至於無知，以避一時之暑，故河朔之間有避暑之飲。雪嶺獨看西日落，○【趙次公曰：「西山謂之雪嶺。」】雪嶺，即蜀之西山也。劍門猶阻北人來。○【王洙曰】阻，一作斷。○【王洙曰：「言京信尚阻。」】言亂未寧而京師之信尚阻隔也。不辭萬里長爲客，懷抱何時得好開。

【校記】

〔一〕姑，古逸叢書本作「如」。

吹笛

吹笛秋山風月清，誰家巧作斷腸聲。風飄律吕相和切，○【王洙曰】馬融笛賦：律吕既和，哀聲互降。月倚關山幾處明。○倚，一作傍。古詩：月照關山白。胡騎中宵堪北走，○【杜田補遺】又，分門集注引作「修可曰」，補注杜詩、集千家注批點杜工部詩集引作「師古曰」。】晉劉琨，字越石，爲并州刺史。其在晉陽，胡騎圍之數重，琨乃乘月登樓清嘯。賊聞之，皆淒然長歎。中夜奏胡笳，向曉復吹之，賊遂棄圍而走。○陳（周）宏讓長笛吐清氣詩：胡騎争北走，偏知别鄉苦。武陵一曲想南征。○樂府「横吹笛」有關山月、折楊柳，又有武溪深詞，解題云：馬援南征所作，援門人袁生者善吹笛，援作歌以和之，名曰武溪深，其曲曰：「滔滔武溪一何深，飛鳥不渡獸不臨，嗟哉武溪多毒淫。」又陳賀徹長笛吐清氣詩：方知出塞虜，不憚武陵深。故園楊柳今摇落，○【王洙曰】摇，一作摧〔一〕。○故園，指杜陵也。何得愁中却盡生。○却，一作曲，非是。○【趙次公曰】因笛有折楊柳之詞，故思感之也。

【校記】

〔一〕摧，古逸叢書本作「零」。

十一月往射洪縣通泉縣

野望

金華山北涪水西，○涪，扶鳩切。○【趙次公曰】金華山、涪江，皆屬射洪縣。○鄭印云：涪水出徼外，南入漢。仲冬風日始淒淒。○謂西南之地少寒也。山連粵嶲蟠三蜀，○越，與粵同。○【鄭印曰】嶲，悉委切，郡〔一〕名。○前漢西南夷傳：南越已滅，以邛都爲粵嶲郡。〔二〕○【鄭印曰】十州志：漢置越嶲郡，以隸三蜀。○【田曰：「左太冲賦注：三蜀，蜀郡、廣漢、犍爲也。」】左思賦：三蜀之豪，時來時往。三蜀，謂蜀郡、廣漢、犍爲也。秦置蜀郡，漢高置廣漢，漢武分置犍爲也。水散巴渝下五溪。○【鄭印曰】巴、渝，二州名。十道志：太清四年，武陵王於巴陵置楚州，隋改爲渝州。○馬援傳：武威將軍劉尚擊武陵五溪蠻夷。○【黄希曰】酈元注水經：武陵有五溪，謂雄溪、滿溪、西溪、潕溪、辰溪，是蠻夷所居。○潕，或作武，在今辰州界。獨鶴不知何事舞，飢烏似欲向人啼。射洪春酒寒仍緑，○【王洙曰】射洪縣，屬梓州。目極傷神誰爲携。○爲，于僞反。

【校記】

〔一〕郡，元本、古逸叢書本作「胡」。

〔二〕粤嶲郡，元本作「粤郡」，古逸叢書本作「越嶲」。

冬到金華山觀因得故拾遺陳公學堂遺迹

○【王洙曰】拾遺陳子昂，字伯玉，梓州射洪人。少讀書於金華山，尤善屬文。初，爲感遇詩三十八篇，王適見而驚，曰：「此子必爲天下文宗。」後伏闕上書，稱草莽愚臣，召見金華殿，拜麟臺正字。武后嘗問：「調元氣以何道？」子昂勸后興明堂、崇太學，及條上利害三事，莫非賢聖之先務。○子昂篤朋友，與陸餘慶、王無競、房融、崔泰、盧藏用、趙允最厚。盧藏用作子昂文集序云：「感激頓挫，微顯闡幽。庶幾見變化之朕，以接乎天人之際者，則感遇之篇存焉。」○【師尹曰】大曆中，東川節度使李叔〔一〕明爲立旌德碑於梓州，而學堂至今猶存。○【九家集注杜詩引作「師尹曰」。又，杜陵詩史、分門集注、補注杜詩引作「程曰」。】甫遊金華，因過其書堂，故賦是詩也。

涪右衆山内，金華紫崔嵬。○【王洙曰】釋名：土戴石，謂之崔嵬。○按地志：金華在涪江之西。○【王洙曰】陸機詩：西山何其峻，曾曲鬱崔嵬。上有蔚藍天，○【杜田補遺：「度人經：三十二天，三十二帝，諸天皆有隱諱隱名。第一天黃皇曾天，鬱藍即鬱繿也。黃、老書中更無説鬱藍處。」師古曰：「金華神仙有三十六洞天。蔚藍乃洞天之名。」蔚，與鬱同。藍，或作繿，音同。謂金華仙觀之洞天，其青色如茂蔚之藍也。度人經：鬱藍玉明天。〇【趙次公曰】近世韓駒出涪州即事詩：憮然不悟身何處，水色山光盡蔚藍。垂光抱瓊臺。〇【王洙曰】孫綽天台賦：瓊臺中光而懸居。繫舟接絶壁，杖策窮縈回。〇甫繫舟山下，杖策上遊而周覽也。四顧俯層巔，淡然川谷開。雪嶺日色死，〇謂日將暮也。色，或作光。寰宇記：懸巖山在射洪縣南十五里，遠望懸巖，皎如白雪。霜鴻有餘哀。〇甫自喻如鴻避亂來南。甫家于杜曲，今來寓梓，是自北而南。雁出北地，甫避亂來南，〔二〕黃昏西顧，遂起思鄉之哀〔三〕也。焚香玉女跪，〇述異記：鄉西津有〔四〕玉女岡。天當雨，輒先涌〔五〕五色氣於石間，俗〔六〕號「玉女披衣」。霧裏仙人來。〇皆言觀中之景也。〇【王洙曰】曹植遠遊詩：靈鼇戴萬丈，神物儼嵳峩。仙人翔其隅，玉女戲其阿。陳公讀書堂，石柱仄青苔。悲風爲我起，激洌傷雄材。〇【師古曰】子昂遭時無明聖之君，故其材不得展。子美傷之，雖傷子昂，亦自傷也。

【校記】

〔一〕叔，元本、古逸叢書本作「遇」。

〔二〕南，元本、古逸叢書本無。

〔三〕哀，元本、古逸叢書本作「哀念」。
〔四〕津有，古逸叢書本作「注汀」。
〔五〕涌，古逸叢書本作「通」。
〔六〕俗，元本、古逸叢書本作「洛」。

陳拾遺故宅

拾遺平昔居，大屋尚脩椽。○屋，一作宅。悠揚荒山日，慘淡故園煙。位下曷足傷，所貴者聖賢。○【師古曰】拾遺，諫官也。子昂嘗爲拾遺，爵卑不足傷痛，後世所貴於子昂者，以能諫武后爲王者之事，如興明堂、崇太學，皆聖賢之急務也。有才繼騷雅，哲匠不比肩。○【師古曰】子昂初爲感遇詩三十八章，其才可以繼屈平之離騷、周詩之小、大二雅，雖當時哲匠著爲詩者，莫與之比肩。○【趙次公曰】唐本傳：唐興，文章承徐、庾餘風，天下祖尚。子昂始變正雅，初爲感遇詩，王適見之，曰：「是必爲海内文宗。」公生揚馬後，名與日月懸。○【師古曰】子昂，蜀人也。生於揚雄、司馬相如之後，時代不同，其名與日月争輝，固不減於揚、馬也。揚、馬亦蜀人，故甫言及子昂之平昔歟！○【趙次公曰】荀子儒效篇：貴名起之如日月。同遊英俊人，○【王洙曰】唐本傳：子昂篤朋友，與陸元慶、王無競、房融、崔泰、盧藏用、趙允最厚善。多秉輔佐權。彦昭超玉價，○【王洙曰】趙彥昭，甘州人，尚豪邁，風骨秀爽，以權幸進。中宗〔一〕時，有巫出入禁掖，彥昭以姑事之，得宰相。○唐新書：彥昭與郭元振、薛稷、蕭至忠善。○【趙次公曰】余謂彥昭既以權幸進，然必有才智者，故詩以「超玉價」言之也。**郭振起通泉。**○振，晉作震。通泉，屬梓州。○【趙次公曰】郭震字元振，舉進士，授通泉尉，上寶劍篇，遂得擢用。先天二年，定策誅竇懷貞〔二〕等，皆處相位。○餘見郭代公故宅詩注。**到今素壁滑，灑翰銀鈎連。**○【王洙曰】索靖書勢曰：婉若銀鈎，漂若驚鴻。**盛事會一時，此堂豈千年。終古古忠義，感遇有遺編。**○編，一作篇。〔三〕○【師古曰】時〔四〕同遊之士，多秉輔佐之權，獨子昂官不甚顯，至今素壁上尚有〔五〕諸公墨迹存〔六〕焉，以此堂經久必壞，不足以傳後代，然忠義之名不朽者，惟感遇詩傳于天下，覽者得以觀子昂之藴矣。○【趙次公曰】：「子昂有感遇詩三十首，曰『吾觀龍變化』、曰『聖人不利己』、曰『金鼎合還丹』等篇是也。」感遇詩見子昂本集。

【校記】

〔一〕中宗，元本、古逸叢書本作「德宗」。

〔二〕貞，古逸叢書本作「直」。

〔三〕編一作篇，元本、古逸叢書本無。

〔四〕時，元本、古逸叢書本作「一時」。

〔五〕上尚有，元本、古逸叢書本無。

〔六〕存，元本、古逸叢書本作「有」。

謁文公上方

野寺隱喬木，山僧高下居。石門日色異，絳氣橫扶疏。〇【王洙曰】江淹詩：絳氣下縈薄。注：絳氣，赤霞氣也。〇陶潛讀山海經詩：繞屋木扶疏。窈窕入風磴，〇【鄭卬曰】磴，都鄧切。〇【邁曰：「石梯曰磴。」】石梯也。〇【王洙曰】陶潛詩：既窈窕以尋壑。長蘿紛卷舒。庭前猛虎臥，〇【王洙曰】高僧傳：僧惠永戒行分明，感虎來馴。〔一〕遂得文公廬。〇按地理志：文公鹿〔二〕苑，峻在山半。俯視萬家邑，煙塵對堦除。吾師雨花外，〇【杜田補遺】華嚴經：世尊座天雨百寶蓮花，青黄赤白，間錯紛揉。〇法華經：天雨曼陀羅華而散佛上。又：天雨寶花，繽紛而下。〇彌陀經：天雨曼陀羅花。〇【杜田補遺】梁僧法雲講次，天花散隨。又，勝光寺道宗講師講次，天花旋遶講堂，飛流户内。不下十年餘。長者自布金，〇文公不下山十餘年，富家長者自以金施之也。彌陀經：極樂國土有七寶地，池底純以金沙布地，四邊堦〔三〕道金銀琉璃玻黎合成，上有樓閣。〇【趙次公曰：「佛書：給孤獨長者有好園，祇陁太子以黄金布之，而迎佛居止。」】大唐内典録：舍衛國給孤長老側布黄金買祇陀太子園，建精舍，諸佛居之十餘年。禪龕只晏如。〇龕，枯甘切，塔也。陶潛詩：屢空常晏如。大珠脱玷翳，白月當空虚。〇月，或作日。〇【王洙曰】大珠、白月，喻〔四〕文公性之圓明也。佛書：精進修浄戒，猶如護明珠。故有摩尼珠及水月之説。又〔五〕有曰：望已前爲白月，望已後爲黑月。甫也南北人，○【華曰：「甫以飄蕩無定矣，故云云。」】甫自言其飄蓬無定居也。○【王洙曰】檀弓：今丘也，乃東西南北之人也。蕪漫少耘鋤。○【師道曰】謂其性地荒蕪不治也。久遭詩酒污，○【師古曰】甫嗜飲好吟，每多因詩酒以忤權貴。何事忝簪裾。○【端本曰】簪裾，士大夫之冕服〔六〕也。王侯與螻蟻，同盡隨丘墟。○王侯雖貴，螻蟻雖賤，畢竟同盡其天年，委之於丘壑也。莊子列禦寇篇：莊子將死，弟子欲厚葬之。莊子曰：「在上爲烏鳶食，在下爲螻蟻食。奪彼與此，何其偏也！」願聞第一義，○【王洙曰】第一義，言其教無上也。○梁武帝問達磨：「如何是聖諦〔七〕第一義？」又法筵龍〔八〕象衆：當觀第一義。回向心地初。○華嚴經注：菩薩摩訶薩，善知俗〔九〕諦，聽善知第一義諦，善知相諦，善知差別諦。○【趙次公曰】又云：菩薩摩訶薩有十種回向。○又云：菩薩住〔一〇〕於初地。又云：一切法本來無生。又云：一切法如虚空性，是名得無生法忍，是菩薩第九善慧地。又維摩經：是天〔一一〕女所願具足，得無生忍。四不得經：菩薩心等如法。金篦刮眼膜，○【鄭印曰】篦，邊迷切。刮，古殺切。膜，末各切。○【趙次公曰】元祖失明三年，幽泣，〔一二〕誦藥師經，見盲者得視之言，遂請七僧晝夜凡〔一三〕七誦經行道，夜夢老翁以金篦治目，刮去其膜，三〔一四〕日復明。涅盤經：是經良醫〔一五〕，即以金篦刮去眼膜。價重百車渠。○車渠，字當作硨磲。喻文公無吝其教以自珍也。○【王洙曰】法華經：或有行施金銀、珊瑚、真珠、摩尼、硨磲、瑪瑙。無生有汲引，兹理儻吹噓。○【師古曰】凡看經明達〔一六〕本性，譬如以金篦刮去眼膜，所視豁然。甫欲文公以無上教開發甫性，使悟無生之法。○其價〔一七〕之珍重，不啻百車渠，願文公無吝於教，俾甫回向崇信，生歡喜心，以之其第一義問也。

【校記】

〔一〕馴，元本、古逸叢書本作「臥」。
〔二〕鹿，元本、古逸叢書本作「廬」。
〔三〕堦，元本、古逸叢書本作「皆」。
〔四〕喻，元本、古逸叢書本作「比」。
〔五〕又，元本、古逸叢書本作「已」。
〔六〕冕服，古逸叢書本無。
〔七〕諦，元本、古逸叢書本作「辭」。
〔八〕龍，古逸叢書本作「蘢」。
〔九〕俗，元本、古逸叢書本作「各」。
〔一〇〕住，元本、古逸叢書本作「在」。
〔一一〕天，元本、古逸叢書本作「云」。
〔一二〕幽泣，古逸叢書本作「避位」。

〔三〕凡，古逸叢書本作「七」。
〔四〕三，元本、古逸叢書本作「二」。
〔五〕元本、古逸叢書本「醫」下有「師」字。
〔六〕達，古逸叢書本作「宰」。
〔七〕價，元本、古逸叢書本作「傷」。

奉贈射洪李四丈

○李四，劍〔一〕外丈人。甫遊射洪訪之〔二〕。

丈人屋上烏，人好烏亦好。○丈人，美李四也。烏者，人之所共惡。李丈既爲人所愛，其愛亦及乎烏，以「人好烏亦好」也。○【王洙曰】詩正月：瞻烏爰止，于誰之屋。毛萇傳：富人之屋，烏所集也。○【杜田補遺。又，杜陵詩史、分門集注、補注杜詩、集千家注批點杜工部詩集引作「修可曰」。】尚書大傳：武王登夏臺以臨殷民。周公旦曰：「臣聞之，愛其人者，愛其屋上之烏。憎其人者，憎其儲胥。」○太公六韜、孔叢子同。○【杜田補遺】又，韓詩外傳：武王伐紂，至于邢丘。太公曰：「愛其人者，及屋上烏。惡其人者，憎其胥餘。」人生意氣豁，不在相逢早。○甫來射洪，初接李丈，一見其意氣豁達，便若平生也。○【趙次公曰】北史李延壽序傳：閭信謂李曉曰：「觀君儀貌，豈是常倫！古人相知，未必在早。」南京亂初定，○【趙次公曰】南京，成都也。肅宗至德二年，以蜀郡爲南京。亂初定，指言前年辛丑之歲四月，劍南東川節度使段子璋反，五月，崔光遠擊斬之也。所向色枯槁。○色，一作邑。遊子無根株，○遊子，甫自謂也。兵亂方平，物貴民困，甫是以避地來梓州也。茅齋付堂〔三〕草。○【趙次公曰】茅齋，謂浣花之草堂。東征下月〔四〕峽，○【趙次公曰：「月峽，則渝州有明月峽，三峽之始。」】荆州，謂巴、楚，有明月峽。挂席窮海島。○【趙次公曰：「海島，海中之山。此公欲扁舟南下也。」】謂將適吴、楚也。萬里須十金，○【晁曰】漢文帝贊：百金中人十家之産。釋者謂古者一兩金直十千，十金則知爲百千矣。妻孥未相保。蒼茫風塵際，蹭蹬騏驎老。志士懷感傷，心胸已傾倒。○萬里之行，必須十金，况風塵未息，干戈尚撓，於斯時行役，殆恐妻子未能相保，是以蹭蹬失勢而無人憫之者。惟李文志氣之士，獨懷感傷，傾倒心腹，不問相知早晚，此甫所以有「人好烏亦好」，又有「不在相逢早晚」之句也。

【校記】

〔一〕劍，元本、古逸叢書本作「員」。

〔二〕訪之，元本、古逸叢書本作「日也」。

〔三〕堂，古逸叢書本作「秋」。

〔四〕月，古逸叢書本乙作「月下」。

早發射洪縣南途中作

將老憂貧窶，○窶，其矩切，貧無禮也。○【魯曰】詩：終窶且貧。筋力豈能及。○【趙次公曰】曲禮：老者不以筋力爲禮。○劉茂傳：家貧，以筋力致養。征途乃侵星，○【王洙曰】乃，一作復。鮑照詩：侵星赴早路，畢景逐前儔。得使諸病入。○甫以老年貧窶，不免奔走，以就樂土，然筋力已衰，非能逮及於事，況或侵星早行，冒犯霜露，得使諸病乘隙而入也。鄙人寡道氣，在困無獨立。俶裝逐徒旅，○【鄭卬曰】俶，昌六切〔一〕。○【杜田補遺。又，門類增廣十注杜詩引作「杜云」，杜陵詩史、分門集注、補注杜詩、集千家注批點杜工部詩集引作「修可曰」。】張平子思玄賦：占既吉而無悔兮，簡元辰而俶裝。注：俶，始也。達曙陵險澀。○曙，常恕切〔二〕，曉也。鄙人，甫自稱。寡道氣，謂不能養氣配道。孟子：不以貧富貴賤死生，養吾浩然之氣而莫動於心。凡以有道氣也。甫謂「寡道氣」，在困窮之際不能獨立，是以促裝隨逐徒旅，自夜達旦，陵歷險澀之途，豈能無病乎？○【王洙曰】潘正叔詩：世故尚未夷，崤函方險澀。寒日出霧遲，○日出爲霧所掩也。清江轉山急。○【唐曰】江爲山所激也。僕夫行不進，駑馬若維縶。○【鄭卬曰】縶，陟立切。○【趙次公曰】詩：縶之維之。汀州稍疏散，○【何曰】言岸行坦夷也。風景開怏悒。○謂物可開怏悒之行色〔三〕者也。空慰所尚懷，終非曩遊集。○雖此景物足以慰所尚之情懷，論其得所終，不若昔日太平京師遊集也。衰顔偶一破，勝事難屢挹。○難屢，一作皆空。今挹勝事，亦偶破顔而已，非其至樂也。茫然阮籍途，○【王洙曰】魏氏春秋：阮籍時率意獨駕，不由徑路，車轍所窮，輒慟哭而反。○顔延年詠阮步兵詩：物故不可論，途窮能無慟。更灑楊朱泣。○淮南子説林訓：楊子見逵路而哭之，爲其可以南，可以北也。○【師古曰】余謂甫遭窮途，至於東西南北，了無定居，安能免其揮淚乎！

【校記】

〔一〕切，元本、古逸叢書本作「反」。

〔二〕切，元本、古逸叢書本作「反」。

〔三〕色，元本、古逸叢書本作「涂」。

通泉驛南去通泉縣十五里山水作

○【魯曰】地理志：通泉縣在梓州東南百三十里，去縣十五里，有佳山水，諺號沈家冢坑。甫至于此，覽眺愛其山水，而作是詩也。

溪行衣自濕，亭午氣始散。○説文：日在午曰亭，在未曰昳。○【王洙曰】天台賦：羲和亭午，遊氣高褰。冬温蚊蚋在，○謂南地暖也。人遠鳧鴨亂。○【高曰】謂行〔一〕人少也。登頓生曾陰，○曾，與層同。謝靈運過始寧墅〔二〕詩：山行窮登頓。○【王洙曰】江文通詩：日落長沙渚，曾陰萬里生。欹側出高岸。驛樓衰柳側，縣郭輕煙畔。一川何綺麗，○【魯曰】謂沈家家坑也。盡日窮壯觀。○日，一作目。觀，讀去聲。山色遠寂寞，江光夕滋漫。傷時媿孔父，○昔孔子歷聘，一君無所鈎用，蓋傷當時以干戈戰争爲事。甫困於軍興之際，豈非有孔父之傷時乎！○【王洙曰：「孔子之歎鳳鳥不至，子在川上，山梁雌雉，皆傷時。」】論語：鳳鳥不至，河不出圖，吾已矣夫。去國同王粲。○【師古曰】昔王粲去其國，來依劉表。甫去杜陵而遊蜀，豈不同王粲之去國乎？○【趙次公曰】魏王粲，字仲宣，山陽人。漢獻帝遷西京，粲憂亂，乃之荆州依劉表。嘗思歸國，登樓作賦。有七哀詩云：西京亂無象，豺虎方構患。復奔中國去，身遠適蠻荆。我生苦飄零，所歷有嗟嘆。

【校記】

〔一〕行，元本、古逸叢書本作「有」。

〔二〕墅，古逸叢書本作「野」。

過郭代公故宅

○【九家集注杜詩依例爲「王洙曰」：「郭震，字元振，以字顯。封代國公。」杜陵詩史、分門集注、補注杜詩引作「王彦輔曰」。又，王洙曰：「按新書：明皇之誅太平公主，元振獨領軍扈從，事定，宿中書十四日，以功封代國公。」】郭震，字元振，以字顯。舉進士，擢通泉尉。景雲二年，進同中書門下三品。玄宗誅太平公主，睿宗御承天門，諸宰相走伏外省，獨元振總兵扈從。事定，宿中書省二十四日，以功封代國公。

豪儁初未遇，其跡或脱落。○【王洙曰】江淹賦：脱落公卿，跌宕文史。代公通泉尉，放意何自若。及夫登衮冕，直氣森噴薄。○或本以「精魄凛如在，所歷終蕭索」一聯在此下，非是。○【王洙曰】吴都賦：噴薄沸騰。磊落見異人，豈伊常情度。○度，徒各切。○【師古曰：「自昔豪俊之士，多不拘小節，故云云。」】且〔一〕昔豪儁之士多不拘小節，所爲皆脱略〔二〕時輩，跌蕩不檢。○【趙次公曰】如代公郭元振作尉通泉，任俠使氣，盜鑄及掠賣部中生口以餉賓客，無所不至，其放蕩若此。及一旦爲相，忠直之氣噴薄雲漢，於斯時始見異人非常情所能窺度也。定策神龍後，宫中翕清廓。○【趙次公曰】神龍中，太平公主將作亂，元振領兵佐明皇定大策，卒平公主之難，宫中爲之清廓也。按，趙子櫟謂先天二年郭元振以兵部尚書復同中書門下，竇懷貞等附太平公主，潛謀不順，玄宗發羽林兵，睿宗聞變，登承天門樓，元振躬率兵侍衛，奏上前，奉詔誅竇懷貞，無他也。又謂，神龍則中宗即位改元元年，去先天二年凡八年，而學者每疑之。嘗論之曰：太平公主擅寵自中宗，而末則禍胎在神龍而下也。○或者又謂，明皇與劉幽求平韋庶人之亂，此在神龍後，乃知元振有功其間而失之，微此詩無以見也。餘見題注。俄頃辨尊親，指揮存顧託。○【趙次公曰】是時太平公主既誅，則君臣之間，玄宗得尊位，父子之間，玄宗得親傳。元振所以成睿宗顧託，在指揮之間也。群公有慙色，○【趙次公曰】玄宗之平亂也，諸宰相走伏外省，蕭至忠、竇懷貞皆從逆，獨元振總兵扈帝。○群公視之，得無慙乎〔三〕！王室無削弱。○當時王室安而不弱，元振之力也。迥出名臣上，丹青照臺閣。○【劉曰】玄宗畫元振像於淩煙閣。我行得遺跡，○【王洙曰】跡，一作趾〔四〕。○【晏曰】遺跡，謂故宅也。池館皆疏鑿。壯公臨事斷，顧步涕横落。○蒼頡篇：顧，旋也。陸機日出東南隅行：顧步咸可懽。精魄凛如在，所歷終蕭索。高詠寶劍篇，○【趙次公曰：「寶劍篇乃郭代公之奇作，所愛於武后，宜公服膺而高詠之也。」】武后索所爲文章，元振上寶劍篇。后嘉歎，詔示學士李嶠等。故宜乎甫服膺而高詠之也。○【杜田補遺。又，杜陵詩史、分門集注、補注杜詩、集千家注批點杜工部詩集引作「杜定功曰」。】寶劍歌曰：君不見昆吾鐵冶飛炎煙，紅光紫氣俱赤然。良工鍛鍊凡幾年，鑄作寶劍名龍泉。龍泉顏色如霜雪，良工嗟咨嘆奇絶。琉璃玉匣吐蓮花，錯落金銀生明月。正逢天下無風塵，幸得用逢君子身。精光黯黯青蛇色，文章片片緑龜鱗。非直結交遊俠子，亦曾親近英雄人。何言中路遭棄捐，零落飄淪古獄邊。雖復沉埋無所用，猶能夜夜氣衝天。神交付冥漠。○甫與元振道同志合，故云神交。○【杜田補遺。又，杜陵詩史、分門集注、補注杜詩、集千家注批點杜工部詩集引作「修可曰」。】列子周穆王篇：夢有六候，曰：正、噩、思、覺、喜、懼。此六夢者，神所交也。晉潘安仁作夏侯湛誄曰：心想神交，唯我與子。沈休文和宣城詩：神交疲夢寐，路遠隔思存。南史：劉訏字彦度，阮孝緒博學隱居，不交當世，訏一造之，即以神交。

【校記】

〔一〕且，古逸叢書本作「旦」。

〔二〕略，元本、古逸叢書本作「落」。

〔三〕乎，古逸叢書本作「也」。

〔四〕趾，杜陵詩史作「址」。

觀薛稷少保書畫壁

○【王洙曰】薛稷，薛收之從子。好古博雅，尤工隸書。自貞觀、永徽之後，虞世南、褚遂良時人多宗其書跡。稷外祖魏證當國，圖籍多藏虞、褚舊跡。稷銳〔一〕精模倣，結體遒麗，當時無及之者。又善畫，博採古跡。睿宗在藩，留意文學，除稷太子少保，以黄門侍郎相睿宗。

少保有古風，得之陝郊篇。○陝，失冉反。○【師古曰】周公、召公分陝而治，自陝以東，周公主之，自陝以西，召公主之。薛稷嘗爲古風以美周、召，是有意於周、召而立功名也。○按稷〔二〕有秋日還京陝西十里作云：驅車越陝郊，北顧臨大河。此行見鄉邑，秋風水增波。西望咸陽途，日暮憂思多。傳岩既紆欝，首山亦嵯峩。操築無昔老，采薇有遺歌。客遊節向換，人生知幾何。惜哉功名忤，○忤，五故切〔三〕，逆也。但見書畫傳。○【王洙曰】太平公主擅權，竇懷貞附其黨，稷與懷貞善。玄宗誅太平公主，懷貞伏誅，稷坐知謀賜死於萬年獄。○稷初以文學召用，參決庶政，自謂周、召之功可立，不意中間遭不測之禍，功名違忤，惟以書畫傳於世，蓋爲書畫之所掩也。朱〔四〕景玄畫斷：薛稷天后朝位至太保，文章學術，名冠當時。其書師褚河南，時稱賣褚得薛，亦不落節。畫宗閻公，秘書省有畫鶴，時號一絶。曾旅遊新安郡，過李太白，因留連，書永安寺額，兼畫四方像一壁，筆力瀟灑，風姿秀發，曹、張之亞也。二妙之迹，李翰林題贊見在。又聞蜀郡多有其畫鶴、佛像，並居神品。我遊梓州東，遺迹涪江邊。○【鄭卬曰】涪，扶鳩切，水出徼外，南入漢。○餘見前。畫藏青蓮界，○【王洙曰】青蓮界，佛寺也。○梓州通泉縣有寺曰慈覺，乃稷爲書院額，並〔五〕大藏板壁。甫至此寺，觀其遺迹故也。書入金榜懸。○崔融詩：金榜照晨光。仰看垂露姿，○【王洙曰】後漢曹喜工篆隸，變懸針垂露之法。不崩亦不騫。○【王洙曰】騫，虧也。詩天保：不騫不崩。鬱鬱三大字，蛟龍岌相纏。○【鄭卬曰】岌，魚及切。○【趙次公曰】稷所書惠普寺碑三字，字方徑三尺許，筆畫雄勁，今在通泉縣慶〔六〕壽寺聚古堂，觀其所書三字之傍，有贔屭纏〔七〕捧，乃龍蛇岌相纏也。又揮西方變，○【趙次公曰：「所畫西方變相，今亡也。」】謂畫西方變相也。發地扶屋椽，○沈休文鍾山詩：發地多奇嶺，千雲非一狀。慘澹壁飛動，到今色未填。

○填，久也。○【趙次公曰：「色未昏滅之意。」】言色尚新也。此行疊壯觀，○【師古曰】甫之此行獲覩郭之故宅，與薛之書畫，故云「疊壯觀」也。郭薛俱才賢。不知百載後，誰復來通泉。○趙彦昭傳云：郭元振與薛稷善。郭元振傳云：與稷、彦昭同爲太學。豈郭與薛舊爲同舍，後嘗會於通泉耶？

【校記】

〔一〕鋭，原作「衛」，據分門集注杜工部詩改。

〔二〕稷，古逸叢書本作「集」。

〔三〕切，元本、古逸叢書本作「反」。

〔四〕朱，古逸叢書本作「宋」。

〔五〕並，古逸叢書本作「節」。

〔六〕慶，古逸叢書本作「夢」。

〔七〕纏，古逸叢書本作「承」。

通泉縣署屋壁後薛少保畫鶴

薛公十一鶴，○圖畫聞見志：今世所謂薛稷八鶴，後人多效之。然甫詩云「薛公十一鶴」，不知三鶴何體也？皆寫青田真。○【孫曰】地理志：處州青田縣，在州東南一百五十里。○【趙次公曰】永嘉郡記：有沐溪野，去青田九里，中有雙白鶴，年年生子，長大便去，只餘父母。精白可愛，多云神仙所養。畫色久欲盡，蒼然獨〔一〕出塵。○【杜田補遺。又，杜陵詩史、分門集注、補注杜詩引作「修可曰」。】北史：劉訏超超越俗，如半天朱霞；劉歊矯矯出塵，如雲中白鶴。低昂各有意，○【王洙曰：「薛公畫鶴，低昂皆有意，如返啄、疏翎、唳天、警露之類，皆隨而名之。」】或梳翎，或反啄，或唳天，以至顧步警露之類，一低一昂，皆有意態也。磊落如長人。○【王洙曰】晉嵇紹在稠人中昂昂然，若野鶴在雞群。佳此志氣遠，豈惟粉墨新。○【師古曰】鶴之磊落，比之賢人，無塵俗氣象。甫奇其有遠志，豈特悅其粉墨之新麗哉！〔二〕萬里不以力，群遊森會神。〔三〕威遲白鳳態，○【王洙曰】秋胡〔四〕詩：行露正威遲。○【杜田補遺】禽經：青鳳謂之鶡，赤鳳謂之鶉〔五〕，翠鳳謂之鷗，紫鳳謂之鸑，白鳳謂之鷫。非是倉鶊鄰。○鶴之飛騰〔六〕，一舉萬里，比之君子進用，不以勢力森然，君臣聚精而會神，可與威鳳爲偶，殆非倉庚之可擬。鳳有道則見，君子之德似之。倉庚不過聲音顔色之好耳。○【王洙曰】詩：有鳴倉庚。注：倉庚，黄鸝也。高堂未傾覆，幸得慰佳賓。○幸，一作常。蜀都賦：置酒高堂，以御佳賓。曝露墻壁外，終嗟風雨頻。赤霄有真骨，耻飲洿池津。○喻賢者在朝，可使廟堂安固，而慰懌人心。今反使之曝露棄擲于外，此風雨所以飄飄而高堂傾覆無日矣。○【師古曰】甫託意譏賢者，蓋食污君之禄，時不用賢之咎也。○劉子：鴻鵠高飛，不集洿池。○【王洙曰】王子年拾遺記：周昭王時塗脩國獻赤鳳、丹鶴各一雄一雌，以渾皐之粟飼之，以洛溪之水飲之。鮑照鶴賦：朝戲於芝田，夕飲於瑤池。冥冥任所適，脱略誰能馴。○甫爲朝廷斥逐，泛泛然任其所之，豈非鶴群脱略塵俗之比乎？○【王洙曰】世説：支遁道林，人有遺其雙鶴者，遁作耳目近玩〔七〕，予遂使飛去，曰：「既有凌霄之姿，何肯爲人？」〔八〕

【校記】

〔一〕獨，古逸叢書本作「猶」。

〔二〕「豈惟」句下注，元本、古逸叢書本無。

〔三〕「萬里」二句，原本無，據元本、古逸叢書本補。

〔四〕胡，元本、古逸叢書本作「露」。

〔五〕鶚，元本、古逸叢書本作「鷙」。

〔六〕騰，古逸叢書本作「鷙」。

〔七〕玩，古逸叢書本作「死」。

〔八〕元本、古逸叢書本「人」後有「云云」二字。

陪王侍御同登東山最高頂宴姚通泉晚攜酒泛江

姚公美政誰與儔，不減昔時陳太丘。○美姚公之爲政也。○【王洙曰】世説：陳紀字元方，年十一時，候〔一〕袁紹，紹問曰：「卿家君任太丘，遠近稱之，何所履行？」元方曰：「老父在太丘，彊者綏之以德，弱者撫之以仁，恣其所安，久而益敬。」紹曰：「孤往者嘗爲鄴〔二〕令，正行此事，不知卿家君法孤，孤法卿父？」元方曰：「周公不師孔子，孔子不師周公。」邑中上客有柱史，○柱史，美王侍御執筆立柱下記言動者也。○【王洙曰】昔老聃嘗爲周柱下史。　多暇日陪驄馬遊。○多暇，謂公庭無事也。以王侍御比桓典也。○【趙次公曰】桓典拜侍御史，常乘驄馬，京師畏憚，爲之語曰：「行行且止，避驄馬御史。」東山高頂羅珍羞，下顧城郭銷我憂。○甫陪王侍御會宴東山也。○【王洙曰】王粲登樓賦：聊暇日以銷憂。　青江白日落欲盡，復攜美人登綵舟。○姚通泉晚又攜酒泛江也。　笛聲憤怨哀中流，○【王洙曰】漢武秋風辭：攜佳人兮不能忘，橫中流兮揚素波，簫鼓鳴兮發棹歌，歡樂極兮哀情多。　妙舞逶迤夜未休。○【宋曰】逶迤，與委蛇同。　燈前往往大魚出，聽曲低昂如有求。○【王洙曰】荀子勸學篇：瓠巴鼓瑟而遊魚出聽。○【師古曰：「自此以上既陳宴樂之興，遂於末章有警戒之意。蓋樂極則繼之以哀，樂不可過，古人戒之。作詩之體當然。自『三更風起寒』以下，皆警戒之辭。」】夢弼謂自此已上既陳宴樂之興，故下章遂有警戒之辭。蓋樂極則繼之以悲也。樂不可過，詩人戒之。　三更風起寒浪湧，取樂喧呼覺船重。○西京賦：取樂今日，遑恤我後。　滿空星河光破碎，四座賓客色不動。○左思詠史詩：顧謂四座賓。　請公臨深莫相違，回船罷酒上馬歸。　人生歡樂豈有極，無使霜露霑人衣。○【趙次公曰：「霜過，一作霜露。」】

露，一作過。○詩曰：戰戰兢兢，如臨深淵。蓋臨淵之訓不可違也，況醉言歸，歸則不至伐德。歡會之情，豈有終極，但君子能節之以禮，則無咎。詩人多以霜露喻禮，霜露之爲物，犯之則濡，禮犯之則污，故云「無使霜露霑人衣」。魏文帝善哉行：谿谷多悲風，霜露沾人衣。

【校記】

〔一〕候，元本、古逸叢書本作「假」。

〔二〕鄴，古逸叢書本作「卿」。

漁陽

漁陽突騎猶精鋭，○【趙次公曰】此指雍王所統之兵也。○【杜田補遺。又，杜陵詩史、分門集注、補注杜詩引作「修可曰」，集千家注批點杜工部詩集引作「鮑欽止曰」。】昔光武克邯鄲，謂馬武曰：「吾得漁陽、上谷突騎，欲令將軍將之。」又謂景丹曰：「吾聞突騎天下精兵，今乃見其戰，樂可言耶！」蔡邕嘗曰：「冀州强弩，幽州突騎，天下精兵。」赫赫雍王都節制。○【王洙曰】都，一作前。○【趙次公曰】資治通鑑：寶應元年十月，以雍王适爲天下兵馬元帥。猛將飄然恐後時，本朝不入非高計。○【王洙曰】：「禄山已破而朝廷不能革其積弊，復以盧龍授蕃鎮，故李懷仙、朱滔之屬得以跋扈，竟不爲朝廷所有也。」】雍王總統九節度之兵，收復兩京，討平禄山。禄山已平，賊黨相率歸降恐後時。爲朝廷計，故宜入其土地，更擇賢者以鎮守之，斯可矣。奈何不入其土地，復以盧龍等節度授藩鎮，是以李懷仙、朱泚之徒得以崛起，肆爲不順。終唐之世，藩鎮强，朝廷弱，故甫爲之痛惜故也。○【趙次公曰】按編年通載：寶應元年十月，雍王适大敗史朝義，將以汴州〔一〕降。十一月，薛嵩等皆以五州降。是歲公在梓州，聞雍王之勝，尚聞河北猶未有入朝者，故告諭諸將，因飄然而來已爲後時，而乃不入本朝，豈高計乎！禄山北築雄武城，舊防敗走歸其營。繫書請問燕耆舊，○【趙次公曰】魯仲連傳：繫書約矢，以射聊城中。今日何須十萬兵。○【王洙曰】初，禄山謀僭叛，爲自固計，築城于范陽，號雄武。峙兵聚糧，防敗則守之。○【趙次公曰：「舉往事以懲警之也，言禄山初爲走計，而竟不保耳。」】及一旦戰敗，死於慶緒之手，果何費十萬兵攻取之乎？則知地利非人和莫與守之。雄武果不可恃以自固也。○此詩譏當時不能經略全燕也。

【校記】

〔一〕汴州，古逸叢書本作「深州」。

黄河二首

黄河北岸海西軍，椎鼓鳴鍾天下聞。鐵馬長鳴不知數，胡人高鼻動成群。○【鮑彪曰】謂吐蕃入寇也。○【趙次公曰】黄河之北，大海之西，則河北一帶之州郡也。此言椎鼓鳴鍾，體勢如此，至使胡人動成群而來，斯乃罪其不能致力以禦之也。

黄河北岸是吾蜀，○【趙次公曰】北，一作南。欲須供給家無粟。願驅衆庶戴君王，混一車書棄金玉。○【鮑彪曰】吾蜀，謂嚴鄭公軍當狗之戰也。○【趙次公曰：「上之人須蜀人之供給，乃至於家無粟，其字依傍陶潛『瓶無儲粟』。公所願與衆庶同心禦難，伐叛以尊戴君王，使天下車同軌，書同文，棄金玉而尚敦朴，用意深矣。」】此憫蜀人困於供給，而終之以願君王務本而無侈靡，蓋金玉非五穀之比也。

中夜

中夜江山静，危樓望北辰。○【師古曰】望北辰而思君。長爲萬里客，有媿百年身。○【王洙曰】鮑照詩：争先萬里客，各〔一〕事百年身。故國風雲氣，○故國，謂長安也。○【師古曰】雲從龍，風從虎，喻君臣會聚。甫家長安，今客居，獨有萬里之遠，故望風雲之氣有所感傷也。高堂戰伐塵。○謂杜陵舊廬爲寇所焚也。胡雛負恩澤，○【趙次公曰】胡雛，指禄山也。當時史朝義之亂未除，而公興感亂階自禄山始也。嗟爾太平人。○【趙次公曰】公追思而傷及，昔爲太平之人，皆被此禍也。

【校記】

〔一〕各，元本、古逸叢書本作「吝」。

廣德元年癸卯春在梓州之綿之閬復歸梓州所作是歲召補京兆功曹不赴

春日戲題惱郝使君

使君意氣凌青霄，○【趙次公曰】北山移文：干青霄而直上。憶昨歡娱常見招。細馬時鳴金騕褭，○【鄭卬曰】騕，於皎反。褭，於了反。○馬名。時遣馬以迎甫也。○【師尹曰】。又，門類增廣十注杜詩引作「杜云」。杜陵詩史、分門集注、補注杜詩引作「修可曰」。○【盧照隣詩：漢家金騕褭。佳人屢出董嬌饒。○【王洙曰：「董嬌饒，名姬也。」】董嬌饒，名妓也。○命之以侑樽也。東流江水西飛燕，可惜春光不相見。○憶昨郝使君見招之後，當此江水明媚，燕子西來，春光可惜，不復再見其妓也，故繼有願攜之請焉。○【趙次公曰】古樂府：東飛伯勞西飛燕，黄姑織女時相見。○杜公瞻注：宗懔撰荆楚歲時記：黄姑，即河鼓也。願攜王趙兩紅顔，○【端本曰：「王、趙亦通泉有色之妓。」】王、趙，亦佳妓也。再騁肌膚如素練。通泉百里近梓州，請公一來開我愁。○請，一作諸。舞處重看花滿面，樽前還有錦纏頭。○宜聘召王、趙二妓來相開慰，無吝錦纏頭以賞樂耳。○【師古曰】甫之戲惱郝使君，蓋一弛一張，君子之道，此亦善戲謔者矣。○【杜田補遺】夫明皇常宴于清元殿，自擊羯鼓曲終，戲謂八姨曰：「今日請一纏頭，乃出三〔一〕百萬爲一局。」○【王洙曰】又，開元時富人王元寶富而無文采，嘗會賓客，明日親友問曰：「昨日必多佳論。」元寶視屋椽良久，曰：「但費錦纏頭爾。」

【校記】

〔一〕出三，元本、古逸叢書本作「捐縑」。

絶　句

江邊踏青罷，回首見旌旗。風起春城暮，高樓鼓角悲。○【九家集注杜詩引作「新添」。又，門類增廣十注杜詩引作「杜云」。杜陵詩史、分門集注、補注杜詩引作「修可曰」。】唐李綽歲時記：三月上巳，始有錫宴群臣於曲江。傾都人物，於江頭禊飲踏青。

郪城西原送李判官兄武判官弟赴成都府○【鄭卬曰】郪，一稽反。縣名，屬梓州。

憑高送所親，久坐惜芳辰。遠水非無浪，他山自有春。野花隨處發，官柳著行新。○【王洙曰】官，一作妖。○【鄭卬曰：「行，胡岡切。」】行，户郎切。〔一〕天際傷愁別，離筵何太頻。○【師古曰】甫與二判官於情最親，臨此送別，言其如此遠去之後，如遠水不能無風浪，它山雖有春，兄弟不得同賞，以至野花官柳，觸目不能無傷感也。

【校記】

〔一〕切，元本、古逸叢書本作「反」。

聞官軍收河南河北○一作兩河。

劍外急傳收薊北，○薊，居列切。代宗紀：廣德元年正月甲申，史朝義死河南，其將李懷仙以幽、田承嗣以魏降。考之於傳，寶應元年二月丁亥，賊將薛嵩以相、衛、洺、邢，丁酉，張志忠以趙、定、深、恒、易降。時河南、河北平。初聞涕淚滿衣裳。却看妻子愁何在，漫卷詩書喜欲狂。○卷與倦同。○【趙次公曰】讀書之際，聞已收薊北，得妻子有長聚之慶，所以漫卷之而喜欲至於狂也。白日放歌須縱酒，青春作伴好還鄉。即從巴峽穿巫峽，便下襄陽向洛陽。○【九家集注杜詩引作「公自注：余田園在東京。」集千家注批點杜工部詩集引作「公自注：余田園在東川。」又，杜陵詩史、分門集注、補注杜詩引作「余曰」：「田園在東京。」】甫自注：余田園在東京。

春日梓州登樓二首

行路難如此，登樓望欲迷。身無却少壯，跡有但羈棲。江水流城郭，春風入鼓鞞。○鞞，與鼙同。爾雅釋樂：大鼓謂之鼓，小者謂之應。纂要：應鼓曰〔一〕鼙鼓。○【趙次公曰】樂記：聽鼓鼙，思將帥之臣。雙雙新燕子，依舊已啣泥。○【王洙曰】古詩：思爲雙飛燕，御泥巢君堂。○【師古曰】甫言久客羈棲，今日登樓，所見景物如此，不能無所感也。

【校記】

〔一〕曰，古逸叢書本作「國」。

天畔登樓眼，隨春入故園。○【王洙曰】春，一作風。○【趙次公曰】故園，指洛陽也。

戰場今始定，○謂河之南北已平也矣。栘柳更能存。○【王洙曰】更，一作豈。○栘，音移。甫思故園之喬木。○【趙次公曰】更，疑辭也。○爾雅釋木：唐棣栘。郭璞音義：似白楊，江東呼夫〔一〕栘。厭蜀交遊冷，思吴勝事繁。○【歐曰】昔張翰守官於洛，及秋風起，忽思其蓴羹鱸魚之興，遂棄官歸。甫既厭蜀，欲適吴楚，故有「思吴」之句。應須理舟楫，長嘯下荆門。○【杜田補遺。又，杜陵詩史、分門集注、補注杜詩、集千家注批點杜工部詩集引作「杜定功曰」。】袁山松宜都山川記：南崖有山，名荆門。北崖有山，名虎牙。二山相對，有象門焉。

【校記】

〔一〕夫，元本、古逸叢書本作「大」。

泛江送魏十八倉曹還京因寄岑中允參范郎中季明

遲日深江水，○【王洙曰：「（春）一作江。」】江，一作春。詩：春日遲遲。輕舟送别筵。帝鄉愁緒外，春色淚痕邊。見酒須相憶，將詩莫浪傳。○【趙次公曰】甫自負其詩如此。若逢岑與范，爲報各衰年。

送路六侍御入朝

童稚情親四十年，中間消息兩茫然。更爲後會知何地，忽漫〔一〕相逢是別筵。不憤桃花紅勝錦，生憎柳絮白於綿。劍南春色還無賴，○唐劍南道，禹貢梁州之域。梁州自劍閣而南，分爲益州。後周齊國公宇文憲爲益州刺史，總管劍南三十六郡事，其頌德碑今在府學云。唐太宗正觀元年三月十日，始因關河近便，分天下爲十道，九曰劍南道。開元二十一年，分天下爲十五道。每道置採訪使，如漢刺史之職，而劍南治益州。觸忤愁人到酒邊。○忤，五故反。○【師古曰】甫與路侍御相得於總角之時，中間不得消息，未知後會在何處，言今春色使人愁悶，不若以酒消遣之也。

【校記】

〔一〕漫，原作「慢」，元本、古逸叢書本同，據分門集注杜工部詩改。

泛江送客

二月頻送客，東津江欲平。烟花山際重，舟楫浪前輕。淚逐勸盃落，○【王洙曰】漢李陵別蘇武詩「對酒不能酬」，正此意也。愁連吹笛生。○【王洙曰】馬融長笛賦：馬融善吹笛，獨臥郿縣平陽鄔中。有洛客舍於逆旅，吹笛。融去京師踰年，暫聞之，甚悲而樂之。離筵不隔日，○【王洙曰】離筵，謂祖席也。那得易爲情。

上牛頭寺

○【九家集注杜詩引作「師尹曰」。又，補注杜詩引作「黄希曰」。】寰宇記：牛頭山在梓州郪縣南二里，形似牛頭，四面孤絶，俯臨州郭，上有長樂寺樓閣，煙花爲一方之勝概。

青山意不盡，衮衮上牛頭。無復能拘礙，真成浪出遊。花濃春寺静，竹細野池幽。何處啼鶯切，移時獨未休。

望牛頭寺

牛頭見鶴林，○鶴林，即靈仙觀也。梯逕遶幽深〔一〕。○一作「秀麗亦何深」。春色浮山外，○浮，一作流。天河宿殿陰。○宿，一作没。言殿高逼天河也。傳燈無白日，○謂長明燈，所以照夜，而白日亦有燈，故云「無白日」也。或謂魏李騫、崔劭至梁同泰寺，主客王克舍人、賀季友及三僧引接至浮圖中，佛有執板筆者，僧謂騫曰：「此是尸頭，專記人罪。」騫曰：「便是僧之董狐。」僧復入佛堂前，有銅鉢中燈，劭曰：「可謂日月出矣，而爝火不息。」又〔二〕維摩經：無盡燈，釋氏以喻法，謂能破暗也。六祖相傳一法，故云「傳燈」也。布地有黃金。○彌陀經：極樂國土有七寶池，池底純以金沙布地，四邊階道金銀琉璃玻黎合成。又唐内典録：舍衛國給孤長者側布黃金，買祇陀太子園，建精舍，諸佛居之十餘年矣。休作狂歌老，回看不住心。○不住心，言心不着相也。金剛經云：應生〔三〕無所住心。又衆香偈：轉不住心，退無因果。

【校記】

〔一〕深，原作「林」，據古逸叢書本改。

〔二〕又，元本、古逸叢書本作「及」。

〔三〕生，古逸叢書本作「住」。

上兜率寺

○兜，當侯切。〔一〕梓州圖經：兜率寺在郪縣南。普〔二〕曜經曰：佛兜率天降神於西域迦維衛國浄飯王宮，摩耶夫人剖右縫而生。

兜率知名寺，真如會法堂。○曹溪六祖慧能序金剛經云：世人性無堅固，於一切法上有生滅相流浪，諸趣〔三〕未到真如之地，並是此岸。江山有巴蜀，○謂自有巴蜀便有江山也。棟宇自齊梁。○言寺創於齊梁之時也。庾信哀雖久，○甫托言久客可哀也。庾信嘗作哀江南賦，所以哀者，以金陵瓦解而身竄荒谷也。何顒好不忘。○甫托言所至爲人所好。詩所謂「在彼無惡，在此無斁」也。後漢黨錮傳：何顒字伯求，南陽襄鄉人，少感友人之義，爲虞偉高復父讎，與陳蕃、李膺善，遂爲宦者所陷，乃亡匿汝南山間，所至皆親其豪傑，有聲荊豫。袁紹慕之，私與往來，結爲奔走之友。時黨錮事起，多離其患，顒私入洛陽，從紹求爲援救。或謂何顒疑作周顒，何乃黨錮之徒，周常奉佛食菜。考之南史，何〔四〕顒字彥倫，音辭辨麗，長於佛理。然按集，岳麓道林二寺行又有「何顒免興孤」之句，說者又曰：甫言身已流離，有庾信之哀矣，而哀愁之中不忘交好也。何顒者，有救之之心矣。白牛車遠近，○車，一作運。【趙次公曰】法華經譬喻品：有大白牛，肥壯多力，以駕寶車蓋。喻大乘也。且欲上慈航。○【薛夢符曰】清涼禪師序般若經曰：般若者，苦海之慈航，昏衢〔五〕之巨燭〔六〕也。

【校記】

〔一〕切，元本、古逸叢書本作「反」。

〔二〕普，原作「晉」，據元本、古逸叢書本改。

〔三〕趣，古逸叢書本作「輝」。

〔四〕何，古逸叢書本作「周」。

〔五〕衢，元本、古逸叢書本作「衢」。

〔六〕燭，古逸叢書本作「蜀」。

望兜率寺

樹密當山徑，江深隔寺門。霏霏雲氣重，○屈原九章：雲霏霏而承宇。閃閃浪花翻。○江逌賦：寒光閃閃而翻漢。不復知天大，空餘見佛尊。時應清盥罷，隨喜給孤園。○前注。

舟中夜雪有懷盧十四侍御弟〔一〕

朔風吹桂水，大雪夜紛紛。暗度南樓月，○南樓謂庾亮之樓也。寒深北渚雲。○九歌：帝子降兮北渚。燭斜初近見，舟重竟無聞。不識山陰道，聽鷄更憶君。○聽，讀平聲。山陰在今會稽之東。語林：王子猷居山陰，大雪，夜開室命酌，四望皎然，因詠招隱詩，忽憶戴安道。

【校記】

〔一〕此詩宋本無，據元本、古逸叢書本補。

新定杜工部草堂詩箋斠證卷第二十四

廣德元年癸卯春在梓之綿之閬復歸梓所作

數陪章梓州泛江有女樂在諸舫戲爲豔曲二首以贈章〇【趙次公曰】或作李梓州，非是，蓋後有陪留後也。

上客回空騎，佳人滿近船。江清歌扇底，〇【王洙曰】妓者以扇自障而歌，故謂之歌扇。〇晉中書令王珉好捉白團扇，其侍人謝方歌之，因以爲名。南齊丘巨源詠七寶畫圖扇詩：清眄迎嬌態，隱映含歌人。何遜青青河畔草詩：歌筵掩團扇。野曠舞衣前。玉袖淩風並，〇梁簡文詠内人詩：風吹玉袖香。金壺隱浪偏。競將明媚色，偷眼豔陽天。〇【王洙曰】天，或作年。〇【趙次公曰】甫言佳人自衒其美色，偷眼瞻視春光，以爭相勝之意。鮑照學劉公幹體詩：朔風吹朔雪，千里度龍山。集召瑶臺裏，飛舞兩楹前。茲辰自爲美，當避豔陽年。豔陽桃李節，皎潔不成妍。

白日移歌袖，青霄近笛床。翠眉縈度曲，○【黄鶴曰】前漢文帝自度曲，臣瓚曰：歌終更授其次，謂之度曲。○西京賦：度曲未終，雲起當飛。○【九家集注杜詩依例作「王洙曰」。又，杜陵詩史、分門集注、補注杜詩、集千家注批點杜工部詩集引作「鮑彪曰」。】古詩：度曲翠眉低。雲鬟儼分行。○行，户郎切，列也。古今樂録賣曲歌：花釵芙蓉髻，雙鬟如浮雲。立馬千山暮，迴舟一水香。〔一〕○述異記：香水，在并州香山，其水香潔，浴之去病。吳故宫有香水，漢俗云西施浴處，又呼爲脂粉塘。使君自有婦，○【九家集注杜詩引作「師尹曰」。又，杜陵詩史、分門集注、補注杜詩、集千家注批點杜工部詩集引作「修可曰」。】李梓州泛江有女樂，故甫用羅敷詞以戲之。崔豹古今注：邯鄲有美女姓秦，爲邑人王仁妻。仁後爲趙王家令，羅敷出採桑於陌上，趙王登臺，見而悦之，因飲酒欲奪焉。羅敷巧彈箏，作陌上桑之歌以自明。歌曰：日出東南隅，照見秦氏樓。秦氏有好女，自言名羅敷。羅敷善蠶作，採桑城南隅。青絲爲籠繩，桂枝爲籠鉤。觀者見羅敷，下擔捋髭鬚。少年見羅敷，脱巾著幞頭。耕者忘其耕，鋤者忘其鋤。歸來相喜怒，但坐觀羅敷。使君從南來，五馬立踟躕。羅敷年幾何？二十尚未滿，十五頗有餘。使君謝羅敷，寧可共載不？羅敷前致辭，使君一何愚。使君自有婦，羅敷自有夫。東方千餘騎，夫婿居上頭。何以識夫婿，白馬從驪駒。素絲繫馬尾，黄金絡馬頭。腰間轆轤劍，可直千萬餘。十五府小吏，二十朝大夫。三十侍中郎，四十專城居。爲人潔白皙，鬑鬑頗有鬚。盈盈公府步，冉冉府中趨。坐中數十千，皆與夫婿殊。

莫學野鴛鴦。○古今注：鴛鴦，水鳥，雌雄未嘗相離，人得其一，一思而死，故謂之匹鳥也。

【校記】

〔一〕香，原作「春」，據元本、古逸叢書本改。

登牛頭山亭子

路出雙林外，亭窺萬井中。江城孤照日，春谷遠含風。○【王洙曰：「（山）一作春。」】春，一作山。兵革身將老，關河信不通。○【趙次公曰】謂吐蕃猶盛也。猶殘數行淚，忍對百花叢。

陪章梓州王閬州蘇遂州李果州四使君登惠義寺

○地志：惠義寺，長平山，郪縣北。章侍御同餞嘉州崔都督，有曰：前驅入寶地，祖帳飄金繩。

春日無人境，虛空不住天。○無人境、不住天，皆言惠義寺也。○【洪覺範曰】釋書有「不住相」、「常住相」，不住者，言無著者也。鶯花隨世界，樓閣倚山巔。○【王洙曰】倚，一作寄。釋名：山頂曰巔。遲暮身何得，○【王洙曰】言衰老而無所得也。登臨意惘然。誰能解金印，○【趙次公曰：「此二句蓋諷四刺史，誰能解所佩之金印而相與安禪聖？」】所以諷四使君也。○昔虞卿躡屩擔簦，一見趙王，賜白璧一雙、黄金百鎰，再見，拜爲上卿，三見，卒受相印，封萬户侯。當此之時，天下争知之。夫魏齊窮困過虞卿，虞卿不敢重爵禄之尊，解相印，捐萬户，偕而間行。瀟灑共安禪。○【王洙曰】一作「三軍將五馬，若个〔一〕合安禪」。

【校記】

〔一〕个，古逸叢書本作「不」。

送何侍御歸朝

○【按，九家集注杜詩依例爲「王洙曰」。杜陵詩史、分門集注、補注杜詩引作「王彦輔曰」。集千家注批點杜工部詩集引作「公自注」。】王彦輔云：章梓州泛舟筵上作。章，或作李。

舟楫諸侯餞，○【趙次公曰】言章梓州作泛江之祖〔一〕筵也。車輿使者歸。○【趙次公曰】使者行旆，謂何侍御歸朝也。山花相映發，水鳥自孤飛。春日垂霜鬢，天隅把繡衣。○【趙次公曰】前漢暴勝之爲直指使者，衣繡衣，持斧，督課郡國。故人從此去，○【王洙曰】去，一作遠。

寥落寸心違。

【校記】

〔一〕祖，古逸叢書本作「相」。

江亭送眉州辛別駕昇之○得蕪字。

柳影含雲幕，江波近酒壺。異方驚會面，終宴惜征途。沙暖低風蝶，天晴喜浴鳧。別離傷老大，意緒日荒蕪。

歸　雁

東來萬里客，亂定幾年歸。腸斷江城雁，高高正北飛。

短歌行送邛州録事〇一作送祁録事。**歸合州因寄蘇使君**〇【按，「送祁録事歸合州因寄苏使君」，九家集注杜詩依例爲「王洙曰」，杜陵詩史、分門集注、補注杜詩引作「魯曰」。】〇蘇使君，甫故人也，爲合州刺史。邛州録事將歸合州，故甫作是詩以送之，兼寄蘇使君也。

前者途中一相見，人事經年記君面。後生相動何寂寥，〇【王洙曰】動，一作勸。君有長才不貧賤。〇孔子曰：後生可畏。録事以少年之才，可動天子，取富貴，何爲寂寥無聞。然有才如陳平，不教終貧賤也。〇【王洙曰】陳平傳：張負曰：「人固有好美如平而長貧賤也？」君今起柂春江流，〇【鄭卬曰】柂，徒可切。〇進船木也。〔一〕余亦沙邊具小舟。幸爲達書賢府主，〇爲，于僞切。〇【趙次公曰】指言合州蘇使君也。江花未盡會江樓。

【校記】

〔一〕元本、古逸叢書本「君今」句下無注。

惠義寺園送辛員外○新添。

朱櫻此日垂朱實，○永徽圖〔一〕經：櫻桃，洛中者勝，深紅色曰朱櫻，明黃色曰蠟櫻。郭外誰家負郭田。○負，倚也。萬里相逢貪握手，高才仰望足離筵。

【校記】

〔一〕徽圖，古逸叢書本作「徽園」。

又送○新添。

雙峰寂寂對〔一〕春臺，萬竹青青送客盃。○【王洙曰：「（照）一作送。」】送，一作照。細草留連侵坐軟，殘花悵望近人開。同舟昨日何由得，並馬今朝未擬回。直到綿州始分首，江邊樹裏共誰來。

【校記】

〔一〕對，元本、古逸叢書本作「照」。

涪江泛舟送韋班歸京得山字

○【黄鶴曰：「涪江在梓州。」】後漢志：廣漢有涪。涪江在今射洪縣。

追餞〔一〕同舟日，傷春一水間。○【王洙曰】春，一作心。飄零爲客久，衰老羡君還。花雜重重樹，○【王洙曰：「（遠）一作雜。」】雜，一作遠。雲輕處處山。天涯故人少，更益鬢毛斑。

【校記】

〔一〕餞，原作「饒」，據元本、古逸叢書本改。

涪城縣香積寺官閣

○【杜陵詩史、補注杜詩引作「鄭卬曰」。分門集注引作「王洙曰」。】涪城，梓州縣名。

寺下春江深不流，山腰官閣迥添愁。含風翠壁孤雲細，背日丹楓萬木稠。小院回廊春寂寂，浴鳧飛鷺晚悠悠。諸天合在藤蘿外，昏黑應須到上頭。

題玄武禪師屋壁〇【九家集注杜詩依例爲「王洙曰」】今梓州中江縣，即古玄武縣也。

何年顧虎頭，〇【杜田補遺。又，門類增廣十注杜詩引作「杜云」。杜陵詩史、分門集注、補注杜詩、集千家注批點杜工部詩集引作「修可曰」。】名畫記：顧愷之字長康，小字虎頭，晉陵無錫人。多才氣，尤工丹青，傳寫形勢，莫不絶妙。曾於瓦棺寺北殿畫維摩詰，畫訖，光照月餘。〇【趙次公曰】或曰：顧愷之嘗爲虎頭將軍。〇或曰：愷之癡絶，因號虎頭。餘見許拾遺詩注〔一〕。滿壁畫瀛洲。〇瀛，魯作滄。赤日石林氣，青天江海流。〇【王洙曰】海，一作水。錫飛常近鶴，〇【杜田補遺】圖經〔二〕：舒州潛山最奇絶，而山麓尤勝。誌公與白鶴道人欲之，同請於梁武帝，帝以二人俱有虛通，而不敢决，俾各以物識其地，得者居之。道人云：「某以鶴止處爲記。」誌公云：「某以卓錫處爲記。」已而鶴先飛去，至麓，將止，忽聞空中錫飛聲，驚從〔三〕峰半。誌公之錫遂卓於山麓，道人不懌，然以前言不可食，各於所識之處築室焉。今之三祖寺、虛仙觀〔四〕即其故地也。餘見前。杯渡不驚鷗。〇高僧傳：朱靈期使高麗還，值風飄至一洲，見一寺，有石人。靈期竭誠〔五〕懺悔，乃爲真人，因以鉢與杯度，度得鉢，直入雲，還接得之，云：「我不見此鉢乃四十年矣。」〇【王洙曰】又高僧傳：杯渡者，不知其名姓，常乘木杯渡河，因以爲名焉。不修細行，〔六〕不甚精持，飲酒食肉，與俗人不殊。〇【杜田補遺】常寄宿一家，有金像，求之不得，乃竊去，主人追之，至孟津，浮木杯渡河，輕疾如飛。事又見傳燈録。〇【趙次公曰】列子黃帝篇：海上之人有好漚鳥者，每從之遊。借用此意。**似得廬山路，**○東晉釋惠遠廬山記：山在潯陽南，南濱宮亭湖，北對小江山，有匡俗先生者，出於殷周之際，隱遁潛居其下，因名廬山。**真隨惠遠遊。**○【沈曰】昔陶淵明與廬山惠遠遊，從結白蓮社。○【趙次公曰】甫因觀畫壁之造，似得廬山之路，真可以尋惠遠大師也。

【校記】

〔一〕注，古逸叢書本作「題」。

〔二〕圖經，元本、古逸叢書本作「地理圖經」。

〔三〕從，古逸叢書本作「徙」。

〔四〕觀，元本、古逸叢書本無。

〔五〕誠，古逸叢書本作「城」。

〔六〕行，元本、古逸叢書本無。

韋諷録事宅觀曹將軍畫馬圖

國初已來畫鞍馬，神妙獨數江都王。○數，所矩切，計也。○【師尹曰】張彥遠歷代名畫記：江都王緒，霍王元軌之子，太宗猶子也。多材藝，畫鞍馬擅名。垂拱中，官至金州刺史。○朱景玄畫斷：江都王有畫元宗潞府十九瑞圖，實造極，元未敢定其品格。將軍得名三十載，○三，樊作四。○【趙次公曰】將軍，即曹霸也。○名畫記：曹霸，魏曹髦之後，髦畫稱魏世。霸在開元中已得名。天寶末，每詔寫御馬及功臣，官至右武衛將軍。人間又見真乘黄。○乘黄，神馬也。昔黄帝乘之以上昇，人間不識其狀，今因曹將軍之畫乃獲見其形之真也。曾貌先帝照夜白，○【鄭卬曰】貌，莫角切。貌人類狀，下同。○先帝，指玄宗也。畫斷：玄宗内厩有照夜、浮雲之乘。松窗雜録：開元中，乘照夜白賞牡丹於沉香亭。明皇雜録：上所乘馬有玉華驄、照夜白，命圖寫之。○【趙次公曰】又曰：陳義、馮紹正、曹霸、鄭虔皆善繪畫。龍池十日飛霹靂。○【趙次公曰：「以狀所畫神妙，而照夜白者乃真龍耳，蓋真龍在圖，感動龍池中龍如此。」】玄宗嘗有馬名照夜白，命曹將軍畫其形以爲圖，十日之間，畫成，乃感真龍出於龍池，隨風雷而至也。○【師尹曰】長安志：龍池在南内南薰〔一〕殿北。内府殷紅馬腦盤，○【鄭卬曰】殷，烏閑切，盛也。○【師尹曰】天子以内府馬腦盤以賜之也。婕妤傳詔才人索。○【鄭卬曰】婕，即葉切。妤，女諸切。婦官也。○婕妤、才人，皆宫女名。○【趙次公曰：「婕妤秩尊，故傳詔。人才秩卑，故親往索之。」】天子遣婕妤傳詔令曹將軍畫馬，才人復索取以進也。盤賜將軍拜舞歸，○盤，一作盌。○【趙次公曰】言曹將軍得君賜，故拜舞謝也。輕紈細綺相近〔二〕飛。○釋名：紈，焕也，細澤有光焕然也。説文：綺，文綺也。貴戚權門得筆跡，始覺屏障生光輝。○輕紈細綺，雜賜相繼。時權貴之家得其筆迹以爲屏障，甚爲榮也。昔日太宗拳毛騧，○【鄭卬曰】

騧，古華切。○【趙次公曰：「長安志：昭陵有六駿在陵後，曰拳毛騧、獅子花。獅子花亦近時郭家所有之實者。舊注不省。」鄭卬曰：「太宗所乘九駿名，皆平盜時所乘。拳毛騧，乃平劉闥時所乘。」】唐太宗平盜時所乘六駿，石像今在昭陵。俊〔三〕青騅，平竇建德時乘。什伐赤，平王世充時乘。特勒驃，平宋金剛時乘。颯露紫，平東都時乘。拳毛騧，平劉黑闥時乘。有石真容自拔箭處，嘗中九箭也。白蹄烏，平薛仁杲時乘。各有贊。拳毛騧贊曰：日精按轡，天駟橫行。弧矢載戢，氛埃廓清。近時郭家師子花，○【王洙曰：「吐蕃潰，郭子儀收復京師，代宗以九花虬賜之，一名師子驄。」】蘇鶚杜陽雜〔四〕編：郭子儀收復京師，上命御馬九花虬賜之。九花虬即范陽節度使李懷光貢，額高九尺，毛拳如鱗，真虬龍也。每一〔五〕嘶鳴，則〔六〕群馬聳耳。身被九花，故曰九花，亦曰獅子驄。今之新圖有二馬。○【王洙曰】新，一作畫。復令識者久歎嗟。此皆戰騎一敵萬，縞素漠漠開風沙。○言曹將軍圖此拳毛騧、獅子花二馬，識者歎其神妙。○【師古曰】此馬一可以敵萬，雖畫之縞素之上，而有可開拓沙磧之態度也。其餘七疋亦殊絶，迥若寒空動煙雪。霜蹄蹴踏長楸間，○楸，音秋，美木也。○【杜田補遺。又，杜陵詩史、分門集注、補注杜詩、集千家注批點杜工部詩集引作「杜定功曰」。】莊子馬蹄篇：馬蹄可以踐霜雪。○【王洙曰】曹植名都篇：走馬長楸間。馬官厮養森成列。可憐九馬爭神駿，顧視清高氣深穩。○【王洙曰】昔漢武帝有九逸。世説：僧支遁，字道林，嘗養馬，曰：「貧道愛其神駿。」借問苦心愛者誰，○【鄭卬曰】借，資亦切。後有韋諷前支遁。○【趙次公曰】

以支遁之養馬，韋諷之藏畫馬，皆苦心之所愛矣。憶昔巡幸新豐宫，○【趙次公曰】三輔故事：太上皇不樂入關，思慕鄉里。高祖徙豐，沛屠兒酤酒煮餅商人，名爲新豐。○後漢志：京兆治長安新豐，有驪山。杜預曰：古驪戎國。韋昭曰：戎來居此山，故號驪戎。唐書志：新豐有宫在驪山下，咸亨二年始名温泉宫。翠華拂天來向東。○天子之旗，飾以翠羽，東自驪山而歸來也。○【王洙曰】南都賦：望翠華之葳蕤。騰驤磊落三萬匹，皆與此圖筋骨同。○【王洙曰】玄宗常以每年十月巡幸驪山新宫。王毛仲以厩馬三萬分爲數隊，每隊皆一色，相間錦繡。○與此圖無以異也。自從獻寶朝河宗，○【趙次公曰】穆天子傳：天子西征至陽紆之山，河伯馮夷之所居，是爲河宗氏。伯乃與天子披圖視典，觀春山之寶玉。所謂「朝河宗」者，河宗朝而獻寶也。○穆王自此而歸上昇，余謂此以比玄宗自驪山而歸昇遐也。無復射蛟江水中。○【王洙曰】前漢志：元封五年，武帝自尋陽浮江，親射蛟江中，獲之。○余謂天寶十四載，玄宗西幸新豐，禄山乘隙而叛，自是不復講明巡幸之禮也。甫意謂自從河神獻寶之後，不復覩龍馬，深譏玄宗雖得龍馬，徒浪名耳。君不見金粟堆前松柏裏，○長安志：明皇泰陵在蒲城東北三十里金粟山也。○【九家集注杜詩引作「新添」。杜陵詩史、分門集注、補注杜詩、集千家注批點杜工部詩集引作「趙次公曰」。】唐舊書：明皇親拜五陵，至睿宗橋陵，見金粟山岡有龍盤虎踞之勢，復近先塋，謂侍臣曰：「吾千秋後，宜葬此地。」暨昇遐，群臣遵先旨葬焉。○在同州奉先縣東北二十里，今華州蒲城乃明皇泰陵所在也。龍媒去盡鳥呼風。○【趙次公曰】玄宗已葬於金粟松林中，早晚惟鳥呼風而啼，所謂向者龍媒三萬，果安在哉！○甫因觀圖畫而傷之，故作是詩也。○【王洙曰】漢武歌曰：天馬徠，龍之媒。

【校記】

〔一〕薰，元本、古逸叢書本作「董」。

〔二〕近，元本、古逸叢書本作「追」。

〔三〕俊，元本、古逸叢書本作「駿」。

〔四〕雜，元本、古逸叢書本無。

〔五〕一，元本、古逸叢書本無。

〔六〕則，元本、古逸叢書本無。

送韋諷上閬州録事參軍

國步猶艱難，○國步，謂君之舉錯動止，安危榮辱之所繫也。○【趙次公曰】詩桑柔：國步斯頻。○【王洙曰】又白華：天步艱難。兵革未衰息。萬方哀嗷嗷，○【王洙曰】哀，一作尚。玄宗所行既失其道，遂致禄山之亂，萬方困於賦役，故哀聲嗷嗷也。○【杜田補遺。又，杜陵詩史、分門集注、補注杜詩引作「修可曰」。】詩鴻雁：哀鳴嗷嗷。十載供軍食。○【饒曰】自廣德二年逆數至天寶十四年，凡十年矣。庶官務割剥，不暇憂反側。○十年之間，兵不得休，割剥愈甚，下民皆懷反側不安之心，而官吏豈暇顧恤之乎？誅求何多門，○【晁曰】謂斂取非一端也。賢者貴爲德。○【王洙曰：「一云『賢俊愧爲力』。」】晉作「賢後愧爲力」。○甫以賢者責望於韋，貴以仁德撫下也。韋生富春秋，○【王洙曰】顔師古漢書音義：春秋富，言年幼也。洞徹有清識。操持紀綱地，○職林：紀綱，亦録事參軍也。喜見朱絲直。○【王洙曰】鮑照白頭吟：直如朱絲絃。當令豪奪吏，○當令，晉作因循。○【趙次公曰】管子：凡輕重散斂以時，平準，故人賈富家不得豪奪吾人也。自此無顔色。○韋生持守紀綱，如琴絃之直，俾豪奪之吏沮喪其氣色，不敢少逞也。必若救瘡痍，○【何曰】瘡痍，喻百姓困傷也。先應去蟊賊。○【鄭卬曰】蟊，莫交切。○【何曰】蟊賊害苗，喻害民之吏也。○【王洙曰。又，杜陵詩史、分門集注、補注杜詩引「洪覺範曰」：「爾雅釋蟲：食心曰蝥。」】詩大田：去其螟螣，及其蟊賊。毛萇傳：食心曰螟，食葉曰螣，食根曰蟊，食節曰賊。揮淚臨大江，高天意悽惻。行行樹佳政，慰我深相憶。○【王洙曰：「此詩欲韋抑暴斂也。」】甫欲韋公去除貪吏，以存救恤，庶幾民安反側將叛之心，然韋公此行慰我別離之苦，惟〔一〕望于樹立佳政故也。

【校記】

〔一〕惟，古逸叢書本作「情」。

陪章留後惠義寺餞嘉州崔都督赴州

中軍待上客，○【師古曰。又，趙次公曰：「中軍，以指章留後。」】中軍，謂主將也。時章彝權東川節度使，故云中軍。○【師古曰。又，趙次公亦曰。】上客，指崔都督也。○【王洙曰】左傳：郤縠將中軍。○春申君傳：上客皆躡朱〔一〕履。令肅事有恒。○恒，胡登切，常也，久也。○【師古曰：「言章彝持軍令嚴，令待上客，禮樂無所不用其周至。」又，趙次公曰：「言章留後號令嚴肅，而事有定式。」】言章彝持軍令嚴，今待崔都督之禮久而有常也。前驅入寶地，○謂惠義寺以七寶爲地。○【趙次公曰】詩伯兮：伯也執殳，爲王前驅。○【王洙曰】司馬相如傳：縣令負弩矢前驅。祖帳飄金繩。○【趙次公曰】祖，謂餞行也。疏廣傳：故人邑子設祖道供帳。顔師古曰：祖者，送行之祭，同饗飲焉。○昔黄帝之子纍祖好遠遊而死於道，故後人以爲行神也。又風俗通：按禮傳：共工氏之子曰修，好遠遊，舟車所至，足迹所逮，莫不窮覽，故祀以爲祖神。祖，徂也。○【王洙曰】法華經：國名離垢，琉璃爲地，有八交道，黄金爲繩。南陌既留歡，○【師古曰】謂先會飲於城南也。兹山亦深登。○【師古曰】兹山，即惠義寺，謂復餞别于此寺也。清聞樹杪磬，遠謁雲端僧。回策匪新岸，○岸，樊作崖。○【師古曰：「策，回鞭也。」】策，謂杖也。○【師古曰】新岸，謂即新修路，以備章留後車馬也。所攀仍舊藤。○【師古曰】甫既送崔都督，杖策而回，復從舊路攀緣藤蘿，蓋樂山水之與也。耳激洞門飆，目存寒谷冰。出塵閟軌躅，○【師古曰】言居山間，蹤跡幽閟，非若塵市應接煩劇也。畢景遺炎蒸。○【師古曰】謂盡夏景飲，留此寺以避暑氣也。○【王洙曰】鮑明遠詩：侵星赴早露，畢景遂前儔。永願坐長夏，將衰棲大乘。○【師古曰】甫以衰老之年，欲棲心於大乘也。釋氏有大乘，有小乘，如來謂之大乘教，羅漢謂之小乘教。○【王洙曰】法華經：決定諸大乘。又，佛自任大乘。羈旅惜宴會，○【師古曰】謂惜别也。艱難懷友朋。勞生共幾何，○莊子：勞我以生。又：人生幾何。○【王洙曰】魏文帝詩：對酒當歌，人生幾何。離恨兼相仍。

【校記】

〔一〕朱，古逸叢書本作「珠」。

椶拂子

椶拂且薄陋，豈知身效能。不堪代白羽，○【王洙曰。又，杜陵詩史、補注杜詩引作「蘇曰」。】語林：諸葛亮持白羽扇，指揮三軍。有足除蒼蠅。○蒼，一作青。○【師古曰】按唐書：明皇以李林甫代張九齡相，九齡既不用，因作白羽扇賦以自見其志，云：「縱秋氣之移奪，終感恩于篋中。」白羽爲物，可以驅蠅蚊，爲世所用。九齡自喻也。椶拂其質薄陋，雖不堪代白羽，猶足以驅除蒼蠅。時林甫以瑣陋之材而代九齡，其材能全無用於朝廷，曾樱拂之不若乎！熒熒金錯刀，○【師古曰】古者以金爲幣，錯鏤其文，或謂之刀布。後世用錢代之。○【王洙曰】張平子四愁詩：美人贈我金錯刀。○【杜陵詩史、分門集注、補注杜詩、集千家注批點杜工部詩集引作「(師)尹曰」。九家集注杜詩引作「集注」。】李善注引續漢書云：佩刀，諸侯王黄金錯環。謝承後漢書云：詔賜應奉金錯把刀。續漢書：班固與弟超書云：竇郎中遺仲叔金錯半垂刀一枚。前漢食貨志：新室更造錯刀，以黄金錯其文，一刀直五千。此「熒熒金錯刀」，乃指佩刀也。按集，有對雪詩云「金錯囊徒罄」，乃謂錢刀以金錯之也。有虎牙行詩云「金錯旌竿滿雲直」，謂以金錯鏤旗竿也。蓋古人以黄金爲器，皆謂之金錯。擢擢朱絲繩。○【師古曰】朱絲繩，乃中琴瑟之用也。○【王洙曰】鮑照詩：直如朱絲繩。非獨顔色好，亦用顧眄稱。○眄，彌殄，邪〔一〕視也。○【趙次公曰。又，「師古曰」亦然。】金錯刀、朱絲繩二物，非特以其金朱之好顔色以爲玩物耳，皆以利用而係乎人之顧眄也。吾老抱疾病，家貧卧炎蒸。咂膚倦撲滅，○【鄭卬曰：「咂，作答切。」】咂，子答〔二〕切，字當作噆，齧也。○【王洙曰】莊子天地篇：蚊蚋噆膚，則通夕不寐矣。賴爾甘服膺。○【王洙曰】中庸：回之爲人也，得一善則拳拳服膺而弗失之矣。物微世〔三〕競棄，義在誰肯徵。三歲清秋至，未敢闕緘縢。○【師古曰】樱拂爲物雖微，有義理在，蓋可用之除蠅，奈何世人不肯徵信其義而競棄之。甫傷清秋癈置不用，不敢怠於緘藏，異其他時之復用。然樱拂微有功於人，猶護惜之，況白羽其可奪於秋氣，一棄而不復顧藉乎？所以傷九齡之見棄，而疾林甫之獲用也。

【校記】

〔一〕邪，古逸叢書本作「切」。

〔二〕答，元本、古逸叢書本作「嗒」。

〔三〕世，古逸叢書本作「出」。

陪章留後侍御宴南樓得風字

絶域長夏晚，〇甫時避亂寓于梓州。兹樓清宴同。朝廷燒棧北，〇【王洙曰：「謂在大散關之北也。」】棧北指三秦。〇【趙次公曰】因宴南樓而望長安也。昔張良説高祖燒絶棧道。鼓角滿天東。〇天東，指兩河，言中原兵火也。〇【王洙曰。又，趙次公引作「蔡伯世正異」，見下。】滿，一作漏。〇【王洙曰：「雅州在蜀之西，地多雨，名『漏天』。」又，趙次公曰：「漏天，在黎州，蜀之西蕃，地多雨，故名『漏天』。則梓州當在其東，所以形容其地也。蔡伯世正異：漏天乃地名，在雅州，以其地多雨也。居梓州之西。正文訛作滿。」】梁益記：漏天在雅州之西，有窮峽關山高谷，深陰晦常雨，故名「漏天」。屢食將軍第，〇【趙次公曰：「公自言其食于章留後之宅，以留後同主兵，故云將軍。第字，霍去病爲驃騎將軍辭第也。」】甫因叙食章彝之宅，故以彝比霍去病也。〇【薛夢符曰】去病爲驃騎大將軍，上爲治第，令視之，對曰：「匈奴不滅，無以家爲！」又曹子建曰：將軍之第，亦嘗食膳。仍騎御史驄。○【唐曰：「甫以避亂，食章公之宅，騎章公之馬，叙其恩禮之厚。」】甫因叙騎章彝之馬，故以彝比桓典也。○【王洙曰】桓典拜侍御史，常乘驄馬，京師畏憚，爲之語曰：「行行且止，避驄馬御史。」○按集有冬狩行云「使君五馬一馬驄」是也。本無丹竈術，○【杜田補遺。又，杜陵詩史、分門集注、補注杜詩引作「修可曰」。】江文通別賦：華陰上士服食還，仙術既妙，而猶學道，已寂而未傳，守丹竈而不顧，鍊金鼎而方堅，駕鶴上漢，驂鸞騰天，暫遊萬里，少別千年。那免白頭翁。寇盜狂歌外，形骸痛飲中。野雲低渡水，簷雨細隨風。出號江城黑，○【趙次公曰】夜傳號令，此節度府之事也。題詩蠟燭紅。○【趙次公曰】言夜宴明燭而題詩也。此身醒復醉，不擬哭途窮。○【趙次公曰】甫言飲酒則如阮籍而哭窮途，則不擬學之。○【王洙曰】按魏氏春秋：阮籍率意獨駕，不由路逕，車轍所窮，輒慟哭而反。

臺上○得凉字。

改席臺能迥，○【趙次公曰】謂自南樓移席於臺上也。留門月復光。雲霄遺暑濕，○【趙次公曰】臺高矣，如在雲霄之間，而不知有暑氣也。山谷進風凉。老去一杯足，○【王洙曰】晉張翰曰：「使我有身後名，不如即時一杯酒。」誰憐屢舞長。○【王洙曰】詩：賓之初筵，屢舞僛僛。何須把官燭，○【王洙曰】謝承後漢書：巴祇爲揚州刺史，與客坐闇下，不然官燭。○會稽録：陳修爲豫章太守，十日一炊，不然官燭。似惱鬢毛蒼。

對雨

莽莽天涯雨，江邊獨立時。不愁巴道路，〇【趙次公曰】指言梓州也。自綿而東，乃巴矣。按集〔一〕，公於梓州九日寄嚴大夫詩「無路出巴山」是也。恐濕漢旌旗。〇【師古曰】時回紇恃功欲入寇，故甫托言不愁飄濕巴之道路，恐關中復遭汙辱也。雪嶺防秋急，〇【趙次公曰】雪嶺在松、維州之外，即西山也。〇【師古曰】蓋胡人秋高馬肥，常入寇，故急防之。繩橋戰勝遲。〇【王洙曰】蜀地志：繩橋在天彭岷江，湍急不可爲梁，蜀人乃以紡繩爲橋，駕虛而渡。西戎甥舅禮，未敢背恩私。〇唐吐蕃傳：吐蕃本西羌屬，散處河湟、江岷間，其俗謂彊雄曰贊，丈夫曰普，號君長「贊普」。〇【趙次公曰】：「爾雅曰：謂我舅者，吾謂之甥。初，中宗景龍三年，以雍王守禮女爲金城公主，以妻贊普。其後玄宗開元間，遣使入朝，奉表言甥，言先帝舅云云。今公言望其敦甥舅之禮，而勿背焉。」】正觀，文成公主，景龍，金城公主，皆下嫁其國贊普，曰：「我與唐舅甥之國。」爾雅釋親：妻之父爲外舅，謂我舅者，吾謂之甥。唐制：贊普奉表言甥。今甫望其感甥舅之禮而勿背焉。

【校記】

〔一〕集，元本、古逸叢書本作「傳」。

警急○【趙次公曰。又，集千家注批點杜工部詩集引作「公自注」。】時高公適領西川節度使。○【趙次公曰：「字祖出漢書。」】按漢光武紀：邊防備警急。

才名舊楚將，○【趙次公曰：「考適傳：自諫議大夫除揚州大都督長史、淮南節度使。此所謂『楚將』也。」】適先除淮南節度使，故言「舊楚將」。**妙略擁兵機。**○【趙次公曰：「以美高適也。」】以美適之善兵法也。**玉壘雖傳檄，**○玉壘，山名。説文：檄，二尺書也。傳檄，言吐蕃入寇，檄書相聞也。**松州會解圍。**○松州在西山，正指吐蕃。○【王洙曰】考之唐書，適代崔光遠爲西川節度，廣德元年，吐蕃取隴右，適率兵出南鄙，欲牽制其力。既無功，十二月遂亡松、維、保三州及雲山城。○【趙次公曰】按公詩乃作於未亡之前也。**和親知計拙，公主漫無歸。**○【趙次公曰：「唐史：永泰元年乙巳，吐蕃方請和，繼而又叛。時議必再有請嫁公主爲和親計者，故公云爾。餘見留花門『公主歌黄鵠』注。」】永泰元年，吐蕃方和親，繼而又叛。餘見前注。**青海今誰得，西戎實飽飛。**○【趙次公曰：「言青海爲吐蕃所有，而其勢如鷹之飽而飛揚，不就縶絏也。」】西戎本甥舅之國，今青海爲吐蕃所有，而其勢如鷹，飢則側翅隨人，飽則飛揚，不就縶維也。○【王洙曰】魏志：曹操言待吕布譬如養鷹，飢則爲用，飽則揚去。

王命

漢北豺狼滿，巴西道路難。○【趙次公曰】漢與巴相聯，蓋吐蕃入寇之地。血埋諸將甲，○謂殺戮之多也。骨斷使臣鞍。○謂行役之勞也。○【趙次公曰：「廣德元年，使李之芳、崔倫往聘吐蕃，留不遣。虜破邠州，入奉天，天子幸陝。使臣，指李之芳、崔倫矣。骨斷，則憂懼而骨欲斷折之義。」】使臣指李之芳、崔倫也。按唐書及通載，肅宗凡八年，吐蕃使數來請和，帝雖審其詐，姑務紓患，乃諾。郭子儀、蕭華、裴遵慶等與盟。寶應元年，寇秦、成、渭。明年，使李之芳、崔倫往聘吐蕃，留不遣。破西山合水城，又取蘭、河、鄯、洮等州，又破邠州，入奉天。天子幸陝。十二月，又陷松、維、保三州。牢落新燒棧，○【王洙曰】昔張良説高祖燒絶棧道，今之閣道是也。蒼茫舊築壇。○【趙次公曰】時雍王适爲兵馬元帥，郭子儀副之，而禦奉天之寇，委之子儀，則「舊築壇」，指郭令公也。○【王洙曰】昔漢王齋戒設壇場，拜韓信爲大將軍。深懷喻蜀意，○意，或作道。○【王洙曰】昔司馬相如有喻巴蜀檄。慟哭望王官。○【王洙曰】時段子璋反於東川，高適、崔光遠追戰，斬之。光遠不戢兵，遂大掠，至有斷士女腕取金者，故蜀父老怨之，以望王官之至也。

征夫

十室幾人在，千山空自多。路衢唯見哭，○【王洙曰】民苦於征役，故哭也。城市不聞歌。漂梗無安地，○梗，古杏切，木名。○【趙次公曰】甫自言也，旅寓之人，如梗之漂蕩無所止耳。銜枚有荷戈。○荷，胡我切，負也。○【王洙曰】周官有「銜枚氏」。漢紀：章邯夜銜枚擊項梁。顏師古曰：銜枚者，止言語讙囂，欲令敵人不知其來也。枚，狀如箸，橫銜之。官軍未通蜀，吾道竟如何。

倦夜

竹涼侵卧内，夜月滿庭隅。重露成涓滴，稀星乍有無。暗飛螢自照，水宿鳥相呼。○【杜田補遺。又，杜陵詩史、分門集注、補注杜詩引作「修可曰」。】師曠禽經：陸鳥曰棲，水鳥曰宿，獨鳥曰止，衆鳥曰集。又曰：凡鳥朝鳴曰嘲，夜鳴曰唳。林鳥以朝嘲，水鳥以夜唳。今林棲之鳥多朝鳴，水宿之鳥多夜叫。○故此詩題曰「倦夜」，而有是句也。○【杜田補遺】按龍龕手鏡：唳，音夜。萬事干戈裏，空悲清夜徂。○【王洙曰】甫有感時之志，而傷其不見用，故悲也。○長門賦：對明月以自照，徂清夜於洞房。

悲　秋

涼風動萬里，群盜尚縱横。家遠傳書日，秋來爲客情。愁看高鳥過，○古詩：望雲塹高鳥。老逐衆人行。始欲投三峽，何由見兩京。

有感五首

將帥蒙恩澤，兵戈有歲年。至今勞聖主，何以報皇天。白骨新交戰，雲臺舊拓邊。○【趙次公曰】言新戰之兵，方横白骨，將帥必有意於拓邊而功未立，其在雲臺畫像議功者，則是舊拓邊之功也。乘槎斷消息，無處覓張騫。○槎，與查同。○【趙次公曰：「此言遣使和吐蕃未還，所以用張騫乘槎爲喻，乘槎本是前漢末事，而公多用作張騫使西域尋河源所乘之槎，豈承用之熟耶？見張華博物志。」又，九家集注杜詩引「新添」曰：「案騫本傳：騫以郎應募使月氏，爲匈奴單于所留十餘歲，得還。騫所至者大宛、大月氏、大夏、康居，而所傳聞其旁大國五六，具爲天子言其地形所有。並無乘槎至天河之説。博物志又不言張騫。而宗懔乃附會，直以爲張騫。杜公因承用荆楚歲時記所引，而趙次公所以屢疑之也。」】此言遣使和吐蕃未還，未知息兵之期，所以用張騫乘槎爲喻也。按漢書「張騫窮河源」，言其奉使之遠，即無乘槎之説。張華博物志：近世有人居海上，每年八月，見海查來，不失期，多賫粮，乘之到天河。未嘗指言張騫。宗懍作荆楚歲時記，乃引博物志「漢武令張騫窮河源，乘查而去」。予按宗懍既引博物志，而博物志不言張騫，則宗懍之訛可知矣。今子美之詩亦承襲之訛歟？

幽薊餘蛇豕，○蛇，樊作封。○【趙次公曰】餘蛇豕於幽、薊，謂今歲廣德元年正月，史朝義雖滅，而未有臣服者也。左氏傳：吴爲封豕長蛇，荐食上國。乾坤尚虎狼。○【王洙曰】謂盜賊充斥也。諸侯春不貢，使者日相望。○望，協音忘。○【王洙曰】董仲舒傳：使者冠蓋相望。慎勿吞青海，○【趙次公曰】戒之以無事西戎也。無勞問越裳。○【趙次公曰】戒之以無事於東夷也。大君先息戰，歸馬華山陽。○【王洙曰】書武成：乃偃武修文，歸馬於華山之陽。

洛下舟車入，天中貢賦均。○【趙次公曰】言史朝義滅，道路亦不阻絶矣，故舟車入而貢賦均焉。此指言長安，特用洛陽爲天地之中，而貢賦均焉爲諭也。○【王洙曰】按禮天官：惟王建國。注：周公營邑於土中，使居洛邑，治天下，謂之地中。天地之所合也，四時之所交也，風雨之所會也，陰陽之所和也。日聞紅粟腐，○【王洙曰】前漢：太倉之粟，紅腐而不可食。寒待翠華春。○言賜予之厚〔一〕實。○【趙次公曰】翠華之春，和氣所及也。翠華，謂天子之旗也。莫取金湯固，○謂無恃城池有如金湯之固也。長令宇宙新。○當洗滌妖氛而一新宇宙矣。不過行儉德，盜賊本王臣。

【校記】

〔一〕厚，古逸叢書本作「事」。

丹桂風霜急，青梧日夜雕。由來强幹地，○光武紀：丁恭議曰：古封建諸侯不過百里，故利以建侯，取法於雷，强幹弱枝，所以爲治也。宋均傳：均族子意爲尚書。肅宗性寬仁而親親之恩篤，故叔父濟南、中山二王及諸昆弟並留京師，不遣就國。意上疏諫曰：「春秋之義，諸父昆弟無所不臣，所以尊尊卑卑、彊幹弱枝者也。」未有不臣朝。受鉞親賢往，○【趙次公曰】受鉞者，授之以節，而使之受，所以爲元帥也。親賢，謂同姓也。寶應元年，代宗既即位。五月，以雍王适爲天下兵馬元帥，郭子儀副之。卑宫制詔遥。終依古封建，○依，謝作休，非是。豈獨聽簫韶。○【趙次公曰】蓋勸朝廷非特任元帥而已，終以封爵建國之制，待夫同姓而爲天子者，豈特聽簫韶之樂宴樂而已乎？

胡滅人還亂，○【王洙曰】胡，一作盜。○【趙次公曰】廣德元年正月，史朝義自縊死。爰自天寶十四載迄廣德元年，而安史滅矣。兵殘將自疑。○【趙次公曰】謂如僕固懷恩以疑而叛，李光弼以疑而沮也。登壇名絶假，○【趙次公曰】昔漢王以韓信爲大將軍，乃登壇而拜之。今言名絶假，則真拜之，非特假節而已，此言諸將蒙寵如此，故責以下句之報主也。報主爾何遲。○【王洙曰】報主，一作執玉。領郡輒無色，之官皆有詞。○【王洙曰】時縉紳皆重内任，而不樂外郡，故公有「無色」、「有詞」之譏也。願聞哀痛詔，○【王洙曰】西域傳：漢武棄輪臺之地，下哀痛之詔。端拱問瘡痍。

送元二適江左〔一〕

亂後今相見，秋深復遠行。風塵爲客日，○【趙次公曰】：「公言其遭戰鬬之時，旅泊於外。」】甫時避亂寓于梓也。江海送君情。○【趙次公曰】謂元適江左也。晉室丹陽尹，○【王洙曰】：「温嶠爲丹陽尹。」】東晉江左以丹陽爲重任。昔温嶠嘗爲其尹，故以元比之。公孫白帝城。○【趙次公曰】：「丹陽，潤州也。丹陽置尹，在晉室爲然。今元二必是往潤州爲守，則舟行必經白帝城而下也。城乃公孫述所築。」】昔〔二〕公孫述自立爲天子，更魚復縣曰白帝城。謂元將往丹陽，則舟行去經白帝城而下也。經過自愛惜，取次莫論兵。○【王洙曰】謂元嘗應孫、吴科舉也。

【校記】

〔一〕元本、古逸叢書本詩題下有「元結也」三小字。

〔二〕昔，元本、古逸叢書本作「晉」。

章梓州水亭

○【九家集注杜詩依例爲「王洙曰」。分門集注、補注杜詩引作「王洙曰」。杜陵詩史引作「王彦輔曰」。集千家注批點杜工部詩集引作「公自注」。】時漢中王兼道士席謙在會，同用荷字韻。○予按，唐奕家小堂圖有肅明觀道士席謙弈棊第一品。按集有存没口號曰「席謙不見近彈棊」是也。

城晚通雲霧，亭深到芰荷。吏人橋外少，秋水席邊多。近屬淮王至，○【王洙曰：「淮南王劉安，以比漢中王。」】漢中王瑀，開元皇帝猶子，汝陽王璡之弟，故比之漢淮南王劉安也。高門薊子過。○【鄭卬曰】薊，居例切。○【趙次公曰：「後漢薊子訓有神異之術，士大夫嚮慕之。到京師，公卿以下候之者座上常數百人。今公詩句又以尊章梓州之能致異人矣。」】以席謙比薊子，尊章梓州之能致異人也。後漢薊子訓有神異之道流名，京師士大夫皆向慕之，後因遁去。荆州愛山簡，○【王洙曰】以山簡比章梓州也。○【趙次公曰】襄陽記：峴山南習郁大池，山簡臨池取醉處。晉書：簡字季倫，假節鎮襄陽，唯酒是耽。習氏豪族有佳園池，簡每出遊，多之池上，置酒輒醉。時有童兒歌曰：「山公出何許，往至高陽池。日夕倒載歸，酩酊無所知。」吾醉亦長歌。○【趙次公曰】甫謂吾醉亦效襄陽童兒而爲歌矣。

章梓州橘亭餞成都竇少尹

○得凉字。新添。

秋日野亭千橘香，玉杯錦席高雲凉。主人送客何所作，○【分門集注引作「鄭印曰」。又，集千家注批點杜工部詩集引作「公自注」。】作，音佐。行酒賦詩殊未央。衰老應爲難離别，○離，讀去聲。賢聲此去有輝光。預傳籍籍新京尹，青史無勞數趙張。○數，所其切，計也。○【黄希曰】前漢趙廣漢、張敞嘗爲京兆尹。

送陵州路使君赴任

王室比多難，○比，毗至切，近也。荆公作北。時安史之亂方平也。高官皆武臣。○【王洙曰】時方急於賞功，故武臣在高位。幽燕通使者，○【王洙曰】時安史之亂平，而幽燕路通矣。岳牧用詞人。○羨路使君也。國待賢良急，君當拔擢新。佩刀成氣象，○【王洙曰】晉書：呂虔〔一〕爲刺史，有佩刀，相者曰：「以三公可服。」虔乃贈别駕王祥，曰：「苟非其人，刀或爲害。卿有公輔之量，欲相與也。」行蓋出風塵。○【趙次公曰】時方有吐蕃之亂，路使君冒風塵而往也。戰伐乾坤破，○【王洙曰：「在所殘敝也。」】言土地傷殘也。瘡痍府庫貧。○【王洙曰】言軍用匱乏也。衆僚宜潔白，萬役但平均。○【趙次公曰】四句規其爲政，可謂贈人以言矣。霄漢瞻佳士，○【趙次公曰】指路使君其爲太守，自此而遷擢，當在雲霄矣。泥塗在〔二〕此身。○【趙次公曰】甫自言也。秋天正搖落，○月令：季秋之月，草木黄落。迴首大江濱。

【校記】

〔一〕吕虔，原作「陸虔」，據古逸叢書本改。

〔二〕在，元本、古逸叢書本作「任」。

自梓暫往閬

九日

去年登高郪縣北，○郪，七稽切。郪縣，梓州傍郭之縣也。按集，公有九日登梓州城詩。今日重在涪江濱。○涪，音浮。○【鄭卬曰】寰宇記：涪江在射洪縣西二百里。○然梓州又有涪水縣，乃涪水所經也。苦遭白髮不相放，羞見黄花無數新。世亂鬱鬱久爲客，路難悠悠常傍人。酒闌却憶十年事，○自廣德元年推而上之十年，乃天寶十三載〔一〕也。腸斷驪山清路塵。○【趙次公曰】驪山在臨潼縣，即明皇之華清宮。○【王洙曰：「憶明皇太平之時，不敢明指，故致意驪山也。」薛蒼舒曰：「子美傷時憂憤，發爲辭章，指陳得失，莫不切至。而此注謂不敢明指，嗚呼謬哉！」】故子美感時追懷而痛傷之。

【校記】

〔一〕載，元本、古逸叢書本作「年」。

薄暮

江水最深地，○【楷曰】最深，舊作長流。○【王洙曰：「此指蜀江。」】此指蜀江，甫客居之地也。山雲薄暮時。寒花隱亂草，○【師古曰】花當春盛，寒花已非其時，甫自比衰年也。宿鳥擇深枝。○【師古曰】鳥之志在奮飛，而乃擇枝而宿，甫自比其無飛騰之志也。舊國見何日，高秋心苦悲。○因感時而思長安之故鄉也。人生不再好，鬢髮白〔一〕成絲。○【王洙曰】白，一作自。〔二〕

【校記】

〔一〕白，元本、古逸叢書本作「自」。

〔二〕白一作自，元本、古逸叢書本作「自一作白」。

薄遊

淅淅風生砌，○【王洙曰】謝惠連詩：淅淅振條風。團團月隱墻。○【王洙曰】班婕妤詩：團團似秋月。遥空秋雁過，○遥，舊作滿。半嶺暮雲長。病葉多先墜，寒花只暫香。巴城添淚眼，○【王洙曰】眼，或作月。今夕復清光。

客夜

客睡何曾著，○著，張略切。秋天不肯明。入簾殘月影，○【王洙曰】入，一作捲。高枕送江聲。○【師古曰】甫此二句正旅中睡不著之時，因思計拙途窮也。計拙無衣食，途窮仗友生。○【王洙曰】詩伐木：雖有兄弟，不如友生。老妻書數紙，應悉未歸情。

客亭

秋窗猶曙色，木落更天風。○【王洙曰】天，一作高。日出寒山外，江流宿霧中。聖朝無棄物，老病已成翁。○【王洙曰】成，一作衰。多少殘生事，飄流似轉蓬。

閬州東樓筵○閬，郎宕切。奉送十一舅往青城縣○得昏字。

曾城有高樓，○【趙次公曰】淮南子：曾城九重。制古丹雘存。○【王洙曰】書梓材：既勤樸斲，惟其塗丹雘。注謂塗以漆丹以朱也。迢迢百餘尺，豁達開四門。雖有車馬客，○【王洙曰】有，一作會。而無人世喧。○【師古曰】此樓乃是送客之所，雖有車馬往來，而去廛市稍遠，故無喧譁也。○【王洙曰】陶潛詩：結廬在人境，而無車馬喧。遊目俯大江，列筵慰別魂。是時秋冬交，節往顔色昏。○【師古曰】謂離别之際，慘澹無顔色也。天寒鳥獸伏，○伏，一作休。○【師古曰】謂天寒鳥獸尚得休伏，而人行役，故傷己之不若也。霜露在草根。○【師古曰】謂時屬萬物歸根也。○前漢五行志：佞人依刑，兹謂私賊。其霜在草根土隙。今我送舅氏，○【王洙曰】詩渭陽：我送舅氏。萬感集清罇。○【王洙曰】謝靈運詩：千念集日夜，萬感盈朝昏。豈伊山川間，迴首盜賊繁。高賢意不暇，王命久崩奔。臨風欲痛哭，聲出已復吞。○【師古曰】當萬物歸根之時，而舅氏未能室處，尚往青城，是以使我對酒不能無感懷也，豈惟傷其山川間隔，仍痛賊之多，舅氏奉王命，不遑寧居，如山之崩，如水之奔，往來辛勤若此，得無憂念之乎！

王閬州筵奉酬十一舅惜别之作

萬壑樹聲滿，千崖秋氣高。○【王洙曰】世説：顧愷之字長康，從會稽還，人問山川之美，顧云：「千巖競秀，萬壑争流，草木蒙籠其上，若雲興霧蔚。」浮舟出郡郭，别酒寄江濤。良會不復久，此生何太勞。窮愁但有骨，○【王洙曰】謂窮愁而瘦也。群盗尚如毛。○【王洙曰】謂群寇尚多也。吾舅惜分手，使君寒贈袍。○【王洙曰】范睢傳：須賈曰：「范叔寒如此哉！」乃取一綈袍以賜之。沙頭暮黄鵠，失侶亦哀號。○【趙次公曰】亦，一作自。言人别而哀矣，黄鵠失侶亦然也。○高唐賦：雌雄相失，哀鳴相號。

放船

送客蒼溪縣，○【鮑彪曰】唐志：蒼溪屬閬州。山寒雨不開。直愁騎馬滑，故作泛船迴。青惜峰巒過，黄知橘柚來。○【鄭卬曰】柚，余救切。○【鮑彪曰】言舟行湍移，景物如畫，雖速而不言速也。○左太冲蜀都賦：家有橘柚之園。江流大〔二〕自在，坐穩興悠哉。

【校記】

〔一〕大，元本、古逸叢書本作「天」。

夜

絶岸風威動，寒房燭影微。嶺猿霜外宿，江鳥夜深飛。獨坐親雄劍，○【王洙曰：「鮑明遠云：擢雄劍而長嘆。烈士傳曰：眉間尺者，楚人鏌鎁之子。楚王夫人嘗於夏納凉，而抱鐵柱，心有所感，遂懷孕，後産一鐵。楚人命鏌鎁鑄爲雙劍，一雌一雄。鏌鎁乃留雄，而以雌進王。劍在匣中，常有悲鳴，王問群臣，對曰：『劍有雌雄，鳴者雌，憶其雄也。』王大怒，即收鏌鎁殺之。眉間尺乃爲父殺楚王。」】前注。哀歌嘆短衣。○【王洙曰】甯戚歌曰：南山粲，白石爛。短褐單衣適至骭。煙塵繞閶闔，○謂吐蕃陷京師也。○【趙次公曰：「閶闔者，天門也。指言帝都。」】禮樂志：游閶闔。注：天門也。白首壯心違。

送李卿曄

王子思歸日，○【趙次公曰】王子，指李曄。○乃唐之宗室也。長安已亂兵。○【趙次公曰】

時有吐蕃之亂也。霑衣問行在，○【趙次公曰】謂代宗車〔一〕駕幸陜。走馬向承明。○【趙次公曰】承明，漢殿名也。暮景巴蜀僻，○【趙次公曰】謂晚秋離巴蜀也。春風江漢清。○【趙次公曰】謂明春至長安也。晉山雖自棄，○昔王子晉學仙隱于緱山，是曰晉山。○【趙次公曰】宣室志：唐故尚書李公詵〔二〕鎮北門，時有道士尹君者隱晉山，不食粟，嘗餌柏葉，而北門從事嚴綬敬事之。或云地理志：閬州晉安縣。下注：本晉城。魏闕尚含情。○時李曄聞京師爲禄山所陷，沾衣淚下，走馬赴難，遂隨玄宗入蜀，今歸魏闕，故甫作此詩以送之。○【趙次公曰】莊子：心遊魏闕之下。

【校記】

〔一〕車，古逸叢書本作「東」。

〔二〕詵，原作「鋭」，古逸叢書本作「從」，均誤，據宣室志改。

新定杜工部草堂詩箋斠證卷第二十五

廣德元年自梓暫往閬

發閬中

前有毒蛇後猛虎，○喻盜賊也。溪行盡日無村塢。○【王洙曰】時盜賊縱横，政役煩重，而民不安居也。江風蕭蕭雲拂地，○戰國策：風蕭蕭兮易水寒。山木慘慘天欲雨。女病妻憂歸意急，○時欲歸吴、楚也。秋花錦石誰復數。○誰，樊作能。數，所具切，計也。○【趙次公曰】此言歸梓州也。秋花錦石，可玩之物，以歸計急速，不暇數之矣。別家三月一得書，○【趙次公曰】公以九月自梓往閬，至十月而復歸梓，涉三月也。避地何時免愁苦。○【王洙曰】論語：賢者避地〔一〕。

【校記】

〔一〕地，古逸叢書本作「世」。

光禄坂行

○光禄坂，在梓州銅山縣。

山行落日下絶壁，○甫將之吴楚也。西望千山萬山赤。○【王洙曰】萬山，一作萬水。○謂返照也。樹枝有鳥亂鳴時，○【王洙曰】鳴，一作棲。暝色無人獨歸客。○鳥晚棲枝，尚亂鳴而求其類。歸客獨往，曾鳥之不若乎？○【王洙曰】謝靈運詩：林壑斂暝色。馬驚不憂深谷墜，草動只怕長弓射。○【鄭卬曰】射，食亦切。○【王洙曰】白日賊多，翻是長弓子弟也。安得更似開元中，○中，一作年。○【王洙曰】鄭棨傳信記〔一〕：開元初，上厲精理道，天下大治。安西諸國悉平，爲郡縣行者不賫〔二〕糧。道路即今多壅隔。○【鮑彪曰】按崔寧傳：寶應初，蜀亂，山賊乘險，道路不通。

【校記】

〔一〕信記，元本作「信言」，古逸叢書本作「棨言」。

〔二〕賫，原作「囊」，據元本、古逸叢書本改。

冬狩行時梓州刺史章彝兼侍御史留後東川

○【時梓州刺史章彝兼侍御史留後東川，九家集注杜詩依例爲「王洙曰」，杜陵詩史、分門集注、補注杜詩引作「魯曰」，集千家注批點杜工部詩集引作「公自注」。】○章彝大閱東川，甫以此詩諷其多殺，仍勉其攘夷狄，以安王室也。

君不見東川節度兵馬雄，○東川，梓州路也。節度，指章彝大閱東川也。校獵亦似觀成功。○古者四時之田，春蒐、夏苗、秋獮、冬狩。校獵，謂獵有所獲，校其多寡以賞功也。三時務農，一時講武，田獵以寓武之意，故云「觀成功」也。顔師古漢書音義又曰：校獵者，以木相貫爲闌校，遮止禽獸而獵取之也。夜發猛士三千人，清晨合圍步驟同。○【王洙曰】記云：天子不合圍。○湯用〔一〕三面網，示不盡殺。今章彝以諸侯而合圍，不合古制。步驟同，謂兵卒練習也。禽獸已斃十七八，○【王洙曰】斃，毗癸切，頓仆也。殺聲落日迴蒼穹。○謂蒼天以仁爲主，而爲之變其色，蓋傷殺氣之盛也。○【王洙曰】西京賦：僵禽斃獸，爛若磧礫。白日未及移晷，已獮其十七八。幕前生致九青兕，○【沈曰】爾雅釋獸：兕似牛。郭璞注：一角，青色，重千斤。馲駞㠑峞垂玄熊。○【鄭印曰】馲，他閣切。駞，徒何切。馲駞有肉鞍，行百里，負千斤。㠑，落猥切。峞，五毁切。㠑峞，高貌。○【王洙曰】幕前，謂幕帳前以熊駝負載也。東西南北百里間，○【王洙曰】揚雄校獵賦：東西南北，聘耆奔欲，池蒼豨，跋犀犛，魘浮麋，斮巨狿，搏玄蝯。髾鬤蹴踏寒山空。○【鄭印曰】蹴，七〔二〕六切，踏也。○言禽獸爲之蕩盡也。南都賦：拂揵陷扃，蹴踏咸陽。有鳥名鸜鵒，○鸜鵒，能言鳥也。力不能高飛。逐走蓬肉味，不足登鼎俎，○左氏傳：臧僖伯諫曰：「鳥獸之肉，不登於俎。」○【王洙曰】鸜鵒賦：侍陋體之腥臊，亦何勞於俎鼎。胡爲見羈虞羅中。○傳曰：骨革齒毛，不登鼎俎，不足爲器用者不獵。鸜鵒，鳥之微者，飛不能逐蓬草，其肉味不足供祭祀賓客之用，今亦見繫虞羅，不幾於盡殺乎？隋魏彥深鷹賦：何虞者之多端，運横羅以羈束。春蒐冬狩侯得同，○侯，王荆公作候〔三〕。○【趙次公曰】周禮：春蒐、夏苗、秋獮、冬狩，本天子之事也，而諸侯同之也。○勉章彝行田獵之禮，不當合圍盡殺，非君子愛物之道也。使君五馬一馬驄。○【王洙曰】使君五馬，指章彝之爲太守。一馬驄，謂其兼侍御史也。○五馬者，軍禮也。劉氏河洛記：隋開皇元年，坐車緌珮，武職袴褶，五馬珂具勿用。晉王弼曰：軍國異容，坐車緌珮，國容袴褶，五馬珂〔四〕具軍容。然則五馬，軍禮也。按禮：天子六馬，左右驂。三公九卿駟馬，右騑。漢制：九卿則中二千石，亦右騑。太守，相則駟馬而已。其有功德、加秩中二千石如耆碩者，乃有右騑。故以五馬爲太守美稱。東方朔外傳：郡守四馬駕車，一馬行春。衛宏輿服志：諸侯四馬，附以一馬。蓋天子有六馬，而諸侯則五馬故也。如古陌上羅敷行「使君自南來，五馬立踟蹰」是也。況今攝行大將權，號令頗有前賢風。飄然時危一老翁，○【黄鶴曰】老翁，甫自謂也。十年厭見旌旗紅。○【趙次公曰：「此篇蓋廣德二年十月已後作也。」】時廣德二年也，考此篇作于是年之冬。喜君士卒甚整肅，爲我迴轡擒西戎。○【黄鶴曰】謂吐蕃也。草中狐兔盡何益，○張衡羽獵賦：馬蹂麋鹿，輪轔〔五〕狐兔。天子不在咸陽宫。○【趙次公曰】廣德二年八月，吐蕃入寇。十月，陷邠州及奉天。車駕幸陝。又三日，吐蕃陷京師。故云「不在咸陽宫」也。○甫有厭亂之意，今睹章使君士卒大閲，整肅若此，何不回轡擒捕吐蕃，迎天子還咸陽宫，以立大功，宗社之幸。胡爲多殺狐兔，果何益哉！朝廷雖無幽王禍，○【王洙曰】史記周本紀：申侯與犬戎殺幽王驪山下。得不哀痛塵再蒙。○【趙次公曰：「塵再蒙，則言明皇以禄山之禍，已蒙塵于蜀矣，今天子又以吐蕃之故，蒙塵于外。」】且〔六〕朝廷出幸，雖不至如幽王爲犬戎攻于驪山，然玄宗以禄山之禍已蒙塵而幸蜀，今代宗又以吐蕃之故蒙塵而幸陝，暴露于外，此亦臣子之所宜痛心也。○【趙次公曰】左氏傳：臧文仲曰：「天子蒙塵于外，敢不奔問官守。」嗚呼！得不哀痛塵再蒙。○【王洙曰】時代宗在陝，詔徵天下兵，而程元振用事，媒孽大臣，皆疑懼不進，天下無一人應召者，故甫感激之。

【校記】

〔一〕用，元本、古逸叢書本作「云」。

〔二〕七，元本、古逸叢書本作「上」。

〔三〕候，原作「狹」，元本作「挾」，據古逸叢書本改。

〔四〕珂，元本、古逸叢書本作「不」。

〔五〕轔，古逸叢書本作「躪」。

〔六〕且，元本、古逸叢書本作「時」。

丹青引贈曹將軍霸

◎【「贈曹將軍霸」，九家集注杜詩依例爲「王洙曰」，杜陵詩史、分門集注、補注杜詩引作「魯曰」。】

將軍魏武之子孫，◎【趙次公曰】魏武，乃曹公操也。◎名畫記：霸，魏曹髦之後。髦，東海恭王霖之子，幼而好學，善書畫。初封高貴鄉公，後即位。畫入中品。於今爲庶爲清門。◎霸乃操之後，其門地最清高。玄宗末年得罪，削籍爲庶人也。◎【王洙曰】左氏傳：昭公三十二年，三后之姓於今爲庶。英雄割據雖已矣，文采風流猶尚存。◎猶，一作皆，王作今。昔漢祚衰微，曹操割據河北，吴孫權據荆楚，劉備據蜀。雖割據之業，今已徂矣，而文彩風流尚未衰泯，是以曹霸以書畫馳名唐世也。學書初學衛夫人，◎【王洙曰】晉李夫人名衛，善書。◎【趙次公曰】嘗云有一弟子號王逸少，用筆咄咄逼人也。但恨無過王右軍。◎無，晉作未。◎【王洙曰】王羲之，字逸少，善隸書，爲古今之冠。嘗爲老姥書竹扇，因謂曰：「但言是王右軍書。」人競買之。丹青不知老將至，◎霸學書於李夫人，字法不減羲之之妙，又善丹青，苦心好之，至老不衰也。◎【王洙曰】論語：不知老之將至。富貴於我如浮雲。○酷意工於書畫，而不喜仕宦也。○【王洙曰】論語：不義而富且貴，於我如浮雲。開元之中嘗引見，○見，音現。承恩數上南薰殿。○【鄭卬曰】數，色角切，屢也。又如字。凌煙功臣少顏色，○【趙次公曰：「至開元時顏色已暗。」】謂畫像久而顏色謝也。○【王洙曰】按，唐正觀中畫李靖等二十四人於凌煙閣，太宗爲序。將軍下筆開生面。○【趙次公曰：「而曹將軍重爲之畫，故云。」】謂曹將軍重爲之畫而面如生也。良相頭上進賢冠，○【王洙曰】後漢志：進賢冠，古緇布冠，文儒者之服也。猛將腰間大羽箭。○【王洙曰】太宗嘗自製長弓大羽箭，皆倍常制，以旌武功。褒公鄂公毛髮動，○【王洙曰】褒公，段志玄。鄂公，尉遲敬德也。英姿颯〔一〕爽猶酣戰。○猶，一作來。觀其圖，若有當日酣戰氣象也。○【趙次公曰】淮南子：魯陽公與韓戰，戰酣，日暮，援戈揮之。先帝天馬玉花驄，○天，或作御。先帝，謂明皇也。明皇雜録：上所乘馬有玉花驄、照夜白，駿逸無比。嘗命畫工圖寫，今好事者猶列之於縑〔二〕素。畫工如山貌不同。○貌，莫角切。貌人類狀也，下同。〔三〕是日牽來赤墀下，○【王洙曰】劉孝標辨命論：時在赤墀之下。迥立閶闔生長風。○迥，一作敻。○【趙次公曰：「閶闔者，天門名也。」】閶闔者，天子之門也。詔謂將軍拂絹素，意匠慘澹經營中。○【趙次公曰】陸機文賦：意司契而爲匠。古樂府詩：繡幕圍香風，耳節朱絲桐。不知理何事，淺立經營中。斯須九重真龍出，一洗萬古凡馬空。玉花却在御榻上，○【趙次公曰：「畫手精妙，盡得其真。」】謂曹將軍之畫玉花，盡得其真也。榻上庭前屹相向。

○【鄭卬曰】屹，魚乞切。至尊含笑催賜金，圉人太僕皆惆悵。○圉人，掌養馬。太僕，掌車駕。皆嘆畫之精也。旹云：至尊含笑，僕圉惆悵，甫之意深也。弟子韓幹早入室，○【蘇曰：「韓幹善畫馬，大梁人。右丞王維見其畫，遂推奬之。官至太府寺丞，尤工鞍馬。初師曹霸，於後則獨善子美。子美徒以幹畫馬肥大，遂有畫肉之誚。」】韓幹，大梁人。善寫貌人物，尤攻鞍馬。玄宗好養馬，御厩中四十萬，遂命韓幹悉圖其駿，則有玉花驄、照夜白。言幹學畫於霸，得霸筆法，獨造其妙，如顔子入孔子之室也。○【晏曰】論語：由也升堂矣，未入於室也。亦能畫馬窮殊相。幹惟畫肉不畫骨，忍使驊騮氣凋喪。將軍畫善蓋有神，○善，一作妙。必逢佳士亦寫真。即今漂泊干戈際，屢貌尋常行路人。途窮返遭俗眼白，○謂識之者寡矣。世上未有如公貧。但看古來盛名下，○【王洙曰：「唐房琯贊曰：盛名之下，爲難名矣。」】范蠡傳：大名之下，難以久居。終日坎壈纏其身。○壈，音領，盧敢切。楚詞：惟鬱鬱獨憂〔四〕兮，志坎壈而不違。王逸注：坎壈，不遇貌。鮑照結客少年場行：坎壈纏百憂。

【校記】

〔一〕颯，原作「飄」，據元本、古逸叢書本改。

〔二〕縑，元本、古逸叢書本無。

〔三〕也下同，元本作「不下同」，古逸叢書本作「不相同」。

〔四〕古逸叢書本「憂」下有「毒」字。

桃竹杖引贈章留後

○【按，「贈章留後」，九家集注杜詩依例爲「王洙曰」，杜陵詩史、分門集注、補注杜詩引作「王洙曰」。】○【趙次公曰】桃竹，謂桃枝竹也。○【杜陵詩史、補注杜詩引作「蘇曰」。集千家注批點杜工部詩集引作「東坡志林」。】出巴渝間。

江心蟠石生桃竹，○心，一作上。蒼波噴浸尺度足。○謂竹根爲水所浸，常盈尺也。斬根削皮如紫玉，江妃水仙惜不得。○言桃竹多爲人所取也。劉向列仙傳：江妃二女出遊於江漢之濱，逢交甫，解其珮與之。○【王洙曰】江賦：水夷倚浪以徵睨。注：水夷，水仙也。梓潼使君開一束，○使君，指章彝也。彝時爲梓州刺史，兼權東川節度故也。滿堂賓客皆嘆息。○陳遵傳：每大飲，賓客滿堂。憐我老病贈兩莖，出入爪甲鏗有聲。老夫復欲東南征，○甫思歸故鄉，欲之吴、楚也。乘濤鼓枻白帝城。○【王洙曰】枻，一作棹。○【鄭卬曰】枻，餘制切，楫也。○【王洙曰：「白帝城在魚復，有公孫述像也。」】公孫述居臨邛，更始時，自立爲蜀王，都成都。建武元年，自立爲天子，號成家，色尚白，更魚腹縣曰白帝城。路幽必爲鬼神奪，○甫欲去東川，移居夔州，遂迤邐泝沅湘、上衡山。凡〔一〕寶物人所難守，鬼神必侵欺之。夔峽最爲荒遠之邦，故恐爲鬼神奪也。拔劍或與蛟龍爭。○【王洙曰：「（杖）一作拔。」】拔，一作杖。重爲告曰：杖兮杖兮，爾之生也甚正直，慎勿見水踴躍學變化爲龍。○【趙次公曰】葛洪神仙傳：費長房與壺公俱去，後壺公謝而遣之，長房憂不能到家，壺公以所用一竹杖與之，曰：「騎此當還家。」以投葛陂中，長房騎之，忽然如眠，已到家，如其言。顧視之，乃化爲青龍也。使我不得爾之扶持，滅跡於君山湖上之青峰。○張華博物志：洞庭、君山，帝之二女居焉。郡國志：洞庭，堯女居之，湘君所遊，是曰君山。○【趙次公曰】謝靈運詩：滅迹入靈峰。噫！風塵澒洞兮，○【鄭卬曰】澒，胡孔切。○字或作鴻。豺虎咬人。○【鄭卬曰】咬，古肴切。○【王洙曰：「時盜賊害人如豺虎。」】喻盜賊之害人也。忽失雙杖兮，吾將曷從？○【師古曰】甫意若曰：天下未平，尚賴此杖扶持衰老，流寓遠鄉，苟失雙杖，吾將曷從？

【校記】

〔一〕凡，古逸叢書本作「見」。

寄題江外草堂梓州作寄成都故居

〇草堂在成都浣花里萬里橋之西。成都記：草堂寺，府西十里，浣花亭三里。寺極宏麗，有名僧履空居其中。杜員外居處適近，常恣遊焉。〇【泰伯曰】甫居成都，築草堂以自遣。遇楊子琳之亂，遂走梓州。今於梓州懷思草堂，遂作其詩寄題焉。

我生性放誕，〇誕，怪也。晉阮籍放誕不拘小節。難欲逃自然。〇【洪覺範曰】自然，道也。〇老子二章：道法自然。嗜酒愛風竹，〇【王洙曰】風，一作脩。卜居必林泉。〇【王洙曰：「此，一作必。」】必，亦作此。遭亂到蜀江，〇【俯曰】謂避祿山之亂也。卧痾遺所便。〇遺，一作遣。〇【王洙曰】痾，疾也。〇甫有渴疾也。〇【君平曰】便，讀平聲，安静也。〇【趙次公曰】謝靈運池上詩：徇禄反窮海，卧痾對空牀。誅茅初一畝，〇謂斬茅草以肇基，始於百步也。〇【王洙曰】屈原卜居篇：誅鉏草茅，以力耕。儒行篇：儒有一畝之宫。地廣方連延。〇方，一作必。經營上元始，〇始，一作初。斷手寶應年。〇【趙次公曰】公以乾元元年十二月末至成都，明年即上元元年，乃公建草堂之始。又二年，即寶應元年，乃公成草堂之日也。敢謀土木麗，〇【彭曰】堂名以草者，取其草創，豈求華麗乎？自覺面勢堅。〇【王洙曰】考工記：審曲面勢。臺亭隨高下，〇謂隨地勢之高下而建亭臺也。敞豁當清川。〇謂目前敞豁，俯瞰浣花溪也。雖有會心侶，〇雖，一作惟。數能同釣船。○數，所角切。題注。干戈未偃息，安得酣歌眠。蛟龍無定窟，黃鵠摩蒼天。○鵠，或作鶴。甫既創草堂，未獲久居，奈何干戈忽起，是以遷徙不常，如蛟龍之無定窟、黃鵠之摩於霄漢，高飛遠引，以避亂也。古來達士志，○【王洙曰】一作賢達士。寧受外物牽。○古來達道之士，不牽於外物，如陳文子有馬十乘，遭崔子之難，尚且棄而違之，至於他邦，而況甫敢安於草堂而不去乎？顧惟魯鈍資，豈識悔吝先。偶携老妻去，慘澹凌風煙。事迹無固必，○【王洙曰】論語：毋固毋必。幽貞愧雙全。○【王洙曰】易歸妹卦：幽人之貞。○甫之去草堂也，豈能沉幾先物，早識悔吝之逃，斯亦偶然而已。甫之不陷于賊，真所謂「幽貞雙全」也。尚念四小松，○【趙次公曰】按，集有四松詩。蔓草易拘纏。○易，一作已。霜骨不甚長，永爲隣里憐。○【師古曰】甫以四小松爲念，憫其有剛姿勁節，而爲蔓草所戕，不獲遂其生長之性故也。或謂郭英乂之見殺，四子遇害，甫託意四小松以傷〔一〕之也。

【校記】

〔一〕傷，元本、古逸叢書本作「復」。

山寺

○【九家集注杜詩、門類增廣十注杜詩依例爲「王洙曰」，補注杜詩引作「王洙曰」。又，杜陵詩史引作「王彦輔曰」。集千家注批點杜工部詩集引作「公自注」。】得開字。章留後同遊。

山寺根石壁，○根，或〔一〕作限。諸龕遍崔嵬。○【鄭卬曰】龕，古含字。前佛不復辨，百身一莓苔。唯有古殿存，世尊亦塵埃。如聞龍象泣，○【九家集注杜詩引作「杜田正謬」。又，門類增廣十注杜詩引作「杜云」。杜陵詩史、分門集注、補注杜詩引作「修可曰」。】維摩經：菩薩勢力，譬如龍象蹴踏，非驢所堪。又傳燈録：達磨是六衆所師，波羅提法中龍象。蓋龍象乃鱗毛類中最長者，猶麒麟之於走獸，鳳凰之於飛鳥，故經稱僧之出類者曰龍象。非佛像也。○又中含經：沙門等彼是龍象。○【薛夢符曰】王簡栖頭陀寺碑曰：正法既設，象教陵遲。又曰：馬鳴幽讚，龍樹〔二〕虚求。經曰：有比丘名龍象，猶佛象也。○雜俎云：龍象六十歲骨方足。今荆地象黑色兩牙，江猪也。足令信者哀。○此寺經兵火焚爇，唯存古殿。如聞佛之悲泣，足令檀信所哀憫也。使君騎紫馬，○使君，指章彝也。捧擁從西來。○彝爲梓州刺史，兼權節度，領甫來游也。樹羽静千里，○樹羽，植旗也。臨江久徘徊。山僧衣藍縷，○【九家集注杜詩引作「師尹曰」及「杜田補遺」。又，門類增廣十注杜詩、杜陵詩史、分門集注引作「薛夢符曰」。】左氏傳：篳簬藍縷，以啓山林。○【杜田補遺】方言曰：南楚凡人貧衣破醜弊，謂之藍縷。又以布而無緣敝而紩之謂襤褸。告訴棟梁摧。公爲領賓徒，○一作顧賓從，一作願賓從。咄嗟檀施開。○【趙次公曰】晉書：石崇豆粥咄嗟而辦。○予謂咄嗟猶言呼吸，疑晉人一時之語，若殷浩所謂咄咄逼人，蓋拒物之聲，乃嘆聲也。○【薛夢符曰】按王簡棲頭陀寺碑曰：行不捨之，檀施洽群。○【杜田補遺】有佛經曰：是菩薩一切悉捨，心無貪着名。檀大乘論〔三〕：檀越者，檀施也。謂此人行檀能越貧窮海故。又云：梵語陁那鉢底，此言施主，今稱檀那者，即訛陁爲檀。出鉢底留那故也。○【薛夢符曰】又，佛書有信施檀越。吾知多羅樹，○【杜田補遺】酉陽雜俎云：貝多出摩伽陁西國土，用以寫經。其樹長六七丈，經冬不凋。此樹有三種，一者多羅婆力叉貝多，二者多梨婆力叉貝多，三者都闍婆力叉貝多。多羅多梨並書其葉，都闍一色，取其皮書之。貝多、婆力叉多皆梵語，貝多，漢翻爲葉。婆力叉，漢翻爲樹。多羅樹，即婆力叉貝多之一也。○西域經書用此三種皮葉，若能保護，亦得五六百年。嵩山記稱嵩高寺中有思惟樹，即貝多也。釋氏有貝多樹下思惟經。雜俎又云：菩提樹，一名思惟樹，出摩伽陁，在〔四〕摩訶菩提寺。蓋釋迦如來成道時樹，樹經冬不凋。佛入滅日，變亡〔五〕凋落，過已還生。皆曰國王人民，大作佛事，收葉而歸，以爲瑞也。又云：多羅樹，西域樹名，如椶櫚樹也。或曰：西天有多羅樹，遮蔽須眉山。却倚蓮華臺。○謂佛步生蓮華也。諸天必歡喜，鬼物無嫌猜。以兹撫士卒，孰曰非周才。○章使君能推檀施之心，以慈憫釋氏，若以此道撫恤士卒，豈非周濟之才乎！窮子失淨處，○窮子，甫自稱。甫謂己之處心不能以清淨持守，每爲詩酒所污也。○【杜田補遺】法華經：譬如有人言幼捨父逃逝困窮，父求不得，中止一城，窮子庸賃，遇到父所，受雇除穢糞，行穢不浄，其父宣言：「爾是我子，今我所有一切財物，皆是子有。」窮子聞言，即大歡喜。高人憂禍胎。○高人，指山僧。○【王洙曰】福有基，禍有胎。○山僧以禍福爲憂，則修行務作福田也。○枚乘傳：福生有基，禍生有胎。歲晏風破肉，荒林寒可迴。思量入道苦，○入，一作大。自哂同嬰孩。○迴，動也。哂，笑也。謂僧家入道刻苦，歲晏時候風捲荒林，萬木爲之迴動，而山僧學道之心不變，是以自哂己尚有童心也。○【趙次公曰】老子二十章：若嬰兒之未孩。

【校記】

〔一〕或，元本、古逸叢書本作「一」。

〔二〕樹，據杜陵詩史、分門集注補。

〔三〕論，古逸叢書本作「經」。

〔四〕在，古逸叢書本作「國」。

〔五〕亡，古逸叢書本作「色」。

將適吳楚留別章使君留後兼幕府諸公得柳字

我來入蜀門，○【王洙曰】我，一作甫。歲月亦已久。○甫於乾元二年來蜀，至廣德元年下峽之荆南，歲月可謂久矣。○【王洙曰】古詩：歲月忽已晚。豈惟長兒童，○長，丁丈切。自覺成老醜。○【王洙曰】阮籍詩：朝爲美少年，夕暮成醜老。常恐性坦率，失身爲杯酒。○鮑照詩：失意杯酒間，白刃起相讎。近辭痛飲徒，折節萬夫後。○【王洙曰】夫，一作人。○甫謂人性坦率，每於杯酒間多忤人意。嘗醉登嚴武床，斥其父名，幾爲武所殺，是以痛自刻責，乃辭飲徒，更折節爲謙抑也。記云：自後者，人先之。折節居萬夫之後，示其不尚人也。○【王洙曰】前漢郭解年長，更折節爲儉，以德報怨。昔如縱壑魚，○如，樊作若。甫昔獻三賦，天子命宰臣召試文章，後又擢爲左拾遺，甫自期將大見用，豈不如縱壑大魚乎？○【王洙曰】王褒頌：如巨魚之縱大壑。今如喪家狗。○喪，讀去聲。今既流落無所依棲，則又如喪家之狗，失其所也。○【王洙曰】孔子家語：孔子儽儽然如喪家之狗。既無遊方戀，○【王洙曰】論語：游必有方。曲禮：所游必有方。行止復何有。○【趙次公曰】父母在〔一〕堂，當不遠游。甫已喪父母，故無遠方之慮，或行或止，都無拘繫。○按，集有「甫也東西南北人」是也。相逢半新故，取別隨薄厚。○故舊與新相知，其情有厚有薄，故於取別之際，各隨其厚薄而告行也。不意青草湖，○范汪荆州記：青草湖，夏月直度百里，日月出没湖中。吴録：巴陵縣有青草湖。扁舟落吾手。○青草湖在岳州，甫今適吴楚，舟行經岳州也。眷眷章梓州，開筵俯高柳。樓前出騎馬，帳下羅賓友。健兒簸紅旗，此樂或難朽。○【王洙曰：「（幾）一作或。」】或，一作幾。日車隱崑崙，○謂日入也。○【王洙曰】莊子徐無鬼篇：若〔二〕乘日之車而遊於襄城之野。○廣雅：日御曰羲和。山海經：崑崙墟在西北，高萬仞。烏雀噪户牖。○烏雀以日暮故知歸也。陶潛歸去來辭：鳥倦飛而知歸〔三〕。甫自傷爲客，不獲西歸，曾烏雀之不若乎！

波濤未足畏，三峽徒雷吼。○三峽，謂巫峽、黄牛峽、明月峽。所憂盜賊多，重見衣冠走。○荆楚間惟三峽爲至險，舟行可畏，甫謂三峽之水徒若雷吼，此未足畏，所憂者盜賊未平，衣冠之士竄走避賊，了無定居也。衣冠嘗避禄山之亂，今又避吐蕃，故云「重見」也。中原消息斷，黄屋今安否。○【趙次公曰：「吐蕃陷京師，代宗出狩，而地遠所未知也。」】時吐蕃陷京師，代宗臨幸陝，中原無消息，甫避寓一隅，不知天子安否如何，足見其忠不忘君堯。○黄屋非心，黄屋即車上蓋，不敢斥天子，故託言黄屋也。終作適荆蠻，○【王洙曰】王粲七哀詩：西京亂無象，豺虎方遘患。捐棄中國去，遠身適荆蠻。安排用莊叟。○【趙次公曰】莊子大宗師篇：安排而去化，乃入於寥天一。隨雲拜東皇，○【趙次公曰】屈原九歌有東皇太一篇，東皇指楚也。排席上南斗。○安排，謂安分排定外物，用莊子養生之術。甫以身去中國之地，遠適荆蠻，荆蠻即吴、楚也。逐次迤邐往衡山，遊東嶽，求勝境可以養生也，故隨雲拜東方之青帝，開帆而上南嶽之衡山也。有使即寄書，○使，所吏切，從命者。○【趙次公曰】玉臺新詠曲歌其估客樂云：有客數寄書，無客心相憶。無使長回首。○使，如字，謂思章使君也。

【校記】

〔一〕在，元本、古逸叢書本作「住」。

〔二〕若，古逸叢書本作「君」。

〔三〕歸，元本、古逸叢書本作「還」。

送裴二虯作尉永嘉

○虯，渠幽切。○【趙次公曰】永嘉，温州也。○此篇當次於天寶之初。考之裴虯以天寶干戈前尉永嘉，蔣之奇武昌怡亭序云：怡亭銘，乃永泰元年李陽冰篆，李莒八分書，而裴虯作銘。銘曰：峥嶸怡亭，盤薄江汀。勢壓西塞，氣涵東溟。風雲自生，日月所經。衆木成幄，群山作屏。故予逃世，於此忘形。詩人劉長卿過虯郊園詩曰：郊原春欲暮，桃李落繽紛。何處尋芳草，留家寄白雲。又浯溪觀唐賢題名有：河東裴虯，字深原。大曆四年爲著作郎兼侍御史、道州刺史。甫流落楚、蜀時，虯爲道州刺史。按集，其在長沙有得裴道州手札詩，又有裴二端公虯旋凱道州詩是也。

孤嶼亭何處，○嶼，徐吕切，山高貌，猶言亭亭也。天涯水氣中。○謂永嘉邊海也。故人官就此，○【趙次公曰】故人，謂裴虯也。絶境與誰同。○絶境，指孤嶼之遠矣。隱吏逢梅福，○【王洙曰】前漢梅福字子真，九江人，補南昌尉。居家，嘗讀書養性爲事。王莽專政，福棄妻子去九江，至今傳以爲仙。其後見福於會稽者，更名姓，爲吴市門卒。遊山憶謝公。○【趙次公曰】謝公謂靈運也。靈運爲永嘉守，郡有名山，肆意遊遨。當時號云謝公。今積穀山南有謝公巖，又有東山焉。扁舟吾已就，○【王洙曰】就，一作具。把釣待秋風。○甫意欲往從裴尉之遊，以釣於永嘉之海濱也。尸子：釣者謂以繭絲爲綸，荆條爲竿，綸不絶，竿不撓，因水勢而施舍之也。

送韋書記赴安西

夫子欻通貴，○【趙次公曰：「欻，許忽切，有所吹起貌。」】欻，許勿〔一〕切，疾貌。○夫子，美韋書記。○【趙次公曰】通貴，謂忽然而貴也。雲泥相望懸。○【王洙曰】雲泥，謂貴賤之懸隔，如雲之與泥也。○【趙次公曰】晉丁彬書：雲泥異途，邈矣懸隔。白頭無藉在，○藉，謝作籍。○【王洙曰：「無籍在朝列也。籍，如通籍之籍。」】甫自謂年老不通禁藉也。○千金翼論：老人之性，必恃其老，無有藉在。朱紱有哀憐。○【趙次公曰】朱紱，謂韋君爲書記，賜緋矣。必哀憐我之頭白也。書記赴三捷，○【趙次公曰】指安西主將也，又以言韋君矣。○【王洙曰】詩采薇：一月三捷。公車留二年。○甫自謂也。○【王洙曰】漢東方朔待詔公車。顔師古曰：公車令，屬衛尉。上書者所詣。○後漢志：公車司馬令一人，掌宮南闕門，凡吏民上章，四方貢獻，及詔詣公車者。欲浮江海去，此別意茫然。○【王洙曰】茫，一作蒼。○【趙次公曰】甫自負其才，既見韋之通貴，而身留公車，不能無觖望。道既不行，遂欲乘桴而浮於海。○此亦夫子歎不遇之意。余按此篇亦當次于天寶之間矣。○【王洙曰】論語：道不行，乘桴浮于海。

【校記】

〔一〕勿，元本、古逸叢書本作「忽」。

遊子

巴蜀愁誰語，吴門興杳然。○興，讀去聲。○【趙次公曰】：「公時欲南下而尚在巴、蜀，故是篇有留滯之嘆。」公寓蜀，偶懷欲南下歸吴門之興，故流滯而獨愁也。三峽暮帆前。○【趙次公曰】九江、三峽，正是南下之所歷也。九江春草外，○禹貢：九江在荆州。○三峽，謂巫峽、瞿塘峽、明月峽也。厭就成都卜，○公言久寓成都，厭如嚴遵也。○【王洙曰】前漢嚴遵字君平，卜筮於成都市以自養。休爲吏部眠。○【趙次公曰】公言困於酒而眠，以爲留滯，休如畢卓也。○【王洙曰】晉畢卓字茂世，大興末爲吏部郎，常飲酒廢職。比舍郎釀熟，卓因醉，夜至其甕間盗飲之，爲掌酒者所縛。明旦視之，乃畢吏部也。蓬萊如可到，衰白問群仙。○【趙次公曰】甫言非止南下遊吴而已，蓬萊仙山可到，則亦往矣。○【王洙曰】郊祀志：蓬萊、方丈、瀛洲，此三神山者，傳在渤海中，諸仙人不死之藥皆在焉。人嘗有至者，未至，望之如雲。及到，三神山反居水下，終莫能至。庾信哀江南賦：風飆道阻，蓬萊無可到之期。

將赴荊南寄別李劍州弟

使君高義驅今古，○使君，指李劍州也。寥落三年坐劍州。但見文翁能化俗，○以李劍州比文翁也。○【王洙曰】前漢循吏傳：文翁爲蜀郡太守，仁愛好教化，見蜀地僻陋，有蠻夷風，乃選郡縣小吏開敏有材者，遣詣京師，受業博士，數歲皆成就，還歸。文翁又修起學宮於成都市，招下縣子弟以爲學官子弟，繇是大化。蜀地學於京師者，比齊魯焉。焉知李廣未封侯。○焉，於虔切，安也。以李劍州官未甚顯，故因其旌而以李廣比之。○【王洙曰】前漢李廣傳：廣與從弟李蔡俱爲郎，事文帝。景帝時，蔡積功至二千石。武帝元朔中，封爲樂安侯。廣不得爵邑，官不過九卿。廣之軍吏及士卒，或取封侯。廣嘗與望氣王朔言之，朔曰：「將軍自念豈嘗有恨者乎？」廣曰：「吾爲隴西守，羌嘗反，吾誘，降者八百餘人，詐而同日殺之。至今恨獨此耳。」朔曰：「禍莫大於殺已降。此乃將軍所以不得封侯也。」路經灩澦雙蓬鬢，天入滄浪一釣舟。○浪，音郎。○【趙次公曰】灩澦堆，在巫峽之口。滄浪，則楚漁父所歌滄浪之水也。今將南下，故言灩澦，以明其所往之處。入滄浪之天，乃我之扁然之釣舟也。戎馬相逢更何日，○【趙次公曰】方當戎馬之亂，相逢果何日乎！春風迴首仲宣樓。○【王洙曰】仲宣樓在荊州。魏王粲，字仲宣。司徒辟詔，除黃門侍郎。以西京擾亂，不就，乃之荊州依劉表。登江陵樓作賦，故云仲宣樓。

奉寄别馬巴州

○【九家集注杜詩、集千家注批點杜工部詩集引作「公自注」。又，杜陵詩史、分門集注、補注杜詩引作「王彥輔曰」。】時甫除京兆功曹，在東川。○一作「寄巴州馬別駕」。

勳業終歸馬伏波，○【王洙曰】終，一作真。以巴州姓馬，故比之馬援也。後漢馬援傳：字文淵，善兵策，拜伏波將軍。功曹無復漢蕭何。○【王洙曰】功曹，甫自謂也。○考之元稹誌公墓，公自華州司功還京兆功曹。○【九家集注杜詩、杜陵詩史、分門集注、補注杜詩引作「修可曰」。】漢高帝紀：蕭何爲主吏。孟康曰：主吏，功曹也。按吴志：虞翻爲孫策功曹。策曰：「孤有征討事，未得還府，卿復以功曹爲吾蕭何，守會稽也。」○夢弼按，元稹誌甫墓：自華州司功除京兆功曹，在東川。雖云功曹，其實不赴職任，非如虞翻以功曹爲孫策之蕭何也。會稽，並讀去聲。扁舟繫纜沙邊久，南國浮雲水上多。○【趙次公曰】公欲爲荆楚之行，尚留滯東川，故繫纜久而空望南國也。此詩蓋公雖除京兆功曹，乃有南往之興，而不赴〔一〕矣。獨把魚竿終遠去，難隨鳥翼一相過。知君未愛春湖色，興在驪駒白玉珂。○歌驪駒，將歸也。甫欲辭巴而之荆南故也。○【王洙曰】前漢儒林傳：王式詔除爲博士，既至舍中，會諸大夫博士共持酒肉勞式，博士江公心嫉式，謂歌吹諸生曰：「歌驪駒。」

式曰：「聞之於師，客歌驪駒，主人歌『客毋庸歸』。今日諸君爲主人，日尚早，未可也。」驪駒，逸詩名也，見大戴禮。客欲去，歌之，辭曰：「驪駒在門，僕夫具存。驪駒在路，僕夫整駕。」○珂乃導行者所鳴之玉。司馬光類篇：鶉爲鶡，雀入大水爲蛤，鶡入海爲珂。謂老鶡入水化爲珂，可裁爲馬勒者也。按集，公奉宿左省詩云「不寢听金鑰，因風想玉珂」，亦謂想朝謁也。

【校記】

〔一〕赴，元本、古逸叢書本作「起」。

述古三首

赤驥頓長纓，○【王洙曰：「列子：周穆王右驂赤驥，左白戚。」】列子：赤驥，周穆王八馬之一。○陸機赴洛詩：頓轡〔二〕倚舊巖。李善注：頓，猶舍也。非無萬里姿。○飛黄神馬，日行萬里。悲鳴淚至地，爲問馭者誰。○戰國策曰：夫驥之服鹽車而上太行，漉汁灑地，白汗交流。外阪遷延，負棘不能上。伯樂遭之，下車攀而哭之，解紵衣以冪之，驥於是俛而噴，仰而鳴者，何也？彼見伯樂之知己也。鳳皇從東來，○東，一作天。何意復高飛。竹花不結實，念子忍朝饑。○韓詩外傳：黄帝即位，鳳乃蔽日而至，止帝東園，集帝桐樹，食帝竹實。古時君臣合，可以物理推。賢人識定分，進退固其宜。○固，一作因，一作用。○【師古曰】昔良〔二〕困於鹽車，遇伯樂悲鳴，若有所訴。鳳非竹實不食，謂驥有萬里之姿，御非其人，則必困頓於長纓。鳳有應期之瑞，竹花不安，則必困忍於飢餓，譬君子不逢賢聖之君，不食其禄。古來君臣遇合，可以物理知之，是以賢人進以禮，退以義，知分命之所在，不苟於貪冒寵榮，豈非驥、鳳甘於困頓飢餒之比乎！

【校記】

〔一〕轡，元本、古逸叢書本作「主」。

〔二〕良，元本作粱，古逸叢書本作「騏」。

市人日中集，○【王洙曰】繫辭卦：〔一〕日中爲市。於利競錐刀。○錐，職追切。説文：鋭也。○【師古曰】謂利之微細也。○【趙次公曰】左氏傳：刀錐之利，盡將争之。置膏烈火上，哀哀自煎熬。○【師古曰】古者敦本而抑末，令市人競争錐刀之利，喧喧不息，如置膏火上，自取煎熬爾。○阮籍詠懷詩：膏火自煎熬。農人望歲稔，相率除蓬蒿。○【王洙曰】莊子則陽篇：予深耕而熟耰之，其禾繁以滋。所務穀爲本，邪贏無乃勞。○贏，音盈，有餘也。○【趙次公曰】張衡西京賦：商賈百族，裨販夫婦，鬻良雜苦，蚩眩邊鄙。何必昏於作勞，邪贏優而足恃。注：邪，僞也。優，饒也。舜舉十六相，身尊道何高。○【師古曰】禹稷躬稼而有天下，則農務重穀，國家之本，是以舉十六相，推務親賢，賢人用則民安其業，則身尊而道高，終享無爲之治也。○【王洙曰】左氏文公十八年傳：昔高陽氏有才子八人，天下之人謂之「八愷」。高辛氏有才子八人，天下之人謂之「八元」。此十六族也。堯不能舉而舜舉之，天下如一，同心戴舜以爲天子，以其舉十六相故也。秦時任商鞅，法令如牛毛。○【王洙曰】商君名鞅，姓公孫氏，相秦孝公十六年。天資刻薄少恩。○【師古曰】變秦法度，壞井田之制，頭會箕斂，民不堪命。雖法令之密如牛毛，然果能禁人之不爲亂乎？是以陳勝一起，〔二〕天下應之如影響也。○【師古曰】夢弼謂甫傷玄宗之時，〔三〕利孔百出，聚斂之臣削民膏血，是知以利爲政，未有不亂者也。當肅宗中興，故甫意欲敦本抑末，輕傜薄賦，此則天下可得而治也。

【校記】

〔一〕卦，元本、古逸叢書本作「下」。

〔二〕一起，元本、古逸叢書本「無」。

〔三〕元本、古逸叢書本「時」下有「政」字。

漢光得天下，祚永固有開。豈惟高祖聖，功自蕭曹來。經綸中興業，何代無長才。吾慕寇鄧勳，濟時信良哉。耿賈亦宗臣，羽翼共徘徊。漢運終四百，圖畫在雲臺。○【師古曰】禮云：國之將興，有開必先。漢自高祖開基，哀平之間衰弱，王莽簒國，光武中興，使國祚再永，實自高祖有開其先也。雖然，豈特高祖之聖，亦本乎得蕭何、曹參輔贊之力。光武中興之日，寇恂、鄧禹、耿弇、賈復之徒左右羽翼，與光武徜徉天下，收復土宇，功成名遂，光武不任以吏事，俾之各奉朝請，善得御功之術。是以漢運終四百餘年，二十八將之功赫然畫像南宫雲臺，殆非韓、彭俎醢之比也。肅宗中興，是亦光武之倫，奈何諸將邀功養寇以自封，其與寇、鄧、耿、賈輩遠矣。甫意傷肅宗無駕御英豪之策，而作是詩也。

廣德二年甲辰自梓州挈家再往閬中〔一〕作

閬山歌

閬州城東靈山白，○【王洙曰】靈，一作雪。閬中城北玉臺碧。○唐志：閬中有靈山，蒼溪有雲臺山。按圖經：溪在閬中之北。豈此所謂玉臺邪？又地志：高宗調露中，建玉臺觀。松浮欲盡不盡雲，江動將崩已崩石。○【王洙曰】已，一作未。那知根無鬼神會，○根，一作眼。已覺氣與嵩華敵。○【趙次公曰】此言靈山、玉臺也。中原格鬬且未歸，○【王洙曰】兩相敵曰格鬬。應結茅齋看青壁。○看，一作著。○【師古曰】甫愛閬中山水，謂中原盜賊未平，且暫居于此。其後蜀中亂，遂之吴楚也。

【校記】

〔一〕中，元本、古逸叢書本作「州」。

閬水歌

嘉陵江山何所似，○山，一作色。○【王洙曰：「嘉陵江源出散關，而入于閬。」】寰宇記：嘉陵江在新政縣東一里，江源出散關，入閬。○閬地志曰：閬江紆曲，三面環之，曰閬中。杜安簡曰：漢江度嘉陵，曰嘉陵江。度閬中，曰閬中江。十道志：嘉陵江一曰閬中江。石黛碧玉相因依。正憐日破浪花出，○浪花，一作閬山。更復春從沙際歸。巴童蕩槳欹側過，○蕩，吐浪切。○【薛曰】廣韻：槳，楫屬。○方言：楫謂之橈，或謂之櫂，所以隱櫂謂之槳。水雞銜魚來去飛。閬中勝事可腸斷，閬州城南天下稀。○【趙次公曰】名山志：閬山多仙聖遊集。圖經曰：閬州四合於郡，故曰閬山，亦謂之閬内。閬州城南有錦屏山。

南池

○益州記：南池在閬中縣東南八里。十道志：在閬州。

峥嶸巴閬間，所向盡山谷。○【希聲曰】巴、閬二州之間，山多險阻而少平地也。安知有蒼池，○巴漢志：有彭池大澤，名山靈臺。萬頃浸坤軸。○【余曰】張華博物志：崑崙東北地轉，下有八玄幽都，方二十萬餘里，地下有四柱，廣十萬里，地有三千六百軸，互相牽也。呀然閬城南，○【昱曰：「呀，虛加切，張口貌。」】呀，火加切。○字林：大空貌。枕帶巴江腹。○【王洙曰】枕，一作控。○【杜田補遺】二〔一〕巴記：閬，二〔二〕水合流，自漢中至始寧城下，入涪陵，曲折三迴，有如巴字，故曰巴江。經峻峽中，謂之巴峽。故唐人詩有「杜宇呼名叫〔三〕，巴江學字流」之句也。芰荷入異縣，○謂池產芰荷，爲他縣所仰給也。王安貧武陵記：三角四角曰芰，兩角曰菱。爾雅：荷，芙蕖也。粳稻共比屋。○粳，音庚，謂水有灌溉之利，足養粳稻，歲歲常稔，比屋〔四〕之食供而無闕也。禮記：稻曰嘉蔬。蔡邕月令：十月穫稻。九月熟者，謂之半夏稻。養生要集：秔，稻屬也，亦秔之總名也。道家方〔五〕藥有用稻米、秔米，此則是兩物。稻米粒白如霜，味苦，主温，服之令人多瘦。秔米味甘，主利五臟，〔六〕長肌膚，好顏色。皇天不無意，美利戒止足。○天意欲人止足，不使狼藉有餘之利也。○【趙次公曰】老子四十四章：知足不辱，知止不殆。高田失西成，此物頗豐熟。○西成，秋成也。高仰之田，歲或不熟，賴此以濟也。清源多衆魚，遠岸富喬木。獨歎楓香林，春將好顏色。南有漢王祠，○王，晉作主。終朝走巫祝。歌舞散靈衣，○【王洙曰】潘安仁寡婦賦：仰神宇之寥寥，瞻靈衣之披披。荒哉舊風俗。高堂亦明王，○堂，一作皇。魂魄猶正直。不應空陂上，縹緲親酒食。○項羽爭關中，封高祖於漢中。漢中與閬皆屬利州路，此地之南，有漢王祠在焉。四時巫祝奔走，以祭之靈衣神衣也。其俗每醉必歌舞，逐隊布散於靈衣之前，亦若陳國風好鬼，其亦荒陋之俗哉！神之聰明正直，況漢祖以英雄之姿，肇創漢祚，是亦一明王爾，豈肯於空陂之上，愛人酒食之祠乎？**淫祀自古昔，非惟一川瀆。干戈浩茫茫，地僻傷極目。**○【趙次公曰】淫祀，謂非祭而祭之也。○【師古曰】且鬼神非其類，不歆其祀，自古淫祀媚神徼福者多矣，豈特此一川瀆而已哉？有道之世，鬼神無所施其靈響。此甫傷世亂而祀典不舉，固有淫邪之祭也。**平生江海興，遭亂身局促。**○【趙次公曰】前漢：局促如轅下駒。**駐馬問漁舟，躊躇慰羈束。**○【師古曰】局促不得騁之貌。漁舟泛泛煙波之上，得以自由。甫謂平生有五湖之興，今羈束亂世，而不得騁，是以駐馬問漁舟，而少有所慰者也。

【校記】

〔一〕二，古逸叢書本作「三」。

〔二〕二，古逸叢書本作「泉」。

〔三〕杜宇呼名叫，元本、古逸叢書本作「江宇呼名牛」。

〔四〕屋，元本、古逸叢書本作「壁」。

〔五〕方，元本、古逸叢書本作「大」。

〔六〕臟，元本、古逸叢書本作「谷」。

苦戰行

苦戰身死馬將軍，○死馬璘也。自云伏波之子孫。干戈未定失壯士，使我歎恨傷精魂。○【師古曰】漢馬援爲伏波將軍，嘗云：「大丈夫當死邊野，以馬革裹尸而歸。」唐馬璘讀漢史至此，嘆曰：「使吾祖勳業墜地乎？」是時吐蕃陷松、維、保三州。璘與之苦戰而没。失朝廷之壯士，甫是以傷之也。去年江南討狂賊，臨江把臂難再得。○【鮑彪曰】謂馬璘於涪江之南討段子璋之亂，時甫與璘送別，把臂江上，今傷其死也。江南，謂遂州也。○後漢廣陵王荆傳：封侯難再得。別時孤雲今不飛，時獨看雲淚橫臆。○【師古曰】甫望去年別處，不見雲飛，因思其人，而淚下霑胸臆也。

去秋行

去秋涪江木落時，○【趙次公曰】涪江屬射洪縣。〔一〕〔二〕臂鎗走馬誰家兒。到今不知白骨處，部曲有去皆無歸。○【王洙曰】續漢書百官志：將軍領軍皆有部曲。大將軍營有五部，部有校尉一人。部下有曲，曲有軍候一人。遂州城中漢節在，○【師古曰】昔蘇武使匈奴凡十九年，留匈奴中，行卧常持漢節。是時馬璘與吐蕃戰没，持節而死也。遂州城外巴人稀。○【師古曰】巴人屯守遂州城外，吐蕃兵攻遂州，巴人盡爲之戰死也。戰場冤魂每夜哭，空令野營猛士悲。○鮑氏又謂：上元二年四月，劍南節度兵馬使段子璋反，陷綿州。遂州刺史嗣、虢王巨死之，節度李奐〔三〕奔于成都。故云「遂州城中漢節在」，蓋傷之也。當考之。

【校記】

〔一〕屬射洪縣，元本、古逸叢書本作「有射紅亭」。洪，宋本原訛作「紅」。

〔二〕縣，元本、古逸叢書本作「亭」。

〔三〕奂，原作「象」，據元本、古逸叢書本改。

泛江

方舟不用楫，○【趙次公曰：「方舟，並船也。字出爾雅。」大臨曰：「隨流也。」】謂並船而隨流也。極目總無波。○謂風定也。長日容杯酒，深江净綺羅。○【大觀曰】謂江花色净如綺羅也。亂離還奏樂，飄泊且聽歌。○聽，讀平聲。故國流清渭，如今花正多。○公思長安之景物也。

陪王使君晦日泛江就黄家亭子二首

○釋名：晦，月盡之名也。晦，灰也。死爲灰，月光盡，似之也。唐故事：晦日、上巳、重陽三節，百寮宴樂。德宗貞元五年，始廢晦日，置中和節。

山豁何時斷，江平不肯流。稍知花改岸，始驗鳥隨舟。結束多紅粉，○【趙次公曰】謂有妓也。古詩：娥娥紅粉粧，纖纖出素手。歡娱恨白頭。○公自謂也。非君愛人客，晦日更添愁。○【王洙曰】添，一作禁。○【趙次公曰】時景遷移已盡，不得不愁也。

有徑金沙軟，○蜀都賦：金沙銀礫。注：永昌有水，出金如糠，〔一〕在沙中。王子年拾遺傳：平沙千里，色如金，細如粉。曹植遠遊篇：夜光明月，下隱金沙。採之誰遺，漢女湘娥。無人碧草芳。野畦連蛺蝶，○古今注：蛺蝶，一名野蛾。江檻俯鴛鴦。○古今注：鴛鴦，匹鳥也。日晚煙花亂，風生錦繡香。不須吹急管，衰老易悲傷。

【校記】

〔一〕糠，元本、古逸叢書本作「沙」。

傷春五首

〇【九家集注杜詩、杜陵詩史、分門集注、補注杜詩引作「王洙曰」。集千家注批點杜工部詩集引作「公自注」。】一有「公自注」：「巴、閬僻遠，傷春罷，始知春前已收宫闕。」

天下兵雖滿，〇【趙次公曰】謂廣德元年吐蕃犯京師，車駕幸陝。春光日自濃。〇【王洙曰】一作青春。西京疲百戰，〇【趙次公曰】吐蕃留京師，聞郭子儀軍至，驚潰。子儀復長安。北闕任群凶。〇【趙次公曰】意指吐蕃犯京師，由程元振、魚朝恩之徒。柳伉上疏：「吐蕃犯順，罪由程元振，請斬之以謝天下。」關塞三千里，〇【趙次公曰】今〔一〕在閬中望乘輿所在，有三千關塞之隔矣。煙花萬里同。〔二〕蒙塵清露急，〇兩京陷，帝蒙風塵出幸，涉露而行，蓋言急也。御宿且誰同。〇【王洙曰】且，一作有。〇蔡邕曰：御者，進也。夫衣服加於身，飲食入於口，妃妾接於寢，皆曰御也。殷復前王道，〇【王洙曰：「商之中宗、高宗能復前王之道。」】殷，謂高宗帝武丁也。殷本紀：武王修政行德，殷道復興。周遷舊國容。〇【趙次公曰】周，謂平王也。〇【王洙曰】周本紀：平王東遷于雒邑。蓬萊足雲氣，應合總雲龍。〇【王洙曰：「易：雲從龍。雲以比群臣，龍以比天子。言群臣合從駕出幸也。」】龍喻君。雲喻臣。當肅宗中興，收復兩京，御蓬萊殿，群臣隨帝如雲從龍。唐始都關中，經安史亂，遷洛陽，故比之殷周。乾卦：雲從龍。謂物各從其類也。

【校記】

〔一〕今，元本、古逸叢書本作「甫」。

〔二〕萬里同，元本、古逸叢書本作「一萬重」。

鶯入新年語，花開滿故枝。天青風卷幔，○【王洙曰：「（清）一作青。」】青，一作清。○草碧水連池。○卷，與捲同。○【王洙曰。又，杜陵詩史、分門集注引作「師古曰」。】甫憂時之心切，故於萬事未見其安也。萬事危。○遠，一作速。謂兵甲已息矣。蕭條萬事危。○【王洙曰。又，杜陵詩史、分門集注引作「師古曰」。】甫憂時之心切，故於萬事未見其安也。鬢毛元自白，淚點向來垂。不是無兄弟，其如有別離。○【王洙曰】甫言雖有兄弟，而爲喪亂阻隔，不得相保耳。巴山春色靜，○【王洙曰。又，杜陵詩史引作「師古曰」。】巴山，蜀山也。○褚宏詩：春色入眼靜。北望轉逶迤。○【王洙曰。又，杜陵詩史引作「師古曰」。】北望，謂長安在蜀之北也。○章華賦：振華袖以逶迤。

日月還相鬭，○【王洙曰】前漢天文志：五星所行，合散犯守，陵歷鬭食，彗孛飛流，日月薄食。韋昭曰：星相擊爲鬭。○【趙次公曰】晉天文志：元帝大興四年十一月癸亥，日鬭。星辰屢合圍。○春秋文耀鈎：楚有蒼雲如霓，圍軫七盤。史記天官書：白帝行德，畢、昴爲之圍，圍三暮，德乃成。不三暮，及圍不合，德不成。○【王洙曰】漢天文志：高祖七年，月暈，圍參、畢七重。是歲至平城，爲單于所圍。○【師古曰】夢弼謂：日月相鬭，星辰合圍，言上天示變異之灾，而賊盗興也。不成誅執法，○【趙次公曰】執法，謂熒惑星也。今指熒惑而言，則指程元振之熒惑人主也。○【王洙曰】漢天文志：南宮南四星，執法中端内。○【趙次公曰】張揖廣雅曰：熒惑謂之罰星，或謂之執法。焉得變危機。○焉，於虔反，安也。○【師古曰】執法者，大將之權也。不命將以誅之，則危機不得息矣。大角纏兵氣，○【師古曰】謂禄山陷京師，大〔一〕王之位尚爲妖氛所纏繞也。○【王洙曰】天官書：大角者，天王帝座庭其兩旁三星，曰攝提。魏都賦：姦回内贔，兵纏紫微。〔二〕鉤陳〔三〕出帝畿。○【王洙曰】鉤陳，王者法之，主行宮也。○【趙次公曰】出帝畿，言乘輿出幸也。○【王洙曰】兩都賦：周以鉤陳之位。○注引漢書音義：鉤陳者，紫宮外星也。宮衛之位亦象之。服虔甘泉賦注：紫宮外營，鉤陳也。隋天文志：鉤陳六星，在紫宮中。煙塵昏御道，耆舊把天衣。○【王洙曰】一作「固無牽白馬，幾至著青衣」。○【趙次公曰】言父老不欲乘輿之出，皆牽挽帝衣也。行在諸軍闕，○【趙次公曰】言軍士稀少也。來朝大將稀。○【趙次公曰】言藩鎮不朝也。賢多隱屠釣，王肯載同歸。○【王洙曰：「賢者避地自隱於屠釣，王能爲文王載吕望事否？」】公傷賢者避地，多如吕望，隱於屠釣，今乘輿能如文王遇之而共載而歸乎？○劉向列仙傳：吕望，冀州人也。避地隱遼東二十年，適周，匿磻溪，得兵鈐於魚腹中。文王夢得聖人，聞尚賢，載而歸。佐武王伐紂，作陰謀百餘篇。韓詩外傳：太公望，少爲人壻，老而見去。屠牛朝歌，釣於磻溪。文王舉而用之，封於齊。

【校記】

〔一〕大，元本、古逸叢書本作「天」。

〔二〕紫微，元本、古逸叢書本作「觜機」。

〔三〕陳，原作「庭」，據古逸叢書本改。

再有朝廷亂，○【師古曰】謂吐蕃再陷京城，代宗幸陝也。難知消息真。近聞王在洛，復道使歸秦。○歸，一作回，一作適。奪馬悲公主，登車泣貴嬪。○【王洙曰】泣，一作哭。蕭關迷北上，○【王洙曰】「漢武行幸雍，祠五時，通回中道，遂北出蕭關。迷北上，謂東行陝，故下句有『欲東巡』之句。」譏代宗之乘輿，有異乎漢武帝之行幸雍，祠五時，通回中道，北出蕭關也。蕭關縣，屬原州。滄海欲東巡。○【師古曰】謂代宗之幸陝，欲同乎秦始皇之東巡海上，銘石勒功，勞民動衆也。敢料安危體，猶多老大臣。○【師古曰】言朝廷老臣猶多，國體尚安，未遽危也。豈無嵇紹血，○【王洙曰】豈，一作得。○【師古曰】言艱難之時侍衛帝者，豈無忠臣義士如嵇侍中者乎？○【王洙曰】按晉書忠義傳：嵇康之子嵇紹，以天子蒙塵，承詔馳詣行在，所值王師敗績於蕩陰，百官及侍衛莫不散潰，唯紹儼然端冕，以身捍衛，兵交御榻，飛箭雨集，紹遂被害於帝側，血濺御服。及事定，左右欲浣衣。

帝曰：「此嵇侍中血，不可去也。」霑灑屬車塵。○【王洙曰】司馬相如諫獵書：犯屬車之清塵。

聞說初東幸，○【王洙曰】說，一作道。孤兒却走多。○【趙次公曰】此公聞官軍逃亡而作也。却走，謂退却而走也。○【王洙曰】漢宣帝紀：羽林孤兒，主取從軍死事者之子養於羽林官，教以五兵，號曰羽林孤兒。少壯，令從軍也。難分太倉粟，○【師古曰】言國用乏也。○【王洙曰】前漢志：太倉之粟，紅腐而不可食。競棄魯陽戈。○【師古曰】言兵敗北也。○【王洙曰】淮南子冥覽訓：魯陽公與韓搆難，戰酣，日暮，援戈而麾之，日爲之反三舍。胡虜登前殿，○【王洙曰】謂吐蕃陷京師也。王公出御河。○【王洙曰】謂公卿出奔也。得無中夜舞，○【王洙曰】得無，一作忍爲。○【師古曰】言英雄之士於斯時豈無覬望如劉琨者乎？○【趙次公曰】按晉春秋：祖逖字士稚，與司空劉琨雄豪著名。時與琨同辟司馬州〔一〕主薄，情好綢繆，共被而寢。中夜聞鷄鳴起舞，曰：「此非惡聲。」每語世事，或中宵起坐，相謂曰：「若四海鼎沸，豪傑並起，吾與足下相避中原耳。」劉琨與親舊書曰：「吾枕戈待旦，志梟逆虜。常恐祖生先吾著鞭。」誰憶大風歌。○【師古曰】言無人守四方也。○【王洙曰】漢高帝作大風歌曰：「大風起兮雲飛揚，安得猛士兮守四方。」春色生烽燧，○【王洙曰：「見悲青坂詩注。」】前注。幽人泣薜蘿。○【趙次公曰】幽人，公自謂也。方春之時，而惟有烽燧，此薜蘿中之幽人無如之何，但感物而泣也。君臣重修德，猶足見時和。○題注。

【校記】

〔一〕司馬州，當作「司州」。

城上○王荆公作空城。

草滿巴西緑，空城白日長。○或曰當作城空。風吹花片片，春蕩水茫茫。○一作「春送雨茫茫」。八駿隨天子，○周穆天子傳：天子西濟河，乃命正父祭父受敕憲，用乘八駿之乘。天子之駿，赤驥、盗驪、白義、渠黄、驊騮、緑耳、踏輪、山子。○【王洙曰】王子年拾遺記：周穆王巡行天下，馭八龍之駿，名曰周地、翻羽、奔雷、越影、踰暉、超光、勝霧、挾翼。穆王深智遠謀，使轍迹周於四海，故絶異之物不期自服。群臣從武皇。○【趙次公曰】漢武帝初幸汾陰，至洛陽，侵〔一〕尋於泰山，其所巡幸，周萬八千里，群臣之從可知矣。○餘見本紀。遥聞出巡狩，早晚遍遐荒。○【師古曰】禄山亂，玄宗出幸蜀，蜀在巴之西。昔周穆天子、漢武帝皆出巡狩，以比玄宗之西幸也。天子諱言出奔，特云巡狩，亦若春秋書「天王出狩于河陽」是也。

【校記】

〔一〕侵，古逸叢書本作「浸」。

新定杜工部草堂詩箋斠證卷第二十六

廣德二年自梓再往閬中

登樓

○【趙次公曰】此聞代宗車駕還長安而作。

花近高樓傷客心，萬方多難此登臨。錦江春色來天地，○【王洙曰：「一作水流。」】一作「春水沁天地」。○【師古曰】言錦江春色鮮妍，自天地開闢以來有之，非獨今也。○玄中記：天下之多〔一〕者，水焉，浮天載地。玉壘浮雲變古今。○【師古曰】蜀有玉壘、銅梁二山。縱使玉壘爲古今英雄割據，百千萬變如浮雲，終亦歸中原之總統也。○【王洙曰】左太冲賦：夫蜀都者，〔二〕闢雲關以爲門，包玉壘以爲宇。地志：玉壘山，湔水出焉，在成都西北。○【師古曰】夢弼謂，此聯諷吐蕃寇成都，然不能爲朝廷之害也，故有下句。北極朝廷終不改，西山寇盜莫相侵。○【趙次公曰】此聯又謂今朝廷如北極之尊，終不改移爾。西山吐蕃之寇，無用相侵也。或謂崔旰反成都，起兵於西山，非是。可憐後主還祠廟，日暮聊爲梁甫吟。〇【師古曰】昔諸葛亮佐先主，圖收復，功未就而亮卒。及後主即位，祠祭亮廟，嘆無人以爲之助。亮未達時，常耕于隴西，作梁甫吟。故甫因吐蕃之亂，傷朝廷無諸葛之才也。〇【趙次公曰】魯訔又引資治通鑑：廣德元年十二月丁亥，車駕發陜州，左丞顔真卿請先謁陵廟，然後還宫。元載不從，真卿怒曰：「朝廷事，豈堪相公再壞邪！」梁甫吟末句罪晏子，公意在元載乎？〇今併録之。

【校記】

〔一〕多，元本、古逸叢書本作「大」。

〔二〕者，元本、古逸叢書本無。

遣憤

聞道花門將，〇【王洙曰】謂回紇也。論功未盡歸。自從收帝里，〇【趙次公曰】謂長安也。誰復總戎機。〇戎，一作兵。木蘭詩：萬里赴〔一〕戎機。蜂蠆終懷毒。〇【王洙曰】左氏傳：君無謂邾小，蜂蠆有毒，況國乎？雷霆可震威。〇【趙次公曰】或謂寶應間，回紇請助國討賊。〇廣德二年，僕固懷恩以吐蕃、回紇入寇。永泰元年，又以吐蕃、回紇、党項入醴泉。郭子儀説回紇，使擊吐蕃。此詩當謂是邪？○【趙次公曰】夢弼謂：時禄山亂，回紇以兵助帝討史朝義，恐其恃功驕暴難制，故欲帝早加以威震之，無使彼再效禄山之陷京闕也。○【王洙曰】賈山傳：人主之威，非特雷霆也。震之以威，豈有不摧折者乎？**莫令鞭血地，再濕漢臣衣。**○【師古曰】漢書：禁中〔二〕非刑人鞭血之地。鞭血地，乃指禁中也。○春秋傳：鞭之見血。○【師尹曰】任昉書：鞭血四海，流離無所。

【校記】

〔一〕起，古逸叢書本作「赴」。

〔二〕中，元本、古逸叢書本作「臯」。

釋悶

○廣德元年，吐蕃復陷京師。二年春，已聞車駕復還長安而作也。

四海十年不解兵，○時廣德二年也。推而上之，至天寶十四載，凡十年矣。**犬戎〔一〕也復臨咸京。**○【洪蒭曰】咸，謂咸陽，即西京也。言禄山連結吐蕃復陷京師也。**失道非關出襄野，**○【炎曰：「避寇者，奔走迷道，故有是句耳。」】喻代宗避亂出奔，迷道也。○【杜田補遺】。又，杜陵詩史、分門集注、補注杜詩、集千家注批點杜工部詩集引作「薛蒼舒曰」。】莊子徐無鬼篇：黄帝將見大隗乎具茨之山，方明爲御，昌寓驂乘，張若、謵朋前馬，昆閽、滑稽後車。至於襄城之野，七聖皆迷，無所問塗。適遇牧馬童子，問塗焉。**揭鞭忽是過湖城。**○言代宗幸陝所經之地也。○【杜田補遺】。又，門類增廣十注杜詩引作「杜云」，杜陵詩史、分門集注、補注杜詩、集千家注批點杜工部詩集引作「修可曰」。】世説：晉王敦舉兵内嚮，明帝騎巴鎮〔二〕馬，齎一金鞭，至湖陰察軍形。晝夢日遶其城，忽然驚覺，曰：「營中有黄鬚鮮卑奴來，何不縛取？」命騎追之，不及矣。○金陵，地名。有湖陰。按前漢志：京兆〔三〕有湖縣，故曰湖。武帝建元元年更名，黄帝鼎湖所在。豺狼塞路人斷絶，○言盜賊充塞往來，無人也。烽火照夜屍縱横。○烽燧傳報，殺戮之多也。烽燧，廣雅曰：兜零，籠也。光武紀：修烽燧。注引前書音義曰：邊方備警急，作高土臺。臺上作桔皋，桔皋頭有兜零，以薪草置其中，常低之。有寇，即燃火舉之以相告，曰烽。又多積薪，寇至即燔之，望其煙，曰燧。晝則燔燧，夜則舉烽。唐六典：唐鎮戍烽燧所至，大率相去三十里。其逼邊者築城以置之，其放〔四〕煙有一炬二炬三炬四炬者。每日初夜舉一炬，謂之平安火也。天子亦應厭奔走，○【趙次公曰】車駕雖歸長安，而當時亦有乞遷洛巡狩之説，故云「厭奔走」也。群公固合思升平。但恐誅求不改轍，○【朋曰】譏聚斂之重也。聞道嬖孽能全生。○能，一作今。○【王洙曰：「指程元振也。時元振用事，媒蝎大臣，故吐蕃入寇，以至功臣不肯用命。」】嬖孽，程元振也。時元振用事，致令吐蕃入寇。○【趙次公曰：「指程元振，此猶未知其死也。」】公詩謂未聞元振之死。○【符曰】蓋罪代宗不能正典刑以戮之。○按，代宗幸陝，削奪元振官爵，放歸田里，私入京師圖不軌事，長流秦〔五〕州。江邊老翁錯料事，眼暗不見風塵清。○【黄鶴曰】老翁，甫自謂也。○傷干戈未寧也。

【校記】

〔一〕戎，元本、古逸叢書本作「羊」。

〔二〕鎮，元本、古逸叢書本作「童」。

〔三〕兆，元本、古逸叢書本作「西」。

〔四〕放，元本、古逸叢書本作「故」。

〔五〕秦，古逸叢書本作「溱」。

青絲

青絲白馬誰家子，○【趙次公曰】疑指南山群盗也。考之資治通鑑：廣德二年，吐蕃入長安也。諸軍亡卒及鄉曲無賴子弟相聚爲盗，吐蕃既去，猶竄伏南山、子午等五谷，所在爲患。丁巳，以太子賓客薛景仙爲南山五谷防禦使以討之。是也。按南史侯景傳：先是，大同中童謡歌曰：「青絲白馬壽陽來。」景渦陽之敗，求錦，朝廷所給青布，及是皆用爲袍，尚青。景乘白馬，青絲爲轡，欲以應讖。麤豪且逐風塵起。○【師古曰】或謂禄山之反，不逞之徒皆乘此爲亂。○【鮑彪曰】説者又謂豈懷恩之反，有從亂者乎？○【王洙曰】風塵，喻亂離也。不聞漢主放妃嬪，○【師古曰】託漢以言唐肅宗誅楊貴妃、斥宮人也。○【師尹曰】按，乾元元年，出宮女三千人。近静潼關掃蜂蟻。○【趙次公曰】此公戒約麤豪子之辭也。○【師古曰】謂哥舒翰守潼關，爲賊所破，遂陷兩京。肅宗鳩義兵收復兩京，如掃蜂蟻也。殿前兵馬破汝時，十月即爲蠻粉期。○此告之以必破亡之證也。○【師古曰】然殿前兵馬乃神策軍，天子親征，群盗望風而敗，恐碎若蠻粉也。○【趙次公曰】莊子列禦寇篇：子爲蠻粉夫〔一〕。未如面縛歸金闕，○【王洙曰】如，一作知。左傳：許子面縛銜璧。萬一皇恩下玉墀。○【趙次公曰】此又教之以未如前期悔過，背縛歸降京師，庶幾皇恩尚有赦宥之理也。○【師古曰。又，王洙曰：「時降者皆受節鎮，河北之患自此起矣。」】時賊黨來降者，帝後〔二〕授以節鎮，河北之患自此而起。終唐之世，藩鎮跋扈者皆由此始也。

【校記】

〔一〕元本、古逸叢書本「夫」下有「乎」字。

〔二〕後，元本、古逸叢書本作「復」。

江亭王閬州筵餞蕭遂州

○【王洙曰】一作「閬州王使君江亭餞蕭遂州」。

離亭非舊國，春色是他鄉。老畏歌聲斷，○【王洙曰】斷，一作短。愁從舞袖長。二天開寵餞，○【王洙曰】開，一作悲。○二天，美王閬州、蕭遂州能相覆〔一〕庇也。○【王洙曰】後漢蘇章傳：章字孺文〔二〕遷冀州刺史，故人爲清河太守。章行部，按其姦贓，乃請太守爲設〔三〕酒殽，陳平生之好甚歡。太守喜曰：「人皆有一天，我獨有二天。」五馬爛光輝〔四〕。○東方朔外傳：郡守四馬駕車，一馬行春。餘見前注。川路風煙接，○【趙次公曰】蜀道，閬與遂接壤也。○陰鏗百花詩：江一柱觀，潯陽千里潮。風煙望似接，以〔五〕路恨成遥。俱宜下鳳凰。○此美二公爲郡之治效也。賈誼弔屈原賦：鳳凰翔于千仞兮，覽德輝而下之。○【王洙曰】黄霸傳：霸爲潁川太守，是時鳳凰神爵數集郡國。○【師古曰】或謂：昔蕭史、王子喬皆神仙人也。蕭與秦女乘鳳而去，喬亦乘白鶴而飛。此皆美二公之不凡也。

【校記】

〔一〕覆，元本、古逸叢書本作「容」。

〔二〕後漢蘇章傳章字孺文，元本、古逸叢書本作「後漢刺史蘇章字孺文」。

〔三〕設，元本、古逸叢書本作「主」。

〔四〕光輝，疑當作「輝光」。

〔五〕以，古逸叢書本作「川」。

滕王亭子

〇【王彥輔曰。又，九家集注杜詩、集千家注批點杜工部詩集引作「公自注」。】亭在玉臺觀内。滕王，高宗調露中任閬州刺史。一作「閬州玉臺觀滕王亭子作滕王曾典此州」。〇按，滕王元嬰，乃高祖之子也。閬州有亭，洪州有閣，又有碧落碑也。

君王臺榭枕巴山，〇枕，之任切。粤自漢、魏以來，有封國者，得臣其吏民，故稱君王也。爾雅釋宮：四方土〔一〕高曰臺，無室曰榭。萬丈丹梯尚可攀。〇言其亭之高也。〇【王洙曰】謝玄暉敬亭詩：要欲追奇趣，即此凌丹梯。春日鶯啼脩竹裏，仙家犬吠白雲間。〇【王洙曰】葛洪神仙傳：淮南王丹成上昇，雞犬舐其鼎，亦同仙去。故「雞鳴天上」、「犬吠雲間」也。〇劉向列仙傳：邗子者，蜀人。好放犬，犬走入山穴，邗子隨八十餘宿，行度數百里，有宮殿官府，青松森然，仙吏侍衛甚嚴，得符藥而歸。成都述異記：濟陽山有麻姑仙。俗説山上則有金雞鳴，玉犬吠。清江碧石傷心麗，〇碧，一作錦。嫩蘂濃花滿目班。〇此聯感〔二〕乎物而傷其人之亡也。人到于今歌出牧，來遊此地不知還。

【校記】

〔一〕土，古逸叢書本作「而」。

〔二〕感，元本、古逸叢書本作「成」。

玉臺觀

○觀，諦視也。○【趙次公曰】觀在高處，其中有臺，號玉臺。○【九家集注杜詩引作「公自注」：「滕王造。」又，門類增廣十注杜詩依例爲「王洙曰」。】乃滕王典閬州所造也。

中天積翠玉臺遥，○【王洙曰】列子：周穆王築臺，號中天之臺。○【門類增廣十注杜詩引作「杜云」。又，九家集注杜詩、杜陵詩史、分門集注、補注杜詩、集千家注批點杜工部詩集引作「修可曰」。】顔延年應詔詩：神行埒浮景，交映溢中天。攢素既森靄，積翠亦葱芊。上帝高居絳節朝。○【趙次公曰】以臺之高而在道觀，故直指爲上帝之高居，而群仙絳節之所朝也。遂有馮夷來擊鼓，○山海經：中極之淵深三百仞，唯冰夷都焉。冰夷人面而乘龍。周穆天子傳：天子西征至于陽紆之山，河伯無夷之所都焉。冰夷，無夷即冰夷也。淮南子又作「馮遲」。○【師古曰】抱朴子釋鬼篇：馮夷以八月上庚日渡河溺死，天帝署爲河伯。清泠傳：馮夷，弘農華陰潼鄉隄首人也。服八石，得水仙，是爲河伯。龍象河圖：河伯姓吕名公子，馮夷即河伯之夫人。○張華博物志：昔夏禹觀河，見長人魚身出，曰：「吾河精。」豈河伯也？馮夷得道成仙，化爲河伯，道豈同哉？○【王洙曰】曹植洛神賦：馮夷鳴鼓，女媧清歌。始知嬴女善吹簫。○【王洙曰】秦本紀：大費佐舜，足〔一〕爲伯翳，賜姓嬴氏。劉向列仙傳：蕭史者，秦穆公女弄玉之夫。教弄玉吹簫，作鳳凰鳴。數年，吹似鳳凰聲。鳳凰來止其屋。公爲作鳳凰臺，夫妻止其上。一旦，皆隨鳳凰飛去。江光隱見黿鼉窟，石勢參差烏鵲橋。○【王洙曰】淮南子：烏鵲填河成橋，以渡織女。更肯紅顔生羽翼。○謂飛仙也。便應黄髮老漁樵。

【校記】

〔一〕足，古逸叢書本作「是」。

滕王亭子

寂寞春山路，君王不復行。古墻猶竹色，虚閣自松聲。○石林葉夢得曰：此聯若不用「猶」、「自」兩字，則其餘八字凡亭子皆可用，不必滕王也。此皆公妙至到人力不可及也。鳥雀荒村暮，雲霞過客情。尚思歌吹入，○吹，尺僞切。千騎把霓旌。○【王洙曰】梁孝王傳：得賜天子旌旗，千乘萬騎。

玉臺觀

浩劫因王造，○浩劫，謂無窮不朽之功也。○【師古曰】玉臺浩劫之觀，乃滕王於高宗調露中任闐〔一〕州刺史日所造也。○【趙次公曰】度人經云：惟昔元始浩劫之家。○【師古曰】按，集有嶽〔二〕林二寺詩云「塔劫宮墻壯麗敵」，又李邕詩「浩劫浮雲衛」是也。或曰：塔之一級、二級爲一劫、二劫。平臺訪古遊。○【趙次公曰】以比梁孝王之平臺也。○【王洙曰】漢梁孝王大治宮室，爲復道，自宮連屬於平臺三十餘里。綵雲蕭史駐，○以比蕭史之鳳臺也。江文通雜體詩：猶不及秦女十五垂〔三〕綵雲。餘〔四〕見前篇注。文字魯宮留。○【趙次公曰】以魯共王比滕王也。以詩意推之，滕王必有文書遺迹在焉。○【王洙曰】昔魯共王餘初〔五〕治宮室，壞孔子舊宅，於壁中得古文經傳。宮闕通群帝，○言臺觀之高，可以上通天帝也。度人經：有三十三天，三十三帝。山海經：大荒之中有黄木赤枝，群帝取藥。吕氏春秋：伊尹曰：「常山之北，救淵之上，有界焉。群帝取食。」乾坤到十洲。○【趙次公曰】以臺在道觀中，於天地之間，由此可以到神仙十洲也。○【杜定功曰】按東方朔十洲記：漢武帝既見西王母，言説八方巨海之中，祖洲、瀛洲、元洲、炎洲、長洲、充洲、鳳麟洲、聚屋洲、流洲、生洲十洲。始知方朔非世俗人，是以延之曲空，問十洲所在，所有之物名焉。○又見王子年仙傳拾遺。人傳有笙鶴，時過北山頭。○【王洙曰】劉向列仙傳：王子喬者，子晉也。好吹笙作鳳鳴，遊伊、雒之間。道人浮丘公接以上嵩高山，三十餘年後求之於山上，見桓良，曰：「告我家，七月七日待我於緱氏山頭。」至時果乘白鶴，駐山頂。望之不得到，舉手謝時人，數日而去。

【校記】

〔一〕任聞，元本、古逸叢書本作「爲淇」。

〔二〕嶽，古逸叢書本作「道」。

〔三〕垂，古逸叢書本作「重」。

〔四〕餘，元本、古逸叢書本作「注」。

〔五〕初，元本、古逸叢書本作「好」。

渡江

春江不可渡，二月已風濤。○【王洙曰】顏延年詩：春江壯風濤。舟楫欹斜疾，○【王洙曰】疾，一作甚。魚龍偃卧高。渚花張素錦，汀草亂青袍。○【趙次公曰】古詩：穆穆清風至，吹我羅衣裾。青袍似春草，脩雲從風舒。戲問垂綸客，悠悠見汝曹。○【王洙曰】見，一作「是」。

絶句二首

遲日江山麗，春風花草香。泥融飛燕子，沙暖睡鴛鴦。

江碧鳥逾白，山青花欲燃。○【師古曰】北齊陽松玠談藪：沈隱侯詩：野棠開未落，山櫻花欲燃。今春看又過，何日是歸年。

送韋郎司直歸成都

竄身來蜀地，○【王洙曰】甫以避難奔走入蜀，故云「竄身」。劉公幹贈五官詩：余因沉痼疾，竄身清漳濱。同病得韋郎。○【王洙曰】韋亦避難者，故言「同病」。吴越春秋：子胥曰：「子不聞河上歌乎？同病相憐，同憂相救。」天下干戈滿，江邊歲月長。別筵花欲暮，春日鬢俱蒼。○【王洙曰】一作「春鬢色俱蒼」。爲問南溪竹，○【王洙曰】竹，一作笋。○【九家集注杜詩依例爲「王洙曰」。又，集千家注批點杜工部詩集引作「趙次公曰」。】南溪，即浣花溪之南也。抽梢合過牆。○公自注：余草堂在成都西郭浣花里。

奉待嚴大夫

殊方又喜故人來，○殊方，謂劍南。故人，指嚴武也。重鎮還須濟世才。○【鄭卬曰】重，直隴切。廣韻：厚也。○按唐書：武遷黄門侍郎，與元載厚相結，求宰相不遂，復節度劍南。常怪偏裨終日待，○【王洙曰】偏裨，謂諸將校也。不知旌節隔年迴。○【王洙曰】旌節，謂導引之麾幢也。欲辭巴徼啼鶯合，○【師古曰：「啼鶯者，春時也。」】啼鶯合，謂春正濃也。遠下荆門去鷁催。○【師古曰】去鷁催，謂督行船也。○鷁，水鳥也。○【趙次公曰】今貴人船前畫作青雀，以鷩水怪是也。○方言曰：鷁首，謂之閤閭。注云：今江東船頭屋謂之飛閭。〔一〕○【師古曰】甫與武有世契，武爲成都尹，甫依之。及武入朝，甫之巴峽。今甫聞武再鎮蜀，故欲辭蜀之巴峽、下楚之荆門，以迎武也。身老時危思會面，○【王洙曰】古詩：道路阻且長，會面安可知。一生襟抱向誰開。○【王洙曰】襟，一作懷。○【王洙曰：「言人不己知。」】言無知己者也。

【校記】

〔一〕閭，古逸叢書本作「閻」。

奉待高常侍

○待，一作寄。○【王洙曰】一作「寄高三十五大夫」。○【黄鶴曰】高適代崔光遠爲西川節度使，以亡松、維、保三州及雪山新築二城，召還爲刑部侍郎、左散騎常侍。

汶上相逢年頗多，○汶水在鄆州中都縣，甫與適相别於汶上，已多年矣。○【王洙曰】地理志：汶水出泰山萊蕪，西南入濟，在濟南魯北。蜀亦有汶川，出西山，有汶水縣。〇【杜陵詩史、分門集注、補注杜詩引作「修可曰」。】予按，魯之汶今在鄆州，以閔子騫有「吾必在汶上」之語，非蜀之汶川也。

飛騰無那故人何。〇【鄭卬曰】那，乃箇切。〇【王洙曰】故人，謂適也。〇【趙次公曰】初，甫與適皆拜拾遺，其後適官至散騎常侍，則其飛英聲，騰茂實，甫無以及之也。

揔戎楚蜀應全未，〇【趙次公曰】揔戎，乃大將之權。適先除揚州大都督、淮南節度使。廣德二年，召還，以李輔國之毁，出爲彭、蜀二州刺史。蓋言雖揔戎於楚與蜀，而年猶未老也。

方駕曹劉不啻過。〇【王洙曰】駕，或作價。方駕，謂齊驅也。論其文章，蓋過於曹植、劉楨遠矣。

今日朝廷須汲黯，〇【王洙曰：「漢書：汲黯在朝，淮南寢謀。言黯之材足以折衝千里爾。時寇賊充斥，朝廷須如汲黯者。」】言適之居朝，其直可比汲黯也。汲黯傳：數以直諫，上怒，黯曰：「天子置公卿輔弼之臣，寧令從諛承意、陷主於不義乎？且已在其位，縱愛身，奈辱朝廷何？」

中原將帥憶廉頗。〇言適之爲將，其賢有如廉頗也。〇【王洙曰】馮唐傳：文帝輦過郎署，問唐曰：「吾尚食監高袪數爲我言趙將李牧〔一〕之賢，戰於鉅鹿下，吾每飲食，未嘗不在鉅鹿也，父老知之乎？」唐對曰：「牧尚不如廉頗之爲將也。」上聞之，拊髀曰：「嗟乎！吾得廉頗、李牧之爲將，豈憂匈奴哉！」

天涯春色催遲暮，別淚遥添錦水波。〇【趙次公曰】時適在成都，起發赴召，與甫相别也。

【校記】

〔一〕牧，原作「齊」，據古逸叢書本改。

奉寄章十侍御時初罷梓州刺史東川留後將赴朝廷

○「時初罷梓州刺史東川留後將赴朝廷」，杜陵詩史、分門集注、補注杜詩引作「王彥輔曰」，九家集注杜詩、集千家注批點杜工部詩集引作「公自注」。○【王彥輔曰】一作「寄梓州張使君」。

淮海維揚一俊人，○【趙次公曰：「章侍御必揚州人，故用淮海也。」又，末曰：「章彝，揚州人。」】章彝乃揚州人也。○【王洙曰】書禹貢：淮海維揚州。○鶡冠子：德萬人者謂之俊。金章紫綬照青春。○【孝祥曰】青春，美章彝之少年也。○【王洙曰】前漢百官公卿表：相國、太尉皆秦官，金印紫綬。顏師古音義引漢儀云：銀印背龜鈕，其文曰章，謂刻曰某官之章也。○后漢輿服志：公侯將軍，紫綬二采。指麾能事迴天地，〔一〕○【師古曰】時段子璋反東川，章彝指麾討平之，美其破敵之勢力能事，雖天地之大，亦可以挽回也。訓練强兵動鬼神。○美其治軍之威嚴，雖鬼神之幽亦可以振〔二〕動也。湘西不得歸關羽，○【王洙曰】關羽，字雲長。○言羽在湘西，而不得歸，暗言非若章彝留守東川而得歸也。○【王洙曰】蜀先主收江南諸郡，以羽爲襄陽太守、蕩寇將軍，駐江北。先主西走〔三〕益州，拜羽董荆州事。河内猶宜借寇恂。○【黄曰】美章彝之善守東川，如寇恂之不得去河内也。○【王洙曰】恂字子翼，光武收河内，拜恂爲太守，移潁川。盜賊群起，車駕南征，恂從至潁川，盜賊悉降，而竟不拜。郡百姓遮道曰：「欲從陛下復借寇君一年。」乃留恂。朝覲從容問幽側，○【黄希曰】宋書恩幸傳：論曰：「明揚幽側，唯才是與。」勿云江漢有垂綸。○【王洙曰】有，一作老。○【趙次公曰】：「公自言其身，而其義甚明。」晁曰：「此句甫自言也。」】甫自言也。

【校記】

〔一〕地，原作「也」，據元本、古逸叢書本改。

〔二〕振，元本、古逸叢書本作「震」。

〔三〕走，元本、古逸叢書本作「幸」。

春遠

肅肅花絮晚，菲菲紅素輕。○【趙次公曰】兩句通義。紅，言花也。素，言絮也。日長唯鳥雀，春遠獨柴荆。○【趙次公曰】言無往來之人，故獨柴荆而已。數有關中亂，○數，色角切，頻也。何曾劍外清。故鄉歸不得，○【王洙曰：「一作園。」】鄉，一作關。地入亞夫營。○【趙次公曰】此指言長安屯兵，乃公之故鄉，而爲軍營矣。○【趙次公曰：「亞夫營在長安，其事則文帝三分將軍，軍棘門、灞上與細柳。而細柳營則周亞夫之所軍者也。」】昔周亞夫軍細柳以備胡，漢文帝自勞軍，至其營。張揖曰〔一〕：營在昆明池南，今有柳市是也。

【校記】

〔一〕張揖曰，元本作「長揖曰」，古逸叢書本作「長揖不拜」。

春寒

霧隱平郊樹，○爾雅釋地：邑外謂之郊。風含廣岸波。沉沉春色静，慘慘暮雲多。戍鼓猶長擊，○【趙次公曰】言吐蕃之亂，至今春尚防戍也。林鶯遂不歌。忽思高宴會，○古詩：今日良宴會。朱袖拂雲和。○謂樂舞也。○【九家集注杜詩、補注杜詩、集千家注批點杜工部詩集引作「王洙曰」。又，杜陵詩史、分門集注引作「趙次公曰」。】周禮春官大司樂奏雲和之琴瑟於圜丘。注：雲和，地名。以其産良材而中爲琴瑟也。

雙鷰

旅食驚雙鷰，○【王洙曰】一作「雙飛鷰」。銜泥入北堂。○【王洙曰】古詩：思爲雙飛鷰，銜泥巢君堂。應同避燥濕，○【薛夢符曰】左氏襄十七年傳：子罕曰：「吾儕小人，皆有闔廬以避燥濕風雨。」且復遇〔一〕炎涼。養子風塵際，來時道路長。○【趙次公曰】梁吴筠熱詩：問余來何遲，山川幾紆直。今秋天地在，吾亦離殊方。○離，力智切。○【禹偁曰】此甫託物以見己意也。○【趙次公曰】言當秋而身於天地之間存在，亦如燕舍此而去也。

【校記】

〔一〕遇，古逸叢書本作「過」。

百舌

百舌來何處，重重祇報春。○百舌，禽名，江東人謂之信鳥。逢春而鳴。○【十朋曰】易緯通卦〔一〕：百舌者，反舌也。能反覆其舌，隨百鳥之音。○【鮑彪曰】朝野僉載：百舌春囀夏止，唯食蚯蚓。正月凍開，蚓出而來。十月蚓藏而往。月令：仲春，反舌無聲。知音兼衆語，整翮豈多身。花密藏難見，○梁蕭子暉反舌賦：春霏霏而花密。枝高聽轉新。過時如發口，君側有讒人。○【鮑彪曰】周書時訓曰：芒種之日螳蜋生。又五日，鵙始鳴。又五日，反舌無聲。是謂陰息。反舌有聲，佞人在側。

【校記】

〔一〕古逸叢書本「卦」下有「驗」字。

喜雨

春旱天地昏，○春旱，一作旱〔一〕春。○【師古曰】謂煙塵四起也。日色赤如血。○【趙次公曰】：「極言旱日之可畏。」【謂旱之甚也。○【趙次公曰】昔晉惠帝光熙元年五月壬辰，是日日光四散，赤如血。甲午，又如之。農事都已休，○已，一作未。兵戈況騷屑。○【師古曰】騷屑，不安貌。時永王璘反〔二〕漢中，吴、越之間盜賊因之而起也。巴人困軍須，○【師古曰】謂苦於餽輓也。○【趙次公曰】寰宇記：閬中，春秋之巴國也，有渝水焉。慟哭厚土熱。○【師古曰】謂怨氣上感，農月爲之大旱也。滄江夜來雨，真宰罪一雪。○謂洗雪也。穀根少蘇息，沴氣終不滅。○【趙次公曰】沴，音戾。陰陽錯謬之妖氣也。何由見寧歲，○【王洙曰】國語：晉無寧歲。解我憂思結。峥嶸群山雲，○群，樊作東。交會未斷絶。安得鞭雷公，滂沱洗吴越。○【九家集注杜詩依例爲「王洙曰」，分門集注引作「王洙曰」。又，集千家注批點杜工部詩集引作「公自注」。按，宋本杜工部集有此注文，當爲杜甫自注。】甫自注：時聞浙右多盜賊也。○【師古曰】按，甫意欲鞭驅雷車，滂沱而雨，一洗吴越之亂。吴越平，則人獲安居，天時自得，何憂旱乾哉！

【校記】

〔一〕旱，元本、古逸叢書本作「早」。

〔二〕反，元本、古逸叢書本作「在」。

送梓州李使君之任

○【九家集注杜詩、集千家注批點杜工部詩集引作「公自注」。杜陵詩史、分門集注、補注杜詩引作「魯曰」。】故陳拾遺，射洪人也。篇末有云。

籍甚黄丞相，○以黄霸美李使君也。前漢陸賈遊漢庭，名聲籍甚。孟康注：狼籍甚盛也〔一〕。能名自潁川。○【王洙曰】黄霸傳：霸字次公。宣帝詔曰：「制詔御史，其以賢良高第揚州刺史爲潁川太守。」霸宣布詔令〔二〕，得吏民心，户口歲增，治爲天下第一，后爲丞相。○古雁門太守行：臨部居職，不敢行私。治有能名，遠近所聞。近看除刺史，還喜得吾賢。五馬何時到，○東方朔外傳：郡守駟馬駕車，一馬行春。餘見前注。雙魚會早傳。○【趙次公曰】囑李使君幾時可以到任，早寄書達甫也。古樂府：客從遠方來，遺我雙鯉魚。呼兒烹鯉魚，中有尺素書。老思筇竹杖，冬要錦衾眠。○【趙次公曰】甫從李使君求此二物也。筇竹、錦衾，二物皆蜀之土宜，故甫及之。不作臨岐恨，唯聽舉最先。○聽，讀乎聲。○【王洙曰】京房傳：化行縣中，舉最當遷。火雲揮汗日，山驛醒心泉。○醒，蘇挺切。遇害陳公殞，○【王洙曰】唐拾遺陳子昂嘗爲縣令段簡收繫，憂憤〔三〕死獄中。于今蜀道憐。君行射洪縣，○【王洙曰】射洪，唐劍南道梓州。爲我一潸然。○【鄭卬曰】潸，師姦切，涕流貌。

【校記】

〔一〕狼籍甚盛也，元本、古逸叢書本作「曰籍甚盛也」。

〔二〕宣布詔令，古逸叢書本作「外寬内明」。

〔三〕憤，元本、古逸叢書本作「煩」。

天邊行

天邊老人歸未得，日暮東臨大江哭。○【師古曰】甫客居天邊，遭兵馬之亂，歸鄉不得，寧不悲傷乎？隴右河源不種田，○通鑑：廣德元年，吐蕃陷隴右，而河源田畝廢而不耕矣。唐隴右道者，禹貢雍州之域，自隴而西盡其地也。雍州自岐、隴已北，爲關内道。自隴西南，并得禹貢梁州之地垂，爲隴右道。胡騎羌兵入巴蜀。○【趙次公曰】是年十二月，吐蕃又陷松、維、保三州，高適不能救，於是劍南西山諸州亦入於吐蕃矣。○三巴記：閬泉東南流，曲折三迴如巴字。巴本國，後爲州，因取國以名焉。洪濤滔天風枝〔一〕木，○【師古曰】喻天下兵革不寧，民罹墊溺之患也。前飛禿鶖後鴻鵠。○鴻，一作黄。○【趙次公曰】鶖，音秋，水鳥也。○【師古曰】謂巴蜀騷動，屢因羽翰之便以附書歸鄉也。九度附書向洛陽，十年骨肉無消息。○【趙次公曰】自廣德二年，逆數至天寶十四年，凡十年矣。○淮南説林訓：親莫親於骨肉，節族之屬連也。

【校記】

〔一〕枝，元本、古逸叢書本作「拔」。

大麥行

大麥乾枯小麥黃，婦女行泣夫走藏。○婦女，一作婦人。○【九家集注杜詩依例爲「王洙曰」。又，杜陵詩史、分門集注、補注杜詩引作「師古曰」。】後漢威帝時童謡曰：小麥青青大麥枯，誰當穫者婦與姑，丈夫何在西擊胡。○【師尹曰：「叢話：潘子真云：古人造語，俯仰紆餘，各有態。如桓帝時童謡，皆合問答之詞。公今四句實有所自。」】夢弼謂：凡此句中每函問答之詞，甫之是詩意原於此。東至集壁西梁洋，○西，一作北。○【黃鶴曰】集、壁、梁、洋四州，屬山南西道。問誰腰鎌胡與羌。○【師古曰】時吐蕃與回紇入寇，四州之民皆奔山谷，腰鎌穫麥，惟羌與胡而已。○【趙次公曰】鮑照東武吟：腰鎌刈葵藿，倚杖收雞豚。豈無蜀兵三千人，部領辛苦江山長。○部，晉作簿。○【師古曰】時杜鴻漸以蜀兵三千遇賊衝突，江山險澁，士卒至有介胄生虫而不得休息者矣。安得如鳥有羽翅，託身白雲還故鄉。○烏孫公主歌：願爲黄鵠兮歸故鄉。莊子：乘彼白雲，至于帝鄉。

自閬州領妻子却赴蜀山行三首

汩汩避群盗，○汩，古忽切。唐韻：汩，没也。悠悠經十年。○自天寶十四年至廣德二年，凡十年也。不成向南國，復作遊西川。○【師古曰】甫初欲自閬中而之荆楚，今聞嚴武再至成都，故南下之計不成，而復歸西川也。物役水虚照，○【趙次公曰】言身爲物所役，水亦虚徒相照而不得優遊而觀賞之也。魂傷山寂然。我生無倚著，○著，直略切。盡室畏途邊。○【趙次公曰】盡室，謂全家也。○【師古曰】畏途者，言道路盗賊險阻也。○【趙次公曰】左氏傳：盡室以行。莊子達生篇：畏途者，十殺一人，則父子兄弟相戒。

長林偃風色，迴復意猶迷。○迴，一作首〔一〕。衫裛翠微潤，○裛，音邑。○【趙次公曰】言山中翠微之氣潤裛衣服也。○爾雅釋山：山未及上曰翠微。馬銜青草嘶。棧懸斜避石，○【王洙曰】棧，閣道也。○【王洙曰：「（棧）一作徑。」】避，一作遥。橋斷却尋溪。何日干戈盡，○謂吐蕃之亂也。飄飄媿老妻。

【校記】

〔一〕首，元本、古逸叢書本作「往」。

行色遞隱見，○見，形甸切。○【趙次公曰】言山有高下，林木有蔽虧，其行李物色或見或隱也。○莊子盗跖篇：車馬有行色云。人煙時有無。僕夫穿竹語，稚子入雲呼。轉石驚魑魅，○【趙次公曰】山中之人以其有魑魅而轉石驚之。抨弓落狖鼯。○【分門集注引作「鄭卬曰」】。又，九家集注杜詩、門類增廣十注杜工部詩、杜陵詩史引作「趙次公曰」。】抨，披耕切，彈也。○狖，余救切。鼯，訛胡切。○【黄希曰：「爾雅：鼯鼠，釋曰：狀似小狐，似蝙蝠，肉翅，脚短爪長，尾三尺許，聲如人呼，食火烟，能從高赴下，不能從下上高。」】異物志：狖，猿類，露鼻，尾長四五尺，樹上居。雨則以尾塞其鼻。建安、臨淮皆有之。鼯，大如猿，肉翼若蝙蝠，其飛善以高集下，食火煙，聲如人號。一名飛生，飛生子故也。東吴諸郡有之。真供一笑樂，似欲慰窮途。

閬州別房太尉墓

○【王彥輔曰】閬州太守房琯，字次律，河南人。常與嚴武等交結，貶鄧州刺史。上元元年，爲漢州刺史。寶應二年，拜刑部尚書，在路遇疾。廣德元年，卒於閬州僧舍，年六十七也。○按唐書：上皇入蜀，琯建議請分諸王鎮天下。其后賀蘭進明以此讒之肅宗，琯坐是卒廢，不專以陳陶之敗也。司空圖房太尉漢中詩曰：物望傾心久，匈渠破膽頻。注謂祿山初見分鎮詔書，拊膺嘆曰：「吾不得天下矣。」圖博學多聞，嘗謂朝廷且修史，其言必有自來。今唐書不載此語，惜哉不爲二〔一〕白之也。

他鄉復行役，駐馬別孤墳。近淚無乾土，○【趙次公曰】言淚多而濕之也。低空有斷雲。對碁陪謝傅，○甫自言昔嘗對房太尉圍碁，如陪謝安也。○【王洙曰】晉謝安字安石，薨，贈太傅。初，苻堅入寇，諸將退敗，堅次于淮肥，加安征討大都督。姪謝玄入問計，安石授將帥各當其任。玄等既破堅，有驛書至，安方對客圍碁，看書既竟，便攝於床上，了無喜色，碁如故。把劍覓徐君。○把劍，甫以季札自比，將欲掛〔二〕之於房太尉之墓也。○【王洙曰】劉向新序：延陵季子西聘晉，帶寶劍以過徐君。徐君觀劍，不言而色欲之。季子有上國之使，而未獻也，其心許之。致使於晉，反，則徐君以死。於是以劍帶徐君墓樹而去。唯見林花落，鶯啼送客聞。

【校記】

〔一〕二，元本、古逸叢書本作「圖」。

〔二〕掛，元本、古逸叢書本作「出」。

將赴成都草堂途中有作先寄嚴鄭公五首

○【九家集注杜詩依例爲「王洙曰」。然此詩在九家集注杜詩中屬第二十五卷，依凡例所言羼入補注杜詩之情形，此條注文或當爲「黄鶴曰」。】此詩廣德二年春作。嚴武先鎮蜀，甫依之。武趨朝，蜀亂，甫遂去之梓、閬。公聞武再鎮蜀，故欲復歸草堂也。

得歸茅屋赴成都，真爲文翁再剖符。○【王洙曰】真，一作直。○【王洙曰：「嚴鄭公再鎮成都也。」】昔文翁爲蜀郡太守，故以比嚴武也。○説文：符，信也。○【王洙曰：「剖符，分符也。漢制：符皆有合契。當給符者，止給其半，留一半京師。」】漢制：以竹長六寸，分而相合。文帝二年，初與郡守爲銅虎符、竹使符。音義曰：銅虎符，第一至第五，發兵遣使。至郡，合符。符合，乃聽受之。竹使符，以竹長五寸，鐫刻篆書，亦第一至第五。符者，左留京師，右以與之。○東觀漢記：岸賓上議：「二千石皆以選出，刻符，典千里。」但使閭閻還揖讓，○【王洙曰】此甫喜復歸得與鄰里相愛也。敢論松竹久荒蕪。○【王洙曰。又，趙次公曰：「公之心在愛人，不私一己矣。」】此甫不敢以私己之園林久廢不治爲念也。魚知丙穴由來美，○【王洙曰】由，舊作猶。後漢郡國志：漢中郡沔陽縣西有丙穴。○【九家集注杜詩依例爲「王洙曰」。又，杜陵詩史引作「師古曰」。】酈道元水經：丙穴出嘉魚，常以二月出，十月入。水泉懸〔一〕注。魚自穴下還入。水穴口向丙，故曰丙穴。○【王洙曰】寰宇記：興州順政縣東南七十里有大丙山、小丙山，其山北有穴，方圓二丈餘。其穴有水潛流，土人相傳名丙穴。周地圖云：其穴向丙，因以爲名。沮水經穴間而過，或謂之大丙水。每春三月時，則有魚長八九寸，或二三日，連綿從穴出。相傳名嘉魚也。〔二〕○【九家集注杜詩依例爲「王洙曰」。又，杜陵詩史引作「師古曰」。】段成式〔三〕酉陽雜俎：丙穴魚食乳水，食之甚溫。神農本草亦云：嘉魚味甘，食之令人肥健悦懌。此乳穴中小魚常食乳水，所以益人也。酒憶郫筒不用沽。○【鄭卬曰】郫，賓彌切。○一作箄。○【王洙曰。趙次公曰：「言酒不須沽，而從嚴公飲耳。」】甫思嚴武先待我之厚，醉我以郫筒之酒，而甫不須沽也。○【王洙曰】成都記：郫縣因水得名，居人以筒釀酒。蜀王杜宇所都。華陽風俗録：郫人刳竹之大者，傾春釀於筒，閉以藕絲，苞以焦葉，信宿香達於竹外，然後斷之以獻，俗號郫筒。○【杜陵詩史、分門集注、補注杜詩、集千家注批點杜工部詩集引作「修可曰」。】夢弼謂：此説非也。郫筒乃酒器也。郫出大竹，土人截以盛酒，故號郫筒。故李商隱詩云「錦石爲棋子，郫筒當酒壺」是也。五馬舊曾諳小徑，○【王洙曰。又，趙次公曰：「言嚴公昔曾枉駕之熟，今有書札來相待其歸矣。」】甫謂武昔嘗過余之草堂也。○餘見前注。幾迴書札待潛夫。○【張詠曰】潛夫，甫自比也。

【校記】
〔一〕懸，元本、古逸叢書本作「縣」。
〔二〕相傳名嘉魚也，元本、古逸叢書本作「相傳爲嘉魚出丙水也」。
〔三〕段成式，元本、古逸叢書本無。

處處青江帶白蘋，○【趙次公曰】爾雅釋草：萍之大者曰蘋。故園猶得見殘春。○【趙次公曰】故園，指成都草堂也。○園，或〔一〕作國。雪山斥候無兵馬，○【張天覺曰】謂西山之亂靖也。錦里逢迎有主人。○【秦曰】謂嚴武再鎮成都也。○【黄希曰】戰國策：田光造燕太子，跪而逢迎，却行爲道。休怪兒童延俗客，不教鵝鴨惱比隣。○【鄭卬曰】比，頻脂切。○近也。○【趙次公曰】甫於武有故舊之好，而能如此，則甫之厚德與夫慎重可見矣。習池未覺風流盡，況復荆州賞更新。○【師古曰】武每訪草堂，酣飲賦詠，故甫自比之習池，荆州則以比武之來，宴賞復無窮也。○【王洙曰】按晉山簡鎮襄陽，諸習氏者荆土豪族，有佳園池，簡每出，戲多〔二〕於池上，輒醉而歸，名之曰高陽池。

【校記】
〔一〕或，元本、古逸叢書本作「一」。

〔一〕戲多，古逸叢書本作「多戲」。

竹寒沙碧浣花溪，○【王洙曰】梁益記：溪水出渝江，居人多造綵牋，故號浣花。公之別館，後爲崔寧宅，捨爲寺，今尚存焉。菱刺藤梢咫尺迷。○【王洙曰】菱，一作橘。○【趙次公曰】甫離草堂之久，宜其荒蕪矣。過客徑須愁出入，居人不自解東西。○【鄭卬曰】解，佳買切，曉也。○【趙次公曰】以蓬蒿之僻也。書籤藥裹封蛛網，○【鄭卬曰】籤，千廉切，驗也。野店山橋送馬蹄。○【趙次公曰】言橋與店空送馬蹄於道中，往來而已，蓋甫不在草堂故也。肯藉荒亭春草色，先判一飲醉如泥。○【鄭卬曰】判，普官切。○【王洙曰】後漢周澤傳：澤爲太常，清潔循行，盡敬宗廟。常卧病齋宮，其妻闚問所苦，澤怒，以妻干犯齋禁，遂收詔獄。時人爲之語曰：「生世不諧，作太常妻。一年三百六十日，三百五十九日齋，一日不齋醉如泥。」○余按稗官小説：南海有蟲無骨，名曰泥。在水中則活，失水則醉如一塊泥然。

常苦沙崩損藥欄，也從江檻落風湍。新松恨不高千尺，○【趙次公曰】新松，甫指手植四松也。○按，集有四松詩〔二〕云「霜骨不甚長」是也。惡竹應須斬萬竿。○【王洙曰：「去其恶者，留其善者，洗竹也。」】甫歸故林，竹之惡者斫之，護其新美者。○按，集有詩曰「今晨去千竿」，又曰

「步堞萬竹疏」是也。生理秖憑黄閣老，○【薖曰】甫言生計皆仰於嚴武也。○國史補：兩省相呼爲閣老。衰顔欲付紫金丹。○【沈曰。又，杜陵詩史引「田曰」】：「大藥登〔二〕云：紫金大丹，若人服食，化腸爲筋，變髓凝骨，自然不死。」】丹陽抱陽山人大藥證：煉粉爲鉛，化汞〔三〕爲塵，自然伏火，去鉛〔四〕取丹，更入華池，還源反色，再入神室。更養火六十日，成紫金火丹。若人服食，化腸爲筋，變髓凝骨，自然不死。三年奔走空皮骨，信有人間行路難。○【王洙曰】古詩有行路難篇。

【校記】

〔一〕詩，原作「寺」，據元本、古逸叢書本改。

〔二〕登，當作「證」。

〔三〕汞，元本、古逸叢書本作「石」。

〔四〕鉛，元本、古逸叢書本作「鈎」。

錦官城西生事微，○【王洙曰：「一作館。」】官，或作里。○王荆公作「錦宮〔一〕生事城西微」。○【師古曰：「言土田薄有也。」】甫言薄有常産也。烏皮几在還思歸。○【王洙曰】謂以烏皮爲几也。○【趙次公曰】謝朓詠烏皮隱几詩：蟠木生附枝，刻削豈無施。曲躬奉微用，聊承終宴疲。昔去爲憂亂兵入，今來已恐鄰人非。○【王洙曰】恐經亂離而人物變易也。側身天地更懷古，迴首風塵甘息機。○【師古曰】甫言厭奔走也。共説總戎雲鳥陣，○【王洙曰：「元帥也。」趙次公曰：「總戎以言嚴公。」】總戎，謂嚴武爲元帥也。○太公六韜曰：既以被山而處，以爲雲鳥之陣，陰陽皆備。○【田曰】又曰：以車騎分爲雲鳥之陣。所謂鳥雲者，鳥散而雲飛，變化無窮者也。不妨遊子芰荷衣。○【趙次公曰】遊子，甫自謂也。○【師古曰】甫欲參軍謀，不妨吾逸態而衣芰荷之衣也。○屈原離騷篇：製芰荷以爲衣兮，集芙蓉以爲裳。

【校記】

〔一〕宮，元本、古逸叢書本作「官」。

行次鹽亭縣題四韻奉簡嚴遂州蓬州兩使君咨議諸昆季

馬首見鹽亭，○地理志：鹽亭縣，梓州左。高山擁縣青。雲溪花淡淡，○【王洙曰】淡淡，一作漠漠。春郭水泠泠。全蜀多名士，○【趙次公曰：「多名士，指言當日之人，以引下句。」】名士，美嚴氏也。以引下句。○【王洙曰】蜀都賦：近則江漢炳靈，世載其英。鬱若相如，皭若君平。王褒韡曄而秀發，揚雄含章而挺生。嚴家聚德星。○德星，復以比嚴氏也。○【王洙曰】異苑：陳寔字仲弓，荀淑字季和，仲弓與諸子姪造季和父子討論。於時德星聚，太史奏曰：「五百里内有賢人聚。」

○【趙次公曰：「三嚴，或以爲嚴震之昆季。按唐史：震，梓州鹽亭人，西川節度使嚴武署押衙。武卒，罷歸。今公聞嚴武再鎮蜀，自閬歸成都過此，而見嚴氏，則非嚴震家矣。更俟博聞。」】或云嚴氏，見唐書：嚴震，字遐聞，梓州鹽亭人，本農〔一〕家子，以財役閭里。至德、乾元中，數以貲助邊，得爲州長史。嚴武知其才，署押衙。未知或是否？長歌意無極，好爲老夫聽。○爲，于僞切。

【校記】

〔一〕農，元本、古逸叢書本作「養」。

倚杖

○【王洙曰】鹽亭縣作。

看花雖郭内，倚杖即溪邊。山縣早休市，江橋春聚船。狎鷗輕白浪，○【王洙曰：「〔日〕一作浪。」】浪，一作日。○【趙次公曰】謂可狎之鷗遊詠〔一〕乎白日之中，不知光景之可重也。○【王洙曰：「列子有狎鷗翁。言忘杖，故物亦不懼。」】列子黄帝篇：海上之人有好漚鳥者，每旦之海上從漚鳥遊。歸雁喜青天。○【王洙曰】雁，一作鳥。物色兼生意，凄凉憶去年。

【校記】

〔一〕詠，元本、古逸叢書本作「泳」。

陪王漢州留杜綿州泛房公西池

○【王洙曰】房琯相肅宗，以事責官。後爲漢州刺史。西池乃琯所鑿也。○寶應二年，琯自漢州刺史召拜刑部尚書。

舊相恩追後，春池賞不稀。闕庭分未到，舟楫有光輝。○【趙次公曰】舊相，言房琯也。指言於恩追未行之間，則數數遊此湖，此追道其實也。又言闕庭未到之間，且於此遊湖，而當承恩命時，則舟楫爲有光輝也。豉化蓴絲熟，○豉，是義切。蓴，音純。大凡煮蓴，須用鹽豉，以物性最相宜也。○【王洙曰】世説：王武子前有羊酪，問陸雲〔一〕：「吴中何以敵此？」機曰：「千里蓴羹，未下鹽豉。」○千里，乃湖名也。○【師古曰】本草：蓴生水中，華似鳧葵。三月至八月，爲絲蓴。九月至十一月，名瑰蓴。春夏細〔二〕長肥滑，爲絲蓴。至冬，短爲猪蓴，亦名龜蓴。刀鳴鱠縷飛。○【趙次公曰】潘安仁西征賦：饔人切縷，鑾〔三〕刀若飛。使君雙皂蓋，○【王洙曰】漢制：二千石皂蓋，朱兩轓〔四〕。灘淺正相依。

【校記】

〔一〕雲，元本、古逸叢書本作「機」。

〔二〕細，元本、古逸叢書本作「幼」。

〔三〕鑾，元本、古逸叢書本作「鸞」。

〔四〕轓，元本、古逸叢書本作「幡」。

得房公池鵝

房相西池鵝一群，○池，或作亭。見前篇。眠沙泛浦白於雲。鳳凰池上應迴首，○【趙次公曰】公以自興也。晉荀勗罷中書令，爲尚書。人賀之，乃曰：「奪我鳳凰池，何賀我耶？」爲報籠隨王右軍。○【趙次公曰】王羲之，字逸少，爲右軍將軍、會稽内史。性愛鵝，山陰有道士好養鵝，羲之往觀焉，意甚悦，因求市之。道士云：「爲寫道德經，當舉群相贈。」羲之欣然寫畢，籠鵝而歸，甚以爲樂。○王羲之守永嘉，五馬常相隨，騷人爲之吟曰：「旌旆從南來，五馬立踟躕。人愛史〔一〕君好，换鵝非俗書。」凡軍禮，將軍伏鉞閫外，晉江右〔二〕列職，以將軍守之，如唐之觀察、節度也。

【校記】

〔一〕史，元本、古逸叢書本作「使」。

〔二〕右，古逸叢書本作「左」。

答楊梓州

悶到楊公池水頭，坐逢楊子鎮東州。○【王洙曰：「梓州，東州也。」】東州，梓州路也。却向青溪不相見，回船應載阿戎遊。○【師古曰】楊梓州之先人昔嘗守梓州，鑿池一百頃，引水爲農田之利，在梓州青溪之西，號爲楊公池。今乃子又守此州，故甫有「應載阿戎遊」之句以美之。○【趙次公曰】按，晉阮籍謂王渾曰：「與卿語，不若與阿戎談。」戎，乃渾之子也。

投簡梓州幕府兼簡韋十郎官

幕下郎官安穩無，○【趙次公曰】佛書有曰：問世尊安穩否？從來不奉一行書。○行，户郎切。因知貧病人須棄，能使韋郎跡也疏。○此公譏之之辭也。

莫相疑行

男兒生無所成頭皓白，○樊作「男兒一生無成頭皓白」。○【趙次公曰】李陵書：男兒生無所成名。牙齒欲落真可惜。憶獻三賦蓬萊宮，○【王洙曰】天寶九載，明皇納處士之議，以明年朝獻太清宮，饗廟〔一〕及郊。甫乃獻三大禮賦以預言其事，帝奇之。○長安志：大明宮，龍朔二年大加興葺，曰蓬萊宮。咸亨三年曰含光宮。長安元年復曰大明宮。自怪一日聲輝赫。○輝，王作烜。集賢學士如堵牆，○【王洙曰】禮射義：孔子射於矍相之圃，觀者如堵牆。觀我落筆中書堂。

○【師古曰】中書堂，即宰相所坐之堂也。○【王洙曰】按新唐書：甫獻三賦，帝奇之，使待制集賢院，命宰相試文筆。又按：開元十三年，改集仙殿爲集賢殿，麗正殿書院爲集賢殿書院。院内五品以上爲學士，六品以下爲直學士。往時文彩動人主，○人主，謂明皇也。○【趙次公曰：「李蕭遠運命論：封己養高，勢動人主。」】運命論：高勢動人主。此日飢寒趨路傍。○【九家集注杜詩依例爲「王洙曰」。又，杜陵詩史、分門集注、補注杜詩引作「趙次公曰」。】至德二載，甫受左拾遺。及房琯罷相，甫上疏論琯不宜廢，肅宗怒，出爲華州司功。屬關輔饑亂，棄官寓同谷，自負薪採橡〔二〕，餔備不給，遂出蜀，卜居成都。晚將末契託年少，○【師古曰】年少，指嚴武也。甫與武父嚴挺之素善，武時年尚少，鎮成都，甫往依焉故也。○【九家集注杜詩引作「杜田補遺」。又，杜陵詩史、分門集注、補注杜詩、集千家注批點杜工部詩集引作「趙次公曰」。】按，陸士衡嘆逝賦：託末契於後生，余〔三〕將老而爲客。當面輸心背面笑。○【王洙曰】輸，一作論。○【師古曰】按唐新書：甫嘗登武床，瞪視曰：「嚴挺之乃有此子！」武外若不忤，中銜之。一日，欲殺甫，集吏於門，武將出，冠挂于簾三〔四〕，左右白其母，奔救得止。武與甫由是有隙，故甫譏其不以誠相待，而有是作也。○或者又謂，唐史氏承范攄〔五〕雲溪友議之誤，以公詩考之，武求鎮蜀，甫再依武，相歡洽，無恨恨意。史氏當失之也。寄謝悠悠世上兒，不爭好惡莫相疑。

【校記】

〔一〕廟，古逸叢書本作「應」。

〔二〕橡，原作「梠」，據古逸叢書本改。
〔三〕余，元本、古逸叢書本作「念」。
〔四〕三，元本作「玉」，古逸叢書本作「上」。
〔五〕攄，元本、古逸叢書本作「慮」。

新定杜工部草堂詩箋斠證卷第二十七

春末再至成都所作

寄司馬山人十二韻

關内昔分袂，天邊今轉蓬。驅馳不可説，談笑偶然同。道術曾留意，先生早擊蒙。○【王洙曰】蒙卦。家家迎薊子，○薊，居例切。薊子、壺公，皆神仙人，以比司馬也。○【王洙曰】後漢方術傳：薊子訓有神異之道，士大夫皆承風向慕之。駕驢車與諸生俱詣許下，其迫逐觀者常有千數。既到京師，公卿以下候之者坐上常數百人。處處識壺公。○【王洙曰】方術傳：費長房爲市掾，市中有老翁賣藥，懸一壺於肆頭，及市罷，徑跳入壺中。長房於樓上睹之，異焉，因往再拜。翁乃與俱入壺中。長嘯峨嵋北，潛行玉壘東。○【王洙曰：「江賦：峨嵋爲泉陽之揭，玉壘作東別之標。」【峨嵋、玉壘二山，皆在蜀。○【曾曰】潛行，謂晦迹也。有時騎猛虎，虛室使仙童。髮少何勞白，顏衰肯更紅。○【梅曰】此聯已下，公自叙也。望雲悲轗軻，○轗，音坎，或作坎。軻，音可，或從土。皆不得志也。七諫篇：然轗軻而留滯〔一〕。畢景羨冲融。○【韓曰】冲融，言司馬養和氣，如陽春也。喪亂形仍役，凄涼信不通。懸旌要路口，倚劍短亭中。○【康曰】此聯言屯戍之兵以防寇盜者也。永作殊方客，殘生一老翁。相哀骨可換，亦遣馭清風。○此乞憐於司馬也。○【王洙曰】莊子逍遥遊篇：列子馭風而行，泠然善也。

【校記】

〔一〕滯，元本、古逸叢書本作「連」。

春歸

○【趙次公曰】此言歸當春時，非謂春色之歸也。

苔逕臨江竹，茅簷覆地花。○覆，讀去聲。甫避楊子琳之亂，適東川。寇平，復以春時歸草堂，喜見其當逕之竹臨江而茂，倚簷之花覆地而榮也。別來頻甲子，倏忽又春華。○倏，音叔。倏忽，犬疾走也。○【師古曰】甲子，記時節也。謂之頻，則歷時之已久。及歸到草堂，驚其景物之變，倏忽又春華也。○按集有云「甲子西南異」、「甲子混泥塗」，皆言其歷時之多也。倚杖看孤石，傾壺就淺沙。遠鷗浮水静，輕燕受風斜。世路雖多梗，〇梗，古杏切。吾生亦有涯。〇【王洙曰】莊子養生主篇：吾生也有涯。此身醒復醉，〇【王洙曰】此身，一作且應。乘興即爲家。

歸來

〇【趙次公曰】此篇叙其久往東川而歸也。

客裏有所過，〇【王洙曰】過，一作適。歸來知路難。開門野鼠走，散秩壁魚乾。〇【王洙曰】謝玄暉詩：陵澗尋我屋，散秩問所知。〇注：秩，書衣也。〇【九家集注杜詩引作「杜定功曰」】：「壁魚，白魚也。俗傳壁魚入道經函中，因蠹食神仙字，身有五色，人得而吞之，可致神仙。」趙次公曰：「壁魚，白魚也，在文書中爾。」壁魚，本草謂之「白魚」。爾雅謂之「蟫白魚」。〇蟫，音潭，又音尋。〇【沈曰】郭璞注：衣書中蟲，一名蛃魚。〇段成式酉陽雜俎：補闕張周見壁上瓜子化爲白魚，固知列子「朽瓜爲魚」之言不妄。今人呼爲「壁魚」是也。洗杓開新醖，低頭拭小盤。〇【王洙曰】一作「低頭著小冠」。憑誰給麴蘗，〇【趙次公曰】：「意欲得之以造酒。」甫欲得麴蘗以造酒也。細酌老江干。〇【王洙曰】干，涯也。〇【趙次公曰】庾信詩：開君一壺酒，細酌對春風。

草堂

昔我去草堂，蠻夷塞成都。今我歸草堂，成都適無虞。〇【師古曰】嚴武鎮成都，卒於永泰元年夏四月。朝廷有詔崔光遠代之。○未幾，朝廷復詔光遠還朝，聽薦人自代。光遠遂表郭英乂。崔旰，光遠之族弟，素與英乂不平，遂舉兵攻殺之。亂成都者，崔旰也，而云蠻夷者，蓋春秋之法，中國而夷狄行，則夷狄之。崔旰以臣叛君，無君臣上下之分，非夷狄而何？甫築草堂於浣花里，因避成都之亂，遂去之東川，亂定，復歸成都。無虞，乃無憂也。請陳初亂時，○甫請歷陳初亂時之事也。反覆乃須臾。○一作斯須。大將赴朝廷，○謂崔光遠也。群小起異圖。○謂崔旰之徒也。中宵斬白馬，盟歃氣已麤。○歃，山洽切。後漢隗囂傳：牽馬鍘刀，奉盤錯鍉，遂割牲而盟。注引前書匈奴傳：漢遣鄭昌等與單于及大臣俱登諾水、東山，刑白馬。單于以徑路刀金留犂撓酒〔一〕，魏〔二〕毌丘儉與文欽同反，入壽春城，爲壇於城西，歃血稱兵爲盟。又云，文欽驍果麤猛。西取邛南兵，北斷劍閣隅。○華陽國志：諸葛亮相蜀，鑿石架空爲飛梁閣道，即古劍閣道也。布衣十數人，亦擁專城居。○洙云：即楊子琳、柏正節之徒。子琳爲瀘州刺史，正節爲邛州刺史。其勢不兩大，○【趙次公曰】左氏傳：物莫能兩大。○前漢：事不兩宜。○【王洙曰】又：兩大不相事。始聞蕃漢殊。兩卒却倒戈，○一作「兩卒倒干戈」。卒，藏没切。賊臣互相誅。○昔漢高刑白馬與群臣盟，今旰乘光遠入朝，欲殺英乂，中夜斬白馬，歃血盟誓，遂興兵攻英乂，又西取邛南之兵，以收楊子琳、柏正節，北則斷劍閣以自守。旰署其黨羽十人爲刺史，欲相連結，奈何勢不兩大，小人見利則爭，安能屈己相專，是以肺腑各異，如蕃、漢之不相入，終也兩卒倒戈相攻，旰遂見殺。焉知肘腋禍，○戰國策：趙報魏，滅智伯。禍起肘腋。自及梟鏡徒。○梟鳥食母，破鏡食父，喻賊臣不知君臣之分。肘腋，言禍起於左右也。○【王洙曰】按前漢郊祀志：梟，鳥名，食母。破鏡，獸名，食父。黄帝欲絶其類，使百吏祠皆用之，破鏡如貙而虎眼。漢五月五日作梟羹以賜百官，以其惡鳥，故食之也。○【杜田補遺】楞嚴經：如土梟等附塊〔三〕爲兒，及破鏡鳥以毒樹果抱成其子，父母皆遭其食。漢書志以爲獸，楞嚴經以爲鳥。義士皆痛憤，紀綱亂相踰。一國實三公，○【王洙曰】左氏僖公五年傳：狐裘蒙茸，一國三公。吾誰適從？萬人欲爲魚。○唐諱「民」，改作「人」。○【趙次公曰】左氏昭公元年傳：劉定公嘆禹之功，曰：「吾其魚乎？」光武紀：故趙繆王子林説光武曰：「赤眉今在河東，但决水灌之，可使爲魚。」唱和作威福，○【趙次公曰】洪範：臣有作福作威，害于而家，凶于而國。孰能辨無辜。○方崔旰之攻子琳、正節，二子復舉兵討旰之亂。崔寧又攻子琳、正節，蜀大亂，全無紀綱，正謂「一國三公，莫知所適從」，一唱之，一和之，僭天子威福之柄，妄殺無辜。眼前列杻械，○列，晉作引。背後吹笙竽。談笑行殺戮，濺血滿長衢。○濺，一作流。釋名：四達謂之衢。到今用鉞地，風雨聞號呼。鬼妾與鬼馬，○【王洙曰】鬼妾，一作人妾。○【趙次公曰】已殺其主矣，則妾謂之鬼妾，馬可謂之鬼馬。如匈奴以亡者之妻爲鬼妻也。色悲充爾娱。國家法令在，此又足驚吁。○吁，嘆辭也。前列杻械，後吹笙竽，言喜怒無常，獨不顧國家有法令在，自相殺戮，此亦足驚嘆也。賤子且奔走，○賤子，甫謂也。三年望東吴。○地理志：吴地，斗之分野。蘇州爲吴泰伯之墟。泰伯卒，仲雍亦傳國至魯〔四〕孫，武王克商，因而封之也。弧矢暗江海，難爲遊五湖。○周禮職方氏：揚州之浸曰五湖。今吴縣南太湖，即震澤是也，一名震澤，一名笠澤，一名雷澤，一名太湖，一名五〔五〕湖。張勃吴録云：五湖者，太湖之别名，以其周行五百餘里，故以「五湖」爲名。虞翻云：太湖有五道，别謂之五湖。東道長洲松江水，南道烏程雲溪水，西道義興荆溪水，北道晉陵滆湖水，東南道嘉興韭溪水。余以國語考之，吴、越戰於五湖，直在笠澤一湖中戰耳。當以吴録之言爲是也。不忍竟舍此，○舍，與捨同。復來薙榛蕪。○【鄭印曰】薙，它計切。○周禮：薙氏。鄭玄注：薙，翦也。一云除草也。故甫是以望東吴之地，移居夔州，蓋避蜀亂，欲迤邐下峽，之荆南，復顧四海之内，弧矢皆紛亂，不敢泛遊五湖，又却歸成都，芟薙草堂之荒穢，聊且駐居於此也。入門四松在，○甫昔於草堂植四松，今歸猶在。按集有詩云：「尚念四小松，蔓草與拘纏。霜骨不甚長，永爲隣〔六〕里憐。」又云：「新松恨不高千尺。」足知甫眷眷於此松而不忘也。步堞萬竹疏。○【鄭印曰】堞，徒協切。○矮墻也。按集有詩云：「我有陰江竹。」又云：「今晨去千竿。」又云：「惡竹應須斬萬竿。」乃知甫植竹若此之盛多也。○【王洙曰】堞，一作屧。○【趙次公曰】宋袁粲爲丹陽尹，常步屧白楊郊野間。惡〔七〕犬喜我歸，低徊入衣裾。隣里喜我歸，沽酒攜胡蘆。○【王洙曰】一作提榼壺。○揚雄〔八〕酒德頌：動則挈榼提壺。大官喜我來，○喜，一作知。遺騎問所須。城郭喜我來，○喜，一作知。賓客隘村墟。○【趙次公曰：「此四韻木蘭歌格也。其辭：爺娘聞女來，出郭相扶將。阿姊聞妹來，當户理紅妝。小弟聞姊來，磨刀霍霍向豬羊。」此甫全用木蘭詩體。天下尚未寧，健兒勝腐儒。○謂兵革之際，武夫得志，儒道不振也。○【王洙曰】漢黥布傳：上對衆析〔九〕隨何曰：「爲天下安用腐儒哉？」飄飄風塵際，○王作飄颻。何地置老夫。於時見疣贅，○【鄭卬曰】疣，羽求切。贅，之鋭切。○疣贅，無用之物。甫傷時不已用也。○【王洙曰】莊子駢拇篇：附贅懸疣，出乎形哉。骨髓幸未枯。○昔者大夫七十而致政。○【師古曰】甫年未老而不見用，故有是句。飲啄媿殘生，○【王洙曰】莊子養生主篇：澤雉十步一啄，百步一飲，不蘄畜乎樊中。食薇不敢餘。○【師古曰：「食薇不敢餘，謂其貧也。薇，菜之薄者。」】薇，蕨菜也。甫言其貧，食之薄也。○昔夷、齊隱于首陽，采薇而食之。○【趙次公曰】古詩：食蕨不願餘。

【校記】

〔一〕金留犂撓酒，元本、古逸叢書本作「歃血以飲酒」。

〔二〕魏，元本、古逸叢書本作「又」。

〔三〕塊，古逸叢書本作「瑰」。

〔四〕魯，古逸叢書本作「曾」。

〔五〕五，古逸叢書本作「玉」。

〔六〕隣，元本、古逸叢書本作「憐」。

〔七〕惡，元本、古逸叢書本作「舊」。

〔八〕揚雄，古逸叢書本作「劉伶」。

〔九〕析，元本、古逸叢書本作「折」。

除草

○【王洙曰。又，集千家注批點杜工部詩集引作「公自注」。】去薞草也。

○薞，音潛，又徐炎切，山韮也。

草有害於人，曾何生阻脩。其毒甚蜂蠆，○蠆，丑賣切。○【王洙曰】左氏傳：蜂蠆猶有毒。其多彌道周。○【趙次公曰：「蜂蠆、薞上皆芒刺，觸之能螫人。彌道周，薞最蔓生。」】言薞草彌滿生於脩遠險阻之道傍，往來有觸之者，其草之芒刺能螫人，其毒有甚於蜂之蠆也。清晨步前林，江色未散憂。芒刺在我眼，焉能待高秋。○【師古曰】草喻小人，道周喻居王之左右，君子疾之如芒刺在眼，求其所以去之之術。春以喻賞，秋以喻罰焉。待高秋，急於去小人者也。霜雪一霑凝，蕙葉亦難留。○【師古曰】蘭蕙，香草也。以比君子。今蕙草同爲霜雪所殺，喻政刑無辨，善惡莫分也。荷鋤先童雉，○荷，胡可切。日入仍討求。轉置水中央，豈無雙釣舟。○先者，謂以身率先之。○【晏曰：「禮：薙人掌殺草，有水火之化。以釣舟載而致之水，此水化也。」】日暮以釣舟載而致之水中，此水化也。周禮「薙人掌殺草，有水火之化」是也。頑根易滋蔓，○【王洙曰】左氏傳：無使滋蔓，蔓難圖也。敢使依舊丘。○【師古曰】小人立黨，以黨滋盛，固不可近也。自茲藩籬曠，更覺松竹幽。○【師古曰】松竹有高操，君子自守之象。小人去，則君子道長，而松竹得遂其生養之性也。芟荑不可闕，疾惡信如讎。○【王洙曰】左氏隱公六年傳：周任有言曰：「爲國家者，見惡如農夫之務去草焉。芟夷蘊崇之，絶其本根，勿使能殖。則善者使信之矣〔一〕。」○【師古曰】甫此篇大有含蓄，詳玩之頗有味矣。

【校記】

〔一〕使信之矣，古逸叢書本作「信矣」。

四松

○何瓚書序「闊步文翁房裏月，閑尋杜甫宅前松」，謂此也。

四松初移時，大抵三尺强。別來忽三歲，離立如人長。○【趙次公曰】曲禮：離坐離立。○按集有草堂詩云「入門四松在」，謂始移小松植於草堂，不過高三尺，避亂往東川，凡經三載矣，今來歸，已離立如人長。○【師古曰】又云「賤子且奔走，三年望東吳」，則知甫去草堂，及歸時凡涉三歲矣。會看根不拔，莫計枝凋傷。幽色幸秀發，疏柯亦昂藏。所插小藩籬，本亦有隄防。終然振撥損，○【鄭卬曰】振，直庚切。撥，比末切。○【師古曰】振撥，觸撼貌。得愧千葉黄。

○籬以護松，既破則松有觸撼而千葉黄也。敢爲故林主，黎庶猶未康。○【師古曰】甫傷兵亂，尚不保其故居，況吾敢爲故林之主而欲保四松之無損者乎？避賊今始歸，春草滿空堂。覽物嘆衰謝，及兹慰凄凉。○【王洙曰】按集草堂詩云「入門四松在」是也。清風爲我起，灑面若微霜。足以送老姿〔一〕，○【王洙曰】以，一作爲。聊待偃蓋張。○待，一作將。○【趙次公曰】抱朴子有「天陵偃蓋之松」。我生無根蒂，配爾亦茫茫。○人生無根蒂，求欲長與松爲伴偶，理難定也。有情且賦詩，事迹可兩忘。勿矜千載後，慘澹蟠穹蒼。○乃若千載之後，勢蟠穹蒼，又非吾之可知，何矜惜之有乎？玉策記：千歲松四邊枝起，上杪不長，望而視之，有如偃蓋，其中有物，或如青牛，或如青犬，或如人，皆壽萬歲。

【校記】

〔一〕姿，原作「婆」，據杜陵詩史、分門集注、補注杜詩、集千家注批點杜工部詩集改。九家集注杜詩作「資」。

水檻

蒼江多風飆，雲雨晝夜飛。茅軒駕巨浪，○【王洙曰】郭璞遊仙詩：高浪駕蓬萊。焉得不低垂。遊子久在外，○遊子，甫自謂也。門户無人持。○【師古曰】持，謂守也。○古樂府隴西行：健婦持門户，勝一大丈夫。高岸尚爲谷，○詩正月篇。何傷浮柱欹。扶持有勸誡，○【王洙曰】論語：危而不持，顛而不扶，則將焉用彼相矣。恐貽識者嗤。既殊大厦傾，可以一木支。○【師古曰】謂岸谷尚有變易，於水檻何恨乎？水檻駕于巨浪之上，爲水所蕩，浮柱欹側，此以常理。但顛危必用扶持也。此甫含蓄意思，諷朝廷之材當顛危際，莫有扶持者矣。○叔孫通贊：廊廟之材，非一木之枝。臨川視萬里，何必欄檻爲。○【師古曰】此言王者當以天下爲度，一視同仁，恩及無外，不可有此疆爾界之辨。諷肅宗示人不廣也。人生感故物，慷慨有餘悲。

破船

平生江海心，宿昔具扁舟。豈惟清溪上，日傍柴門遊。○【趙次公曰】此言志在江海，豈局促於清溪之傍柴門而遊爲事乎？愴惶避亂兵，○【師古曰】避崔旰之亂，往梓州也。緬邈懷舊丘。○【師古曰】：「舊丘，故林也，指草堂。」謂遠懷草堂之故林也。隣人亦已非，○【師古曰】謂流離也。野竹獨脩脩。船舷不重扣，○【鄭卬曰】舷，胡田切。○【師古曰】船傍也。埋没已經秋。○【師古曰】甫昨去成都，已經三秋。向者所泛扁舟，弊而埋没於泥沙，故不堪扣其舷以節歌也。仰看兩飛翼，下媿東逝流。○【師古曰】謂在東川而未及西歸也。故者或可掘，○【師古曰】故者，謂破船也。新者亦易求。所悲數奔竄，○【鄭卬曰】數，色角〔一〕切。○屢也。白屋難久留。

【校記】

〔一〕角，原作「色」，據古逸叢書本改。

王録事許修草堂貲不到聊小詰

爲嗔王録事，不寄草堂貲。昨屬愁春雨，能忘欲漏時。

寄邛州崔録事

邛州崔録事，聞在果園坊。○【王洙曰：「果園坊在成都。」】坊在成都。久待無消息，終朝有底忙。應愁江樹遠，○應，音因。怯見野亭荒。浩蕩風塵外，誰知酒熟香。

過故斛斯校書莊二首老儒艱難時病於庸蜀歎其没後方授一官

〇【「老儒艱難時病於庸蜀歎其没後方授一官」，杜陵詩史、分門集注皆無，九家集注杜詩、集千家注批點杜工部詩集引作「公自注」。】

此老已云殁，鄰人嘆亦休。竟無宣室召，〇【王洙曰】漢文帝召賈誼於宣室。徒有茂陵求。〇【王洙曰】司馬相如傳：既病免，家居茂陵。天子曰：「相如病甚，可往取其書。」所忠往，而相如已死，妻曰：「長卿時爲一卷書。曰：『有使來求書，奏之。』」其遺札言封禪之事。所忠奏焉。天子異之。謝玄暉詩：茂陵將見求。妻子寄他食，園林非昔遊。空餘繐帳在，〇【王洙曰：「陸士衡注：繐，細布而疏者，爲靈帳。裙繐帳之冥漠也。」】繐，音歲，疏布也。用爲靈柩之帳。〇【王洙曰】謝玄暉詩：繐帷飄井幹。淅淅野風秋。燕入非傍舍，鷗歸祇故池。斷橋無復板，卧柳自生枝。〇【王洙曰】嘆其池館依舊而人不可見也。〇【趙次公曰】梁孝感詩：卧柳尚還生。遂有山陽作，〇【王洙曰】向秀與嵇康爲竹林之遊，作思舊賦：濟黄河以泛舟兮，經康山陽之舊居。多慙鮑叔知。〇山陽、鮑叔，以比斛斯也。〇【王洙曰】列子力命篇：管夷吾、鮑叔牙二人相友，甚厚。管仲嘗曰：「生我者父母，知我者鮑叔也。」世稱管、鮑善交。素交零落盡，〇【王洙曰】劉孝標絶交論：斯賢達之素交，歷萬古而一遇。白首淚雙垂。

揚旗〇【九家集注杜詩依例爲「王洙曰」。又，杜陵詩史、分門集注、補注杜詩引作「王彥輔曰」，集千家注批點杜工部詩集作「公自注」。】二年夏六月，成都尹鄭公置酒公堂，觀騎士試新旗幟。〇按元稹誌公墓曰：南劍節度嚴武狀爲工部員外郎、參謀軍事。廣德二年甲辰，公年五十二。其夏，公至錦江，作此詩，以美其將平吐蕃之難也。

江雨颯長夏，〇【王洙曰】江，一作風。〇【石曰】夏日長，故云長夏。颯，動也。府中有餘清。〇呂氏春秋：冬不用箑，清有餘也。我公會賓客，肅肅有異聲。〇【君平曰】謂鄭公持軍嚴肅，有異名也。〇【王洙曰】詩：至止肅肅。初筵閲軍裝，〇【杜陵詩史引作「王洙曰」，分門集注引作「竦曰」。】閲，視也。羅列照廣庭。庭空六馬入，〇【王洙曰】六，一作四。駊騀揚旗旌。〇【鄭卬曰】駊，布可切。騀，羊可切。馬摇頭也。〇又，高貌。迴迴偃飛蓋，〇【倪曰】勢迴旋也。熠熠迸流星。〇熠熠，色鮮明也。來纏風飆急，〇【王洙曰】纏，一作衝。去擘山岳傾。〇【彭曰】此聯言揚旗去來疾速之狀也。材歸俯身盡，妙取略地平。虹蜺就掌握，〇【趙次公曰：「虹蜺，以言旗卷舒。」】虹蜺，喻旗也。舒卷隨人輕。二州陷犬戎，〇【趙次公曰：「言去年十一月，吐蕃陷松、維、保三州，在西山之地。」】按代宗紀：吐蕃陷松、維二州。◯二州，或作三州。考之柳芳曆：廣德元年，糧運絶，劍南節度高適不能軍，吐蕃陷松、維、保三州。按集，公夔江作往在詩曰「前日厭羯胡，後來遭犬戎」，羯胡謂天寶之禄山也，犬戎謂廣德之吐蕃也。狄本犬種，今之犬戎，指吐蕃也。又有云「近聞犬戎遠遁逃」是也。**但見西嶺青。**◯西嶺，即雪山也。常見青煙而起，乃舉烽求援也。華陽雪嶺記：西南觀錦城若井底，其上積雪千仞。**公來練猛士，欲奪天邊城。**◯謂喜得鄭公來作鎮，訓練士卒，欲奪所喪之故地也。時廷命鄭公拓雪嶺，斷氐〔一〕右臂，是以威行劍外。按集有早秋詩「已收滴博雲中戍，更奪蓬婆雪外城」者是也。**此堂不易升，**◯【鄭卬曰】易，以豉切。◯【王洙曰】謂食人之禄，居人之位，當憂其事也。**庸蜀日已寧。**◯庸蜀，本蠻地，漢時始通中國。今鄭公來鎮守，蜀中已寧静矣。寰宇記：益州，古梁州也。濮庸，蜀之地，在秦外〔二〕，漢中、巴、蜀三郡。**吾徒且加餐，休適蠻與荆。**◯【趙次公曰：「相勸加餐飯，而不必捨去，以嚴公之故也。」】甫勉衆且加餐飯，無爲念慮吐蕃而欲適吴、楚，以鄭公之故也。◯【師古曰】然甫終去蜀，之荆蠻，且以是辭以美鄭公也。◯【王洙曰】王粲七哀詩：復棄中國去，遠身適荆蠻。

【校記】

〔一〕氐，元本、古逸叢書本作「底」。

〔二〕外，元本、古逸叢書本作「州」。

立秋日雨院中有作

山雲行絶塞，〇塞，先代切。大火復西流。〇大火，心星也。火西流則寒將至也。豳風：七月流火。〇【薛夢符曰】左氏哀公十二〔一〕年傳：冬十二月，螽。季孫問仲尼，仲尼曰：「丘聞之，火復而後蟄者，畢。今火猶西流，司曆過也。」飛雨動花屋，蕭蕭梁棟秋。窮途愧知己，〇窮途，甫自謂。〇【趙次公曰】知己，指嚴武也。暮齒借前籌。〇甫依武於蜀，武辟甫爲幕府從事。〇【趙次公曰。又，門類增廣十注杜詩引作「杜云」。杜陵詩史、分門集注、補注杜詩引作「修可曰」。】故甫言其晚年而得預節度府參謀也。〇【王洙曰】漢張良願前〔二〕箸以籌之。已費清晨謁，那成長者謀。〇長，丁丈切。〇【希聲曰】甫言日過武廳謀軍府事。〇非能成長老之謀也。解衣開北户，高枕對南樓。樹濕風凉進，江喧水氣浮。禮寬心有適，〇【趙次公曰】言武待我禮數寬厚。〇不以幕府屬官拘檢之也。節爽病微瘳。〇【趙次公曰】節爽，乃詩題所謂「立秋日」，氣清爽也。甫素有渴疾，惟得凉則少蘇也。主將歸調鼎，〇書説命：若作和羹，爾惟鹽梅。吾還訪舊丘。〇【王洙曰】主將，謂嚴武也。時武還朝，故甫期以入相，吾欲隨之歸長安也。鮑照詩：去鄉三十載〔三〕，復得還舊丘。

【校記】

〔一〕二，元本、古逸叢書本作「三」。

〔二〕前，元本、古逸叢書本作「借」。

〔三〕載，元本、古逸叢書本作「年」。

軍城早秋

鄭國公嚴武作

昨夜秋風入漢關，○借漢以言唐也。朔雲邊雪滿西山。○西山，即雪山也。謂其冬夏常積雪故也。更催飛將追驕虜，○【王洙曰】漢匈奴常號李廣爲「飛將軍」。○驕虜，指吐蕃也。莫遣沙場匹馬還。○此戒之之辭也。○【門類增廣十注杜詩引作「杜云」。杜陵詩史、分門集注、補注杜詩、集千家注批點杜工部詩集引作「修可曰」。】春秋公羊傳：匹馬隻輪無反者。

奉和軍城早秋

秋風嫋嫋動高旌，○嫋，奴鳥切。長弱〔一〕貌。○【王洙曰】九歌：嫋嫋兮秋風。玉帳分弓射虜營。已收滴博雲間戍，○【趙次公曰】滴博，屯戍之地名。雲間，以言其高也。更奪蓬婆雪外城。○【趙次公曰】蓬婆，城名也。○按編年通載：廣德二年，嚴武破吐蕃于當狗城，克鹽川城。吐蕃傳：天寶二年已前，王昱兵攻蓬婆嶺，輸劍南粟餉軍。○【趙次公曰】則蓬婆遠在雪山之外也。

【校記】

〔一〕弱，古逸叢書本作「嫋」。

院中晚晴懷西郭茅舍

○院中，一作使院。

幕府秋風日夜清，澹雲疏雨過高城。葉心朱實看時落，○王逸荔枝賦：綠葉榛榛，朱實叢生。又潘岳笙賦歌曰：棗下纂纂，朱實離離。階面青苔先自生。復有樓臺銜暮景，不勞鍾鼓報新晴。浣花溪裏花饒笑，肯信吾兼吏隱名。○【趙次公曰：「言浣花之開，似能獻笑，必笑我離草堂而宿院，此中有公家事，亦不信我兼爲吏隱也。」】言浣花之開，似笑我離草堂而兼名幕府參謀也。○晉山濤〔一〕嘗謂人曰：「山濤吾所不解，吏非吏，隱非隱。若以元禮爲龍門，則當點額暴鱗矣。」

【校記】

〔一〕此當爲孫綽語。

到村

碧澗雖多雨，○釋山：山〔一〕夾水曰澗。秋沙先少泥。○【王洙曰】先，陳作亦。○【鄭卬曰】先，先見切。先後也。蛟龍引子過，荷芰逐花低。老去參戎幕，○【趙次公曰】謂爲劍南節度參謀也。歸來散馬蹄。稻粱須就列，榛草即相迷。○【趙次公曰】言既離草堂而入使院，則荒逕生草，反相迷矣。蓄積思江漢，○【王洙曰：「蓄積，猶鬱結也。思江漢以瀉其鬱結爾。」】蓄積，猶欝結也。思江漢以濯之耳。頑疏感町畦。○町，他典切。畦，胡圭切。○【王洙曰】隴畝也。○畔，埒也。○【趙次公曰】言其稟性頑疏，所感者但在町畦之間，故雖朝夕在院，而仍思一歸也。○【薛蒼舒曰】莊子人間世篇：彼且爲町畦，亦與爲町畦。暫酬知己分，還入故林棲。○【趙次公曰】知己，謂嚴武。言稍酬報知己之分，乃遂歸草堂之故林爾。○【王洙曰】王元長詩：野鳥栖故林。

【校記】

〔一〕山，古逸叢書本無。

宿府

清秋幕府井梧寒，○【趙次公曰】魏明帝詩：雙梧生空井。詩家用井梧，自此始矣。獨宿江城蠟炬殘。永夜角聲悲自語，中天月色好誰看。風塵荏苒音書絶，關塞蕭條行路難。已忍伶俜十年事，○伶，郎丁切。俜，普丁切。失所皃。甫遭亂奔走，自廣德二年逆數至天寶十四載，凡十年矣。彊移栖息一枝安。○甫時寓嚴武幕爲參謀，特一枝之安也。○【王洙曰】莊子逍遥遊篇：鷦鷯巢於深林，不過一枝。

遣悶奉呈嚴鄭公二十韻

白水漁竿客，○後漢郡國志：廣漢郡有白水縣。注：山海經：白水出蜀，而東南入江。清秋鶴髮翁。○【趙次公曰】鶴髮者，耆老之相。庾信賦：予老矣，鶴髮雞皮。胡爲來幕下，秪合在舟中。○【王洙曰：「言體性疏散，止可與漁樵爲偶，不當爲幕客也。」】甫言暮年正可爲漁釣之遊，不當來爲幕客也。黄卷真如律，○【大臨曰】言詩書以禮法繩人也。青袍也自公。○也，當音夜。○【大臨曰】甫謂不卑小官也。○【王洙曰】詩羔羊：自公退食。老妻憂坐痺，○【鄭卬曰】痺，卑利切。幼女問頭風。平地專欹倒，分曹失異同。○【趙次公曰】言其散秩，在府中所坐之曹，不專其事而分之，不知爲異爲同也。禮甘衰力就，義忝上官通。○【趙次公曰】上官，指嚴武也。甫得預府幕，忝通於上官矣。疇昔論詩早，○【趙次公曰】甫嘗與武論詩，已〔一〕在早年矣。光輝仗鉞雄。○【王洙曰：「仗鉞，言嚴公作鎮也。」】武今持斧鉞之威來守蜀也。寬容存性拙，翦拂念途窮。○【王洙曰】謂嚴武奏請爲參謀也。劉孝標絶交論：顧眄增其倍價，翦拂使其長鳴。露裛思藤架，○裛，音邑。煙霏想桂叢。信然龜觸網，直作鳥窺籠。○【趙次公曰】此兩聯言身雖在幕府，而有山林之念，故如龜之在網、鳥之在籠也。西嶺紆村北，南江遶舍東。竹皮寒舊翠，椒實雨新紅。浪簸船應拆，杯乾甕即空。藩籬生野徑，斤斧任樵童。○【師古曰】此四聯甫述草堂之興，恐其荒蕪，而有歸休之意也。束縛酬知己，蹉跎效小忠。○【王洙曰】言性雖疏散，當束縛以酬知己，年雖蹉跎，不足以負任責，亦當效小忠也。周防期稍稍，大簡遂匆匆。曉入朱扉啓，昏歸畫角終。不成尋別業，○【大觀曰】別業，指草堂也。未敢息微躬。烏鵲愁銀漢，○【趙次公曰】言如烏鵲之微力，不足以任填河之責也。○【炎曰：「烏鵲填河，以渡牛、女。」】俗傳七月七夕烏鵲填河成橋，以度牛、女。駑駘怕錦幪。○【趙次公曰】又如駑駘之蹇，體不足以被錦幪之飾也。○徐陵詩：玉鐙繡緷騣，金鞭覆錦幪。會希全物色，將放倚梧桐。○物色，謂形容之衰老也。○【師古曰。又，趙次公曰：「所望於故人知己者，幸全其物色，而放令倚於梧桐也。」】甫仰望嚴鄭公之知己者，冀保其天年，遂其真性，放令歸倚梧桐以自樂也。

【校記】

〔一〕已，元本、古逸叢書本作「居」。

西山〇三首

夷界荒山頂，蕃州積雪邊。〇【王洙曰】成都記：西山冬夏積雪不消。築城依白帝，〇【王洙曰】依，一作連。轉粟上青天。〇【趙次公曰】昔公孫述都成都，自號白帝，其所築城在高山之上，本曰白帝城是已。今甫言荒山之頂築城，依倣白帝，所以轉粟之艱難如上青天者也。蜀將分旗鼓，〇【趙次公曰】以吐蕃陷松、維、保三州，勢逼近蜀，故分旗鼓以禦之。羌兵助鎧鋋。〇【王洙曰】一作井泉。〇【鄭卬曰】鎧，苦海切，甲也。鋋，時連切，小矛也。西南背和好，殺氣日相纏。〇【趙次公曰】以吐蕃背先帝時盟好，而爲寇不已也。

辛苦三城戍，長防萬里秋。〇【王洙曰】明皇還蜀後，蜀東、西兩川爲兩節度，列防秋三戍〔一〕，民罷于役，高適上疏論之曰：「平戎以西數城，皆窮山之顛，蹊隧險絕，運糧束馬之路，坐甲無人之鄉。」不聽。煙塵侵火井，○【趙次公曰】火井雖在邛州，大率是蜀地名，言吐蕃迫蜀中也。○【孫曰】按蜀地志：火井在臨邛。○【王洙曰】蜀都賦：火井沉熒於幽泉，高焰飛煽於天垂。○注：火井欲出其火，先以家火投之，須臾隆隆如雷聲，爛然通天，取井火還煮井水，一斛水得四五斗鹽，家火煮之，不過二三斗鹽耳。博物志：臨邛縣南百里，火井深二三丈，以竹木投取火。後人以火燭投井，火即滅。雨雪閉松州。○【趙次公曰】言松州已陷，而閉於雨雪之中矣。風動將軍幕，○【王洙曰】幕，一作蓋。天寒使者裘。漫山賊營壘，○【鄭卬曰】漫，謨官切。○【王洙曰】漫山，謂賊壘之多也。回首得無憂。

【校記】

〔一〕成，元本作「成」，古逸叢書本作「城」。

子弟猶深入，○【趙次公曰】子弟，言充兵之人也。關城未解圍。蠶崖鐵馬瘦，○【宋曰】寰宇記：蠶崖關，在永康軍西北四十七里。灌口米船稀。○【程曰】寰宇記：灌口山，在永康軍導江縣。李膺益州記：清水路西七里灌口，古所謂天彭闕也。○【趙次公曰】此四句言爲可憂矣，故繼以下句。辯士安邊策，○辯士，説客也。元戎決勝威。○元戎，主將也。今朝烏鵲喜，○【王洙曰】西京雜記：乾鵲噪而行人至。欲報凱歌歸。

戲題寄上漢中王三首時王在梓州初至斷酒不飲篇中有戲述

○【「時王在梓州初至斷酒不飲篇中有戲述」，九家集注杜詩依例爲「王洙曰」，分門集注、補注杜詩引作「王洙曰」，杜陵詩史引作「王彥輔曰」，集千家注批點杜工部詩集引作「公自注」。】

西漢親王子，○【王洙曰：「高祖起漢中，今王封漢中王，故云『西漢親王子』也。」】假漢以言唐也。○【王洙曰】漢中王瑀，乃讓皇帝之子、汝陽王璡之弟。○代宗親王叔父也。成都老客星。○【王洙曰：「後漢嚴陵與光武同宿，而史占云『客星犯帝座』。公蓋自言身在成都爲客也。」】甫自喻也。有如嚴光與光武同宿，太史占客星犯帝座也。百年雙白鬢，一別五秋螢。○【王洙曰】秋，一作飛。○【趙次公曰：「公自言其老，久與漢中王別，而方再得相見。五秋螢，蓋是別後五見螢火矣。」】王瑀乾元元年出刺蓬州，與甫相別五歲矣。忍斷杯中物，○題注。○【王洙曰】陶潛詩：且進杯中物。眠看座右銘。○眠，一作祇，王作眠，當從之。○【王洙曰】昔崔瑗子玉有座右銘。不能隨皂蓋，○【趙次公曰。又，門類增廣集注杜詩引作「王云」。】皂蓋，指漢中王也。漢制：二千石，朱幡皂蓋。自醉逐浮萍。策杖時能出，○能，王作登。謂早出也。王門異昔遊。已知嗟不起，○【師古曰】甫言王因酒得病，卧而不起，遂斷不飲也。未許醉相留。蜀酒濃無敵，○【王洙曰】蜀都賦：觴以醥清，〔一〕一醉累月。江魚美可求。○【王洙曰】蜀都賦：嘉魚出於丙穴。終思一酩酊，净掃雁池頭。○【鄭卬曰】西京雜記：梁孝王有雁池，池間有鶴洲鳧渚。○【王洙曰】寰宇記：漢州有雁橋，以水有金雁隱於此池，日暖則見影，故名。○【趙次公曰】或謂：天后時，諸卿大夫晦日重宴高文學林亭，各〔二〕賦詩，而高嶠〔三〕詩云：鴛言尋鳳侶。又云：乘顧俯雁池。以是知雁池之名，其來尚矣。

【校記】

〔一〕醥清，古逸叢書本作「清醥」。

〔二〕各，元本、古逸叢書本作「冬」。

〔三〕嶠，元本、古逸叢書本作「矯」。

群盜無歸路，衰顏會遠方。尚憐詩警策，○【杜田補遺】警，驅動貌。策，可以擊馬，謂片言無益，亦猶以策擊馬，得其驚動也。○莊子：警策我也。○【王洙曰】文賦：乃一篇之警策。○【杜田補遺。又，門類增廣集注杜詩引作「王云」。杜陵詩史、分門集注、補注杜詩引作「趙次公曰」。】梁鍾嶸作詩品云：陳思贈弔、仲宣七哀、公幹思友、阮籍詠懷、靈運鄴中、士衡擬古、陶公詠貧之製、惠連搗衣之作，皆五言之警策者也。猶憶酒顛狂。○憶，一作記。魯衛彌尊重，○【王洙曰】喻汝陽王、漢中王乃天子之叔父兄弟，俱領重鎮也。○【洪芻曰】論語：魯、衛之政，兄弟也。徐陳略喪亡。○【趙次公曰：「言王賓客多喪。」】以徐幹、陳琳喻天寶中曳裾王門之賓客友已多亡矣。○【王洙曰】魏文帝與吴質書：徐、陳、應、劉，一時俱逝。何數年之間，零落略盡也！空餘枚叟在，應念早升堂。○【王洙曰：「枚叟，公自喻也。」】枚叟者，乃甫以梁王兔園之客枚乘自喻也。○甫言朋友凋喪，惟漢中王兄弟與甫在，應念昔日結交之時，不宜今日相棄也。○【趙次公曰】雪賦：召鄒生，延枚叟。論語：由也升堂矣。

贈王二十四侍御契四十韻

往往雖相見，飄飄媿此身。不關輕紱冕，○倉頡篇：紱，綬也。説文：大夫以上冠也。但見避風塵。○【趙次公曰】甫以左拾遺出爲華州功曹，而遂自罷官，若輕紱冕者，但以風塵之警，不得不避亂也。一别星橋夜，○【王洙曰】華陽地志：李冰守蜀，造橋七，上應斗魁七星。三移斗柄春。○【趙次公曰】以志時也。斗杓隨時而指，於昏指東則爲春矣，三移則三年矣。○春秋運斗樞曰：北斗七星，第一名天樞，第二至第四爲魁，第五至第七爲杓。杓，即柄也。敗亡非赤壁，○【尹曰】言潼關之敗，兩京遂陷，其禍酷烈，殆非赤壁之比也。○【王洙曰】阮元瑜爲曹公作書與孫權，曰：「昔赤壁之役，遭罹疫氣，燒船自還，以避惡地，非周瑜水軍所能控抑也。」江陵之守，物盡穀殫，無所復據，徙民還師，又非周瑜所能敗也。」奔走爲黄巾。○爲，于僞切。○【炎曰】黄巾，以喻禄山也。○【王洙曰】後漢皇甫嵩傳：鉅鹿張角十餘年間衆徒數十萬，遂置三十六方，方猶將軍號也。靈帝中平元年，一時俱起，皆着黄巾爲標幟，時人謂之「黄巾」。○【王洙曰：「安平、甘陵人各執其主以應之。有潁川黄巾，有南陽黄巾張曼成，有汝南黄巾，有葛陂黄巾，有青、徐黄巾。」】蜀鄧〔一〕焉傳：凉州逆賊數千人，自號「黄巾」。又鄭玄傳：會黄巾寇青部，避地徐州。子去何瀟灑，○子，指王侍御也。余藏異隱淪。○【朋曰】甫因奔走避寇，遂成隱淪，非本志也。○餘詳見前注。書成無過雁，○言欲寄書而乏便也。○【王洙曰】蘇武傳：昭帝即位，匈奴與漢和親，漢使復至匈奴，常惠請其守者與俱，得夜見漢使，具自陳，通教使者謂單于言，天子射上林中，得雁足有繫帛書，言某等在某澤中。故范彦龍詩「寄書雲中雁，爲我西北飛」是也。衣故有懸鶉。○公自叙其貧也。○【王洙曰】荀子：子夏貧，衣如懸鶉。恐懼行裝數，○【鄭卬曰】數，色角切。伶俜卧疾頻。○伶，郎丁切。俜，普丁切。○【符曰】失所貌。曉鶯工迸淚，秋月解傷神。○【趙次公曰】春鶯、秋月，人所賞翫，而鶯所工者在於迸人之淚，月所解者在於傷人之神，則以亂離疾病之所感也。〔二〕會面嗟黧黑，○【王洙曰。又，分門集注引作「孫炎曰」。】李斯傳：禹鑿龍門，股無胈，脛無毛，手足胼胝，面目黧黑。含凄話苦辛。○謝靈運廬陵墓下詩：含凄訖廣州。○【王洙曰】古詩：坎軻長辛苦。接輿還入楚，○【師古曰】言甫自蜀適荆、衡，故以接輿爲比也。○【王洙曰】接輿，楚人，論語「楚狂接輿」是也。王粲不歸秦。○【趙次公曰】自喻不得歸長安之故鄉，故又以王粲爲比也。○【王洙曰】謝靈運擬魏公鄴公詩序云：王粲本秦川貴公子孫，遭亂流寓，自傷情多。詩曰：整裝辭秦川，秣馬赴楚壤。錦里殘丹竈，○言去錦城之久，空殘煉藥之爐矣。花溪得釣綸。○【趙次公曰：「以言前此不在浣花，而人往往得之。」】言浣溪之人得我前日所遺之釣綸矣。消中祇自惜，○【趙次公曰：「公自言也。取古人以此消中消渴也。司馬相如常有消渴病。」】消中，甫自謂有消渴之病也。晚起索誰親。○索，蘇各切。○【趙次公曰：「爲況蕭索无親之者。又音求索之索，言將求誰親我乎？亦通。以俟明識。」】謂流寓索居而無骨肉之親也。或謂：索音求索之索，亦通。伏柱聞周史，○【趙次公曰】柱史，比王公之爲侍御也。○劉向列仙傳：李耳字伯陽，陳人也。生於殷時，爲周柱下史，好養精氣，轉爲守藏史。○【王洙曰】王康琚詩：老聃伏柱史。乘槎有漢臣。○【趙次公曰】乘槎，豈非羨王侍御嘗使吐蕃乎？○【王洙曰】餘見「查上似〔三〕張騫」注。鴛鴻不易狎，龍虎未宜馴。○【趙次公曰：「言王侍御如鴛鴻、龍虎之莫能狎馴也。」】言王侍御不可得而親近，如鴛鴻、龍虎之莫能狎馴也。○古樂府：莫狎鴛鴻侶。曹植曰：嗟龍虎之未馴。客即挂冠至，交非傾蓋新。○【師古曰】時王侍御守漢州，甫自秦亭棄拾遺而來，今一見之，有如舊相識也。○【王洙曰】晉葛洪掛冠不仕。○孔叢子：孔子與程子相遇於塗，傾蓋而語。○【王洙曰】鄒陽傳：白頭如新，傾蓋如故。由來意氣合，直取性情真。浪跡同生死，無心耻賤貧。○【趙次公曰】言共遭亂離而爲心友，真可以託死生，而不以甫之貧賤爲耻也。偶然存蔗芋，幸各對松筠。麤飯依他日，窮愁怪此辰。女長裁褐穩，○長，如字。男大卷書勻。○【趙次公曰】

兩聯通義，言粗糲之飯依如他日，所以窮愁者在乎女長男大，則婚嫁之事來相迫矣。湔口江如練，○【鄭卬曰】湔，普崩切，又普冰切。○【趙次公曰】此以下言王侍御之所居也。樂史寰宇記：李冰擁江作湔，曰湔堰，在導江縣。○又云：湔口在彭州。○【王洙曰】或云：湔口，岷江所經。謝玄暉詩：澄江静如練。蠶崖雪似銀。○王洙云：蠶崖關，在西山。黄庭堅云：蠶崖在茂州，帶雪山。魯訔云：蠶崖在松州。名園當翠巘，○巘〔四〕，魚蹇切。野棹没青蘋。屢喜王侯宅，○【趙次公曰：「王侯宅，普言之，而王侍御亦在其中矣。」】王侯宅，統言王侍御與嚴鄭公也。時邀江海人。○【趙次公曰：「江海人，公自况也。」】甫自謂常爲嚴鄭公、王侍御顧遇也。追隨不覺晚，款曲動彌旬。但使芝蘭秀，○甫期與王侍御心德之芬芳，有如芝蘭之秀也。易曰「同心之言，其臭如蘭」是也。○【王洙曰】或謂晉謝玄答叔父安曰：「子弟譬如芝蘭玉樹，欲使其生於庭階耳。」何煩棟宇隣。○【趙次公曰】甫草堂在成都浣花里，王侍御所居在導江縣，故有是句。陶潛答龐參軍四言詩：歡心孔洽，棟宇惟鄰。山陽無俗物，○【師古曰】言王侍御之門下無俗客也。○【王洙曰】向秀與嵇康爲竹林之遊，經康所居之山陽，作思舊賦云：濟黄河以汎舟兮，經山陽之舊居。阮籍謂王戎曰：「俗物以復來敗人意。」鄭驛正留賓。○又以鄭莊比王侍御之禮賢也。○【趙次公曰】史記：鄭莊爲太子舍人，嘗致驛馬於長安諸郊，請謝賓客，夜以繼日。出入並鞍馬，○【趙次公曰】鮑照詩：鞍馬光照地。光暉參席珍。○【王洙曰】儒行：儒有席上之珍以待聘。重遊先主廟，○先主廟，今在南門外。更歷少城闉。○【王洙曰】少城，張儀所築也。石鏡通幽魄，○【趙次公曰】蜀王葬其妃，徇以石鏡。琴臺隱絳脣。○【趙次公曰】琴臺乃司馬相如彈琴之所。○餘並見前注。送終惟糞土，結愛獨荆榛。○【師古曰】此兩聯又寓意傷鄭公之死，朋舊凋喪，今幸遇王侍御禮待之隆，可以駐足也。置酒高林下，觀棋積水濱。○【師古曰】此聯以下甫自叙其依王侍御也。○【趙次公曰】或者又謂：此以結上句，初以石鏡送終，今墓中之人已糞土矣，以琴結夫婦之好，今則徒生荆棘矣。既往之事爲可弔，則致酒觀棋以遣懷耳。區區甘累趼，○【鄭卬曰】趼，古典切。○【趙次公曰】足瘡也。莊子：百舍重趼而不息。稍稍息勞筋。網聚粘圓鯽，絲繁煮細蓴。○蓴，音純，水菜也。○【趙次公曰】此聯又言歸浣花草堂之樂也。○餘見前注。長歌敲柳癭，○【鄭卬曰】癭，於郢切。謂罇也、瘤也。○曹植詩「我有柳癭瓢」是也。小睡凭藤輪。○藤輪，謂車也。謝、鮑詩「花蔓引藤輪」是也。農月須知課，田家敢忘勤。○忘，無放切。浮生難去食，良會惜清晨。列國兵戈暗，今王德教淳。要聞除猰貐，○【鄭卬曰】猰，烏八切。貐，勇主切。猰貐，獸名。○【師古曰】喻盜賊也。○【杜陵詩史、分門集注、補注杜詩引作「修可曰」。】爾雅釋獸：猰貐，類貙虎，有〔五〕爪，食人飛走。○郭璞注：貙大如狗，文如貍。淮南子本經訓：猰貐爲害，堯使羿殺之，萬民皆喜。休作畫麒麟。○【趙次公曰】但以除猰貐爲心，不必志於畫形麒麟閣上也。○餘見「今代麒麟閣」注。洗眼看輕薄，○【趙次公曰】輕薄，言交道之不終者。甫蓋有激而云耳。虛懷任屈伸。莫令膠漆地，萬古重雷陳。○【趙次公曰】甫之望王侍御者，至矣。○【王洙曰】後漢陳重與雷義爲友，時人語曰：「膠膝自謂堅，不如陳與雷。」

【校記】

〔一〕鄧，古逸叢書本作「劉」。
〔二〕也，元本、古逸叢書本作「者」。
〔三〕似，元本、古逸叢書本作「憶」。
〔四〕巘，元本、古逸叢書本無。
〔五〕有，據古逸叢書本補。

送舍弟穎○穎，一作頻。赴齊州三首○齊州，古之濟南國也。按

集，大曆三年有懷穎觀諸弟詩，又有弟觀迎親就當陽山居詩，又有隴右月夜憶弟詩，又有弟豐獨在江左詩，又有弟觀藍田迎婦詩。甫四弟觀、豐、穎已見於詩，舍弟占歸草堂檢校詩云「久客應吾道，相隨獨爾來」是也。

岷嶺南蠻北，○岷嶺，蜀之岷峨山。○【王洙曰】南蠻，南詔蠻也。徐關東海西。○【趙次公曰】徐關，齊地也。言弟穎自岷蜀起發而之齊耳。此行何日到，送汝邁行啼。絶域惟高枕，

○【趙次公曰】公自中原而來蜀，則亦以蜀爲絶域。大抵言異方也。清風獨杖藜。危時暫相見，衰白意都迷。

風塵暗不開，汝去幾時來。兄弟分離苦，形容老病催。江通一柱觀，○【鄭卬曰】觀，古玩切。荆州記：江陵有臺，上有一柱，衆梁拱此。或云：荆州有一柱觀，土人呼爲木履觀。○十道志：一柱觀，荆州臨川王起，衆梁萃一柱。麟角類事：江陵臺甚大，惟有一柱，衆梁拱之。晏元獻典類：荆州臨川王義慶立觀甚大，但一柱。日落望鄉臺。○【王洙曰】成都記：隋蜀王秀所創。客意長東北，齊州安在哉。

諸姑今海畔，兩弟亦山東。○【趙次公曰】齊州近海，則是山東矣。去旁干戈覓，來看道路通。短衣防戰地，○【趙次公曰】公自言也。時吐蕃未息，故戎服以在防戰之地也。○【王洙曰】昔趙武靈王好胡服，士皆短衣。匹馬逐秋風。○【趙次公曰】言弟潁之行色也。莫作俱流落，長瞻碣石鴻。○淮南覽冥訓：鉗且、大丙之御，去鞭棄策，車莫動自舉，馬莫使自走，不招指，不咄叱。遇歸雁於碣石，軼鶤雞於姑餘。○【王洙曰】又絶交論：軼歸鴻於碣石，附騏驥於旄端。

新定杜工部草堂詩箋斠證卷第二十八

再至成都所作

嚴鄭公堦下新松〇得霑字。

弱質豈自負，移根方爾瞻。細聲聞玉帳，〇聞，一作隱。疏翠近珠簾。未見紫煙集，虛蒙清露霑。何當一百丈，欹蓋擁高簷。

嚴鄭公宅同詠竹〇得香字。〇【王洙曰】此二詩甫之措意極爲深遠，以意逆志，學者當自思矣。

緑竹半含籜，新梢纔出牆。色侵書帙晚，陰過酒樽涼。雨洗娟娟浄，風吹細細香。但令無翦伐，會見拂雲長。

奉觀嚴鄭公廳事岷山沲江畫圖十韻○志字〔一〕

沲水臨中坐，○【鄭印曰】沲，唐何切。○禹貢：岷山導江東，別爲沲。今成都則梁州之域也。○【鄭印曰】寰宇記：沲水在成都府新繁縣是也。岷山到北堂。○【王洙曰】到，一作對。○岷山，蜀之岷峨也。山海經：岷山，江水出焉。白波吹粉壁，青嶂插雕梁。直訝杉松冷，兼疑菱荇香。雪雲虛點綴，沙草得微茫。嶺雁隨毫末，川蜺飲練光。霏紅洲蘂亂，拂黛石蘿長。谷暗非關雨，楓丹不爲霜。秋成玄圃外，○【鄭印曰。又，九家集注杜詩引作「王洙曰」。】成，一作城。○淮南子墬形訓：崑崙上有木禾，其脩五尋。○【鄭印曰：「崑崙山去地萬一千里，上有層城九重，或上倍之，是謂閬風。又倍之，爲懸圃。」】又曰：崑崙之丘，或上倍之，是謂懸圃。登之乃靈，能使風雨。景物洞庭傍。○【王洙曰：「洞庭，湖名。」】地理志：洞庭，湖名，在岳州之巴陵縣。繪事功殊絕，幽襟興激昂。從來謝太傅，丘壑道難忘。○【師古曰。又，王洙曰：「太傅謝安也。」安雖受朝廷，寄東山之志始末不渝。】晉謝安寓會稽，與王羲之、高陽許詢、桑門支遁遊處，出則魚弋山水。每往臨安山中坐石室，臨濬谷，放情丘壑。及薨，贈太傅。故靈運述祖德詩云「遺情捨塵物，正觀丘壑美」是也。

【校記】

〔一〕志字，古逸叢書本作「得忘字」。

晚秋陪嚴鄭公摩訶池泛舟

○得溪字。○【杜陵詩史、分門集注、分門集注引作「魯曰」。又，集千家注批點杜工部詩集引作「公自注」。】池在府内，蕭摩訶所開，因是得名。○【杜陵詩史、分門集注、分門集注引作「鄭卬曰」。】王彦輔云：即污池也。在錦城西。

湍駃風醒酒，○【鄭卬曰】駃，苦夬切。○【馬曰】疾貌也。船回霧起隄。高城秋自落，雜樹晚相迷。坐觸鴛鴦起，○古今注：鴛鴦，匹鳥也，雌雄未嘗相離。人得其一，一思而死。巢傾翡翠低。○異物志：翠鳥形如燕，赤而雄曰翡，青而雌曰翠。其羽可用以爲飾。莫須驚白鷺，爲伴宿清溪。○【趙次公曰】甫指浣花溪爾。

初冬

垂老戎衣窄，○【王洙曰】謂作簽〔一〕軍謀也。歸休寒色深。○休，一作來。○【趙次公曰】

時方戍屯以防吐蕃。○歸休，謂休假以洗沐也。漁舟上水急，〔二〕獵犬〔三〕著高林。○著，張略切。日暮習池醉，○【趙次公曰】謂陪嚴鄭公出也。晉山簡鎮襄陽，習氏有佳園池，簡日出遊，輒醉而歸。愁來梁甫吟。○【趙次公曰】甫以諸葛亮自比也。○昔亮憤漢衰亂，嘗作梁甫吟。○【師古曰】今甫之愁，其亦厭唐室之亂乎！干戈未偃息，出處遂何心。

【校記】

〔一〕簽，古逸叢書本作「參」。

〔二〕水急，元本、古逸叢書本作「急水」。

〔三〕犬，古逸叢書本作「火」。

太子張舍人遺織成褥段

客從西北來，遺我細織成。○廣雅：天竺出細織成。魏略：大秦國用水羊毛、木皮、野繭絲作織成，皆好色。○【趙次公曰】古詩：客從遠方來，遺我一端綺。開緘風濤湧，中有掉尾鯨。○【鄭卬曰】掉，徒弔切，搖也。○古今注：鯨，海魚也。雌曰鯢。逶迤羅水族，瑣細不足名。○【何曰】逶迤，委曲貌。○【師古曰】此兩聯皆叙織段之紋也。客云充軍褥，承君終宴榮。○【安石曰】宴榮，謂安榮也。空堂魑魅走，○魑魅，一作魍魎。○【師古曰】空堂，言堂上無所有，四壁徒立，而魑魅走，言鬼神驚駭此物也。高枕形神清。○【梅曰】言爽人神思也。領客珍重意，顧我非公卿。留之懼不祥，○【王洙曰】左氏傳：服之不衷，身之災也。施之混柴荆。○言柴門荆户，適足以混污此物，不相稱也。服飾定尊卑，大哉萬古程。○【韓曰】程，謂法度也。○先王之制，衣服器用皆有尊卑貴賤等差，不得奢僭踰法者也。今我一賤老，裋褐更無營。○裋，一作短。煌煌珠宫物，○蒼頡篇：煌煌，光明也。○【趙次公曰】珠宫，謂龍宫也。寢處禍所嬰。○所，一作相。嬰，一作縈。嬰，累也。此乃貴人寢處所用，一賤老受之，恐增其禍耳。歎息當路子，干戈尚縱横。掌握有權柄，衣馬自肥輕。○甫歎息是時當權之士奢侈自大，徒務乘肥衣輕，不以干戈之亂未息爲念也。○【王洙曰】論語：乘肥馬，衣輕裘。李鼎死岐陽，實以驕貴盈。○未詳。來瑱賜自盡，氣豪直阻兵。○【鄭卬曰】瑱，陟刃切。來瑱爲襄陽節度使。○【王洙曰】上元三年，肅宗追入京，裴茂稱瑱屈彊難制，宜早除之，代宗潛令裴茂圖之。瑱擒茂妻子於漢江，瑱入朝謝罪。代宗怒，貶播州縣尉，翌日賜死於鄠縣。皆聞黄金多，坐見悔吝生。○吝，一作咎。如李鼎、來瑱之徒，黄金雖多，各罹禍。奈何田舍翁，○甫自謂也。受此厚貺情。錦鯨卷還客，○卷與捲同。始覺心和平。振我麤席塵，媿客茹藜羹。○茹，一作飯。茹食也。甫言自古驕侈取咎者多矣，不如卷此物還客，惟振其粗席之塵，苟足安居而已，豈有茹藜之賤可享此奢麗之物耶？○【師古曰】

甫傷兵革之際，生民有不得其食，不得其居處者，我何忍獨安乎此？又自以卷還客，始覺心懷和平，足知甫之所養於中者宏深，雖伯夷目不視惡色，耳不聽惡聲，何以加此？○家語：孔子在陳，藜羹不糝。

至後○一作「至節後」。

冬至至後日初長，○【王洙曰】歲時記：晉、魏間宮中以紅綫量日影，冬至後添長一綫。○又唐雜録：宮中以女功揆日之長短，冬至後日漸長，比常日增一綫之功。按集有至日遣興詩云「愁日愁隨一綫長」。又小至詩云「刺繡五紋添弱綫」。遠在劍南思洛陽。青袍白馬有何意，○【王洙曰】甫自言只服九品服爾。金谷銅駝非故鄉。○【師古曰】：「金谷園、銅駝街，皆不及故鄉之樂。」】金谷園、銅駞街，豈非洛陽故鄉行樂之勝景乎？○劉禹錫楊柳詞云「金谷園中鶯亂飛，銅駞陌上好風吹」是也。梅花欲開不自覺，棣蕚一別永相望。○望，叶音忘。○【王洙曰】棣蕚，喻兄弟。按，集有云「弟妹各何之」是也。愁極本憑詩遣興，詩成吟詠轉凄涼。

從韋二明府續處覓綿竹數叢○後漢劉延傳注：綿州故城在今益州綿竹縣東地。十道志：有紫巖山，綿竹之所出焉。綿竹蓋産於此山也。

華軒藹藹他年到，綿竹亭亭出縣高。○亭亭，高貌。江上舍前無此物，幸分蒼翠拂波濤。

舍弟占歸草堂檢校聊示此詩

久客應吾道，相隨獨爾來。孰知江路近，頻爲草堂迴。○爲，于僞切。鵝鴨宜長數，○數，色主切。柴荆莫浪開。東林竹影薄，臘月更須裁。

觀李固請司馬弟山水圖三首

簡易高人意，○【敏功曰】易，以豉切。匡床竹火爐。○淮南子：匡床弱席，非不寧。許慎注：匡，安也。寒天留遠客，碧海挂新圖。雖對連山好，貪看絶島孤。群仙不愁思，冉冉下蓬壺。○【王洙曰：「蓬萊，山名，神仙所宅之地。」】蓬壺，乃神仙所居之山也。○列子湯問篇：渤海之東有大壑焉，其中有山焉，曰方壺、蓬萊是也。

方丈渾連水，天台總映雲。○孫綽天台賦：涉海則有方丈、蓬萊，登陸則有四明、天台，皆古聖之所由化，靈仙之所窟宅。人間長見畫，老去恨空聞。范蠡扁舟小，○謂山水圖所畫之舟也。○【王洙曰：「范蠡爲越破吴，功成名遂，乃乘扁舟，浮江湖，變姓名，適齊爲鴟夷子。」】國語：范蠡爲越王勾踐滅吴，反至五湖〔一〕，辭於勾踐，遂乘輕舟以浮於五湖，莫知其所終極。王喬鶴不群。○鶴，或作鵠，古字通用。此謂山水圖所畫之鶴也。劉向列仙傳：王子喬者，子晉也。好吹笙，作鳳鳴。遊伊、雒之間，道人浮丘公接以上嵩高山三十餘年。後求之於山上，見桓良，曰：「告我家，七月七日待我於緱氏山頭。」至時果乘白鶴，駐山頭，望之不得到。舉手謝時人，數日而去。此生隨萬物，何路出塵氛。

【校記】

〔一〕五湖，古逸叢書本作「會稽」。

高浪垂翻屋，崩崖欲壓床。野橋分子細，沙岸繞微茫。紅浸珊瑚短，青懸薜荔長。浮查並坐得，○或作「相並坐」。仙老暫相將。○王子年拾遺記：堯時有巨查浮于西海，查上有光若星月，查浮四海，十二年一周天，名曰貫月查，又曰挂星查。羽仙棲息其上。

贈别賀蘭銛

○【鄭卬曰】銛，思廉切。

黄雀飽野粟，群飛動荆榛。〔一〕○【趙次公曰：「黄雀群飛，以比時人之蹇淺。」】黄雀，物之微者，一飽之外，則無所求，以比當時俗士之蹇淺者也。今君抱何恨，寂寞向時人。○【趙次公曰】此傷賀蘭而問之。老驥倦驤首，○【師古曰】甫自喻如老驥之倦舉頭以求人，謂無伯樂以知己也。○【趙次公曰】戰國策：汗明見春申君，曰：「夫驥之齒至矣，服鹽車而上太行，漉汁灑地，白汗交流而不能上。伯樂遭之，下車攀而哭之，解紵衣以冪之。於是俛而噴，仰而鳴，聲達於天。見伯樂之知己也。」蒼鷹愁易馴。○蒼，一作飢。○【師古曰】甫以賀蘭喻如蒼鷹之愁，側翅隨人，苟於食養，易爲馴狎也。○【趙次公曰：「暗使呂布與慕容垂事。」】魏志：曹公謂陳登曰：「待呂布譬如養鷹，飢則爲用，飽則揚去。」○【趙次公曰】晉載記〔一〕：權翼曰：「慕容垂猶鷹也，飢則附人，飽則高颺。遇風塵之會，必有淩霄之志。」高賢世未識，固合嬰飢貧。○【師古曰】自古賢士，君不見知，未免嬰累乎飢貧，何獨賀蘭乎？國步初返正，○【師古曰。又，王洙曰：「時初復京師。」】謂肅宗收復京師也。乾坤尚風塵。○【師古曰。又，王洙曰：「史思明猶鴟張河朔。」】謂史思明尚吞噬相、衛也。悲歌鬢髮白，○【師古曰】甫爲國家憂也。遠赴湘吴春。○【師古曰】甫謂移居夔州，既而下峽適荆、吴也。我戀岷下芋，○【師古曰】岷山，蜀之岷、峨也。地産芋魁，可以充糧，凶年不能饑。甫既去蜀，故戀岷山之芋也。○【王洙曰】前漢食貨志：蜀卓氏曰：「吾聞岷山之下沃野千里，有踆鴟，至死不饑。」顔師古曰：踆鴟，芋也。君思千里蓴。○蓴音純，水菜也。○【師古曰】吴地出蓴菜、鱸魚，賀蘭在蜀，忽思吴中之蓴，蓋感其物而思其人故也。晉張翰，吴人也，守官京洛，忽思蓴菜，遂去官而歸。○【趙次公曰】世説：陸機云：「千里蓴菜，其未下鹽〔三〕。」○千里者，吴石塘湖名也。生離與死別，○屈原九歌：悲莫悲兮生别離。自古鼻酸辛。○後漢公孫述傳：可爲酸鼻。廣陵思王荆作飛書與東海王彊：太后年老，逐斥居邊，觀者鼻酸。○【王洙曰】高唐賦：孤子寡婦，寒心酸鼻。

【校記】

〔一〕榛，原作「棘」，據元本、古逸叢書本改。

〔二〕載，原作「戴」，據古逸叢書本改。

〔三〕其未下鹽，元本作「但未下鹽」，古逸叢書本作「未下鹽豉」。

永泰元年乙巳在成都所作

正月三日歸溪上有作簡院内諸公

野外堂依竹，籬邊水向城。蟻浮仍臘味，○【王洙曰】謂酒也。○南都賦：醪敷徑寸，浮蟻若萍。釋名：酒有沉齊浮蟻在上。○【王洙曰】周庾信謝賜酒詩：浮蟻對春開。鷗泛已春聲。

○【王洙曰】南越志：鷗，水鳥也。在漲海中，隨潮上下三日，風至乃去。藥許鄰人斸，○【趙次公曰】公之不吝如此。○【師古曰】按集有「天寒斸茯苓」之句，謂以鐵錐斸地而得之也。書從稚子擎。○【趙次公曰】言文書多任稚子也。白頭趨幕府，深覺負平生。○【趙次公曰：「公嘆老而猶仕耳。公與嚴故人，故顯言之。」】公自歎老而猶參嚴鄭公故人之幕府也。

弊廬遣興奉寄嚴公

野水平橋路，春沙映竹村。風輕粉蝶喜，花暖蜜蜂喧。把酒宜深酌，題詩好細論。府中瞻暇日，江上憶詞源。○【趙次公曰】隋藝文志：筆有餘力，詞無竭源。跡寄朝廷舊，○【王洙曰：「公仕三朝。」】甫歷仕玄宗、肅宗、代宗之三朝也。情依節制尊。○【王洙曰：「公之入蜀，惟依嚴公。」】甫入蜀依劍南節度嚴鄭公幕府〔一〕爲參謀也。還思長者轍，恐避席爲門。○【趙次公曰】公欲枉嚴鄭公之駕，故以陳平之貧以激之。○陳平傳：平家乃負郭窮巷，以席爲門。然門外多長者車轍。

【校記】

〔一〕元本、古逸叢書本「府」下有「以」字。

春日江村五首

農務村村急，春流岸岸深。乾坤萬里眼，○甫乃長安人避地於蜀，去故鄉有萬里之遠。時序百年心。茅屋還堪賦，○【王洙曰】秋興賦：僕野人也，偃息不過茅屋茂林之下。桃源自可尋。○【王洙曰】晉陶淵明桃花源記：武陵人捕魚，緣溪行，忽逢桃花林，夾岸行，窮其林，林盡水源，〔一〕捨船而入，豁然開朗，土地平廣，黃髮垂髫，怡然自樂，便要還家，皆出酒食。數日辭出，遂迷，不復得路。艱難賤生理，○賤〔二〕，一作淺。○【王洙曰】陳〔三〕作賤。飄泊到如今。

【校記】

〔一〕源，元本、古逸叢書本作原。

〔二〕詩及注中二「賤」字，元本、古逸叢書本皆作「昧」。

〔三〕陳，元本、古逸叢書本作「一」。

迢遞來三蜀，○【趙次公曰】蜀郡、廣漢郡、犍爲郡，爲三蜀也。蹉跎又六年。○【趙次公曰】公自乾元二年冬到蜀，至今永泰元年，凡六年矣。客身逢故舊，○甫與嚴公乃世契，甫寓於蜀，嚴公復〔一〕節度劍南，狀爲工部員外郎參謀軍事。發興自林泉。過懶從衣結，○【王洙曰：「董威輦衣百結衣。」】王隱晉書：董威輦，不知何許人，忽見洛陽，止宿白社中，拾得殘碎繒，輒結爲衣，號曰百結衣。○文中子曰：董威輦，大雅吟，幾於道。威輦，晉董京字也。頻遊任履穿。○莊子山木篇：衣弊履穿，貧也。史記滑稽傳：齊人東郭先生，貧困飢寒，履有上無下。藩籬無限景，○陳作「藩籬頗無限」。恣意買江天。○【王洙曰：「（向）一作買。」】買，一作向。○【師古曰】謂江天恣意賞眺，不費錢也。

【校記】

〔一〕復，元本、古逸叢書本作「又」。

種竹交加翠，栽桃爛熳紅。經心石鏡月，到面雪山風。○【王洙曰】石鏡、雪山，並見前注。赤管隨王命，○【王洙曰】甫爲檢校尚書工部郎，故有赤管也。漢官儀：尚書令僕丞郎，月給赤管大筆一雙。銀章付老翁。○【趙次公曰】銀章方賜朱服也。故次篇有「垂朱紱」之句。豈知牙齒落，○東方朔答客難：脣腐齒落，服膺而不釋。名玷薦賢中。○甫歎暮年而膺嚴鄭公之薦辟也。

扶病垂朱紱，○甫嘗病渴，以今歲方賜緋魚袋也。歸休步紫苔。○歸休，謂休假以沐浴也。○【王洙曰】沈休文詩〔一〕：客位紫苔生。郊扉存晚計，○【王洙曰】顔延年詩：側聞幽人居，郊扉常晝閉。此乃衰暮者之計也。幕府媿群材。○甫自謙也。燕外晴絲卷，○卷，與捲同。鷗邊水葉開。鄰家送魚鱉，問我數能來。

【校記】

〔一〕詩，元本、古逸叢書本無。

群盜哀王粲，○【趙次公曰】魏王粲，字仲宣，嘗避亂客荆州。中年召賈生。○【趙次公曰】漢文帝謫賈誼爲長沙王傅，後歲餘，思誼，徵至宣室。登樓初有作，○【王洙曰】粲在荆州思歸，嘗作登樓賦。○【師古曰：「子美在蜀依嚴武，故以比之。」】夢弼謂：甫時避地在蜀依嚴公，故自比王粲也。前席竟爲榮。○【王洙曰】帝方坐宣室受釐，因感鬼神事而問之，誼具道所以然之故，至夜半，文帝前席。○【師古曰：「然子美以晚年得嚴武薦檢校工部，故比之賈生，文帝前席之也。」】夢弼謂：甫以晚年蒙嚴公薦辟檢校尚書員外郎，故自比賈誼也。宅入先賢傳，○【王洙曰】先賢傳：荆州有王粲之宅。才高處士名。○【趙次公曰】謂誼之才高出乎處士之名〔一〕矣。○應劭風俗通：處士者，隱居放言也。異時懷二子，○【王洙曰】二子，謂王粲、賈誼也。春日復含情。

【校記】

〔一〕名，古逸叢書本作「右」。

絶句四首

堂西長筍别開門，塹北行椒却背村。○【鄭印曰】行，胡岡切，列也。梅熟許同朱老喫，松高擬對阮生論。○【王洙曰。又，九家集注杜詩、集千家注批點杜工部詩集引作「公自注」。】朱、阮，乃劍外相知也。

欲作魚梁雲復湍，○【王洙曰】復，一作覆。讀去聲。因驚四月雨聲寒。青溪先有蛟龍窟，竹石如山不敢安。○【趙次公曰】魚梁，劈竹積石，横截中流，以爲聚魚之區也。以溪下有蛟龍，時興雲雨，雖以魚梁人之所利也，而公不敢犯害以就利，異乎世人徑行直前，惟利是謀也。

兩箇黄鸝鳴翠柳，一行白鷺上青天。○【鄭印曰】行，胡岡切。窗含西嶺千秋雪，○【王洙曰】西山白雪四時不消。門泊東吴萬里船。○【趙次公曰】甫欲南下，乘萬里之船而歸東吴也。

藥條藥甲潤青青，色過棕亭入草亭。苗滿空山慙取譽，○【趙次公曰】甫自喻也。藥者，如本草所載，各以其土地知名於世。根居隙地怯成形。○【趙次公曰】今所種之藥在空隙之地，欲成似物之形，而怯於人之所易見也。

營室

我有陰江竹，○【師古曰】甫植萬竹於浣花溪之草堂。按集有詩云「入門四松在，步堞萬竹疏」，即此陰江竹是也。能令朱夏寒。○【薛夢符曰】爾雅：夏爲朱明。○【趙次公曰。又，杜陵詩史、分門集注、補注杜詩亦引「薛夢符曰」。】纂要：夏曰朱夏。陰通積水内，高入浮雲端。甚疑鬼物憑，○甚，一作如。不顧剪伐殘。○【王洙曰】詩甘棠：勿翦勿伐。東偏若面勢，○【師古曰】謂植竹以蔭東射之日，隨其所向之勢也。○【趙次公曰】考工記：審曲面也〔一〕。户牖永可安。○謂户牖之間，庶無炎〔二〕氣，永可以安佚也。愛惜已六載，兹晨去千竿。蕭蕭見白日，洶洶開奔湍。○甫避亂適梓、閬，復歸成都，再營築屋室，伐竹千竿以爲用，謂愛惜此竹凡六載矣，今〔三〕晨不顧鬼物之護而剪伐之，故見白日而開奔湍也。度堂匪華麗，○度，徒洛切。養拙異考槃。○【趙次公曰】甫言藏拙於草堂之間，非若碩人考槃之成樂也。詩衛國風考槃章句毛萇傳：考，成也。槃，樂也。○陳少南謂：考，擊也。槃，器也。考擊其槃器而覺寤之也。草茅雖薙葺，衰病方少寬。○【趙次公曰】除草曰薙。言雖有薙葺之勞，而吾之衰病可少寬也。洗然順所適，此足代加餐。

○【王洙曰】古詩：上言加餐飯。寂無斤斧響，○【師古曰】甫葺草堂，茅茨不剪，椽柱仍不斲削，蓋順其所適，故無斤斧響也。庶遂憩息懽。○【趙次公曰：「憩，息也。」】憩，起例切，息也。

【校記】

〔一〕也，元本、古逸叢書本作「勢」。

〔二〕炎，元本、古逸叢書本作「炙」。

〔三〕今，古逸叢書本作「令」。

王十五司馬弟出郭相訪兼遺營茅堂貲

客裏何遷次，○次乃次舍，遷次謂遷卜此居也。○【趙次公曰。又，杜陵詩史、分門集注、補注杜詩引作「修可曰」。】陳樂昌公主詩：今日何遷次，新官對舊官。江邊正寂寥。肯來尋一老，○【趙次公曰】一老，甫自稱也。詩十月之交：不慭遺一老。愁破是今朝。○【師古曰】言司馬弟之來，破我之愁也。憂我營茅棟，携錢過野橋。○題注。他鄉惟表弟，還往莫辭遥。

挈家下戎渝忠所作

宴戎州王使君東樓

勝絶驚身老，情忘發興奇。○【趙次公曰】謂景之勝雖絶矣，而驚其身之已老。我之情〔一〕雖老，而發其興則奇也。座從歌妓密，○【趙次公曰】傅毅舞賦：鄭、衛之樂，所以娛密座，接懽欣也。○西京賦：促中堂之密座。樂任主人爲。○樂，音洛。○【趙次公曰】謂歡樂之事，一任主人爲之也。重碧拈春酒，○拈，一作拓，一作擎。拈，魚兼切，指取物也。○【趙次公曰】按元稹元日詩：羞看稚子先拈酒。白樂天歲假詩：歲酒先拈辭不得。以此知拈酒乃唐人之語也。○【王洙曰】：「(拈)一作酟。」趙次公曰：「拈，或作酟，非是。」】拈，或作酟，非是。輕紅擘荔枝。○拈春酒，擘荔枝，此主人用歌妓爲樂者也。樓高欲愁思，横笛未休吹。

【校記】

〔一〕情，元本、古逸叢書本作「身」。

渝州候嚴六侍御不到先下峽

聞道乘驄發，○【趙次公曰】昔漢桓典拜侍御史，常乘驄馬，京師爲之語曰：「行行且止，避驄馬御史。」此甫以桓典比嚴侍御也。沙邊待至今。不知雲雨散，○【師古曰】雲雨散，喻別離也。○【王洙曰】宋玉高唐賦：湫兮如風，凄兮如雨。風止雨霽，雲無處所。王粲詩：風流雲散，一別如雨。虛費短長吟。○【王洙曰】古詩有長短吟。山帶烏蠻闊，○【王洙曰】巂州西有烏、白蠻。○【鄭卬曰】梁益州記：巂州巂山，其地接諸蠻部，有烏蠻、秋蠻。江連白帝深。○【王洙曰】公孫述以永安爲白帝城。○【師古曰】烏蠻闊，白帝深，皆言其阻遠也。船經一柱過，○十道志：一柱觀，荊州羅含宅〔一〕，臨川王建，衆梁萃一柱。鱗角類事：江陵臺甚大，惟有一柱，衆梁拱之。○【趙次公曰】晏元獻典類：荊州臨川王義慶〔二〕羅公洲立觀甚大，但一柱。留眼共登臨。○【王洙曰：「留眼，一作留滯。」】留，一作滯。

【校記】

〔一〕宅，原作「州」，據古逸叢書本改。

〔二〕古逸叢書本「慶」下有「於」字。

撥悶　〇【王彦輔曰】一作「贈嚴二別駕」。

聞道雲安麴米春，〇雲安縣，屬夔州，今爲雲安軍。麴米春，乃唐之酒名也。纔傾一盞即醺人。乘舟取醉非難事，下峽消愁定幾巡。長年三老遥憐汝，〇【趙次公曰：「長年、三老，川中呼舟師之名」】峽中以篙師爲長年，柁工爲三老。〇【師古曰】今俗謂之翁。捩柁開頭捷有神。〇【王洙曰】開頭，一作嗚鐃。〇【趙次公曰】捩，縛結切。柁，吐邏切。〇【王洙曰】皆行船貌。已辦青錢防顧直，當令美味入吾唇。

聞高常侍亡　〇【九家集注杜詩依例爲「王洙曰」。集千家注批點杜工部詩集引作「公自注」。】忠州作。〇唐舊書：〔一〕永泰元年正月己卯，左散騎常侍高適卒。

歸朝不相見，蜀使忽傳亡。虚歷金華省，〇黄門省侍中散騎，對掌密命，入直殿中。故潘岳秋興賦云：寓直散騎之省。蓋騎省深嚴，若今從官直舍，非今所謂省也。按漢書「豹尾比省中」注：凡省皆禁。禁字，元后父諱，故改禁爲省。又漢宫闕記：金華殿在未央宫白虎觀右，秘府圖書皆在焉。故王思遠遜侍中表云：奏事金華之上，進議玉臺之下。後世以門下名金華省，蓋出此也。○【王洙曰】班固傳：鄭寬中、張禹嘗朝夕入説尚書、論語於金華殿中。何殊地下郎。○【趙次公曰。又，王洙曰：「世説：顏回爲地下修文郎。〔一〕」王隱晉書：蘇韶已死，其弟問地下事，韶言：「顏淵、卜商今爲修文郎。」致君丹檻折，○【趙次公曰】新唐書：適負氣敢言，權貴側目。按，前漢朱雲上書：願斬佞臣張禹。文帝〔二〕怒曰：「小臣廷辱師傅，罪不赦。」御史將雲下，雲攀檻，檻折。哭友白雲長。○【趙次公曰】自渝州望長安而哭，爲白雲長矣。○説者又曰：謂白雲之篇最長於人也。獨步詩名在，○適有詩名於唐。○【趙次公曰】魏曹子建與楊德祖書曰：「僕少好文章，迄至于今二十五。今世作者可略而言。昔仲宣獨步於漢南，孔璋鷹揚於河朔。」○【趙次公引作「杜時可曰」。杜陵詩史、分門集注引作「(杜)田曰」。】又南史：王筠字元禮，沈約謂筠文章之美，可謂後來獨步。秖令故舊傷。

【校記】

〔一〕唐舊書，古逸叢書本作「舊唐書」。

〔二〕文帝，當爲成帝。

宴忠州張使君姪宅

出守吾家姪，殊方此日歡。自須遊阮舍，○舍，舊宅也。陳作巷。○【王洙曰】晉書：阮咸與叔父籍爲竹林之遊，咸與籍居道南，諸阮居道北，北阮富而南阮貧也。○【師古曰】夢弼謂：此甫以阮咸比張使君，以阮籍自比，乃知叔姪之相得者矣。不是怕胡灘。○胡，王荆公作湖。○【王洙曰】湖灘，忠州下惡灘也。樂助長歌送，○【王洙曰：「（逸）一作送。」】送，陳作逸。林饒旅思寬。○林，一作杯。夢弼謂，當以杯爲是。昔曾如意舞，○【趙次公曰】如意，乃所執之物。○【師古曰】晉石崇嘗以鐵如意擊碎珊瑚樹。○【趙次公曰】王戎嘗以如意起舞。○餘如前注。牽率强爲看。○【趙次公曰】左氏傳：牽率老夫。

禹廟○【九家集注杜詩依例爲「王洙曰」】忠州作。

禹廟空山裏，秋風落日斜。荒庭垂橘柚，古屋畫龍蛇。○【王洙曰】招魂篇：仰觀刻桷，畫龍蛇。○【趙次公曰】盧照鄰文翁講堂詩：空梁無燕雀，古壁有丹青。雲氣噓清壁，○【趙次公曰】一作「雲氣生虚壁」。江聲走白沙。早知乘四載，○【趙次公曰】書益稷篇：予乘四載。○孔氏傳：所載者四，謂水乘舟，陸乘車，泥乘輴，山乘樏。隨行山林，刊木通道，以治水也。輴，音春。樏，力追切。○【王洙曰】史記河渠書：禹湮洪水，陸行乘車，水行乘舟，泥行蹈橇，山行即橋。○橇，音蕝。橋，一作輂。疏鑿控三巴。○【王洙曰】疏鑿，或作流落。○山海經：正南有國。昔大皞生咸鳩，咸鳩生乘鑿，乘鑿生後昭，是爲三巴人也。巴者，泉東南流，流曲三折，如巴字，故名三巴。又三巴記曰：

閬泉東南流，曲折三回，如巴字，故曰三巴。○【鄭卬曰】十道志：渝州巴縣，并巴東、西，是爲三巴。○【王洙曰】華陽國志：武王克商，封其子宗姬於巴，爵之以子。古者遠國雖大，爵不過子，故吴、楚及巴皆曰子。獻帝時，征東中郎將安漢趙韙建議分巴爲二部，韙欲得巴舊名，故曰巴。益州牧劉璋以墊江以上爲巴郡，江州至永寧爲永寧郡，朐忍至魚腹爲固陵郡，巴遂分。璋復改永寧爲巴郡，以固陵爲巴東，徙龐羲爲巴西太守，是爲三巴。郭璞江賦：巴東之峽，夏后疏鑿。

題忠州龍興寺所居院壁

○忠州，今隸夔州路。

忠州三峽内，○前注。井邑聚雲根。○【趙次公曰】雲根，言石也。張協詩：雲根臨北極。蓋取五嶽之雲觸石而出，則石者雲之根也。小市常争米，○後漢劉寵注引風俗通曰：俗説市井者，言至市當有所鬻賣，當於井上先濯，乃到市也。春秋井田記：九頃二十畝共爲一井，因井爲市，交易而退，故稱爲市井。孔奮傳：胡市日四合。注：古者爲市，日三合。周禮：大市日側而市，百族爲主。朝時而市，商賈爲主。夕時而市，販婦爲主。今人貨繁，故日四合。孤城早閉門。空看過客淚，○空，一作豈。過客，甫自稱也。老子三十五章：樂與餌，過客止。謝朓詩：過客無留軫。莫覓主人恩。○【蘇曰】主人，指張使君。前篇有宴忠州張使君姪宅詩。淹泊仍愁虎，○泊，一作薄。深居賴獨園。○【王洙曰】金剛經有給孤獨園。

哭嚴僕射歸櫬

○【趙次公曰】唐舊書：永泰元年四月，嚴武薨。

素幔隨流水，歸舟返舊京。老親如宿昔，○【王洙曰。又，杜陵詩史、分門集注、補注杜詩引「王洙曰」作：「知，一作如。」】如，一作知。○【趙次公曰】非言嚴公之母尚健如宿昔耳〔一〕？部曲異平生。○【王洙曰】言部曲有異於存日也。○【王洙曰：「後漢光武紀注：大將軍營有五部三校尉，部下有曲，曲有軍候一人。」】續漢書百官志：將軍領軍皆有部曲。大將軍營五部，部校尉一人。部下有曲，曲有軍候一人。曲下有屯，屯〔二〕長一人。○【王洙曰】鮑照東武吟：將軍既即世，部曲亦罕存。風送蛟龍雨，○【趙次公曰】以嚴公若蛟龍，則風之所送者蛟龍雨也。天長驃騎營。○【趙次公曰】晉書：齊王攸遷驃騎將軍。時驃騎當罷營，兵士數千人戀攸恩德，不肯去。一哀三峽暮，遺後見君情。○【師古曰】謂嚴君有恩德遺傳於後人，使人哀思之不能忘，則嚴君之情可見也。

【校記】

〔一〕耳，元本、古逸叢書本作「耶」。

〔二〕二「屯」字，原皆作「純」，據古逸叢書本改。

到雲安所作 ○雲安縣，楚、峽分畛也。

贈鄭十八賁

温温士君子，令我懷抱盡。○【師古曰】謂鄭賁有温潤君子之德，使我得以展盡底蘊，無有遺恨也。○【趙次公曰】詩秦風：言念君子，温其如玉〔一〕。靈芝冠衆芳，安得闕親近。○【趙次公曰】謂鄭賁如芝蘭玉樹之芬芳，人所喜而見慕者，其可闕於親近乎？○劉子：與善人居，如入芝蘭之室。遭亂意不歸，竄身迹非隱。○【王洙曰：「以避亂也。」】甫之遭亂，衆人皆意其不歸故鄉，殊不知竄身以避寇，豈實爲素隱耶？○【趙次公曰】晉孫綽嘗鄙山濤，而謂人曰：「山濤吏非吏，隱非隱。」細人尚姑息，○【趙次公曰】禮記：小〔二〕人之愛人也如〔三〕姑息。吾子色愈謹。高懷見物理，識者安肯哂。○哂，式忍切，笑也。安，一作焉。○【薖曰】謂小人唯以姑息小惠相濡潤侮慢，無所不至。○獨鄭賁以心相知，每遇甫以禮，久而敬之，足見其高懷而有識者也。卑飛欲何待，○言鄭賁官雖卑，不辭低飛，蓋待時而後動也。捷徑應未忍。○【王洙曰】不忍爲仕途捷徑，枉尺而直尋耳。○【杜田補遺。又，杜陵詩史、分門集注、補注杜詩、集千家注批點杜工部詩集引作「修可曰」。】張衡應間曰：捷徑邪〔四〕至，我不忍以投步。干進苟容，我不忍斂扇。○【杜田補遺】曹大家東征賦：遵通衢之大道兮，求捷徑欲誰從。○【杜田補遺。又，杜陵詩史、分門集注、補注杜詩引作「修可曰」。】盧藏用傳：士大夫指嵩山、終南爲仕途捷徑。示我百篇文，詩家一標準。羈離交屈宋，牢落值顏閔。○甫言當羈離之際，得接遇鄭賁，亦足以慰牢落之情也。屈原、宋玉，言其有文章者也。顏淵、閔子騫，言其有德行者也。水陸迷畏途，○【王洙曰】畏，一作長。○言盜賊充斥天下，茲可畏也。莊子達生篇：夫〔五〕畏途者，十殺一人，則父子兄弟相戒也。藥餌駐脩軫。○【逸曰】言以丹藥延年也。○江逌賦：駐脩軫乎平原。古人日已遠，青史字不泯。○【趙次公曰】青史者，殺青竹簡之史也。步趾詠唐虞，○堯居陶唐，舜居有虞，因以爲號。追隨飯葵堇。○葵堇，謂蔬食也。雖居蔬食之貧，而乃行歌堯、舜之道以自樂也。爾雅釋草：芹，楚葵。注：今水中芹菜。齧，苦堇。注：今堇葵也。葉似柳〔六〕，子如米，汋食之滑。數杯資好事，異味煩縣尹。○好，讀去聲。時感好事，縣尹相餽餉也。心雖在朝謁，力與願矛盾。抱病排金門，衰容豈爲敏。○【師古曰：「衰老欲排金馬門，尤非本志也。」】甫心雖欲朝謁，奈肺疾矛盾不合心願，況〔七〕衰老，欲排金馬門，尤非本意也。○【王洙曰】左氏傳：魯人以爲敏。

【校記】

〔一〕言念君子温其如玉，元本、古逸叢書本作「温恭人惟德之基」。

〔二〕小，元本、古逸叢書本作「細」。

〔三〕如，元本、古逸叢書本作「以」。

〔四〕邪，元本、古逸叢書本作「耶」。

〔五〕夫，元本、古逸叢書本作「矣」。

〔六〕柳，古逸叢書本作「椰」。

〔七〕況，古逸叢書本作「見」。

雲安九日鄭十八携酒陪諸公宴

寒花開已盡，○張景陽詩：寒花發黄采，秋草含緑滋。菊蘂獨盈枝。舊摘人頻異，○【趙次公曰】言舊時摘採菊花之人頻改易而不聞也。輕香酒暫隨。地偏初衣袷，○袷，古洽切。說文：無絮衣也。○【王洙曰】陶潛詩：身〔一〕遠地自偏。秋興賦：御袷衣。山擁更登臨〔二〕。○【王洙曰】風俗記：九日登高，以禳灾厄。萬國皆戎馬，○老子四十六章：天下無道，戎馬生於郊。酣歌淚欲垂。

【校記】

〔一〕身，古逸叢書本作「心」。

〔二〕臨，元本、古逸叢書本作「危」。

答鄭十七郎一絶

雨後過畦潤，○過，古禾切，經也。畦，户圭切，菜圃也。花殘步屐遲。○屐，奇逆切，履也。把文驚小陸，○此甫美其弟鄭十八之能文，比之陸雲也。晉陸機爲大陸，雲爲小陸，二陸皆以文章知名。好客見當時。○好，讀去聲。此又以鄭十七之喜客，比之鄭莊也。○【王洙曰：「當時，鄭莊也。」】前漢鄭莊字當時，爲太子舍人，常置驛馬長安諸郊，請謝賓客，夜以繼日。

懷錦水居止二首

軍旅西征僻，○周禮夏官司馬：凡軍制，萬有二千五百人爲軍，五百人爲旅。○【趙次公曰】按，永泰元年，僕固懷恩誘吐蕃等寇奉天，京師大震。帝自將苑中，急召子儀屯涇陽，故曰西征。風塵戰伐多。猶聞蜀父老，○【趙次公曰】猶，一作獨。不忘舜謳歌。○【鄭卬曰】忘，毋放切。○【趙次公曰】謂關外之亂，蜀人聞之心駭，而所謳歌不忘者，猶在乎舜也。○【王洙曰】孟子：不謳歌堯之子，而謳歌舜。天險終難立，○【王洙曰】劍險乃天設之險，甫言吐蕃〔一〕能犯之，終難存立矣。

○【趙次公曰】易曰：天險，不可升也。○【師古曰】或者又謂，甫以崔旰亂成都，故避之東川。然旰雖叛，民心未忘唐室，雖據劍閣之險，終難自立也。柴門豈重過。○【鄭卬曰】重，儲用切，再也。○過，古禾切，經也。○【王洙曰】甫思成都之草堂未可再歸也。朝朝巫峽水，遠逗錦江波。○【鄭卬曰】逗，文透切，注也。○【趙次公曰】深懷成都之意，錦江、巫峽水徒相通，而不能即返焉。

【校記】

〔一〕吐蕃，元本、古逸叢書本作「西蕃」。

萬里橋西宅，○【趙次公曰：「舊本作橋南，非是。」】西，一作南，誤也。百花潭北莊。○【王洙曰】甫之草堂在浣花萬里橋之西〔一〕，地有百花潭。○【趙次公曰】按集甫有詩曰「萬里橋西一草堂，百花潭北即滄浪」是也。層軒皆面水，老樹飽經霜。雪嶺界天白，○前注。錦城曛日黃。○曛，謂黃昏時也。餘見前注。惜哉形勝地，○【王洙曰】張孟陽劍閣銘曰：形勝之地，匪親勿居。回首一茫茫。○【趙次公曰】以西山尚有屯戍，恐蜀受其禍，故嘆息形勝之地而憂之也。

【校記】

〔一〕西，九家集注杜詩亦作「西」，杜陵詩史、分門集注、補注杜詩引「王洙曰」作「南」。

新定杜工部草堂詩箋斠證卷第二十九

永泰元年到雲安所作

八哀詩并序

〇【王洙曰】昔詩人作黄鳥之詩，以哀三良。故魏曹植、王粲皆因之作七哀詩。甫之八哀，意原于此也。

傷時盜賊未息，興起王公、李公，歎舊懷賢，終于張相國。八公前後存没，遂不詮次焉。

贈司空王公思禮〇【王洙曰】王思禮，高麗人也。入居營州，少習戎旅，隨父節度使王忠嗣至河西，與哥舒翰對爲押衙〔一〕，及翰爲隴右節度，思禮事翰。〇【王彥輔曰】後加守司空。上元二年，以疾薨，贈太尉，謚曰武烈。

司空出東夷，〇東夷，謂高麗也。童稚刷勁翮。〇【端本曰】謂修整其儀矩也。追隨燕薊兒，〇燕薊兒，指王忠嗣。忠嗣爲幽州節度，思禮隨之歸朝也。穎鋭物不隔。〇【王洙曰】鋭，一作脱。〇謂穎鋭如囊中錐，其穎必脱也。〇【趙次公曰】按平原君傳：秦圍邯鄲，趙使平原君求救，合從於楚。毛遂願備員而行，君曰：「士之處世，譬如錐之處囊中，其末立見。」遂曰：「使遂早得處囊中，乃穎脱而出也。」服事哥舒翰，意無流沙磧。〇【端本曰】沙石曰磧。言意必欲掃蕩夷狄矣。未甚拔行間，〇行，户郎切。謂行伍之間也。犬戎大充斥。〇【敏功曰】充斥，猶言盛大也。〇思禮在行伍之間未顯，奈犬戎無憚恣入寇也。〇【趙次公曰】左氏傳：盜賊充斥。短小精悍姿，〇【師尹曰】前漢郭解爲人短小精悍。〇【定功曰】又，嚴延年爲人短小精悍，敏捷於事。雖子貢、冉有通藝於政事，不能絶也。屹然强寇敵。〇【趙次公曰】言屹然如山而爲强寇之敵也。按唐書：加思禮金城太守。安禄山反，翰爲元帥，奏思禮赴軍。玄宗曰：「河隴精衛，悉在潼關。吐蕃有釁，唯倚思禮耳。」觀玄宗之言，則思禮在金城時能敵吐蕃可知矣。貫穿百萬衆，出入由咫尺。馬鞍懸將首，〇暗用後漢彭寵傳事。○【趙次公曰】又，蔣〔二〕琰詩：馬鞍懸虜頭。甲外控鳴鏑。○【薛夢符曰】前漢冒頓作鳴鏑，習勒其騎射。注：驍箭也。○古冬狩行：縱控飛鳴鏑，引臂驚幽猿。洗劍青海水，○青海在山東〔三〕。○【趙次公曰】謂戰勝而深入也。○哥舒翰傳：翰築神武軍青海上，吐蕃攻破之。更築於龍駒島，由是吐蕃不敢近青海。按集有云「君不見古來青海頭」是也。刻銘天山石。○【王洙曰】思禮以拔石堡城功，在行伍間除右金吾衛將軍。○【趙次公曰】昔漢班固爲竇憲勒銘燕然山。○【敏修曰】唐薛仁貴傳「將軍三箭定天山」是也。九曲非外蕃，○【薛夢符曰】唐書會要：景龍四年，贊普請婚，以左衛大將軍楊矩爲送金城公主使。後矩爲鄯州都督，吐蕃厚賂之，因請河西九曲之地以爲公主湯沐之邑，矩遂奏與之。吐蕃既得九曲，其地肥良，尤與唐地接近，自是復叛。矩懼，飲藥而死。王思禮傳：事哥舒翰，以功授右衛將軍，充關西兵馬使，從其討九曲也。○又，攻破吐蕃洪濟、大莫門等城，攻黄河九曲，以其地置洮陽郡。其王轉深壁。○【趙次公曰：「於深遠之地爲壁壘也。」】謂深其壁壘也。飛兔不近駕，○【杜田補遺】飛兔，古之神馬也。兔善走而復能飛，以名馬，其駿快可知矣。淮南子：夫待腰褭、飛走而駕之，則世莫乘車矣。言其難得也。○【趙次公曰】陳孔璋答東阿牋曰：飛兔流星，超越山海。龍驥所不能追〔四〕，况駑馬可得齊足哉。鷙鳥資遠擊。曉達兵家流，○【王洙曰】前漢藝文志：兵權謀十三家，陰陽十六家，兵技巧十三家。兵家者流，蓋出於古司馬之職。漢興，張良、韓信序次兵法，凡百八十二家。飽聞春秋癖。○謂其博通春秋也。○【王洙曰】昔晉杜預拜鎮南將軍，而有左傳癖。胸襟日沉静，肅肅自有適。○肅肅，晉作蕭蕭。莊子大宗師篇：是適人之適，而不自適其適也。○【師古曰】自此推而上之至「短小精悍資」，皆美思禮之辭也。潼關初潰散，萬乘猶辟易。○辟，音避。○【饒曰】辟易，退却奔走之貌。○萬乘，謂天子也。偏裨無所施，元帥見手格。○【趙次公曰】元帥，謂翰也。○【饒曰】格，鬬也。○【王洙曰】初，安禄之反，思禮從翰守潼關，密語翰誅楊國忠，又欲以三千騎劫之，翰不從，遂至於敗。思禮爲偏裨，而謀不見從，故無所施，翰遂被賊所擒也。○前漢江都王手格猛獸。太子入朔方，○【趙次公曰】太子，謂肅宗。○朔方，北方郡名也。至尊狩梁益。○【趙次公曰】至尊，謂玄宗。○【鄭卬曰】梁益，劍南也。胡馬纏伊洛，○胡，指禄山。伊洛，河南也。中原氣甚逆。肅宗登寶位，塞望勢敦迫。○迫，一作逼。塞，蘇則切。○【趙次公曰】謂其勢力出於裴冕之所迫也。○【王洙曰】翰既敗，潼關不守，玄宗幸蜀，時肅宗以皇太子爲天下兵馬元帥，從百姓之請，北收兵至靈武，圖興復，而群臣裴冕等勸進，遂即皇帝位於靈武，以從人望也。公時徒步至，○公，指思禮也。請罪將厚責。際會清河公，○清河公，乃房太尉琯也。間道傳玉册。○間，讀去聲。天王拜跪畢，讜議果冰釋。○【王洙曰】潼關失守，思禮與吕崇、李承光同走詣靈武請罪，肅宗責其不堅守，引至纛下將斬之，適會宰相房琯從蜀來，奉太上皇玉册，册命肅宗訖，琯遂諫帝無罪思禮，乃赦之。翠華卷飛雪，○【趙次公曰】翠華，天子之旗。卷飛雪，則其時在冬也。上林賦：建翠華之葳蕤。〔五〕熊虎亘阡陌。○【趙次公曰】謂其旍旗之多也。周禮：司常熊虎爲旗。○玉篇：南北爲阡，東西爲陌。屯兵鳳凰山，○【趙次公曰】謂肅宗屯兵於鳳翔府，以圖恢復也。帳殿涇渭闢。○【趙次公曰】帳殿，謂設帳幕以象宮殿。肅宗駐蹕於涇渭之間也。金城賊咽喉，詔鎮雄所搤。○【鄭卬曰】搤，乙革切。○【王洙曰】思禮既赦，尋副房琯戰便橋不利，更爲關内行營節度、河西隴右伊西行營兵馬使，守武功，以扼金城之咽喉也。○【杜田補遺】揚雄解嘲：蔡澤，山東之匹夫，西揖强秦之相，搤其喉而抗其氣。○顔師古曰：搤，急持之咽頸也。○【師尹曰】馬援傳：援擊五溪蠻夷，進壺頭，搤其咽喉。禁暴靖無雙，○靖，一作清。爽氣春淅瀝。○【師古曰：「和爽之氣如春風然。」】謂思禮之守武功，禁暴禦亂，其材無雙，和爽之氣如春風然也〔六〕，人皆愛之也。巷有從公歌，○【王洙曰】詩魯頌：無小無大，從公于邁。野多青青麥。○謂思禮瘞死者也。○【趙次公曰】莊子外物篇：詩固有之曰：「青青之麥，生於陵陂。」音義云：逸詩，刺死人也。及夫哭廟後，復領太原役。○【趙次公曰】郭子儀收復兩京，思禮先入清宮。時太廟爲賊所焚，權移神主於大内長安殿。上皇謁廟請罪。○【王洙曰】乾元二年，李光弼鎮河陽，制以思禮爲太原北京留守、河東節度大副使，兼御史大夫。貯軍糧百萬，器械精鋭，尋加守司空。○自武德以來，三公不居宰輔，唯思禮而已。恐懼禄位高，悵望王土窄。○【趙次公曰】在我之爵位，則憂其顯，本朝之土地，則恨其逼，此又以美思禮之謙忠也。不得見清時，○清，一作盛。嗚呼就窀穸。○窀穸，謂葬也。思禮欲圖恢復而未遂，不幸而死也。○【王洙曰】窀穸，事見左傳。永繫五湖舟，○永，一作空。○【王洙曰】范蠡事勾踐，既滅吳，遂乘輕舟以浮於五湖，此謂思禮有功成身退之志而未遂也。悲甚田横客。○【王洙曰：「田横死，賓客聞之，從死者五百人。言思禮賓客尤甚於横也。」】高帝平齊，召田横，横懼，自刎。帝爲之流涕，以王禮葬之。其賓客五百餘人聞横死，皆自殺。此謂思禮之賓客尤甚於横。○譙周詁訓曰：今有挽歌者，高帝召田横，至于尸鄉，自斃奉首。從者挽至宫，不敢哭，故爲此歌以寄哀也。千秋汾晉間，事與雲水白。○【趙次公曰：「前云『復領太原役』，則兩在太原矣。宜有顯績歷千年，如雲水之白矣。」】前有云「復領太原役」，則思禮兩在太原矣。太原，古之晉地，宜乎有撫御之功德在汾、晉之間，綿歷千載，與雲水俱傳而無晦也。昔觀文苑傳，豈述廉藺績。○【趙次公曰】以〔七〕形容思禮文不足而武有餘。廉、藺名將，豈必書其文彩於文苑傳乎？嗟嗟鄧大夫，士卒終倒戟。○【趙次公曰】此譏文勝質者，徒取禍爾。○【王洙曰】鄧景山，曹州人，以文吏見稱，亦爲太原尹、北京留守，至太原，以鎮撫紀綱爲己任，檢覆軍吏隱没者，衆懼，有一偏將抵罪當死，諸將各請贖其罪，景山不許，其弟請以身代其兄，又不許，其弟請納馬一疋以贖兄罪，景山許其減死。衆咸怒，謂景山曰：「我等人命，輕如一馬乎？」軍衆憤怒，遂殺景山。上以景山撫馭失所，以故不復驗其罪。

【校記】

〔一〕衙，元本、古逸叢書本作「衛」。

〔二〕蔣，杜陵詩史、分門集注作「蔡」。

〔三〕山東，古逸叢書本作「河西」。

〔四〕追，元本、古逸叢書本作「迫」。

〔五〕萎蕤，古逸叢書本作「旗」。

〔六〕也，元本、古逸叢書本無。

〔七〕以，元本、古逸叢書本無。

故司徒李光弼

○【王洙曰】本傳：李光弼，營州人。幼持節行，善騎射，能讀班氏漢書。少從戎，嚴毅有大略。天寶十三年，郭子儀薦之堪當闖寄。禄山之亂，玄宗幸蜀，肅宗理兵靈〔一〕武，授光弼户部尚書兼太原尹。

司徒天寶末，北收晉陽甲。○【趙次公曰】光弼加檢校司徒，在至德二載。尋遷司空令。詩止云司徒，則據司徒已前事而稱其官耳。晉陽，則河東之太原也。昔趙鞅取晉陽之甲是也。胡騎攻吾城，愁寂意不愜。人安若泰山，薊北斷右脅。朔方氣乃蘇，○乃，晉作多。○【王洙曰】朔方，河北也。黎首見帝業。○【王洙曰】賊將史思明等肆僞師來攻城，光弼麾下衆不滿萬，皆烏合市人，賊以太原屈指可取，衆皆愁寂，唯光弼毅然伺其怠，出擊大破之，斬首十餘萬，乃斷賊之右臂。又破史思明于嘉山，而河北歸順者十餘郡。○【趙次公曰】是以民安如泰山，朔方郡兵氣乃振，黎民知帝業之有成也。二宫泣西郊，九廟起頹壓。○二宮，謂肅宗與皇后收復京師，哭祠九廟也。未散河陽卒，思明爲〔二〕臣妾。復自碣石來，火焚乾坤獵。高視笑禄山，公又獻大捷。○公，指光弼也。○【王洙曰】乾元二年，光弼爲天下兵馬元帥，與九節度兵圍安慶緒於相州，拔有日矣。史思明自范陽來救，屢絶粮道，光弼身先士卒，苦戰勝之。思明因殺慶緒，即僞位，笑禄山無能爲以自矜，乃縱兵河南，〔三〕賊勢甚熾。光弼議洛不足抗賊，遂檄官吏令避寇，引兵入三城，賊憚光弼，頓兵白馬祠，不敢西犯宮闕，遂戰於中單西，大破逆黨。賊走保懷州。○此光弼之「獻大捷」也，即傳所謂「獻俘太廟」是也。○【趙次公曰】雖然，初思明乘勝西嚮，光弼整陣徐行，趍東京，謂留守韋陟曰：「公計將安出？」陟曰：「不如移軍河陽，表裏相應，此猿臂勢也。」遂悉軍趍河陽。光弼擒周摰等，思明未知，光弼驅所俘示之，思明大懼，築壘以拒官軍也。異王册崇勳，○【趙次公曰】謂光弼以功進封臨淮王也。小敵信所怯。○謂光弼北邙之敗也。○【杜定功曰】光武與王尋等戰，自將步騎千餘前去，諸部喜曰：「劉將軍平生見小敵怯，今見大敵勇，甚可怪也。」擁兵鎮河汴，○謂光弼受封以鎮臨淮也。千里初妥帖。○【鄭卬曰】妥，吐火切，安也。青蠅徒營營，○詩小雅：營營青蠅。傳：營營，往來貌。風雨秋一葉。○青蠅善點白爲黑，點黑爲白，喻魚朝恩、程元振譖害光弼，光弼畏罪，有詔入朝，遷延不行，素節凋零，故云「風雨秋一葉」也。淮南子：一葉落知天下秋。内省未入朝，死淚終映睫。○【趙次公曰。又，杜陵詩史、分門集注、補注杜詩引作「修可曰」。】按唐書：北邙之敗，魚朝恩羞其策謬，深忌光弼切〔四〕骨，而程元振尤嫌之。及來瑱爲元振讒死，光弼愈恐。吐蕃寇京師，代宗詔入援，光弼畏禍，遷延不敢行。帝還長安，因拜東都留守，察其去就。光弼以久須詔不至，二年，光弼疾篤，薨。大屋去高棟，○【王洙曰】高棟，大屋所恃而安。喻光弼爲朝廷之所倚賴也。長城掃遺堞。○【王洙曰】國家倚光弼如長城，今其死矣，是掃遺堞也。平生白羽扇，○【王洙曰】謂光弼亡而所用之物存矣。裴啓語林：諸葛武侯持白羽扇，指麾三軍。零落蛟龍匣。○【王洙曰】蛟龍匣，乃劍匣也。言人亡不復見用也。○西京雜記：漢武送死，匣上皆金縷，爲蛟龍鸞鳳龜鱗之象，世謂之蛟龍玉匣。雅望與英姿，○【王洙曰】漢二十八將論：至使英姿茂績，委而不用也。惻愴槐里接。○【趙次公曰】槐里豈葬地乎？以詔百官送葬延平門外。按長安志：延平門乃在郭西。而前漢志：槐里屬右扶風。今之鳳翔府，正在長安之西矣。三軍晦光彩，烈士痛稠疊。○隱居詩話：光弼代郭子儀，入其軍，號令不更，而旌旗改色。及其亡也，杜老哀之，云：「三軍晦光彩，烈士痛稠疊。」此所以稱爲詩史也。直筆在史臣，將來洗箱篋。○【趙次公曰】言史氏以直筆書光弼之功業，不幸遭讒致公恐懼之事，將來洗濯箱篋之汙辱矣。吾思哭孤冢，南紀阻歸楫。○【趙次公曰】南紀，楚之分。甫自南紀往歸長安，則可以弔光弼之英魂，今阻而不能也。扶顛永蕭條，○【王洙曰：「言光弼有扶顛之力也。」】言光弼有扶顛之力而亡之也。未濟失利涉。○【王洙曰】言時未至大治，而光弼亡，如欲濟而失舟也。疲薾竟何人，○【鄭卬曰】薾，乃結切，衰老貌。○甫自稱也。○【趙次公曰】莊子：薾然疲役。灑涕巴東峽。○【趙次公曰】巴東峽，指言夔州也。

【校記】

〔一〕靈，元本、古逸叢書本作「寧」。

〔二〕爲，古逸叢書本作「僞」。

〔三〕河南，元本、古逸叢書本作「向南」。

〔四〕切，原作「竊」，據元本、古逸叢書本改。

贈左僕射鄭國公嚴公武

○【王洙曰】嚴武，華州華陰人。中書侍郎挺之之子，神氣雋爽，敏於聞見，幼有成人風，讀書不究精義，涉獵而已。弱冠以門蔭策名，隴右哥舒翰奏充判官。至德初，肅宗興師靖難，大收材傑，武杖策赴行在，宰相房琯以武名臣之子，才略可稱，首薦，累遷給事中。八年，永泰中逝。母哭曰：「而今而後，吾知免爲官婢矣。」年四十，贈尚書左僕射。

鄭公瑚璉器，○【王洙曰】鄭，乃武之所封。瑚璉，祀宗廟之器也。華岳金天晶。○【鄭卬曰】晶，子盈切。○【趙次公曰】華，西岳也。金天，白帝也。○【王洙曰】武西人，以其得華岳天神白帝精氣之所孕也。昔在童子日，已聞老成名。○【趙次公曰】本傳：武幼豪爽，母不爲挺之所答〔一〕，獨厚其妾。武始八歲，怪問其母，母語之。故武奮然以鐵鎚碎其妾首。嶷然大賢後，○【鄭卬曰】嶷，鄂力切。○【趙次公曰】大賢，謂嚴挺之也。復見秀骨清。○題注。開口取將相，小心事友生。○【趙次公曰】凡開口只欲爲將相。傳云：與元載厚相結，求宰相，而事不遂，是已。閲書百氏盡，〇【王洙曰：「(紙)一云氏。」】氏，一作紙，非。落筆四座驚。歷職匪父任，〇任，門蔭也。〇【趙次公曰】言武初歷補蔭，後自致身，累遷殿中侍御史，非由於父也。嫉邪嘗力争。〇謂爲御史之能事也。漢儀尚整肅，〇乃假漢以言唐也。胡騎忽縱横。〇【王洙曰】謂禄山之亂也。飛傳自河隴，〇傳，張〔二〕戀切。逢人問公卿。〇【趙次公曰】按，史氏云：玄宗入蜀，擢武爲諫議大夫。則天寶末，武在蜀中矣。飛傳，則傳遞之報也。河隴西東，蜀中之道。肅宗即位靈武，而前路梗澀，有飛傳自河隴來，武必詢問公卿爲難〔三〕也。不知萬乘出，〇萬乘，一作乘輿。雪涕風悲鳴。受詞劍閣道，謁帝蕭關城。〇【趙次公曰】武在蜀之遠，亦不知萬乘所出之的，所以雪涕悲鳴，其忠義之情如此，於是請於玄宗受册命於劍閣，謁肅宗於靈武，遂立肅宗。〇蕭關，即靈武也。〇【鄭卬曰】按，渭州清原縣，乃武州舊地。蕭關縣〔四〕，考其地即今朝那縣，在原州西一百八十里。龍朔中，故於白草軍置蕭關。〇【黄鶴曰：「唐志：大中五年，以原州蕭關置武州。」】或云：蕭關屬武州，大中五年以原州之蕭關置。寂寞雲臺仗，〇【趙次公曰。又，杜陵詩史、分門集注、集千家注批點杜工部詩集引作「修可曰」。】言行宫儀衛之草創，無復昔日移天仗於雲臺也。〇【王洙曰】庾信哀江南賦：非無北闕之兵，猶有雲臺之仗。飄飄沙塞旌。〇謂屯兵鳳翔以恢復也。江山少使者，〇謂道路梗阻也。笳鼓凝皇情。〇謂肅宗思上皇也。壯士血相視，〇【王洙曰】別賦：刎血相視。忠臣氣不平。〇不，一作未。密論正觀體，〇【王洙曰：「正觀，太宗撥亂反正時。」】正觀，太宗年號也。揮發岐陽征。○【王洙曰：「時肅宗理兵鳳翔。」】謂肅宗理兵鳳翔以親征也。○後漢志：右扶風美陽有岐山。感激動四極，○爾雅釋地：東至于太遠，西至于邠國，南至于濮鉛，北至于祝栗，謂之四極也。聯翩收二京。○【王洙曰】二京，謂長安與東都也。○【趙次公曰。又，杜陵詩史、分門集注、補注杜詩引作「杜定功曰」。】按舊唐書：至德初，武杖策謁肅宗行在，房琯薦爲給事中。已收長安，拜京兆尹。則固有建議收復者矣。西郊牛酒再，○再，一作至。西郊，乃長安之郭外也。至德二年十月，車駕入長安。十二月，上皇至自蜀。時武任京兆尹，調賦供給，擊牛釃酒以享軍士也。原廟再〔五〕丹青。○謂收京築宗廟也。○【王洙曰】原，重也。以先有廟，今更立之也。匡汲俄寵辱，○【趙次公曰】以武之諫諍如匡衡、汲黯也。既拜京兆尹矣，而坐房琯事貶巴州，此則寵之所辱也。衛霍竟哀榮。○【趙次公曰】復以武比衛青、霍去病之爲將也。武爲東川節度，則遷謫之中雖可哀而復榮也。四登會府地，○武爲京兆少尹，遷京兆尹，爲劍南東川節度使，擢成都尹，還拜京兆尹。○【趙次公曰：「會府指京兆府、成都府。鄭公京兆少尹，又爲京兆尹，爲成都尹、劍南節度，又復節度劍南，此爲『四登會府』也。」】或曰：肅宗至德丁酉，鑾輿復長安，武行京兆尹事。寶應壬寅，再尹京兆。上元辛丑、廣德癸卯，兩節度劍南。故曰「四登會府地」。○貨殖傳：都，會也。釋名：都者，君之所居，人民之所都會也。三掌華陽兵。○武初以蔭補太原參軍，肅宗時，爲劍南東川節度使，上皇合劍南東、西兩川爲一道，權成都尹，復節度劍南，故曰三掌華陽之兵也。○【趙次公曰】禹貢：華陽黑水，惟〔六〕梁州。則東川、西川皆華陽也。○或曰：匡衡、衛、霍雖見信任，或寵或辱，或哀或榮，始終之節不若。武爲京兆之尹，又兼御史中丞，又遷京兆尹，又兼御史大夫，凡四登會府之地，三掌華陽之兵也。京兆空柳色，○色，或作翣。○【趙次公曰】武嘗爲京兆尹，故用以比張敞爲京兆尹，走馬於章華臺之柳市也。尚書無履聲。○【趙次公曰】武收鹽川，加檢校吏部尚書，故用以比。○【王洙曰】鄭崇爲尚書僕射，數求見諫諍，哀帝初納用之，每見革履聲，帝笑曰：「我識鄭尚書履聲。」群烏自朝夕，○【趙次公曰】此美武嘗爲御史中丞、御史大夫也。○【王洙曰】前漢：哀帝時，御史府中列柏樹常有野烏數十〔七〕棲宿其上，晨去暮來，號曰「朝夕烏」。白馬休橫行。○此美武能静禄山之亂也。後漢李憲伏誅，餘黨淳于臨聚衆屯灊山，揚州牧歐陽歙不能克。廬江人陳衆爲從事，乘單車駕白馬往説而降之，號「白馬陳從事」。魏志：侯景寵德與關羽交戰，射羽中額，常乘白馬，羽軍中謂之「白馬將軍」。○【趙次公曰】夢弼按，南北賊臣傳：侯景作亂，乘白馬，青絲爲轡，以應童謡之讖是也。諸葛蜀人愛，○【趙次公曰】謂武之威行劍南，蜀人愛之，比之諸葛也。○【王洙曰】蜀志諸葛亮傳：梁益之民咨述亮者，雖甘棠之詠召公、鄭人之歌子産，無以遠譬也。文翁儒化成。○【趙次公曰】謂武以德服成都，儒化之成比之文翁也。○【王洙曰】前漢文翁傳：文翁守蜀，召下縣子弟以爲學官弟子，爲除更繇，高者補郡縣吏，次爲孝弟力田，由是大化。蜀之學於京師者，比齊魯焉。公來雪山重，公去雪山輕。○雪山乃〔八〕蜀之西山，冬夏常有積雪。武之來鎮，其去就爲蜀之重輕焉。按，廣德元年冬，吐蕃驅軍汧隴，劍南節度高適出師雪嶺，掎角無功，陷松、維、保三州。二年春正月，甫暮春發閬，武狀甫工部員外郎參謀軍事。其夏，甫至錦江。秋末，武拔吐蕃當狗城。仲冬，武拔鹽井。故史氏謂其威略足以靖邊也。華陽雪嶺記：西山東觀錦城，若井底。其上積雪千仞。按集草堂詩云：窗含西嶺千秋雪。繫曰：西山白雪四時。又西嶺詩曰「夷界荒山頂，蕃州〔九〕積雪邊」，又曰「煙塵侵火井，雨雪閉松州」是也。記室得何遜，○武辟甫爲掌書記，故自比之何遜也。○【王洙曰】梁何遜爲建安王記室，王愛文學之士，日與遊宴，又爲廬陵王記室，復隨府於江州。韜鈐延子荆。○韜鈐，兵書也。○【王洙曰】晉孫楚字子荆，參石苞驃騎軍事。○又，征西將軍扶風王駿起爲參軍。四郊失壁壘，○【王洙曰】謂邊境無屯戍也。○【趙次公曰】禮記：四郊多壘，卿大夫之辱也。虚館開逢迎。○【趙次公曰】謂開賓閣以禮賢也。堂上指圖畫，○圖畫，一作書畫。按集公有嚴鄭公廳事沲江圖詩「沲水流中座，岷山對此堂。白波吹粉壁，青嶂插雕梁」是也。軍中吹玉笙。○【師古曰】言武守蜀，鎮静無事，惟以宴逸圖畫與衆共樂，無盜賊之憂也。豈無成都酒，憂國只細傾。○【趙次公曰】此聯言成都雖有醇酒，常以國難爲憂，不敢盛爲宴飲也。時觀錦水釣，問俗終相并。○【趙次公曰】此聯言車騎之出，非專爲閑遊，終以問民疾苦爲事也。意待犬戎滅，人藏紅粟盈。○【趙次公曰】犬戎，指吐蕃也。武再節度劍南，嘗破吐蕃七〔一〇〕萬衆于當狗城，然其意欲待盡滅而人免誅，永使粟至於紅腐也。○【王洙曰】漢志：大倉之粟，紅腐而不可食。以兹報主願，庶或裨世程。○【王洙曰】或，一作獲。○程，謂功程也。炯炯一心在，○【王洙曰】炯炯，明貌。沉沉二豎嬰。○【趙次公曰】左氏成公十年傳：公疾求醫于秦，秦伯使醫緩爲之。未至，公夢疾爲二豎子，曰：「彼良醫也，懼傷我，焉逃之？」其一曰：「居肓之上，膏之下，若我何？」醫至，曰：「疾不可爲也，在肓之上，膏之下，攻之不可，達之不及，藥不至焉，不可爲也。」公曰：「良醫也。」厚禮而歸之。顔淵竟短折，賈誼徒忠貞。○【師古曰】原武之意在於報主，不幸年四十而疾化，故甫比之顔回、賈誼，謂年少而殂也。飛旐出江漢，○【王洙曰】潘岳賦：飛旐翩翩以啓路。孤舟轉荆衡。○【趙次公曰】武卒于蜀，以喪柩歸于楚也。虚無〔一〕馬融笛，○昔馬融好吹笛，迨死，有客弔之，詣靈横笛。悵望龍驤塋。○【杜田補遺】晉征吴，童謡曰：「阿童復阿童，銜刀飛渡江。不畏岸上獸〔二〕，但畏水中龍。」阿童，王濬小字也。武帝因以謡言拜濬爲龍驤將軍。太康六年，濬卒，葬柏山，大營塋域，葬垣周四十五里，面别開一門，松柏茂盛。空餘老賓客，身上愧簪纓。○【王洙曰】武鎮蜀，嘗辟甫爲參謀故也。

【校記】

〔一〕答，古逸叢書本作「容」。

〔二〕張，元本、古逸叢書本作「直」。

〔三〕難，元本、古逸叢書本作「誰」。

〔四〕縣，古逸叢書本作「城」。

〔五〕再，古逸叢書本作「明」。

〔六〕惟，古逸叢書本作「推」。

〔七〕十，古逸叢書本作「千」。

〔八〕雪山乃，元本作「雪乃」，古逸叢書本作「雪山」。

〔九〕蕃州，元本、古逸叢書本作「荒山」。

〔一〇〕七，元本、古逸叢書本作「十」。

〔一一〕無，古逸叢書本作「爲」。

〔一二〕獸，元本、古逸叢書本作「虎」。

贈太子太師汝陽郡王璡

○【王洙曰】讓皇帝憲，本名成器，睿宗長子，立爲皇太子。以玄宗有討平韋氏之功，成器懇讓儲位，封爲寧王，薨，謚曰讓皇帝。長子汝陽郡王璡。璡歷太僕卿，天寶初，加特進。○唐植萱録：杜工部詩骨氣高峭，如爽鶻摩天，駿馬逸地。如八哀李司徒詩曰「司徒天寶末，全收晉陽甲。獫寇攻吾城，愁寂意不愜」，王司空詩曰「司空世東夷，童稚刷勁翮。追隨燕薊兒，穎脱物不隔」，嚴鄭公曰「鄭公瑚璉器，華岳金天晶。昔在童子時，已聞老成名」，人謂工部擬魏太子鄴中八篇，可抗衡齊軌。工部奮然曰：「公知其一。且吾『汝陽讓帝子，眉宇真天人。虬髯似太宗，色映塞外春』，鄴敢有此否耶？」

汝陽讓帝子，眉宇真天人。○【趙次公曰】魏志：邯鄲淳見曹植才辯，歸對其所知歎植之才，謂之天人。○又，陳矯見曹仁，歎曰：「將軍真天人也。」○【趙次公曰】東觀漢記：光武過鄧禹營，勞勉吏士，衆皆竊言：「劉公真天人也。」○【趙次公曰】：「舊史無所考證。若新史『璡眉宇秀整，性謹潔，善射，帝愛之』，則出于公詩。」又，王洙注「愛其謹潔極」曰：「新史采此語。」】唐書：璡眉宇秀整，性謹潔，善射，帝愛之。虬鬚似太宗，○酉陽雜俎：太宗虬鬚，嘗戲張弓挂之。色映塞外春。○塞外，一作塞夜。○【師古曰】謂容貌和雅也。往者開元中，主恩視遇頻。出入獨非時，禮異見群臣。○【師古曰】玄宗以璡之父讓位于己，故眷遇之恩異於諸王，出入宫禁不以時也。愛其謹潔極，倍此骨肉親。○史記三王世家：孝昭以骨肉之親，不忍致法。漢中山靖王傳：諸侯王身以骨肉至親，先帝所以廣封連城，犬牙相錯，爲盤石宗。濟〔一〕南王康傳：何敞上疏：大王以骨肉之親，享食茅土。淮南説山訓：親莫親於骨肉，節族之屬連也。從容退朝後，○退，或作聽。或在風雷晨。○雷，或作雪。謂天子威勇，將田獵也。南皐羯鼓録：明皇以璡聰晤敏慧，妙達音樂，每隨遊幸，頃刻不捨。忽思格猛獸，苑囿騰清塵。○【王洙曰】司馬相如諫獵書：今陛下好陵阻險，射猛獸，卒然遇逸材之獸，駭不存之地，犯屬車之清塵，豈不殆哉？羽旗動若一，萬馬肅駪駪。○駪，疏臻切。○【鄭卬曰】馬衆多貌。○【王洙曰】詩：駪駪征夫。詔王來射雁，拜命已挺身。○【王洙曰】謂從天子獵苑中，命璡來射雁也。箭出飛鞚内，上又回翠麟。○【王洙曰】又，或作入。○【趙次公曰】翠麟，馬名也。○謂天子獵罷，將〔二〕回騎也。飜然紫塞翮，○【趙次公曰】謂雁也。○【趙次公曰。又，杜陵詩史、分門集注、補注杜詩引作「修可曰」。】崔豹古今注：秦所築長城土色皆紫，漢塞亦然，故稱紫塞。下拂明月輪。○謂雁翮落而拂弓也。或謂胡德賦：車駕明月之輪。胡人雖獲多，○【王洙曰】揚雄長楊賦：上將大誇胡人，以禽獸令胡人以手搏之，自取其獲，上親臨觀焉。天笑不爲新。○謂射中雁，而天子爲之喜笑也。王每中一物，手自與金銀。○謂天子賞賜不貲也。袖中諫獵書，扣馬久上陳。○【趙次公曰】言璡雖隨天子而獵，久乃袖其書以諫其獵也。○【王洙曰】昔武帝嘗射熊豕，逐野獸，司馬相如上疏諫之。武王東伐紂，伯夷、叔齊扣馬而諫。竟無銜橜虞，○橜，巨月切。○【王洙曰】司馬相如諫獵疏：清道而後行，中路而馳，猶時有銜橜之變。○顏師古曰：橜，謂車之鉤心也。聖聰矧多仁。○聰，一作慈。官免供給費，水有在藻鱗。○天子納其諫而罷漁獵，故有司免供給之費，物皆得遂其性也。匪惟帝老大，皆是王忠勤。○【王洙曰】皆璡諫之之效也。晚年務置醴，門引申白賓。○此謂璡好延賓客，門下多賢士也。○【王洙曰】璡嘗與賀知章、褚庭誨、梁陟等善爲詩酒之交。前漢楚元王交傳：好書多材藝，少時嘗與魯穆生、白生、申公俱受詩於浮丘伯。元王既至楚，以穆生、白生、申公爲中大夫。初，元王敬禮申公等，穆生不嗜酒，元王每置酒，常爲穆生設醴。顏師古曰：醴，甘酒也。○按集壯遊詩有曰「許與必詞伯，賞遊實賢王。曳裾置醴地，奏賦入明光。天子廢食召，群公會軒裳」，蓋天寶間英豪貴人皆虚左待甫如此，所以推轂奏賦明光殿也。道大容無能，永懷侍芳茵。○無能，甫謙辭也。○【王洙曰】謂己無才能得侍王芳茵，而爲王之所容也。○【趙次公曰】家語：道大不容。○説文：茵，重席也。好學尚貞烈，義形必霑巾。○【王洙曰】謂義形於色也。揮翰綺繡揚，篇什若有神。○【趙次公曰】孔融表：性與道合，思若有神。

川廣不可泝，○泝，蘇故切。逆流而上也。○【趙次公曰】甫言自别之後，流落於蜀，與王隔絶，欲泝流而上見王，則川廣不可泝也。墓久狐兔隣。○傷王之不復見。○【王洙曰】張孟陽七哀詩：北邙何纍纍，高陵有四五。借問誰家墳，皆云漢世主。狐兔窟其中，蕪穢不復掃。宛彼漢中郡，○郡，魯作王。○【王洙曰】璡弟漢中王瑀，早有才望，偉儀冠世。天寶十五載，從玄宗幸蜀，至漢中，因封漢中王也。文雅見天倫。何以慰我悲，泛舟俱遠津。○謂瑀爲人文雅，幸與甫同泛舟於荆楚也。温温昔風味，少壯已書紳。○謂温温風味，甫少年已嘗欽佩矣。○【王洙曰】論語：子張書諸紳。舊遊易磨滅，○遊，一作亦。〔三〕衰謝增酸辛。

【校記】

〔一〕濟，元本、古逸叢書本作「齊」。

〔二〕將，元本、古逸叢書本作「南」。

〔三〕亦，古逸叢書本作「易」。

贈秘書監江夏李公邕

〇【王洙曰】唐文苑傳：邕，廣陵江都人。父善，嘗注文選六十卷，行於時。邕少知名，邕既冠，見特進李嶠，自言讀書未遍，願見秘書。嶠曰：「秘閣萬卷，豈時日能習邪？」邕固請，乃假直秘書。未幾，辭去。嶠驚，試問奥篇隱帙，了辯〔一〕如響。嶠驚歎曰：「子且名家。」長安初，李嶠、張廷珪並薦邕辭高行直，堪爲諫諍官。帝封泰山，還，見帝汴州，詔獻詞賦。帝悦，拜刺史，上計京師。中人臨問，索所爲文章以進。公蚤有名，重〔二〕義愛士，久斥外，不與士大夫接。既入朝，人間傳其眉目瓌異，至阡陌聚觀，後生内謁，門巷填溢。邕爲陳、楚、淄〔三〕、滑州刺史，又爲汲郡北海太守。

長嘯宇宙間，〇【趙次公曰】長嘯，謂歎嘯之長。〇尸子：天地四方曰宇，往古來今曰宙。高才日陵替。〇替，廢也。如山陵之漸替，謂才高者不容於世也。古人不可見，前輩復誰繼。憶昔李公存，詞林有根柢。聲華當健筆，灑落富清製。〇謂名譽與筆力相副也。風流散金石，〇【趙次公曰】言碑頌銘志之文散刻于金石也。追琢山嶽鋭。〇【鄭卬曰】追，都回切，治玉也。〇【師古曰】言其爲文得山嶽英鋭之氣也。情窮造化理，學貫天人際。干謁走其門，碑版照四裔。〇四裔，謂四方之遠也。〇【王洙曰】邕文傳耀遠方，邕雖黜貶于外，遠方之人多造其門而求之，餽以金帛，然爲文得春秋凡例之體爲多矣。杜預序左氏名〔四〕滿深望還，森然起凡例。

傳：發凡以言例。蕭蕭白楊路，○崔豹古今注：白楊，葉圓。廣志：白楊，一名高飛木，葉大於柳。古詩：白楊多悲風，蕭蕭愁殺人。洞徹寶珠惠。○【趙次公曰】言墳墓之路植以白楊，蔽而幽昏。得邕碑銘之文以光耀之，如獲寶珠之賜也。龍宮塔廟湧，○湧，卞作踴。浩劫浮雲衛。○浩劫，謂無窮不朽之功也。○【趙次公曰】言龍宮之塔廟得邕之文，亘歷浩劫而浮雲護衛之也。○【薛夢符曰】按南史：阿育王佛滅度後，一日一夜造八萬四千塔。梵言塔也，華言廟也。○【杜田補遺】釋氏要覽：梵言塔婆，唐言高顯，今俗稱爲塔。梵言蘇偷婆，唐言寶塔，梵言崒堵波，唐言墳，梵言浮圖，唐言聚相。西域記：建塔者，謂之立表，皆有等級。若初果一級，二果二級，三果三級，四果四級，表超三界也。故佛塔十二級，表超十二因緣也。度人經：唯有元始浩劫之家，部制我界，統乘玄都。○【杜田補遺。又，杜陵詩史、分門集注、補注杜詩引作「薛夢符曰」。】妙法蓮華經：如人以力磨，三千大千土〔五〕。後盡末〔六〕爲一塵，一塵爲一劫。王簡棲頭陀寺碑：功濟塵劫。廣異記：丁約謂韋子威曰：「郎君終當棄俗，尚隔兩塵。」子威曰：「何謂兩塵？」約曰：「儒謂之世，釋謂之劫，道謂之塵。」○夢弼謂，此言無窮不朽之功也。或以塔之級爲劫，謬矣。按集有玉臺觀詩曰「浩劫因王造」。○【杜田補遺】又，嶽麓二寺行曰「塔劫宮墻壯麗敵」是也。宗儒俎豆事，○謂邕或爲學校廟宇之記，或叙禮儀也。故吏去思計。○【趙次公曰】謂邕或述監司守令替罷德政之碑也。昞睞已皆虛，○昞，彌殄切。○【鄭卬曰】睞，力代切。○謂凡來請謁求其爲文者，邕皆虛己以致敬也。跋涉曾不泥。○謂不憚其跋涉之勞也。向來映當時，豈特勸後世。○【趙次公曰】謂邕文之光焰〔七〕已自輝映當時而歆慕之，非止勸獎後人也。豐屋珊瑚鈎，○【趙次公曰】豐屋，大屋也。珊瑚鈎，乃屋中之簾鈎也。麒麟織成罽。○【趙次公曰】罽，居例切，氊也。謂氊上織成麒麟也。紫騮隨劍几，○【趙次公曰】既賂邕以紫騮之馬，又繼以寶劍憑几也。義取無虚歲。○此言富貴之家皆以寶劍餽邕，求其爲文，邕受之，皆合於義也。○【王洙曰】按新唐書：自古作文獲財，未有如邕之盛。人奉金帛請其文，前後所受鉅萬計。分宅脱驂間，○【王洙曰】吴志：周瑜與孫策獨相友善，瑜推道南大宅以舍策，升堂拜母，有無通共。史記：越石父賢，在縲紲中，晏子出，遭之塗，解左驂贖之，延入爲上客。感激懷未濟。○【趙次公曰】邕雖以文受人之財，而氣義頗喜惠養親舊，常感激古人分宅脱驂之事，每以未濟爲念也。衆歸賙給美，擺落多藏穢。○藏，晉作贓。○【趙次公曰】在衆人則歸其能賙給，在邕之身則雖多藏而能擺落其穢也。獨步四十年，○【王洙曰】邕知名長安，死天寶初，四十年間可謂獨步矣。風聽九皐唳。○【趙次公曰】謂邕聲譽之遠揚，聞於天子。傳言「邕獻詞賦，帝悦」是也。毛詩：鶴鳴于九皐，聲聞于天。嗚呼江夏姿，○【趙次公曰】以邕比黄香也。後漢黄香，江夏人，博學能文，京師號曰：「天下無雙，江夏黄童。」竟掩宣尼袂。○言邕之道窮也。○【王洙曰】昔孔子獲麟，反袂拭面，稱吾道窮。昔者武后朝，引用多寵嬖。否臧太常議，○【趙次公曰】武后臨朝，張昌宗與易之擅權，韋巨源謚號繆戾，邕批其議。面折二張勢。○二，晉作三。○【王洙曰】邕初爲左拾遺，御史中丞宋璟奏張昌宗兄弟，請付法斷。則天初不應，邕進言璟言事關社稷，望陛下可其奏，則天始允之。衰俗凜生風，排蕩秋旻霽。○邕面折二張，排蕩上心，上爲之霽怒，衰俗凜然而生風也。爾雅：秋爲旻天。忠貞負冤恨，○冤，晉作怨。○【趙次公曰】以邕忠貞，爲人所陷也。宮闕深旒綴，放逐早聯翩，低垂困炎厲。○【趙次公曰】此言天子深居九重，不知省察，放逐南州，無由伸愬也。○【王洙曰】按，邕始與張柬之善，貶雷州。明皇初，又貶崖州。召還，爲姚崇所嫉，貶汴州。召爲陳州。明皇東封回，邕謁見於汴，獻詞賦稱旨，頗自矜衒，自云當居相位。又素輕張説，爲説所惡。發陳州，因事抵死。會赦免，貶欽州。後於嶺南從中官楊思勗討賊有功，轉括、渭、淄三州刺史。日邪鵩鳥入，○以邕比賈誼之忌鵩也。○【趙次公曰】誼賦曰：庚子日邪，鵩入余舍。魂斷蒼梧帝。○以邕悼舜帝之南巡也。蒼梧，今梧州。禮記：舜葬于蒼梧之野。真誥：帝舜服十轉紫華，可以長生，與天地傾，猶葬於蒼梧之野，蓋尸解也。榮枯走不暇，○【王洙曰】榮，一作策。○昔邕策枯磨鋭，承命趨走無暇也。星駕無安稅。○【趙次公曰】詩：星言夙駕。○【王洙曰】李斯傳：吾未知所稅駕。○索隱曰：稅駕，猶解駕，言休息也。幾分漢庭竹，○幾，讀上聲。謂邕屢爲刺史也。○【趙次公曰】漢制：以竹使符分給郡守。○【杜田補遺】漢書音義曰：皆以竹箭五枚，長五寸，鐫刻篆書，第一至第五與郡守爲符，各分其半，左留京師，右以與之也。夙擁文侯篲。○篲，祥歲切。謂邕在郡迎賓客，如魏文侯也。○【王洙曰：「魏文侯擁篲以迎朋友。」】昔鄒衍如燕，昭王擁篲先驅，請列弟子之坐。篲，帚也。謂爲之掃地，以衣擁篲而却行，恐塵埃之及長者，所以爲敬也。終悲洛陽獄，○【趙次公曰】以邕之死於獄比蔡邕也。後漢蔡邕傳：靈帝嘗詔邕下洛陽獄，劾以仇怨，遂死獄中。按，天寶中，柳勣有罪下獄，李邕嘗遺勣馬一匹，故吉温惡邕持正，令勣引邕嘗以國之休咎相語，陰行賂遺，竟杖死北海郡。事近小臣斃。○小臣，指吉温。斃，或作蔽。非以篇末復押蔽字。左氏傳、國語：與小臣，小臣斃。禍階初負謗，易力何深嚌。○嚌，陷也。○北海，指邕也。伊昔臨淄亭，酒酣託末契。○【趙次公曰】按集，甫有嘗陪李北海宴歷下亭，有詩唱和是也。○朝陰，謂日影也。論文到崔蘇，○【王洙曰】崔信明、蘇源明，皆以文章擅名也。指盡流水逝。○謂感舊也。近伏盈川雄，○【趙次公曰】盈川，謂楊炯也。○【王洙曰】唐文苑傳：炯嘗爲盈川令，張説曰：「楊盈川之文，如懸河注水，酌之不竭。既優於盧照隣，亦不減王勃。」未甘特進麗。○【趙次公曰】特進，謂李嶠也。○【王洙曰】張説又曰：「李嶠文如良金美玉。」是非張相國，○【趙次公曰】相國，謂張燕公説也。相扼一危脆。○【趙次公曰】謂説以相國勢力所能勝邕，特邕身危脆，易於一扼耳。○按，邕素輕説，説與相惡，會稽人告邕贓貸枉法，下獄，貶遵化尉。争名古豈然，○【王洙曰】魏文帝典論：文人相輕，自古而然。鍵捷欻不閉。○【鄭卬曰】鍵，巨典切。鑰，牝〔八〕也。○捷，疾業切，急也。○【鄭卬曰】或作楗，其獻切，門限也。○文苑英華鍵捷作關鍵。○【趙次公曰】欻，許勿切，疾貌。○邕與説皆以文顯，互相争名，邕竟爲説抵隙，故謂邕爲關鍵，則捷急而忽然不閉，所以召禍也。○【王洙曰】老子二十七章：善閉無關捷，而不可聞〔九〕。例及吾家詩，○【趙次公曰】甫以詩自負如此，言例則邕與甫比肩，以詩爲常例也。○例，或又作倒，謂見吾詩而絶倒也。曠懷掃氛翳。○謂剔去其蒙昧也。或謂氛翳言讒謗之人也。或以氛翳謂雲師屏翳也。慷慨嗣真作，○【王洙曰。又，集千家注批點杜工部詩集引作「公自注」。】甫有和李大夫詩。咨嗟玉山桂。○喻邕作詩之美也。○【王洙曰】晉郤詵對武帝曰：「臣舉賢良對策，爲天下第一，猶桂林一枝、崑山片玉。」鍾律儼高懸，○【師古曰】喻邕詩之有法度也。鯨鯢噴迢遞。○【師古曰】喻邕詩之雄健也。坡陁青州血，○【師古曰】陂陁，高聚貌。○或曰，不平也。○【趙次公曰】謂杖死於青州也。蕪没汶陽瘞。○瘞，於罽切，埋也。汶陽，魯地，謂藁葬於魯也。哀贈竟蕭條，○贈，或作晚〔一〇〕。恩波延揭厲。○【王洙曰】謂代宗時國恩例得贈秘書監。○不問淺深也。左氏僖公二十三年傳：波及晉國者，君之餘也。爾雅釋水：深則厲，淺則揭。揭者，揭衣也。以衣涉水爲厲。繇膝以下爲揭，繇膝以上爲涉，繇帶以下爲厲。子孫存如綫，○【趙次公曰】傷邕子孫微而欲絶也。舊客舟凝滯。○【趙次公曰】舊客者，甫自歎其飄泊荆楚，未能乘扁舟以往也。江淹別賦：舟凝滯於水濱。君臣尚論兵，將帥接燕薊。朗詠六公篇，○【趙次公曰】六公者，元自注云：桓彦範、敬暉、張柬之、袁恕己、洎狄相也。六公篇詩載邕本傳。憂來豁蒙蔽。○【趙次公曰】甫歎時之多難，用兵於燕薊之地，當復如邕者，慷慨有所陳説，故甫詠邕所作六詩，以解憂國之情也。

【校記】

〔一〕辯，元本、古逸叢書本作「辨」。

〔二〕「重」字原無，據新唐書李邕傳補。
〔三〕淄，原作「溜」，據古逸叢書本改。
〔四〕名，原作「各」，據元本、古逸叢書本改。
〔五〕土，元本、古逸叢書本作「士」。
〔六〕末，元本、古逸叢書本作「未」。
〔七〕焰，元本、古逸叢書本作「耀」。
〔八〕牝，元本、古逸叢書本作「牡」。
〔九〕聞，元本、古逸叢書本作「開」。
〔一〇〕晚，元本、古逸叢書本作「挽」。

故秘書少監武功蘇公源明〇【王洙曰】源明，京兆武功人。少孤，寓居徐、兖。工文辭，有名。天寶間及進士第，更試集賢院。累遷太子諭德，出爲東平太守，召爲國子司業。禄山陷京師，源明以病不受僞官。肅宗復兩京，擢考功郎中、知制詔。後以秘書少監卒。

武功少也孤，徒步寓徐兖。〇題注。讀書東岳中，十載考墳典。〇謂三墳五典也。

時下萊蕪郭，○泰山郡也。忍飢浮雲巘。○【鄭印曰】巘，語蹇切。負米晚爲身，每食臉必泫。○【王洙曰】昔子路負米百里之外以事親，源明養不及親，負米自爲而已，故每食必泫也。夜字照爇薪，○【趙次公曰】晉中興書：范汪家貧好學，然薪寫書。○【薛夢符曰】又文士傳：侯瑾字子瑜，家貧傭賃，暮輒然柴薪以讀書，獨處一室，如對賓客。垢衣生碧蘚。庶以勤苦志，報兹劬勞願。○願，一作顯。○【王洙曰】謂以己勤苦之志，報父母劬勞也。學蔚醇儒姿，○昔董仲舒爲漢醇儒，故以比源明也。文包舊史善。○【師古曰】源明嘗私著國史，後史館因采其語也。灑落辭幽人，○落，一作淚。歸來潛京輦。○幽人，乃幽隱之人。源明嘗隱于嵩山。○【王洙曰】天寶中，辭幽人，歸京闕，登進士第，更試集賢院也。射策君東堂，○魯作「射君東堂策」。○【王洙曰】顔師古漢書音義：射策者，謂爲難問疑義，書之於策，量其大小，署爲甲乙之科，列而置之，不使〔一〕彰顯。有欲射者，隨其所得而釋之，以知優劣也。○又唐摭言：射策者，謂列策於几案，貢人以矢投之，隨所中而對之。則明以策問授其人，而觀其臧否也。宗匠集精選。制可題未乾，○一作「制題墨未乾」。○【杜田補遺】蔡邕獨斷：漢制：天子之書有四，一曰策書，二曰制書，三曰詔書，有三品。其文曰告書某官如故事，是爲詔書。群臣有奏請，尚書令奏之，下有制詔，天子答曰：「可。」以爲詔書。群臣有所奏請，無尚書令奏制曰之字，則答曰：「已奏。」如書〔云云〕，亦曰詔書。四曰戒敕。自魏、晉以後，皆因循以册書詔敕總名曰詔。唐因隨〔二〕不改也。乙科已大闡。○一作「休聲已大闡」。文章日自負，吏緣亦累踐。○吏緣，言以經術緣飾吏事。○【王洙曰】源明更試集賢院，累遷太子諭德，出爲東平太守，又爲國子司業也。○吏緣，一作吏禄，晉作禄吏。晨趨閶闔内，○閶闔，謂天子之門也。足踏宿昔趼。○【鄭卬曰】研，古典切，胝也。○【趙次公曰】言其由貧賤中來，足指約中斷傷也。莊子「成綺見老子，百舍重趼而不敢息」是也。一麾出守還，○謂出爲東平太守，召爲國子司業也。○【薛夢符曰】顔延年贈阮始平詩：屢薦不入官，一麾乃出守。○説者謂山濤薦咸爲吏部郎，三上而武帝不用，其後一擠遂出始平，故有此句。延年被擯，以此自托爾。後杜牧之爲登樂遊原詩云：「擬把一麾江海去，樂遊原上望西陵。」人遂誤以守郡爲建麾也。黄屋朔風卷。○卷，與捲同。黄屋，天子之車蓋也。○【趙次公曰】謂明皇乘輿以禄山反而出守〔三〕也。不暇陪八駿，○【趙次公曰】昔周穆王嘗乘八駿之馬以出遊幸。〔四〕虜庭悲所遣。○【趙次公曰】謂源明時不及扈從，爲賊所縶，縶于虜庭，每悲恨以遣懷爾。平生滿樽酒，斷此朋知展。憂憤病二秋，有恨石可轉。○石，或作不。○【趙次公曰】源明陷賊，其二秋憂憤，石可轉而吾心不轉焉。此言源明不污賊而受僞官也。詩：我心匪石，不可轉也。肅宗復社稷，得無逆順辨。○肅宗復兩京，辨其逆順，諸僞署官者皆伏誅，故下句比之范曄、李斯也。范曄顧其兒，○【趙次公曰】沈約宋書：范曄爲高祖相國掾，稍遷太子詹事，坐謀反誅。臨刑，醉，其子藹亦醉，取地土及果皮以擲曄，曄問曰：「汝瞋我耶？」藹曰：「今日何緣瞋，但父子同死，不得不悲。」李斯憶黄犬。○【王洙曰】李斯傳：斯具五刑，論腰斬咸陽市，顧謂其中子曰：「吾欲與若復牽黄犬，俱出上蔡東門逐狡兔，豈可得乎？」秘書茂松色，〇色，一作意。諸僞署皆誅，獨源明臨難不變其節，復知制誥。〇【王洙曰】如松柏經歲寒而色不凋也。後卒於秘書少監。再扈祠壇墠。〇再扈，一作屢侍。前後百卷文，枕籍皆禁臠。〇禁臠，喻源明文之美也。〇【趙次公曰】晉元帝始鎮建業，每得一豚，以爲珍膳。項上一臠尤美，輒以薦帝，呼爲禁臠。篆刻揚雄流，〇篆刻，一作制作。〇【趙次公曰】揚雄以賦爲童子雕蟲篆刻，然竟爲長楊、羽獵賦，見稱於時。溟漲本末淺。〇末，一作未。謂源明之文波瀾浩瀚，如溟海之漲，其本末比之猶爲淺也。青熒芙蓉劍，〇【師古曰】謂其能斷決也。〇【王洙曰】吴越王允常取純鈎劍示薛燭，燭〔五〕曰：「光乎如屈陽之華，沉沉如芙蓉始生於湖。」犀兕豈獨剸。〇【鄭卬曰】剸，之兗切，截也。〇爾雅釋獸：犀似豕，兕似牛。〇【王洙曰】王褒聖主得賢臣頌：巧冶鑄干將之樸，水斷蛟龍，陸剸犀兕。反爲後輩褻，予實苦懷緬。煌煌齋房芝，〇【趙次公曰】昔漢武帝嘗大興祠祭，齋房生芝而作歌。〔六〕事絶萬手搴。〇【鄭卬曰】搴，九輦切，取也。〇謂常時佐爲浮祠，指望搴取房芝者，非〔七〕一手也。〇【王洙曰】肅宗時，宰相王璵以祈禬〔八〕進，勸上興祠禱事，禁中稍崇淫祀。源明數進時政得失，論其不可。垂之俟來者，正始貞勸勉。〇【趙次公曰】源明所言，〔九〕可〔一〇〕以垂後世法，乃正始之道也。不惡懸黄金，〇惡，一作要。〇【趙次公曰】謂其言安媚，則黄金可惡。〇而肅宗從其言而賞之，所以美之也。胡爲投乳䝤。〇言〇乳，一作亂。䝤，音畎，又音鉉。〇【趙次公曰】乳虎也。謂其言切直犯上之惡，不啻若投飢䝤。

以方士而餧虎，且所以危之也。詩：投畀豺虎。○【杜田正謬。又，杜陵詩史、分門集注、補注杜詩引作「修可曰」。】爾雅釋獸：贙有力。郭璞注：出西海大秦國，有養者，似狗，多力獷〔一一〕惡。炙轂子載贙銘曰：爰有獷獸，厥形似犬。飢則馴服，飽則反眼。出于西海，名之曰贙。結交三十載，○【王洙曰】任彥昇哭范雲僕射詩：結懽三十載，生死一交情。吾與誰遊衍。滎陽復冥寞，○寞，或作漠。滎陽，指鄭虔也。罪罟以横罥。○【王洙曰】横，户孟切〔一二〕。罥，音畎。○【趙次公曰】謂虔亦遭貶也。嗚呼子逝日，始泰則終蹇。○則，一作即。長安米萬錢，凋喪盡餘喘。○【王洙曰。按，趙次公所謂「舊注」，當爲「王洙曰」。】謂大盜之餘，國用困乏，士大夫尚延殘喘也。時史思明陷洛陽，有詔幸東京，源明以方旱饑，陳十不可以諫，遂罷東幸。戰伐何當解，歸帆阻清沔。尚纏漳水疾，永負蒿里餞。○【趙次公曰】甫自傷抱疾雲安，不得泝沔以歸，而弔酹源明也。○崔豹古今注：薤露、蒿里，並哀歌也，出田横門人。横自殺，門人傷之，爲作悲歌，言人命如薤上露，易晞滅也，亦謂人死魂魄歸于蒿里，故有二章。其一曰：薤上朝露何易晞，露晞明朝更復落，人死一去何時歸。其二曰：蒿里誰家地，聚〔一三〕斂精魄無賢愚，鬼伯一何相催促，人命不得久踟蹰。至孝武時，分二章爲二曲。薤露送王公貴人。○【王洙曰】蒿里送士大夫庶人，使挽柩者歌之，世呼爲挽歌。

【校記】

〔一〕使，元本、古逸叢書本作「許」。

〔二〕隨，元本、古逸叢書本作「循」。

〔三〕守，元本、古逸叢書本作「狩」。

〔四〕元本、古逸叢書本此段注後尚有一段注文：「王子年拾遺記：東海有島名龍駒川，穆王養八駿處，有草名龍蒭。八駿，一名絕地，足不踐土；二名翻羽，行越飛禽；三名奔霄，夜行萬里；四名超影，逐日而行；五名踰輝，毛色炳耀；六名留光，一形寸影；七名騰霧，乘雲而奔；八名挾翼，身有肉翅。餘見前注。」

〔五〕燭，元本、古逸叢書本作「人」。

〔六〕歌，元本、古逸叢書本作「頌」。

〔七〕非，元本、古逸叢書本作「舉」。

〔八〕禬，古逸叢書本作「禱」。

〔九〕言，元本、古逸叢書本作「書」。

〔一〇〕可，元本、古逸叢書本作「將」。

〔一一〕獷，元本、古逸叢書本作「猛」。

〔一二〕切，古逸叢書本作「功」。

〔一三〕聚，元本、古逸叢書本作「收」。

故著作郎貶台州司户滎陽鄭公虔〇【王洙曰】虔，鄭州滎陽人，集撰當世事，著書八十餘篇。有窺其藁者，告虔私傳撰國史，虔倉皇焚之，坐謫十年。初，坐謫過〔一〕京師，上愛其才，欲置左右，以不事事，更爲置廣文館，以虔爲博士。虔聞命，不知廣文曹司何在，訴宰相。辛相曰：「上增國學，置廣文館，以居賢者。令後世言廣文博士自君始，不亦美乎？」禄山反，遣張通儒劫百官，置東都，僞授虔水部郎中，因稱風緩，求攝市令。潛以密章達靈武，賊平，免死，貶台州司户參軍。虔至台州，數年卒。

鶢鶋至魯門，不識鍾鼓饗。〇【王洙曰】莊子至樂篇：昔者海鳥止於魯郊，魯侯御而觴之于廟，奏九韶以爲樂，具太牢以爲膳，鳥乃眩視憂悲，不敢食一臠，不敢飲一盃。國語魯語：海鳥曰爰居，止於魯東門之外三日，臧文仲使國人祭之。孔翠望赤霄，〇【王洙曰】孔翠，謂孔雀翡翠也。文選鸚鵡賦：彼鷙鶚鶡〔二〕鴻，孔雀翡翠，或陵赤霄之際，或托絶垠之外，翰羽足以衝天，觜距足以自衛，然皆負繒繳，羽毛入貢。何者？用於人者然也。愁思雕籠養。〇思，或作入。〇【師古曰】虔嗜酒，放誕不樂檢束，帝更置廣文館，以虔爲博士，虔聞命，訴宰相。何異饗鶢鶋非鍾鼓所能樂之，養孔翠非雕籠所能拘之也。滎陽冠衆儒，早聞名公賞。〇【九家集注杜詩依例爲「王洙曰」。】甫自注曰：往者公在疾，蘇許公頲位尊望重，素未相識，早愛才名，躬自哀問，結忘年之契，遠近嘉之，故云。地崇士大夫，况乃氣精爽。天然生知姿，〇後漢桓榮傳：陛下躬天然之姿。學立游夏上。〇謂虔之學過乎子游、子夏也。昔孔子作春秋，游、夏不能措一辭。神農或闕漏，○或，一作極。○【趙次公曰】虔自著書外，又撰胡本草七卷，故詩言補闕，乃神農本草之所不載也。黄石愧師長。○【趙次公曰】張良遇黄石公爲師。今詩言愧者，愧其不敢爲虔之師也。○【薛夢符曰】前漢張良傳：良遊下邳，有父老出書一編，曰：「讀是則爲王者師，後十年興。十三年見我濟北穀城山下，黄石即我。」已遂去，不見。旦日，視其書，乃太公兵法也。藥纂西極名，○極，一作域。謂其善辨藥也。兵流指諸掌。○謂其善論兵也。論語：其如示諸斯乎。指其掌。貫穿無遺恨，薈蕞何技癢。○【鄭卬曰】薈，烏外切。蕞，祖外切。小貌。○【集千家注批點杜工部詩集引作「公自注」。】甫自注曰：公長於地理，山川險易，方隅物産，兵戍衆寡，無不詳。又著薈蕞等諸書之外〔三〕，又撰胡本草七卷，故云。○夢弼按，封演見聞記：虔著書名曰薈粹，取爾雅叙「薈粹舊説」也。○【鄭卬曰】癢，以兩切，字或作痒。○技癢，或又作伎〔四〕懩。○【趙次公曰】文選射雉賦：徒心煩而伎〔五〕懩。○李善注曰：有伎〔六〕藝欲逞也。本又作枝。癢，謂虔於藥石、兵書、占考、圖畫無不淹貫，其視神農、黄石之書何異枝癢乎？枝言不得其根，癢言攻乎其外也。圭臬星經奥，○臬，魚列切，字與槷同。○【趙次公曰】謂其善地理天文也。圭者，土圭，所以測日影也。臬者，表臬，所以度廣狹也。○周禮冬官考工記：匠人建國，水地以縣，置槷以縣，眡以景，爲規，識日出之景與日入之景，晝參夜考，以正朝夕。鄭玄注：於四角立植而縣以水，望其高下，高下既定，乃爲位而平地。於所平之地中央樹八尺之臬，以縣正之，眡以其景，將以正四方也。文選景福殿賦「制無細而不協於規景，作無微而不〔七〕違於水臬」是也。蟲篆丹青廣。○謂其善書畫也。○【王洙曰】虔本傳：虔善圖山水，嘗苦無紙，於是慈恩寺貯柹葉數屋，遂往日取葉隸書，歲久殆遍。嘗自寫其詩並畫以獻，玄宗大書其尾曰「鄭虔三絕」。子雲窺未遍，○謂虔之學過乎揚雄之博極，無所不通也。○【王洙曰】前漢揚雄傳：雄字子雲，少而好學，博〔八〕覽無所不見。方朔諧太枉。○諧，一作詣〔九〕。謂虔之言異乎東方之恢諧，太涉乎邪也。前漢東方朔傳：朔字曼倩，上書指意放蕩，辭數萬言。又劉向列仙傳：朔上書，拜爲郎，棄而避亂，置幘官舍，風飄而去。後見會稽，賣藥五湖，知者疑其歲星精也。神翰顧不一，體變鍾兼兩。○美虔之善書，得兩鍾之體也。○【杜田補遺】兩鍾，謂鍾繇、鍾會也。繇字元常，魏人，善隸書并行草。袁昂云：鍾書有十二鍾意。〔一〇〕會字士季，繇之子也，亦善書。羊頎云：會書筋骨緊密，頗有父風。○【杜田補遺】。又，趙次公注引作「杜時可曰」。又，杜陵詩史、分門集注、補注杜詩、集千家注批點杜工部詩集引作「修可曰」。】書苑曰：虔善草隸。呂總續書評曰：虔書如風送〔一一〕雲收，霞催月上。文傳天下口，大字猶在牓。昔獻書圖畫，新詩亦俱往。滄洲動玉陛，○謂虔所畫之圖也。宣鶴誤一響。○【王洙曰】宣，一作寡。○【趙次公引「師民瞻（尹）本」】一作宫。○張協詩：寡鶴空悲鳴。三絕自御題，四方尤所仰。嗜酒益疏放，○並見前注。彈琴視天壤。形骸實土木，○謂皆枯槁也。親近唯几杖。未曾寄官曹，○【梅曰】言不寓意於官職也。○寄，魯氏刊作記。突兀倚書幌。○世說：劉真長目庾敳，雖言不愔〔一二〕愔似道，突兀差可以擬道。晚就芸閣香，○【王洙曰】謂遷著作佐郎也。魚豢典略〔一三〕：芸香辟紙魚蟲，故藏書臺稱芸臺。胡塵昏坱莽。○【曾曰】坱莽，廣貌。反覆歸聖朝，點染無滌蕩。○【王洙曰】胡塵，謂禄山反也。虔由廣文博士遷著作佐郎，僞授水部郎中，因稱風緩，求市令，潛以密章達靈武。故詩言無一點所染，不煩澆蕩也。老蒙台州掾，泛泛浙江槳。○【趙次公曰】禄山之亂平，虔免死，貶台州司户參軍。履穿四明雪，○言虔之官艱苦，冒雪而行也。四明，浙江山名，上有方石四面，自然開窗，因以得名。○【王洙曰】史記滑稽傳：東郭先生久待詔公車，其履行雪中，有上無下，足跡踐地。○【杜定功曰】孫綽天台賦：登陸則有四明、天台。飢拾楢溪橡。○【王洙曰】言虔之官飢困，拾橡而食也。○楢，以周切，柔木也。浙江地名。謝靈運山居賦：越楢溪之縈紆。天台賦：濟楢溪而直上。後漢李恂傳：拾橡食以自資。空聞紫芝歌，○謂虔不能避禄山之亂而陷賊，愧聞乎昔四皓逃秦而歌紫芝也。○【趙次公曰】皇甫謐高士傳：四皓歌曰：「漠漠〔一四〕高山，深谷逶邐。曄曄紫芝，可以療飢。」不見杏壇丈。○謂虔貶爲台州掾，不見乎廣文館之丈席也。○【王洙曰】莊子漁父篇：孔子遊乎緇帷之林，休坐乎杏壇之上。弟子讀書，孔子絃鼓琴奏曲，漁父下船來聽。天長眺東南，○台州，東南瀕海之郡也。秋色餘魍魎。○【師古曰】謂荒僻也。○【王洙曰】天台賦：始經魍魎之塗，卒踐無人之境。別離慘至今，斑白徒懷曩。○【王洙曰】曩，昔也。春深泰山秀，○泰，一作秦。葉墜清渭朗。劇談王侯門，野税林下鞅。○鞅，於兩切，馬頸柔革也。○【王洙曰】鮑照詩：無由〔一五〕税歸鞅。○謝朓詩：行矣倦路長，無由税歸〔一六〕鞅。操紙終夕酣，時物集遐想。詞場竟疏闊，平昔濫吹獎。〇【師古曰】此五聯謂甫追憶昔時與虔聚會于關中，春和秋凉之日〔一七〕，或劇談，或税鞅，操紙賦詩，把酒酣飲，交遊於詞翰之場。而今竟疏遠間闊，故傷之。〇【趙次公曰】又憶虔之平昔濫有推奬於我也。百年見存没，〇謂百年交情見於存没之際也。牢落吾安放。〇謂虔之卒也。〇【趙次公曰】檀弓篇：孔子將死，子貢曰：「泰山其頹，吾將安仰？梁木其壞，吾將安放？」蕭條阮咸在，〇【王洙曰】晉阮咸傳：咸字仲容，任達不拘，雖處世不交人事，惟共親知絃歌酣宴而已。出處同世網。〇陸機赴洛詩：借問子何之，世網嬰我身。他日訪〔一八〕江樓，含悽述飄蕩。〇【王洙曰。又，集千家注批點杜工部詩集引作「公自注」。】甫自注云：著作與今秘書監鄭君審，篇翰齊價，謫江陵。〇【趙次公曰】夢弼按：阮籍字嗣宗，任情不羈，與兄子咸共爲竹林之遊。今甫詩以阮咸比鄭審，故有「阮咸江樓」之句也。

【校記】

〔一〕過，元本、古逸叢書本作「還」。

〔二〕鴞鵰，元本作「鵵鵰」，古逸叢書本作「鶚鵰」。

〔三〕之外，元本、古逸叢書本無。

〔四〕伎，元本、古逸叢書本作「枝」。

〔五〕伎，元本、古逸叢書本作「技」。

〔六〕伎，元本、古逸叢書本作「技」。
〔七〕不，古逸叢書本作「或」。
〔八〕博，元本、古逸叢書本作「傳」。
〔九〕詣，元本、古逸叢書本作「譜」。
〔一〇〕鍾意，古逸叢書本作「意鍾」。
〔一一〕送，古逸叢書本作「逼」。
〔一二〕愔，元本、古逸叢書本作「倚」。
〔一三〕典略，元本、古逸叢書本作「云」。
〔一四〕漠漠，元本、古逸叢書本作「莫莫」。
〔一五〕由，元本、古逸叢書本作「山」。
〔一六〕歸，古逸叢書本作「皈」。
〔一七〕日，元本、古逸叢書本作「目」。
〔一八〕訪，元本、古逸叢書本作「放」。

故右僕射相國張公九齡

〇【王洙曰】九齡父爲韶州别駕，因家于始興，今爲曲江人。九齡幼聰明，善屬文，十三以書干廣州刺史王方慶，方慶大嗟賞之，曰：「此子必能致遠。」九齡登進士第，應拔萃，登乙科，拜校書郎。明皇在東宫，舉天下文藻之士，親加策問，九齡對策高第，遷左拾遺。九齡以文雅爲上所知。右相李林甫惡之，引牛僧孺以傾之，遂罷。〇明皇雜録云：九齡洎〔一〕裴耀卿罷免之日，自中書至日華門將就班，二人鞠躬卑遜，李林甫據其中，揚〔二〕揚自得。觀者目爲「一鵰挾兩兔」。俄而詔張、裴爲左、右僕射，罷知政事。林甫視其詔，大怒，曰：「獨爲左右丞相耶？」〇【王洙曰】初，九齡爲相，薦長安尉周子諒爲監察御史。子諒以妄陳休咎，九齡坐引非其人，左遷荆州大都督府長史。自荆州請歸拜墓，因遇疾，卒。上皇在蜀思九齡先覺禄山面有反相，乃下詔褒贈司徒，乃遣使就韶州致祭。九齡有集二十卷，傳于世。

相國生南紀，〇【杜田補遺。又，杜陵詩史、分門集注、補注杜詩、集千家注批點杜工部詩集引作「師古曰」。】南國，分野名也。唐天文志：東循海徼，達甌、閩中，是爲南紀。所以限蠻夷也。相國張九齡，曲江人，曲江隸韶州，正嶺徼、甌、越之地。詩曰「滔滔江漢，南國之紀」是也。大抵自江漢以南，皆謂之南紀。金璞無留礦。〇礦，與鑛同。精鍊金也。〇【趙次公曰】言已爲金而不復留在礦，以譬張九齡成器早出而應用，不復退縮，故云「不留礦」也。〇【杜田補遺】圓覺經：譬如銷金礦〔三〕，金非銷故有。雖復本來金，皆以銷成就。一成真金體，無復重爲礦。○惠能敘金剛經：冀學者同見礦中金性，以智惠火鎔鍊，礦去金存。又云：得遇金師，鏨鑿山破，取鑪烹鍊，遂成精金。仙鶴下人間，○九齡家傳：九齡初生，母夢九鶴從天而下。獨立霜毛整。矯然江海思，復與雲路永。○【趙次公曰】謂其矯然有江海高遠之志趣，而復思奮飛，與前程雲路齊永也。寂寞想土階，○韓非子：堯土階三尺。未遑等箕潁。○【王洙曰】想土階，謂有致君堯、舜之心，故未遑逃於箕山、潁水也。○皇甫謐高士傳：堯致天下而讓許由，由爲人據義復〔四〕方，邪席不坐，邪膳不食，聞堯讓而去。其友巢父聞由爲堯所讓，以爲污己，乃臨池洗耳。池主怒曰：「何以污我水？」由是遁耕於中岳潁水之陽、箕山之下也。○【趙次公曰】上聯言九齡爲秘書郎，爲左拾遺，爲左補闕，爲中書舍人，爲集賢院學士是也。○前漢書敘傳：王鳳薦班伯宜勸學，時上方嚮學，鄭寬中、張禹朝夕入説尚書於金華殿中，詔伯受焉。數年，金華之業絶，出。○顔師古音義：金華殿在未央宫。碣石歲崢嶸，○碣石，一作碣力。天地日蛙黽。○地，一作池。退食吟大庭，○【趙次公曰】大庭氏，上古至治之國也。○詩：退食自公。自公退食。何心記榛梗。○【師古曰】碣石山在東，禄山所據之方。崢嶸，高大貌。禄山有叛志，嘗自高大，視天地間如蛙黽然，全無忌憚。九齡料其有反意，屢請于帝。○故退食之間嘗負致治之心，欲誇大庭氏，不以嫌猜〔五〕爲念，故曰「何心記榛梗」也。骨驚畏曩哲，○【趙次公曰】謂畏其不逮乎前賢，傷其名之無聞也。○别賦：心折骨驚。鬒變負人境。○【趙次公曰】謂憂其髮變而爲白，愧乎老而無補也。

○【王洙曰】謝玄暉詩：誰能鬒不變。雖蒙換蟬冠，○【趙次公曰】董巴輿服志：貂蟬，侍中冠。金璫，附蟬爲文，貂尾爲飾也。右地恧多幸。○恧，女六切，慙也。卞圜曰：謂奪哀〔六〕拜中書侍郎也。趙子櫟曰：謂九齡以左丞相罷在右地，慚恧爲多幸，何者？有李林甫之嫉，牛仙客之憾，則得此爲幸矣。或謂：右地，指李林甫爲右相，而必有媿色。林甫以罷幸見用〔七〕，視九齡爲相，心常負愧，故引牛仙客共傾陷之。九齡由是罷相也。敢忘二疏歸，○以疏廣、疏受比九齡之賦歸也。○【王洙曰】前漢疏廣傳：廣爲太子太傅，謂兄子受曰：「吾聞知足不辱，知止不殆，豈如父子相隨出關歸老，不亦善乎？」遂上疏乞骸骨，上許之。公卿設祖道供帳東都門外。痛迫蘇耽井。○【趙次公曰】以九齡乞歸養，不許，以母死解，毀不勝哀。蘇耽井在郴州。神仙傳：蘇仙〔八〕翁名耽，忽辭母去，母曰：「使我如何存活？」仙翁曰：「明年天下疫疾，庭中水簷邊橘樹可以代養病者，食葉飲水而愈。」紫綬映暮年，○紫綬，太守繫印之綬。後漢輿服志：公、侯、將軍紫綬二采，紫白，淳紫圭，長丈七尺。荆州謝所領。○【王洙曰】九齡晚年坐薦周子諒非其人，左遷荆州。庾公興不淺，○以九齡之坦懷如庾亮也。○【王洙曰】晉庾亮傳：亮字元規，在武昌。諸佐吏商浩之徒乘月臨樓，俄而不覺亮至，將起避之。庾徐曰：「諸君少住，老子於此興復不淺。」便據胡床與浩等談詠竟夕，其坦率如此。黄霸鎮每静。○以九齡之善政如黄霸也。○【王洙曰】前漢循吏傳：黄霸字次公，獨用寬和爲治，擢爲揚州刺史、潁川太守，治爲天下第一。賓客引調同，○【王洙曰】謝靈運詩：異代可同調。諷詠在務屏。○謂九齡每引賓客同趣調者，唱和於百務屏息之際也。詩罷地有餘，○一作「詩地能有餘」。篇終語清省。○省，審井切，察也。一陽發陰管，○【趙次公曰】謂如黄鍾之律也。言詩之和而可聽於耳。淑氣含公鼎。○【趙次公曰】謂如大羹之和也，言其詩之美而可味於口。乃知君子心，用才文章境。○才，晉作寸。徐陵書：未造文章之境，空慙讀書之力。散帙起翠螭，○【師古曰】九齡有集二十卷。荆人刻之碑。翠螭，即碑頭刻螭文也。○【趙次公曰】廣雅：龍有〔九〕角曰螭。倚薄巫廬並。○【王洙曰】巫、廬，二山名。○【師古曰】謂其才氣能與此二山之氣相倚迫〔一〇〕也。○謝靈運過始寧縣墅〔一一〕詩：拙疾相倚薄。韓康伯注周易：薄，謂相附也。綺麗玄暉擁，○【趙次公曰】謂其文之綺麗如謝朓也。○【王洙曰】朓字玄暉，齊人也。牋誄任昉騁。○【趙次公曰】謂其長於牋誄，如任昉也。○【王洙曰】昉字彦昇，梁人也。自成一家則，○成，一作我。則，一作削。謂其文自成一家之法也。○【王洙曰】裴駰序史記：勒成一家，總其大較。未缺隻字警。○謂其文得春秋隻字之嚴，讀之者可以警動於人也。○【王洙曰】杜預序左氏傳：春秋以一字爲褒貶。千秋滄海南，名繫朱雀影。○【趙次公曰】韶州，即滄海之南。朱鳥，南方之宿。○謂九齡之名與朱鳥之宿影齊高也。影，形也。風俗通：四方皆有七宿，各成一形。東方成龍形，西方成虎形，南首而北尾。西方成鳥形，北方成龜形，西首而東尾。以南方之宿象鳥，故謂之朱鳥。七宿者也。歸老守故林，○【趙次公曰】謂自荆州請歸展墓也。戀闕悄延頸。○悄，一作嘗。○【趙次公曰：「言其心不忘君。」】謂其不忘君，猶冀擢用也。波濤良史筆，○謂唐史氏直筆書其傳也。○【趙次公曰】或謂九齡之文有如波濤之翻，可充良史之筆也。蕪絶大庾嶺。○【趙次公曰】惜其没于大庾嶺之南也。○大庾嶺在南雄州始興縣，本屬韶〔三〕州。按曲江本集：開元四載冬，開鑿大庾嶺路，九齡作序，蘇銑作銘。向時禮數隔，制作難上請。○【趙次公曰】謂九齡之死，朝廷擾亂，禮數頗疏，難以制作上請於朝也。再讀徐孺碑，猶思理煙艇。○【趙次公曰】後漢徐孺子，南州之高士也。陳蕃甚重之。按曲江本集：九齡常爲孺子作墓碣，其銘曰：靈芝無根，醴泉無源。當時傳誦。今甫再讀其碑，故思整棹以弔之，則以慕孺子之高風，而不忘江湖之念也。

【校記】

〔一〕泊，元本、古逸叢書本作「自」。

〔二〕揚，原作「柳」，據元本、古逸叢書本改。

〔三〕礦，原作「礪」，據圓覺經改。

〔四〕復，古逸叢書本作「傷」。

〔五〕猜，元本、古逸叢書本作「清」。

〔六〕奪哀，元本作「奪衰」，古逸叢書本作「罷相」。

〔七〕見用，元本作「一用」，古逸叢書本作「一曰」。

〔八〕仙，元本、古逸叢書本作「山」。
〔九〕有，古逸叢書本作「無」。
〔一〇〕迫，古逸叢書本作「薄」。
〔一一〕墅，元本作「野」，古逸叢書本無。
〔一二〕韶，元本、古逸叢書本作「贛」。

新定杜工部草堂詩箋斠證卷第三十

永泰元年到雲安所作

別常徵君〇昔後漢黄憲，字叔度，初舉孝廉，又辟公府，暫到京師而還，竟無所就，天下號曰「徵君」。徵君之名，始於憲也。

兒扶猶杖策，卧病一秋强。〇【趙次公曰】按集，甫有詩曰「伏枕雲安」是也。白髮少新洗，寒衣寬總長。〇【趙次公曰】以病瘦之後，故衣寬而總長大也。故人憂見及，〇【趙次公曰】故人，指徵君。〇【革曰】見及，猶云訪及也。此別淚相忘。各逐萍流轉，〇西征賦：飄萍浮而蓬轉。海賦：萍流而蓬轉。來書細作行。

折檻行

○【王洙曰】漢成帝師安昌侯張禹，朱雲願請上方斬馬劍以斷佞人頭。上問：「誰？」對曰：「安昌侯張禹。」上怒，令御史將雲下殿，欲斬之。雲攀檻折，雲呼曰：「臣得從龍逢、比干遊於地下，足矣。」辛慶忌以死争，上意乃解。後欲理檻，上曰：「勿易。因輯之以旌直臣。」故後世殿檻皆曲，以象折檻也。○今甫此詩獨致意於貞觀、開元之君臣也。

嗚呼房魏不復見，秦王學士時難羨。○甫歎房玄齡、魏徵之直諫不可得見，因泛思秦王之十八學士也。○【王洙曰】秦王，即太宗也。太宗爲天策上將軍，寇亂稍平，乃鄉儒於宫城西，作文學館，收聘賢材。於是以杜如晦、房玄齡、于志寧、蘇世長、薛收、褚亮、姚思廉、陸德明、孔穎達、李守素、虞世南、蔡允恭、顔相時、許敬宗、薛元敬、蓋文達、蘇勗並以本官爲學士，訪以政事，討論墳典。命閻立本圖象，使亮爲之贊，題名字爵里，號「十八學士」，藏之書府，以章禮賢之重。方是時在選中，天下所慕，謂之「登瀛洲」。青襟胄子困泥塗，○【王洙曰：「時方貴武而賤文也。」】歎文儒不遇而困滯也。○【趙次公曰】詩：青青子襟。書：命夔典樂，教胄子。白馬將軍若雷電。○【王洙曰：「時方貴武而賤文也。」】傷武夫得時而貴幸也。○【杜定功曰】魏龐德，字令明，討關羽，與羽交戰，射羽中額。時德常乘白馬，羽軍謂之「白馬將軍」，皆憚之。千載少似朱雲人，○題注。至今折檻空嶙峋。○【鄭卬曰】嶙，雉珍切。峋，思遵切。○【趙次公曰。又，杜陵詩史、分門集注、補注杜詩引作「修可曰」。】嶙峋，高貌。左太沖魏都賦：攘題䰩䰩〔一〕，階楯嶙峋。婁公不語宋公語，○【王洙曰】婁師德、宋璟也。言互以正救爲心。張嘉貞代璟爲相，閲朝堂，按其危言讜議，未嘗不失聲歎息也。尚憶先皇容直臣。○追想太宗之容納直諫也。

【校記】

〔一〕䰩䰩，古逸叢書本作「䴝䴝」。

別蔡十四著作

賈生慟哭後，○【王洙曰】本傳：賈誼上政事疏：可爲痛哭者一。寥落無其人。安知蔡夫子，高義邁等倫。獻書謁皇帝，○皇帝，謂肅宗也。志已清風塵。○掃平禄山之亂也。流涕灑丹極，萬乘爲酸辛。天地則創痍，○謂戰争〔一〕之際，民受其病也。朝廷當正臣。○【王洙曰】當，一作多。異才復間出，周道日惟新。○言肅宗得蔡著作之言，以致中興也。使蜀見知己，○使，所吏切，從命者。別顔始一伸。○【趙次公曰】郭英乂爲蜀節度使，蔡著作往見之。主人薨城府，○【趙次公曰】主人，指郭英乂，於永泰元年爲崔旰所殺也。扶櫬歸咸秦。○【鄭卬曰】櫬，初僅切。○棺也。○【趙次公曰】謂蔡著作嘗扶英乂之櫬，以歸秦之咸陽也。巴道此相逢，會我病江濱。○甫謂相遇於巴蜀之道，適予之肺病作也。憶念鳳翔都，聚散俄十春。我衰不足道，但願子意陳。○意，一作音。稍令社稷安，自契魚水親。○【趙次公曰】以諸葛亮期蔡著作也。○【王洙曰】蜀志諸葛亮傳：亮字孔明，先主曰：「孤之有孔明，猶魚之有水也。」我雖消渴甚，○前注。敢忘帝力勤。尚思未朽骨，○【趙次公曰】莊子：其人與骨皆已朽矣。復覩耕桑民。積水駕三峽，○三峽，謂巫峽、黃牛峽、瞿塘峽。積水之高，故云「駕」也。浮雲倚長津。○長津，一作輪囷。○【趙次公曰】郭璞遊仙詩：高浪駕蓬萊，浮〔一〕雲倚長津。揚舲洪濤間，仗子濟物身。鞍馬下秦塞，○【趙次公曰】謂甫行至秦塞，則出陸矣。王城通北辰。○【王洙曰】北辰，謂帝居也。玄甲聚不散，○【杜田補遺】班固燕山銘：玄甲耀日。注：玄甲，鐵甲也。兵久食恐貧。○【王洙曰】謂兵聚而食費，恐久而貧也。窮谷無粟帛，使者來相因。○窮谷，指夔州。謂餽餉之使來至窮谷，相繼不絕也。若憑南轅吏，○憑，一作達。○【王洙曰】吏，一作使。書札到天垠。○天垠，天邊也。○【趙次公曰】惟其使者相因，故車來南者，冀著作憑其吏而惠字也。○【王洙曰】古詩：遺我一書札。

【校記】

〔一〕戰争，元本、古逸叢書本作「争戰」。

〔二〕浮，元本、古逸叢書本作「遊」。

十二月一日三首

今朝臘月春意動，○唐運以土〔一〕德行，衰於丑，故用丑日爲臘。後漢音義曰：臘者，歲終祭衆神之名。臘者，接也。新故交接，故大祭以報功者也。雲安縣前江可憐。○謂春水媚而可愛也。一聲何處送書雁，○謂傳書之雁時將迎暖而北徂也。百丈誰家上水船。○巴人以竹纜爲百丈，以牽逆流之船也。未將梅蘂驚愁眼，要取椒花媚遠天。○椒，美木也。明光起草人所羨，○【鄭卬曰】長安志：明光殿在東内。○【王洙曰】前漢王商借明光殿起草作制誥。○【趙次公曰】後漢尚書郎奏事明光殿，下筆爲詔誥，出語爲詰令。肺疾幾時朝日邊。○甫有消渴疾，流寓劍外，未獲歸朝也。○【趙次公曰】昔晉明帝嘗曰：「只聞人從長安來，不聞人自日邊來。」故後人遂以日邊爲帝京也。

○【鄭卬曰】十道志：雲安縣，本漢朐䏰縣，〔二〕在夔州。

【校記】

〔一〕土，古逸叢書本作「上」。

〔二〕䏰，原作「腮」，據古逸叢書本改。

寒輕市上山煙碧，日滿樓前江霧黄。負鹽出井此溪女，○後漢王元誌〔一〕公孫述曰：「蜀有魚鹽銅銀之利。」注：蜀有鹽井。蜀都賦：濱以鹽池。注：巴東北新井縣水出地如湧泉，可煮以爲鹽。打鼓發船何郡郎。新亭舉目風景切，○【趙次公曰】晉王導傳：洛京傾覆，中州士人避亂江左者十六七，每至暇日，邀出新亭飲宴，周顗中坐而嘆曰：「風景不殊，舉目有江山之異。」皆相視流涕。唯導愀然變色曰：「當共戮力剋復神州，何至相對作楚囚泣耶？」茂陵著書消渴長。○【趙次公曰】司馬相如居茂陵，病渴，著封禪書。甫有渴疾，故以自比也。春花不愁不爛熳，楚客唯聽棹相將。○言欲歸於楚也。

【校記】

〔一〕誌，古逸叢書本作「説」。

即看燕子入山扉，豈有黄鸝歷翠微。○爾雅：翠微謂山未及上也。短短桃花臨水岸，輕輕柳絮點人衣。○【趙次公曰】此詩作於十二月一日，而有燕子桃花之句，何也？又在末句所謂「他日一盃難强進」者也。蓋逆道其事耳。春來準擬開懷久，老去親知見面稀。他日一盃難强進，重嗟筋力故山違。

又雪

南雪不到地，○【趙次公曰】按集有前苦寒行云「去年白帝雪在山」是也。青崖霑未消。○霑，或作露。非是。○【趙次公曰】謂南方暖而雪薄，所以不到地而止〔一〕著青崖也。微微向日薄，脉脉去人遥。冬熱鴛鴦病，○南地暖，無雪壓瘴，故人多病。甫自譬夫婦得疾也。峽深豺虎驕。○喻段子璋、崔旰之流作亂也。愁邊有江水，焉得北之朝。○【趙次公曰】謂甫當愁之際，觸觀江水，止是朝東入海，安得折入北朝，我乘之以歸長安而朝天子乎？○或曰：如段子璋、崔旰之徒切發，不臣〔二〕於朝廷，故甫有江水北之朝之句，言人不如水之朝宗也。

【校記】

〔一〕止，元本、古逸叢書本作「上」。

〔二〕不臣，古逸叢書本作「甘自外」。

大曆元年丙午在雲安所作

子規

〇史記曆書：秭鳺先滜。徐廣曰：秭音子，鳺音規。子鳺，鳥也。司馬貞索隱曰：謂子鳺鳥春氣發動，則先出野澤而鳴也。子鳺鳥，一名鷤搗，上音弟，下音桂。按楚辭云：慮鷤鳺之先鳴，使夫百草爲之不芳。華陽國志：望帝魄化爲杜鵑，一曰子規。深春乃有聲〔一〕，低且怨。王聖美雞跖集〔二〕曰：高唐賦：子規，姊歸。師曠禽經：子規啼，必北向。鷓鴣飛，必南翔。江介曰：子規，蜀右曰杜鵑〔三〕。

峽裏雲安縣，〇前注。江樓翼瓦齊。〇謂簷宇飛揚，如鳥之張翼也。詩斯干：如鳥斯翼。兩邊山木合，終日子規啼。〇【王洙曰】按集杜鵑行云「雲安有杜鵑」是也。眇眇春風見，蕭蕭夜色棲。客愁那聽此，故作傍人低。〇【趙次公曰】一作「故傍旅人低」，非是。

【校記】

〔一〕有聲，古逸叢書本作「啼聲」。

〔二〕集，元本、古逸叢書本無。

〔三〕元本、古逸叢書本此下尚有：「夢弼謂：子規非言秭歸也。按酈元水經引袁崧曰：楚屈原有賢姊，聞原放逐，亦來歸，喻令自寬。令鄉人冀其見從，因名姊歸縣。北有原故宅，宅之東北有女須廟，擣衣石猶存。秭與姊同。然則縣之得名秭歸，故以屈原也。晉志：建平郡有姊歸縣。注云：故楚子國。此以秭歸爲子規，非是。又謂因禽以名縣，亦非也。」

客居

客居所居堂，前江後山根。下塹萬尋岸，○【鄭卬曰】塹，此豔切。蒼濤鬱飛飜。葱青衆木梢，邪豎雜石痕。○豎，立也。○【趙次公曰】沈休文詩：傾壁復邪豎。子規晝夜啼，壯士斂精魂。○子規，杜鵑也。常以暮春悲鳴，聽之者消魂也。○【趙次公曰】阮籍詠懷詩：客色改平常，精魂自漂淪。峽開四千里，○【趙次公曰】千字疑誤，豈自渝州明月峽至夔州西陵峽而下，水路有四千里乎？水合數百源。○謂峽之長，兩山束水，其水甚險，合巴、涪衆水總歸於此也。人虎相半居，相傷終兩存。○虎喻盜賊，謂安史之後，川峽諸盜乘隙比比而起也。蜀麻久不來，吳鹽擁荆門。○蜀出麻布，吳中出鹽，兩相貿易，時〔一〕兵亂水陸不通，故蜀布不〔二〕來而吳鹽擁塞也。按水經注：江水東歷荆門、虎牙之間。荆門山在南，上合下開，其狀如門。虎牙山在北，石壁色有白文類牙，故以虎牙名。二山，楚之西塞，在今峽州夷陵縣東南。西南失大將，○【趙次公曰】大將，郭英乂也。按編年通載：永泰元年十月，崔旰反，殺郭英乂也。商旅自星奔。○謂避亂也。○【杜田補遺】又，杜陵詩史、分門集注、補注杜詩、集千家注批點杜工部詩集引作「修可曰」。】劉孝標廣絶交論：靡不望風星奔。今又降元戎，○【鄭卬曰】降，古巷切。○猶言命也。元戎，大帥也。○【趙次公曰】按資治通鑑：大曆元年二月，以杜鴻漸爲山南西道、劍南東西川副元帥，以平蜀亂也。已聞動行軒。○行軒，乃行車〔三〕也。舟子候利涉，○謂舟人俟行軒之來也。○【趙次公曰】詩：招招舟子。易：利涉大川。亦憑節制尊。○謂鴻漸以節度使控制劍南，其位可謂尊矣。我在路中央，生理不得論。○【趙次公曰】甫遭崔旰之亂，欲南下以歸長安，到處留滯而未能，今尚在半〔四〕路。○進退失據，皆無所依歸也。卧愁病脚癈，徐步示小園。短畦帶碧草，悵望思王孫。○【王洙曰】王孫，謂嚴武也。○甫以久卧，恐脚成癈疾，起而徐步小園，因覩短畦碧草，遂感慨思及嚴武也。○【杜陵詩史、分門集注、補注杜詩、集千家注批點杜工部詩集引作「修可曰」。】劉安招隱辭：王孫遊兮不歸，春草生兮萋萋。○謝靈運詩：王孫不歸來，池塘生春草。鳳隨其皇去，○鳳比君子。鳳隨皇去，傷君子之不見也。○【趙次公曰】樂府琴歌曰：鳳兮鳳兮歸故鄉，遨遊四海隨其皇。○鮑彪又曰：鳳隨皇去，豈謂嚴武之夫人亦繼亡乎？籬雀暮喧繁。○【王洙曰：「言賢者亡而小人喧競也。」時崔寧、楊子琳、柏正節更來成都。〔一〕】喻滿目皆小人也。覽物想故國，十年別鄉村。日暮歸幾翼，北林空自昏。○甫初至蜀依裴冕，次依嚴武。武卒，甫依郭英乂。英乂麄暴不能容，遂去之夔。然夔又無知己者，卒皆小輩，是以思鄉。自別離已來凡十年，生兒今已長成，自覺年老，未獲反鄉國，觸目見歸翼，寧無傷心？幾翼，以譬能歸者幾人。復傷故居所在，徒自昏暗，而無有歸棲之意也。安得覆八溟，爲君洗乾坤。○觀是詩，知甫厭亂之甚矣。○【趙次公曰】按集故嘗有曰「遥拱北辰纏寇盜，欲傾東海洗乾坤」，又曰「安得壯士挽天河，盡洗甲兵長不用」是也。稷契易爲力，犬戎何足吞。○【趙次公曰】甫恨朝廷之上非其人，苟有臣如稷、契輩，致治豈不易爲力，吐蕃、犬戎又何足吞乎？儒生老無成，臣子憂四藩。○四藩，一作四番。黄作思翻。篋中有舊筆，情至時復援。○甫自傷年老，功業無成，徒爲四藩憂慮，才無所施，以朝廷不吾用也。其志無所伸，惟情至即援筆以詠之，庶寫我憂也。

【校記】

〔一〕時，元本、古逸叢書本作「特」。

〔二〕不，古逸叢書本作「西」。

〔三〕車，古逸叢書本作「軍」。

〔四〕半，古逸叢書本作「平」。

客堂

憶昨離少城，而今異楚蜀。〇【王洙曰】少城，成都府内城。〇夔屬楚，成都謂之蜀。〇【趙次公曰】蜀都賦：亞以少城，接〔一〕乎其西。注：少城，小城也。在大城西。〇甫既離成都而來夔，故云異也。捨舟復深山，〇【趙次公曰】謝靈運詩：捨舟眺回渚。窅窕一林麓。〇窅窕，深貌。山足曰麓。栖泊雲安縣，〇栖，與棲同。〇【王洙曰】雲安縣屬夔州。〇甫嘗寓居雲安也。按集，有詩云「雲安沽酒僕奴悲」是也。消中内相毒。〇【師尹曰】：「消中，消渴也。」甫嘗有渴疾也。舊疾廿載來，〇載，一作再，一作戰。衰年得無足。〇一作得弱足，一作弱無足。謂暮年而得足疾也。死爲殊方鬼，頭白免短促。老馬終望雲，南雁意在北。〇【王洙曰】：「馬望雲，鴈意在北，以所居非故國。此自喻也。」雲，乃燕雲之地。燕冀出馬，故馬常不忘燕。雁生於代北，避寒來南，故雁常意在北。甫自喻年雖老，不忘鄉關也。〇【趙次公曰】曹顏遠感舊賦〔二〕：胡馬仰朔雲，越鳥巢南枝。〇赭白馬賦：望朔雲而蹀足。嵇康幽憤詩：邕邕鳴雁，奮翼北遊。順時而動，得意忘憂。別家長兒女，欲起慙筋力。〇謂有緩〔三〕疾不能行也。按集，上文云「舊疾廿載來，衰年得無足」，又有客居詩云「卧病愁脚癈」是也。客堂叙〔四〕節改，具物對羈束。〇甫〔五〕旅寓他鄉，值偶節朔，辨作節儀，對景感傷時叙〔六〕之更易也。石暄蕨芽紫，渚秀蘆笋緑。巴鶯紛未稀，〇謂巴峽間時鶯聲未老也。○【王洙曰】巴鶯，或作巴稼。○謂巴峽之人種苗猶多也。徼麥早向〔七〕熟。○徼，謂邊徼也。悠悠日動江，○謂春晴浪〔八〕暖也。漠漠春辭木。○謂三月盡，芳菲衰也。右皆述節叙改〔九〕也。臺郎選才俊，○【趙次公曰】臺郎，謂尚書郎也。甫時爲尚書工部員外郎，故稱郎。○按漢官典職曰：尚書爲中臺，謁者爲外臺，御史爲憲臺，是謂三臺。○【趙次公曰】尚書郎初爲三署郎選，詣〔一〇〕尚書臺試，每年一〔一一〕郎缺，則試〔一二〕五人，先試〔一三〕牋奏。初入臺，稱〔一四〕郎中，滿歲稱侍郎。○孔融薦禰衡奏曰：近日路粹〔一五〕、嚴象，亦用異才，擢拜臺郎。齊職儀云：魏、晉、宋、齊並曰尚書臺。唐龍朔中，皆嘗更名中臺，尋復舊爲尚書省。劉〔一六〕禹錫問大鈞賦亦曰「始余〔一七〕失臺郎，爲刺史」是也。自顧亦已極。○謂揣分知足也。前輩聲名人，埋没何所得。居然綰章紱，○【趙次公曰】謂佩緋魚也。○章，印文也。紱，所以紐章綰佩也。受性本幽獨。○甫稟性幽獨，不樂仕宦，雖佩緋魚，不過閑居而已。平生憩息地，必種數竿竹。○唐本傳：浣花里種竹植木，結廬枕江。按集，甫去浣花，猶憶乎竹，故送韋司直有曰「爲問南溪竹，抽梢合過牆」是也。事業只濁醪，○謂嗜〔一八〕酒也。按集有云「濁醪有妙理」是也。營葺但草屋。上公有記者，累奏資薄禄。○【王洙曰：「嚴武奏甫受劍南參謀。」】上公，謂嚴武也。武表甫爲劍南參謀，故藉薄禄以自給也。主憂豈濟時，身遠彌曠職。○【師尹曰：「史記：主憂臣辱。」】主憂臣辱，主憂〔一九〕臣死，臣之職也。○今天子蒙塵，甫幸流寓他鄉，身遠王室，不能濟時，但曠廢其職，如以拾遺稱而不親拾遺之職也。循文廟算正，○循，鮑作脩。循文，謂守文之妙，謀必先於正道也。孫子：未戰而廟算勝，得算多者也。獻可天衢直。○獻可，謂獻言於帝庭，必本於剛〔一〇〕直也。○【王洙曰】左氏傳：獻可替否。易：何天之衢，亨。尚想趨朝廷，毫髮裨社稷。○甫尚冀歸朝，以正道直言，少補社稷也。形骸今若是，進退委行色。○奈何形骸今已衰老，進退失措，但委之行色而已。孟子以「行止非人所能爲」，蓋謂是也。

【校記】

〔一〕接，元本、古逸叢書本作「按」。

〔二〕曹顏遠感舊賦，古逸叢書本無。

〔三〕緩，古逸叢書本作「腰」。

〔四〕叙，古逸叢書本作「序」。

〔五〕甫，元本、古逸叢書本作「羈」。

〔六〕叙，元本、古逸叢書本作「序」。

〔七〕向，古逸叢書本作「回」。

〔八〕浪，古逸叢書本作「良」。

〔九〕改，古逸叢書本作「按」。

〔一〇〕詣，古逸叢書本作「記」。

〔一一〕一，元本、古逸叢書本作「二」。
〔一二〕試，古逸叢書本作「誠」。
〔一三〕試，古逸叢書本作「誠」。
〔一四〕稱，古逸叢書本作「親」。
〔一五〕粹，元本、古逸叢書本作「梓」。
〔一六〕劉，元本、古逸叢書本無。
〔一七〕余，元本、古逸叢書本作「余之」。
〔一八〕嗜，元本、古逸叢書本作「耆」。
〔一九〕憂，元本、古逸叢書本作「辱」。
〔二〇〕剛，古逸叢書本作「徿」。

寄常徵君

白水青山空復春，○【趙次公曰】言徵君本居白水青山之間，歷聘不起，今已去之，所以「空復春」也。徵君晚節旁風塵，○【趙次公曰】言其晚節出而應聘也。楚妃堂上色殊衆，○【趙次公曰】謂徵君如楚妃之妍，有絕衆之色也。海鶴堦前鳴向人。○【趙次公曰】謂徵君如海鶴之潔，非堦犀之物，而今鳴向人，則以其旁風塵也。萬事糾紛猶絶粒，〇言徵君昔嘗窮困也。一官羈絆實藏身。〇言徵君今有官守也。開州入夏知涼冷，不似雲安毒熱新。

寄岑嘉州〇【趙次公曰】岑參也。

不見故人十年餘，不道故人無素書。〇【王洙曰】古詩：客從南方來，遺我雙鯉魚。呼童烹鯉魚，中有尺素書。願逢顔色關塞遠，〇謂嘉州乃關塞絶遠之地也。豈意出守江城居。〇至德元年，甫嘗與參同在禁省，參忤權貴，一麾而出守嘉州，故是詩以豈〔一〕意言之。〇【王洙曰】顔延年詩：一麾乃出守。〇蓋麾乃倚門墻則〔二〕麾之麾，同非美辭也。外江三峽且相接，斗酒新詩終自歧。〔三〕〇自，一作日。謝朓每篇堪諷誦，〇甫以謝朓比岑參，故懷思朓詩而諷誦之。朓字玄暉，齊陳郡人。鍾嶸詩品：謝朓奇章秀句，往往警遒，足使叔源失步，明遠變色。馮唐已老聽吹噓。〇【趙次公曰】甫以馮唐自喻其老，而聽有吹噓之者。〇前漢馮唐，趙人，以孝著爲郎中署長。文帝輦過，問唐曰：「父老何自爲郎？」泊船秋夜經春草，〇【趙次公曰】甫思去秋夜船初至雲安，今又復見春草生矣。伏枕青楓限玉除。〇甫時卧疾于楚地之青楓，自歎阻隔闕庭之遠也。眼前所寄選何物，贈子雲安雙鯉魚。〇謂即所寄書是也。餘見篇首注。

【校記】

〔一〕豈，元本古逸叢書本作「盡」。

〔二〕則，古逸叢書本作「前」。

〔三〕歧，元本、古逸叢書本作「疏」。

水閣朝霽奉簡雲安嚴明府〔一〕○一作「奉簡嚴雲安」。

東城抱春岑，○阮瑀詩：春岑藹林木。江閣鄰石面。○郭璞江賦：石面突兀，水聲潺湲。崔嵬晨雲白，○崔嵬，高貌。朝旭射芳甸。○旭，許六切，日光也。○【王洙曰】謝朓詩：雜英滿芳甸。雨檻卧花叢，○沈約詩：雨檻雲欄。風牀展書卷。○一作「風牀展輕幔」。鈎簾宿鷺起，丸藥流鶯囀。呼婢取酒壺，續兒誦文選。○【趙次公曰】按集有曰「熟精文選理」是也。晚交嚴明府，○昔第五倫詣郡尹鮮于褒，後褒左轉高唐令，臨去，握倫臂曰：「恨相知晚。」矧此數相見。○【鄭卬曰】數，色角切。○屢也。

【校記】

〔一〕題，元本、古逸叢書本作「水閣簡嚴雲安」。

杜鵑詩明皇蒙塵在蜀　○夏竦曰：詩前四句乃序爾，以叶韻，誤以爲詩。本題下〔一〕甫自注耳。○【趙次公引作「李新（元應）曰」。又，杜陵詩史、分門集注引作「余曰」。】蘇軾百斛明珠云〔二〕：此篇凡五用鵑，豈可以文害辭，辭害意。甫蓋有所感，託物以發者也，亦六義之比興，離騷之法與？按博物志：杜鵑生子，寄之他巢，百鳥爲飼之。故江東所謂「杜宇曾爲蜀帝王，化禽飛去舊城荒」是也。且禽鳥之微，猶知有尊，故甫詩云「重是古帝魂」，又云「禮若奉至尊」，蓋譏當時之刺史有不禽鳥若也。唐自明皇天寶以後，天步多棘，刺史能造次不忘於君，與夫不能致節於君者，可得而考也。嚴武在蜀，雖橫斂刻薄，而實資中原，是「西川有杜鵑」爾。其不虔王命，負固以自抗，擅軍旅，絶貢獻，如杜克遜之在梓州，爲朝廷西顧〔三〕之憂，是「東川無杜鵑」耳。至於涪、萬、雲安刺史，微不可考，其尊君者爲有也，懷貳者爲無也。不〔四〕在夫杜鵑真有無也？○胡仔曰：或謂明皇幸蜀還，肅宗用李輔國計，遷之西内，悒悒而崩。此詩感是而作。以夢弼觀之，少陵又有杜鵑行「君不見昔日蜀天子，化作杜鵑似老烏，寄巢生子不自啄，群鳥至今與哺雛」，細味其詩，亦是明皇遷西内時作也。其意尤切，讀之可傷。或者知其一，不知其二者也。

西川有杜鵑，東川無杜鵑。涪萬無杜鵑，雲安有杜鵑。○題注。我昔遊錦城，結廬錦水邊。○【王洙曰】甫築草堂于浣花里。有竹一頃餘，○按集有曰「步堞萬竹疏」是也。喬木上參天。○【趙次公曰】昔曹植詩：荆棘上參天。○陳周洪詩：灌木上參天。杜鵑暮春至，哀哀叫其間。我見常再拜，重是古帝魂。○【王洙曰】成都記：杜宇亦曰杜主，自天而降，稱望帝。好稼穡，教人務農。時荆州人鼈靈死，其尸泝流而上，至汶山下復生，見望帝，望帝因以爲相，號曰開明。會巫山壅江，人遭洪水，開明爲鑿通流，有大功。望帝因以其位禪焉。後望帝死，其魂化爲鳥，名曰「杜鵑」，亦曰「子規」，又云「杜宇」。禪位于開明，升西山隱焉。時適〔五〕三月，子規鳥鳴，故蜀人悲之。○【趙次公曰】：「鮑照行路難云：『中有一鳥名杜鵑，云是古時蜀帝魂。』公所用蓋出於此也。至若此篇常再拜而重之，不能拜而淚下，則尊君之意前人所不到。」【夢弼謂】：甫之意蓋原於鮑照行路難篇「中有一鳥名杜鵑，云是古時蜀帝魂」是也。生子百鳥巢，百鳥不敢嗔。○【王洙曰】嗔，一作喧。仍爲餧其子，○餧，奴罪切，飢也〔六〕。○【王洙曰】世說：杜鵑養子於百鳥巢，百鳥其養其子，而不敢犯。禮若奉至尊。鴻雁及羔羊，○毛萇詩傳：大曰鴻，小曰雁。小曰羔，大曰羊。有禮太古前。行飛與跪乳，○行，户〔七〕郎反，列也。識序如知恩。○如，一作又。○【王洙曰】晉羊祜雁賦：鳴則相和，行則接武。前不絶貫，後不越序。董仲舒春秋繁露：羔飲其母必跪，類知禮者也。聖賢古法則，○古，鮑〔八〕作吾。付與後世傳。○付，或作號。君看禽鳥情，猶解事杜鵑。今忽暮春間，值我病經年。身病不能拜，淚下如迸泉。○夫人爲萬物之靈，萬物尚知君臣父子之分，今人乃叛君肆爲悖逆，如安史之徒，了無上下禮節，可以人而不如禽獸乎？甫以身病不能再拜，其亦緬思朝廷，不忘君父之意尤切矣。○【杜田補遺。又，杜陵詩史、分門集注、補注杜詩、集千家注批點杜工部詩集引作「修可曰」。】劉越石扶風歌：據按〔九〕長歎息，下淚如流泉。

【校記】

〔一〕下，元本作不，古逸叢書本作無。
〔二〕云，元本、古逸叢書本作「去」。
〔三〕西顧，元本、古逸叢書本作「西蜀」。
〔四〕不，元本作夫，古逸叢書本作「豈」。
〔五〕適，古逸叢書本作近。
〔六〕奴罪切飢也，元本、古逸叢書本作：「於僞切，飼也。」
〔七〕户，元本作月。
〔八〕鮑，元本、古逸叢書本作驗。
〔九〕按，元本、古逸叢書本作「鞍」。

題桃樹

○時甫旅寓劍南，因題桃而懷杜陵之故居也。觀是詩中間兩聯，皆舊日事，其含蓄仁民愛物、厭亂思治之意可見矣。

小徑升堂舊不斜，五株桃樹亦從遮。○謂舊堂小徑從來不斜，今五桃遮掩之，已若畫圖矣。鮑照行路難：中庭五株樹，一株先作花。高秋總餽貧人實，○餽，一作餧。來歲還舒滿眼花。○【趙次公曰：「言其至高秋時盡熟，皆以分餧貧者，以其不害來歲之花，仍是滿眼，則望復其結實矣。此其爲仁民之心乎！」】謂舊日天下太平，家給食足，至高秋時桃熟，皆已分餧貧者，以其不害來歲之花仍是滿眼，則望復結其實矣。此所謂有仁民之心也。簾户每宜通乳燕，兒童莫信打慈鴉。○【趙次公曰】於簾户則通乳燕之往來，而不信任兒童妄亂打慈鴉，此非有愛物之心而何？○鴉有慈名，以其反哺也。説文：烏，孝鳥也。俗謂烏白臆者爲「慈烏」。寡妻群盜非今日，天下車書已一家。○甫題此詩時，所向皆寡妻群盜，何暇如是，故曰「非今日」，乃往年天下車書混一時也。此甫厭亂思治之意也。○【王洙曰】中庸：天下車同軌，書同文，行同輪〔一〕○禮運：聖人以天下爲一家。

【校記】

〔一〕輪，古逸叢書本作「倫」。

大曆元年春復還夔州所作

移居夔州郭

伏枕雲安縣，〇十道志：雲安縣，本漢朐䏰縣，屬夔州。還居白帝城。〇前注。春知催柳別，江與放船清。〇【王洙曰】與，一作已。農事聞人說，山光見鳥情。禹功饒斷石，且就土微平。〇【王洙曰】沿峽皆因開鑿而成，故少平土，惟夔州稍平耳。

船下夔州郭雨濕不得上岸別王十二判官

依沙宿舸船，〇舸，嘉我切〔一〕。石瀨月娟娟。風起春燈亂，江鳴夜雨懸。〇蔡邕霖雨賦：瞻玄雲之晻晻，懸長雨之霖霖。晨鍾雲外濕，勝地石堂煙。〇【趙次公曰】石堂，是夔州之嘉處，空望其煙，此題中所謂「不得上岸」也。柔櫓輕鷗外，〇古詩：柔櫓鳴深江。含情覺汝賢。〇【趙次公曰】船櫓在輕鷗之外，匆匆遂行，不得如鷗之遊漾，所以含情而覺鷗之勝我也。

【校記】

〔一〕切，元本、古逸叢書本作「反」。

謾成

江月去人只數尺，○【趙次公曰】孟浩然詩：江清月近人。梁虞騫詩：月光移數尺。風燈照夜欲三更。沙頭宿鷺聯拳静，○【王洙曰】静，一作起。○聯拳，曲貌。謝莊翫月詩：水鷺足聯拳。船尾跳魚撥剌鳴。○跳，徒聊切，躍也。撥，方割切。○【杜田補遺】剌，力達切。聲也。○【王洙曰】撥，或作跋。○謝靈運賦：魚水深而撥剌。○【杜田補遺】李白酬中都小吏贈魚詩：雙鰓呀呷鰭鬣張，跋剌金盤欲飛去。跋剌，一作撥鯻。○夢弼按：更，叶韻，居郎切。鳴，謨郎切，亦用古音也。〔一〕

【校記】

〔一〕按，此句宋本無，據元本、古逸叢書本補。

長江二首

衆水會涪萬，○【王洙曰】涪、萬，峽中二郡名也。瞿塘争一門。○【王洙曰】瞿塘爲三峽之門也。朝宗人共挹，盗賊爾誰尊。○【趙次公曰】禹貢：江漢朝宗于海。人以其朝宗，所共挹取，若盗賊者敢犯順，爲不義，將欲使誰尊爾〔一〕乎？孤石隱如馬，○【趙次公曰】古樂府淫豫歌：淫豫大如服〔二〕，瞿塘不可觸〔三〕。○【師古曰】南史：唐子輿字恪師，父域〔四〕出守巴西而卒，子輿奉喪歸巴東，有淫豫石高二十丈許，秋至則纔如馬，次有瞿塘大灘，行旅忌之。子輿撫心長叫〔五〕，其夜五更，水忽退，安流而行。按，灎預，古樂府作淫豫，南史作瞿塘，不知孰是？今並録之。高蘿垂飲猿。○【師古曰】謂野猿緣高蘿垂而飲水也。歸心異波浪，何事即飛翻。○【趙次公曰】言波浪飛翻而流去，我之歸心飛翻，未便得往也。

【校記】

〔一〕爾，古逸叢書本作「否」。

〔二〕服，古逸叢書本作「馬」。

〔三〕觸，古逸叢書本作「下」。

〔四〕域，元本作「或」，古逸叢書本作「彧」。

〔五〕叫，古逸叢書本作「號」。

浩浩終不息，乃知東極臨。○【王洙曰】臨，一作深。○【趙次公曰】言水之流必東也。衆流歸海意，萬國奉君心。色借瀟湘闊，○【趙次公曰】瀟湘在潭州。聲驅灩澦深。○深，王荆公作沉。未辭添霧雨，○【趙次公曰】江海不讓衆流，以爲大。雖霧雨之微，亦可添益其流也。接上過衣襟。○【王洙曰：「（遇）一作過。」】過，一作遇。○【趙次公曰】舟中之人，接於其人〔一〕，必先過於衣襟間也，此是微雨之作，實道其事耳。

【校記】

〔一〕人，九家集注杜詩作「上」。

承聞故房相公靈櫬自閬州啓殯歸葬東都有作二首

遠聞房太守，○【趙次公曰：「舊本作太守，非。善本作太尉。蓋琯謫漢州刺史，召拜刑部尚書，道病卒，贈太尉。不應呼之爲太守也。」】守，一作尉。○【楷曰】房琯字治律，河南人也。○【趙次公曰】謫漢州刺史，召拜刑部尚書，道病卒，贈太尉。歸葬陸渾山。○後漢西羌傳：春秋時陸渾戎自瓜州遷于伊川。○【鄭卬曰】十道志：陸渾山在洛陽。一德興王後，○【趙次公曰】謂琯爲相廟堂，同以一德興王業。孤魂久客間。○【王洙曰】謂琯客死於閬州也。孔明多故事，○【師古曰】此喻房相奏議可爲朝廷典故也。○【王洙曰】蜀志：陳壽與荀勖等定故蜀丞相諸葛亮故事二十四篇以進。安石竟崇班。○【師古曰】此喻房相死後，竟〔一〕追贈哀崇之也。○【王洙曰】晉謝安字安石，薨，帝臨于朝堂，賜東園秘器朝服，贈太傅。及葬，加殊禮，依大司馬桓温故事。他日嘉陵涕，仍霑楚水還。○【趙次公曰】謂琯之靈櫬自閬州嘉陵縣起發而來歸也。

【校記】

〔一〕竟，元本作「敬」，古逸叢書本作「故」。

丹旐飛飛日，○【王洙曰】丹旐，銘旌也。○謝希逸宣貴妃誄：旐委鬱於飛飛。○【王洙曰】寡婦賦：飛旐翩以啓路。初傳發閬州。風塵終不解，○【趙次公曰】時吐蕃之亂未息也。江漢忽同流。○【趙次公曰】：「靈櫬所經者，江與漢也。」】謂琯之靈櫬忽經江、漢之流而歸于東都也。劍動親身匣，○【趙次公曰】：「師本（按，他書皆引作「善本」，九家集注杜詩獨引作「師本」，即「師民瞻本」之省稱，趙次公注多引師民瞻本之異文，當以「師本」爲是。）作『親身』，方有義。」】親，一作「新」。書歸故國樓。○故國，指東都也。盡哀知有處，爲客恐長休。○休，暇也。○【趙次公曰】此因遠送靈櫬之歸，有感而言也。

贈崔十三評事公輔

飄飄西極馬，來自渥洼池。○注，音窐，喻崔評事稟西極龍馬之〔一〕姿也。○【趙次公曰】漢志：元狩三年，馬生渥洼水中。○【王洙曰】作天馬歌：天馬徠，從西極。颯颯寒山桂，○颯，蘇合切。飄，似立切。風聲也。○【王洙曰：「（定）一作寒。」趙次公曰：「當作寒山」。】寒，一作定。○【師古曰】或謂定當作鄧。○謝靈運入華子岡詩：南州實炎德，桂木凌寒山。低徊風雨枝。○【趙次公曰：「選詩：桂枝生自直。則桂枝不宜低徊，今桂所以低回者，風雨之故也。以譬崔評事之美材，而困於邊徼之小官矣。」】喻崔評事抱寒山桂枝之材也。我聞龍正直，道屈爾何爲。且有元戎命，悲歌識者誰。○【王洙曰】謂崔抱正直之節，今也屈道而起，以其有元戎節度使之命也。○【師古曰】時王思禮爲帥，表請崔爲幕職官。○【趙次公曰】崔奉命行役，不能無悲歌，而惟有識者能知之。官聯辭冗長，○【鄭卬曰】長，直亮切，多也。○【趙次公曰】謂崔評事於元戎之僚屬，可辭冗長不急之務矣。○【王洙曰】按文賦：固無取乎冗長。行路洗欹危。○【趙次公曰】時承命舟行，免乎欹危之苦也。脱劍主人贈，○主人，指元戎思禮也。脱，解也。○【趙次公曰】以劍贈人，亦理之常，如伍子胥解劍以贈漁父是也。去帆春色隨。陰沉鐵鳳闕，○謂宫苑深邃，期日收復也。薛綜西京賦注：圓闕上作鐵鳳，令張兩翼，舉頭敷尾。教練羽林兒。○謂訓練禁軍以收京師也。○【王洙曰】漢宣帝紀：羽林孤兒。注：天有羽林、星林，喻如林木之盛，羽有羽翼鷙擊之意，故以名武官焉。百官表：取從軍死事者之子，養羽林官，教以五兵，號曰「羽林孤兒」。○少壯〔二〕者令從軍。天子朝侵早，雲臺仗數移。○數，色角切，屢也。○【趙次公曰】言天子多難，其朝侵早，以訓兵練卒故，所御非一處，而屢移雲臺之儀仗矣。分軍應供給，百姓日支離。〇言當時應軍須刻削之求，而下民日支離也。黠吏因封己，〇黠，胡八切。謂貪污之吏乘軍須之求以厚培植其私家也。〇【趙次公曰】國語：叔向曰：「引黨以封己。」韋昭注：封，厚也。公才或守雌。〇美崔公能守雌柔之才，而不徼譽於當時也。〇【王洙曰】老子二十八章：知其雄，守其雌。燕王買駿骨，〇此喻唐帝之得思禮也。〇【王洙曰：「燕昭王以金帛市駿骨，人知好駿馬，不遠千里而來。」】劉向新序：燕昭王即位，卑身厚幣，以招賢者。謂郭隗曰：「得賢者，與共〔三〕國，以身事之。」隗曰：「臣聞古之人君有以千金求千里馬者，三年不能得。涓人言於君曰：『請求之。』君遣之，三月，得千里馬。馬已死，買其骨五百金，反以報君。怒曰：『所求者生馬，安用死馬捐五百金。』涓人對曰：『死馬且市之五百金，況生馬乎？天下必以王爲能市馬。馬今至矣。』於是不朞年而千里馬至之。今王誠欲致士，請從隗始。隗且見事，況賢於隗乎？」於是昭王築宮而師之。士争走〔四〕燕。渭老得熊羆。〇此喻崔公之遇唐帝也。六韜曰：文王將田，史編布卜曰：「田於渭陽，將大得焉。非龍非彲，非虎非熊。兆得公侯，天遺汝師。」文王乃田於渭濱，卒見太公〔五〕，坐茅以漁，乃立爲師。或作「非熊非羆」。活國名公在，〇名公指王思禮也。拜壇群寇疑。〇謂思禮爲元戎也。〇【趙次公曰】昔漢高祖築壇拜韓信爲大將軍。冰壺動瑶碧，〇謂清鑒如玉壺冰也。〇【王洙曰】鮑照詩：清如玉壺冰。野水失蛟螭。〇【黄曰】謂盗賊將就擒也。入幕諸彦聚，〇聚，或作集。渴賢高選宜。騫騰坐可致，九萬起於斯。〇【趙次公曰】方當渴賢，而崔公宜〔六〕應高選，必能奮迅如鵬之飛九萬里。○【黄曰】自此始矣。復進出矛戟，○言辯論鋒生也。昭然開鼎彝。○【王洙曰】謂銘功於鼎彝也。會看之子貴，歎及老夫衰。豈但江曾決，還思霧一披。○【趙次公曰】我豈特〔七〕平昔與之談論如江河之決，當此之時又思一披霧以相見也。○【王洙曰】晉衛瓘見樂廣，曰：「若披雲霧而覩青天〔八〕。」暗塵生古鏡，拂匣照西施。○今崔公將見天子，必蒙識擢，如拂拭鏡照西施，其妍姿美質自可知也。舅氏多人物，○人，一作清。○【孫曰】崔公乃甫之舅氏，其人物爲世所重。多，重〔九〕也。○按，集有崔評事弟許相迎詩。無歎困翮垂。○【趙次公曰】謂舅氏今日尚爾行役，無歎困苦也。○翮，翅也。後漢馮異傳：始雖垂翮回溪，終能奮迅澠池。

【校記】

〔一〕之，元本、古逸叢書本作「乏」。

〔二〕壯，元本、古逸叢書本作「此」。

〔三〕共，元本、古逸叢書本作「其」。

〔四〕争走，元本、古逸叢書本作「始之」。

〔五〕太公，元本、古逸叢書本作「吕望」。

〔六〕宜，元本、古逸叢書本作「官」。

〔七〕特，古逸叢書本作「持」。
〔八〕元本、古逸叢書本「天」下有「矣」字。
〔九〕重多重，元本、古逸叢書本作「多」。

曉望白帝城鹽山

○荆州記：魚復有白鹽崖，土人見高大而白，因以名之。

徐步移班杖，看山仰白頭。翠深開斷壁，紅遠結飛樓。日出清江望，○【王洙曰】江，一作寒。〔一〕暄和散旅愁。春城見松雪，始擬進歸舟。

【校記】

〔一〕寒，元本、古逸叢書本、杜陵詩史作「塞」。

將曉二首

石城除擊柝，○【趙次公曰：「擊柝以言警，夜靜則除之。」】城門衛士周廬擊柝以警夜也。時寧靜則除之。○地〔一〕志：夔州，古巴〔二〕石城。安興記：一名故古城。鐵鎖欲開關。鼓角悲荒塞，星河落曉山。巴人常小梗，○梗，古杏切。○【王洙曰：「謂段子璋反也。」黄鶴曰：「豈專指段子璋而言？謂上元元年，劍南東川節度兵馬使段子璋反，伏誅。乾元元年，劍南西川兵馬使徐知道反，伏誅。永泰元年，劍南西山兵馬使崔旰反，殺成都節度使郭英乂。」】謂段子璋反〔三〕東川也。蜀使動無還。○【趙次公曰】謂吐蕃未息，故蜀使輒無還也。垂老孤帆色，飄飄犯白蠻。○【趙次公曰】白，或作百，非是。白蠻，指荆州靠溪洞蠻也。

【校記】

〔一〕地，元本、古逸叢書本作「也」。

〔二〕巴，古逸叢書本作「巴國」。

〔三〕反，元本、古逸叢書本作「使」。

軍吏回官燭，舟人自楚歌。○【王洙曰】項籍聞漢軍皆楚歌。寒沙蒙薄霧，落月去清波。壯惜身名晚，衰慚應接多。歸朝日簪笏，筋力定如何。○江革傳：起居如何。

遣愁

養拙蓬爲户，茫茫何所開。江通神女館，○【趙次公曰】神女館，在巫山。地隔望鄉樓〔一〕。○【趙次公曰】望鄉樓，在成都。漸惜容顏老，無由弟妹來。兵戈與人事，回首一悲哀。

【校記】

〔一〕樓，元本、古逸叢書本作「臺」。

石硯

○【集千家注批點杜工部詩集引作「公自注」。】平侍御者之硯也。○江州記：興平縣蔡子地南有石穴，深二百丈許，石色青，堪爲書硯。

平公今詩伯，○【張天覺曰】伯，謂長也。秀發吾所羨。奉使三峽中，長嘯得石硯。○【師古曰】昔晉謝琨長嘯以却胡騎。時三峽擾亂，平侍御持節出使，以靖其亂，長嘯雍容，不勞智力，因得石硯以歸。巨璞禹鑿餘，○【王洙曰】禹鑿龍門以疏河。○疑此石乃禹所鑿之餘也。韓非子：禹疏龍川，鑿大河。○【趙次公曰】郭璞江賦：巴東之峽，夏后疏鑿。異狀君獨見。其滑乃波濤，其光或雷電。聯坳各盡墨，○【杜陵詩史、補注杜詩、集千家注批點杜工部詩集引作「張詠曰」。分門集注引作「洙曰」。】坳，於交切，硯穴也。謂雙坳相聯之石，各盡墨力，今所謂發墨是也。多水遞隱見。○見，讀去聲。○【薖曰】謂温潤出水也。揮灑容數人，十手可對面。比公頭上冠，貞質未爲賤。○貞，一作正，避諱改〔一〕也。○【趙次公曰】平公爲侍御，頭上冠獬豸，乃一角之獸，而能觸邪。此石質剛正，可以比之也。當公賦佳句，況得終清晏。○謂侍坐以共其用也。公含起草姿，○起草，謂知制誥也。前漢王商嘗借明光殿起草。漢官儀：尚書郎主作文章起草，夜更直五日於建禮〔二〕門内。後漢百官志：侍郎三十六人，四百石。本注曰：一曹有六人，主作文書起草。不遠明光殿。○謂學士起草明光殿也。漢武帝太初四年秋，起明光殿。漢官典職：尚書郎給女侍二人，皆選端正，執香爐燒薰朝衣，入臺奏事。明光殿，省中也。○【杜田曰。又，杜陵詩史、分門集注、補注杜詩引作「修可曰」。】三秦記：明光殿以金爲墀，以玉爲階。〔三〕致於丹青地，知汝隨顧眄。○謂此硯致之於明光殿禁中丹青之地以起草，同預天子之顧眄，恩遇非常也。

【校記】

〔一〕改，元本、古逸叢書本作「故」。

〔二〕禮，元本、古逸叢書本作「安」。

〔三〕元本、古逸叢書本「階」下有「也」字。

三韻三〔一〕首

高馬勿唾面，○【王洙曰】唾，一作捶。○【趙次公曰】當從之。長魚無損鱗。辱馬馬毛焦，困魚魚有神。君看磊落士，不肯易其身。○【師古曰】高馬長魚，有異於類，尚不可輕，況拔萃之士常晦其迹，其可以被褐輕賤之乎？蓋言貧賤不可欺也。

【校記】

〔一〕三，元本、古逸叢書本作「二」。

蕩蕩萬斛船，○蕩蕩，廣大貌。船容萬斛，故名「萬斛船」。影若摇白虹。起檣必椎牛，挂席集衆功。自非風動天，莫置大中水。〔一〕○巨船每起檣挂帆，必殺牛以祭，賴衆人之力，然後可舉而挂席，雖有其質，苟無動天之風，以飽其帆〔二〕，烏能一息萬里乎？喻大才須膺大任乃可也。○鮑照舞鶴賦：箕風動天〔三〕。

【校記】

〔一〕中水，元本、古逸叢書本作「水中」。

〔二〕動天之風以飽其帆，元本、古逸叢書本作「其助」。

〔三〕「鮑照」至「動天」，元本、古逸叢書本無。

烈士惡多門，○多門，謂所交不一也。○【王洙曰】左氏傳：晉政多門。小人自同調。

○【師古曰】謂小人挾私互相黨同也。○【趙次公曰】謝靈運詩：異代可同調。名利苟可取，殺身傍權要。何當官曹清，爾輩堪一笑。○【師古曰】謂名利豈可苟求，權貴不可苟附。唐玄宗之時，牛李用事，官曹淆濁，禄山一武夫而求平章事，儻遇英明之主，澄汰冗長，則斯輩也，直付之一笑耳。○【王洙曰】此詩譏趨炎附勢以致名位者也。〔一〕

【校記】

〔一〕第三首元本、古逸叢書本無。

園官送菜○并序

園官送菜把，本數日闕。矧苦苣、馬齒，掩乎嘉蔬，傷小人妬害君子，菜不足道也。比而作詩。○【趙次公曰】此〔二〕詩大序：三曰比之義也。

清晨蒙菜把，常荷地主恩。○地主，指夔州也。守者愆實數，略有其名存。○謂守園之官匿其把數，名存而實亡也。苦苣刺如針，○本草：苦苣，即野苣也。馬齒葉亦繁。○本草：馬齒，乃野莧也。青青嘉蔬色，埋没在中園。○【趙次公曰】謂所送止苦苣、馬齒而已。所謂嘉蔬，未嘗摘以相遺也。○【師古曰】甫以嘉蔬比君子，苦苣、馬齒以比小人，言小人掩君子，君子不得其所也。園吏未足怪，世事因堪論。嗚呼戰伐久，荆棘暗長原。○謂戰伐既久，田菜〔二〕多荒，故荆棘暗乎原野。○【師古曰：「老子曰：大軍之後，必有凶年，荆棘生焉。」】老子三十章：師之所處，荆棘生焉。乃知苦苣輩，傾奪蕙草根。○【師古曰】蕙，香草也，有君子之象。蕙草見奪於苦苣，猶君子爲小人所勝也。小人塞道路，爲態何喧喧。○【師古曰】謂小人得志則變態，驕淫矜誇，靡所不至也。又如馬齒盛，氣擁葵荏昏。○【師古曰】謂葵荏嘉蔬，又爲馬齒昏塞，足見小人勢盛而君子道消也。○馬融廣成頌：桂荏鳧葵。注引爾雅：蘇，桂荏。方言：蘇亦荏也。茆鳧，葵葉，團似蓴〔三〕，生水中，俗名水葵。點染不易虞，○易，讀去聲。○【師古曰】謂君子易爲小人所污也。絲麻雜羅紈。一經器物內，○【王洙曰】器，或作氣。永挂麄刺痕〔四〕。○【趙次公曰：「以苦苣、馬齒一經器物所盛，則便永遠挂麄之痕，然則君子固宜傷所染矣。」】喻君子當慎其所染也。志士採紫芝，放歌避戎軒。○昔四皓逃秦，隱居商山，採芝而歌。甫避兵車之亂來此，愧不如四皓之採芝，徒傷苦苣、馬齒掩乎嘉蔬也。○【趙次公曰】皇甫謐高士傳：秦世坑黜儒術，四皓於是作歌曰：「莫莫高山，深谷逶邐。曄曄紫芝，可以療飢。」畦丁負籠至，感動百慮端。

【校記】

〔一〕此，古逸叢書本作「毛」。

〔二〕菜，元本、古逸叢書本作「萊」。

〔三〕蕁，元本、古逸叢書本作「薄」。

〔四〕痕，古逸叢書本作「根」。

崔評事弟許相迎不到應慮老夫見泥雨怯出必愆佳期走筆戲簡

江閣要賓許馬迎，○要，讀爲邀。午時起坐自天明。○劉公幹贈徐幹詩：起坐失次序，一日三次還。鮑照夜聽妓歌詩：天明坐當散。浮雲不負青春色，細雨何孤白帝城。身過花間霑濕好，醉於馬上往來輕。虛疑皓首衝泥怯，實少銀鞍傍險行。

武侯廟○或謂此詠成都武侯之廟，非夔州所作，當次于成都詩之列也。

遺廟丹青古，空山草木長。猶聞辭後主，不復卧南陽。○【王洙曰】蜀志：諸葛亮字孔明，家於南陽之鄧縣〔一〕，在襄陽城西二十里，號曰隆中。徐庶見先主劉備，曰：「諸葛亮孔明〔二〕，卧龍也。將軍宜枉駕顧之。」三往乃見。先主病篤，詔敕後主曰：「汝與丞相從事，事之如父。」封亮武鄉侯。亮率衆南征，北駐漢中，臨發上表辭行，屯於沔陽，病，卒於軍。詔爲立〔三〕廟。

【校記】

〔一〕家於南陽之鄧縣，元本、古逸叢書本作「家行儉素南陽縣」。

〔二〕「葛」字原無，據元本、古逸叢書本補。

〔三〕爲立，元本、古逸叢書本作「立爲」。

古柏行

〇【趙次公曰】此詠夔州武侯廟之柏也。按集有夔州十二絶「武侯祠堂不可忘，中有松柏參天長」是也。

孔明廟前有老柏，〇前，一作階。柯如青銅根如石。〇【趙次公曰】任昉述異記：虞氏縣有廬〔一〕君冢，冢傍有柏，勁如銅石。霜皮溜雨四十圍，〇霜，一作蒼。雨，或作水。寰宇記：隋均州圖經：南陽武當南門有社柏，大四十圍。梁蕭欣爲郡，伐之。巴郡有柏，大可十圍，高二千尺。又秦〔二〕山記：山南有太山廟，種柏十株，大者十五六圍。黛色參天二千尺。君臣已與時際會，〇謂劉備、孔明相遇也。樹木猶爲人愛惜。雲來氣接巫峽長，月出寒通雪山白。〇【趙次公曰】巫峽在夔之下，巫峽之雲來而柏之氣與接。雪山在夔之西，雪山之月出而柏之氣與通。蓋言樹之高大，傍跨二山，足見武侯廟貌雄壯也。憶昨路繞錦亭東，〇【趙次公曰】此追言成都先主廟之柏也。蓋甫近方離成都而來夔，故詩言「憶昨」也。先主武侯同閟宫。〇先主，劉備也。武侯，孔明也。成都記：蜀先主廟西院即武侯廟。按集，有蜀相詩「丞相祠堂何處尋，錦官城外柏森森」是也。崔嵬枝幹郊原古，○謂柏之最老也。玉壘記：武侯祠古柏，孔明手植。窈窕丹青户牖空。○謂廟之無人也。落落盤踞雖得地，冥冥孤高多烈風。扶持自是神明力，正直元因造化功。大厦如傾要梁棟，○傷當時之亂，須大材以扶持之也。萬牛回首丘山重。○謂其材可以任重也。不露文章世已驚，○謂觀其質已可駭，况覩其文乎？未辭剪伐誰能送。○傷是時無人爲之先容也。苦心不免容螻蟻，○謂爲群小所侵侮也。香葉終驚〔三〕宿鸞鳳。○言與賢人君子終以類聚也。志士幽人莫怨嗟，○嗟，一作傷。古來材大難爲用。○一作皆難用。歎有其材而不得見用也。

【校記】

〔一〕廬，古逸叢書本作「后」。

〔二〕秦，古逸叢書本作「泰」。

〔三〕驚，古逸叢書本作「經」。

新定杜工部草堂詩箋斠證卷第三十一

大曆元年在夔州所作

八陣圖

〇【九家集注杜詩依例爲「王洙曰」。又，杜陵詩史、分門集注、補注杜詩引作「王彦輔曰」。】晉桓温傳：初，諸葛亮造八陣圖於魚復平沙之上，壘石爲八行，行相去二丈。温見之，謂：「此常山蛇勢也。」文武莫能識之。〇【杜田補遺。又，杜陵詩史引作「師古曰」。】劉禹錫嘉話録：夔州西市俯臨江沙，下有諸葛亮八陣圖，箕張翼舒，鵝形鸛勢，聚石分布，宛然尚存。峽水大時，三蜀雪消之際，澒涌滉瀁，大木枯楂隨波而下。及乎水落川平，萬物皆失故態，諸葛亮小石之堆，行列依然如是。迨今六七百年。〇東原録謂：孫紹先言武侯夔州八陣圖，用八以石壘，漢州八陣圖，用六以沙壘，皆近千年不泯。用六在用八之後，以其兵少未能足其數也。〇【昱曰】或謂：八陣之勢，天、地、風、雲、飛龍、翔鳥、虎翼、蛇蟠也。

功蓋三分國，○【王洙曰】三分，謂魏、蜀、吴也。名成八陣圖。○諸葛亮推演兵法，作八陣圖。廣漢張拭謂：此古井田法也。江流石不轉，遺恨失吞吴。○【趙次公引「東坡先生曰」。又，杜陵詩史引作「師古曰」。】天下三分，如鼎足峙立，晉之所以取蜀者，蜀遺恨失在有吞吴之志而已，使不吞吴，則魏豈能合併哉？

負薪行

○【九家集注杜詩依例爲「王洙曰」。又，杜陵詩史、分門集注、補注杜詩、集千家注批點杜工部詩集引作「魯曰」。】夔民男爲商，女當門户，坐肆於市鄽，擔薪於道路者，皆婦人也。

夔州處女髮半華，四十五十無夫家。更遭喪亂嫁不售，○喪，讀去聲。一生抱恨堪咨嗟。○堪，一作長。土風坐男使女立，應當門户女出入。○【趙次公曰】傅玄豫章行：男兒當門户，墮地自生神。今詩以女當門户也。十猶八九負薪歸，○猶，或作有。賣薪得錢應供給。○應，一作當。至老雙鬟只垂頸，○鬟，一作鬟。野花山葉銀釵並。筋力登危集市門，死生射利兼鹽井。○【王洙曰】夔、蜀多鹽井。面粧首飾雜啼痕，地褊衣寒困石根。若道巫山女麤醜，○應璩詩：住車問三叟，何以得此壽。上叟前致辭，室内嫗貧醜。何得此有昭君村。○【王洙曰】此，一作北。○【薛蒼舒曰】歸州圖經：王嬙字昭君，南郡秭歸人。興山縣有昭君村，今昭君廟在焉。按，漢元帝竟寧元年，賜單于待詔掖庭王嬙爲閼氏。吴兢樂府解題：帝後宫既多，乃使畫工圖形召幸，宫人皆賂畫工，昭君自恃其貌，獨不與，乃惡圖〔一〕之。及選美人配單于，昭君當行，漢人憐之。昭君死，單于葬之，胡中多白草，此冢獨青，故俗名「青冢」也。

【校記】

〔一〕圖，元本、古逸叢書本作「畫」。

最能行

峽中丈夫絶輕死，○謂舟行失險也。少在公門多在水。○【鄭卬曰】少，始沼切。富豪有錢駕大舸，○【鄭卬曰】舸，嘉我切。○【杜田補遺。又，杜陵詩史、分門集注、補注杜詩、集千家注批點杜工部詩集引作「修可曰」。】博雅：舟也。○【杜田補遺】言南楚、湖湘凡船大者，謂之舸。貧窮取給行艓子。○【鄭卬曰】艓，宜從〔一〕、徒協切。○【杜田補遺。又，杜陵詩史、分門集注、補注杜詩、集千家注批點杜工部詩集引作「師古曰」：「艓，音葉。」】或謂艓，小舟，音葉。○【杜田補遺。又，杜陵詩史、分門集注、補注杜詩、集千家注批點杜工部詩集引作「修可曰」。】言輕如葉也。小兒學問止論語，○兒，一作人。大兒結束隨商旅。欹帆側拖入波濤，○【鄭卬曰】拖，持可切，正船木也。撇漩捎濆無險阻。○撇，普結切。張揖三蒼注：撇，拂〔二〕也，與撆同。○【鄭卬曰】漩，隨戀切。○回浪也。捎，使交切，摇也。濆，符分切，涌流也。○【王洙曰】於漩則撇，於濆則捎，乃善操舟者所能也。○江賦：漩澴濆瀑。李善注：波浪回漩濆湧而起貌。朝發白帝暮江陵，○白帝乃白帝城，江陵即荆州也。盛弘之荆州記：宜都宜昌縣三峽七百里，兩岸連山，略無絶處。朝發白帝，暮宿江陵，其間一千二百里。漁者歌曰：「巴東三峽巫峽長，猿鳴三聲淚霑裳。」三峽兩岸，重岩疊嶂，隱蔽天日，自非亭午〔三〕，不見日月。頃來目擊信有徵。瞿塘漫天虎鬚怒，○瞿塘，峽名。十道志：虎鬚，惡灘名。酈道元注水經：水出牂柯郡北流，右逕虎鬚灘，灘水廣大，夏斷行旅。歸州長年行最能。○行，一作與。歸州屬荆南。○【趙次公曰】其人善行舟，以船頭把篙相水道者爲長年，言行瞿塘峽與虎鬚灘甚易也。此鄉之人氣量窄，誤競南風疏北客。○競，强也。謂以地主爲强，以客爲可欺也。若道士無英俊才，何得山有屈原宅。○【杜田補遺。又，杜陵詩史、分門集注、補注杜詩、集千家注批點杜工部詩集引作「杜定功曰」。】後漢志：南郡秭歸，本歸國。杜預曰〔四〕：夔國，荆州記：秭歸縣北一百里有屈原故宅，方七頃，累石爲屋基。今其地名樂平。○袁山松曰：山秀水清，故出俊異。地險流疾，故其性亦隘。

【校記】

〔一〕從，元本、古逸叢書本作「舸」。

〔二〕拂，元本、古逸叢書本作「排」。
〔三〕自非亭午，古逸叢書本作「非亭午夜半」。
〔四〕曰，元本、古逸叢書本作「白」。

王十五前閣會

楚岸收新雨，春臺引細風。情人來石上，○【趙次公曰】鮑照詩：留釣〔一〕待情人。鮮鱠出江中。鄰舍煩書札，○【趙次公曰】王十五者，必公之隣也。肩輿强老翁。○【趙次公曰】以筍輿來迎公也。病身虛俊味，○【趙次公曰】以病不能食，而虛其俊美之味也。何幸飫兒童。○【趙次公曰】餽食於公，持之以歸，故燕及兒輩矣。

【校記】

〔一〕釣，古逸叢書本作「酌」。

寄韋有夏郎中

○或謂此詩乃雲安所作，誤次于此。

省郎憂病士，書信有柴胡。○【王洙曰】柴胡，乃藥名也。飲子頻通汗，○謂柴胡可煎爲飲子，服之通汗也。懷君想報珠。○【趙次公曰】以懷君對飲子，乃假對也。○【王洙曰】張衡四愁詩：何以報之明月珠。親知天畔少，藥味峽中無。歸楫生衣卧，○【趙次公曰】謂上水之舟，更不須楫，所以楫生苔衣而不用也。春鷗洗翅呼。猶聞上急水，早作取平塗。○【師古曰】謂夔峽多險阻，唯州稍平，欲韋郎中早來就此平地相見也。萬里皇華使，○【王洙曰】詩：皇皇者華。君遣使臣也。爲僚記腐儒。○腐儒，甫自言也。

上白帝城二首

○【王洙曰】後漢公孫述傳：述字子陽，始爲導江卒正，居臨邛。更始時，述使人詐漢使者，假述輔漢將軍、蜀郡太守，選兵西擊宗成、王岑，大破之。恃其地險衆附，自立爲蜀王，都成都，建武元年，自立爲天子，號成家，色尚白。成都郭外有舊倉，述改名〔一〕白帝倉。巴東治魚復縣，述築城，號曰白帝城，在瞿塘峽上。後劉備屯戍，改名永安。○後漢郡國志：南郡巫西有白帝城。十道志：述稱白〔二〕帝，據西方，爲白德，取其色也。述立十二年，爲光武所誅也。

江城含變態，一上一回新。天欲今朝雨，山歸萬古春。英雄餘事業，○【趙次公曰】英雄，指述也。衰邁久風塵。○【王洙曰】甫自言也。取醉他鄉客，相逢故國人。兵戈猶擁蜀，○【趙次公曰】謂大曆元年崔旰之亂，戰于梓州而敗績也。賦斂强輸秦。○【王洙曰】時國用匱乏，賦斂多輸于關中也。不是煩形勝，深慙畏損神。○慙，一作愁。○【趙次公曰。又，杜陵詩史、補注杜詩引作「師古曰」。】不是憚煩此地之形勝而難居。甫所慙者，恐叛亂未已，奔走耗我之精神也。

【校記】

〔一〕名，元本、古逸叢書本作「爲」。

〔二〕白，元本、古逸叢書本作「爲」。

白帝空祠廟，○【九家集注杜詩引作「舊注」，或爲「公自注」。又，王洙曰：「公孫述廟，在白帝城。〔二〕謂述廟也。孤雲自往來。江山城宛轉，棟宇客徘徊。勇略今何在，當年亦壯哉。後人將酒肉，○【王洙曰】凡舟人往來，皆祠之。虛殿日塵埃。谷鳥鳴還過，林花落又開。多慙病無力，騎馬入青苔。

槐葉冷淘

青青高槐葉，采掇付中厨。○掇，都奪切，拾也。○【王洙曰：「曹子建：豐膳出中厨。」】曹植黃雀行：中厨辦豐膳。新麵來近市，汁滓宛相俱。○【王洙曰】謂細擣槐葉，和麵爲冷淘，取其碧香理風也。入鼎資過熟，加餐愁欲無。碧鮮俱照筯，香飯兼苞蘆。○【趙次公曰：「苞蘆，則蘆笋之嫩者。」】苞蘆，謂蘆笋也。經齒冷於雪，勸人投此〔一〕珠。○以此味相貴重，如珠也。願隨金騕褭，○【趙次公曰】騕褭，神馬名。盧照隣詩：漢朝金騕褭。走置錦屠蘇。○屠蘇，又作屠穌，或以爲屋名，或以爲酒名。○【杜田補遺。又，杜陵詩史、補注杜詩、集千家注批點杜工部詩集引作「修可曰」。】服虔通俗文：屋平曰屠穌。張揖廣雅曰：屠蘇，庵也。○樂府費昶行路難：玉欄金井牽鹿盧，丹梁翠柱飛屠蘇。○【杜田補遺。又，杜陵詩史、補注杜詩、集千家注批點杜工部詩集引作「修可曰」。】劉孝威結客少年場行：插〔二〕腰銅匕首，障日錦屠蘇。○閣〔三〕朝隱三月朝歌曰：洛陽城路九春衢，洛陽城外柳千株。能得來朝作眼覓〔四〕，天津橋北錦屠蘇。○【王洙曰】又，元日以香藥入錦囊中，漬酒而飲，曰屠蘇酒，可辟瘟氣。○今詳此詩，蓋言酒也。遣馬走取屠蘇，欲其速也。甫意謂有槐葉冷淘，香飯蘆笋，皆奇物，更得屠蘇酒相兼，尤爲美也。路遠思恐泥，○泥讀去聲，謂以路遠不可致爲恨也。興深終不渝。○興，讀去聲。謂此願終不變，必致之乃可也。獻芹則小小，○此言芹不如此味之美也。○【王洙曰：「野人有美芹，而獻於君者。」】列子楊朱篇：宋國有田夫，謂妻曰：「負日之暄，人莫知者，以獻吾君，將有重賞。」里之富人告之曰：「昔有美芹者，取而嘗之，蜇於口，慘於腹，其人大慙。子此類也。」○【師尹曰】晉嵇康書：野人有快意炙背而美芹子者，欲薦獻之於至尊，雖有區區之意，亦以疏矣。○司馬相如子虛賦：臣之所見，特其小小者耳。薦藻明區區。○此言藻不如此物之珍也。○【王洙曰】左氏隱三年傳：苟有明信，蘋蘩蕰藻之菜，可薦於鬼神，可羞於王公。萬里露寒殿，○【王洙曰：「上林賦：過鳷鵲，望露寒。露寒，漢殿名。」】露寒，漢武殿名。開冰清玉壺。○【王洙曰】鮑照詩：清如玉壺冰。君王納凉晚，此味亦時須。○此遐想人君夏月御寒露〔五〕之殿，開玉壺之冰，以禦暑納凉，於晚次之暇，亦須索此槐葉冷淘之美，而不可闕故也。

【校記】

〔一〕此，元本、古逸叢書本作「比」。

〔二〕插，古逸叢書本作「捕」。

〔三〕閣，元本、古逸叢書本作「盧」。

〔四〕覓，古逸叢書本作「衢」。

〔五〕露，元本、古逸叢書本作「爲」。

雨

萬木雲深隱，連山雨未開。風扉掩不定，○【趙次公曰】謂舟中之扉也。水鳥去仍迴。○去，一作過。鮫館仍鳴杼，○【鄭卬曰】杼，直吕切。○【王洙曰】異述〔一〕記：南海中有鮫人室，水居如魚，不廢機織。樵舟豈伐枚。○枚，莫杯切，幹也。○【趙次公曰】詩汝墳：伐其條枚。

清涼破炎毒，衰意欲登臺。

【校記】

〔一〕異述，古逸叢書本作「述異」。

峽中覽物○一作舟中。

曾爲掾吏趨三輔，○【趙次公曰】甫嘗爲華州功曹也。○漢志：以曹官爲掾，如屋之椽，言其有所負荷也。○【王洙曰：「三輔，京兆、扶風、馮翊也。」】京兆、馮翼〔一〕、扶風，秦屬内史，漢武帝改名三輔。○舊治長安城中，長吏各在其縣治民。憶在潼關詩興多。○潼，徒紅切，水名。○【黄希曰】唐地理志：關在華州之華陰縣，即古桃林塞也。巫峽忽如瞻華岳，○【鄭卬曰】華，胡化切。蜀江還似見黄河。○【師古曰】華岳、黄河，皆甫故鄉。公今客中見巫峽、蜀江，遂想像而有感也。舟中得病移衾枕，○【趙次公曰】言其得病在雲安舟中，而移衾枕於客居屋舍之下也。洞口經春長薜蘿。○感時物之變易也。形勝有餘風土惡，幾時回首一高歌。○【王洙曰】巫、蜀雖號形勝之地，風土之惡，不類中原。○【趙次公曰】幾時可以離此而去，回首望之，寫胸懷而浩歌也。

【校記】

〔一〕翼，古逸叢書本作「翊」。

灧澦

○灧〔一〕，以贍切。澦，羊茹切。

灧澦既没孤根深，○【王洙曰】俗説：灧澦如馬，瞿塘莫下。灧澦如象，瞿塘莫上。峽人以灧澦爲水候，既没則尤漲，不可行，以其險礙也。西來水多愁太陰。○【王洙曰】謂陰氣太盛也。江天漠漠鳥雙去，風雨時時龍一吟。舟人漁子歌回首，估客胡商淚滿襟。○【趙次公曰】以水之泛漲不可行，故滯留而泣也。寄語舟航惡年少，休翻鹽井横黄金。○【王洙曰】横，一作擲。○【鄭卬曰】横，户孟切。謂不以理也。○【王洙曰】蜀都〔二〕：家有鹽泉之井。

【校記】

〔一〕灧，古逸叢書本作「艷」。

〔二〕都，元本、古逸叢書本作「郡」，誤。「蜀都」爲蜀都賦之省稱。

送李功曹之荆州充鄭侍御判官重贈

曾閑〔一〕宋玉宅，每欲到荆州。○【杜時可補遺。又，杜陵詩史、分門集注、補注杜詩引作「師古曰」。】余知古渚宮故事：庾信因侯景之亂，自建康遁〔二〕歸江陵，居宋玉宅。宅在城北三里，故哀江南〔三〕賦云：誅茅宋玉之宅。按集，甫在夔州懷古跡詩「摇落深知宋玉悲」，「江山故宅空文藻」。又移居夔州入宅詩：「宋玉歸州宅，雲通白帝城。」疑歸州有宋玉宅，非止荆州也。○【王洙曰】韓愈爲江陵法曹詩亦云：「宋玉亭邊不得見。」此地生涯晚，遥通水國秋。孤城一柱觀，○【趙次公曰】渚宮故事：宋臨川王義慶代江夏王鎮江陵，於羅公洲上立觀甚大，而唯一柱。落日九江流。○前注。使者雖光彩，青楓遠自愁。○【王洙曰】阮籍詩：上有楓木林，遠望令人悲。

【校記】

〔一〕閑，古逸叢書本作「聞」。

〔二〕遁，古逸叢書本作「道」。

〔三〕「南」字原無，據元本、古逸叢書本補。

白帝○前注。

白帝城頭雲若屯，○【趙次公曰：「師民瞻本舊作『白帝城中雲出門』，非。蓋用對『雨翻盆』，而字出列子言：化人之羽，曰望之若雲屯焉。謝靈運詩：巖高白雲屯。使此屯字也。若『城中雲出門』則無義理。」】一作「白帝城中雲出門」。○【趙次公曰】謝靈運詩：巖高雲若屯。白帝城中雨翻盆。高江急峽雷霆鬬〔一〕，翠木蒼藤日月昏。○【王洙曰】翠，一作古。戎馬不如歸馬逸，○【王洙曰】戎，一作去。千家今有百家存。○【王洙曰：「一作十。」】百，或作一。哀哀寡婦誅求盡，慟哭秋原何處村。○【王洙曰】時〔二〕民皆死於行役，故多寡婦。軍須賦厚，而民不聊生也。

【校記】

〔一〕鬬，古逸叢書本作「鬭」。

〔二〕時，元本作「詩」，古逸叢書本作「謂」。

七月一日題終明府水樓二首

高棟曾軒已自涼，秋風此日灑衣裳。翛然欲下陰山雪，○【趙次公曰】謂夔地之山，當初秋而條然欲雪，有類陰山，此爲可愁也。○【王洙曰】陰山，匈奴山名。吐谷渾西附陰山，其地四時常有冰雪。范彥龍〔一〕詩：寒沙四面平，飛雪千里驚。風斷陰山樹，霧失交河城。不去非無漢署香。○【趙次公曰】甫自憫其身留滯也。署，指言省署也。時官爲工部員外，其在省也，自宜應有含香之制。今以爲客不去耳。○【王洙曰】漢制：尚書郎四人，口含雞舌香以奏事。絕壁過雲開錦繡，○【王洙曰：「夔峽路有錦繡岩。」】華陽國志：合江北有絞〔二〕錦山。疏松夾水奏笙簧。看君宜著王喬履，真賜還宜出尚方。○【王洙曰。又，集千家注批點杜工部詩集引作「公自注」。】終明府，功曹也，兼攝奉節令，故有是句。佇觀奏即真也。○【王洙曰】後漢方術傳：王喬，河東人，顯宗時爲葉令。喬有神術，每月朔常自縣詣臺朝。帝怪其來數，而不見車騎，密令太史伺望之，言其臨至，輒有雙鳧從東南飛〔三〕來。於是候鳧至，舉羅張之，但得一雙舄焉。乃詔尚方諒視，則四年中所賜尚書官履也。前漢百官公卿表：尚方，主作禁器物。顏師古曰：尚方，少府之屬官也。

【校記】

〔一〕龍，元本、古逸叢書本作「能」。

〔二〕絞，古逸叢書本作「紋」。

〔三〕飛，元本、古逸叢書本無。

虙子彈琴邑宰日，○虙，房六切，姓也。○【王洙曰】呂氏春秋：虙子賤治單父，彈鳴琴，身不下堂，而單父治。終軍棄繻英妙時。○英，或作年。繻，詢趨切，帛邊也。○【王洙曰】前漢終軍年十八，選爲博士。初，軍從濟南當詣博士，步入關，關吏與軍繻，曰：「爲復傳還，當以合符。」軍曰：「大丈夫西遊，終不復傳〔一〕還。」棄繻而去。後軍爲謁者，使行郡國，建節東出關。關吏識之，曰：「此使者乃前棄繻生也。」○【師古曰】潘安仁西征賦：終童，山東之英妙。賈生，洛陽之年少。承家節操尚不泯，○美其能紹祖也。爲政風流今在茲。○美其善爲令也。可憐賓客盡傾蓋，○謂其愛士也。家語：孔子之郯，遇程子於途，傾蓋而語。○【王洙曰】鄒陽傳曰：白頭如新，傾蓋如故。何處老翁來賦詩。○【王洙曰】甫自謂也。楚江巫峽半雲雨，清簟疏簾看弈碁。○方言：圍碁，自關而東，齊、魯之間，謂之弈。

【校記】

〔一〕傳，元本、古逸叢書本無。

夜雨

小雨夜復密，回風吹早秋。夜凉侵閉户，江滿帶維舟。通籍恨多病，○恨，陳作限。○【趙次公曰】謂嘗〔一〕爲左拾遺，既通禁籍，以病而退。爲郎忝薄遊。○【趙次公曰：「公官乃尚書工部員外郎，斯謂之爲郎；又嘗爲節度府參謀，則已自愧其忝竊於薄薄遊宦矣。」】謂爲工部員外郎而充劍南幕府從事也。天寒出巫峽，醉别仲宣樓。○【王洙曰】王粲，字仲宣，有樓在荆州。

【校記】

〔一〕嘗，元本、古逸叢書本作「時」。

更題

只因踏初雪，騎馬發荆州。直怕巫山雨，真傷白帝秋。羣公蒼玉佩，○【王洙曰】晉公卿禮秩曰：特進、尚書令、僕射、中書監令，皆佩水蒼玉。○【趙次公曰】韓愈詩：峩峩進賢冠，耿耿水蒼佩。天子翠雲裘。○【趙次公曰】宋玉賦：主〔一〕人之女，爲承日之華，上翠雲之裘。同舍晨趨侍，胡爲淹此留。○【王洙曰：「言同舍皆在侍從，己何爲而留此？公之志嘗在朝廷，而不爲時之所用如此。」】時在夔州，歎己之不遇也。

【校記】

〔一〕主，元本、古逸叢書本作「玉」。

峽隘

聞説江陵府，○【王洙曰】古荆州也。雲沙静眇然。○静，一作淨。白魚如切玉，朱橘不論錢。水有遠湖樹，人今何處船。青山各在眼，○【趙次公曰】：「舊本作『各在眼』，師民瞻本『若在眼』。蓋言往江陵則必經巫山峽，若巫峽之青山在眼，却仰望峽中之天矣。意謂巫峽高峻而極窄，才能見天也。」各，陳作若。却望峽中天。

寄劉峽州伯華使君四十韻

峽内多雲雨，秋來尚鬱蒸。遠山朝白帝，○公孫述自號白帝，有廟在峽州。深水謁夷陵。○【王洙曰】謁，一作出。○【王洙曰】：「峽州有夷陵縣。」夷陵乃峽州縣名。○此言劉之守峽州也。遲暮嗟爲客，西南喜得朋。○時甫旅寓夔州，作此詩以寄劉也。○【王洙曰】易坤卦：西南得朋〔一〕。哀猿更起坐，○更，古衡切。○【趙次公曰】謂聞哀猿之聲，不覺悲而起坐也。落雁失飛騰。○【趙次公曰】自喻其身如雁之落而不能高舉也。伏枕思瓊樹，○甫因肺病卧枕，思慕劉使君有如玉樹也。○【趙次公曰】漢李陵贈蘇武詩：思得瓊樹枝，以解長飢渴。○【杜田補遺】世説：王戎云：太尉王夷甫神姿高徹，如瑶林瓊樹，自然是風塵外物。○【王洙曰】江文通離别行：願一見顔色，不異瓊樹枝。臨軒對玉繩。○玉繩，星名。謂夜坐對玉繩之明，而永懷之也。○【王洙曰】謝玄暉詩：玉繩低建章。青松寒不落，○以喻劉使君之有高節而不改其操也。論語子罕篇：歲寒，知松柏之後凋。碧海闊逾澄。○【趙次公曰】以喻劉使君之有深量，撓之不濁也。東方朔十洲記：東有碧海，廣狹浩瀚。昔歲文爲理，羣公價盡增。○【趙次公曰】謂先朝尚文爲治，而羣儒之價高也。家聲同令聞，○【鄭卬曰】聞，亡運切。名達也。時論以儒稱。○【趙次公曰】謂劉使君先世家聲，與甫祖杜審言同休〔二〕，當時士論並以儒稱歸之劉、杜氏也。太后當朝肅，○【鄭卬曰】當，一作臨。○【趙次公曰】太后，指則天也。多才接迹昇。○謂賢人引類以進也。翠虚捎魍魎，○【鄭卬曰】捎，山交切。○喻山林多棄逐小人也。家語：木石之怪夔、蝄蜽。○【王洙曰】甘泉賦：捎〔三〕夔魖獝狂。注：梢，手也〔四〕。○【趙次公曰】東京賦：捎魑魅，斮獝狂。捎，殺也。○馬融蒐狩頌：捎罔兩。注：捎，除也。丹極上鯤鵬。○喻廟堂多進用君子也。○【王洙曰：「莊子：鯤化爲鵬。」趙次公曰：「上字則莊子『摶扶摇而上』也。」】莊子逍遥遊篇：北溟有魚，其名爲鯤，化而爲鳥，其名爲鵬。摶扶摇而上者九萬里。宴引春壺酒，恩分夏簟冰。○【趙次公曰：「上兩句言太后朝所寵賜大臣如此。」】皆言太后寵賜宴會之盛也。雕章五色筆，○楊修〔五〕文詩：雕章摛天庭。○【王洙曰】江淹夢得五色筆。紫殿九華燈。○【王洙曰】西京雜記：元日燃九華燈於終南山上，照見百里。○【趙次公曰】漢成帝紀：神光降集紫殿。學並盧王敏，○以劉使君之博學，比之盧照隣、王勃也。書偕褚薛能。○以劉使君之善書，比之褚遂良、薛稷也。老兄真不墜，○唐文藝傳：中宗於修文館置學士，劉憲、劉子元、劉元濟滿員。此劉使君當其後也。小子獨無承。○甫自謙也。近有風流作，聊從月竁徵。○竁，充芮切，窟也。月竁，指巴峽也。言劉使君近有所作之詩，可求之於巴峽也。竁，一作繼。或謂可以月朔相繼而求之也。放蹄知赤驥，○喻其詩思之飄逸也。捩翅服蒼鷹。○捩，力結切。○【晁曰：「喻其才馳騁也。」】喻其詩才之壯健也。卷軸來何晚，襟懷庶可憑。○【趙次公曰：「我襟懷所望於詩也。」】甫喜接劉使君詩軸可以慰其胸襟之久望也。會期吟諷數，○數，色角切。益破旅愁凝。○【趙次公曰】會欲數數吟諷之，而以破散旅愁之凝結焉。雕刻初誰料，○【趙次公曰】謂其詩雕刻之妙，誰能輕料之。此蓋以造化言之也。○【王洙曰】揚子問道篇：或問：雕刻衆形，匪天歟？纖毫欲自矜。○【趙次公曰】謂其詩纖毫皆妙，而可矜誇也。神融躡飛動，○【杜田補遺】列子黄帝篇：心凝形釋，骨肉都融。戰勝洗侵陵。妙取筌蹄棄，○【趙次公曰】言詩之妙不拘泥也。○易〔六〕：得魚忘筌，得兔忘蹄。言其詩無敵也。高宜百萬層。○言其詩之高不可及也。筌蹄、百萬，乃自爲對格。白頭遺恨在，○【趙次公曰】甫自歎也。青竹幾人登。○【王洙曰】青竹，青簡也。猶書於青簡者寧幾人也！迴首追談笑，勞歌跼寢興。○【趙次公曰】以追懷劉使君之談笑，故勞我之歌詠，而跼蹐於一寢一興之間，而不得展也。年華紛已矣，世故莽相仍。○【趙次公曰】方遭安史之亂，而後有吐蕃之擾，則世故相仍，如草莽之多矣。刺史諸侯貴，○【趙次公曰】美劉之爲峽州刺史，乃古諸侯之貴也。郎官列宿應。○宿，音秀。○【趙次公曰】甫自謂爲尚書工部員外郎也。後漢本紀：明帝曰：郎官上應列宿，出宰百里。潘生驂閣遠，○驂閣，謂閣下羅五馬也。○【王洙曰】一作「潘安雲閣遠」。○【趙次公曰】晉潘安仁秋興賦序：以太尉椽兼虎賁中郎將，寓直乎散騎之省。高閣連雲，陽景罕曜。黄霸璽書增。○璽書，謂天子賜詔褒崇也。○【王洙曰】前漢黄霸爲潁川太守，治爲天下第一。詔稱揚，錫爵關内侯，黄金百斤。循吏傳序：二千石有治理效，輒以璽書勉勵，增秩賜金。乳贙號攀石，〔七〕○此下皆甫自叙夔州山居之窮僻也。○【杜時可曰】爾雅釋獸：贙有力。注：出西海大秦國，似狗，多力獷惡。飢鼯訴落藤。○鼯，音吾。似鼠。藥囊親道士，○【趙次公曰】謂以肺病之故，常求服食於道士矣。○後漢方術傳：北海王和平，性好道術。濟南孫邕少事之，有書百餘卷、藥數囊。灰劫問胡僧。○【趙次公曰】謂以世故之多，形於憂懼，遂有胡僧之問矣。○【王洙曰。又，九家集注杜詩引作「杜田補遺。」】按曹毗志怪：漢武鑿昆明池，極深，悉是灰墨，無土。舉朝不解，以問東方朔。朔曰：「臣愚不足以知，請問西域胡人。」至後漢明帝時，外國胡人來，有憶朔言者，乃以灰墨問之，胡人答曰：「天地大劫將盡，則劫灰。此乃劫灰之餘也。」憑久烏皮綻，○【趙次公曰】謂老嬾之故，久憑烏皮之几也。齊謝朓有詠烏皮隱几詩：取則龍文鼎，三趾獻光儀。勿言素韋絜，白紗尚推移。曲躬奉微用，聊承終宴疲。簪稀白帽稜。○白，疑作皂，刀筆之誤〔八〕也。謂髪少之故，稀簪皂紗之帽也。林居看蟻穴，○【王洙曰】焦貢〔九〕易林：蟻封户穴，大雨將集。博物志：蟻知將雨。野食待魚罾。筋力交雕喪，飄零免戰兢。皆爲百里宰，○【趙次公曰：「師民瞻本作昔字。」】皆，或作昔。○【趙次公曰】謂既爲郎官，當其時皆可以爲百里宰也。正似六安丞。○【趙次公曰】房琯罷相，甫論其無罪，忤旨肅宗而出，故自比之桓譚也。○【薛夢符曰】後漢桓譚數言事，忤旨，出爲六安郡丞。姹女縈新裹，○【鄭卬曰】姹，陟駕切。○【趙次公曰。又，杜陵詩史、分門集注、補注杜詩引作「修可曰」。】此下〔一〇〕言修鍊之術也。姹女，謂水銀也。漢魏真人參同契：河上姹女靈而最神，得火則飛，不染塵垢。真一子注：河上姹女，即是真汞也。又參同契：丹砂木精，得金則并。漢真人大丹訣曰：姹女隱在丹砂中。注：姹女，汞也。○道家四象論：西方庚辛金，淑女之異名，故有姹女、黄婆、嬰兒之號。清虚子：姹女居人精海。本草藥性論：水銀君殺金銀毒，姹女也。朱砂中液。李白送權十一序：素受寶訣，爲三十六帝外臣。常探姹女於江華，收河車於清溪。與昭夷服勤於爐火之業久矣。丹砂冷舊秤。但求椿壽永，○【王洙曰】莊子逍遥遊篇：上古有大椿者，以八千歲爲春，八千歲爲秋。莫慮杞天崩。○【王洙曰】列子天瑞篇：杞國人憂天地崩墜，身亡所寄。鍊骨調情性，張兵撓荊矜。○喻言血氣，以爲營衛，不可撓亂也。養生終自惜，○言修養之術，終自愛惜也。嵇康有養生論。伐數必全懲。○【王洙曰】數，一作叛。○恐非。謂嗜慾乃伐壽數之斧，必當懲戒也。政術甘疏誕，詞場愧服膺。○【趙次公曰】甫自謙之言，以爲不若劉使君也。○【王洙曰：「顔子拳拳服膺。」】中庸：回之爲人，擇乎中庸，得一善則拳拳服膺，而勿失之矣。展懷詩頌魯，○甫以此詩讚美於劉使君之政，比之魯侯也。割愛酒如澠。○【杜詩趙次公先後解輯校引作「（甫）本注」曰：「平生所好，消渴止之。」九家集注杜詩引作「自注」。又，杜陵詩史、分門集注引作「王洙曰」：「平生所好，消渴止之。見汝南王詩注。」】甫平生所嗜在酒，今〔一〕以消渴而戒之也。○【趙次公曰】左氏傳：有酒如澠。咄咄寧書字，○【王洙曰】世説：殷中軍名浩，被廢在長安，終日常書空，作「咄咄怪事」四字。冥冥欲避矰。○謂鴻飛冥冥爲避矰之故，喻甫所以遠遁山林者，以避讒間也。○【王洙曰】揚子問明篇：鴻飛冥冥，弋人何篡焉。○注：篡，取也。或作慕。江湖多白鳥，天地有青蠅。○白鳥，謂蚊蚋也。此以白鳥、青蠅喻佞人之讒君子也。○【趙次公曰】謂在江湖之間，天地之内，難逃乎蚊蚋之所嘬、青蠅之所污也。按大戴禮夏小正：羣鳥養羞。注：白鳥養〔二〕，羞丹鳥。丹鳥也者，謂丹良也。白鳥也者，謂蚊蚋也。謂之鳥者，重其養也。羞，進也。凡有翼者爲鳥。○崔豹古今注：螢火，一名丹良，一名丹鳥。腐草化之，食蚊蚋也。○【王洙曰：「詩青蠅以喻讒。」】詩小雅青蠅：刺讒也。鄭氏箋：蠅之爲蟲，汙白使黑，汙黑使白，喻佞人變亂善惡也。○【趙次公曰】韓愈有詩：蠅蚊滿八區，可與盡力格。秋風九月至，掃不見蹤迹。寓意亦同。

【校記】

〔一〕朋，原作「月」，據元本、古逸叢書本改。

〔二〕休，古逸叢書本作「朝」。

〔三〕梢，元本、古逸叢書本作「捎」。

〔四〕注梢手也，元本、古逸叢書本無。

〔五〕楊修，古逸叢書本作「沈休」。

〔六〕易，古逸叢書本作「如」。

〔七〕元本、古逸叢書本此處尚有「贊乎犬切」四字。

〔八〕誤，元本、古逸叢書本作「譏」。

〔九〕貢，古逸叢書本作「贛」。

〔一〇〕下，元本、古逸叢書本作「亦」。

〔一一〕今，古逸叢書本作「令」。

〔一二〕養，古逸叢書本無。

近聞

近聞犬戎遠遁逃，〇【趙次公曰：「犬戎，指言吐蕃也。」】犬戎，指吐蕃，本犬種也。牧馬不敢侵臨洮。〇【王洙曰】賈誼過秦論：胡人不敢南下而牧馬。〇前漢志：臨洮縣屬隴西郡。後漢志：臨洮，縣名，故城今在岷州。○【趙次公曰】唐之隴右道洮州也。渭水逶迤白日淨，隴山蕭瑟秋雲高。崆峒五原亦無事，○後漢志：五原郡，本秦九原。武帝改五原，屬并州。十道志：五原屬鹽州，即漢五原郡地。寰宇記：鹽州五原縣，抵康州馬嶺界。○【趙次公曰】崆峒在禹迹之内有三，其一在臨洮。北庭數有關中使。○數，色角切，屢也。謂突厥、回紇遣使通好也。或引十道志：庭州即北庭，雍州之外，流沙之西北，前漢烏孫故地也。似聞贊普更求親，○謂先帝嘗以文城公主、金城公主下嫁贊普矣。唐書：大曆元年二月，吐蕃遣使來朝。○【薛夢符曰】吐蕃傳：吐蕃本西羌屬，散處河、湟、江、岷間。其俗謂强雄曰贊，丈夫曰普，故號君長贊普。今西域有籛逋者，即贊普之聲訛而爲籛逋也。○按，乾元元年，肅宗以幼女寧國公主下降回紇。舅甥和好應難棄。○唐書：贊普遣名悉獵奉表言甥，先帝舅〔一〕，顯親也。○【趙次公曰】爾雅釋親：妻之父爲外舅也。郭璞注：謂我舅者，吾謂之甥。然則亦宜呼婿爲甥。孟子曰「帝館甥于二女」是也。

【校記】

〔一〕元本、古逸叢書本「舅」上有「稱」字。

寄董卿嘉榮十韻

聞道君牙帳，○【王洙曰】牙帳，謂牙旗也。○或謂此謂邢君牙也，未詳。防秋近青霄。

○【王洙曰】謂西山三城列戍也。詳見前注。西山記：東觀成都，若在井底。下臨千仞雪，○【王洙曰】西川〔一〕記：上有積雪，經夏不消。却背五繩橋。○【鄭卬曰】繩橋，即岷江笮橋也。海内久戎服，京師今晏朝。○【趙次公曰：「詳此兩句，此詩乃今歲大曆元年秋時無疑。是年二月，吐蕃遣使來朝，乍爾罷兵也。彼其九月復陷原州，則在公作詩之後矣。蓋以前日用兵之久，而今罷兵則可以晏朝也。」】三歲吐蕃連入寇，故用兵之久，今來遣使來通好，則可以罷兵而晏朝也。犬羊曾爛熳，宮闕尚蕭條。○【趙次公曰】犬羊，喻吐蕃爲患之久，故前日嘗陷京師，至今尚蕭條也。猛將宜嘗膽，○【趙次公曰】猛將，謂董嘉榮也。○【王洙曰】史記越世家：吴既赦越，越王勾踐反國，乃苦身焦思，置膽於坐，坐卧即仰膽，飲食亦嘗膽，曰：「女忘會稽之耻耶？」龍泉必在腰。○【趙次公曰】龍泉，劍名。越絶書：楚王召風湖子、干將使鑄劍二枚，一曰龍泉。王問：「何謂龍泉？」對曰：「龍泉狀如登高山，臨深淵。」○前漢〔二〕：淬以龍泉。孟康注曰：龍泉宮，西平界，其水可用淬劍，特堅利。黄圖遭污辱，○【趙次公曰：「有三輔黄圖之書，言宮殿名號與京畿地理也。」】書有三輔黄圖，言秦、漢宮苑制度也。月窟可焚燒。○【趙次公曰】月窟，指言吐蕃也。○【王洙曰】長楊賦：西厭月窟。會取干戈利，○【趙次公曰】此戒董卿之辭。干戈利，則書「敿乃干，穀〔三〕乃戈」之義也。無令斥候驕。○【趙次公曰】謂其撫軍號令嚴肅也。居然雙捕虜，○【王洙曰】後漢光武拜馬武爲捕虜將軍。顯宗初，復拜武爲捕虜將軍。自是一嫖姚。○【王洙曰：「霍去病爲嫖姚校尉。」】前漢：霍去病再從大將軍受詔爲票姚校尉。服虔注曰：音飄搖。顔師古曰：票姚，勁疾貌。荀悦漢紀：字作票鷂。去病後爲票騎將軍，尚取票姚之字耳。○【趙次公曰】余詳味此詩，必是再用董嘉榮爲將，故甫比之馬、霍。落日思輕騎，高天憶射鵰。○【杜時可曰。又，杜陵詩史、分門集注、補注杜詩、集千家注批點杜工部詩集引作「修可曰」。】北史：斛律金子光見一大禽，射之，正中其頸，形如車輪而下，乃鵰也。邢子高嘆曰：「此射鵰手也。」人號爲落鵰都督。雲臺畫形像，皆爲掃氛妖。○【趙次公曰】此所以激昂董卿也。後漢顯宗圖畫三十八將於南宮雲臺者，以其有功於靖禍亂也。

【校記】

〔一〕川，古逸叢書本作「山」。

〔二〕古逸叢書本「漢」下有「書」字。

〔三〕穀，古逸叢書本作「鍛」。

西閣二首

巫山小搖落，○【趙次公曰】楚地暖，其搖落也，小小而已。○【王洙曰】宋玉九辯：草木搖落而變衰。碧色見松林。百鳥各相命，○【杜時可曰】周書時訓：鵙始鳴。通卦驗：鵙，伯勞也。鳴者，相命也。○【薛夢符曰】大戴禮夏小正：鳴者，相命也。孤雲無自心。○【王洙曰】陶淵明歸去來辭：雲無心而出岫。層軒俯江碧，要路亦高深。○【王洙曰】古詩：先據要路津。朱紱猶紗帽，○【趙次公曰】朱紱謂朝服，而紗帽則隱者之巾。甫官雖省郎，而處閑曠也。新詩近玉琴。功名不早立，衰疾謝知音。○疾，一作病。淮南脩務訓：師曠之欲調鍾，以爲後之有知音者也。哀世無王粲，終朝學越吟。○【趙次公曰】史記：越人莊舄仕楚，執珪有思而疾，楚王曰：「舄，故越之鄙細人也。今仕楚，執珪富貴矣，亦思越否？」對曰：「凡人之思故，在其病也。彼思越則越聲，不思越則楚聲。」人往听之，尚越聲也。○【王洙曰】王粲登樓賦：莊舄顯而越吟。懶心似江水，日夜向滄洲。○【王洙曰】謝玄暉詩：既歡懷祿情，復協滄洲趣。不道含香賤，○甫爲員外郎也。○【杜田補遺】應劭漢官儀：威帝侍中刁存年老口臭，上出雞舌香與含之。頗辛螫，不敢咀燕〔一〕，疑有過，賜毒藥，歸舍辭決，家人哀泣不知其故，僚友取其藥驗之，無不嗤笑。後尚書郎含雞舌香，始於此也。其如鑷白休。○【鄭卬曰】鑷，昵輒切。○【杜田補遺】南史：鬱林王年五歲，戲高帝傍，帝令左右鑷白髮，問王：「我誰耶？」答曰：「太翁。」帝謂左右曰：「豈有爲人作曾祖而拔白髮乎？」即擲鏡、鑷。經過凋碧柳，○謂秋時也。蕭索倚朱樓。○索，一作瑟。馮衍顯志賦：伏朱樓而四望。畢娶何時竟，○嵇康高士傳：尚長字子平，河内人，隱遁不仕，爲子嫁娶畢，勑家事斷之，不復相關，當如我死矣。康與山濤書亦云尚子平。按後漢向長傳：長字子平，男女嫁娶既畢，乃勑家事勿相關。余謂尚、向不同，未詳孰是。消中得自由。○昔司馬相如亦有此疾。豪華看往古，○豪，一作榮。○【趙次公曰】庾信見遊春人詩：金穴盛豪華。○西征賦：古往今來，邈矣悠哉。服食寄冥搜。○【王洙曰】天台賦：遠寄冥搜。詩盡人間興，兼須入海求。○【趙次公曰】方〔二〕欲儘〔三〕南下，故有是句也。

【校記】

〔一〕燕，元本、古逸叢書本作「嚥」。

〔二〕方，古逸叢書本作「甫」。

〔三〕儘，古逸叢書本作「從」。

西閣雨望

樓雨霑雲幔，山寒著水城。○寒，魯作高。逕添沙面出，湍減石稜生。菊蘂淒疏放，松林駐遠情。滂沱朱檻濕，萬慮傍簷楹。○【趙次公曰：「簷邊之柱也。傍倚簷楹，有所思矣。」】楹，柱也。傍倚簷楹，有所思矣。

上卿翁請修武侯廟遺像缺落時崔卿權夔州

大賢爲政即多聞，刺史真符不必分。尚有西郊諸葛廟，卧龍無首對江濆。○【王洙曰】徐庶謂先主曰：「諸葛亮〔一〕孔明，卧龍也。」

【校記】

〔一〕亮，元本、古逸叢書本無。

孤雁

○【杜陵詩史、分門集注、補注杜詩引作「王彦輔曰」。又，九家集注杜詩依例爲「王洙曰」。】甫值喪亂，羈旅南土，而見於詩者，志常在於鄉井，故托意於孤雁也。

孤雁不飲啄，飛鳴聲念羣。○【王洙曰】一作「聲聲〔一〕飛念羣」。誰憐一片影，相失萬重雲。○鮑照鳴雁行：齊飛命侣入雲漢，中夜相失羣離亂。望盡似猶見，哀多如更聞。野鴉無意緒，鳴噪自紛紛。○【杜陵詩史、分門集注、補注杜詩引作「王彦輔曰」。又，九家集注杜詩依例爲「王洙曰」。】此譏不我知而徒肆譊譊者。

【校記】

〔一〕聲，古逸叢書本作「疑」。

黄草

○【鄭卬曰】峽中記：三峽劍〔一〕側多生黄草，虎豹資之。

黄草峽西船不歸，赤甲山下人行稀。○【趙次公曰】黄草峽在涪州，峽之西則蜀中矣。言水行之船不歸，陸行之人稀少，此所以致疑道路之梗塞也。秦中驛使無消息，○言京師不通也。蜀道干戈有是非。○【鮑彪曰】：「崔寧之亂，郭英乂犯寧家室，寧逐之是也。以大義責之，則寧以偏裨逐大將，非也。」】言崔旰之徒爲亂也。萬里秋風吹錦水，○萬里，乃蜀濯錦江之橋名。甫聞蜀有兵革之亂，因對景感之而有作也。誰家别淚濕羅衣。○【趙次公曰】言行役出戍，與夫避難逃禍者，爲有離别矣。莫愁〔二〕劍閣終堪據，聞道松州已被圍。○【趙次公曰】勿謂劍閣之險可恃而欲割據，雖松州在西山，吐蕃之南鄙也，已有圍之者矣。此所以戒守土之臣，而憂夫吐蕃之又入寇也。

【校記】

〔一〕劍，古逸叢書本作「之」。

〔二〕愁，古逸叢書本作「憑」。

白鹽山

○荆州記：魚腹有白鹽崖，土人見其高大而白，因以名之。

卓立羣峰外，蟠根積水邊。他皆任厚地，爾獨近高天。白榜千家邑，○【趙次公曰】言縣額以白爲牌耳。清秋萬估船。詞人取佳句，刻畫竟難傳。○【趙次公曰】欲以佳句專詠白鹽之狀，雖加刻畫，終難傳播，所以重言其難措辭也矣。

覆舟二首

○【黄曰】此篇譏玄宗好神仙。○黔陽郡秋貢丹砂、姹女，以供燒煉之用，而從命者乃沉其舟也。

巫峽盤渦曉，黔陽貢物秋。丹砂同隕石，翠羽共沉舟。羈使空斜影，○【王洙曰】羈，旅也。○【趙次公曰】此句寫出押船使者船覆而無聊之意盡矣。龍宫閟積流。○【趙次公曰】罪流之爲孽也。世言覆船之物多爲龍宫之所聚耳。篙工幸不溺，俄頃逐輕鷗。

竹宫時望拜，○【王洙曰】前漢禮樂志：正月上辛用事甘泉圜丘，使童男女七十人俱歌，昏祠至明，夜當有流光如流星，正集于祠壇。天子自竹宫而望拜，百官侍祠者數百人，皆肅然動心。桂館或求仙。○【王洙曰】前漢郊祀志：公孫卿曰：「仙人可見。上往常遽以故不見。今陛下可爲館如緱氏城，致脯棗，神人宜可致。且仙人好樓居。」於是令長安作飛廉、桂館，使設具而候神人。顏師古音義〔一〕：飛廉及桂館，二館名也。姹女凌波日，○【趙次公曰】寓言神女之降也。○【王洙曰】桓帝時，童謡云：「河間姹女，能數錢餘。」○見寄劉伯華詩注。○【王洙曰】曹子建洛神賦：凌波微步，羅韈生塵。神光照夜年。○【趙次公曰】此兩聯謂祠享而神降之也。徒聞斬蛟劍，○【趙次公曰】謂恨無劍以斬蛟也。○【王洙曰】吕氏春秋：荆人佽飛涉江中流，兩蛟繞其船，幾没，佽飛赴江刺蛟，殺之，乃得濟。無復爨犀船。○謂覆其舟也。○【王洙曰】晉温嶠宿牛渚磯下，爇〔二〕犀以照水怪，〔三〕須臾見奇形異狀者。使者隨秋色，迢迢獨上天。○【趙次公曰】上天以言見帝，然則使者之情爲可嗟矣。

【校記】

〔一〕音義，古逸叢書本作「注曰」。

〔二〕爇，元本、古逸叢書本作「爨」。

〔三〕怪，元本、古逸叢書本作「性」。

懷灞上遊

○長安志：灞水在長安縣東二十里。

悵望東陵道，○【趙次公曰】東陵道，指長安東門外也。○【王洙曰】蕭何傳：召平，故秦東陵侯，種瓜長安城東，世謂「東陵瓜」。平生灞上遊。春濃停野騎，夜宿敞雲樓。離别人誰在，○誰，或作雖。○【趙次公曰】甫懷昔與同遊灞上之人，今既離别，復誰在乎？經過老自休。眼前今古意，○何遜詩：欲明今古意，江水日東流。江漢一歸舟。○【王洙曰】古詩：天際識歸舟。

新定杜工部草堂詩箋斠證卷第三十二

大曆元年在夔州所作

存殁口號二首

〇【集千家注批點杜工部詩集引作「公自注」。】四子皆遊於藝，故甫志之。

席謙不見近彈碁，〇【王洙曰。又，集千家注批點杜工部詩集引作「公自注」。】道士席謙，吴人，善彈碁。〇【杜田補遺。又，杜陵詩史、分門集注、集千家注批點杜工部詩集引作「黄曰」。】後漢梁冀傳：冀能彈碁。注引藝經：彈碁，兩人對局，白黑碁各六枚，先列碁相當，更相彈也。碁局以石爲之。〇古今詩話：彈碁有譜一卷，皆唐賢所爲。其局方二尺，中心高如覆盆，其顛爲小壺，四角微起。李商隱詩：玉作彈碁局，中心最不平。謂其中尊也。白樂天詩：彈碁局上事，最妙是長斜。謂持角長斜，一發過半局。今譜中具有此法。柳子厚叙〔一〕用「二十四碁」者，即此戲也。今人罕爲之矣。畢曜仍傳舊小詩。○【王洙曰。又，集千家注批點杜工部詩集引作「公自注」。】玉臺集：畢曜善爲小詩。玉局他年無限笑，○笑，魯作事。○【王洙曰】搜神記：昔有人騎入南谷山中，見一小池，横石橋，遂驟馬過橋，見二少年臨池弈碁，置白玉碁局，見騎馬者，拍手負局而走。白楊今日幾人悲。○【王洙曰】陶潛挽歌：荒草何茫茫，白楊亦蕭蕭。○【趙次公曰】此言幾人爲之悲感，特有我而已。

【校記】

〔一〕叙，元本、古逸叢書本作「序」。

鄭公粉繪隨長夜，曹霸丹青已白頭。○【九家集注杜詩、集千家注批點杜工部詩集引作「自注」。又，杜陵詩史、分門集注、補注杜詩引作「王洙曰」。】甫自注：高士滎陽鄭虔，善畫山水。曹霸善畫馬。天下何曾有山水，人間不解重驊騮。○【趙次公曰】言無人珍重而藏其畫也。

日暮

牛羊下來久，○【王洙曰】詩：日之夕矣，牛羊下來。各已閉柴門。風月自清夜，江山非故園。石泉流暗壁，草露滿秋原。○【王洙曰】一作滴秋原。○一作滿秋根。○【王洙曰】一作滴秋根。○爾雅釋地：廣平曰原。沈休文宿東園詩：樹頂鳴風飆，草根滴露霜〔一〕。頭白明燈裏，何須花燼繁。○【趙次公曰】世謂有喜事則燈結花，今言頭白老矣，何用喜爲哉？故不須燈燼繁華也。

【校記】

〔一〕露霜，元本、古逸叢書本作「霜露」。

晚晴

晚照斜初徹，浮雲薄未歸。江虹明近飲，○【趙次公引作「師民瞻本曰」】近，一作遠。峽雨落餘飛。鳧雁終高去，○雁，陳作鶴。○【趙次公曰：「既晴矣，故鴻雁仍高飛而去。」】謂鳧雁以晴而便於高飛也。熊羆覺自肥。○【趙次公曰】謂熊羆以晴而便於求食也。秋分客尚在，竹露夕微微。

哭王彭州掄

執友驚淪没，斯人已寂寥。斯文生沈謝，〇【王洙曰】謂沈休文、謝靈運也。異骨降松喬。〇兩都賦：庶松、喬之羣類。注：謂赤松子、王子喬也。張衡思玄賦：松喬高跱孰能離。注引列仙傳：赤松子，神農時雨師。服水玉以教神農，能入火自燒，至崑崙山上，常止西王母石室中，隨風雨上下。又，王子喬，周靈王太子晉也。好吹笙，作鳳鳴。遊伊雒之間，道人浮丘公接以上嵩高山三十餘年，後來於山上，見桓良，曰：「告我家，七月七日待我於緱氏山頭。」至時，果乘白鶴駐山顛，望之不得到，舉手謝時人，數日而去。北部初高選，〇【趙次公曰】王掄初官得京畿尉也，故用北部事比之。曹操舉孝廉爲郎，除洛陽北部尉。東堂早見招。〇【趙次公曰】言得進見天子也。丹陽記：東堂、西堂，亦魏制。周之小寢也。〇【王洙曰】晉郄詵遷雍州刺史，武帝於東堂會送，問詵曰：「卿自以爲何如？」詵對曰：「臣舉賢良對策爲天下第一，猶桂林一枝、崑山片玉。」可以見東堂乃臨幸延見賢傑之處也。蛟龍纏倚劍，〇【趙次公曰】言禁從之地，變化者如蛟龍纏繞其所倚之劍也。鸞鳳夾吹簫。〇【王洙曰】夾其所以吹之簫也。秦有蕭史，教弄玉吹簫，而鳳凰降。歷職漢庭久，〇謂任職之久也。中年胡馬驕。〇【王洙曰】謂安史之亂也。兵戈闇兩觀，寵辱事三朝。〇【趙次公曰】謂明皇、肅宗、代宗也。蜀路干戈窄，彭闕地理遥。〇【鄭卬曰】彭闕，屬彭州，有兩峰相對，曰天彭。解龜生碧草，○【王洙曰：「謝靈運詩：解龜在景平。注云：解去所佩龜印也。」】謂彭州官滿，解去所佩之龜印也。諫獵阻清霄。○【趙次公曰】謂時有諫書獻于朝而不報也。頃壯戎麾出，叨陪幕府要。○【趙次公曰】言掄在彭州而參成都節度之軍謀也。將軍臨氣候，○【趙次公曰】指言總戎之人也。猛士塞風飆。○【趙次公曰：「指言戰鬬之士。」】指言戰鬬之事也。井渫泉誰汲，○【王洙曰】渫，一作滿。○【鄭卬曰】渫，息列切。○【王洙曰】易井之九三：井渫不食，爲我心惻，可用汲。注：言潔已而不見用也。烽疎火不燒。○【趙次公曰】凡軍旅〔一〕所在，必先淪井泉，如有警，必頻舉烽燧。今井泉不汲而烽火不燒，則無事矣。皆以王掄參謀所致而然也。前籌多自假，○【王洙曰】前漢漢王方食，張良請前借箸以籌之。隱几接終朝。○隱，讀去聲。莊子：南郭子綦隱几而坐。翠石俄雙表，○謂刻碑以表墓也。寒松竟後凋。○謂有剛節不變也。○【王洙曰：「語：歲寒，然後知松柏之後凋。」】論語之文。贈詩焉敢墜，染翰欲無聊。○【趙次公曰】謂不敢以其死而廢詩篇之贈，然染翰之間，自痛悼而情無聊矣。再哭經過罷，○【趙次公曰】甫聞其死，已哭矣，今靈櫬之舟經過夔州，則甫又再哭焉。離魂去住銷。○【趙次公曰】離別之魂，或去夔州，或住夔州，皆自銷矣。之官方玉折，○【趙次公曰】謂赴彭州之任而死，如玉折也。寄葬與萍漂。○【趙次公曰】謂寄殯如萍泛而未安也。曠望渥洼道，○謂歸櫬所經之道也。○【趙次公曰】漢郊祀志：天馬徠，循東道。霏微河漢橋。○謂歸櫬所歷之橋也。淮南子：烏鵲填河成橋，而渡牛女。夫人先即世，○左氏傳：子朔曰：「太子壽早夭即世。」令子各清標。巫峽長雲雨，○【趙次公曰：「公言舟之在夔。」】甫歎旅寓于夔也。秦城近斗杓。○【鄭卬曰】杓，卑遥切，柄也。○【趙次公曰】甫懷長安之遠也。馮唐毛髮白，○【趙次公曰】甫又自喻也。○前注。歸興日蕭蕭。○【趙次公曰：「公自嘆其留滯空老，不得歸長安，蓋因王君之喪不即還鄉而感傷也。」】甫因王掄之歸櫬而有所感傷也。

【校記】

〔一〕軍旅，元本、古逸叢書本作「烽火」。

秋日寄題鄭監湖上亭三首

碧草逢春意，○逢，一作違。○【王洙曰】別賦：春草碧色。沅湘萬里秋。○前注。池要山簡馬，○要與邀同。○【趙次公曰】晉山簡鎮襄陽，優游卒歲，唯酒是耽。諸習氏荆土豪族，有佳園池，簡每出遊，多之池上，置酒輒醉，名之曰高陽池。時有童兒歌曰：「山公出何許，往至高陽池。時時能騎馬，倒著白接䍦。」月静庾公樓。○静，一作净。○【王洙曰】晉庾亮在武昌，諸佐吏殷浩之徒乘秋夜共登南樓，俄而亮至，諸人將起，亮徐曰：「諸君可住，老子興復不淺。」便據胡床。與浩等談詠竟夕。磨滅餘篇翰，○【王洙曰】尚書序：其餘錯亂磨滅。平生一釣舟。○【趙次公曰】此聯甫自言也。○王〔一〕僧孺閑居文：放談綺於風月，寄生涯於釣舟。高唐寒浪減，○後漢第五倫傳注：高唐縣，屬平原郡，故城今在齊州祝阿縣西。髣髴識昭丘。○【趙次公曰】謂高唐峽水入東而浪減，則可以行，故能髣髴望昭丘而識之。荆州圖記〔二〕：當陽縣東南七十里，有楚昭王墓。王粲登樓賦「西接昭丘」是也。

【校記】

〔一〕王，元本、古逸叢書本作「牛」。

〔二〕記，古逸叢書本作「副」。

新作湖邊宅，還聞賓客過。自須開竹逕，誰道避雲蘿。○【趙次公曰】既開竹逕，則其逕顯豁，豈是隱避於雲蘿之間乎？官序潘生拙，○【趙次公曰】潘生所以比鄭監，蓋言其材氣可以超遷，而止〔一〕如潘生之拙也。○【王洙曰】潘岳閑居賦：拙者絶意於寵榮之事。才名賈誼多。○誼，一作傅。○【王洙曰】本傳：賈誼年少，頗通諸家之書。文帝召爲博士，每詔令議下，諸老先生未能言，誼盡爲之對。○潘安仁西征賦：賈生，洛陽之才子也。捨舟應轉地，○轉，陳作卜。鄰接意如何。○【趙次公曰】甫欲往江陵，故有鄰接之問。暫阻蓬萊閣，○阻，一作住。終爲江海人。○【趙次公曰】鄭爲秘書監，即漢之東觀。後漢東觀書，學者稱〔二〕東觀爲老氏藏室、道家蓬萊山。今鄭君罷退，斯江海之人矣。

【校記】

〔一〕止，元本、古逸叢書本作「上」。

〔二〕東觀書學者稱，元本作「東觀書孝武帝」，古逸叢書本作「永初中學者稱」。

揮金應物理，○應，讀平聲。○【王洙曰：「張景陽詩：揮金樂當年，歲暮不留儲。」】張協，字景陽，詠二疏詩：昔在西京時，朝野多歡娛。藹藹東都門，羣臣祖二疏。朱軒耀金城，供帳臨長衢。達人知止足，遺榮忽如無。揮金樂當年，歲暮不留儲。○【師古曰】余按前漢疏廣傳：廣爲太傅，兄子受爲少傅，上疏乞骸骨歸老。上加賜黄金二十斤，皇太子贈五十斤。既歸，日具酒食，請族人賓客相與娱樂。○【薛夢符曰】又，古樂府煌煌京洛篇〔一〕：揮金留客坐，饌玉待鍾鳴。拖玉豈吾身。○【王洙曰】潘岳西征賦：飛翠緌，拖鳴玉，出入禁門者，衆矣。羹煮秋蓴滑，○滑，或作弱。蓴，音純，水菜也。盃凝露菊新。○【王洙曰】陶潛詩：秋菊有佳色，裛露掇〔二〕其英。泛此忘憂物，遠我達〔三〕世情。一觴雖獨進，盃盡壺復傾。賦詩分氣象，佳句莫頻頻。○【趙次公曰】言鄭君賦詩分我，得吟詠之氣象，則佳句莫也頻頻有之乎！

【校記】

〔一〕篇，元本、古逸叢書本作「間」。

〔二〕掇，元本、古逸叢書本作「綴」。

〔三〕達，古逸叢書本作「遺」。

秋清

高秋蘇肺氣，○甫有渴疾也。白髮自能梳。藥餌增〔一〕加減，門庭悶掃除。○【王洙曰：「陳蕃不事一室，志掃除天下。」】後漢陳蕃閑處一室，而庭宇蕪穢。薛勤來候之，謂曰：「何不掃除，以待賓客。」蕃曰：「大丈夫處世，當掃除天下，安事一室乎？」杖藜還客拜，愛竹遣兒書。十月江平穩，輕舟進所如。

【校記】

〔一〕增，元本、古逸叢書本作「憎」。

九日諸人集於林

九日明朝是，相要舊俗非。○【王洙曰：「非昔日遊賞之地也。」趙次公曰：「言夔州會集舊日之地爲非，以引下句之是。」】此言夔州宴集，非昔日遊賞之地也。老翁難早出，賢客幸知歸。舊采黄花賸，○【鄭卬曰：「賸，石證切。亦作剩。」】賸，石證切。○【梅曰】有餘也。新梳白髮微。謾看年少樂，忍淚已霑衣。

九日五首

重陽獨酌盃中酒，○【王洙曰】獨酌，一作少飲。抱病起登江上臺。○起，一作豈，又作獨。竹葉於人既無分，○【王洙曰】竹葉，謂酒名也。○【趙次公曰】甫因肺疾戒酒，雖酌而竟不飲也。張華輕薄篇：蒼梧竹葉清，宜城九醖酒。○【王洙曰】張協七命：乃有荆南烏程，豫北竹葉。庾信詩：三春竹葉酒，一曲鵾雞絃。菊花從此不須開。○【王洙曰】荆楚歲時記：九日登高，飲菊花酒。殊方日落玄猿哭，○【趙次公曰】三峽歌云：巴東三峽巫峽長，猿啼三聲淚霑裳。舊國霜前白雁來。○【趙次公引作「沈存中曰」。又，杜陵詩史、分門集注補注杜詩引作「鮑彪曰」。】楊文公談苑：北方有白雁，似雁而小，色白。秋深乃來，來則霜降。河北人謂之「霜信」。弟妹蕭條各何往，干戈衰謝兩相催。○【王洙曰】謂干戈與衰老相逼也。

舊日重陽日，傳盃不放盃。即今蓬鬢改，但媿菊花開。北闕心長戀，○【趙次公曰】謂不忘君也。西江首獨迴。茱萸賜朝士，○茱萸，晉作萸〔一〕芳。難得一枝來。○【王洙曰】唐制：九日賜宴及茱萸。

【校記】

〔一〕萸，元本、古逸叢書本作「茱」。

舊與蘇司業，○【趙次公曰】謂蘇源明也。兼隨鄭廣文。○【趙次公曰】謂鄭虔也。采花香泛泛，○【王洙曰】一作簇簇。○一作漠漠。坐客醉紛紛。野樹歌〔一〕還倚，秋砧醒却聞。歡娛兩冥漠，○【王洙曰】謂蘇鄭俱亡，而己又流落也。顔延年詩：衣冠終冥漠。西北有孤雲。○【王洙曰】魏文帝詩：西北有浮雲。

【校記】

〔一〕歌，元本、古逸叢書本作「欹」。

故里樊川菊，○【王洙曰】樊川，在杜曲。登高素滻源。○【王洙曰】滻，所簡切，水名。他時一笑後，○笑，王作醉。今日幾人存。○【王洙曰】言節物依然，而人事變更也。巫峽盤江路，終南對國門。○終南，長安之南山也。繫舟身萬里，○繫，古詣切。伏枕淚雙痕。○【王洙曰】巫峽、終南，相去萬里，於流落之際而又卧病，則羈苦可知矣。爲客裁烏帽，○爲，讀去聲。唐輿服志：隋貴臣多服黄文綾袍、烏紗帽、九環帶，其後烏紗漸廢，貴賤通服，折上巾。從兒具緑樽。○【王洙曰】沈休文詩：賓至下塵榻，憂來命緑樽。佳辰對羣盗，○【王洙曰】對，一作帶。愁絶更堪論。○【王洙曰】當盗賊充斥，道路阻絶，於異鄉逢此佳節，固多愁蹙也。

風急天高猿嘯哀，渚清〔一〕沙白鳥飛迴。無邊落木蕭蕭下，○【趙次公曰】屈原九歌：風颯颯兮木蕭蕭。不盡長江衮衮〔二〕來。萬里悲歌長作客，百年多病獨登臺。艱難苦恨繁霜鬢，潦倒新停濁酒盃。○【趙次公曰】謂以肺疾而戒酒也。

【校記】

〔一〕清，原作「濤」，據元本、古逸叢書本改。

〔二〕衮衮，古逸叢書本作「滚滚」。

諸將五首

漢朝陵墓對南山，○【王洙曰】張景陽〔一〕七哀詩：北邙何壘壘，高陵有四五。借問誰家墳，皆云漢世主。恭文遥相望，原陵鬱膴膴。胡虜千秋尚入關。○謂禄山之亂也。昨日玉魚蒙葬地，○【王洙曰】西京雜記〔二〕：長安大明宫宣政殿，此殿初就，每夜夢見數十騎，衣鮮麗，游往其間。高宗使巫祝劉明奴、王湛然問其所由。鬼云：「我是漢楚王戊太子，死葬於此。」明奴等曰：「按漢書：戊與七國反謀，誅死，無後，焉得有子葬於此？」鬼曰：「我當時入朝，以路遠不從坐，後病死。天子於此葬我，今在殿東北入地丈餘。我死時天子斂我玉魚一雙，今猶未朽，必以此相送，勿見奪也。」明奴奏聞，有勑改葬苑外。及發掘，玉魚宛然見在，棺柩之屬朽爛已盡。自是其事遂絶。早時金盌出人間。○金盌，當作玉盌，但避玉魚字，故改作金盌。○【杜田補遺】南史沈炯傳：炯字〔三〕初明，爲魏所虜。嘗獨行，經漢武通天臺，爲表奏之，陳己思鄉之意，其略曰：「甲帳珠簾，一朝零落。茂陵玉盌，遂出人間。」○【王洙曰】或引孔氏志怪：〔四〕漢盧充家西有崔少府墓，盧充因獵逐麞，忽見朱門官舍，有人迎充。崔乃命小女粧飾於東廂〔五〕與充相見成婚，留三日，臨别謂充曰：「君婦有娠，生男，則當留之。」贈充衣衾，送充至家。經三年，三月三日臨水戲，忽見水上犢車乍浮乍沉，既達于岸，充視其車中，見崔氏與三歲小兒共載。其别車即崔少府也，抱兒還充，及金盌一枚。俄而不見。充詣市賣盌，崔女姨曰：「我妹之女未嫁而亡，贈以金盌著棺中。」○【杜田補遺】余謂漢朝陵墓蓋用茂陵故事也，但金、玉字不同，以盧充故事復有金盌，或者疑之故也。○【趙次公曰】右四句所以激怒諸將也。漢朝天子之陵、大臣之墓，自以對南山千秋萬歲之固矣。及胡虜入關，不無侵掠矣。見愁汗馬西戎逼，○見，讀去聲。曾閃朱旗北斗閑。○【趙次公曰】前四句既有胡虜發掘冢墓矣，今河隴繼有吐蕃之難，而諸將不知憤激速來長安禦戎也。長安號北斗城耳。○【王洙曰：「子美父名，集中兩處用閑字，皆非。」】或曰：閑，一作殷，謂甫父名，詩不應用閑字。○【趙次公曰】然按集又有「翩翩戲蝶閑過幔」之句，豈非臨文不諱之義乎？多少材官守涇渭，○【王洙曰】漢材官蹶張，皆武臣也。將軍且莫破愁顏。○【趙次公曰】爲將軍者，當以防寇爲念，且莫破愁顏而爲樂也。

【校記】

〔一〕九家集注杜詩、杜陵詩史、分門集注、補注杜詩「張景陽」均作「張孟陽」，張孟陽即張載，注文爲張載七哀詩其一前四句。張景陽爲張協，張載之弟。

〔二〕西京雜記，據林繼中杜詩趙次公先後解輯校考疑當作「兩京新記」。

〔三〕字，元本、古逸叢書本作「自」。

〔四〕志，杜陵詩史、分門集注、補注杜詩無。

〔五〕廟，元本、古逸叢書本作「廂」。

韓公本意築三城，○【杜田補遺，又，杜陵詩史、分門集注、補注杜詩引作「薛夢符曰」】韓國公張仁愿於河北築三受降城，三壘相距各四百里，其北皆大磧，置烽火千八百所，自是突厥不敢踰山牧馬。擬絶天驕拔漢旌。○【王洙曰】前漢匈奴傳：自稱爲天之驕子。○【趙次公曰】而回紇者，匈奴之種也，故亦得稱天驕也。豈謂盡煩回紇馬，○紇，下没切。翻然遠救朔方兵。○【趙次公曰】至德元載，郭子儀以朔方、安西、回紇等兵討安慶緒。其後回紇恃功，侵擾中國，此甫所以嘆也。胡來不覺潼關隘，○潼，徒紅切。潼關在華州之華陰縣。胡謂安賊也。○【趙次公曰】言潼關非不隘也，而安賊之來不覺隘，蓋以失守也。此所以譏哥舒翰之敗也。龍起猶聞晉水清。○【趙次公曰】晉水者，河北也，乃安賊所起之地也。龍起謂肅宗即位於靈武，而河北復清也。獨使至尊憂社稷，諸君何以答升平。

洛陽宫殿化爲烽，○【補注杜詩引「黄希曰」：「洛陽，唐爲河南府。」】洛陽，河南府也。○【王洙曰】曹植詩：洛陽何寂寞，宫殿盡焚燒。休道秦關百二重。○【趙次公曰】前漢高紀：田肯賀高帝曰：「陛下治秦中。秦形勝之國也，帶山阻河，持戟百萬，秦得百二焉。」注：秦地險固，二萬人足當諸侯百萬人也。滄海未全歸禹貢，薊門何處盡堯封。○【趙次公曰】滄海，指山東。薊門，言河北。盡爲盗賊所陷也。朝廷衮職誰争補，○【趙次公曰：「上句舊本作雖多預，師民瞻本作誰争補，是。」】誰争補，一作雖多預，非是。○【趙次公曰】此非〔一〕朝廷之臣不能補衮也。詩大雅：衮職有闕，惟仲山甫補之。天下軍儲不自供。○【趙次公曰】謂郡國不修貢職，須上求索而後供也。稍喜臨邊王相國，○【趙次公曰】舊注謂王縉也〔二〕。余考之新、舊唐書皆不書，豈縉廣德二年同平章事之後與大曆三年之前或出而臨邊乎？肯銷金甲事春農。

【校記】

〔一〕非，杜陵詩史作「言」。

〔二〕王洙曰：「王縉也。」

迴首扶桑銅柱標，○後漢馬援傳：光武拜援爲伏波將軍，南征交趾。廣州記：援到交趾，立銅柱，爲漢之極界。十洲記：扶桑在碧海之中，樹長數千丈，三千餘圍，兩樹同根，更相依倚，故曰扶桑。冥冥氛祲未全銷。○未，或作不。越裳翡翠無消息，○後漢南蠻傳：交阯之南有越裳國。○【王洙曰】周公居攝六年，制禮作樂，天下和平。越裳以三象重譯而獻白雉。○異物志：翠鳥形似燕，翡赤而翠青，其羽可以爲飾。南海明珠久寂寥。○【王洙曰】後漢賈琮傳：交趾多珍産，明璣、翠羽、犀象、玳瑁、異香、美木之屬，莫不自出。殊錫曾爲大司馬，○【王洙曰】東晉石勒侵阜陵，詔加王導大司馬，假以黄鉞，出討之。軍次江寧，帝親餞于郊。總戎皆插侍中貂。○【王洙曰】後漢輿服志：侍中冠武弁大冠，加黄金璫，附蟬爲文，貂尾爲飾，謂之趙惠文冠也。**炎風朔雪天王地，只在忠臣翊聖朝。**○忠，陳作良。○【趙次公曰】此深責諸將邀功，徒享高爵厚禄。○【王洙曰】今天子冒風雪於外。○【趙次公曰】郡國不修職貢〔一〕而來，所賴者正在諸臣輸忠以翊贊朝廷也。

【校記】

〔一〕職貢，元本、古逸叢書本作「貢職」。

錦江春色逐人來，○【趙次公曰】此篇專言嚴武也。甫以去年夏離成都，而今年至夔，初見春焉，故云「逐人來」也。**巫峽清秋萬壑哀。**○【趙次公曰】甫至夔初見秋也。○【王洙曰】殷仲文詩：哀壑叩虚牝。**正憶往時嚴僕射，**○【王洙曰：「嚴武。」】謂嚴鄭公武也。**共迎中使望鄉臺。**○【趙次公曰】武鎮蜀，辟甫爲參謀。望鄉臺在成都之北，時甫隨武登此臺以迎中使也。**主恩前後三持節，**○【趙次公曰】武第一次寶應元年正月權知兩川都節制，第二次於六月專以節制四〔一〕川，阻徐知道反不得進，第三次廣德二年，朝廷方正以兩川合一節度，而武以黄門侍郎來也。**軍令分明數舉盃。**○數，色角切，屢也。**西蜀地形天下險，**○左思蜀都賦：臨谷爲塞，因山爲障，一人守隘，萬夫莫向。**安危須仗出羣材。**○【趙次公曰】安危，謂安其危也。按集有八哀詩，詠武曰：「公來雪山重，公去雪山輕。」正此意也。

【校記】

〔一〕四，宋本闕字，元本、古逸叢書本作「四」，據補。九家集注杜詩、杜陵詩史引「趙次公曰」皆作「西」。

月

四更山吐月，○【趙次公曰】費昶省中聞擣衣詩：丹墀吐明月。殘夜水明樓。塵匣元開鏡，○【趙次公曰】庾信鏡詩：玉匣聊開鏡。風簾自上鈎。○【王洙曰】謝玄暉詩：風簾入雙燕。古詩：纖纖似玉鈎。兔應〔一〕疑鶴髮，○【趙次公曰】甫自言老也。蟾亦戀貂裘。○【趙次公曰】又自言其貧也。斟酌姮娥寡，○【杜田補遺】又，杜陵詩史、分門集注、補注杜詩引作「尹（洙）曰」。】後漢天文志注引張衡靈憲：羿請無死之藥於西王母，姮娥竊之以奔月，遂托身於月，是爲蟾蠩。○淮南冥覽訓：羿請不死之藥於西王母，恒娥竊以奔月。許慎注：恒娥，羿妻。羿請不死之藥於西王母，未服之。恒娥盗食之，得僊，奔入月中，爲月精也。天寒奈九秋。○【趙次公曰】李商隱詩：姮娥却悔偷靈藥，碧海滄天夜夜心。

【校記】

〔一〕應，元本、古逸叢書本作「塵」。

上白帝城

○【王彦輔曰】華陽國志：蜀先主征吴還，薨於巴東。治魚復縣，公孫述更名白帝。

城峻隨天壁，○【趙次公曰】謂城之高，乃天然自立之石壁也。○【師古曰】或曰：天壁，指西方之壁。星，謂城之高，與天壁相隨也。樓高望女墻。○望，謝作更。○【趙次公曰】釋名：城上垣，謂之女墻。○言其卑小，比之於城，如女子之於丈夫也。説文：女墻，謂堞也。江流思夏后，○【王洙曰】禹貢：岷山導江東，别爲沱。江賦：巴東之峽，夏后疏鑿。風至憶襄王。○【王洙曰】宋玉風賦：楚襄王遊於蘭臺之宫，宋玉、景差侍，有風颯然而至，乃披襟而當之，曰：「快哉，此風！」老去聞悲角，人扶報夕陽。公孫初恃險，躍馬意何長。○【王洙曰】後漢公孫述傳：述字子陽，使人詐稱漢使者，假述輔漢將軍、蜀都太守。述恃其地險衆附，自立爲蜀王，都成都，建武元年遂自立爲天子，號成家。左思蜀都賦：公孫述躍馬而稱帝。

宿江邊閣

瞑色延山徑，〇【王洙曰】謝靈運詩：林壑斂瞑色。高齋次水門。薄雲巖際宿，孤月浪中翻。〇【韓曰】何遜入西塞示南府同僚詩：薄雲巖際出，初月波中上。鸛鶴追飛静，〇静，一作盡。豺狼得食喧。不眠憂戰伐，無力正乾坤。

别崔潩〇【鄭卬曰】潩，夷記切因寄薛據孟雲卿内弟潩赴湖南幕職〇【「内弟潩赴湖南幕職」，九家集注杜詩依例爲「王洙曰」，補注杜詩引「黄鶴曰」：「一本自注云云。」集千家注批點杜工部詩集引作「公自注」。】

志士惜妄動，知深難固辭。〇【趙次公曰】志士本惜妄動，而受知之深，則難固辭，此以言潩赴幕職於湖南也。如何久磨礪，但取不磷緇。〇【趙次公曰】謂如以久磨礲淬礪使以爲利乎，所貴尚者取磨不磷、涅不緇而已。〇【王洙曰】論語：不曰堅乎？磨而不磷。不曰白乎？涅而不緇。夙夜聽憂主，〇聽，讀平聲。飛騰急濟時。荆州過薛孟，〇過，晉作遇。爲報欲論詩。

殿中楊監見示張旭草書圖

斯人已云亡，草聖秘難得。及兹煩見示，滿目一凄惻。○【趙次公曰】斯人，指張芝也。善草書，號草書中之聖人。○自斯人既亡，其書難得，及楊監以張旭草書示甫，甫爲之悽惻也。餘見下注。悲風生微綃，○【王洙曰】潘安仁詩：凱風揚微綃。萬里起古色。○【師古曰】謂有古人之氣象也。鏘鏘鳴玉動，落落羣松直。連山蟠其間，○魏文帝詩：下筆連山岳。溟漲與筆力。○【師古曰】皆言草書之狀也。有練實先書，臨池真盡墨。○後漢張芝，字伯英，善草書。○【王洙曰】晉衛桓書勢曰：伯英家之衣帛，必書而後練之。臨池學書，池水盡墨，○下筆則爲楷則。韋仲將謂之「草聖」。俊拔爲之主，○【泰伯曰】：「俊拔，言筆力超越人也。」】謂筆勢超越也。暮年思轉極。○【王洙曰】旭嘗自謂始見公主、擔夫争道，而得書法意；觀公孫大娘舞劍，而得其神俊。未知張王後，誰並百代則。○【趙次公曰】張，謂張芝。王，謂王逸少也。○張懷瓘唐六體書論：草書則張芝所作，其法貴乎簡易，又不堪太簡。王逸少損益合宜，其於精熟，去之尚遠。則伯英祖也。嗚呼東吴精，○【王洙曰：「張乃蘇州人也。」】唐文藝傳：張旭，蘇州人也。逸氣感清識。○謂張旭之逸氣，感楊監之清識而明其旨也。楊公拂篋笥，○【安石曰】謂秘藏也。舒卷忘寢食。○【安石曰】謂愛之也。念昔揮毫端，○【王洙曰】旭本傳：嗜酒，每大醉，呼叫狂走，乃下筆。不獨觀酒德。○旭每醉，書尤入神，非獨可以觀酒德，且知旭有以因書悟道也。○【趙次公曰】按集有飲酒八仙歌「張旭三盃草聖傳」是也。○又，李頎有詩贈旭云：皓首窮草隸，時稱太湖精。

楊監又出畫鷹十二扇○謝赫畫評：畫有六法，一曰氣韻生動，二曰骨氣用筆，三曰應物象形，四曰隨類賦彩，五曰經營位置，六曰傳模移寫。故搨寫畫家亦所不廢。張彥遠亦曰：古時好搨畫，十得七八。御府搨本，謂之官搨。今公所詠蓋搨馮紹正畫本也。○【師尹曰】紹正，開元中任少府監，八年爲户部侍郎。名畫記：紹正尤善畫鷹鶻，盡其形態，觜眼脚爪，毛彩俱妙。○朱景元畫斷：馮監名手，居妙品。

近時馮紹正，能畫鷙鳥樣。明公出此圖，無乃傳其狀。殊姿各獨立，清絶心有向。○向，或作尚。疾禁千里馬，○【鄭卬曰】禁，居吟切。○喻鷹之俊逸也。氣敵萬人將。○喻鷹之勇健也。憶昔驪山宫，○後漢志：京兆新豐有驪山。杜預云：古驪戎國。冬移含元仗。○【趙次公曰】含元，殿名。○仗，謂天子儀仗也。天寒大羽獵，此物神俱王。○王，于况切。當時無凡材，百中皆用壯。○【王洙曰】玄宗於太平盛時，常以每年十月幸驪山温泉宫，較羽獵。劉氏小説：玄宗每御含元殿，令列仗於殿兩旁。時寧王有高麗赤鷹，尤〔一〕俊異，帝獵〔二〕則置之駕前，號

「決雲兒」。粉墨形似間，識者一惆悵。干戈少暇日，真骨老崖嶂。爲君除狡兔，會是翻鞲上。○翻，或作飛。惜乎干戈無暇，真骨無用，但老於崖嶂，儻用之以除狡兔，則必翻飛臂鞲之上。○【師古曰】甫意謂己能逐奸邪，苟能用之，亦必軒然而奮飛矣〔三〕。

【校記】

〔一〕尤，古逸叢書本作「九」。

〔二〕獵，元本、古逸叢書本作「入」。

〔三〕「甫意」至「飛矣」，元本、古逸叢書本作：「此四句蓋傷無人掃除兇惡也。狡兔指崔旰輩。」

送殿中楊監赴蜀見相公

去水絶還波，○【王洙曰】古詩：長江無回波。洩雲無定姿。人生在世間，聚散亦暫時。○去水洩雲，喻〔一〕人生世間，聚散不常也。○【趙次公曰】莊子：人生世間，如白駒之過隙。離別重相逢，偶然豈定期。○定，一作乏。送子清秋暮，○子，謂楊監也。風物長年悲。○當秋暮分離，舉目對風物，長使人悲想而惜别也。○【趙次公曰】淮南子：木葉落，長年悲。豪俊貴勳業，邦家頻出師。○豪俊之士，貴立勳業，況國家已頻出師，而楊監今正宜立功以報國也。相公鎮梁益，○【趙次公曰】相公，指杜鴻漸也。鴻漸以大曆〔二〕元年二月〔三〕受劍南〔四〕節度之命，至明年四月入朝。○杜安簡地志：梁益者，梁，漢州；益，蜀川。梁益之域，乃華陽也。軍事無孑遺。○謂鴻漸精明軍事，舉無遺策也。○【王洙曰：「詩：靡有孑遺。」】孟子：靡有孑遺。解榻再今〔五〕見，○謂鴻漸若見楊監，必解榻以待之。○【王洙曰】後漢陳蕃傳：蕃爲豫章太守，不接賓客，唯徐穉來，特設一榻，去則縣之。用才復擇誰。○倘或擇才而用，舍楊監更其誰哉？謂必〔六〕見擢用也。況子已高位，爲郡得固辭。○況楊監官已高，若奏辟爲郡，猶可固辭，言必大用也。難拒供給費，慎哀漁奪私。○軍興之際，供給日乏，貪吏掊克，下民〔七〕如漁人之漁焉。楊監其宜慎之。干戈未甚息，紀綱正所持。○干戈尚未寧息，正當爲國操持紀綱，此皆甫贈之以言也。泛舟巨石橫，登陸草露滋。○言入蜀道路險阻如是也。山門日易久，○久，一作夕。當念居者思。○山門，謂劍門也。此行日月易度，當念甫有以思之，冀其會集之辭也。

【校記】

〔一〕喻，元本、古逸叢書本作「如」。

〔二〕曆，元本、古逸叢書本作「才」。

〔三〕二月，元本、古逸叢書本作「間已」。

〔四〕南，元本、古逸叢書本作「門」。

〔五〕再今，元本、古逸叢書本作「今再」。

〔六〕必，元本、古逸叢書本作「久」。

〔七〕下民，元本作「下賤」，古逸叢書本作「民」。

夜宿西閣曉呈元二十一曹長

城暗更籌急，樓高雨雪微。稍通綃幕霽，○綃，音消，縑也。○【趙次公曰】謂天霽色如綃幕之薄也。遠帶玉繩稀。○【王洙曰】玉繩，星名。謝玄暉詩：玉繩低建章。門鵲晨光起，○【杜田補遺】。又，杜陵詩史、分門集注、補注杜詩引作「師古曰」。】謂鳷鵲觀之門也。謝玄暉詩：金波麗鳷鵲。檣烏宿處飛。○【趙次公曰】。又，杜陵詩史、分門集注、補注杜詩引作「師古曰」。】謂船檣上棲之烏也。按集，有公安送李二十九詩曰：「檣烏相背發。」寒江流甚細，有意待人歸。

西閣口號呈元二十一

山木抱雲稠，○稠，音綢，密〔一〕也。寒江繞上頭。雪崖纔變石，風幔不〔二〕依樓。社稷堪流涕，○【王洙曰：「賈誼言：可流涕者二。」】賈誼。安危在運籌。○【王洙曰：「張子房運籌帷幄之中也。」】張良。看君話王室，感動幾銷憂。

【校記】

〔一〕密，古逸叢書本作「封」。

〔二〕不，古逸叢書本作「下」。

縛雞行

【鄭卬曰】縛，伏約切。○繫也。小奴縛雞向市賣，雞被縛急相喧争。家中厭雞食蟲蟻，不知雞賣還遭烹。蟲雞於人何厚薄，吾叱奴人解其縛。雞蟲得失無了時，○【師古曰】人之得失，如雞如蟲，愛蟲則害雞，愛雞則害蟲，利害〔一〕相仍，何時而了？要在權其輕重而爲之。除寇則勞民，愛民則養寇，其理亦猶是也。與其養寇，孰若勞民？與其食蟲，孰若存雞也？注目寒江倚山閣。○【趙次公曰】觀此詩者，則知甫之所思有深意矣。近世黄魯直達此詩之妙旨，其書酺池寺書堂云：「小黠大癡螳捕蟬，有餘不足夔憐蚿。退食歸來北窗夢，一江風月趁漁船。」可與言詩者當自解也。

【校記】

〔一〕利害，元本、古逸叢書本作「得失」。

不離西閣二首

江柳非時發，江花冷色頻。地偏應有瘴，○謂蜀地偏在一隅，而多癘氣也。臘近已含春〔一〕。失學從愚子，無家任老身。○【王洙曰】任，一作住〔二〕。不知西閣意，肯別定留人。○【王洙曰】留，或作何。○【趙次公曰】言西閣之意，豈令我別乎？莫定要留人也。

【校記】

〔一〕春，原作「青」，據元本、古逸叢書本改。

〔二〕住，元本、古逸叢書本作「主」。

西閣從人別，人今亦故亭。江雲飄素練，○【王洙曰】練，或作葉。石壁斷空青。○【趙次公引作「杜時可曰」，九家集注杜詩引作「杜田補遺」，杜陵詩史、分門集注、補注杜詩、集千家注批點杜工部詩集引作「(杜)田曰」。】李白詩：林煙横積素，山色倒空青。滄海先迎日，銀河倒列星。平生耽勝事，吁駭始初經。

西閣三度期大昌嚴明府同宿不到

問子能來宿，○子，指嚴明府也。今疑索故要。○索，所白切，求〔一〕也。○【趙次公曰】言不來宿者，蓋疑以我尋索，故要我也。匣琴虛夜夜，○【趙次公曰：「期之不來，遂廢彈琴，故云『虛夜夜』。」】期之不來，故夜夜廢琴而不撫也。○張載秋夜詩：琴橫五尺匣。手板自朝朝。○【趙次公曰】手板，笏也。言嚴明府朝朝自持手板以入官府也。○【薛夢符曰】世説：王子猷以手板托頰〔二〕云：「西山朝來，致有爽氣。」金吼霜鍾徹，○【趙次公曰】鍾以曉而霜氣侵之，故謂之「霜鍾」。○【薛夢符曰】山海經：豐山九鍾。○郭璞注：霜降則鳴。花摧臘炬銷。○【趙次公曰：「以待嚴君至也。」】霜鍾徹而臘炬銷，則夜向晨矣，以待嚴明府之不至也。早梟江鍾以曉而霜氣侵之，故謂之『霜鍾』。」

檻底，雙影謾飄飄。○梟，水鳥也。

【校記】

〔一〕求，元本、古逸叢書本作「來」。

〔二〕托頰，元本、古逸叢書本作「支頤」。

自平

自平中官呂太一，○【杜定功曰：「宮中，當作中官。見舊唐帝紀。」又，九家集注杜詩依例爲「王洙曰」：「一作官。」】中官，舊作中宮，非是。○【趙次公引作「杜田補遺」。又，杜陵詩史、分門集注、補注杜詩引「王洙曰」：「呂太一，代宗時爲廣南市舶使，逐刺史張休而反。」】按舊唐書代宗紀：廣德元年十二月甲辰，宦官、廣州市舶使呂太一逐廣南節度使張休，縱兵大掠而反。○【師古曰：「東坡嘗云：讀杜詩不識『太一』之義，及覽拾遺，見有呂寧爲太一宮使，領廣南市舶，逐刺史張休而叛。乃曉太一非人名，官號也。」】或〔一〕曰：按唐拾遺集：有呂寧嘗爲太〔二〕一宮使，領廣南市舶而叛。當考。收珠南海千餘日。○【師古曰】廣州地連蠻洞，守官者不務懷輯，則羣蠻相率而叛。珠璣犀象翡翠之類，所以不來貢也。自平呂太一之後，節制有得其人，是以南海收珠凡〔三〕三載矣。近供生犀翡翠稀，復恐征戍干戈密。○戍，一作戎，一作伐。○【師古曰】羣蠻近來貢獻稀少，復恐鎮守者不能懷柔，妄舉兵征討，此羣〔四〕蠻所以不復來貢矣。蠻溪豪族山動搖，○山，或作小。世封刺史非時朝。○時，一作常。○【師古曰】當太宗之時，應溪〔五〕洞蠻酋來歸順者，皆世授刺史。不以時朝，不比内諸侯，姑務羈縻〔六〕而已，是以畏威懷德也。○按，甫兩川説：八州素歸心於世襲刺史。〔七〕蓬萊殿裏諸主將，○裏，一作前。長安志：蓬萊殿在紫宸殿北。〔八〕才如伏波不得驕。○【師古曰】太宗之時，諸將之才皆類馬援，故不敢驕慢悖命，而羣蠻畏服，傷今不然也。〔九〕○後漢馬援，光武封爲伏波將軍。

【校記】

〔一〕或，元本、古逸叢書本作「史」。

〔二〕太，元本作「人」，古逸叢書本作「之」。

〔三〕凡，元本、古逸叢書本作「已」。

〔四〕古逸叢書本「羣」下有「戍」字。

〔五〕溪，元本、古逸叢書本作「俟」。

〔六〕姑務羈縻，元本、古逸叢書本作「以時朝貢」。

〔七〕「甫兩」至「刺史」，元本作「甫兩兩依嚴武豈其直心於世襲刺史」，古逸叢書本作「甫兩次依嚴武豈其直心於世襲刺史」。

〔八〕北，元本、古逸叢書本作外。

〔九〕「而羣」至「然也」，元本、古逸叢書本作「而羣蠻之叛服則不然也」。

鷗

江浦寒鷗戲，無佗亦自饒。却思翻玉羽，隨意點春苗。雪暗還須浴，○浴，晉作俗。

風生一任飄。○【趙次公曰】南越志：鷗常以二月風生，乃還州嶼。幾羣滄海上，清影日蕭蕭。

猿

裊裊啼虚壁，蕭蕭掛冷枝。艱難人不免，隱見爾如知。○見，賢遍切。○【趙次公曰】人生不免艱難矣，然不知隱見之機，若猿則知之也。蓋猿之便捷，常隱茂林之中也。慣習元從衆，全生或用奇。前林騰每及，父子莫相離。

黄魚

日見巴東峽，黄魚出浪新。脂膏兼飼犬，○飼，音嗣。○【趙次公引作「杜時可曰」，九家集注杜詩引作「杜田補遺」。又，杜陵詩史、分門集注、補注杜詩、集千家注批點杜工部詩集引作「薛蒼舒曰」。】鹽鐵論：荆山之下，以玉抵鵲。江陵之人，以魚飼犬。○【趙次公引作「杜時可曰」，九家集注杜詩引作「杜田補遺」。又，杜陵詩史、分門集注、補注杜詩引作「逸曰」。】王充論衡：鍾山之下，以玉抵鵲。彭澤之濱，以魚飼犬。長大不容身。○魏武四時食制：黄魚大數百斤，骨耎可食，出江陵。鄱陽上書：不容身於世也。筒桶相沿久，○桶，一作筩。○【王洙曰】筒筩，捕魚器也。○【趙次公曰】散布水中，以繫餌，觀其没以爲驗，而隨其用以取之也。風雷肯爲伸。○伸，一作神。泥沙卷涎沫，迴首怪龍鱗。

白小

白小羣分命，○白小，即白萍也。崔豹古今注：魪子，一名魚〔一〕子，好羣浮水上，曰白萍。○【王洙曰】周易繫辭：物以羣分。天然二寸魚。○庾信小園賦：一寸二寸之魚。細微霑水族，風俗當園蔬。○當，讀去聲。入肆銀花亂，傾箱雪片虚。○皆言魚之白也。生成猶拾卵，盡取義何如。○【趙次公曰】此言畋漁之酷也。○【王洙曰】西京賦：獲胎拾卵，蚳蝝盡取。

【校記】

〔一〕魚，元本、古逸叢書本作「名」。

麂

麂【趙次公曰】麂，與麐同，並音几。○【王洙曰】爾雅釋獸：麐，大麕，旄毛狗足。

永與清溪别，蒙將玉饌俱。○前漢陳成奢侈玉食。○【秦曰】左思吴都賦：其宴居則珠服玉饌。無才逐仙隱，〇【趙次公曰】謂仙家嘗乘鹿車也。不敢恨庖厨。亂世輕全物，微聲及禍樞。〇【趙次公曰】言亂世輕全生之物，纔聞麂鳴之微聲，則禍隨之矣。衣冠兼盗賊，饕餮用斯須。〇【鄭卬曰】饕，吐〔一〕刀切，貪財也。餮，他結切，貪食也。〇【趙次公曰】言衣冠之人如盗賊，唯知饕餮而已。故使人多害生物，以充庖饌，止在須斯〔二〕之間焉。〇【王洙曰】左文十八年傳：縉雲氏有不才子，天下之民謂之饕餮。

【校記】

〔一〕吐，元本、古逸叢書本作「他」。

〔二〕須斯，元本、古逸叢書本作「斯須」。

鸚鵡【魯曰】一作翦羽。〇【趙次公曰。又，杜陵詩史、分門集注、補注杜詩引作「魯曰」。】此篇多用禰衡鸚鵡賦。

鸚鵡含愁思，聰明憶別離。〇【王洙曰】衡賦：性辟慧而能言，才聰明而識機。〇【趙次公曰】眷西路而長懷，望故鄉而延佇。翠衿渾短盡，〇【王洙曰】衡賦：緑衣翠衿。紅觜謾多知。〇【王洙曰】衡賦：紺〔一〕趾丹觜，〇【趙次公曰】豈言語以階亂，將不密而致危。未有開籠日，〇【王洙曰】衡賦：閑以雕籠，翦其翅羽。空殘宿舊枝。○【王洙曰】衡賦：想琨山之高峻，思鄧林之扶疏。○【趙次公曰】顧六翮之殘毀，雖奮迅其焉如。世人憐復損，何用羽毛奇。

【校記】

〔一〕紺，元本、古逸叢書本作「緝」。

雞

紀德名標五，○【王洙曰】韓詩外傳：田饒謂魯哀公曰：「夫雞頭戴冠者，文也。足傳距者，武也。敵在前敢鬪者，勇也。得食相告，仁也。守夜不失時，信也。雞有此五德，君猶瀹而食之，何也？以其所從者近也。」初鳴度必三。○度，達各切。○【趙次公曰】史記曆書：雞三號卒明。殊方聽有異，○聽，讀平聲。失次曉無慙。問俗人情似，充庖爾輩堪。氣交亭育際，○【趙次公曰】梁〔一〕劉孝綽啓：一物之微，遂留亭育。○裴元新語：正朝垂羊頭於門，又磔雞以副之。俗説壓厲氣。元以問河南任君，任君曰：「是月土氣上升，草木萌動。羊囓百草，雞啄五穀，殺之以助生氣也。」巫峽漏司南。

【校記】

〔一〕梁，元本、古逸叢書本無。

西閣曝日○曝，蒲木切。

凜冽倦玄冬，負暄嗜飛閣。○【師古曰。又，王洙曰：「負暄，以背嚮日也。」】負暄，炙背也。○【趙次公曰。又，杜陵詩史、分門集注、分門集注引作「昱曰」。】列子楊朱篇：宋國有田夫，常衣〔一〕緼黂，僅以過冬。暨春〔二〕東作，自曝於日，顧其妻曰：「負日之暄，人莫知者〔三〕，以獻吾君，將有重賞。」羲和流德澤，○【師古曰】羲和，日車之御也。顓頊愧倚薄。○【師古曰】顓頊，北方之帝也。倚薄，謂附著而陰氣逼人也。○【趙次公曰】謝靈運詩：拙疾〔四〕相倚薄。毛髮且自和，○【趙次公曰：「舊本『具自和』，無義。師民瞻本作『且自私』，是。」】和，一作私。肌膚潛沃若。○【師古曰。又，王洙曰：「沃若，暖也。如以湯沃然。」】沃若，暖貌。太陽信深仁，衰氣欻有托。○欻，許勿切。欹〔五〕傾煩注眼，○【師古曰】謂展轉向日而卧也。容易收病脚。○【師古曰】謂有脚疾，藉暖氣煦之，則易收矣。流離木杪猨，○流離，或作瀏漓。○【師古曰】謂木末之猨喜日和而散亂也。翩僊山顛鶴。○【師古曰】謂山頭之鶴喜日和而輕舉也。朋知苦聚散，○【趙次公曰：「舊本作用知，非也。」】朋，王作用，或作明，非也。○謝康樂詩：再〔六〕與朋知辭。哀樂日已作。即事會賦詩，人生忽如昨。○【師古曰】人生貴隨時之宜，不必傷今不如古昔也。古來遭喪亂，賢聖盡蕭索。胡爲將暮年，憂世心力弱。○【師古曰】古來聖賢遭亂之世，亦皆肅索失所，豈獨甫〔七〕乎？何必憂世而至於心之弱也。

【校記】

〔一〕衣，古逸叢書本作「不」。

〔二〕春，古逸叢書本作「卷」。

〔三〕人莫知者，元本、古逸叢書本作「莫有知者」。

〔四〕疾，古逸叢書本作「漢」。

〔五〕欹，元本、古逸叢書本作「歌」。

〔六〕再，元本、古逸叢書本作「甫」。

〔七〕甫，元本作「州」，古逸叢書本作「予」。

月圓

孤月當樓滿，寒江動夜扉。委波金不定，○【趙次公曰】謂月委於波中，則蕩漾而金色不定也。○【王洙曰】前漢郊祀歌：月穆穆以金波。○謝玄暉詩：金波麗鳷鵲。照席綺逾依。○謂月照於席上，則粲〔一〕爛而與綺繡相依也。○【王洙曰】江文通詩：綺席生浮埃。未缺空山静，○【趙次公曰】未缺，言月之尚圓也。高懸列宿稀。○【鄭卬曰】宿，悉救切，列星也。○曹子建詩：明月澄清影，列宿正參差。故園松桂發，○【王洙曰】桂，一作菊。○故園，指杜陵舊居也。○【王洙曰】陶潛歸去來辭：三徑就荒，松菊猶存。萬里共清輝。○【王洙曰】古詩：千里共明月。

【校記】

〔一〕粲，元本、古逸叢書本作「燦」。

中宵

西閣百尋餘，○【王洙曰】玉篇：八尺曰尋。中宵步綺疏。○【趙次公曰】綺疏，謂窗牖。○後漢：梁冀窗牖〔一〕皆有綺疏。注：鏤爲綺文也。李觀銘：房闥内布，綺疏外陳。○【王洙曰】天台賦：皦〔二〕日炯晃於綺疏。古詩：交疏結綺窗。陸士衡詩：振風薄綺疏。飛星過水白，○【鄭卬曰】過，古禾切。落月動沙虚。擇木知幽鳥，○【王洙曰】家語：鳥能擇木，木豈能擇鳥？潛波想巨魚。○易乾卦：魚潛在淵。親朋滿天地，兵甲少來書。○謂時有吐蕃之亂也。

【校記】

〔一〕牖，古逸叢書本作「漏」。

〔二〕噭，元本、古逸叢書本作「激」。

白帝樓○前注。

漠漠虚無裏，連連睥睨侵。○睥睨，一作埤垷。○【鄭卬曰】睥，匹詣切。睨，研計切。○【趙次公曰】睥睨，城上女墻也。○【師古曰】言在大墻之内，如女之於夫也。或曰：睥睨，言於墻上睥睨於人也。○【趙次公曰】侵，則侵虚無之裏，言其城之高也。樓光去日遠，峽影入江深。破臘思端綺，○【趙次公曰】：「所以禦寒。」【謂思得一端之綺，可以爲禦寒之具〔一〕也。○【王洙曰】古詩：客從遠方來，遺我一端綺。春歸待一金〔二〕。○【趙次公曰】：「所以充費且以爲賞。」】謂待得一鎰之金，可以充賞春之費也。○食貨志：金以鎰爲名，上幣。注：二十兩爲鎰也。去年梅柳意，還欲攪邊心。○攪，古巧切，亂也。○【王洙曰】詩：祇攪我心。

【校記】

〔一〕具，古逸叢書本作「衣」。

〔二〕待一金，元本、古逸叢書本作「得鎰金」。

送王十六判官

客下荆南盡，君今復入舟。買薪猶白帝，○【孫曰：「夔州沽水買薪。」】白帝，指夔州。其俗買薪估水。鳴櫓少沙頭。○【趙次公曰：「師民瞻本作『已沙頭』，則又非赴江陵矣，却相背戾也。」】少，一作已。○少，猶少頃也。○【王洙曰】江陵吴船至，泊於郭外沙頭。○李肇國史補：朝發白帝，暮宿江陵。衡霍生春草，○衡霍，指南岳也。瀟湘共海浮。〔一〕○瀟湘水出夷零。荒林庾信宅，○【趙次公曰：「庾信，南陽新野人。父肩吾，文學獨步江南。信仕梁，值侯景之亂，奔于江陵，則于江陵有舊宅焉。」】庾信，臺城陷，奔于江陵。爲仗主人留。

【校記】

〔一〕浮，古逸叢書本作「桴」。

奉送卿二翁統節度鎮軍還江陵

火旗還錦纜，○【趙次公曰】火旗，朱旗也。還錦纜，則軍從舟中歸矣。○【王洙曰】吴書：甘寧嘗以錦維舟，去則割棄，以示侈也。白馬出江城。○【趙次公曰】指言卿二翁也。吴志：龐德常乘白馬，關羽軍謂之「白馬將軍」。甫用以比卿也。嘹唳鳴笳發，○鳴，一作吟。笳，謂捲蘆葉而吹之也。蕭條別浦清。寒空巫峽曙，○【趙次公曰：「『寒空巫峽曙』一句説夔州，公之所在也。」】巫峽，謂夔州也。落日渭陽明。○【趙次公曰：「師民瞻本作『渭陽情』，不必如此。」】明，或作情。○【趙次公曰：「渭陽，言長安。所以懷卿也。」】渭陽，謂咸陽也。○按前有上卿翁謂修武侯廟詩，時崔卿權夔州，甫乃卿之甥，所以懷之也。詩秦風：我送舅氏，曰至渭陽。留滯嗟衰疾，○【趙次公曰：「句則嘆其留滯於夔而懷望長安，且願息戰也。」又，九家集注杜詩依例爲「王洙曰」：「嘆其留滯于夔而懷望長安也。」】甫嘗病肺，嘆其留滯於夔也。何時見息兵。

閣夜

歲暮陰陽催短景，天涯霜雪霽雲〔一〕霄。五更鼓角聲悲壯，○【王洙曰】顔之推家訓：或問：「一夜何故五更？」答曰：「更，經也，歷也。漢、魏以來，謂甲夜、乙夜、丙夜、丁夜、戊夜，又謂之五鼓，亦謂之五更。皆以五爲節也。」○【趙次公曰】後漢禰衡善擊鼓，爲漁陽參檛，容態有異，聲節悲壯，听者莫不慷慨。三峽星河影動摇。○星河，謂天漢也。○【杜田補遺。又，杜陵詩史、分門集注、補注杜詩引作「修可曰」。】漢武故事：星辰動摇，東方朔謂「民勞之應」。蔡條西清詩話云：作詩用事，要如水中著鹽，飲水乃知鹽味。甫之此聯善用故事，如繫風捕影，豈有迹耶？〔二〕野哭幾家聞戰伐，○幾，晉作千。夷歌是處起漁樵。○是，晉作幾。○【王洙曰】或作數。卧龍躍馬終黃土，○【趙次公曰】卧龍，謂諸葛亮也。郭外有孔明廟。蜀志：徐庶謂劉備曰：「諸葛孔明，卧龍也。」躍馬，謂公孫述也。述自號白帝，城上有白帝祠。蜀都賦：公孫躍馬而稱帝。人事依依謾寂寥。○一作「人事音書漫〔三〕寂寥」。○【王洙曰】一作「人事音塵日寂寥」。

【校記】

〔一〕雲，古逸叢書本作「寒」。

〔二〕耶，元本、古逸叢書本作「取」。

〔三〕漫，元本、古逸叢書本作「謾」。

白帝城最高樓

城尖徑昃旌旆愁，○【王洙曰】昃，一作翼。獨立縹緲之飛樓。○【趙次公曰】縹緲，高遠不明之貌。峽拆雲霾龍虎睡〔一〕，清江日抱黿鼉遊。○【趙次公曰】爲張大之語，以形容樓之最高也。扶桑西枝封〔二〕斷石，○【趙次公曰】以樓之高，故望見東海之扶桑其向西之枝，且與斷石相對隔也。○餘見前注。弱水東影隨長流。○謂樓之高，故望見蓬萊山下弱水東流之影也。杖藜嘆世者誰子，泣血迸空迴白頭。○詩：鼠思泣血。

【校記】

〔一〕睡，古逸叢書本作「臥」。

〔二〕封，古逸叢書本作「對」。

新定杜工部草堂詩箋斠證卷第三十三

大曆元年在夔州所作

覽鏡呈柏中丞

渭水流關内，○謂咸陽貫〔一〕都之水也。終南在日邊。○謂帝京城南之山也。膽銷〔二〕豺虎窟，淚入犬羊天。起晚堪從事，○【趙次公曰】凡仕有官者必早起，起〔三〕晚矣可堪從事乎？行遲更覺仙。○覺，一作學。○【趙次公曰】仙者身輕步疾，老而行遲矣，那更覺爲仙乎？鏡中衰謝色，萬一故人憐。○【趙次公曰】傷其衰老而求憐於柏中丞也〔四〕。

【校記】

〔一〕貫，元本、古逸叢書本作「渭」。

〔二〕銷，元本、古逸叢書本作「消」。
〔三〕起，元本、古逸叢書本作「日」。
〔四〕也，古逸叢書本無。

西閣夜

恍惚寒山暮，逶迤白霧昏。山虛風落木，樓靜月侵門。擊柝可憐子，○柝，達各切。○【王洙曰】易：重門擊柝。無衣何處村。○【王洙曰】詩：無衣無褐。時危關百慮，盜賊爾猶存。

瀼西寒望

○瀼，疑作瀼，奴浪切。本或作漾，如亮切。水名，在隴西。○【王洙曰】按，瀼〔一〕水，管鄣縣。江水横通山谷間，市人謂之瀼。○居人分其左右，謂之瀼東、瀼西也。

水色含羣動，朝光切太虛。年侵瀕〔二〕悵望，○【王洙曰】陸機豫章行：前路既已多，後塗隨年侵。興遠一蕭疏。猿掛時相學，鷗行炯自如。○炯，户頂切。廣雅：光也。海賦：炯然鳥逝。瞿塘春欲至，定卜瀼西居。○【趙次公曰：「末句公雖有是言，而次年之春初猶在西閣。其遷居則先在赤甲，方移瀼西。」〔二〕甫先居赤甲，大曆二年三月，方移瀼西也。○按集有暮春題瀼西新賃茅屋詩。

【校記】

〔一〕瀼，古逸叢書本作「襄」。

〔二〕瀕，元本、古逸叢書本作「頻」。

陪柏中丞觀宴將士二首

極樂三軍士，誰知百戰場。無私齊綺饌，○【趙次公曰】梁何遜輕薄篇：象牀踏繡被，玉盤傳綺食。久坐密金章。○【趙次公曰】指將士之金帶耳。鮑照建除詩：左右佩金章。醉客霑鸚鵡，○【杜田補遺】鸚鵡，謂螺盃也。雕瑑海螺，以〔一〕像鸚鵡之形也。○【杜田補遺。又，杜陵詩史、分門集注、補注杜詩引作「師古曰」。】按南海異物志：鸚鵡螺，狀似霞盃，形如〔二〕鳥頭，向其腹視似鸚鵡，故以爲名。○【杜田補遺。又，杜陵詩史、分門集注、補注杜詩引作「歐曰」。】酉陽雜俎：梁宴魏使，魏肇師舉酒勸陳昭，俄而酒至鸚鵡盃，徐君房飲不盡，屬肇師，肇師曰：「海蠡蜿蜒，尾翅皆張，非以爲玩，亦以爲罰。」佳人指鳳凰。○鳳凰，謂金釵也，鏤刻釵頭以爲鳳凰之形也。○【趙次公曰】或謂：筵圖障繪畫鳳凰，而佳人共指而爲言笑也。幾時來翠節，特地引紅粧。○【王洙曰】古詩：娥娥紅粉粧。

【校記】

〔一〕以，元本、古逸叢書本作「似」。

〔二〕如，元本、古逸叢書本作「似」。

繡段裝簷額，○【趙次公曰】謂樂工之額飾也。金花貼鼓腰。○【趙次公曰】謂樂器之鼓飾也。一夫先舞劍，百戲後歌樵。○【趙次公曰】戲爲夔峽樵歌之音也。按集前有閣夜詩「夷歌是處起漁樵」是也。○樵，或作鐎，謂擊刁斗而歌也。李廣傳：鐎，温器也。江樹城孤遠，雲臺使寂寥。○使，所吏切，從命者。○【趙次公曰】謂久無使命之來也。漢朝頻選將，應拜霍嫖姚。○【趙次公曰】假漢霍去病以美柏中丞也。○餘見前注。

奉漢中王手札報韋侍御蕭尊師亡○漢中王瑀，睿宗孫，讓皇帝子，代宗之叔父也。

秋日蕭韋逝，淮王報峽中。○【趙次公曰】淮王，假漢之淮南王安，其人賢，以比漢中王也。

少年疑柱史，○【趙次公曰】柱史，言韋侍御也。昔老子姓李名耳，生於殷時，爲周柱下史，好養精氣，轉爲守藏史。而韋以少年目之，疑其不似也。多術怪仙公。○【趙次公曰】仙公，言蕭尊師也。昔太極左仙公葛玄有煉丹秘術，而蕭宜有多術以延生，而死，故怪之也。不但時人惜，秖應吾道窮。○春秋魯哀公十四年：西狩獲麟。孔叢子云：孔子泣曰：「予之於人，猶麟之於獸也。麟〔一〕出而死，吾道窮矣。」一哀侵疾病，相識自兒童。處處隣家笛，○【王洙曰】向秀舊思賦序：於時日薄虞淵，寒木凄然，隣人有吹笛者，復發聲寥〔二〕亮，追想曩昔遊讌之好，感音而歎，作賦。飄飄客子蓬。○【趙次公曰】甫自歎其飄蓬也。○【王洙曰】曹植詩：轉蓬離本根，飄飄隨長風。類此遊客子，捐軀遠從戎。强吟懷舊賦，○强，讀去聲。○【王洙曰】潘安仁嘗作懷舊賦。已作白頭翁。

【校記】

〔一〕麟，元本、古逸叢書本作「獸」。

〔二〕寥，元本、古逸叢書本作「寂」。

送鮮于萬州遷巴州

〇【杜田補遺】鮮于名炅，仲通之子也。盧東美撰鮮于氏冠冕頌序曰：炅，廣德中爲尚書都官郎。自將相公卿無不相厚，皆稱交友。出守萬州，轉巴州，皆有理稱。〇炅兄名昱，爲工部侍郎。昱子映爲屯田郎兼侍御史。自仲通至映，三世爲郎。

京兆先時傑，〇【杜田補遺】京兆者，長安也。仲通字向，天寶末爲京兆尹。弟叔明，字晉，乾元中亦爲京兆尹。長安歌曰：前尹赫赫，具瞻允若。後尹熙熙，具瞻允斯。〇【王洙曰】按集，有贈鮮于京兆二十韻。琳琅照一門。〇爾雅釋地：西北之美者，有崑崙虛之璆琳、琅玕焉。〇【杜田補遺。又，杜陵詩史、分門集注、補注杜詩引作「安石曰」。】世說：有人詣王太尉，遇王安豐、大將軍、丞相在座，別屋見季胤、平子，還語人曰：「今日之行，觸目見琳琅珠玉。」朝廷偏注意，〇意，一作璽。〇【王洙曰】陸賈傳：天下安，注意相。接近與名藩。〇【趙次公曰】謂自萬遷于巴也。〇向秀思舊賦：余自嵇康、呂安居止接近。祖帳排舟數，〇排〔一〕，陳作維。數，色角切，頻也。〇【王洙曰】疏廣傳：設祖道供帳。〇顏師古注：祖者，送行之祭，因饗飲焉。昔黃帝之子纍祖好遠遊，而死於道，故後人以爲行神也。又風俗通：共工氏之子曰修，好遠遊，舟車所至，足迹所逮，靡不窮覽，故祀以爲祖神。祖，徂〔二〕也。寒江觸石喧。看君妙爲政，他日有殊恩。

【校記】

〔一〕排，古逸叢書本作「棑」。

〔二〕徂，元本、古逸叢書本作「祖」。

有歎

壯心久零落，○【趙次公曰】魏武樂府：列〔一〕士暮年，壯心不已。白首寄人間。天下兵常鬬，○【九家集注杜詩依例爲「王洙曰」。又，杜詩趙次公先後解輯校引作「趙次公曰」。又，杜陵詩史、分門集注、補注杜詩引作「魯曰」。又，集千家注批點杜工部詩集引作「公自注」。】傳蜀官軍自圍普、遂。江東客未還。○甫自歎其未還故國也。窮猿號雨雪，老馬怯關山。○怯，一作望，一作泣。武德開元際，○【趙次公曰】武德，高祖年號。開元，玄宗年號。蒼生豈重攀。○重，儲〔二〕用反，再也。○【趙次公曰】追念祖宗之盛時也。

【校記】

〔一〕列，元本、古逸叢書本作「烈」。

〔二〕儲，古逸叢書本作「諸」。

不寐

瞿塘夜水黑，城内改更籌。翳翳月沉霧，輝輝星近樓。氣衰甘少寐，心弱恨知愁。○【王洙曰：「一作和，又作多。」】知，一作和，陳作多。○或作容。○【趙次公曰】謂心既弱矣，恨其知愁，則恐以愁而尤弱矣。多壘滿山谷，○【王洙曰】曲禮：四郊多壘，卿大夫之辱也。桃源無處求。○【趙次公曰】以兵革未息而多壘，非若桃源可以避地，而問桃源何處，則以仙境難可造也。○餘見前注。

灩澦堆

○灩，以贍切。澦，羊茹切。水經：白帝城門西江有孤石，冬出二十餘丈，夏即没。去郡二十里，有瞿塘㵄。王濬平吴，猶作「淫(一)預石」，今訛作「灩澦」。十道志：淫預在關川。諺曰：「淫預大如象，瞿塘不可上。淫預大如馬，瞿塘不可下。」盛弘之荆州記：巴東江中有孤石，名爲淫預。冬出水，夏没水。瞿塘有灘。古樂府淫預歌：淫預大如襆，瞿塘不可觸。或作「灩澦」，或作「淫預」，未知孰是？按寰宇記：夔州灩澦堆，在州西二百步蜀江中心瞿塘峽口。冬水淺，屹然露一百餘尺。夏水漲，没水中十丈，其狀如馬，舟人不敢進。

巨積水中央，○積，陳作石。○【王洙曰】詩蒹葭：宛在水中央。江寒出水長。沉牛荅雲雨，○【王洙曰】楚俗：祈而得雨，必沉牛以答神貺。如馬戒舟航。○題注。天意存傾覆，神功接混茫。○【王洙曰】莊子繕性篇：古之人在混茫之中，與一世而澹漠焉。干戈連解纜，○【趙次公曰】干戈之變，解纜之危，二者相連，可不謹乎？行止憶垂堂。○【王洙曰】爰盎傳：千金之子不垂堂。顏師古注：言富人〔二〕之子，則自愛也。垂堂，謂坐堂外邊恐墜墮也〔三〕。

【校記】

〔一〕淫，元本、古逸叢書本作「語」。

〔二〕富人，元本、古逸叢書本作「千金」。

〔三〕墜墮也，元本、古逸叢書本作「及禍」。

白帝城樓○前注。

江度寒山閣，城高絶塞樓。翠屏宜晚對，白谷會深遊。急急能鳴雁，○莊子山木篇。輕輕不下鷗。○【趙次公曰】列子黄帝篇。夷陵春色起，○【趙次公曰】夷陵，峽州也。漸擬放扁舟。

寄杜位頃者與位同在嚴尚書幕

【○「頃者與位同在嚴尚書幕」，九家集注杜詩依例爲「王洙曰」，杜陵詩史、分門集注、補注杜詩引作「魯曰」，集千家注批點杜工部詩集引作「公自注」。】

寒日經簷短，窮猿失木悲。○【王洙曰】淮南冥覽訓：猿狖顛蹶而失本〔一〕枝。峽中爲客恨，江上憶君時。天地身何往，風塵病敢辭。封書兩行淚，○行，户郎切。霑灑裛新詩。○裛，於汲切。

【校記】

〔一〕本，元本、古逸叢書本作「木」。

冬深

○【王洙曰】一作即日。

花葉隨天意，江溪共石根。早霞隨類影，○【趙次公曰】言其變態不常，隨所類之影而呈現也。寒水各依痕。○【王洙曰】依，一作流。易下楊朱淚，○【趙次公曰】謂困於道路也。○【王洙曰】淮南説林訓：揚子見逵路而哭之，爲其可以南，可以北。難招楚客魂。○【趙次公曰：「則以屈原自比也。」〕謂寓於夔峽也。○【王洙曰】宋玉招魂序：玉憐哀屈原忠而斥棄，愁懣山澤，魂魄放佚，厥命將落，故作招魂，欲以復其精神，延其年壽，以風諫楚懷王也。風濤暮不穩，捨棹宿誰門。○【趙次公曰。又，杜陵詩史、分門集注、補注杜詩引作「薛曰」。】公欲南下，以歲暮而未成行也。

奉送十七舅下邵桂

絶域三冬暮，浮生一病身。感深辭舅氏，別後見何人。縹緲蒼梧野，○【趙次公曰】蒼梧，乃帝舜所葬之野，以述十七舅所往〔一〕之地。○【王洙曰】記檀弓篇：舜葬於蒼梧之野。推遷孟母隣。○【趙次公曰】孟母，指言十七舅之母也。○【王洙曰】劉向列女傳：孟軻母其舍近墓，孟子之少也，嬉遊爲墓間之事。母曰：「此非吾之所以居處子也。」乃去，舍市傍。其嬉遊爲賈人衒賣之事。母又曰：「此非吾所以居處子也。」復徙，舍學宮之傍。其嬉遊乃〔二〕設俎豆揖遜進退。母曰：「真可以居吾子矣。」及〔三〕孟子長，卒爲大儒。昏昏阻雲水，側望苦傷神。○【王洙曰】張平子四愁詩：側身東望涕霑巾。

【校記】

〔一〕往，古逸叢書本作「在」。

〔二〕乃，元本、古逸叢書本作「又」。

〔三〕及，古逸叢書本作「乃」。

謁真諦寺禪師

蘭若山高處，○【王洙曰】若，以者切。蘭若，寺名。釋氏要覽：蘭若者，梵言阿蘭若，唐言無諍也。○四方律云：空静處。薩婆多論云：閑静處。智度論云：遠離處。大慈經：離諸忿〔一〕務。諸説不同，其實〔二〕無諍也。煙霞嶂幾重。凍泉依細石，晴雪落長松。問法看詩妄，○【王洙曰】妄，一作忘。觀身向酒慵。未能割妻子，卜宅近前峰。○【趙次公曰】宋周顒長於佛理，於鍾山西立隱舍，終日長蔬，雖有妻子，獨處之。○又瑞應經：沙門之爲道，捨妻子，捐棄愛慾也。

【校記】

〔一〕忿，元本、古逸叢書本作「忩」。

〔二〕元本、古逸叢書本「實」下有「則」字。

大曆二年丁未春在夔州西閣所作

立春

春日春盤細生菜，○【趙次公曰】齊人月令：凡立春日食生菜，取迎新之意。○唐四時寶鏡：立春日，春餅生菜，號春盤〔一〕。忽憶兩京梅發時。○【趙次公曰】以紀長安、洛陽當立春日已有生菜也。盤出高門行白玉，菜傳纖手送青絲。巫峽寒江那對眼，○荆州記：信陵縣西二十里有巫峽。○【趙次公曰】言將寓巫峽，無得此菜以對眼，故悲也。杜陵遠客不勝悲。○勝，音升。此身未知歸定處，呼兒覓紙一題詩。

【校記】

〔一〕盤，元本、古逸叢書本作「菜」。

雨

冥冥甲子雨。○資治通鑑：大曆二年正月辛亥朔至十三日甲子。○【王洙曰】屈原九歌山鬼篇：雷填填兮雨冥冥。已度立春時。○【趙次公曰】兩句憂之之辭也。唐諺云：春雨甲子，赤地千里。〔一〕輕箑煩須向，○【鄭卬曰】箑，山洽切。○扇也。纖絺恐自疑。○絺，耻知切。○【王洙曰】：「葛也。」】細葛也。煙添纔有色，風引更如絲。○【王洙曰】張景陽詩：密雨如散絲。直覺巫山暮，○【王洙曰】宋玉高唐賦：妾在巫山之陽，旦爲朝雲，暮爲行雨。兼催宋玉悲。○【趙次公曰】謂悲則不必待秋至，而此雨已可催也。○【王洙曰】宋玉九辯章：悲哉秋之爲氣也，蕭瑟兮草木搖落而變衰。

【校記】

〔一〕春雨甲子赤地千里，元本、古逸叢書本作「春甲子雨乘船入市夏甲子雨赤地千里」。

南楚○【趙次公曰】甫寓夔而云南楚，則夔在戰國爲楚地也。

南楚青春異，暄寒早早分。○【師古曰】謂南地與北地異，冬又暖而春却寒也。無名江上草，隨意嶺頭〔一〕雲。正月蜂相見，非時鳥共聞。杖藜妨躍馬，不是故離羣。○【師古曰】杖藜，謂貧賤也。躍馬，謂富貴也。甫避地而甘於貧賤，非故意離羣，乃不得已也。○【趙次公曰。又，杜陵詩史引作「余曰」。】檀弓篇：吾離羣索居久矣。

【校記】

〔一〕頭，元本、古逸叢書本作「南」。

入宅三首

奔峭背赤甲，○赤甲，山名。在江之北。○【鄭卬曰：「寰宇記：赤甲城，公孫述所築。樹木土石悉赤，如人袒臂，故云『赤甲』。在縣北。」】寰宇記：赤甲城在瞿塘峽北，公孫述所築。○【趙次公曰：「赤甲，本岬字。按水經云：江水東南逕赤岬西。注云：是公孫述所造，因山據勢，周迴七里一百四十步。東高二百丈，西北高一千丈，南連白帝。山甚高大，不生樹木，其石悉赤，故名。」】因山據勢，周回七里，南連白帝。山甚尊大，不生草木，其土悉赤，俗望之如人袒胛，故謂之「赤甲」。○【鄭卬曰】山在縣北。○胛，音甲，山脅也。○【王洙曰】謝靈運詩：徒旅苦奔峭。斷崖當白鹽。○白鹽，山名。在江之南。○【趙次公曰】按，魚腹縣界廣溪岸北有白鹽崖，高千餘丈，土人見其高白，故以名之。○夔州圖經：白鹽山，瞿塘峽上，雲開霧霽，狀如白鹽。客居愧遷次，○【王洙曰】遷次，謂移居也。春酒漸多添。花亞欲移竹，○【趙次公曰】言它〔一〕枝〔二〕偃亞於〔三〕欲將移去之竹也。鳥窺新卷簾。衰年不敢恨，勝概欲相兼。

【校記】

〔一〕它，元本、古逸叢書本作「官」。

〔二〕枝，古逸叢書本作「花」。

〔三〕於，古逸叢書本作「甫」。

亂後居難定，春歸客未還。水生魚復浦，○復，音腹。○【師古曰】水生，峽人謂春水漲也。○【杜田補遺。又，杜陵詩史、分門集注、補注杜詩引作「杜定功曰」。】後漢郡國志：巴郡魚復，古之庸地。左氏傳文公十年「魚人逐楚師」是也。○【鄭卬曰】十道志：夔州，古魚國，漢魚復縣地。○張堪傳注：魚復縣，屬巴郡，故城在今夔州魚復縣北赤甲城是也。又地志：夔治魚復，灩澦風濤電射，其地巨魚却步不得上，是曰魚復浦。雲暖麝香山。○【杜田補遺。又，門類增廣十注杜詩引作「杜云」，杜陵詩史、分門集注、補注杜詩、集千家注批點杜工部詩集引作「杜定功曰」。】夔州圖經：麝香山，州東南一百二十五里。山出麝香，故以名之。○寰宇記：歸州麝香山在縣東南一百一十里，山多麝香。按集有晨雨詩「麝香山〔一〕一半，亭午未全分」是也。半頂梳頭白，○【趙次公曰】白髮之所存〔二〕者，僅半頂爾。過眉拄杖班。○過，古禾切。相看多使者，○使，所吏切，從命者。一一問函關。○【王洙曰】時吐蕃未平，關中之信未通。○【趙次公曰】所以問之也。○後漢杜篤傳注：函谷故關，今在洛州新安縣。

【校記】

〔一〕山，古逸叢書本作「出」。

〔二〕存，元本、古逸叢書本作「有」。

宋玉歸州宅，雲通白帝城。○【王洙曰】公孫述更魚復縣爲白帝城。吾人淹老病，旅食豈才名。峽口風常急，江流氣不平。只應與兒子，飄轉任浮生。

赤甲○上注〔一〕。

卜居赤甲遷居新，兩見巫山楚水春。○巫山今在夔州巫山縣東。炙背可以獻天子，○【趙次公曰】列子楊朱篇：宋國有田叟，常衣緼黂，僅以過冬。曁春冬〔二〕作，自曝於日，不知天下之有綿纊狐狢。顧謂其妻曰：「負日之暄，人莫知者，以獻吾君，將有重賞。」里之富屋〔三〕告之曰：「昔人有美戎菽甘枲莖芹萍子者，對鄉豪稱之。鄉豪取而嘗之，蜇於口，慘於腹。衆哂而怨之，其人大慙。子此類也。」美芹由來知野人。○【王洙曰】嵇康絶交書：野人有快炙背而美芹子者，欲獻之至尊，雖有區區之意，亦已疏矣。荆州鄭薛寄詩近，蜀客郄岑非我隣。○【王洙曰】鄭審、薛據、郄昂、岑參，皆甫之故舊也。○曹植風詩〔四〕：豈無和樂，游非我隣。笑接郎中評事飲，病從深酌道吾真。○【師古曰】按集，前有九日登高詩：「艱難苦恨繁霜鬢，潦倒新停濁酒盃。」則知甫以肺疾斷酒也。今郎中評事深酌勸甫酒，道甫真性〔五〕嗜此，如何不飲？甫亦難逆其意，故有是句也。

【校記】

〔一〕上注，古逸叢書本無。

〔二〕冬，元本、古逸叢書本作「東」。

〔三〕屋，古逸叢書本作「室」。

〔四〕風詩，古逸叢書本作「朔風詩」。

〔五〕性，古逸叢書本作「往」。

一室

一室他鄉遠，空林暮景懸。○【師古曰】謂晚照之景倒懸於林梢也。正愁聞塞笛，獨立見江船。巴蜀來多病，〇【師古曰】甫以避寇驅馳而來巴蜀，遂成肺疾也。荆蠻去幾年。〇【師古曰】意欲適荆蠻，厭崔旰之亂，不知何年得去也。應同王粲宅，留井峴山前。〇【王洙曰】峴山，荆楚也。今屬襄陽，有王粲故宅。粲字仲宣，宅前有仲宣井。〇【師古曰】甫之此室，殆王粲宅之比也。〇襄沔記：王粲宅在襄陽縣西二十里峴山坡下。襄陽耆舊傳：王粲與繁欽並隣同井，粲以西京擾亂，乃之荆州依劉表。魏國建，拜侍中。卒年四十一。墓近及井見在。

老病

老病巫山裏，稽留楚客中。藥殘它日裹，花發去年叢。夜足霑沙雨，春多逆水風。合分雙賜筆，〇【趙次公曰】甫爲檢校尚書工部郎，合賜雙筆也。漢官儀：尚書令〔一〕僕〔二〕丞郎，月給赤管大筆一雙。猶作一飄蓬。

【校記】

〔一〕令，古逸叢書本作「今」。

〔二〕僕，古逸叢書本作「漢」。

愁

○【九家集注杜詩依例爲「王洙曰」。又，杜陵詩史、分門集注、補注杜詩引作「魯曰」，集千家注批點杜工部詩集引作「公自注」。】强戲爲吴體。

江草日日唤愁生，○草唤愁生，言起歸心也。淮南招隱章〔一〕：王孫遊兮不歸，春草生兮萋萋。巫峽泠泠非世情。○【王洙曰：「（巫）一作春。」】一作「春峽泛泛非世情」。○【師古曰】巫峽之水，泠泠不斷，世情疏絶，非水長流之比也。盤渦鷺浴底心性，○渦，烏禾切，回水也。○【師古曰】鷺浴自得，子美心性亦浴鷺安閑之比也。獨樹花發自分明。○【師古曰】子美自喻不徇乎流俗。十年戎馬暗萬國，○【王洙曰：「自安史亂後，天下草草不安者十餘年。」】自大曆三年逆數至乾元二年，凡十年矣。○老子四十六章：天下無道，戎馬生于郊。異域賓客老孤城。○公自乾元二年棄官寓秦亭，至同谷，客劍南，故云「異域」也。渭水秦川得見否，○否音缶，不可也。○【師古曰】渭水、秦川乃關中，甫之故鄉也。人今罷病虎縱横。○【趙次公曰】罷音疲。○勞也。時方困於盜賊，而未能得歸也。○【趙次公曰】七哀詩：季葉喪亂起，賊盜如豺虎。

【校記】

〔一〕章，古逸叢書本作「士」。

江雨有懷鄭典設

春雨闇闇塞峽中，〇塞，晉作發。早晚來自楚王宫。〇【鄭卬曰】謂楚襄王之故宫也。〇【王洙曰】高唐賦：妾在巫山之陽，高山之阻，旦爲朝雲，暮爲行雨。亂波分披已打〔一〕岸，弱雲狼藉不禁風。〇【鄭卬曰】禁，居今切。〇藉，秦昔〔二〕切。寵光蕙葉與多碧，點注桃花舒小紅。谷口子真正憶汝，〇正，之成切，避秦諱也，又讀如字。此子美自喻也。雲陽宫記：後漢鄭朴，字子真。〇【趙次公曰】揚子問神篇：谷口鄭子真不屈其志，而耕乎巖石之下，名震于京師。岸高瀼滑限西東。〇【王洙曰：「（滑）一作闊。」又，趙次公曰：「舊本正作瀼滑，當以瀼闊爲正，滑字則無義，此惑於題是江雨也，非。」滑，一作闊。〇【王洙曰】夔有江水横通山谷處，市人謂之瀼。居人分其左右，謂之瀼東、瀼西。

【校記】

〔一〕打，元本、古逸叢書本作「扑」。

〔二〕昔，元本、古逸叢書本作「息」。

雨不絶

鳴雨既過漸細微，映空摇颺如絲飛。○【王洙曰】張景陽詩：密雨如散〔一〕絲。階前短草泥不亂，院裏長條風乍稀。舞石旋應將乳子，○【王洙曰】湘川記：零陵有石燕，遇風雨則飛如生燕，止則爲石。行雲莫自濕仙衣。○【王洙曰】高唐賦：妾在巫山之陽，高山〔二〕之阻，旦爲朝雲，暮爲行雨。眼邊江舸何匆〔三〕促，○【王洙曰】舸，嘉我切。未得安流逆浪歸。○【鄭卬曰】得，一作待。○屈原九歌湘君章：使江水兮安流。

【校記】

〔一〕如散，元本、古逸叢書本作「散如」。

〔二〕山，古逸叢書本作「丘」。

〔三〕匆，原作「忽」，據古逸叢書本改。

病柏

○此篇傷郭英乂爲崔旰所殺。或謂：傷明皇也。魯訔曰：四詩一時作，當在夔州。○【趙次公曰】枯椶有云「嗟爾江漢人，生成復何有」是也。

有柏生崇岡，○爾雅釋山：山脊曰岡。童童狀車蓋。○【王洙曰】車，一作青。○【杜田補遺。又，杜陵詩史、分門集注、補注杜詩、集千家注批點杜工部詩集引作「十朋曰」。】蜀志：先主舍東南角籬上有桑樹，高丈餘，遥望童童如小車蓋。偃蹙龍虎姿，主當風雲會。○乾卦：雲從龍，風從虎。神明依正直，故老多再拜。豈知千年根，中路顔色壞。出非不得地，盤據亦高大。歲寒忽無憑，○憑，一作用。○【王洙曰】論語：歲寒，然後知松柏之後凋。日夜柯葉改。丹鳳領九雛，○【趙次公曰】古樂府隴西行：鳳皇鳴啾啾，一母將九雛。哀鳴翔其外。鴟鴞志意滿，○鴟，尺之切。鴞，于〔一〕嬌切。惡鳥也。草木疏：鴟鴞，似黄雀而小，其喙尖如錐，取茅莠爲窠，以麻紩之，如刺韈然，縣着樹枝。關東謂之工雀。養子穿穴内。○【王洙曰】穴，一作窟。客從何鄉來，○【趙次公曰】古詩：客從何處〔二〕來。竚立久吁怪。靜求元精理，○【王洙曰】元精，一作無根。浩蕩難倚賴。○謂此柏有龍虎之姿，意之所主，當有風雲慶會，言其大才必見大用。神之聰明正直，依人而行，此柏所生正直，神必衛之，故老亦再拜而重之。豈期根盤千載，輒壞於中間，原其盤據非不得地，高且大也，奈何歲寒之操忽變，若無足信。○【師古曰】豈柏之罪耶？物實有以侵之。此詩寓意傷郭英乂也。英乂鎮成都，爲人端直，蜀人重之。不幸爲崔旰所殺，其諸孤哀泣若無所訴，故有「丹鳳領九雛，哀鳴翔其外」之句。鴟鴞，惡鳥，喻崔旰既害英乂，竊據成都，故有「鴟鴞志意滿，養子穿穴内」之句。然正直之人，神明佑之，父老敬之，今反罹其禍，豈非歲寒無憑乎？甫自稱英乂鎮蜀，甫爲客以依之，今既遇害，是以爲之吁怪。細思天理，天理茫昧亦不足倚賴，蓋嘆禍淫福善之理，若乖戾不可考信故也。

【校記】

〔一〕于，元本、古逸叢書本作「吁」。

〔二〕處，元本、古逸叢書本作「方」。

病橘

○【王洙曰】此篇傷物失其宜，故至於困悴。○亦以譏當時之用事者也。

羣橘少生意，○【王洙曰。又，趙次公曰：「羣橘，一作伊橘，非。蓋不唯不成語，而羣字與下多字相應也。」】羣，一作伊。雖多亦奚爲。惜哉結實小，酸澀如棠梨。剖之盡蠹蟲，○【王洙曰】剖，一作割。○蟲，一作蝕。采掇爽其宜。○【王洙曰】其，一作所。○掇，都奪切，拾也。謂失所宜也。紛然不適口，豈宜〔一〕存其皮。○謂其皮可以入藥也。蕭蕭半死葉，○【王洙曰】枚乘七發：〔二〕其根半生半死。未忍別故枝。玄冬霜雪積，况乃迴風吹。嘗聞蓬萊殿，羅列瀟湘姿。○昔漢武帝會羣臣於蓬萊殿，羅列瀟湘之橘，以爲珍果。○【王洙曰】瀟湘有橘田，有橘州。○每歲入貢天子也。此物歲不稔，玉食失光輝。○【王洙曰】失，一作少。○瀟湘之橘今既病而不熟，無以供王貢，是以玉食而失光輝也。○【趙次公曰】洪範：惟辟玉食。張華詩：橘生湘水側，非〔三〕陋莫人傳。逢君金華宴，得在玉几前。寇盜尚憑陵，○【師古曰】謂史思明之亂未平也。當君減膳時。○【師古曰】天子遭亂，則必減膳徹樂，示自責也。汝病是天意，吾愁罪有司。○【王洙曰】愁，一作諗。○諗音審，告也。○【師古曰】謂橘病不貢，無乃天意使吾君減徹乎？○甫恐乎天子不知上天之意，反責有司，故愁也云云。憶昔南海使，奔騰獻荔枝。百馬死山谷，到今耆舊悲。○憶，一作聞。○【王洙曰】：「唐書：楊貴妃嗜荔枝，必欲生致之。乃置騎傳送，走數千里，其味未變，已至於京師也。」杜田補遺：「公借其事以譏楊妃。舊注引唐書，其説非。唐所貢乃涪州荔枝，由子午道而往，非南海也。」按，杜田補遺注文杜陵詩史、分門集注、補注杜詩、集千家注批點杜工部詩集引作「修可曰」。趙次公曰：「此用獻荔枝事比之，奇矣。杜所引是。故公後有絶句云：側生野岸及江蒲，不熟丹宫滿玉壺。雲壑布衣駘背死，勞人重馬翠眉須。」】公借漢南海獻荔枝事以譏楊貴妃嗜荔枝。亦所以警嗣君也。昔明皇於荔枝熟時，與貴妃幸驪山宫，荔枝之使驛騎傳送，至宫，色尚未變，馬乏熱，皆爲之喘死。到今父老言之，不能無悲也。○【杜田補遺】按後漢和帝紀：南海獻龍眼荔枝，十里一置，五里一候，奔騰險阻，死者繼路。又謝承漢書：交州舊貢荔枝龍眼，驛馬晝夜傳送，至有遭虎狼毒害，頓仆死亡不絶。

【校記】

〔一〕宜，古逸叢書本作「止」。

〔二〕枚乘七發，古逸叢書本作「枝葉亡發」。

〔三〕菲，元本、古逸叢書本作「兼」。

枯椶

○【王洙曰】此篇傷民困於重斂也。

蜀門多椶櫚，○【王洙曰】椶櫚，一作栟櫚。○【趙次公曰】栟音并，櫚音閭。○【鄭卬曰】：「栟櫚，木名。有葉無枝。」狀似蒲葵，有葉無枝，皮可以爲繩。高者十八九。其皮割剥甚，雖衆亦易朽。徒布如雲葉，○布，一作有。青青歲寒後。交横集斧斤，凋喪先蒲柳。○爾雅釋〔一〕木：楊，蒲柳。古今注：白楊，葉圓。青楊，葉長。柳，葉細長。蒲柳生水邊，葉似青楊。○【薛夢符曰】晉書：顧愷之與簡文同年，而髮早白。帝問其故，對曰：「松柏之姿，經霜猶茂。蒲柳之質，望秋先零。」○【師古曰】椶櫚之皮可用，軍興之際割剥殆盡，譬如江漢之民困於重斂，然剖〔二〕刻之吏刮削苦毒，何異斧斤交集，而民不得其生耶！傷時苦軍乏，一物官盡取。嗟爾江漢人，生成復何有。有同枯椶木，○有，一作自。使我沉嘆久。死者即已休，○【趙次公曰】猶椶之既剥而多枯死也。生者何自守。○【王洙曰】何，一作能。○【趙次公曰】猶椶之未剥者，終復遭剥也。啾啾黄雀啅，○【鄭卬曰】啅與啄同，竹角切。○【師古曰】傷其民之無所託也。側見寒蓬走。念爾形影乾，○【鄭卬曰】乾，古寒切。○一作枯形乾，一作形影枯。摧殘没藜莠。○【師古曰】甫既痛嗟割剥之虐，復自悼飄蕩如蓬逐風飛，恐亦埋没藜莠而已矣。

【校記】

〔一〕釋，元本、古逸叢書本作「雀」。

〔二〕剖，元本、古逸叢書本作「酷」。

枯柟

○【鄭卬曰】柟，那含〔一〕切。葉似桑，子似杏而酸。俗作楠。○【師古曰：「此詩所以傷大材老死丘壑，而小有材者居重任，其顛倒如此。」又，王洙曰：「此詩傷抱材者老死丘壑，而不材者見用也。」】此篇傷大材老死丘壑，而小有材者居重任。○亦以自悼也。

楩柟枯峥嶸，○【劉曰】峥嶸，高貌。鄉黨皆莫記。不知幾百歲，慘慘無生意。上枝摩蒼天，○蒼，一作皇。○【王洙曰】魏文帝詩：脩條摩蒼天。下根蟠厚地。○【趙次公曰】莊子：下蟠于地。巨圍雷霆拆，萬孔蟲蟻萃。凍雨落流膠，○【趙次公曰】凍，音東。○謂楠有膠如香，可燒也。○【趙次公曰】屈原九歌大司命：使凍雨兮灑塵。郭璞爾雅注：江東呼夏月暴雨爲凍雨。衝風奪嘉氣。○謂柟已枯而香氣歇也。○【趙次公曰】衝風，隧〔二〕風也。九歌河伯章：衝風起兮揚波。白鵠遂不來，天雞爲愁思。○白鵠、天雞每棲其上，既失所託，遂不來而爲之愁思也。○【杜田補遺】爾雅釋鳥：鶾，天雞。注：鶾，雞赤羽。○【唐曰：「天雞，雉也。」】或曰：雉雞也。○【王洙曰】謝靈運詩：海鷗戲春岸，天雞弄和風。○【趙次公曰】按集，有曰「赤葉楓林百舌鳴，黄泥野岸天雞舞」。猶含棟梁具，無復霄漢志。良工古昔少，識者出涕淚。○【趙次公曰】謂此枏雖既失所而枯，猶可充棟梁之任。奈何工師少遇，而有識者爲之流涕也。種榆水中央，○【趙次公曰】詩蒹葭篇。成長何容易。○長，丁丈切。○【趙次公曰】東方朔傳：談何容易。截承金露盤，○【趙次公曰】前漢郊祀志：武帝作柏梁銅柱承露仙人掌。注引三輔故事：建章宫承露盤，高二十丈，七圍，以銅爲之，上有仙人以手掌承露，和玉屑飲之。○【王洙曰】西京賦：立脩莖之仙掌，承雲表之清露。裊裊不自畏。○【師古曰】喻君子負大材，不遭明聖之君，至於困頓失所。小人以柔脆嵬瑣之姿，反俾之居廟堂，以承重任，其不傾危，不可得矣。昔漢武帝爲金人承露，植以脩莖，榆乃柔脆之木，賤而易長，今用以承露盤，裊裊而危，可不寒心乎？小人貪位慕禄，雖處重任，不知自畏，必至於困覆而後已。

【校記】

〔一〕含，古逸叢書本作「舍」。

〔二〕隧，元本、古逸叢書本作「遂」。

憶昔二首

憶昔先皇巡朔方，千乘萬騎入咸陽。○【趙次公曰】先皇，言肅宗也。肅宗當禄山之亂，即位靈武，靈武乃朔方郡。帝以兵巡朔方，稍振士氣，遂入收咸陽。○咸陽，西京也。蔡邕獨斷：大駕備千乘萬騎。○【王洙曰】後漢靈帝末，京師童謡曰：「侯非侯，王非王。千乘萬騎上北芒。」○按關中記：秦孝公都咸陽，今渭城是也，在渭北。始皇都咸陽，今城南大城是也。名咸陽者，山南曰陽，水北亦曰陽，其地在渭水之北，又在九嵕諸山之南，故曰咸陽。陰山驕子汗血馬，○【趙次公曰】驕子，指言回紇也。時回紇以兵助肅宗討賊，皆騎汗血之馬。按，至德二年，廣平王俶爲兵馬元帥，郭子儀副之，以朔方、安西、回紇、南蠻、大食兵討安慶緒。時回紇兵最有功也。○前漢李廣傳：北邊塞至遼東外有陰山，東西千餘里，草木茂盛，多禽獸。○【趙次公曰】又匈奴傳：單于遣使遺漢，書曰：「南有大漢，北有强胡。胡者，天之驕子也。」○又西域傳：大宛别邑七十餘城，多善馬，馬汗血，言其先天馬子也。長驅東胡胡走藏。○【趙次公曰】東胡，指言安慶緒也。慶緒起於范陽，范陽在東，故云「東胡」。時廣平王之兵戰于澧〔一〕水，而慶緒敗績也。鄴城反覆不足怪，○鄴，音業。○【趙次公曰】今相州也。慶緒敗績奔河北，明年乾元元年，蔡希德等復會慶緒，賊復振，以相州爲成安府，此反覆何足怪也。或謂胡走藏者，禄山也。鄴中反覆者，史思明未服也。殊不知當回紇助順之時，禄山已爲慶緒所殺矣。關中小兒壞紀綱，○【趙次公曰】關中〔二〕小兒，謂李輔國也。輔國以閹奴爲閑廄小兒，其後專權，則私判臆處，此敗國家之紀綱，乃可傷也。張后不樂上爲忙。○【王洙曰：「張后，肅宗張皇后也。時玄宗幸蜀，后侍肅宗起靈武，遂立爲后。后能牢籠，干豫政事。遷太上皇，讒建寧王倓賜死，皆后謀也。及肅宗大漸，后挾越王係謀危害太子，爲李輔國謀。」】張后，肅宗皇后也。上，指代宗爲太子時也。按張后能牢籠，干豫政事，後與李輔國謀徙上皇，又屢欲危害太子，皆張后之惡，故太子爲之驚忙。太子即位，是爲代宗也。至今今上猶撥亂，○【王洙曰：「今上，代宗也。自爲太子，授天下兵馬元帥。及即位，內平張后、越王之難，外經營河朔。」】今上，即代宗。代宗之爲太子，出則爲元帥，入則監國也。勞身焦思補四方。○【鄭卬曰】思，息吏切。我昔近侍叨奉引，○【趙次公曰】奉引，掌供奉之事。甫至德二年肅宗授左拾遺，明年收京，扈從還長安。蓋拾遺掌供奉扈從也。○【杜田補遺】唐六典：補闕、拾遺，武后垂拱中置，二人，以掌供奉、諷諫、扈從、乘輿。○按集有往在詩「微軀忝近臣」，又寄賈嚴兩閣老詩「此時霑奉引」，又酬嚴公題野亭詩「奉引濫騎沙苑馬」。出兵整肅不可當。○當，晉〔三〕作忘。謂代宗出爲元帥，行兵有紀律，收復兩京也。爲留猛士守未央，○【趙次公曰】未央，宮名。乾元二年七月，以郭子儀留守西京。致使岐〔四〕雍防西羌。○【鄭卬曰】雍，於用切。○西羌，謂吐蕃也。○【趙次公曰】乾元二年，吐蕃入寇，陷廓州，而岐、雍之間防寇之不暇。犬戎直來坐御床，○犬戎，即西羌也。○【趙次公曰】廣德元年，吐蕃陷京師。百官跣足隨天王。○跣，息〔五〕展切。代宗跣幸陝，百官跣足隨帝出奔，謂蒼忙〔六〕也。願見北地傅介子，○【王洙曰】前漢西域傳：元鳳四年，遣傅介子往刺樓蘭王。既至，王與介子飲醉，介子遂斬其首，馳傳詣闕，懸之北闕，封爲義陽侯。老儒不用尚書郎。○【師古曰】甫嘗爲工部員外郎中〔七〕，犬戎之難，甫欲得將如傅介子以討平之，而甫文士，年已衰老，想不爲朝廷用，所謂「儒冠多誤身」者此也。○【王洙曰】木蘭行「欲與木蘭賞，不用尚書郎」也。

【校記】

〔一〕澧，古逸叢書本作「灃」。

〔二〕關中，古逸叢書本無。

〔三〕晉，原作「音」，據古逸叢書本改。

〔四〕岐，古逸叢書本作「收」。

〔五〕息，古逸叢書本作「原」。

〔六〕忙，古逸叢書本作「黃」。

〔七〕中，元本、古逸叢書本無。

憶昔開元全盛日，○全，一作前。小邑猶藏萬家室。○玄宗開元初，用張九齡爲相，至小之邑，猶藏萬家，户口充實，號爲太平也。稻米流脂粟米白，○謂人食脱粟飯也，其與厭糟糠者遠矣。養生要集：秔，稻屬也。稻亦秔之總名。説文：粟，嘉穀之實也。公私倉廩俱豐實。○明皇紀：開元二十五年，大理卿奏天下歲斷死刑二十八，京師米斛不滿二百，行人萬里不持兵刃。○【王洙曰】鄭棨開元紀：自開遠門西行百餘里，米斗三文〔一〕，丁壯不識兵器，路不拾遺。○柳芳曆：開元二十八年，西京米價不盈二百，絹亦如之。東出汴宋，西歷岐鳳，行人萬里不持寸刃。九州道路無豺虎，○【趙次公曰】豺虎，喻盜賊也。王粲詩：盜賊如豺虎。遠行不勞吉日出。○謂車航通達，不煩卜擇也。屈原離騷：歷吉日兮吾將行。齊紈魯縞車班班，○【饒曰】謂山東出厚繒，商販不絶也。○【薛夢符曰】前漢志：齊俗作冰紈綺繡純麗之物。顔師古曰：謂布帛之細，其色潔明如冰也。○韓非子：魯人善織屨，妻善織縞，而徙於越。或謂之曰：「子必窮，屨欲履之，而越人跣足。縞欲冠之，而越人按髮。」○【王洙曰】後漢志：桓帝初，京都童謡曰：「車班班，入河間。」男耕女桑不相失。○謂民樂其業也。宫中聖人奏雲門，○謂以禮樂爲治也。○【王洙曰】周禮大司樂：歌大吕，舞雲門，以祀天神。天下朋友皆膠漆。○【歐曰】謂風俗之厚，皆以信義相接也。○【師古曰】初，李林甫、楊國忠、安禄山之徒，平昔相游從，一旦反目〔二〕操戈相逐，雖欲如向者膠漆之堅，豈可復得哉？○【王洙曰】後漢陳重與同郡雷義爲友，鄉里爲之語曰：「膠漆自謂堅，不如雷與陳。」劉孝標絶交論：道協膠漆。百餘年間未災變，○【師古曰】謂安禄山未叛也。叔孫制禮蕭何律。○【師古曰】叔孫通爲高祖制禮儀，蕭何定律令。當是時，禮樂修明。開元之際，治幾三代。及罷張九齡相，李林甫生事遠夷，中國消耗，禄山一叛，舉前日禮樂律令圮〔三〕壞而棄之。玄宗於是時雖欲奏雲門於宫中，亦不可得也。○【王洙曰】揚雄解嘲：叔孫通起於枹鼓之間，解甲投戈，遂作君臣之儀，得也。聖漢權制而蕭何造律，宜也。豈聞一絹直萬錢，○【師古曰】當太宗時，米斗三錢，布帛稱是。玄宗承富貴之餘業，物價極賤。兵興以來〔四〕，一絹直萬錢也。有田種穀今流血。○【師古曰】謂前日種穀之地，今鞠而爲戰場也。○【趙次公曰】揚子：川谷流人之血。洛陽宫殿燒焚盡，○【師古曰】謂東都苑囿化爲煨燼也。○曹植送應氏詩：洛陽何寂寥，宫室盡焚燒。宗廟新除狐兔穴。○【師古曰】謂宗廟失守，狐兔成羣也。○【王洙曰】張孟陽七哀詩：園寢化爲墟，周墉無遺者〔五〕。狐兔窟真〔六〕中，蕪穢不復掃。傷心不忍問耆舊，復恐初從〔七〕亂離説。○【師古曰】謂令人傷心疾首，不忍道及當初亂離時事也。小臣魯鈍無所能，○鈍，徒因〔八〕切。○【王洙曰】劉公幹贈王宫詩：小臣信頑魯。朝廷記識蒙禄秩。周宣中興望我皇，○中，竹仲切。灑血江漢長衰疾。○血，晉作淚。○【王洙曰】長，一作身。○【師古曰】甫自顧魯鈍無能，叨蒙工部禄秩，足認朝廷不即棄捐，唯以周宣中興之功仰望其君，但洒淚江漢之上〔九〕，惓惓朝廷，無復一預朝會，但衰疾日長，老死而後已。未嘗一言話之間，少忘其君，足見甫之忠勤，詩人無能及之，蓋謂是也。

【校記】

〔一〕文，元本、古逸叢書本作「錢」。

〔二〕目，元本、古逸叢書本作「自」。

〔三〕圮，古逸叢書本作「皆」。

〔四〕來，元本、古逸叢書本作「米」。

〔五〕者，古逸叢書本作「老」。

〔六〕真，元本、古逸叢書本作「其」。

〔七〕初從，元本、古逸叢書本作「從初」。

〔八〕因，元本、古逸叢書本作「困」。

〔九〕上，古逸叢書本作「土」。

晝夢

〇【王洙曰】此篇譏時之暴賦重斂也。

二月饒睡昏昏然，不獨夜短晝分眠。〇【趙次公曰】言二月昏睡，不足獨只是春夜，短睡不足，而乃分晝之半以眠耶〔一〕。桃花氣暖眼自醉，〇【趙次公曰】言桃花在暖日中，醺灼人眼，已醉悶也。春渚日落夢相牽。〇【趙次公曰】春渚纔日落，夢已相牽，不自由矣。故鄉門巷荊棘底，○【趙次公曰】故鄉，謂杜陵之居。不歸之，久而生荆棘矣。中原君臣豺虎邊。○【趙次公曰】豺虎，喻盗賊也。王粲詩：盗賊如豺狼。安得農務息戰鬬，普天無吏横索錢。○【趙次公曰】横，讀去聲。吏乘軍須之際，至於暴斂横索，乃爲可傷也。○華陽國志：李盛爲太守，貪殘重賦，國人刺之曰：「盧鵲何喧喧，有吏來掩門。披衣出門應，府縣欲得錢。」

【校記】

〔一〕耶，元本、古逸叢書本作「也」。

熟食日示宗文宗武

○【王洙曰】寒食日不舉火，預辦其物過節而熟食之，謂之「寒食」，亦謂之「熟食」。○宗文，字穉子，宗武，字驥子。甫之二子也。

消渴遊江漢，○【趙次公曰】甫自言其病也。羈棲尚甲兵。幾年逢熟食，萬里逼清明。松柏邙山路，○【杜田補遺】十道志：邙山在洛陽縣北七十里。楊佺期洛城記：邙山，古今東洛九原之地也。○邙，音忙。○或曰邙山，一作邛山。○【鄭卬曰】寰宇記：邛州因邛來山爲名。水經注：邛來山在漢嘉嚴道縣。風光白帝城。○【杜田補遺】世俗以寒食省墓，甫先塋在東洛之邛山，而時身流寓於白帝城，於寒食不能展省，故有是句。汝曹催我老，回首淚縱横。○謂思東洛也。

又示兩兒

令節成吾老，他時見汝心。○【趙次公曰】令節，指寒食也。以汝年少，未知老者之情。他日汝輩老年，方見其心，如我之今日也。浮生看物變，爲恨與年深。長葛書難得，○【鄭卬曰】長葛，春秋時屬鄭地，今〔一〕縣隸許州。江州涕不禁。○禁，協平聲。登樓賦：涕橫墜而弗禁。團圓思弟妹，○【趙次公曰】長葛、江州，乃甫弟妹所在也。行坐白頭吟。○【趙次公曰】昔卓文君作白頭吟以諷相如。○餘見前注。

【校記】

〔一〕今，元本、古逸叢書本作令。

陪諸公上白帝城宴越公堂之作

○【王洙曰】越公，楊素也。有堂在城上，畫像尚〔一〕存。

此堂存古制，城上俯江郊。落構垂雲雨，荒階蔓草茅。柱穿蜂溜蜜，棧缺燕添巢。○棧，乃棧道也。坐接春盃氣，心傷艷蘂梢。英靈如過隙，○【趙次公曰：「指公孫述之英靈如過隙而逝亡。」】悼楊素之英靈已逝，日晷易度，如白駒之過隙，謂其迅疾也。○【王洙曰】莊子：人生天地之間，若白駒之過隙，忽然而已。○又言：天與地無窮，人死者有時，忽然何異騏驥之過隙也。又禮記：三年之喪，二〔二〕十五月而畢，若駟之過隙。宴衎願投膠。○衎，苦旦切，樂也。○【趙次公曰】謂今日獲陪諸公宴衎，當願如以膠投漆而結綢繆之好也。○詩小雅：嘉賓式燕以衎。○【王洙曰】古樂府詩：以膠投漆中，誰能別離此。莫問水青流〔三〕，生涯未即拋。○莊子養生篇：吾生也有涯。

【校記】

〔一〕尚，元本、古逸叢書本作「猶」。

〔二〕二，古逸叢書本作「一」。

〔三〕水青流，元本作「水清淺」，古逸叢書本作「東流水」。

晴二首

久雨巫山暗，新晴錦繡紋。碧知湖外草，○【王洙曰：「〔外〕一作上。」】外，晉作上。○【趙次公曰】洞庭湖外連青草湖也。紅見海東雲。○【趙次公曰：「言日出之處紅雲也。」】日出乎東，故海上雲紅也。竟日鶯相和，摩霄鶴數羣。野花乾更落，風處急紛紛。

啼烏争引子，鳴鶴不歸林。下食遭泥去，高飛恨久陰。雨聲衝塞盡，日氣射江深。回首周南客，○周南，謂涇〔一〕陽也。○【王洙曰】昔太史公留滯〔二〕周南。驅馳魏闕心。○甫自論其不忘君也。○【王洙曰】天子之門兩觀，謂之象魏。○【趙次公曰】莊子讓王篇：公子牟曰：「身在江海，心居魏闕。」

【校記】

〔一〕涇，古逸叢書本作「留」。

〔二〕滯，元本、古逸叢書本作「寓」。

雨

始賀天休雨，還嗟地出雷。○【王洙曰】易：雷出地奮豫。驟看浮峽過，○【趙次公曰。又，王洙曰：「〔浮〕一作巫。」】浮，一作巫，非也。密作渡江來。牛馬行無色，○【王洙曰】莊子秋水篇：秋水時至，兩涘渚涯之間，不辨牛馬。蛟龍鬭不開。干戈陰盛氣，未必自陽臺。○【王洙曰】因陰氣盛而多雨，未必來自於陽臺也。○【趙次公曰】高唐賦：妾在巫山之陽，高山〔一〕之阻，旦爲朝雲，暮爲行雨。

【校記】

〔一〕山，古逸叢書本作「丘」。

三月新自赤甲遷瀼西所作

卜居

歸羨遼東鶴，○【王洙曰】昔遼東華表柱有鶴集其上，自言丁令威，曰：「有鳥有鳥丁令威，去家千年今始歸。城郭如故人民非，何不學仙冢纍纍。」吟同楚執珪。○【王洙曰】此兩句嘆其不得歸鄉也。史記：莊舄，故越之細鄙人也，爲楚執珪，病而尚猶楚聲。王粲登樓賦：莊舄顯而越吟。未成遊碧海，○【趙次公曰】東方朔十洲記：東有碧海，廣狹浩汗〔一〕，與東海等水不鹹苦〔二〕，正〔三〕作碧色。着處覓丹梯。○着，直略切。○【王洙曰】謝靈運詩：躡步淩丹梯。〔四〕雲障寬江北，○障，陳作嶂。○【趙次公曰】夔江之北，其山稍遠，故爲寬矣。春耕破瀼西。○【王洙曰：「南瀼水，管郫縣也。」】管郫縣西水名也。桃紅客若至，定似昔人迷。○【王洙曰】昔，一作晉。詳見「欲問桃花宿」注。

【校記】

〔一〕浩汗，元本作「浩斥」，古逸叢書本作「佶斥」。

〔二〕鹹苦，元本、古逸叢書本作「鹵斥」。

〔三〕正，元本、古逸叢書本作「渾」。

〔四〕「着處」句及注，宋本原無，據元本、古逸叢書本補。

玉腕騮

○【王洙曰】江陵節度衛公馬也。

聞説荆南馬，尚書玉腕騮。頓驂飄赤汗，○頓駿，陳作駿驔。○【王洙曰】天馬歌：霑赤汗，沫流赭。跼蹐顧長楸。○跼，音局，不伸也。蹐，音脊，小步也。○【王洙曰】曹植名都篇：走馬長楸間。胡虜三年入，乾坤一戰收。○【趙次公曰】謂禄山、慶緒之亂，三年之際，遂仍收復，斯爲「一戰收」矣。衛尚書之馬，豈正於此時得用乎？舉鞭如有問，欲伴習池遊。○【王洙曰】襄陽記：峴〔一〕山南習郁有佳園池，山簡鎮襄陽，每臨此池，飲輒大醉而歸，常曰：「此我高陽池也。」城中小兒歌曰：「山公出何許，來至高陽池。日夕到〔二〕載歸，酩酊無所知。」

【校記】

〔一〕峴，元本、古逸叢書本無。

〔二〕到，元本、古逸叢書本作「倒」。

暮春題瀼西新賃草堂五首

久嗟三峽客，再與暮春期。百舌欲無語，〇【師古曰】百舌，禽名，江東人謂之「信鳥」。逢春則效百鳥語，故名「百舌」，又曰「反舌」，謂能反覆其舌也。〇【趙次公曰】至於無聲，則在芒種後十日。今謂之「欲無語」，蓋暮春之時也。繁花能幾時。谷虛雲氣薄，波亂日華遲。戰伐何由定，〇謂有吐蕃之亂也。哀傷不在茲。〇論語子罕篇：子窮〔一〕於匡，曰：「文不在茲乎？」

【校記】

〔一〕窮，元本、古逸叢書本作「畏」。

此邦千樹橘，不見比封君。〇【王洙曰】前漢貨殖傳：蜀、漢、江陵千樹橘，此其人皆與千户侯等。養拙干戈際，全生麋鹿羣。畏人江北草，〇【趙次公曰：「畏人在於江北之草間，旅食在於瀼西之雲裏，此公之自歎也。」】自歎其畏人，居於江北之草間也。旅食瀼西雲。〇【趙次公曰：「畏人在於江北之草間，旅食在於瀼西之雲裏，此公之自歎也。」】自愧其旅食，寓於瀼西之雲裏也。萬里巴渝曲，○巴渝，蜀地也。○【王洙曰】前漢禮樂志：巴渝鼓員三十六人。顔師古曰：巴，巴人也。渝，渝人也。當高祖初，爲漢王，得巴、渝人，並趫捷善鬭，與之定三秦，滅楚國。存其武樂也，巴、渝之樂，因此始也。巴即今巴州，渝即今渝州也。三年實飽聞。○【趙次公曰】自永泰三年八月方至雲安，迨今大曆二年，爲三年矣。

緣雲陰復白，錦樹曉來青。身世雙蓬鬢，○【趙次公曰】言身已老，而雙鬢如蓬也。乾坤一草亭。○【趙次公曰】言天地之間有此瀼西一草堂也。哀歌時自短，○【趙次公曰。又，杜陵詩史、分門集注、補注杜詩引作「師古曰」。】古樂府詩有短長吟篇。○【師古曰】按集有渝州候嚴侍御詩「虚費短長吟」是也。醉舞爲誰醒。○醉舞，一作薄酒。細雨荷鋤立，○荷，下可切，負也。○【趙次公曰。又，門類增廣十注杜詩引作「新添」，杜陵詩史、分門集注、補注杜詩引作「黄曰」。】陶淵明詩：帶月荷鋤歸。江猿吟翠屏。○謂春山如畫屏也。

壯年學書劍，○年，晉作志。○【王洙曰】昔項籍學書不成，去學劍。他日委泥沙。○【趙次公曰】甫自歎其流落也。事主非無禄，浮生即有涯。○莊子養生篇：吾生也有涯。高齋依藥餌，絶域改春華。喪亂丹心破，王臣未一家。○【王洙曰】毛詩：率土之濱，莫非王臣。

欲陳濟世策，已老尚書郎。○【王洙曰：「見『老儒不用尚書郎』詩注。」趙次公曰：「公官是尚書工部員外郎，故云。」】謂老於尚書工部員外郎而不用也。不息豺虎鬬，○【趙次公曰：「豺狼以言盜賊。」】喻〔一〕盜賊未息也。空慙鴛鷺行。○【王洙曰：「公曾任拾遺，籍占朝列。」】愧嘗爲左拾遺之職也。時危人事急，○急，晉作惡。風逆羽毛傷。○逆，晉作急。落日悲江漢，中宵淚滿床。

【校記】

〔一〕喻，原作「踰」，據元本、古逸叢書本改。

引水

月峽瞿塘雲作頂，○明月峽、瞿塘〔一〕峽、巫峽，謂之三峽。○【趙次公曰】寰宇記：渝州〔二〕有明月峽，以石穴圓似月而得名。亂石崢嶸俗無井。○地勢高峻無井，居民買水而食。雲安沽水僕奴悲，○雲安屬夔州。悲，謂取水艱難也。魚復移居心力省。○復，音腹。省，所景切，簡少也。夔州雖乏水，魚復有之，故移居就焉。省，謂取水免費心力也。○【王洙曰】後漢地理志：魚復縣屬巴郡，古庸國。左氏文公十年傳「魚人逐楚師」是也。○又，夔州雲水郡有奉節縣，魚復故城在，北〔三〕有白帝城。白帝城西萬竹蟠，○後漢地理志：獻帝分巴爲三郡，以魚復爲巴陵郡〔四〕，治白帝山。接筒引水喉不乾。○乾，音干，燥也。○【九家集注杜詩依例爲「王洙曰」：「夔俗無井，皆以竹引山泉而飲，蟠屈山腹間，有至數百丈。」又，杜陵詩史、分門集注、補注杜詩、集千家注批點杜工部詩集引作「魯曰」。】夔俗無井，居人以竹筒蟠屈山谷間，相接引泉而食之。人生留滯生理難，斗水何直百憂寬。○凡人生〔五〕所憂者，無過飢渴。斗升之水，算來未有所直，得此則百憂爲之寬解也。以此知生理實難，况餘物乎？○【趙次公曰】盧照隣秋風詩：賴此百憂寬。○黄庭堅曰：熟讀子美到夔州後古律詩，便得句法，簡易而大巧出焉，平淡而山高水深，似欲不可企及。文章成就，更無斧鑿痕，乃爲佳也。

【校記】

〔一〕瞿塘，元本、古逸叢書本作「歸鄉」。

〔二〕州，元本、古逸叢書本作「亦」。

〔三〕北，元本、古逸叢書本作「又」。

〔四〕巴，原作「故」，據元本、古逸叢書本改。

〔五〕生，元本、古逸叢書本無。

甘園

春日清江岸，千甘二頃園。青雲羞葉密，○【王洙曰：「（着）一作羞。」】羞，一作着〔一〕。白雪避花繁。結子隨邊使，開筒近至尊。○【王洙曰】謂蜀甘歲貢于天子也。後於桃李熟，終得獻金門。○【王洙曰】此甫自託意也。

【校記】

〔一〕着，元本作「者」，古逸叢書本作「著」。

〔唐〕杜　甫　著
〔宋〕魯　訔　編次
〔宋〕蔡夢弼　會箋
曾祥波　新定斠證

新定杜工部草堂詩箋斠証

四

上海古籍出版社

新定杜工部草堂詩箋斠證卷第三十四

大曆元年三月自赤甲遷瀼西所作

承聞河北諸道節度入朝歡喜口號絶句十二首

禄山作逆降天誅，○【王洙曰】安禄山也。更有思明亦已無。○【王洙曰】史思明也。洶洶人寰猶不定，時時戰鬭欲何須。○【趙次公曰】謂廣德元年七月吐蕃入寇矣。

社稷蒼生計必安，蠻夷雜種錯相干。○夷種，謂禄山本胡人，及吐蕃相繼爲亂也。周宣漢武今王是，○【王洙曰】：「周宣中興，漢武雄畧，言除去暴亂如漢武，恢復帝業如周宣也。」【以代宗比宣王、武帝也。孝子忠臣後代看。○【趙次公曰】：「此篇望諸節度使之忠孝如此。」】公以忠孝期諸節度也。○此自對格也。

喧喧道路多歌謠，河北將軍盡入朝。始是乾坤王室正，○卞圜曰：始，音試。却教江漢客魂銷。○【趙次公曰】今因喜〔一〕諸將入朝，而傷其流落，未得還闕以朝天子，所以重歎而魂銷也。

【校記】

〔一〕喜，元本、古逸叢書本無。

不道諸公無表來，茫然庶事遣人猜。○茫然，魯作茫茫。遣，一作使。擁兵相學干戈鋭，使者徒勞百萬〔一〕迴。○【王洙曰。又，集千家注批點杜工部詩集引作「公自注」。】吐蕃之亂，諸道節度無一人救援者，朝廷遣使告諭，亦竟不至。

【校記】

〔一〕百萬，古逸叢書本作「萬里」。

鳴玉鏘金盡正〔一〕臣，○【趙次公曰】鳴玉鏘金，言節度之貴〔二〕。稱爲正〔三〕臣，則甫豈待之以忠義者耶？修文偃武不無人。○【趙次公曰】又責望於諸節度矣。書：武、成王乃偃武修文。興王會静妖氛氣，聖壽宜過一萬春。○【薛蒼舒曰】世説：晉武帝問孫皓：「聞南人好作爾汝歌，頗爲能不？」皓正飲酒，因舉觴勸帝而言：「昔與汝爲鄰，今與汝爲臣。上汝一盃酒，令汝壽萬春。」

【校記】

〔一〕正，古逸叢書本作「武」。

〔二〕元本、古逸叢書本「貴」下有「二」字。

〔三〕正，古逸叢書本作「武」。

英雄見事若通神，聖哲爲心一小身。○【王洙曰】言天子不役天下以自奉也。燕趙休矜出佳麗，○【王洙曰】古詩：燕趙多佳人，美者顔如玉。宮闈不擬選才人。○【趙次公曰】此篇喜諸節度入朝。所謂節度者，皆河北之地，既喜其入朝，却防其媚説而獻佳麗，故預以爲戒也。才人者，宮中之爵號也。○【王洙曰】唐制：才人正二千石。

抱病江天白首郎，○【趙次公曰】甫暮年爲尚書工部員外郎。○【趙次公曰：「其字依傍馮唐白首爲郎矣。」】因以馮唐自比也。○餘見前注。空山樓閣暮春光。衣冠是日朝天子，草奏何人入帝鄉。○【趙次公曰】草奏之語，甫有所激矣。

澶漫山東一百州，○【鄭卬曰】澶，市連切。漫，草〔一〕半切。○【韓曰】澶漫，不供也。○【趙次公曰】山東，今河北也。○十道志有河北，無山東。唐始都長安，自太行以東，皆山東也。削成如按抱青丘。○【鄭卬曰：「削，平也。」】削成如按，言已平也。○【鄭卬曰】青丘，在青州千乘縣。○外國志：青丘之民，食野穀，衣野絲。○【王洙曰】顏延年詩：入河起陽峽，踐華因削成。苞茅重入歸關內，王祭還供盡海頭。○【王洙曰】左氏傳：齊伐楚，曰：「爾貢苞茅不入，王祭不供。」○又：「賜我先君履，東至于海。」

【校記】

〔一〕草，分門集注、集千家注批點杜工部詩集作「莫」。

東逾遼水北滹沱，○【趙次公曰：「舊本作呼沱，師民瞻本作滹沱，是。」】滹，一作呼，非是。○滹，荒胡切。沱，徒何切。○【趙次公曰】滹沱，河名。○【王洙曰：「遼水，遼東國水也。」】按遼東國有小遼水、大遼水。○【趙次公曰】後漢紀：光武北狥，薊城内擾亂，遂得南出，至滹沱河。○【王洙曰】注引山海經：大戲之山，滹沱之水出焉。本代州繁畤縣，東流經定州深澤東南，即光武所渡處。按，滹沱舊在饒陽南，至魏太祖曹操，因饒河故瀆決，令北注新溝水，所以今在饒陽縣北也。星象風雲喜色和。○史記天官書：景星者，德星也。常出於有道之國。凡望雲氣，有獸居上者勝。陣雲如立垣，杼雲類杼，軸雲摶兩端兑。北夷之氣如羣畜穹閭。南夷之氣類舟船幡旗。若煙非煙，若雲非雲，郁郁紛紛，蕭索輪囷，是謂卿雲。卿雲，見喜氣也。又，正月旦決〔一〕八風。紫氣關臨天地闊，○【趙次公曰】紫氣關，言函谷關有佳氣也。周時，尹喜爲關史〔二〕，望其有〔三〕紫氣，云：「當有聖人入關。」○【王洙曰：「見『東來紫氣滿函關』注。」】按集有曰「東來紫氣滿函關」是也。黄金臺貯俊賢多。○【王洙曰：「燕昭王置千金於臺上，以延天下之士，故稱爲『黄金臺』。」趙次公曰：「臺在燕地，昭王所築，以禮郭隗，而繼得樂毅也。」】後語：燕昭王曰：「安得賢士以報齊讎？」郭隗曰：「王能築臺於碣石山前，尊隗爲師，天下賢士必自至也。」王如其言作臺，以金玉崇之，號黄金臺。於是樂毅自趙往，鄒衍自齊往，劇辛自魏往。○述異記：燕昭王爲郭隗築臺，今在幽州燕王故城中。土人呼爲賢士臺，又呼爲招賢臺。王隱晉書：段匹磾討〔四〕石勒，進屯故安縣，故燕太子丹金臺。按上谷郡圖經：黄金臺，易〔五〕水東南十八里，燕昭王置千金於臺上，以延天下之士。二説不同，故具列之。

【校記】

〔一〕決，古逸叢書本作「央」。

〔二〕史，元本、古逸叢書本作「吏」。

〔三〕有，元本、古逸叢書本無。

〔四〕討，古逸叢書本作「時」。

〔五〕易，古逸叢書本作「陽」。

漁陽突騎邯鄲兒，○邯，下甘切。鄲，多寒切。趙地，今洺州縣也。後漢彭寵傳：寵發漁陽步騎三千人，遂圍邯鄲。景丹傳：丹爲上谷長史，南歸世祖，以擊王郎將兒宏等，丹縱突騎擊，大破之。世祖謂曰：「吾聞突騎天下精兵，今乃見其戰，樂可言邪！」○【趙次公曰。又，杜陵詩史、分門集注、補注杜詩引作「薛夢符曰」。】又，馬武傳：世祖謂馬武曰：「吾得漁陽突騎，令將軍將之。」酒酣並轡金鞭垂。意氣即歸雙闕舞，○古詩：兩宮遥相望，雙闕百餘尺。雄豪復遣五陵知。○【王洙曰】漁陽突騎、邯鄲游俠，其豪俊勇決，古有名稱。五陵，謂漢之渭北長陵、安陵、陽陵、茂陵、平陵也。亦豪俠所聚之地。今皆復遣，知爲王臣也。

李相將軍擁薊門，○李相，謂李光弼也。○【趙次公曰】將軍，謂河北諸道節度也。白頭雖老赤心存。竟能説盡諸侯入，○入，謂入朝天子也。知有從來天子尊。

十二年來多戰場，○【趙次公曰：「天寶十四載，安禄山反，接之以史思明，又接之以吐蕃，至今歲大曆二年春，凡十二年矣。至今春兵息。」】自大曆元年逆數至天寶十四載，安禄山反凡十二年矣。天威已息陣堂堂。○【王洙曰】孫子兵法：堂堂之陣。神靈漢代中興主，○中，如字。凡王室中否而興，謂之中興。然按甫集亦作去聲通用，如「今朝漢社稷，新數中興年」是也。此甫假漢以美唐也。功業汾陽異姓王。○【王洙曰】汾陽王，謂郭子儀也。

得舍弟觀書自中都已達江陵今茲暮春月末行李合到夔州悲喜相兼團圓可待賦詩即事情見乎辭

爾到江陵府，○到，晉作過。江陵，古荆州也。何時到峽州。亂離生有別，○【趙次公曰。又，門類增廣十注杜詩、門類增廣集注杜詩引作「杜云」。杜陵詩史、分門集注、補注杜詩引作「修可曰」。】屈原九歌篇：悲莫悲〔一〕兮生別離。聚集病應瘳。颯颯開啼眼，朝朝上水樓。老身須付託，白骨更何憂。○左氏傳：吾收爾骨焉。

【校記】

〔一〕悲，原無，據元本、古逸叢書本補。

喜觀即到復題短篇二首

巫峽千山暗，終南萬里春。○【王洙曰：「終南山在長安。言去家萬里也。」】終南，長安之南山也。自巫峽至長安，故家有萬里之遠。病中吾見弟，書到汝爲人。○【王洙曰】始爲亂離所隔，則莫知生死也。○【趙次公曰】及得家書，方知弟生存也。竟答兒童問，來經戰伐新。泊船悲喜後，款款話歸秦。○【王洙曰：「(話)一作議。」趙次公曰：「話字，一作議，非。詩家字，如話字方快。」】話，一作議。

待爾嗔烏鵲，○爾，指弟也。○【趙次公曰】謂聞鵲噪而喜，以待弟之來，乃不至，故怒而嗔其不念〔一〕也。○【王洙曰。杜陵詩史、分門集注、補注杜詩又引作「沈曰」。】西京雜記：乾鵲噪而行人至。抛書示鶺鴒。○【趙次公曰】謂喜弟之來，持家書以相示也。○鶺鴒，水鳥也，首尾動摇相應，喻兄弟手足相衛也。○【王洙曰】詩小雅：鶺鴒在原，兄弟急難。枝間喜不去，原上急曾經。○上注。江閣嫌津柳，○【王洙曰】謂嫌其隔望眼也。風帆數驛亭。○數，色主切，計也。○【王洙曰】數其餘程也。應論十年事，○自大曆二年逆數至乾元二年，凡十年矣。撚絶始星星。○撚，一作愁。○【趙次公曰】星星，言鬢之白也。○左思賦〔二〕。

【校記】

〔一〕念，元本、古逸叢書本作「驗」。

〔二〕元本、古逸叢書本「賦」後尚有「三都構思十稔」六字。

寄薛三郎中據

人生無賢愚，飄飄若埃塵。自非得神仙，誰免危其身。與子俱白頭，役役常苦辛。○【王洙曰】役役，一作没没。雖爲尚書郎，○【趙次公曰】甫爲尚書工部員外郎。不及村野人。憶惜〔一〕村野人，其樂難具陳。○具，一作俱。藹藹桑麻交，公侯爲等倫。○野人富桑麻，比之公侯，其樂可知也。天未厭戎馬，○前注。我輩本常貧。子尚客荆州，○荆州，即江陵也。我亦滯江濱。○江濱，謂夔州也。峽中一卧病，瘧癘終冬春。春復加肺氣，此病蓋有因。早歲與蘇鄭，○【王洙曰】蘇，謂源明。鄭，謂虔也。痛飲情相親。二公化爲土，嗜酒不失真。○【趙次公曰】謂蘇、鄭因真性〔二〕嗜酒而死也。余今委脩短，豈得恨命屯。聞子心甚壯，○子，指薛據也。所過信席珍。○【王洙曰】儒行篇：儒有席上之珍。上馬不用扶，每扶必怒嗔。○【王洙曰】每，一作思。賦詩賓客間，揮灑動八埏。乃知蓋代手，才力老益神。青草洞庭湖，○【杜田補遺】范汪荆州記：巴陵南有青草湖，與洞庭相連接，周回數百里。湖之南有青草山，因以爲名。夏月直度百里，日月出没於湖中。岳州圖經：洞庭湖在縣西南一里。東浮滄海湑。〔三〕君山可避暑，○【杜田補遺】山海經：洞庭之山，帝之二女居之。荆州圖經：湘君所遊，故曰君山。○夢弼謂：堯之長女娥皇爲舜正妃，死於湘江，因名湘君，故曰君山。況足采白蘋。○詩召南：于以采蘋。注：蘋，大蓱也。子豈無扁舟，往復江漢津。○甫謂薛郎中可以適情是景也。我未下瞿塘，○瞿塘，峽名。空念禹功勤。○我尚在峽，空恨禹功雖勤，尚不能鑿三峽使江流平易也。聽説松門峽，○【鄭卬曰】松門峽，巴中地名也。吐藥攬衣巾。○【趙次公曰】聞松門峽之好，則方喫藥而吐之，遽攬衣巾以思去也。高秋却〔四〕束帶，鼓枻視清旻。○甫欲深秋揚楫下峽，以見薛郎中也。爾雅釋天：秋爲旻天。鳳池日澄碧，○謂朝廷已清平也。濟濟多士新。余病不能起，健者勿逡巡。上有明哲君，下有行化臣。○此勉薛郎中歸朝助君行化，毋效甫卧病不起也。

【校記】

〔一〕惜，元本、古逸叢書本作「昔」。

〔二〕性，古逸叢書本作「生」。

〔三〕湑，古逸叢書本作「濱」。

〔四〕却，古逸叢書本作「即」。

喜聞賊盜蕃寇總退口號五首

蕭關隴水入官軍，〇【鄭卬曰】蕭關縣，屬原州。〇【師古曰】隴水，則隴州之水〔一〕。皆秦地也。〇【趙次公曰】言吐蕃寇退而官軍盡入居矣。青海黃河卷塞雲。〇【鄭卬曰】鄯州西至青海三百七十里。〇青海在西吐蕃之地。吐蕃先爲哥舒翰所拒，不敢近青海。黃河則自積石而往。〇【趙次公曰】卷塞雲，則無復戰鬬而塞雲卷散矣。北極轉愁龍虎氣，〇極，晉作闕。愁，或作深。〇【師古曰】北極，喻君。〇【趙次公曰：「言吐蕃望之，轉加憂愁矣。」又，師古曰：「言中國氣盛，胡人愁恐也。」】言中國氣盛，吐蕃望之轉加愁恐矣。〇【王洙曰】漢高紀：范增説項羽曰：「吾使人望其氣，皆爲龍，成五色，此天子氣也。」西戎休縱犬羊羣。〇西戎，指吐蕃也。晉陶侃傳：賊尋犬羊相結，并力來攻。

【校記】

〔一〕之水，元本、古逸叢書本作「天水」。

贊普多教使入秦，〇使，所吏切，從命者。〇【王洙曰：「贊普，吐蕃主帥。」】贊普，吐蕃君長也。數通和好止煙塵。○數，色角切，頻也。好，虚到切，愛也。止，一作問。○【王洙曰】新唐書：至德三載，吐蕃使使來請討賊，且修好。肅宗遣南巨〔一〕川報聘。朝廷忽用哥舒將，殺伐虚悲公主親。○【趙次公曰】開元二十八年，吐蕃金城公主薨，遣使來告。明年，爲發哀。吐蕃使者朝，因請和，明皇不許。後二年，帝以哥舒翰節度隴右，攻拔石堡城，擒〔二〕其相論兀櫟郭。後又破洪濟、大莫門諸城，收九曲故地。

【校記】

〔一〕巨，元本、古逸叢書本作「西」。

〔二〕擒，原作「橋」，據元本、古逸叢書本改。

崆峒西極過崑崙，○西極，晉作西北。○【趙次公曰】崆峒在西郡之西，崑崙又在崆峒西極之西。詩人廣大言其從化之地遠矣。○【孫曰】十道志：岷州崆峒西四十里。○山海經：崑崙在西北，方八百里，高萬仞。駞馬由來擁國門。逆氣數年吹路斷，○數，色主切，計也。蕃人聞道漸星奔。○【趙次公曰】劉越石答盧諶詩：裹糧携弱，匍匐星奔。劉孝標廣絶交論：靡不望影星奔。

勃律天西采玉河，○【趙次公曰】勃律，西羌國名。謂勃律天之西，乃采玉河所在，應是于闐國也。○【鄭印曰】按新唐書西域傳：大勃律，直西蕃西，與小勃律接，西隣北天竺烏萇地。○小勃律去京師九千里，距吐蕃贊普牙帳東八百里。○【薛夢符曰】又接于闐國，距京師九千七〔一〕里。有玉河，國人夜視月光盛處，必得美玉。○【杜田補遺】又，杜陵詩史、補注杜詩引作「師古曰」。】又，晉天福中，平居誨爲張鄴使于闐判官，作行程記：玉河在于闐城外，其源出崑山〔二〕西，流一千三百里，至于闐界牛頭山，乃流爲三河：一曰白玉河，在城東三十里；二曰緑玉河，在城西二十里；三曰烏玉河，在緑玉河西七里。其源雖一，其玉隨地而變，故其色不同。每歲五六月，大水暴漲，則玉隨流而至。玉之多寡，由水之小大。至秋水退，乃可采，彼人謂之撈〔三〕玉。**堅昆碧盌最來多。**○【薛夢符曰】堅昆國，在唐爲黠戛斯，匈奴西鄙也。地當伊吾之西，焉耆北，白山之旁。○【鄭印曰】或曰在康居西、葱嶺北。○九域圖：庭州北至堅昆牙帳四十〔四〕里，其地出碧盌。**舊隨漢使千堆寶，少答胡王萬疋羅。**○胡，晉作朝。○【趙次公曰】舊日以千堆寶隨漢使入貢，而中國所少答者特萬疋羅。夫以蠻夷貢獻之多，而中國賜遣之不費，自非服化從義而然乎。

【校記】

〔一〕古逸叢書本「七」下有「百」字。

〔二〕山，古逸叢書本作「崙」。

〔三〕撈，古逸叢書本作「采」。

〔四〕十，古逸叢書本作「千」。

今春喜氣滿乾坤，南北東西拱至尊。大曆二年調玉燭，〇【趙次公曰】爾雅釋天：四氣和，謂之「玉燭」。〇注：道光照也。〇【師古曰】正義曰：四時和氣，温潤明照，故曰「玉燭」。玄元皇帝聖雲孫。〇【趙次公引作「杜時可曰」。又，杜陵詩史、分門集注、集千家注批點杜工部詩集引作「修可曰」。】唐姓李，以老子爲聖祖，封玄元皇帝。雲孫，乃七世孫。〇指代宗也。〇【趙次公曰。又，杜陵詩史、分門集注、補注杜詩、集千家注批點杜工部詩集引作「師古曰」。】爾雅釋親：子之子爲孫，孫之子爲曾孫，曾孫之子爲玄孫，玄孫之子爲來孫，來孫之子爲晜孫，晜孫之子爲仍孫，仍孫之子爲雲孫也。

即事

暮春三月巫峽長，〇丘遲與陳伯之書：暮春三月江〔一〕草長。〇【王洙曰】盛弘之荆州記：巴東三峽巫峽長。皛皛行雲浮日光。〇【王洙曰】浮，一作無。〇【鄭卬曰】皛，胡了切。〇明也。〇【王洙曰】陶潛江陵夜行詩：皛皛川上平。雷聲忽送千峰雨，花氣渾如百和香。〇【鄭卬曰】和，胡卧切。〇【趙次公曰】梁元帝巴陵詩：花氣盡薰舟。神仙傳：淮南王張錦綺之帳，燔百和之香。〇【王洙曰】古詩：博山爐中百和香，鬱金蘇合及都梁。〇又曰：氍毹〔二〕五水香，迭送及都梁。按廣志：都梁香，出交、廣，形如霍香。迭送香在西域。黄鶯過水翻回去，燕子銜泥濕不妨。飛閣卷簾圖畫裏，虚無只少對瀟湘。〇【趙次公曰】雖眼前之山水如畫圖，而其所虚無，只欠少瀟湘爲對也。

【校記】

〔一〕江，古逸叢書本作「江南」。

〔二〕氄，古逸叢書本作「漲」。

暮春

臥病擁塞在峽中，○塞，息側切。瀟湘洞庭虛映空。○【趙次公曰】謂瀟湘、洞庭之景虛在彼處映空，而我臥病於此不得見之也。楚天不斷四時雨，巫峽常吹千里風。沙上草閣柳新暗，城邊野池蓮欲紅。暮春鴛鷺立洲渚，○爾雅釋水：水中可居者曰洲，小洲曰渚。挾子翻飛還一叢。○【趙次公曰：「韻書曰：叢，聚也。一叢，則鴛鷺與子爲一聚爾。」】叢，聚也。謂鴛與其子叢聚立於洲渚也。○魏文帝短歌：翩翩飛鳥，挾子巢棲。

晚登瀼上堂

故躋瀼岸高，頗免崖石擁。○【師古曰：「楚地有瀼東、瀼西，地高可以登眺。」】瀼地高，可以登眺也。開襟野堂豁，繫馬林花動。雉堞粉似雲，○【鄭卬曰】堞，徒協切。城上粉飾垣〔一〕也。○公羊傳：天子之城千雉，高七雉，公侯百雉，高五雉，子、男五雉，高三雉。○【薛夢符曰】又，五板而堵，五堵而雉，百雉而城。堞，城墻馬面也。山田麥無壠。○【師古曰】謂麥茂而成熟也。春氣晚更生，江流静猶湧。○【師古曰】言無風而波〔二〕也。四序嬰我懷，羣盜久相踵。黎民困逆節，○【師古曰】指安禄山之亂也。天子渴垂拱。○【師古曰】以宫闕未復也。所思注東北，○【師古曰】甫以東北爲寇所擾，不能無憂思也。深峽轉脩聳。○【師古曰】謂困於楚峽，不聞朝廷之消息也。衰老自成病，郎官未爲冗。○歎其衰老成病而不復見用也。凄其望吕葛，○【王洙曰：「以世亂，思得良臣如吕望、諸葛者。」】謂吕望、諸葛亮也。○【趙次公曰】謝靈運石首城詩：懷賢亦凄其。○毛萇詩傳：其，辭也。不復夢周孔。○【王洙曰：「如周公、孔子不可夢見矣。」】謂周公、孔子也。濟世數嚮時，○數，色主切，計也。斯人各枯冢。○【師古曰】甫思得賢俊如吕、葛、周、孔之德，出爲國家整頓，奈何斯人骨已朽矣。楚星南天黑，蜀月西霧重。○【師古曰】謂庶民惟星，卿士惟月，以况楚、蜀爲風塵昏蔽也。安得隨鳥翅，迫此懼將恐。○【趙次公曰。又，杜陵詩史、補注杜詩引「師古曰」：「是以甫欲隨鳥翅奮飛而去也。」】甫是以欲隨鳥翅奮飛而去，而免有恐懼也。○【王洙曰】詩：將恐將懼。

【校記】

〔一〕垣，元本、古逸叢書本作「取」。

〔二〕波，古逸叢書本作「渡」。

李潮八分小篆歌

蒼頡鳥跡既茫昧，字體變化如浮雲。○【王洙曰。又，杜陵詩史引作「師古曰」。】昔蒼頡觀鳥跡以制字，自頡之後，有大篆、小篆、隸與八分、行草之類，字體變易如浮雲之無定也。陳倉石鼓又已訛，○後漢郡國志：右扶風陳倉。注引三秦記：秦武公都雍〔一〕，陳倉城是也。有石鼓山，將有兵則鳴。○【鄭卬曰】又云：陳倉，山名，在鳳翔寶雞縣。○【王洙曰】唐蘇侍郎叙記：石鼓，周宣王獵碣，共有十鼓。其文則史籀大篆。○歐陽脩集古録：韋應物以爲成王之鼓，至宣王時刻詩爾。○【趙次公曰】韓愈直以爲宣王之鼓，如曰「周綱陵遲四海沸，宣王憤起揮天戈，鐫功勒成告萬世，鑿石作鼓隳嵯峨」是也。大小二篆生八分。○書勢：周宣王時，史籀始著大篆，李斯或頗省改，所謂小篆。○【杜田補遺。又，杜陵詩史、補注杜詩引作「師古曰」。】名書雜編：八分，上谷王次仲所作。次仲，秦時人也，以古書方廣少減勢，乃去隸二分字爲八分。○【王洙曰】漢蔡邕爲中郎將，奏正定六經文字，邕自書册於碑，使工鐫刻，立太學門外。大篆入妙品。○【杜田補遺。又，杜陵詩史、補注杜詩引作「師古曰」。】蔡文姬別傳：臣父邕言，八分書割程邈隸字〔二〕，去八法，〔三〕割李斯小隸，去二分，取八分，故曰「八分書」。○【杜田補遺。又，杜陵詩史、補注杜詩引作「師古曰」。】張懷瓘曰：八分，本謂之楷書。楷者，法也。漸若八字分散，故名「八分」。○兩京記：貞觀中，得邕石刻數段。邕又善八分。○【王洙曰】小篆者，秦丞相李斯刪古文，復篆及史籀之書也。初，諸侯力争，文字異形。始皇初兼天下，李斯乃奏同之，罷其不與秦文合者，斯作蒼頡篇，胡毋敬作博學篇，皆取史籀大篆，或頗改，所謂小篆也。○夢弼按，郭氏佩觿：八分之説，流俗有二。或曰：八分篆法〔四〕二分隸文。又曰：皆以八分，勢有偃波〔五〕。二説皆非也。考之説文，自黄帝至三代，其文不改。秦焚燒先典，乃廢古文，更用八體。一曰大篆，周宣王時史籀所作也。二曰小篆，秦始皇時李斯、趙高、胡毋敬所作大小篆，簡册所用也。三曰刻符。四曰摹印。五曰蟲書。六曰署書。七曰殳書。八曰隸書。蔡邕以隸作八分體，蓋八分之後，又分此法，謂之「八分」，近矣。然郭氏佩觿既言蔡邕以隸作八分體，至其答僧夢英書則曰：「小篆散而八分生，八分破而隸書出，隸書悖而行書弊〔六〕，行書狂而草書聖。自隸而下，吾不欲觀。」其言又若顛倒。以時之先後考之，程邈在秦作隸書，而八分出於蔡邕，當以佩觿之言爲是也。其後至王莽居攝，使甄豐刊定六體。藝文志：六體書者，古文、奇字、篆書、隸書、繆書、蟲書。注：小篆，蓋始皇使程邈所作。隸書，亦程邈所獻也。**秦有李斯漢蔡邕，中間作者寂不聞。嶧山之碑野火焚，**○【王洙曰】史始皇紀：二十八年，東行郡國，上鄒嶧山刻石頌德。○封演聞見記：鄒山，古之嶧山。春秋時，邾文公遷于嶧者也。始皇刻石紀功，其文李斯小篆。後魏太武帝登山，使人排倒之。然歷代摹托，邑中疲於供命，聚薪其下，因野火焚之。由是殘缺。棗木傳刻肥失真。○【王洙曰】李斯書嶧山碑，爲野火所焚，人惜其文，故以棗木傳刻之。苦縣光和尚骨立，○苦縣、光和，謂二碑也。○【杜田補遺。又，杜陵詩史、補注杜詩引作「修可曰」。又，集千家注批點杜工部詩集引「師古曰」：「然苦縣之祠立於桓帝之延熹，而光和乃靈帝之年號，豈非祠立於延熹，而碑刻於光和乎？」】按後漢桓帝紀：延熹八年春正月，遣中常侍左悺之苦縣，祠老子。注：苦縣屬鄉，今屬陳國，故城在今亳州。續漢書：桓帝夢見老子，令左悺於賴鄉祠之，詔陳相邊韶立祠兼刻石，即蔡伯喈八分書也。又靈帝紀：光和五年，始置鴻都門生。注：於鴻都門大置學，召能爲尺牘及工書鳥篆者。故書苑謂：靈帝好書，詔天下尚書於鴻都門。時南陽人師宜官稱八分爲最大，則書字徑丈，小則方寸。或者因是遂疑苦縣蔡邕書，光和師宜官書也。詳觀此歌，嶧山之碑謂李斯書也，苦縣、光和謂蔡邕書也。況此歌始終止言李、蔡，未嘗一言及師宜官，其可以光和爲師宜官書乎？然苦縣之祠立於桓帝之延熹，而光和乃靈帝之年號，豈非祠立於延熹，而碑刻於光和乎？蓋延熹至光和，纔十年之近爾。或謂光和爲蔡伯喈所書華山碑、苦縣老子朱龜碑，未知孰是？書貴瘦硬方通神。○【王洙曰：「（書）一作晝。」趙次公曰：「一作晝字，非時之甚。」】書，一作晝。○說詩者曰：唐初，字書得晉、宋之風，故以勁健相尚。至褚、薛，則尤極瘦硬矣。開元、天寶已〔七〕後，變爲肥厚。至蘇靈芝輩，幾於重濁。公詩蓋有激於當時也。惜哉李蔡不復得，○復，或作可。○【王洙曰：「李斯、蔡邕不可復得。」】謂李斯、蔡邕也。吾甥李潮下筆親。○【師古曰】親，近也。謂潮書近於李、蔡也。○書苑：李潮善小篆，師李斯嶧山碑，見稱於時。尚書韓擇木，○【王洙曰】唐韓擇木，昌黎人，官至工部尚書、散騎常侍，攻八分，師蔡邕法，風流閑媚，號伯喈中興。騎曹蔡有鄰。○【王洙曰】唐蔡有鄰，濟陽人，官至青曹參軍，善八分，始拙弱，至天寶中，遂精妙。開元已來數八分，○數，色主切，計也。潮也奄有二子成三人。況潮小篆逼秦相，○【趙次公曰。又，杜陵詩史引作「師古曰」。】秦相，即李斯也。快劍長戟森相向。○言書之快利，森森如劍戟也。書苑：歐陽尤工行書，森然如武車之矛戟。八分一字直百金，○百，一作千。西京雜記：公孫強著〔八〕公孫子，字直百金。楊脩答曹植書：呂氏、淮南，字直千金。蛟龍盤拏肉屈強。○【鄭卬曰】屈，九勿切。又一作倔。吳郡張顛誇草書，○【王洙曰】張旭，吳郡人，官至右府率長史，善草書。言吾〔九〕見公主、擔夫爭路而得其意，後又觀公孫氏舞劍器〔一〇〕而得其神，飲醉輒草書，揮筆大叫，以頭濡墨水中，天下呼爲張顛。醒後自視以爲神，人謂之「草聖」。草書非古空雄壯。豈如吾甥不流宕，○【鄭卬曰】宕，徒浪切，過也。○【師古曰】謂草書失之流宕，篆則不然也。○皇甫謐三都賦序：雷同影附，流宕忘反。丞相中郎丈人行。○行，音項，輩也。○【王洙曰】丞相，謂李斯。中郎，謂蔡邕。○言潮尊之爲師也。○【趙次公曰】匈奴傳：漢天子，我丈人行。巴東逢李潮，○【王洙曰】巴，一作江。逾月求我歌。我今衰老才力薄，潮乎潮乎奈汝何！

【校記】

〔一〕雍，元本、古逸叢書本作「維」。

〔二〕字，元本、古逸叢書本作「書」。
〔三〕法，元本、古逸叢書本作「分」。
〔四〕法，元本、古逸叢書本作「去」。
〔五〕波，古逸叢書本作「彼」。
〔六〕弊，古逸叢書本作「體」。
〔七〕已，元本、古逸叢書本作「日」。
〔八〕著，古逸叢書本作「者」。
〔九〕吾，元本、古逸叢書本作「始」。
〔一〇〕器，古逸叢書本作「畢」。

醉爲馬墜諸公携酒相看

甫也諸侯老賓客，○謂遊謁於諸侯之門也。罷酒酣歌拓金戟。○【鄭卬曰】拓，音託。

○【梅曰】持也。○【師尹曰】庾信詩：醉來拓金戟。騎馬忽憶少年時，○【趙次公曰】阮籍詩：憶昔少年時。散蹄迸落瞿塘石。○【禹偁曰】：「瞿塘，峽名。時甫在夔，故言及此。」【二】瞿塘，峽名也。

○【趙次公曰】曹子建白馬篇：俯身散馬蹄。白帝城門水雲外，低身直下八千尺。粉堞電轉紫遊韁，○堞，徒協切。○【王洙曰：「粉堞，城堞也，以堊土塗之，故曰粉堞。韁，馬韁，以紫絲爲之，故曰紫韁。」城上〔一〕粉飾垣也。謂以紫絲爲馬韁繩。○【禹偁曰：「雷轉，言其疾也。」】循墻而轉，如雷之疾也。○【趙次公曰】古詩：白馬紫遊韁。東得平岡出天壁。○【逢原曰：「言山立與天齊高也。」】言山之壁立，齊乎天也。江村野堂争入眼，垂鞭亸鞚凌紫陌。○鞭，一作肩。○【鄭卬曰】亸，丁可切。向來皓首驚萬人，自倚紅顔能騎射。○射，食亦切，弩矢發也。言人雖以我皓首爲驚，而自謂其言少時能騎射，今亦尚能也。安知决臆追風足，○【王洙曰】决臆，縱意也。言馬之疾走，可以追風也。○【師尹曰】崔豹古今注：秦始皇有名馬七，一曰追風。朱汗驂驔猶噴玉。○漢武帝天馬歌：太一况，天馬下。霑赤汗，沫流赭。古詩：意欲驂驔走。○【趙次公曰】崔液上元夜遊詩：驂驔始散東城曲，倏忽還逢南陌頭。穆天子傳：天子東游于黄澤，宿于西洛，歌曰：「黄之池，其馬噴沙，皇人威儀。黄之澤，其馬噴玉，皇人壽穀。不虞一蹶終損傷，人生快意多所辱。○謂不虞其顛蹶，故至於敗，人生快意招辱，亦猶是也。李斯上書：快意當前，適顧而已。職主〔二〕憂戚伏衾枕，○職，主也。謂天命主當憂戚而病，亦非人所能爲也。○【趙次公曰】詩：角枕粲兮，錦衾爛兮。况乃遲暮加煩促。○歎其年之衰暮也。張茂先詩：煩促每有餘。明知來問腆我顔，○明，王作朋。腆，他展切。○【王洙曰】厚也。○腆顔，謂負愧也。杖藜强起依僮僕。○强，讀去聲。語盡還成開口笑，○【趙次公曰】莊子。携提别掃清溪曲。○謂諸公携酒相看，掃潭清溪，共爲高會也。酒肉如山又一時，〇【趙次公曰】左氏傳昭十二年：有酒如澠，有肉如陵。〇吴都賦：置酒若淮、泗，積〔三〕肴如丘山。初筵哀絲動豪竹。〇哀絲，謂絲聲哀也。〇【琪曰】豪竹，謂大管也。共指西日不相貸，〇貸，他代切，假也。〇【琪曰】謂日欲暮，諸公須痛飲不相假貸也。喧呼且覆盃中渌。何必走馬來爲問，君不見嵇康養生被殺戮！〇【趙次公曰：「嵇康著養生論，後以事誅。言何必以我走馬輕生爲問？正若嵇康養生而不免誅戮，則事豈可料乎？」】謂如嵇康著養生論，尚處誅戮，墜馬何足悲乎？〇晉嵇康，字叔夜，好修養服食，乃著養生論。後爲鍾會所譖，被誅。

【校記】

〔一〕上，元本、古逸叢書本作「土」。

〔二〕主，古逸叢書本作「當」。

〔三〕積，古逸叢書本作「精」。

往在

往在西京日，〇日，一作「時」。西京，謂〔一〕長安也。胡來滿彤宮。〇【魯曰】胡，指禄山也。〇【趙次公曰：「此篇首述明皇天寶十五載安禄山陷長安也。」】此首述時天寶十四載，禄山反，陷河北。

明年，僭帝于京師。中宵焚九廟，雲漢爲之紅。○舊唐書：肅宗九廟爲賊所焚，上素服哭於廟三日。解瓦飛十里，繐帷紛曾空。○紛，魯作粉。繐，音惠，廟中疏布圍也。魏武遺令：吾於銅雀臺張繐帷。疚心惜木主，一一灰悲風。○疚，音救。疚心，謂痛心也。○【王洙曰】木主，謂神主也。○虞主用桑，練主用栗。禄山既陷兩京，焚燒九廟，神主化爲煨燼，誠可痛心也。合昏排鐵騎，○禄山所領之師，薄暮排列，皆漁陽鐵騎也。清旭散錦幪。○旭，吁玉切，明也。○【趙次公曰】幪，一作「⿰馬蒙」。説文：驢子也。當以幪爲正。幪，鞍帕也。○清曉分散，則以錦幪覆鞍也。○【杜田補遺。又，杜陵詩史、分門集注、補注杜詩引作「修可曰」。】古樂府徐陵紫騮馬曲：玉鐙繡纏騌，金鞍覆錦幪。賊臣表逆節，○節，晉作帥。主父偃傳：逆節萌起。相賀以成功。○謂既破京師，賊臣以逆拒順，可謂逆節。禄山僭即帝位，旌表逆節之臣，遂行朝賀，自謂成功，何其謬耶！是時妃嬪戮，○是時玄宗幸蜀，妃嬪諸王公主皆不知，是以爲禄山所屠也。○【師尹曰】按，明皇幸蜀記：禄山令張通儒害霍國等八十餘人，又害皇孫、郡縣主、諸妃等三十六人。連爲糞土叢。○叢，聚也。謂聚爲糞土也。○【趙次公曰】漢王昭君詞：昔爲匣中玉，今爲糞土英。當宁陷玉座，○【王洙曰】玉座，帝座也。○門屏之間曰宁，今爲賊所陷也。○【趙次公曰】禮記：天子當宁而立。白間剝畫蟲。○【師古曰】白間，黼扆也。畫蟲，畫雉以飾之。○今乃剝落也。○【杜田補遺。又，杜陵詩史、分門集注、補注杜詩、集千家注批點杜工部詩集引作「杜定功曰」。】何平叔景福殿賦：皎皎白間，離離列〔二〕錢。晨光內照，流景外烻。○李善注：白間，青瑣之側，以白塗之，謂之白間。○【杜田補遺。又，杜陵詩史、分門集注、補注杜詩、集千家注批點杜工部詩集引作「杜定功曰」。】張詵注：白間，窗也。以白塗之，畫以錢文也。不知二聖處，○【王洙曰】二聖，謂玄、肅二宗也。私泣百歲翁。車駕既云還，○【趙次公曰】此述肅宗至德二載復京師也。○蔡邕獨斷：天子出，車駕次第謂之鹵簿。元結中興頌：天寶十四年，禄山陷洛陽。明年，陷長安。天子幸蜀，太子即位靈武。明年，移軍鳳翔。其年復兩〔三〕京。楹桷欻穹崇。○【師古曰】欻，許勿切，忽也。穹崇，高貌。○謂肅宗已還京，營葺宮殿，楹桷忽然高大也。○【趙次公曰】左氏傳莊公二十三年：丹桓，公之楹。二十四年：刻桓，公之桷。故老復涕泗，○詩陳風：涕泗滂沱。毛萇傳：自目曰涕，自鼻曰泗。祠官樹椅桐。○【鄭卬曰】椅，於宜切，梓屬。○【師古曰：「守祠之官，種此木，將以興禮樂。」】祠官，謂守祠之官，種植椅桐之木，將伐爲琴瑟之用，以復興禮樂也。○詩鄘風：衛文公徙居楚丘，始建城市，樹之椅桐，爰伐琴瑟。宏壯不如初，已見帝力雄。○【王洙曰】爰自回禄之後，國力凋弊，雖營建不如昔日宏壯，亦足以見帝力之雄俊矣。前春禮郊廟，祀事親聖躬。○【趙次公曰】此述乾元元年朝享於太廟，有事於南郊也。微軀忝近臣，○【師尹曰：「杜爲左拾遺，自稱忝近臣。」又，黄曰：「甫爲拾遺諫官，得以親近天子，故曰近臣。」】甫謂時爲左拾遺也。○按集憶昔詩曰「我昔近侍叩〔四〕奉引」是也。景從陪羣公。○【鄭卬曰】景，讀爲影。從，才用切。○謂天子祭郊廟，甫忝與助祭，與羣公陪位，如影之從形也。○【薛夢符曰】西京賦：千官景從，祲威盛容。○焦貢易傳：龍渴求飲，黑雲景從。登堦捧玉册，○【王洙曰：「玉册，册文也。」】玉册，乃天子册命〔五〕之文也。峩冕聆金鍾。○【趙次公曰：「則奉祠者皆具法服也。」】冕，謂奉祀法服也。○韓詩外傳：古者天子左右五鍾，將出，則撞黄金之鍾。侍祠恧先露，掖垣邇濯龍。○【鄭卬曰】恧，女六切，慚貌。○乾元元年四月辛亥，祔神主。甲寅，享大廟。甫在左掖，秉璋侍祠。先露，謂是時宗廟之制未備已前，侍祠之臣暴露無處行禮，權假濯龍池左右掖垣，是可慚羞也。○【杜田補遺：「張平子東京賦曰：濯龍芳林，九谷八溪。薛綜注載洛陽圖經曰：濯龍，池名。故歌曰：濯龍望如海，河橋渡似雷。」】洛陽圖經：濯龍，池名。故歌曰：濯龍望如海，河橋渡似雷。天子惟孝孫，五雲起九重。○【王洙曰】孝經援神契曰：王者德至山陵，則慶雲出。沈約宋書：慶雲者，太平之應。○瑞應圖：天子孝感則五色雲見。宋玉九章：君之門九重。鏡奩换粉黛，○【昱曰】奩，音簾，鏡匣也。○【王洙曰】後漢陰后傳：明帝上太后陵，帝從席前伏御床，視太后鏡奩中物，感動悲涕，令易脂澤妝具。翠羽猶葱朧。○翠羽，羽扇也。帝拜陵寢，因新换鏡匣羽扇，足見其恭謹也。前者厭羯胡，○【王洙曰】謂明皇天寶末，禄山陷長安也。後來遭犬戎。○【王洙曰】謂代宗廣德初，吐蕃陷長安也。俎豆腐膻肉，○【王洙曰：「（腐）一作臠。」】腐，一作戀。○【趙次公曰：「此又言吐蕃汙瀆宗廟之事。」】謂吐蕃汙漫祭器也。罘罳行角弓。○【鄭卬曰】罘，房尤切。罳，新兹切。○謂操弓矢狼〔六〕藉宫廟也。○【九家集注杜詩依例爲「王洙曰」。又，杜陵詩史、分門集注、補注杜詩引作「薛蒼舒曰」。】漢文帝紀：未央宮東闕罘罳災。顏師古音義：罘罳，謂連闕曲閣〔七〕也，其形罘然，一曰屏也。○按崔豹古今注：罘罳，屏也。塾，門外之舍，臣來朝君，至門外當就舍，熟詳所應對之事。至門內屏外，當復思也。○【杜田補遺】劉熙釋名：罘罳在門外。罘，復也。罳，思也。臣將入請事，於此復重思也。安得自西極，由命空山東。盡馳詣闕下，士庶塞關中。主將曉逆順，○將，讀去聲。元元歸始終。○西極，指吐蕃。山東，指祿山餘黨。甫意欲掃空盜賊之巢穴，申布天子命令，驅其殘黨，詣於京闕，密邇王化。庶幾主將曉識逆順之理，元元之民始終得有所歸，爲王之臣也。一朝自罪己，○【趙次公曰：「自罪己，一作罪己已，非。」】一作「一朝罪己已」。萬里車書通。○天子於是當下罪己之詔，痛自刻責，然後書同文，車同軌也。左氏莊公十一年傳：禹、湯罪己，其興勃然。○【余曰】中庸：書同文，車同軌。光武贊：車書共道〔八〕。鋒鏑供鋤犁，○【趙次公曰】謂銷兵刃以爲農器也。○家語：鑄劍戟爲農器。征戍聽近從。○戍，一作伐。近，一作所。○【趙次公曰：「聽所從，則不復拘留之以爲征戍，而聽其所從，或爲農或爲民也。」】謂罷征伐之役，聽其從便也。冗官各復業，○冗，而隴切，散也，長也。○【趙次公曰：「當用兵擾攘之際，有冗監爲官者，各令復業。」】冗官沙汰，俾之各復其業也。土著還力農。○【鄭卬曰】著，直略切。○【趙次公曰：「土著户口前日失耕種者，今還力穡以爲農也。」】土著失業之民，俾之還歸力耕也。○食貨志：安民之道，土著爲本。君臣節儉足，○君臣節儉，〔九〕以足國用也。朝野懽呼同。○【王洙曰。又，趙次公曰：「歡呼同，一作歡娛同，非。」】

呼，一作娛。○朝野之間，共享懽樂也。○【王洙曰】張景陽詩：昔在東都時，朝野多懽娛。中興似國初，○似，一作比。中興之功，有如高祖也。繼體如太宗。○繼體守文，有如太宗也。端拱納諫諍，和風日沖融。赤墀櫻桃枝，隱映銀絲籠。千春薦寢廟，永永傳無窮。○【王洙曰】美玄宗奉祀無窮極也。○【杜田補遺】又，杜陵詩史、分門集注、補注杜詩、集千家注批點杜工部詩集引作「杜定功曰」。】月令：仲夏之月，羞以含桃，先薦寢廟。注：櫻桃也。漢惠帝出離宮，叔孫通曰：「古者春秋嘗果，方今櫻桃可獻，願陛下出，因取櫻桃獻宗廟。」唐李綽歲時記：四〔一〇〕月一日，內園進櫻桃，寢廟薦訖，頒賜百官各有差。京都不再火，涇渭開愁容。歸號故松柏，○【趙次公曰】號，讀平聲。老去若飄蓬。○【歐曰】是以京都奠枕，涇渭之民，頓豁愁顏，得以歸號墳墓。惟甫衰老，不獲還鄉，故自傷也。

【校記】

〔一〕謂，元本、古逸叢書本無。

〔二〕列，元本、古逸叢書本作「別」。

〔三〕兩，古逸叢書本作「西」。

〔四〕叩，元本作「叨」，古逸叢書本作「切」。

〔五〕命，元本、古逸叢書本作「告」。

〔六〕狼，元本、古逸叢書本作「浪」。

〔七〕閣，元本、古逸叢書本作「間」。

〔八〕道，古逸叢書本作「通」。

〔九〕儉，原作「險」，據元本、古逸叢書本改。

〔一〇〕四，元本、古逸叢書本作「曰」。

雨

山雨不作泥，江雲薄爲霧。○雲，一作雪。晴飛半嶺鶴，○謂天將雨也。庾信詩：半嶺飛鳴鶴。風亂平沙樹。○謂雨欲來也。明滅洲景微，隱見巖姿露。○見，賢遍切，皆謂雨晴相半也。拘悶出門遊，○謂雨拘束人則悶作，出遊將以寫其憂也。曠絶經目趣。○謂雨阻憑高，故眺望之趣曠絶也。消中日伏枕，○消中，謂有渴病也。卧久塵及屨。○則知久病不起也。豈無平肩輿，○【趙次公曰：「平肩輿，轎子也。」】輿，謂轎也。莫辨望鄉路。○謂觸目盜賊，莫辨其路之有無也。兵戈浩未息，○謂羣盜繼起也。蛇虺反相顧。○言小人相妬害也。悠悠邊月破，○夔州，邊郡也。月破，謂月將盡也。鬱鬱流年度。○謂歲律云暮也。針灸阻朋曹，○灸，居祐切，灼也。○【王洙曰：「針灸所以救療也，譬良友朋也。」】良醫以針灸療病，喻良友以善言相發藥也。○今久病，良友間隔，故不聞針灸之言也。糠籺對童孺。○籺，胡骨切。糠籺，非精米也。○【王洙曰：「時既乏良朋，所對者童孺而已。糠籺，言非實德也。」】甫諷當時所對者皆卑汙小子，更無至精之論也。○或曰：糠籺，非精米也，乃貧者之所食。今對童孺而食之，安乎貧也。一命須屈色，〔一〕○【趙次公曰：「以嚴武辟公爲節度參謀，所謂『一命』也。今公受命矣，則當屈色以下之。」】一命，謂嚴武嘗命甫爲節度參謀，須當屈己以事之也。○或曰：一命，小官也。要人屈色以下之。新知漸成故。○成故，謂嚴武死也。或曰：新知識漸成久客也。窮荒益自卑，飄泊欲誰訴。尫羸愁應接，俄頃恐違迕。○違，一作危。謂應接少遲則觸其怒，此譏其俗之薄也。浮俗何萬端，幽人有高步。○【王洙曰】惟幽人不隨流俗，自有高致也。○甫欲效之也。○【趙次公曰】左太冲詠史詩：高步追許由〔二〕。龐公竟獨往，○【王洙曰】後漢逸民傳：龐德公居峴山之南，荆州劉表延請，不能屈，遂登鹿門山，採藥不返。尚子終罕遇。○【王洙曰】逸民傳：向長字子平，隱居肆意，與北海禽慶俱遊五岳，不知所終。○高士傳尚字作向。宿留洞庭秋，○【黄希引「顏師古注」】宿，先就切。留，力就切。○【王洙曰：「漢書：宿留瞽言。」趙次公曰：「宿留音秀溜，出漢書，如言等候也。宿留之義，蓋有星宿留待之意。」】顏師古漢書音義：宿留，謂有所須待也。天寒瀟湘素。○素，謂江水白也。杖策可入舟，送此齒髮暮。○【趙次公曰：「公詩蓋言候秋時可以登舟而往矣。洞庭、瀟湘，所待之處。」】甫欲慕龐公、尚子，候秋至，乃策杖登舟，入洞庭、瀟湘，以盡餘年也。

【校記】

〔一〕色，古逸叢書本作「已」。

〔二〕追許由，元本作「得詩由」，古逸叢書本作「得詩田」。

奉寄李十五秘書文薿〔一〕二首〔二〕

避暑雲安縣，秋風早下來。暫留魚復浦，○留，卞刊作之。復，音腹。○【宋曰】寰宇記：夔州奉節縣，本漢魚復縣地。同過楚王臺。○【王洙曰】楚襄王與宋玉遊雲夢之臺也。猿鳥千崖窄，○【秦曰】謂巫峽多崖嶂，少平地也。江湖萬里開。竹枝歌未好，畫舸莫遲回。○莫，陳作且。遲，一作輕。○【王洙曰】竹枝歌，乃巴渝之遺音，惟夔峽人善歌之。○【趙次公曰】未好則速出峽，聽其有好音也。〔三〕

【校記】

〔一〕薿，古逸叢書本作「嶷」。

〔二〕首，元本無。

〔三〕「畫舸」句注，元本、古逸叢書本無。

行李千金贈，○【趙次公曰】美其行賮之多也。○【余曰】按左氏傳僖公三十年：主行李之往來。杜預注：行李，使人也。○襄公八年：不使一介行李。注：一介，獨使也。行李，行人也。昭公十二年：行理之命，無月不至。注：行李，使人通聘問者。夢弼謂：李與理通，蓋字雖異而義則同也。衣冠八尺身。飛騰知有策，意度不無神。○度，達各切，謀〔一〕也。班秩兼通貴，○【趙次公曰】唐制：秘書郎，從六品上。所以謂之通貴。公侯出異人。○【趙次公曰】左氏傳：公侯之子孫，必復其始。則李秘書必宗室之子也。玄成負文采，世業豈沉淪。○以韋氏美李秘書也。○【趙次公曰】前漢韋賢少子玄成，少好學，修父業，爲相七年，守正持重不及父賢，而文采過之。

【校記】

〔一〕謀，元本作「神」，古逸叢書作「計」。

豎子至

樝梨纔綴碧，○【鄭卬曰】樝，莊加切。○風土記：梨屬，肉堅而香。○【九家集注杜詩引「王洙曰」：「（纔）一作且。」又，杜陵詩史、分門集注、補注杜詩、集千家注批點杜工部詩集引「王洙曰」：「（且）一作纔。」又，趙次公曰：「舊本正作且綴碧，非。」】纔，一作且。梅杏半傳黄。小子幽園至，輕籠熟楱香。○廣志：棕有白、青、赤三種。山風猶滿把，野露及新嘗。欲寄江湖客，提携日月長。
○【趙次公曰】竪子新摘來之熟棕，正欲寄遠，而道路長阻，費時日也。

舍弟觀歸藍田迎新婦送示二首

汝去迎妻子，○昔後漢劉隆歸迎妻子置洛陽。高秋念却迴，即今螢已亂，好與雁同來。東望西江永，○【趙次公曰】詩：江之永矣。南遊北户開。卜居期静處，會有故人盃。○【趙次公曰】謝脁詩：山川不可夢，况乃故人盃。

楚塞難爲路，○【九家集注杜詩引「王洙曰」】：「（别）一作路。」又，杜陵詩史、分門集注、補注杜詩引「王洙曰」：「（路）一作别。」又，趙次公曰：「舊本正作難爲路，無義。既别之難爲，故祝之以莫滯留而歸。」路，一作别。藍田莫滯留。○地理志：藍田，屬京兆郡。衣冠〔一〕判白露，○判，協〔二〕平聲。鞍馬信清秋。滿峽重江水，開帆八月舟。此時同一醉，應在仲宣樓。○【鄭卬曰】樓在荆州界，今襄州。○【趙次公曰】魏〔三〕王粲，字仲宣，時依劉表在荆，因登樓而作賦。其後因指荆州樓爲仲宣樓。

【校記】

〔一〕冠，古逸叢書本作「裳」。

〔二〕協，元本、古逸叢書本作「叶」。

〔三〕魏，元本、古逸叢書本作「界」。

園

仲夏流多水，清晨向小園。碧溪摇艇闊，朱果爛枝繁。始爲江山静，○爲，于僞切。終防市井喧。畦蔬遶茅屋，自足媚盤飧。○飧，音孫。熟食也。○【趙次公曰】媚，宜也。

歸

束帶還騎馬，東西却渡船。林中纔有地，峽外絶無天。○【王洙曰】夔州居山水間，在峽中號爲稍平，然隘窄多石。○【趙次公曰】唐盧仝詩：低頭雖有地，仰面更無天。〔一〕虚白高人静，○【王洙曰】莊子人間世篇：子曰：「虚室生白。」喧卑俗累牽。他鄉閲遲暮，不敢廢詩篇。

【校記】

〔一〕天，元本、古逸叢書本作「人」。

諸葛廟

久遊巴子國，○【程曰】寰宇記：夔州，春秋時夔子國，後爲楚地。秦滅楚，置郡，即爲巴郡。屢入武侯祠。○屢，一作累。竹日斜虛寢，溪風滿薄帷。君臣當共濟，賢聖亦同時。翊戴歸先主，○先主，蜀劉備也。并吞更出師。○亮有出師表也。蟲蛇穿畫壁，巫覡醉蛛絲。○【鄭卬曰】覡，乃歷切。○見鬼者也。○【薛夢符曰】此皆言廟之弊也。蟲蛇穿於畫壁之間，巫覡醉於蛛網之中也。國語：楚觀射父曰：「古者神民不雜，民之精爽不貳、齊肅衷正，則明神降之，在男曰覡，在女曰巫。是使制神之處位次主，而爲之牲器時服。」欻憶吟梁甫，○【王洙曰】：「（款）一作『欻』。」欻，或作款。〔一〕躬耕起未遲。○【王洙曰】：「也未遲，一作起未遲。」又，趙次公曰：「舊本正作也未遲，非。蓋却成方欲躬耕也。」起，一作也。○【王洙曰】諸葛亮傳：躬耕隴畝，好爲梁父吟。○餘見前注。

【校記】

〔一〕款，元本、古逸叢書本作「飲」。

新定杜工部草堂詩箋斠證卷第三十五

大曆元年自赤甲遷瀼西所作

課伐木〇并序

課隸人〇【鄭卬曰】隸，郎計切，附著也。〇廣雅：課，第也。伯夷、辛秀、信行等，入谷斬陰木。〇行，下孟切。〇【杜田補遺。又，杜陵詩史、分門集注、補注杜詩引作「修可曰」。】周禮地官：山虞仲冬斬陽木，仲夏斬陰木。鄭司農云：陽木，春夏生者。陰木，秋冬生者。鄭康成云：陽木生南山，陰木生北山。〇秋官司寇柞氏掌攻草木及林麓，夏日至，令刊陽木而火之。冬日至，令剝陰木而水之。〇【王洙曰】冬官輪人爲輪，斬三材必以時。注：材在陽，則仲冬斬之。在陰，則仲夏斬之。人日四根止。維條伊枚，〇詩汝墳：伐其條枚。毛萇傳：枝曰條，幹曰枚。正直侹然。○侹，待鼎切。輕促也。晨征暮返，委積庭內。我有藩籬，是缺是補，載截篠簜。○【鄭卬曰】篠，先了〔一〕切，小竹也。簜，徒黨切，大竹也。○【王洙曰】禹貢：揚州篠簜。伊仗支持，則旅次于小安。山有虎，知禁，若恃爪牙之利，必昏黑摚突，○摚，晉作撐。○【鄭卬曰】摚，徒郎切。突，拖没切。摚突，觸也。○漢孔融摚突宮掖。夔人屋壁。列樹白菊，○【王洙曰】列，一作例。○菊，或作桃。○【趙次公曰】菊，荻之屬也。鏝爲墻，○【鄭卬曰】鏝，謨官切，杇〔二〕也。實以竹，示式遏。爲與虎近，混淪乎無良。賓客憂害馬之徒，○【王洙曰】憂，一作齒。莊子徐無鬼篇：黄帝至於襄城之野，適遇牧馬童子，請問爲天下？小童子曰：「夫爲天下者，亦奚以異乎牧馬者哉。亦去其害馬者而已矣。」苟活爲幸，可嘿息已。作詩示宗武誦。○武，一作文。

長夏無所爲，客居課奴僕。○奴，一作童。清晨飯其腹，○腹，一作腸。持斧入白谷。青冥曾巔後，十里斬幽木。○題注。人肩四根已，亭午下山麓。○山足曰麓。○【王洙曰】天台賦：羲和亭午。尚聞丁丁聲，○【鄭卬曰】丁，陟耕切，伐木聲也。○【王洙曰】詩小雅：伐木丁丁。功課日各足。蒼皮成積委，○積委，多貌。素節相照矚。〔三〕藉汝跨小籬，○藉，才夜反〔四〕。當杖苦虛竹。○苦，謂虛心之苦竹也。斬木爲椿，取竹織籬，跨乎居而遮防猛獸也。空荒咆熊羆，乳獸待人肉。不示知禁情，豈惟干戈哭。○謂荒野之地，虎豹食人，儻不知禁制，必爲彼吞噬，豈惟死於干戈者哉！城中賢府主，○【師古曰】美夔之守帥也。處貴如白屋。○謂不以驕貴自居也。蕭蕭理體静，○【王洙曰：「治道貴清淨。」】謂爲治清静勿擾也。蜂蠆不敢毒。○謂不敢以虐政害人民如蜂蠆之毒，愛民之至也。虎穴連里閭，隄防舊風俗。○謂夔人插植藩籬以防虎患也。泊舟滄江岸，○滄，一作登。久客慎所觸。○所，或作無。舍西崖嶠壯，雷雨蔚含蓄。墻宇資屢修，○屢，一作累。衰年怯幽獨。爾曹輕執熱，爲我忍煩促。秋光近清〔五〕岑，季月當泛菊。報〔六〕之以微寒，共給酒一斛。○【師古曰】甫泛舟自蜀來泊止于此，要當戒慎無觸此禍，又况舍西山嶠，雄壯含蓄，猛獸極多，墻壁貴乎修葺，是以課隸斬木取竹以爲扞禦之備。爾曹，指信行等冒熱往取竹木，宜有以勞之。泛菊伊邇，給酒一斛，報其勞，仍以熨微寒爾。

【校記】

〔一〕了，元本、古逸叢書本作「子」。

〔二〕朽，杜陵詩史作「柯」。

〔三〕矚，古逸叢書本作「燭」。

〔四〕反，元本、古逸叢書本作「切」。

〔五〕清，元本、古逸叢書本作「青」。

〔六〕報，元本、古逸叢書本作「執」。

園人送瓜

○【師古曰：「時柏公守夔，遣人送瓜。」】柏公鎮夔。○【趙次公曰：「此太平遣送官園中瓜也。」】遣送官園中瓜也。

江間雖炎障，瓜熟亦不早。○南地多炎瘴，瓜宜早熟，今亦不早，與北地無異。廣〔一〕志：蜀地温，食瓜冬至熟。柏公鎮夔國，〔二〕○【鄭卬曰：「柏中丞。」】柏中丞正節〔三〕也。滯務茲一掃。○茲，一作資。食新先戰士，○謂嘗新而先與戰士少分甘美，其能恤乎兵也。○【王洙曰】左氏文公十年傳：晉侯食新矣。共少及溪老。○溪，一作窮。謂遣園人送瓜及甫也。傾筐蒲鴿青，○鴿，葛合切。筐，竹器也。○【師古曰】謂瓜色之青如蒲鴿也。滿眼顏色好。竹竿接嵌竇，○【鄭卬曰】嵌，丘銜切。嵌，山險也。○竇，大透切，泉竇也。引注來鳥道。○【師古曰】鳥道，乃飛鳥之道，高貌。浮沉亂水玉，○夔俗無井，以竹筒相接引岩泉於屈曲鳥道之間，遂以瓜浸其中，或沉或浮，如水玉然。○【沈曰】寒水玉，蓋水晶也。○【王洙曰】列仙傳：赤松子服水玉。愛惜如芝草。○甫病渴得瓜，甚喜愛之，如芝草也。晉嵇康甘瓜賦：三芝瓜處一焉。落刃嚼冰霜，開懷慰枯稿。許以秋蒂除，○蒂，丁計切。秋蒂，藤尾也。仍看小兒抱。○【王洙曰：「（抱）一作飽。」又，趙次公曰：「舊本正作『仍看小童抱』。一作飽，却與全篇押韻方同是上聲，當取飽字。」】抱，晉作飽。○謂可以噉小兒也。東陵跡無絶，楚漢休征討。○【趙次公曰】昔秦亂，東陵侯邵平避地長安城東，種瓜自給。楚項籍、漢高祖討秦之亂，自楚、漢罷兵之後，東陵瓜絶，無有人能繼其美也。園人非故侯，種此何草草。○今園人非故日之東陵侯，避地以自給，然能種此瓜，抑何勤耶！○【師古曰】草草，辛勤貌。○【趙次公曰：「此篇兩押草字，亦豈東坡所云，兩耳義不同，故得重用邪！」】按此篇兩用草字，字雖同而義則異矣。

【校記】

〔一〕廣，古逸叢書本作「唐」。

〔二〕國，元本、古逸叢書本作「園」。

〔三〕正節，元本、古逸叢書本作「中郎」。

信行遠修水筒

○【王洙曰。又，集千家注批點杜工部詩集引作「公自注」。】引泉筒也。

汝性不茹葷，○【鄭印曰】葷，許云切。○臭菜也。莊子人間世篇：回之家貧，不飲酒，不茹葷。

清靜僕夫內。〇【師古曰】信行乃童行也。〇僕夫之內，惟汝性清浄，不食葷腥，故特愛之。秉心識本源，〇【王洙曰】本，一作根。於事少滯礙。〇告子曰：「性猶湍水。」孟子曰：「有本者如是。」信行既識心性之源本，故遣之於事，少有滯礙不通也。雲端水筒拆，林表山石碎。觸熱藉子修，通流與厨會。〇謂水筒爲碎石所礙，以致水滯，賴信行以修疏通其流也。往來四十里，荒險崖石大。日醺驚未食，〇食，一作飡。日入未暇食，憐其飢也。貌赤愧相對。〇愍其冒暑之勞也。浮瓜供老病，〇修竹筒以引水以浮瓜，供我止渴疾也。裂餅常所愛。〇【趙次公曰】公食餅，則裂其半以與之，乃常所私愛乎信行者也。故繼以答恭謹之言也。於斯答恭謹，足以殊殿最。〇殿，丁練切。信行忍飢以修葺，足見其恭謹，可以辨殿最。〇【王洙曰】上功曰最，下功曰殿。〇信行之勤，超諸僕夫，其功爲最也。詎要方士符，〇今信行修筒引水相濟，不假方士符與將〔一〕軍蓋，自獲其利也。昔蘇耽開井种橘〔二〕以濟人，井無水，投符井中，遂有水。詳見前注。或曰：神仙傳：葛玄嘗船行，器中藏書札符數十枚。或問：「此符之驗，能爲何事？」玄即取一符投江中，順流而下。又取一符投江中，逆流而上。何假將軍蓋。〔三〕〇【趙次公曰：「將軍蓋，意是貳師事，但無蓋字耳。東觀漢記：耿恭爲校尉，居疏勒，匈奴來攻，城中穿井十五丈。恭曰：『聞貳師將軍拔佩刀刺山，飛泉出。今漢德神雨至，豈有窮乎？』向井請禱，井泉潰出。」】昔李貳師拔佩刀刺山而泉飛，耿恭整衣服拜井而泉出。〇詳見前注。行諸直如筆，〇【杜田補遺：「言其有用而不邪曲也。」又，杜陵詩史、分門集注、補注杜詩引作「杜定功曰」。】謂引水筒相接，直如筆而不邪曲也。用意崎嶇外。○崎嶇，不平貌。

【校記】

〔一〕將，古逸叢書本作「乎」。

〔二〕种橘，元本、古逸叢書本作「天下」。

〔三〕蓋，古逸叢書本作「佩」。

行官張望補稻畦水歸

東屯大江北，○【王洙曰。又，趙次公曰：「一作枕大江，非。」】一作枕大江。○【鄭印曰】屯，徒渾切，聚也。百頃平若按。〔一〕○謂百畝平田也。六月青稻多，千畦碧泉亂。插秧通云已，引溜加溉灌。更僕往方塘，○【王洙曰：「以番次更代使之也。」】更，代也。輪〔二〕番相代往視田也。○禮記：乃留更僕。○【王洙曰】劉公幹詩：方塘含白水。決渠當斷岸。○稻畦水太滿，恐浸傷稻，故決之。溝洫志：決渠爲雨。公私各地著，○【鄭卬曰】著，陟略切。○【王洙曰】食貨志：理民之道，地著爲本。浸潤無天旱。○謂公田私家皆蒙浸潤之利，各無旱損，故地著安土，不至流散也。主守問家臣，○大夫之臣曰家臣。今使臣是也。家臣主守田野，甫於補水歸，則引而問其田事。行官，乃巡行之官，即使臣也。分明見溪畔。○【趙次公曰】：「舊本『分明見溪伴』，師民瞻作分朋，是。」明，一作朋。○乃使臣巡視詳察其所以也。竿竿烱翠羽，○竿竿〔三〕，一作芉芉〔四〕。謂以竹竿相接補水，如翠羽然也。剡剡生銀漢。○【鄭卬曰】剡，以冉切。○【師古曰】剡剡，竹末削殺貌。○言塘水盈溢如雲漢之西流也。○【趙次公曰】廣雅：天河謂之銀漢。鷗鳥鏡裏來，○言水之潔〔五〕如鏡也。關山雪邊看。○言浪之白如雪也。秋菰成黑米，○【鄭卬曰】菰，音孤。○葭草也，生米〔六〕可食。塘邊之菰，至秋時黑米乃成熟也。○【趙次公曰】本草：菰，又謂之茭白，歲久中心生白臺，謂之菰手〔七〕，其臺中有黑者，謂之茭蔚。至後結實，乃雕胡米也。○【王洙曰】：「菰米，雕胡也。」西京雜記：菰〔八〕之有米者，長安人謂之雕胡。精鑿傳白粲。○【王洙曰】鑿，或作糳。○精鑿，謂舂擣之精白粲，乃米之至精者。○【晁曰】傳〔九〕，合也。言以菰米合白粲而炊飯也。○【杜田補遺】左氏傳：粢〔一〇〕食不鑿。音作。○注：不精鑿也。玉粒定晨炊，○王子年拾遺記：員嶠之山名環丘，上有方湖千里，多大鵲，高一丈，羣飛於湖際，銜採不周之粟於環丘之上。粟生，穟高五丈，其粒皎然如玉也。韓信傳：晨炊蓐食。紅鮮任霞散。○紅鮮，謂魚色紅如霞也。終然添旅食，○添食，謂加餐也。作苦期壯觀。○謂耕作辛苦，期收成之大有也。○【王洙曰】楊惲傳：田家〔一一〕作苦。遺穗及衆多，○【趙次公曰】詩甫田：彼有遺秉，此有滯穗，伊寡婦之利。我倉戒滋漫。○伊寡婦之利，而我戒其濕耗〔一二〕。○【師古曰】利於人而嗇於己之意也。

【校記】

〔一〕按，元本、古逸叢書本作「桉」。

〔二〕輪，元本作「方」，古逸叢書本作「更」。

〔三〕兩「竿竿」，元本、古逸叢書本作「芊芊」。

〔四〕芊芊，元本、古逸叢書本作「竿竿」。

〔五〕潔，元本作「不」，古逸叢書本作「平」。

〔六〕米，古逸叢書本作「來」。

〔七〕手，古逸叢書本作「米」。

〔八〕菰，元本、古逸叢書本作「瓜」。

〔九〕傳，元本、古逸叢書本作「三」。

〔一〇〕粢，元本、古逸叢書本作「采」。

〔一一〕家，元本、古逸叢書本作「中」。

〔一二〕濕耗，古逸叢書本作「滋漫」。

催宗文樹雞栅

吾衰怯行邁，旅次展崩迫。○【末曰】遠行曰邁。○【趙次公曰：「言不欲他適，且旅泊于此，舒展其崩摧逼迫也。」】老年畏遠邁，姑次夔州，聊以舒展崩迫之懷也。愈風傳烏雞，○【王洙曰：「本草：以烏雌雞治風。」】本草曰：華〔一〕子云：烏雄雞主風濕麻痺。秋卵方漫喫。○【趙次公曰】春卵可以抱育，而秋卵則充食而已。○本草：雞卵中白皮亦治病。自春生成者，隨母向百翮。驅趁制不禁，喧呼山腰宅。課奴〔二〕殺青竹，○殺，所賣切，削也。○【王洙曰】楚人以火炙竹，去其汗，則不蠹，謂之殺青。終日憎赤幘。○憎，晉作帽。○【王洙曰】赤幘，雞冠也。○謂雞終日喧呼聒人，故憎〔三〕疾之也。○【趙次公曰：「小說載，空宅有怪，或居之。中夜有赤幘而來，問其怪類。答曰：『老雄雞也。』」】搜神記：洛陽城南有亭，宿者輒〔四〕死。有書生入亭，端坐誦書。夜半，有人着皂衣，又有人冠赤幘，來户外，呼亭主。問：「誰？」嗟嘆而去。書生更呼亭主，問：「面黑者誰？」曰：「北舍母猪也。」「赤幘者誰？」曰：「老雄雞也。」「汝是誰？」曰：「我老蝎也。」明日，併殺之，亭遂安静。踏藉盤桉翻。塞蹊使之隔。墻東有隙地，○隙，晉作散。可以樹高栅。○嫌雞來踏翻盤桉，乃使塞其徑，於墻東空閑之地用殺青竹立栅以扞之也。避熱時來歸，○來，晉作未。問兒所爲跡。織籠曹其內，令入不得擲。○令，讀平聲。亭午暑熱，雞避熱歸，則又處之有道，織竹爲籠，罩之使不得跳擲也。稀間可突過，○可，一作苦。間，居〔五〕莧切，隙也。觜距還污席。我寬螻蟻遭，彼免狐貉厄。○又恐籠柵間隙稀疏，可衝突以過觜爪，污漫於几席，故叮嚀戒乎宗文詳爲措置，苟如所謀，螻蟻可寬其死，而雞亦不爲狐貉所害，兩〔六〕得其便也。應宜各長幼，自此均勍敵。○勍，渠京切，彊也。籠柵念有修，近身見損益。○【王洙曰：「一作知。」】見，一作如。○【王洙曰：「言非特制雞而已，於近身之事亦可知損益也。」】自此長幼各得所宜，勍敵必均，皆趨於成就，非特見籠柵之有制度。近譬諸身，其損益之理亦莫不然。明明領處分，一一當剖析。○宗文宜領吾處分，當割斷分析，以成其事，此告之之辭也。不昧風雨晨，○【王洙曰：「風雨晦明，不亂其鳴也。」】雞能司晨，風雨不渝。○【王洙曰】詩鄭風序：風雨，思君子也。亂世則思君子不改其度焉。三章。○【趙次公曰】風雨如晦，雞鳴不已。既見君子，云胡不喜。亂離減憂慼。○甫當亂離之際，而能守其法度，則憂慼鮮矣。甫因雞而言及此，豈非近身見損益乎？其流則凡鳥，其氣心匪石。○雞雖凡鳥，善鬬，耿介有氣。甫不改其度，故心不啻於石也。○【趙次公曰】詩邶風：我心匪石，不可轉也。倚賴窮歲晏，撥煩去冰釋。○【王洙曰。又，趙次公曰：「舊本一作及，非。」】去，一作及。○撥，除也。謂雞卵愈風順氣，除其煩悶，不爲疾也。○【趙次公曰】莊子：若冰將釋。未似尸鄉翁，○【王洙曰：「祝雞翁，居尸鄉山，下養雞百餘輩，有名字，呼名則種別而至。販雞及賣子。見列仙傳。」】劉向列仙傳：祝雞翁，雒人，居尸鄉北山下，養雞百餘年，雞皆有名字，千餘頭。〔七〕暮棲樹上，晝放散之。欲引，呼名即種別而至。賣雞及子得千餘萬，輒置〔八〕錢去之，〔九〕之吴，作養魚池，後升吴山，白鶴、孔雀數百止其旁。○後漢地理志：偃師有尸鄉。十道志：尸鄉，屬偃師。拘留蓋阡陌。○阡陌，田間道也。尸鄉翁養雞之多，不須籠柵，惟拘留填〔一〇〕蓋於阡陌之間，今甫未能似之也。風俗通：南北曰阡，東西曰陌。

【校記】

〔一〕華，古逸叢書本作「革」。

〔二〕奴，原作「收」，據元本、古逸叢書本改。

〔三〕憎，原作「增」，據元本、古逸叢書本改。

〔四〕輒，元本、古逸叢書本作「輕」。

〔五〕居，元本、古逸叢書本作「苦」。

〔六〕兩，元本、古逸叢書本作「而」。

〔七〕皆有名字千餘頭，古逸叢書本作「千餘頭皆有名字」。

〔八〕置，元本作「致」，古逸叢書本作「散」。

〔九〕之，古逸叢書本作「而」。

〔一〇〕填，古逸叢書本作「張」。

上後園山脚

朱夏熱所嬰，清旭步北林。小園背高崗，○爾雅釋山：山〔一〕脊曰崗。挽葛上崎崟。○崎，去〔二〕奇切。崟，魚音切。○【張天覺曰】崎崟，山貌。○挽葛，謂攀援葛藤而上也。曠望延駐目，飄飄散疏襟。潛鱗恨水壯，○【王洙曰】水壯非潛鱗所居。○喻喧囂非逸士所棲也。去翼依雲深。○歸鳥避矰繳之害，惟恐其不深遠。○【趙次公曰：「以譬隱淪之士須幽曠深遠而後可。」】君子退避讒謗，亦若此也。勿謂地無疆，○【王洙曰】坤卦：坤厚載物，德合無疆。劣於山有陰。○劣，力輟切。不似也。地雖廣大，然盜賊縱橫，若無所容身，不似山陰可以避亂也。石榞遍天下，水陸兼浮沉。○【杜田補遺】榞，音原，木〔三〕名。○【沈曰】其子如芎窮，其皮可以禦飢。時天下荒亂，小民轉溝壑，水陸遂〔四〕載石榞以充粮也。自我登隴首，十年經碧岑。劍門來巫峽，薄倚浩至今。○【王洙曰：「自鳳翔赴同谷，由同谷入蜀，沿流下峽，皆山水鄉也。」】甫自登隴首山，迤邐至蜀，又自蜀至夔。○或迫山，或依水，浩遠至今，凡十年。亂離未平，故傷之。是以不免爲潛鱗去翼，苟避禍亂故也。故園暗戎馬，○謂長安之家鄉盜賊多也。骨肉失追尋。○謂弟妹逃難分散也。淮南説林訓：親莫親於骨肉，節族之屬連也。時危無消息，老去多歸心。○狐死首丘，不忘本也。老年之心，常思故鄉，以平昔生長，魂夢不忘也。志士惜白日，○功名未立，恐老之將至也。○【杜田

〔趙次公曰。人〔五〕客藉黄金。〇謂費用多也。敢爲蘇門嘯,〇【趙次公曰。

補遺】傳休奕詩:志士苦日短。人〔五〕客藉黄金。〇謂費用多也。敢爲蘇門嘯,〇【趙次公曰。

又,集千家注批點杜工部詩集引作「王洙曰」。】晉阮籍傳:籍嘗於蘇門山遇孫登,與商略終古棲神導氣之術,登皆不應。籍應〔六〕長嘯而退,至半嶺,聞有聲如鸞鳳之音,乃登之嘯也。〇【王洙曰】又世説:蘇門山中有真人樵伐者,阮籍往問之,仡然不應。籍對之長嘯。籍還半嶺,聞上嗡然有聲,如數部鼓吹,林谷傳響。顧看,乃向人嘯也。庶作梁父吟。〇【師古曰】甫不敢以真人自居,但效諸葛耕〔七〕吟而已,此謙辭也。〇【王洙曰】蜀志:諸葛亮躬耕隴畝,好爲梁父吟。

【校記】

〔一〕山,元本、古逸叢書本無。

〔二〕去,元本、古逸叢書本作「公」。

〔三〕木,原作「本」,據古逸叢書本改。

〔四〕遂,元本作「邊」,古逸叢書本作「遍」。

〔五〕人,元本、古逸叢書本作「久」。

〔六〕應,古逸叢書本作「因」。

〔七〕耕,元本作「軒」,古逸叢書本作「長」。

雷

大旱山岳焦，○【杜田補遺。又，杜陵詩史、分門集注、補注杜詩、集千家注批點杜工部詩集引作「修可曰」。】莊子逍遥遊篇：大旱金石流，山土焦而石〔一〕熱。密雲復無雨。○一作「密雲覆如雨」。○【杜田補遺。又，杜陵詩史、分門集注、補注杜詩引作「王洙曰」。】小畜卦：密雲不雨。南方瘴癘地，罹此農事苦。封内必舞雩，○謂邦内祭旱禱雨，使童男童女歌舞以樂神也。○【王洙曰】周禮：司巫，若國大旱，則率巫而舞雩。峽中喧擊鼓。○峽中風俗，大旱則擊鼓焚山而祈〔二〕雨也。○【王洙曰】神農求雨書：祈雨，不雨，則曝巫。曝巫，不雨，則積薪擊鼓而焚神山。真龍竟寂寞，土梗空俯僂。○梗，古杏切。○【王洙曰】土梗，土龍也。○俯傴，謂鞠躬以求乎神也。吁嗟公私病，税斂缺不補。故老仰面啼，瘡痍向誰數。○數，所具切，謂百姓以旱之故，無以供税斂，鞭撻成瘡痍也。暴尪或前聞，○【鄭卬曰】暴，步木切。尪，烏光切。○【九家集注杜詩依例爲「王洙曰」。又，杜陵詩史、分門集注、補注杜詩、集千家注批點杜工部詩集引作「修可曰」。】尪瘠之人，其面上向，俗謂天哀其病，恐雨入其鼻，故爲之旱，故魯僖公欲焚之。○【杜田補遺。又，杜陵詩史、分門集注、補注杜詩、集千家注批點杜工部詩集引作「修可曰」。】按禮記檀弓篇：穆公召縣子而問焉，曰：「天久不雨，吾欲暴尪而奚若？」曰：「天則不雨，而暴人之疾子，虐，毋乃不可。」○左傳僖二十七年：夏旱，公欲焚巫尪。臧文仲曰：「非旱備也，巫尪何爲。天欲殺之，則如勿生。若能爲旱，焚之滋甚。」公從之。是歲也，饑而不害。鞭巫非稽古。○暴尪、鞭巫，皆不遵古制，苟惟行此，適所以遺怒上帝也。請先偃甲兵，處分聽人主。萬邦但各業，一物休盡取。水旱其數然，堯湯免親覿。○惟是偃息甲兵，人物樂業，賦歛無盡取於民，儻遇水旱，歸之天數，如堯有九年之水，湯有七年之旱，而不爲災，此陰陽之常數也。莊子秋水篇：禹之時，十年九潦，而水弗爲加益。湯之時，八年七旱，而崖不爲加損。食貨志：堯、禹有九年之水，湯有七年之旱，而國亡損瘠者，以畜積多而備先具也。上天爍金石，○【王洙曰】屈原招魂篇：十日並出，流金爍石。羣盜亂豺虎。○【王洙曰】七哀詩：盜賊如豺虎。二者存一端，愆陽不猶愈。○【趙次公曰】今上天作旱，流爍金石，盜賊吞噬，甚於豺虎。二者之禍，愆陽而乾，不猶勝〔三〕於盜賊乎！○甫傷禍亂上下並作也。○【趙次公曰】左氏傳：冬無愆陽。昨宵殷其雷，○【鄭卬曰】殷，於謹切。○雷聲也。○【王洙曰：「殷其雷，詩篇名。」】詩召南文。風過齊萬弩。○言風急也。復吹霾翳散，○言雷雖鳴，將欲雨，又爲風所吹斷也。爾雅釋天：風而雨土爲霾，陰而風爲曀。虛覺神靈聚。○神靈，龍也。龍物畢聚而霾翳，將以爲雨。風既吹散，虛覺聚爾。氣暍腸胃融，○【趙次公曰：「暍音謁，傷熱也。」】暍，於歇切，傷暑也。汗滋衣裳污。○【王洙曰】污，一作腐。吾衰猶計拙，失望築場圃。○今既旱乾，是以農事失望。○【王洙曰】詩豳風：九月築場圃。

【校記】

〔一〕石，古逸叢書本作「不」。

〔二〕祈，元本、古逸叢書本作「求」。

〔三〕勝，元本、古逸叢書本作「甚」。

火

楚山經月火，大旱則斯舉。舊俗燒蛟龍，驚惶致雷雨。〇【王洙曰】夔俗，旱則擊鼓焚山。〇意欲怖蛟龍以致雨也。爆嵌魑魅泣，〇【鄭卬曰】爆，皮教切。〇謂火爆嵌巖而山鬼驚哭也。崩凍嵐陰昈。〇【鄭卬曰】昈，侯古切，日光也。〇【趙次公曰】「雷雨作，解崩凍。嵐陰昈，則冰雪其墮下，文采明昈於嵐陰之間。」】謂泫〔二〕寒之處亦爲火所崩迫，故嵐陰如日之光明也。羅落沸百泓，〇【鄭卬曰】泓，烏宏切，水深貌。〇【趙次公曰】「上兩句言百泓之根源，皆自萬古，而同沸於今日也。」】謂百泓之泉爲火所灼，皆如鼎沸也。根源皆萬古。〇萬，一作太。謂夔俗焚山求雨，乃自古然也。青林一灰燼，〇【趙次公曰】「言青林既灰燼矣，雲氣無所止泊也。」】言林巒之色皆成灰燼也。雲氣無所處。〇【趙次公曰】「言青林既灰燼矣，雲氣無所止泊也。出宋玉高唐賦：「風止雨霽，雲無處所。」】言雲氣無所歸也。宋玉高唐賦：風止雨霽，雲無處所。入夜殊赫然，新秋照牛女。風吹巨焰作，河棹勝煙柱。○河棹，一作河濟。勝，一作騰。煙柱，謂燭也。河中之棹火延及，光焰勝於燭也。勢欲焚崑崙，○謂火勢之盛，欲燒崑崙也。山海經：崑崙在西北，高萬仞。光彌焮洲渚。○【鄭印曰：「焮，香靳切，炙也。」】焮，香靳切，炙〔一〕也。○謂火光彌滿，焮照洲渚也。爾雅：水中可居曰洲，小洲曰渚。腥至焦長虵，聲吼纏猛虎。○【王洙曰】聲吼，一作吼争。神物已高飛，不見石與土。○不，一作只。○【趙次公曰：「神物，言蛟龍。已高飛，不礙石與土云云。舊俗燒蛟龍，驚惶致雷雨，此俗人無知，以旱焚山，其事如此，豈知神物安可驚恐之邪？」】神物，指言神龍也。夔俗焚山，欲驚怖蛟龍，然龍爲神物，高飛遠引而不可見，所留者惟石與土而已。爾寧要謗讟，○要，讀平聲。○【鄭印曰】讟，徒谷切。憑此近熒侮。○【趙次公曰：「苟必以爲然，乃爲謗讟神物而熒侮之矣。旱之害農，至於焚山而熒侮神物，寧不觸其怒而爲人害邪！」】謂爲此舉者，非惟要速謗讟，亦近乎熒侮鬼神，果何益耶？薄關長吏憂，甚昧至精主。○薄關，近及郊關。長吏，郡守縣令也。○【趙次公曰：「此亦宜關於長吏之所憂也。豈水旱有數，冥冥中固有主之者矣，惟此神物，蓋其至精之主乎？民之無知，甚昧厥理。則長吏所憂者在此。」】長吏憂，恐火勢延及，然則爲民主者要當以精誠上格，庶幾化禍爲福，今乃焚害草木昆蟲，豈不昧於理乎？遠遷誰撲滅，○【王洙曰】書盤庚上：若火之燎于原，其猶可撲滅。將恐及環堵。○【趙次公曰】儒行：儒有環堵之室。流汗卧江亭，更深氣如縷。○深恐火勢不止，延及環堵之室。甫抱渴疾，既遇旱熱，復遭火氣酷烈，覺更尤深，稍蘇，殘喘如絲〔三〕不絶也。

【校記】

〔一〕泫，元本、古逸叢書本作「洹」。

〔二〕炙，元本、古逸叢書本作「火」。

〔三〕稍蘇殘喘如絲，元本作「稍殘如絲竹」，古逸叢書本作「喘殘如絲縷」。

雨

峽雲行清曉，煙霧相徘徊。風吹蒼江樹，雨灑石壁來。凄凄生餘寒，殷殷兼山雷。○殷，於謹切，雷聲。詩召南殷其雷。白谷〔一〕變氣候，朱炎安在哉？○白屬秋，朱屬夏，謂夏得雨而氣候變爲秋也。高鳥濕不下，居人門未開。楚宮久已滅，幽珮爲誰哀。○珮，謂神女所鳴之佩也。○【趙次公曰】神女賦：摇珮飾，鳴玉鸞。侍臣書王夢，賦有冠古才。○【趙次公曰：「侍臣，指宋玉也。賦，則高唐、神女賦也，所以載楚王之夢事。」】昔楚襄王夢與神女遇，侍臣宋玉爲作高唐賦，賦〔二〕曰：昔先王遊高唐，怠而晝寢，夢見一婦人，曰：「妾，巫山神女也。聞君遊高唐，願薦枕〔三〕席。」又神女賦：楚襄王夜寢，夢與神女遊，其狀甚麗，寐而夢之，寤不自識，罔〔四〕兮不樂，悵然未忘。夢弼謂：昔先王乃指懷王，今誤以爲襄王。冥冥翠龍駕，○駕，謂神女所乘之駕也。○【王洙曰】屈原山鬼篇：雷填填〔五〕兮雨冥冥。○高唐賦：虯爲旌，翠爲駕。多自巫山臺。

【校記】

〔一〕谷，元本、古逸叢書本作「公」。九家集注杜詩引「師尹曰」：「谷，地名。」

〔二〕賦，元本、古逸叢書本無。

〔三〕枕，元本、古逸叢書本作「寢」。

〔四〕罔，古逸叢書本作「惘」。

〔五〕填填，元本、古逸叢書本作「瑱瑱」。

贈李十五丈別

峽人鳥獸居，其室附層巔。○峽中倚山，居民如巢棲〔一〕也。下臨不測江，○謂背山面水也。中有萬里船。○峽江東通浙，西通蜀，往來多萬里之船〔二〕也。多疾紛倚薄，○倚薄，謂事之崩迫也。○【趙次公曰】謝靈運詩：拙疾相倚薄。少留改歲年。絕域誰慰懷，開顏嘉名賢。○嘉，一作喜。謂喜得李丈也。孤陋忝末戚，等級敢比肩。○比讀〔三〕去聲。人生意頗合，○【王洙曰】頗，一作氣。相與襟袂連。一日兩遣僕，三日共一筵。○甫自以貧賤，不敢比肩李丈，然李丈志意相投，今與甫爲連袂之交，或遣僕共筵，禮數周至，甫深感之也。揚論展寸心，○劉琨書：揚論敏結。壯筆過飛泉。○虞羲〔四〕詩：念子筆力壯。○【趙次公曰。又，杜陵詩史、分門集注、補注杜詩引作「修可曰」。】曹植作王粲誄：發言可詠，下筆成篇。文如春華，思〔五〕若湧泉。玄成美價存，○此以韋之明經比李丈也。○【王洙曰】前漢韋賢，字長孺，進授宣帝詩，爲丞相。少子玄成，復以明經位至丞相。故鄒魯諺曰：遺子黄金滿籯，不如教子一經。子山舊業傳。○又以庾之能文比李丈也。○【王洙曰】周書：庾信，字子山，父肩吾爲梁太子中庶子，掌書記。徐陵及信並爲抄撰學士。信父子在東宫，出入禁闥，文並綺麗，世號「徐庾體」。○後仕周，聘于東魏。文章盛爲鄴下稱誦。不聞八尺軀，常受衆目憐。○昔韓信軀長八尺，漂母哀而食之。今甫乃蒙李丈見顧也。且爲辛苦行，蓋被生事牽。北回白帝棹，南入黔陽天。○黔，其廉切。○【鄭卬曰】黔陽，屬武陽郡。○甫自峽中南入黔州，謁汧公李丈，故作是詩以序别也。汧公制方隅，○【鄭卬曰】汧，輕煙切。○漢志：汧屬右扶風。○【趙次公曰】汧公，李勉也。○宗室鄭惠王孫。○【杜田補遺。又，杜陵詩史、分門集注、補注杜詩引作「杜定功曰」。】按舊唐書：上元初，爲梁州刺史、山南西道防禦使。迥出諸侯先。封内如太古，時危獨蕭然。清高金莖露，○【王洙曰】一作金莖掌。一作金掌露。○以况李公之清高也。三輔故事：漢武建章承露盤，高二十丈，以銅爲之，上有仙人掌承露，和玉屑飲之。○【王洙曰】西都賦：抗仙掌以承露，擢霜〔六〕立之金莖。○西京賦：立修莖之仙掌，承雲表之清露。正直朱絲絃。○以況李公之正直也。○【王洙曰】鮑照詩：直如朱絲繩。昔在堯四岳，今之黄潁川。○【王洙曰：「四岳，分掌四岳之諸侯。黄霸爲潁川守，有治狀。皆美李汧公也。」】以堯之羲和、漢之黄霸美李公之循良也。于邁恨不同，所思無由宣。○遠行曰邁。所行既不同，故所思難宣，謂此别之後莫寫相思之情也。山深水增波，○謂謁李公涉歷山水之險阻也。解榻秋露懸。○後漢陳蕃傳〔七〕：蕃爲樂安太守，郡人有周璆，高潔之士，前後郡守招命，莫肯至，唯蕃能致焉。特爲置一榻，去則懸之。又徐穉傳：陳蕃爲太守，在郡不接賓客，唯徐穉來，特設一榻，去則懸之。客游雖云久，主要月再圓。○要，陳作恩。要，讀平聲。昔陳蕃設榻以待周璆、徐穉，去則懸之。○【師古曰】今李丈解榻懸榻以待甫，正當秋月，甫〔八〕以客游既久爲辭，主人更要月再圓，言挽留之誠意也。晨集風渚亭，○【師古曰】謂李丈餞别也。醉操雲嶠篇。○徐陵醉中作白雲出遠嶠詩，明日酒醒，讀之自驚，以爲神助。○【鄭卬曰】操，七到切。○【師古曰】謂送之以詩也。丈夫貴知己，○人之相知，貴相知己。〔九〕知己，乃知心也。李之於甫，真爲知心之交也。歡罷念歸旋。○旋，旬緣切。○【師古曰】謂酒罷將歸，念念不忘，蓋惜别之意也。

【校記】

〔一〕棲，元本、古逸叢書本作「穴」。

〔二〕船，元本、古逸叢書本作「舟」。

〔三〕讀，元本、古逸叢書本作「肩」。
〔四〕義，元本、古逸叢書本作「義」。
〔五〕思，元本作「不」，古逸叢書本作「才」。
〔六〕霜，元本、古逸叢書本作「雙」。
〔七〕陳，原作「李」，據古逸叢書本改。
〔八〕甫，元本、古逸叢書本作「節」。
〔九〕己，古逸叢書本作「心」。

季夏送鄉弟韶陪黄門從叔朝謁

○【鄭卬曰】從，才用切。○【趙次公引作「自注云」，集千家注批點杜工部詩集亦引作「公自注」。】王洙曰：韶比兼開江使，通成都外江下峽舟船。

令弟尚爲蒼水使，○美杜韶爲開江使也。○【趙次公曰】吴越春秋：禹傷文〔一〕功不成，乃巡登衡嶽，血白馬以祭。按黄帝中經：歷代聖人所記，因夢見赤繡衣男子，自稱玄夷蒼水使者，聞帝使文命于斯，故來候之。○謂禹曰：「欲得山〔二〕神書，齋於黄帝之嶽巖之下。」禹退齋三日。庚子，登宛委山，得金簡玉字之書，通水理也。名家莫出杜陵人。○【王洙曰】長安有南、北杜，最爲名家也。

○故兩都賦有曰：南望杜霸，北眺五陵。冠蓋如雲，七相五公。注：七相，謂丞相車千秋，長陵人，黃霸、王商，並杜陵人，韋賢、平當、魏相、王嘉，並平陵人。五公，謂太尉田蚡，長陵人，大司馬張安世、司空朱博，並杜陵人，司空平晏〔三〕、大司馬韋賢，並平陵人也。比來相國兼安蜀，歸赴朝廷已入秦。○【王洙曰。又，杜陵詩史、分門集注、補注杜詩又引作「師古曰」。】時崔旰寇成都，杜鴻漸以黃門侍郎領相職入蜀，以平其亂，遂還朝也。捨舟策馬論兵地，拖玉腰金報主身。○【鄭卬曰】拖，託何切，曳也。莫度清秋吟蟋蟀，○前漢王褒頌：蟋蟀俟秋吟。○【王洙曰。又，杜陵詩史、補注杜詩又引作「師古曰」。】潘安爲黃門，作秋興賦曰：蟋蟀鳴乎軒屏。早聞黃閣畫麒麟。○閤，一作閣。○【師古曰】甫勉鴻漸莫空度時節，淹留〔四〕於蜀，早歸論功，畫像於麒麟閣也。○【趙次公曰】昔漢宣帝畫功臣於麒麟閣上〔五〕。前注。

【校記】

〔一〕文，元本、古逸叢書本作「父」。

〔二〕山，元本、古逸叢書本作「止」。

〔三〕晏，元本、古逸叢書本作「當」。

〔四〕留，元本、古逸叢書本作「醉」。

〔五〕上，古逸叢書本作「見」。

返照

楚王宫北正黄昏，○淮南天文訓：日至于虞淵，是謂黄昏。白帝城西過雨雲〔一〕。返照入江翻石壁，歸雲擁樹失山村。衰年肺病惟高枕，絶塞愁時早閉門。不可久留豺虎亂，○豺虎，喻盗賊也。南方實有未招魂。○【趙次公曰】公自言也。客於南楚，魂魄飛越，實爲未招也。○宋玉憐屈原，作招魂篇。

【校記】

〔一〕雲，古逸叢書本作「痕」。

熱三首

雷霆空霹靂，雲雨竟虚無。炎赫衣流汗，低垂氣不蘇。乞爲寒水玉，願作冷秋菰。○【汪革曰】寒水玉，乃水精也。菰，乃蒲也，成於冷秋。二者皆凉，故乞願爲之也。何似兒童歲，○何，一作那。風凉出舞雩。○【王洙曰】論語先進篇：春服既成，冠者五六人，童子六七人，浴乎沂，風乎舞雩，詠而歸。

瘴雲終不滅，瀘水復西來。○【分門集注作「鄭卬曰」。又，補注杜詩引作「王洙曰」。】瀘，龍都切。○【孫僅曰】瀘水出瀘州，屬蜀道。閉户人高卧，歸林鳥却迴。峽中都似火，江上只空雷。○空，一作聞。想見陰宫雪，風門颯踏開。○【張孝祥曰】宫中暑月積雪爲山，取其陰凉也。○搜神記：大明山中有虎頭翁，居陰穴，冬夏沍寒無别。

朱李沉不冷，○【王洙曰】魏文帝書：沉朱李於寒水。雕菰炊屢新。○【師古曰】雕菰，即胡米也。○【王洙曰】沈休文詩：雕菰方自炊。將衰骨盡痛，被褐味空頻。○【師古曰】被褐，言其賤也。○【王洙曰：「一作暍。」趙次公曰：「暍，音於歇反，傷暑也。」】褐，本或作暍，於歇切。傷暑也。欻翕炎蒸景，○【九家集注杜詩依例爲「王洙曰」：「許律切。」又，分門集注引作「鄭卬曰」：「許律反。」】欻，許勿切。飄颻征戍人。十年可解甲，爲爾一霑巾。○【師古曰】傷征戍者十年不得〔一〕解甲休息也。

【校記】

〔一〕得，元本、古逸叢書本無。

示獠奴阿段

〇【鄭卬曰】獠，張絞切，夷名。〇【師古曰】此命阿段理筒引水，以濟消渴也。

山木蒼蒼落日曛，竹竿裊裊細泉分。郡人入夜争餘瀝，〇【趙次公曰】夔峽人以竹筒引山泉，其筒偶滯塞而不通，故郡人夜争餘瀝爾。豎子尋源獨不聞。〇【趙次公曰】阿段承命尋源理筒而使水通也。病渴三更回白首，〇【趙次公曰】：「公有肺疾，賴此水爲多。」謂得此水以濟渴疾也。傳聲一注濕青雲。〇【趙次公曰】：「水不行時初無聲，修筒之後，水來之聲自傳聞矣。」謂理筒之後，泉流之聲傳注也。曾驚陶侃胡奴異，〇嚴武鎮蜀，甫依之，武欲殺之屢矣，故甫托〔一〕胡奴以見意焉。〇【師尹曰】按晉書袁宏傳：胡奴，陶侃之子也。宏著東征賦，備述過江諸公名德，而不及侃。胡奴因於曲室抽刀問宏曰：「家公勳跡在人，君賦如何相忽？」宏急應聲曰：「已嘗備述，何乃言無？」問其所述云何？曰：「精金百錬，在割能斷。功以濟時，職思靖亂。長沙之勳，爲史所贊。」胡奴乃止。怪爾常穿虎豹羣。〇【師古曰】言阿段入山穿虎豹羣，以理水筒。

【校記】

〔一〕托，古逸叢書本作「括」。

奉送王信州崟北歸

○崟，魚音切。

朝廷防盜賊，供給愍誅求。下詔選郎署，傳聲典信州。○【趙次公曰：「信州，今之夔州也。見樂史寰宇記，亦見唐志。」】梁大同二年，於巴東立信州。唐武德二年，明皇外祖獨孤信改爲夔州。蒼生今日困，天子嚮時憂。井屋有煙起，瘡痍無血流。○【趙次公曰】追言天子前時以蒼生之困而選王君爲守，其效至於井邑有煙，則逃亡復業，安居而飽食矣。瘡痍無血，謂無橫斂以誅求也。壤歌惟海甸，○謂海甸之民擊壤（一）而樂也。帝王世紀：帝堯之時，天下大和，有八九十老人擊壤而歌於康衢，辭曰：「日出而作，日入而息。鑿井而飲，耕田而食。帝何力於我哉？」王充論衡：堯時百姓擊壤於途，觀者曰：「大哉堯之德也。」擊壤者曰：「堯何力於我哉？」按藝經：壤，以木爲之，前廣後銳，長尺四寸，闊三寸，其形如履。將戲，先側一壤於地，遠於三四十步，以手中壤擊之，中者爲上。蓋古戲也。畫角自山樓。白髮寐常早，○【趙次公曰】甫自言也。荒榛農復秋。○【趙次公曰】言荒年之後又復有秋矣。解龜踰臥轍，○【師古曰】解龜，言任滿解龜印而歸也。○【王洙曰】後漢侯霸傳：霸爲淮平大尹，政理有能名。更始遣使徵召，百姓老弱相携號哭，遮使者車，當道而臥，曰：「願乞侯君復留朞年。」遣騎覓扁舟。○甫使人就王信州借船也。○【王洙曰】世説：劉真長遣騎覓張孝廉船。徐榻不知倦，潁川何以酬。○甫以徐穉自比，而指王崟爲陳蕃也，言崟之待我如陳蕃之禮徐稺也，則潁川將何以報之乎？潁川乃陳氏之郡號也。餘見前注。塵生彤筆管，○【師古曰】甫謂爲左拾遺而見逐也。○【王洙曰】詩：彤管有煒。寒膩黑貂裘。○貂，丁聊切。説文：鼠屬，大而黄黑，出先零國。○【王洙曰】戰國策：蘇秦説秦不行，黑貂之裘弊。高義終焉在，斯文去矣休。别離同雨散，○【王洙曰】曹子建詩：風流雲散，一别如雨。行止各浮雲〔二〕。○【王洙曰】劉越石詩：功業未及建，夕陽忽西流。時哉不我與，去乎若雲浮。林熱鳥開口，江渾魚掉頭。○【趙次公曰】此言離别之景也。尉佗雖北拜，○佗，徒河切。謂犬戎順服也。○【王洙曰】陸賈傳：中國初定，尉佗平南越，因王之。高祖使賈賜印爲南越王，因説佗宜郊迎，北面稱臣，卒拜佗爲南越王。○又廣州記：尉佗立臺以朝漢，圓基千步，直峭百尺，螺道登進，頂〔三〕上三畝，朔望升拜，號爲「朝臺」。太史尚南留。○【趙次公曰】甫自比也。太史公自叙：留滯周南。軍旅應都息，寰區要盡收。九重思諫諍，八極念懷柔。徒倚瞻王室，從容仰廟謀。故人持雅論，絶塞豁窮愁。○【趙次公曰】故人，指王信州也。言聞王崟之雅論，則可以豁其旅寓之愁也。復見陶唐理，○以堯美唐代宗也。説文：陶丘，再成也。在濟陰陶丘，有堯城，堯嘗居之，後居於唐，故堯號陶唐氏也。甘爲汗漫遊。○【趙次公曰】言既復見唐堯之化，則無心從仕，而甘爲方外之遊也。○【王洙曰：「神仙傳：盧敖見一士，曰：『與汗漫期於九垓之外。』又，杜田補遺作「張景陽七命李善曰：淮南子云：若士曰：『吾汗漫遊於九垓之下。』若士舉臂竦身，而遂入雲中。」】淮南道應訓：盧敖游乎北海，見一士〔四〕

焉，深目而玄〔五〕鬢，淚注〔六〕而鳶肩，豐上而殺下，軒軒然迎風而舞。盧敖就而視之，願與爲友。若士笑曰：「吾與汗漫期于九垓之外，不可久駐。」若士舉臂而竦身，遂入雲中。敖仰視之，弗見乃止〔七〕。

【校記】

〔一〕壤，元本、古逸叢書本作「之」。

〔二〕浮雲，元本、古逸叢書本作「雲浮」。

〔三〕項，元本、古逸叢書本作「頊」。

〔四〕士，元本、古逸叢書本作「母」。

〔五〕玄，古逸叢書本作「仄」。

〔六〕注，古逸叢書本作「住」。

〔七〕止，古逸叢書本作「止駕」。

夔州歌十絶

中巴之東巴東山，○【王洙曰】南都賦：於中則左綿、巴中，百濮所充。外負銅梁於巖渠，内函要害於膏腴。○【趙次公曰】按水經：劉璋分三巴，今綿州曰巴西，歸州曰巴東，夔州則中巴也。江水開闢流其間。白帝高爲三峽鎮，○【王洙曰】瞿唐、巫山、黄牛，是爲三峽。夔州〔一〕險過百牢關。○瞿唐，一作夔州。○【杜田補遺。又，杜陵詩史、補注杜詩引作「師古曰」。】圖經：百牢關，諸葛孔明所建，故基在今興元西縣津口北檢玉觀山下，傍臨白馬河，東自梁、洋，北自武、興，西入金牛，三泉皆涉北〔二〕河以濟。河之西兩壁山相對，六十里不斷嶓冢。漢江水流其間，與白馬河合，乃入金井〔三〕，益昌路也。雖不甚險，而爲入川之隘口。此瞿唐兩崖壁立，大江中流，無路可行，非舟莫濟，固有間矣。

【校記】

〔一〕夔州，古逸叢書本作「瞿唐」。

〔二〕北，古逸叢書本作「此」。

〔三〕井，杜陵詩史、補注杜詩作「牛」。

白帝夔州各異城，○【趙次公曰】白帝乃公孫述之城，夔州則劉備之城也。蜀江楚峽混殊名。英雄割據非天意，○【趙次公曰】言公孫述與劉備，豈天容其割據乎？霸王并吞在物情。○【趙次公曰】王，讀去聲。

羣雄竟起問前朝，○問，一作向。○【趙次公曰：「師民瞻本作聞前朝，極是。」】卞刊〔一〕作聞。

王者無外見今朝。○【王洙曰】公羊傳：王者無外。東都賦：子徒識函谷之可閉〔二〕，不知王者之無外。比訝漁陽結怨恨，○比，讀去聲，近也。○【趙次公曰】謂安禄山以怨恨起兵於漁陽也。○後漢朱浮傳：浮以書責彭寵曰：「奈何區區漁陽，結怨天子。」元聽舜日舊簫韶。○聽，讀平聲，聆也。○【趙次公曰】此以明皇太平之時爲虞舜之日。初，明皇寵幸禄山，每與之燕，未嘗不奏霓裳之曲。由是〔三〕含蓄，美中有刺也。

【校記】

〔一〕卞刊，元本、古逸叢書本作「下州」。

〔二〕閉，古逸叢書本作「關」。

〔三〕由是，元本、古逸叢書本作「用意」。

赤甲白鹽俱刺天，○【鄭卬曰】刺，七迹切。○謂二山之高也。閭閻繚繞接山巔。楓林橘樹丹青合，複道重樓錦繡懸。○【趙次公曰】謂其華麗也。

瀼東瀼西一萬家，○前注。江北江南春冬花。○晉作「江南江北」。背飛鶴子遺瓊蘂，○【趙次公曰】魏王粲白鶴賦：食靈岳之瓊蘂。相趁鳧鶵入蔣牙。○【趙次公曰：「蓋鳧雛在水中相趁，而入菰蔣牙中也。蔣字，韻書在於平聲之下，亦通上聲，音子兩切。」】唐韻：蔣，菰草也。

東屯稻畦一百頃，北有澗水通青苗。○【修可曰】或謂：夔有平田，號爲青苗陂。晴浴狎鷗分處處，○【趙次公曰】列子黃帝篇：海上之人，每旦從鷗鳥遊。雨隨神女下朝朝。○【王洙曰】高唐神女賦：旦爲朝雲，暮爲行雨。朝朝暮暮，陽臺之下。

蜀麻吴鹽自古通，萬斛之舟行若風。長年三老長歌裏，○【九家集注杜詩依例爲「王洙曰」。又，杜詩趙次公先後解輯校引作「趙次公曰」。杜陵詩史、分門集注、補注杜詩引作「師古曰」。】峽人以船頭把篙相水道者曰「長年」，正梢者曰「三老」。白晝攤錢高浪中。○【趙次公曰】攤錢，蜀人賭錢之名。○【杜田補遺】後漢梁冀傳：少好意錢之戲。注引何承天纂文曰〔一〕：詭億〔二〕，一曰射意，一曰射數。即攤錢也。

【校記】

〔一〕曰，元本、古逸叢書本無。

〔二〕億，元本作「意」。

憶昔咸陽都市合，○【趙次公曰：「指長安也。」】咸陽，指長安〔一〕也。山水之圖張賣時。巫峽曾經寶屏見，楚宮猶對碧峰疑。○【趙次公曰】言昔嘗於畫圖上見楚宮，今對碧峰，灘〔二〕猶疑是舊所見之畫圖也。

【校記】

〔一〕長安，元本、古逸叢書本作「洛陽」。

〔二〕灘，元本作「難」，古逸叢書本作「尚」。

武侯祠堂不可忘，○【王洙曰。又，趙次公曰：「祠堂，一作生祠，非。」】祠堂，一作生祠。中有松柏參天長。○【趙次公曰】夔州武侯廟之松柏也。干戈滿地客愁破，雲日如火炎天涼。

閬風玄圃與蓬壺，○閬，音浪，又音郎。中有高堂天下無。○【鄭卬曰】酈元水經注：崑崙之山三級，一曰閬風，二曰縣圃。○東方朔十洲記：崑崙山有三角，一角正北，名閬風巔，其一角正西，曰玄圃臺。○【趙次公曰】列子湯問篇：渤海之東有大壑，名歸墟。中有五山，一曰岱輿，二曰圓嶠，三曰方壺，四曰瀛洲，五曰蓬萊。其上臺觀皆金玉。借問夔州壓何處，峽門江腹擁城隅。

新定杜工部草堂詩箋斠證卷第三十六

大曆二年秋在瀼西

七月三日亭午已後校熱退晚加小凉穩睡有詩因論壯年樂事戲呈元二十一曹長

今兹商用事，餘熱亦已末。○商屬秋，秋用事，故餘熱將無。○【洪覺範曰】末，無也。衰年旅炎方，○【趙次公曰：「炎方，南方也。公在夔爲楚地，故云『旅炎方』。」】甫時旅於夔，夔爲南楚，南屬火，故云炎方。生意從此活。○謂消渴之疾，逢秋少蘇也。亭午减汗流，○【趙次公曰。又，門類增廣十注杜詩引作「杜云」。杜陵詩史、分門集注、補注杜詩引作「修可曰」。】四時纂要：日在午曰亭午。北隣耐人聒。○耐，與奈同。聒，音括，喧也。晚風爽烏匼，○歷考字書，無匼字，疑當作帢，音恰。○【薛夢符曰】按集有曰「馬頭金匼匝」，所謂烏匼，即烏巾也。○【洪芻曰】或曰：烏匼，不舒貌。晚來風涼，爽人烏匼之懷也。筋力蘇摧折。閉目踰十旬，大江不止渴。○甫觸熱卧疾百餘日，雖赴大江之水，似莫能止渴也。退藏恨雨師，○廣雅：雨師謂之屏〔一〕翳，亦曰屏號〔二〕。山海經：屏翳在海東，時人謂之「雨師」。風俗通：玄冥爲雨師。劉向列仙傳：赤松子，神農時雨師，今之雨師本是焉。健步聞旱魃。○魃，蒲末切，旱神也。○【杜田補遺】山海經：蚩尤作兵伐黄帝，黄帝令應龍攻之於冀州之野，應龍畜水，蚩尤請風伯、雨師從而大風雨，黄帝乃下天女魃止雨，遂殺蚩尤，妖不得復上，故所居不雨。妖，赤魃也。○【王洙曰。又，九家集注杜詩引作「杜田補遺」。又，趙次公注引作「山海經」。】神異經：南方有人，長二三尺，裸身而目在臂上〔三〕，走行如風，名曰「旱魃」。所見之國大旱，赤地千里。園蔬抱金玉，○【趙次公曰：「言其貴而難得如金玉也。」】謂旱〔四〕蔬貴也。無以供採掇。密雲雖聚散，○【趙次公曰】易：密雲不雨。徂暑經衰歇。前聖眘焚巫，○【鄭卬曰：「眘，古慎字。」】眘，與慎同。○【王洙曰】左氏僖公二十一年傳：夏大旱，公欲焚巫尩。臧文仲曰：「非旱備也。」武王親救暍。○暍，於歇切，傷暑也。○【王洙曰】帝王世紀：武王自孟津還，及於周，見暍人，王自左擁右扇之。陰陽相主客，○【王洙曰：「陰陽相推而用事，則四時斡流而爲寒暑。」】謂陰陽相爲消長而成寒暑，如主客然。○風俗通：超〔五〕陌度阡，更爲主客。時序遞回斡。灑落唯清秋，昏霾一空闊。○【趙次公曰：「言清秋則昏霾一掃空矣。」】四序迭相回旋〔六〕，秋氣灑落，昏翳始掃蕩矣。蕭蕭紫塞雁，南向欲行列。○行，胡剛切。欻思紅顏日，○欻，許勿切，忽也。霜露凍堦闥。胡馬挾雕弓，鳴弦不虛發。○【趙次公曰】此追思少年乘寒射獵之樂，而感歎今已老矣。○【王洙曰】上林賦：弦不虛發，中必決眥。長鈚及狡兔，○【趙次公曰】鈚，音批。○【杜田補遺：「廣韻：鈚，箭也。」】箭也。○【師尹曰】梁范雲詩：長鈚破犬膽，短鋋創雉翮。突羽當滿月。○言挽弓之滿如月，箭羽奔突之疾也。○【師古曰：「秋月光滿，故曰滿月。」】或謂：射獵正當秋月光滿之時也。惆悵白頭吟，○【張詠曰】惆悵者，傷衰老也。○【王洙曰】古樂府有白頭吟篇，卓文君所作。司馬相如欲聘茂陵人女爲妻，文君作白頭吟，疾人以新間舊，不能至白首也。蕭條遊俠窟。○趙燕之間俗尚勇氣，號爲「遊俠窟」。甫倬〔七〕昔時遊俠之人，今乃蕭條零落也。○【杜定功曰】郭景純遊仙詩：京華遊俠窟。臨軒望山閣，縹緲安可越。○【張天覺曰】縹緲，高遠貌。高人鍊丹砂，○【趙次公曰。又，杜陵詩史、分門集注引作「張天覺曰」。】高人，指元曹長也。○元居於山間，甫望之，恨無由一賞也。○【杜田補遺】按漢陰真君金華大丹訣：姹女隱在丹砂中，或出真形在老翁。子須與我萬年壽，復須與我嬰兒容。金碧經序曰：丹書：服丹砂者，骨朽再肉。未念將朽骨。○甫自念衰朽，冀元公垂念之也。少壯跡頗疏，○少壯之年，所爲疏散，無檢束也。歡樂胸〔八〕倏忽。○倏，音叔。倏忽，犬疾走也。○【王洙曰：「倏忽，不可留也。」】雖暫時歡樂，倏忽爲過，樂不可久故也。杖藜風塵際，○自亂離以來，飄泊風埃〔九〕，回視昔年盛遊，豈可復得耶？老醜難翦拂。○【王洙曰：「翦，裁也。拂，拂拭。言老醜難可矜飾。」翦，裁剸也。拂，拭拂也。當衰暮之年，雖欲矜飾如舊時，理亦難也。○阮籍詩：朝爲美少年，夕暮成老醜。○【趙次公曰】絶交論：翦拂使長鳴。○【趙次公曰。又，杜陵詩史、補注杜詩引作「蘇曰」。】北史盧思道傳：翦拂吹噓，長其光價。**吾子得神仙，本是池中物。**○吾子，指元公也。言曹長淹於小職，如蛟龍困於池中，一旦得雲雨之便，飛騰雲漢，豈爲池中物乎？○【王洙曰】吳志周瑜傳：恐蛟龍得雲雨，終非池中物也。○晉載記劉元海傳：蛟龍得雲雨，非復池中物也。**賤夫美一睡，煩促嬰詞筆。**○【趙次公曰】甫言我貧賤，非若吾子之得仙道，唯喜小涼，美於一睡，況復煩促爲詞筆所累。○【師古曰】爲其癖於文章也。

【校記】

〔一〕屏，古逸叢書本作「幷」。
〔二〕號，古逸叢書本作「翳」。
〔三〕目在臂上，元本作「□於明也」，古逸叢書本作「目在頂上」。
〔四〕古逸叢書本「旱」後有「而」字。
〔五〕超，古逸叢書本作「越」。
〔六〕旋，元本作「晚」，古逸叢書本作「環」。
〔七〕倬，古逸叢書本作「悼」。

〔八〕胸，元本、古逸叢書本作「曾」。

〔九〕埃，古逸叢書本作「塵」。

牽牛織女○史記天官書：杵、臼四星，在危南。匏瓜，有青黑星守之，魚鹽貴。牽牛爲犧牲。其北河鼓。河鼓大星，上將。左右，左右將。婺女，其北織女。織女，天女孫也。天官星占曰：匏瓜，一名天雞，在河鼓東。牽牛，一名天鼓，不與織〔一〕女俱者，陰陽不和。曹植九詠曰：乘回風兮浮漢渚，目牽牛兮眺織女，交有際兮會有期。注：牽牛爲夫，織女爲婦。牽牛、織女之星，各處河之傍，七月七日乃得一會。阮瑀止慾賦曰：傷匏瓜之無偶，悲織女之獨勤。自漢俱有此言，而吴均齊諧記遂實其事，曰：桂陽城武丁有仙道，常在人間，忽謂其弟曰：「七月七日織女渡河，諸仙悉還宫。吾已被召，不得停，與爾别矣。」弟問：「織女何事渡河？兄何當還？」答曰：「織女暫詣牽牛，吾去後三十〔二〕年當還爾。」明旦，失武丁所在。世人至今猶云：七月七日，織女嫁牽牛焉。

牽牛出河西，織女出其東。○陸機詩：牽牛西北回，織女東南顧。○【九家集注杜詩作「增添」。又，杜陵詩史、補注杜詩引作「蘇曰」。】焦林天斗記：天河之西，有星煌煌，與參俱出，謂之牽牛。天河之東，有星微微，在氐之下，謂之織女。萬古永相望，○魏文帝燕歌行：牽牛織女遥相望，爾獨何辜限河梁。七夕誰見同。○【王洙曰】周處風土記：七月七日，其夜洒掃於庭露，施几筵，設酒脯時果，散香粉於河鼓、織女，言此二星當會。少年守夜者咸懷私欲，或見天漢中奕奕有白氣，光耀五色，以此爲應，見者便拜而乞富壽。神光竟難候，○光，晉作先。○【王洙曰。又，趙次公曰：「竟字一作意，當以竟爲正，其義乃通。」】竟，一作意。○洛神賦：神光離合，乍陰乍陽。此事終蒙朧。颯然精靈合，○靈，魯作爽。何必秋遂逢。〔三〕○【師古曰】詳味此詩，託意牛、女東西間隔，必無私合之期。孟子云：男子生而願爲之有室，女子生而願爲之有家，此人之至情也。雖然，不待父母之命、媒妁之言，鑽穴隙相窺，踰墻相從，則父母、國人皆賤之。臣之事君，苟不以道而進，何異於踰墻相從乎？○甫蓋不信有此事也。亭亭新粧立，龍駕具曾空。○空，一作穹。謂天有九重也。○【趙次公曰。又，九家集注杜詩引作「杜曰」，杜陵詩史、分門集注、補注杜詩、集千家注批點杜工部詩集引作「修可曰」。】謝朓七夕賦：回龍駕之容裔〔四〕。世人亦爲爾，○亦，晉作以。祈請走兒童。○【師古曰】謂乞巧也。稱家隨豐儉，○【鄭卬曰：「稱，昌孕反。」】稱，尺證切。白屋達公宮。○【師古曰】自小民上至公宮，隨家厚薄，各設果饌以祀之也。膳夫翊堂殿，○【師古曰】謂外則膳夫翊敬於堂殿也。○周禮：膳夫，主食之官。鳴玉淒房櫳。○【師古曰】謂內則婦人鳴玉佩於房帷也。○說文：房櫳，室之疏也。曝衣遍天下，○【趙次公曰】崔寔四民月令：七月七日，曝經書及衣裳。○【王洙曰】竹林七賢傳：舊俗以七月七日曝衣。南阮富，所曝皆錦繡。北阮貧，乃以竹竿標布犢鼻褌於庭。

曳月揚微風。○曳，以制切。○【趙次公曰】謂佳人盛服乞巧於〔五〕風前月下也。○【師尹曰】謝莊賦：曳雲裳之素月。 蛛絲小人態，○王充論衡：蜘蛛結絲以網飛虫，人之用計，安能過之？ 曲綴瓜果中。○【王洙曰】。又，趙次公曰：「綴，一作掇，非是。」】綴，一作掇。○【王洙曰】荆楚歲時記：七夕，婦女結綵縷，穿七孔針，陳瓜果於中庭以乞巧。有蟢子網於瓜上，則以爲得巧。 初筵瀼重露，○【鄭卬曰】：「瀼，乙業切，潤也。」】瀼，乙業切。○説文：濕也。 謝靈運入彭澤詩：瀼露馥芳蓀。 陶潛雜詩：瀼露掇真〔六〕英。 日出甘所終。○終，一作從。○【師古曰】自露零至日出方罷，此人間舊俗然也。 嗟汝未嫁女，秉心鬱忡忡。○忡，直中切。 詩草虫：未見君子，憂心忡忡。 防身動如律，竭力機杼中。 雖無舅姑事，○爾雅釋親：婦稱夫之父曰舅，稱夫之母曰姑。 敢昧織作功。○【師古曰】謂未嫁之女，憂心忡忡，以禮自閑如律然，竭力機杼，無故不出外閫，豈有私相會合者耶？ 明明君臣契，咫尺或未容。 義無棄禮法，恩始夫婦恭。○【師古曰】譬如君臣相去咫尺，非其義則不相從，契合必以道也。 况夫婦之間，其可棄禮〔七〕法爲私會哉？始或不恭，終則乖暌也。 大小有佳期，戒之在至公。○【師古曰】然小大各有期會，要在至今〔八〕，不可爲私邪也。 方圓苟齟齬，○【鄭卬曰】齟，壯所切。 齬，偶許切。 齟齬，不相值。○【薛夢符曰】宋玉九辯：圓鑿而方枘兮，吾固知其齟齬而難入。 丈夫多英雄。○【趙次公曰】謂婦人女子苟或背戾，若方鑿圓枘之不相入。 爲丈夫者，豈能容之？此人之常情。○【師古曰】况牛、女之東西乎！

【校記】

〔一〕織，元本、古逸叢書本作「牛」。
〔二〕十，元本、古逸叢書本作「千」。
〔三〕逢，元本、古逸叢書本作「通」。
〔四〕裔，元本、古逸叢書本作「易」。
〔五〕於，元本、古逸叢書本無。
〔六〕真，古逸叢書本作「曳」。
〔七〕禮，元本、古逸叢書本作「之」。
〔八〕今，元本、古逸叢書本作「公」。

秋行官張望督促東渚耗稻向畢清晨遣女奴阿稽豎子阿段往問

○【王洙曰】又，趙次公曰：「舊本耗稻，又一作刈，非。蓋此秋詩，未是收刈時。耗稻，於稻中消耗蒲稗，免相奪取。或云：耗稻是方言。」耗，一作刈。○【師古曰】詳味此篇，託意於除惡，以佑善人，其終篇在於聚而能散，以閔亂世之困乏，使甫爲政，其意必有見于世者。惜夫！莫之用也。

東渚雨今足，佇聞粳稻香。○粳，音庚。上天無偏頗，蒲稗各自長。人情見非類，

○非類，指惡人害善、邪者亂正故也。○【門類增廣十注杜詩引作「杜云」。又，杜陵詩史、分門集注、補注杜詩引作「修可曰」。】前漢劉章曰：「非其種，鉏而去之。」田家戒其荒。○君子去惡，如農夫之務去草也。功夫競搰搰，○搰，苦骨切。勸勞貌。○【王洙曰】莊子天地篇：搰搰然用力甚多，而見切〔一〕寡。除草置岸傍。穀者命之本，○【王洙曰】范子：計然曰：「五穀者，萬民之命，國之重寶也。」客居安可忘。青春具所務，勤墾免亂常。○且穀者民之本，善人國之紀，穀不可忘，善人安可棄？惡人居朝，必悖命亂其常道，是以急欲除之故也。吴牛力容易，○【趙次公曰】吴牛，今之水牛。容易，言其有力最多，不以爲難也。○君子必力去之而後已也。○【王洙曰】世説：今之水牛生江淮間，故謂「吴牛」。並驅紛遊場。○【王洙曰：「動莫當，一云紛遊場。」趙次公曰：「舊本正作動莫當，非。」】一作「並驅動莫當」。○【王洙曰】驅讀去聲。○【趙次公曰】並驅，則雙駕之也。場者，疆場之場也。豐苗亦已穊，○穊，音異，培根也。謂君子務封殖之，勿使摇動也。穊，或作溉。雲水照方塘。○謂又從而潤澤之，德澤所以待君子，蓋謂是也。○【王洙曰：「劉公幹雜詩：方塘含白水。」】隋李巨仁詩：方塘含白水。有生固蔓延，靜一資隄防。○人之性本靜，一以禮爲隄防，使非僻無自而入。國家以賢哲爲隄防，提其紀綱，則羣動安有不正夫一哉？督領不無人，提携頗在綱。○【王洙曰】携，一作挈。書盤庚：若網在綱，有條而不紊。荆揚風土暖，○【王洙曰】周官：荆州、揚州宜稻。肅肅候微霜。○荆揚在南方，地暖，霜降之後，萬物肅成，所謂秋是也。豳詩〔二〕：九月肅霜。尚恐主守疏，用心未甚臧。○【趙次公曰】主守，指行官張望。○【王洙曰】臧，善也。清朝遣婢僕，○謂阿稽、阿段也。寄語踰崇岡。○爾雅：山脊曰岡。西成聚必散，不獨陵我倉。○【王洙曰】詩：我倉既盈。籍田賦：我倉如陵。豈要仁里譽，○要，讀平聲。○【王洙曰】論語：里仁爲美。感此亂世忙。○當禄山亂離之後，百姓困於軍須，老弱轉於溝壑，仁人君子何忍獨務蓄積，坐視斯民之餓莩耶！是以聚而能散，非要仁里之聲譽也，蓋中有感故爾。北風吹蒹葭，蟋蟀近中堂。○【趙次公曰】：「詩曰：『蒹葭蒼蒼，白露爲霜。』故風吹言蒹葭。」王洙曰：「詩：『十月蟋蟀入我床下。』故近中堂。〔二〕」並詩。荏苒百工休，○【王洙曰】謝宣城詩：履運傷荏苒。月令：霜降，百工休。鬱紆遲暮傷。○當歲暮之時，百工休役，甫感衰老之迴〔三〕，其志鬱紆而哀有餘也。○【王洙曰】陸機詩：紆鬱遊子情。謝琨詩：遲暮獨如何。

【校記】

〔一〕切，元本、古逸叢書本作「功」。

〔二〕豳詩，元本作「豳詩詩」，古逸叢書本作「詩豳風」。

〔三〕迴，古逸叢書本作「迫」。

月

斷續巫山雨，○巫山在今夔州巫山縣東。天河此夜新。○【趙次公曰】謂之新，則知爲秋七月也。爾雅：天河謂之天漢，亦曰雲漢。若無青嶂月，愁殺白頭人。魍魎移深樹，○【王洙曰：「多，一作移。」】移，一作多。謂月明則魍魎移逃於深林也。○國語：木石之〔一〕夔魍魎。注：山精也。馬融廣成頌注：遊光，神也，兄弟八人。張載詠月詩：魍魎難逃影。蝦蟆動半輪。○淮南説林訓：月照天下，食於詹諸。許慎注：詹諸，月中蝦蟆也。盧仝月食詩：嘗聞古老説，疑是蝦蟆精。月賦〔二〕：蝦蟆傍輪而跳躍。故園當北斗，○【王洙曰】長安城上直北斗，甫家在焉。直指照西秦。○【趙次公曰】廣雅：北斗樞爲雍州。○按集有詩曰「北斗故臨秦」。

【校記】

〔一〕古逸叢書本「之」下有「怪」字。

〔二〕賦，元本、古逸叢書本作「戍」。

見螢火

巫山秋夜螢火飛，簾疏巧入坐人衣。忽驚屋裏琴書冷，復亂簷邊星宿稀。○宿，息救切。却繞井欄添箇箇，偶經花蘂弄輝輝。滄江白髮愁看汝，來歲如今歸未歸。

送十五弟侍御使蜀

喜弟文章進，添余別興牽。數盃巫峽酒，百丈内江船。○謂峽人以百丈繩牽船也。○【王洙曰】水自渝上合者，謂之内江。自渝由戎、瀘上〔一〕蜀者，謂之外江也。未息豺狼鬬，○【王洙曰：「言戰争也。」】謂戰争未息也。空催白〔二〕馬年。○【王洙曰：「以自稱其年，故從卑賤。」】自謙之稱也。○【王洙曰】晉陶侃臨終上表，曰：「臣猶犬馬之齒，尚可少延。」歸朝多便道，搏擊望秋天。○【師古曰】謂御史之搏擊奸回，如鷹隼之逢秋搏擊鳥獸也。○【杜田補遺】唐舊書：〔三〕桓彦範舉楊嶠爲御史，嶠不樂搏擊之任，彦範曰：「爲官擇人，豈待情願。」遂引爲右臺御史。

【校記】

〔一〕上，古逸叢書本作「下」。

〔二〕白，元本、古逸叢書本作「犬」。

〔三〕唐舊書，古逸叢書本作「舊唐書」。

奉漢中王手札○漢中王諱瑀〔一〕，睿宗之孫。○【王洙曰】讓皇帝之子，代宗之叔父。○肅宗時，貶爲蓬州刺史也。

國有乾坤大，王今叔父尊。○題注。剖符來蜀道，○前注。歸蓋取荆門。○【趙次公曰】謂車蓋自荆門軍出陸取道而歸矣。峽險通舟過，○過，或作渡。江長注海奔。○謂蜀江通海也。主人留上客，避暑得名園。○【趙次公曰】主人，指爲郡之人。時王在中途，借名園以過夏也。前後緘書報，分明饌玉恩。○【趙次公曰】前漢陳成〔二〕奢侈玉食。天雲浮絶壁，風竹在華軒。○【趙次公曰】謂名園之景物也。已覺涼宵永，何看駭浪翻。○【趙次公曰】言時已秋矣，而江風稍定，不復見浪之可駭矣。入期朱邸雪，○【趙次公曰】以冬入朝爲期，宿于京師邸舍也。○【王洙曰】唐制：諸侯朝天子，各置邸京師。朱邸，謂邸以朱飾也。朝旁紫微垣。○【王洙曰】晉志：紫宫垣，一曰紫微。大帝之座，天子之所居也。枚乘文章老，○【趙次公曰】甫自比也。○甫遊王之門下，亦若枚乘老而以文章題名于諸王也。○【王洙曰】西京雜記：枚乘文章敏疾，時有累句，故知疾行無善迹矣。河間禮樂存。○【趙次公曰】以比漢中王也。○【王洙曰】河間獻王修禮樂，被儒服，武帝時來朝獻雅樂，對三雍宫。悲秋宋玉宅，○甫自喻其感時也。○【趙次公曰】。又，門類增廣集注杜詩引作「王云」。】宋玉宅在歸州。○前注。失路武陵源。○甫自喻其避亂也。○【趙次公曰】武陵源在鼎州。○前注。淹薄俱崖口，○謂時與王俱在峽口也。東西異石根。○【趙次公曰：「漢中王在下流爲東，公在夔爲西也。」】謂時與王東西相望也。夷音迷咫尺，○【王洙曰：「楚俗語言多夷音。」】謂其言之獠也。鬼物傍黃昏。○【王洙曰。又，趙次公曰：「倚一作傍，當以倚爲正。」】傍，一作倚。○謂其地之僻也。○【王洙曰】蕪城賦：木魅山鬼，昏見晨趨。犬馬誠爲戀，○謂今王入朝，甫寧無犬馬之戀也。○【王洙曰】曹子建表：不勝犬馬戀主之情。狐狸不足論。○狐狸，喻羣小也。豈足道哉！前漢孫寶傳：侯文謂寶曰：「豺狼横道，復問狐狸？」〔三〕○【王洙曰】張綱傳：〔四〕豺狼當路，安問狐狸。從容草奏罷，宿昔奉清樽。○【趙次公曰。又，門類增廣集注杜詩引作「王云」：「此言漢中王爲上草奏既罷，奉飲宴，蓋其清樽已在昔日如此矣。」】言王奏事既罷，必侍宴于天子，以奉宿昔之歡。

【校記】

〔一〕瑀，元本、古逸叢書本作「據」。

〔二〕成，古逸叢書本作「咸」。

〔三〕「狐狸」句下注，古逸叢書本作：「前漢侯文謂孫寶曰：豺狼横道，不宜復問狐狸。」

〔四〕張綱傳，古逸叢書本作「後漢書張綱傳」。

暇日小園散病將種秋菜督勤耕牛兼書觸目

不愛入州府，畏人嫌我真。及乎歸茅宇，○【王洙曰】一作「及歸在茅屋」。旁舍未曾嗔。○謂彼此皆淳樸也。老病恐拘束，應接喪精神。江村意自放，林木心所欣。耕耘屬地濕，山雨近甚匀。冬菁飯之半，○【杜田補遺。又，分門集注、補注杜詩引作「修可曰」。】菁，謂蔓菁。○可爲羹以將飯也。牛力晚來新。○晚，晉作曉。謂牛晝暑則力乏，晚涼則力生也。深耕種數畝，未甚後四鄰。○言耕種不甚後時，比之四鄰未爲劣也。嘉蔬既不一，名數頗具陳。荆巫非苦寒，採擷接青春。○荆巫屬荆楚，今江陵也。其地暖，自冬接春，皆不乏此物，得以供採擷也。飛來兩白鶴，○此下用古樂府艶歌行意，以書其觸目也。古詞曰：飛來雙白鶴，乃從西北來。五里一反顧，六〔一〕里一徘徊。吾欲銜汝去，口噤不能開。吾欲負汝去，毛羽何摧頹。樂哉新相知，憂來生別離。踟躕領〔二〕羣侶，淚落縱横垂。暮啄泥中芹。雄者左翮垂，損傷已露筋。○露，一作及。一步再流血，尚經矰繳勤。○【王洙曰。又，趙次公曰：「舊本正作『尚經矰繳勤』，經一作驚。當以驚爲正，言既傷而流血矣。尚於矰繳驚恐之勤勞也。」】經，一作驚。○矰，咨登切。繳，與繫同，並之若切。矰繳，謂以絲繫矢而射之也。三步六號叫，志屈悲哀頻。鸞凰不相待，側頸訴高旻。○爾雅釋天〔三〕：秋爲旻天。杖藜俯沙渚，爲汝鼻酸辛。○甫因覩兩鶴，其一損傷，不能追企鸞鳳，高翔旻天，頗自傷其已衰病，無復騰踏之志，是以酸辛故也。○【趙次公曰】宋玉賦：寒心酸鼻。

【校記】

〔一〕六，古逸叢書本作「十」。

〔二〕領，古逸叢書本作「顧」。

〔三〕天，原作「文」，據古逸叢書本改。

洞房

洞房環珮冷，玉殿起秋風。○【趙次公曰】此篇思長安而懷帝闕也。言洞房所以環珮冷者，以玉殿起秋風之時也。秦地應新月，龍池滿舊宮。○【趙次公曰】長安志：龍池在興慶宮躍龍門南，彌亘數頃，深至數丈，常有雲氣，或見小龍出遊。○及帝幸蜀前一夕，躍然亘空望西南去。繫舟今夜遠，清漏往時同。○【趙次公曰】所繫舟之處去秦地爲遠，而想像清漏與往時而〔一〕異也。萬里黄山北，○自蜀道至長安有萬里之遠。○【王洙曰】東方朔傳：武帝微行，西至黄山。晉灼曰：黄山，宫名，在槐里。○寰宇記：黄山宫在扶風。○【趙次公曰】長安志：右扶風槐里有黄山宫。園陵白露中。○【趙次公曰】尤見懷長安園陵之心切矣。

【校記】

〔一〕而，古逸叢書本作「不」。

宿昔

宿昔青門裏，○【趙次公曰。又，杜陵詩史引作「逸曰」。】青門，長安東門也。蓬萊仗數移。○【鄭卬曰】數，色角切。○頻也。○【趙次公曰】蓬萊殿在東内。花嬌迎雜樹，○【王洙曰：「天寶中，最重木芍藥，群花不可比其貴盛。」】松窗雜録：開元中，禁中初重〔一〕木芍藥，即今牡丹也。花方繁開，上乘月夜召太真妃賞之。龍喜出平池。○【王洙曰】柳芳傳信記：天寶中，興慶宮南池中常有小龍出遊。落月留王母，○【趙次公曰】以王母喻楊貴妃也。○【王洙曰】漢武内傳：七月七日，西王母降於承華殿。言畢欲去，帝叩頭請留，乃止。列仙傳：西王母，神人也。人面蓬頭，髮戴勝，虎爪豹尾，善笑，穴居崑崙山上。微風倍少兒。○【趙次公曰】以少兒喻貴妃姊妹也。○【王洙曰】衛青傳：衛媼次女少兒。宮中行樂秘，少有外人知。○【王洙曰】此紀明皇天寶時事也。○【薛夢符曰】前漢周仁傳：仁爲郎中令，險〔二〕重不泄，以是得幸，入卧内。於後宮秘戲，仁常在旁，終無所言。

【校記】

〔一〕重，古逸叢書本作「種」。

〔二〕險，元本、古逸叢書本作「愼」。

能畫○此詩言漢之宣、武不終惑於伎藝，而譏明皇之不若也。

能畫毛延壽，○【王洙曰】西京雜記：杜陵畫工毛延壽，善爲人形，醜好老少必得其真。投壺郭舍人。○【王洙曰】東方朔傳：幸倡郭舍人滑稽不窮。西京雜記：武帝時，郭舍人善投壺，以竹爲矢，不用棘也，能激矢令還，一矢百餘反，謂之驍，言如博之竪棊，於輩中爲驍傑也。每爲帝投壺，輒賜帛。每蒙天一笑，○【杜田補遺】又，杜陵詩史、分門集注、補注杜詩、集千家注批點杜工部詩集引作「修可曰」。】神異傳：東王公與玉女投壺，投而不接，天爲之笑，開口流光，今電是也。又，仙傳拾遺：木公與王母投壺，有不入者，天爲之嗌嗌。注：嗌嗌〔一〕，開口而笑也。復似物皆春。政化平如水，皇恩斷若神。○【師古曰】謂明皇時承平日久，驕逸遂生，百伎皆能感動帝意也。時時用抵戲，亦未離風塵。○【王洙曰】抵戲，謂角抵之戲也。令兩兩相當角力，量其伎藝射御。○【趙次公曰】不雜〔二〕以世俗風塵之事也。○前漢武紀：春作角抵戲。

【校記】

〔一〕兩「嗌嗌」，元本、古逸叢書本皆作「嗌嘘」。

〔二〕不雜，古逸叢書本作「未離」。

鬬雞○列子黄帝篇：紀渻子爲宣王養鬬雞，十日而問。魯世家〔一〕：季氏與郈氏鬬雞。西京雜記：成帝時，交趾、越嶲獻長鳴雞，則一食頃不絶，長距善鬬。晉人皆有鬬雞賦。○【鮑彪曰】陳鴻東城父老傳：明皇以乙酉生，而喜鬬雞，是兆亂之象也。

鬬雞初賜錦，○東城父老傳：明皇樂民間清明節鬬雞戲，及即位，治雞坊，索長安雄雞千數，養於雞坊。選六車〔三〕兒五百人，使畜擾教飼之。上好民風，尤使諸王外戚至傾帑敗産市雞。時賈昌爲五百小兒長，天子甚愛幸之，金銀之賜，日至其家。○【王洙曰】明皇雜録：上每鳴宴餔會，則御勤政樓，金吾及四軍兵士未明陳仗，盛列旗幟，皆被黄金甲，或衣短後繡袍。太常陳樂，衛尉張設，太官具飲，候時百寮貴戚二王後諸蕃酋長皆就食。府縣教坊大陳山車旱船，尋撞、走索、舞劍、角抵、戲馬、鬬雞。又令宫女數百人，飾以珠翠，衣以錦繡，自幃中出擊雷鼓，爲破陣樂、太平樂、上元樂。○【趙次公曰】陳翰異聞集：明皇好鬬雞，人以弄雞爲事，有賈昌者善養雞，蒙寵，當時爲之歌曰：「生兒〔四〕不用識文字，鬬雞走馬勝讀書。賈家小兒年十二，富貴榮華代不如。能令金距期勝負，白錦繡衫隨軟輿。」舞馬既登床。○【王洙曰】既，一作解。明皇雜録：嘗令教舞馬四百蹄，目之爲某家驕，其曲謂之傾盃樂。奮首鼓尾，無不應節。又施三層木床，乘馬於上，抃轉如飛，命壯士舉馬於榻上。安禄山亂，馬散落人間，田承嗣得之。一日，軍中大饗，馬聞樂而舞，承嗣以爲妖而殺之。○宋書：宋大明中，吐谷渾遣使獻舞馬，謝莊爲之作舞馬賦。簾下宫人出，樓前御柳長。○【王洙曰。又，趙次公曰：「舊本『樓前御柳長』，一作『御曲長』，當以爲是。蓋方貫上下句也。」】柳，一作曲。仙遊經一閟，女樂久無香。○【趙次公曰】仙遊，謂明皇上昇矣。宜女樂之久無香也。寂寞驪山道，清秋草木黄。○【杜定功曰】追〔五〕想驪山而傷嘆也。秋風辭：草木黄落兮雁南飛。

【校記】

〔一〕魯世家，元本、古逸叢書本作「左傳」。

〔二〕季，元本、古逸叢書本作「李」。

〔三〕車，元本、古逸叢書本作「軍」。

〔四〕兒，元本、古逸叢書本作「時」。

〔五〕追，元本、古逸叢書本作「追」。

歷歷

歷歷開元事，分明在眼前。無端賊盜起，○謂安史之亂也。忽已歲時遷。巫峽西江外，○【趙次公曰】蜀江從西而來，故謂之「西江」也。秦城北斗邊。○【趙次公曰】公懷長安也。長安之城，謂之北斗城，以其上直北斗也。爲郎從白首，○【趙次公曰】：「雖實道其身，而暗用馮唐白首爲郎也。」】自嘆其爲尚書員外郎而老也。馮唐傳：唐爲郎中署長，文帝輦過，問唐曰：「父老何自爲郎？」○【薛夢符曰】漢武故事：嘗輦至郎署，因見一署郎鬚眉皓白，上問曰：「公何時爲郎？何其老也。」對曰：「臣姓顔名駟，以文帝時爲郎，文帝好文而臣好武，景帝好老而臣尚少，今陛下好少而臣已老，是以不遇也。」上感其言，擢爲會稽都尉。卧病數秋天。

洛陽

洛陽昔陷没，胡馬犯潼關。○潼，徒紅切，水名。因以名關。唐地理志：關在華陰縣。○【趙次公曰】天寶十四載，禄山陷東京，即洛陽也。次年，遂犯潼關。天子初愁思，都人慘别顔。清笳去宫闕，○笳，居牙切，羌人捲蘆葉吹之也。翠蓋出關山。○【王洙曰】謂車駕幸蜀也。故老仍流涕，龍髯幸再攀。○髯，如占切，鬚也。○【趙次公曰】謂父老從帝幸蜀也。封禪書：黄帝鑄鼎於荆山，鼎既成，龍垂胡髯而下迎，羣臣從上七十餘人。餘小臣不得上，乃悉持龍髯，龍髯拔，墮。

驪山○長安志：驪山在臨潼縣東南二里，驪戎來居此山，故名。土地記：即藍田山也。

驪山絶望幸，○【趙次公曰】明皇嘗幸驪山，治湯泉爲池亭，環列山谷。○【師古曰】今則仙去。○【王洙曰】歎其不復行幸也。**花萼罷登臨。**○【王洙曰】明皇建花萼相輝之樓於上都，爲諸王燕集之地。○【趙次公曰】帝時登樓，聞諸王作樂，必召升樓與同榻而坐。○今則傷其不復臨眺也。**地下無朝燭，**○【趙次公曰】：「朝，音朝覲之朝。」【朝，音晁。○【趙次公曰】凡臣朝君，夜向晨則秉燭而朝，今歸於地下幽閟，則無朝燭矣。**人間有賜金。**○【趙次公曰】言明皇所賜金尚有留在人間也。**鼎湖龍遠去，**○黄帝内傳：帝採首陽山銅，鑄鼎荆山下，在今湖城縣南三十里，號鑄鼎湖。餘見前篇注。**銀海雁飛深。**○【王洙曰】劉向傳：秦始皇葬於驪山之阿，下錮金泉，上崇山墳，石椁爲遊宫，人膏爲燈燭，水銀爲江海，黄金爲鳧雁。○【趙次公曰】何遜經孫氏陵詩：銀海終無浪，金鳧會不飛。**萬歲蓬萊日，長懸舊羽林。**○【趙次公曰】言天子如平時蓬萊殿中之日，懸於殿間，今則懸於舊羽林軍爾。羽林，謂守護陵寢之軍〔一〕也。

【校記】

〔一〕軍，元本作「車」，古逸叢書本作「卒」。

提封

提封漢天下，○假漢以言唐也。○【王洙曰】東方朔傳：提封頃畝。顔師古曰：謂提舉四方之内，總計其數也。萬國尚同心。○【王洙曰】謂民未有離心也。借問懸車守，何如儉德臨。○【王洙曰：「懸車束馬，言至險也。言以險爲守，莫若守之以儉德也。」又，趙次公曰：「此篇崇德息兵之義甚明。所謂束馬懸車而後得入，如此而後可以守，則莫如臨之以儉德也。」】謂懸車束馬，入而守險，莫若臨之以儉德也。時徵俊乂入，○【王洙曰】言當求賢以自輔也。草竊犬羊侵。○【王洙曰。又，趙次公曰：「舊本正作『草竊犬羊侵』。一作『莫慮犬羊侵』，當以『莫慮』爲正，義方通貫。」】草竊，一作莫慮。○犬羊，謂戎狄也。願戒兵猶火，○【王洙曰】左氏傳：兵猶火也，弗戢將自焚。恩加四海深。○【王洙曰】言用兵莫若以恩也。

白露

白露團甘子，清晨散馬蹄。○【趙次公曰：「曹子建名都篇：清晨復來還。又：俯身散馬蹄。」又，王洙曰：「鮑明遠：俯身散馬蹄。」鮑照〔一〕詩：俯身散馬蹄。圃開連石樹，船渡入江溪。憑几看魚樂，○【王洙曰】莊子與惠子觀於濠梁，而羡魚之樂也。回鞭急鳥棲。○【師古曰】回鞭急者，以日暮鳥棲林故也。漸知秋實美，幽徑恐多蹊。

【校記】

〔一〕鮑照，元本、古逸叢書本作「曹植」。

孟氏

孟氏好兄弟，養親惟小園。○養，讀去聲。承顔胝手足，○【趙次公曰】謂勤勞於爲圃，以養〔二〕親也。○荀子子道篇：耕耘樹藝，手足胼胝，以養其親。坐客强盤飧。○飧，音孫，熟食也。負米力葵外，○【趙次公曰：「或云：力葵，一作夕葵。此惑于以夕對秋矣。」】力，一作夕。○晉作寒。○【趙次公曰】謂致力於治葵也。○【王洙曰】家語：子路爲親負米。讀書秋樹根。卜隣慙近舍，訓子學先門。○【趙次公曰。又，王洙曰：「先門，爲孟母訓子擇隣也。」】劉向列女傳：孟母者，孟軻之母。其舍近墓，孟子之少也，嬉遊爲墓間之事。母曰：「此非所以居子也。」去舍市傍。嬉遊爲賈人衒賣之事。母又曰：「此非所以居子也。」復徙舍學宫之傍。嬉遊乃設俎豆揖遜進退。母曰：

「真可以居吾子矣。」遂居。及〔二〕長，學六藝，卒成大儒。

【校記】

〔一〕養，元本、古逸叢書本作「食」。

〔二〕及，元本、古逸叢書本作「乃」。

吾宗衛倉曹崇簡〔一〕

吾宗老孫子，質朴古人風。耕鑿安時論，衣冠與世同。在家常早起，憂國願年豐。語及君臣際，經書滿腹中。○【王洙曰】凡語論之間，及於君臣之際，必反覆論議，用其腹中之詩書而證明之也。後漢趙壹傳：詩書雖滿腹，不如一囊錢。

【校記】

〔一〕衛倉曹崇簡，九家集注杜詩、門類增廣十注杜詩、門類增廣集注杜詩依例爲「王洙曰」，集千家注批點杜工部詩集作「公自注」。

第五弟豐獨在江左近三四載寂無消息覓使寄此二首

亂後嗟吾在，羈棲見汝難。草黄騏驥病，○【王洙曰】甫以騏驥而自託也。沙暖鶺鴒寒。○【趙次公曰】甫憫其弟之寒也。詩：鶺鴒在原，兄弟急難。楚設關城險，○【趙次公曰】謂白帝城乃夔、楚之險阻也。吴容水府寬。○【趙次公曰】吴則自江右〔一〕至吴，而積水之多，故云寬也。二〔二〕年朝夕淚，衣袖不曾乾。

【校記】

〔一〕右，古逸叢書本作「左」。

〔二〕二，元本、古逸叢書本作「一」。

聞汝依山寺，杭州定越州。○【趙次公曰】題止云「五弟獨在江左」，不指明其州，則亦傳聞之未審爾。風塵淹别日，○【趙次公曰】干戈之亂，謂之「風塵」，蓋言風動塵起也。江漢失清秋。○【王洙曰】。又，趙次公曰：「舊本一作共清秋，非。」】失，或作共。○【趙次公曰】言多時在此而不見其弟，爲相失也。影著啼猿樹，○著，直略切。○【趙次公曰】公自言其所在之處也。盧照隣巫山高詩：莫辨帝猿樹。魂飄結蜃樓。○【趙次公曰】指言弟豐所在之處，故深思之也，思之而魂飄。謂之「結蜃樓」，言蜃氣結成樓也。○【王洙曰】天官書：海旁蜃氣象樓臺。○晉志：海旁蜃氣成樓臺。○【杜田補遺】：「埤雅云：蜃噓氣成樓臺，高鳥倦飛就之以息，氣輒吸之，俗謂之『蜃樓』。」】埤雅載雜兵書曰：東海出氣如鼇，謂〔一〕水出氣如蜃，形似蛇而大。一曰：狀如螭龍，有角，鬣紅，噓氣成樓臺，望之隱然在煙靄。高鳥倦飛，就之以息，氣輒吸之，俗謂之「蜃樓」。○古樂府小臨海歌：蜃氣生遠樓。○【杜田補遺。又，杜陵詩史、分門集注、補注杜詩引作「師古曰」。】陳藏器云：車螯是大蛤，一名蜃，能吐氣爲樓臺。海中春夏間，依約島溆〔二〕中常〔三〕有此氣也。明年下春水，東盡白雲求。

【校記】

〔一〕謂，古逸叢書本作「渭」。

〔二〕溆，元本作「淑」，古逸叢書本作「嶼」。

〔三〕常，元本、古逸叢書本作「嘗」。

鄭典設自施州歸

吾憐滎陽秀，○滎陽，乃鄭氏之郡也。冒暑初有適。○暑，一作水，非也。名賢慎出處，○王荆公作所出。不肯妄行役。旅茲殊俗遠，竟以屢空迫。○空，讀去聲。南謁裴施州，

○【師古曰】出處，君子之大〔一〕致，不可妄動。鄭公雖冒暑有適，蓋以鄭子每乏，是以南謁裴施州，亦以義動，不肯妄行役也。義合無險僻。○謂與裴如義相投合，不以險阻爲僻也。攀援懸根木，○【鄭印曰】援，于元切。登頓入矢石。○【王洙曰】言路險阻也。青山自一川，○言險阻既盡處，施州别是一平川也。城郭洗憂戚。○【趙次公曰】按集有詩曰「下視城郭消人憂」是也。聽子話此邦，令我心悦懌。其俗則純朴，○則，一作甚。不知有主客。温温諸侯門，禮亦如古昔。○言鄭施州爲人温恭，待客有禮，得古人風也。敕厨倍常羞，盃盤頗狼藉。○【王洙曰】滑稽傳：履舄交合〔二〕，盃盤狼藉。時雖屬喪亂，事貴賞匹敵。○【王洙曰。又，趙次公曰：「舊本正作賞匹敵，非。」】賞，一作當。○匹敵，言以類相求也。惟賢者乃能待賢，兹固可稱賞也。晁錯傳：人情匹敵。中宵愜良會，裴鄭非遠戚。羣書一萬卷，博涉供務隙。○美鄭施州之好學，事務閑暇，乃讀書也。他日辱銀鈎，森疏見矛戟。○甫嘗辱鄭施州之書。○【王洙曰】因美其字體交連勁曲，若銀鈎然。○【杜田補遺】筆力快利，森森如矛戟也。○【趙次公曰】晉李静〔三〕序草書：婉若銀鈎。○【杜田補遺】書苑：歐陽詢尤工行書，出於大令，森然如武庫之〔四〕矛戟。○【趙次公曰】大令，王羲〔五〕之也。○按集李潮小篆歌「快劍長戟深相向」是也。倒屣喜旋歸，○屣，一作履。○【趙次公曰】倒屣，不上鞋踵也。甫喜鄭公之歸，故遽然而出迎也。○【王洙曰】昔蔡邕倒屣以迎王粲。畫地求所歷。○求，或作來。○【鄭印曰：「畫，去聲。」】畫，音獲。○莊子人間世篇：畫地而趨。乃聞風土質，又重田疇闢。刺史似寇恂，列郡宜競借。○借，咨昔切，假也。本或作惜。刺史，指鄭施州，以比寇恂也。○【趙次公曰】昔寇恂從上至潁川，百姓遮道，曰：「願從陛下復借寇君一年。」北風吹瘴癘，羸老思散策。○策，謂杖也。甫聞施州之風義，亦欲杖策而一謁故也。渚拂蒹葭塞，○【王洙曰。又，趙次公曰：「舊本作寒，非。」】塞，一作寒。嶠穿蔦蘿冪。○冪，莫狄切。此身仗兒僕，○仗，一作杖，非是。高興潛有激。孟冬方首路，○謂命駕啓行也。强飯取崖壁。○强，其兩切。飯，扶晚切。衛皇后傳：强飯勉之。歎爾疲駑駘，○相馬法：凡相馬之法，先除三羸五駑，乃相其餘。則五駑者，大頭緩耳，一也；長頸不折，二也；短上長下，三也；大胳短聲，四也；淺寬〔六〕薄髀，五也。汗溝血不赤。○【趙次公曰。又，杜陵詩史、分門集注、補注杜詩、集千家注批點杜工部詩集引作「修可曰」。】西域傳：大宛國多善馬，汗血。言其先天馬子也。馬援銅馬相法：汗溝欲深長也。終然備外飾，駕馭何所益。我有平肩輿，前途猶準的。翩翩入鳥道，○【師古曰】鳥道，謂飛鳥之道，蓋言高險也。庶脱蹉跌厄。○【鄭卬曰】蹉，倉何切。跌，徒結切。○甫歎無快馬以備行役，不若肩輿爲穩，庶免嗟跌之厄。然此亦託諷朝廷所用非良才，是以有傾危之禍也。

【校記】

〔一〕大，元本、古逸叢書本作「聲」。

〔二〕合，古逸叢書本作「錯」。

〔三〕李静，九家集注杜詩、集千家注批點杜工部詩集作「索靖」。
〔四〕之，元本、古逸叢書本無。
〔五〕義，古逸叢書本作「獻」。
〔六〕寬，古逸叢書本作「肉」。

阻雨不得歸瀼西甘林

三伏適已過，○曆釋忌〔一〕曰：伏者，何也。金氣伏藏之日也。四時代謝，皆以相生。立春，木代水，水生木。立夏，火代木，木生火。立冬，水代金，金生水。立秋，金代火，金畏火。故至庚日必伏庚者，金也。○【王洙曰】陰陽書曰：從夏至後，逢第三庚，爲初伏。第四庚，爲中伏。立秋後初庚爲末伏。故謂之「三伏」。驕陽化爲霖。○驕陽，旱也。雨三日爲霖。欲歸瀼西宅，○甫寓居夔州之瀼西。阻此江浦深。壞舟百板拆，峻岸復萬尋。篙工初一棄，恐泥勞寸心。佇立東城隅，○佇，一作倚〔二〕。悵望高飛禽。○【師古曰】謂阻雨舟破，恐泥不可濟。○【趙次公曰】故遠望瀼西，恨無用翼以飛去也。草堂亂玄圃，不隔崑崙岑。○崑崙玄圃，蓋神仙所居。甫以草堂比玄圃，崑崙遠而不可致，以阻雨故也。餘見前注。昏渾衣裳外，○謂地僻嬾衣裳也。曠絶同曾陰。○謂其地清爽，比之重陰之氣也。○【王洙曰】江文通詩：日落長沙渚，曾陰萬里生。園甘長成時，

○【王洙曰】蜀都賦：户有橘柚之園。三寸如黃金。○按集夔州即事詩有曰「一雙白魚不受釣，三寸黃甘獨自青」是也。諸侯舊上計，○謂諸侯上計簿于天子，以甘爲貢也。厥貢傾千林。○【王洙曰】禹貢：揚州厥包橘柚錫貢。邦人不足重，所迫豪吏侵。客居暫封殖，○【王洙曰】左氏傳昭公二年：季武子曰：「敢不封殖此木。」日夜偶瑶琴。○【趙次公曰】謂甘可入貢以奉至尊，非不貴也，而邦人反不重是物者，無它，苦於豪吏之侵奪，故不種植。邦人不之重，唯甫客于此，暫封殖此樹，日夜聽其風韻，若鼓瑶琴焉。虚徐五株態，側塞煩胸襟。○昔人種木多以五爲數，如陶淵明之五株柳，韓退之五株楸，其物態虚徐，徒側塞煩人胸襟，曾甘林之不若也。詩：其虚其徐。焉得輟兩足，○得，一作能。兩足，疑當作雨足，誤也。謝脁詩：森森散雨足。杖藜出嶇嶔。○【鄭卬曰】嶇，虧于切。嶔，驅音切。○甫阻雨不得歸故鄉，欲得雨脚輟止，杖藜出嶇嶔而歸乎甘林也。○【王洙曰】謝靈運池上詩：舉目眺嶇嶔。條流數翠實，○數，所主切，計也。謂計其甘之實也。偃息歸碧潯。○潯，徐心切，水名。謂枕乎潯而卧也。拂拭烏皮几，○【趙次公曰】謝脁烏皮隱几詩：蟠木生附枝，刻削豈無施。取則龍〔三〕文鼎，三趾獻光儀。勿言素韋潔，白沙尚推移。曲躬奉微用，聊承終宴疲。○按集有公安贈衛鈞〔四〕曰：「烏皮伴棲遲。」上劉峽州曰：「憑久烏皮綻。」寄鄭公曰：「烏皮几在還思歸。」喜聞樵牧音。○【趙次公曰】張景陽詩：杖策循岸垂，時聞樵牧音。令兒快搔背，脱我頭上簪。○甫欲得歸瀼西，拂烏几而聽樵牧之音，脱簪搔背，豈不快人意也哉！以其阻雨未得歸，故思之也。

【校記】

〔一〕釋忌，古逸叢書本作「忌釋」。

〔二〕倚，元本、古逸叢書本作「俯」。

〔三〕龍，元本、古逸叢書本作「龙」。

〔四〕鈞，元本、古逸叢書本作「均」。

柴門

泛舟〔一〕登瀼西，○前注。回首望兩崖。○【革曰：「兩崖，峽也。」】兩崖，謂東西峽也。東城乾旱天，其氣如焚柴。○東城，指夔州。夔州在蜀之東，旱乾之氣如焚積薪也。長影没窈窕，餘光散谽谺。○【趙次公曰】谽，胡紺切，哺也。〔二〕谺，虚加切，張口也。○按，谽谺一作唅呀，音同空谷也。○【趙次公曰】言旱氣隱見巖谷之間也。大江蟠嵌根，○【鄭卬曰】嵌，口銜切。歸海成一家。○謂江水蟠曲繞於石竇，其勢散而不一，至歸于大海則合流也。下衝割坤軸，○割，害也。水暫下衝，如割坤軸然。地有三千六百軸，地能運載，故有軸也。○【王洙曰】海賦：又似地軸，挺拔而争迴。竦壁攢鏌鋣。○【趙次公曰】言山峭立如聳鏌鋣之寶劍矣。○莊子：大冶鑄金爲鏌鋣。此兩聯言峽中山水之狀也。蕭颯灑秋色，○颯，一作瑟。氣昏霾日車。○【王洙曰。又，趙次公曰：「舊本氣昏一作氛昏，當以爲正。蓋上已有『其氣如焚柴』，而『氛昏』字又寫其風土之昏也，旱固有此景也。」】昏，一作氛。○日乘車駕以六龍，而煙嵐之氣昏蔽之也。○【趙次公曰】莊子徐無鬼篇：乘日之車遊於襄城之野。○春秋命曆序：皇伯登扶桑日之陽，駕六龍以上下。峽門自此始，○峽，一作峽。○【鄭卬曰】峽，以脂切，夔州地名。○言兩山傍夾相對而峙立，如門然。最窄容浮查。○查，與槎同。昔有人乘槎至天河，見前注。亦甫自謂也。禹功翊造化，疏鑿就欹斜。○【王洙曰：「江賦：三峽之東，夏后疏鑿。」趙次公曰：「江賦：巴東之峽，夏后疏鑿。舊注改爲『三峽之東』，誤矣。」】江賦：巴東之峽，夏后疏鑿。巨渠決太古，○謂自天地剖判已來有之。衆水爲長蛇。○言水之狀也。按集有曰「峽開四千里，水合數百源」是也。風煙渺吳蜀，舟楫通鹽麻。○吳出鹽，蜀出麻，兩相資易也。按集有曰「蜀麻久不來，吳鹽擁荆門」是也。我今遠游子，飄轉混泥沙。〔三〕萬物附本性，約性不欲奢。茅棟蓋一床，清池有餘花。濁醪與脱粟，在眼無咨嗟。○濁醪、脱粟，可以醉飽，尚何恨之有也。山荒人民少，地僻日夕佳。○【王洙曰】陶淵明詩：山氣日夕佳。貧窮固其常，○【王洙曰】窮，一作賤。○家語：貧者士之常。富貴任生涯。○莊子養生主篇：吾生也有涯。老於干戈際，宅幸蓬蓽遮。石亂上雲氣，杉青延日華。○青，一作清。賞妍又分外，○妍，一作愜。理愜夫何誇。○愜，一作妍。謝靈運詩：意愜理無遁〔四〕。足了垂白年，○【師尹曰】晉畢卓〔五〕：「浮酒船中，便足了一生。」敢居高士差。○【師古曰】謂敢以高士爲伍也。書此豁平昔，回首猶暮霞。

【校記】

〔一〕舟，三本原皆作「州」，據九象集注杜詩、分門集注杜詩改。

〔二〕也，元本、古逸叢書本作「地」。

〔三〕「我今」三句原無，據杜陵詩史等本改。

〔四〕遁，古逸叢書本作「違」。

〔五〕古逸叢書本「卓」下有「曰」字。

貽華陽柳少府

○【鄭卬曰】華，胡化切。

繫馬喬木間，○【趙次公曰】劉琨扶風詩：繫馬長松下。問人野寺門。○【師古曰】柳少府，華陽人，寓居於野寺，甫來尋訪之也。柳侯披衣笑，見我顔色温。並坐石堂下，○【王洙曰】一作堂下石。○一作石下堂。俛視大江奔。火雲洗月露，○【王洙曰】火雲，旱雲也。○爲月露所洗，凌晨無炎氣也。絶壁上朝暾。○【鄭卬曰】暾，他昆切，日始出貌。自非曉相訪，觸熱生病根。○【趙次公曰】晉程曉詩：可憐褦襶子，觸熱生病根。南方六七月，出入異中原。○中原，乃中國之地，寒暑所以正，而南方甚熱故也。老少多暍死，○【鄭卬曰】暍，於歇切，傷熱也。汗踰水漿翻。○【趙次公曰：「世説載：鍾會、鍾毓見魏文帝，毓面有汗，帝問曰：『何以汗？』對曰：『兢兢皇皇，汗出如漿也。』」】鍾毓傳：魏文面有汗，帝問曰：「何以汗？」對曰：「兢兢皇皇，汗出如漿。」俊才得之子，筋力不辭煩。○之子，指柳生。○【趙次公曰】甫喜得柳生訪之，不憚力之勞也。指揮當世事，語及戎馬存。涕淚濺我裳，○涕淚，一作流涕。悲風排帝閽。○【師古曰】謂柳生抱經綸之志，言及國家未寧，慷慨悲憂，其義氣上排帝閽。帝閽，天門也。○【王洙曰】張衡思玄賦：叫帝閽使闢扉兮，覿天皇于瓊宫。鬱陶抱長策，○【王洙曰】長策，良策也。有良策而不見用，故鬱陶爾。五子之歌：鬱陶乎于〔一〕心。義仗〔二〕知者論。○【師古曰】觀柳生之義概，可與知已者論，不可爲俗人道也。吾衰卧江漢，但媿識璵璠。○【趙次公曰】以美柳生也。○甫卧病江漢之間，所媿知柳生爲美士，無力以薦揚耳。魏文與鍾大理書：魯之璵璠，價越百金，貴重都城。文章一小伎，○【趙次公曰】後漢楊賜傳：造作賦説，以史篆小伎見寵於時。於道未爲尊。起予幸斑白，○【趙次公曰】論語：起予者商也。因是託子孫。○【趙次公曰：「言取少府道德之美，非止文章。……言柳少府有道可尊，起發予於班白衰老之間，因比相見而有子孫可託之幸。」】文章於藝爲小，甫自謂己所長者文章。今聞柳生議論，是以起發予意，幸當衰老獲接斯人，因以子孫託之，固知柳生前程遠大故也。俱客古信州，○【程曰。又，王洙曰：「夔乃古信州也。」】夔州，春秋時爲魯〔三〕國，漢爲魚復縣，梁、隋皆爲巴東郡。梁大同二年，於巴東立信州。唐武德二年，避皇外祖獨孤信，始改爲夔州，取夔國名之也。結廬依毀垣。相去四五里，徑微山葉繁。○謂所居僻，車馬少而山葉壅塞也。時危挹佳士，○佳士，指柳生也。況免軍旅喧。醉徒趙女舞，歌鼓秦人盆。○【王洙曰】李斯傳：隨俗雅化，佳冶窈窕，趙女不立於側也。夫擊甕叩缶，彈箏搏髀而歌，嗚嗚快耳目者，真秦之聲也。楊惲傳：家本秦也，能爲秦聲。婦趙女也，雅善鼓瑟。酒後耳熱，仰天撫缶而呼嗚嗚。○戰國策：燕太子丹送荆軻入秦，祖於易水之上。高漸離擊缶而歌，士皆垂涕，髮上衝冠。藺相如傳：趙王與秦王會，相如曰：「竊聞秦王善爲秦聲，請奉盆瓶。」風俗通：缶者，瓦器。秦人鼓之，以節歌也。子壯顧我傷，我驩兼淚痕。○【師古曰】柳生年少，傷甫衰老，而甫乃悲喜相半也。餘生如過鳥，○【趙次公曰】張景陽雜詩：人生瀛海間，忽如鳥過目。故里今空村。○【師古曰】甫傷長安故鄉經兵革之後，唯空村而已，此生蹉跎，不獲一歸也。

【校記】

〔一〕于，古逸叢書本作「余」。

〔二〕仗，元本、古逸叢書本作「杖」。

〔三〕魯，古逸叢書本作「虁」。

種萵苣○【鄭卬曰】萵，烏禾切。苣，勤呂切。○本草：苦苣，即野苣也。野生者又名褊苣。今人常食爲白苣。江外、嶺南吴人無白苣，常植野苣以供厨饌。白苣如萵苣，葉白，毛有野色也。

既雨已秋，堂下理小畦，隔種一兩席許。萵苣向二旬矣，而苣不甲拆。伊人莧青青。○【趙次公曰：「伊人莧青青，師民瞻本『伊人』字作『獨野』，是。」】伊人，一〔一〕作獨野，今當從之。傷時君子，或晚得微禄，轗軻不進，因此作詩。○轗，音坎，又苦膽切。軻，音可，又苦賀切。轗軻，車行不平也。一曰：不得志也。轗，或作坎。軻，或作坷。義同。東方朔七諫：然轗軻而留滯。

陰陽一錯亂，○錯，或作屯。驕蹇不復理。枯旱於其中，○其，或作此。炎方慘如燬。○【鄭卬曰】燬，虎委切，火也。○炎方，謂南方也。人皆憂慘，旱氣如火之焚也。○【師尹曰】詩：王室如燬。植物半蹉跎，嘉生將已矣。○【王洙曰】言草木遇旱，〔二〕皆無生意矣。〔三〕雲雷歘奔命，○歘，許勿切，忽也。師伯集所使。○【趙次公曰：「言風師、雨伯也。」】師，謂風師飛廉也。伯，謂風伯屏翳也。指揮赤白日，澒洞青光起。○澒洞，讀從上聲，雲色起貌。雨聲先已風，

○已，晉作以。已，止也。風止則雨降也。散足盡西靡。○散足，謂雨脚之斜散而向西也。○【趙次公曰：「謝朓詩云：森森散雨足。」】謝朓詩云：森森散雨靡。山泉落滄海，霹靂猶在耳。終朝紆颯沓，○謂雨作紆回而久不歇也。曹植詩：秋風起颯沓。信宿罷瀟灑。○一宿曰宿，再宿曰信。謂雨殆信宿而後罷也。堂下可以畦，○畦，謂庭前之疏〔四〕圃也。向者以〔五〕旱乾而〔六〕廢棄，今既得雨，故可以理也〔七〕而種物也。呼童對經始。苣兮蔬之常，隨事藝其子。破塊數席間，荷鋤功易止。○陶淵明歸田園詩：戴月荷鋤歸。兩旬不甲拆，空惜埋泥滓。野莧迷汝來，○本草：野莧，馬齒莧也。宗生實於此。○【杜田補遺。又，杜陵詩史、分門集注、補注杜詩引作「修可曰」。】揚雄蜀都〔八〕賦：其竹則宗生族攢。○【杜田補遺。又，杜陵詩史、分門集注、補注杜詩、集千家注批點杜工部詩集引作「修可曰」。】左思吳都賦：楠榴之木，相思之樹，宗生高岡，族茂幽阜。此輩豈無秋，亦蒙寒露委。翻然出地速，滋蔓户庭毀。因知邪干正，掩抑至没齒。○野莧雖掩嘉蔬，遇秋必當委於霜露，而不久榮，譬猶小人以邪干正，之〔九〕人爲之掩抑，至没齒而不得進也。賢良雖得祿，守道不封己。○【趙次公曰】言賢良之人得位則〔一〇〕不恣，非似邪佞得位而封己，亦猶嘉蔬出地則不滋，非似野莧之得而延蔓也。國語：叔向曰：「引黨以封己。」注曰：封，厚也。擁塞敗芝蘭，衆多盛荆棘。〔一一〕○【趙次公曰】芝蘭所以擁塞者，以荆棘之衆多也，非特莧爾。○亦喻君子爲小人所蔽也。中園陷蕭艾，老圃永爲耻。○【趙次公曰】謂蒿艾不翦，爲圃之所耻。

○喻邪佞不去，亦爲國者之所戒也。登於白玉盤，藉以如霞綺。莧也無所施，胡顔入筐筐。○【師古曰】胡顔，謂强厚顔也。野莧雖盛，及莴苣生長，登于白玉之盤，藉以如霞之綺，遂使彼無〔二〕所用，不猶强顔入吾筐筐之内，不亦無恥乎！以喻小人掩君子，一旦登于玉堂，則小人將何顔而猶居朝乎？終亦不用而已矣。○【按，趙次公注秋風二首其二「秋風淅淅吹我衣，東流之外西日微」句曰：此寫眼前之景，宛轉含蓄，道不盡凄感之意。】此詩寫出眼前之境，宛轉含蓄，道不盡凄感之意，觀者可以默會也。

【校記】

〔一〕一，元本、古逸叢書本作「今」。

〔二〕早，元本作「草」，古逸叢書本作「早」。

〔三〕矣，元本、古逸叢書本作「也」。

〔四〕疏，元本、古逸叢書本作「蔬」。

〔五〕以，元本、古逸叢書本無。

〔六〕而，元本、古逸叢書本作「無」。

〔七〕也，元本、古逸叢書本作「地」。

〔八〕蜀都，元本、古逸叢書本作「左思」。

〔九〕之，古逸叢書本作「正」。

〔一〇〕則，元本、古逸叢書本作「而」。
〔一一〕棘，古逸叢書本作「杞」。
〔一二〕無，元本、古逸叢書本作「正」。

秋風二首

秋風淅淅吹巫山，○巫山，屬夔州。上牢下牢修水關。○水關，乃夔峽大關津也。上牢瞿峽，下牢夷陵。○【師古曰】春夏多雨水，秋冬多旱乾。修水關在秋時也。○十道志：三峽口地曰峽州，上牢、下牢，楚、蜀分畛。吴檣楚柂牽百丈，○【薛夢符曰】湖、湘間行舟以竹相續爲索，以引上水舟，謂之百丈，以其長可百丈故也。暖向神〔一〕都寒未還。○謂輸運京師，自春至冬，未有歸期。蓋勞於征調故也。按唐地理志：東都，隋置。光宅元年，改曰神都。要路何日罷長戟，戰自青羌連白蠻。中巴不曾消息好，○青羌、白蠻迫近巴蜀，近爲之陵擾故也。瞑傳戍鼓長雲閑〔二〕。○屯戍之地，夜擊鼓以警盜也。

【校記】

〔一〕神，元本、古逸叢書本作「城」。
〔二〕閑，元本作「關」，古逸叢書本作「間」。

秋風淅淅吹我衣，東流之外日西微。○【師古曰】百川東流，其勢順然也。喻天下當效順于天子。月，臣道也。日，君道也。月微乃其常，日不當微，日微喻京師爲賊所陷，代宗出幸也。天清小城擣練急，○【師古曰。又，王洙曰：「爲征戍者爲寒衣也。」】謂婦人備送征戍之衣也。石古細路行人稀。○【王洙曰。又，杜陵詩史引作「師古曰」。】謂商旅不行也。不知明月爲誰好，早晚孤帆他夜歸。○他，一作也。會將白髮倚庭樹，故園池臺今是非。○【師古曰】傷故里爲寇焚蕩〔一〕也。○謝惠連擣衣詩：腰帶惟〔二〕疇昔，不知今是非。

【校記】

〔一〕蕩，元本作「傷」，古逸叢書本作「毀」。

〔二〕惟，元本作「唯」，古逸叢書本作「准」。

新定杜工部草堂詩箋斠證卷第三十七

大曆二年秋在瀼西所作

春陵行

元結

癸卯歲，漫叟移道州刺史。道州舊四萬餘户，經賊以來，不滿四千，太半不勝賦税。到官未五十日，承諸使徵求符牒二百餘封，皆曰：「失其限者，罪至貶削。」於戲！若悉應其命，則州縣破亂，刺史焉欲逃罪者。不應命，又即獲罪戾，必不免也。吾將守官，静以安人，待罪而已。此州是春陵故地，故作春陵行，以達下情。

元結賊退示官吏序云：癸卯歲，西原賊入道州，焚燒殺掠幾盡而去。明年，賊又攻永州，破邵，不犯此州邊鄙而退。豈力能制敵，蓋蒙其傷憐而已。諸使何爲忍苦徵斂，故作詩一篇，以示官吏。

軍國多所須，切責在有司。有司臨郡縣，刑法意欲施。供給豈不憂，徵斂又可悲。州小經亂亡，遺人實困疲。大鄉無十家，大族命單羸。朝餐是草根，暮食乃樹皮。出言氣欲絶，意速行步遲。追〔一〕呼尚不忍，況乃鞭撲之。郵亭傳急符，來往迹相追。更無寬大恩，但有迫促期。欲令鬻兒女，言發恐亂隨。悉使索其家，而又無生資。聽彼道路言，怨傷誰復知。去冬山賊來，殺奪幾無遺。所願見王官，撫養以惠慈。奈何重驅逐，不使存活爲。安人天子命，符節我所持。州縣忽亂亡，得罪復是誰。逋緩違詔令，蒙責固所宜。前賢重守分，惡以禍敗移。亦云守官貴，不憂能適時。顧惟孱弱者，正直當不虧。何人採國風，吾欲獻此辭。

【校記】

〔一〕追，元本、古逸叢書本作「嗚」。

同元使君舂陵行〔一〕

覽道州元使君結舂陵行兼賊退後示官吏作二首，誌之曰：當天子分憂之地，效漢官良吏之目。○官，舊作朝。今盜賊未息，知民疾苦，得結輩十數公，落落然參錯天下爲邦伯，萬物吐氣，○晉作「百姓壯氣」。天下少安，可待矣。不意復見比興體制，微婉頓挫之詞，感而有詩，增諸卷軸，簡知我者，不必寄元。○元，晉作云。

遭亂髮盡白，○【王洙曰】盡，一作遽。○謂憂國故髮白也。轉衰病相嬰。○謂血氣衰而百病俱集也。沉綿盜賊際，狼狽江漢行。○文章集略：狼狽，猶狼跋也。歎時藥力薄，○【趙次公曰：「此言非不進藥，以歎時之故，憂思奪之，其病雖痊，而藥力減半也。」】謂憂甚則藥力無效也。爲客羸瘵成。○謂艱難則狀貌疲削也。吾人詩家秀，○秀，一作流。指道州元使君也。博采世上名。粲粲元道州，○【王洙曰】粲粲，美之盛也。○詩：三英粲兮。前聖畏後生。○【王洙曰】論語：子曰：「後生可畏。」觀乎舂陵行，歘然俊哲情。復覽賊退篇，結也實國楨。賈誼昔流慟，○【趙次公曰】賈誼傳：誼上疏陳政事，曰：「可爲慟哭者一，可爲流涕者二。」匡衡常引經。○【王洙曰】匡衡傳：衡陳便宜。及朝廷有政議，傳經以對。道州憂黎庶，○憂，一作衰。詞氣浩縱橫。兩章對秋月，○兩章，即春陵行、賊退篇是也。一字偕華星。○【王洙曰：「一作階。」】偕，一作皆。致君唐虞際，純樸憶大庭。○【師古曰】謂元結欲致君爲堯、舜之盛，使民風純樸如大庭氏，故甫比之賈誼、匡衡〔二〕也。何時降璽書，○【王洙曰】前漢循吏傳：二千石有治效者，輒以璽書勉勵。用爾爲丹青。○甫謂元道州治郡有功，宜勵以璽書徵用爲丹青老臣，以黼黻皇猷、粉澤治具也。或曰：丹青，謂繪像也。○【王洙曰：「見前『丹青憶老臣』注。」】按集有曰「丹青憶老臣」是也。獄訟永衰息，○【王洙曰】前漢〔三〕禮樂志：獄訟衰息。豈唯偃甲兵。悽惻念誅求，薄斂近休明。○結之治道州，非惟止訟，且又偃兵，憫百姓爲汙吏掊取，於是薄其賦斂，治幾乎三代盛明之時也。乃知正人意，不苟飛長纓。○【趙次公曰】乃知結爲正人，不苟居乎祿位，忝厠簪纓之列而已。涼飆振南岳，○【趙次公曰：「道州在南，故以涼飆言秋時。而必曰『振南岳』，南岳，衡山是已。」】涼飆，秋風也。地理志：潭州有南岳衡山祠，道州屬之。之子寵若驚。○【王洙曰】老子十三章：寵辱若驚，貴大患若身。色阻金印大，○【王洙曰】阻，一作沮。○【趙次公曰】晉書：周顗曰：「今年殺賊奴，取金印如斗大繫肘後。」興含滄浪清。○【王洙曰：「溟，一作浪。」又，趙次公曰：「舊本正作滄溟清，非。滄溟，大海，不可言清。」】浪，一作溟。○之子，指元道州。代宗以元良吏，寵授以刺史印綬，元結雖蒙寵賜，志則在〔四〕於祿秩，當受恩之際，其色阻難，足見其廉於進取也。○【趙次公曰】孺子歌曰：滄浪之水清兮，可以濯我纓。我多長卿病，○【師古曰】昔司馬相如字長卿，嘗病渴。甫亦有是疾也。日夕思朝廷。肺枯渴太甚，漂泊公孫城。○【王洙曰：「白帝城，公孫述所據。〔二〕公孫述所據白帝城，在魚復，有公孫述遺像。○【師古曰】是時甫客居于此，思慕朝廷，未嘗一日忘君也。呼兒具紙筆，隱几臨軒楹。○隱，於靳切，凴也。作詩呻吟内，墨淡字攲傾。○【師古曰】謂作此篇之時，正爲消渴所苦，而爲呻吟哀苦之聲，是以倦於研墨，而書字横斜也。感彼危苦詞，庶幾知者聽。○甫感元道州春陵行之作，因賦是詩，冀知我者而聽之也。

【校記】

〔一〕此題原無，據分門集注杜工部詩補。

〔二〕賈誼匡衡，元本、古逸叢書本作「匡衡賈誼」。

〔三〕前漢，元本作「前」，古逸叢書本作「漢」。

〔四〕在，古逸叢書本作「仕」。

甘林

捨舟越西岡，○【王洙曰】謝靈運詩：捨舟眺迥〔一〕渚。入林解我衣。○甫寓居荆楚，有甘林可入，解衣以自遣適也。青芻適馬性，○謂解馬以就芻，非獨人適真〔二〕性，馬亦適其性也。好鳥知人歸。○【趙次公曰】謂鳥亦認主人而喜也。○【趙次公曰。又，杜陵詩史、分門集注、補注杜詩引作「修可曰」。】曹植詩：好鳥鳴高枝。晨光映遠岫，多露見日晞。遲暮少寢食，清曠喜荆扉。經過倦俗態，在野無或〔三〕違。○【王洙曰】莊子讓王篇：孔子窮於陳、蔡，藜羹不糝。未肯羨輕肥。○【王洙曰】論語：子路曰：「願車〔四〕馬，衣輕裘。」喧静不同科，出處各天機。○遲暮，謂晚年年老，爲客不便，故喜爲荆扉，動適所欲，無違吾山野之性，雖甘藜藿，亦不羨輕裘肥馬，蓋以喧静出處之不用，〔五〕隨人性之所樂也。勿矜朱門是，陋此白屋非。明朝步鄰里，長老可以依。時危賦斂數，○【鄭卬曰】數，色角切。脱粟爲爾揮。○時史思明陷長安，軍興之際，民雖困於重斂，猶能以脱粟飯致意於白屋之長老也。相携行豆田，秋花靄霏霏。子實不得喫，貨市送王畿。盡添軍旅用，迫此公家威。○【趙次公曰：「言豆雖結實矣，而長老者不得喫也。」】言豆田花雖結實，爲長老者皆不得用。田家所收，盡行貨鬻，以供輸官府，充乎軍旅之用。○【王洙曰】而民無餘貲者，蓋迫於在上者之苛急也。主人長跪問，○古詩：長跪問故夫〔六〕。戎馬何時稀。我衰易悲傷，屈指數賊圍。○數，所短〔七〕切，計也。勸其死王命，慎忽〔八〕遠奮飛。○是以下民怨憤，故甫勉以忠義而死王命，莫若鳥奮飛而遠遁，〔九〕此亦汝墳之忠於君之意。

【校記】

〔一〕迴，古逸叢書本作「迴」。

〔二〕真，元本、古逸叢書本作「其」。
〔三〕或，原作「成」，據元本、古逸叢書本改。
〔四〕願車，元本、古逸叢書本作「乘肥」。
〔五〕用，古逸叢書本作「同」。
〔六〕夫，原作「失」，據元本、古逸叢書本改。
〔七〕短，元本、古逸叢書本作「矩」。
〔八〕忽，元本、古逸叢書本作「勿」。
〔九〕遞，古逸叢書本作「逝」。

雨

行雲遞崇高，○【鄭卬曰】遞，徐禮切，更易也。飛雨靄而至。潺潺石間溜，汩汩松上駛。○【鄭卬曰】駛，疏吏切，馬行貌。亢陽乘秋熱，百穀皆已棄。皇天德澤降，燋卷有生意。前雨傷卒暴，○【鄭卬曰】卒，蒼没切。今雨喜容易。○謂霢霂之雨也。不可無雷霆，間作鼓增氣。○間，居莧切。雷霆所以作，龍之氣也。佳聲達中霄，所望時一致。○謂遠邇俱蒙澤也。清霜九月天，○豳風：九月肅霜。髣髴見滯穗。○【王洙曰】詩甫田：遺秉滯穗，伊寡婦之利。郊扉及我私，○一作我耘。○【趙次公曰】顔延年贈王太常詩：郊扉常晝閉。○【王洙曰】詩大田：遂及我私。我圃日蒼翠。恨無抱甕力，○【王洙曰】莊子天地篇：子貢過漢陰，見一丈人，方將爲圃畦，鑿隧而入井，抱甕而出灌。庶減臨江費。○峽内無井，買江水而飲。今甫寓居于此，因雨而喜，恨無井可以抱甕，庶幾省臨江買水之費也。

別李秘書始典〔一〕寺所居

不見秘書心若失，○後漢黄憲傳：戴良見憲，未嘗不正容，及歸，罔然若有所失。謝靈運擬鄴中集徐幹詩：中飲傾〔二〕昔心，悵然若有失。及見秘書失心疾。○未見之也，心有所思，若失物然，及既見之也，故心疾頓除也。安爲動主理信然，○安爲動主，美李侯之閑居始興也。蓋静則神全，動則神耗，理信然也。我獨覺子神充實。○一作精神實。甫自傷奔走，健羨李侯之安居也。重聞西方之觀經，○觀，古亂切。○【王洙曰】文中子：佛，西方之教。○【杜田補遺】西方觀經者，即有西方無量壽佛經也。經云：如來今者教韋提希及未來世一切衆生，觀於西方極樂世界，以佛力故當得見彼清淨國土，如執明鏡日見面像，凡十六觀：日想爲初觀，水想爲第二觀，地想爲第三觀，樹想爲第四觀，八功德水想爲第五觀，總觀想爲第六觀，花座想爲第七觀，像想爲第八觀，遍觀一切色想爲第九觀，觀世音菩薩真實色身想爲第十觀，觀大勢至菩薩色身想爲十一觀，音觀想爲第十二觀，雜觀想爲十三觀，上品生想爲第十四觀，中品生想爲第十五觀，下品生想爲第十六觀。作是觀者，名爲正觀。若他觀者，名爲邪觀。老身古寺風泠泠。○風賦：泠泠清清。妻兒待我且歸去，○【王洙曰：「（米）又云我。」】我，一作來，陳作米。他日杖藜來細聽。

【校記】

〔一〕典，古逸叢書本作「興」。

〔二〕傾，元本作「顧」，古逸叢書本作「碩」。

寄狄明府博濟

○【「博濟」，門類增廣集注杜詩依例爲「王洙云」。】

梁公曾孫我姨弟，○【王洙曰】狄仁傑封梁國公。母之姊妹之子，曰姨弟。不見十年官濟濟。○博濟，梁公曾孫，取甫爲兩姨兄弟。古人有十旬至宰相者，今博濟爲官十年，不見其濟濟，歎其淹滯也。大賢之後竟陵遲，浩蕩古今同一體。○大賢，指梁公。陵遲，衰替貌。賢者之後，多是不振，天意不可知，古今皆然，何獨於博濟而疑之乎！比看叔父四十人，有才無命百寮底。○【王洙曰：「沉下位也。」】底，謂居百寮之下也。今者兄弟一百人，幾人卓絶秉周禮。○魯，周之宗親，能守周禮。今博濟之族兄弟雖多，卓然守梁公禮法者寧有幾人？梁公之後陵遲，蓋有由也。

○【王洙曰】左氏閔公元年傳：魯尤秉周禮。在汝更用文章爲，長兄白眉復天啓。○美博濟有文章，乃諸弟中之白眉者，此天將啓梁公之後也。○【王洙曰】蜀志馬良傳：良字季常，兄弟五人並有才名，鄉里爲之諺曰：「馬氏五常，白眉最良。」良眉中有白毛，故以稱之。左氏傳：天將啓之。汝門請從曾翁説，○【王洙曰】曾翁，謂梁公也。太后當朝多巧詆。○詆，一作計。狄公執政在末年，濁河終不污清濟。○武后當朝，公卿多誹謗，巧言相詆毀，梁公執政，以剛正自守，不爲羣枉所撓，如清濟不污於濁河，清濁有別也。謝朓出尚書省詩：紛虹亂朝日，濁河污清濟。國嗣初將付諸武，公獨廷諍守丹陛。禁中決册請房陵，○決册，一作册決。前朝長老皆流涕。○【王洙曰。又，趙次公曰：「舊本一作滿朝，非。」】前，一作滿。○【王洙曰】詳見狄仁傑本傳。太宗社稷一朝正，漢官威儀重昭洗。○洗，桑洗切。武后欲以武三思爲太子，廢中宗爲廬陵王，居防〔一〕陵。梁公薦張柬之與桓彦範等决策禁中，誅諸武，迎中宗，使太宗社稷不泯，一朝反正，復見漢官威儀，唐祚不遷，皆狄公之力也。初，仁傑諫武后不宜立三思，而有「廟不祔姑」之語，武后亦爲之感動。前朝長老言之，爲流涕，皆以功高梁公。當時若不得梁公定大計，則唐之爲唐，未可知也。○【王洙曰】光武本紀：人見司隸寮屬，喜不自勝，老吏或垂泣曰：「不圖今日復見漢官之威儀也。」時危始識不世才，誰謂荼苦甘如薺。○梁公負不世之才，遭時憂危，以身獨任其事，雖云荼苦，不足以比梁公之勞苦，爲國家憂慮也。○【趙次公曰】詩谷風：誰謂荼苦，其甘如薺。汝曹又宜列土食，○【杜田補遺】尚書帝命驗曰：周公作雒，建大社於國中，其壝之土，東丹、南赤、西白、北驪、中央黄，將遣諸侯，鑿其方土，苴以白茅，以土封之，故曰列土。身爲門户多旌棨。○【杜田補遺】唐制：節度使，就第賜旌節三品以上，門立棨戟。胡爲飄泊岷漢間，干謁侯王頗歷抵。○抵，一作詆。汝曹，指博濟也。然既爲元勳子孫，宜列土而食，旌以棨戟，胡爲飄泛蜀漢之間，以干謁爲事哉？況歷詆公卿，求遂其私意，又非寬厚長者之所爲也。○【師古曰】甫意深責博濟宜守粱公之禮法，無逐奔競之風也。況乃山高水有波，秋風蕭蕭露泥泥。○【鄭卬曰】泥，奴禮切，濃貌。○【王洙曰】謝朓詩：零露方泥泥。虎之飢，下巉巖。○廣雅：巉巖，高貌。蛟之横，出清泚。○横，讀去聲。早歸來，黄土污人眼易眯。○【師古曰】況乃岷、漢中山水險阻，居官者率多麄暴，動即相殘，不啻虎蛟之吞噬，是以勉博濟之早歸，無爲當路者所污辱而疾之。○人，或作衣。○【歐曰】眯，莫禮切。○【師古曰。又，趙次公曰：「韻書云：物入目也。」杜陵詩史、分門集注、補注杜詩、集千家注批點杜工部詩集引作「歐曰」：「物入目中。」】眯，物入眼中也。○【師古曰】且物入眼，必不能容，思有以去之。如甫之依嚴武，尚幾爲所殺，況餘人乎！

【校記】

〔一〕防，古逸叢書本作「房」。

寄韓諫議

○注。○【師古曰】按地理志：岳州巴陵郡，在岳之陽，故曰岳陽。有君山、洞庭湖、湘江。韓注以諫爲職，直言諫天下事，代宗不悦，貶岳陽。注適意遊君山，棄人間事，將爲長往之計。甫思之，故作此以寄之。

今我不樂思岳陽，○思韓注也。身欲奮飛病在床。○【王洙曰】詩：不能奮飛。美人娟娟隔秋水，○【趙次公曰】美人，指韓注。甫時病渴寓夔，而注在岳，斯爲隔也。○【王洙曰】詩簡兮：彼美人兮，西方之人兮。○屈原九歌：望美人兮未來。濯足洞庭望八荒。○謂韓高傲，有物外之意也。鴻飛冥冥日月白，○鴻知去就，喻賢者以道去其君也。揚子問明篇：鴻飛冥冥，弋人何篡〔二〕焉。青楓葉赤天雨霜。○【趙次公曰】雨，讀去聲。○謂楚岸多楓，當秋零落，正是相思時節也。○【趙次公曰】鮑照詩：窮秋九月荷葉黄，北風驅雁天雨霜。○【王洙曰】謝靈運晚出詩：曉霜楓葉丹。玉京羣帝集北斗，○【王洙曰】玉京，帝居也。五方各有帝，惟北斗爲尊。○北辰居其所，而衆星拱之也。○【杜田補遺】靈樞金景内經：上界玉京。注：玉京，無爲天也。東西南北皆有八天，凡三十二天，蓋三十三帝之都也。○【薛夢符曰】晉天文志：北極五星，北辰最尊者也。北斗七星在太微北，七政之樞機，陰陽之元本也。或騎麒麟翳鳳凰。○步虚云：丹丘乘翠鳳，玄圃馭斑麟。○武帝内傳：西王母之從官，或騎麒麟。芙蓉旌旗煙霧樂，○謂張樂於煙霧之中，旌旗之節光粲乎芙蓉也。

影動倒景搖瀟湘。○瀟湘乃岳陽之景，謂儀仗居日月之上，光影搖動湘江之水。蓋喻羣臣朝覲天子，託以羣帝朝斗言之也。謝玄暉新亭渚別范零陵詩：洞庭張樂地，瀟湘帝子遊。星宮之君醉瓊漿，○喻王子宴會羣臣也。○【王洙曰】招魂：華酌既陳，有瓊漿。瑤漿蜜勺，實羽觴。羽人稀少不在傍。○羽人，仙人也。喻韓注，言其骨不凡。或韓注不預朝覲宴會，足見其貶黜也。不在傍，言不在天子之左右也。復以赤松子、張良比之。○【趙次公曰】屈原遠遊：仍羽人於丹丘。似聞昨者赤松子，○【王洙注引顏師古注】劉向列仙傳：赤松子，神農時雨師，服水玉以教神農能入水自燒。至崑崙山上，常止西王母石室中，隨風雨上下。炎帝少女追之，亦得仙，俱去。恐是漢代韓張良。詳〔二〕見本傳。昔隨劉氏定長安，帷幄未改神慘傷。國家成敗吾豈敢，色難腥腐餐楓香。○【王洙曰】高祖定天下，張良運籌帷幄，決勝千里。及功成，乃從赤松子遊。○【趙次公曰】曰「韓張良」者，蓋良之先事韓。○帷幄未改而良遽去，令人思之，故神慘傷。良之去，漢室成敗繫之。甫忝諫官，今不見用，故不敢以成敗自任。良從赤松子遊，絕穀學道引，餐松噉柏而已。○【師古曰】今韓注既隱岳陽，效張良之所爲，故甫云「色難腥腐餐楓香」也。○【趙次公曰】神仙傳：壺公令費長房噉溷，臭惡非常，長房色難之。公歎曰：「子不得仙。」周南留滯古所惜，○所，一作莫。○【王洙曰】惜太史公留滯周南之地。○【師古曰】韓注見貶於岳陽，何異於太史公，是以爲之痛惜也。南極老人應壽昌。○【趙次公曰。又，杜陵詩史引作「師古曰」。】甫以注隱南方，比之老人星，嘆其不見也。○天官書：狼北地有大星，曰「南極老人」。老人見，治安。不見，兵起。常以秋分時候之於南郊。○【趙次公曰】晉天文志：老人一星在弧南，見則主壽昌。○【王洙曰】春秋元命苞：老人星，治平則見，見則主壽昌。美人胡爲隔秋水，焉得置之貢玉堂。○【師古曰】謂欲得此美德之人，貢之玉堂，以輔天子，不宜隱於此也。所以甚惜注之不用也。

【校記】

〔一〕篡，元本、古逸叢書本作「慕」。

〔二〕詳，元本、古逸叢書本無。

奉送韋中丞之晉赴湖南

寵渥徵黃漸，○【趙次公曰】以黄霸比韋中丞也。○【王洙曰】本傳：霸爲潁川太守，户口歲增，治爲天下第一，徵守京兆尹。權宜借寇頻。○【趙次公曰】復以寇恂比之。○【王洙曰】本傳：潁川盜賊羣起，光武車駕南征，寇恂從至潁川，盜賊悉降，而竟不拜。郡百姓遮道曰：「欲從陛下復借寇君一年。」乃留恂長社，鎮撫吏民，受納餘降。湖南安背水，○韋中丞鎮湖南，崔異爲幕府官，以安集湖南之亂也。峽内憶行春。○謂韋雖赴湖南，而夔峽之民每思之也。東方朔外傳：郡守四馬駕車，一馬行春。王室仍多故，○國語：威公問於史伯曰：「王室多故。」蒼生倚大臣。還將徐孺子，○子，一作榻。處處待高人。○【趙次公曰】謂韋中丞之待士，如陳蕃之設榻禮徐庶也。○或謂：孺子，甫自比也。

謁先主廟○此夔州劉備廟也。

慘淡風雲會，○【王洙曰】古詩：靄靄風雲會。二十八將論：咸能感會風雲。乘時各有人。力侔分社稷，志屈偃經綸。○【趙次公曰】言劉、葛之志屈而不得伸，所以偃化經綸之業也。○【王洙曰】屯卦：君子以經綸。復漢留長策，中原仗老臣。○【趙次公曰】先主欲復興劉氏而稱漢，以其所留之長策與後主也。所留長策者，謂欲取中原，仗諸葛老臣爾。雜耕心未已，○【王洙曰】蜀志：後主建興十二年春，亮悉大衆由斜谷出，以流馬運，據武功五丈原，與司馬宣王對於渭南。亮每患糧不繼，使己志不伸，是以分兵屯田，爲久駐之基。耕者雜於渭濱居民之間，百姓安堵，軍無私焉。歐血事酸辛。○【鄭卬曰】歐，於口切。○【王洙曰】亮與宣王相持百餘日，其年八月，亮病卒于軍。霸氣西南歇，○【王洙曰】按蜀志：譙周初勸進，曰：「西南有黃氣，願大王應天順民。」○【趙次公曰】今葛亮已死，中原莫圖，則霸氣所以歇也。雄圖歷數屯。錦江元過楚，劍閣復通秦。○【趙次公曰】錦江、劍閣，蜀國之土地也。過楚而通秦，則言本可以混一而不能焉，乃所以傷之也。舊俗存祠廟，空山立鬼神。○【王洙曰】立，一作泣。襄陽記：亮死所在，各求爲立廟，朝議以禮秩不聽，百姓遂因時節私祭之於道陌上。虛簷交鳥道，○【王洙曰。又，趙次公曰：「交，一作扶，非。」】交，一作扶。○鳥道，乃飛鳥之險道，言先主廟瞰乎山之高也。枯木半龍鱗。竹送清溪月，苔移玉座春。○【趙次公曰】玉座，先主神座也。閭閻女兒換，歌舞歲時新。○【趙次公曰】謂夔州之人祀事之禮也。絶域歸舟遠，荒城繫馬頻。如何對搖落，○【趙次公曰】從此已下，甫言其身之流落，因先主廟即諸葛之功以自比而感歎也。○【王洙曰】宋玉九辯：草木搖落而變衰。況乃久風塵。○風塵，喻寇亂也。孰與關張並，○孰，一作勢。○【趙次公曰】此蓋言諸葛與關羽、張飛之才器孰與並乎？言不可並也。○【王洙曰】按，關羽、張飛傳：初，劉備襲蜀，處士傅幹曰：「劉備寬仁有度，能得人死力。諸葛達治知變，正而有謀，而爲之相。關羽、張飛勇而有義，皆萬人之敵，而爲之將。此三人者，皆人傑也。以備之略，三傑佐之，何爲不濟也？」諸葛傳：先主與亮情好日密，關、張等不悅，先主曰：「孤有孔明，猶魚之有水，願諸君忽〔一〕復言。」功臨耿鄧親。○【趙次公曰。又，杜陵詩史、分門集注、補注杜詩引作「修可曰」。】甫評品以爲鄧禹之高勳、耿賈之洪烈可親近矣。應天才不小，○上注。得士契無隣。○【王洙曰】蜀志：先主復領益州牧，諸葛亮爲股肱，法正爲謀主，關羽、張飛、馬超爲爪牙，許靖、麋竺、簡雍爲賓友，及董和、董〔二〕權、李嚴等，本劉璋之所授用也，吴壹、費觀等，又璋之婚親也，彭羕，又璋之所擯也，劉巴，宿昔之所忌恨也，皆處之顯任，盡其器能。有志之士，無不競勸。

遲暮堪帷幄，飄零且釣緡。○【王洙曰】詩：其釣維何，維絲伊緡。向來憂國淚，寂寞灑衣巾。

【校記】

〔一〕忽，古逸叢書本作「勿」。

〔二〕董，古逸叢書本作「黄」。

秋野五首

秋野日荒蕪，○荒，一作疏。寒江動碧虛。繫舟蠻井絡，○【趙次公曰】楚在春秋爲蠻地。○【王洙曰】左思蜀都賦：岷山之精，上爲井絡。注：岷山爲東井星絡之維。卜宅楚村墟。○【王洙曰】夔，古楚附庸國。棗熟從人打，○【王洙曰】從，一作行。葵荒欲自鋤。○【王洙曰】自，一作旦。盤飧老夫食，分減及溪魚。

易識浮生理，難教一物違。○【王洙曰】謂物不可違其性也。水深魚極樂，林茂鳥知歸。吾老甘貧病，○【趙次公曰】：「吾老，師民瞻本作衰老，是。」吾，疑作衰。榮華有是非。秋風吹几杖，不厭此山薇。○薇，蕨也。○【王洙曰：「夷齊隱於首陽山，採薇而食之。」】昔伯夷、叔齊不食周粟，卧于首陽山，採薇而食之。

禮樂攻吾短，山林引興長。掉頭紗帽側，曝背竹書光。○【趙次公曰】謂竹簡之書也。風落收松子，天寒割蜜房。○【王洙曰】謂蜜蜂之房也。○【趙次公曰】左思蜀都賦：蜜房郁毓被其阜。稀疏小紅翠，駐屐近微香。○【趙次公曰】謂秋花之香也。

遠岸秋沙白，連山晚照紅。潛鱗輸駭浪，歸翼會高風。砧響家家發，樵聲箇箇同。飛霜任青女，○【王洙曰】青女，主霜雪之神。淮南子：青女降霜。賜被隔南宫。○【趙次公曰】公爲尚書員外郎，而旅寓于夔，故隔乎南宫之賜也。○【王洙曰】後漢樂崧直南宫，家貧無被，帝聞而嘉之，詔大官賜尚書以下食，并給帷被。

身許騏驎畫，年衰鴛鷺羣。大江秋易盛，空峽夜多聞。逕隱千重石，帆留一片雲。兒童解蠻語，○【鄭卬曰】解，侯買切，識也。不必作參軍。○【王洙曰】世説：郝隆爲南蠻參軍，上巳日作詩曰：「娵隅躍清池。」桓温問何物，答曰：「名魚爲娵隅。」温曰：「何爲作蠻語。」隆曰：

「千里投公，始得一轡府，那得不轡語也？」

簡吴郎司法

有客乘舸自忠州，遣騎安置瀼西頭。古堂本買藉疏豁，借汝遷居停宴遊。○【趙次公曰】借吴司法自舟中還來以居，而我甘心停宴遊也。雲石熒熒高葉曉，○【王洙曰】曉，一作曙。風江颯颯亂帆秋。却爲姻婭過逢地，○【薛夢符曰。又，九家集注杜詩依例爲「王洙曰」】：「按爾雅：婦之父母、婿之父母，相爲姻婭。」】爾雅釋親：婿之父爲姻，婦之父爲婚，婦之父母、婿之父母相謂爲婚姻，兩婿相謂爲婭。許坐曾軒數散愁。○【趙次公曰】：「數，音所角切。」】數，色角〔一〕切，頻也。○【趙次公曰】古堂本甫之所有，既借吴郎住，却是姻婭家之屋宇，乃爲我過逢之地，仍許我坐於曾軒以消其憂也。

【校記】

〔一〕角，元本、古逸叢書本作「用」。

又呈吴郎

堂前撲棗任西鄰，○撲，普卜切，擊也。○【薛夢符曰】前漢王吉傳：吉居長安東，家有大棗樹，垂吉庭中。吉婦取棗以啖，吉知之，乃去婦。東家聞而欲伐樹，鄰里共止之，因請吉還婦。里中爲之語曰：「東家棗完，去婦復還。」無食無兒一婦人。○【趙次公曰：「因事實而告吴郎，蓋公舊嘗見有撲棗者，今告吴郎以任從之也……在公之樂易，則告吴郎以許西家之婦取棗於吾舍也……公在廟堂，其澤天下也可推矣！〔一〕吴郎寓居瀼西，堂前棗熟，甫告之以任從西鄰寡婦取以充飢，推是心以治國平天下，無非仁政，乃所以嘉之也。不爲困窮寧有此，秪緣恐懼轉須親。○【趙次公曰】言探斯婦人之情，乃困窮所致。又告吴郎當念其恐懼，宜更親之。甫之仁厚可知矣。即防遠客雖多事，○【王洙曰】防，一作知。使插疏籬却甚真。○【王洙曰】使，一作便。○【趙次公曰】言雖任鄰婦取棗，然吴郎以遠方而來，當謹藩籬以防他寇，亦不害其爲真〔二〕也。已訴徵求貧到骨，正思戎馬淚盈巾。○盈，一作霑。

【校記】

〔一〕真，元本、古逸叢書本作「直」。

聽楊氏歌

佳人絶代歌，○絶代，謂當代絶無也。○【王洙曰】前漢外戚傳：李延年侍上起舞，歌曰：「北方有佳人，絶代而獨立。」獨立發皓齒。○傅毅舞賦：騰清眸，發皓齒。滿堂慘不樂，○謂其聲悲也。○【王洙曰】前漢刑法志〔一〕：滿堂飲酒，有一人向隅而悲泣，則一堂皆爲之不樂。響下清虛裏。○【王洙曰。又，趙次公曰：「清虛裏，一作浮雲裏，不取。」】清虛，一作浮雲。○謂其響透碧空也。江城帶素月，況乃清夜起。老夫悲暮年，○老夫，甫自謂也。壯士淚如水。○【王洙曰：「荆軻歌於易水之上，士皆淚垂。」杜田補遺曰：「荆軻歌云：『壯士一去兮不復還。』」】戰國策：荆軻別燕丹於易水之上，歌曰：「風蕭蕭兮易水寒，壯士一去兮不復還。」士皆垂泣。玉盃久寂寞，○謂侑盃之聲久而不聞也，以譏玄宗昔日與楊貴妃宴集，今則不復講矣。○【王洙曰】韓非子：紂爲象箸，犀玉之盃。金管述宮徵。○謂楊氏之歌妙乎宮徵也，以譏玄宗惑於聲音，製爲霓裳羽衣之曲，聞者悲愴，禄山之亂職此之由也。勿云聽者疲，愚智心盡死。○夫歌能感動人心，聽者忘疲，愚智心若死灰。古人謂「絲不如竹，竹不如肉」，信知聲者之道，得乎天賴之自然，殆非金石絲竹之可比也。○【王洙曰：「世之議樂者以『絲不如竹，竹不如肉』，言肉聲勝於絲竹，則金石固當有間矣。孟嘉語也。」】晉桓〔二〕温問孟嘉：「聽樂絲不如竹，竹不如肉。」答曰：「漸近自然。」古來傑出士，豈待一知己。吾聞昔秦音，○【趙次公曰：「秦青，一本作秦音，非。」】音，歐、王皆作青。傾側天下耳。○【王洙曰：「一云倒。」】側，王作倒。○豪傑之士不求人知，而人自知之。乃若秦音天下傾耳，無害其爲惡也。楊氏之歌，其秦音之比乎？○【杜田補遺。又，趙次公引「杜時可曰」，杜陵詩史、分門集注、集千家注批點杜工部詩集引作「修可曰」。】列子湯問篇：昔薛譚學謳於秦青，未窮青之伎，自謂盡之，遂辭歸。青弗正〔三〕，乃餞於郊衢，撫節悲歌，聲振林木，響遏行雲。譚乃謝求反，終身不敢言歸。○家語：孔子曰：「傾耳而聽之，不可得而聞。」

【校記】

〔一〕法，原作「罰」，據元本、古逸叢書本改。

〔二〕桓，原作「亘」，據元本、古逸叢書本改。

〔三〕正，元本、古逸叢書本作「止」。

秋日夔府詠懷奉寄鄭監審李賓客之芳一百韻

絶塞烏蠻北，○【王洙曰】巂州以西有烏、白蠻。孤城白帝邊。○【王洙曰】公孫述更魚復縣爲白帝城。飄零仍百里，消渴已三年。○【趙次公曰】公自中原入蜀，又自蜀南下，可謂飄零矣。以病寓居雲安，今又移居於夔，僅踰百里。○蓋以行役之勞而得肺渴之疾也。雄劍鳴開匣，○【趙次公曰：「烈士傳曰：眉間尺者，眉間闊一尺也。楚人干將、鏌鎁之子。楚王夫人常于夏納凉，而抱鐵柱，心有所感，遂懷孕。後産一鐵，楚王命鏌鎁鑄此精爲雙劍。三年乃成，劍一雌一雄。鏌鎁乃留雄，而以雌進楚王。劍在匣中，常有悲鳴。王問羣臣，羣臣對曰：『劍有雌雄，鳴者雌憶其雄也。』王大怒，即收鏌鄒殺之。眉間尺乃爲父殺楚王。」】吴越春秋：吴王闔閭請干將作劍，干將之妻曰莫耶，干將采五山之精、六金之英，候天地，伺陰陽，百神臨視，而金鐵之精未流。夫妻乃剪髮投之鑪中，金鐵乃濡，遂成二劍，陽曰「干將」，而作龜文，陰曰「莫耶」，而作漫理，故謂之雌雄劍。○鮑照詩：雙劍將别離，先在匣中鳴。羣書繫滿船。○【王洙曰】一作「所向皆窮轍〔一〕，餘生且〔二〕繫船」。○甫飄零夔府，餘無所有，唯琴劍書籍自隨而已故也。亂離心不展〔三〕，衰謝日蕭然。筋力妻孥問，菁華歲月遷。登臨多物色，陶冶賴詩篇。○【王洙曰】登高臨遠，多有景物，所以象其變態者，有詩以陶成之耳。陶如陶者之埏埴，冶如工冶之鑪鑄也。○【薛夢符曰】晉鍾嶸評阮嗣宗詩：無雕蟲之工，而詠懷之作可以陶冶靈性憂思〔四〕。○【趙次公曰】顔之推家訓：論文章至於陶冶性情，從容諷諫，亦樂事也。峽束滄江起，巖排古樹圓。○【趙次公曰：「石樹字作古樹，是。」】古樹，一作石樹。○謂石楠也。拂雲霾楚氣，○【鄭印曰】霾，謨皆切。○【泰伯曰】言南楚霧瘴之氣高拂乎雲也。朝〔五〕海蹴吴天。○蹴，子六切。○【趙次公曰】言江流朝宗於海，其勢蹴踏吴國之天也。煮井爲鹽速，○【王洙曰】蜀都賦：濱〔六〕以鹽池。注：新井縣井出地如涌泉，可煮以爲鹽。燒畬度地偏。○【鄭印曰】畬，詩遮切。度，達各切。○楚俗燒榛種田曰畬，先以刀芟治林木曰斫畬。其刀以木爲柄，刃〔七〕向曲，謂之「畬刀」。按集有詩曰「畬田費火耕」，又曰「斫畬應費日」是也。劉禹錫有畬田行曰：何處好畬田，團團漫山腹。鑽龜得雨卦，上〔八〕山燒卧木。有時驚疊嶂，何處覓平川。鸂鶒雙雙舞，獮猴疊疊懸。

碧蘿長似帶，錦石小如錢。春草何曾絶，〔九〕寒花亦可憐。○【師古曰】夔地頗暖，春草寒花四時不斷也。獵人吹戍火，○【趙次公曰：「火謂之戍火，則有屯戍在白帝城也。獵人至其上矣。」】謂行獵之人因取屯戍之火以早獵也。野店引山泉。○【王洙曰】夔峽無井，居民以竹筒引山泉而食之。○【師古曰】從此以上至「峽東滄江起」，皆序夔州之風物也。喚起搔頭急，○【趙次公曰】言寢睡之中，故人喚起，頭方煩癢，以簪搔之不停手，而頗急也。○或曰：喚起，鳥也。晨鳴之鳥，喚人睡起，因以得名。韓愈詩「喚起窗前曙」是也。○【王洙曰。又，趙次公引作「公自注」。】何遜詩：金粟裹搔頭。扶行幾屐穿。○屐，竭戟〔一〇〕切，履也。○【趙次公曰】言既睡起，爲人所扶而行，凡穿破幾屐，則見其行往來之頻矣。○【師古曰】或曰：扶，行杖也。扶杖遍歷而屐齒穿也。○【九家集注杜詩引「公自注云」：「諸阮云：『一生能著幾屐。』」又，王洙曰。】阮孚性好屐，客有詣孚，正見自蠟屐，因歎曰：「未知一生能著幾屐！」兩京猶薄產，○【王洙曰】謂有田在韋、杜也。○劉孝威詩：微生只薄產。四海絶隨肩。○【王洙曰】謂無故舊也。○曲禮：五年以長則臂〔一一〕隨之。幕府初交辟，○【趙次公曰】嚴武爲東、西川節度使，交相辟舉甫爲參謀。郎官幸備員。○【王洙曰】甫雖爲尚書員外郎，而不事事，故曰「備員」而已。瓜時猶旅寓，○猶，一作仍。○【趙次公曰：「瓜時，則五月、六月間也。」】瓜時，則五月、七月間也。○【王洙曰】左氏莊公八年傳：瓜時而往，及瓜而代。萍泛若寅緣。藥餌虛狼藉，秋風灑靜便。○【趙次公曰】便，讀平聲。○安也。○【趙次公曰】謝靈運詩：還得靜者便。開襟驅瘴癘，○【王洙曰】峽多嵐瘴，氣候蒸濕，薰成癘疫，憂愁鬱結者易爲所困，故開襟以驅之也。明目掃雲煙。高宴諸侯禮，佳人上客前。○謂藩鎮之諸侯以禮宴待之也。按集有曰「甫也諸侯老賓客」，又曰「佳人屢出董嬌嬈」，足知主人之愛客也。哀箏傷老大，華屋艷神仙。○【王洙曰】古詩：金屋列神仙。南内開元曲，常時弟子傳。法歌聲變轉，滿座涙潺湲。○甫自注曰：都督柏中丞筵，聞梨園子弟李仙奴歌。○【王洙曰】夢弼按：明皇雜録：天寶中，上命宮中女子數百人爲梨園弟子，皆居宜春北院。上素曉音律，時有李龜年洞知音律，禄山自范陽入覲，亦獻白玉簫管數百事，皆陳於梨園，自是音響殆不類人間。其後李龜年流廢江南，每遇良辰勝景，常爲人歌闋。座上聞之，莫不掩泣而罷酒。弔影夔州僻，○【王洙曰】言獨客夔州，旁無親舊，惟與形影相弔而已。○【趙次公曰】曹植責躬表：形影相弔。回腸杜曲煎。○【趙次公曰】甫，長安杜曲人也，故思故鄉而回腸煎熬也。○【王洙曰】司馬遷書：腸一日而九回。即今龍厩水，○甫自注曰：兩京龍厩門，苑馬門也。渭水流苑門内。莫帶犬戎羶。○【趙次公曰】甫不知中原消息，故深憂之。以今龍厩門邊之水，莫也〔二〕爲犬戎所羶污乎。○【王洙曰】犬戎，謂吐蕃陷京師也。耿賈扶王室，蕭曹拱御筵。○【趙次公曰】既憂吐蕃之羶污，是以喜肅宗中興，得將相之臣輔翼，有如耿弇、賈復、蕭何、曹參也。乘威滅蜂蠆，○謂乘其威以掃除蜂蠆之毒也。○【王洙曰】左氏傳僖公二十二年：臧文仲曰：「君其無謂邾小，蜂蠆有毒，而况國乎？」戮力效鷹鸇。○謂併其力以效鷹鸇之擊搏也。○【王洙曰】左氏傳文公十八年：太史克曰：「無禮於其君者，誅之，如鷹鸇之逐鳥雀。」舊物森猶在，○謂收復京師也。○【王洙曰】左氏哀元年傳：祀夏配天，不失舊物。凶徒惡未悛。○【王洙曰】悛，且緣切，止也。○謂史思明再起也。國須行戰伐，人憶止戈鋋。○【趙次公曰】鋋，時連切，矛也。○【王洙曰】言人厭兵革也。奴僕何知禮，恩榮錯與權。○【趙次公曰】奴僕，指言將帥多以武功起於微賤，而蒙寵養寇以要朝廷故也。○【王洙曰】公孫洪贊：衛青奮於奴僕。胡星一彗孛，○【王洙注作「前漢天文志」。】晉天文志：昴爲旄頭，胡星也。○彗孛，祅星也。黔首遂拘攣。○【師古曰】胡星，指言安史之亂。○而民皆拘束也。○【王洙曰】秦紀：始皇更名民曰「黔首」。哀痛絲綸切，○【王洙曰】前漢西域傳：武帝末年，遂棄輪臺之地，而下哀痛之詔。禮緇衣：王言如絲，其出如綸。王言如綸，其出如綍。煩苛法令蠲。○【王洙曰】高紀：與父老約法三章，除秦苛法。業成陳始王，○王，讀去聲。○【歐曰】此美肅宗之中興也。○【王洙曰】因時之變，陳王業之艱難，以警之也。詩豳風七月：陳王業也。兆喜出于畋。○此美肅宗之得將也。○【王洙注作「齊世家云云」。】六韜：文王將田，史編布卜〔一三〕，曰：「田於渭陽，將大得焉。非龍非彲，非虎非羆。兆得公侯，乃遺汝師。」乃田於渭陽，卒見太公，載與俱歸。宮禁經綸密，臺階翊戴全。○謂得臺輔經綸而翊贊之也。熊羆戴呂望，○上注。鴻雁美周宣。○【王洙曰：「美其能勞來旋定安集。」】此美肅宗如周宣王，能安集萬民也。○【趙次公曰】詩鴻雁：美宣王也。萬民離散不安其民〔一四〕，而能勞來安集之。側聽中興主，長吟不世賢。○【趙次公曰】言肅宗中興於唐，本乎得賢，而鄭與李乃所謂不世〔一五〕出之賢者，故吟詠而思之也。音徽一柱數，○數，色角切。道里下牢千。○甫自注曰：鄭在江陵，李在夷陵。○【師古曰】夢弼謂：音徽數〔一六〕，言得李、鄭音問之書頻數也。道里千，言鄭在江陵，李在夷陵，與甫相距凡千餘里，時不絕音問之書也。〔一七〕○【趙次公曰】一柱觀，在荊州。宋臨川王於羅公洲上立觀甚大，而惟一柱，所以言江陵也。下牢關在巫峽之南，所以言夷陵也。鄭李光時論，文章並我先。陰何尚清省，沈宋欻聯翩。○【趙次公曰】以四子比鄭、李也。陰則陰鏗，何則何遜，沈則沈佺期，宋則宋之問也。前如陰、何之文，以鄭、李比之，彼尚清省，未爲富艷。近如沈、宋之文，欻然追逐，與之相聯翩也。○或曰：沈、宋，謂沈約、宋玉也。律比崑崙竹，○言其爲文之協音律也。○【王洙曰】前漢律曆志：黄帝使伶倫自大夏之西、崑崙之陰取竹之嶰谷，斷兩節吹之，以爲黄鍾之宫。音知燥濕絃。○言其爲文得高下抑揚之宜也。○【杜田正謬。又，杜陵詩史、分門集注、補注杜詩、集千家注批點杜工部詩集引作「修可曰」。】韓詩外傳：趙王使人於楚，鼓瑟而遣之。使者曰：「可記其柱。」王曰：「天有燥濕，絃有緩急，柱有推移，不可記也。」劉孝標絕交論：撫絃音徽，未達燥濕。風流俱善價，○謂文章流傳，見重於世也。愜當久忘筌。○謂文章當於理而遺其粗〔一八〕迹也。○【趙次公曰】文賦：愜心者貴當。莊子：得魚而忘筌。置驛常如此，○【趙次公曰】以鄭監之好客，比之鄭莊也。○【王洙曰】前漢鄭當時，字莊，爲太子舍人。每五日沐洗，常置驛馬長安諸郊，請謝賓客。登龍蓋有焉。○【趙次公曰】以李賓客之待士比之李膺也。○【王洙曰】後漢李膺，字元禮，拜司隸校尉，以聲名自高。士有被其容接者，名爲「登龍門」。雖云隔禮數，○【趙次公曰】甫自謙以謂與之位貌隔也。○【王洙曰】左氏傳：名位不同，禮亦異數。不敢墜周旋。○【王洙曰】左氏傳：奉以周旋，不敢失墜。高視收人表，○言李、鄭門下務收人中之表儀者，蓋門無雜賓也。虚心味道玄。○言李、鄭心學探乎道之原也。馬來皆汗血，○【趙次公曰】言李、鄭之立朝，如汗血之馬，其才傑出也。○【王洙曰】前漢西域傳：大宛多善馬，馬汗血，其先天馬子也。鶴淚〔一九〕必青田。○【趙次公曰】言李、鄭比青田之鶴，其質不凡也。○【王洙曰】永嘉記：青田有雙白鶴，年年生子，長便去。羽翼商山起，○【趙次公曰】謂李之芳爲太子賓客，通主客之辭命，故比之商山四皓也。張良傳：羽翼已成，難動摇矣。蓬萊漢閣連。○【趙次公曰】謂鄭審爲秘書監，掌秘府之圖書，故比之蓬萊漢閣。後漢竇章傳：學者稱東觀爲道家蓬萊山。管寧紗帽静，○自此以下乃子美自述也。○【趙次公曰】魏志管寧傳：寧字幼安，魏青龍中，徵命不就，居海上，常著紗帽布裙，出入庭闈。江令錦袍鮮。○【王洙曰】陳書：江總爲尚書令，日與後主遊宴後亭〔二〇〕。○【趙次公曰】按總集有山水衲袍賦，其序曰：皇儲監國餘辰，勞謙終宴，有令以衲袍降賜，何以奉揚恩德。東郡時題壁，○【趙次公曰：「夷陵在西，江陵在東，則爲東郡者乎？」】東郡，謂鄭在江陵也。南湖日扣舷。○【鄭卬曰】扣，丘候切。舷，胡田切。【鄭卬曰：「南湖在夷陵。」】南湖，謂李在夷陵也。○【趙次公曰】按集，有寄題鄭監湖上亭，又有暮春陪李尚書過鄭監湖亭泛舟，又有重泛鄭監前湖是也。遠遊凌絶境，○【王洙曰】遠遊，履名也。古詩：足下雙遠遊。佳句染華牋。每欲孤飛去，○【趙次公曰】此已下言李、鄭之遊賞，甫欲往從之而不可得，但起故鄉之念也。徒爲百慮牽。生涯已寥落，○【趙次公曰】莊子養生主篇：吾生也有涯。國步乃迍邅。○【王洙曰：「（尚）一作乃。師民瞻取作尚。」】乃，一作尚。○【王洙曰】詩桑柔：國步斯頻〔二一〕，國步〔二二〕蔑資。易屯卦：迍如邅如。衾枕成蕪没，池塘作棄捐。○甫自注曰：平生多病，卜築遺懷。○【趙次公曰】因遭亂離，故寢食宴安之地皆蕪没棄捐也。別離憂怛怛，○怛，當割切。○【王洙曰】傷慘不安貌。伏臘涕漣漣。○歲時伏臘，俗所以奉先，甫寓絶域，故感伏臘而流涕也。○【杜田補遺。又，杜陵詩史、補注杜詩引作「師古曰」。】曆忌釋曰：伏者，何也？金氣伏藏之日也。四時代謝，皆以相生。立春，木代水，水生木。立夏，火代木，木生火。立冬，水代金，金生水。立秋，金代火，金畏火。故至庚日必伏，庚者，金也。○【師古曰】陰陽書言：從夏至逢第三庚，至立秋後初庚，爲上、中、下三伏。高堂隆〔二三〕魏臺訪議曰：何以用臘？聞天〔二四〕師曰：王者各以其行之盛祖，以其終臘。水始於申，盛於子，終於辰，故水行之君以子祖辰臘。火始於寅，盛於午，終於戌，故火行之君以午祖戌臘。木始於亥，盛於卯，終於未，故木行之君以卯祖未臘。金始於巳，盛於酉，終於丑，故金行之君以酉祖丑臘。土始於未，盛於戌，終於辰，故土行之君以戌祖辰臘。○【杜田補遺。又，杜陵詩史、補注杜詩引作「師古曰」。】應劭風俗通曰：臘者，獵也。因獵取獸以祭先祖也。或曰：臘，接也。新故交接，大祭以報功也。露菊班鄷鄗，秋菰影澗瀍。○【王洙曰：「（蔬）一作菰。」又，趙次公曰：「秋蔬，舊又作菰，非。蓋公止自言園蔬在洛陽耳。」】菰，一作蔬。○【王洙曰】鄠、鎬在長安，澗、瀍在洛陽，皆甫生涯所在之鄉也。共誰論昔事，幾處有新阡。○新阡，謂土地〔二五〕改變也。○【王洙曰】風俗通：南北曰阡。○【趙次公曰】或曰：前漢「原涉名其母墓曰南陽阡」是也。富貴空回首，喧争懶〔二六〕著鞭。○言安史之亂，民俗化之，紛争不息，賴李、鄭二公有以警策之也。○【趙次公曰】晉書劉琨傳：琨與祖逖爲友，聞逖被用，與親故書曰：「吾枕戈待旦，志梟逆虜。嘗恐祖生先吾着鞭。」兵戈塵漠漠，江漢月娟娟。○甫寓夔對月而傷亂離也。局促看秋燕，○【王洙曰】燕至秋時如客欲歸而未得聘也。蕭疏聽晚蟬。雕蟲蒙記憶，○甫謂以詞賦之作蒙二公見知而記憶之也。○【王洙曰】揚子吾子篇：或問：「少而好賦？」曰：「然。童子雕蟲篆刻。」俄而曰：「壯夫不爲也。」烹鯉問沉綿。○【趙次公曰】甫謂以沉痾之疾蒙二公遺書而録問之也。○【王洙曰】古樂府：客從遠方來，遺我雙鯉魚。呼兒烹鯉魚，中有尺素書。卜羡君平杖，○言乏杖頭錢也。○【王洙曰】前漢嚴遵傳：遵字君平，卜筮於成都市，日閲數人，得百錢，則閉肆下簾。○晉阮脩，字宣子，常步行，以百錢掛杖頭，至酒店便獨酣暢。○余謂此豈子美誤以君平爲阮宣乎？海陵卞圜又謂：今世圖畫所傳嚴君平挾蓍策、携笻竹杖，亦挂百錢於杖頭，故近岑參詠君平卜肆詩曰：「至今杖頭錢，地上時時有。」又豈更別有所據乎？偷存子敬氊。○言居貧無餘物也。○【王洙曰】晉王獻之傳：字子敬，夜卧齋中，有偷人入其室，盗物都盡，獻之徐曰：「青氊我家舊物，可特置之。」羣盗驚走。囊空把釵釧，米盡拆花鈿。○【趙次公曰】言皆賣易之也。甘子陰涼葉，〇皆言所居之風物也。茅齋八九椽。陣圖沙北岸，〇【王洙曰】桓溫傳：初，諸葛亮造八陣圖於魚復平沙之上，壘石爲八行，行相去二丈。溫見，謂之常山蛇勢也。〇或曰：此古井田法也。市暨瀼西巔。〇甫自注曰：市暨，夔人語。曰峽人名市井泊船處，謂之「市暨」。管鄣縣江水橫通山谷處，居人謂之瀼。羈絆心常折，棲遲病即痊。紫收岷嶺芋，〇【王洙曰】收，一作荈。〔一七〕〇【趙次公曰】從此已下紀瀼西草堂所有也。〇【王洙曰】前漢貨殖傳：岷山跧鴟，至死不飢。注：跧鴟，謂芋也。白種陸池蓮。〇【王洙曰】：「（家）一作池。」又，趙次公曰：「舊本陸家蓮，一作陸池蓮，師民瞻本取之。豈言陸地所開之池乎？」池，一作家。〇晉陸筠詩：芙蓉金條懸玉璆。色好梨勝頰，〇謂梨紅如頰也。穰多栗過拳。〇謂栗大如拳也。敕厨唯一味，〇謂食不敢重味也。求飽或三鱣。〇鱣，張連切。說文：鯉也。兒去看魚笱，〇【王洙曰】一作「俗異隣蛟室」。人來坐馬韉。〇【王洙曰】人，一作朋。〇【趙次公曰】言貧無坐席也。〇【杜田補遺。又，杜陵詩史、分門集注、補注杜詩引作「杜定功曰」。】戰國策：蘇秦少與張儀爲友，秦在趙爲相，儀至趙，使人白秦，秦心激之，令儀於城東門外坐，以破馬韉進之麄食。儀憤，乃西入秦，昭王善之，拜爲相，歎曰：「馬韉之事乃至是乎！」縛柴門窄窄，〇【王洙曰】謂織柴以爲門也。通竹溜涓涓。〇【王洙曰】謂接筒以引水也。塹抵公畦稜，〇【鄭卬曰】稜，魯鄧切。〇【九家集注杜詩引作「公自注」。又，杜陵詩史、分門集注、補注杜詩、集千家注批點杜工部詩集引作「王洙曰」。】京師農人指田遠近，多云「幾稜」。〇【耒曰】公畦，官園也。村依野廟壖。○壖，與堧〔二八〕同。○【鄭卬曰】而緣切。○【王洙曰】鼂錯傳：鑿廟堧垣。顔師古曰：堧者，内垣外遊地也。缺籬將棘拒，倒石賴藤纏。借問頻朝謁，何如穩晝眠。○【趙次公曰】：「言嬾不出仕也。」言久不出仕也。誰云行不逮，自覺坐能堅。霧雨銀章澀，○【趙次公曰】銀章久不服之，所以澀也。馨香粉署妍。○【趙次公曰】甫時爲工部員外郎，不在諸省中，徒想其官署之妍美耳。然省謂之蘭省者，以其諸官郎握蘭含香也，故云「馨香」，又謂之「畫省」，以粉飾之故，言粉署也。紫鸞無遠近，○【趙次公曰】：「上句以譬高才之人，則不論遠近而往云云。紫鸞者，亦紫色之鸞也。」鸞鳳一舉千里，不論遠近，以比鄭、李也。黄雀任翩翾。○【鄭卬曰】翾，許緣切。○小飛貌。○【趙次公曰】：「下句則公自謙，如黄雀之小，徒任翺翔而已。」黄雀翩翾，無以企及之，乃子美自喻也。困學違從衆，明公各勉旃。○【趙次公曰】言己之窮困局促如黄雀，而勉二公之爲功名也。聲華夾宸極，○【王洙曰】言李、鄭聲華足以夾輔宸極也。早晚到星躔。○【王洙曰】言李、鄭將見擢用爲台輔也。郎官象列宿，諸侯象四七，宰相法三台，皆星躔也。懇諫留匡鼎，○【趙次公曰】言李、鄭或抗章諫諍如匡衡也。○【王洙曰】前漢匡衡傳：諸儒語曰：「無説詩，匡鼎來。」張晏曰：「衡少字鼎。」衡陳便宜，及有政議，傅經以對。諸儒引服虔。○【趙次公曰】言李、鄭或執經講論，若服虔也。○【王洙曰】後漢儒林傳：服虔字子慎，以清苦建志入太學受業，善著文，作春秋左氏傳解。以孝廉舉。不過輸鯁直，○【王洙曰】：「（逢）一作過。」又，趙次公曰：「不過，舊正作不逢，無義。」】過，一作逢。會是正陶甄。宵旰憂虞軫，黎元疾苦駢。雲臺終日畫，青簡爲誰編。○【趙次公曰】不過用鯁直以進，當爲正陶甄之化耳。所以然者，上則軫肅宗宵衣旰食之憂，下則恤黎元疾苦之望，如此則可以畫像於雲臺，而書名於簡册。○然畫像紀功者果何人耶？而二公曾不與焉，故子美惜之也。○【趙次公曰】後漢馬援傳：顯宗畫建武中名臣烈〔二九〕將於雲臺。○【杜田補遺。又，杜陵詩史引作「余曰」，是誤讀杜田補遺注文所致。】又吴祐傳：父恢爲南海太守，殺青簡寫書。注：以火炙簡，取其易〔三〇〕青書，復不蠹，謂之「汗簡」也。行路難何有，○【王洙曰】古樂府有行路難篇。招尋興已專。由來具飛楫，暫擬控鳴弦。○【趙次公曰】言楫飛之疾如箭之急。○欲前往以求乎禪法也。身許雙峰寺，○【杜田補遺】釋氏要覽：曹溪在韶州雙峰寺下，昔晉武侯曹叔良宅，建爲寶林寺。雙峰寺即寶林寺也。門求七祖禪。○【杜田補遺。又，杜陵詩史、分門集注、補注杜詩引作「師古曰」。】按佛書：毗婆尸佛、尸棄佛、毗舍浮佛、拘留孫佛、拘那含牟尼佛、迦葉佛、釋迦牟尼佛，謂之「天竺七祖」。其所説七偈，乃禪源也。○【師古曰】自達磨至慧能，謂之「中華六〔三一〕祖」。由五祖而上，蓋梁、隋、開元以前人。六祖慧能皆入滅於唐睿宗先天元年，而子美於是年始生。六祖之道，至肅宗上元初方盛，故肅宗自曹溪請其衣鉢歸内供養。子美於盛時漂泊在蜀，以此考之，則六祖與子美蓋同時先後人也。故所求禪言「七祖」而不言「六祖」也。落帆追宿昔，衣褐向真詮。○【趙次公曰】言於彼處落帆，乃是宿昔之願，其衣褐之身，專爲依向真詮之法也。安石名高晉，○甫自注曰：鄭高簡得謝太傅之風。○【趙次公曰：「以安石比鄭。」】夢弼謂：此以謝安比鄭監之有盛名也。昭王客赴燕。○甫自注曰：李宗親，有燕昭之美。燕，周之裔也。○【趙次公曰：「以燕昭比李。」】夢弼謂：此燕昭比李之芳喜佳客也。途中非阮籍，○子美自喻也。○【王洙曰】晉阮籍傳：籍率意獨駕，不由徑路，車迹所窮，輒慟哭而反。查上似張騫。○查，與槎同。言二公之亨舊如張騫之乘槎上霄漢，非阮籍哭窮途之流也。或曰：廣德元年，遣李之芳等使吐蕃，爲虜所留二年，乃得歸。按集有哭之芳詩曰「奉使失張騫」，蓋此事也。甫作此詩在大曆二年，上距廣德二年之芳奉使之後凡三年矣。○【王洙曰】夢弼按：漢書：張騫以郎應募使西域，窮河源之遠，即無乘槎之説。惟張華博物志説近世有人居海上，每年八月見浮槎來，不失期。多齎一年糧，乘之十餘日，忽至一處，有城郭屋舍，宮中有婦人織。見丈夫牽牛渚次飲之，驚問曰：「何由至此？」其人問：「此是何處？」答曰：「君至蜀訪問嚴君平。」還後，以問君平。君平曰：「某年月日，有客星犯牛女。」即此人到天河是也。○【趙次公曰：「傳記雖不見是張騫，而公屢使，豈承用之熟邪？」】未嘗指言張騫。○宗懔作荆楚歲時記，乃引博物志，謂漢武帝令張騫窮河源，乘查而去，見一女織、一丈夫牽牛飲河，得榰機石。還爲東方朔所識。今予按宗懔所言既引博物志，而博物志不言張騫，則知宗懔之謬可不攻而自破矣。○【王洙曰：「前輩詩往往有『東君槎』者，相襲訛謬矣。縱出雜詩，亦不足據也。」又，趙次公曰：「傳記雖不見是張騫，而公屢使，豈承用之熟邪？」】前輩詩往往有言「張騫槎」者，乃相襲訛謬矣。然則子美其亦承襲乏訛歟？縱出雜詩，斷不足信也。披拂雲寧在，○莊子天運篇：雲者爲雨乎？雨者爲雲乎？風起北方，一西一東，孰居無事而披拂是。淹留景不延。○【師古曰】甫淹留江漢，年已老矣。風期終破浪，水怪莫飛涎。○【趙次公曰】言我之風期必破三峽之水，南下而歸故里，告爾水怪毋吐涎而爲孽也〔三二〕。南史：宗慤，字元幹，叔父少文，高尚不仕。慤年少，問其所志，答曰：「願乘高風，破萬里浪。」他日辭神女，傷春怯杜鵑。○【趙次公曰】甫既離夔，而於巫峽辭别神女之日，必在暮春。○【師古曰：「『雲安有杜鵑』，客情畏聽杜鵑也。」】是以倦聞杜鵑之啼也。淡交隨聚散，○【王洙曰】禮：君子之交淡如水。澤國遶回旋。○旋，一作還。本自依伽葉，○葉，夫涉切。○【師古曰】言寓居僧舍也。○【王洙曰】姓氏英賢録：王屮字簡栖，作頭陀寺碑。法師景行大迦葉，故以頭陀爲稱首。注：大迦葉，佛大弟子也。何曾藉偓佺。○藉，慈夜切。偓，音渥。佺，音詮。○【王洙曰】劉向列仙傳：偓佺者，槐里山采藥父也。好食松實，形體生毛，長數寸，能飛行，逐走馬。爐峰生轉眄，○眄，彌殄切，斜視也。○【趙次公曰】爐峰，即江州廬山也。○【鄭印曰】廬山記：東南有香爐山，孤峰秀起，游氣氛氳。橘井尚高褰。○【趙次公曰】蘇耽橘井在郴州。○【王洙曰】神仙傳：蘇耽鑿井種橘，以救疫癘，以井水服橘葉〔三三〕即愈矣。東走窮歸鶴，○言奔走計窮，不能歸故鄉，曾鶴之不若也。○【王洙曰】遼東華表柱有鶴集其上，自言丁令威，曰：「有鳥有鳥丁令威，去家千年今始歸〔三四〕。城郭是兮人民稀〔三五〕，何不學仙家〔三六〕纍纍。」南征畫〔三七〕跕鳶。○【鄭印曰：「跕，的協切。」】跕，都牒切。○墮貌。○【王洙曰】馬援傳：南擊交趾，在浪泊、西里間。虜未滅之時，下潦上霧，毒氣熏蒸。仰視飛鳶，跕跕墮水中。卧念少游平生時語，何可得也！晚聞多妙教，卒踐塞前愆。○【鄭卬曰】塞，悉則切。○【王洙曰】妙教，釋教也。釋書謂能修其教者足以追塞宿業也。顧凱丹青列，○謂顧凱之畫列於壁而可觀也。○【王洙曰】晉書：顧凱之尤善丹青。餘見前。頭陀琬琰鐫。○謂頭陀之碑刻於石而可讀也。○【王洙曰】姓氏英賢録：王簡栖頭陀寺碑：頭陀者，沙門釋慧宗之所立也。敢寓言於雕篆，庶髣髴乎衆妙。○【杜田補遺】又釋氏要覽：頭陀者，梵言杜多，漢言抖擻，謂三毒之塵能忿汙心，此人能振掉除去，今稱「頭陀」，稱呼之訛也。善住意云：杜多者，抖擻貪欲、嗔癡、三界、内外之苦，不取不舍，不恪不著。非是不著，我説人名爲杜多也。衆香深黯黯，○【師古曰】衆香，謂如戒香、定香、慧香、解脱香之類是也。幾地肅芊芊。○【師古曰】幾地，謂釋氏自第一地至第十地脩行，言有漸也。勇猛爲心極，清羸任體孱。○【王洙曰】孱，鋤連切，弱也。金篦空刮眼，○【王洙曰】釋氏涅槃經：如良醫治目，即以金篦刮其眼膜。鏡象未離銓。○【王洙曰】鏡象，一作平等。○【師古曰】言鏡中之象未離乎粗迹，要當悟空達本，如得魚而忘筌，斯乃爲善〔三八〕學道也。

【校記】

〔一〕轍，元本、古逸叢書本作「轉」。

〔二〕且，元本、古逸叢書本作「日」。

〔三〕展，元本、古逸叢書本作「轉」。

〔四〕憂思，古逸叢書本作「北齊」。
〔五〕朝，元本、古逸叢書本作「潮」。
〔六〕濱，元本、古逸叢書本作「賓」。
〔七〕刃，元本、古逸叢書本作「刀」。
〔八〕上，元本、古逸叢書本作「七」。
〔九〕絶，元本作「绿」，古逸叢書本作「歇」。
〔一〇〕戟，元本、古逸叢書本作「戲」。
〔一一〕臂，元本、古逸叢書本作「肩」。
〔一二〕也，古逸叢書本作「使」。
〔一三〕布卜，元本、古逸叢書本作「布策」。
〔一四〕民，元本、古逸叢書本作「居」。
〔一五〕世，古逸叢書本作「出」。
〔一六〕數，元本、古逸叢書本無。
〔一七〕時不絶音問之書也，元本、古逸叢書本作「之遠也」。
〔一八〕粗，元本、古逸叢書本作「聲」。
〔一九〕淚，元本、古逸叢書本作「唳」。

〔二〇〕亭，古逸叢書本作「庭」。

〔二一〕斯頻，元本、古逸叢書本無。

〔二二〕國步，元本、古逸叢書本無。

〔二三〕隆，原作「除」，據古逸叢書本改。

〔二四〕天，杜陵詩史作「之」。

〔二五〕地，元本、古逸叢書本作「也」。

〔二六〕懶，原作「賴」，據古逸叢書本改。

〔二七〕蒴，古逸叢書本作「秧」。

〔二八〕螟，古逸叢書本作「堧」。

〔二九〕烈，古逸叢書本作「列」。

〔三〇〕易，古逸叢書本作「膏」。

〔三一〕六，元本、古逸叢書本作「八」。

〔三二〕元本、古逸叢書本「爲孽也」下，尚有：「穀梁傳僖公元年江熙曰：『風味之所期，古猶今也。』」

〔三三〕葉，元本、古逸叢書本作「菓」。

〔三四〕歸，原作「威」，據古逸叢書本改。

〔三五〕稀，古逸叢書本作「非」。
〔三六〕家，古逸叢書本作「冡」。
〔三七〕晝，元本、古逸叢書本作「盡」。
〔三八〕善，古逸叢書本作「書」。

新定杜工部草堂詩箋斠證卷第三十八

大曆二年秋在夔州所在

送田四弟將軍將夔州柏中丞命起居江陵節度陽城郡王衛公幕

○【王洙曰】一作「夔府送田將軍赴江陵」。

離筵罷多酒，起地發寒塘。○【趙次公曰】言田公所起發之地在夔州寒塘也。迴首中丞座，○【趙次公曰】辭中丞而行，猶回首顧戀也。御史中丞謂之「獨座」。馳牋異姓王。○謂陽城郡王也。○【趙次公曰】漢有異姓諸侯王。燕辭楓樹日，雁度麥〔一〕城霜。○此紀時也。空醉山翁酒，遥憐似葛彊。○【趙次公曰】以山翁比柏中丞，以葛彊比田將軍也。○【王洙曰】晉山簡傳：襄陽兒童歌曰：「山公出何許？往至高陽池。舉鞭向〔二〕葛彊，何如并州兒？」彊家在并州，簡愛將也。

【校記】

〔一〕麥，古逸叢書本作「凌」。

〔二〕向，古逸叢書本作「問」。

垂白○【王洙曰。又，趙次公曰：「舊本正作垂白，一作白首。師民瞻本取一作白首字爲題。」】一作白首。○此甫自喻也。

垂白馮唐老，○【王洙曰】前漢馮唐傳：唐以孝著爲郎中署長，事文帝。文帝輦過，問唐曰：「父老何自爲郎？」清秋宋玉悲。○【趙次公曰】宋玉九辯：悲哉秋之爲氣也，蕭瑟兮草木摇落而變衰。江喧長少睡，樓迥獨移時。多難身何補，無家病不辭。○【趙次公曰】公携妻孥入蜀，而今云「無家」，豈專以故鄉爲家者乎？甘從千日醉，○【師古曰】張華博物志：昔劉〔一〕元石從中山酒家沽酒，酒家與之千日酒，歸數日尚醉，其家以爲死而葬之，酒家計千日往告之，發冢方醒。○鬼神志怪集：齊人田氏能爲千日酒，飲過一斗，醉卧千日乃醒。未許七哀詩。○【王洙曰】七哀詩起於曹子建，其次則王仲宣、張孟陽也。○【師尹曰】釋詩者謂痛而哀、義而哀、感而哀、悲而哀，耳目聞見而哀，口歎而哀，鼻酸而哀，謂一事而七者具也。子建之七哀，哀在於獨棲之思婦。仲宣之七哀，哀在於棄子之婦人。孟陽之七哀，哀在於已毁之園寢。○唐雍陶亦有七哀詩，所謂「君若無定雲，妾作不動山。雲行出山易，山逐雲去難」，是皆以一哀而七者具也。

【校記】

〔一〕劉，古逸叢書本作「列」。

草閣

草閣臨無地，○【王洙曰】頭陀寺碑：飛閣逶迤，下臨無地。柴扉永不關。○【王洙曰】范彥龍詩：有客款柴扉。魚龍迴夜水，○【杜田補遺】又，杜陵詩史、分門集注、補注杜詩引作「（杜）田曰正謬。當爲一種。」】酈元水經：魚龍以秋日爲夜。龍秋分而降，蟄寢於淵，故以秋日爲夜也。星月動秋山。○【趙次公曰】漢武故事：東方朔云：星辰動搖，民勞之應。夕露清初濕，○【王洙曰：「（晴）一作清。」】清，一作晴。高雲薄未還。汎舟慙小婦，飄泊損紅顏。○【趙次公曰】古詩：小婦怯紅顏。

江月

江月光於水，高樓思殺人。○【鄭卬曰】思，息吏反。○沈休文月詩：高樓切思婦。董思恭月詩：別客長安道，思婦高樓上。○【王洙曰】庾肩吾詩：樓上徘徊月，窗中愁殺人。天邊長作客，○按唐韻作字在去聲，有兩音。藏祚切，一則箇切，造也。老去一霑巾。玉露溥〔一〕清影，銀河没半輪。誰家挑錦字，燭滅翠眉嚬。○【王洙曰】一作滅燭。○【趙次公曰】晉列女傳：竇滔妻蘇氏，名蕙，字若蘭，善屬文。滔符堅時爲秦州刺史，被徙流沙。蘇氏思之，織錦爲迴文旋圖詩以贈滔。○宛轉循環以讀之，詞德〔二〕悽惋。

【校記】

〔一〕溥，古逸叢書本作「團」。

〔二〕德，古逸叢書本作「極」。

社日二首

○【王洙曰】國語：共工氏之伯有九有也，其子曰后土，能平水土，故祀以爲社。○列山氏之有天下也，其子曰柱，能殖百穀，故祀以爲稷。蔡邕獨斷：社神蓋共工氏之子勾龍也，能平水土。帝顓頊之世舉以爲土正，天下賴其功。堯祠公爲社稷神，蓋厲山氏之子柱也，能殖百穀。帝顓頊之世舉以爲田正，天下賴其功。周棄亦播殖百穀，以稷五穀之長，因以「稷」名其神也。故封社稷，露之者必受霜露，以達天地之氣。樹之者尊而表之，使人望見則加畏敬也。

九農成德業，○【王洙曰：「少皥氏以九扈爲九農正。」】左氏昭公十七年傳：郯子來朝，昭子問曰：「少皡氏鳥名，官何也？」郯子曰：「九扈爲九農正，扈民無淫者也。」杜預注：扈有九種，春扈鳻鶞，夏扈竊玄，秋扈竊藍，冬扈竊黄，棘扈竊丹，行扈唶唶，宵扈嘖嘖，桑扈竊脂，老扈鷃鷃，以九扈爲農之號，各隨其宜以教民事。蔡邕獨斷：神農作耒耜，教民耕農。至少昊之世，置九農之官。春扈氏農正鳻鶞，趣民耕種。夏扈氏農正竊玄，趣民芸除。秋扈氏農正竊藍，趣民收斂。冬扈氏農正竊黄，趣民蓋藏。棘扈氏農正，常謂茅氏竊丹，一曰掌人百果〔一〕。行扈氏農正唶唶，晝爲民驅鳥。宵扈氏農正嘖嘖，夜爲民驅獸。桑扈氏農正竊脂，趣民養蠶。老扈氏農正鷃鷃，趣民收麥。百祀發光輝。○【王洙曰】左氏傳：盛德必百世祀。報效神如在，○詩良耜：秋報社稷也。○【王洙曰】論語：祭如在。祭神如神在。馨香舊不違。○詩載芟：春藉田，祈社稷也。有飶其香，有椒其馨。南翁巴曲醉，○【趙次公曰】甫時寓夔，故稱「南翁」。○以醉而歌巴渝之曲也。北雁塞聲微。○【趙次公曰】：「秋時雁北嚮矣。」【秋雁北向，其聲遠也。尚想東方朔，恢諧割肉歸。○恢，當作詼。或作談，非。○【鮑彪曰】：「按十二諸侯年表：『秦德公二年初，作伏祠社，磔狗四門。』則祠社用伏日，此詩用伏日事，何疑？」】此謂以伏日祠社也。或疑割肉乃伏日，非社日事，蓋不讀史記年表耳。按十二諸侯表：秦德公二年，初作伏祠社，磔狗邑四門前。○【王洙曰】漢東方朔傳：伏日詔賜從官肉。太官丞日晏不來，朔獨拔劍割肉，謂其同官曰：「伏日當蚤歸，請受賜。」懷肉去。太官奏之，朔入謝上，自責曰：「受賜不待詔，何無禮也！拔劍割肉，壹何壯也！割之不多，又何廉也！歸遺細君，又何仁也！」上笑。○【趙次公曰】本贊：朔之詼諧，逢占射覆。

【校記】

〔一〕棘扈氏農正常謂茅氏竊丹一曰掌人百果，元本、古逸叢書本作「扈氏農正竊用日掌人百事」。

陳平亦分肉，○【王洙曰】陳平傳：平少時家貧，里中社平爲宰，分肉甚均。父老曰：「善！陳孺子之爲宰。」平曰：「嗟乎！使平得宰天下，亦如此肉矣。」太史竟論功。○陸機曰：社之日，至太史占事。今日江南老，他時渭北童。○【王洙曰】公生於渭北，而老於江南也。歡娛看絶塞，涕淚落秋風。○【趙次公曰】公言飄泊於夔，淚感秋風而落也。鴛鷺迴金闕，誰憐病峽中。○【王洙曰】鴛鷺，喻公卿也。○公謂迴首望帝闕，有誰念我病於此也。○【趙次公曰】或謂有自帝闕而迴者，誰念我也。○【王洙曰】蓋自傷也。

夔府書懷四十韻

昔罷西河尉，初興薊北師。○【王洙曰】甫召試集賢院，授河西尉，不拜，而安禄山反，陷于河北。不才名位晚，敢恨省郎遲。○【趙次公曰】甫爲尚書工部員外郎，避亂於蜀。嚴武再領兩川節度，辟甫爲參謀。扈聖崆峒日，○【趙次公曰：「言初在鳳翔爲拾遺，與今日寓居夔州也。崆峒山、岷、洮，秦築長城之所起處，而渭州實當其名，古平涼也。肅宗初幸平涼，又治兵靈武，再過平涼，公爲左拾遺扈從乘輿矣。」】肅宗駐蹕平涼，甫爲左拾遺，扈從乘輿矣。端居灧澦時。○【趙次公曰：「灧澦石在瞿塘江中，言居夔州也。」】謂今寓居夔州，灧澦堆在瞿唐江中也。萍流仍汲引，○萍，與苹同。○【王洙曰：「萍之無根，任漂流也云云。仍爲人汲引，嚴公辟請也。」】謂如萍之飄流無定，賴嚴武薦之于朝，辟爲參謀也。樗散尚蒙慈〔一〕。○【鄭卬曰】散，蘇旱切。○【王洙曰：「樗散，莊子：樗櫟不材而壽者。公自言蹤迹萍流不材云云。而猶蒙恩，謂除京兆功曹不赴也。」】謂如樗之披散不材，蒙除京兆冑〔二〕曹。不就職也。遂阻雲臺宿，○【王洙曰。又，趙次公曰：「嚴靈寢，正文作嚴虛寢，當從正文。」】雲，一作靈。○【趙次公曰】甫謂以病不得歸直也。○【王洙曰】後漢鍾離傳：欒崧家貧，爲郎，常獨直臺上，無被，枕杫，食糟糠。帝每夜入臺，輒見崧，問其故，甚嘉之。自此詔太官賜尚書以下朝夕餐，給帷被皂袍及侍史二人。○【趙次公曰】雲臺，南宮臺名，乃顯宗畫二十八將之臺是也。常懷湛露詩。○【王洙曰】詩湛露：天子燕諸侯也。翠華森遠矣，○【趙次公曰】翠華，謂天子之旗也。白首颯凄其。○甫自傷也。詩緑衣：絺兮綌兮，凄其以風。拙被林泉滯，生逢酒賦欺。○北山移文：琴歌既斷，酒賦無續。文園終寂寞，○甫三獻大禮賦，玄宗奇之，亦若相如之見知漢武，終爲讒間所害，寂寞無聞也。○【王洙曰：「司馬相如拜爲孝文園令。」】前漢司馬相如傳：相如爲孝文園令，上讀子虛賦而善之，曰：「朕不得與斯人同時。」乃爲天子遊獵賦以諷諫。漢閣自磷緇。○甫言房琯不宜罷相，貶華州司功，何異揚雄之見累劉棻而爲污染乎？○【王洙曰】揚雄傳：少好詞賦，常作賦以擬相如，客有以文薦之，待詔承明庭，奏羽獵賦，除爲郎。及王莽篡位，欲絶符命之原，而甄豐之子尋、劉歆之子棻復獻之。莽誅豐父子，投棻四裔，辭所連及。時雄校書天禄閣上，治獄使來欲收雄，雄乃從閣上自投下。莽聞，請問其故，廼劉棻嘗從雄學作奇字，雄不知情，有詔勿問。病隔君臣議，慚紆德澤私。○【王洙曰：「公以病辭召。」又，趙次公曰：「公被召命，以病不行，不參預國論，徒荷私恩也。」】甫被召命，以病而辭，不參預國論，徒荷私恩也。揚鑣驚主辱，○謂躍馬而驚乎天子之蒙塵也。拔劍撥年衰。○【趙次公曰】甫忠義之心爲之憤怒，乃拔劍慷慨以撥遣衰年也。社稷經綸地，風雲際會期。○【王洙曰】後漢二十八將論：咸能感會風雲。血流紛在眼，○【王洙曰】謂方事戰争也。○武成篇：血流漂杵。涕泗亂交頤。○【鮑欽止曰：「公自喻不見用也。」】公自傷也。四瀆樓船泛，○言運漕給餽也。○【趙次公曰】漢有樓船將軍。中原鼓角悲。賊壕連白翟，○壕，城也。戰瓦落丹墀。○【王洙曰】後漢紀：光武救昆陽，會大雷風，屋瓦皆飛。先帝嚴靈寢，○【王洙曰。又，趙次公曰：「虚寢，舊正作靈寢，非。蓋空虚其寢，方對受遺，但未見所出。」】靈，一作虚。○【師古曰】謂肅宗收京修寢廟也。宗臣切受遺。○【師古曰】謂受遺詔立代宗也。恒山猶突騎，○【王洙曰。又，趙次公曰：「恒山以言河北安史之巢穴也。」】恒山，河北也。遼海競張旗。○【王洙曰】遼海，遼東也。○【趙次公曰】皆史思明之窟穴。田父嗟膠漆，○膠漆，所以爲弓。○【趙次公曰】誅求之多，則田父以供輸爲嗟也。行人避蒺藜。○【趙次公曰】鐵蒺藜，所以禦馬，所在皆布蒺藜於地，而行道之人避之而逃難也。總戎存大體，○【王洙曰】言代宗爲元帥也。降將飾卑詞。楚貢何年絶，○【王洙曰】左氏僖公四年傳：齊侯伐楚，管仲對楚子曰：「爾貢包茅不入，王祭不供，無以縮酒。寡人是徵。」堯封舊俗疑。○【王洙曰】：「堯有可封之俗。」又，趙次公曰：「董仲舒曰：『堯舜之俗，比屋可封也。』」楊終傳：堯舜之民，比屋可封。長吁翻北寇，○【趙次公曰】指安、史也。一望卷西夷。○【趙次公曰】今有吐蕃之禍，一望思欲席卷之也。不必陪玄圃，○【趙次公曰】喻言己身不必在朝列也。○【鄭卬曰】淮南墬形訓：崑崙之丘，或上倍之，是謂玄懸。或上倍之，乃維上天，登之乃神，是謂大帝之居。○【趙次公曰】葛仙翁傳：崑崙玄圃，仙人所居。超然待具茨。○言代宗跳幸陝，憂形睿志，何時再覩消兵偃武以修文也。○【王洙曰】按莊子徐無鬼篇：黄帝將見太隗乎具茨之山，至于襄城之野，七聖皆迷，無所問塗。適遇牧馬童子，問塗焉。○【王洙曰】：「在滎陽密縣東。」成玄英疏：具茨山，在滎陽密縣界，亦名泰隗山。今汝州有襄城縣，在泰隗山南，即黄帝問道之所也。凶兵鑄農器，○【趙次公曰】謂翹首太平也。○【王洙曰】凶，一作休。○【趙次公曰】家語致思篇：鑄劍戟以爲農器。講殿闢書帷。○謂鋭情經術也。廟算高難測，○【王洙曰】：「假意以譏時無參謀者。」譏廟堂之上無良策也。天憂獨在兹。○【趙次公曰】謂天子之憂每在此耳。按集有曰「獨使至尊宵旰食，諸君何以答升平」是也。形容真潦倒，答效莫支持。○污潦無源而易涸。○【趙次公曰】故甫自喻老而無補也。○或曰：謂〔三〕天寶以後重吏事，謂容止蘊藉者爲潦倒。使者分王命，羣公各典司。恐乖均賦斂，不似問瘡痍。○【王洙曰】喪亂之後，公私窘急，所分之命，所典之司，未必至於薄稅斂恤傷殘也。萬里煩供給，○謂自蜀至長安，有萬里之遠也。孤城最怨思。○【趙次公曰】孤城，指言夔州。公雖寓居，所見當爲之傷矣。綠林寧小患，○【詠曰】言荊楚復亂也。○【趙次公曰】後漢劉玄傳：諸亡命共攻離鄉聚，藏於綠林中。注：綠林山，在今荊州當陽縣東北。雲夢欲難追。○【趙次公曰】憂藩鎮跋扈。○【詠曰】恐其難擒也。○【王洙曰】韓信傳：信初之國，行縣邑，陳兵出入。有告信欲反，書聞，上患之，用陳平計，僞遊於雲夢，襲信，信遂見禽。○爾雅釋地：楚有雲夢。郭璞注：今南郡華容縣東南巴丘湖是也。夢弼〔四〕謂：禹貢：「雲土、夢作乂。〔五〕」則分雲夢而爲二矣。按司馬相如子虛賦：雲夢者，方九百里。則知此澤跨江南北，或單稱「雲」，或單稱「夢」。江南之「雲」，即今之玉沙、監利、景陵等縣是也。江北之「夢」，即今之公安、石首、建寧等縣是也。即事須嘗膽，○【王洙曰：「越句踐既脫會稽之難，思有以報吳，出入嘗膽。」】吳越春秋：越王念復吳讎非一日也，苦心勞身，夜以繼日。卧則攻蓼，足寒則漬之以水。冬日常抱冰，夏還握火，愁心苦志，懸膽於户，出入嘗之不絶於口。蒼生可察眉。○【趙次公曰】言蒼生欲爲資〔六〕之情，得於眉目之間，但當撫綏之，則不爲盜耳。○【王洙曰】列子説符篇：晉國有郄雍者，能視盜之貌，察其眉目之間而得其情。晉侯使視盜，千無遺一焉。議堂猶集鳳，○【趙次公曰】議堂者，議政之堂也。○左太沖詩：諸公集鳳凰。

正〔七〕觀是元龜。○【趙次公曰】言廟堂議政諸公如鳳之集，欲除上所陳之患，但以貞觀爲龜鏡可也。處處喧飛檄，○檄，兵書也。○【王洙曰】左太冲詩：邊城苦鳴鏑，羽檄飛京都。家家急競錐。○【孝祥曰】：「其賦斂之急如此。」言賦斂急也。○左氏昭公六年傳：刀錐之末〔八〕，將盡争之。蕭車安不定，○【趙次公曰】前漢蕭育傳：哀帝時，南郡多盜賊。拜育爲南郡太守，上以育耆舊名臣，乃以三公使車載育入殿中受策，曰：「南郡盜賊爲害，朕甚憂之。以太守威信素著，故委南郡太守之官，其爲民除害，安元元而已。」蜀使下何之。○【趙次公曰】公之詩意謂今日遣使在寡誅求、除盜賊之事而已，非若相如諭巴蜀父老也。○【師古曰】或曰：言朝廷遣人安撫之，猶不服，畢竟將何往？謂無逃也。○【王洙曰】前漢司馬相如傳：爲郎使蜀，因諭巴蜀父老。○賈誼鵩鳥賦：問于鵩兮，予去何之？釣瀨疏墳籍，○【師古曰】自此已下乃甫自述。○【趙次公曰】謂釣於水若嚴子陵也。○【王洙曰】後漢嚴光傳：光字子陵，隱身不仕，披羊裘釣澤中。後人名其釣處爲嚴陵瀨。○顧野王輿地記：七里瀨在東陽江下，與嚴陵瀨相接。有〔九〕嚴州桐廬縣南有嚴子陵漁釣處，今山邊有石，上平可坐十人，臨水，名爲「嚴陵釣壇」也。耕巖進弈棊。○【趙次公曰】謂耕于山，若鄭子真也。○【王洙曰】揚子問神篇：谷口鄭子真，不屈其志，而耕乎巖石之下，名震于京師。○雲陽宮記：鄭朴，字子真。揚雄方言：圍棊謂之弈。自關東、齊、魯之間皆謂之弈。地蒸餘破扇，冬暖更纖絺。○【趙次公曰】謂夔之風土多喧也。○【王洙曰】按集有覽物詩曰「形勝有餘風土惡」是也。豺遘哀登楚，○【趙次公曰】謂登乎王粲荆州之樓而悲時之亂也。○【王洙曰】王粲詩：西京亂無象，豺虎方遘患。麟傷泣象尼。○謂傷時而泣，如仲尼之感麟也。○【趙次公曰】公羊傳：魯哀公西狩獲麟，有以告孔子者，曰：「有麏而角者，何？」孔子曰：「孰爲來哉，孰爲來哉！」反袂涕下沾袍，曰：「吾道窮矣。」余聞孔子之生，其父母禱之於尼丘山，遂名丘，字仲尼。故傳記謂頭象尼丘山，謂之象尼。衣冠迷適越，○【趙次公曰】謂欲離夔南下，而未知所以如，以衣冠適楚則迷矣。莊子逍遥遊篇：宋人資章甫而適諸越，越人斷髮文身，無所用之。藻繪憶遊睢。○睢，音雖。○【趙次公曰】水名，在南都，昔之宋州。甫少年嘗遊，故云「憶」也。○【杜田正謬。又，杜陵詩史、分門集注、補注杜詩引作「薛夢符曰」。】按，陳孔璋爲曹洪與魏文帝書：過高唐者，效王豹之謳。遊睢、涣者，學藻繪之綵。李善注：睢、涣，二水名。其處人能織藻繢錦綺。○【薛夢符曰】陳留風俗傳：襄邑縣南有涣水，北有睢水。睢涣之間出文章，故有黼黻藻錦日月華蟲，以奉宗廟服御焉。述異記：睢、涣二水，波文皆五色，其人多文章，故名「繢水」。九州要記：睢涣之間出文章，天子郊廟服御出焉。所謂「厥篚織文」是也。賞月延秋桂，○【趙次公曰：「此正見公作詩之時。三秋皆秋桂也，作詩而非八月，不足以當之，故次公定此篇爲八月作也。延則延賞也。賞月延秋桂，直是以月中桂爲其當秋延賞，故曰秋桂也。」】三秋皆秋，桂非八月不足以賞之，故知此篇乃八月作也。爲其當秋，可延賞丹桂也。○【王洙曰】沈休文詩：山中咸可悦，賞逐四時移。春光發隴首，秋風生桂枝。傾陽逐露葵。○謂慕君也。○【王洙曰】曹子建表：若葵藿之傾太陽。太庭終返朴，○【趙次公曰】願望天下治平，返乎淳朴，如古太庭氏也。京觀且僵尸。○【趙次公曰】甫意欲席卷西夷，誅於兩觀也。○【王洙曰】左氏宣公十二年傳：古者明王伐不敬，取其鯨鯢，築武庫而封之，以爲大戮，於是乎有京觀。高枕虚眠晝，哀歌欲和誰。○戰國策：燕丹送荆軻至易水上，既祖取道，高漸離擊筑，荆軻和而歌。南宫載勳業，○【王洙曰】後漢二十八將論：永平中，顯宗追感前世功臣，乃圖畫二十八將於南宫雲臺。凡百慎交綏。○【師古曰】綏，乃車綏也。○【趙次公曰：「此兩句殊有深意，蓋謂戒諸大臣及諸將，若欲功名之成，圖像帝閣，當交綏爲慎，勿輕使志之不堅而後可也。」】深戒諸將如欲論功繪像，當以交綏爲戒，毋使名之不立也。

【校記】

〔一〕慈，元本作「恩」，古逸叢書本作「資」。

〔二〕冑，元本、古逸叢書本作「功」。

〔三〕謂，原作「魏」，據古逸叢書本改。

〔四〕夢弼，元本、古逸叢書本無。

〔五〕乂，原作「又」，據古逸叢書本改。

〔六〕資，元本、古逸叢書本無。

〔七〕正，古逸叢書本作「貞」。

〔八〕末，元本作「不」，古逸叢書本作「利」。

〔九〕有，古逸叢書本作「考」。

巫峽弊廬奉贈侍御四舅别之澧朗

江城秋月落，山鬼閉門中。○魯語：木石之怪，夔、魍魎。韋昭注：木石，謂山也。○【趙次公曰】屈原九歌有山鬼篇。行李淹吾舅，○行李，通作行理。○【趙次公曰】左氏僖公三十年傳：主行李之往來。杜預注：行李，使人。○昭公十二年傳：行理之命，無月不至。杜預注：行理使人，通聘問者。則知李、理字異而義同，餘見前注。誅茅問老翁。○誅茅，謂卜居也。赤眉猶世亂，○以赤眉喻吐蕃之亂尚未息也。青眼只途窮。○公自比阮籍也。○【王洙曰】晉阮籍始終爲青白眼，見凡俗之士，以白眼對之，禮法之士，乃見青眼。率意獨駕，不由徑路，車迹所窮，輒痛哭而反。傳語桃源客，人今出處同。○【師古曰】桃源在今澧州，乃秦人避亂之所。○【趙次公曰】今侍御舅之澧、朗，因以問之。○【師古曰】甫以今世之亂，竄避荆楚，亦與秦人同出處也。

溪上

峽内淹留客，溪邊四五家。古苔生迮地，○【王洙曰。又，趙次公曰：「一作濕地，不工。」】迮，一作濕。○【鄭卬曰】迮，側格切，迫也。秋竹隱疏花。塞俗人無井，○塞，先代切。○【王洙曰：「峽俗多引泉，或負水以自給。」】夔峽無井居，人以竹筒接引山泉。山田飯有沙。西江使船至，○使，所吏切。從命者。時復問京華。○【王洙曰：「心未嘗忘王室也。」】甫未嘗忘君也。

樹間

岑寂雙甘樹，婆娑一院香。交柯低几杖，垂實礙衣裳。滿歲如松碧，○【趙次公曰：「言歲寒如松也。」】謂如歲寒之松也。同時待菊黄。幾回霑葉露，乘月坐胡床。○搜神記：胡床，戎翟之器也。

八月十五夜月二首

滿目飛明鏡，○【趙次公曰】庾信磨鏡詩：明鏡如曉月。歸心折大刀。○【王洙曰】古樂府：藁砧今何在，山上復有山。何當大刀頭，破鏡飛上天。○【趙次公曰。又，杜陵詩史、分門集注引作「師古曰」。】唐吴兢樂府古題要解：砧者，鈇也。藁砧今何在，問夫何在也？重山爲出字，山上復有山者，言夫出也。大刀頭者，刀頭有環也。何當大刀頭者，何日當還也。破鏡者，月半缺也。破鏡飛上天者，言月半當還也。甫旅寓巫峽，秋見月，心念還歸，故有是句。○言雖有歸心，而大刀折，則未能還也。

轉蓬行地遠，○【趙次公曰：「公以蓬譬言其身也。」】甫自謂也。**攀桂仰天高。**○【趙次公曰：「言月中桂也。」】俗傳月中有桂，有兔擣藥。**水路凝〔一〕霜雪，林棲見羽毛。此時瞻白兔，直欲數秋毫。**○數，所矩切，計也。○【王洙曰】月中有白兔，以其明，無所不照，故可數秋毫也。

【校記】

〔一〕凝，元本、古逸叢書本作「疑」。

稍下巫山峽，猶銜白帝城。○【趙次公曰】稍下、猶御，皆言月也。**氣沉全浦暗，輪側半樓明。刁斗皆催曉，**○刁，丁聊切。○【趙次公曰】刁斗，軍營中擊之以警夜者也。**蟾蜍且自傾。**○【王洙曰】後漢張衡靈憲：月者，陰精之宗，積而成獸，象兔。羿請不死之藥於西王母，恒娥竊之以奔月，遂託身於月，是爲蟾蜍。○淮南精神訓：月中有蟾蜍，行〔一〕其行，薄蝕無光。**張弓倚殘魄，不獨漢家營。**○【趙次公曰】時與吐蕃交戰，則張弓於夜營，皆倚曉月之殘魄，不獨漢營爲然，唐營亦然也。

【校記】

〔一〕行，元本、古逸叢書本作「月失」。

十六夜翫月

舊挹金波爽，○【王洙曰】前漢郊祀志：月穆穆以金波。○謝玄暉夜發新林至京邑詩：金波麗鳷鵲。皆傳玉露秋。○月令：孟秋之月，白露降。關山隨地闊，○【秦曰】言故鄉遠也。河漢近人流。○【秦曰】言夔地高，去天近也。○河漢，天津也。○【王洙曰】魏文帝詩：仰看明月光，天漢回西流。谷口樵歸唱，孤城笛起愁。巴童渾不寢，○巴童，謂巴渝之童也。半夜有行舟。

十七夜對月

秋月仍圓夜，江村獨老身。捲簾還照客，倚杖更隨人。○朱超詩：惟餘故樓月，遠近必隨之。光射潛虬動，○虬，居幽切，無角龍也。明翻宿鳥頻。茅齋依橘柚，清切露華新。

翫月呈漢中王

夜深露氣清，江月滿江城。浮客轉危坐，○【王洙曰。又，趙次公曰：「浮客，一作遊客。師民瞻本亦只是遊客。然不知遊客字雖熟而無出處，若浮客，字自有所出。謝惠連詩：悽悽留子言，眷眷浮客心。注：浮，行也。如此則：留子，留住之子；浮客，浮遊之客。今公蓋自言其身也。公自華州罷官歸秦，又歸同谷，入成都，自成都之梓、之閬，又自成都來夔，可謂浮客矣，故對歸舟。字則選詩『天際識歸舟』也。」浮，一作游。○謝惠連詩：悽悽留子言，眷眷浮客心。歸舟應獨行。關山同一照，烏鵲自多驚。○【王洙曰】古樂府：月明星稀，烏鵲南飛。欲得淮王術，風吹暈已生。○【趙次公曰】以淮南王安比漢中王瑀也。○【王洙曰】淮南子冥覽訓：畫隨灰而月運闕。許慎注：以蘆草灰隨牖下月光，令圜畫，缺其一面，則月運亦闕於上也。○【杜田補遺】古樂府宋王褒〔一〕關山月詩：天寒光轉白，風多暈欲生。

【校記】

〔一〕褒，原作「裒」，據九家集注杜詩改。

驅豎子摘蒼耳

○【王洙曰】蒼耳，詩人謂之卷耳。○爾雅謂之枲耳，今或謂之耳當草。○【趙次公曰】或名羊負菜。○俗呼道人頭。

江上秋已分，林中瘴猶劇。○林，一作村。南地寒晚，秋氣已分，炎瘴猶煩劇也。畦丁告勞苦，無以供朝夕。○秋旱黍稷無收，故農民告無以供饌也。蓬莠獨不焦，野蔬暗泉石。○蓬莠野蔬不以旱而有損益，愈見繁盛，如蒼耳之類是也。卷耳况療風，○【王洙曰：「詩云：卷耳，主風濕周痺。」】本草：卷耳可以療風。童兒且時摘。○【王洙曰】一作「童僕先時摘」。侵星驅之去，○星未没，侵晨而往摘之也。爛熳任遠適。○東西南北，隨其所有而求之也。放筐亭午際，○亭，一作當。筐，竹器。放筐，謂罷採也。洗剥相蒙羃。○羃，莫狄切。○【趙次公曰：「指卷耳生于濕地，洗剥相蒙羃，洗其土，剥其毛。」】謂洗其土，剥其毛，以筐盛而巾覆之也。登床半生熟，○謂薦之於俎，生熟相半，欲其脆也。下筯還小益。○【趙次公曰：「小益，謂療風也。」】謂食之愈風，有補於人也。加點瓜薤間，依稀橘奴跡。○橘，一作木。或雜食於瓜薤之間，其味酸甜，如橘奴然。○【王洙曰。又，趙次公注引作「襄陽記」。】湘中記：李衡種橘於龍陽洲，謂其子曰：「吾有千頭木奴，歲可收絹千匹。」亂世誅求急，黎民糠籺窄。○籺，胡骨切。窄，側〔一〕格切。○【杜田補遺。又，杜陵詩史、分門集注、補注杜詩、集千家注批點杜工部詩集引作「薛夢符曰」。】陳平傳：平食糠覈。音義曰：覈，音紇，麥糠不破者。京師人麄食爲紇頭。○或曰：籺，糈也。糈，碎米也。飽食復何心，○當用兵之際，官吏重斂於民，黎民困苦，至有食糠籺者，其窘窄如此，甫何忍獨飽食，不〔二〕念吾民之飢耶。荒哉膏粱客。○【杜田補遺】庖人用禽獸，春膳膏香，夏膳膏臊，秋膳膏腥，冬膳膏羶。公食大夫禮：以稻粱爲加膳。○【薛夢符曰】唐柳芳氏族論：三世有三公者曰膏粱，有令僕者曰華腴。富家厨肉臭，戰地骸骨白。○彼膏粱之士、〔三〕豪富之家，荒縱不撿，厨内〔四〕臭腐有餘，豈知戰地積骨不獲耕乎！〔五〕寄語惡年少，黄金且休擲。○饑荒之際，下民有不得其食者，而惡年少有如荆軻者，以金抵蛙，豈不謬哉！甫之摘蒼耳以供食，其亦有意也歟？嵇康有曰「食蕨不顧〔六〕餘」，亦此意也。○【王洙曰】燕丹子曰：燕太子得勇士荆軻，將以報秦怨。與軻臨池戲，軻拾瓦擲蛙，大子命捧盤金以進。軻用金抵之，將盡，復進。軻曰：「非爲太子愛金，但臂痛耳。」○西京雜記：漢佞幸有韓嫣，常以金爲丸，所失者日有十餘。京師爲之語曰：「苦飢寒，逐金圓〔七〕。」

【校記】

〔一〕側，元本、古逸叢書本作「則」。

〔二〕食不，元本、古逸叢書本無。

〔三〕士，古逸叢書本作「客」。

〔四〕内，元本、古逸叢書本作「肉」。

〔五〕獲耕乎，元本、古逸叢書本作「葬者哉」。

〔六〕顧，元本、古逸叢書本作「須」。

〔七〕圓，古逸叢書本作「丸」。

詠懷古跡五首

支離東北風塵際，○【趙次公曰】言禄山之亂時在賊也。甫之在賊，或往河陽，或趨行在，或居秦亭，或居同谷，是爲「支離東北風塵」也。○【王洙曰】莊子人間世篇：支離其形者，猶足以養其身。

漂泊西南天地間。○【趙次公曰】謂流寓於蜀，往來東、西兩川，且在夔也。三峽樓臺淹日月，○【趙次公曰】夔之上游則明月峽，下游則巴峽、巫峽也。五溪衣服共雲山。○【王洙曰】五溪，蠻夷所居。衣服言異制也。共雲山，言與之雜居也。○【薛夢符曰】馬援傳：援南征武陵五溪蠻夷。注引酈元注水經：武陵有五溪，謂雄溪、樹溪、西溪、潕〔一〕溪、辰溪，故謂五溪蠻，皆槃瓠之子孫，在今辰州界。羯胡事主終無賴，○【王洙曰】謂禄山負恩，無所倚賴也。詞客哀時且未還。○【王洙曰】：「公自言傷時也。」甫感時自傷也。庾信平生最蕭瑟，暮年詩賦動江關。○【王洙曰】周書：庾信字子山，雖位望通顯，常有鄉關之思，乃作哀江南賦以致其意。其辭有曰：「壯士不還，寒風蕭瑟。」

【校記】

〔一〕潕，元本、古逸叢書本作「無」，杜陵詩史作「潕」。

摇落深知宋玉悲，○【王洙曰】宋玉九辯：悲哉秋之爲氣也，蕭瑟草木摇落而變衰。又曰：獨悲此秋凜〔二〕。風流儒雅亦吾師。悵望千秋一灑淚，蕭條異代不同時。江山故宅空文藻，○荆州庾信宅，即宋玉故宅地。○【王洙曰】庾信哀江南賦「誅茅宋玉之宅」是也。○餘見送李功曹之荆州詩注。雲雨荒臺豈夢思。○【趙次公曰】宋玉爲楚王賦陽臺，記興以言夢也。甫此言荒臺之雲雨，豈是夢思乎？按宋玉高唐神女賦序：楚襄王與宋玉游雲夢之臺，望高唐之觀。玉曰：昔先王嘗游高唐，怠而晝寢，夢見一婦人曰：「妾巫山之女也，爲高唐之客，聞君遊高唐，願薦枕席。」王因幸之。去而辭曰：「妾在巫山之陽，高山〔二〕之阻，旦爲朝雲，暮爲行雨，朝朝暮暮，陽臺之下。」襄王使玉賦之。其夜王夢與神女遇。**最是楚宮俱泯滅，舟人指點到今疑。**○【趙次公曰】此言楚之所謂高唐觀、朝雲廟者無有矣，後人亦疑其當時之無〔三〕，亦未可知也。

【校記】

〔一〕秋凜，古逸叢書本作「凜秋」。

〔二〕山，古逸叢書本作「丘」。

〔三〕無，元本作「血」。

羣山萬壑赴荊門，生長明妃尚有村。○【按，宋本杜工部集注曰：「歸州有昭君村。」則當是自注或真王洙注。又，杜陵詩史、分門集注引「王洙曰」：「歸州有昭君村。」】歸州有昭君村。○【趙次公曰】按，歸州圖經：王嬙字昭君，南郡秭歸人。○【杜田補遺】待詔掖庭，元帝後宮頗多，不得常〔一〕幸，乃使圖畫其形，按圖詔幸。宮人皆賂畫工，多者十萬，少者五萬。昭君自恃其貌，獨不與，反惡其形。及單于來朝，選美人配之，昭君以圖當行。及入辭，光彩射人，悚動左右，帝欲留之，而名字已去，臣下曰：「恐失信外國。」恨之不及，遂不復留。乃按窮其畫工杜陵毛延壽，爲人形老少必留其真，安陵陳敞、新豐劉白、龔寬並獨工狗馬衆藝，人形不逮延壽。下杜陵獄，皆同日棄市。一去紫臺連朔漠，○【王洙曰】江淹恨賦：明妃去時，仰天太息。紫臺稍遠，關山無極。遥風忽起，白日西匿。隴雁少飛，代云寡色。望君子〔二〕兮何期，終蕪絶於異域。○吕延濟曰：紫臺，宫名。雪賦：朔漠飛沙。獨留青冢向黄昏。○【杜陵詩史、分門集注、補注杜詩引作「杜田補遺」，又，九家集注杜詩作「薛夢符曰」。】琴操：單于死，子達立。昭君謂之曰：「將爲漢？爲胡？」曰：「將爲胡。」於是昭君服毒而死，舉國葬之。胡中草多白，而此冢獨青。○鄉人思之，爲之立廟，廟中有大柏，圍六丈五尺，松葉蓊蔚，出於故臺之上。及有擣練石在廟側溪中，即今香溪廟，今屬興山縣。○【趙次公曰】唐李太白嘗有詩以吊之：生乏黄金枉圖畫，死留青冢使人嗟。畫圖省識春風面，環珮空歸月夜魂。千歲琵琶作胡語，○【薛夢符曰】釋名：推手向前曰琵，却手向後曰琶。因以爲名。分明怨恨曲中論。○怨，一作愁。○【趙次公曰】石季倫明君詞：王明君本爲昭君，觸晉文帝諱改焉。匈奴盛請婚于漢，元帝以後宫良家子配焉。始，武帝以江都王女細君爲公主嫁烏孫王昆莫，使知音，馬上奏琵琶以慰其道路之思。其送昭君亦然。其造新聲之曲多哀怨，至今傳昭君怨。

【校記】

〔一〕常，元本、古逸叢書本作「帝」。

〔二〕子，古逸叢書本作「王」。

蜀主窺吴幸三峽，崩年亦在永安宫。○【王洙曰】蜀先主劉備以孫權襲關羽之故，東征三吴，爲吴將陸議〔一〕所破於秭歸，棄船由步道歸魚復，改縣爲永安，遂卒於永安宫。○水經：永安宫在魚復縣東之南鄉峽，其間平地可二十餘里，江山迥闊，入峽所無。城墉回〔二〕毁成荆棘矣。東與諸葛亮圖壘相近也。翠華想像空山裏，○【王洙曰】空，一作寒。○【趙次公曰：「翠華，天子之旗也。」】翠華，旗也。玉殿虚無野寺中。○【杜陵詩史、分門集注引「王洙曰」：「山有卧龍寺，先主祠在焉。」按，考宋本杜工部集，並無此條「自注」。當是僞王洙注。】甫自注曰：「山有卧龍寺，先主祠在焉。」古廟杉松巢水鶴，○【補注杜詩引作「黄希曰」】春秋繁露：白鶴知夜半。注：鶴，水鳥也。夜半水位感其生氣則益，喜而鳴。歲時伏臘走村翁。○【王洙曰：「言民猶祭祀。」】謂居民因時而祭祀也。武侯祠屋長鄰近，○【按，考宋本杜工部集注曰：「殿今爲寺廟，在宫東。」九家集注杜詩、杜陵詩史、分門集注、補注杜詩引「王洙曰」：「公自注云：殿今爲寺廟，在宫東。」是。】公自注曰：「殿今爲寺廟，在宫東。」一體君臣祭祀同。

【校記】

〔一〕議，古逸叢書本作「遜」。

〔二〕回，古逸叢書本作「四」。

諸葛大名垂宇宙，○淮南天文訓：虚郭生宇宙。許慎注：宇，四方上下也。宙，往古來今也。宗臣遺像肅清高。○謂廟貌遺像，視之肅然也。三分割據紆籌策，萬古雲霄一羽毛。○蜀志：三分我九鼎。其聲名勳業視萬古雲霄如一毛耳。伯仲之間見伊呂，○【趙次公曰】言孔明在伊、呂二公之間也。魏文帝典論：傅毅之於班固，伯仲之間耳。○【王洙曰】或曰：伯謂亮佐蜀，仲謂瑾佐吴也。指揮若定失蕭曹。○【王洙曰：「謂功垂成而亮薨。」】謂諸葛功垂成而遽卒也。○【趙次公曰】陳平傳：天下指揮則定矣。○蕭曹本贊：蕭何、曹參，位冠羣后，聲馳後世，爲一代宗臣。運移漢祚終難復，○【趙次公曰：「舊本福移字，師民瞻本作運移，是。」】運，一作福。○終，一作恢。志決身殲軍務勞。○【鄭卬曰】殲，子廉切，滅也。○【趙次公曰】魏〔一〕氏春秋：諸葛夙興夜寐，罰二十以上皆親覽焉。宣王曰：「亮將死矣。」

【校記】

〔一〕魏，元本、古逸叢書本作「王」，九家集注杜詩引趙次公注亦作「魏」。

九月一日過孟十二倉曹十四主簿兄弟

藜杖侵寒露，蓬門啓曙煙。力稀經樹歇，老困撥書眠。秋覺追隨盡，來因孝友偏。○【趙次公曰】言今來孟氏家，因重其兄弟孝友偏篤也。清談見滋味，爾輩可忘年。○【趙次公曰】昔漢禰衡始弱冠，孔融年四十，爲忘年交。

過客相尋

窮老真無事，江山已定居。地幽忘盥櫛，○【王洙曰：「地幽故得遂疏慵也。」】謂地辟而倦於梳沐也。客至罷琴書。○【王洙曰】謂惟以琴書爲樂也。掛壁移筐果，呼兒問煮魚。○【王洙曰】樂府詩：呼兒烹鯉魚。時聞繫舟楫，及此問吾廬。○【趙次公曰】甫言凡有舟楫過往，必來見我也。○【王洙曰】陶潛詩：吾亦愛吾廬。○筐果，魯作留果。

孟倉曹步趾領新酒醬二物滿器見遺老夫

楚岸通秋屐，○屐，竭戟切，屐也。胡床面夕畦。藉糟分汁滓，○藉，慈〔一〕力切。○【王洙曰】劉伶酒德頌：枕麴藉糟。○【趙次公曰】周禮「醴齊」注：醴〔二〕成而汁滓相將。○【王洙曰】後漢樊儵傳：歲獻甘醪。注：醪，醇酒汁滓相將也。甕醬落提携。飯糲添香味，○糲，力制切，米不精者。朋來有醉泥。○稗官小説：南海有蟲無骨，名曰泥。在水中則活，失水則醉，如一塊泥然。

後漢周澤傳：時人爲之語曰：「一日不齋醉如泥。」理生那免俗，○【王洙曰】竹林七賢傳：阮咸曰：「未能免俗。」方法報山妻。○【師古曰】酒醬乃生計日用之物，不免求所造之方法，以告其家人〔三〕也。

【校記】

〔一〕慈，元本、古逸叢書本作「分」。

〔二〕醴，元本、古逸叢書本作「不」。

〔三〕人，元本、古逸叢書本無。

課小豎鉏斫舍北果林枝蔓荒穢淨訖移床三首

○【王洙曰：「一曰『秋日閒居』。」】一作「秋月閒居三首」。

病枕依茅棟，荒鉏淨果林。○鉏，與鋤同。背堂資僻遠，在野興清深。山雉防求敵，○【趙次公曰】雉性强而善鬭。江猿應獨吟。○【趙次公曰】應，讀〔一〕平聲。洩雲高不去，○洩，以制切，舒散貌。陸機雲賦：雖彌天其未洩。隱几亦無心。○前注。

【校記】

〔一〕讀，元本、古逸叢書本作「自」。

衆壑生寒早，長林卷霧齊。青蟲懸就日，朱果落封泥。〇【王洙曰】謂以泥封其接枝也。薄俗防人面，〇【王洙曰】人，一作狸。〇【趙次公曰】即俗云人面獸心之義也。全身學馬蹄。〇【趙次公曰】莊子馬蹄篇：馬，蹄可以踐霜雪，毛可以御風寒，齕草飲水，翹足而陸，此馬之真性也。吟詩坐回首，〇坐，晉作重。隨意葛巾低。

籬弱門何向，〇【趙次公曰】言藩籬處損壞，門無定向也。沙虚岸只摧。〇【王洙曰】只，一作自。日斜魚更食，客散鳥還來。寒水光難定，秋山響易哀。天涯稍曛黑，倚杖更徘徊。

峽口二首

峽口大江間，〇【王洙曰】間，一作闊。西南控百蠻。〇百，一作白。〇【王洙曰】百蠻，謂施、黔五溪之蠻也。〇西羌傳：冒頓破東胡，走月支，威震百蠻。杜篤論客：横分單于，屠裂百蠻。注：百蠻，夷狄之揔稱。城欹連粉堞〔一〕，〇【鄭卬曰】堞，達協切，城上垣也。岸斷更青山。開闢當天險，〇【王洙曰】當，一作多。言天設之險，因開闢而後通爾。防隅一水關。〇【王洙曰】峽口有關，斷以鐵鏁。亂離聞鼓角，秋氣動衰顔。○【趙次公曰：「鼓角，蓋城上防戍所擊吹者。以身當亂離之際聞之，所以感動衰顔也。」】身遭亂離，況復聞鼓角之聲，所以感動衰顔也。

【校記】

〔一〕堞，原作「蝶」，據古逸叢書本改。

時清關失險，世亂戟如林。去矣英雄事，荒哉割據心。○【王洙曰：「當公孫述、劉備之際，夔爲要衝。」】夔峽乃要衝之地。○【趙次公曰】時公孫述、劉備皆欲以英雄之勢而割據於一隅也。蘆花留客晚，楓樹坐猿深。疲薾煩親故，○【鄭卬曰】薾，奴結切。○莊子齊物篇：薾然忘疲，而不知其所歸。諸侯數賜金。○【杜陵詩史引作「薛蒼舒曰」。】甫自注曰：故人柏中丞，頻分月俸。○【鄭卬曰】數，所角切。○【趙次公曰】柏中丞爲節度，蓋古諸侯也。因言諸侯所貽之金，得稱賜金也。

村雨

雨聲傳兩夜，寒事颯高秋。挈帶看朱紱，○【王洙曰】挈，一作攬。○【王洙曰：「公任郎官，故朱紱。」】公爲尚書員外郎，服緋，故用赤紱也。開箱覩黑裘。○【趙次公曰】皆以雨之故，恐其色黦故也。世情只益睡，○【趙次公曰】亦因雨悶思及世情，惟睡而已。盜賊敢忘憂。○【王洙曰：「所憂者盜賊未平。」趙次公曰：「然時方盜賊，敢忘禍亂之憂乎？」】時吐蕃未平，故憂也。松菊新霑洗，茅齋慰遠遊。○時以松菊自遣爾。

寒雨朝行視園樹

柴門雜樹向千株，丹橘黃甘此地無。江上今朝寒雨歇，籬中秀色畫屏紆。○【王洙曰。又，趙次公曰：「舊本『籬中秀色』，又云『籬邊新色』。師民瞻本作『籬邊秀色』，是。」】中秀，一作邊新。桃蹊李徑年雖古，梔子紅椒艷復殊。○古詩：翠藤繚石起。鏁石藤梢元自落，○古詩：翠藤繚石起。倚天松骨見來枯。○張箈詩：長松欲倚天。林香出實垂將盡，葉蒂離枝不重蘇。○【王洙曰】枝，一作柯。○重，儲用切。愛日恩光蒙借貸，○貸，吐戴切。○【王洙曰】左傳：冬日可愛。清霜殺氣得憂虞。衰顏動覓藜床坐，○英雄記：向詡晚病，嘗坐藜床。○【王洙曰】晉管寧家貧，坐藜床欲穿，爲學不倦。緩步仍須竹杖扶。○山海經：龜山多扶竹。郭璞注：筇竹也，高節實中，名「扶老竹」。散騎未知雲閣處，○三輔故事：秦二世起雲閣，欲與〔一〕山齊。啼猿僻在楚山隅。○【趙次公曰】今公以〔二〕别無官署，故言「未知雲閣處」，止在猿啼之地耳。

【校記】

〔一〕元本、古逸叢書本「與」下有「衆」字。

〔二〕以，元本、古逸叢書本作「欲」。

偶題

文章千古事，得失寸心知。○【趙次公曰】言文章垂不朽之事業，其得其失，蓋吾心自知之也。陸機文賦：吐滂沛乎寸心。作者皆殊列，名聲豈浪垂。○魏文帝典論論文曰：古之作者，寄身於翰墨，見情於篇籍，不假良史之辭，不託飛馳之勢，而名聲自傳於後。騷人嗟不見，○【趙次公曰】騷人，指屈原、宋玉也。文章之祖，起於離騷。嗟不見，則屈、宋遠矣。傷今不復見古人也。漢道盛於斯。○【趙次公曰】言惟漢有司馬遷、相如、劉向、王褒之徒。○【師古曰】文章渾厚森嚴也。前輩飛騰入，餘波綺麗爲。○【趙次公曰】文章至於綺麗，乃騷、雅之末流，故謂之「餘波」也。○江文通雜詩：高文一何綺，小儒安足爲。後賢兼舊利，○【王洙曰：「（制）或作利。」】利，一作制。○【王洙曰】或作列。○【王洙曰：「舊例，一作舊制。」】別本作例。歷代各清規。○【趙次公曰】謂諸儒遞相祖述也。法自儒家有，心從弱歲疲。○【趙次公曰】公自謂也。吾之用心學文，自弱冠時疲苦至今也。永懷江左逸，○【王洙曰】江左，東晉元帝渡江所都。○【趙次公曰】嵇、阮、鮑、謝之徒，文尚俊逸，故甫永懷之也。多病鄴中奇。○【王洙曰】病，一作謝。鄴中，魏所都。文帝好文，而作者多尚奇怪。○故甫多疾之也。○【王洙曰】江文通詩：關西鄴下，既已罕同。河外江南，頗爲異法。騄驥皆良馬，騏驎帶好兒。○【趙次公曰】騏驎之子仍是騏驎，故云「帶好兒」。○亦甫自喻也。車輪徒已斲，○【王洙曰】莊子天道篇：桓公讀書於堂上，輪扁斲輪於堂下，曰：「以臣之事觀之，斲輪徐則甘而不固，疾則苦而不入，不徐不疾，得之於手而應於心，口不能言，有數存焉。於其間，臣不能以喻臣之子，臣之子亦不能受之於臣，是以行年七十而老斲輪。古之人，與其不可傳也死矣。然則君之所讀者，古人之糟粕已矣。」陸機文賦：是蓋輪扁所不得言，故非華説之所能精也。堂構惜仍虧。○【王洙曰】書大誥：若考作室，既底法，厥子乃弗肯堂，矧肯構。○夢弼謂：甫嘆弱冠疲苦學爲文，幸有子如宗文、宗武聰敏，惜乎妙致得之於心，不能言之於其子，如扁之斲輪，不能言其妙也。故有「騏驎帶好兒，車輪徒已斲」之句也。謾作潛夫論，○【王洙曰】後漢王符傳：隱居著書三十餘篇，以譏當時得失，不欲章顯其名，故號潛夫論。虛傳幼婦碑。○【王洙曰】語林：楊脩爲曹操主簿，至江南，讀曹娥碑，碑陰有八字，曰：「黄絹幼婦，外孫虀臼。」操不能解，脩知之，行三十里乃悟。令脩解，曰：「黄絹，色絲，色絲，絶字。幼婦，少女。少女，妙字。外孫，女子。女子，好字。虀臼，受辛。受辛，辤字。言絶妙好辤。」操意與合。語曰：「有智無智，校三十里。」緣情慰漂〔一〕蕩，○【王洙曰】文賦：詩緣情而綺麗。

抱疾屢遷移。○【趙次公曰】公雖自謙，亦自傷其不用也。○餘見年譜。經濟慙長策，飛棲假一枝。○【王洙曰】莊子逍遥遊篇：鷦鷯巢於深林，不過一枝。左太冲詩：巢林棲一枝，可爲達士模。塵沙傍蜂蠆，○【鄭卬曰】傍，蒲浪切，近也。江峽遶蛟螭。○【趙次公曰：「言棲托於夔州之地如此。」】謂夔峽寓居之景物也。○廣雅：有鱗曰蛟龍，無角曰螭龍。蕭瑟唐虞遠，○【趙次公曰】歎治古之不復見也。聯翩楚漢危。○【趙次公曰】傷争戰之未能安也。聖朝兼盜賊，○【趙次公曰】言前有安史，今有吐蕃是也。異俗更喧卑。○【趙次公曰】公北人而在南，故呼楚人爲異俗。喧卑，囂雜貌。鬱鬱星辰劍，○【革曰】甫自喻失所。○【王洙曰：「張華夜登樓，望見牛斗間有異氣，乃酆城寶劍也。」】如寶劍之埋豐城也。晉張華傳：寶劍之精，上徹於天。蒼蒼雲雨池。○又如蛟龍之困於池中也。○【王洙曰：「周瑜傳：蛟龍得雲雨，終非池中物。」】蜀〔二〕志周瑜傳、晉載記劉元海傳〔三〕皆曰「蛟龍得雲雨，終非池中物」也。兩都開幕府，○【王洙曰】謂長安、洛陽二京元帥之幕府也。萬寓插軍麾。南海殘銅柱，○【趙次公曰：「在南亦有侵犯者，如廣德二年西原蠻陷邵州，大曆二年桂州山獠反，是已。」】謂如西原蠻陷邵州、桂州山獠是也。○【師古曰】甫恨無人立功如馬援也。東風避月支。○支，或作「氏」。○【師古曰】言避吐蕃之亂也。音書恨烏鵲，○【趙次公曰】恨烏鵲之不信也。○【王洙曰】西京雜記：乾鵲噪而行人至。號怒怪熊羆。○【趙次公曰】謂夔峽山居之所有也。稼穡分詩興，○【王洙曰】役於營生，不假詠吟也。柴荆學士〔四〕宜。○【王洙曰】謂習其風俗也。

故山迷白閣，○【趙次公曰】白閣，終南山之峰名。按集，有渼陂西南臺詩曰「顛倒白閣影」是也。秋水憶皇陂。○【趙次公曰】皇陂，即皇子陂也。○前注。不敢要佳句，○【鄭卬曰】要，伊肖切。愁來賦別離。

【校記】

〔一〕漂，元本、古逸叢書本作「縹」。

〔二〕蜀，當作「吴」。

〔三〕晉載記劉元海傳，原作「晉戴記周元海傳」，據古逸叢書本改。

〔四〕土，元本、古逸叢書本作「士」。

雨晴

雨時山不改，○【王洙曰：「（時）一作晴。」】時，一作晴，誤矣。晴罷峽如新。○【王洙曰。又，趙次公曰：「言或雨或晴，山不變改。」】言陰晴在雨，不在山也。天路看殊俗，○【趙次公曰】枚乘詩：美人在雲端，天路杳無期。秋江思殺人。○思，讀去聲。有猿揮淚盡，○【王洙注引作荆州記】宜都山川記：巴東三峽猿鳴悲，猿鳴三聲淚霑衣。無犬送書頻。○【王洙曰：「犬爲陸機送書也。」】晉陸機傳：機有駿犬名黄耳，寓京師久無家問，機乃爲書，以繫犬頸，犬尋路南走，至其家，得報還洛。故國愁眉外，長歌欲損神。

晚晴吴郎見過北舍

圃畦新雨潤，○【王洙曰。又，趙次公曰：「新雨，一作『佳雨』，非。蓋不必如是方爲奇也。」】新，一作佳。媿子廢鉏來。○鉏，與鋤同。竹杖交頭柱，柴扉掃徑開。○【趙次公曰】范彦龍詩：有客掃柴門。欲棲羣鳥亂，未去小童催。明日重陽酒，相迎自醱醅。○醱，一作撥。○【鄭印曰】醱，普發切，酘〔一〕酒也。醅，芳杯切，酒未漉也。

【校記】

〔一〕酘，古逸叢書本作「酸」。

新定杜工部草堂詩箋斠證卷第三十九

大曆二年秋在夔所作

解悶十二首

○後四篇皆詠荔枝，以譏明皇、貴妃也。

草閣柴扉星散居，○【師古曰】夔地多山少平居，人傍山，故星散也。○【趙次公曰】庾信詩：寒園星散居。浪翻江黑雨飛初。山禽引子哺紅果，溪友得錢留白魚。○【王洙曰】。又，趙次公曰：「溪女，一作溪友，當以『女』爲正，蓋公嘗使『溪女』字。如云『負鹽出井此溪女』，豈亦用神仙張道陵降十二溪女有『溪女』兩字者乎？」【友，一作女。○【師古曰】得錢不論其價，知魚賤也。

商胡離別下揚州，○胡，一作客。憶上西陵故驛樓。○【王洙曰】。又，趙次公曰：「舊注本東遊作東流，西陵又作蘭陵。師民瞻本作東流，是。並取西陵字，亦是。」】西，一作蘭。爲問淮南米貴賤，老夫乘興欲東遊。○【趙次公曰：「舊注本東遊作東流，西陵又作蘭陵。師民瞻本作東流，是。並取西陵字，亦是。」】遊，一作流。○【趙次公曰】因商胡之行而問淮南米價，甫欲儘南下也。

一辭故國十經秋，○自大曆二年逆數至乾元元年，凡十年矣。每見秋瓜憶故丘。○【趙次公曰】秦東陵侯邵平種瓜長安青門外。甫長安杜陵人，故感秋瓜而懷故鄉也。今日東湖采薇蕨，何人爲覓鄭瓜州。○【王洙曰：「公自注：今鄭秘監審。」】甫自注：鄭秘監審。○【王洙曰。又，趙次公曰：「瓜州，一作袁州，非。」】余按：瓜，一作袁。○【師古曰】瓜州乃金陵之別號。審即甫之故人。○【趙次公曰】必審有瓜州之命，或舊曾守瓜州也。○李尤賦：念故丘之落瓜。

沈范早知何水部，○【趙次公曰】何水部，乃何遜也。早爲沈約、范雲所知。曹劉不待薛郎中。○【趙次公曰】若郎中薛據者，恨不與曹植、劉楨同時。獨當省署開文苑，○【師古曰：「子美以文章爲己任，故云。」】甫爲左拾遺，自以文章爲己任也。兼泛滄浪學釣翁。○甫有魚釣之樂也。或曰：按「省署開文苑，滄浪學釣翁」乃薛據之詩句，甫取據之詩廣之。○【趙次公曰】以美據前在省部、今在荊南，有江湖之樂，斯爲學釣翁矣。○【趙次公曰：「漁父所謂『滄浪之水』也。」】屈原漁父篇：漁父鼓枻而歌：滄浪之水清兮，可以濯吾纓。滄浪之水濁兮，可以濯吾足。

李陵蘇武是吾師，孟子論文更不疑。○【王洙曰：「校書郎孟雲卿。」又，集千家注批點杜工部詩集引作「公自注」。】甫自注：校書郎孟雲卿。一飯未曾延俗客，數篇今見古人詩。

復憶襄陽孟浩然，清詩句句盡堪傳。○唐摭言：襄陽詩人孟浩然，開元中爲王左丞〔一〕所知，有「微雲淡河漢，疏雨滴梧桐」之句。維待詔金鑾殿，一旦召之，商較古今風雅。忽遇明皇幸維所，浩然錯愕伏床下，維不敢隱，奏聞。奉詔誦詩，曰：「北闕休上書，南山歸弊廬。不才明主棄，多病故人疏。」明皇憮然曰：「朕未嘗棄人，自是卿不求進，奈何有此作？」因命歸終南山。即今耆舊無新語，謾釣槎頭縮項鯿。○【王洙曰。又，趙次公曰：「師民瞻本改縮頸爲『縮項』，極是。」】項，一作頸。○【分門集注引作「鄭卬曰」。又，杜陵詩史引作「王洙曰」。】鯿，卑連切。○【趙次公曰】襄陽耆舊傳：漢中鯿魚甚美，常禁人捕，以槎斷水，因謂之「槎頭鯿」。襄沔雜記：宋元徽中，張敬兒爲刺史。齊高帝爲領軍，敬兒作六櫓〔二〕船，獻高帝槎頭縮項鯿一千八百頭。○【趙次公曰：「浩然詩兩用之。冬至後過吴張二子檀溪別業云：鳥泊隨陽雁，魚藏縮項鯿。又，峴山作云：試垂竹竿釣，果是槎頭鯿。」】夢弼按：浩然集有曰「鳥泊隨陽雁，魚藏縮項鯿」，又曰「試垂竹竿釣，果得槎頭鯿」，兩用之也。

【校記】

〔一〕右丞，原作「左丞」，據古逸叢書本改。

〔二〕櫓，原作「糟」，據中華書局本校補襄陽耆舊記改。

陶冶性靈存底物，○【王洙曰：「詩能陶冶情性。」趙次公曰：「言用何物以爲陶冶性靈者，惟有詩而已。」】言用何物爲陶冶性靈者，惟有詩而已〔一〕。○【杜田補遺。又，杜陵詩史、分門集注、補注杜詩引作「修可曰」。】梁鍾嶸詩評：阮嗣宗詩，無雕蟲之工，而〔二〕詠懷之作可以陶性靈，發幽思。○【趙次公曰】顔之推家訓：論文章至於陶冶性情，從容諷諫，入其滋味，亦樂事也。按集又有秋日夔府詠懷曰「登臨多物色，陶冶賴詩篇」之句。新詩改罷自長吟。孰知二謝將能事，○【趙次公曰】孰者，稔孰之孰也。甫言稔孰知謝靈運、謝惠連將作此詩爲能事也。頗學陰何苦用心。○學，一作覺。○【趙次公曰】陰則陰鏗，何則何遜。苦用心，則不苟且爲之矣。

【校記】

〔一〕「言用」至「而已」，元本、古逸叢書本作：「言陶冶性靈者，惟有詩而已。」

〔二〕無雕蟲之工而，元本、古逸叢書本「無」作「其」。

不見高人王右丞，藍田丘壑蔓寒藤。○蔓，一作謾。最傳秀句寰區滿，未絶風流相國能。○【鄭卬曰：「本注云：相國縉。」】甫自注：右丞弟，今相國縉。○【王洙曰】夢弼按：唐書王維傳：維字摩詰，開元中轉尚書右丞，以詩名盛於時。晚年得宋之問藍田别墅，墅在輞口，水周於舍下，竹洲花塢，與道友裴迪浮舟往來，彈琴賦詩，笑歌終日。常聚其田園，所爲詩號輞川集。代宗時，弟縉爲宰相。代宗好文，求維文，縉編綴得四百餘篇，上之。○【趙次公曰】縉本傳：少好學，與兄維俱以名聞。○嵇康琴賦：體制風流，莫不相襲。

先帝貴妃今寂寞，○今，陳作俱。荔枝還復入長安。○【王洙曰】楊貴妃傳：妃嗜荔枝，必欲生置〔一〕之，乃置騎傳送數千里，味氣未變，至京師。炎方每續朱櫻獻，○【趙次公曰】月令：仲夏之月，天子以含桃先薦寢廟。此云「炎方續獻」，乃海南獻荔枝也。○南裔志：龍眼、荔枝生朱提南廣縣，改爲僰道縣。注：荔枝樹高五六丈，常夏生，變赤可食。余按：蔡君謨荔枝譜：唐天寶中，妃子愛嗜涪州荔枝，歲命驛致之。故蘇子瞻荔枝歎云「永元荔枝出交州，天寶歲貢取之涪」是也。玉座應悲白露團。○【杜田補遺。又，杜陵詩史、分門集注、補注杜詩引作「修可曰」。】唐史遺事：乾元初，明皇幸蜀回，適嶺南進荔枝，上感念貴妃，不覺悲慟迨絶。○【杜田補遺。又，杜陵詩史引作「師古曰」。】高力士於御座設位享之，上稍蘇息。

【校記】

〔一〕置，古逸叢書本作「致」。

憶過瀘戎摘荔枝，○瀘，龍都切。○【王洙曰】：「蜀中惟瀘、戎二州産荔枝。」師古曰：「瀘、戎，二州名。」】瀘、戎，州名也。○唐地理志：南海戎州貢荔枝。貴妃外傳：妃子生於蜀，嗜荔枝。南海荔枝勝於蜀産，故每歲馳驛以進。○【杜田補遺。又，杜陵詩史、分門集注、補注杜詩引作「師古曰」。】戎州圖經載郡國志：僰人住施、夷中，多以荔枝爲業，園植萬株樹，收百斛。故戎州有荔枝園户。青楓隱映石逶迤。京中舊見君顔色，○陳本作「京華應見無顔色」。○【趙次公曰】君，指言荔枝也。紅顆酸甜只自知。○【杜田補遺】扶南記：荔枝結實時，枝弱而蒂牢，不可摘取，以刀斧劙其枝，故以爲名。劙，音利。實如松花之初生者，殼若羅文，初青漸黄，肉淡如白玉，味甘多汁。○【杜田補遺。又，杜陵詩史、分門集注、補注杜詩引作「師古曰」。】荔枝譜：廣南及梓、夔間所出，大率早熟，肌肉薄而味甘酸，其精好者僅比閩中之下品。

翠瓜碧李沉玉甃，○【王洙曰】玉甃，井也。○易曰：井甃無咎。○【王洙曰】魏文帝書：浮甘瓜於清泉，沉朱李於寒水。赤梨〔一〕葡萄寒露成。可憐先不異枝蔓，此物娟娟長遠生。

○【趙次公曰：「此物字，祖出左傳，而選詩之言庭樹曰：此物何足貴，但感別經時。則凡所主之物，曰『此物』。今應言荔枝也。瓜李梨葡萄借言一歲之果，言同是果實，可憐先與荔枝不異枝蔓，他處所有，而此物長於遠地，娟娟然生，所以嘆異荔枝之爲物也。此篇與後篇皆不犯『荔枝』字，而意義自明。」】此物，言荔枝也。可憐先與荔枝不異枝蔓，他處所有，而此物長於遠地，娟娟然生，所以歎異之也。

【校記】

〔一〕梨，古逸叢書本作「架」。

側生野岸及江蒲，○【趙次公曰：「江蒲則自戎、僰而下，以畝爲蒲。今官私契約皆然，因以押韻。師民瞻本作江浦，非是。」】蒲，一作浦。○【趙次公曰：「此篇山谷云：亦貢荔枝。」】此亦言貢荔枝也。○【趙次公曰】左思蜀都賦：笻竹緣嶺，菌桂臨崖。旁挺龍眼，側生荔枝。有緑葉之萋萋，結朱實之離離。不熟丹宮滿玉壺。○【趙次公曰】丹宮、玉壺，本至尊之奉御。其移根不熟於丹宮而滿玉壺，所以求之於遠方也。○三輔黄圖：漢武破南越，於上林苑中起扶荔宫，以植所得龍眼、荔枝、菖蒲，皆百餘本。土木南北異宜，時多枯瘁。荔枝自交趾移植百株于庭，無一生者。猶移不息，偶一株稍茂，終無華實。一旦萎死，遂〔一〕則歲貢焉。郵傳者疲斃於道路焉。雲壑布衣鮐背死，○鮐，堂來切，魚名。詩行葦：黄耇鮐背。注：言老人背有鮐文也。○【趙次公引作「魯直曰」。】後漢和帝紀：南海獻龍眼、荔枝，十里一置，五里一候，奔騰險阻，死者繼路。唐庚〔二〕上書諫，遂罷。勞人害馬翠眉須。○【王洙曰：「謝師厚云：𤯔當作人。」杜定功曰：「歐陽公本作『勞人害馬翠眉須』。」又，趙次公曰：「杜田補遺：武后所撰字，一生爲𤯔，音人，故勞𤯔當作『勞人』。其說是。又云歐本作『勞人害馬』，非。」】一作「勞生重馬翠眉疏」，今從歐陽本爲正。○【杜定功曰】翠眉，指貴妃也。○【杜田補遺。又，杜陵詩史、分門集注、補注杜詩引作「杜定功曰」。】貴妃嗜荔枝，必欲生致之，乃置驛曉夜傳送至京師，味猶未變。當是時，布衣賢士不能搜訪駉召，至於老死山谷之間。以貴妃須荔枝之故。○【杜田補遺】乃勞人害馬力求於數千里之外，子美所以作是詩也。

【校記】

〔一〕遂，古逸叢書本作「實」。

〔二〕庚，古逸叢書本作「羌」。

復愁十二首

人煙生處僻，○【王洙曰】生，或作遠。○【趙次公曰】曹子建詩：千里無人煙。虎跡過新蹄。野鶻翻窺草，○【王洙曰：「（雉）一作鶻。」】鶻，一作雉。村船逆上溪。

釣艇收緡盡，○緡，音昏，綸也。昏鴉接翅稀。○【王洙曰。又，趙次公曰：「一作『昏鷗』，大非是。」】鴉，一作鷗。月生初學扇，○班婕妤怨歌行：裁爲合歡扇，團團似明月。雲細不成衣。○【趙次公曰】李義府堂堂詞：鏤月成歌扇，裁雲作舞衣。

萬國尚防寇，故園今若何。○【趙次公曰】故園，指長安也。昔歸相識少，早已戰場多。○【趙次公曰：「言京都之地早時已自爲戰場，至於今也。豈不以安、史亂於前，而吐蕃亂於後邪？」】謂吐蕃未息也。

須覺省郎在，○【趙次公曰】謂爲尚書工部員外郎也。家貧農事歸。年深荒草徑，老恐失柴扉。

金絲縷箭鏃，○縷，一作鏤。皂尾製旗竿。○製，一作掣。一自風塵起，猶嗟行路難。○【王洙曰】金絲箭、皂尾旗，皆胡服也。○【趙次公曰】樂府有行路難篇。

貞觀銅牙弩，○【杜田補遺。又，杜陵詩史、分門集注、補注杜詩引作「師古曰：『唐六典注釋名曰云云。』」】釋名：弩，怒也，有弩勢也。其柄曰臂，似人臂也。鈎弦曰牙，似牙齒也。牙外曰郭，爲牙之規郭也。合名之曰機，如門户樞機，開闔有節也。○【杜田補遺】南越志：龍川唐時有銅弩牙流出水，皆銀黄雕鏤，取之以製弩。○【杜田補遺。又，杜陵詩史、分門集注、補注杜詩引作「師古曰」。】父老云：其地蓋越王弩營也。**開元錦獸張**。○【師古曰】謂設射侯也。**花門小前好**，○【王洙曰。又，趙次公曰：「師民瞻本却取一作『小箭好』，則無義矣。」】前，一作箭。○【師古曰】花門，乃回紇也。**此物棄沙場**。

胡虜何曾盛，干戈不肯休。**閭閻聽小子**，○聽，讀平聲。甘茂起下蔡閭閻，李斯自閭閻歷封侯。**談笑覓封侯**。○【趙次公曰】此篇公憤生事邀功、濫冒榮寵者矣。雖閭閻小人，亦説取封侯也。○揚雄解嘲：或立談而封侯。○【趙次公曰：「師民瞻本談話作談笑，亦通。」】談笑，魯作談話。

今日翔麟馬，○【趙次公曰：「師民瞻本翔麟作祥麟，非。」】翔，一作祥。○貞觀中，骨利幹遣使獻良馬十匹，太宗號十驥：一騰霜白，二皎雪驄，三凝霜驄，四懸光驄，五决波騟，六飛霞驃，七發電赤，八流金騆，九翔麟馬，十奔虹赤。○【趙次公引作「薛蒼舒曰」，杜陵詩史、分門集注、補注杜詩、集千家注批點杜工部詩集引作「薛夢符曰」。】唐書兵志：祥麟，厩名。續通典：仗内有飛龍、翔麟、鳳苑、鵷鸞、吉良、逸羣六厩。先宜駕鼓車。○【王洙曰：「漢文以千里馬駕鼓車。」】建武十三年，異國獻名馬，日行千里，詔以駕鼓車。○南史王融傳：融與宋弁論駿馬當駕鼓車。無勞問河北，諸將角榮華。○【王洙曰：「（覺）一作角。」又，趙次公曰：「角字，舊正作覺，非。」】角，一作覺，樊作推。○【趙次公曰】言此馬不勞遺問，河北諸將角勝於榮華而已。

任轉江淮粟，休添苑囿兵。由來貔虎士，不滿鳳凰城。○【趙次公曰】責天下勤王而已，不在京城之兵多也。

江上已秋色，火雲終不移。○【趙次公曰：「火雲當已秋而不移，則餘熱猶在矣。」】夔地暖，秋暑尤盛也。巫山猶錦樹，南國且黄鸝。

每恨陶彭澤，無錢對菊花。○【王洙曰。又，趙次公引作「檀道鸞續晉陽秋」】梁昭明太子撰靖節徵士傳：陶淵明爲彭澤令，賦歸去來。嘗九月九日出宅邊菊叢中坐，久之，滿手把菊。忽值刺史王弘送酒至，即醉而歸。如今九日至，自覺酒須賒。○唐歲時節物，九月九日有茱萸、菊花酒、餻。

病減詩仍拙，吟多意有餘。莫看江總老，○【趙次公曰】本傳：尤工五言律詩。猶被賞時魚。○【王洙曰。又，杜陵詩史引作「師古曰」。】江總，陳後主狎客也。陳破歸隋，後復歸江南。○【師古曰】甫以身未歸故鄉，故托江總以自比，言總雖易主得歸，猶不若甫流落而有銀魚之賜。甫檢校工部，朱紱銀魚也。○唐車服志：唐百官賞緋紫，必兼魚袋，謂之章服，飾以金銀。

南極

○淮南子墬形訓：南極之山曰暑門。又時則訓：南方之極至委火炎風之野，萬二千里。

南極青山衆，西江白谷分。古城疏落木，荒戍密寒雲。歲月蛇常見，風飆虎或聞。○或，一作忽。飆，甫遥切。近身皆鳥道，殊俗自人羣。睥睨登哀柝，○【鄭卬曰】睥，匹詣切。睨，研計切。睥睨，城上女墻。○謂登白帝城，聞戍役擊柝以警夜也。蝥弧照夕曛。○【趙次公曰：「舊本矛弧，善本作蝥弧，是。左傳：取蝥弧以登。乃鄭之旗名也。方可對睥睨，若作『矛弧』，即是兩物，必不以對『睥睨』之一名矣。」】蝥，一作矛。○曛，許雲切，日入也。蝥，弧旗也。○【趙次公曰】謂旗影爲晚日所照也。左傳：取蝥弧以登。○後漢趙壹傳：羊陟與壹言談，至曛夕，極歡而去。亂離多醉尉，○【杜田補遺。又，杜陵詩史、補注杜詩引作「尹曰」。】南史何敬容傳：謝郁作書戒之曰：「君侯已得瞻望朝夕，出入禁門，醉尉終不敢呵斥，然不無其漸。」愁殺李將軍。○【王洙曰】李廣傳：廣當斬，贖爲庶人。與故潁陰侯屏居藍田南山中射獵，嘗夜從一騎出，從人田間飲，至亭，霸陵尉醉，呵止廣。廣騎曰：「故李將軍。」尉曰：「今將軍尚不得夜行，何故也！」宿廣亭下。

搖落

○月令：季秋之月，草木黄落。宋玉九辯：草木搖落而變衰。

搖落巫山暮，寒江東北流。煙塵多戰鼓，風浪少行舟。鵝費羲之墨，○甫言字非逸少也。○【王洙曰】晉王羲之字逸少，性愛鵝。山陰有道士養好鵝，羲之往觀甚悦，固求市之。道士云：「爲寫道德經，當舉羣相贈。」羲之欣然寫畢，籠鵝而歸。貂餘季子裘。○【趙次公曰】甫言貧如蘇秦也。戰國策：蘇秦字季子，從燕之趙。趙封秦爲武安君，飾車乘，金璧錦繡，〔一〕以約諸侯。說秦王，書十上而說不行，黑貂之裘弊。長懷報明主，卧病復高秋。

【校記】

〔一〕繡，元本、古逸叢書本作「綃」。

季秋江村

喬木村墟古，疏籬野蔓懸。素琴將暇日，○【王洙曰：「（青）一作素。」】素，一作清。白首望霜天。登俎黄甘重，支床錦石圓。○【王洙曰】龜策傳：南方老人用龜支床。遠遊雖寂寞，難見此山川。

季秋蘇五弟纓江樓夜宴崔十三評事韋少府姪三首

峽險江驚急，樓高月迥明。一時今夕會，萬里故鄉情。星落黄姑渚，○十道志：忠州有黄姑渚。或謂古樂府「東飛伯勞西飛燕，黄姑、織女時相見」，黄姑即河鼓也。乃俗聲之轉爾。秋辭白帝城。老人因病酒，堅坐看君傾。

明月生長好，浮雲薄漸遮。悠悠照邊塞，悄悄憶京華。清動杯中物，○【王洙曰。又，九家集注杜詩、分門集注引作「鮑曰」。】陶淵明責子詩：天運苟如此，且盡杯中物。高隨海上槎。○槎，與查同。王子年拾遺記：堯時有巨查浮于西海，查上有光若星月，查浮四海，十二年一周天，名「貫月查」，又名「挂星查」。羽仙棲息其上。不眠瞻白兔，百過落烏紗。○【王洙曰：「烏紗，帽也。」】烏紗，皂帽也。

對月那無酒，登樓況有江。聽歌驚白髮，笑舞拓秋窗。○拓，他各切，手推物也。樽蟻添相續，○【王洙曰】曹子建七啓：盛以翠樽，酌以雕觴。浮蟻鼎沸，酷烈馨香。沙鷗並一雙。盡憐君醉倒，更覺片心降。○【王洙曰。又，趙次公曰：「舊正作片心，一作我心。當以『片心』爲正，方有功矣。」】片，一作我。○降，胡江切，服也。○【王洙曰】詩：我心則降。

送孟十二倉曹赴東京選

君行別老親，此去苦家貧。藻鏡留連客，○【尹曰】藻鏡，猶藻鑒也。○言孟倉曹赴選，客東京也。○【薛夢符曰】晉太康四年制：藻鏡銓衡。○江總僕射表：藻鑒官方，品裁人物。江山憔悴人。○甫自謂也。秋風楚竹冷，夜雪鞏梅春。○【趙次公曰】鞏洛，謂東京也。朝夕高堂念，應宜綵服新。○【趙次公引作「列女傳」。】高士傳：老萊子年七十，衣荊蘭之衣，爲嬰兒戲於親前。足跌而偃，因爲嬰兒啼。

憑孟倉曹將書覓土婁舊莊

○土婁村，在今洛陽東。

平居喪亂後，不到洛陽岑。爲歷雲山問，無辭荊棘深。北風黃葉下，南浦白頭吟。○甫自謂也。十載江湖客，茫茫遲暮心。

耳聾

生年鶡冠子，○【杜田補遺。又，杜陵詩史、分門集注、補注杜詩、集千家注批點杜工部詩集引作「黄曰」。】袁俶真隱傳：鶡冠子，楚人，隱居深山中，衣弊履穿，以鶡爲冠，莫測其名，因服成號。著書言道。○【師古曰】劉向別録：鶡冠子，隱士，常居深山，耳聾，謂妻子曰：「吾勉爲巢、由洗清溪耳。」○【杜田補遺】後漢輿服志：武冠，俗謂之丈〔一〕冠。環纓無蕤，加雙鶡尾在左右，謂之鶡冠。五官、虎賁、羽林皆冠之。○【杜田補遺。又，杜陵詩史、分門集注、補注杜詩、集千家注批點杜工部詩集引作「師古曰」。】鶡者，勇雉也，其門無已，一死乃止。故趙武靈王爲冠，以表武士也。○【師古曰】余謂是謂所謂鶡冠，非武士所冠，蓋名同而實異耳。**歎世鹿皮翁。**○【王洙曰】劉向列仙傳：鹿皮翁，菑川人。少爲府小吏，機巧，舉手能成器械。岑公山上有神泉，人不能至也，乃上其巔，作祠舍留止。○食芝草，飲神水，且七十年。菑水未出，來下呼宗族家室，得六十餘人，令上山半。水盡漂一郡，没者萬計，小吏乃辭宗族，令下山。著鹿皮衣，遂去，復上閣。後百餘年，賣藥於市。**眼復幾時暗，耳從前月聾。猿鳴秋淚缺，雀噪晚愁空。黄落驚山樹，呼兒問朔風。**

【校記】

〔一〕丈，古逸叢書本作「大」。

小園〔一〕

由來巫峽水，本自楚人家。客病因留藥，春深買爲花。秋庭風落果，瀼岸雨穨沙。問俗營寒事，將詩待物華。

【校記】

〔一〕元本、古逸叢書本無此篇。

即事

天畔羣山孤草亭，江中風浪雨冥冥。○【王洙曰】屈原九歌：雷填填兮雨冥冥。一雙白魚不受釣，○松江白魚不孤遊，出必成雙，漁人以網取之，多得兩个。甫詩云「不受釣」，言其相隨故也。三寸黄甘猶自青。○【師古曰】甘以滿三寸者入貢，今三寸猶青，以未成孰，其加大可知。○南史：彭城王義康，元嘉中領太子太傅，取甘大三寸者供御。多病馬卿無日起，○【趙次公曰】：「以司馬長卿自況，則亦病消渴也。」【甫有肺疾，自比相如也。西京雜記：司馬長卿素有消渴疾，及還成都，遂發痼疾。窮途阮籍幾時醒。○甫以思歸自比阮籍也。○【趙次公曰】晉阮籍傳：任情不羈，率意獨駕，不由徑路，車迹所窮轍，慟哭而反。未聞細柳散金甲，○【趙次公曰：「時京畿猶有兵戎。」】謂干戈未息也。○【王洙曰】文帝紀：周亞夫爲將軍，次細柳。注：在昆明池南，今柳市是也。腸斷秦川流濁涇。○【王洙曰：「公有弟妹在秦川也。」王彥輔曰：「公有弟妹在秦州，故憂之也。」】甫憂弟妹在秦川也。

自瀼西荆扉且移居東屯茅屋四首○【鄭卬曰】屯，徒渾〔一〕切。

白鹽危嶠北，赤甲古城東。○並見前注。平地一川穩，高山四面同。煙霜凄野日，秔稻熟天風。○秔，古行反。人事傷蓬轉，吾將守桂叢。○【王洙曰】劉安招隱篇：桂〔二〕叢生兮山之幽。

【校記】

〔一〕渾，元本、古逸叢書本作「溥」。

〔二〕古逸叢書本「桂」下有「樹」字。

東屯復瀼西，一種住清溪。來往皆茅屋，○皆，一作兼。淹留爲稻畦。市喧宜近利，○西居近市。○【王洙曰】易巽：近市利三倍〔一〕。○左氏傳：晏子對景公語。林僻此無蹊。○【王洙曰】曹植詩：欲還絶無蹊。若訪衰翁語，須令賸客迷。○賸，實證切，送也。陸機詩：遊賞愧賸客。

【校記】

〔一〕倍，原作「陪」，據古逸叢書本改。

道北馮都使，高齋見一川。子能渠細石，吾亦沼清泉。枕帶還相似，○【王洙曰。又，趙次公曰：「一作枕席，淺矣。」】帶，一作席。柴荆即有焉。斫畬應費日，○畬，以諸切，燒榛種田也。○【薛夢符曰】荆楚多畬田，先縱火熂爐，候經雨下種，歷三歲，土脉竭，不可復樹藝，但生草木，復熂旁山。熂音餼，熱火燎草也。爐音盧，火燒山界也。爾雅釋地：田一歲曰菑，二歲曰新田，三歲曰畬。○【趙次公曰。又，杜陵詩史、補注杜詩引作「薛夢符曰」。】唐劉禹錫適連州，有畬田行曰：「何處好畬田，團團縵田腹。鑽龜得雨卦，土山燒卧木。」又曰：「下種暖灰中，乘陽拆牙孽。蒼蒼一雨後，苕穎如雲發。」解纜不知年。○纜，維船索也。

牢落西江外，參差北户間。○參，初今切。差，初宜切。淮南時則訓：南方之極，自北户孫之外，至委火炎風之野，萬二千里。久遊巴子國，〇【鄭卬曰】寰宇記：夔子國後爲楚滅，至秦人分〔一〕爲巴郡。卧病楚人山。幽獨移佳境，〇【王洙曰】思賢賦：幽獨守此側漏。清深隔遠關。寒空見鴛鷺，回首憶朝班。〇憶，一作想。

【校記】

〔一〕分，元本、古逸叢書本無。

題柏大兄弟山居屋壁二首

叔父朱門貴，〇【王洙曰】郭景純詩：朱門何足榮。郎君玉樹高。〇【王洙曰】晉謝玄傳：玄字幼度，小〔二〕穎悟，與從兄朗爲叔父安所器重。安嘗戒約子弟，因曰：「子弟亦何豫人事，而正欲使其佳？」玄答曰：「譬如芝蘭玉樹，欲使其生於庭階耳。」安悦。山居精典籍，文雅涉風騷。江漢終吾老，雲林得爾曹。哀弦繞白雪，未與俗人操。〇操，協平聲。〇【薛夢符曰。又，集千家注批點杜工部詩集引作「尹曰」。】禮記：絲聲哀。〇【薛夢符曰】劉向新序：楚威王問於宋玉曰：「先生有遺行，何士民衆庶不譽之甚也？」玉曰：「客有歌於郢中者，其始曰下里、巴人，國中屬而和者數千人。其爲陽春、白雪，國中屬而和者數十人而已。是以曲彌高而和彌寡。」〇【杜田補遺。又，門類增廣十注杜詩引作「集注」，杜陵詩史引作「尹曰」，分門集注、補注杜詩引作「薛夢符曰」。】琴録：琴曲有幽蘭、白雪，非知音者，未可與之操。

【校記】

〔一〕小，古逸叢書本作「少」。

野屋流寒水，山籬帶薄雲。靜應連虎穴，喧已去人羣。筆架霑窗雨，書籤映隙曛。蕭蕭千里足，○足，王作馬。○【王洙曰】詩：蕭蕭馬鳴。箇箇五花文。

暝

日下四〔一〕山陰，山庭嵐氣侵。○【王洙曰】謝靈運詩：日曛嵐氣侵。牛羊歸徑險，○【王洙曰】詩王風：日之夕矣，牛羊下來。鳥雀聚林深。正枕當星劍，○【趙次公曰】吳越春秋：子胥既渡，解劍以與漁父，曰：「此吾前君之劍，中有七星，價直百金。」〔二〕收書動玉琴。〔三〕半扉開燭影，欲掩見清砧。

【校記】

〔一〕四，元本、古逸叢書本作「西」。

〔二〕元本、古逸叢書本「金」字下尚有：「越絶書：越王取純鈎示薛燭曰：『觀其文，如列星之行。』」

〔三〕元本、古逸叢書本「收書」句有注：「晉嵇康琴賦：弦以園客之絲，徽之以荆山之玉。」

茅堂檢校收稻二首

香稻三秋末，平田百頃間。喜無多屋宇，幸不礙雲山。御裌侵寒氣，○【鄭印曰】裌，古洽切，複衣也。嘗新破旅顔。紅鮮終日有，玉粒未吾慳。○王子年拾遺記：員嶠之山名環丘，上有方湖千里。多大鵠，高一丈，羣飛於湖際，銜採不周之粟於環丘之上。粟生，穟高五丈，其粒皎然如玉也。

稻米炊能白，秋葵煮復新。誰云滑易飽，老藉軟俱匀。種幸房州熟，○【趙次公曰：「房州熟、伊闕春，蓋稻名也。」】當是穀名〔一〕。苗同伊闕春。○【鄭印曰】伊闕，縣名，在洛陽。無勞映渠盌，自有色如銀。○【杜田補遺。又，門類增廣十注杜詩引作「集注」，杜陵詩史、分門集注、補注杜詩引作「黄曰」。】廣雅：車渠石，次玉也。

【校記】

〔一〕當是穀名，元本、古逸叢書本無。

夜二首

白夜月休弦，燈光半委眠。○一作委半。號山無定鹿，落樹有驚蟬。暫憶江東鱠，○【王洙曰】晉張翰傳：翰字季膺〔一〕，吴人。入洛，齊王冏辟爲大司馬東曹椽。翰因見秋風起，乃思吴中菰菜、蓴羹、鱸魚鱠，遂命駕而歸。兼懷雪下船。○【王洙曰】王徽之，字子猷。常居山陰，夜雪初霽，月色清朗，獨酌，詠左思招隱詩。忽憶戴逵，逵時在剡，便乘小船詣之。經宿方至，造門不前而反。人問其故，徽之曰：「本乘興而行，興盡而反，何必見安道耶？」蠻歌犯星起，重覺在天邊。○【王洙曰】重，一作空。

【校記】

〔一〕膺，古逸叢書本作「鷹」。

城郭悲笳暮，村墟過翼稀。甲兵年數久，賦斂夜深歸。暗樹依巖落，明河遶塞微。斗斜人更望，月細鵲休飛。○【王洙曰】樂府詩：月明星稀，烏鵲南飛。

東屯月夜

抱疾漂萍老，防邊舊穀屯。春農親異俗，歲月在衡門。○【趙次公曰：「詩云：衡門之下，可以棲遲。」】毛萇詩傳：衡門，横木爲門。言淺漏〔一〕也。青女霜楓重，○【王洙曰：「青女，霜神名。」】淮南天文訓：青女降霜〔二〕。許慎注：天神也。黄牛峽水喧。泥留虎鬭跡，月挂客愁村。喬木澄稀影，輕雲倚細根。數驚聞雀噪，○數，色角切。暫睡想猿蹲。日轉東方白，風來北斗昏。天寒不成寐，○寐，一作寢。無夢有歸魂。○有，一作寄。

【校記】

〔一〕漏，古逸叢書本作「陋」。

〔二〕霜，元本、古逸叢書本作「霜雪」。

東屯北崦

○【鄭卬曰：「埯，於驗反。」】崦，衣檢〔一〕切。○與「嶮」同。

盜賊浮生困，誅求異俗貧。空村唯見鳥，落日未逢人。步壑風吹面，看松露滴身。遠山回白首，戰地有黃塵。

【校記】

〔一〕檢，古逸叢書本作「炎」。

雲

龍以瞿塘會，○【王洙曰。又，趙次公曰：「舊本龍自正作龍以，師民瞻本取『龍自瞿唐會』。」】以，一作自。江依白帝深。終年常起峽，每夜必通林。收穫辭霜渚，分明在夕岑。高齋非一處，秀氣豁煩襟。

獨坐二首

竟日雨冥冥，○【趙次公曰】九歌：雷填填兮雨冥冥。雙崖洗更清。水花寒落岸，山鳥暮過庭。煖老須燕玉，○【趙次公曰】燕玉，謂婦人也。古詩：燕趙多佳人，美者顏如玉。待燕玉而煖，則孟子所謂「七十非帛〔一〕不煖」也。○【王洙曰】或謂：唐寧王有煖玉盃，以爲飲器。充飢憶楚萍。○【王洙曰】家語致思篇：楚昭王渡江，江中有物，大如斗，圓而赤，舟人取之。王使使聘于魯，問於孔子。孔子曰：「此萍實也。吾昔之鄭，過乎陳之野，聞童謠曰：『楚王渡江，得萍實，大如斗，赤如日，剖而食之甜如蜜〔二〕。』此是楚王之應也。」胡笳在樓上，哀怨不堪聽。○【王洙曰】晉劉琨在晉陽，嘗爲胡騎所圍。琨乃乘月登樓清嘯，賊聞之，皆悽然長歎。中夜奏胡笳，賊又流涕歔欷。向曉復吹之，賊棄圍而去。

【校記】

〔一〕帛，分門集注杜詩、九家集注杜詩皆作「人」。

〔二〕蜜，元本、古逸叢書本作「密」。

白狗斜臨谷，〔一〕○【杜田補遺】十道志：開州白狗峽，峽石隱起如狗〔二〕。水經注：秭歸白狗峽，如狗，形狀具足，故以名焉。黃牛更在東。○【杜田補遺。又，杜陵詩史、分門集注、補注杜詩引作「王洙曰」。】水經注：黃牛山在秭歸縣北四十五里，週迴五十里。○【杜田補遺。又，杜陵詩史、補注杜詩引作「王洙曰」。】盛弘之荆州記：黃牛山有重嶺疊起，其最大高崖間有石，色如人負刀牽牛，人黑牛黃。此崖江湍迂回，行信宿，猶望見行者。歌曰：「朝發黃牛，暮宿黃牛。一〔三〕朝一〔四〕暮，黃牛如故。」今黃牛峽山下有廟，曰「洛川王」。土人云「黃牛神」也。峽雲常照夜，江日會兼風。曬藥安垂老，○曬，所賣切，暴也。應門試小童。○【薛夢符曰】莊子讓王篇：原憲杖藜應門。亦知行不逮，○逮，一作遠。苦恨耳多聾。

【校記】

〔一〕谷，古逸叢書本作「北」。

〔二〕「開州」至「如狗」，元本、古逸叢書本無。

〔三〕一，古逸叢書本作「三」。

〔四〕一，古逸叢書本作「三」。

雨四首

微雨不滑道，斷雲疏復行。紫崖奔處黑，白鳥去邊明。秋日新霑影，○【趙次公曰】以雨之故，日影曚曨，爲霑影。寒江舊落聲。柴扉臨野碓，○【鄭卬曰】碓，都内切，舂也。半濕搗香杭。○【趙次公曰】杭，音庚，稻也。

江雨舊無時，天晴忽散絲。○【趙次公曰】古詩：密雨如散絲。暮秋霑物冷，今日過雲遲。上馬迴休出，看鷗坐不移。高軒當灔澦，○【王洙曰】高，一作層。○【鄭卬曰】：「寰宇記：灔澦堆在夔州西南二百步蜀江中心。瞿唐峽口冬水淺，屹然露二百餘尺。夏水漲，没水中十丈，其狀如馬，舟人不敢進。」】寰宇記：灩澦堆在夔州西南二百步蜀江中心，瞿塘峽口。潤色静書帷。

物色歲將晏，天隅人未歸。朔風鳴淅淅，寒雨下霏霏。多病久加飯，○【趙次公曰】古詩：上言加餐飯。衰容新授衣。○【趙次公曰】詩豳風：九月授衣。時危覺凋喪，○【王洙曰】一作喪亂。故舊短書稀。

楚雨石苔滋，京華消息遲。山寒青兕叫，江晚白鷗飢。神女花鈿落，○鈿，音田。○【薛夢符曰：「右按唐志：命婦之服，兩博鬢飾以寶鈿金花也。」】飾以金華也。○【趙次公曰】神女廟在巫山，因雨之故，花鈿所以落也。鮫人織杼悲。○【王洙曰】鮫人，泉客也。織輕綃於泉室，出于市賣之。○【趙次公曰：「鮫人以雨之故悲耳。」】今值乎雨，所以悲也。○餘見前注。繁憂不自整，終日灑如絲。

戲寄崔評事表姪蘇五表弟韋大少府諸姪

隱豹深愁雨，○【杜田補遺。又，杜陵詩史、分門集注、補注杜詩、集千家注批點杜工部詩集引作「杜定功曰」。】劉向列女傳：陶荅子治陶三年，名譽不興，家富三倍。其妻諫曰：「南山有玄豹，霧雨七日而不下食者，欲以澤其毛而成文章，故藏而遠害也。今子治陶，家日富，國日貧，不祥。惟夫子乎！」○【王洙曰】謝玄暉詩：雖無玄豹姿，終隱南山霧。潛龍故起雲。○【趙次公曰】易乾卦：雲從龍。泥多仍徑曲，○揚子問神篇：龍蟠于泥。心醉阻賢羣。○【王洙曰】文中子：心醉六經。忍待江山麗，還披鮑謝文。○【王洙曰】鮑照、謝靈運也。○皆以能詩名。高樓憶疏豁，秋興坐氤氳。○豁，魯作闊。

傷秋

村僻來人少，山長去鳥微。高秋收畫扇，○【王洙曰】一作「藏羽扇」。久客掩柴扉。○柴，一作荊。○【王洙曰】范彥龍詩：有客款柴扉。懶慢頭時櫛，○倦於梳沐也。艱難帶減圍。○苦於奔走也。〔一〕將軍猶汗馬，○【趙次公曰】謂吐蕃未息也。天子尚戎衣。○天子，指代宗也。白蔣風飆脆，○飆，音標。○【鄭印曰】說文：蔣，菰也。廣雅：蔣菰，其米謂之「雕胡」。殷檉曉夜稀。○【鄭印曰】殷，烏閑反，赤黑色。檉，丑成切，柳也。爾雅釋木：檉，河柳。○【黃希曰】郭璞：今河旁赤莖小楊也。何年減豺虎，○減，一作滅。○【王洙曰】張孟陽詩：羣盜如豺虎。似有故園歸。

【校記】

〔一〕元本、古逸叢書本尚有一段文字：「梁書：沈約字休文。帝立，累遷光祿大夫。初，約久處端揆，有志臺司，而帝終不用。力求外出，以書陳情於徐勉，言已老病，百日數旬，革帶常應移易，以手握臂，率計月小半分。欲謝事，求歸老之秩。」

秋峽

江濤萬古峽，肺氣久衰翁。不寐防巴虎，全生狎楚童。衣裳垂素髮，門巷落丹楓。嘗怪商山老，兼存翊贊功。〇此以漢迎四皓美唐之君臣也。〇【王洙曰】張良傳：高祖欲易太子，立〔一〕戚夫人子趙王如意。吕后恐，乃用張良計，迎四皓。四皓至，上大驚曰：「吾求公，避逃我。今公從吾兒遊乎，煩公幸卒調護太子。」上謂戚夫人曰：「我欲易之，彼四人者爲之羽翼已成，難動摇矣。」

【校記】

〔一〕立，原作「工」，據元本、古逸叢書本改。

秋興八首

玉露凋傷楓樹林，○【王洙曰】李密詩：金風蕩佳節，玉露凋晚林。巫山巫峽氣蕭森。○【趙次公曰】巫山以言山，巫峽以言水也。○【王洙曰】張景陽詩：氣象鬱蕭森。江間波浪兼天湧，塞上無〔一〕雲接地陰。叢菊兩開他日淚，○【王洙曰】兩，一作重。○【趙次公曰】此句涵畜，蓋甫於夔州見菊花者二年矣，方叢菊之兩開，皆是他日感傷之淚也。孤舟一繫故園心。寒衣處處催刀尺，白帝城高急暮砧。○【王洙曰】郭泰機詩：皎皎白素絲，織爲寒女衣。良工秉刀尺，棄我忽如遺。

【校記】

〔一〕無，古逸叢書本作「風」。

夔府孤城落日斜，每依北斗望京華。○【趙次公曰】：「南斗，師民瞻作北斗。舊本南斗，非。」】北，一作南，非。蓋長安上直北斗，號「北斗城」也。○春秋説題辭：南斗爲吴。十道志：長安故城南似南斗形，北似北斗形。聽猿實下三聲淚，○【趙次公曰】宜都山川記：巴東三峽猿鳴悲，猿鳴三聲淚霑衣。奉使虚隨八月查。○按，張騫及西域傳：騫以郎應募使西域，窮河源之遠，即無乘查之説。惟張華博物志説近世有人居海上，每年八月見槎來，不失期，多齎糧，乘之十餘日，忽至一處，有城郭屋舍，宫中有婦人織，一丈夫牽牛渚次飲之，驚問曰：「何由至此？」其人問：「此是何處？」答曰：「君至蜀，訪問嚴君平。」還，後以問君平，君平曰：「某年月日，有客星犯牛、女。」即此人到天河時也。未嘗指言張騫。宗懔作荆楚歲時記，乃引博物志謂漢武令張騫乘槎而去。今余按宗懔所言既引博物志，而博物志不言張騫，則知宗懔之謬可不攻而自破矣。前輩詩多引張騫乘槎者，乃相襲訛謬矣。然則子美其亦承襲用之而訛歟？畫省香爐違伏枕，○甫爲尚書員外郎，而流寓於夔故也。漢官典職：尚書奏事於明光殿，省中畫古列女重行書贊。○【趙次公曰】蔡質漢官儀：尚書郎、女侍史執香爐燒燻，從入臺中。山樓粉堞隱悲笳，○堞，達協切，城上垣也。指言白帝山城樓，奏胡笳而悲也。請看石上藤蘿月，已映洲前蘆荻花。

千家山郭静朝暉，一〔一〕日江樓坐翠微。○【九家集注杜詩未標注家名，依其體例是爲「王洙曰」，杜陵詩史、補注杜詩未標注家名，分門集注引作「王洙曰」。】一〔二〕日，一作日〔三〕日。○謂樓在翠微山氣之間也。○【趙次公曰】爾雅：山未及上曰翠微。信宿漁人還泛泛，○【九家集注杜詩未標注家名，依其體例是爲「王洙曰」，又，杜陵詩史、分門集注、補注杜詩作「趙（次公）曰」。】詩：泛泛揚州。清秋燕子故飛飛。○故，一作正。陸機壯哉行：飛飛燕弄聲。匡衡抗疏功名薄，○甫以直言迕旨移華州掾，媿其不如匡衡也。○【王洙曰】匡衡傳：衡字稚圭，是時有日食地震之變，上問以政治得失，衡上疏，上悦其言，遷光禄太夫、太子少傅。劉向傳經心事違。○【趙次公曰】甫恨不得講經于朝如劉向也。○【王洙曰】劉向傳：向字子政，本名更生，擢諫議大夫。會初立穀梁春秋，徵更生受穀梁，講論五經於石渠。同學少年多不賤，五陵衣馬自輕肥。○【趙次公曰】言貴公子也。西都賦：北眺五陵。言長陵、安陵、陽陵、茂陵、平陵，高貴豪傑之家也。論語：乘肥馬，衣輕裘。○【薛夢符曰】范彦隆詩：裘馬悉輕肥。

【校記】

〔一〕一，元本、古逸叢書本作「日」。

〔二〕一，元本、古逸叢書本作「日」。

〔三〕日，元本、古逸叢書本作「一」。

聞道長安似弈棊，○【王洙曰】弈棊互有勝負也。左氏傳：甯子規〔一〕君，不如弈棊。百年世事不勝悲。○勝，讀平聲。王侯第宅皆新主，○【王洙曰】以喪亂之故而易主也。文武衣冠異昔時。○【王洙曰：「非故舊也。」】悲故舊也。直北關山金鼓振。○【趙次公曰】言夔州之北用兵，乃隴右、關輔之間擾攘也。征西車馬羽書遲，○馬，樊作騎。○【王洙曰。又，趙次公曰：「師民瞻本作羽書馳。」】遲，一作馳。○言當時西有吐蕃，吐蕃之寇未息，羽檄交馳也。魚龍寂寞秋江冷。○【杜陵詩史、分門集注、補注杜詩引作「修可曰」】酈元水經：魚龍以秋日爲夜。龍秋分而降蟄，寢於淵，故以秋日爲夜也。按集又有「魚龍回夜水」之句，蓋皆秋時作也。故國平居有所思。○【趙次公曰】言故國平時之事，今有所思也。○古樂府鐃歌詞：有所思，乃在〔二〕海南。何用問遺君，雙珠玳瑁簪。

【校記】

〔一〕規，元本、古逸叢書本、九家集注杜詩皆作「視」。

〔二〕古逸叢書本多「海」上有「大」字。

蓬萊宮闕對南山，○對，一作望。承露金莖霄漢間。○三輔故事：承露盤高二十丈，大七圍，以銅爲之，上有仙人掌，承露，和玉屑飲之。○【王洙曰】西都賦：抗仙掌以承露，擢雙立之金莖。西望瑤池降王母，○此言西王母宴穆王於瑤池，喻言明皇之幸蜀也。列子穆王篇：周穆王命駕遠遊，升崑崙之丘，遂賓于西王母，觴于瑤池之上。東來紫氣滿函關。○此言肅宗收復長安也。○【王洙曰】列仙傳：老子西遊，關令尹喜望見有紫氣浮關，老子果乘青牛而過。○關尹内傳：關令尹，周大夫也。善於天文，登樓四望，見東極有紫色，喜曰：「應有聖人經過。」果見老子。雲移雉尾開宮扇，○【趙次公曰】崔豹古今注：殷高宗有雊雉之祥，服章多用翟羽。即緝雉羽爲扇翣，以障翳風塵也。日繞龍鱗識聖顔。○唐太宗有龍鳳之姿，天表之日〔一〕。一卧蒼江驚歲晚，○【趙次公曰】甫自謂也。幾回青瑣照朝班。○照，一作點。青瑣，省中門也。甫追思前爲左拾遺時隨班列而朝謁也。○【趙次公曰：「則想望省中諸公之朝也。」】或曰：想望省中諸公之朝也。

【校記】

〔一〕天表之日，古逸叢書本作「天日之表」。

瞿唐峽口曲江頭，萬里風煙接素秋。○甫寓夔峽，感秋而思曲江地之遊會也。花萼夾城通御氣，○【趙次公曰】花萼，明皇樓名。○夾城在修德坊，與昇道坊相接。芙蓉小苑入邊愁。○【趙次公曰：「以紀吐蕃之亂，嘗陷京師之故也。」】謂吐蕃陷京師也。○【趙次公曰】芙蓉苑，在敦化坊與立政坊相接。珠簾繡柱圍黄鵠，○謂曲江宫殿之簾帷，繡爲黄鵠之文也。○【王洙曰】西京雜記：昭陽殿織珠爲簾，風至則鳴如珩〔一〕佩之聲。○江總應詔詩：緑幬朱簾金刻鳳，雕梁繡柱玉蟠螭。鵠，通作鶴。錦纜牙檣起白鷗。○謂天子泛龍舟於曲江池，而驚起其白鷗也。迴首可憐歌舞地，秦中自古帝王州。○甫哀憐曲江苑囿遊幸之地，而爲兵革之傷殘也。○【王洙曰】謝玄暉鼓吹曲：江南佳麗地，金陵帝王州。

【校記】

〔一〕珩，原作「行」，據古逸叢書本改。

昆明池水漢時功，○【趙次公曰】武帝本紀：元狩三年，發吏穿昆明池。注引西南夷傳：有越巂、昆明國，有滇池，方三百里。漢使求通身毒國，而爲昆明所閉，今欲伐之，故作昆明池象之，以習水戰。在長安西南，周回四十里。武帝旌旗在眼中。○西京雜記：昆明池中有戈船、樓船各數百艘，樓船上建樓櫓，戈船上建戈矛，四角悉垂幡旄，旍葆、麾蓋，照灼涯涘。織女機絲虛夜月，○漢宮闕記：昆明池有二石人，東西相望，以象牽牛、織女。○【王洙曰】西都賦：集乎豫章之宇，陰〔一〕乎昆明之池，左牽牛而右織女，似雲漢之無涯。○西京賦：豫章珍館，揭焉中峙。牽牛立其左，織女立其右。石鯨鱗甲動秋風。○【王洙曰】西京雜記：昆明池刻石爲魚，每至雷雨，魚常鳴吼，鬐尾皆動。漢世祭之，以祈雨有驗。波漂菰米沉雲黑，○菰，古胡切，謂池中之雕胡茂盛也。○【王洙曰】西京雜記：太液池邊皆是雕胡、紫蘀、緑節之類。菰之有米者，長安人謂爲雕胡。菰之有首者，謂之緑節。○【九家集注杜詩引作「杜田補遺」，又，杜陵詩史、分門集注、補注杜詩作「修可曰」。】唐本草圖經：菰又謂之茭白，歲久者中心生白臺，如小兒臂，謂之菰手。其臺中黑者謂之茭鬱。至後結實，乃雕胡米也。露冷蓮房墜粉紅。○謂池中之荷花雕謝也。○【杜田正謬。又，杜陵詩史、分門集注、補注杜詩引作「修可曰」。】爾雅釋草：荷，芙蕖。其華菡萏，其實蓮。郭璞注：别名芙蓉。江東呼荷蓮謂房也。關塞極天唯鳥道，○【趙次公曰】言白帝城之塞。鳥道，則一帶皆高山也。江湖滿地一漁翁。○甫寓夔〔二〕峽，感秋而思昆明池之景物也。

【校記】

〔一〕陰，杜陵詩史作「臨」。

〔二〕夔，元本、古逸叢書本皆作「夢」。

昆吾御宿自逶迤，○逶，於危切。迤，戈支切。通作委蛇，委曲自得貌。左氏傳：衛顓帝之墟。杜預曰：帝丘，昆吾因之，故曰昆吾之墟。後漢志：東郡治濮陽，古昆吾國。杜預曰：古衛地。○【杜田補遺】揚雄傳：武帝廣開上林，南至宜春、鼎湖、御宿、昆吾。○【九家集注杜詩引作「杜田補遺」。又，杜陵詩史、分門集注、補注杜詩引作「鄭(卬)曰」】晉灼曰：昆吾，地名也，有亭。顔師古注：御宿苑在長安城南樊川西。○【九家集注杜詩引作「趙次公曰」。又，杜陵詩史、分門集注、補注杜詩引作「鄭(卬)曰」。】孟康曰：諸宫别觀，不許人往來。上宿其中，故曰御宿。○三秦記：漢武帝果園一名樊川，一名御宿，有大梨如升，落地則破，名含清梨。紫閣峰陰入渼陂。○按，别本此句在上句之上。○【補注杜詩引「鄭卬曰」：「渼，莫彼切。今本作漾，如亮切，非是。」又，分門集注引「鄭卬曰」僅載：

「渼，莫彼切。」】渼，莫彼切。○渼陂在長安鄠縣，紫閣峰乃終南山連屬之峰也。紅豆啄餘鸚鵡粒，○〔一〕説文：鸚鵡，能言鳥也。鸚從鳥，嬰聲。鵡從鳥，毋聲。郭璞讚：鸚鵡惠鳥，棲林啄蘂。碧梧棲老鳳凰枝。○韓詩外傳：黄帝時鳳凰止帝東園，集帝梧桐，食帝竹實。佳人拾翠春相問，○問乃詩人雜佩以問之之問也。○【趙次公曰】費昶春郊望美人詩：芳郊拾翠人。仙侶同舟晚更移。綵筆昔遊〔二〕干氣象，白頭吟望苦低垂。○【趙次公曰】甫思昔壯遊渼陂，携綵筆以干覽其物象以留題。按集有渼陂行是也。今老矣，因〔三〕賦是詩。以望之故頭苦於低垂也。○庾信詩：綵筆既操，香牋〔四〕遂滿。

【校記】

〔一〕元本、古逸叢書本多「餘一作殘」四字。

〔二〕遊，古逸叢書本作「曾」。

〔三〕因，元本、古逸叢書本作「周」。

〔四〕牋，元本、古逸叢書本作「殘」。

遠遊

江闊浮高棟，○棟，晉作涷。雲長出斷山。塵沙連越嶲，○【趙次公曰】以吐蕃之兵未息也。○【薛夢符曰】唐地理志：劍南道，蓋古梁州之域。蜀郡、廣漢、犍爲、越嶲、益州、牂柯、巴郡之地，總爲鶉首。風雨暗荆蠻。雁矯銜蘆内，○【王洙曰】：「淮南子曰：鴈從風而飛，以愛氣力。銜蘆而飛，以避矰繳。」】淮南脩務訓：雁銜蘆而翔，以備矰弋。○崔豹古今注：雁自江南還河北，體微不能高飛，恐爲虞人所獲，嘗銜長蘆以防矰繳。猿啼失木間。○【王洙曰】：「淮南子：猿狖顛墜而失木。」】淮南主術訓：猨狖失木而擒於狐狸，非其處也。弊裘蘇季子，歷國未知還。○【趙次公曰】甫以貧比蘇秦也。○【王洙曰】戰國策：蘇秦字季子，説秦王，書十上而説不行，黑貂之裘弊，資用乏絶。

從驛次草堂復至東屯茅屋二首

峽裏歸田舍，○【趙次公曰】公以張衡自比也。衡有歸田賦，其略曰：起塵埃以遐逝，與世事乎長辭。江邊借馬騎。○以貧之故也。非尋戴安道，○前注。似向習家池。○前注。峽險風煙僻，○陳作「山險風煙合」。天寒橘柚垂。築場看斂積，○【王洙曰】詩豳風：九月築場圃，十月納禾稼。一學楚人爲。○甫時寓夔峽也。

短景難高卧，衰年强此身。山家蒸栗暖，野飯射麋新。世路知交薄，門庭畏客頻。牧童斯在眼，○斯，一作須。田父實爲鄰。

晨雨

小雨晨光内，初來葉上聞。霧交纔灑地，風折旋隨雲。○折，一作逆。暫起柴門色，輕霑鳥獸羣。麝香山一半，○【趙次公曰】夔州圖經：麝香山，州東南一百二十里。山出麝香，故以爲名。○【鄭卬曰】寰宇記：秭歸縣麝香山，在縣東南一百一十里。亭午未全分。○【趙次公曰】雨氣昏蒙，一半明而一半未分也。四時纂要：在午曰亭午。○【王洙曰】天台賦：羲和亭午。

天池

○【王洙曰：「山上池也。」】山上天然之池也。

天池馬不到，嵐壁鳥纔通。百頃青雲杪，曾波白石中。○曾，與層同。鬱紆騰秀氣，蕭瑟浸寒空。直對巫山峽，兼疑夏禹功。○疑其爲夏禹所鑿也。魚龍開闢有，○【趙次公曰】言其所有之最遠也。〔一〕菱芡古今同。○武陵記：兩角曰菱，三角四角曰芡，通謂之水粟。〔二〕聞道奔雷黑，初看浴日紅。○【王洙曰】淮南天文訓：日出於暘谷，浴於咸池。〔三〕飄零神女雨，○【王洙曰】高唐賦：妾在巫山之陽，旦爲朝雲，暮爲行雨。斷續楚王風。○【王洙曰】宋玉風賦：楚襄王遊於蘭臺之宮，有風颯然而至，王乃披襟而當之。欲問支機石，○【趙次公曰】荊楚歲時記：漢武帝令張騫窮河源，乘槎而去，至天河，見織女，取支機石與騫而還。如臨獻寶宮。○【集千家注批點杜工部詩集引作「王洙曰」】穆天子傳：天子西征，至于陽紆之山，河伯馮夷之所都，是爲河宗氏。伯乃與天子披圖視典，觀春山之寶玉。穆王自此而歸上昇。○夢弼謂：甫以比明皇之升遐也。九秋驚雁序，萬里狎漁翁。○【王洙曰】一作樵童。更是無人處，誅茅任薄躬。○茅，一作勞。

【校記】

〔一〕「魚龍」句下注，元本、古逸叢書本無。

〔二〕「菱芡」句下注，元本、古逸叢書本無。

〔三〕「初看」句下注，元本、古逸叢書本無。

贈韋贊善別

扶病送君發，自憐猶不歸。祇應盡客淚，復作掩荊扉。江漢故人少，音書從此稀。往還二十載，歲晚寸心遲。

新定杜工部草堂詩箋斠證卷第四十

大曆二年秋在夔州所作

大覺寺高僧蘭若

○【趙次公引作「公題下注」。門類增廣十注杜詩依例爲「王洙曰」。分門集注引作「楷曰」。】和尚去冬往湖南。○【集千家注批點杜工部詩集引作「修可曰」。】若，爾者切。○【杜田正謬。又，杜陵詩史、分門集注、補注杜詩、集千家注批點杜工部詩集引作「修可曰」。】釋氏要覽：蘭若者，梵言阿蘭若，唐言無諍。四分律：空静處。菩薩多論：閑静處。智度論：遠離處。大悲經：離諸匆務。故諸說不同，其實無諍也，因用以名寺。

巫山不見廬山遠，○【趙次公曰】謂〔一〕廬山惠遠也。松林蘭若秋風晚。○林，一作間。

一老猶鳴日暮鍾，諸僧尚乞齋時飯。○乞，去既切。香爐峰色隱晴湖，○【趙次公曰】遠法師廬山記：東南有香爐峰秀起，遊氣籠其上，氛氳若煙。種杏仙家近白榆。○白榆，星也。○【趙次公曰：「言其所居之高，近乎星辰也。」】言佛殿之高，近乎星辰也。○【王洙曰】神仙傳：董奉居廬山，爲人治病。重者種杏五株，輕者一株。今猶呼爲「董先生杏林」。○【趙次公曰】古詩：天上何所有，歷歷種白榆。飛錫去年啼邑子，○【趙次公曰】飛錫，謂和尚去冬往湖南也。邑子，謂同邑之子思之也。○錫杖經：佛告比丘：汝等應受持錫杖。所以者何？過去、未來、見在皆執故也。又名智杖，又名德杖，彰顯智行功德本故。大智度論：菩薩常用錫杖、經傳、佛像。○【杜田補遺。又，門類增廣十注杜詩引作「杜云」，杜陵詩史、分門集注、補注杜詩引作「杜定功曰」。】釋氏要覽又曰：昔高僧隱廬峰，遊五臺，出淮西，擲錫飛空而往。西天比丘持錫，有二十五威儀。凡至室中，不得著地，必挂於壁牙，故釋子稱遊行僧爲「飛錫」，安住僧爲「挂錫」也。獻花何日許門徒。○【趙次公曰：「門徒者，一門之徒屬，如七十二子爲孔門之徒。又後漢李固傳云：表舉薦達，例皆門徒。此皆一門徒屬之義。佛書所載，雖外道之黨類，亦謂之門徒。其在佛僧，則謂諸弟子之來從者爲門徒矣。」】門徒，謂從遊之諸弟子也。○未知和尚歸在何日，諸弟子當修供養以徯〔二〕之也。○【趙次公曰】後分經云：釋伽爲静慧仙人時，獻五蓮花於燃燈佛前。○【王洙曰】高僧傳：僧戒行嚴潔，天女來獻花也。

【校記】

〔一〕謂，元本、古逸叢書本作「備」。

〔二〕傒，古逸叢書本作「俟」。

戲作寄上漢中王二首

○【九家集注杜詩、門類增廣十注杜詩、門類增廣集注杜詩依例爲「王洙曰」。集千家注批點杜工部詩集引作「公自注」。】王新誕明珠。

雲裏不聞雙雁過，○雁喻兄弟也。漢中王兄乃汝陽王璡，時璡已先卒，故甫有是句。掌中貪看一珠新。○看，一作見。○【趙次公曰：「言其新誕明珠也。」】謂王新誕一子也。秋風嫋嫋吹江漢，○嫋，奴鳥切，長弱貌。○【王洙曰】屈原九歌湘夫人篇：嫋嫋兮秋風。只在他鄉何處人。○【趙次公曰：「所以自述也。」】甫自謂也。

謝安舟楫風還起，○【王洙曰】晉謝安字安石，嘗與孫綽泛海，風起浪湧，諸人並懼，安吟嘯自若。○雖放情丘壑，然遊賞必以妓女從。梁苑池臺雪欲飛。○梁苑，即兔園也。○【王洙曰】謝惠連雪賦：歲將暮，時既昏，寒風積，愁雲繁。梁王不悦，遊於兔園。俄而微霰零落，雪下連翩。杳杳東山攜漢妓，○【趙次公曰】戲言漢中王也。謝安攜妓東山之興尚杳杳然。泠泠脩竹待王歸。○以漢中王比梁孝王也。○【趙次公曰。又，門類增廣十注杜詩引作「杜云」。杜陵詩史、分門集注、補注杜詩、集千家注批點杜工部詩集引作「修可曰」。】脩竹，梁孝王園名也。○【杜田補遺。又，門類增廣十注杜詩引作「杜云」。杜陵詩史、分門集注、補注杜詩、集千家注批點杜工部詩集引作「修可曰」。】續漢書：梁孝王兔園多植竹，即所謂脩竹園。地志：孝王東苑方三百里，苑中有雁地〔一〕、脩竹園。

【校記】

〔一〕地，元本、古逸叢書本作「池」。

覃山人隱居

南極老人自有星，○【趙次公曰】老人星，一名南極，在井、柳之中，乃南方之星。今言覃山人本隱居此地，蓋自是南極之老人星也。○天官書：狼北地有大星，曰南極老人。見，治安。不見，兵起。常以秋分時候之於南郊。北山移文誰勒銘。○【王洙曰】齊書：周顒字彥倫，汝南人。初隱鍾山，後應詔出，爲剡縣令。孔稚圭字德璋，過鍾山草堂，作北山移文，其文云：馳驛煙路，勒銘山庭。徵君已去獨松菊，○【趙次公曰】漢、魏以來，起隱士，名之曰「徵君」。陶淵明亦曰「陶徵君」者，此也。○【王洙曰】歸去來辭：三徑就荒，松菊猶存。哀壑無光留户庭。○【王洙曰】商仲文詩：哀壑叩虛牝。予見亂離不得已，子知出處必須經。○【趙次公曰】上句以己微諷之之言也。我所以不仕而流落於外，正以亂離之故耳，而覃山人者何事而出哉？故又以能經出處譏之也。高車駟馬帶傾覆，○【趙次公曰】此戒之之言深矣。○古詩：高車駟馬誰家子，危走一失傷其身。○【王洙曰】解嘲：客徒欲丹朱吾轂，不知一跌赤吾之族。悵望秋天虛翠屏。

柏學士茅屋

碧山學士焚銀魚，白馬却走身巖居。古人已用三冬足，○【王洙曰】東方朔傳：臣年十三學，三冬文史足用。年少今開萬卷餘。○【王洙曰】今，一作曾。晴雲滿户團傾蓋，秋水浮堦溜決渠。富貴必從勤苦得，男兒須讀五車書。

贈李八秘書別三十韻

往時中補右，扈蹕上元初。○【趙次公曰】唐六典：補闕、拾遺，掌供奉、諷諫、扈從、乘輿。○【杜田補遺】按唐書：天寶十五載丁酉七月，肅宗即位於靈武，改至德元載。是時子美自賊中竄歸鳳翔，拜左拾遺，而扈從乘輿也。乾元元年己亥，移華州司功。乾元十一年，棄官，自秦入蜀。上元元年辛丑、二年壬寅，並在蜀郡。以此考之，「扈蹕上元初」非年號也。王定國謂扈蹕於上元之初元，乃至德元載爾。若在梓州，寄題草堂云「經營上元始，斷手寶應年」，自當是年號也。○趙傁又謂李秘書爲補闕，扈從於上即位改元之初，當是至德時，而作此詩，乃在代宗時，却稱主上之初元。未詳，當考。反氣凌行在，○【王洙曰】反氣，謂盜賊未息也。蔡邕獨斷：天子乘輿所在，曰行在。妖星下直廬。○【趙次公曰：「反氣，指言安禄山也。……妖星，亦指言賊。」】妖星，指禄山也。○承明廬，乃學士直宿之所。六龍瞻漢殿，○假漢以言玄宗自西京出奔也。○【王洙曰】易：時乘六龍以御天也。萬騎集姚墟。○言賊兵掠取河北也。帝王世紀：舜居在漢中西城縣。或言嬀墟，或作姚墟。後漢志：漢中郡，嬀墟在西北。玄朔回天步，○【趙次公曰：「此專言肅宗親治兵以平禍亂。」】謂肅宗即位靈武，整兵朔方郡。○回，言回翔也。○【趙次公曰】詩：天步艱難。神都憶帝車。○【王洙曰：「武后以東都爲神都，時天子尚在蜀，故言憶。」】謂神京憶玄宗幸蜀而未還也。一戎纔汗馬，○【王洙曰】書武成：一戎衣，天下大定。百姓免爲魚。○【王洙曰】左氏傳：微禹，吾其魚乎！通籍蟠螭印，○甫爲左拾遺，得通禁籍也。○【王洙曰】蟠螭，謂印鼻文也。前漢元帝紀音義：籍者，爲二〔一〕尺竹牒，記其年紀名字物色，縣之宫門。案省相應，乃得入也。○【薛夢符曰】又漢官儀：天子六璽，皆玉螭虎紐。差肩列鳳輿。○【趙次公曰：「此兩句方言李補闕之扈從。鳳輿指言乘輿。與諸侍從之臣肩相摩而羅列于其側也。」】甫以拾遺，得與李秘書齊肩，以待天子之鳳輦也。事殊迎代邸，○【趙次公曰：「兩句通義。肅宗以皇太子爲天下兵馬元帥，北收兵至靈武，裴冕等奉皇太子即皇帝位。與漢文帝從代王入爲天子，事體不同，故著殊字與異字也。」】肅宗以太子即位，故殊乎文帝之迎於代也。○【王洙曰】按漢書：高后崩，諸吕謀亂，欲危劉氏，丞相陳平、太尉周勃、朱虚侯劉章共誅諸吕，遂奉天子法駕，迎代王於代邸，立爲孝文皇帝。喜異賞朱虚。○【趙次公曰：「文帝既入，益封朱虚侯二千石，黄金一千斤。今既云『事殊迎代邸』，所以賞李秘書亦與朱虚侯異也。」詳此，李秘書豈唐之宗子乎？故又用朱虚侯形容之。】李公以宗室而爲秘書，復異乎朱虚侯之平諸吕也。○【王洙曰】按漢書：齊哀王弟章入宿衛於漢高后，封爲朱虚侯，以吕禄女妻之。後吕禄、吕産作亂，章與周勃、陳平誅之，章乃先斬吕禄。文帝益封朱虚侯二千户、黄金一千斤。寇盗方歸順，乾坤欲晏如。不才同補衮，○【王洙曰】謂爲拾遺也。詩烝民：衮職有闕，維仲山甫補之。奉詔許牽裾。○謂拾遺得以直言極諫也。○【王洙曰】魏志：辛毗字佐治，文帝欲徙冀州士家十萬户實河南，毗曰：「陛下欲徙士家，安得不與臣議？」帝不答，起入内。毗隨而引其裾。帝徙其半。鴛鷺叨雲閣，○鴛鷺，喻爲侍從而直乎臺省也。○【王洙曰】古詩：厠迹鴛鷺行。麒麟滯玉除。○【王洙曰。又，趙次公曰：「石渠，一又作玉除，宜以石渠爲正。」】玉除，一作石渠。○麒麟，神駿也，宜留滯於玉除。○【王洙曰】以比李秘書也。文園多病後，○【王洙曰】昔司馬相如有渴疾。爲孝文園令。○【趙次公曰】甫因以自比。中散舊交疏。○甫與高、李酣飲狂吟，不減嵇、阮之交，自飄泛後，交遊遂從此疏絶故也。晉嵇康傳：康拜中散大夫，所與交者惟阮咸、阮籍，遂爲竹林之遊。飄泊哀相見，平生意有餘。風煙巫峽遠，○【王洙曰】煙，或作塵。

臺榭楚宮虛。○【王洙曰。又，趙次公曰：「楚宮虛，一作除，宜以爲正。蓋上已押朱虛韻矣。」】虛，一作除。○巫峽、楚宮，皆甫飄泊之地也。觸目非論故，○言舊時人物不堪論也。○【王洙曰】阮步兵詩：物故不可論。新文尚起予。○【王洙曰】論語：起予者商也。清秋凋碧柳，別浦落紅蕖。○【趙次公曰：「兩句用紀與李秘書相見之時。」】此紀時也。消息多旗幟，經過歎里閭。戰連脣齒國，○謂史思明連結吐蕃入寇也。○【王洙曰】左氏傳僖四年：晉侯復假道於虞，以伐虢。宮之奇諫曰：「虢，虞之表也。虢亡，虞必從之。諺所謂『輔車相依，脣亡齒寒』者，其虞、虢之謂乎？」軍急羽毛書。○高祖紀：吾以羽檄徵天下兵。○【王洙曰】魏武奏事曰：若有急，則插羽於檄，謂之「羽檄」也。幕府籌頻問，○公自注曰：山、劍元帥杜相國初屈幕府，參籌畫，相公朝謁，今赴後期也。山家藥正鋤。○【杜陵詩史、分門集注、補注杜詩引作「王洙曰」。】公自注曰：秘書比卧青城山中。台星入朝謁，使節有吹噓。○【趙次公曰】台星，指杜公。杜公入朝，遂稱美李秘書，而薦之於天子也。西蜀災長弭，南翁憤始攄。對敭坑士卒，○敭，與揚同。○【王洙曰】書說命：敢對揚天子之休命。○今李秘書之行，子美期以對揚之際，宜坑成都叛卒。○【趙次公曰】庶使西蜀災弭，而南翁得以攄其憤懣也。南翁，子美自喻也。項籍傳：南翁稱曰：「楚雖三户，亡秦必楚。」注：南翁，南方之老人也。○史記白起傳：起善用兵，爲秦將。秦攻趙，趙軍敗，降起。起盡坑殺之。乾没費倉儲。○乾，音干。言叛卒不勦，後復乘隙，是國家有乾没之患，而坐廢糧廪也。○【王洙曰】漢書張湯傳音義曰：乾没，射成敗也。得利爲乾，失利爲没也。勢籍兵須用，功無禮忽諸。○今雖〔二〕用兵之際，觀其事勢，文武不可偏廢，亦須才士擢用，朝廷之禮宜無忽於文儒也。御鞍金騕褭，○【王洙曰：「漢書音義曰：騕褭者，神馬也。」】騕褭，駿足之神馬也。宫硯玉蟾蜍。○蟾蜍貯水以添硯也〔三〕。拜舞銀鉤落，○銀鉤，謂詔書字勢也。恩波錦帕舒。○【趙次公曰：「四句則朝廷所以寵賜相公之物。」】言李秘書入謁天子，蒙詔寵錫，恩光之盛也。此行非不濟，良友昔相於。○焦貢易林：患解憂除，良友相於。去棹依顔色，○棹，一作旆，一作帆，去聲。沿流想疾徐。○謂下峽不疾不速也。沈綿疲井臼，○【趙次公曰】甫言病久纏身，又疲於自操井臼之役也。○【王洙曰】後漢馮衍傳：兒女常自操井臼。○又西羌傳：傅育在武威，秩奉盡，妻子不免操井臼。倚薄似樵魚〔四〕。○倚薄，言依山水而居，故云「似樵漁」也。○【趙次公曰】謝靈運詩：拙疾相倚薄。乞米煩佳客，○【鄭印曰。又，趙次公曰：「乞字，公自注：去聲。蓋音氣。自我求人謂之乞，則驅一切。自人與我謂之乞，則音氣也。」】乞，去既切，與人物也。鈔詩聽小胥。○【鄭印曰】鈔，楚交切。○略也。杜陵斜照晚，潏水帶寒淤。○【鄭印曰：「潏，以律切。」】潏，古穴切。○【王洙曰：「潏音決，水名也。」】水名。○【鄭印曰】淤，衣居切。○濁泥也。○【王洙曰：「上林賦：豐、鎬、潦、潏之淤。杜陵潏水，公之故里。潏水在長安縣南十里，東自萬年縣界流入。」】漢書上林賦音義：潏水乃八川之一，出杜陵，今名流〔五〕水，自南山皇子陂西北流經昆明池，入渭，又行乎洲淤〔六〕之浦。杜陵、潏水，皆子美故里也。莫話清溪髮，○清溪，今子美客居之地也。蕭蕭白映梳。

【校記】

〔一〕二，元本、古逸叢書本作「一」。

〔二〕今雖，元本作「今維」，古逸叢書本作「合維」。

〔三〕元本「也」下尚有一段文字：「西京雜記：晉靈公家甚瓌壯，孔竅中皆有金玉。其餘器物皆炷爛不可別，唯有玉蟾蜍大如拳，腹空，容五合水，光潤如新玉，取以盛其書滴。」古逸叢書本略同，「盛其書滴」作「盛水書滴」。

〔四〕魚，元本、古逸叢書本作「漁」。

〔五〕流，古逸叢書本作「沇」。

〔六〕淤，元本、古逸叢書本作「於」。

送李秘書赴杜相公幕

青簾白舫益州來，○舫，府望切，方〔一〕舟也。巫峽秋濤天地迴。石出倒聽楓葉下，○聽，讀平聲。○【王洙曰】石，謂灔澦堆之石也。櫓搖背指菊花開。○此紀時也。貪趨相府今晨發，恐失佳期後命催。○左氏傳：宰孔謂齊侯曰：「且有後命，無下拜。」南極一星朝北斗，

○【趙次公曰】南極，以言李公。在楚而往，是爲南極之星。北斗，指長安，上直北斗，因號「北斗城」也。○【黄鶴曰】晉志：老人一星在弧南，一曰「南極」。見則治平，主壽昌。○【王洙曰】北極，北辰最尊者也。天運無窮，三光迭耀，而極星不移，故曰「居其所而衆星拱之」也。五雲多處是三台。○【趙次公曰】三台，指杜相國鴻漸也。○孝德所感，故五色雲見。○【趙次公曰：「晉天文志：三台，六星兩兩而居三公之位也。」】天官書：斗魁六星，兩兩相比者爲三台。三台色齊，君臣和。不齊，爲乖。

【校記】

〔一〕方，元本、古逸叢書本作「舫」。

大曆二年九月三十日

爲客無時了，悲〔一〕秋向夕終。瘴餘夔子國，○【趙次公曰：「魚復，古夔子國也。」】春秋時夔子國乃漢魚復縣也。霜薄楚王宫。○【王洙曰：「楚王遊蘭臺之宫。」趙次公曰：「按寰宇記：巫山縣有楚宫，云襄王所遊也。」】楚襄王遊於蘭臺之宫也。草敵虚嵐翠，花禁冷蘂紅。年年小搖落，○九辯：草木摇落而變衰。不與故園同。○故園，指長安舊居也。

【校記】

〔一〕悲，元本、古逸叢書本作「愁」。

十月一日

○歲時廣記：太清草木方云：十月一日，宜食麻豆鑽。荆楚歲時記：人皆食黍臛，則炊乾飯，以麻豆羹沃之。鑽，即黍臛也。又盧公範饋餉議：十月一日，上蕎麥野雞餺飩。

有瘴非全歇，爲冬不亦難。○【趙次公曰】時已十月矣，而瘴氣尚未歇，所以爲冬候之難也。夜郎溪日暖，○【王洙曰】馮緄傳：夜郎，西南夷之國。犍爲有夜郎溪。○十道志：珍州有夜郎山。白帝峽風寒〔一〕。蒸裹如千室，○【王洙曰】夔俗以蒸裹爲節物。燋糖幸一柈。○【王洙曰：「（糟）一作糖。」】糖，一作糟。○【鄭卬曰】柈，與盤同。○燋，郎消切。兹辰南國重，舊俗自相歡。

【校記】

〔一〕寒，原作「雲」，據元本、古逸叢書本改。

戲作俳諧體遣悶二首

○按集，公以「盤渦鷺浴底心性，獨樹花枝自分明」爲吴體，以「家家養烏鬼，頓頓食黄魚」爲俳諧體，又以「江上誰家桃樹枝，春寒細雨出疏籬」爲新句。雖若爲戲，不害其格力也。

異俗可吁怪，斯人難並居。家家養烏鬼，○【鄭卬曰】養，讀去聲。○諸家詩話「烏鬼」之說有四焉，或以爲烏猪，或以爲烏野神，或以爲烏蠻鬼，或以爲鸕鷀，其説皆非也。余按詩詞事略謂三峽、荆楚間祀烏爲神，所謂「神鴉」也。○【杜田補遺。趙次公引作「杜時可曰」。】唐元稹字微之，貶江陵士曹，作百韻，有云「病賽烏稱鬼，巫占瓦代龜」，稹自繫曰：「南人染病則賽烏鬼，楚巫列肆悉賣瓦卜。」○則「烏鬼」之名，當以此爲是也。况巫、楚之人多信鬼，嘗〔一〕有捕〔二〕得殺人而祭之者。故子美有「可怪」、「難居」之句。頓頓食黄魚。○【鮑彪曰】郭璞注爾雅：鱣，大魚，似鱏而短鼻，口在頷下，體有甲無鱗，江東呼爲「黄魚」。舊識難爲態，○難，或作能。新知已暗疏。治生且耕鑿，只有不關渠。○【趙次公曰】態，乃交態也。難與之爲態，則其人之薄矣。屈原曰：樂莫樂兮新相知。而至於已暗疏，則其人薄又可知已。故且欲耕鑿，不復與薄俗相關也。

【校記】

〔一〕嘗，元本、古逸叢書本作「嚐」。

〔二〕捕，元本、古逸叢書本作「崩」。

西歷青羌坂，○坂，一作板，非也。○【鄭卬曰】水經注：江水逕巫峽，過青羌坂。南留白帝城。○前注。於菟侵客恨，○於，音烏。菟，音徒。○【趙次公曰】於菟，虎名也。○【王洙曰】左氏宣公四年傳：初，若敖娶於䢵，生鬬伯比。若敖卒，從其母畜於䢵，淫於䢵子之女，生子文焉。䢵夫人使棄諸夢中，虎乳之。邳子田，見之，懼而歸，以告夫人，遂使收之。楚人謂乳「穀」，謂虎「於菟」，故命之曰鬬穀於菟。以其女妻伯比，實爲令尹子文。　粔籹作人情。○【鄭卬曰】粔，其吕切。籹，尼吕切。○【趙次公曰】粔籹，角黍也。○【趙次公引作「薛夢符曰」。九家集注杜詩引作「薛補遺」。杜陵詩史、分門集注、補注杜詩、集千家注批點杜工部詩集引作「薛蒼舒曰」。】宋玉招魂：粔籹蜜餌，有餦餭。注：粔籹，以蜜和米麪，煎作之。○方言：餳謂之「餦餭」，即乾飴也。世説：粔籹，膏環也，一云餅也。餳〔一〕，徒當切。　瓦卜傳神語，○【王洙曰】楚巫擊瓦，觀其文理，分析以定吉凶，謂之瓦卜。　畬田費火聲。○【王洙曰。又，趙次公曰：「師民瞻本取一作火耕，是。」】聲，一作耕。○畬，以諸切，又音奢。○【杜田補遺】楚俗，燒榛種田曰「畬」，先以刀芟治林木，曰「斫畬」。其刀以木爲柄，刃勾曲，謂之「畬刀」。　是非何處定，高枕笑浮生。○【九家集注杜詩依例爲「王洙曰」。杜陵詩史、分門集注引作「王洙曰」。又，集千家注批點杜工部詩集引作「公自注」。】甫自注曰：頃歲自秦涉隴，從同谷縣出遊蜀，留滯於巫山也。○【趙次公曰】余謂公言風俗處處不同，孰非孰是，烏有定乎，但付之一睡而已。

【校記】

〔一〕餳，元本、古逸叢書本作「籹」。

暫往白帝復還東屯

復作歸田去，○【趙次公曰】言自白帝歸田也。　猶殘穫稻功。　築場憐穴蟻，○【趙次公曰】見公之不殘物也。拾穗許村童。○【趙次公曰】見公之不已吝也。落杵光輝白，除芒子粒紅。加餐可扶老，倉庾慰飄蓬。

刈稻了詠懷

稻穫空雲水，川平對石門。○【趙次公曰】寰宇記：歸州巴東縣有石門山。寒風疏草木，曉日散雞豚。野哭初聞戰，樵歌稍出村。無家問消息，作客信乾坤。○作，如字，又音佐。唐皮日休胥口即事詩：鴛鴦一處兩處，舴艋三家五家。會把酒船偎荻，共君作箇生涯。

瞿唐兩崖

三峽傳何處，雙崖壯此門。入天猶石色，穿水忽雲根。猱玃鬚髯古，○猱，乃高切。○【鄭卬曰】玃，厥縛切。○【黄希曰】爾雅：猱善援，玃善顧。蛟龍窟宅尊。○廣雅：有鱗曰蛟龍。羲和冬馭近，○【王洙曰。又，趙次公曰：「舊本一作驂馭近，非。」】冬，一作驂。○【趙次公曰】以兩崖之高，故日馭去之近也。○廣雅：日御曰羲和，月御曰望舒。山海經：東海之外有羲和之國，有女子名曰羲和，常浴日於甘淵。愁畏日車翻。○【趙次公曰】以冬日晷短，故畏其日車翻去也。○莊子徐無鬼篇：若乘日之車遊於襄城之野。○【趙次公曰】李尤九曲歌：歲年晚暮日已斜，要〔一〕得壯士飜日車。

【校記】

〔一〕要，古逸叢書本作「安」。

柳司馬至

有使歸三峽，相過問兩京。○【王洙曰】兩京，謂雍、洛也。函關猶出將，渭水更屯兵。○設備邯鄲道，○【王洙曰】漢文帝謂慎夫人曰：「此北走邯鄲道也。」○後漢注：邯鄲，縣名，屬趙國，今洛州縣〔一〕也。和親邏逤城。○邏逤，薛夢符作邏逤〔二〕，歐陽作邏些。○【鄭卬曰】邏，力佐切。逤，四箇切。○【杜田補遺。又，杜陵詩史、分門集注、補注杜詩、集千家注批點杜工部詩集引作「修可曰」。】邏逤，吐蕃城名也。○【趙次公曰】右言出將屯兵與夫設備和親，皆因吐蕃之故也。○【杜田補遺。又，杜陵詩史、分門集注、補注杜詩引作「修可曰」。】舊唐書吐蕃傳：吐蕃本南凉禿髮〔三〕之後。語訛，謂之吐蕃。其國都城號爲邏些城，屋皆平頭，貴人處於大氈帳，爲拂廬。○【杜田補遺。又，杜陵詩史、分門集注、補注杜詩引作「修可曰」。】新唐書吐蕃傳：吐蕃號君長曰贊普，居跋〔四〕布川，或邏〔五〕娑川，有城屋〔六〕廬舍。○【鄭卬曰】寰宇記：匈奴有邏逤城〔七〕。○余謂當從舊史爲正。幽燕唯鳥去，

○【趙次公曰】北去猶〔八〕不通，豈以安史之亂雖滅，而蕃鎮跋扈耶？商洛少人行。衰謝身何補，蕭條病轉嬰。○【王洙曰】劉公幹詩：余嬰沉痼疾。霜天到宮闕，戀主寸心明。○西征賦：猶有犬馬之戀主，切託慕於宮庭。

【校記】

〔一〕洺州，原作「洛州」，元本作「治州」，據古逸叢書本改。

〔二〕沙，杜陵詩史作「娑」。

〔三〕秃，原作「委」，據古逸叢書本改。

〔四〕歧，古逸叢書本作「跂」。

〔五〕邏，元本、古逸叢書本作「遊」。

〔六〕屋，古逸叢書本作「郭」。

〔七〕城，元本、古逸叢書本作「坡」。

〔八〕猶，元本作「棹」，古逸叢書本作「道」。

孟冬

殊俗還多事，○【趙次公曰】甫中原人而落巴夔，故指爲「殊俗」也。方冬變所爲。破甘〔一〕霜落爪，嘗稻雪翻匙。巫峽寒都薄，○【趙次公曰】楚地暖故也。烏蠻瘴遠隨。○【王洙曰。又，趙次公曰：「黔州在夔之南，則其瘴殆及夔矣，故言黔溪瘴遠隨。舊正作『烏蠻瘴遠隨』，非，蓋不必更遠言烏蠻也。」】烏蠻，一作黔溪。○一作烏沙。○【鄭卬曰】梁益記：巂州巂山，其地接諸蠻部，有烏蠻、秋蠻。終然減灘瀨，暫喜息蛟螭。○【趙次公曰】水盛滿則蛟螭横，既冬水日落，可以暫息蛟螭之憂也。○廣雅：有鱗曰蛟龍，無角曰螭龍。

【校記】

〔一〕甘，元本、古逸叢書本作「柑」。

悶

瘴癘浮三蜀，風雲暗百蠻。○【趙次公曰】此夔州詩，而言三蜀、百蠻，蓋夔在三蜀之下、百蠻之北，廣言之也。卷簾惟白水，隱几亦青山。○隱，於靳切，凴也。猿捷長相見，鷗輕故不還。無錢從滯客，有鏡巧催顔。

雷

巫峽中宵動，滄江十月雷。○【王洙曰】陸士衡詩：迅雷中宵激。龍蛇不成蟄，○【趙次公曰】十月雷非其時也，故驚起龍蛇之蟄，而變易天地之常也。○【王洙曰】易：龍蛇之蟄，以藏身也。天地劃爭迴。○【鄭卬曰】劃，呼麥切。却碾空山過，深蟠絶壁來。何須妬雲雨，霹靂楚王臺。○【趙次公曰】宋玉高唐賦言，神女旦爲朝雲，暮爲行雨，朝朝暮暮，陽臺之下。而今也，雷之不時，若妬神女之爲雲雨，而霹靂以震之也。

朝二首

清旭楚宮南，○【趙次公曰】清旭，清曉也。霜空萬嶺含。野人時獨往，○野人，甫自謂也。雲木曉相參。俊鶻無聲過，○鶻，胡骨切，又音骨。飢烏下食貪。病身終不動，摇落任江潭。○宋玉九辯：草木摇落而變衰。

浦帆晨初發，○【趙次公曰】帆，讀去聲。郊扉冷未開。○【趙次公曰】言方晨朝之際，想江浦之中，其帆起發，而郊居之家以冷而未開其扉也。林疏黄葉墜，野静白鷗來。礎潤休全濕，○休，罷也。○【趙次公曰】言礎石之潤，經夜稍乾而半濕矣。○【薛夢符曰】淮南説林訓：山雲蒸，柱礎潤。注：柱，下石躓也。晴雲欲半迴。○【趙次公曰】言朝氣晴霽，則其宿雲半斂而迴去也。巫山冬可怪，昨夜有奔雷。○即前篇「滄江十月雷」是也。

寫懷二首

勞生共乾坤，○莊子大宗師篇：夫大塊勞我以生。何處異風俗。冉冉自趨競，○【師古曰】冉冉，無氣貌。人苟趨競於利，則其氣喪矣。○【趙次公曰】古樂府陌上行：盈盈公府步，冉冉府中趨。行行見羈束。○【師古曰】謂凡百所行，但易羈束不自由也。○【趙次公曰】古樂府詩：行行重行行。無貴賤不悲，無富貧亦足。○【趙次公曰】賤之所以悲者，以貴形之也，故無貴則賤者不悲。貧之所以不足者，以富形之也，故無富則貧者亦足。○【師古曰。又，王洙曰：「言貴賤貧富一委順之而已，所謂樂天知命者。」】君子當安乎富貴貧賤，樂天知命，而不憂也矣。萬古一骸骨，鄰家遞歌哭。鄙夫到巫峽，○鄙夫，甫謙辭也。三歲如轉燭。全命甘留滯，○昔太史公留滯周召〔一〕。忘情任榮辱。○一歸之於真也。朝班及暮齒，日給還脱粟。○【趙次公曰】甫嘗爲左拾遺，今又爲工部員外郎，則所謂「朝班」。公時年五十六矣，謂之「暮齒」。然日給惟一脱粟而已，蓋以貧故也。編蓬石城東，○【師古曰】編蓬爲室，以庇風雨也。採藥山北谷。○【師古曰】採藥爲餌，以療衰疾也。用心雪霜間〔二〕，不必條蔓緑。○【師古曰】言能守其節操，不爲紛華變易其心也。非關故安排，○【趙次公曰】莊子大宗師篇：仲尼謂顔回曰：「安排而去化，乃入於寥天一。」○郭象注：安於推移，而與化俱去，故乃入於寂寥，而與天爲一也。曾是順幽獨。○【王洙曰】謝靈運詩：

居常以待終，處順故安排。又曰：安排徒空言，幽獨賴鳴琴。達士如弦直，小人似鈎曲。○【師古曰】孟子曰：故者以利爲本。人當安時處順，不用注意安排。安排著，則是以利爲本。是以達理之士，其直如弦也。○【王洙曰】後漢童謡曰：「直如弦，死道邊。曲如鈎，封公侯。」曲直吾不知，負暄候樵牧。○【趙次公曰】負晚日之暄，以候樵牧之歸也。列子楊朱篇：昔者宋國有田夫，常衣緼以過冬。暨春東作，自曝於日，不知天下有綿纊狐狢。顧謂其妻曰：「負日之暄，人莫知者。以獻吾君，當有重賞。」

【校記】

〔一〕召，古逸叢書本作「南」。

〔二〕間，元本作「門」，古逸叢書本作「閒」。

夜深坐南軒，明月照我膝。驚風飜河漢，梁棟日已出。羣生各一宿，飛動自儔匹。吾亦驅其兒，營營爲私實。○【王洙曰。又，趙次公曰：「實，一作室，非。」】實，一作室。○【師古曰】甫以私居口體爲累，不免驅兒營治生計，以爲口實故也。王筠詩：我豈營私實。天寒行旅稀，歲暮日月疾。○【王洙曰】怱，一作感。○中，竹仲切。○【師古曰】謂暮年檢校工部尚書郎也。榮名怱中人，○宋玉九辯：薄寒之中人。世亂如蟣虱。○【杜定功曰】顔延年嘗有言，亂世人事如蟣虱，甚費梳爬。○回視鹿門君子，自顧我輩，何其卑凡可厭！○嵇康養生論：君子處世，如羣蝨處褌中。柳宗元詩：中散蝨空爬。古者三皇前，滿腹志願畢。○【師古曰】三皇之前，其風淳朴，寡慾而自足。○莊子胠篋篇：昔者容成氏、大庭氏、伏羲氏、神農氏，當是時也，則至治已。胡爲有結繩，陷此膠與漆。○【師古曰】自結繩之後，巧俗日滋，如膠漆然。○易繫：上古結繩而治，後世聖人易之以書契。○【趙次公曰】莊子駢拇篇：三代而下，待繩約膠漆而固者，是侵其德也。禍首燧人氏，厲階董狐筆。○【王洙曰。又，杜陵詩史、分門集注、補注杜詩引作「師古曰」。】是以燧人火化，而爭欲之心起，董狐直筆，而是非之端生。○【師古曰】故甫所以有「首禍」、「階厲」之言也。○尚書大傳：燧人爲燧皇，以火紀。禮含文嘉曰：燧人始鑽木取火，炮生爲熟，令人無腹疾，遂天之意，故云燧人。○左氏宣公二年傳：孔子曰：「董狐，古之良史也。書法不隱。」君看燈燭張，轉使飛蛾密。放神八極外，○王康琚招隱詩：放懷青雲外，絕迹窮山裏。俛仰俱蕭瑟。終契如往還，○【王洙曰】一作「終然契真如」。○【師古曰】言有燈則有蛾，有利則有爭，要當放神俛仰，無所疑滯，視死生如往還也。得匪合仙術。○【王洙曰：「(合)一云金。」趙次公曰：「舊本正作『合仙術』，當以『金仙術』爲正。」】一作「歸匪金仙術」。○【師尹曰】邢子才詩：安得金仙術，兩腋生羽翼。

可歎

天上浮雲如白衣，○如，一作似。斯須改變如蒼狗。古往今來共一時，人生萬事無不有。○【趙次公曰：「浮雲變態不常然，初白衣，而變爲蒼狗，事之無定如此。譬古今一時，而萬事之變不可名狀也。」】浮雲固變態不常之物，初如白衣而無情，猶之可也，至變爲蒼狗，則有情之甚矣。古今人事變更，不可名狀，有如此也。近者抉眼去其夫，○【王洙曰：「（夫）一云昧。」】夫，陳作昧〔一〕。河東女兒身姓柳。○【趙次公曰】河東柳氏之女疾其夫王季友貧醜，如抉眼中之物而去之。東北人方〔二〕言不喜見者，每曰「抉眼」。丈夫正色動引經，○美其通經也。酆城客子王季友。○鮑欽止曰：江西觀察使李勉時，王季友兼監察御史，爲副使。今洪州使院有題名可考。羣書萬卷常暗誦，○謂其博涉也。孝經一通看在手。○美其孝友也。貧窮老瘦家賣屣，○屣，一作履。屣，竭戟切，履也。好事就之爲攜酒。○好，讀去聲。憐其貧也。○【趙次公曰】揚雄傳：家貧嗜酒，好事者載酒肴從遊學。豫章太守高帝孫，○豫章，南昌故郡也。唐鄭惠元懿生安德郡公琳，琳生擇言，擇言生勉，勉自河南徙江西觀察使，乃三世孫也。引爲賓客敬頗久。○【趙次公曰】此下述季友，且言其逢主人李太守也。問道三年未曾語，小心恐懼閉其口。太守得之更不疑，人生反覆看亦醜。○【師古曰】然王季友通經孝友之士也，見愛於太守李侯，而見惡於其妻，亦足見人生反覆，萬事變更，如浮雲然，兹可歎也。明月無瑕豈容易，〇謂如明月之珠不易得也。〇【師尹曰】淮南泛論訓：明月之珠，不能無纇。〇鄒陽傳：臣聞明月之珠、夜光之璧，以暗投人於道，莫不按劍相眄者。何則？無因而至前也。紫氣鬱鬱猶衝斗。〇謂如豐城之劍，不可掩也。〇【王洙曰：「紫氣衝斗，見張華傳。」】張華傳：華登樓，仰觀斗牛之間有紫氣。雷煥曰：「寶劍之精，上徹於天，在豐城。」時危可仗真豪俊，二人得置君側否。〇二人，指李太守、王季友也。太守頃者領山南，〇李勉常爲梁州刺史。邦人思之比父母。王生早曾拜顔色，高山之外皆培塿。〇【鄭卬曰】培，都苟切。塿，路苟切。〇【趙次公曰】培塿，小阜也。言王生之拜太守，顔色如仰高山，其餘人真培塿也。用爲羲和天爲成，〇上爲，如字。下爲，于僞切。〇【王洙曰：「堯：羲仲、和仲。」】堯典：咨！汝羲暨和，期三百有六旬有六日，以閏月定四時成歲。用平水土地爲厚。〇【王洙曰】舜典：咨！禹，汝平水土。王也論道阻江湖，〇王也可以論道。〇【趙次公曰】而江〔三〕滯於江湖，阻於致身也。〇【王洙曰】尚書周官：惟兹三公，論道經邦。李也疑丞曠前後。〇李也可爲疑丞，而天子前後曠闕斯人也。〇【王洙曰：「左輔右弼，前疑後丞。」】尚書大傳：古者天子必有四鄰，前曰疑，後曰丞，左曰輔，右曰弼。天子有問，無以對，責之疑。可志而不志，責之丞。可正而不正，責之輔。可揚而不揚，責之弼。其爵視卿，其禄視次國之君。死爲星辰終不滅，〇【杜田補遺。又，杜陵詩史、分門集注引作「師古曰」。】莊子大宗師篇：傳説得之，以相武丁，奄有天下。乘東維，騎箕尾，而比於列星。○【杜田補遺。趙次公引作「杜時可曰」。又，杜陵詩史、分門集注引作「師古曰」。】夏侯湛畫贊：先生棄俗登仙，靈爲星辰。○【王洙曰：「見方朔爲歲星注。」】劉向列仙傳：東方朔爲郎，棄而避亂，置幘官舍，風飄之去。知者疑其歲星也。漢武故事：東方朔死，西王母謂武帝曰：「朔，木帝精也，爲歲星，下遊人間，非陛下臣也。」致君堯舜焉肯朽。吾輩碌碌飽飯行，風后力牧長迴首。○【師古曰】甫以王季友二公比之風后、力牧，可以論道，可以疑丞，以輔王室，故迴首以眷思之也。○【杜田補遺：「陶淵明集賢羣輔録：風后受金，能決理是非。力牧受準，與天老、五聖、知命、窺紀、地典，爲黄帝七輔。州選舉翼佐帝德，見論語摘輔象。」又，杜陵詩史、分門集注引作「師古曰」。】論語摘輔象曰：黄帝七輔，風后受金法，天老受天籙，五聖受道級，知命受糾俗，窺紀受變復，地典受州絡，力墨受準斥〔四〕。墨，或作牧。○【趙次公曰。又，杜陵詩史、分門集注、補注杜詩引作「師古曰」。】帝王世紀：黄帝夢大風吹天下，塵垢皆去。復夢人執千鈞之弩，驅羊數萬羣。帝歎曰：「風大號令。垢去土，后在也。豈有姓風名后者哉？千鈞之弩，異力能遠；驅羊萬羣，牧民爲善。豈有姓力名牧者哉？」乃得風后於海濱、力牧於大澤也。

【校記】

〔一〕昧，古逸叢書本作「眛」。

〔二〕人方，古逸叢書本作「方人」。

〔三〕江，元本、古逸叢書本作「淹」。

〔四〕斥，古逸叢書本作「斤」。

觀公孫大娘弟子舞劍器行○并序

大曆二年十月十九日，夔府別駕元特宅，○特，一作持。見臨潁李十二娘舞劍器，壯其蔚跂，問其所師，曰：「余公孫大娘弟子也。」開元三載，○一作五載。時甫纔三歲，當作十三〔一〕載。余尚童稚，記於郾城觀公孫氏舞劍器渾脱，瀏灕○瀏，音流，又〔二〕音柳。灕，音離。頓挫，獨出冠時。自高頭宜春、梨園二伎坊内人，○明皇雜録：天寶中，上命宫女數百人爲梨園子弟，皆居宜春北院。上素曉音律，時有馬仙期、李龜年、賀懷智皆洞曉音度。安禄山從范陽入覲，亦獻白玉簫管數百事，皆陳於梨園，自是音響殆不類人間有。中官白秀正自蜀使回，得琵琶以獻，其槽以邏逤檀爲之，温潤如玉，光輝可鑑，有金縷紅文，蹙成雙鳳。貴妃每抱是琵琶奏於梨園，音韻凄清，聽如雲外。而諸貴主洎虢國以下，競爲貴妃弟子，每授曲之終，皆廣有進獻。時有公孫大娘者，善劍舞，能爲鄰里曲及裴將軍滿堂勢、西河劍器渾脱，遺妍妙皆冠絶於時也。洎外供奉，曉是舞者，聖文神武皇帝初，公孫一人而已。玉貌繡衣，況余白首。今兹弟子，亦匪盛顔。既辨其由來，知波瀾莫二，撫事慷慨，聊爲劍器行。往〔三〕者吴人張旭善草書書帖，數常於鄴縣，○後漢郡國志：魏郡治鄴。見公孫大娘舞西河劍器，自此草書長進，豪蕩感激，即公孫可知矣。

昔有佳人公孫氏，一舞劍器動四方。觀者如山色沮喪，天地爲之久低昂。○【敏功曰：「言不自安也。」】言不安也。爟如羿射九日落，○【鄭卬曰：「爟，音鵠，灼也。」】爟，户沃切，又黄郭切，灼也。○【王洙曰】淮南本經訓：堯之時，十日並出，焦禾稼，殺草木。堯乃使羿上射十日，萬民皆喜。○山海經：黑齒之北曰暘谷，居水中，有扶木，九日居下枝，一日居上枝，皆戴烏。注：羿射十日，中其九。矯如羣帝驂龍翔。○【師尹曰】夏侯玄賦：如東方羣帝兮，驂龍駕而翱翔。來如雷霆收震怒，罷如江海凝清光。○【王洙曰：「皆言舞劍器回旋疾徐變態也。」】右皆形容舞劍之狀也。絳脣朱袖兩寂寞，○【敏功曰】言公孫已没也。況有弟子傳芬芳。○【王洙曰：「（晚）又云脱。」】況，閣本作晚。臨潁美人在白帝，○【饒曰】白帝，夔州魚復縣。○【王洙曰：「李十二娘也。」饒曰：「李十二娘傳其術。」】李十二娘傳其術而來遊于此也。妙舞此曲神揚揚。與余問答既有以，感時撫事增惋傷。先帝侍女八千人，○【晁曰：「先帝，指玄宗也。」】先帝，指明皇也。公孫劍器初第一。五十年間似反掌，風塵澒洞昏王室。○【趙次公曰】指言禄山、思明之亂也。梨園弟子散如煙，○言失職而分散也。女樂餘姿寒映日。○【趙次公曰】指言李十二娘也。甫十月十九日見之，此所謂「映寒日」也。金粟堆南木已拱，○謂明皇化去，墓之松柏已拱矣。○【趙次公曰】金粟堆，在（四）長安明皇泰陵之北。唐舊書紀：玄宗親拜五陵，至睿宗橋陵，見金粟山岡有龍盤鳳翥之勢，謂侍臣曰：「吾千秋萬歲後，宜葬此。」○【王洙曰】左氏傳：秦伯謂蹇叔曰：「墓木拱矣。」○【趙次公曰：「公觀曹將軍畫馬圖詩又曰『金粟堆南松柏裏，龍媒去盡鳥呼風』，蓋亦言泰陵也。」】按集又有「金粟堆頭松柏裏」是也。瞿唐石城草蕭瑟。玳筵急管曲復終，樂極哀來月東出。○陶潛閑情賦：悲樂極以哀來，終推琴而輟音。魏文善哉行：樂極哀情來，憀亮摧肝心。又與吳質書：南坡〔五〕之遊，白日既匿，繼以朗月，樂極哀來，愴然傷懷。老夫不知其所往，足繭荒山轉愁疾。○疾，一作寂。○【趙次公曰】甫於此見舞劍，復值兵亂，去留未定，今徒奔走荒山，而足胝如繭也。○淮南修務訓：申包胥曾繭重胝，至於秦庭。

【校記】

〔一〕三，元本、古逸叢書本作「二」。

〔二〕又，元本、古逸叢書本作「二」。

〔三〕往，元本、古逸叢書本作「昔」。

〔四〕在，元本、古逸叢書本無。

〔五〕坡，古逸叢書本作「皮」。

冬至

年年至日長爲客，忽忽窮愁泥殺人。○【鄭卬曰】泥，力計切。江上形容吾獨老，天涯風俗自相親。○【王洙曰】涯，一作邊。陸士龍詩：脩路無窮迹，井邑自相循。百城各異俗，千里是良隣。歡舊難假合，風土豈虚親。杖藜雪後臨丹壑，鳴玉朝來散紫宸。○甫遠想紫宸殿賀冬公卿之退朝也。心折此時無一寸，○列子仲尼篇：吾見子之心矣，方寸之地虚矣。○【王洙曰】别賦：使人心折骨驚。路迷何處是三秦。○【王洙曰】：「（見）一作是。」是，一作見。○【王洙曰】應劭漢書音義：項羽立章邯爲雍王，司馬欣爲塞王，董翳爲翟王。三分王秦地，故曰三秦。

小至

○【薛夢符曰】沈約宋書：魏、晉冬至日受萬國及百僚稱賀，因小會，其儀亞於歲朝。甫稱「小至」，當謂是也。或曰：陽爲大，陰爲小。冬至陰極，故曰「小至」。

天時人事日相催，冬至陽生春又來。刺繡五文添弱綫，○【鄭卬曰】刺，七迹切。

○唐雜録：宮中以女工揆日之長短，冬至後日晷漸長，比常日增一綫之工。○【趙次公曰】史記：刺繡紋，不如倚市門。吹葭六琯動浮〔一〕灰。○【王洙曰。又，九家集注杜詩引作「師尹曰」。】續漢書：以葭莩灰實律之端。按曆者候之，氣至，則灰飛而管通。岸容待臘將舒柳，山意衝寒欲放梅。雲物不殊鄉國異，○【王洙曰】左氏僖公四年傳：凡分至啓閉，必書雲物。○【趙次公曰：「世説載：過江諸人，暇日出新亭飲宴。周侯中坐而嘆，曰：『風景不殊，舉目有江河之異。』」】吴越春秋：越王爲夫人曰：「豈料再還，重復鄉國，風景不殊，舉目有山川之異。」教兒且覆掌中盃。○【趙次公曰】鮑照三月詩：臨流意覆盃。

【校記】

〔一〕浮，古逸叢書本作「飛」。

舍弟觀赴藍田取妻子到江陵喜寄三首

汝迎妻子到荆州，○荆州，江陵府也。消息真傳解我憂。鴻雁影來連峽内，○【王洙曰】古詩：弟兄鴻雁序。鶺鴒飛急到沙頭。○鶺鴒，與「脊令」同。水鳥首尾動摇相應，故以喻兄弟也。○【王洙曰】詩常棣：脊令在原。嶢關險路今虚遠，○【趙次公曰：「舊注本作燒關，遂注云：

『漢高祖入蜀，張良辭歸，勸高祖燒絶棧道。』誤矣。」】嶢，舊作燒，誤也。○【門類增廣十注杜詩、門類增廣集注杜詩引作「新添」：「關在上洛北，藍田南，武關之西。」】嶢關在陝内，近藍田。○【杜田補遺：「燒關，當作嶢關，音堯。在峽右。漢書言：秦兵拒嶢關。注：在上洛北、藍田南、武關之西。」門類增廣十注杜詩、門類增廣集注杜詩引作「杜云」。杜陵詩史、分門集注、補注杜詩、集千家注批點杜工部詩集又引作「修可曰」。又，杜陵詩史、補注杜詩引作「尹曰」。】漢高帝紀：秦王子嬰遣將距嶢關。又：曹參從高祖西攻嶢關。音義曰：嶢關在上洛北、藍田南、武關之西。禹鑿寒江正穩流。○江賦：巴東之峽，夏后所鑿〔一〕。朱紱即當隨綵鷁，○鷁，倪歷切，水鳥也。甫爲尚書郎，故稱朱紱。○【趙次公曰：「淮南子曰：龍舟鷁首。高誘注曰：鷁，大鳥也。畫其象著船首。」】綵鷁謂〔二〕船頭畫，以驚水族。青春不假報黃牛。○【趙次公曰】黃牛，峽名。○謂當順流以迎觀也〔三〕。

【校記】

〔一〕「禹鑿」句下注，元本、古逸叢書本無。

〔二〕元本、古逸叢書本無「甫爲」至「謂」十二字。

〔三〕「青春」句下注，元本、古逸叢書本無。

馬度秦山雪正深，○【王洙曰】度，一作瘦。北來肌骨苦寒侵。他鄉就我生春色，

○【趙次公曰】甫自峽往荆，卜〔一〕以春時也。**故國移居見客心。**○【趙次公曰】故國，人情之所不忍離也。今自故國而移居，以不得已而來，則客心可見矣。**賸欲攜提如意舞，**○賸，與剩同。○【王洙曰：「歡劇，一作剩欲。」】賸欲，或作歡劇〔二〕。○【王洙曰。又，趙次公曰：「一本有小注云：『王戎好作如意舞。』意公自注。」】晉王戎好作如意舞。○庾信詩：王戎如意舞，山簡接籬倒。山簡詠舞：腕動苕華玉，衫隨如意風。王子年拾遺記：孫和醉舞如意，誤傷鄧夫人頰〔三〕。**喜多行坐白頭吟。**○【王洙曰：「文君作白頭吟。」】西京雜記：相如將聘茂陵人女爲妾，卓文君作白頭吟以自絕。**巡簷索近梅花笑，冷蘂疏枝半不禁。**○【王洙曰】蘂，一作落。

【校記】

〔一〕卜，元本、古逸叢書本作「下」。

〔二〕劇，元本作「刑」，古逸叢書本作「極」。

〔三〕頰，元本、古逸叢書本作「額」。

庾信羅含俱有宅，○【杜田補遺。又，杜陵詩史、分門集注、補注杜詩引作「師古曰」。門類增廣十注杜詩、門類增廣集注杜詩引作「新添」：「庾信因侯景之亂，自建康遁歸江陵，居宋玉故宅，宅在城北三里。」】庾信宅，即宋玉故宅也。○【趙次公曰】庾信哀江南賦「誅茅宋玉之宅」是也。○【杜田補遺】

餘見送李功曹之荆州詩。○【杜田補遺。又，門類增廣十注杜詩引作「新添」。杜陵詩史、分門集注、補注杜詩、集千家注批點杜工部詩集引作「黄曰」，杜陵詩史、補注杜詩又作「師古曰」。】余知古渚宫故事：羅含字君章，爲桓温别駕，以廨舍喧擾，於江陵城西三里小洲上立茅屋而居，布衣蔬食，晏如也。○【杜田補遺。又，杜陵詩史、補注杜詩引作「師古曰」。】後安成王在鎮，以其宅借録事劉朗之，見一丈夫衣冠甚偉，冰〔一〕衿而立，朗之驚問，忽然不見，人謂君章有神。○盛弘之荆州記：城西百餘里有樓俯臨川上，羅君章居之，因名爲羅公洲。樓下洲上，果竹交蔭，長楊傍映，交梧前疏，雖近城隍處，同丘壑。春來秋去作誰家。短墻若在從殘草，喬木如存可假花。卜築應如蔣許徑，○【王洙曰】三輔決録：蔣許字元卿，舍于竹下開三徑，唯故人求仲、牧仲從之遊。爲園須似邵平瓜。○【王洙曰】蕭何傳：邵平者，故秦東陵侯，種瓜長安城東，瓜美，世號「東陵瓜」。比年酒病開〔二〕涓滴，○【王洙曰】年，一作因。弟勸兄酬何怨嗟。

【校記】

〔一〕冰，古逸叢書本作「披」。

〔二〕開，元本、古逸叢書本作「聞」。

新定杜工部草堂詩箋斠證卷第四十一

大曆二年秋在夔州所作

别李義

神堯十八子，○【趙次公曰】神堯，皇帝唐高祖也。○【鮑彪曰】按唐書有二十二子，此云十八子者，太子建成、巢王元吉被誅，衛懷王元霸、楚哀王智雲早卒，去此四人而言也。十七王其門。○【鮑彪曰】太宗有天下，故有十七子封王也。道國洎舒國，○洎，巨〔一〕至，及也。○【王洙曰】道王名元慶，第十六子也。舒王名元名，第十八子也。○唐宗室世系表：道王元慶生恂，恂〔二〕生徽，宗正卿。徽生鍊，亦宗正卿。鍊生實，京兆尹。不言有他子名義者，豈實初名義，後改之實，貞元末爲京兆尹，距廣德、永泰間四十年，固及與子美遊也。實惟親弟昆。○實，一作督。○【趙次公曰：「道國，道王也。名元慶，乃第十六子。舒國，舒王，名元名，乃第十八子也。而曰『實惟親弟昆』，若言同一母所生。而史載元慶則劉婕妤所生，元名則小楊嬪所生。其母同者，乃宇文昭儀生元嘉及第十九子靈夔。所謂『實惟親弟昆』者，又與史不合。然則公當時親所傳聞，與史不合，必有能辨之者。」】劉婕妤生道王，小楊嬪生舒王，是爲親弟昆。中外貴賤殊，○【師古曰】義宗姓爲內，甫異姓爲外，故云「殊」也。余亦忝諸孫。○【趙次公曰】義乃道國之裔孫，甫則舒國之外孫也。丈人嗣王業，○【趙次公曰】丈人，指李義之父；嗣王業，則繼嗣前王之業也。之子白玉温。○【趙次公曰】之子，謂義也。美其温潤如玉也。道國繼德業，請從丈人論。○【趙次公曰】申言丈人乃道國之後，其能繼其德業者，請從李義之父言之也。丈人領宗卿，○【王洙曰】宗卿，乃宗正卿也。○元慶九子，誘爲嗣，王臨淮，坐贓削爵，更以次詢之子徽嗣，終宗正卿。肅穆古制敦。○【馬曰】肅穆，敬和貌。敦，謂敦厚宗族也。先朝納諫諍，○【馬曰：「先朝，指太宗也。」】美太宗能納諫也。直氣横乾坤。子建文章壯，○章，一作筆。美李義之父能文也。○【趙次公曰】魏陳思王曹植，字子建，文帝同母弟也。○帝嘗令王七步中作詩，不成者行大法，應聲便爲詩，曰：「煮豆特〔三〕作羹，漉菽以爲汁。萁在釜下然，豆在釜中泣。本自同根生，相煎何太急。」帝有慚色。河間經術存。○美李義之父通經也。漢河間獻王德，景帝子也。立博士，修禮樂。武帝時來朝，獻雅樂，對三雍宮詔策所問，推道術而言。温克富詩禮，骨清慮不喧。洗然遇知己，談論淮湖奔。憶昔初見時，小襦繡芳蓀。○襦，音儒。○【趙次公曰】説文：短衣也。○蓀，音孫，香草也。右皆美李義也。長成忽會面，慰我久病魂。三峽春冬交，江山雲霧昏。正宜且聚集，○甫自言病肺，峽中春冬之交霧瘴氣，易染成疾，不可冒霧行役也。恨此當離樽。莫怪執盃遲，我衰涕唾煩。○【趙次公曰】舉杯屬我，獨執之遲，蓋以涕唾煩故也。重問子何之，西上岷江原。○【王洙曰】自夔入蜀，逆流而上也。○家語：江水始出岷山。願子少干謁，蜀都足戎軒。○戎軒，謂兵車也。誤失將帥意，不如親故恩。○將帥，指嚴武與郭英乂。○【王洙曰】甫失武意，幾爲所殺，又爲英乂所不容，故言此以諷之。少年早歸來，梅花已飛飜。努力慎風水，豈惟數盤餐。○數，色各切〔四〕，頻也。猛虎卧在岸，蛟螭出無痕。○猛虎、蛟螭，喻蜀中多盜賊也。王子自愛惜，○王子，謂王侯之子。○【王洙曰】指李義也。○戒之欲其謹護也。老夫困石根。○【王洙曰】謂不得其所也。生別古所嗟，發聲爲爾呑。○【王洙曰】謂聲出而復呑也。

【校記】

〔一〕巨，古逸叢書本作「同」。

〔二〕二「恂」，古逸叢書本作「詢」。

〔三〕特，古逸叢書本作「持」。

〔四〕切，元本、古逸叢書本作「反」。

送高司直尋封閬州

丹雀銜書來，暮棲何鄉樹。○【趙次公曰】尚書中候：赤雀銜丹書入豐，止于昌前，昌拜稽首受之。○顧野王瑞應圖：赤雀者，王者動作應天時，則銜書來。○【王洙曰】文王之時，赤雀銜書集于周社。驊騮事天子，辛苦在道路。○【趙次公曰】列子周穆王篇：穆王肆意遠遊，命駕八駿之乘，右服驊騮，而驅馳千里。司直非冗官，荒山甚無趣。借問泛舟人，胡爲入雲霧。○丹雀、驊騮二物，皆王者嘉瑞。○【師古曰】喻高司直宜瑞聖世，不宜在荒山，今入雲霧，尋封閬州，故云甚無趣也。與子姻婭間，○【師古曰】姻婭，連襟也。○爾雅釋親：婿之父爲姻，兩婿相謂爲婭。○【王洙曰】詩：瑣瑣姻婭。既親亦有故。○【師古曰】非惟親戚，亦與甫有故舊也。萬里長江邊，邂逅一相遇。○【趙次公曰】「邂逅相遇，詩之全語。」詩云。長卿消渴再，○【趙次公曰】甫有肺氣，故比之長卿。○【王洙曰】「長卿，相如也。病渴。」西京雜記：司馬相如字長卿，素有消渴疾。及還成都，遂發痼疾。公幹沉綿屢。○【趙次公曰】甫以久病，故比之公幹。○【王洙曰】劉楨字公幹，魏東平人，有詩曰：余嬰沉痼疾，竄身清漳濱。清談慰老夫，開卷得佳句。時見文章士，欣然談〔一〕情素。○戰國策：蔡澤曰：「公孫鞅事孝公，竭智謀，示情素。」王褒聖主得賢臣頌：陳愚心，抒情素。伏枕聞別離，○詩：寤寐無爲，轉展伏枕。疇能忍漂寓。良友苦短促，溪行水奔注。熊羆咆空林，○【師古曰】喻盜賊也。游子慎馳騖。○騖，亡遇切。此戒之也。西謁巴中侯，○【趙次公曰】巴中侯即封閬州也。○譙周巴記：初平六年，趙潁分巴爲二郡，欲得巴舊〔二〕名，故郡以墊江爲治，安漢以下爲永寧郡。建安六年，劉璋分巴東，以永寧爲巴東郡，以墊江爲巴西郡。唐志：閬州，本隆州巴西郡。艱難如跬步。○跬，犬〔三〕蘂切。○【師古曰】半步也。巴、蜀路險難行也。主人不世才，○【王洙曰】主人，謂巴中侯也。先帝常特顧。○先帝，謂玄宗也。拔爲天軍佐，崇大王法度。淮海生清風，○【師古曰】巴中侯被遇玄宗，擢爲禁軍副將，帥淮南，持軍整肅也。○惜乎唐史氏逸其事而不書！南翁尚思慕。○【趙次公曰】南翁者，南方之老人。○【師古曰】甫自稱，以留滯於南州也。公宮造廣廈，木石乃無數。○【師古曰】諭肅宗再造王室，人材之多也。初聞伐松柏，○聞，一作開。猶卧天一柱。○【趙次公曰】此言廊廟之具，非封閬州不足以當之。神異經：崑崙有銅柱，其高入天，所謂「天柱」也。我瘦書不成，○【王洙曰。又，趙次公曰：「(我病)一作我瘦，非。書不成，豈干瘦事？」】瘦，一作病。成字讀亦誤。○讀，一作字。爲我問故人，○【趙次公曰】故人，指封閬州也。勞心練征戍。○一序作「送高司直尋赴閬州」。○【師古曰】或曰：公宮造廣厦，言天子再造王室，人材雖多，一柱尚未用，蓋言房琯見貶閬州，訓練征戍之兵。故人，指房琯。甫托高司直以勞問之也。

【校記】

〔一〕談，古逸叢書本作「淡」。

〔二〕舊，古逸叢書本作「東」。

〔三〕犬，元本、古逸叢書本作「大」。

壯遊 ○【師古曰】此篇叙壯年經遊之迹。○【趙次公曰】自「東下姑蘇臺」至「剡溪蘊秀異」，謂遊吴、楚之地。自「放蕩齊趙間」至「忽如攜葛彊」，謂遊齊、趙之地。○【師古曰】按唐書：甫少貧不自振，客遊吴、越。還，自舊鄉以進士舉，不中第，遂遊齊、趙間，凡八九年，復歸京師也。

往昔十四五，○【王洙曰：「（往昔）又云往者。」】昔，魯作者。○甫生於開元元年之癸丑，此云「十四五」，則丙寅、丁卯年間也。○【王洙曰】阮籍詩：昔年十四五，志尚好詩書。鮑照詩：十五諷詩書，篇翰靡不通。出遊翰墨場。○出，一作入。○【趙次公曰】謝靈運詩：粲粲翰墨場。斯文崔魏徒，○【王洙曰。又，集千家注批點杜工部詩集引作「公自注」。】崔鄭州尚，魏豫州啓心。○唐科名記：崔尚擢久視二年進士。寶刻叢章：北海崔器曰：開元〔一〕鉅鹿大魏公奉古、小魏公啓心前後牧淄。以我似班揚。○似，一作比。○【王洙曰：「班固、揚雄。」】謂崔、魏以甫文似班固、揚雄者也。七齡思即壯，○當開元七年己未也。開口詠鳳凰。○西京雜記：揚雄著太玄經，夢鳳凰集玄之上，頃之而滅。九齡書大字，○當開元九年辛酉也。有作成一囊。○唐李賀常帶一錦囊，每有所得，即收拾囊中。性豪業嗜酒，○孔叢子：平原君强伯高酒曰：昔有遺諺，堯、舜千鍾，孔子百觚，子路百榼。子高曰：此言生於嗜酒者也。嫉惡懷剛腸。○【杜田補遺。又，門類增廣十注杜詩引作「杜云」，杜陵詩史、分門集注、補注杜詩引作「修可曰」。】嵇康與山濤書：剛腸嫉惡，輕肆直言。脱略小時輩，○【王洙曰】恨賦：脱略公卿。結交皆老蒼。飲酣視八極，俗物都茫茫。東下姑蘇臺，○【王洙曰】吴世家：越伐吴，敗之姑蘇。○【趙次公曰】越絶書：闔閭起姑蘇臺，高見三百里。吴地記：因山爲名，在今蘇州。已具浮海航。到今有遺恨，不得窮扶桑。○【王洙曰】山海經：黑齒之北曰暘谷，有扶桑。○【趙次公曰】十洲記：扶桑在碧海中，樹長數千丈，三千餘圍，兩樹同根，更相依倚，故名扶桑。王謝風流遠，○【王洙曰：「王戎、謝安也。」】王導、謝安，乃晉之名族也。闔廬丘墓荒。○【王洙曰】闔廬，吴公子光也。吴越春秋：闔廬死，葬於國西，穿土爲川，積壤爲丘。冢地四周深丈餘，桐棺三重，傾水銀爲池，池廣六十步，黄金珠玉爲鳧雁之屬。專諸之劍三千〔一〕，魚腸之劍在焉。葬之三日，白虎居其上，故名虎丘。劍池石壁仄，○公子光將弑王僚，鑄劍曰吴鈎，故云劍池。長洲芰荷香。○【趙次公曰】吴都賦：帶朝夕之清池，佩長洲之茂苑。○吴地記：長洲在姑蘇南、太湖北，闔廬所遊獵處也。○【鄭卬曰】寰宇記：蘇州長洲縣，乃吴長洲苑者也。嵯峨閶門北，○【杜田補遺。又，門類增廣十注杜詩引作「杜云」，杜陵詩史、分門集注、集千家注批點杜工部詩集引作「修可曰」。】吴越春秋闔廬内傳：闔廬委計於子胥，子胥立閶門者以象天門，通閶闔風。欲西破楚，楚在西北，故立閶門以通天氣。○【王洙曰】陸機吴越行：吴越自有始，請自閶門起。閶門何峩峩，飛閣跨通波。清廟映回塘。○回，一作池。○【杜田補遺。又，門類增廣十注杜詩引作「杜云」，杜陵詩史、分門集注、補注杜詩、集千家注批點杜工部詩集引作「修可曰」。】清廟，乃吴文帝孫和廟也。子皓改葬和，號明陵。又分吴郡、丹陽爲吴興郡，置太守，四時奉祠，立寢堂，號曰「清廟」。○按錢塘記：郡曹〔三〕華信義，立此〔四〕塘以防海水，旬日而成，今杭州縣是也。每趨吴泰伯，○【王洙曰】史記吴世家：太伯、弟仲雍皆周太王太子王季歷之兄。季歷賢而有聖子昌，太王欲立季歷以及昌，太伯、仲雍二人乃往荆蠻，文身斷髮，示不可用，以避季歷，自號勾吴。皇覽：太伯冢在吴縣北梅里聚，去城十里。撫事淚浪浪。○浪，叶盧當切，水聲也。甫撫循前事而垂淚，蓋懷古也。枕戈憶勾踐，○【王洙曰】越王勾踐遁逃會稽之耻，坐則嘗膽，卧則枕戈，思有以報吴也。渡浙想秦皇。○【王洙曰】秦始皇本紀：行至雲夢，浮江渡海，至錢塘，臨浙江。晉灼曰：江水至會稽山陰爲浙江。蒸魚聞匕首，○【王洙曰】刺客傳：專諸，吴堂邑人。吴公子光欲殺吴王僚，得專諸，善待之。於是具酒請王僚，使專諸置匕首魚炙之腹中而進之。既至王前，專諸擘魚，因以匕首刺王僚。僚死，光自立爲王，是爲闔廬。○吴越春秋：專諸從太湖學炙魚三〔五〕月，得其味。公子光具酒請王僚，酒酣，使專諸置魚腸劍炙魚中進之。既至王僚前，專諸乃擘炙魚，因推匕首以刺王僚。除道哂要章。○哂，矢悲〔六〕，笑也。○【王洙曰】朱買臣傳：買臣家貧，隨上計吏至長安，上書待詔公車。會嚴助薦之，武帝拜會稽太守，詔歸郡。初，買臣常從會稽守邸者寄食。拜爲太守，買臣衣故衣，懷其印綬，步歸郡邸。直上計時，會稽吏方相與羣飲，不視買臣。買臣入室中，守邸與共食。食且飽，少見其綬，守邸怪之，前引其綬，視其印，會稽太守章也。守邸驚駭，陳列庭中拜謁，買臣徐出。有頃，長安厩吏乘駟馬車來迎，買臣遂乘傳去。會稽聞太守至，發民除道。入吴界，見其故妻、妻夫治道，買臣駐車，令後車載其夫妻到太守舍，置園中給食之。居月餘，妻自經死。○唐白樂天寄元微之詩：外物竟關身底事，謾排門戟繫腰章。越女天下白，○越女，謂西施也〔七〕。鏡湖五月涼。○鏡湖，在今會稽東門外，謂其湖水明如鏡也。廣雅：鑑謂之鏡，固可通名〔八〕。按輿地記：山陰南湖縈帶郊郭，白水翠岩互相映發，若鏡若圖。○【杜田補遺。又，門類增廣十注杜詩引作「杜云」，杜陵詩史、分門集注、補注杜詩引作「杜定功曰」。】或引梁任昉述異記：鏡湖，世傳軒轅黄帝鑄鏡湖邊，因名鏡湖。今有軒轅磨鏡石尚存，石上常潔，不生蔓草。剡溪藴秀異，欲罷不能忘。○【鄭卬曰】剡，時冉切，縣名。○在會稽之東南二百八十里。晉戴逵時在剡，王徽之雪夜乘舟詣之，未及造門，興盡而反。歸帆拂天姥，○【鄭卬曰】姥，莫古切。天姥，山名，在今剡縣南八十里。○【王洙曰】謝靈運登海嶠詩：暝投剡中宿，明登天姥岑。○按集有贈太常張卿均曰「適越空顛躓」，蓋此時也。中歲貢舊鄉。○甫自越而歸，以鄉舉貢于京師也。氣劘屈賈壘，○【鄭卬曰】劘，莫婆切，削也。○屈原、賈誼，昔之能賦者也。甫以賦自恃，將謂其氣可以削劘屈、賈之壘。○【趙次公曰】蓋以程文喻軍壘之戰，有勝負故也。目短曹劉墻。○【王洙曰：「曹子建、劉公幹文章也。」】曹植、劉楨，昔之能詩者也。○甫以詩自高，將謂其目可以近窺曹、劉之墻。○【王洙曰】論語：賜之墻也及肩。忤下考功第，○【鄭印曰】忤，五故切，逆也。○甫以首言忤考功意而見黜也。○【王洙曰】唐武德初，以考功郎監試貢舉進士。至開元二十六年戊寅春，以考功郎輕，徙禮部以春官侍郎主之。○甫下考功第，當在開元二十五年前也。按集有贈鮮于詩「學詩獨孺子，鄉賦忝嘉賓〔九〕」。不得同晁錯，吁嗟後郄詵」，詩意略同。獨辭京尹堂。放蕩齊趙間，○按集，甫在夔有上後園山脚詩「昔我遊山東，憶戲東嶽陽。窮秋立日觀，矯首望八荒」，蓋謂此時也。甫父閑嘗爲兖州司馬，甫从之〔一〇〕又有登兖州城樓詩是也。裘馬頗清狂。春歌叢臺上，○【王洙曰】叢臺，故趙王臺也。高三千尺，在今潞〔一一〕州邯鄲城中。鄒陽傳：全趙之時，武刀〔一二〕鼎士，袨服叢臺之下也。冬獵青丘旁。○冬，或作久。○【趙次公曰】青丘，齊地名，在海東三百里。司馬相如子虛賦：齊王秋田乎青丘，彷徨乎海外，吞若雲夢者八九，於其胸中曾不芥蔕。○【鄭印曰】又，齊景公有馬千駟，畋於青丘。青丘，千乘縣名也。○字或作清。後漢郡國志：兖州分東郡，治濮陽，有清丘。注引左氏傳宣十三年：盟清丘。杜預注：縣東南。呼鷹皂櫪林，○【王洙曰。又，趙次公曰：「皂櫪，一作紫櫪。未知孰是？」】皂，一作紫。○櫪，晉作櫟。齊地。逐獸雲雪岡。○亦齊地也。射飛曾縱鞚，○射，食亦切。○【王洙曰】鮑照詩：幽并重騎射，少年〔一三〕好馳逐。獸肥春草短，飛鞚越平陸。○古冬狩行：縱鞚飛鳴銅〔一四〕，引臂鶖幽猿。引臂落鶖鶬。○鶖音秋，秃鶖也。鶬音倉，麋鴰也。又云九頭，皆惡鳥也。蘇侯據鞍喜〔一五〕，○【王洙曰。又，集千家注批點杜工部詩集引作「公自注」。】舊注：監門胄曹蘇預。○【薛夢符曰】余按南史：顏峻好騎馬遊里巷，遇知舊，輒據鞍索酒，得必傾盡，欣然自得。**忽如攜葛彊。**○甫以葛彊比蘇侯，時蘇侯與甫同獵也。○【趙次公曰】晉山簡鎮襄陽，每出遊多之習氏池上，輒醉而歸。時有兒童歌曰：「山公出何許，往至高陽池。時時能騎馬，倒著白接䍦。舉鞭問葛彊，何如并州兒？」彊家在并州，簡愛將也。餘見題注。**快意八九年，西歸到咸陽。**○甫少歷遊吳、越、齊、趙，復歸長安也。餘見題注。秦獻公元年，城櫟陽，徙都之。注：今萬年是也。又孝公十二年，作爲咸陽，築冀闕，徙都之。韋昭云：秦所都，武帝更名渭城。應劭云：今長安也。按關中記：孝公都咸陽，今渭城是也。在渭北。始皇都咸陽，今城南大城是也。名咸陽者，山南曰陽，水北亦曰陽。其地在渭水之北，又在九嵕諸山之南，故曰咸陽。**許與必詞伯，**○詞伯乃詞人之長，謂如李邕、王翰之儔，咸推許其有才也。**賞遊實賢王。**○【王洙曰。又，趙次公曰：「（賞遊）一作貴遊，非。」】賞，一作貴。○謂如與汝陽王璡相善也。按集，有哀汝陽王璡曰「晚年務置醴，門引申白賓」，又贈汝陽王璡曰「淮王門下客，終不愧孫登」是也。**曳裾置醴地，**○【王洙曰】漢楚元王傳：元王交敬禮申公。穆生不嗜酒，元王常爲穆生設醴。注：醴，甘酒也。○【趙次公曰】鄒陽傳：鄒陽諫吳王：「臣聞何王之門不可曳長裾乎？」**奏賦入明光。**○【趙次公曰】明光，宮名。○新唐書：天寶十三載，甫三上大禮賦。考玄宗紀：十三載正月丙午，至自華清。三月壬申，朝獻太清宮，上聖祖玄元皇帝號，未嘗郊廟行三大禮。十載春正月乙酉朔、壬辰，朝獻太清宫。癸巳，享太廟。甲午，有事于南郊。則甫奏賦當在十載也。三輔黄圖：明光宫，王城内，近桂宫。天子廢食召，羣公會軒裳。○軒裳，謂軒車簪裳也。○【王洙曰】甫奏三賦，帝奇之。待制集賢院，宰相試文章，授河西尉，不拜，改右衛率府胄曹。○【趙次公曰】按集有莫相疑行詩曰「憶獻三賦蓬萊宫，自怪一日聲烜赫。集賢學士如堵墻，觀我落筆中書堂」是也。脱身無所愛，痛飲信行藏。○時辭官放恣，以酒爲樂也。按集有官定後戲贈曰「不作西河尉，凄凉爲折腰。老夫怕奔走，率府且逍遥」是也。黑貂不〔一六〕免弊，○貂，丁聊切〔一七〕，鼠屬。謂貧困於時，而衣遂弊也。○【王洙曰：「蘇季不用於秦，而黑貂裘弊。」】戰國策：蘇秦説李充，充送秦黑貂之裘、黄金百鎰，以入於秦。書十上而説不行，黑貂之裘弊。斑鬢兀稱觴。○兀，五忽切，高也。斑鬢，謂髮半白。兀坐舉酒觴以自遣也。○【王洙曰】秋興賦：斑鬢颯以承弁。閒居賦：稱萬壽以獻觴。杜曲晚耆舊，○【王洙曰】晚，一作换。○甫家于杜曲。四郊多白楊。○【何曰】白楊乃墳上之木也。○廣志：白楊，一名「高飛木」，葉大於柳。古今注：白楊，葉圓。李密詩：四郊何所有，白楊與高冢。坐深鄉黨敬，○黨，一作曲。日覺死生忙。○日，一作自。○【趙次公曰】謂鄉曲故老死者日多，今復推甫爲長上故也。朱門任傾奪，○【王洙曰】任，一作務。赤族迭罹殃。○【劉曰】朱門，權貴也。赤族，誅三族也。○玄宗末年信任非人，權貴争權，互相傾奪，赤族者比比皆是。○【王洙曰】揚子解嘲：客徒欲朱丹其轂，不知一跌赤吾之族。國馬竭粟豆，○是時太平日久，帝侈心自恣，舞馬衣文采，飼以粟豆。○【王洙曰】按，漢有太常，三輔粟豆。官雞輸稻粱。○【王洙曰】是時五坊有供奉鬬雞，又有鬬雞使。○百姓輸納稻粱以供養雞也。舉隅見煩費，○【王洙曰】甫但舉一隅，足見當日煩費可知也。引古惜興亡。○【王洙曰】援古以驗今，則興亡之理可痛惜也。河朔風塵起，○【王洙曰：「禄山起於河朔。」】謂禄山承隙而反于范陽也。岷山行幸長。○【王洙曰】謂玄宗西走幸蜀也。○岷山，蜀之名山，遠長也。兩宮各警蹕，○兩宮，謂肅與玄也。古今注：警蹕，所以戒行徒也。秦制，出軍者皆警戒，入國者皆蹕止故也。萬里遥相望。○望，協讀平聲。○【王洙曰】謂肅宗即位靈武。○與玄宗相間，有陝、蜀之異也。古詩：兩宮遥相望。崆峒殺氣黑，○謂吐蕃寇於西山也。少海旌旗黄。○謂禄山返於范陽也。禹功亦命子，○謂堯傳之舜，舜傳之禹，則命其子啓。○【杜田補遺：「蓋啓與有扈戰于甘之野，正指太子爲元帥。」又，門類增廣十注杜詩引作「杜云」，杜陵詩史、分門集注、補注杜詩引作「修可曰」。】啓嘗與有扈戰于甘之野，喻玄宗命肅宗以平賊也。涿鹿親戎行。○涿，竹角切。涿鹿，郡名也。行，户郎反。戎行，兵伍也。○【杜田補遺。又，門類增廣十注杜詩引作「杜云」，杜陵詩史、分門集注、補注杜詩、集千家注批點杜工部詩集引作「修可曰」。】昔黄帝與蚩尤戰于涿鹿之野，以喻肅宗親征也。翠華擁英岳，○【趙次公曰：「英岳，或作吴岳，並未見。」】英，一作吴。○【王洙曰：「翠華，天子羽葆也。」】翠華，乃天子旌旗之飾也。○正異云：吴岳在扶風。卞圜云：在隴州。螭虎噉豺狼。○【趙次公曰】螭虎，喻王師之勇。豺狼，比盗賊也。爪牙一不中，○中，竹冲切，當也。將爲國之爪牙，哥舒翰爲將守潼關，賊攻破之，房琯爲將，與賊戰陳濤斜，爲賊所敗，豈非爪牙之不中耶？胡兵更陸梁。○是使禄山得以陸梁不順而僭即帝位也。後漢西氏〔一八〕論：轂馬揚埃，陸梁於三輔也。大軍載草草，○大，一作天。禄山既得志，官軍愈沮縮。○【韓曰】草草，辛苦貌。凋瘵滿膏肓。○【韓曰：「謂民困疲之甚。」】言困病之甚，如病在膏肓，爲難治也。○【薛夢符曰】左氏成公十年傳：秦使醫緩視晉侯疾，曰：「肓之上，膏之下，攻之不可達，針之不可及，藥不至焉，不可爲也。」備員竊補衮，○【趙次公曰】甫自謂幸備員〔一九〕爲左拾遺也。○詩蒸民：衮職有闕，維仲山甫補之。平原君傳：毛遂備員而行。按集有曰「衮職曾無一字補」，意同。憂憤心飛揚。○謂心中爲國憂憤，飛揚而不定也。上感九廟焚，○焚，一作毁。下憫萬民瘡。○萬民，一作蒼生。斯時伏青蒲，○【王洙曰】史丹傳：元帝欲易太子，丹候上獨寢，直入卧内，頓首伏青蒲上，泣涕而諫。應劭注：以青規地，曰青蒲。自非皇后不得至此。廷争守御床。○【王洙曰：「衛瓘託醉跪帝床前，以手撫床曰：『此座可惜！』」】晉衛瓘爲司空，甚得朝廷聲譽。惠帝爲太子，朝臣咸謂純質不能親政事，瓘每欲陳啓廢之，而未敢發。後會宴陵臺，瓘託醉，因跪帝牀前，以手撫床，曰：「此座可惜！」帝悟，因謬曰：「公真大醉邪！」君辱敢愛死，○【王洙曰】范睢傳：主憂臣辱，主辱臣死。檀弓篇：申生不敢愛其死。赫怒幸無傷。○甫幸備員〔二〇〕拾遺，憂國之心，上則感九廟之焚毁，下則憫萬民之瘡痍，遂伏青蒲，或守御床以諫，謂房琯雖敗，不宜廢棄。甫傷君憂辱，盡忠以諫，不愛其死，奈何天子赫怒，出甫爲華州司功，幸保其首領，無傷而已。○【王洙曰】詩皇矣：王赫斯怒。○余考之史氏，至德元載冬，房琯敗陳濤斜，免相。二載夏，甫上疏陳，帝怒，詔三司雜問。宰相張鎬曰：「甫抵罪，絕言者路。」御史大夫韋陟言甫論琯，不失諫臣大體。甫坐琯，出爲華州司功。聖哲體仁恕，○【師古曰】自此已下，復叙肅宗收復京師也。寓縣復小康。○寓，與宇同。哭廟灰燼中，鼻酸朝未央。○【王洙曰】時素服哭廟，朝羣臣於未央宫也。○公孫述傳：可爲酸鼻。高唐賦：孤子寡婦，寒心酸鼻。小臣議論絕，久病客殊方。○久，一作老。小臣，甫自謂也。帝既收復，甫時已見斥棄官，迤邐入蜀，不復議論朝廷事矣。鬱鬱苦不展，○【趙次公曰】言不得志也。羽翮困低昂。○言無復飛騰也。秋風動哀壑，碧蕙捐微芳。○【趙次公曰：「一作損，非。」】捐，一作損。○秋風，殺氣也，以喻嚴刑。蘭蕙，香草也，以比君子。秋風翦碧蕙，使之捐棄芬芳，喻君子見黜而不用也。之推避賞從，○從，才用反，隨行也。甫意謂隨肅宗中興，今日收復，賞不及己，故比之介推也。○【王洙曰：「介之推從晉亡，賞不及，亦不言。後避賞入山。」】左氏僖二十四年傳：晉侯賞從亡者，介之推不言禄，禄亦弗及，遂隱而死。晉侯求之，不獲，以綿上爲之田，以志吾過。○劉向列仙傳：介子推，晉人也。隱居無名，晉公子重耳異之，與出，居外十餘年，勞而不辭。及還，介山伯子常晨來呼推曰：「可去矣。」推辭禄，與母入山中，從伯常遊。後文公遣數千〔二〕人以玉帛求之，不出。漁父濯滄浪。○浪，音郎。滄浪，水名，在荆州。甫自謂潔己而退，如漁父也。○【王洙曰】屈原漁父篇：漁父鼓枻而歌曰：「滄浪之水清兮，可以濯吾纓。滄浪之水濁兮，可濯吾足。」○【鄭印曰：「浪字雖重，意殊不妨。」】余按此篇兩押浪字，字雖同，而義則異爾。榮華敵勳業，歲暮有嚴霜。○【王洙曰】彼有立功業者，榮華其身，不能謙損，如萬物當霜暮，斯有嚴雪之憂也。吾觀鴟夷子，才力出尋常。○【趙次公曰】是以范蠡既霸越，不居盛名，泛舟五湖，號鴟夷子。其高舉遠引，乃出尋常之才格也。○按劉向列仙傳：范蠡字少伯，徐人也。事周師太公，好服桂飲水。爲越大夫，佐勾踐破吴。後乘扁舟入海，變名姓適齊，爲鴟夷子。没〔二〕後百餘年，見於陶，爲陶朱君，財累億萬，號朱公。復棄之，蘭陵賣藥〔三〕，人世世見之。顏師古漢書音義：鴟夷者，言若盛酒之鴟夷，多所容受，而可卷懷，與時張弛也。羣兇逆未定，側佇英俊翔。○今國家未定，羣兇尚熾，要當任賢使能，乃俾英雋遠遁而去，豈其所宜哉？杜甫之微意，乃諷朝廷之疏賢也。

【校記】

〔一〕古逸叢書本「元」下有「時」字。

〔二〕千，元本、古逸叢書本作「手」。

〔三〕曹，元本、古逸叢書本作「有」。

〔四〕此，元本、古逸叢書本作「北」。

〔五〕三，元本、古逸叢書本作「二」。

〔六〕悲，古逸叢書本作「忍切」。

〔七〕元本、古逸叢書本「謂西施也」下尚有一句：「越絶書：越王勾踐得採薪二女西施、鄭旦，以獻吴王。」

〔八〕按，元本、古逸叢書本無「廣雅」云云一句。

〔九〕元本、古逸叢書本無「詩學詩獨孺子鄉賦忝嘉賓」十一字。

〔一〇〕从之，元本、古逸叢書本作「之文」。

〔一一〕潞，古逸叢書本作「邢」。

〔一二〕刀，古逸叢書本作「力」。

〔一三〕年，元本、古逸叢書本作「任」。

〔一四〕銅，古逸叢書本作「鏑」。

〔一五〕喜，元本、古逸叢書本作「臺」。

〔一六〕不，元本、古逸叢書本作「寧」。

〔一七〕切，元本、古逸叢書本作「反」。

〔一八〕氐，古逸叢書本作「羌」。

〔一九〕員，原作「圓」，據古逸叢書本改。

〔二〇〕員，原作「圓」，據古逸叢書本改。

〔二一〕千，古逸叢書本作「十」。

〔二二〕没，古逸叢書本作「皮」。

〔二三〕古逸叢書本「藥」下有「後」字。

君不見簡蘇徯

君不見道邊廢棄池，君不見前者摧折桐。百年死樹中琴瑟，○中，竹仲反。以譬士終有用也。○【王洙曰：「蔡邕取爨下桐爲琴。」】後漢蔡邕傳：邕字伯喈，吳人有燒桐以焚者，邕聞火烈之聲，知其良木，因請而裁爲琴，果有美音，而其尾猶焦，故名曰「焦尾」焉。○劉昫〔一〕嘗曰：蔡邕焦尾，歷晉、宋傳寶焉。枚乘七發：龍門之桐，百尺無枝，鬱結而輪囷，根扶疏以分離，其根半死半生，冬則烈風之所散，夏則雷霆之所激。○【趙次公曰】庾信擬連珠有曰：日南枯蚌，猶含明月之珠；龍門死樹，尚抱咸池之曲。一斛舊水藏蛟龍。○以譬士當守所養也。昔有人於廢池中得一魚，爲鮓，味極美，以遺張華。華曰：龍肉，以苦酒漬之，即成琥珀。○【王洙曰】荀子勸學篇：積水成淵，蛇龍生焉。丈夫蓋棺事始定，○謂丈夫之志，不死則不已也。○【王洙曰】古詩：蓋棺事乃已。君今幸未成老翁。○君指蘇徯也。○【趙次公曰】魏文帝與吳質書：已成老翁，但未白頭耳。何恨憔悴在山中，深山窮谷不可處，霹靂魍魎兼狂風。○【王洙曰】兼，一作并。○勉之之辭也。

【校記】

〔一〕貺，元本作「貽」。

贈蘇徯

異縣昔同遊，各云厭轉蓬。○【王洙曰】言甫與徯飄泛無定，如蓬之隨風轉徙也。古詩：他鄉各異縣，爲客若轉蓬。別離已五年，尚在行李中。○行李，使者也。李，通作理，字異而義同。○【王洙曰】左氏僖公三十年傳：行李之往來，共其困乏。杜預注：行李，使人。○【趙次公曰】襄公八年傳：亦不使一介行李告于寡君。杜預注：行李，行人也。○昭公十二年傳：行理之命，無月不至。杜預注：行李，使人通聘問者。管子五行篇：黃帝得后土而辨于北方，故使爲李。又曰：冬，李也。注：李，獄官也。乃知古昔多以李爲理矣。戎馬日衰息，乘輿安九重。○【趙次公曰】以車駕嘗因吐蕃陷京師而幸陝，今稍平定後還長安，爲九重之安矣。○宋玉九辯：君之門以九重。有材何棲棲，○【趙次公曰】論語：丘何爲是棲棲者與？將老委所窮。○言京師已復，宜見召用，尚使抱材棲棲無所定處，窮通委之於命也。爲郎未爲賤，其奈疾痛攻。○【趙次公曰】甫爲尚書郎，未爲卑賤，其奈病肺何？○廣德二年春，嚴武鎮蜀，奏公尚書郎、劍南參謀。按集有曰「爲郎從白首」，又曰「已老尚書郎」，又曰「爲慙白首郎」，皆謂是也。子何面黧黑，○黧，音黎，黑而黃也。子，指蘇徯也。李斯傳：禹鑿龍門，手足胼胝，面目黧黑。不得豁心胸。巴蜀倦剽劫，下愚成土風。○【王洙曰：「崔旰之亂也。」】言崔旰之亂，相習以成風俗，而民力倦困也。幽薊已削平，荒徼尚彎弓。○【王洙曰：「禄山節鎮處也。時思明未平。」】幽薊，指禄山雖平，而史思明尚彎弓於徼也。斯人脱身來，豈非吾道東。○【趙次公曰】斯人，指徯也。時脱身而來巴蜀，故云「吾道東」矣。○【王洙曰】後漢鄭玄傳：玄字康成，從扶風馬融質諸疑義，問畢辭歸。融喟然謂門人曰：「鄭生今去，吾道東矣。」乾坤雖寛大，所適裝囊空。○言其貧也。肉食哂菜色，○哂，矢忍切，笑也。○【王洙曰】傷乎世情以肥瘠爲輕重也。○【趙次公曰】左氏傳：肉食者無墨〔一〕。少壯欺老翁。○或曰：甫託言以諷嚴武。武與甫有舊契，偶失武意，幾爲所殺。況乃主客間，古來偪側同。○蓋以甫爲客依武之故也。○【趙次公曰】按集又有偪側行篇。君今下荆揚，獨帆如飛鴻。二州豪俠場，人馬皆自雄。○言荆楚豪俠尚氣，輕薄自雄以欺客也。一請甘飢寒，再請甘養蒙。○【王洙曰：「欲其晦跡以自全耳。」】故甫以一請再請戒之養蒙，欲其韜晦遠客，無露其圭角也。○【趙次公曰】易：蒙以養正。

【校記】

〔一〕無墨，古逸叢書本作「鄙」。

別蘇徯赴湖南幕〇【赴湖南幕，九家集注杜詩、分門集注作「王洙曰」。】

故人有遊子，棄擲傍天隅。〇【王洙曰】李陵詩：遊子暮何之，各在天一隅。佗日憐才命，居然屈壯圖。〇【趙次公曰】佗日，言前日也。嘗愛憐蘇之才命，以爲必超騰矣，而今居然猶壯圖之屈也。十年猶塌翼，〇【王洙曰】陳琳檄書：忠義之佐，垂頭塌翼。絶倒爲驚呼。〇【王洙曰】晉琅邪王澄每聞衛玠言，輒嘆息絶倒，故時人爲之語曰：「衛玠談道，平子絶倒。」消渴今如在，提携愧老夫。〇【趙次公曰】甫自言有消渴之疾，不能提携蘇徯爲愧也。豈知臺閣舊，先拂鳳凰雛。〇先，陳作洗。焦貢易傳：鳳生五雛，長于南嶽。建康實録：鳳皇將九雛，再見于豐城。〇【王洙曰】蜀龐統號「鳳雛」。〇晉陸雲幼時，闗鴻見而奇之，曰：「此貌若非龍駒，將是鳳雛。」得實翻蒼竹，棲枝把翠梧。〇馬融廣德頌：棲鳳皇於高梧。注引韓詩外傳：黄帝時，鳳皇止帝東園，集帝梧桐，食帝竹實也。北辰當宇宙，〇喻代宗當宁〔一〕而立也。南嶽據江湖。〇南嶽謂衡山也。〇【趙次公曰】以蘇徯往赴湖南幕客，故指其地而言也。國帶風塵色，〇【趙次公曰】謂時干戈未息也。兵張虎豹符。〇應劭漢書音義：銅虎符，第一至第五，國家當發兵，遣使者至郡合符，符合乃聽受之。數論封内事，○數，色各〔二〕切，屢累〔三〕也。揮發府中趨。○【趙次公曰】言蘇徯爲幕客，則數論其湖南封内之事，而能發揮之也。古樂府陌上桑篇：盈盈公府步，冉冉府中趨。贈爾秦人策，○爾，一作汝。○【王洙曰】左氏文公十三年傳：秦伯使士會行，繞朝贈之以策：「子無謂秦無人，吾謀適不用爾。」杜預注：策，馬撾也。莫鞭轅下駒。○【王洙曰】灌夫傳：上怒内史曰：「公平生數言魏其、武安長短，今日廷論，局促效轅下駒。」

【校記】

〔一〕宁，元本、古逸叢書本作「宇」。

〔二〕各，元本、古逸叢書本作「角」。

〔三〕累，元本、古逸叢書本作「舉」。

反照

反照開巫峽，寒空半有無。已低魚復〔一〕暗，○復，音腹。寰宇記：夔州奉節縣，本漢魚復縣。左氏文公十年傳「魚人逐楚師」是也。不盡白鹽孤。○【王洙曰】白鹽，山名。○前注。荻岸如秋水，○【趙次公曰】荻花密布，如秋水之粼波也。松門似畫圖。○松門山色如畫圖之丹青也。

十道志：松門在夔州。謝靈運入彭澤詩：牽葉入松門。牛羊識童僕，既夕應傳呼。○【趙次公曰】詩：日之夕矣，牛羊下來。

【校記】

〔一〕復，原作「腹」，據古逸叢書本改。

向夕

畎畝孤城外，江村亂水中。深山催短景，喬木易高風。鶴下雲汀近，雞栖草屋同。琴書散明燭，長夜始堪終。

曉望

白帝更聲盡，陽臺曉色分。高峰寒上日，○【師尹曰：「一作『高峰初上日，叠嶺未收雲』。」】寒，一作初。叠嶺宿霾雲。○【師尹曰：「一作『高峰初上日，叠嶺未收雲』。」】宿霾，或作未收。地拆江帆隱，○【趙次公曰：「地拆，言江闊也。」】地拆，謂天闊也。天清木葉聞。荆扉對麋鹿，應共爾爲羣。

錦樹行

今日苦短昨日休，歲云暮矣增離憂。○【師古曰。又，王洙曰：「時不我與，而不知老之將至也。」】日短、歲暮，皆傷老之將至，而歲不我與也。霜凋碧樹作錦樹，○作，荆公作行。○【師古曰。又，王洙曰：「木葉經霜而紅，故若錦然。」】樹以霜厭，葉紅色如錦也。萬壑東逝無停留。○【王洙曰】聖賢之傷時者，莫不寓意於此。孔子所以有「川上」之歎也。荒戍之城石色古，東郭老人住青丘。○【趙次公曰】東郭，乃夔州也。○【師古曰】東郭、青丘，亦夔州之地名，非洛陽之青丘。○【趙次公曰】老人，甫自稱也。飛書白帝營斗粟，○【師古曰】謂有所請求也。琴瑟几杖柴門幽。青草萋萋盡枯死，天馬跂足隨氂牛。○一作「天與跂足」。氂，莫褒切，又陵之切，字或作「犛」，又音茅。○【趙次公曰】草枯則無以充天馬之飼，與氂牛無異矣。氂牛，蠻中牛也。○【師古曰。又，王洙曰：「天馬隨氂牛，喻君子而隨小人。」】以喻君子失所而混居小人之中也。○上林賦：犛旄貘〔一〕氂。張揖曰：旄〔二〕牛，其狀如牛而四節毛氂黑色，出西南徼外。爾雅釋畜：犣牛，旄牛也。髀、膝、尾間皆有長毛。自古聖賢多薄命，○【王洙曰：「伯夷之餓死，孔子之棲棲，顔回之夭，孟軻之坎坷，皆薄命之聖賢也。」】謂如夷、齊之餓死、孔、孟之不遇是也。姦雄惡少皆封侯。○王本作「封公侯」。○【王洙曰：「漢祖之起，所取侯者，皆屠沽、刀筆之人。」】謂如樊噲之屠狗、灌嬰之販繒，皆是也。

故國三年一消息，終南渭水寒悠悠。○【師古曰】南山、渭水，皆關中之景物，已皆禄山所陷也。五陵豪貴反顛倒，○五陵，前注。鄉里小兒狐白裘。○禮記：狐白裘，錦衣以裼〔三〕之。呂氏春秋：天下無粹白之狐，而有粹白之裘，取諸〔四〕衆白也。晏子春秋：景公被狐白裘坐於堂。○【薛夢符曰】春申君傳：孟嘗君獻秦昭王狐白裘，直千金，天下無雙。生男墮地要膂力，○【趙次公曰】傅玄豫章行：苦相身爲女，卑陋難具陳。男兒當門户，墮地自生神。雄心志四海，萬里望風塵。女育無歡慶，丈夫多好新。○又，傅歷九秋篇：男兒墮地稱殊，女弱雖存若無。一生富貴傾家國。○【趙次公曰：「師民瞻本作『生女富貴傾家國』，則與上下句皆言男子之事不接矣。」】一生，作生女。○外戚傳：李延年侍上，歌曰：「北方有佳人，絶世而獨立。一顧傾人城，再顧傾人國。傾城與傾國，佳人難再得。」上召見之，由是得幸。莫愁父母少黄金，天下風塵兒亦得。○【師古曰】皆歎亂世貴者反賤，賤者反貴。如小人徒有膂力以取富貴，傾動國家。○【趙次公曰】異乎佳人以容貌而傾乎人國者。○【師古曰。又，王洙曰：「天下風塵，則奸邪得志。」】蓋以天下風塵故也。

【校記】

〔一〕獏，元本、古逸叢書本作「摸」。

〔二〕旄，元本、古逸叢書本作「氂」。

〔三〕裼，古逸叢書本作「禓」。

〔四〕諸，元本、古逸叢書本作「言」。

赤霄行

○【蘇曰】或曰：按新唐書：甫性褊躁傲誕，嘗醉登嚴武牀，瞪視之，曰：「嚴挺之乃有此子。」武亦暴猛，外若不忤，中銜之。一日，欲殺甫及梓州刺史章彝，集吏於門，武將出，冠鈎于簾三，左右白其母，奔救，得止。獨殺彝。後世之論，因謂武殺公，於是有赤霄行之作。○今考公詩，武未開府，彝已交印入覲。以詩求之，日月昭然。說者又謂房太尉琯亦忤武，憂怖成病。武母以小舟送甫下峽。二公幾不免，李白作蜀道難以危之。其説皆妄也。嘗謂公與琯、武素厚，公因琯廢，武因琯顯，武恨不能報琯，故以報琯之心報公，辟公爲劍南參謀。武死而公哭之哀也。武豈殺公者哉？公巴東詩曰：「留滯一老翁，書時記朝夕。」新史氏之言當失之也。○【趙次公曰】或曰：此篇乃遭侮而感歎之作也。○今並録之，以啓蒙後學有識察焉。

孔雀未知牛有角，○角，協音谷。渴飲寒泉逢觝觸。○【師古曰】孔雀與牛非其類，猶君子小人非其類，不虞君子反爲小人中傷也。赤霄玄圃須往來，翠尾金花不辭辱。○【杜田補遺。又，杜陵詩史、分門集注、補注杜詩引作「師古曰」。】埤雅：博物志：孔雀尾有金翠，雌者不冠，尾短無金翠。人採其尾以飾扇，拂生翠，則金翠之色不減。南人取其尾，握刀蔽于叢竹潛藏之處，伺過，急翦之，若不即斷，回首一顧，無復光彩也。江中淘河嚇飛燕，○嚇，虛訝切，口距人也。又，郝格切，怒也。○【杜田補遺】又，杜陵詩史、分門集注、補注杜詩引作「師古曰」。】爾雅釋鳥：鵜，鴮鸅。郭璞注：今之鵜鶘也。好羣飛，沈水食魚，故名「洿澤」，俗呼「淘河」。○【杜田補遺】陸機疏：維鵜在梁，詩。鵜，水鳥，澤中有魚，便羣共貯〔一〕水，滿其湖〔二〕而棄之，令水竭，乃共食魚，故名「淘河」。本草：鵜鶘，一名「淘河」。胸前有兩塊肉，云昔人竊肉入河所化，故名「逃河」。○【趙次公曰】莊子秋水篇：惠子相梁，莊子往見之，曰：「鴟得腐鼠，鵷雛過之，仰而視之，曰：『嚇！』今子欲以子之梁國而嚇我邪？」銜泥却落羞華屋。○【趙次公曰】飛燕從江上來，爲淘河所疑，意謂燕争其食而嚇怒之，歸華屋之上，負此羞耻，銜泥而却落也。○【師古曰】譬猶小人居朝，反爲洿辱也。皇孫猶曾蓮勺困，○【王洙曰】蓮，音輦。勺，音灼。孝宣帝紀：初爲皇曾孫，高材好學，亦喜遊俠，鬬雞走馬，常困於蓮勺鹵中。音義曰：爲人所困辱也。蓮勺縣有鹽池，縱廣十餘里，其鄉人名爲鹵中。鹵者，鹹地也。在櫟陽縣東。衛莊見貶傷其足。○【王洙曰】衛，一作鮑。左氏成公十七年傳：春，齊靈公伐鄭。高無咎、鮑牽處守。及還，將至，閉門而索。孟子訴之曰：「高、鮑將不納君。」秋，刖鮑牽而逐高無咎。齊人來召鮑國而立之。鮑國相施氏忠，故齊人取以爲鮑氏後。仲尼曰：鮑莊子之智不如葵，葵猶能衛其足也。老翁慎莫怪少年，葛亮貴和書有篇。○【趙次公曰】老翁，甫自指言也。少年，則所見辱之子也。陳壽所上諸葛亮集，目録凡二十四篇，而貴和第十一。○此甫所以託言不能和則必召辱矣。丈夫垂名動萬年，記憶細故非高賢。○【師古曰】語云：君子坦蕩蕩，小人長戚戚。○【師古曰。又，王洙曰：「言不可録小怨而棄大德也。」】此甫所以不記録其小怨也。不然，何以見君子之大德？○【趙次公曰】漢文帝與匈奴書：朕與單于捐細故。顔師古曰：細故，小事也。

【校記】

〔一〕貯，古逸叢書本作「抒」。

〔二〕湖，古逸叢書本作「胡」。

前苦寒行二首

漢時長安雪一丈，○金匱曰：武王伐紂，都洛邑，未成，雨雪十餘日，深丈餘。王莽天鳳二年，大雨雪，關東尤甚，深者一丈。牛馬毛寒縮如蝟。○【杜田正謬。又，門類增廣十注杜詩引作「杜云」；杜陵詩史引作「修可曰」，又引作「師古曰」；分門集注引作「杜修可曰」。】西京雜記：元封二年，大寒，雪深五尺，野鳥獸皆死，牛馬皆踡縮如蝟。三輔人民凍〔一〕死者十有二三。○【杜田正謬。又，門類增廣十注杜詩引作「杜云」，杜陵詩史引作「師古曰」，分門集注引作「杜修可曰」。】鮑照出自薊北門行：疾風衝塞起，沙礫自飛揚。牛馬縮如蝟，角弓不可張。楚江巫峽冰入懷，虎豹哀號又堪記。○【師古曰】楚峽地暖，從來無雪，今乃如冰入懷，虎豹之類哀號。此又堪記其異也。秦城老翁荊揚客，○【王洙曰】甫，杜陵人，乃秦地也。○今客於南楚。慣習炎蒸歲絺綌〔二〕。○【師古曰】歲暮而猶衣葛衣也。玄冥祝融氣或交，手持白羽未敢釋。○【師古曰】玄冥，冬神。祝融，夏神。冬夏之交，常持羽扇，是以知楚峽之暖也。○裴啓語林：諸葛武侯持白羽扇，指揮三軍。

【校記】

〔一〕涷，元本、古逸叢書本作「陳」。

〔二〕綌，原作「絺」，據元本、古逸叢書本改。

去年白帝雪在山，今年白帝雪在地。○在地則甚於在山矣。涷埋蛟龍南浦縮，寒刮肌膚北風刮〔一〕。○刮，陳作劄。楚人四時皆麻衣，○楚地暖而無雪也。楚天萬里無晶輝。三足之烏足恐斷，○春秋元命包：陽成於三，故日中有三足烏者，陽精也。張衡靈憲：日，陽精之宗，積而成烏，烏有三趾，陽之類數奇也。○【趙次公曰】淮南精神訓：日中有蹲〔二〕烏。許慎注：踆，猶蹲也。謂三足烏。羲和送將安所歸。○一刊作「迭送將安歸」。○【趙次公曰】羲和，日御也。以雪寒而烏足斷，則羲和御日車失其所歸矣。皆以形容雪寒之意也。○廣雅：日御曰羲和，月御曰望舒。

【校記】

〔一〕刮，元本、古逸叢書本作「利」。

〔二〕蹲，古逸叢書本作「踆」。

寄裴施州

廊廟之具裴施州，宿昔一逢無比〔一〕流。金鍾大鏞在東序，○【師古曰】東序，殷學也。金鍾、大鏞，乃禮樂之器。言能文之以禮樂也。冰壺玉衡縣清秋。○【王洙曰】冰壺、玉衡，言其器宇之清澈也。自從相遇感多病，○感，一作滅，一作咸。三歲爲客寬邊愁。堯有四岳明至理，○【王洙曰：「堯建四岳，以共治天下。」】四岳，羲仲、羲叔、和仲、和叔，堯掌四岳之官也。漢二千石真分憂。○【師古曰】甫以堯之四岳、漢之二千石比裴施州也。漢有二千石，有中二千石。其實一千四百四十石，不滿二千石也，中二千石其實二千一百六十石故也。○【王洙曰。又，杜陵詩史、分門集注引作「師古曰」。】漢宣帝曰：「與我共理者，惟良二千石乎！」幾度寄書白鹽北，○白鹽崖，在夔州之魚復。苦寒贈我青羔裘。○【王洙曰。又，趙次公曰：「青羔裘，舊本一作青絲裘，非。蓋以青羔之皮爲身，而以錦爲袖也。」】羔，或作絲。○【師古曰】甫旅寓白鹽之北，屢得裴使君惠書與羔裘也。霜雪迴光避錦袖。○【師古曰】言裘之美也。龍蛇動篋蟠銀鉤。○龍蛇，一作蛟龍。○【趙次公曰】言書之妙也。今藏裴使君銀鉤於其中，所以龍蛇動於篋也。紫衣使者辟復命，○【趙次公曰：「辭復命，舊本作辟復命，無義。師民瞻本作辭字，方有義也。」】辟，陳作辭。○【師古曰】言朝廷必遣使者辟召之也。再拜故人謝佳政。將老已失子孫憂，後來況接才華盛。○【趙次公曰】言我將老而免憂子孫，無它，以後來之人相接有裴使君諸子才華之盛美矣。

【校記】

〔一〕比，古逸叢書本作「此」。

奉酬薛十二丈判官見贈

忽忽峽中睡，悲風方一醒。○風，一作秋。○【師古曰】甫有渴疾，故忽忽不樂，遇秋風而稍蘇故也。西來有好鳥，爲我下青冥。羽毛盡白雪，慘淡飛雲汀。既蒙主人顧，舉翮唳孤亭。特以比佳士，○好鳥，指西王母使也。○【師古曰】王母常與漢武會，先有青鳥爲使。甫以薛判官有仙姿，故以況之。○劉向列仙傳：西王母，神人。人面蓬頭，髮戴勝，虎爪豹尾，善笑，穴居，名西王母。在崑崙山上。漢武故事：上於承華殿忽見一青鳥從西方集殿前，上問東方朔：「何鳥也？」朔曰：「西王母必降。」又博物志：王母來見武帝，有三青鳥，如烏大，夾王母。三鳥，王母使也。及此慰揚舲。○舲，音靈。舟有窗者。○【高曰】揚舲，謂行舟也。清文動哀玉，○【趙次公曰】言佳士之文，清如鳴玉之哀聲也。○徐陵賦：哀玉發于新聲。見道發新硎。○言佳士之知道，若新硎之發於刃也。○【王洙曰】莊子養生篇：庖丁曰：「臣之所好者，道也，進乎技矣。臣之解牛，刀若新發於硎，恢恢乎遊刃有餘地矣。」欲學鴟夷子，○劉向列仙傳：范蠡字少翁，佐勾踐破吴，乃乘輕舟入海，變名姓適齊，爲鴟夷子皮。○【王洙曰】貨殖傳顔師古注：鴟夷者，若盛酒之鴟夷，多所容受，而可卷懷，與時張弛也。○餘見壯遊詩注。待勒燕山銘。○【王洙曰】竇憲勒功燕然山，紀漢威德。班固爲之銘。誰重斬邪〔一〕劍，○一作「誰重斷蛇劍」，乃高祖之劍，恐非人臣所用，誤矣。朱雲傳：臣請賜尚方斬馬劍，斷佞臣張禹，以厲其餘。致君君未聽。○聽，讀平聲。○【趙次公曰】此言利器如漢朱雲所用之劍而未施，有致君之術業而君未用也。志在麒麟閣，○【趙次公曰】三輔黄圖：宣帝思股肱之美，乃圖霍光等於麒麟閣。無心雲母屏。○【王洙曰】後漢鄭弘傳：弘爲太尉時，舉第五倫爲司空，班次在下。每正朔朝見，弘曲躬自卑。帝問其故，遂聽置雲母屏風，分隔其間。由此爲故事。○吴録云：鷟父亮爲尚書令，而鷟爲中書令，每朝會，制以雲母屏風隔其座。○【師古曰】夢弼謂：昔范蠡號鴟夷子，鴟夷子乃韋囊也，可以盛酒，舒卷隨宜〔二〕者似之。甫勉薛判官莫學鴟夷子泛湖，當如竇憲立功，勒銘於燕然山，畫麒麟閣，無徒若鄭弘爲帝寵眷，賜以雲母屏隔坐而已。卓氏近新寡，○【王洙曰】司馬相如傳：相如初遊臨邛，富人卓王孫令相如奏琴，時卓王孫有女文君，新寡好音，相如以琴心挑之，文君夜亡奔相如。豪家朱門扃。○門，一作户。相如才調逸，銀漢會雙星。○【晏曰】雙星，謂牛郎、織女也。○昔相如娶卓氏女文君，蕭史聘秦女弄玉，楚襄王遇巫山神女，人各有偶。今甫與妻子間隔，故自傷之。風土記：七夕，河鼓、織女二星神當會見，天漢中有奕奕正白氣，有光耀五色，以此爲候。

○【趙次公曰】續齊諧記：桂陽成武丁忽謂其弟曰：「七月七日，織女渡河，諸仙悉還宮，吾亦被召，與爾別矣。」弟問：「織女何事渡河？」答曰：「暫詣牽牛。」世人至今云「織女嫁牽牛」也。又云：「吾更後三千年當還耳。」客來洗粉黛，○孟光傳：始傅粉墨，乃更爲椎髻，著布衣操作而前。日暮拾流螢。○【趙次公曰】晉車胤傳：貧不常得油，夏月囊螢火以照書。不是無膏火，勸郎勤六經。老夫自汲澗，野水日泠泠。我歎黑頭白，君看銀印青。○此言「銀印青」，當如言「帶日恩」與「荔枝青」同。按漢百官公卿表：凡吏秩比二千石以上，皆銀印青綬。又御史大夫位上卿，銀印青綬。顔師古引漢書舊儀：銀印背龜紐，其文曰章，謂刻曰「某官之印」也。卧病識山鬼，○【王洙曰】屈原九章有山鬼篇。○莊子曰：山有夔。魯語：木石之怪，夔、魍魎也。爲農知地形。○【王洙曰】謂辨〔三〕五種，相〔四〕高下，視肥瘠也。誰矜坐錦帳，○【王洙曰】漢百官志：郎官給錦帳。苦厭食魚腥。○楚人重魚故也。東南兩岸坼，○晉作岸。○【孫曰】兩，謂峽江也。橫水注江溟。碧色忽惆悵，○【王洙曰】忽，一作苦。風雷搜百靈。空中石白虎，○【王洙曰】石，一作有。赤節引娉婷。○娉，匹遥切。婷，徒寧切。自云帝里女，○【王洙曰：「一云季」。又，趙次公曰：「一作帝季女，則又皇家之女矣。」】里，一作李。○帝女，謂秦女也。○【王洙曰】劉向列仙傳云：秦繆公有女字弄玉，隨鳳凰飛去。噀雨鳳凰翎。○噀，正作潠，又作喺。蘇困切，含水噴也。○【趙次公曰。又，杜陵詩史、分門集注、補注杜詩引作「師古曰」。】欒巴饌酒成雨，故云「噀雨」。襄王薄行跡，○【王洙曰：

「見宋玉高唐賦云。」】宋玉高唐神女賦序：楚襄王與宋玉遊雲夢之臺，望高唐之觀。玉曰：「昔先王嘗遊高唐，怠而晝寢，夢見一婦人，曰：『妾巫山之女也，爲高唐之客，聞君遊高唐，願薦枕席。』王因幸之。去而辭曰：『妾在巫山之陽，高丘之岨〔五〕。旦爲朝雲，暮爲行雨。朝朝暮暮，陽臺之下。』」襄王使玉賦其事。王夜夢與神女遊。莫學冷如丁。○【王洙曰：「丁令威也。去家一千年始一歸也。」】羣玉雜俎：遼東華表柱有鶴集其上，自云丁令威，曰：「有鳥有鳥丁令威，去家千年今始歸。城郭是兮人民非，何不學仙冢纍纍。」千秋一拭淚，夢覺有餘馨。○覺，古效切，寤也。人生相感動，金石兩青熒。○青熒，光明貌也。丈人但安坐，休辨渭與涇。○【王洙曰】言無分清濁也。龍蛇尚格鬬，○言戰争未息也。灑血暗郊坰。○言殺戮之多也。爾雅釋地：邑外謂之郊，林外謂之坰。吾聞聰明主，治國用輕刑。○【王洙曰：「尚德也。」】謂尚寬也。銷兵鑄農器，○謂偃武〔六〕。家語：顏回曰：「願得明王聖主而輔相之。鑄劍戟爲農器，放牛馬於原藪。」今古歲方寧。文王日儉德，俊乂始盈庭。○書無逸：文王卑服，即康功田功。日昃不暇食用，咸和萬民。○【王洙曰】詩大雅：濟濟多士，文王以寧。榮華貴少壯，○古長歌行：少壯不努力，老大乃傷悲。豈食楚江萍。○【王洙曰。又，杜陵詩史、分門集注、補注杜詩引作「師古曰」。】揚子雲嘗曰：至誠則金石爲開。○【師古曰】甫言薛丈以至誠相感動，能移此以感人主，使之輕刑消兵，務從節儉，搜求賢俊，如是則天下不期治而自治，薛丈於此可以掇取榮華於年少之日，豈但如甫客寓荆楚而食萍實也哉！○【王洙曰】家語：

楚昭王渡江，得一物，色赤，以問孔子。孔子曰：「此萍實也，可剖而食之。吾昔過陳，聞童謡曰：『楚王渡江得萍實，大如斗，赤如日，剖而食之甜如蜜。』」

【校記】

〔一〕斜，元本、古逸叢書本作「邪」。

〔二〕宜，元本、古逸叢書本作「官」。

〔三〕謂辨，元本、古逸叢書本無。

〔四〕相，古逸叢書本作「翊」。

〔五〕岨，古逸叢書本作「阻」。

〔六〕元本、古逸叢書本「武」下有「孔」字。

新定杜工部草堂詩箋斠證卷第四十二

大曆二年在夔州所作

晚晴

高唐暮冬雪壯哉，○【趙次公曰：「師民瞻本改舊本高堂作高唐，是。蓋夔州所作，宜使巫山之高唐也。」】唐，舊作堂，今從師民瞻本爲正。○高唐觀在夔州。舊瘴無復似塵埃。○【王洙曰】峽中每嵐瘴起，如塵埃之蔽天。崖沉谷没白皚皚，○【鄭卬曰：「莫開切。」】皚，魚開切。○説文：雪霜白貌。劉歆遂初賦：漂積雪之皚皚。班彪北征行：涉積雪之皚皚。江石缺裂青楓摧。南天三旬苦霧開，○【王洙曰】舞鶴賦：嚴霜苦霧。赤日照耀從西來。○江逌賦：龍回轡號，赤日飛光。六龍寒急光徘徊，○【王洙曰：「六龍，日御也。」】日乘車，駕以六龍，羲和馭之。○春秋命曆序：皇伯登扶桑，日之陽，駕六龍以上下。餘見前注。照我衰顏忽落地，口中吟詠心中哀。未怪及時少年子，揚眉結義黃金臺。○【王洙曰】鮑照詩：豈伊白璧賜，將起黃金臺。○【王洙曰：「燕昭築黃金臺，以禮郭隗。」】述異記：燕昭王爲郭隗築臺，今在幽州燕王故城中，土人呼爲賢士臺，又呼爲招賢臺。王隱晉書：段匹磾討石勒，進屯故安縣，故燕太子丹金臺。上谷圖經：黃金臺，易水東南十八里，燕昭王置金於臺上，以延天下之士。二說不同，故具列之。春秋後語：燕昭王曰：「安得賢士，以報齊讎？」郭隗曰：「王能築臺於碣石山前，尊隗爲師，天下賢士必自至也。」王如其言作臺，以黃崇〔一〕之，號曰黃金臺。於是樂毅自魏往，鄒衍自齊往，劇辛自趙往。洎乎吾生何飄零，○洎，一作泊，或作汨〔二〕。洎，巨至〔三〕切，及也。支離委絕同死灰。○【王洙曰：「支離，言不爲時所用也。莊子：心可使如死灰？」】莊子人間世篇：支離流者〔四〕，支離其形，猶足以終其天年，況支離其德乎？又逍遥遊篇：形固可使如槁木，而心固可使如死灰〔五〕乎？

【校記】

〔一〕崇，古逸叢書本作「飾」。

〔二〕汨，元本、古逸叢書本作「泪」。

〔三〕至，元本、古逸叢書本作「室」。

〔四〕支離流者，元本、古逸叢書本無。

〔五〕灰，元本作「峽」。

復陰

方冬合沓玄陰塞，昨日晚晴今日黑。○合沓，相繼貌。謂冬來陰氣盛，欲作雪也。萬里飛蓬映天過，○甫自言飄蓬也。孤城樹羽揚風直。○【趙次公曰：「白帝城上屯戍之旗也。」】謂屯兵建旌旗也。江濤簸岸黃沙走，○簸，一作欺。雲雪埋山蒼兕吼。○兕，序姊切。爾雅釋獸：兕似牛，一角，青色，重千斤。君不見夔子之國杜陵翁，○【王洙曰】夔州，古夔子國。○後漢志：秭歸，本歸國。杜預曰：夔國。酈道元水經注：秭歸，故歸也。地理志：歸子國也。牙齒半落左耳聾。○甫自傷衰老而遇苦寒也。

後苦寒行二首

南紀巫廬瘴不絕，○巫、廬二山，南國之綱紀也。唐一行以天下山河分爲兩戒，南戒自岷山嶓冢，負地絡之陽，東及太華，連商山、熊耳、外方、桐柏。自北〔一〕洛南逾江、漢，攜武當、荊山，至于衡陽。○【杜田補遺：「詩：滔滔江漢，南國之紀。說者以江漢爲南紀，非。南紀乃分野名。唐天文志：東循嶺徼，達甌、閩中，是謂南紀。所以限蠻夷。」】東猶嶺徼，達東甌，至閩中，是爲南紀。所以限蠻夷也。

太古以來無尺雪。○【王洙曰】南地多瘴癘，謂〔二〕之〔三〕炎方，溫而無雪。蠻夷長老怨苦寒，崑崙天關凍應折。○【師尹曰】古詩：崑崙杳無際，天關煙氣昏。玄猿口禁不能嘯，白鵠翅垂眼流血，安得春泥補地裂。○【趙次公曰：「神異經：崑崙有銅柱焉，其高入天，所謂天柱。圍三千里，周圍如削。銅柱下有回屋，辟方百丈。所謂天關，豈天柱乎？」】崑崙山爲天柱，崆峒山爲天關。○地以凍裂，故欲得春泥以補之，甫託意言賊割裂州郡也。

【校記】

〔一〕北，元本作「此」，古逸叢書本作「上」。

〔二〕謂，元本、古逸叢書本無。

〔三〕之，古逸叢書本作「也」。

晚來江門失大木，○【王洙曰】門，一作間。○或作邊。猛風中夜吹白屋。○白屋，謂以白茅覆屋也。天兵斬斷青海戎，○哥舒翰築城青海上，吐蕃攻破之，移築龍駒鼻〔一〕，吐蕃不敢近青海。殺氣南行動坤軸，○【師尹曰】河圖括地象：地下有三千六百軸，互相牽制。不爾苦寒何太酷。○【王洙曰】疑殺戮太過也。巴東之峽生凌澌，○澌，音斯，流冰也。彼蒼迴斡人得知。

○榦，一作軒。彼蒼迴軒，謂春至也。甫意殺氣盛，故大寒，且知春至而喜也。

【校記】

〔一〕鼻，古逸叢書本作「島」。

夜歸

夜來歸來衝虎過，山黑家中已眠卧。傍見北斗向江低，○夔在西南，故傍見北斗低也。仰看明星當空大。○大，唐佐切。○【王洙曰：「明星夜半則見。」】謂夜將闌也。庭前把燭嗔兩炬，○嗔，一作喚。嗔其風急也。峽口驚猿聞一箇。白頭老罷舞復歌，○罷，讀曰疲。杖藜不睡誰能那。

寄柏學士林居

○林居，魯作草堂。

自胡之反持干戈，○禄山，胡人也。天下學士亦奔波。○避亂逃散，如波之奔也。書序：天下學士逃難解散。跋涉奔波，憂樂之晝〔二〕也。歎彼幽棲載典籍，○謂雖亂不釋卷也。蕭然暴露依山阿。○【王洙曰】暴露，謂無所庇也。青山萬里静散地，○里，王作重。謂林居之地也。白雨一洗空垂蘿。亂代飄零余到此，○余，作餘者誤也。古人成敗子如何。○古人遭亂代，成敗如是，今子爲之奈何，勉之之辭也。荆揚春冬異風土，○【王洙曰】風土記：荆揚之間，春寒而冬煖。巫峽日夜多風雨。○前注。赤葉楓林百舌鳥，○百舌，反舌也，江東謂之信鳥。黄泥野岸天雞舞。○【王洙曰】泥，或作花。○爾雅「天雞」有二。○【薛夢符曰】一釋虫曰：螒，天雞。注：小蟲，黑身赤頭，一名沙雞，又曰樗雞。○一釋鳥曰：鶾，天雞。注：鶾雞赤羽。逸周書曰：文鶾若彩雞，成王時蜀人獻之。楊文公談苑曰：公詩兩用「天雞」，皆指鳥也。盗賊縱横甚密通〔一〕，○密邇，近貌。形神寂寞甘苦辛〔二〕〔三〕。幾時高議排金門，各使蒼生有環堵。○金門，乃金馬門。○【王洙曰：「使民各安其居也。」】言柏學士非久擢用，使天下再〔四〕獲安居也〔五〕。

【校記】

〔一〕畫，古逸叢書本作「盡」。

〔二〕通，元本、古逸叢書本作「邇」。

〔三〕苦辛，元本、古逸叢書本作「辛苦」。

〔四〕再，古逸叢書本作「甫」。

〔五〕也，元本、古逸叢書本作「地」。

寄從孫崇簡

嵯峨白帝城東西，南有龍湫北虎溪。○龍湫，乃龍潭也。吾孫騎曹不記馬，○記，一作騎。○【杜田補遺】門類增廣十注杜詩引作「杜云」。又，杜陵詩史、分門集注、補注杜詩、集千家注批點杜工部詩集引作「修可曰」。】世説：王子猷爲桓沖騎曹參軍。桓問曰：「卿何曹？」答曰：「不知何曹。時見牽馬來，似是馬曹。」又問：「所管幾馬？」曰：「何由知數？」又問：「馬死多少？」曰：「未知生，焉知死。」業學尸鄉多養雞。○【趙次公曰】劉向列仙傳：祝雞翁，洛人也。居尸鄉北山下，養雞百餘年，皆有名字千餘頭，暮棲樹上，晝放散之，欲引，呼名即種別而至。龐公隱時盡室去，○【趙次公曰】漢逸民傳：龐德公居峴山之南，夫妻相敬如賓。荆州劉表延請，不屈，遂攜其妻子登鹿門山，采藥不反。武陵春樹他人迷。○【趙次公曰】陶淵明桃花源記：晉太康中，武陵人捕魚，忽逢桃花林，夾岸前行，窮其源，豁然開朗，土地平廣，阡陌交通，黄髮垂髫，怡然自樂。見漁人，便要還家，設酒作食。停數日，辭去。既出，遂迷，不復得路。與汝林居未相失，近身藥裹酒長携。牧叟樵童亦無賴，○無賴，謂無所持賴也。莫令斬斷青雲梯。○託言勿相疏絶也。○【趙次公曰】謝靈運登石門山詩：惜無同懷客，共登青雲梯。○郭璞遊仙詩：靈溪可潛盤，安事登雲梯。

奉送蜀州柏二别駕將中丞命赴江陵起居衛尚書太夫人因示從弟行軍司馬位

中丞問俗畫熊頻，〇【王洙曰】漢制：刺史車畫熊於軾。愛弟傳書綵鷁新。〇鷁，五歷切，水鳥也。司馬相如子虛賦：浮文鷁，揚旌栧。注：畫鷁象於船首，以壓水神。馬融廣成頌：鶬鴰鸕鷁。注：鷁，白鶂也。遷轉五州防禦使，〇【趙次公曰】唐書方鎮表：夔州兼峽、忠、歸、萬五州防禦使，隸荆南節度，乃乾元二年。起居八座太夫人。〇【王洙曰】後漢以六曹尚書并一令、一僕射，謂之「八座」。魏以五曹尚書、二〔一〕僕射、一令爲「八座」。宋與魏同。隋以六尚書、左右僕射，合爲「八座」。唐與隋同。〇續漢書：光武又分增三公曹爲二曹，其一曹主歲終書課諸州郡事，改常侍曹爲吏曹，主選舉祠祀，民曹主繕功，作鹽池苑〔二〕囿，客曹主護駕羌胡朝賀，二千石曹主詞訟中都官，水火盜賊。三公爲六曹，并令僕二人，謂之「八座」。〇【王洙曰】文帝紀注：列侯妻稱夫人。列侯死，子復爲列侯，乃得稱太夫人。子不爲列侯，則否。〇前漢音義：列侯之妻稱夫人，列侯之母稱太夫人。楚宮臘送荆門水，白帝雲偷碧海春。〇紀時也。與報惠連詩不惜，〇【趙次公曰】公以惠連比從弟也。謝惠連，乃謝靈運之弟也。每云「每有篇章，對惠連輒得往〔三〕語」。知吾斑鬢總如銀。

【校記】

〔一〕二，元本、古逸叢書本作「三」。

〔二〕苑，元本、古逸叢書本作「官」。

〔三〕往，古逸叢書本作「佳」。

昔遊

昔與高李輩，○【王洙曰。又，集千家注批點杜工部詩集引作「公自注」。】高適、李白。晚登單父臺。○晚，一作間。單，常演切。父，所矩切。○【王洙曰】宓子賤嘗爲單父宰。○按地理志：單州碭〔一〕郡有單父縣，古魯邑〔二〕。臺在其東二十里。魯訔曰：在今密州。按集有遣懷詩曰「昔我遊宋中，惟梁孝王都。……憶與高李輩，論交入酒壚。兩公壯藻思，得我色敷腴。氣酣登吹臺，懷古視平蕪」是也〔三〕。寒蕪際碣石，○碣石，海傍山也。際，接也。臺下青蕪與碣石相連接也。萬里風雲來。○【琪曰】言其地廣遠也。○【師古曰】甫昔與高適、李白同登是臺，眺望山東之地，沃野萬里，遂叙其地豐富如此。自禄山反於山東，風俗雕弊，傷今不如昔也。桑柘葉如雨，○【師古曰】桑柘，所以養蠶，葉潤澤如雨也。飛藿共徘徊。○藿，乃葵藿。○【師古曰】人食嘉蔬，以藿爲賤。藿生子〔四〕，隨飛徘徊，蓋言蔬菜厭飫有餘之故。○今則食薇蕪無敢飽也。説文：藿，豆葉也。清霜大澤凍，禽獸有餘哀。○大澤可以田獵，霜降之後，草木零落，於是出田以獵禽獸。有餘，蓋言萬物之盛多也。是時倉廩實，洞達寰區開。○【王洙曰】區，一作贏，一作宇。猛士思滅胡，將帥望三台。○是時家給人足，遍天下道路開通，無有壅塞。○【王洙曰：「時任蕃將務邊功。祿山擊契丹無寧歲。時邊帥有帶平章事者，安祿山以求宰相不得而遂反。」】以上皆叙玄宗開元初山東富實，遂啓滅胡之謀，時任蕃將僥倖邊功，祿山得以乘隙進用，將兵伐契丹，既而有功，遂領范陽節度，求平章事故也。○按天官書：斗魁下六星，兩兩相比者爲三台。三台色齊，君臣和。春秋含孳曰：三公象五岳，法三能。能，與台同。君王無所惜，駕馭英雄材。○魏劉邵人物志：草木之精秀者爲英，獸之羣特者爲雄，故人云文武茂異者，取名於此。是故聰明秀出者謂之英，膽氣過人者謂之雄也。幽燕盛用武，供給亦勞哉。○玄宗既寵祿山，加以出師無乂〔五〕寧歲，餽運勞費，而天下始不聊生矣。吳門轉粟帛，泛海陵蓬萊。肉食三十萬，○一作四十。淮南墬形訓：食肉者勇敢而悍。獵射起塵埃。○吳楚出粟帛，近接於海，遂轉再泛海陵，歷蓬萊山，以供出幽燕之師。○【王洙曰：「時韋堅於望春樓下鑿潭以通漕。大置南海珍貨，舟尾相銜數十里不絕。上御樓觀之。」】時韋堅爲度支使，運置南海珍貨，船尾相銜，百姓苦之。○是以祿山將三十萬兵，椎牛宴饗，獵射大澤，講習武備，爲反叛計。一旦以討楊國忠爲名，遂舉兵叛。向者山東富庶之邦，盡爲塵埃矣。隔河憶長眺，○今隔河憶昔日同高、李登臺眺望，無復有舊時風物矣。青歲已摧頹。○蓋歎年之衰老也。少年謂之青春，故云「青歲」。不及少年日，無復故人盃。○故人，指高、李也。賦詩獨流涕，亂世想賢才。有能市駿骨，○有，一作若。莫恨少龍媒。○亂世思賢必得真賢，如市駿骨必得良馬。龍媒，良馬也。○【趙次公曰】劉向新序：燕昭王即位，卑身厚幣以招賢者。郭隗曰：「臣聞古之人君有以千金求千里馬者，三年不得。涓人言於君曰：『請求之。』君遣之，三日，得千里馬。馬已死，買其骨五百金，反以報。君怒曰：『所求者生馬，安用死馬？』涓人對曰：『死馬且市之五百金，況生馬乎？天下必以王爲能市馬，馬今至矣。』於是不朞年而千里馬至。今王誠欲必致士，請從隗始。隗且見事，況賢於隗者乎？」於是昭王築臺而師之。商山議得失，○【王洙曰】謂四皓爲漢安太子也。○詳見〔六〕前注。蜀主脱嫌猜。○【趙次公曰】：「先主既用孔明，關、張之徒不平，日毀之。先主曰：『孤之有孔明，猶魚之得水。』」蜀主劉備信任孔明，如魚水然，了無猜嫌也。○餘見前注。吕尚封國邑，○【王洙曰】吕尚輔武王定天下，封國於齊營丘。傅説已鹽梅。○【趙次公曰】傅説相高宗〔七〕，命之曰：「若作和羹，爾惟鹽梅。」○【師古曰】余謂凡此四句皆用賢也，傷今之不然。景晏楚山深，水鶴去低徊。○景晏，日暮也。鶴，水鳥也。日暮則鶴知歸，况於人乎？龐公任本性，携子卧蒼苔。○【王洙曰：「後漢龐德公也，與妻子隱於鹿門山。上之數公，皆能乘時以有爲者也。甫自悲不得其時，則莫若效龐公之潔己爾。」】龐德公携妻子隱鹿門，甫自傷不遇，不能爲四皓、孔明、吕尚、傅説之所爲，惟效龐公携妻子卧蒼苔，以適其性，斯其時也。○餘見前篇注。

【校記】

〔一〕碣，古逸叢書本作「碭」。

〔二〕魯邑，古逸叢書本作「單邑」。

〔三〕「按集」至「是也」，元本、古逸叢書本無。

〔四〕子，元本、古逸叢書本作「葉」。

〔五〕乂，元本作「又」，古逸叢書本作「有」。

〔六〕見，古逸叢書本作「是」。

〔七〕傅説相高宗，元本、古逸叢書本作「示」。

虎牙行〇【杜田補遺】光武紀：田戎、任滿，據荆門山，在南，上合下開，其狀似門。虎牙山在北，石壁紅色，間有白文，類牙，故以名之。此二山，楚之西塞，在峽州夷陵縣東南。〇【鮑彪曰】盛弘之荆州記：郡西泝江六十里，南岸有山名曰荆門，北岸有山名曰虎牙，二山相對，楚之西塞也。〇虎牙石壁紅色，間有白文如牙齒狀。荆門上合下開，達〔一〕山南，有門形，故因以爲名。〇【杜田補遺】郭璞江賦：虎牙嵥〔二〕樹以屹崪，荆門闕竦而盤礴。注：虎牙、荆門二山，夾岸相對，而江流其中也。

秋風欻吸吹南國，○【趙次公曰：「舊本作秋風。師民瞻本作北風，是。蓋下皆冬意。」】秋，一作北。○欻吸，晉作欻欻，許忽反。○【趙次公曰：「江文通雜擬：欻吸鵾雞悲。注：猶俄頃也。今公用於風，則謝朓和蕭子良高松賦：卷風飆之欻吸，積霰雪之巖嵦。」】江淹雜體詩：欻吸鵾〔三〕雞悲。又，蕭子良高松賦：卷風飆之欻吸。天地慘慘無顏色。洞庭揚波江漢迴，虎牙銅柱皆傾側。○【杜田補遺】秋風吹南國，而洞庭揚波以回江漢，故虎牙、銅柱皆爲之傾側也。○【趙次公曰】按水經：銅柱，灘名，今在涪陵之下。○或曰：銅柱即馬援立於虎溪者是也。巫峽陰岑朔漠氣，○謂寒氣盛也。峰巒窈窕溪谷黑。杜鵑不來猿狖寒，○狖，余救切。猨屬，長尾而昂鼻也。山鬼幽憂雪霜逼。楚老長嗟憶炎瘴，○【王洙曰】以陰岑霜雪之慘，故思南方之暖，皆傷時也。三尺角弓兩斛力。○謂短弓以沍寒之勁也。壁立石城橫塞起，金錯旌竿滿雲直。○【王洙曰】言時多戍兵也。○餘見前注。漁陽突騎獵青丘，○【王洙曰：「祿山之反，皆漁陽突騎。」】謂祿山兵犯洛都也。○光武紀：上谷太守耿況、漁陽太守彭寵各遣其將吴漢、寇恂等將突騎來助擊王郎。注：突騎，言能衝突軍陣。子虛賦：且齊東陼距海，南有瑯琊，秋田乎青丘。服虔曰：青丘國，在海東三百里，齊地也。○山海經：青丘之山，其陽多玉，其陰多青雘。有獸如狐，九尾。有鳥如鳩，佩之不惑也。犬戎鎖甲闉丹極。○【趙次公曰：「舊本闉丹極。師民瞻本作圍丹極，是。……以犬戎鎖甲言之，則當圍於丹極。」】闉，一作聞。○【王洙曰】謂吐蕃陷京師也。犬戎，指吐蕃也。丹極〔四〕，謂帝居也。

○按集有曰「仙仗離丹極」是也。八荒十年防盜賊，征戍誅求寡妻哭，遠客中宵淚霑臆。○【王洙曰：「夫征役在外，故多寡妻。」】當是時夫征役在外，唯寡妻守家。○復苦誅求，是以甫淚沾臆而傷之也。宋玉九辯：去鄉離家來遠客。

【校記】

〔一〕達，古逸叢書本作「逵」。

〔二〕崢，古逸叢書本作「嶸」。

〔三〕吸鶡，元本作「吸鵶」，古逸叢書本作「鶡鵶」。

〔四〕極，古逸叢書本作「拯」。

晚

杖藜尋晚巷，○一作巷晚。炙背近墻暄。○【趙次公曰】列子楊朱篇：昔宋國有田夫，謂其妻曰：「負日之暄，人莫知者，以獻吾君，將有重賞。」○【王洙曰】晉嵇康書：野人有快炙背而美芹者，欲獻之至尊，雖有區區之意，亦已疏矣。人見幽居僻，○王充論衡：幽居静處，恬淡自守。吾知養拙尊。朝廷開府主，耕稼學山村。歸翼飛棲定，○【王洙曰】曹子建詩：歸鳥赴喬林，翩翩厲羽翼。寒燈亦閉門。

荊南兵馬使太常卿趙公大食刀歌○大食，國名。

太常樓船聲嗽嘈，○【王洙曰】西京雜記：漢武鑿昆明池以習水戰，有戈船、樓船各數百艘。樓船上建樓櫓，戈船上建戈矛，四角悉垂幡旌旄葆麾蓋，照燭涯涘。官有樓船將軍。○漢武秋風辭：携佳人兮不能忘，泛樓船兮濟汾河。問兵刮寇趨下牢〔一〕。○趨，陳作超。上牢、下牢〔二〕，楚地名。十道志：三峽口地曰峽州。上牢、下牢，楚、蜀分畛。牧出令奔飛百艘，○【薛夢符曰】艘，蘇曹切，船也。○【趙次公曰】昔劉備遣關羽乘船數百艘會江陵，孫權緣江萬艘。○說文：艘，船之〔三〕總名。王粲從軍詩云：連舫逾萬艘。猛蛟突獸紛騰逃。○時永王璘反荆楚，朝廷以趙公爲兵馬使削平寇亂於荆南。○【趙次公曰】州牧縣令各以舟師會于下牢，兵威可畏，雖猛蛟突獸亦爲之逃竄也。白帝寒城駐錦袍，○白帝城，即魚復縣地。時趙公駐兵于此。○【王洙曰】按地志：公孫述築城，更名白帝城。先主章武元年屯白帝，遂爲重鎮。先主征吴於夷陵，遁還，屯於巴東白帝城，改曰永安，遂卒於永安。○後主建興十五年，吴將全琮來攻，不克。後漢志：南郡巫山西有白帝城。十道志：白帝城，公孫述稱白帝，據西方爲白德也。玄冬示我胡國刀。壯士短衣頭虎毛，○短衣，楚製也。○【趙次公曰】：「蓋頭者以虎頭爲飾也。」頭虎毛，謂首蒙虎皮也。○趙公命將士持此刀以示甫也。憑軒拔鞘天爲高。○【鄭卬曰】鞘，所交切。○刀衔也。拔刀於鞘，天亦爲之聳避，蓋言其刀之長也。翻風轉日木怒號，○【鄭卬曰】號，讀平聲。○大叫也。皆言刀有可畏之狀也。冰翼雪淡傷哀猱。○翼，張貌。○【趙次公曰：「冰翼雪淡，言刀瑩薄嚴冷之狀。」】冰翼雪淡，言刀色之白。○猱性畏刀，故云「傷哀猱」也。爾雅疏：猱，一名猿，善攀援樹枝。鐫錯碧罌鸊鵜膏，○【鄭卬曰】鸊，步歷切。鵜，田黎切。○水鳥也。鐫錯碧罌，謂碎其罌以磨礱其刀，鸊鵜之膏可以塗刀，令勿生鏽也。○【王洙曰】揚雄方言：鸊鵜，野鳧也。甚小，好没水中，膏可以潤刀劍，南人謂之「鸊鵜」。爾雅：鷉須鸁。注：鷉，鸊鷉，似鳧而小，膏中瑩（四）刀。鋩鍔已瑩虛秋濤。○【王洙曰：「（鋩鍔）一云銛鋒。」】一作「銛鋒以瑩靈秋濤」。○【趙次公曰：「狀刀之瑩，色如濤。」】言刀色之澄徹如秋水也。○王褒頌：巧冶鑄干將之璞，清水淬其鋒，越砥歛其鍔。鬼物撇捩辭坑壕，○【鄭卬曰】撇，正蔑切。捩，練結切。○撇捩，疾避貌。○【趙次公曰：「鬼物本隱藏於坑壕，見刀乃撇捩而辭遁焉。坑壕，城下之所。」】言鬼神見之亦辭坑壕而退避也。蒼水使者捫赤絛，○今以趙公之刀比蒼水使者之刀也。○【王洙曰】搜神記：秦時有人夜渡河，見一人丈餘，舉横刀而立，叱之，乃曰：「吾蒼水使者也。」○【趙次公曰】又吴越春秋：禹登衡岳，血白馬以祭，夢見赤繡衣男子，稱玄夷蒼水使者，曰：「聞帝使文命于斯，故來候之。」龍伯國人罷釣鰲。○使龍伯國人見是刀，亦當罷釣而避之也。○【王洙曰】列子湯問篇：龍伯之國有大人，一釣而連六鰲者，合負而歸，因灼其骨。帝怒，滅龍伯之國。芮公迴首顔色勞，○王内翰曰：芮公，荆南節度使也。謝任伯云：以唐書考之，芮公恐是衛伯玉也。或曰：芮公即趙所封。「迴首顔色勞」，謂眷愛此刀也。分闔救世用賢豪。○闔，王荆公作壼。趙公玉立高歌起，○玉立，謂玉之立也。攬環結佩相終始。○謂如佩玉而歌與舞，而相爲終始。萬歲持之護天子，得君亂絲與君理。○【王洙曰】左氏隱公四年傳：衆仲曰：以德和民，不可以亂，猶理絲而棼之也。龔遂傳：臣聞治亂世猶治亂繩，不可急也，惟緩之，然後可治。○【趙次公曰】續漢書：方儲爲郎中，章帝使文郎居左，武郎居右，儲正立中，曰：「臣文武兼備，在所施用。」上嘉其才，以繁亂絲付儲使理，儲拔刀一一〔五〕斷之，曰：「反經任勢，臨事當然。」亦見機辯録。又北齊文宣帝亦以刀理亂絲。蜀江如綫針如水，荆岑彈丸心未已。○趙公以是刀可爲天子理治亂民，雖獲彈丸之封，其心未已，因言蜀江如綫，其水如針，足知荆岑之地爲至小，未足以賞趙公之大功也。王粲登樓賦：取荆山之高岑。岑，謂崟也。○【王洙曰：「言有以一丸泥封大散關也。」】王元説隗囂曰：「按秦舊迹，表裏河山。元請以一圓〔六〕泥爲大王封函谷關。」賊臣惡子休干紀，○左氏傳：季孫盟臧氏，曰：「無或如臧孫紇干國之紀。」魑魅魍魎徒爲爾，○【王洙曰】左氏宣公三年傳：王孫滿曰：「昔夏之方有德也，鑄〔七〕鼎象物，百物爲之備，使民知神姦。故民入山澤山林，不逢不若，螭魅魍魎，莫能逢之。」注：魑，山神，獸形。魅，怪物。魍魎，水神也。妖腰亂領敢欣喜。用之不高亦不庳，○【鄭卬曰】庳，音婢，又音卑。○潘岳射雉賦：捩懸刀，騁絶技，如輊如軒，不高不埤。注云：弩，牙外曰郭，下懸刀〔八〕，其形然也。埤，與庳古字通用。不似長劍須天倚。吁嗟光禄英雄弭，○光禄，即趙公也。昔宋玉雖能仗劍，尚賴天勢之高，不若此不高不低，自使英雄之弭戢也。○【杜田補遺。又，杜陵詩史、分門集注、補注杜詩、集千家注批點杜工部詩集引作「修可曰」。】余知古荆楚故事曰：襄王與唐勒、景差、宋玉等遊於雲陽之臺。王謂左右曰：「能爲大言者乎？」唐勒曰：「壯士怒兮絶天柱，北斗戾兮太山夷。」景差曰：「狖〔九〕士猛毅，撼掠覆載〔一〇〕，鋸牙鋸〔一一〕雲聲其〔一二〕大，吐舌萬里唾一世。」玉曰：「方地爲輿，圓天爲蓋。彎弓挂扶桑，長劍倚天外。」王曰：「善。」○【趙次公曰】又，宋玉賦：方地爲輿，圓天爲蓋，長劍耿介倚天外。大食寶刀聊可比。○趙公平荆楚之亂，人畏其威，亦若此刀能使魑魅魍魎遁逃也。丹青宛轉騏驎裏，○一作麒麟。光芒六合無泥滓。○【王洙曰：「言終用此刀澄清六合，畫像麒麟閣。」】言趙公必用此刀立大功，畫像於麒麟閣，而使六合清静，無泥滓混濁，所以美之也。○六合，謂天地四方也。

【校記】

〔一〕牢，原作「犖」，據古逸叢書本改。

〔二〕牢，原作「犖」，據古逸叢書本改。

〔三〕元本、古逸叢書本闕「之」字。

〔四〕瑩，元本、古逸叢書本作「潤」。

〔五〕一，古逸叢書本作「三」。

〔六〕圓，古逸叢書本作「丸」。

〔七〕鑄，元本、古逸叢書本作「附」。
〔八〕刀，元本、古逸叢書本無。
〔九〕狡，古逸叢書本作「校」。
〔一〇〕撼掠覆載，古逸叢書本作「摧罘罳」。
〔一一〕鋸，古逸叢書本作「截」。
〔一二〕聲其，古逸叢書本作「晞甚」。

大曆三年戊申在夔州所作

大〔一〕歲日

楚岸行將老，巫山坐復春。○【王洙曰】巫山屬夔州。病多猶是客，謀拙竟何人。○【王洙曰】顏延年詩：存没竟何人。閶闔開黄道，○【趙次公曰】：「闔閶，上帝門也。天子門，亦謂之閶闔。〔二〕三輔黄圖：宫之正門曰閶闔。閶闔，天門也。宫門名閶闔者，以象天門也。衣冠拜紫宸。○【趙次公曰】：「紫宸，正殿名，在東内大明宫。〔三〕紫宸，殿名。縈光懸日月，○【趙次公曰】瞻天顏也。

天子之容，謂之日月之光。賜予出金銀。○成鎬故事：宰相拜表罷，賜百官絹，品第有差。愁寂鴛行斷，○【趙次公曰】公嘗爲左拾遺，今流落於外，故云「鴛行斷」也。古詩：厠迹鴛鷺行。參差虎穴鄰。○【趙次公曰】言在夔州，與虎狼之穴相近也。西江元下蜀，○【趙次公曰】楚人指蜀江爲西江，以其從西而下也。北斗故臨秦。○【趙次公曰。又，杜陵詩史、分門集注、補注杜詩引作「修可曰」。】長安上直北斗，謂之「北斗城」。言瞻望其所不能及，故自歎也。散地逾高枕，○【趙次公曰】指言夔州是閑散之地也。生涯脱要津。○【趙次公曰】脱要津，謂不在鴛鷺之行也。○莊子養生篇：吾生也有涯。○【趙次公曰】古詩：先據要路津。天邊梅柳樹，相見幾迴新。○【趙次公曰】言夔州去中國之遠，爲天之一邊。今在夔凡三年，故云「幾迴新」也。

【校記】

〔一〕大，宋本杜工部集、九家集注杜詩、杜陵詩史、分門集注、補注杜詩皆作「太」。

元日示宗武

○玉燭寶典：正月爲端〔一〕月，其一日爲元日，亦云上日，亦云正朝。

汝啼吾手戰，吾笑汝身長。○【趙次公曰：「手戰，則老病也。」】啼而手戰，以病之故。○笑其身長，喜其長成也。處處逢正月，迢迢滯遠方。飄零還柏酒，〇酒，一作葉。〇【趙次公曰。又，九家集注杜詩引作「集注」，杜陵詩史、分門集注、補注杜詩引作「尹曰」。】崔寔四民月令曰：元日進椒柏酒。椒是玉衡星精，服之令人身輕能老。柏是仙藥。進酒次第從少起，以年少者爲先。〇【王洙曰】周庾信正旦蒙趙王賚酒詩：柏葉隨銘至，椒花逐頌來。梁庾肩吾歲盡詩：聊用柏葉酒，且奠五辛盤。衰病只藜床。〇【王洙曰】昔魏〔二〕管寧家貧，坐藜床欲穿，爲學不倦。訓諭青衿子，〇詩鄭國風：青青子衿。毛萇傳：青，領也。學子之所服。鄭氏箋：禮：父母在，衣純以青。〔三〕名慚〔四〕白首郎。〔五〕〇【王洙曰】謂爲尚書員外郎而老也。前漢馮唐傳：唐以孝著，爲郎中署長。帝輦過，問唐曰：「父老何自爲郎？」王仲宣詠史詩：馮公豈不偉，白首不見招。又，漢武故事：武帝嘗輦至郎署，因見顏駟鬢眉皓白，衣而不完，上問曰：「公何時爲郎？何其老也。」賦詩猶落筆，獻壽更稱觴。〇【王洙曰】吳質牋：致酒樂飲，賦詩稱觴。〇閒居賦：稱萬壽以獻觴。不見江東弟，高歌淚數行。〇【九家集注杜詩、集千家注批點杜工部詩集引作「公自注」。又，杜陵詩史、分門集注、補注杜詩引作「王洙曰」：「弟豐在江左，無消息。」】公自注：第五弟漂泊江左，近無消息。

【校記】

〔一〕端，元本、古逸叢書本作「瑞」。

〔二〕魏，元本、古逸叢書本無。

〔三〕「訓諭」句下注，元本、古逸叢書本無。
〔四〕名慚，古逸叢書本作「慚爲」。
〔五〕「名慚」句，元本無。

又示宗武

覓句新知律，攤書解滿床。試吟青玉案，○【王洙曰】張平子四愁詩：美人贈我錦繡段，何以報之青玉案。莫羨紫羅囊。○羨，一作帶。○【王洙曰】晉〔一〕謝玄暉少好佩紫羅香囊，叔父安患之，而不欲傷其意，因戲賭取，焚之，遂止。假日從時飲，○假，古雅切。一音架，非。明年共我長。○【趙次公曰】言今來身材如此，至明年更長，則與我長矣。○焦仲卿詩：新婦初來時，小姑如我長。應須飽經術，已似愛文章。十五男兒志，○【王洙曰】論語：子曰：吾十有五而志于學。三千弟子行。○【王洙曰】史記孔子世家：以詩書禮樂教弟子，蓋三千焉。曾參與游夏，達者得升堂。○【趙次公曰】曾參則責以孝行，游、夏則責以文字〔二〕。子曰：由也升堂矣。今言三子〔三〕，皆達於孔子之道而升堂，所以明戒之也。

【校記】

〔一〕晉，元本、古逸叢書本無。

〔二〕字，古逸叢書本作「章」。
〔三〕元本、古逸叢書本「子」下有「者」字。

遠懷舍弟穎觀等

陽翟空知處，○【王洙曰】陽翟屬潁川郡。○【師古曰。又，趙次公曰：「潁在陽翟也。」】舍弟所在也。荆南近得書。○【師古曰】荆南，甫所居也。積年仍遠別，多難不安居。江漢春風起，冰霜昨夜除。雲天猶錯莫，花萼尚蕭疏。○【趙次公曰】以興兄弟之離隔也。○【師古曰】玄宗篤友愛，起花萼樓，取「棠棣之華，鄂不韡韡」，乃燕兄弟之詩之意也。對酒都疑夢，吟詩正憶渠。舊時元日會，鄉黨羨吾廬。○【王洙曰】陶淵明詩：吾亦愛吾廬。

續得觀書迎就當陽居止正月中旬定出三峽

自汝到荆府，書來數唤吾。○數，所角反，屢也。頌椒添諷詠，○前注。禁火卜歡娱。○娱，一作呼。○【趙次公曰】序言〔一〕「正月中旬定出峽」，於寒食必相聚矣。○【王洙曰】荆楚歲時記：去冬至一百五日，即有疾風甚雨，謂之「寒食」。禁火三日。琴操：晉文公與介子綏俱遁，子綏割腓股以啖文公。文公復國，子綏無所得，作龍蛇之歌而隱。文公求之，不得出，乃焚左右木〔二〕，子綏抱木而死，文公哀之。今人五月五日不得舉火。子綏即子推也。又云五月五日，與今有異，皆因流俗所傳。據左氏傳、史記並無介子推被火焚之事。案周禮：司烜氏，仲春以木鐸修火禁于國中。注：爲季春將出火也。今寒食節氣是春之末，清明〔三〕三月之初。然則禁火蓋周之舊制。〇後漢周舉博〔四〕學，遷并州刺史。太原一郡，舊俗以介子推焚骸，有龍忌之禁，至其亡月，咸言神靈禁舉火，由是士民每中冬輒一月寒食，莫敢煙〔五〕爨，老少不堪，歲多死者。舉既到州，乃作弔書置〔六〕子推廟，言盛冬去火〔七〕，殘損民命，非賢者意。以宣示愚民，使還預温食，由是風俗頗革。新序曰：晉文公反國，介之推無爵，去之介山上，文公求之不得，乃焚山，推遂死。耿恭傳：龍星，木之位也。春見東方，心爲大火，火盛，故禁火。俗傳云子推此日被火而焚也〔八〕。〇【王洙曰】又魏武明罰令、陸翽鄴中記並云：寒食斷火起于子推。〇又見桓譚新論及汝南先賢傳，此皆流傳之訛耳。自唐及本朝故事，清明後賜新火，亦周人出火之事也，明矣。舟楫因人動，形骸用杖扶。天旋夔子峽，〇【王洙曰】魚復，古夔子國。〇羽獵賦：壁壘天旋。春近岳陽湖。〇【王洙曰：「岳陽湖在巴陵。」鄭卬曰：「即巴陵洞庭湖。」】唐地理志：洞庭湖在岳州之巴陵縣。發日排南喜，傷神散北吁。〇【趙次公曰】言起發之日，安排往〔九〕南而喜。神所傷者，北望長安而不得歸也。飛鳴還接翅，〇【趙次公曰：「飛鳴，以鶺鴒言之也。」】以鶺鴒自況也。〇【王洙曰】詩常棣：鶺鴒在原，兄弟急難。小宛：題彼鶺鴒，載飛載鳴。行序密銜蘆。〇行，户郎切。以鴻雁自況也。〇【王洙曰】傳曰：兄弟之齒雁行。〇【王洙曰：「淮南子曰：鴈從風而飛，以愛氣力。銜蘆而飛，以避繒繳。」】古今注：雁自江南還河北，體肥不能高飛，恐爲虞人所獲，常銜長蘆以避繒繳。俗薄江山好，時危草木蘇。馮唐雖晚達，終覬在皇都。○覬，音冀，見也。○【趙次公曰】甫自比馮唐老而爲郎也。○前注。

【校記】

〔一〕言，元本、古逸叢書本作「其」。

〔二〕左右木，古逸叢書本作「山求之」。

〔三〕古逸叢書本「明」下多「是」字。

〔四〕博，古逸叢書本作「傳」。

〔五〕煙，古逸叢書本作「炊」。

〔六〕置，元本、古逸叢書本作「致」。

〔七〕元本、古逸叢書本「火」下有「大」字。

〔八〕「風俗」至「焚也」，元本、古逸叢書本作：「風俗禁火，俗傳云子推此日初火而禁也。」

〔九〕往，元本、古逸叢書本作「住」。

將別巫峽贈南卿兄瀼西果園四十畝

苔竹素所好，萍〔一〕蓬無定居。○無，一作不。○【王洙曰】海賦：萍〔二〕流而蓬轉。遠遊長兒子，○兒，一作見。幾地別林廬。雜蘂紅相對，他時錦不如。具舟將出峽，巡圃念携鋤。正月喧鶯末〔三〕，兹辰放鷁初。○【王洙曰】漢書音義：鷁，水鳥。畫其像於舟首，以厭水怪也。雪籬梅可折，風榭柳微舒。託贈卿家有，因歌野興疏。殘生逗江漢，○逗，謝作逼。何處狎樵漁。

【校記】

〔一〕萍，元本、古逸叢書本作「苹」。

〔二〕萍，元本、古逸叢書本作「苹」。

〔三〕未，元本、古逸叢書本作「末」。

送大理封主簿五郎親事不合却赴通州主簿前閬州賢子余與主簿平章鄭氏女子垂欲納采鄭氏伯父京書至女子已許他族親事遂停

禁臠去東床，○【王洙曰】晉武帝爲晉陵公主求婚，謂王珣曰：「主婿但如劉真長、王子敬便足。」珣對曰：「謝混雖不及真長，不減子敬。」袁山松欲以女妻混，珣曰：「卿莫近禁臠。」初，元帝始鎮建鄰，公私窘罄，每得一豚，以爲珍膳，項上一臠尤美，輒以薦帝，時呼爲「禁臠」。故珣因爲戲。混竟尚主。王羲之傳：太尉郗鑒使門生求女婿於王導，導令就東床徧觀子弟。門生歸，謂鑒曰：「王氏諸子並俊，然聞信至，咸自矜持，惟一人在東床坦腹食，獨若不聞。」訪之，乃羲之，遂以女妻之。趨庭赴北堂。○【趙次公曰】北堂，母之堂也。○【王洙曰】論語：鯉趨而過庭。詩鄘風：焉得諼草，言樹之背。注：背，北堂也。風波空遠涉，琴瑟幾虚張。○【趙次公曰】甫自注：幾，音洎。洎，巨〔一〕至切，及也。琴瑟，以比夫婦之和也。○【王洙曰】詩：妻子好合，如鼓瑟琴。渥水出騏驥，○【王洙曰：「漢武元鼎四年，馬生渥洼水中。李斐曰：南陽新野有暴利長，當武帝時遭刑，屯田敦煌界。數於此水旁見群野馬中有奇者，與凡馬異，來飲此水。利長先作土人持勒靽於旁，後馬翫習久之，乃令人代土人持勒靽，收得其馬，獻之。欲神異此馬，云從水中出。師古云：渥，音握。」】漢武元鼎四年，馬生渥洼水中。崑山生鳳凰。○【趙次公曰：「古本莊子載：老子曰：吾聞南方有鳥，其名爲鳳，所居積石千里。則崑山可以言生鳳凰矣。」】淮南冥覽訓：鳳凰之翔〔二〕，至德也。過崑崙之疏圃，飲砥柱之湍瀨。兩家誠款款，中道許蒼蒼。頗爲秦晉匹，○【王洙曰】左氏襄公二十七年傳：趙孟曰：「晉、楚、齊、秦，匹也。晉之不能於齊，猶楚不能於秦也。」從來王謝郎。○【王洙曰】晉江左以王、謝爲貴族，嘗相通婚。青春動才調，○青春，謂少年也。白首缺輝光。○公自傷鄭氏不遂也。玉潤終孤立，○【王洙曰】晉樂廣字彥輔，女婿衛瓘〔三〕，見廣〔四〕而奇之，曰：「此人之水鏡。」衛玠字叔寶，見者以爲玉人。故議者以爲婦翁水〔五〕清，女婿玉潤。明珠得暗藏。〇【王洙曰】鄒陽傳：明月之珠，以暗投人於道，莫不按劍相眄。餘寒折花卉，恨別滿江鄉。

【校記】

〔一〕巨，元本、古逸叢書本作「臣」。

〔二〕翔，元本、古逸叢書本作「朔」。

〔三〕瓘，古逸叢書本作「玠」。

〔四〕見廣，古逸叢書本作「廣見」。

〔五〕水，元本、古逸叢書本作「冰」。

人日二首

元日到人日，〇【趙次公注引西清詩話。又，杜陵詩史、分門集注、補注杜詩引作「修可曰」。】東方朔占書：歲後八日，一日雞，二日犬，三日豕，四日羊，五日牛，六日馬，七日人，八日穀。其日晴，所主之物育，陰則災。〇又月令占候圖：元首至八日，占禽獸。一日雞，天清氣明，人安國泰。二日狗，無風雨，即大熟。三日猪，天晴朗，君安。四日羊，氣色和暖，即無灾，臣順君命。五日馬，晴朗，四望無怨氣，天下豐稔。六日牛，日月光明，即大熟。七日人，從旦至暮，日色晴明，夜見星辰，人民安，君臣和會。八日穀，如晝晴，夜見星辰，五穀豐熟。◯【王彦輔曰。又，九家集注杜詩依例爲「王洙曰」。】董勛問禮俗曰：「正月一日爲雞，二日爲狗，三日爲猪，四日爲羊，五日爲牛，六日爲馬，七日爲人。則正旦畫雞於門，七日鏤人户上，良爲此也。」余以意求之，正旦畫雞於門，謹始也；七日鏤人户上，重人故也。未有不陰時。◯【趙次公注引西清詩話。又，杜陵詩史、分門集注、補注杜詩引作「修可曰」。】甫意謂天寶亂後，人物歲歲俱〔一〕災，豈春秋書「王正月」之意耶？冰雪雞〔二〕難至，春寒花較遲。雲隨白水落，風振紫山悲。◯山海經：白水出蜀而東南入江。廣漢縣綿竹。注云：地道記有紫巖山，綿竹之所出焉。◯【趙次公曰】或曰：白水、紫山，非是地名。蓬鬢稀疏久，無勞比素絲。

【校記】

〔一〕俱，元本、古逸叢書本作「風」。

〔二〕雞，元本、古逸叢書本作「鶯」。

此日此時人共得，一談一笑俗相看。尊前柏葉休隨酒，◯【趙次公曰】四民月令：元日進椒柏酒。勝裏金花巧耐寒。◯耐，與奈同。◯【王洙曰】歲時記：正月七日爲人日，以七種菜爲羹。翦綵爲人，或鏤金薄爲人，以貼屏風，亦戴之鬢鬟。又造花勝相遺也。佩劍衝星聊暫拔，◯【王洙曰】晉輿服志：漢自天子至百官，無不佩劍。其後惟朝帶劍。張華傳：寶劍之精，上徹斗牛。

匣琴流水自須彈。○【趙次公曰】列子湯問篇：伯牙鼓琴，志在流水。鍾子期曰：「洋洋兮若江河。」早春重引江湖興，直道無憂行路難。○【趙次公曰】言以直道行之，無他〔一〕而不可往也。○【趙次公曰】：「行路難，古曲名。」古樂府有行路難篇。

【校記】

〔一〕他，古逸叢書本作「地」。

月

萬里瞿塘峽，○【王洙曰】峽，一作月。春來六上弦。○【趙次公曰】指言在夔凡見六上弦也。時時開暗室，故故滿青天。爽合風襟静，高當淚臉懸。○【趙次公曰】甫以羈旅在外，感時傷舊也。南飛有烏鵲，○【王洙曰】古詩：月明星稀，烏鵲南飛。夜久落江邊。

江梅

梅蘂臘前破，梅花年後多。絶知春意早，最奈客愁何。雪樹能同色，江風亦自波。故園不可見，○故園，指杜陵之舊居也。巫岫鬱嵯峨。○【王洙曰】潘安仁詩：崇崗鬱嵯峨。

庭草

楚草經寒碧，庭春入眼濃。舊低收葉舉，○【趙次公曰】言舊低引附而收斂之葉，以春而舉也。新掩卷牙重。○【趙次公曰】言新掩蔽而韜捲之牙，以春而重也。步履宜輕過，開筵得屢供。看花隨節序，不敢彊爲容。

月

併照巫山出，○【趙次公曰：「併照字，當作併點。舊本照字淺近，著一點字，可謂新奇也。」】照，一作點。新窺楚水清。羈棲愁見裏，○【王洙曰】一作愁裏見。二十四迴明。○【趙次公曰】指言在夔歷望夜，凡二十四迴也。必驗升沉體，如知進退情。○【趙次公曰】月初出曰升，既落曰沉，升則進之道，沉則退之道也。不違銀漢落，○【趙次公曰：「河漢落，則月將落矣。月隨銀漢而落，伴玉繩而低，乃望夜之月也。」】謂月將没，與天河同落也。○【杜田補遺】抱朴子：河漢者，天之水也。隨天而轉，入地下過。○【王洙曰】鮑明遠詩：不〔一〕移銀漢落。亦伴玉繩横。○【趙次公曰】

玉繩，星名。○【王洙曰】謝靈運詩：玉繩低建章。

【校記】

〔一〕不，古逸叢書本作「夜」。

大曆三年春〔一〕末下荆州所作

大曆三年春白帝城放船出瞿塘峽久居夔府將適江陵漂泊有詩凡四十韻

老向巴人裏，○【趙次公曰】。又，門類增廣十注杜詩引作「杜云」，杜陵詩史、分門集注、補注杜詩引作「修可曰」。【劉璋分三巴，以夔爲中巴地也。今辭楚塞隅。○荆州記：魯陽縣，其地重險，楚之北塞也。入舟翻不樂，解纜獨長吁。○【趙次公曰】楚塞，指白帝城。不樂而長吁者，有萍梗流離之傷矣。窄轉深啼狖，○【趙次公曰】言舟行轉於窄峽之中，而聞狖啼之音深矣。○【鄭卬曰】狖，余救切。○猨屬。虛隨亂浴鳧。○亂，一作落。○【趙次公曰】言虛舟逐浴鳧之羣而行也。石苔淩几杖，空翠撲肌膚。○【師古曰】言舟行，垂空翠蔓戛人肌膚也。疊壁排霜劍，○【趙次公曰】指言巫山，其立如劍。奔泉濺水珠。杳冥藤上下，濃淡樹榮枯。神女峰娟妙，○【鄭卬曰】荆州記：巫山有神女峰。昭君宅有無。○【趙次公曰】蓋年歲久遠，不知昭君宅何在也。○【鄭卬曰】寰宇記：歸州，巴東，有王昭君宅。曲留明怨惜，○【王洙曰：「怨惜，一作怨别。」又，趙次公曰：「怨惜，一作怨别，非是。蓋『怨惜』兩字方對『歡娱』。神女賦：寐而夢之，寤不自識。罔兮不樂，悵而失志。則失歡娱之謂也。」】惜，一作怨〔二〕。○【趙次公曰】樂府曲有昭君怨。○【王洙曰】石季倫昭君詞曰：王明君者，本爲王昭君，以觸晉文帝諱，改爲明。匈奴盛請於漢元帝，以後宫良家子明君醜〔三〕焉。昔公主嫁烏孫，令琵琶馬上作樂，以慰其道路之思。其送明君亦爾也。其造新之曲，多哀怨之聲也。夢盡失歡娱。○【趙次公曰】夢，謂楚襄王夢遇神女也。此已初叙其離夔州入船〔四〕所歷之景、弔古之事如此。○【王洙曰】宋玉高唐神女賦序：楚襄王與宋玉遊雲夢之臺，望高唐之觀。玉曰：「昔先王嘗遊高唐，怠晝寢，夢見一婦人，曰：『妾巫山之女也，爲高唐之客。聞君遊高唐，願薦枕席。』王因幸之。」襄王使玉賦其事。王夜夢與神女遇，其狀甚麗。寐而夢之，寤不自識。〔五〕擺闔盤渦沸，○【王洙曰】郭景純江〔六〕賦：盤渦谷轉。欹斜激浪輸。風雷纏地脉，冰雪曜天衢。鹿角真走險，狼頭如跋胡。○甫自注：鹿角、狼頭，二灘〔七〕名。○【王洙曰】余按：左氏文公十七年傳：鹿鋋〔八〕而走險。詩豳風：狼跋其胡。惡灘寧變色，高卧負微軀。○【趙次公曰】今遇惡灘，寧不變色乎？高卧則事有不測，爲負微軀矣。書史全傾撓，裝囊半壓濡。生涯臨臬兀，○【師古曰】臬兀，不安貌。死地脱須臾。不有平川決，○【王洙曰。又，趙次公曰：「平川決，一作快。師民瞻本唯取決字，是。蓋孟子云：沛然若決江河也。」】決，一作快。○【師古曰】言夔地險，稍出江陵則平矣。焉知衆壑趨。乾坤霾漲海，○【杜定功曰】言水之渺茫闊遠矣。雨露洗春蕪。鷗鳥牽絲颺，○【趙次公曰：「鷗鳥牽絲颺，羽如絲也。」】鷗，水鳥。謂其羽如絲之白而颺漾也。驪龍濯錦紆。落霞沉緑綺，○【王洙曰】謝玄暉晚望詩：餘霞散成綺，澄江静如練。殘月壞金樞。○【王洙曰】木玄虚海賦：大明鑣轡於金樞之穴。注：大明，月也。金樞，西方月没之處，穴窟也。泥笋苞初荻，沙茸出小蒲。○【王洙曰】謝靈運詩：新蒲含紫茸，初篁苞緑籜。雁兒争水馬，○【薛夢符曰】水馬生水中，善行如馬。○【杜田補遺。又，杜陵詩史、補注杜詩引作「師古曰」。】陳藏器本草：水馬生池中，頭如馬形，長五六寸，蝦類也。○【師古曰】今所在池塘亦有之，差小耳。俗亦呼爲「水馬」。燕子逐檣烏。○【趙次公曰】船檣上刻爲烏形，燕如逐之也。絶島容煙霧，環洲納曉晡。○【師古曰】言洲回環而舟不進也。前聞辨陶牧，○【杜田補遺。又，杜陵詩史、補注杜詩引作「師古曰」。】王粲登樓賦：北彌陶牧，西接昭丘。注：陶，鄉名。○【集千家注批點杜工部詩集引作「蘇曰」】江陵縣西有陶朱家。○【杜田補遺】爾雅釋地：郊外謂之牧。轉眄拂宜都。○【王洙曰】十道志：劉備改夷陵爲宜都。縣郭南畿好，○【王洙曰】路入松滋縣。津亭北望孤。○【趙次公曰】公懷長安矣。勞心依憩息，朗詠劃昭蘇。意遺樂還笑，衰迷賢與愚。〇【趙次公曰】人情歷艱險則悲憂，逢平曠則笑樂，當是時，雖〔九〕身之老、志之哀矣，豈復論賢愚哉！飄蕭將素髮，汩没聽洪鑪。〇莊子大宗師篇：以天地爲大鑪。丘壑曾忘返，文章敢自誣。〇言老而有丘壑之興，不敢以文章自誣也。此生遭聖代，誰分哭窮途。〇【趙次公曰。又，門類增廣十注杜詩引作「杜云」。】晉阮籍率意獨駕，不由徑路，車迹所窮，輒慟哭而反。卧疾淹爲客，蒙恩早厠儒。庭〔一〇〕争酬造化，〇【趙次公曰】公謂其爲左拾遺，嘗論宰相房琯不宜罷廢，是爲「廷諍」；以報君王顧遇之恩，故爲「酬造化」也。〔一一〕樸直乞江湖。〇【鄭卬曰】乞，去既切。〇【趙次公曰】肅宗以公言房琯，出爲華州司功。屬關輔饑亂，遂入蜀。今在夔，又欲之楚也。灩澦險相迫，滄浪深可逾。浮名尋已已，嬾計却區區。〇【趙次公曰】公以直諫忤旨而流落江湖，迫灩澦，逾滄浪，於是無意於浮名，而遂其閑散矣。喜近天皇寺，先披古畫圖。〇此寺有晉〔一二〕王右軍書、張僧繇畫孔子十哲形像。〇【薛夢符曰。又，杜陵詩史引作「師古曰」。】按渚宫故事：張僧繇避侯景之亂來奔，湘東王繹承制拜右將軍。僧繇工畫，爲南郡之冠。常於天皇寺柏堂圖盧舍那佛像，夜有奇光發自屋壁。又於堂内圖孔子十哲，識者謂右軍絶筆。湘東記室鮑潤岳曰：「釋門之内，寫素王之容。雖神異無方，豈可夷夏同貫？」僧繇笑曰：「吾誠偶然，安知不利於後？」聞者莫曉其意。及後周滅二教，梁爲附庸，荆楚祠宇莫不盡撤，惟天皇寺有宣尼像，遂爲國庠。時人歎其先覺。又嘗於此寺畫龍，不時點睛，道俗請之，捨錢數萬。落筆之後，雷雨晦冥，忽失龍所在。唐閻立本尤工畫，嘗至荆州，視僧繇舊迹，曰：「定虛得名耳。」明日，又往觀之，曰：「猶是近代佳手。」明日，又往，曰：「名下無虛士。」坐卧觀之，留宿其下十餘日而不能去。應經帝子渚，○【杜定功曰】屈原九歌湘夫人篇：帝子降兮北渚。注：帝子，謂堯二女娥皇、女英，隨舜不返，没於湘水之渚也。○爾雅釋水：小洲曰渚。○【王洙曰】江文通詩：江渚有帝子。同泣舜蒼梧。○【趙次公曰】公之懷〔一三〕舜深矣。○【王洙曰】檀弓篇：舜葬于蒼梧之野。○劉向列女傳：舜陟方死於蒼梧，二妃死於江、湘之間。朝士兼戎服，君王按湛盧。○【王洙曰】吴越春秋：越王允常聘歐冶子作名劍五枚，純鈎、湛盧、豪曹、魚腹。秦客薛燭善相劍，越王以湛盧示之，燭曰：「善哉！銜金鐵之英，吐銀錫之精。寄氣託靈，有遊世之神。服此劍，可以折衝伐敵。人君有逆謀，則去之它國。」允常王乃以湛盧獻〔一四〕吴。吴公子光弑吴王僚，湛盧去如楚。旄頭初俶擾，○【王洙曰】時始爲亂也。漢官儀：舊選羽林爲旄頭，披〔一五〕髮先驅。晉天文志：昴爲旄頭，胡星也。鶉首麗泥途。○【趙次公曰】謂廣德元年吐蕃陷長安也。○【王洙曰】晉志：自東井十六度至柳八度，爲鶉首，秦之分野，屬雍州。甲卒身雖貴，書生道固殊。出塵皆野鶴，○【王洙曰】晉嵇紹在稠人中昂昂然若野鶴之在雞羣。歷塊匪轅駒。○【王洙曰】王褒頌：過都越國如歷塊。灌夫傳：局促效轅下駒。○【趙次公曰】夢弼謂：遭喪亂則甲卒有貴爲節度，貴爲將帥，而書生亦有爲之者，而書生之道自與甲卒殊矣，故有「野鶴」、「轅駒」之譬也。伊吕終難降，韓彭不易呼。○【趙次公曰：「伊尹、吕望，此書生之善用兵者。終難降，則不肯降志于甲卒之徒也。或曰：降則天之降才，維岳降神，既已死矣，終難降生也。」】言伊尹、吕望不肯降志矣。○【趙次公曰】文人不來，武人得勢也。五雲高太甲，○【師古曰】以太甲比代宗也。瑞應圖：天子有孝德，則五色雲見。六月曠摶扶。○【鄭卬曰】摶，徒官切。○【師古曰】曠，廢也。○【趙次公曰：「言賢材之不得用也。」】傷賢材之廢斥也。○【王洙曰】莊子逍遥遊篇：鵬之徙于南冥也，水擊三千里，摶扶摇而上者九萬里，去以六月息者也。曠〔一六〕摶，闊也。扶摇，旋風也。迴首黎元病，争權將帥誅。○【師古曰】言崔旰、楊子琳之亂，巴、蜀之人困於征役也。山林託疲薾，○薾，乃結切。○【王洙曰】莊子齊物篇：薾然疲役，而不知其所歸，可不哀邪。未必免崎嶇。○【趙次公曰】公自傷尤深矣。○崎嶇，傾側貌。

【校記】

〔一〕春，古逸叢書本無。

〔二〕怨，元本、古逸叢書本作「别」。

〔三〕醜，元本、古逸叢書本作「配」。

〔四〕船，元本、古逸叢書本作「楚」。

〔五〕自「所歷」至「自識」，元本、古逸叢書本無。

〔六〕江，原作「汪」，據元本、古逸叢書本改。

〔七〕灘，原作「儺」，據元本、古逸叢書本改。

〔八〕鋌，原作「鍵」，據古逸叢書本改。

〔九〕雖，古逸叢書本作「歎」。

〔一〇〕庭，古逸叢書本作「廷」。

〔一一〕此條注文古逸叢書本置於「樸直乞江湖」句之下。又，元本、古逸叢書本之後尚有一段文字：「後漢張綱曰：『吾廷争是非，屏棄邪佞，非欲作自己名目，端酬造化，有補王室而益黎氓者，死亦無憾，何況生焉？』」

〔一二〕晉，元本、古逸叢書本作「大」。

〔一三〕懷，元本、古逸叢書本作「思」。

〔一四〕獻，古逸叢書本作「弑」。

〔一五〕披，元本、古逸叢書本作「散」。

〔一六〕曠，原作「跪」，據古逸叢書本改。

巫山縣汾州唐使君十八弟宴別兼諸公携酒樂相送率題小詩留于屋壁

卧病巴東久，今年强作歸。故人猶遠謫，○【趙次公曰】故人，指唐使君也。兹日倍多違。接宴身兼杖，聽歌淚滿衣。○聽，讀平聲。諸公不相棄，擁别借光輝。

春夜峽州田侍御長史津亭留宴得筵字

北斗三更席，西江萬里船。杖藜登水榭，揮翰宿春天。白髮煩〔一〕多酒，明星惜此筵。○【趙次公曰】夜將盡而曉，則明星行暗矣，於是筵終，爲可惜也。始知雲雨峽，○【趙次公曰】高唐賦：巫山之陽，高丘之岨〔二〕，旦爲行雲，暮爲行雨。忽盡下牢邊。○【王洙曰：「下牢，地名也。」】下牢，乃夷陵之大關津也。○十道志：三峽口地曰峽州，上牢〔三〕、下牢〔四〕，楚、蜀分畛〔五〕。

【校記】

〔一〕煩，元本、古逸叢書本作「須」。

〔二〕岨，元本、古逸叢書本作「阻」。

〔三〕牢，原作「犖」，據古逸叢書本改。

〔四〕牢，原作「犖」，據古逸叢書本改。

〔五〕畛，元本、古逸叢書本作「野」。

新定杜工部草堂詩箋斠證卷第四十三

大曆三年下荆州所作

送王十五判官扶侍還黔中得開字

○秦置黔中郡，漢高更名武陵郡。

大家東征逐子回〔一〕，○【趙次公曰】大家，指言王判官母，以班氏比之也。○【王洙曰】後漢曹世叔妻，班彪之女，名昭，字惠姬。和帝數召入宫，令皇后、貴人師事焉，號曰大家。子穀爲陳留長、垣縣長，大家隨至官，作東征賦以叙行李。風生洲渚錦帆開。○【王洙曰】隋煬帝以錦爲帆。○爾雅：水中可居曰洲，小洲曰渚。青青竹笋迎船出，○蓋紀時也。白白江魚入饌來。○【王洙曰】。又，趙次公曰：「旦旦，舊本作日日，其字於魚皆爲泛。然旦旦字是。按水經酈道元注：江水過江陽縣南下。云姜詩坐取水溺死，婦至孝上通，泉出其舍側，旦旦常出鯉魚一雙以膳焉。有此旦旦兩字，爲切矣云云。師民瞻所傳任昌叔本作『白白江魚』，云韓詩外傳稱魚爲白白。今此書世有之，未嘗有此稱也。」又，杜陵詩史、分門集注引「余曰」：「邵氏聞見録云：子美『日日江魚入饌來』。後得古本，日日作白白，不但於句甚偶，其思致亦不同。」】白白，一作旦旦。○【杜田補遺：「楚國先賢傳：孟宗母好食筍，冬月無之，宗入林中哀號，筍爲之生。後漢姜詩并妻龐氏並至孝，母好飲江水，嗜魚鱠，又不能獨食。夫婦常力作鱠，呼鄰母共之。舍側忽有湧泉，味如江水，每旦輒出雙鯉，以供母膳。王判官侍母還黔中，故有此句。」又，杜陵詩史、分門集注、補注杜詩、集千家注批點杜工部詩集引作「修可曰」。】或謂王判官侍母舟行，暗用泣笋、卧冰事以美其孝感。○此失之太鑿矣。離別不堪無限意，艱危深仗濟時才。黔陽信使應稀少，○【鄭卬曰】寰宇記：黔州黔陽郡。莫怪頻頻勸酒盃。

【校記】

〔一〕元本、古逸叢書本「大家」句下有一段注文：「家，姑音，見顔師古注。姑者，尊長之稱，如婦之於姑之義也。」

宿青溪驛奉懷張員外十五兄之緒

漾舟千山内，日入泊枉渚。○【王洙曰：「荒，一作枉。」】枉，一作荒。○【蘇曰】枉渚，曲渚也。○爾雅：小洲曰渚。我生本飄飄，今復在何許。○【王洙曰：「言未有所定止也。」】言此行不知駐足於何所也。○【趙次公曰】阮籍詠懷詩：良辰在何許。石根青楓林，猿鳥聚儔侶。○【師古曰。又，王洙曰：「言猿鳥猶能聚其儔侶，而人不能致于安適，則甫之羈困可見矣。」】猿與鳥尚得以其類聚，甫今別張員外，中夜懷之，曾猿鳥之不若乎？月明遊子静，畏虎不得語。○【趙次公曰】古詩：相望一水間，脉脉不得語。中夜懷友朋，○曹植美女篇：中夜起長歎。○【趙次公曰】詩：畏我友朋。乾坤此深阻。浩蕩前後間，佳期付荆楚。○【師古曰】甫離蜀中移居夔州，今又自夔下峽，欲之荆南，夜宿青溪驛，而作是詩也。

敬寄族弟唐十八使君

與君陶唐後，○【王洙曰】甫自撰萬年縣君京兆杜氏墓志，其先系統於伊祁，分姓於唐杜。春秋左氏傳：穆叔謂之世禄，其在兹乎？漢高紀贊：范宣子亦曰：祖自虞以上爲陶唐氏，在夏爲御龍氏，在商爲豕韋氏，在周爲唐杜氏。注：唐、杜，二國名。○後漢志：京兆杜陵。杜預曰：古唐杜氏。盛族多其人。聖賢冠史籍，枝派羅源津。○【師古曰】盛族之後，枝派蕃大，故多産聖賢也。在今氣磊落，巧僞莫敢親。介立實吾弟，○【師古曰】介立，謂爲人孤介，不受污穢也。濟時肯殺身。○【王洙曰】論語〔一〕：有殺身以成仁。物白諱愛〔二〕玷，○【王洙曰】詩抑篇：白圭之玷，尚可磨也。行高無污真。得罪永泰末，○永泰，代宗年號也。放之五溪濱。○【師古曰】公所以明唐弟以介特不徇時輩，爲讒佞中傷，代宗之時逐斥於五溪。○【鄭卬曰】按，五溪在辰州、武陵之間，壺頭山後也。○【王洙曰】馬援傳：五溪蠻，謂雄、樠、酉、潕〔三〕、辰是也。鸞鳳有鎩翮，○【王洙曰。又，鄭卬曰：「鎩，所介切。」】鎩，所拜切。○又，山戛切。○【王洙曰：「殘也。」】説文：戮也。○【王洙曰】顔延年詠嵇中散詩：鸞翮有時〔四〕鎩〔五〕。先儒曾抱麟。○【趙次公注引作「出公羊傳」。】家語：叔孫氏採薪獲麟，孔子往觀之，曰：「麟也，胡爲來也！」反袂拭面，涕泣沾襟。雷霆霹長松，骨大卻生筋。一失不足傷，念子孰自珍。○【師古曰】自古賢士困厄，無代無之，猶長松雖遭霹靂，猶有再生之理，一失又何足傷也！○孰，與熟同。泊舟楚宮岸，戀闕浩酸辛。除名配清江，○【鄭卬曰】唐志：清江縣，屬施州，本漢江巫縣也。今夔州巫山縣。厥土巫峽鄰。登陸將首途，筆札枉所申。歸朝跼病肺，叙舊思重陳。○【師古曰】甫病渴，無復還朝，唯樂與朋舊叙懷故也。○【王洙曰】劉越石詩：棄置勿重陳，重陳令心傷。春風洪濤壯，○【師古曰】時唐公泊舟于楚岸以見甫，復惠以書。甫以病肺之故，雖欲歸朝，蹐跼而不得申意，欲乘春泛舟而往，得一見唐公，以慰其寥索也。○【王洙曰】顔延年詩：春江壯風濤。谷轉頗彌旬。○【趙次公曰】郭璞江賦：盤渦谷轉。我能汎中流，搪突鼉獺嗔。○搪，徒郎切。突，陁没切。觸也。或曰：言爲小人所怒也。○【趙次公曰：「孔融汝南優劣論：頗有蕪菁，唐突人參。」】孔融傳：唐突宮掖。長年以省柂，○【王洙曰：

「省，視也。」】省，悉井切，視也。○【王洙曰：「長年，則川人謂操舟者。」】楚以船頭把篙相水道爲長年，正梢者爲三老。○【王洙曰】視柂，則將行矣。慰此貞良臣。

【校記】

〔一〕論語，原作「語論」，據元本、古逸叢書本改。

〔二〕愛，古逸叢書本作「受」。

〔三〕漁，古逸叢書本作「撫」。

〔四〕時，元本作「閑」。

〔五〕鎩，原作「鏘」，元本作「將」，據古逸叢書本改。

泊松滋江亭

紗帽隨鷗鳥，扁舟繫此亭。○繫，吉詣切。江湖深更白，松竹遠還青。○【王洙曰】還，一作微。一柱全應近，○【王洙曰：「一柱觀，在江陵。」】一柱觀，在荆州。高唐莫再經。○【王洙曰：「高唐觀，在巫峽。」】高唐觀，在夔州。今宵南極外，○【王洙曰】極，一作斗。○【趙次公曰】公將盡楚而往，故云「南極外」也。甘作老人星。○公自言其老也。○【王洙曰】晉志：老人一星在弧南，亦曰南極星。

行次古城店泛江作不揆鄙拙奉呈江陵幕府諸公

老年常道路，遲日復山川。白屋花開裏，○【王洙曰】漢書音義：白屋，謂庶人以白茅覆屋也。孤城麥秀邊。○郡國志：荆州當陽縣東南有麥城。○【王洙曰】宋世家：箕子朝周，過故殷虚，感宫室毁壞生禾黍，箕子傷之，作麥秀之詩曰：「麥秀漸漸兮，禾黍油油兮。」濟江元自闊，下水不勞牽。風蝶勤依槳，○【趙次公曰：「蝶有欲泊槳上之理。」】言避風之蝶欲依槳而立也。春鷗懶避船。王門高德業，○【集千家注批點杜工部詩集引作「公自注」。】時陽城郡王衛伯玉爲江陵節度使。○按集有江陵節度使陽城郡王新樓等詩。幕府盛材賢。行色兼多病，蒼茫泛愛前。

乘雨入行軍六弟宅

○【黄鶴曰】六弟，即杜位也。○爲江陵行軍司馬。

曙角凌雲罷，春城帶雨長。水花分塹弱，巢燕得泥忙。令弟雄軍佐，凡才污省郎。○【趙次公曰】甫爲尚書郎而自謙也。萍漂忍流涕，衰颯近中堂。

宴胡侍御書堂○【王洙曰。又，集千家注批點杜工部詩集引作「公自注」。】李尚書之芳、鄭秘監審同集。歸字韻。

江湖春欲暮，牆宇日猶微。闇闇書籍滿，輕輕花絮飛。翰林名有素，墨客興無違。○【趙次公曰】指言李尚書、鄭秘監、胡侍郎皆翰林之手也。○墨客，甫自謂也。○【王洙曰】漢揚雄作長楊賦，藉翰林以爲主人，子墨爲客卿以諷。今夜文星動，○晉書天文志：東、壁二星主文章，天下圖書之秘府也。吾儕醉不歸。○【王洙曰】左氏傳：吾儕小人。又：况吾儕乎。詩：不醉無歸。

書〔一〕堂飲既夜復邀李尚書下馬月下賦絶句

湖水林風相與清，殘尊下馬復同傾。久拚野鶴如雙鬢，遮莫鄰雞下五更。○遮，之夜切。○【趙次公曰：「遮莫，則唐人語。」】遮莫，蓋俚語，猶言儘教也。自唐以來有之。○李白詩：遮莫枝根長百丈。元稹詩：遮莫寸陰斜。皆用此詩。更，歷也。○【王洙曰】顔之推家訓：五更謂甲夜、乙夜、丙夜、丁夜、戊夜，皆以五爲節也。

【校記】

〔一〕書，元本、古逸叢書本作「草」。

南征

春岸桃花水，○【師古曰】峽以二〔一〕月桃花發時春水生，謂之「桃花水」。水漲則可以下峽。甫自蜀南征吴、楚，故趁桃花水也。雲帆楓樹林。○【趙次公曰。又，杜陵詩史、分門集注引作「師古曰」。】【楚岸多楓木。○【王洙曰】屈原招魂：湛湛江水兮上有楓。偷生長避地〔二〕，○【王洙曰：「論語：賢者避世，其次避地。」】論語：賢者避地。適遠更霑襟。○家語：孔子獲麟，泣涕沾衿。老病南征日，○【趙次公曰】公言其將適楚也。君恩北望心。○【趙次公曰】公既有京兆功曹之命，爲領〔三〕君恩矣。所以北望長安也。百年歌自苦，○【王洙曰】古詩：人生不滿百，常懷千歲憂。未見有知音。○揚雄傳：師曠之調鍾，俟知音者之在後也。

【校記】

〔一〕二，古逸叢書本作「三」。

〔二〕元本、古逸叢書本「偷生」句下，尚有一句注文：「李陵書：陵豈偷生之士，惜死之人哉？」

〔三〕領，古逸叢書本作「頒」。

地隅

江漢山重阻，風雲地一隅。○【王洙曰】李陵詩：風波一失所，各在天一隅。年年非故物，○【趙次公曰】謂其遷徙不常，眼中所見非故舊之物也。○古詩：所遇無故物，焉得不速老。處處是窮途。○前注。喪亂秦公子，○謂王粲也。○【王洙曰】謝靈運擬魏公子鄴中詩序：王粲家本秦川貴公子孫，遭亂流〔一〕寓，自傷情多。悲涼楚大夫。○【王洙曰：「屈原、宋玉皆楚大夫。」】謂宋玉也。○九辯：悲哉秋之爲氣也，蕭索兮草木摇落而變衰。平生心已折，○【王洙曰】别賦：心折骨驚。行路日荒蕪。

【校記】

〔一〕亂流，元本、古逸叢書本作「爲客」。

歸夢

道路時通塞，江山日寂寥。○【趙次公曰】以時當用兵，道路或通或塞，故江山氣象日日蕭索也。偷生惟一老，伐叛已三朝。○朝，直遥切。○【王洙曰】明皇、肅宗、代宗。雨急青楓暮，○【趙次公曰】楚岸多楓林也。雲深黑水遥。○【師古曰】甫客居荆楚，懷望長安尚遥，歸未得也。○【趙次公曰】黑水在鄂、杜之間，去長安爲近。○酈元水經：黑水出張掖雞山，南流至燉煌，過三危山，南流入南海。夢魂歸未得，○【王洙曰：「一云『夢魂歸亦得』。」又，趙次公曰：「舊本正作『夢歸歸未得』，非。當以今（『夢魂歸亦得』）爲正，蓋連『不用楚辭招』，方有分付。」】一作「夢歸歸未得」，一作「夢魂歸亦得」。不用楚辭招。○【趙次公曰：「宋玉哀屈原憂愁山澤之間，魂魄飛散，作招魂之辭以招之。公今正以爲方藉夢魂而歸故鄉，更不煩相招也。」】甫方藉夢魂而歸故鄉，更不待辭而招也。○【王洙曰】宋玉招魂序：玉哀憐屈原忠而斥棄，愁懣〔一〕山澤，魂魄放佚，故作招魂，欲以復其精神，以諷懷王也。

【校記】

〔一〕懣，古逸叢書本作「僡」。

奉送蘇州李二十五長史丈之任

星拆台衡地，○【趙次公曰】昔中台星拆，而張華見誅。今此云「星拆」，則李長史必是台輔貴人，而有此事，惜乎無所考也。○晉張華傳：少子韙，以中台星拆，勸華遜位。曾爲人所憐。○【王洙曰】前漢五行志：成帝時，歌謡曰：「邪徑敗良田，讒言亂善人。桂樹花不實，黄爵巢其顛。故爲人所美〔一〕，今爲人所憐。」桂，赤色，漢家象。華不實，無繼嗣也。公侯終必復，○【王洙曰】左氏閔公元年傳：畢萬筮仕於晉，遇屯之比。辛廖占之，曰：「吉，公侯之卦也。公侯之子孫，必復其始。」經術竟相傳。○【趙次公曰：「賢與玄成皆以經術歷位丞相。」】韋賢進授昭帝詩，尊爲丞相。○【王洙曰】少子玄成復以明經，歷位至丞相。食德見從事，○【王洙曰】易訟卦：六三，食舊德，貞厲，終吉。或從王事，無成。克家何妙年。○【趙次公曰】言李丈自妙年已克家矣。○【王洙曰】易蒙〔二〕卦：九二，子克家。一毛生鳳穴，○【趙次公曰】山海經：丹穴之山有鳥焉，其狀如雞，五彩而文，曰鳳鳥。見則天下康寧。○【薛夢符曰】南史：謝鳳子超宗，元嘉末補新安王子鸞國常侍。王母殷淑儀卒，超宗作誄奏之。帝大嗟賞，謂謝莊曰：「超宗殊有鳳毛。」○世説：晉王劭姿容似父，作侍中，公服從門入，桓公望之，曰：「大奴故自有鳳毛。」大奴，劭小字也。三尺獻龍泉。○【王洙曰】越絶書：楚王召風湖〔三〕子，令之吴、楚，見歐冶子、干〔四〕將，使之鑄劍三〔五〕枚，一曰龍泉。後漢肅宗賜諸尚書劍，特以寶劍自手書其名，以尚書韓稜淵深有謀，故得楚龍泉。○注引晉太康記：汝南西平縣有龍泉，水可淬冰〔六〕劍，特堅利。汝南即楚分野。○【王洙曰】漢高帝提三尺取天下。赤壁浮春暮，○【趙次公曰】赤壁，乃李長史所經之地。○而亦紀時也。荆州記：蒲圻縣沿江一百里，南岸名赤壁。姑蘇落海邊。○【趙次公曰】言李丈往任蘇州矣。州以有姑蘇臺而得名。○【王洙曰】越絶書：闔閭起姑蘇臺，高見三百里。客間頭最白，惆悵此離筵。

【校記】

〔一〕美，古逸叢書本作「羡」。

〔二〕蒙，古逸叢書本作「家人」。

〔三〕湖，古逸叢書本作「胡」。

〔四〕干，元本、古逸叢書本作「王」。

〔五〕三，元本、古逸叢書本作「二」。

〔六〕冰，古逸叢書本作「刀」。

暮春江陵送馬大卿公恩命追赴闕下

自古求忠孝，○【王洙曰】後漢韋彪議曰：「求忠臣必於孝子之門。」晉蘇峻稱兵，卞壼率郭默等與峻戰於陵西，六軍敗績。壼時登〔一〕背創，猶未合，力疾苦戰，遂死。二子眕、盱見父没，相隨赴賊，同時見害。眕母裴氏撫二子尸哭曰：「父爲忠臣，汝爲孝子，夫何恨乎！」翟湯聞之，歎曰：「父死於君，子死於父，忠孝之道，萃於一門。」○又，謝琰爲會稽内史，至郡不爲武備。孫恩入寇，琰軍敗績。張猛於後斫琰馬，琰墮地，與二子肇、峻俱被害。後劉裕生擒猛，送琰小子混，混刳肝生食之。詔以琰父子隕於君親，忠孝萃於一門。名家信有之。○名家，一作於今。吾賢富才術，此道未磷緇。○磷，力珍切，薄也。○【王洙曰】論語：磨而不磷，涅而不緇。玉府摽孤映，霜蹄去不疑。激揚音韻徹，籍甚衆多推。○【王洙曰】陸賈傳：聲名籍甚。注：狼籍甚盛。潘陸應同調，孫吴亦異時。○【趙次公曰】言潘岳、陸機、孫子、吴起，時雖有異，而調則同也。北宸徵事業，○【趙次公曰】北宸，謂帝居也。南紀赴恩私。○南紀，指江陵也。○【王洙曰】詩：滔滔江漢，南國之紀。卿月昇金掌，○【趙次公曰】「卿月，指馬大卿也。」喻馬大卿行赴金闕也。○【王洙曰】洪範：卿士惟月。○【趙次公曰】「金掌者，金銅仙人捧露盤之掌也。」三輔故事：建章宫仙掌承露銅盤，高二十丈。王春度玉墀。○【趙次公曰】言馬大卿以春時詣天子之丹墀也。薰風行應律，○【趙次公曰】「言方夏初，即有殊恩之命矣。」言夏初行，將承天子之寵也。○【王洙曰】樂記：八風從律而不姦。湛露即歌詩。○【趙次公曰】詩湛露：天子燕諸侯也。天意高難問，人情老易悲。樽前江漢闊，後會且深期。

【校記】

〔一〕登，元本、古逸叢書本作「發」。

暮春陪李尚書李中丞過鄭監湖亭泛舟得過字

海内文章伯，湖邊意緒多。玉樽移晚興，桂楫帶酣歌。春日繁魚鳥，江天足芰荷。鄭莊賓客地，○【趙次公曰】以鄭莊比鄭監也。○【王洙曰】前漢鄭當時字莊，爲太子舍人，嘗置驛馬長安諸郊，請謝賓客，夜以結〔一〕日。衰白遠來過。

【校記】

〔一〕結，元本、古逸叢書本作「繼」。

蠶穀行

天下郡國向萬城，無有一城無甲兵。○【王洙曰】時盗賊充斥，天下皆用兵也。焉得鑄甲作農器，○【趙次公曰。又，杜陵詩史、分門集注、補注杜詩引作「修可曰」。】家語：顔回願得明王聖主輔相之，敷其五教，導之以禮樂，使民城郭不修，溝池不越，鑄劍戟以爲農器。一寸荒田牛得耕。牛盡耕田蠶亦成，不勞烈士淚滂沲，男穀女絲行復歌。○【趙次公曰】烈士見平田必不得耕，又蠶無所成，則涕淚滂沲。今也見牛耕而男穀，蠶成而女絲，則喜而行歌焉。

短歌行贈王郎司直

○樂府解題：短歌行，古詞。魏武帝：對酒當歌，人生幾何。晉陸士衡：置酒高堂悲臨觴。皆言及時行樂也。

王郎酒酣拔劍斫地歌莫哀，○【趙次公曰。又，杜陵詩史、分門集注、補注杜詩引作「修可曰」。】昔東方朔酒酣據地而歌。我能拔爾抑塞磊落之奇才。豫樟翻風白日動，○【趙次公曰】以美木比王郎也。○【王洙曰】吴都賦：木則楩柟豫樟。鯨魚跋浪滄溟開，○【趙次公曰】又以大魚比之也。○【杜田補遺】崔豹古今注：鯨，海魚也。大者長千里，小者數丈。鼓浪成雷，噴沫成雨，水族驚畏。且脱佩劍休徘徊。西得諸侯棹錦水，○【王洙曰】錦水，蜀江也。○華陽國志：錦江，織錦濯其中則鮮明，濯他江必弊，故曰錦江。欲向何門趿珠履。○趿，先答切，進足也。○【王洙曰】鄒陽傳：何王之門不可曳長裾乎！○【王洙曰：「春申君〔一〕客三千，皆躡珠履。」】春申君傳：趙平原君使人於春申君，春申君舍之於上舍。趙使欲夸楚，爲玳瑁簪，刀劍室以珠玉飾之，請命春申君客。春申君客三千餘人，其上客皆躡珠履以見趙使，趙使大慙。仲宣樓頭春已深，○【王洙曰】王粲，字仲宣，來荆州依劉表。有樓在荆州。○【趙次公曰】仲宣乃世之名人，嘗登樓而賦，因以名之。○【師古曰】王司直得蜀州刺史，刺史，古之諸侯，甫欲依之爲門下客，如王粲之依劉表故也。青眼高歌望吾子，○【趙次公曰：「今言青眼，則以賢者待王郎矣。」】吾子，指王司直。○望其青顧也。○【王洙曰：

「阮籍能爲青白眼，以重輕人。」】晉阮籍性至孝，母終，能爲青白眼，見禮俗之士，以白眼對之。及嵇喜來弔，籍作白眼，喜不懌而退。喜弟康聞之，乃齎酒挾琴造焉，籍悦，乃見青眼。眼中之人吾老矣。○【師古曰】甫素善司直，司直必念其衰老而養遇之。甫與司直飲，司直酒酣舞劍爲樂，謂甫云：「吾能拔爾奇才，使爾見用當世，如豫章木之翻風，如鯨魚之跋浪。」故甫承其意，而有末章之覬望也。○魏文帝詩：回頭四向望，眼中無故人。○【趙次公曰】陸機詩：感念桑梓城，仿佛眼中人。

【校記】

〔一〕春申君，杜陵詩史、分門集注、補注杜詩作「孟嘗君」，依九家集注杜詩、集千家注批點杜工部詩集作「春申君」。

喜雨

南國旱無雨，○【趙次公曰】南國，指荆楚也。今朝江出雲。入空纔漠漠，洒迥已紛紛。巢燕高飛盡，林花潤色分。晚來聲不絶，應得夜深聞。

和江陵宋大少府暮春雨後同諸公及舍弟宴書齋

渥洼汗血種，○以比宋少府也。○【王洙曰】漢武元鼎四年秋，馬生渥洼水中，作寶鼎天馬之歌。大初四年，獲汗血馬來，作西極天馬之歌。注：大宛舊有天馬種，蹋石汗血，一日千里。天上麒麟兒。○又以比諸公也。○【王洙曰】南史徐陵傳：陵字孝穆，年數歲，家人携以候沙門釋寶志。寶志磨其頂曰：「天上石麒麟也。」才士得神秀，書齋聞爾爲。棣華晴雨好，○甫自喻也。○【王洙曰】詩常棣：燕兄弟也。常棣之華，鄂不韡韡。綵服暮春宜。○美舍弟也。○【王洙曰：「老萊子斑衣。」】高士傳：老萊子孝，奉二親，身著五色班斕之衣，戲於親側，欲之喜焉。○或曰：美諸公也。○【趙次公曰】論語：暮春者，春服既成。朋酒日歡會，○【王洙曰】詩豳風：朋酒斯饗。毛萇傳：兩樽曰朋。老夫今始知。

宇文晁尚書之甥崔彧司業之孫尚書之子重泛鄭監前湖○審〔一〕。

郊扉俗遠長幽寂，野水春來更接連。錦席淹留還出浦，葛巾攲側未迴船。樽當霞綺輕初散，○【王洙曰】謝玄暉詩：餘霞散成綺。棹拂荷珠碎却圓。○【趙次公曰】梁元帝詩：荷珠漾水銀。不但習池歸酩酊，○【王洙曰】晉山簡鎮襄陽，多之習氏池上，輒醉，時有兒童歌曰：「山翁出何許？往至高陽池。日夕倒載歸，酩酊無所知。」君看鄭谷去夤緣。○【趙次公曰】以鄭子真美鄭監也。○漢興，有園公、綺里季、夏黄公、角里先生。其後，谷口鄭子真修身自保。河平二年，王鳳以禮聘子真，子真不詘而終。○【王洙曰：「鄭子真耕於谷口。」】雲陽宫記：鄭朴，字子真。揚子法言問神篇：谷口鄭子真不屈其志，而耕乎巖石之下，名震于京，豈其卿？

【校記】

〔一〕審，古逸叢書本無。

奉賀陽城郡王太夫人恩命加鄧國太夫人

○【趙次公曰：「一本題下注：『陽城王衛伯玉也。』」】陽城王衛伯玉也。

衛幕銜恩重，○【杜田正謬】衛幕，謂衛青之幕也。○【趙次公曰】以衛青比衛伯玉，因其同姓也。○【薛夢符曰】李廣傳：衛青征匈奴，絶大漠，大克獲。帝就拜大將軍於幕中，故曰「幕府」。幕府之名始於此也。潘輿送喜頻。○【王洙曰】潘安仁閒居賦：太夫人乃御板輿，升輕軒，遠覽王畿，近周家園。濟時瞻上將，○【趙次公曰】申言郡王節度江陵，爲上將也。錫號戴慈親。富貴當如此，尊榮邁等倫。郡依封土舊，關〔一〕與大名新。○【趙次公曰】言郡封雖是陽城郡，而夫人之國加爲鄧國，是爲「新」矣。紫誥鸞回紙，○紫誥，謂以紫泥封詔也。○【薛夢符曰】晉載記石季龍傳：觀上安詔書，五色紙在木鳳之口，轆轤迴轉，狀若飛翔焉。古樂府曲：驛報紫泥書。清朝燕賀人。○朝，陟遥切，旦也。○【王洙曰】淮南子：湯沐具而蟣蝨相弔，大廈成而燕雀相賀。遠傳冬筍味，○【王洙曰】楚國先賢傳：孟宗字恭武，至孝。母好食筍，冬月無之，宗入林中哀號，筍爲之生。更覺綵衣春。○【趙次公曰】高士傳：老萊子孝奉二親，行年七十，作嬰兒戲，身著五色班斕之衣，常取食上堂，或詐跌作，因卧地爲小兒啼，或弄禽於親側，欲之喜焉。奕葉班姑史，○【王洙曰】以班姑比太夫人，則太夫人必能翰墨矣。後漢列女傳：曹世叔妻，班彪之女，名昭，字惠姬。博學高才，兄固著漢書，其八表及天文志未竟而卒，和帝詔昭就東觀藏書閣踵而成之。帝數召入宫，令皇后、諸貴人師事焉，號曰大家。芬芳孟母隣。○【趙次公曰】劉向列女傳：鄒孟軻母號孟母，其舍近墓，孟子之〔一〕嬉遊爲墓間之事。乃去，舍市傍，其嬉遊爲賈人衒賣之事。復徙，舍學宫之傍，其嬉遊乃設俎豆揖遜進退。孟母曰：「真可以居吾子也。」遂居焉。義方兼有訓，○【王洙曰】左氏隱公三年傳：愛子，教之以義方，弗納於邪。詞翰兩如神。委曲承顔體，騫飛報主身。可憐忠與孝，雙美映麒麟。○【王洙曰：「麒麟，閣名也。上畫忠臣像。」】言忠孝之狀貌，圖於麒麟閣上也。三輔黄圖：宣帝思股肱之美，乃圖畫霍光等於麒麟閣。

【校記】

〔一〕關，古逸叢書本作「國」。

〔二〕之，元本、古逸叢書本作「其」。

王兵馬使二角鷹

悲臺蕭瑟石巃嵸，○瑟，一作颯。○【鄭卬曰】巃，力空切。嵸，即空切。巃嵸，嵳峩貌。○【王洙曰：「潘岳西征賦：巃嵸逼迫。」】潘岳西征賦：太一巃嵸，哀壑杈枒浩呼洶。○浩，一作浪。呼，刊〔一〕作污。○【鄭卬曰】杈，初牙切。枒，五加切。○【師古曰】杈枒，不齊貌。中有萬里之長江，○【師古曰】悲臺、哀壑、長江，先言荆楚風景，故述角鷹之所出也。迴風滔日孤光動。○滔，陳作陷。角鷹翻倒〔二〕壯士臂，○【師古曰】鷹之有角，亦若馬有肉騣，始爲奇特也。○風土記：鷹出南鳶。埤雅：鷹鶵，二年之色也，頂有毛角微起，今通謂之「角鷹」。將軍玉帳軒翠氣。○翠，或作昂。將軍，指王兵馬也。○【師古曰】言青油幕軒揚其翠氣也。○【杜田補遺。又，杜陵詩史、分門集注引作「修可曰」，又引作「師古曰」。】揚雄甘泉賦：乘雲閣而上下兮，紛蒙蘢以混成。曳虹彩之流離兮，颺翠氣之宛延。顏師古曰：宮室曠大，自然有翠紫之壯氣。二鷹猛腦徐侯穟，○【趙次公曰：「王介甫善本作『絛徐墜』，於理或然。」】王荆公作絛徐墜。○一作絲徐穟，皆非。○【師古曰】是詩謂王〔三〕兵馬與徐侯穟皆趙芮公之猛將，故子美以二鷹猛腦況之也。目如愁胡視天地。○【師古曰】愁胡，謂思胡地。○【師尹曰】晉孫楚鷹賦：其爲相也疏尾闊臆，高鬢頽顱，深目蛾眉〔四〕，狀似愁胡。○隋魏彦深鷹賦：立如植木，望似愁胡。杉雞竹兔不自惜，○【師古曰】言不保其性命也。○【師尹曰】臨海異物志：杉雞，黃冠青綏，常在杉樹下。又，竹兔，小如野兔，食竹葉。虎溪野羊俱辟易。○溪，一作孩。辟，頻亦切。辟易，退却貌。○【趙次公曰】項羽傳：楊喜追羽，羽還叱之，喜人馬俱驚，辟易數里。鞲上鋒稜十二翮，○【師古曰】鞲，以皮捍其臂也。○馬后傳：蒼頭衣緑鞲。注：鞲，臂衣〔五〕也。以縛左右手，於事便也。○【師尹曰】傅玄鷹賦：左目若側，右視如傾。勁翮二六，機連體輕。將軍勇鋭與之敵。將軍樹勳起安西，崑崙虞泉入馬蹄。○【薛夢符曰】：「虞泉，乃虞淵。唐高祖諱淵，故云。」泉，本作淵，避諱而改。○【師古曰】安西都護，崑崙、虞泉皆在西也。○周禮司勳：王功曰勳。○【薛夢符曰】：「楚辭：回靈光於虞淵。注：虞淵，日所入也。」淮南天文訓：日入于虞淵。白羽曾肉三狻猊，○【鄭卬曰】狻，先丸切。猊，五兮切。○獸名。○【師古曰】三狻猊，喻西域三部。王兵馬起于安西，嘗擒西域胡酋，其敢決頗似是鷹，故美之也。○【王洙曰】：「白羽者，箭也。狻猊，獅子也。」司馬相如上林賦：彎蕃弱，滿白羽。注：羽，箭也。爾雅釋獸：狻猊如虦猫，食虎豹。郭璞注：師子也。○穆天子傳：狻猊日走五百里。虦，音棧。敢決豈不與之齊。荆南芮公得將軍，亦如角鷹下翔雲。○【王洙曰】下翔，一作入朔。惡鳥飛飛啄金屋，安得爾輩開其羣，驅出六合梟鸞分。○【趙次公曰】惡鳥乃可憎之鳥，啄富貴之屋，當得角鷹以逐之。○【師古曰】假惡鳥以喻史思明殘黨，猶犯長安，陷天子之金闕，故甫欲得王兵馬如角鷹，驅其羣，以清六合，使君子、小人各得其所，而不相雜揉，故曰「梟鸞分」。梟，食母之鳥也。○鸞，太平之瑞鳥也。

【校記】

〔一〕刊，古逸叢書本作「一」。

〔二〕倒，古逸叢書本作「到」。

〔三〕古逸叢書本「王」下多「與」字。

〔四〕眉，元本、古逸叢書本無。

〔五〕衣，古逸叢書本作「衣衣」。

惜别行送向卿進奉端午御衣之上都

肅宗昔在靈武城，指揮猛將收咸京。○【趙次公曰】天寶十五載九月，裴冕奉皇太子即皇帝位于靈武，是爲肅宗。明年九月，復京師。向公泣血灑行殿，○【趙次公曰：「向卿無所考其名。」】向公，未詳，當考。○或曰：向公即芮公衛伯玉也，乃傳寫刀筆之誤，以芮爲向，恐或是也。詩：鼠思泣血。佐佑卿相乾坤平。逆胡冥寞隨煙燼，○謂禄山死也。卿家兄弟功名震。麒麟閣畫鴻雁行，○行，平郎切。○【王洙曰】言兄弟俱畫像於麒麟閣也。紫極出入黄金印。尚書勳業超千古，雄鎮荆州繼吾祖。○【趙次公曰】或曰：尚書鎮荆州，言李之芳也。繼吾祖，甫自謂杜預也。預在晉嘗爲鎮南大將軍、都督荆州諸軍事。○【師古曰】然説者又曰：尚書，指向卿之父珣，鎮荆南。昔向秀繼杜預節鎮于此，故云「繼吾祖」也。時珣遣子向卿奉端午御衣之上都，故有是卿〔一〕也。○今並録之，以俟有識。裁縫雲霧成御衣，○上林賦：裁纖羅，垂霧縠。拜跪題封賀端午。○端午，即重午也。向卿將命寸心赤，青山落日江潮白。○【趙次公曰】言向卿行歷之景物也。卿到朝廷説老翁，漂零已是滄浪客。○浪，音郎。○【師古曰】滄浪客，乃屈原，甫自喻也。○【趙次公曰】屈原放逐江、湘，漁父見而笑曰：「滄浪之水清兮，可以濯吾纓。滄浪之水濁兮，可以濯吾足。」

【校記】

〔一〕卿，古逸叢書本作「行」。

夏日楊長寧宅送崔侍御常正字入京○得深字爲韻〔一〕。

醉酒揚雄宅，○以揚雄比楊長寧也。按，揚雄其先封於晉之揚而得姓，其地在河東揚縣，則揚乃從手之揚，而甫誤以爲從木之楊矣。○【王洙曰】揚雄傳：雄字子雲，有田一壥，有宅一區。少而好學，家素貧，嗜酒，人希至其門。時有好事者，載酒肴從遊學。升堂子賤琴。○【王洙曰】呂氏春秋：宓子賤治單父，彈鳴琴，身不下堂，而單父治。不堪垂老鬢，還對欲分襟。天地西江遠，○【趙次公曰】言江陵送別之處也。星辰北斗深。○言望長安之遠也。○【趙次公曰】長安之城上直北斗。○前注。烏臺俯麟閣，○【趙次公曰】烏臺，美崔侍御也。麟閣，美常正字也。○【王洙曰】前漢朱博傳：御史府中列柏樹，常有野烏數千，棲宿其上，晨去暮來，號曰「朝夕烏」。○唐陳子昂傳：武后時召見金華殿，占對慷慨，擢麟臺〔二〕正字。長夏白頭吟。○紀叙別之時也。西京雜記：相如將聘茂陵人女爲妾，卓文君作白頭吟以自絶，乃止。○【王洙曰】古樂府白頭吟，疾人以新間舊，不能至於白首，故以爲名。

【校記】

〔一〕韻，元本作「勻」，古逸叢書本作「均」。

〔二〕臺，古逸叢書本作「閣」。

夏夜李尚書筵送宇文石首赴縣聯句

○【王洙曰】宇文，李尚書之外甥。○【王洙曰：「石首，縣名。」】石首，荆州西邑也。

愛客尚書重，之官宅相賢。甫。○【王洙曰】魏舒傳：少孤，爲外家甯氏所養。甯氏起宅，相宅者云：「當出貴甥。」外祖母以盛氏甥小而慧，意謂應之。舒曰：「當爲外氏成此宅相。」○又北史：邢晏稱其甥李繪曰：「如對珠玉，宅相之寄，當在此甥。」酒香傾座側，帆影駐江邊。之芳。翟表郎官瑞，○【王洙曰】蕭望之爲郎，有數十雉常隨車翔集。○爾雅釋鳥：鸐，山雉。邢昺疏：山雉，一名鸐。郭璞云：尾長者，今俗呼「山雞」是也。鳧看令宰仙。或。○【王洙曰】王喬爲葉令，有神術，每月朔望常以舃爲雙鳧，自東南飛來，自〔一〕縣詣臺朝。本傳。雨稀雲葉斷，夜久菊〔二〕花偏。甫。數語攲紗帽，高文擲綵牋。之芳。興饒行處樂，離惜醉中眠。或。單父長多暇，○【鄭卬曰】單，常演〔三〕切。父，方矩切。○【王洙曰：「單父，宓子賤所治。」】呂氏春秋：宓子賤治單父，彈鳴琴，身不下堂，而單父治。河陽實少年。甫。○【王洙曰：「河陽，潘岳所治。」】晉潘岳傳：字安仁，少號爲奇童，才名冠世。舉秀才，爲河陽令。客居逢自出，○【王洙曰】以外甥也，故云「自出」。○左氏傳：康公我之自出。爲別幾凄然。之芳。○莊子大宗師篇：凄然似秋。

【校記】

〔一〕自，古逸叢書本作「曰」。

〔二〕菊，元本、古逸叢書本作「燭」。

〔三〕演，元本、古逸叢書本作「濱」。

多病執熱奉懷李尚書○之芳。

衰年正苦病侵凌，首夏何須氣鬱蒸。○【王洙曰】謝靈運詩：首夏猶清和，敲〔一〕蒸鬱凌冥。大水淼茫炎海接，○【鄭印曰】淼，弭沼切。奇峰硉兀火雲昇。○【王洙曰】硉，郎兀切。○硉兀，高貌。○【王洙曰】陶潛四時詩：夏雲多奇峰。○【趙次公曰】郭璞江賦：巨石硉兀以前却。○【王洙曰】淮南子：旱雲煙火。思霑道暍黃梅雨，○【鄭印曰】暍，於歇切，傷暑也。○【趙次公曰】思道暍之人以黃梅一雨霑之，此武王扇暍之意。公之仁心可見也。○四時纂要：梅熟而雨，曰「梅雨」，江東呼爲「黃梅雨」。敢望宫恩玉井冰。○【趙次公曰】唐制：百官賜冰。而甫嘗爲左拾遺，當預賜冰之列。今既遠矣，故有是句。漢志：瑯琊有冰井，厚尺餘。○【王洙曰】魚豢魏略：明帝九龍殿前玉井綺欄。○山海經：崑崙墟面有九井，以玉爲檻。陸機洛陽記：冰室在宣陽門内，常有冰。天子用賜三公衆官。戴延之述征記：冰井在陵雲臺〔二〕北，古來藏冰處也。不是尚書期不顧，○【王洙曰】前漢陳遵傳：遵封嘉威侯，居長安。遵嗜酒，每大飲，賓客滿堂，輒關門，取客車轄投井中，雖有急，終不得去。嘗有部刺史奏事，過遵，值其方飲，刺史大窮。候遵霑醉時，突入見遵母，叩頭自〔三〕白「當對尚書有期會」狀，母廼令從後閤出去〔四〕。應休璉與滿公琰書曰：當此之時，仲孺不辭同產之服，孟公不顧尚書之期。山陰野雪興難乘。○【王洙曰】世說：王子猷居山陰，夜大雪，眠覺，開室，命酌酒。四望皎然，因起彷徨，詠左思招隱詩，忽憶戴安道。時戴在剡，即便夜乘小船就之。經宿方至，造門不前而返。人問其故，王曰：「吾本乘興而行，興盡而返，何必見戴。」

【校記】

〔一〕敲，古逸叢書本作「歒」。

〔二〕臺，古逸叢書本作「屋」。
〔三〕自，古逸叢書本作「向」。
〔四〕去，元本作「夫」。

水宿遣興奉呈羣公

魯鈍仍多病，逢迎遠復迷。耳聾須畫字，髮短不勝篦。○勝，讀平聲。澤國雖勤雨，○【杜田補遺】又，杜陵詩史、分門集注、補注杜詩引作「修可曰」。】穀梁傳：春正月，不雨。言不雨者，勤雨也。注：思雨之勤也。炎天竟濺泥。小江還積浪，○【趙次公曰】江雖小而積浪，則以炎天水漲也。弱纜且長堤。○【趙次公曰】繫纜於長堤也。歸路非關北，○【俯曰】甫北人，未得歸鄉故也。行舟却向西。暮年漂泊恨，今夕亂離啼。○今夕，一作夕客。童稚頻書札，○【王洙曰】古詩：遺我一書札。盤飧詎糝藜。○【王洙曰】家語：孔子藜羹不糝。我行何到此，物理直難齊。○【王洙曰】莊子有齊物篇。高枕翻星月，嚴城疊鼓鼙。○城，謂荆州之城也。風號聞虎豹，水宿伴鳧鷖。○【王洙曰】蜀都賦：晨鳧旦〔一〕至，候雁銜蘆，雲飛水宿，弄吭〔二〕清渠。異縣驚虛往，○【王洙曰】古詩：它鄉復異縣。同人惜解携。○【王洙曰：「易：出門同人。」

趙次公曰：「其字則易卦名。」】周易有同人卦。蹉跎長泛鷁，○【俯曰】泛鷁，行舟也。○【趙次公曰】畫綵鷁於舟，以驚水神也。展轉屢鳴雞。○展轉不寐而聞雞唱〔三〕曉也。嶷嶷瑚璉器，○【鄭卬曰】嶷，魚力切。○詩生民：克岐克嶷。○【王洙曰：「子貢瑚璉器。」】論語：子貢問曰：「賜也何如？」子曰：「汝器也。」曰：「何器也？」曰：「瑚璉也。」陰陰桃李蹊。○【王洙曰】李廣傳：桃李不言，下自成蹊。餘波期救涸，○望諸公之周急也。○【王洙曰】左氏昭十二年傳：波及晉國者，君之餘也。莊子外物篇：莊周家貧，以貸粟於監河侯，曰：「周視車轍中有鮒魚焉，豈有斗升之水而活哉？」費日苦輕齎。○【趙次公曰】言爲客之久，有費時日，其〔四〕所輕齎，苦於貿易而罄盡矣。支〔五〕策門闌邃，○【昱曰：「一本杖作支。」】支〔六〕，一作杖。肩輿羽翮低。○【趙次公曰】支策、肩輿，言出詣於人也。自傷甘賤役，誰愍彊幽棲。巨海能無釣，○【王洙曰：「任公子投竿東海。」】莊子外物篇：任公子爲大鈎巨緇，五十犗以爲餌，蹲乎會稽，投竿東海，旦旦而釣。浮雲亦有梯。○謝靈運登石門詩：惜無同懷客，共登青雲梯。郭景純遊仙詩：靈谿可潛盤，安事登雲梯。勳庸思樹立，語默可端倪。贈粟囷應指，○【王洙曰】吳志魯肅傳：肅字子敬，臨淮東城人，性好施與。周瑜爲居巢長，將數百人過候肅，并求資糧，肅家有兩囷米，各三千斛，肅乃指一囷與周瑜。登橋柱必題。○【王洙曰】成都記：昇仙橋，司馬相如初西去，題其柱曰：「不乘赤車駟馬，不復過此橋。」後果以傳車至其處。橋在望鄉臺東南一里，管華陽縣。○【趙次公曰】夢弼謂：右觀甫之自序〔七〕所負如此，蓋不以有求於人而遂屈也。丹心老未折，○古樂府詩：丹心悵不舒。○【王洙曰】別賦：心折骨驚。時訪武陵溪。○【王洙曰】武陵桃源，乃秦人避亂之地。○前注。

【校記】

〔一〕旦，古逸叢書本作「且」。

〔二〕吭，古逸叢書本作「呃」。

〔三〕唱，古逸叢書本作「鳴」。

〔四〕言爲客之久有費時日其，元本、古逸叢書本無。

〔五〕支，元本、古逸叢書本作「楮」。

〔六〕支，元本、古逸叢書本作「楮」。

〔七〕序，古逸叢書本作「矜」。

昔遊

○此篇與憶昔行命意略同。憶昔行有云：「辛勤不見華蓋君。」又云：「艮岑青輝慘么麽。」

昔謁華蓋君，深求洞宮脚。○一作「緑袍昆王脚〔一〕」。華蓋山在伊、洛間，王喬上昇於此。神仙傳：有三十六洞天。昔周王子喬養道于華蓋山，凡三十餘年，後得道昇仙，號曰華蓋君。天降玉棺於堂上，喬遂沐浴卧其中，由是尸解。甫以所居之地爲洞天之宫。山足曰脚。玉棺已上天，○玉，一作人。○【王洙曰】後漢方術傳：王喬者，河東人。顯宗世爲葉令，天下玉棺於堂前，吏人推排，終不摇〔二〕動。喬曰：「天帝獨召我邪？」乃沐浴服飾，寢其中，蓋便立覆。昔葬於城東，土自成墳。其夕，縣中牛皆流汗喘乏，而人無知者。百姓乃爲之立廟，號葉君祠。白日亦寂寞。○寂，一作冥。暮昇艮岑頂，○岑，一作峰。○【王洙曰：「艮岑，東北之岑也。」】艮，東北之卦也。巾几猶未却。○甫謂我昔嘗謁拜王喬之祠於華蓋，其人以玉棺昇天矣，白日唯祠宫寂然，暮昇東北之岑，覩其傍葬處，几席猶存也。弟子四五人，入來淚俱落。○奉道弟子凡四五人，見甫語及艱難以來不知親戚故舊或存或没，皆爲之淚下也。余時遊名山，發軔在遠壑。○軔，音刃。軔，正車之木，將行則發之。○【王洙曰】屈原離騷：朝發軔於蒼梧。良覿違夙願，○甫時擬作廬、霍之遊，發軔將以行也。是以乖〔三〕違夙願，不及展〔四〕此良會，隱居于此也。含凄向寥廓。○凄，一作悽。言望天而爲抱悽愴之情也。林昏罷幽磬，竟夜伏石閣。王喬下天壇，微月映皓鶴。○甫夜宿此祠宫，如覩王喬之下天壇，此寓言也。○【王洙曰】劉向列仙傳：王子喬，周靈王太子晉也。好吹笙，作鳳鳴。遊伊、洛間，道士浮丘公接上嵩山。後告桓良曰：「告我家，七月七日待我緱氏山頭。」果乘白鶴駐山顛，舉手謝時人而去。晨溪嚮虚駃，○駃，古穴〔五〕切，速也。謂溪流嚮空壑〔六〕，其勢速也。歸徑行已昨。○【趙次公曰：「蓋昨夜既伏石閣而宿，今晨之歸往，見溪嚮虚處流駛，乃昨所行者矣。」】甫早起沿溪而行，故已得昨來之徑也。豈辭青鞋胝，○【趙次公曰】青芒鞋，乃行山之具。胝，足病也。○甫不以青芒鞋之艱難爲辭，任使足生胝也。帝王世紀：禹治洪水，手足胼胝。○【趙次公曰】按集有曰「若耶溪，雲門寺，青鞋布襪從此始」，其意同也。惆悵金匕藥。○【王洙曰】惆悵，一作悵望。○甫不憚芒鞋之勞，將願〔七〕就求金匕藥以延暮年也。昔葛仙翁以金匕挑藥，與費長房服之，以延年也。又神仙傳：程偉好黃白，連時不成，妻乃出囊中藥，以少投其匕，煎〔八〕水銀，須臾成銀。東蒙赴舊隱，尚憶同志樂。○【王洙曰】東蒙，魯地山名。○甫與元逸人常隱此山，故憶之也。○【趙次公曰】按集有曰「故人昔隱東蒙峰，已佩含景蒼精龍」是也。伏事董先生，○伏，一作休，非是。○【王洙曰】董先生，謂董京威，即衡陽董鍊師也。行吟常宿白社之中，時乞市肆，得碎繒，結以自覆。○甫常師事之也。於今獨蕭索。胡爲客關塞，道意久衰薄。○甫自與董鍊師既別之後，世態蕭條，至今日客寓關塞，道竟衰薄，無復昔時之鋭志於鍊養矣。妻子亦何人，○漢武帝曰：「吾得如黃帝，棄妻子如屣耳。」又，費長房棄妻子，從壺公。丹砂負前諾。○甫謂妻子累人，使吾負求丹砂之志矣。○【王洙曰：「晉葛洪求勾漏令，以鍊丹砂。」】晉葛洪字稚川，究覽典籍，尤好神仙導養之法。辭辟不就，以年老欲鍊丹，以祈霞〔九〕壽，聞交趾出丹，求爲句漏令，帝從之。雖悲髮鬒變，○【王洙曰：「一云鬢髮變。」趙次公曰：「一作髮鬢鬒，非。」】一作髮變鬒〔一〇〕。○鬒，真忍〔一一〕切，密也。○【趙次公曰】詩鄘風：鬒髮如雲。○【王洙曰】謝元暉詩：有情知望鄉，誰能鬒不變。未憂筋力弱。杖藜望清秋，○【王洙曰】杖，一術，所以能却老延年。甫雖傷髮稀變鬢，尚賴筋力未羸，猶可扶藜杖入廬、霍二山，學神仙術以延暮年，無負丹砂之舊約矣。謝靈運初發石首城詩：息心〔一三〕廬霍期〔一四〕。

作扶。有興入廬霍。○人生天地間，不能逃寒暑之變，故形〔一三〕體衰，鬚髮白，唯道家得鍊養呼吸之

【校記】

〔一〕脚，元本、古逸叢書本作「朋」。

〔二〕摇，古逸叢書本作「攝」。

〔三〕乖，元本、古逸叢書本作「自」。

〔四〕展，元本作「后」，古逸叢書本作「追」。

〔五〕穴，元本、古逸叢書本作「亦」。

〔六〕壑，古逸叢書本作「虚」。

〔七〕願，古逸叢書本作「原」。

〔八〕煎，古逸叢書本作「前」。

〔九〕霞，元本、古逸叢書本作「遐」。

〔一〇〕鬢，元本、古逸叢書本作「白」。

〔一一〕忍，古逸叢書本作「君」。

〔一二〕形，元本、古逸叢書本無。

〔三〕心，古逸叢書本作「必」。

〔四〕期，元本無。

江陵望幸

○【王洙曰】時大駕在蜀。

雄都元壯麗，○【王洙曰】漢高紀：宮室非壯麗不足以重威。望幸欻威神。○【趙次公曰】欻，許勿切。○【王洙曰】顔延年車駕幸京口詩：春方動宸極，望幸傾〔一〕王州。魯靈光殿賦：景福乎帝之威神。地利西通蜀，○【趙次公曰】江自西而來，舟車所通，故謂之「西江」。天文北照秦。○【杜定功曰】謂長安在荆渚之北。○而上直乎北斗也。風煙含越鳥，○【王洙曰】謝玄暉詩：風煙有鳥路。舟楫控吴人。未枉周王駕，○【趙次公曰】列子周穆王篇：肆意遠游，命駕八駿之乘，驅馳千里。○抱朴子：周穆王南征，君子化爲猿鶴，小人化爲蟲沙。終期漢武巡。○漢武元封五年，南巡，至于盛唐，望祀虞舜于九嶷。注：盛唐，南郡也。甲兵分聖旨，○【趙次公曰】言車駕之出，則禁兵隨衛也。居守付宗臣。○【王洙曰】左氏傳：君行則居守。早發雲臺仗，○仗，或作路。恩波起涸鱗。○前注。

【校記】

〔一〕傾，古逸叢書本作「候」。

遣悶

地闊平沙岸，舟虛小洞房。使塵來驛道，城日避烏檣。○烏檣，謂船檣上刻爲烏形也。○【趙次公曰】以泊船之處近城，斜日爲城所障，不照及乎烏檣也。暑雨留蒸濕，江風借夕涼。○【趙次公曰】暑雨之際，留住〔一〕蒸濕，而得江風借之以夕涼也。行雲星隱見，○【趙次公曰】雲合則星隱，雲過則星見也。疊浪月光芒。○【趙次公曰】前浪、後浪，月光皆照也。螢鑒緣帷徹，○【趙次公曰。又，九家集注杜詩依例爲「王洙曰」。】螢火可以照物，故云「螢鑒」。蛛絲罥鬢長。○【鄭卬曰】罥，音畎，挂也。哀箏猶凭几，○【鄭卬曰】凭，皮孕切。鳴笛竟霑裳。○【趙次公曰】初聞哀箏，猶含淚凭几聽之而已，至聞鳴笛，則情不禁矣，於是乎淚竟霑裳也。倚着如秦贅，○着，直略切，附也。○【鄭卬曰】贅，之芮切。○聚肉也。○【君平曰】甫自謂流寓他鄉，如秦人之贅婿也。○【王洙曰】賈誼傳：秦人家貧，子壯則出贅。顏師古曰：言其不出妻家，亦猶人身體之有贅，非應所有也。過逢類楚狂。○【王洙曰：「楚狂接輿。」】論語微子篇：楚狂接輿歌而過孔子，曰：「鳳兮鳳兮，何德之衰。」氣衝看匣劍〔二〕，○【王洙曰：「張華見劍氣衝牛斗。」】晉張華傳：初，斗牛之間常有紫氣。雷煥曰：「豐城寶劍之精上徹於天耳。」穎脱撫錐囊〔三〕。○【王洙曰】平原君傳：平原君曰：「士之處世，譬如錐之處囊中，其末立見。」毛遂曰：「使遂蚤得處囊中，乃脱穎而出，非特末見而已。」妖孽鬬東臭，兵戈隴右瘡。○【趙次公曰：「兩句皆當時之事實，真祇是吐蕃與盜賊耳。」】皆傷時也。

時清疑武略，世亂跼文場。○【趙次公曰】當時清，則以武略疑而不用。及世亂，則文場跼而不得騁也。

餘力浮於海，○【王洙曰】論語：道不行，乘桴浮於海。端憂問彼蒼。○【王洙曰】詩秦風：彼蒼者天。百年從萬事，故國耿難忘。○【趙次公曰】言百年之内，任從事緒之多，而惟有故鄉不能忘也。

【校記】

〔一〕住，古逸叢書本作「注」。

〔二〕匣劍，元本、古逸叢書本作「劍匣」。

〔三〕錐囊，原作「囊錐」，據元本、古逸叢書本改。

江陵節度使陽城郡王新樓成王請嚴侍御判官賦七字句同作

樓上炎天冰雪生，○【趙次公曰】當炎天而樓上生冰雪，則其高可知矣。高飛燕雀賀新成。○【王洙曰】淮南説林訓：大厦成而燕雀相賀。碧窗宿霧濛濛濕，朱栱浮雲細細輕。杖

鉞褰帷瞻具美，○後漢趙彦傳：宗資爲中郎將，杖鉞將兵，督州郡。○【王洙曰】又，賈琮傳：琮爲鄭州刺史。舊典：傳車驂駕，垂赤帷裳，近於州界。及琮之部，升車言曰：「刺史當遠視廣聽，以糾察美惡。何故反垂帷裳以自掩塞乎？」乃命御者褰之。百城聞風，自然竦震。**投壺散帙有餘清。**○【王洙曰：「祭遵投壺雅歌。」】後漢祭遵爲將軍，對酒設樂，必雅歌投壺。○禮記〔一〕投壺經：頸脩七寸，腹脩五寸，口徑二寸半，容斗〔二〕五升。矢以柘，若棘，長二尺八寸，投之。勝者飲不勝者，以爲優劣也。**自公多暇延參佐，江漢風流萬古情。**○【王洙曰】晉庾亮傳：亮鎮武昌，諸佐吏殷浩之徒乘秋夜共登南樓。俄而亮至，將起避之。亮徐曰：「諸君少住，老子於此，興復不淺。」便據胡床與浩等談論竟坐〔三〕。陶侃〔四〕曰：亮非唯風流，兼有爲政之實也。

【校記】

〔一〕投壺禮記，元本、古逸叢書本無。

〔二〕斗，元本、古逸叢書本作「中」。

〔三〕坐，古逸叢書本作「夕」。

〔四〕陶侃，元本、古逸叢書本作「黄氏」。

又作此奉衛王

西北樓成雄楚都，遠開山岳散江湖。○【趙次公曰】言樓之所臨者高，所望者遠矣。二儀清濁還高下，〇二儀，天地也。〇【王洙曰：「陽清爲天，陰濁爲地。」】淮南天文訓：清揚者薄靡而爲天，重濁者滯凝而爲地。三伏炎蒸定有無。〇陰陽書：從夏至第三庚爲初伏，第四庚爲中伏。立秋後，初庚爲末伏。故謂之「三伏」。前注。推轂幾年惟鎮静，〇【王洙曰】推，吐回切。〇推轂，喻言人之有才不能自達，必待有以薦舉之，如車之行，助推其轂而使之進耳。〇【趙次公曰】以言衛王奉命爲將也。〇【王洙曰：「馮唐傳：推轂遣將。」】馮唐傳：古者命將，跪而推轂，曰：「閫以内，寡人制之。閫以外，將軍制之。」曳裾終日盛文儒。〇美衛王之禮賢也。〇【王洙曰】鄒陽傳：何王之門不可曳長裾乎？白頭授簡焉能賦，媿似相如爲大夫。〇【王洙曰：「雪賦：受簡於司馬大夫。」】謝惠連雪賦：梁王遊於兔園，授簡於司馬大夫，曰：「爲寡人賦之。」〇【王洙曰】藝文志：登高能賦，可爲大夫。

新定杜工部草堂詩箋斠證卷第四十四

大曆三年下荊州所作

江漲

江發蠻夷漲，○【王洙曰】蜀水之源出於夷地。山添雨雪流。大聲吹地轉，高浪蹴天浮。魚鼈爲人得，蛟龍不自謀。○【趙次公曰】按集溪漲詩亦曰「蛟龍亦狼狽，而况鼈與魚」。輕帆好去便，吾道付滄洲。○【王洙曰】公以道不行，有乘桴之意也。

毒熱寄簡崔評事十六弟

大火運金氣，○【王洙曰：「（暑）一作火。」又，趙次公曰：「大火，一作大暑。以運金氣言之，當以大火爲正。蓋此一句止言七月之候也。」】火，一作暑。荆揚不知秋。○【趙次公曰】詩豳風：七月流火。月令：孟秋之月，盛德在金。大火流而運金氣，所以爲七月矣。既已七月，而荆、揚楚地，是爲炎方，秋熱最〔一〕毒，故獨不知秋也。林下有塌翼，○【趙次公曰：「鳥以熱而難飛也。」】謂鳥不禁熱而其翼垂塌也。水中無行舟。○謂日酷水涸，而舟不行也。千室但掃地，○謂家門掃地而卧也。閉門人事休。○謝絶人事，不相往來，艱於衣冠故也。老夫轉不樂，旅次兼百憂。蝮虵暮偃蹇，○蝮，芳福切。○【王洙曰】毒蛇也。○山海經：蝮虵，色如綬文，大者百餘斤，呼爲「反鼻蛇」。爾雅釋蟲：蝮虺，博三寸，首大如擘。本草引張文仲云：蝮，蛇形，乃不長，頭扁口尖，人〔二〕有犯之，頭足貼著。空床難暗投。○虁多毒蛇，暮凉則夜出，或偃蹇床席閒，不敢暗投，宜察之以燭也。炎宵惡明燭，○宵，夜也。然燭明則蚊蚋噆人肌膚，故惡之也。况乃懷舊丘。○思長安也。開襟仰内第，○内第，謂房室也。仰卧於内，憚於應接也。執熱露白頭。束帶負芒刺，接居成阻脩。○是以束帶在身，如負芒刺，接隣而居，翻成脩遠，以熱之故也。何當清霜飛，會子臨江樓。載聞大易義，○美崔公之通于易也。諷詠詩家流。○美崔公之長於詩也。藉藉異時輩，○謂其胸中有含蓄也。檢身非苟求。皇皇使臣體，○【趙次公曰】詩：皇皇者華。○君遣使臣也。信是德業優。○【趙次公曰】指崔評事之優乎爲使也。楚材擇杞梓，○楩楠杞梓，楚地所産。崔公楚人，朝廷將擇〔三〕用之也。○【杜田補遺。又，杜陵詩史、分門集注、補注杜詩引作「薛夢符曰」。】左氏傳：令尹子木問聲子曰：「晉大夫與楚孰賢？」對曰：「晉卿不如楚。其大夫則賢，皆卿才也。如杞梓皮革，自楚往也。唯楚有才，晉實用之。」漢苑歸驊騮。○【趙次公曰：「驊騮，所以美崔。言漢苑，則漢有天馬之苑。」】漢武得大宛馬，皆驊騮之美。驊騮，喻崔公宜歸廟朝之上也。短章達我心，理爲識者籌。○甫欲崔公宜歸朝，以短章聞于朝廷，庶幾達寫我心。甫之爲崔公籌畫大計，俾奏于上。○【趙次公曰：「識者，蓋指評事也。」】蓋以崔公有識君子，故與之言也。

【校記】

〔一〕最，元本、古逸叢書本作「取」。

〔二〕人，古逸叢書本作「身」。

〔三〕擇，古逸叢書本作「擢」。

江邊星月二首

驟雨清秋夜，金波耿玉繩。○【趙次公曰】金波，謂月也。玉繩，謂星〔一〕也。前漢郊祀志：月穆穆以金波。○【王洙曰】又，謝玄暉詩：金波麗鳷鵲，玉繩低建章。天河元自白，江浦向來澄。映物連珠斷，○【王洙曰：「史：五星如連珠。」】前漢律曆志：太初元年，日月如合璧，五星如連珠。緣空一鏡升。○公孫乘月賦：隱圓巖而似鉤，蔽脩堞而分鏡。○【王洙曰】古詩：破鏡飛上天。餘光隱更漏，○隱，一作憶。況乃露華凝。

【校記】

〔一〕星，古逸叢書本作「漢」。

江月辭風纜，江星别露船。雞鳴還曉色，鷺浴自清川。歷歷竟誰種，○【趙次公曰】見星之多〔一〕，故問其所種之榆也。○【王洙曰】古詩：天上何所有，歷歷種白榆。悠悠何處圓。○【趙次公曰】見月未圓，故問之以何處逢其圓也。○【王洙曰】沈約詠月：清光信悠哉。客愁殊未已，他夕始相鮮。○【趙次公曰：「若客愁既止，己則始悦其鮮明矣。」】言客愁深，既止〔二〕見星月，方悦其鮮〔三〕明也。

【校記】

〔一〕多，杜詩趙次公先後解、杜陵詩史、分門集注皆作「夕」。

〔二〕既止，古逸叢書本作「也」。

〔三〕鮮，古逸叢書本作「難」。

舟月對驛近寺

更深不假燭，月朗自明船。金刹青楓外，○刹，初轄切。○【杜田補遺。又，杜陵詩史、分門集注引作「洪覺範曰」。】幡柱也。朱樓白水邊。城烏啼眇眇，○【王洙曰】左氏傳：叔向曰：「城上有烏，齊師其遁也。」野鷺宿娟娟。皓首江湖客，鈎簾獨未眠。

舟中

風餐江柳下，雨卧驛樓邊。○【趙次公曰】宋鮑照詩：風餐委松宿〔一〕，雲卧恣天行。結纜排魚網，○【趙次公曰】言繫纜之處有魚網相排〔二〕也。連檣並米船。○【王洙曰】檣船上帆竿也。今朝雲細薄，昨夜月清圓。飄泊南庭老，○【趙次公曰】南庭者，南方之庭，猶北地謂之北庭〔三〕也。秪應學水仙。○清泠傳：馮夷，華陰潼鄉隄首人。服八石得水仙，是爲河伯〔四〕。

【校記】

〔一〕宿，元本、古逸叢書本作「柏」。

〔二〕排，元本作「扮」，古逸叢書本作「絆」。

〔三〕北庭，元本、古逸叢書本作「漂泊」。

〔四〕伯，元本無，古逸叢書本作「神」。

遺懷

昔我遊宋中，惟梁孝王都。○【王洙曰】宋中，即大梁也。○【鄭卬曰】禹貢豫州域，秦改爲梁國。魏惠王都大梁，漢文帝封子武爲梁孝王，亦於睢陽置宋州。○其地乃天下要衝。○【王洙曰】漢書文三王傳：梁孝王武，七國反，梁王城守睢城。梁最爲大國，居天下膏腴地，北界秦山，西至高陽。名今陳留亞，○謂大梁形勝之名，與陳留郡相上下也。陳留郡在大梁之東，漢爲陳留郡，唐亦爲陳留郡。○【王洙曰】今爲汴州也。劇則貝魏俱。○謂大梁政事之劇，與貝、魏二州相等也。○【王洙曰】貝、魏二州在河北爲最大也。邑中九萬家，高棟照通衢。舟車半天下，主客多歡娛。白刃讎不義，黄金傾有無。殺人紅塵裏，報答在斯須。○【趙次公曰】主則土著之人，客則流寓者也。○言邑中豪富多尚游俠，殺人復讎，無〔一〕異秦地也。前漢酷吏尹賞傳：長安中姦猾浸多，閭里少年羣輩殺人，受賕〔二〕報仇，相與探丸爲彈，得赤丸者斫武吏，得黑丸者斫文吏，白者主治喪。城中薄暮〔三〕塵起，剽劫行者，死傷横道。憶與高李輩，論交入酒壚。○【師古曰】甫昔與高適、李白嘗飲此酒壚也。壚，謂埋罌於地。前漢相如〔四〕滌器，文君當壚。兩公壯藻思，○【饒曰】藻思，謂文思也。得我色敷腴。○敷腴，顔色恍〔五〕澤貌。古隴西行：好婦出近〔六〕客，顔色正敷腴。氣酣登吹臺，○【王洙曰】吹臺，乃梁孝王歌吹之臺，今謂之繁臺。○【鄭卬曰】在開封縣南五里。○酈元注水經：陳留縣有蒼頡、師曠城，上有列仙吹臺。梁王增築以爲吹臺也。懷古視平蕪。○平蕪，謂草色淺齊也。芒碭雲一去，○碭，音唐，又音宕〔七〕。○【趙次公曰】芒碭，山名。○【王洙曰】漢高帝紀：高祖隱於芒碭山澤之間，吕后與人俱求，常得之，曰：「季所居上常有雲氣，故從往，常得季。」雁鶩空相呼。○鶩，音木，又亡遇切。鳧屬。雲去，言人已去，空餘雁鶩相呼而已。○【師古曰】謂懷古也。○西京雜記：梁孝王築兔園，園中有雁池，今在睢陽。先帝正好武，○【師古曰】謂玄宗好事邊功也。寰海未凋枯。○【王洙曰】言天下全盛之時也。猛將收西域，長戰破林胡。百萬攻一城，獻捷不云輸。○是時或收西域，或破林胡，以百萬之兵攻取一山城。○【趙次公曰】然一時豈無勝負，但〔八〕常獻捷徼功於天子而已，未嘗言其敗亡而不勝也。組練棄如泥，○左氏傳：組甲三百，被練三千。馬融曰：組甲，以組爲甲。被練爲甲衷也。尺土負百夫。○【王洙曰】負，一作勝。○【趙次公曰】：「争一尺之土，以百夫爲償，則不惜人之命！」謂玄宗賞賚不貲，雖争得一尺之土，以百夫爲償〔九〕，則所得不償所失，豈不負乎人之命歟！拓境功未已，○拓，音託，取也。元和辭大爐。○大爐，喻天地一元〔一〇〕之氣已辭大爐，言政失其和，則陰陽之氣不應，災異所由生也。○【趙次公曰】莊子大宗師篇：以天地爲大爐。亂離朋友盡，○【趙次公曰】朋友，指高、李也。合沓歲月徂。

○【晁曰】合沓，相繼貌。吾衰將焉託，存殁再嗚呼。蕭條益堪媿，獨在天一隅。○【王洙曰】一作「蕭條疾益甚，媿獨天一隅」。乘黄已去矣，○【趙次公曰】乘黄，喻高、李也。凡馬徒區區。○【王洙曰：「凡馬，喻常才。」】甫自喻也。不復見顔鮑，○【趙次公曰】又以詩人顔延年、鮑明遠比高、李也。○或〔二〕曰：顔延年還始安太守。道經汨潭，爲祭屈原文以致其意。○【王洙曰】鮑明遠爲荆州參軍掌書記，作蕪城賦以譏宋臨海王。繫舟卧荆巫。○【趙次公曰：「荆州與巫峽也。」】甫時繫舟於荆楚、巫峽之岸，以寓居也。臨餐吐更食，常恐違撫孤。○謂死後無人撫恤諸孤，恐違此心願也，故臨餐不能食矣。

【校記】

〔一〕無，元本、古逸叢書本作「之」。

〔二〕賕，元本作「脉」，古逸叢書本作「金」。

〔三〕暮，元本、古逸叢書本無。

〔四〕前漢相如，元本、古逸叢書本作「前相如傳」。

〔五〕恍，古逸叢書本作「充」。

〔六〕近，古逸叢書本作「迎」。

〔七〕宕，元本、古逸叢書本作「岩」。

〔八〕但，古逸叢書本作「但」。

〔九〕償，古逸叢書本作「賞」。

〔一〇〕一元，古逸叢書本作「二三」。

〔一一〕或，元本、古逸叢書本作「黄」。

舟中出江陵南浦奉寄鄭少尹審

更欲投何處，飄然去此都。形骸元土木，○【趙次公曰】晉嵇康傳：有風儀，而土木形骸，不自藻飾。舟楫復江湖。社稷纏妖氣，○【王洙曰】左太冲賦：姦回贔屭，兵纏紫微。干戈送老儒。百年同棄物，萬國盡窮途。○【王洙曰。又，門類增廣十注杜詩引作「杜云」。】阮籍傳：車迹所窮，輒慟哭而反。雨洗平沙靜，天銜闊岸紆。鳴螿隨浮〔一〕梗，○【趙次公曰：「螿，音將，蟬也。」】螿，即良切，蟬屬。○【趙次公曰】螿得梗而託之，故隨汎梗而鳴焉。○【黄希曰】爾雅：蜺，寒蜩〔二〕。郭璞注：寒螿也，似蟬而小，青赤。別燕起秋菰。○【趙次公曰】菰，雕胡也。燕集於菰叢之間，時當秋，則別之而起去也。棲託難高臥，○【趙次公曰】言其身方有棲託，難於高臥而自安矣。飢寒迫向隅。○【王洙曰】漢刑法志：一夫向隅而泣，則滿堂爲之不樂。寂寥相呴沫，○呴，况付切。沫，音末。○【王洙曰】莊子大宗師篇：泉涸，魚相與處於陸，相呴以濕，相濡以沫，不如相忘於江湖。浩蕩報恩珠。○【王洙曰。又，趙次公注引作「三輔決録、搜神記」。】潘岳關中記：漢武帝於渭水北作昆明池，有人釣魚綸絶，而魚夢於帝，求去其鈎。明日，帝戲于池，見魚銜鈎，帝取其鈎放之。後復遊池，魚銜珠以報帝。淮南子覽冥訓：隋侯之珠。注：隋侯，漢東國姬姓諸侯。隋侯見大蛇傷斷，以藥傅之。後蛇於江中銜大珠以報之。溟漲鯨波動，○古今注：鯨，大魚也，鼓浪成雷，噴沫成雨。衡陽雁影徂。○淮南〔三〕時則訓：季秋之月，候雁來賓。南征問懸榻，○【王洙曰】後漢陳蕃遷樂安太守，郡人周璆，高潔之士，前後郡守招命莫肯至，唯蕃致焉，字而不名，特爲置一榻，去則懸之。○【趙次公曰】蕃又爲豫章太守，不接賓客，唯徐穉來，特〔四〕設一榻，去則懸之。東逝想乘桴。○【王洙曰】論語：道不行，乘桴浮於海。濫竊商歌聽，○樂記：商者，五帝之遺聲。商人試之，故謂之「商」。明乎商之音者，臨事而屢斷。○【趙次公曰】淮南道應訓：甯戚欲干齊桓公，無以自達，於是飲牛車下，望見桓公郊迎客而悲，擊牛角而疾商歌。桓公聞之，命後車載歸。時憂卞泣誅。○【趙次公曰。又，王洙曰：「楚人卞和以玉璞三獻不遇，楚王遂再刖其足。」】韓非子：楚人和氏得玉璞，奉獻厲王。王使人相之，石也。王以爲詐，則刖之左足。及武王即位，又獻之。王又以爲詐，而刖其右足。文王即位，乃抱其璞哭於楚山之下三日三夜。王聞之，使人問曰：「子奚哭之悲？」曰：「吾悲夫寶玉而題之以石，貞士而名之以詐。」王使人理之，得寶焉。命曰「和璧」〔五〕。經過憶鄭驛，○【趙次公曰】用鄭莊同姓以比鄭審也。○前注。斟酌旅情孤。○【趙次公曰】言鄭審必能測度我旅情之孤也。

【校記】

〔一〕浮，元本、古逸叢書本作「汎」。

〔二〕蜖，古逸叢書本作「蜩」。

〔三〕淮南，元本、古逸叢書本作「淮南子」。

〔四〕特，古逸叢書本作「時」。

〔五〕和璧，古逸叢書本作「和氏璧」。

官亭夕坐戲簡顔十少府

南國調寒暑，○【趙次公曰】庾信夜聽擣衣詩：調聲不用吟。西江浸日車。○【趙次公曰】日乘車，駕以六龍，羲和御之，而薄於虞淵。客愁連蟋蟀，○蟋蟀，蛬也，今之促織。亭古帶蒹葭。○蒹葭，萑葦也。不返青絲鞚，○【趙次公曰】鞚，馬勒也。虚燒夜燭花。老翁須地坐，○【趙次公曰：「地主字，史中亦多。」】坐，或作主，誤也。細細酌流霞。○【趙次公曰。又，杜陵詩史、分門集注、補注杜詩引作「修可曰」。】抱朴子：蔓頭都〔一〕言到天上，過紫府，金牀玉几，晃晃昱昱。仙人以流霞一杯飲之，輒不飢渴。以帝前失儀而謫河東，號爲「斥仙人」。

【校記】

〔一〕蔓頭都，當作「頃曼都」。

秋日荆南述懷三十韻○公安，荆州東南邑也。〔一〕

昔承推奬分，媿匪挺生材。遲暮宫臣忝，○【王洙曰】陸士衡詩：矯逢厠宫臣。艱危衮職陪。○【趙次公曰】甫自言當肅宗時拜左拾遺，掌供奉諫諍也。○【杜田補遺。又，杜陵詩史、補注杜詩、集千家注批點杜工部詩集引作「師古曰」。】按唐六典注：補闕、拾遺，武后垂拱中置。取詩「衮職有闕，仲山甫補之」之義以名官也。揚鑣隨日馭，○【鄭卬曰】鑣，悲驕切，馬銜也。○【師古曰】甫謂侍肅宗乘輿於靈武也。○廣雅：日馭謂之羲和。折檻出雲臺。○【趙次公曰】謂諫房琯事不合帝意，遂爲華州司功也。○【王洙曰：「朱雲折檻。」】朱雲傳：雲上書愿賜上方斬馬劍，斷佞臣，以厲其餘。帝怒，御史將雲下，雲攀殿檻，檻折。後當治檻，帝曰：「勿易，以旌直臣。」罪戾寬猶活，干戈塞未開。○【鄭卬曰】塞，悉則切。○【趙次公曰】時上欲誅甫，賴張鎬救之而免。一出之後，干戈日相尋也。星霜玄鳥變，○【趙次公曰】玄鳥，燕也。星霜之中，見玄鳥變，則不一其年矣。○【王洙曰】古詩：玉衡指孟冬，衆星何歷歷。白露霑野草，時節忽變易。秋蟬鳴樹間，玄鳥逝安適。身世白駒催。○【王洙曰】莊子知北遊篇：人生如白駒之過隙，忽然而已。史記：張良願棄人間事，學道輕舉。吕后彊食之，曰：「人生如白駒之過隙，何自苦如此。」又，酈生往説魏豹，豹謝曰：「人生一世間，如白駒過隙。」

伏枕回超忽，扁舟任往來。九鑽巴噀火，〇【鄭卬曰】噀，蘇困切。〇噴也。〇【王洙曰】昔欒巴噀酒以救蜀火。〇故甫假巴以對楚也。〇【王洙曰】：「形容其在成都及東川及夔州，凡在蜀地者，九遇清明。」考之詩，甫以上元元年庚子卜築劍外巴道，至大曆三年戊申，有〔二〕凡〔三〕九遇巴人清明賜〔四〕新火故也。〇【趙次公曰】論語：鑽燧改火。〇周禮：司烜氏仲春以木鐸修火禁。注：爲季春將出火也。皇朝故事：清明後賜新火。亦周人出火之事也。三蟄楚祠雷。〇【趙次公曰】：「公乾元二年，歲在己亥，十二月一日，自隴右赴劍南，十二月末到成都，自庚子至今歲大曆三年之清明，歲在戊申，是未爲九。公前有月詩云『二十四會明』，次公定爲二月望夜詩，而續有大曆三年白帝放船出瞿唐峽詩，則猶在夔州，可見是年清明矣。使鑽火字，則見其爲清明也。巴噀火，則欒巴所噀之火，以形容其在成都及東州及夔州，皆爲蜀地也。公以大曆三年春方離夔州，發白帝下峽，泊舟江陵。秋晚，寓公安縣。歲暮，發公安。至岳州，則二年之秋八月。元年之秋八月，通三年之秋八月，在夔、在江陵，是爲雷之三蟄矣。」甫以大曆元年丙午旅寓雲安，遷夔瀼西，至三年戊申下荆，凡三逢楚人祭蟄雷也。〇【王洙曰】易：龍蛇之蟄。〇【趙次公曰】雷以三月而奮，以八月而蟄故也。〇【鮑欽止曰】黄魯直嘗曰：子美入蜀下峽年月〔五〕則詩中可考。讀是詩，則往來兩川九年，在夔州三年，可知矣。〇按集，舟中伏枕詩又有「十暑岷山葛，三霜楚户砧」之句，蓋甫以乾元己亥冬至蜀，不以暑計，起明年庚子至大曆四年己酉，是爲十暑。時已在荆湖，猶言岷山者，甫以永泰乙巳秋始至雲安，遷夔下荆，移潭如衡，皆屬楚地，至是合爲五霜，而乃云三者，獨指寓居峽中言之也。望帝傳因〔六〕實，○【師古曰】望帝乃蜀帝，其魄化爲杜鵑。父老相傳，其言不虛故也。○成都記：望帝治郫城，死，其魄化爲鳥，名曰杜鵑。昭王去不迴。○【師古曰】甫時居楚地，故託昭王不迴以爲言也。○【王洙曰】左氏〔七〕僖公四年傳：齊侯之師侵蔡，蔡潰，遂伐楚。楚子使與師言曰：「君處北海，寡人處南海，唯是風馬牛不相及也，不虞君之涉吾地也何故？」管仲對曰：「爾貢苞茅不入，王祭不共，無以縮酒，寡人是徵。昭王南征而不復，寡人是問。」對曰：「貢之不入，寡君之罪也，敢不供給？昭王之不復，君其問諸水濱。」蛟螭深作横，○【鄭卬曰】横〔八〕，户孟切。○廣雅：有鱗曰蛟龍，無角〔九〕曰螭龍。豺虎亂雄猜。○【趙次公曰】兩句因託以興焉。蓋是時荆楚有跋扈之强臣，賊盗之巨猾〔一〇〕尚多故也。素業行已矣，浮名安在哉。琴烏曲怨憤，庭鶴舞摧頹。○【趙次公曰】其所怨憤，寄之琴曲，則烏夜啼也，而庭鶴爲之舞矣。○昔師曠鼓琴，有玄鶴銜珠〔一一〕於庭中舞。○【杜田補遺。又，杜陵詩史、補注杜詩引作「師古曰」。】琴録曰：琴曲有長清、短〔一二〕清、幽蘭、白雪、風入松、烏夜啼曲。吴兢樂府解題：烏夜啼，宋臨川王義慶所造也。其辭云：籠窗窗不開，烏夜啼，夜啼望郎來。鮑照舞鶴賦：始連軒以鳳蹌，終宛轉而龍躍。躑躅徘徊，振迅〔一三〕騰摧。秋水漫湘竹，○【趙次公曰。又，王洙曰：「湘妃揮淚濺竹，竹皆斑。」】博物志：洞庭之山，堯帝之二女泣，以其涕揮竹，竹盡成斑。陰風過嶺梅。○【王洙曰】大庾嶺多梅，人號「梅嶺」。苦摇求食尾，○【王洙曰】司馬子長報任安少卿書：猛虎在深山，百獸震恐，及在檻穽之中，摇尾而求食。常曝報恩腮。○曝，滿木切，曬也。○【鄭卬曰】腮，蘇來切，頰也。○【王洙注引作「三秦記」。】交州記：有隄防龍門，水深百丈，魚登此門化成龍，不過，點額曝腮。結舌防讒柄，○梅福書：結諫臣之舌。探腸有禍胎。○【王洙曰】梅〔一四〕乘書：福生有基，禍生有胎。蒼茫步兵哭，○【王洙曰：「阮籍爲步兵，哭塗窮。」】晉阮籍爲步兵校尉，率意獨駕，不由徑路，車迹所窮，輒慟哭而反。展轉仲宣哀。○【趙次公曰】魏王粲字仲宣，以避難流離，作七哀詩。飢藉家家米，○藉，一作借。○【鄭卬曰：「杜元注：藉，入聲，秦昔切。」】藉，秦昔切。愁徵處處盃。○公以病戒酒也。休爲貧士歎，任受衆人咍。得喪初難識，榮枯劃易該。○畫，忽麥切，割也。○【師古曰】自盜賊亂離以來，元勳舊德皆擯棄不用，而武夫年少反多驟遷，故甫有「難識」、「易該」之語也。差池分組冕，合沓起蒿萊。○差池，不齊貌。合沓，相繼貌。○【師古曰】譏當時濫進者多也。不必伊周地，○【王洙曰】伊尹、周公。皆登屈宋才。○【王洙曰】登，一作知。屈原、宋玉。漢庭和異域，○【師古曰。又，趙次公曰：「當時遣使和吐蕃也。」】言回紇送兵來助唐，求尚公主，唐遣使議和也。○【王洙曰】前漢匈奴傳贊：和親之論，發於劉敬。是時天下初定，遭平城之難，故從其言以結和親，賂遺單于，冀以救安邊境。孝惠、高后時，遵而不違，匈奴寇盜爲〔一五〕衰止，而單于反以加嬌〔一六〕倨。逮至孝文，與通關市，妻以漢女，增厚其賂，歲以千金，而匈奴數背約束，屢被其害。晉史拆三〔一七〕台。○【師古曰】言房琯得罪也。○【王洙曰：「晉中台拆而張華誅。」】晉張華傳：華字茂先，進封壯武郡公，代爲司空。時少子韙以中台星拆，勸華遜位。華不從，卒被害。霸業尋常體，〇【趙次公曰】言夷夏和親，乃霸道尋常之體也。宗臣忌諱災。〇【趙次公曰。又，杜陵詩史、補注杜詩引作「師古曰」。】言宗臣忌諱不敢直言也。羣公紛勠力，聖慮窅徘徊。〇窅，樊作督。〇【鄭卬曰】窅，伊鳥切，深目也。數見銘鍾鼎，〇數，色角切，頻也。言徒刻金石以紀功也。昔季武子作林鍾之銘，衛孔悝有鼎銘。真宜法斗魁。〇言宜法三台以建官也。天官書：斗魁下，兩兩相比，爲三台。〇【王洙曰】隋天文志：北斗一至四爲魁，五至七爲杓也。願聞鋒鏑鑄，〇言當偃武務農也。〇【杜田補遺。又，杜陵詩史、補注杜詩引作「師古曰」。】家語：顔回曰：「願鑄劍戟，以爲農器。放牛馬於郊藪。」莫使棟梁摧。〇言專信任賢相也。〇【王洙曰】晉衛玠卒，謝琨〔八〕哭之曰：「棟梁折矣！」〇【杜田補遺。又，杜陵詩史、補注杜詩引作「師古曰」。】又，陸玩拜司空，謂賓客曰：「以我爲三公，是天下無人矣。」索酒著地，祝曰：「當今乏才，以爾爲柱石之臣，莫傾人棟梁。」盤石圭多翦，〇【師古曰】言廣封同姓也。〇【王洙曰：「漢封子弟，磐石之宗。成王封康叔，剪桐葉爲圭。」】漢文帝紀：高帝王子弟也。犬牙相制，所謂「磐石之宗」也。晉世家：周成王與弟叔虞戲，削桐葉爲珪，曰：「以此封君。」史佚請擇日立叔虞。成王曰：「吾與之戲爾。」史佚曰：「天子無戲言。」遂封於唐。凶門轂少推。〇推，通回切，進也。〇【師古曰】言命將多非其人也。〇【杜田補遺：「李衛公對唐太宗曰：『古者出師命將，齋三日，授之以鉞，推其轂。』又曰：『古者命將，授鉞推轂，鑿凶門而出。』」又，杜陵詩史、補注杜詩引作「師古曰」。】淮南兵略訓：君命將，臣辭而行，乃爪鬋設明衣，鑿凶門而出。○【王洙曰】馮唐傳：古者命將，跪而推轂，曰：「閫以外，將軍制之。」垂旒資穆穆，○言天子之和顏也。禮記：天子之冕十二旒。○【王洙曰】論語：天子穆穆。祝網但恢恢。○言天子之寬政也。○【趙次公曰。又，王洙曰：「成湯祝網。」】呂氏春秋：湯出郊，見祝網，曰：「從天墜者，從地出者，從四方來者，皆入吾網。」陽〔一九〕曰：「盡之矣。非桀，誰能當之！」乃去其三，而置其一，而教之祝曰：「昔蛛蝥作網，今之學紓。欲高者高，欲下者下，吾取其犯命者。」漢南之國聞之，曰：「湯德至禽獸矣。」歸之者三十國。○老子七十三章：天網恢恢。赤雀翻然至，○春秋緯書：得麟之後，天下血書魯端門，曰：「趨作法，孔聖没。周姬已，彗東出。秦政起，胡破術。書記散，孔不絶。」子夏明日往視之，血書飛爲赤烏，化爲白書，署曰「演孔圖」，中有作圖制法之狀。○【趙次公曰】遁甲曰：「赤雀不見，則國無賢。」注：赤雀主銜書，陽精也。黄龍不假媒。○不，一作詎。○【趙次公曰】瑞應圖：黄白者，四龍之長。王者不漉池而漁，則應和氣而之於池沼矣。漢郊祀歌：天馬徠，龍之媒。賢非夢傅野，○託諷邪佞之濫進也。○【王洙曰：「高宗夢得説於傅巖之野。」】書説命：高宗夢帝賚于良弼，説築傅巖之野，惟肖，爰立作相。隱類鑿顏坏。○【趙次公曰】坏，普回切，壁也。○【師古曰】甫自喻也。○【王洙曰】淮南齊俗訓：顏闔，魯君欲相之而不肯，使人以幣先焉，鑿培〔二〇〕而遁之。揚雄傳：解嘲曰：故士或鑿坏以遁。自古江湖客，冥心若死灰。○【師古曰】甫意欲朝廷禮敬大臣，寬大憲網，自然朱鳳至，黄龍來〔二一〕，爲國之嘉瑞。無使賢人隱遁，則天下不約而自平也。○【王洙曰】莊子：心可使若死灰。

【校記】

〔一〕元本、古逸叢書本無此注。
〔二〕有，古逸叢書本作「蓋」。
〔三〕凡，元本、古逸叢書本作「甫」。
〔四〕賜，元本、古逸叢書本作「陽」。
〔五〕入蜀下峽年月，元本作「蜀下峽年月」，古逸叢書本作「在蜀按年月」。
〔六〕因，元本、古逸叢書本作「應」。
〔七〕氏，古逸叢書本作「傳」。
〔八〕橫，古逸叢書本作「蛟」。
〔九〕角，古逸叢書本作「鱗」。
〔一〇〕巨猾，元本作「猶」，古逸叢書本作「雄猶」。
〔一一〕珠，古逸叢書本作「玉」。
〔一二〕短，古逸叢書本作「兩」。
〔一三〕迅，古逸叢書本作「逆」。
〔一四〕梅，九家集注杜詩作「枚」。

〔一五〕爲，古逸叢書本作「不」。

〔一六〕嬌，古逸叢書本作「驕」。

〔一七〕三，古逸叢書本作「中」。

〔一八〕琨，古逸叢書本作「謂」。

〔一九〕陽，古逸叢書本作「湯」。

〔二〇〕培，古逸叢書本作「坯」。

〔二一〕來，古逸叢書本作「乘」。

江上

江上日多雨，蕭蕭荆楚秋。高風下木葉，〇【王洙曰】離騷：洞庭波兮木葉下。永夜攬貂裘。勳業頻看鏡，行藏獨倚樓。〇【王洙曰】惜功名未遂而身老也。〇【余曰】冷齋夜話：謂此聯甚有含蓄者也。鄭雲叟曰「相看尋遠水，獨自上孤舟」是也。時危思報主，衰謝不能休。

江漢

江漢思歸客，乾坤一腐儒。片雲天共遠，永夜月同孤。落日心猶壯，秋風病欲蘇。古來存老馬，不必取長途。○【趙次公曰】公之意自比於老馬，雖不能取長途，而猶可以知道解惑也。韓非子：管仲、隰朋從桓公伐孤竹，春往而冬返，迷惑失道。管仲曰：「老馬之智可用也。」乃放老馬而隨之，遂得道焉。○【王洙曰】或曰：淮南人間訓：田子方見老馬於道問〔一〕，其御曰：「此何馬也？」其御曰：「故公家畜也。老罷而不爲用，出而鬻之。」子方曰：「少而貪其力，老而棄其身，仁者弗爲也。」束帛以贖之。罷武聞之，知所歸心矣。

【校記】

〔一〕問，原作「間」，據元本、古逸叢書本改。

秋日荆南送石首薛明府辭滿告别奉薛尚書頌德叙懷斐然之作三十韻

○荆州記：劉郎浦，石首沙步。

南征爲客久，○謂其客寓江陵之久也。西候别君初。○西候，謂秋郊西成之時候叙别也。歲滿歸鳧舃，○【趙次公曰】以薛明府比王喬之爲令也。○王喬爲葉令，喬有神術，每月朔望自縣詣臺朝。顯宗怪其來數而不見車騎，密令太史伺望之，言其臨至，輒有雙鳧自東面飛來。於是候鳧至，舉羅張之，但得一雙舃焉。秋來把雁書。○【趙次公曰】言薛明府應得其兄薛尚書之書也。○【趙次公曰】：「雁書使蘇武事。」】蘇武傳：漢使謂單于，言天子射上林得雁，足有繫帛書。荆門留美化，○荆門，謂荆門軍也。○【鄭卬曰】十道志：荆州江陵縣、郢城縣東南岸，有山如門，謂之荆門。姜被就離居。○以姜比薛也。○【王洙曰】後漢姜肱字伯維，與弟仲海、季江俱以孝行著聞。其友愛天至，嘗同被而寢。聞道和親入，垂名報國餘。○甫自謂：公頃奉使和吐蕃。今按大曆報聘曰：户部尚書薛景仙。柳芳曆：大曆元年春二月，景仙使犬戎。○【趙次公曰】魯訔曰：唐之於吐蕃，初妻以金城公主，而叛服不常。至永泰、大曆間，再遣使者來聘。於是户部尚書薛景仙往報。今薛尚書是耶？連枝不日並，○【趙次公曰】言薛尚書與薛石首不日相並，榮顯如木之有連理枝也。八座幾時除。○【王洙曰】職林〔一〕：後漢以六曹尚書并令僕二人，謂之「八座」。魏以五曹尚書、二僕、一令爲八座。隋以六尚書、左右僕射及令爲八座。唐與隋同。往者胡星孛，○【趙次公曰】指言禄山也。○【王洙曰】天官書：昴曰旄頭，胡星也。恭惟漢網疏。○假漢以美唐也。○【王洙曰：「漢刑法志：禁網疏闊。」】刑法志：漢興，約法三章。網漏吞舟之魚，乃除三族罪、祅言令。風塵相澒洞，○澒，胡孔切。洞，徒總切。鴻濛貌。○【趙次公曰】凡兵戈之地，謂之「風塵」。淮南精神訓：未有天地時，澒濛鴻洞，莫知其門。天地一丘墟。○【趙次公曰】言人民寡而城郭荒矣。殿瓦鴛鴦拆，○【趙次公曰】魏文帝夢殿屋兩瓦墜地，化爲鴛鴦。宫簾翡翠虚。鈎陳摧徼道，○【王洙曰】西都賦：周以鈎陳之位。又：徼道綺錯。槍纍失儲胥。○纍，力軌切。○【王洙曰】揚雄長楊賦：木擁槍纍，以爲儲胥。○【趙次公曰。又，杜陵詩史、補注杜詩引作「師古曰」。】顔師古曰：儲，峙也。胥，須也。以木擁槍，及纍繩連結，以爲儲胥。言有儲蓄，以待所須也。○槍，千羊反〔二〕。纍，力佳反。孔叢子：愛其人者，愛其屋上之烏。憎其人者，憎其儲胥。○【趙次公曰】夢弼：右〔三〕兩聯言京師之陷，而宮殿之毁也。文物陪巡狩，○【師古曰】言薛尚書昔曾隨玄宗幸蜀，衣冠之盛也。親賢病拮据。○拮，吉屑切。据，斤於切。○【師古曰】謂皇子流離多辛苦也。○【趙次公曰】詩豳風：予手拮据。注：拮据，戟挶也。言爲巢之至苦，其手病也。公時呵猰貐，○【鄭卬曰】猰，烏點切。貐，翼乳切。獸名。○【師古曰】喻盜賊也。○【杜定功曰】爾雅：猰貐，類貙，食人，迅走。首唱却鯨魚。○【趙次公曰】鯨魚，大魚也。○喻强敵也。○【趙次公曰】左氏傳：取其鯨鯢，以爲京觀。勢愜宗蕭相，○【王洙曰】蕭相，謂蕭何。○【趙次公曰】：「自注云：郭令公。」以何比郭令公也。○蕭曹贊：何、參爲一代之宗臣。材非一范睢。○【趙次公曰】：「自注云：諸名將。」以范睢比諸多〔四〕將也。○【師古曰】公指薛尚書，時首唱大義，以討盜賊，破强敵。豈特一范睢相秦，但復魏齊之讎乎？○【趙次公曰】范睢傳：睢去魏入秦，秦拜爲客卿。卒聽睢謀，使五大夫綰伐魏拔懷，秦王乃拜睢爲相。屍填太行道，○【鄭卬曰】行，胡剛切。○【王洙曰】太行、恒山，在河北。血走浚儀渠。○【王洙曰】浚儀渠，即汴河。○言殺戮之多也。滏口師仍會，○【鄭卬曰】：「滏，方矩切，水名。」滏，扶甫切。光、黄之間水名也。○【師古曰】言尚書公督諸郡節度兵會於滏口也。函關憤已攄。○【趙次公曰】函關，乃函谷之關。攄憤，謂收復京師也。紫微臨大角，○【王洙曰】晉天文志：紫微，大帝之座。大角，在攝提間，天王座也。皇極正乘輿。

〇【趙次公曰】言肅宗還京師也。洪範：建用皇極。〇蔡邕獨斷：乘，猶載也。輿，猶車也。天子乘車輿以行也。賞從頻峩冕，〇【鄭卬曰】從，才用切。〇隨行也。言肅宗中興行賞也。〇【王洙曰】左氏傳僖二十四年：晉侯賞從亡者。殊恩再直廬。〇【趙次公曰】直廬，謂直殿廬也。〇【王洙曰：「公自注云云。」】甫自注曰：公舊執金吾，新授羽林前後二將軍。豈惟高衛霍，〇【師古曰。又，王洙曰：「衛青、霍去病。」】言其旌賞武功如漢之衛青、霍去病也。曾是接應徐。〇【師古曰。又，王洙曰：「應德璉、徐公幹。」】言其禮敬文儒，又如魏之應休璉、徐公幹也。降集翻翔鳳，〇【趙次公曰】喻薛之兄弟如鳳之翱翔也。〇【王洙曰】賈誼賦：鳳凰翔于千仞兮，覽德輝而下之。追攀絶衆狙。〇言均蒙其賞而無不獲者。〇【王洙、趙次公皆引作「莊子」。】列子黄帝篇：宋有養狙公者，先誑之曰：「與若芧，朝三而暮四，足乎？」衆狙皆起而怒。俄而曰：「與若芧，朝四而暮三，足乎？」衆狙皆伏而喜。侍臣雙宋玉，戰策兩穰苴。〇【趙次公曰】美薛公兄弟文武兼備，侍帝廟堂，以文章言之，則雙倍宋玉，以武略言之，則兩過穰苴也。鑒澈勞懸鏡，〇【趙次公曰】甫言蒙尚書之鑒照，澄澈如鏡之懸也。〇晉衛瓘見樂廣，奇之，曰：「此人之水鏡也。」荒蕪已荷鋤。〇甫自昔從事於翰墨，今已荒蕪，乃從事於耕鋤。嚮來披述作，〇【王洙曰：「公自注云云。」】甫自注：石首處見公新文一卷。〔五〕重此憶吹噓。白髮甘凋喪，青雲亦卷舒。經綸功不朽，〇【趙次公曰】又以言薛尚書也。〔六〕跋涉體何如。〇【王洙曰：「公自注云云。」】甫自注：公頃奉使和吐蕃。已見上。〇毛萇詩傳：草行曰跋，水行曰涉。〔七〕應訝耽湖橘，○【王洙曰】潭州亦〔八〕有橘洲。常餐占野蔬。十年嬰藥餌，○甫有消渴疾也〔九〕。萬里狎樵漁。揚子淹投閣，○【趙次公曰】甫自喻其淹於左拾遺也。○餘見前注〔一〇〕。鄒生惜曳裾。○【趙次公曰】甫自况其趨走於豪門也。○餘見前注。〔一一〕但驚飛熠燿，○熠，以執切。燿，以照切。〔一二〕○【王洙曰】詩東山〔一三〕：熠燿宵〔一四〕行。注：熠燿，燐也。燐，螢火也。〔一五〕不記改蟾蜍。○淮南精神訓：月中有蟾蜍。○【王洙曰】張景陽詩：蟾蜍四五圓。○【趙次公曰】此聯皆以記時之變易也。〔一六〕煙雨封巫峽，○甫言寓居於夔州之巫峽也〔一七〕。江淮略孟諸。○【趙次公曰】甫追言梁、宋之舊遊也。爾雅：十藪，宋有孟諸。注：今在梁國。〔一八〕湯池雖險固〔一九〕，遼海尚填〔二〇〕淤。○淤，音於，壅泥也。○【趙次公曰】喻言時幽燕猶有不順命者矣。〔二一〕努力輸肝膽，休煩獨起予。○【師古曰。又，趙次公曰：「末句所以激之也。」】甫激勉薛尚書當爲國立功，不獨爲詩以起予也。〔二二〕○【王洙曰】論語：起予者商也。

【校記】

〔一〕職林，元本作「或林」，古逸叢書本作「六典」。

〔二〕反，元本、古逸叢書本作「切」。

〔三〕右，古逸叢書本作「按」。

〔四〕多，元本、古逸叢書本作「名」。

〔五〕「嚮來」句下注，元本、古逸叢書本無。
〔六〕「經綸」句下注，元本、古逸叢書本無。
〔七〕「跋涉」句下注，元本、古逸叢書本無。
〔八〕亦，元本、古逸叢書本無。
〔九〕甫有消渴疾也，元本作：「見上『藥餌扶吾隨所之』注云。」古逸叢書本與元本略同，惟無「云」字。
〔一〇〕餘見前注，元本、古逸叢書本作：「見『子雲識字終投閣』注。」
〔一一〕「甫自」至「前注」，元本、古逸叢書本作：「鄒陽書：何王之門不可曳長裾乎？」
〔一二〕「熠以」至「照切」，元本、古逸叢書本無。
〔一三〕詩東山，元本、古逸叢書本作「東山詩」。
〔一四〕宵，元本作「西」。
〔一五〕注熠燿燐也燐螢火也，元本、古逸叢書本無。
〔一六〕「不記」句下注，元本、古逸叢書本作：「張景陽：下車如昨日，蟾蜍四五員。」
〔一七〕「煙雨」句下注，元本、古逸叢書本無。
〔一八〕「江淮」句下注，元本、古逸叢書本作：「孟諸，九澤名。」
〔一九〕元本、古逸叢書本此句下有注云：「侯本論曰：金城湯池，雖然險固，不可恃。」

〔二〇〕填，元本、古逸叢書本作「闐」。
〔二一〕「遼海」句下注，元本、古逸叢書本無。
〔二二〕「甫激」至「予也」，元本、古逸叢書本無。

哭李尚書〇之芳。

漳濱與蒿里，〇漳〔一〕濱，甫言其客寓於荆南也。〇【王洙曰】劉公幹詩：余嬰沉痼疾，竄身清漳濱。〇崔豹古今注：薤露、蒿里，並哀歌，言人命如薤上露，易晞滅，亦謂人死魂魄歸于蒿里也。逝者竟同年。〇【趙次公曰】論語：子在川上曰：「逝者如斯夫。」劉公幹詩：逝者如流水，哀叫遂離分。欲挂留徐劍，〇挂，卞作往。〇【王洙曰】吴世家：季札北使，過徐君。徐君好季札劍，口弗敢言，札心知之，爲使上國，未獻。還，至徐，徐君已死，札乃解其寶劍繫之冢樹而去，曰：「豈以死倍吾心哉！」猶迴憶戴船。〇【王洙曰】王徽之傳：徽〔二〕之居山陰，夜雪，忽憶戴逵，逵時在剡，便乘小舟，經宿至門，不前而返，曰：「乘興而往，興盡而返，何必見安道邪！」相知成白首，此别間黄泉。〇【王洙曰】左氏隱公元年傳：鄭莊公寘姜氏于城潁，誓〔三〕之曰：「不及黄泉，無相見也。」風雨嗟何及，〇詩風雨：思君子也。〇【王洙曰】又：中谷有蓷，啜其泣矣，何嗟及矣。江湖涕泫然。〇【鄭卬曰】泫，胡畎切。〇涕流貌。禮：孔子泫然流涕。修文將管輅，〇【趙次公曰】言李尚書有奇才，如魏之管輅也。三十國春秋：蘇韶卒后，從弟見韶乘白馬而行，弟因問幽冥之事。韶曰：「死者爲鬼，俱在人間，不與生者接。顔回、卜商，今見爲修文郎。死之與生，略無有異。」言終不見。奉使失張騫。○【趙次公曰：「李尚書充使而死也。」】以張騫比之芳也。○按集秋日夔府詠懷寄李賓客之芳詩有曰「查上是張騫」，今哭之，又云「奉使失張騫」。按唐舊書：郭子儀上言吐蕃、党項不可忽，宜早爲備。廣德元年，遣李之芳使於吐蕃，爲虜所留二年，乃得回。史閣行人在，○【趙次公曰】史閣，言其書之于史册也。○【王洙曰】周禮秋官有大行人〔四〕、小行人。詩家秀句傳。客亭鞍馬絶，○【趙次公曰】言其死於道路也。○【彭曰】或〔五〕曰：亭，一作停。言甫爲客停留於此，李公無復鞍馬來相尋矣。旅櫬網蟲懸。○【王洙曰】沈休文詩：網蟲垂〔六〕户織。復魄昭丘遠，○【鄭卬曰。又，趙次公引作「荆州圖經」。】荆州記：當陽東南七十里有楚昭王墓。○【王洙曰】王粲登樓賦「西接昭丘」是也。歸魂素滻偏。○【鄭卬曰】滻，所簡切，水名。在京兆。○【趙次公曰】言李尚書乃京兆人。○【大臨曰】今歸葬于滻水之傍也。樵蘇封葬地，喉舌罷朝天。○【王洙曰】李固傳：陛下之有尚書，猶天之有北斗。斗爲天喉舌，尚書猶陛下之喉舌也。秋色凋春草，王孫若箇邊。○【大臨曰】言李與芳草爲鄰矣。○【王洙曰】淮南招隱：王孫遊兮不歸，春草生兮萋萋。

【校記】

〔一〕元本、古逸叢書本「漳」上尚有「與音預」。

〔二〕「徽」字，原皆作「義」，據古逸叢書本改。
〔三〕暫，古逸叢書本作「書」。
〔四〕大行人，元本作「大人」，古逸叢書本作「大行」。
〔五〕或，元本、古逸叢書本作「黄」。
〔六〕垂，元本作「虫」，古逸叢書本作「出」。

重題

涕泗不能收，哭君餘白頭。兒童相顧盡，○【王洙曰。又，趙次公曰：「言自兒童時與李尚書相識，今相識之人殆盡矣。」】言少時相顧，今盡於此矣。宇宙此生浮。○淮南齊俗訓：往古今來謂之宙，四方上下謂之宇。江雨銘旌濕，湖風井逕秋。還瞻魏太子，賓客減應劉。○【王洙曰：「曹丕書曰：○【趙次公曰：「公自注云云。」】甫自注曰：公歷禮部尚書，薨于太子賓客。應、徐、陳、劉，一時俱逝矣。」】且應瑒、劉楨乃魏太子門下客也。今之芳已徂，故云減也。

獨坐

悲秋迴白首，倚杖背孤城。江斂洲渚出，○爾雅釋水：水中可居曰洲，小洲曰渚。天虛風物清。滄溟服衰謝，○【王洙曰】服，一作恨。朱紱負平生。○【趙次公曰】公爲尚書郎，已賜緋矣，今老而無所用於時也。仰羨黄昏鳥，投林羽翮輕。○【師古曰】黄昏鳥猶得所歸，甫以久客他鄉，曾歸鳥之不如乎！

暮歸

霜黄碧梧白鶴棲，城上擊柝復烏啼。○言白帝城上屯戍擊柝以警夜也。○【趙次公曰】易：重門擊柝，以待暴客。客子入門月皎皎，○【趙次公曰】客子，甫自言也。誰家擣練風淒淒。南渡桂水闕舟楫，○【師古曰】恨無濟川之材也。○寰宇記：桂州臨桂縣漢水，一名桂水。北歸秦川多鼓鼙。○【王洙曰。又，趙次公曰：「秦川，一作洛川，非。洛未嘗言洛川也。」】秦，一作洛。○【師古曰。又，趙次公曰：「時吐蕃之兵未息也。」】言京師尚屯兵以防吐蕃也。年過半百不稱意，明日看雲還杖藜。

哭李常侍嶧二首○嶧，夷益切。

一代風流盡，○【趙次公曰】南史：張緒死，其從弟融於緒靈前酌飲慟哭，曰：「阿兄風流頓盡。」修文地下深。○【王洙曰】三十國春秋：蘇韶卒後，從弟節見韶乘白馬而行，節因問幽冥之事。韶曰：「顔回、卜商今爲修文郎。死之與生，略無有異。」斯人不重見，○【趙次公曰】孔子言伯牛之疾，曰：「斯人也，而有斯疾也！」蓋嗟其人之賢也。將老失知音。○【趙次公曰】指李常侍如鍾子期也。曹丕與吳季質書：昔伯牙絶絃於子〔一〕期，仲尼覆醢於子路，痛知音之難遇，傷門人之難遇〔二〕也。短日行梅嶺，○【趙次公曰】。又，鄭卬曰：「大庾嶺。」〕大庾嶺多梅，故人號梅嶺。寒山落桂林。○【王洙曰】。又，趙次公曰：「舊本一作寒江，而師民瞻本取之，非。蓋桂林非可言寒江也。」〕山，一作江。○後漢志：鬱林郡本秦桂林郡。○【趙次公曰】余謂此聯言李常侍之櫬自廣南而來也。長安若箇畔，猶想映貂金。○【趙次公曰】。又，王洙曰：「侍中冠貂蟬。」〕漢官儀：侍中冠附蟬爲文，貂尾爲飾，謂之「貂蟬」。○崔豹古今注：貂者取其有文而不炳煥，外柔易而內剛勁也。蟬者，取其清虛識長也。

【校記】

〔一〕子，古逸叢書本作「鍾」。

〔二〕難遇，古逸叢書本作「莫逮」，又杜詩趙次公先後解、九家集注杜詩、杜陵詩史、分門集注、補注杜詩亦作「莫逮」。

青瑣陪雙入，○【趙次公曰：「公昔爲左拾遺，與常侍同通籍而入也。」】言昔爲左拾遺，與李常侍同謁于省中青瑣門也。銅梁阻一辭。○【王洙曰：「蜀有銅梁縣。」】言於蜀之銅梁縣又曾一接言辭而别也。風塵逢我地，江漢哭君時。○【趙次公曰】言當兵戈之際，相逢於江漢，又聞其喪而哭也。次第尋書札，呼兒檢贈詩。發揮王子表，不愧史臣辭。○【杜定功曰】李常侍乃宗室之子，故史氏當書之于王子表而無愧也。前漢書有王子侯表。

哭韋大夫之晉

悽愴郇瑕地，○地，一作邑。○【王洙曰】郇，須倫切。○【師古曰】晉地。韋大夫之喪櫬，故甫愴愴以傷之。○【王洙曰】左氏傳：晉謀去故絳，諸大夫曰：「必居郇瑕氏之地。」差池弱冠年。○【師古曰】甫言少年與韋大夫結交也。○【王洙曰】曲禮：二十曰弱冠。大人叨禮數，○大，一作丈。後漢蘇章傳：祖父純，三輔號爲大人。注：大人，長老之稱。文律早周旋。臺閣黄圖裏，簪裾紫蓋邊。尊榮真不忝，端雅獨翛然。貢喜音容間，○甫以貢禹自比也。○【師古曰】按集上韋左丞詩曰「竊效貢公喜」，今韋大夫已死，故云「音容間」也。王吉傳：吉字子陽。世説：王陽在位，貢禹彈冠。○廣絶交論：王陽登則貢公喜。馮招疾病纏。○【師古曰】甫欲擬效馮公之招隱，奈爲渴病所纏，不可得也。○【鄭卬曰：「馮招，馮唐。」】馮唐傳：唐以孝著，爲中郎署長，文帝輦過，問唐曰：「父老何自爲郎？」具以實言。帝拜唐爲車騎都尉。○【王洙曰】故左太冲詩曰：馮公豈不偉，白首不見招。南過駭蒼卒，○【鄭卬曰】蒼，采莽切。卒，七没切。○急也。北思悄聯綿。鵩鳥長沙諱，○【師古曰】甫自言斥逐困於荆南也。○賈誼傳：文帝以誼爲長沙王太傅，有鵩飛入誼舍，自傷以爲壽不得長，迺爲賦以自廣。犀牛蜀郡憐。○【師古曰】言蜀人思韋大夫之德也。○華陽國志：秦孝文王以李冰爲蜀守，冰作石犀五頭以厭水精，迄今蒙福。○【王洙曰】餘見石犀行詩注。素車猶慟哭，○素車，喪服也。寶劍欲高懸。○見哭李之芳詩注。漢道中興盛，韋經亞相傳。○【王洙曰：「韋賢：不如教子一經。」】韋賢傳：宣帝即位，賢爲丞相。四子，少子玄成復以明經歷位至丞相。故諺曰：「遺子黄金滿籯，不如一經。」冲融標世業，磊落映時賢。城府深〔一〕朱夏，江湖眇霽天。綺樓高〔二〕樹頂，○【師古曰】言奠〔三〕樓之高也。飛旐泛堂前。帟幕疑風燕，○帟，音繹，小幕也。○【師古曰】甫言今失韋，無所棲托，如燕之巢于風幕也。笳簫急暮蟬。興殘虚白室，○【鄭卬曰】興，許應切。○【王洙曰】莊子：虚室生白。○憤賦：棄虚白之室，歸長夜之堂。跡斷孝廉船。○【王洙曰】世説：張憑舉孝廉，出都，負其才氣，謂必參時彦。欲詣劉尹，鄉里及同舉者共笑之，張遂詣河陽尹劉恢〔四〕，字真長。真長延之上坐，清言彌日，因留宿。至曉，張退，劉曰：「卿且去，當取卿共詣撫軍。」張還船，同侣問何處宿，張笑而不答。須臾，真長遣傳教覓張孝廉船，同侣惋愕。

同載詣撫軍，至門，劉前進，謂撫軍曰：「下官今日爲公得一太常博士。」撫軍與之話言，咨嗟稱善，曰：「張憑勃窣爲理窟。」即用爲太常博士。童孺交遊盡，喧卑俗事牽。老來多涕淚，情在强詩篇。誰繼方隅理，朝難將帥權。○【師古曰】言韋大夫之化去，朝廷無輕以兵權授人也。春秋褒貶例，名器重雙全。○【師古曰】左氏成公二年傳：仲尼曰：「惟名與器不可以假人。」

【校記】

〔一〕深，古逸叢書本作「開」。

〔二〕高，古逸叢書本作「開」。

〔三〕奠，古逸叢書本作「莫」。

〔四〕恢，古逸叢書本作「挾」。

久客

羈旅知交態，○【王洙曰】鄭當時傳：翟公大書其門曰：「一貧一富，乃知交態。」淹留見俗情。衰顔聊自哂，○哂，失忍切，笑也。小吏最相輕。○或曰：小吏，疑〔一〕指武也。武以少年鎮蜀，甫來依之。一日忤武意，幾爲所殺，故有是句。去國哀王粲，○【趙次公曰】甫以王粲自比也。

○【王洙曰】王粲避亂荆州，依劉表，作七哀詩：「西京亂無象，豺虎亂構患。復棄中國去，遠身適荆蠻。」傷時哭賈生。○【趙次公曰】又以賈誼自悼也。○【王洙曰】誼上〔二〕疏陳政事於文帝，曰：「事勢可爲痛哭者一，可爲流涕者二，可爲長太息者六。」狐狸何足道，豺虎正縱横。○【王洙曰】正，一作亂。○【趙次公曰】時吐蕃之亂未息也。○孫竇傳：杜文謂竇曰：「豺狼横道，不宜復問狐狸。」○【王洙曰】張綱傳：豺狼當路，安問狐狸。張孟陽七哀詩：季葉喪亂起，盜賊如豺虎。

【校記】

〔一〕疑，古逸叢書本作「吏」。

〔二〕誼上，古逸叢書本作「謂生」。

雨二首

青山淡無姿，○江淹雜體詩：翠碉淡無滋〔一〕。白露難能數。○【趙次公曰】或曰：暗用佛書「雨露有頭數」之義。片片水上雲，蕭蕭沙中雨。殊俗狀巢居，曾臺附〔二〕風渚。○曾，昨稜切，重也。○【王洙曰】楚地面水背山，俗多架木爲居，以就地勢。佳客適萬里，沉思情延佇。○離騷：結幽蘭而延佇。挂帆遠色外，驚浪滿吴楚。久陰蛟螭出，○廣雅：有鱗曰蛟龍，無角曰螭龍。寇盜復幾許。○【王洙曰】寇盜，一作冠〔三〕蓋。○【趙次公曰】古詩：相去復幾許。

【校記】

〔一〕滋，古逸叢書本作「姿」。

〔二〕附，元本、古逸叢書本作「俯」。

〔三〕冠，古逸叢書本作「寇」。

空山中宵陰，微冷先枕席。○陶淵明詩：風來入房户，中夜枕席冷。回風起清曙，○【王洙曰】古詩：回風動地起。萬象萋已碧。落落出岫雲，○【王昱曰】陶淵明歸去來辭：雲無心以出岫。渾渾倚天石。日假何道行，○【王洙曰】日之行於天也，有黄道、赤道。時夕陰雨，不知日假何道以行也。雨含長江白。連檣荆州船，有士荷矛戟。南防草鎮慘，霑濕起〔一〕遠役。羣盜下辟〔二〕山，總戎備强敵。水深雲光廓，鳴櫓各有適。漁艇息悠悠，○【王洙曰】息，一作自。夷歌負樵客。○【趙次公曰：「當是時荆渚間有寇盜而實道其事也云云。『水深雲光廓，鳴櫓各有適』，則公羡慕之辭也。」】言時寇盜尚未寧，不若漁樵各得其樂，爲可羡也。留滯一老翁，書時記朝夕。○【趙次公曰】甫留滯荆南，爲可傷也，姑書時節之朝夕而已。

【校記】

〔一〕起，古逸叢書本作「赴」。

〔二〕辟，古逸叢書本作「避」。

久雨期王將軍不至

天雨蕭蕭滯茅屋，○【王洙曰】天，一作山。滯，一作帶。○滯，謂久雨也。空山無以慰幽獨。○【趙次公曰】楚辭九章：幽獨處乎山中。銳頭將軍來何遲，○【王洙曰】昔白起頭小而銳。○【趙次公曰】故以比王將軍。○將軍，即王兵馬使也。令我心中苦不足。數〔一〕看黄霧亂玄雲，○數，所角切，頻也。此久雨之徵也。淮南墬形訓：黄泉之埃，上爲黄雲。玄泉之埃，上爲玄雲。時聽叩風折喬木〔二〕。泉源泠泠雜猨狖，○【鄭卬曰】狖，余救切。鼠屬，善旋。泥濘漠漠飢鴻鵠。○【鄭卬曰】濘，乃定切。○飢鴻〔三〕鵠，甫自喻也。歲暮窮陰耿未已，○窮陰，謂陰氣盛，故久雨也。人生會面難再得。○【趙次公曰】古詩：會面安可知。李延年歌：佳人難再得。憶爾腰下鐵絲箭，○【師尹曰】阮瑀詩：箭細鐵絲罔，刀插銀刃白。射殺林中雪色鹿。○抱朴子：虎及鹿、兔皆壽千歲，滿五百歲者其尾皆白。述異記：鹿五百歲化爲白鹿，又五百歲爲玄鹿。○【師尹曰】

陸機詩：仁鹿幾千歲，皮毛如霜雪。前者坐皮因問毛，知者〔四〕歷險人馬勞。異獸如飛星宿落，○【鄭卬曰】宿，思救切。列宿也。應弦不礙蒼山高。○謂射中應弦而落也。安得突騎只五千，崒然眉骨皆爾曹。○崒，服没切，山貌。走平亂世相摧〔五〕促，一豁明主正鬱陶。○甫美王將軍善騎射，欲得諸將皆如之，督捕盜賊，以豁明主鬱陶不得申之氣也。憶昔范增碎玉斗，○【王洙曰】昔漢高祖與項羽會於鴻門，遣張良獻玉斗於范增，增碎之。○初，禄山將作亂，朝臣嘗諫帝，若范增之諫羽，羽不聽，故至有垓下之敗，使玄宗聽直臣之諫，豈至於京師陷而出奔乎？未使吴軍着白袍。○着，直略切。吴王夫差兵敗於越，以素冠素袍祈哀，越不聽。○【趙次公曰】又，南史：梁人陳慶之麾下悉着白袍，所向披靡。先是，洛中謡曰：「名〔六〕軍大將莫自勞，千兵萬馬避白袍。」○【師尹曰】又，侯景令東吴兵盡着白袍，自爲營陣。昏昏閶闔閉氛祲，○【鄭卬曰：「祲，子鴆切，精氣感祥。又，咨尋切。」】祲，子鴆〔七〕切，妖氣也。○【趙次公曰】閶闔，乃吴門名也。十月荆南雷怒號。○【王洙曰：「十月而雷變異也。」趙次公曰：「十月雷，又以實記其變也。」】書天之示變異也。

【校記】

〔一〕數，古逸叢書本作「屯」。

〔二〕「時聽」句，據古逸叢書本補。

〔三〕鴻，古逸叢書本作「鳴」。
〔四〕者，古逸叢書本作「君」。
〔五〕摧，古逸叢書本作「催」。
〔六〕名，古逸叢書本作「各」。
〔七〕鶴，古逸叢書本作「鳪」。

見王監兵馬使説近山有白黑二鷹羅者久取竟未能得王以毛骨有異他鷹恐臘後春生騫飛避暖勁翮思秋之甚眇不可見請余賦詩二首

雲飛玉立盡清秋，○【趙次公曰】此專詠鷹如雲之飛、如玉之立，皆言其白。至清秋盡，則序所謂「臘後春生，騫飛避暖」是也。不惜奇毛恣遠遊。在野只教心力破，○力，一作膽。千〔一〕人何事網羅求。○千〔二〕，晉、謝皆作干。○【趙次公曰】即叙云「羅者未能得」也。一生自獵知無敵，○【趙次公曰】鷹所以用獵也。蓋謂野鷹，故〔三〕能自獵也〔四〕。庾信詩：野鷹能自獵〔五〕，江鷗解網魚。百中爭能耻下韝。○韝，古侯切。○【王洙曰】臂捍也。鵬礙九天須却避，○【趙次公引作「孔氏志」。】幽明録：有獻鷹於楚文王，獵於雲夢，此鷹殊無搏筮〔六〕之志，王曰：「吾鷹所獲以百數，汝鷹無奮意，將欺予耶？」俄而雲際有一物，凝翔飄颻，鮮白不辨其形。鷹見之，竦翮而升，矗若飛電，須臾，物墮如雪，血下如雨，良久，有一大鳥墮地而死，度其兩翅廣數十里。衆莫能識，有一博物君子曰：「此大鵬雛也。」文王乃厚賞之。又見孔氏志怪。兔藏三窟莫深憂。○【王洙曰】戰國策：馮煖謂孟嘗君曰：「狡兔有三窟，覲得免其死耳。今君有一窟，未得高枕而卧也。」

【校記】

〔一〕千，元本、古逸叢書本作「于」。

〔二〕千，元本、古逸叢書本作「于」。

〔三〕故，元本、古逸叢書本無。

〔四〕也，元本、古逸叢書本無。

〔五〕庾信詩野鷹能自獵，元本、古逸叢書本無。

〔六〕筮，元本、古逸叢書本作「噬」。

黑鷹不省人間有，○省，悉井切，察也。度海疑從北極來。○【趙次公曰】北極之氣主乎肅殺，故産鷹焉。爾雅：北至於祝栗，謂之「北極」。正翮摶風超紫塞，○【趙次公曰】崔豹古今注：秦築長城，土色皆紫，漢塞亦然，故云「紫塞」也。○塞者，擁夷狄也。○【王洙曰】或曰：雁門有紫疆城，草色皆紫，故曰「紫塞」。玄冬幾夜宿陽臺。○【趙次公曰：「立冬字，師民瞻本作玄冬。字出梁元帝纂要：冬白玄冬。」】玄，一作立，恐非。四時纂要：冬曰玄冬。虞羅自各虚施巧，○【王洙曰】隋魏彦深鷹賦：何虞者之多端，運横羅以羈束。春雁同歸必見猜。萬里寒空只一日，金眸玉爪不凡材。

〔唐〕杜　甫　著
〔宋〕魯　訔　編次
〔宋〕蔡夢弼　會箋
曾祥波　新定斠證

新定杜工部草堂詩箋斠証

五

上海古籍出版社

新定杜工部草堂詩箋斠證卷第四十五

大曆三年移居公安下岳陽所作

移居公安山館

〇公安，荆州東南邑也。〇【魯曰】按郡國志：武陵郡孱陵縣，漢左將軍劉備來鎮，號左公，因改曰公安。

南國晝多霧，北風天正寒。路危行木梢〔一〕，身遠宿雲端。〇遠，樊作迥。山鬼吹燈滅，〇【趙次公曰】屈原九歌有山鬼篇：余處幽篁兮終不見天。〇蕪城賦：木魅山鬼，昏見辰趨。廚人語夜闌。雞鳴問前館，世亂敢安然〔二〕。

【校記】

〔一〕梢，元本、古逸叢書本作「杪」。

〔二〕安然，元本、古逸叢書本作「求安」。

夜〔一〕○【王洙曰】一作「秋夜客舍」。

露下天高秋水清，空山獨夜旅魂驚〔二〕：疏燈自照孤帆宿，新月猶懸雙杵鳴。南菊再逢人卧病〔三〕，○甫有消渴病也。北書不至雁無情。○謂長安家書不來也。○【王洙曰】范彥龍詩：寄書雲間雁，爲我西北飛。步簷倚杖看牛斗，銀漢遥應接鳳城。○【趙次公曰：「鳳城，言長安也。」】公懷望長安也。○三輔黃圖：長安城南爲南斗形，北爲北斗形，至今人呼京城爲「斗城」是也。

【校記】

〔一〕此首與卷四十七夜重出。

〔二〕元本、古逸叢書本「空山」句下有注文：「王粲詩：獨夜不能寐。」

〔三〕元本、古逸叢書本「甫」上尚有「菊一作國」一句。

送覃二判官○一作「覃十二判官」。

先帝弓劍遠，○帝，一作皇。○【趙次公曰】指肅宗也。○【王洙曰】郊祀志：黃帝鑄鼎於荊山。

鼎成，有龍垂髯下迎黄帝而去，餘小臣不得上，迺持龍髯，髯拔，墮其弓，乃抱其弓與髯而號。小臣餘此生。○甫自言也。蹉跎病江漢，不復謁承明。○【趙次公曰】甫先爲左拾遺，嘗謁肅宗於承明殿矣。○三輔黄圖：漢未央宫有承明殿，著述之所也。餞爾白頭日，永懷丹鳳城。○【趙次公曰】公懷長安帝城也。昔秦女吹簫，鳳集其屋，因名「鳳城」。遲遲戀屈宋，○【王洙曰：「屈原、宋玉。」】屈原、宋玉，皆楚大夫也。渺渺卧荆衡。○【趙次公曰】甫時旅寓於荆渚〔一〕、衡山也。○書禹貢：荆及衡陽惟荆州。魂斷航舸失，○航，何唐切。舸，古我切。楚人以大船曰舸。○【趙次公曰】言望覃大夫之去船，黯然分别而魂斷也。天寒沙水清。肺肝若稍愈，亦上赤霄行。○【趙次公曰：「公亦有意於歸長安帝京而見君也。」】公亦戀長安之帝京也。

【校記】

〔一〕渚，元本、古逸叢書本作「者」。

醉歌行贈公安顔少府請顧八題壁

○【贈公安顔少府請顧八題壁，九家集注杜詩依例爲「王洙曰」，杜陵詩史、分門集注、補注杜詩引作「王洙曰」。】

神仙中人不易得，○【趙次公曰】晉王恭字孝伯，少有好譽，清操過人，嘗被鶴氅裘涉雪而行，孟昶窺見之，歎曰：「此真神仙中人也！」又，王右軍見杜洪，歎曰：「目如黑漆，此神仙中人也。」顔氏之子才孤標。〇【王洙曰：「顔氏，公安少府也。」】題注。天馬長鳴待駕馭，〇鹽鐵論：騏驥負鹽車，垂頭於太行之坂，見伯樂，則噴而長鳴。秋鷹整翮當雲霄。〇【王洙曰】天馬、秋鷹，喻負俊逸之才以待用也。君不見東吴顧文學，〇【王洙曰】謂吴人顧況也。君不見西漢杜陵老。〇【王洙曰】前漢都長安，後漢都洛陽。長安在洛陽之西，故前漢謂之西漢。甫長安杜陵人也。詩家筆勢君不嫌，〇【師古曰。又，王洙曰：「甫爲詩，請顧寫也。」】詩家，甫自言其能詩。筆勢，指顧況善書也。詞翰升堂爲君掃。〇【趙次公曰：「公自言詩家之詞，與顧君筆勢之翰，升顔少府之堂，各爲之一掃也。」又，師古曰：「甫爲此詩贈公安少府顔氏，請顧文學題于公壁，故云『詞翰升堂爲君掃』。」】請文學之翰，書杜老之詞于顔少府公堂之壁也。是日霜風凍七澤，〇【王洙曰】子虛賦：楚有七澤。烏蠻落照銜赤壁。〇梁益記：嶲州嶲山，其地接諸蠻部，有烏蠻、白蠻。嘉魚圖經：赤壁山在縣西北步道七十里。酒酣耳熱忘頭白，〇【師古曰】甫不以老邁爲辭也。〇【杜田補遺。又，杜陵詩史、分門集注、補注杜詩引作「王洙曰」。】楊惲傳：酒酣耳熱，聲嗚嗚而歌秦聲。〇【杜田補遺。又，杜陵詩史、分門集注、補注杜詩引作「修可曰」。】又，魏文帝與〔一〕吴質書：昔日遊處，每至觴酌流行，絲竹並奏，酒酣耳熱，仰而賦詩，忽然不自知其樂。感君意氣無所惜，一爲歌行歌主客。〇【師古曰】歌謂發揚主客之德。〇【趙次公曰】主則顔少府，客則甫與顧也。

【校記】

〔一〕與，元本、古逸叢書本作「廣」。

移居公安敬贈衛大郎○鈞。

衛侯不易得，余病汝知之。雅量涵高遠，○涵，一作極。○【魯曰】袁宏夏侯太初贊：淵哉太初，宇量高雅。清襟照等夷。○【趙次公曰。又，杜陵詩史、分門集注、補注杜詩引作「尹曰」。】袁粲啓王儉詩：老夫亦何寄，之子照清襟。○【王彥輔曰】夷，平也。謂平交也。平生感意氣，少小愛文辭。河海由來合，風雲若有期。○【趙次公曰】言文辭之必效也。○【王洙曰】古詩：風雲若〔一〕會遇。形容勞宇宙，○【趙次公曰】言憔悴而空老於世也。質朴謝軒墀。○【趙次公曰】言無復在於朝也。自古幽人泣，流年壯士悲。水煙通徑草，秋露接園葵。○【趙次公曰】述其移居於公安之景物也。入邑豺狼鬬，○【趙次公曰】豺狼，喻盜賊。○【趙次公曰：「言入邑之豺狼，以有所爭而相鬬也。」】言時境內未寧也。傷時烏雀飢。○飢，一作饑〔二〕。○【趙次公曰】言傷弓之烏以創病而飢，喻窮困之民艱於食也。白頭供宴語，○【趙次公曰】白頭，公自謂。可以陪衛公宴閑之話也。烏几伴棲遲。○【趙次公曰】言還於公安，惟有烏皮几爲伴其幽棲也。交態遭輕薄，○【王洙曰】古詩：五陵輕薄兒。今朝豁所思。

【校記】

〔一〕若，元本、古逸叢書本作「苦」。

〔二〕饑，元本作「飢」。

公安送韋二少府匡贊

逍遥公後世多賢，○【杜田補遺。又，杜陵詩史、分門集注、補注杜詩引作「師古曰」。】逍遥公，指韋瓊也。○【杜田補遺】北史韋瓊傳：瓊字敬遠，孝寬之兄。志尚夷簡，澹於榮利，徵辟不屈。所居之宅，枕帶林泉，對玩琴書，蕭然自逸。周文帝敕有司日給河東酒一升，號之曰逍遥公。唐舊書：韋嗣立爲中書門下三品，嘗於驪山營别業，中宗親往幸焉，封爲逍遥公，名其所居爲清虚原、幽棲谷。按世系表云：韋氏九房，以瓊之後爲逍遥公房，嗣立之後爲小逍遥公房，蓋以别之也。送爾維舟惜此筵。念我能書數字至，○【王洙曰】能書，一作常能。將詩不必萬人傳。○【趙次公曰】言思念我，則寄將我之詩去，則不必傳之萬人也。時危兵甲黄塵裏，日短江湖白髪前。○【趙次公曰】言髪已白矣，而短景中之江湖在其前也。古往今來皆涕淚，斷腸分手各風煙。

贈虞十五司馬

遠師虞秘監，○【趙次公曰。又，集千家注批點杜工部詩集引作「公自注」。】世南。今喜識玄孫。○爾雅釋親：子之子爲孫，孫之子爲曾孫，曾孫之子爲玄孫。形象丹青逼，家聲氣〔一〕宇存。○美世南之善書也。○善世南之爲文也。凄涼憐筆勢，浩蕩問辭源。爽氣金天豁，○謂金德之盛天高氣清也〔二〕。清談玉露繁。○時款〔三〕虞公之高論，灑然如露之繁也。佇鳴南嶽鳳，○喻虞之飛鳴如鳳也。○【師古曰】南嶽，衡山也。○【王洙曰】劉公幹贈弟詩：鳳皇集南嶽，奮翅凌氣〔四〕氛。欲化北溟鯤。○喻虞之變化如鯤也。○【王洙曰】莊子：北溟有魚，其名爲鯤，化而爲鳥，其名爲鵬。交態知浮俗，○【趙次公曰】鄭當時傳：翟公書其門曰：「一貧一富，乃知交態。」儒流不異門。○【王洙曰】儒家者流，同門而異户。過逢連客位，日夜倒芳樽。沙岸風吹葉，雲江月上軒。百年嗟已半，四座敢辭喧。書籍終相與，○【師古曰。又，趙次公曰：「今公所云，正欲以書籍相與，但故園隔在青山之外也耳。」】甫欲悉以書籍與虞，冀虞傳甫之業也。○【趙次公曰】魏志：王粲字仲宣，蔡邕見而奇之。時邕才學顯著，貴重朝廷，賓客盈座。聞粲至，倒屣迎之，曰：「此王公孫，有異才，吾不如也。吾家書籍當盡與之。」南史：王筠字元禮，幼而好學，沈約每見筠文咨嗟，嘗謂曰：「蔡伯喈見王仲宣，稱曰：『王公之孫，吾家書籍悉當相與。』僕雖不敏，請附斯言。」青山隔故園。

【校記】

〔一〕氣，元本、古逸叢書本作「器」。

〔二〕「爽氣」句下注，元本、古逸叢書本作：「虞公之清氣，如秋之豁然也。月令：立秋之日，盛德在金。」

〔三〕款，元本、古逸叢書本作「疑」。

〔四〕氣，古逸叢書本作「紫」。

公安縣懷古

野曠吕蒙營，○【鄭卬曰】十三州志：吴文帝封吕蒙爲孱陵侯，營於公安。○【王洙曰】：「吴將吕蒙營於公安。」【荆州圖經：吕蒙屯此公安縣北。江深劉備城。○【趙次公曰】：「劉備曾爲荆州牧。」】劉備爲荆州牧，都公安。寒天催日短，風浪與雲平。灑落君臣契，○【趙次公曰】言先主與諸葛亮契合也。風〔一〕騰戰伐名。維舟倚前浦，長嘯一含情。

【校記】

〔一〕風，古逸叢書本作「飛」。

公安送李二十九弟晉肅入蜀余下沔鄂

○【趙次公曰】晉肅，即李賀之父。韓退之嘗爲賀作辯諱。○沔，今之漢陽也。

正解柴桑纜，○【鄭卬曰】柴桑，地名，屬江州。○【趙次公曰】甫將欲下沔、鄂也。仍看蜀道行。○【趙次公曰】送弟晉肅入蜀也。檣烏相背發，○【趙次公曰】船檣上刻爲烏形也。塞雁一行鳴。○【鄭卬曰】行，胡郎切。○列也。○【趙次公曰】紀序別之時也。南紀連銅柱，○【趙次公曰】晉天文志：東循嶺徼達甌閩，是謂南紀，所以限蠻夷也。○【王洙曰：「銅柱在交州，馬援所立。」】廣州記：馬援到交趾，立銅柱，爲漢之極界。西江接錦城。○前注。憑將百錢卜，飄泊問君平。○【趙次公曰】前漢嚴遵字君平，蜀郡人。卜筮於成都市，日閱數人，得百錢，足自養，則閉肆下簾。

北風

北風破南極，朱鳳日威垂。○【王洙曰】威，一作低。○顧愷之鳳賦：朱冠赫以雙翹。洞庭秋欲雪，鴻雁將安歸。○【趙次公曰】南極，所以言楚地。北風吹南極，而鳳威垂而無氣象，洞庭秋雪，而鳴雁寒無所歸，喻君子值時之亂，於是乎失所也。十年殺氣盛，○【趙次公曰】自天寶十四載至大曆三年，凡十三年矣，而云「殺氣盛」，舉其大數耳。六合人煙稀。○【王洙曰】言殘弊也。吾慕漢初老，時清猶茹芝。○【趙次公曰】漢老，謂四皓也。避秦之亂隱於商山，逮漢之初，可以出矣，而猶茹芝，蓋畏禍之心未能已也。○皇甫謐高士傳：秦坑黜儒術，四皓於是乎作歌曰：「莫莫高山，深谷逶迤。曄曄紫芝，可以療飢。」

憶昔行

憶昔北尋小有洞，○【王洙曰】茅君内傳：大天之内有玄中洞天三十六所，第一王屋山之洞，名曰「小有清虚之天」。○【趙次公曰】王屋在河東垣縣東北。洪河怒濤過輕舸。○【鄭卬曰】舸，古我切。○船名。○【王洙曰】南楚江、湘，江船大者，謂〔一〕之舸。辛苦不見華蓋君，艮岑青輝慘么麽。○【鄭卬曰】么，烏堯切。麽，亡果切。○【趙次公曰。又，劉良曰：「小也。」】么麽，細也。○【趙次公曰：「艮岑，二詩皆言之，的是王屋之處。」又，師古曰：「崑崙東北之岑。」】艮岑，乃王屋山東北之岑也。○【趙次公曰】按集有昔遊詩曰「昔謁華蓋君，深求洞宫脚。玉棺已上天，白日已寂寞」，蔓弼詳考二詩之意，蓋甫遊王屋，本欲謁華〔二〕蓋君，適值華蓋〔三〕君已死矣。○【王洙曰】葛仙翁傳：崑崙，一曰玄圃，一曰積〔四〕石，一曰瑶房，一曰華蓋，仙人所居。千崖無人萬壑静，三步迴頭五步坐。○【師古曰】甫昔遊小有洞，不憚〔五〕辛勤，冀遇華蓋之君。〔六〕○【趙次公曰：「言華蓋君，招之而不來也。」】然跂〔七〕而迴望，招之而不來也。秋山眼冷魂未歸，○【趙次公曰】宋玉招魂：魂兮歸來。此反之也。仙賞心違淚交墮。○【趙次公曰】言欲爲仙賞之遊，而事與願違，所以悲也。弟子誰依白茅室，○【王洙曰。又，趙次公曰：「白茅室，則莊子云『築特室，席白茅』也，一作白石室，非。」】茅，一作石。○昔廣〔八〕成子築寺室，席〔九〕白茅。盧老獨啓青銅鎖。○【師古曰】時有盧道人結茅山下居焉，甫謁之，訪其仙術焉。昔葛仙翁與費長房跳壺中，忽見殿閣崔嵬，皆鎖閉，葛喝之，煙霧四起，鎖自開闢。今以盧比葛仙翁也。○【鄭卬曰：「盧遨，見淮南子。」】或曰：盧老，謂盧敖也。淮南應道訓：盧敖遊乎北海，見一士焉，軒軒然迎風而舞，顧見盧敖，舉臂而竦身，遂入雲中。巾拂香餘擣藥塵，階除灰死燒丹火。○【王洙曰】除，一作前。玄圃滄洲莽空闊，○【師古曰】玄圃、滄洲，指仙境也。金節羽衣飄婀娜。○【鄭卬曰】婀，於可切。哪，奴可切。婀娜，美也。落日初霞閃餘映，○【趙次公曰】言華蓋君金節羽毛之所往來，有落日初霞之輝映也。王仲宣詩：山岡有餘映。倏忽東西無不可。○倏，音叔。倏忽，犬疾走也。○【師古曰】言盧老得仙術飛空，無往不可也。松風磵水聲合時，○【鄭卬曰】磵，居晏〔一〇〕切。青兕黃熊啼向我。○【師古曰】甫以乘興而來遊，樂極則感物，而以哀繼之，蓋興盡欲將反故也。○【王洙曰】説文：兕如野牛而青。徒然咨嗟撫遺跡，至今夢想仍猶佐。○【趙次公曰：「舊本『猶作』字作『佐』字，當是『作』字，但音『佐』而已。此南人之語音。公詩又曰『主人送客何所作』，自注云音『佐』，可見矣。公之今句則言今猶作此夢也。」】佐，疑當是作〔一一〕

字，音左耳。○【趙次公曰】公在山中愁寂不堪，撫循華蓋君之舊迹，形之夢想，尚猶見之也。**秘訣隱文須内教，晚歲何功使願果。更討衡陽董鍊師，**○【王洙曰】討，一作覓。○【趙次公曰】以爲求仙須得有功行而傳秘術，不見〔一二〕華蓋君，却思南遊而訪董鍊師。○【師古曰。又，王洙曰：「董鍊師，神仙也，隱於衡陽。」】鍊即〔一三〕董京威也，隱於衡陽。**南遊早鼓瀟湘柂。**○【師古曰：「柂之所以正船也。」】柂，正船木也。

【校記】

〔一〕謂，元本、古逸叢書本作「未」。

〔二〕華，元本作「差」。

〔三〕蓋，元本、古逸叢書本作「盡」。

〔四〕積，元本、古逸叢書本作「霣」。

〔五〕憚，元本作「悼」。

〔六〕辛勤冀遇華蓋之君，元本作「堇不皆迴華蓋之君」，古逸叢書本作「勞以求迴華蓋君」。

〔七〕跂，元本作「枝」，古逸叢書本作「延佇」。

〔八〕廣，元本、古逸叢書本作「人」。

〔九〕席，元本、古逸叢書本作「廣」。

〔一〇〕晏，元本作「安」，古逸叢書本作「桉」。
〔一一〕作，元本、古逸叢書本作「后」。
〔一二〕見，元本、古逸叢書本作「命」。
〔一三〕即，元本、古逸叢書本作「師」。

宴王使君宅題二首

漢主追韓信，○【王洙曰】韓信傳：信數與蕭何語，奇之。至南鄭，諸將道亡者數十人，何聞信亡，何自追之。蒼生起謝安。○【王洙曰】晉謝安字安石，放情丘壑，累辟不就。及年餘四十，征西大將軍桓温請爲司馬。將發，中丞高崧戲之曰：「卿屢違朝旨，高卧東山。諸人每相與言：『安石不肯出，其如蒼生何？』」吾徒自飄泊，世事各艱難。逆旅招邀近，他鄉意緒寬。不才甘朽質，高卧豈泥蟠。○甫所以自謙也。○【王洙曰】揚子：龍蟠于泥。

汎愛容霜鬢，留歡上夜關。○【王洙曰：「一作夜闌。子美父諱閑，諸家本辨兩處非閑字，此亦可知其誤矣。」又，趙次公曰：「舊本正作卜夜閑。卜夜字，左傳云：臣卜其晝，未卜其夜也。一作上夜關，蓋以公父諱閑，當避閑字也。殊不知公有云『娟娟戲蝶過閑幔』，則亦臨文不諱矣。然今句當以

『上夜闕』爲正，蓋首兩句便對，而『夜闕』字方對『霜鬢』也。〔一〕一作「留歡卜夜闌」。○【趙次公曰】左氏傳：臣卜其晝〔一〕，未卜其夜。自吟詩送老，相勸酒開顔。戎馬今何地，○【趙次公曰】老子四十六章：天下無道，戎馬生于郊。鄉園獨在山。江湖墮清月，酩酊任扶還。

【校記】

〔一〕晝，原作「晝」，元本作「書」，據古逸叢書本改。

覽柏中允兼子姪數人除官制詞因述父子兄弟四美載歌絲綸

○【趙次公曰】按正異：中允，當作中丞。師民瞻亦作中丞。○或以爲恐非貞〔二〕節。○夢弼按：是詩言「紛然喪亂際，見此忠孝門」。蜀中寇亦甚，柏氏功彌存。深誠補王室，勠力自元昆。三止錦江沸，獨清玉壘昏」，當是有功於蜀者。方是時，崔旰之殺郭英乂，正節與瀘州楊子琳帥師同討平之。杜鴻漸鎮蜀，表正節授邛州刺史。以此考之，則當知是正節無疑矣。○【趙次公曰】按集又有柏大兄弟山居、柏學士茅屋、寄柏學士草堂、贈柏二別駕、覽鏡呈柏中丞、觀宴將士諸詩。然茅屋草堂詩皆不及功名之事，但皆稱其讀書爲學耳。○疑是二詩，乃正節未於邛州立功之前所作也。

紛然喪亂際，見此忠孝門。○【王洙曰】晉卞壼傳：徵士翟湯歎曰：「父死於君，子死於父，忠孝之道，萃于一門。」蜀中寇亦甚，柏氏功彌存。深誠補王室，勠力自元昆。○【趙次公曰】父子兄弟有功於行陣，則詩人宜以忠孝稱之。三止錦江沸，○【王洙曰】錦江，謂蜀人織錦濯之於江，因以得名。○【趙次公曰】甫自來蜀，三見成都之亂，蓋寶應元年徐知道反，永泰元年崔旰反，殺郭英乂，大曆三年七月楊子琳以瀘州刺史反，此錦江之三沸也。獨清玉壘昏。○【王洙曰】玉壘，山名。高名入竹帛，新渥照乾坤。子弟先卒伍，芝蘭疊璵璠。○【師古曰】芝蘭，香草。璵璠，美玉。芝蘭與璵璠相疊，喻舉族皆賢也。同心注師律，○【王洙曰】易師卦：初六，師出以律。灑血在戎軒。絲綸實具載，○【王洙曰】緇衣：王言如絲，其出如綸。紱冕已殊恩。○【師古曰】時崔旰殺郭英乂，柏正節與楊子琳討平之。然正節父子兄弟皆盡忠孝之節，率先士卒，注意師律，血流於兵，重〔二〕其英聲義氣，載之絲綸，天子褒以紱冕，其皇恩故已優偓矣。奉公舉骨肉，誅叛經寒温。○【師古曰】。又，趙次公曰：「誅叛者，前年之事，至今作詩時，已經一寒一温也。」】謂討賊歷涉四時之久也。金甲雪猶凍，○【師古曰】言威嚴可畏，賊不寒而慄也。朱旗塵不翻。○【師古曰】謂雲旗所指，煙塵遂息也。每聞戰場説，欻激懦氣奔。○欻，許勿切，暴起也。○【師古曰】謂聞柏氏之風者，懦夫亦爲激昂而興起也。聖主國多盜，○【師古曰】聖人因多難而興，國家多盜而能解紛治劇，此其所以爲聖人也。賢臣官則尊。○【師古曰】置官以待賢士，惟臣之賢，始尊之以官也。方當節鉞用，必絶祲沴根。○沴，徒典切。○【鄭卬曰】又音戾。○祲，氣也。○【趙次公曰】以其有功，遂使之膺節鉞之用，必能止祆沴不祥之氣，以報朝廷也。吾病日迴首，○日，一作思。雲臺誰再論。○【師古曰】甫以多病甘自退縮，惟迴首屬望柏氏畫像雲臺，再論其功。柏氏忠孝萃于一門，此亦唐家之盛事也。○【王洙曰】後漢二十八將論：永平中，顯宗追感前世功臣，乃圖畫二十八將於南宮雲臺。○又，永平中馬援女立爲皇后，顯宗圖畫建武中名臣列將於雲臺，以椒房故，獨不及援。東平王蒼觀圖，言於帝曰：「何故不畫伏波將軍像？」帝笑而不言。作歌挹盛事，推轂期孤鶱。○【鄭卬曰】推，都迴切。○【師古曰。又，趙次公曰：「公自負其詩所稱美，可以推柏公而使之孤鶱也。」】甫作是詩以歌其事，庶幾天子舉而用之，推轂而進，其勢鶱揚，特出衆人之表故也。○【王洙曰】鄭當時傳：其推轂士。顔師古曰：言薦舉人如車轂之運轉也。

【校記】

〔一〕貞，古逸叢書本作「正」。

〔二〕重，古逸叢書本作「車」。

留別公安太易沙門

隱居欲就廬山遠，○【趙次公曰】謂惠遠大師也。麗藻初逢休上人。○【趙次公曰。又，王洙曰：「湯，休上人。」】詩僧湯惠休也。數問舟航留制作，○數，色角切，頻也。○【趙次公曰】言來問甫之舟航，而留甫之制作也。長開篋笥擬心神。○【趙次公曰】言爲太易而開篋笥，於是心神擬議合與何篇也。沙村白雪仍含凍，○張衡西京賦：日北至而含凍。○【趙次公曰】司馬相如上林賦：其北則含凍裂地。江縣紅梅已放春。先踏爐峰置蘭若，○慧遠廬山記：山在潯陽南濱宮亭湖，北對小江〔一〕山，東南有香爐山，其上氛氳若香煙。周景式廬山記：東西二〔二〕峰氤氳若煙，有似香爐蘭若。詳見前注。徐飛錫杖出風塵。○前注。

【校記】

〔一〕江，古逸叢書本作「孤」。

〔二〕二，元本、古逸叢書本作「三」。

曉發公安數月憩息此縣

北城擊柝復欲罷，東方明星亦不遲。鄰雞野哭如昨日，物色生態能幾時。舟楫眇然自此去，○江文通雜體詩：眇然萬里遊。江湖遠適無前期。○【趙次公曰】謂此去未知所止也。此門轉眄已陳迹，○【王洙曰】晉王羲之蘭亭序：俛仰之間，以爲陳迹。藥餌扶吾隨所之。○【王洙曰】謝靈運遊南亭詩：藥餌隨所止，衰疾忽在斯。

歲晏行

歲云暮矣多北風，瀟湘洞庭白雲中。漁父天寒網罟凍，莫徭射雁鳴桑弓。〇【九家集注杜詩引作「師尹曰」，杜詩趙次公先後解引作「趙次公曰」，杜陵詩史、分門集注、補注杜詩、集千家注批點杜工部詩集引作「杜定功曰」。】莫徭者，蠻夷名。隋地理志：長沙郡雜有夷蜑，名曰莫徭。自言其先祖有功，常免征役，故以爲名。去年米貴闕軍食，今年米賤大傷農。高馬達官厭酒肉，此輩杼柚茅茨空。〇【王洙曰】穀貴則傷民，穀賤則傷農。〇況復聚斂太重，杼柚不作，而茅屋爲之空虛也。〇【王洙曰】詩：小東大東，杼柚其空。箋：政偏失也。〇【杜田補遺】揚雄方言：東齊土作謂之杼，木作謂之柚。楚人重魚不重鳥，〇【王洙曰。又，趙次公曰：「不重鳥，一作不重肉，非。鳥與射字、鴻字相應。」】鳥，一作肉。〇魏武帝塘上行篇：莫用魚肉貴，棄捐葱與薤。休汝枉殺南飛鴻。況聞處處鬻男女，割慈忍愛還租庸。〇別賦：割慈忍愛，離鄉去里。〇【王洙曰】唐制：授之以口分世業田。凡授田者，丁歲納粟稻，謂之租。用人之力，歲不過二十日。不役者，日爲絹三尺，謂之庸。時民力困乏，於是有鬻男賣女以還租庸調者也。往日用錢捉私鑄，〇兩漢人多盜鑄錢，梁武不禁私鑄，改鐵錢。〇【王洙曰】唐制：盜鑄者死。天寶間，盜鑄益甚，雜以鐵錫，無復錢形。號公鑄者爲「官爐錢」。今許鉛錫和青銅。〇【王洙曰】許，一作來。〇綦毋氏錢神論：黄金爲父，白銀爲子，鉛爲長男，錫爲適婦。天性堅剛，須火終始。體圓應乾，孔方效地。刻泥爲之最易得，○【趙次公曰】刻泥，謂刻泥作模也。○宋略曰：泰始中，沈慶之啓通私鑄，而錢大壞矣。一貫長三寸，謂之「鵝眼錢」。減此者，謂之「綖環錢」。貫之以縷，入水不沉，市井不復料數，十萬不盈一掬。斗米一方，他物稱之。至是禁鵝眼、綖環。隋末，惡錢一千重一斤，或翦鍱裁紙糊雜用之也。好惡不合長相蒙。○【師古曰】言上下相蒙蔽，無復糾察也。○爲政如是，安得萬國不離亂乎？萬國城頭吹畫角，此曲哀怨何時終！

夜聞觱篥

○【鄭卬曰】觱，必吉切。篥，力質切。○胡樂也。

夜聞觱篥滄江上，○【王洙曰。又，杜陵詩史、分門集注、補注杜詩、集千家注批點杜工部詩集引作「師古曰」。】樂部觱篥者，笳管也。卷蘆爲頭，截竹爲管，出於胡也。○【師古曰】制法：角音九孔，漏聲五音，咸備唐，編入鹵部，各爲笳管用之。雅樂以爲管，六竅之制則爲鳳管，旋宮轉器以應律管者也。杜氏通典：觱篥本名悲篥，出於胡中，其聲悲。東夷有以卷桃皮爲之者，亦出南蠻。樂府雜録：觱栗者，大龜兹國樂，亦名悲篥，有類於笳也。衰年側耳情所嚮。鄰舟一聽多感傷，塞曲三更欻悲壯。○欻，許勿切，忽也。○【趙次公曰】胡笳有出塞、入塞曲也。積雪飛霜此夜寒，孤燈急管復奔湍。○奔，一作風。○【師古曰】謂風雜湍水之聲也。君知天地干戈滿，○【王洙曰】

地〔一〕，一作下。不見江湖行路難。○【王洙曰】湖，一作湘。○【趙次公曰】樂府解題：行路難，備言世路艱難及離别悲傷之意，多以「君不見」爲言。〔二〕

【校記】

〔一〕地，古逸叢書本作「也」。

〔二〕「備言」至「爲言」，元本、古逸叢書本無。

發劉郎浦

挂帆早發劉郎浦，○【趙次公曰】：「自公安縣欲往岳州所經行之處。」又，杜陵詩史引「宋曰」：「浦屬峽州，甫擬下峽過衡陽，有此作。」【甫自公安縣經劉郎浦，擬過衡陽也。○【鮑彪曰。又，鄭卬曰：「在荆州。」「黄鶴曰：「按十道志：劉郎浦在荆州。」】十道志：劉郎浦在荆州。○【鮑欽止曰】先主納吴女處也。故吕濛〔一〕詩云：吴蜀成婚此水潯，明珠步障屋黄金。誰將一女輕天下，欲换劉郎鼎峙心。○【趙次公曰】：「劉郎浦，乃公安之下石首縣也。」【薛夢符曰】：「右按江陵圖經：劉郎浦在石首縣。」【荆州記：劉郎浦在石首縣沙步。疾風颯颯昏亭午。○【孫曰】亭，高貌。亭午，謂日正高也。舟中無日不沙塵，岸上孤村盡豺虎。○【王洙曰】喻盜賊之多也。○王粲七哀詩：豺虎立構患。○【趙次公曰】張孟陽詩：盜賊如豺虎。十日北風風未迴，客行歲晚晚相催。○晚相催，一作尤相催。白頭厭伴漁人宿，黃帽青鞋歸去來。○【趙次公曰】雖在江湖，厭與漁人爲伴。○【沈曰：「黃帽乃籊冠，青鞋乃芒鞋也。」】乃欲冠籊冠，履芒鞋。○【趙次公曰】歸林泉，深藏而高隱矣。陶潛有歸去來兮辭。

【校記】

〔一〕濛，古逸叢書本作「温」。

泊岳陽城下

江國踰千里，山城僅百層。岸風飜夕浪，舟雪灑寒燈。留滯才雖盡，○甫旅寓荆南。○【王洙曰：「太史公自序：太史公留滯周南。」】自比太史公留滯周南也。○【趙次公曰】任昉晚節著詩，欲假沈約，用事過多，辭不得流便，於是有才盡之談〔一〕也。艱危氣益增。圖南未可料，變化有鯤鵬。○【趙次公曰】甫方儘〔二〕南而往，故自比鵬之圖南也。○【王洙曰】莊子：北溟有魚，其名爲鯤。化而爲鳥，其名爲鵬。而今乃將圖南。

【校記】

〔一〕談，古逸叢書本作「歎」。

〔二〕儘，古逸叢書本作「罏」。

纜船苦風戲題四韻奉簡鄭十三郎判官

○【九家集注杜詩、門類增廣十注杜詩依例爲「王洙曰」。】泛。

楚岸朔風疾，天寒鶬鴰呼。○鶬，千剛切。鴰，古活切。○【王洙曰】爾雅釋鳥：鶬，麋鴰。注：今呼鶬鴰。漲沙霾草樹，舞雪渡江湖。○【王洙曰】古詩：扁舟載風雪，半夜渡江湖。吹帽時時落，○落帽臺在荆州。○【王洙曰】陶淵明作孟府君傳：諱嘉，字萬年。爲桓温參軍。九月九日，温遊龍山，參佐畢集。有風吹嘉帽墮落，嘉不自覺。良久，如廁，温命取還之。維舟日日孤。○【王洙曰】詩：汎汎楊州〔一〕，紼纚維之。爾雅釋水：諸侯維舟。回聲置驛外，○【趙次公曰】以鄭莊置驛美鄭判官，因其同姓故也。○餘見前注。爲覓酒家壚。○【王洙曰】前漢相如傳：文君當壚。顏注：賣酒之家，累土爲壚，以居酒甕。四邊隆起，其一面高，形如鍛壚，故名壚耳。

【校記】

〔一〕州，據詩經當作「舟」。

大曆四年己酉在岳陽至潭遂如衡及回潭所作

登岳陽樓

○岳陽樓，開元四年張說自中書令除刺史，常與才士登此樓，有詩百篇列于壁。

昔聞洞庭水，○【鄭卬曰：「在岳州。」】洞庭湖在今岳州西南。○【王洙曰】風土記：陽羨縣東在太湖，中有包山，山下有洞穴潛行地中，無所不通，謂之洞庭地脈。○湘中記：湘水出於陽朔山，至洞庭爲太湖。日月若出入其中也。○【趙次公曰】戰國策：吴起對魏武曰：「昔者三苗之居，左彭澤之波，右洞庭之水。」今上岳陽樓。吴楚東南拆，○【趙次公曰】吴與楚相接，此實道洞庭闊遠之狀也。乾坤日夜浮。○【趙次公曰】言在乾坤之内，其水日夜浮也。親朋無一字，老病有孤舟。○【趙次公曰】此言於老病中，尚賴有孤舟可以浮泛，而生涯自若也。戎馬關山北，○【趙次公曰：「關山北，則言長安一帶也。」】關北，指言裴〔一〕安道兵戈未息也。○【王洙曰】老子四十六章：天下無道，戎馬生於郊。憑軒涕泗流。○【王洙曰】張孟陽登臺詩：遠望涕泗流。

【校記】

〔一〕裴，古逸叢書本作「長」。

陪裴使君登岳陽樓

湖闊兼雲霧，樓孤屬晚晴。禮加徐孺子，○【杜定功曰】甫以徐自比也。○【王洙曰】陳蕃傳：蕃爲豫章太守，不接賓客。唯徐穉來時設一榻，去則懸之。詩接謝宣城。○【趙次公曰】甫以謝比裴也。○【王洙曰】謝朓，字玄暉，爲宣城郡太守。時出新林浦向板橋有詩曰：江路西南永，歸流東北鶩。天際識歸舟，雲中辨江樹。雪岸叢梅發，春泥百草生。○【趙次公曰】：「兩句實道眼前景物也。」記時也。敢違漁父問，○又以屈原自況也。○【王洙曰】屈原傳：屈原名平，楚懷王使屈原造憲令。屈平屬藁未定，上官大夫靳尚見而欲奪之，屈原不與。因讒之王，王怒而疏屈平。屈平憂思而作離騷。後懷王死，子襄王立，令尹子蘭使上官大夫短屈原於襄王，王怒而遷之。至於江濱，披髮行吟澤畔，顏色憔悴，形容枯槁。漁父見而問之曰：「子非三閭大夫歟？何故至此？」原曰：「舉世皆濁而我獨清，衆人皆醉而我獨醒，是以見放。」從此更南征。○甫自此欲之潭如衡也。○【王洙曰】宋玉招魂：獻歲發春兮汩吾南征。○【趙次公曰】又，集千家注批點杜工部詩集引作「王洙曰」。【屈原離騷：濟沅湘以南征兮，就虞舜而陳辭。

贈韋七贊善

鄉里衣冠不乏賢，○王隱晉書：廣平太守缺，宣帝謂鄭袤曰：「賢叔一大匠，盧子家、王子雝繼踵此郡，若使世不乏賢，當復相屈。」○【杜田補遺。又，杜陵詩史、補注杜詩引作「蘇曰」。】南史袁粲傳：粲字景倩，幼孤，祖哀之，曰：「愍孫少好學，有清才。」叔父淑雅重之，語子弟曰：「我門不乏賢，愍孫必當復三公。」杜陵韋曲未央前。○【王洙曰】未央宮基在長安，杜陵、韋曲皆郊外逼近之地。○按，集有夏日李公見訪詩曰「貧居類村塢，僻近城南樓」是也。爾家最近魁三家，○家，一作象。三家，謂三台爲冢宰。爾家近三家，言去北斗爲近也。○【王洙曰：「公自注云云。」】天官書：斗魁下兩兩相比，爲三台。時論同歸尺五天。○【王洙曰】同歸，一作因侵。○言去帝居不遠也。○【王洙曰：「公自注云云。」】俚語曰：城南韋杜，去天尺五。北走關山開雨雪，○【王洙曰】山，一作河。南遊花柳塞雲煙。○【王洙曰】雲，一作風。○【鄭卬曰】塞，悉則切。洞庭春色悲公子，○【王洙曰：「勾踐既滅吳，范蠡乘扁舟泛五湖。」】任昉述異記：洞庭湖中有釣洲〔一〕。昔范蠡乘扁舟至此遇風，止釣於洲上，刻石記焉。今有范蠡宅在湖中，多桑紵菜果焉。蝦菜忘歸范蠡船。○【趙次公曰】言韋戀荆衡之〔二〕蝦菜而忘〔三〕歸，如范蠡遊五湖也。

【校記】

〔一〕洲，元本、古逸叢書本作「舟」。

〔二〕之，元本、古逸叢書本無。

〔三〕忘，元本、古逸叢書本無。

過南嶽入洞庭湖

洪波忽争道，岸轉異江湖。鄂渚分雲樹，衡山引舳艫。○【王洙曰】舳，音軸。艫，音盧。○【鄭卬曰】說文：舳，舟尾。艫，舟前也。○【王洙曰】漢武紀〔一〕：舳艫千里。李斐曰：舳，船後持柂處也。艫，船頭刺櫂〔二〕處也。翠牙穿裛槳，○【趙次公曰】：「舊本作裛槳，槳字在韻書音奬，云所以隱船曰槳。今詳其義，乃菰蔣之蔣耳。蓋蒲有節，而蔣有牙也。師民瞻本直作蔣，是。公詩前篇曰『相趁鳧雛入蔣牙』，亦是蔣字。」】槳，王荆公作蔣，當從之。○裛，於及切，又於怯切。廣雅：蔣，菰也。張載泛湖詩：春菰牙〔三〕露翠，水荇葉連青。碧節吐寒蒲。○吐，一作上。古詩：新蒲起碧節。病渴身何去，春生力更無。壤童犁雨雪，漁屋架泥塗。欹側風帆滿，微冥水驛孤。悠悠迴赤壁，○【趙次公曰】赤壁在夏口之東、武昌之西。○【鄭卬曰】盛弘之荆州記：蒲圻縣沿江一百里，南〔四〕岸爲赤壁。周瑜大破魏武於烏林赤壁，東西二百八十里。浩浩略蒼梧。○【趙次公曰】蒼梧在洞庭西南之地，乃永州也。帝子留遺恨，○【趙次公曰】所以結蒼梧之語也。帝子，指舜之二妃娥皇、女英也。以其堯女，故謂之「帝子」。留遺恨，則以舜之南巡狩，崩於蒼梧之野故也。○【王洙曰】屈原九歌：帝子降兮北渚。曹公屈壯圖。○【趙次公曰】所以結赤壁之語也。曹公者，曹操也。屈壯圖，言戰敗于赤壁也。○【王洙曰】後漢獻帝紀：建武十三年，曹操自爲丞相，南征劉表。表卒，少子琮立。琮以荆州降操，操以舟師伐孫權，權將周瑜敗之於烏林赤壁。蜀〔五〕志周瑜傳：曹公入荆州，劉琮舉衆降，曹公得其水軍船、步兵數十萬。將士聞之皆恐。權延羣下問以計策，議者咸曰：「不如迎之。」瑜曰：「不然。操雖托名漢相，其實漢賊也。操自送死，而近〔六〕之耶？瑜請得精兵三萬人，進往夏口，保爲將軍破之。」權曰：「老賊欲廢漢自立久，徒忌二袁、吕布、劉表與孤耳。今數雄已滅，惟孤尚存，與老賊勢不兩立。君言當擊，甚與孤合，此天以授孤也。」遂共圖計。逆曹公遇於赤壁，大破之。曹公敗退，還保南郡。劉備與瑜等復共追之，曹公留曹仁等守江陵，徑自北歸。聖朝光御極，○【趙次公曰】謂肅宗已恢復長安也。殘孽駐艱虞。○【趙次公曰】謂時吐蕃猶未息也。才淑隨厮養，○厮，思移切，賤也。○【趙次公曰】言才淑之人有隨於厮養者。○【王洙曰】張耳傳：有厮養卒。蘇林曰：厮，取薪者。養，養人者也。蒯通傳：隨厮養之役者，失萬乘之權。名賢隱鍛鑪。○【鄭卬曰】鍛，都玩切，小冶也。○【趙次公曰】言名賢之士有隱於鍛鑪者。嵇康傳：初，康居貧，嘗與向秀共鍛於大木之下，以自贍給〔七〕。邵平元入漢，○【趙次公曰】甫以飄流未得歸長安，所以自歎其不如邵平也。○【王洙曰】蕭何傳：邵平，故秦東陵侯。秦破，爲布衣，貧，種瓜長安城東。瓜美，故世謂「東陵瓜」

也。張翰後歸吴。○【趙次公曰】甫以南下之遲，自比張翰之歸晚也。○【王洙曰】文苑傳：張翰字季鷹，吴郡人。入洛，晉齊王冏辟爲大司馬東曹掾。翰因見秋風起，乃思吴中菰米蓴菜鱸魚膾，曰：「人生貴得適志，何能羈官〔八〕數千里以要名爵乎？」遂命駕而歸。人皆謂之見幾。莫怪啼痕數，○數，色角切，頻也。危檣逐夜烏。○【王洙曰】檣乃掛帆木。○【趙次公曰】刻爲烏以瞻風也。謂之「逐烏」，則相逐同行之船也。陰鏗詩：檣轉向風烏。

【校記】

〔一〕紀，元本、古逸叢書本作「記」。

〔二〕翟，古逸叢書本作「濯」。

〔三〕牙，元本、古逸叢書本作「芽」。

〔四〕南，元本作「寺」，古逸叢書本作「對」。

〔五〕蜀，古逸叢書本作「吴」。

〔六〕近，元本、古逸叢書本作「迎」。

〔七〕贍給，元本、古逸叢書本作「給贍」。

〔八〕官，古逸叢書本作「宦」。

宿青草湖

○【鄭卬曰】十道志：青草湖在岳州。○【薛夢符曰】荆州記：巴陵南有青草湖，因青草山爲名，與洞庭湖相連。周迴八百里。○【鄭卬曰】范汪荆州記：青草湖夏月直渡百里，日月出没於湖中。〔一〕

洞庭猶在目，青草續爲名。宿槳依農事，○【趙次公曰】此言楚人於湖中種浮田，故船槳所宿之處依之也。郵籤報水程。○【趙次公曰】舟中所用以知時也。更漏謂之「郵籤」。古詩：雞人司漏轉更籤。寒冰争倚薄，雲月遞微明。湖雁雙雙起，人來故北征。○【趙次公曰】甫有思鄉之意，雁乃北征，人之不如也。

【校記】

〔一〕「周迴」至「湖中」，元本、古逸叢書本無。

宿白沙驛初過湖南五里

○【初過湖南五里，九家集注杜詩、門類增廣十注杜詩依例爲「王洙曰」，杜陵詩史、分門集注、補注杜詩引作「王洙曰」，集千家注批點杜工部詩集引作「公自注」。】

水宿仍餘照，人煙復此亭。驛邊沙舊白，○湘水記：湘水至清，深五六丈，見底了然，石子如樗〔一〕蒲五色相鮮〔二〕，白沙如雪，赤岸若朝霞，緑竹生焉。湖外草新青。萬象皆春氣，孤槎自客星。○甫自喻也。○【趙次公曰。又，王洙曰：「嚴君平客星犯牛斗事。」】博物志：近世有人居海上，每年八月見浮槎來，不失期。齎一年糧，乘之去，至一處，有城〔三〕郭屋舍，遥望宫中有婦人織，見一丈夫牽牛於渚次飲之，驚問：「此是何處？」答曰：「君至蜀問嚴君平，則知之。」因還，以問君平。君平曰：「某年某月日，客星犯牛、女。」正此人到天河時也。隨波無限月，的的近南溟。○【王洙曰】莊子：鯤化而爲鵬，海運則將徙於南溟。

【校記】

〔一〕樗，元本、古逸叢書本作「桃」。

〔二〕鮮，元本、古逸叢書本作「先」。

〔三〕城，元本、古逸叢書本作「郡」。

新定杜工部草堂詩箋斠證卷第四十六

大曆四年在潭州所作

湘夫人祠

〇樂府序篇：洞庭之山，帝之二女居之。郭璞云：天帝之女，處江爲神。即列仙傳所謂「江妃」是也。劉向列女傳：帝堯之二女，長曰娥皇，次曰女英。堯以妻舜于嬀汭。舜既爲天子，娥皇爲后，女英爲妃。舜死於蒼梧，二妃死於江、湘之間，俗謂之湘君。湘中記曰：舜二妃死，爲湘水神，故曰湘君。〇【王洙曰】韓愈黄陵廟碑曰：秦博士對始皇帝云：「湘君者，堯之二女，舜妃者也。」劉向、鄭康成亦皆以二妃爲湘君，而離騷、九歌既有湘君，又有湘夫人。王逸以爲湘君者自其水神，而謂湘夫人乃二妃。璞與逸俱失也。堯之長女娥皇爲舜正妃，故曰「君」，次女女英自宜降曰「夫人」也。故九歌謂娥皇爲君，女英爲帝子，各以其盛者推言之也。禮：有小君，明其正，自得稱君也。〇吴曾又謂：考之叙篇，以郭璞、王逸爲失者，甚當；然山海經、列仙傳、湘中記、韓愈碑亦未爲得。按禮檀弓篇曰：舜葬於蒼梧之野，蓋三妃未之從也。故康成注曰：帝立四妃，象后妃四星，其一明者爲正妃，餘三小者爲次妃。帝堯因焉。至舜，不告而聚〔一〕，不立正妃，但三妃而已，謂之三夫人。離騷所歌湘夫人者，舜妃也。凡康成之論，本取帝王世紀耳。世紀云：長妃娥皇，無子。次妃女英，生商均。次妃癸比，生二女，宵明、燭光是也。夢弼謂：吴曾既以湘夫人爲舜之妃，而不言湘君者，又何也？

肅肅湘妃廟，○【王洙曰】肅肅，敬也。詩思齊：肅肅在廟。空墻碧水春。蟲書玉佩蘚，燕舞翠帷塵。晚泊登汀樹，微馨借渚蘋。○借，一作惜。蒼梧恨不盡，淚染在叢筠。

○述異記：舜葬於蒼梧之野，堯之二女娥皇、女英追之不及，慟哭下淚，霑竹，文悉爲斑斑〔二〕然。

○【趙次公曰】博物志：洞庭之山，堯帝之二女常泣以其涕，揮竹，竹盡成斑〔三〕。

【校記】

〔一〕聚，元本、古逸叢書本作「娶」。

〔二〕斑斑，元本、古逸叢書本作「班班」。

〔三〕斑，元本、古逸叢書本作「班」。

祠南夕望

百丈牽江色，○【王洙曰：「海賦：揭百丈。所以牽船也，連竹爲之。」】楚謂牽船索曰「百丈」。孤舟泛日斜。○泛，或作况，非是。興來猶杖屨，○【鄭卬曰】興，許應反。目斷更雲沙。山鬼迷春竹，○【王洙曰】屈原九歌山鬼篇：余處幽篁兮終不見天。湘娥倚暮花。○湘娥，謂舜妃娥皇、女英也。湖南清絶地，萬古一長嗟。

遣遇

磬折辭主人，○【饒曰】謂要曲如磬之折也。○【王洙曰】莊子漁父篇：孔子見漁父，曲腰折磬。○尚書大傳：天下諸侯受命於周，莫不磬折，玉音金聲。開帆駕洪濤。春水滿南國，○【炎曰】謂春水生也。朱崖雲日高。○【鄭卬曰】朱崖，即潭州之丹崖也。○【師尹曰】寰宇記：潭州仙宮注〔一〕：南岳記：丹崖，即仙人宫也。舟子廢寢食，飄風争所操。○【王洙曰】言操舟乘風而行也。我行匪利涉，○【趙次公曰】易需卦：利涉大川。謝爾從者勞。○從，才用切。石間采蕨女，鬻菜輸官曹。○【王洙曰：「（菜）一作市。」趙次公曰：「鬻市，一作鬻菜，非。」】菜，一作市，一作米。丈夫死百役，暮返空村號。○【王洙曰】譏役斂〔二〕煩重也。聞見事略同，○【趙次公曰】言所聞所見皆似此，應官曹之誅求也。刻剥及錐刀。○【趙次公曰】言刻剥於民，非特取其大者，雖錐刀之瑣末微利，猶及之也。左氏傳：錐刀之末〔三〕。貴人豈不仁，視汝若莠蒿。索錢多門户，○【王洙曰】誅求不一也。喪亂紛嗷嗷。奈何黠吏徒，○【王洙曰：「姦黠吏也。」】黠，姦猾也。漁奪成逋逃。○【王洙曰：「姦黠吏也。漁，如漁獵然。不以法也。逋逃，走竄也。」】漁奪，謂侵奪如漁獵然，不以法也。所以下户皆走竄也。自喜遂生理，花時甘縕袍。○甘，或刊作貰。侍夜〔四〕切，貸也。○【師古曰：「甫覩百姓困於賦役，又自喜遂其生理，雖遇花時而衣縕絮，所甘心不辭也。」】甫覩百姓困於賦役如是，又自喜遂其生理。○【趙次公曰】雖遇花時可以單衣，而甘心衣縕絮而不辭，勝於逋逃之民矣。

【校記】

〔一〕注，古逸叢書本作「崖」。

〔二〕斂，元本、古逸叢書本作「款」。

〔三〕末，元本、古逸叢書本作「利」。

〔四〕侍夜，古逸叢書本作「始制」。

解憂

○【趙次公曰：「東坡先生云：『減米散同舟』至『拳拳期勿替』，杜甫詩固無敵。然自『致遠』以下句，真村陋也。此最其瑕謫，世人雷同，不復譏評，過矣。然亦不能掩其善也。東坡之說如此，然公之意亦以藉衆力而濟險，猶資百慮而持危者矣，故曰『理可廣』也。」】蘇子瞻嘗謂：讀公「減米散同舟」之句，則可以振貪儒於百世之下也。

減米散同舟，路難思共濟。向來雲濤盤，衆力亦不細。○【師古曰。又，王洙曰：「雲濤盤，灘名，極爲險阻。」】雲濤盤乃至險之灘。○【師古曰】實藉衆力操舟故得利涉，譬患難之際，賴衆力扶持，故得國安。是以昔賢計其安危，衣食與衆同享其充足，夫何憂患之不濟乎？甫之減米，亦爲國憂以天下之意者也。呀吭瞥眼過，○【王洙曰：「(吭)一作帆。」】吭，一作坑。○【鄭卬曰】呀，虛加切。○吭，胡郎切。瞥，匹〔一〕蔑切。○【師古曰】呀吭，乃灘口也。○【趙次公曰】或曰：呀坑者，淤〔二〕坑，如口之谺開者也。飛櫓本無蒂。○【師古曰】言至危也。得失瞬息間，○瞬，音舜，目動也。致遠猶恐泥。○【趙次公曰】論語文。百慮視安危，分明曩賢計。茲理庶可廣，拳拳期勿替。

【校記】

〔一〕匹，元本、古逸叢書本作「四」。

〔一〕淤，元本、古逸叢書本作「於」。

宿鑿石浦

早宿賓從勞，仲春江山麗。飄風過無時，舟楫敢不繫。○【趙次公曰】舟楫遇風雨，不繫則流蕩矣。回塘淡暮色，日没衆星嘒。○嘒，呼惠切。○【趙次公曰】詩召南：嘒彼小星。○注：嘒，微貌。缺月殊未生，○【王洙曰：「缺，殘也。」】缺月，殘月也。青燈死分翳。○【王洙曰】青燈，言無光也。○【師古曰】分翳，謂半晴也。窮途多俊異，○【趙次公曰】俊異之士多困於窮賤，而膏澤不下於民，而愚鄙之人反多富貴，不恤乎民也。亂世少恩惠。○【師古曰】言賦斂横出，而民不蒙其澤也。鄙夫亦放蕩，○甫自謙也。草草頻卒歲。○草草，勞貌。○【師古曰】卒歲，謂經歲勤動也。斯文憂患餘，聖哲垂易〔一〕繫。○【師古曰】言易之彖、繫作於仲尼不遇之日。自古文士多因憂患中而作文，甫是詩之作蓋亦積懣而有所激耳。○【趙次公曰】繫辭：作易者其有憂患乎？

【校記】

〔一〕易，古逸叢書本作「彖」。

早行

歌哭俱在曉，○【師古曰】歌者爲商旅，哭者爲征夫也。行邁有期程。○邁，遠行也。○【王洙曰】言遠行之期有定準也。孤舟似昨日，○【王洙曰】言水行不覺進也。聞見同一聲。飛鳥數求食，○數，色角切，頻也。潛魚亦獨驚。前王作網罟，設法害生成。○【趙次公曰】鳥數出而求食，所以自飽。魚既潛而猶驚，所以求活。而小民利之，網羅其鳥，罟罩其魚，害物生成之性。甫觸而感之，反傷前王之設法。○【王洙曰。又，杜陵詩史引作「師古曰」。】作爲網罟，本欲以養民，後世反以此而害物也。喻制爲賦斂，本欲以平民，後世反以此而肆暴也。○【趙次公曰】繫辭：作結繩而爲網罟，以佃以魚。碧藻非不茂，高帆終日征。○藻，水菜也。○【師古曰】碧藻非不茂也，征帆終日凌轢，所以不能遂其性，微物尚然，况百姓乎？干戈未揖讓，崩迫開其情。○【趙次公曰】開放此情懷於終日征行之間也。○蕭太傅辭奪禮表：不勝崩迫之情。

過津口

○津口，屬江陵。左氏傳：楚子大敗於津。

南岳自兹近，○【王洙曰】南岳，謂衡山。○【師古曰】甫自夔迤邐如衡也。湘流東逝深。○水經：湘水出零陵始安縣陽海〔一〕山，至巴丘入於江。和風引桂楫，○【趙次公曰】梁元帝烏棲曲：沙棠作船桂爲楫。春日漲雲岑。回首過津口，○首，一作道。言水道回〔二〕旋也。而多楓樹林。○【趙次公曰】阮籍詩：湛湛長江水，上有楓樹林。白魚困密網，黄鳥喧嘉音。物微限通塞，惻隱仁者心。○【師古曰。又，趙次公曰：「白魚以羣而小，困於密網，物之所以塞者也。黄鳥以和風春日之際，而嘉音喧然，物之所以通者也。物之通塞，雖微不足道，而仁者於物每則隱其困塞矣。孟子曰：惻隱之心，仁之端也。夫雖有惻隱之仁，而無救於白魚之困，則亦前篇所謂『前王作網罟，設法害生成』者矣。」】魚鳥皆物之有生者也，鳥喧嘉音而魚困密網，或塞或通，亦猶人也有幸有不幸，此仁者之於微物，心每惻隱其困塞矣。甕餘不盡酒，膝有無聲琴。○陸士衡詩：甕餘殘酒，膝有横琴。聖賢兩寂寞，眇眇獨開襟。○傷時無君子，故獨披襟也。陶淵明經曲阿詩：眇眇孤舟逝。

【校記】

〔一〕陽海，古逸叢書本作「海陽」。

〔二〕回，元本、古逸叢書本作「面」。

次空靈岸

○【鄭卬曰】空靈，當作空舲，刀筆誤耳。酈元水經：湘水縣有空舲峽。驚浪雷奔，險同三峽。十道四番志湘水載：空舲灘。

沄沄逆素浪，○【師古曰】逆浪，謂泝流也。落落展清眺。○【師古曰】言去巴峽之阻，漸入寬平之鄉也。幸有舟楫遲，得盡所歷妙。空靈霞石峻，楓栝隱奔峭。○【王洙曰】栝，或作栝。○【鄭卬曰：「古活切，木名。」師古曰：「柏也。」】栝，古活切，柏也。○【師古曰。又，王洙曰：「奔，奔流也。峭，危峭也。」】奔，謂奔流。峭，謂峰峭也。青春猶無私，白日已偏照。○【師古曰。又，王洙曰：「爲山嶺障閡，故偏照也。」】言崗巒互爲日所出没也。可使營吾居，終焉託長嘯。○【師古曰】甫至此喜其景物之佳，欲託居焉。毒瘴未足憂，兵戈滿邊徼。嚮者留遺恨，耻爲達人誚。迴帆覬賞延，○覬，羈致切，見也。佳處領其要。

宿花石戍

○【鮑彪曰】唐志：潭州長沙有花石戍。

午辭空靈岑，夕得花石戍。岸疏開闢水，○【師古曰】言天地開闢以來有此水，非禹之所鑿也。木雜今古樹。地蒸南風盛，春熱西日暮。○【師古曰】言四時多南風，其地春熱也。四序本平分，○【師古曰】宋玉九辯：皇天平分四時兮，竊獨悲此凛秋。氣候何迴互。茫茫天造間，○【趙次公曰】易：天造草昧。理亂豈恒數。○【師古曰】四序平分，寒暑皆自有節，何此地之氣候差互乎？乃知天地造化治亂之理，亦無常數也。繫舟盤藤輪，○【師古曰】言藤蔓盤結如車輪也。策杖古樵路。罷人不在村，○【鄭卬曰】罷，音疲。○倦也。○【師古曰。又，王洙曰：「罷人，言民困於征役而罷敝。不在村，不安居也。」】言民困於征賦，逋竄而不安居也。野圃泉自注。柴扉雖蕪沒，農器尚牢固。山東殘逆氣，吴楚守王度。○【趙次公曰】山東，今之河北也。○【趙次公曰。又，王洙曰：「安史之亂，王命之所及者，吴、楚、蜀而已。」】安史之亂，惟吴、楚知所尊王命也。誰能扣君門，下令減征賦。○【師古曰。又，趙次公曰：「欲扣君門而與之減征賦也。」】言無人以重斂請於君，爲之薄征賦以恤民也。

早發

有求常百慮，○【師古曰】無求則無慮。凡有求者，不免有憂也。斯文亦吾病。以兹朋故多，窮老驅馳併。○【師古曰。又，趙次公曰：「公之意以爲有所求人，必多爲思慮，然吾以斯文自任，衆所共知，而亦爲吾病，何也？乃下句云『以兹朋故多，窮老驅馳併』也，蓋人以吾任斯文者，多是朋友故舊，今則散在他處，欲見之，自是驅馳頻併也。」】文所以明道，治〔一〕於文者，亦吾之病。君子以文會友，以此故多朋友，是以驅馳頻併矣。早行篙師怠，席挂風不正。昔人戒垂堂，○【王洙曰】袁盎傳：盎謂上曰：「千金之子不垂堂。」今則奚奔命。○【趙次公曰。又，門類增廣十注杜詩引作「杜云」，杜陵詩史、分門集注、補注杜詩引作「修可曰」。】左氏傳：巫臣通吴於晉，子重、子反於是乎一歲七奔命。濤飜黑蛟躍，日出黄霧映。○【王洙曰】鮑照詩：騰沙鬱黄霧，飜浪揚白鷗。煩促瘴豈侵，○【師古曰。又，趙次公曰：「今言於此困於煩促，豈是瘴欲相侵乎？」】言迫於煩熱，豈不爲瘴毒所傷乎？頽倚睡未醒。○【王洙曰】未，一作還。○【鄭卬曰】醒，協〔二〕佞切。○醉歇也。○【師古曰】爲舟行之早也。僕夫問盥櫛，暮顔靦青鏡。○【鄭卬曰】靦，佗典切。○面慙也。○【王洙曰】言晚年衰醜，有慙於對鏡也。隨意簪葛巾，仰慙林花盛。側聞夜來寇，幸喜囊中净。艱危作遠客，○作，則箇切，又臧祚切。干請傷直性。○【王洙曰】謂有求於人也。薇蕨餓首陽，○餓，謂不肯食周粟也。○【王洙曰】伯夷傳：武王已平殷亂，天下宗周，而伯夷、叔齊耻之，義不食周粟，隱於首陽山，采薇而食之，遂至餓死。粟馬資歷聘。○【王洙曰】昔六國以粟馬金帛資蘇秦、張儀，使之歷聘。賤子欲適從，○【師古曰】適，或音的，主也。疑悟此二柄。○【王洙曰】二柄，謂采薇及歷聘也。○【師古曰】一出一處，使人疑悮。今甫欲適從其一故也。○韓愈詩亦云：居閑食不足，從官力難任。兩事常害性，一生長苦心。

【校記】

〔一〕治，杜陵詩史作「泥」。

〔二〕協，元本、古逸叢書本作「叶」。

次晚洲

參錯雲石稠，○【王洙曰】言雲石互相雜也。○【趙次公曰】謝靈運詩：泝流觸驚隱，臨圻阻參錯。坡陁風濤壯。○【梅曰】坡陁，高大貌。○【趙次公曰】顔延年年〔一〕詩：春江壯風濤。晚洲適知名，○【梅曰】晚洲非素〔二〕有名，因甫而名著也。秀色固異狀。棹經垂猿把，身在度鳥上。○【王洙曰】言春水漲而船行高也。擺浪散帙妨，危沙折花當。羇覊暫愉悦，○覊，一作離。羸老反惆悵。中原未解兵，吾得終疏放。○【趙次公曰】甫傷時之擾攘，吾豈得終疏放而不憂懼〔三〕且流落乎？

【校記】

〔一〕年，古逸叢書本作「之」。

〔二〕素，元本、古逸叢書本作「秦」。

〔三〕懼，元本、古逸叢書本作「閟」。

登白馬潭

水生春纜没，日出野船開。宿鳥行猶去，叢花笑不來。人人傷白首，處處接金盃。莫道新知要，南征且未迴。○甫自此以如衡也。

歸雁

聞道今春雁，南歸自廣州。○世傳雁不過衡陽，故劉孝綽詩有「洞庭春水緑，衡陽旅雁歸」之句。今言「歸自廣州」，著異也。見花辭漲海，○【趙次公曰】謝承後漢書：陳茂常渡漲海，交趾七郡皆從漲海入。避雪到羅浮。○羅浮山記：羅浮者，蓋總稱也。羅，羅山。浮，浮山。二山合體，謂之羅浮。在增城、博羅二縣之界。有羅水南流，注于海。舊説相傳浮山自會稽來，今山上猶有東方草木。是物關兵氣，何時免客愁。年年霜露隔，不遇〔一〕五湖秋。○【趙次公曰】五湖霜雪之多，雁之不宜，故隔而秋不過也。

【校記】

〔一〕遇，古逸叢書本作「過」。

野望

納納乾坤大，○裴遜之詩：納納江海深。行行郡國遥。○【王洙曰】古樂府詩：行行重行行。○謝惠連西陵遇風詩：行行道轉遠，去去情彌遲。陸士衡詩：行行遂已遠。雲山兼五嶺，○【王洙曰】張耳傳：南有五嶺。顔師古曰：嶺者，西自衡山之南，東窮于海，一山之限耳。别標名，則有五焉。○【杜田補遺。又，門類增廣十注杜詩引作「新添」。補注杜詩引作「黄曰」。】裴氏廣州記：大庾、始安、臨賀、桂陽、揭陽，是爲五嶺。○【杜田補遺。又，補注杜詩、集千家注批點杜工部詩集引作「黄曰」。】鄧德明南康記：大庾嶺，一也。桂陽甲騎〔一〕嶺，二也。九真都龐嶺，三也。臨賀萌渚嶺，四也。始安越成〔二〕嶺，五也。顔曰：裴説是也。風壤帶三苗。○【王洙曰】舜典：竄三苗于三危。注：三苗，國名。三危，西裔。野樹侵江闊，春蒲長雪消。○【趙次公曰】蒲長於雪消之後也。扁舟空老去，無補聖明朝。

【校記】

〔一〕甲騎，古逸叢書本作「騎甲」。

〔二〕成，古逸叢書本作「城」。

入喬口長沙北界

○【按，長沙北界，杜陵詩史、補注杜詩作「魯曰」，分門集注作「王洙曰」，集千家注批點杜工部詩集引作「公自注」。】

漠漠舊京遠，遲遲歸路賒。殘年傍水國，落日對春華。樹蜜早蜂亂，○【杜田補遺。又，杜陵詩史引作「師古曰」。】樹蜜，枳椇也。或作枳柜。荆湘多此木，甫以記土地之所有也。○廣志：枳柜，葉似蒲柳，子似珊瑚。其味如蜜，出南方。○【杜田補遺】崔豹古今注：枳椇子，一名樹蜜，一名木錫實。形卷曲，核在實外。味甘美如錫蜜。江泥輕燕斜。賈生骨已朽，悽惻近長沙。○【王洙曰】賈誼傳：誼年少，頗通諸家之書。文帝召爲博士，遷太中大夫。誼欲更定法令，天子議以誼任公卿之位，絳、灌、東陽侯馮敬之屬害之，迺毁誼。於是天子後亦疏之，以誼爲長沙王太傅。誼既謫去，歲餘，文帝思誼，徵拜爲梁王太傅。後歲餘，誼亦死。

銅官渚守風

○【鄭卬曰】寰宇記：銅官山在湘縣南一百一十八里，與長沙分界。

不夜楚帆落，○不，樊作亦。避風湘渚間。水耕先浸草〔一〕，野春〔二〕火更燒山。○【王洙曰】漢武紀：火耕木耨。應劭曰：燒草，下水種稻。草稻與並生，高七八寸，因悉芟去，復下水灌之，草死，獨稻長，所謂「火耕水耨」。早泊雲物晦，逆行波浪慳。○逆行，謂泝流而上也。飛來雙白鶴，○【杜田補遺。又，杜陵詩史、分門集注引作「師古曰」。】吴兢樂府解題：艷歌何嘗行，亦曰飛鶴行。○【杜田補遺。又，杜陵詩史、分門集注、補注杜詩引作「師古曰」。】古調云：飛來雙白鶴，乃從西南來。過去杳難攀。

【校記】

〔一〕元本、古逸叢書本「水耕」句下有「浸子鴆切」四字。

〔二〕野春，宋本衍一字，作「野」作「春」俱可。元本作「野」，古逸叢書本作「春」。

北風○【九家集注杜詩、門類增廣十注杜詩依例爲「王洙曰」，補注杜詩作「王洙曰」，集千家注批點杜工部詩集作「公自注」。】新康江口，信宿方行。

春生南國瘴，氣待北風蘇。向晚霾殘日，○【趙次公曰：「言晚之後蒸鬱也，所以生瘴云云。實言昏曀之狀也。」】言晚之後瘴氣鬱蒸人昏曀也。初宵鼓大鑪。○【趙次公曰：「言如大爐之火，則蒸熱甚矣。」】言蒸熱如大爐之火也。○【趙次公曰】莊子大宗師篇：以天地爲大爐。爽攜卑濕地，聲拔洞庭湖。○【趙次公曰】言風之清爽雄大如此也。萬里魚龍伏，三更鳥獸呼。○【趙次公曰】魚龍懼而藏伏，鳥獸驚而呼鳴，則風之勢可知矣。滌除貪破浪，○【趙次公曰】南史宗慤傳：慤年少，叔父問其所志，答曰：「願乘長風，破萬里浪。」愁絶付摧枯。執熱沉沉在，凌寒往往須。且知寬疾肺，不敢恨危塗。再宿煩舟子，○【趙次公曰】左氏傳：信宿爲再。衰容問僕夫。今晨非盛怒，○【趙次公曰】盛怒，謂風也。宋玉風賦：浸淫溪谷，盛怒於土囊之口。便道却長驅。隱几看帆席，雲山湧坐隅。○【王洙曰：「言浪若雲山也。」趙次公曰：「末句『雲山湧』，則言浪如之也。」【二】言波浪之湧如雲山也。

雙楓浦

輟棹青楓浦，雙楓舊已摧。自驚衰謝力，不道棟梁材。浪足浮紗帽，皮須截錦苔。○【趙次公曰】趙子櫟曰：今欲乘此楓泛江而上天，於此戴紗帽而浮其上，則浦水之浪自足浮之。楓皮上有苔蘚，不能不滑，故須截去錦苔而後可乘也。江邊地有主，暫借上天迴。○異苑〔一〕：烏傷陳氏有女未醮，着履徑〔二〕上大楓樹嶺，了無危閡。顧曰：「我應爲神，今便〔三〕長去。」家人悉出見之〔四〕，舉手辭訣，於是飄聳輕越，極睇乃没。

【校記】

〔一〕苑，古逸叢書本作「記」。

〔二〕徑，元本、古逸叢書本作「經」。

〔三〕便，元本、古逸叢書本無。

〔四〕悉出見之，元本、古逸叢書本作「曰何不」。

望嶽〇【王洙曰】爾雅釋山：霍山爲南嶽。風俗通：衡山，一名霍山。〇後漢志：長沙郡衡山在東南。注引郭璞云：山别名岣嶁。〔一〕湘中記：衡山有玉牒，禹案其文以治水。遥望衡山如陣雲，沿湘千里，九回九背，廼不復見。〇【趙次公曰】荆州記：衡山，五嶽之南嶽也。朱陵之靈臺，太虚之寶洞，上承冥宿，銓德鈞物，故名衡山。下踞離宫，攝〔二〕位火鄉〔三〕，赤帝館其巔，祝融託其陽也。

南嶽配朱鳥，〇【趙次公曰】寰宇記：衡山在潭州之湘潭縣，以其宿當翼軫度，應機衡也。〇【王洙曰】風俗通：嶽者，稱考功德黜陟之，故謂之嶽。四方皆有七宿，各成一形。東方成龍形，西方成虎形，皆南首而北宅〔四〕。南方成鳥形，北方成龜形，皆西首而東尾。以南方之宿象鳥，故謂之朱鳥七宿也。秩禮自百王。〇【趙次公曰】言望祀之禮其來尚矣。〇【王洙曰】舜典：望秩於山川。注：諸侯境内名山大川，如其秩次望祭之。謂五嶽牲禮視三公，四瀆視諸侯，其餘視伯子男。欻吸領地靈，〇欻，許勿切，疾貌。〇【趙次公曰】大戴禮：天地祝曰：皇皇上天，照臨下土。集地之靈，降其風雨。澒洞半炎方。〇澒，一作鴻。淮南精神訓：澒濛鴻洞，莫知其門。邦家用祀典，在德非在馨〔五〕。〇【趙次公曰】尚書君陳：黍稷非馨，明德惟馨。巡狩何寂寥，有虞今則亡。洎吾隘世網，〇洎，一作汩〔六〕。行邁越瀟湘。〇【趙次公曰】甫之所以行邁者，以世網隘窄，故欲曠懷於江湖之上也。渴日絶壁出，○渴，一作遏。○【趙次公曰】難逢日霽以望其高峰，於日如渴也。蓋如渴雨之渴也。漾舟清光旁。○峰峰，或作三峰。紫蓋獨不朝，争長嶫相望。○長，丁文切。嶫，音業，山貌。言五〔七〕峰相峙而立，有如争長也。○【趙次公曰】攷之衡山記，有芙蓉峰、紫蓋峰、石門峰。〔八〕而韓愈詩曰〔九〕：須臾晝掃衆峰出，仰見突兀撑青空。紫蓋連延接天柱，石廩騰擲推祝融。則又有天柱峰、祝融峰，爲五峰矣。○【王洙曰】：「祝融，峰名也。朱陵、祝融、紫蓋、石菌、芙蓉，所謂五峰也。」【植萱録】：始著五峰，一曰祝融，二曰紫蓋，三曰〔一〇〕天柱，四曰密雲，五曰石廩。然今山中有七十二峰，其特高者此五峰耳。○嶽之諸峰皆朝於祝融，獨紫蓋一峰勢轉東去。昔有朝士題曰：紫蓋自知天尚遠，低迴無語獨朝東。語雖不高，亦頗有意。恭聞魏夫人，羣仙來翺翔。○祝融峰上有青玉壇，名魏夫人壇。○【杜田補遺】韓愈南岳夫人内傳：姓魏，名華，字賢安。晉司徒舒之女。讀書，好神仙。年二十四，父母强嫁，適太保掾南陽劉文，生二子。託疾，乃異室治舊集，潔齊百日。太極真人、方諸青童、暘谷神主、清虚真人一降其室，授以仙經隱書。後携二子渡江，立壇起家，謹修道法於南岳，有四真人降之，夫人再拜，乞長生度世。景林真人曰：「虚星早鑒爾之用心太極，已注子於玉札，刻石上清丹文錦籍，應爲紫虚元君、上真司命。」又加名山之號，封南嶽夫人，治南嶽。有時五峰氣，散風如飛霜。牽迫恨脩途，未暇杖高岡。○未，一作何。歸來覲命駕，○覲，覊致切，見也。沐浴休玉堂。三歎問府主，曷以贊我皇。牲璧忍衰俗，○忍，一而降福祥矣。

作感。神其思降祥。○【師古曰】甫感衰亂之俗廢祀典而不舉，今欲以特璧禮神，庶使岳神贊翊聖君

【校記】

〔一〕自「爾雅」至「名岣」，元本、古逸叢書本無。嶁，古逸叢書本作「按」。
〔二〕攝，元本、古逸叢書本作「聶」。
〔三〕鄉，元本、古逸叢書本作「卿」。
〔四〕宅，古逸叢書本作「尾」。
〔五〕在馨，元本、古逸叢書本作「馨香」。
〔六〕汩，古逸叢書本作「泊」。
〔七〕五，古逸叢書本作「三」。
〔八〕自「有如」至「石門峰」，元本、古逸叢書本無。
〔九〕而韓愈詩曰，元本無，古逸叢書本作「韓詩」。
〔一〇〕曰，元本、古逸叢書本無。

二月至潭州所作

小寒食舟中作

佳辰强飲食猶寒，○飲，一作飯。○【趙次公曰】其猶食是寒物，此爲小寒食言之也。隱几蕭條戴鶡冠。○【鄭卬曰】鶡，何葛切。○【趙次公曰】謂隱者之冠也。春水船如天上坐，○【余曰】唐沈雲卿詩：船如天上去，魚似鏡中懸。○【趙次公曰】。又，余曰：「邵氏聞見録云：少陵此句本沈雲卿『船如天上坐，人似鏡中行』、『船如天上去，魚似鏡中懸』也。或以此論少陵之妙。予謂少陵所以獨立千載之上者，不但有所本也。三百篇之作，果何本哉？」】又：船如天上坐，人似鏡中行。老年花似霧中看。娟娟戲蝶閑過幔，片片輕鷗下急湍。雲白山青萬餘里，○沈雲卿詩：雲白山青千萬里，幾時重謁聖明君。愁看西北是長安。○【王洙曰】一作「愁看直北至長安」。

清明二首

朝來新火起新煙，○【王洙曰】周禮：司爟氏仲春以木鐸修火禁於國中。注：爲季春將出火也。○【趙次公曰】按唐制：清明日賜百官新火。賈島詩：清風吹柳絮，新火起厨煙。湖色春光浄客船。繡羽銜花他自得，紅顔騎竹我無緣。○【趙次公曰】甫感文禽銜花之自得，歎人之不如也；穉子騎竹馬而戲，傷己之老而不若也。○杜氏幽求：子年五歲，有鳩車之樂。十歲，有竹馬之樂。胡童結束還難有，楚女腰支亦可憐。不見定王城舊處，○【王洙曰】定王，乃長沙定王。○漢景帝子也。○【鄭卬曰】寰宇記：潭州長沙縣定王廟，在縣東一里，廟連岡，高七丈，俗謂之定王岡也。長懷賈傅井依然。○賈傅，乃賈誼也。○【杜田補遺】又，杜陵詩史、分門集注、補注杜詩引作「修可曰」。】盛弘之荆州記：湘川南寺之東賈誼宅，有井，即誼所穿。宅今爲陶侃廟，種柑猶有存者。○酈道元水經注：長沙郡廨西陶侃廟，云舊是賈誼宅，有一井，誼所鑿，極小而深，上斂下大，其狀如壺。旁有一脚石床，纔容一人坐。○【鄭卬曰】寰宇記：賈誼廟在長沙縣南六十里，廟即誼宅，中有井，上圓下方。○【王洙曰】韓愈井詩：賈誼〔一〕宅中今始見。虚霑焦舉爲寒食，○焦，一作周。甫言旅寓對景，不足於饌，爲「虚霑」耳，故繼有「貫籍卜錢」之句也。○【王洙曰】劉向新序：晉文公反國，召咎犯而將之，召艾陵而相之。介子推無爵，推曰：「有龍矯矯，將失其所有。虵從之，周流天下。龍入深淵，得其安所。有蛇從之，獨不得甘雨。」遂去而之介山之上。文公求之，不得，乃焚其山。遂不出而焚死。後漢周舉傳：舉遷并州刺史。太原一郡，舊俗以介子推焚骸，有龍忌之禁，至其亡月，咸言神靈不樂舉火，猶是士民每冬〔二〕輒一月寒食，莫敢煙爨。老小不堪，歲多死者。舉既到州，乃作弔書，以置子推之廟，言盛冬〔三〕去火，殘損民命，非賢者之意，以宣示愚民，使還温食。於是衆惑少解，風俗頓革。注：龍星，木之位也。春見東方，心爲大火，懼火之盛，故爲之禁火。俗傳子推以此日被焚而禁火也。實藉君平賣卜錢。○【趙次公曰】前漢王貢傳序：蜀有嚴君平，修身自保，卜筮於成都市。以爲卜筮者賤業，而可以惠衆人。裁日閲數人，得百錢足自養，則閉肆下簾，而授老子。鍾鼎山林各天性〔四〕，濁醪麤飯任吾年。○【趙次公曰】擊鍾而食，列鼎而烹，富貴人之事也。山林，則隱逸之人雖處貧賤而甘之，則與好富貴者各天性耳。既無盛饌，姑且濁醪粗飯而已。○左氏傳：宋左師每食擊鍾。家語：子路南游於楚，列鼎而食。莊子徐無鬼篇：魏武侯見徐無鬼曰：「先生居山林久矣。」

此身飄泊苦西東，〔一〕右臂偏枯半耳聾。〔二〕○【趙次公曰】黄帝素問言風曰：「或爲偏枯。」寂寂繫舟雙下淚，悠悠伏枕左書空。○【師古曰】右臂既偏枯，書空者惟左手耳。○【趙次

【校記】

〔一〕誼，三本皆闕，據韓愈原詩補。

〔二〕冬，元本、古逸叢書本作「春」。

〔三〕冬，元本、古逸叢書本作「春」。

〔四〕元本、古逸叢書本「鍾鼎」句下有注文：「謂窮通異趣也。」

公曰】世說：殷中軍被廢，在信安，終日惟書空作字。揚州吏民尋義逐之，竊視唯作「咄咄怪事」四字而已。十年蹴踘將雛遠，○蹴，七宿切。踘，渠竹切。蹋也。○【師古曰】十年蹴踘，言軍興也。將雛遠，喻挈子遠遊也。○所以講武，知有材也。萬里鞦韆習俗同。○甫言去鄉之遠，而習俗皆同也。荆楚歲時記：春節懸長繩於高木，士女袨服坐立其上推引之，名鞦韆。楚俗謂之施鈎，涅盤經謂之胸索。○【王洙曰】古今藝術圖曰：鞦韆，北方山戎之戲，以習輕趫者。○或云：齊桓公北伐，山戎之戲始傳中國。然考之字書，則曰：秋韆，繩戲也。今其字從革，實未嘗用革。按王延壽作千秋賦，正言此戲，則古人謂之千秋。或謂出自漢宮祝壽辭也，後人妄易其字爲「鞦〔三〕韆」，而語復顛倒耳。黄魯直有詩：未到清明先禁火，還依桑下繫千秋。又：牽花蹴踏千秋索，桃李嬉遊二月晴。皆用「千秋」字，蓋得其實也。旅雁上雲歸紫塞，○【杜田補遺。又，杜陵詩史、分門集注、補注杜詩引作「孝祥曰」。】崔豹古今注：秦築長城，土色皆紫，故云紫塞也。○塞者，塞也。所以擁塞夷狄也。○【王洙曰】蕪城賦：南馳蒼梧深雪〔四〕，北走紫塞雁門。○【杜田補遺。又，杜陵詩史、分門集注、補注杜詩引作「孝祥曰」。】按集又有官池〔五〕春雁詩：青春欲盡急還鄉，紫塞寧論有舊霜。家人鑽火用青楓。○按周官四時變國火，謂春取榆柳，夏取杏棘，季夏取桑柘，秋取柞楢，冬取槐檀，而夏之三月特兩改焉，所以使不積而致毒也。周禮夏官：司爟氏掌行火之政令，四時變國火，以救時疾。論語：鑽燧改火。禮含文嘉：燧人始鑽木取火，炮生爲熟也。秦城樓閣煙花裏，○【王洙曰】煙，一作鶯。漢主山河錦繡中。風水春來洞庭闊，○【王洙曰：「風水，一作春去。」】一作春去春來。○【趙次公曰】四句懷長安而嘆其在湘潭也。白蘋愁殺白頭翁。○雲溪友議：劉禹錫自言昔過洞庭，曾作一詩，既而思杜員外落句「年去年來洞庭上，白蘋愁殺白頭翁」，鄙夫之言，有媿於杜。

【校記】

〔一〕元本、古逸叢書本「此身」句下有注文：「謂避亂在荆楚也。」

〔二〕元本、古逸叢書本「右臂」句下有注文：「半，一本作左。」

〔三〕鞦，元本、古逸叢書本作「秋」。

〔四〕深雪，古逸叢書本作「漲海」。

〔五〕池，元本、古逸叢書本作「也」。

風雨看舟前落花戲爲新句

江上人家桃樹枝，春寒細雨出疏籬。影遭碧水潛勾引，○【鄭卬曰】勾，古侯切。○曲也。○【趙次公曰】古樂府薄命篇：艷花勾引落。風妬紅花却倒吹。吹花困癲〔一〕旁舟楫，水光風力俱相怯。赤憎輕薄遮入懷，○【趙次公曰】赤憎，方言也。珍重分明不來接。

濕久〔二〕飛遲半欲高，縈沙惹草細於毛。蜜蜂胡蝶生情性，偷眼蜻蜓避百勞。○【師古曰】是時甫在舟中，覩江上佳景，春風細雨，碧水紅花，互相映帶，不勝喜樂，因戲爲新句以歌詠之。雖眼前之事皆可樂，然猶有輕薄可憎者，但惟珍重謝之，分明不來相接，以至微物猶能牽沙匿草，蜂蝶尚生情性，况人而不能動情乎？蜻蜓避百勞之惡鳥，恐爲所害，言人豈不如蜻蜓〔三〕，尚能全身遠害乎？

【校記】

〔一〕癲，元本、古逸叢書本作「懶」。

〔二〕久，元本、古逸叢書本作「火」。

〔三〕蜓，元本、古逸叢書本作「廷」。

岳麓山道林二寺行

○長慶御史唐扶使南海道長沙詩曰：「兩祠物色采拾盡，壁間杜甫真少恩。」時沈傳師觀察南海詩曰：「鏘金七言陵老杜，入木八法蟠高軒。」韋瞻岳麓道林詩曰：「沈裴筆力鬬雄壯，宋杜辭原兩風雅。」袁皓侍御道林記曰：「長沙四寶在道林：沈傳師、裴休筆札，宋之問、杜甫篇章。」

玉泉之南麓山殊，○【王洙曰】玉泉，地名。山足曰麓。○【趙次公曰】蓋衡山之足也。道林林壑爭盤紆。○盤紆，回環也。○【杜田補遺】又，門類增廣十注杜詩引作「杜云」，杜陵詩史、分門集注、補注杜詩、集千家注批點杜工部詩集引作「修可曰」，杜陵詩史、分門集注又引作「師古曰」。】盛弘之荆州記：長沙西岸有麓山，其下有精舍，左右林嶺環迴。泉間傍有樊石，每至嚴冬，其水不停霜雪。〇【趙次公曰】張衡南都賦：谿壑錯謬而盤紆。寺門高開洞庭野，〇【趙次公曰】洞庭湖在岳州之前。殿脚插入赤沙湖。〇【趙次公曰】赤沙湖在永州。〇水經注：澧水出武陵東，與赤沙湖水會。湖水北流通江，而南注澧。五月寒風冷佛骨，六時天樂朝香爐。〇【趙次公曰】言天樂來朝于佛寺焚香之爐也。阿彌陁經：極樂國土〔一〕常作天樂，黄金爲地，晝夜六時，天雨曼陁羅華。地靈步步雪山草，〇【杜田補遺。又，杜陵詩史引作「師古曰」。】楞嚴經：雪山大力白牛，食其山中肥膩香草，其糞微細，可合和也。僧寶人人滄海珠。〇【王洙曰：「言性圓明而無瑕纇也。」】言僧之性圓明如旃檀之珠而無瑕翳也。〇又觀佛三昧經：佛腋下垂五摩尼珠。〇【趙次公曰】唐閻立本嘗稱狄仁傑曰：「可謂滄海之遺珠矣。」塔劫宫墻壯麗敵，〇【師古曰】按集有八哀贈李邕詩：「龍宫塔廟湧，浩劫浮雲衛。」又玉臺觀詩：「浩劫因王造，平臺訪古遊。」〇餘見前注。香厨松道清涼俱。〇香，一作石。言佛寺香積之厨、夾道之松，俱清涼如甘露也。蓮花交響共命鳥，〇【王洙曰：「一作池。」】花，一作樊、陳並作池。〇阿彌陁經：極樂國土有七寶池、八功德水，光滿其中，池底純以金沙布地，池中蓮華大如車輪，微妙香潔，又有奇妙雜色之鳥，白鶴、孔雀、鸚鵡。〇【杜田補遺。又，杜陵詩史引作「師古曰」。】舍利、迦陵頻伽、共命之鳥，是諸衆鳥晝夜六時出和雅音，其音演暢五根、六力、七菩提分、八聖道分，如是等法。○其土衆生聞是音已，悉皆念佛、念法、念僧。金牓雙迴三足烏。○【杜田補遺。又，杜陵詩史引作「師古曰」。】言寺額之金牓，字勢迴翔如三足烏形也。○【趙次公曰】淮南精神訓曰：中有蹲烏。許慎注：謂三足烏也。方丈涉海費時節，○【師古曰】海中有三神山，秦始皇遣人入海求之，歷時不得，故曰「費時節」也。○郊祀志：始皇至海上，使人齎童男女入海求蓬萊、方丈、瀛洲三神山諸仙人不死之藥。船交海中，皆以風爲解，曰：「未能至，望見之焉。」○【王洙曰】天台賦：涉海則有方丈、蓬萊。玄圃尋河知有無。○【趙次公曰：「玄圃，崑崙山之别名。」】玄圃，指崑崙。○言崑崙河水之所出，其源〔二〕之遠不可得而尋也。爾雅：河出崑崙。東方朔十洲記：崑崙有三角，其一角正西，曰玄圃臺。淮南墬形訓：崑崙之丘，或上倍之，是謂玄圃，大帝之居。○【王洙曰】張騫贊：禹本紀言河出崑崙，自張騫使大夏之後，窮河源，烏覩所謂崑崙者乎？暮年且喜經行近，春日兼蒙暄暖扶。飄然班白身奚適，旁此煙霞茅可誅。○【王洙曰：「言方丈、玄圃遠在何處，皆不可得往，不若今岳麓寺之傍近可即而居也云云。楚詞：誅鉏草茅以全生乎。言當暮年欲誅鉏草茅，旁此而居也。」趙次公曰：「誅茅，所以卜居也。字則楚辭云：寧誅鋤草茅以力耕乎？」又，師古曰：「暮年喜托此斬茅以居，兼得日暖扶杖。」】甫以麓山道林之近，猶騰於方丈、玄圃之遠，晚年喜託此地，斬茅以居，兼得乘春日之融和，可以扶杖而遊覽也。屈原卜居：寧誅鋤草茅以力耕乎？桃源人家易制度，○易，以豉切。○【趙次公曰】桃源在今鼎州，乃秦人避亂之地。易制度，言其宫室朴略，易爲制度。○餘見前注。橘洲田土仍膏腴。○寰宇記：橘州在長沙縣西南四里，江中時有大水，洲渚皆没，此洲獨存。湘中記：昭潭無底橘洲浮。注：昭潭，水至深處。橘州，每大水，洲渚皆没，橘洲獨存。潭府邑中甚淳古，太守庭内不喧呼。昔遭衰世皆晦迹，今幸樂國養微軀。依止老宿亦未晚，○【王洙曰】老宿，謂僧之年臘高者。富貴功名焉足圖。久爲野客尋幽慣，○野客，樊作謝客。晉謝安傳：安字安石，弱冠詣王濛，清言良久。既去，濛子修曰：「此客何如大人？」濛曰：「此客亹亹，爲來逼人。」王導深器之。寓居會稽，出則漁弋山水，入則言詠屬文。遂棲遲東土，常往臨安山中，坐石室，臨濬谷，雖放情丘壑，然游賞必以妓女從。細學何顒免興孤。○【師古曰】孤，乃孤負也。○【趙次公曰：「何顒在後漢黨錮傳，乃急義名節之士，與今詩句不相干。或曰：應是周顒，而所傳之誤。周顒宋人，長於佛理，終日長蔬，雖有妻子，獨處山舍。若作周顒，則於賦二寺詩并『野客尋幽』之下爲有説。」】後漢何顒字伯求，南陽襄鄉人。尚氣節，感友人之義，而爲之復父讎。與李膺善，後爲宦者所陷，變名姓亡，奔匿汝南山間，所至皆親其豪傑，有聲荆、豫之間。袁紹慕之，私與往來，結奔走之友。石林葉夢得詩話：何顒，見漢之黨錮傳，蓋俠者。與是詩之義不類，當作周顒。按南史周顒傳：顒字彦倫，音辭辯麗，長於佛理。每賓客會同，顒虚席晤語，辭韵如流，聽者忘倦。清貧寡微，終日長蔬。按集又有「何顒興未忘」之句。一重一掩吾肺腑，○王洙曰：一重一掩，謂山也，如吾肺腑。仙鳥仙花吾友于。○一作山鳥山花。論語：惟孝友于兄弟。故昔人多以兄弟爲友于。後漢史弼傳：陛下隆於友于，不忍恩絶。曹植求通親親表：今之否隔，友于同憂。陶淵明詩：再喜見友于。皆不成文理。今雖子美亦有此病，豈非徇流俗之過〔三〕耶？洪駒父云：此歌後語也。宋公放逐曾題壁，○【王洙曰：「宋之問之貶也，途經於此，有詩尚在壁間。」又，集千家注批點杜工部詩集引王洙注文作「公自注」。】宋公，謂宋之問也。按之問初貶瀧門，又流欽州，嘗道經此寺，尚有留題在於壁間。物色分留與老夫。○【王洙曰。又，趙次公曰：「舊本正作『分留與老夫』，一作待，當以待爲正。」】與，一作待。○老夫，甫自謂也。○【師古曰】言今至此，復得以吟詠其景物也。

【校記】

〔一〕土，元本、古逸叢書本作「王」。

〔二〕源，元本、古逸叢書本作「原」。

〔三〕過，元本、古逸叢書本作「遇」。

客從

客從南溟來，遺我泉客珠。○【趙次公引作「任昉述異記云云」。】泉客，即泉仙也，謂之鮫人。搜神記：南海之外有鮫人室，水居如魚，不廢機織，其眼泣則出珠。珠中有隱字，欲辨不成書。緘之篋笥久，以俟公家須。開視化爲血，哀今徵斂無。○【趙次公曰】言泉客之珠從眼泣所出，至於化爲血矣，猶慮公家之徵斂而無以供之。○【師古曰】蓋甫寓意公家徵斂而索其無有之物也。詩云「俾出童羖」是也。

絶句六首

日出籬〔一〕東水，雲生舍北泥。竹高鳴翡翠，○翡，赤羽雀。翠，青羽雀。其羽可以爲飾。沙僻舞鵾雞。○鵾，音昆。或作鶤。爾雅：鷄三足爲鶤。張揖注上林賦：鵾鷄，黄白色，長頸赤喙。

【校記】

〔一〕籬，元本、古逸叢書本作「離」。

藹藹花蕊亂，飛飛蜂蝶多。幽棲身懶動，客至欲如何。

鑿井交椶葉，○椶，祖紅切。或曰：交椶作井綆也。或又以爲不然〔一〕。開渠斷竹根。扁舟輕褭纜，小徑曲通村。〔二〕

【校記】

〔一〕或又以爲不然，元本、古逸叢書本無。

〔二〕元本、古逸叢書本「小徑」句下有注文：「余謂新鑿之井，以椶葉交敷於井底以障其泥土，取其水之易清也。」

急雨梢溪足，斜暉轉樹腰。隔巢黄鳥並，翻藻白魚跳。○跳，徒聊切，躍也。○【王洙曰】藻，水草也。

舍下笋穿壁，庭中藤刺簷。○【王洙曰。又，趙次公曰：「刺，一作到。『到』不如『刺』字之新奇也。」】刺，一作到。○【王洙曰】刺，七亦切。地晴絲冉冉，江白草纖纖。

江動月移石，溪虚雲傍花。鳥棲知故道，帆過宿誰家。

奉酬寇十侍御錫見寄四韻復寄寇

往別郇瑕地，○【王洙曰。又，杜陵詩史、補注杜詩引作「師古曰」。】郇瑕，晉地也。○【趙次公曰】春秋時河東解縣，西北有郇瑕城，在唐屬河中府解縣。於今四十年。○【師古曰】甫與寇别於晉地，迨今凡四十年矣。來簪御府筆，○【王洙曰】魏略：大會，殿中侍御史簪白筆，側陛而坐。上問曰：「此何官也？」辛毗對曰：「御史簪筆書過，以記不法。」故泊洞庭船。○【師古曰】言頭簪白筆，浮洞庭之舟而來荆、衡間也。詩憶傷心處，春深把臂前。○【趙次公曰】思在郇瑕分别之時也。南瞻按百越，黄帽待君偏。○【趙次公曰】言寇侍御今來按察南楚，諸郡之人皆戴黄帽艤舟以待之也。○【師古曰】黄冠，謂以竹皮爲冠也。○【趙次公曰】前漢鄧通傳：以濯船爲黄頭郎。師古曰：濯，讀曰櫂，能持櫂行船也。土勝水，其色黄，故刺船之郎皆著黄帽，因號曰「黄頭郎」也。

上巳日徐司録林園宴集

鬢毛垂領白，花蘂亞枝紅。欹倒衰年廢，招尋令節同。薄衣臨積水，○薄，一作蕩。吹面受和風。有喜留攀桂，○【王洙曰】劉安招隱士詩：攀援桂枝聊淹留。無勞問轉蓬。○古詩：爲客離轉蓬。

江南逢李龜年

岐王宅裏尋常見，○【黄鶴曰】岐王範，睿宗子。○明皇弟。明皇代邸舊好，每侍帝，諸王並席。崔九堂前幾度聞。○甫自注：崔九，即殿中監崔滌，中書令湜之弟。弟，魯作姪。正是江南好風景，落花時節又逢君。○松窗雜録：開元間，禁中尚千葉芍藥，即今牡丹也，植於興慶池東沉香亭前。會花繁開，明皇乘月，夜召太真妃，以步輦從之。詔選梨園子弟中尤者，得樂十六色。李龜年以歌擅一時之名，手捧檀板，押衆樂前，將歌，明皇曰：「賞名花，對妃子，焉用舊詞！」遽命李龜年持金花牋賜翰林李白進清平調詞三章。白欣承詔旨，猶苦宿醒未解，因援筆賦之曰：「雲想衣裳花想容，春風拂曉露華濃。若非羣玉山頭見，會向瑶臺月下逢。」「一枝紅艷露凝香，雲雨巫山枉斷腸。借問漢宫誰得似，可憐飛燕倚新粧。」「名花傾國兩相歡，長得君王帶笑看。解釋春風無恨〔一〕意，沉香亭北倚欄干。」龜年遽以詞進，上令梨園子弟調撫絲竹，遂促龜年以歌。雲溪友議：明皇樂工李龜年奔迫江潭，曾於湖南採訪使筵上唱：「紅豆生南國，秋來發幾枝。贈公多採摘，此物最相思。」又云：「清風明月苦相思，蕩子從戎十載餘。征人去日殷勤囑，歸雁來時數附書。」此詞皆王摩詰所作也，至今梨園歌之。座中皆慘然。○【王洙曰】明皇雜録：天寶中，上命宫中女子數百人爲梨園子弟，皆居宜春北院。上素曉音律，時有馬仙期、李龜年、賀懷智，自是音響殆不類人間。李龜年特承顧遇，於東都通遠里大起宅架堂，甲於都下，僭侈之制逾於公侯。後流落江南，每遇良辰勝景，常爲人歌數闋，坐客聞之，莫不掩涕罷酒。

【校記】

〔一〕恨，元本、古逸叢書本作「限」。

湘江宴餞裴二端公赴道州

白日照舟師，○舟師，謂水軍也。朱旗散廣川。羣公餞南伯，○餞，謂祖席也。○【王洙曰】南邦〔一〕，道州也。○【師古曰】州長曰伯。肅肅秩初筵。○【師古曰】肅肅，敬也。○【王洙曰】詩：賓之初筵，左右秩秩。鄙人奉末眷，佩服自早年。義均骨肉地，懷抱罄所宣。○【王洙曰：「末眷，謂於裴有親也。早年，少年也，自少已佩服其德矣。」又，杜陵詩史、補注杜詩引作「師古曰」。】鄙人，甫自謙於裴爲末親，自幼年已佩服其德，是以欲盡其底蘊以告之也。盛名富事業，無取愧高賢。○【趙次公曰】高賢，指裴也。○【王洙曰。又，杜陵詩史、補注杜詩引作「師古曰」。】戒裴宜以功業著聲名，使無愧於高賢也。不以喪亂嬰，保愛金石堅。○【王洙曰。又，杜陵詩史、補注杜詩引作「師古曰」。】又戒之無以喪亂嬰懷抱，保全節操，當如金石之堅也。計拙百寮下，氣蘇君子前。○【師古曰】甫自謙其爲計則拙，其爲道州謀則氣義宏矣。會合苦不久〔二〕，○【王洙曰】苦，或作共。哀樂本相纏。○【師古曰】言欲別去，極樂則繼之以哀也。交遊颯向盡，○【師古曰】颯，衰颯也。宿昔浩茫然。促觴激萬慮，掩抑淚潺湲。○【師古曰】交遊之中，衰替向盡，平昔契舊，回首颯然，況今促觴行酒，寧不感萬慮而涕淚爲之潺湲乎！○【王洙曰】屈原九歌：横流涕兮潺湲。熱雲集曛黑，○曛，日入〔三〕也。缺月未生天。白團爲我破，○【師古曰。又，九家集注杜詩引「師尹曰」】：「以熱困於揺扇，故曰『爲我破』也。」】別筵夜熱，團扇爲之摇破也。華燭蟠長煙。鴰鶡催明星，○一作鶡鶡，一作鴰鶬。○【趙次公曰】鴰，音括。鶡，音曷。鴰鶡，求旦鳥也。解袂從此旋。上請減兵甲，下請安井田。○【師古曰】夜已闌矣，始分袂旋歸，故甫又以兵甲井田爲戒。古人謂贈之以言者，此也。永念病渴老，附書遠山巔。

【校記】

〔一〕邦，元本、古逸叢書本作「伯」。

〔二〕久，元本、古逸叢書本作「及」。

〔三〕入，古逸叢書本作「久」。

寄李十四員外布十二韻新除司議郎萬州別駕雖尚伏枕已聞理裝

○【新除司議郎萬州別駕雖尚伏枕已聞理裝，杜陵詩史、分門集注、補注杜詩引作「王洙曰」，九家集注杜詩、集千家注批點杜工部詩集引作「公自注」。】

名參漢望苑，○【趙次公曰】司議，太子府官也。○【王洙曰】漢博望苑，武帝爲戾太子置之，使通賓客，從其所好。職述景題輿。○尚書大傳：古者諸侯之於天子，五年一朝，見其身，述其職。述者，述其所職也。○【王洙曰】周景爲豫州刺史，辟陳蕃爲別駕，蕃不就，景題別駕輿曰「陳仲舉坐」也。○仲舉，乃蕃之字也。巫峽將之郡，荆門好附書。○【趙次公曰】預囑其無相忘也。遠行無自苦，○戒之以自保也。內熱比如何。○比，毗至切，近也。○【王洙曰】內熱，言熱中也。莊子：我其內熱歟？正是炎天闊，那堪野館疏。黄牛平駕浪，○【師古曰】黄牛峽浪高與峽齊也。○【王洙曰】郭景純詩：高浪駕蓬萊。畫鷁上凌虛。○鷁，倪歷切。○【九家集注杜詩、杜陵詩史、分門集注、補注杜詩引作「修可曰」。】船頭畫爲鷁，以壓水神。○【師古曰】泝流而上，如凌虛空也。試待盤渦歇，○【師古曰】盤渦，言水迴洑如碾碓然。○【王洙曰】江賦：盤渦谷轉。方期解纜初。○【趙次公曰】水漲則有盤渦。今甫勸李且休行。○待峽浪少歇，方可解纜以行也。○【師古曰】或曰：甫意欲待峽水平穩，即解纜訪李員外也。故末章有「帆發弊廬」之句。悶能過小徑，自爲摘嘉蔬。○【王洙曰】自，一作日。○【趙次公曰】自此已下，約李員外訪其居也。○【王洙曰】陶淵明詩：摘我園中蔬。渚柳元幽僻，村花不掃除。宿陰繁素㮈，○陰，一作雲。㮈，奴帶切，正作奈，果名。廣志：奈有青、赤、白三種。過雨亂紅蕖。○【王洙曰】紅渠，謂荷花也。寂寂夏先晚，○【趙次公曰】以處所幽寂，雖夏未晚，而此地先晚，將似秋矣。泠泠風有餘。江清心可瑩，竹冷髮堪梳。○【王洙曰】堪，一作宜。直作移巾几，秋帆發弊廬。

江閣卧病走筆寄呈崔盧兩侍御

客子庖厨薄，江樓枕席清。衰年病秪瘦，長夏想爲情。滑憶雕胡飯，○【王洙曰】憶，一作喜。西京雜記：菰之有米者，長安人謂之雕胡。香聞錦帶羹。○【薛夢符曰】荆、湘間有花，名錦帶。其花條生，如郁李仁，春末方開，紅白如錦。初生葉柔脆可食。○【師古曰：「薛夢符云：荆、湘間有花，名錦帶。其花條生，如郁李，春末方開，紅白如錦。初生葉柔脆可食。渚宮又謂之『文官花』。安陸王彦輔中散云：錦帶，吐綬雞也。其肉脆美，堪作臛。錦帶花，則予親見之。謂吐綬雞爲錦帶，則傳記所不載。彦（按，指王彦輔。）固博學而文，恐其言亦有所據。」】或曰：錦帶，吐綬雞也。其肉脆美，堪作臛。○王彦輔曰：錦帶，魚名。今興國軍有之。溜匙兼暖腹，誰欲覔盃罌。○覔，一作致。

潭州送韋員外超〔一〕牧韶州

○韋超〔二〕以都郎官爲領南軍司馬，卒，贈同州刺史。子夏卿，太子少保，贈左僕射。又，迢女嫁元稹，韓愈志夫人墓銘云：夫人諱叢，字茂之。

炎海韶州牧，風流漢署郎。○假漢美唐也。分符先令望，○漢書音義：符以代古之珪璋，從簡易也。與郡守爲符者，謂各分其半，在〔三〕留京師，右以與之。至郡合符，符合，爲聽受之。同舍有輝光。○【趙次公曰】甫亦是員外郎，故於韋員外可謂之「同舍」矣。白首多年疾，秋天昨夜涼。洞庭無過雁，書疏莫相忘。○【趙次公曰】言自洞庭而往，彼雖無過雁以寄書去，而彼中書信却不可忘。

【校記】

〔一〕超，古逸叢書本作「迢」。

〔二〕超，古逸叢書本作「迢」。

〔三〕在，元本、古逸叢書本作「左」。

潭州留別杜員外院長

韋迢

江畔長沙驛，相逢纜客船。大名詩獨步，○【趙次公曰】：「指言杜公。」【二】美甫之善詩也。○魏王粲，字仲宣。○【趙次公曰】曹植與楊脩書：今作者，仲宣獨步於漢南。小郡海西偏。○【趙次公曰】小郡，韋迢自謂其爲韶州也。地濕愁飛鵩，○【王洙曰】賈誼謫爲長沙王太傅，以長沙卑濕，自傷壽不得長。有鵩飛入誼舍，迺爲鵩賦以自廣。天炎畏跕鳶。○跕，大牒切，墮貌。○【王洙曰】漢馬援傳：吾在浪泊、西里間，虜未滅之時，下潦上霧，毒氣熏蒸，仰視飛鳶，跕跕墮水中。去留俱失意，把臂共潸然。○潸，所姦切。詩大東：潸焉出涕。

江閣對雨有懷行營裴二端公

南紀風濤壯，○【王洙曰：「（南極）一云南紀。」】一作南極。陰晴屢不分。野流行地日，江入度山雲。層閣憑雷殷，○殷，於謹切。雷聲也〔一〕。長空水面文。○【王洙曰。又，趙次公曰：「層閣憑雷殷，言當雷殷之際，在層閣憑欄之時也，合對『長空面水文』矣。舊正作『水面文』，非。」】一作面水。雨來銅柱北，應洗伏波軍。○以馬伏波比裴端公也。○【王洙曰：「伏波，馬援也。嘗征武陵蠻，立銅柱以勒功。」】昔馬援拜伏波將軍，請擊五溪蠻夷。廣州記：援到交趾，立銅柱，爲漢之極界。○【趙次公曰】銅柱在今驩州。周武王伐紂，會大雨，太公謂之「洗兵雨」。今雨自銅柱而來，因有「洗伏波軍」之句。○蓋時有長沙之亂也。

【校記】

〔一〕雷聲也，元本、古逸叢書本作「詩殷其雷」。

早發湘潭寄杜員外院長　韋迢

北風昨夜雨，江上早來涼。楚岫千峰翠，湘潭一葉黃。故人湖外客，白首尚爲郎。○【趙次公曰】故人，指子美老而爲員外郎也。漢馮唐、顏駟皆白首爲郎。相憶無南雁，何時有報章。○【趙次公曰】詩大東：不成報章。

酬韋韶州見寄

養拙江湖外，朝廷記憶疎。深慙長者轍，○【趙次公曰】言見過之無人也。○【王洙曰】陳平傳：平家乃負郭窮巷，席爲門，然門外多長者車轍。重得故人書。○【趙次公曰】言書問之不至也。○【王洙曰】古詩：客從遠方來，遺我一書札。相去萬里餘，故人心尚爾。白髮絲難理，新詩錦不如。雖無南過雁，看取北來魚。○【趙次公曰】今甫答韋迢「無南雁」之句，故以「北來魚」戲之也。○蓋謂雁不過衡陽，而瀟湘北流〔一〕故也。

【校記】

〔一〕元本、古逸叢書本「流」下有「之」字。

新定杜工部草堂詩箋斠證卷第四十七

大曆四年秋至潭州所作

千秋節有感二首○【趙次公曰】千秋節，明皇生辰之節名也。

自罷千秋節，頻傷八月來。○【王洙曰】唐玄宗紀：上以降誕日宴百僚於花萼樓，百僚表請每年八月三日爲千秋節，王公以下獻寶鏡及承露囊。先朝常宴會，壯觀以〔一〕塵埃。鳳紀編生日，○言禮官書誕節於鳳曆也。左氏昭公十七年傳：鳳鳥氏，曆正也。龍池塹劫灰。○塹，七艷切，坑也。○【梅曰】蓋符命之先兆也。○【杜田補遺】唐六典注：興慶宮也。即玄宗龍潛舊宅所居。此宅東有舊井，忽湧爲小池，常有雲氣，或黃龍見其中。至景龍中，其地浸廣，遂瀰洞爲龍池焉。○【王洙曰】：「武帝穿昆明池，悉是灰墨。有外國胡道人云：『此是天地劫滅之餘。』」又，杜陵詩史引作「饒曰」。】

曹毗志：「漢武鑿昆明池極深，見灰墨，無復土，舉朝不解，以問東方朔。朔對：「不知。請問西域胡人。」至後漢明帝時，外國道人來，有憶方朔言者，乃以武帝時灰墨問之。胡人云：「天地大劫將盡，則劫灰。此乃劫灰之餘。」方知朔言有驗。湘川新涕淚，〇【趙次公曰】公自言其身之所在而感泣者也。秦樹遠樓臺。〇【趙次公曰】甫言去長安之遠，遥望其樹與樹〔二〕臺，俱不見也。寳鏡羣臣得，金吾萬國迴。〇【逸曰】金吾將軍，掌禁衞者。衢樽不重飲，〇【趙次公曰】謂當時賜宴之酒，羣臣皆得霑飲，正如衢樽也。淮南繆稱訓：聖人之道，猶中衢而致樽邪？〇過者斟酌，多少不同，各得其所宜。是故得一人所以得百人也。白首獨餘哀。〇時甫以病而戒酒也。

【校記】

〔一〕以，古逸叢書本作「已」。

〔二〕樹，元本、古逸叢書本作「樓」。

御氣雲樓敞，〇明皇雜録：千秋節，上宴勤政樓，大陳聲樂。含風綵仗高。仙人張内樂，〇【杜田正謬。又，杜陵詩史、分門集注、補注杜詩引作「杜定功曰」。】宣室志：唐玄宗夢仙子十餘輩御卿雲而下，列於庭，各執樂器而奏之，其度曲清越，殆非人世也。及樂闋，有一仙子前曰：「陛下知此樂乎？此神仙紫雲曲也。今傳陛下，爲唐正始音。」〇【杜田正謬。又，杜陵詩史、分門集注、補注杜詩引作「趙次公曰」。】鄭棨開元傳信記：玄宗謂高力士曰：「吾昨夜夢遊月宫，月宫諸仙娱〔一〕予以上清之樂，寥亮清越之音，非人間所聞也。酣飲久之，合奏諸樂以送客。吾歸，其曲淒楚動人，杳杳在耳。吾遂以玉管尋之，盡得其聲。」力士請曲名，上曰：「紫雲曲。」遂載于樂。今太常刻石存焉。王母獻宫桃。○【杜田正謬】漢武故事：七月七日，西王母降於承華殿上。迎拜，請不死之藥。母曰：「帝滯情不遺，慾心尚多，不死藥未可致也。」以桃七枚，母自噉二枚，以五枚與帝。帝食桃，欲留核種之。母笑曰：「此桃千年一熟，非可下土種也。」羅襪紅蕖艷，○【趙次公曰】謂宫人之襪如荷花也。洛神賦：羅襪生塵。金羈白雪毛。○【趙次公曰】謂馬絡頭之華飾也。曹植詩：白馬飾金羈，連翩西北馳。舞階銜壽酒，○謂陳樂以祝壽也。○【趙次公曰】舜典：舞干羽於兩階。○豳風：春酒以介眉壽。走索背秋毫。○【鄭卬曰】索，昔各切，繩也。○謂走索以爲戲也。○【趙次公曰】西京賦：跳丸劍之揮霍，走索上而相逢。聖主他年貴，○【趙次公曰】追言玄宗之昔日也。邊心此日勞。○【趙次公曰】言今在邊遠之地而感望也。桂江流向北，○江南有桂林樹也。滿眼送波濤。○【趙次公曰】以見公北望長安之切矣。

【校記】

〔一〕娱，元本、古逸叢書本作「子」。

夜〔一〕○【王洙曰】一作「秋夜客舍」。

露下天高秋水清，空山獨夜旅魂驚。○【杜定功曰】王粲詩：獨夜不能寐。疏燈自照孤帆宿，新月猶懸數杵鳴。南菊再逢人卧病，○【王洙曰】菊，一作國。北書不至雁無情。○謂長安之信不來也。步簷倚杖看牛斗，○【王洙曰：「（蟾）一作簷。」趙次公曰：「步櫩，櫩字與簷、檐一也。舊正作步蟾，非。上林賦云：步櫩周流。李善注曰：步櫩，步廊也。謝惠連詩：房櫳引傾月，步檐結清風。劉孝綽望月詩云：微光垂步檐。庾信詩：步櫩朝未掃。是已。」】簷，一作櫩，一作蟾。銀漢遥應接鳳城。○【趙次公曰】鳳城，指長安。○上直北斗也。

【校記】

〔一〕此首元本、古逸叢書本無。與卷四十五夜重出。

晚秋長沙蔡五侍御飲筵送殷六參軍歸澧州覲省

佳士欣相識，慈顔望遠遊。○【趙次公曰】佳士，指殷六也。慈顔，則殷之母也。言望其遠遊而歸也。甘從投轄飲，○【趙次公曰】言甘從蔡侍御之飲也。○【王洙曰】陳遵傳：遵嗜酒，每大會，賓客滿堂，輒關門取客車轄投井中，雖有急，終不得去。肯作置書郵。〇【趙次公曰】言殷參軍不肯爲人携書也。〇【王洙曰】世説：殷羨，字洪喬。作豫章太守，臨去，都下士人因附百許函書。既至石頭，悉擲水中，因祝曰：「沉者自沉，浮者自浮。殷洪喬不能作置書郵。」高鳥黄雲暮，〇【趙次公曰】淮南地形訓：黄泉之埃，上爲黄雲。寒蟬碧樹秋。〇【趙次公曰】江淹詩：碧樹先秋落。湖南冬不雪，吾病得淹留。〇甫嘗有渴病故也。

湖南送敬十使君適廣陵

相見各頭白，其如離别何。幾年一會面，〇耿純傳：如欲面會，宜出傳舍。〇【趙次公曰】古詩：會面安何〔一〕知。今日復悲歌。少壯樂難得，歲寒心匪他。氣纏霜匣滿，〇【趙次公曰】喻劍在匣中而氣騰矣。冰置玉壺多。〇【王洙曰：「樂府：清如玉壺冰。」趙次公曰：「言心之清也。」】言心之清，如玉壺冰也。遭亂實漂泊，濟時曾琢磨。形容吾校老，膽力爾誰過。秋晚嶽增翠，風高湖湧波。〇【趙次公曰】魏文帝浮淮賦：驚風泛，湧波駭〔二〕。騫騰訪知己，淮海莫蹉跎。

【校記】

〔一〕何，元本、古逸叢書本作「可」。

〔二〕駭，三本闕，據曹丕賦原文補。

長沙送李十一銜

與子避地西康州，洞庭相逢十二秋。○【師古曰】廣東有康州，故別蜀康州爲西康州。○【趙次公曰】初同避地於西康州，凡十二秋，而復相逢於洞庭也。遠媿尚方曾賜履，○【趙次公曰】甫嘗爲右拾遺，則蒙尚方賜履矣。○【師古曰】尚方，乃主造御器用也。○【趙次公曰】王喬傳：顯宗世爲葉令。喬有神術，每月朔望，嘗自縣詣臺朝。帝怪其來數，而不見車騎，密令太史伺望之。言其臨至，輒有雙鳧自東南飛來。於是候鳧至，舉羅張之，但得一雙舄焉。乃詔尚方省視，則四年中所賜尚書官屬履也。竟非吾土倦登樓。○【王洙曰】王粲登樓賦云：雖信美而非吾土兮，曾何足以少留。久存膠漆應難並，○【趙次公曰】言雖有膠漆之好，而才器相遠爲難比，蓋公自謙也。雷義傳：義與陳重爲友。時人語曰：「膠漆自謂堅，不如陳與雷。」一辱泥塗遂晚收。○【師古曰】言李銜初得罪而流落汨没，及晚年稍見録用也。○【趙次公曰】左氏傳：絳縣老人曰：「使吾子辱在泥塗久矣。」李杜齊名真忝竊，○【趙次公曰】甫自謙也。○【王洙曰】杜密傳：黨事既起，密免歸，與李膺俱坐，而名行相次，時人稱李杜焉。又：李固與杜喬亦齊名一時。〇羊祜遜開府表：臣忝切雖久，未若今日兼文武之極寵。朔雲寒菊倍離憂。〇九歌：思公子兮徒離憂。

奉贈盧五丈參謀琚

〇【趙次公引作「公自注」，杜陵詩史、分門集注、補注杜詩引作「王洙曰」，集千家注批點杜工部詩集引作「公自注」。】時丈人使自江陵，在長沙待命恩旨，先支〔一〕率錢米。

恭惟同自出，〇【趙次公曰】盧參謀與甫蓋同舅氏也。〇【王洙曰】左氏成公十三年傳：晉侯使呂相絶秦，曰：「康公，我之自出。」注：晉外甥也。妙選異高標。入幕知孫楚，〇【王洙曰】晉孫楚，字子荊。始參鎮東軍事，復參石苞驃騎軍事。披襟得鄭僑。〇【王洙曰】鄭僑，即子産也。〇【趙次公曰】左氏襄公二十九年傳：吴公子札聘於鄭，見子産，如舊相識，與之縞帶，子産獻紵衣焉。丈人藉才地，〇【趙次公曰】丈人，指盧參謀也。閥閲冠雲霄。〇【杜田補遺】又，杜陵詩史、分門集注、補注杜詩引作「師古曰」。】言盧丈積日累月立功，而致表揭高於雲霄也。車千秋傳：無閥閲功勞。顔師古注：閥，積功也。閲，經歷也。營造法式曰：唐六品以上，通用烏頭大門，又曰表揭，又曰閥閲。義訓云：表揭，閥閲是也。俗呼爲櫺星門。老矣逢迎拙，相於契託饒。〇【趙次公曰】言雖衰老，拙於逢迎，而與盧丈相於，所以契託饒縱也。賜錢傾府待，争米駐船遥。〇【師古曰】謂待恩旨未到，先支錢米，以民心焦急也。鄰好艱難薄，氓心杼軸焦。○軸，當作柚。○【趙次公曰】盧丈使自江陵，蓋當艱難之際，杼軸空而民心焦敖，則不可多斂以爲鄰好之奉也。○【薛夢符曰】揚雄方言：土作謂之杼，木作謂之軸。詩：小東大東，杼柚其空。客星空伴使，○使，所吏切，從命者。○【趙次公曰】甫自謂伴盧之爲使星也。○後漢李郃傳：字孟節，南鄭人，善河圖風星，召署幕門候吏。和帝分遣使者微服單行，觀採風謡。使者二人到益部，投郃候舍。時夏夕露坐，郃因仰視問曰：「二君發京師時，寧知朝夕遣二使邪？」二人默然，驚曰：「何以知之？」郃指星示云：「有二使星向益州分野，故知之耳。」寒水不成潮。○【師古曰】言水淺也。峽人以春水生乃行船也。素髮乾垂領，○【鄭卬曰】乾，居寒切。○枯也。○【趙次公曰】。又，杜陵詩史、分門集注、補注杜詩亦引作「師古曰」。】今自言其老矣。○【王洙曰】秋興賦：素髮颯以垂領。銀章破在腰。説詩能累夜，醉酒或連朝。○【趙次公曰】皆公自述也。藻翰惟牽率，○【王洙曰】左氏傳：牽率老夫。○謝宣遠答靈運詩：牽率酬嘉藻。湖山合動摇。○言爲詩得湖山之助也。時清非造次，興盡却蕭條。天子多恩澤，蒼生轉寂寥。休傳鹿是馬，○【師古曰】言天子聰明也。○【王洙曰】昔秦相趙高指鹿爲馬。莫信鵩如鴞。○如，陳作爲。○【師古曰】言毋愁遷謫也。○【趙次公曰】昔賈誼謫爲長沙王傅，有鵩似鴞，飛入坐隅，廼爲賦以自廣。未解依依袂，還斟泛泛瓢。流年悲蟋蟀，○【王洙曰】詩：蟋蟀在堂，歲聿云暮。體物幸鷦鷯。○【王洙曰】莊子：鷦鷯巢於深林，不過一枝。孤負滄洲願，○【師古曰】

滄洲，神仙所居。誰云晚見招。○見，一作具。○【趙次公曰】左太冲詩：馮公豈不偉，白首不見招。

【校記】

〔一〕支，元本、古逸叢書本作「友」。

登舟將適漢陽

春寒〔一〕棄汝去，○【趙次公曰】甫二月到潭州，因居焉。則自春所有之宅，名曰春宅。秋帆催客歸。○【趙次公曰】將歸秦亭也。庭蔬尚在眼，浦浪已吹衣。生理飄蕩拙，有心遲暮違。○【趙次公曰】遲暮，謂晚年也。離騷：恐美人之遲暮。中原戎馬盛，○【趙次公曰】老子四十六章：天下無道，戎馬生於郊。遠道素書稀。○【趙次公曰。又，門類增廣十注杜詩引作「杜云」，杜陵詩史、分門集注、補注杜詩引作「修可曰」。】古詩：呼童烹鯉魚，中有尺素書。塞雁與時集，檣烏終歲飛。○【趙次公曰】帆檣之上，刻爲烏形，以占風。鹿門自此往，○【趙次公曰】後漢隱逸傳：龐德公携妻子隱於鹿門山。永息漢陰機。○【趙次公曰】莊子天地篇：子貢南遊，過漢陰，見一丈人將爲圃畦，鑿隧而入井，抱甕而出灌。子貢曰：「有械於此，一日浸百畦。用力寡而見功多，夫子不欲乎？」爲圃者笑曰：「吾聞之師，有機械者必有機事，有機事者必有機心。吾非不知，羞而不爲也。」

【校記】

〔一〕寒，元本、古逸叢書本作「宅」。

重送劉十弟判官

分源豕韋派，○【趙次公曰】言劉與杜同出也。漢高帝紀贊曰：春秋〔一〕：晉史蔡墨有言：陶唐氏既衰，其後有劉累，學擾龍，事夏孔甲，范氏其後也。而大夫范宣子亦曰：祖自虞以上爲陶唐氏，在夏爲御龍氏，在商爲豕韋氏，在周爲唐杜氏。晉主夏盟，爲范氏。別浦雁賓秋。○【王洙曰】月令：仲秋之月，鴻雁來賓。年事推兄忝，○以年齒〔二〕推之，則甫忝爲兄矣。人才覺弟優。○以人才論之，則劉覺爲優矣。經過辨酆劍，○【王洙曰】張華傳：雷焕曰：「寶劍之精，上徹於天。」華即補焕爲豐城令，掘獄屋基，得雙劍，一曰龍泉，一曰太阿。意氣逐吳鈎。○吳鈎，寶刀名也。○【趙次公引作「李善注引越絶書」】闔閭内傳：闔閭既寶莫耶之劍，復命於國中作金鈎，令曰：「能爲善鈎者，賞之百金。」吳作鈎者甚衆，而有人貪王之重賞也，殺其二子，以血釁金，遂成二鈎，獻於闔閭。○【王洙曰】鮑照結客少年行：錦帶佩吳鈎。垂翅徒衰老，○【王洙曰】馮異傳：始雖垂翅回溪，終能奮翼澠池。先鞭不滯留。○【趙次公曰】劉琨傳：少與祖逖爲友，聞逖被用，與親故書曰：「吾枕戈待旦，志梟逆虜。嘗恐祖生先吾著鞭。」本枝凌歲晚，高義豁窮愁。他日臨江待，長沙舊驛樓。

【校記】

〔一〕漢高帝紀贊曰春秋，元本、古逸叢書本作「左氏傳」。

〔二〕齒，元本、古逸叢書本無。

暮秋將歸秦留別湖南幕府親友

水闊蒼梧野，○野，樊作晚。蒼梧，今之梧州也。天高白帝秋。途窮那免哭，○【趙次公曰】晉阮籍傳：率意獨駕，不由徑路，車跡所窮，輒慟哭而反。身老不禁愁。大府才能會，諸公德業優。北歸衝雨雪，誰憫弊貂裘。○【王洙曰】誰，一作俱。○【趙次公曰】甫以蘇秦自比也。○戰國策：蘇秦説李兑，兑送秦黑貂之裘、黄金百鎰。及説秦王，書十上而説不行，黑貂之裘弊。後漢東平王蒼傳：上疏求朝帝，以冒涉寒露，遣賜貂裘。注：貂，鼠屬，大而黄黑。出丁零國。

送盧十四弟侍御護韋尚書靈櫬歸上都二十韻

素幕渡江遠，朱幡登陸微。○【趙次公曰】朱幡，丹旐也。悲鳴駟馬顧，○李陵詩：轅馬顧悲鳴。石崇明君詞：轅〔一〕馬且悲〔二〕鳴。失涕萬人揮。參佐哭辭畢，門闌誰送歸。○史記：張儀願爲門闌走卒。○【趙次公曰】後漢顯宗幸鄴，勞賜門闌走卒。從公伏事久，之子俊才稀。○長路更執紼，○紼，音弗，索也。所以牽喪車，執之以致其力，而助其車行也。此心猶倒衣。○【王洙曰】詩：顛倒裳衣。感恩義不小，懷舊禮無違。墓待龍驤詔，○【趙次公曰】此言韋尚書歸柩，如晉龍驤將軍之葬柏谷，大營塋域也。○【杜田正謬。又，杜陵詩史、分門集注、補注杜詩引作「修可曰」。】唐史遺事：武后幸洛陽，至閿鄉縣，車騎不進。召巫問之，巫曰：「龍驤將軍王濬云：『臣墓在道南桓谷山中，每爲採樵所苦，聞大駕至，故來哀求。』」后遂詔：墓百步禁樵。臺迎獬豸威。○【鄭卬曰】豸，宅買切。○【趙次公曰】豸，侍御史冠也。言韋尚書歸柩至上都，而送之者盧侍御如此也。胡廣漢官儀：御史四人，持書，皆法冠。一名柱豸，一名獬豸。獬豸，獸名，知人曲直而觸邪佞也。深衷見士則，○言盧之誠實可爲法式也。○【趙次公曰】世說：鄧艾年十二，至潁川，讀陳太丘碑文，曰：「言爲世範，行爲士則。」遂自名範，字士則。後宗族有與同者，遂改名艾。雅論在兵機。○言盧之議〔三〕論長於兵機也。戎狄乘妖氣，塵沙落禁闈。○【趙次公曰】言吐蕃陷京師也。往年朝謁斷，○【趙次公曰。又，杜陵詩史、分門集注、補注杜詩引作「修可曰」。】言去上都之久，而斷朝謁也。他日掃除非。○【趙次公曰】言掃除吐蕃不得上策，所以爲非也。但促銅壺箭，○【王洙曰】促，一作整。○【趙次公曰】欲上未明，求衣而早朝也。○張衡滴水轉渾天儀制曰：以銅爲器，再疊差置，實以清水，下各開孔，以玉虯吐漏水入兩壺，右爲夜，左爲晝。又曰：以左手把箭，右手指刻，以別天時早晚。

商夔刻漏法：爲器三重圓，皆徑尺，上鑄金爲司辰，具衣冠，以兩手執箭。休添玉帳旂。○【趙次公曰】言不必添兵也。玉帳，將軍之帳也。○何遜孤憤文：杳無玉帳之旂。動詢黄閣老，○【趙次公曰】黄閣老，三公也。肯慮白登圍。○【趙次公曰】言天子雖屢詢老臣，而莫知以白登之圍爲慮者，此豈勸親征之徒歟？○或曰：言天子資謀於韋尚書，由是收復吐蕃也。○【王洙曰】前漢匈奴傳：高帝至平城，冒頓縱兵三十餘萬，圍於白登。高帝乃使間厚遺閼氏，廼開一角，於是高帝得出，與大軍合，而冒頓引兵罷。使劉敬結和親之約。萬姓瘡痍合，○【趙次公曰】言其困於誅求役使也。羣兇嗜慾肥。○【王洙曰】兇，一作雄。○【趙次公曰】言將帥乘此爲驕也。刺規多諫諍，○【趙次公曰】此所望於盧侍御也。端拱自光輝。險約前王體，風流後代希。○【趙次公曰】言盧侍御之登對，所論之事如此也。對敭期特達，○【鄭卬曰】敭，與揚同。衰朽再芳菲。○【趙次公曰】言對敭天子之前，當在特達，而勿委靡，則衰朽之人再獲芳菲，言同受其樂也。空裏愁書字，○此已下甫自述也。○【王洙曰】世説：殷浩被廢，在信安，終日恒書空，作「咄咄怪事」四字而已。山中疾採薇。○【王洙曰】伯夷傳：周武王已平殷亂，天下宗周，而伯夷、叔齊恥之，義不食周粟，隱於首陽山，採薇而食之。撥盃要忽罷，○要，讀平聲。○【趙次公曰】言韋已死，與盧既别，撥盃共飲之要已罷矣。抱被宿何依。○【趙次公曰】甫爲左拾遺，嘗抱被就韋尚書同舍而宿，今又無所依也。○蔡質漢官儀：尚書郎入直臺中，官供新青縑白綾，或錦被，晝夜更宿。眼冷看征蓋，兒扶立釣磯。清霜洞庭葉，故就别時飛。○【王洙曰】九歌湘夫人章：洞庭波兮木葉下。

【校記】

〔一〕轅，元本作「之」。

〔二〕且悲，古逸叢書本作「悲且」。

〔三〕議，元本、古逸叢書本作「談」。

暮秋枉裴道州手札率爾遣興寄遞呈蘇渙侍御

久客多枉友朋書，素書一月凡一束。○【趙次公曰】古詩：客從遠方來，遺我尺素書。虚名但蒙寒温問，泛愛不救溝壑辱。○【師古曰】。又，王洙曰：「言友朋之書雖多，但蒙寒温之問，而不足拯憂也。」泛愛，謂朋友之書禮數雷同，但止於寒温之問，故不救溝壑失所之辱也。○【趙次公曰】孟子：志士不忘在溝壑。齒落未是無心人，舌存耻作窮途哭。○【王洙曰】張儀傳：儀遊説諸侯，嘗從楚相飲，已而楚相亡璧，意儀盗之，執儀掠笞數日，不服，釋之。妻曰：「子毋讀書游説，安得此辱乎？」儀曰：「視吾舌尚在不？」妻笑曰：「舌在也。」儀曰：「足矣。」遂入秦見惠王，以爲客卿。阮籍傳：籍率意獨駕，不由徑路，車跡所窮，輒慟哭而反。道州手札適復至，○漢書音義：札，木簡之薄小者也。時未多用紙，故以札而書。紙張要自三過讀。○南史王筠傳：筠少好書，老而彌篤。

〇【趙次公曰】廣略：去取三過五抄。盈把那須滄海珠，〇沈懷遠南粵〔一〕志：海中有明月珠。〇【薛夢符曰。又，杜陵詩史、分門集注引作「師古曰」。】唐閻立本稱狄仁傑曰：「可謂滄海遺珠。」入懷本倚崑山玉。〇【趙次公曰。又，杜陵詩史、分門集注引作「師古曰」。】世説：毛曾與夏侯玄共坐，時人謂「蒹葭倚玉樹」。〇晉郤詵對策爲天下第一，猶桂林一枝、崑山片玉。〇【趙次公曰。又，杜陵詩史、分門集注引作「師古曰」。】余謂：「滄海珠」、「崑山玉」，皆喻道州手札也。撥棄潭州百斛酒，〇荆州記：長沙有酃湖，周迴三里，取湖水爲酒，酒〔二〕極甘。按集有曰「夜醉長沙酒」是也。蕪没瀟岸千株菊。〇【師古曰。又，王洙曰：「言得書而有所思也。」】甫既得其手札，有所懷思，不暇飲酒對菊，故云「撥棄」、「蕪没」也。使我晝立煩兒孫，令我夜坐費燈燭。〇【師古曰】長者坐，少者立，晝立煩兒孫，夜坐費燈燭，言日夜思之而忘食息也。憶子初尉永嘉去，〇【鄭卬曰：「永嘉，温州縣。」】永嘉縣，屬温州。〇按集，甫有送裴二尉永嘉詩。紅顔白面花映肉。軍符侯印取豈遲，紫燕緑耳行甚速。〇【趙次公曰】紫燕，文帝自代還所乘。又疑緑耳，穆王八駿之一。皆良馬也。〇【師古曰】言道州負超逸之才，其視軍符侯印，取之若甚速，豈困於永嘉之一尉乎？聖朝尚飛戰鬬塵，濟世宜引英俊人。〇鶡冠子：德百人者，謂之英。德萬人者，謂之俊。黎元愁痛會蘇息，夷狄跋扈徒逡巡。〇【師古曰】夷狄，指禄山也。〇跋扈，猶强梁也。〇【師古曰。又，王洙曰：「如用得其人，則黎民蘇而夷狄服也。」趙次公曰：「徒逡巡者，言其空自遷延，不久掃蕩也。」】言聖朝得其人，則民安寇平，雖禄山跋扈不臣，徒自遷延，復何慮哉！授鉞築壇聞意旨，○言天子將命裴道州之爲將也。淮南兵略訓：君召將，親操鉞，持頭，授將軍其柄，曰：「從此上至天者，將軍制之。」將已受鉞，答曰：「國不可從外治也，軍不可從中御也。」○【王洙曰】漢高紀：漢王齋戒設壇，拜韓信爲大將軍。頹綱漏網期彌綸。○【師古曰】言政刑雕弊，賴裴道州經綸以裨補之。郭欽上書見大計，○【王洙曰】晉御史大夫郭欽言戎狄强獷，歷世爲患，今西北方戎狄雜居，恐百代之後，宜及平吳之功，以復上郡。帝不許。干寶著論：思郭欽之謀，而悟夷狄之有釁。劉毅答詔驚羣臣。○【王洙曰】晉劉毅傳：武帝問毅曰：「卿以朕方漢何帝？」對曰：「可方桓、靈帝。」曰：「吾德雖不及古人，猶克爲政，又平吳，混一天下，方之已甚乎？」〔三〕對曰：「桓、靈賣官，錢入官庫。陛下賣官，錢入私門。以此言之，殆不如也。」帝大笑曰：「桓、靈之世，不聞此語。今有直臣，故不同也。」〔四〕他日更僕語不淺，○更，古行切。○【師古曰】郭欽、劉毅皆以喻裴道州昔嘗抗疏直言，他日必蒙帝禮遇也。○【王洙曰】儒行篇：孔子對魯哀公曰：「遽數之，不能終其物。悉數之，乃留更僕。」注：僕，大僕也。君燕朝，而正位掌擯相更之者，爲久將倦，故使之相代也。〔五〕明公論兵氣益振。○【鄭卬曰】振，之人切。○奮也。○【趙次公曰】左思詠史詩：酒酣氣益振。〔六〕傾壺簫管黑白髮，○黑，王作動。○【王洙曰：「黑，一作理。」趙次公曰：「一作理字，淺也。」】或作理。○【王洙曰。又，杜陵詩史、分門集注引作「師古曰」。】言得裴道州書，而白髮再黑也。〔七〕舞劍霜雪吹青春。○【王洙曰：「儛，與舞同。」】舞，或作儛，音同。

○【師古曰】言奏樂舞劍而和氣襲人也。〔八〕宴筵曾語蘇季子，後來傑出雲孫比。○【王洙曰】蘇秦，字季子。○【趙次公曰。又，杜陵詩史、分門集注引作「師古曰」。】甫與裴道州宴會間嘗談蘇侍御，故以侍御爲蘇秦之雲孫。雲孫，謂遠孫也。爾雅釋親：七世孫曰雲孫。〔九〕茅齋定王城郭門，○指言道州之門也。前漢長沙定王發以母唐兒無寵，故王卑濕貧國。○【師尹曰】十道志：道州即漢封長沙定王之地。○又，輿地志：禪林山在道州，定王於其處葺茅爲屋子以居。〔一〇〕藥物楚老漁商市。○指言道州之市也。荆州記：道州戰國時屬楚。漢有□老□貨藥於瀟水之濱，後合丹成仙去。蘇味道九江詩：漢商幾徘徊。〔一一〕市北肩輿每聯袂，○甫以市北阮氏美裴也。○【師尹曰】楚國先賢傳：諸阮居市北而富，以車徒每出，肩輿數十至上，連袂牽車，飲酣自若。郭南抱瓮亦隱几。○【鄭卬曰】隱，於斳切。○憑也。○【師古曰】甫茅齋在郭門之外，每抱瓮灌畦，或隱几而座，自比南郭子綦也。○【王洙曰】莊子齊物論：南郭子綦隱几而坐。又，天地篇：漢陰丈人將爲圃畦，鑿隧而入井，抱瓮而出灌。〔一二〕無數將軍西第成，○【師古曰。又，師尹曰：「杜言時危，無數將軍皆得治第宅，勉蘇早起濟世爾。」】言當時將帥平禄山、思明之亂，以取富貴，皆建第宅也。○【趙次公曰】後漢馬融爲大將軍西第頌，以此頗爲正直所羞。〔一三〕早作丞相山東起。○【趙次公曰：「山西出將，山東出相也。舊注改作『東山』，便引謝安爲證，非是。公亦何拘於西對東邪！」】山東，一作東山。○【師古曰】甫冀裴道州、蘇侍御早起以爲宰相也。○【趙次公曰】趙充國傳贊：山東出相。〔一四〕烏雀苦肥秋粟菽，○【師古曰。

又，趙次公曰：「上句以比無功受禄。」】喻小人貪位慕禄也。〔一五〕蛟龍欲蟄寒沙水。○【師古曰。又，趙次公曰：「下句又以比賢材之潛藏。」】喻君子於此時反退藏也。〔一六〕天下鼓角何時休，陣前部曲終日死。○【趙次公曰】傷時干戈之未息也。以引下句，激昂二公之致功名。○【師尹曰】前漢音義：大將軍行有五部，部有曲也。〔一七〕附書與裴同〔一八〕示蘇，此生已愧須人扶。○【師古曰：「須人扶，言衰老。」】自言衰老無力也。〔一九〕致君堯舜付公等，早據要路思捐軀。○【師古曰】要路，謂仕路之顯要者也。〔二〇〕

【校記】

〔一〕粵，元本、古逸叢書本作「奥」。

〔二〕酒，元本、古逸叢書本作「至」。

〔三〕又平吴混一天下方之已甚乎，元本、古逸叢書本作：「方之桓、靈，不亦甚乎？」

〔四〕「對曰」至「同也」，元本、古逸叢書本無。

〔五〕「他日」句下注文，元本、古逸叢書本無。

〔六〕「明公」句下注文，元本、古逸叢書本無。

〔七〕「傾壺」句下注，元本、古逸叢書本作：「黑，王作動，或作理。」

〔八〕「舞劍」句下注，元本、古逸叢書本作：「項莊舞劍。」

〔九〕「後來」句下注，元本、古逸叢書本作：「蘇秦字季子。爾雅雲詩。」

〔一〇〕「茅齋」句下注，元本、古逸叢書本無。

〔一一〕「藥物」句下注，元本、古逸叢書本作：「定王城漁商市，乃潭州地。」

〔一二〕「郭南」句下注，元本、古逸叢書本作：「抱瓮隱几，出莊子。」

〔一三〕「後漢」至「所羞」，元本、古逸叢書本作：「衛青傳：上爲青治第。」

〔一四〕「早作」句下注，元本、古逸叢書本作：「謝安起於東山。」

〔一五〕「喻小」至「禄也」，元本、古逸叢書本無。

〔一六〕「喻君」至「藏也」，元本、古逸叢書本作：「鹿門隱公歎曰：秋稔菽粟，鳥雀甚肥。又鮑宰云：鸞鳳棲荆艾，蛟龍蟄寒水。」

〔一七〕「陣前」句下注，元本、古逸叢書本無。

〔一八〕同，元本、古逸叢書本作「因」。

〔一九〕「此生」句下注，元本、古逸叢書本無。

〔二〇〕「早據」句下注，元本、古逸叢書本無。

奉贈李八丈判官曛〔一〕

我丈時英特，宗枝神堯後。○【王洙曰】神堯，唐高祖也。珊瑚市則無，○喻李判官姿質如至寶之難得也。○【趙次公曰】述異記：鬱桂郡有珊瑚市，海客市珊瑚處也。○【師古曰】：「洽聞記：拂林國出珊瑚，生水底，大船載鐵網下水取之。」】南州異物志：珊瑚生大奉國，有洲在漲海中，名「珊瑚樹洲」。底有盤石，水深二十餘丈，珊瑚生於石上。初生白，軟弱似菌。國人乘大船，載鐵網沒在水下。一年便生網目上中，其色尚黃，枝柯交錯，高三四尺。三年色赤，便以鐵發其根，繫網於船，絞車舉網還。裁鑿姿意。騄驥人得有。○【師古曰】喻李判官俊逸如良馬之希有也。○【趙次公曰】：「騄耳與騏驥，穆天子八駿中有之，故云『人得有』。」】穆天子傳：緑耳、赤驥，穆王之駿馬也。早年見標格，秀氣衝星斗。○言李少年才氣衝牛斗也。○【王洙曰】：「劍埋没於豐城，而氣衝星斗之間。言不可掩也。」】張華傳：豐城寶劍之氣，上徹於牛斗。事業富清機，○【師古曰】言其有機謀，故能建立事業也。○【師尹曰】李膺書：清機妙譽。○【趙次公曰。又，杜陵詩史、補注杜詩引作「師古曰」，補注杜詩、集千家注批點杜工部詩集又引作「蘇曰：思友詩云云」。】曹顔遠思友詩：清機發妙理。官曹貞獨守。○【師古曰】謂能守官忠正也。頃來樹嘉政，皆已傳衆口。艱難體貴安，○【師古曰】體，謂政體也。○【師古曰。又，王洙曰：「言於艱難之際，能脱略細務也。」趙次公曰：「言時方艱難，爲政不擾，所以其大體貴在安静。」】艱難之際，貴以清淨爲體，而不擾亂也。冗長吾敢取。○【鄭卬曰】長，直亮切，多也。○【師古曰。又，王洙曰：「言於艱難之際，能脱畧細務也。」趙次公曰：「凡物之剩者爲冗長。云云。」陸機文賦：今言爲政，本分之外，其如物之冗長者，吾不取之。吾字，指李八丈之自言也。」李自言不以煩碎爲務也。○【薛夢符曰】文選：文固無取乎冗長。區區猶歷試，○【趙次公曰】舜典：歷試諸難。炯炯更特〔二〕久。○炯，户頂切，明也。○【師古曰：「言持心始終。」】言持心炯炯然，有始終也。討論實解頤，○【王洙曰】匡衡傳：匡説詩，解人頤。操割紛應手。○【趙次公曰】莊子天道篇：得之於手而應於心。篋書積諷諫，宮闕限奔走。○【趙次公曰】雖有諫書之多，積滿朝篋，而身則限隔，不能造宮闕也。入幕未展材，○【王洙曰】材，一作懷。○【師古曰。又，薛夢符引作「晉史云云」。】世説：桓温與郗超議芟夷朝臣，條牒既定，其夜同宿。明晨起，呼謝安、王坦之入，擲疏示之。郗猶帳内，謝含笑曰：「郗生可謂入幕之賓矣。」秉鈞孰爲偶。○【趙次公曰。又，杜陵詩史、補注杜詩引作「師古曰」。】美李有宰相之材，無有與之匹敵矣。○【王洙曰】詩小雅：秉國之鈞。所親問淹泊，○【趙次公曰】泊，與薄同。泛愛惜衰朽。○【師古曰】甫言杜與李同出於陶唐氏。○甫冀李無忘其親愛，眷其窮而憐其老也。垂白辭南翁，○【師古曰】南翁，甫自言寓居荊南。○而辭别於李也。○【師尹曰：「古詩：南翁獨守窮。」】古詩：南翁守窮道。委身希北叟。○【師古曰】北叟，指塞翁也。甫委身之，窮達希慕之也。○【王洙曰】淮南人間訓：近塞上之人，有善術者。馬無故亡而入胡，人皆弔之，其父曰：「此何遽不爲福乎？」居數月，其馬將胡駿馬而歸。人皆賀之，其父曰：「此何遽不能爲禍乎？」家富馬良，其子好騎，墮而折髀。人皆吊之，其父曰：「此何遽不爲福乎？」居一年，胡人大入塞，丁壯者引弦而戰，近塞之人死者十九，此獨以跛之故，父子相保。○【趙次公曰】通幽賦云：

北叟頗識其倚伏。真成窮轍鮒，○【王洙曰】莊子外物篇：莊周顧視車轍中有鮒魚焉，曰：「子何爲者邪？」對曰：「我東海之波臣也。君豈有斗升之水而活我也？」或似喪家狗。○喪，讀去聲。○【王洙引作「孔子世家云云」。又，趙次公曰：「見家語與史記。」】家語：孔子纍纍然如喪家之狗。秋枯洞庭石，○【趙次公曰】水落石出，所以爲枯也。風颯長沙柳。○【趙次公曰：「當是時之秋也。」】皆記時也。高興激荆衡，○【趙次公曰】洞庭、長沙、荆南、衡陽，皆相連之地也。知音爲回首。○【師古曰】言有所思於李也。○淮南修務訓：師曠之欲善調鐘，以爲後世之有知音者也。

【校記】

〔一〕元本、古逸叢書本無此篇。

〔二〕原文如此，「特」或當作「持」。

奉寄河南韋尹丈人甫弊廬在偃師承韋公頻有訪問故有下句

〇【按,「甫弊廬在偃師承韋公頻有訪問故有下句」,趙次公注、集千家注批點杜工部詩集引作「公自注」,分門集注、補注杜詩引作「王洙曰」。】〇後漢郡國志:河南尹。注:秦三川郡,高帝更名。世祖都洛陽。建武十五年,改曰河南尹。應劭漢官儀曰:尹,正也。

有客傳河尹,逢人問孔融。〇【王洙曰:「孔融,公自比也。」】故甫得以孔融自喻也。〇【師古曰】謂客來,傳説河南韋尹詢甫動静如何。〇【趙次公曰:「李膺爲河南尹,孔融造門爲上客也。」】孔融傳:融字文舉,幼詣京師。時河南尹李膺簡重自居,不妄接士。融欲觀其人,故造膺門,語門者曰:「我是李使君通家子弟。」門者言之。膺謂融曰:「高明祖父嘗與僕有恩舊乎?」融曰:「先君孔子與君先人李老君同存比義,而相師友。則融與君累世通家。」衆坐莫不歎息。〇又曰:河南尹何進當遷爲大將軍,楊賜遣融奉謁賀進,不時通,融即奉謁還府,投劾而去。客有言於進曰:「孔文舉有重名,公不如因而禮之。」進然之。既拜辟融舉高第,爲侍御史。青囊仍隱逸,〇【師古曰】甫自言逸居幽隱也。〇【王洙曰】郭璞傳:璞妙於陰陽算曆。有鄭公者,客居河東,精於卜筮,璞從之受業。公以青囊中書九卷與之,由是遂洞五行。門人嘗竊青囊書,未及讀,而爲火所焚。章甫尚西東。○【師古曰】甫自謂蹤跡無定也。○【王洙曰】儒行篇：孔子曰丘，少居魯，衣縫掖之衣。長居宋，冠章甫之冠。鼎食爲門户，○【趙次公曰：「言河尹之貴。」】言不若韋尹之榮貴。○【王洙曰】列鼎而食，閥閲而居也。詞場繼國風。○【趙次公曰：「言河尹之能詩。」】又美韋尹之善詩。○【王洙曰：「詩之國風。」】可以繼乎詩之國風也。尊榮瞻地絶，○【王洙曰：「言地望崇重。」趙次公曰：「以其尊榮而瞻其地位崇絶也。」】尊榮，言韋尹地望崇高也。疏放憶途窮。○【趙次公曰】疏放，甫自謂不仕也。憶途窮，言韋尹眷問之也。○阮籍傳：率意獨駕，不由徑路，車跡所窮，輒慟哭而反。濁酒尋陶令，○【師古曰】謂以濁酒自適也。○梁昭明太子撰靖節徵士傳：陶淵明，字元亮。性嗜酒，爲彭澤令。公田悉令種秫，曰：「吾常得醉於酒，足矣。」嘗有詩曰：我有旨酒，與汝樂之。丹砂訪葛洪。○【師古曰】謂以丹砂自養也。○【趙次公曰】葛洪傳：洪字稚川，好學寡欲，禮辟不就。以年老欲鍊丹，以祈還壽，聞交趾出丹，求爲勾漏令。帝從之。洪乃上羅浮山鍊丹。江湖漂短褐，○謂避地而流落於潭湘也。甯戚叩牛角，歌曰：短布裁〔一〕衣不〔二〕掩骭。霜雪滿飛蓬。○謂垂老而冒犯霜雪，亦紀時也。○【王洙曰】詩伯兮：首如飛蓬。牢落乾坤大，○【趙次公曰】天地廣大，我獨牢落，若無所容身也。周流道術空。○【趙次公曰】雖挾道術，竟於周流之際成〔三〕空而無用也。謬慙知薊子，○【鄭卬曰】薊，居〔四〕例切。○【師古曰】薊子，比韋氏。甫自慙見於韋氏也。○【王洙曰】後漢方術傳：薊子訓有神異之道，流名京師，士大夫皆承風而慕之。真怯笑揚雄。○【師古曰】甫以貧窶爲時訕笑，有若揚雄爲當世所嘲也。○【王洙曰】揚雄傳：雄草太玄，或嘲雄以玄尚白，雄解之曰：「今子迺以鴟梟而咲鳳凰，執蝘蜓而嘲龜龍，不亦病乎！子徒笑我玄之尚白，吾亦咲子之病甚，不遭臾跗、扁鵲，悲夫！」盤錯神明懼。○【師古曰】盤錯，言政事煩劇。韋尹善能割斷，人畏其威如神明也。○【王洙曰：「虞詡曰：『不遇盤根錯節，何以知道利器。』」】虞詡傳：鄧騭與虞詡不平，欲以吏法中傷詡。後朝歌賊殺長吏，州郡不能禁，乃以詡爲朝歌長。故舊皆弔，詡笑曰：「志不求易，事不避難，臣之職也。不遇盤根錯節，何以別利器乎！」始到，賊駭，咸稱神明。謳歌德義豐。○如鄭之歌子産、漢之歌岑君是也。尸鄉餘土室，○後漢志：河南偃師有尸鄉。帝王世紀：尸鄉在縣西二十里。後漢袁閎傳：黨事將作，閎遂散髮絶世，欲投迹山林。以母老，不宜遠遁〔五〕，乃築土室四周於庭，不爲户，自牖納飲食而已。後黄巾賊起，相約不入其閭〔六〕。難説祝雞翁。○【王洙曰。又，趙次公曰：「舊本又云：一作『誰話鬬雞翁』。公題下注云：『故廬在偃師云云。』以義詳之，『難説』字當以『誰話』爲正……或云：難説，謂難説得到也。衆人難得説到，而韋丈人獨念之。亦有義，然講解費力。」】難説，一作誰話。○【師古曰】甫自比也。○【王洙曰】劉向列仙傳：祝雞翁，雒人，居尸鄉北山下。養雞百餘年，皆有名字，呼名即種別而至。○賣雞及子，得千餘萬，輒置錢去之吴，作養魚池〔七〕。後升吴山，白鶴、孔雀數〔八〕百止其旁。

【校記】

〔一〕裁，古逸叢書本作「單」。

〔二〕不，元本無，古逸叢書本作「裁」。
〔三〕成，元本、古逸叢書本作「咸」。
〔四〕居，古逸叢書本作「若」。
〔五〕遁，古逸叢書本作「道」。
〔六〕間，元本、古逸叢書本作「間」。
〔七〕池，古逸叢書本作「翁」。
〔八〕數，古逸叢書本無。

別董頲

○【鄭卬曰】頲，他頂切。

窮冬急風水，逆浪開帆難。士子甘旨闕，不知道里寒。○【師古曰】孝子薦其甘旨。○【師古曰】。又，王洙曰：「急於養父母，故不知道里寒。」〔一〕董頲以甘旨有闕，急於奉親，故不知道里之寒也。有求彼樂土，○【王洙曰】詩：適彼樂土。南適小長安。○【趙次公曰】此言逆浪開帆，若在潭州言之，逆浪則往衡州而南矣。○【師古曰】或曰：小長安，乃成都也。明皇幸蜀後改爲西京，故云「小長安」。○【趙次公曰】夢弼按：光武紀：小長安。注引續漢書：胤陽縣有小長安，故城在今鄧〔二〕州南陽縣西。十道志：小長安屬鄧州。○【師古曰】時趙公守此，故董頲適而謁之也。別我舟楫去，覺君衣裳單。素聞趙公節，兼盡賓主歡。已結門廬〔二〕望，無令霜雪殘。○【趙次公曰】趙公必守鄧州也。○董以甘旨久闕，離母而往見之，故母戒其早歸，無爲霜雪所殘也。○【趙次公曰】戰國策：齊王孫賈事閔王，王出走，賈失王之處。其母曰：「女朝去而晚來，則吾倚門而望。女暮出而不還，則吾倚閭而望。汝今事王，王出走，汝不知其處，女尚何歸？」老夫亦解纜，○老夫，甫自謂也。脱粟朝未餐。○【薛夢符曰】公孫洪〔三〕傳：洪〔四〕食一肉、脱粟飯。飄蕩兵甲際，○時有吐蕃之亂也。幾時懷抱寬。漢陽頻寧静，○【鄭卬曰】漢陽，謂漢水之陽。○寧静，無寇也。峴首試考槃。○【鄭卬曰】峴，胡典切。山名，在襄陽縣東十里。○【師古曰】甫欲寄居焉。○【趙次公曰】襄陽與鄧州相連。甫因董之往鄧，故語及之。○【王洙曰】詩鄘風：考槃在澗。○【師尹曰】注：考，成。槃，樂也。○陳少南傳：考，擊〔五〕也。槃，器也。擊其器而自樂也。當念著皂帽，○皂，在早切。魏志管寧傳：魏自黄初至於青龍，徵命相仍，常以八月賜牛酒。詔問青州刺史程喜：「管寧爲守節高乎？」喜上言：「寧有族人管貢，説寧常著皂帽，布襦袴布裙，隨時單複出入閨庭〔六〕。○【趙次公曰】按集有曰「白帽應須似管寧」是也。采薇青雲端。○【師古曰：「昔管寧不應辟命，嘗著白帽。甫欲效之。」】甫欲效管寧著皂帽，采蕨於峴山之端也。○伯夷傳：伯夷、叔齊隱於首陽山，采薇而食之，歌曰：「登彼西山兮，采其薇矣。」○【趙次公曰】枚乘樂府：美人在雲端。

【校記】

〔一〕鄧，古逸叢書本作「湇」。

〔二〕廬，元本、古逸叢書本作「閭」。

〔三〕洪，古逸叢書本作「弘」。

〔四〕洪，古逸叢書本作「弘」。

〔五〕擊，古逸叢書本作「槃」。

〔六〕庭，古逸叢書本作「闥」。

奉送魏六丈佑少府之交廣

○【鄭卬曰】交廣，乃海南郡。

賢豪贊經綸，功成名空垂。○一作空名。子孫没不振，○【王洙曰】：「（子孫不振耀）一云『子孫没不振』。」一作「子孫不振耀」。歷代皆有之。鄭公四葉孫，長大常若飢。○長，丁丈切。○【師古曰】自古賢者之後多不振，魏徵封鄭公，而佑乃四葉孫，常困於飢寒也。衆中見毛骨，○【趙次公曰】晉元帝紀：帝幼嗣位琅邪，嵇康異之，謂人曰：「琅邪王毛骨非常，殆非人臣之相。」猶是麒麟兒。○【趙次公曰】南史徐陵傳：陵年數歲，家人携以候沙門寶誌，摩其頂曰：「天上石麒麟。」磊落貞觀事，致君樸直辭。○【王洙曰】：「鄭公在貞觀時，多所獻替。新史言犯顏正諫議者，謂雖賁、育不能過。」】貞觀，太宗年號也。是時魏鄭公多所獻替，嘗白太宗曰：「願陛下俾爲良臣，毋俾爲忠臣。」家聲蓋六合，○【師古曰】謂其家聲滿乎天地四方也。行色何其微。○【師古曰】謂佑以少府之交廣也。遇我蒼梧野，○【師古曰】蒼梧，今梧州也。忽驚會面稀。○稀，少也。○【師古曰】言少相見也。議論有餘地，○【趙次公曰】莊子養生主篇：恢恢乎必有餘地矣。公侯來未遲。○【師古曰】言爲卿相未晚也。虚思黄金貴，○【師古曰】言黄金不足羨也。○【王洙曰。又，趙次公曰：「（黄金遺）舊本正黄金貴，非，蓋淺近也矣。」】或曰：貴，當作遺。○【趙次公曰】方〔一〕在貧困，故思以黄金爲饋也。自笑青雲期。○【師古曰】以卑官爲可哂也。○【趙次公曰】或曰：言貴達如在青雲之上，自笑其期之遠也。長卿病渴久，武帝元同時。○【師古曰】甫有渴疾，故自比相如。相如雖遇武帝，官亦不顯。○【王洙曰】司馬相如傳：字長卿。蜀人楊得意爲内監，侍上，上讀子虚賦而善之，曰：「朕獨不得與此人同時哉！」得意曰：「臣邑人司馬相如自言爲此賦。」上驚，乃召問相如。季子黑貂弊，得無妻嫂欺。○甫亦以蘇秦自比也。○【王洙曰】秦字季子。戰國策：蘇秦説李兑，兑送秦〔二〕黑貂之裘、黄金百鎰。秦得以西入於秦，説秦王。書十上而説不行，黑貂之裘弊，其黄金百斤盡，資用乏絶，去秦而歸。形容枯槁，面目黧黑。歸至家，妻不下紝，嫂不爲炊。尚爲諸侯客，獨屈州縣卑。○按集甫有詩云「甫也諸侯老賓客」是也。或謂上四句皆指魏佑，恐非也。南遊炎海甸，○【趙次公曰】謂魏佑之南海爲少府也。○【師古曰】甸，郊甸也。浩蕩從此辭。○甫言與魏從此分別而遠去也。左氏傳：請從此辭。窮途仗神道，○言舟行之險，神其相之也。世亂輕土宜。○【師古曰。又，王洙曰：「不可安於土也。」趙次公曰：「言其不懷土也。」】言避亂而輕去鄉里也。解帆歲云暮，○言別時以窮冬矣。○【趙次公曰】詩：歲聿云暮。可與春風歸。○言魏之行，早春可至交廣矣。出入朱門家，○此已下言交廣繁富也。華屋刻蛟螭。○廣雅：有鱗曰蛟龍，無角曰螭龍。玉食亞王者，○【師古曰】侯門奢侈亞於王者，足見綱紀亂矣。○【王洙曰】洪範：惟辟玉食。樂張游子悲。○【趙次公曰】以魏爲客也。○莊子天運篇：北門成問於黃帝曰：「帝張樂於洞庭之野，乃不自得。」漢高紀：游子悲故鄉。顔注：游子，行客也。侍婢艷傾城，○外戚傳：李延年歌：一顧假(三)人城，再顧傾人國。綃綺輕霧霏。○【王洙曰】輕，一作煙。掌中琥珀鍾，行酒雙逶迤。○【師古曰】逶迤，匝貌。新歡繼明燭，梁棟星辰飛。兩情顧眄合，珠碧贈於斯。○【師古曰】交廣多珠翠，儻與侯門投合，必蒙珠翠之惠也。上貴見肝膽，下貴不相疑。○【王洙曰】相，一作見。心事披寫間，氣酣達所爲。○【王洙曰】達，一作遠。○【師古曰】人相知，貴相知心，是以所爲無疑忌也。錯揮鐵如意，莫避珊瑚枝。○【師古曰】雖珊瑚實，擊碎之不吝，況其他乎！○【王洙曰】世説：石崇與王愷爭豪。武帝，愷之甥也，每助愷，嘗以一珊瑚樹高二尺許賜愷，枝柯扶疏，世罕其比。愷以示崇，崇視訖，以鐵如意擊之，應手而碎。愷聲色甚厲，崇乃命左右悉取珊瑚樹，有高三尺四尺者六七枚如愷。愷罔然自失。始兼逸邁興，○【王洙曰】兼，一作無。終慎賓主儀。○【師古曰】雖然負此逸興，要在慎賓主之儀，斯能全其交。如甫之於嚴武，不慎其儀，幾爲武所殺，故甫以是戒之也。戎馬闇天宇，○謂有兵革之亂也，嗚呼生別離。○屈原九歌：悲莫悲兮生別離。

【校記】

〔一〕方，元本、古逸叢書本作「公」。

〔二〕「李兑兑送秦」，元本、古逸叢書本作「趙王王資以」。

〔三〕假，元本、古逸叢書本作「傾」。

別張十三建封湖南觀察使韋之進辟參謀

○建封乃劉文静外曾孫。甫父閑爲兗州司馬，建封之父玠時客兗州，有契好。○【趙次公曰】按唐書：玠，南陽人，少豪俠。安禄山反，挺奇節軒落，使者以他聞，玠游江左，不言功。以建封贈秘書監。裴虬薦起建封湖南觀察使韋之進，辟置參謀，授左清道兵曹參軍。不樂吏職，輒去。建封初隨父客隱兗州，少喜文章，能辨論，慷慨尚氣，自許以功名顯。盜賊起蘇〔一〕、常間，建封到賊屯，開諭禍福，一日降數千人。

嘗讀唐實録，○【師古曰】實録，謂國史也。國家草昧初。劉裴首建議，龍見尚躊躇。

○見，形甸切。○【王洙曰】劉文静大業末爲晉陽令，裴寂爲晉陽宫監，時唐高祖鎮太原，二人察上有大志，又見秦王器度非常，乃與決〔二〕大計。將發，上猶不從，文静因裴寂開説，又令寂交於秦王，遂得進議起兵也。秦王撥亂姿，○【趙次公曰】秦王，即太宗也。一劍總兵符。汾晉爲豐沛，○【師古曰。又，王洙曰：「汾晉，唐公故鄉，喻若漢祖之豐沛也。」】昔漢高起於豐沛，今高祖興于汾晉，是以汾晉爲豐沛也。暴隋竟滌除。宗臣則廟食，○宗，尊也。○【王洙曰。杜陵詩史又引作「師古曰」。】漢高以蕭何、曹參爲宗臣，今甫以劉裴比之。廟食，謂配享于廟也。後嗣何疏蕪。○【師古曰。又，趙次公曰：「其家祭祀自至於疏蕪，蓋以子孫之不顯達也。」】喻子孫寥寂也。彭城英雄種，宜膺將相圖。○彭城劉文静之望，言其文武俱備也。爾惟外曾孫，倜儻汗血駒。○【師古曰。又，王洙曰：「建封，劉文静外孫也。汗血駒，天馬種。倜儻，言其不羈之才。」】建封乃文静之外孫，爲人倜儻，如汗血駒有千里之才也。眼中萬少年，用意盡崎嶇。○【王洙曰】少年雖多，用意皆不若建封。相逢長沙亭，○【王洙曰：「長沙，潭州。」趙次公曰：「時公在潭州，與建封相見也。」】相遇於潭州之亭也。乍間〔三〕緒業餘。乃吾故人子，○故人，謂張玠也。童丱聯居諸。○丱，古患切，束髮兒。○【趙次公曰】詩：總角丱兮，日居月諸。揮手灑衰淚，仰看八尺軀。○【師古曰】指建封堂堂一人也。内外名家流，風神蕩江湖。范雲堪晚交，○晚，或作結。○【師古曰】時甫年老大，建封年少，故云「堪〔四〕晚交」也。○【王洙曰】梁書：范雲初與高祖遇於齊竟陵王子良邸，又嘗接里閈。

高祖受禪，雲嘗侍讌〔五〕。高祖謂臨川王宏等曰：「我與范尚書少親善，申四海之敬〔六〕。今爲天下主，此禮既革，汝宜代拜，呼范爲兄。」二王下席拜，與雲同車還尚書省，時人榮之。雲好節尚奇，專趣人之急，少時與領軍長史王駭善，駭亡於官舍，貧無居宅，雲乃迎喪還家，躬營含斂。嵇紹自不孤。○【師古曰】甫得建封，可以屬托其子也。○【王洙曰】晉山濤傳：字巨源〔七〕，少與嵇康善。康後坐事臨誅，謂紹曰：「巨源在，汝不孤矣。」擇材征南幕，○【王洙曰】昔晉杜預爲征南大將軍。○今韋之進爲湖南觀察使，故甫以之進比杜預也。時之進辟建封爲幕職參謀。潮落回鯨魚。○潮，一作湖。○【趙次公曰】非既爲幕客，而主人不禮之，故如鯨魚之去落潮矣。得無激昂慟哭，欲有陳於朝廷如賈誼乎？而又有與主告絶之書如樂毅乎？○故有下句。載感賈生慟，○【師古曰】言時危也。○【趙次公曰】賈誼傳：誼謫長沙王太傅，上疏陳政事，其略言：事勢可爲痛哭者一，可爲流涕者二，可爲長太息者六。復聞樂毅書。○【師古曰】言帝猜〔八〕疑諸將，不能推誠任下也。○【王洙曰】樂毅傳：毅爲燕伐齊，下齊七十餘城。會昭王死，燕惠王疑毅，得齊反間，乃使騎劫代毅。毅畏誅，遂降趙。惠王後悔，乃使人讓樂毅，且謝之。毅亦報遺惠王書焉。夏侯玄曰：觀樂生遺燕惠王書，知機合道，以禮始終者與。主憂急盜賊，師老荒京都。○【王洙曰。杜陵詩史又引作「師古曰」。】言兵久無功也。舊丘復〔九〕税駕，○【王洙曰】舊丘，故里也。税駕，言得止息也。○【趙次公曰。杜陵詩史又引作「師古曰」。】當主憂臣辱之時，勉建封罷權還故里也。大厦傾宜扶。君臣各有分，管葛本時須。○【師古曰】

管、葛以比建封也。○【趙次公曰】管仲之於齊，葛亮之於先主，君臣相契，皆定分也。又勉建封之行矣。高義雖爲[一〇]霰雪嚴，未覺栝柏枯。○【師古曰】惜乎時不見用，譬之栝柏不以歲寒而變易也。嘶鳴望天衢。○【趙次公曰】在雲臺，○【趙次公曰】昔漢顯宗追感前世功臣，乃圖形於南宮雲臺。以駿馬比之，可善致遠也。羽人掃碧海，○【趙次公曰】羽人，神仙也。以其飛升，如有羽毛焉。十洲記：扶桑在碧海中，上有大帝宮，東王所治，水不鹹苦，正作碧色。功業竟何如。○【師古曰】當此時，賢臣欲建功業，如羽人之掃碧海，其事茫昧而難爲力耳。○【趙次公曰】或曰：仙人之掃碧海，以言其無一塵一芥之污，蓋以澄清天下爲譬也。以建封爲羽人，其所望之深矣。

【校記】

〔一〕蘇，元本、古逸叢書本作「司」。

〔二〕決，古逸叢書本作「定」。

〔三〕問，元本作「問」，古逸叢書本作「聞」。

〔四〕堪，古逸叢書本作「甚」。

〔五〕嘗侍讌，古逸叢書本作「□符□」。

〔六〕敬，古逸叢書本作「故」。

〔七〕源，元本、古逸叢書本作「原」。

〔八〕猜，元本、古逸叢書本作「積」。
〔九〕復，古逸叢書本作「豈」。
〔一〇〕爲，古逸叢書本作「當」。

舟中夜雪有懷盧十四侍御弟

朔風吹桂水，大雪夜紛紛。暗度南樓月，○【黄鶴曰：「南樓在武昌，庾亮諸佐吏共登者。」】南樓，謂庾亮之樓也。寒深北渚雲。○【趙次公曰】九歌：帝子降兮北渚。燭斜初近見，舟重竟無聞。不識山陰道，聽雞更憶君。○聽，讀平聲。山陰在今會稽之東。○【趙次公曰】語林：王子猷居山陰，大雪。夜開室命酌，四望皎然。因詠招隱詩，忽憶戴安道。

對雪

北雪犯長沙，○【晏殊曰】北地多雪，長沙南郡，偶有之，故云犯也。胡雲冷萬家。隨風且開葉，○【王洙曰：「(間)一作開。」趙次公曰：「一作間葉，雖以間字爲去聲，亦無義。」】開，一作間，一作聞，當從開字。○【趙次公曰】言雪隨風舞於葉上而開也。帶雨不成花。○【趙次公曰】謂爲雨所混融，而六出花之狀不明也。金錯囊徒罄，〇【趙次公曰】謂乏錢也。〇【杜時可曰：「漢書曰：王莽鑄大錢，又造錯刀，以金錯其文。此錢形之如刀而金錯之之證也。」】按，金錯刀即王莽所鑄錢。王莽居攝，變漢制，以周錢有子母相權，於是更造大錢，徑寸二分，重十二銖，文曰「大錢五十」。又造契刀、錯刀，其環如大錢，身形如刀，長二寸，文曰「契刀五百」。錯刀，以黃金錯其文，一刀直五千。與五銖錢凡四品，並行。〇韓退之潭州泊船詩：聞道松醪賤〔一〕，何須惜〔二〕錯刀。銀壺酒易賒。無人竭浮蟻，〇言獨酌遲也。〇【趙次公曰】釋名：酒有泛齊〔三〕，浮蟻在上。有待至昏鴉。〇【王洙曰：「公自注云云。」】公自注：何遜詩：城陰度塹黑，昏鴉接翅飛。

【校記】

〔一〕賤，古逸叢書本作「時」。

〔二〕惜，古逸叢書本作「措」。

〔三〕齊，元本作「得」。酒有泛齊，古逸叢書本作「酒名也得」。

新定杜工部草堂詩箋斠證卷第四十八

大曆四年冬至潭州所作

冬晚送長孫漸舍人歸州

參卿休坐幄，○【師古曰】參卿，言長孫坐於帷幄爲參謀也。○【趙次公曰】或曰：甫自言也。甫爲劍南節度參謀，謂之「參卿」。甫前爲之而今罷，所以謂之「休坐幄」也。按玉臺集盧思道有和徐參卿秋夜擣衣詩，題目並呼官爵。蕩子不還鄉。○【趙次公曰】甫自謂也。列子天瑞篇：人有去鄉土遊於四方不歸者，世謂之狂蕩之人也。○【王洙曰】古詩：蕩子行不歸。南客瀟湘外，○【趙次公曰】甫北人而寓湘潭，是爲南客。西戎鄠杜傍。○鄠，胡古切。○【師古曰】言吐蕃陷京城也。○【趙次公曰】大曆三年，吐蕃寇靈、邠。四年，又寇靈州。○鄠、杜，二縣名。○【王洙曰】漢鄠屬扶風，杜屬京兆。衰年傾蓋晚，○【趙次公曰】家語致思篇：孔子之郯，遭程子於塗，傾蓋而語。○【王洙曰】又，鄒陽傳：傾蓋如故。費日繫舟長。○【趙次公曰】言自留滯而未行也。會面思來札，○【趙次公曰】言欲會面則每思其來札，所以預屬其寄書也。○【王洙曰】古詩：會面安可期。又〔一〕：遺我一書札。銷魂逐去檣。○【王洙曰】別賦：黯然銷魂。雲晴鷗更舞，風逆雁無行。○【趙次公曰】記別時景物也。匣裏雌雄劍，吹毛任選將。○吴越春秋：干將、莫耶之劍，能決吹毛遊塵。

【校記】

〔一〕又，古逸叢書本無。

暮冬送蘇四郎徯兵曹適桂州

飄飄蘇季子，六印佩何遲。○【王洙曰】蘇秦傳：秦字季子，歎曰：「使我有淮陽〔一〕負郭田二〔二〕頃，吾豈能佩六國相印乎！」早作諸侯客，兼工古體詩。爾賢埋照久，○【王洙曰】阮步兵詩：沈醉似埋照。余病長年悲。○淮南子：木葉落，長年悲。盧綰須征日，○以蘇徯比樊噲也。○【王洙曰】盧綰傳：上使使召綰，稱病不行。上怒曰：「綰果反。」使樊噲擊綰。綰遂亡入匈奴。樓蘭要斬時。○又以蘇徯比介子也。○【趙次公曰】傳介子傳：先是，樓蘭嘗殺漢使者。平樂監傅介願〔三〕往刺之，於是遣之。介子持節使，誅樓蘭安〔四〕歸，首縣之北闕。歲陽初盛動，○【趙次公曰】時十二月，二陽生矣。王化久磷緇。○磷，力刃切。緇，側其切。爲入蒼梧廟，看雲哭九疑。○【趙次公曰】因送蘇徯適桂州而思舜。舜巡狩，崩於蒼梧之野，而葬于九疑之山。○按，蒼梧，今梧州也。檀弓篇：舜葬於蒼梧之野。劉向列女傳：舜陟方，死於蒼梧。○【師古曰】山海經：九疑山，舜所葬，在長沙零陵界。湘中記：九疑山在營道縣，九山相似，行者疑惑，因名九疑。盛弘之荆州記：九疑山盤基數郡之界，連峰接岫，競遠争高，含霞卷霧，分隔天日。郡國志：九疑山有九峰，一曰丹朱，二曰石城，三曰樓溪，形如樓，四曰娥皇，下有舜妃廟，五曰舜源，六曰女英，舜墓在此峰下，七曰簫韶，八曰華蓋，九曰紀林。

【校記】

〔一〕據史記，「淮陽」當作「睢陽」。

〔二〕二，古逸叢書本作「三」。

〔三〕願，古逸叢書本作「子」。

〔四〕安，古逸叢書本作「王」。

風疾舟中伏枕書懷三十六韻奉呈湘南親友

軒轅休製律，○【王洙曰】史記本紀：黄帝名軒轅。前漢律曆志：黄帝使伶倫自大夏之西、崑崙之陰，取竹之嶰〔一〕谷生，有竅厚均者，斷兩節間而吹之，以爲黄鍾之宫。制十二〔二〕筒，以聽鳳之鳴，其雄鳴爲六，雌鳴亦六，比黄鍾之宫而皆可以生之，是爲律本。虞舜罷彈琴。○【王洙曰：「甫自注云云。」】公自注：伏羲造瑟，神農作琴，舜彈五絃之琴，歌南風之詩，有〔三〕矣。○【王洙曰】樂記：舜作五絃之琴，以歌南風。尚錯雄鳴管，○軒轅之制律，所以通八節之氣，而調八方之風。今風之疾，是見律管之錯而不能和諧也。猶傷半死心。○【師古曰】虞舜之彈琴，所以歌南風而阜財解愠。今風之疾，又見琴心之傷而多怨怒也。○【王洙曰】枚乘七發：龍門之桐，高百尺而無枝，中鬱結而輪囷，根扶疎以紛離，其根半死半生，冬則烈風舞霰飛雪之所激，使琴摯斬斫以爲琴。聖賢名古邈，○【趙次公曰】言造琴律之聖賢，其名已古遠矣。羇旅病年侵。○范蔚宗詩：聞道雖已積，年力互頽侵。陸士衡詩：前路既已久，後塗隨年侵。舟泊常依震，○【王洙曰】震，東方也。○【趙次公曰】時泊舟於東岸也。湖平早見參。○【王洙曰。又，趙次公曰：「舊早一作半，非。」】早，一作半。○【王洙曰】參，曉星也。鮑照詩：曉星見差落。如聞馬融笛，○【師古曰】言嚴武死也。○【王洙曰】馬融傳：善鼓琴，好吹笛，有長笛賦。序：性好音律，能鼓琴吹笛。○【趙次公曰】賦曰：正瀏漂〔四〕以風洌。若倚仲宣襟。○【師古曰】言甫無所依也。○【趙次公曰】或曰：疾風之來舟中，如吹笛之所召，倚樓之所逢也。王粲登樓賦：憑軒檻以遥望兮，向北風而開襟。故國悲寒望，○【趙次公曰：「故國，長安也。悲當寒望之中。」】故國，指長安、洛陽也。當歲寒之際，望之而悲也。羣雲慘歲陰。○【趙次公曰】歲陰，謂歲晚也。○【王洙曰】謝惠連雪賦：歲將暮，時既昏，寒風積，愁雲繁。水鄉霾白屋，楓岸疊青岑。○【趙次公曰】楚岸多楓樹。○似白楊，葉圓而岐，有脂而香。鬱鬱冬炎瘴，濛濛雨滯淫。鼓迎非祭〔五〕鬼，○【趙次公曰】楚俗好巫祀。○【王洙曰】論語：非其鬼而祭之，諂也。○【師古曰：「巴、蜀多淫祀，如事烏鬼之類。」】又集有曰「家家養烏鬼」是也。彈落似鴞禽。○【王洙曰】賈誼傳：誼謫爲長沙王太傅，有鵩飛入誼舍。鵩似鴞，不祥鳥也。乃爲賦以自廣。興盡纔無悶，○【王洙曰】易：遯世而無悶。愁來遽不禁。生涯相汨没，○莊子曰：吾生也有涯。時物自蕭森。○【王洙曰】自，一作〔六〕正。疑惑樽中弩，○【師古曰】言久病也。○【杜田補遺。又，杜陵詩史、分門集注、補注杜詩、集千家注批點杜工部詩集引作「修可曰」，杜陵詩史、補注杜詩又引作「師古曰」。】抱朴子曰：予祖郴爲汲令。注〔七〕：應劭風俗通作汲令。應郴以夏至日請主簿杜宣飲酒，北壁上有懸赤弩，照於杯中，形如蛇。宣惡之，及飲，得疾。後郴知之，延宣於舊處設酒，其見如初。郴指謂宣曰：「此弩影耳。」宣疾遂瘳。○庾信卧病窮愁詩云：留蛇嘗疾首，映弩屢驚心。淹留冠上簪。○【師古曰】言不見用也。○【趙次公曰】冠簪，卿大夫之禮也。致仕閑散者，謂之「投簪」。今〔八〕之淹留冠上簪，則甫以猶未能遽棄冠冕也。○倉頡篇：簪，笄也，所以持冠也。牽裾驚魏帝，○【趙次公曰】言爲左拾遺時諫房琯不宜廢，而肅宗怒之也。○【王洙曰】魏志：辛毗字佐〔九〕治，文帝欲徙冀州士家十萬户實河南，時連蝗，民饑，不可。毗曰：「陛下欲徙士家，其計安出？」上曰：「吾不與卿共議。」毗曰：「安得不與臣議？」帝不答，起入内。毗隨而引其裾，帝遂徙其半。投閣爲劉歆。○【趙次公曰】今云爲劉歆，則又論瑄既貶邠州刺史，而甫出爲華州司功，以若揚雄投閣爲劉棻故也。○【王洙曰】揚雄傳：雄字子雲，大司馬王音奇其文雅，召爲門下史，與王莽、劉歆並。及莽篡位，用符命，甄豐皆爲上公。莽既以符命立，欲絶其原，而豐子尋、歆子棻復獻之，莽誅豐父〔一〇〕子，投棻四裔。辭所連及，時雄校書天祿閣，使者來，欲收雄，雄恐，迺從閣上自投下，幾死。莽聞其故，迺棻嘗從雄學作奇字，有詔勿問。狂走終奚適，○謂飄落未知所止也。○【王洙曰】禮：吾舍魯奚適。微才謝所欽。○【師古曰】荷諸公禮待也。○【王洙曰】陸士衡詩：寤寐靡安豫，願言思所欽。吾安藜不糝，○【王洙曰】莊子讓王篇：孔子窮於陳、蔡，藜羹不糝。女貴玉爲琛。○【趙次公曰：「女，古汝字。」】女，讀爲汝。○【趙次公曰】指湘南親友也。○晉馬岌詩：其人如玉，爲國之琛。烏几重重縛，○【趙次公曰：「烏皮几也。」】謂烏皮几之弊也。鶉衣寸寸針。○荀子大略篇：子夏衣若縣鶉。哀傷同庾信，○【趙次公曰】庾信有哀江南賦。述作異陳琳。○【趙次公曰】甫自謙，以爲述作不能似陳琳也。魏志：陳琳字孔璋，太祖愛其才，以爲管記室。軍國書檄，多琳所作。琳作檄成，呈太祖。太祖先苦頭風疾發，卧讀琳作，翕然而起，曰：「此愈我疾。」數加厚賜。十暑岷山葛，○【師古曰】謂十年在蜀。○【趙次公曰：「言葛則蜀中出布故也云云。」】遇暑而衣絺也。○後漢志：蜀郡岷山在西徼外。三霜楚户砧。○【師古曰】謂三年在楚。○【趙次公曰：「楚户言砧，則楚俗多擣寒衣故也。」】逢霜而聞擣衣砧聲也。○【趙次公曰：「以清明而言，故巴哭火曰九鑽，則自庚子數至戊申，在西、東蜀，在夔，九年見清明也。以暑服而言，故岷山有曰十暑，其與上在西、東蜀，在夔者九年同，而大曆二年有閏六月，又可以當一暑矣，蓋言『九暑』可也，著十字以著見其閏焉。」或曰：甫以乾元己亥冬至蜀，不以著計，起明年庚子，至大曆四年，是爲「十暑」。時已在湖南，猶言岷山，蓋以永泰乙巳夏至于雲安。雲安、荆湖，皆楚地，至是合爲五霜，而云「三霜」者，獨以峽中言之也。○【趙次公曰】按集又有曰「九鑽巴哭火，三蟄楚祠雷」之句。叨陪錦帳坐，○【趙次公曰】甫爲尚書工部員外郎故也。○蔡質漢官典質：尚書郎夜更直於建禮門内，給卧錦帳。久放白頭吟。○【趙次公曰】謂以老而久不爲詩也。西京雜記：相如將聘茂陵人女爲妾，卓文君作白頭吟以自絶，乃止。反樸時難遇，○【師古曰】言未見治平也。忘機陸易沉。○【趙次公曰】無水而沉，謂之陸沉。○【杜田補遺】又，杜陵詩史、補注杜詩引作「師古曰」。】莊子：孔子曰：方且與世違而心不屑與之俱，是謂陸沉者也。應過數粒食，○【師古曰】言諸親友餽食也。○【王洙曰】張華鷦鷯賦：巢林不過一枝，每食不過數粒。得近四知金。○【師古曰】又言諸公賜金也。○【王洙曰】楊震傳：震遷東萊太守，之郡，昌邑令王密謁見，至夜，懷金十斤以遺震。震曰：「故人知君，君不知故人，何也？」密曰：「暮夜無知者。」震曰：「天知，神知，我知，子知，何謂無知？」密愧而出。春草封歸恨，○【師古曰】言未得還鄉也。○【王洙曰】劉安招隱詩：王孫遊兮不歸，春草生兮萋萋。源花費獨尋。○【師古曰】言尚避亂也。○桃源山在今鼎州桃源縣之南二十里，西北乃沅〔二一〕水曲流，而南有障山，東帶鈔鑼溪，周回三十有二里，所謂「桃花源」也。○【王洙曰】陶淵明桃花源記曰：晉太康中，武陵人捕魚，緣溪行，忽逢桃花林。芳草鮮美，屋舍儼然，黄髮垂髫，怡然自樂。便邀還家，爲設酒食，自云先世避秦之亂，率妻子邑人來此，不復出。遂與外人間隔。**轉蓬憂悄悄**，○言旅寓而憂乎爲國矣。○【王洙曰】詩：憂心悄悄。**行藥病涔涔**。○涔，鋤簪切，漬也。言消渴而懼乎飲藥矣。○【王洙曰】鮑照有行藥至城東橋詩，注謂：昭有疾服藥，行以宣導之。漢外戚傳：霍光夫人顯謀毒許皇后，后免身，取附子并合太〔二二〕醫大丸以飲皇后。有頃，曰：「我頭涔涔也。藥中得無有毒？」**瘞夭追潘岳**，○瘞，於罽切，埋也。○【師古曰】悼嚴武之亡也。○【師古曰】潘岳傷弱子序曰：瘞于亭東。○【杜田補遺。又，杜陵詩史、補注杜詩引作「師古曰」。】又西征賦：夭赤子於新安，坎路側而瘞之。亭有千秋之號，子無七旬之期。**持危覓鄧林**。○【師古曰】言嚴武之死，朝廷失大才也。○史記禮書：楚人阻之以鄧林。○【王洙曰】注引山海經：夸父死，棄其杖，化爲鄧林。列子湯問篇：夸父不量力，欲追日景，逐之於嵎谷之際，渴，欲得飲，越飲河、渭，河、渭不足，將北飲大澤，未至，道渴而死，棄其杖，尸膏肉所浸，生鄧林，彌廣數千里。**蹉跎翻學步**，○【師古曰。趙次公曰：「甫自傷其方隨流俗也。」】甫亦失其故步，而隨乎流俗也。○【王洙曰】莊子秋水篇：壽陵餘子之學行於邯鄲，失其故行〔二三〕，直匍匐而失〔二四〕。**感激在知音**。○【師古曰。趙次公曰：「甫自傷其無識之者也。」】公感激在於諸公之知己，而傷其無識之者也。○【趙次公曰：「子期死，伯牙破琴絶絃，身不復鼓。」】魏志王粲傳：昔伯牙絶絃於鍾期，痛知音之難遇也。**却假蘇張舌**，○【王洙曰：「蘇、張，蘇秦、張儀也。」】蘇秦、張儀歷説諸國。高誇周宋鐔。◯鐔，徐心切，劍鼻也。◯【王洙曰】莊子説劍：王曰：「天子之劍何如？」曰：「天子之劍，以燕石爲鋒，齊岱爲鍔，晉、魏爲脊，周、宋爲鐔，韓、魏爲鋏〔一五〕。」納流迷浩汗，◯浩汗，水大貌。◯【王洙曰】海賦：騰湧浩汗。峻址得嶔崟。◯嶔崟，山高貌。子虛賦：嶔崟參若〔一六〕。城府開清旭，◯【趙次公曰。又，杜陵詩史、補注杜詩引作「蘇曰」。】美諸公在幕府也。松筠起碧潯。◯筠，一作篁。潯，徐林切，水涯也。◯【趙次公曰】公自言其舟在江旁〔一七〕也。披顏爭倩倩，◯【趙次公曰】言往被承諸公之顔，爭爲倩倩然，言笑以相待也。詩：巧笑倩兮。逸足競駸駸。◯【趙次公曰】美諸公之俊逸也。◯【王洙曰】詩云：載驟駸駸。朗鑑存愚直，◯【趙次公曰】愚直，公自謂也。朗鑑，則所以望諸公也。皇天實照臨。◯【王洙曰】左氏傳：皇天后土，實聞此言。公孫仍恃險，侯景未生擒。◯【趙次公曰】言當時節度使有恃險如蜀公孫述之在夔州，有攻陷城邑如梁侯景之陷臺城者也。書信中原闊，◯言家鄉之書不至也。干戈北斗深。◯言兵革未息也。◯【趙次公曰】長安之城，上直北斗。畏人千里井，◯言畏乎人則有千里之井也。◯【趙次公曰】金陵記：南計吏止于傳舍間，及將就路，以馬殘草瀉於井中而去，謂無再過之期。不久，復由此，飲于此井，遂爲昔時剉草刺喉而死。故後人戒之曰：「千里井，不瀉剉。」又曰：「千里井，不堪唾〔一八〕。」◯【薛夢符曰】或曰：西山十二真君傳：許真君弟子施岑斬蛟，中其股，遂奔入豫章城西門外横泉井中。真君尋井脉追之，直至長沙。問俗九州箴。◯言問乎俗，則有九州之箴也〔一九〕。

○【王洙曰】揚雄傳贊：箴莫善於虞箴，作州箴。晉灼曰：謂九州之箴也。〔二〇〕戰血流依舊，軍聲動至今。葛洪尸定解，○【師古曰】以喻嚴武服金石而化去也。○【王洙曰】晉葛洪傳：洪字稚川，窮覽典籍，尤好神仙導養之法。辭辟不就，以年老欲鍊丹，以祈遐壽，聞交趾出丹，求爲勾漏令。帝從之。遂止羅浮山鍊丹。卒時年八十一，視其顔色如生，體亦柔軟。舉尸入棺，甚輕如空衣，世以爲尸解得仙。○真誥：人死必視其形，如生人，皆尸解也。視足不青，皮不枯，皆尸解也。目有光如生人，亦尸解也。髮脱而失形骨，亦尸解也。許靖力難任。○【趙次公曰】甫言南征而避亂也。○【王洙曰】蜀志許靖傳：少與從弟劭俱知名，並有人倫臧否之稱，而私情不協，排擯靖，不得齒叙也。○【趙次公曰】王郎嘗與靖書曰：「足下周流江湖，以暨南海，歷觀夷俗，可謂徧矣。」如靖之力，還可勝任。家事丹砂訣，無成涕作霖。

【校記】

〔一〕嶰，古逸叢書本作「解」。

〔二〕二，古逸叢書本無。

〔三〕有，元本、古逸叢書本作「是」。

〔四〕漂，古逸叢書本作「溧」。

〔五〕非祭，元本、古逸叢書本作「祭非」。

〔六〕作，元本、古逸叢書本作「似」。
〔七〕注，元本、古逸叢書本作「生」。
〔八〕令，古逸叢書本作「令」。
〔九〕佑，元本、古逸叢書本作「佐」。
〔一〇〕父，古逸叢書本作「公」。
〔一一〕乃沅，古逸叢書本作「有流」。
〔一二〕太，元本、古逸叢書本作「大」。
〔一三〕行，古逸叢書本作「步」。
〔一四〕失，元本、古逸叢書本作「歸」。
〔一五〕鋏，古逸叢書本作「夾」。
〔一六〕若，古逸叢書本作「差」。
〔一七〕旁，元本作「帝」，古逸叢書本作「臯」。
〔一八〕唾，元本、古逸叢書本作「垂」。
〔一九〕元本、古逸叢書本「也」後尚有一句：「左傳襄公四年：虞人之箴曰：芒芒禹跡，畫爲九州。」
〔二〇〕「晉灼」至「箴也」，元本、古逸叢書本無。

幽人

○【師古曰】幽人，乃幽隱之人。按唐書拾遺：惠昭、荀珏與甫交善，常以詩相倡酬。此詩思之，故以二子目爲幽人。○【師古曰。又，王洙曰：「易：履道坦坦，幽人貞吉。」】取易「履道坦坦，幽人貞吉」之義也。

孤雲亦羣遊，神物有所歸。○有，一作識。麟鳳在赤霄，○麟，疑作靈。何嘗一來儀。○嘗，一作當。○【師古曰】神物，謂龍也。龍翔而雲從，喻聖人出而賢人應之。舜韶九成，而鳳皇來儀，蓋鳳之爲物，有道則見。今雲之未遇神龍，鳳不遇有道之世〔一〕，雲則無所歸，鳳則不來儀，是以賢人幽隱，此其時也。往與惠荀輩，中年滄洲期。○【門類增廣十注杜詩引「杜云」：「海中十洲，其一曰滄洲。」又，杜陵詩史、分門集注、補注杜詩引作「師古曰」。】海上有十洲，乃神仙所居，滄洲是其一也。甫往與惠昭、荀珏二子約中年功名成，遂爲滄海之遊也。○或曰：惠，謂謝惠連；荀，謂荀雍，與靈運、何長瑜以文章賞會，共爲山澤之遊，時人謂之「四友」。予謂當從拾遺之言爲是。天高無消息，棄我忽若遺。○【師古曰】謂自別以來，悄無音耗，殆恐二子以予信道不篤，見疵於予，是以棄我若遺，而無所思也。○【王洙曰】詩谷風：棄予如遺。郭泰機詩：衣工秉刀尺，棄我忽若遺。內懼非道流，○【師古曰】按集有曰「道意久衰薄」，又曰「丹砂負前諾」，是故有此句者也。幽人見瑕疵。洪濤隱笑語，○樊作語笑。鼓枻蓬萊池。○枻，以制反，楫也。○【師古曰】海上有三島，一曰蓬萊，二曰方丈，三曰瀛洲。孫楚賦：舟人鼓枻而揚歌。崔嵬扶桑日，○【師古曰。又，王洙曰：「山海經曰：日出陽谷，浴于咸池，拂於扶桑。」】淮南天文訓曰：出于暘谷，拂于扶桑。○【趙次公曰：「山海經云：大荒之中，暘谷上有扶桑，十日所浴，九日居下枝，一日居上枝，皆載烏。」】山海經：黑齒之北曰暘谷，居水中，有扶桑，九日居下枝，一日居上枝，皆戴烏。○淮南本經訓：堯之時，十日並出，堯使羿射一日。許慎注：十日並出，羿射去九。○【杜田補遺】十洲記：扶桑在碧海中，有桑樹長數千丈，三千餘圍，兩樹同根，更相依倚，故曰「扶桑」。照耀珊瑚枝。○南州異物志：珊瑚生大秦國，有洲在漲海中，爲珊瑚樹。洲底有盤石，水深二十餘丈。珊瑚生於石上，枝柯交錯，高三四尺，大者圍尺餘。○【王洙曰】梁元帝馬詩：照耀珊瑚鞭。風帆倚翠蓋，○蓋，一作巘〔二〕。○【師古曰】翠蓋，即翠羽飾蓋也。○【王洙曰】張衡東京賦：飾翠羽之高蓋。暮把東皇衣。○【師古曰】東皇，乃東方青帝也。○【王洙曰】屈原九歌有東皇太一〔三〕章。嗽漱元和津，○【師古曰】元和津，乃天地一元之氣津液也。○【杜田補遺。又，門類增廣十注杜詩引作「集注」，杜陵詩史引作「孝祥曰」。】黄庭内景經：口爲玉池太和宫，漱咽靈液災不忓。注：口中液水爲玉津。又中黄經：但服元和，除五穀。注：服元和，謂咽津液也。所思煙霞微。○【師古曰】謂滄洲在煙霞深微之中也。知名未足稱，局促商山芝。五湖復浩蕩，歲暮有餘悲。○【師古曰】甫意謂若與惠、荀輩遊滄洲，則必鼓枻以拂扶桑之日，映照珊瑚之枝，順風挂帆，輕倚翠蓋，挹東皇，嗽元氣，隱於煙霞之表，雖功名赫赫，未足爲稱，雖四皓商山紫芝，猶爲局促，比此真藥，萬萬遠矣！奈何言不相副，今復飄泛五湖，尚爲羈旅，况年已暮，將與物化，豈不爲之悲傷乎！

【校記】

〔一〕世，古逸叢書本作「君」。

〔二〕巘，古逸叢書本作「鳳」。

〔三〕一，元本、古逸叢書本作「乙」。

大曆五年庚戌在潭州所作

奉贈蕭二十使君

昔在嚴公幕，俱爲蜀使臣。艱危參幕〔一〕府，○甫自注：嚴再領成都，余復參幕府。前後間紅〔二〕塵。○【趙次公曰：「廣德二年正月，合劍南東、西川爲一道，再以黄門侍郎嚴武爲節度使。公春晚自閬攜家歸蜀，再依武，武奏爲節度參謀。今贈蕭詩而云『間清塵』，則蕭是嚴公初鎮時入幕，而公在其再來時，所以爲『間』也。公自注之義亦明。」】蕭於嚴公初鎮時入幕，而甫在其再來時，遂爲間也。起草鳴先路，○【趙次公曰：「則蕭使君初自嚴幕而往，必爲舍人之職矣。唐制：舍人六人，正五品。上掌侍進奏參議表章，凡詔旨制敕璽書册命皆起草進畫，既下則署行。」】言蕭自嚴幕而往爲舍人，凡詔旨制敕璽書册命皆起草。乘槎動要津。○以言其貴也。○【趙次公曰】古詩：先據要路津。○餘見前注。王鳧聊暫出，○【趙次公曰】王喬傳：喬爲葉令，每月朔望嘗自縣詣朝。帝怪其來數，而不見車騎，密令太史伺望之，言其臨至，有雙鳧自東南飛來。於是候鳧至，舉羅張之，但得一舄焉。蕭雉只相馴。○【趙次公曰】蕭廣濟孝子傳：蕭芝至孝，除尚書郎，有雉數十頭飲啄而止。當上直，送至歧路；下直入門，飛鳴車前。終始任安義，○【趙次公曰】此以蕭使君比任安之事衛青，有終始之義也。○【杜田正謬】。又，杜陵詩史、分門集注、補注杜詩、集千家注批點杜工部詩集引作「修可曰」。】按霍去病傳：衛青爲大將軍，霍去病爲驃騎將軍。定令，令秩禄與大將軍等。自是後青日衰，而去病日益貴。故人門下多去事去病，輒得官爵。惟獨任安不肯去。荒蕪孟母隣。○孟母，前注。聯翩匍匐禮，○【王洙曰】詩：凡民有喪，匍匐救之。意氣死生親。○【趙次公曰】鄭當時傳：翟公署其門曰：「一死一生，乃知交情。」○甫自注：嚴公歿後，老母在堂，使君温凊之問，甘脆之禮〔三〕，名數若己之庭闈焉。太夫人傾逝，襄〔四〕事又首諸孫，主典撫孤之情，不減骨肉，膠漆之契可知矣。張老存家事，○【趙次公曰】以張老比蕭使君，言能存嚴公之家，令諸孫奉太夫人襄事，哭於斯，聚國族於斯，不失其家也。按檀弓篇：晉獻文子成室，晉大夫發焉。張老曰：「美哉輪焉，美哉奂焉！歌於斯，哭於斯，聚國族於斯。」嵇康有故人。○【趙次公曰】以嵇康比嚴武。故人，指蕭使君也。○【王洙曰】晉山濤傳：字巨源，與嵇康善。康後坐誅，謂其子紹曰：「巨源在，汝不孤矣。」食恩慙鹵莽，○【趙次公曰】言蕭使君之心，舊食於嚴武之恩，尚慙報之鹵莽也。莊子則陽篇：爲禾耕而鹵莽之，則其實亦鹵莽而報予。鏤骨抱酸辛。○【趙次公曰】言蕭使君報嚴公之恩，銘鏤肌骨，常抱酸辛。阮嗣宗詩：悽愴抱酸辛。巢許山林志，○【趙次公曰】甫以巢父、許由自比也。○吕氏春秋：堯朝許由於沛澤之中，曰：「請屬天下於夫子。」許由遂之箕山之下、潁水之陽。○【趙次公引作「嵇康高士傳云云」。】皇甫謐逸士傳：巢父者，堯時隱人也。及堯讓位許由也，由以告巢父，巢父乃過清泠之水洗其耳。夔龍廊廟珍。○【趙次公曰】美蕭使君如舜時典樂之夔、納言之龍，言二人之材當爲廟堂之用也。鵬圖仍矯翼，○莊子：大鵬翼若垂天之雲，搏扶搖羊角而上者九萬里，絶雲氣，負青天，然後圖南。熊軾且移輪。○【趙次公曰】言蕭使君如大鵬之圖南，乃矯奮其翼，固當遂晉擢矣，而且爲太守，故憑熊車以移輪也。磊落衣冠地，蒼茫土木身。○【趙次公曰】甫自謙言其身如土木，亦在衣冠之列也。○【王洙曰】嵇康傳：康有風儀，而土木形骸，不自藻飾。塤篪鳴自合，○【趙次公曰：「於是再與蕭相見，如塤篪之合，而金石不移，所以瑩逾新也。」】言其友愛如塤篪之和也。○詩：何人斯，伯氏吹塤，仲氏吹篪。箋云：伯、仲，喻兄弟也。我與女恩如兄弟，其相應和如塤篪也。金石瑩逾新。○【趙次公曰：「於是再與蕭相見，如塤篪之合，而金石不移，所以瑩逾新也。」】謂其義節如金石之不變也。重憶羅江外，○【趙次公曰】羅江縣，屬綿州。〔五〕同遊錦水濱。○【趙次公曰】錦水，即成都也。結歡隨過隙，

○【趙次公曰】莊子知北遊篇：人生天地之間，若白駒之過隙，忽然而已矣。懷舊憶〔六〕霑巾。○【王洙曰】潘安仁懷舊賦：涕泫流而霑巾。曠絶含香舍，○【趙次公曰】甫爲尚書工部員外郎，而不得坐省，所以爲「曠絶」也。後漢志：尚書郎口含雞舌香，以其奏事，欲使氣芬芳也。稽留伏枕辰。○【趙次公曰】詩：展轉伏枕。停驂雙闕早，○追想昔爲拾遺朝謁之時也。迴雁五湖春。○【趙次公曰】言在潭湘之時也。不達長卿病，○【趙次公曰】昔相如有消渴之病，而甫亦有之，故自怪其不解省如此。從來原憲貧。○【趙次公引作「家語云云」】莊子讓王篇：原憲居魯，環堵之室，環坐而弦。子貢軒車不容巷，往見原〔七〕憲，曰：「嘻！先生何病？」憲曰：「憲聞之，無財謂之貧，學而不能行謂病。今憲貧也，非病也。」監河受貸粟，一起轍中鱗。○貸，吐代切。○【趙次公曰】此甫有求於蕭使君，冀其有以惠之也。○【王洙曰】莊子外物篇：莊周家貧，故往貸粟於監河侯。監河侯曰：「諾！我將得邑金，將貸子三百金，可乎？」莊周忿然作色，曰：「周昨來，有中道而呼者，周視車轍中有鮒魚焉。周問之曰：『鮒魚來，子何爲者邪？』對曰：『我，東海之波臣也。君豈有斗升之水而活我哉？』」

【校記】

〔一〕幕，古逸叢書本作「大」。

〔二〕紅，古逸叢書本作「清」。

〔三〕禮，古逸叢書本作「豐」。

〔四〕襄，古逸叢書本作「尚」。
〔五〕羅江縣屬綿州，元本、古逸叢書本作「羅江縣名」。
〔六〕憶，古逸叢書本作「益」。
〔七〕原，元本、古逸叢書本作「顔」。

奉送二十三舅録事之攝郴州○崔偉。

賢良歸盛族，○【趙次公曰】周禮：師氏掌發〔一〕國子，友行以尊賢良。賢則行〔二〕之傑，良則才之美也。吾舅盡知名。徐庶尚交友，○【趙次公曰】以徐庶美崔舅也。昔徐庶其所遊者，諸葛亮、龐士元、司馬德操之流而已。劉牢出外甥。○【趙次公曰】又以劉牢之比崔舅，而以無忌自比也。○劉牢之，晉人也。○【王洙曰】桓玄曰：「何無忌，劉牢之外甥，酷似其舅。今舉大事，孰謂無成？」泥塗豈珠玉，○【趙次公曰】美崔舅有明珠白玉之質，豈宜辱在泥塗乎？環堵但柴荆。○【趙次公曰】：「又公自言耳。」甫自言貧居也。衰老悲人世，驅馳厭甲兵。氣春江上別，淚血渭陽情。○【王洙曰】詩：我送舅氏，曰至渭陽。舟鷁排風影，○【趙次公曰】：「言崔舅之船。」謂行舟也。○相如賦：浮文鷁。林烏反哺聲。○【趙次公曰】言崔舅侍太夫人以行也。束晳補亡詩：嗷嗷林烏，受哺于子。永嘉多北至，○【鄭卬曰】永嘉，晉帝年號也。○【王洙曰】永嘉之亂，衣冠南渡。

○【趙次公曰】言崔舅自北而來也。勾漏且南征。○【鄭卬曰】勾，古侯切。勾漏，邑名，屬交阯。○【王洙曰：「葛洪求爲勾漏令，以有丹砂也。」】晉葛洪聞交阯出丹砂，求爲勾漏令，至廣州，乃止羅浮山鍊丹。必見公侯復，○【趙次公曰】今〔三〕句可以見崔舅貴人子孫也。○【王洙曰】左氏傳：公侯必復其始。終聞盜賊平。郴州可涼冷，○可，或作頗。橘井尚凄清。○【趙次公曰】此據風土而言之也。蓋以南方多熱，而此郡獨涼矣。橘井在郴州。神仙傳：蘇耽將仙，謂其母曰：「以亭前橘葉神，使病者以井水服之，病即愈。」○郴州圖經：蘇耽將去，告母曰：「後二年，郴人大疫。」乃植橘鑿井，曰：「受病者但食一橘葉，飲水一盞，當自癒。」今郴州蘇仙觀乃其舊宅也。從役何蠻貊，○【王洙曰】論語：言忠信，行篤敬，雖蠻貊之邦行矣。居官志在行。○【王洙曰】左氏傳：當官而行。

【校記】

〔一〕發，古逸叢書本作「教」。

〔二〕行，元本作「取」，古逸叢書本作「材」。

〔三〕今，古逸叢書本作「此」。

送魏二十四司直充嶺南掌選崔郎中判官兼寄韋韶州

選曹分五嶺，○【趙次公曰】言崔郎中充嶺南掌選也。陸德明南康記：大庾嶺、桂陽騎田〔一〕嶺、九真都龐嶺、臨賀萌浩嶺、始安越城嶺，是爲五嶺。使者歷三湘。○【趙次公曰】言崔郎中出使歷三湘也。樂史寰宇記：湘潭、湘鄉、湘源，是爲三湘。才美膺推薦，○【趙次公曰】言魏司直爲人所薦而爲判官也。君行佐紀綱。○【趙次公曰】言魏之行，崔氏佐君之紀綱也。○【王洙曰】左氏傳：紀綱之僕。佳聲期共遠，○【王洙曰】期，一作斯。○共，樊作不。○【趙次公曰】謂魏、崔皆著佳聲而共遠也。雅節在周防。明白山濤鑒，○【趙次公曰】戒魏君之佐選事當以公也。○【王洙曰】晉山濤爲吏部尚書，前後選舉，周徧内外，而並得其才。後辭以疾，再居選職十有餘年。每一官闕，啓擬數人，甄人物各爲題目，時稱「山公啓事」。嫌疑陸賈裝。○【趙次公曰】又戒之以廉也。今魏君往嶺南充掌選判官，苟有千金之裝如陸賈，則爲嫌疑矣。○【王洙曰】陸賈傳：時中國初定，尉佗平南越，因王之。高祖使陸賈賜佗印，爲南越王。因説佗北面稱臣，佗説，賜賈橐中裝直千金，佗送亦千金。故人湖外少，○【趙次公曰】：「故人湖外客，此是韋迢詩全句。公改一字，而精神健矣。」】韋昭〔二〕詩：故人湖外客。春日嶺南長。憑報韶州牧，新詩昨寄將。○【王洙曰】寄，一作夜。

【校記】

〔一〕田，元本、古逸叢書本作「日」。

〔二〕「韋昭」當作「韋迢」。

送趙十七明府之縣

連城爲重寶，○【趙次公曰】此言秦王以十五城易趙和氏之璧，以喻趙明府之至貴也。茂宰得才新。○言得趙明府英茂之才而爲新宰也。○【杜田補遺。又，杜陵詩史、補注杜詩、集千家注批點杜工部詩集引作「蘇曰」。】謝玄暉和登孫權故城詩：茂宰深遐睠。李白贈義興宰詩：天子思茂宰。山雉迎舟楫，○【趙次公曰】謂仁及禽鳥而知所馴矣。江花報邑人。○【趙次公曰】謂恩被草木而知所喜矣。論交翻恨晚，○【趙次公曰】公與趙君晚方論交也。卧病却愁春。惠愛南翁悦，餘波及老身。○【趙次公曰】言施惠愛而南人喜悦，公自謂老身亦霑其餘波也。

人日寄杜二拾遺○【趙次公曰】適於肅宗時爲李輔國毀短，下除太子少詹事。未幾蜀亂，出爲彭州刺史，又遷蜀州。

蜀州刺史高適

人日題詩寄草堂，○【王洙曰：「草堂，公所結於浣花。」】草堂在浣花溪上。遥憐故人思故鄉。○【王洙曰】故人，謂甫也。故鄉，謂長安也。柳條弄色不忍見，梅花滿枝空斷腸。○【王洙曰：「空，一作堪。」】空，樊作堪。身在南蕃無所預，○【王洙曰】南，一作遠。○【趙次公曰】南蕃，甫居荆麓之地。無所預，言不預朝政也。心懷百憂復千慮。今年人日空相憶，明年此日知何處。○【王洙曰】此，一作人。一卧東山三十春，豈知書劍與風塵。○【王洙曰。又，趙次公曰：「舊本正作與風塵。說者以爲卧東山三十春，所以不復知有書劍之用，且不知有風塵之變。此説費力矣。老風塵，又所以引末句之言。蓋初以書劍從事，而至老却遭風塵，然雖龍鍾，而還爲太守，有媿於杜公爲東西南北之人也。」】與，一作老。○【王洙曰】風塵，言盜賊起也。龍鍾遠忝二千石，○【趙次公曰】龍鍾，行不進貌。○【趙次公曰：「二千石，漢刺史之秩。適初爲彭州，今爲蜀州，所以謂之還忝也。」】二千石，謂爲蜀州刺史也。愧爾東西南北人。○【王洙曰】孔子曰：丘也東西南北之人也。則以孔子歷聘比杜公矣。○【趙次公曰】按集甫有詩曰「甫也東西南北人」故也。

追酬故高蜀州人日見寄○并序

開文書帙中，檢所遺忘，因得故高常侍適往居在成都時，高任蜀州刺史人日相憶見寄詩，淚灑行間，讀終篇末。自枉詩已十餘年，莫記存没又六、七年矣。

老病懷舊，生意可知。今海内忘形故人，獨漢中王〔一〕瑀與昭州敬使君超先在，愛而不見，情見乎辭。大曆五年正月二十一日，却追酬高公此作，因寄王及敬弟。○高適乾元中刺蜀州，永泰元年卒，至大曆五年，實六年矣。

自蒙蜀州人日作，○蒙，一作往。不意清詩久零落。○孔融與曹操書：海内知識，零落殆盡。謝靈運富春渚詩：萬事俱零落。今晨散帙眼忽開，○開，一作明。迸淚幽吟事如昨。○【師古曰】自高寄詩已十餘年，追思之，纔如昨日，言時光奄忽也。○倉頡篇：昨，隔日也。嗚呼壯士多慷慨，合沓高名動寥廓。○【師古曰】寥廓，指天地間也。歎我悽悽求友篇，○友，一作反。○【師古曰】反篇，言反〔二〕報之篇，即「追酬」也。感時鬱鬱匡君略。○【趙次公曰】對時而感，則其志鬱鬱，不得伸其匡君之謀略，徒忝二千石而已。錦里春光空爛熳，○【師古曰】錦里，乃蜀州也。瑤墀侍臣已冥寞。○【趙次公曰】適爲刑部侍郎、散騎常侍，乃天子玉墀之從臣。今追言其死而冥寞矣。○顏延年拜陵廟詩：衣冠終冥寞。瀟湘水國旁黿鼉，○瀟水出道州，湘水出全州，二水至永州合而爲一，以入洞庭。鄠杜秋天失鵰鶚。○【師古曰】甫，鄠杜人，今寄居湘水，傍近黿鼉，而不獲高翔遠舉，故云「失鵰鶚」也。東西南北更堪論，○言蹤無定。○【趙次公曰】以答高君「東西南北」之句。白首扁舟病獨存。○【趙次公曰】且言其扁舟寓於潭湘也。猶拱北辰纏寇盜，○猶，一作遥。○【師古曰。又，王洙曰：「北辰，象帝居，時猶爲盗據，未獲收復。」】北辰喻帝座，爲賊所據而未敢〔三〕復也。欲傾東海洗乾坤。○【王洙曰】思欲滌蕩妖氛也。邊塞西蕃最充斥，○最，一作正。○【師古曰。又，王洙曰：「西蕃，吐蕃也。充斥，猶縱横也。」】言吐蕃縱横也。衣冠南渡多崩奔。○【師古曰。又，王洙曰：「南渡，避亂也。崩奔，蒼黄貌。」】衣冠，指士大夫南渡而避亂也。鼓瑟至今悲帝子，○【師古曰】託言公主諸王亂離飄泊，故可悲也。○屈原遠遊篇：二女御九韶歌，使湘靈鼓瑟兮，令海若舞馮夷。○【趙次公曰】又，九歌篇：帝子降兮北渚。曳裾何處覓王門。○【師古曰。又，王洙曰：「此言愛漢中王而不見也。」】託言漢中王瑀，乃甫所親愛者，不可得見也。○【王洙曰】鄒陽傳：何王之門不可曳長裾。文章曹植波瀾闊，○【王洙曰】曹植，乃陳思王也。○七步成詩。服食劉安德業尊。○【王洙曰】淮南王劉安作内、外、中篇之書，言服食神仙黄白之術、神仙事。○【師古曰】夢弼謂：曹植、劉安皆宗親，以比漢中王也。長笛誰能亂愁思，○【王洙曰。又，趙次公曰：「舊本一作『愁笛鄰家亂愁思』。『鄰家』字雖是本出，而用字偪實，不如『誰能』字之宛轉也。」】誰能，一作鄰家。○【薛夢符曰】馬融傳：有雒客舍逆旅吹笛，融去京師逾年，暫聞甚悲而樂之，遂作長笛賦。○【趙次公曰】又，向子期思舊賦序：余與嵇康、吕安居止接近，今經其舊廬，鄰人有吹笛者，發聲寥亮，追思曩昔遊宴之好，故作思舊賦，云：濟黄河以泛舟，經山陽之舊居。昭州詞翰與招魂。○【師古曰。又，王洙曰：「昭州，敬使君。」】昭州，指敬超先也。○【師古曰】善爲詞翰，可爲甫招魂也。亂離之際，精神莽散，欲以詞招之也。○昔宋玉哀憐屈原，作招魂篇。

【校記】

〔一〕樊作「漢中郡王」。

〔二〕反，元本、古逸叢書本作「又」。

〔三〕敢，元本、古逸叢書本作「收」。

蘇大侍御涣静者也旅于江側凡是不交州府之客人事都絶久矣肩輿江浦忽訪老夫舟楫而已茶酒内余請誦近詩肯吟數首才力素壯詞句動人接對明日憶其湧思雷出書篋几杖之外殷殷留金石聲賦八韻記異亦記老夫傾倒於蘇至矣

○唐藝文志：蘇涣詩一卷。少喜讀書，第廣德二年進士。湖南崔瓘辟從事，瓘死，走交廣。

龐公不浪出，○前注。蘇氏今有之。○【師古曰。又，趙次公曰：「龐公，後漢龐德公也。本傳：龐公者，南郡襄陽人。居峴山之南，未嘗入城府。」】昔龐德公居峴山之南，不應州府辟命，未嘗入城郭。○【師古曰。又，王洙曰：「言亦不交州府也。」】今蘇渙不交州府，頗有其風也。再聞誦新作，突過黃初詩。○【趙次公曰。又，杜陵詩史引作「師古曰」。】黃初，魏文帝即位年號。○【師古曰】蓋指曹子建文集也。○【趙次公曰】或曰：魏文爲太子，當後漢建安末，在鄴宮，七子從之遊，皆能詩。乾坤幾反覆，○【王洙曰】幾，一作洎。○幾，巨至切。揚馬宜同時。○【師古曰】言世代變遷，而名終不歇，可與揚雄、司馬相如齊名於當時也。今晨清鏡中，○【師古曰】指言江上也。勝食齋房芝。○【師古曰。又，趙次公曰：「今比蘇渙之詩，如房芝之可茹也。」】言讀蘇渙之詩，意味清新，過於茹靈芝也。○【王洙曰】郊祀志：漢武元封二年，芝生甘泉齋房。○本草：芝，輕身延年不老。余髮喜却變，白間生黑絲。○【王洙曰】生，一作添。○【師古曰。又，趙次公曰：「變白爲黑，以聞其詩之故。」】甫與蘇論文，喜而髮爲之變，文有益於人如此也。昨夜舟火滅，○昨，一作永。○【王洙曰】滅，一作接。湘娥簾外悲。○湘娥，謂娥黃〔一〕、女英也。百靈未敢散，○【王洙曰：「言百靈聞誦詩而皆來也。」趙次公曰：「湘娥悲，百靈未散，皆以聞其詩而然也。」師古曰：「皆言聽詩而感動之也。」】言湘靈聞誦詩而皆來聽之也。風破寒江遲。○【王洙曰：「（破）一作波。」趙次公曰：「一作風波，非。」】破，一作浪。○【趙次公曰】宗慤曰：「願乘長風，破萬里浪。」

【校記】

〔一〕黃，元本、古逸叢書本作「皇」。

送重表姪王砅評事使南海〇砅，與厲同，並音礪。説文：砅，履石渡水也。郡國志：漢武置南海郡，在洛陽南七千一百里。七城：蕃禺、博羅、中宿、龍川、四會、揭陽、增城。〔一〕

我之曾老姑，爾之高祖母。爾祖未顯時，歸爲尚書婦。〇婦人謂嫁曰歸。〇【趙次公曰】尚書，指王珪也。〇言杜氏歸爲王珪之妻也。〇【王洙曰】按唐書珪傳：貞觀十年，拜禮部尚書。〔二〕隋朝大業末，房杜俱交友。〇【趙次公曰】隋大業間，王珪與房玄齡、杜如晦同學於河汾文中子，則交友可知矣。〔三〕長者來在門，〇【王洙曰】陳平傳：以席爲門，門外多長者車轍。〔四〕荒年自糊口。〇【師古曰】言凶年何暇具禮待人也。〇莊子人間世篇：支離疏挫鍼治繲，足以糊口。〔五〕〇【王洙曰】左氏傳〔六〕：糊其口於四方。家貧無供給，客位但箕箒。〇【師古曰】言貧無餘物也。〔七〕俄頃羞頗珍，〇一作頗羞珍。〔八〕寂寥人散後。〇寥，一作寞。〔九〕入怪鬢髮空，吁嗟爲之久。自陳剪髻鬟，鬻市充盃酒。〇杯，一作沽。〇【王洙曰】：「晉陶侃母常剪髮具酒食延賓客。」趙次公曰：「翦髮言其好客，未必實事。暗使晉陶侃母嘗翦髮具酒食延賓客事，以形容之也。」】此以陶侃母比王珪之母也。晉陶侃傳：侃早孤貧，爲縣吏。鄱陽孝廉范逵嘗過侃，時倉卒無以待賓，其母乃截髮以易酒肴，樂飲極歡。〔一〇〕上云天下亂，宜與英俊厚。向竊〔一一〕窺數公，經綸亦俱有。○【門類增廣十注杜詩、門類增廣集注杜詩引作「杜云」，杜陵詩史、分門集注、補注杜詩引作「修可曰」。】王珪傳：珪始隱居，時與房玄齡、杜如晦善，母李氏嘗曰：「兒必貴，然未知所與遊者何如人，而試與偕來。」會玄齡等過其家，李窺大驚，速具酒食，歡盡日。喜曰：「二客公輔才，汝貴不疑。」〔一二〕次問最少年，虬髯十八九。○【鄭卬曰】髯，如占切。頰須也。○【趙次公曰】虬髯，指秦王，即太宗也。○按集八哀汝陽王詩「虬髯似太宗」是也。〔一三〕子等成大名，皆因此人手。下云風雲合，龍虎一吟吼。○【師古曰】喻君臣唱和也。○【趙次公曰】易乾卦：雲從龍，風從虎。○聖人作而萬物覩。願展丈夫雄，○後漢趙溫曰：「大丈夫當雄飛，安能雌伏？」得辭兒女醜。秦王時在坐，真氣驚户牖。○珪母李氏識真主於側微，而唐史氏缺而不録，惜哉！及乎貞觀初，尚書踐臺斗。○【王洙曰】：「珪正觀中以侍中輔政。」】夫以珪之賢，上稟訓於賢母李氏，下得助於賢妻杜氏，其爲臺鼎之宗臣也，宜矣！夫人常肩輿，上殿稱萬壽。○【王洙曰】夫人，指母李氏常以命婦預朝會也。○按唐會要：命婦朝謁，並不得乘擔子。其尊屬年高，特敕賜擔子者，不在此例。則珪母殆得特恩歟？後漢馮勤母年八十，每朝會，詔敕勿拜，令御者扶上殿。六宮師柔順，法則化妃后。○後漢曹世叔妻姓班氏，名昭，字惠姬。帝數召入宫，令皇后諸貴人師事焉。至尊均嫂叔，盛事垂不朽。鳳雛無凡毛，五色非爾曹。○【師古曰】爾曹，指王砯也。○昔蜀龐統號鳳雛。晉陸雲幼時，闞鴻〔一四〕見而奇之，曰：「此兒若非龍駒，即是鳳雛。」○【趙次公曰】南史：謝超宗作殷淑儀誄，帝大嗟賞，謂謝莊曰：「超宗殊有鳳毛。」往者胡作逆，乾坤沸嗷嗷。○【趙次公曰】謂安禄山作亂也。吾客在馮翊，○【師古曰。又，趙次公曰：「馮翊，同州也。」】馮翊，郡名也。爾家同遁逃。○【王洙曰。又，趙次公曰：「公避寇同州，其事顯矣。」】共〔一五〕避亂也。争奪至徒步，魂獨委蓬蒿。○【師古曰】言幾死于草萊也。逗留熱爾腸，十里却呼號。自下所騎馬，右持腰間刀。左牽紫遊韁，○【九家集注杜詩引作「公自注」，杜陵詩史、分門集注、補注杜詩引作「王洙曰」。】晉中興書：太和中，鄴下童謡曰：「青青御路楊，白馬紫遊韁。」飛走使我高。○【王洙曰】公言天寶十五載避亂日，輟自馬載我，使走免難於危險之中也。苟活到今日，寸心銘佩牢。○【王洙曰】懷輟馬之恩也。亂離又聚散，宿昔恨滔滔。水花笑白首，○【師古曰：「水花，蓮花也。」】水花，即浪花。○【趙次公曰】公時旅寓於潭也。春草隨青袍。○【趙次公曰】以言王評事往南海也。○【王洙曰】哀江南賦：青袍如草。廷評近要津，○【師古曰】廷評，即評事也。要津，言官清要也。節制收英髦。○【趙次公曰】言南海節度使幕中收録賢材。○【師古曰】如王評事輩，真得人也。北驅漢陽傳，○【趙次公曰】傳，張戀切。郵馬之謂也。○言自北驅車而來南也。南泛上瀧舠。○瀧，音雙。舠，音刀。○【師古曰】言從此南泛海而往使也。○廣韻：南人名急湍曰瀧。〔一六〕集韻：水名，在嶺南。韓愈瀧吏詩：南行逾六旬，始下樂昌瀧。○【趙次公曰】釋名：船三百斛曰舠。○【師古曰】舠，短也。江南所爲名，短而廣，安而不傾危也。家聲肯墜地，○【趙次公曰】司馬子長報任安書：李陵既生降，頽其家聲。利器當秋毫。○【王洙曰：「虞詡曰：『不逢盤根錯節，何以知道利器？』」】虞詡傳：朝歌賊殺長吏，乃以詡爲朝歌長。故舊皆弔，詡笑曰：「志不求易，事不避難，臣之職也。不遇盤根錯節，何以別利器乎？」始到，賊駭散，咸稱神明。顔氏漢書音義：兔毫至秋而成，端極纖細，喻其小也。蕃禺親賢領，○蕃，蒲何切。禺，音愚。○【王洙曰：「縣名，屬廣州也。」鄭卬曰：「番禺，廣州屬縣。」】番禺，廣州屬縣。○【師古曰】今表姪王砅領之。籌運神功操。大夫出盧宋，○大夫，指王砅也。○【趙次公曰】盧謂盧奐，宋謂宋璟也。○【師古曰】二公節度南海，頗有廉德，今以王砅比之，而又高出乎其上也。○【杜田補遺】舊唐書：盧奐爲南海太守，謂自開元四十年廣府節度使清白者有四：裴伷先、李朝隱、宋璟及奐也。寶貝休脂膏。○【杜田補遺】謂王砅廉絜而不貪寶貝，以削民脂膏也。昔漢孔〔一七〕奮清潔，身處脂膏而未嘗自潤。洞主降接武，○降，户江切，服也。○【趙次公曰】廣東有溪蠻洞，其長謂之「洞主」。○【師古曰】聞王砅之賢，皆繼踵而歸順也。海胡舶千艘。○舶，捕格切，大船也。○【鄭卬曰】艘，蘇刀切，船總名也。○【師古曰】言舶客皆來交易也。○【九家集注杜詩引作「杜田補遺」。又，門類增廣十注杜詩、門類增廣集注杜詩、杜陵詩史、分門集注、補注杜詩引作「薛夢符曰」。】番禺〔一八〕雜録：蕃商遠國，運奇貨非船不可。船總名艘，猶今言幾隻也。○杜篤喻客：大船萬艘，轉漕相過〔一九〕。我欲就丹砂，跋涉覺身勞。○【師古曰】海南勾漏縣出丹砂，甫欲遊以就之，奈身勞頓不能往也。○【王洙曰】晉：葛洪字稚川，聞交趾出丹砂，求爲勾漏令，帝從之。至廣州，刺史鄧供留洪，乃止羅浮山鍊丹〔二〇〕。安能陷糞土，有志乘鯨鼇。○【師古曰】雖有志乘鯨鼇，不甘陷没於糞土，其奈跋涉之遠何？或驂鸞騰天，聊作鳴鶴皐。○【師古曰】羡王砅鎮此，得就丹砂以鍊養，或能驂鸞御鶴，高舉以飛鳴也。○【王洙曰】别賦：駕鶴上漢，驂鸞騰天。○【趙次公曰】詩：鶴鳴于九皐。

【校記】

〔一〕題下注，元本、古逸叢書本無。

〔二〕「歸爲」句下注，元本、古逸叢書本作：「唐書：王珪母李氏。王珪貞觀十年拜禮部尚書。」

〔三〕「房杜」句下注，元本、古逸叢書本作：「王珪與房、杜同學於文中子，交友可知也。」

〔四〕「長者」句下注，元本、古逸叢書本無。

〔五〕「言凶」至「糊口」，元本、古逸叢書本無。

〔六〕左氏傳，元本、古逸叢書本作「左隱公十一年」。

〔七〕「客位」句下注，元本、古逸叢書本無。

〔八〕「俄頃」句下注，元本、古逸叢書本無。

〔九〕「寂寥」句下注，元本、古逸叢書本無。

〔一〇〕「鬻市」句下注，元本、古逸叢書本作：「晉陶侃母剪髮，具酒食，延賓客。」

〔一一〕竊，元本、古逸叢書本作「切」。
〔一二〕「經綸」句下注，元本、古逸叢書本作：「王珪與房玄齡、杜如晦善，母李氏嘗曰：『兒必貴，但未知所與游者何如人？』會玄齡等過其家，李驚曰：『二客公輔才，汝貴不疑也。』」
〔一三〕「虬髯」句下注，元本、古逸叢書本無。
〔一四〕鴻，元本、古逸叢書本作「鳴」。
〔一五〕共，元本、古逸叢書本作「昔」。
〔一六〕廣韻南人名急湍曰瀧，元本、古逸叢書本無。
〔一七〕孔，古逸叢書本作「龐」。
〔一八〕禺，元本、古逸叢書本作「馬」。
〔一九〕過，元本、古逸叢書本作「連」。
〔二〇〕丹，元本作「州」，古逸叢書本作「養」。

發潭州

夜醉長沙酒，◎荆州記：長沙有酃湖，取湖水爲酒，酒極甘。曉行湘水春。岸花飛送客，檣燕語留人。◎【趙次公曰】船檣上之燕也。〔一〕賈傅才未有，◎【趙次公曰】賈誼傳：誼年少，頗〔二〕通諸家之書。文帝召爲博士，絳、灌、馮敬之屬害之。天子以誼爲長沙王太傅。褚公書絶倫。○【王洙曰】唐書褚遂良傳：博涉文史，尤工隸書。太宗嘗曰：「虞世南死後，無人可以論書。」侍中魏徵曰：「褚遂良下筆遒勁，甚得王羲之體。」太宗即日詔令侍書。太宗嘗出御府金帛購求羲之書跡，天下争賫古書詣闕以獻，當時莫能辨其真僞。遂良備論所出，一無舛誤。永徽元年，高宗將廢皇后王氏，立昭儀武氏爲后。遂良極諫以爲不可，致笏於殿陛，曰：「還陛下此笏。」仍解印叩頭流血。帝怒，令引出。翌日，李勣奏曰：「此乃陛下家事，不合問外人。」帝乃立武昭儀爲后。左遷遂良潭州都督。高名前後事，回首一傷神。

【校記】

〔一〕「檣燕」句下注，元本、古逸叢書本作：「甫旅寓長沙，不遇知音而去，舟行觸目，惟江岸飛花，船檣語燕，似有送留之意也。」

〔二〕頗，元本、古逸叢書本作「頻」。

燕子來舟中作

湖南爲客動經春，燕子銜泥兩度新。舊入故園嘗識主，○指杜陵之故居也。如今社日遠看人。可憐處處巢居室，○【王洙曰】古詩：思爲雙飛燕，銜泥巢居室。何異飄飄託此身。暫語船檣還起去，穿花落水益霑巾。

上水遣懷

○本傳：大曆中，出瞿唐，下江陵，泝沅、湘，以登衡山。

我衰太平時，身病戎馬後。○甫恨於亂中得病，及亂息時平，年又衰老，足見云爲乖拙，其蹭蹬失勢如此也。蹭蹬多拙爲，安得不皓首。○莊子人間世篇：支離疏挫鍼治繲，足以糊口。○【王洙曰】左氏傳：糊其口於四方。驅馳四海内，童穉日糊口。但遇新少年，○言當權者皆晚〔一〕進也。少逢舊親友。低顔下色地，故人知善誘。後生血氣豪，舉動見老醜。○【王洙曰】言少年不相知，但以老醜見欺也。○【趙次公曰】阮籍詩：朝爲美少年，夕暮成老醜。窮迫挫曩懷，常如風中走。○【鄭卬曰】中，竹仲切。○【王洙曰】傷世態之薄也。朱叔元與彭寵書：伯通猶〔二〕中風狂走，自捐盛時。一紀出西蜀，於今向南斗。○【趙次公曰】甫自乾元二年入蜀，至大曆五年離蜀而在荆楚，乃南斗之分，殆十二年矣。孤舟亂春華，暮齒依蒲柳。○【王洙曰】暮齒，謂晚年也。○説文：楊，蒲柳也。○【王洙曰】顧况曰：蒲柳之姿，望秋先落。○【杜田補遺】北史：韋世康與子弟書：耄雖未及，壯年已謝。霜早楸梧，風先蒲柳。冥冥九疑葬，聖者骨已朽。○【王洙曰】山海經：蒼梧之川，其中有九疑山焉。舜之所葬〔三〕，九山相似，行者疑或〔四〕，故名之曰九疑。○真誥：夏商〔五〕詣鍾山，啗紫奈，醉金酒，服靈寶，行九真，而猶葬於會稽。帝舜服北戎長胡大王所獻之霜，十轉紫華，可以長生，與天地相傾，而猶葬于蒼梧之野。蓋尸解託死，示民有終也。**蹉跎陶唐人，鞭撻日月久。**○陶唐人，指羲和、望舒也。爲日月之御，鞭撻日月，故年華蹉跎也。舜雖大聖，死骨亦朽，人生何苦奔波，傷己之不自覺也。廣雅：日御謂之羲和，月御謂之望舒。**中間屈賈輩，讒毁竟自取。**○【趙次公曰】：「屈則屈原，賈則賈誼。屈以大夫上官靳尚之譖，沉于汨羅。賈以絳侯勃、灌嬰之害，謫于長沙。皆眼前楚地之可弔者也。」又，門類增廣十注杜詩引作「杜云」，杜陵詩史、分門集注、補注杜詩、集千家注批點杜工部詩集引作「修可曰」：「屈原汨羅之沉，賈誼長沙之謫，皆眼前楚地之可弔者也。」○至若屈原、賈誼，皆以讒毁廢黜，困於長沙，投於汨羅，果何益乎！皆眼前之可弔者，此乃有所感〔六〕而言之矣。**鬱没二悲魂，**○没，樊作怛〔七〕。**蕭條猶在否。嶠岸清湘石，**○嶠，音酋。岸，蒼没切。嶠岸，山峻貌。**逆行雜林藪。篙工密逞巧，氣若酣盃酒。歌謳互激遠，回斡明受授。**○【鄭卬曰】斡，烏括切。○轉也。○【趙次公曰】言篙工操舟若神，回旋斡轉，相呼相命，以求水脉，明得受授之術也。**善知應觸類，**○善，一作蓋。**各藉脱穎手。古來經濟才，何事罕獨有。**○【趙次公曰】謂善知此理者，應能觸類而推，凡事皆藉鋒穎脱見之手，乃能妙絶也。當今欲求經濟天下之才，如操舟之妙，何獨罕有乎，奈何雄才乏人？諷當時朝廷不能用人，非無才者也。**蒼蒼衆色晚，**○【趙次公曰】言天暮也。○【師尹曰】莊子逍遥遊篇：天之蒼蒼，其正色邪？

熊挂玄蛇吼。黄羆在樹巔，正爲羣虎守。○熊羆蛇虎，皆喻盗賊。禄山之亂，天下羣盗乘隙而起，無郡〔八〕無之也。考詩之寓意，虎畏羆，故羆升樹而守虎也。○【趙次公曰】柳子厚熊説：鹿畏貙，貙畏虎，虎畏熊。嬴骸將何適，履險顔益厚。○甫冒險奔走，反思其故，益厚顔也。○【趙次公曰】詩：顔之厚矣。庶與達者論，吞聲混瑕垢。○言汩没流俗也。○【趙次公曰】左氏傳：國君含垢，瑜瑾匿瑕。

【校記】

〔一〕晚，元本作「之」，古逸叢書本作「新」。

〔二〕猶，古逸叢書本作「獨」。

〔三〕葬，元本、古逸叢書本作「有」。

〔四〕或，元本、古逸叢書本作「惑」。

〔五〕商，古逸叢書本作「禹」。

〔六〕感，元本、古逸叢書本作「以」。

〔七〕悒，元本、古逸叢書本作「邑」。

〔八〕郡，元本作「耶」，古逸叢書本作「地」。

同豆盧峰貽主客李員外賢子棐知字韻

鍊金歐冶子，○【趙次公曰】以寶劍比李員外也。○【鄭卬曰】吳越春秋：干將與歐冶子作劍，采五山之精，合六金之英，煉而爲劍。○【趙次公曰】又，越絕書：越王句踐有寶劍五，聞於天下。客有能相劍者薛燭，召而問之，對曰：「歐冶〔一〕回天之精，悉其伎倆，一曰純鈞，二曰湛盧，三曰鏌耶，四曰臺曹，五曰巨闕。」説文：練，冶金也。　噴玉大宛兒。○【趙次公曰】以良馬比李員外也。○【杜田補遺。門類增廣十注杜詩、門類增廣集注杜詩引作「杜云」。】穆天子傳：天子遊于黃澤，使宮樂謠曰：「黃之澤，其馬噴玉，皇人壽穀。」○【黃希曰】前漢西域傳：大宛國多善馬，馬多汗血，言其先天馬子也。　符彩高無敵，○言文章之炳煥也。○【九家集注杜詩引作「薛夢符曰」。又，杜陵詩史、分門集注引作「王彥輔曰」。】禮記：君子於玉比德焉。孚尹旁達，信也。注：孚尹，讀爲孚筠，謂玉采〔二〕色也。○【杜田補遺】曹子建七啓：佩則結綠懸黎，寶之微妙，符采照，矚流景。揚輝注：結綠縣黎，宋之寶也。符光景輝，皆彩也。左太沖蜀都賦：金沙銀鑠，符彩彪炳。魏文帝車渠椀賦：苞華文之光麗，發符彩而楊榮。　聰明達所爲。○言聞見之廣博也。　夢蘭他日應，○【王洙曰】左氏宣公三年傳：鄭文公有妾曰燕姞，夢天與己蘭，曰：「以是爲爾子。」以蘭有國香，人服媚之。既而文公見之，與之蘭而御之，生穆公，名蘭。　折桂早年知。○【王洙曰】晉郤詵傳：以舉賢良對策上第。武帝於東堂會送〔三〕，問詵曰：「卿自以爲如何？」詵對曰：「臣舉賢良對策，爲天下第一，猶桂林之一枝，崑山之片玉。」爛熳通經術，光芒刷羽儀。○【王洙曰】易漸卦：鴻漸于陸，其羽可用爲儀。沈休文湖中雁詩：刷羽開揺漾。謝庭瞻不遠〔四〕，○【王洙曰：「晉史：謝太傅諸子若芝蘭玉樹，生於庭階。」】晉謝玄傳：玄字〔五〕幼度，少穎悟，與從兄朗爲叔父安所器重。安嘗戒約諸子弟，因曰：「子弟亦何豫人事，而正欲使其佳？」諸子莫有言者。玄答曰：「譬如芝蘭玉樹，欲使其生於庭階耳。」安悦。潘省會於斯。○【王洙曰：「潘安仁云：寓直於散騎之省。」】潘岳字安仁，少號奇童，才名冠世。嘗爲散騎侍郎。○【趙次公曰】今甫乃尚書工部員外郎，李乃主客員外郎，盧〔六〕亦〔七〕必省郎之官，相會於此也。唱和將雛曲，○【趙次公曰】樂府有鳳將雛之曲。田翁號鹿皮。○【趙次公曰】甫自喻也。○【王洙曰】劉向列仙傳：鹿皮翁，菑川人。少爲府小吏，機巧能成器械。岑山上有神泉，人不能至，乃作轉輪，懸閣拂道四成，遂著鹿皮衣留止其巔，食其芝草而飲神泉矣。

【校記】

〔一〕冶，元本、古逸叢書本作「合」。

〔二〕采，元本、古逸叢書本作「彩」。

〔三〕送，元本、古逸叢書本作「遊」。

〔四〕遠，元本、古逸叢書本作「足」。

〔五〕字，原作「自」，據元本、古逸叢書本改。
〔六〕盧，古逸叢書本無。
〔七〕亦，元本、古逸叢書本作「峰」。

詠懷二首

人生貴是男，○【王洙、師古引作「莊子」，趙次公引作「列子」。】家語：榮啓期對孔子曰：「天生萬物，唯人爲貴，吾既得爲人。男女之别，人以男爲貴，吾貴得爲男。是其所以爲樂也。」丈夫重天機。○人爲萬物之靈，丈夫所重者天機之靈也〔一〕。○【王洙曰】莊子天運篇：天機不張，五官皆備。未達善一身，得志行所爲。○【王洙曰】孟子：窮則獨善其身，達則兼善天下。○又曰：得志則澤加於民。嗟余竟轗軻，○轗，音坎。軻，音可，又口个切。○【師古曰】轗軻，失志貌。將老逢艱危。胡雛逼神器，○【王洙曰】胡雛，指安禄山、史思明也。逼神器，言陷長安也。○老子二十九章：天下神器，不可爲也。逆節同所歸。河洛化爲血，○【王洙曰】言安史亂，河、洛之間殺戮之多也。公卿草間啼。○【王洙曰】言公卿奔竄，故啼於草間也。○南史宋武帝紀：盧循寇南康、廬陵、豫章諸郡，郡守皆奔走，内外震駭。帝曰：「今兵士雖少，猶足一戰，若其克濟，臣主同休，如其不然，不復能草間求活也。」又見魏志。西京復陷没，翠蓋蒙塵飛。○【王洙曰】謂吐蕃陷京師，乘輿幸陜也。萬姓悲赤子，兩宮棄紫微。○【王洙曰】兩宮，謂玄宗、肅宗。○【師古曰】紫微垣，乃帝座也。倏忽向二紀，姦雄多是非。○【師古曰】言祿山敗，思明又起也。本朝再樹立，○【趙次公曰】本朝，指代宗也。未及貞觀時。日給在軍儲，上官督有司。○【師古曰。又，王洙曰：「國用尚乏屈，不免上下督責也。」】太宗正觀時，米斗三錢，行旅不齎糧。今國用尚乏，上下督責。故不及貞觀時也。高賢迫形勢，豈暇相扶持。○暇，魯作勝。○【師古曰】言進用者皆以勢援，何暇扶持於甫哉！疲苶苟懷策，○苶，奴結切。棲屑無所施。○【師古曰】疲苶，甫自言衰老，雖懷策略，何所施設？○【趙次公曰】莊子：茶然疲役，而不知其所歸。○古詩：末路苦棲屑。先王實罪己，愁痛正爲茲。○【師古曰】先帝於此時遂下詔痛自刻責也。○【王洙曰】左氏莊公十一年傳：禹、湯罪己，其興悖焉。西域傳贊：武帝末年，遂棄輪臺之地，而下哀痛之詔，豈非仁聖之所悔哉！歲月不我與，○【趙次公曰】論語：日月逝矣，歲不我與。蹉跎病於斯。夜看豐城劍，○【趙次公曰】張華傳：斗牛之間有紫氣，雷煥曰：「寶劍之精上徹於天耳，在豫章豐城獄。」回首蛟龍池。○【趙次公曰】周瑜傳：孫權以劉備領荆州牧。瑜曰：「以劉備而有關飛、張羽〔二〕，恐蛟龍得雲雨，終非池中物也。」○晉載記劉元海傳：蛟龍得雲雨，非復池中物。齒髮已自料，意深陳苦辭。○【師古曰。又，趙次公曰：「言自料其齒落髮脱，但意深詞苦，爲不能自已耳。」】甫自視齒髮豁凋，不復若寶劍、蛟龍之亨〔三〕奮也。

【校記】

〔一〕「靈也」下，元本、古逸叢書本尚有一句：「莊子又云：嗜欲深者天機淺。」

〔二〕關飛張羽，當作「關羽張飛」。

〔三〕亨，古逸叢書本作「高」。

邦危壞法則，○【師古曰】言禄山紊紀綱也。聖遠益愁慕。○【師古曰】言聖人已遠，思慕三代之治，不可復見也。飄颻桂水遊，○【師古曰】郴州桂陽之水北流入連州，今桂陽郡桂陽縣在桂水之陽也。悵望蒼梧暮。○【師古曰】甫流離至于桂水之濱，望蒼梧以懷虞舜之君不復作也。○蒼梧，今之梧州。真誥：夏禹詣鍾山，啗紫柰，醉金酒，服靈寶，行九真，而猶葬於會稽。帝舜服北戎長胡太王所獻白狼之霜，十轉紫華，可以長生，與天地傾，而猶葬于蒼梧之野。蓋尸解託死，示民有終者也。潛魚不銜鉤，走鹿無反顧。○【師古曰】皆喻賢人避世也。○【薛夢符曰】左氏傳：古人有言曰：「鹿死不擇音。」鋌而走險〔一〕，何能擇。皦皦幽曠心，拳拳異平素。○拳，屈也。○【王洙曰】。杜陵詩史又引作「師古曰」。【亂離之際，不得遂其平昔幽曠之心，而反拳拳然卑屈其身以求全也。○曹植任城王誄：目想宮城，心存平素。潘岳寡婦賦：目彷髴乎平素。衣食相拘閡，○閡，五慨切。不通也。又，礙也。朋知限流寓。○【師古曰】謂舊友飄泛各在一隅也。風濤上春沙，十里浸江樹。

○一作「千里浸江樹」。逆行少吉日，○少，陳作值。○【師古曰】謂經歷風波之險也。時節空復度。井竈任塵埃，舟航煩數具。牽纏加老病，瑣細隘俗務。萬古一死生，胡爲足名數。多憂汙桃源，拙計泥銅柱。○【鄭卬曰】泥，乃計切。○不通也。○【師古曰】昔秦人避亂於桃源，今我泥於銅柱山，其計甚拙。又且多憂，得無汙辱於桃源乎？○桃源在武陵。○【王洙曰】晉陶淵明有桃花源記。○又，廣州記：馬援到交阯，立銅柱，爲漢之極界。餘見前注。未辭炎瘴毒，擺落跋涉懼。虎狼窺中原，焉得所歷住。○虎狼喻盜賊充斥。○【王洙曰】不可爲〔二〕久住計也。葛洪及許靖，○【趙次公曰】葛洪，字稚川。聞交趾出丹砂，求爲勾漏令。遂將子弟俱行，乃止〔三〕羅浮山鍊丹。許靖，字文休。避董卓之誅，走至交趾。後以劉璋所招，入蜀，爲先主臣。避世常此路。賢愚誠等差，自受合馳騖。○【鄭卬曰】騖，亡遇切。○驅也。○【師古曰】葛洪、許靖皆避世之高士，其賢如彼，愧吾之愚，困於馳騖也。羸瘠且如何，魄奪針灸屢。擁滯僮僕慵，稽留篙師怒。○【師古曰】謂僕夫既爲之傭倦，而舟人亦怒其遲留也。終當挂帆席，天意難告訴。南爲祝融客，○【師古曰】祝融司南方之火政也。○【鄭卬曰：「衡山上有祝融峰。」】故長沙郡南嶽衡山有祝融峰。○荆州記：南嶽衡山，朱陵之靈臺，太虛之寶洞，山承冥宿，銓德鈞物，故名衡山；下據離宮，攝位火鄉，赤帝館其嶺，祝融託其陽，故號南嶽也。勉彊親杖屨。結託老人星，羅浮展衰步。○【師古曰】甫欲養老于羅浮山，庶幾杖屨之遊也。○【趙次公曰。又，杜陵詩史、補注杜詩引作

「師古曰」。】茅君內傳：大天之內有地中之洞天三十六所。羅浮之洞，周回五百里，名曰朱明曜真之天。羅浮山記：羅浮者，蓋總稱焉。羅，羅山也。浮，浮山也。二山合體，謂之羅浮。在增城、博羅二縣之境。有羅水南流，注于海。神仙之所居也。

【校記】

〔一〕古逸叢書本「險」後有「急」字。

〔二〕爲，元本、古逸叢書本無。

〔三〕止，古逸叢書本作「入」。

新定杜工部草堂詩箋斠證卷第四十九

至衡州所作

杜員外兄垂示詩因作此寄上　　郭受

新詩海内流傳困，舊德朝中屬望勞。〇子美乃先朝舊德，天下仰望，冀其大用故也。郡邑地卑饒霧雨，〇荆楚之地卑濕多霧障也。賈誼傳：誼既適長沙，長沙卑濕，乃爲鵩賦以自廣。江湖天闊足風濤。〇峽江之風浪可畏也。〇【王洙曰】顔延年詩：春江壯風濤。松醪酒熟旁看醉，〇謂以松膠釀酒也。蓮葉舟輕自學操。〇言舟輕如蓮葉。荆楚之人善操舟，子美久居此地，漸學爲之也。〇【王洙曰】列子黄帝篇：顔回問乎仲尼曰：「吾嘗濟乎觴深之淵，津人操舟若神。吾問曰：『操舟可學耶？』曰：『可。能游者可教也。善遊者數能。』」春興不知凡幾首，衡陽紙價頓能高。○【集千家注批點杜工部詩集引作「鄭卬曰」。】世説：闡字仲祁，作揚都賦成，人競傳寫，都下紙爲之貴。○按鄭卬音義：衡陽出武家紙。

酬郭十五判官○受。

才微歲老尚虚名，卧病江湖春復生。藥裹關心詩總廢，○【師古曰】言心在療病，無暇於詩也。曹子建詩：藥裹隨杯酒。花枝照眼句還成。○【趙次公曰：「梁武帝春歌云：階上香入懷，庭中花照眼。」】魏武帝樂府：官下香入懷，庭中花照眼。只同燕石能星隕，○隕，羽敏切，落也。○【杜田補遺。又，杜陵詩史、分門集注引作「師古曰」。】闞子曰：宋之愚人得燕石於梧臺之側，藏之以爲大寶。周客聞而觀焉，主人齋七日，端冕玄服，以發寶櫝七重，客見之，俛而掩口胡盧而笑，曰：「此燕石也。其與瓦甓不殊。」主人大怒，曰：「盲瞽之言。」藏愈固，守愈謹。○【王洙曰】左氏傳僖公十六年：春，隕石于宋五。隕，星也。又，莊公七年：中夜星隕如雨。自得隋珠覺夜明。○【師古曰】言得郭判官之詩，如隨侯之珠也。○【王洙曰：「隋侯之珠，夜光之璧。隋珠徑寸，夜有光明。」】淮南子：隨侯之珠。許慎注：隨侯，漢姬姓諸侯也。隨侯見大蛇傷斷，以藥傅而塗之。後蛇於夜中銜大珠以報之。因曰「隋侯之珠」。蓋明月珠也。搜神記：隋珠徑寸，夜有光明。喬口橘洲風浪促，○【師古曰：「橘洲，乃荆、衡之地。」趙次公曰：「喬口，在潭州。」】橘洲在長沙郡之喬口。繫帆何惜片時程。○【師古曰】甫欲郭判官來訪己也。

歸雁二首

萬里衡陽雁，今年又北歸。○今衡山之陽有峰曰回雁，蓋南地煗而無雪，故雁望而居焉。雙雙瞻客上，一一背人飛。雲裹相呼疾，沙邊自宿稀。繫書無浪語，○無，一作元。○【趙次公曰】前漢蘇武傳：天子射上林中，得雁，足有繫帛書。○隋書：煬帝童謡曰：「桃李子，江水達楊州，宛轉花園〔一〕。莫浪語，誰道許。」愁寂故山薇。

【校記】

〔一〕古逸叢書本「園」下多「裹」字。

欲雪違胡地，先花別楚雲。却過清渭影，高起洞庭羣。塞北春陰暮，江南日色曛。○曛，日入也。傷弓流落羽，行斷不堪聞。○行，户剛切，列也。○【王洙曰】鮑照詩：傷禽惡强〔一〕驚，倦客惡離聲弦〔二〕。

【校記】

〔一〕强，元本、古逸叢書本作「弦」。

〔二〕弦，元本、古逸叢書本無。

白鳧行

君不見，○樂府解題：行路難，備言世路艱難及别離悲傷之意，多以「君不見」爲言。黄鵠高於五尺童，○【師古曰】甫追思少年之時也。化爲白鳧似老翁。○【王洙曰】似，一作象。○【師古曰】自傷今衰暮也。○述異記：鵠生五百年而紅，五百年而黄，又五百年而蒼，又五百年爲白鵠。故畦遺穗已蕩盡，○【師古曰】嘆家鄉爲寇盜所焚蕩也。天寒歲暮波濤中。○【王洙曰】歲，一作日。○【師古曰】喻罹患難也。鱗介腥膻素不食，○膻，一作臊。終日忍飢西復東。○【師古曰】言已不食不義之禄也。魯門鶢鶋亦蹭蹬，聞道如今猶避風。○如，樊作于。○【師古曰】甫自喻避亂依衡州也。○【趙次公曰】國語：海鳥鶢鶋止於魯東門外，展禽曰：「今兹海其有災乎？夫廣川之鳥獸常知避其災。」是歲海多大風。故鶢鶋賦曰：海鳥鶢鶋，避風而至。

朱鳳行

○【趙次公曰】此篇托興君子、小人甚明。朱鳳乃衡山之物，因其物而有作，乃以爲興矣。

君不見，瀟湘之南衡山高，山巔朱鳳聲嗷嗷。○【趙次公曰】嗷嗷，衆口愁貌。詩鴻雁篇：哀鳴嗷嗷。側身長顧求其曹，○曹，一作羣。翅垂口噤心甚勞。○【師古曰。又，趙次公曰：「此譬君子之無朋也。」】鳳以喻君子。○【師古曰】時甫困於荆、衡，不得其志，故以垂翅噤口爲言。下愍百鳥在羅網，黄雀最小猶難逃。黄雀，喻細民也。言當兵興之際，小民勞困於征役也。○劉公幹贈從弟詩：鳳皇集南嶽，羞與黄雀羣。願分竹實及螻蟻，○螻蟻，亦喻細民也。韓詩外傳：黄帝齋于中宫，鳳乃蔽日而至，止帝東園，集帝梧桐，食帝竹實。盡使鴟梟相怒號。○鴟梟，喻小人也。○【師古曰。又，王洙曰：「時亂離日久，賢者思引其類有爲，而不可得者也。」】亂離日久，甫欲引其類以進，使澤下民，反爲小人之所疾，欲而不可得也。

衡州送李大夫赴廣州

○勉。

斧鉞下青冥，○【師古曰】青冥者，天也。言天子賜勉以斧鉞也。○【王洙曰】禮：諸侯賜斧鉞然後殺。○漢書杜詩傳：漢制以棨戟爲斧鉞。○【王洙曰】魏武帝九錫文：犯關干紀，是用錫公斧鉞。

樓船過洞庭。○【師古曰】謂船上有樓櫓。過洞庭，迤邐〔一〕之廣州也。○【王洙曰】漢武帝征南越，作樓船。北風隨爽氣，○【師古曰】言自北而南，帶爽氣而來也。南斗避文星。○【師古曰】謂北斗以南，惟公一人而已。美之之辭也。日月籠中鳥，○【師古曰。又，趙次公曰：「如籠中之鳥，局而不伸。」】喻局促不得騁也。○左思詠史詩：習習籠中鳥，舉翮觸四隅。乾坤水上萍。○【趙次公曰】喻流泛無定止也。○萍，季春浮水而生，江東謂之薸也。○【趙次公曰】黄庭堅曰：凡作詩須要開廣，如此句乃是學詩者一門户也。王孫丈人行，○【師古曰】行，音項，謂壽〔二〕也。○【趙次公曰：「指言李大夫，蓋其人宗室也。」】汧公李勉，乃鄭惠王之孫。○【王洙曰】前漢匈奴傳：匈奴曰：「漢天子，我丈人行也。」垂老見飄零。○此言李勉暮年赴嶺南節度也。

【校記】

〔一〕邐，元本、古逸叢書本作「邊」。

〔二〕壽，古逸叢書本作「儔」。

三月自衡州暫往潭州

旅夜書懷

細草微風岸，危檣獨夜舟。〇【趙次公曰。又，杜陵詩史、分門集注、補注杜詩引作「杜定功曰」。】王仲宣詩：獨夜不能寐。星垂平野闊，月湧大江流。〇【王洙曰】王仲宣詩：大江流日夜。名豈文章著，〇著，直慮切，立也。官應老病休。〇甫有肺疾也。飄飄何所似，天地一沙鷗。〇【王洙曰】地，一作外。

清明

著處繁華矜是日，〇著，直略切，觸〔一〕也。〇【趙次公曰：「舊本矜作務，蔡伯世本作『矜是日』，是。」】一作「繁花務是日」。〇【師古曰。又，王洙曰：「又云務足。」】或謂：務足，夸多也。所謂鬪草者，正此意也。長沙千人萬人出。渡頭翠柳豔明眉，争道朱蹄驕齧膝。〇朱蹄，赤蹄也。○【趙次公曰】王褒聖主得賢臣頌：駕嚙膝，驂乘旦。應劭注：良馬低頭至膝，故曰嚙膝。馬怒有餘，常嚙其膝。此都好遊湘西寺，諸將亦自軍中至。○【趙次公曰：「舊本作『諸將之自軍中至』，師民瞻本『之』作『亦』，是。此實道其事耳。」】一作方自，一作遠自，一作亦云。馬援征行在眼前，○【師古曰】以馬援比衡州刺史也。○【王洙曰】馬援傳：援拜伏波將軍，南擊交趾女子徵側，又復擊五溪蠻夷。葛強親近同心事。○【師古曰。又，趙次公曰：「以比主帥之愛將。」】以葛強比衡州刺史之部將也。○【王洙曰】晉書：葛強，山簡愛將也。金鐙山下紅日晚，○鐙，與燈同。○【王洙曰：「（粉）一作日。」趙次公曰：「舊本作『紅粉晚』，當作『紅日晚』。」】日，一作粉，恐非。牙檣捩柂青樓遠。○【薛夢符曰】埤蒼：檣，帆柱也。○【師古曰】檣尾〔二〕銳如牙，故〔三〕曰「牙檣」。○捩，力結切，拗也。柂，徒可切，正舟木也。○【趙次公曰】青樓，則所祓禊〔四〕之處，岸上有之也。○【杜田補遺。又，杜陵詩史、分門集注、補注杜詩引作「薛夢符」，又引作「師古曰」。】古樂府劉生詩：座驚稱字孟，豪雄道姓劉。廣陌〔五〕適朱邸，大路起青樓。又，張正見採桑詩：倡狂不勝愁，結束下青樓。又，美女篇：青樓臨大道。古時喪亂皆可知，人世悲歡暫相遣。○人世，一作世人。弟姪雖存不得書，干戈未息苦離居。○離，一作難。逢迎少壯非吾道，○【師古曰】甫自謂老大干謁諸侯，俯仰於人，非其本性也。況乃今朝更祓除。○【王洙曰】祓除，乃上巳之日。○謂可以拂除災也。○【趙次公曰】周禮：女巫掌歲時，祓除釁浴。韓詩章句：鄭俗：三月上巳於溱、洧兩水之上秉蘭祓除。○沈約宋書：魏以後但用三日，不復用巳。○【趙次公曰】唐氣朔，大曆五年三月三日，清明。以是日清明適值上巳，則祓除之義尤明矣。

【校記】

〔一〕觸，元本、古逸叢書本作「獨」。

〔二〕尾，元本、古逸叢書本作「天」。

〔三〕故，元本、古逸叢書本作「人」。

〔四〕祓禊，元本作「佼揳」，古逸叢書本作「捩柁」。

〔五〕陌，元本、古逸叢書本作「借」。

題衡山縣文宣王廟新學堂呈陸宰

旄頭彗紫微，○【王洙曰】旄頭，胡星也。紫微，帝宮也。謂妖星犯帝座也。此追言安禄〔一〕山、史思明之亂中原，陷長安也。無復俎豆事。○俎豆，禮器也。○【王洙曰】謂當時之離亂，無復講明祭祀之禮也。金甲相排蕩，青衿一憔悴。○【師古曰】青衿，謂學士以青緣衣領也。父母在，則衣冠飾以青也。○【王洙曰】蓋時困於兵革，而不遑學校也。○詩子衿：刺學校廢也。嗚呼已十年，儒服弊于地。○【王洙曰】謂儒道不振也。征夫不遑息，學者淪素志。○【師古曰】謂其志不展也。我行洞庭野，○洞庭，屬岳州。欻得文翁肆。○欻，許勿反，忽也。○【師古曰】時指衡山縣學。○文翁，比陸宰也。○【王洙曰】昔漢文翁爲蜀郡守，興建學宮，以教蜀人，繇是大化，至今巴、蜀好文雅，文翁之化也。侁侁胄子行，○【鄭卬曰】侁，疏臻切，行貌也。○行，户郎切，列也。若舞風雩至。○雩，音于，祈雨祭名。○【王洙曰】胄子，謂元子以下至卿大夫子弟來從學者，若舞風雩而至也。論語云：春服既成，冠者五六人，童子六七人，浴乎沂，風乎舞雩，詠而歸。周室宜中興，孔門未應棄。○中，竹仲反。○【王洙曰】借周以喻唐也。言唐所以宜中興，則孔門豈可棄乎？蓋君君臣臣父父子子，百姓日用而不知者，皆在〔二〕是也。是以資雅才，涣然立新意。○【王洙曰。杜陵詩史、補注杜詩又引作「師古曰」。】雅才，美陸宰也。新學資〔三〕之成立爾。衡山雖小邑，首唱恢大義。○【王洙曰：「世亂而衡山能首建學校也。」】謂其邑雖小，而陸宰能首恢建學校也。因見縣尹心，根源舊宮閟。○【王洙曰】詩魯頌閟宮，頌僖公能復周公之宇也。講堂非曩構，大屋加塗塈。○【鄭卬曰】塈，巨至切，仰塗也。下可容萬人，墻隅亦深邃。何必三千徒，始壓戎馬氣。○【師古曰。又，王洙曰：「學校者，教化之所自也。魯侯能修泮宮，而淮夷攸服。則其所以折暴亂者，何必三千之徒？言文德足以服遠也。」】昔魯僖公能修泮宮，而服淮夷，今陸宰肇〔四〕建新學，文德自足以懷〔五〕遠，何必三千之徒始壓戎兵氣乎？○家語：孔子教人，束脩已上三千餘人。林木在庭户，密幹疊蒼翠。○言學中種木之茂也。有井朱夏時，轆轤凍堦戺。○【鄭卬曰】轆，盧谷切。

轤，落胡切。轆轤，圓轉木。〔六〕○言學中運水之具也。○【鄭印曰】戺，鉏里切，砌也。耳聞讀書聲，殺伐災髣髴。○【鄭印曰】髴，芳味切。○【趙次公曰】言此邦聞絃涌之聲而樂，彼兵革之患特覺其髣髴而已。故國延歸望，衰顏減愁思。南紀改波瀾，○改，陳作收。○【師古曰】言變其荆楚今日之風，而恩波遠被也。○南紀，前注。西河共風味。○【師古曰。又，王洙曰：「史記：子夏居西河教授，爲魏文侯師。共風味者，言人樂其教也。」】昔子夏居西河教授，今陸宰與之同，其風使人樂咀味其教也。○家語：卜子夏習於詩，以文學著名，教授於西河之上。魏文侯師事之，諮以國政〔七〕。采詩倦跋涉，載筆尚可記。○【王洙曰】尚可記，一作「記奇異」。高歌激宇宙，凡百慎失墜。○【師古曰。又，趙次公曰：「言采詩之官倦跋山涉水之勞，而不來采之，則史官之載筆尚可記陸宰之美也。」】大師采詩以觀風俗，今采詩之官倦於跋山涉水之勞，而不來采之，使陸宰之德政不聞于上，甫得不以是篇而記其美，以備國史之失墜乎？

【校記】

〔一〕禄，原作「鹿」，據元本、古逸叢書本改。

〔二〕在，元本、古逸叢書本作「有」。

〔三〕資，元本、古逸叢書本作「生」。

〔四〕肇，元本作「人」，古逸叢書本作「又」。

〔五〕懷，元本作「人」，古逸叢書本作「服」。

〔六〕轆轤圓轉木，元本、古逸叢書本作「天下之平木」。

〔七〕諮以國政，元本、古逸叢書本作「人以成正」。

入衡州

○【黄鶴曰】代宗大曆五年夏四月，湖南兵馬使臧玠殺其團練使崔瓘。○【王洙曰】又，湖南將王國良因之而反。○【黄鶴曰】公避地入衡州。

兵革自久遠，興衰看帝王。○【趙次公曰】兵革不息，徒自歲月之久，而興起其衰微，但看帝王處之如何耳！漢儀甚照耀，○【趙次公曰】光武紀：光武行司隸校尉，三輔吏士見司隸僚屬，喜曰：「不圖今日，復見漢官威儀也！」胡馬何猖狂。○假漢以言唐之法度未闕，而禄山、思明之亂中原，陷長安，何其猖狂悖謬，非義舉也！莊子：猖狂妄行。老將一失律，○【趙次公曰】言哥舒翰失守潼關也。○【王洙曰】易師卦：師出以律，失律凶也。清邊生戰場。君臣忍瑕垢，○言玄宗幸蜀，百官大臣皆流離道路也。○【王洙曰】左氏傳：國君含垢，瑜瑾匿瑕。河岳空金湯。○【趙次公曰】言君相初若含容，姦逆不即誅戮，故使河岳之地雖城固於金，池熱於湯，失守陷没，而空如之也。○光武贊：金湯失險。重鎮如割據，○【王洙曰】安史亂後，天下裂爲藩鎮，諸節度稍自威重，賦不上供，如一方之割據焉。權輕絶紀綱。軍州體不一，寬猛性所將。○【王洙曰：「各自爲政也。」】方鎮權重，朝廷反輕，是以紀綱弛而郡國各自爲政，寬猛惟性之所適，不復守王度也。嗟彼苦節士，○【趙次公曰】指崔瓘也。按新唐書：崔瓘以士行修謹聞。大曆中，爲湖南觀察使。時將吏習寬弛，不奉法，瓘少以禮法繩裁之，下多怨。素於圓鑿方。○言崔瓘之爲參佐，如方枘圓鑿之不相入也，其能致治乎？至若將校殺主帥以代節鎮，虜其妻子，唯遣一介請于朝，朝不能制，復姑息之，由是方鎮之禍尤愈於胡雛之亂華矣！管子：圓枘方鑿。○【王洙曰】屈原九辯：圓鑿而方枘兮，吾固知其鉏鋙以難入。寡妻從爲郡，兀者安短墻。○兀，五忽切，刖足也。莊子德充符篇：王駘，兀者也。凋弊惜邦本，○【趙次公曰】尚書：民爲邦本。哀矜存事常。○【趙次公曰】論語：如得其情，則哀矜而勿善〔一〕。麾旌非其任，府庫實過防。恕已獨在此，○或曰：恕〔二〕當作怒〔三〕。多憂增内傷。偏裨限酒肉，卒伍單衣裳。○當時總旌麾之任者，率非其人。賦役繁興，略不加存恤。人思爲亂，雖寡妻不免從爲力役。獨兀跛者始獲安居，此所以邦本凋弊也。民爲邦本，不務存恤。○【趙次公曰】復以裨將卒伍衣食之不繼，此軍所以亂也。元惡疑〔四〕是似，○【趙次公曰】元惡，指臧玠也。○迷是似，謂不別是非，誤害善士崔瓘也。聚謀洩康莊。○謀，或作諜。○【趙次公曰】謂聚謀而洩於通衢，則公然不顯矣。按瓘既以禮法繩裁，下故有多怨。別將臧玠、判官達奚覯忿争，覯曰：「今幸無事。」玠曰：「欲有事耶？」拂衣去。是夜以兵殺覯，瓘逴遽走，遇害。玠遂據潭州爲亂。○【薛夢符曰】爾雅：五達謂之康，六達謂之莊。○注：康，樂也。莊，盛也。言交道康樂繁盛也。竟流帳下血，大降湖南殃。○【王洙曰】臧玠既殺崔瓘，王國良因之而反。○【黄鶴曰】是時澧州刺史楊子琳、道州刺史裴虬、衡州刺史陽濟各出兵討玠。○宗室李勉爲御史中丞、京兆尹，大曆五年出爲廣州刺史，亦以兵討玠。故甫此句謂瓘發也。按集呈陽中丞通簡臺省諸公詩云「平生方寸心，反掌帳下難」，中丞即陽濟也。又云「宗英李端公，守職甚昭焕」，宗英即李勉也。此亦皆爲瓘發也。又呈聶耒陽詩云「麾下殺元戎，湖邊有飛旐」，亦爲瓘發也。烈火發中夜，高煙燋上蒼。至今分粟帛，殺氣吹沅湘。○【鄭卬曰】沅、湘，二水名。沅在象郡，湘即湘江。○水經云：沅出牂柯且蘭縣，入洞庭，會于江。湘水出零夷始安縣陽海山，至于巴丘，入于江。福善理顛倒，明徵天莽茫。○【趙次公曰】今以崔帥之謹而被刑，則福善之理豈不顛倒，明徵於天豈不莽茫乎？尚書：天道福善禍淫。又曰：明徵定保。銷魂避飛鏑，累足穿豺狼。○【王洙曰】言甫避亂奔走，危窘如穿豺狼間行也。隱忍枳棘刺，遷延胝跰瘡。○胝，丁尼切，皮厚也。跰，古典切，皮起也。○【王洙曰】言心痛悼喪亂，如忍棘刺手足而成瘡也。遠歸侍兒側，猶乳女在旁。久客幸脱免，暮年慙激昂。○【王洙曰】幸免於患也。蕭條向水陸，汨没隨漁商。報主身已老，入朝病見妨。悠悠委薄俗，鬱鬱回剛腸。參錯走洲渚，○【王洙曰】謝靈運詩：遡流觸驚急，臨圻阻參錯。○【趙次公曰】爾雅釋水：水〔五〕中可居曰洲，小洲曰渚。舂容轉林篁。片帆在郴岸，○【鄭卬曰】郴，丑林切。桂陽縣也。通郭前衡陽。○【王洙曰】衡州也。華表雲鳥埤，○埤，避移切。雲鳥埤，言城高也。○【趙次公曰】或曰：

埤，恐作陣。名園花草香。旗亭壯邑屋，○【杜田補遺】三代世表：會旗亭下。注：市樓也。立旗於上，故名旗亭。張衡西京賦：旗亭五里，俯察百隧。魏都賦：抗旗亭之嶢嶭。烽櫓蟠城隍。○蟠，杜作卧。烽櫓者，設烽燧於櫓也〔六〕。○【趙次公曰】櫓者，城上守禦望樓。釋名：櫓，露上無復屋也。城隍者，城下之壕也。○説文：城池無水曰隍，有水曰池。○【趙次公曰】古今注：城者，盛也，所以盛受人物也。隍，城池之無水者也。中有古刺史，○【王洙曰】言衡州刺史愛民益政，有古刺史之風也。○以詩考之，刺史豈是崔侍御漼乎？盛才冠巖廊。○巖廊，朝廷所在也。○【杜田補遺】文穎前漢書音義：巖廊，殿下小屋也。本武帝以便馬獵，還宿殿陛巖下室中，故名巖廊。扶顛待柱石，○【趙次公曰】言刺史乃柱石之臣也。○吴志陸凱傳：宰相，國之柱石。獨坐飛風霜。○【趙次公曰】風霜，乃御史之任。○言今刺史有威嚴，可以爲御史也。昨者間瓊樹，○間，居莧切，厠也。○【王洙曰】甫自言昨得侍刺史，如間瓊樹然也。○【趙次公曰】世説：魏明帝使后弟毛曾與夏侯玄共坐，時人謂蒹葭倚玉樹。高談隨羽觴。○言觴之輕，如鳥羽之飛也。班婕妤賦：酌羽觴兮銷憂。注：爵也。○【王洙曰】陸士衡詩：四座咸同志，羽觴不可算。高談一何綺，蔚芳朝霞爛。○逸詩：羽觴隨流。無論再繾綣，○詩大雅：以謹繾綣。毛萇傳：反覆也。已是安蒼黄。○蒼黄，急遽〔七〕貌。言刺史待甫之情繾綣固結，已不可論，且感其安慰。避亂而來，其勢蒼黄也。劇孟七國畏，○【王洙曰】前漢游俠傳：劇孟以俠顯。吴、楚反時，條侯爲太尉，乘傳來討。至河南，得劇孟，喜曰：「吴、楚舉大事而不求劇孟，知其無能已。天下騷動，大將軍得之，若一敵國云！」馬卿四賦良。○【王洙曰】司馬相如，字長卿，有大人賦、子虚賦、上林賦、哀二世賦。○【趙次公曰】此甫以劇孟、馬卿比美刺史也。門闌蘇生在，○史記楚世家：張儀願爲門闌之〔八〕廝。後漢帝紀：明帝幸鄴，詔復門闌走卒。○【杜陵詩史、分門集注、補注杜詩引作「王洙曰」。】甫自注：蘇生，侍御涣也。勇鋭白起强。○嚴尤三將叙曰：平原君勸趙孝成王受馮亭，王曰：「受之，秦兵必至，武安君必將，誰能當之乎？」對曰：「澠池之會，臣察武安君小頭而面鋭，瞳子黑白分明，視瞻不轉者，執志强也。可與久持，難與争鋒也。」問罪富形勢，○【趙次公曰】言兵之形勢精强也。凱歌懸否臧。○否，彼彼〔九〕切。○【趙次公曰】謂蘇生涣在崔刺史門下之幕府，有若白起之勇鋭。○宜賴之以舉問罪之師，是以平臧玠而凱旋，其與鄰郡美惡懸絶，不相謀矣。○【趙次公曰】易師卦：師出以律，否臧凶。甫於末章自注云：「聞崔侍御漼乞師于洪府，師已至袁州。」此所謂「問罪」、「凱歌」者乎？氛埃期必掃，蚊蚋焉能當。○【趙次公曰】氛埃、蚊蚋，以比臧玠也。橘井舊地宅，仙山引舟航。○【趙次公曰】橘井、仙山，皆在郴州。甫欲自衡謀，欲引船以往郴也。○後漢志：桂陽郡。注〔一〇〕：縣南十數里有馬嶺山，山上有仙人蘇耽壇。○【趙次公引作「神仙傳」。】郴州圖經：蘇耽將去，告母曰：「後二年，郴人大疫。」乃植橘鑿井，曰：「受病者但食一橘葉，飲水一盞，當自愈。」○今郴州蘇仙觀乃其舊宅。馬嶺山，今謂之蘇仙山。其上有小石如桃核狀，郡人曰：「此所遺桃核也。」有邪病者，水磨服之，甚有驗。又見列仙傳。此行厭暑雨，厥土聞清涼。○甫言至此可以洗滌煩暑也。○【趙次公曰】按集崔三十三舅攝郴州詩有曰「郴州可涼冷，橘井尚淒清」是也。諸舅剖符近，○【王洙曰：「言諸舅皆作郡。」】美刺史諸舅皆剖符典郡者也。○時崔偉攝郴州，甫將往依焉。漢儀：銅虎符發兵，長六寸。竹使符出入調發。説文：符，分而合之爾。顔師古曰：右留京師，左以與之也。開緘書札光。頻繁命屢及，○頻繁，一作蘋蘩。磊落字百行。○謂舅氏崔偉屢次以書招甫，具禮相待也。江總外家養，○言有是舅必有是甥也。○【王洙曰】陳書：江總字總持，七歲而孤，依于外氏，聰敏有至性。舅吴平光侯蕭勱〔一〕名重當時，多所鍾愛，常謂總曰：「爾操行殊異，神彩英秀，後之知名，當出吾右。」謝安乘興長。○言爲政之暇，不妨登山之興味也。○【王洙曰】謝安傳：字安石，寓居會稽，出則漁弋山水，入則言詠屬文，無處世意。常往臨安山中，坐石室，臨濬谷，悠然歎曰：「此亦伯夷何遠？」又與孫綽等汎海，吟嘯自若。放情丘壑，每賞遊必常以妓女從也。下流匪珠玉，○【趙次公曰】公自謙其爲人特下流耳，非是珠玉之珍也。擇木羞鸞凰。○【趙次公曰】鸞鳳非梧桐不棲，甫今未有依托，故羞比之也。我師嵇叔夜，○【趙次公曰：「公自言其放曠懶散如嵇康。」】公自言欲效嵇康之恬静寡欲也。○嵇康傳：字叔夜。天質自然，恬静寡欲。含垢匿瑕，有寬大之量。世賢張子房。○【杜陵詩史、分門集注引作「王洙曰」。】公自注：彼掾張勸。○【趙次公曰：「公自有本注，以美張勸也。」】夢弼謂：公以張勸比張子房之無智名勇功也。柴荆寄樂土，○【趙次公曰】樂土，指郴州。○甫避亂寄居于此地也。○【趙次公曰】詩：適彼樂土。鵬路觀翺翔。○佇觀刺史將爲朝廷擢用，如飛鵬之搏扶摇于九萬里也。○【趙次公曰】莊子逍遥遊篇：鵬之飛，其翼若垂天雲，水擊三千里，摶扶摇而上者九萬里。

【校記】

〔一〕善，元本、古逸叢書本作「喜」。
〔二〕恕，古逸叢書本作「怒」。
〔三〕怒，元本作「恕」。
〔四〕疑，古逸叢書本作「迷」。
〔五〕水，元本、古逸叢書本無。
〔六〕櫓也，元本、古逸叢書本無。
〔七〕遽，原作「邃」，據古逸叢書本改。
〔八〕之，元本、古逸叢書本作「史」。
〔九〕彼彼，古逸叢書本作「補美」。
〔一〇〕注，元本、古逸叢書本作「在」。
〔一一〕勱，原作「勵」，據陳書江總傳改。

白馬○後漢李憲傳：憲餘黨屯灊山，揚州牧歐陽歙不能剋。廬江人陳衆爲從事，請乘單車駕白馬往説而降之。人號「白馬從事」。魏志：龐德字令明，討關羽，與羽交戰，射羽中額。時德常乘白馬，羽軍謂之「白馬將軍」，皆憚之。

白馬東北來，○【趙次公曰】按皇朝九域志：衡州北至州界乃潭州。以公自南而北言之，則所見之馬爲東北來也，明矣。空鞍貫雙箭。可憐馬上郎，意氣今誰見。○此傷當時乘白馬者非李憲、龐德，而今憲、德不可復見也。近時主將戮，中夜傷於戰。○【蔡伯世曰】此詩乃潭州作，主將謂崔瓘也。○臧玠與達奚忿争，拂衣去，是夜以兵殺瓘。時甫自潭州如長沙而逢亂也。○【鮑欽止曰：「商州也。崔屬楚，楚世家注：在今順陽郡南鄉、丹水二縣，有商城在於水中。乃知商於爲商州，即張儀欺楚王之地也。」又，王洙曰：「商，或作傷。」趙次公曰：「傷於戰，一作商於。按，商於者，山名，在虢州。與此潭州之亂無相干，斷不可取。」】或曰：按，傷於，一作商於，乃張儀欺楚王之地，即商州也。○【師尹曰】謂大曆三年，商州兵馬使劉洽殺其刺史殷仲卿，豈此歟？○【師古曰】説者又謂：是詩爲永王璘叛於楚而作。○夢弼謂：二説皆非也。喪亂死多門，嗚呼淚如霰。○【趙次公曰】屈原九歌哀郢篇：涕淫淫其如霰。○【趙次公曰。又，杜陵詩史、分門集注引作「師古曰」。】江文通雜詩：握手淚如霰。

迴棹〇【趙次公曰】甫本襄陽人也。時厭衡山之熱，憶峴山之涼，欲迴棹而往也。

宿昔世安命，〇世，一作試。〇【趙次公曰】莊子德充符篇：知其不可奈何而安之若命，唯有德者能之。自私猶畏天。〇【趙次公曰】言雖私已自便，尚終不若小人之不畏天者也。勞生繫一物，爲客費多年。衡嶽江湖大，〇【鄭印曰】荊州記：衡山，南嶽也。周旋數百里，高四千一十丈。蒸池疫癘偏。〇羅含湘中記：蒸水注湘。〇【鄭印曰】寰宇大定記：衡州衡陽縣，蒸水源出縣西如蒸山。水經：蒸水出唐安縣南，又東北至臨蒸至湘，謂之蒸口。〇【趙次公曰】水以蒸而得名者，謂其氣如蒸也。散才嬰薄俗，〇薄，一作舊。〇【趙次公曰】以閑散之才爲薄俗所嬰繞，此同乎流俗之意。有跡負前賢。〇【趙次公曰】蓋言賢者每以跡爲累，故以絶跡爲貴。今有留滯之跡，所以負媿於前賢矣。巾拂那關眼，〇【趙次公曰】巾拂，所以莊肅形容之物。那關眼，則舟中放曠而不用矣。瓶罍易滿船。〇【趙次公曰】言飲器之多也。火雲滋垢膩，〇火雲，旱雲也。〇【王洙曰】淮南冥覽訓：旱雲煙火。凍雨裛沉綿。〇凍，音東。裛，音邑。〇【王洙曰】沉，一作塵。〇【趙次公曰】楚辭：使凍雨兮灑塵。〇【王洙曰】張衡思玄賦：凍雨霈其灑途。注引爾雅：夏月暴雨謂之凍雨〔一〕。〇沈休文蕭愐碑：因遇沉痾，綿留氣序。强飯蓴添滑，〇【鄭印曰】强，其亮切。〇蓴，音純。水菜也。生水中，葉似皂莢浮水上，莖可噉。端居茗續煎。○【薛夢符曰】茶録：潭、邵之間，渠江中有茶。邵多毒蛇猛獸，鄉人每年採擷不過十五六斤，其色如鐵，芳草〔二〕異常，煎之無脚也。清思漢水上，凉憶峴山巔。○【王洙曰】漢水、峴山，皆襄陽也。○【趙次公曰】此在湘潭之時，最爲卑濕蒸鬱之處，故清思漢水而凉憶峴山也。公本襄陽人，豈懷鄉之語乎？順浪翻堪倚，○【王洙曰】江賦：冰〔三〕夷倚浪以傲睨。迴帆又省牽。吾家碑不昧，○【王洙曰：「杜預沉碑峴山之下。」】杜預字元凱，平吴立碑，一寘峴山，一〔四〕沉於江，求名千載也。王氏井依然。○吾家、王氏，假對。○【王洙曰：「王粲宅有井。」】吴〔五〕予襄沔記：王粲宅在萬山之東。襄陽耆舊傳：繁伯休卜宅，王粲鄰〔六〕同井。几杖將衰齒，茅茨寄短椽。灌園曾取適，○列女傳：於陵子終賢，楚〔七〕王欲以爲相，遂與妻俱逃，而爲人灌園。遊寺可終焉。遂性同漁父，○【趙次公曰】言同乎漢陰之漁父，不求名聞也。○【王洙曰：「屈原、莊子皆有漁父篇。」】莊子漁父篇：漁父刺船而去，延緣葦間。屈原漁父篇：屈原既放，遊於江潭。漁父見而問之，曰：「子非三閭大夫與？」原曰：「舉世皆濁我獨清，衆人皆醉我獨醒。是以見放。」漁父曰：「聖人不凝滯於物，而能與世推移。世人皆濁，何不淈其泥而揚其波？衆人皆醉，何不哺其糟而歠其醨〔八〕？」乃鼓枻而去，歌曰：「滄浪之水清兮，可以濯吾纓。滄浪之水濁兮，可以濯吾足。」遂去，不復與言。成功異魯連。○【趙次公曰】言異乎仲連之却秦軍，下燕城，雖不受封，猶爲取名也。○【王洙曰】史記魯仲連傳：仲連責新垣衍帝秦，秦將聞之，却軍五十里。平原君趙勝欲封之，辭不受。田單攻聊城不下，魯連乃爲書以遺燕將，燕將見書自殺，田單遂屠而歸，而言魯連，欲爵之。魯連逃隱於海上，曰：「吾與富貴而詘於人，寧貧賤而輕世肆志焉。」篙師煩爾送，○【鄭卬曰】篙，始勞切。○進船竿也。朱夏及寒泉。○趙傁曰：語篙師云：「煩爾送我一去，猶朱夏之際得及寒泉之爲可挹也。」豈却乃往峴山乎〔九〕？

【校記】

〔一〕雨，古逸叢書本作「南」。

〔二〕草，古逸叢書本作「烈」。

〔三〕冰，元本、古逸叢書本作「水」。

〔四〕一，元本、古逸叢書本無。

〔五〕吴，元本、古逸叢書本作「吾」。

〔六〕鄰，元本、古逸叢書本作「願」。

〔七〕終賢楚，原作「楚終賢」，據古逸叢書本改。

〔八〕歠其醨，元本、古逸叢書本作「啜其醨」。

〔九〕「豈却」至「山乎」，元本、古逸叢書本無。

憶鄭南

鄭南伏毒寺，○【趙次公曰：「舊本『伏毒守』，難解，師民瞻作手，亦無義。一作寺，却似有理。蓋寺名伏毒，而在江心。」】寺名伏毒。○【黄鶴曰：「鄭南，當是華州鄭縣之南。」】在華州鄭南縣。○劉禹錫別集云：舅氏牧華州，前後由華覲謁，路經伏毒寺，曾題詩于梁。今典馮翊，望三峰，浩然生思，寄詩。有詩云：「曾作關中客，頻經伏毒巖。晴煙沙苑樹，晚日渭川帆。」謂此也。瀟灑到江心。○【趙次公曰】謂寺在江心而瀟灑也。石影銜珧閣，○【鄭卬曰】珧，音洮。○【黄鶴曰：「珧，玉色，言石似玉也。」】玉色鮮絜也。○珧，舊作珠，惟陳作珧，當從之。泉聲帶玉琴。○【趙次公曰】言泉聲如玉琴之韻也。風杉曾曙倚，○曙，常恕切，曉也。雲嶠憶春臨。萬里滄浪水，○滄浪，陳作蒼茫。○【王洙曰。又，趙次公曰：「舊本作『滄浪外』，師民瞻本作『滄浪水』，是。」】水，一作外。○【趙次公曰】寰宇記：邵州有漁父廟，乃屈原所逢之處。武崗縣有滄浪水。龍蛇只自深。○【趙次公曰】言滄浪水徒爲龍蛇之深藏，不似鄭南江心之可樂也。

舟中苦熱遣懷奉呈陽中丞通簡臺省諸公

媿爲湖外客，○【趙次公曰】公自媿爲客於洞庭湖之外。看此戎馬亂。中夜混黎甿，脱身亦奔竄。○【王洙曰。又，杜陵詩史、分門集注引作「師古曰」。】謂避臧玠之亂，入衡州也。平生方寸心，反當帳下難。○【趙次公曰：「舊本『反掌帳下難』。蔡伯世云：別本作反當，以上下詩意考之，當從別本。其説是。」】反當，舊作反掌，蔡作反當，今從之。○【師古曰。又，王洙曰：「謂崔瓘見殺也。」】帳下難，指崔瓘被殺也。○【師古曰】甫入衡州詩「竟流帳下血，大降湖南殃」。○呈聶耒陽詩「麾下殺元戎」，皆謂是也。嗚呼殺賢良，○【趙次公曰】賢良，指崔瓘也。○【王洙曰】按唐書：瓘爲治不煩苛，人便安之。居澧州二年，增户數萬，詔特進五階，以寵異政。不叱白刃散。○【趙次公曰】公自言平生有經世之心，而反當帳下有尚至於賊殺賢良，乃不能一叱白刃使散，蓋自以爲媿矣。吾非丈人特，○【師古曰】特，謂匹特也。没齒埋冰炭。○【師古曰】冰炭，謂與小人不相入也。○【薛夢符曰】論語：没齒無怨言。耻以風病辭，胡然泊湘岸。○【師古曰】臧玠之亂，欲召甫，甫以病辭，遂泊于湘岸。入舟雖苦熱，垢膩可溉灌。痛彼道邊人，形骸改昏旦。○【王洙曰。又，杜陵詩史、分門集注引作「師古曰」。】痛彼遇亂而死者也。中丞連帥職，○【趙次公曰】中丞，指陽濟也。舊唐書：衡州刺史陽濟出兵討臧玠。連師〔一〕，乃古諸侯之職也。封内權得按。身當問罪先，○【師古曰】謂封疆之内，刺史權得按察，故以兵來問罪也。縣實諸侯半。○【王洙曰。又，杜陵詩史、分門集注引作「師古曰」。】謂陽中丞封邑半於古諸侯也。士卒既輯睦，○【薛夢符曰】春秋左氏傳：宣十二年，隨武子曰：「昔歲入陳，今茲入鄭。民不罷勞，居〔二〕無怨讟，而卒乘輯睦，事不奸矣。」

啓行促精悍。○【師古曰】謂督促精悍之兵以討玠也。○【趙次公曰】詩小雅：戎車十乘，以先啓行。似聞上游兵，○【薛夢符曰。又，九家集注杜詩引作「杜田補遺」，杜陵詩史、分門集注引作「師古曰」。】前漢項羽傳：羽自立爲西楚霸王〔三〕，使人徙義帝，曰：「古之帝者，地方千里，必據上游。」乃徙義帝長沙郴縣。○【薛夢符曰】注：文穎曰：居水之上流也。游，或作流。顔師古曰：游即流也。稍逼長沙館。○【師古曰】長沙，屬潭州也。鄰好彼克修，○【趙次公曰。又，九家集注杜詩引作「師尹曰」：「中丞楊琳自澧上達長沙問罪，見子美後詩注。」】按集，公呈聶耒陽詩篇末自注云：楊中丞琳問罪將士皆自澧山〔四〕達長沙也。天機自明斷。南圖卷雲水，北拱戴霄漢。美名光史臣，長策何壯觀。○陽濟修講鄰郡好愛之機謀果斷。○【師古曰。又，王洙曰：「南圖，謂圖畫湖南也。北拱，謂誅亂鉏暴以尊王室也。如此則書於史臣者光美，而見於策略者爲壯觀也！」】圖畫湖南，卷盡雲水，掃除暴亂，北尊王室，如此則名聲光于史籀，而計策又何其壯觀也！○【杜田正謬。又，杜陵詩史、分門集注引作「師古曰」。】按集有送嚴公詩曰「南圖迴羽翮，北極拱星辰」。或説：南圖，蓋用莊子「鵬飛九萬里而圖南」故事也。驅馳數公子，咸願同伐叛。○【趙次公曰。又，杜陵詩史、分門集注、補注杜詩引作「師古曰」。】唐書：澧州刺史楊子琳、道州刺史裴虬、衡州刺史陽濟各出兵討玠。宗室李勉爲廣州刺史，亦以兵討玠也。聲名〔五〕哀有餘，夫何激衰懦。○【王洙曰。又，杜陵詩史、分門集注引作「師古曰」。】謂數公子之英聲節義，足以感激衰懦也。偏裨表三上，鹵莽同一貫。○【師古曰】偏裨，謂副將也。三上表章，以陳臧玠之無罪，其言崔瓘之減克軍士衣糧，率皆鹵莽不明乎瓘之用心也。○同乎一貫。始謀誰其間〔六〕，迴首增憤惋。○【師古曰】始謀者，指玠也。○【趙次公曰】問玠始初同謀者誰在其間，令我回首憤惋也。宗英李端公，○【杜田補遺。又，杜陵詩史、分門集注引作「師古曰」。】李端公，名勉，乃宗室之英秀者。爲御史中丞。大曆中，出爲廣州刺史，亦以兵討玠也。○【杜田補遺】梁邵陵王辭丹陽尹表：臣進非民譽，退異宗英。○【杜田補遺。又，杜陵詩史、分門集注引作「師古曰」。】李肇國史補：宰相相呼爲「堂老」，兩省相呼爲「閣老」，尚書丞郎相呼爲「曹長」，郎中、員外、御史、拾遺相呼爲「院長」，唯御史呼爲「端公」。守職甚昭焕。變通迫脅地，謀畫焉得算。○【師古曰。又，趙次公曰：「李公能變而通之，於賊兵追脅之地，用其謀畫，更得算計可行乎！」】謂李勉能釋脅從之人，以安衆心，足見其明權變，而知其謀畫之多也。王室不肯微，凶徒略無少有憚畏也。○【薛夢符曰】老子二十九章：天下神器，不可爲也。○【杜田補遺。又，杜陵詩史、分門集注、補注杜詩引作「薛夢符曰」。】班固西都賦：强幹弱枝，隆上都而觀萬國。○光武紀：博士丁恭議古封禪〔七〕，諸侯不過百里，利以建侯，取法於雷，强幹弱枝，所以爲治也。○【集千家注批點杜工部詩集引「薛夢符曰」：「後漢章帝時，宋意上疏曰：『春秋之義，諸父昆弟無所不臣，所以尊尊卑卑、强幹弱枝也。』」】宋均族子意爲尚書。肅宗親親之義篤，叔父濟南、中山二王及諸昆弟並留京師，不遣就國。上疏曰：「春秋之義，諸父昆弟無所不臣，所以尊尊卑卑、强幹弱枝也。」扣寂豁煩襟，皇天照嗟嘆。

此流須卒斬，神器資强幹。○【師古曰】謂李勉不肯令王室之微，必斬臧玠以幹正神器，亦使兇徒

○【師古曰】扣寂，言以詩發寂默，而豁煩悶之胸懷，冀皇天有以知之也。○【趙次公曰】陸士衡文賦：扣寂寞以求音。○宋之問曰：皇天見余嗟嘆。

【校記】

〔一〕師，古逸叢書本作「帥」。

〔二〕居，古逸叢書本作「軍」。

〔三〕王，元本、古逸叢書本作「上」。

〔四〕山，古逸叢書本作「上」。

〔五〕名，古逸叢書本作「節」。

〔六〕間，古逸叢書本作「問」。

〔七〕禪，古逸叢書本作「建」。

送顧八分文學適洪吉州

中郎石經後，八分蓋憔悴。○【師古曰】言自蔡中郎之後，八分書體雕零，故云「憔悴」也。

○【王洙曰】後漢蔡邕拜中郎將，校書東觀，以經籍去聖益遠，文字多謬，俗儒穿鑿，疑誤後學。熹平中，表正求〔一〕定六經文字，靈帝許之。邕乃自書册于碑，使工鐫刻，立於太學門外。唐李邕兩京記：

正觀中，得蔡邕石經數板，皆八分書。顧侯運鑪錘，○鑪，音盧，竈也。○【鄭卬曰：「錘，之瑞切，鍛也。」】錘，之瑞、之蘂二切，鍛也。○【薛夢符曰】莊子大宗師篇：夫無莊之失其美，據梁之失其力，黄帝之亡其智，皆在鑪錘之間耳。筆力破餘地。○言顧侯之筆力，皆運轉鍛鍊，以成八分之書也。○【趙次公曰】莊子養生篇：恢恢乎其於遊刃必有餘地矣。昔在開元中，○開元，玄宗〔二〕年號也。韓蔡同贔屭。○【鄭卬曰】贔，平秘切。屭，虚器切。○【杜田補遺：「作力之貌。」又，杜陵詩史、分門集注引作「修可曰」，杜陵詩史又引作「師古曰」。】壯士作力貌。○【王洙曰：「開元中，韓擇木、蔡有鄰二人善八分。事見李潮八分歌注。」趙次公曰：「韓則韓擇木，蔡則蔡有鄰。」】韓謂韓擇木，昌黎人也，官至工部尚書、散騎常侍。蔡謂蔡有鄰，濟陽人也，官至冑曹參軍。○【趙次公曰】按集，公有李潮八分小篆歌「尚書韓擇木，騎曹蔡有鄰，開元以來書八分」是也。玄宗妙其書，是以數子至。御札早流傳，○【杜田補遺。杜陵詩史、補注杜詩、集千家注批點杜工部詩集又引作「師古曰」。又，王洙曰：「明皇師韓擇木，嘗於彩牋上八分書，賜張說。」集千家注批點杜工部詩集引作「公自注」：「明皇師韓擇木，嘗於彩牋上八分書，賜張說。」】書苑：唐明皇好圖畫，工八分章草，豐茂英特。初，張說爲麗正殿學士，獻詩明皇。自於彩牋上八分書，讚曰：「德重和鼎，功逾濟川。詞林秀發，翰苑光鮮。」所謂「御札流傳」者，此也。揄揚非造次。三人並入直，○【王洙曰】三人謂韓、蔡、顧也。恩澤各不二。顧於韓蔡內，辨眼工小字。○【師古曰】辨眼，謂於字中最號明眼者也。○【王洙曰】顧侯八分書外，尤善小字。分日示諸王，鈎深法更秘。文學與我遊，蕭疏外聲利。追隨二十載，浩蕩長安醉。高歌卿相宅，文翰飛省寺。○風俗通：寺，司也。今尚書御史官府所止，皆曰寺也。視我揚馬間，○【王洙曰：「視公如揚雄、司馬相如。」】顧侯喜甫，比之揚雄、司馬相如也。白首不相棄。驊騮入窮巷，必脱黄金轡。○【趙次公曰】顧侯騎驊騮來訪，必脱黄金轡者，言其富貴也。一論朋友難，遲暮敢失墜。古來事反覆，相見横涕泗。嚮者玉珂人，○【鄭卬曰】珂，丘何切。○【杜田補遺】螺屬，潔白如雪。老鵰入海所化。○【杜田補遺。又，杜陵詩史、補注杜詩引作「師古曰」。】神農本草：珂，貝類，大如鰒，皮黄黑而骨白。以爲馬飾，生南海。○唐書車服志：天寶中，京官朔望朝參，朱衣袴褶，五品以上有珂傘。凡車之制，三品以上珂九子，四品以上珂七子，五品珂五子。以下去珂。張華輕薄篇：文軒植羽蓋，乘馬佩玉珂。司馬光類篇：雀入大水，化爲蛤。鵰入海，化爲珂。誰是青雲器。○【師古曰】青雲器，言器之高遠也。○【王洙曰】此譏向之貴者，未必賢也。○【杜田補遺。又，杜陵詩史、補注杜詩、集千家注批點杜工部詩集引作「師古曰」。】晉阮咸，字仲容，爲始平太守。顔延年五君詠曰：仲容青雲器。才盡傷形體，病渴汚官位。○【王洙曰】體，一作骸。○【師古曰】甫謙言己才已盡，况又病渴，豈可汚辱官位乎？○【杜田補遺。又，杜陵詩史、補注杜詩引作「師古曰」。】齊江淹字文通，夢得五色筆，由是文章日新。復夢有人自稱郭璞，取之，後爲詩絶無美句。時人謂爲才盡。故舊獨依然，時危話顛躓。○躓，與疐同，跲也。我甘多病老，子負憂世志。胡爲困衣食，顔色少稱遂。遠作辛苦行，順從衆多意。舟楫無根蒂，蛟鼉好爲祟。况兼水賊繁，特戒風飆駛。○飆，卑遥切，暴風也。駛，疏吏切，疾也。崩騰戎馬險，○【師古曰】崩騰，即奔騰也。往往殺長吏。○【師古曰】軍興之際，賦斂慘刻，動殺長吏以叛也。子干東諸侯，勤勉防縱恣。○勤，或作勸。邦以民爲本，○【趙次公曰】尚書：民爲邦本。魚飢費香餌。○【師古曰】魚飢，喻民困顧。○【趙次公曰】使當勉諸侯厚施予，以恤民爲本也。請哀瘡痍深，告訴皇華使。○【趙次公曰】詩小雅〔三〕：皇皇者華。君遣使臣也。使臣精所擇，進德知歷試。惻隱誅求情，固應賢愚異。○【師古曰。又，王洙曰：「不可一概爲苛急，當存賢愚之用心爾。」】甫意欲顧侯告于皇華使，閔其瘡痍，精擇良吏以爲佐，勤恤民隱，無徒誅求，一概爲苛急，略無賢愚之異爾。烈士惡苟得，○惡，烏路切，憎也。俊傑思自致。○【師古曰】此戒顧侯無以不義而苟得，當自致富貴。○【趙次公曰：「皆以指言顧文學，所以責望之深矣。」】則其望之之深也。贈子猛虎行，○【王洙曰】樂府陸士衡猛虎行：渴不飲盜泉水，熱不息惡木陰。惡木豈無枝，志士多苦心。出郊載酸鼻。○【趙次公曰】高唐賦：寒心酸鼻。○竇憲傳：言之可爲酸鼻。

【校記】

〔一〕正求，古逸叢書本作「求正」。

〔二〕玄宗，原作「太宗」，據元本、古逸叢書本改。
〔三〕小雅，元本、古逸叢書本無。

聶耒陽以僕阻水書致酒肉療飢荒江詩得代懷興盡本韻至縣呈聶令陸路去方田驛四十里舟行一日時屬江漲泊于方田

〇【鄭卬曰】耒陽，衡州東南屬縣。〇【趙次公曰】大曆五年夏四月，臧玠殺崔瓘。〇公由是避地入衡州，至耒陽，遊嶽祠。以大水，涉旬不得食。耒陽聶令具舟迎之，水漲，遂泊方田驛。今作此詩以謝之。

耒陽馳尺素，〇【王洙曰】尺素，書也。見訪荒江渺。義士烈女家，〇【王洙曰】史記刺客傳：聶政殺韓相，自死。其姊榮〔一〕伏尸哭，極哀，死政之旁。晉、楚、齊、衛聞之，皆曰：「非獨政能也，乃其姊亦烈女也。」風流吾賢紹。昨見狄相孫，許公人倫表。〇【杜田補遺】杜陵詩史、分門集注、補注杜詩、集千家注批點杜工部詩集又引作「師古曰」。〇【南史】孔休源爲晉安王長史，武帝勅王曰：「孔休源人倫儀表，當師事之。」前期翰林後，屈跡縣邑小。〇【師古曰】狄相孫，指兼謨也。兼謨善人倫風鑒，許聶令以人倫之表。〇【王洙曰。杜陵詩史又引作「師古曰」。】言聶才宜在翰林而反屈迹小縣也。○【趙次公曰：「舊本『前期翰林後』，蔡伯世云：別本作前朝。其説是。」】按，前期，一作前朝。○【趙次公曰】或謂：豈聶令之父祖嘗任翰林之職乎？知我礙湍濤，半旬獲浩溔。○【趙次公曰】溔，以沼切，大水貌。○【師古曰】言聶令知甫阻水也。○司馬相如上林賦：浩溔潢漾。魏都賦：河汾浩洋〔二〕而晧溔。○【趙次公曰】謝靈運山居賦：吐泉源之浩溔。麾下殺元戎，○【王洙曰。杜陵詩史又引作「師古曰」。】指臧玠殺崔瓘也。○按集有入衡州詩「竟流帳下血」，舟中苦熱詩「反當帳下難」是也。湖邊有飛旐。○【師古曰】飛旐，謂瓘之喪揚素旐也。孤舟增鬱鬱，○【師古曰】甫避亂衡州，屬江漲不得去，故愈鬱鬱然不樂也。僻路殊悄悄。○悄，憂貌。○【王洙曰】詩國風：憂心悄悄。側聽猿猱捷，仰羨鸛鶴矯。○捷，疾也。矯，舉也。○【師古曰】猿猱善跳擲，鸛鶴善飛翔，甫阻水，恨不能如猿猱與鸛鶴也。禮過宰肥羊，○【趙次公曰】詩伐木篇：既有肥羜。○毛萇傳：羜，未成羊也。○【王洙曰】曹子建詩：烹羊宰肥牛。愁當置清醥。○【杜田補遺。杜陵詩史又引作「師古曰」。】醥，匹〔三〕妙切，青白色。○【王洙曰】蜀都賦：置酒高堂，觴以醥清。○【杜田補遺】按，醥，或〔四〕本又作縹〔五〕，同匹〔六〕妙切，清酒也。○【杜田補遺。又，門類增廣十注杜詩引作「杜云」。杜陵詩史引作「薛夢符曰」，又引作「師古曰」，杜陵詩史、補注杜詩又引作「修可曰」。】揚雄酒賦：其味有宜春醪醴，蒼梧縹清。○【杜田補遺。又，杜陵詩史引作「修可曰」，又引作「師古曰」，分門集注引作「鄭卬曰」。另，王洙曰：「言聶令以肥羊、清醥，乃見於禮也。」】肥羊、清醥，皆言聶令待遇我之厚也。

人非西諭蜀，○【王洙曰。杜陵詩史又引作「師古曰」。】前漢司馬相如傳：唐蒙通夜郎，徵發巴、蜀吏卒，因〔七〕軍興法誅其渠帥，巴、蜀大驚。武帝聞之，使相如作檄以責唐蒙，因諭巴、蜀人。興在北坑趙。○興，許應切。○【師古曰】此甫之意謂臧玠之徒不可以言諭之，宜若趙卒悉坑之也。○【王洙曰：「秦將白起破趙，四十餘萬軍遂降。秦白起悉坑之。」杜陵詩史又引作「師古曰」。】史記白起傳：起善用兵，事秦昭王，號武安君。秦攻趙壘，數挑戰，趙將廉頗堅壁不出。秦使人爲反間，曰：「秦獨畏馬服子趙括爲將耳。」趙王聞反間之言，因使括代頗。秦使起爲上將軍。括至，擊秦軍，秦軍佯敗走，括出鋭卒自搏戰，秦軍射殺括，括軍敗走，四十萬人降起。起以爲趙卒反覆，而乃挾詐，盡坑殺之。方行郴岸静，○【師古曰】謂郴州無恙也。未話長沙擾。○【師古曰。王洙曰：「時臧玠殺崔瓘，長沙擾亂也。」】指臧玠之亂也。崔師乞已至，澧卒用矜少。問罪消息真，○【鄭卬曰：「澧，里第切。荆州湖名。」】澧，里弟切。荆湖州名〔八〕。○水經：澧水出武陵歷山之北。○【趙次公曰：「末句公之自注甚明。」九家集注杜詩依例爲「王洙曰」，杜陵詩史、分門集注、補注杜詩引作「王洙曰」，杜陵詩史、補注杜詩又引作「師古曰」，集千家注批點杜工部詩集引作「公自注」。】甫自注：聞崔侍御漼乞師於洪府，師已至袁州北。楊中丞琳問罪將士自澧上達長沙。開顔憩亭沼。○憩，去例切，息也。○【師古曰】此甫謂得以開顔而喜叛徒之已擒也。

【校記】

〔一〕榮，古逸叢書本作「嫈」。

〔二〕洋，古逸叢書本作「涆」。
〔三〕匹，元本、古逸叢書本作「四」。
〔四〕或，元本、古逸叢書本無。
〔五〕縹，元本、古逸叢書本作「鏢」。
〔六〕匹，元本、古逸叢書本作「四」。
〔七〕因，古逸叢書本作「用」。
〔八〕荆湖州名，元本作「荆湖州石」，古逸叢書本作「荆南州也」。

新定杜工部草堂詩箋斠證卷第五十

逸詩拾遺

瞿塘懷古

○【鄭印曰】寰宇記：夔州瞿塘，在〔一〕東一里。

西南萬壑注，勍敵兩崖開。○勍，渠京切，彊也。地與山根裂，江從月窟來。削成當白帝，○水經：白帝山城門西，江有孤石，冬出二十餘丈，夏即没，有時纔出。空曲隱陽臺。○陽臺，乃巫山神女之臺也。疏鑿功雖美，○【九家集注杜詩、分門集注引作「王洙曰」，杜陵詩史、補注杜詩、集千家注批點杜工部詩集引作「吕本中曰」。】郭璞江賦：巴東之峽，夏后疏鑿。陶鈞力大哉。

【校記】

〔一〕古逸叢書本「在」下有「州」字。

送司馬入京

羣盜至今日，先朝忝從臣。歎君能戀主，久客羨歸秦。黄閣長司諫，丹墀有故人。向來論社稷，爲話涕霑巾。

惜別行送劉僕射〇一有「判官」二字。

聞道南行市駿馬，〇戰國策：燕昭王欲招賢者，以報齊讎。郭隗曰：「臣聞古之君人有以千金求千里馬者，三年不能得。涓人言於君曰：『請求之。』君遣之三月，得千里馬。馬已死，買其骨五百金，反以報君。君大怒，曰：『所求者生馬，安事死馬而捐五百金！』涓人對曰：『死馬且買之五百金，況生馬乎？必以王爲能市馬，馬今至矣。』於是不期年千里之馬至者三。今王誠欲致士，先從隗始。隗且見事，況賢於隗者乎，豈遠千里哉？」不限匹數軍中須。〇軍，或作官。襄陽幕府天下異，主將儉省憂艱虞。祇收壯健勝鐵甲，豈因格鬭求龍駒。而今西北自反胡，麒麟蕩盡一匹無。龍媒真種在帝都，〇漢郊祀志：天馬歌：天馬徠，龍之媒。子孫未落西南隅。向非戎事備征伐，君肯辛苦越江湖。江湖凡馬多顦顇，〇與「憔悴」同。衣冠往往乘蹇驢。梁公富貴於身疏，號令明白人安居。俸錢時算〔一〕士子盡，府庫不爲驕豪虛。

以茲報主寸心赤，氣却西戎回北狄。羅網羣馬藉馬多，氣在驅除出金帛。劉侯奉使光推擇，滔滔才略滄溟窄。杜陵老翁秋繫船，扶病相識長沙驛。强梳白髮提胡盧，手把菊花路傍摘。○西京雜記：九月九日佩茱萸，食蓬餌，飲菊花酒，令人長壽。九州兵革浩茫茫，三歎聚散臨重陽。當杯對客忍流涕，不覺老夫神内傷。

【校記】

〔一〕算，古逸叢書本作「散」。

呀鶻行

○【鄭卬曰】呀，虚加切，張口也。○鶻，音骨，又户骨切，鳥名。

病鶻孤飛俗眼醜，每夜江邊宿衰柳。清秋落日已側身，過雁歸鵶錯迴首。緊腦雄姿迷所向，疏翮稀毛不可壯。彊神迷復皂鵰前，俊才早在蒼鷹上。風濤颯颯寒山陰，熊羆欲蟄龍蛇深。念爾此時有一擲，失聲濺血非其心。

短歌行贈四兄

與兄行年校一歲，賢者是兄愚者弟。兄將富貴等浮雲，○論語：不義而富且貴，於我如浮雲。弟竊功名好權勢。○好，讀去聲。長安秋雨十日泥，我曹鞴馬聽晨雞。○鞴，皮視切。説文：車紤也。公卿朱門未開鎖，我曹已到肩相齊。吾兄睡穩方舒膝，不韤不巾〔一〕踏曉日。男啼女哭莫我知，身上須繒腹中實。今年思我來嘉州，嘉州酒重花滿樓。樓頭喫酒樓下卧，長歌短詠還相酬。四時八節還拘禮，女拜弟妻男拜弟。幅巾鞶帶不掛身，頭脂足垢何曾洗。○【門類增廣十注杜詩、門類增廣集注杜詩引作「杜云」。又，杜陵詩史、分門集注引作「修可曰」。】南史：陰子春，字幼文，身脂垢汗，脚數年一洗，言每洗則失財敗事。云在梁州，因洗足致梁州敗。吾兄吾兄巢許倫，○皇甫謐逸士傳：巢父者，堯時隱人也。及堯讓位許由也，由以告巢父，巢父曰：「汝何不隱若光，何故見若身、揚若名？汝非友也。」乃擊其膺而下之。由悵然不自得，乃過清冷之水洗其耳。一生喜怒長任真。日斜枕肘寢已熟，○枕，讀去聲。啾啾唧唧爲何人。○一作「何爲人」。

【校記】

〔一〕巾，古逸叢書本作「中」。

右五篇乃蘇州太守裴煜如晦所收，見舊集補遺。

虢國夫人

虢國夫人承主恩，平明上馬入宮門。○【鮑彪曰】唐書后妃傳：楊貴妃有姊三人，長曰大姨，封虢國。並承恩出入宮掖。却嫌脂粉涴顏色，淡掃蛾眉朝至尊。○【鮑彪曰】楊貴妃外傳：虢國夫人不施朱粉，自有艷態。

逃難

五十白頭翁，南北逃世難。疏布纏枯骨，奔走苦不暖。○暖，叶讀去聲。已衰病方入，四海一塗炭。乾坤萬里内，莫見容身畔。妻孥復隨我，回首共悲歎。故國莽丘墟，○故國，指長安也。鄰里各分散。歸路從此迷，涕盡湘江岸。

寄高適

楚隔乾坤遠，難招病客魂。○宋玉有招魂篇。詩名惟我共，世事與誰論。北闕更新主，○【黃鶴曰】謂代宗即位也。南星落故園。○謂南極老人星照於舊廬也。定知相見日，爛熳倒芳樽。

送靈州李判官

羯胡腥四海，回首一茫茫。血戰乾坤内〔一〕，氛迷日月黄。將軍專策略，幕府盛材良。近賀中興主，○中，竹仲切，又讀如字。神兵動朔方。

【校記】

〔一〕内，古逸叢書本作「赤」。

與嚴二郎奉禮别

别君誰暖眼，將老病纏身。出涕同斜日，臨風看去塵。商歌還入夜，巴俗自爲鄰。尚愧微軀在，遥聞盛德新。山東羣盗散，闕下受降頻。諸將歸應盡，題書報旅人。

巴西驛亭觀江漲呈竇使君二首

轉驚波作怒，即恐岸隨流。賴有杯中物，○張翰傳：使我有身後名，不如即時一樽酒。

還同海上鷗。○【九家集注杜詩依例爲「王洙曰」，分門集注、補注杜詩引作「黄曰」。】列子黄帝篇：海之上有好漚鳥者，每旦之海上從漚鳥游。其父曰：「吾聞漚鳥皆從汝游，取來吾玩之。」明日，之海上，漚鳥舞而不下。關心小剡縣，○剡縣，在今會稽之南。傍眼見楊〔一〕州。爲接情人飲，朝來減半愁。

【校記】

〔一〕楊，古逸叢書本作「揚」。

向晚波微緑，連空岸脚青。日兼春有暮，愁與醉無醒。漂泊猶杯酒，躊躇此日〔一〕亭。相看萬里外，同是一浮萍。

【校記】

〔一〕日，元本、古逸叢書本作「驛」。

遣憂

亂離知又甚，消息苦難真。受諫無今日，臨危憶故人。紛紛乘白馬，○言兵之衆也。後漢李憲傳：憲餘黨屯灊山，揚州牧歐陽歙不能討。廬江人陳衆爲從事，乘單車駕白馬往説，降之，人號「白馬從事」。又魏志：龐德與關羽交戰，射羽中額。德乘白馬，羽軍中謂之「白馬將軍」。又南史侯景傳：先是，童謡曰：「青絲白馬壽陽來。」景渦陽之敗，求錦，朝廷所給青布，及是皆用爲袍，采色尚青。景乘白馬，青絲爲轡，欲以應謡。攘攘着黄巾。言〔一〕盗之多也。○【王洙曰】後漢靈帝中平元年，鉅鹿人張角自稱黄天，其部帥有三十六萬人，皆着黄巾，同日反叛。隋氏留宫室，焚燒何太頻。

【校記】

〔一〕元本、古逸叢書本「言」上尚有「攘如雨切擾也」六字。

早花

西京安穩未，不見一人來。臘日巴江曲，山花已自開。盈盈當雪杏，艷艷待春梅。直苦風塵暗，誰憂容鬢催。

巴山

巴山遇中使，云自陜城來。盗賊還奔突，乘輿恐未回。天寒邵伯樹，○【王洙曰】

詩甘棠：美邵伯也。地闊望仙臺。○【九家集注杜詩依例爲「王洙曰」：「漢武立望仙臺。」杜陵詩史、分門集注引作「余曰」。】三輔黄圖：望仙臺，漢武所建。○又有望仙觀，在華陰縣。狼狽風塵裏，○唐段成式酉陽雜俎：狼、狽是兩物，狽前，足絶短，每行常駕兩狼，失狼則不能動，故世言事乖者稱「狼狽」。羣臣安在哉。

收京

復道收京邑，兼聞殺犬戎。○犬戎，指吐蕃也。衣冠却扈從，車駕已還宫。尅復誠如此，安危數在〔一〕公。莫令回首地，慟哭起悲風。

【校記】

〔一〕數在，古逸叢書本作「在數」。

巴西聞收京闕送班司馬入京

聞道收宗廟，鳴鑾自陝歸。傾都看黄屋，正殿引朱衣。劍外春天遠，巴西勑使稀。念君經世亂，匹馬向王畿。

花底

紫萼扶千蘂，黄鬚照萬花。忽疑行暮雨，何事入朝霞。恐是潘安縣，○【九家集注杜詩依例爲「王洙曰」，杜陵詩史、補注杜詩引作「蘇曰」。】潘岳，字安仁，爲河陽縣令。種植桃李，人號曰「河陽一縣花」。堪留衛玠車。○【九家集注杜詩依例爲「王洙曰」，杜陵詩史、補注杜詩引作「蘇曰」。】衛玠傳：字叔寶，風神秀異。總角乘羊車，見者皆以爲玉人，觀之者傾都。深知好顔色，莫作委泥沙。○按，作字廣韻在去聲，有兩音，一則箇切，一臧祚切，皆造也。

柳邊

祇道梅花發，那知柳亦新。枝枝總到地，葉葉自開春。○【王洙曰】曹植豔歌行：枝枝自相植，葉葉自相當。紫燕時翻翼，黄鸝不露身。漢南應老盡，霸上遠愁人。○公懷長安也。

送竇九歸成都

文章亦不盡，竇子才縱横。非爾更苦節，何人符大名。讀書雲閣觀，問絹錦官城。○絹，或作道。問絹乃時事爾〔一〕。我有浣花竹，題詩須一行。

【校記】

〔一〕爾，元本、古逸叢書本作「也」。

贈裴南部聞袁判官自來欲有按問

塵滿萊蕪甑，○言居官之廉也。○【王洙曰。又，杜陵詩史、補注杜詩引作「蘇曰」。】後漢范丹，字史雲。桓帝時爲萊蕪長，遭母憂，不到官。後辟太尉府，以狷急，常佩韋於朝。時欲以爲侍御史，因遁逃梁、沛間，乃結草室而居。有時絶粒，閭里歌之曰：「甑中生塵范史雲，釜中生魚范萊蕪。」堂横單父琴。○言不勞而化也。○【王洙曰。又，杜陵詩史、補注杜詩引作「蘇曰」。】吕氏春秋：宓子賤治單父，彈鳴琴，身不下堂而單父治。人皆知飲水，○言其至清也。○【吕本中曰】晉鄧攸傳：元帝以攸爲太子中庶子。時吴郡闕守，人多欲之，帝以授攸。攸載米之郡，俸禄無所受，唯飲吴水而已。公輩不偷金。○偷，一作輸〔一〕。言其不貪也。○【王洙曰】前漢直不疑傳：爲郎，事文帝。其同舍有告歸，誤將持同舍郎金去。已而同舍郎覺亡，意不疑，不疑謝有之，買金償。後告歸者至而歸金，亡金郎大慙，以此稱爲長者。梁獄書因上，○陳其非罪也。○【師尹曰】鄒陽傳：去吴之梁，從孝王遊。陽爲人有智略，忼慨不苟合，介於羊勝、公孫詭之間。勝等疾陽，惡之孝王，孝王怒，下陽吏，將殺之。陽客遊，以讒見禽，廼從獄中上書曰：「臣聞忠不見報，信不見疑，臣以爲然，徒虚語耳。」書奏，孝王立出之，卒爲上客。秦臺鏡欲臨。○未詳〔二〕。獨醒時所嫉，○屈原漁父篇：原曰：「衆人皆濁我獨清，衆人皆醉我獨醒，是以見放。」羣小謗能深。即出黄沙在，何須白髮侵。使君傳舊德，已見直繩心。○【王洙曰】古詩：清如玉壺冰，直若朱絲繩。

【校記】

〔一〕輸，元本、古逸叢書本作「愉」。

〔二〕未詳，元本、古逸叢書本作：「西京雜記：秦咸陽宫有方鏡，廣四尺，高五尺九寸，表裏有明。人直來照之，影則倒見。以手捫心而來，則見腹胸五臟。有病在内，則掩心而照之，則知病之所在。又有女子有邪心者，則膽張而心動。始皇帝以此照宫人，膽張心動者則殺之。」

奉使崔都水翁下峽

無數涪江筏，○涪，扶鳩〔一〕切。水出徼外，南入漢。○【鄭印曰】筏，房〔二〕越切，海中桴也。鳴橈總發時。別離終不久，宗族忍相遺。白狗黄牛峽，○【鄭印曰】十道志：開州有白狗峽，二石隱起，如白狗也。○盛弘之荆州記：宜都西鄰〔三〕峽中有黄牛山，南〔四〕崖有重嶺疊起，最大高崖有石，如人負刀牽牛，人黑牛黄分明。黄牛北崖既高，江湍紆回，途經宿信，猶望見之。行人歌曰：「朝發黄牛，暮宿黄牛。三朝三暮，黄牛如故。」○【鄭卬曰：「十道志：又有黄牛峽，高崖上有石，色黄如牛。」】十道志：在峽州，水經黄牛山，下有牛灘。南岸高崖間有石，如人負刀牽牛，人黑牛黄，故得此名。自此東入西陵，三峽之一也。在宜昌縣界。朝雲暮雨祠〔五〕。所過頻問訊，○過，古禾切。到日自題詩。

【校記】

〔一〕鳩，元本作「鳴」，古逸叢書本作「陵」。

〔二〕房，元本、古逸叢書本作「旁」。

〔三〕鄰，古逸叢書本作「鳩」。

〔四〕南，元本、古逸叢書本作「離」。

〔五〕「朝雲」句下，元本、古逸叢書本有注：「宋玉高唐賦序曰：旦爲朝雲，暮爲行雨，朝朝暮暮，陽臺之下。旦朝視之如其言，故爲立廟，號曰朝雲。」

題郪縣郭三十二明府茅屋壁

○【鄭卬曰】郪，七稽切。縣名，屬梓州。

江頭且繫船，爲爾獨相憐。雲散灌壇雨，○【師尹曰。又，杜陵詩史、分門集注、補注杜詩引作「鄭印曰」：「博物志：太公爲灌壇令。」】博物志：太公爲灌壇令，武王夢婦人當道夜哭，問之，曰：「吾是東海神女，嫁於西海神童。我行，必有大風疾雨。今爲灌壇令當道，廢我行。」武王覺，召太公問之，果有疾風大雨從太公邑外過。吴叔雨賦：紆〔一〕灌壇之神馭，爲高唐之麗質。春青彭澤田。○【師尹曰】晉陶潛傳：字元亮。爲彭澤令，在縣公田悉令種秫穀，曰：「令吾嘗醉於酒，足矣。」妻固請秔〔二〕，乃使二頃五十畝種秫，五十畝種秔。頻驚適小國，一擬問高天。别後巴東路，逢人問幾賢。

【校記】

〔一〕紆，元本、古逸叢書本作「緣」。

〔二〕秔，古逸叢書本作「税」。

遣悶戲呈路十九曹長

江浦雷聲喧昨夜，春城雨色動微寒。黄鸝並坐交愁濕，白鷺羣飛大劇乾。晚節漸於詩律細，誰家數去酒杯寬。○數，色角切，頻也。惟吾最愛清〔一〕狂客，○最，魯作醉。百遍相看意未闌。

【校記】

〔一〕清，元本、古逸叢書本作「請」。

隨章留後新亭會送諸君

新亭有高會，行子得良時。日動映江暮，風鳴排檻旗。絶葷終不改，○葷，許云切，辛臭菜也。勸酒欲無詞。○勸酒，一作勸醉。已墮峴山淚，○【王洙曰。又，杜陵詩史、分門集注、補注杜詩引作「鄭卬曰」：「在襄陽。羊祜作鎮日，立碑記功於此。」】晉羊祜傳：祜卒，襄陽百姓於峴山祜平生游憩之所建碑立廟，歲時饗祭，望其碑者莫不流涕。杜預因名爲「墮淚碑」。因題零雨詩。○詩東山：我來自東，零雨其濛。

東津送韋諷〔一〕閬州録事

聞説江山好，憐君吏隱兼。寵行舟遠泛，怯別酒頻添。推薦非承乏，操持義〔二〕去嫌。他時如按縣，不得慢陶潛。○【王洙曰：「陶潛爲彭澤縣令。」】陶潛傳：潛素簡貴〔三〕，不私事上官。郡遣督郵至縣，吏白應束帶見之。潛歎曰：「吾不能爲五斗米折腰，事鄉里小人。」即解印去縣，乃賦歸去來。

【校記】

〔一〕古逸叢書本「諷」下有「攝」字。

〔二〕義，古逸叢書本作「必」。

〔三〕貴，古逸叢書本作「易」。

客舊館

陳跡隨人事，初秋别此亭。○此，一作比。重來梨葉赤，依舊竹林青。風幔何時卷，○何〔一〕，一作前。寒砧昨夜聲。無由出江漢，愁緒月冥冥。○愁，一作秋。月，一作日。

【校記】

〔一〕何，元本、古逸叢書本作「砧」。

閬州奉送二十四舅使自京赴任青城

聞道王喬舄，名因太史傳。○【王洙曰】王喬傳：顯宗世爲葉令，每月朔望，常自縣詣臺朝。

帝怪其來數，而不見車騎，密令太史伺望之。言其臨至，輒有雙鳧自東南飛來。於是候鳧至，舉羅張之，但得一雙舄焉。如何碧雞使，把詔紫微天。○【杜定功曰】王褒傳：方士言益州有金馬、碧雞之寶，可祭祀致也。宣帝使褒往祀焉。後漢邛都夷傳：青蛉縣禹同山有金馬、碧雞，光景時時出見。秦嶺愁回馬，○【鄭卬曰】秦嶺在秦州。○三秦記：長安正南山名秦嶺，一名樊川。涪江醉泛船。○涪，扶鳩切。水出徼外，南入漢。青城漫污雜，吾舅意淒然。

愁坐

高齋常見野，愁坐更臨門。十月山寒重，孤城月水昏。葭萌氐種迥，○【鮑彪曰】唐志：葭萌，屬利州。左擔犬戎存。○【鮑彪曰】或曰：左擔，疑作武擔。見成都記。終日憂奔走，歸期未敢論。

陪鄭公秋晚北池臨眺

北池雲水闊，華館闢秋風。獨鶴先依渚，衰荷且映空。采菱寒刺上，踏藕野泥中。素楫分曹往，金盤小徑通。萋萋露草碧，片片晚旗紅。盃酒霑津吏，衣裳與釣翁。異方初艷菊，故里亦高桐。搖落關山思，淹留戰伐功。嚴城殊未掩，清宴已知終。何補參卿事，○【九家集注杜詩引「吕本中曰」：「何補參軍乏，一作參軍事。」杜陵詩史、補注杜詩、集千家注批點杜工部詩集引作「吕本中曰」：「(乏)一作事。」分門集注引作「王洙曰」。】事，一作乏。歡娛到薄躬。

去蜀

五載客蜀郡，一年居梓州。如何關塞阻，轉作瀟湘遊。世事已黃髮，殘生隨白鷗。安危大臣在，不必淚長流。

放船

收帆下急水，卷幔逐回灘。江市戎戎暗，山雲淰淰寒。○淰，式稔切。村荒無徑入，獨馬〔一〕怪人看。已泊城樓底，何曾夜色闌。

【校記】

〔一〕馬，古逸叢書本作「鳥」。

哭台州鄭司户蘇少監

故舊誰憐我，平生鄭與蘇。存亡不重見，喪亂獨前塗。豪俊何人在，文章掃地無。羈遊萬里闊，凶問一年俱。白首中原上，清秋大海隅。夜臺當北斗，泉路著東吴。得罪台州去，時危棄碩儒。馬移蓬閣後，穀貴没前〔一〕夫。流動〔二〕嗟何及，銜冤有是夫。道消詩興發〔三〕，心息酒爲徒。許與才雖薄，追隨跡未拘。班揚名甚盛，○班固、揚雄。嵇阮逸相須。○嵇康、阮籍。會取君臣合，寧詮品命殊。賢良不必展，廊廟偶然趨。勝決風塵際，功安造化鑪。從容拘舊學，○拘，一作詢。慘淡閟陰符。擺落嫌疑久，哀傷志力輸。俗依綿谷異，客對雪山孤。童稚思諸子，交朋列友于。○【王洙曰】論語：惟孝友于兄弟。情乖清酒送，望絶撫墳呼。瘧病餐巴水，瘡痍老蜀都。飄零迷哭處，天地日榛蕪。

【校記】

〔一〕前，古逸叢書本作「潛」。

〔二〕動，古逸叢書本作「慟」。

〔三〕發，古逸叢書本作「廢」。

右二十七篇朝奉大夫員安宇所收

送王侍御往東川放生池祖席

東川詩友合，○東川，梓州路也。此贈怯輕爲。況復傳宗近，空然惜別離。梅花交近野，草色向平池。儻憶江邊卧，歸期願早知。

軍中醉飲寄沈八劉叟

酒渴愛江清，餘甘漱晚汀。軟沙攲坐穩，冷石醉眠醒。野膳隨行帳，華音發從伶。數盃君不見，醉已遣沉冥。

惠義寺送王少尹赴成都○得峰字。

苒苒谷中寺，娟娟林表峰。欄干上處遠，結構坐來重。騎馬行春徑，衣冠起晚鍾。雲門青寂寂，此別惜相從。

右三篇見王原叔本。

過洞庭湖○一作「舟泛洞庭」。

蛟室圍青草，龍堆隱白沙。○【呂本中曰】隱，一作擁。護堤盤古木，迎棹舞神鴉。破浪南風正，回檣畏日斜。○【王洙曰】回檣，一作歸舟。湖光與天遠，直欲泛仙槎。○【王洙曰】一作「雲中千萬疊，底處上星槎」。○王子年拾遺記：堯時有巨查浮于西海，查上有光若星月。查浮四海，十二年一周天，名「貫月槎」，又名「挂星查」。羽仙棲息其上。

右一篇見李希聲。○【鮑欽止曰：「洪玉甫云：此詩迺人得之于江心一小石刻。王直方詩話亦載其說。」】王直方詩話云：得之於江心小石刻。

送惠二歸故居

惠子白駒瘦，歸谿惟病身。皇天無老眼，空谷值斯人。○值，一作滯。崖蜜松花白，○白，一作熟。言蜂採松花而成蜜也。○【杜定功曰】圖經：宣州有黃連蜜，色味黃，小苦。雍、洛間有黎花蜜，如凝脂。亳州太清宮有檜花蜜，色小赤。並以蜂採其花作之，而性之溫良，亦相近〔一〕也。山盃竹葉新。○【王洙曰。又，分門集注引作「呂本中曰」：「山盃，一作村醪。」】盃，一作醪。○【杜陵詩史、分門集注、補注杜詩引作「修可曰」。】張華薄命篇：蒼梧〔二〕竹葉青，宜城九醖酒。○【杜田補遺】陳陰鏗竹詩：葉醞宜城酒。柴門了生事，黄綺未稱臣。○【王洙曰。又，補注杜詩引作「吕本中曰」。】黄，一作園。○前注。

【校記】

〔一〕近，元本、古逸叢書本作「尚」。

〔二〕梧，元本、古逸叢書本作「桐」。

右一篇見洪駒父詩話。劉路左車言嘗收得唐人雜編詩有之。

避地

避地歲時晚，○論語：賢者避世，其次避地。竄身筋骨勞。詩書遂墻壁，奴僕且旌旄。行在僅聞信，此生隨所遭。神堯舊天下，○神堯，唐高祖也。會見出腥臊。

右一篇見趙次翁本，題云「至德二載丁酉作」。

惠義寺園送辛員外二首

朱櫻此日垂朱實，○永徽圖經：櫻桃，洛中者勝，深紅色曰朱櫻，明黄色曰蠟櫻。郭外誰家負郭田。萬里相逢貪握手，高才仰望足離筵。

雙峰寂寂對春臺，萬竹青青照客盃。○【王洙曰】照，一作送。細草留連侵坐軟，殘花悵望近人開。同舟昨日何由得，並馬今朝未擬迴。直到綿州始分首，江邊樹裏共誰來。

右二篇見下圜本。

長吟

江渚翻鷗戲，官橋帶柳陰。江飛競渡日，草見踏青心。已撥形骸累，真爲爛熳深。賦詩新句穩，不覺自長吟。

絶句三首

聞道巴山裏，春盤正好行。○行，趙作還。都將百年興，一望九江城。○城，趙作山。

水檻溫江口，茆堂石笋西。○前注。移船先主廟，○前注。洗藥浣花溪。○前注。

没道春來好，○没，一作謾。狂風大放顛。吹花隨水去，翻却釣魚船。

【鮑欽止曰】右三絶句見謝克家任伯本，題云「得於真文肅家故書中，猶是吴越錢氏時人所傳，格律高妙，其爲少陵不疑矣」。

集注草堂杜工部詩外集

酬唱附録

晦日

太宗文皇帝

晦魄移中律，凝暄起麗城。罩雲朝蓋上，穿露曉珠呈。笑樹花分色，啼枝鳥合聲。披襟觀眺望，極目暢春晴。

秋日還京陝西十里作

薛稷

驅車越陝郊，北顧臨大河。此行見鄉邑，秋風水增波。西望咸陽塗，日暮憂思多。傅巖既紆鬱，首山亦嵯峨。操築無昔老，采薇有遺歌。客游節向换，人生知幾何。○書：説築傅巖之野。注：傅巖在虞虢之界，河南郡境。界簿城東北十里。首陽山上有首陽亭一所。餘見前注。

寶劍篇○越勾踐得昆吾山之赤銅，使工以白馬祠昆吾之神，以成八劍。　郭元振

君不見，昆吾鐵冶飛炎煙，紅光紫氣俱赫然。良工鍛鍊經幾年，鑄作寶劍名龍泉。龍泉顔色如霜雪，良工咨嗟歎奇絶。琉璃匣裏吐蓮花，錯鏤金鐶生明月。正逢天下無風塵，幸得周防君子身。精光黯黯青虵色，文章片片緑龜鱗。非直結交遊俠子，亦曾親近英雄人。何言中路遭棄捐，零落飄淪古獄邊。雖復沉埋無所用，猶能夜夜氣衝天。○並見前注。

一柱観○甫詩云「江通一柱觀」，又「一柱全應近」，又「一柱觀頭眠幾回」，又「孤城一柱觀」。　張説

舊説江陵觀，初疑神化來。空中結雲閣，綺靡隨風迴。奈何任一柱，斯焉容衆材。奇功非良世，今餘艸露臺。○見前注。

劉郎浦

呂温

吴蜀成婚〔一〕此水潯，月珠步帳幄黄金。誰將一女輕天下，欲换劉郎鼎祚心。

○前注。

【校記】

〔一〕婚，古逸叢書本作「涽」。

贈草聖張顛

李頎

○唐書本傳：旭往大醉呼叫狂走，乃下筆，或以頭濡墨書，世號張顛。

張公性嗜酒，豁達無所營。皓首窮艸隸，時稱太湖精。露頂據胡床，長叫三五聲。興來灑素壁，揮筆如流星。下舍風蕭條，寒艸滿户庭。問家何所有，生事如浮萍。左手持蟹螯，右手執丹經。○世説任誕篇：畢卓云：「一手持蟹螯，一手持酒杯。拍浮酒池中，便足了一生。」目視霄漢上，不知醉與醒。荷葉裹紅魚，白甌貯香杭。

題懷素臺歌　裴説

我呼古人名，鬼神側耳聽。杜甫李白與懷素，文星酒星與草星。○僧懷素善章書，李白有懷素草書歌云「筆鋒殺盡中山兔」是也。

登慈恩寺塔　高適

○大藏經：唐玄奘法師正觀三年八月往五印度取經。十九年正月，復至京師，得如來舍利一百五十粒，梵夾六百五十七部。始居洪福寺翻譯。至二十二年，皇太子治爲文德皇后於宮城南晉昌里建大慈恩寺，寺成，令玄奘居之。永徽二年，師乃於寺造磚浮屠以藏梵本，恐火災也。所以謂之雁塔者，用西域故事也。王舍城之中有僧娑窣堵波，僧娑者，唐言雁；窣堵波者，唐言塔也。師至王舍城，嘗禮是塔，因問其因緣，云：「昔此地有伽藍，依小乘食三淨食。三淨食者，謂雁也、犢也、鹿也。一日，衆僧無食，仰見羣雁翔飛塔上，言曰：『今日衆僧闕供，摩訶薩埵宜知之。』好施謂之薩埵。其在前者應聲而墜。衆僧欲泣，遂依大乘更不食三淨，仍建塔，以雁埋其下。」故師因此名。

香界泯羣有，浮圖豈諸相。登臨信孤高，披拂欣大壯。言是羽翼生，迥出虛空上。頓疑身世别，乃覺形神王。〇王，叶讀去聲。宫闕望户前，山河盡瞻向。秋風昨夜至，秦塞多清曠。千里何蒼蒼，五陵鬱相望。〇前注。盛時慙阮步，〇晉阮籍傳：籍任意獨駕，不由徑路，車跡所窮，輒慟哭而反。末宦知周謗。〇古逸叢書本「語」上有「國」字。語：周厲王虐，國人謗王，王怒，得衛巫使監謗者，以告則殺之，國人莫敢言，道路以目。王喜，告邵公曰：「吾能弭謗矣，乃不敢言。」邵公曰：「是障之也。防民之口，甚於防川。川壅而潰，傷人必多，民亦如之。爲川者決之使導，爲民者宣之使言。若壅其口，其能幾何？」輸效獨無用，斯焉可遊放。

同前

岑參

塔勢如涌出，孤高聳天宫。登臨出世界，磴道盤虚空。突兀壓神州，崢嶸如鬼功。四角礙白日，七層摩蒼空。下窺指高鳥，俯聽聞驚風。連山若波濤，奔湊似朝宗。青槐夾馳道，宫館何玲瓏。秋色從西來，蒼然滿關中。五陵北原上，萬古青濛濛。淨理了可悟，勝因夙所宗。誓將掛冠去，學道資無窮。〇後漢逢萌傳：萌掛冠東都城門歸，將家屬浮海，客於遼東。

同前

儲光義

金祠起真宇，直上青雲垂。地静我亦閑，登之清秋時。蒼蒼宜春苑，○並見前注。片碧昆明池。○前注。誰云天漢高，逍遥方在兹。靈形賓太極，携手行翠微。雷雨旁杳冥，鬼神中躨跜。靈變在倏忽，莫能窮天涯。冠上閶闔開，履下鴻雁飛。宫室低逶邐，羣山小參差。俯仰宇宙空，庶隨了義歸。崱屴〔一〕非大厦，久居亦已危。○神龍以來，杏園奇俊皆於慈恩寺塔下題名，他時有將相，則朱書之。及第後復知聞，或遇未及第題名，字添「前」字。

【校記】

〔一〕屴，古逸叢書本作「屶」。

早朝大明宫呈兩省寮友

王維

絳幘雞人送曉籌，尚衣方進翠雲裘。九天閶闔開宫殿，萬國衣冠拜冕旒。日色纔臨仙掌動，香煙欲傍衮龍浮。朝罷須裁五色詔，佩聲歸到鳳池頭。

同前

岑參

雞鳴紫陌曙光寒，鶯囀皇州春夜闌。金闕曉鍾開萬户，玉堦仙仗擁千官。花迎劍佩星初落，柳拂旌旗露未乾。獨有鳳凰池上客，陽春一曲和皆難。○劉向新序：楚威王問於宋玉曰：「先生其有遺行邪？何士民衆庶不譽之甚也？」宋玉對曰：「客有歌於郢中者，其始曰下里、巴人，國中屬而和者數千人。其爲陽陵、採薇，國中屬而和者數百人。其爲陽春、白雪，國中屬而和者數十人而已也。引商刻角，藉以流徵，國中屬而和者不過數人。是其曲彌高者而和彌寡，又安知臣之所爲哉！」

梁園醉歌

李白

我浮黄河去京闕，掛席欲進波連山。天長水闊厭遠涉，訪古始及平臺間。○漢梁孝王好治宫室，爲複道，自宫連屬至平臺三十里，招延賢士。平臺，即吹臺也。陳留風俗傳：開封縣有倉頡師曠城，城上有列仙吹臺。梁孝王亦增築焉。宋、梁開平二年改爲講武臺。後有繁民居其側，里人呼爲繁臺。昔人豪貴信陵君，今人耕種信陵墳。○史記：信陵君，魏公子無忌也。荒陵虛照碧山月，古木盡入蒼梧雲。○檀弓：舜葬蒼梧之野。

魯郡石門送杜甫 李白

醉别復幾日，登臨徧池臺。何言石門路，重有金樽開。秋波落泗水，海色明徂來。飛違〔一〕各自遠，且盡手中杯。

【校記】

〔一〕違，或當作「蓬」。

沙丘贈杜甫 李白

我來竟何事，高卧沙丘城。城邊有古樹，日夕連松聲。魯酒不可醉，齊歌空復情。思君若汶水，浩蕩向南征。

贈杜甫 李白

飯顆山頭逢杜甫，○唐摭言作「長樂坡前逢杜甫」。頭戴笠子日卓午。借問新來太瘦生，止爲從前作詩苦。○李白戲甫詩曰「太瘦生」，唐人語也。至今以生爲語助，爲「可憐生」、「麽生」、「何似生」之類是。

堯祠贈杜拾遺　李白

我覺秋興逸，誰言秋氣悲。山將落日去，水與晴空宜。雲歸碧海夕，雁度青天遲。相失各萬里，茫然空爾思。

梁宋　高適

梁王昔全盛，賓客復多才。悠悠一千年，陳迹惟高臺。○前注。朝臨孟諸上，○九域志：孟諸澤在今之應天府也。忽見芒碭間。○芒碭山在今亳州永城縣之七十里。赤帝終已矣，白雲長不還。

曉發江上　賀知章

江皋聞曙鍾，輕曳履還舺。○舺，巨容切，船也。如見江上釣，猶埋雲外峰。

有客

李適之

避賢初罷相，○明皇雜録：李適與李林甫同相，爲林甫中傷而罷。樂聖且銜盃。○魏志：徐邈爲魏尚書郎，時禁酒，而邈私飲沉醉。趙達問以曹事，邈曰：「中聖人。」達白太祖，太祖怒。將軍鮮于輔進曰：「平日醉客，謂酒清者爲聖人，濁者爲賢人。」試問門前客，今朝幾箇來。

金陵月夜喜李白至

崔宗之

耿耿意不暢，悄悄風葉聲。思見雄畯士，○畯，與俊同。快話古今情。清論既抵掌，○戰國策：蘇秦抵掌而談。言談又絶倒。○晉書：王澄字平子，有高名，少所推服。每聞衛玠玄言，輒歎息絶倒，時人爲之語曰：「衛玠談道，平子絶倒。」分明楚漢事，歷歷王霸道。袖有七星劍，懷中茂陵書。○前漢司馬相如傳：相如字長卿，病免，家居茂陵。天子曰：「相如病甚，可往取其書。」使所忠往，而相如已死。問其妻，對曰：「長卿未死時，爲一卷書，曰：『有使來求書，奏之。』」其遺札書言封禪事，所忠奏焉。雙眸光照人，詞賦凌子虛。○以司馬相如美李白也。昔相如奏子虛之賦以諷諫。

答

李白

朔雲横高天，萬里起秋〔一〕色。壯士心飛揚，落日空歎息。長嘯出原野，凜然寒風生。起舞拂長劍，四顧雲峥嶸。○前漢高祖紀：沛公見項羽鴻門，羽留沛公飲，項莊請舞劍爲壽，項羽〔二〕亦起舞。晉祖逖傳：逖中夜聞雞鳴，因起舞。

【校記】

〔一〕秋，原作「龜」，蓋「穐」字之訛。

〔二〕「項羽」當作「項伯」。

過賈六至

蘇晉

主人病且閑，客來情彌適。一酌復一笑，不知日將夕。

在郡秋懷二首

張九齡

秋風入前林，蕭颼鳴寒枝。寂寞游子思，寤歎何人知。官〔一〕成名不立，志在歲已馳。五十而無聞，古人深所疵。○論語：子曰：後生可畏，焉知來者之不如今也？四十五十而無聞焉，斯亦不足畏也矣。平生去外飾，直道如不羈。未得操割效，忽復寒暑移。物情無故然，身退毀亦隨。悠悠滄江渚，望望白雲涯。露下霜且降，澤中草披離。雜艾若不分，何用馨香爲。

【校記】

〔一〕官，古逸叢書本作「宦」。

庭蕪生白露，歲候感遐心。策蹇懟遠塗，巢枝思故林。小人恐致寇，○易解卦：六三，負且乘，致寇至。終日如臨深。魚鳥好自逸，樊籠安所欽。掛冠東郭門，○後漢逢萌傳：王莽殺其子，萌謂友人曰：「三綱絶矣。不去，禍將及人。」即解冠掛東都城門歸，將家屬浮海，客於遼東。採蕨南山岑。○晉皇甫謐高士傳：四皓見秦政虐，乃逃入藍田山，作歌曰：「漠漠高山，深谷逶迤。曄曄紫芝，可以療飢。」議道誠愧昔，覽分還愜今。憮然憂成老，空爾白頭吟。○西京雜記：相如將娉茂陵人女爲妾，卓文君作白頭吟以自絶，相如乃止。

上廣帥李公

○渙少不羈，善白弩，時巴中號爲弩跖。晚乃悔過就學，擢前第，官至侍御史。佐湖南幕，崔瓘中丞遇害〔一〕，便遂踰嶺，扇動哥舒晃跋扈交廣，作變，伏誅。有律詩十九首上廣帥李公，今録二首。唐人謂渙詩長於諷刺，余詳味其詩，固可見其胸中矣。子美逆旅相遇，美其能詩，又以龐公比之，乃過情之譽也。

蘇渙

養蠶爲素絲，葉盡蠶不老。須筐對空牀，此意向誰道。一女不得織，萬夫受其寒。一夫不得意，四海行路難。禍亦不在大，福亦不在先。世路險孟門，吾徒當勉旃。

【校記】

〔一〕害，原作「空」，據古逸叢書本改。

毒蜂一巢成，高挂惡木枝。行人百步外，目斷魂爲飛。長安大道邊，挾彈誰家兒。手持黄金丸，引滿無所疑。○西京雜記：韓嫣好彈，常以金爲丸，所失者日有十餘，長安爲之語曰：「苦飢寒，逐金丸。」京師兒童每聞嫣出彈，輒隨之，望丸之所落，輒拾焉。一中紛下來，勢若風雨隨。身如萬箭攢，宛轉迷所之。徒有疾惡心，奈何不知機。

日月東西行

蘇涣

日月東西行，不照大荒北。其中有毒龍，靈怪人莫測。開目爲晨光，閉目爲夜色。一開復一閉，明晦無休息。○山海經：西北海之外，赤水之北，有章尾山。有神人，人面蛇身，而赤其目，其瞑乃晦，其視乃明。不食不寢不息，風雨是謁，是燭九幽，是謂燭龍。居然六合内，曠哉天地德。天地且不言，世人浪喧喧。○荀子：天不言而人推高焉，地不言而人推厚焉。

贈司空拾遺

沙門太易

○見韋莊法言。甫集有公安秋冬别太易沙門詩。

詔因何事辭雲陛，江上微吟見雪花。望闕未容窺日月，閉門空自傲煙霞。

宿天柱觀

沙門太易

泉涌堦前地，雲生户外峰。中霄自入定，不是欲降龍。

湘夫人祠

沙門太易

靈祠古木合，波颸大江濆。未作湘南雨，知爲何處雲。苔痕澀珠履，艸色妬羅裙。妙皷彤雲瑟，羈臣不可聞。

過裴虬郊園

○甫集有送裴虬尉永嘉，又枉裴道州手札，又裴二端公虬旋凱道州詩。

劉長卿

郊原春欲暮，桃杏落繽紛。何處隨芳草，留家寄白雲。

流桂州

○見五竇聯珠。

張叔卿

莫問蒼梧遠，而今世路難。胡塵不到處，即是小長安。○甫集有詩云「南適小長安」。十道志：小長安，鄧州。

空靈　前人

寒盡鴻先去，江迴客未歸。早知名是幻，不敢繡爲衣。霧積川原暗，山多郡縣稀。今朝下湘岸，更逐鷓鴣飛。○交州志：鷓鴣有雌雄，其志懷南，不思北徂。崔豹古今注：南山有鳥名鷓鴣，自呼其名，嘗向日而飛。

道林　崔珏

長卿之問久冥寞，○劉長卿、宋之問善詩。五言七言夸規模。我吟杜詩清入骨，灌頂何必須醍醐。

嶽麓道林　前人

暖日斜明螮蝀梁，濕煙散幂鴛鴦瓦。沈裴筆力鬭雄壯，○謂沈傳師、裴虬之書也。宋杜辭源兩風雅。○謂宋之問、杜甫之詩也。他方居士來施齋，彼岸上人投結夏。

使南海道長沙

侍御史唐扶

道林岳麓仲與昆，卓犖請從先後論。松根踏雪二千步，始見太屋開三門。泉清或戲蛟龍窟，殿豁數盡高帆掀。○數，色主切，計也。荒唐大樹悉楠桂，細碎小艸多蘭蓀。沙彌去學五印字，静女來懸千尺幡。兩祠物色採拾盡，壁閒杜甫真少恩。

和

湖南觀察使沈傳師

承明年老輒自論，○沈以嚴助自比也。前漢嚴助傳：助爲會稽太守，數年不聞問。武帝賜書曰：「制詔會稽太守：卿厭承明之廬，勞侍從之事，懷故土，出爲郡吏。」乞得湘守東南奔。○唐書沈傳師傳：穆宗時召入翰林爲學士，改中書舍人。翰林闕承旨，次當傳師。穆宗欲面命，辭曰：「學士院長參天子密議，次爲宰相，臣自知必不能。願治人一方，爲陛下長養之。」因稱疾，出爲湖南觀察使。爲聞楚國富山水，青嶂邐迤僧家園。含香珥筆皆眷舊，謙抱自忘臺省尊。不令執簡候亭館，直許携手遊山樊。忽驚列岫晚來逼，積雪洗盡煙嵐昏。華鑣躞蹀絢砂步，大旆粲錯輝松門。樛枝競鶩龍蛇勢，折幹不没風霆痕。相重古殿倚巖腹，别引新徑縈雲根。目傷平楚虞帝魂，情多思遠聊開樽。危弦細管逐歌飈，畫鼓繡靴隨節翲。鏘金七言凌老杜，入木八漉蟠高軒。○墨藪：晉王羲之書入木七分。嗟余絶倒久不和，忍復感激論元元。

遇李龜年

青春事漢主，白首入秦城。遍識才人字，多知度曲名。風流悲故事，語笑合新聲。獨有垂楊樹，偏傷日暮情。

連州臘日觀莫徭獵　劉禹錫

○按甫集有詩云「莫徭射雁鳴桑弓」。隋志：長沙夷蜑〔一〕。大曆鳳閣舍人常衮草江南西道觀察魏少游制曰：都團練觀察處置莫徭，使莫徭江湖獵手不它〔二〕徭。

海天殺氣薄，蠻軍部伍囂。張羅依道口，嗾犬上山腰。莫徭自生長，名字無符籍。市易雜鮫人，○舊博物志：蛟人從水中出，向人家寄住，積日賣綃。臨去，從主人索器，泣而出珠滿盤，以與主人。述異記：南海中有鮫人室，水居如魚，不廢機織。其眼能泣，則出珠。婚姻通木客。○邵德明南康記：木客頭〔三〕面、語言亦不全異人，但手脚〔四〕爪如鈎〔五〕利，高巖絶峰，然後居之。能斫榜壺，看樹上聚之。有欲就買，先置物樹下，隨置多少取之。若合其意，便將榜與人，不取亦不横犯也。但終不與人對面交語，作市井。死，皆知殯殮。葬則棺在高崖樹杪，或在石窠之中。俗傳木客亦能賦詩。東坡蘇子瞻集中載其詩云：「酒盡君莫沽，壺傾我當發。城市多囂塵，還山弄明月。」故子瞻嘗作南康八景圖絶句云：「誰向空山弄明月，山中木客會吟詩。」蓋用此事。星君占泉眼，火種開山脊。○火種，謂畬田也。前注。夜渡千仞谿，含沙不能射。○射，食亦切。

【校記】

〔一〕蜑，古逸叢書本作「蛋」。

〔二〕它，古逸叢書本作「應」。

〔三〕頭，古逸叢書本作「或」。

〔四〕手脚，古逸叢書本作「兩手」。

〔五〕鈎，古逸叢書本作「劍」。

杜甫同谷茅茨○唐咸通十四載作。

趙鴻

工部棲遲後，鄰家大半無。青羌迷道路，白社寄杯盂。大雅何人繼，全生此地孤。孤雲飛鳥什，空勤舊山隅。○萬丈潭在甫宅西，鴻又刻甫萬丈潭詩。

栗亭

趙鴻

杜甫栗亭詩，詩人多在口。悠悠二甲子，題紀今何有。○趙鴻刻石同谷，曰：工部題栗亭十韻，不復見。蓋鴻時已逸〔一〕公詩矣。

【校記】

〔一〕逸，古逸叢書本作「送」。

讀杜詩

杜牧

杜詩韓筆愁來讀，似倩麻姑痒處抓。○唐顏真卿麻姑山記：王方平過吴蔡經家，遣人與麻姑相聞。麻姑至，手似鳥爪，蔡經心中念言，背癢時得此爪乃佳。方平已知心中所言，即使人牽經鞭之，曰：「麻姑神人，汝何忽謂其爪可以爬背耶？」天外鳳凰誰得髓，無人解合續弦膠。○東方朔十洲記：鳳麟州，其州多鳳麟，亦多仙家。煮鳳啄及麟角合煎作膠，爲「集絃膠」，或名「連金泥」，以能續連弓弩斷絃也。劍折，以此膠粘之。

耒陽

羅隱

楚水悠悠浸耒亭，楚南天地兩無情。忍教孫武重泉下，不見詩人説用兵。

耒陽杜工部祠堂

徐介

手接汨羅水，○汨，于筆切。地理志：長沙有羅縣。荆州記：縣北帶汨水，水源出豫章艾縣界，西流注〔一〕湘。公〔二〕湘西北去縣三十里，名爲屈潭，屈原自沉處。天心知所存。固教工部死，來伴大夫魂。○楚三閭大夫傳：屈原名平，同列上官靳尚譏屈原於楚王，王怒而遷之江南。屈原至於江濱，乃懷石自投汨羅以死。流落同千古，風騷共一源。消凝傷往事，斜日隱頽垣。

【校記】

〔一〕注，古逸叢書本作「入」。

〔二〕公，古逸叢書本作「去」。

題杜工部墳

韓愈

何人鑿開混沌殼，二氣由來有清濁。孕其清者爲聖賢，鍾其濁者成愚樸。英豪雖没名猶嘉，不肖虚死如蓬麻。榮華一旦世俗眼，忠孝萬古賢人芽。有唐文物盛復全，名書史册俱才賢。中間詩筆誰清新，屈指都無四五人。獨有工部稱全美，當日詩人無擬倫。筆追清風洗俗耳，心奪造化回陽春。天光晴射洞庭秋，寒玉萬頃清光流。我常愛慕如飢渴，不見其面生閑愁。今春偶客耒陽路，悽慘去尋江上墓。召朋特地踏煙蕪，路入溪村數百步。招手借問騎牛兒，牧兒指我祠堂路。入門古屋三四間，草茅緣砌生無數。寒竹珊珊摇晚風，野蔓層層纏庭户。升堂再拜心惻然，心欲虔啓不成語。一堆空土煙蕪裏，虚使時人歎悲起。怨聲千古寄西風，寒骨一夜沉秋水。當時處處多白酒，牛肉如今家家有。飲酒食肉今如此，何故常人無飽死。子美當日稱才賢，聶侯見待誠非喜。洎乎聖意再搜求，姦臣以此欺天子。捉月走入千丈波，忠諫便沉汨羅底。〇屈原自沉汨羅。固知天意有所存，三賢所歸同一水。過客留詩千百人，佳詞繡句虚相美。墳空飫死已傳聞，千古醜聲竟誰洗。明時好古疾惡人，應以我意知終始。〇此退之題工部墳，惟載於劉斧摭遺小説，韓昌黎正集無之，似非退之所作。然大曆、元和，時之相去猶未爲遠，不當與本集牴牾若是。乃後之好事俗儒託而爲之，以厚誣退之，決非退之所作也明矣。夢弼今謾録於此，以備後人之觀覽也。餘見杜工部本傳注。

杜工部草堂詩話卷之一

名儒嘉話凡二百餘條

淮海秦少游進論曰：杜子美之於詩，實積衆流之長，適當其時而已。昔蘇武、李陵之詩長於高妙，曹植、劉公幹之詩長於豪逸，陶潛、阮籍之詩長於沖澹，謝靈運、鮑照之詩長於峻潔，徐陵、庾信之詩長於藻麗，於是子美者，窮高妙之格，極豪逸之氣，包沖澹之趣，兼峻潔之姿，備藻麗之態，而諸家之作所不及焉。然不集諸家之長，子美亦不能獨至於斯也，豈非適當其時故耶？孟子曰：「伯夷，聖之清者也。伊尹，聖之任者也。柳下惠，聖之和者也。孔子，聖之時者也。孔子之所謂集大成。」嗚呼，子美亦集詩之大成者歟！

鳳臺王彦輔詩話曰：唐興，承陳、隋之遺風，浮磨相矜，莫崇理致。開元之間，去雕篆，黜浮華，稍裁以雅正。雖絺句繪章，人既一概，各争所長。如太羹玄酒者薄滋味，如孤峰絶岸者駭廊廟，穠華可愛者乏風骨，爛然可珍者多玷缺。逮至子美之詩，周情孔思，千匯萬狀，茹古涵今，無有涯涘，森嚴昭焕，若在武庫見戈戟布列，蕩人耳目，非特意語天出，尤工於用字，故卓然爲一代冠，而歷世千百，膾炙人口。予每讀其文，竊苦其難曉。如義鶻行「巨顙拆老拳」之句，劉夢得初亦疑之，後覽石勒傳，方知其所自出。蓋其引物連類，掎摭前事，往往如是。韓退之謂「光焰萬丈長」，而世號「詩史」，信哉！

東坡蘇子瞻詩話曰：太史公論詩，以爲國風好色而不淫，小雅怨誹而不亂。以予觀之，是特識變風、變雅耳，烏睹詩之正乎？昔先王之澤衰，然後變風發乎情。雖衰而未竭，是以猶止於禮義，以爲賢於無所止者而已。若夫發於性，止於忠孝者，其詩豈可同日而語哉！古今詩人衆矣，而子美獨爲首者，豈非以其流落飢寒，終身不用，而一飯未嘗忘君也歟？

後山陳無己詩話曰：黄魯直言：「杜子美之詩法出審言，句法出庾信，但過之耳。」苕溪胡元任曰：「老杜亦自言『吾祖詩冠古』，則其詩法乃家學所傳耳。」

詩眼曰：古人學問，必有師友淵源。漢楊惲一書，迥出當時流輩，則司馬遷外甥故也。自杜審言已自工詩，當時沈佺期、宋之問等同在儒館爲交遊，故杜甫律詩布置法度，全學沈佺期，更推廣集大成耳。沈有云：「雲白山青千萬里，幾時重謁聖明君。」甫云：「雲白山青萬餘里，愁看直北是長安。」沈有云：「人如天上坐，魚似鏡中懸。」甫云：「春水船如天上坐，老年花似霧中看。」是皆不免蹈襲前輩，然前後傑句，亦未易優劣也。

山谷黄魯直詩話曰：「船如天上坐，人似鏡中行」、「船如天上坐，魚似鏡中懸」，沈雲卿之詩也。雲卿得意於此，故屢用之。老杜「春水船如天上坐」，祖述佺期之語也，繼之以「老年花似霧中看」，蓋觸類而長之也。苕溪胡元任曰：沈雲卿之詩，源於王逸少鏡湖詩所謂「山陰路上行，如在鏡中游」之句。然李太白入青溪山詩云：「人行明鏡中，鳥度屏風裏。」雖有所襲，語益工也。

詩眼曰：黃魯直謂文章必謹布置。以此概考古人法度，如杜子美贈韋見素詩云「紈袴不飢死，儒冠多誤身」，此一篇立意也，故使人靜聽而具陳之耳。自「甫昔少年日」至「再使風俗淳」，皆方言儒冠事業也。自「此意竟蕭條」至「蹭蹬無縱鱗」，言誤身事也。則意舉而文備，故已有是詩矣。然必言其所以見韋者，於是以「厚愧」、「真知」之句。所以真知者，謂傳誦其詩也。然宰相職在薦賢，不當徒愛人而已，士固不能無望，故曰「竊效貢公喜，難甘原憲貧」。果不能薦賢，則去之可也，故曰「焉能心怏怏，只是走踆踆」，又將入海而去秦也。然其去也，必有遲遲不忍之意，故曰「尚憐終南山，回首清渭濱」。則所知不可以不別，故曰「常擬報一飯，況懷辭大臣」。夫如此，是可以相忘於江湖之外，雖見素亦不得而見矣，故曰「白鷗波浩蕩，萬里誰能馴」終焉。此詩布置最得正體，如官府甲第，廳堂房室各有定處，不可亂也。又云：詩有一篇命意，有句中命意。如老杜上韋見素詩，布置如此，是一篇命意也。至其道遲遲不忍去之意，則曰「尚憐終南山，回首清渭濱」，其道欲與見素別，則曰「常擬報一飯，況懷辭大臣」，此句中命意也。蓋如此，然後可以頓剉高雅矣。

鳳臺王彥輔麈史曰：杜審言，子美之祖也。唐則天時，以詩擅名，與宋之問相唱和。其詩有「綰霧清條弱，牽風紫蔓長」，又有「寄語洛城風月道，明年春色倍還人」之句。若子美「林花帶雨胭脂落，水荇牽風翠帶長」，又云「傳語風光共流轉，暫時相賞莫相違」，雖不襲取其意，而語脉蓋有家法矣。

文昌雜録曰：唐歲時節物，元日則有屠蘇酒、五辛盤、校牙餳，人日則有煎餅，上元則有絲籠，二月二日則有迎富貴果子，三月三日則有鏤人，寒食則有假花雞球、鏤雞子、千堆蒸餅、餳粥，四月八日則有糕糜，五月五日則有百索粽子，夏至則有結杏子，七月七日則有金針、織女臺、乞巧果子，八月一日則有點炙杖子，九月九日則有茱萸、菊花酒、糕，臘日則有口脂、面藥、澡豆，立春則有綵勝、雞、燕、生菜。杜甫春日詩：「春日春盤細生菜。」又曰：「勝裹金花巧奈寒。」重陽詩曰：「茱萸賜朝士。」臘日詩曰：「口脂面藥隨恩澤。」是皆記當時之所重也。

金石録曰：唐六公詠，李邕撰，胡履靈書。余初讀杜甫八哀詩云：「朗詠六公篇，憂來豁蒙蔽。」恨不見其詩，晚得石本，其文辭高古，真一代佳作也。六公者，五王各爲一章，狄丞相爲一章。

秦少游詩話曰：曾子固文章妙天下，而有韻者輒不工。杜子美長於歌詩，而無韻者幾不可讀。夢弼謂無韻者若課伐木詩序之類是也。

遯齋閒覽曰：杜子美之詩，悲歡驕泰，發斂抑揚，疾徐縱横，無施不可。故其詩有平淡簡易者，有綿麗精確者，有嚴重威武若三軍之帥者，有奮迅馳驟若泛駕〔一〕。

【校記】

〔一〕「泛駕」下，「不可以」上，有闕文。

不可以對麒麟。然寄賈岳州嚴巴州兩閣老云：「貔虎閒金甲，麒麟受玉鞭。」以「貔虎」對「麒麟」，爲正對矣。哭韋晉之云：「鵩鳥長沙諱，犀牛蜀郡憐。」以「鵩鳥」對「犀牛」，爲正對矣。子美豈不知對屬之偏正邪？蓋其縱横出入無不合也。

後山陳無己詩話曰：杜之詩法，韓之文法也。詩文各有體，韓以文爲詩，杜以詩爲文，故不工耳。

石林葉夢得詩話曰：禪宗謂雲門有三種語：其一爲隨波逐浪句，謂隨物應機，不主故常；其二爲截斷衆流句，謂超出言外，非情識所到；其三爲函蓋乾坤句，謂泯然皆契，無間可伺。其深淺以是爲序。余嘗戲爲學子言：老杜詩亦有此三種語，但先後不同，以「波飄菰米沉雲黑，露冷蓮房墜粉紅」爲函蓋乾坤句，以「落花游絲白日静，鳴鳩乳燕青春深」爲隨波逐浪句，以「百年地迥柴門辟，五月江深草閣寒」爲截斷衆流句。若有解此，當與渠同參。

山谷黄魯直詩話曰：子美作詩，退之作文，無一字無來處，蓋後人讀書少，故謂杜、韓自作此語耳。古人之爲文章，真能陶冶萬物，雖取古人陳言入翰墨，如靈丹一粒，點鐵成金也。

漫叟詩話曰：詩中有拙句，不失爲奇作。若子美云「兩個黄鸝鳴翠柳，一行白鷺上青天」之句是也。

苕溪胡元任叢話曰：律詩有扇對格，第一與第三句對，第二與第四句對。如少陵台州鄭司户蘇少監詩云「得罪台州去，時危棄碩儒。移官蓬閣後，穀貴歿潛夫」，東坡蘇子瞻和郁孤台詩云「邂逅陪車馬，尋芳謝朓州。凄凉望鄉國，得句仲宣樓」之類是也。

漫叟詩話曰：杜詩有「自天題處濕，當暑著來清」，「自天」、「當暑」乃全語也。東坡蘇子瞻詩云：「公獨未知其趣耳，臣今時復一中之。」可謂青出於藍。苕溪胡元任叢話曰：子瞻此詩，戲徐君猷、孟亨之皆不飲酒，不止天生此對，其全篇用事親切，尤可喜。詩云：「孟嘉嗜酒桓温笑，徐邈狂言孟德疑。公獨未知其趣耳，臣今時復一中之。風流自有高人識，通介寧隨薄俗移。二子有靈應撫掌，吾孫還有獨醒時。」皆徐、孟二人事也。

吕氏童蒙訓曰：陸士衡文賦：「立片言以居要，乃一篇之警策。」此要論也。文章無警策，則不足以傳世，蓋不能竦動世人。如杜子美及唐人諸詩，無不如此。但晉、宋間人專致力於此，故失於綺靡，而無高古氣味。子美詩云：「語不驚人死不休。」所謂驚人語，即警策也。

蔡條西清詩話曰：子美洞庭詩云：「吴楚東南坼，乾坤日夜浮。」不知子美胸中吞幾云夢也。

三山老人胡氏語録曰：子美慈恩寺塔詩乃譏天寶時事也。山者，人君之象，「泰山忽破碎」，則人君失道矣。賢不肖混殽，而清濁不分，故曰「涇渭不可求」。天下無綱紀文章，而上都亦然，故曰「俯仰但一氣，焉能辨皇州」。於是思古之賢君不可得，故曰「回首叫虞舜，蒼梧云正愁」。是時明皇方耽於淫樂而不已，故曰「惜哉瑶池飲，日宴崑崙丘」。賢人君子多去朝廷，故曰「黄鵠去不息，哀鳴何所投」。惟小人貪竊禄位者在朝，故曰「君看隨陽雁，各有稻粱謀」。

石林葉夢得詩話曰：詩語固忌用巧太過，然緣情體物，自有天然工巧，而不見其刻削之痕。老杜「細雨魚兒出，微風燕子斜」，此十字殆無一字虚設。細雨著水面爲漚，魚常上浮而淰，若大雨，則伏而不出。燕體輕弱，風猛則不能勝，惟微風乃受以爲勢，故又有「輕燕受風斜」之句。至若「穿花蛺蝶深深見，點水蜻蜓款款飛」，「深深」字若無「穿」字，「款款」字若無「點」字，皆無以見其精微如此。然讀之渾然，全似未嘗用力，此所以不礙其氣格超勝。使唐末諸子爲之，便當如「魚躍練江拋玉尺，鶯穿絲柳織金梭」體矣。

東坡蘇子瞻詩話曰：七言之偉麗者，如子美云：「旌旗日暖龍蛇動，宫殿風微燕雀高。」「五更鼓角聲悲壯，三峽星河影動摇。」爾後寂寞無聞焉。直至歐陽永叔云：「蒼波萬古流不盡，白鳥雙飛意自閒。」「萬馬不嘶聽號令，諸蕃無事著耕耘。」可以並驅争先矣。

詩眼曰：世俗喜綺麗，知文者能輕之。後生好風花，老大即厭之。然文章論當理不當理耳。苟當於理，則綺麗、風花，同入於妙；苟不當理，則一切皆爲長語。上自齊、梁諸公，下至劉夢得、温飛卿輩，往往以綺麗風花累其正氣，其過在於理不勝而詞有餘也。子美云：「緑垂風折筍，紅綻雨肥梅。」「岸花飛送客，檣燕語留人。」亦極綺麗，其模寫景物，意自親切，所以妙絶古今。其言春容閒適，則有「穿花蛺蝶深深見，點水蜻蜓款款飛」、「落花游絲白日静，鳴鳩乳燕青春深」。其言秋景悲壯，則有「藍水遠從千澗落，玉山高並兩峰寒」、「無邊落木蕭蕭下，不盡長江滚滚來」。其富貴之詞，則有「香回合殿春風轉，花覆千官淑景移」、「麒麟不動爐煙轉，孔雀徐開扇影還」。其弔古，則有「映階碧草自春色，隔葉黄鸝空好音」、「竹送清溪月，苔移玉座春」。皆出於風花，然窮理盡性，移奪造化。自古詩人，巧即不壯，壯即不巧。巧而能壯，乃如是也矣。

隱居詩話曰：李光弼代郭子儀，入其軍，號令不更而旌旗改色。及其亡也，子美哀之云：「三軍晦光彩，烈士痛稠疊。」前人謂杜甫之爲「詩史」，蓋爲是也，非但序陳跡、摭故實而已。

崔德符曰：少陵八哀詩可以表裏雅頌，中古作者莫及也。兩紀行詩，發秦州至鳳凰臺，發同谷縣至成都府，二十四首，皆以經行爲先後，無復差舛。昔韓子蒼嘗論此詩筆力變化當與太史公諸贊並駕，學者宜常諷誦之。

苕溪胡元任叢話曰：李、杜畫像，古今詩人題詠多矣。若杜子美，其詩高妙，固不待言，要當知其平生用心處，則半山老人之詩得之矣。若李太白，其高氣蓋世，千載之下，猶可嘆想，則東坡居士之贊盡之矣。半山老人詩云：「吾觀少陵詩，謂與元氣侔。力能排天斡九地，壯顏毅色不可求。浩蕩八極中，生物豈不稠。醜妍巨細千萬殊，竟莫見以何雕鎪。惜哉命之窮，顛倒不見收。青衫老更斥，餓走半九州。瘦妻僵前子仆後，攘攘盜賊森戈矛。吟哦當此時，不廢朝廷憂。嘗願天子聖，大臣各伊周。寧令吾廬獨破受凍死，不忍四海赤子寒颼颼。傷屯悼屈止一身，嗟時之人我所羞。所以見公像，再拜涕泗流。推公之心古亦少，願起公死後之游。」東坡居士贊云：「天人幾何同一漚，謫仙非謫乃其游。麾斥八極隘九州，化爲兩鳥鳴相酬，一鳴一止三千秋，開元有道爲少留，縻之不可矧肯求。西望太白橫峨岷，眼高四海空無人。大兒汾陽中令君，小兒天台坐忘身，平生不識高將軍，手汙吾足乃敢瞋，作詩一笑君應聞。」

丹陽葛常之韻語陽秋曰：賢者豹隱墟落，固當和光同塵，雖捨者爭席奚病，而況於杯酒之間哉？陶淵明、杜子美皆一世偉人也，每田父索飲，必使之畢其歡盡其情而後去。淵明詩云：「清晨聞叩門，倒裳往自開。問子爲誰歟，田父有好懷。壺漿遠見候，疑我與時偕。」子美詩云：「田翁逼社日，邀我嘗春酒。叫婦開大瓶，盆中爲吾取。」三公皆有位者也，於田父何拒焉？至於田父有「一世皆尚同，願君汩其泥」之説，則姑守陶之介，「久客惜人情，如何拒鄰叟」，則何妨杜之通乎？

宋以來詩人無此句也。「心地初」乃莊子所謂「游心於淡，合氣於漠」之義也。

云：「王侯與螻蟻，同盡隨丘墟。願聞第一義，回向心地初。」可謂深入理窟。晉、

捫蝨新話：老杜詩當是詩中六經，他人詩乃諸子之流也。杜詩有高妙語，如

竹本非啼，詩人因其號風若哀，因謂之啼，何必有喙者而後能啼耶？説文：竹之夭然，似人之笑，因爲「笑」字。竹豈能笑，特以象言爾。非笑而可名以笑，從懷哀者觀之，孰謂不得爲啼耶？

程氏演繁露：老杜七歌「竹林爲我啼清晝」，蔡絛以「竹林」爲禽名，恐穿鑿也。

洪内翰容齋隨筆云：古人酬和詩，必答其來意，非若今人爲次韻所局也。觀文選所編何劭、張華、盧諶、劉琨、二陸、三謝諸人贈答可知已。唐人尤多，不可具載，姑取杜集數篇，略紀於此。高適寄杜公云：「愧爾東南西北人。」杜則云：「東

西南北更堪論。」高又有詩云：「草玄今已畢，此外更何言？」杜則云：「草玄吾豈敢，賦或似相如。」嚴武寄杜云：「興發會能馳駿馬，終須重到使君灘。」杜則云：「枉沐旌麾出城府，草茅無逕欲教鋤。」杜公寄嚴詩云：「何路出巴山，重巖細菊班。遥知簇鞍馬，回首白雲間。」嚴答云：「卧向巴山落月時，籬外黄花菊對誰。跂馬望君非一度，冷猿秋雁不勝悲。」杜送韋迢云：「洞庭無過雁，書疏莫相忘。」迢云：「相憶無南雁，何時有報章。」杜又云：「雖無南去雁，看取北來魚。」郭受寄杜云：「春興不知凡幾首。」杜答云：「藥裹關心詩總廢。」皆如鍾磬在簴，扣之則應，往來反復，於是乎有餘味矣。

黄常明詩話：杜甫有用一字凡數十處不易者，如「緣江路熟俯青郊」、「傲睨俯峭壁」、「展席俯長流」、「杖藜俯沙渚」、「此邦俯要衝」、「四顧俯層巔」、「旄頭俯澗瀍」、「層臺俯風渚」、「游目俯大江」、「江檻俯鴛鴦」，其餘一字屢用若此類甚多，不可具述。

螢雪叢説：老杜詩詞，酷愛下「受」字，蓋自得之妙，不一而足。如「修竹不受暑」、「輕燕受風斜」、「吹面受和風」、「野航恰受兩三人」，誠用字之工也。然其所以大過人者無它，只是平易，雖曰似俗，其實眼前事爾。「老妻畫紙爲棋局，稚子敲針作釣鈎」，以「老」對「稚」，以其妻對其子，無如此之親切，又是閨門之事，宜與智者道。

黄常明詩話：數物以個，謂食爲喫，甚近鄙俗，獨杜屢用：「峽口驚猿聞一個」、「兩個黄鸝鳴翠柳」、「却繞井邊添個個」，送李校書云「臨歧意頗切，對酒不能喫」、「樓頭喫酒樓下卧」、「但使殘年喫飽飯」、「梅熟許同朱老喫」。蓋篇中大概奇特，可以映帶者也。

捫蝨新話云：韓以文爲詩，杜以詩爲文，世傳以爲戲。然文中要自有詩，詩中要自有文，亦相生法也。文中有詩，則句語精確，詩中有文，則詞調流暢。謝玄暉曰：「好詩圓美流轉如彈丸。」此所謂詩中有文也。唐子西曰：「古文雖不用偶儷，而散句之中，暗有聲調，步驟馳騁，亦有節奏。」此所謂文中有詩也。觀子美到夔州以後詩，簡易純熟，無斧鑿痕，信是如彈丸矣。

黄常明詩話：子美觀打魚云「設網萬魚急」，蓋指聚斂之臣，苛法侵漁，使民不聊生，乃「萬魚急」也。又云「能者操舟疾若風，撑突波濤挺叉入」，小人舞智趨時，巧宦數遷，所謂「疾若風」也。殘民以逞，不顧傾覆，所謂「挺叉入」也。「日暮蛟龍改窟穴，山根鱣鮪隨雲雷」，魚不得其所，龍豈能安居，君與民猶是也。此與六義比興何異？「吾徒何爲縱此樂，暴殄天物聖所哀」，此樂而能戒，又有仁厚意，亦如「前王作網罟，設法害生成」，不專爲取魚也。退之叉魚曰：「觀樂憶吾僚。」異此意矣。

黄常明詩話：賈生、終童欲輕事征伐，大抵少年躁鋭，使綿歷老成，當不如此。昔人欲沉孫武於五湖，斬白起於長平，誠有謂哉！嘗愛老杜云：「慎勿吞青海，無勞問越裳。大君先息戰，歸馬華山陽。」又有：「安得壯士挽天河，淨洗甲兵長不用。」「安得務農息戰鬬，普天無吏横索錢。」「願戒兵猶火，恩加四海深。」不眠憂戰伐，無力正乾坤。」「其愁嘆憂戚，蓋以人主生靈爲念。孟子以善言陳戰爲大罪，我戰必克爲民賊，仁人之心，易地皆然。

捫蝨新話：陶淵明詩：「採菊東籬下，悠然見南山。」採菊之際，無意於山，而景與意會，此淵明得意處也。而老杜亦曰：「夜闌接軟語，落月如金盆。」予愛其意度閒雅，不減淵明，而語句雄健過之。每詠此二詩，便覺當時清景盡在目前，而二公寫之筆端，殆若天成，兹爲可貴。

古今詞話：蜀人將進酒，嘗以爲少陵詩，作瑞鷓鴣唱之：「昔時曾從漢梁王，濯錦江邊醉幾場。拂石坐來衫袖冷，踏花歸去馬蹄香。當初酒賤寧辭醉，今日愁來不易當。暗想舊游渾似夢，芙蓉城下水茫茫。」此詩或謂杜甫，或謂鬼仙，或謂曲詞，未知孰是。然詳味其言，唐人語也。首先有「曾從漢梁王」之句，決非子美作也。况集中不載，灼可見矣。不知楊曼倩何所據云。

杜工部草堂詩話卷之二

三山老人語録曰：子美送嚴武還朝詩云：「公若登台輔，臨危莫愛身。」是勸以仗節死義也。

橫浦張子韶心傳録曰：讀子美「野色更無山隔斷，山光直與水相通」，已而嘆曰：「子美此詩，非特爲山光野色，凡悟一道理透徹處，往往境界皆如此也。」

東萊呂居仁曰：詩每句中須有一兩字響，響字乃妙指。如子美「身輕一鳥過」、「飛燕受風斜」，「過」字、「受」字，皆一句響字也。

丹陽洪景盧容齋隨筆曰：張文潛暮年在宛丘，何大圭方弱冠，往謁之。凡三日，見其吟哦老杜玉華宫詩不絶口。大圭請其故，曰：「此章乃風雅鼓吹，未易爲子言。」大圭曰：「先生所賦，何必減此？」曰：「平生極力模寫，僅有一篇稍似之，然未可同日語也。」遂誦其離黄州詩，偶同此韻，曰：「扁舟發孤城，揮手謝送者。山回地勢卷，天豁江面瀉。中流望赤壁，石脚插水下。昏昏煙霧嶺，歷歷漁樵舍。居夷實三載，鄰里通借假。别之豈無情，老淚爲一灑。篙工起鳴鼓，輕艣健於馬。聊爲過江宿，寂寂樊山夜。」此其音響節奏，固似之矣，讀之可默喻也。

横浦張子韶心傳録曰：陶淵明辭云：「雲無心而出岫，鳥倦飛而知還。」杜子美云：「水流心不競，雲在意俱遲。」若淵明與子美相易其語，則識者往往以謂子美不及淵明矣。觀其云「雲無心」、「鳥倦飛」，則可知其本意。至於「水流」而「心不競」，「雲在」而「意俱遲」，則與物初無間斷，氣更混淪，難輕議也。

丹陽洪景盧容齋隨筆曰：江山登臨之美，泉石賞玩之勝，世間佳境也，觀者必曰「如畫」。至於丹青之妙，好事君子嗟嘆之不足者，則又以「逼真」目之。如老杜

「人間又見真乘黄」、「時危安得真致此」、「悄然坐我天姥下」、「斯須九重真龍出」、「憑軒忽若無丹青」、「高堂見生鶻」、「直訝松杉冷」、「兼疑菱荇香」之句是也。以真爲假，以假爲真，均之爲妄境耳。人生萬事如是，何特此耶！

山谷黄魯直詩話曰：陶淵明責子詩云：「白髮被兩鬢，肌膚不復實。雖有五男兒，總不好紙筆。阿舒已二八，懶惰故無匹。阿宣行志學，而不愛文術。雍端年十三，不識六與七。通子垂九齡，但覓梨與栗。天運苟如此，且進杯中物。」觀淵明此詩，想見其人慈祥戲謔可觀也。俗人便謂淵明諸子皆不肖，而淵明愁嘆見於詩耳。又云：杜子美詩云：「陶潛避俗翁，未必能達道。觀其著詩篇，頗亦恨枯槁。達生豈是足，默識蓋不早。生子賢與愚，何其掛懷抱。」子美困頓於三川，蓋爲不知者詬病，以爲拙於生事，又往往譏議宗文、宗武失學，故聊解嘲耳。其詩名曰遣興，可解也。俗人便謂譏議淵明，所謂痴人前不得説夢也。

東坡蘇子瞻詩話曰：僕嘗夢見人，云是杜子美，謂僕曰：「世人多誤會予八陣圖詩『江流石不轉，遺恨失吞吴』，世人皆以謂先主、武侯皆欲與關羽復仇，故恨不能滅吳，非也。我意本謂吳、蜀脣齒之國，不當相圖，晉之所以能取蜀者，以蜀有吞吳之意，此爲恨耳。」

王彦輔麈史曰：子美善用故事及常語，多倒其句而用之，蓋如此則語峻而體健。如「露從今夜白」、「月是故鄉明」之類是也。

建安嚴有翼藝苑雌黄曰：劉夢得詩云：「朱雀橋邊野草花，烏衣巷口夕陽斜。舊來王謝堂前燕，飛入尋常百姓家。」朱雀橋、烏衣巷，烏衣，謝鐵衣也。皆金陵故事。輿地志：晉時王導自立烏衣宅，宋時諸謝曰「烏衣之聚」，皆此巷也。王氏、謝氏，乃江左衣冠之盛者，故杜甫詩云「王謝風流遠」，又云「從來王謝郎」是也。比觀劉斧摭遺小説，又曰：王榭，金陵人。世以航海爲業。一日海中失船，泛一木登岸。見一翁一媪，皆衣皂。引榭至所居，乃烏衣國也。以女妻之。既久，榭思歸，復乘雲軒泛海。至其家，有二燕棲於梁上，榭以手招之，即飛來臂上。取片紙書小詩，系於燕尾，曰：「誤到華胥國裏來，玉人終日苦憐才。雲軒飄去無消息，灑淚臨風幾日回。」來春，燕又飛來榭身上，有詩云：「昔日相逢冥數合，如今暌遠是生離。

來春縱有相思字，三月天南無雁飛。」至來歲竟不至。因目樹所居爲烏衣巷。劉斧乃改「謝」爲「榭」，以「王榭」爲一人姓名。其言既怪誕，遂託名於錢希白，終篇又取劉夢得詩以實其事。希白不應如此之謬，是直劉斧之妄言耳，不足信也。

鳳臺王彦輔麈史曰：古之善賦詩者，工於用人語，渾然若出於己意。予於李、杜見之。顔延年赭白馬賦曰：「旦刷幽燕，夕秣荆楚。」子美驄馬行曰：「晝洗須騰涇渭深，夕趨可刷幽并夜。」太白天馬歌曰：「雞鳴刷燕暮秣越。」蓋皆用顔賦也。韓退之曰：「李杜文章在，光焰萬丈長。」信哉！

鳳臺王彦輔麈史曰：世言子美卒於耒陽，故寰宇記亦載其墳在縣北二里，不知何緣得此。新唐書乃稱耒陽令遺白酒牛肉，一夕而卒。此承襲傳聞而未嘗劾實故也。得臣觀子美僑寄巴峽三歲，大曆三年二月始下峽，流寓荆南，徙泊公安。久之，方次岳陽，即四年冬末也。既過洞庭，入長沙，乃五年之春。四月，遇臧玠之亂，倉皇往衡陽，抵耒陽，舟中伏枕，又畏瘴癘，復沿湘而下，故有回棹之作，其末云：「舟師煩爾送，朱夏及寒泉。」又登舟將適漢陽云：「春宅棄汝去，秋帆催客歸。」蓋回棹在夏末，此篇已入秋矣。繼之以暮秋將歸秦留别湖南幕府親友云：「北歸衝雨雪，誰憫敝貂裘。」則子美北還之跡，見此三篇爲詳，安得卒於耒陽耶？要其卒當在潭、岳之間，秋冬之際。按，元微之子美墓誌稱：「子美之孫嗣業，啓子美之柩，襄祔事於偃師，途次於荆，拜余爲志，辭不能絶。」其係略曰：「嚴武狀爲工部員外郎，參謀軍事。旋又棄去，扁舟下荆楚，竟以寓卒，旅殯耒陽。」

丹陽葛常之韻語陽秋曰：老杜寄身於兵戈騷屑之中，感時對物，則悲傷係之，如「感時花濺淚」是也，故作詩多用一「自」字。田父泥飲詩云：「步屧隨春風，村村自花柳。」遣興詩云：「愁眼看霜露，寒城菊自花。」憶弟詩云：「故園花自發，春日鳥還飛。」日暮詩云：「風月自清夜，江山非故園。」滕王亭子詩云：「古墻猶竹色，虚閣自松聲。」言人情對景，自有悲喜，而初不能累無情之物也。

臨川王介甫曰：老杜云：「詩人覺來往。」下得「覺」字大好。「暝色赴春愁」，下得「赴」字大好。若下「見」字、「起」字，即小兒言語。足見吟詩要一字、兩字工夫也。

丹陽葛常之韻語陽秋曰：子美曹將軍丹青引云：「將軍魏武之子孫，於今爲庶爲清門。」元微之去杭州詩亦云：「房杜王魏之子孫，雖及百代爲清門。」則知子美於當時已爲詩人所欽伏如此。殘膏餘馥，沾丐後人，宜哉！故微之云：「詩人已來，未有如子美者也。」

莆陽鄭景韋離經曰：李謫仙，詩中龍也，矯矯焉不受約束。杜子美則麟游靈囿，鳳鳴朝陽，自是人間瑞物。二豪所得，殆不可以優劣論也。

葛常之韻語陽秋曰：子美詩以後二句續前二句處甚多。如喜弟觀到詩云：「待爾嗔烏鵲，拋書示鶺鴒。枝間喜不去，原上急曾經。」晴詩云：「啼烏爭引子，鳴鶴不歸林。下食遭泥去，高飛恨久陰。」江閣卧病詩云：「滑憶雕菰飯，香聞錦帶羹。溜匙兼暖腹，誰欲致杯罌。」寄張山人詩云：「曹植休前輩，張芝更後身。數篇吟可老，一字買堪貧。」如此之類多矣。此格起於謝靈運廬陵王暮下詩，云：「延州協心許，楚老惜蘭芳。解劍竟何及，撫墳徒自傷。」李太白亦時有此格，「毛遂不墮井，曾參寧殺人！虛言誤公子，投杼感慈親」是也。

格」。丹陽葛常之韻語陽秋曰：五言律詩於對聯中十字作一意，詩家謂之「十字格」。如老杜放船詩云「直愁騎馬滑，故作泛舟回」，對雨詩云「不愁巴道路，恐濕漢旌旗」，江月詩云「天邊長作客，老去一霑巾」是也。

建安嚴有翼藝苑雌黄曰：古人用韻，如文選、古詩、杜子美、韓退之，重復押韻者甚多。文選古詩押二「促」字，曹子建美女篇押二「難」字，謝靈運述祖德詩押二「人」字，南圖詩押二「同」字，初去郡詩押二「生」字，沈休文鍾山應教詩押二「足」字，任彦昇哭范僕射詩押三「情」字、兩「生」字，陸士衡赴洛詩押二「心」字，猛虎行押二「陰」字，擬古詩押二「音」字，豫章行押二「陰」字，阮嗣宗詠懷詩押二「歸」字，王正長雜詩押二「心」字，張景陽雜詩押二「生」字，江淹雜體詩押二「門」字，王仲宣從軍詩押二「人」字。杜子美、韓退之蓋亦倣古人之作。子美飲中八仙歌押二「船」字、二「眼」字、二「天」字、三「前」字，園人送瓜詩押二「草」字，上後園山脚押二「梁」字，北征押二「日」字，夔州詠懷押二「旋」字，贈李秘書押二「虚」字，贈李邕押二「厲」字，贈汝陽王押二「陵」字，喜岑薛遷官押二「萍」字。退之贈張籍詩押二「更」字、二「狂」字、二「鳴」字、二「光」字，岳陽樓别竇司直押二「向」字，李花押二「花」字，雙烏押「州」字、「頭」字、「秋」字、「休」字，和盧郎中送盤谷子押「行」〔一〕。

【校記】

〔一〕以下原闕。

葛常之韻語陽秋曰：七哀詩起曹子建，其次則王仲宣、張孟陽也。釋詩者謂病而哀，義而哀，感而哀，悲而哀，耳目聞見而哀，口嘆而哀，鼻酸而哀，謂一事而七者具也。子建之七哀，哀在於獨棲之思婦。仲宣之七哀，哀在於棄子之婦人。張孟陽之七哀，哀在於已毀之園寢。唐雍陶亦有七哀詩，所謂「君若無定雲，妾作不動山。雲行出山易，山逐雲去難」，是皆以一哀而七者具也。老杜之八哀，則所哀者八人也。〔一〕王思禮、李光弼之武功，蘇源明、李邕之文翰，汝陽、鄭虔之多能，張九齡、嚴武之政事，皆不復見矣。蓋當時盜賊未息，嘆舊懷賢而作者也。

【校記】

〔一〕「葛常之韻語陽秋曰」至「則所哀者八人也」，元本、古逸叢書本皆闕，據葛常之韻語陽秋原文補。

葛常之韻語陽秋曰：杜甫累不第。天寶十三載，明皇朝獻太清宫，饗廟及郊，甫奏賦三篇。帝奇之，使待制集賢院，命宰相試文章，故有贈集賢崔于二學士詩云：「昭代將垂白，途窮乃叫閽。氣衝星象表，詞感帝王尊。天老書題目，春官驗討論。倚風遺鷁路，隨水到龍門。」是時陳希烈、韋見素爲宰相，而崔國輔、于休烈者，皆集賢學士也，故末句云「謬稱三賦在，難述二公恩」，可謂不忘於藻鑑之重者也。按唐史，是歲八月，見素代陳希烈爲丞相。而甫集有上見素詩云：「持衡留藻鑑，聽履上星辰。」則甫之文爲見素所賞，非希烈也。

古汲高元之荼甘録曰：子美於天寶十三載獻西嶽賦，故集有贈獻納使陳舍人詩云：「舍人退食收封事，宫女開函近御筵。曉漏追隨青瑣闥，晴窗點檢白云篇。」末章云：「揚雄更有河東賦，唯待吹嘘送上天。」其云「更有河東賦」，當是獻西嶽賦時也。

葛常之韻語陽秋曰：老杜當干戈騷屑之際，間關秦隴，負薪拾稆，餔糒不給，困躓極矣。自至蜀依裴冕，始有草堂之居。觀其經營來往之勞，備載於詩，皆可考也。其曰「萬里橋西宅，百花潭上莊」者，言其地也。「經營上元始，斷手寶應年」，言其時也。「雪裹江船度，風前徑竹斜。寒魚依密藻，宿鷺起圓沙」，方言其景物也。至於「草堂塹西無樹林，非子誰復見幽心」，則乞榿木於何少府之詩也。「草堂少花今欲栽，不問緑李與黄梅」，則乞果於徐少卿之詩也。王侍御攜酒草堂，則喜而爲詩曰：「故人能領客，攜酒重相看。」王録事許草堂貲不到，則戲而爲詩曰：「爲嗔王録事，不寄草堂貲。」蓋其流離貧寠之餘，不能以自給，皆因人而成也。其經營之勤如此。然未及黔突，被成都之亂，入梓居閬，其心則未嘗一日不在草堂也。遣弟檢校草堂，則曰：「鵝鴨宜長數，柴荆莫浪開。」寄題草堂，則曰：「尚念四松小，蔓草易拘纏。」送韋郎歸成都，則曰：「爲問南溪竹，抽梢會過牆？」塗中寄嚴武，則曰：「常苦沙崩損藥欄，也從江檻落風湍。」每致意如此。及成都亂定，再依嚴爲節度參謀，復歸草堂，則曰：「不忍竟捨此，復來薙榛蕪。入門四松在，步屧萬竹疏。」則其喜可知矣。未幾，嚴武卒，徬徨無依，復捨之而去。以唐史及公詩考之，草堂斷手於寶應之初，而永泰元年四月，嚴武卒。是秋，公寓夔州雲安縣。有此草堂者，終始衹得四載，而其間居梓閬三年，公詩所謂「三年奔走空皮骨」是也，則安居草堂，僅閲歲而已。其起居寢食之興，不足以償其經營往來之勞，可謂一世之羈人也。然自唐至今已數百載，而草堂之名，與其山川草木，皆因公詩以爲不朽之傳，蓋公之不幸，而其山川草木之幸也。

葛常之韻語陽秋曰：張均、張垍兄弟承襲父寵，致位嚴近，皆負文材，覬覦端揆。明皇欲相均而抑於李林甫，欲相垍而奪於楊國忠，自此各懷觖望。安禄山盜國，垍相禄山，而均亦受僞命。肅宗反正，兄弟各論死，非房力救，豈能免乎？老杜贈均詩云：「通籍逾青瑣，亭衢照紫泥。靈虯傳夕箭，歸馬散霜蹄。」言均爲中書舍人、刑部尚書時也。贈垍詩云：「翰林逼華蓋，鯨力破滄溟。天上張公子，宮中漢客星。」言垍尚寧親公主，禁中置宅也。二人恩寵烜赫如是，則報國當如何？而乃戮亂天理，下比逆賊，反噬其主，夫豈人類也哉？

葛常之韻語陽秋曰：北征詩：「經年至茅屋，妻子衣百結。慟哭松聲回，悲泉共幽咽。平生所嬌兒，顔色白勝雪。見爺背面啼，垢膩脚不襪。」方是時，甫方脱身於萬死一生之地，得見妻兒，其情如是。洎至秦中，則有「曬藥能無婦，應門亦有兒」之句。至成都，則有「老妻憂坐痺，幼女問頭風」之句。觀其情悰，已非北征時比也。及觀進艇詩，則曰：「晝引老妻乘小艇，晴看稚子浴清江。」江村詩則曰：「老妻畫紙爲棋局，稚子敲針作釣鈎。」其優游愉悦之情，見於嬉戲之間，則又異於秦、益時矣。

古汲高元之荼甘録曰：陶淵明命子篇則曰：「夙興夜寐，願爾之才。爾之不才，亦已焉哉！」其責子篇則曰：「雖有五男兒，總不好紙筆。」「天運苟如此，且進杯中物。」告儼等疏則曰：「鮑叔、管仲，同財無猜；歸生、伍舉，班荆道舊。而況同父之人哉！」則淵明之子未必賢也。故杜子美論之曰：「有子賢與愚，何其掛懷抱。」然子美於諸子，亦未爲忘情者。子美遣興詩云：「驥子好男兒，前年學語時。」「世亂憐渠小，家貧仰母慈。」又憶幼子詩云：「別離驚節换，聰慧與誰論。」「憶渠愁衹睡，炙背俯晴軒。」得家書云：「熊兒幸無恙，驥子最憐渠。」元日示宗武云：「汝啼吾手戰。」觀此數詩，於諸子鍾情尤甚於淵明矣。山谷黄魯直乃云：「杜子美困於三蜀，蓋爲不知者詬病，以爲拙於生事，又往往譏宗武失學，故寄之淵明爾。俗人不知，便爲譏病，所謂癡人面前，不必説夢。」

葛常之韻語陽秋曰：月輪當空，天下之所共視，故謝莊有「隔千里兮共明月」之句，蓋言人雖異處，而月則同瞻也。老杜當兵戈騷屑之際，與其妻各居一方，自人情視之，豈能免閨門之念，而它詩未嘗一及之。至於明月之夕，則遐想長思，屢形詩什。月夜詩云：「今夜鄜州月，閨中衹獨看。」繼之曰：「香霧云鬟濕，清輝玉臂寒。」一百五日夜對月詩云：「無家對寒食，有淚如金波。」繼之曰：「仳離放紅蕊，想象嚬青蛾。」江月詩云：「江月光於水，高樓思殺人。」繼之曰：「誰家挑錦字，燭滅翠眉嚬。」其數致意於閨門如此，其亦謝莊之意乎？

葛常之韻語陽秋曰：老杜省宿詩云：「明朝有封事，數問夜如何？」蓋愛君欲諫之心切，則通夕爲之不寐，想其犯顏逆耳，必不爲身謀也。

葛常之韻語陽秋曰：成都記：「杜主自天而降，稱望帝。好稼穡，治郫城。後望帝死，其魂化爲鳥，名曰杜鵑。」故子美云：「昔日蜀天子，化爲杜鵑似老烏。」又曰：「古時杜鵑稱望帝，魂作杜鵑何微細。」又曰：「我見常再拜，重是古帝魂。」博物志稱杜鵑生子，寄之宅巢，百鳥爲飼之。故子美云：「生子百鳥巢，百鳥不敢嗔。

乃爲餧其子，禮若奉至尊。」又云：「寄巢生子不自啄，群鳥至今爲哺雛。」子美集中杜鵑行詩凡三篇，皆以杜鵑比當時之君，而以哺雛之鳥譏當時之臣不能奉其君，曾百鳥之不若也。最後一篇，徒言杜鵑垂血上訴，不得其所，蓋托興明皇蒙塵之時也。故末句云：「豈思舊日居深宮，嬪嬙左右如花紅。」

葛常之韻語陽秋曰：古今詩話載子美因見病瘧者曰：「誦吾詩可療。」令誦「子章髑髏血模糊，手提擲還崔大夫」之句，病遂愈。余謂子美固嘗病瘧矣。其詩云：「患癘三秋孰可忍。」又云：「三年病瘧疾。」子美於此時，何不自誦其詩而自已疾耶？是靈於人而不靈於己也。夢弼謂：誦杜詩能除瘧，烏有是理。蓋言其詩辭典雅，讀之脱然，不覺沉痾之去體也。

葛常之韻語陽秋曰：余嘗謂知人，雖堯帝猶以爲難，而杜子美之曾祖姑，乃能知唐太宗於側微之時，識房、杜輩於賤貧之日。子美乃形其語於詩曰：「向竊窺數公，經綸亦俱有。次問最少年，虬髯十八九。子等成大名，皆因此人手。」噫，一何異耶！

葛常之韻語陽秋曰：老杜麗人行專言秦、虢宴游之樂，末章有「當軒下馬入錦茵，且莫近前丞相嗔」之句，當是謂楊國忠也。

葛常之韻語陽秋曰：老杜北征詩云：「憶昔狼狽初，事與古先别。不聞夏、商衰，中自誅褒、妲。」其意謂明皇英斷，自誅妃子，與夏、商之誅褒、妲不同。老杜此語，出於愛君，而曲文其過，非至公之論也。

葛常之韻語陽秋曰：子美爲左拾遺，會房琯以陳濤之戰敗罷相，甫上疏力救琯。肅宗大怒，詔三司推問，宰相張鎬救之獲免。故甫洗兵馬行云：「張公一生江海客，身長九尺鬚眉蒼。」蓋感其救己也。

葛常之韻語陽秋曰：子美避亂秦蜀，衣食不足，不免求給於人。如贈高彭州、客夜、狂夫、答裴道州、簡韋十凡五篇，觀此可見其艱窘而有望於朋友故舊也。然當時能賙之者，幾何人哉？

葛常之韻語陽秋曰：子美身遭離亂，復迫衣食，足跡半天下。自少時游吳及越，以至作諫官，奔走州縣，既皆載於壯游詩矣。其後贈韋左丞詩云：「今欲入東海，即將西去秦。」則自長安之齊、魯也。贈李白詩云：「亦有梁宋游，方期拾瑶草。」則自東都之梁、宋也。發同谷縣云：「賢有不黔突，聖有不暖席。始來茲山中，休駕居地僻。奈何迫物累，一歲四行役。」則自隴右之劍南也。留別章使君云：「終作適蠻荆，安排用莊叟。隨云拜東皇，掛席上南斗。」則自蜀之荆楚也。夫士人既無常産，爲飢所驅，豈免仰給於人，則奔走道塗，亦理之常爾。

葛常之韻語陽秋曰：子美高自稱許，有乃祖之風。上書明皇云：「臣之述作，沉鬱頓挫，揚雄、枚臯可跂及。」壯游詩則自比於崔、魏、班、揚，又云：「氣劘屈賈壘，目短曹劉牆。」贈韋左丞則曰：「賦料揚雄敵，詩看子建親。」甫以詩雄於時，自比諸人，誠未爲過。至竊比稷與契，則過矣。唐史氏稱甫好論天下大事，高而不切，豈自比稷、契而然耶？至云「上感九廟焚，下憫萬民瘡。斯時伏青蒲，建事守御床」，其忠盡亦可嘉也。

葛常之韻語陽秋曰：山谷黄魯直謂後山陳無己云「學詩如學道」，此豈尋常雕章繪句者之可擬哉！客有謂立方言：後山詩，其要在於點化杜甫語爾。杜云：「昨夜月同行。」後山則云：「勤勤有月與同行。」杜云：「林昏罷幽磬。」後山則云：「林昏出幽磬。」杜云：「古人日已遠。」後山則云：「斯人日已遠。」杜云：「中原鼓角悲。」後山則云：「風連鼓角悲。」杜云：「暗飛螢自照。」後山則云：「飛螢元失照。」杜云：「秋覺追隨盡。」後山則云：「林湖更覺追隨盡。」杜云：「文章千古事。」後山則云：「文章平日事。」杜云：「乾坤一腐儒。」後山則云：「乾坤著腐儒。」杜云：「孤城隱霧深。」後山則云：「寒城著霧深。」杜云：「寒花只暫香。」後山則云：「寒花只自香。」如此類甚多，豈非點化老杜之語而成者？立方謂不然，後山詩格律高古，真所謂「碌碌盆盎中，見此古罍洗」者，用語稍同，乃是讀少陵詩精熟，不覺在其筆下，又何足以病公乎？

諸儒詩話。子美戲作俳諧體，遣悶云：「家家養烏鬼，頓頓食黄魚。」「養」或讀爲上聲，或讀爲去聲。沈存中筆談以「烏鬼」爲烏猪，謂其俗呼猪作「烏鬼」之聲也。蔡寬夫詩話以「烏鬼」爲巴俗所事神名也。冷齋夜話謂巴俗多事烏蠻鬼，以臨江，故「頓頓食黄魚」耳。湘素雜記以鸕鷀爲烏鬼，謂養之以捕魚也。然詩辭事略又謂楚、峽之間事烏爲神，所謂「神鴉」也。故元微之有詩云：「病寒烏稱鬼，巫佔瓦代龜。」夢弼謂：當以此事略之言爲是也。蓋「養烏鬼」、「食黄魚」，自是兩義，皆記巴中之風俗也。峽中黄魚極大者至數百斤，小者亦數十斤，按集中有詩云「日見巴東峽，黄魚出浪新。脂膏兼飼犬，長大不容身」是也。然是魚豈鸕鷀之所能捕哉？彼以「烏鬼」爲鸕鷀，其謬尤甚矣。或又曰「烏鬼」謂猪也，巴峽人家多事鬼，家養一猪，非祭鬼不用，故於群猪中特呼「烏鬼」以别之也。今並存之。

廣陵馬永卿嬾真子録曰：唐時前輩多自重，而後輩亦尊仰前輩而師事之，此風最爲淳厚。杜工部於蘇端薛復筵簡恭華醉歌首云：「文章有神交有道，端復得之名譽早。」又云：「坐中薛華善醉歌，醉歌自作風格老。」且一篇之中連呼三人之名，想見當時士人一經老杜品題，即有聲價，故世願得其品題，不以呼名爲耻也。近世士大夫，老幼不復篤厚，雖前輩詩中亦不敢斥後進之名，而後進亦不復尊仰前輩，可勝嘆哉！

庚溪詩說：士人程文窮日力作一論，既不限聲律，復不拘詩句，尚罕得反復折難，使其理判然者。觀赴奉先詠懷五百言，乃聲律中老杜「心跡論」一篇也。自「杜陵有布衣，老大意轉拙。許身一何愚，竊比稷與契」，其心術祈嚮，自是稷、契等人。「窮年憂黎元，嘆息腸内熱」，與飢渴由己者何異？然常爲不知者所病，故曰「取笑同學翁」。世不我知，而所守不變，故曰「浩歌彌激烈」。又云：「非無江海志，瀟灑送日月。當今廊廟具，建厦豈云缺？葵藿傾太陽，物性固莫奪。」言非不知隱遁爲高也，亦非以國無其人也，特廢義亂倫，有所不可。「以兹悟生理，獨耻事干謁」，言志大術疏，未始阿附以借勢也。爲下士所笑，而浩歌自若，皇皇慕君，而雅志棲遁，既不合時，而又不爲低屈，皆設疑互答，屢致意焉，非巨刃有餘，孰能之乎！中間鋪叙間關酸辛，宜不勝其戚戚。而「默思失業途，因念遠戍役」，所謂憂在天下而不爲小己失得也。禹、稷、顔子不害爲同道，少陵之跡江湖而心稷、契，豈爲過哉？孟子曰：「窮則獨善其身，達則兼善天下。」其窮也，未嘗無志於國與民；其達也，未嘗不抗其易退之節。早謀先定，出處一致矣。是時先後周復，正合乎此。昔人目元和賀雨詩爲諫書，余特目此詩爲「心跡論」也。

碧溪詩話：孟子七篇，論君與民者居半。其餘欲得君，蓋以安民也。觀杜陵「窮年憂黎元，嘆息腸内熱」、「胡爲將暮年，憂世心力弱」，宿花石戍云「誰能扣君門，下令減徵賦」，寄柏學士云「幾時高議排金門，各使蒼生有環堵」，寧令「吾廬獨破受凍死亦足」，而志在「大庇天下寒士」，其仁心廣大，異夫求穴之螻蟻輩，真得孟子所存矣。東坡先生問：「老杜何如人？」或言似司馬遷，但能名其詩爾。愚謂老杜似孟子，蓋原其心也。

古今詩話：老杜「紅飯啄餘鸚鵡粒，碧梧棲老鳳凰枝」，此語反而意奇。退之詩云：「舞鑑鸞窺沼，行天馬渡橋。」亦仿此理。

杜氏譜系

謹按唐書杜甫傳及元稹墓誌：晉當陽縣侯下十世而生依藝，以監察御史令於河南府之鞏縣。依藝生審言，審言善詩，官至修文館學士、尚書膳部員外郎。審言生閑，京兆府奉天縣令。閑生甫，左拾遺、尚書工部員外郎。甫生二子，宗文、宗武。夢弼今以杜氏家譜考之：襄陽杜氏出自晉當陽縣侯預，而佑蓋其後也。佑生三子，師損、式方、從郁。師損三子，詮、愉、羔。式方五子，惲、憓、悰、恂、慆。從郁二子，牧、顗。群從中悰官最高，而牧名最著。杜氏凡五房，一京兆杜氏，二杜陵杜氏，三襄陽杜氏，四洹水杜氏，五濮陽杜氏。而甫一派，又不在五派之中。甫與佑既同出於預，而家譜不載，何也？豈以其官不達，而諸杜不通譜系乎？何家譜之見遺也！東塾蔡夢弼因覽其譜系而爲之書。

校正草堂詩箋跋

陳從易嘗讀杜詩，至「身輕一鳥」下，竟不能安一字。楊大年嘗讀杜詩，至「疑霜濃木」下，竟不能全一句。夫以二公之才，讀杜公之詩，尚且略其闕文，他可見矣。誠知草堂先生練句下字，往往超詣，續之則不似，增之則不然，賡之和之，果何爲哉！使其得善本而證之，不啻「夏五」之知其月，若「過」字，若「滑」字，皆出自然，初無崖異，惟是理到，不容加點。古今詩史，一人而已，豈二公之所及哉！吾黨蔡君傅卿，生平高尚，不求聞達，潛心大學，識見超拔。嘗注韓退之、柳子厚之文，了無留隱。至於少陵之詩，尤切精妙。其始考異，其次音辨，又其次講明作詩之義，又其次引援用事之所從出。凡遇題目，究竟本原，逮夫章句，窮極理致。非特定其年譜，又且集其詩評，參之衆説，斷以己意，警悟後學多矣。嘗以「雨晴山不改」爲

「雨時」，雨晴詩「雨晴山不改，晴罷峽如新」。「湖落迴鯨魚」爲「潮落」。別張建封「擇材征南幕，湖落迴鯨魚」。如城西陂泛舟「魚吹細浪摇歆扇」，燕蹴飛花落舞筵。以「歆」爲「歌」。如天育驃騎歌「遂令大奴字天育」，別養驥子憐神俊。以「字」爲「守」。不曰「麟鳳」而曰「靈鳳」。幽人詩「麟鳳在赤霄，何當一來儀」。不曰「三犀」而曰「五犀」。石犀行「君不見秦時蜀太守，刻石立作三犀牛」。似此竄定，未容籌計。至若飲中八仙歌，雖有數句復用四韻，或者疑之。分爲四章，以嚴句讀，破千古之昏蒙，新一時之聞見。其自信也甚篤，則其取信於人也可知。既授僕以校讎之職，恨不讀五車書，恨不行秘書監，難以勝任。辭不暇已，不免依樣而已。無復換其詞頭，直叙大概云爾。非敢爲工部設，自有諸公題其額。余嘗謂子美之詩如化工，千形萬狀，體態不一，演而爲歌、爲行，發而爲歎、爲引，曰短述，曰口號，大而至於古風百韻，小而至於絶句五言，同出異名，初無定體。惟「驊騮開道路」一句，對以「鷹隼出風塵」，與「鵰鶚離風塵」相類，自是之外無聞焉。若夫「家家養烏鬼」，沈存中以「烏鬼」爲鸕鷀，元微之以爲神，非也。惟夏侯節言於嬾真子：「峽中人家養猪，非祭鬼不用，特於群猪中呼烏鬼以自別。」此説得之。「竹林爲我啼清晝」，蔡絛以「竹林」爲禽名，或人以爲猿，非也。惟程大昌言於演繁露：「詩人假象爲辭，因竹之號風若哀，故謂之啼。」此説得之。抑又有證焉，「樂動殷蠍蝎」，不以「殷」爲「湯」；「生意春如昨」，當以「春」爲「眷」。「稚子」非雉雛，乃宗文之名字；「花卿」非歌妓，乃牙將之姓氏。「杜鵑」四句非注，題也，蓋古人嘗有是格。八哀一篇，非創見也，蓋古人亦有是體。若曰「天閱」，其實「天闕」。若曰「鷗没」，其實「鷗波」。以「禁籞」爲「禁御」，以「錦幪」爲「錦驤」，仍誤例也。吁！鍛句之精，無如「風約半池萍」。襯字之妙，無如「輕燕受風斜」。假對之巧，無如「獻納紆皇眷」。壓韻之功，無如「憂國願年豐」。讀詩者苟以意逆志，當自有定見，不可徇他人之説，類皆如此。然傳注之學難乎其人也久矣！昔陶隱居注本草，嘗言不可有誤，况注經乎？今君之注是詩也，片言隻字，每每推詳，絶無差誤。然則杜詩、本草注雖不同，推原教人之意則一而已。開禧紀元八月既望，富沙雲衢俞成元德父跋。

草堂詩箋傳序碑銘

新唐書杜工部傳

宋祁奉敕撰

甫，字子美，少貧不自振，客吴越、齊趙間。李邕奇其材，先往見之。舉進士不中第，困長安。玄宗開元二十五年，甫預京兆薦貢，而考工下之。天寶十三載，玄宗朝獻太清宫，饗廟及郊，甫奏賦三篇。帝奇之，使待制集賢院，命宰相試文章，擢河西尉，不拜，改右衛率府胄曹參軍。數上賦頌，數，色角切，頻也。因高自稱道，且言：「先臣恕、預以來，承儒守官十一世，迨審言，以文章顯中宗時。臣賴緒業，自七歲屬辭，且四十年，然衣不蓋體，常寄食於人，竊恐轉死溝壑，伏惟天子哀憐之。若令執先臣故事，拔泥塗之久辱，則臣之述作雖不足鼓吹六經，至沈鬱頓挫，隨時敏給，揚雄、枚皋可企及也。有臣如此，陛下其忍棄之？」會禄山亂，天子入蜀，天寶十四載，安禄山反於范陽。明年改元至德。六月，禄山犯長安，車駕幸劍外。七月，即位靈武。甫避走三川。

三川縣，屬鄜州。肅宗立，自鄜州羸服欲奔行在，爲賊所得。至德二年，亡走鳳翔上謁，拜右拾遺。與房琯爲布衣交。琯時敗陳濤斜，又以客董廷蘭，罷宰相。甫上疏言：「罪細，不宜免大臣。」帝怒，詔三司雜問。宰相張鎬曰：「甫若抵罪，絶言者路。」帝乃解。甫謝，且稱：「琯宰相子，少自樹立爲醇儒，有大臣體，時論許琯才堪公輔，陛下果委而相之。觀其深念主憂，義形於色，然性失於簡。酷嗜鼓琴，廷蘭托琯門下，貧疾昏老，依倚爲非，琯愛惜人情，一至玷污。臣嘆其功名未就，志氣挫衄，衄，尼六切。覬陛下棄細録大，所以冒死稱述，涉近訐激，違忤聖心。陛下赦臣百死，再賜骸骨，天下之幸，非臣獨蒙。」然帝自是不甚省録。時所在寇奪，甫家寓鄜，彌年艱窶，孺弱至餓死，因許甫自往省視。從還京師，出爲華州司功參軍。乾元元年，甫自左拾遺移華州掾。關輔饑，輒棄官去，客秦州，負薪採橡栗自給。流落劍南，乾元二年夏，甫去官，自華之秦。十月，發秦州。十二月，離同谷，至劍南。結廬成都西郭。上元元年，成都尹裴冕爲甫卜築草堂於浣花溪以居。召補京兆功曹參軍，不至。會嚴武節度劍南東西川，往依焉。廣德元年，甫補京兆功曹，不赴。明年，鄭國公嚴武復出節度劍南東西兩川。武再帥劍南，表爲參謀，檢校工部員外郎。武以世舊，待甫甚善，親至其家。甫見之，或時不巾，而性褊躁傲誕，嘗醉登武床，瞪視曰：「嚴挺之乃有此兒！」武亦暴猛，外若不爲忤，中銜之。一日欲殺甫及梓州刺史章彝，集吏於門。武將出，冠鈎於簾三，左右白其母，奔救得止，獨殺彝。魯訔曰：以甫詩考之，嚴武來鎮蜀，章彝已交印入覲。史當失之。武卒，崔旰等亂，甫往來梓、夔間。大曆中，出瞿唐，下江陵，泝沅、湘以登衡山，因客耒陽。耒陽縣，在衡州之東南。游嶽祠，大水遽至，涉旬不得食，縣令具舟迎之，乃得還。令嘗饋牛炙白酒，大醉，一夕卒，年五十九。夕，或作昔。夢弼考之於詩，子美以大曆五年夏四月湖南兵馬使臧玠殺其團練使崔瓘，乃避地入衡州，至耒陽，遊嶽祠，以大水涉旬不得食。耒陽縣令聶侯具舟迎之，水漲，遂泊方田驛。子美以詩謝之。繼而沿湘流將適漢陽，暮秋歸秦，有詩留別湖南幕府親友。則秋已還潭，暮秋北首，豈以是夏而溺死耒陽，乃復有此作邪？蓋子美之卒當在衡、湘之間，秋冬之際，元氏墓誌略見本末，唐史氏或惑於劉斧摭遺小説之言，曰：子美由蜀往耒陽，以詩酒自適。一日，過江上州中，飲醉不能復歸，宿酒家。是夕江水暴漲，子美爲驚湍漂泛，其屍不知落於何處。玄宗還南内，思子美，詔求之。聶令乃積空土於江上，曰：「子美爲白酒牛炙脹飫而死，葬於此矣。」以此聞玄宗。故唐史氏因有「牛炙白酒，大醉，一夕卒」之語。信哉！史氏之誑明矣。甫曠放不自檢，好論天下大事，高而不切。少與李白齊名，時號李杜。嘗從白及高適過汴州，酒酣登吹臺，吹，赤僞切。今東京城東南隅繁臺是也。慷慨懷古，人莫測也。數嘗寇亂，挺節無所污，爲歌詩，傷時橈弱，情不忘君，人憐其忠云。

贊曰：唐興，詩人承陳、隋風流，浮靡相矜。至宋之問、沈佺期等，研揣聲音，浮切不差，而號「律詩」，競相襲沿。逮開元間，稍裁以雅正，然恃華者質反，好麗者壯違，人得一概，皆自名所長。至甫，渾涵汪茫，千彙萬狀，兼古今而有之，它人不足，甫乃厭餘，殘膏賸馥，沾丐後人多矣。故元稹謂：「詩人以來，未有如子美者。」甫又善陳時事，律切精深，至千言不少衰，世號「詩史」。昌黎韓愈於文章慎許可，至歌詩，獨推曰：「李杜文章在，光焰萬丈長。」誠可信云。

唐杜工部墓誌銘

元稹撰

敘曰：余讀詩至杜子美，而知大小之有所總萃焉。始堯舜時，君臣以賡歌相和。是後詩人繼作，歷夏、殷、周千餘年，仲尼緝拾選練，取其干預教化之尤者三百篇，其餘無聞焉。騷人作而怨憤之態繁，然猶去風雅日近，尚相比擬。秦漢已還，採詩之官既廢，天下俗謡民謳、歌頌諷賦、曲度嬉戲之詞，亦隨時間作。至漢武帝賦柏梁詩而七言之體興，蘇子卿、李少卿之徒，尤工爲五言。雖句讀文律各異，雅、鄭之音亦雜，而詞意簡遠，指事言情，自非有爲而爲，爲，上于僞切，下如字。則文不妄作。建安之後，建安乃魏文帝年號。天下文士遭罹兵戰，曹氏父子曹操、曹丕。鞍馬間爲文，往往橫槊賦詩。槊，音朔，矛屬也。其遒文壯節，抑揚怨哀悲離之作，怨，一作冤。尤極於古。晉世風概稍存。宋、齊之間，教失根本，士子以簡慢、矯飾、歙習、舒徐相尚，文章以風容、色澤、放曠、精清爲高。蓋吟寫性靈、流連光景之文也。意義格力，固無取焉。陵遲至於梁、陳，淫艷、刻飾、佻巧、小碎之詞劇，佻，敕聊切，偷也。一無劇字。又宋、齊之所不取也。唐興，學官大振，歷世之文，能者互出，而又沈、宋之流沈佺期、宋之問，研練精切，穩順聲勢，謂之爲律詩。由是而後，文變之體極焉。然而莫不好古者遺近，務華者去實；效齊梁則不逮於魏晉，工樂府則力屈於五言；律切則骨格不存，閒暇則纖穠莫備。至於子美，蓋所謂上薄風騷，下該沈宋，言奪蘇李，蘇武、李陵。氣吞曹劉，吞，一作奮。曹植、劉楨。掩顏謝之孤高，顏延年、謝靈運。雜徐庾之流麗，徐陵、庾信。盡得古今之體勢，而兼人人之所獨專矣。使仲尼鍛其旨要，尚不知圖其多乎哉。圖，一作貴。苟以爲能所不能，無可無不可，則詩人以來，未有如子美者。是時山東人李白亦以奇文取稱，時人謂之李杜。余觀其壯浪縱恣，擺去拘束，模寫物象及樂府歌詩，誠亦差肩於子美矣。至若鋪陳終始，排比聲韻，大或千言，次猶數百，詞氣奮邁而風調清深，奮，一作豪。屬對律切而脫棄凡近，則李尚不能歷其藩翰，況壼奥乎！壼，一作堂。予嘗欲條析其文，體别相附，與來者爲之准，特病懶未就耳。適遇子美之孫嗣業，啓子美之柩，襄祔事於偃師，偃師縣，屬今河南府。途次於荆楚，荆州江陵府也。雅知余愛言其大父之爲文，拜余爲誌。辭不能絶，余因系其官閥而銘其卒葬云。

係曰：晉當陽成侯姓杜氏，下十世而生依藝，令於鞏。鞏縣，屬河南府。依藝生審言，審言善詩，官至膳部員外郎。審言生閑，閑生甫。閑爲奉天令。甫字子美，天寶中，獻三大禮賦，明皇奇之，命宰相試文，文善，授右衛率府胄曹。屬京師亂，玄宗天寶十四載，安禄山反於范陽。步謁行在，拜左拾遺。歲餘，以直言失官，出爲華州司功，肅宗至德二年，甫走鳳翔上謁，肅宗授左拾遺。乾元元年，因言房琯不宜罷相，遂自拾遺出掾華州。尋還京兆功曹。代宗廣德元年，甫補京兆功曹，不赴。劍南節度嚴武廣德二年，嚴武以黄門侍郎再出鎮劍南東西兩川。狀爲工部員外，參謀軍事。旋又棄去，扁舟下荆楚間，竟以寓卒，旅殯嶽陽，大曆五年夏，甫避臧玠之亂，入衡州，沿湘流將適漢陽，暮秋將歸秦。是歲秋冬之交，卒於衡嶽之間，藁葬耒陽。至元和中，其孫始歸葬於河南鞏縣，元微之爲誌。今耒陽有甫墓，是時微之但爲誌，而不克遷，或已遷而故冢尚存耶？享年五十有九。夫人弘農楊氏女，父曰司農少卿恬，四十九年而終。嗣子曰宗武，病不克葬，歿，命其子嗣業。嗣業以家貧，無以給喪，收拾乞匄，焦勞晝夜，去子美歿餘四十年，然後卒先人之志，亦足爲難矣。

銘曰：維元和之癸巳，粵某月某日之佳辰，合窆我杜子美於首陽之山前。按後漢桓榮傳：首陽山在今偃師縣之西北。嗚呼！千載而下，曰：此先生之古墳。

讀杜工部詩集序

孫僅

叙曰：五常之精，萬象之靈，不能自文，必委其精、萃其靈於偉傑之人，以渙發焉。故文者，天地真粹之氣也。所以君五常，母萬象也。縱出横飛，疑無涯隅，表乾裏坤，深入隱奥。非夫腹五靈精，心萬象靈，神合冥會，則未始得之矣。夫文各一，而所以用之三，謀、勇、正之謂也。謀以始意，勇以作氣，正以全道。苟意亂思率，則謀沮矣。氣萎體瘵，則勇喪矣。言蒭辭蕪，則正塞矣。是三者，迭相羽翼以濟乎用也。備則氣淳而長，剥則氣散而涸。中古而下，文道繁富，風若周，騷若楚，文若西漢，咸角然天出，萬世之衡軸也。後之學者，瞽實聾正，不守其根而好其枝葉，由是日誕月豔，蕩而莫返。曹、劉、應、楊之徒唱之，曹植、劉楨、應璩、楊修。沈、謝、徐、庾之徒和之，沈約、謝靈運、徐陵、庾信。争柔鬪葩，聯組擅繡。萬鈞之重，爍爲錙銖，真粹之氣，殆將滅矣。洎夫子之爲也，剔陳、梁，亂齊、宋，抉晉、魏，瀦其淫波，遏其煩聲，與周、楚、西漢相準的。其夐邈高聳，則若鑿太虚而噭萬籟。其馳驟怪駭，則若仗天策而騎箕尾。其首截峻整，則若儼鈎陳而界云漢。樞機日月，開闔雷電，昂昂然神其謀，挺其勇，握其正，以高視天壤，趨入作者之域，所謂真粹氣中人也。公之詩，支而爲六家：孟郊得其氣焰，張籍得其簡麗，姚合得其清雅，賈島得其奇僻，杜牧、薛能得其豪健，陸龜蒙得其贍博，皆出公之奇偏爾，尚軒軒然自號一家，爀世烜俗，後人師擬不暇，矧合之乎？風騷而下，唐而上，一人而已。是知唐之言詩，公之餘波及爾。於戲！以公之才，宜器大任，而顛寇虜，汩没蠻夷者，屯於時耶，戾於命耶，將天嗜厭代，未使斯文大振耶？雖道抑當世，而澤化後人，斯不朽矣！因覽公集，輒洩其憤以書之。

杜工部詩舊集序

王洙

叙曰：杜甫字子美，襄陽人，徙河南鞏縣。曾祖依藝，鞏令。祖審言，膳部員外郎。父閑，奉天令。甫少不羈。天寶十三年，獻三賦，召試文章，授河西尉，辭不行，改右衛率府胄曹。天寶末，以家避亂鄜，獨轉陷賊中。至德二載，竄歸鳳翔，謁肅宗，授左拾遺，詔許至鄜迎家。明年收京，扈從還長安。房琯罷相，甫上疏論琯有才，不宜廢免。肅宗怒，貶琯邠州刺史，出甫爲華州司功。屬關輔饑亂，棄官之秦州，又居成州同谷，自負薪採梠，餔糒不給。遂入蜀，卜居成都浣花里。復適東川。久之，召補京兆府功曹，以道阻不赴，欲如荆楚。上元二年，聞嚴武鎮成都，自閬州挈家往依焉。武歸朝廷，甫浮游左蜀諸郡，往來非一。武再鎮兩川，奏爲節度參謀、檢校工部員外郎，賜緋。永泰元年夏，武卒，郭英乂代武。崔旰殺英乂，楊子琳、柏正節舉兵攻旰，蜀中大亂。甫逃至梓州。亂定，歸成都，無所依，乃泛江游嘉，戎，次雲安，移居夔州。大曆三年，下峽，至荆南，又次公安，入湖南，泝沿湘流，游衡山，寓居耒陽。嘗至嶽廟，阻暴水，旬日不得食。耒陽聶令知之，自具舟迎還。五年夏，一夕醉飽，卒，年五十九。觀甫詩與唐實録，猶概見事跡，比新書列傳，彼爲踳駁。傳云：召試，授京兆府兵曹。而集有官定後戲贈詩，注云：初授河西尉，辭，改右衛率府胄曹。傳云：遁赴河西，謁肅宗於彭原。而集有喜達行在詩，注云：自京竄至鳳翔。傳云：嚴武卒，乃游東蜀，依高適。既至而適卒。按，適自東川入朝，拜右散騎常侍，乃卒。又集有忠州聞高常侍亡詩。傳云：下峽未維舟而江陵亂，乃游襄、衡。而集有居江陵及公安詩至多。傳云：甫永泰二年卒。而集有大曆五年正月追酬高蜀州詩及別題大曆年者數篇。甫集初六十卷，今秘府舊藏、通人家所有，稱大小集者，皆亡逸之餘，人自編摭，非當時第次矣。搜裒中外書，凡九十九卷。古本二卷，蜀本二十卷，集略十五卷，樊晃序小集六卷，孫光憲序二十卷，鄭文寶序少陵集二十卷，別題小集二卷，孫僅一卷，雜編三卷。除其重複，定取千四百有五篇，凡古詩三百九十有九，近體千有六，起太平時，終湖南所作，視居行之次，若歲時先後，分十八卷；又別録賦筆雜著二十九篇爲二〔一〕卷，合二十卷。竟茲未可謂盡，它日有得，尚副益諸。寶元二年十月，翰林學士兵部郎中知制誥史館修撰王洙原叔記。

【校記】

〔一〕二，原作「二十」，據宋本杜工部集改。

杜工部詩後集序

王安石

序曰：予考古之詩，尤愛杜甫氏作者。其詞所從出，一莫知窮極，而病未能學也。世所傳已多，計尚有遺落，思得其完而觀之。然每一篇出，自然人知非人所能爲，而爲之者惟其甫也，輒能辯之。予之令鄞，鄞音銀。鄞縣，屬明州。客有授予古之詩世所不傳者二百餘篇。觀之，予知非人所能爲，而爲之實甫者，其文與述之著也。然甫之詩，其完見於今日者，自予得之。世之學者，至乎甫而後爲詩，不能至，要之不知詩焉爾。嗚呼！詩其難，惟有甫哉。自洗兵馬下，序而次之，以示知甫者，且用自發焉。皇祐壬辰五月日，臨川王安石序。

成都草堂詩碑序

胡宗愈

草堂先生，謂子美也。草堂，子美之故居，因其所居而號之曰草堂先生。先生自同谷入蜀，遂卜居浣花江上萬里橋之西，爲草堂以居焉。唐之史記，前後牴牾。先生至成都之年月不可考，其後先生寄題草堂云：「經營上元始，斷手寶應年。」然則先生之來成都，殆上元之初乎？嚴武入朝，送武之巴西，遂如梓州。蜀亂，乃之閬州，將遊荆楚。會武再鎮兩川，自閬州挈妻子歸草堂，武辟爲參謀。武卒，蜀又亂，去之東川，移居夔州，遂下荆渚，泝流沅、湘，上衡山，卒於耒陽。先生以詩鳴於唐，凡出處去就〔一〕，動息勞佚，悲懽憂樂，忠憤感激，好賢惡惡，一見於詩，讀之可以知其世，學士大夫謂之「詩史」。其所游歷，好事者隨處刻其詩於石，及至成都則闕然。先生之故居，松竹荒凉，畧不可記。丞相吕公鎮〔二〕成都，復作草堂於先生之舊址，繪先生之像於其上，宗愈假符於此，乃録先生之詩，刻石置於草堂之壁間。先生雖去此，而其詩之意有在於是者，亦附其後，庶幾好事者於以考先生去來之跡云。元祐庚午資政殿學士中大夫知成都軍府事胡宗愈序。

【校記】

〔一〕「去就」二字原無，據杜詩詳注卷二五附録、詩林廣記卷二十、詩人玉屑卷二十添。

〔二〕鎮，原作「著」，據杜詩詳注附録改。

編次杜工部詩序

魯訔

騷人雅士，同知祖尚少陵，同欲模楷聲韻，同苦其意律深嚴難讀也。余謂少陵老人初不事艱澀索〔一〕隱以病人，其平易處，有賤夫老婦所可道者，至其深純宏遠，千古不可追跡。其序事穩實，立意渾大，遇物寫難狀之景，紓情出不説之意，借古的確，感時深遠，若江海浩溔，溔，以沼切，大水貌。風雲蕩汩，蛟龍黿鼉出没其間而變化莫測，風澄雲霽，象緯回薄，錯峙偉麗，細大無不可觀。離而序之，次其先後。時危平，俗熾惡，山川夷險，風物明晦，公之所寓舒局，皆可概見。如陪公杖屨而游四方，數百年間猶有面語，何患於難讀耶？名公鉅儒，譜叙注釋，是不一家。用意率過，異説如蝸。余因舊集略加編次，古詩、近體一其後先，摘諸家之善有考於當時事實及地理、歲月與古語之的然者，聊注其下。若其意律，乃詩之六經，神會意得，隨人所到，不敢易而言之。叙次既倫，讀之者如親罹艱棘虎狼之慘，爲可驚愕；目見當時甿庶被削刻，轉塗炭，爲可憫；因感公之流徙，始而適，中而瘁，卒至爲少年輩侮，忽以訖死，爲可傷也。紹興癸酉五月晦日丹丘冷齋魯訔序。

少陵先生博極羣書，馳騁今古，周行萬里，觀覽謳謡，發爲歌詩，奮乎國風、雅、頌不作之後，比興相侔，哀樂交貫，揄揚叙述，妙達乎真機，美刺箴規，該夫衆體。自唐迄今，餘五百年，爲詩學之宗師，家傳而人誦之。故元微之誌其墓曰：「詩人已來未有如子美者。」信斯言矣。况我國家祖宗肇造以來，設科取士，詞賦之餘，繼之以詩。詩之命題，主司多取是詩。惜乎世本訛舛，訓釋紕繆，有識恨焉。夢弼因博求唐、宋諸本杜詩十門，聚而閲之，三復參校，仍用嘉興魯氏編次，先生用舍之行藏，作詩歲月之先後，以爲定本。每於逐句本文之下，先正其字之異同，次審其音之反切，方作詩之義以釋之，復引經子史傳記以證其用事之所從出，離爲五十卷目，曰草堂詩箋。凡校讎之例：題曰「樊」者，唐潤州刺史樊晃小集本也。題曰「晉」者，晉開運二年官書本也。曰「歐」者，歐陽永叔本也。曰「宋」者，宋子京本也。「王」者，乃介甫也。「蘇」者，乃子瞻也。「陳」者，乃無己也。「黄」者，乃魯直也。刊云一作某字者，係張原叔、張文潛、蔡君謨、晁以道及唐之顧陶本也。又如宋次道、崔德符、鮑欽止暨太原王禹玉、王深父、薛夢符、薛蒼舒、蔡天啓、蔡致遠、蔡伯世皆爲義説。其次如徐居仁、謝任伯、吕祖謙、高元之暨天水趙子櫟、趙次翁、杜修可、杜立之、師古、師民瞻亦爲訓解。復參以蜀石碑、諸儒之定本，各因其實以條紀之。至於舊德碩儒，間有一二説者，亦兩存之，以俟博識之決擇。是集之行，俾得之者手披目覽，口誦心惟，不勞思索而昭然義見，更無纖毫凝滯，如親聆少陵之謦欬，而熟覩其眉宇，豈不快哉！大宋嘉泰天開甲子正月穀旦建安三峰東塾蔡夢弼傅卿謹識。

【校記】

〔一〕索，元本作「左」，今從古逸叢書本。

杜工部草堂詩年譜上

趙子櫟

呂汲公大防爲杜詩年譜，其説以謂次第其出處之歲月，略見其爲文之時，得以考其辭力，少而鋭，壯而肆，老而嚴者如此。竊嘗深考其譜，以爲甫生於睿宗先天元年庚戌〔一〕，而甫實生於開元元年癸丑。以爲甫没於大曆五年辛亥〔二〕，而甫實没於大曆六年辛亥。其推甫生没所值紀年，與夫紀年所值甲子，皆有一歲之差，且多疏略。今輒爲訂正而稍補其闕，俾觀者得以考焉。

明皇開元元年癸丑。

按，天寶十載，公年三十九，奏三大禮賦表云：「生陛下淳樸之俗，行四十載。」逆數之，甫是年生。舊譜：「甫生先天癸丑，奏賦天寶十三載。」十三載年四十三，十載亦年四十矣。

開元三年乙卯。

夔峽觀公孫弟子舞劍器詩序云：「開元三年，余尚童稚，於郾城觀公孫氏舞劍器。」

開元七年己未。

壯游詩云：「七齡思即壯。」進鵰賦表云：「自七歲所綴詩筆。」甫作詩起七歲。

開元九年辛酉。

開元十四年丙寅。

壯游詩云：「九齡書大字，有作成一囊。」

開元十五年丁卯。

壯游詩云：「往昔十四五。」

甫年十五，後有百憂集行云：「憶年十五心尚孩。」

開元二十三年乙亥。

有開元皇帝皇甫淑妃神道碑云：「野老何知，斯文見托。」甫時白衣。

開元二十五年丁丑。

壯游詩云：「忤下考功第。」唐初，考功試進士。開元二十六年戊寅春，以考功輕，徙禮部，以春官侍郎主之。甫下考功第，蓋是年春也。

開元二十八年庚辰。

按柳芳唐曆：「開元二十八年，天下雄富。西京米價不盈二百，絹亦如之。東由汴宋，西歷岐鳳，夾路列店陳酒饌待客。行人萬里，不持寸刃。」憶昔詩云：「憶昔開元全盛日，小邑猶藏萬家室。稻米流脂粟米白，公私倉廩皆豐實。九州道路無豺虎，遠行不勞吉日出。」乃其時也。

開元二十九年辛巳。

是年，甫有祭杜預文云：「十三葉孫甫謹以寒食之奠，昭告於先祖晉鎮南大將軍當陽成侯。」預葬緱洛偃師首陽山南，甫祭於洛之首陽。

天寶元年壬午。

天寶三載甲申。

集有天寶初南曹小司寇爲山之作，時年三十。

正月丙申朔，詔改元〔三〕曰載。

天寶六載丁亥。

詔天下有一藝詣轂下。時李林甫相國命尚書省試，皆下之，遂賀野無遺賢於庭。其年甫、元結皆應詔而退。

天寶九載庚寅。

秋七月，置廣文館於國子監，以鄭虔爲博士。贈鄭虔醉時歌云：「廣文先生官獨冷。」是年秋後所作也。

天寶十載辛卯。

明皇紀：「天寶十載春正月，朝見太清宮。朝饗太廟，及有事於南郊。」甫上三大禮賦，授河西尉，改右衛率府胄曹。史謂甫天寶十三載獻賦，而考明皇紀，十三載至自華清，朝獻太清宮，未嘗郊廟行三大禮。當以明皇紀爲證。

天寶十一載壬辰。

除夕曲江族弟杜位宅守歲云「守歲阿戎家」云云。甫年四十，獻歲年四十一。位弟字戎，甫從弟，李林甫婿，宅近曲江。浣花寄位云：「玉壘題詩心緒亂，何時更得曲江游。」

天寶十三載甲午。

上韋左相詩：「鳳曆軒轅紀，龍飛四十春。」玄宗即位四十二載，故云。玄宗西嶽太華碑曰：「天寶十二載癸巳。」甫進封岳表：「杜陵諸生，年過四十。」丞相國忠今春二月丁丑陟司空，賦曰：「維岳克生司空。」則賦當在是載。甫是年四十二，故曰「年過四十」。

天寶十四載乙未。

是年十一月初，自京赴奉先，有奉先縣詠懷詩。是月有祿山之亂。

至德元載丙申。

是年肅宗即位，改至德元載。夏五月，甫避寇左馮翊，逆旅鄜時，有白水高齋、三川觀漲詩。六月，祿山入潼關，明皇西幸。七月，肅宗即位靈武。甫自鄜挺身赴朝廷，漸北至彭衙行，遂陷賊中。冬，有悲陳陶、悲青阪、哀王孫詩。

至德二載丁酉。

其春，猶陷賊，作曲江行、春望、憶幼子。賊退，竄歸鳳翔，拜左拾遺。房琯敗陳陶，甫上疏救之，有薦岑參、謝口敕放推問狀。八月，墨制放往鄜州，有別賈嚴二閣老、北征、徒步歸行、羌村詩。

乾元元年戊戌。
夏六月，出爲華州司功。其秋，有試進士策、代華牧郭使君論殘寇狀，時有留花門、洗兵馬詩。
乾元二年己亥。
元年九月，九節度兵討慶緒於鄴城，遂潰。三月，官軍敗滏水，甫有新安吏、石壕吏、新婚别、垂老别、無家别。甫時華州司功參軍，關輔饑，棄官西去。度隴，客秦亭，立秋後詩云：「惆悵年半百。」甫年四十七。冬十月，發秦州。初至赤谷，南至鐵堂峽，遂踐同谷城、積草嶺、鳳皇臺。
上元元年庚子。
成都西郭草堂詩云：「經營上元始。」即其時也。有浣花卜居、狂夫、有客、南鄰、漫興、王侍御掄邀高蜀州適詩。
上元二年辛丑。
是年在蜀郡，有百憂集行云：「即今倏忽已五十。」按是年年四十九。有杜鵑行、石犀行、古柏行、病柏、病橘、枯椶、枯柟詩。代宗紀：「上元二年九月壬寅，詔剔上元號，獨曰元年，月以斗建命之，以建子起歲。」草堂即事：「荒村建子月。」又戲贈友詩：「元年建巳月，郎有焦校書。……元年建巳月，官有王司直。」其年太子少保、鄴國公崔光遠爲成都尹、劍南節度。會東川段子璋殺其節度李奐走成都，光遠命花驚定平之。甫有贈花卿歌。光遠死，其月廷命嚴武。

寶應元年壬寅。

嚴武今春開府成都。甫有嚴中丞枉駕浣花草堂、仲夏嚴中丞見過之作。草堂詩云：「斷手寶應年。」即其時也。甫與嚴武巴西相别，其冬甫游射洪陳拾遺草堂，南至通泉縣，還梓州。

代宗廣德元年癸卯。

其春，甫有登梓州城樓，又西北游涪城。夏還，有梓城南樓陪趙侍御詩。九月，有祭房相公文。其秋入閬中，其冬有放船江上詩。甫巴西聞收京闕，有送班司馬入京詩。其年代宗幸陝，有憶昔詩云：「得不哀痛塵再蒙。」自天寶十四載至此九年，玄宗幸蜀，代宗又幸陝，故曰「塵再蒙」。甫年五十一。

廣德二年甲辰。

嚴武再鎮蜀，甫贈詩云：「殊方又喜故人來。」除京兆功曹，不赴。武辟劍南參謀、檢校工部員外郎。閬途中贈武詩：「得歸茅屋赴成都，直爲文翁再剖符。」

其夏至蜀，有公堂揚旗、和嚴武早秋詩。揚旗詩云：「二州陷犬戎。」一本作「三州」。代宗紀：「吐蕃陷松、維二州。」柳芳曆：「糧運絶，西川節度高適不能軍。吐蕃陷松、維、保三州。」甫年五十二。

永泰元年乙巳。

其春，飲鄭公堂。四月，嚴武死，有哭嚴僕射歸櫬詩。

大曆元年丙午。

二月，杜鴻漸鎮蜀，甫厭蜀思吴。成都亂，遂南游東川，至夔峽，浮家戎江，渝州候嚴六侍御、題忠州龍興寺詩。

大曆二年丁未。

有雲安立春詩。放船下峽，初宅瀼西，有赤甲、白鹽〔四〕、東屯、白帝詩。其年十月十九，有觀公孫大娘弟子舞劍器詩云：「五十年間似反掌。」自開元三載相去五十三年，甫年五十五。

大曆三年戊申。

正月旦，有太歲日詩。正月甲子，放船下峽，留峽州之上牢、下牢，過荆州之松滋，有荆南秋日詩：「九鑽巴噀火，三蟄楚祠雷。」自庚子卜築劍外巴道，及丙午逆旅雲安。雲安，楚地。移居公安，歷石首劉郎浦。其冬，至湘潭，有岳陽樓、歲晏行。

大曆四年己酉。

有岳陽、洞庭湖、青草湖、湘夫人祠、喬口、道林嶽麓二寺詩。

大曆五年庚戌。

高適乾元中刺蜀州，永泰元年卒，至大曆五年，實六年矣。是年庚戌，甫年五十八。正月，追酬高蜀州人日寄漢中王瑀敬昭州超先。二月，湖南屯將臧玠犯長沙。甫發潭州，泝湘，宿鑿石浦，過津口，次空靈岸，宿花石戍，過衡山，回棹至衡東南邑曰耒陽，有呈聶令詩。或謂甫絶筆耒陽之夏。然耒陽古體之後，律詩尚盡一秋。晚秋長沙送李十一曰：「與子避地西康州，洞庭相逢十二秋。」類此者多。

大曆六年辛亥。

甫其冬北征，棄魄巴陵。元稹誌：「劍南兩川節度嚴武狀公工部員外、參謀軍事，旋棄去，扁舟下荆楚間，竟以寓卒，旅殯岳陽，享年五十九。」或謂游耒陽，江上宿酒家，是夕江水泛漲，爲水漂漲，聶令堆空土爲墳；或謂聶令饋白酒牛炙，脹飫而死。皆不可信。

【校記】

〔一〕庚戌，古逸叢書本作「壬子」。

〔二〕辛亥，古逸叢書本作「庚戌」。

〔三〕元，當作「年」。

〔四〕白鹽，原缺「白」字。

杜工部草堂詩年譜下

嘉興魯訔撰

睿宗先天元年壬子。正月改太極，五月改爲延和，明皇以是年八月改元。

按公誌及傳皆云「年五十九卒於大曆五年辛亥」，詩史云「開元元年癸丑公生」。公上大禮賦云：「臣生陛下淳樸之俗，行四十載。」公天寶十載奏賦，年三十有九。逆算〔一〕公今年生。吕汲公考公生先天元年癸丑，天寶十三載奏賦。若十三載，公當四十三歲矣。唐書宰相表及紀年通譜先天元年壬子，而譜以爲癸丑；集祭房公，廣德元年，歲次癸卯，而譜以爲甲辰，皆差一年。汲公吕大防始作詩年譜。

開元元年癸丑。

三年乙卯。

公鄜城觀公孫弟子舞劍行云：「開元三年，余尚童穉，於鄜城觀公孫舞劍器。」年譜以爲三年丙辰。按，公是年才四歲，年必有誤。公進鵰賦表云：「臣素賴先人緒業，自七歲所綴詩筆，向四十載矣，約千有餘篇。」則能憶四歲時事，不爲誤也。

十四年丙寅。

公初游選場，壯游曰：「往昔十四五，出遊翰墨場。斯文崔魏徒，以我似班揚。」

二十三年乙亥。公年二十四。

公作開元皇帝皇甫淑妃豐碑曰：「歲次乙亥十月癸未朔，薨。」又曰：「野老何知，斯文見托。」「不論官閥，游、夏入文學之科。」意公尚白衣。天寶十載，始上三大禮賦，起家授河西尉。或以爲是年未應稱野老，當是天寶十載辛卯，銘曰：「列樹拱矣，豐碑闕然。」乃知後來方立碑也。但未能考其定於何年？

二十五年丁丑。

史云：「公少不自振，客游吴越、齊趙。」故壯游曰：「東下姑蘇臺，已具浮海航。到今有遺恨，不得窮扶桑。歸帆拂天姥，中歲貢舊鄉。忤下考功第，拜辭京尹堂。放蕩齊趙間，裘馬頗清狂。春登吹臺上，冬獵青丘旁。」游梁亦曰：「昔我游宋中，惟梁孝王都。憶與高李輩，論文入酒壚。氣酣登吹臺，懷古視平蕪。」昔游曰：「昔與高李輩，晚登單父臺。」山脚曰：「昔我游山東，憶戲東嶽陽。窮秋立日觀，矯首望八荒。」公居城南，嘗預京兆薦貢，而考功下之。唐初，考功試進士。開元二十六年戊寅春，以考功郎輕，徙禮部以春官侍郎主之。公之適齊趙，當在此歲以前。

二十九年辛巳。

公有酹遠祖晉鎮南將軍於洛之首陽酹文：「十三葉孫甫，開元二十九年，歲次辛巳。」

天寶元年戊午。公年三十一。

南曹小司寇於我太夫人堂下壘土爲山之作，系云「天寶初」。

六載丁亥。

公應詔退下。元結諭友曰：「天寶六載，詔天下有一藝詣轂下，李林甫相國命尚書省皆下之，遂賀野無遺賢於庭。」公上韋左相曰：「主上頃見徵，倏然欲求伸。青冥却垂翅，蹭蹬無縱鱗。」上鮮于京兆曰：「獻納紆皇眷，中間謁紫宸。破膽遭前政，陰謀獨秉鈞。」正謂此邪！

九載庚寅。

紀：「十二月，封華嶽。」

十載辛卯。公年四十。

公奏三大禮賦。元稹誌曰：「賦奏，命宰相試文，授右衛率府胄曹。」史云：「公奏賦，帝奇之，命待制集賢院召試文，授河西尉，不拜，改右衛率府胄曹。」公官定後戲贈曰：「不作河西尉，凄凉爲折腰。老夫怕奔走，率府且逍遥。」莫相疑行曰：「憶獻三賦蓬萊宫，自怪一日聲烜赫。集賢學士如堵牆，觀我落筆中書堂。」史、集皆以爲十三載。按帝紀：十載，行三大禮。十三載未當郊，况表云「臣生長陛下淳樸之俗，行四十歲矣」，故知當在今歲。原叔云：新書作召試京兆府兵曹。新書乃今舊書也。今書作胄曹。進西嶽賦表乃云「委學官試文章」，皆不同。除夕曲江族弟位宅守歲曰「四十明朝過」，年譜云：上韋左相詩云：「鳳曆軒轅紀，龍飛四十春。」壯遊：「放蕩齊趙間，裘馬頗清狂。快意八九年，西歸到咸陽。」則公歸自齊趙，乃應詔奏賦又數年間事也。翰林王洙字原叔(二)。

十三載甲午。公年四十三。

玄宗紀：秋八月甲子朔，文部侍郎韋見素拜中書門下平章事。公贄見韋左相詩云「龍飛四十春」，又曰「愚蒙但隱淪」，則此詩似未獻賦前。封西嶽賦表云「臣本杜陵諸生，年過四十」，又云「蓋長安一匹夫爾。次歲國家有事郊廟，幸得奏賦待制於集賢，委學官試文章。再降恩澤，送隸有司，參列選序」，則此賦又在三大禮賦後。詩史以爲十二載，未詳。紀：二月丁丑，楊國忠爲司空。公表云：「陛下元弼，克生司空。斯文不可寢已。」則此賦當在未封西嶽前，而紀封華嶽在九載，又當考也。

十四載。

十一月，安禄山反，陷河北諸郡。公有自京赴奉先作，注云：「此年十一月作。」集注云：公在率府，欲辭職，遂作去矣行，而家屬先在奉先。詩史云：薊北反書未聞，公已逸身畿甸。

十五載丙申。公年四十五。是年七月，肅宗即位於寧〔三〕武，改元至德。

禄山僭帝於東京。公在奉先，以舅氏崔十九翁爲白水尉，故適白水，有高齋三十韻。六月辛未，賊入潼關，駕幸劍外。七月甲子，肅宗即位靈武。公漸北過，彭衙行曰：「憶昔避賊初，北走經險艱。夜深彭衙道，馮翊界。月照白水山。

屬同州。少留周家窪，欲出蘆子關。」七月，寓於鄜川，有三川觀漲詩鄜州屬縣。曰：「我經華原來。長安北。」公羸走靈武，賊得之，故贈韋評事詩曰：「昔没賊中時，潛與子同游。」公没賊中，有九日藍田崔氏莊以下十三首。

至德二載丁酉。公年四十六。

公春在賊中，曲江行曰：「少陵野老吞聲哭，春日潛行曲江曲。」自正月乙卯，禄山死。二月戊子，肅宗次鳳翔。李光弼敗安慶緒於太原，郭子儀敗安慶緒於潼關，又敗於永豐倉。公西走鳳翔，達鳳翔行在，曰：「西憶岐陽信，無人遂却回。」又曰：「司隸章初睹，南陽氣已新。」又述懷曰：「去年潼關敗，妻子隔絶久。今夏草木長，脱身得西走。」元微之誌云：「步謁肅宗行在，拜左拾遺。」舊書云：「自京師宵遁赴河西，謁肅宗於彭原。」新書云：「拜右拾遺。」非是。房綰罷相印，甫上疏不宜免，帝怒，詔三司雜問，以張鎬言，帝解赦之。公有狀謝口敕，又有六月十二日薦岑參諫官狀，皆可考。新史云：「自是帝不甚省録。公家寓鄜彌年，孺弱至餓死，許甫往省親。」吕汲公考云：「八月墨敕放還鄜州，有北征詩。」舊史云：「肅宗怒，貶甫爲華州司功曹。」非是。實録言御史大夫韋陟言，當考。北征曰：「皇帝二載秋，閏八月初吉。杜子將北征，蒼茫問家室。」贈節度李重進曰：「青袍朝士最苦者，白頭拾遺徒步歸。」閏八月朔甲寅，賊安慶緒寇好時，渭北節度李光弼進戰，却之。渭北壘空。公得北首鄜路，送韋宙同谷曰：「鑾輿駐鳳翔，受詞太白脚。」秋，旋自鄜時扈從還闕。贈嚴賈二閣老曰：「法駕還雙闕，王師下八川。此時沾奉引，佳氣拂周旋。」十月丁卯，天子還闕。公臘日供奉紫宸曰：「臘日常年暖尚遥，今年臘日凍全消。」十二月，上皇至自蜀，以蜀郡爲南京，鳳翔爲西京，西京爲中京。

乾元元年戊戌。公年四十七。是歲二月改元，復以載爲年。

春，公有紫宸退朝口號、賡賈至朝大明宫、宣政殿、晚出左掖，又退朝出左掖、直夜題省中壁等詩。微之誌：公左拾遺歲餘，以直言出華州司户，悲往事系曰：「至德二載，甫自京金光門出道歸鳳翔。乾元初，從左拾遺移華州掾，與親故別，因出此門，有悲往事。」曰：「近得歸京邑，移官豈至尊。」必大臣有不樂公者。至華，題鄭縣亭子曰：「雲斷岳蓮臨大路，天晴宫柳暗長春。」唐官儀：功曹主秋賦。公有秋策問進士。七月，代華牧論殘寇狀、上朝廷策士文。公及冬出潼關，東征洛陽道，史不載。有閿卿姜七少府設鱠及湖城遇孟云卿歸劉顥宅飲宿等詩。

二年己亥。公年四十八。

春，留東都。三月，九節度之師潰於滏水，郭子儀斷盟津，退守洛師。公有新安吏、石壕吏等詩。歸華，放情山水間，嘗游伏毒寺，有憶鄭南曰：「鄭南伏毒寺，蕭灑到江心。」鮑公詩譜云：「夏，去華之秦。」公有秋華下苦熱曰：「七月六日苦炎蒸，對食暫餐還不能。」立秋後題曰：「平生獨往願，惆悵年半百。罷官亦由人，何事拘形役。」自是有浩然志。史云：「關輔餓，輒棄官去。客秦州，貧，採橡栗自給。」有秦州二十首，曰：「滿目悲生事，因人作遠游。遲回度隴怯，浩蕩及關愁。」公厭秦隴要衝，人事煩夥。西南命駕，游同谷。別贊上人曰：「天長關塞寒，歲暮飢凍逼。野風吹征衣，欲別向曛黑。」冬十月，發秦州。曰：「我衰更懶拙，生事不自謀。無食思樂土，無衣思南州。」至同谷，作七歌。寓同谷不盈月，十二月一日，發同谷。曰：「始來茲山中，休駕喜地僻。奈何迫物累，一歲四行役。」公自京至華、至秦、至同谷、赴劍南，凡四。史曰：「同谷採橡栗自給，流落劍外。」公詩云「邑有佳主人」，又曰「臨歧別數子，握手淚再滴」，非寥落而還，殆迫於寇攘也。送韋宙從事同谷曰：「此邦承平日，剽切吏所羞。」又曰：「古來無人地，今代橫戈矛。」當時必爲羌戎所迫，但史不載，止云：十二月史思明寇陝州。公度栗亭，趨劍門木皮嶺，曰：「季冬攜童稚，辛苦赴蜀門。」鹿頭山曰：「鹿頭何亭亭，是日慰飢渴。連山西南斷，俯見千里豁。」「冀公柱石姿，論道邦國活。」裴冕鎮成都，公遂下居錦江。成都曰：「我行山川異，忽在天一方。自古有羈旅，我何苦哀傷。」

上元元年庚子。公年四十九。

裴冕公爲公卜居成都西郭浣花溪。成都記：「草堂寺，府西七里。浣花寺，三里。寺極宏麗。」公卜居曰：「浣花流水水西頭，主人爲卜林塘幽。」公寓浣花，雖有江山之適，羈旅牢落之思未免，故二年之間有赴青城縣、成都西。暫如新津、出成都寄陶王二少尹、寄高彭州、投簡成華兩縣諸子等詩。柳芳曆曰：「高適乾元初刺彭州。」公乾元初客秦，有寄適於彭州；上元初，適牧蜀，而公乃有寄高彭州詩，當考。

二年辛丑。公年五十。

紀：夏四月，劍東(四)東川節度兵馬使段子璋反，陷綿州，節度使李奐奔於成都。五月，劍南節度使崔光遠克東川，段子璋伏誅。公戲作花卿歌曰：「成都猛將有花卿，學語小兒知姓名。綿州刺史著柘黃，我卿掃除即日平。」子璋髑髏血模糊，手提擲還崔大夫。李侯重有此節度，人道我卿絶世無。」舊唐傳云：「梓州刺史段子璋反，以兵攻東川節度使李奂。適率州兵與西川節度崔光遠攻子璋，斬之。西川牙將花驚定者恃勇，既誅子璋，大掠東蜀。」新史云：「梓屯將段子璋反，適從崔光遠討斬之，而光兵不戢，遂大掠。天子怒，遂以適代爲西川節度。」紀，傳與此詩皆不同，當知公紀事爲審也。九月壬寅，大赦，去上元號，稱元年，以十一月爲歲首，以斗所建爲名。公草堂即事曰：「荒村建子月，獨樹老夫家。」春秋變古則書之，公此意也。年譜與史云：「嚴武鎮成都，甫往依焉。」新史云：「上元二年冬，黄門侍郎、鄭國公嚴武鎮成都，奏爲節度參謀、檢校尚書工部員外郎，賜緋魚。」公先赴成都，裴公爲卜居浣花里，譜、傳皆非是。嚴中丞枉駕見適系云：「嚴武東川除西川，敕除兩川都節制。」詩云：「元戎小隊出郊坰，問柳尋花到野亭。川合東西瞻使節，地分南北任流萍。」辭意皆與傳異。詩史云：地志：劍西益、彭、蜀，其州二十有八。劍東梓、綿、劍，普十州，綿爲都會。肅宗實録：子璋盜綿州，改年黄龍，州曰龍安府。代宗實録：武，京兆少尹、御史中丞。賊思明阻兵京師，頗自矜大，命綿州刺史。未幾，東劍節度。詔兩劍一道。新傳：坐房綰貶巴州。久之，還東川。玉壘記：是年崔光遠尹成都，花驚定平段難，而士卒剽掠士女，至斷腕取金。詔監軍按其罪。十二月，恚死。

寶應元年壬寅。上元二年九月，改元年。二年四月，改寶應。年五十一。

武至成都，公奉和嚴中丞西城晚眺詩。蜀困於調度，嚴數從公往來，寄題杜二錦江野亭云：「莫倚善題鸚鵡賦，何須不著鵕鸃冠。」公酬云：「謝安不倦登臨賞，阮籍烏知禮法疏。」公結廬浣花涉三年。草堂曰：「經營上元始，斷手寶應年。」浣花曰：「萬里清江上，三年落日低。」四月己巳，代宗即位，召武。公送嚴入朝曰：「鼎湖瞻望遠，象闕憲章新。四海猶多難，中原憶老臣。」送嚴到綿州，同登杜使君江樓曰：「歸朝送使客，落景惜登臨。」詩史：召武爲太子賓客，傳還，拜京兆尹。爲二聖山陵橋道使，封鄭公，遷黄門侍郎。公初與武云「中丞」，梓州九日贈武曰「大夫」，此詩曰「侍郎」，再鎮蜀曰「上嚴鄭公」，前後自可考也。玩月呈漢中王，多在中秋。七月，劍南西川兵馬使徐知道反。八月己未，伏誅。公吟射洪曰：「南京亂初定。」故公欲駕梓，至梓已重陽。九日，登城。九日奉寄嚴大夫曰：「不眠持漢節，何路出巴山。」嚴巴嶺答曰：「昨向巴山落日時，兩鄉千里夢相思。」時嚴猶未出巴地也。秋，歸成都迎家，遂徑往梓。十一月，往射洪縣南途中有作、南之通泉縣、亦梓州邑。適郭代公故宅、陪王侍御因登東山最高頂宴姚通泉晚攜酒涪江泛舟，皆一時作也。

廣德元年癸卯。年五十二。

春日梓州登樓曰：「行路難如此，登樓望欲迷。」又曰：「厭蜀交遊冷，思吳勝事繁。應須理舟楫，長嘯下荆門。」公已有東下之興。公送辛員外暫至綿還梓州、陪章侍御宴南樓、陪章侍御惠義寺，秋，章梓州水亭。時公將適吳楚，留別章使君留後曰：「終作適荆蠻，安排用莊叟。」秋，故相房琯薨，公有九月壬戌祭房公文。公轉游閬中，爲閬州王使君進論巴蜀安危表。警急曰：「玉壘雖傳檄，松州已解圍。」系云：時高公適領西川節度使。時吐蕃犯塞，爲中國患，公痛其猖獗，疾蜀無善將以守要害。明年，武再出鎮，蜀道始安。是歲，君補京兆功曹，不赴。

二年甲辰。公年五十三。

公自梓之閬，有閬山歌等詩，送李梓州之任并寄章十侍御，系云：初時罷梓州刺史、東川留後，將赴朝廷。二公交印，正在今春。有將赴荆南寄別李劍州遊子曰：「巴蜀愁誰語，吳門興杳然。」公時意未有所適，會嚴武復節度劍南東西川，公往依焉，贈武曰：「殊方又喜故人來，重領還須濟世才。嘗怪偏裨終日待，不知旌節來年回。」房琯薨閬州，贈一品公。別房太尉墓曰：「他鄉復行役，駐馬別孤墳。」

自閬州領妻子却赴蜀山三首曰：「汩汩避群盗，悠悠經十年。不成向南國，復作游西川。」將赴成都草堂途中有作先寄嚴鄭公。旋錦江，贈王侍御曰：「一别星橋夜，三回斗柄春。」亦曰：「猶得見殘春。」微之誌曰：「劍南節度嚴武狀爲工部員外郎、參謀軍事。」公揚旗系云：「二年夏六月，成都尹鄭公置酒公堂，觀騎士新旗幟。」曰：「三州陷犬戎，但見西嶺青。」代宗紀曰：「廣德元年，失松、維州。」柳芳曆乃曰：「糧運絶，西川節度高適不能軍。吐蕃陷松、維、保三州。」以公詩考之，當然。武軍城早秋曰：「昨夜秋風入漢關，朔風邊雪滿西山。更催飛將追驕虜，莫遣沙場匹馬還。」公和曰：「秋風裊裊動高旌，玉帳分弓射虜營。已收滴博云間戍，更奪蓬婆雪外城。」遺悶曰：「胡爲來幕下，只合在舟中。黄卷真如律，青袍也自公。」公放誕，不樂吏檢，雖鄭公禮寬心契，尤每見意。史云：「性褊躁傲誕，嘗醉登武床，瞪視曰：『嚴挺之乃有此子。』武亦暴猛，外若不忤，中銜之。一日欲殺甫及梓州刺史章彝，集吏於門。武將出，冠鉤於簾三，左右白其母，奔救，得止。獨殺彝。」舊史不載。以公詩考之，武來鎮蜀，彝已交印入覲。公再依武，相歡洽，無恨之意，史當失之。

永泰元年乙巳。公年五十四。

正月三日竟歸溪上有作簡院内諸公曰：「白頭趨幕府，深覺負平生。」夏四月庚寅，嚴公薨。公有哭歸柩。五月癸丑，詔定襄郡王郭英乂節度劍南。紀：「閏十月，劍南西山兵馬使崔旰反，寇成都。郭英乂奔於靈池，普州韓澄殺之。」崔寧傳：寧本名旰。「永泰元年，武卒。行軍司馬杜濟等請郭英乂爲節度，寧亦丐大將王崇俊。朝廷次用英乂。英乂恨之，召寧，寧不敢還。英乂自將討之，寧還攻英乂，英乂不勝，走靈池。於是劍南楊子琳起瀘州，與邛州柏貞節連和討寧。明年，詔杜鴻漸山西、劍南等道副元帥平其亂，入成都。政事一委寧，乃表貞節爲邛州刺史，子琳爲瀘州刺史，以和解之。大曆三年，寧來朝，楊子琳襲取成都。」以公詩考之，成都亂，再至東川。相從行曰：「我行入東川，十步一回首。成都亂罷氣蕭瑟，浣花草堂亦何有。梓州豪桀大者誰，本州從事知名久。」公歸成都，止以嚴公再鎮。草堂曰：「昔我去草堂，蠻夷塞成都。今我歸草堂，成都適無虞。請陳初亂時，反復乃須臾。大將赴朝廷，群小起異圖。中宵斬白馬，盟歃氣已麄。西收邛南兵，北斷劍閣隅。布衣數十人，亦擁專城居。系云：即楊子琳、柏貞節之徒。賤子且奔走，三年望東吴。弧矢暗江海，難爲游五湖。不忍竟捨此，復來薙榛蕪。入門四松在，步屧萬竹疏。」營屋云：「愛惜已六載，兹晨去千竿。」

以詩訂傳，云「大將赴朝廷，群小起異圖」，以爲嚴公後來，公無再歸草堂之跡；以爲崔旰，史云大曆三年入朝，寧本名旰，至是賜名，留其弟守成都，楊子琳乘間起瀘州，以精騎數千襲據其城，寧妾任募勇士自將以進，子琳引去。公厭蜀思吴，下荆門，遂南下，夏艤戎州，燕戎州使君東樓，瑜州候嚴六侍御至，忠州有燕使君侄宅，及夏泊雲安，至十二月一日三首「今朝臘月春意動，雲安縣前江可憐」，公已不樂雲安，欲還夔。趙傁以爲永泰元年四月嚴武卒，五月下忠、渝，大曆元年在雲安，與詩文皆差一年。高常侍永泰元年正月卒，公有聞高常侍亡，系云「忠州作」，知公以永泰元年下渝、忠，但草堂所紀却是嚴公薨後事，不敢安定，姑從舊次。

大曆元年丙午。公年五十五。

題子規曰：「峽裏雲安縣，江樓翼瓦齊。」移居夔州郭曰：「伏枕雲安縣，還居白帝城。春知催柳別，江與放船清。」客居曰：「西南失大將，商旅自星奔。今又降元戎，已聞動行軒。」此詩方及失大將。聞杜鴻漸出鎮，與史年亦差。暮春，還居瀼西，有暮春題瀼西新賃草屋五首。

大曆二年丁未。公年五十六。

在夔州西閣。立春曰：「巫峽寒江那對眼，杜陵遠客不勝悲。」雨詩曰：「冥冥甲子雨，已度立春時。」資治通鑑：大曆二年正月辛亥朔至十三甲子。諺云：「春雨甲子，赤地千里。」移居赤甲，有入宅、赤甲二詩，曰：「卜居赤甲遷居新，兩見巫山楚水春。」三月，自赤甲遷居瀼西，有卜居、暮春題瀼西新賃草居五首。秋，又移居東屯，有瀼西荆扉且移居東屯茅屋四首，曰：「東屯復瀼西，一種住青溪。來往皆茅屋，淹留爲稻畦。」訖冬居夔。

大曆三年戊申。公年五十七。

太歲日曰：「楚岸行將老，巫山坐復春。」時第五弟漂泊江左近得消息遠懷穎觀等曰：「陽翟空知處，荆南近得書。」正月中旬定出三峽曰：「自汝到荆府，書來數唤吾。頌椒凉風詠，禁火卜歡娱。」公因觀在荆揚，遂發棹。有將别巫峽贈南卿兄瀼西果園四十畝曰：「正月喧鶯末，兹辰放鷁初。」夏，有和江陵宋大少府雨後同諸公及舍弟宴書齋。秋，又不安於荆南，舟中出南浦奉寄鄭少尹曰：「更欲投何處，飄然去此都。」是秋移居公安，荆南屬邑，府南九十里。復東下，發劉郎浦十道志：「在荆州。」曰：「掛帆早發劉郎浦，疾風飄飄昏亭午。」曉發公安。系云：「數月憩息此縣。」泊岳陽城下巴陵郡。曰：「岸風翻夕浪，舟雪灑寒燈。」則冬至岳陽矣。

大曆四年己酉。公年五十八。

陪裴使君登岳陽樓曰：「雪岸叢梅發，春泥百草生。敢違漁父問，從此更南征。」公將適潭，詩譜云：此年春，自岳陽至潭，遂如衡。畏熱復回。夏，將如襄陽。秋，將歸秦。皆不果。卒留潭，自是率舟居。詠懷及上水遣懷及銅官渚守風皆自岳陽入潭時作。蓋自岳之潭、之衡，爲上水；而自衡回潭，爲順水。詩皆可考。

五年庚戌。公年五十九。

春，去潭至衡。清明曰：「著處繁華憐是日，長沙千人萬人出。」則公在潭至夏。湖南兵馬使臧玠殺其團練使崔瓘。又是歲湖南將王國良反，及西原蠻寇州縣，故公益南，至衡山縣謁文宣新學堂呈陸宰及入衡州，備述臧玠等亂，末云：「橘井舊地宅，仙山引舟航。此行厭暑雨，厥土聞清涼。諸舅剖符近，開緘書札光。」橘井在郴州，諸舅謂崔偉，前有送二十三舅録事之攝郴州詩，公將往依焉。公又至耒陽，州東南。游嶽祠，大水遽至，涉旬不得食。聶耒陽以公阻水，「致酒肉，療飢荒江。詩得代懷，興盡本韻，至縣呈聶令」。傳云：「令嘗饋牛炙白酒，大醉，一夕卒。」王彦輔辨之爲詳。以詩考之，公在耒陽畏瘴癘，是夏賊當已平，乃沿湘而下，故回棹之什曰：「衡嶽江湖大，蒸池疫癘偏。」羅含湘水記：蒸水注湘。又：「順浪翻堪倚，回帆又省牽。」登舟將適漢陽曰：「春宅棄汝去，秋帆催客歸。」又暮秋將歸秦留别湖南幕府親友，則秋已還潭。暮秋北首，其卒當在衡、岳之間，秋冬之交。元微之誌云：「子美之孫嗣業，啓子美之柩，襄祔事於偃師。途次於荆，拜余爲誌，辭不能絶。」其略云扁舟下荆楚，竟以寓卒，旅殯岳陽。吕汲公年譜云：「大曆五年辛亥，是年夏還襄、漢，卒於岳陽。」以詩考之，大略可見。傳言卒於耒陽，非也。汲公云「是夏」，亦非也。今九域志衡州有公墓，又未知信然，或附會邪？

【校記】

〔一〕算，元本、古逸叢書本作「第」，分門集注杜工部詩本作「節」，據四庫本杜工部草堂詩年譜改。

〔二〕原叔，原作「叔原」，據四庫本杜工部草堂詩年譜改。

〔三〕寧，當作「靈」。

〔四〕東，當作「南」。

附録一

署名劉辰翁批點、高崇蘭編次集千家注批點杜工部詩集引「夢弼曰」辨證

杜工部草堂詩箋爲杜集宋注殿軍，其後於宋、元之際成書之劉辰翁批點、高崇蘭編次集千家注批點杜工部詩集所引「夢弼曰」出自杜工部草堂詩箋，故每將杜工部草堂詩箋削去注家主名之注文誤認爲蔡夢弼注。集千家注批點杜工部詩集於元、明兩代大行於世，今以本書之條辨考證爲據，可將集千家注批點杜工部詩集所引「夢弼曰」近八百條一一辨明是非源流，謬誤流傳，一朝廓清，不爲無助。根據具體情況，分别辨證標識，析之有五：

一、凡屬蔡夢弼注，曰「是」。按，新定杜工部草堂詩箋斠證判斷注文所屬注家歸屬，重在出處源頭對蔡注之啓發，而本附録對集千家注批點杜工部詩集所引「夢弼曰」是否屬於蔡夢弼

注之辨證，重在其是否爲杜工部草堂詩箋删去注家主名所誤導。因是之故，凡其他注家隻言片語之注，雖出處早於蔡夢弼杜工部草堂詩箋，然蔡氏進而有考覈原書、張大其文、便於闡説之功，並認定爲「夢弼曰」。如僞王洙注僅曰「事見禹貢」，而杜工部草堂詩箋注文作「尚書禹貢曰云云。孔穎達正義曰云云」，集千家注批點杜工部詩集引作「夢弼曰：尚書禹貢曰云云。孔穎達正義曰云云」，則本附録判定爲「是」。

二、非蔡夢弼注，曰「非」，並注明原注家主名。

三、集千家注批點杜工部詩集所引「夢弼曰」注文與杜工部草堂詩箋所引「夢弼曰」或其他注家注文稍有出入者，並將杜工部草堂詩箋原注列於其後，以明其判斷依據。

四、集千家注批點杜工部詩集所引「夢弼曰」注文，常將「夢弼曰」與其他注家注文不加判别、交錯爲文，凡遇此類情況，則一一辨證，逐句標明是非。

五、集千家注批點杜工部詩集引作「夢弼曰」，而不見于杜工部草堂詩箋，曰「杜工部草堂詩箋無此注文」。

尋繹全書，集千家注批點杜工部詩集標明「夢弼曰」之注文，完全屬於蔡夢弼自注者計三四三條，完全不屬於蔡夢弼自注、實爲其他注家注文者計一九七條，將蔡夢弼自注與其他注家注文參合而成者計一七七條，標明蔡夢弼注却未見於宋本杜工部草堂詩箋者（不見於宋本杜工部草堂詩箋之注文，有個别見於元本及古逸叢書本杜工部草堂詩箋，不計入。）計六四條。

臚列如下：

集千家注批點杜工部詩集卷一

遊龍門奉先寺。夢弼曰：本一作虚籟。蔡絛西清詩話：荆公云：天闕當作天閲，對雲卧爲親切。韋述東都記：龍門號雙闕，以與大内對峙若天闕焉。此龍門詩也，用闕字無疑。（是。杜工部草堂詩箋作：「天闕，指龍門也。王荆公改天闕作天閲。蔡興宗考異作天闚。以余觀之，皆非是，乃臆説也。」）

贈李白。夢弼曰：時李白將爲梁宋之遊。（是。）

登兗州城樓。夢弼曰：公父閑嘗爲兗州司馬，公時省侍之，故云趨庭。是時張玠亦客兗州，有分好。玠子乃建封也。（是。）

已上人茅齋。夢弼曰：博物志、抱朴子皆言天門冬，一名顛棘，蓋顛、天聲相近也。（非。【杜田正謬：天棘，即天門冬也。博物志、抱朴子皆言天門冬，一名顛棘。】）

過宋之問舊莊。夢弼曰：河南郡境界薄城東北十里首陽山，上有首陽祠。（是。）

重題鄭氏東亭。夢弼曰：詩注：水成文曰漣，水衣也。（非。【薛曰：詩魏風：河水清且漣漪。毛萇傳：風行水成文曰漣。】）隼，鷙鳥也。（是。）

陪李北海宴歷下亭。夢弼曰：青、齊皆山東之國，故稱東藩。北渚即北海郡，清河乃濟河，北渚與清河蓋相近也。（是。）

陪李北海宴歷下亭。夢弼曰：曹大家東征賦：望河濟之交流。（是。）

行次昭陵。夢弼曰：唐太宗陵，（非。【王彦輔曰：唐太宗文皇帝之陵也。】）在醴泉縣西。（是。）

行次昭陵。夢弼曰：漢武故事：高皇廟中御衣自篋中出舞於殿上，冬衣自下在席上。平帝時，哀帝廟衣自在匣外。（是。）

贈特進汝陽王二十韻。夢弼曰：陳無已本作岩棲異一塍。塍，神淩切，稻畦也。（是。）

今夕行。夢弼曰：左傳：馮陵敝邑。（是。）

贈韋左丞丈濟。夢弼曰：按唐書：韋思謙，高宗時爲尚書左丞。子承慶、嗣立。嗣立代承慶爲鳳閣舍人。武后時，承慶亦代嗣立爲天官侍郎，及知政事。嗣立二子洹、濟。洹終陳留太守，濟天寶中授尚書左丞。三世並爲省轄，世罕與比。（非。【杜田補遺】。按，此條杜工部草堂詩箋直引作「杜田云」，集千家注批點杜工部詩集失之眉睫。）

奉贈韋左丞丈二十二韻。夢弼曰：漢樓護傳：王邑居尊下，稱賤子上壽。（是。）

奉贈韋左丞丈二十二韻。夢弼曰：唐新書：甫少貧不自振，客齊趙、吴越間，李邕奇其才，先往見之。（非。【師尹曰】。）

高都護驄馬行。夢弼曰：相馬經：馬腕欲促，促則健。蹄欲高，高則耐險峻。（非。【趙次公曰：腕欲促，蹄欲高，又穩如踣鐵，皆馬之奇也。】）踣，匍覆切，踏也。曾冰，層積之冰也。

曾與層同。（是。）

高都護驄馬行。夢弼曰：古樂府：青絲纏馬尾，黃金絡馬頭。（是。）三輔黃圖：長安城北出西頭第一門曰横門，門之外有橋曰横橋。如淳曰：横，音光。（非。【趙次公曰】。）

贈翰林張四學士垍。夢弼曰：晉天文志：華蓋九星所以蔽覆帝座。天子之華蓋象之。（非。【九家集注杜詩引作「杜田補遺」】。又，杜陵詩史、分門集注、補注杜詩引作「趙次公曰」。）逼華蓋，言密邇帝座也。（是。）漢成帝微行，常與張放俱。時童謡云：燕燕尾涎涎，張公子，時相見。（非。【趙次公曰：以其置宅禁中，故曰天上。前漢趙皇后傳：成帝時有童謡，歌曰：「燕燕尾涎涎，張公子，時相見。」謂富平侯張放也。】）

重經昭陵。夢弼曰：符瑞圖、京房易飛候云：大明八年，宣太后陵前後數有光及五色雲，又有五彩雲在松下如車蓋焉。（是。）

故武衛將軍挽詞三首其二。夢弼曰：銛，思廉切，利也。言兵威之行，寇無不欣然效順者。蹻音喬，壯貌。言如猛虎之齧噬，而蹻騰者爲之失喪其本性也。（是。）

兵車行。夢弼曰：隋西域傳：吐谷渾城在青海西四十里。（非。【王彦輔曰】。）唐哥舒翰傳：築神威軍於青海上，吐蕃攻破之，又築城於青海中。（非。【王洙曰】。）

杜位宅守歲。夢弼曰：晉劉臻妻元日獻椒花頌。（是。）庾信詩：椒花逐頌來。易：勿疑，朋盍簪。（非。【王洙曰】。）此言朋友宴會也。列炬散林鴉，言燭炬之明，林鴉驚飛也。（是。）

玄都壇七言六韻寄元逸人。夢弼曰：玄都壇，漢武帝所築，在長安南山子午谷中。（是。）

玄都壇七言六韻寄元逸人。夢弼曰：三秦記：子午，長安正南也，山名秦嶺，谷名褒斜。（非。【杜田補遺。】）長安志：王莽有意篡漢，通子午道，時名爲子午谷。（是。）

玄都壇七言六韻寄元逸人。夢弼曰：漢武内傳：王母曰：太上之藥有廣庭芝草、碧海琅玕。按道藏經：晉時有戍卒屯於子午谷，入谷之西澗水窮處，忽見鐵鎖下垂約百有餘丈，戍卒欲挽引而上，有虎蹲踞焉。（是。）

樂遊園歌。夢弼曰：西京記：唐玄宗開元間築夾城，自大明宫至曲江芙蓉園。仗，天子來幸之儀也。（是。）

敬贈鄭諫議十韻。夢弼曰：破的、先鋒，皆以比諫議之詩筆也。鮑明遠舞鶴賦：歲峥嶸而催暮。（是。）

送韋書記赴安西。夢弼曰：晉丁彬書：雲泥異途，邈矣懸隔。（非。【趙次公曰】。）借，本作籍，非。千金翼論：老人之性，必恃其老，無有借在。（是。）

奉贈太常張卿垍二十韻。夢弼曰：按唐書：張説二子均、垍，明皇時説在中書，垍自翰林學士遷太常卿，均亦供奉翰林。（非。【王洙曰】。）此篇兼美其父子兄弟也。（是。）

奉贈太常張卿垍二十韻。夢弼曰：晉虞騑傳：騑乃虞潭之兄子，王導謂騑曰：「孔愉有公才而無公望，丁潭有公望而無公才，兼之者，其在卿乎。」（非。【趙次公曰】。）莊子：不知端倪。注：端，緒也。倪，畔也。（非。【余曰】。）

奉贈太常張卿垍二十韻。夢弼曰：揚雄從孝成帝羽獵，因作賦以風。（非。【趙次公曰】。）呂望釣於磻溪，得玉璜，遇文王，載與俱，立以爲師。（非。【師古曰】。）公意蓋有望於張卿之薦己也。（是。）

奉贈鮮于京兆二十韻。夢弼曰：兩都賦序：言語侍從之臣，朝夕論思，日月獻納。紫宸，殿名。（是。）時明皇詔天下有一藝詣闕進選，林甫恐士或斥己，建言請委尚書先試問，遂無一中者。公應詔退下，是爲林甫所阻，故下有破膽陰謀之語。（非。【趙次公曰】。）

集千家注批點杜工部詩集卷二

投贈哥舒開府翰二十韻。夢弼曰：廉頗，趙之良將，伐齊攻魏，皆破之。（是。）襄四年傳：魏絳勸晉侯和戎有五利。（非。【王洙曰】。）吐蕃本西羌屬，散處河湟、江岷間。（非。【師古曰】。）以翰兼河西節度使，欲其收復之。（非。【趙次公曰】。）

奉留贈集賢院崔于二學士。夢弼曰：天老，指宰相也。春官，指禮部也。（非。【師古曰】。）傳：六鷁退飛過宋都，風也。鶂，與鷁同。（非。【趙次公曰】。）

奉留贈集賢院崔于二學士。夢弼曰：杜陵者，南北杜皆名家。公詩有云：名家莫出杜陵人。(是。)故山，指襄陽之峴山。公本襄陽人。桃源在鼎州，襄陽至鼎無三百里。(非。【趙次公曰】。)

陪鄭廣文遊何將軍山林十首。夢弼曰：谷口鄭子真與王鳳有舊。(非。【王洙曰】。)

醉時歌。夢弼曰：按虔本傳：玄宗愛其才，置廣文館，以虔爲博士。虔在官貧約甚，澹如也。(非。【王洙曰】。)

醉時歌。夢弼曰：羲皇謂伏羲氏也。(是。)屈宋，謂屈原、宋玉也。(非。【晏殊曰】。)轗音坎，説文：車不平也。軻音可，又苦賀反，折軸車也。一曰：轗軻，失志也。或作坎坷，義同。(是。)

上韋左相二十韻。夢弼曰：魏志：管輅字公明，明周易，無不精微。(非。【師古曰】。)按見素傳：肅宗時有星犯昴，言禄山將死，皆驗。(是。)

麗人行。夢弼曰：㔩葉，婦人鬢邊花，以翠羽鋪飾，其狀輕微也。腰衱，即今之裙帶，綴珠其上，壓而不垂也。(非。【師古曰】。)㔩，烏合反。衱，居業反。(非。【鄭卬曰】。)雲幕，謂鋪設幕次如雲霧之垂也。(非。【師古曰】。)

麗人行。夢弼曰：駞謂橐駝，其脊上肉高如峰者味最美。(非。【王洙曰】。)

重過何氏五首。夢弼曰：翠微寺在終南山之上。(非。【鄭卬曰】。)皇子陂在萬年縣西南，以秦葬皇子，起塚陂北原上得名。(非。【趙次公曰】。)

重過何氏五首。夢弼曰：甲言金鎖，謂以金綫連鎖之也。（是。）槍言緑沉，謂以緑色之物沉没其柄也。（非。【趙次公曰】。）

渼陂西南臺。夢弼曰：嚴君平隱於成都，鄭子真耕於谷口，皆修身自保。張子房願棄人間事，邴曼容免官養志自修。（非。【杜田補遺】。）

城西陂泛舟。夢弼曰：檣，帆柱也。（非。【鄭卬曰】。）古詩：象牙作帆檣。（非。【趙次公曰】。）隋煬帝錦纜龍舟。（是。）

白水明府舅宅喜雨得過字。夢弼曰：白水縣屬左馮翊，同州舅氏崔十九翁時爲白水縣尉。（是。按，杜工部草堂詩箋未見此條注文。）

送裴二虯作尉永嘉。夢弼曰：裴虯字深原。（是。）永嘉，温州也。（非。【趙次公曰】。）

苦雨奉寄隴西公兼呈王徵士。夢弼曰：周禮：六尺爲馬。（是。）

贈陳二補闕。夢弼曰：始音試。（是。按，此條不見於宋本杜工部草堂詩箋，僅見於元本、古逸叢書本。）

贈獻納起居田舍人澄。夢弼曰：詩：退食自公。漢儀：密奏皂囊封版，故曰「封事」。青瑣注，見前范彦龍詩「攝官青瑣闥」。（是。）漢成帝時有薦揚雄文似相如者，上召雄待詔承明之庭，從祭后土還，上河東賦。此蓋公托雄以自況，時公既獻三賦，又作封西嶽賦欲奏，正有望於田君之吹嘘也。（非。【趙次公曰】。）

承沈八丈東美除膳部員外郎阻雨未遂馳賀奉寄此詩。夢弼曰：長安即漢之西京。（非。【師古曰】。）言西京，假漢以美唐也。（是。）

承沈八丈東美除膳部員外郎阻雨未遂馳賀奉寄此詩。夢弼曰：馮唐爲郎中署長，事文帝。帝輦過，問唐曰：「父老何自爲郎？」具以實言。（是。）此以比東美晚年除郎也。（非。【師古曰：馮唐老年爲郎，今東美亦然，故以比之也。】）

承沈八丈東美除膳部員外郎阻雨未遂馳賀奉寄此詩。夢弼曰：寓，寄也。（非。【王洙曰】。）直謂直舍也。（非。【師古曰】。）晉潘岳秋興賦序：以太尉掾兼虎賁中郎將，寓直乎散騎省。（非。【王洙曰】。）漢明帝館陶公主爲子求郎，帝不許，曰：「郎官上應列宿，出宰百里。」（是。）

崔駙馬山亭宴集。夢弼曰：洑，房六切，洄流也。（非。【鄭卬曰】。）海賦：潮波汩起，洄洑萬里。（是。）

九日楊奉先會白水崔明府。夢弼曰：奉先縣屬京兆府。（是。）

奉同郭給事湯東靈湫作。夢弼曰：曾，重也。祝，史也。穆天子傳：天子至，河宗奉璧，曾祝佐之。祝沉牛馬羊豕。又，文山之民獻犻牛，天子與之豪馬豪牛。注云：似犛牛也。此言玄宗幸温泉至靈湫，駐車祭龍，鮫人獻綃以爲幣，曾祝沉牛以爲牲也。（是。）

示從孫濟。夢弼曰：濟字應物，終給事中、京兆尹。（是。）

病後過王倚飲贈歌。夢弼曰：菹，酢菜也。酥，羊乳所爲也，色白如練。（是。）

病後過王倚飲贈歌。夢弼曰：割鮮，謂新殺者。（是。）西都賦：割鮮野食。（非。【王洙曰】。）旋，辭戀切。謂手脚輕欲旋舞也。或作漩。（是。）

沙苑行。夢弼曰：前漢京兆尹、左馮翊、右扶風，謂之三輔。（非。【王洙曰】。）同州昔爲馮翊郡，故謂之左輔。在州西北有白水縣，以水白，故名。（非。【趙次公曰】。）白沙，即沙苑也。自沙苑至白水有百餘里，以牆圍繞，牧馬監於此。（是。）

沙苑行。夢弼曰：塠阜，言苑中山塢可以藏馬之奔突。坡陀，言苑中沙汀可以縱馬之超越也。（非。【趙次公曰】。）塠，都回切。（非。【鄭卬曰】。）

沙苑行。夢弼曰：浮深，謂馬浴於水也。海賦：戲廣浮深。（是。）

送蔡希魯都尉還隴右寄高三十五書記。夢弼曰：金叵匜，謂金絡頭也。（非。【趙次公曰】。）上口答切，下作答切。（非。【鄭卬曰】。）

送蔡希魯都尉還隴右寄高三十五書記。夢弼曰：隴西記：諸州深秋采白麥釀酒。（是。）

贈田九判官梁丘。夢弼曰：漢書：霍去病爲嫖姚校尉。服虔曰：嫖姚，音飄摇，勁疾貌。（非。【鄭卬曰】。）

陪李金吾花下飲。夢弼曰：世説：王衛軍云：酒正自引人著勝地。（是。）毳，充芮切，細毛也。（非。【鄭卬曰】。）

醉歌行。夢弼曰：鷙鳥，擊鳥也。（是。）

醉歌行。夢弼曰：漢趙壹傳：咳唾成珠玉。（非。【薛夢符曰】。）

夜聽許十一誦詩愛而有作。夢弼曰：高僧傳：曇鸞住汾州石壁玄中寺，寺近五臺山。（是。）

夜聽許十一誦詩愛而有作。夢弼曰：維摩經：一心禪寂，攝諸亂惡。（是。）

夜聽許十一誦詩愛而有作。夢弼曰：莊子：大馬之捶鉤者，年八十矣，而不失毫芒。（非。【王洙曰】。）

夜聽許十一誦詩愛而有作。夢弼曰：燕，舊作鸞，歐公定作燕。（是。）

與鄠縣源大少府宴渼陂得寒字。夢弼曰：張平子四愁詩：美人贈我青琅玕。（非。【王洙曰】。）

九日曲江。夢弼曰：西京記：曲江以流水屈曲，故名。（非。【王洙曰。杜陵詩史、分門集注、補注杜詩引作「璵曰」。】）

自京赴奉先縣詠懷五百字。夢弼曰：奉先屬京兆，時公妻子在奉先。按，是年十一月安禄山反於范陽。（非。【師古曰】。）

自京赴奉先縣詠懷五百字。夢弼曰：轇轕，歐公及荆公改作膠葛。（是。）相如賦：張樂平膠葛之寓。注：曠遠深貌。（非。【杜田補遺】。）殷，讀作隱。按唐書：天子幸温泉，賜從臣浴。(是。)

自京赴奉先縣詠懷五百字。夢弼曰:窸窣,聲不安也。(是。)上息七切,下蘇骨切。(非。【鄭印曰】。)

自京赴奉先縣詠懷五百字。夢弼曰:掇,都活切,拾也。(非。【鄭印曰】。)魏武詩:明明如月,何時可掇。(非。【趙次公曰】。)

奉先劉少府新畫山水障歌。夢弼曰:祁岳、鄭虔皆善畫。(非。【王洙曰】。)隋楊素畫傳於契丹,故以爲號。(是。)

天育驃騎歌。夢弼曰:穆天子傳:天子之馬走千里。(非。【趙次公曰】。)

驄馬行。夢弼曰:肉騣者,肉突起磈礧然也。(非。【杜田補遺】。)磈,烏罪切。礧,力罪切。(非。【鄭印曰】。)連錢,謂馬文點綴如連錢也。(非。【杜田補遺】。)

驄馬行。夢弼曰:涇、渭二水在西,幽、并二州在北,相去幾千里。晝洗涇渭,夜刷幽并,言其疾也。(是。)

集千家注批點杜工部詩集卷三

白水縣崔少府十九翁高齋三十韻。夢弼曰:雕胡,菰米也。宋玉賦:主人之女爲臣炊雕胡之飯。(非。【趙次公曰】。)

三川觀水漲二十韻。夢弼曰:踣,蒲北切。(非。【鄭印曰】。)言浪高,陰崖爲之沉蹶也。

(是。)泥，乃計切。(非。【鄭印曰】。)查與槎同。礧，洛罪反。(是。)磈，口罪反。(非。【鄭印曰】。)礧磈，沙石也。(非。【趙次公曰】。)言水勢漂蕩枯查，與沙石同共隘塞也。(是。)

三川觀水漲二十韻。夢弼曰：華原縣有三門山。(是。)

三川觀水漲二十韻。夢弼曰：寰宇記：鄜州洛交水，在縣南，乃洛水交會之所。及關，謂潼關也。(是。)

贈高式顏。夢弼曰：按高適集，式顏乃適之族侄也。(非。【趙次公曰】。)

彭衙行。夢弼曰：左傳：晉侯及秦師戰於彭衙。漢爲彭衙縣，其故城在同州白水縣東北。(非。【趙次公曰。又，門類增廣十注杜詩依例爲「王洙曰」，杜陵詩史、分門集注、補注杜詩引作「王彥輔曰」。】)

彭衙行。夢弼曰：同家窪即同州同谷。(是。)窪，烏瓜切。(非。【鄭印曰】。)蘆子關，在延州延昌縣北。(是。)

彭衙行。夢弼曰：夫子，指孫宰也。(是。)患，胡官切。(非。【鄭印曰】。)

哀王孫。夢弼曰：延秋門，京城之西門。(是。)漢書：高祖爲人隆準而龍顏。(非。【王洙曰】。)

悲青阪。夢弼曰：地理志：伊吾郡有太白山，青阪去太白凡五里。唐書志：太白山在岐州郿縣。按房琯時起軍於太白。(是。)古樂府飲馬長城窟。(非。【王洙曰】。)

元日寄韋氏妹。夢弼曰：郎伯乃妹之郎伯，謂韋氏也。（是。）

元日寄韋氏妹。夢弼曰：郢，楚地也。言郢乃紀妹氏之所寓也。（是。）

一百五日夜對月。夢弼曰：仳離，别離也。仳，匹婢切。（是。）詩：有女仳離。（非。【趙次公曰】。）紅蘂，桂花也。【是。】

哀江頭。夢弼曰：曲江爲京都勝賞之地，遭禄山焚劫之後荒凉，公故有感也。（非。【師古曰】。）

哀江頭。夢弼曰：渭水在京城，劒閣在蜀。時明皇西幸，尚留蜀也。（非。【趙次公曰】。）

送孔巢父謝病歸遊江東兼呈李白。夢弼曰：巢父善屬文吟詩，有徂徠集行於世。（非。【師古曰】。）

送孔巢父謝病歸遊江東兼呈李白。夢弼曰：静者，謂蔡侯之爲人恬静而其勤意有餘也。除，庭除也。空中書，謂鴈傳書也。（非。【師古曰】。）

大雲寺贊公房四首其二。夢弼曰：複，重也。（非。【薛夢符曰】。）搴，拓開也。（是。）狺，魚斤切。（非。【鄭卬曰】。）按字當作「狺」，犬吠聲也。又，狺與狺通。（是。）宋玉九辯：猛犬狺狺而近吠。（非。【王洙曰】。）

大雲寺贊公房四首其四。夢弼曰：青井芹謂青泥坊芹菜。集有贈崔氏草堂詩「飯煮青泥坊裏芹」是也。（是。）

鄭駙馬池臺喜遇鄭廣文同飲。夢弼曰：鄭駙馬名潛曜，尚臨晉公主。廣文名虔，駙馬乃虔之侄也。（是。）

鄭駙馬池臺喜遇鄭廣文同飲。夢弼曰：列仙傳：蕭史善吹簫，秦繆公以女弄玉妻焉。（是。）晉阮咸與叔父籍爲竹林之遊，居道之北。（非。【趙次公曰】。）此以秦簫美駙馬，又以二阮比其叔侄也。（是。）

喜達行在所三首。夢弼曰：肅宗即位於靈武，移軍鳳翔。公脱賊西走，謁帝行在，拜左拾遺。（是。）

喜達行在所三首其二。夢弼曰：後漢光武紀：更始將北都洛陽，以光武行司隸校尉，使前整修宮府。於是置僚屬，作文移，一如舊章。時三輔吏士東迎更始，見諸將過，皆冠幘而服婦人衣，諸於繡裾，莫不笑之，或有畏而走者。及見司隸僚屬，皆歡喜不自勝，老吏或垂泣曰：「不圖今日復見漢官威儀。」謝玄暉詩：還睹司隸章。（非。【王洙曰】。）又庾信哀江南賦：反舊章於司隸。（非。【趙次公曰】。）

送長孫九侍御赴武威判官。夢弼曰：公時爲拾遺，長孫爲侍御史，皆諫官，故云同官。（是。）東郊，謂史思明。西極，謂吐蕃也。（非。【趙次公曰】。）

送樊二十三侍御赴漢中判官。夢弼曰：後漢更列帝，謂光武建中興之業也。（非。【師古曰】。）漢紀：高帝曰：吾亦從此逝矣。（非。【王洙曰】。）

送從弟亞赴河西判官。夢弼曰：老子：天下神器，不可爲也。（非。【王洙曰】。）崆峒山在西。博物志：地有三千六百軸。此言吐蕃入寇也。青海在東，乃哥舒翰戰處。（是。）詩：如輕如軒。（非。【杜田補遺。杜陵詩史、分門集注引作「薛夢符曰」。】）此言山東危而不安也。（是。）

送從弟亞赴河西判官。夢弼曰：武威郡即安西都護府也。羶，羊臭也。大觀三年，郭隨出使，嘗舉「黄羊飫不羶，蘆酒多還醉」以問擯者時立愛。立愛云：「黄羊野物，可獵取，食之不羶。蘆酒麋穀醞成，可撥醅，取不醉也，但力微，飲多即醉。二物皆北方所有。」信子美之言驗矣。蘆，蔡肇本作魯，引魯酒千杯不醉人爲證。（是。）

送韋十六評事充同谷防禦判官。夢弼曰：同谷郡，今成州。晉仇池郡。（非。【王洙曰】。）

送韋十六評事充同谷防禦判官。夢弼曰：山海經注：豪猪能以頸上豪射人也。（是。）説文：兕如野牛，青色，皮厚，可爲鎧。（非。【趙次公曰。又，杜陵詩史、分門集注引作「大臨曰」。】）

奉送郭中丞兼太僕卿充隴右節度使三十韻。夢弼曰：南史：沈炯字初明，爲魏所虜。嘗獨行，經漢武通天臺，爲表奏之，陳己思鄉之意，云：甲帳朱簾，一朝零落。茂陵玉盌，遂出人間。或引孔氏志怪，漢盧充家西有崔少府墓，充與崔女爲婚，得金盌一枚事。非也。（是。）

奉送郭中丞兼太僕卿充隴右節度使三十韻。夢弼曰：時朝廷以廣平王俶爲元帥，李嗣業爲前軍，收復長安。新律，謂師律也。扈從，謂扈駕復還闕也。（非。【趙次公曰】。）

奉贈嚴八閣老。夢弼曰：按李肇國史補：宰相相呼爲堂老，兩省相呼爲閣老。公時爲左拾遺，與武正聯兩省也。（是。）

晚行口號。夢弼曰：江總字總持，在陳掌東宮管記，與太子爲長夜之飲。後主即位，授尚書令。京城陷，入隋爲上開府，復歸老江南。（非。【王洙曰】。）

玉華宮。夢弼曰：按唐志：玉華宮在坊州宜君縣之鳳皇谷。（非。【趙次公曰】。）寰宇記：正殿覆瓦，餘皆葺茅。當時以爲清涼勝於九成宮也。（是。）

玉華宮。夢弼曰：淮南子：人血爲磷。許慎注：兵死之血爲鬼火。磷者，鬼火之名。（非。【王洙曰】。）

玉華宮。夢弼曰：美人，言殉葬木俑也。公詩末意蓋傷苻堅安在，美人已化爲黄土，是以憂來浩歌，揮淚盈把。又自傷在征途間，豈能長久者乎？（是。）

九成宮。夢弼曰：按唐志：九成宮在鳳翔府麟遊縣西五里，本隋仁壽宮。貞觀間修之以避暑，因更名焉。山有九重，故曰「九成」。（是。）

九成宮。夢弼曰：曾與層同。（是。）迥，一作回。（非。【王洙曰】。）岌，逆及切。嶪，逆怯切。（非。【鄭卬曰】。）岌嶪，山貌。（是。）張衡西京賦：狀巍峩以岌嶪。宋玉風賦：夫風起於青蘋之末，盛怒於土囊之口。（非。【王洙曰】。）魯靈光殿賦：神靈扶其棟宇。（非。【九家集注杜詩作「王洙曰」。又，杜陵詩史、分門集注、補注杜詩引作「敏修曰」。】）又，飛陛揭嵲。魚列切。（是。）

九成宮。夢弼曰：天王守太白，與春秋「狩於河陽」之義同也。五代晉開運三年官書本及晁以道本並作狩。（是。）

羌村三首。夢弼曰：鄜州圖經：州治洛交縣。羌村，洛交村墟。（是。）

北征。夢弼曰：東胡，指安慶緒也。時慶緒弑其父禄山而襲僞位矣。（非。【趙次公曰】。）詩：行邁靡靡。注：猶遲遲也。（非。【王洙曰】。）

北征。夢弼曰：鄜音孚。（是。）鄜州也。時諸市切祭天所也。（非。【鄭卬曰】。）前漢郊祀志：秦文公夢黄蛇自天而下，屬於地，止於鄜。於是作鄜畤，用三牲郊祭白帝焉。（非。【杜田補遺】。）

北征。夢弼曰：公言妻子寒凍，以海圖舊繡爲小兒裋衣，故波濤爲之坼，繡紋爲之移，天吴及紫鳳之類或顛或倒也。（是。）

北征。夢弼曰：至尊謂肅宗也。（是。）左傳：天子蒙塵於外。（非。【王洙曰】。）回紇，或作回鶻，非。蓋德宗時方請易爲回鶻也。（是。）

北征。夢弼曰：考之唐志無白獸闥之名，豈假漢白虎門而言之乎？（非。【趙次公曰】。）

喜聞官軍已臨賊境二十韻。夢弼曰：漢蘇武使匈奴，杖節牧羝北海上。（是。）晉呂虔有佩刀，相者曰：「必三公可佩。」（非。【王洙曰】。）時王師收長安，以李嗣業爲前軍。（是。）又，嗣業嘗爲左右陌刀將。（非。【趙次公曰】。）花門，謂回紇也。按唐志：甘州有花門山堡，東北千里至回紇衙帳。拓羯，謂安西也。按西域傳：安西者，即康居小君長罽王故地。募勇健者爲拓羯，猶言戰士也。漢志：臨洮縣屬隴西郡。（是。）時用朔方等兵，故云爾。（非。【師古曰】。）

收京三首其一。夢弼曰：説文：除，殿陛也。（非。【王洙曰】。）

收京三首其一。夢弼曰：更，平聲。與民更始之義也。（非。【趙次公曰】。）

潼關吏。夢弼曰：草草，勞苦貌。詩：勞人草草。（是。）

潼關吏。夢弼曰：列戰格，即列柵也。（是。）

潼關吏。夢弼曰：哥舒翰與賊戰於桃林，官軍恃險固，不力戰，遂爲賊所乘，自相踐蹂，是以敗績。（是。）書武成注：桃林在華山東。（非。【王洙曰】。）左氏傳：晉使詹嘉守桃林之塞。注：今潼關是也。（是。）要我之要，音於宵切。（非。【鄭卬曰】。）

留花門。夢弼曰：匈奴舉事，常隨日月盛壯以攻戰，月虧則退兵。（是。）前漢匈奴傳贊曰：周懿王時戎狄交侵，暴虐中國。詩人所作，疾而歌之。至懿王曾孫宣王興師命將以征伐之。詩人美大其功，曰：薄伐玁狁，至於大原。言逐之而已。贊又曰：其慕義而貢獻，則接之以禮讓，羈縻不絕。應劭漢官儀：故事云：馬曰羈，牛曰縻。言四夷如牛馬之受羈縻也。（非。【王洙曰】。）

留花門。夢弼曰：酈元水經：太白山在武功之南，夏宿雪其上。今花門屯左輔，近於太白山矣。或謂回紇兵被白練，猶積雪然也。（是。）

留花門。夢弼曰：擻，匹蔑切。上林賦：奔騰擻烈。（是。）本一作滅没。（非。【王洙曰】。）正異作擻捩。（是。）

塞蘆子。夢弼曰：延州乃秦地之北門，去州百八十里有門山。或云蘆子蓋兩山特立如門，其形若葫蘆也。（是。）

塞蘆子。夢弼曰：昆戎，即吐蕃也。兩寇，謂思明及吐蕃也，時連結入寇。（是。）

瘦馬行。夢弼曰：六印，一作火印。三軍，一作官軍。（是。）

畫鶻行。夢弼曰：拘攣，謂以絛拘縶之。（是。）

集千家注批點杜工部詩集卷四

奉和賈至舍人早朝大明宫。夢弼曰：賈至字幼鄰，父曾嘗於開元間掌制誥。至從玄宗幸蜀，爲中書舍人。帝傳位，至當撰册，既進稿，帝曰：「昔先帝誥命乃父爲之辭，今兹命册又爾爲之，兩朝盛典出卿家父子，可謂繼美矣。」（非。【趙次公曰】。）

宣政殿退朝晚出左掖。夢弼曰：長安志：唐内大明宫，正殿曰含元，元日、冬至受華夷萬國大朝會。宣政殿，朔望御紫宸殿，日御宣政殿，東有東上閤門，西有西上閤門，故以掖稱。（是。）

紫宸殿退朝口號。夢弼曰：夔、龍，舜之二臣也。晉荀勗罷中書監，云：「奪我鳳凰池。」（非。【王洙曰】。）蓋晉人以中書凝邃，比天上鳳凰池。謝玄暉直中書省詩：兹言翔鳳池，鳴佩多清響。（是。）

晚出左掖。夢弼曰：晉羊祜傳：嘉言讜議，皆焚其草，故世莫聞。（是。）

題省中壁。夢弼曰：埤，避移切。（是。）又皮靡切。（非。【趙次公曰】。）掖，乃省中左右掖也。垣埤皆牆也，高曰垣，低曰埤。謂垣之竹、埤之梧皆長十尋也。（是。）

春宿左省。夢弼曰：漢武帝起建章宫，有千門萬户。（非。【師古曰】。）本草：珂，貝類，可以爲馬飾。通俗文曰：馬勒飾曰珂。按唐車服志：五品以上有珂傘，凡車之制，三品以上珂九子，四品七子，五品五子，六品已下去通幰及珂。（是。）

送翰林張司馬南海勒碑。夢弼曰：南部新書：大明宫中有麟德殿，其殿三面，亦以三殿爲名。李肇翰林志：翰林院在麟德殿西廂重廊之後，門東向。（非。【趙次公曰】。）白樂天爲翰林學士，有詩云「三殿角頭宵直人」是也。詔從三殿去，謂詔自翰林院經三殿而去也。（是。）或曰：三殿謂蓬萊、拾翠、紫微是也。學士直殿，故云「詔從三殿去」也。（非。【師古曰】。）

曲江陪鄭八丈南史飲。夢弼曰：鳺，古肴切。鶄，子盈切。鸂，苦奚切。鶒，耻力切，正作鷘。皆水鳥也。（是。）近侍，公自謂爲左拾遺也。（非。【魯曰】。）此身那得更無家，謂前此轉從賊中寄家鄜州，嘗有詩云「無家對寒食」，今既復聚，故喜而言也。（非。【趙次公曰】。）丈人謂鄭八丈也。才力，本作文力，卞圜刊作才力。（是。）青門種瓜，注見前。此勉鄭丈出仕，未可學種瓜而隱也。（非。【師古曰】。）

曲江對酒。夢弼曰：第二、三句楊自對桃，白自對黄，謂之自對格。（是。）

曲江對酒。夢弼曰：世説：王子敬拂衣而去。（是。）李商老曰：嘗見徐師川説一士大夫家有老杜墨蹟，其初云「桃花欲共楊花語」，自以淡墨改三字。乃知古人詩不厭改也。（不見於杜工部草堂詩箋，或當是集千家注批點杜工部集注文。）

晦日尋崔戢李封。夢弼曰：記：儒有環堵之室，蓬户甕牖。（非。【趙次公曰】。）音義曰：以蓬爲户，以甕爲牖。（是。）

晦日尋崔戢李封。夢弼曰：出門無所待，謂不待車從也。（是。）

晦日尋崔戢李封。夢弼曰：帝王世紀：女媧氏没，有大庭氏至，葛天氏、陰康氏、無懷氏皆襲庖犧氏之號，曰炎帝。（是。）漢書音義：黄屋，車上之蓋，天子之儀，以黄繒爲裹也。（非。【王洙曰】。）

晦日尋崔戢李封。夢弼曰：崔豹古今注：鯨，海魚也。大者長千里，水族畏之。張華博物志：地有三千六百軸，互相牽也。（是。）

題李尊師松樹障子歌。夢弼曰：前漢王貢傳序：漢興，東園公、綺里季、夏黄公、角里先生，此四人者，當秦之世，避而入商雒深山，以待天下之定。又皇甫謐高士傳：四皓見秦亂，作歌曰：漠漠高山，深谷逶迤。煜煜紫芝，可以療飢。唐虞世遠，吾將安歸？駟馬高蓋，其憂甚大。富貴之留人，不如貧賤而肆志。（是。）

奉贈王中允維。夢弼曰：王維字摩詰，累遷給事中。禄山反，陷長安，迎置洛陽，迫爲給事中。禄山大宴凝碧池，悉召梨園諸工合樂，工皆泣，維聞甚悲，作詩悼痛。賊平下獄，以詩聞行在，肅宗憐之，下遷太子中允。自中允三遷尚書右丞。維有别業在輞川。（非。【鮑彪曰】。）

送許八拾遺歸江寧覲省甫昔時嘗客遊此縣於許生處乞瓦棺寺維摩圖樣志諸篇末。夢弼曰：瓦棺寺乃薦福寺也。晉時有僧嗜誦法華經，及終，以瓦棺葬之，後生蓮花二朵於墓，其根自舌頭而出，因號瓦棺寺。京師寺記曰：興寧中，瓦棺寺初置，僧衆設齋，請朝賢注疏。顧長康注百萬，及請勾疏，長康曰：「宜備一壁。」遂閉户往來月餘，畫維摩一軀。工畢，欲將點眸子，乃謂寺僧曰：「第一日開看者，請施十萬。第二日開，可五萬。第三日，可任例請施。」及開户，光照一寺。施者填噎，俄而果得百萬也。（是。）

送許八拾遺歸江寧覲省甫昔時嘗客遊此縣於許生處乞瓦棺寺維摩圖樣志諸篇末。夢弼曰：張彦遠歷代名畫記：顧愷之，字長康，小字虎頭，晉陵無錫人。多才氣，尤工丹青。傳寫形勢，莫不妙絶。曾於瓦棺寺北殿畫維摩詰，畫訖，光耀月餘。（非。【杜田正謬】。）發跡經曰：淨名大士是往古金粟如來。（非。【杜田正謬。又，杜陵詩史、分門集注、補注杜詩引作「薛曰」。】）阿含經曰：金沙地下便是金粟如來。今云金粟影，即維摩圖也。維摩居士乃是過去金粟如來。（是。）

因許八奉寄江寧旻上人。夢弼曰：釋氏要覽：袈裟者，從色彰施也。梵言迦羅沙曳，華言不正正色。四分律云：一切上色衣不得蓄，當壞作迦沙。葛洪撰字苑，始添衣字，言道服也。（非。【杜田補遺。】）

憶弟二首。夢弼曰：陸渾，屬洛陽。（是。）

憶弟二首其二。夢弼曰：鄴城，相州也。安慶緒所據，九節度以兵圍之。（非。【趙次公曰】。）

得舍弟消息。夢弼曰：晉陸機有駿犬，名曰黄耳，甚愛之。機在洛久，無家問，笑語犬曰：「我家絶無書信，汝能齎書取消息不？」犬摇尾作聲。機乃爲書以竹筩盛之而繫其頸，犬尋路南走，遂至其家，得報還洛。（是。）

送李校書二十六韻。夢弼曰：按唐書：李舟字公度，隴西人。父岑，嘗爲水部郎官。柳宗元先友記：舟有文學俊辯，高志氣，以尚書郎使危疑反側者再，不辱命，其道大顯。被讒妬，出爲刺史，廢痼，卒。（是。）李肇國史補：李舟嘗與妹書曰：「釋迦生中國，設教如周孔。周孔生西方，設教如釋迦。天堂無則已，有則君子登。地獄無則已，有則小人入。」（非。【鮑彪曰】。）

送李校書二十六韻。夢弼曰：代，山名。（是。）豪，大也。（非。【王洙曰】。）渥，於角切。窪，於瓜切。水名。（非。【鄭卬曰】。）漢禮樂志：馬生渥窪水中。（按，杜工部草堂詩箋無此注。）

送李校書二十六韻。夢弼曰：咸陽，即長安也。太夫人，謂舟之母也。汝翁，謂舟之父也。（是。）

送李校書二十六韻。夢弼曰：公時爲左拾遺，得通籍禁省。（非。【師古曰】。）

偪側行。夢弼曰：畢曜有文集行於世，與公相善，爲詩酒之交。上林賦：偪側泌瀄。注：相迫也。（是。）

偪側行。夢弼曰：請急，謂請假也。（非。【趙次公曰】。）朝省官出入，於禁門首有簿借載姓名，掌門者會驗名籍，得以通出入也。（非。【王洙曰】。）

偪側行。夢弼曰：莊子：彼遊方之外者也。（是。）

題鄭十八著作丈。夢弼曰：漢賈誼爲長沙王太傅，有鵩飛入誼舍。誼自傷壽不得長，乃爲賦以自廣。（是。）此以比虔之遷謫也。（非。【趙次公曰】。）漢蘇武爲中郎將，使匈奴，單于使武牧羝北海上，武杖漢節牧羊，留十九歲而還。（是。）此以比虔爲賊臣所劫而不附賊也。（非。【趙次公曰】。）

題鄭十八著作丈。夢弼曰：漢禰衡有才辨，而氣尚剛傲，好矯時慢物，後爲江夏太守黄祖所殺。注詳見前。（是。）按鄭虔初有告其私撰國史，坐謫十年。至於賊中被囚幾死，而又貶。故憂其如禰衡之遭殺也。（非。【趙次公曰】。）神仙傳：傳説上據箕尾爲宿，歲星降爲東方朔。傳説死後有此宿，東方朔生無歲星。（非。【趙次公曰】。）武帝内傳：西王母使者至，朔死，上問使者，對曰：「朔是木帝精，爲歲星下游以觀天下，非陛下臣也。」此言以虔之才而不見用於當時也。（是。）

贈畢四曜。夢弼曰：江淹字文通，鮑照字明遠，皆有詩名。（是。）按玉臺後集有曜詩二首。（非。【王洙曰】。）

義鶻行。夢弼曰：劉禹錫嘗曰：作詩用僻字須有出處。嘗讀杜員外「巨顙拆老拳」，意恐無據。及讀石勒傳，乃知子美豈虚言哉！（非。【杜田補遺】。）

端午日賜衣。夢弼曰：説文：絺，粗葛也。綌，細葛也。（是。）

酬孟雲卿。夢弼曰：袁郊甘澤謡：陶峴，彭城子孫也。開元間宅昆山，豐田疇，遊江湖，制三舟，一自載，二賓客，三飲饌。與進士孟彦深、樊口進士孟雲卿、布衣焦遂人置僕妾女樂一部，奏清商曲於江湖中，時號水仙。按公集有解悶詩「孟子論文更不疑」，自注云：校書郎孟雲卿。即是也。又有湖城遇孟雲卿詩。（是。）

至德二載甫自京金光門出間道歸鳳翔乾元自從左拾遺移華州掾與親故别因出此門有悲往事。夢弼曰：近侍歸京邑，公言爲左拾遺從還京師。（按，杜工部草堂詩箋未見此注文。）移官豈至尊，言移官非天子意，乃讒邪毁傷之也。（非。【師古曰】。）

題鄭縣亭子。夢弼曰：嶽蓮，謂西嶽蓮花峰也。（非。【趙次公曰】。）華山記：山頂有池，生千葉蓮花，因名華山。（是。）陝華間有地名大路。晉書「檀道濟從劉裕伐姚泓，至潼關。姚鸞屯大路，以絶道濟糧道」是也。（非。【蔡興宗曰】。）長春，謂長春宫，在同州朝邑縣。（非。【趙次公曰】。）去鄭亭子才一舍耳。（是。）

望嶽。夢弼曰：崚，力膺切。嶒，才登切。山貌。列仙傳：王烈曾授赤城老人九節蒼藤竹杖，行地馬不能追。（是。）三峰記：華山雲臺上有石盆，可容水數斛，明瑩如玉，俗呼爲玉女洗頭盆。（非。【王洙曰】。）寰宇記：華陰縣有車箱谷，深不可測。（非。【師尹曰】。）又華山記：山下西南入谷口至天井，天井才容人上，可長六丈餘，出井望空，視明如在室窺牖。（是。）

早秋苦熱堆案相仍。夢弼曰：東方朔神異經云：北方有層冰萬里。（是。）

初月。夢弼曰：微升古塞外，喻肅宗即位於靈武也。已隱暮雲端，喻肅宗爲張皇后、李輔國所蔽也。（非。【師古曰】。）

觀安西兵過赴關中待命二首。夢弼曰：關中即長安也。春秋元命苞：秦川西以隴關爲限，東以函谷爲界，謂之關中。（是。）

觀安西兵過赴關中待命二首其一。夢弼曰：韓非子：管仲從齊桓公伐孤竹，春往冬返，迷惑失道。管仲曰：「老馬之智可用也。」乃放老馬而隨之，遂得道行。（非。【王洙曰】。）

九日藍田崔氏莊。夢弼曰：列子：孔子見榮啓期鼓琴而歌，曰：「善乎！能自寬者也。」（非。【趙次公曰】。）

崔氏東山草堂。夢弼曰：長安志：藍田縣東有白鴉谷，谷有翠微寺，谷口出栗。（是。）又縣南有青泥水，魏署青泥軍。（非。【趙次公曰】。）水經注：青泥驛在縣郭下。（是。）

寄高三十五詹事。夢弼曰：李令伯陳情表：臣本圖宦達。（是。）

遣興五首其二。夢弼曰：詩：騂騂角弓。一作觲，思營切，角貌。鏑，丁曆切，矢鋒也。金爪鏑，言箭鏃之利如金爪然。（是。）蹴，子六切，蹋也。（非。【鄭卬曰】。）詩：並驅從兩狼。（非。【師古曰】。）

遣興五首其五。夢弼曰：吴志諸葛恪傳：吴孫峻殺恪，葦席裹其身，而蔑束其腰，投之於長陵石子岡。（非。【王洙曰】。）

遣興三首其三。夢弼曰：煙塵阻長河，屯兵鞏洛也。樹羽，旗旄也。漢志：成皋屬洛陽。（是。）

貽阮隱居。夢弼曰：晉阮籍字嗣宗，陳留尉氏人。（非。【王洙曰】。）其族系盛，號爲「南北阮」，當世推爲人物第一。（是。）

貽阮隱居。夢弼曰：高士傳：張仲蔚之所居，蓬蒿没人。記：儒有環堵之室。（非。【王洙曰】。）公詩意謂車馬往來，唯入鄰家，而昉之室但環翳蓬蒿耳。（是。）

冬末以事之東都湖城遇孟雲卿復歸劉顥宅宿宴飲散因爲醉歌。夢弼曰：按唐志：湖城縣屬虢州，地有鼎湖，即黄帝鑄鼎於此也。（是。）

冬末以事之東都湖城遇孟雲卿復歸劉顥宅宿宴飲散因爲醉歌。夢弼曰：是年九月，九節度兵伐賊安慶緒於鄴，故云。（是。）

冬末以事之東都湖城遇孟雲卿復歸劉顥宅宿宴飲散因爲醉歌。夢弼曰：長安乃西京，有九衢三陌。洛陽乃東都也。（是。）

冬末以事之東都湖城遇孟雲卿復歸劉顥宅宿宴飲散因爲醉歌。夢弼曰：綫，一作霰。（是。）

閿鄉姜七少府設鱠戲贈長歌。夢弼曰：唐志：閿鄉縣屬陜州，潼關在其邑。閿音文，又音民，字正作閺。後漢建安中，改作閿。（是。）

閿鄉姜七少府設鱠戲贈長歌。夢弼曰：抱朴子：馮夷華陰人，渡河溺死，天帝署爲河伯。（是。）周禮天官：有内饔外饔，掌割烹。（非。【王洙曰】。）述異記：南海有鮫人，室水居如魚，善織綃。（非。【趙次公曰】。）剟，都唾切，斫剉也。𥀷，平聲，又即委切。（是。）

閿鄉姜七少府設鱠戲贈長歌。夢弼曰：偏勸腹腴愧年少，詩意謂少府獨以腹腴爲公勸，而公食腹腴愧不及於年少也。（是。）

戲贈閿鄉秦少府短歌。夢弼曰：北史崔贍傳：贍質白善容止，神采疑然。自天保以後重吏事，謂容止蘊藉者爲潦倒，而贍終不改焉。（非。【趙次公曰】。）

路逢襄陽楊少府入城戲呈楊四員外綰。夢弼曰：本草：茯苓，二月采。（是。）斸，株玉切。（非。【鄭卬曰】。）以錐刺地也。（非。【師古曰】。）

集千家注批點杜工部詩集卷五

洗兵馬。夢弼曰：夜報，本作夕奏，荆公定作夜報。（是。）

洗兵馬。夢弼曰：自陳濤斜之敗，帝唯倚朔方軍爲根本。時朔方節度使乃郭子儀也。（是。）

洗兵馬。夢弼曰：時回紇送兵五千助帝討賊，及師還，帝就蒲萄宮宴勞之。前漢匈奴傳：元帝元壽中單于來朝，舍之於上林蒲萄宮。（是。）長安志：有東西蒲萄園。（非。【趙次公曰】。）

洗兵馬。夢弼曰：海謂山東，岱謂河北，崆峒山在西。仙仗謂玄宗儀仗。詩意謂雖喜肅宗已清海岱，而常思玄宗避賊幸蜀之際也。（是。）

洗兵馬。夢弼曰：謝希逸宣貴妃誄：收華紫禁。李善注：王者之宫象紫微，故謂宫中爲紫禁。（是。）

洗兵馬。夢弼曰：漢成帝爲太子，元帝嘗急召，太子出龍樓門，不敢絶馳道。張晏注：門樓上有銅龍，若白鶴、飛廉之爲名也。（非。【趙次公曰】。）

洗兵馬。夢弼曰：京師既平，以蕭華留守，故比之蕭何。復以張鎬爲幕府參謀，故比之子房也。漢高祖紀：上曰：運籌帷幄之中，決勝千里之外，吾不如子房。填國家，撫百姓，給餉饋不絶糧道，吾不如蕭何。（是。）

洗兵馬。夢弼曰：張鎬儀狀瓌偉，性簡重，好王霸大略，始擢爲拾遺，房琯罷，鎬遂爲相。（是。）

洗兵馬。夢弼曰：青袍白馬更何有，言禄山之亂已平矣。後漢今周喜再昌，謂肅宗如漢光武、周宣王之中興也。南史侯景傳：大同中，童謡曰：青絲白馬壽陽來。至渦陽之敗，景乘白馬，青絲爲轡，欲以應讖。（是。）庾信哀江南賦：青袍如草，白馬如練。（非。【杜定功曰】。）顔延年歌：亘地稱皇，罄天作主。月毳來賓，日際奉土。帝王世紀：西王母慕舜之德，來獻白環。（非。【王洙曰】。）

洗兵馬。夢弼曰：顧野王瑞應圖：王者宴不及醉，刑罰中人不爲非，則銀甕出。（是。）

洗兵馬。夢弼曰：城南，謂長安之城南也。（是。）東山詩序：一章言室家之望女也。

詩：婦歎於室。後漢李尤歌：安得壯士翻日車。後梁沈約詩：安得壯士馳奔波。（非。【王洙曰】。）劉向説苑：武王伐紂，風霽而乘以大雨，散宜生諫曰：「此非妖歟？」王曰：「非也，天洗兵也。」（是。）

觀兵。夢弼曰：北庭，謂回紇也。（是。）時送兵五千助討賊。（非。【師古曰】。）書：如虎如貔。（非。【杜田補遺】。）妖氛，指言吐蕃時乘隙爲亂也。南史：侯景乘白馬，青絲爲轡，以應讖。（非。【趙次公曰】。）元帥，謂廣平王俶。待雕戈，謂待天子賜以雕戈而後往征也。（非。【師古曰】。）

不歸。夢弼曰：數金，謂從弟幼時識錢數也。（非。【師古曰】。）數，所具切。詩：總角丱兮。注：聚兩髦也。（是。）

所思。夢弼曰：晉張華傳：吴未滅時，斗牛之間嘗有紫氣。華聞豫章人雷焕妙達緯象，要焕登樓仰觀，問其是何祥也。焕曰：「寶劍之精上徹於天耳。」華因問在何郡，焕曰：「在豫章豐城。」華即補焕爲豐城令。焕到縣，掘獄屋基，得一石函，中有雙劍，並刻題，一曰龍泉，一曰太阿。今公取以喻虔之貶台州，如劍之埋於土，但遠望其有沖斗之氣，無計出之也。（是。）按台州屬吴，吴乃牛斗之分野也。斸，株玉切，掘也。（非。【師古曰】。）

新安吏。夢弼曰：就糧近故壘，練卒依舊京。此言子儀退軍修備也。就糧，言就賊之糧。故壘，即舊禦祿山之壘。言雖取糧於敵，亦不深入，但近故壘而已。練卒，謂訓練其卒。舊京，即東都。時子儀保河陽，詔留守東都。（是。）

石壕吏。夢弼曰：石壕，屬郃州宜保縣，即漢鶉觚縣地。昔北狄侵，太王於此築城壕以禦之，因名石壕。（是。）

新婚別。夢弼曰：文子：墨無黔突，孔無暖席。又淮南子云：墨子無暖席。新婚別。（是。）

新婚別。夢弼曰：嫜，姑之夫也。婦人嫁三月，告廟上墳，始謂之成婚。婚禮既明白，然後稱姑嫜，正名也。今嫁未成婚而別，故曰「妾身未分明，何以拜姑嫜」。（是。）

新婚別。夢弼曰：孫武兵書：置之死地而後生。鮑照詩：生驅陷死地。（是。）

新婚別。夢弼曰：左傳：施氏婦曰：「鳥獸猶不失儷，子將若何？」（是。）

垂老別。夢弼曰：長安地有杏園、土門，去京城七十里。時史思明殺安慶緒，自立爲帝，土門、杏園皆嚴備以待，故公謂其不比九節度之師潰於鄴城也。（是。）

無家別。夢弼曰：安史之亂自天寶十四年始。（是。）

無家別。夢弼曰：宿鳥戀本枝，安辭且窮棲。言戍卒歸來，雖閭巷蕭條，然人情之於鄉土，猶鳥之戀故枝，不以窮棲而爲辭也。（非。【王洙曰】。）鞞與鼙同，戰鼓也。（是。）

夏日歎。夢弼曰：夏日出艮，正東北也。中街，黃道之所經也。（是。）

夏日歎。夢弼曰：萬人尚流冗。冗，散也。光武詔曰：流冗道路，朕甚湣之。和帝遣使分行貧民，舉實流冗。（是。）

昔遊。夢弼曰：華蓋山在伊洛間。神仙傳：昔周王子喬養道於華蓋山，後升仙，號華蓋君。天降玉棺於堂上，喬遂沐浴卧其中，由是屍解。（是。）又漢方術傳：王喬有神術，嘗爲葉令。後天降玉棺於堂前，吏人推排，終不摇動。喬曰：「天帝獨召我耶。」乃沐浴服飾寢其中，蓋便立覆。宿昔葬於城東，自成墳。其夕縣中牛皆流汗喘乏，而人無知者。百姓乃爲立廟，號葉君祠。或云即古仙人王子喬。又劉向列仙傳：王子喬，周靈王太子晉也。好吹笙，作鳳鳴，遊伊洛間。道士浮丘公接上嵩山，後告桓良曰：「告我家，七月七日待我緱氏山頭。」果乘白鶴至山頂，舉手謝時人而去。（非。【王洙曰】。）

昔遊。夢弼曰：東蒙，魯地山名。（非。【王洙曰】。）按公有寄元逸人詩「故人昔隱東蒙峰，已佩含景蒼精龍」。（非。【趙次公曰】。）董先生，謂董京威，即衡陽董煉師也。行吟，常宿白社之中，乞市肆。得碎繒，結以自覆焉。（非。【王洙曰】。）漢武帝曰：「吾得如黄帝，棄妻如脱屣耳。」又，費長房棄妻子，從壺公。（是。）晉葛洪求勾漏令，以煉丹砂。（非。【王洙曰】。）鬒，真忍切，密也。一作髮變鬒。（是。）詩：鬒髮如雲。（非。【趙次公曰】。）謝玄暉詩：有情知望鄉，誰能鬒不變。（非。【王洙曰】。）

佳人。夢弼曰：石季倫王昭君詞：匈奴盛請婚於漢元帝，以後宫良家子配焉。關中即長安，謂經禄山之亂也。（是。）

有懷台州鄭十八司户。夢弼曰：罝，子斜切，兎罟也。（是。）

有懷台州鄭十八司户。夢弼曰：蝮音覆，大蛇也。山海經：蝮蛇色如綬文，大者百餘斤。（是。）左傳：舜流四凶，投諸四裔，以禦魑魅魑魅，山林異氣所生，爲人害者。（非。【王洙曰】。）

有懷台州鄭十八司户。夢弼曰：按公集有贈虔詩云：才名四十年。今其遭貶，豈非爲才名所誤乎？（是。）

有懷台州鄭十八司户。夢弼曰：海隅微小吏，蓋台州在海之隅，司户乃小吏矣。（是。）

有懷台州鄭十八司户。夢弼曰：平生一杯酒，見我故人遇。蓋虔爲人放蕩，性頗嗜酒。按公集有贈虔醉時歌云「得錢即相覓，沽酒不復疑」是也。（是。）

遣興五首其一。夢弼曰：晉嵇康傳：康字叔夜，嘗著養生論。鍾會以舊憾言於文帝曰：「嵇康卧龍也，不可起。公無憂天下，顧以康爲慮耳。」因譖康欲助毌丘儉，帝遂害之，刑於東市。蜀志諸葛亮傳：亮字孔明，躬耕隴畝。徐庶言於先主曰：「諸葛孔明，卧龍也。將軍宜枉駕顧之。」先主遂詣亮，凡三往乃見。（是。）

遣興五首其三。夢弼曰：按陶淵明集有責子詩云：白髮被兩鬢，肌膚不復實。雖有五男兒，總不好紙筆。阿舒已二八，懶惰故無匹。阿宣行志學，而不愛文術。雍端年十三，不識六與七。通子垂九齡，但覓梨與栗。天運苟如此且，進杯中物。又有命子詩云：夙興夜寐，願爾斯才。爾之不才，亦已焉哉。（非。【杜田補遺】。）

遣興五首其四。夢弼曰：世説：劉真長見王丞相，既出，人問見王公云何？答曰：「未見他異，唯聞作吴語耳。」（非。【杜田補遺。又，分門集注引作「大臨曰」。】）

遣興五首其四。夢弼曰：山陰，越州也。在會稽之北，故名。（是。）

遣興五首其五。夢弼曰：浩然，襄陽人。襄陽在秦州之東南，公寓秦州，故望東南之雲而悲吒耳。（非。【趙次公曰】。）

遣興五首其五。夢弼曰：鮑謂明遠，謝謂三謝，乃玄暉、靈運、惠連也。吒，陟駕切，叱怒也。正作吒。（非。【王洙曰。又，分門集注、補注杜詩引作「魯曰」。】）

遣興二首其一。夢弼曰：漢志：天用莫如龍，地用莫如馬。（非。【王洙曰】。）易乾卦：時乘六龍以御天也。（是。）十洲記：扶桑在碧海中，兩樹同根，更相依倚，故曰扶桑。（是。）楚辭劉向九歎：維六龍於扶桑。（非。【趙次公曰】。）曹植書：日不我與，思仰六龍之首，頓羲和之轡。（非。【杜田補遺】。）

秦州雜詩二十首。夢弼曰：唐志：秦州天水郡，屬隴右道。又州記云：前臨湖水，夏不溢，冬不縮。（是。）

秦州雜詩其一。夢弼曰：三秦記：隴西關，其阪九回，不知高幾百丈，望秦川長安如帶。（是。）

秦州雜詩其一。夢弼曰：西征問烽火，謂吐蕃之亂也。（是。）

秦州雜詩其二。夢弼曰：後漢志：隴西郡首陽山，渭水所出。（是。）

秦州雜詩其三。夢弼曰：唐吐蕃貴人處於大氊帳。（是。）

秦州雜詩其八。夢弼曰：荆楚歲時記：武帝令張騫使大夏尋河源，乘槎經月而至一處，見女織於室，丈夫牽牛飲河，問：「此是何處？」答曰：「可問嚴君平。」（是。）

秦州雜詩其八。夢弼曰：漢書：張騫使西域，言大宛多善馬。武帝求馬於宛，不肯與，乃以李廣利伐宛，遂出其馬。（是。）

秦州雜詩其九。夢弼曰：後漢李郃善河圖風星。和帝遣使者微服單行，觀采風謡。使者當到益部，投郃舍。時夏夕露坐，郃因仰觀，問二君發京師時，寧知朝廷遣使耶？二人驚問何以知之？郃指星示云：「有二使星向益州分野，故知之耳。」（非。【王洙曰】。）

秦州雜詩十二。夢弼曰：秦州記：天水縣界無山，有水一派，北流入長道縣界。（是。）

秦州雜詩十三。夢弼曰：末句借用桃源事。或引三月桃花水，誤矣。（非。【趙次公曰】。）

秦州雜詩十五。夢弼曰：晉阮籍時率意獨駕，不由徑路，車跡所窮，輒慟哭而反。後漢龐德公登鹿門山采藥不返。（非。【趙次公曰】。）

秦州雜詩十六。夢弼曰：水竹會平分，謂谷中之人以竹筒引水也。（是。）

秦州雜詩十九。夢弼曰：魚海，縣名。郭子儀取魚海五縣是也。（非。【趙次公曰】。）

秦州雜詩二十。夢弼曰：括略云：會稽山有石穴委曲，黄帝藏書於此，禹得之。又吴越春秋：禹藏書之所，故謂之禹穴也。仇池記云：仇池百頃，周回九千四十步，東西二門，上則岡阜低昂，泉流交灌。（是。）

山寺。夢弼曰：按天水圖經：隴城縣東柯谷之南麥積山有瑞應寺，山形如積麥，佛龕刳石，閣道縈旋，上下千餘尺。山下水縱横可涉。（是。）

山寺。夢弼曰：麝香，小鳥。（非。【師古曰】。）隴蜀人謂之麝香鶵。或云鹿也。石竹，繡竹花也。僧舍多種之。（是。）

秋日阮隱居致薤三十束。夢弼曰：陶隱居本草云：薤性温補。（是。）

銅瓶。夢弼曰：風俗通：甃，聚磚修井也。甃，側救切。（是。）末句謂井中或得斷釵遺珥，如蛟龍之狀者。（非。【趙次公曰】。）

即事。夢弼曰：時回紇爲史朝義誘之而爲寇，故云「回首意多違」也。（非。【趙次公曰】。）

日暮。夢弼曰：毛萇詩傳：訛，動也。（是。）

夕烽。夢弼曰：唐六典：唐鎮戍烽候所至，大率相去三十里。每日初夜放煙一炬，謂之平安火。（是。）

擣衣。夢弼曰：垣，邊城也。蔡邕上疏云：秦築長城，漢起塞垣。所以别内外，置殊俗。（是。）

遣興三首其一。夢弼曰：史記：廉頗者，趙之良將也。（按，杜工部草堂詩箋無此注文。）

遣興三首其二。夢弼曰：茅土謂封建諸侯。見禹貢注。（是。）

集千家注批點杜工部詩集卷六

秦州見勑目薛三璩授司議郎畢四曜除監察與二子有故遠喜遷官兼述索居三十韻。夢弼曰：諸生，公自謂也。文章開突奥，言其文章深邃也。突，烏吊切。荀子：突奥之内。突字正作窔。爾雅：室西南隅謂之奥，東南隅謂之窔。釋文：音要。（是。）

秦州見勑目薛三璩授司議郎畢四曜除監察與二子有故遠喜遷官兼述索居三十韻。夢弼曰：還蜀因梁，公自喻也。時謫爲華州司功。（按，杜工部草堂詩箋未見此注文。）

秦州見勑目薛三璩授司議郎畢四曜除監察與二子有故遠喜遷官兼述索居三十韻。夢弼曰：長安志：淑景殿、望雲亭，皆在西内。（是。）

秦州見勑目薛三璩授司議郎畢四曜除監察與二子有故遠喜遷官兼述索居三十韻。夢弼曰：官忝趨棲鳳，公自叙曩爲拾遺在諫省時也。晉車胤家貧，夜囊螢火以照書。騕褭，良馬也。娉婷，佳人也。（是。）皆公自喻也。（非。【師古曰】。）

秦州見勑目薛三璩授司議郎畢四曜除監察與二子有故遠喜遷官兼述索居三十韻。夢弼曰：後漢志：隴西郡，渭水所出，東流長安。（是。）今云旅泊窮清渭，長吟望濁涇，蓋公在秦州而憶長安也。（非。【趙次公曰】。）

秦州見勅目薛三璩授司議郎畢四曜除監察與二子有故遠喜遷官兼述索居三十韻。夢弼曰：鄭氏詩箋云：鶺鴒，水鳥，而在高原，失其常處，則飛鳴求其類。此公自況有望於薛、畢二子也。（非。【趙次公曰】。）

寄彭州高三十五使君適虢州岑二十七長史參三十韻。夢弼曰：高適由太子詹事出刺彭州，岑參由補闕左遷虢州長史。（是。）

寄彭州高三十五使君適虢州岑二十七長史參三十韻。夢弼曰：梁江淹嘗夢還人筆，後爲詩絶無美句。人謂才盡。（非。【趙次公曰】。）

寄彭州高三十五使君適虢州岑二十七長史參三十韻。夢弼曰：富嘉謨、駱賓王、盧照鄰、王勃皆文章之伯。（非。【趙次公曰】。）

寄彭州高三十五使君適虢州岑二十七長史參三十韻。夢弼曰：昔顓帝有三子，生而亡去爲鬼，一居江水爲瘧鬼。（是。）

寄彭州高三十五使君適虢州岑二十七長史參三十韻。夢弼曰：隴草洮雲，公言其客居之景物也。彭門、劍閣，具在蜀。左傳：西盡虢略。即虢州。而虢之湖城縣有鼎湖。此言高、岑二子居官之地也。（是。）

寄彭州高三十五使君適虢州岑二十七長史參三十韻。夢弼曰：陶隱居本草云：胡麻當九蒸九曝，熬搗充餌。注：胡麻烏者良。今言烏麻、丹橘，亦彭、虢二州所出也。後漢岑彭傳：彭惡所營地名彭亡，欲徙之。今云「舊官寧改漢」，或用此。（是。）

寄李十二白二十韻。夢弼曰：白外傳云：白作樂章，賜錦袍。（非。【王洙曰】。）今云獸錦，蓋錦織成獸文也。奪字，如宋之問傳：武后遊龍門，詔從臣賦詩。東方虬詩先成，后賜錦袍。之問俄頃獻，后覽之嗟賞，更奪袍以賜。（是。）

寄李十二白二十韻。夢弼曰：按公傳：嘗從白及高適過汴州，酒酣，登吹臺，慷慨懷古。太白集有梁園醉歌。汴州即梁園故地。（是。）謝惠連雪賦「梁王不悦，遊於兔園」是也。（非。【王洙曰】。）又公與太白嘗同遊山東，故云「行歌泗水春」。（是。）

寄李十二白二十韻。夢弼曰：後漢馬援征交趾，載薏苡種還，人謗之以爲明珠大貝。此以喻白之遇讒，永王璘反，謂白爲參屬與謀也。（非。【趙次公曰】。）

寄岳州賈司馬六丈巴州嚴八使君兩閣老五十韻。夢弼曰：憶昨趨行殿，公自叙謁肅宗於行在也。（非。【趙次公曰】。）

寄岳州賈司馬六丈巴州嚴八使君兩閣老五十韻。夢弼曰：蒼茫城七十，謂禄山反，河北十餘郡皆棄城而走也。劍，指蜀之劍閣，言玄宗幸蜀，流落有三千里之遠近。秦晉之間皆吹畫角聲以節用兵也。澗瀍之水隱映胡星，言東都爲賊所陷也。（是。）前漢志：昴爲旄頭，胡星也。（非。【趙次公曰】。）

寄岳州賈司馬六丈巴州嚴八使君兩閣老五十韻。夢弼曰：董卓、苻堅，以喻思明、禄山之必亡也。（非。【趙次公曰】。）

寄岳州賈司馬六丈巴州嚴八使君兩閣老五十韻。夢弼曰：陳倉、太白，具在鳳翔。此言肅宗時駐蹕鳳翔也。按志：鳳翔府寶雞縣，又更名陳倉縣。縣有寶雞山，按列異傳：秦穆公時，陳倉人掘地得物，以獻諸公。道逢二童子，童子曰：「此名爲媪。」媪復曰：「彼二童名爲陳寶，得雄者王，得雌者霸。」陳倉人舍媪，逐二童子。童子化爲雉，飛入平林。陳倉人告穆公，穆公發徒大獵，果得其雌。又化爲石，置之汧渭之間。至文公爲立祠，名陳寶祠。又按志：鳳翔之郿縣有太白山。按水經注：山上夏宿雪，故名。録異記：金星之精下墜化爲白石，狀如美玉，故名。（按，杜工部草堂詩箋無此注文。）

寄岳州賈司馬六丈巴州嚴八使君兩閣老五十韻。夢弼曰：漢元帝寢疾，史丹直入卧内，頓首伏青蒲上以諫。注：以蒲青爲席，用蔽地也。時公任拾遺，故云。（非。【王洙曰】。）前漢儒林傳：伏生年九十餘，以書教於齊魯。（是。）

寄岳州賈司馬六丈巴州嚴八使君兩閣老五十韻。夢弼曰：時史思明復作亂於漁陽。（非。【師古曰】。）乃薊州也。（是。）

寄張十二山人彪三十韻。夢弼曰：歷下、關西，公言昔與彪相聚之地。（是。）

寄張十二山人彪三十韻。夢弼曰：魏曹植字子建，能詩。漢張芝字伯英，好草書。（是。）

寄張十二山人彪三十韻。夢弼曰：此喻肅宗重建七廟也。（是。）

寄張十二山人彪三十韻。夢弼曰：洮岷，言臨洮、岷山也。（是。）

寄張十二山人彪三十韻。夢弼曰：孔子春秋起於獲麟。（非。【趙次公曰】。）

前出塞九首其三。夢弼曰：三秦記：隴山，天水大阪也。俗歌云：隴頭流水，鳴聲幽咽。遥望秦川，肝腸斷絶。故名嗚咽水。（非。【杜田補遺】。）漢武帝獲白麟，作麒麟閣以繪功臣像。（是。）

前出塞九首其五。夢弼曰：漢衛青少時父使牧羊，皆奴畜之。有相青曰：「貴人也，官至封侯。」後拜爲車騎將軍。（是。）

後出塞五首其二。夢弼曰：東門，洛都之門也。（是。）

西枝村尋置草堂地夜宿贊公土室二首其一。夢弼曰：湯休乃僧惠休也。姓湯，能詩。（非。【王洙曰】。）故公以比贊公也。贊嘗以詩約公爲鄰居，盛稱巖中之景，公謂其才思挺出煙霞之外，故云霞上作也。（是。）

西枝村尋置草堂地夜宿贊公土室二首其二。夢弼曰：大師指贊公也。京國，舊謂是京師上刹禪宿也。晉許詢嘗與道人支遁遊。（是。）

太平寺泉眼。夢弼曰：增輝記：招提者，梵言拓鬪提奢，唐言四方僧物。後人傳寫之誤，以拓爲招，又省去鬪奢二字，止稱招提。今十方寺院是也。（是。）廣雅：黄精，龍銜草也。（是。）本草：黄精久服，輕身延年。（非。【杜田補遺。又，杜陵詩史、分門集注、補注杜詩引作「黄曰」。】）

別贊上人。夢弼曰：雨或作兩。豆子兩已熟，言來秦州已經兩年矣，熟矣。（是。）

兩當縣吴十侍御江上宅。夢弼曰：阡陌，田間道也。南北曰阡，東西曰陌。（是。）持斧翁，指吴侍御也。（非。【趙次公曰】。）前漢暴勝之爲直指使者，衣繡衣，持斧逐捕群盗。（非。【王洙曰】。）長沙郡，潭州也。（是。）

兩當縣吴十侍御江上宅。夢弼曰：鳳翔府，至德二載號西京，寶應元年號西都。（是。）金閨，金馬門也。（非。【趙次公曰】。）公與吴侍御昔同在鳳翔，各居諫官之職，故云共通籍也。（是。）

兩當縣吴十侍御江上宅。夢弼曰：間諜，軍中反間也。間，去聲。諜，達協切。（是。）發秦州。夢弼曰：成州有栗亭川，魏置栗亭縣，在唐爲栗亭館。（是。）

赤谷。夢弼曰：按地理志：秦州隴城縣有大隴山，亦曰隴首。三秦記云：其阪九回，上者七日乃越。又云：上有清水四注而下。俗歌曰：隴頭流水，鳴聲幽咽。遥見秦川，肝腸斷絶。按公集有赤谷西崦詩云「躋險不自安」，此云「險艱方自兹」，蓋是登大隴，歷九回阪也。

（非。【師古曰】。）

鐵堂峽。夢弼曰：嵌空太始雪，謂峽中常有雪，自鑿開混沌以來其雪未消也。（是。）

鹽井。夢弼曰：鹵，説文：鹹地也。東方謂之斥，西方謂之鹵。（非。【杜田補遺】。）草木白，言生鹽花也。（是。）

鹽井。夢弼曰：搰，户骨切，用力貌。字從木，非。（是。）莊子：子貢見漢陰丈人方將爲圃畦，鑿隧而入井，抱甕而出灌，搰搰然用力甚多，而見功寡。（非。【王洙曰】。）

鹽井。夢弼曰：官賣鹽，每斗錢三百，商轉販一石得六千，言倍獲其利也。（是。）

寒峽。夢弼曰：殳，庸朱切。古今注：戟之遺象也。（是。）詩：荷戈與殳。（非。【王洙曰】。）

青陽峽。夢弼曰：唐隴州吴山縣西四十里有吴山，其頂有五峰是也。（是。）

龍門鎮。夢弼曰：編竹爲閣道，謂之棧道。（是。）

石龕。夢弼曰：狨音戎，狖之屬。（非。【王洙曰】。）

石龕。夢弼曰：仲冬見虹霓，紀異也。（是。）

積草嶺。夢弼曰：明水縣，屬興州。唐志明作鳴。言路異者自此嶺之外東西別行，東則同谷，西則明水也。（是。）

泥功山。夢弼曰：白馬爲鐵驪，言白馬經此泥濘中，亦將爲黑色之驪也。玉篇：驪馬深黑色。（是。）

鳳凰臺。夢弼曰：成州東南十二里有鳳凰山。（是。）即秦弄玉與蕭史吹簫之地。（非。【師古曰】。）

鳳凰臺。夢弼曰：按唐地理志：武德初，以同谷置西康州，貞觀初廢。謂之西康者，蓋嶺南亦有康州，所以自别也。（是。）

鳳凰臺。夢弼曰：莊子：南方有鳥，其名鵷雛。夫鵷雛非梧桐不止，非練實不食，非醴泉不飲。（非。【趙次公曰】。）又韓詩外傳：黄帝致齋於宫，鳳乃止帝東園，集帝梧桐，食帝竹實。（是。）長，讀當如字。（非。【鄭卬曰】。）

鳳凰臺。夢弼曰：春秋合誠圖曰：黄帝坐元扈洛水之上，與大司馬務光等臨觀，鳳凰銜圖置帝前，黄帝再拜受圖。注：元扈，石室名也。漢郊祀志：黄帝爲五樓十二城，以候神人。（非。【杜田補遺】。）

乾元中寓居同谷縣作歌七首其一。夢弼曰：橡，似兩切，櫟實也。狙，於餘切，猿屬。食橡栗者也。莊子：狙公賦芧。芧即橡子也。（是。）

乾元中寓居同谷縣作歌七首其二。夢弼曰：按顔之推訓俗音字：鑱，仕衫切，即鋭也。俗謂之地鑱。又仕鑒切。（非。【謝任伯曰】。）

乾元中寓居同谷縣作歌七首其二。夢弼曰：廣雅：黄精，龍銜草也。本草：黄精久服，輕身延年。或曰：黄精，當作黄獨。黄獨，俗謂之土芋，根惟一顆而色黄，故謂之黄獨。餘歲土人掘食以充糧。余謂此非，當以黄精爲正，公嘗屢用黄精字。按集中有太平寺泉眼詩云「三春斸黄精，一食生毛羽」是也。（是。）

乾元中寓居同谷縣作歌七首其三。夢弼曰：陶隱居本草：鳥鶖大於鴈，似人家蒼鶖耳。（是。）鶖鶬，惡禽也。鶬九頭，詩：有鶖在梁。（非。【王洙曰】。）毛萇傳：禿鶖也。（是。）

乾元中寓居同谷縣作歌七首其四。夢弼曰：地理志：濠州治鍾離縣。（非。【魯曰】。）春秋時爲鍾離子國，楚地漢縣也。（是。）按公集中有「近聞韋氏妹，迎在漢鍾離」之句。（非。【趙次公曰】。）

乾元中寓居同谷縣作歌七首其五。夢弼曰：古城，即是指同谷舊爲西康州也。（按，杜工部草堂詩箋無此注文。）楚屈原放逐，宋玉作招魂辭。（是。）

乾元中寓居同谷縣作歌七首其六。夢弼曰：劉安招隱士云：山氣巃嵸兮石嵯峩。（非。【王洙曰】。）洪慶善補音：巃，力孔切。嵸音總。（是。）

乾元中寓居同谷縣作歌七首其六。夢弼曰：蝮，方六切，大蛇也。（是。）

萬丈潭。夢弼曰：同谷縣有鳳凰潭，一名萬丈潭。蓋兩山危立，其下泓澄萬丈。（是。）

萬丈潭。夢弼曰：張平子西京賦：在彼靈囿之中，前後無有垠鍔。淮南子：出於無垠鄂之間。許慎注：垠鄂，端崖也。（非。【王洙曰】。）字或作鄂，亦作鍔，通用。（是。）

發同谷縣。夢弼曰：龍潭在同谷。公七歌云「南有龍兮在山湫」是也。虎崖，山名，亦在同谷。（是。）

木皮嶺。夢弼曰：昆侖玄圃，皆神仙所居。時玄宗巡幸之後，以蜀郡爲南京，故公盛言其風物，托之昆侖玄圃而寄所思也。（是。）

飛仙閣。夢弼曰：華陽國志：諸葛亮相蜀，鑿石駕空爲飛梁閣道。又酈元水經注云：大劍戍至小劍三十里，連山絶險，飛閣相通，謂之閣道。（按，杜工部草堂詩箋無此注文。）

劍門。夢弼曰：按地理志：劍州劍門縣有梁山，亦名大劍山。自蜀出漢中道一由此，故以門名。（是。）

劍門。夢弼曰：蜀舊爲西蠻之地，自三皇五帝以前雞犬之聲不聞乎中國，至秦鑿岷峨，以通蜀，務在懷柔遠人。遠人雖修職貢，而太古淳樸之道已喪矣。（是。）至今英雄人，謂如公孫述、劉備、李雄、孟知祥之徒，皆乘中國有亂，起而據蜀也。（非。【王洙曰】。）

鹿頭山。夢弼曰：唐志：漢州德陽縣有鹿頭山。（非。【王彦輔曰】。）高崇文擒劉辟處。又有鹿頭關。（是。）

鹿頭山。夢弼曰：西歷陟險阻，至此豁然，足慰饑渴之望。（是。）

鹿頭山。夢弼曰：楊馬，謂子雲、相如也。二子皆蜀人。（非。【師古曰】。）

鹿頭山。夢弼曰：冀公謂僕射冀國公裴冕也，時爲劍南節度使。陸凱傳：宰相，國之柱石。（是。）

成都府。夢弼曰：曾與層同。填或音田，滿也。（是。）

集千家注批點杜工部詩集卷七

酬高使君。夢弼曰：涅槃經云：世尊在雙樹間演說如是大經。又法華經「火宅喻」，三車，牛車、羊車、鹿車也。（非。【王洙曰】。）

堂成。夢弼曰：蜀中記：玉壘以東多榿木，易成而可薪，美蔭而不害。然余嘗歷考韻書，無榿字；詢之蜀人，相傳以爲邱宜切。後見王荆公集中有薛秀才榿木詩云：「濯錦江邊木有榿，小園封殖佇華滋。地偏幸勉桓魋伐，歲晚聊同庾信移。」（是。）則知邱宜切爲是也。又，蜀有竹名鐘籠。籠，力鍾切。（非。【鄭卬曰】。）

遊修覺寺。夢弼曰：庾信安昌寺碑云：禪枝四靜，慧窟三明。孟浩然詩：禪枝怖鴿棲。（非。【趙次公曰】。）

有客。夢弼曰：謝靈運永嘉記：以小摘供日。（非。【師尹曰】。）

蜀相。夢弼曰：諸葛武侯廟在成都西南。（是。）

蜀相。夢弼曰：庾亮表：頻繁省闥，出總六軍。（非。【趙次公曰】。）

石筍行。夢弼曰：蜀都故事：石筍，真珠樓基也。昔有胡人於此立寺，爲大秦寺，其門樓十間皆以真珠翠碧貫之爲簾，後摧毀墮地，唯故基在。每有大雨其前後，人多得真珠瑟瑟、金翠異物等。(是。)

雲山。夢弼曰:京言長安,西都也。洛言洛陽,東都也。作賦客,指班孟堅、張衡也。孟堅作東都、西都賦,張衡作西京、東京賦。(非。【趙次公曰】。)

杜鵑行。夢弼曰:成都記:杜宇亦曰杜主,自天而降,稱望帝。好稼穡,教人務農。治郫城。時荆人鱉令死,其尸泝江而上,至文山下復生。見望帝,望帝因以爲相,號曰開明。會巫山江壅,人遭洪水,開明爲鑿通流,有大功。望帝因以其位禪之。望帝死,其魂化爲鳥,名曰杜鵑,亦曰子規。(非。【王洙曰】。)

杜鵑行。夢弼曰:博物志:杜鵑生子,寄之他巢,有鳥爲飼之。(是。)

題壁上韋偃畫馬歌。夢弼曰:朱景玄畫斷云:韋偃,京兆人,寓居於蜀。工畫馬,居閑,常以越筆點簇數馬,或齕,或飲,或驚,或正頭,或點尾,曲盡其妙,宛全其真,實韓幹之亞也。(是。)

戲題王宰畫山水圖歌。夢弼曰:畫斷云:王宰家於西蜀,能畫山水,意出象外。(是。)

戲韋偃爲雙松圖歌。夢弼曰:名畫記:韋偃作老松異石,筆力勁健,人知其善畫馬,不知松石更工也。(是。)

戲韋偃爲雙松圖歌。夢弼曰:名畫記:畢宏,大曆間爲給事中,畫松石於左省廳壁,好事者皆詩詠之,其畫擅名當代。(是。)

贈蜀僧閭丘師兄。夢弼曰：銅梁，山名，在劍南合州銅梁縣。（非。【杜田補遺。】）此言閭丘鍾銅梁之秀氣而生也。（是。）

贈蜀僧閭丘師兄。夢弼曰：豫章，大木也。生七年乃可知。（是。）

贈蜀僧閭丘師兄。夢弼曰：華嚴經：菩薩摩訶薩有十種語，一者柔軟語，能使一切衆生得安穩，故維摩經常以軟語眷屬不離。（是。）

野老。夢弼曰：趙清獻公玉壘記：相如琴臺在浣花溪北。（是。）

野老。夢弼曰：東郡，今滑州也。（非。【馬曰】。）後漢志：東郡治濮陽。杜預曰：古衛地。（是。）

一室。夢弼曰：荆蠻，楚也。峴山在襄陽，有王粲故宅。粲字仲宣，宅前有井，人呼爲仲宣井。（非。【王洙曰】。）

北鄰。夢弼曰：辭滿，謂任滿辭去也。（是。）謝靈運詩：辭滿豈多秩，謝病不待年。（非。【趙次公曰】。）

北鄰。夢弼曰：晉山簡鎮襄陽，於時四方寇亂，簡優遊卒歲，唯酒是耽。每出遊，多之習氏池上，置酒輒醉，名之曰高陽池。（非。【九家集注杜詩依例爲「王洙曰」。又，杜陵詩史、分門集注、補注杜詩引作「趙次公曰」。】）

寄楊五桂州譚。夢弼曰：陳藏器云：桂林、桂嶺，因桂得名。又山海經云：桂林有八桂，在番禺東。注：八樹成林，言其大也。（非。【杜田補遺】。）
寄楊五桂州譚。夢弼曰：大庾嶺謂之梅嶺，去長安萬里。（是。）
寄楊五桂州譚。夢弼曰：古樂府有白頭吟，言交情多喜新而厭故也。（是。）
西郊。夢弼曰：按寰宇記：市橋在州之西。（非。【趙次公曰】。）
和裴迪登蜀州東亭送客逢早梅相憶見寄。夢弼曰：何遜嘗爲廣陵記室。（是。）按集有揚州早梅詩曰：兔園標物序，驚時最是梅。銜霜當路發，映雪凝寒開。枝横却月觀，花繞淩風臺。朝灑長門泣，夕驅臨邛杯。應知早飄落，故逐上春來。（非。【趙次公曰】。）
蕭八明府實處覓桃栽。夢弼曰：晉潘岳字安仁，爲河陽縣令。滿縣種桃李，人號曰「河陽一縣花」。（非。【王洙曰】。）今公以河陽比蕭明府所治之邑也。（非。【趙次公曰】。）
憑韋少府班覓松樹子栽。夢弼曰：抱朴子有天陵偃蓋之松。（非。【趙次公曰】。）
琴臺。夢弼曰：按十道志：成都有琴臺，即相如與文君貰酒處。（是。）又成都記：琴臺在浣花溪之北。梁蕭藻鎮蜀，增建樓臺，以備遊觀。元武伐蜀，下營於此，掘得大罍二十餘口，蓋所以響琴也。隋蜀王秀更增五臺，並舊臺爲六焉。（非。【王洙曰】。）
戲作花卿歌。夢弼曰：花卿名敬定，劍南節度崔光遠之末將也。時梓州副使段子璋反，東川節度李奂敗走，於是光遠率敬定討之。子璋既誅，敬定恃功大掠。肅宗聞之怒，由是不見擢用。公作花卿歌，蓋痛惜之也。（是。）

戲作花卿歌。夢弼曰：李俟，謂奐也。（非。【王洙曰】。）子璋反，奐敗走。及花卿誅子璋，奐得歸本鎮，故云重有此節度也。重，平聲。（是。）

集千家注批點杜工部詩集卷八

寄杜位。夢弼曰：新州屬廣南道。公之侄杜位貶新州時，朝廷寬其罪，移之於近郡。按集有杜位宅守歲詩，當是明年位即被謫，故云已是十年流也。（是。）

寄杜位。夢弼曰：曲江在長安爲勝遊之地。杜位有宅近焉。（是。）

和裴迪登新津寺寄王侍郎。夢弼曰：王侍郎乃王維之弟縉也。維有別業在輞川，裴迪從之遊。輞川荆棘，迪從縉來蜀。縉守蜀州蓋在高適之後。（是。）

和裴迪登新津寺寄王侍郎。夢弼曰：古話：貪佛不如貪僧。（非。【師尹曰】。）

重簡王明府。夢弼曰：甲子，記時節也。（是。）西南，爲蜀地也。（按，杜工部草堂詩箋無此注文。）

石犀行。夢弼曰：公止言三犀，豈據所見乎？（是。）按酈道元水經所載，後轉犀牛二頭在府中，一頭在市橋，一頭沉之深淵水；又自前堰上分穿羊摩江、灌口西，於玉女房下白沙郵作三石人立水中，與江神要，水竭不至足，盛不没肩，迄今蒙福。（非。【王洙曰】。）厭勝字見漢書。厭，壹涉切。（是。）

石犀行。夢弼曰：寰宇記：彭州有灌口鎮，鎮西有玉女祠，祠西有李冰廟。（是。）

朝雨。夢弼曰：逸士傳：巢父聞許由之爲堯所讓也，曰：「汝何不隱汝形，藏汝光？」由悵然不自得，乃過清冷之水洗其耳。（非。【趙次公曰】。）

病橘。夢弼曰：昔漢武帝會群臣於蓬萊殿，羅列瀟湘之橘以爲珍果。（是。）瀟湘有橘田，有橘洲。（非。【王洙曰】。）每歲入貢也。（是。）

枯柟。夢弼曰：漢武帝於建章宮作承露盤，銅柱高二十丈，上有仙人，以手掌承露。（非。【趙次公曰】。）

王十七侍御掄許攜酒至草堂奉寄此詩便請邀高三十五使君同到。夢弼曰：按房琯作蜀所思。夢弼曰：崔公蓋自吏部而謫荆州司馬也。（非。【趙次公曰】。）

王十七侍御掄許攜酒至草堂奉寄此詩便請邀高三十五使君同到。夢弼曰：繡衣，指言王州先主廟碑載，州將高適建，而亦叙其自彭而遷蜀也。（是。）

王十七侍御掄許攜酒至草堂奉寄此詩便請邀高三十五使君同到。夢弼曰：霜威，言王侍侍御。皂蓋，指言高使君也。（非。【趙次公曰】。）

御。山簡，又以比高使君也。（是。）

王竟攜酒高亦同過共用寒字。夢弼曰：鮭，户佳切，又居諧切。集韻：吴人魚菜總稱。南史：庾杲之清貧自業，食惟有韭葅、瀹韭、生韭雜菜。任昉嘗戲之曰：「誰謂庾郎貧，食鮭常有二十七種。」（非。【趙次公曰】。）

陪李七司馬早江上觀造竹橋即日成往來之人免冬寒入水聊題短作簡李公。夢弼曰：橋前二柱曰華表，故以白鶴爲言也。（非。【趙次公曰】。）青龍以喻橋影。然朝野僉載：河北道趙州有石橋甚工，則天時默啜破趙州，至石橋，馬跪地不進，但見青龍卧橋上，奮迅而怒，乃遁去。（是。）

奉待嚴大夫。夢弼曰：公聞嚴武至，欲辭蜀之巴峽，下楚之荆門以迓之也。（非。【師古曰】。）

梔子。夢弼曰：名山志：樓石山多梔子。（非。【魯曰】。）其色可以染帛，其性極冷，其實經霜則紅。此物最有用也。（是。）

畏人。夢弼曰：按公自乾元二年冬來成都，至寶應元年春，是歷三年矣。（非。【趙次公曰】。）

廣州段功曹到得楊五長史譚書功曹却歸聊寄此詩。夢弼曰：衛青以比廣之府帥，楊僕以比楊長史也。（非。【趙次公曰】。）

廣州段功曹到得楊五長史譚書功曹却歸聊寄此詩。夢弼曰：使將旋，指段功曹也。（是。）

送段功曹歸廣州。夢弼曰：交趾郡及韶州具屬廣南道。（是。）丹砂、白葛，其地所出也。（非。【趙次公曰】。）估，一作旅。（是。）

從韋二明府續處覓綿竹三數叢。夢弼曰：按唐志：漢州有綿竹縣，縣有紫巖山。綿竹蓋産於此山也。(是。)

嚴中丞枉駕見過。夢弼曰：皂帽，一作白帽，流傳之誤也。(是。)按魏志：管寧字幼安，征命不就，居海上，常著皂帽布裙。(非。【王洙曰】。)又按杜佑通典：魏管寧在家常著皂帽。(非。【趙次公曰】。)

奉酬嚴公寄題野亭之作。夢弼曰：成都號錦里、錦江、錦水、錦城、錦官城，故公詩用之不一也。按華陽國志：錦江，織錦濯其中，色鮮明，濯他江不如，故得名。(按，杜工部草堂詩箋無此注文。)

嚴武寄題杜二錦江野亭。夢弼曰：孔毅夫續世説：嚴武爲成都尹，與子美世舊，待遇甚隆。子美於浣花里種竹植木，結廬枕江，縱酒吟詠，與田畯野老相狎蕩。武過之，有時不冠。(非。【杜田補遺】。)故武此詩譏子美自倚能文而不冠，又繼言幽時静處，欲其謙晦也。故子美和詩云「阮籍焉知禮法疏」以解嘲也。(是。)

嚴武寄題杜二錦江野亭。夢弼曰：世説：郝隆七月七日出日中仰卧，人問其故，曰：「我曬腹中書也。」晉葛洪好神仙導養之法，自號抱朴子，著肘後要急方四卷。(非。【王洙曰】。)水經：魚復縣有羊腸虎臂灘。楊亮爲益州，經此而舟覆，至今名爲使君灘也。(非。【趙次公曰】。)

遭田父泥飲美嚴中丞。夢弼曰：集韻：屧音燮，屜也。履中薦也。（非。【杜田補遺】。）

遭田父泥飲美嚴中丞。夢弼曰：放營農，謂放歸農耕使之營生也。救衰朽，謂子弟得奉養其長上之衰老者也。（是。）

遭田父泥飲美嚴中丞。夢弼曰：肘字如史記「魏威子肘韓康子於車上」。（非。【趙次公曰】。）

舟前小鵝兒。夢弼曰：漢州城西池，乃房琯罷相後歷漢州刺史日所鑿也。琯既死，名之曰房公湖。（非。【趙次公曰】。）此詩與後篇官池春雁共三首，公暫之漢州作也。（按，杜工部草堂詩箋無此注文。）

官池春雁二首其二。夢弼曰：本一作矰繳。矰音憎，短矢也。繳音灼，生絲縷也。（非。【王洙曰】。）言以絲繩繫矢而射之也。（非。【師古曰】。）

奉和嚴中丞西城晚眺十韻。夢弼曰：晉杜預開府荆州，贈征南將軍。公嘗譜預爲祖，而公與嚴武有世舊，故以預之事業言與武相近也。興緒者，謂興况緒意也。（是。）

短歌行贈王郎司直。夢弼曰：趿，先答切，進足也。（是。）

入奏行贈西山檢察使竇侍御。夢弼曰：時吐蕃分三道入寇，欲取成都爲東府。竇公以御史出檢校都州軍儲器械，得以便宜入奏。公作是詩以贈之。（非。【師古曰】。）

入奏行贈西山檢察使竇侍御。夢弼曰：按蜀都賦注：火井欲出其火，先以家火投之，須臾隆隆如雷聲，焰出爛然。以竹筒盛之，接其光而無灰也。（是。）

入奏行贈西山檢察使竇侍御。夢弼曰：按唐志：劍南節度西抗吐蕃，南撫蠻獠，都督松、維、恭、蓬、雅、黎、姚、悉八州。（是。）西山三城，謂姚、維、松也。皆當吐蕃之要衝。（非。【師古曰】。）

入奏行贈西山檢察使竇侍御。夢弼曰：漢夏侯勝曰：取青紫如俛拾地芥耳。江花未落還成都，一有重句。說者謂蜀人酤酒挈以竹筒，竹筒上有穿繩眼，其酤酒者曰滿眼酤，言其滿迫筒眼也。（是。）

大麥行。夢弼曰：童謡云：小麥青青大麥枯，誰當獲者婦與姑，丈夫何在西擊胡。（非。【九家集注杜詩依例爲「王洙曰」。又，杜陵詩史、分門集注、補注杜詩引作「師古曰」。】）每句中函問答之詞，公是詩句法蓋原於此。（是。）

嚴公廳宴同詠蜀道畫圖得空字。夢弼曰：劍閣，蜀劍門閣道也。（按，杜工部草堂詩箋無此注文。）星橋在成都。（是。）李冰守郡，植柏七，上應斗魁七星。（非。【王洙曰】。）松州在蜀。（按，杜工部草堂詩箋無此注文。）雪嶺冬夏積雪，即西山也。（非。【趙次公曰】。）

奉送嚴公入朝十韻。夢弼曰：是年四月代宗即位，召嚴武還朝。寶應元年秋，自成都往綿州，至梓州所作。（是。）

奉送嚴公入朝十韻。夢弼曰：周禮：縣治象之法於象魏。故闕或謂之象闕，或謂之魏闕。南史：何胤曰：闕者謂之象魏，象者法也，魏者當塗而高大貌也。（非。【杜田補遺】。）

奉送嚴公入朝十韻。夢弼曰：光武紀：令反側子自安。（非。【王洙曰】。）

奉送嚴公入朝十韻。夢弼曰：漢典職儀：以丹漆地，故稱丹墀。（是。）

送嚴侍郎到綿州同登杜使君江樓宴得心字。夢弼曰：是年秋，武赴召東上，公送之，別於巴西。（按，杜工部草堂詩箋無此注文。）

嚴武酬別杜二。夢弼曰：書：昔在帝堯，將遜帝位於虞舜，作堯典。（非。【王洙曰】。）蓋引此謂代宗踐阼也。（是。）十道志：長安故城形，南似南斗，北似北斗。（非。【王洙曰】。）魏文帝至譙，兄弟渦水駐馬，書鞭以賦。敬亭在宣城，謝朓敬亭詩云：此山百里，合還雲齊。獨鶴朝唳，飢鼯夜啼。行雖紆組，得踐幽棲。（是。）

又觀打漁。夢弼曰：崔豹古今注：鯉之大者曰鱣。鱣之大者曰鮪。（是。）廣雅曰：鮪，仲春從河西上，得過龍門化爲龍，否則點額而還。張平子賦：王鮪岫居。蓋鮪居山岫間而能變化，故有「山根風雷」之句也。（非。【杜田補遺】。）

集千家注批點杜工部詩集卷九

姜楚公畫角鷹歌。夢弼曰：名畫記：姜皎善畫鷹鳥，玄宗在藩邸，皎爲尚衣奉御，有先識之明。玄宗即位，累官太常卿，封楚國公。（非。【師尹曰】。）

宗武生日。夢弼曰：抱朴子：項曼卿修道山中，自言至天上遊紫府，遇仙人以流霞一杯

飲之，輒不飢渴。（非。【王洙曰。又，杜陵詩史、分門集注、補注杜詩引作「薛夢符曰」。】）

光禄阪行。夢弼曰：光禄阪，在梓州銅山縣。（是。）

戲題寄上漢中王三首其一。夢弼曰：陶潛詩：且進杯中物。（非。【王洙曰】。）

九日奉寄嚴大夫。夢弼曰：公九日在梓州登臨，時嚴武還朝，尚在蜀棧道中也。（按，杜工部草堂詩箋無此注文。）

題玄武禪師屋壁。夢弼曰：按，梓州有玄武縣。（非。【王洙曰】。）

玩月呈漢中王。夢弼曰：以淮南王比漢中王也。淮南子：畫隨灰而月暈缺。注云：以蘆草灰隨牖下月光令圜畫，缺其一面，則月暈亦缺於上也。（非。【王洙曰】。）

相從行贈嚴二別駕。夢弼曰：時徐知道反，八月伏誅，而劍南大亂也。（非。【趙次公曰】。）

相從行贈嚴二別駕。夢弼曰：青螺粟，帽之紋也。（非。【趙次公曰】。）言舞劍時袖拂帽紋之塵也。紫衣，緋衣，指言當時執事者也。（是。）

述古三首其一。夢弼曰：列子：周穆王八駿，曰赤驥。陸機赴洛詩：頓轡倚嵩巖。李善注：頓猶舍也。戰國策：夫驥之服鹽車而上太行，漉汗灑地，白汗交流，中阪遷延，負轅而不能上。伯樂遭之，下車攀而哭之，解紵衣以冪之。驥於是俛而噴，仰而鳴者，何也？彼見伯樂之知己也。韓詩外傳：黄帝即位，鳳乃蔽日而至，止帝東園，集帝桐樹，食帝竹實。（是。）

述古三首其二。夢弼曰：左傳：錐刀之末，將盡争之。（非。【趙次公曰】。）阮籍詠懷詩：膏火自煎熬。（是。）

冬到金華山觀因得故拾遺陳公學堂遺跡。夢弼曰：按本傳：陳子昂，字伯玉，梓州射洪人。少讀書於金華山，尤善屬文。唐興，文章承徐、庾餘風，子昂始變雅正。初爲感遇詩二十八章，王適見之，曰：「是必爲海内文宗。」（非。【王洙曰】。）初舉進士，武后時擢麟臺正字，遷右拾遺。解官歸，縣令段簡貪暴，聞其富，欲害之，捕送獄中，憂憤死。（是。）大曆中，東川節度使季叔明爲立旌德碑於梓州，而學堂至今猶存。（非。【師尹曰】。）

冬到金華山觀因得故拾遺陳公學堂遺跡。夢弼曰：襄宇記：射洪縣南有縣巖山，遠望皎如白雪焉。下云玉女仙人，又皆指觀中之景也。（是。）

陳拾遺故宅。夢弼曰：趙彦昭以權幸進，後爲刑部侍郎，封耿國公。（按，杜工部草堂詩箋無此注文。）

謁文公上方。夢弼曰：釋書：舍衛國給孤長者側布黄金，買祇陀太子園，建精舍。（是。）

謁文公上方。夢弼曰：第一義，言其教無上也。（非。【王洙曰】。）梁武帝問達摩：「如何是聖諦第一義？」又，法筵龍象衆：當觀第一義。（是。）華嚴經有十回向。（非。【趙次公曰】。）

謁文公上方。夢弼曰：華嚴經：一切法本來無生。（是。）

過郭代公故宅。夢弼曰：郭震字元振，以字顯。舉進士，授通泉尉。任俠使氣，撥去小節。嘗盜鑄及掠賣部中口以餉遺賓客，百姓厭苦。武后召欲詰，既與語，奇之，索其文章，上寶劍篇，后覽嘉歎，遂得擢用。景雲二年進同中書門下三品。（是。）玄宗誅太平公主，睿宗御承天門，諸宰相走伏外省，獨元振總兵扈從。事定，宿中書省一十四日。以功封代國公。（非。【王洙曰】。）

觀薛稷少保書畫壁。夢弼曰：按稷有秋日還京陝西十里作云：驅車越陝郊，北顧臨大河。此行見鄉邑，秋風水增波。西望咸陽途，日暮憂思多。傅巖既紆鬱，首山亦嵯峨。操築無昔老，采薇有遺歌。客遊節向换，人生知幾何。又按，梓州通泉縣有慈覺寺，其額乃稷所書。（是。）

觀薛稷少保書畫壁。夢弼曰：按郭元振傳：元振與薛稷、趙彦昭同爲太學生。豈郭與薛舊爲同舍，後嘗會於通泉耶？（是。）

通泉縣署屋壁後薛少保畫鶴。夢弼曰：圖畫聞見志：今世所謂薛稷八鶴，後人多效之。然子美詩云薛公十一鶴，不知三鶴何在也？（是。）

陪王侍御同登東山最高頂宴姚通泉晚攜酒泛江。夢弼曰：此以美姚之爲通泉縣也。（是。）

陪王侍御同登東山最高頂宴姚通泉晚攜酒泛江。夢弼曰：此以美王侍御也。（是。）

建都十二韻。夢弼曰：公爲拾遺時上疏言房琯不宜廢，肅宗怒，宰相張鎬救之。（非。【趙次公曰】。）故有牽裾、漏網之句。（按，杜工部草堂詩箋無此注文。）

建都十二韻。夢弼曰：關中三輔，謂左扶風、右馮翊與京兆也。（是。）長安日，蓋用晉明帝幼時，元帝問日與長安遠近。（非。【趙次公曰】。）北原，言太原河北之地也。（是。）

聞官軍收河南河北。夢弼曰：按唐史：廣德元年正月甲申，史朝義自殺，其將李懷仙以幽州降，田承嗣以魏州降。（是。）

花底。夢弼曰：晉潘岳字安仁，爲河陽令。植桃李花，人號曰河陽滿縣花。衛玠字叔寶，風神秀異。總角乘羊車入市，見者以爲玉人。（非。【九家集注杜詩依例爲「王洙曰」】。杜陵詩史、補注杜詩引作「蘇曰」。）

柳邊。夢弼曰：灞上遠愁人，公懷長安也。（是。）

題鄭原郭三十二明府茅屋壁。夢弼曰：博物志：太公爲灌壇令。武王夢婦人當道夜哭，問之，曰：「吾是東海神女，嫁於西海神童。我行必有大風病雨。今爲灌壇令當道，廢我行。」武王覺，召太公問之，果有疾風大雨從太公邑外過。晉陶潛爲彭澤令，在縣公田悉令種秫稻。（非。【師尹曰】。）

奉送崔都水翁下峽。夢弼曰：宋玉高唐賦：昔者先王嘗遊高唐，夢見一婦人，曰：「妾巫山之女也，旦爲朝雲，暮爲行雨。」旦朝視之如言，故爲立廟，號爲朝雲。（按，宋本杜工部草堂詩箋無此注文，元本、古逸叢書本有之。）

陪李梓州王閬州蘇遂州李果州四使君登惠義寺。夢弼曰：按地理志：惠義寺、長平山，在梓州郪縣北。（是。）

上牛頭寺。夢弼曰：寰宇記：牛頭山在梓州郪縣南，四面孤絶，俯臨州郭，上有長樂寺樓閣，煙花爲上方之勝概。（非。【九家集注杜詩引作「師尹曰」，補注杜詩引作「黄希曰」。】）

望牛頭寺。夢弼曰：金剛經：應無所住，而生其心。又衆香偈：轉不住心，退無因果。（是。）

上兜率寺。夢弼曰：按圖經：兜率寺在梓州郪縣南。（是。）

上兜率寺。夢弼曰：何顒疑是周顒。蓋何顒後漢黨錮之輩，周顒嘗奉佛食菜。考之南史：周顒字彦倫，音辭辯麗，長於佛理。然公集中岳麓道林二寺行又有「何顒免興孤」之句，豈亦誤耶？（是。）

數陪李梓州泛江有女樂在諸舫戲爲豔曲二首其一。夢弼曰：梁簡文詠内人詩：風吹玉袖香。（是。）鮑照詩：朔風吹朔雪，千里度龍山。玆辰自爲美，當避豔陽年。（非。【趙次公曰】。）

送韋郎司直歸成都。夢弼曰：吴越春秋：子胥曰：子不聞河上歌乎？同病相憐，同愛相救。（非。【王洙曰】。）

又呈竇使君二首。夢弼曰：晉謝安與孫綽泛海，風轉急，即回。（是。）列子黃帝篇：海上人有好鷗鳥者，每旦之海上從鷗鳥遊。其父曰：「汝取來吾觀之。」明日之海上，鷗鳥舞而不下。（非。【黃曰】。）剡溪在會稽之南。禹貢：淮海惟揚州。（是。）

行次鹽亭縣題四韻奉簡嚴遂州蓬州兩使君咨議諸昆玉。夢弼曰：地理志：鹽亭縣，梓州左。（是。）

倚杖。夢弼曰：浪，一作日。（是。）謂可狎之鷗游泳乎白日之中，不知尤景之可重也。（非。【趙次公曰】。）列子黃帝篇：海上之人有好鷗鳥者，每旦之海上從鷗鳥遊。（是。）雁，一作鳥。（非。【王洙曰】。）

得房公池鵝。夢弼曰：公以自興也。荀勗罷中書令爲尚書，人賀之，曰：「奪我鳳凰池也。」王羲之爲右將軍，性愛鵝。山陰有道士好養鵝，羲之爲寫道德經，籠鵝而歸，甚以爲樂。（非。【趙次公曰】。）

答楊梓州。夢弼曰：楊梓州之先人昔嘗守梓州，鑿池一百頃，引水爲農田之利，在青溪之西，號楊公池。今乃子又守此州，故有載阿戎之句。（非。【師古曰】。）晉阮籍謂王渾曰：「與卿語，不若與阿戎談。」阿戎，謂渾之子王戎。（非。【趙次公曰】。）

陪章留後惠義寺餞嘉州崔都督赴州。夢弼曰：恒，胡登切，常也，久也。（是。）

隨章留後新亭會送諸君。夢弼曰：晉羊祜卒，襄陽百姓於峴山祜平生遊憩之所建碑立廟，望其碑者莫不流涕，杜預因名爲墮淚碑。（非。【王洙曰】。）詩東山：零雨其濛。（是。）

章梓州水亭。夢弼曰：唐奕家小堂圖有肅明觀道士席謙弈棋第一品。又按公集有存沒口號云「席謙不見近彈棋」是也。（是。）

戲作寄上漢中王二首其一。夢弼曰：雁喻兄弟也。漢中王兄乃汝陽王璡，時已卒，故公有是句。（是。）

椶拂子。夢弼曰：白羽，扇也。（按，杜工部草堂詩箋無此注文。）張九齡嘗進白羽扇賦以見志，云：肅肅鳥羽，穆如清風。縱秋氣之移奪，終感恩於篋中。時李林甫代其爲相也。（非。【師古曰】。）

椶拂子。夢弼曰：朱絲繩乃中琴瑟之用也。（非。【師古曰】。）鮑照詩：直如朱絲繩。（非。【王洙曰】。）咂，作答切，字當作噆，齧也。（是。）莊子：蚊虻噆膚，則通夕不寐矣。（非。【王洙曰】。）

送元二適江左。夢弼曰：東晉江左以丹陽爲重。温嶠嘗爲丹陽尹。漢公孫述僭僞，以魚復縣爲白帝城。（是。）

集千家注批點杜工部詩集卷十

南池。夢弼曰：十道志：閬圃有南池。（是。）

南池。夢弼曰：昔項羽封高祖於漢中。漢中與閬皆屬利州路，故此地之南有漢王祠在

焉。四時巫祝奔走以祭之，乃其俗也。靈衣，謂神衣。（是）

贈裴南部聞袁判官自來欲有按問。夢弼曰：後漢范丹字史雲，嘗爲萊蕪長。窮居自若，閭里歌之曰：甑中生塵范史雲，釜中生魚范萊蕪。呂氏春秋：宓子賤爲單父宰，彈琴，身不下堂而治。（非。【王洙曰。又，杜陵詩史、補注杜詩引作「蘇曰」。】）漢鄒陽之梁從孝王遊，羊勝等讒毁之，下陽吏。陽從獄中上書，書奏，孝王出之，卒爲上客。（非。【師尹曰】。）史記：秦始皇有方鏡，照見人心膽。（按，宋本杜工部草堂詩箋無此注文，見於元本、古逸叢書本。）

警急。夢弼曰：按史：是年吐蕃寇隴右，適出兵南鄙以牽制之。既無功，遂亡松、維、保三州及雲山城。（非。【王洙曰】。）公是詩作於松、維未陷之前。（非。【趙次公曰】。）漢書：邊防備警急。（是。）

警急。夢弼曰：高適嘗爲揚州都督長史、淮南節度，故言舊楚將也。（非。【趙次公曰】。）玉壘，山名。（是。）在蜀州青城縣。（按，杜工部草堂詩箋無此注文。）

遣憂。夢弼曰：南史侯景傳：先是，童謡云：青絲白馬壽陽來。至渦陽之敗，景乘白馬，青絲爲轡，以應讖。（是。）後漢靈帝時鉅鹿人張角自稱天公，其部師有三十六萬人，皆著黄巾，同日反叛。（非。【王洙曰】。）

巴山。夢弼曰：三輔黄圖：望仙臺，漢武帝所建，在華州華陰縣。（是。）

送李卿曄。夢弼曰：昔王子晉學仙，隱於緱山，是曰晉山。（是。）又地理志：閬州有晉安縣，本晉城。（非。【趙次公曰】。）時公與李煜俱在閬故也。（按，杜工部草堂詩箋無此注文。）
莊子：身在江湖之上，心遊魏闕之下。（非。【趙次公曰】。）魏闕者，謂雉門之外，兩觀闕高巍巍然，故云魏闕。（按，杜工部草堂詩箋無此注文。）
桃竹杖引贈章留後。夢弼曰：使君，指章彝也。彝時爲梓州刺史。（是。）
冬狩行。夢弼曰：時章彝大閱東川，公以此詩諷其多殺，仍勉其滅凶徒以安王室也。（是。）
冬狩行。夢弼曰：校獵，謂獵有所獲，校其多寡以賞功也。漢書音義又云：校獵者，以木相貫爲闌校，遮止禽獸而獵取之也。（是。）
冬狩行。夢弼曰：公詩意蓋深譏章彝以諸侯而合圍，不合古制。步驟同，謂兵卒練習也。（是。）
冬狩行。夢弼曰：老翁，公自謂也。（是。又，黄鶴注亦然。）
山寺。夢弼曰：酉陽雜俎云：多羅，西域樹名，如椶櫚樹也。（是。）法華經：譬如有人，年幼，舍父逃逝，困窮。父求不得。窮子傭賃，遇到父所，受雇糞除污穢不浄，其父乃宣言：「爾是我子，今我所有一切財物皆是子有。」窮子聞言，即大歡喜。（非。【杜田補遺】。）枚乘傳：福生有基，禍生有胎。（是。）
將適吴楚留别章使君留後兼幕府諸公得柳字韻。夢弼曰：青草湖在巴陵。三峽，謂巫峽、黄牛峽、明月峽。（是。）

贈别賀蘭銛。夢弼曰：世説：陸機云：「千里蓴羹，但未下鹽豉耳。」（非。【趙次公曰】。）千里，吴石塘湖名也。（是。）

有感五首其四。夢弼曰：光武紀：丁恭議曰：古者封建諸侯，不過百里。强幹弱枝，所以爲治也。又章帝性寬仁，而親親之恩篤，故叔父濟南、中山二王及諸昆弟並留京師，不遣就國。宋意上疏諫曰：「春秋之義，諸父昆弟無所不臣，所以尊尊卑卑，强幹弱枝者也。」（是。）

泛江。夢弼曰：末句公思長安之景物也。（是。）

傷春五首其一。夢弼曰：去年吐蕃陷京師，代宗如陝州。（非。【趙次公曰】。）蒙塵清露，謂天子蒙風塵出行，涉露而行，以急故也。（是。）

傷春五首其一。夢弼曰：蔡邕曰：御者，進也。夫衣服加於身，飲食入於口，妃妾接於寢者，皆曰御。（是。）

傷春五首其三。夢弼曰：鉤陳出帝畿，言乘輿出幸也。（非。【趙次公曰】。）

滕王亭子。夢弼曰：滕王元嬰，高祖之子也。（是。）調露年間任閬州刺史。（非。【王彦輔曰】。又，九家集注杜詩作「公自注」。）在閬州有亭，洪州有閣，又有碧落碑。（是。）

憶昔二首其二。夢弼曰：前漢志：齊俗作冰紈。綺繡純麗之物。（非。【薛夢符曰】。）韓非子：魯人善織屨，妻善織縞。（是。）後漢志：桓帝初，京師童謡曰：車班班，入河間。（非。

【王洙曰】。）

逃難。夢弼曰：暖讀去聲。故國，指長安也。（是。）

別房太尉墓。夢弼曰：房琯字次律，玄宗幸蜀，拜爲相。因陳濤斜之敗，出守邠州。歷晉、漢二州。去年召拜刑部尚書，道病，卒於閬州僧舍。（非。【王彦輔曰】。）

將赴成都草堂途中有作先寄嚴鄭公五首其三。夢弼曰：按稗官小説：南海有蟲，無骨，名曰泥。在水中則活，失水則醉如一塊泥然。（是。）

將赴成都草堂途中有作先寄嚴鄭公五首其四。夢弼曰：公於草堂嘗手植四松。（非。【趙次公曰】。）按集有四松詩云「霜骨不甚長」。斬竹，則集有詩云「今晨去千竿」，又云「步堞萬竹疏」是也。黄閣老，指嚴武。國史補：兩省相呼爲閣老。（是。）武至德間爲給事中，時公爲左拾遺，並聯兩省也。（按，杜工部草堂詩箋無此注文。）

將赴成都草堂途中有作先寄嚴鄭公五首其五。夢弼曰：離騷：制芰荷以爲衣兮，集芙蓉以爲裳。（是。）

集千家注批點杜工部詩集卷十一

草堂。夢弼曰：戰國策：趙報魏，滅智伯，禍起肘腋。（是。）

絶句六首其一。夢弼曰：翡，赤羽雀。翠，青羽雀。上林賦注：鵾雞，黄白色，長頸赤喙。（是。）

登樓。夢弼曰：西山寇盜，謂吐蕃也。（非。【趙次公曰】。）

贈王二十四侍御契四十韻。夢弼曰：柳癭，謂樽也。（非。【鄭卬曰】。）曹植詩：我有柳癭瓢。藤輪，謂車也。謝鮑詩：花蔓引藤輪。（是。）

贈王二十四侍御契四十韻。夢弼曰：淮南子：猰㺄爲害，帝使羿殺之，萬民皆喜。（是。）

別唐十五誡因寄禮部賈侍郎。夢弼曰：虞羅，謂虞人之羅，設以捕獸也。（是。）

別唐十五誡因寄禮部賈侍郎。夢弼曰：昔賈逵爲禮部侍郎，常乘白馬，故於賈至亦云。金盤陀未詳，或曰山名，屬東都。念子善師事，勉唐生事賈至也。（是。）

韋諷録事宅觀曹將軍畫馬圖引。夢弼曰：明皇有馬名照夜白，嘗命曹將軍畫以爲圖。（是。）

韋諷録事宅觀曹將軍畫馬圖引。夢弼曰：唐制：内宫婕妤才人各九人。此言天子遣婕妤傳詔令才人取瑪瑙盤賜將軍，將軍拜舞而歸。（是。）輕紈細綺，言從者也。（按，杜工部草堂詩箋無此注文。）

韋諷録事宅觀曹將軍畫馬圖引。夢弼曰：穆天子西征而歸，未幾上升，此以比明皇今已升遐，無復幸驪山矣。（是。）

丹青引贈曹將軍霸。夢弼曰：霸乃操之後，其門地最清。玄宗末年得罪，削籍爲庶人。（是。）

丹青引贈曹將軍霸。夢弼曰：晉衛夫人名鑠，善書。（非。【王洙曰】。）嘗云有一弟子號王逸少，用筆咄咄逼人也。（非。【趙次公曰】。）

丹青引贈曹將軍霸。夢弼曰：謂觀褒公、鄂公之像，若有當日酣戰氣象也。貌，莫角切，下同。（是。）

丹青引贈曹將軍霸。夢弼曰：陸機文賦：意司契而爲匠。古樂府：不知理何事，淺立經營中。（非。【趙次公曰】。）

丹青引贈曹將軍霸。夢弼曰：圉人掌養馬，太僕掌車駕。（是。）

丹青引贈曹將軍霸。夢弼曰：韓幹，大梁人，善寫貌人物，尤工鞍馬。初師曹霸，王右丞維見其畫，推獎之。官至寺丞。（非。【蘇曰】。）楚詞：志坎壈而不違。注：不遇貌。壈，盧感切。（是。）

寄李十四員外布十二韻。夢弼曰：司議，太子府官也。（非。【趙次公曰】。）以李方新除司議郎，故用博望苑事。（按，杜工部草堂詩箋無此注文。）

揚旗。夢弼曰：按元稹誌公墓云：劍南節度使嚴武狀爲工部員外郎，參謀軍事。（是。）又按，嚴武是年九月與吐蕃戰於當狗城，敗之。故公初在幕中，因觀揚旗而作此詩。（按，杜工部草堂詩箋無此注文。）

奉和嚴鄭公軍城早秋。夢弼曰：按編年通載：是年九月嚴武破吐蕃於當狗城，遂收鹽川城。（是。）

院中晚晴懷西郭茅舍。夢弼曰：晉山濤吏非吏，隱非隱。（是。）

遣悶奉呈嚴公二十韻。夢弼曰：物色，謂形容之老。（是。）公有望於嚴武，俾得遂倚梧之適也。（非。【師古曰】。）

奉觀嚴鄭公廳事岷山沱江畫圖十韻得忘字。夢弼曰：禹貢：岷山導江，東别爲沱。（是。）寰宇記：沱水在成都府新繁縣。（非。【鄭印曰】。）

太子張舍人遺織成褥段。夢弼曰：廣雅：天竺出細織成。（是。）至後。夢弼曰：金谷園、銅駝陌，豈非洛陽故鄉行樂之勝境乎？劉禹錫楊柳詞云「金谷園中鶯亂飛，銅駝陌上好風吹」是也。（是。）

觀李固請司馬弟山水圖三首其一。夢弼曰：淮南子：匡床弱席，非不寧。許慎注：匡，安也。（是。）

觀李固請司馬弟山水圖三首其二。夢弼曰：孫綽天台賦：涉海則有方丈、蓬萊，登陸則有四明、天台。皆古聖之所由化，神仙之所窟宅。（是）

觀李固請司馬弟山水圖三首其三。夢弼曰：王子年拾遺記：堯時有巨查浮於西海，查上有光若星月。查浮四海，十二年一周天，名曰貫月查，又曰掛星查。羽仙棲息其上。（是。）

集千家注批點杜工部詩集卷十二

春日江村五首其二。夢弼曰：莊子：衣敝履穿，貧也，非憊也。（是。）

狂歌行贈四兄。夢弼曰：輔，皮視切。説文：車紩也。（是。）

撥悶。夢弼曰：雲安縣屬夔州，今爲雲安軍。（是。）

撥悶。夢弼曰：峽中以篙師爲長年，柂工爲三老。（是。）今俗謂之翁。（非。【師古曰】。）

聞高常侍亡。夢弼曰：按唐志：門下省左散騎常侍二人，掌規諷過失，侍從顧問。（按，杜工部草堂詩箋無此注文。）又按漢宮闕記：金華殿在未央宫白虎觀右，秘府圖書皆在焉。故王思遠遜侍中表云：奏事金華之上，進議玉臺之下。後世以門下名金華省，蓋出此也。（是。）

聞高常侍亡。夢弼曰：按唐新書：高適負氣敢言，權貴側目。（非。【趙次公曰】。）公故有丹檻折之句。（按，杜工部草堂詩箋無此注文。）

八月十五夜月二首其二。夢弼曰：白帝城，夔州也。漢公孫述僭僞，號白帝城。（按，杜工部草堂詩箋無此注文。）

雲安九日鄭十八攜酒陪諸公宴。夢弼曰：袷，古合切。説文：無絮衣也。（是。）秋興賦：御袷衣。（非。【王洙曰】。）

石硯。夢弼曰：郭璞江賦：巴東之峽，夏后疏鑿。（非。【趙次公曰】。）今疑此石乃禹所鑿之餘也。（是。）

石硯。夢弼曰：起草，謂知制誥也。漢官儀：尚書郎主作文章起草。（是。）

石硯。夢弼曰：末句謂此硯致之於明光殿中丹青之地，得天子之顧眄，恩遇非常也。（是。）

三韻三篇其三。夢弼曰：多門謂所交不一。（是。）左傳：晉政多門。（非。【王洙曰】。）

諸將五首其二。夢弼曰：詩首句言漢朝陵墓，則是用茂陵玉盌事。（非。【杜田補遺】。）以避玉魚字，改作金盌。（是。）或引盧充幽婚事，蓋但見其有金盌字耳。（非。【杜田補遺】。）

諸將五首其一。夢弼曰：或云閑字作殷，謂子美父名閑，不應用閑字。（是。）然按集又有「翩翩戲蝶閑過幔」之句，豈非臨文不諱乎？（非。【趙次公曰】。）

鄭典設自施州歸。夢弼曰：滎陽，鄭氏之郡。（是。）

鄭典設自施州歸。夢弼曰：晉索靖論草書狀婉若銀鈎。（非。【趙次公曰】。）又書苑：歐陽詢工行書，森然如武庫矛戟。（非。【杜田補遺】。）

寄裴施州。夢弼曰：四嶽，羲仲、羲叔、和仲、和叔。堯掌四嶽之官也。（是。）

荆南兵馬使太常卿趙公大食刀歌。夢弼曰：大食，國名。（是。）

荆南兵馬使太常卿趙公大食刀歌。夢弼曰：十道志：三峽口地曰峽州。上牢、下牢，楚蜀分畛。（是。）

荆南兵馬使太常卿趙公大食刀歌。夢弼曰：王粲登樓賦：取荆山之高岑。後漢隗囂將王元説囂曰：「元請以一丸泥爲大王東封函谷關。」（是。）

荆南兵馬使太常卿趙公大食刀歌。夢弼曰：潘岳射雉賦：捩懸刀，騁絶伎，如輊如軒，不高不埤。埤與庳字通用。（是。）

王兵馬使二角鷹。夢弼曰：臨海異物志：杉雞黄冠青綏，常在杉樹下。竹兔小如野兔，食竹葉。（非。【師尹曰】。）孩虎，一作溪虎。（是。）

王兵馬使二角鷹。夢弼曰：昆侖、虞泉皆在西。（非。【師古曰】。）泉本作淵，公避唐諱也。（是。）

將曉二首其一。夢弼曰：地志：夔州，古巴石城。（是。）

十二月一日三首其一。夢弼曰：子美素有消渴疾。（是。）

十二月一日三首其二。夢弼曰：漢司馬相如傳：相如口吃而善著書，有消渴疾。既病免，家居茂陵。子美有渴疾，故以自比也。（非。【趙次公曰】。）

送王侍御往東川放生池祖席。夢弼曰：東川，梓州路也。（是。）

集千家注批點杜工部詩集卷十三

雨。夢弼曰：兼催宋玉悲，謂雨過當淒然如秋也。（按，杜工部草堂詩箋無此注文。）

往在。夢弼曰：東都賦：天官景從。（非。【薛夢符曰】。）

往在。夢弼曰：俎豆腐膻肉，謂汗漫祭器。（非。【趙次公曰】。）罘罳行角弓，謂操弓矢狼藉宫廟也。（是。）

往在。夢弼曰：漢食貨志：安民之道，土著爲本。（是。）

客居。夢弼曰：蜀出麻布，吴中出鹽，兩相貿易，以兵亂水陸不通，故蜀布不來而吴鹽擁塞也。（是。）

贈鄭十八賁。夢弼曰：屈原、宋玉，言其有文章者也。顔淵、閔子騫，言其有德行者也。江逌賦：駐修軫乎平原。（是。）

别蔡十四著作。夢弼曰：皇帝，謂肅宗。（是。）

答鄭十七郎一絶。夢弼曰：晉陸機爲大陸，陸雲爲小陸。二陸皆以文章名世。公以小陸美其弟鄭十八之能文也。漢鄭莊字當時，爲太子舍人，常置驛馬長安諸郊請謝賓客。此又以美鄭之喜客也。（是。）

八哀詩贈司空王公思禮。夢弼曰：史記：毛遂曰：「使遂早得處囊中，乃穎脱而出也。」（非。【趙次公曰】。）

八哀詩贈司空王公思禮。夢弼曰：馬鞍懸將首，暗用後漢彭寵傳事。（是。）又蔣琰詩：馬鞍懸虜頭。（非。【趙次公曰】。）

八哀詩贈司空王公思禮。夢弼曰：漢書：冒頓作鳴鏑。注：髐箭也。（非。【薛夢符曰】。)

八哀詩故司徒李公光弼。夢弼曰:青蠅喻魚朝恩、程元振之譖光弼也。光弼畏罪,有詔入朝,遷延不行,素節凋零,故云風雨秋一葉也。(是。)

八哀詩贈左僕射鄭國公嚴公武。夢弼曰:按本傳:嚴武,華州華陰人,挺之之子。幼豪爽,讀書不甚究其義。以蔭調官,累遷殿中侍御史。從玄宗入蜀。至德初,赴肅宗行在,房琯薦爲給事中。(非。【王洙曰】。)收長安,拜京兆少尹。(非。【杜田補遺】。)坐琯事貶巴州刺史。久之,遷東川節度使。上皇合劍南爲一道,擢武成都尹、劍南節度使。還,拜京兆尹。(非。【趙次公曰】。)爲二聖山陵橋道使,封鄭國公,遷黄門侍郎。復節度劍南,破吐蕃於當狗城,遂收鹽川,加檢校吏部尚書。永泰元年薨,年四十,贈尚書左僕射。(是。)

八哀詩贈左僕射鄭國公嚴公武。夢弼曰:劍閣,蜀也。(按,杜工部草堂詩箋無此注文。)

八哀詩贈左僕射鄭國公嚴公武。夢弼曰:笳鼓凝皇情,言肅宗思上皇也。(是。)謂嚴武從玄宗在蜀,受册命,謁肅宗於靈武。(非。【趙次公曰】。)蕭關即靈武也。(是。)

八哀詩贈左僕射鄭國公嚴公武。夢弼曰:自「京兆空柳色」至「文翁儒化成」,以比武爲京兆尹及鎮蜀兼御史中丞、御史大夫時也。(非。【趙次公曰】。)武嘗辟公爲參謀,故又以「記室得何遜,韜鈐延子荆」爲比。(非。【王洙曰】。)

八哀詩贈太子太師汝陽郡王璡。夢弼曰:翠麟,馬名也。(非。【趙次公曰】。)

八哀詩贈太子太師汝陽郡王璡。夢弼曰：仙傳拾遺：木公與一玉女投壺，設有不入者，天爲之呻嘘。注：呻嘘，開口而笑也。（按，杜工部草堂詩箋無此注文。）

八哀詩贈太子太師汝陽郡王璡。夢弼曰：道大容無能，公自叙謙辭也。（是。）

八哀詩贈秘書監江夏李公邕。夢弼曰：後漢蔡邕傳：靈帝嘗詔邕下洛陽獄，劾以讎怨，遂死獄中。今邕杖死北海郡，故以蔡邕洛陽獄爲比。（非。【趙次公曰】。）小臣指吉温，事見題下。斃或作蔽，非，以篇末復押蔽字。左傳：與小臣，小臣斃。（是。）

八哀詩故秘書少監武功蘇公源明。夢弼曰：肅宗復西京，辨其逆順，諸僞署官者皆伏誅，故有「范曄顧其兒，李斯憶黄犬」之句。獨源明以臨難不變其節，得知制誥，故有茂松之况也。（是。）

八哀詩故著作郎貶台州司户滎陽鄭公虔。夢弼曰：滄洲，謂虔所畫之圖也。張協詩：寡鶴空悲鳴。（是。）

八哀詩故著作郎貶台州司户滎陽鄭公虔。夢弼曰：不見杏壇丈，憶虔爲廣文館博士時也。（是。按，杜工部草堂詩箋作「謂虔貶爲台州掾，不見乎廣文館之丈席也。」。）

八哀詩故右僕射相國張公九齡。夢弼曰：按本傳：九齡數乞歸養，詔不許，遷中書侍郎。以母喪解，毁不勝哀。（非。【趙次公曰】。）未幾，奪哀，入爲相，故云痛迫蘇耽井。（按，杜工部草堂詩箋無此注文。）紫綬，太守繫印之綬。（是。）謂九齡左遷荆州長史也。（非。【趙次公曰】。）

八哀詩故右僕射相國張公九齡。夢弼曰：按曲江文集，九齡嘗爲徐孺子作墓碣，其銘曰：「靈芝無根，醴泉無源。」當時傳誦。今再讀其碑而欲整棹以吊之，其寄意深矣。（非。【趙次公曰】。）

集千家注批點杜工部詩集卷十四

贈崔十三評事公輔。夢弼曰：陰沉鐵鳳闕，謂宮苑深邃也。西京賦注：圓闕上作鐵鬬，令張兩翼，舉頭敷尾。（是。）

贈崔十三評事公輔。夢弼曰：國語：叔向曰：「引黨以封己。」注：封，厚也。（非。【趙次公曰】。）

曉望白帝城鹽山。夢弼曰：荆州記：魚復有白鹽崖，土人見高大而白，因以名之。（是。）

古柏行。夢弼曰：憶昨路繞錦亭東，此乃追言成都先主廟之柏。按成都先主廟西院即武侯祠，有武侯手植古柏。公有蜀相詩云「丞相祠堂何處尋，錦官城外柏森森」是也。（是。）

除草。夢弼曰：蓤音潛，又除炎切，山韭也。（是。）

園人送瓜。夢弼曰：時柏公鎮夔，遣送官園中瓜也。（非。【師古曰】。）

信行遠修水筒。夢弼曰：昔蘇耽開井種橘以濟人，井無水，投符井中，遂有水。（是。）

催宗文樹雞柵。夢弼曰：明明領處分，一一當剖析。謂宗文宜領吾處分，明剖析，以成其事。此告之之辭也。（是。）

貽華陽柳少府。夢弼曰：藺相如傳：趙王與秦王會，相如曰：「切聞秦王善爲秦聲，請奉盆缶。」（是。）

憶鄭南玭。夢弼曰：寺名伏毒，在華州鄭縣。劉禹錫別集云：舅氏牧華州，前後由華覲謁路，經伏毒寺，曾題詩於梁，即此是也。（是。）

雷。夢弼曰：暍，於歇切，傷暑也。（是。）

火。夢弼曰：要，平聲。薄關，謂近及郊關也。長吏，謂守令也。（是。）

毒熱簡寄崔評事十六弟。夢弼曰：載聞大易義，諷詠詩家流。美崔公之通於易，復長於詩也。（是。）

灩澦堆。夢弼曰：寰宇記：夔州灩澦堆在州之西，蜀江中心瞿唐峽口。冬水淺，出二十餘丈。夏水漲，半没。（是。）

秋日夔府詠懷奉寄鄭監李賓客一百韻。夢弼曰：東郡，謂鄭在江陵。南湖，謂李在夷陵。（是。）

秋日夔府詠懷奉寄鄭監李賓客一百韻。夢弼曰：海陵卞圜謂，今世圖畫所傳嚴君平挾箸策，攜筇竹杖，亦掛百錢於杖頭。故岑參詠君平卜肆詩云：「至今杖頭錢，地上時時有。」（是。）

秋日夔府詠懷奉寄鄭監李賓客一百韻。夢弼曰：按，廣德元年，遣李之芳等使吐蕃，爲虜所留，二年乃得歸。故以張騫乘查事比之，不是阮籍哭途窮者也。又按後有哭之芳詩云「奉使失張騫」，亦此意。（是。）

秋日夔府詠懷奉寄鄭監李賓客一百韻。夢弼曰：公自謂它日離夔過峽，别巫山神女廟，必在暮春聞杜鵑時也。（非。【趙次公曰】。）

君不見簡蘇徯。夢弼曰：庾信擬連珠：龍門死樹，尚抱咸池之曲。（非。【趙次公曰】。）

贈蘇四徯。夢弼曰：斯人，指徯也。來於巴蜀，故云東。（非。【趙次公曰】。）用馬融謂門人曰「鄭生今去，吾道東矣」。（非。【王洙曰】。）一請再請，戒之之辭也。（是。）

别蘇徯赴湖南幕。夢弼曰：蘇徯往赴湖南幕，故指其地南嶽而言也。（非。【趙次公曰】。）

集千家注批點杜工部詩集卷十五

壯遊。夢弼曰：此篇叙壯年經遊之跡。按唐書：公少貧，不自振，客遊吴越，還，以進士舉不中第，遂遊齊趙間凡八九年，復歸京師。（非。【師古曰】。）

壯遊。夢弼曰：鏡湖、剡溪，俱在會稽。（按，杜工部草堂詩箋無此注文。）

壯遊。夢弼曰：皁櫪林、雲雪岡，皆齊地。（是。）

壯遊。夢弼曰：賞遊實賢王，謂如與汝陽王璡相善也。（是。）

壯遊。夢弼曰：杜曲在長安，公之家也。（是。）白楊乃墳上之木。（非。【何曰】。）

壯遊。夢弼曰：國馬竭粟豆，官雞輸稻粱。開元太平日久，玄宗侈心自恣，舞馬衣文采，飼以粟豆。(是。)又五坊。(非。【王洙曰】。)黄帝與蚩尤戰涿鹿,此喻肅宗親征也。(非。【杜田補遺】。)

壯遊。夢弼曰:正異云:吴嶽在扶風下。卞圜云:在隴州。(是。)

壯遊。夢弼曰:備員竊補袞,公自謂爲左拾遺也。(非。【趙次公曰】。)

壯遊。夢弼曰:公爲拾遺,嘗上疏言房琯不宜免相,帝怒,詔三司推問,張鎬救之,帝遂解。今詩云「君辱敢愛死,赫怒幸無傷」,謂此。(是。)

壯遊。夢弼曰:之推避賞從,詩意謂肅宗中興,公嘗扈從還京,今日客於殊方,如晉侯賞從亡者,而介之推不言禄也。滄浪,水名,在荆州。漁父濯滄浪,公自况也。此詩兩押浪字,字雖同而義則異爾。(是。)

歷歷。夢弼曰:公爲尚書員外郎,故云。(是。)

偶題。夢弼曰:按「麒麟帶好兒」及「車輪徒已斲」之句,公蓋自歎弱歲苦學爲文,今雖幸有子,而有不能傳之妙也。(是。按,杜工部草堂詩箋作:「夢弼謂:甫歎弱冠疲苦學爲文,幸有子如宗文、宗武聰敏,惜乎妙致得之於心,不能言之於其子,如扁之斲輪,不能言其妙也。故有『騏驎帶好兒,車輪徒已斲』之句也。」)

陽城郡王衛公幕。夢弼曰:以山公比柏中丞,以葛彊比田將軍。(非。【趙次公曰】。)

解悶十二首其四。夢弼曰:或云公取璩之詩廣之。(是。)以美璩前在省部,今在荆南也。

（非。【趙次公曰】。）

覆舟二首。夢弼曰：此詩諷玄宗好神仙。（非。【黃曰】。）黔陽郡秋貢丹砂等物以供燒煉之用，而使者乃沉其舟也。（是。）

覆舟二首其二。夢弼曰：漢真人大丹訣：姹女隱在丹砂中。注云：姹女，真汞也。又道家四象論：西方庚辛金，淑女之異名。故有姹女、黃婆、嬰兒之號。（按，杜工部草堂詩箋無此注文。）

秋風二首其一。夢弼曰：按唐志：光宅元年，號東都曰神都。暖向神都寒未還，謂輸運入京師也。（是。按，杜工部草堂詩箋作：「謂輸運京師，自春至冬，未有歸期。蓋勞於徵調故也。按唐地理志：東都，隋置。光宅元年，改曰神都。」）

秋風二首其二。夢弼曰：他，一作也。（是。）

西閣二首其一。夢弼曰：周書時訓：鵙始鳴。通卦驗：鵙，伯勞也。（非。【杜田補遺】。）鳴者，相命也。（非。【薛夢符曰】。）漢末西京擾亂，王粲去而依劉表於荆州，思歸。（按，杜工部草堂詩箋無此注文。）作登樓賦云：莊舄顯而越吟。（非。【王洙曰】。）史記：越人莊舄在楚，有頃而病，楚王使人察其意之所向，聞其越聲，知其思越也。（非。【趙次公曰】。）

西閣二首其二。夢弼曰：公自謂爲員外郎也。（是。）

社日二首其二。夢弼曰：陸機曰：社之日至，太史占事。（是。）

江月。夢弼曰：按唐韻作字去聲，藏祚切，又則個切。（是。）晉列女傳：竇滔妻蘇氏織錦爲回文旋圖詩以贈滔。（非。【趙次公曰】。）迴圈讀之，詞意淒惋。（是。）

吹笛。夢弼曰：樂府「橫吹笛」有關山月、折楊柳，又有武溪深詞。解題云：馬援南征所作。援門人袁生者善吹笛，援作歌以和之，名曰武溪深。其曲曰：滔滔武溪一何深，飛鳥不渡獸不臨，嗟哉武溪多毒淫。（是。）

夔府書懷四十韻。夢弼曰：漢司馬相如爲孝文園令，公嘗獻三賦，故以相如爲比。揚雄校書天禄閣，上治獄，使來收雄，雄乃自閣上自投下，公嘗言房琯不宜罷相，忤肅宗，故以揚雄事爲比。（是。按，杜工部草堂詩箋作：「甫三獻大禮賦，玄宗奇之，亦若相如之見知漢武，終爲讒間所害，寂寞無聞也。甫言房琯不宜罷相，貶華州司功，何異揚雄之見累劉棻而爲污染乎？」）

夔府書懷四十韻。夢弼曰：三國陳孔璋爲曹洪與魏文帝書：遊睢、渙者，學藻繪之彩。注云：睢、渙，二水名，其處人能織藻繪錦綺，天子御服出焉。（非。【杜田補遺。又，杜陵詩史、分門集注、補注杜詩引作「薛夢符曰」。】）

秋興八首二首。夢弼曰：按張華博物志止載：近世有人居海上，每年八月見槎來，不失期，遂齎糧乘之而到天河。宗懍作荊楚歲時記乃傅會以爲張騫事。前賢詩多據用之。子美亦承襲而用之耳。（是。）

秋興八首其六。夢弼曰：珠簾繡柱，言曲江宮殿。錦纜牙檣，言天子泛龍舟宴賞也。（是。按，杜工部草堂詩箋作：「謂曲江宮殿之簾帷，繡爲黃鵠之文也。謂天子泛龍舟於曲江池，而驚起其白鷗也。」）

秋興八首其七。夢弼曰：菰米蓮房，皆言池中所有。（是。按，杜工部草堂詩箋作：「謂池中之雕胡茂盛也。謂池中之荷花雕謝也。」）關塞，言白帝城。鳥道，言峽中高山。（非。【趙次公曰】。）

秋興八首其八。夢弼曰：春相問，乃詩人雜佩以問之之意也。（是。）

秋興八首其八。夢弼曰：子美昔遊渼陂，曾留篇詠，集中有渼陂行，故今相望有白頭低垂之歎。（非。【趙次公曰】。）

詠懷古跡五首其三。夢弼曰：石季倫明君詞，明君本爲昭君，觸晉文帝諱改焉。（非。【趙次公曰】。）

詠懷古跡五首其五。夢弼曰：陳平傳：天下指揮則定矣。（非。【趙次公曰】。）

楊監又出畫鷹十二扇。夢弼曰：馮少正開元中任少府監，善畫鷹鶻。（非。【師尹曰】。）

送殿中楊監赴蜀見相公。夢弼曰：梁、益，劍南道也。（是。按，杜工部草堂詩箋作：「杜安簡地志：梁、益者，梁，漢州，益，蜀川。梁、蜀之域，乃華陽也。」）解榻，用陳蕃事。（非。【王洙曰】。）山門，公自謂在夔峽間。（按，杜工部草堂詩箋無此注文。）

集千家注批點杜工部詩集卷十六

南極。夢弼曰：睥睨，城上女牆也。（非。【鄭卬曰】。）

中宵。夢弼曰：後漢：梁冀窗牖皆有綺疏。注：縷爲綺文也。（是。）

猿。夢弼曰：見，賢遍切。（是。）

昔遊。夢弼曰：碣石，海傍山也。（是。）

昔遊。夢弼曰：青歲，猶言青春也。（是。按，杜工部草堂詩箋作：「少年謂之青春，故云青歲。」）

西閣曝日。夢弼曰：顓頊，北方之帝。倚薄，謂附著而陰氣逼人也。（非。【師古曰】。）謝靈運詩：拙疾相倚薄。（非。【趙次公曰】。）

小至。夢弼曰：唐雜録：宮中以女工揆日之長短，冬至後日晷漸長，比常日增一線之工。（是。）

奉送蜀州柏二別駕將中丞命赴江陵起居衛尚書太夫人因示從弟行軍司馬位。夢弼曰：唐書方鎮表：夔州兼峽、忠、歸、萬五州防禦使，隸荆南節度。（非。【趙次公曰】。）

送王十六判官。夢弼曰：少，猶少頃也。少，一作已。（是。）

赤甲。夢弼曰：鄭審、薛璩、郤昂、岑參，皆公之故舊也。（非。【王洙曰】。）

入宅三首其二。夢弼曰：按地志：夔之魚復、灎澦，風濤電射，其地巨魚却而不得上，故名魚復浦。（是。）

熟食日示宗文宗武。夢弼曰：楊佺期洛城記：邙山，古今東洛九原之地也。（非。【杜田補遺】。）

晴二首其二。夢弼曰：莊子：中山公子牟謂瞻子曰：身在江海之上，心居乎魏闕之下。（非。【趙次公曰】。）

承聞河北諸道節度入朝歡喜口號絶句十二首。夢弼曰：李相，謂李光弼。（是。）將軍，謂河北諸道節度也。（非。【趙次公曰】。）

寄薛三郎中璩。夢弼曰：郭璞江賦：巴東之峽，夏后疏鑿。（按，杜工部草堂詩箋無此注文。）今公留滯峽中，恨禹功雖勤，尚不能鑿三峽，使江流平易也。（是。）

寄薛三郎中璩。夢弼曰：鳳池，謂朝廷也。（是。按，杜工部草堂詩箋作：「謂朝廷已清平也。」）

懷灞上游。夢弼曰：東陵道，指長安東門外也。（非。【趙次公曰】。）

李潮八分小篆歌。夢弼曰：書苑：李潮善小篆，師李斯嶧山碑，見稱於時。（是。）

醉爲馬墜諸公攜酒相看。夢弼曰：庾信詩：醉來拓金戟。（非。【師尹曰】。）古詩：白馬紫遊韁。（非。【趙次公曰】。）

集千家注批點杜工部詩集卷十七

槐葉冷淘。夢弼曰：苞蘆，謂蘆筍也。（非。【趙次公曰】。）

諸葛廟。夢弼曰：國語：在男曰覡，在女曰巫。覡，研歷切。（非。【薛夢符曰】。）

行官張望補稻畦水歸。夢弼曰：大夫之臣曰家臣，家臣主守田野，此即是指行官而言也。（是。）

行官張望補稻畦水歸。夢弼曰：西京雜記：菰有米，長安人謂之雕胡。（是。）

灩澦。夢弼曰：寰宇記：灩澦堆，冬來出二十餘丈，夏水漲半没。（按，杜工部草堂詩箋無此注文。）

夔州歌十絶句其二。夢弼曰：王，去聲。（非。【趙次公曰】。）

夔州歌十絶句其五。夢弼曰：唐韻：蔣，菰也。（是。）

阻雨不得歸瀼西甘林。夢弼曰：日夜偶瑶琴，謂聽其風韻若鼓瑶琴焉。（非。【趙次公曰】。）

柴門。夢弼曰：谽，火含切。（是。）谺，虚加切。谷中也。（非。【趙次公曰】。）嵌，丘銜切，嵌岩也。（是。）

暇日小園散病將種秋菜督勒耕牛兼書觸目。夢弼曰：矰，咨登切。繳與繫同，之若切。矰繳，以絲繫矢而射也。（是。）

寄劉峽州伯華使君四十韻。夢弼曰：伐數，伐猶伐性之伐，數則言壽也。（按，杜工部草堂詩箋無此注文。）或作伐叛，非。（是。）

孟氏。夢弼曰：力，一作夕。（是。）

驅豎子摘蒼耳。夢弼曰：登床，謂薦之於俎也。（是。）

驅豎子摘蒼耳。夢弼曰：西京雜記：漢佞幸有韓嫣，好彈，以金爲丸，所失者日有千餘。長安爲之語曰：苦飢寒，逐金丸。（是。）

同元使君春陵行。夢弼曰：兩章即元結春陵行及賊退示官吏作。（是。）

同元使君春陵行。夢弼曰：近休明，謂治近乎三代休明之時也。（是。）左傳：楚子觀兵於周疆，問鼎之大小輕重焉。王孫滿對曰：「德之休明，雖小，重也。其奸回昏亂，雖大，輕也。」（按，杜工部草堂詩箋無此注文。）

魏將軍歌。夢弼曰：古樂府有丁都護歌。樂録云：丁都護歌者，彭城内史徐逵爲魯軌所殺，宋高祖乃使督護丁旿收殯之。逵妻，高祖長女也，呼旿至閣下，自問斂送之事，每問輒歎息曰：「丁都護。」其聲哀切，後人因其聲廣其曲焉。（是。）

孟倉曹步趾領酒醬二物滿器見遺老夫。夢弼曰：司馬遷傳：堯、舜糲粱之食。注：音辣。張晏曰：一斛粟舂七斗米爲糲。（按，杜工部草堂詩箋無此注文。）醉如泥，見漢周澤傳。（是。）

九日五首其四。夢弼曰：終南，長安之南山也。（是。）

季秋蘇五弟纓江樓夜宴崔十三評事韋少府姪三首。夢弼曰：十道志：忠州有黄姑渚。或謂古樂府：東飛伯勞西飛燕，黄姑織女時相見。黄姑，即河鼓也，乃俗聲之轉耳。（是。）

耳聾。夢弼曰：後漢輿服志：鶡冠，環纓無蕤，加雙鶡尾在左右，五官、虎賁、羽林皆冠之。（非。【杜田補遺】。）

奉酬薛十二丈判官見贈。夢弼曰：漢元帝時西域都護甘延壽、陳湯斬郅支單于於康居。（按，杜工部草堂詩箋無此注文。）

奉酬薛十二丈判官見贈。蔡夢弼會箋云：斷蛇劍事，非所當用。是斬邪劍，乃用朱雲乞斬張禹事。（是。）

贈李八秘書別三十韻。夢弼曰：上元初止謂改元之初，非年號。（非。【趙次公曰】。）姚墟在漢中。（是。）舜生於姚墟。（按，杜工部草堂詩箋無此注文。）玄朔回天步，謂肅宗即位靈武。（是。）神都憶帝車，謂玄宗幸蜀未還。（是。）

贈李八秘書別三十韻。夢弼曰：朱虚侯乃高祖齊王之子。李秘書亦宗室也，故以爲比。（非。【趙次公曰：「文帝既入，益封朱虚侯二千石，黄金一千斤。今既云『事殊迎代邸』，所以賞李秘書亦與朱虚侯異也。詳此，李秘書豈唐之宗子乎？故又用朱虚侯形容之。」】）

奉送韋中丞之晉赴湖南。夢弼曰：東方朔外傳：郡守四馬駕車，一馬行春。（是。）

大覺高僧蘭若。夢弼曰：乞，去既切。（是。）

大覺高僧蘭若。夢弼曰：門徒，謂從遊諸弟子也。未知和尚歸在何日，諸弟子當修供養以待之也。（是。）

集千家注批點杜工部詩集卷十八

自瀼西荆扉且移居東屯茅屋四首其三。夢弼曰：剩，寔證切。陸機詩：遊賞愧剩客。（是。）

覃山人隱居。夢弼曰：漢、魏以來，隱士名之曰徵君。（非。【趙次公曰】。）

東屯北崦。夢弼曰：崦，衣檢切。與嶮同。（是。）

雨。夢弼曰：消中，謂渴疾也。糠籺，非精米也。籺，胡骨切。一命，小官也。（是。）

瞿唐兩崖。夢弼曰：猱，乃高切。（是。）玃，厥縛切。（非。【鄭卬曰】。）爾雅：猱善援，玃善顧。（是。）

晨雨。夢弼曰：夔州圖經：麝香山在州東南一百二十里，山出麝香，故以爲名。（非。【趙次公曰】。）

柳司馬至。夢弼曰：唐志：惠州有邯鄲縣，屬河北。（按，杜工部草堂詩箋無此注文。）漢書：北走邯鄲道。（非。【王洙曰】。）

久雨期王將軍不至。夢弼曰：南史：侯景令東吴兵盡著白袍，自爲營陣。（非。【師尹曰】。）

寫懷二首其二。夢弼曰：燧人氏始鑽木取火，炮生爲熟。董狐，古之良史也，書法不隱。（是。）

觀公孫大娘弟子舞劍器行。夢弼曰：臨潁縣，屬許州。（按，杜工部草堂詩箋無此注文。）

白鳧行。夢弼曰：國語：海鳥鶢鶋止於魯東門外，展禽曰：「今茲海其有災乎？夫廣川之鳥獸常知避其災。」是歲海多大風。（非。【趙次公曰】。）

錦樹行。夢弼曰：青丘亦地名，而非内地屬洛陽者。（非。【師古曰】。）

白帝城樓。夢弼曰：夷陵，峽州也。（非。【趙次公曰】。）

後苦寒行二首其一。夢弼曰：詩：南國之紀。（非。【杜田補遺】。）巫、廬二山也。昆侖山爲天柱，崆峒山爲天關。（是。）

敬寄族弟唐十八使君。夢弼曰：永泰，代宗年號。（是。）

行次古城店泛江作不揆鄙拙奉呈江陵幕府諸公。夢弼曰：郡國志：荆州當陽縣東南有麥城。（是。）

乘雨入行軍六弟宅。夢弼曰：時杜位爲江陵行軍司馬。（是。）

江南逢李龜年。夢弼曰：雲溪友議：明皇樂工李龜年奔迫江潭，曾於湖南採訪使筵上唱「紅豆生南國，秋來發幾枝。贈公多採摘，此物最相思」。又云：「清風明月苦相思，蕩子從戎十載餘。征人去日殷勤囑，歸雁來時數附書。」此詞皆王維所作也。（是。）

夏夜李尚書筵送宇文石首赴縣聯句。夢弼曰：李尚書名之芳。（是。）宇文名彧，尚書之甥也。（非。【王洙曰】。）石首縣，屬江陵。（是。）

虢國夫人。夢弼曰：唐書：楊貴妃有姐三人，長封虢國，並承恩出入宮掖。（非。【鮑欽止曰】。）

秋日荆南述懷三十韻。夢弼曰：淮南子：君命將，臣辭而行，乃爪鬋設明衣，鑿凶門而出。（非。【杜田補遺】。）

秋日荆南述懷三十韻。夢弼曰：淮南子：魯君欲相顔闔，使人以幣先焉。顔闔鑿坏而遁。揚雄解嘲云：士或鑿坏以遁。（非。【王洙曰】。）

折檻行。夢弼曰：漢成帝時朱雲上書乞斬張禹，上怒，令御史將雲下。雲攀殿檻，檻折。後當治檻，上曰：「勿易，因而葺之，以旌直臣。」故後世殿檻皆曲，以雲故也。（非。【王洙曰】。）

秋日荆南送石首薛明府辭滿告别奉薛尚書頌德叙懷斐然之作三十韻。夢弼曰：漢書：蕭何爲一代之宗臣。此以比郭令公。（是。）

秋日荆南送石首薛明府辭滿告别奉薛尚書頌德叙懷斐然之作三十韻。夢弼曰：滏，扶甫切，光黄之間水名。（是。）言尚書公督諸郡節度兵會於滏口也。（非。【師古曰】。）

秋日荆南送石首薛明府辭滿告别奉薛尚書頌德叙懷斐然之作三十韻。夢弼曰：以漢衛青、霍去病比其武功，以魏應德璉、徐公幹比其文學也。（非。【王洙曰】。）

秋日荆南送石首薛明府辭滿告别奉薛尚書頌德叙懷斐然之作三十韻。夢弼曰：爾雅：十藪，宋有孟諸。注：今在梁國。此乃公追言梁宋之舊遊也。（非。【趙次公曰】。）

哭李尚書。夢弼曰：奉使失張騫，謂李之芳廣德間嘗使吐蕃。按公秋日夔府詠懷百韻末云「途中非阮籍，查上似張騫」，亦爲李之芳而言也。（是。）

集千家注批點杜工部詩集卷十九

醉歌行贈公安顔少府請顧八題壁。夢弼曰：蜀嶲州嶲山，地接諸蠻部，有烏蠻、白蠻。

赤壁，在鄂州。（是。）

贈虞十五司馬。夢弼曰：魏志：蔡邕奇王粲，聞其至門，倒屣迎之，一座盡驚。邕曰：「此王公孫也，有異才。吾不如也。吾家書籍盡當與之。」（非。【趙次公曰】。）

公安送李二十九弟晉肅入蜀余下沔鄂。夢弼曰：晉肅，即李賀之父。（非。【趙次公曰】。）

歲晏行。夢弼曰：刻泥，謂刻泥作模也。（非。【趙次公曰】。）

别董頲。夢弼曰：孝子薦其甘旨。（非。【師古曰】。）此謂董頲有母也。（按，杜工部草堂詩箋無此注文。）

幽人。夢弼曰：麟，疑作靈。（是。）

幽人。夢弼曰：見，一作在。（按，杜工部草堂詩箋無此注文。）

冬晚送長孫漸舍人歸州。夢弼曰：吴越春秋：干將、莫耶之劍，能決吹毛遊塵。（是。）

送重表侄王砅評事使南海。夢弼曰：王珪母李氏，珪之婦杜氏，詩中所稱則皆指李氏也。（按，杜工部草堂詩箋無此注文。）馮翊郡，同州也。（非。【趙次公曰】。）水花，言水浪也。（是。）

送重表侄王砅評事使南海。夢弼曰：集韻：瀧，水名，在嶺南。韓昌黎瀧吏詩：南行逾六旬，始下昌樂瀧。（是。）

過南嶽入洞庭湖。夢弼曰：王荆公本作蔣。（是。）

解憂。夢弼曰：坑，一作吭。（按，杜工部草堂詩箋無此注文。）呀吭，乃灘口也。（非。【師古曰】。）

早行。夢弼曰：蕭太傅辭奪禮表：不勝崩迫之情。（是。）

過津口。夢弼曰：津口，屬江陵。（是。）

過津口。夢弼曰：陸士衡詩：甕餘殘酒，膝有横琴。（是。）

歸雁。夢弼曰：漲海，海名。（按，杜工部草堂詩箋無此注文。）謝承後漢書：陳茂常渡漲海，交趾七郡皆從漲海入也。（非。【趙次公曰】。）羅浮山，在嶺南惠州。（按，杜工部草堂詩箋無此注文。）

野望。夢弼曰：裴遜之詩：納納江海深。（是。）

詠懷二首其一。夢弼曰：本朝再樹立，謂代宗時也。（非。【趙次公曰】。）貞觀，太宗年號。（按，杜工部草堂詩箋無此注文。）先王罪己，謂肅宗即位，嘗下詔痛自刻責。（非。【師古曰：先帝於此時遂下詔痛自刻責也。】）

詠懷二首其二。夢弼曰：晉葛洪字稚川，聞交趾出丹砂，求爲勾漏令。遂將子侄具行，後止於羅浮山。蜀志：許靖字文休，避董卓之誅，走至交趾。後以劉璋招，入蜀，事先主。（非。【趙次公曰】。）

望嶽。夢弼曰：淮南子：澒濛鴻洞，莫知其門。（是。）

望嶽。夢弼曰：嶽之諸峰皆朝於祝融，獨紫蓋一峰勢轉東去。（是。）

雙楓浦。夢弼曰：按圖經：在潭之瀏陽縣。（按，杜工部草堂詩箋無此注文。）

酬郭十五判官。夢弼曰：橘洲在長沙郡之喬口。（是。）

衡州送李大夫七丈赴廣州。夢弼曰：李勉，鄭惠王之曾孫也。（是。）

回棹。夢弼曰：沈休文蕭愐碑：因遇沉痾，綿留氣序。（是。）

湘江宴餞裴二端公赴道州。夢弼曰：白團，謂扇也。（按，杜工部草堂詩箋無此注文。）

奉送王信州北歸。夢弼曰：太史，乃公自比也。（非。【趙次公曰】。）

哭韋大夫之晉。夢弼曰：莊子：虛室生白。（非。【王洙曰】。）櫝賦：棄虛白之室，歸長夜之堂。(是。)孝廉船,注見前。(按,杜工部草堂詩箋無此注文。)

哭韋大夫之晉。夢弼曰:左傳:惟名與器不可以假人。(非。【師古曰】。)

酬韋韶州見寄。夢弼曰:韋詩「相憶無南雁」,故公以北來魚戲之。(非。【趙次公曰】。)蓋謂雁不過衡陽,而瀟湘北流也。(是。)

集千家注批點杜工部詩集卷二十

千秋節有感二首其一。夢弼曰:左傳:鳳鳥氏,曆正也。鳳紀編生日,言禮官書誕節於鳳曆也。(是。)

千秋節有感二首其二。夢弼曰:明皇雜録:千秋節,上宴勤政樓,大陳聲樂。(是。)

蘇大侍御涣静者也旅於江側不交州府之客人事都絶久矣肩輿江浦忽訪老夫舟楫已而茶酒内余請誦近詩肯吟數首才力素壯詞句動人接對明日憶其湧思雷出書篋几杖之外殷殷留金石聲賦八韻記異亦見老夫傾倒於蘇至矣。夢弼曰:本一作昨夜舟火滅。(按,杜工部草堂詩箋無此注文。)湘娥,謂虞帝二妃也。(是。)

可歎。夢弼曰:按本傳:李勉初爲梁州刺史。(是。)梁屬山南道。(按,杜工部草堂詩箋無此注文。)

可歎。夢弼曰:尚書大傳:古者天子必有四鄰,前曰疑,後曰丞,左曰輔,右曰弼。(是。)

奉贈盧五丈參謀琚。夢弼曰:公之母鄭氏,參謀之母豈亦鄭氏耶?(按,杜工部草堂詩箋無此注文。）

奉贈盧五丈參謀琚。夢弼曰：謝宣遠答靈運詩：牽率酬嘉藻。（是。）

暮秋枉裴道州手劄率爾遣興寄遞呈蘇渙侍御。夢弼曰：楚國先賢傳：諸阮居市北而富，以車徒每出，肩輿數十，連袂牽車，飲酣自若。（非。【師尹曰】。）

別張十三建封湖南觀察使韋之晉辟參謀。夢弼曰：建封，劉文靜外曾孫也。少隨父玠客隱兗州，時子美父閑爲兗州司馬，有契好。（是。）湖南觀察使韋之晉辟署參謀，授左清道兵曹參軍，不樂職，輒去。後爲御史大夫、徐泗濠節度使。見本傳。（非。【趙次公曰】。）

別張十三建封湖南觀察使韋之晉辟參謀。夢弼曰：彭城，劉氏郡號也。（是。按，杜工部草堂詩箋作：「彭城，劉文静之望。」）

別張十三建封湖南觀察使韋之晉辟參謀。夢弼曰：晉杜預爲征南大將軍。（非。【王洙曰】。）今以言韋之晉爲湖南而辟建封爲幕客也。（是。）

送盧十四弟侍御護韋尚書靈櫬歸上都二十四韻。夢弼曰：要，平聲。（是。）

風疾舟中伏枕書懷呈湖南親友三十六韻。夢弼曰：軒轅之制律，所以通八節之氣，而調八方之風。今風之疾，足見律管之錯而不能和諧也。（是。）

風疾舟中伏枕書懷呈湖南親友三十六韻。夢弼曰：公謂諸公嘗饋食賜金也。（非。【師古曰】。）

風疾舟中伏枕書懷呈湖南親友三十六韻。夢弼曰：北斗，長安城也。（非。【趙次公曰：「長安之城，上直北斗。」】）

追酬故高蜀州人日見寄。夢弼曰：高適，乾元中刺蜀州，永泰元年卒。（是。）

同豆盧峰貽主客李員外賢子棐知字韻。夢弼曰：樂府有鳳將雛曲。（非。【趙次公曰】。）

歸雁二首其一。夢弼曰：衡陽有回雁峰。（是。）雁至此不過，遇春而回。（按，杜工部草堂詩箋無此注文。）

清明。夢弼曰：著，直略切，觸也。（是。）

嶽麓山道林二寺行。夢弼曰：野客，樊本作謝客。（是。）謝靈運字客子，爲永嘉太守，性好山水，肆意遊遨。嘗於南山伐木開徑，直至臨海，從者數百。太守王琇驚駭，謂山賊，不知爲靈運也。（按，杜工部草堂詩箋無此注文。）何顒當作周顒，詳見上兜率寺詩「何顒好不忘」。（是。）

入衡州。夢弼曰：雲鳥埤，言城高也。埤，部弭切。（是。）或曰埤當作障。（按，杜工部草堂詩箋無此注文。【趙次公曰：「或曰埤當作陣。」】）

入衡州。夢弼曰：史記：張儀願爲門闌之廝。（是。）又，白起爲秦將，善用兵。（按，杜工部草堂詩箋無此注文。）

入衡州。夢弼曰：易：師出以律，否臧凶。（非。【趙次公曰】。）否音鄙。（按，杜工部草堂詩箋無此注文。）

入衡州。夢弼曰：時公之舅崔偉攝郴州，公欲往依之。（是。）剖符，注見前。（按，杜工部草堂詩箋無此注文。）

聶耒陽以僕阻水書致酒肉療飢荒江詩得代懷興盡本韻至縣呈聶令陸路去方田驛四十里舟行一日時屬江漲泊於方田。夢弼曰：公謂臧玠之徒不可以言諭，宜悉坑之也。（非。【師古曰】。）

附録二

宋元「集注批點」杜集系列的成書過程及其價值發微——從辨正高崇蘭編集千家注批點杜工部詩集「夢弼曰」注文入手

元、明兩代最流行的杜集注本是高崇蘭編次、署名劉辰翁批點集千家注批點杜工部詩集，雖然學界對其中文獻多有利用，但歷來對它的理解和認識尚有欠缺之處。關於此本的成書過程，因爲書中注文大量引用「夢弼曰」、「黄鶴曰」，明顯出自南宋蔡夢弼杜工部草堂詩箋（下稱草堂詩箋）與黄希、黄鶴補千家注紀年杜工部詩史（下稱黄氏補注杜詩），又加上劉將孫序明確説它「固草堂集（按，指草堂詩箋）之郭象本矣」，故「高書承襲蔡書、黄書而成」的結論一目了然，歷來研究者也滿足於這一簡單判斷。但高本選擇蔡、黄二書是出於自主還是基於某種注釋傳統？蔡、黄二書在高本成書過程中孰爲底本，孰爲參考本，其先後主次關係是什麽？兩書文本發生矛盾時高本如何抉擇，其主次關係對高本價值有什麽影響？這些更爲細密的問題，歷代杜集文獻著録解題從未涉及，亦未得到現代研究者的關注與闡釋。這一系列問題如果從所謂「夢弼曰」注文角度進行考辨，可以迎刃而解。更重要的是，從「夢弼曰」注文角度對高崇蘭本成書過程的梳理，還可以進一步揭櫫宋、元「集注批點」杜集系列受關注更少的另外兩種版本系統——羅履泰序、署名彭鏡溪須溪批點杜工部詩注〔一〕，署名徐居仁編次、黄鶴補注集千家注分類杜工部詩——的成書過程，從而對高、羅、徐三書在宋、元杜集體系中的位置、價值與不足作出判斷，進而塑造一種全新的「集注批點」杜集最佳版本。

一、南宋蔡夢弼杜工部草堂詩箋對元代高崇蘭編集千家注批點杜工部詩集所引「夢弼曰」注文的誤導

南宋蔡夢弼杜工部草堂詩箋爲杜集宋注殿軍之一，也是對後世杜集注本影響最大的宋注本之一。此書存在兩大問題：第一是流傳過程出現宋本（五十卷）與元本（四十卷、補遺十卷）的版本系統之異〔二〕。第二就是本文研究重點，即自蔡夢弼編撰此書起就存在的注文問題。蔡夢弼作集注會箋時將注家主名全部删去，使得實質上爲集注本的草堂詩箋在外貌上呈現爲純粹單注本形態。如圖所示（草堂詩箋宋刻五十卷本卷一首頁）：

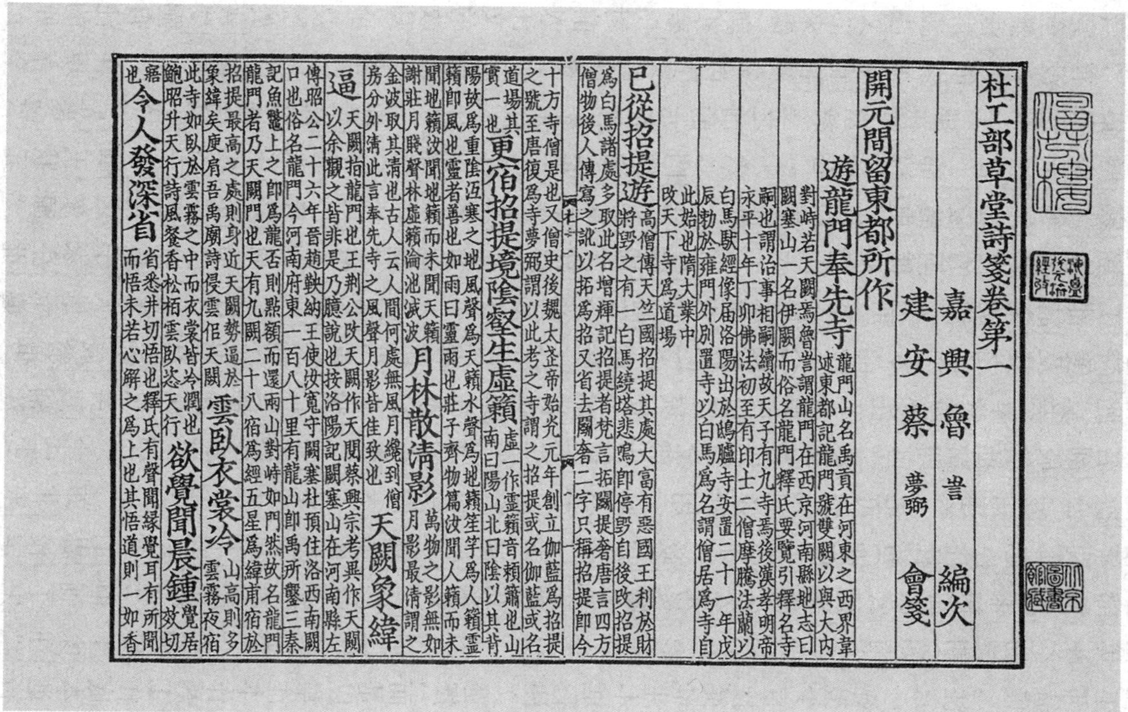

杜工部草堂詩箋卷第一

嘉興魯　訔　編次

建安蔡　夢弼　會箋

開元間留東都所作

遊龍門奉先寺　龍門山名禹貢在河東之西界章述東都記龍門號雙闕以與大內對峙若天闕焉魯訔謂龍門在西京河南縣地志曰闕塞山一名伊闕而俗名龍門釋氏要覽引釋名寺嗣也謂治事相嗣續故天子有九寺焉後漢孝明帝永平十年丁卯佛法初至有印士二僧摩騰法蘭以白馬馱經像届洛陽出於鴻臚寺安置二十一年戊辰勅於雍門外別置寺以白馬爲名謂僧居爲寺自此始也隋大業中改天下寺爲道場

已從招提遊　高僧傳天竺國招提其處大富有惡國王利於財將毀之有一白馬繞塔悲鳴即停毀自後改招提爲白馬諸處多取此名增輝記招提者梵言拓鬬提奢唐言四方僧物後人傳寫之訛以拓爲招又省去鬬奢二字只稱招提即今十方寺僧是也又僧史後魏太武帝始光元年創立伽藍爲招提之號至唐復爲寺夢弼謂以此考之寺謂之招提或名伽藍或名道場其實一也

更宿招提境　陰壑生虛籟　虛一作靈籟音賴簫也山南曰陽山北曰陰以其背陽故爲重陰沍寒之地風聲爲天籟水聲爲地籟笙竽爲人籟靈籟即風也靈者善也如雨曰靈雨也莊子齊物篇汝聞人籟而未聞地籟汝聞地籟而未聞天籟謝莊月賦聲林虛籟淪池滅波

月林散清影　萬物之影無如月影最清謂之金波取其清也古人云人間何處無風月纔到僧房分外清此言奉先寺之風聲月影皆佳致也

天闕象緯逼　天闕指龍門也王荆公改天闕作天閱蔡興宗考異作天闕以余觀之皆非是乃臆說也按洛陽記闕塞山在河南縣左傳昭公二十六年晉趙鞅納王使汝寬守闕塞杜預住洛西南闕口也俗名龍門今河南府東一百八十里有龍山即禹所鑿三秦記魚鼈上之即爲龍否則點額而還兩山對峙如門然故名龍門龍門者乃天闕門也天有九闕二十八宿爲經五星爲緯甫宿於招提最高之處則身近天闕勢逼於象緯矣庾肩吾禹廟詩侵雲佀天闕

雲臥衣裳冷　山高則多雲霧夜宿此寺如臥於雲霧之中而衣裳皆冷潤也鮑昭升天行詩風餐香松栢雲臥恣天行

欲覺聞晨鐘　覺居效切寤也

令人發深省　省悉井切悟也釋氏有聲聞緣覺耳有所聞而悟未若心解之爲上也其悟道則一如香

（草堂詩箋　宋本五十卷）

讀者完全無法辨識注文的來源，與蔡夢弼對前人注文的改動，以及屬於蔡夢弼自注的原創內容。有没有可能恢復草堂詩箋全部注文的注家名，還原其本來的「集注」面貌呢？在現存全部杜集宋注本中，排在草堂詩箋之前的六種杜集宋注本注文，即趙彦材杜詩趙次公先後解、門類增廣十注杜工部詩（存卷一—六）、門類增廣集注杜工部詩（存卷八）、托名王十朋王狀元集百家注編年杜陵詩史、分門集注杜工部詩、郭知達九家集注杜詩，皆爲蔡夢弼注之來源。在草堂詩箋之後的兩種杜集注本——黄氏補注杜詩、高崇蘭編、署名劉辰翁評點集千家注批點杜工部詩集的注文，前者大量承襲草堂詩箋之前的注本（主要是分門集注），後者大量承襲草堂詩箋及其之前注本的注文，兩書的「原創性」注文只有黄希、黄鶴補注與署名劉辰翁批點。因此，考察草堂詩箋注文來源可以以現存全部杜集宋注本爲基礎，只要排除黄希、黄鶴補注與署名劉辰翁批點即可。從筆者比對全部杜集宋注本的結果來看，宋代杜集早期注家注本（如趙次公、郭知達等）還可能見到並利用一些今天已經散佚的宋人早期杜集注全本，如北宋元祐年間鄧忠臣注杜詩（即僞王洙注）、政和年間王彦輔杜工部詩增注、北宋末年黄伯思校定杜工部集、南宋初趙次公杜詩趙次公先後解（郭知達九家集注杜詩多詳引趙注）等，但到了宋代杜集注本的後期（如南宋中後期的蔡夢弼草堂詩箋、黄氏補注杜詩、宋元之際集千家注批點杜工部詩集），注家已經很少直接從單注本進行注文選擇，而是以集注本作爲工作底本進行編纂（考慮到這些宋代後期注本的坊本性質，這種便捷的工作方式不難理解），其注文承襲前人注的部分基本不出「百家注」（以王狀元集百家注編年杜陵詩史爲代表）的範圍，筆者很少發現直接來自早期注家注本、超出「百家注」的注文，這些後期注本甚至不會去覆核今天依舊存世的趙次公（按趙注僅存半部，有林繼中輯校本）、郭知達注本。也就是説，宋代後期杜集注家大體上不會超過我們今天通過文獻著録和實物流傳所獲得的杜集信息，因此無須過高估量他們的「杜集文獻視野」。筆者撰新定杜工部草堂詩箋斠證，以草堂詩箋宋刻五十卷爲底本，將其書全部注文與現存其他杜集宋注比對，找到了草堂詩箋超過百分之九十五以上注文的歸屬，並注明了注文來源與改動情況。高崇蘭編、署名劉辰翁評點集千家注批點杜工部詩集以草堂詩箋爲底本編纂而成，用新定杜工部草堂詩箋斠證考察高崇蘭本，發現高崇蘭本所引出自草堂詩箋的「夢弼曰」注文每將草堂詩箋削去注家名的注文誤認爲蔡夢弼注。將高崇蘭本所引「夢弼曰」注文（近八百條）逐條比對，考辨是非源流，結論如下〔三〕：

一、全屬蔡夢弼自注者，計三四三條〔四〕。

二、全不屬於蔡夢弼自注者，計一九七條。

三、由蔡夢弼自注與其他注家注文參合而成者，計一七七條。

四、標明蔡夢弼注却未見於宋本草堂詩箋者，計六四條。

由此可知，高崇蘭本對草堂詩箋的集注性質不够瞭解，對草堂詩箋注文幾乎不加抉擇，直接視爲蔡夢弼注，其書近八百條直接標注爲「夢弼曰」的注文，完全屬於蔡夢弼自注者僅三四三條（這種屬實全憑偶然，與集千家注批點杜工部詩集編纂者的主觀選擇無關），其他四百餘條都存在各種不實情況。後世杜集注本對高崇蘭本的引用，凡涉及到四百餘條標錯注者名的注文，都應予以改正。

二、高崇蘭本誤讀「夢弼曰」注文的三種規律

通過對高崇蘭本四百餘條不屬於蔡夢弼自注而標明「夢弼曰」注文的來源覆核，其誤標「夢弼曰」原因規律得以顯露。現以高崇蘭本卷一「夢弼曰」注文爲例（對其他各卷詩注進行比對辨正，其情況的類型及其邏輯指向也是一樣的，爲省篇幅，不贅引），總結全書誤標「夢弼曰」注文來源呈現三種基本規律（括弧内是筆者考辨文字，標作「非」的部分爲被高崇蘭本誤讀爲蔡夢弼注，而實爲其他注家注文者，標作「是」的部分爲確屬蔡夢弼自注者）：

（一）標明「夢弼曰」而實屬他注者，原注文及所屬注家名僅見於九家集注杜詩

按照原書詩篇次序舉例如下：

巳上人茅齋。夢弼曰：博物志、抱朴子皆言天門冬，一名顛棘，蓋顛、天聲相近也。（非。【杜田正謬：天棘，即天門冬也。博物志、抱朴子皆言天門冬，一名顛棘。】按，杜田正謬僅見於九家集注杜詩，杜陵詩史、補注杜詩、分門集注有鮑彪注轉引。）

奉贈韋左丞丈二十二韻。夢弼曰：唐新書：甫少貧，不自振，客齊趙、吴越間，李邕奇其才，先往見之。（非。【師尹曰】。按，師尹注僅見於九家集注杜詩。）

高都護驄馬行。夢弼曰：古樂府：青絲纏馬尾，黄金絡馬頭。（是。）三輔黄圖：長安城北出西頭第一門曰横門，門之外有橋曰横橋。如淳曰：横，音光。（非。【趙次公曰】。按，趙次公注僅見於九家集注杜詩。）

玄都壇七言六韻寄元逸人。夢弼曰：三秦記：子午，長安正南也，山名秦嶺，谷名褒斜。（非。【杜田補遺。】按，杜田補遺僅見於九家集注杜詩。）長安志：王莽有意篡漢，通子午道，時名爲子午谷。（是。）

送韋書記赴安西。夢弼曰：晉丁彬書：雲泥異途，邈矣懸隔。（非。【趙次公曰】。按，此條趙次公注僅見於九家集注杜詩。）借，本作籍，非。千金翼論：老人之性，必恃其老，無有借在。（是。）

上述詩注之例表明集千家注批點杜工部詩集編纂者未利用九家集注杜詩，故無法辨識出自此書的注文歸屬。

（二）標明「夢弼曰」而實屬他注者，原注文及所屬注家名既見於九家集注杜詩，又見於杜陵詩史、分門集注、黄氏補注杜詩注本系列

需要説明，將杜陵詩史、分門集注、黄氏補注杜詩三種注本作爲一個系列的原因是：三種注本注文大體一致。具體而言，杜陵詩史最詳，分門集注、黃氏補注杜詩（去除後添的黃氏補注内容）注文一致、較之杜陵詩史稍略。按照洪業杜詩引得序的意見，分門集注與黃氏補注杜詩是杜陵詩史發展出來的兩條支流（五）。筆者比對黃氏補注杜詩與分門集注兩書全部注文，幾乎完全一致（補注杜詩僅多出後添的黃希、黃鶴父子補注内容），可見黃氏補注杜詩直接參考的是分門集注而非杜陵詩史，否則不可能出現分門集注、黃氏補注杜詩分頭獨立以杜陵詩史爲源頭成書，而注文盡同的巧合，只可能是後出之黃氏補注杜詩承襲分門集注，然後在此基礎上增加了黃希、黃鶴父子補注。洪業「兩條支流」説應修訂爲：「一條支流、上游爲分門集注，下游爲黃氏補注杜詩。」

按照原書詩篇次序舉例如下：

重題鄭氏東亭。夢弼曰：詩注：水成文曰漣，水衣也。（非。【薛曰：詩魏風：河水清且漣漪。毛萇傳：風行水成文曰漣。】按，薛夢符注見於九家集注杜詩、杜陵詩史、補注杜詩、分門集注。）隼，鷙鳥也。（是。）

行次昭陵。夢弼曰：唐太宗陵，（非。【王彦輔曰：唐太宗文皇帝之陵也。】按，王彦輔注見於九家集注杜詩而未標明注家，依例爲僞王洙注。杜陵詩史、分門集注、補注杜詩作王彦輔注。）在醴泉縣西。（是。）

高都護驄馬行。夢弼曰：相馬經：馬腕欲促，促則健。蹄欲高，高則耐險峻。（非。

【趙次公曰：腕欲促，蹄欲高，又穩如踣鐵，皆馬之奇也。】按，趙次公注見於杜陵詩史、分門集注、補注杜詩。）踣，匍覆切，踏也。曾冰，層積之冰也。曾與層同。（是。）

贈翰林張四學士垍。夢弼曰：晉天文志：華蓋九星所以蔽覆帝座。天子之華蓋象之。（非。【九家集注杜詩引作「杜田補遺」。又，杜陵詩史、分門集注、補注杜詩引作「趙次公曰」。】）逼華蓋，言密邇帝座也。漢成帝微行，常與張放具。時童謠云：燕燕尾涎涎，張公子時相見。（是。）

兵車行。夢弼曰：隋西域傳：吐谷渾城在青海西四十里。（非。【王彦輔曰】。按，王彦輔注僅見於杜陵詩史。）唐哥舒翰傳：築神威軍於青海上，吐蕃攻破之，又築城於青海中。（非。【王洙曰】。王洙注見於九家集注杜詩、杜陵詩史、分門集注、補注杜詩。）

奉贈太常張卿垍二十韻。夢弼曰：按唐書：張説二子均、垍，明皇時説在中書，垍自翰林學士遷太常卿，均亦供奉翰林。（非。【王洙曰】。按，王洙注見於九家集注杜詩、杜陵詩史、分門集注、補注杜詩。）此篇兼美其父子兄弟也。（是。）

奉贈太常張卿垍二十韻。夢弼曰：晉虞騑傳：騑乃虞潭之兄子，王導謂騑曰：「孔愉有公才而無公望，丁潭有公望而無公才，兼之者，其在卿乎。」（非。【趙次公曰】。按，趙次公注僅見於九家集注杜詩。）莊子：不知端倪。注：端，緒也。倪，畔也。（非。【余曰】。按，余注見於杜陵詩史、分門集注、補注杜詩。）

奉贈太常張卿垍二十韻。夢弼曰：揚雄從孝成帝羽獵，因作賦以風。（非。【趙次公曰】。按，趙次公注見於九家集注杜詩、杜陵詩史、分門集注、補注杜詩。）呂望釣於磻溪，得玉璜，遇文王，載與俱，立以爲師。（非。【王洙曰】。按，王洙注見於九家集注杜詩、杜陵詩史、分門集注、補注杜詩。）公意蓋有望於張卿之薦己也。（是。）

奉贈鮮于京兆二十韻。夢弼曰：兩都賦序：言語侍從之臣，朝夕論思，日月獻納。紫宸，殿名。（是。）時明皇詔天下有一藝詣闕進選，林甫恐士或斥己，建言請委尚書先試問，遂無一中者。公應詔退下，是爲林甫所阻，故下有破膽陰謀之語。（非。【趙次公曰】。按，趙次公注見於九家集注杜詩、杜陵詩史。）

上述詩注之例似乎表明高崇蘭本不但未利用九家集注杜詩，也未利用杜陵詩史、分門集注、黄氏補注杜詩這一系列注本。

（三）草堂詩箋偶爾標明注家、爲高崇蘭本失之眉睫者

全書僅有一例，恰見於卷一：

贈韋左丞丈濟。夢弼曰：按唐書：韋思謙，高宗時爲尚書左丞。子承慶、嗣立。嗣立代承慶爲鳳閣舍人。武后時，承慶亦代嗣立爲天官侍郎，及知政事。嗣立二子洹、濟。洹終陳留太守，濟天寶中授尚書左丞。三世並爲省轄，世罕與比。（非。【杜田補遺】。按，此條草堂詩箋直引作「杜田云」，高崇蘭本失之眉睫。）

三、高崇蘭編集千家注批點杜工部詩集的三個成書階段

上述第一、第二類詩例表明，高崇蘭本完全照搬草堂詩箋注文並將其一概認作蔡夢弼自注，並未參考九家集注杜詩與杜陵詩史、分門集注、黄氏補注杜詩等杜集宋注本。但回到高崇蘭本的注文語境中，我們發現標明「夢弼曰」的注文只是全部注文的一部分，其他注文則清晰標注了注家出處，如圖所示（日本淺草文庫藏元西園精舍刊高崇蘭編集千家注批點杜工部詩集卷二第一頁。圖見後頁。）

投贈哥舒開府翰二十韻一詩在「夢弼曰」注文之前，標明注家爲「鄭（卭）曰」、「（黄）鶴曰」、「（王）洙曰」、「師（古）曰」、「趙（次公）曰」的注文，與杜陵詩史、分門集注、黄氏補注杜詩這一系列三種注本中投贈哥舒開府翰二十韻一詩標明作「鄭（卭）曰」、「（黄）鶴曰」、「（王）洙曰」、「師（古）曰」、「趙（次公）曰」的注文一致。從歷代杜集文獻著録與現存杜集宋注本文獻情況來看，這些注文也不可能存在超出於杜陵詩史、分門集注、黄氏補注杜詩系列之外的其他文獻出處。換言之，集千家注批點杜工部詩集參考了杜陵詩史、分門集注、黄氏補注杜詩這一系列的注本是不刊事實。在這一認識基礎上，再來看投贈哥舒開府翰二十韻所謂「夢弼曰」注文並辨正如下（括弧内爲筆者考辨文字）：

（日本淺草文庫藏元西園精舍刊本）

夢弼曰：廉頗，趙之良將，伐齊攻魏，皆破之。（是。）襄四年傳：魏絳勸晉侯和戎有五利。（非。【王洙曰】。）吐蕃本西羌屬，散處河湟、江岷間。（非。【師古曰】。）以翰兼河西節度使，欲其收復之。（非。【趙次公曰】。）

除了第一句確屬蔡夢弼自注之外，第二、第三、第四句我們可以依據杜陵詩史、分門集注、黄氏補注杜詩指出其分别屬於「王洙注」、「師古注」、「趙次公注」。於是，更深層的疑問浮現：既然集千家注批點杜工部詩集毫無疑問採用了杜陵詩史、分門集注、黄氏補注杜詩注本系列作爲參考，那麽在同一首詩中，編纂者爲什麽時而準確採納照録這三種注本系列中明確著録的注文注家歸屬，時而對這三種注本系列中明確著録的注文注家歸屬視而不見，徑直標注爲「夢弼曰」？而且兩種情況完全隨機，並無注文上的選擇規律可循？

這種情況只能有一種解釋，即高崇蘭本的編纂成書至少應該有初稿、定稿兩個階段：

初稿階段。高崇蘭本僅參考了蔡夢弼草堂詩箋注文。由於草堂詩箋將一切注家名都删去，故高崇蘭本對草堂詩箋的注文都一律標注爲「夢弼曰」。另外，初稿中已經存在兩種疏漏情況：一種是前列全書唯一孤例「草堂詩箋偶爾標明注家，而爲高崇蘭本失之眉睫者」的情況；另一種是將某些批點内容誤寫爲「夢弼曰」，即開篇所列「標明蔡夢弼注却未見於宋本草堂詩箋者，計六四條」的情況。

定稿階段。在初稿基礎上，高崇蘭試圖增加注文内容，開始了「集千家注」的行爲，工作底本正是黄氏補注杜詩。集千家注批點杜工部詩集書名中的「集千家注」，也是源自於黄氏補千家注紀年杜工部詩史書名中「千家注」三字（按，黄氏補注杜詩在杜集宋注本中最早採用「千家注」書名）。定稿階段編纂徵引了大量「署名」正確的其他注家注文，其數量遠超過錯誤署名「夢弼曰」注文。但由於初稿、定稿兩個階段的編纂在時間上前後獨立，被蔡夢弼草堂詩箋誤導的「夢弼曰」注文已經在初稿中成型，定稿注文徵引雖然看到了其中的錯誤，但改動工作量太大，編纂者責任心不强，乾脆未予修訂，於是保留了初稿中被蔡夢弼草堂詩箋誤導的「夢弼曰」注文誤認情況。爲什麽認定是編纂者高崇蘭的責任心不强而非毫不知情呢？因爲高崇蘭本全書「夢弼曰」注文與標明了注家的注文完全没有「注文重出」的重合内容，這不可能是偶然巧合。這説明在定稿階段利用黄氏補注杜詩等增加注文時，編纂者一定對照初稿中「夢弼曰」注文進行過比對，避開了這樣的注文——它們既出現在草堂詩箋中被蔡夢弼删去注家名、從而被誤認爲「夢弼曰」而納入初稿中，同時又以標明注家名的「正確」形態出現在杜陵詩史、分門集注、黄氏補注杜詩注本系列中——這樣的注文數量極大，如非有意避免，必然會出現爲數不少的「雙重署名」的注文重出情況。在定稿階段，高崇蘭雖然意識到了在初稿階段被讀作「夢弼曰」的注文存在問題，却懶於對全部「夢弼曰」加以逐一辨正——這項任務要真正完成，須將杜工部草堂詩箋近百萬字注文對照現存全部杜集宋注本進行諸條比對，工作量極大——高崇蘭無意進行這樣大數量的文獻工作，於是退而求其次，只求避免在同一首詩中出現同一條注文既被標作「夢弼曰」、又被標作「某某（其他注家名）曰」的顯著硬傷即可（這種處理工作量不大，只需瀏覽定稿時對重複者加以删削即可）。從本文第一部分的考察可知，高崇蘭取捨傾向是保留「夢弼曰」注文，删除與「夢弼曰」内容重合的「某某（其他注家）曰」注文，原因也很簡單，因爲其他注家注文經過「夢弼曰」的重新歸納敘述，渾然一體，如果貿然删去其中部分字句，有可能破壞辭氣連綴，不成文句，因此直接删除其他注家注文是最簡單的掩蓋方法。如果徹底追責，根據前面所説高崇蘭本誤讀「夢弼曰」注文來源文獻的三種規律來看，因高崇蘭本一定採用了黄氏補注杜詩，而補注杜詩與杜陵詩史、分門集注屬於同一注文「文獻序列」，三書涵蓋的注文内容基本一致（僅補注杜詩多出黄氏補注内容，而杜陵詩史注文更詳細一些），也就是説高崇蘭本編纂過程中必然過目了杜陵詩史、分門集注、黄氏補注杜詩注文。因此，高崇蘭應承擔的「故意責任」，是「夢弼曰」注文中可以依據杜陵詩史、分門集注、黄氏補注杜詩注本系列辨認出來的部分；從現存注文承襲情況看，高崇蘭編纂定稿時過目郭知達九家集注杜詩的可能性很小，這導致了一部分被草堂詩箋攫爲己有、注家名僅見於九家集注杜詩的杜田補遺、趙次公注文，無法被辨認出來，這一部分屬於「（無意）過失責任」，可以减輕。

最後還要指出，除了針對「注文」的初稿、定稿兩個編纂階段之外，高崇蘭本還有針對「篇目編次」的編纂階段。這個編纂過程當與定稿同步，高崇蘭用黄氏補注杜詩每篇詩題下黄鶴補注的繫年意見，對編年本草堂詩箋具有繫年意味的篇目編次進行改動，形成了一種篇目編次不同於此前任何杜集編次的新型編次。這一新編次影響了明清以降重要杜集注本的編次〔七〕。各本篇目編次的相互關係如下：

<table>
<tr><th>時序</th><th>編次系統之一</th><th>編次系統之二</th></tr>
<tr><td>一</td><td>【蔡興宗編次】
南宋趙彥材杜詩趙次公先後解</td><td></td></tr>
<tr><td>二</td><td>【魯訔編次】
(一)南宋王狀元集百家注編年杜陵詩史
(二)南宋蔡夢弼杜工部草堂詩箋</td><td>【黃鶴繫年】
南宋黃希、黃鶴黃氏補千家注紀年杜工部詩史
(附黃鶴年譜辨疑)</td></tr>
<tr><td>三</td><td colspan="2">編次系統之三（綜合魯訔編次與黃鶴繫年成果）
宋元之際高崇蘭編次集千家注批點杜工部詩集
明王嗣奭杜臆
清朱鶴齡杜工部詩集輯注
清張溍讀書堂杜工部詩集注解
清仇兆鼇杜詩詳注
清楊倫杜詩鏡銓</td></tr>
</table>

高崇蘭本成書正是建立在上述三個編纂階段基礎之上。元大德七年（一三〇三），高崇蘭編纂成書之後，請自己的老師、劉辰翁的兒子劉將孫爲此書作序，劉將孫序稱讚此書足爲弘揚草堂詩箋之功臣（「固草堂集之郭象本矣」），特地指出「楚芳（高崇蘭字）於是注，用力勤，去取當，校正審，賢他本草草借吾家名以欺者甚遠」。此後，高崇蘭本成爲元、明兩代最爲流行的杜集注本，後世不少注本都間接通過高崇蘭本所引「夢弼曰」來使用草堂詩箋注文，不加辨別，典型者如朱鶴齡杜工部集輯注〔八〕，其他如仇兆鼇杜詩詳注等亦多有徵引。如今看來，高崇蘭本初稿受到底本蔡夢弼草堂詩箋删去注家名的誤導，尚情有可原；定稿時引入黄氏補注杜詩等，本有機會糾正初稿錯誤，却草草從事，懶於甄别。最終導致此書所引「夢弼曰」注文真僞相參，僞「夢弼曰」與他家注良莠並列，將孫之譽落空，謬種盡數流傳，高氏難辭其咎。高崇蘭本所引「夢弼曰」注文既經判明，其書注文從此可以正常使用，其編纂過程的不同階段以及由此造成的注文歸屬錯誤、甄别的不徹底也真相大白。

四、宋元「集注批點」杜集系列羅履泰本、徐居仁本的成書過程、相互關係與價值

高崇蘭本大行於元、明兩代，後世翻刻「集注批點」杜集基本上都以高崇蘭本爲底本。然

而，在高崇蘭本之外，宋元杜集注本以「集注批點」爲名者，尚有兩種内容差異極大、另成系統之本，不但未得到清晰定位，學界甚至頗多誤解。它們是羅履泰序、署名彭鏡溪集注須溪批點杜工部詩注，以及署名徐居仁編次、黄鶴補注的集千家注分類杜工部詩。高崇蘭本的成書過程既明，羅、徐二本的成書過程及其在「集注批點」杜集系統中的位置也就逐漸清晰。

（一）高崇蘭本的「前傳」：羅履泰序、署名彭鏡溪集注須溪批點杜工部詩注

羅履泰序、署名彭鏡溪集注須溪批點杜工部詩注篇目編次不同於高崇蘭本，而與宋本五十卷系統草堂詩箋基本一致。筆者全部比對兩書，可以分爲兩種情況：第一種，篇目挪動。草堂詩箋全部五十卷，羅本僅集中調整了開篇第一卷（共十九首）中的七首編次；其他四十九卷編次基本無調整，偶然的個别調整屬於編纂鈔撮中的無心之失（如同頁相近位置調换，共有九首）。草堂全書一千五百余首詩，篇目挪動共十六首，僅佔百分之一，可以忽略。第二種，篇目删削。草堂詩箋五十卷共一千五百餘首詩，羅本删去了六二一首（組詩皆算作一首），佔三分之一多，删削規模相當可觀，説明須溪批點杜工部詩注是一部杜詩選本，過去對這一點認識不夠充分。

羅履泰本注文，除署名劉辰翁批點之外（書中專門以黑框内圜「批」字標明），基本從蔡夢弼杜工部草堂詩箋有所選擇地抄録。换言之，篇目上，羅本是全部杜詩的一部「選本」；從注文角度看，羅本又是杜工部草堂詩箋的一部注文「選本」。以投哥舒開府翰三十韻爲例（圖爲日本國立國會圖書館藏本）：

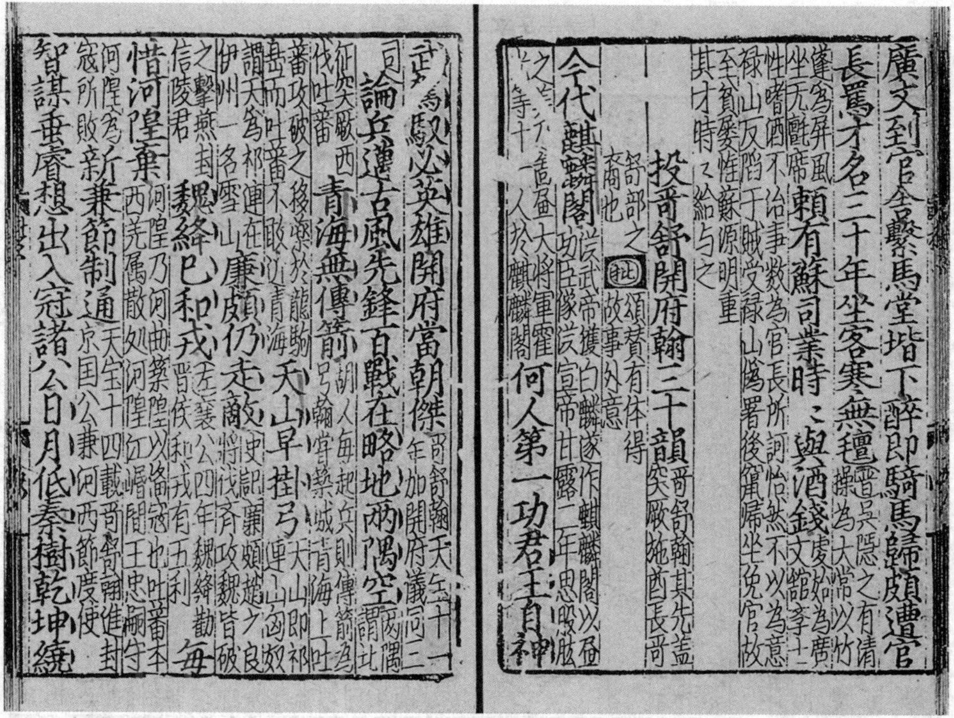

廣文到官舍繫馬堂堦下醉即騎馬歸頗遭官

長罵才名三十年坐客寒無氈晉吳隱之有清操為大常以竹

蓬為屏風坐无氈席賴有蘇司業時時與酒錢虔始為廣文館李十二

性嗜酒不治事數為官長所訶怡然不以為意祿山反陷于賊受祿山偽署後賊平歸坐免官故

至式貧窶惟蘇源明重其才時時給与之

投哥舒開府翰二十韻哥舒翰其先盖突厥施酋長哥

舒部之裔也【批】須贊有体得故事外意

今代麒麟閣漢武帝獲白麟遂作麒麟閣以畫功臣像漢宣帝甘露二年思股肱

之美乃圖畫大將軍霍光等十一人於麒麟閣何人第一功君王自神

武駕馭必英雄開府當朝傑哥舒翰天寶十一年加開府儀同三

司論兵邁古風先鋒百戰在略地兩隅空兩隅謂北

征突厥西伐吐番青海無傳箭胡人每起兵則傳箭為号翰嘗築城青海上吐

番攻破之移築於龍駒島而吐番不敢近青海天山早掛弓天山即祁連山匈奴

謂天為祁連在伊州一名雪山廉頗仍走敵史記廉頗趙之良將伐齊攻魏皆破

之擊燕封信陵君魏絳已和戎左傳襄公四年魏絳勸晉侯和戎有五利每

惜河湟棄河湟乃河曲築湟以備寇也吐番本西羌屬散处河湟江嶓間王忠嗣守

河湟為寇所敗新兼節制通天宝十四載哥舒翰進封凉国公兼河西節度使

智謀垂睿想出入冠諸公日月低秦樹乾坤繞

（日本國立國會圖書館藏本）

廣文到官舍繫馬堂階下繫一作置非劉越石扶風歌繫馬長松下廢鞍高丘巔醉則騎馬歸則樊作卽晉山簡鎮襄陽每出遊輒醉時有兒童歌曰日夕倒載歸酩酊無所知時二能騎馬倒著白接䍦頗遭官長罵才名四十年四一作三坐客寒無氈氈請言切席也按唐書鄭虔傳虔在官貧約澹如也乃引杜甫嘗贈以詩曰才名三十載坐客寒無氈則知公之作眞與詩史矣後漢冉駹夷能作旄氈晉吳隱之有淸操爲太常以竹篷爲屏風坐無氈席賴有蘇司業賴一作近時時與酒錢與一作乞乞丘旣切與也按虔始爲廣文館學士生嗜酒不治事數爲官長所訶怡然不以爲意祿山反陷于賊受祿山爲賭後竄歸坐免官故至貧窶惟蘇源明重其才時時給與之甫集有醉時歌云得錢卽相覓沽酒不復疑謂此也

投哥舒開府翰三十韻

哥舒翰其先蓋突厥施奧長哥舒部之裔也

今代麒麟閣漢武帝獲白麟遂作麒麟閣以畫功臣像宣帝甘露三年上思股肱之美乃圖畫大將軍霍光等十二人於麒麟閣何人第一功高祖論功行封以蕭何爲第一君王自神武君王謂玄宗也漢刑法志高祖躬神武之材總覽英雄也駕馭必英雄吳志張昭曰吾君能駕馭英雄開府當朝傑玄宗卽位自負神武好開邊境駕馭英雄之士以爲將帥哥舒翰於天寶十一載加開封儀同三司得自選將掾參謀甫意哥舒特膺帝眷必立大功爲當代麒麟閣第一人有如漢之蕭何也唐制開府儀同三司三司者三公也從一品官也論兵邁古風先鋒百戰在戰一作勝略地兩隅空略地一作妙畧畧取也兩隅空謂此征突厥西伐吐蕃也翰嘗攻吐蕃石堡城遂以赤嶺爲西塞青海無傳箭胡人海起兵以傳箭爲號或曰守城之法更夜傳箭以警其睡也青海軍中夜傳箭以守無傳箭言無警也翰嘗築城青海上吐蕃攻破之移築於龍駒島而吐蕃不敢近青州十三州志臨羌縣西有卑禾海謂之青海天山早挂弓天山卽祁連山匈奴謂天爲祁連令鮮卑語然祁連山在伊州一名雪山挂弓言休兵也薛仁貴傳將軍三箭定天山壯士長歌入漢關廉頗仍走敵謂敵旣竄走畏翰之威如良廉頗也史記本傳廉頗趙之良將伐齊攻魏皆破之擊燕封信平君魏絳已和戎謂戎來東和感翰之德如感魏絳也左氏襄公四年傳魏絳勸晉侯和戎有五利公說使魏絳盟諸戎修民事田以時旣而鄭人賂晉侯以樂晉侯以樂之半賜魏絳曰子教寡人和戎八年之內九合諸侯如樂之諧請與子樂之於是魏絳始有金石之樂也每

杜十三　二

（草堂詩箋 宋本五十卷）

將草堂詩箋此詩原文迻録如下，加粗注文是被羅履泰序須溪批點杜工部詩注摘録者：

投哥舒開府翰三十韻哥舒翰，其先蓋突厥施莫長哥舒部之裔也。

今代麒麟閣，**漢武帝獲白麟，遂作麒麟閣，以畫功臣像。**宣帝甘露二年，上思股肱之美，乃圖畫大將軍霍光等十二人於麒麟閣。何人第一功。高祖論功行封，以蕭何爲第一。君王自神武，君王，謂玄宗也。漢刑法志：高祖躬神武之材，總覽英雄。駕馭必英雄。吴志：張昭曰：「吾君能駕馭英雄。」開府當朝傑，玄宗即位，自負神武，好開邊境，駕馭英雄之士，以爲將帥。**哥舒翰於天寶十一載加開府儀同三司，**得自選將校參謀，甫意哥舒特膺帝眷，必立大功，爲當代麒麟閣第一人，有如漢之蕭何也。唐制：開府儀同三司。三司者，三者，三公也，從一品官也。論兵邁古風。先鋒百戰在，戰，一作勝。略地兩隅空。略地，一作妙略。略，取也。**兩隅空，謂北征突厥、西伐吐蕃也。**翰嘗攻吐蕃石堡城，遂以赤嶺爲西塞。青海無傳箭，**胡人每起兵，以傳箭爲號。**或曰：守城之法，更夜傳箭，以警其睡也。青海軍中夜傳箭以守，無傳箭，言無警也。**翰嘗築城青海上，吐蕃攻破之。移築於龍駒島，而吐蕃不敢近。**青州，十三州志：臨羌縣西有卑禾海，謂之青海。天山早掛弓。**天山即祁連山。匈奴謂天爲祁連。**今鮮卑語然。祁連山在伊州，一名雪山。掛弓，言休兵也。薛仁貴傳：將軍三箭定天山，壯士長歌入漢關。廉頗仍走敵，謂敵既竄走，畏翰之威，如良廉頗也。**史記本傳：廉頗，趙之良將。伐齊攻魏，皆破之。擊燕，封信平君。**魏絳已和戎。謂戎來求和，感翰之德如感魏絳也。**左氏襄公四年傳：魏絳勸晉侯和戎有五利。**公説，使魏絳盟諸戎，修民事田以時。既而鄭人賂晉侯以樂，晉侯以樂之半賜魏絳，曰：「子教寡人和戎，八年之内，九合諸侯，如樂之諧，請與子樂之。」於是魏絳始有金石之樂也。每惜河隍棄，河隍，乃河曲，築隍以備寇也。吐蕃傳：吐蕃本西羌屬，散處河隍、江岷間。王忠嗣守河隍，爲寇所敗。惜其棄之已久，未收復也。新兼節制通。翰天寶十一載冬入朝呈攻守計，十二載春，進封凉國公兼河西節度使。蓋以河隍之久棄，欲得翰收復之，故使之節度河西也。

此詩題作投哥舒開府翰三十韻，實只二十韻，宋本五十卷草堂詩箋寫作「三」，實爲訛字（元本、古逸叢書本草堂詩箋改爲「二」）。羅履泰本須溪批點杜工部詩注同樣誤寫爲「三」，恰説明其源出自宋本五十卷草堂詩箋。

可以説，羅履泰序須溪批點杜工部詩注以草堂詩箋爲底本，作了兩種工作。第一，對詩篇及注文都有所選擇。其中詩篇的選取量極大（僅僅删去極少數篇章未録），注文選取量較小（删去了大量的草堂詩箋注文）。但無論是篇目編次還是注文的選擇，其編輯動作僅爲「摘取」，絶無改動。第二，將劉辰翁批點内容插入相應位置，並作了明顯標誌。所謂「彭鏡溪集注」，其實際編纂僅限於上述兩點，並無任何新添原創成分。

羅履泰本成書過程既明，高崇蘭本與羅履泰本的關係也就清楚了。高崇蘭本與羅履泰本在注文上存在一一對應關係，這説明羅履泰本對草堂詩箋注文的選擇，基本爲高崇蘭本所承襲。換言之，高崇蘭本最初參考了羅履泰本。但將比對範圍擴大，更多詩篇注文表明高崇蘭本抛開了羅履泰本約束，直接從草堂詩箋選取注文，這就進入了前文所述高崇蘭本成書的「初稿」階段。高崇蘭本此後甚至不滿足於僅從草堂詩箋選擇注文，而直接從黄氏補注杜詩選取注文，形成「集千家注」規模，即前文所述高崇蘭本成書的「定稿」階段。可以説，高崇蘭本正是首先參考了羅履泰本，隨後又不滿足於羅履泰本，才重新開始了從初稿到定稿的編纂成書過程。一言以蔽之，羅履泰本可以視爲高崇蘭本的「前傳」。從高本與羅本前後相承的編纂環節、兩書的參考範圍、成書品質來看，劉將孫所説高崇蘭本「賢他本（指羅本）草草借吾家名以欺者甚遠」，正隱含了高本首先立足於羅本、隨後揚棄羅本以擴大底本選擇範圍的過程。否則以羅本引用劉辰翁批點文字並無異常來看，很難理解劉將孫何以將這部旨在弘揚其父劉辰翁批點的發軔之作定性爲「借吾家名以欺」？高本既保存了劉辰翁批點，又將這些其實並無太多新意的批點文字置於新引入的黄氏補注杜詩系統的「千家注」注本語境中，並將黄氏補注的繫年成果通過新編次體現出來，通過全書價值的昇華，間接提高了劉辰翁批點的使用價值。劉將孫喜見新本琳琅，極口譽之，固然可以理解，詆斥舊本，則稍欠厚道。洪業杜詩引得序説羅履泰本「業皆未能見，無以知其内容體例」〔九〕，迄今學界對羅本成書過程及其在「集注批點」杜集系列中的位置亦語焉不詳〔一〇〕，故拈出以明。

（二）高崇蘭本的「鏡像」與糾正：署名徐居仁編次、黄鶴補注集千家注分類杜工部詩

從高崇蘭本成書過程可知：一方面，高崇蘭本注文首次採用草堂詩箋的「選本」羅履泰本，而後揚棄之；其次採用草堂詩箋，而後揚棄之；最後選取黄氏補注杜詩，形成「集千家注」的規模。另一方面，高崇蘭本編次融合了草堂詩箋（編年本）的魯訔編次與黃氏補注杜詩（分體本）的題下注繫年意見，形成了獨一無二的新型篇目編次體系。從上述兩方面來看，黃氏補注杜詩在注文以及繫年觀點上確有優於草堂詩箋之處，故爲高崇蘭本青睞。

從這一角度著眼，署名徐居仁編次、黃鶴補注集千家注分類杜工部詩的編纂思路變得容易理解。一方面，徐居仁本不但從題名上顯然承襲高崇蘭本「集千家注」之名，而且又在集注杜工部詩姓氏中列出「宋賢建安蔡氏（夢弼字傅卿，箋注子美詩）」與「時賢廣陵劉氏（會孟字辰翁，批注子美詩）」，並收録黃鶴撰杜工部詩年譜，似乎與高崇蘭本以草堂詩箋爲底本、參考黃氏補注杜詩、引入署名劉辰翁批點的編纂成書性質完全一致，僅僅存在篇目編次上的不同（「門類」爲分類本，高崇蘭本爲編年本）。另一方面，尋繹徐居仁本注文，實際上却全以黃氏補注杜詩作爲底本，間采草堂詩箋「夢弼曰」注文，這與羅履泰本、高崇蘭本以草堂詩箋爲底本的取徑絶異。徐居仁本卷首題作「臨川黃鶴補注」，正可視爲黃氏補注杜詩注文與繫年觀點優勢在版本選擇上的體現。以徐本卷首北征（卷一「紀行上」）爲例，比對黃氏補注杜詩（下三圖爲日本内閣文庫藏元刻本及中華再造善本影印元刻本）：

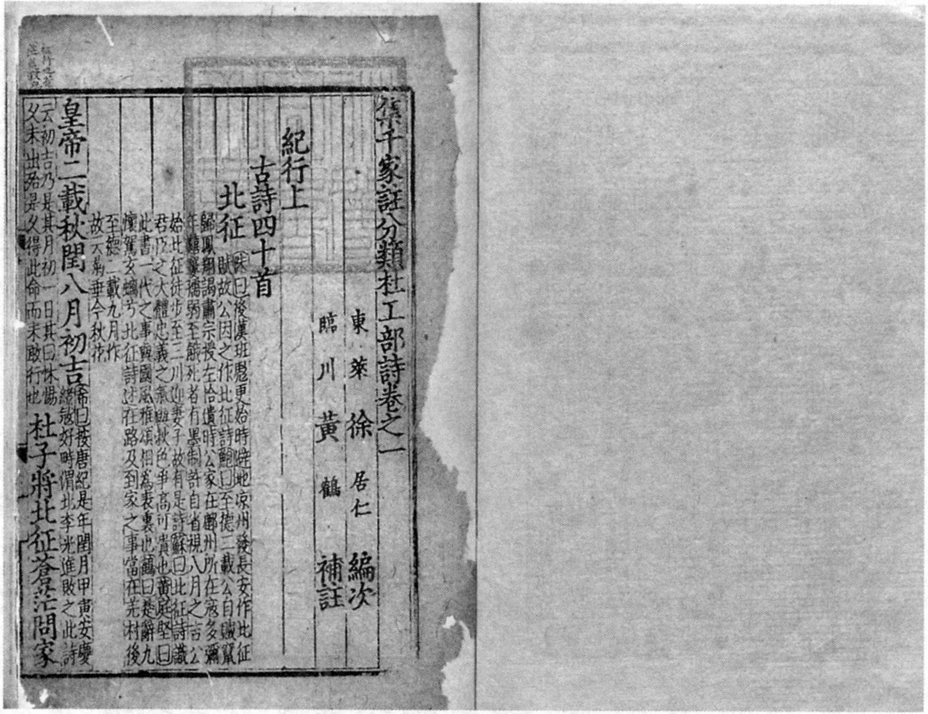

集千家註分類杜工部詩卷之一

東萊 徐 居仁 編次

臨川 黃 鶴 補註

紀行上

古詩四十首

北征 洙曰後漢班彪更始時避地凉州發長安作北征賦故公因之作北征詩鮑曰至德二載公自賊竄歸鳳翔謁肅宗授左拾遺時公家在鄜州所在寇多彌年艱窶孺弱至餓死者有墨制許自省視八月之吉公始北征徒步至三川迎妻子故有是詩蘇曰北征詩識君臣之大體忠義之氣與秋色爭高可貴也黃庭堅曰此書一代之事與國風雅頌相為表裏也鶴曰是歲九懷鴛鴦玄蝎兮北征詩述在路及到家之事當在羌村後至德二載九月作故云為垂今秋花

皇帝二載秋閏八月初吉 希曰按唐紀是年閏月甲寅安慶緒敗好時謂北李光進敗之此詩云初吉乃是其月初一日其曰休暢久未出路是久得此命而未敢行也

杜子將北征蒼茫問家

（日本內閣文庫藏元本）

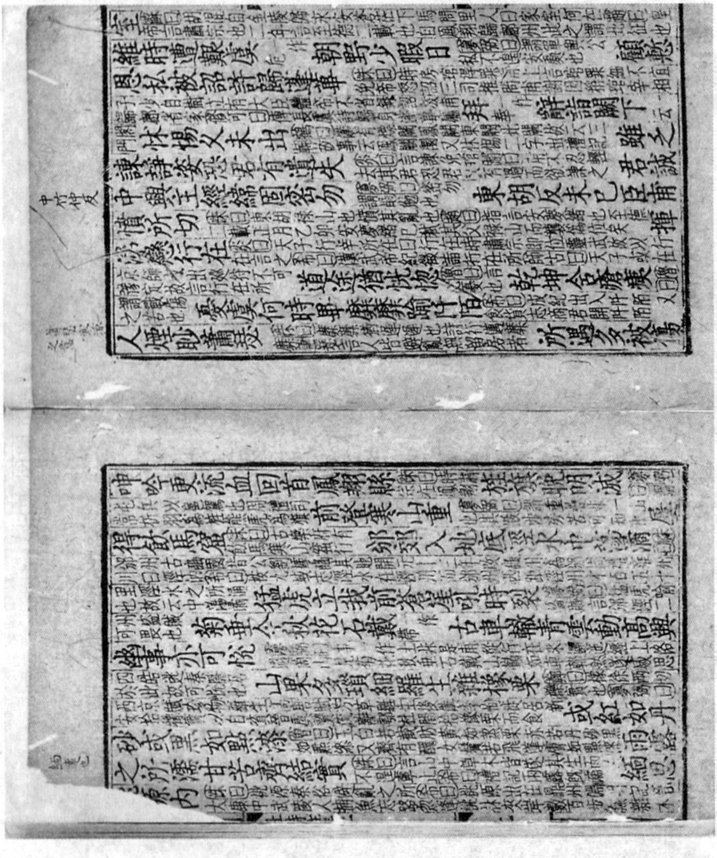

（日本內閣文庫藏元本）

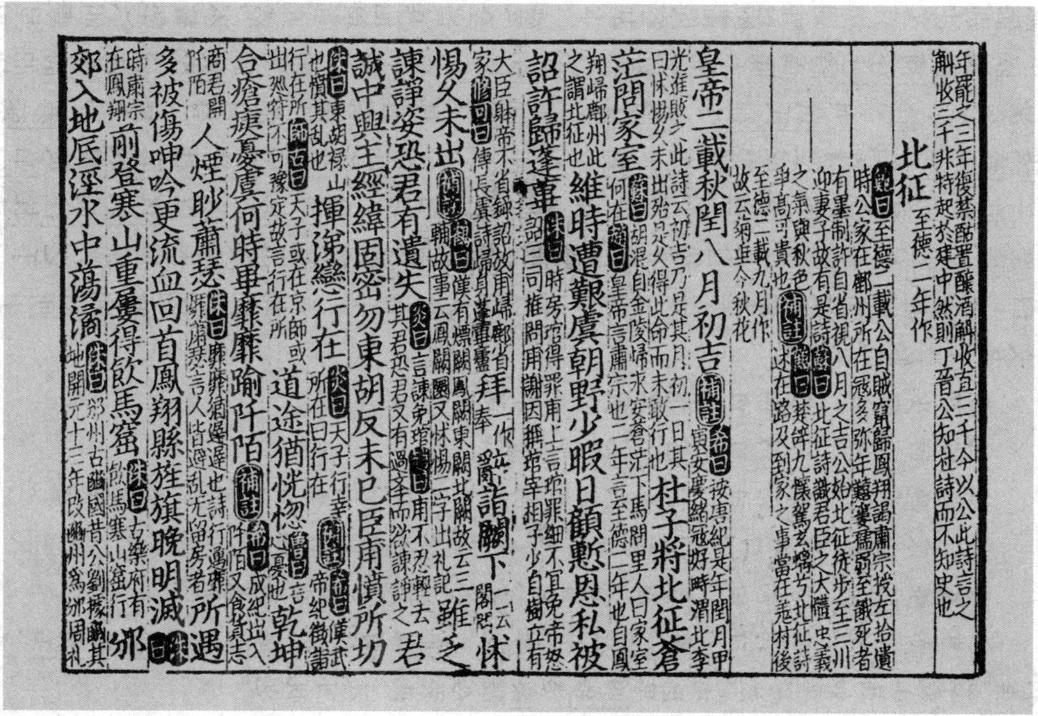

北征 至德二年作

皇帝二載秋，閏八月初吉。杜子將北征，蒼
茫問家室。維時遭艱虞，朝野少暇日。顧慙恩私被，
詔許歸蓬蓽。拜辭詣闕下，怵
惕久未出。雖乏
諫諍姿，恐君有遺失。君
誠中興主，經緯固密勿。東胡反未已，臣甫憤所切。
揮涕戀行在，道途猶恍惚。乾坤
含瘡痍，憂虞何時畢。靡靡踰阡陌，
人煙眇蕭瑟。所遇
多被傷，呻吟更流血。回首鳳翔縣，旌旗晚明滅。
前登寒山重，屢得飲馬窟。邠
郊入地底，涇水中蕩潏。

（中華再造善本影印元刻本）

除個别注文有增删外，兩書内容基本一致（全書其他篇章亦然，不贅舉），明顯呈現出徐居仁本以黄氏補注杜詩爲底本的編纂特點。徐居仁本中個别稍異於黄氏補注杜詩的注文增删，數量很少。徐本與黄氏補注杜詩注文不同而又具有規律性的只有一種，即「夢弼曰」注文。按，蔡夢弼草堂詩箋成書於南宋嘉泰四年（一二〇四），黄氏補注杜詩成書於嘉定九年（一二一六），兩者大約同時而互不知情，亦未曾相互引用。徐居仁本既以黄氏補注杜詩爲底本，那麼徐本引「夢弼曰」注文自然並非出自黄氏補注杜詩，而是出於徐本編纂者之手。這些「夢弼曰」注文是以何種途徑進入徐本呢？現以徐本全書第一首北征爲例，將此詩所引「夢弼曰」注文共十三條臚列如下：

朝野少暇日。夢弼曰：謂軍興公私不遑安處也。

經緯固密勿。夢弼曰：密勿，謂黽勉也。

旌旗晚明滅。夢弼曰：謂屯兵以扈駕也。周禮：司常析羽爲旌，熊虎爲旗。

前登寒山重，夢弼曰：謂重疊非一山也，其跋涉勞苦可知也。

蒼崖吼時裂。夢弼曰：猛虎，喻盗賊，言邠、涇二州盗賊可畏也。

幽事亦可悦。夢弼曰：事，一作士，非是。甫從行往來，邐迤經上洛，過商山，見菊花秋垂，石戴山巔如車轍然，遂感思四皓逃秦隱居於此，故可悦也。

羅生雜橡栗。夢弼曰：西京賦：珍物羅生。高唐賦：芳草羅生。後漢李恂徙居新安，拾橡實以自資。晉虞摯流離鄠、杜間，拾橡栗而食。

益歎身世拙。夢弼曰：甫歎身居亂世，不能爲桃源之隱，足見其謀之拙也。

殘害爲異物。夢弼曰：潼關，哥舒翰所守處，爲賊所破，百萬之師，何其散敗若是倉卒乎！異物，鬼也。秦地之民半爲鬼物。言將非其人，禍延天下，人君選將，可不慎歟！潼關乃京師之喉咽，潼關謹守，雖有百禄山，其能破京城哉？甫深爲舒翰嘆惜也。

慟哭松聲迴，悲泉共幽咽。夢弼曰：慟，徙送切，哀過也。迴，一作回，非也。幽，一作嗚。

似欲忘飢渴。夢弼曰：甫是以取帛爲衣，解粉黛，羅衾稠，妻面復光，女頭自櫛，以至抹妝畫眉，皆得其所，豈意生還復見妻子，中心之喜似忘飢渴。

甘受雜亂聒。夢弼曰：甫喜對童稚，雖彼驕騃，亦莫忍生嗔喝之怒，蓋念在賊苦，寧甘受此亂聒，復何嫌耶！

樹立甚宏達。夢弼曰：謂先帝山陵皆蓄神靈，可以陰騭子孫，而中興之君復盡孝道，掃灑之禮未嘗少缺，自兹已往，必能紹復太宗之業，禄山蕞爾之寇，何足慮乎！

徐本北征全部十三條「夢弼曰」注文，較之草堂詩箋，除「甘受雜亂聒」注文在「甫喜對童稚」之前，少「兒女喜父歸，請問賊中之事，憂苦如何，復觀其須髮皆白，競來挽引」數語之外〔二〕，其餘完全與草堂詩箋一致。不過，既然徐本在其附録集注杜工部詩姓氏中已經將「宋賢建安蔡氏（夢弼字傅卿，箋注子美詩）」列爲參考注家，那麼引用草堂詩箋注文並不奇怪。然而最精彩、也最出人意外的是，這十三條「夢弼曰」注文，經筆者據新定杜工部草堂詩箋斠證覆核，全爲蔡夢弼自注，絕無其他注家注文羼入的情況！這與高崇蘭本所引「夢弼曰」注文半數以上（四百餘條）爲誤認其他注家注文的情況迥然不同。儘管這一特點只出現在徐居仁本的第一卷，但就筆者所知宋、元以降杜集注本對「夢弼曰」注文的引用，如此準確，絕不摻雜爲蔡夢弼草堂詩箋删去注家名的其他注家注文，實屬獨一無二！徐居仁本這一特點，迄今未被研究者所瞭解。

徐居仁本爲何能做到這一點？關鍵在於徐本編纂者對底本、參考補充本先後主次關係的合理選擇。高崇蘭本以蔡夢弼草堂詩箋爲底本，以黄氏補注杜詩爲參考補充本，選擇注文時先蔡本、後黄本；徐本則以黄氏補注杜詩爲底本，以蔡夢弼草堂詩箋爲參考補充本，選擇注文時先黄本、後蔡本。徐本這樣做的結果是，黄本已經一一標明了每條注文的注家歸屬，以黄本爲底本再添加蔡夢弼草堂詩箋注文時，蔡本中被蔡夢弼删去注家名的注文都很清楚地顯示出它們原本所屬的注家歸屬，沒有歸屬的注文才可能屬於真正的「夢弼曰」。從這個角度看，徐本可以視爲高本的「鏡像」：它的注文來源文獻與高本相同，而採納順序與高本相反。徐本所引「夢弼曰」注文，因此書對底本、參修本主、次關係的正確選擇，成爲目前所僅見、最準確的對蔡夢弼「自注」的徵引，值得特地拈出予以表彰。另外還須指出，除了正確選擇黄氏補注杜詩爲底本之外，徐本在添入蔡夢弼草堂詩箋注文時，甚至還擴大了參考本的範圍，將九家集注杜詩、杜陵詩史等納入參考本，以此對蔡本注文做了更精細的比對工作。仍以北征爲例，黄氏補注杜詩圖示已見前文，草堂詩箋（宋本卷十一）圖示如下：

況乃粉黛假　當時侍金輿
故物獨石馬　憂來藉草坐　浩歌淚盈
把冉冉征途閒　誰是長年者
北征
皇帝二載秋　閏八月初吉　杜子將北征
蒼茫問家室　維是遭艱虞
朝野少暇日　顧慙恩私被
詔許歸蓬蓽　拜辭詣闕下　怵惕久未出　雖
乏諫諍姿　恐君有遺失　君誠
中興主　經緯固密勿　東胡反未已　臣甫憤所切　揮
涕戀行在　道途猶恍惚
乾坤含瘡痍　憂虞何時畢　靡靡踰阡
陌　人煙眇蕭瑟　所遇多被傷　呻吟更流血
回首鳳翔縣　旌旗晚明滅

（草堂詩箋 宋本五十卷）

用黄氏補注杜詩與草堂詩箋注文進行比對，草堂詩箋本北征一詩的題下注最末四行文字之「夢弼按」值得引起注意：

夢弼按：後漢班彪更始時避地凉州，發長安，作北征賦。故公因之作北征詩。

按，上文所説徐本中北征詩注引用「夢弼曰」共十三條，這十三條「夢弼曰」混雜在草堂詩箋删去注家名的注文中，由徐本根據黄氏補注杜詩甄别後專門析出並標明。奇怪的是，草堂詩箋本北征一詩中唯一標明「夢弼曰」的這條注文反而没有被徐本採納，令人疑惑！比對作爲徐本底本的黄氏補注杜詩，可以發現這一條「夢弼曰」的真僞不能通過黄氏補注杜詩加以判斷，這不但没有解決問題，反而使得困惑加强了。試想，徐本以黄本爲底本對草堂詩箋進行甄别，千方百計將草堂詩箋中未曾被蔡夢弼標出的真正「夢弼曰」注文析出並標明（如徐本北征「夢弼曰」十三條），而題注中此條注文已經由蔡夢弼草堂詩箋專門親自標明爲「夢弼曰」，並且根據黄氏補注杜詩驗證，也看不出它是屬於其他注家注文的僞「夢弼曰」注文，那麽爲何徐本不予以採納？我們擴大用於甄别的注本範圍，發現這條注文還出現在郭知達九家集注杜詩中，依例應爲「（王）洙曰」：

後漢班彪更始時避地凉州，發長安，作北征賦。

另外，在杜陵詩史中它又被引作「（王）彦輔曰」。

此外，九家集注杜詩有一條更接近「夢弼曰」内容的「趙（次公）曰」注文，趙注顯然是在王注基礎上所作的發揮：

班彪自長安避地涼州，作北征賦。公亦因所往之方同，故借二字爲題耳。

不論題注此條注文出自王洙、王彦輔還是趙次公（三人皆早於蔡夢弼），它絶非真正的「夢弼曰」，而是蔡夢弼攫取他人注的「冒認」，徐本未採納這條在草堂詩箋中被蔡夢弼明確標作「夢弼曰」注文的原因也就清楚了。這説明徐本在選擇黄氏補注杜詩作爲底本之外，還參考了九家集注杜詩、杜陵詩史（杜陵詩史正是黄氏補注杜詩的源頭）等注本對草堂詩箋注文進行過甄别。

爲了更全面地説明問題，我們再用草堂詩箋全書中標明「夢弼曰」的全部注文來驗證徐本全面利用杜集宋元注本的精細程度。蔡夢弼作集注會箋時將注家主名全部删去，使得實質上爲集注本的草堂詩箋在外貌上呈現爲純粹單注本形態，全書基本不出現注家名。如果説草堂詩箋雖有超過一半以上的注文完全承襲前人注文而删去注家主名，但同時畢竟尚有接近一半的注文，蔡夢弼基於「集注會箋」體例作出了改寫，這部分注文删去注家主名有一定合理性。兩部分注文合爲一書，爲統一體例計，故皆不録注家主名，似尚可自圓其説。但還有一批注文，草堂詩箋特地標明「夢弼曰（夢弼謂、夢弼按、夢弼詳考、余謂、余按、余詳味）」，以强調它們的原創性，從未引起過後人懷疑，然而經筆者比對，它們屬於確鑿無疑的蔡夢弼「冒認」他人注，冒認對象主要是趙次公與師古兩家注文，計有三十一條。現將這三十一條與徐本注文作比對如下：

第一，徐本對蔡夢弼冒認趙次公注的糾正。

如奉和賈至舍人早朝大明宮舍人先世掌絲綸，題下趙次公注：「賈至，曾之子。曾於睿宗末年及開元初再爲中書舍人，後與蘇晉同掌制誥，皆以文辭稱，時號蘇賈焉。玄宗幸蜀，時至拜起居舍人。帝曰：『昔先帝誥命，乃父爲之辭。今茲命册，又爾爲之。兩朝盛典出卿家父子，可謂繼美矣。』故云。」蔡夢弼抹去趙次公之名，寫作「考諸史氏」，似乎自己有勾稽考證兩唐書及唐代史籍之功。徐本將注文置於「欲知世掌絲綸美」句下，引作「趙（次公）曰」。又如觀薛稷少保書畫壁「鬱鬱三大字，蛟龍岌相纏」句，趙次公注：「稷所書慧普寺碑上三字，字方徑三尺許，筆畫雄勁。然公於李潮八分小篆歌云『八分一字直千金，蛟龍盤拏肉屈强』，是言八分及草書之纏糾，然後可言有蛟龍之勢也。然稷三大字乃真書，其勢豈若蛟龍耶？余嘗到慶壽寺觀之，三字之傍有贔屭纏捧，乃龍蛇岌相纏也。詩人道實事，爲壯觀之句耳。」趙次公是蜀人，方便到通泉縣（今四川遂寧）慶壽寺游歷，蔡夢弼身處福建，在南宋時期欲前往蜀中，頗不容易。草堂詩箋作：「稷所書惠普寺碑三字，字方徑三尺許，筆畫雄勁，今在通泉縣慶壽寺聚古堂，觀其所書三字之傍，有贔贔（屭）纏捧，乃龍蛇岌相纏也。」蔡夢弼很細心地將「余嘗到慶壽寺觀之」一句删去，改爲客觀敘述「今在通泉縣慶壽寺聚古堂」，以滅抄襲自趙次公注之痕迹。徐本引作「趙（次公）曰」，並完整保留了「余嘗到慶壽寺觀之」一句。其餘如陳拾遺故宅

「彥昭超玉價」句注、收京三首其一「聊飛燕將書」句注、寄董卿嘉榮十韻「自是一嫖姚」注、水宿遣興奉呈群公「登橋柱必題」句注、暮秋枉裴道州手札率爾遣興寄遞呈蘇渙侍御「入懷本倚崑山玉」句注、曲江對雨「何時詔此金錢會」句注、奉贈韋左丞丈二十二韻「行歌非隱淪」句注、遣憤「雷霆可震威」句注、杜鵑詩「重是古帝魂」句注、大曆三年春白帝城放船出瞿塘峽久居夔府將適江陵漂泊有詩凡四十韻「歷塊匪轅駒」句注、秋日荆南送石首薛明府辭滿告別奉薛尚書頌德叙懷斐然之作三十韻「槍壘失儲胥」句注、哭李常侍嶧二首其二「寒山落桂林」句注、憶昔行「辛苦不見華蓋君」句注、別董頲「南適小長安」句注，所謂「夢弼謂」、「夢弼詳考」、「夢弼按」、「余按」、「余謂」、「余詳味此詩」云云，實際皆爲趙次公注。徐本也皆引作「趙次公曰」。

第二，徐本對蔡夢弼冒認師古注的糾正。

如奉贈韋左丞丈二十二韻「王翰願卜鄰」句，草堂詩箋注：「夢弼謂：唐李邕有才名云云。」實爲師古注。徐本引作「（王彥）輔曰」。按，師古注常有源於更早注家注文的情況，而成書於政和三年（一一一三）的王得臣（彥輔）杜工部詩增注是最早的宋人杜注之一，故此條很可能最初出於王彥輔注，後爲師古注吸收。又如奉贈王中允維「一病緣明主」句，師古曰：「甫自言得肺疾只緣思君也。」草堂詩箋注：「魯訔云：維在賊時，以藥下痢，陽瘖。予謂非也，蓋甫自言其因思君之故而得肺渴之疾也。」蔡夢弼加上「予謂非也」，似乎接下來的反駁意見出於自己原創，其實是來自師古注。徐本引作「師（古）曰」。其餘如入奏行贈西山檢察使竇侍御題下注、登樓「玉壘浮雲變古今」句注、春日江村五首其五「登樓初有作，前席竟爲榮」兩句注、陪王侍御同登東山最高頂宴姚通泉晚攜酒泛江「聽曲低昂如有求」句注、早發射洪縣南途中作「更灑楊朱泣」句注、述古三首其二「市人日中集」篇末注、宴忠州張使君侄宅「自須游阮舍」句注、秋日寄題鄭監湖上亭三首其三「揮金應物理」句注、奉酬薛十二丈判官見贈「無心雲母屏」句注，所謂「夢弼曰」、「夢弼謂」、「余按」云云，皆爲師古注。徐本皆引作「師（古）曰」。另外，傷春五首其三「星辰屢合圍」句注、追酬故高蜀州人日見寄「服食劉安德業尊」句注所謂「夢弼謂」，皆爲師古注，徐本未予採納。

第三，徐本對蔡夢弼冒認其他注家注文的糾正。

蔡夢弼冒認其他注家注文的情況很少，僅有兩條。奉待高常侍「汶上相逢年頗多」句注所謂「予按」者，將赴成都草堂途中有作先寄嚴鄭公五首其一「酒憶郫筒不用沽」句注所謂「夢弼謂」者，據杜陵詩史、分門集注、補注杜詩引作「（杜）修可曰」，而所謂杜修可注（又或稱杜時可注），研究者公認即杜田補遺注文的異稱。徐本對這兩條注文皆引作「修可曰」。

總之，上述全部三十一條從未引起懷疑的蔡夢弼「冒認」他人注文，徐居仁本或直接指出注家名，或乾脆不予採納，辨識精準，無一失誤。

在杜集宋、元注本多爲書坊草率編纂而成的書籍製造大環境中，徐本全面利用杜集宋、元注本的認真細緻程度，簡直令人驚歎贊許！研究者過去往往懷有「分類本」爲坊本陋習的執念，對徐居仁本未予許可。如今思之，這一看法需要反思，對徐本注文的價值必須重新衡定。即使從「門類」這一篇目編次類型來看，徐本在某種意義上也可以視爲高崇蘭本的反思。高本以時間順序爲編次依據，徐本則以内容作爲編次標準。遵循自然時間順序與按内容分類，可以視作人類對外部世界認知的不同思維邏輯方式，用列維斯特勞斯野性的思維觀點來看，按内容分類代表了進一步的出於求知欲的好奇心與科學態度，任何一種分類都比自然狀態優越，它是通往理性秩序的第一步，「因爲即使是一種不規則的和任意性的分類，也能使人類掌握豐富而又多種多樣的事項品目；一旦決定要對每件事都加以考慮，就能更容易形成人的『記憶』」〔二三〕。就杜集編纂而言，按内容分類可視爲對時間「自然狀態」的進一步精細加工，儘管它未必是最適合杜詩閲讀的編纂方式，但應該承認其中存在一種認真嚴肅的用意。

五、結語

回過頭看，對蔡夢弼杜工部草堂詩箋集注會箋删去注家名做法的不够瞭解，造成了高崇蘭編集千家注批點杜工部詩集誤讀、誤引「夢弼曰」注文的缺陷，從注文歸屬的角度來看這當然是錯誤的。但這種文本錯誤具備了獨一無二的特殊辨識屬性，如同在正常的注文傳承「基因」中插入了一個不正常的錯誤「染色體」，原本難以辨識相互關係的各注本之間，因爲這一

「基因變異」變得具備了某種共同的面貌，其間的「親緣關係」得以確認。如此，可以藉此梳理清楚誤讀、誤引「夢弼曰」注文的高崇蘭本自身成書過程中具體而微的階段性，羅履泰本、徐居仁本也呈現出可以與高崇蘭本先、後銜接的「血緣輩分」，宋元「集注批點」杜集的三種注本系統得以建構出一個有意義的版本體系。總的看來，羅履泰本初創而失之粗略，高崇蘭本化用黄鶴補注杜詩繫年爲篇目編次頗具用心，徐居仁本辨識注文最爲準確。最後，在「文本基因」分析的基礎上，還有望誕生出一種經過篩選配比、結合了高崇蘭本編次與徐居仁本注文優點的「集注批點」杜集，它不但是「集注批點」杜集版本家族的新成員，也將成爲這一版本體系中的最佳品種。

【注釋】

〔一〕按，此書目録標爲集千家注批點杜工部詩集，第一卷卷首標爲集千家注杜工部詩，每爲藏家依目録之名稱作集千家注批點杜工部詩集，與高崇蘭本同名。

〔二〕此非本文研究重點，僅作簡要説明：宋代初刻五十卷在流傳過程中卷帙闕失，元刻本爲掩蓋闕失之迹，隨意調整卷次與詩篇目次，形成了四十卷加「補遺」十卷的新版本系統，編次（繫年）淆亂，却流傳最廣，近代以元本爲源頭的古逸叢書本草堂詩箋是其代表。宋本五十卷系統今已影印出版，較爲易見的有四十八卷，但也長期埋没，未得到合理使用，分别藏於國家圖書館、北京大學圖書館，北京圖書館出版社二〇〇六年中華再造善本影印出版草堂詩箋兩函十七册四十八卷，即爲合併兩館藏本（參見曾祥波蔡夢弼草堂詩箋整理芻議——兼議最早兩種宋人杜詩編年集注本之優劣，中國典籍與文化二〇一四年四期，總第九十一期）。今以五十卷宋本的四十八卷爲底本，再尋訪補配餘下二卷（藏上海圖書館、成都杜甫草堂博物館。按，二〇一八年五月末上海圖書館清點本部未編古籍書庫，發現了宋刻本杜工部草堂詩箋一册，爲卷二十、卷二十一，從鈐印「季振宜字詵兮號滄葦」看，爲清初藏書家季振宜所藏，與中華再造善本所據之國家圖書館藏本正是同一部。此二卷與成都杜甫草堂博物館所藏宋本屬同一版本系統，並無差異），可以恢復宋本五十卷完整繫年編次。

〔三〕全部近八百條注文辨正參見新定杜工部草堂詩箋斠證附録一，此不贅引。

〔四〕新定杜工部草堂詩箋斠證判斷注文所屬注家歸屬，重在出處源頭對蔡注之啓發，而本文對集千家注批點杜工部詩集所引「夢弼曰」是否屬於蔡夢弼注之辨證，重在其是否爲草堂詩箋删去注家主名所誤導。因是之故，凡其他注家隻言片語之注，雖出處早於草堂詩箋，然蔡氏進而有考核原書、張大其文、加以闡説之功，皆認定爲「夢弼曰」。如王洙注僅曰「事見禹貢」，而杜工部草堂詩箋注文作「尚書禹貢曰云云」。孔穎達正義曰云云」，集千家注批點杜工部詩集引作「夢弼曰：尚書禹貢曰云云。孔穎達正義曰云云」，則本文判定爲

「是」。

〔五〕洪業撰，曾祥波譯杜甫：中國最偉大的詩人附録二杜詩引得序，上海古籍出版社二〇一一年，第二七〇頁。

〔六〕需要説明兩點：第一，這裏選取此頁而非第一卷或其他卷的首頁，因爲此頁最爲清晰，並且注文涵蓋的注家較多。選取其他各卷篇章，情況亦無實質差異。第二，高崇蘭編次集千家注批點杜工部詩集這一系列的版本源流演變實際上並未影響文本内容，换言之没有産生注文變動。選取元西園精舍刊本是因爲此書爲最早刻本之一，如選擇明刻本如玉几山人本、許自昌本亦可。

〔七〕説詳見曾祥波論宋代以降杜集編次譜系——以高崇蘭編劉辰翁評點集千家注杜工部詩集編次的承啓爲轉折，國學學刊二〇一六年一期。

〔八〕洪業杜詩引得序認爲：「朱（鶴齡）固未嘗有蔡（夢弼）本也。彼昔殆誤認集千家注杜工部詩集如明易山人本者之流，因其中有蔡氏跋，又載『夢弼曰』甚多，遂以爲是蔡氏書耳。……朱本次詩乃依違於集千家注本與錢（謙益）本之間。」（洪業杜甫：中國最偉大的詩人附録二杜詩引得序，頁三三二—三三三。）洪業此説有理，筆者曾一一比對朱鶴齡杜工部詩集輯注編次，其書雖號稱采用草堂詩箋的魯訔編次，然凡有草堂詩箋編次與集千家注批點杜工部詩集編次不同者，朱鶴齡基本遵從後者編次，足見其實際使用的底本正是集千家注批點杜工部詩集。

〔九〕洪業撰、曾祥波譯杜甫：中國最偉大的詩人附録二杜詩引得序，上海古籍出版社二〇一一年，頁二九一。

〔一〇〕杜集叙録僅推測羅本「與高楚芳（崇蘭）本不是一個系統」（齊魯書社二〇〇八年，頁一〇七），且將羅本置於高本之後，並不清楚高崇蘭本最初曾以羅本爲底本、隨後又加以揚棄的情况，也不清楚羅本實際是以草堂詩箋爲底本、删削之後又添入劉辰翁批點而成。

〔一一〕這是因爲草堂詩箋依照會箋體例將「問事競挽鬚……甘受雜亂聒」數句一併箋説，而集千家注分類杜工部詩已經將「兒女喜父歸，請問賊中之事，憂苦如何，復觀其須髮皆白，競來挽引」注文對應的詩句「問事競挽鬚」斷開，用僞蘇注、杜定功注作了另外注釋，故此處僅對「甘受雜亂聒」進行注釋，因此將「問事競挽鬚」句對應的注文删去，完全符合集千家注分類杜工部詩逐句注釋的體例。

〔一二〕〔法〕列維斯特勞斯著、李幼蒸譯野性的思維，商務印書館一九九七年，頁二一—二二。

（本文原載《文獻》二〇二一年第二期）

聊齋志異會校會注會評本	[清]蒲松齡著　張友鶴輯校
敬業堂詩集	[清]查慎行著　周劭標點
納蘭詞箋注	[清]納蘭性德著　張草紉箋注
方苞集	[清]方苞著　劉季高校點
樊榭山房集	[清]厲鶚著　[清]董兆熊注　陳九思標校
劉大櫆集	[清]劉大櫆著　吴孟復標點
儒林外史彙校彙評(增訂版)	[清]吴敬梓著　李漢秋輯校
小倉山房詩文集	[清]袁枚著　周本淳標校
忠雅堂集校箋	[清]蔣士銓著　邵海清校　李夢生箋
甌北集	[清]趙翼著　李學穎、曹光甫校點
惜抱軒詩文集	[清]姚鼐著　劉季高標校
兩當軒集	[清]黄景仁著　李國章校點
惲敬集	[清]惲敬著　萬陸、謝珊珊、林振岳標校　林振岳集評
茗柯文編	[清]張惠言著　黄立新校點
瓶水齋詩集	[清]舒位著　曹光甫點校
龔自珍全集	[清]龔自珍著　王佩諍校點
龔自珍詩集編年校注	[清]龔自珍著　劉逸生、周錫䪖校注
水雲樓詩詞箋注	[清]蔣春霖著　劉勇剛箋注
人境廬詩草箋注	[清]黄遵憲著　錢仲聯箋注
嶺雲海日樓詩鈔	[清]丘逢甲著　丘鑄昌標點

隱秀軒集　[明]鍾惺著　李先耕、崔重慶標校
譚元春集　[明]譚元春著　陳杏珍標校
張岱詩文集(增訂本)　[明]張岱著　夏咸淳輯校
陳子龍詩集　[明]陳子龍著　施蟄存、馬祖熙標校
夏完淳集箋校(修訂本)　[明]夏完淳著　白堅箋校
牧齋初學集　[清]錢謙益著　[清]錢曾箋注　錢仲聯標校
牧齋有學集　[清]錢謙益著　[清]錢曾箋注　錢仲聯標校
牧齋雜著　[清]錢謙益著　[清]錢曾箋注　錢仲聯標校
牧齋初學集詩注彙校　[清]錢謙益著　[清]錢曾箋注　卿朝暉輯校
李玉戲曲集　[清]李玉著　陳古虞、陳多、馬聖貴點校
吴梅村全集　[清]吴偉業著　李學穎集評標校
歸莊集　[清]歸莊著
顧亭林詩集彙注　[清]顧炎武著　王蘧常輯注　吴丕績標校
安雅堂全集　[清]宋琬著　馬祖熙標校
吴嘉紀詩箋校　[清]吴嘉紀著　楊積慶箋校
陳維崧集　[清]陳維崧著　陳振鵬標點　李學穎校補
屈大均詩詞編年校箋　[清]屈大均著　陳永正等校箋
秋笳集　[清]吴兆騫撰　麻守中校點
漁洋精華録集釋　[清]王士禛著　李毓芙、牟通、李茂肅整理

渭南文集箋校　[宋]陸游著　朱迎平箋校
范石湖集　[宋]范成大撰　富壽蓀標校
范成大集校箋　[宋]范成大撰　吴企民校箋
于湖居士文集　[宋]張孝祥著　徐鵬校點
稼軒詞編年箋注(定本)　[宋]辛棄疾撰　鄧廣銘箋注
辛棄疾詞校箋　[宋]辛棄疾著　吴企明校箋
姜白石詞編年箋校　[宋]姜夔著　夏承燾箋校
後村詞箋注　[宋]劉克莊著　錢仲聯箋注
瀛奎律髓彙評　[元]方回選評　李慶甲集評校點
雁門集　[元]薩都拉著
殷孟倫、朱廣祁校點
揭傒斯全集　[元]揭傒斯著　李夢生標校
高青丘集　[明]高啓著　[清]金檀注
徐澄宇、沈北宗校點
唐寅集　[明]唐寅著　周道振、張月尊輯校
文徵明集(增訂本)　[明]文徵明著　周道振輯校
震川先生集　[明]歸有光著　周本淳校點
海浮山堂詞稿　[明]馮惟敏著
凌景埏、謝伯陽標校
滄溟先生集　[明]李攀龍著　包敬第標校
梁辰魚集　[明]梁辰魚著　吴書蔭編集校點
沈璟集　[明]沈璟著　徐朔方輯校
湯顯祖詩文集　[明]湯顯祖著　徐朔方箋校
湯顯祖戲曲集　[明]湯顯祖著　錢南揚校點
白蘇齋類集　[明]袁宗道著　錢伯城校點
袁宏道集箋校　[明]袁宏道著　錢伯城箋校
珂雪齋集　[明]袁中道著　錢伯城點校

嘉祐集箋注	[宋]蘇洵著　曾棗莊、金成禮箋注
王荆文公詩箋注(修訂版)	[宋]王安石著　[宋]李壁箋注　高克勤點校
王令集	[宋]王令著　沈文倬校點
蘇軾詩集合注	[宋]蘇軾著　[清]馮應榴注　黄任軻、朱懷春校點
東坡樂府箋	[宋]蘇軾著　[清]朱孝臧編年　龍榆生校箋
東坡詞傅幹注校證	[宋]蘇軾著　[宋]傅幹注　劉尚榮校證
欒城集	[宋]蘇轍著　曾棗莊、馬德富校點
山谷詩集注	[宋]黄庭堅著　[宋]任淵、史容、史季温注　黄寶華點校
山谷詩注續補	[宋]黄庭堅著　陳永正、何澤棠注
山谷詞校注	[宋]黄庭堅著　馬興榮、祝振玉校注
淮海集箋注	[宋]秦觀撰　徐培均箋注
淮海居士長短句箋注	[宋]秦觀著　徐培均箋注
清真集箋注	[宋]周邦彦著　羅忼烈箋注
石門文字禪校注	[宋]釋惠洪撰　周裕鍇校注
石林詞箋注	[宋]葉夢得著　蔣哲倫箋注
樵歌校注	[宋]朱敦儒著　鄧子勉校注
李清照集箋注(修訂本)	[宋]李清照著　徐培均箋注
吕本中詩集箋注	[宋]吕本中著　祝尚書箋注
陳與義集校箋	[宋]陳與義著　白敦仁校箋
蘆川詞箋注	[宋]張元幹著　曹濟平箋注
劍南詩稿校注	[宋]陸游著　錢仲聯校注
放翁詞編年箋注(增訂本)	[宋]陸游著　夏承燾、吴熊和箋注　陶然訂補

劉禹錫集箋證　[唐]劉禹錫著　瞿蜕園箋證
白居易集箋校　[唐]白居易著　朱金城箋校
柳宗元詩箋釋　[唐]柳宗元著　王國安箋釋
柳河東集　[唐]柳宗元著　[宋]廖瑩中輯注
元稹集校注　[唐]元稹著　周相録校注
長江集新校　[唐]賈島著　李嘉言新校
張祜詩集校注　[唐]張祜著　尹占華校注
三家評注李長吉歌詩　[唐]李賀著　[清]王琦等評注　蔣凡校點
樊川文集　[唐]杜牧著　陳允吉校點
樊川詩集注　[唐]杜牧著　[清]馮集梧注
温飛卿詩集箋注　[唐]温庭筠著　[清]曾益等箋注
玉谿生詩集箋注　[唐]李商隱著　[清]馮浩箋注　蔣凡校點
樊南文集　[唐]李商隱著　[清]馮浩詳注　錢振倫、錢振常箋注
皮子文藪　[唐]皮日休著　蕭滌非、鄭慶篤整理
鄭谷詩集箋注　[唐]鄭谷著　嚴壽澂、黄明、趙昌平箋注
韋莊集箋注　[五代]韋莊著　聶安福箋注
李璟李煜詞校注　[南唐]李璟、李煜著　詹安泰校注
張先集編年校注　[宋]張先著　吴熊和、沈松勤校注
二晏詞箋注　[宋]晏殊、晏幾道著　張草紉箋注
乐章集校箋　[宋]柳永著　陶然、姚逸超校箋
梅堯臣集編年校注　[宋]梅堯臣著　朱東潤編年校注
歐陽修詩文集校箋　[宋]歐陽修著　洪本健校箋
歐陽修詞校注　[宋]歐陽修著　胡可先、徐邁校注
蘇舜欽集　[宋]蘇舜欽著　沈文倬校點

蕭繹集校注	［南朝梁］蕭繹著　陳志平、熊清元校注
玉臺新咏彙校	吴冠文、談蓓芳、章培恒彙校
王梵志詩校注（增訂本）	［唐］王梵志著　項楚校注
盧照鄰集箋注	［唐］盧照鄰著　祝尚書箋注
駱臨海集箋注	［唐］駱賓王著　［清］陳熙晉箋注
王子安集注	［唐］王勃著　［清］蔣清翊注
陳子昂集（修訂本）	［唐］陳子昂撰　徐鵬校點
孟浩然詩集箋注（增訂本）	［唐］孟浩然著　佟培基箋注
王右丞集箋注	［唐］王維著　［清］趙殿成箋注
李白集校注	［唐］李白著　瞿蜕園、朱金城校注
高適集校注（修訂本）	［唐］高適著　孫欽善校注
杜詩趙次公先後解輯校	［唐］杜甫著　［宋］趙次公注　林繼中輯校
新刊校定集注杜詩	［唐］杜甫著　［宋］郭知達輯注　聶巧平點校
新定杜工部草堂詩箋斠證	［唐］杜甫著　［宋］魯訔編　［宋］蔡夢弼會箋　曾祥波新定斠證
杜詩鏡銓	［唐］杜甫著　［清］楊倫箋注
錢注杜詩	［唐］杜甫著　［清］錢謙益箋注
杜甫集校注	［唐］杜甫著　謝思煒校注
岑參集校注	［唐］岑參著　陳鐵民、侯忠義校注
戴叔倫詩集校注	［唐］戴叔倫著　蔣寅校注
韋應物集校注（增訂本）	［唐］韋應物著　陶敏、王友勝校注
權德輿詩文集	［唐］權德輿撰　郭廣偉校點
王建詩集校注	［唐］王建著　尹占華校注
韓昌黎詩繫年集釋	［唐］韓愈著　錢仲聯集釋
韓昌黎文集校注	［唐］韓愈著　馬其昶校注　馬茂元整理

《中國古典文學叢書》已出書目

詩經今注	高亨注
楚辭集注	[宋]朱熹撰　黄靈庚點校
楚辭今注	湯炳正、李大明、李誠、熊良智注
司馬相如集校注	[漢]司馬相如著　金國永校注
揚雄集校注	[漢]揚雄著　張震澤校注
張衡詩文集校注	[漢]張衡著　張震澤校注
阮籍集	[魏]阮籍著　李志鈞等校點
陸機集校箋	[晉]陸機著　楊明校箋
陶淵明集校箋(修訂本)	[晉]陶潛著　龔斌校箋
世説新語箋疏(修訂本)	[南朝宋]劉義慶撰　余嘉錫箋疏　周祖謨等整理
世説新語校釋(增訂本)	[南朝宋]劉義慶撰　[南朝梁]劉孝標注　龔斌校釋
鮑參軍集注	[南朝宋]鮑照著　錢仲聯增補集説校
謝宣城集校注	[南朝齊]謝朓著　曹融南校注集説
江文通集校注	[南朝梁]江淹著　丁福林、楊勝朋校注
文心雕龍義證	[南朝梁]劉勰著　詹鍈義證
詩品集注(增訂本)	[梁]鍾嶸著　曹旭集注
文選	[梁]蕭統編　[唐]李善注